Gonglu Gongcheng Gongfa Huibian

公路工程工法汇编

（2009）

上册

中国公路建设行业协会　编

人民交通出版社

内容提要

为提高公路施工水平和工程质量，完善公路工程标准规范体系，中国公路建设行业协会组织编写了《公路工程工法汇编(2009)》。本工法汇编共包含了152个公路工程工法，体现公路路基、路面、桥梁、隧道和交通工程的最新施工工艺和施工技术。本工法符合国家公路工程建设的方针、政策、标准规范，具有先进性、科学性和实用性，对于保证工程质量、提高施工效率、降低工程成本、节约资源、保护环境等有重要的指导作用。

本书主要供公路工程施工与管理人员学习参考。

图书在版编目(CIP)数据

公路工程工法汇编(2009)/中国公路建设行业协会编. —北京：人民交通出版社，2010.1
ISBN 978-7-114-08207-8

Ⅰ. 公… Ⅱ. 中… Ⅲ. 道路工程—施工技术—标准—汇编—中国—2009 Ⅳ. U415.6-65

中国版本图书馆CIP数据核字(2010)第008508号

书　　名：公路工程工法汇编(2009)(上册)
著 作 者：中国公路建设行业协会
责任编辑：沈鸿雁　岑　瑜
出版发行：人民交通出版社
地　　址：(100011)北京市朝阳区安定门外外馆斜街3号
网　　址：http://www.ccpress.com.cn
销售电话：(010)59757969，59757973
总 经 销：北京中交盛世书刊有限公司
经　　销：各地新华书店
印　　刷：北京牛山世兴印刷厂
开　　本：880×1230　1/16
印　　张：84.5
字　　数：2670千
版　　次：2010年1月　第1版
印　　次：2010年1月　第1次印刷
书　　号：ISBN 978-7-114-08207-8
印　　数：0001～2500册
定　　价：200.00(上、下册)

前 言

为了深入贯彻落实科学发展观，鼓励和引导公路交通建设从业单位大力开展科技创新，促进公路工程新技术、新工艺、新材料和新设备的推广和应用，中国公路建设行业协会受交通运输部的委托，开展组织公路工程工法管理工作。2009年度公路工程工法申报和评审工作已经结束，经有关单位积极申报、专家评审、相关媒体公示等程序，最终审定2009年度公路工程工法152项。本次评审通过的工法包括：路基工程27项，路面工程27项，桥涵工程77项，隧道工程18项，交通工程3项。

这批工法是我国公路工程建设行业评审出的第二批公路工程工法，是从业单位科技创新成果的具体体现，是广大工程技术人员对优秀施工方法的科学总结。从总体看，这批工法都是经过实践检验证明是优秀的施工方法，都在原有公路工程施工技术规范基础上有所创新，有较强的创新性和实用性。我们倡导公路交通建设从业单位和广大工程技术人员要积极推广应用公路工程工法，继续修改完善现有工法，积极探索和实践新的工法，不断加强工法成果管理工作。为此，我们将这些工法汇编成书，旨在通过本书，把公路交通建设中的优秀科技创新成果展现给大家，以此鞭策和激励从业单位和工程技术人员坚持科技创新，提高自主创新能力，在实践中认真总结难点和重点项目的宝贵施工经验，加强公路工程工法的开发和管理工作，不断提高公路工程质量，促进资源节约型和环境友好型交通运输行业健康发展。

本书的编写，凝结了工法完成单位和工程技术人员的辛勤劳动和汗水，以及公路建设行业有关专家的智慧。程树本、许和平、石新栋、吴全立、刘元炜、沈文悦、许建盛、刘鹏、徐国庆和人民交通出版社的同志为本书的汇编和校稿作了大量的工作，在此我们一并表示诚挚的谢意！

汇编过程中，尽管我们作了很大的努力，但由于时间紧迫，水平有限，加之又是一本专业性比较强的书籍，难免会出现一些疏漏或错误之处，敬请从业单位和广大读者批评指正。

本书汇编的工法，技术水平高、应用广泛、内容翔实、图文并茂，文字表达准确，能指导公路建设工程的施工与管理。本汇编是公路建设从业单位的工程技术人员必备的一本工具书，同时也可供科研、设计、教学等单位从事土木建筑专业的技术人员学习与参考。

中国公路建设行业协会

二〇〇九年十二月二十六日

目　录

上　册

交通工程篇

路　基　篇

路　面　篇

隧　道　篇

下　册

桥　梁　篇

交通工程篇

热熔振荡标线施工工法

GGG(鲁)E1149—2009

王成彪　吴兴华　叶　青　武振国　韩　军
(山东泰山路桥工程公司)

1　前言

道路交通标线按照标线涂料施工温度可划分为三类:常温型、加热型和热熔型。其中热熔型涂料反光标线按结构功能又可分为普通型和振荡型两种,热熔普通标线在我国经过20多年的研究和实践,由于具有施工干燥时间短、操作方便、耐久、耐磨性强、夜间反光良好等优点,现已广泛运用于各级道路中。相比之下,热熔振荡标线起步较晚(于2000年引入我国),但由于它本身的结构特点,比传统热熔普通标线增加了两项优异性能:极高的视认性和强烈振动警示作用,因而可防止行车中司机瞌睡、越线或超速行驶,提高车辆行驶的安全,对道路安全事故的预防具有重大的意义。

目前,热熔振荡标线在国际上已经为发达国家所广泛使用,它是一种代表国际先进水平的高新技术产品。然而,相比传统热熔普通标线来讲,国内热熔振荡标线虽然采用了新的原材料和机械设备,但却没有相应的新施工规范,因此在施工过程中只能参照热熔普通标线施工的方法,施划成型后的热熔振荡标线无法满足其本身应有的结构和功能。因此,为了能确保热熔振荡标线规范化施工,达到安全、高效、文明施工的目的,山东泰山路桥工程公司在上级有关单位领导下,对热熔振荡标线全过程施工进行了深入的研究,随后在京沪高速公路、泰山风景旅游区环山路等多条道路上进行了施工应用,积累了成熟的施工工法,对于提高工程质量和安全文明施工水平效果良好,取得了明显的经济和社会效益。

2　工法特点

2.1　本工法针对热熔振荡标线在施工中可能出现的问题提出了相应的处理办法,以便在施工时及时改进,使施划出的热熔振荡标线在耐磨抗压性、抗冲击稳固性、反光视认性、振动警示性等各方面均能达到高标准的要求。

2.2　与通常的施工工艺相比,本工法的运用提高了热熔振荡标线的工程质量和施工速度,延长了热熔振荡标线的使用寿命,对于提高道路的安全行驶、减少道路交通安全事故的发生效果显著。

2.3　由于热熔振荡标线工程质量受气候温度条件影响明显,因此本工法适宜在高温季节施工,主要施工阶段的各工序均需在高温状态下进行,外界环境温度不宜低于10℃。

3　适用范围

本工法适用于高速公路外侧边缘线,各等级公路大型桥梁进口、急转弯、纵坡度较大的路段,城市道路的弯道、十字路口,工厂和校园门口等位置的热熔振荡标线施工。

4　工艺原理

将热熔振荡标线涂料用热熔釜加热到180~220℃(根据外界环境温度、涂料中采用的热塑树脂类型和配方来选择温度),使涂料熔融成流动状态,然后转移到专用振荡划线机的料罐里面,再通过振荡划线机将涂料涂敷于已喷涂好下涂剂的清洁路面,同时撒布适量玻璃珠,在常温下自然固化、冷却成型后即完成热熔振荡标线的施工。

5 施工工艺流程及操作要点

5.1 施工工艺流程

本工法工艺流程见图1。

5.2 操作要点

5.2.1 施工准备

(1)建立健全组织机构,明确项目分部各项责任目标,根据工程项目情况确定热熔振荡标线施工队伍的数量,每支标线施工队伍可具体分为三组:路面清扫放样组、涂料熔融组、标线涂敷组,人员安排根据现场实际情况而定。

(2)制定图纸会审、技术交底制度,提前组织施工人员进场,进行质量、安全及文明施工等方面教育培训,做好技术交底、安全交底。

(3)确定原材料供应商,提前做好原材料试验。

5.2.2 安全布控

到达施工现场后,根据路面的宽度、交通量等因素,按照安全作业规程相关要求,配备专职安全员,布控好反光标志牌、锥形标、黄闪灯等安全设施,做好交通管制措施,严防安全事故发生。

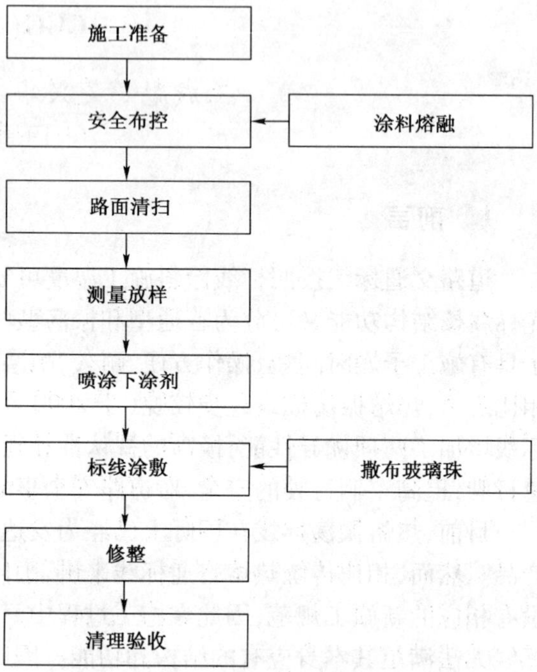

图1 热熔振荡标线施工工艺流程图

5.2.3 涂料熔融

(1)目前热熔振荡标线凸起形状各异,还没有统一的标准来规范振荡标线的形状,但其主要分为圆点型、方块型两种,方块型又有普通奇偶并列型、千鸟型和排骨型三种,目前国内使用最为广泛的为普通奇偶并列方块型,方块主要为3块或4块并列。热熔振荡标线各结构类型及设置位置情况可参考表1。

热熔振荡标线结构类型、用途及设置位置 表1

凸起形状		示意图	凸起高度(mm)	主要特性	用途	设置位置
圆点型		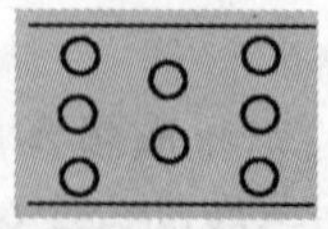	6~9	振荡声音大,振动小	警示线	城市道路分界线等
方块型	普通奇偶并列型	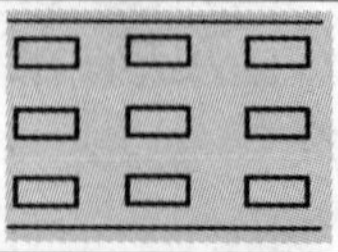	6~11	强烈的振动效果,振荡声音较大	减速线	高速公路外侧边缘线,各等级公路大型桥梁进口、急转弯、纵坡度较大的路段,工厂和校园门口等
	千鸟型	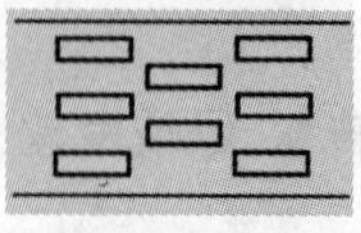	4~6	振动和振荡声音一般	反光线	车速不高,但对雨夜反光要求较高的地段等
	排骨型		5~10	振动和振荡声音兼备	车道边缘线	高速公路外侧边缘线,城市道路机非分道线等

(2)由于热熔振荡标线结构类型和凸起高度要求的不同,故在施工前就必须确立适合工程项目的涂料,涂料的选择对热熔振荡标线的质量是至关重要的。

首先,由于我国南北气候差异较大,南方和北方生产的涂料流动性是不一样的,故应根据不同地区和季节采购或向厂方定制适合的涂料;其次,涂料必须满足速干性、强黏附性、反光性、耐久性等热熔涂料的基本特性;再次,涂料必须满足热熔振荡标线特有的高视认性和强烈振动性能。一方面涂料本身必须含有20%以上的玻璃珠,以使施划成型后的标线雨夜反光良好,即使在面撒玻璃珠磨损以后,依然能够连续反光。另一方面,振荡标线的凸起高度不宜低于表1中各列项所要求的区间中间高度,最好能靠近上限,标线的振动效果才明显;最后,涂料的各组成部分中,白色颜料钛白粉必须为金红石型,黄色颜料可采用耐热铬黄,热塑树脂的热抗压性和耐冲击性对热熔振荡标线凸起块的质量影响重大,可以考虑在增加适量成本的基础上,采用特殊材料改性树脂、加入碳纤维增强等措施提高振荡标线的质量。

(3)涂料熔融组负责将将适合工程项目的涂料投入到以液化石油气为燃料的热熔釜中,釜内温度控制在180~220℃之间,施工环境温度较低时,涂料温度可取区间高值,而施工涂膜较厚时,涂料温度取区间低值,这样能取得更好的效果。加热的同时不断搅拌,严格控制好温度,使之成为符合要求的涂料。为保证较好的标线质量,进行检测试验,试验方法是从釜内熔融完毕的涂料中取样,涂成片状(厚约1.5mm),使其自然冷却,干燥后用手将其弯曲,弯到35°左右时涂片断裂为最佳。

热熔振荡涂料熔融过程中应注意以下事项:

(1)严格控制加热温度

①根据标线工程数量和流动性的要求调节火候和搅拌强度,在涂敷量少时考虑使用小火较为合理。

②尽量避免长时间高温加热,防止涂料变色、热劣化。

③当施工中需要等待时,要调小火苗,降低温度,需要涂敷时再升温。

④熔融涂料转移运距不宜过长。

(2)要充分对涂料进行搅拌和混合,使涂料受热均匀。

(3)添加涂料时,应注意新加入涂料的熔融情况。

(4)要注意加热次数,避免多次重复加热,每锅涂料尽量只加热一次。每天的施工用料要有计划,施工结束时釜中不要残存过多的涂料,如遇特殊情况有较多的涂料剩余,则应将其排放出来,冷却固化后粉碎,下次施工时与新涂料混合起来用。

(5)不要在热熔釜的周围放置易燃易爆物品,严防火灾爆炸事故的发生。

5.2.4 路面清扫

路面清扫是热熔振荡标线施工的基础,涂料与路面结合的牢固状况在很大程度上依靠它们之间接触面的干净程度,因此必须彻底清除道路表面上的所有灰尘污物,松散石块及其他废弃杂物,确保划线作业时,路面清洁干燥。

5.2.5 测量放样

根据复测贯通的线路轴线使用全站仪进行定位设置各控制点,然后进行水线放样,对于道路中心线和边缘线可用钢钉拉绳索或标线放样车放样,而对于道路横向振荡标线使用绳索弹灰线的方式即可完成水线放样。

5.2.6 喷涂下涂剂

下涂剂的作用是提高路面与涂料的黏结力,下涂剂要根据不同种类的路面材质要选用不同的类型。施工时用高压喷涂机在水线的一侧喷涂下涂剂,要求喷涂出的下涂剂漆膜均匀,宽度一致,且宽度和长度应大于设计标线相应尺寸5mm。下涂剂喷涂过多会对路面结构造成破坏,过少则会降低路面与标线间的黏结力,一般每平方米喷涂0.15~0.2kg下涂剂为宜,在下涂剂干燥后应及时进行热熔振荡标线涂料的涂敷。

5.2.7 标线涂敷及玻璃珠的撒布

由于热熔振荡标线的涂敷施工过程是不可逆转的,一旦涂敷在路面上以后,再去彻底清除是很难做到的,因此涂敷操作是振荡标线施工中最关键的一步,作业时应严格按照操作程序来进行。热熔振荡标线涂敷施工操作程序及注意事项如下:

(1)热熔振荡标线机械的选择。划线机械主要为振荡标线划线机,可分为一体式和分离式两种,但划线机的工作原理都是通过微机系统、传感系统、空压系统、行走驱动系统及施划系统实现一次性完成凸起标线。在振荡画线机选用时,必须满足以下条件:标线凸起长度可以任意调动,成型后的凸起部分外观宜为金块状梯形体,凸起高度、间距等都能满足各种路况的需要,反光及振动标准符合国际标准规定,画线机本身并具有较强的抗变形、耐磨和抗冲击性能等。

(2)涂敷前应对施工机具进行全面的检查,保证设备处于完好状态。可在薄铁皮上预先进行试划,检查色泽、长度、宽度、基层及凸起高度、玻璃珠撒布量等,必要时要对相关参数进行调整。

(3)标线的涂敷应在下涂剂干燥后进行,在下涂剂还未干燥前就划标线,下涂剂会穿透未硬化的涂膜,造成针孔、气泡现象,并污染标线表面。

(4)热熔振荡标线的涂敷成型。施工时,将热熔釜中已熔融完毕的涂料通过料槽转移到振荡标线画线车的保温料罐中,然后将涂料引入画线斗中,并保温使涂料保持熔融状态。启动画线机上的发动机,打开微机开关,并根据图纸或项目要求设置好画线机面板上的各项参数,使空压系统和传感系统开始工作,开始划线时,放下画线斗并将其置于水线一侧已清理干净的路面上,再放下离合,推动画线车向前移动,熔融涂料经具有凸起成形结构的斗槽涂敷至路面,在标线成膜的同时按设定间隔形成有规则的凸起块,同时画线机的玻璃珠撒布系统会自动均匀地在标线表面撒布一层反光玻璃珠。待涂膜自然固化、冷却成形后再次对标线各参数,特别是基层及凸起高度的厚度、间距及凸起块外观进行测定,必要时进行相应的调整。

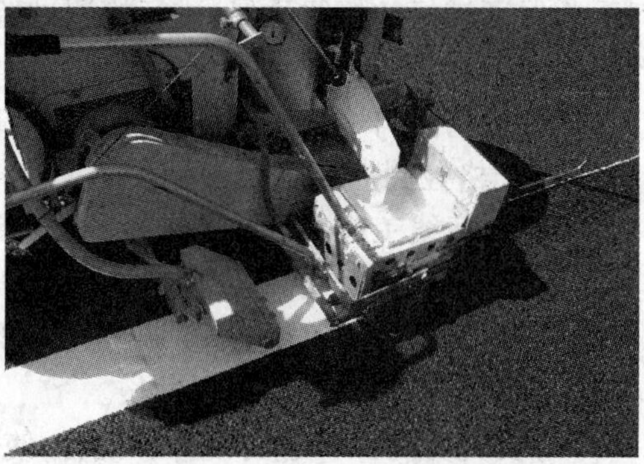

图2 热熔振荡标线涂敷施工图

热熔振荡标线的施工涂敷成型过程如图2所示。

(5)热熔振荡标线的雨夜反光。施划成形后的热熔振动标线凸起块间的间隙可以形成排水区域,标线凸起部分始终会突出于水面,保证标线不被雨水所完全浸没,可以实现雨夜反光的功能。在施工时,为保证夜间良好的反光视认性,关键在于控制好玻璃珠进入涂膜的深度和数量,经研究证明玻璃珠的直径的一半埋入涂膜中反光效果最好。如果涂料温度高,玻璃珠撒布快,玻璃珠会埋入涂膜过深,无法发挥或不能完全发挥其最佳的反光性能;如果涂料温度低,玻璃珠撒布慢,涂膜已接近固化,玻璃珠不能在涂膜上粘牢,容易脱落,反光效果很差。另外,玻璃珠撒布要均匀,通常每平方米撒布0.3~0.5kg,撒布过少,反光效果就达不到要求;撒布过多,标线表面则易沾粘、存积灰尘,降低了标线的反光视认性。

(6)施工过程中,画线车内的涂料要经常搅拌,以防止沉降分层。

(7)施工时画线车料斗中的料温不宜低于180℃,外界环境气温不应低于10℃,一般20℃以上最佳,应尽量避免在较低温度下施工,特殊情况下施工中要采用路面预热措施,防止涂料接触路面后黏度迅速变稠,影响涂料与路面的黏结牢度。

(8)对新铺筑的道路要尽量延期施工,新铺筑的沥青路面易造成对标线的污染,而新浇筑的水泥混凝土路面,则易造成标线剥落。

5.2.8 修整及验收

热熔振荡标线施画结束后,应及时对溢出和不整齐的涂膜进行修整,检查涂膜厚度、尺寸,玻璃珠的撒布情况及标线线形等。然后进行现场清理,清扫洒落的玻璃珠和涂料,等待标线彻底干燥硬化,验收完毕即可开放通车。

6 材料与设备

6.1 主要材料

热熔振荡标线所需主要材料为涂料、玻璃珠、下涂剂。

6.1.1 热熔振荡涂料必须满足《路面标线涂料》(JT/T 280—2004)的要求,施工时应根据现场实际情况采购相应的涂料,具体要求在前面涂料的选择已进行了详细的阐述,在此不再赘述。

6.1.2 玻璃珠必须满足《路面标线用玻璃珠》(JT/T 446—2001)的要求,玻璃珠应为无色透明球体,玻璃珠的成圆率、折射率要高,杂质要少,颗粒要均匀,不能有太多的玻璃粉末,玻璃珠的粒径应按一定的比例级配合,以保证标线涂层中的玻璃珠黏附牢固、持续反光。

6.1.3 下涂剂在使用时要针对水泥路面和沥青路面选用各自所需的类型。

6.2 主要机械设备

施工所需的主要机械设备见表2。

主要机械设备表 表2

序　　号	名　　称	规 格 型 号	单　　位	数　　量	备　　注
1	热熔釜	双缸 DONG500—2B	台	1	
2	振荡标线画线车	岳南光机 GHM ~ 3VC	辆	1 ~ 2	
3	底漆喷涂车	XYC-300	辆	2	
4	运输汽车	北汽福田欧曼	辆	1	
5	放样车	东风 EQ3095FSA	辆	1	
6	逆反射系数测量仪	STT-301	台	1	
7	游标卡尺	广陆 L271300	把	2	
8	全站仪	徕卡 TS09	台	1	

7 质量控制

7.1 质量控制依据

本工法在实施过程中需要遵守的相关标准和规范:《道路交通标志和标线》(GB 5768—2009)、《新划路面标线初始逆反射亮度系数及测试方法》(GB/T 21383—2008)、《道路交通标线质量要求和检测方法》(GB/T 16311—2005)、《公路工程质量检验评定标准》(JTG F80/1—2004)等。

7.2 常见的质量问题及处理方法

热熔振荡标线质量缺陷的形成原因比较复杂,有些会出现多种原因并存的现象,但其根本原因主要为三个方面:标线原材料的质量、施工机械及人员的质量、路面情况及施工环境。在实际施工现场对标线缺陷的原因要灵活应用各种经验进行判断,具体处理办法见表3。

热熔振荡标线常见质量问题及处理办法 表3

常见质量问题	原　因			处 理 办 法
	材　　料	设备及人员	路面及环境	
标线表面污染、车辙	涂料抗污能力差、干燥缓慢、软化点低	开放交通太早,玻璃珠撒布过多	路况差,路面本身被污染	选择合适现场的涂料,涂膜干燥充分后再通车,玻璃珠撒布均匀适量
局部剥落	涂料黏结力、耐水性差	路面清扫不干净,熔融温度不够,涂料搅拌不均匀,下涂剂使用不当	路面有附皮、不够干燥,地面温度过冷	选择合适现场的涂料,彻底清扫路面及附皮,控制涂料熔融温度和搅拌均匀度,选用适合的下涂剂并喷涂均匀,气温低于10℃时严禁施工
开裂	涂料低温性差	熔融温度不够,涂料搅拌不均匀,涂敷厚度不均、过厚	路况差、路面变形	选择合适现场的涂料,控制涂料熔融温度和搅拌均匀度,控制画线机的涂敷厚度和均匀度
针孔、起泡	涂料配方不当	下涂剂未干即开始施工	路面湿气太重	选择合适现场的涂料,待下涂剂和路面干透后施工

续上表

常见质量问题	原因			处理办法
	材料	设备及人员	路面及环境	
刮痕、条纹		路面清扫不干净,熔融涂料时有局部烧焦,画线斗槽口有涂料焦渣附着,画线斗槽口模块不同步		彻底清扫路面,控制涂料熔融温度,对画线斗槽进行彻底检查和清理
变色	涂料本身耐热性不佳	熔融过程中温度过高或时间过长		选择合适现场的涂料,控制涂料熔融温度
耐久性、凸起块抗压性差	涂料耐磨性、抗压性差	涂膜及凸起块的厚度控制不严格,均匀性差	路面环境太差,交通量太大,重型车辆太多	选择适合现场的涂料,控制标线施工速度,保证振荡标线的成形和厚度
反光效果不好	涂料对玻璃珠黏结力太差,玻璃珠成圆率低,透明度差	玻璃珠撒布不适量,不均匀,在涂料中沉降位置不合适		选择适合现场的涂料和玻璃珠,玻璃珠撒布机安装防风罩,控制好施工前进速度

8 安全措施

为保证工程顺利进行,必须抓好安全生产,文明施工,抓好全员教育,使全体员工人人懂安全,人人讲安全,事事时时保安全。

(1)认真贯彻执行安全生产相关法律法规,施工时依据《公路养护安全作业规程》(JTG H30—2004)、《公路筑养路机械操作规程》严格进行作业。

(2)建立健全安全组织机构,强化安全检查手段,设置专职安全员。逐级签订安全保证责任状,自上而下形成安全生产。

(3)制定安全生产责任制,建立各项安全保证制度,制定各项安全技术操作规程,对特殊工种必须严格持证上岗,持证率达100%。严格执行安全督查、安全奖罚、安全教育等各项制度,实行逐级承包,签订安全承包合同,做到一级抓一级,一级保一级,对事故苗头加强防范,对事故处理坚持“四不放过”原则,查找原因,杜绝事故发生。

(4)开展安全竞赛活动,运用安全系统工程技术,开展安全预防、预测活动,实施生产全过程的安全管理。

(5)搞好现场安全标准化作业,挂牌施工。各道口设安全警示牌。各驻地、料场、施工现场制定防火用电措施并严格执行,灭火器具齐全,用电符合安全规定。

(6)加强施工车辆管理。机械施工和汽车运输中,限速行驶,合理组织调配,统一指挥,杜绝各类事故发生。

9 环保措施

(1)环境保护应遵照执行国家和地方现行的环保法律、法规、规章,做到全面规划、综合管理。

(2)建立健全环保体系,设置环境保护科或配备专人负责施工期内的环保工作,对施工现场进行检查监督,对发现的环保问题及时进行整改。

(3)项目部在项目经理领导下共同学习环保知识,提高全体人员的环保意识,抓好文明施工工作,各种原材料运输要防止随地抛撒,各施工队做到施工过程整洁有序,不乱扔废弃物品。

(4)使用机械设备要防止油料、噪声、废气等的污染,施工时产生的垃圾按指定地点堆放,不得乱扔乱放。

(5)机械设备洗刷废水、生活污水不得直接排入农田、耕地,必须经过处理后排入指定地点。

10 资源节约

由于热熔振荡标线的凸起部分高出标线基层6mm以上,并具有充分的耐磨、抗压性能,因此标线的磨损是逐步向下的,相比普通热熔标线来,热熔振荡标线的耐久性和使用寿命得到了大幅提高,可以减少养护和维修的次数,从总体上可降低原材料消耗、节约资源。

11 效益分析

我们可从项目的综合效益评价来进行分析:

首先,虽然热熔振荡标线的造价较高(目前约为传统普通热熔标线涂料造价的2.5倍左右),但是使用寿命长,热熔振荡标线的寿命约为4~5年,而普通热熔标线的寿命约为两年,20年左右他们的造价就可基本持平;而他们之间造价差距的根本原因就是涂料价格上的差别,随着标线涂料生产水平的不断进步,热熔振荡标线与普通热熔标线的成本造价差距势必越来越小,热熔振荡标线的经济效益必然越来越明显。

其次,在严格按照本工法进行热熔振荡标线施工的基础上,可以较大程度上提高其耐久性和使用寿命,延长了养护维修周期,减少了养护维修次数,在节能方面可以节约原材料的使用,在环保方面可以减少废弃物的产生,在经济方面可以减少和节省大量养护费用。

再次,本工法的运用,必然使热熔振荡标线的耐磨抗压性强、抗冲击稳固性高、反光视认性良好、振动警示性强等特性更加显著,从而可强力防止行车中驾驶员瞌睡、越线或超速行驶,提高车辆行驶的安全,对道路安全事故的预防具有重大的意义,社会效益显著。

从以上分析我们不难看出,热熔振荡标线的运用及其施工工法的实施,综合效益显著,值得大力推广。

12 应用实例

12.1 2008年高速公路泰安段专项工程第四合同段

该项目位于京沪高速公路泰安段,西接京福高速公路,东至泰安市与临沂市交界处,全长81.6km,双向四车道,其中热熔振荡标线2 265m^2,该工程于2008年8月3日开工,2008年10月15日完工。

12.2 2009年山东省高速公路路面大中修工程第二合同段

该项目位于京沪高速公路泰安段,施工桩号为K57+000~K70+260,长度为13.26km,双向四车道,其中热熔振荡标线2 887m^2,该工程于2009年7月10日开工,2009年9月20日完工。

高速公路隧道监控设备安装调试工法

GGG(中企)E3150—2009

柏友富　倪红卫　崔百玲　蔡晓林　姚大为
(中铁四局集团有限公司)

1　前言

崇溪河至遵义高速公路风梅垭隧道机电工程是中铁四局集团负责实施的第一条高速公路隧道机电工程。其中隧道监控系统应用了先进的检测技术、控制技术、网络技术和传感技术等,通过对外围检测设备信息的采集和相关设施的控制,将隧道的监视与控制系统高速信息共享在一起,形成了技术先进、功能完善的智能隧道监控系统。针对工程项目技术新的特点,中铁四局电气化公司对系统管理方式进行优化设计,在设备安装和系统调试中不断实践,总结整理形成本工法。在湖北荆东高速机电工程和山东德州至商丘(鲁豫界)干线高速公路机电工程中应用本工法,取得了工期短、质量好,安全可靠的显著成效。

2　工法特点

(1)充分利用各系统交叉施工、工作面较宽的有利条件,统筹安排、合理组织各系统、各设备的安装,缩短了施工工期、降低了施工成本,提高了施工效率。

(2)利用机电各系统所安装设备之间的关系,变更外场设备接地施工方法,降低了材料及施工费用。

(3)科学组织各系统的调试,提高调试的成功率,缩短调试工期。使高速公路监控系统施工规范化、标准化。确保工程速度快、质量高、成本低。

3　适用范围

本工法适用于高速公路隧道监控系统设备安装调试及类似工程。

4　工艺原理

利用监控中心中央计算机系统网络管理平台,充分发挥较宽的工作面、各系统交叉施工的优势,采用先进的网络计划技术,优化交通监控系统、闭路电视监控系统和火灾报警系统的施工组织和施工工艺,统筹解决各系统的施工协调和配合。优化系统设计,采用监控分中心集中管理加隧道口现场监控模式,明确系统设备技术接口,结合监控软件的功能特点,制订系统联调方案。

5　施工工艺流程及操作要点

5.1　工艺流程

施工准备→设备安装→系统调试。

5.2　操作方法或要点

5.2.1　设备安装工艺流程(图1)

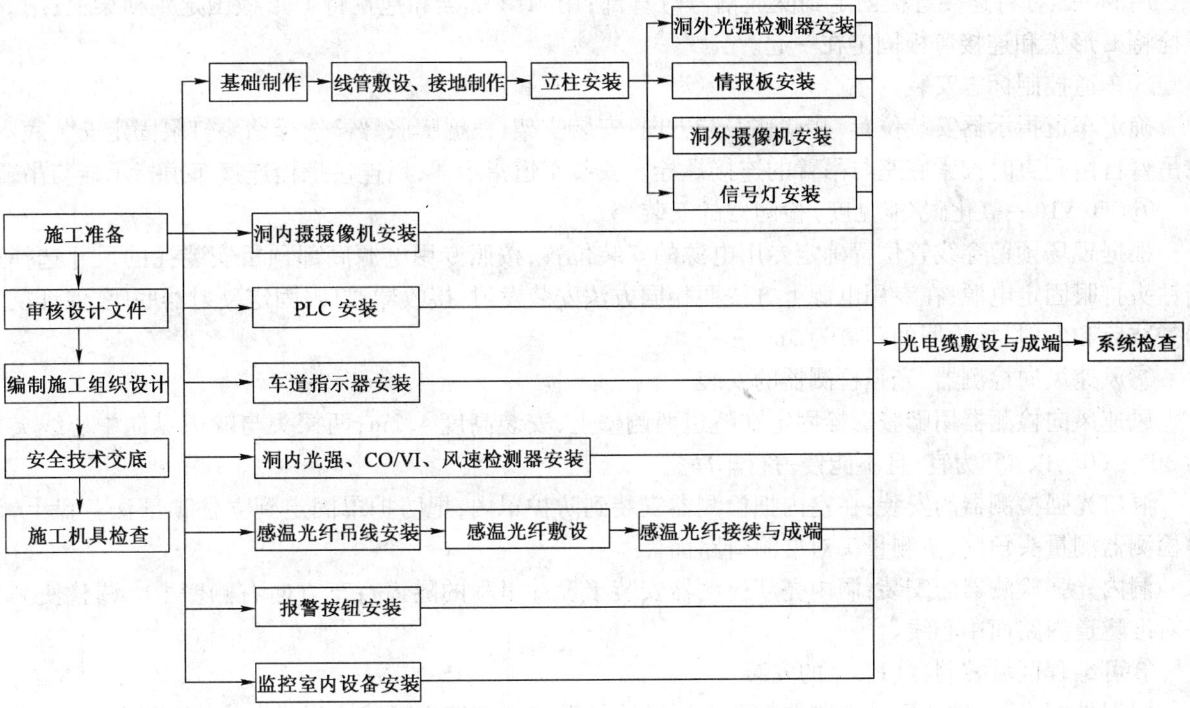

图1 设备安装工艺流程

(1)设备基础的制作

①确定设置位置,清理基础位置环境,开挖基础坑。

②钢筋绑扎,并将地脚螺栓一起扎入。

③模板支护。

④安装钢筋及地脚螺栓。

⑤安装穿线管,焊接接地体。

⑥浇铸混凝土,进行养护,清理现场,验收。

(2)外场设备接地装置的制作

①同时在管道沟内敷设 40mm×4mm 的镀锌扁铁,敷设时,要求镀锌扁铁的搭接重叠长度不小于 20mm。

②焊接镀锌扁铁的接头。

③镀锌扁铁两端分别和监控室地线和洞口设备地线焊接。

④对接头处进行防腐处理。

(3)交通监控设备安装

①立柱式情报板的安装

情报板的安装按照步骤为:固定屏体──→紧固其他零散件──→清理现场。运输屏体车辆及随同的起重汽车吊停放于相应位置,做好准备工作,屏体与钢结构立柱对齐固定。

②环形线圈的安装

根据线圈尺寸画线;线圈切割,要求切割宽度为 6~8mm、深度为 4~6cm,烘干线槽,并用气泵吹净线槽内杂质;按同一方向敷设电缆线 3~4 圈,用还氧树脂将线槽密封。

③车辆检测器的安装

根据隧道现场预留洞室的大小制作车辆检测器的箱体,把车辆检测器固定在预留洞室内,将线圈线双绞后接入机箱内相应的接线端子上。

④交通信号灯安装

用M6螺母将连接弯板固定到交通信号灯背部;用M12螺栓和抱箍将L形板国定到横梁上;用M8螺栓将L形板和连接弯板固定在一起。

⑤车道控制标志安装

确定车道指示器安装位置,并调整安装方向;安装支架,根据膨胀螺栓选择钻头打眼固定安装底座,在吊臂自由垂直时拧紧底座与吊臂的连接螺栓。安装车道指示器,用连接螺栓连接车道指示器与吊臂。

⑥CO/VI(一氧化碳/能见度)检测器的安装

根据现场预留穿线管位置确定专用电源的安装位置,按照专用电源底部预留安装孔的尺寸选择适当钻头打眼固定电源;在专用电源上方按照相同方法安装发射/接收器;打眼固定反射器底座,保证反射器安装后和发射/接收器的距离为3m。

⑦风速风向检测器、光强检测器的安装

风速风向检测器用膨胀螺栓固定在隧道两侧壁上,安装高度4.2m;两探头与隧道纵向中心线夹角为30°~60°,以45°为宜,且不能侵占行车净空。

洞口光强检测器的安装:在室内把检测器安装到防护罩内,把防护罩固定到立柱顶部法兰盘上,调整检测器测量头角度,使测量头对准洞口路面。

洞内光强检测器的安装:洞内亮度检测器安装于设计里程的隧道行车方向右侧壁上。调整使测量头对准隧道内路面中心线。

⑧可编程区域控制器(PLC)的安装

根据外围设备,进行区域控制器配置。隧道监控系统中可编程区域控制器为其核心设备,对其进行合理配置及系统集成是关键。

对区域控制器进行成套,成套时,应根据现场安装条件制作箱体,布置箱内设备;安装固定区域控制器机箱,安装时应确保每套区域控制器与安装位置相对应。

(4)闭路监控设备安装

①摄像机立柱的施工

立柱时,先将有关缆线穿入立柱内,用吊车吊起立柱,立柱底部法兰盘螺栓孔对准基础地脚螺栓后,加上弹簧垫片,上紧螺栓,并涂上黄油。

立好立柱后,用吊车吊装悬臂,并上紧所有紧固螺栓。

调整立柱垂直度,应满足小于等于5mm/m。

②摄像机的安装

在室内,进行摄像机的组装工作,包括安装镜头、调整后焦距、摄像机在防护罩内固定等工作。

安装摄像机机箱,将分歧光缆引入光缆终端盒,并做好成端,固定好光缆终端盒,引出尾纤至光端机上。固定好视频避雷器、数据避雷器、电源避雷器、解码器、光端机等各种配套设备,接好设备之间的各种配线,将解码器按所分配地址进行设置。

顺序安装摄像机云台和摄像机防护罩,将电源线、控制线和视频电缆线分别正确接入。

(5)火灾报警设备安装

①火灾探测器的安装

感温光缆悬吊安装在隧道顶部,距离顶部75~150mm,以保持良好的通风与快速响应时间。感温光缆采用钢丝绳吊装方式,每隔10m左右钉一个吊钩,张紧钢丝绳固定于吊钩,感温光缆可以采用扎带或是电缆挂钩与钢丝绳固定在一起,感温光缆的安装如下图2所示。

②手动火灾报警按钮的安装

安装手动火灾报警按钮,安装高度为1.5m;手动火灾报警按钮的外接导线,留10cm的余量,做好标志。

③火灾报警控制器的安装

安装火灾报警控制器;控制器应安装牢固,不得倾斜。安装在轻质墙上时,应采取加固措施。引入控制器的电缆或导线，将导线绑扎成束引入，封堵进线管。

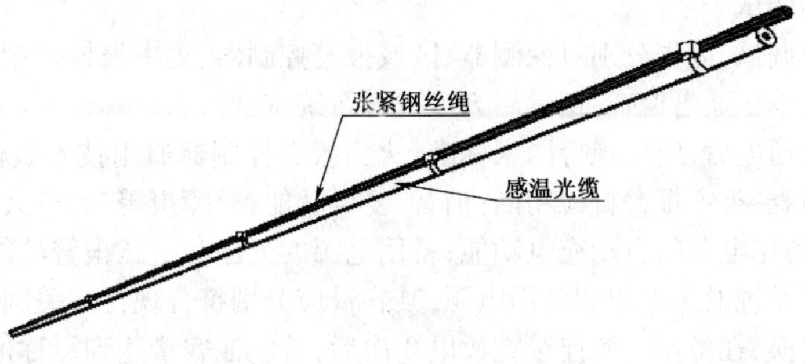

图2　感温光缆隧道顶壁钢丝绳吊装

5.2.2　系统调试工艺流程（图3）

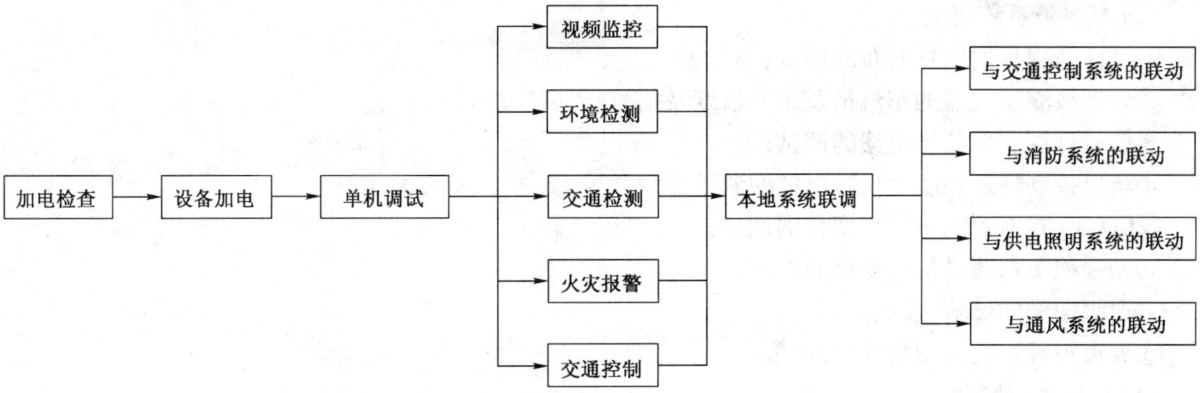

图3　系统调试工艺流程

（1）单机及子系统调试

①立柱式情报板的调试：用已安装情报板上位机软件的便携式电脑接至情报板 RS232 接口，在软件界面选取【文字工具】和【图像工具】进行编辑，再根据情报板的显示情况在软件中进行调整。

②线圈车辆检测器的调试

将串口号改为和本机相同的串口号。

将波特率设为9600。

点击连接，前方黑色指示灯变红。

在命令栏里选择4（设置日期时间），点击发送。

在命令栏里选择1（设置日志周期），点击发送。

在命令栏里选择C（远程系统重启），点击发送。点击是，4s钟内车检器会自动重起。如是 RAM 版的则在1s内重起。

重新打开串口调试器，进行连接，在命令栏菜单里选择2（设置线圈逻辑），点击发送，弹出如下对话框，对对话框中检测区数进行设置。

在命令栏菜单里选择3（设置全部参数），点击发送，弹出如下对话框，对对话框中各参数进行设置。

③交通信号灯的调试：交通信号灯是通过分别对红灯、绿灯、黄灯、绿色"←"灯分别进行供电来控制的。调试时，将交流220V电源零线连接至公共零线端子，火线分别接至红灯、绿灯、黄灯、绿色"←"灯的供电端子上，当供电时，与供电端子相对应的灯亮。

④车道指示器的调试：接通电源，分别短路各显示控制端子，检查车道指示器显示及反馈信号端子输出情况。

⑤环境检测器的调试：改变环境检测器检测范围内各参数值，调整检测器的输出值符合要求。

⑥视频监控系统的调试：视频监控系统调试按照视频图像的上传、控制矩阵对图像及摄像机的控

制、监视器对图像的调用、视频分配器的图像输出、录像机的工作状况进行调试。

⑦火灾报警系统的调试

火灾自动报警系统调试,应先分别对探测器、区域报警控制器、集中报警控制器、火灾警报装置和消防控制设备等逐个进行单机通电检查,正常后方可进行系统调试。

火灾自动报警系统通电后,应按现行国家标准《火灾报警控制器通用技术条件》的有关要求对报警控制器进行下列功能检查:火灾报警自检功能;消音、复位功能;故障报警功能;火灾优先功能;报警记忆功能;电源自动转换和备用电源的自动充电功能;备用电源的欠压和过压报警功能。

检查火灾自动报警系统的主电源和备用电源,其容量应分别符合现行有关国家标准的要求,主电源和备用电源应能自动转换,在备用电源连续充放电3次后,蓄电池容量达到标称值以上。

分别用主电源和备用电源供电,检查火灾自动报警系统的各项控制和联动功能。

火灾自动报警系统应在连续运行120h无故障后,填写调试报告。

(2)本地子系统调试

①立柱情报板的信息发布的调试;

②环形线圈车检器的车流量及车速精度及信号传输的调试;

③信号灯控制及信号反馈的调试;

④车道控制标志控制及信号反馈的调试;

⑤CO/VI检测器测量信号变化的调试;

⑥光强检测器测量信号变化的调试;

⑦视频图像的传输、控制。

⑧火灾报警系统控制情况的调试。

(3)本地系统联调

①洞口内外照度变化控制照明系统

分别改变洞口内外的光强,对洞外照明、洞内加强照明1、2、3回路进行控制。

②CO/VI检测量对通风系统的控制

改变CO/VI检测量,控制隧道内各台风机启动及停止。

③交通检测量对交通控制信号的控制

改变不同地点交通量以改变各个车辆检测器的检测值,使其达到规定值,分别控制不同地点交通信号灯、车道指示器、情报板的显示。

④火灾报警系统对消防系统的控制

分别在隧道内的不同地点对感温光缆点火及按下报警按钮,检测值守点的报警主机的报警和显示情况;以及对风机和车行、人行横洞门的控制。

5.3 劳动力组织

劳动力组织具体见表1。

劳动力组织表 表1

序号	主要任务	人数	备注
1	设备基础制作	6人	技术人员1人,瓦工2人,普工3人
2	立柱及设备箱安装	5人	技术人员1人,通信工2人,普工2人
3	设备安装	6人	技术人员1人,通信工3人,普工2人
4	感温光缆及电缆敷设	9人	技术人员1人,通信工2人,电力工2人,普工4人
5	设备调试	5人	技术人员2人,通信工2人,电力工1人
小计		31人	

6 材料与设备

机具设备具体见表2。

主要机具设备　　表2

序号	名称	规格	单位	数量
1	发电机		台	1
2	经纬仪		台	1
3	水准仪		台	1
4	路面切割机		台	1
5	钢卷尺		只	2
6	吊车		辆	1
7	面包车		辆	1
8	梯车		辆	1
9	万用表		只	2
10	兆欧表		只	1
11	地线电阻测试仪		只	1
12	冲击钻		把	2
13	电焊机		台	1
14	安全防护工具		套	2
15	活动扳手		个	6
16	电烙铁		个	4
17	偏口钳		个	4
18	压线钳		个	2
19	吸尘器		个	1
20	组合套筒扳手		套	2
21	光纤熔接机		台	1
22	光时域反射仪		台	1
23	CATV 测试仪		台	1

7 质量控制

(1)执行标准

①《公路工程质量检验评定标准—机电工程》(JTG F80/2—2004);

②《机电工程技术手册》;

③《火灾自动报警系统设计规范》(GB 50116—98);

④《火灾自动报警系统施工及验收规范》(GB 50166—2007)。

(2)施工人员必须先培训后上岗,熟悉设备安装、调试及开通的技术要求。

(3)使用状态良好的仪表、工具,正确操作,严格按操作规范施工。

(4)保证设备外观完好,产品无损伤,确保设备符合设计及规范要求。

(5)施工前做好技术交底、详细交代本项目的技术标准,操作工艺及质量要求。

8 安全措施

(1)公路沿线施工应遵守有关安全规则,确保人身及机具仪表安全。

(2)室内设备安装时,应保证环境符合设计要求,并配备相应的消防器材。

(3)坚持生产任务、安全措施同时下达制度,施工班组坚持每天工前安全点名、讲话制度和每周不小于2h的安全技术教育。要求持证作业的工序,作业人员必须持证上岗。

(4)认真贯彻执行安全第一,预防为主的方针,不得违章作业和指挥。

(5)施工工具,劳保用品必须经常严格检验,不合格的严禁使用。

9 环保措施

(1)严格遵守《中华人民共和国环境保护法》、《建设项目环境保护条例》。

(2)开工前要编制详细的环境保护计划,计划内容包括:辨别哪些方面对环境造成明显影响、危险性预测、在施工中采取的环保措施、监测手段、建立有效的管理体系、明确责任制、执行环保标准等内容,环保计划经过有关部门批准后方才开工。

(3)油脂油膏、添加剂等化工材料妥善保管、库内存放,防止污染环境。

(4)采取有效的技术手段和管理措施将施工噪声控制到最低程度。

10 资源节约

(1)执行国家"加强能源资源节约和生态环境保护,增强可持续发展能力"方针政策,加强原材料消耗管理,提高原材料利用率。

(2)爱护施工现场植被,如确因工程施工需损坏绿地、花木等,将事先与业主或监理工程师协商,征得同意。如造成较大面积植被损毁,要达成经济补偿协议或植被恢复协议。

(3)妥善处理施工废弃物和生活垃圾,运至工程监理方及当地环保部门同意的指定地点弃置。完善资源综合利用和废旧物资回收利用。

11 效益分析

(1)本工法使隧道机电工程中的监控系统施工调试规范化、标准化,为隧道机电工程或类似工程的施工提供了作业指导,提高了以后工程的施工效率。

(2)使用本工法,大大地提高了设备安装及系统调试的工作效率,降低了人工费、机具使用费、管理费等约13万元。

(3)使用本工法,仅在外场设备接地一项节约材料费0.6万元,6套外场设备,每处人工费按照0.2万元计算,节约工费1.2万元。

(4)使用本工法,缩短了施工工期,提高了设备的安装质量。按期完成施工生产,单项工程验收合格率为100%。在设备投入运行后,性能稳定,故障率小,受到业主的好评,取得了良好的社会效益。

12 应用实例

中铁四局电气化公司承担施工的崇溪河至遵义高速公路风梅垭隧道机电工程,于2005年9月正式开工,2007年6月竣工开通。共完成了外场摄像机38台、情报板2套、交通信号灯2套、车道控制器20套、光强检测器4台、CO/VI检测器3台、可编成控制器8套、感温光缆6km、火灾报警按钮109套及监控值守点一处。工程施工中采用本工法,确保了在技术新、系统调试技术要求高、施工环境复杂的情况下按时开通,取得了工期短、质量好,安全可靠等良好效果。不仅节约了投资,而且比计划提前完成施工,工程质量优良,验收合格率为100%。2007~2008年在湖北荆东高速公路机电工程、山东德州至商丘(鲁豫界)干线公路菏泽至曹县高速公路机电工程中应用本工法,取得了显著成效。

高速公路隧道风机安装施工工法

GGG(中企)E5151—2009

舒　坦　冯锡清

(中铁二局股份有限公司)

1　前言

风机安装是隧道通风系统的主要工序,风机安装的位置、工艺都直接关系通风系统的运行效果。而风机安装前对其支承结构(底座预埋件、焊接件及挂件等)承载力试验(俗称"拉拔"试验)尤为重要,传统施工中,隧道风机支承结构(底座预埋件、挂件等)承载力试验没有采取科学的方法多采用吊挂大货车等重物(相当于风机及其挂件自重15倍左右)进行检测试验,试验机械费用大、试验过程繁杂、承载试验无法读取数据。

在沪蓉国道忠县至垫江段高速公路机电安装施工中,通过技术攻关,创新了试验方案,运用槽钢架和ZY-50锚杆拉力计模拟重力试验方法进行风机支承结构承载力试验,使试验工序简洁,减少了试验机械台班,简化了试验过程,并可在循序加力时读取准确的数据,保证了隧道风机安装工艺的质量。

2　工法特点

2.1　工艺流程简单、实用,操作易于掌握。

2.2　核心工艺是风机测量定位和支承结构承载试验。

2.3　所用材料及工具简单、通用性强。

3　适用范围

本工法适用于不同等级公路隧道的射流风机安装。

4　工艺原理

4.1　使用经纬仪进行风机安装位置的测量和定位,提高测量的准确性。

4.2　使用ZY—50型锚杆拉力计进行风机支承结构的承载能力试验。

4.3　采用人工和机械相结合的方式进行风机吊装。

5　工艺流程及施工方法

5.1　工艺流程

工艺流程见图1所示。

5.2　操作要点

5.2.1　施工准备

(1)全面熟悉、掌握风机构造和安装尺寸。并对作业人员进行技术交底。

(2)开箱检查风机的规格、型号是否符合设计要求;各安装部件是否齐全,机壳外部有否碰伤,叶轮转动是否灵活。

(3)准备好施工用的各类机具、材料。

(4)组装移动作业台车,并检查移动作业台车组装完好,各构件连接牢固,安全围栏满足施工安全要求。

5.2.2　施工测量、划线

(1)在每一组风机预埋件下方路面,用皮尺和吊锤测量确定隧道路面中轴线位置,在靠近隧道口的第一组风机下方中轴线上架设经纬仪,用经纬仪测量每台风机的安装轴线位置、并通过经纬仪检查核对同一轴线上风机的中轴线在同一条直线上,并与隧道中轴线平行。

(2)使用砂轮机和钢丝刷清除风机预埋钢板上的渣滓和锈蚀,注意要将焊接部位清除干净,以免影响焊接效果。

(3)根据隧道顶部的风机安装轴线,按风机安装图的尺寸,用水平尺测量确定风机每块底座(U形钢)在风机预埋钢板上的焊接位置,并用彩笔画线。

5.2.3　焊接风机底座(U形钢)

(1)把底座(U形钢)摆放在风机预埋钢板的确定位置上在其边沿进行2到3处局部点焊,确定其中轴线偏差在±1mm范围内,然后再进行焊接。

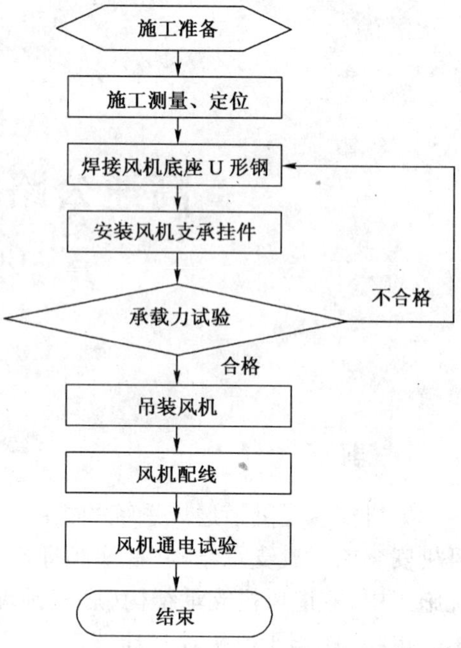

图1　公路隧道射流风机安装工艺流程图

(2)沿U形钢底部的四周2层满焊,第一层焊完除渣后再焊第二层,不得跳焊。焊缝应饱满、无裂痕、无蜂窝,焊缝处涂防锈漆。

5.2.4　安装支承挂件

按照风机安装图安装支承挂件,要求平垫、弹垫齐全,螺栓紧固。

5.2.5　承载试验

风机吊装之前,必须对其支承结构(预埋件、焊接件及支承挂件等)做承载力试验,要求支撑结构强度保证能够承载实际静荷载(风机及其相关支承挂件自重之和)15倍以上的受力。

试验方法见图2风机的支承结构承载试验示意图。

(1)按图2风机的支承结构承载试验示意图尺寸加工制作试验用钢板支座,支座采用$\delta=10$mm钢板制作,支座底部加焊长500mm、高100mm、厚4mm的“工”字钢,保证钢板支座有足够的强度与刚度,能承受相当于20倍风机及挂件重量的载荷(如风机1 200kg,则约235kN)不变形。

(2)将钢板支座用连接螺栓安装在风机挂件下方,把试验机具(液压千斤顶、支墩、油管、手动加力泵等)安置平稳后,操作手动加力泵缓慢加压到额定试验压力的一半,检查风机预埋钢板没有异常、隧道衬砌没有剥落、U形钢焊缝无裂缝、风机挂件没有明显变型、试验机具无异常后,再施压到额定压力(风机及其安装挂件自重15倍以上的受力),保持额定压力30min,再次检查以上各项是否正常。

额定试验压力的计算:

静荷载:

$$G = g_1 + g_2 \tag{1}$$

式中:g_1——射流风机质量(含叶轮、整流罩、风机外壳、电机、导流叶片、消声器等),kg;

g_2——安装附件(含支承挂件、U形钢、吊链、减震装置等),kg。

额定试验压力:

$$Y = 9.8 \times k \times G / 1\,000 (\mathrm{kN}) \tag{2}$$

式中:k——安全压力系数,规范中要求不小于15,一般取值15。

如:风机质量1 200kg,安装附件质量60kg。

静荷载:$G = 1\,200\text{kg} + 60\text{kg} = 1\,260\text{kg}$;

额定试验压力：$Y = 9.8 \times 15 \times 1\,260/1\,000 = 185.22\text{kN}$。

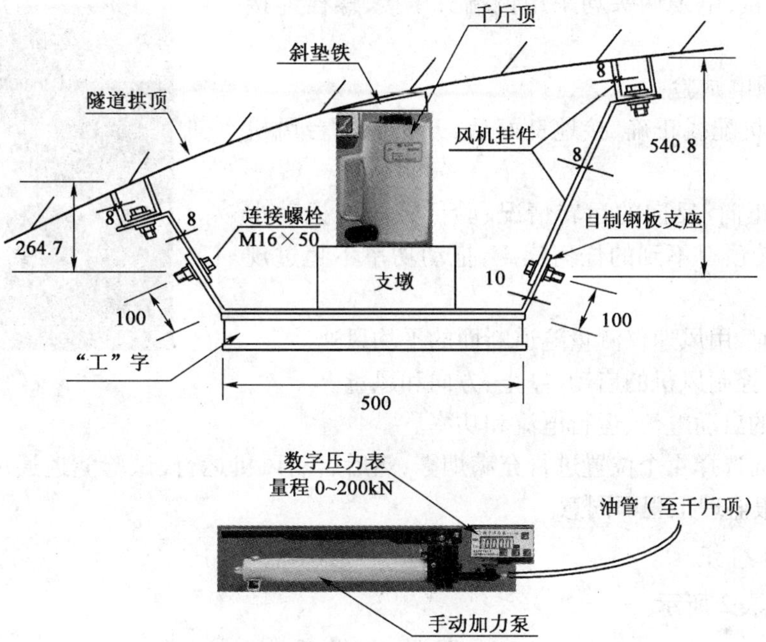

图2　风机支承结构承载试验示意图(尺寸单位:mm)

(3)试验完毕释压,拆除试验机具,填写试验数据报告。见表1所示。

风机预埋件、挂件承载试验记录表　　表1

工程名称	隧道机电设施		工程部位	结论
风机编号	里程	技术指标(kN)	检验结果(kN)	
Y1F-1	K82+510	≥160	160.0	合格
Y1F-2	K82+510	≥160	160.3	合格
Y2F-1	K82+660	≥160	160.3	合格
Y2F-2	K82+660	≥160	161.0	合格
Y3F-2	K82+810	≥160	160.7	合格
Y3F-2	K82+810	≥160	160.0	合格

5.2.6　吊装风机

(1)用汽车把风机运到安装位置的正下方。注意风机在运输过程中要放置平稳、支垫牢固。

(2)将两个手动葫芦分别挂在风机挂件两侧,操作葫芦放下挂钩至汽车上风机的高度。用两根麻绳的一端分别绑在风机两头的吊环上,然后两个人拉住每根麻绳的另一端,防止风机吊装时摆动,用两根长度适中的钢丝绳从风机下面两侧的翼板由内向外兜住挂在手动葫芦挂钩上,检查各种挂钩挂结牢实后,方可开始操作葫芦起吊风机。要求风机在吊装之前必须检查、核对风机的方向是否符合设计要求(图3)。

(3)风机起吊到风机挂件高度时,将作业平台车推到风机下方,作业人员进行风机与挂件连接,先上风机挂件螺栓,后上风机检修安全吊索。

(4)检查风机与挂件的连接螺栓齐全、紧固后,方可拆除手动葫芦和麻绳。

起吊风机见图3。

5.2.7　风机配线

(1)开剥风机供电电缆,使用专用压接钳压接铜端头,按对应相序接上线端。注意,铜端头要压接牢固,每个铜端头压接后用绝缘热缩管进行热缩处理。

(2)风机接地,每台风机外壳均使用 BVV $1\times16mm^2$ 电力电缆与电缆桥架连接,电缆两头均采用铜端头压接、螺栓连接方式连接。

5.2.8 风机通电试验

在检查确认风机配线正确、接地良好后,开始对每台风机进行通电试验。

(1)检查风机正向、反向的运转情况、验证风机的振动水平,不产生风机运转预料不到的任何噪声,拖动功率不超过规定值。

(2)风机运转时,用风速仪测量隧道断面的平均风速。

(3)手动、自动控制风机的启动、停止、方向和风量。

(4)试验电机的启动电流、运行电流和功率。

图3 起吊风机

(5)沿隧道纵向选择4个位置进行充满烟雾,然后启动风机运行,试验隧道通风系统的实际排烟换气能力,试验位置报监理工程师同意。

5.3 劳动力组织

劳动力组织如表2所示。

劳动力组织 表2

序号	人员	单位	数量	职责
1	施工技术员	个	1	负责风机安装技术、质量
2	测工	个	2	风机底座测量、定位
3	技术工人	个	2	负责风机的安装、配线、试验
4	焊工	个	2	焊接风机底座
5	普工	个	6	吊装风机、推台车及防护

6 材料与设备

6.1 主要材料与设备

以垫忠高速公路为例,实际施工中以设计为依据,见表3所示。

主要材料、设备表 表3

序号	名称	规格型号	单位	数量	备注
1	射流风机	SDS—11.2K—4P—30	台	1	主要技术指标: 流量≥32.4m³/s; 噪声要求:≤70dB; 防护等级:≥IP55; 轴向推力:1 148N; 功率≤30kW(AC380V±10%,50Hz); 叶轮直径:φ1 120mm; 风口风速≥32.8m/s; 风机重量≤1 000kg; 风机转速:1 470rad/min
2	安装附件		组	1	支承挂件、U形钢、螺栓、接线盒等

6.2 主要工、机具配备

主要工、机具配备如表4所示。

主要工、机具配置表 表4

序号	名称	规格型号	单位	数量	备注
1	汽吊	8t	辆	1	吊装风机
2	货车	5t	辆	1	装载风机设备
3	移动作业台车	组装	台	1	施工作业
4	发电机	5kW	台	1	底座U形钢焊接等
5	经纬仪	TDJ6E	台	1	测量
6	锚杆拉力计	ZY—50	套	1	承载力试验
7	手动葫芦	3t	付	2	吊装风机
8	电焊机		台	1	
9	专用压接钳		把	1	
10	电工工具		套	1	
11	水平尺	2mm	把	1	
12	扳手	450	把	8	
13	锯弓		把	1	
14	线锤		把	1	
15	角磨机		台	1	
16	钢丝刷		把	2	
17	照明灯具		盏	2	

7 质量控制

7.1 质量标准

本工法遵守以下标准：

(1)《公路工程质量检验评定标准 机电工程》(JTG F80/2—2004)；

(2)《电气装置安装工程接地装置施工及验收规范》(GB 50169—92)。

7.2 质量控制

(1)风机预埋钢板与风机挂件的U形钢焊接部位要清除、打磨干净，以确保焊接良好。

(2)用水平尺测量风机挂件的U形钢焊接位置时，要求最少有两人一起测量确认，以达到互相检查核对，保证定位正确。

(3)每次做承载试验前，注意检查试验仪器(锚杆拉力计)及机具的完好，动作正常，确保试验数据正确有效。

(4)所有风机支承结构的承载试验必须听从现场质检中心工作人员的指挥，如实做好试验记录。

(5)风机的搬运应有专人负责，搬运过程中不得对设备造成损伤，搬运时承重点在风机底座上、严禁在风机的外壳、叶轮上系绳索。

(6)安装时风机吊装点应在风机下方底座上，不得将绳索捆绑在风机的外壳上。

(7)风机吊装时检查风机安装方向符合设计要求，避免装错造成返工。

8 安全措施

施工过程中严格执行《公路工程施工安全技术规程》(JTJ 076—95)的具体规定以外，还要特别注意如下安全事项。

(1)高空作业时，上方施工人员必须正确佩戴安全带和安全帽，着装灵便，携带工具包，推台车的下方施工人员必须正确佩戴安全帽，站立在上方作业区域的外方。

(2)焊机等电动工具使用前先进行绝缘检查,使用时必须经过漏电保护。

(3)定期对作业台车进行检查,检查架管及构件是否有松动现象,钢管应无严重弯曲、压扁、严重锈蚀,凡有脆裂、变形或滑丝的扣件,及时更换。

(4)施工地段,按要求摆设反光锥或拉设警戒绳等警示标志。

(5)风机吊装时,严禁人员站立在下方区域。

9 环保措施

(1)加强对施工人员的环保教育,在施工中自觉做好环保工作。

(2)运输到现场的风机及风机挂件要堆放整齐,不得妨碍他人施工或通行。

(3)施工中用剩的边角余料应及时清理回收,保持现场整洁,做到工完料尽场地清。

(4)拆下的风机外包装要及时统一回收,不得随地抛弃。

10 资源节约

本工程应用该工法,使用ZY—50锚杆拉力计进行风机支承结构(底座预埋件、焊接件及挂件等)的承载力试验,共节约机械台班8.8个,节约人工88工日。同时,采用人工和机械相结合的方式进行风机吊装,提高施工效率30%。

11 效益分析

(1)使用经纬仪进行风机安装的测量定位,提高施工测量进度和测量的准确性。

(2)使用ZY—50锚杆拉力计进行风机支承结构(底座预埋件、焊接件及挂件等)的承载力试验,与传统的试验方法比较,每台风机节约机械台班0.2个,节约人工2工日。

(3)采用人工和机械相结合的方式进行风机吊装,可提高施工效率30%。

12 应用实例

(1)沪蓉国道主干线支线重庆忠县至垫江高速公路起点位于忠县县城以北冉家坝的分水岭(K79+000),终点位于川渝交界处的明月山(K154+097.612),与四川境内的邻水至垫江高速公路相接,线路总长75.186km。

我公司承担施工的机电安装工程包含通信系统、收费系统、监控系统(路段及隧道监控)、供配电(路段及隧道)、隧道通风系统、照明系统、消防系统等。本施工工艺在垫忠高速公路机电安装工程施工中的实施和应用,不仅提高了施工工效、保证了施工安全,而且提高了设备的可靠性和稳定性。得到了业主及重庆市业内专家的好评,也为我们企业积累了高速公路机电系统安装施工的宝贵经验。

(2)富宁—广南(鸡街)—砚山高速公路是国家五纵七横"国道主干线中衡阳—南宁—昆明公路滇境中的一段,是云南省通往广西壮族自治区及沿海港口的运输大动脉。富宁—广南段全长67.117km,广南—砚山段全长约73.822km。全线路基宽度24.50m,为双向四车道,设计行车速度80km/h。

富广、广砚高速公路机电安装工程施工范围为通信管道、通信设施、收费设施、路段监控设施,隧道含隧道监控设施、通风系统、照明系统、消防系统、供配电系统工程,为业主提供富砚高速公路所需的全新的高质量的机电系统。其中上角所隧道、老鹰咀隧道、大坝子隧道、新寨隧道和董来隧道采用射流风机纵向式机械通风。

在风机施工中应用了本工法,采用经纬仪进行风机安装的测量定位,不但提高了施工测量进度和测量的准确性,而且节约了资源,提高了施工效率。

路 基 篇

流态水泥粉煤灰台背回填施工工法

GGG(冀)A1001—2009

郑义坤 王 虎 侯英超 寇永强 刘永刚
(邢台路桥建设总公司)

1 前言

目前,在各等级公路建设中,台背回填处普遍会出现不同程度的沉降断裂,使车辆大幅度减速,发生桥头跳车现象,这不仅使驾驶员和乘客感到不适,甚至可导致交通事故的发生;而且,由于巨大的冲击荷载还会对构造物和路面造成严重的损坏,直接影响构造物的稳定,使耐久性能降低。因此,必须解决好桥头跳车的问题。

造成桥头跳车的原因很多,究其实质,最重要的原因是构造物建成后,由于场地狭窄,死角较多,容易积水,又不能损坏构造物,造成填筑困难,影响台背回填质量,最终与构造物连接部分形成沉降差。

众所周知,流态水泥粉煤灰由于具有自重轻、高流动性、自密实、易施工等特点,成型后形成很高的承载能力,从而能够有效地减免桥台台背沉降,预防桥头跳车,最大限度地减少质量通病的发生。正是由于流态水泥粉煤灰具有上述优点,因此,在各等级公路建设中越来越得到广泛的重视与应用。

2 工法特点

2.1 该工法适用范围广、施工方法简单、原材料广泛、质量容易控制、可操作性强。

2.2 流态水泥粉煤灰所形成的结构层,具有自重轻、沉降小、后期强度高、承载力大等优点,可有效预防质量通病的发生。

2.3 该工法在保证质量的前提下,减少了人员、机械消耗和废气的排放,加快了施工进度,确保了工期。

3 适用范围

适用于大中桥、涵洞、通道台背及其他基坑回填等。

4 工艺原理

流态水泥粉煤灰施工是通过适量的水泥、粉煤灰、水、减水剂等按比例拌和而成,当稠度达到要求时即可进行现场灌注施工。由于流态水泥粉煤灰自身具有高流动性和自密实性,所以有效填充了工作面的所有空隙,弥补了其他填筑材料因施工原因而不易压实的缺陷。

另外,粉煤灰是火力发电厂的废渣,其本身属惰性材料,没有黏性,但是当它以粉散的状态与水、水泥混合时会形成水化硅酸钙、水化铝酸钙和水化硅铝酸钙等胶凝性化合物。流态水泥粉煤灰的强度直接决定于水泥中 $3CaO \cdot SiO_2$、$2CaO \cdot SiO_2$ 与粉煤灰反应后形成胶凝性化合物的数量。随着流态水泥粉煤灰后期强度的逐渐增加,使其具有了很高的承载能力,最终形成良好的轻质结构层。

5 施工工艺流程及操作要点

5.1 施工准备

5.1.1 施工放样

施工前,应量测流态水泥粉煤灰台背施工长度与宽度,用灰线画出。在台背范围以外的锥坡和路基连接段做3m宽包边土,其填筑高度应比灌注流态水泥粉煤灰高出50cm,并分层检测压实度指标,使之满足要求。

5.1.2 基底清理

对两侧台背进行彻底清理,保证基坑内无虚渣、浮土、积水,并夯实整平。基底压实度应满足设计要求,基底高程测量、回填横断面尺寸应满足基坑及台背回填施工要求。

5.1.3 施工前对所用的原材料进行抽检,原材料质量满足规范要求。

5.1.4 施工前对施工设备进行全面检查、调整,确保设备处于良好状态,确保流态水泥粉煤灰台背回填的连续施工。

5.1.5 准备充足的水源,以能够保证施工拌和、养生所需用水。

5.1.6 洒水车、土工布、草毡等准备就绪,能够满足保湿养生需要。

5.2 施工机械组合

采用2台60型混凝土拌和站+4辆罐车+2台装载机+2幅溜槽,配合刮板整平,即能够满足施工要求。

5.3 混合料的搅拌

拌制混合料前,检查各种计量器具标定情况,保证配料准确,其允许偏差均控制在±1%以内。对粉煤灰含水率更应随时检测,以调整拌和时水的用量。混合料搅拌时间不得低于3min,确保混合料具有良好的工作性能和适宜的稠度,不得出现离析现象。

5.4 混合料的运输

根据拌和站的生产能力、运距、施工现场情况,确定混凝土罐车数量,并将拌和好的混合料运至现场。

5.5 混合料的灌注

5.5.1 将已拌和好的混合料用顺溜槽直接放入台背中即可,其灌注速度要与拌和速度相匹配,使之形成连续且不间断的工作面。

5.5.2 混合料应按一定厚度、顺序和方向分层灌注,从高处向基坑内倾倒混合料时,自由倾落高度不超过2m。斜面上灌注混合料时,应从低处开始逐层扩展升高,保持水平分层施工。

5.5.3 当台背中的混合料有明显的结块时,用铁耙等工具进行搅拌均匀,捡出未搅拌均匀的灰块。灌注快要完成时,通过溜槽和人工进行大致整平。

5.5.4 待灌注到距包边土顶面高程50cm左右时,即完成一次灌注任务,养生3d后,再进行下一层包边土施工,重复灌注过程,直至回填至搭板下30cm时,停止施工。

5.5.5 台背两侧应同时施工,当气温低于5℃时应停止灌注。

5.6 养护

灌筑完成后,应在表层结硬后用适量水进行养生,待水分蒸发吸收完毕后,采用土工布或草毡进行覆盖,以保证强度增长,养生期不少于7d,期间禁止车辆、行人通过。

5.7 封层

由于流态水泥粉煤灰水稳性差、不耐冲刷等原因,因此需在流态水泥粉煤灰顶层做两层15cm厚的8%石灰土,进行封层处理。

6 材料与设备

6.1 材料

正确地选择桥头路堤的填料，能有效地减少公路桥头跳车的病害，尤其是对桥头路堤和软土地段，填料应选择内摩擦角大、透水性良好、易压实、沉降完成快、后期变形小的填料，且其细料含量不宜过大。因此，优先选用物理力学性能比较高的流态水泥粉煤灰作为桥台回填材料为宜。

6.1.1 粉煤灰

粉煤灰中 SiO_2、Al_2O_3 和 Fe_2O_3 的总含量大于 70%，烧失量小于 20%，比表面积大于 2 500cm^2/g，满足规范要求。干粉煤灰和湿粉煤灰均可使用。干粉煤灰应堆放于空地上，并采取洒水覆盖措施防止飞扬造成环境污染。湿粉煤灰含水率不宜超过 35%，若有已凝固的粉煤灰块应打碎过筛，同时清除杂质。

6.1.2 水泥

水泥强度等级不宜低于 32.5 级，所购置水泥应符合现行国家标准，并附有厂家的试验报告等合格证明资料。水泥如受潮或存放时间超过 3 个月，应重新取样试验，合格后方可使用。现场水泥应堆放覆盖，并应采取防雨、防潮等措施。

6.1.3 水

采用普通饮用水。

6.2 配合比设计

当原材料试验合格后，方可进行配合比设计，应优先选用 42.5 级水泥，然后按水泥：粉煤灰 = 4：96、6：94、8：92、10：90 四种比例调整其稠度，使稠度控制在 35～50s 之间，从而确定用水量。并随即用 70.7mm × 70.7mm × 70.7mm 的立方体铁试模制取试件 2 组（每组 6 个），待拆模后用塑料袋包裹，标准养护至龄期。取出试件，放在路面材料强度试验仪升降台上，保持速率 1mm/min，做抗压强度试验，其强度应满足设计要求即 7d≥0.4MPa，28d≥0.6MPa。从中选择性价比高的一组，即可确定出试验室配合比，最终得出水泥：粉煤灰：水（质量比）= 8：92：68，28d 抗压强度为 0.85MPa，满足技术规范要求。若强度不满足要求时需增加减水剂重新试验，其稠度控制指标以 20～30s 为宜，其他步骤同上。

6.3 机械设备（表 1）

机械设备情况一览表 表 1

机械名称	型 号	数 量	备 注
混凝土搅拌站	HZS60	2 套	
混凝土罐车	HTM604	4 辆	
装载机	ZL-30A	2 台	
洒水车	东风 6 000L	1 辆	
铁耙		2 个	
刮板		2 个	自制
溜槽		2 个	自制

7 质量控制

我项目部依据《青兰高速公路邯涉段土建工程施工合同文件》、《青兰高速公路邯涉段招标文件》、《邯郸市青红高速公路管理处邯高管工[2008]56 号》（关于青兰高速公路支线桥涵构造物台背回填方案改为流态粉煤灰的通知）、《公路工程水泥及水泥混凝土试验规程》（JTG E30—2005）、《通用硅酸盐水泥》（GB 175—2007）及设计图纸中相关技术要求，并结合以往工程流态粉煤灰台背回填施工经验，编制流态水泥粉煤灰台背回填施工方案。流态水泥粉煤灰作为一种新工艺，施工过程中一定要严格控制施工质量,特别应注意以下几个方面。

7.1 灌注前,检查基坑、台背应无虚渣、浮土、积水,并将基坑、台背进行彻底清理,施工过程中要严加小心,防止杂物落入。对于基坑结合部位更应削割成密实面,以防浆体外流,影响回填的整体强度和路基质量。

7.2 混合料的拌和,一定要提前测定现场粉煤灰的含水率,根据测定含水率计算混合料的加水量,从而确保施工配合比准确。现场施工时所用水泥用量应比室内配合比增加1.0%~2.0%,以保证现场强度满足要求。混合料的拌和时间不得少于3min,其质量应以拌和均匀、颜色一致、不离析为标准。

7.3 每灌注一次(以2m以内为宜)自然晾晒2~3d,待自然强度形成后,即可进行下一层灌注施工。对于出现开裂现象,应查明原因,并对裂缝以1:2的水泥浆灌注处理。

7.4 灌注过程中,要尽量保持同一水平面,不应形成太大坡度,每次灌注结束后用刮板人工整平至规定的横坡。

7.5 施工中必须严格控制配合比及搅拌时间,特别是水泥的掺量及水灰比的控制,并随时检测流态水泥粉煤灰稠度并进行必要的调整,施工技术人员及试验人员必须全过程盯岗,以控制现场质量。同时,要杜绝混合料的离析、结块及土块杂物掉入等严重影响工程质量的现象。

7.6 在流态水泥粉煤灰施工过程中,要采用现场随工检验和隐蔽工程检验。对于四周的路基必须检查其牢固性、严密程度,防止施工中出现跑浆、漏浆现象,并经监理工程师检查合格后方可进行施工。

7.7 施工过程中,可用净浆稠度仪检测稠度,并按每工作台班不少于2组的频率制取试件,并要与现场钻芯结果相结合,以检查其整体性能。

表2所示为台背回填检验项目。

台背回填检验项目 表2

项次	检查项目	规定值或允许偏差	检查方法和频率
1	基底压沉值(mm) 包边土石回填压沉值(mm)	≤2	按JTG F80/1—2004附录B检查密度法:每50m^{2}每压实层检测2处
2	压实厚度(mm)	不小于设计值	钢板尺:每侧每压实层测2处
3	流态水泥粉煤灰28d强度(MPa)	≥0.6	每工作台班制2组试件
4	平整度(mm)	≤15	3m直尺,每侧2处×5尺
5	8%灰土封层灰剂量允许偏差(%)	-0.5~1.0	每侧每两层抽检1次

8 安全措施

8.1 施工过程中,始终贯彻"预防为主,安全第一"的方针,实施有计划、系统化的安全生产管理模式,树立全员安全意识,为确保施工期间的人身、设备及环境安全提供可靠有力的保障。

8.2 加强安全管理,保障施工人员和国家财产的安全,根据"管生产、必须抓安全"和"谁施工、谁负责"的原则。建立各级安全生产责任制,实行分级管理,并层层签订安全生产责任书,落实安全生产责任制。同时,严格执行安全生产检查制度,对于存在的安全事故隐患及时进行处理。

8.3 施工前对施工人员进行安全生产教育,增强安全生产意识和自我防护意识,使每个职工都明确各自的安全责任,认真贯彻执行"安全生产、预防为主"的方针,迅速形成全员参与、人人有责、全员管理的安全生产氛围。

8.4 现场施工用电安全要点如下:

8.4.1 现场电力线路和用电设备由持证电工安装,做到"一机、一闸、一漏保"。由专职电工负责日常检查和维修保养,禁止其他人员私自乱接、乱拉电线。

8.4.2 现场施工用电线路一律采用绝缘电线。移动式线路使用胶皮电缆。每次使用前都应认真检查,确保电缆无裸露现象。

8.4.3 现场所有电动机械设备使用前按规定进行检查、试运转，作业完拉闸断电，锁好电闸箱，防止发生意外事故。

8.4.4 施工过程中机械设备和线路不得超负荷工作，确保用电安全。

9 环保措施

9.1 粉尘控制措施

9.1.1 对于粉煤灰堆放现场，应采取洒水覆盖措施，防止灰尘飞扬造成环境污染。

9.1.2 施工现场及便道定期洒水，降低扬尘对周围环境的污染。

9.1.3 严禁向现场周围抛掷废弃垃圾，确保文明施工，并应做到现场整洁、有序。

9.2 噪声控制

9.2.1 加强机械设备的日常维修保养工作，确保机械运转正常，降低噪声。

9.2.2 施工时严禁大声喧哗，对于夜间施工时，更应减小噪声，避免扰民。

9.3 污水控制

对于洗刷搅拌罐、拌和设备的废水应自行处理到指定地点集中处理，以防止造成环境污染。

10 资源节约

全国电厂年燃煤约3.6亿吨，20世纪末的年排灰量高达1.4亿吨，排灰量已居世界第三位，数量之大十分惊人。如此巨大的灰渣储存，不仅需要占用大量的耕地，同时也是一种资源浪费。我国对粉煤灰的研究开发利用始于20世纪50年代，主要集中在水泥和混凝土应用开发试验研究上，并已在工程建设中广为应用。特别是近年来，在我国高等级公路建设中，粉煤灰不仅被用于流态水泥粉煤灰台背回填、路基填筑材料，还大规模用于软弱地层处理，充分发挥了粉煤灰在改良路基方面的特性，成为路基填筑材料中不可缺少的部分。该工法最大的特点是可以充分利用工业废渣，节约我们珍贵的土地资源，减少了对环境的污染，同时有效降低机械费用，延长路面和结构物寿命，减少人员消耗，加快工程进度。

11 效益分析

流态水泥粉煤灰台背能有效解决桥头跳车的质量通病，提高行车的安全性和舒适性，最大限度地延长了路面和结构物的使用寿命。其替代灰土可节省摊铺、碾压费用及燃油消耗。下面以应用工程为例进行效益分析。

11.1 邢临高速一合同段

11.1.1 施工地点为K4+986.5(1-6m通道)应用流态水泥粉煤灰1 100m^3，原设计灰土单价为65.6元/m^3，而使用流态水泥粉煤灰单价仅为52.6元/m^3，直接节约费用为1 100×(65.6－52.6)=14 300元。

11.1.2 流态水泥粉煤灰台背施工不仅加快了施工进度，而且节省了人工、机械投入，降低了工程造价，提高了工程质量。

11.1.3 由于该工艺操作简单，所以减少了机械设备的使用和CO_2的排放，改善了空气质量。

11.2 青兰高速公路邯郸至涉县段12合同段

11.2.1 ZK117+310通道台背回填1 500m^{3}原设计为8%石灰土，单价为61.92元/m^3，而改为流态水泥粉煤灰则单价只需50.3元/m^3，直接节约费用为1 500×(61.92－50.3)=17 430元。

11.2.2 大大减少了人工投入，节省了人工费用，同时，加快了工程进度，降低了工程成本。

11.2.3 通过节省机械台班，随之降低了CO_2的排放，减少了对环境的污染。

11.3 总结分析

通过上述两个项目的应用,不仅产生直接经济效益3万余元,而且延长了路面和结构物的使用寿命,降低了养护和维修成本。同时,明显减少了机械设备的消耗,从而改善了环境质量,节约了人工费用。本工法操作简单,易于施工,且能有效地预防质量通病的产生,并降低工程造价,因此说该工法的应用起到了一举多得的效果。

12 应用实例

为响应我国政府提出的“科技创新、节能减排”号召,邢台路桥建设总公司加大科研投入,针对“桥头跳车”这一质量通病和项目部的实际情况,组织施工一线技术人员,积极为工程献计献策,并认真分析总结,提出了现阶段的工作任务和实施方案,取得了可喜的成果。通过对两个工地的实践应用,不断摸索出一套操作简单、成本低廉,实施效果较好的施工工法,得到了业主和监理的认可。

12.1 邢临高速公路一合同段

邢临高速公路是河北省“四纵、四横、十条线”公路网主干线骨架的重要组成部分,是河北省“十五”期间重点建设项目。本标段全长15.6km,分为双向四车道,路基宽26m,路面宽23m,设计时速100km/h。

12.1.1 开竣工日期:2003年7月~2005年12月。

12.1.2 实物工程量:K4+968.5通道台背回填1 100m^3。

12.1.3 应用效果及存在问题:

(1)由于第一次施工,第二天发现所灌注流态水泥粉煤灰个别地方裂纹较多,立即停止施工,组织技术人员进行现场分析,得出结论为所采用施工配合比不够准确,拌和时间偏短所致。遂对裂缝进行处理,同时,加大对施工过程控制,确保了工程质量。

(2)施工完成后在台背一侧约2m处设置一组沉降观测点,第一个月每7d观测一次,第二个月至第三个月每15d观测一次,从第四个月起每一个月观测一次。以连续三个月沉降差小于5mm为检查标准。最终测出连续三个月的沉降差为4mm。

(3)经过近四年来的行车观测,该台背未发生桥头跳车现象,取得了预期的施工效果。

12.2 青兰高速公路邯郸至涉县段12合同段

12.2.1 施工地点:青兰高速公路邯郸至涉县段12合同段,该段为青兰高速公路史村至高臾支线的一部分,是邯郸市过境段的必要补充,与主线同期建设,是形成邯郸市干线公路网体系,完善邯郸市路网结构的重要组成部分。本标段起讫桩号为:ZK115+700~ZK120+300,全长:4.1km(其中ZK119+200~ZK119+700为25合同段京广铁路分离立交)总投资100 721 121元。

12.2.2 开竣工日期:2007年10月~2009年7月。

12.2.3 实物工程量:ZK117+310通道台背回填1 500m^3。

12.2.4 应用效果及存在问题:

(1)该台背成型后经过28d龄期养护,钻芯取样观测,其芯样完整密实、颜色均匀一致。

(2)通过连续三个月的早期观测,该台背沉降差较小(4mm),满足现阶段技术规范要求。

(3)该工法经过改进施工工艺,在本工程上取得了成功的应用,值得借鉴推广。

软基路堤水载预压施工工法

GGG(粤)A2002—2009

谭祥韶　刘吉福　黄　腾　高玉峰　尹敬泽
（广东省航盛建设集团有限公司　河海大学　广东省公路建设有限公司）

1　前言

公路软基处理经常采用排水固结法,并且通常进行等载预压或超载预压。等载预压或超载预压通常采用土、砂等材料,预压完毕后卸除等载、超载材料。低路堤的等载、超载填料体积接近甚至超过路堤设计体积。大规模的工程建设造成我国沿海地区土、砂等资源日益紧缺,土、砂等价格不断上涨,同时也破坏了环境。

广东省航盛建设集团有限公司等针对上述问题,结合沿海地区河网密布、水资源丰富的特点,在现场试验、工程应用的基础上成功开发了软基路堤水载预压施工工法,该工法的关键技术2009年4月经广东省交通厅组织鉴订,达到国际先进水平。

2　工法特点

2.1　利用水代替砂、土等材料预压,不需要借土和弃土,造价低。

2.2　加载、卸载快速、方便。

3　适用范围

适用于附近有可利用地表水的路段。路基顶宽宜大于20m,纵坡宜小于2%,水载深度宜小于2m。

4　工艺原理

在路堤顶面四周修筑围堰形成若干个水池,在水池内铺设1~2层密封膜,然后向水池内蓄水,利用水的重力进行预压。为减少路基纵坡的影响,沿路基纵向每50~100m设置一道横向分隔围堰。

5　施工工艺流程与操作要点

5.1　施工工艺流程

测量放线→围堰施工→基底整理→铺膜→蓄水→预压与监测→放水。

5.2　操作要点

5.2.1　测量放线

利用全站仪等放出围堰的位置,并在围堰施工过程中测量放线。

5.2.2　围堰施工

(1)围堰比水面高20cm。围堰顶宽应大于1m,小于2m,外坡率1:1~1:1.5,内坡率1:1~1:2。横向分隔围堰间距50~100m,路基纵坡大时采用较小的间距。

(2)围堰宜采用黏性土填筑,采用砂时应在围堰两侧码砌沙包。采用推土机、压路机分层填筑围堰,围堰宽度较小时采用小型机械或挖掘机压实,围堰表面应修整平顺。

(3)每个水池的围堰上至少设置一个用于上下的台阶步道。

(4)填筑围堰时,在水池最低处预埋放水设施(详见5.2.7)。

(5)每个水池在其围堰最低处,至少设置一个与路基两侧排水沟连通的溢水口(见图1),用于下雨时排水。溢水口底面比水面高10cm左右。

图1　预留溢水口

5.2.3　基底处理

围堰施工完毕后,全面检查和清除水池底面和围堰表面的尖锐物,避免刺破密封膜(见图2)。填土尖锐物过多时,应在基底铺设一层砂或其他利于保护密封膜的材料。

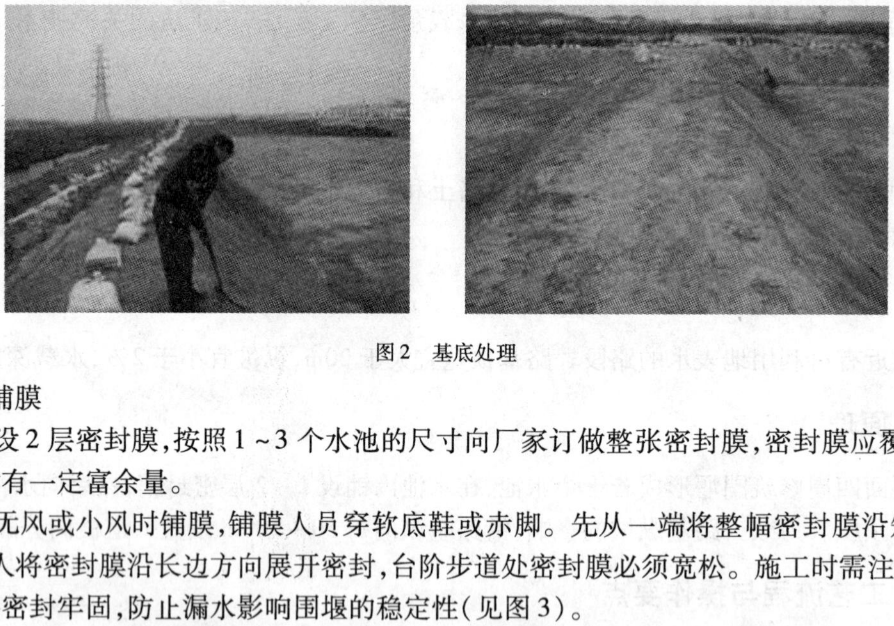

图2　基底处理

5.2.4　铺膜

(1)宜铺设2层密封膜,按照1～3个水池的尺寸向厂家订做整张密封膜,密封膜应覆盖围堰顶面,并保证铺膜时有一定富余量。

(2)选择无风或小风时铺膜,铺膜人员穿软底鞋或赤脚。先从一端将整幅密封膜沿短边方向展开摆放,然后多人将密封膜沿长边方向展开密封,台阶步道处密封膜必须宽松。施工时需注意将塑料管与密封膜之间要密封牢固,防止漏水影响围堰的稳定性(见图3)。

(3)每铺一层膜,全面检查有无孔洞,孔洞部位采用PVC胶水和PVC膜进行修补。

(4)密封膜检查、修补完毕后,在围堰顶布设一层黏土包或20cm厚的黏性土压膜。

(5)铺膜后人员上下围堰应走台阶步道,避免踩破密封膜。

5.2.5　蓄水

(1)采用大功率抽水泵从附近水塘或沟渠向水池抽水,出水口宜设置砂包等缓冲设施,防止水冲破密封膜。

(2)蓄水时进行路基稳定性监测。根据监测资料调整蓄水速度,必要时分级蓄水,避免造成路基滑塌(见图4)。在加载初期,密切监测密封膜的密封性和路堤稳定性。

5.2.6　预压与监测(图5)

(1)预压期间,应进行水位、沉降等监测。监测断面宜设置在横向分隔围堰处。水位观测管应固定牢固。

(2)预压期间,每7~15d监测一次或者按照设计频率监测。

(3)在预压期间,因蒸发等原因水位降低10cm时,应及时补充蓄水。

图3 铺膜

图4 蓄水

图5 预压与监测

(4)预压期间排专人看守,避免人员进入水池,发现异常情况及时处理。

5.2.7 卸载放水

根据监测资料确定卸载放水时间。放水时应防止冲刷路基,可采用以下几种方法。

(1)预埋管法:在每个水池最低处埋置设有混凝土封头或其他封盖的高强度塑料管(图6)。放水时,在混凝土封头内侧将塑料管锯开或打开封盖即可放水。放水处边坡应铺设PVC膜等防止冲刷边坡。放出的水排至路基两侧的排水沟。

(2)抽水法:采用抽水泵将水抽往路基两侧的排水沟。

(3)虹吸法:将灌满水的柔性塑料管一端置入水池,另一端连接路基两侧排水沟,利用大气压,将水池内的水放出。

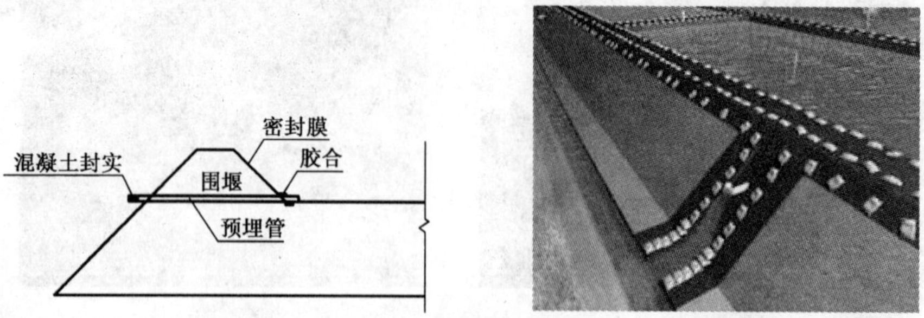

图6　预埋管法

5.3　劳动力组织

劳动力组织见表1。

劳动力组织　　表1

序号	工种	人数	职责	备注
1	组长	1	施工管理	
2	司镜	1	测量放线、施工监测等	
3	汽车驾驶员	5	驾驶自卸汽车	运输围堰填料等
4	机手	3	操作挖掘机、压路机、推土机等	
5	电工	1	施工用电及水泵管理	
6	普通工人	15人	修正基底、铺膜、压膜、测量与监测	

6　材料和设备

6.1　材料

6.1.1　围堰宜采用尖锐物含量不多的黏性土。

6.1.2　密封膜采用聚氯乙烯薄膜(PVC膜),其技术参数要求如表2所示。

密封膜性能指针建议值　　表2

项目	厚度	拉伸强度		纵、横向断裂伸长率	直角撕裂强度	渗透系数	检测	
		纵向	横向				方法	拉伸速率
单位	mm	MPa		%	N/mm	cm/s		mm/min
建议指标	0.12~0.14	≥15	≥15	≥200	≥80	$\leqslant 10^{-11}$	SL/T 235—1999 QB/T 1130—91	20
		试样为50mm宽						

6.2　设备

本工法使用到的机械设备见表3。

机具设备表　　表3

设备名称	型号规格	单位	投入数量	用途
自卸汽车	≥10t	辆	5	运输围堰土
推土机	三-TY160A	台	1	修筑围堰
压路机	三-YZ18C	台	1	修筑围堰

续上表

设备名称	型号规格	单 位	投入数量	用 途
挖掘机	CAT200	台	1	修筑围堰
潜水泵	QY80-65-25	台	1	抽水加载
全站仪		台	1	测量放线
水准仪		台	1	沉降监测

注:设备数量根据围堰数量、填料运距不同,会有所不同。

7 质量控制

7.1 施工质量控制依据

7.1.1 《土工合成材料聚氯乙烯土工膜》(GB/T 17688—1999);

7.1.2 《公路路基设计规范》(JTG D30—2004);

7.1.3 《公路路基施工技术规范》(JTG F10—2006);

7.1.4 《公路工程质量检验评定标准》(JTG F80/1—2004);

7.1.5 招标文件或合同。

7.2 质量保证措施

7.2.1 每个水池每侧的围堰,随机选择两处检查压实度,压实度不得小于90%。

7.2.2 密封膜检测合格后方可使用。

7.2.3 不宜在大风天气铺膜。

7.2.4 铺膜、检修人员穿软底鞋或赤脚,每铺一层膜均应全面检查有无孔洞,并妥善修补孔洞。

7.2.5 安排专人看守,避免人、畜进入水池内。

7.2.6 水深比设计小10cm时,及时补充蓄水,保持预压荷载。

7.2.7 推算工后沉降满足要求时方可卸载。

8 安全措施

8.1 施工安全控制依据

8.1.1 《施工现场临时用电安全技术规范》(JGJ 46—2005);

8.1.2 《建筑机械使用安全技术规程》(JGJ 33—2001);

8.1.3 招标文件或合同。

8.2 具体安全措施

8.2.1 围堰分层填筑和碾压,每层松铺厚度控制在50cm以内,根据施工监测确定施工速率。

8.2.2 铺膜时需专人指挥,铺膜人员务必配备小剪刀,以防被密封膜包裹。

8.2.3 铺设密封膜后全面检查薄膜的密封性,防止漏水影响路堤稳定性。

8.2.4 对雨水冲刷的路堤及围堰边坡及时修补。

8.2.5 根据监测结果确定蓄水速率,必要时分级抽水加载施工,防止路基失稳。

8.2.6 在围堰四周设置警示牌、警戒线,并派专人看守,查看水位变化情况,不准人、畜进入水载预压水池内。

9 环保措施

9.1 施工环境保护依据

9.1.1 《建筑施工现场环境与卫生标准》(JGJ 146—2004);

9.1.2　招标文件或合同。

9.2　具体环保措施

9.2.1　运输道路及时进行洒水,减少扬尘。

9.2.2　及时清理生活垃圾和废弃的密封膜等生产垃圾,并按照环保部门要求进行处理。

10　资源节约

多条公路工程实践表明,与常规堆载预压对比,水载预压可以节约土、砂资源40% ~65%。

11　效益分析

11.1　工程实践表明,水载预压与常规堆载预压对比,采用水载预压可以节约成本30% ~45%,节约土资源40% ~65%(详见应用实例)。

11.2　利用水进行预压,能有效减少工程对砂、土、石的需求,减少对周围环境的破坏,减少粉尘污染。

12　应用实例

12.1　佛山一环城市快速路

佛山一环城市快速路(以下简称佛山一环)为一级公路,全长100km左右。主路双向8车道,辅路双向6车道,路基宽度为90m,路堤设计高度为0 ~6m。佛山一环于2004年10月开始进行软基研究段试验工作,2006年11月18日建成通车。佛山一环地处珠江三角洲腹地,在地貌单元上属珠江三角洲冲积平原,地势较平坦,水网交错,鱼塘、水沟遍布。地基中有淤泥、淤泥质亚砂土、淤泥质土等软土,软土最大深度接近40m。佛山一环采用水载预压的路段超过5km,水载预压约50万立方米。水载预压围堰高2m,顶宽1.5 ~2.5m,内外坡率均为1∶1.2 ~1∶1.5,铺设两层聚氯乙烯薄膜(PVC薄膜),水深1.8m。

水载预压施工采用广东省航盛建设集团有限公司依据佛山市城市快速干线乐从软基研究段水载预压试验取得“软基路堤水载预压施工工法”进行,水载预压施工顺利,达到预期效果,节约了大量土方、砂方,降低了工程造价。工后监测表明软基处理效果良好(见图7)。

a)　　b)

c)　　d)

图7　佛山一环水载预压施工现场照片

a)铺设双层密封膜;b)压膜与蓄水;c)水载预压;d)围堰防护

佛山一环水载预压将近一年，期间经历过南方几个月无降雨的旱季和连续降水的雨季，在旱季水位仅下降了20cm左右，雨季由于设置了溢水口，水位保持在1.8m，持荷比较稳定，有利于保证等载、超载加固效果。个别水池采用开挖法放水造成局部冲刷现象，采用预埋管法放水情况良好。水载预压5个月的薄膜检测结果详见表4，其性能指标虽有小幅下降，但仍然满足使用要求。

PVC薄膜使用前后技术参数对比 表4

项目		单位	技术要求	检测结果		变异系数
				使用前	使用后	
密度		g/cm^3	1.25～1.35			
纵向	拉伸强度	MPa	≥15	23	22.2	5.8
	断裂伸长率	%	≥220	282	225.4	9.1
横向	拉伸强度	MPa	≥13	22	20.9	6.7
	断裂伸长率	%	≥220	284	231.2	11.9
结论：检测结果符合GB/T 17688—1999物理力学性能对应项指标要求						

对300m长度路段，采用水载预压时，围堰高2m、顶宽2m、内外坡率1:1.5，铺2层PVC薄膜，蓄水1.8m；采用粉细砂堆载预压时，堆载厚度1m。两者经济比较见表5。由表可知，水载预压节约成本34.5%，节约砂65%。

水载预压与常规堆载预压经济对比 表5

水载预压					填土预压				
项目	单位	单价	数量	小计		单位	单价	数量	小计
围堰	m^3	35元/m^3	9 480	331 800元	超载土方	m^3	30元/m^3	27 000	810 000元
PVC膜	m^2	5元/m^2	60 000	300 000元	卸载土方	m^3	10元/m^3	27 000	270 000元
水	m^3	1元/m^3	40 000	40 000元					
人工费用	工日	60元/工日	360	21 600元					
安全费用	项	10 000元	1	10 000元					
卸载	项	0.1元	40 000	4 000元					
总计				707 400元	总计				1 080 000
单位面积造价		(元/m^2)		26.2	单位面积造价		(元/m^2)		40

12.2 佛山市北滘至南国路公路主干线

佛山市北滘至南国路公路主干线是佛山市一环快速干线东环段的南延线，处于珠江三角洲腹地，总体呈南北走向。按双向八车道一级公路标准建设，设计时速100km/h，路面宽度41m，路线全长11.205km。

根据勘察，沿线主要揭露地层岩性为第四系全新统海陆交互相沉积层及白垩系，沿线软土以淤泥、淤泥质黏土及淤泥质亚黏土为主，分布于第四系全新统海陆交互相沉积层。路堤填料为细砂，沿线软基处理主要采用袋装砂井、水泥搅拌桩等方法。

借鉴佛山一环软基研究段水载预压的成功经验，在普通路段采用水池式水载预压（约6km，水载预压约30万立方米），在结构物路段采用填砂堆载预压。预压时间为3个月或半年。为节省工程造价，本项目改为铺设一层PVC薄膜。围堰采用石粉，顶宽1.5m，高2.0m，蓄水1.8m，内外坡率均为1:1.2。铺设一层聚氯乙烯薄膜（PVC薄膜）。水载预压后石粉用于路面基层施工。目前该项目水载预压已经全部完成，正在施工路面结构。曾出现狗进入水池洗澡划破薄膜的情况，个别水池因围堰内表面尖锐物未清理干净，出现局部漏水情况，采取措施后维持了水位（见图8）。水载预压整体情况良好，尚未出现安全、质量等问题。目前该工程正在施工绿化工程。

对300m长度路段,采用水载预压时,围堰高2m、顶宽1.5m、内外坡率1:1.2,铺1层PVC薄膜,蓄水1.8m;采用粉细砂堆载预压时,堆载厚度1m。两者经济比较见表6。由表可知,水载预压节约成本32.2%,节约砂49%。

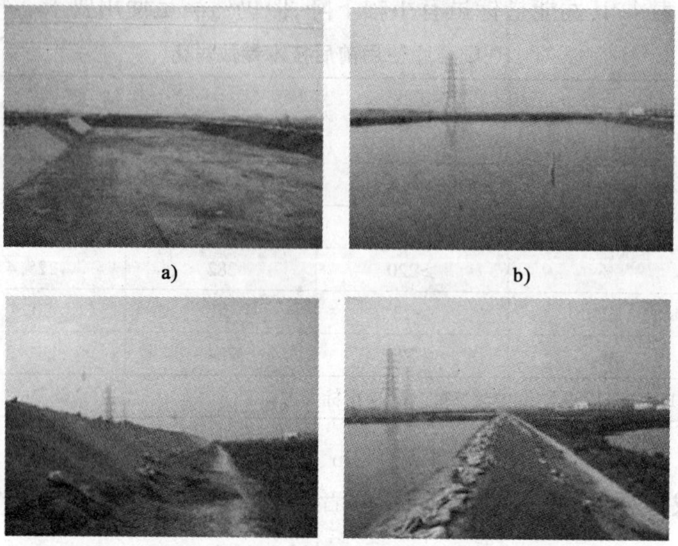

a) b) c) d)

图8 佛山南国路载预压施工现场照片

a)围堰;b)加载预压;c)沙包压坡面;d)沙包压坡顶

水载预压与常规堆载预压经济对比

表6

水载预压					填砂预压				
	单位	单价	数量	小计		单位	单价	数量	小计
围堰	m^3	40元/m^3	5 040	201 600元	超载土方	m^3	35元/m^3	9 900	346 500元
PVC膜	m^2	5元/m^2	11 880	59 400元	卸载土方	m^3	10元/m^3	9 900	99 000元
水	m^3	1元/m^3	8 540	8 540元					
人工费用	工日	60元/工日	360	21 600元					
安全费用	项	10 000元	1	10 000元					
卸载	项	0.1元	8 540	854元					
总计				301 994元	总计				445 500
单位面积造价		(元/m^2)		30.5	单位面积造价		(元/m^2)		45

12.3 广州西二环南段高速公路

广州西二环南段高速公路全长41.551km,是京珠、同三国道主干线的重要组成部分。项目起点位于佛山市南海区九江镇,与正在筹备建设的南二环高速公路相接,途经西樵镇、丹灶镇、三水区白坭镇,终止于南海区狮山镇小塘黎边村,与建成的西二环北段连接。在西二环南段高速公路中,九江至横江段(长35.589km),采用六车道高速公路标准;横江至小塘段(长5.962km),采用八车道高速公路标准,设计时速100km。西二环南段高速公路于2007年12月24日建成通车。

西二环南段高速公路4合同段K12+711.08~K13+115.5,K13+131.5~K13+400购买土方、砂石成本昂贵,因此等载采用水载预压。路堤顶宽36m,路堤高5~6m,围堰高2m,顶宽1.5m,外坡率1:1.5,内坡率1:1.2,等载水深1.5~1.8m,采用2层0.12mm厚的PVC膜。围堰采用黏性土,卸载后用作沉降补填方。抽水法蓄水,预埋管法排水,造价节约近35%。

碎石注浆桩施工工法

GGG(浙)A2003—2009

嵇昌海　翁国强　黄定西　赵汉全　楼明浩
(杭州市交通工程集团有限公司　浙江省地质矿产工程公司)

1　前言

我国东南沿海和内陆广泛分布着海相、湖相以及河相沉积的淤泥及淤泥质黏土等软弱土层。这种土的特点是含水率大、压缩性高、强度低、透水性差,具有较少的埋藏深度和具有一定的厚度。由于其压缩性高、透水性差,在建(构)筑物的荷载作用会产生相当大的沉降和不均匀沉降差,同时沉降的延续时间长;如地基处理措施不当,将有可能影响建(构)筑物的正常使用。浙江省地处东南沿海,河流密布,水网纵横,平原河道多,尤其省内杭嘉湖、宁绍及甬台温地区不仅广泛分布着该类软土地层,同时还具有上部硬壳层薄下部软土厚度大的特点,其地基承载力和稳定性往往不能满足工程要求,需要采取一定的措施对软基进行加固处理。碎石注浆桩属于竖向增强体复合地基方法的一种,其具有散体材料桩、柔性桩、刚性和半刚性桩等特性;可根据工程需要选用小型旋挖钻机成孔施工,成孔后采用注浆成桩,并可以改善桩间土的强度和桩土摩擦阻力,提高承载力。本工法属于复合地基处理技术的一种,由于本工法工艺简单、施工方便、成桩速度快、不扰动土体且对周围环境影响小、施工安全保障性高、加固效果好等优点,目前已在浙江省内高等级公路桥头软基处理中得到了较成熟地应用,因此本工法具有较大的推广价值。

2　工法特点

2.1　本工法是在碎石桩的基础上结合压力注浆技术形成混凝土桩的软基处理新工艺,弥补了碎石桩散体材料桩的不足,提高了桩身强度;另外浆液除在孔内与粗骨料固结形成刚性混凝土桩外,还有一部分渗入桩周土体,能有效改善桩周天然土的性质及提高桩侧摩阻力,达到更好的复合效果。

2.2　本工法具有施工机械轻便、机械高度低、加固深度不受限制、施工无振动、噪声低、不挤土、不影响旁边建筑物、施工速度快、施工质量保证等优点。

2.3　采用小型旋挖钻机掏土成孔方式,产生的泥浆比较少,成桩直径300~700mm,桩长一般在50m以内,它先利用钻机按要求钻进至设计深度,放入注浆管后,投放碎石和安设桩顶传力钢筋;然后采用清水洗孔,泥浆相对密度满足要求后,用注浆泵通过注浆管由下向上高压注入水泥砂浆成桩。它既可以结石成注浆混凝土桩,也可以下入钢筋笼使其成为钢筋混凝土桩。

3　适用范围

本工法适用于淤泥、淤泥质土、粉质黏土、黏质粉土、黏土等软土地层加固。主要应用于高速公路桥头软基处理,特别适合于既有建筑物附近、高压线下等特殊作业条件下的地基加固处理。

4　工艺原理

4.1　碎石注浆桩是预填骨料高压注浆形成的混凝土桩,主要采用旋挖钻机掏土成孔,下注浆管后,孔内先投粗骨料再洗孔,待孔内泥浆相对密度符合要求后,用注浆泵通过注浆管由下向上高压注入水泥砂浆成桩,所形成的混凝土也被称为注浆混凝土。碎石注浆桩复合地基加固的机理是浆液除在孔内与粗骨料固结形成具有刚性承载能力的混凝土桩外,还有一部分渗入桩周土体,能有效改善桩周天然土的性质及提高桩侧摩阻力,达到更好的复合效果。

4.2　碎石注浆桩属于摩擦端承桩,可根据地质勘察资料、承载力要求和《建筑桩基技术规范》(JGJ 94—2008)进行设计参数布置(如桩径、桩长、承台构造、桩位排布等),其单桩竖向承载力标准值可按式(1)估算:

$$R_k = \alpha_0 \pi d \sum h_i q_{sik} + \alpha A_p q_{pk} \tag{1}$$

式中:R_k——单桩竖向承载力标准值,kN;

A_p——桩身横截面积,m^2;

q_{sik}——桩周土第 i 层土侧阻力标准值,kPa;

q_{pk}——桩端端阻力标准值,kPa;

α_0——桩侧阻力系数,可取 1.0~1.1;

α——桩端阻力系数,可取 1.0~1.1;

h_i——桩周围第 i 层土的厚度,m;

d——桩直径,m。

5　施工工艺流程

5.1　施工工艺流程

碎石注浆桩属于刚性的复合地基处理方法,通过钻孔、下注浆管、投石、洗孔、注浆等工序成桩,工艺流程见图1和图2。

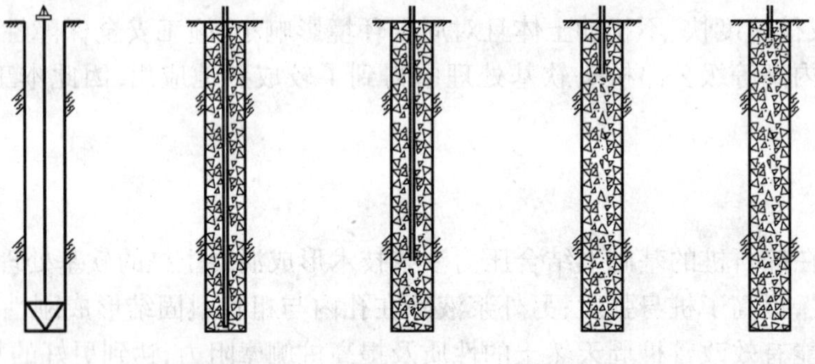

图1　碎石注浆桩施工工艺流程示意图

a)钻进成孔;b)下注浆管投粗骨料清孔;c)注水泥砂浆上拔注浆管;d)砂浆灌注至柱顶;e)桩头补浆

5.2　施工操作要点

5.2.1　钻机就位

测量放样后,钻机移至桩位,并用铅垂线法使钻杆中心与桩位中心重合,偏差小于2cm后调整钻机,使机杆铅垂。

5.2.2　钻进成孔

采用小型旋挖钻机掏土成孔(图3),旋挖钻机掏土作业是利用套在钻杆上的螺旋套筒的部分刃片旋转切削土层,并使土层切入套筒内,待钻入一定深度,然后提出套筒,清除筒内泥土,再放下套筒,如此反复进行操作。一节钻杆钻完后,可接上第二节钻杆,直到钻至设计要求的深度。成孔至设计深度后,采用捞渣的办法,确保孔底沉渣满足小于10cm的要求。

5.2.3　放置注浆管

成孔提钻后,利用钻机塔架及提引装置下放注浆管。如设计特殊要求注浆桩需安放较长节钢筋笼时，则先下钢筋笼后下注浆管。普通注浆桩仅在桩头 2～3m 处安设钢筋笼，使其可与承台（盖板）连接，先下注浆管，待投石块至桩顶时再安放钢筋笼。注浆管采用直径 1 寸（约 3.3cm）、单节长度 3～6m 的镀锌铁管，节头采用丝扣连接，管底距孔底距离保持在 15～30cm。放置注浆管后，应再次测量孔内虚土厚度，确保沉渣厚度符合设计要求。

5.2.4 投放石料

粗骨料一般采用空隙率较大的 16～40mm 级配的洁净碎石。孔口放置投料漏斗，碎石用翻斗车装载，缓慢倒入漏斗，当填至到离孔口有 2～3m 时，安放并固定与承台（盖板）连接的、已加工好的钢筋笼，然后继续投料，直至填满至孔口为止。

5.2.5 洗孔

投料过程中及碎石填满后，利用注浆泵将清水通过注浆管注入孔内，一定时间后，检测泥浆相对密度。当泥浆相对密度小于 1.05 时，停止注入清水，洗孔结束。

5.2.6 注浆

（1）洗孔结束后，即可搅拌水泥砂浆，开始注浆。注浆是利用注浆泵的压力，把水泥砂浆压入注浆管中从孔底逐渐上升充填到碎石孔隙中，注浆压力控制在 2～7MPa，砂浆配合比强度根据设计要求由试验室配置确定。按照砂浆配合比搅拌水泥砂浆，采用连续分段注浆。由于注浆过程中引起振动，孔口部分碎石有一定量的下沉，故在压浆过程中应逐步补填碎石到桩顶。砂浆在孔口充分溢出后，停止注浆，预留 3m 注浆管在孔内。30～60min 后，砂浆有所回落，此时再注入一定量砂浆，直至水泥砂浆再次溢出孔口，此为二次补浆过程，拔出注浆管，此时注浆结束（图 4，现场注浆图）。最后用插入式振捣器插入桩体 1.5m 左右进行振捣，使桩顶砂浆充填密实。注浆过程中采用流量计、压力表和灌浆自动记录仪进行现场数据采集和指导作业施工，具体布置见图 5。

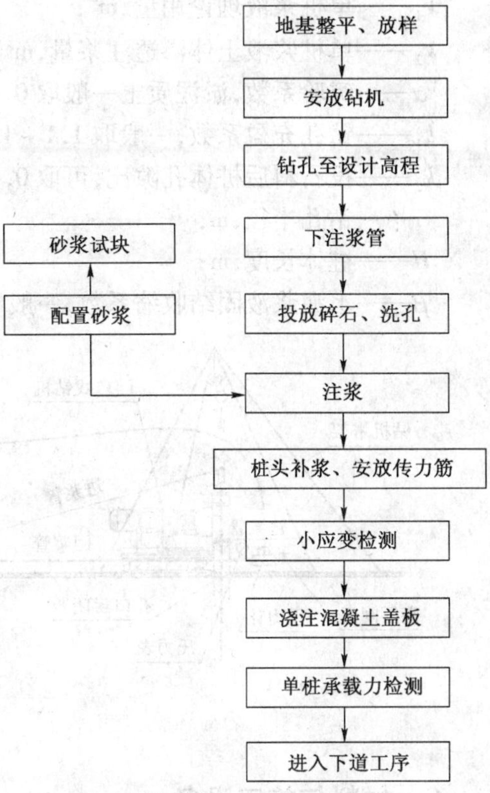

图 2 碎石注浆桩施工工艺流程框图

图 3 钻进成孔图

图 4 现场注浆图

（2）注浆量计算，一般根据钻孔体积、充盈系数、水泥浆液固结收缩系数和桩体孔隙比等参数综合确定，可按照以下经验公式（2）进行估算：

$$V = V_1 + V_2, \text{且 } V_1 = (k_1 k_2 \pi r_2 H)/\beta \quad V_2 = \alpha V_1 \tag{2}$$

式中：V——注浆桩浆液总用量，m^3；

V_1——单桩浆液理论用量,m^3;
V_2——单桩浆液土体渗透注浆量,m^3;
α——经验系数,淤泥质土一般取0.05~0.10;砂性土一般取0.10~0.15;
k_1——钻孔充盈系数,一般取1.1~1.2;
k_2——投石料后桩体孔隙比,可取0.45~0.50;
r——钻孔半径,m;
H——桩体长度,m;
β——水泥浆液固结收缩系数,一般取0.85~0.95。

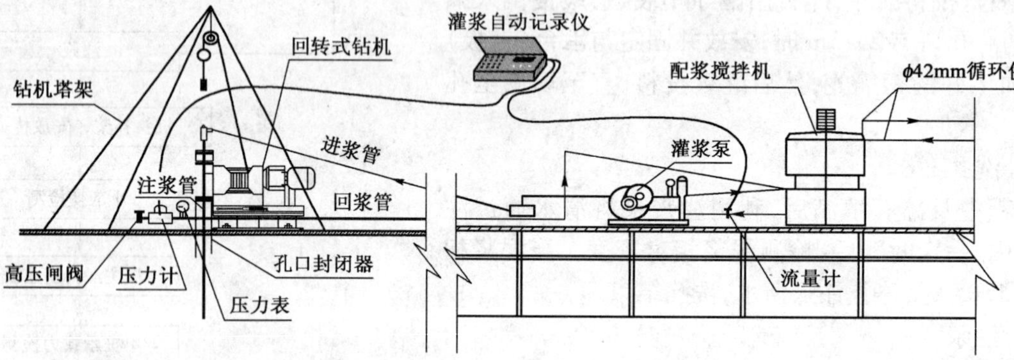

图5 注浆施工示意图

6 材料与施工设备

6.1 主要材料

水泥一般采用P·O 42.5级,碎石采用16~40mm规格,黄砂采用细砂(河砂),减水剂采用减水效率大于18%的高效减水剂,所有材料质量应符合设计要求和国家的规定。砂浆配合比一般应满足设计要求的注浆桩结石强度,同时砂浆流动性及和易性满足高压注浆泵输送要求。

6.2 主要设备机具(表1)

主要设备机具表 表1

序号	设备名称	型号	额定功率(kW)
1	钻机	TH-55	50
2	灰浆搅拌机	2B-3.5	3.5
3	注浆泵	SGB6-10	25
4	振动棒		2.2
5	清水泵		3.5
6	电焊机	BX1-300	22
7	切割机	J3GB-400	3.5

6.3 所需操作人员

主要有:钻工、混凝土工、电工、机修工、普工。按照施工程序进行分工合作操作。特殊工种必须持证上岗。

7 质量控制

7.1 成孔质量控制

7.1.1 初钻时应选择慢速挡,钻杆应保持垂直稳固、位置正确,防止因钻杆晃动而引起孔径扩大。

7.1.2 钻进速度应根据电流值变化，及时进行调整。

7.1.3 钻进过程中，应及时清理孔口积土和地面散落土，一旦发现塌孔应立即停止钻进，查明塌孔部位后及时处理，向孔内回填黏土，填至塌孔段1.5m以上，分段捣实后，再重新钻进。

7.1.4 钻进过程中，应时刻观察钻机机架是否偏斜，并应及时调整垂直，防止钻孔偏斜。当钻至土层分界处，特别是相邻两层地质软硬相差较大时，由于两层地质软硬相差大，软层下的硬层倾斜，钻头沿硬层的倾斜面歪向一边，操作不注意会导致钻孔偏斜，因此，钻至此处应放慢钻进速度。

7.2 注浆控制

7.2.1 安装注浆管前应清除管内杂物，以防堵塞，注浆底管头必须下到离孔底15～30cm处，注浆管下到位后，可在管内注清水清孔。

7.2.2 注浆前应对注浆泵、灰浆搅拌和注浆管线进行检查，使其处于完好状态。

7.2.3 为了保证水泥砂浆的质量，必须采取计量投料，以保证浆液水灰比的准确性，严禁使用过期或受潮的水泥。

7.2.4 注浆前先拌制0.3～0.5m^3纯水泥浓浆注入孔内，充填孔底2m左右长度骨料间隙，并润滑注浆管道。

7.2.5 注浆需连续进行，如因故中断应立即处理，尽快恢复注浆。

7.2.6 注浆深度30～50m时注浆压力控制在4～7MPa，注浆深度30m以内注浆压力控制在1～4MPa。注浆时要做好注浆压力、注浆量、注浆时间及其他异常情况的记录工作，发现问题及时分析处理。

7.2.7 注浆管上拔控制：为确保注浆管不拔出注浆液面，根据理论计算的注浆上升高度，应保证拔管后注浆管埋深仍保持5.0m左右。实际施工一般拔管2～3次就可以满足要求。

7.2.8 如出现穿孔导致砂浆大量流失，可采用跳孔施工或间歇施工等措施来保证。

7.3 质量检验标准(表2)。

质量检验标准 表2

项	序	检查项目		规定值	检查方法
主控项目	1	砂浆强度		不低于设计规定	3～6根桩1组，按砂浆强度评定方法检验
	2	混凝土强度		不低于设计规定	3～6根桩1组，按混凝土强度评定方法检验
	3	垂直度		直桩、小于1%	铅垂测定
	4	沉渣厚度		摩擦桩、符合设计要求	用测绳、卷尺测定
一般项目	5	桩位	群桩	≤100mm	用经纬仪检查纵、横方向
			排架桩	≤50mm	

7.4 桩身质量检测方法

为检验注浆混凝土桩的施工质量，可采用小应变检测桩身完整性及静载检测承载力。桩身质量检测应符合设计和《建筑桩基技术规范》(JGJ 94—2008)要求。

8 安全措施

8.1 执行严格的安全技术交底制度。

8.2 根据安全措施要求和现场情况，各级管理人员及施工班组实施三级教育，并签订安全责任书。

8.3 落实安全用电制度，组织专职安全员对施工现场进行安全巡查。

8.4 严格执行安全技术操作规程，机械操作人员必须身体健康，培训合格，持证上岗，配备和正确使用劳保用品。

9 环保措施

9.1 严格执行国家及地方环境管理制度,加强环保宣传,建立完善的环保施工制度,提高工人的环保意识和自觉性。

9.2 应做好水泥运输、存储、制浆过程中水泥粉尘的防尘措施,施工现场及时清理,配备专人进行打扫。

9.3 施工钻机、输浆泵等设备应经常保养、检修,防止漏油、漏浆对场地及周边环境产生污染。

9.4 钻孔、洗孔时产生的浑水应排放到不污染环境的地点。

9.5 为确保连续施工,尽可能合理安排好作业时间,夜间施工如在城镇、居民区附近进行时,应取得政府部门核发的夜间施工许可证。

9.6 多台套设备施工时须合理安排,防止群机施工时噪声超标。

10 效益分析

10.1 应用效益

本工法在施工中对周围建筑物无影响,施工机械轻便,施工速度快。对于施工场地受限制的施工比较方便,不需要对周围建筑物进行加固,同时桩的承载力也有保证。特别适用于对地基承载力要求较高的高速公路或其他软土地基处理,具有很高的推广使用价值。

10.2 效益分析

碎石注浆桩法是一种碎石桩+注浆技术形成混凝土桩的软基处理新方法,此方法具有施工设备灵活轻便,适用范围广泛,在多种地质条件下施工速度快等特点。一般情况下,处理深度可至地下50m,成桩直径可达0.7m,桩间距可按3m×3m布置,所以在同等条件下每平方米软基处理费用较低,直接降低了工程造价。由于是采用高强度等级水泥砂浆胶结孔内粗骨料所形成的水泥混凝土,一般桩身强度可达C20以上,从而保证了工程质量,保证了地基承载力要求,水泥砂浆除在孔中与碎石固结成桩外,也向周围土体渗透注入,改善了桩周天然土的性质及桩侧摩阻力,达到更好的复合效果。

11 工程实例

11.1 杭州至上海浦东高速公路工程(浙江段)第4合同段及14合同段项目

杭州至上海浦东高速公路工程(浙江段)第4合同段的K11+515~K14+227及14合同段的K91+581~K91+785.8和K96+949~K97+135软土路基采用碎石注浆桩加固地基,共计施工桩数4 700根,合计施工米数52 732m。设计桩径为50 cm,按正方形布置,间距为2.5 m、3.0 m,桩长为10m、15m、20m、25m不等。该项目工程因杭浦高速公路与11万伏及以上高压线交叉频繁,软基处理(塑板、搅拌桩、管桩等)施工大型机械,无法满足电力部门安全生产要求,在全线工程工期紧迫的情况下,碎石注浆桩法充分体现了自身的优点和价值,分项工程一次性通过验收,抽取10%低应变检测,I类桩达95%以上,抽取5‰单桩竖向抗压静载试验,最终沉降量均小于4cm,保证了工程的安全、质量,缩短了工程工期。后期沉降观测表明,效果良好无沉降,达到设计要求,施工质量良好。

11.2 浙江省15省道余杭段改建工程第一合同段

浙江省15省道余杭段改建工程第一合同段部分软基处理采用碎石注浆桩,桩径0.5m,桩长12~15 m,桩身混凝土强度C20,累计桩长3210 m。采用注浆桩作为一种复合地基的处理方案,施工效率高,由于其承载力高,每根桩加固的面积大且无需预压,提高了施工效率,缩短了施工工期。注浆桩具有施工质量检测简单,工程造价低,加固效果好等优点。选择碎石注浆桩作为软基处理方案在技术上是可行的,经济上也是合理的。

低强度水泥混凝土桩软土复合地基施工工法

GGG(浙)A2004—2009

寿忠华 徐利民 张学华 陈建波 王吉荣

(杭州宇航交通工程有限公司)

1 前言

软土在我国分布广泛,对公路施工带来较大影响。路基的沉降控制是工程质量和进度控制的关键点,而当高速公路通道处于深厚软土地基上时,由于结构性能的变化,路基的工后沉降及施工期间的地方交通组织十分复杂。位于杭宁高速公路13合同段的K101+960通道软土层厚19.3m,原设计采用的是堆载预压排水固结法,此方法虽然比较经济,但工期长,工后沉降大,需进行二次开挖;在施工和预压期间,公路两侧村民交通也将严重受到影响。

为了使路基大部分沉降量在施工期内完成,尽量降低工后沉降量,同时为了保证通道与路堤间的均匀沉降。公司联合项目建设业主、浙江大学岩土工程研究所、浙江省公路水运咨询监理公司、冶金工业部宁波勘测研究院共同开发了低强度水泥混凝土桩复合地基加固高速公路通道软土地基施工技术。通过设置过渡段以及控制过渡段工后沉降的纵坡率,使塑料排水板堆载预压处理路段与通道之间的工后沉降得以平稳过渡,达到了缓解"桥头跳车"的目的。工程实例成功提出了路堤荷载作用下构造物(通道等)及过渡段低强度混凝土桩复合地基的技术要求与施工方法。该施工技术通过了浙江省交通厅组织的科研成果专家委员会鉴定,鉴定委员会认为,采用低强度水泥混凝土桩基处理通道软土地基技术具有创新性,成果达到国内领先水平。

2 工法特点

2.1 适应性强

低强度水泥混凝土桩复合地基可适用于处理黏性土、粉土、砂土、人工填土和淤泥质土等各种土性的地基。

2.2 承载力提高幅度大

低强度水泥混凝土桩可全桩长发挥桩的侧摩阻力,可以较好地发挥桩体和桩间土的效用,桩体较强的置换效用可使桩体承担较大比例的荷载,并通过桩体将荷载传递给较深的土层,所以低强度水泥混凝土桩可以较大幅度地提高地基承载力。当桩长较长时,地基处理深度就深,复合地基提高承载力幅度更为显著。

2.3 沉降量小

低强度水泥混凝土桩复合地基承载力大,复合地基的垫层效用能起到减小加固区下卧层土体应力作用,因此复合地基的沉降量较小。此外,桩体的束缚效用限制了桩间土体的侧向变形,使得复合地基抵抗竖向变形的能力得到增强,降低了地基变形沉降。

2.4 缓减沉降差异

由于低强度水泥混凝土桩复合地基沉降量很小,而与其接头的路段仍采用排水固结法处理,两交接处必然存在一定的沉降差。为减缓交接处沉降差异和沉降速率,在低强度水泥混凝土桩处理和塑料排水板处理之间设置过渡段,以协调两者的沉降,起到调节过渡作用。过渡段地基仍采用低强度水泥混凝土桩复合地基,通过改变桩长和置换率等施工参数来调整不同区域的工后沉降,以适应其两侧不同的地基处理方法,有效缓解"桥头跳车"。

3 适用范围

低强度水泥混凝土桩复合地基技术可有效提高地基承载力,减小地基沉降,适用于处理通道、桥头段淤泥质土、人工填土和粉土等各种深厚软土地基。

4 工艺原理

低强度水泥混凝土桩复合地基由桩、土共同承担荷载,可以全桩长发挥桩的侧摩阻力,当桩端落在稳定坚固的土层上时,还可较好地发挥桩端阻力作用,所以,低强度水泥混凝土桩复合地基的承载力较大、变形沉降较小。低强度水泥混凝土桩桩身强度和刚度比一般水泥混凝土桩大,其复合地基桩体置换效用较强,桩长较长时,地基处理深度就较深,复合地基承载力提高幅度较大,地基沉降显著减小。通道过渡段地基通过改变桩长和置换率等施工参数来调整不同区域的工后沉降,以适应其两侧不同的地基处理方法。

5 施工工艺流程及操作要点

根据施工场地土的性质、设计要求以及周围环境等情况,综合确定低强度水泥混凝土桩的工艺流程和操作要点,解决施工中可能出现的问题,确保施工质量。

5.1 施工工艺流程

5.1.1 通道工艺设计参数

通道软基处理原设计采用塑料排水板+超载预压法,现采用低强度水泥混凝土桩加固软基。由于低强度水泥混凝土桩复合地基沉降量很小,而与其接头的路段仍采用排水固结法处理,两者交接处必然存在一定的沉降差。为减缓交接处沉降差异和沉降速率,在低强度水泥混凝土桩处理和塑料排水板处理之间设置过渡段,以协调两者的沉降,起到调节过渡作用。过渡段地基仍采用低强度水泥混凝土桩复合地基,通过改变桩长和置换率等施工参数来调整不同区域的工后沉降,以适应其两侧不同的地基处理方法。

通道地基具体设计参数为:低强度水泥混凝土桩桩身材料采用C10低强度等级混凝土,桩径ϕ377mm,桩长15.5~18.0m(通道桩长18.0m,过渡段桩长15.5~17.5m),桩间距2.0~2.5m(通道桩间距2.0m,过渡段桩间距2.0m、2.5m),褥垫层为50cm厚碎石垫层,碎石粒径4~6cm。K101+960通道及过渡段的桩长、桩位布置见图1。

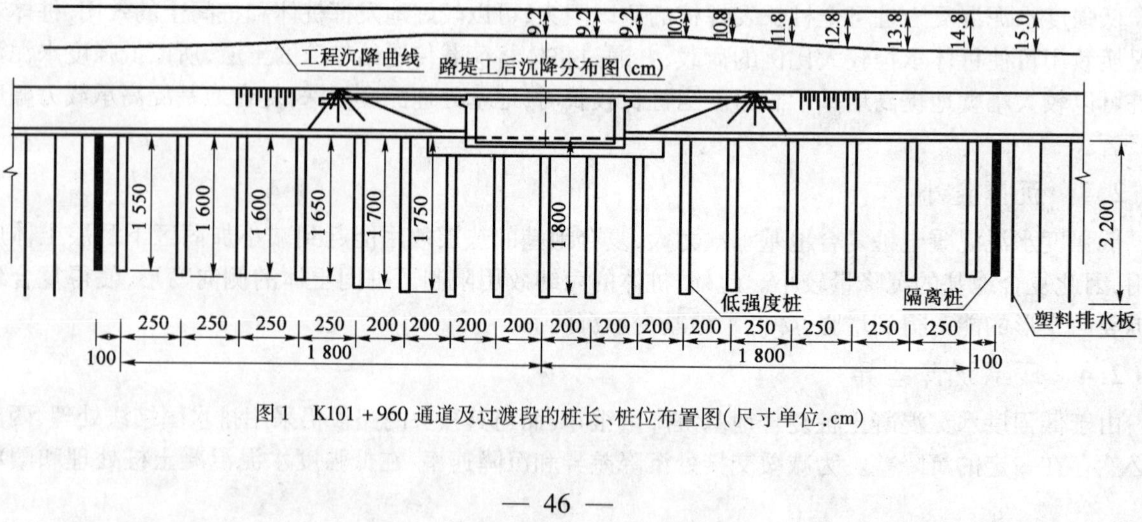

图1 K101+960通道及过渡段的桩长、桩位布置图(尺寸单位:cm)

5.1.2　施工工艺流程(图2)

桩位放样 → 桩靴埋设 → 桩机就位 → 沉管至设计深度 → 管内灌注水泥混凝土

→ 留振 → 桩管振拔至地表面 → 超灌成桩、封桩顶 → 桩机移位

图2　施工工艺流程图

低强度水泥混凝土桩施工前,应先对场地进行平整,并填筑20cm厚的砂砾垫层,然后按设计方案确定的设计参数进行低强度水泥混凝土桩施工。低强度水泥混凝土桩的施工工艺为沉管灌注桩施工工艺,简述如下:首先把预制好的水泥混凝土锚头桩靴埋在预定的地表面,接着将打桩机移至锚头上方,并将空心钢管桩套在锚头上;钢管桩外、内套管的下端面与桩靴上的外、内支承面相接触,上部与压盖连接,并通过钢缆与打桩机相连;打桩时,打桩机上的卷扬机往下拉动钢缆,使钢管桩压迫桩靴尖头一起压入土层;在下沉到预定深度时,分批往钢管桩中灌注水泥混凝土,一边振动,一边拔出钢管(留下桩靴),即成低强度水泥混凝土桩。

桩长控制根据沉管入土深度确定。混凝土的配合比按试验配合比要求进行配料,做好试块。低强度水泥混凝土桩施工以单打法成桩,施打顺序采用纵向隔排跳打的次序,尽量避免新打桩对已打桩的影响。桩管内灌注混凝土时每次都尽量多灌,混凝土的充盈系数不小于1.15。桩管内灌入混凝土后,先振动5~10s,再开始拔管,第一次拔管高度应控制在能容纳第二次所需要灌入的混凝土为限,不宜拔得过高。拔管速度应均匀,一般控制在0.6~0.8m/min,边振边拔,每拔0.5~1.0m,停拔振动5~10s;如此反复,直至桩管全部拔出。成桩时,超灌50cm,再封桩。施工的允许偏差为:桩径 -20mm;垂直度1%;桩位150mm。

桩基施工完成后,清理、平整原砂砾垫层,压实后,铺设土工布。过渡段直接铺设第一层50cm厚碎石垫层,通道处则进行通道施工,再填筑路堤,以后路基填筑采用原设计方案(一层土工布)。路基填筑至高程后,不进行超载或等载预压。

5.2　操作要点

5.2.1　混合料坍落度

低强度水泥混凝土桩工程实践表明,混合料坍落度过大,桩顶浮浆过多,桩体强度也会降低。坍落度应控制在6~8cm,混合料和易性一般较好,成桩质量也较易保证。

5.2.2　静压振拔

软土地基低强度水泥混凝土桩施工创新采用静压振拔技术,即沉管时不启动电动机,借助桩机自身重量将沉管沉至预定高程。填满料后,再启动电动机振动拔管。在饱和软土中,振动易引起土的孔隙水压力上升,强度下降。振动历时越长,对土和已打入桩的不利影响越大,采用静压振拔技术对保证施工质量是有益的。

5.2.3　拔管速度

工程实践表明,拔管速度太快易造成桩径偏小或缩颈断桩现象;而拔管速度太慢,成桩后桩顶浮浆则较多。因此,低强度水泥混凝土桩施工时应严格控制拔管速度,一般为0.6~0.8m/min,拔管速度要均匀,且每拔0.5~1.0m,停拔振动5~10s。国产振动沉管机拔管速度一般都较快,可通过电动机变速箱来调整沉管机的拔管速度。

5.2.4　桩顶超灌

桩顶超灌的目的是设置保护桩长,基础施工时将其剔除。由于成桩时桩顶不可能正好与设计高程完全一致,一般要高出桩顶设计高程一段长度。此外,桩顶一段混合料自重压力较小,易产生浮浆,靠桩顶一段桩体强度较低。因此,成桩时桩顶应超灌一段混凝土,超灌的长度通常为50cm。

5.2.5　单打与跳打

为保证桩身质量,低强度水泥混凝土桩成桩采用的是单打法,拔管后不再反插,因为施工时桩管垂直度不易保证,反插容易使土与桩体材料混合,导致桩身掺土等缺陷。低强度水泥混凝土桩的施打顺序

大体有两种:连续施打和间隔跳打。连续施打易使桩产生缩颈或被挤偏的现象,而间隔跳打就较少发生先打桩的桩径缩小或缩颈的现象。采用的施打顺序与土性和桩距有关。杭宁高速公路 K101 + 960 通道为软土地基,所设计的桩距也较大,因此采用纵向隔排跳打的次序。

6 材料与设备

6.1 材料

主要材料为 C10 低强度混凝土、4 ~ 6cm 粒径碎石。

6.2 设备

低强度水泥混凝土桩的成桩方法大多采用振动沉管法,施工主要设备为振动沉管机,这主要是由于振动沉管机施工效率较高,造价相对较低,对场地土层条件的适应性也较好。目前使用较多的国产振动沉管机有浙江瑞安建筑机械厂和兰州建筑通用机械总厂生产的设备(表 1),它们都提供了多种的机型和振锤类型,可以根据工程的具体情况进行选用。

主要机械设备　　表 1

序　号	机械名称	规格型号	数　量
1	振动沉管机	DZ-90 型	1 台
2	汽车吊	20t	1 台
3	直流电焊机	ZX7-500	4 台
4	锯桩器		2 台
5	全站仪	TC402	1 台
6	经纬仪	J2	1 台
7	水准仪	DS3	2 台

7 质量控制

施工中为了能严格控制低强度水泥混凝土桩的施工质量,施工前需结合工程桩进行施工工艺试验,以考查设计采用的施打顺序及桩距等能否保证桩身质量。在施工过程中,要加强施工监测工作,及时发现问题,以便尽快采取措施进行处理。对重要工程或通过施工监测,发现桩顶上升量较大,且桩数较多时,可采取逐桩静压办法消除可能出现的断桩对复合地基承载力造成的不良影响。

8 安全措施

8.1 各种桩机操作人员应经培训考试合格取得特种作业人员操作证,凭证操作,严禁无证上岗。

8.2 电源电缆必须架空,电箱和电动机接地接零保护线牢固可靠,触电保护器动作灵敏有效,不得在高低压电线下打桩,移动桩机时必须保持与高压线安全距离不小于 6m。

8.3 打桩作业中,应设置警戒区域,禁止行人通过或站立停留。

8.4 桩机发生故障时,应断电、停机,报告机修组检修,不得擅自检修,禁止未停机时检修或接桩。

8.5 遇大雨、大雾或六级及其以上大风时,应立即停止打桩作业,并加固桩机。

9 环保措施

9.1 施工中不得将有害物质和未经处理的污水直接排入河流或其他水源,经检验符合环保标准后才能排放到河里。项目经理部及各班组的所有生活垃圾集中运至当地环保部门指定的地点堆放。

9.2 加强现场施工管理,每道工序做到工完场清,不留尾巴。

9.3 在集镇和村庄附近施工时,噪声较大的机械避免在夜间施工,非施工的噪声都应尽力避免,并通过有效的管理和技术手段将噪声控制到最低程度。

10 资源节约

从杭宁高速公路实际施工的情况来看,采用低强度水泥混凝土桩复合地基方法加固深厚软土地基是成功的,取得了满意的加固效果。该方法施工速度快,工期短,比原设计的塑料排水板+超载预压处理方案缩短工期近一年,且无需进行二次开挖,解决了施工期村民的交通问题,处理后路基工后沉降和不均匀沉降较小。与水泥搅拌桩相比,低强度水泥混凝土桩桩身施工质量较易控制,处理深度较深,由于低强度水泥混凝土桩桩身强度和模量都比水泥搅拌桩高,采用的复合地基置换率较小,因而本工程处理费用低于水泥搅拌桩复合地基。

11 效益分析

低强度水泥混凝土桩复合地基的承载力大,变形沉降小,施工工艺简单,桩身质量容易控制;施工速度快,工期短,适用处理的地基土土性及基础类型也较广泛,处理深度深,经济效益与社会效益显著。

11.1 低强度水泥混凝土桩每米约70元,水泥土搅拌桩每米约80元,PTC管桩每米约100元,低强度水泥混凝土桩每米造价较低。

11.2 塑料排水板堆载预压法尽管土方较低廉,但工期约长5~11月,且工后沉降控制效果差,弃土处理困难,预压期地方百姓交通无法处理。

12 应用实例

12.1 杭宁高速公路K101+960通过低强度水泥混凝土桩复合地基方法加固深厚软土路基,有效地解决了通道地基处理中的“二次开挖”问题和公路两侧村民的交通问题;通过设置过渡段以及控制过渡段工后沉降的纵坡率,使塑料排水板堆载预压处理路段与通道之间的工后沉降得以平稳过渡,达到了缓解“桥头跳车”的目的;工程实例成功提出了路堤荷载作用下构造物(通道等)及过渡段低强度混凝土桩复合地基的技术要求与施工方法,可供类似工程参考使用。

12.2 浙江省02省道余杭段改建工程2合同段,2003年2月开工,2004年2月竣工。该工法在本项目中再次成功应用,有效解决了地质沉降问题,受到建设单位的充分肯定。

预应力管桩桥头软基处理施工工法

GGG(浙)A2005—2009

宋德昌　金江东　张定军　王云龙　沈建军
(浙江登峰交通集团有限公司)
王卫根　寿忠华　周祥锋　张乐锋　陆景浩
(杭州宇航交通工程有限公司)

1 前言

随着我国经济的飞速发展,高等级公路的重要性也日益突出。而公路建设施工中的软基处理,特别是桥头跳车的问题,一直是公路建设中长期困扰的工程难题。

目前,对高等级公路的软基处理的施工方法主要有:静压预应力管桩、打入预制方桩、粉喷桩及换填法等多种施工方法,而其中预应力管桩软基处理施工是相对来说较为经济的方法。此方法施工沉降周期短,软基处理适用范围广,尤其对加固桥头提高地基承载力的效果显著,能有效解决高等级公路软土地段桥头跳车问题。现经浙江登峰交通集团有限公司、杭州宇航交通工程有限公司总结其施工经验,系统形成本工法。

2 工法特点

2.1　本工法施工时管桩采用工厂预制,现场压桩耗时短,施工周期短。

2.2　本工法施工中的预应力管桩是采用工厂集中标准化预制,管桩桩身质量可以有效控制。

2.3　桩身预制成本相对低,单桩承载能力较高,具有较好的性价比。

2.4　本工法中主要利用预应力管桩的桩端承载力及桩身摩阻力达到承载力要求,软基处理适用范围广,能有效处理20m以上深厚软土地基。且预应力管桩采用压桩机静压沉桩施工,对施工现场周边环境的影响较小,有利于环保要求。

3 适用范围

使用于东部沿海地区,该地区土质以人工填土、软土、黏性土、粉土、砂土等软质土为主,该土质中孤石较少,利于预应力管桩的施工。适用范围较广,尤其适用20m以上深厚软土地基处理。

4 工艺原理

4.1　预应力管桩预制

在工厂预制采用高速离心成型工艺并经高温高压(压力1MPa,湿度180℃)蒸汽养护,形成密实的高强度(70MPa以上)混凝土预应力管桩。

4.2　预应力管桩沉桩施工(图1)

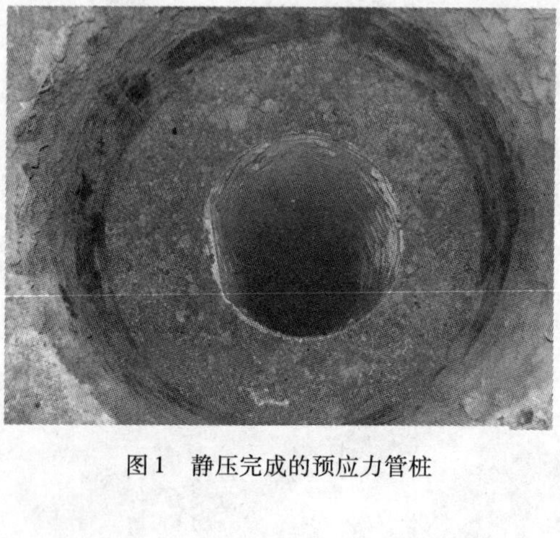

图1　静压完成的预应力管桩

在沉桩施工现场,把安装好桩尖的预应力管桩喂入压桩机内,利用静压桩机自重及配重,施加静压压力,使预应力管桩克服桩尖及桩身摩阻力,平稳、匀速地下沉至设计高程,达到设计承载力要求。

5 施工工艺流程及操作要点

5.1 预应力管桩施工工艺流程

施工方案编制报批→施工准备工作→试桩→试桩资料整理与计算→压桩机就位→吊桩→压桩→接桩→压桩→桩顶处理→成桩。详见预应力管桩施工工艺流程框图(图2)。

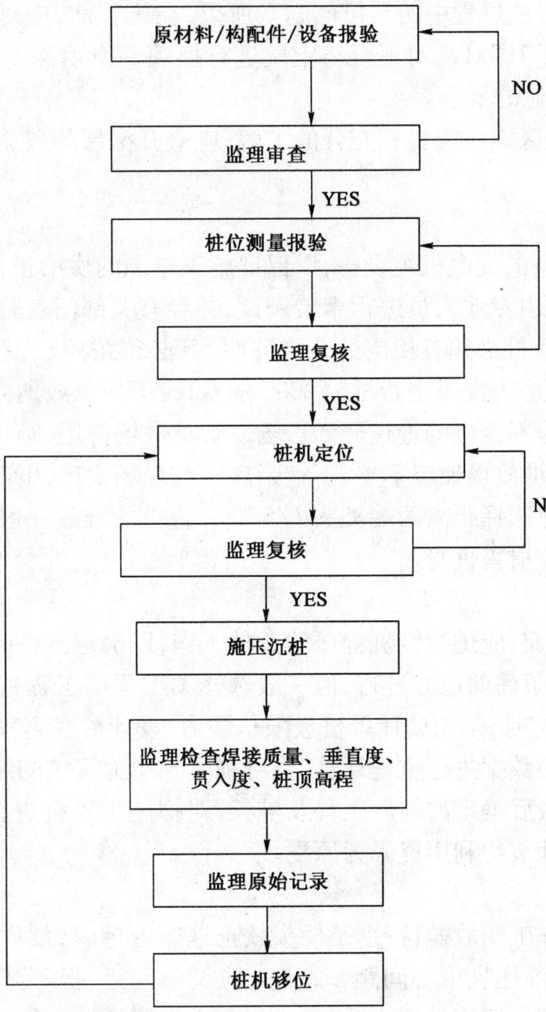

图2 预应力管桩施工工艺流程框图

5.2 操作要点

5.2.1 施工方案编制报批

预应力管桩施工方案主要包括:工程概况、施工计划、施工方法、劳动组织、安全施工措施和机械设备的准备工作等。

5.2.2 施工准备工作

1)测量放样

根据已有的导线点资料及施工图,采用全站仪及水准仪对桩位进行测量放样。放样应当注意:由于预应力管桩在施工过程中会挤压桩身周围的土层,从而造成四周土层的平面位置和高程的改变。因此,在施工当中安设测量控制点时应距离预应力管桩压入点有一定的距离,一般在50m左右,同时,要留足桥台钻孔灌注桩桩位。

2)周边环境保护

在进行预应力管桩施工前,应对压桩点附近环境进行观察,如果周边存在建筑物、发射塔等构筑及地下管线时,应采取措施防止施工对周边环境造成土体挤压影响。具体方法为在施工范围周边开挖防护沟,一般防护沟的深度在2m左右,并在施工当中做好相应侧向位移的观测工作。

3)施工场地整理

(1)由于静力压桩机主要是利用桩机本身自重和配重荷载来进行施工作业,为防止桩机产生不均匀沉降及倾斜等,从而造成打桩过程中的质量问题。所以,在施工前,应对压桩现场表层土质进行必要检测,要求地基承载力不低于100kPa,对不合格土质进行换填。换填深度一般在2m左右,以能达到支持桩机在施工作业时稳定作业的要求。

(2)施工前,应对施工地区地质资料有充分的了解,应避开深层障碍物,对于浅层障碍物,则应采取挖掘等方法进行清除。

4)机械设备准备

(1)施工现场必须有自备的发电机组设备,以保证施工电源的供给正常平稳。

(2)压桩机进场后,必须由专业人员进行组装调试,并经有关部门查验合格后方可投入使用。

(3)进入场内的预应力管桩必须有相应的合格证明,且必须按照《先张法预应力混凝土薄壁管桩》(JC 888—2001)、《先张法预应力混凝土管桩》(2002浙G22)等国家或地方标准对管桩的外观、直径、壁厚等项目进行检查试验,检验不合格的管桩严禁进场。管桩进场待用,必须按照施工平面布置图清理出符合要求的场地进行堆放。堆放场地应平整,不宜距离压桩现场太远,也不能太近以免影响施工。一般采取两点支架架空堆放,支垫选择距离两端桩头 $L/5$ 处。管桩的堆放一般不超过5层。管桩堆放过程中应轻吊轻放,严禁野蛮吊放损害桩身。

5.2.3 试桩

在预应力管桩静压施工前,应进行管桩静压的试桩工作,以确定压桩的终压条件。

试桩可选择在相同地质条件的地方进行,但一般选择本工程的工程桩作为试桩。试桩一般不少于2根。在采用工程本身桩试桩时,采用设计单桩极限承载力、设计桩底高程、设计极限贯入度参数,在依据施工地质勘探图,对收集的数据进行整理计算,最终确定预应力管桩的终压条件。

在试桩完成后,应依据最后确定的终压条件及桩长,对拟施工管桩进行配桩,配桩应在满足设计条件的情况下整体调配,以合理节约利用资源为原则。

5.2.4 桩机就位

桩机就位前,要按设计施工图放样,特别是桥头软土地基处理时,放样要预留出桥台钻孔灌注桩的桩位。当预应力管桩与钻孔灌注桩中心间距≥2.5m,应调整间距,但不减少桩的总数量。施工时若设计有塑料排水板,应待塑料排水板施工完成后,再施工预应力管桩。

桩机行走就位后,保持桩机钳口板垂直,然后根据预先放样好的桩位,进行水平、垂直对中。

5.2.5 桩尖焊接

预应力管桩的桩尖有十字形、锥形等,施工时可根据不同的地质条件及施工贯入度控制,选择合适的桩尖。

5.2.6 吊桩

预应力管桩吊桩入机一般采用单点吊桩,吊点一般设置在距桩端 $L/5$ 的地方。起吊时,吊机的起吊方向应保持与桩身的方向一致。吊机移动桩身应缓慢移动,应注意避开作业范围内的障碍物等,防止碰撞损坏桩身。

5.2.7 喂桩

(1)吊机喂桩时,应缓慢将桩身放入压桩机夹桩器中,调整装机夹桩器,使夹桩器的压力为压桩压力的0.7~0.8倍,避免压力过小在施工工程中产生滑动或者压力过大压碎桩身。

(2)桩身就位后,应再次对桩尖位置进行测量确认,确保桩身的平面位置符合设计要求的范围。

(3)在桩身确认就位后,将桩压入地下1.0~1.5m范围,然后采用两台互相垂直的经纬仪进行桩身垂直度的调整检测,检测符合设计及施工规范的要求方可进行压桩(垂直度要求不大于1%)。

5.2.8 静压桩(图3)

1)静压桩顺序的确定:

(1)桩长不同时,一般先施工桩长较长的桩,后施工桩长较短的桩。

(2)若桩顶高程不一致时,宜先施工桩顶高程较高的,再施工桩顶高程较低的桩。

(3)群桩施工一般顺序应是从中间向两边施工。

2)静压沉桩速度一般不宜太快,一般以0.8~1.0m/min为佳,一次压桩行程为1.5~2.0m。使各层土体的空隙水压力有一定消散,能正确反映其抗剪能力。当地表层中存在障碍物时,要避免压偏。静力压桩机采用顶压法压桩,禁止用抱压桩压桩。

图3 预应力管桩静压施工

3)压桩时,必须随时观测桩身垂直度,观测采用两台经纬仪互相垂直观测,预应力管桩垂直度要求不超过桩长的0.5倍。

4)压桩全过程必须有专门的技术人员进行现场监管,并做好相应的施工记录。

5)压桩过程应连续进行,一根桩间断时间不宜超过半小时。

6)在压桩过程中若出现压力突变、贯入度突变或者桩头突然倾斜等的情况,应立即停止压桩,并会同业主、监理单位、设计单位等查明情况,确定具体的应对措施后再继续压桩。

5.2.9 接桩与截桩(图4、图5)

图4 吊起管桩准备接桩

图5 焊接接桩

1)接桩

(1)接桩时,应在上一节桩身剩余0.5~1.0m左右时进行。

(2)接桩时,应在接桩部位设置导向圈,确保桩节的准确就位,接桩完成后,上、下节段桩身轴线偏移不应大于2mm。

(3)接桩前首先用钢丝刷除去浮锈及其他脏物。焊接时采用手工电弧焊或粉芯焊丝自保护半自动焊对称施焊,焊接过程必须由三名持证上岗的施焊技术人员120°对称施焊。焊接时先点焊6~7个焊点,用于固定桩节,待拆除导向圈后,再连续施焊。焊缝应连续、饱满,分层焊接。

(4)焊接完成后,必须由监理人员对焊接接头进行隐蔽工程验收,验收合格后,应迅速继续压桩,但必须保证焊接接头凝固(一般等待5~10min,高温时应大于10min),不得采用水浇等冷却方式,如有必要,可采用大功率电风扇加速冷却。

(5)相邻桩的接头不应设置在同一平面。

(6)当设计对桩接头有防腐要求时,应按设计要求对焊接好冷却后的接头进行防腐处理。

2)截桩

预应力管桩施工在达到终压条件时,如果最后一节桩仍有较长部分桩头露在外面时,应采取截桩措施。截桩时应采用截桩器截桩,严禁采用空压机等对桩头进行破坏振动截桩,不得利用压桩机横向推力将桩身截断。

5.2.10 桩帽施工

1)复压(图6)

压桩完成后,应对桩身进行复压1~2次,甚至多次,以防止桩身抬高。待复压完成后,即可将压桩机移动至下一个桩位进行压桩施工。

2)桩帽施工

在复压好的桩位上进行桩帽(承台)的施工,管桩与桩帽采用刚性连接,管桩的桩头均采用专用工具锯断,断口平齐。在桩头的管桩内填充1 000mm高的C30混凝土,并在混凝土中均分插入6ϕ12钢筋与桩帽连接(图7)。

图6 复压施工

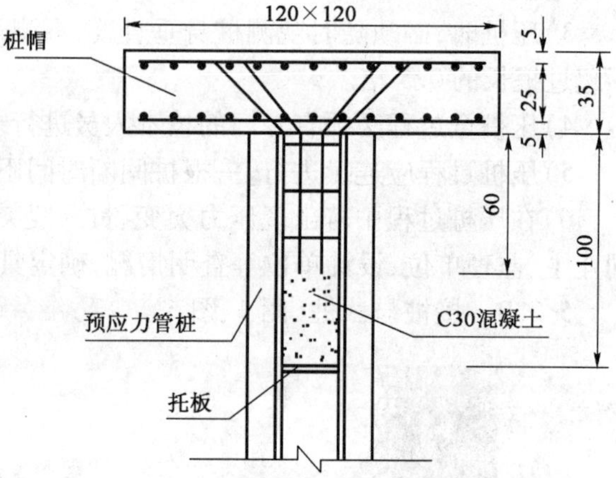

图7 桩帽结构图(尺寸单位:cm)

5.3 施工的关键技术

本工法在施工操作中采用正确定位、接桩,严控施工进度,让各层土体的桩周围隙水压消散,预防地基失稳等关键技术,是有效地提高桥头软土地基承载力的关键措施。

6 材料与设备

6.1 施工主要材料

(1)预应力管桩:采用的预应力管桩应符合《先张法预应力混凝土管桩》(GB 13476—1999)标准的规定。

(2)桩尖:预应力管桩施工中采用的桩尖型号主要有十字形、锥形及开口形,施工时可根据具体的施工地质等条件采用配套的桩尖。

6.2 施工主要设备

(1)静力压桩机:用于预应力管桩的静压施工,可根据设计要求及施工土质情况等选用相应的液压桩机型号。

(2)起吊机:用于预应力管桩的起吊、短距离运输等,可自行选择。一般为了施工中移动等方便,采用大于20t的汽车吊机。

(3)电焊机:主要用于预应力管桩的焊接施工,一般可自行选择符合标准的电焊机。

(4)发电机组:用于满足在施工中突然停电的情况下自行发电供施工需要,主要是为了保持预应力管桩施工的连续性。一般不宜小于500kW。

(5)截桩器:截桩器主要用于截桩。

(6)全站仪及水准仪:主要用了预应力管桩桩位的施工放样及高程测设。

(7)经纬仪:主要用于在预应力管桩施工过程中的垂直度控制,一般不少于两台,另有一台或者两台备用。

7 质量控制

7.1 国家关于预应力管桩施工技术规范,技术标准

(1)《预应力混凝土管桩基础技术规程》(DBJ/T 15—22—98)

(2)《预应力钢筋混凝土管桩施工技术规程》(YBJ 235—91)

(3)《先张法预应力混凝土管桩》(GB 13476—99)

(4)《预应力混凝土机械快速接头施工及验收规程》(DBJ 13—58—2004)

7.2 预应力管桩实测项目(表1)

预应力管桩施工实测项目表 表1

项次	检查项目	允许偏差或允许值		检查方法
		单位	数值	
1	外观	无蜂窝、露筋、裂缝,色感均匀,桩顶无孔隙		直观
2	桩径	mm	±5	用钢尺量
3	管壁厚度	mm	±5	用钢尺量
4	桩尖中心线	mm	<2	用钢尺量
5	桩顶平整度	mm	10	用水平尺量
6	桩体弯曲	mm	<1/100*L*	用钢尺量,*L*为桩长
7	桩距	mm	±100	抽查桩数5%
8	竖直度	%	≤1	抽查桩数5%
9	桩长	m	不小于设计	吊绳量测抽查,成桩数5%
10	单桩承载力		不小于设计	承载力试验,成桩数0.2%
11	托板高度	mm	+20,-10	钢尺量测抽查,成桩数5%
12	托板长度和宽度	mm	+30,-20	钢尺量测抽查,成桩数5%
13	托板位置	mm	50	钢尺量测抽查,成桩数5%

7.3 预应力管桩施工主要现场质量控制措施

(1)进入施工现场的预应力管桩,必须有相应的产品合格证,并经现场试验人员对外观、壁厚、直径等项目检验合格,方可投入使用。

(2)施工现场接桩采用的焊条,必须符合相关的规定,并应送有关部门抽检合格方可投入使用。

(3)静压桩施工时压力表读数是施工控制的重要手段,所以在桩进场时,压力表应经相关的部门检验合格方可投入使用,在施工时必须真实地记录压力表的读数。

(4)进场的管桩堆放场地必须夯实平整,堆放一般采用两点架空堆放,支垫设置于*L*/5处,*L*为桩长。桩身的起吊、运输等过程中必须注意缓慢轻吊轻放,防止碰撞损害桩身。堆放是堆层高度一般不宜超过5层。

(5)对施工现场进行换填应严格控制填料粒径,最大粒径不大于3cm,以免影响压桩的施工。

(6)在压桩过程中,应控制垂直度,确保垂直度不大于1%。特别是在压入第一节桩时,更应该随时观测,严格控制,因为第一节桩是否垂直度控制关系到整个桩身的垂直度控制。

(7)压桩过程应缓慢进行,一般以1m/min为佳,不宜超过2m/min,在压桩过程中应严格观测,如果出现贯入度突变、压力表读书异常、桩身破损及桩身突然倾斜等情况,应立即停止压桩施工,会同业主、监理、设计各方查明异常原因,制订纠正方案后再继续施工。

(8)接桩时应确保上、下桩身轴线在同一直线上。

(9)接桩焊接应由持有焊接操作证的技术人员进行,所用的焊条应符合相关的规范要求,并经有关部门检验合格后方可投入使用。焊缝应饱满,无蜂窝、孔洞等,焊接过程中严禁损伤连接钢板,焊接完成后应清除焊渣。

(10)静压桩的施工应连续进行,间断时间不宜超过半小时,以保证桩身的连续性。

(11)配桩时应根据施工实际需要与合理利用资源的原则,减少管桩的浪费,相邻的桩身应避免接头在同一平面上,且最后一节的桩不得少于5m。

(12)每根管桩施工完成后应对桩位进行检测,检测桩位是否符合设计要求。

(13)管桩施工完成后应经有关部门的检验合格,一般主要的检验项目有单桩承载力静载试验、桩身完整性小应变试验检测等。

(14)管桩施工完成,根据设计和规范要求对桩基的沉降进行观测,观测其最大观测量,看其沉降量是否符合规范规定及设计要求。

8 安全措施

8.1 施工安全领导小组

预应力管桩施工时,应建立以项目经理为主的安全保证体系和以项目经理为组长、包括项目总技术负责、项目安全负责人、专职安全员及各施工班组安全员为主的项目部安全领导小组组织机构。

8.2 现场施工安全措施

(1)施工现场宜采用封闭施工,禁止非施工人员进入施工现场,并在显眼位置设置安全、文明施工标牌、条幅。

(2)施工人员进入施工现场必须戴安全帽,电焊工的特种作业人员必须具备相应的特种作业操作资格证,在施工作业时,应正确佩戴和使用劳动防护用品。

(3)所有用电设备必须安装漏电保护装置,保证一机一闸一漏电开关,漏电开关采用两级以上设置,实行三相五线制。电箱和机具采用黄绿双色线进行接零保护。禁止随意接电缆或电线,电缆必须埋设,电线架空。

(4)施工现场必须有足够的消防器材。

(5)各种施工作业人员上班期间严禁酗酒、打闹。

(6)施工中每道工序按照各项安全操作规定进行作业。

(7)施工过程中防止现场扬尘污染,及时洒水防尘。

(8)起吊机在起吊预应力管桩时,应配备专职的指挥人员,起吊驾驶员应根据指挥人员指挥专业。吊机在工作时,作业半径内严禁站人。并应注意保持与周围建筑物、管线等有足够的安全距离。

(9)预应力管桩在堆放时,应予以固定,且对方高度不宜大于5层。采用的支垫物必须有足够的强度。

(10)管桩在运输过程中,应注意采取固定措施,防止滚动滑落造成意外事故。

(11)桩机进场组装时,必须按照说明书中进行,操作必须按规范操作。

(12)桩机工作时,非工作人员禁止进入桩机工作半径范围之内。

(13)打好的桩口应及时回填或者覆盖,防止发生安全事故。

9 环保措施

9.1 在预应力管桩施工中,应成立环境保护组织管理机构,并制订相应的措施,做到切实优化施工作业工艺及程序,达到保护环境的目的。

9.2 严格执行《建筑施工场界噪声限值》(GB 12523—1990)规定,最大化地控制和降低施工机械和运输车辆造成的噪声污染。

9.3 预应力管桩施工前,以尽可能地获得相关的地下管线及附近建筑物的地下基础布置图及其他资料,在施工中应尽量避开这些管线等设施;如无法避开时,因经由有关单位将管线等设施迁移后再进行施工作业。

9.4 施工中产生的废弃油料、固体垃圾等,应按照有关的规定采取相应的处理措施。对于项目部日常生活产生的生活垃圾,则应采取交由环卫工人处理或焚烧后掩埋等处理措施。

9.5 由于预应力管桩在施工过程中会对施工周围环境的土质产生挤压作用,所以在施工中应视情况在施工范围之外开挖防护沟,降低对周围环境的影响。

9.6 在城市施工预应力管桩时,应对出入施工场地的运输车辆采取冲洗等措施,防止车辆夹带的泥、尘等污染城市环境。

9.7 施工中应做好地表的排水工作,通过设置排水沟及积水坑等,防止雨水冲刷施工场地。

10 资源节约

目前,在使用桩基础对软基的处理施工方法中,主要采用的是预应力管桩、预制方桩及粉喷桩等施工方法。以一根直径40cm的预应力管桩、一根边长40cm的预制方桩为例,比较各施工方法采用的材料用量。

10.1 一根40m长,直径40cm的预应力管桩需耗用混凝土3.77m^3,钢筋0.3t。

10.2 一根边长40cm的预制方桩需耗用混凝土6.4t,钢筋1.5t。

从以上分析中可以看出,同样长度等两种不同的桩基础,预应力管桩比预制方桩节约混凝土2.63m^3,节约钢筋1.2t。

11 效益分析

11.1 经济效益

直径40cm预应力管桩综合单价为每米120元左右,而40cm预制方桩每米综合单价为165元左右。对比分析得出这两种软基处理施工方法中,预应力管桩具有较大的经济效益。

11.2 环保效益

预应力管桩采用静力压桩机进行沉桩施工,具有无振动、无噪声等特点,对周围环境产生破坏及影响较小,特别是城市高架桥软基处理施工,是一种十分环保的施工方法。相对于其他软基处理施工方案,本工法采用的施工机械设备投入少,环境保护效果明显。

11.3 社会效益

在软基处理的施工方法中,当采用换填砂砾超载预压施工时,由于换填的填料需要一个较长的沉降周期。所以,施工周期相对较长,且由于填料的沉降周期较长,可能在后续工序施工时,会继续发生沉降,造成维修费用的提高。当采用粉喷桩时,由于需要现场粉喷搅拌成桩,所需的施工周期同样较长,需要较晚才能产生社会效益。而采用预应力管桩施工方法时,由于预应力管桩单桩承载能力较高,且桩身采用预制,缩短了施工周期,可以较快地产生社会效益。

12 应用实例

12.1 由浙江登峰交通集团有限公司施工的浙江省104国道良渚至古墩路连接线工程第2合同段3号桥桥头软土地段均采用预应力管桩进行地基处理。本合同段预应力管桩共2 031根,计34 688m长。

12.2　由浙江登峰交通集团有限公司施工的申苏浙皖高速公路浙江省境内第10合同段浙江省长兴西互通区四座桥桥头软土地段均采用预应力管桩进行地基处理。本工程预应力管桩共1 657根,计26 512m长。

12.3　由杭州宇航交通工程有限公司承建的余杭区仁和港区外围道路土建工程。在2006.11～2007.6期间,其中新桥河桥两头软基地段的采用预应力管桩进行地基处理。本工程预应力管桩共144根,计2 304m长。施工采用本工法,通过对基桩进行低应变与高应变动力检测,单桩承载力均能够满足设计要求;桩身完整性判定均为2类桩以上,1类桩占94%,路基最大沉降量7.6cm,满足工后沉降要求。

12.4　由杭州宇航交通工程有限公司施工的申嘉湖杭高速公路崇贤互通连接线起点位于322国道K188+578处,于K5+109.414下穿申嘉湖杭高速公路崇贤高架桥主线(K50+538.700)分离立交,最后终于石塘公路,路线全长6.043km。其中K2+200～K2+342、K2+442～K2+502为采用预应力管桩进行软基处理路段。本工程预应力管桩822根,计13 368m长。施工采用本工法后,施工进度快,操作安全,通过对基桩进行低应变与高应变动力检测,单桩承载力均能够满足设计要求,1类桩占95%以上,目前路基最大沉降量小于7cm,控制沉降的效果明显。

袋装砂井 CFG 桩组合施工工法

GGG(中企)A2006—2009

陈荣国　张振强　雷文革　龚昌雄　杨秋延
(中铁七局(武汉)工程有限公司)
李　翔　刘吉福　蒙庆辉　高玉峰　尹敬泽
(广东省航盛建设集团有限公司　河海大学　广东省公路建设有限公司)

1　前言

软土是指近代水下沉积的饱和黏性土,具有含水率大、渗透性强、天然强度低、压缩性高等特征。其物理力学指标为天然含水率 $w_n \geqslant w_L$、天然空隙比 $e_0 > 1.0$、压缩模量 $E_s < 4\,000$kPa、渗透系数 $K < 1 \times 10^6$cm/s、不排水抗剪强度 $C_u < 30$kPa。软基处理就是要改善这些力学指标,使之达到设计和规范要求。中铁七局武汉工程有限公司负责广东珠江三角洲绕城高速公路西环段第一合同段佛开加宽段施工中发现,FKK26 +265 ~ FKK28 +470 地质情况为人工填土、淤泥、淤泥质亚黏土、细砂,层厚为 8.5 ~ 24m,软基平均厚度为13.35m,在 2005 年 8 月份,对软基处理采用袋装砂井和袋装砂井与 CFG 桩组合的两种方法(C12 低强度素混凝土)填筑路堤,完工后连续 3 个月监测的数据显示,侧向位移只有 4cm,沉降数据在第 2 个月就基本收敛,累计沉降最大的也不到 7cm,远远小于设计的 30cm,效果非常明显,大大提高了地基承载力,加快了施工进度,在 2006 年 4 月,广东省公路勘测设计院同意在对软基处理时采用袋装砂井和 CFG 桩组合方法,对软基处理进行了完善设计,经过一年多时间的施工证明,工后沉降和侧向位移都非常小,远小于设计和规范要求,没有发现任何质量通病,工期大大缩短,给施工单位和投资单位都带来一定的经济效益和社会效益。在施工中研发的"CFG 桩和袋装砂井的组合应用技术",获 2006 年度中铁七局集团有限公司科技成果一等奖,2008 年 4 月,湖北省工程建设专家委员会组织对"CFG 桩和袋装砂井的组合应用技术"进行了审定,认为该项技术达到行业领先水平。通过对关键技术和施工艺及管理经验进行总结,形成了本工法。

2　工法特点

袋装砂井和 CFG 桩组合处理深层软基,具有以下特点:

2.1　可以大大减少软基沉降和解决质量通病。

2.2　可以有效缩短工期,对建设和施工单位都可以带来经济效益。

2.3　可以节约砂袋的用量和节省超载、沉降土方,减少环境污染和保持生态平衡。

2.4　提高了桩间的密实度,地基承载力大幅提高。

3　适用范围

本工法适用于沿海、沿江一带饱和淤泥质黏土、松散的砂土、粉土和回填土,软土层处理深度大于 10m 比较合适,处理深度越深,质量和经济效果越好。在桥台背后和安全要求高的公路工程加宽处理厚度大于 10m 的软基效果更佳,对于地下水位较浅的厚细砂层(10m 以上)也适用,特别适用于线路加宽的软基施工和工期紧的项目施工。

4　工艺原理

4.1　袋装砂井是采用散砂装入土工布制作成的细长袋中,用专门成孔设备在软基中成孔后将装好砂的细长砂袋沉入孔中,即为袋装砂井。

4.2　CFG 桩是由水泥、粉煤灰、碎石或砂加水搅拌形成的高黏结强度桩,其和桩间土、褥垫层一起形成复合地基,利用钻机振动成孔,并由混凝土输送泵通过中空钻杆泵送混合料,同步带压提钻而成桩。

4.3　袋装砂井和 CFG 桩组合处理软基,利用 CFG 桩可全长范围内受力,能充分发挥桩周摩阻力和端承力,桩土应力比一般为 10 ~40,通过 CFG 桩对深层软基的置换和挤密作用,利用自身的强度保证软基在路堤填筑过程中最大程度地减少侧向位移的发展,从而保证砂井不变形。这样,可以提高袋装砂井作为竖向排水的效果,大大减少软基的整体沉降,大幅度提高了软基承载力,增加了软基的稳定,保证软基处理效果。克服了单独采用袋装砂井来处理软基的时间长、侧向位移大、处理效果差的弱点;同时,也克服了单独采用 CFG 桩不能处理深层软基的难点和成本大的特点。

5　施工工艺流程和操作要点

以 50m 长为一个流水段进行流水施工,先打入袋装砂井,待其全部施工完毕验收合格后再施工 CFG 桩,CFG 桩施工次序横向从路中心向两侧施工,纵向从桥头向两侧施工(见图 1)。

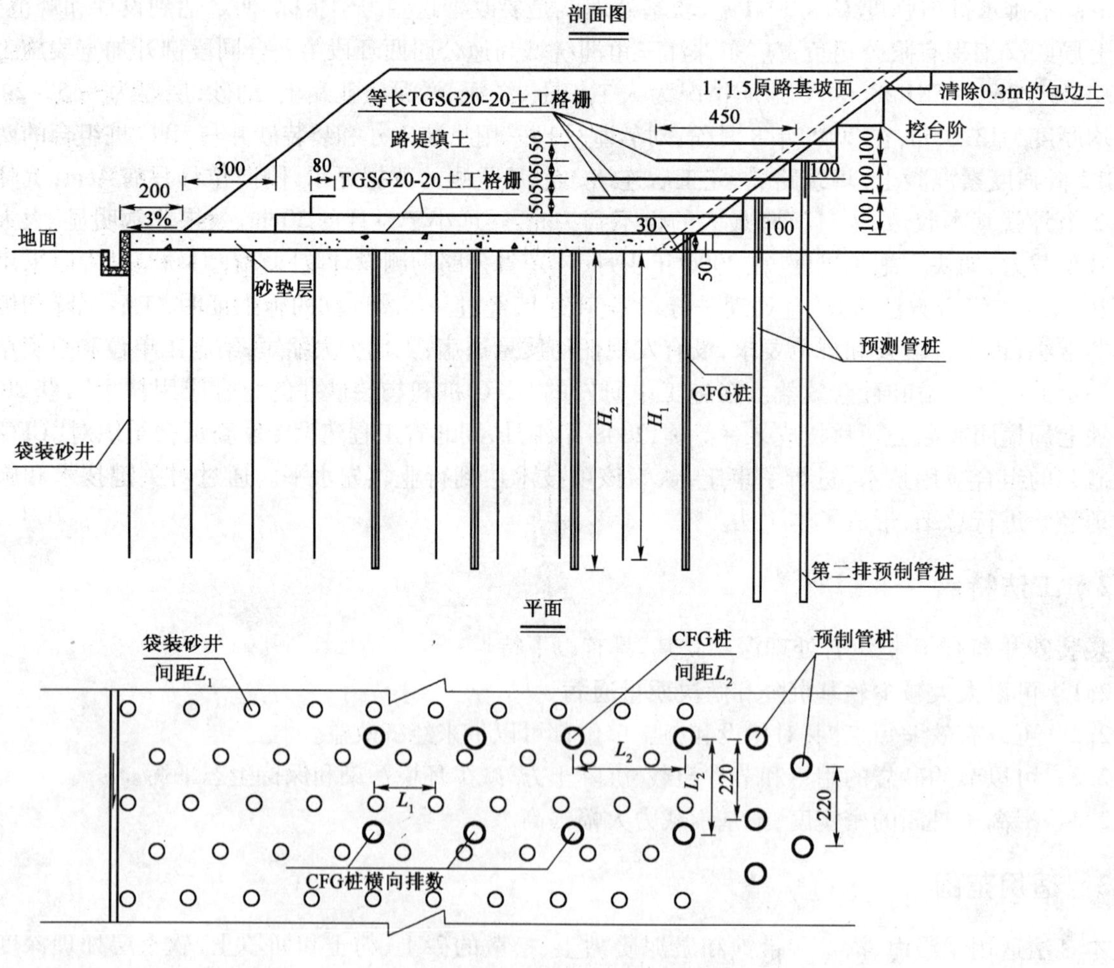

图 1　施工布置图(尺寸单位:cm)

5.1　工艺流程

工艺流程见图2。

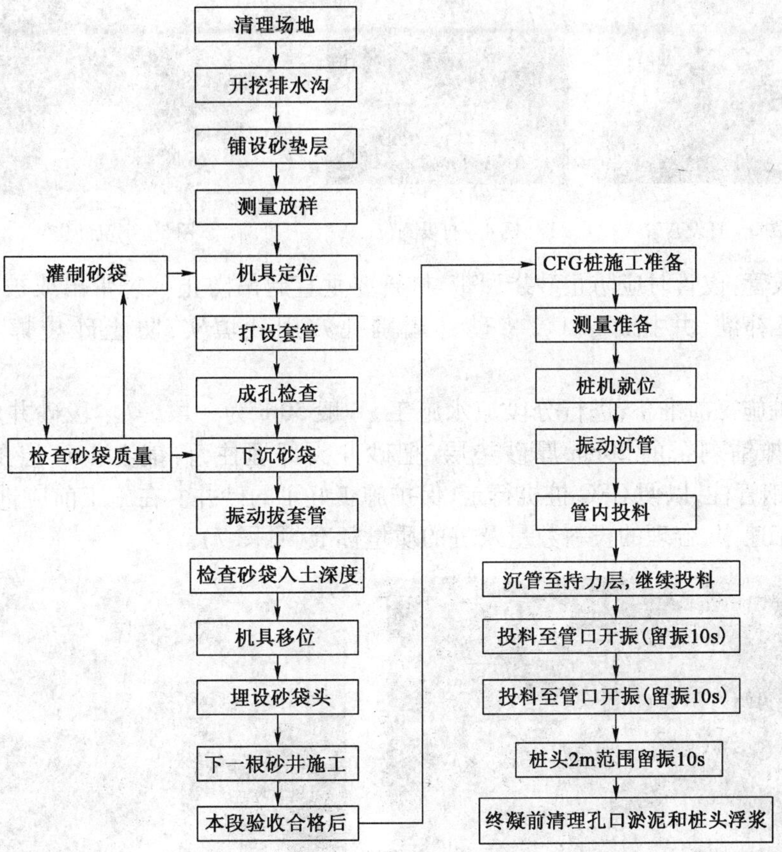

图2　工艺流程图

5.2　操作要点

5.2.1　施工前的准备工作：

(1)审查和熟悉图纸、设计文件和施工技术规范，根据设计宽度、桩距、深度绘制袋装砂井平面布置，进行测量放样，恢复定线，直线部分10m设一中桩，曲线部分5m设一中桩，并同时放出边桩，井孔定位放样，应经复核无误。

(2)根据设计要求，选择合适的土工袋及粗、中砂、石等材料进场，并应通过质量检测。

(3)按照工地土质情况，选择打桩机型号，振动锤型号，并运至施工现场，检查保养。

5.2.2　裁制砂袋和灌砂：砂袋长度按"处理深度＋60cm"裁制（30cm外路、30cm打结），砂采用风干的中粗砂，用10m高简易门式架，通过砂的自重和人工多次抖动使砂袋密实。15m以内的还需要用卷扬机二次吊振进行密实。

5.2.3　铺设砂垫层、机械就位：机械就位以前，先铺30cm厚的砂垫层，打桩机械沿路线方向自外向内施打，机械就位后，套管应对准桩位，缓慢放下。套管底端应有可开底盖或有预制桩尖。

5.2.4　打设套管：井孔定位后，沉入或施打到土基内，直至设计深度。施打时，开动振动锤后，应缓慢进行，并随时检套管的垂直度（见图3、图4）。

5.2.5　下沉砂袋：为保证排水顺畅，下沉砂袋时应防止砂袋扭曲、撕破和污染，可在管内穿一根与桩管等长的钢丝绳，将砂袋一头拴在钢丝绳上，慢慢下沉。桩管内壁附着淤泥应定时用清水冲洗，这样既能使管底阀门顺利打开，不回带，也可以减少对砂袋的涂抹（见图5）。

图3 打设套管

图4 打设到位

图5 下沉砂袋

5.2.6 振动拔管:拔管时应防止砂袋回带,桩管要垂直起吊防止砂袋带出或被损害。拔管后立即对桩头空袋用人工补灌,并扎好袋口,将砂井周围孔穴用砂填实,防止砂袋掉入孔中,整理好桩头(见图6)。

5.2.7 CFG桩施工前准备,进行分段流水施工,一般50m为一段,等本段砂井施工完毕后进行交验,合格后马上再摊铺剩余的20cm厚砂垫层,把砂井头部埋住,再铺上1cm厚的钢板或者直径为60cm、厚为1cm的钢管柱,以便CFG桩机行走,保护施工好了的砂井。在施工前应进行CFG桩试桩,以确定施工工艺、施工速率、合理的投料数量及桩的质量标准(见图7)。

图6 施工完成袋装砂井等待交验

图7 铺设20cm厚砂垫层,把砂袋头部埋入砂垫层

5.2.8 CFG桩机就位:调整沉管与地面垂直,确保垂直度偏差不大于1%。

5.2.9 振动沉管:启动电动机沉管到预定高程,停机。沉管过程根据电流表变化做好记录,一般每1m记录一次,为避免对邻桩的影响,沉管时间应尽量短(见图8)。

5.2.10 管内投料:在沉管的同时进行混凝土的生产,沉管后进入流塑层前向管内投料。直到料与进料口齐平(见图9)。

5.2.11 沉管至持力层,继续投料:沉管进入持力层2~3m后停机,并继续向管内投料,启动电动机,留振10s开始拔管,拔管速度根据地层情况确定,拔管过快易造成局部缩颈或断桩;拔管太慢振动时间过长,会使桩顶浮浆增厚,易使混合料离析,对于淤泥质土,拔管速度可适当放慢,拔管过程中也不宜反插留振(见图10)。

5.2.12 沉管拔出地面,将沉管拔出后,用插入式振捣棒对桩顶混合料加振3~5s,提高桩顶混合料密实度。确认成桩符合设计要求后,清除浮浆,并用粒状材料或黏土封顶,然后移机进行下一根桩的施工。

5.3 劳动组织

5.3.1 每台袋装砂井操作人员分工

(1)桩机机长:1人。负责指挥协调各工序操作联系,控制操作规程排除施工中各种故障。

图 8　CFG 桩桩机振动沉管

图 9　管内投料

图 10　振动拔管

(2)操作员:2 人。1 人操作桩机站进、提升,1 人负责套管就位、复灌砂袋。

(3)放砂袋入套管 2 人,灌装砂袋 2 人。

(4)记录员:1 人。负责记录数据,使用联络信号,兼质量检查等工作。

5.3.2　每台 CFG 桩操作人员分工

(1)桩机机长:1 人。负责指挥协调各工序操作联系,控制操作规程,排除施工中各种故障。

(2)操作员:1 人。按设计施工工艺正确操纵钻头的钻进和提升,检查维修机械,负责使用联络信号。

(3)泵司:2 人。负责统计材料用量,记录泵送时间,清洗输送管道。

(4)记录员:1 人。负责记录数据,使用联络信号,兼质量检查等工作。

(5)电工:1 人。

(6)专职安全员:1 人。

其他人员分工,现场根据实际施工情况,合理安排。

6　材料与设备

6.1　袋装砂井所用砂袋抗拉强度 5cm 不小于 900N,延伸率小于 25%,渗透系数不应小于 0.005cm/s。施工用砂应具有良好的透水性,不含有机质、黏土块和其他有害物质,最大粒径不超过 10mm,大于 0.5 mm的含砂量占总质量的 50% 以上,有机质含量不大于 1%,含泥量不超过 3% 的洁净中粗砂。CFG 桩的粗骨料采用碎石或者卵石,泵送混合料时卵石最大粒径以 2.5cm 为宜,碎石最大粒径以 2.0cm 为宜,振动沉管 CFG 桩粗骨料最大粒径不宜超过 5.0cm。为使级配良好,应掺入石屑填充碎石空隙。水泥采用 32.5 级普通硅酸盐水泥。

6.2　主要机具设备(表 1)

主要施工机械、设备表　　表 1

机械名称	规格型号	数量(台)	机械名称	规格型号	数量(台)
振动沉管砂井机	DJL30-30C	4	装载机	ZL50D	1
振动吊灌(砂)机		4	混凝土输送泵	三一牌	1
运输汽车	TQ140	6	混凝土运输车		3
振动打桩机	KM_2-12000A	4			

7　质量控制

7.1　质量控制标准

本工法执行《公路工程质量检验评定标准》(JTG F80/1—2004)、《公路路基施工技术规范》(JTJ 033—95)(现已更新为 JTG F10—2006)等交通部行业标准。

项目检查和允许偏差见表2和表3。

袋装砂井施工检查项目及允许偏差 表2

序号	项目	单位	标准	允许偏差	检查方法
1	井距	cm	符合设计规定	15	抽查2%
2	井长	cm	符合设计规定	不小于设计	挖验2%
3	井径	mm	符合设计规定	0-10	尺量周长
4	竖直度	%	符合设计规定	1.5	经纬仪或水准尺
5	灌砂率	%	符合设计规定	5	查施工记录

CFG桩施工检查项目及允许偏差 表3

项次	检查项目	规定值或允许偏差	检查方法和频率	项次	检查项目	规定值或允许偏差	检查方法和频率
1	桩距(mm)	±150	抽查2%	4	竖直度(%)	1.5	查施工记录
2	桩径(mm)	不小于设计	抽查2%	5	灌混凝土量	不小于设计	查施工记录
3	桩长(m)	不小于设计	查施工记录				

7.2 质量控制措施

7.2.1 施工前要进行试打,取得实际数据。施工中特别要注意打设深度及沙袋回带现象。

7.2.2 减小成孔直径可以减少对孔壁的挤压,从而减少涂抹效应的影响。在施工中一般限制成孔外径在107mm以内。

7.2.3 定位要准确,砂井垂直度要好,以确保实际排水距离与理论计算值一致。

7.2.4 确定袋装砂井施工长度时,应考虑袋内砂体积减小、孔的弯曲、超深等因素,以免砂袋全部深入孔内,造成与砂垫层不连接。

7.2.5 砂袋入口处的套管口应装设滑轮,避免砂袋刮破而漏砂。聚丙烯编织袋在施工中,应避免太阳长时间直射。

7.2.6 砂料含泥量要小,这对于小断面的砂井尤为重要,因为直径小,长细比大的砂井,其井阻效应较为显著,一般含泥量要求小于3%。

7.2.7 施工中要经常检查桩尖与套管口的密封情况,避免套管内进泥太多,影响砂井排水质量。

7.2.8 混凝土施工时严格按照施工配合比进行拌和,搅拌时间不小于90s。混凝土的坍落度控制在5~6cm之间,使混凝土的流动性相对较好,在管内未振之前易形成较密实的混凝土柱,且下料均匀顺畅,在流塑淤泥层段以较好的整体性来抵抗流塑状淤泥带来的压力,有效地减少缩颈现象的发生。

7.2.9 沉管时沉管与地面的垂直度偏差不大于1%,沉管过程中,操作人员应随时留意电流表的数值变化情况,以此结合原有地质情况来判定地层的变化情况及各层的厚度和位置,用以指导拔管时的速度控制。

7.2.10 混凝土的拌和应在沉管前开始,当沉管至一定深度后(一般在进入流塑状淤泥层前)立即向管内进行投料,使管内有一定的压力来防止流塑状淤泥由管底活瓣口的缝隙进入管内,从而保证成桩的长度和质量。

7.2.11 拔管前混凝土填料应填至与进料口齐平,施工中应经常检查管内混凝土的高度,并及时向管内补料,确保管内的混凝土高度高出地面一定高度,以此来增加管内的压力,确保成桩的质量。拔管时应留振5~10s后开始拔管,在持力层,拔管速度应控制在1.2m/min以下,每分钟留振5s,当进入流塑段地层时应采用30~50cm拔程为一单元来进行循环施工,即30~50cm/20s留振5s,拔管连续不间断,当沉管拔至离地表2m时,拔管速度应控制在0.6m/min以下,留振时间增加至10s,以确保桩头质量。沉管拔出地面,确认成桩符合设计要求后,在终凝前及时清除孔口的淤泥和浮浆,并用中粗砂封顶。

7.2.12 测量放线一定要准确,同时要做好标志,以保证施工CEF桩时不会破坏袋装砂井。

8 安全措施

8.1 开工前,必须做好安全技术交底工作,把安全责任落实到人;施工必须按照安全操作规程做好安全工作,特殊工种必须持证上岗。

8.2 施工机械的使用必须严格遵守《建筑机械使用安全技术规程》(JGJ 33—2001)的有关规定,并按各种机械的使用要求和有关规定进行保养及维修。所有机电设备实行专人负责操作,桩机停工后,应将桩管打入地面以下不小于10m,防止发生倾覆。

8.3 应经常检查钢丝绳、桩锤紧固件、螺丝、轴承等易磨易损部件。

8.4 拆卸机械须在白天进行。由于每台机组都比较高,现场必须时时检查机组的垂直度,发现偏斜,及时调整。

8.5 现场用电采用"三相五线"制,严格执行一机一闸一漏电保护器,安排专业电工进行负责。

8.6 汽车吊装混凝土到管中时,吊车必须准确就位,支腿牢靠。吊装前对吊具、锁具、索具、风绳认真检查确认,满足规定要求后方可作业。吊装过程中,在吊臂和管桩之间严禁站人,避免坠物伤人。

9 环保措施

9.1 单独用袋装砂井处理间距为0.6m,袋装砂井CFG桩组合处理间距为1.3m,可以减少土工袋的用量,从而减少埋入地下的土工袋对水土的污染。

9.2 不进行堆载预压,减少对自然资源的开采,达到国家规定保护生态的目的,减少土方运输、摊铺、压实、卸载等工序,从而减少环境污染。

9.3 CFG桩的混凝土在搅拌站拌和,可以减少环境污染,桩头多余的混凝土可以用作边坡排水沟底层的填料,有效地利用了建筑垃圾和节约资源。

9.4 袋装砂井CFG桩组合处理软基,不需要进行反压护道,可以减少土方的填筑等工序和减少用地,减少环境污染和保护耕地。

9.5 施工时间安排在白天进行,避免给当地居民造成噪声和光的污染。

10 资源节约

10.1 采用本方法处理深层软基,可以避免因处理效果不好,采用反压护道的措施并增加征地数量,特别是可以有效保护当地十分有限的土地资源,这和国家保护耕地的政策也是一致的。

10.2 不需要进行堆载预压,减少对自然资源的开采,达到国家保护生态的目的,减少土方运输、摊铺、压实、卸载等工序,从而减少环境污染。

10.3 减少约80万米的编织袋用量,从而减少了环境污染。

11 效益分析

11.1 经济效益

11.1.1 直接经济效益

1)采用袋装砂井

本项目软基处理长度为2 860m,平均处理宽度为13.5m,处理深度平均按照15m。

则处理面积范围:$S = 2\,860 \times 13.5 = 38\,610\text{m}^2$。

袋装砂井处理按照间距0.7m计算,则需要砂井:38 610/(0.7×0.7)=78 796根,处理深度平均按照15m,则需要袋装砂井:78 796×15=1 181 939m。

业主计量单价为3.2元/m,成本价为2.87元/m,则产生利润为:(3.2-2.87)×1 181 939=390 039元。

超载土方业主计量单价为30元/m^3,卸载土方单价为16元/m^3,购买砂到现场单价为35元/m^3。

土方运弃单价为12元/m^3,超载土方平均按照1m计算,填土宽度按照11m计算,则需要土方为:2 860×11×1=31 460m^3,赢利为:31 460×(30+16-35-12)=-31 460元

加上机械台班和工费约3万,则亏损约61 460元。

沉降土方按照0.8m计算,则亏损为:31 460×0.8×(35-30)=125 840元。

故带来经济效益为:390 039-61 460-125 840=202 739元。

业主投资效益。采用袋装砂井处理成本为:1 181 939×3.2+31 460×(30+16)=5 229 365元。

2)采用袋装砂井和CFG桩

采用CFG状和袋装砂井处理,袋装砂井间距为1.3m,则需要砂井:38 610/(1.3×1.3)=22 846根,需要袋装砂井:22 846×15=342 692m。

则产生利润为:(3.2-2.87)×342 692=113 088元

CFG桩间距为2.2m×2.2m,需要CFG桩为:38 610÷(2.2×2.2)=7 977根,7 977×15=119 659m。

CFG桩业主计量单价为39元/m,桩头每个为100.5元,其相应的成本为38元/m,80元/根。则产生利润为:(39-38)×119 659+20.5×7 977=283 188元。

施工CFG桩增加时间约36d,其中施工约6d,检测约30d,但是从软基固结的情况来看,可以节省至少6个半月,则总共节省时间大约为152d,项目部每个月管理费大概为12万,则管理费约可以节省:12÷30×152=65.4万。

业主投资效益:业主采用袋装砂井和CFG桩处理,增加CFG桩的成本为:342 692×3.2+119 659×39+100.5×7 977=6 565 004元,但其可以提前约5个月通车,按照上面的152d来计算,每天通过的车辆为5 000辆计,每次收费为20元,这将增加约1 520万收入,管理人员按照150人计算,管理费按照5 000元/人/月计算,则管理费为:5×150×5 000=3 750 000元,而且没有计算投资银行贷款利息。可见,提前通车可以带来1 145多万的收入。

3)采用CFG桩

CFG桩一般对深层软基不适用,因为它只能起置换和挤密作用,不能把深层的软基固结,只是通过自身的强度及桩和土间的应力形成复合地基来达到设计的承受荷载,一般设计间距为120cm。

需要CFG桩为:38 610÷(1.2×1.2)=26 813根,26 813×15=402 195m。

CFG桩业主计量单价为39元/m,桩头每个为100.5元,其相应的成本为38元/m,80元/根。则产生利润为:(39-38)×402 195+20.5×26 813=951 861元。

施工CFG桩每天一个班组可以施工约500m,佛开加宽项目受条件限制,最多只能进4台机械。则施工天数约为201d,而采用CFG桩和袋装砂井组合方法施工需要时间为67d(流水施工:袋装砂井为7d,CFG桩:119 659÷4÷500=60d),增加时间为134d,相对袋装砂井则节约工期18d(152-134=18d),项目部每个月管理费大概为12万,则管理费约增加:12÷30×134=53.6万,则给施工单位带来41.6万的效益。

业主投资效益:业主采用CFG桩处理,CFG桩的成本为:402 195×39+100.5×26 813=18 380 311元,比采用袋装砂井节省18d,每天通过的车辆为5 000辆计,每次收费为20元,管理人员按照150人计算,管理费按照5 000元/人/月计算,则工期增加费用为18×5 000×20-150×5 000÷30×18=1 350 000元。

4)效益比较(表4)

三种处理方式经济对比表 表4

各单位效益比较 / 施工方法	节省工期(d)	施工单位效益(万元)			业主单位效益(万元)		
		生产效益	工期效益	总体效益	投资情况	提前投产效益	总体效益
袋装砂井	0	20.3	0	20.3	532	0	0
CFG桩	18	95.2	7.2	102.4	1 838	135	-1 171
袋装砂井和CFG桩	152	39.6	65.4	105	660	1 145	1 273

从表4可以看出,采用袋装砂井和CFG桩组合办法施工对施工单位和投资单位都可以接受。施工时间采用袋装砂井和CFG桩最少,比采用袋装砂井节省152d,采用CFG桩比采用袋装砂井节省18d,但业主的成本会很大,故业主不会采用。

从技术角度来分析,采用袋装砂井施工起来相对简单一点,但很难保证施工质量,在路堤填筑和超载预压时,砂井容易产生弯曲或弯折而影响排水效果,导致产生路基裂缝、坍塌、下沉、跳车等质量通病,而要处理这些通病所花的代价往往很大,如要采用反压护道、预应力管桩、高压注浆等方法,修补起来也非常麻烦,而且会给项目参建单位造成严重的社会负面印象。单独采用CFG桩施工,由于其间距小,往往要跳打,增加施工周转次数,施工起来也比较麻烦,而且往往在路基顶要采用水泥搅拌土或其他方法处理0.5m以上,以增加整体稳定来受力,这样会导致深层的水挤不出来。而采用袋装砂井和CFG桩组合办法施工,可以克服以上两者的弱点,且处理起来比较方便,因为CFG桩间距大,可以不用隔桩跳打,通过CFG桩限制袋装砂井变形,在软基填筑时,确保填筑的顺利进行和软基的稳定。只是要求测量定位要准确,在施工CFG桩时,要确保不破坏袋装砂井,增加的两道工序,即砂垫层要分两次施工,在摊铺20cm砂垫层后,在砂垫层上铺机械行走的钢板或钢管,以对进行沙袋头部保护。

11.1.2　间接经济效益

通过该处理方法,减少了侧向位移的产生,可以防止原有路堤的坍塌,可以保证原有管线的施工安全,可以保证软基的处理质量,减少日后维修费用和减少以后的行车事故,增加了施工单位的信誉。

11.2　社会效益

11.2.1　有效缩短了工期,减少了当地的交通压力,特别是九江大桥垮塌后,佛开公路车流量每天增加约2万辆,经常有堵车现象。本项目的提前投入使用,大大缓解了这种现象。在施工安全、质量、进度、形象等方面赢得了业主和社会各界的广泛好评。

11.2.2　采用本方法处理深层软基,可以避免因处理效果不好,采用反压护道的措施增加征地数量,特别是可以有效保护当地十分有限的土地资源,这和国家保持耕地的政策也是一致的。

11.2.3　不需要进行堆载预压,减少对自然资源的开采,达到国家保护生态的目的,减少土方运输、摊铺、压实、卸载等工序,从而减少环境污染。

11.2.4　减少约80万米的土工袋用量,从而减少了环境污染。

11.2.5　通过施工技术总结,为深层软基处理提供了有效的施工方法。

12　工程实例

12.1　中铁七局武汉公司在广东珠江三角洲绕城高速公路西环段第一合同段佛开加宽段施工中,FKK26+265~FKK28+470地质情况为人工填土、淤泥、淤泥质亚黏土、细砂,层厚为8.5~24m,软基平均厚度为13.35m,在2005年8月份,对软基处理采用袋装砂井和袋装砂井与CFG桩组合的两种方法(C12低强度素混凝土)填筑路堤,完工后连续3个月监测的数据显示,侧向位移只有4cm,沉降数据在第2个月就基本收敛,累计沉降最大的也不到7cm,远远小于设计的30cm,效果非常明显,大大提高了地基承载力,加快了施工进度,在2006年4月,广东省公路勘测设计院同意在对软基处理时采用袋装砂井和CFG桩组合方法,对软基处理进行了完善设计,经过一年多时间的施工证明,工后沉降和侧向位移都非常小,远小于设计和规范要求,没有发现任何质量通病,且大大缩短了工期,给施工单位和投资单位都带来一定的经济效益和社会效益。

12.2　中山至江门高速公路、江鹤高速公路二期:江中高速公路起于中山市新隆,与京珠高速广珠东段高速公路相接,终于江门市礼乐镇四村,与江鹤、江珠高速公路相接,全长32.5km,双向四车道,设计车速120km/h。工程于2002年3月开工,2005年10月28日建成通车。江鹤高速公路二期长6.414km,双向四车道,设计车速120km/h,于2002年7月开工,2005年10月28日建成通车。

江中高速公路、江鹤高速公路二期位于珠江三角洲腹地,沿线软基路段占全长的60%以上,软土性质较差,具有珠江三角洲软黏土的“高含水率、高孔隙比、高压缩性、低强度、低渗透性”的特点。路堤高2~7m,软基路段普遍采用袋装砂井处理,袋装砂井深度10~22m,间距1.2~1.4m,袋装砂井数量超过2 000万米。全线遇到大量高压线,受高压线影响的软基路段累计长度超过600m,袋装砂井数量近40万米。其中15万米袋装砂井采用接管法施工,相对地质钻机成孔法节约造价约150万元,相对高压旋喷桩复合地基节省造价约2 100万元。

12.3 汕头—梅州高速公路汕揭段:广东省汕头—梅州高速公路汕头—揭阳段全长55.241km,采用四车道标准高速公路,路基宽26.0m,计算行车速度100km/h,设计荷载:公路-I级。路基、桥涵工程分为11个施工段。全线软基分布较多,结构物附近软基、横向软基厚度变化较大的山边路段采用CFG桩或管桩复合地基+袋装砂井处理,其余软基路段采用袋装砂井处理,袋装砂井长度8~18m,全线袋装砂井超过500万m。

由于征地问题,汕揭段分3期施工,第7~11标2005年开工,2007年通车。第4~6合同段2008年开工,2009年5月完成所有袋装砂井施工。第5、6、7、8、10合同段均遇到上跨高速公路的高压线,高压线高度10~13m不等,采用接管法施工路段总长约520m,袋装砂井总延米约20万米。采用接管法施工袋装砂井确保了工期,保证了预压时间,减少了工后沉降,相对地质钻机成孔法节约造价约200万元,相对高压旋喷桩复合地基节省造价约2 800万元。

12.4 广州—珠海西线高速公路顺德碧江—中山段:广东省广州—珠海西线高速公路顺德碧江—中山段长约46km,双向六车道。软基里程超过30%,设计袋装砂井数量超过500万米,袋装砂井深度6~21m。2007年开工,2008年完成所有软基处理工程。沿线遇到多处高压线、高架桥,其中12处高压线、高架桥下约10万米袋装砂井采用接管法施工,确保了工期,保证了预压时间,减少了工后沉降,相对地质钻机成孔法节约造价约100万元,相对高压旋喷桩复合地基节省造价约1 400万元。

高速公路循环水灌法填沙路基施工工法

GGG(中企)A2007—2009

李清泰　任庆显　陈跃起　申梦华　马少海
(中铁十四局集团有限公司)
赵英涛　马云飞　冀晓辉
(邢台路桥建设总公司)
徐发祥　肖必建　王伟民　焦安亮　张乃华
(中国建筑第七工程局有限公司　中建七局(上海)有限公司)

1　前言

填沙路基是一种新兴的路基填筑结构形式,该施工方法适用于沙源丰富而缺少土源地区填方量大的高速公路路基施工。现行的公路路基设计、施工规范没有关于填沙路基的施工工艺、质量控制方法和控制标准方面的规定。中铁十四局集团有限公司、中国第七建筑工程局有限公司和邢台路桥建设总公司结合工程建设实际,开展了科技攻关,形成了本工法。本工法于2006年12月通过山东省科技厅的成果鉴定,总体上达到国内领先水平,改进的水灌法粉细沙路基施工工艺达到国际先进水平,获山东省2007年度科技进步三等奖。同时,形成了“高速公路循环水灌法填沙路基施工工法”。

本工法又连续应用到205国道河东至郯城段改建工程LJ01标段、乐港路新建工程、上海阿克苏路地道下穿A30公路工程,经济效益和社会效益显著。在总结经验和不断完善的基础上,本工法日趋成熟,具有广阔的推广应用前景。

2　工法特点

2.1　选用激振频率与饱和水沙料自振频率相近的压实机械,压实效果最佳。

2.2　采用方格分区灌水,保证沙料饱水均匀,利于压实质量控制。

2.3　采用水灌法填沙施工全部采用常规设备,易于操作,且基本不受雨天影响,施工效率高。

2.4　填沙路基主要用沙填筑,就地取材,可以节约土地、疏通河道;循环水灌法节约用水。有利于节约资源、水土保持和环境保护。

2.5　采用常规仪器检测,简单快捷、数据准确可靠。

3　适用范围

本工法适用于多沙少土地区高速公路路基填筑施工,特别是在沙源丰富、水资源贫乏地区,采用循环水灌法尤为适用。

4　工艺原理

沙料在干燥状态下是一种松散体,基本无黏聚力,无法压实;在注水达到饱和状态后,沙粒处于流塑状态;由于沙料具有良好的透水性,水在沙粒孔隙间流动带动沙粒重新排列,沙料本体初步得到密实。

动态压实特性试验结果表明:饱和水沙料的自振频率为36~53 Hz,随沙料密实度的提高而增大,受含水率影响较小;沙料具有良好的频率响应特性,当激振频率接近自振频率时形成共振,沙料压实效果最佳,因此,施工选用激振频率与饱和水沙料自振频率相近的压实机械。饱水沙料经过共振压实后进一步密实,强度显著提高,满足压实度要求。

水灌法用水量较大,在施工中采取节水措施,横向埋设无沙混凝土管,低侧设纵向排水沟,每100m设置一个集水坑,使水循环使用,节约水资源。

5 施工工艺流程及操作要点

5.1 施工工艺流程

施工工艺流程图见图1。

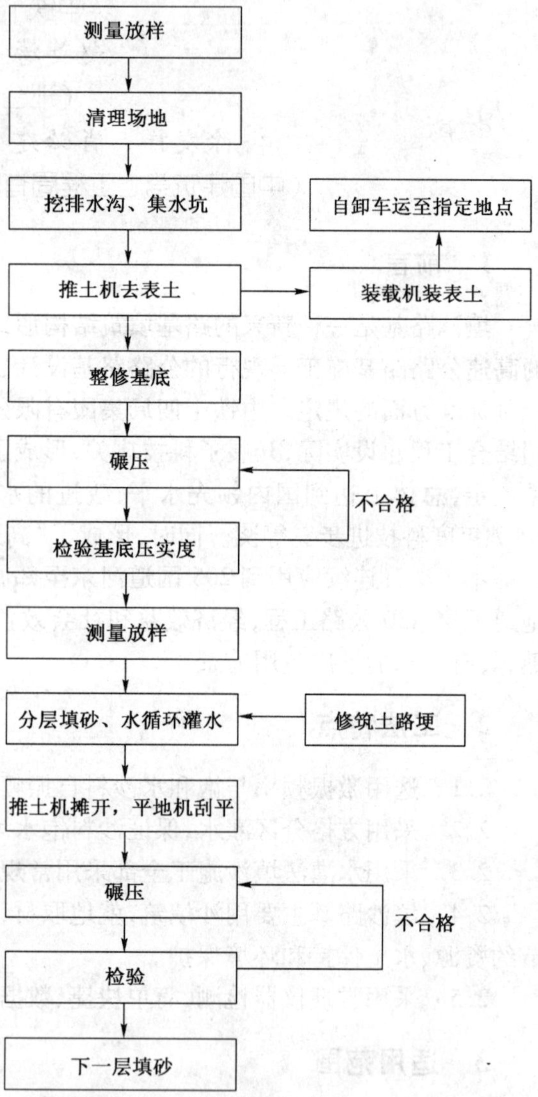

图1 施工工艺流程图

5.2 施工方法及主要工序操作要点

5.2.1 施工准备

(1)清理场地

在路基填筑前首先对原有地面进行清理,清理深度根据种植土厚度决定,清除的种植土应集中堆放,对于存在的不平之处应首先予以整平。

(2)地基处理

路基填筑前进行地基检测,当地基不符合设计要求时,进行冲击碾压或其他相关基底软化处理,压实度要达到93%以上,同时达到2% ~4%的横坡度要求,以利于填沙水密后水体的自然排出。

(3)测量放线

按设计要求进行施工放样,测设中桩、撒出边线,按松铺厚度45cm控制,对施工段落用石灰撒线画格,控制每个方格内的送料车数,从而控制松铺厚度。

(4)其他准备

选定水源和料源,对填料取样进行物理力学性能分析,初步确定施工参数,进行试验段施工,获取试验数据,修正施工参数。

5.2.2 包边土施工

底层包边土必须用透水性较好的材料,不能用黏土或其他透水性较差的材料,防止水分无法排出而使包边松软、下陷,甚至滑坡。如果用黏土包边必须做相应的防渗水措施。沙砾渗水性好,易压实,所以底层包边采用80cm厚的沙砾。底层包边沙砾与填芯沙料之间铺设两布一膜的保护措施,用上下两层土工布夹一层防渗的土工膜,防止沙料的顺水流失。

包边黏土的摊铺宽度应比设计宽30cm,以保证路基成形削坡后净宽度满足设计的要求,黏土一般3m宽,包边黏土的摊铺高度可以高出填沙的高度有利于挡水。

摊铺工作完成后,应先对路基两侧包边黏土进行压实。碾压时应控制合理的含水率。压实度控制在90%时,先用10 ~12t宽型光轮压路机碾压1 ~2遍,再用20t左右的宽型光轮压路机碾压4 ~6遍。当包边黏土碾压完毕,应按规范要求检测压实度、平整度、宽度、高程(重点检查沙料与黏土结合部位的压实度)。填沙路基的横断面结构见图2。

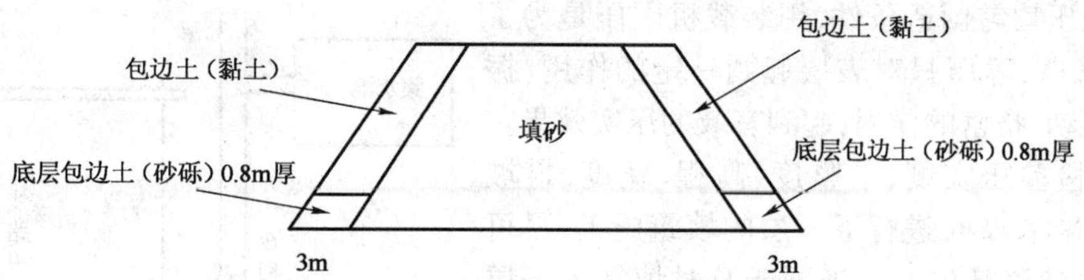

图2 填沙路基横断面图

5.2.3 填沙施工

(1)布填料

路基填土在摊铺前应先准确地画出路堤边线和沙料与黏土的分界线，用白灰打成 5m×5m 的方格网，打格上填料容易控制填料厚度，严格控制厚度，沙料的松铺厚度 45cm。由自卸车通过施工便道将沙料运至填沙路基旁侧，装载机、推土机调配沙料推运至填方路段。

填沙路基的第一层检测合格后，第二层填筑时上车非常困难，在含水率合适时，勉强能够直线行驶重车，转弯则会陷车；含水率偏小时，表层松散，车辆无法行驶，为解决第二层以上填沙路基上车问题，确定在路基中间用沙砾铺筑一条宽 6m、厚 0.3m 的通长沙砾便道，重车通过主便道、上路基的斜坡道、路基上的横向便道进入纵向贯通便道，到施工点卸车，从而减少对底层的影响。达到松铺厚度要求后，便道逐步用沙覆盖，按正常填沙路基施工。

(2)摊铺

摊铺主要由装载机、推土机和平地机完成，并结合人工整理土沙交界处，形成整齐的交界线。摊铺长度应按施工能力而定，一般在 500m 左右，或在两座构造物之间为一施工段落；对推运至填方路段内的填料由装载机向路基两侧摊铺，摊铺时采用滚填的方式，或采用推土机配合平地机整平。

(3)围堰

在摊铺、整平好的路基上分段设围堰。人工堆成 5m×5m 的方格，方格内大面平整，用沙堆成的沙埂高度不小于 20cm、顶宽不小于 15cm，以防止注水时沙埂坍塌漏水，影响灌水压实效果。

(4)灌水

①机械选型：水泵采用了 200QJ 型潜水泵，扬程 39m，转速 2 850r/min，水流量 $50m^3/h$，功率 7.5kW，出水管径 100mm。配套水井的管径不小于 50cm，深度不小于 40m，潜水泵放置于 30m 深的位置上，保证水泵连续工作时不断流。

②沙体灌水：向做好的沙格内注水，注水标准以沙面以上有 10cm 高的水位为准，记下每个方格的注水时间。通过向方格内注水试验，确定每个方格的注水时间平均为 4.3min，折合用水量为 $3.6m^3$，即 3 600kg。每个方格的沙量为 $5\times5\times0.45=11.25m^3$，平均每立方米沙的用水量为 3 600/11.25 = 320kg。

③水循环措施：首先抽取地下水灌水，水经过填沙，下渗至基底土层；沿线路横断面每 50m 设一排无沙混凝土管，直径为 20cm，使填沙渗水经过无沙混凝土管进入路基外侧沟，再沿侧沟每 200m 设置一个集水坑，汇集施工用水，集水坑中的回水可以用于下一层填沙层的灌水，详见图3 和图4。

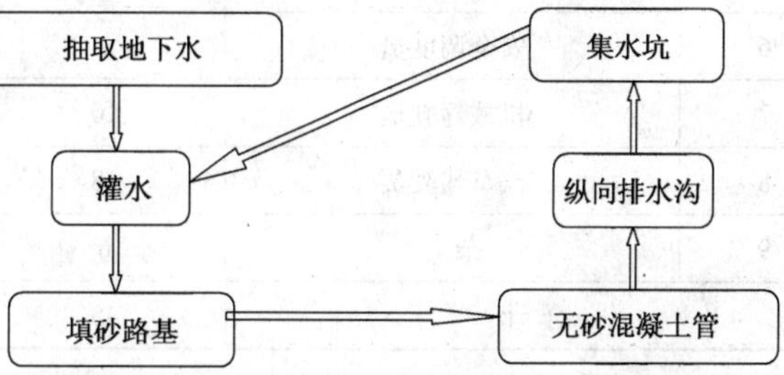

图3 水循环流程示意图

(5)碾压成型

灌水结束待沙体表层的方格内无明水后，用推土机将灌水所用的方格围堰平整。先用装载机稳压一遍，然后用重型振动压路机对填沙碾压 4~6 遍，振动碾压时宜采用 2 挡(2.0~2.5km/h)碾压轮迹相互搭接。振动碾压后，再静压 1~2 遍，保证本层压实度及表面平整度。对于路基局部边角地带，如桥台或挡墙后背，压路机不能碾压的部位，应采用小型手扶式振动压路机或采用蛙式夯实机进行碾压夯实。

平整是为碾压均匀创造条件,用装载机碾压是为了用轮胎压路机稳压,静压只对表层起到一定的作用,振压对深层沙有震动、挤密的作用,起到有效的压实效果。

碾压完毕,检验压实度、平整度、高程、宽度、横坡度,各项指标合格后,及时进行下一层的填筑施工,尽可能减少成型的填沙路基失水。当不能及时填筑下一层沙料时,应注意及时洒水,保持足够的水分。

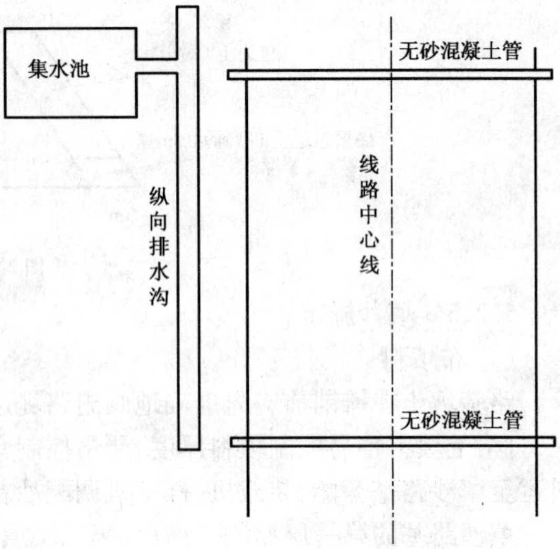

图4 水循环系统示意图

5.2.4 填沙路基的压实度检测

对填沙路基压实度采用什么方法进行检测更为准确,我们在施工中对灌沙法和环刀法进行了同点对比试验。

灌沙法是最常见的试验方法之一。此法表面看来颇为简单,但实际操作时常常掌握不好,引起较大误差。尤其是刚刚碾压完成,沙料含水率较大时;一是填沙层次不明显,孔中扰动后的极细沙料不易取净,造成干密度偏高;二是量沙灌入试坑后极易潮湿,在回收沙时容易和极细沙料混合。故需对量沙频繁晾晒风干,反复调整其单位重,增加工作量,影响试验精度。

环刀法快捷方便,尤其是细沙在不失水状态下,用环刀法测试较为快捷、准确。但此法也存在一定的缺点,在含水率较小时,取样过程中沙料受到扰动后易松散、不成型,影响检测的准确性。为了提高环刀法检测的精度,检测时要及时;同时采用 1 000cm^3 的大环刀检测。

两种测试方法得出的干密度:灌沙法偏高,因此,在施工中采用灌沙法与环刀法同时检测,相互对比检测填沙路基压实度。

5.3 劳动组织(表1)

填沙路基施工现场施工劳动力组织　　表1

序　号	工　种	人　数	作业内容
1	现场指挥	2	施工组织与管理
2	技术人员	1	技术方案制订,技术交底、指导,作各项施工记录
3	质检员	1	施工过程监控、工程质量检验
4	测量工	3	测量放线,路基沉降观测
5	试验工	2	试验检测
6	安全调度员	2	运输车、机械调配
7	机械驾驶员	10	摊铺、碾压、平整等
8	汽车驾驶员	18	路基填料运输等
9	杂工	6	填沙区路基方格设置、路基灌水等
合计		45	

6 材料与设备

6.1 原材料分析

通过室内的土工常规试验,确定天然状态下填料物理性质指标,包边土为含沙低液限黏土,沙料为级配不良的粉细沙,相关物理指标见表2和表3。

包边土物理性质指标 表2

类别	天然含水率 w(%)	天然密度 ρ(g/cm^3)	颗粒相对密度 G_s	液　限 W_L(%)	塑　限 W_P(%)	渗透系数 K_{20}(10^{-6}cm/s)
最小值	11.0	1.67	2.69	29.3	17.8	3.234
最大值	16.3	1.75	2.71	34.2	20.4	8.179

沙料物理性质指标 表3

序　号	天然含水率 w(%)	天然密度 ρ(g/cm^3)	颗粒相对密度 G_s	>0.5 (mm)	>0.25 (mm)	>0.075 (mm)
1	5.6	1.63	2.656	38.6	66.7	96.3
2	12.7	1.71	2.698	32.7	64.4	94.9
3	9.3	1.69	2.677	35.8	69.3	95.4
4				16.4	38.2	85.6
5				18.4	36.0	85.2
6				18.1	39.1	84.3

现对试验结果分析如下：

6.1.1　所用包边土为低液限黏土，渗透系数小，抗渗能力好，有很好的防止边坡冲刷能力。

6.1.2　表3中1~3组沙样，采用烘干后直接筛分的方法，结果判定为级配不良的中沙，其级配曲线见图5；但通过水洗烘干后筛分，结果则为级配不良的粉土质沙，其级配曲线见图6。其原因在于沙料中的细粒组颗粒，干筛时由于静电作用吸附于筛上，所以干筛时细粒组质量偏低，故以水洗筛法为准。

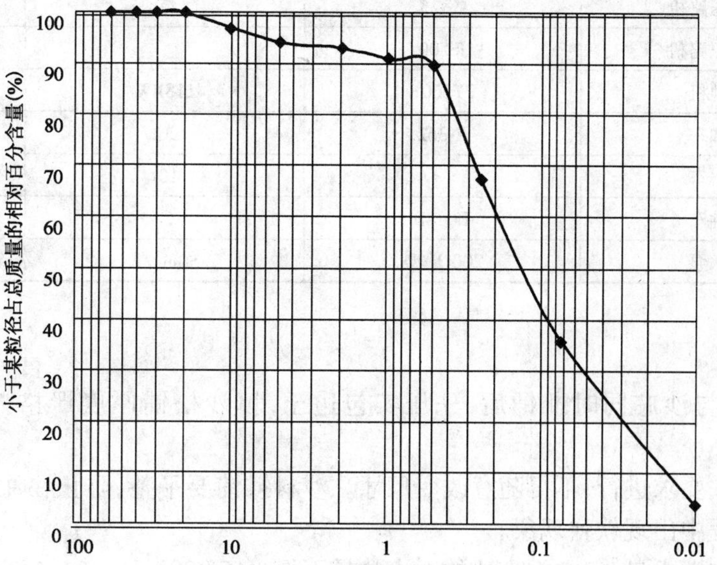

图5　级配曲线

6.1.3　沙料的粉黏粒含量较少，表明沙颗粒表面活性低，无黏聚性，松散性强，水稳性好。

6.1.4　不均匀系数在14~340之间，曲率系数在0.5~0.9之间，属于级配不良沙料，表明沙料中有粒径缺失，其压实效果将会很差。

6.2　机械设备(表4)

按照双向六车道的高速公路，施工段落长度为500m，沙料平均运距为1km计算，需配置挖掘机2台、装载机2台、自卸车15台、推土机1台、平地机1台、振动压路机2台、光轮压路机2台。

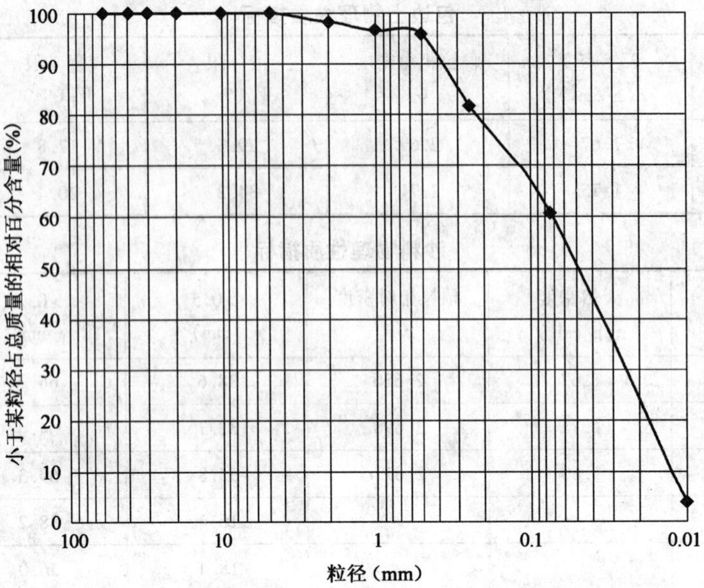

图6 级配曲线

机械设备表(每个施工段落) 表4

序号	机具名称	规格	技术指标	数量
1	挖掘机	CAT325	$1.6m^3$	2台
2	装载机	ZL50D	$2.7m^3$	2台
3	推土机	TY220	162kW	1台
4	振动压路机	CA25	25t	2台
5	光轮压路机	JS500		2台
6	平地机	PY160B	118kW	1台
7	自卸车	JN362	20t	15台
8	洒水车		10t	2台
9	加油车	EQ140	5t	1台
10	潜水泵	200QJ型	$50m^3/h$	2台

7 质量控制

7.1 包边黏土与沙芯同时摊铺后,先压实包边土,填沙松铺厚度严格控制在45cm以内,不得超填。

7.2 灌水方格按要求进行,不得随意改变尺寸。沙料摊铺要平整,防止在注水过程中局部坑洼处积水严重,在碾压过程中出现软弹现象。

7.3 按时间控制灌水量,每立方米沙的上水数量不得少于320kg。

7.4 灌水分段进行,根据供水情况,每100m一段逐步推进,上水完成后,及时整平碾压,测压实度,合格后紧接着上第二层。检测间隔时间不得太长,特别是天气炎热时,最好第二天接着进行,防止水分流失过快,含水率太小,影响压实度的检测。

7.5 压实度用灌沙法和环刀两种方法检测,进行对比分析,总结数据的准确性及其影响因素。

7.6 严格禁止各类运输车辆在已经铺筑碾压成型完成的沙体顶面紧急制动或突然掉头,以免对下层沙体造成扰动和破坏。

7.7 为减少灌水对包边黏土的影响,包边黏土层面始终要超过填沙面,直到封层面时找平。

7.8 路基包边土施工过程中,应注意对路肩位置的压实,这是施工中的薄弱环节,它的密实状态直接影响路基的侧向变形和稳定。

7.9 碾压完毕后,检验压实度、平整度、高程、路基宽度、横坡度、纵坡度,各项指标经检验验收合格后,进行下一层的填筑施工。

8 安全措施

8.1 对全体职工进行安全意识教育,牢固树立安全第一的思想;针对工程的特点,制定相应的安全规章制度,并得到加强落实。

8.2 加强对运输车辆驾驶员的安全教育与监控,及时对运输道路进行修整。

8.3 加强对压路机、推土机等设备的检修,制定完善的设备操作规程;设备操作人员要具有特种人员操作证书。

8.4 挖掘机作业时应保持水平位置,行走装置予以制动;铲斗工作没结束时,不准旋转大臂和走车。

8.5 推土机、压路机等坡道行驶时,要低挡前进并不得换挡,也不准空挡滑行;横向行驶坡度不得超过10°。两台以上设备在同一现场作业时,前后距离不得小于8m,左右距离不得小于1.5m。

9 环保措施

9.1 设立环保机构,切实贯彻环保法规,严格执行国家及地方政府颁布的有关环境保护、水土保持的法规、方针、政策和法令。

9.2 强化环保管理,健全环保管理机制,定期进行环保检查,及时处理违章事宜,并与当地的环保部门建立联系,接受社会及有关部门的监督。

9.3 施工便道经常洒水,防止车辆通过时尘土飞扬。

9.4 沙料摊铺完成后要及时灌水,防止沙尘飞扬,以免对当地环境造成污染。

9.5 保护生态。施工中注意保护自然生态,不得随意拆堵水利设施,保护好河渠,不污染水源;包边土的土源尽量不利用耕地,保护土地资源。

9.6 在河道挖取沙料时,事前与河务管理部门取得联系,办理河沙开采手续;按照河务管理部门的要求,合理选择开挖面和开挖方式,达到疏通河道的效能。

10 资源节约

10.1 填沙路基节约土地资源

修建公路填方路基取土需要占用大量的耕地,对我国这样人均耕地面积很少的国家,确实带来很多于国于民不利的问题。本工法提供了修建路基的一种新材料,在沙源丰富的地区,用沙料取代黏土作为路基填料,节约土地资源,同时减小地表植被破坏,有利于水土保持和环境保护。

10.2 循环水灌法节约水资源

填沙路基水灌法用水量较大,在施工中采取节水措施,采用方格分区灌水,横向埋设无沙混凝土管,低侧设纵向排水沟,每100m设置一个集水坑,使水循环使用,节约水资源。

10.3 先进的路基压实方法节约压实机械使用量

施工选用激振频率与饱和水沙料自振频率相近的压实机械,通过较少的压实遍数能够达到路基压实效果,节约压实机械使用量。

11 效益分析

11.1 经济效益

填沙路基利用中细沙、粉沙质土作为路基填料,既可疏通河道,又可减少占用耕地,就地取材,降低造价。

沙料水稳定性好、透水性强、沉陷快、饱水易压实、毛细水上升高度小,是一种良好的填筑路基材料。路基采取沙料填芯,黏土包边的填筑方法,充分发挥两种材料的优点,降低了工程造价。

采用循环水灌法施工,不仅减少了抽水井钻孔数量,提高水的利用率,同时加快了施工过程,节约工程施工成本。

11.2　社会效益和环境效益

黏土包边、沙料填芯的方法,解决了河滩段路基施工大量远运黏土的困难,因地制宜采用河沙,减少了土地占用,缩短了工期。

填沙路基需要大量的水,河北、山东等北方地区又是一个缺雨少水的地区,为了节约用水,采取循环水灌法施工,节约水资源;同时,又有利于文明施工和现场管理,有可观的经济效益和社会效益。

目前我国耕地面积大量减少,制约了农业经济的发展,同时随着我国交通战略的事实,又要修建大量的高速公路,土地与交通发展之间的矛盾日益突出。本工法将河沙用做路基填料,施工技术和质量控制日趋成熟,经济效益和社会效益十分显著。

12　应用实例

12.1　由中铁十四局集团有限公司施工的张石高速公路石家庄段 ZS7 合同段位于石家庄市正定县境内,起讫桩号为 K51 +150 ~ K54 +531.52,ZK0 +707.414 ~ ZK5 +000,本合同段全长 7.674km,主线路面总宽度 34.5m,匝道路面宽度 13m,共有路基填方 176 万 m^3,挖土 7.7 万 m^3,软基处理地段原地面冲击压实 46 万 m^2。路基设计为土包沙形式,采用本工法施工,自 2006 年 6 月份大面积展开施工,于 2006 年 11 月份填沙路基主体完成。该工法在本工程成功应用,创造经济效益 436 万元,并获得良好的社会效益。

12.2　国道 205 河东至郯城段改建工程 LJ01 标段,该工程位于临沂市境内,是鲁南经济带基础设施建设中的干线公路重点项目,标段全长 21.7km,一级公路,路面宽 24 ~ 26m,共有路基填方 121 万 m^3,挖方 13.2 万 m^3,其中路基填沙 88.6 万 m^3。本工程填沙路基采用该工法进行施工,沙源来自附近的沂河,从 2007 年 4 月开始进行填沙路基的施工,2007 年 10 月份填沙路基主体完成。本工程应用该工法,创造经济效益 247 万元。

12.3　邢台路桥建设总公司施工的乐港路新建工程位于京唐港—乐亭段,路线走廊总体呈西北—东南走向,起于南环路与乐港路交叉口,中间依次衔接唐港高速公路、沿海公路、唐港公路、沿海高速公路。起止桩号:K0 +000 ~ K19 +226,全长 19.226km,一级公路。路基结构形式:1.3m 填沙路基 + 包边土,20cm 级配碎石封层。开工日期:2009 年 1 月 1 日,实物工程量:864 882m^3,成功应用本工法进行施工。

12.4　中国建筑第七工程局有限公司承建的上海 A30 高速公路(界河—外环线)工程五标与沪崇苏长江隧道衔接(衔接路段 *ABCD* 四条匝道,每条匝道近 100m,路基工程量共约 5 000m^3),采用填筑振动饱和水密法中粗沙路基,建设单位同意采取新的技术措施。穿越 A30 道路桥梁及配套工程(即阿克苏路地道下穿 A30 工程):阿克苏路地道 A1 节因下穿沪嘉浏高速公路,工期紧张、雨季影响等因素,对此路段进行快速填沙施工,从 2009 年 2 月 14 日至 2009 年 3 月 5 日,压实度检测均合格,从工期、质量上均取得圆满成功。

非自重湿陷性黄土路基冲击碾压施工工法

GGG(中企)B2008—2009

王子茂　许维青　张成勇　陈　智
(中铁隧道集团有限公司)

1　前言

冲击碾压是地基处理与路基加固的一种创新技术,其要点是采用冲击压实机,在地基或路基上连续进行高能量冲击、振夯、碾压作业,随着作业遍数的增加,迫使土层由上至下碾压密实,形成厚层的人工处理加固层,使地基承载力与稳定性满足要求。

湿陷性黄土在我国分布广泛,面积约为43万平方公里,约占黄土分布面积的60%。当其受水浸湿后,土体结构迅速破坏,产生显著下沉,造成路基及结构物大幅度沉降、折裂、倾斜,严重影响其安全和使用功能。为此,以湿陷性黄土作工程地基时,必须对其进行处理以消除其湿陷性。非自重湿陷性黄土是指在上覆土的压力下受水浸湿不产生显著附加下沉、室内浸水(饱和)压缩试验所测湿陷系数 δ_s 值不小于0.015,非自重湿陷量的实测值 Δ'_{zs} 或计算值 Δ_{zs} 不大于70mm时的湿陷性黄土。

宁夏同沿高速公路A11合同段非自重湿陷性黄土Ⅰ级(弱)路基长2 106m,为我集团公司最新遇到的此类工程,用冲击碾压处治地基加快了施工进度,降低了作业成本,保证了工程质量,取得了良好的技术和经济效果,并在此基础上总结形成本工法。

2　工法特点

2.1　该工法工艺简单,施工快速均匀,省工省时。

2.2　相比于垫层、强夯、挤密、预浸水等传统处治工法费用较低。

2.3　具有静力、揉搓、振夯、冲击的作用和高频、低幅的冲击压实特点,冲击压实功较传统振动压路机增加近10倍,施工速度提高近2倍。

3　适用范围

适用于地下水以上,$S_r \leqslant 60\%$,湿陷性黄土层厚度0~5.0m范围内的路基处理或地基填筑的成片处理。

4　工艺原理

冲击碾压是采用冲击式压实机(一种新型压实设备),配备压实轮,压实轮在牵引机拖动行驶滚动中产生集中的冲击能并辅以滚压、揉压的综合作用,使土石颗粒之间发生位移、变形和剪切并重新排列,从而使土体深层随着冲击波的传播得到压实。压实轮在牵引机的拖动下连续作用于地面,使大面积地基得以压实。冲击碾压技术的突出特点是影响深,一般在3m左右,速度快,12~15km/h,压实质量高。振动压实机是在地基表面进行一定时间的振动,利用其激振力在土中产生的剪切压密作用,使一定深度内的土均匀增密,从而改善地基的力学性能,两者相比,振动压路机的压实影响深度浅,一般在30cm以内,速度慢,3~5km/h,质量保证,但工效低。

冲击压实机的压实轮(由三条凸轮边组成)本身形体在运动中发生变化(即非圆截面的工作轮质心

不断升高和降低,其质心理论运动轨迹是一条周期曲线(见图1),为水平方向和垂直方向有加速度的非匀速运动,比传统振动轮振幅大),三条凸轮边周期性地拍打地面产生大振幅的冲击振动,迫使土壤颗粒向低能位处运动重新排列,实现对地层的振密压实。

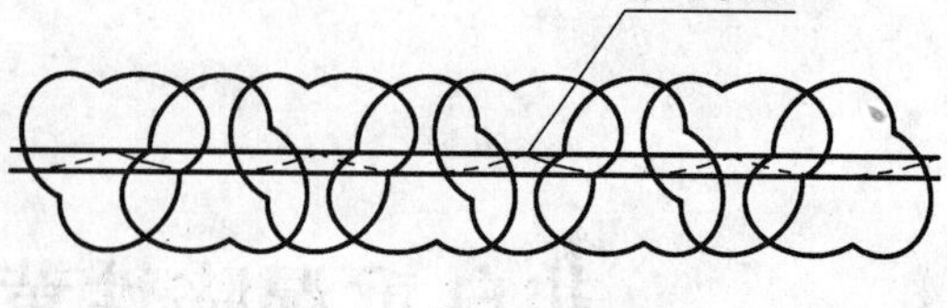

图1 工作轮质心轨迹

5 施工工艺流程及操作要点

5.1 施工工艺流程(见图2)

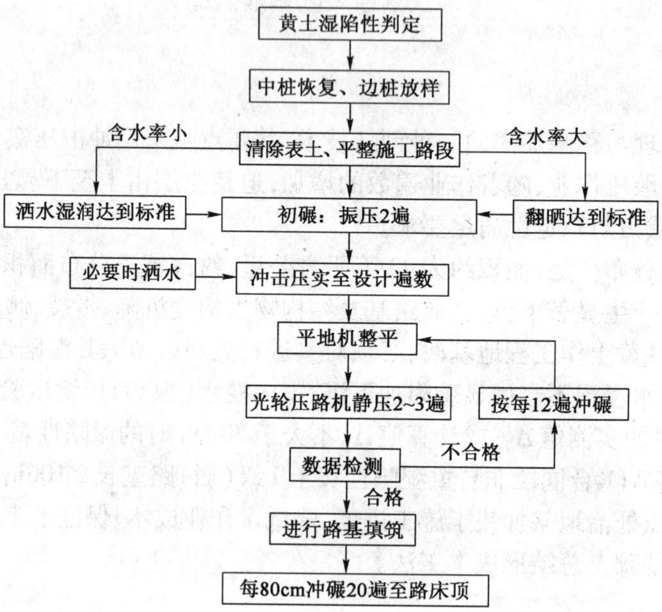

图2 施工工艺流程图

5.2 黄土湿陷性判定

参照《湿陷性黄土地区建筑规范》(GB 50025—2004)第4.4款“黄土湿陷性评价”为准。对于经试验判定为自重湿陷性黄土或非自重湿陷性黄土等级 >II 级的黄土另行选择处治方法。

5.3 选择试验段,进行基础数据采集

为进行机械选型验证和选择合理控制参数,施工大面铺开选择不少于200m的路段进行试验验证。试验主要采集以下四方面数据:一是冲碾次数与黄土下沉量的关系,分别测定不同冲碾遍数下的平均下沉量;二是测定不同冲碾遍数下各深度土层的干密度变化情况,干密度以表面以下30cm、60cm、90cm、120cm为宜;三是测定不同干密度下的土样湿陷性系数变化情况,并根据冲碾遍数、干密度(或压实度,也即干密度变化的相对值)、湿陷性系数编制成表,建立关系式并绘制线性关系图;四是根据不同干密度(压实度),测定各土层深度的地基强度,建立关系式,以验证强度是否满足设计要求。

5.4 非自重湿陷性黄土路基施工

5.4.1 施工准备

1)中桩恢复及边桩放样

首先根据路基设计表,采用复核后的导线点、水准点,定出路基边桩、路堤坡脚桩、中桩、1/4断面桩的具体位置(每20m一个断面,每断面测5点),并根据现场地形设置易于保护的路线控制桩。

2)清除表土,平整施工路段

根据确定的路基宽度,清除路基范围内的杂草及表土,场地清理标准参照《公路路基施工技术规范》(JTG F10—2006)及验标要求,清理的杂物运至指定弃土点。

场地清理完成并报请现场监理工程师认可后,开始进行找平基准面,以确保全断面冲击碾压施工,基准面找平自高向低进行,但原则上要控制低洼处上铺筑土厚度不超过 30cm,以保证冲击碾压的整体均匀性。基准面找平先采用推土机粗平,然后用平地机进行精平。

3)含水率检测

碾压前对原地面 0~120cm 深度内的土分层检测(0~30cm、30~60cm、60~90cm、90~120cm)土的物理力学指标(天然含水率、最大干密度、孔隙比)。

根据试验测定地表下 0~120cm 土层的天然含水率进行晾晒或补水,保证土层 1.2m 深度范围内含水率在接近最佳含水率(偏差 ±2%,本文工程实例中最佳含水率为 13%)时进行冲击碾压。

5.4.2 初压

初压采用振动压路机振压 2 遍,完成后用平地机进行精平,再用振动平碾稳压收面 1 遍。

5.4.3 冲击压实

冲击压路机对于土基表面任一点的冲击作用,一周内共有三次压实,三次冲击,一周内对任一点冲击次数的概率为 1/6,因此以冲击碾压 6 遍为一个作业循环。

(1)冲击碾压设备选用郑州郑工科技 YT25A 型冲击压路机进行施工,GQ310 工程车牵引。

(2)冲击碾压行进速度要求控制在 12~15km/h,以确保足够的冲击力。

(3)冲击碾压行走顺序示意图(见图 3)

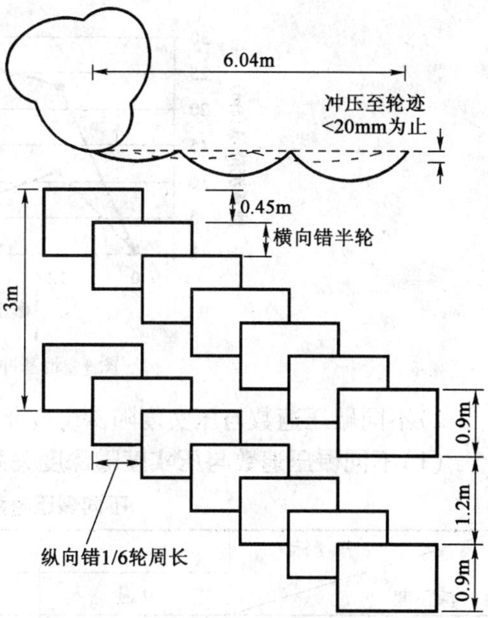

图 3 冲击碾压行走顺序示意图

(4)冲击碾压从路基的一侧向另一侧转圈(哑铃形)冲碾,冲碾顺序应符合“先两边、后中间”的次序,碾压时从坡脚外 3.2m 处向中心逐步推进碾压,轮迹横向重叠 1/2,纵向错 1/6 轮周长,并保证每一点均能够被冲击到。

(5)冲击 40 遍后分层检测(0~30cm、30~60cm、60~90cm、90~120cm)压实度、含水率、孔隙比、湿陷系数、总的沉降量等数据。

(6)冲击碾压过程中,如果因轮迹过深而影响压实机的行进速度,可用平地机平整后再继续冲碾。若冲击碾压过程中路基表面形成浮土、扬尘,可用洒水车适量洒水后继续冲碾。

(7)最后用人工配合机械清除多余土方,并利用平地机整平施工路段,利用振动平碾稳压收面。

5.4.4 压实度检测

压实度检测按每 2 000m^2 检测 4 处的频率布设断面和检测点(也可根据实际需要增加断面或断面检测点),冲碾 40 遍后采用灌砂法分层检测 0~30cm、30~60cm 的压实度。

5.4.5 沉降量观测

沉降观测每 20m 布设 1 个断面,每个断面设 5 个观测点。

沉降点布设在路基设计线及路基行车道外缘和行车道中心线位置,选用 ϕ100 内螺旋导管式沉降板,按 25cm 分节,埋入地下 40cm 处,并保证距碾压层面 10cm 以上,用沙子覆盖,以避免冲碾时损坏沉降板。冲击碾压按 40 遍控制,分别观测各点冲碾前后的相对高程,并做好记录。

5.4.6 孔隙比与湿陷性检测

孔隙比与湿陷性检测按每 2 000m^2 检测 2 处的频率布设断面和检测点(也可根据实际需要增加断面或断面检测点),冲碾 40 遍后分层检测 0~30cm、30~60cm、60~90cm、90~120cm 的土壤孔隙比与湿陷性系数。

5.4.7 数据整理与分析

1)依据施工中实际测量的冲击碾压遍数与沉降量统计表关系曲线

(1)冲击碾压遍数与地基沉降量统计结果见表1。

冲击碾压遍数与地基沉降量统计表 表1

碾压遍数	0遍	12遍	24遍	36遍	40遍
相对沉降量(cm)	0	11.529	7.353	3.758	2.808
累计沉降量(cm)	0	11.529	18.882	22.64	25.448

(2)地基冲击碾压遍数与地基沉降量关系曲线(见图4)。

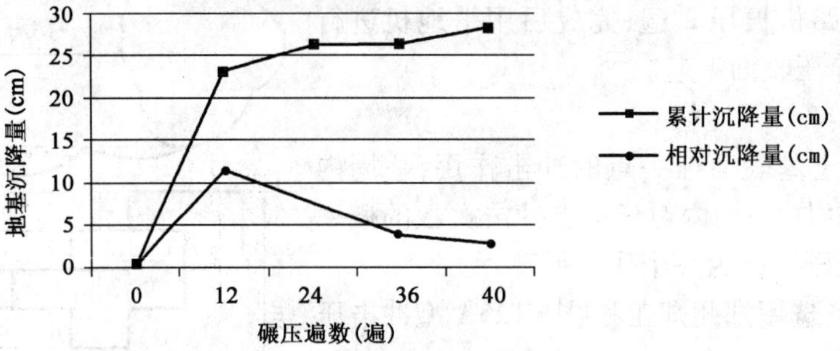

图4 地基冲击碾压遍数与地基沉降量关系曲线图

2)不同碾压遍数与压实度随深度变化关系曲线

(1)不同碾压遍数与压实度随深度关系变化统计结果见表2。

不同碾压遍数与压实度随深度关系变化统计表 表2

深度 \ 指标	干密度增长率				
	0遍	12遍	24遍	36遍	40遍
0~30cm	压实度 $K=0.745$	0.806	0.875	0.906	0.962
	干密度 $R_d=1.32$	1.43	1.55	1.6	1.7
	干密度增长率(%)	8.33	17.42	21.21	28.79
30~60cm	压实度 $K=0.723$	0.766	0.841	0.892	0.924
	干密度 $R_d=1.28$	1.36	1.49	1.58	1.64
	干密度增长率(%)	6.25	16.41	23.44	28.13

(2)冲击碾压遍数与压实度随深度关系变化关系曲线见图5。

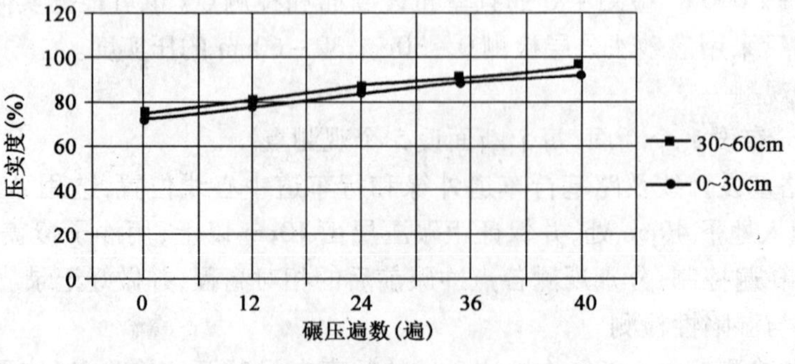

图5 冲击碾压遍数与压实度随深度关系变化关系曲线图

3）不同冲碾遍数与孔隙比变化关系曲线

（1）不同冲碾遍数与孔隙比变化统计结果见表3。

不同冲碾遍数与孔隙比变化统计表 表3

碾压遍数		0遍	12遍	24遍	36遍	40遍
孔隙比	0～30cm	0.652	0.588	0.518	0.494	0.477
	30～60cm	0.716	0.694	0.576	0.522	0.496
	60～90cm	0.833	0.808	0.722	0.707	0.679
	90～120cm	0.871	0.859	0.764	0.788	0.777

（2）不同冲碾遍数与孔隙比变化关系曲线（见图6）。

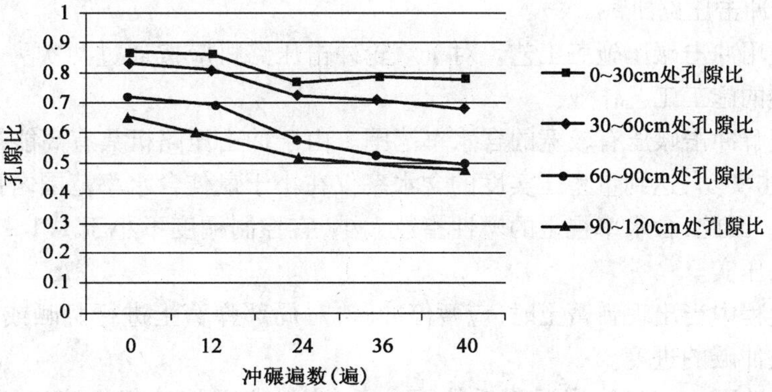

图6 不同冲碾遍数与孔隙比变化关系曲线

4）不同冲击遍数与湿陷性系数关系曲线

（1）不同冲击遍数与湿陷性系数统计结果见表4。

不同冲击遍数与湿陷性系数统计表 表4

碾压遍数		0遍	12遍	24遍	36遍	40遍
湿陷性系数	0～30cm	0.013	0.008	0.006	0.003	0.003
	30～60cm	0.017	0.012	0.007	0.004	0.004
	60～90cm	0.023	0.019	0.011	0.006	0.004
	90～120cm	0.025	0.022	0.016	0.008	0.006

（2）不同冲击遍数与湿陷性系数关系曲线见图7。

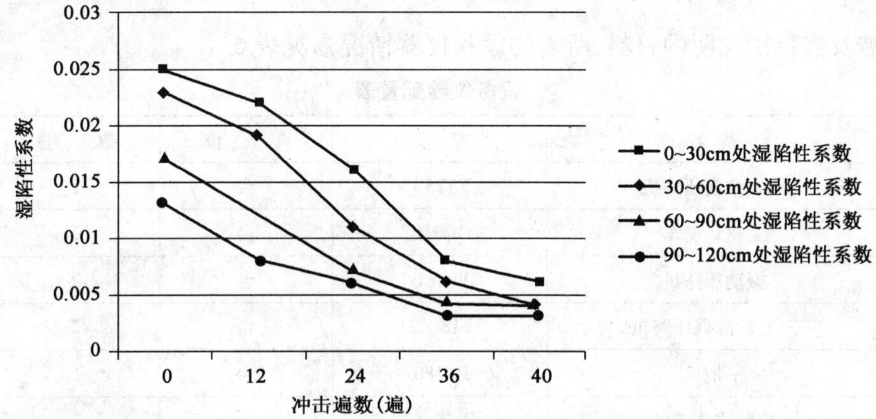

图7 不同冲击遍数与湿陷性系数关系曲线

5.5 路基填筑

试验研究和工程实践均表明,按常规方法压实后的路基仍会产生一定的沉陷变形。而在路基施工过程中采用冲击碾压作为补充和加强,以沉降量和压实度共同控制路基施工的质量,对提高路基整体强度和均匀性,减小工后沉降是行之有效的方法。同沿高速公路设计文件中规定:路基填筑除采用常规机具压实外,还应每80cm厚(三层)采用冲击压实法补压20遍,根据补压前后压实度增量长和沉降量,对工后沉降进行预测。

5.6 冲碾施工注意事项

5.6.1 合理选用机型。目前国内生产的冲击压路机有12个厂家共20个型号,类别繁多,使用不当,很难达到预期的目的。对于0~5m厚度的湿陷性黄土路基处理,经全国现有的工程实践证明,宜使用25kJ三边形双轮冲击压路机。

5.6.2 正确使用冲击碾压施工工艺。对于双轮冲击压路机应按通过两次为一遍,压实宽度3m为计算单元,并按前述的施工工艺作业。

5.6.3 正确理解冲击碾压有较宽的含水率范围。由于冲击压路机具有高能量的压实功能,相当于超重型击实标准的击实功,达到重型压实度的含水率仅在小于最佳含水率范围内扩大,其大于最佳含水率的范围不会扩大。因此,含水率视土的塑性指数大小,宜控制稠度不小于1.1~1.2;否则土层冲压时会形成弹簧土,无法压实。

5.6.4 冲碾过程中当出现弹簧土时,应暂停冲碾,对局部弹簧土进行翻晒或换填或采取其他改善土壤的措施,以加快冲碾的进度。

5.6.5 原则上冲碾40遍后,当湿陷系数不合要求时,应继续按每6遍递增冲碾遍数,直到合格为止。

5.7 劳动力组织(参见表5)

主要工种劳动力组织表 表5

序号	作业项目及内容	人数	备注	序号	作业项目及内容	人数	备注
1	推土机粗平	1		5	装载机配合找补	3	
2	振动压路机振压	1		6	测量	3	
3	平地机精平	1		7	检测	3	
4	冲击压实机冲碾	2		8	洒水	1	
合计:15人							

6 材料与设备

本工法不涉及需特别说明的材料,所需的设备仪器情况参见表6。

设备仪器配置表 表6

序号	设备名称	规格型号	单位	数量	备注
1	拖式冲击压路机	YT25A	台	1	
2	工程牵引车	GQ310	台	1	
3	振动压路机	YZ18D	台	2	
4	三光轮静碾压路机	3Y18×21	台	2	
5	平地机	PY180	台	1	
6	轮胎式推土机	DL210G	台	2	
7	装载机	ZL50	台	2	

续上表

序　号	设备名称	规格型号	单　位	数　量	备　注
8	自卸汽车		辆	2	
9	洒水车	10 000L	辆	1	
10	灌砂仪		套	3	
11	环刀		套	2	
12	土工标准筛		套	1	
13	液塑限联合测定仪		套	1	
14	含水率快速测定仪		套	1	
15	CBR 试验仪		套	1	
16	电子天平		套	1	
17	土壤自动击实仪及附件		套	1	
18	全站仪		套	1	
19	水准仪		套	1	
20	钢尺		把	2	

7 质量控制

7.1 地基处理质量标准及检查方法、频率(见表7)

地基处理质量标准及检查方法、频率表　　表7

序　号	检查项目	层　位	标　准　值	检查方法频率
1	冲碾遍数		40	
2	压实度	0～30cm	≥90%	每 2 000m² 检查 4 处,2 处灌砂法,2 处面波法
		30～60cm		
3	平均沉降量		≥25cm	每 20～25m 一个断面,每个断面测 5 点
4	干密度	0～30cm	≥1.5g/cm³	每 10 000～15 000m² 检查一处
		30～60cm		
5	平均孔隙比	0～30cm	≤0.55	每 10 000～15 000m² 检查一处
		30～60cm		
6	湿陷系数	0～30cm	≤0.015	每 10 000～15 000m² 检查一处
		30～60cm		
		60～90cm		
		90～120cm		
7	地基处理宽度		不小于设计值	每 200m 检查 4 个断面
8	中线偏位		100mm	每 200m 检查 4 个断面,弯道内增加 HY、YH 点

7.2 质量控制对策

7.2.1 含水率的控制与检测

由于冲击压路机具有高能量的压实功能,相当于超重型击实标准的击实功,达到重型压实度的含水率仅在小于最佳含水率范围内扩大,其大于最佳含水率的范围不会扩大。因此含水率应根据土的塑性指数大小,宜控制稠度不小于 1.1～1.2。

初压前应首先对地表下 0～120cm 土层天然含水率进行检测,含水率不足时应提前洒水翻拌闷土。待含水率接近最佳含水率后,才可进行初压及冲压施作,冲压过程中如发生表面失水扬尘,应及时补水。

7.2.2　地面的平整控制

为了使冲碾机按要求的速度行驶,对作业路段的一次性全断面冲击碾压施工,要求作业路段必须大面平整,地面坡度小。因此,施工前需对作业面进行平整,采用推土机粗平、平地机精平。找平时首先对清表后的原地表进行抄平,然后在路基两侧每间隔20m打入40cm长的钢钎,并在上面每10cm间隔用油漆标识,然后纵向挂绳,以此线来控制纵向找平。找平自高向低进行,但控制低点表面找平土层厚度不大于30cm;同时要对基准找平面进行碾压,以避免冲击碾压施工过程中出现表层推移。

7.2.3　冲碾施工工艺的控制

(1)在压实作业过程中,振动轮需始终保持与地面的接触以利将振幅传给地面。冲击压实轮为了产生夯击的效果,工作轮缘应尽量抬高利于加大对地面的拍击力度,以保证良好的压实效果。

(2)要严格控制冲碾段落的长度,确保标准冲碾段落不少于200m,以减少过多的接头,且设备调头长度不得计入该段路基处理范围内,以确保路基的强度整体均匀性。

(3)严格按照冲碾工艺施工,同时要严格控制碾压遍数及碾压速度。完整的一遍碾压应为轮迹重叠1/2覆盖整个路基表面,碾压时速应控制在12~15km/h左右。

(4)做好冲碾过程中各项工作指标的检测工作,确保数据及时的收集与信息反馈。

8　安全措施

8.1　冲击式压路机工作时冲击能量大,压实外缘应与路肩外缘保持一定的距离,以免损坏路肩。

8.2　工作时遇结构物应调头,安全距离应为3~5m;管涵、拱涵以上的填方大于2.5m,板涵顶上填土大于3m时方可对路床进行冲击压实作业。

8.3　如表面干燥要适量洒水,防止表面粉尘化,影响能量深层传递。

8.4　转弯时应每次调整转弯路线,使冲击凸轮落点不致重复前次落点,以减少波浪现象。

9　环保措施

该工法在施工中环保危害较小,但需做好以下两点:

9.1　注意保持路基表面湿润,不起粉尘。

9.2　不得在夜间施工,影响居民休息。

10　资源节约

该工法工艺简单,设备配套容易,质量保证,施工快速,能有效地缩短施工工期,降低施工成本。该工法的成功应用,使黄土路基施工节省了大量的人力、物力和财力,同时;可广泛应用到其他路基和地基处理工程,为打造资源节约社会作出贡献。

11　效益分析

冲击碾压工法在黄土地基处理和路基填筑补压施工中,经济效益明显,主要表现在以下两个方面:

11.1　以往湿陷性黄土地基处理主要以强夯为主,此方法施工质量有保证,但成本高,工效低,进度慢,受季节影响非常大;对于浅层湿陷性黄土地基,采用冲击碾压工法后,不但处理质量能够保证,更值得关注的是提高了进度,降低了成本。

11.2　对黄土路基每80cm进行一次冲碾补压,加速了路基前期沉降,减小了工后沉降,大大减少因不均匀沉降而形成的道路病害,提高路基的整体强度和均匀性,对于保证道路的使用质量具有重要的作用。

12　应用实例

同沿高速公路A11合同段位于宁夏固原市原州区开城镇境内,起点里程K158+000,终点里程

K164+000，全长6km。根据野外调查及试验资料，A11合同段沿线黄土在0~4m内有湿陷性（4m以下黄土湿陷性对路基稳定影响不大，设计通常不考虑），主要以全新世（Q_4）坡积黄土为主，干燥状态可见不规则大孔隙，含少量钙质结核及少量小卵石、砾石，土质较均匀，无层理、直立性较好，土的黏粒含量少，粉粒含量高，天然含水率低。

施工中，除分层进行碾压外，每三层再进行一次补压冲碾，消除了路基仍有3~8cm左右的挤密压缩沉降量，特别是对于高填方地段沉降更为明显，最大达12cm，路基压实度由此增加了1~3个百分点，充分提高了路基的整体强度和均匀性，减少工后沉降非常明显。与强夯工艺进行效益和速度对比，冲击压实处理较强夯处理经济效益高出3倍，处理速度提高5~8倍。

湿陷性黄土路基处理于2006年4月开工，2006年8月完成冲击碾压，2007年8月路基填筑完，本工程实际冲击压实处理湿陷性黄土地基面积7.6万平方米，路堤补压35.7万平方米，缩短工期近两个月，为项目节省资金约60.8万元，经济效益非常明显。

由于我单位的非自重湿陷性黄土冲击碾压工艺的高质量和高效益，业主将该工法在同沿高速公路项目建设14个标段中进行广泛应用，得到工程建设各方的一致好评，为今后类似浅层地基处理及路基施工提供了可行性依据。

高速公路下伏采空区全充填压力注浆施工工法

GGG(中企)A2009—2009

程敦伍　李　钟　刘国辉　王　惠　王红媛
(中建市政建设有限公司　中建一局(集团)有限公司)

1 前言

随着我国基础设施建设的不断开展,高速公路建设的范围日益延伸,所碰到的特殊地质情况也越来越多。尤其是地下资源开发利用后遗留的采空区治理,在今后的高速公路施工中将越来越常见。中建市政建设有限公司在山西省阳五高速公路施工中,经过对比和探索,逐渐形成了本工法。

由于采空区的存在,地基承载能力下降,且沉降量变大,不能满足公路路基荷载及正常运行的要求,因此必须要对采空区进行治理。治理以后的地基,在公路施工及今后的运营中,能够有效承受公路路基和车辆荷载,不产生破坏和影响公路工程正常使用的变形,确保公路安全运营。

2 工法特点

2.1　注浆材料成本较低。注浆材料85%采用粉煤灰,节省了大量水泥。

2.2　注浆材料的利用,解决了因矿区粉煤灰的大量存放和堆积而造成的大气和土壤污染。

2.3　该工法施工设备简单,安全可靠、经济合理。

2.4　缺点是材料用量大、注浆后对场地土壤有一定污染。

3 适用范围

3.1　适合因煤矿开采、铁矿开采、铝土矿开采等以地下采掘为主要开采方式而形成的采空区治理工程。

3.2　该工法适用于埋深较深的采空区处理,尤其是深度在30m以上的采空区的治理。当采空区埋深在6m以内时,采用该工法所需的费用将大于直接开挖并换填的费用。

3.3　适用于粉煤灰产量较大地区,便于就地取材。

4 工艺原理

全充填压力注浆法是在地表施工钻孔,钻孔深度达到采空底板,采用泥浆泵,将浆液注入煤矿采空塌陷区和其上覆的岩层裂隙带中,浆液的结石体阻止上覆岩层及地表的进一步变形,从而达到治理采空区之目的。

4.1　采空区治理宽度确定

采空区治理范围应包括治理长度和治理宽度。

治理长度是以采空区塌陷边界为起点所确定的长度,治理宽度是围护边带外侧向两侧按照岩体扩散角考虑所确定的边界宽度。

宽度计算公式:

$$L = D + 2B + 2(H_1\cot\varphi + H_2\cot\beta) \tag{1}$$

式中:L——治理宽度,m;

D——路基顶面设计宽度(本工程取24.5m);

B——围护带宽度(本工程取10m);

H_1——松散层厚度,m,根据实际勘探确定;

H_2——覆岩厚度,m,根据实际勘探确定;

φ——松散层移动角,根据实际勘探确定;

β——覆岩岩体扩散角,各地采空区取值不同,阳泉地区为72°。

4.2 注浆孔布设

注浆孔设计深度为地表至采空区底板下1m,按照帷幕孔和注浆孔分别进行平面布设。帷幕孔是公路中心线两侧最外边缘一排孔,孔距10m左右;注浆孔是在路基范围内布设的钻孔,按梅花形布设,孔距15m左右。

4.3 浆液配合比设计

注浆浆液采用水泥粉煤灰浆,水固比1∶1.5~1∶1.0,水泥占固相的15%,粉煤灰占固相的85%。帷幕孔注浆时,为使浆液尽快凝固防止浆液损失,可以添加一定量的速凝剂或采用稠浆。

4.4 采空区注浆量的计算

注浆浆液结石率按85%计算,浆液对上覆岩层的充填率按90%计算。则注浆量公式为:

$$Q = \frac{A\nabla V\eta}{c} \tag{2}$$

式中:Q——注浆总量,m^3;

A——浆液损耗系数,取1.05~1.15;

∇V——采空区剩余空隙体积,m^3,由勘探给出;

η——浆液充填率,按90%计算;

c——浆液结石率,按85%计算。

5 施工工艺流程及操作要点

5.1 施工工艺流程

5.1.1 施工工艺流程图(图1)

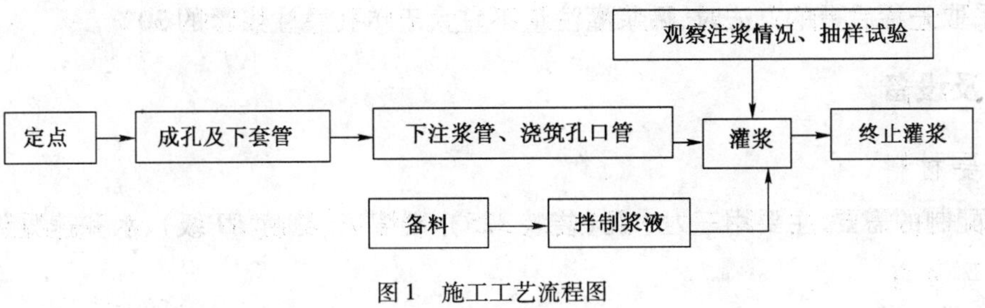

图1 施工工艺流程图

5.1.2 定点

注浆孔应用全站仪进行实地测量放样,实际位置原则上不得偏移设计位置1.0m,当受地形影响,钻孔不能布设在设计位置时,可视具体情况在设计代表和监理工程师的认可下予以调整。

"钻、探"结合,即钻孔至两端帷幕孔后,沿路基方向增加一个钻孔,直到有连续两个钻孔未揭露到采空,最后一孔部位确认为采空区边界点。

5.1.3 成孔工艺及下管

钻孔采用127mm钻头从地表进行钻进,钻孔至完整基岩6m后,下入114mm套管或焊管进行护壁,变径为91mm。直至钻孔到设计高程。在第四系卵石、砾石层中钻孔时,采用跟管钻进的方法。钻孔过程中发现掉钻、漏水等异常情况时做好记录。

注浆管采用外径小于孔径的钢管或 PVC 管,要求承压 3MPa 以上。中间接头需做承压试验。满足要求后方可使用。下管长度为底板下 6m 至地表以上 1m,下管后及时用水泥浆等封堵孔口管,以防注浆时浆液从孔口冒出。

5.1.4 浆液配制(图2)

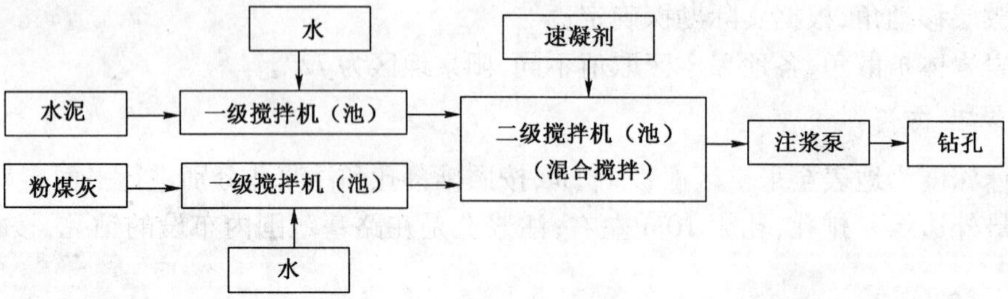

图2 浆液配制流程图

浆液按照配合比设计进行配制,配制时水泥和粉煤灰的用量可用定量容器进行计量,或用磅秤称量,每级搅拌池搅拌时间不得少于 3min。

5.1.5 注浆工艺及相关参数

(1)注浆顺序:按照采空区的倾斜方向,先施工采空区底板高程较低位置的注浆孔及构造物附近的注浆孔,再沿倾斜方向由低到高,由边部到中心逐步展开注浆施工。

(2)注浆工艺:注浆采用先稀后稠的方法,注浆开始后,要定时观测泥浆泵的吸浆量和泵压,记录施工过程中的各种现象。

注浆时,应避免在短时间内注入大量的水泥粉煤灰浆液,当注浆量较大时,应采用间歇式注浆法施工,或在孔口加漏斗状投砂器,向浆液中加入砂子或石屑,必要时加入水泥量 2% 的速凝剂。

(3)单孔注浆结束标准:在注浆孔注浆末期,泵压注浆升高,当泵浆量小于 70L/min 时,根据采空区的特性,孔口压力 1.0 ~ 3.0MPa,稳定 15min,可判定注浆结束。

5.2 注浆技术要求

5.2.1 注浆过程中如果出现地面裂隙大量跑浆,应该采用间歇式注浆法,或减小泵量,防止浆液大量流失污染土壤。

5.2.2 注浆前或间歇注浆前必须用清水洗孔,压水时间不得小于 10min。

5.2.3 采取先稀后稠的方法时,稀浆灌注量不宜大于单孔总注浆量的 30%。

6 材料及设备

6.1 主要材料

根据浆液配制的需要,主要用三力水泥(袋装 325)、粉煤灰(细度 III 级)、水和速凝剂。

6.2 主要设备

主要设备一览见表 1。

采空区处理所需设备一览表(每孔) 表1

序号	机械名称	型号	单位	数量	使用部位
1	钻机	ZY-150	台	1	成孔(钻探孔、注浆孔、检查孔)
2	空压机	$20m^3$	台	1	注浆钻孔成孔
3	泥浆泵	BW-250	台	1	注浆
4	压力表	6MPa	块	1	注浆
5	水箱	$5 \sim 10m^3$	个	1	钻孔注浆

续上表

序　号	机械名称	型　号	单　位	数　量	使用部位
6	搅拌机	XL5 型 1:43	台	1	水泥粉煤灰浆液搅拌
7	电焊机	BX1-500	台	1	焊接法兰盘、注浆管、修理工具
8	切割机	J3GB-400G	台	1	注浆管、ϕ127 套管
10	工具车		辆	1	搬运施工设备
11	铲车		辆	1	铲运煤灰
12	吊车		辆	1	搬运施工设备
13	运输车		辆	2	运输水泥、黄砂、粉煤灰等

7　质量控制

目前,采空区的全填充压力注浆尚无成形的国家标准或行业标准、地方标准,主要参照《公路桥涵地基基础设计规范》(JTG D63—2007)和《公路路基施工技术规范》(JTG F10—2006)。采空区治理的质量控制主要从以下两个方面着手。

7.1　施工过程的质量控制

7.1.1　钻孔质量:钻孔位置正确,深度达到设计要求,孔斜度不超过 2°。

7.1.2　浆液质量:水固比不大于设计值;浆液搅拌时间不低于 3min。

7.1.3　注浆质量:注浆管伸入深度达到设计要求;孔口密封严密;注浆压力不低于设计要求;达到终止注浆压力条件后稳定 15min。

7.2　处理结束后工程质量的检验

施工结束后应进行工程质量检验和验收。

采空区治理结束 6 个月后,进行采空区治理效果检验和评定。

检查孔位置,一是考虑布置在有代表性的采空区位置;二是施工过程中出现异常情况的部位;三是在重要结构物特别是桥墩台下采空区布设检查孔。

检查孔的数量不小于治理钻孔数的 2%。

检验方法有钻探、物探、浆液结石体物理力学参数指标测试、地表变形观测、孔内二次注浆和电视摄影等多种方法进行工程质量检验。

钻探检测法。检查孔深度为地表至采空区底板的深度,终孔直径 89mm,全孔取芯。通过孔内取芯直接观察采空区的浆液充填情况,钻孔的岩芯采取率大于 90%。通过观察岩芯的完整程度、循环液的漏失量大小,采空区冒落裂隙带漏失情况等,判断采空区冒落裂隙带浆液结石体的充填程度、裂隙闭合情况等,观察结石体的颜色,用耳听锤击结石体的声音,手捏结石体的感觉,用指甲或小刀是否能刻划等等物理性质,并结合钻探过程中循环液的漏失情况及孔壁的稳定性等评价注浆质量,对岩芯进行编录、拍照、保管和存档。

物探检测法。治理后采空区岩体横波波速应大于 160m/s。

浆液的结石体抗压强度,对于路基浆液石体抗压强度应大于 1MPa,对于桥隧应大于 2 ~ 3MPa。

桥墩台上布设长期变形观测点,直至沉降达到稳定为止。

在检验孔中进行注浆试验,浆液为纯水泥浆,孔口压力 2 ~ 3MPa,持续时间 15min 并记录注浆量,然后将压力提高 0.5MPa,进行二次注浆,重复前一过程。

孔内数字式摄像根据图像的形态、颜色及光亮等信息,可以识别浆液对空洞、裂隙的充填情况和岩体的完整程度,并可用录像带保存摄像资料,评价采空区的治理效果。

8 安全措施

采空区治理主要的危险源为钻孔机具、泥浆池、注浆机和采空区冒落。

钻孔钻机在施工过程中容易产生机械伤害,非操作人员不得靠近钻机;风钻还易产生钻孔粉尘,施工人员应佩戴口罩、防尘面具等防止吸入过量粉尘造成伤害。

泥浆池深度较大,且浆液对人体有灼伤伤害,故泥浆池周边应设置硬性围挡及警示牌等,防止坠落事故的发生。

注浆机压力较大,使用前应检查注浆管是否符合承压要求,各种管道有无破损等,防止注浆过程中发生爆管,造成高压泥浆喷射伤害。

采空区冒落危险性较大,在采空区上施工时,应探明采空区的具体范围、埋深等,对于埋深较浅的区域应采用挖掘机开挖换填的方式处理。

9 环保措施

全填充压力注浆对环境造成的污染主要是大气粉尘污染和土壤污染。为防止污染应采取以下措施:

9.1 严密覆盖:由于在野外施工,浆液的主要材料水泥和粉煤灰都易造成大气粉尘污染,运输和施工过程中注意对粉煤灰的及时覆盖,尤其是在夏季干燥天气和大风天气,更需覆盖严密,防止产生粉尘污染。

9.2 场地硬化:施工场地硬化或铺设薄膜,减少粉煤灰或浆液随场地裂隙或裂缝渗入土体。

10 资源节约

该工法处理采空区方法简单,施工容易,所需浆液中大部分为粉煤灰材料,节约了大量水泥,遇到短时间注浆速度过快情况时,还可以添加砂子或石屑作为骨料,因此,该工法可以节约大量水泥,从而减少了因水泥烧制而带来的资源浪费。

11 效益分析

该工法施工简单,易操作,比起以往巷道填筑法治理采空区不仅安全,而且工期短,施工后不影响路基和结构物的正常施工,产生了很好的时间效益。注浆材料以粉煤灰替代水泥,节约水泥约85%;同时,还减少了由于长期堆放和覆盖造成的成本消耗,其经济效益显著。

该工法施工采用了大量的粉煤灰,极大地减少了环境污染,产生了较好的社会效益。粉煤灰是高温燃烧后形成的一种微粉状固体废弃物,其化学组成与黏土质相似,主要成分为二氧化硅、三氧化二铝、三氧化二铁、氧化钙和未燃炭,其余为少量K、P、S、Mg等的化合物和As、Cu、Zn等微量元素。一般占燃煤量的10%~50%。其危害主要有:(1)大气污染:堆存及回填用的粉煤灰对周围大气环境产生污染,特别是春、秋季节,气候干燥,降尘量大,严重影响人类健康。(2)水体污染:一部分冲灰水溢流至河流,所含金属物质对江河水质造成一定的污染。(3)污染土壤。堆存粉煤灰要占用土地,因雨水淋溶和渗透作用,所含有害元素对土壤形成污染。注浆时,浆液在地表沿裂隙、裂缝蔓延;固体粉煤灰也会在施工场地存在撒落而残留地表,随雨水渗入土壤,进而污染场地周边耕地造成土壤污染。

12 应用实例

山西省阳五高速公路阳泉至盂县段共9个标段,涉及煤炭采空区、硫铁矿采空区、铝土矿采空区等。全线采空区影响长度达6 000m。A1-2、A1-3合同段采空区处治过程中,对于外漏巷道进行砌石封堵,中间进行全填充压力注浆工法,工期仅40d就全部完成处理工作,给路基施工节约了大量时间,同时降低了施工成本。

红砂岩填方路基强夯施工工法

GGG(浙)A2010—2009

陆军强　胡华军

(浙江利越路桥建设集团有限公司)

1　前言

南方地区存在着大量的红砂岩,在公路路基填筑施工过程中,填料主要是以红砂岩为主,碎石含量超过70%,虽然采取了解小工序,控制粒径在30cm,但路基填筑后,空隙还是较大,压实质量难以控制,容易产生工后沉降和不均匀沉降,而公路施工中路堤要求的压实度越来越高,为了减少工后沉降和不均匀沉降,我们采用强夯法对路基进行强夯加固,从而达到这个效果,并形成此工法。

红砂岩路基的常见病害,可大致归纳为沉陷和坍落两类。路基填料不良(未崩解的红砂岩填筑),填筑方法不当,机械压实不足,在荷载及自然因素作用下,均可能发生沉陷,便直接导致路面破坏。

2　工法特点

2.1　本工法工艺简练,操作简单,处理效果显著。

2.2　本工法施工质量易于控制,通过相应的土工试验等常规检测手段即可进行检测,工程技术人员容易掌握。

2.3　本工法投入的施工机械设备较少,采用履带式机械,适应各类复杂地形,施工成本较低,具备较好的经济效益。

3　适用范围

本工法具有机械简单、施工快速、经济实惠等特点。可以广泛应用到南方地区红砂岩填筑路基施工中。

4　工艺原理

本工法是一种非常有效的路基加固工艺方法,其原理是通过10~20t的重锤提升至6~10m高度对路基土施加冲击能量,土体在高压强、强挤密的夯击作用下,压缩性降低,颗粒碎裂,微结构破坏,使孔隙中的气体排出或压缩,孔隙减少从而形成较密实的土体结构。

5　施工工艺流程、操作要点

5.1　施工工艺流程(图1)

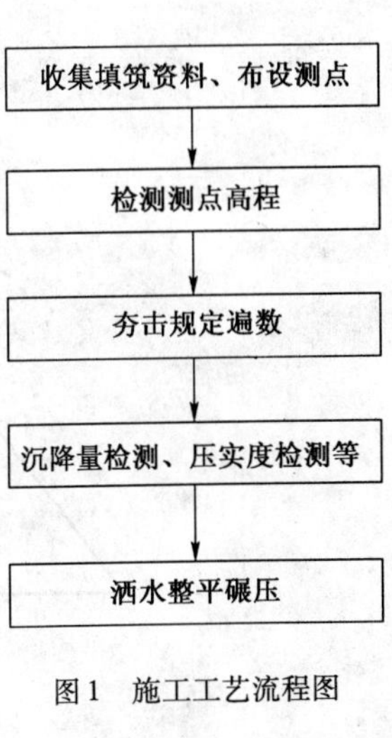

图1　施工工艺流程图

5.2　强夯处理

强夯处理的的深度:强夯的作用深度取决于锤重、夯锤落距、夯锤直径,参考梅纳公式:

$$Z = a\sqrt{mh/A} \qquad (1)$$

式中:Z——需处理的红砂岩的有效处理深度,m;

a——修正系数,0.8~0.9;

m——夯锤质量,t;

h——夯锤落距,m;

A——夯锤底面面积,m^2。

一般情况下,锤重14t、直径2m、落距10m,有效处理深度为5~6m。

5.3 路基填筑

5.3.1 全幅宽新填路基

夯击点间距:夯击点间距取3m,点位布置采用3m×3m的梅花形,如图2所示。强夯采用隔点不隔行进行施工,夯点距路基边线处为1m左右;夯击范围避开结构物区域。

单点夯击数确定:一般经验根据土层厚度确定,总厚度在4m以内采用3锤;总厚度4m以上采用5锤。施工时进行试夯击,记录沉降量,开挖检查夯实效果,分别检测顶面2m以下、4m以下土层压实度,确定单点夯击锤数。

单点夯击数:单点夯击5锤(单点的最后两击平均夯沉量小于或等于3.5cm时,该点的夯击完成;最后两击平均夯沉量大于3.5cm时,应增加夯击次数)。

加固深度:有效加固深度为6.0m。对于超过6.0m的填土路基,填土高度每递增6.0m进行一次强夯,当达到路基93区顶面时做最后一次强夯。

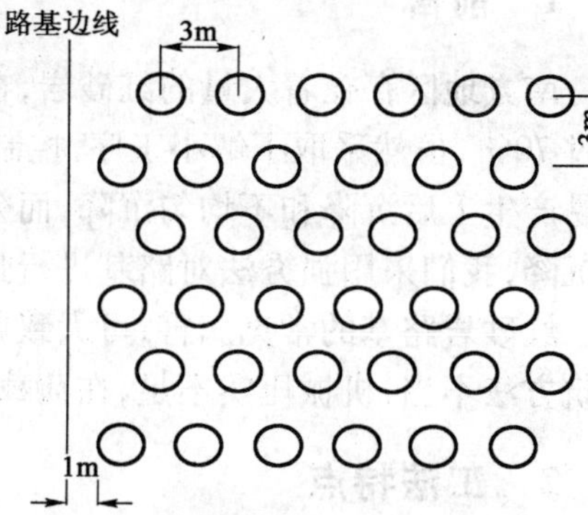

图2 夯点位置布置示意图

5.3.2 半填半挖路基

施工方法:采用点夯法进行夯击。

路基强夯范围:对半填半挖红砂岩路基,根据不同的实地情况进行强夯加固,具体强夯范围见图3和图4。

夯击能量及落距:对于填土高度大于6.0m的填方路基部分,夯击能量及落距同"全幅宽填土路基",对于填土厚度小于6.0m的填方路基区域,夯击锤重一般采用14t,夯锤落距$H=6.0m$,夯锤直径$D=2.0m$。

夯击点间距:夯击点间距取3m,点位布置采用3m×3m的梅花形,其布点方法如图2所示。强夯采用隔点不隔行进行施工,夯点距路基边线为1m左右。

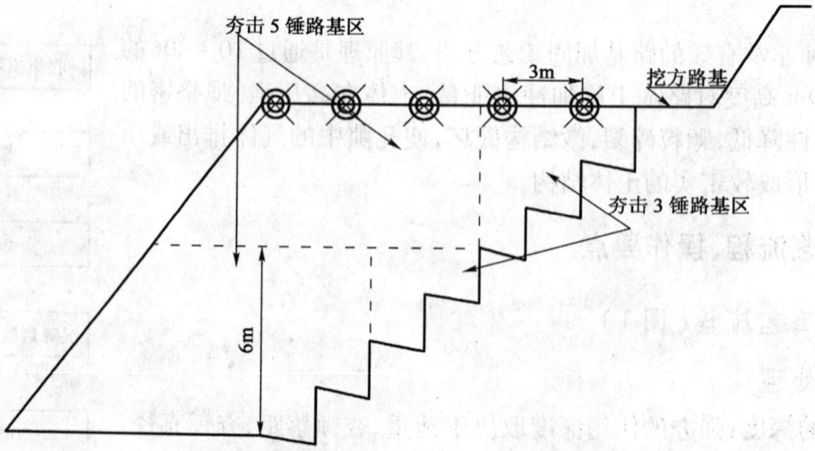

图3 半填半挖路基中填方路基强夯纵剖面图

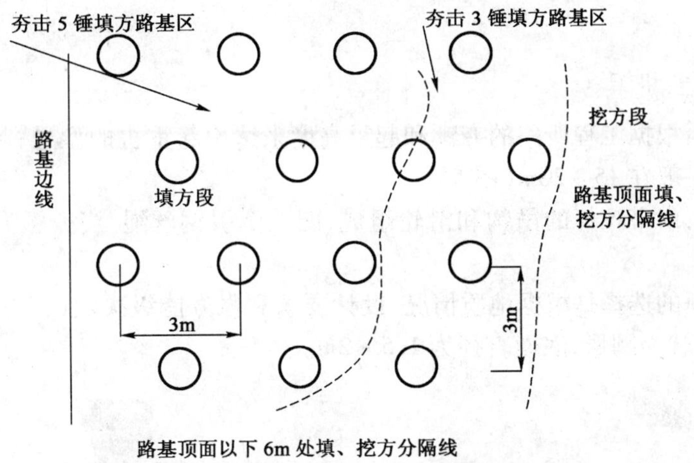

图4　93区顶面半填半挖路基填方侧路基强夯平面图

单点夯击锤数：单点夯击3～5锤（当夯击5锤时，最后两击的平均夯沉量小于或等于3.5cm时，该点的夯击完成，若最后两击平均夯沉量大于3.5cm时，应增加夯击锤数；当夯击3锤时，最后两击平均夯沉量小于或等于5cm时，该点的夯击完成，若该点夯沉量大于5cm时，应增加夯击锤数）。

加固深度：有效加固深度为6m。

5.4　强夯法施工步骤

现场强夯施工按以下步骤进行：

(1)路基常规填筑，分层厚度50cm，振动压路机碾压。填筑高度达到了5～6m，具备了路基强夯的条件。

(2)清理并平整场地，测量路基在夯击前的路基承载力和压实度。

(3)放线并标出夯点的位置，测量强夯前路基面高程。

(4)设备就位，使夯锤对准夯点位置，测量夯前锤顶高程；进行试夯击，记录沉降量，开挖检查夯实效果，分别检测顶面、2m以下、4m以下土层压实度，确定单点夯击锤数。

(5)将夯锤吊起到预定高度（夯锤提升高度由锤质量和强夯级别确定），待夯锤脱钩自由下落后，测量夯后锤顶高程。

(6)现场检测最后两击平均下沉量，小于或等于规定值时，合格；大于3.5cm时，应增加夯击次数。

(7)重复步骤(4)，按设计规定的夯击次数及控制标准完成一个夯点的夯击。

(8)用推土机推平夯坑，压路机碾压密实，并测量场地高程。

(9)进行后期的沉降观测；分析工后沉降情况。

5.5　特殊路段处理

5.5.1　桥头的台背等有构筑物的路段

桥台台背的填土不考虑强夯。

为了消除因为强夯而给桥台的台背造成的不利影响，路基夯击点距离桥台台背的最近距离不能小于6m，即桥台的上方以及与路基交界的一端6m内不能进行布点强夯。

5.5.2　涵洞路段

涵洞顶路基在强夯时，夯点距离涵洞的最小安全距离不能小于6.0m，即距离涵洞外围轮廓线6.0m内不能进行布点强夯。

5.5.3　挡墙路段

有挡土墙的路段路基补强一般不能采取强夯的处理方法，需要强夯时，夯点距离挡墙边最小安全距离不能小于6m。

6 材料与设备

6.1 强夯法施工机具

6.1.1 起重机械:根据工程所用的夯锤和起重高度来选用起重机的型号;起重力应大于夯锤质量的3~4倍,起重高度一般在15~20m(图5)。

6.1.2 脱钩装置:由带拉杆的吊钩和滑轮组成,配上牵引钢丝绳,当夯锤升到规定高度时能自动脱钩。

6.1.3 夯锤:夯锤的选择是根据地质情况、设计要求和强夯能级决定(图6)。一般夯锤重有10t、12t、14t、16t等,锤底形状为圆形,底面直径为1.5~2m。

图5 根据情况选择吊机型号

图6 夯锤

6.1.4 推土机:是强夯法施工必不可少的辅助机械,作为场地整平之用。

6.1.5 压路机:是强夯法施工必不可少的辅助机械,场地整平后用于顶面压实。

6.2 劳动力配置(表1)

劳动力配置　　表1

序号	工作内容	人数	序号	工作内容	人数
1	履带式强夯机	3	4	现场指挥	1
2	推土机	1	5	试验员	3
3	压路机	1			

7 质量控制

7.1 验收及施工规范

7.1.1 《公路路基施工技术规范》(JTG F10—2006)。

7.1.2 《公路路基设计规范》(JTG D30—2004)。

7.1.3 《工程测量规范》(GB 50026—93)。

7.1.4 《公路路基冲击碾压应用技术指南》。

7.2 强夯质量控制要点

7.2.1 开夯前检测锤质量和落距,以确保夯击能符合设计要求。

7.2.2 施放轴线控制点和主夯点位置,轴线位置误差不大于20mm;夯点位置误差不大于150mm,放线完毕及时上报,经复核后再进行强夯施工。

7.2.3 在夯击前,对夯点放线重新进行复核,按夯锤直径大小,在夯点位置用白灰划圈,以便夯锤中心对准夯点位置;夯锤中心与夯点中心的偏差不得大于150mm。

7.2.4　夯完后检查夯坑位置，发现偏差或漏夯及时纠正；若发现因坑底倾斜而造成夯锤歪斜时，及时将坑底填平后再夯；夯坑内夯锤倾斜差不得大于 $D/5$（D 为锤的直径）。

7.2.5　每夯一击（或按规定击数），用水准仪测量夯沉量后再起锤；严格控制最后两击平均夯沉量，夯 5 锤时，夯沉量不大于 3.5cm，夯 3 锤时不大于 5cm。

7.2.6　按设计要求记录每个夯点的夯击次数。

7.2.7　施工过程中对各项参数及施工情况进行详细记录。

7.2.8　夯坑内有积水时，及时排除，并间隔一定时间后回填再夯。

7.2.9　若有大面积地下水上涌现象时，应辅助回填抛石，然后再继续夯击或采用其他方法辅助完成。

7.2.10　如回填表土湿度过大，应风干一段时间后再夯击施工，以免形成"橡皮土"，而影响加固效果。

7.3　施工中的质量保证措施

7.3.1　开工时进行试夯，以确定单点夯击数和落距。正式开夯前用钢尺检查夯锤的落距，以确保单击夯击能量符合要求。

7.3.2　在每遍夯击前，都对夯点放线进行复核，夯完后检查夯坑位置，发现偏差或漏夯应及时纠正。

7.3.3　在施工过程中，要用水准仪检测每个夯击点的沉降量，为避免夯击振动对水准仪的影响，水平仪需放置在离夯击点 20m 以外。

7.3.4　施工过程中按设计和试验要求，检查每个夯点的夯击次数和每击的夯沉量，并进行详细记录。

7.3.5　由于强夯施工的特殊性，施工中所采用的各项参数和施工步骤是否符合设计要求，在施工结束后往往很难进行检查，所以要求在施工中对各项参数和施工情况进行详细记录。

7.3.6　配备完整的施工、测量、试验人员，定岗定职三方紧密配合。

7.3.7　派专人负责本项工作，以协调各方关系。

7.3.8　每遍夯点、夯击次数和落距要严格控制，杜绝发生降低夯能、少夯、漏夯等现象。

7.3.9　因为强夯在路基施工中的应用还不很广泛，缺少实践经验，所以在试验段施工过程中，应要求每个施工人员树立严谨的科学态度，详细记录，认真分析，总结经验，为后续施工掌握第一手资料。

8　安全措施

8.1　应采取隔震、防震措施，消除强夯对邻近建筑物的有害影响，距桥梁台背和通涵洞体外围 6.0m以内，不能进行布点强夯。

8.2　应设置专用施工标牌和安全警示牌，施工过程中，非施工人员及车辆不得进入施工现场。

8.3　强夯起重设备就位后和夯击过程中，必须经常检查门架是否平稳，钢丝绳是否滑移或可能裂断，滑轮是否良好。

8.4　大风、雨天不得施工。

8.5　建立完善的安全保证体系，设立专点专项安全负责人，责任到人，操作手作业时冲击区 5m 范围内不得有人停留。

8.6　加强施工车辆管理，机械设备勤检修，严禁带故障作业，加强机械作业时的安全意识，杜绝带病作业，带情绪作业。

9　环保措施

9.1　施工现场应经常洒水，严格控制扬尘的弥漫和扩散，保证居民区和农作物不受影响。

9.2　控制噪声污染，夜间停止强夯工作。

9.3　机械修理、设备工具产生的废水、废油等有害物质和生活污水,不得直接排放,统一收集统一处理,不能污染河流、水质和土壤。

10　资源节约

江西省赣州至大余(茅店—三益段)高速公路 LJ1 合同段,赣县东互通区内开挖红砂岩 105 万 m^3,通过红砂岩路基强夯工法,85 万 m^3 作利用方处理,减少废方堆积场地 105 亩($7hm^2$),减少了借方填筑数量,节约了土地资源。

11　效益分析

经济效益:通过强夯,加快路基稳定,减少和避免了工后沉降和不均匀沉降,减小了路基土的次固结变形,避免了因不均匀沉降和工后沉降过大引起的修补费用。

社会效益:红砂岩如不作为路基填料利用,就必须废弃外运,弃方场地应在路基红线以外另行征地解决,而现行公路设计路基土石方一般采用填挖平衡的原则,外弃土石方要用借方填筑补充,取土场也得另行征地。采用该工法可减少大量弃方,节约土地资源和费用。

12　应用实例

12.1　湖南省湘潭至衡阳西线高速公路第十六合同段工程由浙江利越路桥建设集团有限公司中标承建,于 2007 年 4 月 8 日开工,于 2009 年 7 月 30 日完工。湖南省内红砂岩区域分布较广,本项目有大量的红砂岩填筑路基。

如果采用宕渣填筑路基,不就地利用红砂岩填筑,预算需 1 500 万,其中挖方所产生的红砂岩,还需征用弃土场堆放。

本项目采用了红砂岩填方路基强夯施工技术,顺利地完成了该项目施工,耗资 650 万。

12.2　赣大高速公路(茅店—三益段)LJ1 合同段,该合同段与瑞赣高速公路第 13 合同段相接于赣县互通,由于瑞赣高速早一年时间施工,LJ1 合同段赣县互通 5 个匝道范围,近 10 000m^2,本是填方路段,让瑞赣 13 标作红砂岩废方堆积场,由于当时没有分层碾压,堆方空隙很大,存在着下沉、塌陷病害。

当时,有三种处理方法。第一方案:对匝道范围内进行注浆处理,填满空隙,这个造价高,近预算需 500 万元,时间长要 3 个月;第二方案:开挖废方,清理现场,重新分层填筑,这个方案预算是 200 万元,时间也要 3 个月;第三方案:红砂岩路基强夯法,先挖除 1.5m 废方,进行路基强夯,再分层填筑。施工单位用红砂岩路基强夯法工法,完成赣县互通范围匝道路基加固处理,最终费用约 77 万元,时间 45d。

振动挤密砂桩施工工法

GGG(浙)A2011—2009

张万明
(浙江利越路桥建设集团有限公司)

1 前言

振动挤密砂桩主要利用振动沉管桩机的振动、冲击、水冲等方式在软弱地基中成孔后,将砂挤入土中,形成大直径密实砂柱体的加固地基的方法。其施工简便,地基强度提高快,均匀化,变形较小,整体稳定性好,能满足公路通车荷载的要求,节约投资,造价低廉,具有良好的技术经济效果。

2 工法特点

2.1 振动挤密砂桩适用于淤泥、含淤泥中砂、淤泥质土等软土地基,施工深度通常可达21m左右,对软弱土地基可提高承载力。

2.2 该工法工序衔接紧凑,进度快,可有效地降低工程成本。

2.3 施工机具简单,噪声小,材料消耗低,费用低廉,利于节能减排。

2.4 采用等边三角形布设处理,更加可靠,技术效果明显。

3 适用范围

振动挤密砂桩适用于淤泥、含淤泥中砂、淤泥质土等软土地基,施工深度通常在4~21m。

4 工艺原理

振动挤密砂桩采用振动沉管桩机的振动、冲击、水冲等方式在软弱地基中成孔后,将砂挤入土中而形成的。在成桩过程中桩管对周围淤泥、含淤泥中砂、淤泥质土产生很大的横向挤压力,桩管体积的土挤向桩管周围的土层,使桩管周围的土层孔隙比减小、密实度增大。挤密砂桩将地基挤密排水固结,从而提高地基的整体抗剪强度与承载力,减少地基的沉降量和不均匀沉降。

5 施工工艺流程及操作要点

5.1 施工工艺流程

5.1.1 准备工作:利用全站仪按设计软基处理范围放样、清表,并在软基处理范围外开挖排水沟。

5.1.2 填砂:平整场地后填砂整平,满足机械进场施工砂桩。

5.1.3 桩位放样:利用全站仪在场地上放出中桩及软基处理边桩,以成桩先后顺序从中桩到边桩进行桩位编号和放样,将沉管桩机移至施工桩位调平机位、对中。

5.1.4 沉管入土下沉:调整导杆的垂直度,提升桩管,将桩头活页闭合。启动沉管电机加压并开动振动锤,将钢管沉入至设计要求深度。

5.1.5 投料拔振:在桩管内灌满水,为使砂料呈饱和水状态,按要求进行拔振,按桩孔体积和砂在中密状态时的干密度计算其实际灌砂量,直至桩管全部拔出。在孔口部位进行反插。

5.1.6 移动机具,至下一桩施工。

施工工艺流程见图1。

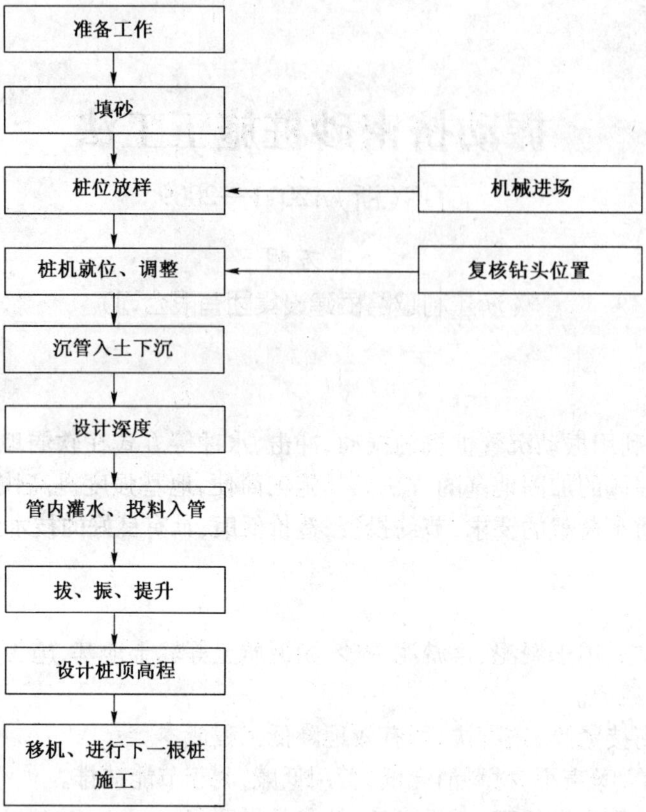

图1　振动挤密砂桩施工工艺流程图

5.2　操作要点

5.2.1　施工前,由项目总工对施工班组全体人员进行振动挤密砂桩技术交底,明确相关设计文件、施工规范的要求。

5.2.2　场地必须平整,清除地表杂草、石块、树根和垃圾等,在软基处理范围外开挖排水沟,当软基处理范围表土过软时应先采用含泥量 <5% 的砂填筑,便于机械进场,沿海一带施工受潮水的影响,为防止机械泡水,填砂高度一般为1.5m,要求填砂平整,保证雨季施工场地不积水。

5.2.3　根据桩位平面布置图,利用全站仪放出各个桩的中心桩和软基处理边桩后,在施工现场用钢尺从中桩到边桩定出每根砂桩的桩位,并用木桩插入砂层做好标记,每根桩的桩位误差不得大于5cm。同时做好复测工作,在以后的施工中应经常检查桩位标记是否被移动,确保砂桩位置的准确性。

5.2.4　施工前应检查桩机的工作性能及完好程度。

5.2.5　导管必须高出设计桩长3~5m,桩头活页平底式。

5.2.6　桩架就位后,应控制好导杆的垂直度 <1.5%,提升桩管,将桩头活页闭合。

5.2.7　在桩机的井架上准确标出"零"起点,根据起钻点,设计桩长资料,确定终钻位置。施工中对钢管沉入的深度及时进行核对,是否达到设计要求的深度。

5.2.8　沉管至设计深度后在桩管内灌满水,使砂料呈饱和水状态,避免出现缩径和断桩现象。

5.2.9　应按桩孔体积和砂在中密状态时的干密度计算其实际灌砂量,D500mm 砂桩(D 为桩直径)每延米的灌砂量为$(0.5/2)^2 \times \pi = 0.196\text{m}^3$,然后按1.35松方系数估算用料量,一次上足或分两次投料。亦可超量投砂,即增投砂量,当桩管全部拔出地面时,仍剩余一些砂料。

5.2.10　边振边均匀缓慢拔出桩管,直至桩管全部拔出。一般情况下,每拔管高度0.5m,停拔续振

10 ~20s。施工顺序由路中桩向边桩方向间隔跳打,在临近海堤施工时,应背离海堤方向进行。

5.2.11　在孔口部位进行反插,以保证桩头的均匀密实。

6　劳动力配置

劳动力配置见表1。

劳 动 力 配 置 表　　表1

序　号	单 项 工 程	所 需 人 数	工 作 内 容
1	YZ160 振动沉管桩基	1	成孔及拔振
2	ZY-8 装载机	1	装、卸料
3	管理及技术人员	3	指挥、测量、记录
4	普通工人	3	施工操作
合计		8	

7　材料与设备

7.1　材料

砂桩选用渗水率较高的中粗砂,大于0.5mm的砂含量占总量的50%以上,含泥量不大于3%,细度模数大于2.7,有机质含量不大于1%,渗透系数小于0.005cm/s,砂应保持干燥,砂桩灌入桩孔中的砂子不能含有5cm及以上的碎石。

7.2　振动挤密砂桩主要设备

导管式振动沉管桩机(YZ160)、装载机(ZY-8)、装砂料斗、发电机(120kW)。施工前应检查机械工作性能,完好程度,组织验收合格才可使用。

8　质量控制

8.1　质量控制要点

8.1.1　要严格控制投砂量,砂的灌砂率应在95%以上,桩管内灌水用清洁的河水,桩管内灌水量必须充足。当水量溢出填砂层表面时,应及时将水排除。

8.1.2　成桩时要经常校正桩管竖直度,由路中向外围间隔跳打,避免相互间振动影响。

8.1.3　桩底空松或桩底端料少或无料会引起断桩,沉管时遭遇局部硬土层或孤石,处理不当也会造成桩长不够。如果遇到硬土层或孤石,处理方法最好是即时停机,在桩位旁边试打,确定硬土层范围,然后考虑变更桩位、桩长;拔管前必须灌满砂料,并留振1min,若施工控制不当,易出现砂桩断桩和缩径现象。

8.1.4　三次投料不合理,反插深度和次数有误都会引起砂桩缩径,必须改变投料量比例,改变反插深度和次数,以满足要求。

8.1.5　断桩是施工中常见病害,造成的原因有反插深度有误、塌孔、卡管活页打不开等。要严格按工艺性试桩提供的技术参数及成桩步骤控制拔管高度和拔管速度;否则易出现断桩,不能保证桩身的连续性。

8.1.6　卡管为成桩中常见现象,要整修活页,使活页可以灵活打开。

8.1.7　施工人员要认真填写施工原始记录;记录施工桩号、施工日期、天气情况、设计桩长、实际桩长、沉管下沉时间、沉管深度、提升速度、灌砂量和冲盈系数等。

8.2　挤密砂桩质量检测

桩距、桩长、桩径、垂直度、灌砂量等应符合《公路路基施工技术规范》(JTJ F10—2006),具体检测事项详见表2。

砂桩桩施工允许偏差　表2

项次	项目	单位	允许误差率	检查方法和频率
1	桩距	mm	±150	抽查桩数3%
2	桩长	m	不小于设计值	重型动力触探、抽查桩数0.5%
3	桩径	mm	不小于设计值	抽查桩数3%
4	竖直度	%	1.5	查施工记录
5	灌砂量		不小于设计值	查施工记录

(1)挤密砂桩要求桩体的砂呈中密—密实状态,检测的方法一般用动探Ⅱ型,检测频率控制在2%以内。

(2)动探Ⅱ型检验挤密砂桩的标准,以每贯入30cm的锤击数不小于标准值为合格。鉴于标准值随深度的变化而变化,可结合本路段地质特点确定合格标准。标贯合格标准为(每贯入30cm,N63.5锤击):0~3m不少于7击;3~7.5m不少于17击;7.5m以下不少于18击。以确保桩砂的密度呈中密—密实状态。

9　安全措施

9.1　建立安全生产保障体系,明确各岗位职责,落实安全生产责任制度,设立专职和兼职安全员,对安全生产工作进行监督。

9.2　认真做好安全技术交底工作,严格执行安全技术操作规程,机械操作人员必须经培训考试合格后持证上岗。

9.3　操作人员及施工人员进入施工现场必须戴好安全帽,高空作业要系好安全带,料斗下严禁站人。

9.4　加强施工中的用电管理和各种电器的漏电检查。

9.5　定期进行安全检查,召开安全生产会议,发现安全隐患及时纠正。

9.6　随时检查钻机的运转情况。

9.7　施工现场应全面规划,并有施工现场平面布置图;其现场道路应平坦、坚实、畅通,交叉点及危险地区,应设明显的警示标志。

10　环保措施

10.1　重视环境工作,加强环保教育。组织职工学习环保知识,加强环保意识,使大家认识到环境保护的重要性和必要性。

10.2　加强机械设备的维修和保养工作,确保机械正常运转,降低噪声,以减轻对周围生活环境的影响。

10.3　定期进行环境检查,及时处理违章事宜、场地废料、土石方废方处理,应按设计要求按工程师指定地点处理,防止水土流失。保持排水通道畅通,工地干净卫生。施工中还尽量减少对周围绿化环境的影响和破坏。

10.4　施工废水、生活污水不得排向水源、耕地、农田、灌溉渠道等,采用渗井或其他措施处理。工地垃圾及时运往指定地点深埋,所有机械废油回收利用或妥善处理,严禁随意泼倒,使生态环境受损减到最低程度。

11　资源节约

振动挤密砂桩对软基加固方法的特点,可以快速有效地对大面积软基进行处理,特别在沿海一带软基处理较为便利,且充分利用了当地的地材,节约投资,对环境无污染。在工程应用中得到证实,本工法绿色环保,造价低廉,具有良好的社会和经济效益。

12 效益分析

以省道201线(泉州沿海大通道)晋江仙石至石狮水头段B合同段为例,直径*D*400mmC8水泥粉煤灰碎石桩与直径*D*500mm振动挤密砂桩经济比较见表3所示。

不同桩经济比较表 表3

方 案	部 位	桩 长 (m)	单 价 (元/m)	造 价 (元)	备 注
*D*400mmC8水泥粉煤灰碎石桩	路基段	714 849	33.22	23 747 284	同处理段方案一
*D*500mm振动挤密砂桩	路基段	714 849	28.09	20 080 108	同处理段方案二

由上表可知,采用直径*D*500mm振动挤密砂桩处理较直径*D*400mmC8水泥粉煤灰碎石桩造价降低3 667 176元。

施工工期振动挤密砂桩等载预压6~12个月,水泥粉煤灰碎石桩预压6个月,振动挤密砂桩单台机成桩每天一般为1 200m,水泥粉煤灰碎石桩单台机成桩一般为600m,在施工周期上振动挤密砂桩比水泥粉煤灰碎石桩缩短50%工期,振动挤密砂桩可提前进入预压。

从成桩检测的结果数据表明,振动挤密砂桩桩体均匀,且连续性,未出现断桩和缩径现象,而C8水泥粉煤灰碎石桩出现断桩、缩径较多。

振动挤密砂桩工法的形成和应用得到实践的检验,振动挤密砂桩比C8水泥粉煤灰碎石桩处理方法更为明显有效,振动挤密砂桩处理进度快、操作简便、缩短了施工周期、环保高效、降低工程成本,有利于文明施工和“节能减排”。形成了较好的经济效益和社会影响,可以在同类工程中推广使用。

13 应用实例

实例1:G323线连山吉田至鹰扬关段改造工程第V合同段工程软基处理

13.1 工程概况

G323线连山吉田至鹰扬关段改造工程第V合同段工程位于广东省连山县,路基宽度12m,全长3 979m。软基厚度从8.5~17.6m不等,全线2 315m为软土路段。

本合同段路基软基处理全采用挤密砂桩。砂桩直径采用50cm,平面上呈正三角形布置,间距1.4m,桩长13.5~16.0m,工程数量为150 026m。该项目的挤密砂桩采用了有效的控制方法,对施工进行全过程旁站。经连山县交通质监站检测部门检定,所有的桩体均匀,且连续性好,未出现断桩现象,各桩的桩长都能满足设计要求。沉降观测数据表明,效果良好,能满足设计和规范要求。

实例2:省道201线(泉州沿海大通道)晋江仙石至石狮水头段B合同段工程软基处理

13.2 工程概况

B合同段位于晋江市陈埭镇范围,起讫桩号为K5+300~K7+800,全长2.5km。沿线均为海海泥累积的软弱土层。软基厚度从10.2~23.4m不等。根据地质勘察资料本标段软土层分为:第①层为淤泥,呈饱和、流塑状,连续分布揭露厚度0~13m;第②层为含淤泥中砂,呈饱和、松散状态,连续分布,揭露厚度0~7.9m;第③层为淤泥质土,呈饱和、流塑状,分布连续,揭露厚度6.5~18.7m;第④层为亚黏土,呈湿—饱和、可塑,分布不连续,揭露厚度0.9~23.4m。

本合同段软基处理大部分采用挤密砂桩+等载预压。砂桩直径按设计要求为50cm,平面上呈正三角形布置,间距根据路段确定有1.4m、1.5m两种,砂桩桩长由沉降计算确定,设计桩长为15.5~19m,原设计挤密砂桩处理+C8水泥粉煤灰碎石桩变更为挤密砂桩处理后,挤密砂桩总数量为1 408 260m,根数77 621根,处理长度2.045km。该项目的挤密砂桩处理采用了振动挤密砂桩工法,顺利地完成了该项目的施工。经福建省泉州市水电工程勘察院检测部门检定,所有的桩体均匀,且具连续性,未出现断桩现象,各桩的桩长和密实度都能满足设计要求。

13.3 工程监测与结果评价

采用振动挤密砂桩软基处理施工工法后,福建省交通建设工程监理咨询公司和浙江利越路桥建设集团有限公司监测组,对省道201线(泉州沿海大通道)晋江仙石至石狮水头段B合同段软土地基处理后进行了沉降观测。

沉降监测结果显示;经过8个月的等载预压,每次观测的沉降速率都在设计要求以内,已连续两个月月沉降量在5mm以内,路基已基本稳定,能满足设计和规范要求。

深层软土地基预应力PHC管桩静压处理施工工法

GGG(中企)A2012—2009

郝 猛 张生成 韩建龙 折 欣 张锦松
(安通建设有限公司 北京市海龙公路工程公司)

1 前言

为适应我国经济发展迅速的良好势头,路网纵横密集,尤其是长江三角洲地区新建、扩建的路桥工程日趋增多。为了能够满足目前工期短、任务重、成本低、质量高及安全文明工施工程度要求的工程发展趋势,编制了本施工工法。由安通建设有限公司承建的上海市A15公路新建工程1合同段工程,由于工期紧,放弃了设计要求超载预压的软基处理施工方法,选用了一种施工快捷、施工质量可靠、单位承载力高、造价便宜的建筑新技术——先张法高强预应力混凝土PHC管桩技术,经过在工程中的使用,静压预应力混凝土管桩优点多,质量绝对可靠、工期短、综合造价便宜及施工文明等,创造了一定的社会效益和经济效益,在未来的工程项目建设中,该技术必将得到了迅猛发展及广泛应用。

2 工法特点

本工法施工时无噪声,适合市政工程及其他对噪声有限制的地点周围施工,本工法采用静力压桩,以使附近单位和居民的正常工作、生活环境不受噪声的干扰,非常适合在环境保护日益增强的现代社会。

对软土地基深层地质持力层起伏变化的地质条件适应性强,沉桩质量可靠、性能稳定,沉桩后桩长和桩身质量可直接监测,运输吊装方便,场地整洁、施工文明程度高。

施工时无震动,且静压施工引起的土体隆起和水平挤动比锤击桩小一些,能够保证原地质土体不受扰动而破坏土体结构。

单桩承载力高。预应力管桩桩身混凝土强度高达80MPa,并可打入密实的砂层及强风化岩层,桩尖进入强风化岩层后,经过强烈的挤压,桩尖附近的强风化岩层已不是原始状态,桩端承载力可比原状态提高80%~100%,所以管桩承载力设计值要比同样直径的沉管灌注桩或钻孔灌注桩高,很好地保证工程质量。

施工速度快,工效高,工期短。很好地体现了“时间就是金钱,工期就是效益”的理念,预应力管桩的施工速度快,一台静压桩机每台班至少打入7~8根桩。管桩工期短主要表现在以下三个方面:

施工前期准备时间短。尤其是PHC桩,由于采用压蒸养护,从生产到使用的最短时间只需要3~4d;施工速度快,2~3min可压入长为10m的一根预应力PHC管桩;检测时间短,以A15公路工程为例,两个星期便测试检查完毕。

施工文明,现场整洁,管桩工地机械化施工程度高。现场整洁不会发生钻孔灌注桩工地泥浆满地横流的脏污情况,也不会出现挖孔桩工地到处抽水和堆土的忙乱现象。

成桩质量可靠。管桩是工厂化生产,加上耐压性较好,只要按施工要求认真操作,成桩质量是各种桩基中最可靠的。特别是静压桩,承载率保证率更高。一般来说,桩基施工成桩方式与人为因素关系越密切,桩基的质量可靠度越低。预应力管桩基础与人为因素的关系在诸多桩基中是最不密切的,所以其质量可靠度就越高。

静压桩造价便宜,据资料分析,ϕ350mm 的静压预制管桩,每米造价比 ϕ480mm 沉管灌注桩贵一倍,但单桩承载力比 ϕ480 沉管灌注桩高 60% ~70%,承台混凝土量只有 ϕ480 沉管灌注桩的 1/3 左右,所以两者的综合造价差不多,但沉管灌注桩带有夹泥、吊脚、缩颈、断桩等质量隐患,而静压桩成桩质量和单桩承载力比较有保证。

3 适用范围

适用于以中密—密实砂层、硬塑—坚硬的黏性土层以及全风化,强风化岩石做桩端持力层,一般软土地区均可适用,尤其是市政工程及居民集中的公路工程。

4 工艺原理

4.1 预应力混凝土 PHC 管桩静压法沉桩工艺原理,根据以压桩力应不小于单桩竖向极限承载力标准值的 1.2 倍为原则选定静压桩机,在桩机就位后,调整桩机使底盘水平,保证桩架处于垂直状态。

4.2 采用的全液压静力压桩是通过静压力将桩压入土中的一种沉桩工艺,其全部动作均由液压驱动具有“自行移动”的全部功能,能独立完成“吊桩—喂桩—压桩”的全过程。

4.3 桩在静贯入过程中,桩尖直接使土体产生冲剪破坏,孔隙水受到冲剪挤压作用形成水压,产生了超孔隙水压力,扰动了土体结构,使桩周一定范围内土体强度降低,发生了土动软化,从而桩可势如破竹地被压入土中。由于超孔隙水压力不能迅速消失,土的强度不能立即恢复,使得桩在贯入时的侧摩阻力很小,沉桩时所施加的静压力主要用来克服端阻力,因此,一般来说土体强度恢复后的单桩竖向极限承载力要大得多。

4.4 桩机移位时,行走机构采用提携式步履,把船体当作铺设的轨道,通过纵、横向油缸的伸缩,实现压桩机的纵横向行走。压桩时,利用压桩机自重量和配重作反力,由桩机配备的吊机将管桩吊入压桩机的抱箍内,对准桩位,压桩油缸伸程把桩压入地层中,然后通过焊接将上下两节管桩连接实现接长,压桩完毕后,压桩油缸回程,重复上述动作,可实现连续压桩操作,直至用送桩器把桩送入预定高程。因此,静力压桩具有无振动、无噪声、无污染、综合造价低、施工速度快、施工场地文明干净等优点。全液压静力压桩机由于其本身的先进技术装备为优质施工创造了条件,压桩时桩位偏差都较易控制,并且每根桩的承载力均能从压桩机上的压力表反映出来,因而可对所压的桩进行评估,及时处理不能满足设计要求的桩,确保施工质量。

5 施工工艺流程及操作要点

5.1 预应力 PHC 管桩静压沉桩施工工艺流程

施工前准备→测量放线定位桩→桩机就位→喂桩至桩机前→安装桩尖→吊桩插桩→对桩位→调整桩及桩架的垂直度→压桩→复核垂直度继续施压→接桩→再压桩→测量贯入度→送桩→终止压桩。

5.2 操作要点

5.2.1 施工准备

施工前根据地质资料和设计文件,了解现场的地质、水文、土层图纸情况,应进行探桩及清障,确保施工范围内无地下管线及其他障碍物,为确保沉桩质量,在施工场地局部低洼处以及场地表层软弱、松散处,必须铺设 60cm 厚的道渣,如若压桩区有暗、明浜以及土质松散情况,不能正常满足压桩的要求,必须注意清除软弱地基土,并回填道渣,以确保压桩正常施工。再根据设计文件和施工组织计划的要求,确定合理可行的施工顺序。

5.2.2 测量定位放线

根据施工设计图纸、设计院技术交底及勘查院提供的坐标控制点和水准点,进行桩位放样,采用全站仪施放轴线和桩位,定位木桩用小方木并钉上一小铁钉做标识,样桩用短钢筋,并涂上红油漆,且样桩用白石灰撒“十”字线做标志。测量定位、放线、复核工作由专人负责，对测量仪器定期检查，做好测量定位放线的原始资料。形成的定位、放线测量成果资料用书面形式报监理复核检查，确认后方可开始施工。

5.2.3 静压桩机就位

在对施工场地内的表层土质试压后，确保承载力满足静压机械施工及移动过程中不至于出现沉陷，对局部软土层可采用事先换填处理或采用整块钢板铺垫作业。

桩机进场后，检查各部件及仪表是否灵敏有效，确保设备运转安全、正常后，按照打桩顺序，移动调整桩机对位、调平、调直。

5.2.4 管桩的运输、起吊和堆放及验收

1)PHC 管桩的运输

运输过程中支，点应满足两支点法的位置，且两支点附近应固实基垫以掩木防止滚动。运输时采用长挂汽车，管桩的悬臂不超过 1.5m，应该绑固、分层叠放并错位布置，不宜超过 5 层，应免受振动、冲撞。

2)PHC 管桩的起吊

PHC 管桩由于长细比大、自重大，在起吊过程中过大的动荷载易使管桩产生断裂。正确的起吊方式为两支点法或两头勾吊法，必须做到平稳，轻起轻放，严禁抛掷、碰撞、滚落，禁止采用拖吊的方法，避免产生较大的动荷载，导致管桩桩身损坏或断裂。

3)PHC 管桩的堆放

管桩堆放场地必须平整、坚实，要有排水措施，不得产生不均匀沉陷。管桩堆放层数不应超过 5 层。不同规格、长度的桩，应分别堆放。管桩底层两面外侧挡以锲形掩木防止滚落。管桩在堆放时的支点位置距桩两端均为 0.21L(L 为管桩长度)。

4)管桩运输、起吊及堆放质量标准及检验要求(表 1)。

PHC 预应力管桩的运输、起吊和堆放质量及检验要求 表 1

检 查 项 目	质 量 要 求	检 查 频 率	检 查 方 法
管桩运输	运输时的桩悬臂长度≤1.5m	随时	卷尺测量
管桩堆放场地	坚实平整或垫木	随时	目测
管桩堆高	≤5 层	随时	目测
起吊方式	两端起吊	随时	目测

5)PHC 管桩的进场验收

首先必须查看管桩出厂合格证、出厂测试报告。再按照《先张法预应力混凝土管桩》(GB 13476—2009)的国家标准、地方标准对桩尖、桩身的构造要求和设计图纸要求，对所有到场的管桩的外观、长度、桩径、壁厚、桩端头板的平整度、桩身弯曲度、桩身强度以及桩身上的标志等按规范进行仔细查验，对表面有露筋，裂缝、桩套箍凹陷、混凝土坍落等情况，责令其退换生产厂家。

5.2.5 压桩

群桩压桩顺序选择。压桩时，由于桩对土体的挤密作用，先沉入的桩水平推挤而造成偏移和变位，或被垂直挤拔造成浮桩；而后沉入的桩难以达到设计标高或入土深度，造成土体隆起和挤压，截桩过大。所以群桩施工时，为了保证质量和进度，防止周围建筑物被破坏，沉桩前应根据桩的密集程度、桩的规格、长短和桩架移动方便，正确选择沉桩顺序。

桩就位、对中、校直，静压桩机就位，调整桩机使底盘水平，保证桩架处于垂直状态。第一节管桩插入地下时，要尽量保持位置方向正确。开始要轻轻打下，认真检查，若有偏差应及时纠正，必要时要拔出重打。校核桩的垂直度采用两台经纬仪垂直校直，经纬仪位置应在距桩机不受影响范围内，成 90°方向设置经纬仪各一台。通过桩机导架的旋转、滑动及停留进行调整。经纬仪应设置在不受打桩影响处，并经常加以调平，使之保持垂直。

5.2.6　接桩及焊接

首节桩压至桩顶端距地约1~1.2m时采用钢端板焊接法接桩,要注意新接桩节与原桩节的轴线一致,用钢丝刷将上、下节桩接头部位预埋件的混凝土、泥土、油污、铁锈等清除干净,焊接应满足《建筑地基基础工程施工质量验收规范》(GB 50207—2002)的相关要求,以防出现桩端之间错位。

为控制焊接变形及缩短接桩时间,拟采用两台电焊机沿桩周对称点焊,然后对称均匀施焊,两节桩焊接后,清除焊渣,做到焊面清洁,便于检查焊缝饱满度;焊接时应采取措施,减少焊接变形,焊缝应连续饱满(满足三级焊缝),焊后应清除焊渣检查其饱满程度,接桩时上下段桩中心线偏差不宜大于5mm,节点弯曲矢高不得大于桩长的0.1%。

5.2.7　送桩

设计桩顶高程在地面以下时,必须进行送桩,为确保桩顶高程达到设计要求,压桩前确定基准面的高程,在送桩至桩顶高程后,必须认真丈量送桩器余尺,确保桩顶高程达到设计要求。根据A8公路拓宽改建工程设计图纸要求,将PHC管桩桩顶高程控制在回填原地表以下30cm,因此一定使用送桩器送桩至设计要求的高程。

5.2.8　PHC管桩与桩帽连接

PHC管桩沉桩完毕后,以管桩顶圆心为中心开挖尺寸为1.4m×1.4m正方形,深为30cm,形成一个土模式的小基坑,将其制作好的钢筋笼(图1PHC管桩桩帽构造配筋图),放入土模中,现浇钢筋混凝土桩帽,桩帽通过桩塞混凝土与管桩相连接,桩身嵌入桩帽5cm。

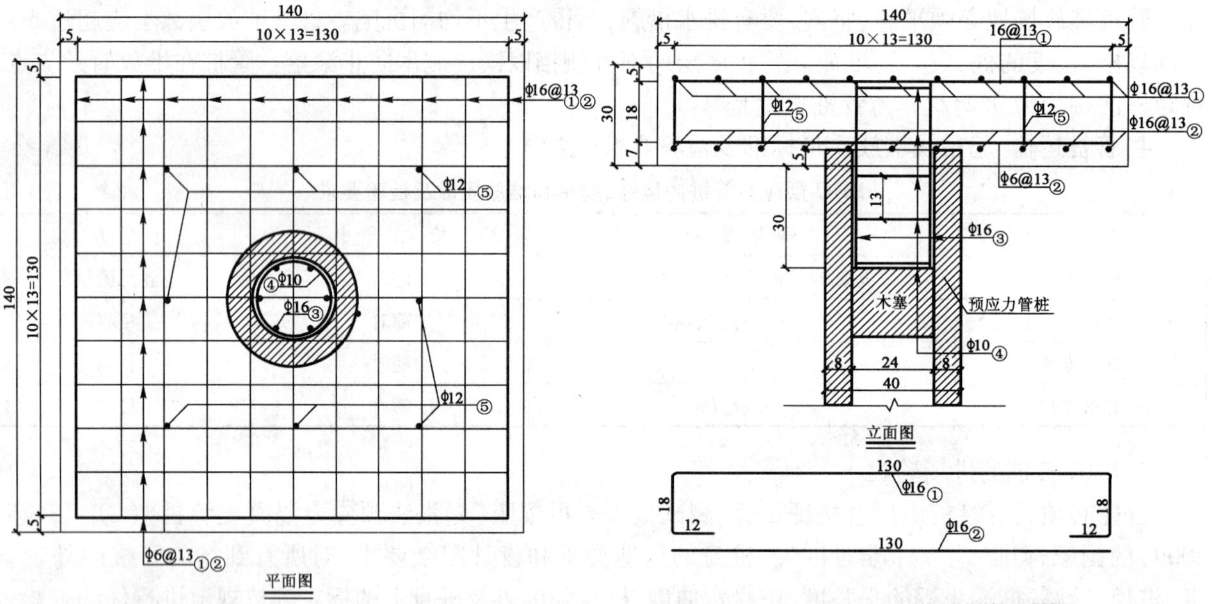

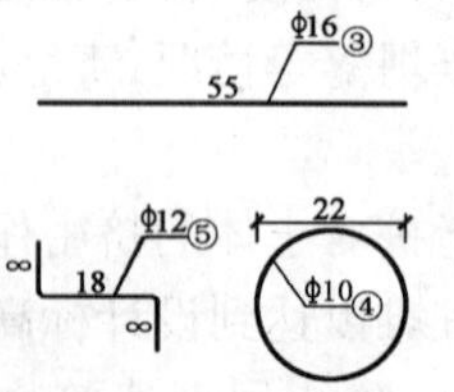

注:

1. 本图尺寸单位除钢筋直径以毫米计外均以厘米计。
2. 本图适用于预应力管桩桩帽,预应力管桩桩径400mm,壁厚8m,混凝土强度等级为C80。
3. 桩帽采用C25混凝土现浇。
4. 桥梁及通道后4排桩帽纵向连为一体,沿路基纵向①②号钢筋连续布置。
5. 箍筋应采用双面焊接。

预应力管桩桩帽工程数量表

项目名称	钢筋编号	直径(mm)	每根长(mm)	根数	总长(m)	密度(kg/m)	总重(kg)
一个桩帽(140×140)	①	ϕ16	1 900	22	41.80	1.580	66.05
	②	ϕ16	1 300	22	28.60	1.580	45.19
	③	ϕ16	550	6	3.30	1.580	5.22
	④	ϕ10	740	5	3.70	0.617	2.28
	⑤	ϕ12	340	8	2.72	0.888	2.42
	合计						121.16kg
	每个桩帽及桩塞混凝土数量				C25 0.61m³		

图1　PHC管桩桩帽构造配筋图

5.2.9　采用PHC管桩进行软土地基处理机理

根据施工设计图纸要求的PHC管桩规格、桩长、桩间距,形成群桩,在桩顶连接桩帽,致使桩帽和管桩形成一体,将上部路基填料自重和动荷载合力传递给管桩基础的受力构件,有效地避免了深层软土地基施工后留下的沉降质量隐患,同时保证地基承载力。

6 材料与设备

6.1 材料准备

6.1.1 PHC 管桩

根据施工设计图纸要求，制订管桩加工生产计划，直接委托生产规模较大且具有相应资质的预制厂家，采用先张法预应力和掺加磨细料、高效减水剂等先进工艺，将混凝土经离心脱水密实成型和在常压、高压两次蒸汽养护而制成，混凝土抗压强度大于 C80 的一种细长的空心等截面圆筒体混凝土预制构件，集中统一预制。PHC 管桩材料进场后根据相关规范要求对其结构尺寸及外观质量进行查验，并向厂家要去提供管桩出厂合格证、强度检验报告、管桩的相关力学性能检测报告等。PHC 管桩结构配筋图见图 2、工艺流程图见图 3、配筋和力学性能见表 2。

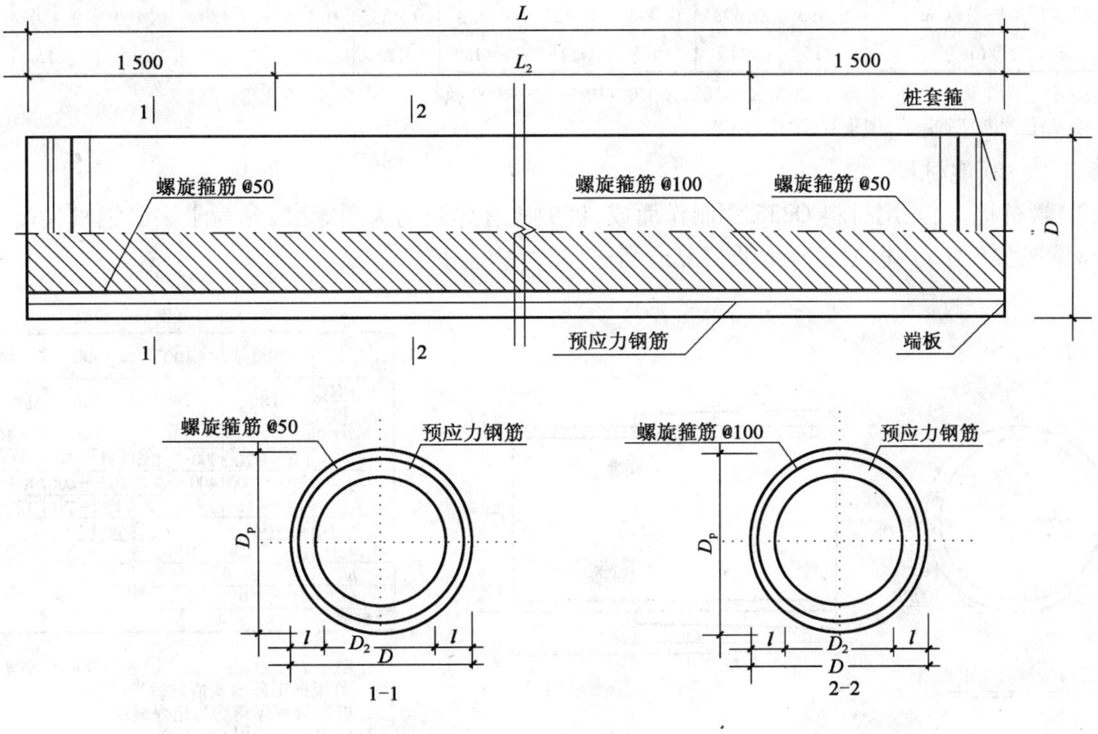

图 2 PHC 管桩结构配筋图（尺寸单位：mm）

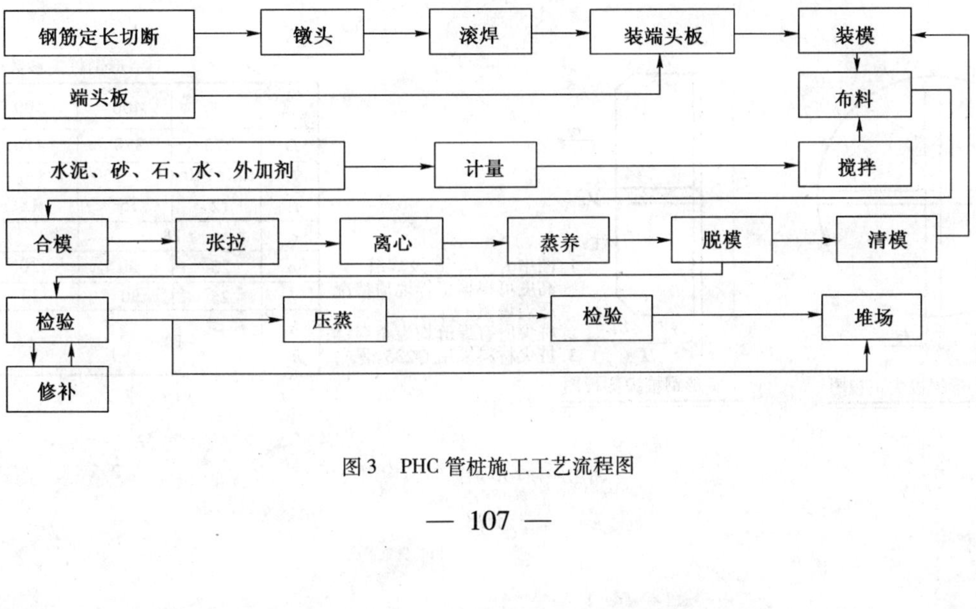

图 3 PHC 管桩施工工艺流程图

PHC 管桩的配筋和力学性能 表 2

外径 D_0(mm)	600-100			600-110				600-130			
型号	A	AB	B	A	AB	B	C	A	AB	B	C
壁厚 T(mm)	100	100	100	110	110	110	110	130	130	130	130
主筋直径(mm)	9.0	10.7	12.6	9.0	10.7	12.6	12.6	9.0	10.7	12.6	12.6
主筋数量(根)	13	13	13	14	14	14	17	15	15	15	19
主筋 D_p(mm)	530	530	530	530	530	530	530	530	530	530	530
混凝土有效预压应力(MPa)	4.27	5.89	7.93	4.26	5.88	7.92	9.50	4.04	5.70	7.53	9.50
抗裂弯矩(kN·m)	164	201	239	164	201	239	276	164	201	239	276
极限弯矩(kN·m)	246	332	430	246	332	430	552	246	332	430	552
桩身竖向承载力设计值(kN)	3 156-4 001	3 068-3 914	2 959-3 805	3 401-4 313	3 308-4 220	3 190-4 102	3 105-4 017	3 871-4 904	3 769-4 803	3 842-4 676	3 527-4 861
混凝土理论质量(t/m)	0.393	0.393	0.393	0.423	0.423	0.423	0.423	0.480	0.480	0.480	0.480
单节长度(m)	≤15	≤15	≤15	≤15	≤15	≤15	≤15	≤15	≤15	≤15	≤15

注:①颜色为上海市图集,图集号:2000 沪 G502,按 DB 1108—92—2000 执行。
②颜色为浙江省图集,图集号:2002 浙 G22。

6.1.2 其他材料

(1)管桩桩尖:采用材料 Q235 钢制作而成,桩尖所有焊接均为角焊缝,分为十字形钢桩尖(图 4)和开口型钢桩尖(图 5),根据工程地质情况适当选择。

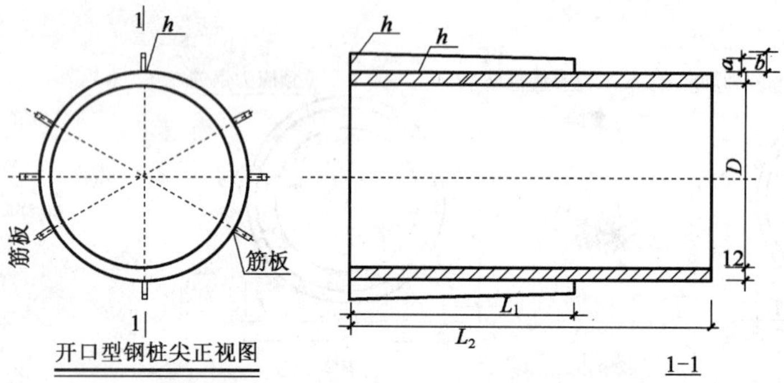

开口型钢桩尖参数

项目 \ 外径		300	400	500	600
D	PHC、PC	180	240	300	380～400
	PTC	220	310	390	480
L_1		150～200	300～400	300～500	300～500
L_2		200～300	400～500	400～600	400～600
t_1		12～15	12～18	12～20	12～20
t_2		10	10	12	12
a		25～40		30～40	
b		45		65	
h		6～10		8～12	
筋板数量		4		6	

注:
1. 图中 L_1、L_2、t_1、t_2、a、b 及焊缝高度 h 可根据工程地质情况适当调整;
2. 桩尖所有焊缝均为角焊缝;
3. 桩尖材料采用 Q235 钢。

图 4 开口型钢桩尖结构图

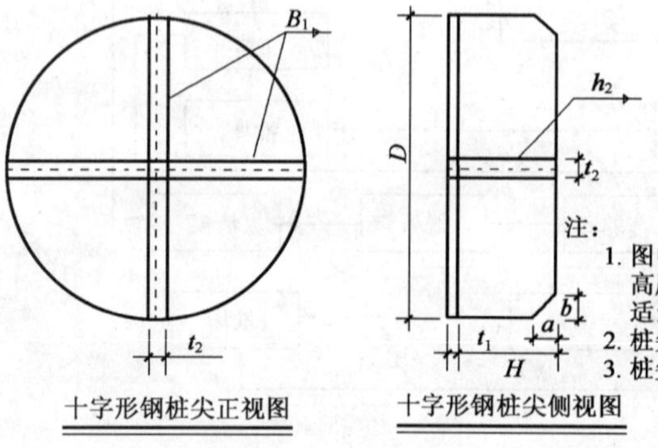

注:
1. 图中 t_1、t_2、H 及焊缝高度可根据工程地质情况适当调整;
2. 桩尖所有焊缝均为角焊缝;
3. 桩尖材料采用 Q235 钢。

十字形钢桩尖参数

项目 \ 外径	300	400	500	600
D	270	370	470	570
H	125-140	125-150	125-150	125-150
t_1	12	15	15	15
t_2	18		18	
a	25	30	30	30
b	25	30	30	30
h_1、h_2	10		12	

图 5 十字形钢桩尖结构图

(2)接桩焊条和静压桩机液压油等其他材料分别根据设计图纸和静压桩机要求采购。

6.2 机械设备

6.2.1 静压桩机

目前,市场上所用的桩机有抱压式和顶压式两种,以抱压式为主,抱压式桩机最大吨位可达800t,通常在600t。

对于静压桩机的机械性能要求:

(1)机身总重力加配重要求达到设计要求。

(2)桩机机架应坚固、稳定,并有足够刚度,沉桩时不产生颤动位移。

(3)夹具应有足够的刚度和硬度,夹片内的圆弧与桩径应严格匹配,夹具在工作时,夹片内侧与桩周应完整贴合,呈面接触状态,且应保证对称向心施力,严防点接触和不均匀受力。

(4)压桩机行走要灵活,压桩机的底盘要能承受机械自重和配重的基本要求,底盘的面积要有足够大,满足地基承载力的要求。

根据以上的要求,A15公路工程选用了YZY-750型静压桩机,该机最大压桩力可达7 500kN,满足本工程压桩的需要,一般情况下,桩机的压桩力应不小于单桩竖向极限承载力标准值的1.2倍。

6.2.2 测量放线、定位及检测设备仪器

测量放线定位主要为电子全站仪,检测桩身垂直度的两台经纬仪,控制桩顶标高的水准仪,以及管桩经常验收时的卷尺,以上机械设备必须标定或报审。接桩及焊接桩尖采用普通直流电焊机,截桩采用专用的锯桩器。

7 质量控制

7.1 PHC管桩施工质量标准

PHC管桩静压施工质量验收标准,采用国家标准《建筑地基基础工程施工质量验收规范》(GB 50207—2002)、《先张法预应力混凝土管桩》(GB 13476—2009)及相关设计文件要求、地方性桩基施工标准和相关技术规程。

施工前应检查进入现场的成品桩,接桩用电焊条等产品质量。

施工过程中应检查桩的贯入情况、桩顶完整状况、电焊接桩质量、桩体垂直度、电焊后的停歇时间。重要工程应对电焊接头做10%的焊缝探伤检查。

施工结束后,应做承载力检验及桩体质量检验。

PHC静压管桩的质量检验标准应符合表3的规定。

管桩的质量检验标准 表3

<table>
<tr><th rowspan="2">项</th><th rowspan="2">序</th><th rowspan="2" colspan="2">检查项目</th><th colspan="2">允许偏差或允许值</th><th rowspan="2">检查方法</th></tr>
<tr><th>单位</th><th>数值</th></tr>
<tr><td rowspan="3">主控项目</td><td>1</td><td colspan="2">桩体质量检验</td><td colspan="2">按《建筑基桩检测技术规范》(JTJ 106—2003)</td><td>按《建筑基桩检测技术规范》(JTJ 106—2003)</td></tr>
<tr><td>2</td><td colspan="2">桩位偏差</td><td colspan="2">见规范相关标准</td><td>用钢尺量</td></tr>
<tr><td>3</td><td colspan="2">承载力</td><td colspan="2">按《建筑基桩检测技术规范》(JTJ 106—2003)</td><td>按《建筑基桩检测技术规范》(JTJ 106—2003)</td></tr>
<tr><td rowspan="6">一般项目</td><td rowspan="6">1</td><td rowspan="6">成品桩质量</td><td>外观</td><td colspan="2">无蜂窝、露筋、裂纹、色感均匀、桩顶处无孔隙</td><td>直观</td></tr>
<tr><td>桩径</td><td>mm</td><td>±5</td><td>用钢尺量</td></tr>
<tr><td>管壁厚度</td><td>mm</td><td>±5</td><td>用钢尺量</td></tr>
<tr><td>桩尖中心线</td><td>mm</td><td><2</td><td>用钢尺量</td></tr>
<tr><td>顶面平整度</td><td>mm</td><td>10</td><td>用水平尺量</td></tr>
<tr><td>桩体弯曲</td><td></td><td><1/1 000L</td><td>用钢尺量,L为桩长</td></tr>
</table>

续上表

项	序	检查项目		允许偏差或允许值		检查方法
				单位	数值	
一般项目	2	接桩	焊缝质量	见规范相关标准		见规范相关标准
			电焊结束后停歇时间	min	>1.0	秒表测定
			上下节平面偏差	mm	<10	用钢尺量
			节点弯曲矢高		<1/1 000*L*	用钢尺量,*L* 为两节桩长
	3	桩身完整性		符合设计要求		低应变检测
	4	桩垂直度		%	≤ ±1	经纬仪测量
	5	桩顶高程		mm	±50	水准仪测量

7.2 质量控制要点

7.2.1 施工前质量预控

施工队伍资质审查:需对施工队的资质进行审查,了解施工队的技术力量水平;施工压桩路线和相关操作注意事项,进入施工现场进行指导施工、对不符合规范的施工方法及时提出来和将会出现的问题及时解决,确保管桩的施工质量;要求每个技术人员都必须具有相应技术资格证和上岗证。

主要施工机械设备:桩机机架应坚固、稳定,并有足够刚度,机身总重力加配重要求达到设计要求,沉桩时不产生颤动位移;一般情况下,桩机的压桩力应不小于单桩竖向极限承载力标准值的1.2倍。压桩用的压力表也应进行检查,对电子全站仪、经纬仪、水准仪等测量仪器设备要进行标定后方可使用。

主要材料质量进场验收及控制:根据设计图纸要求,对先张法预应力管桩的类型、长度、直径、壁厚和其他技术性能的要求进行对照验收,对PHC管桩厂家出具成品桩的出厂检验报告、质保书和相应的技术性能指标(抗弯、抗裂)进行检查。接桩时使用的焊条也要进行送检。

7.2.2 配桩、桩基测量定位放线

对于深层软土地基处理,管桩长度较长,而单节管桩长度为7~12m,需要根据施工图设计文件中的桩基深度匹配长度进行组合,不超过3节桩组合,施工时按照“长桩在下、短柱在上”的顺序进行施工,采用焊接法接桩,相邻桩接头位置错开1m以上,并加强焊缝及桩的连续性检测。

严格根据设计文件和技术交底所确定的坐标控制点和水准点进行桩位放样,对以确定的桩位,加强保护。

7.2.3 桩位、垂直度及桩顶高程控制

在压桩前一定要有详细的地勘报告,绝对不能在施工场地内有地下孤石、旧基础等障碍物未清除干净,桩入土后把桩尖挤出正确的桩位。

预应力混凝土管桩采用静压沉桩施工时,垂直度偏差值是一个重要的质量控制点,桩身垂直度偏差过大直接影响单桩承载力。沉桩前每个桩位都经过施工单位放线定位和复核,也经过监理工程师对桩位的复核。沉桩时,管桩垂直度控制采用顶压式设备施工可设置两台约成90°方向的经纬仪,测量导杆和桩的垂直度来实现调整和控制;采用抱压式沉桩设备通过水准仪能较好地控制管桩垂直度。

标高控制,通过正确引测到施工现场附近的水准控制点进行观测。将水准仪安放在离开桩机5m左右以外的位置,测定此时水准线下需要的送桩长度,并标记在送桩器上,送桩时,设专人进行观测,当送桩器上的刻度将与水准仪的水准线重合时,放慢压桩速度直至两线重合,并结合设计要求的稳定终压值停止压桩。

7.2.4 接桩及焊接质量控制

接桩时其桩头应高出地面1.0~1.2m之间,接桩前下节桩的桩头加上定位板,然后将上节桩吊放在下节桩端板上,依靠定位板将上下桩接直,其错位偏差不应大于2mm;上下桩如有空隙,用锲形铁片全部垫实焊接牢固,即可进行焊接。

焊接质量为管桩施工的一个重要的质量控制点。焊接前要将上、下节桩端头表面用铁刷清理干净，直至其坡口处刷出金属光泽；焊接时应分层焊接，上节桩找正方向后，先在坡口圆周上对称点焊6点加以固定，焊接时由两个焊工同时对称进行，焊接层数不得少于2层，层间焊渣要清理干净，焊缝应达到三级焊缝要求；焊接好的桩接头应自然冷却，冷却时间至少8min，严禁用水冷却。焊接应满足《建筑地基基础工程施工质量验收规范》(GB 50202—2002)相关要求。

7.2.5 沉桩到位率控制

管桩没有沉入到设计位置，需要截桩，既浪费材料，增加额外的桩头处理费用，而且会导致桩身承载力降低。设计及施工过程中，采取合理的技术措施，在满足承载力的要求下尽可能地将管桩沉入到设计高程位置。

选择合适型号的压桩机械。根据正式工程桩施工前的试验桩资料、地质土层分布情况、桩端持力层土质情况，选择合适的压桩力即选择合适型号的压桩机械，避免压力较小导致管桩压不到设计高程。

降低挤土效应带来的不良影响。由于桩体间距过小、压桩顺序不合理，地下水孔隙压力大均容易导致基础土阻力增大，管桩压不到设计位置。

缩短送桩时间。压桩作业在进入硬土层时，压桩时应控制施工停歇时间，避免由于停歇时间过程中土的磨阻力增大影响桩机施工，造成沉桩困难。

7.2.6 确定合理的沉桩压力值

正常情况按设计压桩力，沉桩以高程控制，最后1.0m的沉桩压力值作为校核。同一段落桩基中，各桩的最终压力值应大致相近。达到设计高程后持荷(正常压力)10min，且每分钟沉降量不超过2mm，方可结束压桩。

如若在同一地质类型的地段，出现静压力显著增加或送桩时静压力显著减小等异常情况，需暂停施工并及时报告相关参见单位，共同分析和找出原因后提出处理措施。

7.2.7 降低挤土效应危害的措施

管桩在压入土中后，会将桩身周围的土体向旁侧挤压，而占据原来地基土的空间，尤其在桩位较密集或者靠近既有结构的位置，容易因原土体被扰动而产生土体隆起，导致管桩上浮，同时挤土效应产生的水平压力容易导致桩身产生水平方向的挠曲变形，影响桩体承载力。如果附近有建筑物或地下管网，容易遭到破坏。

预制桩挤土效应是无法完全消除的，只能通过一定的措施降低挤土效应带来的危害。设计方案可采取合适的桩间距、开口型桩尖降低挤土效应。施工中合理安排施工顺序，先施工中间后施工四周位置的管桩、先施工靠近建筑物一侧的管桩后施工远离建筑物的管桩、先施工长桩后施工短桩，或采用间隔跳打法；为了减少挤土效应可采用预钻孔再压桩，根据需要控制钻土的深度及直径，一般为管桩长度及深度的2/3；为减少挤土效应，采用二次送桩的方式减缓挤土效应，既一个承台的管桩统一打到地表高度，然后再一起集中送桩。也可事先在建筑物周边设置袋装砂井或塑料排水板，消除部分超孔隙水压力，设置隔离板桩或地下连续墙、开挖地面排土沟等消除挤土效应给周围建筑物造成影响。

7.3 成桩检测

压桩结束后，需要对桩基进行检测，桩基检测依据设计要求采用《建筑基桩检测技术规范》(JGJ 106—2003)及《基桩低应变动力检测规程》(JGJ/T 93—95)进行。检测的项目主要有桩身的完整性质量检测、单桩竖向抗压极限承载力检测及复合地基承载力检测。

桩身质量检测，主要通过现场低应变反射波法进行，目的是对桩身缺陷进行判定，对桩身质量进行分级。根据规范分为四个等级，分别为Ⅰ、Ⅱ、Ⅲ、Ⅳ类桩。其中Ⅰ类桩为桩身质量优良桩；Ⅱ类桩为合格桩；Ⅲ类桩为明显质量缺陷桩，需要与相关单位研究，确定处理方案或继续使用，按要求修补后或经研究可继续使用的视为合格桩；Ⅳ类为不合格桩。

单桩承载力检测，主要通过现场静荷载试验以及高应变动力检测进行，主要检测单桩承载力是否满足设计要求。静荷载试验检测数量，按规范要求随机抽检总桩数的1%且不少于3根，因为是破坏性试验一般静载试验对施工前的试桩进行。

8 安全措施

现场应建立一个有权威的安全生产领导小组,组成安全生产管理保证体系,形成专管成片,群管成网的局面并加强基础管理工作;加强安全生产教育,定期学习安全生产有关文件及操作规程,落实安全生产交底制度;施工员进入现场必须戴好安全帽和其他必要的防护用品,特殊工种增加对其工种有关的安全防护用品和工具;桩机周围要设立明显的示意标志,施工区域要有隔离措施,防止闲人和小孩入内;在构筑物旁沉桩时需考虑安全距离,在没有安全距离的情况下,必须要有确实可行的加固措施;起重作业时要有专人统一指挥密切配合,操作前对各种工具、设备、钢丝绳等进行仔细检查,并进行试运转,严禁起重臂下吊物、站人,保证安全;各种机械设备操作手必须要有上岗证,严格按操作规程操作,严禁无证操作;凡有电机械一定要在电源箱内接出,电源箱要加锁,专人负责保管,不使用时立即切断电源,锁好电源箱;电焊机、切割机、碰焊机等有火星飞溅或危险性的机械,必须加盖防护罩,在操作时禁止闲人旁观;各种机具在操作前要进行试运转,电源装置、制动装置、传动装置是否完好,在正常的情况下方可正式使用;机具使用中加强检查,发现运行不正常、机械发热等情况时,停止运转;机具设备要保持清洁,定期进行检查,延长使用寿命,保证使用安全,确保完好。

9 环保措施

建立以项目经理为环保第一责任人,是施工现场环保自我监控体系的领导者和责任者;严格执行国家的法律、法规,采取技术措施保护环境;严格控制人为噪声,进入现场,不得高声喊叫,限制使用高声喇叭;在施工期间,始终保持工地的良好排水状态,修建一些临时排水渠道,并与永久性排水设施相连接,且不得引起淤积和冲刷;施工废水、生活污水不得直接排入农田、耕地、灌溉渠和水库,不得污染饮用水源;施工作业场区设置醒目、整洁的施工标牌,施工许可证等标牌;文物保护,施工时如发现文物古迹,严禁移动和收藏,现场施工人员保护好现场,防止文物流失,并暂时停止作业,立即上报。

10 资源节约

由于主要材料预应力 PHC 管桩为厂家集中预制,批量生产、运输及装卸,因此比钻孔灌注桩,很大程度上节约了人力、材料、机械台班等资源。

主要机械为静压桩机,主要依靠自重和配重来达到沉桩压力,同比锤击沉桩施工,有着不需要利用电、气及柴油来产生压力的优势,为此节约了电、气及油料等较为缺乏的资源。

利用预应力 PHC 管桩软基处理相比挖除换填法有着明显的节约资源优势,在开挖了换填过程中要使用挖掘机、推土机、土方运输车、压路机等大型的机械设备,同时还需要相当数量的换填材料,挖除后的软基废土要运输到弃土场,而预应力 PHC 管桩软基处理不需要以上所有的资源,很大程度上节约了机械设备、合格的回填材料、和弃土场土地等资源。

11 效益分析

11.1 与锤击沉桩法施工比较

采用静压法沉桩时,其 PHC 管桩的配筋率和混凝土强度等级均可降低一个等级,这意味着静压法可降低 PHC 管桩的制作成本。

成桩速度及费用相近,但柴油锤击桩额外需要柴油费用;成桩质量比锤击更可靠,并降低因截桩或对处理质量问题而发生的费用;由于电力液压驱动无噪声,而锤击噪声及烟尘污染严重,比锤击环保。整体效益优于锤击法沉桩工艺。

11.2 与预制方桩、混凝土灌注桩等比较

具有单桩承载力高、单位用钢及混凝土量少(约 50% 左右)、质量易检测控制、环保无污染、施工速

度快等优点。综合经济效益节约成本40% ~50%。

11.3 与挖除换填软基处理比较

缩短工期、加快进度，从而减少了管理人员的管理费和其他各项措施费；从机械设备使用、材料的用量、工程施工工艺和施工难易程度，废弃软土处理等，PHC管桩软基处理节约了大量的资源，因此，创造了一定的经济效益。

12 应用实例

12.1 A15公路新建工程1标位于上海青浦区练塘镇，起点与浙江省申嘉湖高速公路相接，全长4 300m，开竣工日期为2007年10月10日~2008年09月25日，总造价为22 900万元，道路软基处理采用先张法预应力管桩（PHC管桩），PHC管桩桩长为39m、41m、共计8 235套，全部分为3节桩，配桩分别为12m+13m+14m、12m+14m+15m。经过设计要求及相应检查规程，桩身完整性判定I类桩比例为97%，II类桩比例为3%，无III类及断桩检测结果，得到了业主的表彰。

12.2 A8公路拓宽改建工程4标位于上海松江区新桥镇，全长2 000m，开竣工日期为2008年11月1日~2009年10月31日，道路软基处理采用先张法预应力高强混凝土PHC管桩（AB型），混凝土强度采用C80，桩径0.4m，壁厚80mm。单桩结构强度竖向承载力设计值不小于1 640kN，根据土体支撑能力计算的单桩承载力设计值不小于910kN，桩长为30m、32m、全部分为3节桩，配桩分别为9m+10m+11m、9m+11m+12m，共计4 126套。经过设计要求及相应检查规程，桩身完整性判定I类桩比例为98%，II类桩比例为2%，无Ⅲ类及断桩检测结果，得到了业主的表彰。

吹沙填筑深层软土路基施工工法

GGG(中企)A2013—2009

陈宝华　赵丽华　郭秀琴　陈丽敏
(中铁十六局集团有限公司)

1　前言

广东省江门至珠海高速公路第11合同段位于珠海市金湾区红旗镇,全长3.1km,均为软土路基,淤泥深度达38～43m。其中K48+500～K50+220路基横跨养殖区,水塘成片,水深1.2～2.3m之间,该段原设计过渡层填筑土方,但因业主所提供的便道未能修通至此处,又逢雨季,而且业主要求1.5个月内过渡层必须填出水面,工期要求非常紧迫。我单位针对本工程特点,提出用吹填沙代替填土进行过渡层及路基的填筑,解决了河滩段路基大量远运土的困难,取得了显著的经济效益和社会效益。《吹砂填筑淤泥质软土路基技术研究》成果于2005年3月经专家会议鉴定,认为达到了国内先进水平。该项成果获2006年度中国铁道建筑总公司科技进步三等奖;中国铁道建筑总公司优秀工法二等奖。经对该项技术进行总结、整理,形成本工法。

2　工法特点

2.1　成本低廉,设备简单。吹填路段濒临军建连及昭阳河河道,利用现有河道运沙,租用吹沙船进行施工可有效降低成本。

2.2　操作方便,不受雨季影响,可实现全天候施工。

2.3　施工进度快。在极限填土高度内,分层吹填厚度可达1～2m。吹填沙施工可不必先排干水及清除浮泥,而是利用沙比水及浮泥密度大的原理,先行吹填,将浮泥挤至塘边,部分从塘埂缺口排出,部分用吸泥泵抽出即可,从而大大加快施工进度。

2.4　减少了土地占用。利用河道运沙,有效地减少了施工便道及运输机械对周围植被的破坏。

3　适用范围

本工法主要适用于缺土而多砂,且可用吹填方式填筑的地区的路基施工。

4　工艺原理

利用高压离心泵原理,将砂从运沙船直接吹至吹填点。沙土水稳定性好、透水性强、沉陷快、饱水易压实、毛细水上升高度小,是一种良好的填筑路基材料。选用中粗沙做吹填料,渗透性大,在振动碾压的过程中能使孔隙水从沙土中迅速排出,加固效果显著。但沙土作为填筑材料,存在失水后易滑坍,不易压实,干稳定性差的缺陷,采取沙土填芯,黏土包边,土包沙的填筑方法,可以发挥两种材料的优点。

5　工艺流程及操作要求

5.1　工艺流程

路基吹填施工工艺见图1。

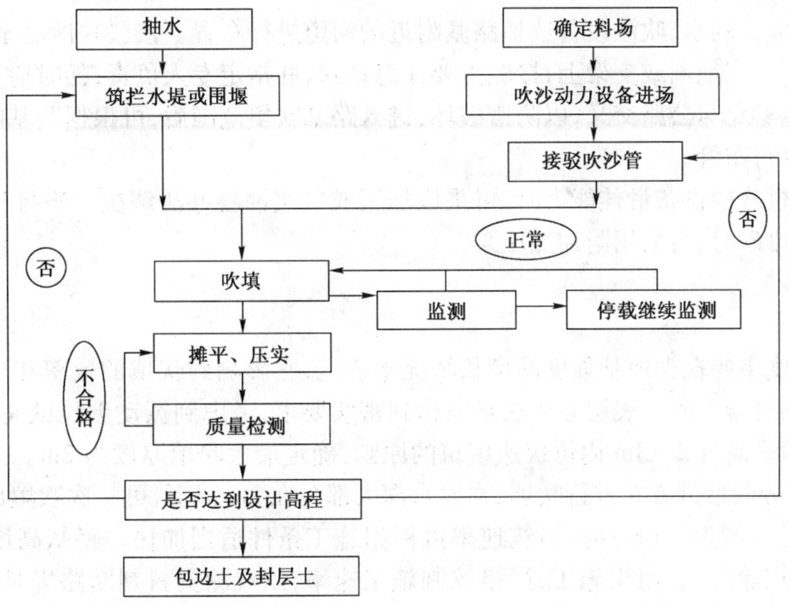

图1 路基吹填施工工艺流程图

5.2 吹填路基断面形式

吹填路基断面详见图2。

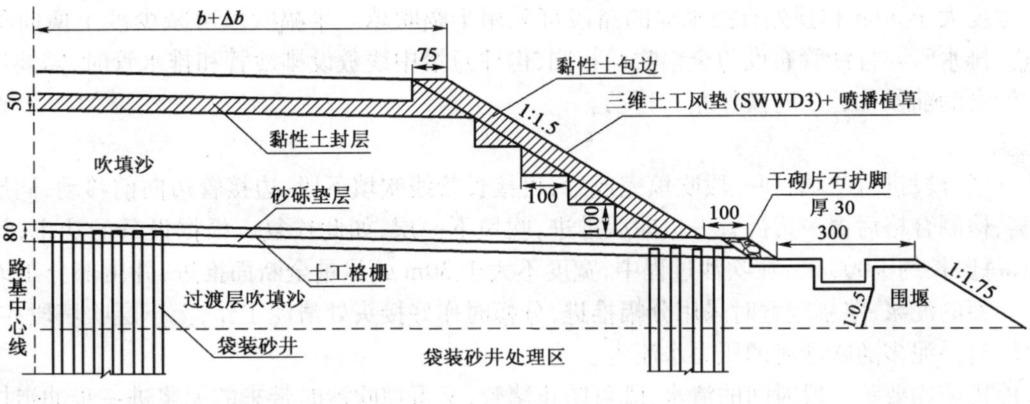

图2 吹填路基断面图(尺寸单位:cm)

5.3 操作要求

5.3.1 抽水、筑拦水堤或围堰

在水塘段过渡层吹填时,首先集中力量抽干或尽可能降低塘内水面,人工从塘两侧向中间进行草袋围堰,给吹填提供工作面,为尽快加载创造条件。清除开始段浮泥约20m,用挖掘机在相连塘的塘埂处开口留出排水及浮泥通道,在集中排水口处设置与吹沙排水量相当的抽水机及吸泥泵,抽除吹沙过程中的大量泥水及原塘内浮泥。

在吹填非水塘段路基前,首先集中力量进行软基处理,给吹填提供工作面,为尽快加载创造条件。在路床清理(含围堰清淤)的同时,用挖掘机在路基两侧排水沟位置挖出水沟,利用挖沟及路床清理的土方在护坡道位置修筑拦水堤(亦先行吹填拦水堤),拦水堤高度应大于吹填厚度30cm,最终顶宽不小于1.0m,外坡1:2.0,内坡1:1.5,并在拦水堤内敷设一层塑料薄膜,以防冲刷。在集中排水口处设置与排水量相当的抽水机,抽除吹沙过程中的大量泥水。

5.3.2 吹沙设备及管道布设

由于吹沙需要大量的水,吹沙设备选择路基附近的河道进行布置。接驳吹沙船至吹填点的管道,将管道接牢,管道需固定在地面或支架上,接驳点要注意密封,并指定专人负责,随时检查。排沙管应根据现场情况布置,尽量避免与公路交叉,以防遭破坏,进入路基吹填范围后,可根据路基吹填宽度、高度、设备的数量、功率等进行布管。

当吹填距离超过吹沙设备最佳能力时,可采取加压或二次抽吸办法解决。当排沙管口高程超过沙泵最大扬程而不能排砂时,可采用附加加压泵。

5.3.3 吹填砂施工

1)吹填厚度

每层吹填的厚度主要根据地基强度的增长情况来确定,它影响到吹填的效率和进度。本工程过渡层吹填时,采用填料自身水密及表层夯压法足以达到密实要求,考虑到振动碾压的有效影响深度在2m以内,及根据极限填土高度2~3m内可快速填筑的原则,确定最大吹填厚度为2m。当路堤填筑高度小于2m时,可作一次分段推进方式进行吹填,本段水深大部分在2m以下,可一次吹填出水面。路基高度小于极限填土高度(一般为3.0m)时,填筑速率可根据施工条件适当加快。路基高度已超过极限填土高度时,应采用"薄层轮加法"组织施工,严格控制施工速率,以观测资料判断路堤是否稳定,严防因吹填过快或加载不均而引起路基失稳。

2)吹填宽度

吹填宽度可分全幅和半幅吹填。路堤宽度不大于30m和尚无挡水堤的路段采用全幅吹填,全幅吹填时,排水管沿中线敷设,排沙管可沿路堤中线敷设,亦可在两半幅中部位置先后敷设或用两条排沙管在两半幅同时敷设。

路堤宽度大于30m和预先有挡水堤的路段可采用半幅吹填。半幅吹填可减少沙土横向移动和压实工作量。排水管与排沙管布设与全幅吹填相同,但注意沿中线敷设排沙管和排水管时,需要用人力或机械将排沙管的前段在适当时候作左右移动。

3)吹填

路基分层分段进行吹填,即一段吹填完成后,再接长管线吹填下段,边接管边向前移动,同层吹填完后,经压实、检测合格后再一边拆管一边向后推进,吹填下一层,如此往复。根据设备的功率,每层可吹厚1~2m,每段长约1 000m。在吹沙过程中,宽度不大于30m处尽量全断面推进,并由部分工人配合清除沉积在沙面的泥浆;路幅较宽时采用分幅推进,分幅时作好接头处清泥工作;上下层吹填段亦应注意,实际上吹填时浮泥多随吹沙时的压力水流走。

每次停机前均要喷一段时间的清水,既可防止堵管,又可把吹沙时带来的泥浆进一步冲走排掉。上述措施主要是为了防止出现积泥夹层,避免由此引起工后沉降量的增加或在加载时边坡部位因有泥浆层而易于失稳。

4)围堰或拦水堤

随着吹沙厚度的增加,围堰或拦水堤最少比砂层高30~50cm,顶部宽度不小于100cm,并做到坚实,不留孔洞,把填沙范围与路基两侧农田、水塘彻底隔离。

5)摊铺与压实

路基吹填沙过程中,要用推土机配合推沙。沙经水密后推土机在其上均布行走碾压,并用人工清除沉淀淤泥。

通过对沙采样进行分析,各项物理性能指标如表1。

砂物理性能指标 表1

项　目	塑性指数	天然含水率(%)	最佳含水率(%)	最大干密度(t/m^3)
沙	0	2~3	9~13.9	1.67~1.765

对吹填范围内沙土进行颗粒分析,不均匀系数 C_u 值在 6.2 ~ 7.586 之间。$C_u \geqslant 5$ 的分析结果表明,该段沙级配良好,天然条件能自己形成较紧密的土体,通过饱水压实能缩小颗粒间距,形成一定结构强度。

吹填水塘过渡层时,沙经水密实后密实度多已达 90%,因本段路基原设计要求过渡层压实度为 93%,故水密后还需推土机均布行走碾压,采用 18 ~ 21t 振动式压路机压实,直至达到设计压实度标准为止。

路基吹填沙过程中,要用推土机配合推沙,并用人工清除沉淀淤泥。吹填所带的水大部分已排走,上层自密效果不明显,并且路基压实度也随着填筑高度标准提高(本标段的压实度要求分别为路槽以下 0 ~ 80cm 填沙层 >96%,80 ~ 150cm 填沙层 >94%,150cm 以下层 >93%),因此对压实机具要求也较高,需 40t 以上的重型振动压实设备方可达到要求。

碾压作业应遵循"先轻后重、先慢后快、先边后中"的原则。另外,在碾压过程中,应始终保持压路机行驶方向的直线性。到达一碾压地段的尽头时应迅速而平稳地换向,并使左右相邻两压实带有 1/3 的重叠量,以保证碾压质量。对于压不到的边角,应辅以人力或小型机具夯实。

6)排水

在施工过程中应注意加强路基顶面排水,避免雨水积聚浸入或冲毁路基。在两侧各堆筑一条高约 20cm,宽约 20cm 的土质拦水带,在每隔 30m 及路基较低处开口,通过临时设置的急流槽将路基顶面水排入排水沟,临时急流槽采用塑料袋等铺筑而成,用于防止水流对边坡的冲刷,确保路堤安全。

7)监测控制

在软土地基上修筑高等级公路路堤,最突出的问题是稳定和沉降。为掌握路堤在施工期中的变形动态,保证路堤在施工过程中的安全和稳定,正确预测工后沉降,施工期间必须进行动态监测。监测点的设置要根据设计要求,同时还应针对施工掌握的地质、地形等情况调整或增设。吹填沙实施过程中必须加强沉降观测,在全线路基段间距不超过 100m 以及桥头、涵洞、通道处设置监测断面,对填筑过程进行监控。通过对实测沉降量、沉降速率、侧向位移等资料分析,确定填筑高度、填筑速率。

监测仪器布置详见图 3。

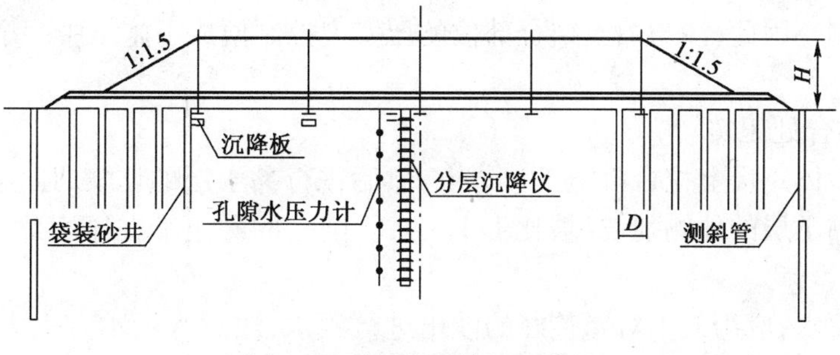

图 3　监测仪器埋设剖面示意图

施工中要高度重视观测工作,及时整理观测数据,发现异常及时采取措施。对于软土厚度大,填土较高的地段,应适当增加孔隙水压力、测向位移等多种监测手段,以便全方位控制填筑过程中路堤的稳定性,达到监控目的。观测频率见表 2。

观 测 频 率 表　　表 2

监 测 仪 器	吹填期间(次/d)	监 测 仪 器	吹填期间(次/d)
沉降板	1	侧斜	2
分层沉降	1	孔压	4

吹填期观测稳定标准:沿路堤中线竖向垂直沉降及水平位移速率不得超过《公路路基施工技术规范》(JTJ 033—95)(现规范已更新为 JTG F10—2006)规定的:中心沉降小于 1cm/d,侧向位移 0.5cm/d,孔压系数小于 0.6。

施工中观测仪器要满足精度要求,并及时整理观测数据,发现异常及时采取措施,以便全方位控制填筑过程中路堤的稳定性,达到监控目的。

5.3.4 压实度检测

对吹填沙路基压实度,采用什么方法进行检测更为准确,我们在施工中对灌砂法、环刀法、核子仪法进行同点对比试验。三种测试方法得出的干密度:灌砂法偏高,核子仪偏低,两者压实度相差3%左右,已超出允许的误差范围。灌砂法实际操作时常常掌握不好,引起较大误差,尤其是刚刚碾压完成,砂土路基含水率较大时,使用灌砂法测定压实度一是砂土层次不明显,孔中扰动后的砂土不易取净,造成干密度偏高。主要是因为填满试坑的沙土质量 M_b 减少,故试坑材料的湿密度 $\rho_w = M_w / M_b \times r_s$ 增大,其干密度也随之增大。r_s 为量砂的单位重,M_w 为试坑中取出的全部材料的质量。二是量沙灌入试坑后极易潮湿,在回收时沙时容易和极细沙土混合。对量沙频繁晾晒风干,反复调整其单位质量,增加工作量影响试验精度。环刀法快捷方便,尤其是砂在不失水状态下,用环刀法测试较为快捷、准确。因此,施工中填砂路基应采用环刀法检测压实度。

5.3.5 包边土和封层土的施工

(1)吹沙过程有大量流水,无法设置施工包边土的便道,且为避免包边土被水浸泡,故该过程不适合同时填筑包边土。但一定要超宽吹填,坡脚需超宽设计位置至少0.5m,边坡坡度应比设计坡度陡,及呈倒梯形加宽,以防下沉过程中上部路堤欠宽。路基顶层沙平整、压实后,为了保护路堤,防止崩塌和冲刷坡面,用汽车运土进行两侧包边土及封顶层填筑。包边土及封顶层分层填筑、压实,每层压实厚度及压实度按规范要求进行控制,封顶层厚50cm,分两层填筑。封层土和包边土的材料选择黏性土。包边土施工前,先用抽水机把两边水沟的水抽干,降低地下水位,尽量加快施工进度,避免包边土部位产生与路基不同步的二次沉降,影响路基质量。

(2)包边土压实

先吹填沙芯后施工包边土的方法,两种土质的施工并不互相制约与影响。但最重要的一个施工环节,是对沙与黏土结合部的碾压处理。

由于沙与黏土在土质、力学性质各项技术指标上的差异,在施工中沙与黏土的具体操作及各项控制指标也存在着很大差别。因此,沙与黏土结合部位的压实度控制便成了施工中一个最棘手的问题,也是工程中的薄弱环节。

(3)沙和包边土结合处压实

按照断面形式在砂体路堤上挖台阶施工包边土,然后进行黏土层的压实,压实合格后,依照黏性包边土外侧设计边线对黏土层的外侧削坡(坡比1:1.5),将削去的黏土堆在压实黏土表面作为下层填筑材料。

先压实的沙土会失水,应用人工对修整好的沙土进行洒水,注意水量不宜太大,以稳定沙土不浸泡黏土为原则,再对砂土进行碾压。由于碾压宽度小,而且与黏土同时碾压(对黏土为反复碾压),为防止包边黏土层内坡的破坏,宜采用静碾压路机碾压,达到压实标准后,进行下一层黏土的填筑。这样,既解决了因黏土层滞后引起沙土层施工等待现象,又实现了沙土层与黏土层结合部的同步施工与同步碾压。

(4)包边黏土层后施工的优缺点

包边黏土层后施工法,解决了沙土与黏土结合部位的压实问题,而且使沙土与黏土的施工相对独立,不会因黏土的滞后而使砂土施工停工,能充分地利用机械与人力,加快工程进度。缺点是需要人工配合。

6 材料与设备

6.1 材料

吹填料宜选用洁净中、粗沙,含泥量(即小于74μm的颗粒料径)不宜大于15%。

路基吹填前,应确定砂源,选取有代表性的沙样进行检测,检测主要指标有含泥量、细度膜数,并做湿—密试验，预先研究以确定其最大密实度与最佳含水率，以及达到满意的压实所要求的含水率范围。

6.2 施工主要设备

最大吹填距离为1km所配施工机具见表3。

吹填砂施工主要机具表

表3

序号	设备名称	规格型号	单位	数量	主要工作内容
1	抽水机	30kW	台	8	抽水
2	吸泥泵		台	2	清淤
3	运沙船	$60m^3$	艘	30	运砂
4	吹沙船	680kW 机组	艘	2	吹砂动力
5	振动式压路机	W1805D(18t)	台	1	压实
6	振动式压路机	YZT20(47t)	台	1	压实
7	静碾光轮压路机	12t	台	1	压实
8	小型击实设备		个	2	压实
9	推土机	T220	台	1	摊平
10	管道	ϕ25cm	m	足量	吹砂管道

吹沙船吸沙泵额定功率680kW，排沙管直径40cm，绞吸生产率$200m^3/h$，低扬程时最大吹填距离1 000 ~ 1 300m。

7 质量控制

7.1 对松铺厚度、碾压顺序、碾压遍数、碾压速度及碾压温度都设有专人检查，控制摊铺、碾压设置，根据实际情况及时调整。为压实度得到充分保证，初压以18t振动压路机振压3遍；复压以40t振动压路机压6遍。

7.2 挡水堤的尺寸设计，一般可参考下列数据：最终顶部宽度不小于1.0m，其外坡一般为1∶1.5 ~ 1∶2.0，内边坡为1∶0.75 ~ 1∶1.5；水下挡水堤外坡一般采用1∶2 ~ 1∶3。

7.3 抽吸吹填沙，可采用二级（或三级）方式进行，如二次抽吸是由一次抽吸设备，通过沙管将沙料输送到一段距离，排至河流或有足够容积的不渗漏塘或土坑中，再由二次抽吸设备将沙送至施工路段吹填。

7.4 在铺包边土前，应对填筑路堤按设计边坡陡度进行修整。

8 安全措施

8.1 加强对施工人员进行安全意识教育，树立安全第一思想，提倡文明施工。凡沙料直接暴露的路堤，均应铺筑包边土，以防路堤崩塌和冲刷。

8.2 注意用电安全，未经允许，任何人不得动电源开关、插座，发生故障由电工处理。

8.3 吸泥泵应安装在稳固的基础架上或地面上，不得松动，启动前各连接部位牢固，电动机旋转方向正确，离合器灵活可靠，管路连接牢固，密封可靠，底阀灵活有效；运转中出现异响或水量、压力不正常，或有明显高温时，应停泵检查。

8.4 压实机械要严格按规定的行走路线行走，严格执行安全操作规程，机械在路基边沿作业时，应留出安全距离，并采取警示标志等措施，防止机械下滑和倾翻。

8.5 夜间作业时，机械上应装有足够亮度的照明设备，作业场有辅助照明设备，工作视线不清时不得作业。

9 环保措施

9.1 吹填过程中,为了使吹填料不流入路基两侧的农田、水塘中,围堰与拦水提要坚实、不留孔洞,并最少比沙层高出30~50cm。

9.2 路堤吹填时,往往有大量河水及泥土流出,应迅速加以排除。排除时要与当地有关部门及农田、水利经营者取得联系,以免造成危害。在不容许大量吹填泥水横向排除路段,应修筑不透水挡土堤,以引导水流流向纵向,流到合适位置再进行排除。

9.3 吹填路堤的盲沟,一般在吹填完成后开挖修筑,以免吹填时被泥水淤塞,丧失排水能力。

经过对吹填区和施工区域水质进行检测,结果表明,工程采取的环境保护措施取得了明显效果,施工对周边环境的影响符合环评报告评价结果。

10 资源节约

利用河道进行运沙,具有的运量大、能耗省、占地少、运价低、对环境影响小等独特优势。

工程所在地沿线人均耕地不足0.3亩(约200m^2),土地资源紧张。利用河道进行运沙避免了便道施工对原生态环境的破坏,减少土地占用,节约了大量土地。

11 效益分析

11.1 经济效益

原设计采用填土法施工,成本费用为18.5元/m^3,经过优化设计,改为吹填沙法填筑路基,成本费用降为13.15元/m^3,可节约成本费用28.9%。折合价差,共产生经济效益239.447万元,详见表4。

经济效益分析表 表4

填筑方法	填筑数量(万m^3)	单价(元/m^3)	价差(元/m^3)	成本费用(元/m^3)	节约成本费用(元/m^3)	经济效益(万元)
填土	16.3	29.57		18.5		
吹填沙	16.3	38.94	9.34	13.15	5.35	239.447

11.2 社会效益

该段路基是广东省江珠高速公路唯一一段采用吹填沙法填筑的路基,业主、监理及设计单位对此都十分关注,路基吹填是否成功将直接影响今后路基的质量及稳定,也关系到我单位的信誉。经过我方的精心施工,过渡层比业主要求的工期提前10d完成施工任务,路基填筑质量达到了预期目标,得到了业主和监理的称赞,设计单位也对我单位提出的新工艺新技术给予了高度评价。在路基填筑过程中我方注意环境保护,泥浆、沙土、杂物等没有流入周围农田及养殖区,当地群众对我们的施工也表示相当满意。

采用吹填沙法施工,解决了河滩段路基大量远运土的困难,因地制宜地采用河沙,降低了工程造价,减少了土地占用,节省了大量投资和建设时间,经济效益和社会效益显著。

12 应用实例

本工法首次应用于广东省江门至珠海高速公路第11合同段路基施工中。该段位于珠海市金湾区红旗镇境内,合同工期:2003年9月20日至2005年9月20日。主要工程量:土方67.3万m^3,桥梁2座,涵洞6座;全线长3.1km,均为软土路基,淤泥深度达39.6~49.8m。其中K48+500~K50+220路基横跨养殖区,水塘成片,水深1.2~2.3m之间,该段原设计过渡层填筑土方,但因业主所提供的便道未能修通至此处,又逢雨季,而且业主要求1.5个月内过渡层必须填出水面,工期要求非常紧迫。我单位针对本工程特点,提出用吹填沙代替填土进行过渡层及路基的填筑,路基宽度26m,路堤高度4~

8.48m,最大吹宽52.7m。吹填完毕,对吹填沙法填筑的路基进行试坑开挖,测定路基及土沙结合部位的压实度均满足规范要求。通过埋设在该吹填区段的仪器观测显示,吹填完毕,后续沉降量减小,且速度稳定。结果表明吹填施工比较成功。

中铁十六局集团有限公司迁曹铁路项目部在迁曹铁路曹西线软基处理施工中,应用吹填沙技术填筑路基,施工后路基结构稳定,各项指标均达到设计要求,工法应用比较成功,并提前工期完成施工。迁曹铁路曹西线于2009年2月25日建成通车,达到了优质、高效、安全的总目标,得到了监理单位、建设单位的肯定。

吹填沙法具有成本低廉、设备简单、操作方便、不受雨季影响、施工进度快等优点,在水利、交通、能源、机场等行业的地基处理中可节省大量投资和建设时间,有较好的应用前景。

水泥粉煤灰碎石桩(CFG 桩)施工工法

GGG(冀)A2014—2009

王林山　蔡兰海　郝一川　李晓静
(河北路桥集团有限公司)

1　前言

为了提高沿海、沿湖地区的软土地基的承载力,保证公路的安全运行,对软土地基的处理就成为了一项必不可少的工作。当今地基处理手段越来越多样化,复合地基由于充分利用桩间土和桩的特有优势和相对低廉的工程造价得到了越来越广泛的应用。CFG 桩为桩体中掺加适量石屑、粉煤灰和水泥加水拌和,制成一种黏结强度较高的桩体,桩、桩间土和褥垫层一起构成 CFG 桩复合地基。CFG 桩作为复合地基处理的一种形式,以其低成本、高效果、施工简单等优点得到了广泛的应用。

2　工法特点

2.1　CFG 桩为桩体中掺加适量石屑、粉煤灰和水泥加水拌和,制成一种黏结强度较高的桩体,与桩间土和褥垫层一起构成 CFG 桩复合地基。桩、桩间土与基础之间必须设置一定厚度的褥垫层,即褥垫层是高黏结强度桩复合地基的一部分。与一般碎石桩相比,碎石桩系散体粒料桩,桩本身没有黏结强度,主要靠周围土的约束形成桩体强度,并和桩间土组成复合地基共同承担上部建筑的垂直荷载。土越软对桩的约束作用越差,桩体强度也越小,桩传递垂直荷载的能力越差。CFG 桩不同于碎石桩,CFG 桩具有一定黏结强度的桩,在外荷载作用下,桩身不会像碎石桩那样出现鼓胀破坏,并可全桩长发挥侧摩阻力作用,桩落在好的土层上具有明显的端承力,桩承受的荷载通过桩周的摩阻力和桩端阻力传到深层地基中,其复合地基的承载力可以大幅度提高。

2.2　CFG 桩不配筋,桩体利用工业废料粉煤灰作为掺和料,大大降低了工程造价。

2.3　CFG 桩施工工艺简单。

3　适用范围

CFG 桩适用于处理黏性土、粉土、砂土、人工填土和淤泥质土地基。

4　工艺原理

CFG 桩是水泥粉煤灰碎石桩的简称,它由水泥、粉煤灰、碎石、石屑或砂加水拌和形成的高黏结强度桩,利用 CFG 桩的黏结性、全长范围内受力、桩周摩阻力、端承力和桩间土的垂直和水平承载能力、褥垫层一起形成复合地基共同受力。CFG 桩复合地基通过褥垫层与基础连接,无论桩端落在一般土层还是坚硬土层,均可保证桩间土始终参与工作。由于桩体的强度及模量比桩间土大,因此在荷载作用下,桩顶应力比桩间土表面应力大,桩可将承受的荷载向较深的土层中传递并相应减少了桩间土承担的荷载,这样,由于桩的作用使复合地基承载力提高,变形减小,再加上 CFG 桩不配筋,桩体利用工业废料粉煤灰作为掺和料,可以大幅降低工程造价。

5 施工工艺流程及操作要点

5.1 工艺流程

5.1.1 CFG桩复合地基技术采用的施工方法有:长螺旋钻孔灌注成桩,长螺旋钻孔、管内泵压混合料灌注成桩,振动沉管灌注成桩等。

5.1.2 长螺旋钻孔灌注成桩适用于地下水位以上的黏性土、粉土、素填土、中等结实以上的砂土;长螺旋钻孔、管内泵压混合料灌注成桩适用于黏性土、粉土、砂土,以及对噪声或泥浆污染要求严格的场地。工艺流程如图1所示。

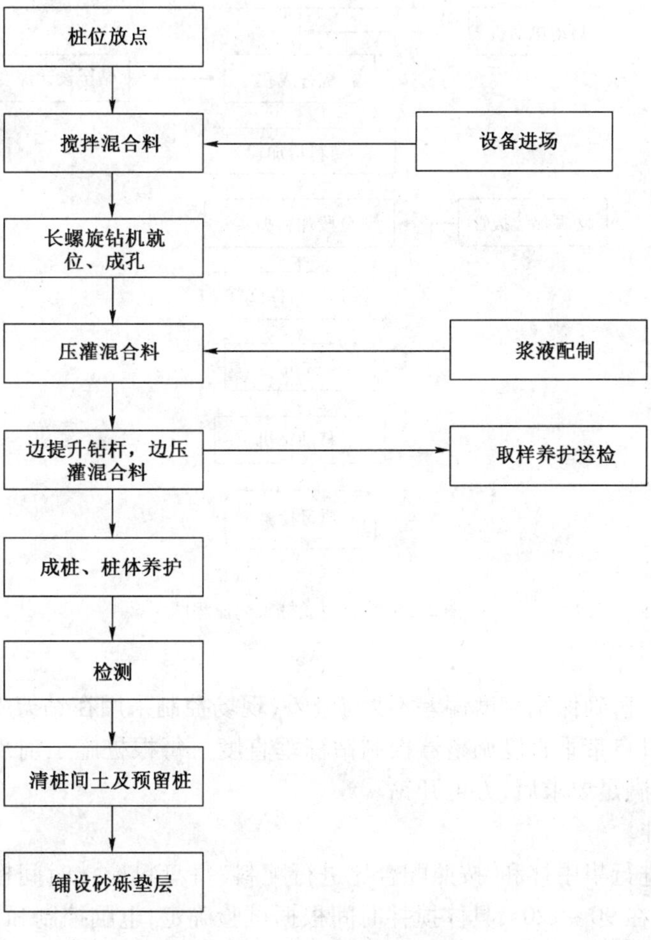

图1 长螺旋钻孔压灌成桩施工流程图

5.1.3 振动沉管灌注成桩,适用于粉土、黏性土及素填土地基。桩尖采用钢筋混凝土预制桩尖活刚制活瓣桩尖。沉管灌注成桩工艺流程如图2所示。

5.2 施工要点

5.2.1 试桩

在CFG桩正式开工前,应根据地质情况选取代表性工点,做不少于五根工艺试桩,以便取得符合设计要求的工艺控制数据,其中包括桩机配重、沉管速率、每延米投料量、拔管速率、施工顺序、保护桩长、激振电流、坍落度、充盈系数等数据,并经质量检验合格后,写出试桩报告,报监理工程师批准后,方能正式开工。取得的各项数据,应作为施工的控制依据,作为操作规程,严格认真执行。

5.2.2 配合比设计

施工前,应按设计要求由试验室进行配合比试验,施工时按配合比配制混合料。长螺旋钻孔、管内泵压混合料成桩施工的坍落度宜为160~200mm,振动沉管灌注成桩施工的坍落度宜为30~50mm,振动沉管灌注成桩后桩顶浮浆厚度小于200mm。

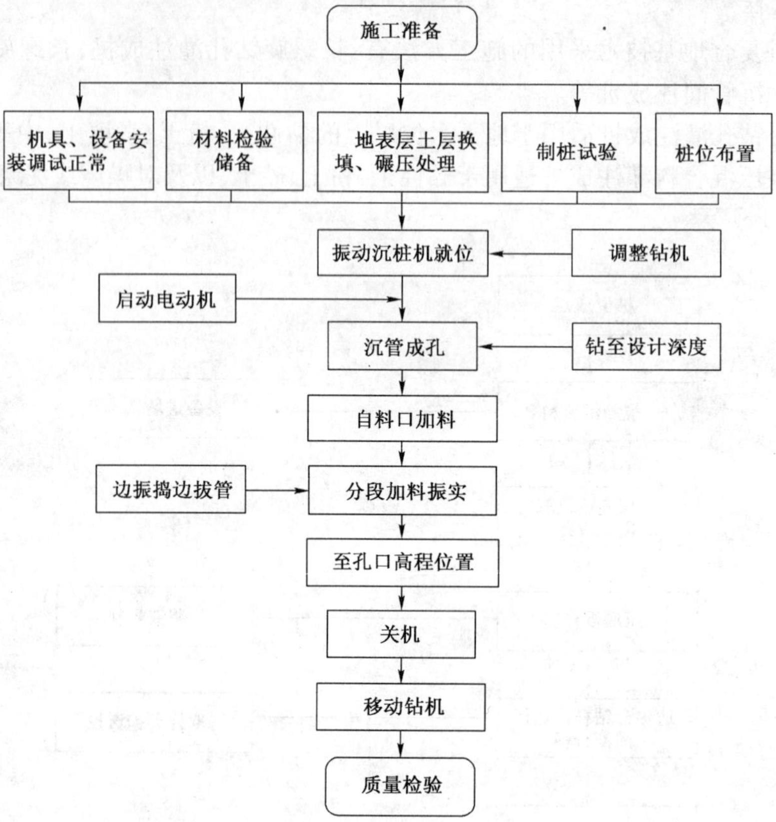

图2 沉管灌注成桩工艺流程图

5.2.3 桩机就位

调整沉管与地面垂直,确保垂直度偏差不大于1%;现场控制采用在钻架上挂垂球的方法测量该孔的垂直度,也可采用钻机自带垂直度调整器控制钻杆垂直度。每根桩施工前现场工程技术人员进行桩位对中及垂直度检查。满足要求后,方可开钻。

5.2.4 混合料搅拌

混合料搅拌,必须进行集中拌和,按照配合比进行配料,每盘料搅拌时间按照普通混凝土的搅拌时间进行控制。一般控制在90~120s,具体搅拌时间根据试验确定,电脑控制和记录。

5.2.5 钻孔灌注及拔管

(1)沉管成桩:启动电动机,振动沉管至设计深度,停机。停机后立即向管内投料,混合料按设计配合比经搅拌机加水拌和,拌和时间不得少于3min。加水量按坍落度3~5cm控制,成桩后浮浆厚度不超过20cm。拔管时启动电动机,留振5~10s后再开始拔管,拔管速度一般为1.2~1.5m/min。拔管过快易造成局部缩径或断桩;拔管不宜长时间留振,防止粗集料与水泥浆发生分离;拔管过程不允许反插;软土中可采用静压振拔技术,沉管过程可不启动振动锤、静压沉管,减少对桩间土的扰动,拔管启锤使混合料振密。

(2)长螺旋钻孔、管内泵压混合料成桩:在钻至设计深度后,应准确掌握提拔钻杆时间,混合料泵送量应与拔管速度相配合,遇到饱和砂土或饱和粉土层,不得停泵待料;沉管灌注成桩施工拔管速度应按匀速控制,拔管速度应控制在1.2~1.5m/min左右,如遇淤泥土或淤泥质土,拔管速度可适当放慢。开始泵送混合料灌注,每根桩的投料量应不小于设计灌注量。钻杆芯管充满混合料后开始拔管,并保证连续拔管。施工桩顶高程宜高出设计高程30～50cm,灌注成桩完成后,桩顶盖土封顶进行养护。在灌注混合料时,对于混合料的灌入量控制采用记录泵压次数的办法,对于同一种型号的输送泵每次输送量基本上是一个固定值,根据泵压次数来计量混合料的投料量。

夹有松散饱和粉土、粉细砂的土层,成孔时在剪切荷载作用下,土体液化,导致刚打完处于流动状态桩的桩周土丧失对桩的侧向约束能力,为防止桩体侧向鼓出、桩顶下沉,产生窜孔等情况,应采取如下措施:

①降低饱和粉土、粉细砂中的水;

②采用小叶片螺旋钻杆成孔,减少剪切能积累并对桩间土具有挤密作用;

③合理设计施打顺序和控制日成桩数量,避免在某个区域产生成片的液化区,也可采用跳打等方法减少剪切能量的积累;

④快速钻进,减少剪切能量在可液化土层上的积累;

⑤选用下开式专利钻头,防止阀门打不开在同一桩位多次复钻。

(3)施工时,桩顶高程应高出设计高程,高出长度根据桩距、布桩形式、现场地质条件和施打顺序等综合确定,一般不应小于0.5m。

5.2.6 现场试验

成桩过程中,抽样做混合料试块,每台机械每台班应做一组(3块)试块(边长150mm立方体),标准养护,测定其立方体28d抗压强度。

5.2.7 清土和截桩

清土和截桩时,不得造成桩顶高程以下桩身断裂和扰动桩间土。

5.2.8 褥垫层施工

褥垫层厚度宜为150～300mm,由设计确定。虚铺完成后宜采用静力压实法至设计厚度;当基础底面下桩间土的含水率较小时,也可采用动力夯实法。对较干的砂石料,虚铺后可适当洒水再进行碾压或夯实。

6 材料与设备

6.1 原材料

粉煤灰:一般使用Ⅱ、Ⅲ级粉煤灰。注意检测烧失量。

碎石:粒径10～30mm,含泥量≤2%。

砂(碎石):中粗砂,含泥量≤3%。

石屑:2.5～10mm,干净,含泥量≤3%。

水泥:普通硅酸盐水泥。

水:普通饮用水。

6.2 施工设备

沉管式CFG桩机或长螺旋CFG桩机、混合料搅拌站、混合料运输罐车等。

7 质量控制

7.1 质量控制

7.1.1 施工顺序:要保证施打新桩时,不能对已施工的CFG桩产生质量隐患,必要时可以采取隔桩跳打的方式。

7.1.2 混合料坍落度:为避免桩顶浮浆过多,混合料坍落度一般为5～7cm,每班次检验不少于3次。

7.1.3 保护桩长:成桩时预先设定加长一段桩长,基础施工时将桩头剔掉一部分,保证成桩质量。

7.1.4 成桩过程中,应对已打桩顶进行位移观测。

7.1.5 施工中应检查桩身混合料的配合比、坍落度和提拔钻杆速度(或提拔套管速度)、成孔深度、混合料的灌入量等。

7.2 CFG 桩施工质量标准(表1)

CFG 桩施工质量标准

表1

项　次	检 查 项 目	规定或允许偏差	检查方法和频率
1	桩距(mm)	±100	抽查桩数3%
2	桩径(mm)	不小于设计值	抽查桩数3%
3	桩长	不小于设计值	查施工记录
4	竖直度(%)	1	抽查桩数3%
5	桩体强度	不小于设计值	取芯法总桩数5%
6	单桩和复合地基承载力	不小于设计值	成桩数的0.2%,并不少于3根

8 安全措施

8.1 机械设备操作人员(或驾驶员)必须经过专门训练,熟悉机械操作性能,经过专业管理部门考核取得操作证或驾驶证后上机(车)操作。

8.2 机械设备操作人员和指挥人员严格遵守安全操作技术规程,工作时集中精力,谨慎工作,不擅离职守,严禁酒后驾驶。

8.3 机械设备发生故障后应及时检修,绝不可带故障运行,不违规操作,杜绝机械和车辆事故。

8.4 专业电工持证上岗。电工有权拒绝执行违反电器安全操作规程的工作指令,安全员有权制止违反用电安全的行为,严禁违章指挥和违章作业。

8.5 所有现场施工人员佩戴安全帽,特种作业人员佩带专门的防护工具。

8.6 所有现场作业人员和机械操作手严禁酒后上岗。

8.7 施工现场的一切电源、电路的安装和拆除必须由持证电工操作;电器必须严格接地、接零和使用漏电保护器。各孔用电必须分闸,严禁一闸多用。孔上电缆必须架空2.0m以上,严禁拖地和埋压土中,电缆、电线必须有防磨损、防潮、防断等保护措施。照明应采用安全矿灯或12V以下的安全灯。并遵守《施工现场临时用电安全技术规范》(JGJ 46—2005)的规定。

9 环保措施

9.1 易于引起粉尘的细料或松散料运输时,用帆布、盖套等遮盖物覆盖。

9.2 施工废水、生活污水,不直接排入农田、耕地、灌溉渠和水塘,不排入饮用水源。

9.3 食堂保持清洁,腐烂变质的事物及时处理,食堂工作人员定期体检。

9.4 受工程影响的一切公用设施与结构物,在施工期间应采取适当措施加以保护。

9.5 使用机械设备时,要尽量减少噪声、废气等的污染;施工场地的噪声应符合《建筑施工场地界噪声限值》的规定。

9.6 运转时有粉尘发生的施工场地,如水泥混凝土拌和机站等投料器应有防尘设备。在这些场地作业的工作人员配备必要的劳保防护用品。

9.7 驶出施工现场的车辆应进行清理,避免携带泥土。

10 节约资源

在桩体材料中大量使用粉煤灰等工业废料,实现了对工业废料的合理利用,大大降低了工程造价;CFG桩用振动沉管打桩机成桩,由于不放钢筋笼,施工速度快,工期短,质量容易控制;采用的先进的钻孔压灌成桩工艺,与传统桩基施工相比,无污染、无振动、无噪声,特别适用于噪声或泥浆污染要求严格的场地,属环保型施工工艺。

11 效益分析

CFG 桩由于不放钢筋笼,施工速度快,工期短,质量容易控制。

CFG 桩不配筋,并能利用工业废料(粉煤灰),变废为宝,经济实用。CFG 桩复合地基比一般振动(锤击)沉管灌注桩和钻孔灌注桩造价都低得多,通常可降低造价 20% ~30% 。

12 应用实例

CFG 桩已在国内多条高速公路软基处理中应用,河北沿海高速公路沿线岩性主要为软弱土、软土等,软弱土层厚度大,且层底埋深较深,一般在 10 ~ 15m 不等,部分路段达 20m 以上。当处理深度大于 12m 或处理深度范围内遇到中密以上砂土等情况时,采用了 CFG 桩进行处理。对处理后的桩及复合地基的承载力进行检测,均满足了设计要求。

路肩浅碟式水泥混凝土排水沟滑模施工工法

GGG(苏)A3015—2009

刘 林 高元俊 赵秀娟 管鹤楼 戴超明

(江苏省镇江市路桥工程总公司)

1 前言

“滑模现浇浅碟式排水沟+节水井+PE管”用于路面雨水进行“集中、暗排”技术,避免了雨水对路基边坡的冲刷,边坡可以取消浆砌块石防护,采用种草栽树的办法。滑模现浇浅碟式排水沟施工技术无论是与传统的浆砌片石排水沟还是与预制块砌筑排水沟相比都有着无法比拟的优势。他具有“刚度好、强度大、表面光洁、线形美观、施工速度快、节省经费、节约资源、生态环保、美化环境”等优点,而且克服了传统工艺由于砌筑工艺不严谨引起的质量缺陷。该技术在江苏高速公路建设中正得到广泛的推广和应用。对于滑模现浇浅碟式排水沟,国内目前还没有完善的工程质量检验及评定标准,也无成文的施工规范。因此,我公司总结在宁淮高速公路 NH-HA21 合同段和宁常高速公路 NC-21 合同段滑模排水沟的施工实践和施工中需注意的问题,编制了本施工工法。

2 工法特点

2.1 采用螺旋布料器布料、多根振动棒振动密实、振捣器上下振捣压入粗集料、成型模板挤压成型和抹光等工序,确保了滑模排水沟的振捣密度和排水沟平整度。

2.2 摊铺施工过程全部自动化,行走、螺旋、振动和转向等均采用电动液压控制系统,传感器控制转向和升降、纵横坡找平、螺旋料位线形和高程等均实现自动控制,精度高。

2.3 进料、振动密实、成型和表面处理现场一次性完成,无需模板支撑。并且还能适应不同宽度和不同厚度的施工要求。

2.4 施工速度快,对配套设备要求低,勿需混凝土预制、构件运输、砌筑等环节,提高了工作效率、降低了劳动强度,节约了大量资源和人工,大幅度降低了施工成本。

2.5 可根据设计图纸要求和构件特点,施工不同形状的构造物,节省大量模板。

2.6 线形好、强度高、色泽均匀一致、后期养护维修费用、使用寿命长,综合造价低。

3 适用范围

本工法适用于各种截面的水泥混凝土排水沟施工,如矩形、梯形、浅碟形等。对于带有流线型截面的构造物施工,更为方便快捷、实用,如中分带路缘石滑模施工。

4 工艺原理

水泥混凝土路面排水沟滑模式摊铺机工艺原理如图1所示。

滑模摊铺机,在施工导线的引导下,带动固定在机上的成型模具向前滑动,混凝土拌和物通过螺旋布料器(包括二次布料器)均匀布料,振动棒和振捣器的振实,经滑模板挤压成型,最后由抹光板搓柔整修表面。混凝土的密度主要靠挤料装置中的螺旋叶片的旋转将混合料挤压在成型模中挤压成型。机械的自动向前移动是依靠已成型排水沟表面粒料对叶片的反作用力推动整个机械前进。图2为路肩浅碟式排水沟滑模设计图、施工图。

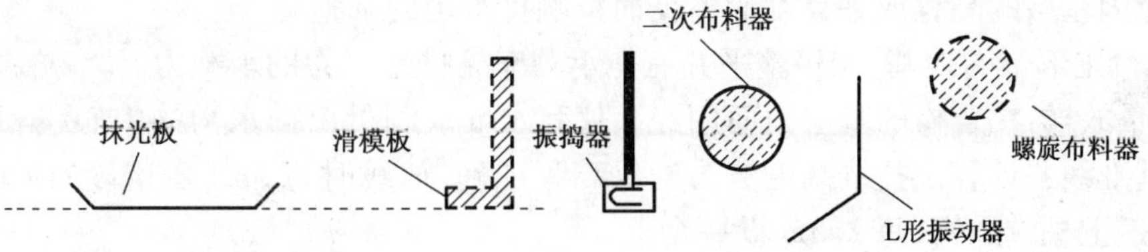

图1　滑模水泥混凝土摊铺机工作示意图

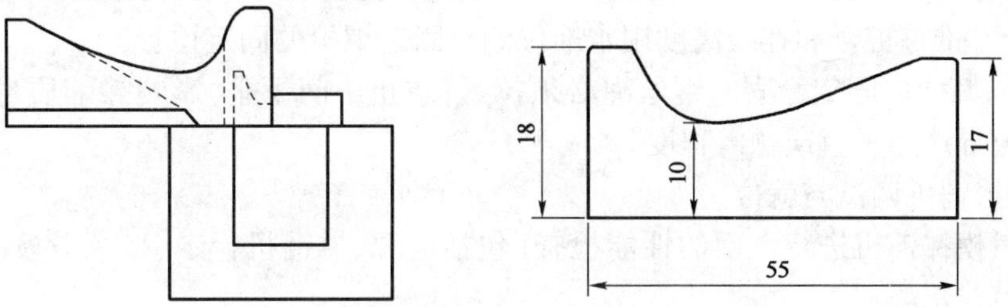

图2　路肩浅碟式排水沟滑模设计图、施工图(单位:cm)

5　施工工艺流程及操作要点

5.1　施工工艺流程

在验收合格的基层或对基层进行整修合格后,进行摊铺基准线的测量,然后按下列程序施工,施工工艺流程如图3所示。

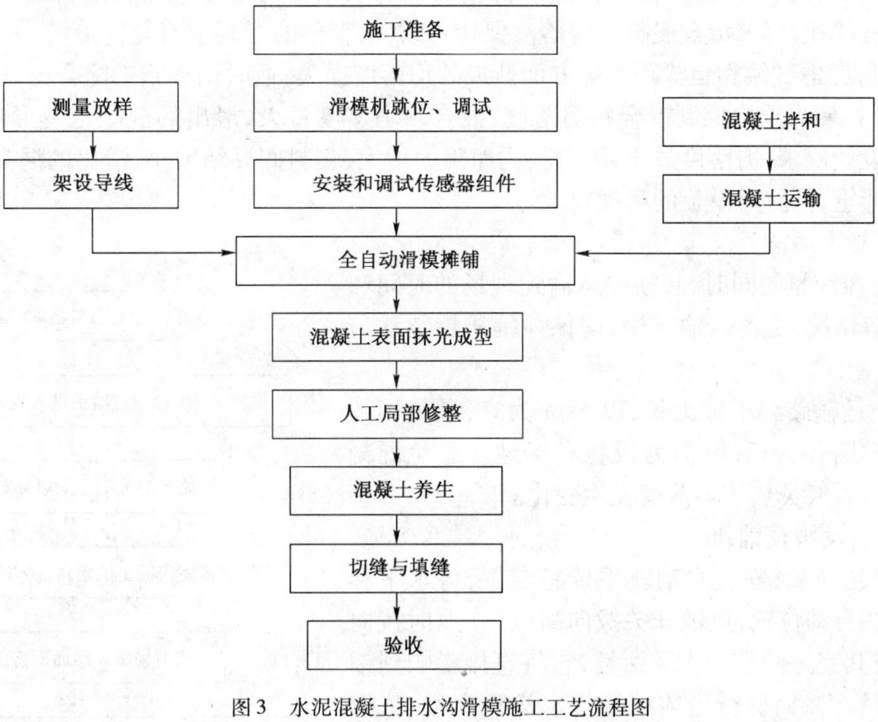

图3　水泥混凝土排水沟滑模施工工艺流程图

5.2　操作要点

5.2.1　施工前准备

(1)按照测量人员放样的排水沟断面尺寸开挖至设计要求,然后用拍土板拍打侧坡,振动夯实底部至平整、密实。

(2)根据质量要求验收基层断面尺寸、高程与平整度,基层表面应平整、密实,断面尺寸及高程符合设计要求。避免因基层的高程或平整度的不良而影响排水沟的平整度。

(3)滑模机行走部位的地基,应稍整平并有能承载车轮接地压力的承载力。

5.2.2 测量放样:在合格的基层顶面用经纬仪和水准仪测量出排水沟的中心线和高程,然后放出滑模机一侧的基准线并计算出挂线高度。为确保高程准确,放线时每5m(弯道段)或10m(直线段)测设一个点,在匝道上桩应加密,每2.5m设一个点。

5.2.3 架设导线

(1)在各断面基准线处打入基准桩(钢钎),钢钎上配有挂钢丝绳(控制线)的固定螺栓。

(2)根据各个基准桩桩号和挂线高度用水准仪测量固定螺栓的固定位置。

(3)挂钢丝绳,其两端固定稳固。钢丝绳必须拉紧,防止中间下垂,影响摊铺质量。施工过程中应经常目测检查前方导线的平直或顺滑程度。

5.2.4 滑模摊铺机调试与就位

摊铺前要对滑模摊铺机进行全面的性能检查(包括电源、摊铺机行走、以及滑模的模具)。摊铺机经过调试正常后就位。

5.2.5 安装调试传感组件

将摊铺机上的高程传感装置安装好,并调试好。

5.2.6 混凝土拌和

(1)混凝土配合比:滑模施工混凝土的主要控制指标为坍落度,宜控制在15~40mm范围内,砂率宜为40%~45%。碎石最大料径不超过20mm,排水沟截面厚度超过100mm时可加大碎石粒径;砂为中砂。

(2)加强搅拌站材料的计划性,原材料必须有足够的储存量,满足每天的摊铺量。

(3)混凝土拌和时要严格按照配合比设计进行,拌制现场要指定专人负责配料的过磅、加水量,严格按配合比进行拌和,力求每盘混凝土坍落度保持一致,不合格的混凝土不允许出场。

(4)施工时,考虑气候和运输距离等方面造成的坍落度损失,适时调整施工配合比。

(5)混凝土拌和时严格控制混合料坍落度,混合料坍落度过大,滑出的混凝土变形也大,外观尺寸与形状达不到设计要求;坍落度过小,混合料内摩阻力增大,集料间黏结力小,滑出的混凝土不易成型且表面蜂窝麻面严重,同时对模板的磨损较大。

5.2.7 混凝土运输

(1)在满足摊铺量的同时,必须按运输到现场的时间和车辆吨位大小等情况,配备运输车辆,确保摊铺机持续均匀地进行摊铺。

(2)混凝土运输路程不能太长,以5km为宜,最长不超过8km。如运输路程太长,则需另设拌和场地。避免混凝土发生离析和因天气炎热使坍落度发生变化。

5.2.8 全自动滑模铺筑

(1)摊铺机定位后,安装自动找平传感装置,将水平和纵向传感器拨在自动位置,灵敏开关拨向高位(作业时拨向低位)。并检查其完好性及操作灵活性,它将直接影响到铺筑排水沟的质量。摊铺机行走前检测排水沟顶高程、依据桩位检测排水沟模具位置。如有问题,可通过传感器支架上的螺旋摇把进行调节。同时检测模具前后端距作业面距离,模具前端比后端要抬高1cm,保证工作仰角,防止模具前端切入工作面无法作业。

(2)全自动摊铺的工艺如图4所示。

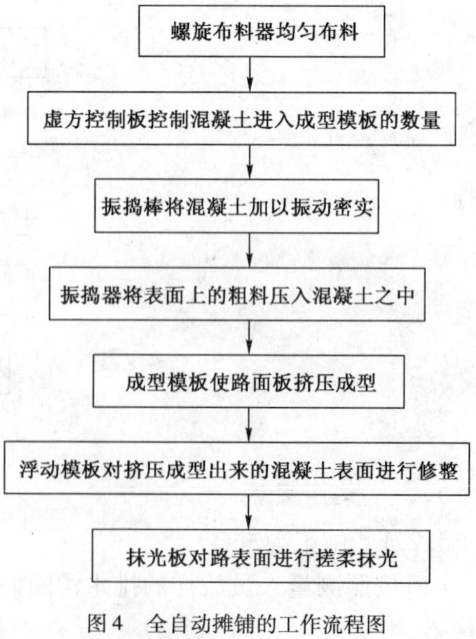

图4 全自动摊铺的工作流程图

(3)摊铺作业技术要领：

①摊铺速度。摊铺时行走速度不当，易造成滑出的混凝土产生推挤、鼓包、断裂、高度不足等现象。摊铺速度应与振捣频率、料斗内的混合料数量、供料速度以及基层平整情况相协调。摊铺速度一般由操作手根据拌和物稠度、供料多少和设备性能，控制在1.5～4m/min左右。料斗内混合料数量不宜超过斗高的1/2。影响排水沟外观质量的主要因素有坍落度、振捣频率和行驶速度的匹配关系。根据施工经验，行驶速度和坍落度、振捣频率的匹配关系如表1所示。

行驶速度和坍落度、振捣频率的匹配关系 表1

编　号	坍落度(mm)	振捣器频率(Hz)	行驶速度(m/min)
1	15	4 500～5 500	1.5～2.0
2	25	4 000～4 500	2.0～3.0
3	35	2 000～3 000	3.0～4.0

②振捣器的数量、频率大小和其安装位置对模板内的混凝土能否顺利滑出很重要。振捣器的数量和安装位置应根据排水沟断面形状和尺寸决定(所需数量一般为1～2根)。振捣器的振动频率要根据混合料坍落度、料斗中混合料数量、滑模机行车速度、基层质量情况等因素及时调整，当混合料坍落度偏大时，应降低振动频率，反之需加大频率。

③滑模施工前应进行试滑，选择合适的作业速度和液压振捣头的振幅与频率，设定旋钮位置。

(4)摊铺过程中出现的问题：

①出现横向拉裂。主要有四个方面的原因：a.坍落度过小；b.布料量偏大，使料仓料位过高；c.混凝土在运输、卸料时产生离析或集料过大；d.仰角设置过大，施工中，一般采用1%的仰角，并根据混凝土的工作性进行微调；e.振动频率不足；行走速度过快。

②排水沟高低起伏。产生高低起伏，平整度差的主要原因有：a.混凝土料干湿不匀，坍落度变动大；b.摊铺机开、停频繁；c.沥青混合料路面不平；抹平器末端的影响。

③滑模摊铺机侧向滑动。施工中滑模摊铺机有时会出现侧向滑动，方向传感器偏离方向导线，出现这一问题的主要原因有：料仓前混凝土料过多，使料仓料位过高，摊铺机侧向阻力过大；侧向模板擦到原有路面或路基。

④线形不顺直。滑模摊铺机是靠方向传感器和方向导线来控制方向的。因此，出现线形不顺直的原因主要有：a.导线架设有误；b.方向导线被施工人员或车辆、工具等碰撞；c.摊铺机侧滑。

5.2.9　混凝土抹光成型

混凝土经过滑模摊铺机摊铺完成后，人工紧跟用水泥和水的调和物进行抹光。

5.2.10　人工局部修整

虽然在滑模机后装有一套专用抹光装置，从滑模机里滑出的排水沟初成品，有时表面还是会出现局部鼓起、微小变形等现象。因此摊铺机自动铺筑排水沟成型后，为了使路面两侧的排水沟达到要求的平整度，需配备少量的修整人员，配备轻型直尺、特制的抹刀及其他的相关工具，及时检查、修复出现的各种缺陷，以确保混凝土外观质量。

5.2.11　初期养生

当混凝土成型后应适时用潮湿的麻袋布或草包覆盖养生，防止表面干缩裂缝，并在7d内保持湿气养生。也可采用喷洒化学养护剂养护。

5.2.12　切缝

掌握好切缝时机是防止施工初期断板的重要措施，应“宁早不晚”和“切缝不浅”，以切缝时刀片不带起碎石为最早切缝时机，切缝过程中不得造成啃边现象，切缝深度应为1/3～1/4的板厚(具体根据设计要求)。

5.2.13 灌缝

当养生结束后即可开始灌缝,灌缝前必须清除缝内杂物,保持缝壁干燥,然后选用合适的灌缝料进行灌缝封缝。

5.2.14 加强机械维修保养

机械铺筑混凝土滑模排水沟,配套机械多,应对机械进行跟踪维修保养。

6 材料与设备

6.1 主要材料

6.1.1 水泥:普通硅酸盐水泥,强度等级根据混凝土强度选择。水泥各龄期强度、安定性、凝结时间等应符合规范规定要求。为减少色差,宜采用同一品种、规格水泥。

6.1.2 集料:集料的最大粒径不宜超过20mm,集料压碎值应不大于28%,粗集料针片状含量应不大于15%,含泥量不大于1%,颗粒级配符合设计要求,无风化、杂质。

6.1.3 砂:中砂,采用江砂和河砂,不得采用山砂或旱砂,也不宜采用粗砂,砂含泥量不得超过3%。

6.1.4 水:凡饮用水皆可使用。

6.2 主要施工设备

主要施工机械设备能力大于进度指标要求的能力,以满足合同段工程需要。排水沟滑模施工主要施工设备:滑模摊铺机(含配套模板)1台,350混凝土搅拌机1台,2t小型自卸车6辆,切割机2台及配套小型发电机1台,洒水车1辆。

6.3 所需劳动力组合

本工法实施一般需要13人的劳动组合,具体工种和人数如表2所示。

滑模施工浅碟式排水沟劳动力组合 表2

序号	工种	人数	职责
1	现场总负责	1人	负责现场指挥和搅拌站协调
2	现场技术负责人	2人	测量,控制混凝土的坍落度,摊铺厚度、表面的光洁度等现场质量
3	摊铺机操作手	1人	负责滑模摊铺机的全自动操作
4	收料指挥	1人	负责倒料指挥、布料器均匀布料
5	普通工	8人	拌和场4人,现场卸料2人、局部修整2人

7 质量控制

7.1 本工法质量按中华人民共和国交通部颁发的《公路工程质量检验评定标准》(JTG F80/1—2004)鉴定。

7.1.1 基本要求

(1)混凝土配合比准确,原材料应符合设计要求。

(2)沟底基底和侧坡必须夯打密实。

(3)表面平整,线条直顺,曲线圆滑美观。

(4)模具尺寸必须符合设计的断面要求。

(5)沟顶面与路面衔接处平整、直顺。

7.1.2 主要实测项目(表3)

浅碟式水泥混凝土排水沟实测项目 表3

项 次	检 查 项 目	规定值或允许偏差	检查方法和频率
1	混凝土强度	在合格标准内	按 JTG F80/1—2004 附录 D 检查
2	宽度(mm)	符合设计要求	尺量:每 200m 测 2 处

7.2 施工中应注意的几点要求

7.2.1 现场必须要配备试验员,负责现场各种原材料试件和混凝土试件的样品采集和测试、检验及质量记录。

7.2.2 严格控制原材料的质量,原材料的质量必须满足技术规范的要求。

7.2.3 进场的每一批水泥符合现行国家标准,并附有制造厂的水泥品质试验报告等合格证明文件。水泥进场后,按其品种、强度、证明文件以及出厂时间等情况分批进行检查验收。对所用水泥应进行抽检试验。水泥在运输和储存时注意防止受潮,存放时间超过 3 个月应重新取样检验,并按其复验结果使用。

7.2.4 碎石在生产、采集、运输与储存过程中,严禁混入影响混凝土性能的有害物质。集料按品种规格分别堆放,不得混杂。在装卸及存储时,采取措施,使集料颗粒级配均匀,并保持洁净。

7.2.5 施工过程中严格控制混凝土坍落度和和易性,滑模机起步平稳、行走速度均匀,选择合适的振捣强度,上料连续。

8 施工安全

8.1 施工区域要有明显标志和封闭护栏。

8.2 摊铺机起步时要有专人注意周围环境,不要让无关人员走到摊铺机上或走到摊铺机周围。

8.3 操作人员必须根据作业条件的要求佩戴硬帽、防护眼镜、穿着工作服和使用其他防护器具。

8.4 在摊铺机上进行检修和保养工作时,必须先把发动机停止下来。

8.5 不要触摸正在工作的发动机的任何部分,不要触摸任何处于工作温度状态的液压油箱、液压阀或液压软管,以防烧伤。

8.6 操作人员工作时不得吸烟,动用明火。现场必须备有灭火器材。

8.7 若要在摊铺机底下工作时,必须妥善地把设备和所有附接件支撑好;发动机正在运行时,切勿试图对其进行调整;必须把各种护罩按规定安装好,防止人员压伤或割伤。

8.8 材料车进摊铺机现场时要有专人指挥。

8.9 交通繁忙地段施工时,现场要设专职纠察。

8.10 摊铺机停放在施工现场,晚间要点上红灯,并设置围护。

9 环保措施

9.1 施工现场的环境保护,应严格执行国家、地方法律、法规中对环境保护的各项规定。

9.2 环境保护坚持“以人为本”的思想理念。施工人员进入施工现场后,对其进行环保方面的教育和学习,加强所有施工人员的环境保护意识,防止人为地造成生态环境破坏。

9.3 严禁施工人员随意砍伐树木和破坏植被。

9.4 拌和场地选择要考虑远离居民生活区,合理安排施工作业时间,保证施工作业不对居民的正常生活产生严重干扰。

9.5 严格控制施工范围,工程施工时,严格控制施工范围,尽可能地缩小工作面宽度,将对植被和土体结构的影响降至最低程度。

9.6 严格控制生产和生活垃圾,对施工生产和生活产生的垃圾要集中保管,妥善处理,防止造成新的污染源。

10 资源节约

10.1 使用滑模式摊铺机进行滑模排水沟的施工,比人工作业节约了大量的人力、减少了人力资源的浪费。

10.2 由于采用"浅碟式排水沟+节水井+PE管"对路面雨水进行"集中、暗排",避免了对边坡的冲刷,边坡可以取消浆砌块石防护,采用种草栽树的办法,节约资源、生态环保。

11 效益分析(表4)

浅碟式排水沟滑模施工由于对路面雨水进行"集中、暗排",避免了对边坡的冲刷,边坡可以取消浆砌块石防护,采用种草栽树的办法,节约了资源、美化了环境。同时采用了滑模施工大大地提高了施工进度,提高了工作效益,降低了劳动强度,节约了人工成本。

路肩浅碟式排水沟滑模施工经济效益比较(元/每延米) 表4

设计方法	施工单价(路基填土>3m)	运营后养护维修费用	综合评价
浅碟式排水沟+植草方案	160	5	节省经费节约资源生态环保美化绿化
边坡混凝土、浆砌块石	432	10	费用高、浪费资源

12 应用实例

12.1 江苏省宁淮高速公路淮安段NH-HA21合同段全长18km,高填方路段路肩采用"浅碟式排水沟+节水井+PE管"对路面雨水进行"集中、暗排"形式,主要工程量:左右幅总长约为20km、集水井794个。2006年3月该工程浅碟式排水沟使用该工法,在保证质量的前提下,施工方便快捷,节约资源,生态环保,后期养护维修费用低,取得了良好经济和社会效益。

12.2 宁常高速公路NC-21-ZJ合同段全长为16.862km,主要工程量:边坡防护高度>3m的路段路肩浅碟式排水沟采用了滑模施工,主要工程量:左右幅总长约为15.435km、集水井771个。本工程开工日期:2007年2月6日,竣工日期:2007年3月30日,总工期为54d。本工法在NC-21-ZJ合同段的应用中取得了很好的实际效果,在保证质量的前提下,大大缩短了施工工期,为沥青面层的摊铺节约了时间,真正做到了外美内实。

HW道路新型组合排水沟施工方法

GGG(云)A3016—2009

王燕浩　陈　勇

(西南交通建设集团有限公司)

1　前言

传统暗沟采用砖石浆砌,水沟钢筋混凝土盖板需预制安装;施工时,要求有较大的施工场地堆料拌和砂浆,而盖板安装则需机械配合,工种多、较麻烦,且暗沟投入使用后需间断维护。

通过在小磨路HW道路新型组合排水沟的应用实践,HW组合排水沟代替暗沟使用,具有排水持久有效,不需维护,且施工场地要求低,技术简单、易掌握、进度快、造价低等优势。

2　工法特点

2.1　与传统暗沟相比较,HW道路新型组合排水沟施工程序少,安装方便、快捷,施工工期短、工人劳动强度低。

2.2　材料产品化、标准化,施工质量稳定。

2.3　不易堵塞,免维护。

2.4　不使用水泥、砂、石或砖及砂浆拌和机等,节能、环保。

2.5　施工受气候影响因素小,雨季、冬季照常施工。

2.6　综合造价低。

3　适用范围

适用于公路地基渗水排水、软基排水固结,暗沟排水等。

4　工艺原理

利用HW道路新型排水沟顶部覆盖松散土的渗水性及HW排水沟充裕的排水空间和土工布的良好渗水性快速渗水,以及预留汇水口截流,将边坡地表水,路面地表水沿沟排出路基外,同时边坡侧和路基侧地下渗水也通过土工布渗入组合沟内排出。

5　施工工艺流程及操作要点

5.1　施工工艺流程

施工准备→基坑铺设土工布→组装排水沟→预留汇水口→回填土方→植草绿化

5.2　操作要点

5.2.1　施工准备

根据设计施工图要求,放样开挖暗沟尺寸,开挖土方分别置于土沟两侧;同时根据设计断面要求,在沟侧进行HW排水沟单元的拼装,准备相应的土工布。HW排水沟单元拼装步骤如下:

(1)先选择四块排水组合板A、B、C、D。

(2)放置组合板 *A* 在平面确保正面向上,以方便侧面的组合板连接到连接钮上。

(3)再选用支撑组合板(可选若干,根据所需抗压要求定)3 片,把支撑组合板①连接到组合板的接口上。

(4)按下①组合板往下推直到与组合板 *A* 连接好。

(5)用同样的方法使组合板②和③连接到组合板 *A* 的上面。

(6)放置组合板 *B* 在①、②和③的上面,确保侧面相关连接钮都朝向内部。

(7)按下相互连接的组合板直至连接好为止。

(8)重复上述方法将组合板 *C* 和 *D* 连接在一起,确保侧面相关接口钮都是朝向内部的。这样一个 HW 排水沟单元就拼装完成。

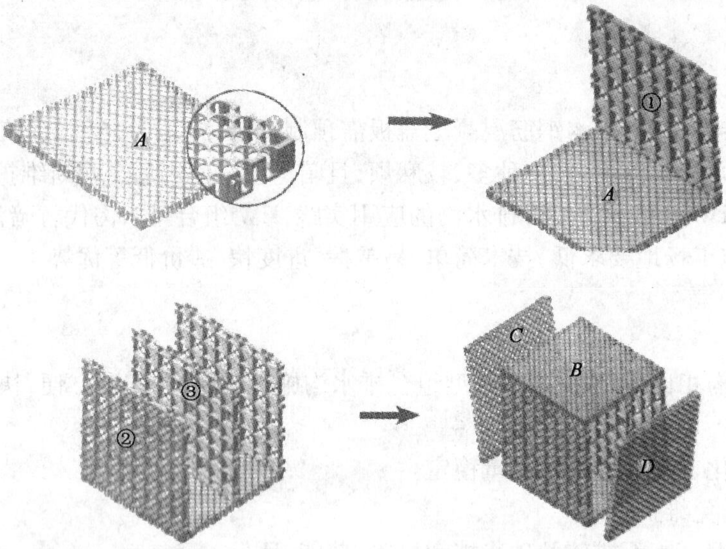

图 1　HW 排水沟单元拼装步骤图

在上述准备工作中,尤其需要注意的是暗沟基坑线形顺直,基坑平顺。HW 排水沟单元产品按接长和接宽的相应要求拼装,以满足下一步工序搭接要求。

5.2.2　基坑内铺设土工布

选用合格土工布沿基坑方向铺设,要求基坑左右两侧土工布分布均匀,前后搭接满足工艺要求。同时铺设好的土工布贴地平顺。

5.2.3　组装排水沟

(1)选用适当的组合板作为组合排水沟的底部基础。

(2)在单元组合排水沟放入基坑前将底部基础排水板插入连接的排水单元内,再将连接好的单元段放入沟内。

(3)对放入基坑内的排水沟单元段,将其相接的底部基础排水板连接点和相接单元体的接口钮对应相接逐节接长或接宽,最终形成道路排水沟体。

(4)然后将土工布包裹 HW 组合排水沟体。对需排边坡水的暗沟,按设计图要求在一定间隔离上留汇水截流入口。

在组合 HW 组合排水沟时,一定要注意对应连接点和接口钮的连接正确,以满足其整体性要求。

5.2.4　回填土方

在回填沟两侧基坑土时,注意两侧同时进行,尽量均匀回填,尽量保障组合排水沟的顺适;覆土厚应不小于 30cm。对边坡暗沟,覆土顶高程应低于路面高程 20cm。

6 材料与设备

沪望 HW 排水板、土工布。

7 质量控制

7.1 工程质量控制标准

7.1.1 施工质量执行《公路路基施工技术规范》(JTG F10—2006)。

7.1.2 HW 道路新型组合排水沟产品主要技术参数见表1。

主要技术参数 表1

项目 \ 型号		HW 组合排水沟
截面尺寸	mm	395×455
抗压强度	抗正压强度($10kN/m^2$)	≥11.4
	抗侧压强度($10kN/m^2$)	≥10.5
	测试方法	参照国家标准 SL/T 235—1999
通水量	m^3/h	135
	测试条件	水力梯度 $i=0.2$;组合长度 $L=1.5m$

7.2 质量保证措施

7.2.1 基坑开挖后,要严格控制基底高程和断面尺寸满足规范要求。

7.2.2 根据暗沟或渗沟(盲沟)抗压要求,选择适量的支撑组合板。

7.2.3 HW 组合排水沟覆土厚不低于30cm。

8 安全措施

8.1 认真贯彻"安全第一,预防为主"的方针,执行安全生产责任制,明确各级人员的职责。

8.2 建立完善的施工安全保证体系,加强施工工作作业中的安全检查。

9 环保措施

9.1 严格遵守国家和地方政府下发的有关环境保护的法律、法规和规章。

9.2 对施工场地合理布置,各种标识醒目,施工场地整洁文明。

10 资源节约

10.1 HW 道路新型排水沟,工地施工不用砂浆搅拌机,不用电,节省电能。

10.2 HW 道路新型排水沟,不用水泥、砂、石和砖,节省土地、石料等,节约了不可再生资源。

11 效益分析

以传统边坡暗沟与 HW 道路新型排水沟为例对比:

HW 道路新型排水沟不用水泥、砂、石或砖,不用砂浆搅拌机,节约能源,环保。从工程实践来看,工艺简单,易掌握,施工进度快,工人劳动强度低。从工程造价来看,小磨路挖方边坡暗沟每延米工程数量:Ⅱ级钢12.386kg;C20 盖板混凝土0.0908m^3;M7.5 砌片(卵)石1.208m^3。则其造价为(按投标单价计)$12.386\times5.89+0.0908\times433.24+1.208\times186.20=337.22$元。而利用 HW 道路新型排水沟,其每延米费用为:HW—105 材料预算价140元,土工布材料预算价11.9元,安装及回填土人工费5元,挖土方11.53元。按投标的综合费率路基为6.24%,则其每延米造价为$(140+5+11.53+11.9)\times(1+$

0.062 4) = 178.94 元。由此看出,采用 HW 道路新型排水沟远较传统暗沟造价低。

综上所述,该工法的应用可以促进暗沟或渗沟(盲沟)施工的技术进步,经济效益、社会效益和环境效益明显。

12 应用实例

小磨路 K49 + 058 ~ K49 + 560 右边坡,边坡坡面面积为 5 070m^2,原设计为过水断面为 50cm × 66cm 的传统暗沟,沟邦侧浆砌厚 35cm,沟底浆砌厚 30cm,上盖 80cm 宽盖板。其中出水口段 K49 + 058 ~ K49 + 108在小磨路指挥部和四川省交通厅公路规划勘察研究院小磨路设计代表处的支持和指导下实施采用了 HW 道路新型排水沟工艺,工程完成后,经过对 2007 年和 2008 年雨季期间排水观察,HW 道路新型排水沟段排水满足暗沟排水需要,无堵塞现象。

同时小磨路 K53 + 040 ~ K53 + 130 左侧边坡,坡面面积 283m^2;K53 + 045 ~ K53 + 120 右侧边坡,坡面面积 225m^2,其暗沟也采用 HW 道路新型组合排水沟,经过 2007 年和 2008 年雨季期间的排水观察,效果较好。

岩石边坡客土喷播生态防护施工工法

GGG(皖)A4017—2009

陈 刚 张玉杰 欧阳志宜 王 洁 郑国新

(安徽建工集团有限公司)

1 前言

随着人们对环境保护意识的提高,特别是近年来,我国高度认识到生态环境的破坏带来的灾难,尤其是高速公路的建设对生态系统的破坏,引起了高速公路建设者们的高度重视。其中,边坡绿化在整个高速公路生态保护中起着重要的作用。根据胡锦涛主席在党的十七大报告中提出,要"建设生态文明,基本形成节约能源资源和保护生态环境的产业结构、增长方式、消费模式"。本着"最小破坏,最大恢复"的理念,营造路域内优美的人工环境,实现"人在车中坐,车在画中行"优美的人工环境。

岩石边坡客土喷播生态防护施工工法针对各种岩石边坡等植物生长困难的地方,采用经特殊生产工艺制成的客土材料,加入植物的种子,并添加许多必要的其他材料,采用客土喷播机制成最适于植物生长的生育基材。这种"人工土壤"既有保水性,又有透水性、透气性,适于植物生长,又能有效抵抗雨蚀和风蚀,防止水土流失。通过铜陵至汤口高速公路第二、十合同段和黄塔桃高速公路第一合同段三工程项目现场施工和管理,结合客土喷播施工的理论知识,总结出岩石边坡客土喷播生态防护施工工法,与现行其他各种岩石坡面防护相比具有大幅度减低防护工程造价、节约环境资源、美化了生态环境、施工方便等特点,并确保边坡稳定。岩石边坡客土喷播生态防护技术于2009年4月17日通过了安徽省建设厅进行的技术鉴定。该工法已被评为安徽建工集团有限公司2008年度"企业工法"(编号:AJJT-GF-03-2009)和2008年度安徽省级工法(编号:AHGF03—09)。

2 工法特点

2.1 该施工方法施工容易,固坡迅速,造价合理,适用范围广。

2.2 由于客土的应用,为灌木和树木根系提供了良好的生长基础,能够实现草、灌木合理的植物群落配比,达到建设后路域植被与自然植被融为一体的效果。

2.3 喷播设备性能优良,使岩石坡面及不具备植物生长条件的高大边坡完全可能实现绿化。

2.4 由于灌木根系可扎入岩石缝隙,固土护坡效果起到比草本植物更可靠的作用,可较大程度地减少边坡坍塌,节省维护费用,提高交通安全。

2.5 偏陡的坡面,可与挂网、菱形及拱形骨架防护相结合,既增加了边坡稳定性又可以达到绿化的目的,安全和经济特性较好。

2.6 植物生长状态良好且可持续发展性优。由于生长基础是由有机物、各种土壤改良材料、化肥等构成,所以它具有优良的对植物生长最重要的保水、保肥及透气性。

2.7 抑制山体风化。有机质生长基础与喷混植生及喷浆相比,有机质生长基础隔热性大,外界气温变化对山体的热传导小,可抑制由气温变化引起的山体风化及减轻冻结。

2.8 抗雨水侵蚀性强。由于生长基础混合料中有黏合剂,且通过空压喷附于坡面,形成具有一定强度及厚度的面层结构。加之植物发芽及初期生长快,很快将表面覆盖,能在短期内发挥植物的防雨水侵蚀效果。

3　适用范围

本工法适用于年降雨量大于600mm,非高寒地区,各种公路、隧道、铁路、河道、城市化进程等工程建设而产生的各种裸露稳定岩石坡体,以及开山采矿、采石等形成的裸露稳定岩体的防护工程施工。

4　工艺原理

岩石边坡客土喷播生态防护施工技术,是一项适合在贫瘠土及石质边坡上进行植被建植的新技术,也是一种融合土壤学、植物学、生态学理论的生态防护技术。该技术是将客土、纤维、保水剂、稳定剂、长效缓释性肥料和种子等按一定比例配合,加入专用设备客土喷播机中充分混合搅拌后,通过空气压缩机和喷射泵输送,在喷枪口与水混合后喷射到预先固定铁丝网上的坡面上,形成所需的基材厚度。以稳定剂使客土形成团粒化结构,植物纤维在其中起到类似植物根茎的网络加筋作用。从而造就有一定厚度的具有耐水、风侵蚀,牢固透气,与自然土相类似或更好的多孔稳定结构。从而实现永久固坡和美化环境的目的。

5　工艺流程及操作要点

5.1　岩石边坡客土喷播生态防护施工工艺流程图(图1)。

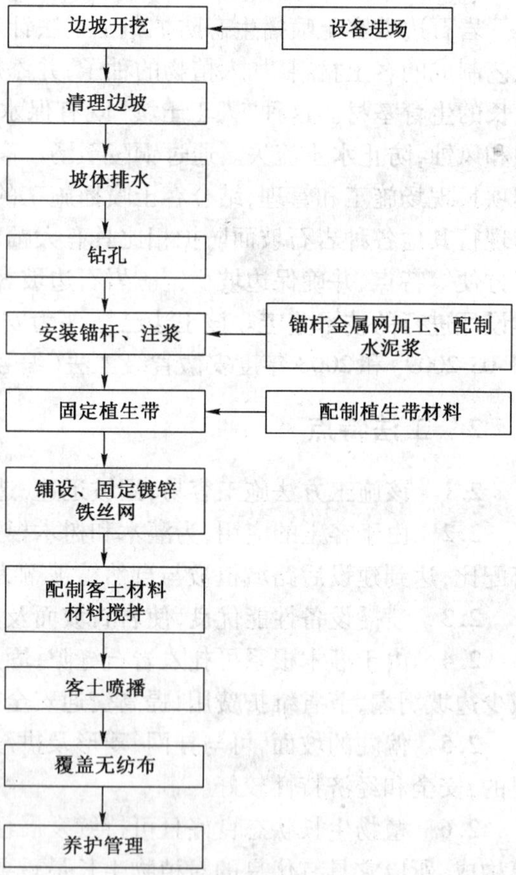

图1　岩石边坡客土喷播生态防护施工工艺流程图

5.2　操作要点

5.2.1　施工准备

(1)技术准备

①做好技术交底、安全交底,熟悉施工图纸及设计说明和相关设计文件、施工规范,熟知质量要求,满足《公路工程质量检验评定标准》(JTG F80/1—2004)的要求。

②高程控制点、平面控制点布设完毕,导线、水准测设资料齐全且经过审批。计算出每一断面的坐标,测出每一断面处施工前地面高程。

③现场技术员及机械操作手、其他作业人员要熟知施工步骤,特别是工序间的衔接要顺畅。根据技术交底、安全交底进行各项施工准备。

④施工前,应检查各种材料的质量,机械的工作性能、各种计量设备完好程度。

⑤收集调查当地植被现状及物种,做好种子的前期处理和种子发芽率测定工作。

⑥采集测定绿化场地的土样,进行土样理化性质化学分析,根据分析结果明确最佳边坡处理方式和客土营养改良方案。

(2)作业条件

①岩石边坡开挖,应根据坡度要求以及石方坚硬程度,一般较软的风化石尽量采用挖掘机作业;即使必须爆破作业的,也应以小型及松动爆破为主。石方路堑的开挖,应控制机械或爆破开挖的高程,剩余少量高出部分采用人工凿平。开挖完成的断面应符合设计典型断面要求,不能在边坡上有松散石、危石。

②了解土壤采取、运输、气象等条件,并先平整场地,做好喷播的客土基质储存场地,在一侧开挖排

水边沟，保证雨季场地不积水。客土基质提前人工过筛，使最大骨料粒径不大于10mm。

③客土厚度确定。根据边坡岩质情况、风化程度、年降雨量及挖方边坡坡度，确定植物生长基础最小客土厚度见表1。

客土喷播最小客土厚度 表1

类型 厚度	强风化岩面	中风化岩面	弱风化岩面
最小客土厚度(cm)	6	8	10

④客土混合料配方设计。植物对土壤的化学性质和物理结构也有相应的要求。一般来说，土壤过酸或过碱都不利于植物生长；土壤过疏、过密，或团粒结构差，都会影响植物生长。因此，在客土材料的选择和配比时要充分考虑这些因素，尽量使用当地肥土或熟土。以下根据岩面类型确定客土材料搅拌配合比，见表2。

客土材料配合比 表2

岩面类型	岩石绿化料	当地土料	岩面类型	岩石绿化料	当地土料	岩面类型	岩石绿化料	当地土料
强风化	1.0	2.0	中风化	1.0	1.0	弱风化	1.5	1.0

⑤灌木、乔木、草种选用。选择植物时根据工程所在地气候、地质以及水文条件，主要从生态学的角度出发，尽可能采用乡土植物种类，并且模拟自然群落，采取乔、灌、草合理配置。选择抗性好、适应性强、耐瘠薄、耐旱的优良灌木及草本植物混播。同时考虑选择的植物要与周边环境相协调，如马尾松。再次考虑景观效果，适当选择了盐肤木（秋叶红色）、伞房决明（夏季有黄花）、火棘（秋冬有红果）等树种。使乔灌草相结合，这样既避免了植物的单一性，又实现了生物的多样性，与周边原始的植物群完全融为一体。以下灌木、乔木、草种选用主要是综合考虑铜汤高速地区本土植物品种和地质、气候条件所设置，以期达到最佳效果：马尾松($15g/m^2$)＋杉木($5g/m^2$)＋盐肤木($5g/m^2$)＋火棘($10g/m^2$)＋小叶女贞($8g/m^2$)＋伞房决明($2g/m^2$)＋白三叶($5g/m^2$)＋高羊茅($1g/m^2$)。

⑥根据客土混合料配方设计以及试验段试验，确定最佳的搅拌时间、确定客土材料的泵送压力、喷射距离等参数，以指导下一步客土喷播的大规模施工。必须待试验段试验成功后方可进行客土喷播的正式施工。通过试验段试验以检验客土喷播的苗木成活率和草坪覆盖率。

5.2.2　清理边坡

对较松动的岩石坡面，一般用人工方法进行清理坡面浮石、浮土等，遇上凹凸不平的硬质岩石坡面，要采用风凿进行施工。做到处理后的坡面倾斜一致、平整、无大的石头突出与其他杂物存在，使其有利于基材和岩石表面的自然结合。同时增加坡面绿化效果；对于光滑岩面要通过挖掘横沟等措施进行加糙处理，以免客土下滑。

5.2.3　坡体排水

截、排水沟施工作业面排水系统的设置是否恰当和合理直接关系到作业面植被的生长环境，对于长、大边坡的坡顶、坡脚以及平台均需要设置排水沟。并根据作业面水流量的大小考虑是否设置坡面排水沟，将坡体雨水通过排水沟排到坡面两侧，直接排出坡体。

5.2.4　钻孔

按照设计图布置的锚孔位置，先放样再钻孔。锚杆分为主锚杆和次锚杆，其间距、规格、打设深度根据坡比、岩石风化程度而定，具体见表3。其中，中等风化时主锚杆长度为80cm，直径ϕ16mm，次锚杆长度60cm，直径ϕ12mm。坡顶和平台上面用主锚杆，横向间隔1m布置，对于坡顶和平台不稳固或风化严重的地方，要加密锚杆的数量，以保证良好的锚固铁丝网的作用，保证工程质量。坡体上面采取主次锚杆间隔放置，首先按纵横间距2m放点，确定主锚杆钻孔位置，再在相邻的主锚杆之间中点上插补次锚杆。采用电钻钻孔，钻孔方向尽量与坡面垂直，以起到良好的牢固铁丝网的效果。如果坡体条件允许，也可用人工按锚孔放样的位置直接打进锚杆。钻孔直径应大于锚杆直径25mm以上。钻孔时，注意人工安全,工人要系安全绳,带安全帽,绳子另一头用人工拉紧或者系在坡顶牢固的地方。

主锚杆规格及其间距 表3

序　号	坡　比	锚杆直径(mm)	布置间距(m)		锚杆深度(mm)		
			纵向	横向	强风化岩	中风化岩	弱风化岩
1	1:1.25	12或16	4.0	2.0	0.6~1.0	0.4~0.6	0.4~0.5
2	1:1.00	12或16	2.0	2.0	1.0~1.5	0.4~0.6	0.4~0.5
3	1:0.75	16	2.0	2.0	1.0~1.5	0.4~0.8	0.4~0.6
4	1:0.5	16或22	2.0	2.0	2.0	1.5	1.0

5.2.5　安装锚杆、注浆

在钻孔处安装锚杆,锚杆应伸出坡面长度为6cm左右,能起到良好的牢固铁丝网的效果。锚杆钻孔内人工注浆时要求饱满,防止浆液溢流在坡面,施工完毕注意检查坡面,将不慎泼洒在坡面上的浆液等杂物清理干净。锚杆注浆后,在砂浆凝固前,不得敲击、碰撞和拉拔锚杆。主锚杆规格及其间距见表3,次锚杆规格及其间距见表4。

次锚杆规格及其间距 表4

序　号	坡　比	锚杆直径(mm)	布置间距(m)		锚杆深度(mm)		
			纵向	横向	强风化岩	中风化岩	弱风化岩
1	1:1.25	12或16	4.0	2.0	0.3~0.6	0.2~0.4	0.2~0.4
2	1:1.00	12或16	2.0	2.0	0.3~0.8	0.2~0.6	0.4~0.4
3	1:0.75	16	2.0	2.0	0.3~0.8	0.3~0.6	0.2~0.5
4	1:0.5	16或22	2.0	2.0	1.5	1.0	1.0

5.2.6　固定植生带

根据坡面的具体情况,设置植生带,确定其间距。纵向每间距2m,横向布置1条植生带,植生带是由土工布、木糠、细沙肥料组成,主要起蓄水和提供长期肥效,缓解岩石边坡在干旱时期草坪生长的缺水缺肥问题。植生带直径ϕ6~ϕ8cm,同时起到保持镀锌铁丝网与坡面的距离4~6cm。

5.2.7　铺设、固定镀锌铁丝网

沿坡面自上而下放卷,铺设镀锌铁丝网,并将网张拉,连接紧,相邻两卷镀锌网每隔30cm分别用绑扎铁丝连接固定,坡顶铺设宽度不小于50cm,网间搭接不小于15cm。在坡底应有20cm的镀锌铁丝网埋置于平台填土中。铺设时拉紧网,铺平顺后,将网挂在锚杆上,为使施工工艺简单化,提高工效,锚杆与镀锌铁丝网间用ϕ2.0mm镀锌扎丝绑扎。镀锌铁丝网处于客土喷播厚度的2/3高处位置,凹陷的部位,用木块支撑,以使镀锌铁丝网与坡面的距离保持3~7cm,网与网之间搭接宽度为15cm。完工后,要严格检查镀锌铁丝网与锚杆连接的牢固性,确保网与坡面形成稳固的整体。

5.2.8　配制客土材料、材料搅拌

客土材料主要由腐殖土、泥炭土、当地土、有机肥、木质纤维、锯末等经过搅拌混和而成,搅拌时间不得少于2min。其中当地土经粉碎风干,并和泥炭土、锯末及有机肥须经过筛选,筛网孔尺寸为小于10mm。

5.2.9　客土喷播

客土喷播前浇水湿润坡面,埋设控制喷播厚度的标志。选用专用客土喷播机,设备就位后,调节输送泵压力、出风量,使过筛腐殖土、木质纤维、泥炭土、缓释营养肥、黏合剂、保水剂及种子(其中种子的类型和数量,应根据具体的坡面、坡体和气候做出调整)等混合材料用喷播机充分搅拌,通过空气压缩机和喷射泵输送,在喷枪口与水混合后喷射到预先固定铁丝网上的坡面上,使其形成一个有机整体。自上而下分两次实施喷播,第一次喷播厚3~7cm,待客土稳定后(10~20min),再喷播第二次(加入草种,喷附厚度3cm)至设计厚度,喷射应尽可能从上面进行,凹凸部分及死角部位要喷射充分,其中镀锌铁丝网上要保证有 3 ~ 5cm 的基材,施工时要根据边坡的岩性破碎、岩质坚硬程度,合理调整喷射厚度,以保证有机基材能提供种子生长所需足够的养分水分。

在喷附基质时喷口应与喷面垂线呈 10° ~ 15°夹角,喷嘴可沿螺旋形轨迹运动,螺旋直径约 300mm 左右,使料束一圈压半圈作横向运动。喷射时一般工作风压保持在 0.1MPa 左右,当水平距离增长和垂直输送高度增加时,工作风压应适当增加,喷射时喷嘴处的风压应大于风压 0.1MPa 左右,喷手应随时根据喷出基质干湿状况及与坡面附着情况及时调整水量并使之稳定在最佳水量附近,以防止基质含水率出现很大波动,保证基质潮湿但不流淌。

5.2.10 覆盖无纺布

在喷播完成后盖上无纺布,减少了因强降水量造成对种子的冲刷,同时也减少边坡表面水分的蒸发,从而进一步改善种子的发芽、生长环境。30 ~ 45d 后待草苗长到一定高度时揭布。由于选择了适合当地气候、土壤条件及高速公路粗放型管理的灌木种及草种,成坪后一般不需要人工养护管理,若天气长期持续干旱则应适当予以浇水养护。

5.2.11 养护管理

在工地气温高时,为保持基质的水分,防止幼芽和幼苗被高温灼伤,在不降雨的日子里,每天用高压喷雾器,喷雾润湿基质 2cm。喷雾时控制好喷头与坡面的距离和移动速度,喷水应均匀,水量要小,要注意避免喷水形成水流,造成坡面径流,冲走基质和种子。养护时间应在每天早晨 8 点之前和晚上 6 点之后进行。久旱不雨时,每天应连续喷水 2 ~ 3 次,若发现蒸发量大时,应及时补充喷水。随时检查无纺布的覆盖情况,若有破损或被风刮开应及时修补或覆盖,以免雨水直接冲刷基质。定期喷施高效肥和农药,促进苗木生长和预防病虫害。

6 材料与设备

6.1 材料性能

6.1.1 混合草灌种子。选择抗性好、适应性强、耐瘠薄、耐旱的优良灌木及草本植物混播,本边坡考虑掺入了不同的、能在不同季节泛青,且根系发达、叶茎低矮的混合草种,如乡土乔木、灌木,草种子(如马尾松、杉木、盐肤木、小叶女贞、高羊茅等)。

6.1.2 岩石绿化材料。以天然有机质土壤改良材料为主体,混入含各种对植物生长有益的有机质及无机质材料。经多种新型微生物菌群发酵而成,有机成分含量大于 80%,含有氮、磷、钾(含量大于 5%)及各种微量元素、生长激素,pH 值 6.0 ~ 7.0,饱和重度 0.5 ~ 0.6t/m^3。

6.1.3 特制绿化剂。主要由保水剂(100 倍以上)、高分子凝结剂、植物生长剂等组成。其中保水剂是一种无毒无害的功能性高分子化合物,遇水可吸水膨胀成百上千倍,这些水分不易被一般的物理方法排出,而植物根系却能吸收储藏于保水剂中的水分。

6.1.4 稳定剂。采用高分子聚合物及天然植物加工而成,能将客土、养生材料、肥料、种子等紧密连接,形成一定厚度的喷播层,并与坡面黏结在一起而不下滑流失,形成良好的团粒结构。

6.1.5 养生材料。采用木质纤维,增加混合料强度及孔隙率,使喷播层稳定性增强。

6.1.6 肥料。采用长效复合绿化专用肥料,含有氮、磷、钾及各种微量元素调配而成:N: P: K = 9: 25: 9。为保证木本群落的生长,含 P 量要高,含 N 量不宜太高。以增加贫瘠边坡肥力,提供植物生长不同时期所需营养。

6.1.7 水。喷播用水,选择无污染水源,就近吸取。

6.1.8 铁丝网。采用直径为 2.2mm,孔径为 5cm × 5cm 的镀锌铁丝网。

6.1.9 锚杆。挂镀锌网的主锚杆采用 $\phi16$, $L = 80$cm 的钢筋,次锚杆采用 $\phi12$, $L = 60$cm 的钢筋。

6.1.10 无纺布。单位面积质量不小于 12g/m^2。

6.1.11 当地土料。尽量使用当地肥土或熟土。

6.2 主要设备

客土喷播机一台,普通货车一台,洒水车一台,抽水泵一台,发电机一台,空压机一台,振动筛一个,钢筋切割机一台,凿岩机两台,砂浆搅拌机一台。施工前应检查机械工作性能、各种计量设备完好程度,组织验收合格后方可喷播。

7 质量控制

7.1 质量控制要点

7.1.1 保证施工前作业面的凹凸度平均为:±10mm,最大不超过±15mm;对低洼处适当覆土夯实回填或以植生袋装土回填,以填至使反坡段消失为准;有条件的可在作业面上每隔一定高度开一横向槽,以增加作业面的粗糙度,使客土对作业面的附着力加大。

7.1.2 挂网可以使客土基质在岩石表面形成一个持久的整体板块。网与作业面保持一定间隙,并均匀一致;较陡岩面处,可用草绳按一定间隔缠绕在网上,以增加附着力,使客土厚度得到保证。

7.1.3 由于基质水分丧失会造成基质厚度不够,一般要求喷射厚度为设计厚度的125%。以保证边坡植被生长具有足够的养料及水分。

7.1.4 喷播植物种子和营养液根据施工作业面土壤或岩面性质、当地气候条件、施工季节,并结合各种植物生长特性选择植物的种子。并增加当地类似地貌作业面上的乡土树种种子,使次生植被在今后的数年内逐渐与自然生态植被融合,不显人工雕琢的痕迹。乔、灌木种子用80℃热水(含浸种剂)浸种1天,草本植物种子在喷播前浸种1~2h使种子吸水湿润即可。

7.1.5 施工时注意天气的变化,大雨前禁止施工,以防突然降雨造成冲刷破坏;同时施工最好选在春季及夏初,这期间,雨量充沛、万木复苏,有利于种子的发芽成活,减少浇水灌溉的施工投入。

7.1.6 施肥坚持"多次少量"的原则。喷播完成后一个月,应全面检查植草生长情况。对生长明显不均匀的位置予以补播。

7.1.7 锚杆材料、锚杆深度、水泥砂浆等级必须满足施工图纸的要求,锚杆孔位偏差应不大于50mm,锚杆孔深度偏差值应不大于50mm。注浆锚杆水泥砂浆等级不应低于20MPa。

7.1.8 开始喷射时要进行试喷,以调整好喷头与坡面的最佳距离和最佳喷射角度。喷播作业应严格执行其操作规程,应连续向喷射机供料,保持喷射机工作风压稳定;完成或因故中断喷射作业时,应将喷射机和输料管内的机料清洗干净。

7.2 质量验收

7.2.1 主控项目

(1)植物材料与绿化铺助材料的质量和规格满足设计要求和本工法规定性能。

(2)苗木成活率、草坪覆盖率和其他地被植物发芽率满足设计要求。

(3)锚杆深度、间距符合设计要求,挂网连接牢固。

7.2.2 一般项目

苗木规格与数量、土层厚度、其他地被植物发芽率等符合《公路工程质量检验评定标准》(JTG F80/1—2004)中规定(表5)。

实测项目及检验方法 表5

项 次	检 查 项 目	规定值或允许偏差	检查方法和频率
1	苗木规格与数量	符合设计	每1km测50m
2	种植穴规格	符合CJJ/T82的规定	每1km测50m
3	土层厚度	符合CJJ/T82的规定	每1km测50m

续上表

项 次	检 查 项 目	规定值或允许偏差	检查方法和频率
4	苗木成活率(%)	不小于85	每1km测200m
5	草坪覆盖率(%)	不小于95	每1km测200m
6	其他地被植物发芽率(%)	不小于85	每1km测200m

7.2.3 检验方法

(1)草坪覆盖率。随机选取1m^2的样地,目测草坪草覆盖地面面积与总面积之百分比,即为样地覆盖度,求出各样地覆盖率的平均值即为总覆盖率。保证防护效果。

(2)苗木成活率。设立20cm×20cm的检测框,在被测坡面上随机取样,目测出各样地的盖度,求出盖度在85%以上的样地占总样地数的百分比,即为苗木成活率。保证均匀美观。

(3)其他地被植物发芽率。设立20cm×20cm的检测框,在被测坡面上随机取样,求出各样地中所有草种的总株数和样地面积,求出总密度为每平方米着生株数。保证群落的基本密度。

8 安全措施

8.1 严格执行OHSAS18001:1999职业健康安全管理体系标准,建立安全生产保障体系,明确安全生产责任,规范具体操作方法,真正达到"纵向到底,横向到边"的全方位、全过程、全员负责的安全生产要求。

8.2 认真落实施工组织设计中安全技术管理的各项措施,严格执行安全技术措施审批制度,施工项目安全交底制度以及设备交接验收使用制度。

8.3 严格执行安全技术操作规程,模范遵守安全生产规章制度。机械操作人员必须身体健康,培训合格、持证上岗,正确使用个人防护用品,非专业人员禁止操作机械。

8.4 注意高空作业的安全生产工作,做到安全生产措施到位。操作工人进入施工场地必须戴好安全帽及必要的劳保用具,严禁酒后操作和施工。喷播工上岗时,应采取带眼罩等防止泥浆的措施,防止泥浆溅入眼中。

8.5 发生事故时,保护好现场,及时施救、及时上报,并认真吸取教训。

9 环保措施

9.1 严格执行ISO14001:2004环境管理体系标准,加强环境保护宣传、教育,建立完善的环保施工纪律,增加施工人员的环保意识和自觉性。

9.2 必须完工场清。设专人洒水、打扫,不能让灰尘飞扬污染环境。

9.3 施工机械不得有滴漏油现象,禁止油污直接滴漏地表,污染土壤。

9.4 材料堆放整齐,废弃物及时清运,注重施工现场的环境卫生。尤其是种植材料的覆盖物、包装物等应及时清理,不得随意乱弃,避免环境污染。

10 资源节约

岩石边坡客土喷播生态防护施工技术的应用,减少石料开采和山体的开挖,充分利用地方的苗木、种植土、水资源,施工中的人力资源等得到很好的节约,符合交通行业走资源节约型、环境友好型发展之路的要求,以及国家节能、环保的总体发展需求。

11 效益分析

11.1 客土喷播是将土木工程、环境工程、生态学工程及植物学等学科交叉综合运用,整治边坡以柔性防护的形式实现建"生态高速"的理念。两项目岩质边坡采用客土喷播技术后,高速公路变成了绿色通道,达到了路容景观与自然景观的统一、连续、和谐,解决了高速公路岩质边坡绿化难的问题。

11.2　乔、灌、草群落在坡面上很好种植。由于灌木根系可扎入岩石缝隙,在固土护坡效果上,起到比草本植物更可靠的作用,可较大程度地减少边坡坍塌,节省维护费用,提高交通安全。

11.3　经济美观。与护面墙、挂网喷浆相比较,有明显的经济效益和美观性。应用客土喷播技术,防护绿化工程水土保持好、经济性好、使用寿命长、机械化程度高、施工干扰小、美观自然且不需要养护。

12　工程实例

12.1　铜陵至汤口高速公路第二合同段工程,开竣日期是2004~2006年。岩石边坡客土喷播生态防护施工分布于左幅K84+220~490、K84+990~K85+150、K87+000~190,右K83+304~720、K87+000~185,高度9~12m,累计面积约13 431m^2。边坡坡率为1:1,坡面硬度为70~150kg/cm^2左右,喷播厚度采用10cm。该工法应用在该项目的岩石边坡客土喷播生态防护施工,较好地控制了客土的配制、喷播。施工完成的边坡整体防护效果好,无塌方现象;经一个年生长周期检验苗木成活率、草坪覆盖率和其他地被植物发芽率等指标良好,分项工程一次性通过验收,达到设计要求,施工质量良好,得到了建设单位、设计单位、监利单位的一致好评。

12.2　铜陵至汤口高速公路第十合同段,开竣日期是2004~2006年。岩石边坡客土喷播生态防护施工分布于左侧K152+153~K152+273段,右侧K151+210~K151+314.3、K151+461~K151+608段,设计三~六级坡,高度23.16~47.6m,累计面积约11 716m^2。边坡坡率为1:1,坡面硬度为85~165kg/cm^2,喷播厚度采用10cm。该工法在该工程中应用效果较好,其施工时间短,全部边坡施工仅仅三个月完成,且植物生长很快,长势旺。半年多以来,经风吹雨打,烈日暴晒,绿化基材均没有发生裂缝和脱落现象,植物自然生长良好,没有表现出退化现象;而且施工完成的边坡整体防护效果好,无塌方现象,其适用性性广、造价低、具有较高的经济效益和社会效益,得到了参建各方的一致认可,收到了预期的效果。

12.3　黄塔桃高速公路第一合同段工程,开竣日期是2006~2008年。岩石边坡客土喷播生态防护施工分布于左幅K2+520~750、K2+770~K2+997,右幅K2+500~790、K2+790~K3+020,高度8~13m,累计面积约11 724m^2。边坡坡率为1:1,坡面硬度为75~155kg/cm^2左右,喷播厚度采用8cm。该工法应用在该项目的岩石边坡客土喷播生态防护施工,较好地控制了客土的配制、喷播。施工完成的边坡整体防护效果好,无塌方现象;经一个年生长周期检验苗木成活率、草坪覆盖率和其他地被植物发芽率等指标良好,分项工程一次性通过验收,施工质量良好,完全满足规范及设计要求,得到了建设单位、设计单位、监利单位的一致好评。此段高速公路成为安徽省唯一一条交通运输部典型示范工程的一部分,是一条生态路、环保路和精品路。

软土地区薄壁面板加筋土挡土墙施工工法

GGG(中企)A4018—2009

张云富　吴宏文　王建朋　王　楠　张　菡
(中国建筑第六工程局有限公司)

1　前言

加筋土技术是由法国工程师是亨利·维达尔在模型试验中发现,当土中掺有纤维材料后,其强度可明显提高,据此提出了加筋土的概念。并于1693年首先公布了其研究成果,提出了土的加筋方法和设计理论。法国于1965年在比利牛斯山的普拉聂耳斯修建了世界上第一座加筋土挡土墙。1967~1968年在法—意高速公路上将大量的传统结构改为加筋土结构,墙的高度达23m。因此,有人将加筋土与钢筋混凝土结构一样称之为“造福人类的复合材料”。随后日本、美国、加拿大及欧洲各国得到大量的推广应用,加筋土结构在我国的应用领域越来越广,墙高和规模也都在不断地创造着新的记录。而且从1991年交通部制定颁布我国第一本《公路加筋土工程设计规范》(JTJ 051—91)以来,国家及相关部委也分别制订并颁布了相应的标准、规范。1999年初,国家正式颁布了《土工材料应用技术规范》(GB 50290—98),铁道部在《铁路路基支档结构物设计规范》中加入了加筋土工程的有关条文和内容。交通部制订和颁布了《水运工程土工织物应用技术规程》(JTJ/T 239—98),水利部制订和颁布了《水利水电工程土工全盛材料应用技术规范》(9SL/T 255—98)和《土工合成材料测规程》,铁道部制定和颁布了《铁路路基土工合成材料应用技术规范》(TB 10118—99)。

近年城市立交工程中加筋土挡土墙以其适应城市环境等诸多特点倍受青睐。加筋土挡土墙是一种新型支挡结构,是由面板、加筋材料和土壤料形成的“墙体”,将重力式圬工结构、扶壁结构、沉箱结构等形成的墙体用加筋复合体代替,这是加筋土挡土墙结构的显著特点由于与传统的重力式挡土墙相比,加筋土挡土墙造型美观,对地基下沉有较强的适应性等特点,并且施工简单、快捷,比传统挡土墙节约成本约40%~60%,越来越广泛用于公路、铁路、水利、城建、矿山等行业。

本工法在天津市修建的京津高速公路29合同段北峰道分离式立交桥等多个工程中成功应用,创造了良好的经济效益和社会效益。2007年,京津高速公路29合同段QC小组《提高加筋土挡墙挡块一次安装合格率》课题获得中国建筑工程总公司QC成果一等奖;2008年,京津高速公路29合同段QC小组获得全国工程建设优秀质量管理小组。应用本工法指导施工的京津高速29合同段工程,并于2007年获得“天津市文明工地”荣誉称号。

天津市建设管理委员会于2008年12月24日对本工法技术成果进行鉴定,并于2008年12月31日被评为天津市市级工法。

2　工法特点

2.1　施工简便。加筋土挡土墙的施工只是单纯作业的重复,不需要技术工,也不要支撑,也不必在养护上花费时间,全部作业可在填土一侧进行,可以大大缩短工期。

2.2　对地基要求低。由于加筋土结构是柔性结构,可用于可能产生不均沉降的软弱地基,例如用混凝土挡土墙须基础需采用桩基进行处理时,加筋土挡土墙可不做任何处理。

2.3　施工限制少。由于挡土墙是预制的墙面和拉筋以及填土形成,在狭窄施工场地或严格限制噪声的地方也能建造。

2.4　拆除简便。拆除时不用圬工凿除,取走填土即可,这对于一些临时构筑物特别方便。

2.5　少占土地,造型美观。加筋土挡土墙墙面为一竖直平面,不用勾缝面板自然形成错落有致的规则图案,又壮观又美观。

3　适用范围

本工法应用范围广泛,包括公路、桥台、护岸、堤坎、建筑基础、普通铁路路基、码头、防坡堤、水库等多个领域。

4　工艺原理

4.1　加筋土工作机理

加筋土的工作机理是比较复杂的,1960 年法国人亨利·维达尔用三轴试验证明:在砂土中加入少量纤维后,土体的抗剪强度可以提高 4 倍多。他认为这种现象是因为在粗粒土试件上施加竖向压力时,试件一定会产生侧向膨胀(图 1),如果不能产生侧向膨胀(与土相比)的拉筋带埋入试件中(图 1),由于拉筋带与土之间有摩擦作用,就会阻止试件产生侧向膨胀。这就好像在试件上施加了一个水平作用力,当垂直压力增加时,水平的约束力(维达尔认为这个约束力等于静止土压力)也成正比例增加,只有当土与拉筋带之间失去摩擦或拉筋带断裂,试件方能产生破坏。由此可以看出,加筋土的工作机理就是拉筋带与土之间的摩擦作用。简单地说,加筋土实质上是填土、拉筋带、面板的结合体,土和拉筋带之间的摩擦改善了土的物理力学指标(如抗剪、抗拉强度),使土与拉筋带结合成为一个整体。在这个整体中起控制作用的是填土与拉筋带之间的摩擦力,面板的作用是阻挡填土或填砂的坍落挤出,迫使填料与拉筋带结合为整体,加筋土挡土墙的机理就是利用填土与拉筋带的摩擦力去平衡填土的侧压力。

为了说明土颗粒与拉筋带之间的受力情况,取拉筋带中的一个微分段 $\mathrm{d}L$,如图 2,在此微分段上的拉力变化为:$\mathrm{d}L = T_1 - T_2$,拉筋带上共有竖向力为 $2N \cdot \mathrm{d}L \cdot b$(略去两侧的表面积),故拉筋带不被拔出时所需的摩擦系数为

$$\frac{\mathrm{d}T}{2N \cdot \mathrm{d}L \cdot b} < f \quad \text{或} \quad \frac{\mathrm{d}T}{\mathrm{d}L} < 2Nbf \tag{1}$$

式中:f——土与拉筋带之间的摩擦系数;

b——拉筋带宽度。

从式(1)可以看出,要求拉筋带具有一定的抗拉强度,而且还要有足够的锚固长度。

由试验室模型试验和实地加筋土挡土墙原型试验测定的结果表明,其拉力分布曲线如图 3 所示。

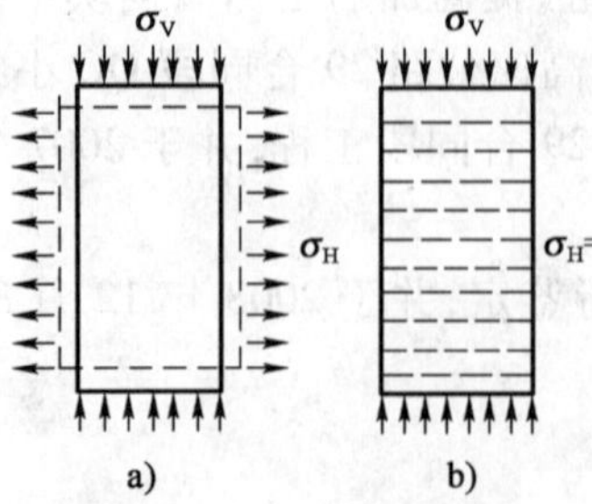

图 1　加筋土作用机理

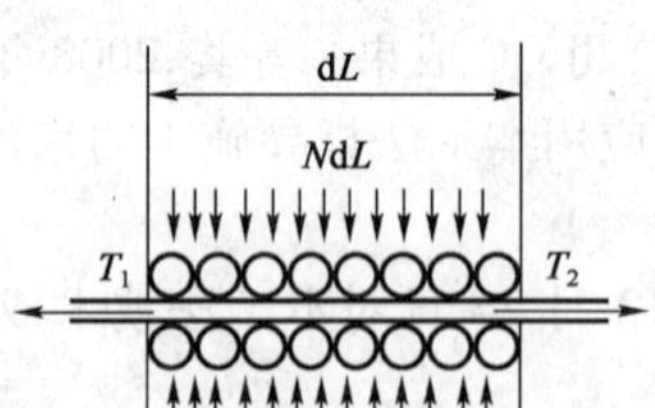

图 2　拉筋带受力分析

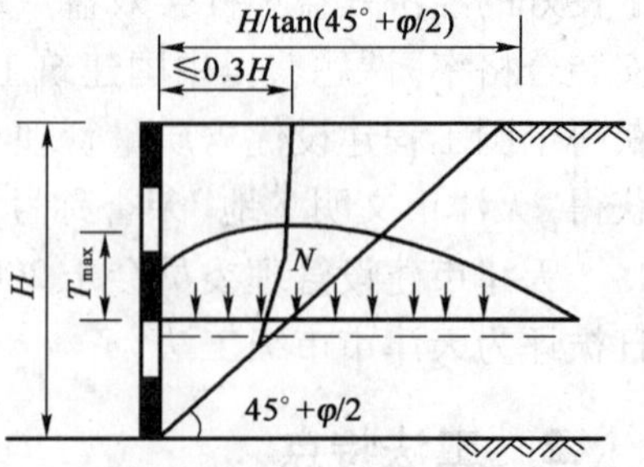

图 3　拉筋带拉力分布曲线

4.2　施工工艺原理

采用面板上部两点、中部两点、底部四点均匀布置,整体拉结面板。

横向相邻面板在拉环位置采取钢筋焊接使其连成整体,纵向相邻面板在横向连接筋位置采用上部焊接下部弯钩钩结,保证面板在无外侧支撑情况下形成整体,并能保证上下层面板的预留倾度。

对每层面板进行分级开蹬填土,并应用振动滚碾设备逐层振碾,形成循环作业。

距离面板2.0m范围内采用人工填土,并应用小型压实设备进行压实,同时应用施工前反复试验获得的面板受土的侧压力内倾数据,布置面板内倾角度,保证在填土压实完毕后面板竖直。

5 施工工艺流程及操作要点

5.1 加筋土挡土墙施工工艺流程(图4)

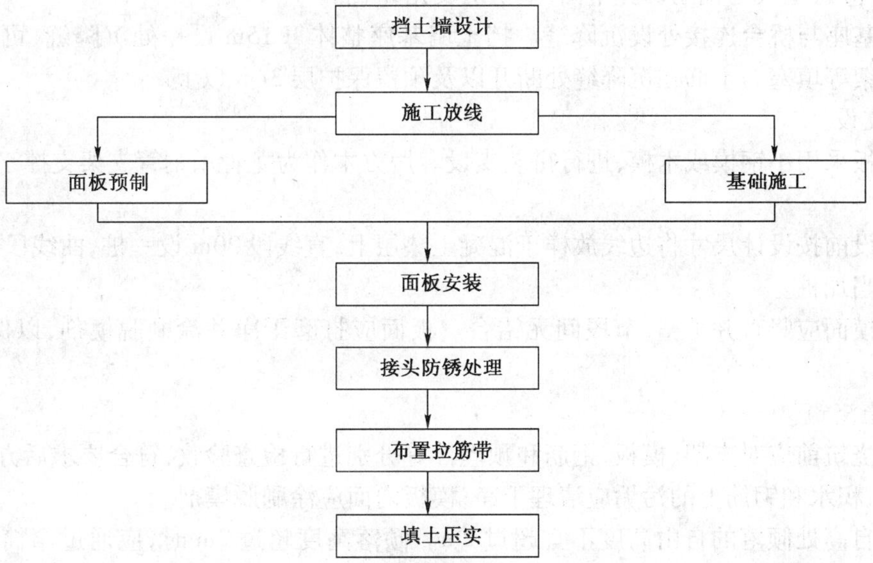

图4 工艺流程图

5.2 操作要点

5.2.1 施工放线

中线测量,测定加筋土工程的墙面板基线,直线段一般按20m设一桩,曲线段一般按10m设一桩,还可根据地形适当加桩,并应设置施工用固定桩;水平测量、测量中线桩和加筋土工程基础高程,并设置施工水准点;复测中线桩核对横断面,并按需要增补横断面测量。

5.2.2 基础施工

(1)基槽开挖,按设计图纸要求的轴线、尺寸进行,并严格控制开挖的设计高程。

(2)基槽在外侧设置排水沟及水窝子,利于在施工时的排水。

(3)挡土墙基底应用人工夯或手扶式振动压路机进行充分夯实,并检测压实度,当压实度达到设计值以上方可进行下道工序铺设碎石垫层施工。

(4)碎石垫层铺设应控制设计宽度、厚度,并采用刮板进行平整并用人工汽油夯进行夯实。

(5)混凝土垫层浇筑,模板采用方木在两侧铺设,铺设前应以控制点为基准拉线绳控制放木的平顺,不平顺处采用砂浆找平。浇筑时振捣采用插入式振捣棒,后用3m刮尺将顶面找平,人工进行抹面收面,应用量测手段严格控制基础面层的设计高程,以利于面板安装质量的控制。

5.2.3 混凝土基座施工

(1)钢筋加工与绑扎

①钢筋进场时,对钢筋进行外观检查。

外观要求:表面无裂缝、结疤和折叠,如有凸块不得超过螺纹的高度,其他缺陷的高度或深度不得超过在部位的允许偏差,表面不得沾有油污。

②钢筋取样试验,每批数量不大于60t,每一验收批取一组试件(拉伸、弯曲各2根)。如有一个试样一项指标试验不合格,则应另取双倍数量的试样进行复验,如仍有一个试样不合格,则该批钢筋判为

不合格。

③钢筋加工前,依据图纸进行钢筋翻样并编制钢筋配料单,配料单应结合钢筋来料长度和所需长度进行编制。钢筋的下料长度应考虑弯制和接头及弯曲时的伸长量,在允许误差范围内尺寸宜小不宜大,以保证保护层厚度及施工方便。

④钢筋的交叉点应采用铁丝绑扎牢。

⑤受力钢筋的混凝土保护层厚度,应符合设计要求。为保证钢筋保护层厚度的准确性,应采用不同规格的垫快,并应将垫快与钢筋绑扎牢固,垫快应交错布置。

⑥挡土墙基座与桥台连接处设沉降缝。挡土墙基座整体每15m设一处沉降缝,可采用沥青板,软木板或沥青麻絮等填塞。主筋在沉降缝处断开以及预留保护层3cm以上。

(2)模板支设

①基座模板采用小钢模或木模,进行拼装支设。用方木作为龙骨用钢管支架支撑于两侧基槽侧壁,作为支撑体。

②模板支设前按设计尺寸将边线放样于混凝土垫层上,直线段20m设一桩,曲线段10m设一桩,还可根据地形适当加桩。

③模板的模面应竖直并平整,节段间无错台。板面应打磨干净并涂刷脱模剂,以保障混凝土外观质量。

(3)混凝土浇筑

①混凝土浇筑前应对支架、模板、钢筋和预埋件等分别进行检查验收,符合要求后方能浇筑混凝土。模板内的杂物、积水和钢筋上的污垢应清理干净;模板内面应涂刷脱模剂。

②混凝土自高处倾落的自由高度不宜超过2m。倾落高度超过2m时,应通过窜筒、溜槽等设施下落;倾落高度超过10m时,应设置减速装置。

③浇筑混凝土时,应采用插入式振动器捣实。移动间距不应超过振动器作用半径的1.5倍;与倒模应留有50~100mm的距离,插入下层混凝土50~100mm;每一处快速插入进行振捣,振动完毕后应边振动边徐徐拔出振动棒。

5.2.4 混凝土面板预制

(1)挡板为混凝土预制,模板采用标准的定型钢模板,每次预制前模面应打磨干净并涂刷脱模剂,应保证板面(外露部分)光洁,边角平整,预制板外型尺寸允许误差±2.5mm。

(2)预制板的振捣采用振动台振捣,预制时要求混凝土配合比准确、振捣密实、无裂纹、墙板外侧平整、墙板内侧要粗糙。

(3)每块预制板在浇筑后48h即可拆模,存放于专用的存放场并存放整齐,存放竖立存放于方木之上,并浇水养生7d以上。

(4)加筋土挡土墙面板应以1000块取一组3块进行钻芯取样,对样品打磨加工为标准尺寸ϕ100mm×100mm进行抗压强度试验,合格后方可进场使用。

5.2.5 面板的安装(图5)

①在清洁的基座顶面上,准确化出预制块外缘线,曲线部位应加密控制点。先确定外缘线和进行水平测量,这些工作借助龙门桩来完成。沿每条伸缩缝设龙门桩,用量测仪器确定面板安装轴线(外缘线),在龙门桩钉子上进行第一层面板安装的水平测量。

②在确定的外缘线上定控制点,然后进行水平测量。

③预制块安装时用低强度砂浆(M5或M7.5水泥砂浆)砌筑调平,同层相临预制块水平误差不大于10mm;轴线偏差每20m不大于10mm。

④按要求的垂直度、坡度挂线安装,安装缝宽宜小于10mm。

⑤当填料为黏性土时,宜在预制块后不小于0.5m范围内回填砂砾材料。

⑥预制块安装用人工或吊机就位。安装时单块预制块倾斜度,内倾1/150,并设置测斜观测点。

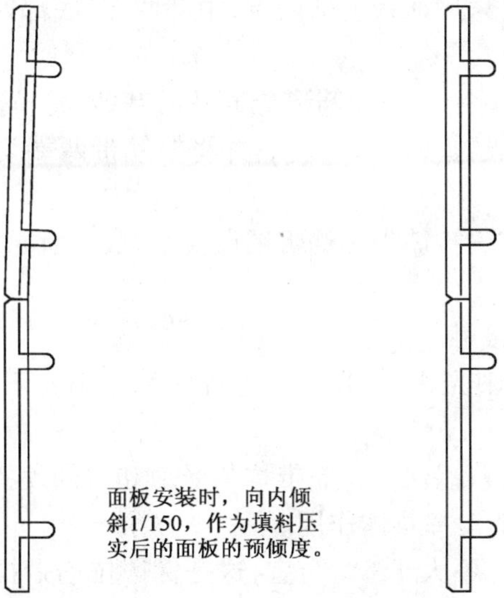

图5　面板的安装

⑦严禁采用坚硬石子及铁片支垫,以免造成应力集中而损坏面板。上层预制块应在下层预制块填土作业完成后安装。

⑧由于上下板面积较大的情况,水平及竖直安装缝一般不做处理,采用干砌。

⑨当上下板预制块的承压面不平整、板轻填料不流失、加筋土体有少量的水渗出时,水平缝宜采用低强度砂浆砌筑。

⑩对预制块尺寸大、质量大,应在水平缝间垫垫具有一定的强度的衬垫,在垂直缝中嵌入聚氨酯泡膜塑料。

⑪横向相邻面板在拉环位置采取钢筋焊接使其连成整体,纵向相邻面板在横向连接筋位置采用上部焊接下部弯钩钩结,保证面板在无外侧支撑情况下形成整体,并能保证上下层面板的预留倾度。

图6为完工的薄壁面板加筋土挡土墙。

5.2.6　接头防锈处理

为防止拉紧带与面板接头钢筋锈蚀,将接头处钢筋涂刷两道防锈漆防止钢筋的锈蚀,并采用专业高强塑料套管,防止串接拉紧带等作业时破坏防锈层。

5.2.7　铺设拉筋带(图7)

图6　完工的薄壁面板加筋土挡土墙

图7　拉筋带的铺设

(1)为保证薄壁面板安装后的竖直度,采用面板上部两点、中部两点、底部四点均匀布置,整体拉结面板。

(2)将拉筋带设计端头放线并用销钉固定一根钢筋形成通常的基线,将拉筋带的一端从面板的拉杆穿过,折回与另一端对齐再穿过钢筋基线,折回30cm左右并将拉筋带两端均力拉紧,用铅丝将端头绑扎且不少于两道。

(3)拉筋带底面的填料压实平整后,铺设拉筋带。筋带铺设应平顺,不宜重叠、扭曲,钢塑土工带应呈扇形辐射状铺设(图8)。

(4)拉筋带不得与硬质棱角填料直接接触。

(5)拉筋带运输、保管时,不得暴露于阳光之下,在施工过程中暴露阳光下的总时长也不得大于1个台班,夏天宜更短些,冬天宜更长一些。

(6)拉筋带铺设的主方向与墙纵向垂直,以保证拉筋带均匀受力和共同发挥作用。另外,拉筋带在加筋体中应尽可能均匀分布,保证加筋体能发挥整体作用。

(7)拉筋带在铺设时,其横向倾斜度以不大于5%为宜,这是保证拉筋带拉紧、拉直、不卷曲、不扭结、不重叠的关键。

(8)拉筋带铺设时,边铺边用填料固定其位置,先用填料在拉筋带的中后部成若干纵列压住拉筋带,填料的多少和疏密以足以固定拉筋带的位置为宜,在逐根检查,拉直、拉紧。

5.2.8 填土压实(图9)

图8 拉筋带呈扇形辐射状铺设

图9 填土压实施工

(1)填料可采用自卸式汽车进行运输,卸土由中央向两侧卸土。严格执行卸料时机具与面板距离不应小于2.0m,机具不得在未覆盖填料的拉筋带上行驶的原则。

(2)填料应根据拉筋带竖向间距进行分层等厚摊铺和压实,最大压实厚度20cm;不同填料的松铺系数应通过试验确定。

(3)填筑时,距面板2.0m范围内先不填筑,推土机应平行面板按作业幅宽由远及近顺次作业,填筑的进度应为近墙面处快于远墙面处。推土机摊铺填料前先用人工将摊土将拉筋带覆盖,以免推土机对拉筋带产生挫伤。

(4)碾压前进行压实试验。根据碾压机械和填料性质确定填料分层摊铺厚度、碾压遍数。压实度应能达到设计及规范要求的碾压组合。

(5)距加筋土面墙2.0m范围外,填料可采用重型振动压路机进行碾压,距加筋土面墙1.5m范围内,采用小型压实机械(5t以下)压实。

5.3 施工中应注意的问题

5.3.1 安装墙面板时要注意板面稍向内倾斜,预留施工中出现的水平位移,具体数值应综合面板高度,压路机械和填料性能指标而定。

5.3.2 接头防锈处理,将接头处钢筋涂刷两道防锈漆防止钢筋的锈蚀,并采用专业高强塑料套管防止串接拉紧带等作业时破坏防锈层。

5.3.3 拉筋带布置时,先在拉带设计长度处用铁钎固定一排钢筋,在接头和钢筋之间布置拉带。

5.3.4 严格控制填料质量,对填料的各项性能指标进行试验确定。

5.3.5 填料时应由边向内降低3~5cm,预防填土下沉使拉带松弛。

5.3.6 距离面板2.0m范围内采用人工填土,并采用小型压路机(5t以下)进行人工压实作业。

5.3.7 加筋土挡土墙不宜在冬期施工。

6 材料与设备

6.1 材料

(1)钢筋:ϕ16热轧带肋钢筋。

(2)混凝土:C30。

(3)拉筋带:采用CAT30020B钢塑拉带。

(4)填料:石灰粉煤灰(10:90)。

6.2 设备

施工机械按工程具体情况而定,表1为机械使用示例。

机械使用示例 表1

设备名称	规格型号	数量	用途	技术状况
装载机	ZL-50	视工程情况而定	填料装载、摊铺	良好
自卸汽车	黄河-10t		填料运输	良好
推土机	宣化140		填料摊铺	良好
轮胎振动压路机	徐工XSM220		碾压	良好
轮胎振动压路机	徐工YZ-18Jc		碾压	良好
吊车(汽车吊)	海虹牌8tN3		面板安装	良好
平地机	天工PY-160c		摊铺、整平	良好
全站仪	拓普康332N		测量定位	良好
水准仪	欧波S32		高程测量	良好
3m靠尺	JZC2型		平整度检测	良好
手扶式振动压路机	天津		近面板处压实	良好
人工汽油夯	天津		近面板处压实	良好

7 质量控制

根据《公路加筋土工程设计规范》,对加筋土挡土墙的施工进行全方位的控制,保证施工质量。

7.1 地基应符合设计要求。

7.2 预制板的强度和质量符合混凝土工程的质量要求,经检验合格后才可安装。

7.3 拉筋带的强度和质量规格,应符合规范及设计要求。

7.4 拉筋带的长度、根数不得小于设计要求。拉筋带需理顺、放平拉直。拉筋带与面板、拉筋带与拉筋带应牢固连接。

7.5　使用钢塑拉筋带时,应进行防护处理。

7.6　填料的规格和压实度,必须严格按照规范及设计要求进行。

7.7　墙面板光洁无破损,平顺美观、板缝均匀。

7.8　墙面直顺,线形顺畅。

7.9　沉降缝贯通、顺直。

7.10　实测项目(表2～表5)

拉筋带实测项目　表2

项　次	检 查 项 目	规定值或允许偏差	检查方法和频率
1	拉筋带长度	不小于设计长度	尺量:每20m检查5根
2	拉筋带与面板连接	符合设计	目测:每20m检查5根
3	拉筋带与钢带连接	符合设计	目测:每20m检查5根
4	拉筋带铺设	符合设计	目测:每20m检查5根

预制面板质量标准　表3

项　次	检 查 项 目	规定值或允许偏差	检查方法和频率
1	混凝土强度(MPa)	在合格标准内	按强度合格率评定方法评定
2	边长(mm)	±5或0.5%边长	长、宽各量一次,每批抽查10%
3	两对角线差(mm)	10或0.7%最大对角线	用尺量,每批抽查10%
4	厚度(mm)	+5,-3	量2处,每批抽查10%
5	表面平整度(mm)	4或0.3%边长	用尺量,长、宽各靠量1次,每批抽10%

面板安装质量标准　表4

项　次	检 查 项 目	规定值或允许偏差	检查方法和频率
1	每层面板顶高程(mm)	±10	每20m抽查4组板
2	轴线偏位(mm)	10	每20m挂线量3处
3	面板竖直度或坡度	+0,-0.5%	每20m吊线坠

加筋土挡土墙总体质量标准　表5

项　次	检 查 项 目	规定值或允许偏差	检查方法和频率
1	墙顶面位置(mm)	+50,-100	每20m检查3处
2	墙顶高程(mm)	±50	每20m水准测3处
3	墙面竖直度或坡度	+0.5%墙高及+50 -1%墙高及-100	每20m挂线量3处
4	面板缝宽(mm)	10	每20m至少检查5条
5	墙面平整度(mm)	15	每20m用2m直尺测3处

8　安全措施

严格遵照《建筑安装工人安全技术操作规程》执行安全施工。

8.1　建立安全管理体系

8.2　安全管理措施

8.2.1　混凝土预制构件吊装作业时,应有专人指挥,吊装设备不得碰撞桥梁结构,非施工人员不得进入作业区。

8.2.2 电动机具的接电应有漏电保护装置，接电及用电过程中的故障不得由非专业人员私自处理。

8.2.3 施工机械的操作应符合操作规程、有专人指挥。操作人员要经过专业培训，持证上岗。

8.2.4 人工清除粘在压路机滚轮上的混合料时，必须跟在压路机后面作业，绝不容许在压路机前面倒退作业。

8.2.5 在石灰拌制过程中，施工人员应穿戴好防护用品。

8.2.6 在开放的交通道路上施工时，施工人员要穿醒目的带反光标志的服装，防止交通事故。

8.2.7 施工现场必须做好交通安全工作，设专人指挥车辆、机械。交通繁忙的路口应设立标志，并由专人指挥。夜间施工，路口及基准桩附近应设置警示灯或反光标志，专人管理灯光照明。

9 环保措施

遵守《中华人民共和国环境保护法》的规定，结合施工特点、环境影响因素，采取积极、有效的措施，做到各方面达标、合格。

9.1 施工中的机具应经常维修保养，防止漏油。

9.2 施工垃圾要分类处理、封闭清运。混凝土罐车退场要在指定地点清洗料斗及轮胎。

9.3 在邻近居民区施工作业时，应采取降噪措施，严格控制作业时间，尽量避免夜间施工。

9.4 白灰和其他易飞扬的细颗粒散体材料应严密遮盖，粉煤灰可采用表面洒水的方法防止扬尘，细颗粒散体材料运输时要有防遗洒、防扬尘措施以减少粉尘污染。

9.5 消解块状生石灰时，应选定远离易燃物和居民区的消解加工场地。

9.6 清洗施工机械、设备及工具的废水、废油等有害物质及生活污水，不得直接排放于河道，也不得倾泄于饮用水源附近的土地上，以防污染水体和土壤。

9.7 使用工业废渣填筑路基，如废渣中含有可溶性有害物质，可能造成土质、水质污染时，应采取隔离措施予以处理。

10 资源节约

遵照《公路工程节能管理规定》的规定，结合施工特点、环境影响因素，采取积极、有效的措施，降低能源消耗，提高能源使用效率和经济效益促进公路建设、养护事业的发展。

10.1 应用本工法施工的挡土墙，不仅在节约占地，提高空间利用率上尤为突出，而且减少了对软土地区地基处理措施费用的投入。

10.2 应用本工法施工的挡土墙面板采用薄壁面板，降低了造价成本。

10.3 在机械投入方面，也充分体现了资源节约，应用本工法可减少大型机械的投入，降低大型耗能设备对能源的消耗，达到节约资源的目的。

11 效益分析

加筋土挡土墙具有造价低廉、施工简便、造型美观、节省占地以及适应软土地基，结构可靠等显著特点，从而得到了迅速推广，而浆砌石、混凝土挡土墙因其造价高，施工不方便，占地多，不适应软土地基且结构不太稳定等不利因素有被加筋土挡土墙取代的趋势，具体表现在以下几个方面。

11.1 工程造价

加筋土挡土墙比传统的毛条石、混凝土支挡结构节省工程造价20%～65%，从而大大地降低总造价，经济效益显著。通过对现有资料（表6）的投资对比分析得出，挡墙越高，节约的工程造价越多（高达65%～70%），其技术经济效益更加显著。

部分水工加筋土挡墙工程节约投资情况 表6

工 程 名 称	高度(m)	长度(m)	墙面积(m^2)	节约投资(%)	建设时间
四川长寿县白沙湾煤码头	18~26.5	90	1 600	65.0	1983~1985
一般码头、防洪堤公路	12~22	1 021	16 000	43.8	1988~1990
重庆北碚环城(江边)公路挡墙	6~22	900	13 000	43.5	1993~1995
重庆嘉陵江滨江公路(码头、防洪堤)	10~13	1 500	16 000	28.0	1995
重庆渔洞长江河岸整治工程(码头、防洪堤)	19.5	3 138	54 000	41.6	1995~1996
重庆彭水县九曲河大桥引道挡墙	16	180	2 880	43.0	1995
重庆彭水县乌江西岸滨江工程(码头、防洪堤)	15	990	10 000	32.0	1995
四川江津市长江西岸整治工程(码头、防洪堤)	12~16	2 950	34 000	28.0	1996~1997

11.2 施工过程和施工质量

加筋土挡土墙的施工过程是拼装、填土碾压过程,很适合于机械化施工,而且面板、拉筋带、连接件等构件,全部可以实现工厂化生产,既能保证构件质量,还可降低原材料消耗,节省大量人力、物力。施工速度快,工期短,施工质量容易保证。而浆砌石和混凝土等重力式挡墙多采用人工衬砌,填土多由人工填筑,速度慢,工期长,而且对基础要求较高,施工质量很难保证。

11.3 挡墙的抗震、耐寒等性能

加筋土挡土墙具有很大的优越性,是重力式挡墙无法替代的。加筋土挡土墙的垂直布置,一方面可以减少占地面积,另一方面在不允许开挖的地区又可以实施修建工程,这在城市防洪工程、道路建设和地价昂贵的地区,有其显著的经济意义。

就京津高速公路29合同段而言,通过应用薄壁面板加筋土挡土墙施工工法成套技术,使施工质量明显提升,不但加快了施工进度,并且减少了返修次数,避免了由于施工措施不得当、质量控制不准确等造成的经济失,通过计算得出间接创造了135 969元的利润。

加筋土挡土墙占地面积少、施工速度快、人力、机械投入少,尤其在城市昂贵地段经济效益明显。应用本工法指导施工的京津29合同段工程获2007年天津市“安全文明工地”称号,肯定了此工法的节能环保效益。

12 工程实例

加筋土挡土墙结构以其结构稳定可靠、经济效益明显、外形美观等诸多优势受到社会各界的推广应用,并且此项技术的应用可以合理利用有限的资金,高质量、高标准的完成所需要的结构物。

2007年应用本工法施工的京津高速29合同段北峰道分离式立交桥桥头引堤工程高度4.7m,宽度41m,总长151.5m。

2007年应用本工法施工的天津九园公路分离式立交桥桥头引堤工程高度5.1m,宽度41m,总长165.5m。

上述应用本工法施工的工程都顺利完成了施工任务,工程质量优良,并取得了较好的经济效益。

黏土代替膨润土降低防渗墙弹模施工工法

GGG(云)A4019—2009

张光宝

(西南交通建设集团有限公司　云南省水利水电工程有限公司)

1　前言

混凝土防渗墙是在松散的透水地基或土石坝中连续造孔成槽,以泥浆固壁,在泥浆下浇筑混凝土而形成的地下连续墙。它的主要作用是:堤坝及坝基、围堰渗流控制。它广泛应用于水利水电工程的基础、土坝坝体防渗处理中,在高速公路建设中该项技术的使用有效地阻隔了中央分隔带内的雨水和绿化灌溉水渗入路面各结构层间的空隙,大大减少了路面的水损害,提高了公路的使用质量。

如果坝体内的防渗墙墙体与坝土的变形模量接近,能有效改善防渗墙的应力状况。我省在已完成的土石坝防渗墙中,设计均为塑性混凝土防渗墙,但实际效果不佳,墙体弹性模量较高,达不到塑性要求。在防渗墙混凝土中掺入膨润土可降低墙体弹性模量,但造价较高。为此,寻求经济降低混凝土防渗墙弹性模量是混凝土防渗墙施工的一大技术难题。

云南省水利水电工程有限公司与曲靖经济技术开发区水务局、曲靖能阳水电勘察设计有限公司开展了科技创新,取得了"黏土代替膨润土降低防渗墙弹性模量应用研究"这一国内先进、省内领先水平的成果。以上西山水库除险加固工程大坝混凝土防渗墙为平台,于2005年提出了"黏土代替膨润土降低防渗墙弹性模量应用研究"的课题,2006年6月结束,获得了2006年度曲靖市科学技术一等奖。同时形成了黏土代替膨润土降低混凝土防渗墙弹性模量施工工法。由于在降低防渗墙弹性模量及降低防渗墙造价方面效果明显,技术先进,有着明显的社会效益和经济效益。测试的结果表明,路面各结构层之间的空隙中存留不同程度的水分,有的滞留,有的微量流动,对公路形成了潜在的危害;经过研究、测试,这些水是通过两个渠道进入路面各结构层的,一是路面水的垂直渗透,二是中央分隔带内的水(包括雨水和人工绿化灌溉水)水平渗入,采用此工法也能取到经济和效益双收的效果。

2　工法特点

利用当地黏土替代膨润土配制具有高流动性和较高抗渗性、低抗压强度和低静力弹性模量经济的混凝土。主要技术指标为:单轴抗压强度3～7MPa,初给受压弹性模量为2 000～7 000MPa;渗透系数$<10^{-7}$cm/s,破坏比降≥80;施工参数:坍落度20～24cm,扩散度34～40cm,初凝时间大于10h,终凝时间小于24h。水胶比为0.8,黏土掺量为胶凝材料35%,属国内首创。

3　适用范围

适用于堤坝、坝基、围堰及公路路基防渗墙设计及施工,有黏土的地区。

4　工艺原理

防渗墙混凝土的性能指标包括力学性能、抗渗性能和施工性能。不同的原材料配合比,决定了混凝土的刚、柔性。黏土、粉煤灰、膨润土的不同掺量以及不同的水胶比是影响混凝土防渗墙性能的主要指标。防渗墙长期在水下运行,与水关系密切。黏土具有可塑性,可塑性是黏土的一种独特水理性质,是土粒间形成较厚结合水膜连接时表现出来的特殊性能,当混凝土中掺入黏土,混凝土凝固时,水量减少,减少到多数土粒为弱结合水隔开时,土粒在外力作用下可相互滑动而不产生颗粒间联系的破坏。利用黏土这种特殊性能,大大降低防渗墙混凝土弹性模量。能有效防治各种应力变化产生变形给防渗墙带来损坏,确保防渗墙安全运行。公路路基防渗墙是一道宽度为215cm的竖薄墙,底部镶嵌于底基层中,顶部与中央分隔带的盖板相连,以高强防渗塑膜作为防水渗透材料,用水泥混合料填充防渗墙的空隙,形成了一道连续、密实、不透水的墙体,阻隔了中央分隔带内的各种水渗入路面各结构间的空隙。

5 施工工艺流程及操作要点

5.1 施工工艺流程(图1)

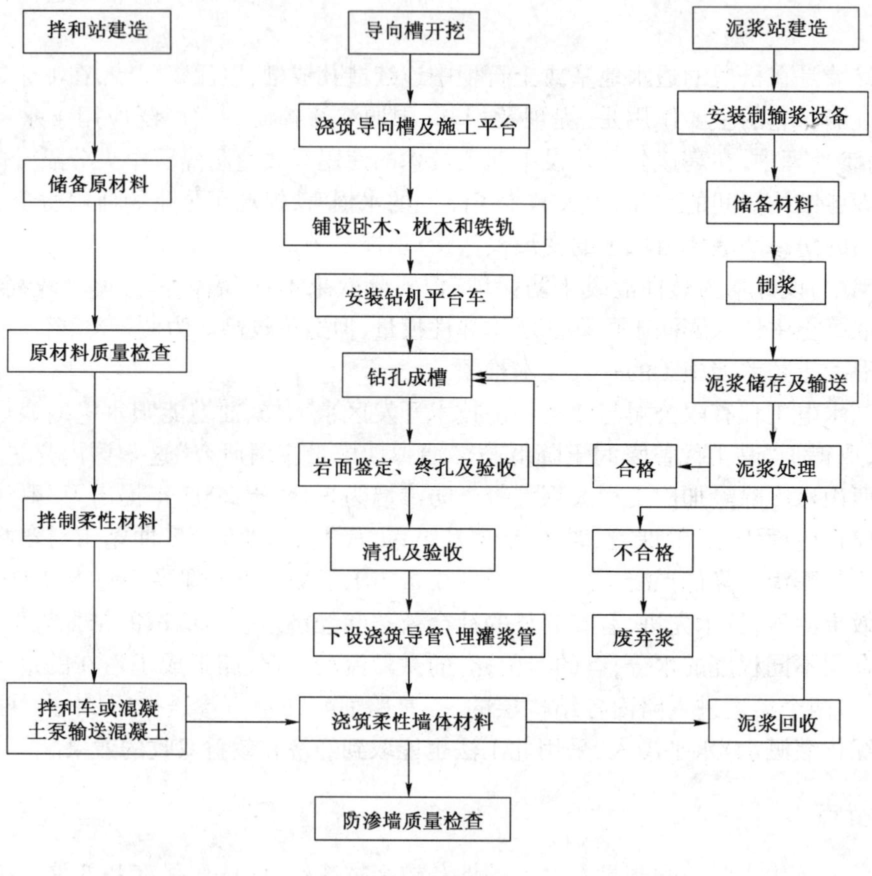

图1 施工工艺流程

5.1.1 割(锯)槽

锯槽前应先将中央分隔带中靠近路缘石的盖板拆除,整齐地堆放于分隔带中。使用特制的割槽设备(锯片直径不小于115m,锯齿有效宽度为215cm),沿中央分隔带路缘石外侧3~5cm处落锯、割槽,锯片切到设计深度时,切割设备方能向前行走,行走要确保平稳、均匀,不得跑偏,割槽一次成功。割槽后应立即进行槽内碎泥渣清理,清理至底部的硬结合面,清理出的废渣、泥浆要集中堆放,以便清运。

5.1.2 铺膜

选用厚度不小于13mm的防渗土工PE塑膜,按设计高度加工成条状,铺设时,塑膜底部与槽底接触,顶部用细钢丝绳(每隔1m设一铁夹)沿槽的中央固定,塑膜要保证竖直并位于槽的中部,要拉紧不得有弯折现象,塑膜搭接处要紧密,重叠长度不小于1m。

5.1.3 注浆

机械拌制高岭石粉:水泥=13:1的混合浆液,水料比采用155~160为宜,拌制后的浆液不得有泥团、块等;注浆时用双喷头器具沿塑膜两侧同时、均匀注入至槽平,由于混合浆液有一定的收缩性,在第一次注浆3~4h后,对收缩的部位进行补浆,使浆液凝结体的顶面低于防渗墙设计顶面15~110cm。

5.1.4 封顶

水泥混合浆液初凝后,应及时将中央分隔带铺砌盖板恢复原状。铺砌时,应将防渗墙顶部外露的塑膜(一般高度为5cm)向路缘石一侧平铺,盖板下以砂浆找平,板顶及时勾缝,防止渗水。

5.2 操作要点

5.2.1 防渗墙造孔成槽

防渗墙成槽一般采用"钻孔法"成槽。按要求,先施工Ⅰ期槽孔的主孔,主孔终孔后,对副孔采用十字钻头劈打法施工。对于坝土、砂卵砾石层、基岩部分均采用冲击十字钻头钻孔。

成槽深度按勘探揭示的地层分界及设计接入确定。成槽过程中,接近基岩面时开始留取钻渣样品,并由现场地质工程师会同监理和设计的地质工程师进行岩样鉴定,以确定最终成槽深度。

成槽质量标准:孔位偏差不大于3cm;孔斜率不大于4‰,遇到含孤石、漂石的地层及基岩面倾斜度较大等特殊情况时,孔斜率应控制在6‰以内,孔深符合设计要求。

5.2.2 墙体材料及浇筑

1)黏土加工

本工法重点在于黏土的加工,是与其他防渗墙区别所在,必须按严格规定及程序进行,黏土加工工艺流程如下。

①黏土料场的选定:取样进行分析化验,选定达到设计及规范要求的料场。

②黏土料的开采:根据防渗墙工程量估算黏土需要量,进行提前开采,开采后运至黏土堆料场。

③黏土料的存放:黏土运至堆料场要进行翻晒,下雨时要采取防雨防水措施。

④黏土料的加工:加工必须采用干法加工,采用粉碎机进行粉碎,细度达4mm。

⑤装袋及称量:装袋质量确定,根据每盘混凝土需要量进行平均分配,每一袋质量最大不超40kg,有利于搬运;称量工作由加工工人进行,值班技术员检测,在使用前由总工程师抽查,称量误差±0.2%。

⑥成品黏土存放:加工好的黏土应设置专门仓库存放。

2)水泥

使用不低于32.5级的水泥,品质满足国标GB 175—2007要求。

3)砂、碎石

(1)砂:采用人工机制砂,含泥量<3%,黏粒含量不大于1%,含量6%~12%。

(2)碎石最大粒径小于40mm,含泥量<1%,不允许有泥团。

墙体混凝土配比将用当地材料进行试验,选择最优配方,以满足混凝土的各项技术指标(抗压、抗拉、抗渗及弹性模量),并有利于浇筑施工。

4)外加剂

减水剂、防水剂和加气剂等质量和掺加量严格按照试验确定的品种及数量使用。

5)墙体材料指控及参考配比

墙体混凝土配比将用当地材料进行试验,选择最优配合比,以满足混凝土的各项技术指标(抗压、抗渗及弹性模量),并有利于浇筑施工。

本工法提出防渗墙墙体混凝土主要指标应达到如下要求:

强度等级C4~C5,抗渗等级R28小于10^{-7}cm/s,弹性模量2 000~7 000MPa,黏土掺加量为水泥和黏土总量的35%,混凝土出机口坍落度20~24cm;扩散度30~40cm;初凝时间应不小于8h,终凝时间不于48h。参考配比如表1所示。

试验室提供的混凝土配合比　　表1

混凝土配置强度	极限水灰比	计算水灰比	采用水灰比	外加剂掺量		砂率	配合比
				QX-III	DH9		
MPa	W/C	W/C	W/C	%		%	水泥+黏土:砂:碎石
4.0	0.8	0.8	0.8	0.6%	0.01%	43.5	1:2.07:2.70

每立方米混凝土材料用量(kg)

水泥	黏土	黏土百分比	机制砂	碎石	水	QX-III	DH9
219.7kg	118.3kg	35%	701kg	911kg	270kg	2.028kg	34g

此配比是通过严格试验确定的,其他工程利用时,可根据当地材料进行试验,作适当调整。

6)混凝土拌制及运输

配料要求准确,砂、石采用电子秤称量,水泥用袋计量。强制式拌和机拌制,用TL800型混凝土泵输至孔口。

拌制好的熟料采用混凝土泵车送至浇筑槽口,经分料斗溜槽将混凝土输送至浇筑漏斗,浇筑管均匀放料,有利于保证混凝土面均匀上升。

混凝土浇筑采用泥浆下直升导管法。导管下设及导管起拔均按设计要求控制。压球法开浇,以减小开浇时混凝土快速下落与泥浆的絮凝反应。根据拌和系统的生产能力、混凝土输送能力以及槽孔水平断面尺寸等相关因素,确保混凝土面具有较高的上升速度。

(1)采用直升导管法进行泥浆下混凝土浇筑。

(2)一期槽孔导管距孔端或接头管的距离为1.0~1.5m;二期槽孔导管距孔端的距离为1.0m,两相邻导管之间的距离不大于3.5m。

(3)导管至孔底距离15~25cm。在每套导管的顶部和底节管以上设置数节长度为0.3~1.0m的短管。

(4)混凝土浇筑于槽孔清孔验收合格后4h内开始。

(5)开浇顺序严格遵守先深后浅的原则。

(6)开浇后立即检查导管是否漏浆,发现问题立即处理。

(7)混凝土面上升速度不小于2m/h。

(8)导管埋入混凝土的深度不小于1m,不宜超过6m。

(9)每30min测量一次孔内混凝土面深度,每2h测量一次管内混凝土面深度;在开浇和结尾阶段适当增加测量次数。

混凝土施工按表2中要求执行。

混凝土拌和、浇筑的参数控制要求　　表2

序号	过程参数	参数要求	直接控制人	监督控制人	控制频次要求
1	拌和材料用量	按照配比进行	操作手	技术值班	每盘
2	拌和时间	拌的均匀	操作物	技术值班	每盘
3	导管间距	相邻两组之间3.5m;I期槽距端头1.0~1.5m,II期槽距端头1.0m	吊车或钻机操作手	技术值班	下设全过程
4	导管下设深度	底口距槽底15~25cm	吊车或钻孔操作手	技术值班	下设全过程
5	开浇	按规范进行	浇筑班长	技术值班	开浇全过程

续上表

序号	过程参数	参 数 要 求	直接控制人	监督控制人	控制频次要求
6	混凝土扩散度、坍落度	入槽塌落度 18 ~ 22cm,扩散度 34 ~ 40cm	试验员	技术负责人	每一盘,以后每两小时
7	混凝土面上升速度	不小于 2m/h	技术值班或其指定人	技术负责人	每 30min 测量一次槽内混凝土面深度开浇与终浇过程加密
8	导管埋深	1.0 ~ .0m	技术值班或其指定人	技术负责人	每 30min 测量一次槽内混凝土面深度,开浇与终浇过程加密
9	终浇高度	按设计要求执行	技术值班或其指定人	技术负责人	终浇过程
10	浇筑方量	校核实际与理论方量	技术值班或其指定人	技术负责人	每 30min 或需要时

5.2.3 墙体质量检查

墙体质量检查方式以钻孔检查为主,挖坑为辅,浇筑完毕后 28d 后进行,沿防渗墙轴线布检查孔,孔径宜为 ϕ91 ~ 110mm,检查孔深度与防渗墙深度相同,钻孔取芯,分段做注水试验,段长不大于 6m。检查孔封孔方法为注浆法,不可留有空洞,以免造成防渗墙的质量破坏。挖坑一般在防渗墙两端槽孔较浅处,深度不超 10m,检查防渗墙的接头及墙面光滑程度。

6 材料与设备

本工工法无需特别的材料说明,采用的机具设备见表 3。

机具设备表 表 3

序 号	设备名称	设备型号	单 位	数 量	用 途
1	钻机	CZ-22A	台	6	防渗墙造孔
2	粉碎机		台	2	加工黏土
3	输送泵	TL800	台	1	混凝土输送
4	搅拌机		台	1	混凝土搅拌
5	装载机	ZL-500	台	1	装料
6	检测设备		套	1	混凝土浇筑
7	秤		台	1	称量
8	导管		m	100	混凝土浇筑

7 质量控制

7.1 质量控制标准

(1)《混凝土质量控制标准》(GB 50164—92)

(2)《通用硅酸盐水泥》(GBJ 175—2007)

(3)《混凝土拌和用水标准》(JGJ 63—2006)

(4)《水利水电工程混凝土防渗墙施工技术规范》(SL 174—96)

7.2 质量保证措施

(1)施工中严格按设计图、设计文件、施工规范及施工措施组织施工。

(2)质量管理部门派出的质检人员和工程技术人员在现场工作进行检查时,有权对违反施工程序,不符合质量要求的施工行为,首先进行规劝,不听者可勒令停工,对已造成不合格的产品下达返工令。

(3)对整个工程的施工实行施工质量“三检制”。在三检合格的情况下,由工地质检工程师将检验成果呈交监理工程师进行核实,经监理工程师检查合格签字后,方可进行下一道工序的施工作业。

(4)在施工质量验收中,严格按照《水利水电基本建设工程单元工程质量评定标准》的要求对各工序的单元工程进行验收评定。

(5)按科学化、标准化、程序化作业,实行定人、定点、定岗施工。贯彻落实生产岗位责任制,实行质量指标与个人的经济效益挂钩,做到奖勤罚懒,奖优罚劣,确保一次达标。依据技术部、监理工程师的质量合格证及监理工程师认可的工程量。

(6)做好施工原始记录资料的整理和保管,施工原始记录是反映隐蔽工程施工质量的重要依据,要求准确、清楚、真实、可靠,做到及时收集、整理、分析汇总归档保存。

(7)解决施工中遇到的技术难题,确保工程顺利进行,保证工程质量。

(8)积极推行先进的施工工艺方法及检测设备,提高工效,防止人为差错。投入强有力的管理人员及工程技术人员参加施工,保证原始数据清晰、准确、可靠。保证竣工资料规范、齐全、准确。

(9)工程开工前,组织参与施工的所有人员学习各种技术规范,施工技术要求,以及质量安全管理的文件规定,项目制定的质量安全管理规定、奖惩措施,做到心中有数,施工中严格贯彻执行。

8 安全措施

8.1 认真贯彻“安全第一,预防为主”的方针,根据国家有关规定、条例,结合施工单位实际情况和工程的具体特点,组成专职安全员和班组兼职安全员以及工地安全用电负责人参加的安全生产管理网络,执行安全生产责任制,明确各级人员的职责,抓好工程的安全生产。

8.2 施工现场按符合防火、防风、防雷、防洪、防触电等安全规定及安全施工要求进行布置,并完善布置各种安全标识。

8.3 各类房屋、库房、料场等的消防安全距离做到符合公安部门的规定,室内不堆放易燃品;严格做到不在木工加工场、料库等处吸烟;随时清除现场的易燃杂物;不在有火种的场所或其近旁堆放生产物资。

8.4 施工现场的临时用电严格按照《施工现场临时用电安全技术规范》的有关规定执行。

8.5 电缆线路应采用“三相五线”接线方式,电气设备和电气线路必须绝缘良好,场内架设的电力线路其悬挂高度和线间距除按安全规定要求进行外,将其布置在专用电杆上。

8.6 钻机使用时必须挂好安全绳及安全围杆。

8.7 建立完善的施工安全保证体系,加强施工作业中的安全检查,确保作业标准化,规范化。

9 环保措施

9.1 成立对应的施工环境卫生管理机构,在工程施工过程中严格遵守国家和地方政府下发的有关环境保护的法律、法规和规章,加强对施工燃油、工程材料、设备、废水、生产生活垃圾、废渣的控制和治理,遵守有防火及废弃物处理的规章制度,随时接受相关单位的监督检查。

9.2 将施工场地和作业限制在工程建设允许的范围内,合理布置、规范围挡,做到标牌清楚、齐全,各种标志醒目,施工场地整洁文明。

9.3 对施工中可能影响到各种公共设施制订可靠的防止损坏和位移的实施措施,加强实施中的监测、应对和验证。同时,将相关方案和要求向全体施工人员详细交底。

9.4 设立专用排水沟、集浆坑,对废浆、污水进行集中,认真做好无害化处理。

9.5 定期清运沉淀泥沙,做好泥沙、弃渣及其他工程材料运输过程中的防散落与沿途污染措施,废水按环境卫生指标进行处理达标外,并按当地环保要求的指定地点排放。弃渣及其他工程废弃物按工程建设指定的地点和方案进行合理堆放和处治。

9.6 优先选用先进的环保机械。

9.7 使用钻机必须挂好安全绳及安全围杆。

9.8 做好混凝土拌和站防尘工作。

10 资源节约

利用当地黏土替代膨润土配制具有高流动性和较高抗渗性，低抗压强度和低静力弹性模量经济的混凝土。

10.1 节约工程投资：膨润土有专门出厂地，运至使用地造价高，黏土分布广泛，就地取材，减少中间运作环节，减小工程造价，在取得良好质量的同时节约了投资。

10.2 节约土地资源：膨润土一般埋藏在黏土下面，开采一方膨润土需要浪费4~5方黏土；膨润土埋藏比黏土深，开采后土地很难复耕，黏土埋藏浅，开采后土地可耕种。所以黏土替代膨润土可节约土地资源。

11 效益分析

11.1 本工法用黏土代替澎润土，就地取材，就地加工，充分利用当地资源，减少运输对环境影响，加工黏土在加工房内，能有效控制产生粉尘，粉尘是最好的黏土材料，同时有效控制粉尘对环境影响。黏土代替澎润土降低防渗墙弹性模量的成功，为以后防渗工程在类似情况下的设计施工提供了可靠的决策依据和技术指标，新颖的工法技术将促进防渗墙工程施工技术进步，社会效益和环境效益明显。

11.2 本工法就地取材，充分利用当地资源，减少中间运作环节，减小工程造价，由于黏土加工权自已撑握，能有效控制工程施工进度。

12 应用实例

12.1 曲靖上西山水库坝体混凝土防渗墙

上西山水库位于云南曲靖市麒麟区西山乡上西村旁，水库距曲靖市10km，位于珠江流域西江水系南盘江支流白石江上游段。水库总库容546万方，灌溉面积蓄1.2万亩，同时承担着西山乡2.5万人和曲靖市西城区部分居民生活供水。水库始建于1973年，经25年的运行，水库出现两次大的渗漏险情，虽作过相应灌浆处理，但没有从根本上消除险情。经勘探设计，对大坝进行黏土混凝土防渗墙加固处理。

通过公开招标，云南省水利水电工程有限公司承担混凝土防渗墙施工任务。于2005年6月开始施工，2006年6月完工。通过混凝土防渗墙处理达到以下目的：①解决大坝安全稳定；②解决大坝渗漏问题，使水库发挥良好效益。

经济比较见表4。

成 本 比 较 表4

每立方米混凝土掺量	单位(t)	单价(元)	金额(元)	每立方米混凝土降低成本	共浇混凝土6 000m³降低成本(元)
膨润土	118.03	0.9	106.47	99.37	596 220
黏土	118.03	0.06	7.1		

12.2 富源县响水河水库主坝进行黏土混凝土防渗墙加固处理

主坝坝体和坝基的防渗范围为0+000.00~0+260.00段底界穿过全风化层进入强风化层即可。

混凝土防渗墙布置于老坝轴线上，墙顶高程1 941.3m，墙体底界伸入强风化基岩1.5m，底部高程1 900.00m，墙体最大深41.3m，防渗墙长260m，厚0.6m，面积9 968.4m^2。墙体掺黏土的混凝土处理。

经济比较见表5。

成　本　比　较　　表5

每立方米混凝土掺量	单位(kg)	单价(元)	金额(元)	每立方米混凝土降低成本(元)	共浇混凝土5 600m³降低成本(元)
膨润土	130	0.9	117	109.2	611 520
黏土	130	0.06	7.8		

12.3　宣威市花椒水库坝体混凝土防渗墙

宣威市花椒水库位于珠江流域北盘江一级支流花椒河上，距宣威市中心3km，控制径流面积16.2km²，总库容365万m³，为小(一)型水库。花椒水库是一座以城市防洪为主，兼有灌溉，供水等功能的小型水利枢纽。

坝基为冲积层，坝肩基岩为全至强风化，透水率较大，渗流性态异常。大坝碾压质量差，经复核，正常运用工况下游坝坡最小坑滑稳定安全系数为0.954，低于规范要求。坝址区地震基本烈度为Ⅶ度，地震工况下游坝坡最小抗滑稳定安全系数为0.829，低于规范要求。安全鉴定确定该大坝为三类坝，必须进行除险加固。

根据以上安全问题，经多方案比较，对大坝进行黏土混凝土防渗墙加固处理。防渗墙布置在坝顶轴线上游0.5m处，厚40cm，底部伸入强～弱风化层。

经济比较见表6。

成　本　比　较　　表6

每立方米混凝土掺量	单位(kg)	单价(元)	金额(元)	每立方米混凝土降低成本(元)	共浇混凝土4 000m³降低成本(元)
膨润土	165.6	0.9	149.04	139.14	556 560
黏土	165.6	0.06	9.9		

填石路堤土工格栅包裹式边坡施工工法

GGG(云)A4020—2009

陈 勇 杨文明 王燕浩 何春花

(西南交通建设集团有限公司)

1 前言

在高速公路修建中,路基填石路堤边坡普遍采用块石码砌方法。随着高速公路建设的不断发展,在工程质量、进度、环保、外观等方面提出了更高的要求,填石路堤边坡采用土工格栅包裹式施工方法,不仅能加快施工进度,保证工程质量,而且能够使路堤美观、美化环境等优点。

2 工法特点

2.1 利用格栅包裹式边坡,增强路基结构的稳定性。

2.2 土工格栅上撒布细粒土,就地取用藤蔓枝条绿化边坡,淡化人工痕迹,使路堤美观,景观协调。

2.3 防止边坡水渗入路堤,带走填料的细小颗粒使路基的空隙率增大,影响路基稳定。

2.4 避免高密集劳力,机械化施工程度高,提高工效、确保安全。

3 适用范围

适用于高速公路路基填石路堤施工。

4 工艺原理

采用土工格栅包裹式边坡施工,土工格栅的抗拉强度较高、整体连续好、耐腐蚀和抗微生物侵蚀好、施工方便等优点。根据设计图纸进行施工测量,测定路基横断面,并确定土工格栅铺设长度和铺设间距。铺设间距与填石层厚一致,层厚不大于50cm。

包裹长度计算。取包裹单元分析如图1所示,如果包裹长度不足,也会发生拉拔破坏。

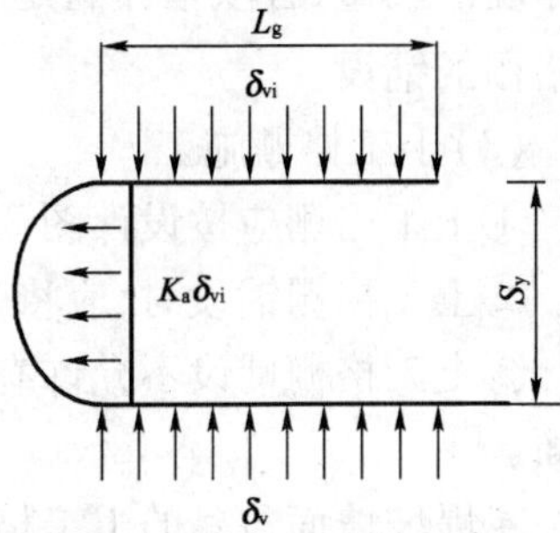

图1 包裹长度计算简图

包裹长度 L_g 按下式进行确定:

$$K_a\delta_{vi}S_y = 4L_g\delta_{vi}\tan\varphi \quad (1)$$

$$L_g = K_fK_aS_y/4\tan\varphi \quad (2)$$

式中:S_y——加筋间距;

φ——筋土界面内摩擦角;

K_f——主动土压力系数;

K_a——抗拔安全系数。

一般情况下,理论计算需要的包裹长度较短,工程设计中采用包裹长度不得小于2m。

除包裹长度计算处,土工格栅包裹式路堤的内部稳定验算和外部稳定性等均与《加筋挡土墙设计规范》的方法相同。

在铺设过程中,利用人工进行拉紧后用"U形钉"固定于填料表面,避免起褶皱。土工格栅材料之间的连接采用缝接法,缝接宽度不小于5cm。一般可采用尼龙绳缝接,纵向连接(平行于路基轴线)其缝接节点不超过30cm,横向连接(垂直于路基轴线)其缝接节点间距不超过50cm,确保整体受力的均匀性。

填石路堤的填筑按《公路路基施工技术规范》(JTG F10—2006)要求进行施工,每填一层,填方表面作整平处理,并进行碾压,直到压实程度符合要求,方可铺设土工格栅,以确保工程质量。

在路堤填筑过程中,包裹式边坡外露的土工格栅即时用细粒土覆盖,避免太阳光长时间暴晒。

路堤填筑完成后,格栅包裹式边坡上均匀撒布细粒土,就地取用藤蔓枝条绿化边坡,确保路堤美观;并且防止边坡水渗入路堤,带走填料中细小颗粒,影响路基稳定,是路堤填筑完成后的一项重要环节。

5 施工工艺流程及操作要点

5.1 施工工艺流程

施工准备→格栅包裹边坡施工→质量检测→边坡绿化防护→施工观测→施工稳定性控制。

5.2 操作要点

5.2.1 土工格栅包裹式边坡施工工艺流程如图2所示。

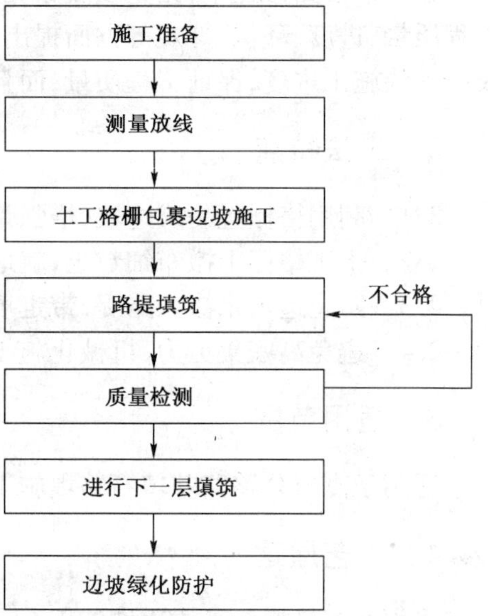

图2 工艺流程图

5.2.2 施工中的具体要求如下:

(1)施工放样

应首先按设计图,在实地每隔10m一个桩,测量路基横断面,以便准确确定土工格栅的铺设长度和铺设层数。

(2)路堤填筑

①填石路堤体的填筑按填石路堤施工要求进行。

②距堤坡坡面1.0m以内的路堤填料,其最大粒径不得大于8.0cm,以免刺破回折处土工格栅,利于整形和碾压密实,确保边坡稳定和施工进度。

③每一压实填土层厚度(层厚≤50cm)不得超过土工格栅的铺设间距,并且满足有关质量要求和规定。

④铺设土工格栅时,填方表面必须整平,严禁凹凸不平。

⑤下层填方压实完毕后,必须进行压实质量的检测及填石厚度的测量,各项指标满足要求后,方可进行上层填筑或土工格栅的铺设。

(3)土工格栅施工

①土工格栅应按设计图要求的间距及铺设长度,铺设于压实质量合格的路堤填料层表面。

②土工格栅铺设时,应将强度高的方向置于路堤轴线方向。

③土工格栅铺设不允许有褶皱,应用人工拉紧,必要时可采用"U形钉"等措施,使其固定于填料层表面。

④堤坡坡面包裹的土工格栅,应紧密和坡面填筑体接触,不得有空隙,而且形成的坡比不得大于设计坡比,整个坡面应保持顺直。

⑤铺设土工格栅材料的填石层表面应平整,严禁坚硬凸出物。

⑥土工格栅铺设以后应及时填筑填料,以避免其受阳光过长时间的直接曝晒,一般情况下,间隔时间不应超过24h。

⑦土工格栅材料之间的连接应牢固且连接处的抗拉强度(垂直于路基轴线方向)不得低于土工格栅极限抗拉强度的70%。其连接一般可采用尼龙绳缝接,纵向连接(平行于路基轴线)其缝接节点不超过30cm,横向(垂直于路基轴线)连接其缝接节点间距不超过50cm。缝接宽度不小于5cm。并且上、下

层土工格栅搭接缝应交替错开。

5.2.3 边坡绿化防护

(1)格栅包裹边坡的撒布细粒土边坡防护,是保证路堤美观和防渗的一项重要措施。

(2)格栅包裹边坡修筑完成后,应在格栅上撒布细粒土,应填充包裹格栅的外露孔隙且均匀放错台阶上,以利于植物生长。

(3)边坡绿化防护就地取用藤蔓枝条,适应当地气候条件,确保绿化效果。

(4)边坡防护用藤蔓枝条绿化应在路堤填筑完成后施工。

5.2.4 施工观测

应进行地基沉降、路堤沉降、地基侧向位移、路堤侧向位移的观测,如有条件,可进行土压力和土工格栅拉力或拉应变的测试。

5.2.5 质量检测

(1)格栅包裹边坡施工质量包括填土压实质量、加筋材料及铺设质量、边坡防护质量等内容。

(2)每完成一填土层或铺设完一层土工格栅后,均须进行相应的质量自检。

(3)土工格栅材料及铺设质量的检测

①用于本工程的土工格栅材料,必须进行抗拉强度的测试,抗拉强度采用带条拉伸试验测定每千平方米须进行一组试验,且其抗拉强度必须≥50kN/m,且拉断时的应变不得大于3%。

②土工格栅的连接强度采用带条拉伸试验测定,检测频率同,仅当各组测试数据均满足时,方认为合格。

5.2.6 施工稳定性控制

(1)本工程施工稳定性控制采用边桩侧位移和沉降进行。

(2)施工稳定控制标准为:侧向位移小于2mm/d,沉降小于5mm/d。

(3)当观测的侧向位移或沉降不满足要求时,路堤不得填筑,待侧向位移或沉降稳定后方可继续填筑。

6 材料及设备

本工法无需特别说明的材料,采用的机具设备见表1。

机械设备表 表1

序号	设备名称	设备型号	单位	数量	用途
1	压路机	YZ18B	台	2	压实
2	推土机	TY320B	台	1	平整
3	挖掘机	PC200-6	台	1	剔除超粒径石料
4	装载机	ZL50C	台	1	补料、倒料
5	东风车		台	若干	运填料

7 质量控制

7.1 格栅包裹边坡施工质量包括填土压实质量加筋材料及铺设质量、边坡防护质量等内容。

7.2 每完成一填土层或铺设完一层土工格栅后,均进行相应的质量自检。

7.3 土工格栅材料及铺设质量的检测。

7.4 土工格栅必须进行抗拉强度的测试,抗拉强度采用带条拉伸试验测定每千平方米进行一组试验,且抗拉强度必须满足不小于50kN/m,且拉断时的应变不得大于3%。

8 安全措施

8.1 认真贯彻"安全第一,预防为主"的方针,根据国家有关规定、条例,结合施工单位实际情况和工程的具体特点,组成专职安全员和班组兼职安全员执行安全生产责任制,明确各级人员的职责,抓好工程的安全生产。

8.2 施工现场要求进行布置,并完善布置各种安全标志。

8.3 边坡作业要戴安全帽,5m 以上边坡要拴安全带。

8.4 使用蛙式打夯机,电源、电缆必须完好无损。操作带绝缘手套,严禁夯打电源线,停止使用拉闸断电。

8.5 施工现场的临时用严格按照《施工现场临时用电安全技术规范》的有关规定进行。

8.6 人工出土,设有挡车木和挡车坎,禁止推飞车和撒把倒土。

8.7 机械作业应严格遵守其安全操作规程。

8.8 建立完善的施工安全保证体系,加强施作业中的安全检查,确保作业标准、规范化。

9 环保措施

9.1 成立对应的施工环境卫生管理机构,在工程施工过程中严格遵守国家和地方政府下发的有关环境保护的法律、法规和规章,加强对施工燃油、工程材料、弃渣的控制和治理,遵守有关防火及废弃物处理的规章制度。

9.2 将施工场地和作业限制在工程建设允许的范围内,合理布置、规范操作,做到标牌清楚、齐全,各种标志醒目,施工场地整洁文明。

9.3 对施工中可能影响到的各种公共设施制定可靠的防止损坏和移位的实施措施,加强实施中的监测应对和验证,同时将相关方案和要求向全体施工人员详细交底。

9.4 认真做好无害化处理,监督施工场地乱扔垃圾现象。

9.5 对施工场地经常清理,做到清洁,防止污染周围环境。

10 资源节约

在施工过程中,边坡绿化防护就地取用藤蔓枝条,适应当地气候条件,确保绿化效果;减少密集人工,机械化施工程度高,提高了工效。

11 效益分析

11.1 本工法将填石路堤边坡块石码砌改为土工格栅包裹,很好地节约了施工成本、缩短了施工工期,保证了工程质量,压实质量的检验方法具有更高的可靠性。从经济、实用角度出发,该工法值得推广使用。

11.2 本工法与边坡块石码砌相比,由于土工格栅良好的抗拉和耐腐蚀性能,以及便于连接成整体的特性,能与路基很好的结合为一体,保证了边坡的稳定;又在边坡上撒土后,利于绿化,使边坡与周围环境和谐统一;再防渗水,避免路基空隙率增大;最后减少密集人工,机械化施工程度高,提高了工效。

11.3 按《公路路基施工技术规范》,当填土高度大于 6m 时,码砌厚度不应小于 2m 计算,块石码砌:132 元/m^2;土工格栅(层厚 50cm):120.49 元/m^2;每平方米节支 11.50 元。

综上所述:填石路堤边坡采用土工格栅包裹施工能产生较好的经济效益和环保效益,新颖的工法技术将被推广利用,能产生较好的社会效益。

12 应用实例

蒙新高速公路第五合同 K21 + 760 ~ K21 + 800 段填石路堤采用土工格栅包裹边坡,该工程施工时间为 2006 年 10 月 ~2007 年 6 月。

12.1 工程实例一

蒙新高速公路第五合同段 K21 + 760 ~ K21 + 800 段为土工格栅包裹式边坡填石路堤,护坡结构图如图 3 所示。

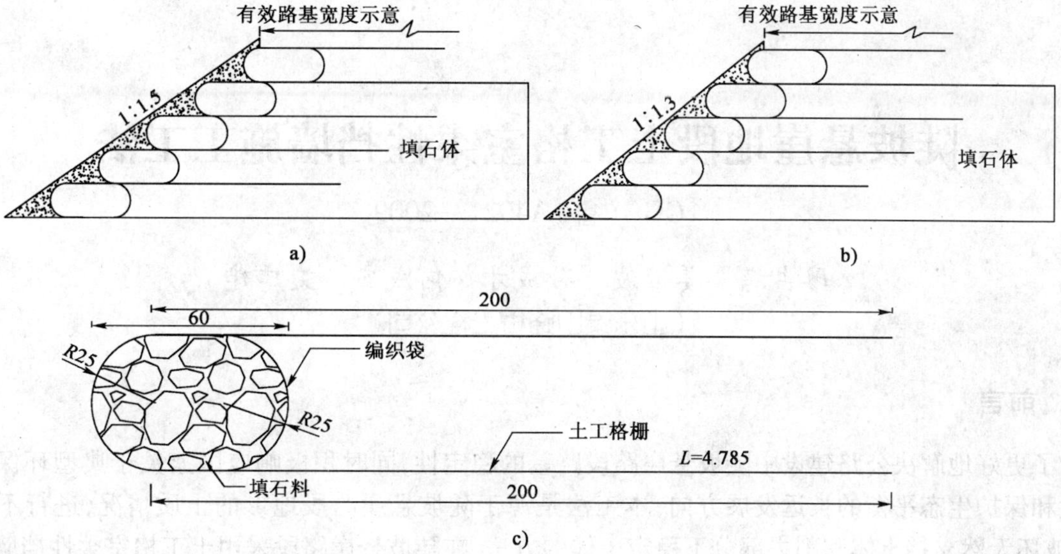

图 3　填石路堤格栅包裹式护坡结构图（尺寸单位：cm）

a）土工格栅包裹坡面详图（边坡坡度 1:1.5）；b）土工格栅包裹坡面详图（边坡坡度 1:1.3）；c）格栅包裹坡面单元大样图

土工格栅包裹式边坡填石路堤长度为 40m，该段填方高度为 9.34 ~ 16.01m，总填方量为 31 803m^3，边坡面积为 787m^2，所用土工格栅为 7 532m^2。至今已施工完成近两年，未出现任何质量问题。

12.2　工程实例二

我集团公司施工的小磨高速公路第十合同段位于云南省西双版纳勐仑镇，长度为 100m。

陡坡悬崖地段土工格室柔性挡墙施工工法

GGG(鲁)A4021—2009

廖占海　姜世波　孙成才　何成安　艾广建
(山东泰山路桥工程公司)

1　前言

为了更好地解决公路建设中陡坡悬崖路段路基的稳定性,同时积极响应国家关于典型环保示范工程建设和保护生态平衡的长远发展方向,本工法是源于陡坡悬崖路段地形的土质情况,进行不开挖坡脚、不破坏天然支挡土体和削去部分不稳定土体的方法,在陡坡悬崖路段采用土工格室柔性挡墙进行路基防护的支挡形式。

(1)采用该工法路基不放边坡,减少了永久性占地面积,保护了国家有限资源的利用。

(2)保持了土体的天然平衡状态,充分利用了天然土体的有利因素,最大可能地减小天然土体的不利因素。

(3)在保证路基稳定的前提下,使支挡物轻型化,施工简便,并能较好的绿化路基边坡,美化公路环境,起到环境保护的作用。

(4)通过这种新型生态环保柔性挡墙在陡坡悬崖路段的工程应用,为将来在高等级公路中开发和利用积累了一定的宝贵经验,并能够取得较显著的经济效益和社会效益。

2　工法特点

(1)土工格室柔性挡墙是一种高分子聚合物宽条带经过强力焊接而形成的三维网状结构,它伸缩自如,运输时可折叠起来,使用时张开,并在格室中充填砂、碎石或泥土等材料,构成具有强大侧向限制和大刚度的结构。

(2)土工格室柔性挡墙不仅稳定性好,还可以防止坡面被雨水冲蚀,在经济上与混凝土相比可大大降低造价。

(3)利用土工格室交错重叠铺设而使墙面呈现阶梯状的特点,在各层阶梯的土工格室内种植植物,从墙面呈现为三维植被网,从而真正起到了美化生态环境、保护生态平衡的作用。

(4)其填料可以就地取材,从而减少了工期,降低了工程造价。

3　适用范围

适用于陡坡悬崖地段路基很不稳定,在行车荷载的作用下,极易坍塌,适合采用土工格室柔性挡墙轻型支挡,不仅施工简便,美化路基边坡,而且保证了陡坡悬崖地段路基边坡的稳定。

4　工艺原理

(1)采用柔性挡墙处理陡坡悬崖地段,其柔性结构可以较好的释放土体的部分应力,稳定性好。并避免由于基础的不均匀沉降而造成的挡墙的结构性破坏。

(2)充分利用了土工格室对填料的侧向约束力和填料与格室自身的摩阻力,形成一个刚度大、强度高、整体性好的结构层,该结构层具有结构轻型化,规格标准化,施工简便等特点。

(3)为保证挡墙的整体稳定性,基础下部采用 M7.5 砂浆砌片石砌筑,墙面坡度视情况而定,一般设定为1∶0.2。挡墙上部为土工格室墙体,坡度一般设定为1∶0.5。在挡墙上面设置一定高度的填土边坡,坡度一般为1∶1.5,如图1所示。

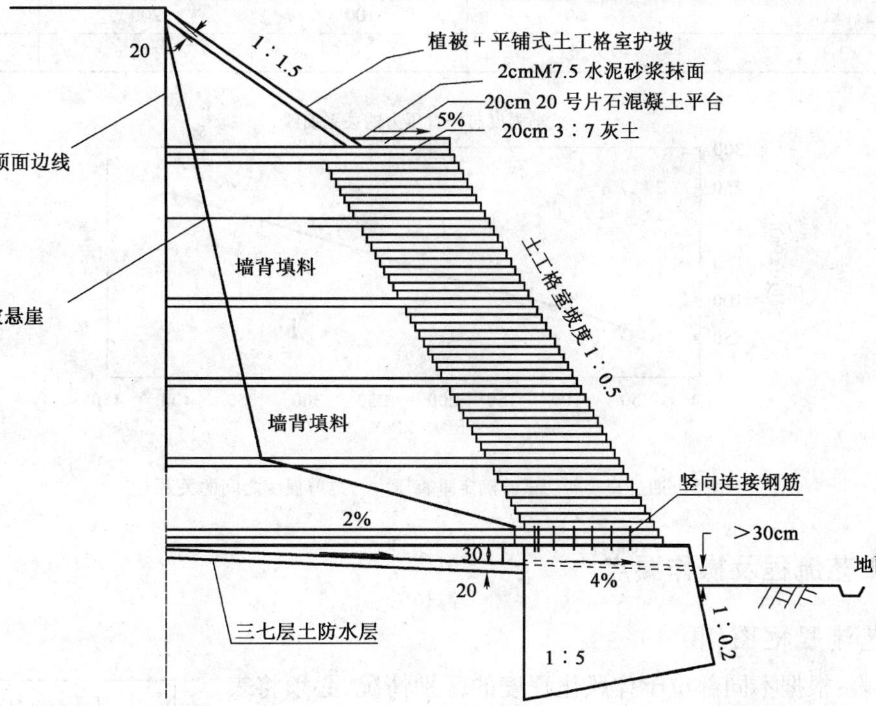

图1 土工格室柔性挡墙端部断面图

(4)击实试验(图2)

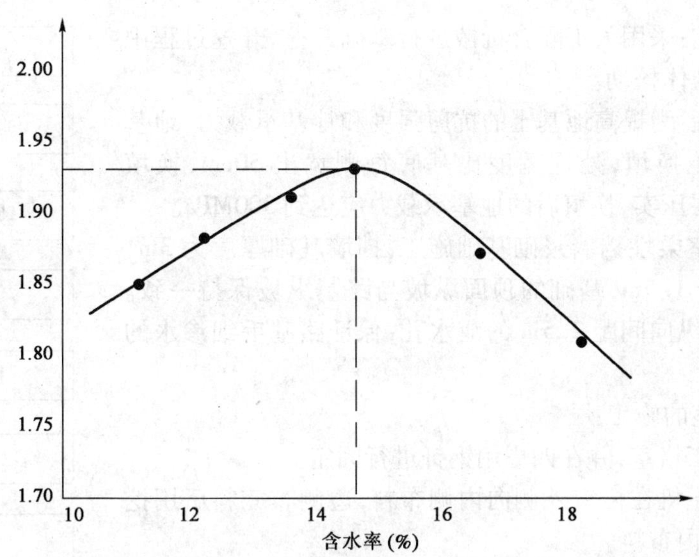

图2 最大干密度(ρ_{dmax})1.93g/cm³最佳含水率(w_{opt})14.60%

(5)直接剪切试验(表1、图3)

表1

试 验 方 法	直 接 剪 切	测力计校正系数(kPa/0.01mm)		0.0163
编号	1	2	3	4
环刀(g)	43.75	43.56	43.50	43.77

续上表

试验方法	直接剪切	测力计校正系数(kPa/0.01mm)		0.0163
环刀+土重(g)	159.04	160.49	158.43	157.85
测力计读数(0.01mm)	36	54	89	153
垂直荷载(kPa)	50	100	200	400
强度(kPa)	58	89	145	250

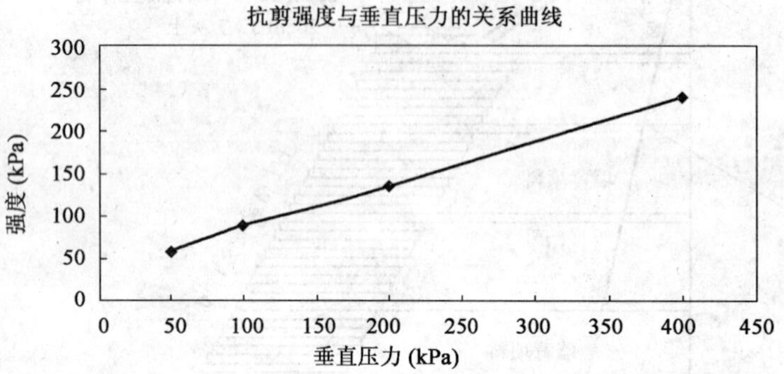

图3　通过直接剪切试验确定垂直压力与抗剪强度之间的关系

5　施工工艺流程及操作要点

5.1　工艺流程框图(图4)

5.1.1　清表:根据不同部位土体风化程度的区别情况,必须将表层风化土清除,并刷至坚硬的原状土。

5.1.2　定位放线:根据路基设计线形,沿路基方向放出挡墙基础大样。

5.1.3　基础开挖:采用人工配合机械进行基础开挖,开挖过程中尽量减少振动,防止土体松动。

5.1.4　基坑处理:为提高地基土的抗剪强度和地基承载力,地基土分为三层三七灰土换填,处理宽度比基底每侧宽出50cm,换填45cm,每层15cm,分层压实,换填后的地基承载力应达到300MPa。

5.1.5　土工格室柔性挡墙浆砌基础施工:挡墙基础厚度为3m,并且基础埋深不小于1.5m,基础的顶面纵坡与路基纵坡保持一致。基础的地上部分设置纵向间距2.5m的泄水孔,保证路基毛细渗水的排泄。

5.1.6　土工格室的施工:

(1)人工铺设土工格室,并在四周用钢钎进行固定。

(2)填料采用挖掘机在格室外侧向内侧布料,边侧布完料后用挖掘机向前推进向格室内布料。

(3)填料完毕后先用挖掘机初平,然后用人工挂线整平。三七灰土填料松铺厚度不得大于30cm,但不得小于25cm。

(4)达到压实条件后,方可采用压路机进行碾压。

(5)检查验收合格,压实度达到95%后,再进行上一层土工格室的施工。

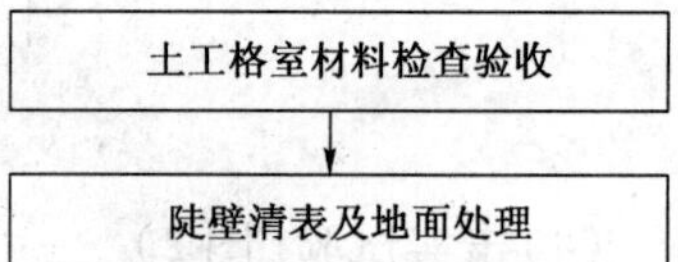

图4　土工格室柔性挡墙施工工艺流程图

5.1.7　玻璃格栅的施工:在填至上路床最后两层时,在每层的下面加设一层玻璃格栅。格栅一定要用钢钎间距纵横向 50cm 与原路基础严格固定,切实保证与原路基的连接。

5.2 注意事项及操作要点

5.2.1 基础施工完毕后,基坑周围的工作缝要及时回填夯实,并做成斜坡,以免积水下渗,导致基础沉降。

5.2.2 土工格室的固定连接:为保证土工格室柔性挡墙的整体稳定性,土工格室相邻板块采用合页式插销整体连接,每两层格室采用长 50cmϕ12 铆钉沿纵向间隔 2m,横向间隔 1m 进行固定(图 5)。

5.2.3 铺设土工格室时,必须完全张拉开土工格室,并用钢钎固定牢固后再上料,格室未填料前,严禁机械设备在其上行驶,防止未填料进入机械碾压格室变形。

5.2.4 土工格室固定锚钉应采取涂防锈漆防锈处理(图 6)。

图 5 拉铺格室层

图 6 钢筋防锈处理

5.2.5 填料三七灰土严格控制灰剂量,并用装载机翻拌掺匀。

5.2.6 土工格室挡墙墙面空当,要种植适宜当地环境要求的草种,草种洒布尽量靠近格室的外边缘,即格室的出露部位,同时加强早期养护,若发现大面积生长不良时应及时补种。

5.2.7 检查验收标准:土工格室柔性挡墙的检查验收主要是以压实度与平整度进行验收。

(1)压实度必须达到 95%。

(2)平整度,同一土工格室高度相差不允许超过 2cm。

6 材料与设备

6.1 材料

采用的主要材料见表 2。

本项目投入主要材料表 表 2

序 号	材料名称	备 注
1	土工格室	拉伸强度≥20MPa,拉伸模量≥650MPa,常温焊缝剥离强度>100N/cm,低温脆化温度<-23℃
2	级配碎石	
3	三七灰土	
4	片石	石料抗压强度≥30MPa
5	ϕ10 钢筋	
6	土工格栅	
7	ϕ12 铆钉	
8	草籽	

6.2 施工设备、仪器等

采用的设备、仪器见表3。

本项目投入设备、仪器表　　表3

序　号	机械、仪器名称	规格型号	数量(台、套)
1	推土机	D85	1
2	挖掘机	卡特 $1m^3$	1
3	装载机	ZL50	1
4	压路机	YZ18	2
5	自卸车	20t	3
6	洒水车	东风140(8t)	1
7	砂浆搅拌机		1
8	全站仪	拓普康	1
9	水准仪	BT28	1
10	经纬仪		1
11	钢尺	50m	1
12	多功能电动击实仪	1-0721	1
13	灌砂筒	1-0812	1
14	人工取土器、天平	1-0413	1
15	侧向压力测试传感系统		1

7 质量控制

7.1 质量组织保证

执行项目经理总负责制,建立质量保证体系,由项目部经理担任组长,项目技术负责人担任副组长,组员由项目工程师及现场施工技术人员组成。

7.2 明确质量责任

项目部与施工人员签定质量目标责任书,根据各自的岗位特点,制订岗位职责和质量任务目标,对每个施工环节都要做到不出现任何质量问题和质量隐患。从机械维修保养、原材料采购与检验等层层把关,确保每个环节的质量都在受控状态,以保证本工程整体质量不出现任何问题。

7.3 质量过程控制

7.3.1 抓质量管理,着力提高工程质量。针对事前、事中、事后三个过程的特点,全方位进行质量控制。

7.3.2 在事前控制中,着重抓了技术交底工作,技术交底做到一交到底,明确工程的质量标准、施工工艺及容易出现质量问题的环节。

7.3.3 在事中控制中,着重发挥专职质检员的作用,质检人员及时对工程进行检验,根据质量检验标准自检合格后报监理验收,对不合格工程坚决返工处理。

7.3.4 在事后控制中,对前期施工质量成果进行总结和积累,指导下一步工程施工。

通过对这三个环节的控制,能够及时消灭质量隐患,保证工程质量。

7.4 检查验收

7.4.1 格室材料要求规格:焊距80cm,格室高度20cm,格室板厚度1.25±0.12mm,具有整体排水功能。

7.4.2　土工格室性能指标：格室材料拉伸强度≥20MPa，拉伸模量≥650MPa，常温焊缝剥离强度 > 100N/cm，低温脆化温度 < −23℃。格室外露板材料要求具有较高的抵抗环境影响能力，有阻燃功能，同时颜色为绿色，使用寿命不小于30年。

7.4.3　为保证土工格室柔性挡墙的整体稳定性，土工格室相邻板块采用合页式插销整体连接，每相邻上下两层格室（40cm高）采用 $L = 50$cm 的 $\phi10$ 钢筋锚钉沿纵向间隔2m、横向间隔1m进行固定。

7.4.4　片式砌筑：采用色质均匀且达到设计强度要求的片式砌筑。每层厚度控制在25cm左右。

7.4.5　挡墙格室填料采用三七灰土，填料后必须压实，压实度达到95%。

7.4.6　根据陡崖外形尺寸，土工格室上部宽度可以适当调整，但最小宽度不小于3m。

7.4.7　格室墙背填料要进行分层填筑，与格室填料同时压实，不允许向着墙面斜坡填筑。

7.4.8　沿路线方向，每层格室的纵坡均为1.2%。格室每层外侧填料必须为素土或砂，并掺入一定量的化肥和草种，进行绿化。

7.4.9　土工格室填筑最上两层，分别铺设两层玻璃格栅，防止土工格室挡墙与原路基的纵向裂缝。

7.4.10　土工格室柔性挡墙路肩采用M7.5浆砌25cm片石砌筑，路缘石并采用凸缘石。

8　安全措施

（1）在施工中从体系保障、制度约束、教育提高、自检查堵四个方面入手，严格执行《中华人民共和国安全生产法》、《建筑工程安全生产管理条例》以及交通部颁发实施的《公路工程施工安全技术规程》（JTJ 076—95）等国家颁布的安全方面的法律法规，全力抓好安全生产工作。

（2）牢固树立“安全第一，预防为主、教育先行、制度保障”的思想。逐级建立安全组织机构体系，设置专职安全员，层层签订了安全责任书和安全生产责任状，提高职工的安全意识和自我保护意识，定期组织召开安全例会，检查安全生产责任制和安全措施的落实情况。

（3）施工中要做到：安全设施与主体工程“三同时”；事故处理“四不放过”；办公区、生活区、生产区布局合理；施工现场危险部位安全警示标志齐全；机械操作规程随机悬挂张贴；全部人员做到持证上岗；安全管理人员和技术人员挂牌上岗。形成人人重安全、人人讲安全、人人保安全的良好氛围。

（4）加强施工技术人员及机械操作人员的安全技术教育和培训，工程开工前首先要进行“三级”安全教育。建立施工安全档案，做好安全技术交底，对特殊工种的操作人员如压路机、挖掘机等必须持证上岗。

（5）现场技术人员及机械操作人员严格执行操作规程，各种机械设备、施工工具要完好，定机定人。如有夜间施工，应有充分的照明设备，同时还要安排夜间巡视人员。

（6）做好施工现场的危害因素识别及风险评价，并制定相应的管理措施及应急预案。

（7）接受上级安监部门、业主、监理单位对安全生产的监督、检查和指导，对提出的问题在第一时间进行整改，确保安全生产。

9　环保措施

（1）严格遵照执行《中华人民共和国环境保护法》等各级有关部门颁发的环境保护方面的法律法规，把环境保护当做关系民生的大事。

（2）把环境保护相关内容列入施工组织设计范围内，在编制施工组织设计的同时要充分考虑环保内容，做到环境保护有组织管理，有检查落实。

（3）合理安排施工作业时间，如周边有村庄，尽量避免夜间施工，特殊情况如需夜间施工的，需采取相应的隔音措施，同时灯光不允许直射民居。

（4）施工中产生的各种工程废弃物及生活垃圾要运到指定地点掩埋或销毁，不得沿路基堆放或在路基附近掩埋。

（5）自卸汽车在运输细料或容易引起扬尘的材料运输时，要用彩条布或篷布覆盖。

(6)施工中易起扬尘的路段要根据实际情况做到定期洒水抑尘。

(7)对全体职工及工人要进行环境保护交底,树立自觉遵守环境的好习惯。

(8)着力提高"人本化"水平,在施工过程中,及时清理回收施工过程中产生的废料,对每道工序科学安排,使工程切实达到生态环保、安全有序、文明施工。

(9)土工格室交错重叠铺设,在各层阶梯的土工格室内种植植物,从墙面呈现为三维植被网,真正起到了美化生态环境、保护生态平衡的作用(图7)。

图7　柔性挡墙边坡绿化

10　资源节约

(1)该工法施工不开挖路基坡脚,从而减少了耕地的占用,做到了国家有限资源的节约。

(2)可以充分利用当地的种植土资源、片式等材料,符合国家节能、环保等有关要求。

11　效益分析

11.1　经济效益

11.1.1　和传统的水泥混凝土施工方法比较,采用土工格室柔性挡墙工法减少了材料的消耗,填料可以就地取材,缩短了工期,降低了工程成本。

11.1.2　土工格室柔性挡墙防护和传统的圬工防护节省工程造价 20% ~40%,较一般的重力式挡墙,加筋土挡墙节省工程造价 10% ~15%。

11.2　社会效益

11.2.1　根据省厅要求将济莱路建设成为"精品工程、景观工程、生态工程、环保工程"的要求,同时本着保持土体的天然平衡状态,充分利用天然土体的用力因素进行了土工格室柔性挡墙的支护形式。

11.2.2　土工格室交错重叠铺设,使墙面呈现为三维植被网,可以种草绿化路基边坡,美化了公路环境,保护了生态平衡。

12　应用实例

山东省京沪线辅线济南至莱芜高速公路2005年4月份开工建设,2007年12月份通车并投入运营。其中第五合同段起止桩号为K28+150~K40+250,全长12.1km。K35+885~K35+965段路基位于章丘境内一河谷南部二级阶地之上,阶地坡度支立,阶地陡坡悬崖高度平均为15m左右。路基土为Q3黄土状土,土层裂隙发育,裂隙面直立,土顺裂隙面层层状剥落,表层风化较为严重。此段路床表面已出现长达3m以上的穿透性纵向裂缝,路基边缘出现崩塌,并已沿横向侵入路床范围0.92m。

济莱高速公路是山东省首条列入交通部勘查设计典型示范工程的项目,省交通厅对项目实施提出了"安全、环保、舒适、和谐"的理念和对项目"高起点规划、高标准建设、高效能管理",把项目建成"精品工程、景观工程、生态工程、环保工程"的要求。根据交通部典型示范工程的要求,建设单位坚持"不破坏就是最大的保护”及“设计上最大限度地保护生态，施工中最小程度地破坏生态，施工后最大限度地恢复生态”的原则，济莱路对边坡防护支挡构造物等人工痕迹明显设施的功能和形式进行多方面的探讨和实践。土工格室柔性挡墙就是为充分利用地质条件所采取的支挡防护形势之一。它适用于土侧压力不大的黄土陡崖路段路堤边坡稳定以及不宜栽植的风化岩、碎石土质路段的边坡绿化，能同时满足边坡稳定和绿化种植的双重要求。

土工格室柔性挡墙轻型支挡很好地保护了陡坡悬崖地段的路基稳定，美化了路基边坡。积累了轻型支挡路基边坡的经验，为土工格室柔性挡墙在将来应用于更多高等级公路提供了指导。

深孔矩形联排抗滑桩不跳桩开挖施工工法

GGG(中企)A4022—2009

祁　鹏　叶明超　谢正理　张继锁　王晓钟　吴育田　李　强
(安通建设有限公司　四川武通路桥工程局)

1　前言

本工法是依据2009年国道318线中尼公路樟木地质灾害治理工程形成的施工方法。国道318线中尼公路樟木地质灾害治理工程采用深孔矩形联排抗滑桩进行治理。在滑坡区共设置预应力锚索抗滑桩108根,抗滑桩设计最大孔径2.5m×3.5m,最深深度达38m。抗滑桩采用不跳桩人工挖孔桩施工方法进行。

2　工法特点

该工法采用不跳桩人工挖孔的主要特点是对山体扰动少、安全可靠、施工操作简单、工作面多、工期短,最大限度提高施工效率,为抢险保通提供必要保障。

3　适用范围

适用于松散堆积体上进行联排不跳桩人工挖孔桩施工作业。

4　工艺原理

4.1　施工难点

深孔矩形联排抗滑桩的施工难点有以下四个方面:

4.1.1　该抗滑桩是只在滑坡体上直接人工挖孔,由于滑坡体不稳定,成孔十分困难。

4.1.2　该抗滑桩是深孔矩形,在很多工程中以圆形深孔为主,圆形深孔施工放样容易,矩形放样十分困难,在施工中如果控制不好,矩形深孔容易发生扭曲,造成中心不在垂线上,而发生大规模塌孔。

4.1.3　由于该抗滑桩施工期间正值当地雨季,24h不间断雨水对成孔的浸泡,会造成深孔侧壁滑坡体的不稳定,土水压力随雨量变化增加,对作业人员造成威胁。

4.1.4　由于该抗滑桩为中尼公路的保通抢险工程,对施工进度要求严格,对施工工法提出速度上的要求。

一般人工挖孔桩作业要求跳桩开挖,这样能够保证作业安全,本次人工挖孔桩作业采用不跳桩联排作业形式,这样存在一定风险。

4.2　工艺原理

建立严格的质量控制和保障措施的前提下,对抗滑桩锁口进行必要加固,然后在滑坡体上布置监测点,监测水压力和土压力的变化情况,监测滑坡体多点位移情况。制订详细的施工方案组织施工,矩形孔口放样,严格控制五点垂线放样,每节人工挖孔结束后对孔内界限进行检查,严格控制桩的尺寸和垂直度。保证护壁混凝土强度质量。在联排作业时采用联排开挖、竖向错位开挖的形式进行,让各挖孔桩的作业深度成凹凸状进行,避免对不稳定土体的过大扰动,从而达到预期施工效果。

5 施工工艺流程及操作要点

5.1 施工工艺流程

测放单数桩桩位→清理并稳固桩孔附近坡面→施工抗滑桩锁口→单号桩开挖→护壁钢筋安装→大块定型钢模安装→混凝土浇筑→工字钢顶撑→双号桩开挖→护壁钢筋安装→大块定型钢模安装→混凝土浇筑→取消工字钢支撑→下放桩孔钢筋笼→浇筑桩孔混凝土。

5.2 操作要点

5.2.1 施工准备

(1)测定桩位,平整场地,修建截排水设施,对边坡进行清刷减载并对边坡采取喷混凝土、挂网、砌筑坡角墙等防护措施。

(2)安装井架,安装卷扬机等设备。

(3)备好各工具所需的机具、器材和井下排水、照明设施,并埋设滑坡变形、位移、土水压力的观测点,记录初始值。

(4)开挖前在孔口上方采用 $\phi48\delta3.5$ 钢管搭设雨棚支架,支架上覆盖彩条布避雨,保证全天候作业,且下雨时孔口无雨水下流冲刷孔壁,并在孔口周围开挖排水沟,防止积水和雨水流进孔内。

5.2.2 锁口制作

按设计做好锁口盘,锁口盘的顶面应高于原地面线50cm,以防止桩口沉陷及地表水流入。

5.2.3 不跳桩开挖施工要点

采用不跳桩竖向同时开挖,桩间净距仅2m,相邻两桩间施工扰动极大,存在极大安全隐患。为此,只有采取相邻桩孔竖向错开开挖,错开开挖高度以7m为宜,即首先按照跳桩开挖的原则跳桩开挖第一批桩,待第一批桩开挖7d,其开挖深度已达7m,最上节浇筑钢筋混凝土护壁已达7d强度,开始插入第二批桩孔开挖,两批桩平行开挖以确保竖向错开高度,并确保与第二批桩开挖土层相邻的第一批桩护壁已达7d强度,同时严格按设计要求在桩孔内按规定间距设置工字钢水平支撑。当第一批桩开挖至岩层后,适当加快第二批桩开挖速度,争取两批桩同时完成,由此达到减小开挖扰动的目的。

5.2.4 护壁施工

(1)抗滑桩应分节开挖,每开挖一节,应及时做好该节护壁,当护壁混凝土具有一定强度后方可开挖下一节,为了保证工期,护壁应加早强剂。护壁各节纵向钢筋必须焊接,禁止简单绑扎。为减轻开挖时对孔壁的振动,以风镐开挖为主,局部可配合风枪。石质较坚硬地段,采用风枪钻浅眼松动爆破。开挖顺序为先中间部分,后孔壁部分。

(2)护壁支撑

立模前先清除护壁上的浮土和松动石,护壁应避免在土石分界处和滑动面处分节。按设计强度等级和厚度灌注护壁钢筋混凝土。浇筑护壁混凝土时,必须保证护壁不侵入桩截面净空以内,桩坑开挖过程中应随时校准其垂直度和净空尺寸。

5.2.5 出渣及孔内排水

当桩孔内人工装渣,使用卷扬机作提升设备,人工小车运至卸渣点,统一采用汽车运至监理工程师同意的弃渣场。孔挖至有水时,采用离心泵及时抽水。

5.2.6 模板支撑系统设计

为有效缩减常规小钢模拼装时间,并确保护壁混凝土浇筑完成后,桩孔内有足够空间可进行土方开挖,采用大块定型钢模直接吊装,并在大块钢模板面内侧按一定间距有序设置工字钢对撑,预留土方开挖空间,并确保混凝土浇筑时承受混凝土侧土压力。按照土层厚度 $H=20$m 设计大块钢模,钢模按混凝土护壁设置要求,高度采用1m;为尽量减少钢材用量,又能在混凝土浇筑完成后有足够土方开挖空间,拟采用在一定厚度钢板上加竖肋及横肋,并在竖向钢模中间加三道工字钢水平支撑。

5.2.7　特殊地质情况桩身开挖

若滑坡地段地表水、地下水丰富,桩身开挖过程中渗水量大,土质流动性大,呈流塑状,桩身护壁四周坍塌严重,成孔困难。则可以采用如下加强措施:

(1)已完成的护壁,由于变形、开裂严重,用钢板护住护壁,钢板外用工字钢和钢筋焊接固定,为稳固钢板和工字钢,每米护壁,在抗滑桩的3.5m方向打入6根3m长的锚杆,2.5m方向打入4根3m长的锚杆,使其牢靠。

(2)在已完成的护壁上开孔,由孔口处向护壁后空洞部分填充C20混凝土,直至护壁后空洞完全密实为止。护壁开孔由上往下,尺寸为30cm×30cm方孔,按2m间距梅花形布设,并在开孔处适当加设ϕ32螺纹钢,使护壁、填充混凝土、桩周土体形成一体。

(3)护壁混凝土厚度由原设计的20cm调整至50cm,护壁钢筋由原设计ϕ12钢筋网调整为ϕ32钢筋网。抗滑桩每节护壁长度控制60cm。

(4)为保证抗滑桩顺利施工,在滑动面地段布置超前小导管,超前小导采用$L=2\text{m}\phi42\times4$花管,间距为50cm×50cm梅花形布置,外插角30°,小导管超前有效长度为1.73m,可以分二个至三个循环进行开挖。小导管采用双液注浆机注双液浆,双液浆配合比为C:S=1:0.5,水灰比为0.7:0.9,注浆压力为2.5MPa。小导管不仅固结已开挖段护壁四周背后松散体,还起到超前支护的作用。

(5)如果护壁在开挖时,不能继续向下开挖,就必须回填透水性材料碎石土至开裂处进行二次开挖。

6　材料与设备

6.1　材料

6.1.1　碎石:石质坚硬、洁净、干燥、具有良好抗压强度的二岩石英片麻岩,级配符合AC-16筛分要求。

6.1.2　砂:中粗天然砂,细度模数2.3~3.0,视密度不小于2.5g/m^3,主要从中尼公路K5322里程的曲乡自采。

6.1.3　ϕ25mm钢筋、大块钢模、工字钢支撑。

6.1.4　水泥:32.5级水泥。

6.2　机具设备

6.2.1　开挖设备:卷扬机54台,风枪40个,风镐若干个。

6.2.2　其他设备:60输送泵一套(HBT),强制式搅拌机9台(JZC350),15t以上自卸汽车、空压机、装载机,吊车、挖掘机,发电机等。

6.2.3　检测设备:声测管,检测桩的完整性、桩长、均匀性。多点位移计、土压力盒、测斜计等。

7　质量控制

7.1　抗滑桩质量检验标准

桩孔开挖主要允许偏差项目(基底高程:±50mm,基底平面尺寸:不小于设计,受力钢筋(灌注桩)±20mm,竖直度挖孔桩:0.5%桩长且不小于200mm,钢筋骨架底面高程:±50mm)。

7.2　钢筋施工质量控制

桩身钢筋就地加工,由于地面绑扎钢筋整体吊装受空间限制,难度大。桩身钢筋的绑扎采用孔内绑扎钢筋笼。具体的做法为每侧先立3根钢筋,竖向间隔2m绑扎一圈箍筋,形成骨架,再逐根按设计绑扎主筋和箍筋。绑扎竖向固定箍筋可用电焊与主筋焊接,但点焊不能烧伤主筋。孔内有水,电源引入孔内,地面应装漏电保护器,钢筋笼周围用短钢筋支顶于护壁,控制钢筋笼稳定和保证混凝土保护层厚度。竖向主筋或其他钢材的搭接应避免设在主滑层上,搭接焊以双面搭接焊连接,搭接长度不小于5d,焊接时注意焊接质量,焊缝高度不小于0.3d。焊缝宽度不小于0.7d,并使搭接两根钢筋的轴线在一条直线上。主筋接头采用电渣压力焊连接,接头避开弯矩最大处。

7.3 不跳桩开挖施工的质量控制

7.3.1 采取措施,确保支护混凝土强度

由于挖孔桩施工期跨越冬季,气温较低,混凝土强度增长较慢,导致护壁混凝土拆模时间较长。为有效缩短混凝土形成强度时间,增加桩孔开挖有效时间,必须在混凝土拌和料中掺加减水剂及早强剂,减水剂掺量以水泥用量的1%为宜、早强剂掺量以水泥用量的4%为宜,以尽量减少水的用量,提高混凝土的早期强度,使混凝土3d强度达到设计强度的50%以上。前3d靠模板及支撑整体抵挡土压力,确保安全。在混凝土强度未达到设计强度的50%以前不能拆模,但下节桩孔开挖及支护又不能停止,按照每天开挖并支护一节(1m高),按每节护壁达3d强度后取掉工字钢支撑并拆模推算,需采用三套模板倒用。护壁模板拆除后,必须及时用工字钢予以顶撑抵挡土压力,待相邻桩孔挖至与该节护壁齐平时,该节护壁已达7d强度(设计强度值的70%以上),完全可以确保相邻桩孔开挖的安全。

7.3.2 加强护壁长边方向钢筋,取消长边护壁支撑

原设计挖孔桩护壁为40cm厚钢筋混凝土,每节1m高护壁在平行于长边方向设10根ϕ20受力钢筋承担长边方向的弯矩及剪力,并需在垂直于长边设三道支撑。根据设计支撑受力要求,需在垂直于长边方向用工字钢支撑,才可确保桩孔安全。但由于桩孔护壁先浇筑,工字钢支撑后顶撑,工字钢支撑与混凝土护壁很难紧密接触,只有在护壁受力变形挤压方能确保支撑被动受力;且由于工字钢自重较大,如工字钢未顶紧受力,极易下掉,对下部桩孔开挖形成安全威胁;同时由于工字钢支撑占位将导致桩孔箍筋无法提前制作下放绑扎,只能将箍筋分解成短截下放再焊接,从而导致工期拖延。为此,建议根据不同土层厚度验算护壁所需钢筋,对护壁钢筋予以适当加强,使护壁混凝土满足强度要求后,能够取消工字钢支撑。

7.3.3 灌注桩身混凝土

(1)为防止孔内渗水,先在孔底用1:3的水泥砂浆铺底10cm;清除护壁上凸出部位和杂物,湿润护壁混凝土。在塌方地段的护壁有裂纹时应用风枪布眼压浆,以加强桩的抗滑力。

(2)使用串筒或导管灌注桩身混凝土,其中滑坡上边坡抗滑桩采用混凝土输送泵输送,机械振捣。灌注应连续进行,第一捣固层厚度不宜超过30cm。当滑体有滑动迹象或需加快施工进度时,可采用速凝早强混凝土。

7.4 其他措施

7.4.1 严格按照国家有关“桩基、地基基础工程施工质量验收规范和公路工程质量检验评定标准”进行施工,确保桩基施工质量。

7.4.2 严格按照审定的施工方案组织施工。

7.4.3 加强施工现场的项目管理和技术管理。

7.4.4 指定专人任质量员,负责把好成孔和桩芯混凝土浇筑作业的质量关,负责每道工序的质量验收。

7.4.5 每道工序都必须经项目部的质检员和监理工程师共同验收合格后,方可进行下道工序的施工。

7.4.6 及时办理各种技术签证和填写各种记录,做到资料齐全,数据准确。

8 安全措施

8.1 人工挖孔,对孔壁的稳定及吊具设备及孔内气体情况等,应经常检查。

8.2 人员下孔前,先用鼓风机将孔内空气排出更换。挖孔深度超过10m时,采用机械通风,人员上下孔须配安全带。

8.3　在围岩松软破碎和滑动面节段，护壁内顺滑坡方向用临时横撑加强支护，并注意观察其受力情况，及时进行加固，当发现横撑受力变形，破损而失效时，井下人员立即撤离。

8.4　对于正在作业的路段，在路口树立醒目的施工标志牌，提醒过路行人、车辆，以免路人、车辆在开挖区内行驶。

9　环保措施

环境保护是我国的一项基本国策，做好环境保护和水土保持工作与国家的可持续发展密切相关，按照环保局及经理部文件的有关要求做好施工环保、水土保持和文明施工。具体措施如下：

9.1　工程施工以不破坏原生态环境为原则，因施工需要必须破坏的区域，工程收尾后进行植被复原。

9.2　建立文明施工环保、水土保持和文明施工管理体系，完善管理制度。

9.3　实行施工环保、水土保持和文明施工管理责任制，将施工环保、水土保持和文明施工与各作业班组和管理人员奖金分配挂钩。

9.4　制订施工环保、水土保持、文明施工、施工现场管理、施工秩序管理、施工安全管理细则，并认真落实。

9.5　项目部每月进行一次施工环保、水土保持和文明施工检查，针对检查中发现的问题限期整改。

9.6　防止污染措施：

9.6.1　施工现场内道路平整、顺畅，排水良好。临时设施均按标准硬化地面，施工用水一律排到指定水沟，不得随意乱排乱放，影响当地水源。

9.6.2　合理分布动力机械的工作场所，尽量避免同处运行较多的动力机械设备，对噪声超标的机械设备，采用装消音器来降低噪声。

9.6.3　落实门前三包措施，切实做好水泥、砂石进场，保持现场条理化，场地弃土由汽车及时运走，工具及材料堆放整齐，做到文明施工，场地整洁、有序。

10　资源节约

该工法采用不跳桩人工挖孔，其主要特点是对山体扰动少、安全可靠、施工操作简单、工作面多、工期短，最大限度提高施工效率。通过雨季护壁加固施工，节约了工时，缩短了工期，同时，也可以减少因山体滑动，对抗滑桩的破坏，有效地防止山体滑坡。

11　效益分析

该工法成功应用于国道318线中尼公路樟木地质灾害治理工程，虽然在施工中不可避免的有一些风险存在，但节约了抢通的时间，提高施工的效率，为部队纳入国家应急救援力量体系，处置应急事件提供了丰富的施工经验。

12　应用实例

本工法应用于国道318线中尼公路樟木地质灾害治理工程抗滑桩施工，工程开工于2009年5月26日，虽然滑坡体地质灾害比较复杂，但部分抗滑桩按上述施工方法施工完成后，在长达6个月的雨季过程中，滑坡体未出现较大幅度滑移，确保了中尼贸易黄金通道的畅通，从而，有效地控制了滑坡体变形失稳，取得了较好的预期效果。

挤扩土钉与锚杆施工工法

GGG(中企)A4023—2009

通振远　张国梁　史生军　梁彦伟　王占奎　王大庆
(中冶交通工程技术有限公司　北京支盘地工科技开发中心)

1　前言

目前,土钉与锚杆支护技术在国内外正处于推广和发展时期,各种创新方法不断涌现。本工法主要阐述了挤扩土钉与锚杆技术在公路工程等领域内基坑边坡稳定的方面的实际运用,解决了公路工程等领域内深基坑边坡土钉与锚杆承载力不足以及提高边坡稳定性能,达到支护防护目的的问题。其主要技术特征是:成孔过程中,在原状土体内采用挤压扩孔设备通过挤压扩孔,在孔的尾端和中间的某些部分扩出直径大于孔径的几个节点(也可只扩尾端),置筋注浆固结后形成了一个有钢筋的支盘变径的尾翼式挤扩土钉与锚杆受拉结构,如图1所示。这样,人为地在支盘(尾翼)部位给土钉与锚杆增加了端承力(尾翼端),因而增强了土钉与锚杆的抗拔力。从工程实例的使用效果来看,该工法具有较强的先进性,具有显著的节能减排效果,值得推广和借鉴。

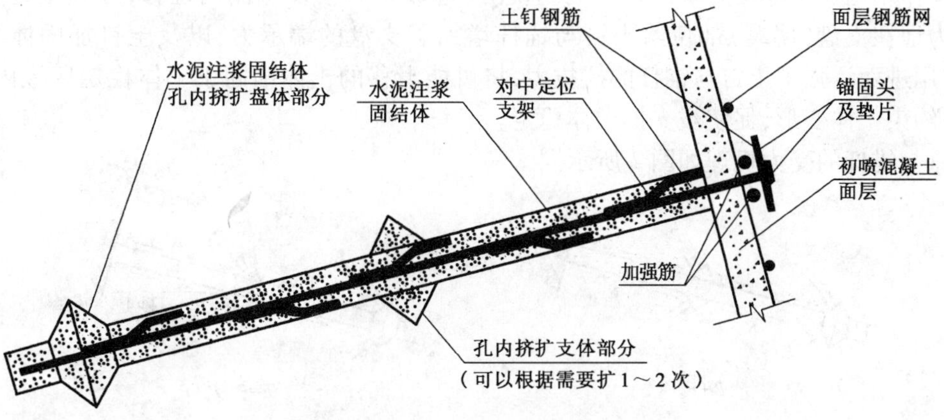

图1　挤扩土钉与锚杆示意图

2　工法特点

2.1　开发了挤扩设备,工艺简单,占地少,施工自由度大。

2.2　支盘结构轻巧,具有良好的抗震性能和延性。

2.3　安全稳定可靠,可以合理地利用坑周土体的自稳能力,支护后基坑及边坡变形均很小。

2.4　挤扩施工设备简单轻便,操作方法简单。不需要太过复杂的技术和大型设备,有很大的灵活性。

2.5　施工材料用量和工程量都很少。

2.6　对场地土层的适应性强。

2.7　施工费用低廉,经济实用,工程造价远远低于其他支护施工类型。

2.8　施工工期相对较短,随挖随支,挖支可流水作业,迅速便捷,相得益彰。

2.9　便于信息化施工与反馈设计。即时监测,及时反馈,随时调整设计和施工方案,能做到信息化施工。

3 适用范围

3.1 边坡稳定方面的加固及防护。能用于加固可能失稳的风化山体边坡。

3.2 永久挡土拉锚结构。一般可与施工时的临时支护相结合使用,如隧道洞门端部挡墙和洞口两侧挡墙,桥台挡墙,路堤、路堑土坡挡墙等。

3.3 挡土抗拉结构的修理、改建和加固。如各类挡土墙的维修和加固,各类支护发生失稳或变形过大以及公路水毁后的抢险加固等。

3.4 土体开挖临时支护。用于深基坑的开挖地下工程施工开挖、土坡开挖等,基坑或竖井的支挡,基坑工程抢险。

3.5 与预应力锚杆等其他支护形式相结合做基坑和边坡的防护。

4 工艺原理

挤扩土钉与锚杆支护的工艺原理:加固作用和约束锚固作用。

加固作用是在成孔过程中,在原状土体内通过挤扩设备挤压扩孔,在孔的尾端和中间的某些部分扩出直径大于孔径的几个节点(也可只扩尾端),置筋注浆固结后形成了一个有钢筋的支盘变径的土钉与锚杆受拉结构。在空间组合上形成具有一定骨架作用的立体拉杆结构,通过注浆固结将土钉与原位土体黏结在一起形成复合土体,土钉与原状土共同作用。另外,土钉注浆的浆液置换出部分土体,并向土体中的裂缝或软弱区域渗透、扩散和充填,尤其是压力注浆,在注浆点集中地形成浆泡,通过浆泡挤压邻近土体,使土体压密并提高其剪切强度。这样,通过钢筋骨架牵拉和压力注浆的挤压密实,大大提高了原状土的强度和刚度,起到加固土体的作用。

约束锚固作用是在土体受力条件改变的情况下,边坡土体会发生侧向位移,导致土钉受力发生改变。通过人为地在支盘(尾翼)部位给土钉与锚杆增加了支盘的端承力,以及土钉加固体与土的摩阻力,其相互作用进而增强了土钉与锚杆的抗拔力,将可能滑移的土体锚固于土体稳定区域内,与土体共同承担荷载,约束土体变形,促使被支护土体稳定。

挤扩土钉与锚杆的受力机理如图2所示。

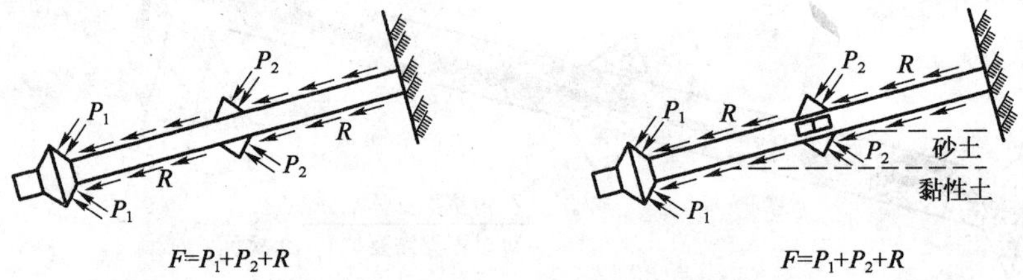

图2 挤扩土钉与锚杆的受力机理

F-端承力和摩阻力之和;P_1,P_2-支盘端承力;*R*-土钉摩阻力

5 施工工艺流程及操作要点

5.1 施工工序

施工准备 → 开挖 → 修理边坡 → 喷射第一层混凝土面层护壁 → 布设孔位 → 成孔 → 挤扩、清孔 → 安置土钉钢筋(或有孔花钢管) → 注浆 → 挂铺钢筋网 → 喷射第二层混凝土面层 → 背后注浆 → 相关排水 → 混凝土面层养护 → 循环进入下一层开挖

5.2 挤扩土钉支护施工的要求

挤扩土钉支护作为一种挡土支护结构应满足规定的强度、稳定性、变形和耐久性等要求,其施工具有下列特点。

5.2.1 施工过程中必须始终与现场的监测相结合,通过变形等测量数据和施工过程,不断发掘现场地质情况,及时指导下一步的施工;

5.2.2 挤扩施工应按照排挤交挤工序要求进行;

5.2.3 上层土钉注浆体与喷射混凝土面层达到设计强度70%以上方能开挖下层土方及进行下层土钉施工;

5.2.4 基坑开挖和土钉施工应自上而下、分层分段进行;

5.2.5 要保证土钉与支护面层的牢靠连接。

5.3 施工工艺

5.3.1 施工准备

(1)技术准备

①熟悉设计图纸及有关设计文件,全面领会设计意图,并与现场进行核对,检查图纸与其各组成部分之间是否一致,有无矛盾的地方。

②熟悉相关的标准、规范。

③对现场自然条件进行调查分析,熟悉现场及周边的地质、水文、气象、施工现场的地形地物等。勘测基坑及其附近地下障碍物、管线位置图。

④对现场技术经济条件进行调查,调查的内容包括:施工现场的动迁状况、当地可利用的地方材料状况、地方能源和交通运输状况、当地生活物质供应状况、可提供的施工用水用电状况、设备租赁状况等。

⑤施工前的设计技术交底。

⑥编制专项施工方案,并进行必要的专家论证。

(2)劳动组织和物质准备

①建立项目部组织机构,分工明确,责权具体。

②合理设置施工班组,认真考虑专业和工种之间的合理配置。

③组织专业施工队伍进场,并对工人进行技术安全操作规程以及消防、文明施工等方面的培训教育和交底。

④编制施工计划和施工技术交底。

⑤建立健全各项管理制度,如技术质量责任制度、工程质量检查验收制度、安全操作制度、岗位责任制等。

⑥物质准备,如钢筋、水泥、砂石、机械设备、小型生产工具等。

(3)施工现场准备

①布设基线桩、水准标点,进行三角控制网的复测,建立满足施工要求的平面、立面施工测量控制网,设置轴线定位点、水准基点、变形观测点等,并妥善保护。

②搞好现场"四通一平"。

③搭建临时设施,合理安排好办公住宿和生产用地用房。

④安装调试施工机具,对所有施工机具都必须在开工前进行检查和试运转。安排现场水、电、照明及施工工作面。

⑤辅料的试验和储存堆放。按照进度计划及时进行材料的试验,如钢筋机械性能,混凝土、水泥浆的配合比和强度试验等。

⑥制订详尽的可操作的施工现场消防安保措施。

5.3.2 开挖

(1)开挖应从上到下、分层分段进行,严格按照开挖顺序进行作业。每层开挖层距为1~2m,段长为5~20m。根据设计图纸和开挖坡度要求,计算好边坡开挖线和基坑核心土边线。基坑具体每一层的开挖顺序如图3所示。

①先开挖基坑核心部分。

②接着对角挖A部分。

③然后对角挖B部分。

④最后对边挖C部分。

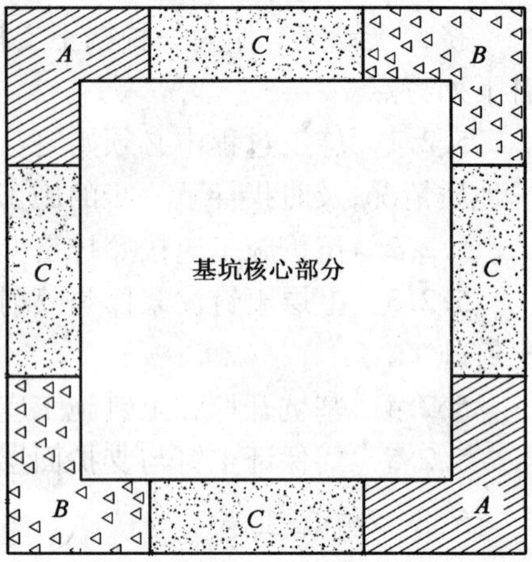

图3 基坑开挖顺序图

(2)采用机械作业时,单步开挖深度要严格控制高程,严禁超挖边坡。最好基坑的边坡预留100mm左右的坡面用人工进行清理,确保边坡开挖质量。

(3)开挖边坡尽量缩短边坡土体的裸露时间,尤其对那些自稳能力较差的土体,应速挖速支,确保在限定的时间内完成开挖和支护。

(4)如果在开挖过程中遇到土质异常等情况,和原设计图纸不符时,务必及时反馈,以便采取相应的后继措施。

(5)上层作业面的土钉注浆体与喷射混凝土强度达到设计强度70%以上之前,不得进行下一层土方的开挖。

(6)基坑开挖至基坑垫层以上300mm时,应进行基坑验收,并采用人工挖除剩余土方,挖至设计高程后及时平整基坑,疏干坑内积水,并及时施作垫层。

5.3.3 修理边坡

机械开挖后应人工修整坡面,坡面平整度及坡度控制在允许偏差范围内,符合设计规定要求。

5.3.4 喷射第一层混凝土面层护壁

(1)喷射第一层混凝土面层主要是为了护壁,防止边坡土体暴露时间过长而脱落、塌陷。

(2)喷射混凝土前应做好准备工作,预埋喷层厚度标志。对喷射机械设备进行全面检查,并进行试喷,确定相关喷射参数。

(3)喷射混凝土应分段分片依次进行,同一段内应自下而上喷射。

(4)为搭接牢固,段片及层层之间均要做成45°的斜面,确保面层整体质量。

(5)喷射时,喷头与受喷面保持垂直,并保持1.0m左右的距离。喷射过程中要保持喷射混凝土表面平整,无干斑或滑移流淌现象。

(6)控制好水灰比,水灰比不大于0.45。

(7)水泥浆液存放时间要严格控制。如果水泥浆液不掺速凝剂时,存放时间不得超过2h;如果水泥浆液掺加速凝剂时,存放不得超过20min。

(8)第一层混凝土厚度控制在40~50mm。

5.3.5 布设孔位

在第一层面层养护期间,应布设土钉孔位,上下排土钉之间错开排列,整体上呈梅花状布置,孔位允许偏差不大于150mm。孔位在布设时依次进行编号。

5.3.6 成孔

(1)土钉成孔采用锚杆工程钻机钻孔,钻头采用异形挤扩成孔钻头。部分地段如果钻机钻进困难,可以使用洛阳铲进行掘进成孔。开孔时对准孔位徐徐钻进,待进尺达到一定深度且土层较稳定时,方可加速钻进,钻进过程中应随时检查钻头的磨损情况,防止成孔直径达不到设计要求。孔径、孔深、孔距、倾角必须满足设计标准,其误差要符合相关技术规程要求。挤压扩孔成孔过程见图4。

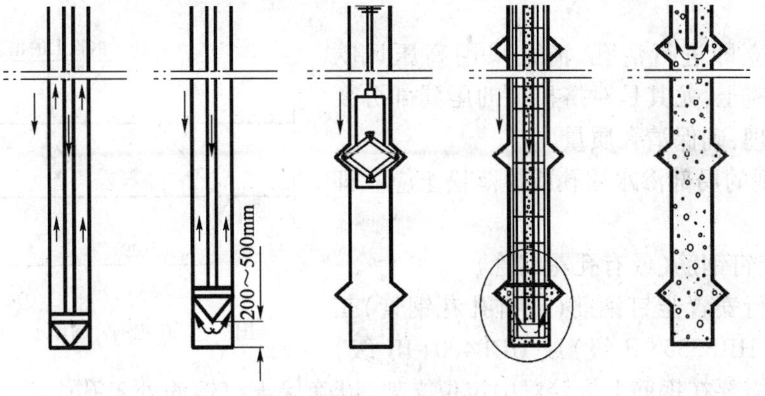

图4 挤压扩孔成孔过程简图

(2)成孔即将达到设计深度时,启用挤扩孔设备,将孔底端孔径扩大,形成大头尾端。根据地层和工程需要,孔道的中间也可根据情况扩孔一到两次,形成支盘(翼端),支盘在构造上形成了类似拉杆的立体骨架形式。这样,一个完整的尾翼式立体挤扩土钉拉杆骨架支护结构就形成了。挤压扩孔设备图见图5,注浆固结合土钉简图见图6。

图5 挤压扩孔设备图

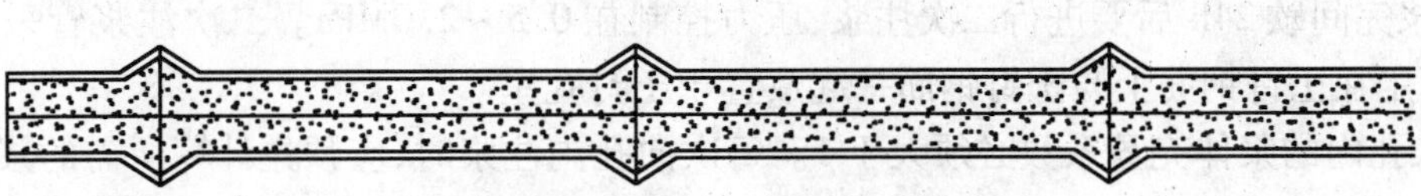

图6 注浆固结后土钉简图

(3)需要注意的是,尾翼端扩孔的位置不能在同一切面上,要根据地质条件和现场情况适当调整尾翼部位扩孔的位置,避免上下在同一切面上。调整位置的方法可以通过间隔跳打或调整钢筋的长度来控制。

(4)支盘必须在滑移面的外面。成孔前,通过计算确定滑移面位置。

(5)成孔过程中如遇障碍物需调整孔位时,应由设计出具变更通知。

(6)钻孔不得扰动周围地层影响支护安全,对塌孔处应及时处理。如出现边坡土体含水率较大,杂填土较厚,松散砂层等情况不宜进行人工成孔时,可采用有孔花钢管代替钢筋,利用机械打入土层。钢管上每隔300mm 钻直径8~10mm 的出浆孔,梅花形布置,并以30°角钢呈倒刺状焊于孔边,以防打管时散落土粒堵塞出浆孔,也能增加其抗拔力。钢管前端宜作成锥形,以减少打入时的摩擦阻力。有孔花钢管的制作如图7所示。

(7)成孔过程中应做好成孔记录,做到有据可查。

5.3.7　清孔

(1)成孔后要立即进行清孔,清孔采用高压风吹2～3min,吹净孔内渣土,尤其是对挤扩孔的尾翼部分要进行认真的吹渣处理,确保清孔质量。

(2)对孔中出现的局部渗水塌孔或掉落松土应立即处理。

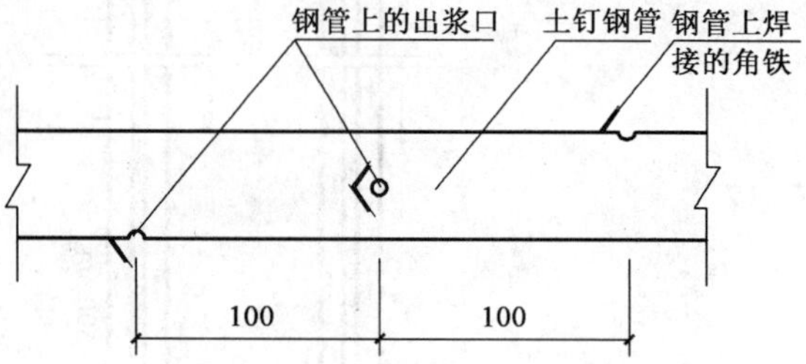

图7　有孔花钢管制作示意图(尺寸单位:mm)

5.3.8　安置土钉钢筋(或有孔花钢管)

清孔后立即进行安置土钉钢筋(或有孔花钢管)工作。土钉钢筋采用HRB335(Ⅱ级)或HRB400(Ⅲ级)螺纹钢筋。安置前需要在钢筋上焊接对中定位支架,以确保土钉钢筋处于孔中心部位。每道对中定位支架要环向错开设置,夹角为120°,每隔3m设一道。对中定位支架的设置以不妨碍注浆时浆液的自由流动为准。土钉钢筋支架设置如图8和图9所示。

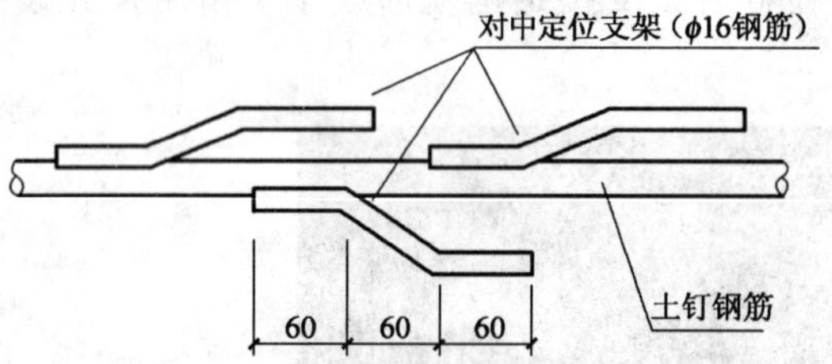

图8　对中定位支架制作图(尺寸单位:mm)

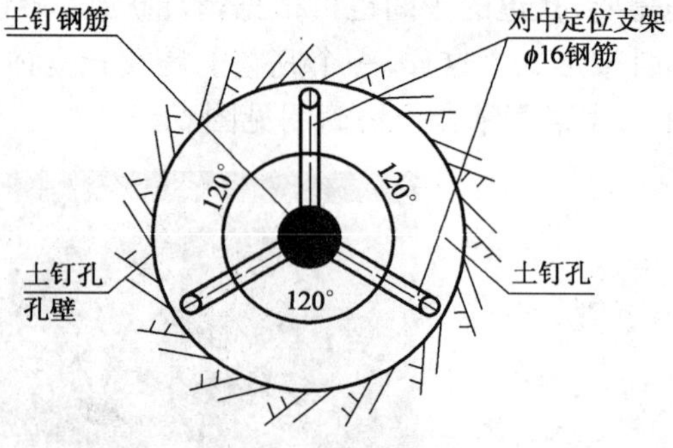

图9　对中定位支架横向剖面图

5.3.9　注浆

(1)土钉钢筋安置完成后,即可二次压力注浆:第一次注浆先将导管插到孔底上200～500mm的位置,以低压(0.4～0.6 MPa)、重力注浆,注浆过程中将导管以匀速缓慢向外撤出,但导管的出浆口要始终处于孔中浆体的表面以下,保证孔中气体能全部逸出。在孔口处设置止浆塞和排气孔,以排气和止浆。当导管抽离至孔口0.5～1m时改为高压(1～2 MPa)注满,并保持高压3～5min,第一次注浆完成。当第一次注浆完间歇24h后要进行二次注浆,压力控制在0.5～2.0MPa。二次注浆管采用ϕ20有孔花钢管,应先固定在土钉钢筋上与土钉钢筋一起放置于土钉孔里。

(2)注入孔内的浆体充盈系数必须大于1。每次向孔内注浆时,应预先计算所需的浆体体积并根据注浆泵的冲程数计算应向孔内注入的浆体体积,以确认实际注浆量超过成孔的容积。

(3)采用有孔花钢管代替钢筋杆体时,应使用高压(1～2MPa)注浆,从钢管端头开始压力注浆,注满后及时封堵,让压力缓慢扩散。

(4)注浆材料选用水泥净浆的水灰比按设计要求,当设计无要求时取0.5,水泥净浆应拌和均匀,随拌随用,一次拌和的水泥净浆应在初凝前用完。

(5)注浆前应将孔内残留或松动的杂土清除干净,注浆开始或中途停止超过30min时,应用水或稀水泥浆润滑注浆泵及其管路。

(6)注浆时根据实际需要可以添加外加剂,以提高注浆体强度和增加复合土体内部的摩阻力。

5.3.10　挂铺钢筋网

(1)钢筋网片用焊接或绑扎而成,网格允许偏差为±10mm。钢筋网片可用直径6～8mm盘条钢筋焊接或绑扎而成,网格尺寸150～300mm。钢筋网铺设时每边的搭接长度应不小于一个网格边长或300mm,如为单面搭接焊则焊长不小于网筋直径的10倍。

(2)首先将土钉钢筋靠外一头的端部弯90°弯钩,在其弯头内穿过ϕ16的通长水平钢筋并焊牢,同时压紧钢筋网片，在网片中部再用$\phi6$的短钢筋打入土中以固定钢筋网片。钢筋网片现在绑扎。

(3)钢筋保护层厚度不小于20mm。钢筋网片在混凝土喷射下应不出现振动。

(4)钢筋网应在喷射一层混凝土后铺设，钢筋网应延伸至地表面，并伸出边坡线0.5m。

5.3.11　喷射第二层混凝土面层

(1)喷混凝土面层应在验收确认钢筋网敷设、连接均符合要求后，进行喷混凝土面层至设计厚度。

(2)喷射作业由有经验、技术熟练的喷射手操作，保证喷射混凝土各层之间衔接紧密。

(3)本层混凝土喷射施工工艺和第一层喷射施工基本相同。

(4)喷射混凝土时喷射顺序应自下而上，喷头与受喷面距离宜控制在80～150mm范围内，射流方向垂直指向喷射面，在钢筋部位应先喷钢筋后方，然后再喷填钢筋前方，防止在钢筋背面出现空隙。喷射混凝土前应先向前面初喷的混凝土层喷水润湿；喷射时应加入速凝剂以提高混凝土的凝结速度，防止混凝土塌落。喷射施工时禁止对人，防止伤害。

(5)土钉支护最下一步的喷混凝土面层宜插入基坑底部以下，深度不小于0.2m，在基坑顶部也宜设置宽度为1～2m喷混凝土护顶。

(6)对钢筋部位喷射处理的方法是，先喷填钢筋后方土体，然后再喷填钢筋前方，防止在钢筋背面出现空隙，影响施工质量。

5.3.12　混凝土面层背后回填注浆

(1)背后注浆是为了混凝土面层与后背土之间密实，以提高土钉支护质量。

(2)混凝土面层施工完毕强度达到要求后，及时对其背后进行注浆，确保其后可能的空隙填充密实。在喷射混凝土前事先埋设$\phi48$mm钢管，布置在坡面上，纵向间隔2m。充填水泥浆，水灰比为0.45，注浆从少水孔向流水孔进行，注浆终压应小于0.4MPa，注完浆后用快硬性水泥砂浆封死管口。注浆时就时刻观察压力和流量的变化，压力逐渐上升，流量逐渐减少，当注浆压力达到设计终压，再稳定3min，可结束本孔注浆。注浆时要做好注浆记录，每隔5min记录一次压力、流量值及串、漏浆情况，以便分析注浆效果，单孔注浆结束后，应关闭孔口阀门或用棉纱塞紧孔口，以防浆液外溢。

(3)背后注浆完成，应进行注浆效果检查，对不符合标准要求的，必须进行补孔注浆。注浆效果检查方法为分析法和直观检查法。分析法为对注浆记录进行整理分析，看每孔注浆压力是否达到注浆终压，注浆过程中是否发生漏浆、串浆等现象，判定注浆效果。直观检查法为检查支护表面漏水情况，有无集中出水点和大面积出水点，渗漏水量是否满足要求，地表沉降是否得到有效控制。

5.3.13　相关排水

排水对土钉支护施工意义十分重大，直接关系到支护施工的成败。土钉支护施工排水主要包括地表排水、支护面层内排水，以及基坑底部排水。

(1)土钉支护必须在排除地下水的条件下施工。

(2)地表水的排除采用基坑顶部四周支护范围内的地表进行修整，做水泥砂浆或混凝土地面等硬化处理，防止地表降水向地下渗透。基坑坡顶宽3m范围内的地面应向基坑外做散水，里高外低，便于水流远离边坡。设置排水沟及时疏导积水。

(3)支护面层内积水采取泄水孔排水。随着向下开挖和支护，在面层上可根据开挖土层的含水情况设计泄水孔。泄水孔采用长度合适直径为480mm的水平导管，外端伸出支护面层，间距2m左右，将混凝土面层后的积水及时排出。

(4)基坑底部积水主要靠设置在坑底的排水沟及集水井收集后及时排除。基坑底部的排水沟和集水井与坡脚线保持1m以上的距离，再砖砌并抹面防止渗漏。坑中积水及时泵出。

5.3.14　混凝土面层养护

(1)喷射混凝土终凝后2h，根据现场情况，采取喷水养护，以减少因水化热引起的开裂。

(2)喷水养护由专人负责，发现裂纹用红油漆作标记，进行观察和监测，确定其是否继续发展，若再继续发展，须找出原因并处理。

(3)连续喷水养护5~7d。

5.4 增加土钉抗拔力的措施

在软弱土层中,或在土质较好,但由于周边环境约束,土钉的设计长度受到限制时,为增大土钉的抗拔力,除了调整土钉的水平和垂直距离外,还可考虑采用以下几方面措施。

5.4.1 加大土钉的直径

适当挤扩加大土钉的直径是提高土钉抗拔力的一个有效途径。根据工程实践,当土钉直径加大至200~300mm时,抗拔力可显著提高。

5.4.2 提高注浆压力

提高注浆压力可以增大锚固的体积,从而提高锚固体与洞周壁的黏结力和两者之间的摩阻力。目前采用的注浆压力一般不小于0.4MPa,但当注浆压力提高至不小于0.8MPa后,土钉的抗拔力有明显的提高。

5.4.3 进行二次注浆

如果仅一次注浆,由于注浆洞口上端是开启的,注浆压力不会太高,锚固体与洞壁的土体的黏结力和两者之间的摩阻力均较低。二次注浆可以提高锚固体与土体间的摩阻力,使土体对锚固体的压应力的最大值达到该深处的土自重应力。当一次注入的水泥砂浆即将初凝时,再用水泥浆压力注入,由于第一次水泥砂浆封盖,二次注浆的压力可以控制到较大值,使水泥浆渗入土体中,并使土体对锚固体的压力达到土体在该处的自重值。一次注浆压力应不小于0.4MPa,二次注浆压力可增大至不小于0.8~1.2MPa。

5.4.4 预施土钉钢筋预应力

在土钉钢筋端头焊接高强螺栓端杆,当面层混凝土强度达到设计强度后,加钢垫板用扭力扳手扭紧螺母对土钉施加设计拉力的10%~20%的预应力。这种人为的预应力,将提高土体的抗滑后防裂能力。

5.4.5 保证喷射混凝土密实

严格控制混凝土施工配合比,配合比经试验确定,混凝土各项指标都必须满足设计及规范要求,混凝土拌和用料称量精度必须符合规范要求。

严格控制原材料的质量,原材料的各项指标都必须满足要求。

喷射混凝土施工中确定合理的风压,保证喷料均匀、连续。同时加强对设备的保养,保证其工作性能。

喷射作业由有经验、技术熟练的喷射手操作,保证喷射混凝土各层之间衔接紧密。

喷射混凝土由专人喷水养护,以减少因水化热引起的开裂,发现裂纹用红油漆作标记,进行观察和监测,确定其是否继续发展,若在继续发展,找出原因并作处理。

5.4.6 孔道尾翼端扩孔注浆

人为地增加土钉的抗拔力和摩阻力。

5.5 施工监测

土钉支护的施工监测对于土钉施工成败至关重要,施工前要制定详尽的施工监测方案。大致内容包括:监测目的、监测项目、监控报警值、监测方法及监测精度要求、监测点布设、监测周期、工序管理和记录制度、信息反馈系统等。

5.5.1 施工监测内容

(1)支护结构的水平位移的测量。

(2)基坑周围地表沉降。

(3)地表开裂状态(位置、裂缝宽度)观察。

(4)附近建筑物、道路和重要管线等设施的变形测量和裂缝观察。

(5)基坑渗漏水和基坑内外的地下水位变化。监测过程中应特别加强雨天和雨后的监测,以及对各种可能危及支护安全的水源进行仔细观察。

5.5.2 监测点布置和制作

基坑开挖前,在基坑四周边坡、顶部以及基坑周边可能受影响的重要构筑物、管线等分别设置了若干个沉降、水平位移观测点,监测点间距10~25m之间,设置点布置要合理均匀。具体设置地点为:在基坑开挖深度1~2倍距离范围内边坡上口线延长线上设置工作基点。监测点点位采用水泥钉定位。水泥钉置入预埋的混凝土桩柱上,用红油漆标记,并做好保护。

5.5.3 监测方法

(1)基坑周边水平位移监测。采用全站仪队设置的各监测点进行观测。通过对各监测点监测,确定其三维坐标的变化,从而监测其变形是否满足规范要求。

(2)基坑周边沉降监测。采用瑞士产的WILD N3精密水准仪,测量精度为0.1mm。

(3)土体侧向位移的监测。采用美国产的GK6000型测斜仪。该仪器采用侍服加速度传感器,双测头结构,可同时测量正交2个方向偏斜量,最小分辨率为0.025mm。测量时将仪器探头沿十字定向槽放到孔底,从孔底至孔顶每0.5m观测一次数值,得到每0.5m的偏斜量,然后分别求出水平位移增量,累加得出各测点的水平位移。

(4)地下水位监测。采用水位管和水位仪测定。

(5)侧土压力监测。采用土压力盒测定。

(6)基坑回弹监测。采用全站仪测定。

5.5.4 监测频率

监测采用精密仪器进行。

(1)开挖施工前期:每天测量一次到2次。

(2)开挖施工后期:每天一次。

(3)稳定期:土钉受力及变形稳定后每2天测量一次。

若在开挖过程中,边坡位移发展异常,要增加测量次数。当有事故征兆时,连续监测,并做详细记录,以便及时发现问题,采取相应的措施。

5.5.5 预设监测预警值

在开挖过程中,严格采取预警值措施,预警值为深度的千分之三到千分之五之间。当发现超标后立即采取相应有效措施,严防事态扩大。

5.5.6 监测记录及监测结果分析

监测要做好记录,保证记录真实有效。对大量的监测记录进行研究性分析,得出理论性的东西,进而能指导施工。

6 材料与设备

6.1 主要材料

水泥:采用强度等级为32.5MPa的普通硅酸盐水泥。

砂子:采用细度模数不小于2.3的中砂,砂含泥量不大于3%。

石子:粒径不大于12mm的细石,石子含泥量不大于2%。

土钉钢筋:采用HRB335(Ⅱ级)或HRB400(Ⅲ级)螺纹钢筋,直径18~32mm;盘条钢筋6~8mm。

钢管:直径48mm的钢管,抗拉强度不小于所替代土钉钢筋的抗拉强度。

外加剂:采用符合有关规范要求的速凝剂、早强剂、膨胀剂和防冻剂等。

6.2 主要施工机械设备

土钉支护施工所用的主要设备包括支护设备、运输及起重设备、钢筋混凝土设备以及测量与监视设备等,具体的设备见表1。

土钉支护施工机械设备表　　表1

设备名称	规格型号	数　量	单　位	用　途
支护设备				
喷混凝土机	$5m^3/h$	3	台	喷射混凝土
空压机	$10m^3/min$	3	台	喷射混凝土及机械打管
挤扩支盘机	100型	2	台	挤扩支盘
注浆泵	ZTGL/150	3	台	水泥注浆
水泥浆搅拌机	ZJ-400	3	台	搅拌水泥浆
洛阳铲	直径7-10cm	10	把	人工成孔
锚杆工程钻机	MD-50	3	台	机械成孔
锤击器	自备	3	台	机械成孔
水泵	普通	3	台	排水
运输及起重设备				
自卸汽车	20t、15t	5	辆	运弃渣土
汽车吊	YQ-16	1	台	吊装设备及钢筋
钢筋混凝土设备				
混凝土搅拌机	J4-375	3	台	搅拌混凝土
钢筋弯曲机	WJ-40	1	台	制作土钉钢筋
钢筋切割机	QJ-40	3	台	制作土钉钢筋
钢筋调直机	GT40-14	1	台	制作土钉钢筋
对焊机	YQ-160A	3	台	制作土钉钢筋
电焊机	50kW	3	台	制作土钉钢筋
测量、监控仪器				
全站仪	托普生	3	套	测量和检测变形
精密水准仪	瑞士	3	个	测量和检测变形
经纬仪	普通	3	台	放线、监测变形
GK6000型测斜仪	美国	3	台	测量和检测变形

7　质量控制

7.1　土钉支护施工必须遵守执行现行的国家、行业标准

《工程测量规范》(GB 50026—2007)

《岩土锚杆(索)技术规程》(CECS 22—2005)

《建筑基坑支护技术规程》(JGJ 120—1999)

《建筑边坡工程技术规范》(GB 50330—2002)

《基坑土钉支护技术规程》(CECS 96—97)

《建筑地基基础工程施工质量验收规范》(GB 50202—2002)

《钢筋焊接与验收规程》(JGJ 18—2003)

《起重设备安装工程施工及验收规范》(GB 50278—98)

《混凝土结构工程施工质量验收规范》(GB 50204—2002);

7.2 质检方法

7.2.1 原材料检验

施工所用的钢筋、水泥、砂石、混凝土外加剂等原材料的质量和性能的测定,均应以现行的国家标准为依据。

7.2.2 注浆强度

施工所注浆的水泥浆(或水泥砂浆)强度采用常规试块经符合要求的试验室测定。试块采用70mm×70mm×70mm 立方体试件灌装,经标养后送试验室测定。注浆强度等级不低于设计要求。

7.2.3 喷射混凝土强度检验

施工所喷射混凝土强度采用常规试块经符合要求的试验室测定。试块采用边长100mm 立方体立方体试件灌装,经标养后送试验室测定。混凝土强度等级不低于设计要求。

7.2.4 喷射混凝土厚度检验

喷射混凝土厚度,用凿孔法测定。检查数量为每100m^2 取一组,每组不少于3 个点。厚度合格标准为:全部检查处厚度平均值应大于设计厚度,最小厚度不应小于设计厚度的80%。

7.2.5 土钉抗拔力试验

每一典型土层中,至少留3 根非工程土钉进行抗拔试验,其孔径注浆材料等参数及施工方法应与工程土钉完全相同,在注浆体强度不低于6MPa 时检验土钉的抗拔力是否满足设计要求,一般加荷至设计抗拔力的1.5 倍,如发现抗拔力和变形异常情况,要立即采取相应措施并反馈设计单位以确定整改措施。

7.3 土钉主要技术指标

7.3.1	孔位置允许偏差	≤150mm;
7.3.2	孔距允许偏差	-100mm ~ +100mm;
7.3.3	成孔倾角偏差	≤3°;
7.3.4	孔深允许偏差	-50mm ~ +200mm;
7.3.5	孔径允许偏差	-5mm ~ +5mm;
7.3.6	钢筋网孔尺寸允许偏差	-10mm ~ +10mm;
7.3.7	喷射混凝土厚度允许偏差	>设计厚度的80%。

7.4 质量管理

在施工中的质量保证体系包括施工准备阶段、施工阶段和使用阶段质量管理三个基本组成部分。

7.4.1 施工准备阶段的质量管理:施工准备工作贯穿工程建设全过程,其质量直接影响工程质量,尤其在高层建筑中应引起足够重视,这阶段的质量管理工作主要包括以下方面。

(1)图纸会审:图纸是施工依据,要保证工程质量就要熟悉与认真学习图纸,了解设计意图,如发现设计中存在差错与施工条件矛盾或存在难以保证质量之处,要相应采取有效措施加以解决。

(2)施工组织设计编制:是指导施工的文件,是保证工程经济合理,有计划、有秩序地进行的重要措施和先决条件。

(3)材料、预制构件配件和半成品等检验:凡进场的材料、构配件和半成品必须严格把关与检验,质量不合格或次劣的应严禁使用。

(4)施工机具、设备和仪器的检修:在工程建设进行中需由专人管理和定期检修,以保证其完好和精度,否则其质量无法保证,尤其是一些测量仪器尤为重要。

7.4.2 施工过程的质量保证。施工过程是工程建设全过程中的基本过程,其质量保证起着全面把关作用,其内容如下。

(1)做好施工的技术交底和复核工作,监督工程是否按照设计图纸、规范和规程施工。对工程的关键部位和其工程质量要求仔细交待。

(2)进行工程质量检查和验收。加强对施工过程的各环节的质量检查,对于已完成的分部分项工程,特别是隐蔽工程要及时进行验收。常见的质量通病要重点检查,制订预防措施,发动工人群众参加自检、互检和交接检验。

(3)运用数理统计方法进行工程质量管理和控制,利用的质量检验结果进行工序质量分析、计算和考核。不断积累数据,分析原因,制订对策,尽可能避免发生质量问题,把返工和修理控制在最低限度。

(4)实现安全生产和文明施工。控制事故发生率,保证现场标准化管理,这对保证的提高工程质量有重要意义。

7.4.3　竣工投产使用过程中的质量保证:在工程竣工后的投产使用过程中,对工程质量的衡量和评价是不容忽视的。它是企业质量管理的出发点。企业的质量管理必须从施工阶段延伸到使用过程中一定时间。

8　安全措施

8.1　土钉施工安全管理措施

8.1.1　建立健全安全生产责任制,分工明确,各司其责。

8.1.2　建立施工现场安全生产保证体系,照章办事,依法办事,克服工作上的盲目性,随意性。

8.1.3　坚持"安全第一,预防为主"的方针,加强对职工的安全教育,并体现全面、全员、全过程的原则,确保只有经过安全教育的人员才能上岗。

8.1.4　操作人员持证上岗,并进行安全技术交底,遵守国家有关建筑工程安全操作规程。

8.1.5　遵守用电安全规则。电源线的搭接应符合安全要求,电路操作必须有专人负责,禁止非专业人员进行电路操作。

8.1.6　制订基坑专项施工方案,分析确定危险部位和过程,并制订相应的应急措施,使这些危险部位和过程能得到有效地控制。

8.1.7　加强施工过程中的检查,做到不合格的设施不使用,不可遇知的过程不通过,不安全的行为不放过。

8.1.8　针对挤扩设备,定期检查油泵站、油管,以及检查油管的绑扎,防止油管的破损、爆裂、油管脱落,造成挤扩设备的损失。

8.1.9　挤扩设备在挤扩时,因要旋转设备,要防止油管的缠绕。

8.1.10　所有现场施工人员必须戴安全帽,以防高空坠物伤人及其他意外事故。

8.1.11　注浆、喷射混凝土工人作业时,必须戴防护眼镜,以防因高压喷射造成人身伤害。

8.1.12　施工机械应落实班前检查和定期保养。操作人员应遵守设备的操作规程。

8.2　喷射混凝土施工安全技术措施

8.2.1　在喷射混凝土作业开始前,应详细检查土体受喷面。根据喷射方式(干喷、湿喷或混合喷)、混凝土配合比等,采用合适的降尘措施,控制施工现场空气中粉尘含量。对从事喷射作业的人员,应定期进行健康检查。进行喷射作业时,必须配带防护用具(防尘口罩、防护面具、眼镜、胶皮手套、劳保雨鞋等)。

8.2.2　应对拌和机和皮带运输机的回转部分予以覆盖防止产生卷夹人身事故。必要时,应在拌和机所在位置附近设置集尘机,搞好此外局部空间的空气净化。

8.2.3　在开始喷射作业前,应由专人仔细检查管路、接头等,防止喷射时发生因软管破损或接头断开等引起的生产乃致工程质量事故。

8.2.4　当采用人工喷射时,应配备辅助喷射支架,防止在发生管路堵塞时因喷嘴剧烈振动而引起的危害。当转移喷射地点时,必须首先关闭喷射机;在有条件时应采用机械手喷射;在喷嘴前方不得站人,否则十分不安全。

8.2.5 在外埋管路堵塞时,喷头应有专人看护,以防止消除堵塞后,喷头摆动喷射伤人事故。

8.2.6 在喷射混凝土施工时,为避免供材、拌和、运输、喷射作业之间的干扰,应有统一的联络信号和联络方法。喷射作业应由班组长按规定的联络信号和方法进行指挥,防止因喷射手和机械操作人员之间联络不佳造成事故等。

8.2.7 在使用空气锤进行土钉施工时,施工人员应注意双手远离锤头,以防止锤头振动伤人。

8.2.8 在需要搭接脚手架的施工部位,脚手架应搭接牢靠、稳固,以防止倒塌伤人。

8.2.9 应制订监测方案,定时定专人对边坡稳定情况进行监测或检查,排除溜方、塌方隐患。

8.2.10 遇天气变化(如暴雨)应提前做好防洪、排水工作。

8.3 应急措施

由于地质情况的复杂性和施工过程中的一些客观原因,在基坑支护过程中,可能出现一些问题,需要及时进行处理。根据以往同类工程的施工经验,制订如下应急措施。

8.3.1 局部坍塌

在施工过程中,可能由于个别部位水量过大,边坡开挖后,土体不能自稳,来不及进行支护,土体已塌陷。在塌方部位,向下打入竖向钢筋(钢管),然后向塌方处填草袋,用加强筋将竖向钢筋(或钢管)焊接成一整体,并与土钉焊接,在坍塌部位设置排水管,编好钢筋网后,喷射混凝土。

8.3.2 边坡位移增长过快

边坡开挖过程中,发现位移量增长过快,是边坡即将整体失稳的征兆。必须立即将该处回填,并对其上层土体加固,增加土钉或预应力锚杆,根据具体情况确定土钉的长度和密度。待上层土体稳定,且增加的土钉达到一定强度后,再进行下部土层施工,根据具体情况调整施工方案,确保施工后边坡的稳定。

9 环保措施

9.1 建立环保管理体系,切实贯彻国家及地方环保法规。

9.2 实行环保责任制,保持施工区域和生活区域的环境卫生,及时收集各种生活、生产垃圾,按照相应要求进行处理,生活施工污水经处理纳入市政污水系统。

9.3 施工噪声较大的工序(如空压机、切割机、钻机等),要选择合适的时间进行施工,并在工程中采用相适宜的隔音降噪措施,降低施工噪声对环境的影响。

9.4 施工场地及道路应硬化,并经常洒水保持清洁,工地出入口设置洗车槽,运输车辆要采用覆盖措施。

9.5 成孔过程中的废弃泥浆应集中排至泥浆池中,及时消纳处理掉。

9.6 水泥浆搅拌站应有挡风装置防止粉尘飞扬。

9.7 运送砂子、石子、土方及渣土的车辆必须有遮盖装置,车轮必须清洗干净。

9.8 搅拌机在运行过程中,应防止尘土污染空气,必须遮盖或搭临时棚。

9.9 喷射混凝土时要戴好必要的防尘面罩。

10 资源节约

相比钻孔灌注桩边坡围护等同类性质的支护形式,挤扩土钉与锚杆支护形式用料要相对少三分之一,工期要减少三分之二,总体造价上要节约30%左右。

11 效益分析

与灌注桩支护、化学帷幕护壁等类型支护形式相比,本工法的实施,有效地控制地表沉降和边坡稳定,工期明显加快,能极大提高工效22%。用料上节约很多,劳动强度相对减小许多。工程造价也可降低30% ~50%。施工占地较少,极大减少动拆迁量,具有无可比拟的社会环境效益和经济效益。

12 应用实例

12.1 2009年,唐山环城高速公路205国道铁路立交桥基坑支护工程,基坑深5m,长31m,宽6m。基坑支护采用尾翼式挤扩土钉与锚杆支护技术,土钉长度5~7m,分4层梅花形排列,钢筋网采用直径为16的螺纹钢筋,盘径300mm。喷射混凝土强度为C20。该工程施工工期缩短50%,造价降低了23%,工后边坡稳定,变形微小。该工法取得了成功。

12.2 2008年,马梧高速公路边坡支护工程,边坡长度130m、宽度为36m,高10m。边坡支护采用尾翼式挤扩土钉与锚杆支护技术。边坡竖向采用8排,钉长8~15m,盘径400mm,喷射混凝土强度为C40,厚度为100mm。钢筋网采用直径为8mm的圆钢,网孔为300mm×300mm,支护。工程支护非常成功,边坡工后极其稳定,变形很小。相比之下,工程造价降低32%,工期减少19%。

12.3 2008年,新发地中轴路泵站深基坑工程,泵站基坑深14.5m,长15m,宽13m。基坑边坡采用尾翼式挤扩土钉与锚杆支护技术获得了极大的成功。土钉采用直径为25mm的螺纹钢筋,长9m,盘径300mm。网孔尺寸为200mm×200mm,面层100mm。施工工期缩短了三分之一,造价降低了19%,施工过程快捷便利,工后边坡支护稳定,变形包括沉降极小,取得了良好的社会效益和经济效益。

通过施工应用实例,很明确的证实了尾翼式土钉支护施工工法的可靠便捷,安全稳定,具有一定的先进性和实用性,值得大力推广和借鉴。

城镇石方浅孔控制爆破施工工法

GGG(渝)A6024—2009

孟祥栋　刘宗建　汪　龙　朱光华　杨　军
(重庆建工集团有限责任公司　重庆交通建设(集团)有限责任公司)

1　前言

解放碑,人称“重庆王府井”,解放碑人防景观工程是在渝中中央商务区最繁华的街道中心挖沟槽。开挖区域沿青年路、五四路长490m,宽20m,深12m,石方总量:117 600m^3,周边高楼林立,爆区距建筑物仅0.2～1.0m,岩石为石英砂岩,空中地下管网繁多,车流、人流密集,且整个施工过程中又不能中断交通。

近几年来,在闹市区进行石方开挖,过去常采用的人工凿打和机械开挖已远不能满足建设速度的需要,因此通常采用效率更高的爆破开挖。重庆建工集团有限责任公司组织科学技术攻关,经过不断总结与提高,形成了一整套在城市闹市区进行石方浅孔控制爆破开挖的施工技术,并成功地应用于南坪竞地·溯源阁地下车库开挖爆破工程、英利国际开发金融大厦基坑开挖爆破工程等一系列重庆重点工程的石方开挖,取得了明显的经济效益和社会效益。经总结,形成本工法。

2　工法特点

2.1　沿开挖边线采用机械方式开挖隔振槽,避免对保留围岩的扰动,同时可最大限度阻断爆破地震波的传播路径。

2.2　控制最大段单响药量,将爆破振动控制在符合《爆破安全规程》(GB 6722—2003)要求的范围之内,确保周围建筑物的安全。

2.3　精确计算药量,覆盖爆区,杜绝爆破飞石,控制爆破产生的噪声。

2.4　采用信息化施工,通过爆破振动的实时监测,随时修正爆破参数和隔振槽开挖深度。

3　适用范围

该工法可广泛应用于各种石方开挖,如基坑、基槽等开挖,尤其是在下述几种特殊条件下选用优势更为明显:

(1)城市闹市区及城镇石方开挖、基坑开挖。

(2)文物、古迹附近的开挖工程。

(3)抵近建(构)筑物的石方开挖。

(4)软弱围岩、不良地质的石方开挖。

4　工艺原理

城镇石方浅孔控制爆破是指采用孔径小于75mm、孔深小于5m的减弱松动爆破。主要通过沿开挖边线采用机械方式开挖隔振槽将爆破区域与保护区域隔断,设计合理的孔深、孔排距、单耗和最大段单响药量等爆破参数,爆区覆盖等技术手段,控制爆破产生的飞石、振动、噪声等有害效应。同时利用爆破振动实时监测进行过程控制,以达到抵近保护区域1.0m以内实施安全爆破的目的。

5　施工工艺流程及操作要点

5.1　施工工艺流程(图1)

现场勘察→爆破方案设计→施工准备→机械开挖隔振槽→布孔、钻孔→装药、堵塞、联线→振动监测、覆盖防护、警戒、起爆→爆后检查→爆破效果及监测数据分析→修正设计参数、进行下一道工序→清渣

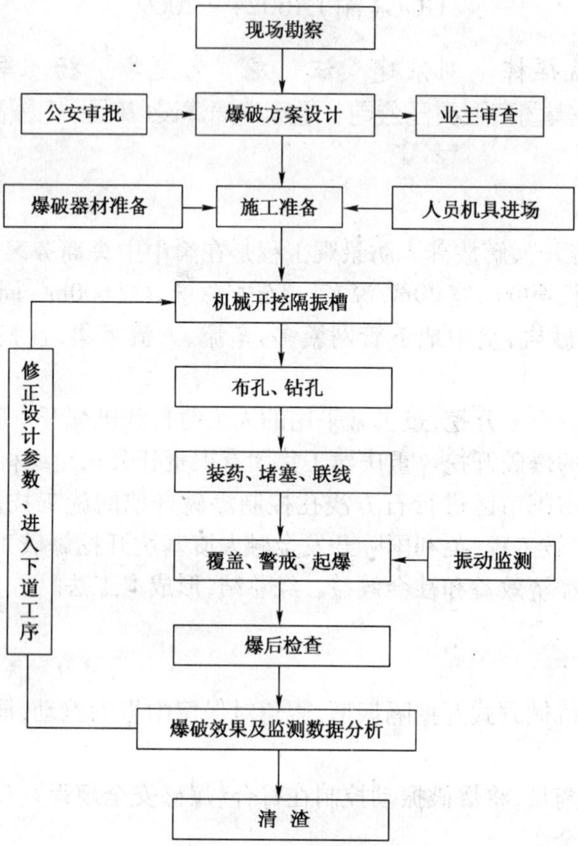

图1　施工工艺流程图

5.2　关键技术

5.2.1　沿开挖边线采用机械开挖隔振槽,将爆破区域与保护区域隔断;要求隔振槽的深度大于炮孔深度的1.5倍。

5.2.2　采用合理的炮孔布置、毫秒雷管段别进行微差爆破。

5.2.3　精确计算药量、爆区覆盖等措施控制飞石、地震效应和噪声等有害效应。

5.2.4　建立完备的爆破振动监测系统,实时监测,并据此修正隔振槽深度和爆破参数,进行信息化施工。

5.3　操作要点

5.3.1　开挖隔振槽

沿开挖边线采用机械方式(岩石切割机)开挖隔振槽,将爆破区域与保护区域隔断,避免对保留围岩的扰动,同时可最大限度阻断爆破地震波的传播路径;要求隔振槽的深度大于炮孔深度的1.5倍。

5.3.2　试爆

为了安全起见,按爆破设计药量的下限做小药量爆破试验,检验爆破的实际效果,并同时监测爆破振速,推算最大段单响药量,以期达到在严格控制下的最大生产效率。

5.3.3 爆破参数控制(表1)

浅孔控制爆破爆破参数表　　表1

序　号	岩石坚固系数 f	梯段高度 H(m)	孔深 L(m)	最小抵抗线 W(m)	孔间距 a(m)	孔排距 b(m)	装药量 Q(kg)
1	3～5	1.2	1.35	0.7	0.7	0.7	0.20
2		1.8	2.0	1.0	1.0	0.9	0.37
3		2.0	2.2	1.2	1.0	1.0	0.60
4	8～10	1.2	1.35	0.7	0.7	0.7	0.23
5		1.8	2.0	1.0	1.0	0.9	0.53
6		2.0	2.2	1.2	1.0	1.0	0.90

爆破炮孔布置示意图见图2。

5.3.4 布孔、钻孔

严格爆破方案中的炮孔布置进行布孔、钻孔。

5.3.5 装药

严格按照《爆破安全规程》(GB 6772—2003)第4.10条规定进行装药。

5.3.6 堵塞

严格按照《爆破安全规程》(GB 6772—2003)第4.11条规定进行填塞。

5.3.7 爆破网路设计及联线

根据现场的实际情况,选择电网路或非电网路。建议采用非电网路;为了减少一次起爆药量,控制爆破振动和噪声,采用毫秒微差雷管分段起爆,建议爆破微差时间≥50ms,经常使用的普通毫秒微差雷管的段别有:1、3、5、6、7、8、9、10段。

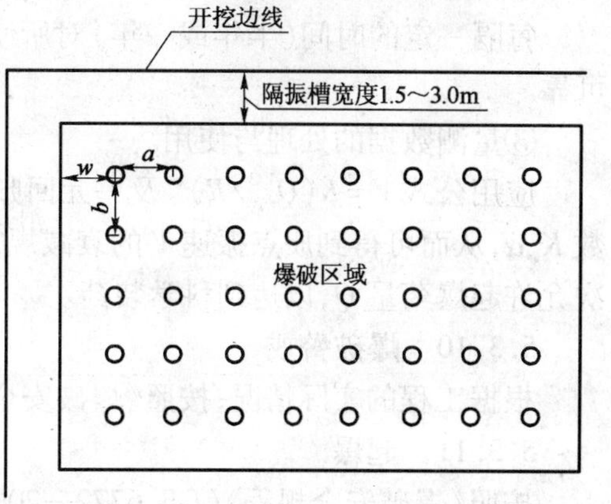

图2 爆破炮孔布置示意图

联线时按照《爆破安全规程》(GB 6722—2003)第4.9.5条相关规定进行。

5.3.8 爆区覆盖

爆区覆盖可杜绝爆破飞石和降低噪声。

(1)覆盖材料

采用废轮胎编织,其长宽为3m×2m,并在炮被四角设置把手以便使用。

(2)覆盖范围

炮被覆盖区域的边缘必须超过起爆区域边缘的0.8倍最小抵抗线。

(3)覆盖的注意事项

在采用炮被覆盖爆破区域时,炮被应整体放置到覆盖区域,不能来回拖拽,防止破坏爆破网路。当爆破区域较大需采用多个炮被覆盖时,炮被之间应进行叠放,叠放区域的宽度应大于0.8倍最小抵抗线,且先爆区域的炮被放在上层。

5.3.9 爆破振动监测

对重点施工地段和周围建(构)筑物较近的区域,必须进行跟踪监测每一次的爆破。振动监测应符合《爆破安全规程》(GB 6772—2003)第4.15条规定。

(1)测试系统

使用仪器及系统布置:(IDEC)UBOX—20016、(IDTS)—3850/4850等记录仪及配套传感器,为了提高抗干扰能力,各测点之间用屏蔽线连接。

(2)监测方案(图3)

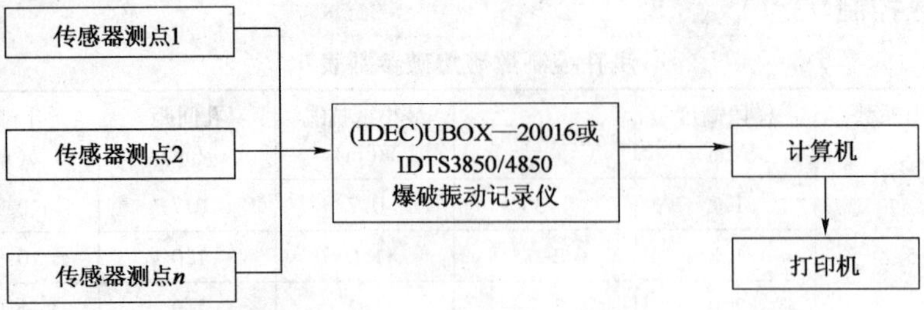

图3　爆破振动监测系统图

①测点布置。研究爆破地震动波传播规律,通常是沿爆破区径向或环向布置1条或几条地表测线,径向测点按对数曲线布置,测点应放在同一地层或基础上,每一测点必须测垂直方向振动量,最好能同时测3个方向量。监测点应布置在被监测对象附近的地表、基础或建筑物上。

②传感器和爆破振动记录仪标定

每隔一定的时间(半年或一年)对所使用的传感器和爆破振动记录仪进行标定,确保监测数据真实可靠。

③量测数据的处理与使用。

应用公式 $V=K(Q^{1/3}/R)^{\alpha}$ 及一元回归法对所测得的数据进行回归分析,得到与介质、地形有关的系数 K、α,从而可得到质点振速 V 的衰减规律,然后根据上式、允许最大振动速度、爆心距 R,推算出下一次允许起爆药量 Q,以达到科学装药。

5.3.10　爆破警戒

根据工程的实际情况,按照《爆破安全规程》(GB 6772—2003)第4.12条规定进行实施。

5.3.11　起爆

按照《爆破安全规程》(GB 6772—2003)的起爆程序进行起爆。

5.3.12　盲炮处理

按照《爆破安全规程》(GB 6772—2003)第4.14条规定进行处理。

5.4　劳动力组织(表2)

劳动力组织情况表　　表2

序　号	工　种	劳动力投入计划	备　注
1	项目经理	1	
2	技术负责人	1	
3	安全负责人	1	
4	爆破工程技术人员	2	
5	爆破员	6	
6	安全员	2	
7	库管员	2	
8	钻孔作业人员	20	
9	普工	20	

6　材料与设备

材料、机具设备表见表3。

材料、机具设备表　　表3

序　号	名　称	规　格	单　位	数　量	备　注
1	炸药	2号岩石乳化	kg	33 000	
2	雷管	8号	发	10 000	

续上表

序　号	名　称	规　格	单　位	数　量	备　注
3	空压机	SA-5150W	台	4	
4	风动凿岩机	7 655	把	12	
5	岩石切割机		台	2	
6	CAT 挖机	CAT320	辆	2	
7	自卸汽车	北方奔驰 12t	辆	20	
8	钻头		个	3 000	
9	钻杆		m	1 000	
10	起爆器	MFB-200	个	2	
11	双芯导电线		m	2 000	
12	绝缘胶布		箱	20	
13	劳保手套		双	1 000	
14	防尘口罩		个	200	
15	警戒口哨		个	10	
16	测振仪	IDTS-3850	台	4	
17	速度传感器	CD-1	个	12	

7　质量控制

7.1　严格沿开挖边线采用机械开挖隔振槽，按照《石方与爆破工程施工及验收规范》（GBJ 201—83）进行施工。

7.2　根据施工现场地质条件，按照《爆破安全规程》（GB 6722—2003）做好爆破设计，严格按设计孔网参数进行布孔、钻孔及装药，保证爆破效果，破碎块度均匀，利于挖装。

7.3　控制底层超钻深度，做到不欠挖、不超挖，达到底部一次成型。

7.4　在开挖的全过程中，控制振动、飞石、冲击波及噪声的影响，保证周围建筑及人员安全。

8　安全措施

8.1　爆破作业及爆破器材使用均应严格遵守《爆破安全规程》（GB 6772—2003）和《民用爆炸物品管理条例》的规定。

8.2　爆破设计必须由具有公安部规定的相应资质人员设计，爆破作业必须由公安部门培训的爆破员和安全员实施，并做到持证上岗。

8.3　沿开挖边线采用机械开挖深度大于炮孔深度 1.5 倍的隔振槽，宽度可控制在 1.5 ~ 3m。同时将爆破振动控制在允许标准以内，通过振动监测进行动态信息化管理，随时调整爆破参数，以减小爆破振动的影响。

8.4　精确计算药量，爆区覆盖，杜绝爆破飞石。

8.5　现场施工人员必须佩戴安全帽，现场不允许吸烟、嬉戏、打闹。

9　环保措施

9.1　采取湿式打孔、爆区覆盖等措施，起到降尘、降噪作用。

9.2　优先采用先进的环保机械。经常对施工现场进行洒水，防止尘土飞扬，污染周围环境。

9.3　为不影响和干扰市民休息，禁止夜间爆破。

10 资源节约

10.1 在施工过程中,严格贯彻国家节能工程的有关要求。

10.2 积极探索能源替代和材料的再生技术。

10.3 在施工过程中,坚持随用随要,避免储存和运输过程当中的损耗。

11 效益分析

以解放碑人防景观工程为例。

11.1 技术效益

本工法解决了在城市闹市区及特殊环境下进行安全爆破施工的难题。通过应用表明,采用城镇石方浅孔控制爆破,施工中可有效控制爆破地震效应和飞散物等爆破有害效应,保证了施工安全,取得了良好的爆破效果,为类似工程提供了成功的经验。

11.2 经济效益

采用静态爆破成本347.86元/m^3,采用人工切割凿打成本为400元/m^3,采用城镇石方控制爆破成本为18元/m^3,而本项目爆破石方量为110 000m^3,较人工切割凿打可节约资金4 202万元,较静态爆破可节约资金3 628万元。

11.3 社会效益

采用城镇石方控制爆破方案,较人工凿打方案提前工期16个月,较静态爆破方案提前工期8个月,避免了过长时间影响和干扰市民正常生产、生活秩序。本工法与同类爆破工程的工法相比,有利于文明施工,能确保周围建(构)筑物和重要设施不受爆破有害效应的影响,确保了人民生命、财产安全,适用于各种条件下的城镇石方控制爆破。

12 应用实例

12.1 南坪竞地、溯源阁8~11号楼区域地下车库开挖爆破工程

该工程位于重庆闹市区南坪,周边环境复杂,爆破区域离居民小区仅1m之隔,离正在修建的楼房基础仅2m。本工程为车库基坑开挖,下挖深度8~10m。

该工程于2006年9月18日开始施工,2006年12月18日完工。

本工程采用城镇石方浅孔控制爆破,为保证施工过程中对周边建筑的安全稳定,并及时监测各主要工序施工阶段引起的爆破振动动态数值,重庆城区爆破地震效应监测工程部对施工进行了全过程监控测量。

监测结果显示:施工全过程处于安全、稳定、快速、优质的可控状态,化解了居民因担忧而干扰施工的矛盾,工程质量优良率达100%,无安全生产事故发生,得到了各方的好评。

12.2 英利国际开发金融大厦基坑开挖爆破工程

该工程位于渝中区民权路,爆破工程量约90 000m^3左右,爆破高差较大约18m。根据现场实地勘察的情况分析,表层为素填土和粉质黏土层,其厚度约2m左右,下部为砂岩,岩石含水率较大,石质松软,适合城镇石方浅孔控制爆破施工。

施工区域东南面为民权路八一宾馆,距爆破边缘5m;北面为中华路实验剧场,距爆破边缘1.5m,开挖区北面5m处为轻轨;西北面为青年路国贸大厦,距爆破边缘2m;西面为万豪大酒店,距爆破边缘约1m。

该工程于2008年12月25日开工,2009年2月25日竣工。

本工程采用城镇石方浅孔控制爆破,施工安全、施工质量、施工进度和施工成本控制方面均达到了预期的效果,得到了各方的好评。

静态爆破（膨胀破碎）施工工法

GGG（渝）A6025—2009

孟祥栋　刘宗建　杨　军　朱光华　汪　龙

（重庆交通建设（集团）有限责任公司　重庆建工集团有限责任公司）

1　前言

2007 年 6 月 18 日，重庆地区连降暴雨，渝宜高速公路牛儿河大桥上方的山崖出现滑坡，在高 50m 的崖顶处有一块 10m × 10m × 1m 体积为 $100m^3$ 的巨石脱离母岩，摇摇欲坠，至使高速公路万州段被迫关闭（图 1）。

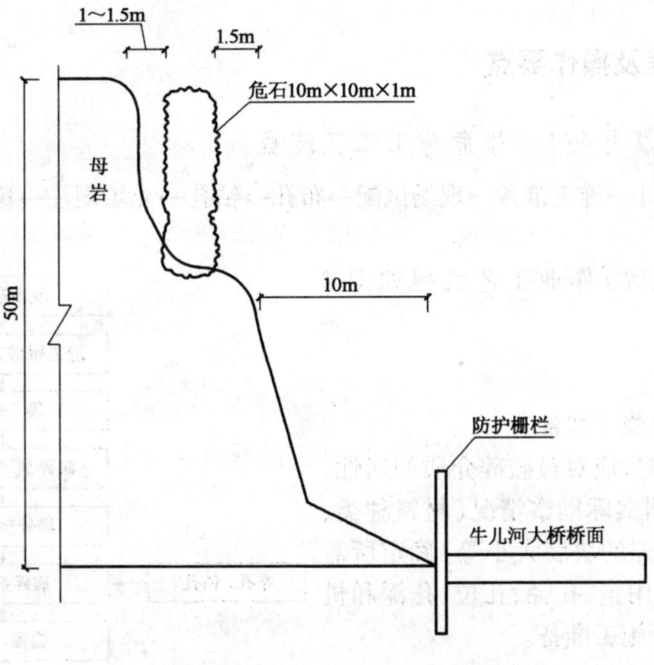

图 1　危岩与牛儿河大桥的立面关系示意图

经过重庆市交委组织专家现场勘察、分析，为了保证牛儿河大桥的安全，需要将危岩逐步解体成为粒径 30 ~ 50cm 的碎石，每次下落碎石总量 < $0.5m^3$。由于爆破作业无法控制下落规模、人工凿打工期无法保证，最后决定采用“静态爆破法”施工。

经重庆市建委组织，通过专家鉴定，其技术达到国内领先水平，我们将该技术进一步研究、分析和完善，形成本工法。

2　工法特点

2.1　静态爆破是一种无飞石、无噪声、无振动、无冲击波、无有毒烟雾、安全可靠的破岩方法。

2.2　通过现场试配，静态爆破具有了快速、准确、可控的特点，保证在 1 小时内准确膨胀破碎，并能精确控制破碎粒径。

2.3　其器材无毒、无污染、无公害，是无需行政许可的非燃、非爆物品，易储存、运输、保管，使用安全,可随时用于施工现场。施工过程中,无毒、无污染,符合环保要求。事实上,其衍生物有利于改良土壤。

3 适用范围

3.1 因地震、泥石流等出现危岩、孤石排危工程。

3.2 抵近重点文物、重要建(构)筑物的开挖工程。

3.3 不便于炸药爆破环境条件下的各种破岩工程。

4 工艺原理

静态爆破是一种使用含有钙、镁等元素的破碎剂就能使岩石、混凝土破裂的破岩方法,其工艺原理为:通过对被破碎介质合理设计(孔径、孔距、孔深等的确定)及钻孔,将干粉状破碎剂用适量水调成流动状浆体,直接注入钻孔中,利用水化反应使破碎剂晶体变形、体积膨胀,从而准静态地将膨胀压力(可达30~50MPa)施加给孔壁,半小时至一小时后,当大于岩石破裂所需的膨胀压力(10~20MPa)时,岩石自行胀裂、破碎,从而实现无飞石、无噪声、无振动、无冲击波、无有毒烟雾、安全可靠的破岩。

5 施工工艺流程及操作要点

5.1 静态爆破(膨胀破碎)排危施工工艺流程

现场勘察→方案设计→施工准备→现场试配→布孔→钻孔→充填灌注→覆盖、养生→清渣,进入下一工作循环。

静态爆破(膨胀破碎)作业工艺流程如图2所示。

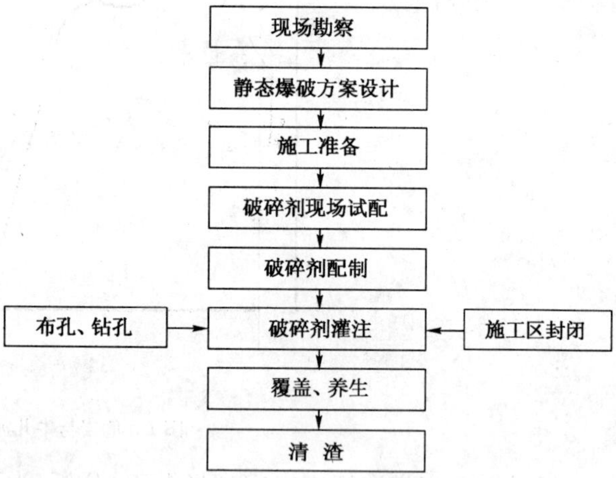

图2 静态爆破(膨胀破碎)作业工艺流程

5.2 操作要点

5.2.1 方案设计及施工准备

静态爆破方案设计时,应对被破碎介质的属性、构造进行详细勘察,根据实际勘察情况(材料种类、配筋情况、岩石性状、破碎的块度大小等)确定所需破碎剂型号及单位体积用量、孔径、孔位、孔深和机械人员配置,并按此进行施工准备。

5.2.2 单位体积破碎剂用量

单位体积破碎剂用量是影响破碎效果的主要因素,各种破碎介质常见单位体积破碎剂用量如表1所示。

单位体积破碎剂用量

表1

序 号	破碎岩石种类	破碎剂用量(kg/m^3)	备 注
1	软质岩石破碎	35~37	
2	中、硬质岩石破碎	25~27	
3	硬质岩石破碎	10~20	
4	岩石切割	10~18	
5	无筋混凝土破碎	10~20	

续上表

序　　号	破碎岩石种类	破碎剂用量（kg/m^3）	备　注
6	钢筋混凝土破碎	15～20	布筋少
7	钢筋混凝土破碎	20～30	布筋多
8	孤石	10～15	

本工程为中硬度岩石，单位体积破碎剂用量确定为$27kg/m^3$。

5.2.3　关键技术（现场试配）

据统计，通常静态爆破在现场的实施成功率不足30%，严重制约了静态爆破的推广应用，通过现场试配，静态爆破具有了快速、准确、可控的特点。由于目前国内外破碎剂的产品种类、规格型号很多，不同厂家、种类、规格型号、批次、比例以及不同水质、水温、气温条件下的反应时间和膨胀率皆大不相同，造成难以克服的作用效果不稳定及作用时间长（12～24h）的难题。通过现场试配，可以准确控制膨胀破碎作用完成时间在1个小时之内，并能精确控制破碎粒径。

此工序是静态爆破施工的关键技术。其工序如下：

（1）先按设计时确定的水灰比计算用水量和破碎剂的用量。

（2）用天平称取1 000g破碎剂倒入3 000mL玻璃量杯，再用量筒量取设计用水量，将水缓慢倒入量杯并用玻璃棒搅拌均匀，搅拌时间不宜超过40s，同时记录破碎剂初始体积。

（3）静置观察，开始计时。自由膨胀反应完成后读取破碎剂最终体积，以计时开始后12～15min内，其自由膨胀后体积达到原来体积的2.5倍为宜。

（4）如果低于12min自由膨胀后体积就已经达到原来的2.5倍，就应加入抑制剂；如果超过15min自由膨胀后体积还没有达到原来的2.5倍，就应加入促发剂。

5.2.4　布孔、钻孔

布孔前首先确定至少一个以上的临空面（自由面），且尽可能多创造临空面（自由面）。布孔形式主要取决于岩石的情况和破碎的要求，当多排孔时，排列形式主要是梅花排列，如图3所示。

钻孔方向应尽可能做到与临空面（自由面）平行；钻孔应尽量选用垂直孔，少用水平孔，以免造成操作困难及延长填充时间。

各种破碎介质常见布孔参数如表2所示。

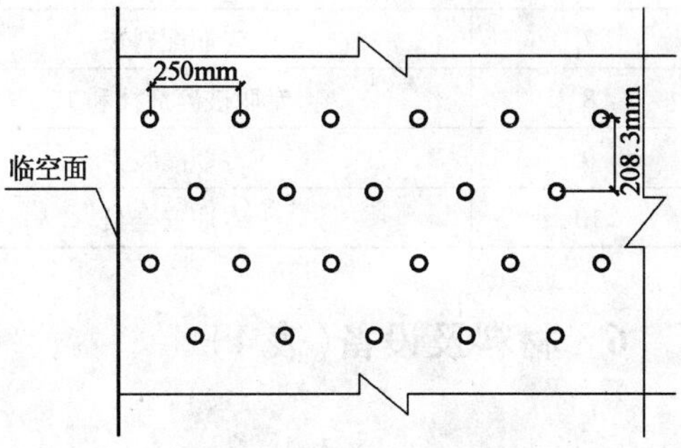

图3　破碎钻孔平面布置图

孔距与排列布置表　　表2

岩 石 硬 度	$F=4$	$F=6$	$F=8$	$F=12$	素 混 凝 土	钢筋混凝土
孔距（cm）	5～100	40	30	20	30	20
排距（cm）	80	50	40	30	40	30

本工程为中硬度岩石，孔排距应选用孔距30cm、排距40cm，为了满足排危粒径要求，确定为25cm×25cm。

5.2.5　孔深

孤立的岩石和混凝土钻孔深度为目标破碎体的80%～90%；大体积需要分步破碎的岩石和混凝土块，钻孔深度可根据施工要求选择，一般在2m较好。装药深度为孔深的100%。

5.2.6　充填灌注

（1）搅拌好的破碎剂浆体，必需在5min以内完成，否则会影响到它的流动性和破碎效果。向下和向下倾斜的眼孔，将破碎剂拌成流质状态（浆状）后，迅速倒入孔内。

(2)水平方向和向上方向的钻孔,可用比钻孔直径略小的高强长纤维纸袋装入破碎剂,用洁净水完全浸泡30~50s,药卷充分湿润、完全不冒气泡时,取出药卷从孔底开始逐条装入,密实地装填到孔口。

(3)破碎剂装填,应根据破碎体方向,规划破碎剂装填顺序,边装边退,不得经过已装填破碎剂的钻孔,防止冲孔伤人,如图4所示。

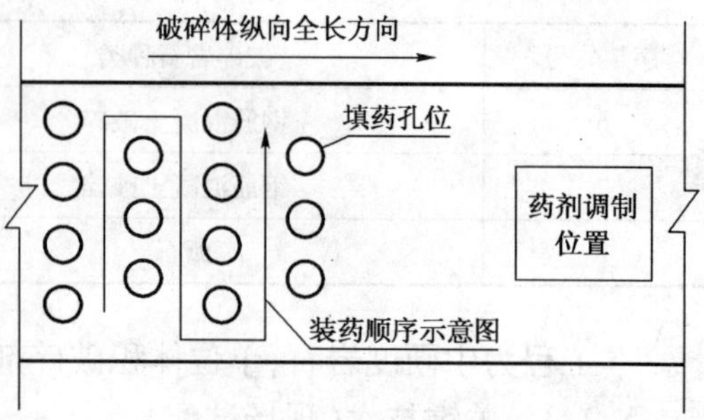

图4 破碎体装药顺序示意图

5.2.7 覆盖、养生

灌孔后应用草垫(袋)覆盖保温,裂缝出现后,可以用水浇缝,以加速膨胀压的发生和裂缝的扩大。填充破碎剂后,一般在30min开始产生裂缝,随着时间的增长,裂缝会越来越大,1h内完成破碎,再经1h后,即可用人工或小型机械清除石渣。

5.3 劳动力组织(表3)

劳动力组织情况表 表3

序号	单项工程	人数	工作内容
1	现场指挥	1	现场全面管理、协调各方面关系
2	技术人员	1	工程师,技术负责
3	现场技术人员	2	助理工程师,负责布孔
4	材料员	1	负责材料供应
5	钻工	5	负责打孔
6	普工	10	辅助
7	专职配料员	1	负责配料
8	专职破碎剂拌和工	3	负责破碎剂拌和
9	专职灌装手	3	负责灌装
10	专职安全员	2	负责安全

6 材料及设备(表4)

材料、机器设备表 表4

序号	设备名称	设备型号	数量	备注
1	破碎剂	超力SC-2	3 000kg	
2	空压机	$5m^3$	5台	
3	风动凿岩机	YT-19	5台	
4	天平	2kg	1台	
5	量杯	3 000mL	2个	
6	温度计	100℃	2只	
7	专用搅拌器		2个	
8	撬棍		10根	
9	橡胶手套		10个	
10	防尘口罩		30个	
11	护目镜		30个	

7 质量控制

7.1 检查孔位(孔距、排距)、孔深不能超过设计尺寸偏差 ±5cm。

7.2 严格按照试配结果控制水灰比及添加剂用量。

7.3 刚钻完孔和刚冲孔的钻孔,孔壁温度较高,应确定温度符合要求时才能装药。

7.4 使用破碎剂必须同厂、同型号、同批次,拌和水的取水点位置必须固定,以保证水质成分不变。

7.5 破碎剂和拌和水存放于阴凉干燥处,避免曝晒。

7.6 破碎剂在运输和存放中应防潮,开封后应立即使用。如一次未使用完,应立即紧扎袋口,需用时再开封。

8 安全措施

8.1 建立完善的施工安全保证体系,加强施工作业中的安全检查,确保专业标准化、规范化。建立安全生产责任制,明确各级人员的职责,抓好工程安全。

8.2 无关人员不得进入施工现场。进入施工现场人员必须配戴防护眼镜(防尘防冲击型 PVC 护目镜)。施工人员未戴防护眼镜操作属安全违章。灌装操作人员必须佩戴防腐橡胶手套,防尘口罩。

8.3 在药剂灌入钻孔到岩石或混凝土开裂前,不可将面部直接近距离面对已装药的钻孔。药剂灌装完成后,盖上麻袋或棕垫,远离装灌点。观察裂隙发展情况时应更加小心。

8.4 施工现场按符合防火、防风、防雷、防触电等安全规定及安全施工要求进行布置,并完善布置各种安全标志。

8.5 破碎剂进入眼内会对角膜造成伤害,现场必须备好大量清水。如果破碎剂进入眼中,马上用大量的清水冲洗,然后再送医院治疗,严禁不作冲洗就送医院治疗。

9 环保措施

9.1 成立对应的施工环境卫生管理机构,在工程施工过程中严格遵守国家和地方政府下发的有关环境保护的法律、法规和规章,加强对施工中的燃油、工程材料、设备、废水、生产生活垃圾、弃渣的控制和治理。

9.2 将施工场地和作业限制在工程建设允许的范围内,合理布置,规范围挡,做到标牌清楚、齐全,各种标志醒目,施工现场整洁文明。

9.3 设立专用排水沟,认真做好无害化处理,从根本上防止施工中的污水乱流。

9.4 优先选用先进的环保机械。经常对施工现场进行洒水,防止尘土飞扬,污染周围环境。

10 资源节约

10.1 在施工过程中,严格贯彻国家节能工程的有关要求。

10.2 积极探索能源替代和材料的再生技术。

10.3 在施工过程中,坚持随用随要,避免储存和运输过程当中的损耗。

11 效益分析

11.1 技术效益

本工法解决了某些情况下不允许使用爆破、人工凿打和机械破碎进行抢险排危和抵近闹市区进行土石方开挖的难题。静态爆破无飞石、无噪声、无振动、无冲击波、无有毒烟雾、安全可靠。在抢险排危和抵近闹市区进行土石方开挖工程中,爆破作业施工易形成飞石、冲击波、振动和噪声等危害,危及岩石、建(构)筑物的稳定、结构安全及公共安全;人工凿打施工难度大、工期长、施工人员安全保障困难、安全措施费用高。采用静态爆破(膨胀破碎)法能较好的解决其他施工方法的不足,有时甚至是唯一的施工方法。

11.2 社会效益

静态爆破较好地解决了施工区域附近有文物、重要建(构)筑物,或由于征地、拆迁等社会矛盾引起群众借口炮损而引发的阻工、挡工等问题,具有良好的社会效益。

静态爆破所使用的器材是无需行政许可的非燃、非爆物品,易储存、运输、保管,使用安全,可随时用于施工现场,有利于保证建设工期。

11.3 经济效益

11.3.1 采用人工凿打及其防护措施费用为80万元,施工工期40d,而采用静态爆破只需10d,施工及防护措施费用为7万元,节约成本73万元。

11.3.2 采用静态爆破较人工凿打节约工期30d,渝宜高速公路每天营运费用100万元/d,节约资金3 000万元。

12 应用实例

12.1 重庆合川电厂汽轮机(200×300MW)部分基座胀裂剔除工程

2005年7月,重庆合川电厂汽轮机厂的汽轮机基座大体积混凝土在浇灌过程中,发生了模板、钢管支架垮塌,致使8人死亡、15人重伤的重大安全事故。建设单位要求,对垮塌的混凝土和受影响的混凝土全部清除干净,重新浇筑基础。但是,机房内不能采取爆破,机械施工无法展开,人工拆除工期和成本都无法保证。为此,本工程的主要施工内容就是对1号机组汽轮机部分基座钢筋混凝土进行胀裂剔除,且要求胀裂剔除过程中,必须保证汽轮机基座高程在8.3m以下的结构完整、混凝土表面质量及内部性能不受施工影响,胀裂后的混凝土块最大粒径不超过400mm,剔除的混凝土块应与柱竖筋剥离。

该工程于2005年8月23日开工,2005年9月14日竣工。

施工全过程处于安全、稳定、快速、优质的可控状态。工程质量优秀,无安全生产事故发生,得到了各方的好评。

12.2 歌乐山渣滓洞监狱旧址上方危石抢险工程

2007年7月17日,重庆地区遭遇115年未遇的暴雨,曾经关押过江姐、小萝卜头等革命者的重庆渣滓洞、白公馆等处因此遭遇罕见的泥石流侵袭,损毁严重,因此闭馆修缮。中央领导批示要求,全力保护革命文物,尽早恢复开放革命传统教育基地。

在渣滓洞监狱旧址上方的泥石流冲沟里遗留有四块巨石,摇摇欲坠,严重威胁渣滓洞监狱文物及修缮工程施工人员的生命安全。危石共有四块,W_1位于半山腰,其大小为:6m×3.5m×1m;W_2位于半山腰,为长半径3.5m,短半径为2.5m左右的椭圆形孤石;W_3位于上坡顶部,背部全部临空,危石前面与该坡坡面平齐,其大小为:8m×7m×1.5m;该危石的右上部有一孤石W_4,其大小为:3m×3m×1.2m,其工程量约为250m^3。其周边情况见图5。

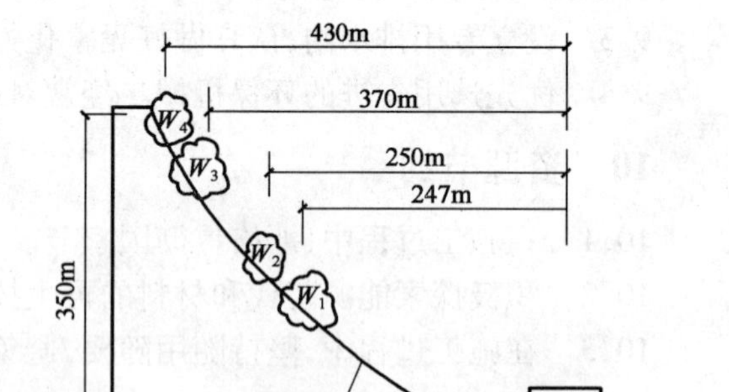

图5 危岩与渣滓洞旧址的周边关系示意图

该工程于2007年7月7日开工,2007年7月18日竣工。

施工全过程处于安全、稳定、快速、优质的可控状态。工程质量优秀,无安全生产事故发生,得到了市委市政府的高度评价。

顶管顶进施工工法

GGG(中企)A6026—2009

张宏建　汪　华　邵国强　郝　鑫

(安通建设有限公司　武警交通六支队)

1　前言

土压平衡顶管工法是利用土压平衡式顶管掘进机进行地下钢筋混凝土管道或其他管道的顶进施工,能以有效的技术手段和措施,来确保整个顶管过程中不产生挖掘面土方的超挖和欠挖,仅仅取走顶入管子的这部分土体。它对周围的土体扰动很小,能使地表的沉降或隆起减小到最低限度。本法适合在软弱地层中进行地下管道顶进施工,它解决了传统顶管施工所引起的道路破坏、构筑物严重沉陷、变形和地下管线断损等一系列问题,经实践证明其技术经济效益良好,是一项值得推广应用的新技术。

2　工法特点

利用带面板的刀盘切削、支承土体,对土体的扰动小;采用干式排土,废弃泥土处理方便,对环境影响和污染小;施工设备投入较少,施工方法简单,技术先进,经济合理;施工安全,速度快,工期短,质量好。

3　适用范围

本工法适用于饱和含水地层中的淤泥质黏土、黏土、粉砂土或砂性土,尤其适用于闹市区或在建筑群、地下管线下进行顶管施工,也可进行穿越公路、铁路、河流特殊地段的地下管道的施工;施工管道口径以国标下水道口径系列尺寸中的 $\phi600 \sim \phi1\,500$mm 为宜;顶管管材为钢筋混凝土;管节的接头形式可按要求选用"T 形"、"F 形"钢套环式、企口承插式等,也可按工程的要求选用其他材质的管节和管口接扣形式。

4　工艺原理

顶管顶进施工是根据土压平衡的基本原理,利用顶管机的刀盘切削和维持机内土压仓的切削土体压力抵抗开挖面的土、水压力达到土体稳定;并以顶管机的顶速(即掘削量)为常量,螺旋输送机转速(即排土量)为变量进行控制,达到使土压仓内的土、水压力与掘削面的土、水压力保持平衡,从而使开挖面的土体保持稳定,控制了地表的沉降和隆起。

5　施工工艺流程及操作要点

5.1　施工流程(图 1)

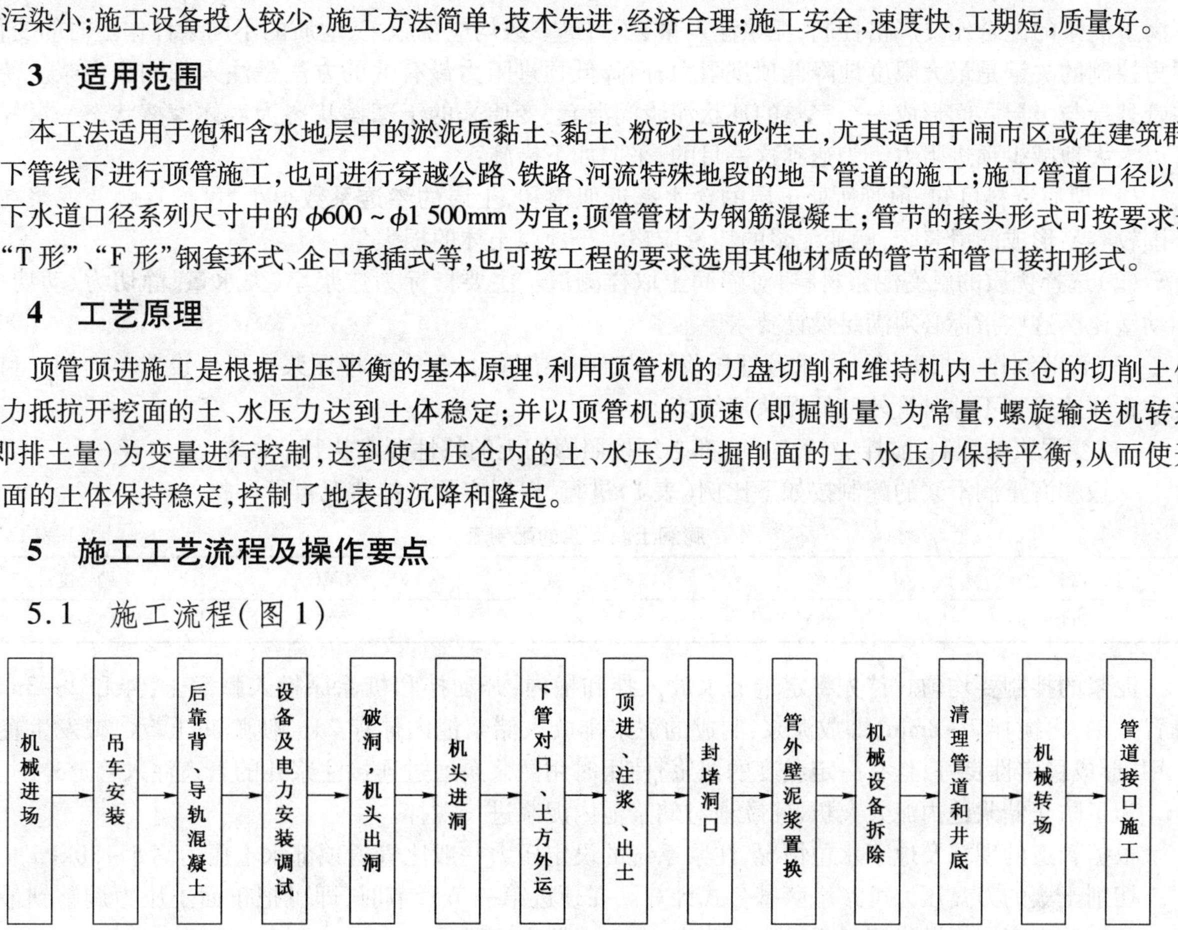

图 1　施工流程

5.2 施工要点

5.2.1 混凝土管吊装、对接、就位时,应首先在地面上进行质量检查,确认合格后,在管前端口安放楔形橡胶圈,并在橡胶圈表面涂抹硅油,减小管节相接时的摩擦力。

5.2.2 顶进施工中应随时观察顶进轴线偏差情况。

5.2.3 刀盘应正、反两方向交替使用,顶进中发现与管位偏差10mm左右,即应进行校正。穿墙各纠偏阶段要求每顶进10~30cm左右测量一次;工具管纠偏应顶进过程中进行,绘制工具管测点行进轨迹曲线图来指导纠偏,管轴线偏差不允许大起大落;纠偏控制由纠偏千斤顶进行,掘进机共有纠偏千斤顶四个,纠偏角度为2.5°,能上下左右四个方位纠偏。一般情况下每次纠偏角度不大于0.5°,以适当的曲率半径逐步回到轴线上来,做到精心施工;纠偏由激光经纬仪发出的激光束照射在位于钻掘系统的光靶上。根据测得的偏斜数据,操纵液体纠偏系统,使掘进系统前部铰接的机头产生偏摆,从而实现铺管方向的调节。防止顶管机人为地发生偏转。

5.2.4 土压力的管理和排土量的控制是控制地表沉降的关键,土压力管理值(即设定土压力)应根据施工土质状况、地下水位、管道埋深等因素初步确定,并根据施工的情况和地表沉降的实测结果,随时进行调整。

5.2.5 在施工中应视土质的情况。注入一定量的水或合成泥浆对土砂进行塑流性改良,在粉砂土、砂性土地层中施工,当其黏粒含量小于10%时,应考虑对土进行塑流性的改良。

5.2.6 中继顶装置的配置,应视顶进施工距离、管节的混凝土抗压强度、管壁减摩的效果、注浆的可靠程度等施工因素确定;当顶进阻力达到中继顶进装置最大工作顶力的0.8时,应考虑设置。

5.2.7 采用膨润土泥浆减阻润滑,是减小顶进阻力、增长顶距的一种行之有效的方法。施工时,对膨润土泥浆的配合比要严格控制,泥浆注入量、压力等参数均应视施工、地质的不同条件作随时的变化。顶力控制的关键是最大限度地降低顶进阻力,而降低顶进阻力最有效的方法是注入膨润土泥浆。使之在管外壁与土层之间形成一个完整的环状泥浆润滑套,变原来的干摩擦状态为液体摩擦状态。这样就可以大大地减少顶进阻力。为达到这一目的,采取如下措施:

(1)地质资料可知,顶管所处土层的含水率近似饱和,土层的渗透系数很小,可推算触变泥浆在管外围较容易形成润滑浆套,触变泥浆的耗量应略大于地层土体的损失量。

(2)选择优质的触变泥浆材料,对膨润土取样测试。主要指标为造浆率、失水量、静切力、动切力、和动塑比。这些指标必须满足设计要求。

(3)管节制作时根据设计要求预埋压浆孔,安装注浆管时,每个预埋压浆孔里要设置单向阀。目的是防止注浆压力不够时管外壁的泥浆液倒流。

(4)变泥浆的配制、搅拌、静置时间,都必须按照膨润土的特性要求执行。

一般膨润土润滑浆的配制按如下比例(表1)进行,根据实际试拌情况再行调整。

膨润土润滑浆的配制表 表1

膨 润 土	水	纯 碱	CMC	稠 度
400	850	6	2.5	12~14

泥浆的拌制要均匀。首先将定量的水放入拌和桶内,开动拌和机徐徐投入膨润土,拌和2~3min,静置片刻,再搅拌7~8min,即成泥浆,制成的泥浆排放入储浆池内储存24h,使膨润土、水、碱发生置换作用,形成稳定性良好,且有一定黏度的泥浆,使用时用注浆泵通过连接注浆孔的管道注入管道外围。

为了防止储浆池内泥浆离析,间歇地对储浆池内泥浆进行搅拌。

根据管道的埋深及地下水位情况,注浆系统的设定压力一般比管道顶部水土压力高5~30kPa。

切削土壤的刀盘压力可按塔萨基公式计算。在顶进第一节管节时,即可把正面土压力调整到最佳值。具体调定值根据沉降测量反馈数据确定,并上报监理工程师。

为了使触变泥浆套的压力在停注后不能过快降低,在工作井内注浆总管上设置单向阀,不使其回浆。

泥浆的压注采用在顶管机压浆、管节、中继站等处连续补浆的方法。对掘进机压浆要与顶进同步，以迅速在管道外围空隙形成黏度高、稳定性好的膨润土泥浆套。

从机头后第一节管至管道最后一节管，每隔2m安置一圈压浆管道，每个压浆孔上安装一只1寸球阀，由橡胶软管与压浆总管相连。压浆总管是一根2寸白铁管，连接压浆泵。在搅拌筒内按一定比例兑水充分拌制，储放24h后方可使用。

6 材料与设备

主要材料设备见表2。

主要材料设备数量表 表2

序 号	名 称	型 号	单 位	数 量
1	土压平衡顶管机	ϕ600、ϕ800、ϕ1 500	台	3
2	中继顶进设备	ϕ600、ϕ800、ϕ1 500	套	3
3	皮带输送机	$Q=38m^3/h, V=0.8m/s$	台	1
4	吊车	50t	台	1
5	潜水泵		台	2
6	泥浆搅拌机	$0.2m^3$	台	1
7	农用泥浆泵		台	1

7 质量控制

除应遵照国家标准《地基与基础施工及验收规范》、《钢筋混凝土工程施工及验收规范》、《市政工程质量检验评定标准》和顶管工程和长距离顶管标准中的有关规定外，施工中还应做到：管道接口橡胶防水密封环及管端传力衬垫安放正确，不脱落，不损坏；做好顶进施工的原始记录，包括测量地表沉降记录；顶管机正面土压力应保持平衡，要严格控制其压力的变化，误差不超过±0.015MPa；当管顶覆土厚度 HI≥D 管径时，地表最大的隆、陷量应不超过+20mm、-40mm。

8 安全措施

生产安全保障是施工的首要目标和提高经济效益的首要条件，必须以科学的施工和管理方法来确保生产的安全。在施工中，要认真贯彻“安全第一，预防为主”的方针。严格遵守国家有关施工安全的一切规定，把确保施工安全放在首位，采取积极的防范措施，预防为主。

顶管机及管道内照明用电应使用安全电压；电机车在管道内行驶时，严禁井下操作人员在管道内来回走动；动力电缆转换接插前，要先切断电源，后拔除插头；管节吊运时，管节下严禁站人；管道过长，要考虑管内的施工环境，要加强管内的空气流通，防止混浊空气影响施工人员的健康；管道内的电力电缆、控制电缆应悬挂固定，严禁随地铺设；管道内的设备、管路布置应确保运输通道的安全，并要求固定靠牢。电气设备应做好接地工作。

9 环保措施

在施工中，坚持国家有关环境保护政策，以预防为主。积极同当地环保部门配合，加强本单位的环保宣传教育，增强施工人员的环保意识。发动群众，调动一切积极因素，切实做好施工期内的环保工作。

10 资源节约

由新疆兴达公路工程部承建的芜湖市赤铸山路工程中的顶管工程，采用“土压平衡式法”施工后，与传统的开槽埋管法相比节约了经济成本约36万余元，与一般的顶管方法比较缩短了将近2个月的工期。

11 效益分析

与开槽埋管法相比,施工场地占用小,适应在市区街道建筑密集的场合下施工,不需封闭道路、交通,对周围环境、交通影响小。

与普通挤压式顶管施工相比,由于对土体的扰动小,能有效地控制地表的沉降和隆起,可大大地减小由施工所引起的道路、地下管线、建筑物的破坏而带来的损失,有明显的社会、环境效益。

12 应用实例

芜湖市赤铸山路是连接芜湖市新老城区的一条主要干道,其顶管工程全长 1 569.1m,顶管顶进工程于 2008 年 4 月开工,同年 11 月份完工,经过闭水测试后,符合设计及规范的要求。

井点降水施工工法

GGG(中企)A6027—2009

张宏建　汪　华　唐　浩　郝　鑫
(武警交通第六支队　新疆昆仑路港工程公司)

1　前言

井点降水广泛应用于各种地下工程,对上述工程的施工起辅助作用,可以降低水位,加强土体,改善施工条件,可获得良好的经济和环境效益。

2　工法特点

2.1　机具设备简单,易于操作,便于管理。

2.2　可减少基坑开挖边坡坡率,降低基坑开挖土方量。

2.3　开挖好的基坑施工环境好,各项工序施工方便,大大提高了基坑施工工序。

2.4　开挖好的基坑内无水,相应提高了基底的承载力。

2.5　应用在软土路基、地下水较为丰富的地段,有明显的施工效果。

3　适用范围

井点降水工法适用于粉砂、粉质黏土、粉土的地层。在基坑开挖之前采用此工法降水,可保证土方开挖前土壤干燥,为下步土方开挖和基础施工创造良好的施工条件。

本工法应用时还须满足以下要求(图1):

当周边建筑物高于20m时,井点降水坡脚线至建筑物距离不少于300m;

当周边建筑物低于20m时,井点降水坡脚线至建筑物距离不少于150m。

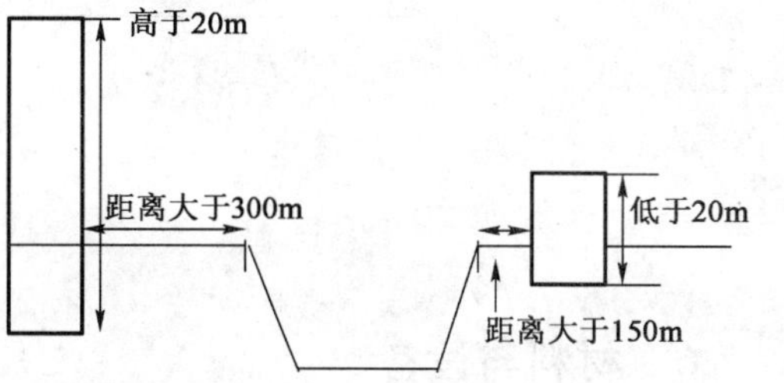

图1　工法适用要求

4　工艺原理

沿基坑四周每隔一定间距布设井点管。井点管底部设置滤水管插入透水层,上部接软管与集水总管进行连接,集水总管为ϕ150mm钢管,周身设置与井点管间距相同的ϕ40mm吸水管口,然后通过真空吸水泵将集水管内水抽出(图2),从而达到降低基坑四周地下水位的效果,保证了基底干燥无水。

5　施工工艺流程及操作要点

5.1　工艺流程(图3)

5.2　操作要点

5.2.1　井中心距基坑边缘的距离:当用冲击式钻机用泥浆护壁时为0.5~1.5m,用套管法时不小于3m。

5.2.2　清孔:符合清孔规范要求,现场检测。

5.2.3　管井拆除:地下建筑物竣工并回填、夯实到地下水位线以上后,方可拆除;观测和记录管井内水位下降值。

图2　工艺原理

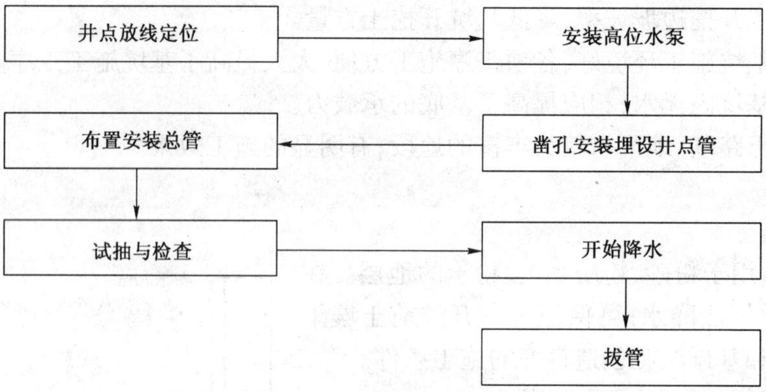

图3　工艺流程

6　材料与设备

材料与设备见表1,设备图见图4。

材料、设备一览表　　表1

序　号	名　称	数　量	单　位
1	真空泵	2	台
2	潜水泵	4	台
3	汽水分离器	2	台
4	钻孔冲击管	4	根
5	高压水泵	4	台
6	水枪	4	只
7	发电机组	1	台
8	交流电焊机	1	台
9	氧气切割机	1	台

图4 设备外观

7 质量控制

除应遵照《公路地基施工技术规范》(JTG F10—2006)、《建筑地基处理技术规范》(JGJ 79—2002)等规范规定外,施工中还应做到5.2所述操作要点。

8 安全措施

生产安全保障是施工的首要目标和提高经济效益的首要条件,必须以科学的施工和管理方法来确保生产的安全。在施工中,要认真贯彻"安全第一,预防为主"的方针,严格遵守国家有关施工安全的一切规定,把确保施工安全放在首位,采取积极的防范措施,预防为主。

8.1 电路控制:规范临时用电,安装合格的漏电保护器,有良好的接地保护电器,操作人员持证上岗并检查电缆外观情况。

8.2 安装、拆除井点:防止物体打击,实行封闭施工,不允许无关人员进入现场并树立警示标志。

8.3 井点运行:填写带入现场的设备清单,检查设备出厂或检修、试运转记录,检查现场设备实际情况。

8.4 安拆井点:起重操作人员须持有效证件;现场作业统一指挥;在封闭区域,控制出入人员;严禁起重臂下站人。

9 环保措施

在施工中,坚持国家有关环境保护政策,以预防为主;积极同当地环保部门配合,加强本单位的环保宣传教育,增强施工人员的环保意识;发动群众,调动一切积极因素,切实做好施工期内的环保工作。

9.1 生活污水:集中存放,专人处理。

9.2 清理现场垃圾:设置分类垃圾箱,及时清运建筑垃圾。

9.3 机械使用:使用过的棉丝(布)不得抛撒、不得焚烧,应集中存放;油污的土壤应集中存放,禁止扩散。

10 效益分析

井点降水施工中机具设备简单,可减少基坑开挖边坡坡率,降低基坑开挖土方量,节约了经济成本;开挖好的基坑施工环境好,各项工序施工方便,大大提高了在中基坑施工的时间效率;可以使开挖好的基坑内无水,相应提高了基底的承载力,加强了质量。

11　应用实例

芜湖市东四大道03标, 2007年3月开工,同年12月竣工,历时4个月,全线井点降水1 157m,在配合管道等地下工程施工后,做到了基坑无水,加强了地基的承载力,保证了管道等地下工程不发生沉降。

路 面 篇

抗裂大粒径水泥稳定碎石基层施工工法

GGG(赣)B1028—2009

童世敏 黄力勇 徐茂芬 李 勇 李远明

(江西省路桥工程集团有限公司)

1 前言

水泥稳定碎石因其具有力学性能好、水稳性好、整体性强等优点,在高等级公路沥青路面中得到广泛的应用;但水泥稳定碎石干缩裂缝和温缩裂缝明显,导致路面开裂,裂缝的存在会使雨水渗入路面基层,使基层强度减弱,产生唧浆松散,最终引起沥青路面迅速破坏。为解决水泥稳定碎石的裂缝问题,江西省路桥工程集团有限公司在金丽温高速温州段路面工程第七合同段中,联合项目工程建设指挥部、温州市公路管理处、浙江大学、浙江省公路局等单位组成研究小组,进行联合科技攻关,从材料、配比、机械、工艺流程等多角度进行研发,形成"高等级公路水泥稳定碎石基层沥青路面抗裂性能研究"成果,铺筑大粒径水泥稳定碎石基层,碎石最大粒径达53mm,从结构上形成嵌锁型骨架结构,有效解决了水泥稳定碎石容易开裂的问题。

2 工法特点

2.1 粒径大:大粒径粒料嵌锁结构的水泥稳定基层,最大粒径为53mm。

2.2 防开裂:有效解决了路面易开裂问题。

2.3 效益显著:抗裂大粒径水泥稳定碎石有效地解决开裂问题,降低了道路养护费用,提高了道路使用寿命,社会效益与经济效益显著。

2.4 工艺要求高:混合料拌和、装车、摊铺、碾压各工序均较普通水泥稳定碎石施工工艺要求更高。

3 适用范围

本工法适用于公路水泥稳定碎石基层、底基层施工。

4 工艺原理

4.1 采用大粒径级配,混合料强度高、刚度低,极限抗拉应变大,材料的力学性能优。其单位含水率变化干缩能 W_{wi} 为:

$$W_{wi} = \frac{1}{w_{i+1} - w_i}\int_{\varepsilon_{di}}^{\varepsilon_{di+1}} \sigma d\varepsilon = \frac{1}{w_{i+1} - w_i}\int_{\varepsilon_{di}}^{\varepsilon_{di+1}} E\varepsilon d\varepsilon = \frac{1}{2(w_{i+1} - w_i)}E(\varepsilon_{di+1}^2 - \varepsilon_{di}^2) \tag{1}$$

式中:ε_{di+1}、ε_{di}、w_{i+1}、w_i——分别为第 i 次测得干缩应变和含水率;

E——抗拉弹性模量。

$$W = \int_0^{\sigma_{max}} \sigma d\varepsilon = \int_0^{\sigma_{max}} \frac{\sigma}{E} d\sigma = \frac{1}{2E}\sigma_{max}^2 \tag{2}$$

式中:σ_{max}——极限抗拉应力;

W——材料的极限抗拉能。

$$[W] = \frac{W}{W_w} = \frac{\sigma_{max}^2 (w_{i+1} - w_i)}{E^2(\varepsilon_{di+1}^2 - \varepsilon_{di}^2)} \tag{3}$$

式中:[W]——材料的干缩能抗裂系数。

$$[T] = \frac{W}{W_t} = \frac{\sigma_{max}^2 (w_{t+1} - w_t)}{E^2 (\varepsilon_{ti+1}^2 - \varepsilon_{ti}^2)} \tag{4}$$

式中:　　[T]——为材料的温缩抗裂系数;

ε_{ti+1}、ε_{ti}、t_{ti+1}、t_i——分别为第 $i+1$、i 次测得温缩应变和温度。

[W]或[T]的大小可以反映该材料的抗湿度或温度收缩的相对能力的大小,其值越大,表明材料抗温度或干燥收缩性能越好,反之亦然。经研究可知,大粒径混合料干缩系数、温缩系数小,可明显提高水泥稳定碎石抗裂性能;大粒径级配水泥稳定碎石存在众多微裂纹,从而避免了集中裂缝的产生,避免了沥青路面反射裂缝的产生。

4.2　采用大粒径级配,基层表面粗糙,粗细集料干缩、温缩性能不一致,微裂纹多,下封层、透层沥青易渗透入基层,有效地起到密封防水作用;下封层、透层沥青透入基层后,确保了面层与基层整体作用。

5　施工工艺流程和操作要点

5.1　施工工艺流程

本工法工艺流程见图1。

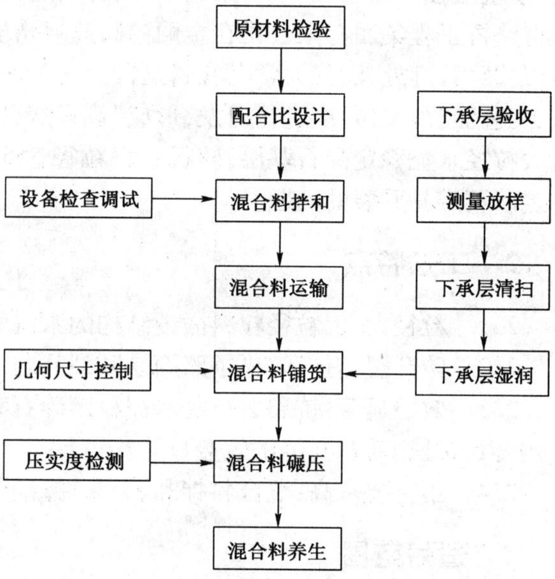

图1　工艺流程

5.2　操作要点

5.2.1　施工准备

(1)施工机械准备

施工机械是工程质量的保障。抗裂大粒径水泥稳定碎石施工须采用集中场拌、自卸汽车运输、摊铺机摊铺。机械设备的数量、型号应配套,以满足质量和施工的需要。

①拌和机

应采用强制式、电脑计量、微机控制的拌和机,其实际出料(额定生产量的80%)能力应超过摊铺能力的10% ~15%。拌和机必须采用定型产品,性能稳定、良好。为使混合料拌和均匀,连续式拌和机拌缸要满足一定的长度。

②摊铺机

应根据路面基层的宽度、厚度,选用合适的摊铺机械,宜采用稳定土专用摊铺机,并对摊铺机进行改造。在左右螺旋断开处加装角度可调的反向螺旋叶片,根据摊铺厚度和材料的变化来调节叶片的数量和角度,使摊铺机中缝处物料充填密实且均匀;采用变径螺旋,螺旋直径由中向外逐渐减小,中部较普通摊铺机大,外侧较普通摊铺机小,实现输料和均匀布料复合功能。

③压路机

压路机的吨位、型号、台数必须与拌和机及摊铺机的生产能力相匹配,使从加水拌和到碾压终了的时间不超过水泥初凝的时间,并满足压实度需要。

(2)测量放样

首先在已验收合格的下承层上恢复中线,直线段按10m设一桩,曲线段按5m设一桩,并在两侧边缘外设指示桩,然后进行水准测量。在两侧指示桩上方根据设计高程和试验段确定的松铺厚度,设置摊铺机水平传感导线,导线张紧力不小于800N,架设长度不大于200m,并根据摊铺机特性设置方向导线,应在每次摊铺前和摊铺过程中对导线进行复检测量,确保施工控制的准确性。

5.2.2 下承层的检查与验收

下承层必须满足各项技术指标要求。表面的浮土、薄层"贴皮"、散落材料及各类杂物要清除干净，并经监理工程师检查认可，施工前要保证下承层表面湿润且无积水。

5.2.3 试验路段

正式开工之前，应先进行试验段的施工。承包人应选择有代表性的路段300~600m，对每100~200m拟订一种施工方案，并提交关于不同施工方案的完整书面报告，送交驻地监理工程师批准。通过试验段验证，施工机械设备组合能否满足要求；测定相关技术参数；验证配合比的控制方法；确定松铺系数，压路机碾压的顺序、速度和遍数以及7d无侧限抗压强度。当使用的原材料、混合料、施工机械、施工方法及试铺路面各检验项目的检测结果都符合规定后，编写《试验段总结报告》，经审批后作为正式施工的依据；若不符合技术要求，则要查找原因，重新铺筑试验段。

5.2.4 拌和

为保证抗裂大粒径水泥稳定碎石混合料拌和均匀，应适当降低拌和机生产率。拌和现场必须有一名试验人员负责监测拌和时间、水泥剂量、加水量及集料配比，发现异常应及时调整。混合料加水量应随蒸发量变化及时调整，一般碾压含水率较最佳含水率要高0.5%~1.0%。混合料的拌和采用一台MWCB—300型水稳拌和楼，生产能力300t/h。拌和楼采用电子计量，能有效地控制集料及水泥的配比。拌和注意事项和质量控制：

(1)根据试验室提供的生产配合比进行拌和。

(2)拌和前检查各种材料的运送线路，确认没有问题后，开启拌和机。

(3)考虑施工的离散性，水泥用量应比试验室目标配合比确定用量增加0.5%。

(4)严格控制集料含水率，考虑拌和运输、摊铺过程中的水分散失，拟增加1%含水率。

(5)拌和时，严防水泥下料口堵塞不流动或者流量不足，造成缺少水泥现象；观看混合料是否均匀、色泽一致，否则应废弃。

5.2.5 运输及摊铺

(1)运输

①混合料运输采用大吨位自卸翻斗车，根据实际运距投入15辆。

②运输前，全面检查车辆的状况，并对车厢进行清扫，确保车厢干净、整洁。

③装料时，自卸车要有规律的移动，使拌和料在装车时不产生离析。

④自卸车倒车进行喂料时，听从现场人员指挥，严禁撞击摊铺机。

(2)摊铺

摊铺采用两台ABG—423摊铺机梯队摊铺，以减少边部离析现象。由于基层设计厚度为34cm，不能一次摊铺成型，故采用分层摊铺的办法，分层厚度为17cm+17cm，在第一层摊铺碾压完成和压实度检测合格后，摊铺机再退回到摊铺起点，开始第二层的摊铺。摊铺前根据松铺系数，拉出钢丝基准线用于控制高程。

①两台摊铺机前后相距8~10m，同时向前摊铺。

②前一台摊铺机使用中线一侧钢丝基准线控制高程，并用摊铺机横坡仪控制横坡(设计横坡为2%)。后一台摊铺机以外侧的钢丝基准线控制高程，另一侧走滑板控制横坡，滑板放在第一台摊铺机摊铺好未碾压的混合料上，摊铺宽度应与先摊铺层搭接20cm左右，以保证两次摊铺接缝处的紧密。

③摊铺时根据来料数量应尽量保持匀速摊铺，试验段摊铺速度定在1.5~2.0m/min，设专人指挥喂料，保证卸料时不撞击摊铺机。两台摊铺机的夯锤或夯板的振动频率应均匀一致，为保证摊铺密实度，夯锤初步设定在3~4级，以传感器在钢丝上不产生较明显的振动为宜。当摊铺机正常行走后，摊铺机传感器应自行控制高程，尽量减少手工操作和调整摊铺机熨平板仰角，以保证摊铺面的平整度。

④开始摊铺到5m左右时，应检测摊铺面高程、横坡、厚度；如不符合设计时，应适当调整，使之满足要求后，再进行摊铺。每10m做一次厚度检查并记录，以保证施工厚度，并按规范要求频率对各项目进

行检测并记录。

⑤摊铺时,若发现送料器里有离析的大石子,应清除。摊铺后若发现存在离析现象,应人工处理;若离析情况太严重,应及时通知拌和楼和试验室,及时调整;另应经常检查含水率大小是否合适,并及时反馈给拌和站。

⑥机械摊铺过程中,一般不整修路面,但出现断面不符合要求、局部缺料、局部混合料明显离析、摊铺机后有拖痕、表面不平整等现象时,应在现场施工负责人专门指导下认真调整,局部换料仔细修补,同已铺混合料接顺,不得有明显印迹和差异;如因摊铺机性能而导致施工缺陷,应立即停止摊铺,进行维修。

因摊铺时大粒径水泥稳定碎石表面易与底面离析,中间与两边易离析,故摊铺机螺旋布料器末节必须反装,摊铺机的螺旋布料器应全部埋入混合料中,螺旋布料器应均匀低速搅拌,禁止急速布料,以减少离析。为保证基层与底基层结合良好,底基层表面应喷洒水泥净浆,水泥质量宜不少于1.0~1.5kg/m^2。上基层与下基层结合面应撒布干水泥粉,撒布长度以不大于摊铺机前30~40m为宜。要调整好传感器臂与控制线的关系,严格控制基层厚度和高程,保证路拱横坡度满足设计要求。摊铺机宜连续摊铺,尽可能避免停机待料,速度一般宜为1m/min左右,不宜大于2m/min。摊铺机夯锤振频振幅应始终一致,夯振后压实度要达到80%以上。

5.2.6　碾压

抗裂大粒径水泥稳定碎石极难压实,为了确保压实度要求,经过试验段试铺总结,配置了1台英格索兰DD110双钢轮振动压路机,2台徐工YZ20JC单钢轮振动压路机和1台XP261轮胎压路机。碾压方案:DD110双钢轮静压2遍、高频低幅振动2遍初压,2台YZ20JC各强振3~4遍复压,XP261轮胎压路机静压2~3遍终压。

水泥稳定碎石的碾压以振动压路机为主,抗裂大粒径水泥稳定碎石的压实较为困难,振动过程中细集料易下渗,从而造成表面离析,很难压实。强振前应充分静压和弱振,初步密实后再强振,最后用大吨位轮胎压路机碾压,利用轮胎压路机的搓揉作用,来提高压实度。根据施工经验总结,需注意以下几点:

①双钢轮振动压路机静压2遍,压路机先紧跟摊铺机沿边部大弧线碾压至中部,再沿原迹返回,这样可防止压路机前的混合料拥包;压路机碾压时的行驶速度,弱振2遍为1.5~1.7km/h。

②单钢轮强振3~4遍,使压实度达到98%以上,压路机应避免制动及在碾压层上急打方向等,一次碾压长度一般为50~80m。

③使用大吨位轮胎压路机碾压2~3遍,使压实度达到98%以上。

密实度要采用灌砂法检测与碾压遍数相结合的控制方法,碾压遍数满足后再检测压实度,确保压实度100%合格。

水泥稳定碎石混合料的摊铺和碾压应连续作业,如因故中断时间超过2h,则应设置横缝。

5.2.7　养生及交通管制

每一段路面碾压完成后,待水泥终凝后应开始养生,7d内要保持湿润,采用土工布或麻袋覆盖养生,防止暴晒产生裂缝。用洒水车洒水养生时,洒水车的喷头要用喷雾式,不得用高压式喷管,以免破坏水稳层结构;同时,在养生期间应封闭交通。

6　材料与设备

6.1　材料

6.1.1　水泥:抗裂大粒径水泥稳定碎石基层,要尽量使用水化热低、终凝时间较长的水泥,并选用抗折强度较大的水泥(抗折强度越大,混合料抵抗内部温度应力的抗拉强度也就越大,越不易产生裂缝)。普通硅酸盐水泥、矿渣硅酸盐水泥、火山灰质硅酸盐水泥都可用于拌制大粒径水泥稳定碎石混合料。金丽温高速公路温州段路面工程第七合同段采用了六洞山牌32.5级缓凝普通硅酸盐水泥。

6.1.2　碎石:石料最大粒径53mm,集料的压碎值、扁平细长颗粒的含量不超过规范要求。石料按粒径可分为5～16mm及31.5～53mm两档。本工地采用永嘉碎石。

6.1.3 细集料:细集料的检测指标主要有视密度、砂当量、级配和含泥量,在进料过程中每2 000m^{3}检测两个样品,进行颗粒分析和含泥量检测。如有必要,需进行有机质含量及硫酸盐含量的检测。本工地采用青田温溪中粗砂和永嘉石屑。

6.2 主要机具设备(表1)

主要机械设备表 表1

序 号	设备名称	规格型号	单 位	数 量
1	水泥稳定土拌和楼	MWCB—300	座	1
2	稳定土摊铺机	ABG—423	台	2
3	振动压路机	DD110	台	1
4	振动压路机	YZ20JC	台	2
6	轮胎压路机	XP261	台	1
7	运输车辆	15T	辆	20
8	洒水车	8 000L	辆	2

7 质量控制

7.1 质量标准

(1)《公路路面基层施工技术规范》(JTJ 034—2000);

(2)《公路工程质量检验评定标准》(JTG F80/1—2004)。

7.2 质量控制

(1)提供生产配合比给拌和楼,对前几盘拌和料取样检测含水率、水泥含量;如不符合规范要求时,应立即停止拌和,并找出原因,及时调整。

(2)按照检测频率,设专人检测拌和料的水泥含量、含水率、级配组成情况。

(3)对于上基层采取压实度和取芯控制,下基层主要用压实度控制。在压实过程中,设专人跟踪检测压实度。

(4)严格控制配合比,各种成分的配合比偏差应在表2范围(质量比)内。

集料级配目标值规定 表2

项 目	矿料含量与规定中值的容许偏差(%)	项 目	矿料含量与规定中值的容许偏差(%)
大于4.75mm筛孔的集料	±5	水泥	±0.3
通过2.36mm筛孔的集料	±3	水	±1
通过0.075mm筛孔的集料	±1		

每个工作日通过电子计量系统对水稳混合料进行总量控制,同时根据EDTA的滴定对水泥剂量形成双控。全天拌和应按摊铺面积和规范要求的检测频率和检测方法进行检测。矿料级配控制采用控制点控制法。控制点分别是0.075mm、4.75mm、9.5mm、31.5 mm和最大粒径53mm。控制点处级配的波动范围应控制在±3%的范围内。

(5)严控混合料离析:拌和机出料不允许采取自由跌落式的落地成堆、装载机装料运输的方法。一定要配备储料仓,将成品混合料先装入储料仓内,由漏斗出料装车运输。装车时,车辆应前后不停移动,分多次装料,以避免混合料堆高滚落离析。摊铺机螺旋布料器末节必须反装,摊铺机的螺旋布料器应全部埋入混合料中,螺旋布料器应均匀低速搅拌,禁止急速布料,以减少离析;充分静压,基本密实后再强振碾压,防止细集料下渗。

(6)结构层宽度采用双控:铺筑前检查灰线宽度,碾压后检查结构层宽度;厚度采用三控(即高程测量控制。铺筑前沿横断面拉线,检查钢丝绳松铺厚度;碾压密实后挖坑检查);现场含水率采用试验检测与现场检测相结合的方法:现场检测含水率不能超标,混合料表面需湿润,手抓后手心应粘有一定量的石屑,碾压不发弹、不粘轮。

8 安全措施

8.1 拌和站的各种机电(包括使用微电脑控制进料)设备,在运转前均需由机工、电工、电脑操作人员进行仔细检查。

8.2 机组投入运转后,各部门、各岗位人员都要随时监视各部位运转情况,不得擅离岗位。运转过程中,如发现有异常情况,应报机长,并及时排除故障。

8.3 搅拌机运行中,不得使用工具伸入搅拌缸内掏挖或清理;需要清理时,必须停机。如需人员进入搅拌缸内工作时,闸刀箱必须断闸、上锁并有专人监护。

8.4 摊铺机驾驶台及作业现场要视野开阔,清除一切有碍工作的障碍物。作业时无关人员不得在驾驶台上停留。驾驶员不得擅离岗位。

8.5 运料车向摊铺机卸料时,应协调动作,同步进行,防止互撞。

8.6 混合料运输车辆状况良好,使用前应对制动、自卸系统进行检查,并要求车斗密封、后挡板牢靠。

8.7 施工场地设立安全告示牌,防止非施工人员进入施工场地;各交通路口设立交通文明指示牌;施工现场安全标志明显,夜间设警示灯。

8.8 现场用电作业人员遵守安全规程,按规定使用绝缘工具;移动式电器一律采用橡皮绝缘电缆,配电箱设门并配锁,符合"一机一闸,一箱一漏"要求。

8.9 施工机械设备实行定机定人定岗"三定"制度;严禁机械带"病"运转,超负荷作业;施工车辆在施工便道上的行驶速度不大于10km/h,严禁无证驾驶;设备必须有安全警示标志。

9 环保措施

9.1 施工下脚料、废料、余料要及时清理回收。

9.2 控制噪声和灰尘,所有的工点用地,平整后铺砂屑或用混凝土表面处理,避免翻浆或尘土飞扬。配备洒水车,对施工车辆经过的道路经常洒水灭尘,以保护环境,净化空气。工程结束后将临时用地复耕,恢复种植条件。

9.3 使用节能环保型机械设备。

10 资源节约

大粒径水泥稳定碎石最大粒径53mm,可减少碎石破碎量,节约能源,保护环境。大粒径水泥稳定碎石避免了收缩裂缝的产生,减少路面大中小修频率,提高路面使用寿命,节约了巨大的材料资源和人力资源。

11 效益分析

11.1 使用大粒径,碎石成本节约5~8元/m^3。

11.2 大粒径水泥稳定碎石有效解决了收缩裂缝的产生,减少路面大中小修频率,提高路面工程质量,延长路面使用寿命,节约建设成本,降低道路养护费用。

11.3 采用大粒径,混合料细集料掺量少,水泥用量相应降低,减少施工环境粉尘。

11.4 进一步保障了高等级公路交通安全和车辆通行,社会效益和经济效益显著。

12 应用实例

12.1 金丽温高速公路温州段路面工程第七合同段，全长21.735km(K195+520~K217+255)，工期10个月，水泥稳定碎石基层厚34cm，水泥剂量4%，工程量82 026m^3；底基层厚20cm，水泥剂量3%，工程量50 849.12m^3。采用大粒径水泥稳定碎石，碎石最大粒径达53mm，有效节省了建筑材料成本。基层施工时间为2005年3月~7月，经过4年通车运营，未发现收缩裂缝。

12.2 大庆至广州高速公路江西武宁至吉安段路面工程第AP2合同段，全长14.7km(K18+300~K33+000)，工期10个月，水泥稳定碎石底基层72 117m^3，水泥稳定碎石基层111 078 m^3。基层施工时间为2007年6月~2008年4月，工程造价2 136万元。铺筑大粒径水泥稳定碎石基层，碎石最大粒径达53mm，碎石成本节约5~8元/m^3，总计节约材料成本110万元。

多孔玄武岩水泥稳定碎石基层施工工法

GGG(苏)B1029—2009

李会峰　赵秀娟　刘　林　管鹤楼　顾晓伟
(江苏省镇江市路桥工程总公司)

1　前言

水泥稳定碎石以其良好的力学性能、板体性、水稳性和抗冻性等优点,广泛应用于高等级公路路面基层。在工程施工中,水泥稳定碎石基层材料大多采用石灰岩、玄武岩机制碎石。多孔玄武岩由于其性能变异较大,较少用于水泥稳定碎石的施工。因几个项目所在地资源严重不足,仅生产多孔玄武岩,对于如何合理使用多孔玄武岩作为水泥稳定碎石基层材料,镇江路桥工程总公司成立了技术攻关小组,通过对多孔玄武岩碎石的材质性质、混合料的配比设计、碾压机具组合、水泥凝结时间的控制、现场施工组织管理等方面进行了分析,并在施工实践中不断完善、总结经验,取得了多孔玄武岩水泥稳定碎石施工的成功经验,并及时总结形成多孔玄武岩水泥稳定碎石施工工法。

2　工法特点

2.1　解决了当地资源不足的问题,节约成本,经济效益显著。

2.2　解决了多孔玄武岩用于水泥稳定碎石基层难以压实和混合料含水率难以控制等问题。

3　适用范围

本工法适用与高速公路水泥稳定基层施工,亦适用其他等级公路、城市道路等水泥稳定基层施工。

4　工艺原理

多孔玄武岩是一种表面多孔的火山沉积类岩石,质地坚硬,色泽暗淡,孔径大小、孔形没有规则,孔数不等,含水率不便于肉眼观测,表面粗糙,棱角不分明。本工法根据多孔玄武岩的特点,通过优化配合比设计和合理调整碾压机具组合,控制碾压遍数和混合料含水率来达到多孔玄武岩水泥稳定碎石良好的压实效果。施工过程中,压路机碾压遍数控制和混合料含水率控制是该工法的特点。

5　施工工艺流程及操作要点

5.1　施工工艺流程(图1)

5.2　操作要点

5.2.1　原材料试验

5.2.2　混合料配合比设计

(1)多孔玄武岩级配采用规范级配,取工地实际使用的集料,分别进行筛分,按颗粒组成进行计算,确定各种集料的组成比例。水泥稳定碎石混合料级配范围比较宽,一般情况下1号料和2号料比例在60%左右,3号料和4号料比例在40%左右。由于多孔玄武岩碎石的多孔性,集料越粗,单个石料表面和内部孔隙所占有的体积比就越大,表现在石料毛体积密度上就越小。这样,在相同筛孔剩余质量条件下，较大的粗集料所应占有的体积比较大，反之亦然。另一方面，粗集料颗粒形状又多界于砾石和普通碎石之间，没有普通碎石所具有的嵌挤特性。基于这两点考虑，1 号料与部分 2 号料就需要相对较多数量的细集料和水泥来裹附和填充粗集料之间的空隙和部分粗集料表面的开口孔隙。因此，在优化配合比时保证级配合格的情况下，应尽量增加 1 号料和 4 号料用量，减少 2 号料和 3 号料用量。

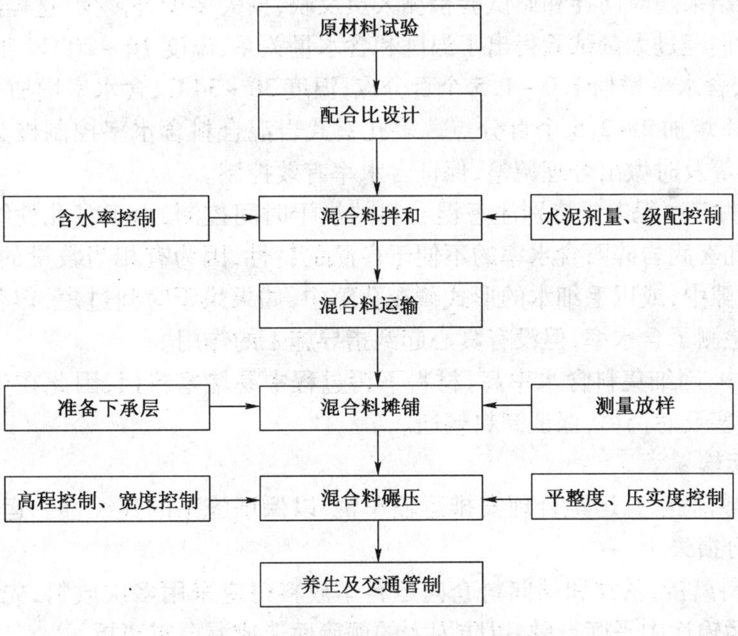

图 1　水泥稳定碎石基层施工工艺流程

(2)取工地实际使用的水泥，按不同水泥剂量分组试验，制备不同比例的混合料（每个试件个数为：偏差系数 10% ~15% 时，9 个；偏差系数 15% ~20% 时，13 个）。用重型击实试验确定最大干密度和最佳含水率，经对比试验，最终选定水泥稳定碎石混合比。

(3)多孔玄武岩由于其多孔性，在配合比设计时会有相当数量的水分渗入到碎石内部，或大量潜藏于开口空隙中，或以毛细水的形式藏在孔隙中。由于多孔玄武岩的这一特性，多孔玄武岩碎石混合料的最佳含水率会比其他类型的水泥稳定碎石混合料高很多。在混合料配合比设计时，需检测材料吸水率和以往工程做比对，校核最佳含水率。

5.2.3　混合料拌和

(1)拌和设备：配置产量大于 400t/h 的拌和机（有条件可采用 500、600 型拌和机），要保证其实际出料（生产量的 80%）能力超过实际摊铺能力的 10% ~15%。正式试铺前应对拌和设备进行调试，通过取样试验检测各料仓投料的准确性是否符合规范要求。拌和设备在计流量的控制上应能满足施工精度要求。为满足拌和产量的要求，一般每台拌和机上料配四台装载机。料斗上口必须安装钢筋网盖，筛除超出粒径规格的集料及杂物。在碎石上料时很容易造成不同的集料混杂，这样导致集料比例不符合要求，因此在上料仓之间必须设置挡料板。

(2)混合料拌和：对拌和系统进行调试，根据批准的配合比，开机调整斗门大小、皮带的运送转速，确定各种集料进料速度。

(3)测定各种材料含水率，计算当天的材料配比。根据最佳含水率计算应加水量，并根据天气情况作必要调整。水泥剂量控制在不大于配合比设计时确定的剂量的 0.5%。

(4)检查取样：开始搅拌出料后，取样检查混合料的水泥剂量、含水率、级配等是否符合配合比设计的要求，根据检测结果及时调整设备参数，确保拌制的混合料合格。

(5)含水率控制是多孔玄武岩施工控制的关键。我们在施工中发现，含水率过低，如小于最佳含水率 1 个百分点时，由于拌和、运输、摊铺过程中的水分蒸发，混合料难以成型，压实度很不容易达到，且取样效果与板结性较差,其强度也不理想。如果含水率过大,在气温 30 ~ 34℃的情况下,超过最佳含水率 2.5 个百分点时,碾压粘轮,并将部分混合料带起;当超过 3.5 个百分点时,碾压有明显的轮迹,且有局部弹簧现象出现,成型 3d 后可以看出有明显的干缩裂缝。鉴于这种情况,我们将混合料的含水率进行两地检测,即拌和好的混合料的检测、施工现场碾压前的检测,并以现场检测结果为主;同时由工区现场负责人将现场的检测结果随时向拌和站试验检测人员反映,损失多少补多少,这样混合料的含水率就能得到有效的控制。我们经过大量试验得出了温度和含水量关系,温度 10 ~ 20℃,含水率增加 0 ~ 1 个百分点;温度 20 ~ 30℃,含水率增加 1.0 ~ 1.5 个百分点;温度 30 ~ 34℃,含水率增加 1.5 ~ 2.0 个百分点;温度 35 ~ 40℃,含水率增加 2 ~ 2.5 个百分点。多孔玄武岩混合料含水率控制极为重要,需专人负责,根据天气、温度、风力等及时做出合理调整,保证含水率有效控制。

(6)在含水率的测定过程中要特别注意混合料的烘干时间控制,由于多孔性结构的不规则性和不稳定性,表现出了多孔玄武岩碎石含水率的不便于检测的特性,因为有相当数量的水分渗入碎石内部,或大量潜藏于开口空隙中,或以毛细水的形式藏在孔隙中,如果烘干时间过短,很容易造成含水量偏少的假象。这样,虽然检测了含水率,但没有真心起到指导施工的作用。

(7)在拌和过程中,因细集料含水率高,材料下泻过程中易堵塞料门,因此在生料仓顶焊制人行天桥,派人看守,一旦堵塞及时捣料,保证卸料畅通。

5.2.4 混合料运输

(1)根据拌和和摊铺能力、运距合理安排运输车辆,以保证施工的连续性。运输过程中,须对混合料加以覆盖,以防水分损失。

(2)为防止混合料离析,从拌和站储料仓向运料车放料时应采用多次放料,先装料车的前部,再装后部,然后装中部。运输途中平衡行驶,以防因大的颠簸而造成混合料离析。

(3)运料车卸料时,停放在摊铺机正前方约 20cm,然后挂空挡由摊铺机向前推动卸料车前进时卸料。

(4)运输车辆有专人负责指挥和协调,现场专人指挥车辆倒料,避免混合料积压时间过长并确保摊铺能均匀不间断进行。

5.2.5 混合料摊铺

(1)施工前准备:组织相关技术人员对下承层进行检查、验收;在此基础上,认真清除下承层上的所有浮土、杂物及处理局部路段上的松散部分,必须做到下承层平整、密实、无松散弹簧,各项技术指标必须满足相关技术规范要求。

(2)测量放样:在经检测合格的下承层上恢复中线,直线段每 10m、曲线段每 5m 设一中桩,并放出相应的边桩、指示桩等,同时测出边桩处的高程。在每个边桩位置上打一钢钎,钢钎上配有挂钢丝绳(控制线)的固定螺栓。固定螺栓的固定位置为边桩处的底基层高程加根据松铺系数算出松铺厚度,用水准仪测量固定螺栓的固定位置。最后挂钢丝绳,其两端固定稳固。钢丝绳必须拉紧,防止中间下垂,影响摊铺质量。

(3)设置钢模:为了保证基层边缘的压实度,摊铺前在内、外两侧分别设置槽钢,其厚度为基层设计厚度。槽钢设置必须固定稳固,保证在摊铺及碾压过程中不产生变形,影响压实度。

(4)混合料摊铺:摊铺前将下承层洒水湿润,检查摊铺机各部分运转情况。对于基层下层表面,喷洒水泥净浆,保证上下基层连接为整体。水泥净浆稠度按 $1kg/m^3$ 控制,以洒布均匀为度。洒布长度一般控制在摊铺机前 30 ~ 40m 左右。

(5)摊铺机就位前应调整好熨平板的宽度,并根据基层厚度调整好高度。在摊铺机熨平板下预先垫上方木垫块,方木垫块的高度为基层压实高度乘以松铺系数。

(6)将电子调平装置安放在基准钢丝上,按设计横坡调好摊铺机横坡仪。混合料摊铺采用两台摊铺机联合梯队作业时,为确保基层厚度、高程、路拱横坡度满足设计要求,摊铺时前一台摊铺机(靠中分带侧)靠路中分带一侧采用基准钢丝引导控制高程,靠路中央一侧依靠摊铺机横坡仪控制摊铺层横坡;

后一台摊铺机靠已铺层一侧采用走滑橇感应的方式控制高程，靠路边一侧同样采用基准钢丝引导控制高程。

(7)混合料摊铺采用两台摊铺机联合梯队作业时，摊铺机梯队间距要均匀且保持在5～10m之间。两台摊铺机应保证其速度、摊铺厚度、松铺系数、路拱坡度、摊铺平整度、振动频率一致，相邻两摊铺机纵向接缝平整。

(8)摊铺机要缓慢、均匀、连续不断地摊铺。根据拌和设备的生产能力，应采用合理的施工速度，禁止停机待料。摊铺过程中不得随意变换速度或中途停顿，以提高平整度，减少混合料的离析。摊铺机的摊铺速度一般宜在1.5m/min左右。

(9)为消除摊铺过程中产生的离析，摊铺过程中控制螺旋布料器2/3埋入混合料中，并设专人跟在摊铺机后面处理混合料离析现象，特别是粗集料窝要及时清除，并用新混合料填补。

5.2.6 混合料碾压

(1)碾压的机械组合：碾压是多孔玄武岩施工控制的重要环节，因为多孔玄武岩碎石由于其材质的特殊性，缺乏像石灰岩碎石棱角性的嵌挤特性，因此极难压实。为寻求最佳碾压方案，我们选择了三个碾压组合试验路段，通过对三个碾压组合路段压实效果比对，确定最优方案。每标段确定360m进行试验路施工，碾压组合分别为：A段碾压区(1-3-1)，采用徐工180单钢轮压路机从靠路肩开始前进静压后退振动压1遍，英格索兰SD—150D单钢轮振动压路机轻振2遍；CAT CS—683E单钢轮振动压路机重振1遍；一台260轮胎压路机碾压1遍。碾压结束后，立即检测了压实度，结果能达到要求。B段碾压区(1-4-1)，采用徐工180单钢轮压路机从靠路肩开始前进静压后退振动压1遍，英格索兰SD—150D单钢轮振动压路机轻振2遍；CAT CS—683E单钢轮振动压路机重振2遍；一台XP260轮胎压路机碾压1遍。碾压结束后，立即检测了压实度，结果能达到要求，有个别点超密，表面有石子被压碎情况。C段碾压区(1-3-2)，采用徐工180单钢轮压路机从靠路肩开始前进静压后退振动压1遍，英格索兰SD—150D单钢轮振动压路机轻振2遍；CAT CS—683E单钢轮振动压路机重振1遍；一台XP260轮胎压路机碾压1遍。碾压结束后，立即检测了压实度，结果能达到要求，表面少量石子压碎，压实度和A段相当。根据检测结果，在保证质量的前提下，本着经济性、适用性原则我们采用了A段的碾压方式。

(2)碾压过程控制

①碾压遵循"试铺路段确定的程序与工艺，碾压由边至中、先轻后重、从低往高"的原则，先低频大振幅后高频低振幅，每次碾压重叠1/2轮宽，注意稳压要充分，振压不起浪、不推移。压实时，遵循稳压→轻振动碾压→重振动碾压→胶轮稳压的程序，压至无轮迹为止。

②碾压要及时，初压应紧跟摊铺机后面，但不超过后一台摊铺机位置，一次碾压长度一般为50～80m。压路机每次由两端折回的位置应呈阶梯形，折回处不允许在同一横断面上。碾压段落必须层次分明，设置明显的分界标志。

③压路机开始碾压时，先沿接缝横向碾压，由前一天压实层上逐渐推向新铺层，碾压完毕再纵向正常碾压。压路机应按规定碾压，控制好压实遍数，杜绝漏压。

④压路机碾压时的行驶速度要均匀，严禁突然加速或减速，压路机倒退换挡要轻且平顺，不拉动基层。

⑤压路机停车要错开，相隔间距不小于3m，应停在已碾压好的路段上。

⑥严禁压路机在已完成的或正在碾压的路段上掉头和紧急制动。

⑦碾压宜在水泥初凝前及试验确定的延迟时间内完成，并达到要求的压实度，同时没有明显的轮迹。

⑧碾压过程中，基层表面应始终保持湿润，如水分蒸发过快，应及时补洒少量的水，但严禁大量洒水碾压。

(3)碾压完成后，用灌砂法检测压实度，并和碾压遍数进行校核。压实度不够时，应重新压实；若重新压实后压实度还不够，应检查材料密度引起的压实度问题。多孔玄武岩原材料因空隙存在不均匀性质,密度随之变化,灌砂法检测压实度不能完全反映压实程度。当碾压遍数超过试验路确定碾压遍数,路面有石子被压碎情况,可认为压实程度足够,不做过度碾压。

5.2.7　养生及交通管制

(1)每一施工段碾压完后立即覆盖养生。覆盖物尽量选择保水性好、能够回收利用的材料。

(2)养生期间覆盖物要保持湿润,养生期适当加长,一般需要7~10d。

(3)摊铺中洒水方式建议采用洒水车接水管在另半幅洒水养生。

(4)养生期间采用防护栏封闭交通,并设专人看管,严禁其他车辆通行。

6　材料、设备和劳动力组织

6.1　主要材料

6.1.1　水泥:普通硅酸盐水泥、矿渣硅酸盐水泥、火山灰质硅酸盐水泥都可用于拌制水泥稳定碎石混合料,宜采用强度等级不低于42.5级的早强、缓凝水泥,3d胶砂强度应不小18MPa。水泥各龄期强度、安定性等应符合规定;水泥初凝时间应不小于3h、终凝时间不小于6h。

6.1.2　集料:集料的最大粒径为31.5mm,宜按粒径9.5~31.5mm、4.75~9.5mm、2.36~4.75mm和0~2.36mm四种规格备料。集料压碎值应不大于28%,粗集料针片状含量应不大于18%,碎石中小于0.6mm的颗粒必须做液限和塑性指数试验,要求液限小于28%,塑性指数小于9。

6.1.3　水:凡饮用水皆可使用。

6.2　主要施工设备(表1)

主要施工设备　　表1

序号	设备名称	单位	规格型号	数量	备注
1	水稳拌和楼	座	WBC—500	2	
2	摊铺机	台	ABG—423	2	
3	振动压路机	台	徐工180 SD—150DCAT CS—683E	3	
4	轮胎压路机	台	XP260	2	
5	装载机	台	ZL15	7	
6	水泥储罐		160t	2	
7	自卸汽车	台	15~20t	15	
8	洒水车	台	8t	4	

6.3　劳动力组织(表2)

劳动力组织　　表2

序号	工种名称	数量	工作内容	备注
1	工长	1	施工组织管理	
2	拌和楼操作员	4	拌和楼操作、检修、保养	
3	拌和楼试验员	3	后台试验,1人专职控制含水率	
4	安全员	1	安全管理	
5	摊铺机驾驶员	4	摊铺机操作	
6	压路机驾驶员	6	压路机操作	
7	现场管理员	1	现场技术管理	
8	测量员	3	施工放样、几何尺寸控制	
9	现场试验员	2	现场质量管理	
10	普工	12	配合摊铺机摊铺、离析处理	

7 质量控制

7.1 严格按照规范进行检测,实测项目见表3。

工程质量控制要求 表3

检查项目	质量要求		检查规定		备注
	要求值或容许误差	质量要求	最低频率	方法	
压实度(%)	不小于98	符合技术规范要求	4处/200m/层	每处每车道测一点,用灌砂法检查,采用重型击实标准	碾压遍数校核
平整度(mm)	8	平整、无起伏	2处/200m	用三米直尺连续量10尺,每尺取最大间隙	
纵横高程(mm)	+5,-10	平整顺适	1断面/20m	每断面3~5点,用水准仪测量	
厚度(mm)	代表值-8	均匀一致	1处/200m/车道	每处3点,路中及边缘任选挖坑丈量	
	合格值-15				
宽度(mm)	不小于设计	边缘线整齐,顺适,无曲折	1处/40m	用皮尺丈量	
横坡度(%)	±0.3		3个断面/100m	用水准仪测量	
水泥剂量(%)	±0.5		每2 000m²6个以上样品	EDTA滴定及总量校核	拌和机拌和后取样
级配		符合规范范围	每2 000m²1次	水洗筛分	拌和机拌和后取样
强度(MPa)	3.8	符合设计要求	2组/每天	7d浸水抗压强度	上、下午各一组
含水率(%)	±2	最佳含水率	随时	烘干法	
外观要求	表面平整密实,无浮石,弹簧现象;无明显压路机轮迹				

7.2 其他要求按《公路工程基层施工技术规范》(JTJ 034—2000)执行。

8 安全措施

8.1 认真贯彻“安全第一,预防为主”的安全工作方针,加强安全教育,严格执行安全生产制度和操作规程,切实做好安全技术交底。

8.2 禁止闲杂人员进入拌和场,控制台更需严格管理,仅操作人员使用;拌和场要设置醒目显著的施工警告标志牌,并安排专人管理;上料通道禁止人员穿行。

8.3 拌和楼开机前要认真检查,保证设备性能良好,安全可靠;当日工作结束后,及时保养;交接班时,要相互仔细交接检查,填写交接记录。

8.4 施工便道尽量选择独立道路,避免和社会车辆公用道路;便道沿线应设立安全警士牌;道口设标志标牌正确、醒目,派专人管理,非工程车辆禁止通行。

8.5 摊铺机、压路机、运输车在工作过程中,除机组工作人员外,其他人员不得靠近,并设专人负责指挥协调施工机械密切配合作业,以免碰擦。

8.6 工地易燃物品要妥善存放,并做好防火标志。

9 环保措施

9.1 拌和场地选择要考虑远离居民生活区。

9.2 拌和场、施工便道、现场应持续洒水,尽量减少扬尘。

9.3 工程机械用油应严格管理,减少污染。

10 资源节约

该工法主要优点是可以变废为宝,节约资源。多孔玄武岩是玄武岩生产过程中的副产品,处于岩石外部,开采时大多将爆破后多孔玄武岩块石堆放与料场周围,既无法利用又占用大片土地,资源浪费严重,往往生产一吨玄武岩,便有一吨多孔玄武岩块石,开采商利润较低。本工法可利用副产品,变废为宝,将大量堆积的“废料”进行加工使用,为生产商解决了“废料”问题,节约了当地资源。

11 效益分析

11.1 由于多孔玄武岩使用副产品,节约生产商开采成本,材料价格大幅下降(石灰岩,30~32 元/t;多孔玄武岩,24~26 元/t)。施工成本也大幅下降,全标段70 万吨水泥稳定碎石,直接节约400 余万元。

11.2 使用副产品,减少开采数量,节约当地矿产资源。

11.3 多孔玄武岩后期强度高,提升路面基层整体稳定性。

12 应用实例

12.1 江苏省宿淮高速公路淮安段全长62km,均使用多孔玄武岩。2005 年1 月该工程底基层、基层均使用该工法,经取芯检验,芯样完整,层间连接紧密,全线经过质检站验收,全部合格。

12.2 江苏省宁淮高速公路淮安段全长102km,其中88km 使用多孔玄武岩,其余14km 为石灰岩。2005 年10 月该工程底基层、基层均使用该工法,经取芯检验,芯样完整,层间连接紧密,具有良好的力学性和稳定性,和同期石灰岩水稳相比,后期强度较高。2006 年初,全线经过质检站验收,全部合格,该标段项目经理部获得2006 年十佳项目部称号。

12.3 江苏省宁常高速公路镇江段全长17km,均使用多孔玄武岩。2006 年11 月该工程底基层、基层均使用该工法,经取芯检验,芯样完整,层间连接紧密,全线经过质检站验收,全部合格。

石灰粉煤灰稳定砂路拌施工工法

GGG(冀)B1030—2009

李东玉 杜海强 杨 千 杨占雷 焦艳平
(邢台路桥建设总公司)

1 前言

粉煤灰作为一种工业废料,存储要占用大量的土地资源,并污染环境和水源。但粉煤灰也是一种可利用资源,合理利用粉煤灰也是我国重要的技术经济政策之一。

公路工程中利用粉煤灰主要是与石灰结合,采用石灰粉煤灰综合稳定粒料做公路的基层、底基层,取得了良好的环境效益、社会效益和经济效益。

目前,工程中采用较多的是石灰粉煤灰稳定土、石灰粉煤灰稳定砂砾、石灰粉煤灰稳定碎石。有些地域土、砂砾、碎石等材料缺乏或价格较高,但砂子很多且利用方便。本着因地制宜、降低工程成本的目的,采用石灰粉煤灰稳定砂(以下简称"二灰砂")是一种理想的选择。

2 工法特点

二灰砂是一种介于二灰土和二灰砂砾之间的材料,施工方法简便,具有很好的工程施工效果。其具有以下特点:

2.1 二灰砂的强度、水稳定性、耐久性等均优于二灰土。

2.2 在砂存量丰富的地区可有效降低工程成本。

2.3 利用大量粉煤灰,减少环境污染。

3 适用范围

本工法适用于砂储量丰富的地区,可以广泛用于各级公路直接铺筑在土基上的底基层、基层。

4 工艺原理

石灰的主要成分是氢氧化钙 $Ca(OH)_2$,粉煤灰的主要成分是二氧化硅 SiO_2、三氧化二铝 Al_2O_3、三氧化二铁 Fe_2O_3。石灰和粉煤灰在遇水的情况下就会生成水化硅酸钙和水化铝酸钙等胶凝性物质,能够硬化。其反应方程式如下:

$$SiO_2 + xCa(OH)_2 + mH_2O \longrightarrow xCaO \cdot SiO_2 \cdot mH_2O \tag{1}$$

$$Al_2O_3 + yCa(OH)_2 + nH_2O \longrightarrow yCaO \cdot Al_2O_3 \cdot nH_2O \tag{2}$$

砂的主要成分也是二氧化硅 SiO_2、三氧化二铝 Al_2O_3 等,与水化硅酸钙、水化铝酸钙等具有很好的亲和性,在硬化过程中即充当了集料,又充分与水化硅酸钙、水化铝酸钙等结合,形成强度高、耐水性好、耐久性好的板体结构层。

5 施工工艺流程及操作要点

5.1 配合比设计

5.1.1 目标配合比设计

石灰粉煤灰稳定砂通过石灰粉煤灰水化胶结形成强度。根据水化反应方程式,一般石灰、粉煤灰的比例控制在1:2~1:3之间。根据原材料质量进行试配,按照不同灰剂量配置试样。制件后标准养生,分析7d强度,选择既满足强度设计要求又经济合理的目标配比。

5.1.2 生产配合比设计

按照目标配比,考虑施工中灰剂量损失,确定施工生产配比。一般石灰用量应比目标配比增大0.5~1个百分点。

5.2 施工工艺流程

5.2.1 石灰粉煤灰稳定砂施工工艺流程(图1)

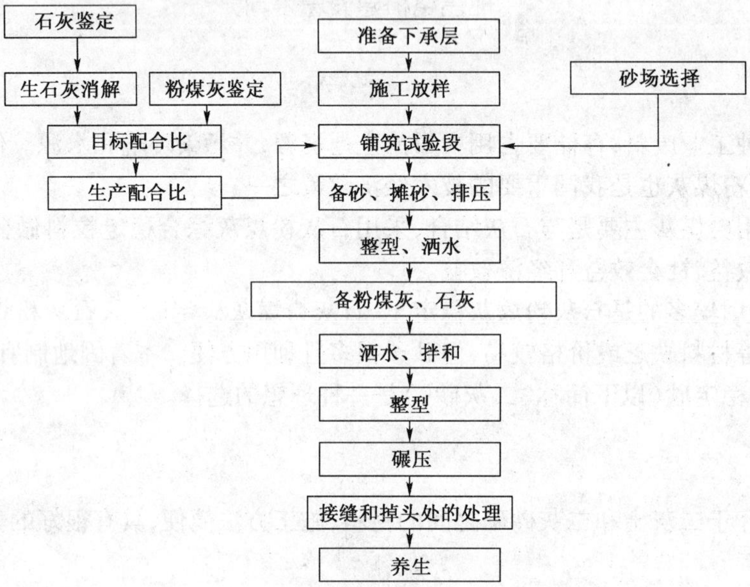

图1 二灰砂施工工艺框图

5.2.2 准备下承层

二灰砂施工前应对下承层进行严格验收。下承层应平整、稳固,路拱、横坡、纵断高程符合设计要求。

施工放样放出二灰砂结构层中线和边线,并在两侧路面边缘外0.3~0.5m处设指示桩,标示出二灰砂底基层边缘线及备料的宽度范围,直线段每20m设一桩,平曲线每10m设一桩。

5.2.3 备砂

根据结构层厚度和生产配合比,计算每平方米砂用量。

$$V_a = h \cdot \rho_1 \cdot a / \rho_a \tag{3}$$

式中:V_a——每平方米结构层用砂量;

h——结构层厚度;

ρ_1——二灰砂密度;

ρ_a——砂密度;

a——二灰砂中砂设计含量。

按照每平方米的砂用量及每车的运量,计算出每车的摊铺面积,然后用白灰打出灰线方格,将砂均匀地卸至方格内。按照砂的摊铺厚度,用推土机、平地机找平,再用推土机排压两遍,保证备灰时不产生大的车辙。砂含水率较小时,适当洒水,保证其含水率达到最佳含水率。

5.2.4 备粉煤灰

根据结构层厚度和生产配合比,计算每平方米粉煤灰用量。

$$V_b = h \cdot \rho_1 \cdot b / \rho_b \tag{4}$$

式中：V_b——每平方米结构层粉煤灰用量；

h——结构层厚度；

ρ_1——二灰砂密度；

ρ_b——粉煤灰密度；

b——二灰砂中粉煤灰设计含量。

按照每平方米的粉煤灰用量及每车的运量，计算出每车的摊铺面积，然后用白灰打出灰线方格，将粉煤灰均匀地卸至方格内。根据结构层宽度划分粉煤灰码放条数，一般4~6m码放一条，太窄则运输车辆不宜通行，太宽则撒灰困难。人工码条后，用灰卡尺卡条人工找补使码条均匀。运到施工现场的粉煤灰，要保持足够的水分，防止扬尘，同时也要避免雨淋过分潮湿，根据现场取样检测结果，含水率一般在30%~35%。摊布粉煤灰采用人工撒灰，撒灰前先将运输车辆的车辙整平，保证粉煤灰均匀的分布在砂上。撒灰时，要保证粉煤灰湿润，防止出现扬尘，污染环境。完成后检验粉煤灰摊铺厚度，每20m一个断面，每断面上挖验8个点，如果局部厚度不均匀重新局部找匀。撒布均匀后，使用振动压路机排压1~2遍。

5.2.5　备石灰

根据结构层厚度和生产配合比，计算每平方米石灰用量。

$$V_c = h \cdot \rho_1 \cdot c/\rho_c \tag{5}$$

式中：V_c——每平方米结构层石灰用量；

h——结构层厚度；

ρ_1——二灰砂密度；

ρ_c——消石灰密度；

c——二灰砂中石灰设计含量。

石灰撒布、检验方式同粉煤灰。

5.2.6　拌和

用稳定土拌和机拌和。拌和时安排专人检查拌和深度，检验是否拌和到底，避免夹层或拌和过深。拌和深度一般控制在"吃入"下承层0.5~1cm。拌和一遍后进行粗平，再拌和下一遍，直至拌和均匀。拌和均匀后，颜色应均匀一致，没有灰条、灰团或花面等现象。拌和完后，取样到试验室检测灰剂量、含水率。含水率应控制在比最佳含水率大1~2个百分点，以备后续工序蒸发损失。如达到设计要求，进行下一道工序；如灰剂量或含水率达不到设计要求，进行补灰或补水后重新拌和并检测，直到合格为止。

补灰量按式(6)计算。

$$V_d = h \cdot \rho_1 \cdot (c-d)/\rho_c \tag{6}$$

式中：V_d——每平方米结构层补灰量；

h——结构层厚度；

ρ_1——二灰砂密度；

ρ_c——消石灰密度；

c——二灰砂中石灰设计含量；

d——二灰砂中石灰实际含量。

5.2.7　整型

用平地机结合人工整平。先用平地机粗平一遍，然后用轮胎压路机稳压一遍。由测量人员测量放样，平地机进行整平，照此反复整平直到达到标准要求为止。对接头等平地机作业有困难的地方，人工进行清理整平工作。整平过程中严禁薄层贴补，需贴补部分必须在贴补后重新拌和一遍。整平过程中严禁车辆通行。

5.2.8　碾压

碾压组合采用先静后振、先轻后重,及时进行压实。

不设超高段由两侧路肩向路中心碾压,超高段由内侧路肩向外侧路肩进行碾压。碾压段的前方终点要保证不在同一个断面上,每一碾压车道均匀向前错开 1 ~ 2m。振动压路机碾压遵循"先静压后振动、先慢后快"的原则,每车道碾压应重叠 1/2 轮宽,后轮必须超过前轮的接缝处,当后轮压完路面全宽时为一遍。

5.2.9 接头处理

连续施工的情况下,前后两个拌和段搭接 5 ~ 8m。前一作业段拌和整型后,留下 5 ~ 8m 不碾压,与后一作业段施工时再一同拌和碾压。如作业段不连续,停工超过 2d 以上(含 2d),碾压完毕的二灰砂的端头应立即将拌和不均,或高程误差大,或平整度不好的部分挂线垂直切除,保持接头处顺直、整齐。下一作业段与之衔接处,备料及拌和应空出 2m,待整型时再按松铺厚度使用均匀混合料填补整型。

5.2.10 养生

二灰砂养生期不少于 7d,采用洒水养生法,养生期间要保持表面经常湿润。养生期内应封闭交通,除洒水车外禁止一切车辆通行。

6 材料与设备

6.1 原材料

6.1.1 石灰

石灰要求在 III 级以上,有效钙镁含量应≥60%。消解完毕后应闷料 7 ~ 15d,保证石灰消解均匀。

消石灰不能存放太长时间,存放时间较长时应采取覆盖封存措施,防止石灰失效。使用前重新进行有效钙镁含量鉴定,采用等效钙镁含量法进行等代换算。

6.1.2 粉煤灰

粉煤灰中二氧化硅 SiO_2、三氧化二铝 Al_2O_3、三氧化二铁 Fe_2O_3 的总含量应≥70%,烧失量≤20%,比表面积≥2 500cm^2/g。

粉煤灰的含水率不宜超过 35%。

6.1.3 砂

砂以中砂为宜,细砂、粗砂也可使用。砂应均匀,配比与设计值一致。

6.2 主要施工机械及检测仪器

6.2.1 主要施工机械(表 1)

主要施工机械 表1

机械	数量	用途
稳定土拌和机	根据工程情况确定	拌和二灰砂
挖掘机	根据工程情况确定	消石灰倒垛、闷料,装车
装载机	根据工程情况确定	装车、初步整型
平地机	根据工程情况确定	整型
推土机	根据工程情况确定	整型
轮胎式压路机	根据工程情况确定	碾压二灰砂
振动压路机	根据工程情况确定	碾压二灰砂
静碾压路机	根据工程情况确定	碾压二灰砂
自卸汽车	根据工程情况确定	运输原材料

6.2.2 主要试验、检测仪器(表2)

主要试验、检测仪器 表2

仪器	数量	仪器	数量
重型击实仪(土工)	1	滴定台	1
电动脱模器	1	标准养护箱	1
分析天平	1	远红外烘箱	1
路面强度试验仪	1	灌砂筒	2
应力环 3kN	1	全站仪	1
液塑限联合测定仪	1	水准仪	2

7 质量控制

7.1 压实度:在碾压结束后由试验员及时进行压实度的检测,合格后则进行报验,否则及时采取措施进行处理;切忌间隔时间过长,使二灰砂形成强度。

7.2 无侧限抗压强度:在拌和好的混合料灰剂量符合规定要求且含水率合适后,抽取混合料进行试件制作。养生6d后,浸水1d后进行试压。养生时要采取有效的包裹措施,防止试件水分蒸发或受潮。

7.3 结构尺寸及外观检测:碾压结束后,恢复中桩,边桩,按照底基层检验标准进行高程、横坡、宽度、平整度的外观检查,厚度待养生结束强度合格后进行钻芯取样检查。

7.4 注意事项

7.4.1 二灰砂施工时,必须先铺筑试验段,以验证生产配合比中各原材料用量,确定松铺系数、碾压组合、碾压速度等,以指导施工。

7.4.2 严禁拌和机及其他机械在已成型的二灰砂上掉头,若必须在其上掉头,应采取必要的保护措施(加铺覆盖层)。

7.4.3 严禁薄层贴补。低处找补后,应重新拌和。拌和深度≥8cm。

7.4.4 二灰稳定砂的施工温度应在日最低气温5℃以上,并且在第一次重冰冻(-3~-5℃)到来之前一个月停止施工。施工期间注意天气变化情况,及时采取覆盖措施,避免雨天施工,防止雨淋。

7.4.5 洒水养生时必须控制洒水量,避免使二灰砂表面形成水窝现象。

7.5 质量检测

二灰砂底基层拌和时应随机取样品,每100m检测1次灰剂量(且每作业段至少1次),并制备无限抗压强度试件,每作业段或每2 000m^{2}至少1组,每组9个试件。二灰砂表面应平整密实、无坑洼,施工接茬平整、稳定。碾压完成后按表3进行检测。

工程质量检测 表3

项次	检查项目		规定值或允许偏差				检查方法和频率	规定分
			基层		底基层			
			高速公路、一级公路	其他公路	高速公路、一级公路	其他公路		
1	压实度(%)	代表值	—	97	96	95	按规范要求检查,每200m每车道2处	30
		极值	—	93	92	91		
2	平整度(mm)		5	12	12	15	3m直尺:每200m^{2}处×10尺	15
3	纵断高程(mm)		+5,-10	+5,-15	+5,-15	+5,-20	水准仪:每200m测4处断面	5

续上表

项次	检查项目		规定值或允许偏差				检查方法和频率	规定分
			基层		底基层			
			高速公路、一级公路	其他公路	高速公路、一级公路	其他公路		
4	宽度(mm)		不小于设计值		不小于设计值		尺量:每200m测4处	5
5	厚度(mm)	代表值	-8	-10	-10	-12	按规范要求检查,每200m每车道1点	20
6	横坡(%)		-0.1% +0.3%	±0.5	±0.3	±0.5	水准仪:每200m测4断面	5
7	强度(MPa)		符合设计要求		符合设计要求		按规范要求检查	20

8 安全措施

8.1 安全施工组织机构

成立以项目经理为组长、总工为副组长的安全生产领导小组,各级设立兼职安全员。领导小组负责组织安全生产计划的编制实施,了解施工中存在的安全隐患,督促检查安全保证体系的运转情况,及时制定切实可行的安全保证措施,保证安全保证体系有效运行。

8.2 安全管理制度

8.2.1 安全生产责任制度

严格按照OSHAS:18001职业安全健康管理体系标准要求进行安全生产管理,推行安全生产责任制。项目经理为安全生产第一责任人,明确各级人员责任,抓制度落实,抓责任落实,定期检查安全责任落实情况,按照安全目标的实现情况实行奖惩。建立由项目副经理、项目总工程师、项目安全员和施工段安全员组成的安全生产责任制,做到分工明确,责任到人。

8.2.2 安全生产教育制度

安全教育经常化、制度化,对职工进行安全教育,定期召开安全会议并按照公司规定留存记录,不断强化职工安全意识。安全教育由项目副经理总负责,由项目安全员具体执行。教育形式可采多样化,如黑板报、安全交底、集中和分批讲课及施工现场横幅标语等形式,力求用生动形象的表现方式努力提高施工人员的安全意识,保证工程顺利进行。对特殊工种操作人员进行安全培训,安全教育必须定期或根据施工工序的特殊要求及时进行,并做好教育记录。

8.2.3 安全技术交底制度

经理部在编制施工计划方案时,要针对本工程的特点编制安全措施。各级领导在下达生产任务时,必须要有针对性的安全技术措施,并经技术负责人签字批准;检查工作时,必须总结安全生产情况,提出安全生产要求,把安全生产贯彻到施工的全过程中去。针对施工中的安全薄弱环节,必须进行详细的安全设计,预防事故发生。

8.2.4 安全生产检查制度

定期开展安全检查,组织全面安全检查,开展安全教育并留存记录,发现安全隐患立即确定责任人,限期进行整改。经理部在施工生产中实行定期安全检查制,经理部每月一次,检查时主管负责人或班组长带人,组织有关人员参加,发现问题认真填写“安全质量检查记录表”,明确改进人、改进日期、监督人等;对重大问题发安全通知书,将安全问题纳入全面质量管理之中。

8.2.5 持证上岗、安全操作制度

机械手、电工、电气焊工等特殊工种实行持证上岗制度,并应掌握本工种操作技能,熟悉本工种安全

技术操作规程。现场作业人员必须严格按安全操作规程进行作业,并佩戴安全防护用具。

8.2.6 安全生产奖惩制度

对于实现安全生产目标的部门或个人定期奖励,对于管理不好、发生安全违章或事故的领导和责任人实行惩罚。

8.3 安全生产措施

加强对工程的安全管理工作,遵守合同和政府有关安全生产的规章制度,要做到有针对性的详细安全交底,提出明确安全要求,并认真监督检查。对违反安全规定冒险蛮干的要勒令停工,严格执行安全一票否决制度。加强现场管理,施工现场设置必要的警示标志、标识;职工到施工现场必须按规定佩戴劳动保护用品;维护施工现场的秩序,随时清除不必要的障碍物,设备停放、材料堆放不得妨碍施工安全;尽量减少安全隐患。

石灰消解、粉煤灰摊铺及运输作业消解石灰时,不得在浸水的同时边投料、边翻拌,人员应远避,以防灼伤。

装卸、晒铺及翻动粉状材料时,操作人员应站在上风侧,轻拌轻翻减少粉尘;散装粉状材料宜使用粉料运输车运输,否则车厢应采用篷布遮盖;装卸尽量避免在大风天气进行。

9 环保措施

9.1 严格执行国家的法律、法规,采取技术措施保护环境。

9.2 加强检查与监控工作,及时采取洒水等有效措施消除如石灰、粉煤灰等粉尘类材料在施工、运输工程中的污染。

9.3 进行综合治理,保护和改善施工现场的环境。

9.4 保护水质

9.4.1 废水、污水不得直接流入农田、耕地、水渠及饮用水源。

9.4.2 施工结束后妥善处理砂石料场,防止废渣造成污染。

9.4.3 施工期间,施工物料存放合理,防止物料被雨水冲走造成污染。

9.5 防止大气污染

9.5.1 细颗粒粉状材料应具备可靠的防扬尘措施,运输时也要采取遮盖、表层洒水等措施防止沿途遗洒和扬尘,装卸时采取措施以减少扬尘。

9.5.2 施工现场要注意降低扬尘,做到目测无尘。

9.6 防止噪声污染

施工现场大型设备加装消音装置;合理安排施工作业时间,避开居民休息时间,做到无投诉。

10 效益分析

在砂储量丰富的地区,采用二灰砂不仅可以节约土地资源,保护农田,而且有效地利用了工业废料粉煤灰,有效地减少了环境污染。粉煤灰价格便宜,代替部分石灰也可以降低工程成本。因此,二灰砂的经济效益和社会效益都很显著。

11 应用实例

11.1 国道107线沙河市区段改线工程,是沙河市作为城建规划道路,为缓解市区交通车辆通行压力,分流过境货运车辆而修建的道路。本项目路线起点位于沙河市国道107线北环出市口,即沙河市规划北环与107交叉处界,终点位于沙河市南环与107交叉处。本项目为改线工程,结合沙河市规划充分利用了南环、东环的旧路。路线全长12.178km,(含支线0.762m),按照一级公路标准进行建设,设计速度80km/h,双向四车道,路基宽度25m,路面宽度22.5m。

开竣工日期:2004年3月1日~2004年12月1日。

应用效果:底基层采用了二灰砂结构。该结构的采用节约土方10万余立方米,利用邢台电厂粉煤灰5万余立方米,减少了环境污染,经济效益和社会效益显著。

11.2 省道邢台市外环公路北环段是邢台市的重要干线公路,是沿线邢台市及邢台县经济发展的重要命脉,是邢台市规划的“一城五星”重要干线之一。该项目始于东三环与郭守敬大道交叉口处,终点与邢台西三环顺接。本项目路线总长17.685km,按照一级公路标准进行建设,设计速度100km/h,双向六车道,路基宽度32m,路面宽度30.5m。

开竣工日期:2009年5月1日~2010年10月1日。

应用效果:底基层采用了二灰砂结构。该结构的采用节约土方15万余立方米,利用邢台电厂粉煤灰7.5万余立方米,减少了环境污染,经济效益和社会效益显著。

11.3 107国道白马河桥至郭守敬大道大修工程起于白马河桥,桩号K397+500;终于郭守敬大道,桩号K399+813,全长2.313km,按照一级公路标准进行建设,设计速度80km/h,双向六车道,路面宽30m。

开竣工日期:2009年3月1日~2009年6月25日。

应用效果:底基层采用了二灰砂结构。该结构的采用节约土方3万余立方米,利用邢台电厂粉煤灰16 000余立方米,减少了环境污染,经济效益和社会效益显著。

沥青路面基层利用透层、稀浆封层养生施工工法

GGG(鄂)B1031—2009

石义学 曾祥能 潘诚文 陈 勇
(湖北省路桥集团有限公司)
郭树明 亓 飞 盛明乾 李德恩 高 岚
(山东泰山路桥工程公司)

1 前言

水泥稳定粒料半刚性基层因其承载力大、水稳性和防冻胀性好等特点,在高等级沥青路面基层中被广泛采用。同时,水泥稳定粒料基层成型后早期保湿养生对强度的影响,引起了工程人员的重视。

沥青路面结构层一般为:水泥稳定碎石(砂砾)底基层→水泥稳定碎石(砾石)下基层→水泥稳定级配碎石上基层→透层→稀浆封层→AC-25 沥青下面层→AC-20I 沥青中面层→改性沥青上面层。在实际施工中,水泥稳定粒料基层早期保湿养生常见的几种方法有铺砂洒水、麻袋(或草袋)覆盖洒水、薄膜覆盖保湿等,养生时间约 7d。而此时基层水泥稳定土强度已基本形成,表面比较致密,喷洒透层后渗透深度较小,往往起不到连接的作用。湖北省路桥集团有限公司和山东泰山路桥工程公司在施工过程中不断创新,提出利用透层、稀浆封层对路面基层进行养生,在多条高速公路施工中进行总结、完善,形成本工法。

2 工法特点

2.1 减少传统"覆盖洒水保湿"养生的工序,缩短工期降低成本。

2.2 减少基层重复污染,达到规范要求,保证工程质量。

2.3 避免了因洒水过量对土路基的浸泡和冲刷,且节约水资源。

2.4 防止混合料水分蒸发,利用混合料结构水达到养生目的。

2.5 降低劳动强度,加快施工进度,减少对环境的污染。

3 适用范围

本工法适用于有透层、稀浆封层结构层的沥青路面的水泥稳定碎石(砂砾)上基层养生施工。

4 工艺原理

水稳性粒料基层碾压成型后,水泥只达到终凝时间,基层内部和表面还未完全硬化形成强度,存在一定量毛细空隙。此时洒布乳化沥青透层油,加之表层较干燥及基层内部水化热作用,毛细孔吸附液体能力增强,乳化沥青沿着毛细孔渗透到基层深度更快、更深;接着施工稀浆封层,覆盖在基层表面,防止基层内水分蒸发,利用混合料自身水分与水泥发生水化热作用,达到"保湿、增温"的效果,满足基层养生的条件。

5 施工工艺流程及操作要点

5.1 工艺流程

透层、稀浆封层养生工艺主要包括基层施工、透层施工、稀浆封层施工等。具体施工流程详见图1。

5.2 操作要点

5.2.1 透层施工方法

透层沥青采用慢裂洒布型乳化沥青,洒布量控制在 0.3 ~ 0.4kg/m² 范围内。

(1)上基层碾压成型,待基面干燥后,立即洒布透层沥青。洒布车洒布行驶速度根据洒布量大小来控制。本施工段经试洒测定,当洒布量为 0.3kg/m² 时,洒布车行驶速度为 30km/h 左右。

(2)当洒布车宽度受到限制需分幅施工时,由高处开始,逐幅向低处喷洒,相邻洒布带做到不重叠或少重叠,做到尽量不"露白"。

(3)洒布时,以构造物分段或以当天基层施工段落为一洒布段,同向进行洒布。由于基层初始强度不高,洒布车在基层上行车时严禁紧急制动车或掉头,以防破坏基层基面或板块强度。

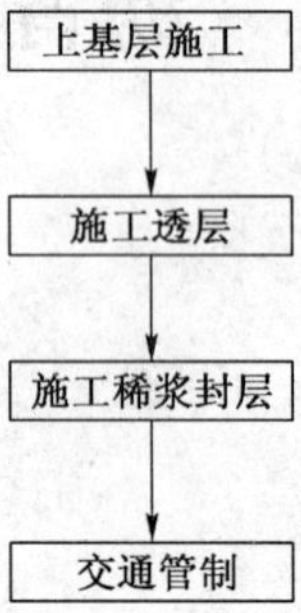

图1 透层、稀浆封层养生工艺流程图

5.2.2 稀浆封层施工方法

喷洒透层油,待其破乳表面干燥后,可紧接铺筑稀浆封层。一般透层施工 24h 后,铺筑封层比较适宜。

(1)将矿料、水和乳化沥青装入稀浆封层机后,开机进行搅拌。搅拌均匀后(约 30min),开至施工起点,对准走向导线,调整好摊铺箱厚度与拱度,使摊铺箱周边与摊铺基面间隙控制在 3 ~ 5mm 范围内。

(2)当稀浆混合料均匀分布在摊铺的全宽范围内,启动底盘,并缓慢前进,速度为 20 ~ 30m/min,保持摊铺量与生产量基本一致,使摊铺箱中混合料的体积始终保持在摊铺箱容积的 1/2 左右。

(3)摊铺后,应及时人工找平。找平的主要重点为:起点,终点,纵横向搭接,过厚、过薄或不平处;尤其是超大粒径矿料产生的纵向刮痕,应尽快清除并找平。

(4)当稀浆封层机上任何一种材料用完时,立即关闭所有材料输送的控制开头,停止供料,让搅拌机中拌和均匀的混合料,尽快送入摊铺箱摊铺完成。

(5)待乳化沥青破乳 30min 后,采用轻型轮胎压路机碾压一遍即可。

6 材料与设备

6.1 材料准备

透层沥青采用慢裂洒布型乳化沥青,乳化沥青基质含量视上基层表面粗糙度而定,一般控制在 40% ~50%之间。稀浆封层沥青采用快凝慢裂型乳化沥青,乳化沥青基质含量为 60% 左右。封层矿料采用石灰石 3 号料(2.36 ~4.75mm)和 4 号料(<2.36mm),3 号:4 号 =20:80,油石比一般在 12% ~14% 范围内。

6.2 设备

此工法为透层、稀浆封层常用的材料和设备,主要配备见表1。

主要材料、设备配备 表1

工 序	设 备 名 称	单 位	数 量	备 注
透层施工	沥青洒布车	台	1	
	油桶/扫把	套	2	现场2套,库存若干

续上表

工 序	设备名称	单 位	数 量	备 注
稀浆封层施工	稀浆封层机	台	1	
	装载机	台	1	上料用
	轮胎压路机	台	1	
	铁锹/扫把等	套	4	现场4套,库存若干
	配料机	台	1	

7 劳动组织

此施工方法操作简便,透层施工需要沥青洒布车驾驶员1名、协作人员2名、安全员1名;稀浆封层施工需稀浆封层设备驾驶员1名、装载机驾驶员1名、胶轮压路机驾驶员1名、协作人员10名、安全员1名。现场施工人员必须经过培训或进行详细的技术交底后,方能上岗。

8 质量控制

8.1 养生质量控制主要依据《公路沥青路面施工技术规范》(JTG F40—2004),检查方法为:养生完成后,对上基层进行钻芯取样。

8.2 施工过程中质量保证措施和管理方法

(1)基层表面无需光洁好看,应保持粗糙并不离析。

(2)基层碾压成型后表面稍变干燥,但尚未硬化的情况下喷洒。

(3)基层混合料含水率应比最佳含水率高1~2个百分比,更有利于保证基层强度、质量。

(4)透层油中基质沥青含量和洒布量视基层粗糙度而定,以达到透入3~5mm深度为目的。

(5)透层施工时,对局部漏洒或洒布车难以洒到的部位,采用人工手持洒布管进行补洒。对局部洒布量过大,出现流淌现象,利用人工用竹扫把及时清扫,使其基面保持洒布量均匀。

(6)稀浆封层改性乳化沥青基质含量控制在60%以上;油石比不能低于配合比设计值,每班检测控制。

(7)稀浆封层矿料采用配料机按配合比配料,严格控制各矿料比例,严禁人工装载机随意配料。

(8)选用洁净级配符合要求、粉尘含量小的石灰石矿料。

(9)掌握破乳时间,充分及时碾压。碾压是稀浆封层关键工序,也是确保渗水试验达到要求的重要工序。

(10)稀浆封层施工完成后,立即对施工路段实行交通管制。上基层达到设计强度之前,严禁开放交通。

(11)基层达到养生期后,尽量开放交通,让装载车辆对稀浆封层进行碾压,有利封层封水。

(12)因透层、稀浆封层未能覆盖基层的两侧面,为了防止水分散失过快而影响边缘部分的强度,两侧部分用麻袋覆盖,洒水保湿养生。

9 安全措施

为保证施工安全,应采取下列措施:

(1)沥青洒布车、稀浆封层机行驶时,严禁超速。

(2)大风、雷电、雨雪天气,禁止作业。

(3)在正常施工时,专职安全员全过程中监督作业。

(4)施工现场,提示标语和标志标牌醒目、齐全。

10 环保措施

(1)禁止施工人员随意抛弃垃圾、排放废水、废油和冲洗物。

(2)现场油料保存在的安全容器中,存放在固定地点,远离水源。

(3)施工过程中多余废料集中堆放、集中处理。

(4)定期检查液压系统是否有漏油现象发生,及时处理。

11 经济效益分析

根据本路面工程中基层施工养生采取麻袋覆盖洒水保湿养生,在正常情况下,对实际发生费用作初步统计分析(基层施工长度按1 000m计,宽度按11.0m计),见表2。

费 用 分 析 表2

人工盖、转麻袋	0.50元/m	1 000m	500元
运转车辆	0.24元/m	1 000m	240元
洒水车	2.8元/m	1 000m	2 800元
人工清扫	0.05元/m^2	11 000m^2	550元
水车冲洗	400元/台班	0.5台班	200元
麻袋	1.35元/个	22 000个/5次	5 940元
费用合计	10 230元/km		

以上还未考虑抽水费、水泵和发电机台班费及其他材料费和人工费等。合理使用透层和稀浆封层对上基层进行养生,可以节约养生材料费用,不仅加快了施工进度,而且减少各种资源的浪费。

12 工程应用

襄十高速公路路面工程第三合同段,沥青混凝土路面(全长29.35km),于2002年11月开工,2003年10月完工。其上基层养生采用本工法施工,质量检测合格率100%,并缩短了工期约3个月,节约了成本约40万元。

湖北省孝襄高速公路路面工程第八合同段,沥青混凝土路面(全长40km),于2003年7月开工,2004年10月完工。其上基层养生采用本工法施工后,质量检测合格率100%,并缩短了工期,节约了成本约50万元,经济效益和社会效益显著。

山东泰山路桥工程公司在京沪高速公路2009年大中修工程第二合同段以及G205国道高峪铺至新泰蒙阴界路面翻修工程一、二合同段施工中,按本工法进行了基层养护,4~5d取芯完整密实,直接进行沥青面层铺筑,应用效果良好。

高寒地区钢纤维混凝土路面面层施工工法

GGG(黑)B2032—2009

张国强　简　红　黄景海　吴宗玺　柳洪勒
(龙建路桥股份有限公司　黑龙江畅捷桥梁隧道工程有限公司)

1　前言

随着我国经济的快速发展,公路交通车流量不断增大,重型车越来越多,不少高速公路水泥混凝土路面发生了不同程度的损坏,影响了路面的正常使用,在通车的高速公路上维修,必须局部封闭交通,且维修困难,对社会影响较大。

黑龙江省是全国气温最低的省份,极端最低气温达-40℃,处于东北高寒地区,寒冷冰冻期每年在5个月左右。较大的昼夜温差,导致混凝土路面遭受频繁的冻融循环作用。冻融破坏成为东北高寒地区混凝土路面的主要病害。选择一种能有效减少混凝土原生微裂隙,增强混凝土路面结构的整体性和连续性,提高抗冻、抗裂能力的路面材料;推行一种适合高寒地区的水泥混凝土路面施工技术,能够有效加强和改善路面的使用品质,延长路面的使用寿命,减少维修次数,是整个高寒地区水泥路面工程成败的关键。为此,我们在哈同高速公路工程路面施工中,首次尝试采用滑模摊铺机摊铺钢纤维混凝土技术进行施工,并在绥满高速公路二期、三期路面施工中大面积应用此法进行路面施工。经过6年左右的应用证明:采用5%左右掺量的钢纤维混凝土抗冻破坏和抗盐冻脱皮能力很强。钢纤维混凝土路面状况良好,未发现大面积开裂、断板、掉角情况;路面行车平稳,对轮胎的磨损小,完全满足高寒地区抗冰冻、耐久性的要求。本工法于2008年5月通过黑龙江省科技厅技术鉴定,2008年4月该工法经科技查新,处国内领先水平。

2　工法特点

钢纤维混凝土中由于钢纤维的存在,大大抑制了基体混凝土裂缝的产生和发展,整体性好。与普通混凝土相比,呈现出良好的耐冻融性、耐热性、耐磨性、抗气蚀性;提高了抗折、抗拉、抗冲击和抗疲劳等力学性能;具有收缩率小、韧性好、耐磨耗等优点。

钢纤维混凝土施工技术解决了高寒地区冻融循环破坏的主要病害,抑制了早期干缩裂纹及连通裂缝的产生, 减少了收缩裂缝,改善了路用性能,并可取代钢筋,加大缩缝间距,缩短施工周期,提高工程质量,降低工程维修费用,延长工程使用寿命。

3　适用范围

由于钢纤维混凝土具有以上力学特性,因此适用于高寒地区修筑普通公路路面和重载、大交通量的高等级公路路面以及旧路面的加铺层等。

4　工艺原理

钢纤维混凝土通过钢纤维长径比来提高混凝土强度和耐疲劳性能,增强了韧性,改变了混凝土性脆易裂的破坏形态,改善了混凝土的抗冻融能力。在高寒地区易采用长径比40,抗拉强度不小于700MPa,具有光滑面(在新拌混凝土中不结团,分散均匀)和粗糙面(增加机械咬合力、黏结力)的铣削型钢纤维。按钢纤维体积率0.5%左右(纤维体积率一般为0.6% ~1.0%)与水泥、粗集料、细集料和高效减水剂(按目标配合比设定的比例)配料,按设定的顺序投入大型强制拌和机。通过在搅拌楼皮带秤前端增加的钢纤维投料装置,利用皮带转动启动闸门完成投料,经过15s干拌,60s湿拌,搅拌成均匀、不结团的钢纤维混凝土。考虑水泥在特定温度下的初凝时间,按规定运送到现场,由滑模摊铺机增大振捣烈度,通过基准线控制,一遍连续不间断摊铺出密实度高、动态平整度优良、外观几何形状准确的钢纤维水泥混凝土路面。

5 施工工艺及操作要点

5.1 施工工艺流程

施工准备→钢纤维混凝土搅拌与运输→钢纤维混凝土面层铺筑→面层接缝、抗滑与养生,施工工艺流程见图1。

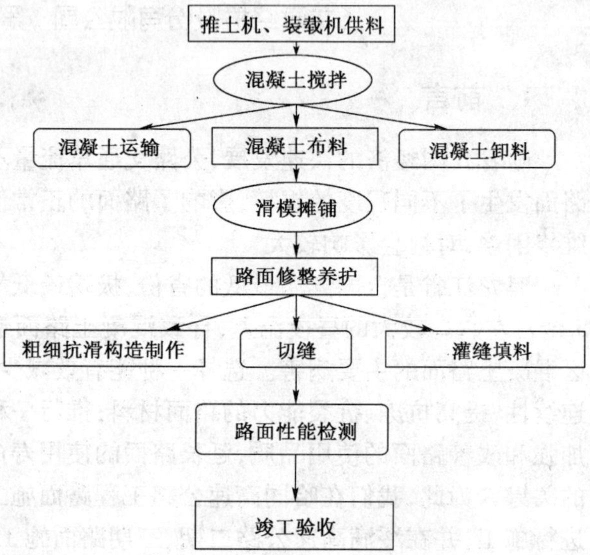

图1 施工工艺流程图

5.2 操作要点

5.2.1 施工前准备工作

1)钢纤维混凝土路面搅拌站设置

(1)搅拌站宜设置在摊铺路段的中间位置。搅拌站内部布置应满足原材料储运、混凝土运输、供水、供电、钢筋加工等使用要求,并尽量紧凑,减少占地。

(2)合理布置场地内的通道。搅拌站原材料运输与混凝土运输车辆不应相互干扰,合理布设车辆进出道口的环形道路,并有临时停车场。

2)钢纤维混凝土配合比设计

钢纤维混凝土的配合比设计应满足结构设计要求的弯拉强度、耐久性和工作性、抗冻及抗渗性、耐腐蚀性等项要求。钢纤维混凝土配合比设计采用试算法,步骤如下:

(1)根据强度标准值或设计值以及施工配置强度提高系数,确定试配抗折强度。

(2)按试配抗折强度计算水灰比,一般不大于0.50,北方高寒地区应取低值,水泥用量不大于400kg。

(3)根据试验抗折强度确定钢纤维体积率,根据经验,体积率一般选0.6% ~1.0%,但在高寒地区掺量超过45kg/m^3(体积率0.58%),混凝土抗折强度的增长有所减缓,因此只要掺加体积率在0.5%左右的钢纤维,混凝土抗折强度就能提高两个等级,面板承载力提高77%,疲劳作用次数超过50次。

(4)根据施工要求的稠度,通过试验或已有资料确定单位体积用水量,掺用外加剂(高效减水剂)应考虑外加剂的影响。

(5)根据试验或有关资料确定合理砂率,一般选用38% ~50%。使用时,根据所用材料的品种规格、纤维体积率、水灰比等适量调整。

(6)按绝对体积法或密度法计算砂石料用量,确定试验配合比。

(7)按试配配合比进行拌和物性能试验,调整单位体积用量和砂率,确定强度试验用基准配合比。

(8)根据强度试验结果,调整水灰比和钢纤维体积率,确定施工配合比。

3)摊铺前材料与设备检查

(1)原材料的主要检验项目和频率符合表1的规定。

(2)施工前必须对机械设备、测量仪器、基准线、机具工具及各种试验仪器等进行检查、调试、校核、标定、维修和保养。

钢纤维混凝土原材料检测项目和频率　　表1

材　料	检 查 项 目	检 查 频 率
		高速公路,一级公路
水泥	抗折强度,抗压强度,安定性	机铺1 500t一批
	凝结时间,标准稠度用水量,细度	机铺2 000t一批
粗集料	针片状,超径颗粒含量,级配,表观密度,堆积密度,空隙率	机铺2 500m^3一批
	含泥量,泥块含量	机铺1 000m^3一批
	压碎指标,坚固性	每标段不少于2次
砂	细度模数,表观密度,堆积密度,空隙率,级配	机铺2 000m^3一批
	含泥量,泥块含量	机铺1 000m^3一批
钢纤维	抗拉强度,弯折性能,长度,长径比,形状	每标段2次
	杂质,质量及其偏差	机铺50t一批
外加剂	高效减水剂减水率	机铺5t一批

4)基层的检测

(1)进行钢纤维混凝土路面摊铺施工之前,应全面检查摊铺基层是否平整、清洁并湿润;有仰拱地段,检查顶面高程,清除表面浮渣:无仰拱地段,必须设置找平层。摊铺混凝土前,基层表面应充分洒水润湿,以免摊铺混凝土后底部因水分被干燥的基层吸收而变得疏松或产生裂缝。

(2)检测基准线是否准确,工作缝支架和传力杆是否定位,纵缝拉杆板是否直,是否涂好沥青等。

5.2.2　钢纤维混凝土的拌和与运输

1)钢纤维混凝土的拌和

(1)搅拌设备的类型应是强制式的,搅拌设备应能稳定可靠地供应足够的水泥混凝土拌和料。滑模摊铺钢纤维混凝土的均匀性要好,不同次数搅拌的混凝土之间的坍落度误差要小于2cm。

(2)在搅拌楼皮带秤前端增加的钢纤维投料装置,增加一个有闸门的漏斗型的投料装置,将每立方米混凝土所用钢纤维加在投料器中,利用皮带转动启动闸门完成钢纤维投料工作。

(3)搅拌的投料次序和方法,应以搅拌过程中钢纤维不结团、不产生弯曲或折断、不因拌和机超负荷而停止运转和出料口不堵塞为原则,宜选用将钢纤维、水泥、粗细集料先干拌而后加水湿拌的方法。由于铣削型钢纤维的特点,对于强制式搅拌机只需在湿拌60s前增加15s干拌时间,钢纤维就能均匀地分布在混凝土中而不成团。

2)钢纤维混凝土的运输

搅拌楼卸料落差不应大于2m,为了防止新拌水泥混凝土在运输过程中产生离析和分层现象,应当采用自卸车运输钢纤维混凝土,减小颠簸。烈日、大风、雨天低温远运时,应覆盖混凝土,运输的最大距离应控制在10~15km。路况好、道路畅通时取大值;道路颠簸不平、交通拥挤时取小值。

5.2.3　钢纤维混凝土面层铺筑

(1)使用滑模式摊铺机时,必须有专人指挥车辆卸料,以便较准确地估计卸料位置。滑模摊铺前的钢纤维混凝土拌和料不得高于滑模摊铺机卸料板允许高度,亦不得出现漏料现象。

(2)要求供料与摊铺机速度协调,尽可能匀速摊铺,最大限度地减少摊铺施工中的停机次数。料位过高或过低时,可采用小型挖掘机或装载机进行初摊布料。

(3)在滑模摊铺施工过程中,操纵人员应随时观察新拌钢纤维混凝土的稠度,并根据钢纤维混凝土的工作性来调整滑模摊铺机的作业速度和振动频率。由于钢纤维混凝土实际坍落度比检测坍落度大10~20mm,所以施工时必须增大振捣烈度,滑模摊铺机的作业速度宜控制在0.8~1.0m/min范围内;振捣频率宜控制在8 000~11 000r/min范围内,最低振捣频率不得低于8 000r/min。

(4)在施工过程中,若出现新拌钢纤维混凝土供应不及时,滑模摊铺机停机等待的时间不能超过当时气温下新拌混凝土初凝时间的2/3。在此时间内,应每隔15min开动振动棒振动3min;若超过此时间,为防止施工缝断板,宜将滑模式摊铺机驶出摊铺位置,以该点作为施工缝。

(5)滑模式摊铺机进行整体式分幅施工路面时,应配置自动或人工打纵缝拉杆的装置。分幅打进或整体植入的拉杆必须位于路面板厚中间位置。拉杆的高低误差不得大于±2cm;横向误差不得大于±5cm;分幅打入的拉杆必须到底,防止拉杆刮坏路面边沿。

(6)铺筑完成整平后的面板表面不得裸露上翘的钢纤维,表面下10~30mm深度的钢纤维应基本处于平面分布状态。

5.2.4 钢纤维混凝土面层接缝、抗滑与养生

1)钢纤维混凝土面层接缝施工

(1)纵向缩缝:采用切缝法,在钢纤维混凝土强度达到设计强度的25%~30%时,用切缝机切割。

(2)横向缩缝:采用切缝法,在混凝土强度达到设计强度的25%~30%时,用切缝机切割。横向缩缝按10~15m切缝,切缝深度达到板厚的1/3。

(3)填缝:混凝土面板所有的接缝凹槽用沥青玛碲脂填缝。由于钢纤维提高混凝土路面抗折强度和抗压强度。因此横向伸缩缝间距可增长至15~30m。

2)钢纤维混凝土面层抗滑与养生

(1)钢纤维混凝土路面必须采用硬刻槽方式制作抗滑沟槽。高寒、冰冻地区,硬刻槽的形状使用上宽6mm、下窄3mm的梯形槽。养生14d后开始硬刻槽。完成后,随即将路面冲洗干净,并恢复路面养生。

(2)路面养生是决定路面强度、内在质量和使用寿命的重要因素之一。钢纤维混凝土铺筑完成后,或抗滑构造制作完毕后,覆盖上草袋或麻袋片进行洒水养生。覆盖养生应特别重视前7d的保湿(温),总养生期要符合规范要求。在表面达到足够强度前,禁止人、畜、车辆上路。

5.2.5 钢纤维混凝土技术与分析

(1)钢纤维混凝土与普通混凝土力学性能比较的试验结果见表2。

力学性能比较的试验结果 表2

物理力学性质指标	普通混凝土	钢纤维混凝土
极限抗弯拉强度	2~5.5MPa	5~26MPa
极限抗压强度	21~35MPa	35~56MPa
抗剪强度	2.5MPa	4.2MPa
弹性模量	$2\times10^5\sim3.5\times10^5$MPa	$1.5\times10^5\sim3.5\times10^5$MPa
热膨胀系数	9.9~10.8mm/K	10.4~11.1mm/K
抗冲击力	480N·m	1 380 N·m
抗磨指数	1	2
抗疲劳限值	0.50~0.55	0.80~0.95
抗裂指标比	1	7
韧性	1	10~20
耐冻融破坏指数	1	2.9

(2)在混凝土中加入钢纤维,可以缓解温度变化而引起的混凝土内部应力的作用,阻止温度裂缝的扩展。按混凝土抗冻试验法,掺入0.5%左右的钢纤维混凝土经200次冻融循环,其抗压和抗弯强度下降约20%,而其他条件相同的普通混凝土却下降70%以上;经过300次冻融循环,钢纤维混凝土试件仍保持完好。因此,在混凝土中加入钢纤维是高寒地区有效抵抗冰冻破坏的首选路面混凝土材料和结构。

5.3 劳动力组织

劳动力组织情况见表3。

劳动力组织情况 表3

序　　号	工 程 人 员	所 需 人 数	备　　注
1	项目经理	1	
2	工段长(拌和站)	3	
3	摊铺机操作手	3	
4	拌和站操作手	3	
5	电工	2	
6	摊铺机民工	24	
7	拌和站民工	12	
8	切缝养生刻槽民工	8	

6　材料与设备

(1)主要原材料,见表4。

主 要 原 材 料 表4

序　　号	材 料 名 称	规　　格	备　　注
1	水泥	强度等级42.5级	
2	砂	$M_x = 2.0 \sim 3.5$	
3	碎石	4.75~31.5mm	
4	外加剂	高效减水剂	
5	钢纤维	长径比40,抗拉强度≥700MPa 具有光滑面和粗糙面钢纤维	

(2)主要机械设备,见表5。

主 要 机 械 设 备 表5

序　　号	设 备 名 称	设 备 型 号	单　　位	数　　量	备　　注
1	强制式拌和站	150	台	2	
2	滑模摊铺机	维特根SP850	台	1	
3	装载机	50铲	台	6	
4	发电机	90W	台	3	
5	自卸汽车	15t	台	12	
6	洒水车		台	8	
7	桁架式切缝机		台	5	
8	刻槽机		台	2	

7　质量控制

7.1　工程质量控制标准

本工法施工质量控制执行以下标准:

(1)《公路工程抗冻设计与施工技术指南》(交公便字[2006]02号);

(2)《公路水泥混凝土路面设计规范》(JTG D40—2003);

(3)《公路工程水泥及水泥混凝土试验规程》(JTG E30—2005);

(4)《公路水泥混凝土路面滑模施工技术规程》(JTJ 037.1—2002);

(5)《公路工程质量检验评定标准》(JTG F80/1—2004);

(6)《钢纤维混凝土试验方法(附条文说明)》(CECS 13—1989);

(7)《铣削钢纤维混凝土应用技术规程》(DBJ 08-59—1997);

(8)《钢纤维混凝土》(JG/T 3064—1999);

(9)《混凝土用钢纤维》(YB/T 151—1999);

(10)《公路水泥混凝土纤维材料钢纤维》(JT/T 524—2004)。

7.2 质量保证措施

7.2.1 外观质量

钢纤维在混凝土基体中的破坏形式有两种:一是钢纤维从机体混凝土中拔出;二是钢纤维被拉断。如果钢纤维外观质量不好,将影响混凝土基体与钢纤维的黏结性能,钢纤维混凝土在发生破坏时,钢纤维由基体中拨出而不是拉断,从而不能发挥钢纤维的强度,因此钢纤维的增强作用还要考虑钢纤维的外观质量。

7.2.2 钢纤维中的杂质

一类是妨碍钢纤维与基体黏结的黏附在纤维表面的油污、有机质黏液等有害成分。

另一类是占有纤维的重量而不起增强作用,甚至能破坏基体整体性的杂质,如多个纤维黏在一起的片体或块体、纤维表面严重的锈斑、铁屑和泥土等。

7.2.3 钢纤维混凝土组成材料的质量和用量

钢纤维的称量每一工作班至少检验两次;采用水洗法在施工现场取样检测钢纤维体积率,每工作班至少两次;水洗法检验钢纤维体积率的误差不应超过配合比要求的钢纤维体积率的 ±15%。

7.2.4 拌和的钢纤维混凝土质量

拌和的钢纤维混凝土在搅拌出槽后,纤维分散均匀,应没有絮凝成团现象,表现出良好的保水性和黏聚性。现场铺筑钢纤维混凝土应外观光洁,无肉眼可见裂纹。

8 安全措施

(1)应遵照国家颁发的有关安全技术规程和安全操作规程,建立健全安全组织保证体系,贯彻国家有关安全生产和劳动保护的法律法规,强化基本知识。

(2)设置专职安全员。

(3)坚持管生产必须管安全的原则。

(4)注意加强施工中的安全保护,认真做好安全技术交底,对安全关键部位进行经常性的安全检查,及时排除安全隐患,确保安全施工。

9 环保措施

(1)认真学习环境保护法,并执行当地环保部门的有关规定,教育督促员工自觉做好环境保护工作。

(2)保护周围的自然环境。对施工过程中产生的垃圾及各种废弃物及时清理,不污染周围环境。

(3)及时全面清理施工现场,并在指定地点集中进行无害化处理。

10 效益分析

钢纤维混凝土路面与普通水泥混凝土路面相比,由于路面使用寿命延长而节省了材料、人工等费用,提升了投资效果。钢纤维混凝土面板缩缝比普通混凝土面板减少了近30%。同时,接缝少不仅减少了混凝土路面固有的薄弱环节,也提高了车辆的行驶质量,有利于行驶费用的减少和使用寿命的延长。

与新铺沥青混凝土路面相比,钢纤维混凝土路面虽一次性投资较前者高,但从其维修费用、使用年限以及资金的时间效益方面综合考虑,钢纤维混凝土路面每年支出的费用比沥青混凝土路面要低

30%。钢纤维混凝土路面与沥青混凝土路面相比,在材料和混合料的加工及施工上还具有明显的能源和环保效益。

因此,钢纤维混凝土路面的综合社会经济效益是显著的。

11 应用实例

11.1 应用实例一

2002年7月至2003年9月在哈同公路(方正段)路面施工中采用钢纤维混凝土铺筑路面,全长共计11km,里程为K25+000~K36+000。通过对该路段4年通车试验的调查分析,无明显断板、裂缝、错台等病害。采用钢纤维混凝土路面,确实收到了良好的使用效果。从技术经济成本上核算,采用钢纤维混凝土造价比普通混凝土虽有增加,但使用寿命长,效果好,养护工作量大为减少且行驶质量和服务能力大大提高,其效益不能仅从增加钢纤维的费用来计算。

11.2 应用实例二

该段位于绥满公路(亚布力至尚志段),起于亚布力收费站,终点于尚志市帽儿山镇蜜蜂村,C6合同段K11+000~K31+500处,全长20km。面层厚0.24m,宽11.0m(其中,行车道2×4.25m,硬路肩2.5m)。为了改善路况,我们采用钢纤维混凝土对该段进行了破除重建,2005年10月交工通车。截至目前,该段在营运4年左右的时间里没有出现任何病害。工程质量得到了建设单位的高度评价。

11.3 应用实例三

绥满公路扩建三期工程(海林至亚布力段)是将现有公路扩建为四车道高速公路。里程桩号为K179+726~K263+400,路线全长84.975km,由于地形复杂,线形设计标准偏低,车辆行驶时往往使用制动较多,对路面磨损较大,而且该路段双向车流量均较大,车型又主要以超载、超限的重车为主,在重车行驶和春季冻融交替出现的双重作用下,路面出现裂缝、唧浆等冻融破坏,破损严重的段落有连片坑洞和坑槽等病害。采用钢纤维混凝土通车一年后,经过实地检测,该路段达到了质量目标,改善了路况,延长了路面的使用寿命,有效地治理了冻融破坏这一主要病害,也验证了本工法的科学性、合理性和可操作性,使用性能和寿命的延长都得到了业主和社会的一致好评。

连续配筋水泥混凝土路面施工工法

GGG(黔)B2033—2009

田小波　岳军生　舒建军　陈克群　吕晓瞬
(贵州虎峰交通建设工程有限公司　贵州省高等级公路管理局　贵州省交通规划勘察设计研究院)

1 前言

1.1 普通水泥混凝土路面特点

在结构设计时,由于必须考虑温度变化导致的混凝土材料变形,不可避免地存在大量横向接缝(主要是横向缩缝,通常情况下4~6m必须设置一条)。由于大量横向接缝的存在,造成横向接缝处路面板传荷能力降低,投入使用后,路面水会通过密封效果较差的接缝部位渗入基层和路基,导致路面基层或路基强度降低,甚至塑化,在行车荷载作用下,逐渐形成唧泥、板底脱空、错台、板体开裂等一系列病害,这是造成我国普通水泥混凝土路面使用寿命远达不到设计使用年限的主要原因。同时,由于大量横向接缝的存在,造成刚度较大的水泥混凝土路面行车噪声大、舒适性差等现象,这是我国普通水泥混凝土路面使用性能较差的原因之一。由于普通水泥混凝土构造上存在的固有缺陷,我国已建成的大多数水泥混凝土路面使用寿命短、路用性能差、养护维修困难且费用高,导致水泥混凝土路面在我国的推广应用受到严重阻碍,除交通量较小的低等级道路外,在高等级公路、城市道路中的应用范围逐年萎缩。采用合理的技术措施改善水泥混凝土路面构造,提高其使用寿命和使用性能,对于提高水泥混凝土路面使用范围和全寿命周期经济性十分必要。在水泥产能较大、沥青路面造价较高的地区更具有现实意义。

1.2 连续配筋混凝土路面特点

在基层上铺筑设有一定配筋率的连续纵向钢筋,端部设有防止混凝土膨胀的制动构造物的水泥混凝土面层的路面,由于在两端制动构造物之间设有连续的纵向钢筋,利用其避免混凝土路面出现上下断通的裂缝,使裂缝均匀、细密(通常情况下间距为1~2m,宽度不超过1mm)分布于路面纵向,可在较长的范围(通常情况下大于500m,最大可超过2 000m)内不设置任何可能使水泥混凝土面板上下断通的横向接缝,有效克服了普通水泥混凝土路面构造上面板横向接缝较多的缺陷,增强了路面的整体强度和刚度,减少了路面板下进水导致病害发生的因素。与普通混凝土路面相比,连续配筋水泥混凝土面层具有行车舒适性好、承载能力高、对基层和路基适应性强、使用寿命长、养护维修量少等显著优点,特别适合交通量大、重载车辆多、局部路基受水影响较大的高等级公路和城市道路。

1.3 工法形成过程

为了保证连续配筋混凝土面层的工程质量,实现连续配筋混凝土路面长寿命、高性能的设计理念,我们在现行《水泥混凝土路面施工技术规范》(JTG F30—2003)的基础上,针对连续配筋混凝土路面面层施工段落长度大、对满铺的钢筋网定位要求高、端部设有制动构造物、混凝土拌和物运输通道与普通混凝土路面施工不同等特点,结合已实施的贵阳绕城高速公路云关坡立交A匝道改造工程项目和贵阳绕城高速东段改造工程项目施工情况,总结、制订出连续配筋水泥混凝土路面施工工法。

2 工法特点

(1)混凝土运输、摊铺对钢筋网无干扰,利于保证钢筋功能的发挥。

(2)在混凝土浇筑过程中,连续不间断,机械化程度高,施工速度快,便于减少施工中断。

(3)适用性、可操作性强,易于推广应用。

(4)工艺简单,易于保证工程质量。

(5)占用场地小,便于施工现场管理和交通管制。

(6)施工“三废”集中收集处理,减少现场排放,利于环境保护。

3 适用范围

本工法适用于各级各类不同长度、不同宽度、不同施工条件的连续配筋混凝土路面面层的新建和改造工程施工。

4 工艺原理

(1)通过多次试验控制混凝土配合比,以实现采用水泥混凝土输送泵或输送车实现混凝土长距离纵向运输和短距离横向布料时最小坍落度,从而避免混凝土收缩产生较大裂缝。

(2)利用泵送混凝土和易性好、流动性强、易密实的特点,避免传统水泥混凝土布料方式对钢筋网位置的影响。

(3)采用钢筋套筒冷连接方式接长钢筋,确保纵向钢筋传荷能力。采用定型钢筋支架固定钢筋网,确保钢筋网处于设计位置。

(4)采用三辊轴混凝土摊铺机结合人工摊铺、振捣,以控制混凝土路面平整度(纵横向),做到外观精细。

在混凝土连续不间断的浇筑过程中,混凝土配合比控制,三辊轴混凝土摊铺机结合人工摊铺、振捣,如何保证较长路段的、不设置横向伸缩缝的水泥混凝土路面不因混凝土收缩而产生较大裂缝为本工法的关键技术。

5 施工工艺流程及操作要点

5.1 工艺流程

对路面基层进行整理→开挖两端部制动板土方→端部制动板钢筋制作与安装→连续配筋路面钢筋制作与安装→路面侧模板安装→混凝土泵送设备安装→浇筑路面混凝土→表面整平→混凝土养生→拆除路面侧向模板→路面刻纹。混凝土浇筑施工流程见图1。

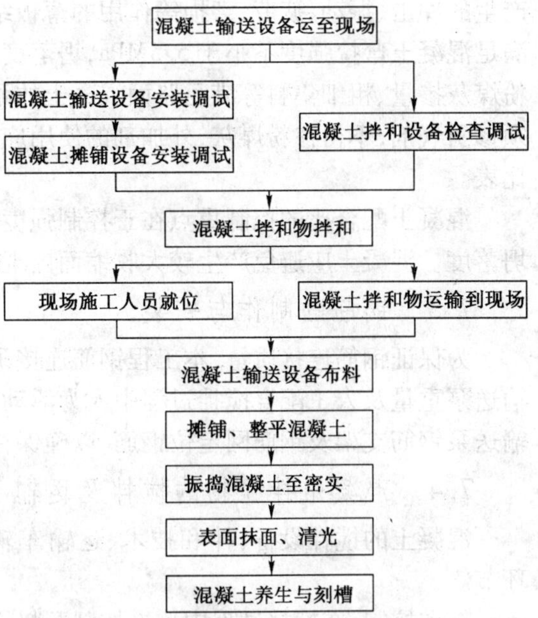

图1 混凝土浇筑施工流程

5.2 操作要点

连续配筋路面的施工难点在于混凝土浇筑过程中必须连续不间断,不能留施工缝且整段路面不设横向接缝。所以,在混凝土浇筑施工过程中,要根据现场情况设计专门的施工方案。考虑现场难以拌料且为保证混凝土拌和物均匀、质量稳定,本工法最终采用泵送混凝土施工。

6 材料与设备

6.1 本工法施工投入的材料

主要有钢筋、水泥、砂石。

6.2 本工法施工投入的机械设备

(1)三辊轴混凝土摊铺机:三辊轴混凝土摊铺机长9m,轴的直径为168mm,间距较小的两轴为振动轴,另一单轴为前进轴,振动功率为12kW。

(2)钢筋套筒冷连接机:本工程钢筋连接采用钢筋套筒冷连接,连续配筋路面钢筋直径为16mm,钢筋连接套筒也相应配备,该设备可连接16~32mm钢筋。

(3)混凝土搅拌设备及输送泵:由于本工程混凝土采用的是商品混凝土,所以混凝土搅拌设备及输送泵为商品混凝土商家提供。

7 质量控制

7.1 原材料的质量控制

连续配筋路面原材料应从钢筋、水泥、粗集料、细集料、水、外加剂等方面进行严格控制,原材料必须送具有国家资质的单位进行检测。

本工程水泥采用42.5级普通硅酸盐水泥,水泥28d抗折强度不小于7.5MPa,28d抗压强度不小于57.5MPa,抽样送试验室检测,水泥的化学成分、物理指标、安定性、凝结时间满足设计及规范要求。

钢筋为HRB335螺纹钢筋,纵向钢筋采用冷连接形式,保证钢筋连接质量。钢筋外观顺直,无裂纹、断伤、刻痕,表面无污渍和锈蚀。经抽样送试验室检测,工程所用钢筋满足设计、国家及行业现行相关规范和标准的技术要求。

集料是混凝土中分量最大的组成材料,粗细集料在混凝土中占4/5的比例。贵阳地区集料常用石灰岩及白云岩,要求供应商拌制的混凝土集料级配、吸水率、石料强度和压碎值、碱活性和针片状、含泥量、磨耗率和磨光值等指标应满足设计及规范要求。

混凝土所掺外加剂有:引气剂、减水剂、泵送剂,经试验室检测各项指标合格。

由于采用混凝土输送泵或输送车运输混凝土,为保证混凝土路面工程质量,应采用水化热低的水泥,在满足规范各项技术指标要求的基础上宜适当降低水泥用量。

7.2 混凝土的配合比

除对原材料质量进行有效控制外,对混凝土的配合比也应严格按规范进行配合比设计。路面混凝土的配合比施工控制是水泥混凝土路面施工质量中极其重要的环节之一。路面混凝土是承受行车荷载产生的冲击、振动、疲劳、磨损等作用的薄板结构,本工程混凝土配合比设计在兼顾经济性的同时,必须满足混凝土弯拉强度不小于5.5MPa,坍落度、振动黏度系数满足混凝土施工的工作性,水灰比、含气量、粉煤灰掺量、粗细集料等满足路面混凝土的耐久性要求,商品混凝土公司在为本工程供应的混凝土中必须掺引气剂,不得掺粉煤灰,外加剂的使用应符合本工程实际作业需要和相关规范要求,而且提供配合比表。

混凝土配合比的控制重点在于控制强度和流动性适中,在确保实现泵送的前提下,尽量采用较小的坍落度。混凝土应避免产生较大收缩而出现接缝。

7.3 钢筋的制作与安装

为保证钢筋连接质量,本工程钢筋连接采用钢筋套筒冷连接方式。另外,为防止施工过程中混凝土输送泵重量及人工配合搅拌过程中人为活动造成已安装好的钢筋网的移动损害,本工程特制作混凝土输送泵钢筋支架及钢筋网定位钢筋,以确保在混凝土浇筑过程中已安装好的钢筋网不受影响。

7.4 混凝土拌和物的搅拌及运输

混凝土的搅拌设备、拌和技术、运输车辆及运输技术也是商品混凝土质量控制的一个重要关键环节。

拌和控制:在搅拌过程中严格控制配料精确度,根据混凝土拌和物的黏聚性、均质性及强度稳定性确定最佳拌和时间。混凝土拌和物要均匀一致,无生料、干料、花料、离析或外加剂成团现象。

车辆控制:运输混凝土拌和物的车辆车况要良好,根据工地的施工量、施工进度、运量、运距及路况条件,选配车型和车辆总数。运送混凝土拌和物的车辆装料前必须清理干净车罐内的杂物,洒水润壁,排干积水。

运输控制：途中不得随意耽搁，以避免路途中拌和物离折、泌水等现象发生。混凝土拌和物从材料入仓（包括搅拌、运输等）到到达工地的时间不得超过60min。

7.5　三辊轴混凝土摊铺施工技术

三辊轴整平在一个作业单元长度内采用前进振动、后退静滚方式逐遍交叉作业。位于前面的振动轴始终是向后旋转的，而两根驱动整平轴则可以正反转，实现前后移动。三辊轴摊铺机前进振动量，振动轴将高出的混凝土进一步振实并向前摊铺，振动过后形成的有规律的表面波浪，紧接着被两根整平轴整平。三辊轴摊铺机摊铺振动时，只能采用前进振动、后退静压的作业方式进行施工。

三辊轴混凝土摊铺施工工艺流程：

泵送布料→密集振捣→人工布料→三辊轴整平→精平抹面。

7.5.1　布料

布料	采用人工布料配合泵送布料	⟶	泵送分多堆卸料，人工布料要尽量防止布料整平过的混凝土表面留下人为踩踏脚印，防止泥土被踩踏进入路面中
	速度	⟶	布料速度、振捣速度、三辊轴整平速度相协调
	布料速度、振捣速度、三辊轴整平速度相协调	⟶	根据混凝土拌和物坍落度和路面横坡大小确定，坍落度高时取低值，坍落度低时取高值，超高路段横坡高侧取高值，横坡低侧取低值

7.5.2　振捣密实

插入式振动棒振捣密实	开始振捣作业时间控制	⟶	拌和物布料长度大于10m
	振捣方式、速度控制	⟶	采用连续拖行插入振捣方式，振捣速度缓慢均匀，连续不间断，作业速度以表面不露粗集料、液化表面不现气泡并泛出水泥浆为准
	振捣密实重点部位	⟶	连续配筋的钢筋与边沟盖板边壁进行密实振捣，每次插入振捣时间不低于30s，不得有漏振、振捣不密实的现象发生

7.5.3　三辊轴混凝土摊铺机整平

三辊轴摊铺机整平	控制开始整平时间	⟶	在混凝土刚振捣完毕流动性最好时，开始三辊轴摊铺机整平施工，这时施工最容易，施工效果也最好
	控制作业单元长度	⟶	作业单元长度控制在20～30m，单元长度过短时，三辊轴摊铺整平反复掉头，影响施工平整度；过长时，由于混凝土拌和物泌水，提起的浆水灰比越来越大，越来越稀，影响混凝土施工质量
	（关键工序）控制料位高差和振动滚压遍数	⟶	料位高于两侧模板5～20mm，表面大致平整，没有混凝土分层离析现象；摊铺整平后，若混凝土料高出模板太多时用人工铲除，过低时人工用混凝土补平，不得用纯水泥浆找平

用三辊轴摊铺机进行施工作业的混凝土表面砂浆厚度控制在4mm±1mm，被振动轴提起向前推移的水泥砂浆不能满足抗滑构造耐磨要求，采用人工铲除丢弃后再进行抹光作业。采用三辊轴混凝土摊铺机施工的混凝土路面平整度好，纵横坡好控制，外观精细。

7.6 精心抹光饰面

精心抹光饰面
- 第一遍:整平饰面 ⟶ 在整平轴静滚整平后立即进行,调整好刮尺的底面与路面的接触角度,纵横向认真反复刮平,推拉刮尺速度均匀
- 第二遍以上:精平饰面 ⟶ 第二遍或最后一遍刮尺饰面以不留下明显的浆条为宜,在混凝土初凝时间的1/2以前完成

在三辊轴整平达到要求后,立即用刮尺和刮板人工纵横向认真反复刮平,使表面砂浆沿横向均匀,刮尺饰面能够增加路面纵横向平整度。

7.7 养护

养护、刻槽
- 养护 ⟶ 麻袋覆盖并洒水保湿,时间控制在14~21d,特别是前7d的保温养护,尤其重要。混凝土面板达到设计强度的40%后行人可通行,达到设计弯拉强度后,方可开放交通
- 刻槽 ⟶ 在混凝土养护期满及达到设计弯拉强度的70%后进行,采用手推式刻槽机等间距进行施工,槽纹方向为横向
  ↓
  刻槽轻起慢收——防止跳槽,保证刻槽准确到位

混凝土路面铺筑完成后立即进行养护。本工程采用麻袋覆盖并洒水保湿进行养护,并做到洒水及时,特别是前7d的保温养护,尤其重要。达到设计弯拉强度后,方可开放交通。

8 安全措施

施工中应树立安全第一的思想,增强员工的安全意识。施工现场的机械及电力设备应有专人负责看管,现场的电机、电线应放置在无人、无畜、无车通行的地方;使用有毒、易燃、粉尘类材料时,必须按有关规定采取防毒、防火、防尘的措施;现场施工车辆倒车时应鸣笛倒退,并有人指挥和查看车后;如在夜间施工,机械设备和施工现场上应有照明标志,现场应设立明显的引导、警示标志,使得过往车辆提前减速慢行通过,防止事故发生。配合路政部门封闭交通,按照交通管理部门标准,设置规范的交通安全设施及齐全的标志标牌。设置标志牌的地段派人24h进行值班;若有发现标志标牌倒塌或被风吹倒的情况,立即扶正并加固稳定。人工在运混凝土时,前后应保持一定的车距,不准奔走、抢道或超车,到终点时双手应扶牢车柄倒料,严禁双手脱把,防止翻车伤人。使用振动器前应检查电源电压,必须经过二级漏电保护,电源线不得有接头。振动器移动时不能硬拉电线,更不能在钢筋和其他锐利物上拖拉,防止割破拉断电线而造成触电伤亡事故。对灯具金属外壳、碘钨灯壳要进行保护接地。严格禁止将绝缘导线捆绕在一起和搭线在导线、开关式金属器材上使用。

9 环保措施

施工现场应经常清理环境卫生,排除积水,做到文明施工。施工产生的污水不得随意排放,挖除后的废弃旧混凝土面板、基层废渣和施工中产生的废弃物应按照业主指定的弃土场进行集中堆放或掩埋,不得对环境产生污染。现场再生用混凝土、钢筋、临时堆放的材料等应分类、有序堆放,机械设备工具等应摆放整齐,不得造成环境污染。施工现场各种材料应堆放整齐,设置排水设施,避免污水乱流。施工现场的施工垃圾应集中处理,不得污染周边环境。材料尽量堆放在施工有效区以内;弃土场要采取防护措施,防止水土流失,污染农田;工程完工后,所有施工场地应进行清理和恢复。夜间进行浇筑混凝土或加工钢筋等其他工作时,应尽可能减少施工噪声,以免影响周边居民正常休息。

10　资源节约

为保护环境、节约资源，对原路面挖除的混凝土应进行再生利用，旧水泥混凝土板块强度达到石料二级标准的可作为C15贫混凝土的粗集料使用。但旧混凝土集料的最大粒径应小于40mm，小于20mm的粒料不再作为集料使用。配合比设计时，小于20mm集料宜采用新的碎石。

再生粗集料参考掺量为70%～100%，掺加了再生粗集料的贫混凝土参考配合比为：水泥∶水∶细集料∶粗集料＝300∶185∶730∶1 165（每立方米，P. O32.5级水泥），贫混凝土的生产配合比应经过现场试验确定，其坍落度、含气量、设计强度应满足要求，保证贫混凝土满足耐久性要求的最大水灰比应满足规范要求。

11　效益分析

连续配筋水泥混凝土路面成本较普通混凝土路面约高58.19元/m^2（表1）。主要是连续配筋水泥混凝土路面中的钢筋每平方米较普通混凝土路面多27.95kg；普通混凝土路面多纵横缝的切割及灌注的费用，还多纵横模板费用；其他的如材料、机械、人工等费用基本与普通混凝土相差甚小。

普通混凝土路面与连续配筋混凝土路面成本对照表　　表1

细目名称	普通混凝土路面（厚25cm）				连续配筋混凝土路面（厚25cm）			
	单位	数量	单价	成本（元）	单位	数量（m^3）	单价	成本（元）
砂、碎石	100m^2	25.0m^3	42.5	1 062.5	100m^2	25.0m^3	45.0	1 375.0
P. O42.5水泥	100m^2	10.63t	425.0	4 517.75	100m^2	11.25t	425.00	4 781.25
人工费	100m^2	25.0m^3	50.0	1 250.0	100m^2	25.0m^3	45.00	1 125.0
钢筋	100m^2	860kg	4.15	3 569.0	100m^2	2 288kg	4.15	9 495.2
模板	100m^2	11.2m^2	32.0	358.4	100m^2		0.00	0.00
其他材料	100m^2		700.0	700.0	100m^2		500.0	500.0
合计				11 457.65				17 276.45

12　实例应用

12.1　实例1

贵阳市东北绕城公路（1997年建成通车）云关坡A匝道水泥混凝土路面维修工程（开工：2008.7.10，竣工：2008.12.31），总长712.200m。云关坡互通式立体交叉为单喇叭B型（平面布置见图2），共设4条匝道，本工程为A匝道，行驶方向为从尖坡往龙洞堡方向，双向车道路基，路基总宽度8.5m，设计时速40km/h。

该段路线为小半径，典型的弯、坡、斜且为重载汽车行驶段。施工前路面状况为：水泥混凝土面层破损严重，原有表面刻槽已基本磨平。主要病害有：接缝、板角断裂，错台、唧泥、基层脱空。以上病害导致原混凝土板被分割成碎块状，路表水下渗，在车辆（特别是重载车辆）重复动载作用下造成侵蚀基层破坏，使板底脱空，承载力下降，影响车辆正常行驶及行车安全，路面病害需进行彻底处理。

本工程施工位置特殊，同时要保证车辆通行，现场难以设置料场和搅拌站，不便于混凝土施工原材料堆放，不能采用自拌混凝土施工。同时为保证混凝土拌和质量，经与业主高速公路管理局、重庆交通大学技术顾问协商，同意本工

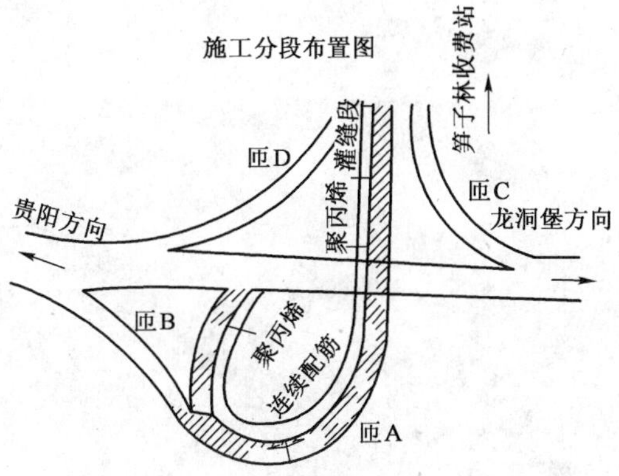

图2　匝道平面布置图

程连续配筋混凝土均采用商品混凝土浇筑。

通过对本工程路面的维修施工,原路面平整状况、线形都得到了改善,行车舒适度得到了提高,社会反应良好。本工程已投入使用一年,通过现场调查和回访,没有病害发生。

12.2 实例2

贵阳东北绕城公路水泥混凝土路面维修工程(开工:2009.5.4,竣工:2009.8.10)连续配筋路段总长1 154.450m(行车道右幅)。本工程位于一级公路上,路基总宽度21.5m,设计时速60km/h。

该段路线纵向位于大下坡与大上坡结合路段的凹曲线上,路基多年不均匀沉降、多年重载汽车的碾压及雨水的侵蚀造成水泥混凝土面层破损严重,主要病害同实例1,影响车辆正常行驶及行车安全,路面病害需进行彻底处理。

总的来讲,该工法施工工艺简单,施工质量高,整体性能好,节约能源,稳定性能好,由于不设横纵向缩缝,能有效防止路面进水,抗水能力较强,可有效防止路面水侵蚀引起的破坏,质量和使用寿命会明显提高,并有效减少后期养护费用。由于不设横纵向缩缝,水泥混凝土路面行车舒适性大大提高。

高速公路沥青路面微表处填补车辙施工工法

GGG(豫)B3034—2009

刘廷国　岳学军　汪世川　张蔚林　李忠玉
(河南省高远公路养护技术有限公司)

1　前言

随着我国公路事业的不断发展,由于交通量日益增加以及重载渠化交通等原因,高速公路沥青路面出现了严重的车辙病害,严重影响了行车的安全性和舒适性。一般情况下车辙的处理采用铣刨摊铺或者罩面的方法,但是由于这样处理造价高,另外还会造成环境污染。而微表处填补车辙技术,是采用专用机械设备将聚合物改性乳化沥青、级配集料、填料、添加剂、水等按设计配合比拌和成稀浆混合料后进行的不等厚摊铺施工技术。微表处填补车辙技术施工速度快、成本低,可以迅速填补沥青路面的车辙并提高防水性和抗滑性。

微表处填补车辙技术填补了普通稀浆封层和热拌沥青混合料摊铺各自存在的缺陷,确切的说它是一种功能较为完善的车辙填补技术,以其优良的使用性能和显著的社会效益,在高速公路车辙填补上有着广泛的应用前景。

河南省高远公路养护技术有限公司在郑焦晋高速公路中应用了微表处填补车辙技术,与热沥青处理车辙相比具有很好的经济性,通车两年后效果良好。

2　工法特点

高速公路沥青路面微表处填补车辙施工工法具备以下特点:

2.1　微表处填补车辙技术与普通热拌沥青混合料填补技术相比,具有施工速度快,施工成本低、无须完全封闭交通等特点。

2.2　微表处技术采用的V形摊铺槽可以实现断面不等厚摊铺,不同粒径的集料可随厚度变化合理分布。

2.3　微表处填补车辙成型后的复合有机水硬性材料具有很好的高温稳定性。

2.4　微表处填补车辙采用的聚合物改性乳化沥青增强了结合料与集料间的黏附力。

2.5　微表处填补车辙采用硬质石料增强了抗磨耗性能。

2.6　微表处填补车辙施工速度快,成型快,缩短了开放交通时间,由于采用了改性乳化沥青,施工受气温的影响较小。

2.7　微表处填补车辙技术常温施工,降低能耗,不释放有害气体,符合环保要求。

3　适用范围

本工法适用于高速公路沥青路面车辙深度不大于40mm的压密型及磨耗型等稳定类车辙填补,亦可用于修补失稳型车辙。

4　工艺原理

4.1　微表处填补车辙是由专用设备将聚合物改性乳化沥青、级配集料、填料、水、添加剂等按照设计配合比在常温下经强制搅拌后形成稀浆混合料,采用V形摊铺槽摊铺到辙槽内,并具有一定的预留拱度的不等厚摊铺技术。

4.2 微表处填补车辙技术根据车辙的下凹曲线形断面,其摊铺厚度为变量,混合料的摊铺厚度随修补厚度的变化而变化,不同粒径的集料可随厚度变化合理分布。在辙槽上方形成的拱度,可为混合料经受行车荷载进一步压密作出预留。

4.3 微表处填补车辙后的稀浆混合料经水泥凝结固化、改性乳化沥青破乳形成强度,两者互成条件,形成了立体网状结构的复合有机水硬性材料,可有效提高其高温稳定性。

4.4 改性乳化沥青采用阳离子慢裂快凝型乳化剂,可以保证可施工时间和快速开放交通。

5 施工工艺流程及操作要点

5.1 施工工艺流程

施工工艺流程图见图1。

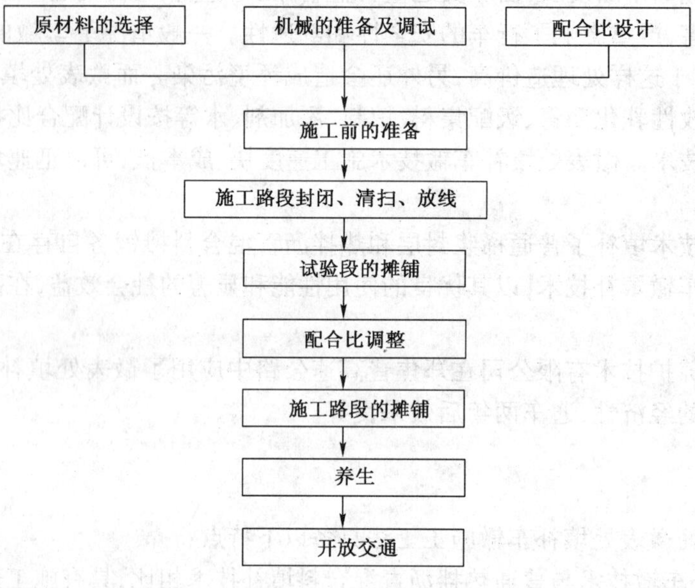

图1 施工工艺流程示意图

5.2 施工中的操作要点

5.2.1 施工前的准备

1)原路面的处理

(1)施工前对路况进行调查,调查方法根据《公路技术状况评定标准》(JTG H20—2007)的要求进行。

(2)进行车辙填补的原路面必须具有足够的结构强度和稳定性。

(3)当原路面上有坑槽、裂缝时,应先进行彻底修补,修补方法见《公路沥青路面养护技术规范》(JTG 073.2—2001)。

2)施工后场的准备

根据工程所在地交通、周边建筑及用地等情况确定施工后场的位置。

(1)料场的大小,应根据工程规模而定,应考虑乳化沥青生产及储存、集料的筛分掺配、集料规格的多少等因素。总之,应当从材料的存放、生产、设备的摆放、车辆的进出、掉头、装料、停放等方面考虑。

(2)在可选择的情况下,应考虑料场距石料场及距施工现场的距离。

(3)考虑施工、生产、生活用水用电的方便性,施工车辆、材料运输车辆进出道路的承载能力,并考虑场地排水、设备停放安全等。

(4)尽可能选择平坦的、硬化的、租赁价格合理的场地。

3)材料准备

(1)根据对材料的技术要求确定料源。在初步确定料源后,在石料场料堆上取样送交试验室进行配合比设计。取样应参考《公路工程集料试验规程》(JTG E42—2005)中T 0301—2005,把满足配合比设计要求的集料,作为施工原材料的来源。

(2)改性乳化沥青的选用:采用成品改性乳化沥青时,应取代表性的样品送交试验室进行性能检测,检测合格后购买并妥善储存;当采用自产改性乳化沥青时,若经检测不合格,调整配方后重新生产,直至符合表6技术要求。

(3)应选用干燥、疏松、无结团、洁净的填料,根据工程量的大小,储备适量的填料,储存在干燥的环境内,避免与潮湿的空气相接触。

(4)考察当地水源,根据就近原则选用符合工程用水要求的水,并储存在洁净的储水罐中备用。

(5)为保证混合料的拌和质量,对购进的集料堆放采取搭棚遮盖,改性乳化沥青的储存时间不宜过长,在不耽误工程进度的情况下可以现产(购)现用。

(6)集料掺配宜采用具有储料、计量和掺配功能的配料设备完成。

5.2.2 施工路段封闭、清扫、画线

1)微表处施工前应进行交通管制。为保证安全、顺利的施工,首先要和当地的交警及路政等交通执法部门协商,确定交通管制方案、交通封闭形式、封闭时间等。

2)对于整幅摊铺,热塑性路面标志等需要进行铣刨,对于分车道摊铺时应注意标线的保护。清理所有工作面上的泥浆、油污等杂物,必要时使用高压水或风机进行清理。

3)根据路幅宽度调整摊铺槽宽度,沿摊铺方向画出控制线。也可以直接以车道线、路缘石等为参照,保证走线顺直、美观。纵向接缝尽量设计在标线或者靠近标线的地方。

5.2.3 施工设备的调试

1)施工机械和辅助工具均应备齐,对重要的施工设备应配备配件。对各种施工设备进行检修,确保工作状态良好。

2)根据确定的配合比对摊铺机进行标定,为施工提供参数。并根据试铺结果进行相应的调整,以确保施工质量。摊铺车在以下情况下必须进行计量标定:

(1)新工程开工时;

(2)原材料改变或配比发生较大变化时;

(3)施工设备发生变化时。

3)当改性乳化沥青蒸发残留物含量和集料含水率发生变化时,必须调整摊铺机的设定,确认材料配合比符合设计配合比后才可继续施工。

4)标定程序

根据室内试验得出的混合料配比,在标定曲线图上找出其相应的料门开度,然后将各料门开度调整好固定,以保证施工中能按此配比供料。

集料标定:

(1)提前备好磅秤、称重用容器、接料用布及铁锹等,并将料仓装满料(石料采用施工设计用料);

(2)按程序起动运转辅助发动机,同时将料门调定一开度(一般情况下,建议开至130~140mm);

(3)发动机转速保持在2 000r/min,将填料调速阀旋至最小,集料调速阀锁定在刻度4,打开拌和器;

(4)打开集料开关,待出料正常时稍作停顿,在拌和器出料口下方放置一块较大的施工用布或一较大容器;

(5)再次打开集料开关,同时用秒表开始计时;

(6)当时间达30s时(结合实际,根据经验,该时间也可定为20s或10s),关闭集料开关;

(7)称量输出集料质量,并记录数据;

(8)重复(5)~(7)步3次,计算平均值并记录;

(9)调节集料调速阀重复上述操作,分别得出对应5,6,…,13,14刻度时的平均出料量(结合实际,根据经验,也可选择部分刻度值)。

填料与乳化沥青的标定参照集料的标定程序执行。标定资料应妥善保存,并认真分析,找出规律,不断积累经验。标定并非一标而定,为确保施工质量,应引起对标定工作的重视。

标定分为机械标定和体积标定,标定程序应根据机械型号而定。

5.2.4 配合比设计

配合比设计流程见图2

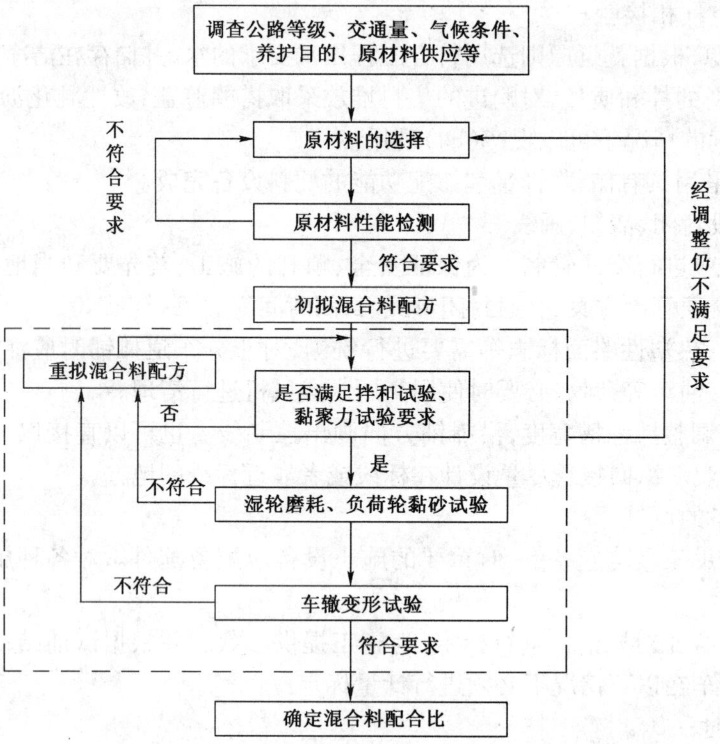

图2 配合比设计流程图

1)应选择工程拟采用的各材料进行混合料的配合比设计。微表处的配合比设计按下列步骤进行:

(1)根据选择的级配类型,确定矿料的级配范围。计算各种集料的配合比例,使合成级配在要求的级配范围内。

(2)根据以往的经验初选改性乳化沥青、填料、水和添加剂的用量,进行拌和试验和黏聚力试验。可拌和时间试验温度应考虑最高施工温度,黏聚力试验的试验温度应考虑施工中可能遇到的最低温度。

(3)根据上述试验结果和稀浆混合料的外观状态,选择3个左右认为合理的混合料配合比,按表1规定试验稀浆混合料的性能,如不符合要求,适当调整各种材料的配合比例再试验,直至符合要求为止。

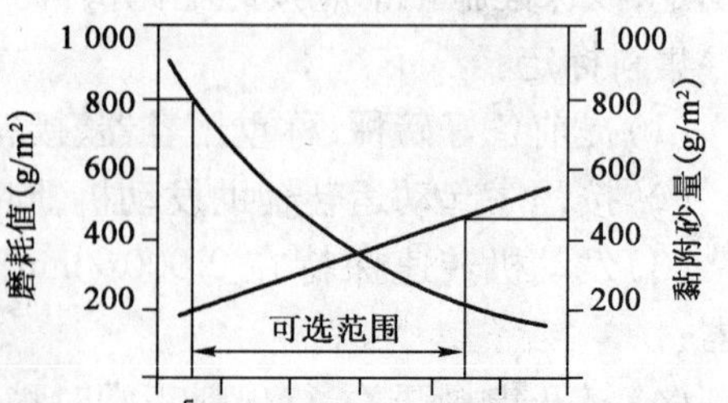

图3 确定稀浆混合料最佳沥青用量曲线

(4)当设计人员经验不足时,可将初选的3个左右的混合料配合比分别变化不同的油石比,按照表1的要求重复试验,并分别将不同沥青用量的1h湿轮磨耗值及砂黏附量绘制成图3的关系曲线,以1h湿轮磨耗值接近要求的沥青用量作为最小油石比P_{bmin},砂黏附量接近要求的油石比为最大

油石比 P_{bmax}，得出油石比的可选择范围 $P_{bmin} \sim P_{bmax}$。

在油石比的可选范围内选择适宜的油石比，使得在该油石比情况下混合料的各项技术指标均可以满足要求。对微表处混合料，以所选择的油石比检验混合料的浸水 6d 湿轮磨耗指标，不符合要求时调整油石比重新试验，直至符合要求为止。此外还要加入轮迹变形试验，轮迹变形率大于规范要求值时需要重新调整配方进行试验。

(5)根据以往经验及配合比设计试验结果，在充分考虑原路面状况、气候及交通因素等的基础上综合确定混合料配方。

2)通过混合料设计，提出混合料设计报告。报告的内容应包括：

(1)改性乳化沥青技术指标；

(2)集料技术指标、矿料配合比和矿料设计级配；

(3)稀浆混合料配合比和技术指标。

稀浆混合料的室内试验技术指标应满足表 1 的要求。

稀浆混合料技术指标 表 1

试验项目			技术指标
可拌和时间(25℃)		不小于(s)	120
黏聚力试验		不小于(N·m)	
30min(初凝时间)			1.2
60min(开放交通时间)			2.0
负荷车轮黏附砂量		不大于(g/m²)	450
湿轮磨耗损失	浸水 1h	不大于(g/m²)	540
	浸水 6d	不大于(g/m²)	800
轮辙变形试验的宽度变化率		不大于(%)	5

5.2.5 配合比调整

尽管在配合比设计的过程中已经综合考虑到了路面的使用状况、气候状况、交通量等条件，尽可能设计出满足施工现场需求的配合比，但由于施工条件的不断变化，当设计配合比不能很好地满足施工条件时，允许在设计配合比的基础上做动态调整，使稀浆混合料具有更好的施工性能和路用性能。

1)级配的调整

生产配合比的矿料级配中各筛孔的通过率不应超过表 2 规定的允许波动范围。生产配合比的矿料级配的调整幅度超出上述规定时，必须重新进行混合料设计。

微表处矿料级配 表 2

级配类型	通过下列筛孔(mm)的质量百分率(%)								
	12.5	9.5	4.75	2.36	1.18	0.6	0.3	0.15	0.075
MS-2	100	100	90~100	65~90	45~70	30~50	18~30	10~21	5~15
MS-3	100	100	70~90	45~70	28~50	19~34	12~25	7~18	5~15
MS-4	100	85~100	60~87	40~60	28~45	19~34	14~25	8~17	4~8
允许波动范围	±5%	±5%	±3%	±3%	±5%	±5%	±4%	±3%	±2%

级配主要控制在 0.075mm、2.36mm、4.75mm 三档的通过率。一般可以通过调整 0.075mm 的通过率改变浆状，通过调整 2.46mm 或 4.75mm 档改变外观和构造深度。

2)沥青用量的调整原则

(1)原路面状况：原路面贫油则加大沥青用量，原路面泛油则减小沥青用量，沥青用量的变化范围根据实际情况而定。

(2)交通量:交通量较大则应该适当减小沥青用量,例如某些路段重载车辆较多,则行车道沥青用量应相应的较小。

(3)气候条件:施工地区炎热则减小沥青用量,施工地区寒冷则增大沥青用量。

(4)施工季节:炎热季节施工,沥青用量应适当减小,低温季节施工沥青用量应适当增大。

(5)超车道和行车道的区别:超车道摊铺时沥青用量应比行车道增加0.2% ~0.3%。

(6)根据试验段的摊铺情况,在设计配合比的基础上小范围调整生产配合比,生产配合比的沥青用量不应超出设计沥青用量 -0.3% ~ +0.2%的范围,否则建议重新进行混合料的配合比设计。

5.2.6 施工路段的摊铺

(1)将符合各项要求的各种材料装入摊铺车内。

(2)将装好料的摊铺车开至施工起点,安装摊铺槽,对准控制线,放下摊铺槽,调整摊铺槽使其与周边贴紧。

(3)按生产配合比和现场矿料含水量情况,依次或同时按配比输出矿料、填料、水、添加剂和乳液,进行拌和。

(4)拌和好的混合料流入摊铺槽并分布适量时,开动摊铺车匀速前进,需要时可打开摊铺车下边的喷水管,喷水湿润路面。

(5)摊铺速度以保持混合料摊铺量与搅拌量基本保持一致为准。

(6)摊铺时应调整摊铺厚度,使填充层横断面的中部隆起3 ~ 5mm,形成冠状,在辙槽上方形成一定的预留拱度,为混合料经受行车荷载进一步压密作出预留,如图4所示。

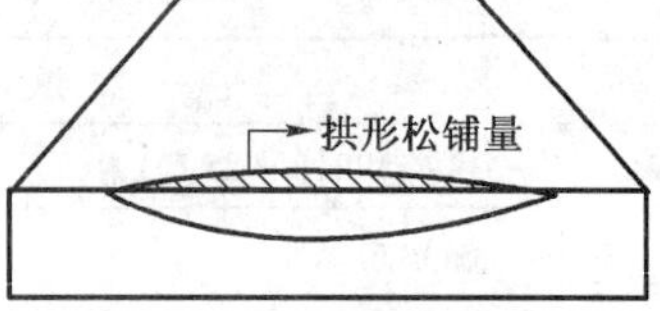

图4 预留拱度示意图

(7)摊铺施工中,施工车走线要顺直,使外观线条整齐美观。施工过程中,操作手应灵活掌握各种情况,及时调整,以确保工程的质量。

(8)手工作业填补局部施工缺陷:摊铺后的局部缺陷应及时使用橡胶耙等工具进行人工找平。找平的重点为个别超大粒径矿料产生的纵向刮痕,横、纵向接缝等。

(9)当摊铺车内任何一种材料快用完时,应立即关闭所有输送材料的控制开关,让搅拌器中的混合料搅拌完,并送入摊铺槽。

(10)车辙深度大于20mm时,可进行多层摊铺。

(11)施工人员应立即将施工末段一定范围内的材料立即清除,装入废料车中;

(12)摊铺完之后摊铺车停止前进,提起摊铺槽,将摊铺车移出摊铺点,清洗摊铺槽,施工中不得丢弃废物。

5.2.7 养生

(1)稀浆混合料在铺筑后,在开放交通前禁止一切车辆和行人通行。

(2)混合料能够满足开放交通的要求后应尽快开放交通。

6 材料与设备

6.1 材料

微表处车辙填补所用的原材料主要有改性乳化沥青、级配集料、填料、水及添加剂。

6.1.1 矿料

微表处填补车辙所用矿料可以采用不同规格的粗细集料、矿粉等掺配而成,也可以用大粒径的块石、卵石等经多级破碎而成。矿料主要起骨架支撑作用,其表面必须干净、粗糙、无风化、无杂质,能与沥青良好黏结,保证路面整体性和黏结性。当单一规格集料的质量指标达不到表中要求,而按照集料配合比计算的质量指标符合要求时,工程上允许使用。对受热易变质的集料,宜采用经拌和机烘干后的集料进行检验。所用集料必须符合表3的要求。

粗细集料质量要求　　表3

材料名称	检验项目		技术指标	备注
粗集料	石料压碎值	不大于(%)	26	
	洛杉矶磨耗损失	不大于(%)	28	
	石料磨光值[①]	不小于(BPN)	42	
	坚固性	不大于(%)	12	
	针片状含量	不大于(%)	15	
细集料	坚固性	不大于(%)	12	>0.3mm部分
矿料	砂当量	不小于(%)	65	合成矿料中<4.75mm部分
	亚甲蓝	不小于(g/kg)	25	

注:①磨光值的要求见表4。

磨光值的要求　　表4

雨量气候区	1(潮湿区)	2(湿润区)	3(半干区)	4(干旱区)
年降雨量(mm)	>1 000	1 000~500	500~250	<250
磨光值　不小于	42	40	38	36

矿料的级配范围应符合表5的规定。

矿　料　级　配　　表5

级配类型	通过下列筛孔(mm)的质量百分率(%)								
	12.5	9.5	4.75	2.36	1.18	0.6	0.3	0.15	0.075
MS-2	100	100	90~100	65~90	45~70	30~50	18~30	10~21	5~15
MS-3	100	100	70~90	45~70	28~50	19~34	12~25	7~18	5~15
MS-4	100	85~100	60~87	40~60	28~45	19~34	14~25	8~17	4~8

注:填料计入矿料级配。

6.1.2　改性乳化沥青

改性乳化沥青是微表处施工中的黏结材料，其质量的好坏，对施工质量的影响最直接、最明显。选用的改性乳化沥青应符合表6的规定。

微表处填补车辙用改性乳化沥青的技术要求　　表6

试验项目＼种类		单位	BCR
筛上剩余量(1.18mm筛)		%	≤0.1
电荷性质			阳离子正电荷
恩格拉黏度E_{25}			3~30
沥青标准黏度$C_{25,3}$		s	12~60
蒸发残留物含量		%	≥60
蒸发残留物性质	针入度(100g,25℃,5s)	0.1mm	40~100
	软化点	℃	≥57
	延度(5℃)	cm	≥20
	溶解度(三氯乙烯)	%	≥97.5
储存稳定性	1d	%	≤1
	5d	%	≤5

注:1.乳化沥青黏度以恩格拉黏度为准,条件不具备时也可采用沥青标准黏度;

2.必须选用阳离子型聚合物改性的乳化沥青,改性剂的剂量(改性剂有效成分占纯沥青的质量百分比)不能小于3%。

6.1.3　填料

微表处罩面层集料中常用的填料有矿粉、水泥、消石灰等填料。填料应干燥、疏松,无结团,洁净,并应符合《公路沥青路面施工技术规范》(JTG F40—2004)中表4.10.1的要求。

6.1.4　水

微表处罩面层用水不得含有有害的可溶性盐类、能引起化学反映的物质和其他污染物,一般采用饮用水。

6.1.5　添加剂

(1)添加剂的主要作用是调节稀浆混合料可拌和时间、破乳速度、开放交通时间等施工性能,并在一定程度上改善混合料的路用性能。

(2)常用的添加剂包括无机盐类添加剂、有机类添加剂等。对于阳离子乳化沥青混合料,无机盐类添加剂一般会延长可拌和时间,延缓成型。添加剂种类和剂量、添加剂的掺加不应对混合料路用性能产生不利影响。

(3)同一种添加剂对不同混合料体系的作用可能完全不同,不同混合料体系对各种添加剂的敏感程度也各不相同,因此不能照搬照抄已有经验,而是应针对工程实际通过试验确定某种添加剂的具体作用。

(4)未经试验验证的添加剂不得在施工中采用。

6.2　设备的组合和选择

微表处必须采用专用机械施工。微表处摊铺机,拌和箱必为大功率双轴强制搅拌式,摊铺槽用V形摊铺槽,摊铺机必须具有精确计量系统并可记录或显示矿料、改性乳化沥青等的用量。具体的设备配备见表7和图5~图11。

机械设备配备表　　表7

序　号	名　称	规格型号	单　位	备　注
1	清扫设备(强力清刷机)	GYQS1500	台	
2	铣刨机	GYSX2380A		
3	乳化沥青生产车间	GYRY06E	台	需要时
4	矿料筛选机	GYSB0530B	套	
5	微表处摊铺机	HG5311TXJ	台	
6	V形摊铺槽台		台	
7	工具车	五十铃	台	
8	装载机台		台	

具备以下要求:

①钢刷的长度要符合要求;

②转向机构要灵活轻便

图5　强力清刷机

具备以下要求：

①铣刨刀头硬度符合要求；

②铣刨深度可精确控制

图6　手扶铣刨机

具备以下要求：

①能够精确控制乳化沥青的沥青含量；

②胶体磨的研磨性能良好

图7　乳化沥青生产车间

具备以下要求：

①筛孔尺寸符合要求；

②有较高的安全系数

图8　矿料级配筛分机

具备以下要求：

①具备精准的计量系统；

②摊铺符合规范要求

图9　微表处摊铺机

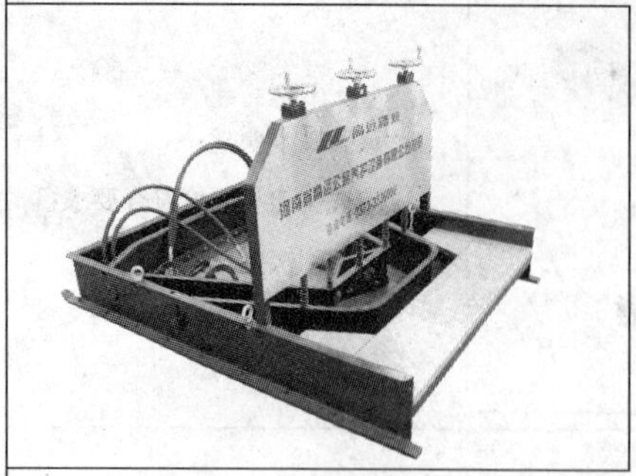

具备以下要求：

①摊铺厚度可以调整；

②具备二次搅拌的能力

图10　V形摊铺槽

具备以下要求：

①额定装载质量满足施工需求；

②最大卸载距离满足微表处摊铺车的要求

图11　装载机

7　质量控制

7.1　施工前材料与设备检查

7.1.1　出具报告

施工前必须提供配合比设计报告，并确认符合要求，在确认材料、设备等没有发生变化后方可施工。

7.1.2　施工前材料的质量检查

施工前材料的质量检查应以同一料源、同一批并运至生产现场的相同规格品种的集料、改性乳化沥青等以“批”为单位进行检查。检查频率和要求如表8所示。矿料级配和砂当量指标不能满足设计要求的，必须重新进行混合料设计或者重新选择矿料。

施工前的材料质量检查与要求　　表8

材　料	检查项目	要求值	检验频率
改性乳化沥青	表6要求的检测项目	符合设计要求	每批料次
矿料	砂当量		
	级配①		
	含水率	实测	每天一次

注：①矿料级配符合设计要求，是指实际级配不超出相应级配类型要求的各筛孔通过率的上下限，且以矿料设计级配为基准，实际级配中各筛孔通过率不得超过允许波动范围。

以上均参照《公路沥青路面施工技术规范》(JTG E40—2004)和《微表处和稀浆封层技术指南》。

7.1.3　材料的质量控制

本工法在规范要求的基础上对材料的质量控制更为严格，较为详细地阐述了材料在使用过程中的注意事项和质量控制要求。

1)改性乳化沥青使用时的质量控制

(1)在使用时应先对沥青罐中的沥青进行循环,循环过之后再使用。长时间存放的乳化沥青循环时,若储存罐是双口罐,进出油管应各放入一个口。若是单口,进出油管应置入乳液中不同的高度,且进油管在出油管上方。循环时间一般以储存罐内乳液的多少而定。

(2)对循环过的乳化沥青应仔细观察是否有颗粒。可采用表面不太粗糙的棒在乳化沥青中蘸一下,然后观察棒的表面是否有许多超常颗粒,当然通过在现场观察稀浆混合料大粒径集料表面也可发现。尤其在低温季节更应该注意这种情况发生。如果有,应在摊铺车上重新设定,将油石比上调0.2%~0.3%。

(3)存放时间较长的乳化沥青循环后装车时,进出油管口处均应放置滤网,并注意对每车进行检查,看车上油滤网是否被颗粒封堵。

(4)低温施工时,如果乳液泵难以启动,或工作时转速不稳定,直接影响摊铺质量,这时可加热乳化沥青至50℃左右。

(5)改性乳化沥青存放时间较长或者即使存放时间不长,但已经分层,使用时必须进行循环,然后取样过1.18mm筛后进行蒸残试验,检测油水比。

2)集料的质量控制

集料主要起骨架支撑作用,其表面必须干净、粗糙、无风化、无杂质,能与沥青良好黏结,保证路面整体性和黏结性。当单一规格集料的质量指标达不到表3要求,而按照集料配比计算的质量指标符合要求时,工程上允许使用。对受热易变质的集料,宜采用经拌和烘干后的集料进行检验。材料的质量要求参见表3。

7.1.4 施工前对车辆的检查

施工前应对摊铺机的性能、标定和设定以及辅助施工车辆配套情况、性能等进行检查。

当改性乳化沥青蒸发残留物含量和矿料含水量发生变化时,必须调整摊铺机的设定,确认材料配合比符合设计配合比后才可施工。

7.2 施工过程中进行质量控制的技术措施

7.2.1 对稀浆混合料的质量控制

施工中应对稀浆混合料进行抽样检测,抽检项目、频率、允许误差及方法如表9所示。

施工过程检验要求 表9

项 目	要 求	检 验 频 率	检 验 方 法
稠度	适中	1次/100m	经验法
油石比	施工配合比的油石比±0.2%	1次/日	三控检验法
矿料级配	满足施工配合比的矿料级配要求	1次/日	摊铺过程中从矿料输送带末端接出集料进行筛分
外观	表面平整、均匀,无离析,无划痕	全线连续	目测
摊铺厚度	-10%	5个断面/km	钢尺测量或其他有效手段,每幅中间及两侧各1点,取平均值作为检测结果
浸水1h湿轮磨耗	不大于540g/m^2 微表处	1次/7个工作日	规范规定试验方法

7.2.2 经验法对稠度进行控制

由于受现场环境温度、湿度,集料的含水率,路面湿润状况等条件的影响,在现场往往需要根据实际情况对用水量进行微调以保持稀浆混合料合适的稠度。必要时可采用如下的经验法进行现场的稠度试验来确认现场条件下的最佳用水量。

(1)在刚刚摊铺出的稀浆混合料上用直径10mm左右的细棍划出一道划痕,如果划痕马上就被两边的材料淹没,说明混合料的稠度偏稀,应适当降低用水量;如果划痕两边的材料呈松散状态,说明混合料过稠甚至已经破乳;如果划痕能够保持 3 ~ 5s 后才被周围材料覆盖,周围的材料仍然有一定的流淌性,说明混合料的稠度合适。

(2)迎着太阳照射方向观察刚刚摊铺出的材料层,如果表面有大面积亮光的反光带,说明混合料用水量偏大,稠度偏稀;如果刚刚摊铺出的材料层干涩,没有反光,说明混合料偏稠;如果刚刚摊铺出的材料层对日光呈现漫反射,说明稠度适宜。

7.2.3 沥青用量的控制

采用以下“三控检验法”对混合料进行油石比检验

(1)每天摊铺前检查摊铺车料门开度和各个泵的设定是否与设计配比相符,认真记录每车的集料、填料用量和改性乳化沥青用量,计算油石比,每日一次总量检验。

(2)摊铺过程中取样进行混合料抽提试验,检测油石比大小是否与设计油石比相符。

(3)每 50 000m^2 左右,统计一次施工用集料、填料和(改性)乳化沥青的实际总用量,计算摊铺混合料的平均油石比。

施工时,油石比检验以第(1)项为准,第(2)、(3)项用于校核。

7.2.4 外观的控制

微表处作为路面表面的一层,其外观质量直接关系到路面的美观与否,而且外观质量的好坏也直接反映了微表处内在质量的好坏。微表处路面的外观要求主要包括:

(1)表面平整、密实、无松散、无划痕;

(2)纵、横缝衔接平顺,外观色泽均匀一致;

(3)与其他构造物衔接平顺,无污染;

(4)摊铺范围以外无流出的稀浆混合料;

(5)表面粗糙,无光滑现。

7.2.5 预洒水

天气过于干燥炎热时,对原路面进行预洒水,有利于稀浆对原路面的牢固黏结。一些新式的稀浆封层机都带有预洒水系统,摊铺时打开即可。对于无洒水系统的摊铺机或人工摊铺,可采取其他方式洒水,但应避免洒水过多,洒水量的控制以路面无积水为宜,洒水后可立即摊铺。

7.2.6 摊铺箱的控制

摊铺箱的功能是把混合的稀浆以一致的形式分布在路面上。用哪种形式的摊铺箱常取决于封层的类型和摊铺速度。摊铺箱的清洁非常重要,每天工作结束后必须清洁摊铺箱。在每车摊完的间隙内,也应该清洁摊铺箱和后面的橡胶刮板。如果在橡胶板的边缘堆积过多凝固的颗粒,会在摊铺时形成划痕。摊铺箱不应有漏浆现象,其侧面应安装橡胶板以使侧面保持整洁。摊铺箱的橡胶板厚度应一致,这样在摊铺的封层表面就不会留下纵向不均匀的划痕式凸起的条纹,橡胶刮板的宽度、厚度和硬度应满足理想摊铺效果的需要。

合适的橡胶刮皮可以保证封层所需要的厚度。如果刮皮材料太厚太硬,就会使混合料分离并挡住大颗粒,使其不能摊铺出去,形成划痕;如果刮皮太软太薄,就会造成多层稀浆通过刮板。不同的橡胶和合成材料适合做成不同硬度的刮皮,有的微表处在摊铺时甚至需要钢刮板。

7.2.7 摊铺速度的控制

正确的摊铺速度起着非常重要的作用。过快会引起波纹、推移和离析。摊铺的速度应根据路面的状况进行调理。摊铺速度主要取决于两大因素:一是集料的级配,二是原路面的表面纹理。

摊铺厚度对外观效果影响很大,所以施工过程中要对摊铺厚度进行检测和控制,厚度的检测方法有两种:

(1)使用钢板尺在刚摊铺出的微表处铺层上直接量取;

(2)通过观察铺层状态,当路面状况相同、稀浆混合料浆状相同的情况下,如摊铺面出现稀浆较多,看上去粗集料较少则说明摊铺厚度偏厚,如某些部位明显粗集料增多,缺少稀浆,表面干涩则可能是摊铺厚度偏薄。若超过厚度允许偏差值,则应立即对摊铺箱进行调整,以保证厚度。

另外应特别注意的是当进行上坡路段施工时,摊铺槽中混合料在重力作用下向槽下聚集,导致摊铺厚度会变大;反之,沿下坡方向摊铺时的厚度会变小,坡度越大,这种现象也就越明显。因此,在大纵坡路段施工时应特别注意调节摊铺厚度。

7.2.8 天气的影响

在尚未达到通车的黏聚力之前,突然发生降雨冲刷封层表面时,应在雨停后立即上路检查,如有局部轻度损坏时,可等路面干硬后进行人工修补;如普遍有损坏时,应在路面强度较低的情况下,将全部雨前摊铺的进行铲除,重新摊铺。

7.3 交工验收阶段的质量检查与验收

工程完工后 1 ~2 个月时,将施工全线以 1 ~3km 作为一个评价路段进行质量检查和验收,检查项目、频率、要求及方法如表 10 所示。

交工验收检验要求 表 10

项目		质量要求	检验频率	方法
表观质量	外观	表面平整、密实,均匀,无松散,无花白料,无轮迹,无划痕	全线连续	目测
	横向接缝	对接,平顺	每条	目测
	纵向接缝	宽度 <80mm 不平整 <6mm	全线连续	目测或用尺量 3m 直尺
	边线	任一 30m 长度范围内的水平波动不得超过 ±50mm	全线连续	目测或用尺量
抗滑性能	摆值 F_b(BPN)	高速公路、一级公路 ≥45	5 个点/km	T 0964
	横向力系数	高速公路、一级公路 ≥54	全线连续	T 0965
	构造深度 TD(mm)	高速公路、一级公路 ≥0.60	5 个点/km	T 0961
渗水系数		≤10mL/min	3 个点/km	T 0971
厚度		-10%	3 个点/km	钻孔或其他有效方法

注:横向力系数和摆值任选其一作为检测要求。

矿料含水量的测定十分重要,因为微表处摊铺机采用体积计量方式,矿料含水量的变化会使得矿料体积显著变化,因此必须及时根据矿料的实测含水量调整摊铺机的设定。

施工过程中由监理单位进行随时抽检,检验合格后进行下一工序的施工。

8 安全措施

8.1 安全组织保证

为了全面地控制施工期间安全防范措施的落实,不折不扣地实施各项安全标准,最大限度地避免安全生产事故的发生,有效地进行安全生产,应成立安全领导小组如下:

组　长:项目经理,负责全面安全工作。

副组长:项目负责人,负责施工现场的全面安全工作,重点是施工区段安全标牌的摆放;施工过程安全防范措施的督察和落实;突发安全事件的处理;与路政和交警大队就现场安全方面的及时沟通和纠正错误做法。

安全员:负责施工后场的全面安全工作,重点是原材料的到位、装卸、试验、储存,特别是乳化剂和乳化沥青的存放;控制乳化沥青的生产过程,避免发生火灾和被沥青灼伤;场地用电、防火和防盗安全措施的落实和督查,及时为前场施工提供必须的安全保障。

8.2 施工现场保证措施

8.2.1 工程在施工过程中要维护车辆的正常行驶,施工采取单幅分段、分车道、临时性封闭施工;严格按照《公路养护安全作业规程》(JTG H30—2004)的有关内容做好现场交通维护工作,确保施工安全。

8.2.2 施工区封闭期间,在现场常设一名专职安全人员,其工作任务是监督健康保护、事故预防措施与个人安全防护措施的落实,检查所有安全规则和措施的实施情况。

8.2.3 在公路上进行养护施工作业的人员须穿着统一的橘红色或黄色套装,管理人员必须穿着带有反光标志的橘红色背心。

8.2.4 施工区封闭期间,施工车辆在进出控制区时应特别注意前后车辆行驶情况,并派专人维持交通,停放时应放在工作区路肩上。

8.2.5 为确保施工和行车两不误,在工程施工期间,在每个封闭施工点设不少于1~3名交通管理员,实行不间断值勤,确保施工安全。该管理员应具备交通管理知识,负责维护交通秩序和行车安全,确保正常施工作业和防止交通事故。

8.2.6 不得在控制区外活动或将任何物体置于控制区以外;勤观察路面来往车辆,不得随意指挥车辆或有使过往车辆产生误解的肢体动作;不得在施工过程中开玩笑、嬉闹;不得向路面抛掷物品;不得点火焚烧垃圾物;不得损坏、污染高速公路及其附属设施。

8.2.7 按国家劳动保护法的规定,加强劳保用品的管理,现场作业人员一律配发相应的劳动保护用品。

8.2.8 利用施工间歇时间,对所有员工就安全制度、条例、相关安全管理办法和国家有关部门颁发的安全法规进行教育和学习,时刻将“安全第一”的思想置于施工企业的第一位;教育员工爱护高速公路及其附属设施。

9 环保措施

9.1 结合工程特点,制订环保措施,制订严格的作业制度,规范施工作业人员的行为,做到科学管理,文明施工。

9.2 规划临时工程占用地时,精打细算,合理安排,所有生活、生产占地均安排好复耕计划,必要时预留覆盖耕作材料。

9.3 根据场地实际情况合理地进行布置,设施设备按现场布置图规定设置堆放,并随施工不同阶段进行场地布置和调整。各施工作业班组必须做好操作后场地清理,随作随清,物尽其用。在施工作业中,设有防止尘土飞扬、沥青混合料及废料洒漏、车辆粘带泥土运行等措施。各类材料堆放整齐并设有标识。施工机具、器材等集中堆放整齐。

9.4 施工过程中根据施工作业面需要洒水作业外,应经常对临时便道、生产场地(所)洒水防尘。

9.5 工程竣工后,所有设施迅速拆除,机械设备退场复耕。

9.6 施工中将摊铺开始和结束时的多余废料集中处理,生产生活区修建洁水处理池所排污水均要达到国家排放标准。施工废水、生活污水源要采取妥善措施处理。工地垃圾及时运往指定地点深埋,清洗集料机具或含有沉淀油污的操作水,采用过滤的方法或沉淀池处理,使生态环境受损减到最低程度。

9.7 将施工过程中产生的废弃物,按监理工程师要求并结合当地情况堆放至指定地点,不随意丢弃,避免污染,使施工环境更加美好。

9.8 加强环保教育:组织职工学习环保知识,加强环保意识,使大家认识到环境保护的重要性和必要性。贯彻环保法规:认真贯彻各级政府的有关水土保护、环境保护方针、政策和法令,结合本工法特点,制定相应施工项目的环保要求和措施。强化环保管理:定期进行环境检查,及时处理违章事宜,主动联系环保机构,请示汇报环保工作,做到文明施工。

10 资源节约

车辙修复方式有热沥青罩面或铣刨重铺的其他处理方法，但是如果采用直接罩面的方式，一方面不能从根本上解决产生车辙的问题，另外一方面是进行加铺罩面要浪费大量的沥青材料和石料，不符我国提出的资源可持续发展的战略。如果采用铣刨加铺的方法，那么铣刨产生的大量的废旧沥青混合料将造成很大的资源浪费，另外这些铣刨材料还将造成环境污染。而微表处填补车辙技术无需铣刨，直接在辙槽内填充一定的材料，不仅降低了沥青用量及砂石材料用量，节约了成本，此外还避免了热拌沥青混合料的不足。

11 效益分析

车辙病害是我国沥青路面早期病害主要形式之一，形成车辙后其承载能力和防治病害、水损害能力相对偏低，直接影响沥青路面的使用性能和耐久性。当采用沥青混合料面层处理或重新翻修时，浪费大量的人力、物力、财力。微表处车辙填补技术能够弥补热拌沥青混合料的不足，具备更高社会效益、经济效益和环保效益，微表处车辙填补技术作为公路养护技术来说具有十分重要的意义。

11.1 社会效益

微表处车辙填补技术完全适用于高速公路路面的养护，微表处车辙填补技术代替传统的铣刨回铺工艺，能较节省养护成本投资，此工艺比铣刨回铺节省资金约40万元。它的施工优点在于便利快捷、节约材料、经济环保、缩短交通影响，推迟大中修周期，节省养护经费投入等。

同时也为国内同类型高速公路专项处治提供了参考依据。在原路面上使用微表处进行车辙填补，将大大地改善路面的老化、开裂，提高路面的整体承载能力，延长路面的使用寿命。

11.2 经济效益

微表处填补车辙与传统沥青混合料铣刨罩面对比（见图12～图14）。

11.2.1 运用微表处进行车辙填补，从处治宽度上相比，可以减少36%；

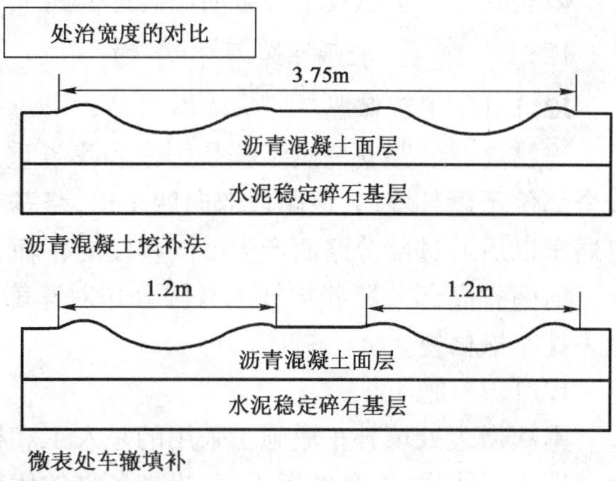

图12 处治宽度对比

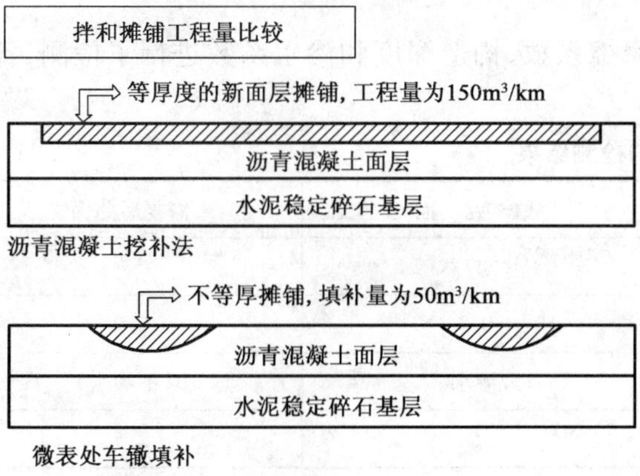

图13 工程量比较

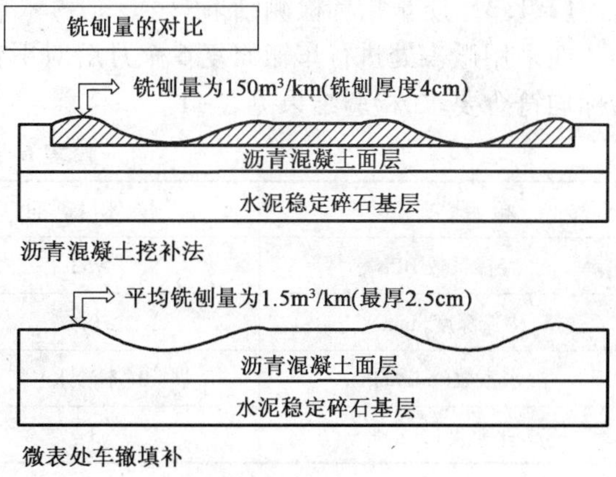

图14 铣刨量比较

11.2.2 运用微表处进行车辙填补,从工程量上相比,可以节约33.3%;

11.2.3 运用微表处进行车辙填补,从铣刨厚度上相比,减少了1.5cm,从铣刨量上相比,可以节省99%。

运用该项技术,不仅降低了沥青用量及砂石材料用量,节约了成本,此外还填补了热拌沥青混合料的不足,经济价值很高。

11.3 环保效益

采用热沥青铺筑时,一般需要消耗大量的能源为沥青材料和矿料加热。公路部门调查资料表明,加热1t沥青实际消耗的燃料远远超过理论计算值。而且在运输和使用过程中需要持续不断地保温,这样就需消耗大量的燃料,并且也容易引起沥青材料的老化。

采用微表处填补车辙技术铺筑时采用冷料施工,只需在生产改性乳化沥青时进行一次加热。此外,能够减少环境污染,改善施工条件。现场施工时,改性乳化沥青不需要加热,避免了因灼热沥青而引起的烧伤、烫伤,也避免了摊铺高温混合料的沥青蒸汽的熏烤。微表处填补车辙技术节约大量能源,保护生态环境,体现社会与生态的可持续性发展战略。

因此,微表处填补车辙技术以其优良的使用性能和显著的社会效益、经济效益和环境效益,具有广阔的应用前景。

12 应用实例

微表处修复车辙技术在金丽温高速公路上的应用如下。

12.1 连霍高速公路填补车辙

12.1.1 工程概况

连霍高速公路安徽段工程是国家和我省重点建设项目,全长54km,除600m位于淮北市外,其余路段全部位于萧县境内,该路段双向四车道,路基宽28m,沥青混凝土路面,设计行车速度每小时120km。自通车以后通过部分路面产生不同程度的车辙,部分车辙深度甚至达到了25mm。

河南省高远公路养护技术有限公司对车辙为15mm左右路段、部分车辙甚至超过25mm的进行了微表处车辙修复。

12.1.2 施工

本次微表处填补车辙施工采用的是人工和机械化相结合的方法,摊铺采用机械化施工,清扫和疏导交通以人工为主,充分发挥人工、机械各自的优势。

本工程采用壳牌改性乳化沥青、石料采用当地玄武岩,级配采用微表处MS-3型,选用6.2%作为施工油石比,进行了微表处车辙修复。

12.1.3 质量指标检测结果

在采用微表处进行车辙修复6个月后对平整度、摩擦系数、构造深度和渗水系数进行了检测,各项指标均符合要求,检验结果见表11。

修复6个月后的检测结果 表11

检测项目	技术标准	原路面	修复后路面
摩擦系数BPN	≥53	47	57
构造深度(mm)	≥0.6	0.3	0.9
渗水系数(mL/min)	0(不渗水)	渗水	0(不渗水)
平整度(mm)	3	5	2.5

从表11中可以看出微表处修复车辙后,路面的平整度、抗滑、耐磨和防水性能都得到了相应的提高。

通过连霍高速公路的实际应用可知，微表处修复车辙技术具备明显的优势，是一种比较完善的养护措施。

12.2 郑焦晋高速填补车辙

12.2.1 工程概况

郑焦晋高速公路自年建成通车，随着交通流量的逐年增长，加之雨、雪等自然因素的作用，局部地段路面出现多种病害。但其基层相对坚实、稳固。为降低养护成本，本着“预防为主、防治结合”的治理原则，对局部路段沥青路面采用微表处进行处理。

河南省高远公路养护技术有限公司于2008年9月对郑焦晋高速进行了微表填补车辙施工，工程量约为7万 m^2。

12.2.2 施工后结果评定

工程施工一年月后，对原路面进行了检测，摩擦系数、构造深度、平整度和渗水系数等均符合技术指标要求，路面状况得到较大改善，路面平整、密实、无松散。经过一个冬、夏的通车运营，路况良好，达到了预期的效果。表明运用微表处进行车辙修复能改善路面状况，从路用性能、施工成本和施工周期来看，都具有一定得推广价值。

改性乳化沥青单层同步碎石封层罩面施工工法

GGG(豫)B3035—2009

刘廷国　岳学军　汪世川　张蔚林　侯　强
(河南省高远公路养护技术有限公司)

1　前言

随着我国高速公路的快速发展,在大量重载车辆作用下,部分高速公路沥青路面出现了早期破坏,部分路面的表面功能丧失,影响了车辆的行车舒适性和安全性。对早期损坏修复,通常采用的铣刨罩面和直接加铺罩面的处治措施,工艺复杂,成本较高,且会造成环境污染;而同步碎石封层技术比普通的热摊铺工艺节省材料,降低造价,并且在路面上起到了防水和提高路面抗滑性能的作用。另外,由于在沥青混凝土面层之上形成了一个厚度均匀的磨耗层,可以抑制或延缓裂缝的进一步发展。

河南省高远公路养护技术有限公司在安徽合铜公路沥青混凝土路面养护工程中采用了改性乳化沥青同步碎石封层技术,在河南省高等级公路养护工程研究中心及西安公路养护工程技术研究中心的研究和指导下,已掌握该施工工法,具备了成功经验,并取得了良好效果。

2　工法特点

(1)改性乳化沥青同步碎石封层比热沥青薄层罩面具有更好的封水效果,能有效防止路表水的下渗,从而更好地保护路面结构,延长路面的使用寿命。

(2)改性乳化沥青同步碎石封层可以处治路面的磨损、老化、光滑等病害,提高路面的抗滑能力,还可以在一定程度上恢复路面的平整度。

(3)改性乳化沥青同步碎石封层能增加路面的抗裂性能,处治路面轻微龟裂和块裂,抑制和延缓裂缝的进一步发展。

(4)改性乳化沥青同步碎石封层由于采用了改性乳化沥青,可以在较长时间内保证一定的流动性,提高沥青与集料的接触面积和爬升高度,保证沥青与集料的黏结。

(5)改性乳化沥青同步碎石封层属薄层结构,节约了沥青及集料,降低了施工成本。

(6)改性乳化沥青同步碎石封层施工速度快,开放交通时间短,施工受气温的影响较小。

(7)采用改性乳化沥青,无需加热,降低能耗,保护环境。

3　适用范围

本工法适用于高速公路、一级公路的下封层,适合于三级及三级以下公路的面层,适合于二级及二级以下公路的表面磨耗层。

4　工艺原理

改性乳化沥青同步碎石封层技术是采用同步碎石封层车将改性乳化沥青及单一粒径的石料同时洒(撒)布在路面上后,采用胶轮压路机碾压,使结合料与石料之间充分接触,以达到最大限度的黏结,从而形成保护原有路面的磨耗层。

(1)改性乳化沥青同步碎石封层技术采用了同步碎石封层车,使得改性乳化沥青洒布与碎石撒布达到同步。

(2)由于改性乳化沥青具有很好的渗透性,可以很好地渗透到原路面中,与原路面黏结。

5 施工工艺流程及操作要点

5.1 工艺流程

具体的工艺流程见图1。

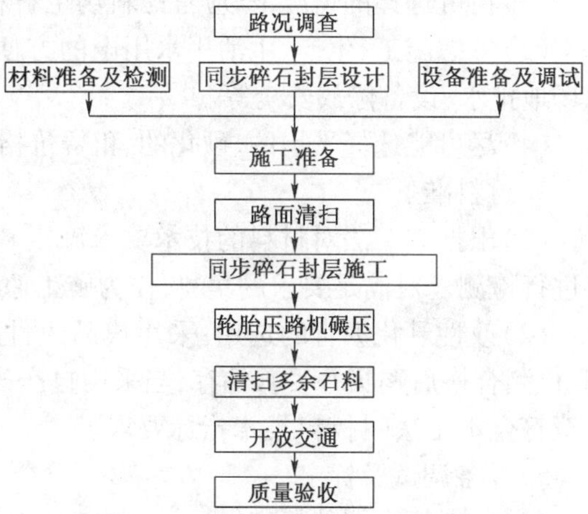

图1 同步碎石封层施工工艺流程图

5.2 操作要点

5.2.1 准备工作

1)路况调查及处理

(1)施工前对路况进行调查,调查方法根据《公路技术状况评定标准》(JTG H20—2007)的要求进行。

(2)根据原路面的状况,有针对性地采取相应的措施进行处理,对于裂缝和坑槽的修补按照《裂缝修补工法》和《坑槽修补工法》进行。

2)同步碎石封层的设计

(1)沥青洒布量的确定

设计沥青洒布量的计算一般在考虑交通特性、表面构造、集料吸附性、表面刚度、气候、同步碎石封层的类型、集料选择等情况后,对基本沥青洒布量调整的条件下进行。比如,为了适应大交通量以及碾压结束后集料继续嵌入的要求,沥青洒布量要适当减少;而在麻面、多孔、老化的路面,需要适当增加沥青用量;有泛油迹象的路面要适当降低沥青用量。同步碎石封层的沥青用量,可参照《公路沥青路面施工技术规范》(JTG F40—2004)中表6.2.1"沥青表面处治材料规格和用量"的有关规定执行。

①依据集料形状调整沥青用量

属于同一档的扁平集料和多棱角集料,由于集料总是以最扁平的面着地,扁平集料之间填充沥青层的厚度如果满足70%的间隙要求,所需沥青量更少一些,在施工过程中同样更难控制沥青的洒布量。而对于多棱角型集料,洒布的沥青(破乳后的残余沥青)满足70%的间隙被填充,则所需沥青多一些。

②依据不同表面构造深度调整沥青洒布量

借鉴美国、澳大利亚、加拿大等国家的使用经验,针对中国的沥青路面泛油、光滑、透水、老化等不同发展程度,提出如表1所示的修正因子。

修 正 因 子　　表1

表观构造	沥青洒布量修正量(L/m²)	表观构造	沥青洒布量修正量(L/m²)
泛油	-0.04~-0.27	麻面、透水、老化	+0.14~+0.27
光滑	-0.14~-0.00	严重麻面、透水、老化	+0.27~+0.40
轻微透水、老化	0~+0.14		

(2)碎石选择及撒布量的确定

集料的尺寸决定于同步碎石封层的厚度,大多采用9.5~13.2mm的集料。随着公称粒径的增加,表面构造逐渐变粗,噪声也在增加。另外,根据集料粒径和覆盖率的不同,其撒布量也不相同,随着粒径的变化,其体积撒布量按以下公式计算:

9.5~13.2mm:撒布量(L/m²)=0.1×覆盖率(%)+1

13.2~16mm:撒布量(L/m²)=0.135×覆盖率(%)-0.05

16~19.0mm:撒布量(L/m²)=0.155×覆盖率(%)+0.017

19～26.5mm:撒布量(L/m^2)=0.175×覆盖率(%)

3)施工后场的准备

根据工程所在地交通、周边建筑及用地等情况确定施工后场的位置。

(1)料场的大小,应根据工程规模而定,应考虑改性乳化沥青生产及储存、集料的筛分等因素。总之,应当从材料的存放、生产,设备的摆放,车辆的进出、掉头、装料、停放等方面考虑。

(2)在可选择的情况下,应考虑料场距石料场及距施工现场的距离。

(3)考虑施工、生产、生活用水用电的方便性,施工车辆、材料运输车辆进出道路的承载能力,并考虑场地排水、设备停放安全等。

(4)尽可能选择平坦的、硬化的、租赁价格合理的场地。

4)材料准备

(1)根据本工法对材料的技术要求确定料源。在初步确定料源后,在石料场料堆上取样送交试验室进行检测。对满足要求的集料,作为施工原材料的来源。

(2)改性乳化沥青的选用:采用成品改性乳化沥青时,应取代表性的样品送交试验室进行性能检测,检测合格后购买并妥善储存;当采用自产改性乳化沥青时,若经检测不合格,调整配方后重新生产,直至符合本工法(材料)技术指标要求。

5)设备调试及标定

(1)集料撒布器的标定

①在撒布结合料之前,为了保证正确的撒布,需要遵循规定的程序。

②确定撒布器的速度和泵的速度。

③描述撒布器的界限。

④建立纸上的结合点。

⑤保证适当的撒布器横向调整。

⑥确保结合料的温度在规范限定的范围内。

(2)沥青洒布器的标定

①洒布杆高度。

②喷嘴角度。

③洒布杆压力。

④温度计。

⑤橡皮杆。

5.2.2 施工路段的封闭、清扫和画线

(1)同步碎石封层施工前应进行交通管制。为保证安全、顺利的施工,首先要和当地的交警及路政等交通执法部门协商,确定交通管制方案、交通封闭形式、封闭时间等。

(2)对于整幅摊铺,热塑性路面标志等需要进行铣刨,对于分车道摊铺时应注意标线的保护。清理所有工作面上的泥浆、油污等杂物,必要时使用高压水或风机进行清理。

(3)根据路幅宽度调整撒布宽度,沿摊铺方向画出控制线。也可以直接以车道线、路缘石等为参照,保证走线顺直,美观。纵向接缝尽量设计在标线或者靠近标线的地方。

5.2.3 同步碎石封层施工

(1)根据制订的清扫路面方案对原路面进行清扫后,在保证原路面干燥的条件下,进行改性乳化沥青同步碎石封层施工。

(2)改性乳化沥青同步碎石封层车应保证沥青喷洒均匀,形成等厚度的沥青薄膜,必须保持改性乳化沥青温度在50℃左右,且喷洒高度适宜。碎石撒布应均匀一致,局部采用人工辅助方法不使碎石上下重叠。

(3)同步碎石车施工过程中,要保持车速稳定,走线顺直。在施工的起点和终点要铺设油毡以保证起点和终点整齐美观，避免污染施工区外的路面。

(4)碎石封层车施工行驶速度为 4 ~ 5km/h(一般为 4km/h)。

(5)两幅搭接处 10 ~ 15cm 宽的沥青上不撒布集料，等下一幅施工时沿预留沥青边缘撒布同步碎石。

5.2.4 碾压

(1)在全段撒布未完成前，采用胶轮压路机进行碾压，碾压时压路机以 6km/h 速度碾压 3 ~ 4 次。

(2)一般使用 1 ~ 2 台胶轮压路机，但数量和型号取决于需要碾压区域的宽度和集料的粒径，由试验段确定。

(3)轮胎压路机的吨位应以没有集料被压碎的情况下，达到最适宜的材料嵌入深度为标准。

5.2.5 清扫

(1)禁止紧跟压路机立即清扫，一般在 24h 以后待乳化沥青完全破乳后清扫路面的多余碎石。

(2)清扫应该从路面中间开始，向边缘进行，每个车道充分清扫 3 次。

5.2.6 开放交通

(1)待养生成型后，即可开放交通，但是车速应限制在 40km/h 以下。

(2)根据通车之后自由碎石的情况，再次进行清扫。

5.2.7 施工接缝的处理

(1)在每一个洒布起步和结束的地方必须注意横向施工接缝。可以通过在接缝处铺设油毡纸而达到无缝合线。洒布杆在每一个洒布末端的油毡纸处需要停下来，以确保横断接缝平直。

(2)洒布的宽度可以与车道线相一致，尽量减少纵缝数量，一般纵向宜设在车道线处，一般设置为对接。

(3)纵向接缝不宜留在道路中间，否则将会影响外观并且导致连接不牢固。

5.2.8 施工注意事项

(1)尽量减少横接缝、纵接缝，接缝要对接合理。

(2)胶轮压路机应在改性乳化沥青破乳前及时碾压。

(3)雨天或雨后路面潮湿时不得进行施工。

(4)洒布过程中，应防止因温度过低，导致黏度过高造成喷嘴堵塞。

(5)施工车辆不得随意驶入，以防止快速行驶造成碎石飞溅。

6 材料与设备

6.1 材料

6.1.1 改性乳化沥青

改性乳化沥青的技术要求见表 2。

改性乳化沥青的技术要求　　表 2

试验项目	单位	指标要求	试验方法
破乳速度		中裂	T0658
筛上剩余量(1.18mm 筛)	%	≤0.1	T0652
电荷性质		阳离子正电(+)	T0653
恩格拉黏度(25℃)	E	1 ~ 10	T0622
标准黏度 $C_{25,3}$	s	8 ~ 25	T0621
蒸发残留物含量	%	≥50	T0651
与集料的黏附性		≥2/3	

续上表

试验项目		单位	指标要求	试验方法
蒸发残留物性质	针入度(100g,25℃,5s)	0.1mm	40~120	T0604
	软化点(℃)	℃	≥50	T0606
	延度(5℃)	cm	≥20	T0605
	溶解度(三氯乙烯)	%	≥97.5	T0607
储存稳定性(%)	1d	%	≤1	T0655
	5d	%	≤5	T0658

6.1.2 集料

同步碎石封层的石料建议采用辉绿岩、玄武岩,当地在缺乏以上石料的情况下,可选择安山岩、闪长岩、片麻岩、石灰岩、花岗岩等,但石料的技术指标都必须满足要求。其最大粒径应与处治层的厚度相同,石料应经过水洗并风干,且不含杂质,针片状含量不大于15%。对同步碎石封层用集料的技术要求见表3。

同步碎石封层用集料的技术要求 表3

指标	单位	技术要求	试验
集料的压碎值,不大于	%	26	T0316
洛杉矶磨耗损失,不大于	%	28	T0317
坚固性,不大于	%	12	T0314
针片状颗粒含量,不大于	%	15	T0312
破碎面		4个破碎面以上	
水洗法<0.075mm颗粒含量,不大于	%	1	T0310
软石含量,不大于	%	3	T0320

6.2 施工机械

施工机械见表4。

改性乳化沥青同步碎石封层施工机械 表4

设备名称	型号、规格(功率)	数量	备注
全自动数控同步碎石车		1台	
乳化沥青生产车间	5t/h以上	1套	
强力清刷机		1台	
强力鼓风机		3台	数量根据实际情况进行调整
轮胎压路机	9~16t	2台	
装载机	30以上	1台	

7 质量控制

碎石封层的质量控制,首先应执行《公路沥青路面施工技术规范》(JTG F40—2004)“施工质量管理与检查”一章中对“施工前的材料与设备检查”,“铺筑试验段”以及“交工验收阶段的工程质量检查与验收”等的有关规定。

改性乳化沥青同步碎石封层的施工质量检测主要是检验沥青的洒布量和石料的撒布量。表5为碎石封层质量验收标准。

碎石封层质量验收标准　表5

路面类型	项　目	检查频度及单点检验评价方法	质量要求或允许偏差	试验方法
碎石封层	外观	随时	集料嵌挤密实,沥青洒布均匀,无花白料,接头无油包	目测
	集料及沥青用量	每日1次逐日评定	±10%	每日施工长度的实际用量与计划用量比较 T0982
	沥青洒布温度	每车1次评定	符合规定	温度计测量
	厚度(路中及路侧各1点)	不少于每2 000m^2一点,逐点评定	-5mm	T0912
	平整度(最大间隙)	随时,以连续10尺的平均值评定	10mm	T0931
	宽度	检测每个断面,逐个评定	±30mm	T0911

8　安全措施

本工法严格遵守《中华人民共和国安全生产法》、《公路养护安全作业规程》(JTG H30—2004)及现行高速公路养护施工安全有关规定。在施工前到路政、交警等相关部门办理《施工许可证》、《施工车辆通行证》,并配置相应的安全装置、设备与保护器材及采取其他有效措施,合理摆放、维护、看管标志、标牌设施。

8.1　交通标志牌的设置、维护

(1)按照《公路养护安全作业规程》规定的规格、尺寸,制定清晰醒目并具有反光功能的标志、标牌。

(2)在进行交通控制前,事先将预封闭区段起讫桩号、方位,上报路政、交警部门。

(3)严格按照《公路养护安全作业规程》及有关规定规范设置各种标志、标牌。放置标志牌时,标志牌设置车辆在紧急停车带上慢行,顺着车流方向进行摆放。

(4)在施工作业期间由专人对设置的安全标志牌等作巡回检查,发现标志牌有倒伏、缺损现象,进行及时的扶正、更换、增添。

8.2　施工现场安全防范措施

(1)现场施工人员着统一的安全标志服,在施工作业区域内进行作业,严禁施工车辆及人员跨越或超出安全施工区域规定的范围,并不得在车辆通行的车道上停留。

(2)在施工现场的所有施工人员,必须服从公路路政、交警等相关部门的施工安全监督和安全管理。

(3)车辆及设备离开施工作业区时,派一人以上安全员进行警戒和瞭望,在确保安全的情况下,"一等、二看、三通过"。

(4)现场施工人员和施工车辆在高速公路范围内不得有抛、撒、滴、漏杂物及废料现象。

(5)为确保高速公路行车安全,施工作业完工后必须将施工现场打扫干净,方可撤离施工现场。

(6)在施工作业过程中,如遇有特殊情况,应及时与公路路政及公路管理部门联系。

(7)在施工期间,派专职安全员并身佩明显安全员袖章距施工现场后100m左右手持红旗对行驶车辆进行指挥,以便提醒驾驶员注意行车安全,确保现场技术人员及操作技术人员处于安全工作状态。

(8)施工现场集料运输车必须要有明显的施工作业标志,在进入施工作业安全区前,首先应打开转向灯、双闪灯及警示灯,按照指定的行驶路线进入施工安全区。

(9)施工车辆在进入施工作业安全区前,首先应打开转向灯、双闪灯及警示灯,按照规定的行驶路线进入施工安全区。

(10)沥青洒布车、集料撒布车、压路机必须有专业的操作技术人员进行操作,且各机械必须挂有醒目的安全操作规程。

(11)施工结束后,各类施工机械在施工负责人的安排及专职安全员的统一调度下,安全撤离现场,以消除安全隐患的存在。

(12)在养生期间由专人看护现场标志标牌,防止行驶车辆驶入工作封闭区域内。在夜间设置安全反光标志牌及太阳能指示灯,以提醒夜间驾驶员安全行驶,防止安全隐患的发生。

8.3 交通畅通保证措施

(1)由现场安全负责人与高速公路交管、路政部门密切配合,精心调配人员,同时在施工现场摆放安全标志,保障车辆正常通行,全力保证施工路段不发生责任事故。

(2)在紧急情况下,对过往车辆进行交通疏导,保证道路畅通和过往车辆的行车安全。

(3)如果施工路段内车辆发生故障时,安全管理员将车辆引导至安全地段,保证车辆通行,并立即通知清障队清障。

(4)禁止在雨雪天、雾天、昏暗等不利因素的条件下进行施工。

9 环保措施

9.1 文明施工措施

9.1.1 现场布置

根据场地实际情况合理地进行布置,设施设备按现场布置图规定设置堆放,并随施工不同阶段进行场地布置和调整。

9.1.2 施工现场场地清理

各施工作业班组必须做好操作后场地清理,随作随清,物尽其用。在施工作业中,设有防止尘土飞扬、车辆沾带泥土运行等措施。

9.1.3 材料堆放

各类材料堆放整齐并设有标识。

9.1.4 周转设备存放

施工机具、器材等集中堆放整齐。

9.2 环境保护措施

9.2.1 重视环境工作

编写施工组织设计时,把环境工作作为施工组织设计要求的组成部分,并认真贯彻执行于施工的全过程。

9.2.2 加强环保教育

组织职工学习环保知识,加强环保意识,使大家认识到环境保护的重要性和必要性。

9.2.3 贯彻环保法规

认真贯彻各级政府的有关水土保护、环境保护方针、政策和法令,结合本工法特点,制定相应施工项目的环保要求和措施。

9.2.4 强化环保管理

定期进行环境检查,及时处理违章事宜,主动联系环保机构,请示汇报环保工作,做到文明施工。

9.2.5 美化施工场地

施工中的废料,应按设计要求并按工程师指定地点处理,防止水土流失。保持工地干净卫生。施工中还应尽量减少对周围绿化环境的影响和破坏。

9.2.6 消除施工污染

施工废水、生活污水源要采取妥善措施处理。工地垃圾及时运往指定地点深埋,清洗集料机具或含有沉淀油污的操作水，采用过滤的方法或沉淀池处理，使生态环境受损减到最低限度。

9.2.7 材料的运输、堆放

对材料的运输、堆放应注意避免扬尘等污染。

10 资源节约

单层碎石封层的厚度一般等于所用碎石的最大粒径。碎石封层是一种薄层结构，所用的沥青和集料都较少，相对于热拌沥青混合料罩面将会节约大量的沥青和石料，而且碎石封层方便养护，在养护过程中的投入也较低。所以从资源节约的角度讲，碎石封层是一种值得推广和应用的沥青路面建设和养护技术。

11 经济效益分析

由于碎石与沥青的可靠黏结，同步碎石封层可以做得很薄，其单层施工厚度等于所用碎石的最大粒径，可以做得比热摊铺、稀浆封层和微表面处理更薄。其单层结构每平方米只消耗 1.0 ~ 1.5kg 的沥青结合料和 8 ~ 12L 的碎石集料。据法国 Chambard 公司提供的资料，如果将热拌沥青混合物热摊铺路面的能耗规定为 100kJ，则冷拌沥青混合物冷摊铺的总能耗为 50 kJ，而同步碎石封层的总能量仅为 25 kJ，只有热摊铺的 1/4，冷摊铺的 1/2（图 2）。

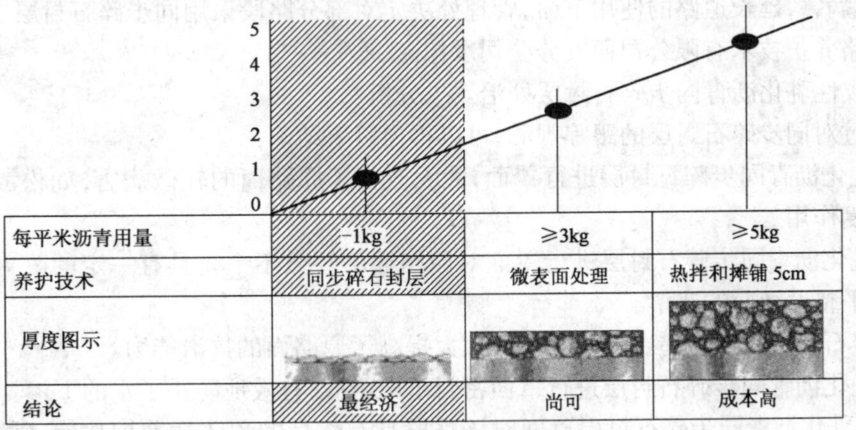

图 2 各种路面养护技术成本概算比较

同步碎石封层施工工艺简单，仅一辆同步碎石封层车便可完成主要施工作业，而且施工速度快，完全没有各工序间耽搁与等待原因造成的时间浪费与质量隐患，封层经胶轮碾压机碾压后即可恢复交通，从环境和资源两方面显现了可持续发展战略。

12 应用实例

12.1 合铜公路同步碎石封层

工程概况：合铜公路是安徽省规划的南北贯通线徐州—屯溪公路的中段，北起省会合肥，经肥西、庐江、枞阳等县，南至铜陵长江大桥桥头，全长 123.6km，至今已运营 14 年，早已过了大修期。由于路面在行车荷载（特别是超载、超限车辆比重较大）的长期作用下，沿线部分高填方路段和软基路段地基承载力较低，产生不均匀沉降，沥青路面出现了严重龟裂、块状裂缝、坑槽、松散等病害，并且龟裂严重路段强度等级低，承载力下降；局部路面变形引起路面平整度较差；部分桥面铺装和桥梁上部结构也有不同程度的损坏。以上病害严重影响了行车舒适性和安全性，日常养护工程量及费用逐年增加。为此，我单位按照安徽省高速公路总公司合铜公路管理处的要求，保证合铜公路的路面整体质量和行驶畅通，委托河南省高等级公路养护工程研究中心、西安公路养护技术工程研究中心，依据对全路段的调查结果，就合铜公路的养护提出了初步设计方案。在整个设计方案中，部分路段采用碎石封层技术处治。

12.2 改性乳化沥青同步碎石封层处治效果分析

通过对改性乳化沥青同步碎石封层的应用以及使用状况的调查,发现:

(1)该项技术应用后具有较好的平整度和抗滑性能,整体外观效果好;经过高温及多雨季节的使用,表现出了良好的防水性能。

(2)充分考虑了材料、机械、技术等各方面因素,降低了施工难度,缩短了施工周期。

(3)采用改性乳化沥青,无需加热,减小了环境污染,具有较高的社会、环境、经济效益。

(4)建设成本大大降低,而且便于养护。

总之,该项技术有效地解决了路面出现的病害。实践证明,该项目技术具有较高的推广价值和应用前景。

12.3 G210 国道陕西黄陵段同步碎石封层

12.3.1 工程概况

连霍高速公路安徽段工程是国家和我省重点建设项目,是江苏连云港至新疆霍尔果斯公路的组成路段,全长54km,除600m位于淮北市外,其余路段全部位于萧县境内,该路段双向四车道,路基宽28m,沥青混凝土路面,设计行车速度120km/h。

由于该段公路是五纵七横中的一横,该路段交通量较大,致使路面出现龟裂、坑槽、车辙、拥包等病害;为处治上述病害,延长道路的使用寿命,管理处决定对部分路段采用同步碎石封层工艺,该段施工由河南省高远公路养护技术有限公司西安分公司承担。

12.3.2 改性乳化沥青同步碎石封层处治效果分析

施工后通过对同步碎石封层的跟踪观测,可以得出以下结论:

(1)改性乳化沥青同步碎石封层进行罩面,大大改善了原路面的轻微病害,如松散、泛油、车辙等,具有良好的修复作用。

(2)改性乳化沥青同步碎石封层进行罩面对原路面的轻微不平整具有一定的改善作用,一定程度上延缓了路面平整度衰变的速率。

(3)同步碎石封层表面粗糙、构造深度大,大大提高了原路面的抗滑能力。

(4)改性乳化沥青同步碎石封层进行罩面密封了原路面,有效地防止了水的下渗。

总之,改性乳化沥青同步碎石封层罩面对该路段具有优良的预防性养护功能,延缓了路面大中修期,延长了路面的使用寿命。

超薄高强沥青路面施工工法

GGG(皖)B3036—2009

汪卫东　王远胜　王炜生　陈　苹　刘　兵
（安徽省公路桥梁工程公司）

1 前言

近年来,我国经济的繁荣促进了道路交通事业的迅猛发展。随着材料科学的发展,越来越多的高性能路用材料用于道路的施工中。同时,人们在要求满足高速公路路用性能的同时,在经济、环保、工期等方面对路面施工提出了更高的要求,传统工艺已无法满足需求,需要施工单位采取各种手段对施工工艺进行变革,将最新的科研成果应用于施工生产,以提高效率,保证质量,节约成本,保证工期。

宣广改建水阳江大桥桥面施工中,提出了超薄高强沥青混凝土路面铺装结构,是在研究了高强沥青混凝土薄面层结构组合及设计参数基础上,进行的一种施工工艺研究。公司技术人员对该项技术进行了深入的研究和开发,包括配合比设计和施工技术,形成了本工法。

本工法还成功运用于芜宣高速公路养护工程和高界高速改造太湖大桥桥面工程,实践证明效果很好。该工法获得安徽建工集团有限公司"科技进步奖"一等奖。

2 工法特点

(1)采用高强沥青混凝土配合比设计,现场施工检测,获取施工参数。

(2)能提高工程进度,有利节约工期。

(3)经济环保,环境污染少。

(4)满足特定环境如隧道、桥梁铺装路面施工。

3 适用范围

(1)适用于寒冷地区提高路表服务性能的养护维修工程,也适用于新建公路。

(2)适用于大桥桥面的施工。

(3)适用于隧道路面的施工。

4 工艺原理

采用室内试验研究和现场实体工程同步开展的研究方案,结合以往的研究经验,从试验路配合比设计研究入手,为保证桥梁的结构安全、路面的使用需要和经济性出发,分析、研究该沥青路面结构的路用性能和结构特性,以及施工的可行性,得出高强沥青能满足耐久性、防滑性等要求,同时研究的超薄路面层是一种延长路面寿命、改善行驶质量、校正表面缺陷、提高安全特性(包括提高抗滑与排水)、减小噪声、增加路面强度等路面功能的有效措施。

5 施工工艺流程和操作要点

5.1 工艺流程(图1)

5.1.1 施工准备

为保证超薄高强沥青混凝土和桥面下承层的良好连接以及沥青混合料铺装层厚度,对原有的水泥

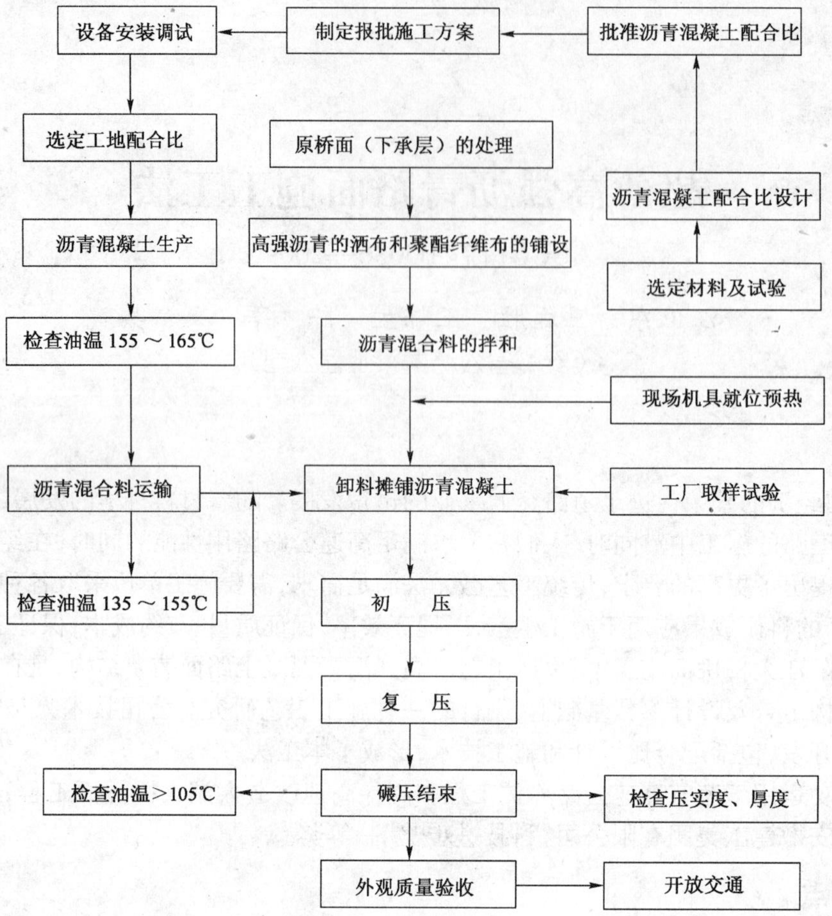

图1　工艺流程

混凝土桥面铺装进行了如下处理：

(1)对桥面进行全断面的高程和平整度检测。对局部不平整的地方进行标示，以便处理。

(2)对全桥面进行各种局部污染和破损调查，并用斧子和手持砂轮机进行人工凿除处理，对于面积较大的污染和不平整区域，用抛丸机进行磨光处理，以确保下承层的密实和平整。

(3)对原桥面的标线进行凿除，对桥面刻痕内的杂物进行清理。

(4)对桥面用高压水枪进行全桥面的清洗。

(5)待清洗好的桥面干燥后，在施工前用空压机和森林灭火器进行全桥面的清理工作。

5.1.2　高强沥青的洒布和聚酯纤维布的铺设

为加强高强沥青混合料和原水泥混凝土的连接力，在两层结构层之间加铺一层高强沥青和聚酯纤维布连接层，施工程序如下：

(1)用高温智能洒布车在处理好的桥面上洒布 1.0kg/m^2 的高强改性沥青。为保证喷洒均匀，洒布时高强沥青温度应加热至 185～195℃之间；洒布车的智能控制系统应检验标定，以确保洒布量的准确。洒布时，根据聚酯纤维布的铺设速度进行分段洒布，以保证聚酯纤维布铺设时的沥青温度。

(2)在洒布的高强沥青上，用人工进行聚酯纤维布的铺设。铺设时，应分段进行；铺设的速度应和高强沥青的洒布进度保持均衡；铺设宜一次成型，并保证聚酯纤维布铺设的平整。分段铺设时，搭接的地方既要保证连接，又要保证不重叠。

5.1.3　拌和

1)材料的管理

严格控制粗、细集料的质量和级配；材料的堆放场地必须硬化，排水系统良好；各种集料须用隔离墙隔开，防止混料；细集料须搭盖防雨大棚，做好防雨、防潮设施；聚酯纤维布的存放须做好防潮设施。

2)拌和的前期准备

在正式生产前,对拌和设备进行检查。重点检查称量装置和温控系统,以保证生产的混合料配合比和温度都符合要求,集料称量精度达到±1%,温控测量精度达到±2%。

运输车辆和施工机械的使用状况都应进行检修,以保证施工的连续性。

3)集料与混合料的温度控制

严格掌握高强沥青和集料的加热温度以及高强沥青混合料的出厂温度。高强沥青混合料的施工温度范围见表1。

高强沥青混合料的施工温度(℃)　　表1

沥青加热温度	160~170
集料温度	190~200
混合料出厂温度	175~185,超过195废弃
运到现场温度	不低于165
摊铺温度	不低于160,低于140作为废料
初压开始温度	不低于150
复压最低温度	不低于130
碾压终了温度	不低于110
开放交通的桥面温度	不高于50

注:1. 所有检测用温度计应采用半导体数显温度计并及时送当地计量部门检定,或在监理监督下用标准温度计标定;

2. 所有温度检测均应按正确的方法操作,避免温度计探头位置不当使测得的温度不真实;

3. 碾压温度是指碾压层内部温度。

4)拌和时间与纤维添加量的控制

与SMA混合料拌和类似,高强沥青混合料拌和时间要适当延长,比一般沥青混合料增加8~10s,其中干拌时间应增加5~7s。纤维根据生产配合比计算出添加量,人工添加适量纤维和集料拌和均匀后,再添加沥青。

5)混合料的拌制检测

按照生产配合比和拌制的时间、温度控制要求,进行混合料的拌制工作。拌和好的混合料,首先进行外观检测,要求无花白料、无团块、粗细分布均匀、色泽一致,无焦料、煳料;其次对混合料进行出厂温度检测,同时,按规范的频率要求进行混合料的取样,在试验室进行马歇尔试验,并进行沥青含量、实际矿料级配的检测工作;同时试验室应将各项检测结果及时反馈给拌和站和现场质量控制人员,以保证混合料的拌和质量或及时调整。

5.1.4　混合料的运输

(1)根据拌和产量、运距以及摊铺能力,确保足够的运输车辆。同时,运输车辆的运载能力不低于每车20t。

(2)运送混合料的自卸车车厢两侧用棉被包裹,车顶混合料加盖棉被和毡布以减少混合料在运输过程中的温度损失。

(3)运料车在装料时,应前后移动,确保混合料分层装车,以减少混合料在装运过程中的离析。

(4)料装好后首先进行外观检查,看有无花白料,有无离析现象和色泽是否正常等,并用数字显示插入式热电偶温度计逐车测量混合料的温度,并对运料车进行保温覆盖。运送到现场的沥青混合料温度不得低于170℃。

(5)为保证连续摊铺,现场必须保证3~5台运料车等候。但等候的车又不能太多,时间也不能太长。

(6)为保证工作面上铺设的高强沥青和聚酯玻纤布连接层不遭到破坏,运料车在摊铺工作面20m之外掉头至规定的行驶车道,徐徐倒行至指定的位置就位,等待摊铺。为保证连接层的平整和完好,严禁运输车辆在工作面上掉头、重载时转向、急速制动、超过20km/h行驶。

5.1.5　混合料摊铺

为保证桥面铺装的横坡和平整,混合料的摊铺工作采用一台大功率摊铺机全幅摊铺。找平方式采用非接触式自动找平装置进行控制。根据试验段确定的参数为:夯实等级控制在混合料初压实度达到85%以上,摊铺速度在2~4m/min,整板横坡误差不超过+0.5%,松铺系数控制在1.14。

在摊铺前,摊铺机加热至120℃以上,调整好摊铺机的各项工作状态,按确定的松铺系数进行熨平板的垫高就位。

运料车在摊铺机前10~20cm处就位,挂空挡,靠摊铺机推动前行,就位后,起斗卸料,进行摊铺。为减少摊铺过程中产生离析,送料时,一定要保证摊铺机料仓混合料的高度不低于料仓高度的2/3。

摊铺应均匀、连续进行,严禁忽快忽慢,人为停顿。

特别注意事项:

(1)在摊铺过程中,安排专人对工作面上的翘曲、褶皱,破损的纤维布连接层进行拉平、划破处理。严禁连接层在混合料中形成褶皱,影响压实。

(2)摊铺后,严禁人员进入踩踏未经压实的混合料。

(3)除边线的修整外,摊铺好的工作面一般不允许进行人工修整,的确需要人工修整的地方,须在现场管理人员的指导下进行。

(4)摊铺厚度应以4~5个点对全断面进行控制,以保证全断面厚度。

(5)摊铺过程中严禁摊铺机频繁收斗,如确需要收斗时,应分次进行。

(6)摊铺应选择在当日高温时段进行,路表温度低于15℃时,严禁摊铺。

5.1.6　混合料的碾压

考虑高强沥青混合料的层厚只有2.5cm,并且桥面主体结构为连续式箱梁结构,压实工艺采用静压的方式。试验段确定的压实工艺如下:两台双驱钢轮压路机初压2遍,压实速度控制在5km/h;两台胶轮压路机复压4~6遍,压实速度控制在5km/h;一台胶轮压路机终压收光1~2遍,压实速度以沥青混合料表面温度确定。

(1)压实宜在高温下进行,碾压应遵循紧跟、慢压的原则。碾压段的长度控制在20~30m为宜。

(2)初压开始温度不低于150℃;复压最低温度不低于130℃;碾压终了温度不低于110℃。

(3)双钢轮压实时,压路机的重叠宽度不应超过20cm,胶轮压路机压实时,压路机轮迹应重叠1/3~1/2轮宽。

(4)为减少压路机压实时造成的压实面的温度损失,所有的压路机均应悬挂厚棉布帘。

(5)双钢轮压路机的洒水量要小,以湿润、不黏轮为宜。胶轮压路机在黏轮时,可向轮胎上用喷雾器喷洒少量的植物油经乳化后的油水混合物。

(6)严禁压路机在工作面上紧急制动、急转弯、掉头。

(7)严格控制压实遍数。在压实度达到马歇尔密度的98%,或现场的空隙率不大于6%时,就不再做过度压实。

(8)桥面压实完成24h后,表面温度在50℃以下时,方可开放通行。

5.1.7　施工阶段的质量管理

(1)原材料的质量检查:包括沥青、粗集料、细集料、填料、抗剥剂等。

(2)混合料的质量检查:油石比、矿料级配、稳定度、流值、空隙率;混合料出厂温度、运到现场温度、摊铺温度、初压温度、碾压终了温度;混合料拌和均匀性。

(3)铺装层质量检查:厚度、平整度、宽度、横坡度、压实度、偏位;摊铺的均匀性;同时还应进行构造深度和摆式摩擦系数的跟踪检测。

(4)施工压实度的检查以钻孔法为准,用核子仪检查时,应通过以钻孔密度的标定关系进行换算,标定关系须经总监代表批准。钻孔检测频率单幅双车道10个/km,按频率抽取。

(5)渗水系数合格率不宜小于90%；当合格率小于90%时，应加倍频率检测；如检测结果仍小于90%，需对该段面层进行处理。

以上检查项目、检查方法、检查频率和质量要求列于表2。

高强沥青桥面铺装施工质量检验要求　　表2

项　目		检查频度	质量要求或允许差	试验方法
外观		随时	无油斑、离析、轮迹等现象	目测
接缝		随时	紧密、平整、顺直、无跳车	目测、三米直尺
施工温度		1次/车	符合温度要求	数显式温度计
矿料级配与生产设计标准级配的差(%)	0.075mm	逐盘在线检测	±2	计算机采集数据计算
	≤2.36mm		±4	
	≥4.75mm		±5	
	0.075mm	逐机检查，每天汇总1次，取平均值评定	±1	计算机数量与设计量对比
	≤2.36mm		±2	
	≥4.75mm		±2	
	0.075mm	每台拌和机每天上、下午各1次	±2	拌和厂取样，用抽取后的矿料筛分
	≤2.36mm		±3	
	≥4.75mm		±4	
沥青含量(油石比)与生产设计的差(%)		逐盘在线检测	±0.3	计算机采集数据计算
		逐机检查，每天汇总1次，取平均值评定	±0.1	计算机数量与设计量对比
		每日每机上、下午各1次	-0.1，+0.2	拌和厂取样，离心法抽提
马歇尔试验：稳定度、流值、密度、空隙率		每台拌和机2次/日	符合设计要求①	拌和厂取样成型试验
车辙试验		必要时	不小于设计要求	拌和厂或现场取样成型送试验室试验
渗水试验		随时	基本上不渗水	向路面倒水观察
		单幅10点/km	不宜大于50mL/min	用改进的渗水仪测定
压实度(%)		单幅10点/km	不小于马歇尔密度的98(单点检验)，最大理论密度压实度为94~96.5	钻孔法
面层空隙率(%)			3.5~6③	
平整度		对每日铺筑的路段全线每车道连续测定	不大于设计要求	整车式颠簸累积仪或3m连续式平整度仪
摩擦系数		1处/200m	符合设计要求	摆式仪
构造深度				铺砂法

注：①制作方式可采用拌和厂取样，装在保温桶快速送达试验室，立即制作，若温度稍有降低，试样可在烘箱中适当加热，但不得用电炉或明火加热。

②若试件不规准或与下层有粘连时，应对钻孔样的两端切割，然后用表干法测定。

③本表所列系施工阶段的质量检查标准，检查频率为单幅双车道，交工验收按国家相关标准执行。

5.2　桥面铺装UTA-10高强沥青混合料的设计标准

高强沥青UTA-10的矿料级配采用间断级配，其级配范围应符合要求；高强沥青UTA-10的配合比设计应符合表3的技术要求，高强沥青混合料设计配合比检验应符合检验指标技术要求各项指标的规定(表4)。

高强沥青混合料马歇尔试验技术要求　表3

检验项目	单位	技术要求	试验方法
车辙试验动稳定度①	次/mm	不小于2 800	T9719
水稳定性:残留马歇尔稳定度	%	85以上	T0709
冻融劈裂试验残留强度比	%	80以上	T0729
沥青混合料低温弯曲试验破坏应变	με	2 500	T0715
渗水系数②	mL/min	不大于120	T0730
构造深度③	mm	0.7~1.1	T0731

注:①车辙试验试件不得采用经二次加热重塑成型的试件,试验必须检验其密度是否符合试验规程的要求。

②渗水系数规定值仅适用于配合比设计室内试验的压实试验检验,不适用于施工现场检验。

③构造深度与集料公称最大粒径有关,粒径小的构造深度也小,此值不作为施工现场检验的标准。

高强沥青混合料配合比设计检验指标技术要求　表4

试验项目	单位	技术要求
马歇尔试件击实次数	次	两面各击75
空隙率VV	%	4.0~5.0
矿料间隙率VMA	%	不小于13.0
沥青饱和度VFA	%	65~80
稳定度	kN	不小于8.0
流值①	mm	1.5~5

注:①对于改性沥青混合料,马歇尔试验的流值已适当放宽。

5.3 高强沥青混凝土目标配合比设计

5.3.1 目标配合比设计内容

高强沥青混凝土配合比设计包括目标配合比设计、生产配合比设计和配合比检验三项内容。

5.3.2 目标配合比设计程序

高强沥青混合料目标配合比设计按图2所示流程进行。

(1)确定各矿料的组成比例。从施工现场分别取各类矿料进行筛分,用计算机或图解计算各矿料的用量,使合成的矿质混合料级配符合要求的范围。本计算应反复进行,使矿质混合料级配曲线接近一条顺滑的曲线,其中特别注意使0.075mm、2.36mm、4.75mm及公称最大粒径筛孔的通过率接近标准级配的中值。设计合成级配不得有太多的锯齿形交错,且在0.3~0.6mm范围内不出现"驼峰"。对确定的标准配合比,宜进行车辙试验和水稳定性检验。当反复调整不能满意时,宜更换材料设计。

(2)确定沥青的最佳油石比。用计算确定的矿料组成和JTG D50—2006推荐的油石比范围,按0.5%间隔变化,取5个不同的油石比,用试验室小型拌和机拌制沥青混合料,制备5组马歇尔试件。测定试件的毛体积密度、空隙率、沥青饱和度、稳定度和流值,分别绘制各项指标的曲线。取相应于毛体积密度最大值的油石比 a_1、稳定度最大值的油石比 a_2、空隙率范围中值(或目标空隙率值)的油石比 a_3 和沥青饱和度的中值 a_4,按下式取4者的平均值作为最佳油石比初始值 OAC_1。

$$OAC_1 = (a_1 + a_2 + a_3 + a_4)/4$$

注:

①如果在所选择的沥青用量范围未能涵盖沥青饱和度的要求范围,则取 $OAC_1 = (a_1 + a_2 + a_3)/3$。

②如在选择的沥青用量范围,毛体积密度或稳定度没有出现峰值(最大值经常在曲线的两端)时,可直接以目标空隙率所对应的沥青用量 a_3 作为 OAC_1,但 OAC_1 必须介于 OAC_{max} 和 OAC_{min} 范围内。

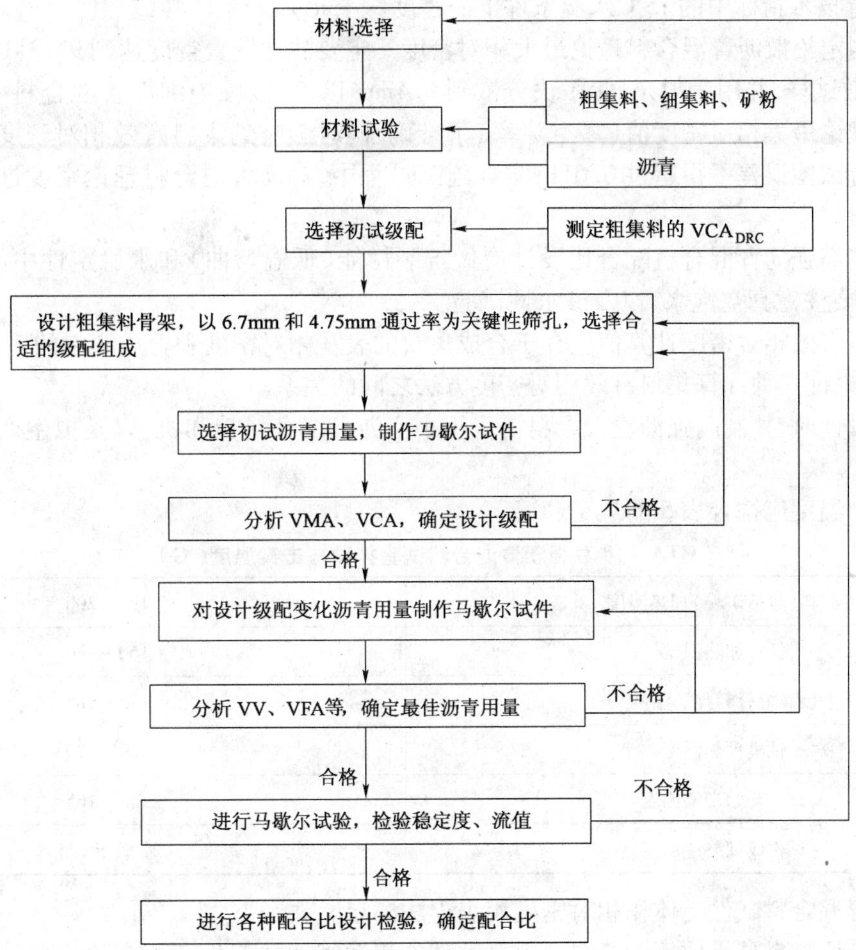

图2　高强沥青混合料配合比设计流程

求出能满足沥青混凝土混合料各项标准的最大油石比 OAC_{max} 和最小油石比 OAC_{min}，按下式取中值 OAC_2。

$$OAC_2 = (OAC_{max} + OAC_{min})/2$$

通常情况下取 OAC_1 及 OAC_2 的中值作为计算的最佳沥青用量 OAC。

$$OAC = (OAC_1 + OAC_2)/2$$

由计算所得的 OAC，查绘制各项指标的曲线所对应的空隙率和 VMA 值，检验是否满足本技术标准的最小 VMA 值。OAC 宜位于 VMA 凹形曲线最小值的贫油一侧。当空隙率不是整数时，最小 VMA 按内插法确定。

检查 OAC 所对应的各项指标是否符合马歇尔试验技术标准。

如果最佳油石比的初始值 OAC_1 在 OAC_{max} 和 OAC_{min} 之间，则认为设计结果是可行的，可取 OAC_1 和 OAC_2 的中值作为目标配合比最佳油石比 OAC，并结合宣城地区气候特点论证取用，其对应的试件空隙率在4%～5%范围内。如 OAC_1 处在上述范围之外，应调整级配，重新进行配合比设计。

(3)残留稳定度检验。按以上配合比制备沥青混凝土混合料马歇尔试件，做浸水48h马歇尔试验，检验残留稳定度必须满足指导书的要求。

这里特别要强调几点：

①为保证混合料级配的稳定性和控制的操作性，在传统的沥青级配控制粒径的标准上加入了6.7mm筛孔作为控制粒径。

②沥青混合料理论最大相对密度计算引用沥青密度时，必须采用25℃水温条件下的相对密度（无

纲量),而非沥青技术指标中的15℃水温条件下的密度(g/cm^3)。

③真空法测定松散沥青混合料理论最大相对密度一定要注意使真空度达到97.3kPa,维持15min±2min和趁热分散试样,并用手掰开,使团块分散到6.4mm以下,以杜绝细沥青混合料中由于空隙未排除而导致实测理论最大相对密度值(零空隙率)不准确,同时影响到集料有效相对密度的准确性,本项目要求两次平行试验误差不得超过0.011;实际施工过程中,对沥青混合料理论密度进行计算时,一般采用计算法得出。

④桥面铺装高强沥青混合料配合比设计应做抗裂性能(低温弯曲)和水稳定性中的浸水马歇尔和冻融劈裂(一定要注意真空饱水)以及渗水性试验。

⑤合成集料有效相对密度计算值应介于合成集料的表观相对密度和合成集料的毛体积相对密度之间,同时应对比论证三种计算集料有效相对密度方法之间的关系。

⑥配合比设计时,拌制高强沥青混合料需采用小型沥青混合料拌和机,以模拟生产实际情况,每组试件不少于6个。

⑦试件成型温度应符合表5的规定。

UTA-10高强沥青混合料试验拌和与击实温度(℃) 表5

矿料(包括矿粉)加热温度	190~200
沥青加热温度	160~170
沥青混合料拌和温度	175~185
试模预热温度	160~170
试件开始击实温度	155~165
试件成型终了温度	不低于145

⑧高强沥青混合料试件毛体积相对密度用表干法测定。

⑨每天用各原材料总量比例计算混合料最大理论相对密度并与生产配合比设计值进行验证,差值不应大于0.005,否则应分析原因,论证后取值。

⑩试件的配料、拌和均应单个进行,以确保试验结果的一致性。

⑪高强沥青混合料生产检验时,从拌和机上取样后立即制备试件,不许试样冷却后再次加热成型试件。

5.3.3 目标配合比设计

(1)按照以上程序,并参照相关设计要求,试验室对选用的原材料按筛孔进行了反复的筛分。确定各种单质集料在混合料中的组成比例和混合矿料的级配通过率如表6所示。

沥青混合料矿料级配组成和通过率(%) 表6

筛孔(mm)	合成级配	技术标准
13.2	100	100
9.5	88.6	80~100
6.7	36.9	30~50
4.75	32.3	20~40
2.36	28.5	18~36
1.18	21.5	14~30
0.6	15.6	10~25
0.3	11.3	7~20
0.15	9.1	6~12
0.075	7.7	4~8

(2)沥青混凝土设计空隙率应控制在4.0%～6.0%之间，考虑各方面的因素，本项目选用4.1%作为目标控制空隙率。

根据现场各种集料的级配组成，按不同的油石比例(油石比按0.5%间隔浮动，即：4.0%，4.5%，5.0%，5.5%，6.0%共计5组，每组6个试件)，分别拌制沥青混合料，成型试件，静置一昼夜脱模，测定其高度并用表干法测定毛体积相对密度后，分别在规定的试验温度和试验时间内用马歇尔测定稳定度和流值，同时计算空隙率、饱和度及矿料间隙率，最后按目标空隙率(4.0%～6.0%)确定最佳油石比。

根据不同油石比试验的各项指标，综合 OAC_1 =5.41%；OAC_2 =5.3%；OAC_3 =5.4%，并对 OAC = 5.4%做了验证试验。

根据以上试验结果，最终确定 UTA－10 的目标配合比为：

①矿料级配为1号料(5～10mm)：3号料(0～3mm)：矿粉=68：27：5。

②最佳油石比为5.4%(沥青含量为5.12%)。

③聚酯纤维加入量为0.25%。

④抗剥落剂加入量为沥青用量的0.4%。

5.3.4 高强沥青 UTA－10 生产配合比设计

(1)确定各热料仓矿料和矿粉的用量。必须从二次筛分后进入各热料仓的矿料取样进行筛分，根据筛分结果，通过计算，使矿质混合料的级配符合目标配合比设计级配和要求级配范围的规定，并特别注意使0.075mm、4.75mm 和6.7mm 的筛孔通过量控制接近目标配合比设计级配，以确定各热料仓和矿粉的用料比例，供拌和机控制室使用。同时反复调整冷料仓进料比例，以达到供料均衡。

(2)确定最佳油石比。取目标配合比设计的最佳油石比 OAC 和 OAC±0.3%三个油石比，取以上计算的矿质混合料，用试验室的小型拌和机拌制沥青混合料，制备马歇尔试件，计算试件的 VMA、VCA_{mix}、VV 和 VFA，按目标配合比设计方法，选定适宜的最佳油石比。

(3)生产配合比设计检验。用以上生产配合比，进行沥青析漏试验和残留马歇尔稳定度检验。

(4)为保证混合料在拌和过程中的稳定性和与目标配合比吻合，针对本沥青混合料级配控制的关键点，我们选择了3mm×4mm，7.2mm×7.2m，11mm×11mm 三档热料筛作为沥青拌和站的热料仓控制筛，以加强生产配合比控制的精确度。

(5)对原材进行加热筛分后，在试验室对各仓的热料进行筛分组配，确定了如表7所示的热料比例和混合料的通过量。

生产配合比合成级配及技术标准 表7

筛 孔 (mm)	合 成 级 配	技 术 标 准
13.2	100	100
9.5	95.0	80～100
6.7	39.4	30～50
4.75	31.8	20～40
2.36	28.4	18～36
1.18	21.3	14～30
0.6	14.3	10～25
0.3	9.7	7～20
0.15	8.0	6～12
0.075	6.7	4～8

根据各种材料的比例、不同的油石比(油石比浮动0.3%，即5.1%，5.4%，5.7%，共计3组，每组6个试件)，分别拌制沥青混合料，成型试件，静置一昼夜脱模，测定其高度并用表干法测定毛体积相对密度后，进行马歇尔试验，取各项指标的平均值，作为此组油石比的代表值。

根据不同油石比试验的各项指标,综合确定生产配合比用油石比,并对 OAC = 5.4% 做了验证试验。

5.3.5　配合比验证

为保证本次配合比设计的可行性,在配合比设计完成后,按照设计的配合比进行了马歇尔试件的成型,参照《公路沥青路面施工技术规范》中对 SMA 改性沥青混合料的试验检测标准,对其进行了析漏、飞散、水稳定性、劈裂强度、车辙、构造深度以及渗水等使用指标的验证检测,各项指标均能满足要求。

6　材料及机械设备

6.1　原材料要求

6.1.1　沥青

沥青采用高强度改性沥青,具体试验指标及技术要求见表 8。

高强沥青技术要求　　表 8

检验项目		技术要求	试验方法
针入度(25℃,100g,5s)(0.1mm)		20~40	T0604
针入度指数 PI,不小于		-0.4	T0604
软化点($T_{R\&B}$)(℃),不小于		60	T0606
运动黏度(135℃)(Pa·s),不大于		3	T0625
动力黏度(60℃)(Pa·s),不小于		4 000	T0620
黏韧性(N·m),不小于		5	T0624
韧性(N·m),不小于		2.5	T0624
闪点(℃),不小于		230	T0611
溶解度(%),不小于		99	T0607
离析,软化点差(℃),不大于		2.5	T0661
弹性恢复(25℃)(%),不小于		65	T0662
动态剪切(60℃,G*/sinδ)(kPa),不小于		18	AASHTOT315-02
动态剪切(35℃,G*/sinδ)(kPa),不小于		980	AASHTOT315-02
TFOT 试验后(163℃、5h)	质量损失(%),不大于	-0.1~+0.1	T0609
	针入度比,25℃,不小于	65	T0604
SHRP 性能等级		PG82-22	AASHTOM320-03

6.1.2　粗集料

为保证混合料的强度性能、抗车辙能力、抗疲劳能力以及与沥青结合料的黏附性能,粗集料用玄武岩集料。采用的粗集料石质坚硬、清洁,不含风化颗粒,近似立方体颗粒的碎石,粒径大于 4.75mm,其质量技术要求见表 9。

粗集料质量技术要求　　表 9

检验项目	技术要求		试验方法
石料压碎值(%),不大于	常温	20	T0316
	高温	24	T0316
洛杉矶磨耗损失(%),不大于	28		T0317
视密度(t/m^3),不小于	2.60		T0304
吸水率(%),不大于	2.0		T0304
对沥青的黏附性,不小于	掺加抗剥离剂后不小于 5 级		T0616、T0663

续上表

检验项目	技术要求		试验方法
坚固性,不大于(%)	12		T0314
针片状颗粒含量(大于9.5)(%),不大于	15		T0312
针片状颗粒含量(小于9.5)(%),不大于	20		T0312
水洗法<0.075 mm颗粒含量(%),不大于	1号料	0.6	T0310
	2号料	0.8	T0310
	3号料	1.0	T0310
软石含量(%),不大于	3		T0320
上面层石料磨光值(BPN),不小于	42		T0321
抗压强度(MPa),不小于	120		T0221

注:有1个或以上破碎面为黄色节理面的集料颗粒含量应不大于5%。

6.1.3 细集料

采用坚硬、洁净、干燥、无风化、无杂质并有适当级配的人工轧制的石灰岩细集料,不能采用山场的下脚料。对进场细集料按频率进行检查。细集料规格见表10。

细集料规格(方孔筛) 表10

规　格	公称粒径(mm)	通过下列筛孔(mm)的质量百分率(%)						
		4.75	2.36	1.18	0.6	0.3	0.15	0.075
S16	0~3	100	80~100	50~80	25~60	8~45	0~25	0~15

注:1. 视密度不小于2.60g/cm^3;
2. 砂当量不得小于60%(宜控制在70%以上);亚甲蓝值不大于25g/kg;
3. 小于0.075mm的细集料质量百分率宜不大于12.5%;
4. 棱角性不小于30s。

6.1.4 填料

填料采用石灰岩碱性石料经磨细得到的矿粉。矿粉必须干燥、清洁。拌和机回收的粉料不得用于拌制沥青混合料,以确保沥青上面层的质量。进场填料按频率规定进行检验。矿粉质量技术要求见表11。

矿粉技术要求 表11

指　标		技术要求	试验方法
视密度(t/m^3),不小于		2.50	T0352
含水率(%),不大于		1	T0103
粒度范围(%)	<0.6mm	100	T0351
	<0.15mm	90~100	T0351
	<0.075mm	75~100	T0351
外观		无团粒结块	—
亲水系数		<1	T0353
塑性指数		<4	T0354
加热安定性		实测记录	T0355

注:亲水系数宜小于0.8。

6.1.5 纤维

纤维采用聚酯纤维,使用前送有关部门检测,确保满足本项目使用要求。

6.1.6 抗剥离剂

沥青上面层用抗剥离剂,应有较强的抗老化性能,在160℃老化5h后,其性能应能满足规定要求。

6.2 机械设备

机械设备配置见表12。

机械设备配置表　　表12

序　号	名　称	规　格	数　量	备　注
1	间歇式沥青混合料拌和机	大于260t/h	1座	配有80t以上上热储料仓,由计算机自动控制并有打印装置且配备二级除尘装置
2	进口沥青摊铺机	12.5m	2台	
3	非接触式平衡梁装置		2套	
4	双钢轮振动压路机	10t以上	4台	其中宽幅压路机不少于1台
5	轮胎压路机	18~20t	2台	
6	轮胎压路机	25t	1台	
7	自卸汽车	15t以上	20辆	
8	智能型沥青洒布车		1辆	

7 质量控制

7.1 质量标准

本工法执行《公路沥青路面施工技术规范》(JTG F40—2004)相关标准。

7.2 质量控制措施

(1)对工程质量的控制“以人为本”,狠抓人的工作质量,避免人的失误,充分调动人的积极性,发挥人的主导作用,增强人的质量观和责任感。选择技术熟练、经验丰富的工人来完成,严格禁止无技术资质的人员上岗操作。开展内部质量评比活动,对优良工程给予表彰、奖励,对存在缺陷的工程给予批评、处罚。

(2)实行目标管理。

(3)严格按ISO 9001质量标准进行全面质量管理,建立健全各项规章制度。

(4)建立完善的质量保证体系。各作业队分别配备专职质检工程师,并在具体施工项目中设置质量检查员,形成上下相连的质量体系。

(5)强化质量意识,严格岗位培训,使参施各级人员树立质量第一的思想;把各主要技术工种工人,施工管理层的队长、班组长、技术员、质量员、材料员作为质量技术教育重点,实行严格的岗位培训,主要岗位持证上岗。

(6)各分项工程,各道工序,定人、定岗、定责。验工计价,必须有质检人员签字。

(7)坚持实行“三工”、“三检”制度,使工程质量始终处于受控状态。“三工”指工前技术交底、工中检查指导、工后总结评比;“三检”指自检、互检、交接检。分项工程未经检验或已经检验评为不合格的,严禁转入下道工序,做到一次性100%的合格。

(8)质量控制按以下程序实施。

①施工准备阶段质量控制的程序是:设计图纸会审,组织人员编制施工组织设计,编制作业指导书。

②施工阶段质量控制的程序是:依据施工作业指导书组织施工技术交底,测量、材料、设备、计量,质量计划验证,持续改进,综合评价。

(9)实行旁站制度,所有工序质量均在控制范围内。

(10)充分发挥社会监理的作用,对他们提出的质量问题和质量隐患及时纠正、整改,确保所有成品或半成品均为优良。

8 安全措施

为保证安全施工,应严格按有关的安全规定施工,结合本工法的施工特点,特别应做好以下几方面的工作。

(1)严格执行国家及行业颁布的有关施工技术安全规划、规范。

(2)建立严格的安全教育制度,坚持入场教育,坚持每周安排施工队召开安全教育会,培养施工安全意识,使安全工作落实到实处。

(3)强化安全法制观念,严格执行安全工作法律意识,签订安全协议,坚持特殊工种持安全操作证上岗制度。

(4)加强施工管理人员安全考核制度,增强安全意识,避免违章指挥。

(5)建立定期检查、突击检查和特殊检查相结合的安全检查形式,查思想、查管理、查制度、查现场查隐患、查事故处理,发现问题立即整改,对于危急情况立即停工,及时采取措施排除险情。

(6)分析安全难点、重点,确定专项安全管理方案。

9 环保措施

(1)施工废水、生活污水集中处理,不得排入农田、耕地、灌溉渠道和附近水体,严禁排入饮用水源。

(2)现场存放油料必须对库房进行防漏处理,储存和使用都要采取措施,防止油料跑、冒、滴、漏,随雨水径流排入地表及给附近水域造成污染。

(3)混合料拌和站建在居民区的下风口处,并距居民区 1km 以外,以避免对附近居民区造成环境污染。

(4)易飞扬的细颗粒散体材料安排在库内存放或严密遮盖,运输时防止遗撒、飞扬,卸运时应采取有效措施以减少扬尘。

(5)对人为的施工噪声应有降噪措施和管理制度,并进行严格控制,最大限度地减少噪声扰民。

(6)施工临时道路定期维修和养护,每天洒水 2 ~4 次,减少灰尘飞扬。

(7)尽量保护用地范围内的现有绿色植被,施工所易破损的树木、绿化及建筑物等采取保护措施,进行保护,搞好施工范围内的绿化工作。

10 资源节约

超薄高强沥青混凝土采用高强沥青,高强沥青的层间连接力是普通基质沥青的 1.8 倍;为保证混合料级配的稳定性和控制的操作性,在传统的沥青级配控制粒径的标准上加入了 6.7mm 筛孔作为控制粒径;通过这些措施,保证超薄路面的使用性能,大大节约资源。

11 效益分析

(1)采用方案推荐的沥青路面设计方法和路面结构,可使路面结构强度提高,道路寿命延长,减少路面养护费用。其中施工成本本项目桥面铺装每公里节约成本 154 万元,具有可观的经济效益。

(2)超薄高强沥青混凝土面层技术研究为新建与改建沥青路面的修建进行了必要的技术储备,特别是旧路改建养护,更具有显著的技术特点和经济优势。该技术能充分满足高等级公路使用性能的要求,而且建设成本大大降低,是一项很有推广价值的技术。本项研究成果的特点是研究范围广、内容全面,研究成果更具有科学性、针对性、实用性和先进性。

12 应用实例

12.1 宣广高速南环段改造水阳江大桥

宣广高速南环段全长 16.928km,为合—杭高速宣广段的重要组成部分,原为水泥混凝土路面结构,

2001 年 7 月 28 日建成通车。随着合杭高速的全线建成通车以及交通量的增长,原有的路面结构已不能满足交通量的需求。为满足路用需要,于 2007 年 6 月对路面进行刚性路面处理后冲压,加铺 18 ~ 20cm 厚沥青混凝土的路面改建工作。宣广高速南环段 14K ~ 15K 为水阳江特大桥。全长 1.32km,桥梁自重容许加荷线压力小于 1.2 kN/m,换算沥青层摊铺厚度为小于 5cm。为保证路面的使用性能和行车的视觉观感,本次改建施工过程中须在水阳江特大桥刚性桥面上加铺一层厚度小于 5cm 的沥青混凝土作为路面结构。其中水阳江特大桥超薄高强沥青混凝土施工工期为 2007 年 10 月,经质监站检测合格。

12.2 芜宣高速公路养护

芜宣高速公路养护为在全长 56.384km 范围内的专项养护工程,2007 年底在连续单幅 5km(路面宽度 11.25m)中采用 2.5cm 厚高强改性沥青超薄罩面,共计面积 56 250m^2,使用效果良好,拟考虑采用该方案进行更广泛的养护。

12.3 高界高速改造太湖大桥桥面

高界高速公路起于安徽省怀宁县高河镇,终于皖鄂交界的宿松县界子墩,全长 109.782km(合界高速公路 K126 +000 ~ K235 +782)。本合同段为第六标段,桩号为 K181 +400 ~ K235 +834。主要工程内容为沥青混凝土面层施工,合同造价 22 250 万元,2008 年 10 月 ~ 2008 年 11 月对太湖大桥采用了超薄高强沥青路面施工,经检测验收符合要求,施工效果良好。

高速公路路面养护超薄磨耗层施工工法

GGG(皖)B3037—2009

臧正闽　鲁圣弟　章　莹　汪顺利　闵远峰
(安徽开源路桥有限责任公司)

1　前言

高速公路路面在使用一定年限后,大都会出现裂缝、剥落等轻微到中等病害和路用性能下降等问题,需要维修养护。以往的做法是对病害处和路用性能不足路段的上面层进行全部铣刨,再加铺4cm左右的薄层罩面,进行全厚度上面层施工。施工时需长时间封闭交通,污染周边环境,且工期长,费用高,施工质量和安全均存在一定的风险。

将超薄磨耗层施工工法用于高速公路路面养护,可较好地避免和解决上述问题,获得良好的经济效益和社会效益。

超薄磨耗层 NovaChip ® typeC-II 是一种针对我国热区气温条件和高速公路交通条件及现场施工条件而设计的高速公路路面养护解决方案,主要应用于高等级沥青或水泥混凝土路面的预防性养护和轻微病害的矫正性养护,也可以作为新建道路的表面磨耗层,是一种超长耐久的表面磨耗层。NovaChip ® typeC-II是将20~25mm厚的间断级配热拌改性沥青混合料 NovaBinder™摊铺在一层聚合物改性乳化沥青黏层 NovaBond™上。使用专用设备 NovaPaver 将特种改性乳化沥青黏层的喷洒与专用热拌改性沥青混合料的摊铺同步实施,经压路机压实后一次成型。独特设计的改性乳化沥青 NovaBond™以优异的黏结性能和同步施工工艺,充分避免了薄层罩面存在的风险,使间断级配热拌改性沥青混合料 NovaBinder™最大限度地发挥了热拌沥青混合料的各项优势。高质量的 NovaChip ®路面可以有8~12年的使用寿命。

安徽开源路桥有限责任公司于2008年在合徐高速公路北段和合安高速公路沥青混凝土专项养护施工中,在相关单位的配合下,采用了 NovaChip ® typeC-II 超薄磨耗层施工技术,对高速公路路面养护超薄磨耗层施工工法进行了研究实施。在该项工法实施中,我公司掌握了该工法,具备了成功的施工经验。

2　工法特点

超薄磨耗层施工工法具备以下特点:

(1)施工周期短,大幅减少施工对交通的延误。

(2)性能优越,施工方便,厚度薄,节省路面材料,造价低。

(3)能针对路面状况,制定最合理的解决方案。

(4)直接在路面加铺,原路面无须深铣刨,降低了旧路面材料对环境的污染。

(5)本技术响应了国家倡导的"安全环保、节能降耗"的口号和要求。

3　适用范围

本工法目前可适用于以下几种情况:

(1)路面出现轻微到中等病害,需要经济有效地养护,以改善路用性能,延长使用寿命。

(2)路面光滑、摩擦系数不够或路面纹理深度不足,需要改善行驶质量。

(3)路面出现轻度裂缝、轻微剥落等情况,需矫正表面缺陷。

(4)行驶过程中路面噪声过大,需要减少路面—轮胎噪声。

4 工艺原理

超薄磨耗层施工工法是将专用的间断级配热拌改性沥青混合料薄层同步摊铺在一层专用聚合物改性乳化沥青黏层上。本工法中的 NovaChip Ⓡ typeC-II 超薄磨耗层,使用了专用设备 NovaPaver,将专用改性乳化沥青 NovaBond™黏层喷洒与 NovaBinder™间断级配热拌改性沥青混合料摊铺同步实施,经压路机压实后一次成型。

5 施工工艺流程及操作要点

本工法主要阐述超薄磨耗层用于高速公路路面养护的施工工艺。

5.1 施工工艺流程

施工工艺流程见图1。

5.2 操作要点

5.2.1 确定混合料配合比

1)混合料配合比确定流程

见图2。

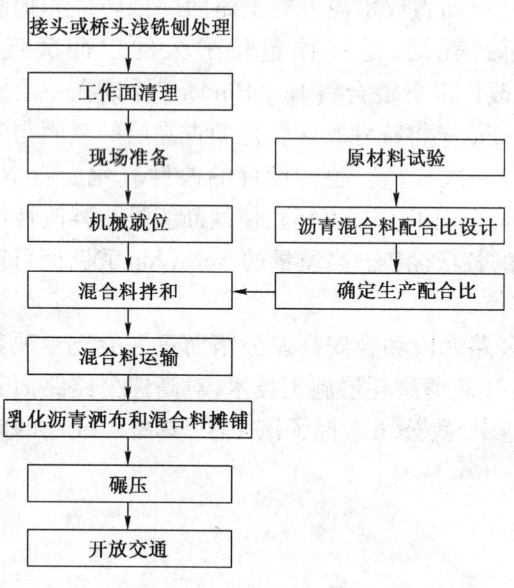

图1 施工工艺流程图

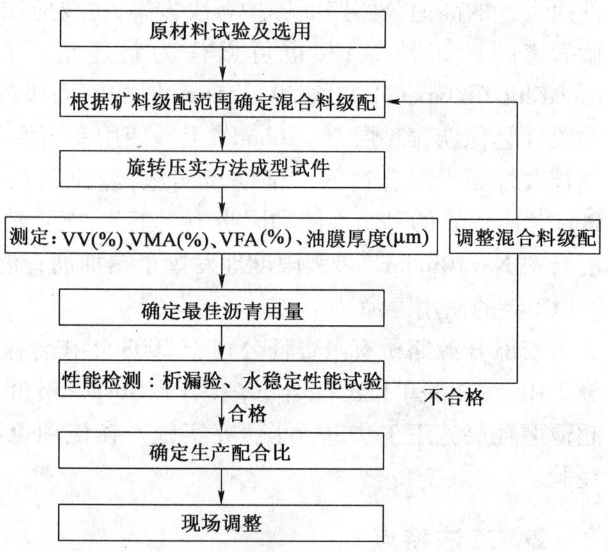

图2 混合料配合比确定流程

2)确定级配及成型试件

根据原材料的单级配筛分情况,结合级配范围要求,优选出一条合适的级配线形。根据确定的矿料比例配料,采用旋转压实法成型试件,通过对试件的试验测出密度、空隙率 VMA 等试验指标。

3)沥青用量确定

根据混合料体积性质、沥青油膜厚度及析漏试验的检测结果确定最佳沥青用量。

4)胶结料最大用量检验(析漏试验)

沥青析漏试验是德国谢伦堡研究所为沥青玛蹄脂碎石混合料的配合比设计而提出的,是专门用来确定 SMA 沥青用量的一种试验方法,通过试验确定沥青混合料中有无多余的自由沥青及沥青玛蹄脂数量,进而确定最大沥青用量。由于 NovaChip Ⓡ typeC-II 有最小油膜厚度的要求(较常规要求的油膜厚度大)，需要较多的沥青，但不可存在多余的自由沥青，引起混合料强度下降和沥青上泛，影响构造深度和高温稳定性。因此，必须进行析漏试验对胶结料的最大沥青用量进行检验。

目前析漏试验有三种方法，烧杯法、搪瓷盘、网篮法。在此采用《公路工程沥青及沥青混合料试验规程》(TJJ 052—2000)增补的烧杯法作为检测方法(T0732)，技术要求见表1。

沥青析漏试验 表1

指 标	单 位	技术指标
沥青析漏损失，不大于	%	0.1

5)施工配合比调整

(1)首先按照规范要求在料堆取样进行筛分试验(水筛法)，根据筛分结果，以目标级配为基准调整冷料上料比例，同时根据使用拌和机的实际情况，确定冷料上料器的转速、振幅及料门角度。

(2)按照上面确定的比例和实际生产时的上料速度上料。

(3)当石料温度达到并稳定在180～190℃时，分别从热料仓取料，进行筛分试验(水筛法)；根据筛分结果，以目标级配为目标调整热料仓下料比例。

(4)使用旋转压实仪压实100次(马歇尔击实正反各50次)确定施工配合比下的体积性质和最佳用油量。

(5)混合料配合比必须满足表2的指标要求。

通过重量百分比 表2

方孔筛大小	12.5mm-C型	方孔筛大小	12.5mm-C型
ASTM	设计限值(%)	1.18mm	12～22
19mm	100	0.6mm	8～16
12.5mm	85～100	0.3mm	6～12
9.5mm	60～80	0.15mm	5～10
4.75mm	25～35	0.075mm	4～7
2.36mm	23～30	典型厚度(mm)	22

(6)除满足表2的要求外，还必须满足表3的要求。

生产配合比混合料要求 表3

指标	空隙率(%)	VMA(%)	VFA(%)	油膜厚度(μm)
技术要求	≥10	≥20	25～45	>9.0

注：试件毛体积密度采用体积法计算，建议NovaChip Ⓡ typeC-II空隙率大于10%，矿料间隙率应随空隙率的大小相应调整。

5.2.2 施工控制

1)接头和桥面伸缩缝处浅铣刨处理

为使新铺超薄磨耗层与原路面及桥面伸缩缝纵向衔接平顺，避免跳车，在接缝或桥面伸缩缝处进行浅铣刨处理。

2)路面清扫

封闭交通，初步采用人工清扫路面杂物，然后人工配合清扫机械彻底清扫路面，特别是两侧边缘部位必须人工仔细处理，最后采用鼓风机清除路面及缝隙内的粉尘和杂物。

3)混合料拌和

按照目标配合比进行生产配合比调整，沥青混合料采用间歇式沥青拌和楼拌和，必须控制好干拌、湿拌、拌和周期时间。

4)混合料的运输

(1)运料车每次使用前后必须清扫干净，在车厢底板和侧板涂一层隔离剂，并排除游离余液。

(2)运料车混合料应用帆布覆盖保温，防雨、防污染，并绑扎紧密。

(3)每辆运输车均需在车厢侧面中部设专用温度检测孔,采用数字显示插入式温度计检测混合料出厂温度和到场温度,温度不能低于设计要求。

5)乳化沥青洒布及混合料摊铺

NovaChip ® typeC-II 现场施工的关键是使用专用设备 NovaPaver™将特种改性乳化沥青黏层的喷洒与专用热拌改性沥青混合料的摊铺同步实施。

(1)聚合物改性乳化沥青喷洒量必须精确计量,以保证黏结性能,并严格控制洒布温度。

(2)控制好摊铺机的摊铺速度。

(3)摊铺起步时,必须密切注意 NovaPaver™聚合物改性乳化沥青喷洒和计量系统运行是否正常。

6)碾压

超薄磨耗层 NovaChip ® typeC-II 系统碾压必须在路面温度降至120℃之前进行。用9~12t 的双钢轮压路机静态碾压。路面温度冷却到50℃之前不能开放交通。

6 材料与设备

6.1 材料

集料级配应符合表4 的要求。

NovaChip ® typeC-II(厚度:2.0~2.5cm)

表4

筛孔(mm) 分档(mm)	19	13.2	9.5	4.75	2.36	0.075
10~15	100	>90	<10	<5		<1
5~10	100	100	>90	<8		<1
0~3		100	100	100	>90	<10

1)粗集料

超薄磨耗层作为表层,直接承受交通荷载,首先要满足耐磨的要求。磨耗的常规评价方法为洛杉矶法。洛杉矶磨耗损失是集料使用性能的重要指标,它与沥青路面的抗车辙能力、耐磨性、耐久性密切相关,一般磨耗损失小的集料,集料坚硬、耐磨、耐久性好。软弱颗粒含量多、风化严重的石料经过磨耗试验,粉碎严重,这个指标很难通过。在此基础上,我们采用指标更为严格的狄法尔法作为石料选择的重要依据,各项参数须符合表5 的要求。

粗集料性能指标

表5

试 验	单 位	测 试 方 法	规 范 要 求
洛杉矶磨耗损失	%	T 0317—2000	≤28max
细长扁平颗粒含量3:1	%	T 0312—2000	≤10max
单个破碎面	%	T 0346—2000	100min
两个或多个破碎面	%	T 0346—2000	90min
狄法尔磨耗损失	%	ASTM TP58-00①	≤18max
坚固性	%	T 0314—2000	≤12max
压碎值	%	T 0316	≤26
表观密度	t/m³	T 0304	≥2.6
吸水率	%	T 0304	≤12
针片状颗粒含量(混合料) 其中颗粒大于9.5mm 其中颗粒小于9.5mm	%	T 0312	≤15 ≤12 ≤18
水洗法<0.075mm 颗粒和含量	%	T 0301	≤1
软石含量	%	T 0302	≤3

注:①为美国材料与实验协会颁布的《沥青铺路混合料用粗集料的标准规范》标准。

微狄法尔磨耗试验步骤:

微狄法尔磨耗试验为一定数量试样经水浸泡 1h 后,与 5kg9.5mm 的钢球、2.0L 水同时在罐里搅动,罐的容积为 5L,内径 194mm ±2mm,内部高度 170mm ±2mm。转速为每 100 次/min,试验时间根据样品的不同有所调整,搅动完成后冲洗烘干石料,然后计算通过 1.18mm 筛的石料质量和原始质量的比值。

考虑到某些粗集料浸水后具有更大的磨耗损失,因此试验在水中进行。此外,美国的经验表明,某些粗集料能够满足洛杉矶磨耗的要求,但不能满足微型狄法尔磨耗损失的要求。因此,微狄法尔磨耗损失为系统的强制性要求。

微狄法尔磨耗的测试要点如下:

(1)称取 1 500g ±5g 样品,记录质量 A。

(2)将样品浸泡在 20℃的水中,至少 1h,水量 2.0L ±0.05L。

(3)将第(2)步骤中的样品和水倒入磨耗容器中,并放入 5 000g ±5g 的钢球。

(4)对于上述样品磨耗 95min ±1min。

(5)将样品倒入 4.75mm 和 1.18mm 叠合的筛上,冲洗样品至所有 1.18mm 已过筛。将钢珠取出。

(6)将 4.75mm 和 1.18mm 筛上的材料合并。

(7)在 110℃ ±5℃的烘箱中将样品烘干。

(8)称重,并记录为质量 B。

微狄法尔磨耗损失通过下式计算:

$$\text{Percent} \quad \text{LOSS} = (A - B)/A \times 100$$

试验结果必须满足表 6 的要求。

粗集料微狄法尔磨耗试验技术要求 表 6

指 标	单 位	技 术 指 标	试 验 方 法
微狄法尔磨耗损失 不大于	%	18	ASTM TP58-00①

注:①为美国材料与实验协会颁布的《沥青铺路混合料用粗集料的标准规范》标准。

2)细集料

直径小于 4.75mm 的细集料必须是机制砂(100% 破碎加工而成),应该洁净、干燥、无风化、无杂质,与沥青有良好的黏结能力,性能指标满足表 7 的要求。

细集料性能指标 表 7

试 验	单 位	测 试 方 法	规 范 要 求
砂当量	%	T 0334—1994	≥60
细集料棱角性试验	%	T 0344—2000	≥40
表观相对密度	t/m^3	T 0328	≥2.5
坚固性(>0.3mm 部分)	%	T 0304	≥12
水洗法 <0.075mm 颗粒和含量	%	T 0333	≤3
亚甲蓝值	g/kg	T 0346	≤10

3)填料

沥青混合料的填料宜采用石灰岩等憎水性石料经磨细得到的矿粉,矿粉要求干燥、洁净,其质量满足表 8 的要求。

填 料 性 能 指 标 表 8

0.6mm 方孔筛通过率	100%
0.075mm 方孔筛通过率	75% ~100%

4)改性沥青试验

Novabinder 为 NovaChip Ⓡ typeC-II 系统专用改性沥青,必须要满足表 9 所示的技术要求,才能保证实现系统的整体功能。

Novabinder^{TM}技术要求 表 9

试验		方法	规范
针入度(25℃,100g,5s)(0.1mm)		T 0604—2000	50min
软化点($T_{R\&B}$)(℃)		T 0606—2000	65min
密度(15℃)(g/cm^3)		T 0603—1993	实测
延度(5℃,5cm/min)(cm)		T 0605—1993	20min
48h 离析(℃)		T 0661—2000	2max
旋转黏度(135℃)(Pa·s)		T 0625—2000	3max
测力延度比(4℃,5cm/min)(%)		ASTM D226①	30min
弹性恢复(25℃)(%)		T 0662—2000	75min
旋转薄膜加热试验残留物 163℃,75min	质量损失(%)	T 0610—1993	1max
	针入度比(%)	T 0604—2000	60min
	延度(5℃,5cm/min)(cm)	T 0605—1993	15min

注:①为美国国家公路与运输协会颁布的《屋面和防水用沥青纸胎油毡》标准。

5)改性乳化沥青 NovaBond^{TM}

Novabond^{TM}为 NovaChip Ⓡ typeC-II 系统专用改性乳化沥青,采用特殊的配方进行设计,能够实现热混合料层和下承层的有效黏结。必须要满足表 10 所示的技术要求,才能保证实现系统的整体功能。

Novabond^{TM}技术要求 表 10

试验		试验方法	规范
赛波特黏度试验(25℃)(s)		T 0623—1993	20-100
储藏稳定性试验(24h)(%)		T 0656—1993	1.0max
筛上剩余量试验(%)		T 0652—1993	0.05max
蒸馏固含量试验(%)		ASTM D244①	65.0min
蒸馏后石油馏分(%)		ASTM D244①	2.0max
破乳速度	35mL,0.8%,气溶胶 OT	ASTM D244①	40
蒸馏残留物性能试验			
针入度(25℃,100g,5s)(0.1mm)		T 0604—2000	60-150
溶解度(%),三氯乙烯		T 0607—1993	97.5min
延度(10℃,5cm/min)(cm)		T 0605—1993	40min
弹性恢复(10℃)(%)		AASHTO T301②	60min
备注:如果现场施工效果良好,可以不进行筛上剩余量试验			

注:①、②为美国国家公路与运输协会颁布的《乳化沥青的标准试验方法》标准。

6.2 设备(表 11)

超薄磨耗层 NovaChip Ⓡ typeC-II 系统采用专用设备 NovaPaver^{TM}进行施工。NovaPaver^{TM}必须包含受料斗、螺旋送料器、乳化沥青储罐、聚合物改性乳化沥青喷洒和计量系统、螺旋分料器、宽度可调节的振动、振捣熨平板等部分。设备能够一次性完成聚合物改性乳化沥青喷洒、热拌沥青混合料摊铺及熨平。在热拌沥青混合料摊铺之前,NovaPaver 履带或其他部位不能接触喷洒在路面上的聚合物改性乳化沥青。NovaPaver^{TM}摊铺宽度可调,从而达到理想的路面效果。

超薄磨耗层施工机械设备一览表 表11

序号	设备名称	单位	数量	备注
1	沥青拌和站	套	1	
2	装载机	台	1	
3	NovaPaver™专用摊铺机	台	1	
4	双钢轮压路机	台	2	一台备用
5	混合料运输车	辆	20	
6	乳化沥青车	辆	1	
7	清扫车	辆	1	
8	洒水车	辆	1	

7 质量控制

7.1 工程质量控制标准

本工法施工质量执行《公路沥青路面施工技术规范》(JTG F40—2004)、《公路工程质量检验评定标准》(JTG F80/1—2004)、《公路工程沥青及沥青混合料试验规程》(JTJ 052—2000)、NovaChip系统设计施工指南。

7.2 原路面的处置

(1)采用挖补、压浆或桩体预先处理结构失稳和承载力不足部位。

(2)预先修补坑槽。

(3)预先处理原路面积水部位。

(4)拥包部位采取铣刨机精铣刨处理。

(5)采用精铣刨方式处理路面时,铣刨前对精铣刨毂、刀头数量和磨损情况进行检查。采取低速前进方式,尽量避免铣刨对路面的扰动破坏。

(6)人工处理伸缩缝两侧预留保护部分和铣刨机处理不到的部分。

(7)对原微表处处理路面进行检查,对松散和黏结不良部位或路段进行挖除或铣刨处理。

7.3 路面清扫

封闭交通,初步采用人工清扫路面杂物,然后人工配合清扫机械(最好使用“山猫式”专用铣刨面清扫设备)彻底清扫路面,特别是两侧边缘部位,必须人工仔细处理,最后采用鼓风机清除路面及缝隙内的粉尘和杂物。

7.4 天气条件

超薄磨耗层 NovaChip ® typeC-II 系统施工过程现场气温不得低于10℃,不可雨中及雨后24h内施工。

7.5 混合料生产

按照目标配合比进行生产配合比调整,沥青混合料采用间歇式沥青拌和楼拌和,干拌7s、湿拌35s,拌和周期约60s。矿料加热温度185~195℃,沥青加热温度165~175℃,混合料出场温度175~185℃,混合料超过200℃予以废弃。

7.6 混合料的运输

超薄磨耗层 NovaChip ® typeC-II 系统采用专用摊铺机 NovaPaver™进行施工。为了配合摊铺机的施工,对于运输混合料的车辆要求如下:

(1)车厢尾部距后轮后边缘距离不超过1.0m。

(2)满载的情况下,车厢尾部与地面的净空不小于1.2m。

(3)车厢高度不大于1.5m(车厢底板至立柱顶点)。

(4)载质量不超过35t。

(5)运料车后门最好采用内侧铰链开启方式,但不可使用外侧支撑悬挂方式;否则,突出部分会导致摊铺机乳化沥青罐的损坏。

(6)运料车后门的锁死装置,尽量采用两侧手动挂钩方式,否则必须满足(1)、(2)和(3)的要求,以避免突出的锁死装置损伤摊铺机的绞拢。

(7)运料车每次使用前后必须清扫干净,在车厢底板和侧板涂一层隔离剂,并排除游离余液。

(8)运料车混合料应用帆布覆盖保温,防雨、防污染,并绑扎紧密。帆布制作成两层,中间夹塑料薄膜和毛毯。为确保运输过程中料温丧失缓慢,在车顶加盖帆布覆盖混合料的基础上,对每辆运输车量身订制车厢帆布,用钢丝绳、挂钩等将帆布固定在车厢两侧及前侧,从而形成一个封闭的保温层。

(9)每辆运输车辆均需在车厢侧面中部设专用温度检测孔,孔口距车厢底部约30cm,采用数字显示插入式温度计检测混合料出厂温度和到场温度,插入深度不小于15cm。

7.7 乳化沥青洒布及混合料摊铺

NovaChip ® typeC-II 现场施工的关键,是使用专用设备 NovaPaver™将特种改性乳化沥青黏层的喷洒与专用热拌改性沥青混合料的摊铺同步实施,具体施工要求为:

(1)施工前必须储备足够数量的聚合物改性乳化沥青。

(2)聚合物改性乳化沥青采用具有保温装置的乳化沥青储罐车运输并存储。在室外温度10℃以上,且储罐车未遭雨淋的情况下,聚合物改性乳化沥青可以保温存放4d左右。

(3)聚合物改性乳化沥青在50~80℃的温度下喷洒,喷洒量必须精确计量,以保证黏结性能。

(4)NovaChip ® typeC-II 理想的乳化沥青用量一般为0.9~1.1L/m²。针对具体项目,由工程师计算喷洒量,并在现场由工程师根据具体路面情况进行调整。

(5)摊铺前,将乳化沥青罐车内聚合物改性乳化沥青泵入摊铺机 NovaPaver™乳化沥青储罐。泵前,首先观察乳化沥青罐车内乳化沥青温度检测仪显示的存储温度,同时使用插入式数显温度计人工检测乳化沥青温度,采取双控的方法增加温度检测的准确度。

(6)混合料开始摊铺前必须预热熨平板,受料斗、螺旋送料器必须涂防黏剂。

(7)热沥青混合料摊铺温度为160~170℃,在聚合物改性乳化沥青喷洒的同时进行摊铺,摊铺速度为12~20m/min。

(8)摊铺起步时,必须密切注意 NovaPaver™聚合物改性乳化沥青喷洒和计量系统运行是否正常,通常是设备起步0~1m范围内局部乳化沥青喷洒不均匀或露白,此时,必须安排操作工人快速将摊铺混合料铲除,并涂抹备用的聚合物改性乳化沥青,然后,人工填补并找平混合料。

(9)摊铺过程中,安排专人跟随摊铺机,认真观察聚合物改性乳化沥青喷洒效果,尤其是在中途停顿或过桥头伸缩缝时。

(10)超薄磨耗层 NovaChip ® typeC-II 系统摊铺必须提前确定摊铺宽度及厚度,以便于工程量统计和混合料的控制。

7.8 碾压

超薄磨耗层 NovaChip ® typeC-II 系统碾压必须在路面温度降至120℃之前进行。用9~12t的双钢轮压路机静态碾压1~2遍,碾压速度控制在4~6km/h。压路机不能静止停留在刚刚摊铺好的热沥青混合料表面上。必须在超薄磨耗层摊铺后立刻进行碾压。压路机必须维护良好,具备可靠操作稳定性,装备有皂液水添加系统和刮板,从而防止新摊铺热沥青混合料黏在碾压辊上。碾压通常以静态方式进行。工程师确定碾压操作宽度,新的路面在碾压完成、路面温度冷却到50℃之前不能开放交通。

(1)需要2台10~12t的钢轮压路机(一台备用)。

(2)压路机在沥青混合料温度120℃以上碾压,采用静压法碾压,不可振动,也不能使用胶轮压路机。

(3)碾压1~2遍。

(4)碾压不是保证压实度,而是石料摆正实现稳定嵌挤。

(5)开始碾压前可适当使用防黏剂。

7.9 开放交通

(1)施工后可在路面冷却到50℃以下开放交通。

(2)在环境温度25℃条件下,20~40min可开放交通。

7.10 超薄磨耗层NovaChip®typeC-II检测指标

7.10.1 沥青含量

每天混合料生产稳定后从运料车上取样,采用焚烧法检测沥青含量,实际沥青含量与施工配合比确定的最佳沥青用量相差满足±0.2%。

7.10.2 混合料级配

方法同沥青含量检测,实际配比中4.75mm、2.36mm的集料通过率与施工配合比之差小于±3%,实际配合比中0.075mm的通过率与生产配合比之差小于±1%,其他粒径集料的通过率应最大限度地靠近施工配合比。

7.10.3 混合料体积性质

现场从摊铺机螺旋输送器处取料,采用旋转压实仪成型,成型温度155~160℃,压实100次,空隙率控制在施工配合比设计空隙率的±1%。

7.10.4 压实厚度

厚度应为2.0~2.5cm。

7.11 工程验收

根据超薄磨耗层NovaChip®typeC-II系统特殊的路面使用性能,结合我国热沥青混凝土路面的国家验收标准,制定验收标准如下。

7.11.1 基本要求

(1)沥青混合料的矿料质量及矿料级配应符合设计要求。

(2)严格控制各种矿料和沥青用量及各种材料和沥青混合料的加热温度,沥青材料及混合料的各项指标应符合设计和施工技术指南的要求。沥青混合料的生产,每日应做焚烧试验、旋转压实试验。矿料级配、沥青含量、体积性质等结果的合格率应不小于96%。

(3)拌和后的沥青混合料应均匀一致,无花白,无粗细料分离和结团成块现象。

(4)原路面表面干燥、清洁、无浮土,其平整度和路拱度应符合要求。

(5)摊铺时应严格控制摊铺厚度和平整度,避免离析,注意控制摊铺和碾压温度。

7.11.2 外观鉴定

(1)表面应平整密实,不应有泛油、松散、裂缝和明显离析等现象,对于高速公路和一级公路,有上述缺陷的面积(凡属单条的裂缝,则按其实际长度乘以0.2m宽度,折算成面积)之和不得超过受检面积的0.03%,其他公路不得超过0.05%。半刚性基层的反射裂缝可不计作施工缺陷,但应及时进行灌缝处理。

(2)纵向接缝应严格控制搭接工艺,应紧密、平顺。

(3)面层与路缘石及其他构筑物应密贴接顺,不得有积水或漏水现象。

7.11.3 实测项目

实测项目见表12。

NovaChip Ⓡ typeC-II 超薄磨耗层实测项目　　表12

<table>
<tr><th rowspan="2">项次</th><th rowspan="2" colspan="2">检查项目</th><th colspan="2">规定值或允许偏差</th><th rowspan="2">检查方法和频率</th></tr>
<tr><th>高速公路
一级公路</th><th>其他公路</th></tr>
<tr><td>1</td><td colspan="2">现场空隙率(%),min</td><td colspan="2">15</td><td></td></tr>
<tr><td rowspan="2">2</td><td rowspan="2">平整度</td><td>σ(mm)
IRI(m/km)
max</td><td>2.5
3.0</td><td>3.5
4.5</td><td>平整度仪:全线每车道连续按每100m计算IRI或σ</td></tr>
<tr><td>最大间隙h(mm)</td><td>—</td><td>5</td><td>三米直尺:每200m测2处×10尺</td></tr>
<tr><td rowspan="3">3</td><td rowspan="3">抗滑</td><td>摩擦系数,min</td><td colspan="2">55</td><td rowspan="2">摆式仪:每200m测1处;横向力系数测定车:全线连续</td></tr>
<tr><td>横向力系数,min</td><td colspan="2">60</td></tr>
<tr><td>构造深度,min</td><td colspan="2">1.0</td><td>铺砂法:每200m测1处</td></tr>
<tr><td>4</td><td colspan="2">厚度(mm)</td><td colspan="2">满足设计要求</td><td>双车道每200m测1处</td></tr>
<tr><td>5</td><td colspan="2">宽度(mm)</td><td colspan="2">不小于设计值</td><td>尺量:每200m测4断面</td></tr>
<tr><td>6</td><td colspan="2">横坡(%)</td><td>±0.3</td><td>±0.5</td><td>水准仪:每200m测4处</td></tr>
</table>

8 安全措施

本工法严格遵守《中华人民共和国安全生产法》、《公路养护安全作业规程》(JTG H30—2004)及现行高速公路养护施工安全有关规定。在施工前,到路政、交警等相关部门办理《施工许可证》、《施工车辆通行证》,并配置相应的安全装置、设备与保护器及采取其他有效措施,合理摆放、维护、看管标志、标牌设施。

8.1 交通标志牌的设置、维护

(1)按照《公路养护安全作业规程》规定的规格、尺寸,设置清晰醒目并具有反光功能的标志、标牌。

(2)在进行交通控制前,事先将预封闭区段起讫桩号、方位上报路政、交警部门。

(3)严格按照《公路养护安全作业规程》及有关规定规范设置各种标志、标牌。放置标志牌时,标志牌设置车辆在紧急停车带上慢行,顺着车流方向进行摆放。

(4)在施工作业期间由专人对设置的安全标志牌等做巡回检查,发现标志牌有倒伏、缺损现象,进行及时的扶正、更换、增添。

8.2 施工现场安全防范措施

(1)现场施工人员着统一的安全标志服,在施工作业区域内进行作业,严禁施工车辆及人员跨越或超出安全施工区域规定的范围,并不得在车辆通行的车道上停留。

(2)在施工现场的所有施工人员必须服从公路路政、交警等相关部门的施工安全监督和安全管理。

(3)车辆及设备离开施工作业区时,派一人以上安全员进行警戒和瞭望,在确保安全的情况下,"一等、二看、三通过"。

(4)现场施工人员和施工车辆不得在高速公路范围内抛、撒、滴、漏杂物及废料。

(5)为确保高速公路行车安全,施工作业完工后必须将施工现场打扫干净,方可撤离施工现场。

(6)在施工作业过程中,如遇有特殊情况,应及时与公路路政及公路管理部门联系。

8.3 交通畅通保证措施

(1)由现场安全负责人与高速公路交管、路政部门密切配合,精心调配人员,同时在施工现场摆放安全标志,保障车辆正常通行,全力保证施工路段不发生责任事故。

(2)在紧急情况下对过往车辆进行交通疏导,保证道路畅通和过往车辆的行车安全。

(3)如果施工路段内车辆发生故障时,安全管理员将车辆引导至安全地段,保证车辆通行,并立即通知清障队清障。

(4)禁止在雨雪天、雾天、昏暗等不利条件下进行施工。

8.4 混合料拌和

(1)改性乳化沥青采用沥青罐车运输至施工现场,由专业人员佩戴防毒器具导入摊铺机沥青储存罐,以防有害成分对人体造成伤害。

(2)拌和站操作应严格按照操作规程及用电规定进行。

(3)拌和站放料时,应先查看装料车厢及放料斗低部无人时才可进行放料。

(4)拌和现场应设有警示标牌以及防火器材。

8.5 摊铺现场

(1)施工车辆在进入施工作业安全区前,首先应打开转向灯、双跳灯及警示灯,按照规定的行驶路线进入施工安全区。

(2)在摊铺现场,派专职安全员并身佩明显安全员袖章距摊铺现场后100m左右手持红旗指挥行驶车辆,以便提醒驾驶员安全行驶,确保摊铺现场施工人员处于安全工作状态。

(3)摊铺机、压路机必须有专业的操作技术人员进行操作,且各机械必须挂有醒目的安全操作规程。

(4)摊铺结束后,各类施工机械在施工负责人的安排及专职安全员的统一调度下,安全撤离现场,以消除安全隐患的存在。

9 环保措施

9.1 文明施工措施

9.1.1 现场布置

根据场地实际情况,合理进行布置,设施设备按现场布置图规定设置堆放,并随施工不同阶段进行场地布置和调整。

9.1.2 施工现场场地清理

各施工作业班组必须做好操作后场地清理,随作随清,物尽其用。在施工作业中,设有防止尘土飞扬、沥青混合料及废料洒漏、车辆粘带泥土运行等设施。

9.1.3 材料堆放

各类材料堆放整齐并设有标识。

9.1.4 周转设备存放

施工机具、器材等集中堆放整齐。

9.2 环境保护措施

9.2.1 重视环境工作

编写施工组织设计时,把环境工作作为施工组织设计要求的组成部分,并认真贯彻执行于施工的全过程。

9.2.2 加强环保教育

组织职工学习环保知识,加强环保意识,使大家认识到环境保护的重要性和必要性。

9.2.3 贯彻环保法规

认真贯彻各级政府的有关水土保护、环境保护方针、政策和法令,结合本工法特点,制订相应施工项目的环保要求和措施。

9.2.4 强化环保管理

定期进行环境检查,及时处理违章事宜,主动联系环保机构,请示汇报环保工作,做到文明施工。

9.2.5 美化施工场地

施工中沥青混凝土废料、土石方废料的处理,应按设计要求并按工程师指定的地点处理,防止水土流失,保持工地干净卫生。施工中还应尽量减少对周围绿化环境的影响和破坏。

9.2.6 消除施工污染

施工废水、生活污水源要采取妥善措施处理。工地垃圾及时运往指定地点深埋,清洗集料机具或含有沉淀油污的操作水,采用过滤的方法或沉淀池处理,使生态环境受损减到最低限度。

9.2.7 材料的运输、堆放

对材料的运输、堆放应注意避免扬尘等污染。

10 资源节约

(1)2008 年,安徽省高速公路总公司养护中心根据年度养护工作需要,本着节约、创新的养护思路,委托安徽开源路桥有限责任公司在其所辖的合徐、合安高速公路部分路段进行超薄磨耗层专项养护施工,并以此替代 4cm 厚沥青路面上面层铣刨修复。

(2)通过安徽开源路桥有限责任公司精心组织实施,路面养护达到了预期的节约、创新、快速、可靠的养护目标,效果显著。

(3)2009 年 2 月中旬,业主对所施工并已通车的合徐北高速及合安高速两段超薄磨耗层段进行综合质量跟踪检测,证明施工段质量总体稳定完好。

(4)根据与业主的施工合同,将超薄磨耗层施工与 4cm 厚沥青上面层施工费用进行对比,平均每平方米可节省资金 22.50 元,年度为业主节约养护经费 275.74 万元。

(5)本工法降低了旧路面材料对环境的污染,响应了国家倡导的“安全环保、节能降耗”的口号和要求。

11 效益分析

根据施工合同,将超薄磨耗层施工与 4cm 厚沥青上面层施工费用进行对比,平均每平方米可节省资金 22.50 元,年度为业主节约养护经费 275.74 万元。其具体经济效益分析见表 13。

超薄磨耗层与沥青混凝土上面层施工费用对比分析 表 13

序号	工程项目	细目名称	单位	工程数量	单价	金额(元)	备注
1	超薄磨耗层		m^2	122 573.87	41.66	5 106 427.42	
2	沥青混凝土上面层	铣刨原沥青混凝土路面	m^3	4 902.95	62.27	305 307.00	
		铣刨后路槽清理	m^2	122 573.87	1.88	230 438.88	
		废料外运(运距 1km 内)	m^3	4 902.95	8.98	44 028.53	
		废料超运距运输	$m^3 \cdot km$	490 295.48	1.60	784 472.77	
		乳化沥青黏层	m^2	122 573.87	2.10	257 405.13	
		上面层 AC-13(厚 4cm、运距 1km 内)	m^3	4 902.95	1 113.14	5 457 675.11	
		上面层 AC-13 超运距运输	$m^3 \cdot km$	490 295.48	1.60	784 472.77	
		小计				7 863 800.17	
费用差额(元)						2 757 372.75	

12 应用实例

我公司在2008年高速公路养护施工中,分别在合徐高速公路北段上行K112+988~K117+000全幅,合安高速公路上行K35+990~K37+026全幅、上行K52+140~K55+470全幅、上行K56+928~K59+188全幅等段落进行了超薄磨耗层施工,总计养护里程(单车道)31.914km,养护面积为12.26万m^2。经检测,各项技术指标均能满足要求,具备了较为成功的施工经验,并取得了良好社会效应和经济效益。

多级嵌挤骨架密实型沥青混合料施工工法

GGG(鲁)B3038—2009

陈大华　马士杰　陈　江　胡宗文　周美军
(山东泰山路桥工程公司　山东省交通科学研究所)

1　前言

随着交通流量的增大、轴载的加重以及渠化交通等,对高速公路沥青路面提出了更高的要求。由于设计及施工技术方面的原因,我国应用较多的密级配沥青混凝土在抗水损坏及高、低温稳定性方面的能力较差,沥青路面早期损坏严重。为了解决目前高速公路早期损害的问题,山东省交通科学研究所对包括 Superpave™和 SMA 在内的多种沥青混合料进行了系统的研究,通过对原材料特点、设计方法以及施工技术等的分析,通过大量的工程应用实践,结合我国的技术规范要求,以 Superpave™为基础,最终提出了针对山东省气候环境条件、原材料特点的新型多级嵌挤沥青混合料设计、施工和质量控制方法。多级嵌挤沥青混合料的设计方法、级配结构以及性能指标都与传统沥青混合料有着很大的区别,其施工工艺也应与传统混合料有很大的区别。本工法主要包括多级嵌挤沥青混合料的拌和、运输、摊铺、碾压以及施工质量控制等。本工法对提高沥青混合料的施工均匀性、保证混合料的施工质量以及提高沥青路面的使用质量具有良好的指导作用。多级嵌挤骨架密实型沥青混合料施工技术在山东省多条高速公路上应用,使用效果良好。

2　工法特点

(1)本工法是在总结国内数百公里高速公路沥青路面施工实践经验的基础上,不断优化出来的,具有成熟的施工方案和施工工艺,可操作性强。

(2)由于多数的多级嵌挤骨架密实型沥青混合料具有良好的骨架结构,在高温施工状态具有稳定性,使得高温碾压成为可能。

(3)多数的多级嵌挤密实型沥青混合料由于要求细集料具有棱角性要求,增加了人工砂的应用量,使得混合料的碾压更加困难,通常需要较大吨位的压路机在高温状态下碾压才可能达到理想的压实度。

3　适用范围

本工法适用于使用多级嵌挤沥青混合料的各种新建及养护的沥青路面工程。

4　工艺原理

采用多级嵌挤级配设计的沥青混合料也称为多级嵌挤沥青混合料,其设计方法、级配结构以及性能指标都与传统沥青混合料有着很大的区别,其施工工艺也与传统混合料有很大的区别。通过此技术的研究和推广应用,从原材料的要求、混合料的设计与体积控制指标到生产配合比设计和拌和站的配备及调试、施工,特别是压实工艺以及质量控制标准的全套技术进行了大量研究探索。采用我们探索出的施工工艺已经成功铺筑了 1 600 多公里的多级嵌挤沥青混合料实体工程,经过实践的考验,路面综合性能普遍得到提高。

5 施工工艺流程及操作要点

5.1 施工工艺流程

施工工艺流程见图1。

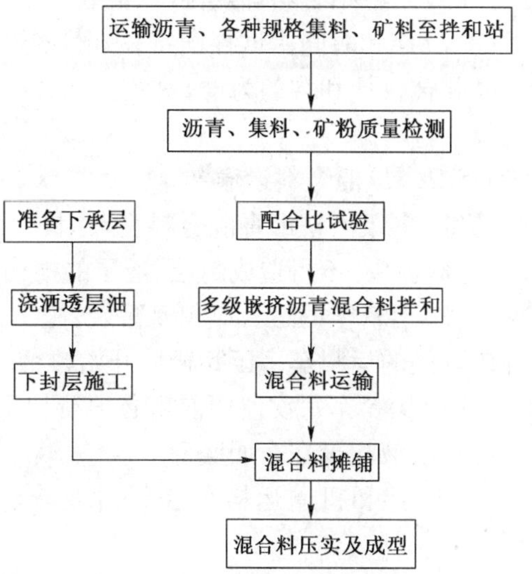

图1 施工工艺流程图

5.2 操作要点

5.2.1 施工准备工作

根据设计文件、合同任务及实际施工条件,编制周密的施工组织计划,包括制定施工方案,路面面层施工的工艺流程,总进度计划,机械劳力配置及材料供应等具体安排,建立质量保证体系和有关规章制度。施工时必须采用流水作业法,使各工序紧密衔接。

施工前应对各种施工机具做全面检查,并经调试证明处于性能良好状态,机具数量足够,施工能力配套,重要机械宜有备用设备。

5.2.2 下承层准备

多级嵌挤沥青混合料施工前,应保证其下承层清洁,平整度、强度满足要求,不符合要求的不得铺筑多级嵌挤沥青混合料层。

多级嵌挤沥青混合料直接用于旧沥青路面加铺层时,应对原沥青路面表面出现的裂缝、坑槽、松散、沉陷等病害按养护技术规范进行处理,达到要求,保证处理质量。

5.2.3 透层及封层

(1)透层油

高速公路施工过程中,基层必须喷洒透层油,统一规定为“透层油在基层施工结束后,表面稍干时洒布,透层油采用(40±2)%的慢裂乳化沥青,洒布量控制在(1.4±0.2)kg/m^2”。

(2)下封层

考虑基层与沥青面层的连接,要求沥青面层与上基层之间设下封层。下封层应于下面层铺筑前施工,施工前应对路面进行清扫,采用专用的热沥青洒布机洒布70号热沥青,洒布量为1.0~1.6kg/m^2(经过试洒后确定),再撒布5~10mm油石比为0.4%的预拌碎石,撒布量为6~8m^3/1 000m^2(经试撒确定)。在碎石撒布完以后,采用轮胎压路机碾压,以使石屑嵌入沥青之中。

(3)黏层油

多层式热铺沥青混合料路面的沥青层之间必须喷洒黏层乳化沥青,快裂乳化沥青洒布量为0.3~0.6L/m^2,乳化沥青中的残留物含量不得少于50%。根据高速公路维修过程中发现的问题,早期的高速公路损坏很大程度上是由于各结构层间连接出现问题,导致各结构层间脱离、积水,进而产生各种病害,因此黏层油不得省略。

5.2.4 混合料拌和

(1)拌和厂各集料必须分隔储存,集料应设防雨顶棚,料场及场道内道路应硬化处理,严禁泥土污染集料。

(2)多级嵌挤沥青混合料应采用间歇式拌和机。

(3)多级嵌挤沥青混合料拌和机设备的各种传感器必须定期检定,周期不少于每年一次。冷料供料装置需经标定得出集料供料曲线。

(4)拌和机必须配备计算机进行逐盘打印且具有二级除尘装置。二级除尘以后的回收粉不允许采用。

(5)多级嵌挤沥青混合料在生产前必须对生产配合比进行严格调试。根据目标确定的配合比应首先进行热料仓振动筛的设置,然后进行热料仓筛分,调试生产初始级配,根据抽提筛分结果确定采用生产级配,最后再确定最佳沥青用量。

(6)沥青结合料加热温度、混合料的出场温度、废弃温度应根据不同沥青种类合理确定。

(7)拌和时间由试拌确定,一般应采用45s以上的拌和时间。所有颗粒必须全部覆裹沥青结合料,并以混合料拌和均匀为度。拌制好的混合料应均匀一致,无花白料、无结团成块或严重粗细集料分离现象。

5.2.5 混合料运输

(1)多级嵌挤沥青混合料宜采用较大吨位的运料车运输,但不得超载运输;运输过程中不得紧急制动、急弯掉头,不得造成封层、透层的损伤。

(2)运料车的运力应稍有富余,施工过程中摊铺机前方应有运料车等候。对高速公路、一级公路,宜待等候的运料车多于5辆后开始摊铺。

(3)运料车每次使用前后必须清扫干净,在车厢板上涂一薄层隔离剂或防黏剂,防止沥青黏结,但不得有余液积聚在车厢底部。

(4)拌和机向运料车装料时要求料车做到前后移动分多堆装车,平衡装料,以减少混合料离析。

(5)运料车运输混合料宜用苫布覆盖保温,防雨、防污染。

(6)运料车进入摊铺现场时,轮胎上不得沾有泥土等可能污染路面的脏物,否则应冲洗轮胎后进入工程现场。

(7)多级嵌挤沥青混合料在摊铺地点凭运料单接收,若混合料不符合施工温度要求,或已经结成团块、已遭雨淋的不得铺筑。

(8)摊铺过程中,运料车在摊铺机前100~300mm处停住,空挡等待,由摊铺机推动前进开始缓缓卸料,避免撞击摊铺机。

(9)多级嵌挤沥青混合料在运输、等候过程中,如发现有沥青混合料沿车厢板滴漏时,应采取措施予以避免。

5.2.6 混合料摊铺

(1)摊铺厚度增大,必须对摊铺机作调整,混合料的摊铺应保持合理的速度,根据拌和站的拌和能力进行合理调整,一般不得大于2m/min,做到缓慢、均匀、不间断地摊铺。

(2)摊铺机应调整到最佳工作状态,调整好螺旋布料器两端的自动料位器,并使料门开度、链板送料器的速度和螺旋布料器的转速相匹配。布料器中料的位置应以略高于螺旋布料器2/3为度,同时螺旋布料器的转速不宜太快,避免摊铺层出现离析现象。

(3)要注意摊铺机料斗的操作方法,减小粗细集料的离析,摊铺机料斗应在刮板尚未露出约有10cm的热料时收拢,基本上是在运输车刚退出时进行,而且应该做到在料斗两翼刚复位时下一辆料车开始卸料,做到连续供料,避免粗集料集中。

(4)混合料的摊铺厚度应为设计层厚乘以松铺系数,摊铺前应确定观测点来验证松铺系数,每一工程大面积开工以前都应铺筑试验段,以确定各项参数。根据经验,混合料的松铺系数一般在1.18~1.20之间。

5.2.7 混合料压实及成型

(1)多级嵌挤沥青混合料的压实是保证质量的重要环节,应选择合理的压路机组合方式和碾压步骤。

(2)由于多级嵌挤沥青混合料是一种完整的粗集料骨架结构,施工时既要保证粗集料的骨架结构,又要防止由于过碾而导致骨架棱角的破坏。

(3)为达到良好的压实效果,必须使用大吨位的双光轮振动压路机和较大吨位的胶轮压路机。对于一台3 000型拌和站,基本配备如下:

11 ~ 13t 双光轮振动压路机　　2 台
26 ~ 30t 轮胎压路机　　2 台
7 ~ 11t 光轮压路机　　1 台

(4)为保证压实过程中不出现粘轮现象,振动压路机水箱中应加入少量的洗衣粉类表面活性剂。胶轮压路机不得洒水,可以在压实过程中适量喷洒或涂抹隔离剂并以不粘轮为原则。

(5)可以采用的压实工艺有两种,具体压实工艺如下。

对于 S 型的沥青混合料,需要在较高温度时充分振动压实,这是得到理想空隙率的保证。压路机通常应紧跟摊铺机,振动压路机应尽可能减少洒水量,保持合理的压实速度。压路机不允许在刚压实的路面上停置;需要停置时应在温度已经降低至 80℃以下压实路面上。具体优选的压实工艺建议如下:

①混合料摊铺以后振动压路机即可进行跟踪压实,压实采用高频低幅,对于 DD110 或 DD130 应采用高频振幅 2 挡,其余类型压路机对应确定压实频率与振幅。压实速度为 4 ~ 5km/h(与人行走速度相当)。洒水装置进行间断洒水,只要保证不黏轮即可。

②振动压实可重复振压 2 ~ 3 遍,振动压实时如果温度降低到 120℃左右,可能产生推挤现象,这时压实度不再增长,可使用轮胎压路机碾压。

③使用轮胎压路机压实 2 遍,轮胎压路机不允许洒水,在每台轮胎压路机开始碾压时往往黏轮。为了避免这一现象,可以在轮胎上涂抹防黏剂或隔离剂,当轮胎温度升高至与路面温度相近时就不黏轮了。

④使用光轮压路机赶光 2 遍,即可完成。

由于混合料在冷却到 110℃以下时,用振动方式容易造成集料过度压碎,因此,在 110℃以下不应再用振动碾压。

另外,压路机不得在尚未成型的路面上急转弯、掉头、停顿;在路面温度尚未冷却以前,压路机也不应放置在路面上。

(6)混合料在冷却到一定温度以下用振动方式容易造成集料压碎,在试验段铺筑时应确定此温度,在此温度以下不应再用振动碾压。

(7)每一个工程项目开始之前,应修筑一试验段,来检验混合料体积性质是否满意和评价摊铺与压实技术。这个试验段必须用计划中的相同施工技术,在相同的混合料温度下摊铺与压实。

6　材料与设备

6.1　材料性能

多级嵌挤沥青混合料使用的各种材料运至现场后,必须取样进行质量检验,经评定合格后方可使用,不得以供应商提供的检测报告或商检报告代替现场检测。

集料粒径规格以方孔筛为准。不同料源、品种、规格的集料不得混杂堆放,严格控制材料的变异性。

任何材料进入施工现场时都应登记,签发材料验收单。

6.1.1　粗集料

多级嵌挤沥青混合料用粗集料指轧制的坚硬岩石。粗集料必须由具有生产许可证的采石场机械化生产或施工单位自行加工。粗集料应该洁净、干燥、表面粗糙,粒径规格应按《公路沥青路面施工技术规范》(JTG F40—2004)的规定生产和使用。

采石场在生产过程中必须清除覆盖层及泥土夹层。生产碎石用的原石不得含有土块、杂物,集料成品不得堆放在泥土地上。

当粗集料与沥青的黏附性不满足要求时,应当采用必要的措施进行处理,使混合料水稳定性检验达到要求。

6.1.2　细集料

多级嵌挤沥青混合料用细集料包括石屑、机制砂和天然砂。采用反击式或锤式破碎机生产的硬质岩集料经过筛选小于2.36mm的部分具有较好的棱角性,可以作为机制砂使用。多级嵌挤骨架密实型混合料宜采用机制砂。细集料必须由具有生产许可证的采石场或采砂场生产。

细集料应洁净、干燥、无风化、无杂质,并有适当的颗粒级配。细集料的洁净程度以砂当量(适用于0~4.75mm)或亚甲蓝值(适用于0~2.36mm或0~0.15mm)表示。

石屑是采石场破碎石料时通过4.75mm或2.36mm的筛下部分,采石场在生产石屑的过程中应加设抽吸设备,杜绝覆盖层或夹层的泥土混入石屑中。石屑生产规格应符合《公路沥青路面施工技术规范》(JTG F40—2004)的要求。

机制砂宜采用专用的制砂机制造,并选用优质石料生产,其级配应符合《公路沥青路面施工技术规范》(JTG F40—2004)中S16的要求。

6.1.3　填料

矿物填料应为磨细的材料,如破碎机产生的细料。使用时,填料应充分干燥,能够自由流动,不结团。填料应不含有机杂质,其塑性指数不应大于4。

6.1.4　沥青胶结料

胶结料应是性能等级(PG)胶结料,适合于路面工程项目现场气候和交通荷载条件的要求,或满足合同中规定的要求。

6.2　主要设备

多级嵌挤沥青混合料面层施工应根据施工任务、合同工期、质量要求等进行合理的机械配置,多级嵌挤沥青混合料面层施工机械设备一般配置如表1所示。

多级嵌挤沥青混合料面层施工机械设备一般配置表　　表1

序　号	机械名称	单　位	数　量	备　注
1	间歇式沥青混合料拌和楼	台	1	3 000型
2	摊铺机	台	2~4	12.5m,功能型号一致
3	DD110或DD130压路机	台	2	
4	D7或D11压路机	台	1	
5	轮胎压路机	台	2	26~30t
6	沥青洒布车	台	1	
7	发电机组	台	1~3	400kW
8	电子地磅	台	1	80t
9	大型装载机	台	按需要	满足施工要求
10	自卸运输车	台	按需要	15t,满足施工要求

7　质量控制

7.1　矿料级配

对于表面层混合料,公称最大集料尺寸为4.75~19.0mm;对于表面层以下的各层,公称最大集料尺寸不得大于37.5mm。试验时混合料集料应符合表2规定的级配要求。

集料级配控制点　　表2

筛孔尺寸(mm)	最大公称尺寸——控制点(通过百分率)(%)											
	37.5mm		25.0mm		19.0mm		13.2mm		9.5mm		4.75mm	
	最小	最大	最小	最大	最小	最大	最小	最大	最小	最大	最小	最大
50.0	100	—	—	—	—	—	—	—	—	—	—	—
37.5	90	100	100	—	—	—	—	—	—	—	—	—
25.0	—	—	—	—	—	—	—	—	—	—	—	—
19.0	—	—	—	90	90	100	100	—	—	—	—	—
12.5	—	—	—	—	—	90	90	100	100	—	100	—
9.5	—	—	—	—	—	—	—	90	90	100	95	100
4.75	—	—	—	—	—	—	—	—	—	90	90	100
2.36	15	41	19	45	23	49	28	58	32	67	—	—
1.18	—	—	—	—	—	—	—	—	—	—	30	60
0.075	0	6	1	7	2	8	2	10	2	10	6	12

混合料级配分成粗级配和细级配，当级配主要控制筛孔(PCS)的通过率小于表3主要控制点通过率时，定义为粗级配，所有其他级配为细级配。

级 配 分 类　　表3

公称最大集料尺寸混合料的主要控制筛孔(PCS)的控制点(通过百分率,%)					
公称最大集料尺寸(mm)	37.5	25.0	19.0	12.5	9.5
主要控制筛孔(mm)	9.5	4.75	4.75	2.36	2.36
PCS控制点(通过百分率)	47	40	47	39	47

7.2 施工控制

7.2.1 铺筑试验段

试验段的长度应根据试验目的确定，通常应等沥青混合料级配与油石比达到设计要求时制定，每一层正式施工以前均应做试验段，铺筑长度宜大于200m。通过试验段验证混合料的级配与体积指标是否满足要求，以及拌和站的稳定性，同时通过试验段来确定合适的施工工艺、松铺系数等施工参数。

试验段铺筑分试拌及试铺两个阶段，应包括下列实验内容：

(1)检验各种施工机械的类型、数量及组合方式是否匹配。

(2)通过试拌确定拌和机的操作工艺。

(3)通过试铺确定摊铺、压实工艺，确定松铺系数等。

(4)验证沥青混合料生产配合比设计，提出生产用的标准配合比和最佳沥青用量。

(5)建立用钻芯法与精密水准仪高程法等无破损检测路面密度的对比关系。确定压实度、空隙率的标准检测方法。

试验段铺筑应由有关各方共同参加，及时商定有关事项，明确试验结论。铺筑结束后，施工单位应就各项试验内容提出完整的试验段施工、检测报告，取得业主或监理的批复。

7.2.2 混合料配合比组成测定和试验分析

(1)多级嵌挤沥青混合料采用旋转压实仪成型方法时，试件毛体积相对密度的测定采用表干法，混合料其他体积指标采用《公路工程沥青及沥青混合料试验规程》(JTJ 052—2000)。

水敏感性检验：沥青混合料在压实温度下老化2h，进行成型，并且试件空隙率控制在(7.0±0.5)%范围内，经真空饱水后，饱水率在70%~80%的范围，要求抗拉强度比不低于80%。

(2)多级嵌挤沥青混合料采用马歇尔成型方法时，试件的毛体积相对密度测定采用表干法，并据此计算沥青混合料试件的空隙率、矿料间隙率、粗集料间隙率等各项体积指标。理论最大相对密度参考《公路沥青路面施工技术规范》(JTG F40—2004)规定的方法确定。

高温性能检验:对工程最大尺寸等于或小于19mm的混合料,应进行高温稳定性检验,高温稳定性检验可采用车辙,评价指标为动稳定度,试验方法为《公路工程沥青及沥青混合料试验规程》(JTJ 052—2000)中T0719—1993,改性沥青混合料动稳定度要求不小于2 800次/mm,普通沥青混合料动稳定度要求不小于1 000次/mm。

低温性能检验:低温性能采用低温弯曲试验破坏应变(με)作为评价指标,试验方法为《公路工程沥青及沥青混合料试验规程》(JTJ 052—2000)中T0728—2000。改性沥青混合料要求-10℃时的低温弯曲破坏应变不小于2 800με。

水稳定性检验:水稳定性采用冻融劈裂残留强度来衡量,试验方法为《公路工程沥青及沥青混合料试验规程》(JTJ 052—2000)中T0728—2000(马歇尔法),改性沥青混合料要求冻融劈裂残留强度比不小于80%,普通沥青混合料要求冻融劈裂残留强度比不小于75%。

7.3 质量管理及检查验收

多级嵌挤沥青混合料沥青路面施工必须根据全面质量管理的要求,建立健全有效的质量保证体系,进行全过程质量控制,对各工序的施工质量进行检查评定,确保达到规定的质量标准,确保施工质量的稳定性。质量管理包括:所用材料的标准试验、铺筑试验段、施工过程中的质量管理和检查验收(工序间)。必须建立健全工地试验、质量检查及工序间的交接难验收等项制度。试验检测应做到原始记录齐全,数据真实可靠。

多级嵌挤骨架密实型混合料沥青路面施工应加强过程质量控制,实行动态质量管理。施工质量管理与检查验收应包括工程施工前、施工过程中质量管理与质量控制,以及各施工工序间的检查及工程交工后的质量检查验收。

7.3.1 材料标准试验

在施工前及施工过程中,必须检查各种材料的来源和质量。对经招标程序购进的沥青、集料等重要原材料,供货单位必须提供最新检测的正式试验报告。从国外进口的材料应提供该批材料的船运单。对首次使用的集料,应检查生产单位的生产条件、加工机械、覆盖层的清理情况。所有材料都应按规定取样检测,经质量认可后方可订货。

施工过程中材料质量检查项目和频率应符合表4中的要求,表5为多级嵌挤沥青混合料施工过程中检验频率与要求。每个检查项目的平行试验次数或一次试验的试样数必须按相关试验规程的规定执行,并以平均值评价是否合格。

施工过程中材料质量检查的内容和要求 表4

材　料	检查项目	检查频率	平行试验次数或一次试验的试样数
粗集料	外观(石料品种,含泥量等)	随时	—
	针片状颗粒含量	随时	3
	颗粒组成部分(筛分)	必要时	2
	压碎值	必要时	2
	洛杉矶磨耗损失	必要时	2
	含水率	必要时	2
细集料	颗粒组成	随时	2
	砂当量	必要时	2
	含水率	必要时	2
	松方单位重	必要时	2

续上表

材 料	检 查 项 目	检 查 频 率	平行试验次数或一次试验的试样数
填料	外观 含水率	随时 必要时	— 2
沥青	针入度 软化点	每天 1 次 每天 1 次 每周 1 次 必要时 必要时 随时	3 2 2 3 3 —

多级嵌挤骨架密实型沥青混合料施工过程中检验频率与要求 表 5

项 目		检查频度及单点检验评价方法	质量要求或允许偏差	试 验 方 法
混合料外观		随时	观察集料粗细、均匀性、离析、油石比、色泽、冒烟、有无花白料、油团等各种现象	
拌和温度	沥青、集料的加热温度	逐锅检测评定	符合规定	传感器自动检测、显示并打印
	混合料出厂温度	逐车检测评定	符合规定	传感器自动检测、显示并打印,按 T0981 人工检测
		逐锅测量记录,每天取平均值评定	符合规定	传感器自动检测、显示并打印
矿料级配	0.075mm	逐锅在线监测	±1%	计算机采集数据计算
	4.75、9.5mm		±5%	
	>9.5mm		±6%	
	0.075mm	逐锅检查,每天汇总 1 次,取平均值评定	±1%	总量检验
	4.75、9.5mm		±2%	
	>9.5mm		±3%	
	0.075mm	每台拌和机每 500 ~ 1 000t1 次,以 2 个试拌样的平均值评定	±1%	T0725 抽提筛分与标准级配比较的差
	4.75、9.5mm		±4%	
	>9.5mm		±5%	
沥青用量(油石比)		逐锅在线监测	±0.3%	计算机采集数据计算
		逐锅检查,每天汇总 1 次,取平均值评定	±0.15%	总量检验
		每台拌和机每 500 ~ 1 000t 查 1 次,以 2 个试样的平均值评定	±0.2%	抽提 T0722、T0721
压实度		每 $2km^2$ 检查 1 组	试验室标准密度的 98%,试验段密度的 99%	T0924、T0922
空隙率		每 $2km^2$ 检查 1 组	±2%	T0924、T0922
析漏试验		每台拌和机每天 1 ~ 2 次	0.2%	T0732
飞散试验		需要时	20%	T0733

7.3.2 质量管理

多级嵌挤沥青混合料结构层施工中应抓好材料质量、施工温度、摊铺碾压机械、施工工艺等环节,保证压实度,切忌片面追求平整度而降低压实度。外表尺寸检查项目、频度和质量标准以及质量控制的项目、频度和质量标准,应满足《公路工程质量检验评定标准》(JTG F80/1—2004)要求。

8 安全措施

(1)施工现场要做到布局合理,施工规范,防范严密;工地要做到管线齐全,灯明路平,标志醒目,防护设施齐全。机械施工时设专人现场调度,确定合理的车辆机械行走路线,并设立明显安全标志。

(2)各种机械设备均由经考试合格的专职人员操作,持证上岗,严格执行操作规程,未经培训考核的无证人员不得进行操作。

(3)加强机械设备的检查、保养、维修,确保安全装置完好、灵敏、可靠。

(4)施工现场及拌和场应有明显的警告标志,在生产过程中严格按操作规程进行,施工区域要有明显的标志和封闭护栏。车辆、压路机等机械应有专人调度指挥。

(5)加强用电安全管理,严禁乱拉电线及乱安用电装置,确保用电安全。

9 环保措施

(1)在施工中,应加强环境保护措施,以预防为主,贯彻执行国家有关环境保护政策,加强本单位职工的环保安全知识宣传教育,切实做好施工期内的环保工作。

(2)严格执行当地现行的环保条例和排污管理办法的相关规定,分析、识别路面面层施工各工序对周围环境的影响程度。

(3)防止水污染和水土流失,做好工期防水、排水工作。

(4)防止空气污染和噪声污染。沥青混合料拌和楼采用先进的二次除尘设备,沥青加热使用导热油加热,不发生油气、粉尘的外泄。

(5)沥青混合料拌和站应远离居民区或设置在居民区的下风向,矿粉等易于引起粉尘的细料或散料予以遮盖,材料运输时使用帆布、盖套及类似物品遮盖,减少扬尘。

(6)防止施工机械滴漏油现象,禁止油污直接滴漏地表,污染土壤,加强施工现场的清理。

10 资源节约

(1)采用多级嵌挤骨架密实型沥青混合料,能够更好地保证沥青路面工程的施工质量,减少沥青路面运行过程中出现的各种病害,从而减少了维修次数,有效地节约了原材料资源。

(2)施工过程中使用机械性能好、技术先进的设备。科学组织施工,充分发挥机械设备的使用效率。

11 效益分析

多级嵌挤骨架密实型沥青混合料是在Superpave的基础上提出的新型沥青混合料,其抗滑耐磨,具有良好的高温稳定性及低温抗裂性能,耐久性能好,铺筑的沥青路面具有优良的路用性能,通过对山东省内1 600多公里高速公路的铺筑经验来看,修筑的沥青路面病害少,延缓了维修时间,维修周期延长,从而降低了维修成本,减少了维修所带来的交通阻塞等影响,具有良好的经济效益和社会效益。

12 工程实例

(1)济莱高速公路第五合同段起止桩号为K28+15~K40+250,全长12.1km,由山东泰山路桥工程公司中标承建。该项目路面工程2006年开工建设,2007年建成通车,其中沥青路面设计为三层,4cm+6cm+8cm=18cm,数量为1 298km^2,采用了多级嵌挤骨架密实型沥青混合料施工工法。使用该工法提高了沥青混合料的施工均匀性,保证了混合料的质量,从而提高了沥青路面的使用质量。

(2)青兰线青岛至莱芜段高速公路青马段第七合同段起止桩号为K61+100~K72+500,全长11.40km。该项目路面工程2006年开工建设,2007年建成通车,其中沥青路面设计为三层,4cm+6cm+8cm=18cm,数量为1 140km^2,采用了多级嵌挤骨架密实型沥青混合料施工工法。通车运行一年后未发现质量病害,得到了业主及监理工程师的高度评价。

双层摊铺机摊铺沥青路面施工工法

GGG(冀)B3039—2009

庞炳维　魏会林　康爱忠　李海龙　李晓静
(河北路桥集团有限公司)

1　前言

传统的沥青混凝土路面摊铺方式是把不同种类沥青混合料分层摊铺、分层碾压。20世纪末,通过改进传统沥青混凝土摊铺机,在德国出现一种新型的沥青混凝土摊铺方式,即双层摊铺工艺。双层摊铺施工属于创新的摊铺理念:用一道工序热铺两层(中面层、上面层)沥青混合料。传统的两层单独铺筑的、含有不同配比组成的沥青混合料通过这个新工艺变成一层施工(热接热)的复合式沥青混合料。

石黄高速公路石辛段中修罩面工程采用2cm SAC-10型磨耗层+4cm AC-13型沥青混凝土双层罩面结构,由双层摊铺机一次摊铺成型,施工南幅长40.14km,共431 505m^2;施工工期20d。

2　工法特点

(1)可减薄磨耗层厚度,降低成本。

(2)磨耗层是在热的沥青层上摊铺压实的,其降温速度缓慢,达到高温压实的效果,提高了压实度,降低了路面结构受水和空气影响造成沥青的剥落、老化现象,同时可以得到良好的平整度。

(3)双层热接摊铺使得层间紧密联结,形成一个连续受力的整体,提高了路面的整体抗剪能力,使采用该施工工艺的路面结构变形稳定性相应提高50%~70%。

(4)两层同时摊铺施工时间短、工艺紧凑,有利于施工进度控制;特别是急于开放交通的大修工程。

3　适用范围

适用于高速公路及一级公路新建及大中修罩面工程中、上面层摊铺,特别适用于急于通车的养护大中修罩面工程。

4　工艺原理

沥青混凝土双层摊铺其工作原理是将沥青黏结层和磨耗层同时摊铺完成,即"热+热"摊铺工艺,两层不同配比组成的面层沥青混合料用一个双层摊铺机分层一次完成摊铺,通过紧随摊铺机进行嵌挤碾压的压路机碾压形成有效嵌挤相结合的路面上部复合式路面结构。相对单层施工,双层摊铺的路面结构在减少一层透层沥青的情况下,得到一个更好的层间联结,又在很大程度上减少了接缝数量。磨耗层厚度减薄,通过采用耐磨矿料及新型稳定的优化设计结构(如沥青玛蹄脂等),达到成本降低,而道路整体预期寿命得到提高。

5　施工工艺流程

5.1　基本要求

(1)双层摊铺施工必须采用双层摊铺设备一次铺筑成型,包括双层摊铺机、沥青混合料转运车等摊铺设备。石黄高速公路具体机械设备组合为:采用马莱尼4000型和马莱尼3 000型沥青拌和楼分别生产两种不同的沥青混合料;运输采用 30 辆 15t 以上自卸汽车进行运输;摊铺设备采用 DYNAPAC (300CS)双层摊铺机 1 台、戴纳派克 MF300C 沥青混凝土转运车 1 台;碾压设备组合采用:CC122 双钢轮压路机 1 台,CC142 双钢轮压路机 1 台,DD130 双钢轮压路机 4 台,XP301 胶轮压路机 2 台和 DD110 双钢轮压路机 1 台。

(2)双层摊铺的两层分别称为磨耗层和连接层,两层总厚度不宜大于 12cm;磨耗层厚度根据沥青混合料大粒径的不同可以采用 1.5 ~ 3.0cm,连接层厚度可以采用 4 ~ 10cm。

(3)磨耗层宜采用抗滑、耐久的密级配或开级配细粒式沥青混合料;连接层宜采用高温抗车辙且有良好抗水损害能力的中粒式或粗粒式密级配沥青混凝土。结构层厚度不宜小于混合料公称最大粒径的 2 倍。

(4)磨耗层应采用抗滑性能优良、外形接近立方体的硬质集料。

(5)正常施工时应有 2 台 3 000 型以上的沥青混合料拌和楼,分别拌和两种混合料。

(6)双层摊铺施工前应根据拌和楼产量、摊铺及碾压设备效率确定施工工艺。

5.2 试验段铺筑

(1)进行双层摊铺前应进行试验段铺筑。试验段铺筑长度应不短于 500m。

(2)试验段铺筑完成后应进行各种试验检测,通过试验段确定生产配合比、双层摊铺机熨平板及夯锤的振动参数、合理的压实机械组合及压实方法、混合料松铺系数以及接缝方法、拌和机的操作工艺参数和运输工艺。

5.3 施工准备

(1)准备下承层:

①沥青路面摊铺作业前对下承层进行彻底清扫,要求清扫干净。

②对下承层路面的平整度、压实度、横坡和高程等指标进行复验。

③在清扫干净的下承层上进行防水层施工,做好交通管制,严禁二次污染。

(2)检查运转车性能。

5.4 沥青混合料的拌和

(1)基本要求:

①拌和厂应配备 2 台 3 000 型以上拌和楼,分别拌和磨耗层沥青混合料和连接层沥青混合料。生产量应该考虑两种沥青混合料的比例进行控制,保证施工现场不会由于供料不均衡,造成路面摊铺不连续。

②拌和厂应在其设计、协调配合和操作方面,都能使生产的混合料符合生产配合比设计要求。拌和设备的小时产量宜控制在其设计能力的 60% ~80% 之间。拌和机均应有防止矿粉飞扬散失的密封性能及除尘设备,并有检测拌和温度的装置。拌和设备要有成品储料仓。

③拌和机二次筛分用的振动筛应符合所拌和的沥青混合料规格的要求,筛孔尺寸应该与拌和的合料类型相匹配,并参照筛孔的对应关系选用,不同级配必须配制不同的筛孔组合,最大筛孔宜略大于混合料的公称最大粒径,筛网不得有破损或变形,其安装角度应根据材料的可筛分性、振动能力等由试验确定。

④冷料仓不少于 5 个,矿粉仓配备破拱装置。

(2)使用前,标定拌和楼的各种传感器。在安装完成后,按批准的配合比进行试拌调试。

(3)沥青混合料的拌和时间不小于 50s,并应以混合料拌和均匀、所有矿料颗粒全部裹覆沥青结合料为度,并经试拌确定。

(4)拌好的沥青混合料宜随拌随用,若因生产或其他原因需储存时,储料仓储料的时间不宜超过 6h。储存期间,温降不应超过 10℃,且不得发生结合料老化、淅漏以及粗细集料颗粒离析现象。

(5)沥青混合料出厂时,应逐车检测沥青混合料的质量和温度,记录出厂时间;如果混合料的温度过高或过低，必须废弃不用。

5.5 混合料的运输

(1)采用载重不小于20t的大型自卸汽车，并在车厢内涂抹隔离油防止黏附沥青混合料。

(2)两种不同类型的沥青混合料同时运输到现场并互相间隔两辆车交替停车。待摊铺开始时，将最前的两辆连接层料车调到后面，使用最新的两辆连接层料摊铺。

(3)混合料运输过程中采用篷布覆盖，以保持混合料的温度。在雨季施工时，运料车还应准备防雨篷布。

5.6 混合料的摊铺

(1)摊铺前清除干净底板上黏附的沥青料，并对熨平板加热至不低于120℃。熨平板预热时，将熨平板放在垫木上，并开动振动装置，使之低速运转，以防止振动轴受热不均匀而弯曲变形。

(2)摊铺前将摊铺连接层的熨平板停在路面铺筑线起点10cm处，并将摊铺连接层的熨平板和摊铺磨耗层的熨平板分别放在垫木上。

(3)摊铺作业中，熨平板保持一定的温度。

(4)摊铺前，首先分别往磨耗层摊铺箱和连接层摊铺箱中装入两种混合料，打开连接层摊铺系统的螺旋布料器，螺旋布料器相应于摊铺速度调整到一个稳定的速度均衡地转动，两侧有不少于送料器2/3高度的混合料，同时保证布料器前混合料高度一致，使熨平板浮力均匀，以减少在摊铺过程中混合料的离析。

(5)摊铺机继续向前行进，待上层摊铺熨平板达到下层起始接缝处时，打开磨耗层摊铺系统的螺旋布料器，使得磨耗层混合料进入其中，进行磨耗层的摊铺。

(6)摊铺过程中，摊铺机必须缓慢、均匀、连续不断地摊铺，速度控制在2～4m/min的范围内，不得随意变换速度，避免中途停顿。

(7)拌和场必须根据施工现场对两种沥青混合料的用量比例，来控制生产量及运输。

(8)沥青混合料摊铺过程中，随时检查其厚度、平整度、高程及温度等，对不合格之处应及时进行调整。

(9)对外形不规则、路面厚度不同、空间受到限制以及桥梁伸缩缝等摊铺机无法工作的地方，经工程师批准可以采用人工铺筑混合料。

(10)在雨天或表面存有积水及施工气温低于10℃时，不进行摊铺混合料工作。

5.7 混合料的碾压

(1)严格按照试验段确定的碾压工艺来控制碾压。

①嵌挤碾压采用8t以下小型双光轮压路机紧随双层摊铺机静压1～2遍，使摊铺的两层不同配比的混合料结合面迅速嵌挤在一起，达到层间结合紧密的效果。

②初压紧跟嵌挤碾压进行，采用12t以上双钢轮压路机静压1～2遍。

③复压在混合料摊铺后较高温度下进行，采用12t以上双光轮压路机振动碾压4～8遍。压路机从外侧向路中心碾压，相邻碾压带应重叠1/3～1/2轮宽。当边缘有支挡时，应紧靠支挡碾压；当边缘无支挡时，可在边缘先空出宽30～40cm，待压完第一遍后，将压路机大部分重量位于已压实过的混合料面上再压边缘，以减少向外推移。碾压时应将驱动轮面向摊铺机，碾压路线及碾压方向不应突然改变而导致混合料产生推移，压路机起动、停止必须减速缓慢进行。

(2)终压要消除复压过程中表面遗留的不平整印迹，保证路面的平整度。采用20～25t的轮胎压路机配合10t左右的双光轮大宽度压路机以4～5km/h的速度进行碾压2遍来完成。此时轮胎压路机的主要作用是通过轮胎的搓揉来糅合细小的施工裂缝，光轮压路机则用来消除轮迹。

(3)应严格控制胶轮压路机的碾压温度，防止黏轮现象的产生。

(4)摊铺和碾压过程中，要组织专人进行质量检测控制和缺陷修复。在压路机压不到的其他地方，采用手夯或机夯把混合料充分压实。已经完成碾压的路面,不得修补表皮。出现大的缺陷应铲除重铺。

5.8 接缝

(1)双层摊铺工艺采用全幅摊铺,不设纵向接缝。

(2)当由于工作中断,摊铺材料的末端已经冷却,或者在第二天恢复工作时,应将中断处做成一道横缝。

①横向施工缝全部采用平接缝,在已摊铺段端部用三米直尺画线定出接缝位置,用锯缝机割齐后去掉多余料,继续摊铺前将切缝上的灰浆清除,薄涂 SBS 改性沥青,摊铺机熨平板从接缝后起步摊铺。

②横向接缝碾压首先用双钢轮压路机(如 DD-130)横向碾压,压路机开始在冷路面上,逐渐向热路面碾压,第一次压入量为 1~2cm,逐渐至压入热路面 10~15cm。

③实行 45°斜压。斜压从中间向两侧依次分开,重叠量不小于 1/2 轮宽。

5.9 交通管制与路面日常养护

(1)开放交通前禁止非施工车辆通行。

(2)及时清扫路面杂物,防止路面污染。

(3)沥青混凝土路面待摊铺层完全自然冷却,必须经过至少一个晚上的时间,并在混合料表面温度低于 50℃后,方可开放交通。

6 机具设备

根据工艺原理,双层沥青混合料摊铺施工是由一台新型双层沥青摊铺机和一个高效率的履带式联合给料机以及传统工艺的热拌、运料、压实设备完成。

新型双层沥青摊铺机基本原理是由两套前后交错安装在一起的路面摊铺机组成。具体组成:两个独立且受料容量不同的混合料受料斗、两个运输装置、两个螺旋撒布机、两套熨平板。双层摊铺机架高的上面层料斗容积略小,受料 25t 左右,中面层料斗容积较大,受料 45t 左右;可与两层同步摊铺的每层需料量匹配。这种摊铺机是组合装配的,后组装的组成部件是一个复合体,因为它包含了上面层摊铺机的整体结构和技术部件及本身的能源供应系统。

另外加上螺旋运输机,取代了普通摊铺机上的刮板运输机的作用,并把混合料由架高的上面层料斗运送到摊铺板上。这个组成部件是拖车式的摊铺系统,各项技术参数均按照传统摊铺机的要求设计,其装置可以很方便地随时卸载而无需使用起重设备,拼装非常容易。

该套设备还包括一个高效率的履带式联合给料机,由给料机交替把不同沥青混合料从运输车运送到两个混合料斗中;摊铺过程连续均匀,一次完成两层路面的最终压实。

7 施工顺序

下承层病害治理→清扫下承层→洒布 SBS 改性沥青防水层→沥青混合料拌和→沥青混合料运输→沥青混合料摊铺→碾压→养生控制交通→标线→开放交通。

8 交通及安全组织方案

对于高速公路养护工程在施工区段按照《公路养护安全作业规程》(JTG H30—2004)规定设置借道绕行交通标志,保证双层摊铺机的整幅摊铺。

9 质量要求

9.1 平整度

(1)碾压过程中,加强对平整度的跟踪监测,对不平整路段的高点实施修复碾压。

(2)在终压过程中,路面未冷却之前,由专人用三米直尺逐尺对路面进行测量,在路面方向上分内、中、外三条线检测,对不平整段加密测量,测量应有记录,对不平整处在路面做标记,进行修补碾压。对成型路面,及时用连续式路面平整度仪进行检测,分析各桩号段数据,找出存在问题,指导下一步施工,为对路面不平整的处理提供依据。

9.2 压实度

(1)连接层初始压实度检测:采用灌砂法在摊铺后马上检测连接层初始压实度,初始压实度要求大于90%(GTM标准密度)。

(2)施工过程压实度检测(无损法):通过试验段标定无核密度仪,施工过程中采用无核密度仪加大检测数量,进行过程控制。

(3)钻芯法检测压实度:按照试验段钻芯方法进行钻芯,检测连接层的压实度。按照GTM标准密度的97%或者最大理论密度的93%进行控制。

(4)路面抗滑性能检测:采用铺砂法检测路面构造深度,要求构造深度为0.5~0.8mm。

10 效益分析

(1)磨耗层厚度由常规的4cm可减少至1.5~2cm,节约近50%磨耗层的用料。

(2)减少了层间连接黏层。

(3)磨耗层与连接层嵌挤热接,大幅提高了路面的使用寿命。

(4)双层一次摊铺,施工工期节省约50%,有利于施工进度控制,特别是急于开放交通的大修工程。

11 应用实例

11.1 石黄高速公路石辛段中修罩面工程

(1)上面层由原来的传统4cm抗滑表层减少到2cm,节约50%的材料成本。

(2)由于采用双层摊铺,上面层采用2cm SAC-10型路面结构,大大降低了行车噪声,提高了行车的舒适性。

(3)本项目罩面里程40.14km,按传统的施工方式,上、中面层如采用不中断交通单车道施工,有效工期为80d左右,半幅断交施工有效工期最少40d,而采用双层摊铺机施工,实际工期只有20d,节约工期成本为50%。

(4)由于采用双层摊铺,两层为热连接,减少了中间黏层的成本投入,并提高了上、中面层的黏结效果,增强了面层的防水效果,大大提高了路面的使用寿命。

11.2 张石高速公路路面摊铺

张石高速公路为加快路面施工进度,提高路面铺筑沥青混合料质量,确保化稍营至蔚县段工程提前一年通车,张石高速公路二期工程指挥部引进了路面双层摊铺新工艺。

总之,该施工工艺在同一过程中,上下两层不同的沥青混凝土面层均是在高温状态同时摊铺的,这项革命性的创新将带来更高的路面抗变形能力和更低的路面维护费用,作为一种更优异的双层连接摊铺方式,这种全新的技术应该得以全面推广。

温拌沥青混合料施工工法

GGG(冀)B3040—2009

杜欣峰　王林山　李海良
(河北路桥集团有限公司)

1　前言

传统的沥青混合料分为热拌和冷拌两种,各有其优缺点。热拌热铺沥青混合料路面结构强度高,水稳定性和温度稳定性好,是目前我国高等级公路最常用的路面结构。但其施工过程中会产生大量对人体有害的浓烟,不仅对人体健康有害,还会大大增加温室气体排放和能源消耗。

在能源紧缺、全球气候变暖的大背景下,温拌沥青技术应运而生,其拌和温度介于热拌和冷拌之间,目的在于结合两者优点,避免双方缺点。石家庄市环城公路在路面建设中应用了温拌沥青技术。我公司施工人员针对施工中的技术难题,探索解决方法,成功地完成了施工任务。为在今后的沥青路面施工中推广应用温拌沥青技术,特编写了本工法。

2　工法特点

(1)少烟或无烟的作业环境,减少对施工作业人员的危害。热拌沥青混合料施工中产生大量的沥青烟,沥青烟中含有大量致癌物质,由于温拌沥青混合料施工温度在130℃左右,而沥青加热到130～140℃以上才会产生沥青烟,温拌沥青技术减少对人体有害的气体达81%。

(2)减少 CO_2 温室气体排放,以及 CO、NO、NO_2 等有毒有害气体排放。节约能源,减少不可再生资源投入,温拌沥青技术是一项节能环保的新技术,其社会效益显著。

(3)可以在较低气温条件下施工。热拌热铺沥青混合料要求施工环境温度必须高于10℃,因此在高原地区或我国北方,冬季就不能施工。而温拌技术却能在较低气温条件下施工,延长了施工周期。

(4)减轻施工过程中沥青的老化,使沥青与石料黏结界面得到改善,提高了沥青混合料的动稳定度,延长了路面使用寿命。

3　适用范围

适用于高等级公路、运输主干线道路沥青路面铺筑,特别适用于长大隧道沥青路面施工、超薄沥青路面施工、人口密集城镇沥青路面施工、废轮胎橡胶沥青路面施工以及低温条件下的沥青路面施工。

4　工艺原理

实现沥青温拌,其原理是降低沥青黏度。石环公路采用表面活性平台技术,其特点是少量的表面活性添加剂(0.5%～1%沥青用量)、水与热沥青在拌和过程中共同作用,表面活性剂富集于残留微量水和沥青的界面,暂时在沥青胶结料内部形成较为稳定的结构性水膜。

在拌和过程中,水膜起到润滑的作用,降低了沥青动力黏度,增加了低温下的和易性。在碾压过程中,水膜结构受到破坏,水膜内部微量的水分排除出去;化学添加剂起到抗剥落剂的作用,沥青性能不受任何影响。

5　工艺流程及操作要点

温拌沥青混合料工艺流程与热拌沥青混合料基本相同，只是需要在拌和时加入 DAT 浓缩液，工艺流程见图 1。

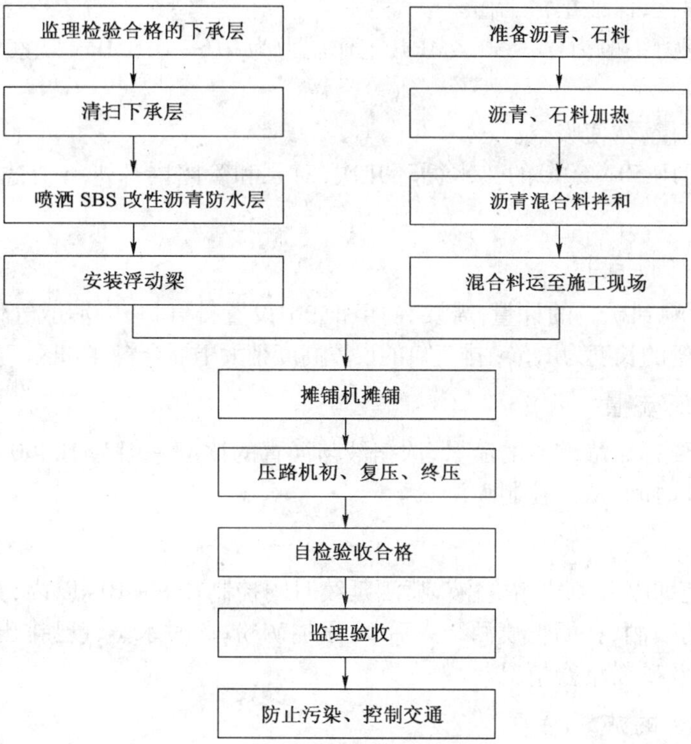

图 1　工艺流程

5.1　安装浓缩液输送设备

输送设备由 4 部分组成，分别为喷洒系统、电机控制系统、信号接入系统以及管道内部循环系统。

5.1.1　喷洒系统

浓缩液应均匀地喷洒在沥青上，但不能与石料直接接触，因此浓缩液的喷头方向应和沥青喷头方向相匹配，以保证浓缩液的喷洒区域和沥青喷洒区域重合，而且其喷头位置应不低于沥青喷头的高度。

5.1.2　电机控制系统

使用调速电机控制计量泵的流量保证在预设的时间内喷洒定量的 DAT 浓缩液。

5.1.3　信号接入系统

信号接入系统用于控制浓缩液的喷洒时刻和喷洒延续时间。通过向电磁阀提供电流信号从而控制电磁阀的阀门移动，也决定了两个阀门的开闭情况（通常一个开，一个闭），然后借助气体压力控制三通的方向，从而实现浓缩液的流动方向调节，实现喷洒功能。从电脑控制系统给出沥青喷洒时刻的信号，带动延时继电器，保证浓缩液在规定时刻开始喷洒，并能喷洒预设的时间。

5.1.4　管道内部循环系统

管道内部循环系统使浓缩液在出口阀门打开之前，一直处于循环状态，避免气泡进入浓缩液，使得管道内部压力恒定，保证浓缩液的喷洒量。

5.1.5　注意事项

泵送系统管路不应有渗漏，否则重新进行装配。

检查电磁阀和气阀工作状态：无电时循环，得电时喷洒，并且检查气路系统有无泄漏。

按照计量要求，合理确定喷洒时间及变频器频率。

如发现流量不稳或变小,请检查过滤器是否堵塞,若有堵塞可拆下滤网仔细清洗后装回。

计量泵禁止无液体运行,否则会导致泵的损坏。

添加剂温度应不高于60℃,否则应用耐高温硬管。

新的计量泵如发现阻力过大或有转不动现象,请稍松泵外壳上的4个螺栓,如发现有泄漏情况,请稍紧泵外壳上的4个螺栓,保证正常工作。

压力表循环时的压力一般为0.3~0.4MPa,工作压力为0.5~0.6MPa,观察压力表即可知道系统是否工作正常。

时刻注意储液罐容量,勿使吸空。

每次设备使用完后用50~60℃的热水循环几次,对泵和管路内部进行清洗,避免浓缩液沉积在泵和管路里面。

5.2 设置拌和缸排气口

气体的反冲力会影响到矿料的计量,需要在拌和缸中设置排气口,以消散气体。排气口直径为50~60cm,外接排气管,排气管的长度为1.5m,排气口的设置高度稍大于混合料拌和区高度,以便气体顺利排出。

5.3 标定浓缩液流量

正式生产之前,需要标定浓缩液的流量,浓缩液与沥青的比例一般为10:90,由试验确定,其用量通过继电器控制喷洒延续时间,从而控制喷洒量。

5.4 下料顺序

沥青开始喷洒后随即喷入DAT浓缩液,喷洒延续时间控制在8~10s以内,且必须保证在沥青喷洒结束之前完成浓缩液的喷洒,在沥青喷洒结束后6s添加矿粉,此时水蒸气已排出,从而避免影响矿粉计量精度、减少矿粉损失及矿粉堵塞情况。

5.5 温拌混合料的施工温度

温拌沥青混合料施工温度见表1。

温拌沥青混合料施工温度 表1

施 工 工 序	普 通 沥 青	SBS改性沥青
环境温度(℃)	15~30	15~30
矿料加热温度(℃)	130~135	140~145
沥青加热温度(℃)	145~165	160~170
沥青混合料出料温度(℃)	130~135	130~135
混合料摊铺温度(℃),不低于	125	125
开始碾压温度(℃)	125	125
碾压终了温度(℃),不低于	70	70

5.6 施工准备

施工前做好以下几项准备工作:

(1)备好石料、沥青、机制砂等各种原材料,石料经现场水洗、二次过筛。

(2)调试拌和楼,首先根据目标配比进行试拌,试拌时将二次筛分后进入热料仓的材料取样筛分,再次确定各热料仓的材料比例,供拌和机控制室使用。同时反复调整冷料仓进料比例达到供料平衡,根据试验组成设计,确定生产配合比。

(3)铺筑之前要对下承层进行清扫,保证表面洁净,无浮料、杂物,并洒布SBS改性沥青防水层(或黏层油)。

(4)对各种施工机具做全面检查,并经调试使其处于性能良好状态,摊铺、碾压设备现场就位。

(5)测量员恢复中线,并在两侧路肩钉设控制桩,每10m一排桩。根据中线按设计要求放出路面边缘线和路肩线。

5.7 拌和

(1)温拌浓缩液添加方式:DAT 浓缩液与沥青按试验确定的质量比(一般为 10:90)加入拌缸,沥青开始喷洒后 3s 开始喷入 DAT 浓缩液,喷入延迟时间控制在 8~10s 以内,且必须保证在沥青喷洒结束之前完成浓缩液的喷洒。

(2)每盘料拌和时间不低于 60s,其中湿拌 6s 后再添加矿料,再继续湿拌。

(3)检查混合料拌和均匀性,以无花白料、无结团成块和粗细分离为好。

(4)逐盘打印沥青及各种矿料的用量及拌和温度,每个工作班结束,打印各料数量,进行总量控制。

5.8 运输

混合料采用大吨位自卸汽车运输,但不得超载运输。运料车的运力应稍有富余。施工过程中,摊铺机前方应有运料车等候。为防止混合料与车厢板黏结,车厢侧板与底板可涂一薄层油水混合液(柴油与水比例为 1:3),但不得有余液积聚在车箱底部。运输车辆在装料时应派专人指挥前后移动,先装前部,再装后部,最后再装中间,防止出现混合料离析现象。

车辆按规定线路行驶,不得在养生期间的铺筑层行驶,车辆行走速度不宜太快,保证运输安全。混合料要尽快运至铺装现场,保证及时、连续和安全。为了保证摊铺温度,防止温度离析,防雨、防污染,运输时采取加盖苫布、棉被等切实可行的保温措施。

运料车进入摊铺现场时,轮胎上不得沾有泥土等可能污染路面的脏物。为了保证连续,开始摊铺时,现场待卸料车不得少于 5 辆。

5.9 摊铺

采用整幅摊铺机摊铺,虚铺系数 1.2。摊铺前应先检查各部位是否牢固安全,然后根据摊铺的宽度和厚度调整摊铺机熨平板的宽窄和仰角的大小,开始摊铺前提前 1h 预热熨平板不低于 100℃。摊铺时使用非接触式浮动梁自动找平,控制摊铺的高程、厚度和平整度,摊铺纵缝平行于中线。

在运料车与摊铺机间使用沥青混凝土转运车,自卸车将混合料卸到转运车中,转运车通过胶带输送机将沥青混凝土混合料送至摊铺机料斗中。为保持摊铺的连续性,卸料有专人指挥,一车卸完下一车立即跟上,以保证混合料均匀、不间断地摊铺。

摊铺速度根据混合料的供应能力确定,一般掌握在 2~3m/min,避免摊铺机停机待料情况发生。摊铺过程中不得随意变换速度,根据拌和楼生产量最终确定摊铺速度,避免中途停顿,影响平整度。摊铺室内料要饱满,送料应均匀,摊铺机螺旋送料器应不停地转动,两侧应保持有不少于送料器高度 2/3 的混合料,并保证在摊铺机全宽断面上不发生离析。

摊铺前要对每车料进行检测,发现超温料、花白料、不合格材料要拒绝摊铺,退回废弃。

摊铺机摊铺 3~5m 后,测量员及时复核横断面各点高程与横坡是否合适,以便及时调整松铺系数和横坡。摊铺过程中检测人员随时检测摊铺厚度,以确保几何数据准确无误。

5.10 碾压

混合料摊铺后应立即对路面进行检查,对不规则之处及时用人工进行调整,随后进行充分均匀地碾压。压路机应从外侧向中心碾压,超高段则由低向高碾压;相邻碾压带重叠宽度振碾不大于 20cm,静碾不小于 20cm;要将压路机的驱动轮面对摊铺机方向,防止混合料产生推移,碾压方向不应突然改变,压路机起动、停止必须减速缓慢进行。沥青混合料的压实按初压、复压、终压三个阶段进行。

初压:摊铺之后在较高温度下立即进行碾压,初压长度控制在 30 m 左右,沥青混合料内部温度不低于 125℃。初压采用 XP301 轮胎压路机、LRSS2030 轮胎压路机各 1 台,分别全宽碾压 1 遍,速度控制在 3.5~4.5 km/h 。

复压:复压在初压后立即进行,碾压段长度控制在 60~80m 以内,采用宝马振动压路机、DD-130、CC-722 振动压路机各碾压 2 遍,速度控制在 2.5~3.5km/h。

终压:终压在复压后立即进行,速度控制在2.5~3.5 km/h ,采用CC-501 振动压路机关闭振动碾压2 遍以上,直至表面无轮迹。碾压终了温度应不低于70℃。

在碾压过程中设专人进行质量检测控制和缺陷修复。对压路机无法压实的桥梁、挡墙等构造物接头,拐弯死角等压路机压不到的地方,应采用手夯或机夯把混合料充分夯实。压路机不得停留在温度高于70℃的已经压过的混合料上,同时采取有效措施,防止油料、润滑脂、汽油或其他有机杂质在压路机工作及停放期间洒落在路面上。

6 材料、机具配备及劳动力组织

(1)粗集料:山东产玄武岩,其各项技术指标满足《公路沥青路面施工技术规范》(JTG F40—2004)的要求。

(2)细集料、矿粉:购自石家庄鹿泉石料厂、矿粉加工厂,其各项技术指标满足《公路沥青路面施工技术规范》(JTG F40—2004)的要求。

(3)沥青:天津科氏SBS改性沥青,其各项技术指标满足《公路沥青路面施工技术规范》(JTG F40—2004)的要求。

(4)温拌剂:温拌剂(DAT浓缩液)的浓度为7%,即F6:蒸馏水=7:93。

温拌剂与SBS改性沥青的质量比例为10:90。

(5)混合料级配:混合料级配见表2。

混合料级配 表2

筛孔尺寸(mm)	16	13.2	9.5	4.75	2.36	1.18	0.6	0.3	0.15	0.075
合成级配	99.5	93	76.6	47.4	31.9	25.4	15.9	9.3	7.4	6
设计级配	100	90~100	72~85	42~56	28~38	20~28	12~22	8~17	7~12	4~8

(6)沥青拌和楼安装浓缩液输送设备,并设置拌和缸排气口,机具设备配备见表3。

机具设备配备 表3

序号	设备名称	规格、型号	数量	技术状况
1	沥青混凝土拌和楼	320t/h	1	良好
2	沥青混凝土摊铺机	整幅16m宽	1	良好
3	沥青混凝土转运车	SB2500C	2	良好
4	双光轮压路机	HD110、宝马、CC501、CC722	各1	良好
5	轮胎压路机	XP301、LRSS2030	各1	良好
6	装载机	ZL-50	6	良好

(7)劳动力组织见表4。

劳动力组织 表4

工种	人数	备注
拌和楼操作人员	6	
摊铺机驾驶员	4	每组2人,共2组
压路机驾驶员	8	
其他机械操作人员	6	
民工	40	
测试检人员	5	
工长	2	
总计	75	

7 质量要求及控制

(1)温拌沥青混合料施工除通过添加DAT浓缩液,可在较低温度下(比热拌沥青混合料施工操作温度降低30~60℃)实现沥青路面施工外,其质量标准与要求应满足现行《公路沥青路面施工技术规范》(JTG F40—2004)、《公路工程沥青及沥青混合料试验规程》(JTJ 052—2000)、《公路工程集料试验规程》(JTG E42—2005)、《公路工程质量检验评定标准》(JTG F80/1—2004)等有关标准与规范。

(2)现行标准、规范中没有规定,为达到工程质量目标而必须采取的技术措施有:严格控制浓缩液与沥青的比例,浓缩液喷入的时刻与喷洒延迟时间,混合料拌和时间,混合料的施工温度。

(3)温拌沥青混合料性能评价见表5。

温拌沥青混合料性能验证指标　　表5

试验项目	单位	技术要求	混合料类型
			AC-13
动稳定度	次/mm	≥3 000	>6 000
低温弯曲	με	≥2 500	2 546
冻融劈裂	%	≥80	94.6
短期老化后冻融融劈裂	%	≥80	81.4
残留稳定度	%	≥85	97.8
渗水系数	mL/min	≤120	0

8 安全措施

(1)应遵照《公路工程施工安全技术规程》(JTJ 076—95)的要求执行。

(2)应遵照国家颁发的有关安全技术规程和安全操作规程办理。

(3)参加沥青路面施工的人员应穿戴劳保防护用品,防止烫伤,夏季高温季节施工,应采取防暑降温措施。

(4)从事沥青试验检测的人员,除做好通常的沥青作业防护以外,还得做好三氯乙烯等有害气体的防护并发放一定的补贴。

(5)改性沥青拌和场应经常检查导热油,防止泄漏入沥青罐中而引发火灾,拌和场内应采取有效的防火、防爆、防毒措施,场内严禁烟火,设置醒目防火警示牌,并配备一定数量的消防器材。

(6)沥青混合料拌和场的燃油罐和加油站应与导热油热载体炉有足够的安全距离,防止发生火灾。

(7)凡是对沥青敏感的施工人员和试验人员禁止从事沥青路面的施工工作。

9 环保措施

(1)选择沥青拌和场地时,应远离居民区及村庄,无法避开居民区或村庄时应选择在主风下方。

(2)沥青混合料拌和设备必须有良好的二级除尘装置并能有效地进行除尘,使空气质量标准符合当地环保部门的要求。

(3)废弃的粉尘和沥青青混合料存放在指定地点,粉尘可采用湿排法或采用经常洒水及覆盖等措施,防止粉尘扩散。

(4)拌和楼的矿粉和发电机等设备的噪声,应符合当地环保部门的要求,不符合者应采取有效措施。

10 资源节约

温拌沥青混合料的矿料加热温度,普通沥青混合料为130~135℃,改性沥青混合料为140~145℃,比热拌沥青技术低30℃左右,可减少燃烧油的使用,节约资源消耗。热拌技术每吨沥青混合料消耗燃烧油 7kg,温拌技术每吨沥青混合料消耗燃烧油 5.5kg,节约燃烧油 21%。

11 效益分析

(1)温拌沥青施工技术可减少 CO_2 温室气体排放,减少 CO、NO、NO_2 等有毒有害气体排放,减少施工过程中对作业人员的危害,节约能源,减少不可再生资源投入,社会效益显著。

(2)温拌沥青技术可以在较低气温条件下施工,延长施工周期,在临近冬季又需要抢工期时,可提高经济效益。

(3)温拌技术可减轻施工过程中沥青的老化,提高沥青混合料的动稳定度,延长路面使用寿命,提高经济效益。

12 工程实例

石家庄市环城公路路面工程 L2 合同全长 23.758km,AC-13 型细粒式沥青混凝土表面层采用了本工法,设计厚度 4cm,宽度 14.25m。混合料目标配合比,10~15mm∶5~10mm∶3~5mm∶0~3mm∶矿粉=24∶31∶8∶33∶4,最佳油石比为 4.6%,表干法毛体积相对密度 2.528;生产配合比 10~20mm∶7~11mm∶3~7mm∶0~3mm∶矿粉=22∶28∶7∶38∶5,最佳油石比为 4.6%,表干法毛体积相对密度 2.514。

预拌沥青碎石下封层施工工法

GGG(浙)B3041—2009

李　华　李华军　陈雪凤　马晓荣　杨卫军
(杭州市交通工程集团有限公司)

1　前言

(1)在以往的沥青面层施工中,下封层表面与沥青面层的层间黏结是一个薄弱环节。分析已完成沥青路面的取芯情况,沥青面层与下封层黏结并不十分理想,主要原因为下封层碎石中0.075mm以下的粉尘含量较多,导致沥青混凝土面层与下封层黏结较差,封层碎石洒布过厚。本工法是基于加强沥青面层与基层层间联结,改善路面整体力学性能的考虑。对于克服沥青路面常见的剥落、车辙、唧泥等病害有着重要意义。

(2)预拌沥青下封层是一种设置在透层之上,沥青面层之下的薄层路面结构。在半刚性基层与柔性路面间形成一道抵御水害的防护层并起到了很好的联结作用,使半刚性基层与柔性的路面结构形成较好的连续性共同受力状态。

(3)预拌沥青下封层的基本施工方法是将封层碎石经沥青混凝土拌和机加热、筛分、除尘并添加少量沥青(0.4%~0.6%)拌和至沥青包裹碎石,由碎石撒布车运送至施工现场,在沥青洒布车洒布沥青后直接撒布经拌和的沥青碎石。

(4)本工法在申嘉湖高速公路湖州段、申嘉湖杭高速公路练杭段等多条公路建设中得到了很好的应用,有效改善了下封层与沥青面层的层间黏结,进而加强了基层与沥青混凝土面层间的层间黏结,取得了明显的经济效益和社会效益。

2　工法特点

(1)机械化施工,效率高,质量稳定。

(2)施工污染小,材料损耗率低。

(3)有效改善基层与沥青混凝土面层间的层间黏结(图1、图2),提高了路面的整体力学性能。

图1　未经处理的下封层碎石表面存在明显的粉尘

图2　经拌和楼除尘、预拌后沥青完全包裹石料,使下封层能与沥青混凝土面层间联结良好

3 适用范围

(1)适用于多雨潮湿地区高等级公路,沥青混凝土面层空隙率较大,为抵御水害而设置的下封层。

(2)在沥青混凝土面层下、基层上设置的防水黏结层。

(3)层厚较薄的沥青混凝土路面结构中的下封层。

4 工艺原理

(1)预拌沥青碎石下封层的基本原理是在两种结构层之间设置一个专用功能过渡层,该功能层可增强层间黏结力并具有防止水分进入基层等作用。

(2)该工艺通过洒布一层沥青起到层间黏结、应力吸收、防水的作用。撒布碎石是为了保护下封层的沥青膜免受临时交通的破坏,同时也为下步工艺提供很好的施工平台。

(3)该工艺与普通碎石下封层不同之处在于碎石在撒布前预先经过沥青拌和楼烘干、除尘、筛分、热拌等工序,先用沥青将下封层碎石包裹,以避免下封层碎石表面粉尘引起的层间联结不良等问题。其特点是下封层碎石能更好地与沥青面层融为一体,有效改善基层与沥青面层的层间黏结,进而提高路面的整体力学性能。

5 施工工艺流程及操作要点

5.1 施工工艺流程

施工工艺流程见图3。

5.2 操作要点

5.2.1 施工准备

(1)沥青的洒布应采用电脑控制的专用沥青洒布车(图4)。该类型沥青洒布车自身带有导热油加热系统和自动控制洒布量的电脑控制系统,洒布宽度和洒布量均可调节,每个洒布喷头都是可控的,可以保证车速变化时,每平方米洒布量不变。喷洒量宽度由15~620cm任意调节。沥青洒布必须呈雾状。

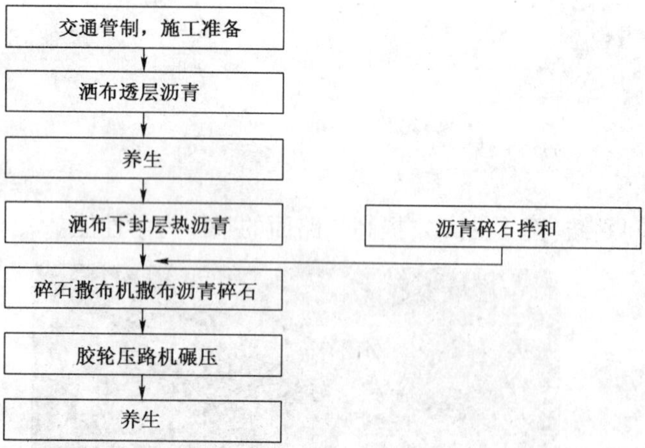

图3 预拌沥青碎石下封层施工工艺流程图

图4 智能型沥青洒布车

(2)预拌沥青碎石采用电脑控制的集料撒布车撒布。

(3)碎石碾压采用20t以下轮胎压路机。在正式撒布前应进行试撒。

(4)严格清理有关施工机械,特别是沥青洒布车和碎石撒布车的车轮,严禁将污染物带上施工断面。

5.2.2 沥青的洒布

(1)透层施工完成后,要有足够的养生时间,然后进行下封层的施工。透层一定要干燥、干净、无污物。

(2)沥青洒布量的多少决定沥青膜厚。从工艺上讲,洒布量的多少以横向不流淌,有一定的厚度和油膜均匀为标准,不得出现空白、缺边现象。通常热沥青洒布量控制在0.7~1.0kg/m^{2}之间,热沥青洒布温度宜为135~165℃,洒布应均匀、不流淌,保证洒布的连续性。沥青洒布速度应与碎石撒布速度相匹配,速度不得过快,以防洒布的沥青过早冷却。

(3)在沥青洒布过程中,应注重接头的施工处理,主要包括横向和纵向接头的处理。在横向接头的位置,再次施工时既要与前次施工紧密衔接,同时也要避免与前次施工断面重叠。可在每次横向接头前采用油毛毡或铁皮沿接头边缘将已洒布的路段遮挡覆盖住,然后再进行施工。

(4)气温低于10℃或下承层潮湿,或即将降雨和大风时,均不得洒布热沥青。

5.2.3 碎石的撒布(图5)

图5 碎石撒布车撒布作业现场

(1)碎石的粒径采用4.75~9.5mm,预拌沥青碎石的沥青用量控制在0.4%~0.6%,预拌碎石出料温度宜为160~170℃,预拌沥青碎石的撒布温度不得低于150℃,用量宜为9~10kg/m^2。

(2)沥青洒布车与集料撒布车应联合作业,二者速度相协调,均应洒(撒)布均匀,局部可用人工扫匀集料和嵌缝料。

(3)碎石的覆盖率应达到85%以上,以不重叠、不松散、不成堆、不露黑为准。

(4)碎石撒布一段后,使用20t以下胶轮压路机趁热将预拌碎石压入沥青层,从底往高进行,碾压速度不超过2km/h,碾压2~4遍,并扫除多余松散颗粒。

(5)为了避免碎石撒布车与沥青产生粘连,碎石撒布车的载重轮可用喷壶适量喷色拉油,但用量需严格控制,以不粘轮为标准,不可造成色拉油流淌在沥青层上。

(6)在撒布碎石施工过程中,为了保证撒布的均匀性,应注意撒布车辆的起动阶段,纵向、横向的交接处,不能出现重叠和漏洒现象。如造成局部重叠和漏洒现象,应在胶轮碾压前,采用人工清理和人工嵌缝的办法处理。

5.2.4 养生

施工后除沥青上面层施工机具外不得开放交通,沥青上面层运输车辆通行时行车速度不得超过20km/h,并应尽早覆盖下封层,以防止粉尘的二次污染。

6 材料与设备

6.1 材料的准备

6.1.1 沥青的准备

用于下封层的热沥青的标号应与沥青混凝土面层中的沥青标号、种类一致,沥青的规格和质量应符合《公路沥青路面施工技术规范》(JTG F40—2004)的要求。

6.1.2 撒布碎石的准备

碎石的质量应符合《公路沥青路面施工技术规范》(JTG F40—2004)中的相关要求,集料规格采用S12,具体规格见表1。

集料规格表 表1

规格名称	公称粒径(mm)	通过下列筛孔(mm)的质量百分率(%)			
		13.2	9.5	4.75	2.36
S12	5~10	100	90~100	0~15	0~5

撒布用的碎石采用4.75～9.5mm的石灰岩石料,经过预拌(沥青用量0.4%～0.6%)。矿料用量宜为9～10kg/m²。碎石在预拌时必须经过拌和楼筛分、加热、除尘。

6.2 设备的准备

6.2.1 机械设备配置

机械设备配置见表2。

机械设备配置表 表2

设备名称	数量	备注
沥青洒布车	1台	智能型,能精确控制沥青洒布用量
碎石撒布车	2台	
轮胎压路机	1台	XP-261
沥青拌和楼	1座	

6.2.2 工地试验室的主要机具设备

工地试验室的主要机具设备见表3。

工地试验室的主要机具设备表 表3

设备名称	台套	设备名称	台套
沥青针入度仪	1台	压力机	1台
沥青软化点仪	1台	压碎值仪	1台
沥青延度仪	1台	旋转薄烘箱	1台
方孔标准筛	1套	电子秤	1台
路面渗水仪	1台	沸煮箱	1台

6.2.3 劳动力组织

劳动力组织见表4。

劳动力组织表 表4

人员岗位	人员数量	工作内容
沥青洒布车	2人	驾驶员1人、沥青洒布操作1人
碎石撒布车	6人	2台撒布车驾驶员2人、撒布机操作4人
轮胎压路机	1人	驾驶员1人
沥青拌和楼	9人	拌和楼班组
现场	4人	局部补洒、扫匀

7 质量控制

7.1 本工法执行的技术规范

《公路沥青路面施工技术规范》(JTG F40—2004);
《沥青路面施工及验收规范》(GB 50092—1996);
《公路工程沥青及沥青混合料试验规程》(JTJ 052—2000);
《公路工程集料试验规程》(JTG E42—2005);
《公路路基路面现场测试规程》(JTJ E60—2008);
《公路沥青路面养护技术规范》(JTJ 073.2—2001)。

7.2 质量检验标准

质量检验标准见表5。

质量检验标准表 表5

项　　目	检 查 频 率	质 量 要 求	试 验 方 法
沥青洒布量	每天1次	0.7~1.0kg/m^2	根据喷洒面积与沥青消耗量计算
集料用量	每天1次	9~10kg/m^2	根据撒布面积与集料消耗量计算
渗水试验	1处/2 000m^2	<5mL/min	渗水仪,每处2点
制动试验	1处/4 000m^2(试验段)	沥青层不破裂	使用BZZ-100标准汽车以50km/h车速紧急制动
外观检查	随时全面检查	碎石应全部被沥青包裹,外观均匀一致,用硬物刮开下封层观察,与基层表面牢固黏结,不起皮,无油包和基层外露现象	

8 安全措施

(1)应严格执行国家颁布的相关安全法律、法规。

(2)应严格遵守《公路工程施工安全技术规程》(JTJ 076—95)的相关要求。

(3)沥青洒布车作业应注意:

①洒布现场应设专人警戒,防止非工作人员进入工作区域。现场严禁使用明火。施工现场障碍物应清除干净。

②在满载沥青时,洒布车应中速行驶,尽量避免紧急制动,行驶途中严禁使用加热系统。

(4)碎石撒布车作业应注意:

①现场应有专人指挥撒布车行走路线并警戒,防止碰撞和碎石飞溅引发事故。

②撒布车起步应缓慢,撒布碎石过程中不得换挡,车速应均匀。

③撒布机操作人员不得在撒布过程中擅自上下撒布车。

(5)胶轮压路机作业应注意:

①压路机行驶速度应保持低速,并不得随意变更碾压方向,中途不得停车。

②在坡道上作业严禁空挡滑行。

③当有人员配合在胶轮上喷洒色拉油时,撒布人员严禁位于压路机前进方向。

(6)沥青操作工应佩戴工作服、防护眼镜、防尘口罩、手套、防护鞋。

(7)沥青操作工的工作服以及防护用品均应集中存放,严禁穿戴回家和存入宿舍。

(8)由于沥青作业不可避免高温环境,现场还应配备遮阳帽、饮料、防灼药品。

9 环保措施

(1)不得在施工现场焚融沥青,严禁焚烧含有有毒、有害化学成分的各类垃圾。施工废弃物应及时根据有关规定处理。

(2)现场施工应根据风力、风向合理安排施工,避免造成污染。

(3)沥青拌和楼应远离居民及村庄,在搅拌场所应采取降尘措施。

(4)油料、溶剂等应有专门仓库,地面作防渗处理。

(5)应选择在周边人流不集中的时候施工。

10 效益分析

(1)将预拌沥青碎石下封层设置在沥青混凝土面层之下,透层之上,提高了路面整体力学性能,从而延长了沥青路面的使用寿命。

(2)沥青面层与半刚性、刚性基层在结构、组成材料、施工工艺与时间等方面有着明显的差异,面层与基层之间客观上形成了一个滑动面,预拌沥青碎石下封层不仅能起到防水层的作用,还起到半刚性基层与柔性路面的过渡层作用,由于碎石在撒布、碾压前,经过了筛分、除尘、加热、拌和的工序,使得碎石能更好地和沥青混凝土面层黏合,能有效地抵抗剪切滑移,减少了沥青路面病害的发生,大大降低了沥青路面维护费用。

(3)由于预拌沥青碎石下封层的施工方法相对于传统施工方法,机械化程度更高、沥青洒布量与碎石撒布量更为精确,因此提升了下封层的施工质量,并且节约了材料的用量,产生了可观的经济效益。

(4)预拌沥青碎石工艺当原有工艺相比,大大减少了人工使用的数量,降低了职业病发生的概率。

11 工程实例

(1)申嘉湖高速公路湖州段是浙江北部地区的一条交通大动脉。路线区属亚热带季风气候区,温暖湿润,雨量充沛,年降雨量达1 475.4mm。项目全线采用水泥稳定底基层20cm +水泥稳定基层34cm +预拌沥青碎石下封层+SUP-25粗粒式沥青混凝土8cm +SUP-20中粒式沥青混凝土6cm +AC-13细粒式沥青混凝土4cm的路面面层结构。项目自2006年7月1日开工,至2007年12月30日竣工,共施工预拌沥青碎石下封层98.531万m^2。该项目通过设置预拌沥青碎石下封层,有效地改善了下封层与沥青下面层的层间黏结,提高了路面结构的连续性,目前使用情况良好。

(2)申嘉湖杭高速公路练杭段,路面结构形式采用上面层为4cm的AC-13C细粒式沥青混凝土(SBS改性沥青),中面层为6cm的SUP-20中粒式沥青混凝土(SBS改性沥青),下面层为8cm的SUP-25粗粒式沥青混凝土,封层为预拌沥青碎石下封层,基层为36cm的水泥稳定碎石(5%水泥),底基层为20cm的水泥稳定碎石(3.5%水泥)。项目于2008年10月1日开工,2009年10月31日竣工,共施工预拌沥青碎石下封层103.64万m^2。该项目通过设置预拌沥青碎石下封层,有效地改善了下封层与沥青下面层的层间黏结,提高了路面结构的连续性。

沥青混凝土路面裂缝开槽热灌缝施工工法

GGG(鲁)B3042—2009

李君强　刘志民　冯子强　林占胜　冉维彬　韩　涛　熊大路
(济南金曰公路工程有限公司)

1　前言

(1)目前柔性沥青路面已成为我国各等级公路路面的主要结构形式。而路面裂缝是沥青路面各类破损中最常见、最易发生和最早期产生的病害之一。沥青混凝土路面裂缝形成就主要原因而论，可以将裂缝分成荷载型和非荷载型裂缝两大类。荷载性裂缝主要是由行车荷载作用而产生的裂缝，非荷载性裂缝指不是由行车荷载引起的裂缝。

(2)当路面出现裂缝，应及时采取预养护措施进行密封修补灌缝，否则，雨水及其他杂物就会沿裂缝进入面层结构及路基，导致路面承载能力下降，加速路面局部或成片损坏，而且容易扩展造成路面的结构性破坏，最终将严重影响行车的平稳性和安全性，并且会大大降低路面的使用寿命。

(3)大量研究与实践证明，对各等级沥青路面的公路进行采用预防性热灌缝养护，能够阻止路面水分浸入路面结构层内部，避免水分对沥青面层或下层的破坏，可有效延长路面的使用寿命，具有良好的使用性能，大大降低路面的总体养护成本；沥青路面热灌缝具有较高的黏着张力和较好的柔韧性，可以直接应用于沥青路面的大中修、改扩建及养护工程中。

2　工法特点

(1)采用裂缝开槽灌缝胶热灌缝的路面，具有弹性好、热施工的特点，维护后具有渗透性好，结合力强，高温稳定性好，高温天气不融化外溢；同时，低温稳定性好，冬季不易拉断开裂。

(2)施工过程简单方便，对行车影响较小，维修时间较短，在道路大中修或改建工程中，可大大缩短封闭交通时间，社会效益显著。

3　适用范围

沥青混凝土路面裂缝开槽热灌缝技术，可以应用于各等级沥青混凝土路面的大中修工程或改建工程缝宽大于5mm的裂缝修补中，如网裂、不规则裂缝、纵向裂缝、横向裂缝的缝隙填充。

4　工艺原理

根据交通部《公路沥青路面养护技术规范》(JTJ 073.2—2001)中的规定，视缝宽大小，必须将缝隙内灰尘杂物清除干净后，采用灌缝材料封堵的理论，减少路面基层的湿缩和干缩以及失效率，减少病害发生，增加效益。

按照SHRP1-1-106战略计划部署，从灌缝料与裂缝内壁之间的黏结考虑，采用开槽法热施工是一种新型的工艺，采用开槽、深宽比控制，灌缝胶材料灌缝，起到了较好的封闭外界水浸入路面内部，保证了路面的使用质量。

5 施工工艺流程及操作要点

5.1 施工工艺流程

开槽热灌缝技术应用于大中修养护工程和改建工程施工工艺流程见图1。

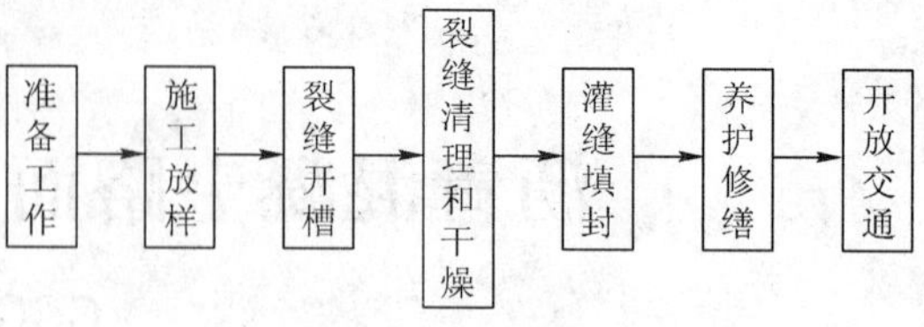

图1 开槽热灌缝工艺流程

5.2 操作要点

5.2.1 准备工作

1)技术准备

(1)熟悉设计图纸,掌握施工规范、技术要求、操作要点、检验方法、验收标准。

(2)积极与监理工程师联系,完成技术交底,编制实施性的施工组织设计及开工报告。

(3)对原材料按规定的项目进行了抽样检查,其抽样检查结果合格,并报送监理工程师。

2)现场准备

(1)将灌缝设备、灌缝胶、安全锥、安全指示标牌、割缝机、空压机和喷火器等机械设备,运输到已确定的病害维修路段。

(2)根据现场交通条件,采用半幅路面局部封闭交通,按照规范规定摆放安全标志,设专人指挥交通,使施工区域形成一个相对封闭的区域,并随着工程进度随时移动标志牌,将待修道路进行隔离作为施工区。

(3)检查割缝机与灌缝机,确保其机械性能及技术状况良好;根据路面裂缝的具体情况,确定补缝设计方案;起动灌缝机设备,并向其灌缝胶加热罐内添加密封胶,将灌缝胶加热、搅拌至193℃左右,上限温度不能超过210℃,杜绝温度过高破坏密封胶化学成分。

5.2.2 施工放样

在封闭的施工区域,对裂缝进行判断并将裂缝用粉笔、油漆或其他材料标示,登记桩号位置,丈量长度,计算材料用量和成本。

5.2.3 裂缝开槽

(1)开槽灌缝施工必须在严格的质量监控体系下,由经过正规培训的操作人员进行操作。

(2)对准备开槽灌缝的沥青混凝土路面裂缝,按照设计的开槽尺寸,预先调节好割缝机的开槽深度及宽度,然后进行开槽作业。

(3)作业时,必须按照裂缝施工放样的标示(图2、图3),根据裂缝实际的宽度和深度种类,及时调整割缝机的开凿宽度和深度,满足最低设计要求,对准裂缝的中线切割出均匀的U形凹槽。一般开凿宽度由刀具的厚度决定,分别以8mm、10mm、12mm、15mm、20mm为宜。

图2 割缝机开槽

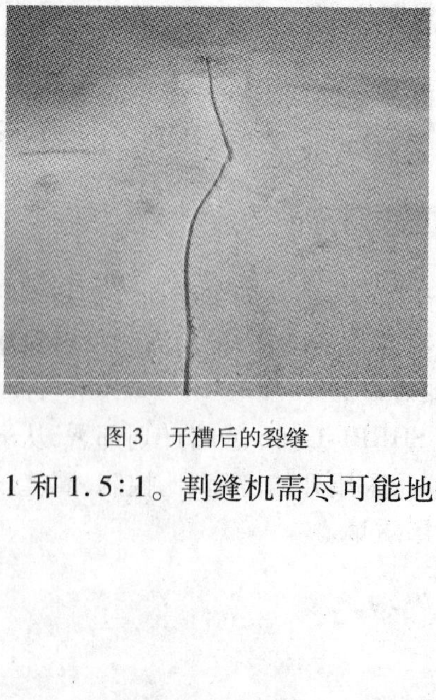

图3 开槽后的裂缝

(4)开槽后的深宽比越小越好,深宽比最常见的值有1:1和1.5:1。割缝机需尽可能地按切割段的裂缝尺寸对准裂缝中线,切割出均匀的正/长方形凹槽。

5.2.4　裂缝清理和干燥

(1)用高压气体喷射设备吹出缝内的碎石和粉末等杂物,再用钢丝刷沿凹槽刷出干净的表面,对裂缝周边和裂缝槽进行至少两遍的高压喷气清理。

(2)将缝内的松散颗粒和杂物彻底清理干净,要求清理两遍,第一遍清除裂缝内杂物时,喷气嘴应在距离裂缝不大于5cm的位置。第二遍距离可以较远些,以便清除裂缝和裂缝周边的所有松散颗粒和杂物。必要时可用喷火器烘烤加热清理(见图4),使两者在"热—热环境下结合",避免修补后出现"两张皮"的现象。

(3)保证填封灌缝胶材料与裂缝槽壁面具有良好的黏附性,裂缝壁面必须摆脱潮湿灰尘、松散颗粒和其他残余物,其壁面应彻底清洁并完全干燥。保证填封裂缝的有效性和耐久性,提供一个彻底清洁、完全干燥的裂缝是关键。清缝的方法宜选用压缩空气吹、喷砂处理、钢丝刷扫等。而其中较为有效、简单的方法推荐下面两种,它们比较适宜开槽后裂缝壁面的清洁和干燥。

①高压空气吹扫。采用压力为0.6MPa左右、风量为4~5m^3/min(推荐值)的压缩空气吹扫裂缝(图5),高压空气吹扫清缝的方式,适合裂缝处在干燥状态、气温较高状态下的施工条件,不适合潮湿状态、气温较低状态的较恶劣施工条件。

图4　喷火器烘烤

图5　高压空气吹扫

②热空气吹扫。热空气吹扫不仅能实现对裂缝的清理,而且还能对潮湿裂缝进行干燥,并使裂缝壁面材料被加热至较温暖状态。为下一步填封材料提供一个清洁彻底、完全干燥及具有适当壁面施工温度的裂缝,以此来大幅提高填封裂缝的使用寿命。

5.2.5　灌缝的填封

(1)确保裂缝处于清洁和干燥状态,这一步应紧紧跟着上一步工艺进行,尽可能缩短两个阶段的时间间隔,减少裂缝再次被污染。施工过程中,应始终注意保持路面的清洁,避免出现质量问题。

(2)观察料罐中灌缝料是否有杂物,在控制箱上设定灌缝材料温度,打开控制箱上的燃烧器开关。在第一次使用时,通常加热2h左右,如连续使用,只需要在施工前加热0.5h即可。

(3)用高温火焰烤热清理过的槽口,紧接着沿烤热的槽口灌注加热好的灌缝胶,用灌缝机上带有刮平器的压力喷头将灌缝胶均匀地灌入槽内,并在裂缝两侧拖成一定宽度与厚度的封层。灌注时要自下而上充分填满,应避免在填料下部产生气泡(见图6)。

(4)出料速度通过调整材料泵的灌注速度来控制,用平板刮铲修正灌缝材料高度的均匀性,通常所灌缝材料高度以不超出槽口两边各2cm、不高出路面3mm左右为宜。

(5)每条裂缝的灌注工作是连续的,如出现未充分填缝的裂缝须再次进行填缝处理,如出现轻微龟裂裂隙可采用橡胶抹平板来摊铺填缝材料。密封表面应比裂缝要宽,以确保灌缝胶与裂缝两壁紧密黏结,并在裂缝表面形成T形密封层,见图7。

5.2.6　养护修缮

(1)要使裂缝的填封形式为灌封式,即紧贴在裂缝的上方摊成约3mm厚的带形,还需要一种专用的"U"形或"V"形橡胶辊对填装的填封材料作最后的成型。

图6　热灌缝填封

图7　T形密封层示意图

(2)填封材料填装和成型完成后,为了保护未凝固的裂缝填封材料,防止其出现轮印或溜滑问题,应选用机制砂或石屑作为吸收材料,以使它们能黏到填封材料表面,形成一个薄上覆层,可以有效地防止轮印,并增加路表面的抗滑能力和防止行车在新填封裂缝上留下轮印。

5.2.7　开放交通

灌缝料冷却至常温后方可开放交通。一般冷却时间在30min以上,以确保密封胶和缝壁有一定的结合时间,以防止开放交通后被车轮带走灌缝料。为了加快冷却,可洒水降温。

6　材料与设备

6.1　材料

6.1.1　灌缝胶

(1)必须选用高分子聚合物热熔裂缝灌缝胶,由合成橡胶和再生橡胶两者混合后添加沥青、其他改性材料制成的灌缝胶为宜;还要根据公路所处的地理位置,当地气候条件等因素选择灌缝胶。

(2)灌缝胶随着裂缝的膨胀与收缩而发生变形,始终保持其稳定的密封作用。其主要技术指标见表1,未列出指标应满足《公路沥青路面养护技术规范》(JTJ 073.2—2001)和《路面橡胶沥青灌缝胶》(JT/T 740—2009)等标准。

灌缝材料技术指标　　表1

项目名称	技术指标	项目名称	技术指标
密度 25℃时的针入度	1.2kg/L 30~60	-10℃的拉伸量	≥15mm
25℃时的弹性 25℃时的延展性	25%~60% 最小40cm	弹性复原率	≥50%
安全加热温度	210℃	流动度	<2mm
规定施工温度	193℃	软化度	≥85℃
压缩模量	0.4min	黏着张力	≥500N
60℃时的外溢	最大1cm	嵌入温度	195±5℃

6.1.2　细集料

细集料采用反击式或锤式破碎机生产的硬质岩集料,并且是具有一定级配(0~5mm)的人工砂、机制砂或石屑。砂当量指标应大于80%,集料应保持干燥状态,便于吸收多余的填封材料,含水率小于2%。

6.2　设备

6.2.1　采用的设备(表2)

设 备 一 览 表 表2

序 号	名 称	型 号	数 量
1	割缝机	MODEL200	1台
2	科莱福灌缝机	SS125DC	1台
3	运输车辆	五十铃汽车	1部
4	空压机	英格索兰($5m^3$)	1台
5	牵引拖拉机	三菱	2部
7	热空气枪	路斗士A型	1台
8	喷火器	25kg	1台
9	灯车	LED200	1台

6.2.2 主要设备技术要求

1)灌缝机(图8)

(1)需具备双层保温层,间接导热油加热的锅炉式搅拌器。

(2)全屏温度控制系统,能准确反映灌缝料的实际温度,并便于观察。

(3)输送管须保持恒温,以保证灌缝料在喷枪末端出料时的温度。

(4)材料泵系统应能正常、准确、协调工作,这样能保证软管内无长期内压,从而提高管路和泵体寿命,并且保证没有渗漏情况发生。

图8 SS125DC灌缝机

(5)加热仓应在材料仓底部,从而能保证有较高的加热效率及较短的加热时间。

2)开槽机

(1)具备旋转冲击方式的开槽机,其切割刀片宜采用碳钢刀片,该刀片的使用寿命较长。

(2)马力强劲,结构合理。其需经受碳钢刀片对路面长久的冲击作用而不损坏。

(3)发动机必须有空气净化装置,以避免开槽所产生的尘土对其造成损害。

(4)工作安全可靠,便利的安全操作装置,能有效地保护操作人员及开槽顺利进行。

7 质量控制

7.1 本工法执行的技术规范

严格按照《路面橡胶沥青灌缝胶》(JT/T 740—2009)、《公路沥青路面养护技术规范》(JTJ 073.2—2001)、《公路养护技术规范》(JTJ 073—96)等规范标准及招标文件要求施工。

7.2 施工的过程控制

(1)采用的灌缝胶材料,必须具有良好的流动性和黏结力,能够和沥青混合料融合到一起。当灌缝胶冷却后,在常温和低温状态下,都具有较高弹性,延伸长度为10~15倍,弹性恢复达99%,沥青含量最小60%,柔韧性通过-10℃。

(2)灌缝时间及温度的控制:

①一般灌缝施工因地域差异需要选择合适的施工环境,一般选择春秋季节施工,温度在5~25℃时进行灌缝最好。禁止在路面潮湿或温度低于5℃的环境下施工;否则,将会降低灌缝胶的黏合力,造成脱落,影响施工质量。

②为了保证灌缝胶与缝壁有较好的黏结力,必须用热气喷枪清理缝壁,进行烘干加温,导热油温度控制不超过274℃,灌缝胶的温度一般控制在195℃。

(3)开槽后,必须将槽口清理干净,不能让粉尘及杂物停留在槽内。槽壁、槽底特殊段在开槽后,若有松动料,要用特制的铁钩子将松动料剔除干净。特别是边缘老化松散材料、个别宽缝或缺损部分,要用钢刷将泥土刷掉,漏出新茬,保证密封胶与槽底和槽壁的黏结度。

(4)为了取得较好的密封效果,开槽宽度要大于裂缝宽度,保证槽壁垂直,无缺损和松动,保证裂缝伸缩时密封胶的弹性变化。

(5)对槽口内灌注密封胶后,应用刮板将缝口刮平,以形成路表封膜,并避免因密封胶流动而产生凹凸不平现象,灌缝应充分饱满,表面平整,无颗粒状胶粒。

(6)灌缝作业完成后开放交通的时间应超过30min,并应在灌缝胶表面撒机制砂或干燥的细集料,以防止开放交通后车轮带走灌缝胶。交通安全施工路段两端设置施工标志牌,中间设隔离桩,保证施工人员安全,避免开放交通前行车碾压而影响施工质量。

(7)施工队伍要经过专业培训,各道工序人员固定,熟练操作设备,保证设备的完好,掌握各项控制数据,保证施工质量。

7.3 健全完善自建体系

(1)强化以第一管理者为首的质量自检、自控体系,实行工程部门管理、质监部门监控的监督分离体制。施工过程中进行自检、互检、交接检,并定期进行质量大检查。

(2)工地中心试验室配合材料部门的工作,坚持执行材料进场检验试验制度,建立健全进场前检查验收和取样送验制度,并专人负责,杜绝不合格的材料进入现场。

(3)完善施工质量的检验试验制度,建立工程质量报表制度,进行质量分析,建立健全各种工程质量台账,收集整理各种工程质量资料。坚持技术交底与质量的自检、互检、交接检制度,检验合格后报请监理工程师验收。

8 安全措施

(1)认真贯彻执行有关安全生产的法律法规、《公路工程施工安全技术规程》(JTJ 076—95)和《公路养护安全作业规程》(JTG H30—2004)及企业有关安全生产规定。

(2)成立安全生产组织机构,设专职安全员,建立健全安全生产责任制,对参加施工的人员接受安全技术教育。从事特种作业的人员,必须经过专业培训,获得《安全操作合格证》才能上岗。建立安全值班制度,制定安全生产事故应急救援预案。

(3)养护维修作业交通管制和控制区。养护维修作业控制区内,交通导向标志的设置必须合理,要前后协调,起到引导车流平稳变化的作用。养护维修作业控制区包括6个交通管理区域,分别是警告区、上游过渡区、缓冲区、工作区、下游过渡区和终止区。

①警告区。警告区是从最前面的施工预告牌开始到工作区的第一个渠化装置为止,其最小长度为1 600m。必须设置3种标志,即施工标志、限速标志和左(或右)变窄标志。

②上游过渡区和下游过渡区。上、下游过渡区的最小长度分别是90m和30m。从上游过渡区起点至下游过渡区终点,必须每隔12~15m设置锥形交通路标。

③缓冲区。缓冲区是从上游过渡区终点到工作区第一个渠化装置之间的区域,是车辆调整行车状态的地段,避免发生事故。其最小长度不宜小于50m。

④工作区。工作区是堆放建筑材料、停放施工设备和维修作业的工作场所。必须采取安全防护措施:

a.在缓冲区与工作区交界处布设施工路栏。

b.在过渡区与缓冲区加设防冲撞装置。

⑤终止区。终止区是给车辆提供恢复正常行车状态的路段,最小长度为30m。

(4)施工机械、车辆,严禁带"病"工作,所有施工机具设备和高空作业设备应定期检查,并有安全员的签字记录,保证其经常处于完好状态;不合格的机具、设备和劳动保护用品严禁使用。机械设备、油库及材料存放的仓库,采取防雨、防潮、防雷电措施。

(5)制定安全用电和防火措施,并严格执行。对于易燃易爆的材料除应专门保管外,还应配备足够的消防设施,所有施工人员都应熟悉消防设备的性能和使用方法;不得将任何种类的爆炸物以给予、易货或其他方式转让给任何其他人。

(6)各类操作人员持证上岗,必须按规定穿戴防护用品。施工负责人和安全检查人员随时检查防护用品的穿戴情况;不按规定穿戴防护用品的人员不得上岗。

9 环保措施

9.1 防止施工环境污染,注重废料废方的处理

(1)建立废旧物品回收、保留和处理制度,设废物收集区、生活区化粪池、污水沉淀池;对施工垃圾及生活垃圾,要有专人清理,并在指定地点处理。

(2)按业主和监理工程师指定的地点弃方;未经监理工程师批准不得超范围弃方。及时对弃方进行压实,并在表面进行植被覆盖,尽可能对弃方场地进行平整用作耕地;施工过程中的废弃物,要在工程完工时及时清除干净,以免妨碍交通。

9.2 土地资源的保护

临时用地不再使用时,要根据业主和监理工程师的指令及时进行复耕、绿化;借土要根据业主和监理工程师的指令到指定的场所取土,并在工程交工前做好还地工作。

9.3 绿色植被的保护

(1)尽量保护公路用地范围以外的现有绿色植被,若因修建临时工程破坏了现有的绿色植被,应负责在拆除临时工程时予以恢复。

(2)保护好公路用地范围以内的法定保护树种,防止对绿化带内植被的破坏;已破坏的应及时清理和恢复植被。

9.4 现有公共设施的保护

(1)施工过程中,如果遇到地下管线等一切公用设施与结构物,要采取适当措施加以保护;需要搬迁的要持有监理工程师的书面通知方可进行。

(2)在靠近公用设施处开挖作业前,要通知有关部门,并邀请有关部门代表在施工时到场,并将上述通知邀请的副本提交监理工程师备案。

9.5 防止和减轻对水及大气的污染

(1)施工现场与驻地要设置污水集水池,污水在集水池滤清后再排放;施工区域在施工期间和完工以后要及时处理,防止沉渣进入下水道;冲洗含有沉积物的集料时,要设置沉淀池,做到达标排放。

(2)施工期间,施工物料应堆放整齐,防止雨季或暴雨时,将物料随雨水径流排入地表及附近水域造成污染;施工现场与施工机械经过的道路,要随时进行洒水抑尘。废弃料或易于引起粉尘的细料、松散料要予以覆盖,运输过程中车辆的厢顶要进行覆盖。

(3)尽量控制机械作业所产生的噪声、废气等污染;夜间作业在靠近居民处时,尽量不安排有噪声、振动的工序施工,避免扰民。

9.6 文明施工

在业主和监理工程师的统一领导下,和其他施工单位保持良好的关系,协调施工,相互支持,精心组织,统筹安排,保证优质、安全、按期完成施工任务,为当地公路建设作出贡献,在当地人民心中树立企业良好形象和社会信誉;遵纪守法,与当地政府处理好关系,尊重当地的风俗习惯。

争创"文明施工单位",做到履约信誉好,质量安全好,料机管理好,队伍建设好,环境气氛好,综合治理好。

10 效益分析

(1)本工法效率高、进度快。施工中采取机械化施工,利用先进的技术设备,从根本上保证了快速施工,提早开放交通;同时节约了劳动力,降低了劳动强度,便于管理,每天施工进度不少于800延米。

(2)对于开槽式热灌缝法，初期施工设备费用投入较高，灌缝能够延长沥青路面的使用寿命，而且施工费用较低，仅为挖补路面费用的1/6，裂缝密封的效果好，整体投入较低。如不能及时采取热灌缝处理裂缝，可能造成养护成本3~10倍的增加(表3)。

沥青混凝土路面裂缝处理方法对比　　表3

项　　目	采用密封胶开槽热灌缝处理	传统灌缝施工
1年后的失效率(%)	0.2	100
处治及时性	好	差
开放交通时间(h)	0.5~1	3

(3)沥青混凝土路面热灌缝具有良好的耐久性，可有效减少路面早期病害，延长路面的使用寿命，节约建设资金。

(4)热灌缝技术应用于沥青混凝土路面的大中修养护工程及改建工程中，可有效地加快施工进度，封闭交通时间短，减少了因道路维修造成的阻车现象，提高了道路的服务水平。

(5)对周边已有的绿色植被影响小，废弃物少，环境污染最小化。

11　应用实例

11.1　2009年济南市公路大中修养护工程第一合同段

国道309线章丘市西外环至收费站段路面中修工程，是济南市重要干线公路之一。第一合同段(K500+300~K513+200)全长12.9km，改建于2003年，道路通车后，随着重载交通和交通量的增长以及新旧路基的不均匀沉降而不断形成横缝、纵缝、网裂、车辙、波浪、唧浆、沉陷等病害，严重影响了道路的使用性能。

道路采用一级公路养护中修标准设计，主线采用双向八车道一级公路标准，计算行车速度v=80km/h，设计处理快车道。灌缝工程量6 349延米，其中灌缝施工采用本工法。

采用开槽热灌缝技术是延缓和解决沥青路面结构早期损坏一个重要的技术途径。以本合同段试验段修筑作为实例，对沥青混凝土路面开槽热灌缝施工技术进行讨论，有助于为工程人员积累相关的施工技术和经验，同时可为今后类似工程的施工提供有益的指导。

11.2　省道242线刁镇至明水改建工程第三合同段

省道242线刁镇至明水改建工程起点位于明水原省道242线与省道102线交叉口，向北经相公镇、绣惠镇，终点位于刁镇省道321线与省道242线交叉口，全线采用一级公路标准设计，计算行车速度80km/h。第三合同段起止桩号为K0+000~K15+270，长度为15.27km。

由于该路为通往济青高速公路的重要通道，又是连接321、244省道的南北干道，近年运输重车较多，交通量较大，现已渐呈饱和之势。随着道路使用年限的增加，经过长期的行车荷载作用，路基、路面已出现不同程度的病害，尤其是东幅，是章丘南部石材和泰安、莱芜砂的北运通道，路面使用性能降低，质量安全尤为严重。出现的病害多为横缝、纵缝，工程量为10 554.7m。

为提高沥青路面的质量，减少更多早期病害的发生现象，增加路面的耐久性，延长路面使用寿命，全路段裂缝病害采用开槽热灌缝技术。

省道242线通过采用开槽热灌缝施工工艺，路面质量显著提高，通车后，行车安全舒适，发挥了该道路的"畅通、安全、舒适"的运营优势，受到当地群众和广大驾乘人员的称赞，取得了良好的经济效益和社会效益。

钢桥面 ERS 铺装施工工法

GGG(中企)B4043—2009

刘元炜 张志宏 杨志超 黄 飞 黄良诚
杨 燕 王齐昌 卓武极
(中交第三公路工程有限公司)

1 前言

钢桥面铺装是一个世界性难题,受到国内外学术界和工程界的高度重视。我国钢桥面铺装研究起步较晚,钢桥面铺装早期破坏现象比较严重,从南京长江二桥引进了美国环氧沥青(Epoxy asphalt)桥面铺装体系,取得较好的效果后,国内钢桥面铺装大都推广应用美国环氧沥青桥面铺装体系。

杭州湾大桥海中平台钢匝道桥钢桥面铺装原设计也是采用美国环氧沥青桥面铺装体系,但其工艺不适应铺装大纵坡(7.98%)、小半径(72.0m)的钢匝道桥施工。杭州湾大桥工程指挥部邀请中国交通建设股份有限公司以"科研施工总承包"形式,开展以实体工程为依托,联合有关高等院校和科研院所的科技攻关。取得了"树脂沥青组合体系钢桥面铺装技术(简称树脂沥青铺装技术,英文简称 ERS,EBCL + RA + SMA,EBCL -Epoxy Bonding Chip Layer 环氧树脂黏结碎石层,RA-resin asphalt 树脂沥青,SMA- Stone mastic asphalt 沥青玛蹄脂碎石混合料)"这一国际领先的新成果,分别于 2007 年 11 月、2009 年 3 月通过杭州湾大桥工程指挥部和中国交通建设股份有限公司的专家评审。同时,形成了"钢桥面 ERS 铺装施工工法",成功地解决了杭州湾跨海大桥大纵坡、小半径钢匝道桥施工技术难题,并推广应用于杭州市江东大桥、宁波市庆丰大桥、广州市猎德大桥等工程。由于在解决钢桥面铺装早期破坏方面,效果显著,技术领先,成本仅为美国双层环氧沥青钢桥面铺装体系的 1/2 ~ 2/3,有显著的经济效益和社会效益。

2 工法特点

2.1 钢桥面 ERS 铺装体系(树脂沥青组合体系钢桥面铺装技术,简称树脂沥青铺装技术),由 EBCL 界面防水黏结抗滑层、RA 隔热过渡层和 SMA 表面功能层组成的钢桥面铺装结构。该结构层理清晰,功能明确,变形协调。

2.2 钢桥面铺装体系,充分利用国内现有材料与设备,施工简单、造价经济,养护方便。成本仅为美国环氧沥青钢桥面铺装体系的 1/2 ~ 2/3。

2.3 SMA 表面功能层具有较大的构造深度,抗滑性能较美国环氧沥青钢桥面铺装体系有显著的提高。

2.4 EBCL 环氧树脂黏结碎石层,充分发挥环氧树脂与钢板的黏结能力、碎石层具有剪力键的作用,RA 树脂沥青隔热过渡层防止钢箱梁日晒热传导软化 SMA 层确保了该层的热稳定性。

2.5 EBCL 胶料冷拌冷涂,RA 混合料冷拌冷铺,均不需要高温施工,降低能耗,减少废气,改善施工和生态环境。

2.6 EBCL 作为防水黏结抗滑层,具有良好的防水性能,即使铺装面层 SMA 和 RA 层发生渗水,也不会导致钢板锈蚀而对桥面铺装造成破坏。

2.7 钢桥面的后期大修维护,只需铣刨和重铺该表面层即可,而 EBCL 层和 RA 层作为施工的平台可以保护桥面钢板不受损伤。

3 适用范围

公路工程钢桥面铺装施工。

4 工艺原理

利用改性环氧树脂高温性能好、强度高和黏结能力强等众多优点,在光滑的钢板上形成一层牢固的防水黏结抗滑层 EBCL(环氧树脂黏结碎石层),防水并约束铺装层不产生水平滑动位移。

利用双组分树脂沥青混凝土强度高、空隙率小、耐高温、抗损伤能力强等特性,在 EBCL 层上面冷拌施工成型一层 RA(树脂沥青)隔热过渡层,旨在保护 SMA 层不受钢箱梁日晒后热力软化,并保护 EBCL 层不受热拌 SMA 施工时的灼烫而老化和施工损伤,有效分散集中的车轮荷载,增强整体的防水效果,增加力学变形刚度台阶。

利用高黏度的复合改性沥青生产的高性能 SMA 混合料作为行车功能层,为桥面铺装提供构造深、抗滑、抗车辙、噪声小、使用寿命长等优良性能,而且降低整个铺装的造价和具有良好的可置换修复性,全寿命周期造价更为经济合理。

采用"正交异性板钢桥面"结构分析模型和解析方法,检算 ERS 标准结构的界面剪应力和拉应变指标,确定 ERS 铺装结构的厚度、材料性能、检验指标。

5 施工工艺流程及操作要点

5.1 施工工艺流程

施工准备→钢桥面板除锈施工→EBCL 界面防水黏结层施工→RA 隔温过渡层施工→SMA 表面功能层施工。

5.2 操作要点

5.2.1 钢桥面板除锈施工

钢板抛丸除锈是 ERS 技术重要的一环,抛丸的目的是为除去钢板表面的锈迹,使钢板表面形成新鲜的有粗糙度的清洁钢板表面,以便 EBCL 底涂层能牢固的与之黏结。施工中具体要求如下:

(1)钢桥面板抛丸除锈前,要对污染物进行人工清除或预抛丸处理,保证钢板清洁、干燥、无污染,确保钢板表面无焊瘤、飞溅物、针孔、飞边和毛刺等。

(2)抛丸作业要选择晴好干燥的天气进行。抛丸除锈要求连续、匀速,两台抛丸机搭接宽度 3 ~ 5cm。

(3)对抛丸除锈机无法处理的边角部位要求用手提式打磨机进行补充处理。

(4)抛丸除锈过程中实行区域封闭施工,工作人员要佩戴作业帽、口罩、毛巾、手套等用品,避免汗水、头发等杂物掉落于作业面。

(5)抛丸作业后,要将散落的钢砂回收,最后利用空压机或森林灭火器进行全面的清扫。

5.2.2 EBCL 界面防水黏结层施工

(1)EBCL 胶料涂布面要清洁、干燥、无浮锈、无尘埃。抛丸除锈施工结束后应立即开始 EBCL 层施工,防止抛丸处理后钢板表面发生锈蚀和二次污染。

(2)EBCL 胶料由 A、B 两组分组成,要严格按照比例进行混和,并用电动搅拌机搅拌均匀。根据当时的钢板温度、大气温度和胶料拌和温度,参照试验室确定的温度时间控制图及时调整施工的时间,保证胶料在规定时间内涂刷完毕。

(3)EBCL 胶料采用人工方式涂布,方格网法控制涂布量。EBCL 胶料采用两层刮涂方式,待下层胶料基本固化后尽早开始上层 EBCL 胶料的刮涂施工,然后立即在胶料表面撒布一层单粒径的碎石,使之完全与 EBCL 胶料一起固化。

(4)EBCL 的碎石撒布量应先做好标准样板,施工时参照标准样板控制验收,碎石撒布要求均匀、满布不重叠、无堆积。

(5)EBCL 层施工完后,要封闭养护,未固化以前严禁一切人员和机械进入。

(6)EBCL 施工过程中成型 EBCL 胶料拉剪试件和拉拔试件,与桥面板 EBCL 同等条件养生,检测胶料的拉剪强度和拉拔强度。

5.2.3 RA 隔热过渡层施工

1)RA 混合料拌和

(1) RA 混合料采用树脂沥青混凝土专用拌和机 JS750 进行拌和,根据配合比分别放料至称量斗进行称量,以保证油石比精确。

(2)RA 胶料由定量包装的 A 组分和 B 组分组成,将已分装完毕的 A、B 组分倒入拌和桶,用电动搅拌机进行搅拌,搅拌时间不少于 45s(搅拌时间根据现场温度状况需进行适当调整),然后提升至拌锅平台上,待集料干拌结束后直接倒入拌锅内。

(3)聚酯纤维应在 A、B 组分混合后加入胶料并搅拌均匀。

(4)RA 混合料干拌时间控制在 5 ~ 10s,湿拌不少于 60s,总拌和时间 80 ~ 90s,以混合料均匀为准。

2)RA 混合料运输

(1)拌和完毕的 RA 混合料直接放入运料车,运料车装料先后部再前部,保证摊铺过程中先拌的混合料先摊铺。

(2)为保证 RA 混合料在规定时间内施工完毕,需根据现场 RA 混合料拌和时间、运输时间和摊铺碾压时间确定合理的运料车装料数量,以保证 RA05 摊铺过程不等料,每盘料在规定时间内摊铺碾压完毕。

(3)RA 混合料常温冷拌,运输车辆可不设保温层,但要覆盖篷布。

3)RA 混合料摊铺和碾压

(1)桥面摊铺采用一台或多台摊铺机全幅施工,摊铺速度控制在 3 ~ 5m/min, RA 摊铺厚度采用走滑靴的方式进行控制,保证 RA 最小厚度满足设计要求。

(2)碾压方式为光轮静压 + 轮胎压路机,初压为光轮静压 1 ~ 2 遍,在初压结束后,立即在 RA 表面均匀撒布一层粒径为 10 ~ 13mm 的石子,碎石撒布量按满布面积的 3% ~ 5% 控制,然后采用轮胎压路机进行复压 3 ~ 4 遍,要求撒布石料粒径的一半以上嵌入 RA 表层。在 RA 层完全固化以后开始下一层工序之前,将 RA 层表面黏结不牢固的石子扫除。

(3)碾压采用分段控制,碾压长度要与每车料摊铺长度一致。碾压过程中严禁洒水、柴油、废机油及其混合液。为防止粘轮,统一采用菜籽油涂刷压路机轮胎表面。

(4)摊铺碾压结束后及时清除压路机上黏连的 RA 混合料,用专用清洗液清洗摊铺机,避免 RA 胶料完全固化后无法清洗。

(5)RA 施工结束后根据气温条件要求封闭养护 2 ~ 3d,禁止一切车辆通行。

(6)在现场施工过程中,成型马歇尔试件,置于桥上进行同步养生,检测 1d,3d,6d 的马歇尔稳定度。在 3d 后测试 RA 层的构造深度、摩擦系数和渗水等指标,构造深度、摩擦系数和渗水指标按实测记录。

5.2.4 SMA 表面功能层施工

1)层间黏结沥青

(1)洒布施工前,要对沥青泵、洒布管道进行充分预热并试喷。根据行驶速度、洒布宽度、液体流量等洒布工艺参数控制洒布量。

(2)对于局部未洒到部位,应进行人工补涂,补涂应达到最低厚度要求。

2)改性沥青 SMA 混合料拌和

(1)严格掌握改性沥青和集料的加热温度以及 SMA 混合料的出厂温度。

(2)改性沥青 SMA 混合料拌和时间由试拌确定。投料次序为矿料、矿粉、纤维,干拌约 12s 加沥青,湿拌约 35s 出料,总生产时间约 60 ~ 70s,必须使所有集料颗粒全部裹覆沥青胶结料,并以沥青混合料拌和均匀为度。

(3)混合料生产过程中要检测混合料的均匀性、油石比、矿料级配和改性沥青 SMA 混合料的物理力学性质。

(4)拌和楼控制室要逐盘打印改性沥青及各种矿料的用量和拌和温度,并定期对拌和楼的计量和测温进行校核;同时根据拌和总量检验各种材料的配合比和油石比的误差。

3)改性沥青 SMA 混合料运输

(1)运料车的车厢必须涂刷油水混合物的隔离剂,且箱底不得有积液。

(2)运料车车厢外加装帆布棉被保温层,在运输过程中必须加盖完整无损的双层篷布,卸料过程中继续覆盖,直到卸料结束取走篷布。

(3)连续摊铺过程中,卸料过程中运料车应挂空挡,靠摊铺机推动前进。运料车应在摊铺机前 10 ~ 30cm 处停车,做到不撞击摊铺机。

4)改性沥青 SMA 混合料的摊铺

(1)摊铺机前必须有 3 辆以上的运料车辆等候,才可以进行摊铺作业,必须做到有运料车等摊铺机,禁止摊铺机等运料车。

(2)改性沥青 SMA 混合料黏度较大,摊铺机的运行速度,最大不超过 3m/min。

(3)SMA 上面层采用非接触式平衡梁装置控制摊铺厚度,下面层采用走钢丝控制摊铺平整度。

5)改性沥青 SMA 混合料碾压

(1)SMA 下面层采用钢轮压路机 + 轮胎压路机组合的方式碾压,初压由钢轮压路机紧跟摊铺机静压 1 ~ 2 遍,复压用轮胎压路机碾压 3 ~ 4 遍,最后用钢轮压路机消除轮迹。

(2)SMA 上面层用钢轮压路机紧跟静压 3 ~ 4 遍,然后复压 1 ~ 2 遍收迹,不得使用轮胎压路机,以保证必要的构造深度。

(3)碾压过程需要时可喷涂清水或含有隔离剂的水溶液,喷水时应呈雾状,以不粘轮为度,避免 SMA 路面降温过快。禁止使用柴油和机油的水混合物喷涂。

(4)碾压终结温度应大于 110℃,开放交通不高于 50℃。

5.3 劳动组织

本工法劳动组织如表 1 所列。

劳动组织情况表

表 1

序号	单项工程	所需人数	备注
1	管理人员	4	
2	技术人员	6	
3	钢桥面板除锈施工	12	
4	EBCL 界面防水黏结层施工	18	
5	RA 隔温过渡层施工	16	
6	SMA 表面功能层施工	24	
	合计	80 人	

6 材料与设备

6.1 材料

本工法主要工程材料如表 2 所列,对 EBCL 胶料、环氧树脂黏结碎石、RA 树脂沥青、SMA 混合料高黏度改性沥青等专用材料的技术性能有特殊要求。EBCL 胶料主要技术性能如表 3 所列,环氧树脂黏结碎石(3~5mm)技术性能如表4所列,RA树脂沥青主要技术性能如表5所列。

主要工程材料表 表2

结构部位	材料名称	技术标准
EBCL界面防水黏结层	EBCL胶料	专用材料,主要技术性能如表3所列
	界面专用碎石	专用材料,主要技术性能如表4所列
RA隔温过渡层	树脂沥青	专用材料,主要技术性能如表5所列
	碎石	JTG F40—2004
	聚酯纤维	JT/T 534—2004
黏层沥青	聚合物改性沥青	JTG F40—2004
SMA表面功能层	改性沥青	专用材料,主要技术性能如表10所列
	木质纤维	JT/T 533—2004
	碎石	JTG F40—2004
	矿粉	JTG F40—2004
施工耗材钢丸	钢丸	GB/T 18838.3—2008

EBCL胶料主要技术性能表 表3

试验项目	单位	技术要求	试验方法
拉拔强度(70℃)	MPa	≥4	ASTM D 638
拉拔强度(25℃)	MPa	≥5	ASTM D 638
拉剪强度(70℃)	MPa	≥1	抗剪试验
拉剪强度(25℃)	MPa	≥3	抗剪试验
指干时间(25℃)	h	5≥t≥1	指干法
固化时间(25℃)	h	≤72	拉拨试验
断裂伸长率(25℃)	%	≥1	直接拉伸试验
黏度		适于刮除,不流淌	目测

环氧树脂黏结碎石(3~5mm)技术要求 表4

指标	单位	技术要求	试验规程
表观密度	t/m^3	≥2.50	JTG E42—2005
坚固性(>0.3mm部分)	%	≥12	JTG E42—2005
砂当量	%	≥60	JTG E42—2005
棱角性(流动时间)	s	≥30	JTG E42—2005
小于0.075mm的含量(水洗法)	%	≤0.5	JTG E42—2005
吸水率	%	≤2.0	JTG E42—2005

RA树脂沥青主要技术性能 表5

试验项目	单位	技术要求	试验方法
指干时间(25℃)	h	≥1.0	指干法
固化时间(25℃)	h	≤96	拉剪试验
断裂伸长率(25℃)	%	≥10	直接拉伸试验

6.2 设备

本工法采用的主要设备如表6所列,实际施工时,在满足工艺质量控制和施工效率的前提下,可根据具体情况适当调整。

主要机械设备一览表

表6

序　号	机械设备名称	型号规格	数量(台套)	工作内容
1	间歇式沥青拌和站	3000型 240t/h	1	SMA混合料拌和
2	树脂沥青混凝土专用拌和机	JS750	1	RA混合料拌和
3	沥青摊铺机	ABG423 126kW/12m	2	SMA、RA混合料摊铺
4	双光轮压路机	DD130 13t	4	SMA、RA混合料碾压
5	重型轮胎压路机	XP261 25t	2	SMA、RA混合料碾压
6	抛丸除锈机	Blastrac2-20DS 50cm	3	钢桥面除锈
7	沥青洒布车	CZL5102/8-10 8 000L	1	黏结油洒布
2	自卸汽车	25t	10	运输车
9	装载机	ZL50	2	装载物料
10	发电机	120kW	1	备用电源

7 质量控制

7.1 工程质量控制标准

7.1.1 钢桥面除锈施工质量执行《公路桥涵施工技术规范》(JTG 041—2000)。钢桥面除锈施工技术要求如表7所列。

钢桥面除锈技术要求表

表7

检查项目	检查频度	规定值或允许偏差	试验方法
清洁度	1点/300m^2	Sa2.5	GB 1031—83 图谱对照
粗糙度	点/300m^2	80～100μm	GB 1031—83 比较法

7.1.2 EBCL界面防水黏结层施工尚没有行业规范标准,施工质量控制推荐值如表8所列。

钢桥面ERS铺装施工检验标准

表8

检查项目	检查频度	规定值或允许偏差	试验方法
底层胶料涂布量	1点/300m^2	0.1～0.2kg/m^2	单位面积称重法
上层胶料涂布量	1点/300m^2	0.6～0.8kg/m^2	
碎石撒布量	1点/1 000m^2	2.5～3.5 kg/m^2	
拉拔强度	点/1 000m^2	不小于设计值	拉拔仪

7.1.3 RA隔温过渡层施工质量控制推荐值如表9所列。

RA隔温过渡层施工检验标准

表9

检查项目	检查频度	规定值或允许偏差	试验方法
第1、3、6d的马歇尔稳定度流值	1次/25t	实测	70℃马歇尔稳定度
渗水系数	1点/200m^2	小于50mL/m^2	渗水测试在黏层油施工结束后进行

7.1.4 黏层沥青、SMA表面功能层施工质量执行《公路沥青路面施工技术规范》(JTG F40—2004)、《公路工程沥青及沥青混合料试验规程》(JTJ 052—2000)和《公路工程质量检验评定标准》(JTG F80/1—2004)的相关要求。质量标准如表10所列。

黏层沥青、SMA 表面功能层施工检验标准 表 10

检查项目		检查频度	规定值或允许偏差	试验方法
SMA10 混合料外观		随时	观察集料粗细、均匀性、离析、油石比、色泽、冒烟、有无花白料、油团等各种现象	目测
SMA-10 拌和温度	沥青、集料的加热温度	逐盘检测评定	符合施工技术规范要求规定	传感器自动检测、显示并打印
	混合料出厂温度	逐车检测评定	符合施工技术规范要求规定	传感器自动检测、显示并打印,出厂时逐车按 T 0981 人工检测
SMA-10 矿料级配(筛孔)	0.075mm	逐盘在线检测	±2%	计算机采集数据计算
	≤2.36mm		±4%	
	≥4.75mm		±5%	
	0.075mm	逐盘检查,汇总取平均值评定	±1%	总量检验
	≤2.36mm		±2%	
	≥4.75mm		±2%	
	0.075mm	1 次,以 2 个试样的平均值评定	±2%	拌和场取样,抽提筛分,与标准级配比较的差
	≤2.36mm		±3%	
	≥4.75mm		±4%	
SMA-10 沥青用量(油石比)与生产设计之差		逐盘在线监测	-0.1%,+0.2%	计算机采集数据计算
		逐盘检查,汇总取平均值评定	±0.1%	总量检验
		取 2 份试样的平均值评定	±0.3%	拌和场取样,抽提
SMA-10 马歇尔试验:空隙率、稳定度、流值、析漏		1 次,以 4~6 个试件的平均值评定,析漏需两份试样取平均	VV:3%~4% 稳定度:不小于 6kN 流值:— 析漏:不大于 0.1%	拌和场取样成型试件
铺装 厚度(mm)		每 100m 测 5 处	+10,-5	对比检查桥面铺筑前后的高程
压实度		单幅 10 点/km	试验室标准密度的 97%(98%) 最大理论密度的 93%(94%)	钻孔法
平整度	σ(mm)	连续测定,每 100m 计算 IRI 和 σ 值	1.5	T 0932
	IRI(m/km)		2.5	
渗水系数		每 $100m^2$ 一点单点评定	不大于 50mL/min	
黏结层撒布量		每 $100m^2$ 一点单点评定	$\pm 0.2kg/m^2$	
横坡		每 100m 三个断面	±0.3%	

7.2 质量保证措施

7.2.1 认真贯彻“百年大计、质量第一”的质量方针,建立健全质量保证体系,明确各职能部门和各级人员的质量职责,明确执行者和检验者,以工作质量来保证工程质量,用工序质量保证项目质量,实现质量目标。

7.2.2 根据钢桥面板的锈蚀程度,合理调整钢丸、钢砂比例及大小,抛丸速度,抛丸机行走速度等工艺参数,保证抛丸除锈质量,并防止抛丸面的二次污染、浮锈。

7.2.3 EBCL 胶料是双组分,要严格空制其配合比。根据气温、钢板温度、AB 配合比和室内试验指干曲线,组织好施工,在规定的时间内涂布胶料和撒布黏结碎石。

7.2.4 施工过程要做 EBCL 胶料的拉剪试验、拉拔试验,以及 RA 混合料的马歇尔试验,进行过程控制。

7.2.5　EBCL 层、RA 层均须封闭养生，其间禁止一切车辆、行人通行，需提前做好交通规划。

7.2.6　控制好 SMA 混合料的粒径与级配，控制好 SMA 混合料的拌和温度、摊铺温度与有效碾压温度。

7.2.7　SMA 下面层采用钢轮压路机 + 轮胎压路机组合碾压，提高 SMA 混合料的密实性和防水能力。上面层采用钢轮压路机碾压，禁用轮胎压路机碾压，保证上面层的构造深度，提高抗滑性。

8　安全措施

8.1　认真贯彻“安全第一，预防为主、综合治理”的方针，建立健全安全组织保证体系，配备专职安全员和班组兼职安全员，实行安全生产责任制，明确各级人员的职责，抓好工程的安全生产。

8.2　专职安全员按 5 000 万元标价配备 1 名的标准，配置完备的专职安全管理人员。

8.3　按产值的 1% 提取安全专项资金，用于安全培训和安全防护设施，并对安全专项资金使用进行专项监督。

8.4　进行安全施工应知应会教育，认真进行内容应清晰、明确、具体且通俗易懂的作业前安全技术交底。

8.5　施工现场按符合防火、防风、防雷、防洪、防触电等安全规定及安全施工要求进行布置，并完善布置各种安全标识。

8.6　施工现场的临时用电严格按照《施工现场临时用电安全技术规范》的有关规范规定执行。现场用电采用三相五线制，移动照明用电采用三线制，配备标准配电箱和漏电保护装置。

8.7　拌和站顶部设置避雷针，以防止雷击造成拌和站电子元件的损坏。

8.8　做好安全防火措施，拌和站、工棚、食堂等重点防火部位配备足够的消防器材。

8.9　建立健全安全检查制度，进行定期安全生产检查和不定期专项检查，及时采取措施消除安全隐患。

9　环保措施

9.1　认真贯彻有关环境保护的法规，加强对施工燃油、工程材料、设备、废水、生产生活垃圾、弃渣的控制和治理，随时接受相关单位的监督检查。

9.2　对施工场地道路进行硬化，并在晴天经常对施工通行道路进行洒水，防止尘土飞扬，污染周围环境。

9.3　混合料运输车辆加盖苫布，防止降温过快及溢洒，减少环境污染。

9.4　拌和站保持良好的除尘设备，建立粉尘湿回收池，或建立水泥专用储罐和专用运输车，对符合技术标准的粉尘予以回收，按规范要求再生利用。

9.5　4 级以上大风，不进行黏层沥青洒布施工，防止沥青随风飘散，污染环境。

9.6　前后场所有的沥青混合料废料、EBCL 胶料、RA 混合料、清洗液、施工垃圾，统一收集，集中处理。

9.7　保持机械设备的完好，减少噪声，不扰民。

9.8　设置固定的机修点，确保无废油污染。

9.9　文明施工，做到标牌清楚、齐全，各种标识醒目，施工场地整洁文明。

10　效益分析

本工法经在杭州湾跨海大桥海中平台钢匝道桥（铺装面积 15 852m^2）、杭州市江东大桥（铺装面积 26 412m^2）、宁波市庆丰桥（铺装面积 10 521m^2）和广州市猎德大桥（铺装面积 8 894.5m^2）等 4 项工程，61 680m^2 钢桥面铺装应用表明，本工法具有显著的经济效益和社会效益。

10.1　本钢桥面铺装结构与美国双层环氧沥青钢桥面铺装体系相比，充分发挥 SMA 路面构造深度深，抗滑、抗高温、抗车辙、噪声小、寿命长的特点。其建造成本平均为美国双层环氧沥青铺装体系的1/2～2/3，且抗滑性能较美国双层环氧沥青钢桥面铺装体系有大幅的提高。

10.2　与美国双层环氧沥青钢桥面铺装体系相比，该钢桥面铺装体系由于采用SMA路面表层，其SMA路面表层具有可修复性。SMA路面层后期的大修，只需铣刨和摊铺该表面层，其下的EBCL层和RA层一般不受损伤，无需重做，从全寿命周期费用角度分析，造价更合理。

10.3　与美国双层环氧沥青钢桥面铺装体系相比，EBCL胶料冷拌冷涂，RA混合料冷拌冷铺，均不需要高温施工，降低了能耗，减少了废气排放，改善了施工和生态环境。

10.4　本工法创新了我国钢桥面铺装结构体系，可替代美国环氧沥青钢桥面铺装体系，推动了我国钢桥面施工技术领域的科技进步。技术上能与美国环氧沥青钢桥面铺装体系相媲美。为积累钢桥面铺装设计和施工经验，编制钢桥面铺装技术规范积累了基础资料。

10.5　本工法充分利用国内现有材料与设备，技术领先，质量可控，安全可靠，造价经济，养护方便，为我国钢桥面的成功铺装探索出一条新思路，具有广泛的社会效益和广阔的推广应用前景。

11　应用实例

11.1　应用工程概况

11.1.1　杭州湾跨海大桥海中平台钢匝道桥

杭州湾跨海大桥海中平台钢匝道桥是连接杭州湾跨海大桥主桥与海中平台的立交桥，由A、B、C、D、E等5条钢匝道桥组成。钢桥面为ERS铺装体系，桥面铺装设计年限15年。匝道桥总长2 034.44m，铺装面积15 852m²，最大纵坡7.0%，最大横坡3.83%，最大合成坡度7.98%，最小曲率半径72.0m。2007年3月5日开工，2008年5月1日通车。经过一年的通车运营，特别是施工重型车的通行考验，路面质量良好。海中平台钢匝道桥铺装参数如表11所列。

海中平台钢匝道桥铺装参数一览表　　　表11

项　目	匝道长(m)	匝道宽(m)	铺装面积(m²)	纵坡(%)	横坡(%)	曲率半径(m)
A匝道	178.0	13.94～16.94	2 040	0	2.0	∞
B匝道	464.37	7.44	3 455	7.0	3.71	72.0
C匝道	464.37	7.44	3 455	7.0	3.83	72.0
D匝道	463.85	7.44	3 451	7.0	3.31	83.86
E匝道	463.85	7.44	3 451	7.0	3.50	83.86

11.1.2　杭州市江东大桥

江东大桥钢桥面铺装是设计科研施工总承包项目，合同段起止桩号K0+360～K4+692.5，全长4.332 5km。其中钢桥为852m。钢桥面行车道为ERS铺装体系，铺装面积26 412m²，桥面铺装设计年限15年。钢桥面横断面行车道2×15.5m=31.0m，最大纵坡3.5%，横坡2.0%。2008年6月1日开工，2008年11月31日通车，交工验收工程质量优良。

11.1.3　宁波市庆丰桥

庆丰桥钢桥面ERS铺装是设计科研施工总承包项目。全长约3.65km，其中主桥为主跨280m的三跨双塔双索面自锚式钢加劲梁悬索桥。钢桥面行车道为ERS铺装体系，铺装面积10 521m²，桥面铺装设计年限15年。钢桥面横断面行车道2×15.5m=31.0m，最大纵坡≤3.54%，横坡≤1.5%。2008年9月1日开工，2008年11月30日通车，交工验收工程质量优良。

11.1.4　广州市猎德大桥

广州市新光快速路猎德大桥位于广州市新城市中轴线核心景观区域，桥型为主跨219m的独塔自锚式悬索桥，主桥全长480m。钢桥面行车道为ERS铺装体系，铺装面积8 894.5m²，桥面宽度36.1m，双向六车道,行车道宽度 2×11.7m, 最大纵坡 3.4 %,横坡 2.0%。2008 年 10 月 1 日开工,2008 年 11 月 30 日完成铺装,交工验收工程质量优良。

11.2 应用工程施工总结

经上述 4 项工程 61 680m² 钢桥面铺装施工,对共性问题总结如下。

11.2.1 从工程检测结果可以看出,EBCL 固化后强度在 25℃ 时大于 20.0MPa,70℃ 时达到 11.0MPa,能满足 ERS 钢桥铺装的技术要求。

11.2.2 EBCL 防水抗滑层的施工采用双层刮涂的方式进行,更有利于钢桥面板的防腐、防水。工程施工证明,控制好两层刮涂的间隔时间,严格按照标准工艺施工在现场是可以做到的,且不会影响黏结强度。

11.2.3 在钢板的防腐问题上是否采用富锌漆,我们通过室内试验对比和现场试验段的相比,在防腐功能没有明显差别的条件下,采用富锌漆反而大大影响了 EBCL 和钢板的黏结力和抗剪力,特别是在 70℃时的抗剪对比试验中,可以明显地看出,采用富锌漆后不利于 ERS 组合体系的界面抗剪性能。

11.2.4 经现场施工检测发现,RA 空隙率低,马歇尔稳定度在 30kN 左右,能满足 ERS 组合体系的要求,并且压实度和渗水指标检测结果表明,现场施工可以满足要求。

11.2.5 工程施工表明,ERS 钢桥面铺装具有良好的施工可操作性,施工后经检测满足设计指标要求。

热喷聚合物改性沥青防水黏结层施工工法

GGG(中企)B4044—2009

王齐昌　杨　燕　张志宏　刘元炜　杨志超
(中交第三公路工程局有限公司)

1　前言

沥青混凝土路面的早期破坏是公路工程领域的一大难题,桥面铺装的使用条件更严酷,早期破坏现象更普遍,因此成为各国道桥技术人员努力研究探讨的重要课题。

杭州湾跨海大桥全长36km,总投资约107亿元,设计期望寿命100年。杭州湾大桥工程指挥部以全寿命的理念,采用了施工科研总承包的方式,旨在提高铺装层的路用性和耐久性,减少大桥封闭维修的社会影响,满足社会公众日益增长的对超长跨海大桥交通通达保障的需求。

中交第三公路工程局有限公司联合设计单位和高等院校科研院所,开展了"杭州湾跨海大桥水泥混凝土桥双层SMA铺装体系研究",并分别于2007年11月、2009年3月通过杭州湾大桥工程指挥部和中国交通建设股份有限公司的专家评审会评审,均认为课题成果总体水平达到国际先进水平。其中防水黏结层关键技术形成了热喷聚合物改性沥青防水黏结层的新颖的施工工法。该工法已推广应用在杭州湾跨海大桥(34.514km,103.542万m^2)、杭州市江东大桥(82 600m^2)、宜昌市五家岗至云池公路改建项目(8 791.3m^2),由于能有效提高铺装层与混凝土板层间抗水损能力和抗剪黏结强度,延长路面使用寿命效果明显,技术先进,故有明显的社会效益和经济效益。

2　工法特点

2.1　用抛丸处置界面,可以最大限度地去除表面残留物质、浮浆和起砂层,提高桥面混凝土层的露骨率、粗糙度和清洁度,增加界面黏结和抗剪效果。

2.2　高温喷洒高黏度聚合物改性沥青工艺,提高了沥青在自然条件时的黏度,增强界面黏结和抗剪效果。

2.3　抛丸处置不会对混凝土面层产生破坏性影响,不会造成密实骨料的松动和细微裂纹。并可暴露混凝土的收缩裂纹等缺陷,提前修补,消除隐患。

2.4　抛丸处置高效、环保,丸料可循环使用,无粉尘污染,改善了施工环境与生态环境。

3　适用范围

公路水泥混凝土桥梁铺装沥青混凝土桥面,防水黏结层的施工。

4　工艺原理

通过抛丸轮产生的离心力将钢丸料以很高的速度和一定的角度抛射到工作表面上,让钢丸以巨大的冲击能量高速打击工作表面,达到处理工作表面上的杂质、附着物以及其他需要清理的物质的一种表面处理的方法。钢丸和灰尘、杂质一起经过反弹室至储料斗上方的分离装置将钢丸与灰尘分离,钢丸进入储料斗继续循环使用,灰尘则通过连接管进入除尘器,通过滤芯的分离,停留在储灰斗中和滤芯的表面。再通过自动反吹除尘器反吹空气自动间隔清理每一个滤芯。抛丸处置工艺原理如图1所示。

将高黏度聚合物改性沥青加温到185℃±5℃,降低其施工黏滞度,使其渗入抛丸处置打开的混凝土表面毛细孔中,增强界面沥青与混凝土的黏结效果。采用具有自动加热控温和车速、泵压与流量联动的智能型洒布车,洒布高黏度聚合物改性沥青。

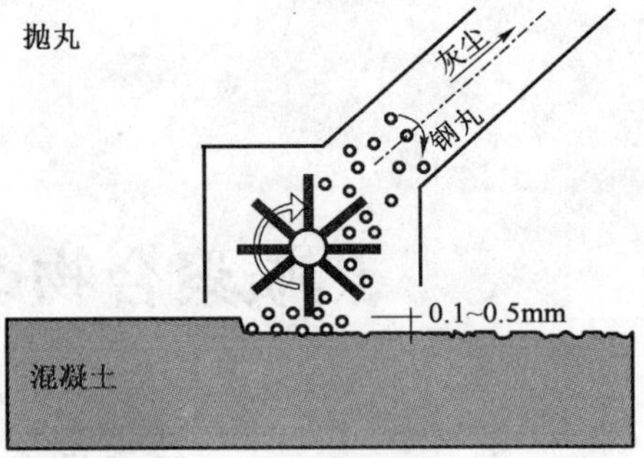

图1 抛丸处置工艺原理示图

5 施工工艺流程及操作要点

5.1 施工工艺流程

施工准备→抛丸处置→沥青洒布(同步撒布防粘碎石)→工序检验交接。

5.2 操作要点

5.2.1 抛丸处置

1)桥面初步清理

用人工清扫和吹风机吹风等方法对桥面进行初步清理,为抛丸施工提供一个清洁的工作面。

2)抛丸机的调试就位

抛丸机现场进行试抛施工,根据露骨率和表面粗糙度检测结果,合理调整钢丸的大小和形状、抛丸机的行走速度、钢丸的抛射速度与流量三个关键施工参数。

3)抛丸作业

(1)在抛丸机起步阶段时,先让喷砂机处于行走状态,再打开放砂阀门,以免在起步位置喷砂时形成凹坑。

(2)抛丸施工机械连接粉尘收集箱,单次行走的工作距离,一般超过30m。

(3)多台抛丸机作业采用并行直线连续抛丸方式,两台机作业宽度重叠2~3cm,并使搭接的部分不出现高低差。

(4)抛丸去除深度2~3mm,露骨率≥20%,当一遍达不到20%时进行二次或多次抛丸。去除深度达到3mm,表面露骨率仍达不到20%的,为保证处置后的表面平整度,不可继续深入,否则会影响整体质量。

(5)抛丸处置后的表面均匀、粗糙、清洁、无尘。

(6)对无法抛丸处置的边角等部位,采用手推式打麻机补充处置。

(7)施工人员必须穿戴干净的工作服、手套、工作帽。

(8)对抛砂处置后所暴露出来的混凝土在浇筑及硬化过程中产生的收缩裂纹、孔洞等缺陷,采用水性环氧乳液进行封闭处理。

4)废料清理

在回收粉尘时,注意及时清理除尘器内灰斗积灰,回收的粉尘集中运到卸料点处理。

5)钢丸回收

安排专人紧跟抛丸机回收抛头处溢出的钢丸,重复使用。

6)工序交接

抛丸处理施工结束后,应及时检验,及时进行下一道工序施工,避免干净的混凝土表面外露时间过长造成二次污染。

5.2.2 防水黏结层

1)除尘

施工前用强力吹风机对桥面再除尘,清洁、干燥、无尘土。

2)沥青与碎石洒(撒)布量标定

在洒布车行驶速度、沥青泵速、泵压达到一定条件时,标定和校正沥青洒布量。在撒布车行驶速度、料斗升起角度、封层车上料门的刻度达到一定条件时,标定和校正碎石撒布量。

3)路缘带污染防护

在改性沥青碎石防水层施工前,对桥面两侧的路缘带及护栏用适当尺寸的牛皮纸或塑料薄膜进行全部覆盖,以防止污染。

4)沥青及碎石施工

(1)将温度符合技术要求的热喷聚合物改性沥青泵入洒布车的沥青储存罐中,将符合技术要求的碎石装入碎石撒布车的集料储存仓中。

(2)检查和清洗洒布车,做到无泥土、无漏油、不污染路面。

(3)将沥青洒布车开至施工现场,按设计要求的改性沥青喷洒量设定车速、沥青泵转速、调整喷洒臂距地30cm高度和调整沥青泵的泵压,测定喷量,并使改性沥青喷洒量符合要求。

(4)在设定洒(撒)布车速下、调整料斗升起的角度,测定碎石的撒布量,使之满足设计要求。

(5)调整完毕后,将沥青洒布车开至距施工起点30m的位置,当车辆到达施工起点且车速能达到设定速度时,根据左幅(右幅)半幅7.5m的桥面宽度,采用3.8m+3.8m(纵缝搭接宽度为0.2m)的施工方式,进行改性沥青碎石防水层的改性沥青喷洒施工。随后立即进行碎石撒布,施工过程中要保持车辆行驶匀速顺直,当车辆到达终点时,立即停止洒(撒)布。

(6)沥青洒布要均匀,无漏洒;碎石撒布要达到分散均匀、颗粒不重叠、不成堆,覆盖率达到90%。

(7)对沥青漏洒的部分进行人工补洒,对浮动重叠的碎石进行清理;对碎石覆盖率小于90%的部位进行碎石补撒。

5)碾压

用轻型轮胎压路机碾压(行驶速度4~5km/h),碾压1~2遍。碾压时应由路边缘向中间碾压,压路机在改性沥青碎石防水层上碾压时不得停留、掉头、急制动和急转弯。碾压完毕后,对改性沥青碎石防水层全面检查,对浮动重叠的碎石予以清除,如有胶轮粘起的部位进行人工处理。

6)接缝的处理

纵向接缝采用搭接的方式,先做的一幅碎石防水层接缝一侧应预留20cm宽度不撒碎石,下一幅施工时沿上幅碎石边线同步撒布,以便达到碎石撒布对接、沥青洒布达到3重叠的效果。

横向接缝应在接缝处放置宽100cm的帆布,其长度应超出洒布宽度50cm,待洒布车通过后,应立即将帆布清洗干净,以便重复使用。

5.3 劳动组织

本工法劳动组织如表1所列。

劳动组织情况表 表1

序 号	单 项 工 程	所 需 人 数	备 注
1	管理人员	4	
2	技术人员	4	
3	混凝土桥面抛丸处置	18	
4	沥青洒布(同步撒布防粘碎石)	12	
5	杂工	6	
合计		44人	

6 材料与设备

6.1 材料

6.1.1 施工耗材

本工法抛丸施工所消耗钢丸标准为《高碳钢丸和砂》(GB/T 18838.3—2008),(原标准《铸钢丸》

(GB 6484—86),《铸钢砂》(GB 6485—86)。

6.1.2 工程材料

本工法所用热喷聚合物改性沥青,其SHRP性能等级为PG76-22,主要技术指标见表2。

热喷聚合物改性沥青技术指标 表2

试验项目	单位	试验数值	试验方法
针入度(25℃,5s,100g)	0.1mm	45~60	T 0604—2000
5℃延度	cm	≥30	T 0605—1993
软化点($T_{R\&B}$)	℃	≥75	T 0606—2000
60℃动力黏度	mPa·s	≥10 000	T 0625—2000
135℃运动黏度	m^2/s	≤3	T 0625—2000

6.2 设备

本工法工程所用主要施工机械设备如表3所列。

主要施工机械设备 表3

设备名称	单位	型号	数量
载货汽车	辆	东风3t	2
抛丸机	台	2-30DS型/80cm	2
		350型/35cm	2
吸尘器	台	自动反吹655DC吸尘器	3
发电机	台	30kVA	3
智能沥青碎石同步洒(撒)布车	台	欧亚联合洒布机/3.9m	1
轮胎压路机	台	12t	1
沥青供给车	台	8t	1

7 质量控制

7.1 工程质量控制标准

本工法施工质量执行《公路桥涵施工技术规范》(JTJ 041—2000)、《公路沥青路面施工技术规范》(JTG F40—2004)、《公路工程质量检验评定标准》(JTG F80/1—2004)。目前国内尚无与抛丸处置相关的技术规范和标准,其质量检验标准允许偏差推荐值见表4。

抛丸处置允许偏差推荐值表 表4

项次	检查项目	规定值或允许偏差	检测方法频率
1	浮浆及杂物	无附着不牢的浮浆、杂物等	目测、全断面
2	去除深度	2~3mm	对比法、全断面
3	露骨率	≥20%	对比法、全断面
4	粗糙度	表面粗糙均匀	对比法、全断面

7.2 质量控制措施

7.2.1 建立健全质量保证体系,明确各职能部门和各级人员的质量职责,明确执行者和检验者,以工作质量来保证工程质量,用工序质量保证项目质量,实现质量目标。

7.2.2 根据混凝土桥面铺装的情况,合理调整钢丸的大小和形状、抛丸机的行走速度、钢丸的抛射速度与流量三个关键施工参数,保证抛丸处置质量。

7.2.3 抛丸机采用直线连续抛丸作业,两台抛丸机作业宽度重叠2~3cm,保证抛丸处置的覆盖面,并使搭接的部分不出现高低差。对无法抛丸处置的边角等部位,采用手推式打磨机补充处置。

7.2.4 在桥面处理完毕后,表面干燥、清洁无尘、无油污和其他污物的二次污染,方可进行防水黏结层施工。

7.2.5 对沥青与碎石洒(撒)布量进行定期标定和校正,确保洒(撒)布质量。

7.2.6 控制热喷改性沥青的加热温度和洒布温度。

7.2.7 碾压后,对改性沥青碎石防水层浮动重叠的碎石予以清除,如有轮胎粘起的部位进行人工处理。

8 安全措施

8.1 建立健全安全保证体系,明确各职能部门和各级人员的安全职责,配备专职安全员和班组兼职安全员,落实安全生产责任制。

8.2 抛丸机操作人员必须佩戴护目镜,以防钢丸弹射伤人。

8.3 热喷改性沥青温度高,在加温、装料、运输、洒布过程要防烫伤。

8.4 进行安全施工应知应会教育,作业前,认真进行内容应清晰、明确、具体且通俗易懂的安全技术交底。

8.5 施工现场按符合防火、防风、防雷、防洪、防触电等安全规定及安全施工要求进行布置,并完善布置各种安全标识。

8.6 施工现场的临时用电严格按照《施工现场临时用电安全技术规范》的有关规范规定执行。现场用电采用三相五线制,移动照明用电采用三线制,配备标准配电箱和漏电保护装置。

8.7 建立健全安全检查制度,进行定期安全生产检查和不定期专项检查,及时采取措施消除安全隐患。

9 环保措施

9.1 认真贯彻关环境保护的法规,加强对施工燃油、工程材料、设备、废水、生产生活垃圾、弃渣的控制和治理,随时接受相关单位的监督检查。

9.2 对施工场地道路进行硬化,并在晴天经常对施工通行道路进行洒水,防止尘土飞扬,污染周围环境。

9.3 对桥面两侧的路缘带及护栏用适当尺寸的牛皮纸或塑料薄膜进行全部覆盖,以防止污染。

9.4 4 级以上大风,不进行热喷改性沥青洒布施工,防止沥青随风飘散,污染环境。

9.5 设置固定的废弃物堆放点,工程废料、施工垃圾,统一收集,集中处理。

9.6 保持机械设备的完好,减少噪声,不扰民。

9.7 设置固定的机修点,确保无废油污染。

9.8 文明施工,做到标牌清楚、齐全,各种标识醒目,施工场地整洁文明。

10 效益分析

在杭州湾跨海大桥(长 34.514km,铺装面积 103.542 万 m^2)、杭州市江东大桥(铺装面积 82 600m^2)、宜昌市伍家岗至云池公路改建项目(铺装面积 8 791.3m^2)等 3 项工程应用表明,本工法与传统的桥面处理工艺(人工凿毛、机械凿毛、高压水冲洗)相比,具有显著的经济效益和社会效益。

10.1 用抛丸处置,形成均匀的糙面界面,露骨率高,增强界面黏结和抗剪效果。不造成密实骨料的松动和细微裂纹,易于发现桥面混凝土在浇筑及硬化过程中存在的收缩裂纹等缺陷,提前修补措施,避免隐患扩大。采用热喷聚合物改性沥青,进一步提高界面防水黏结和抗剪效果。

10.2 抛丸机设备小巧,操作简便,工作效率高,施工进度快,劳动强度低。如果工程需要,可组织多台设备同时施工,适用于各种规模的工程施工。

10.3　抛丸处置丸料可循环使用,无粉尘污染,噪声低,改善了施工环境与生态环境,节能环保。

10.4　抛丸处置界面质量好,沥青黏度高,增强了界面黏结和抗剪效果,有效提高了铺装层的使用寿命,降低了公路运营和养护成本,提高了桥梁的畅通保障能力,全寿命成本更加经济,社会效益显著。由于可组织多台设备同时施工,大大提高了机械设备的使用率,施工进度快,降低了施工成本。

11　应用实例

11.1　应用工程概况

11.1.1　杭州湾跨海大桥

杭州湾跨海大桥全长36km,水泥混凝土桥沥青混凝土桥面铺装工程34.514km,2×3×3.75m,最大坡度≤3%,桥面横坡2%。桥面铺装为双层SMA铺装体系,上面层4cm SMA-13,下面层6cm SMA-16,桥面铺装面积103.542万m^2。合同工期2007年3月5日至2008年3月6日,2008年5月1日全桥竣工通车,经浙江省交通厅质量监督局验收评定为优良工程。经过一年的通车运行,路面性能良好,质量可靠。

11.1.2　杭州市江东大桥

江东大桥合同段起止桩号K0+360~K4+692.5,全长4.3325km,行车道2×15.5m,最大纵坡≤3.5%,横坡2%。江东大桥引桥混凝土桥面采用双层改性沥青混凝土铺装,上面层4cm AC-13C,下面层6cm AC-20C,SBS改性沥青。共铺装桥面82 600m^2。2008年6月1日开工,2008年11月30日全桥竣工通车,经浙江省交通厅质量监督局验收评定为优良工程。

11.1.3　宜昌市伍家岗至云池公路改造项目

伍家岗至云池公路改造项目起讫里程K2+250~K20+450,全长18.20km,铺装沥青混凝土路面351 476.1m^2,其中水泥混凝土桥梁改性沥青混凝土桥面铺装8 761.3m^2,铺装层6cm AC-13C,SBS改性沥青。2008年4月20日开工,2008年12月30日全桥竣工通车,经浙江省交通厅质量监督局验收评定为优良工程。

11.2　应用工程施工总结

经上述3项工程混凝土桥梁沥青混凝土桥面铺装施工,对共性问题总结如下。

11.2.1　抛丸处置去除混凝土板上的所有浮浆、软弱部位,形成粗糙和可靠的抗滑界面,提高水泥混凝土桥面板与沥青铺装层之间的抗剪切能力,保证铺装体系与混凝土面板共同受力变形,不产生相对位移。抛丸处置适用于混凝土浇筑均匀、骨料露骨明显、表面比较粗糙、没有较厚的离析砂浆层的桥面。对桥面浮浆较厚的局部区段和大纵坡、多制动区段可采用机械铣刨。

11.2.2　抛丸去除深度2~3mm,露骨率≥20%,当一遍达不到20%时进行二次或多次抛丸。去除深度达到3mm,表面露骨率仍达不到20%的,为保证处置后的表面平整度,不可继续深入,否则会影响整体质量。

11.2.3　对抛砂处置后所暴露出来的混凝土在浇筑及硬化过程中产生的收缩裂纹、孔洞等缺陷,采用水性环氧乳液进行封闭处理。混凝土表面不宜采用结晶材料处理,提高防水黏结层沥青的渗透性。

11.2.4　热喷聚合物改性沥青温度控制在180℃±5℃,满足施工可喷洒性和防止聚合物改性沥青高温老化。

11.2.5　工程施工表明,热喷聚合物改性沥青防水黏结层施工工法具有良好的施工可操作性,施工后检测满足设计指标要求。

橡胶改性沥青混合料(ARAC-13)上面层施工工法

GGG(中企)B4045—2009

王 豪 魏庆军 刘尚芳 孙立强 任鸿鹏
(中交第二公路工程局有限公司 中国路桥工程有限责任公司
中交二公局第四工程有限公司)

1 前言

为解决汽车废旧轮胎所带来环保问题,将废旧轮胎加工成橡胶粉并采用特殊方法与基质沥青混合,以形成橡胶改性沥青用于沥青路面施工,提高了沥青路面使用性能。

中国路桥工程有限责任公司和中交二公局第四工程有限公司在江苏省连盐高速公路上,对橡胶沥青制备和断级配(ARAC-13)橡胶改性沥青混凝土施工等方面进行了研究和实践。在总结成功经验、成熟工艺的基础上编写了本工法。

2 工法特点

2.1 橡胶改性沥青混凝土采用"湿法"拌和工艺。

2.2 配合比设计中,2.36~4.75mm间的集料用量要少,使级配有足够的空隙率供自由橡胶改性沥青通过或填充。

2.3 橡胶改性沥青属黏稠沥青,需使用二级泵泵送。

2.4 使用双钢轮振动压路机在较高温度下完成碾压,禁止使用轮胎压路机。

3 适用范围

本工法适用于各种交通量路面的罩面或作为新建面层,特别是重载交通和城市道路降噪路面。

4 工艺原理

橡胶改性沥青是废旧轮胎橡胶粉粒在充分拌和和高温条件下与基质沥青充分熔胀反应形成的改性沥青胶结材料。橡胶粉不发生裂解,吸收基质沥青中轻质组分,一方面直接改善基质沥青,另一方面达到橡胶与沥青充分结合的效果。橡胶改性沥青中橡胶粉的含量在18%以上,熔胀反应后,橡胶颗粒的体积相对密度在30%~40%左右,胶结料和混合料都能显著表现出橡胶的物理、化学性能。橡胶粉的掺入能显著提高沥青的黏度、弹性恢复、5℃延度、软化点,降低橡胶沥青的脆点,提高沥青的动态剪切水平、低温应力、增大低温变形,降低低温劲度,降低老化前后的指标差异。橡胶沥青混合料在降低路面噪声,延缓反射裂缝,减薄沥青路面厚度,抵抗重交通和不良气候等方面都有明显的优势。橡胶改性沥青混合料路面具有耐久舒适,安全安静的优良特性。

5 施工工艺流程及操作特点

5.1 施工工艺流程(图1)

5.2 橡胶改性沥青的生产(图2)

5.2.1 确定橡胶粉的掺量

一般选择至少三个不同的橡胶粉掺量(如18%、20%、22%)进行试验。沥青的温度范围在177～204℃之间,根据试验结果选取合适的橡胶粉掺量。

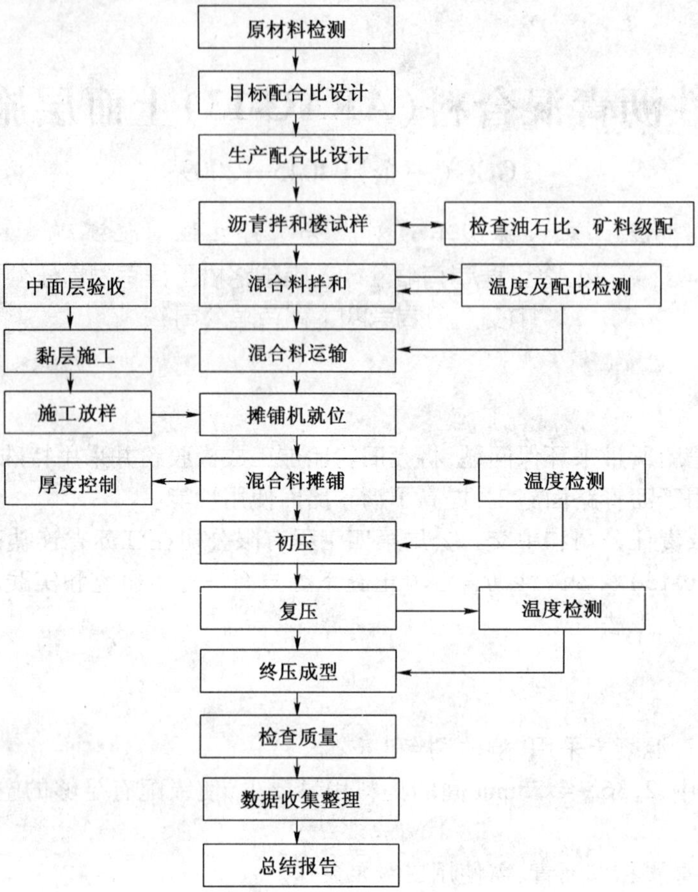

图1 ARAC-13施工工艺流程图

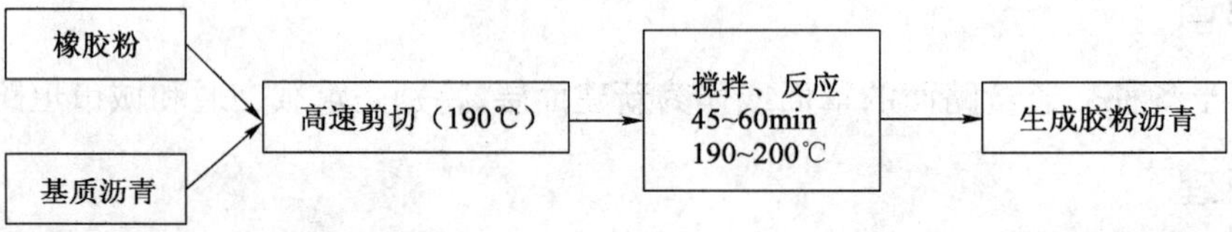

图2 橡胶改性沥青的生产工艺流程

5.2.2 橡胶改性沥青生产

由熟练人员操作橡胶改性沥青生产设备,采用美国进口的橡胶沥青现场一体化生产设备。

5.3 橡胶改性沥青混合料施工工艺及操作要点

5.3.1 橡胶改性沥青混合料目标配合比设计

(1)AR-AC13混合料级配范围(表1)。

AR-AC13混合料级配范围(不含外掺剂) 表1

	通过下列筛孔(方孔筛,mm)的质量百分率(%)					
	16	13.2	9.5	4.75	2.36	0.075
上限	100	100	75	42	24	7
下限	100	85	55	22	12	2

(2)矿料级配确定

采用1号碎石(9.5～16mm)、2号碎石(4.75～9.5mm)、3号碎石(2.36～4.75mm)、4号碎石(＜2.36mm)和矿粉,经试算法并合成后检测,在满足设计技术要求的同时,尽可能少用2.36～4.75mm间的集料,使级配充分断开,具有足够的空隙率供自由橡胶改性沥青通过或填充。

(3)确定最佳橡胶改性沥青用量

采用4种油石比确定最佳橡胶改性沥青用量,旋转压实75次成型试件,计算各组试件密度、空隙率、矿料间隙率、沥青饱和度。

(4)沥青混合料抗水损害试验

为了检验断级配橡胶改性沥青混合料的抗水损害性能,分别进行设计油石比下沥青混合料的浸水马歇尔试验和冻融劈裂试验。

(5)动稳定度试验

试验条件:在60℃±1℃,0.7MPa±0.05MPa条件下进行车辙试验以检验橡胶改性沥青混合料的高温稳定性。

(6)进行低温抗裂性检验

5.3.2 橡胶改性沥青混合料AR-AC13生产配合比设计

(1)在目标配合比设计结论基础上,进行AR-AC13生产配合比设计。

(2)拌和楼冷料流量试验:要保证拌和楼各热料仓料规格与冷料基本一致,保证拌和楼在生产过程中的冷、热料平衡。

(3)热料仓筛分试验:拌和楼筛网设置根据本项目矿料的级配及对该拌和楼的应用经验,拌和楼筛网尺寸分别为16.0mm、11.0mm、6.0mm、3.0mm。在生产配合比设计过程中,为保证二次筛分试样的代表性和真实性,拌和楼上料速度与正常生产时上料速度相一致。各个热料仓单独放料,先将各热料仓前面的料放掉,待稳定后再从热料仓放料取样,并对所取样品采用四分法进行了热料仓料筛分和密度试验。

(4)生产配合比级配调试:依据目标配合比设计级配及热料仓筛分试验结果,进行生产配合比级配组合设计。

(5)最佳油石比的确定:按目标配合比设计确定的最佳油石比,分别进行最佳油石比、最佳油石比±0.3%条件下的旋转压实试验。即采用8.4%、8.7%、9.0%三种油石比试验,并以选定的最佳油石比条件下进行沥青混合料的旋转压实试验。

(6)生产配合比体积指标验证:根据选定的级配和油石比成型试件,进行室内的马歇尔击实试验。

(7)橡胶改性沥青混合料抗水损害试验:为了验证橡胶改性沥青混合料的抗水损害性能,进行浸水马歇尔试验。

(8)以目标配合比设计的结论为基础,对AR-AC13进行生产配合比调试。

5.3.3 试拌及生产配合比验证

(1)试拌前,应确认拌和机的自保装置、检测仪表、传感器及线路、拌和叶片的安装、拌和缸的有效拌和区域等处于正常状态,并定期对计量和测温装置进行校核。

(2)按照生产配合比试拌,取样进行生产配合比验证。应注意混合料的油石比和级配是否同生产配合比相符,技术性能指标有无偏差。此外,就是拌和机的生产状况是否正常和稳定。

5.3.4 摊铺前的准备工作

(1)准备好下承层。

(2)均匀地喷洒黏层油。

(3)确保机械设备处于良好状态。

5.3.5 橡胶改性沥青混合料的拌制

(1)橡胶改性沥青拌制温度一般控制在175～190℃。

(2)橡胶改性沥青应当日加工,随制随用,尽量降低存储时间。

(3)确保机械设备处于良好状态。

(4)沥青加热温度为175~190℃。集料温度比沥青温度高15~20℃。沥青混合料的出厂温度正常范围控制在175~190℃,超过195℃者予以废弃。

(5)拌和时间由试拌确定,必须使所有矿料颗粒全部裹覆沥青结合料,并以沥青混合料拌和均匀为度。一般为65s/每锅4t,其中干拌时间为5s。

①油石比与设计值的允许误差为:-0.1%~+0.2%。

②矿料级配与生产配比设计标准级配的允许差值为:0.075mm(1±2%)≤2.36mm(1±4%)≥4.75mm(1±5%)

(6)拌和质量外观目测常识及处理措施:

①如橡胶改性沥青混合料冒黄烟,往往表明温度过高,可降低矿料温度等。

②如出现花白料则可能是矿料温度偏低,拌和时间短或使用了回收粉且用量大,应检查确定原因采取相应措施。

③橡胶改性沥青混合料颜色反差大,粗集料表面发亮,细集料发乌。可能是原材料中细集料含水率过大,造成细集料在烘干筒中加热温度达到规定值时,粗集料的温度则已大大超过了规定值,需控制集料含水率。

④混合料颗粒发生明显变化,可能是原材料组成发生了较大变化,或振动筛磨损后筛孔变大、破损,或振动筛网上热料过多,未经正常筛分就直接进入热料仓,或料仓"窜仓",造成热料仓中集料颗粒组成发生较大的变化,对此应检查后根据情况排除。

(7)每天施工结束后,用拌和机打印的各材料数量,对比过磅汇总,进行总量控制;以各热料仓用量及筛分结果,在线抽查矿料级配;计算平均施工及配合油石比,与设计结果进行校核;以混合料产量计算上面层平均厚度,与路面设计厚度进行校核。

5.3.6 橡胶改性沥青混合料的运输

(1)装料时运输车辆前后移动,分前、后、中三次装料,减免混合料离析。

(2)运输车辆进行统一编号管理。

(3)运输车辆一定要满足拌和机出料与摊铺数量需要,并略有富余。

(4)运输车采用帆布棉被绑扎、侧箱贴保温材料的方式进行三面密封保温。运输车厢内壁使用柴油和洗涤剂混合液(柴油:洗涤剂水=1:10),严禁使用柴油作为隔离剂。

(5)在拌和机放料处就地专设覆盖篷布点,安排2名工人对每一辆车进行牢固覆盖严密。

5.3.7 混合料的摊铺

(1)橡胶改性沥青混合料的摊铺与普通沥青混合料的摊铺基本相同。

(2)摊铺前应检查摊铺机各部分运转情况,确认完好并有预防措施。调好螺旋布料器两端的自动料位器,并使料门开度、链板送料器的速度和螺旋布料器的转速相匹配。尤其是熨平板的拼接要用铝合金线材校核平整度,注意拼缝处要紧密,防止夹料,产生划痕。摊铺机在摊铺前应进行液化气燃烧预热至大于120℃,这样可避免橡胶改性沥青混合料遇到小于30℃温度的金属器物产生附着结块。

(3)在每台摊铺机下垫与松铺厚度等厚的方木,并用水准仪检测横坡是否满足要求,调整好摊铺机的导向控制系统。上面层摊铺厚度采用平衡梁的厚度控制方式。

(4)设专人指挥运输车辆缓慢倒车,在距摊铺机10~30cm处停住,不得撞击摊铺机,影响平整度;签收驾驶员从后场带来的《沥青上面层出料单》;卸料时分三次起斗,以减免混合料离析;并做好相应记录。

(5)确定合适混合料松铺系数。

(6)橡胶改性沥青混合料摊铺温度宜大于170℃,路表温度低于20℃时,不能摊铺。

(7)根据拌和机产量及运输车数量确定合适的摊铺速度。

(8)摊铺机的螺旋布料器必须要有三分之二以上埋入混合料中,摊铺机接料斗每4车进行收合,以减免混合料摊铺离析。采取把螺旋布料器的安装位置放置最低,距离摊铺路表面不能大于5cm。

(9)摊铺后的橡胶改性沥青混合料未压实前,施工人员尽量少进入踩踏,如局部离析,需人工修补。

5.3.8 混合料的碾压

(1)碾压是橡胶改性沥青混合料较重要的一环,施工组织控制的好坏直接影响施工的成败。

(2)橡胶沥改性青混合料在温度较高时是比较松散,随着碾压的进行和温度的降低,过多的自由橡胶改性沥青下沉,形成一薄层橡胶改性沥青膜,橡胶改性沥青混合料的黏度则逐步加大。

(3)橡胶改性沥青混合料的压实尽量在温度较高的条件下完成,130℃以下应停止碾压,禁止在温度较低时的重复碾压,防止橡胶改性沥青上浮破坏形成的橡胶改性沥青膜并出现表面产生油饼的不利现象。

(4)碾压原则:“紧跟快压、先边后中、高频低振、匀速少水”。

(5)压路机碾压时梯队作业,每次重叠1/3轮宽,在搭接纵缝处要重复碾压1轮的宽度,避免漏压。压路机碾压时的行驶速度, DD-110初压速度控制为1.5~2km/h,2台DD-130复压速度均控制为3~4km/h,DD-110终压时静压速度控制为2~3 km/h。

(6)防粘液采用洗涤剂和水的混合液,以稍起泡沫为宜。压路机在压实时尽量少喷水,洒水量以不粘轮为度,尤其是碾压停机换挡、掉头时,要提前停止喷水。若压路机钢轮表面有锈迹,事先准备帆布铺在下面层表面5~8m长,供压路机在上面往复滚动除锈。

(7)在当天碾压的尚未冷却的上面层上,严禁停放压路机或其他车辆,并防止矿料、油料和杂物散落在沥青层面上。

(8)接缝的处理:

①纵向施工缝:使用两台摊铺机成梯队联合摊铺方式的纵向接缝,采用斜接缝。在前部已摊铺混合料部分留下10~20cm宽暂不碾压作为后高程基准面,并有5~10cm的摊铺层重叠,以热接缝形式在最后作跨接缝碾压以消除缝迹。

②横向施工缝:采用平接缝,与下承层横缝错开1m以上,横向施工缝应远离桥梁毛勒缝20m以外,以确保毛勒缝两边路面表面的平顺。用三米直尺沿纵向位置,在摊铺段端部的直尺呈悬臂状,以摊铺层与直尺脱离接触处定出接缝位置,用锯缝机割齐后铲除;继续摊铺时,应将摊铺层锯切时留下的灰浆擦洗干净,涂上少量黏层沥青,熨平板从接缝处起步摊铺;碾压时用压路机进行横向压实,从先铺路面上跨缝逐渐移向新铺面层。

5.3.9 交通管制

(1)橡胶改性沥青上面层在施工前及施工碾压结束后,均应进行交通管制。

(2) 采取封闭交通,使用禁行、绕行标志牌、导向牌、隔离桩与行车道隔开。

(3)经常检查隔离设施及交通指示标志的完好状态,有破坏或缺失的要及时补上。

6 材料与设备

6.1 原材料选择与检测、技术指标要求

(1)原材料包括橡胶改性沥青(基质沥青、橡胶粉)、粗集料、细集料、填料和矿物外掺剂。

(2)橡胶改性沥青主要技术要求见表2。

橡胶改性沥青技术要求 表2

检测项目	技术指标	试验方法
黏度(177℃)(Pa·s)	1.5~4.0	T 0625 T 0619
针入度(25℃,100g,5s),不小于(0.1mm)	25	T 0604
软化点,不小于(℃)	54	T 0605
弹性恢复(25℃),不小于(%)	60	T 0662

(3)矿物外掺剂填料主要为水泥和磨细石灰粉岩矿粉。使用断级配橡胶改性沥青混合料必须掺加 > 1%水泥或石灰粉的矿物外掺剂作为填料,以改善水稳定性和集料黏附性。

6.2 主要施工机械及检测仪器

6.2.1 施工设备及数量见表3。

施工设备及数量表　　表3

序号	机械或设备名称	型号	数量	性能	备注
1	橡胶沥青生产设备	8t	1套	良好	美国进口
2	沥青拌和机	TBA320	1套	良好	德国产边宁荷夫
3	摊铺机	ABG-525	2台	良好	德国
4	装载机	ZL-50	4辆	良好	中国徐工
5	自卸车	东风双桥	20辆	良好	中国二汽
6	洒水车	东风	2辆	良好	中国二汽
7	压路机	DD-130	2台	良好	美国产英格索兰
8	压路机	DD-110	2台	良好	美国产英格索兰

6.2.2 主要检测仪器见表4。

主要检测仪器及数量表　　表4

序号	仪器或设备名称	规格型号	数量	技术状态
1	针入度仪	SZR-5	1台	良好
2	延度仪	SYA-4508-11	1台	良好
3	软化点仪	标准型	1台	良好
4	马歇尔击实仪	LMS-1	1台	良好
5	马歇尔试验仪	HSM-01	1台	良好
6	沥青混合料拌和机	LSD-HJB4	1台	良好
7	脱模器	TY-30	1台	良好
8	沥青混合料离心抽提仪	LZT-1	1台	良好
9	方孔筛	标准筛	1台	良好
10	烘箱	T-101	1台	良好
11	最大相对密度试验仪	LM-1	1台	良好
12	压碎值仪	标准型	1台	良好
13	恒温水浴	HWY-30	1台	良好
14	冰箱	260	1台	良好

7 质量控制

7.1 质量控制标准:执行《公路工程质量检验评定标准》(JTG F80/1—2004)、《公路沥青路面施工技术规范》(JTG F40—2004),以及国家、部颁试验规程及参考国外成熟的关于废胎胶粉沥青使用方面的技术指标、设计标准、设计施工指南。

7.2 质量控制措施

(1)原材料应特别注重对废胎胶粉质量的控制。生产过程中应排除不当轮胎料源,如实心轮胎、装载机轮胎、飞机轮胎和挖土机轮胎以及其他非汽车轮胎,这些材料的成分不适合橡胶改性沥青反应。斜交胎胶粉优于子午胎胶粉。

(2)废胎胶粉的掺量应严格按照设计掺量,允许正误差2%,不允许出现负误差。胶粉应存储在通风、干燥的仓库中，并采取有效的防淋、防潮措施以及消防措施。现场存储时间要求不超过180d。

(3)温度对橡胶改性沥青加工及使用至关重要，各个环节的温度合理控制是保证工程产品质量的关键。

7.3 橡胶改性沥青混合料的施工温度见表5。

橡胶改性沥青混合料的施工温度(℃) 表5

橡胶改性沥青加热温度	190～200
矿料温度	165～180
混合料出厂温度	165～175，超过190废弃
混合料运输到现场温度	不低于160
摊铺温度	不低于155
初压开始温度	不低于150
复压最低温度	不低于130
碾压终了温度	不低于100

7.4 橡胶改性沥青混合料施工阶段的质量检查标准见表6。

橡胶改性沥青混合料施工阶段的质量检查标准 表6

项目		检查频率	质量要求或允许差	试验方法
橡胶改性沥青177℃黏度(Pa·s)		每生产一批检查一次	1.5～4.0	旋转黏度计
施工温度：混合料出厂温度		每车料一次	符合指南的规定	温度计测定
运输到现场温度				
初压温度				
碾压终了温度				
矿料级配与生产设计标准级配的差(%)	0.075mm	逐盘在线检测	±2	计算机采集数据计算
	≤2.36mm		±5	
	≥4.75mm		±6	
	0.075mm	逐盘检查，每天汇总1次，取平均值评定	±1	总量检验
	≤2.36mm		±2	
	≥4.75mm		±2	
	0.075mm	每台拌和机每天上、下午各1次	±2	拌和厂取样，用抽取后的矿料筛分
	≤2.36mm		±4	
	≥4.75mm		±5	
沥青含量(油石比)与生产设计的差(%)		逐盘在线检测	±0.3	计算机采集数据计算
		逐盘检查，每天汇总1次，取平均值评定	±0.1	总量检验
		每日上、下午各1次	-0.1，+0.2	拌和厂取样，离心法抽提
马歇尔试验(AR-AC13I型和AR-OGFC13)		每日上、下午各1次	AR-AC13型：稳定度：≥6kN 流值：20～50 VV：4.5%～6.5%	拌和厂取样，室内成型试验
			AR-OGFC13：VV：设计值±2%	
旋转压实试验(AR-AC13II型)		每日上、下午各1次	VV：设计值±1% VMA：设计值±1%	拌和厂取样，室内成型试验

续上表

项目		检查频率	质量要求或允许差	试验方法
压实度(%)		每层1次/200m/车道	AR-AC13I 型: ≥98(马氏密度), 92~96(理论密度)	现场钻孔试验
			AR-AC13II 型: ≥97(旋转密度), 92~96(理论密度)	
			AR-OGFC13: 设计值±3%	
厚度	不超过	1次/200m/车道	-4mm	钻孔检查并铺筑时随时插入量取,每日用混合料数量校核
平整度	不大于	每车道连续检测	0.8mm	用连续式平整度仪检测
宽度		2处/100m	不小于设计宽	用尺量
纵断面高度		3处/100m	±15 mm	用水准仪或全站仪
横坡度		3处/100m	±0.3%	用水准仪检测
中线平面偏位	不大于	4点/200m	20mm	用经纬仪检测
渗水系数	不小于	1次/200m/车道	断级配200mL/min	改进型渗水仪
			开级配900mL/15sec	
摩擦系数		1处/200m	符合设计要求	摆式仪

注:检查频率为单幅双车道。

8 安全措施

8.1 应遵照中华人民共和国行业标准现行的《公路工程施工安全技术规程》(JTJ 076—95)及《公路项目安全性评价指南》(JTG/T B06—2004)的要求执行。

8.2 应遵照国家颁发的有关安全技术规程和安全操作规程办理。

8.3 严格按施工工艺、施工操作规程、施工组织设计有关安全条款进行施工。

8.4 建立健全各工地、各施工环境下的施工安全规章制度,做好上岗前职工安全施工培训工作;特殊工种必须持安全考核证上岗,严禁无证操作、违章作业。

8.5 洒布沥青时禁止任何车辆通行,使洒油面不遭受破坏,洒油时段落两端放禁止通行警示牌和指路标识,并安排执勤人员。

8.6 橡胶沥青在制作、储存、使用的过程中,必须通风良好,并有专人负责,确保安全。易燃品仓库、发电机房、变电所,采取必要的安全防护措施,严禁用易燃材料修建。

8.7 橡胶改性沥青加工及橡胶改性沥青使用,温度很高,应防止烫伤。

8.8 重点抓好运输车辆的交通安全。

9 环保措施

9.1 成立对应的施工环境卫生管理机构,在施工过程中严格遵守国家和地方政府下发的有关环境保护的法律、法规和规章。

9.2 保护环境,防止污染。以预防为主,加强宣传教育,使广大职工充分认识到环保与卫生的重要性。

9.3 环保工作按国家及当地有关部门的要求执行。

9.4 拌和场设置尽可能远离居民区,减少施工噪声及粉尘污染。

9.5 尽量避免对相关工程施工的污染。橡胶改性沥青洒布时要遮挡或覆盖,禁止对路上的混凝土构造物、砌石、护栏、植被造成污染。

9.6 保持施工区域和生活区的环境卫生,及时清理垃圾,并运至指定地点进行处理。

9.7 施工现场和生活区设置足够的临时卫生设施,并定期清扫处理。

10 节能措施

10.1 使用重油加热,相对使用柴油而言,成本低。

10.2 采用常温粉碎法,胶粉质量好,成本低。

11 效益分析

11.1 使用费用比较

橡胶改性沥青材料成本中废轮胎胶粉约占20%的含量,而胶粉价格仅为基质的一半,与SBS相比,其价格仅为SBS的十分之一,因此橡胶改性沥青成本远远低于其他沥青,价格比SBS改性沥青低约20%。

11.2 环境保护

11.2.1 减少橡胶垃圾,节约石油资源。将产生的废轮胎进行第二次应用,据估算,橡胶改性沥青断级配混合料每25mm厚度每车道公里用掉大约620个轮胎,或者说每吨断级配混合料消耗大约2个轮胎。100km的橡胶改性沥青路面约可消耗掉75万条废弃轮胎,节约沥青4 000t。这是根治"黑色污染"最有效的方法。

11.2.2 废旧轮胎增值应用。较早的处理废轮胎的方法是将废轮胎作为燃料燃烧,虽然能够节省其他能源,但是橡胶的价值也消失了,燃烧产生的灰烬废物还是个问题,而且产生的烟尘严重影响空气质量。用橡胶改性沥青铺筑路面提供了一种最有效的增值利用方法,橡胶增强了路面全寿命的性能。

11.2.3 降低噪声。降低交通噪声是橡胶改性沥青材料的另一个重要优点。

12 应用实例

12.1 在江苏连盐高速公路进行了橡胶改性沥青混凝土施工,得到了成功应用,经检测达到预期目的。

12.2 在陕西西安国际机场专用高速公路进行了橡胶改性沥青混凝土施工,经检测达到预期目的。橡胶改性沥青混合料上面层施工工法,在降低成本的同时,显著提高了工程质量,社会效益和经济效益显著,具有广泛的应用前景。

国产多组分新型环氧沥青混凝土钢桥面铺装施工工法

GGG(津)B4046—2009

李志勇　王　迅　刘　卓　李振鹏　赵　薇
(天津城建滨海路桥有限公司)

1　前言

钢桥面铺装以往所使用的环氧沥青材料全部从美国进口,因价格昂贵导致工程建造成本高而制约了钢桥面铺装技术的发展。

为填补我国这项技术的空白,降低工程造价,我国开始研发生产。不久,多组分新型环氧沥青复合材料诞生。随之自主研制的具有国际先进技术水平的配套设备也相继诞生。由天津城建滨海路桥有限公司在天津富民桥工程中进行首次铺装施工获得成功。继而又在武汉天兴洲公铁两用长江大桥等多个工程进行铺装,积累了宝贵的施工经验,摸索总结出一套较成熟的施工工艺。通过工程实践验证使用国产多组分新型环氧沥青复合材料进行钢桥面的施工铺装,不仅从性能上相当或优于进口环氧沥青材料,从施工质量上也得到了保证,降低了工程成本。因此,采用自主知识产权的国产多组分新型环氧沥青复合材料代替进口环氧沥青材料在钢桥面铺装上使用正当其时。该项新技术施工工艺被评为2008年度天津市市级工法。为进一步提高和完善该项新技术,天津城建滨海路桥有限公司借鉴了在本集团科研课题所取得的成果,并对其继续进行了深入研究,该项新技术已被建设部列为2009年度科技项目。这项施工技术的推广应用,无疑将在经济和技术上给交通产业提供更为广阔的发展空间,必将形成我国具有自主知识产权的品牌核心技术。

2　工法特点

2.1　施工工法工序安排合理,施工过程流畅,便于操作,保证在容留时间范围内顺利完成桥面环氧沥青混凝土铺装工作,保证工程质量,降低工程施工成本。

2.2　环氧沥青混凝土拌和机采用称重计量装置,改变以往混合料生产单靠流量计控制的方式,提高了计量的准确性。

2.3　黏结层洒布工艺使用了智能化洒布设备,该设备采用了计算机辅助控制、GPS精确定位、高精度流量控制等技术,可以实现在任意车速、任意宽度全自动洒布。

3　适用范围

多组分新型环氧沥青混凝土钢桥面铺装工法适用于新建或改建钢结构桥梁钢桥面铺装,其钢桥面采用多组分新型环氧沥青混凝土作为桥面铺装的工程。

4　工艺原理

环氧沥青是兼具沥青和环氧树脂材料两者优点的热固性高强度、高黏结力、高延伸率的新型路桥建筑材料。A、B两组分混合后,两者进行物理、化学反应,黏结力很大,固化后形成不熔的热固性材料,固化过程是不可逆的,保证了环氧沥青高温稳定性,保持较好的力学性能,环氧沥青具有特殊的分子构造,因此即使在-20℃下仍能保持较好的柔韧性。

国产多组分环氧沥青混凝土钢桥面铺装施工工法整个施工过程中各环节相互依存，通过规范原材料的选择、配合比设计、环氧沥青混凝土拌和、运输、摊铺、碾压、切缝、养护等施工过程，从而确保了环氧沥青混凝土铺装施工质量，缩短工期，降低了工程造价，提高了桥面的耐久性。

5 施工工艺流程及操作要点

5.1 施工工艺流程(图1)

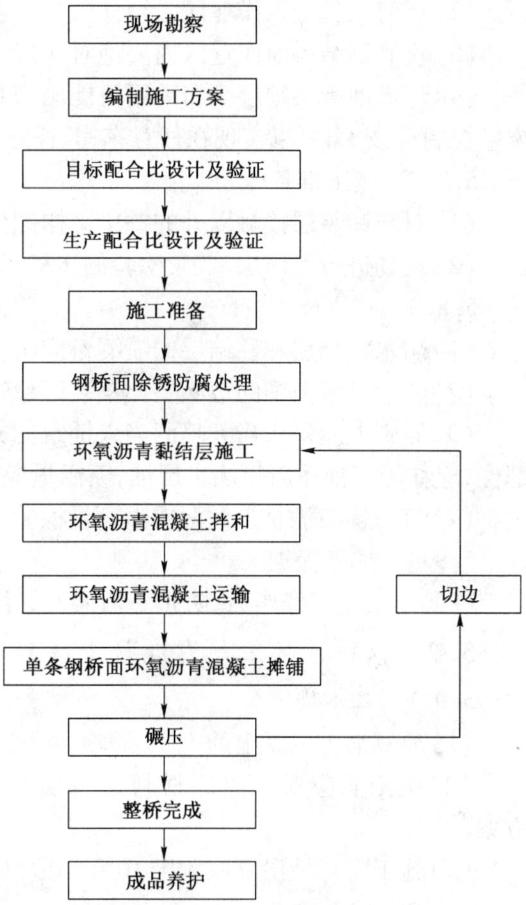

图1 施工工艺流程图

5.2 现场勘察

5.2.1 根据钢桥面钢箱梁结构和焊缝位置合理确定纵缝位置

5.2.2 根据分幅宽度确定合理的摊铺碾压组合

5.3 编制施工方案

根据现场勘查情况编制详细的施工方案，主要包括以下内容：①施工准备；②进度计划；③环氧沥青混合料配合比设计；④人员组织；⑤施工工艺；⑥质量保证措施；⑦安全保证措施；⑧现场文明施工⑨成品保护措施等。

5.4 配合比设计

5.4.1 环氧沥青混凝土所用的各种原材料应具有产品合格证，并经过试验检测，其技术指标应符合规范规定的要求。

5.4.2 环氧沥青混合料目标配合比设计与校验按《公路沥青路面施工技术规范》(JTG F40—2004)规定的方法进行。

5.4.3 在完成环氧沥青目标配合比设计后，进行生产配合比的验证。

5.4.4 试拌试铺验证，确定矿料级配及最佳沥青用量。

5.5 施工准备

5.5.1 在钢桥面环氧沥青混凝土铺装施工前，施工单位应对现场施工、试验、机械、管理等岗位的工作人员进行岗前培训并考核，未经培训或考核不合格的人员不得上岗操作，同时进行全面的安全技术交底。

5.5.2 施工前，必须对沥青混凝土拌和机、运输车辆、摊铺机、专用洒布机等施工机械、机具及试验仪器进行全面清理、检查、调试、校核、标定，并试运行正常。

5.6 测量放样

施工前需进行施工放样，通过厚度控制保证施工时的基准控制。

5.6.1 开工前对钢桥面的纵横坡的各点高程进行全面检测。

5.6.2 做好各点测量数据的统计工作。

5.6.3 对两侧桥头与桥板伸缩连接部位加密测点，以防纵横坡出现曲线偏差。

5.7 钢桥面除锈防腐处理

钢桥面环氧沥青混凝土铺装施工前，应依据设计要求对钢桥面进行除锈处理，经检验合格后，应立即施作防腐涂层保护,待防腐涂层固化养护达到规定要求后,进行下一道工序。

5.8 环氧沥青黏结层施工

5.8.1 基本规定

(1)黏层油洒布时气温低于10℃、风速大于10m/s、有雾、露水、下雨或相对湿度大于85%时不得施工。

(2)任何人员进入作业区必须穿鞋套。

(3)喷洒黏结料前作业区内要绝对保持干燥、清洁。

(4)环氧沥青黏结层洒布采用智能洒布机,该设备采用了计算机辅助控制、GPS精确定位、高精度流量控制等技术,可以实现在任意车速、任意宽度全自动洒布。

5.8.2 施工准备

(1)对与铺装层接触以外的桥梁结构部位采取相关措施避免污染。

(2)现场进行黏结层试喷,检验洒布机喷洒量。

5.8.3 喷洒施工

(1)防水黏结层和黏结层的喷洒量应满足设计要求。

(2)喷洒区域范围的边缘要比铺装区域边缘多出2~3cm。

(3)原则上应采取当天喷洒当天铺筑的方法进行施工。特殊原因不能在48h之内进行铺装施工的部位,应在施工前重新喷洒黏层油,喷洒量应满足设计要求。

(4)每一幅喷洒至少做两次喷洒量检验。

5.8.4 成品保护

在黏结层施工完毕后,防止一切人为的污染。

5.9 钢桥面环氧沥青混凝土铺装施工

5.9.1 基本规定

(1)环氧沥青混凝土的生产、运输、摊铺等均应采用机械化施工。

(2)施工前应对各类原材料进行质量检验,验收合格后方可使用,施工前应制定详细的施工方案。

(3)施工时环境温度应大于10℃,雨天及大气相对湿度大于85%等情况下不得施工。

5.9.2 施工准备

(1)施工前应针对施工现场特点和易发生事故环节,由施工负责人对各岗位工作人员进行安全技术交底。

(2)施工前必须对所用施工机械进行全面检查和调试。

(3)施工前必须对运输路线进行考察,选出合适的运输路线,使运输车辆在运料时能够畅通、无阻碍地到达现场。

5.9.3 环氧沥青混凝土的生产

(1)材料预热与保温。在拌制环氧沥青混合料之前夜,要预先将组分A及组分B_v加热脱筒,分别泵入各自的厂内储油罐中,储油罐内的加热温度:组分A加热至87℃±3℃;组分B_v加热至120℃±3℃;矿料加热温度控制在110~130℃范围内。

(2)调试拌和温度,混合料的拌和温度控制在110~130℃范围内。

(3)环氧沥青混凝土的拌和可参照普通沥青混凝土的拌和工艺,严格控制各工序温度和拌和时间。

(4)环氧沥青混凝土生产若出现出厂温度低于或高于要求值、粗细集料离析以及其他影响产品质量的情况时,必须废弃。出厂温度控制在110~130℃。

(5)每辆运料车的装料时间不宜超过12min。混合料拌和完成出料后,记录第一盘料及最后一盘料装车时间,并将每盘料的出料温度记录在“施工送料单”上交予驾驶员,在车斗规定处插入3个标定过的温度计。

(6)环氧沥青混凝土生产过程中应及时对卸料斗进行清理并涂刷隔离剂。

(7)卸料斗清理前应断电并悬挂警示牌,清理人员应戴安全帽、穿防护服。

5.9.4 环氧沥青混凝土的运输

(1)环氧沥青混凝土运输车必须选用车况良好,载质量10~20t的自卸车,并设有醒目编号。运料车禁止使用光轮或磨耗严重的轮胎。运料车车厢的侧壁上应预留有插孔以便在运输过程中进行温度检测。为防止运输车辆突然漏水或漏油,所有车辆发动机下必须用彩条布兜好。

(2)填写送料单。将满足温度要求的混合料卸入运料车内的同时,应将该盘料的温度记录在送料单上。送料单上还应填写第一盘料及最后一盘料的装料时刻。

(3)插入温度计。一般情况下,一辆车装7盘料,大约11t/车,装完后从车厢侧壁插入三支经标定(或检验)合格的金属杆度盘式温度计。

(4)为防止混合料与运料斗车粘着,装料前,凡车厢内与混合料接触的部位,涂层植物油作为隔离剂。

(5)运输中必须对混合料进行严密苫盖保温。

(6)运料车将混合料运至现场后,根据检测温度和时间,计算出允许最小容留时间和最大容留时间,确定卸料顺序。在卸料前3~4min,卷起苫盖保温被,并有专人指挥卸料。

(7)当料车中途因故停车,立即打电话通知抢运人员组织抢运。

(8)已经离析或结成团块或在运料车卸料后滞留于车上的混合料,以及低于或高出规定铺筑温度的都予以废弃,废料运至废料场。

5.9.5 环氧沥青混凝土的摊铺

(1)环氧沥青混凝土的摊铺采用侧向喂料机和摊铺机联合作业方式进行,避免污染破坏已喷洒的环氧黏结层。

(2)摊铺宽度宜小于6m,摊铺速度根据供料能力、摊铺宽度和“容许卸料时间范围”确定。

(3)桥面铺装摊铺顺序采用双幅跳越法施工。每幅摊铺顺序一般由外侧向内侧逐条进行。

(4)熨平板在施工前进行预热,预热温度控制在110~130℃范围内。

(5)按送料单上规定的时间由专人指挥卸料。因故超过规定卸料时间的混合料一律作废。

(6)根据供料能力,计算并控制摊铺速度,施工时根据各料车送料单的“容许卸料时间范围”及时调整,以保证摊铺机不停机、不超时,力求保证匀速摊铺,摊铺速度宜控制在3~5m/min。

(7)为保证黏结层的完整性,并防止运料车车轮打滑,在摊铺机前由人工撒一层薄料。运料车驶出摊铺区的路线上铺设垫板,以防止车轮上粘的黏结料对其他区段的污染。

(8)摊铺边为自由边时,摊铺时边缘比切缝位置多摊铺10cm。

(9)所有车辆不得在作业面上掉头,车辆需要掉头时必须驶离作业面。

(10)摊铺如果突然遇雨,立即停止施工,并清除未压实成型的混合料,未铺料必须全部予以废弃。

5.9.6 环氧沥青混凝土的碾压

(1)环氧沥青混凝土碾压参照普通沥青混凝土碾压,全部采用静压方式,碾压遍数4~8遍。

(2)碾压组合方式见表1。

碾压组合表 表1

结构层	初压	复压	终压	终压
铺装下层	轮胎压路机	双钢轮压路机	轮胎压路机	双钢轮压路机
铺装上层	双钢轮压路机	轮胎压路机	轮胎压路机	双钢轮压路机

(3)碾压时压路机驱动轮面向摊铺机,由低到高,依次连续均匀碾压,相邻碾压带重叠1/3轮宽,对操作手进行培训,不允许压路机在沥青混合料上转向、掉头,压路机启动、停止必须减速缓行,不准紧急制动。

(4)为防止混合料粘轮,用植物油擦拭轮胎和钢轮表面,严禁用水和柴油。

(5)环氧沥青混凝土碾压,初压温度不低于82℃,碾压终了温度不低于65℃。

(6)对碾压顺序、压路机组合、碾压遍数、碾压速度及碾压温度应设专人检查、记录,坚决杜绝漏压现象。

5.9.7 边界处理

对于摊铺机无法摊铺的边界部位,需用人工摊铺,采用振动夯板进行夯实。在人工摊铺时如果环氧沥青混凝土的温度超出规定范围,应予以废弃。

5.9.8 横、纵缝施工

1)施工缝的位置设定

(1)铺装上、下层的纵向施工缝,采用45°的斜缝。

(2)纵向施工缝禁止设置在纵隔板和U形肋与顶板的焊缝处。

(3)上下层的纵向施工缝间距应在15cm以上。

(4)原则上不得设置横向施工缝。当因故无法避免时,横向施工缝必须设置在钢箱梁的两横隔板中间附近,且相邻两幅及上、下层的横缝应错开1m左右。

2)切缝施工

(1)切缝前要预先画好线,沿线切割。

(2)采用手持式切割机进行切割。

(3)切割时间应通过试切确定。一般当铺装碾压完2h(或60℃左右)后,不时用切割机在画线外侧拟被切除的铺装上试切。当发现切缝平顺,不再拉料,切割面光洁平整时,即可开始正式切割。

(4)切缝后,即用适当的工具将铺装的多余部分撬走。

(5)对横向施工缝的切割位置除考虑横隔板位置外,还应根据铺装的实际情况决定切割的具体位置。

5.9.9 养护及成品保护

采用自然养护方式进行养护,养护期不得小于45d,在此期间禁止一切车辆通行。

6 材料和设备

6.1 主要材料

环氧沥青混凝土的原材料应具有产品合格证,并经过技术试验检验,其技术指标应符合本规程规定的要求。

6.1.1 国产多组分新型环氧沥青

(1)组分A(环氧树脂)技术指标应符合表2的要求。

组分A(环氧沥青)技术指标 表2

项 目	单 位	质量技术要求	试 验 方 法
黏度(23℃)	Pa·s	11~15	ASTM D445
环氧当量(含1g环氧当量的材料克数)	g	185~192	ASTM D1652
颜色、加德纳(Gardner)	—	≤4	ASTM D1544
含水量	%	≤0.05	ASTM D1744
闪点(开口杯法)	℃	≥200	ASTM D92
相对密度	—	1.16~1.17	ASTM D1475
外观	透明琥珀状		目视

(2)环氧沥青组分B技术指标应符合表3的质量要求。

组分B(环氧沥青固化剂)技术指标　　表3

项　目	单　位	质量技术要求		试 验 方 法
		B_{Id}	B_V	
黏度(100℃)	Pa·s	≥0.8	≥0.14	布氏黏度计法
相对密度(23℃)	—	0.98~1.02	0.98~1.02	ASTM D 1475 1-475
颜色	—	黑	黑	目视
酸值(KOH/g)	Mg	60~80	40~60	ASTM D 664
闪点(开口杯法)	℃	≥250	≥200	ASTM D 92
含水量	%	≤0.05	≤0.05	ASTM D 95

注:类型B_{Id}(Id)用于黏层油喷洒,类型B_V(v)用于环氧沥青混合料拌和。

(3)环氧沥青技术指标应符合表4的质量要求。

环氧沥青技术指标　　表4

试 验 项 目	单　位	质量技术要求		试 验 方 法
		类型Id	类型V	
质量比(组分A:组分B)	—	100:445	100:585	
抗拉强度(23℃)	MPa	≥6.9	≥1.5	ASTMD638
断裂时的延伸率(23℃)	%	≥190	≥200	ASTMD638
热固性(300℃)	—	不熔化	不熔化	小试件放置在热板上
膨胀比(23℃)	%	≤3.0	≤3.5	特殊规程
浸耗率(23℃)	%	≤35	≤35	特殊规程
吸水率(7d,23℃)	%	≤0.3	≤0.3	ASTM D570
黏度增加至1Pa·s(121℃)	min	≥20	≥50	放于容器中搅拌

6.1.2　粗集料

粗集料应该洁净、干燥、表面粗糙。

6.1.3　细集料

细集料应该洁净、干燥、无风化、无杂质,并有适当的颗粒级配。

6.1.4　填料

环氧沥青混凝土用的矿粉必须采用石灰岩或岩浆岩中的强基性岩石等憎水性石料经磨细得到的矿粉,原石料中的泥土杂质应除净。矿粉应干燥、洁净、无团块,能自由地从矿粉仓流出。

6.2　主要施工机械设备和试验仪器

(1)环氧沥青混凝土施工机械设备一览表(表5)

施工设备一览表　　表5

序　号	机械设备名称	规格与型号	数量(台)	备　　注
1	黏结层智能洒布机	HYS—2000	1	
2	黏结层手动洒布机	HS—1000	1	
3	间歇式拌和机	2000	1	
4	沥青混合料摊铺机	DYNAPAC F182	1	
5	侧向喂料机		1	
6	双钢轮压路机	DD110	2	
7	轮胎式压路机	DYNAPAC CP30	2	

续上表

序号	机械设备名称	规格与型号	数量(台)	备注
8	装载机	ZL—50	3	
9	自卸车	解放	12	
10	切缝机	手持式	10	
11	小型压路机	BW100AD	1	

(2)检测、试验仪器设备表(表6)

检测、试验仪器设备一览表 表6

序号	仪器名称	规格型号	单位	数量	备注
1	沥青混合料离心抽提仪	LD—153	台	1	
2	沥青马歇尔稳定度仪	DF—5	台	1	
3	沥青马歇尔击实仪	ZMT—II	台	1	
4	沥青混合料拌和机	HTB—IV	台	1	
5	恒温水浴	DC—20	台	1	
6	路面平整度仪(连续式)	CT—4	台	1	
7	红外线测温仪		把	2	
8	摆式摩擦系数仪	BM	台	1	
9	无核密度仪		台	1	
10	电子天平	3 100g/0.01g	台	2	
11	干燥箱	550×600	台	2	
12	标准筛		套	1	
13	砂当量仪		台	1	

国产环氧沥青黏结层洒布工艺使用了智能化洒布设备,该设备采用了计算机辅助控制、GPS精确定位、高精度流量控制等技术,可以实现在任意车速、任意宽度全自动洒布。洒布速度3 000m^2/h。解决了进口环氧沥青铺装施工中人工洒布环氧黏结层劳动效率低、洒布不均匀、AB组分的掺配比例不准确以及对桥面两侧的污染等问题。

拌和机采用称重计量装置,改变以往进口环氧沥青混合料生产单靠流量计控制的方式,提高计量的准确性,称重误差:骨料0.5%、沥青0.3%。

7 质量控制

7.1 钢桥面环氧沥青混凝土铺装施工前,应建立完善的质量保证体系,按岗定人,分工明确,责任到人。

7.2 钢桥面环氧沥青混凝土铺装施工前,钢桥面防腐工程应由监理、业主、施工单位三方进行确认,并必须经过监理、业主验收合格。

7.3 在整个施工过程中,应严格控制环氧沥青混凝土的温度范围,若发现异常变化,应立即通知摊铺现场并将出现问题的混合料予以废弃。

7.4 环氧沥青、集料及环氧沥青混合料的性能应采用《公路工程沥青及沥青混合料试验规程》(JTJ 052—2000)和《公路工程集料试验规程》(JTG E42—2005)中的有关试验方法进行检测,其技术指标应符合本规程的规定。

7.5 环氧沥青、集料及环氧沥青混合料的取样方法应按现行国家或行业标准的要求进行。

7.6 环氧沥青、集料及环氧沥青混合料的检验分为常规检验和随机抽样送检。

7.7 钢桥面环氧沥青混凝土铺装的质量检查与验收。

1）检验项目

环氧沥青面层施工完毕后，立即对厚度、横坡度、油石比、级配等技术指标，按有关规范要求进行检测验收。检查项目见表7。

钢桥面环氧沥青混凝土铺装工程质量标准 表7

<table>
<tr><th colspan="2">项 目</th><th>检 查 频 率</th><th>质量要求或允许偏差</th><th>试验检测方法</th></tr>
<tr><td rowspan="3">施工温度</td><td>混合料出厂</td><td>每车</td><td>110～130℃</td><td rowspan="3">红外线
温度计
（标定后）</td></tr>
<tr><td>初压</td><td>每30m</td><td>≥82℃</td></tr>
<tr><td>终压终了</td><td>每30m</td><td>≥65℃</td></tr>
<tr><td colspan="2">黏结料撒布量</td><td>每次喷洒取两处</td><td>黏结下层：(0.68±0.1)L/m^2
黏结上层：(0.45±0.1)L/m^2</td><td>接着法</td></tr>
<tr><td colspan="2">结合料</td><td>每天一次，3个试件</td><td>抗拉强度：≥1.5MPa(23℃)
延伸率：≥200%(23℃)</td><td>拉伸试验</td></tr>
<tr><td colspan="2">黏结料</td><td>每次，3个试件</td><td>抗拉强度：≥6.9MPa(23℃)
延伸率：≥190%(23℃)</td><td>拉伸试验</td></tr>
<tr><td colspan="2">矿料级配</td><td>每天上、下午各次</td><td>接近中值</td><td>筛分法</td></tr>
<tr><td colspan="2">油石比</td><td>一次</td><td>设计值±0.2%</td><td>抽提法</td></tr>
<tr><td>马氏试验</td><td>稳定度
流值
空隙率</td><td>每天上、下午各
成型6个试件</td><td>≥40kN
20～50(0.1mm)
1.5～3.0（%）</td><td>马歇尔试验法</td></tr>
<tr><td colspan="2">铺装外观</td><td>随时</td><td>表面平整密实，无轮迹、裂纹、推挤、油丁、油包、离析或花料</td><td>目测</td></tr>
<tr><td colspan="2">接缝</td><td>随时</td><td>紧密、平整、顺直</td><td>目测3m直尺</td></tr>
<tr><td colspan="2">铺装层空隙率</td><td>每层每500m^2 13点</td><td>≤3%</td><td>核子密度仪</td></tr>
<tr><td colspan="2">黏结强度</td><td>仅限于试铺段</td><td>(23±2)℃时≥2.75MPa
(60±2)℃时≥1.75MPa</td><td>拉拔法</td></tr>
<tr><td colspan="2">铺装层厚度</td><td>全桥</td><td>总厚度：±3mm
上层厚度：±10%</td><td>路面测厚仪</td></tr>
<tr><td colspan="2">摩擦系数（摆值）</td><td>每500m^2一点</td><td>≥45BPN</td><td>摆式仪</td></tr>
<tr><td rowspan="2">平整度</td><td>IRI</td><td rowspan="2">全桥每车道</td><td>≤2.5mm/km</td><td>平整度仪</td></tr>
<tr><td>σ</td><td>≤1.2mm</td><td>平整度仪</td></tr>
</table>

2）外观鉴定

（1）表面平整、密实，无泛油、松散、裂缝、粗细料集中等现象。

（2）表面无明显碾压轮迹。

（3）接缝密实、平顺。

7.8 在质量检查与验收结束后，应及时提供质量检查报告，发现问题及时纠正，杜绝质量隐患。

8 安全措施

8.1 建立健全安全管理组织系统，对操作人员进行各工种安全生产教育并考核，配备经过培训合格的专职安全管理人员，负责安全生产工作。从组织上保证施工生产安全顺利进行。

8.2　进入现场的施工人员必须遵守国家颁布的《安全生产法》、《建设工程安全生产管理条例》、《施工现场临时用电安全技术规范》、《建筑安装工程安全技术规程》。

8.3　施工前，技术人员必须向各班组施工人员进行安全技术交底，使全体施工人员对施工的全过程及每一细节的安全注意事项了如指掌，否则不得上岗。

8.4　各工种施工人员，必须严格按照施工技术规范和操作规程执行。

8.5　制定应急预案措施，应急预案应符合施工现场应急预案技术管理标准。并组织配备救援人员和器材、设备、消防器材等。

8.6　作业人员必须按规定合理穿戴劳动防护用品，并正确使用安全防护用具。由于桥梁施工，局部作业面狭窄，操作人员更应提高注意力，防止人员高空坠落和机械、运输车辆伤人，施工人员应佩戴安全帽和穿防滑鞋。

8.7　施工现场要进行全面封闭，作业现场前方要设立明显的指示牌及警示灯。

8.8　加强临时用电安全管理，严格执行落实"三相五线制"，专用保护零线与工作零线分开，作为零线的重复接地，做到"三级控制、两极保护"，所有电器设备使用时，必须控制在触电保护器上，防止事故发生。

9　环保措施

9.1　在喷砂除锈作业前，喷砂区域用挡风板进行保护，防止喷砂吸尘后及喷漆后的表面被灰尘污染，并防止灰尘飘入桥下水中，造成水体污染。

9.2　每天摊铺完毕，将摊铺机各处粘着的环氧沥青擦拭干净，并将废弃物品运出施工现场。

9.3　施工过程中产生的"死料"、废料都由运输车运到规定地点，集中存放、处理。

10　资源节约

钢桥面铺装以往所使用的环氧沥青材料全部从美国进口，其价格昂贵，且托运周期长，造成了国家外汇和运输资源的浪费，国产环氧沥青材料的应用，大大降低了工程的成本，节约了国家资源。

11　效益分析

国产多组分新型环氧沥青混凝土的应用，填补了国家钢桥面环氧沥青混凝土铺装施工的空白。采用多组分新型环氧沥青复合材料有利于打破美国的技术垄断，降低桥梁的建筑成本，促进民族工业和谐发展。

从经济效益来看，国产多组分新型环氧沥青产品托运周期短，便于备料，工程综合造价较低。

从社会效益来看，国产多组分新型环氧沥青材料的使用，配备具有自主知识产权的智能化洒布设备与智能化添加设备，为推广钢桥面环氧沥青铺装施工成套技术国产化创造了有利条件。

12　应用实例

12.1　富民桥钢桥面铺装工程

2007年10月富民桥工程为国内首例采用多组分新型环氧沥青混凝土铺装工艺进行钢桥面铺装施工的桥梁。富民桥工程位于天津市中心城区，海河两岸综合开发规划智慧城范围内。北起河东区的富民路，南接河西区的洞庭路。该桥环氧沥青混凝土铺筑长205.76m，宽30m，厚度为6.5cm，桥面铺装面积为6 351.81m^2。富民桥钢桥面铺装采用国产多组分新型环氧沥青混凝土施工工艺，施工完毕后经检验，桥梁使用性能良好。

12.2　国泰桥钢桥面铺装工程

国泰桥坐落于天津市中心城区的中央金融商务区(CBD)，跨越海河，该桥西岸连接河西区的小围堤道,东岸连接河东区的国泰道,为河西、河东两区之间又一跨河通道。国泰桥处于天津沿河四大特色区域的“智慧城”中,为天津市城区主干路桥梁。国泰桥主桥起点桩号位 K0 +892.13,终点桩号为 K1 +064.51,长为 172.38m,主桥标准横断面宽度为 31.5m,桥面铺装面积为 4 999.02m^2,环氧沥青混凝土约 715t。

12.3 武汉天兴洲公铁两用长江大桥钢桥面铺装工程

2008 年 11 ~12 月武汉天兴洲公铁两用长江大桥钢桥面铺装工程采用了国产多组分新型环氧沥青混凝土进行施工。武汉天兴洲公铁两用长江大桥桥面按双向六车道布置,其中钢桥面环氧沥青混凝土施工铺筑长 766m,宽 24.98m,面积 19 135m^2,厚度为 6.0cm,分两层进行铺筑,铺装上层 2.5cm,铺装下层 3.5cm。铺装后效果良好。

SBS 改性沥青混凝土路面施工工法

GGG(浙)B4047—2009

郭艺飞　张忠胜　于航波　田山峰　俞庚鑫
(浙江省大成建设集团有限公司)

1　前言

随着国民经济的高速增长,我国高等级公路快速发展。到2008年底,国家高速公路的通车里程已经突破6万km,其中绝大多数为沥青路面。在交通快速发展的新形势下,世界各国对沥青路面的研究都更深入,新的筑路机械、新的施工工艺、新的施工材料在沥青路面施工中得以广泛运用。近年来,为更好地改善沥青路面的路用性能,提高使用寿命,改性沥青较早地被运用到高速公路建设中,其中大部分高速公路面层较多采用SBS改性沥青。

该工法是我公司在历年高速公路施工中,经过不断探索、总结、提高形成的,被评为2007年度浙江省省级工法,对在SBS改性沥青路面的施工中,具有很好的指导和借鉴作用。

2　工法特点

2.1　机械化程度高,设备组合具有很高的科学性。

2.2　组织管理、要求高。

2.3　技术难度大,难点多,试验检测频率多。

2.4　施工进度快,生产率高。

3　适用范围

适合高等级公路及城市道路SBS改性沥青混凝土路面。

4　工法原理及关键技术

SBS改性沥青混凝土是采用不同料径的碎石、天然砂或破碎砂、矿粉和SBS改性沥青按一定比例在拌和机中拌和所得到的混合料,经压实后达到规定的强度和空隙率,具有很高的密实度,并且在常温下具有一定的塑性,其主要特点是透水性小、水稳性好,热稳定性提高,有较大的抵抗自然因素和行车作用的能力。

5　工艺流程及操作要点

5.1　施工工艺流程(图1)

5.2　操作要点

5.2.1　SBS改性沥青混合料的生产

SBS改性沥青混合料的生产是把一定级配的集料与SBS改性沥青按规定比例在给定温度下拌和均匀而制成沥青混合料。

1)沥青混合料拌和楼的组建、安装和调试工作

沥青混合料拌和设备是决定进度和质量的最重要因素,高等级公路要求沥青混合料采用间歇式搅拌机拌制,这种设备能保证矿料与沥青的比例达到相当精确的程度,另外也易于根据需要随时变更矿料级配和油石比。其工艺流程如下:

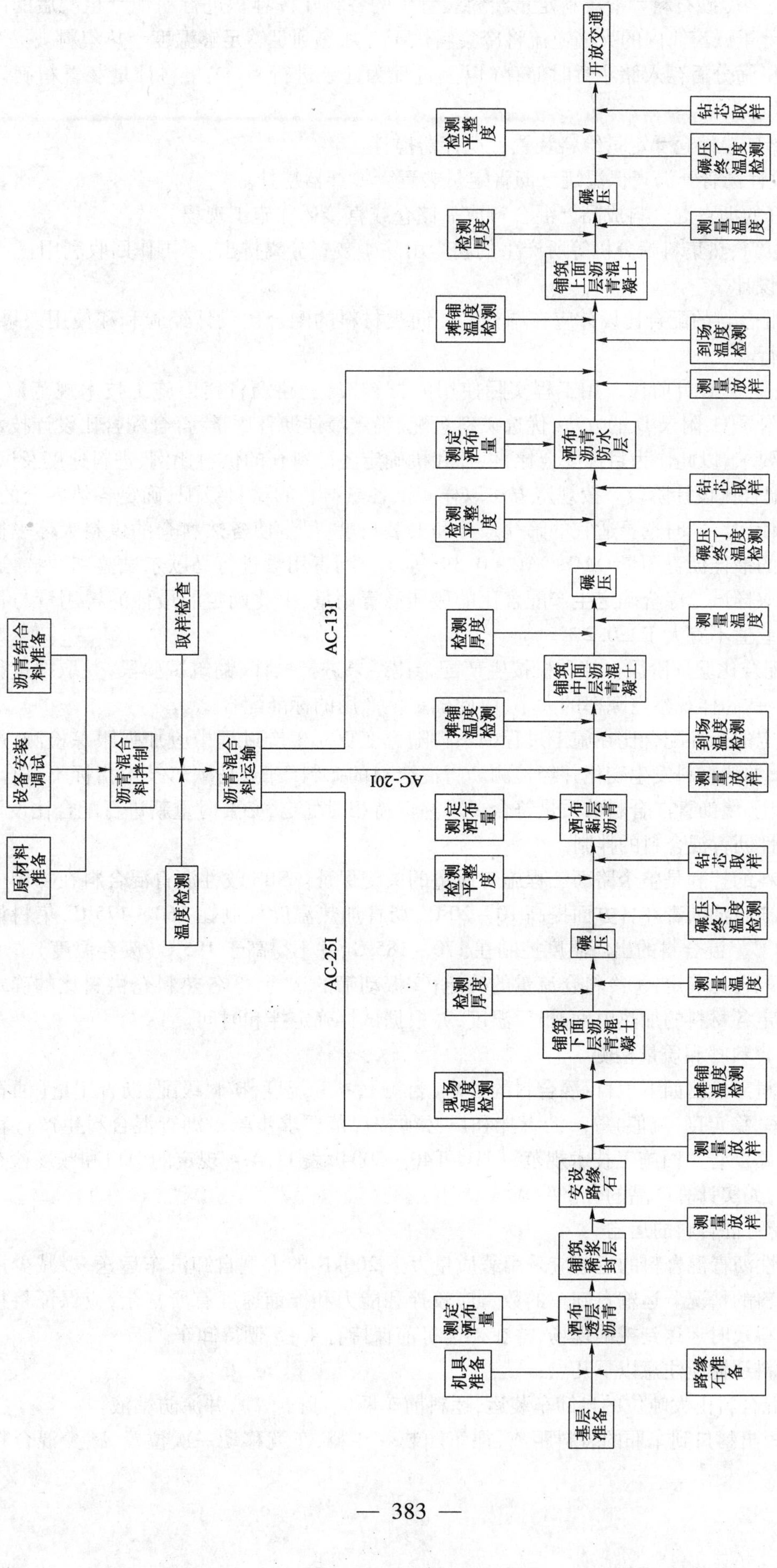
原材料准备
设备安装调试
沥青结合料准备
沥青混合料拌制
取样检查
温度检测
沥青混合料运输
AC-131
AC-20I
AC-251
基层准备
机具准备
路缘石准备
测定洒布量
洒布透层沥青
铺筑稀浆封层
测量放样
安设路缘石
测量放样
现场温度检测
铺筑下面层沥青混凝土
摊铺温度检测
检测厚度
测量温度
碾压
检测平整度
碾压终了温度检测
钻芯取样
测定洒布量
洒布黏层沥青
测量放样
到场温度检测
摊铺温度检测
铺筑中面层沥青混凝土
检测厚度
测量温度
碾压
检测平整度
碾压终了温度检测
钻芯取样
测定洒布量
洒布沥青防水层
测量放样
到场温度检测
摊铺温度检测
铺筑上面层沥青混凝土
检测厚度
测量温度
碾压
检测平整度
碾压终了温度检测
钻芯取样
开放交通

图1　施工工艺流程

(1)不同规格冷砂石料→冷集料定量给料装置中的各料斗按容积进行粗配→粗配后的冷集料由皮带输送机转输→干燥滚筒内的火焰逆流将冷集料烘干并加热到足够足够温度→热集料被提升机传输→热集料由筛分机筛分后存入储斗暂时储存(以上过程为连续进行)→热集料计量装置精确计量→搅拌器搅拌。

(2)矿粉→矿粉储仓→定量给料装置→搅拌器搅拌。

(3)SBS 改性沥青→沥青保温罐→沥青定量装置→搅拌器搅拌。

(4)搅拌好的沥青混合料成品→混合料成品储仓或直接运往施工现场。

(5)干燥滚筒、热集料筛分机等所产生的粉尘由除尘装置分离排出,不再作回收利用。

2)配合比设计

SBS 沥青混合料的配合比设计应在调查以往同类材料的配合比设计经验和和使用效果的基础上,按以下步骤进行。

(1)目标配合比设计阶段。用工程实际使用的材料按《公路沥青路面施工技术规范》(JTG F40—2004)附录 B、附录 C、附录 D 的方法,优选矿料级配、确定最佳沥青用量,符合配合比设计技术标准和配合比设计检验要求,以此作为目标配合比,供拌和机确定各冷料仓的供料比例、进料速度及试拌使用。

(2)生产配合比设计阶段。按规定方法取样测试各热料仓的材料级配,确定各热料仓的配合比,供拌和机控制室使用。同时选择适宜的筛孔尺寸和安装角度,尽量使各热料仓的供料大体平衡。并取目标配合比设计的最佳沥青用量 OAC、OAC ±0.3% 等 3 个沥青用量进行马歇尔试验和试拌,通过室内试验及从拌和机取样试验综合确定生产配合比的最佳沥青用量,由此确定的最佳沥青用量与目标配合比设计的结果的差值不宜大于 ±0.2%。

(3)生产配合比验证阶段。拌和机按生产配合比结果进行试拌、铺筑试验段,并取样进行马歇尔试验,同时从路上钻芯样观察空隙率的大小,由此确定生产用的标准配合比。

经设计确定的标准配合比在施工过程中不得随意变更。生产过程中应加强跟踪检测,严格控制进场材料的质量,如遇材料发生变化并经检测沥青混合料的矿料级配、马歇尔技术指标不符合要求时,应及时调整配合比,使沥青混合料的质量符合要求并保持相对稳定,必要时重新进行配合比设计。

3)SBS 改性沥青混合料的拌制

沥青混合料的拌和是整个路面工程施工质量的关键保证。SBS 改性沥青混合料在拌制上要求拌和温度控制比普通石油沥青在各方面提高 10~20℃,沥青加热温度控制在 160~175℃,集料加热温度控制在 190~220℃。混合料的出厂温度控制在 170~185℃,并不得高于 195℃(废弃温度)。

根据目标配合比确定:①冷料仓流量的确定;②振动筛的选择;③各热料仓供料比的确定。同时根据规范要求确定各材料的加热温度、出厂温度,并根据试拌确定拌和时间。

4)沥青混合料拌和质量检测

沥青混合料需检测如下项目:混合料的外观(目测);拌和温度;矿料级配;沥青用量(油石比);马歇尔试验(空隙率、稳定度、流值)等。沥青拌和厂必须按规范要求步骤对沥青混合料生产过程进行质量控制,并按《公路沥青路面施工技术规范》(JTG F40—2004)表 11.4.4 规定的项目和频度检查沥青混合料产品的质量,如实计算产品的合格率。

5.2.2 沥青混合料的运输

1)SBS 改性沥青混合料的运输应采用载质量大于 200kN 的大型自卸汽车运送,以减少摊铺机前经常短时换车卸料的情况。运输自卸车的数量应较拌和能力和摊铺速度有所富余,应保证将拌和机拌和完的沥青混合料及时运送到摊铺现场,并在摊铺机前保持有 4~5 辆待卸车。

沥青混合料运输应注意以下几点:

(1)沥青混合料由大吨位的自卸车装运,运料前车厢应打扫干净,并涂防粘液。

(2)应缩短出料口到车厢的装料距离,往车厢装一斗料,车就移动一次位置,减少混合料的粗细颗粒离析。

(3)运料车辆都应配备保温、防雨篷布。

(4)在摊铺现场应凭运料单收料,并检查沥青混合料的质量,检查混合料的颜色是否均匀一致,有无花白料,有无结团或严重离析现象,温度是否在容许的范围内。如混合料的温度过高或过低,应该废弃不用。已结块或遭雨淋的混合料也应废弃不用。

5.2.3 SBS 改性沥青混合料的摊铺

1)摊铺机的选择与要求

沥青混合料摊铺机的类型较多,高速公路采用履带式摊铺机,并首选自动化程度、找平精度高的全进口摊铺机,如德国产 ABG423 等。

SBS 改性沥青多用于中、上面层的施工,中面层摊铺时,为减少沥青混合料的离析,采用两台摊铺机进行梯形摊铺,两台摊铺机前后距离 10 ~ 20m 为宜,同时要注意:上下铺层的纵向接缝应错开 20cm 以上。在纵向接缝处应有一定的重叠量(一般为 3 ~ 6cm)人工进行修整;为提高平整度,上面层采用 1 台沥青摊铺机全宽摊铺。

(1)熨平板宽度调整。一台摊铺机的铺筑宽度不宜超过 6(双车道) ~ 7.5m(3 车道以上),通常采用两台或多台摊铺机前后错开施工。接宽熨平板时必须双侧对称地相应接长螺旋摊铺器和振捣梁,并检查接后熨平板的拱度和整体刚度。并应与路缘石之间留有 10 ~ 15cm 的间距,以避免摊铺机摊铺行进中方向的偏摆碰撞路缘石。所留空间由人工紧跟摊铺机及时预以补铺,并适当拍锤。

(2)熨平板宽度调整后,进行拱度调整。目的是将在水准尺上读出的拱度绝对数(mm)或横坡的百分数调整到与拱度设计值一致即可。调整好后要进行试铺校验。对于上面层采用全宽一次摊铺路面时,由于路幅较宽,熨平板的自重较大,要对熨平板底边严格掌握,并在摊铺过程中经常进行校核。校验方法:跟踪摊铺机,在未碾压前,用测绳放于两侧的基准线上,垂直于路中线拉紧测绳,量测测绳与已摊铺的沥青混合料顶面之间的距离。各量测点距离如果相同,则表明路拱为直线无误;否则,路拱很可能出现了偏差,就要进行调整。

(3)摊铺厚度的确定。摊铺厚度是一项必须严格掌握的指标,它对工程质量和经济效益影响极大。摊铺工作开始前,应事先准备好若干块坚固的长方形垫木,垫木宽 5 ~ 10cm,长与熨平板纵向尺寸相同或稍长,厚度为计算的松铺厚度,亦即初定的摊铺后厚度。摊铺机熨平板下垫 3 ~ 5 块垫木,垫木的厚度按设计厚度乘松铺系数来计算,松铺系数与混合料类型、振动梁及熨平板振夯的频率和振幅有关,数据通过试验路段来获得。

摊铺过程中,摊铺厚度是靠自动找平装置确定的。中上面层采用非接触式平衡梁自动找平,如丹麦 TF · Mini—Line 摊铺机非接触平衡梁,该设备由 2 个控制盒、8 个声纳传感器及 4 组平衡梁所组成,是一套先进的微处理技术控制摊铺机调平油缸的找平系统。该系统利用超声波测距原理,在路面以上一定距离处使用 4 个声纳传感器,以地面为基准连续不断地进行测量,精度高达 0.38mm。声纳传感器与控制盒借助数字技术消除了潜在的感应误差、环境误差及机械误差。

施工负责人要经常根据实际使用的沥青混合料数量,计算按设计厚度应摊铺面积与实际摊铺面积之间的差别、设计厚度与实际平均厚度之间的差别,作进一步分析调整。

(4)根据布料螺旋与熨平板前缘距离的调整、螺旋布料器高度的调整、夯锤行程频率的选择、刮料护板的调整。

(5)摊铺机的作业速度。摊铺机的作业速度选择,主要应考虑的因素是工期要求,质量要求、与之配套的拌和机的生产能力、压路机生产能力、气候特点、摊铺层次和混合料的类型。但质量要求是根本,摊铺机作业速度太快时,会出现许多质量缺陷,如出现拉沟、裂口现象,摊铺层混合料疏密不均匀、预夯实效果降低等。摊铺机作业速度太低,作业段长度小于 25m 时,压路机的错轮、避让不便,会影响碾压质量,而且会增大成本。改性沥青混凝土的摊铺速度适宜控制在 1 ~ 3m/min,并尽量匀速行进。

进入摊铺室内最恰当的混合料量,是料堆的高度略高于螺旋器的轴心线至 2/3 螺旋器高之间,即稍微能看见螺旋叶片为宜。料堆的这种高度应沿螺旋全长一致。

2)沥青混凝土的摊铺

为保证施工平整度和摊铺开工前,提前0.5~1h预热熨平板不低于100℃,将摊铺机的受料斗涂刷一薄层油水作为防粘隔离剂。

等候运料车多于5辆后开始摊铺,并将最后到达的运料车(通常沥青混合料的温度较高)先向摊铺机供料。

摊铺机必须缓慢、均匀、连续不间断地摊铺,不得随意变换速度或中途停顿,以提高平整度,减少混合料的离析。

检测沥青混合料的质量符合要求后(一般温度不低于160℃),第一辆运料车缓慢后退到摊铺机的前推滚,将变速器放置空挡,升起车厢,由摊铺机推着汽车一边前进一边向摊铺机受料斗中缓缓卸料,直到受料斗中料满即停止卸料,禁止卸料过猛造成混合料外溢。卸料完毕,汽车驶开,更换另一辆汽车按同样方法卸料。以这种方式保持摊铺机匀速不间断地摊铺沥青混合料。

摊铺机边受料边将混合料向后输送到分料室。摊铺机按事先确定的行驶速度起步摊铺混合料。摊铺机起步时应控制好熨平板的高程。

摊铺过程中,不应将受料斗内的混合料用完,尽量将受料斗内有足够的存料,一为保证受料斗的温度,二为预防供料临时中断,送料链板外露使混合料温度减少过快。

如果由于故障等原因中断摊铺,重新铺料前应先测量分料室内沥青混合料的温度和紧靠摊铺机处未能碾压的混合料的温度。如混合料的温度已明显低于初压温度,则应将摊铺机开离停顿处,将尚未碾压的混合料铲除,同时将摊铺机中的混合料清除干净。已压成段的末端应做好接缝。如中断摊铺时间短,仅受料斗内的混合料已经冷硬,则应先将受料斗内已冷硬的混合料铲除,然后重新喂料。

摊铺过程中,随时检查摊铺层厚度及路拱、横坡,并在试验路段中检测确定沥青面层的松铺系数。

及时检测沥青混合料的摊铺温度,摊铺机的螺旋布料器应相应于摊铺机的速度调整保持一个稳定的速度均衡地转动,两侧应保持有不少于送料器2/3高度的混合料,以减少在摊铺过程中混合料的集料离析和温度离析。

摊铺成型的混合料,不宜用人工反复修整。当不得不由人工作局部找平或离析换料时,应仔细进行处理,并分析原因,给予避免。

沥青路面不得在气温低于10℃(高速公路和一级公路)或5℃(其他等级公路),以及雨天、路面潮湿的情况下施工。SBS改性沥青混合料的最低摊铺温度不得低于《公路沥青路面施工技术规范》(JTG F40—2004)表5.6.6的要求,每天施工开始阶段宜采用较高温度的混合料。

5.2.4　沥青混合料的压实

1)碾压程序

沥青混合料的碾压是保证沥青路面耐用性能的重要环节之一,压实过程是减少沥青混合料中气孔含量的过程。由于SBS改性沥青混合料的温度与沥青黏度的变化关系,要求SBS改性沥青混合料的碾压温度要求较普通沥青混合料要求一般要高出20℃。特别是上面层集料多设计为玄武岩,石质坚硬,多棱角,内摩阻力大,层薄而温度降低快等因素,增加了压实的难度。

要求至少配置5台压路机,一般配置2台相同型号大吨位(不少于25t)轮胎压路机,3台相同型号双光轮压路机。

压实程序按习惯分为初压、复压、终压三道工序。

(1)初压的目的是整平和稳定混合料,同时为复压创造有利条件,是压实的基础。经过初压后,由专人检测平整度,发现平整度超过规定时,可在表面温度较高时,及时进行处理。由两台12t位级的双光轮振动压路机完成。静压、弱振各一遍。弱振用高频率低振幅,速度为30m/min,初压紧跟摊铺机,尽量少喷水,坚持高温碾压,一般初压开始温度不低于150℃。

(2)复压的目的是使混合料密实、稳定、成型,混合料的密度程度取决于该工序,使用大吨位(不少于25t)轮胎压路机完成,速度为50m/min,碾压遍数由试验路段确定。直至达到或超过规定的压实度。

(3)终压的目的是消除压实中产生的轮迹,使表面平整度达到或超过要求值,碾压终了温度应不低于90℃。采用1台12t双光轮振动压路机静压2遍,速度为40m/min。少数不平整处增加1遍振压,以无明显轮迹为标准,并达到要求的平整度。

靠路缘石处压路机压不到时,用振动夯板补压。

2)碾压应注意的原则

(1)少量喷水,保持高温,梯形重叠,分段碾压。

(2)由路外侧(低侧)向中央分隔带方面碾压。

(3)每个碾道与相邻碾道重叠15cm。

(4)压路机不得在未压完或刚压完的路面上急制动、急弯、掉头、转向,严禁在未压完的沥青层上停机。

(5)振动压路机用振动压实,前进或后返时,应先停振,再换挡。

(6)边部为了防止压路机碰撞路缘石,应空出10~15cm的宽度,用振动夯板进行夯实。振动夯板应紧随摊铺机趁高温进行夯实。

(7)压路机在碾压过程中有沥青混合料粘轮或被带起现象时,可向碾压轮洒少量水或加洗衣粉,严禁洒柴油。

(8)碾压后的路面在冷却前,任何车辆机械不得在路面上停放(包括加油、加水的压路机)。并防止矿料、杂物、油料等落在新铺的路面上。

路面冷却不高于50℃后才能开放交通。

5.2.5 沥青路面的接缝处理技术

SBS改性沥青混合料基本用在中、上面层沥青路面,所以接缝处理尤其重要。接缝包括纵向接缝和横向接缝(工作缝)两种。纵向接缝可以通过全宽摊铺进行避免。横向接缝通常指施工缝,横向接缝处的施工,首先应是每日工作结束前对横缝处的处理,尽可能最后一车摊铺出一个垂直于路中线的整齐断面,然后将摊铺机驶离该断面20m左右(其后留下压路机的停放位置,每日清理保养摊铺机)。人工修整仍有不整齐的断面。碾压完成后,用3m直尺量测,将平整度超过3mm的部分切去,并挖除干净,要求接缝作成平接缝(垂直于路中线)。采用锯缝机或人工铲除不符合要求的尾部。为便于铲除混合料,可事先在施工邻近结束时,在预定摊铺段末段的1m长的摊铺宽度范围内先撒一薄层砂。第二天开始摊铺前,清扫接缝处,对断面切口涂刷沥青,将摊铺机倒退到接缝处,使熨平板前缘位于切口约5cm位置,放置垫木,对熨平板进行预热,开始摊铺。

当摊铺机从接缝处离开时,过多的混合料会推动熨平板,导致熨平板升高并在新铺层留下鼓包,因此在每次铺筑开始时,螺旋仓中混合料不可过多,只要覆盖着螺旋器的轴即可。如果中部堆料高度已达到,而两侧尚未达到时,采用人工填补,切勿强行送料使中部堆料过多。另外,当摊铺机离开接缝后,铺层上会附着有新的混合料,人工立即清除,然后筛出一些细料,弥补接缝处的空隙。

横向接缝碾压时先用双钢轮压路机横向静压,压路机位于已压实的混合料层上,伸入新铺层的宽度为15cm,然后每压一遍向新铺混合料移动15~20cm,直到3/4轮宽在新铺层上为止;再用振动低频低幅横向骑中碾压两遍,最后与相邻的新铺层共同作为一个碾压作业段进行碾压。

6 材料与设备

6.1 材料

6.1.1 SBS改性沥青为机制沥青掺加SBS高分子聚合物形成,制造改性沥青的基质沥青应与改性剂有良好的配伍性,改性沥青的剂量以改性剂占改性沥青总量的百分数计算,改性沥青宜在固定式工厂或在现场设厂集中制作,也可在拌和厂现场边制造边使用,改性沥青的加工温度不宜超过175℃。现场制造的改性沥青宜随配随用,需作短时间保存,或运送到附近的工地时,使用前必须搅拌均匀,在不发生离析的状态下使用。工厂制作的成品改性沥青到达施工现场后存贮在改性沥青罐中,改性沥青罐中必须加设搅拌设备并进行搅拌,使用前改性沥青必须搅拌均匀;并要求供应商提供所所使用的改性剂型号、基质沥青的质量检测报告。每批次沥青均应按《公路沥青路面施工技术规范》(JTG F40—2004)表11.4.3要求进行检验。并仍应取样封存,以备后检。

6.1.2 粗集料应使用采用二级破碎的碎石,粗集料必须由具有生产许可证与省质监站核准的采石场生产。粗集料应该洁净、干燥、表面粗糙,质量应符合《公路沥青路面施工技术规范》(JTG F40—2004)表4.8.2的规定,并按表11.4.3要求进行施工的过程控制检验,粗集料的粒径规格应按表4.8.3的规定生产和使用,粗集料的黏附性、磨光值应符合表4.8.5的要求。其次是要注意集料的堆放、铲运和取样,不同规格的集料应分别堆放,防止不同规格料混杂,堆放时应避免发生离析。

6.1.3 细集料宜选用机制砂,细集料应洁净、干燥、无风化、无杂质,并有适当的颗粒级配,质量应符合《公路沥青路面施工技术规范》(JTG F40—2004)表4.9.2的规定,并按表11.4.3要求进行施工的过程控制检验。

6.1.4 填料即沥青混合料的矿粉必须采用石灰岩或岩浆岩中的强基性岩石等憎水性石料经磨细得到的矿粉,原石料中的泥土杂质应清除净。矿粉应干燥、洁净,能自由地从矿粉仓流出,其质量应符合《公路沥青路面施工技术规范》(JTG F40—2004)表4.10.1的规定要求,并按表11.4.3要求进行施工的过程控制检验。一般在高速公路要求中,上面层不得使用回收矿粉。

集料的堆放场地应洁净坚实,以利于排水。对细集料应入棚,做防雨措施。矿粉采用罐装矿粉。

6.2 机械设备

6.2.1 施工机械(表1)

施工机械设备表 表1

序号	机械名称	规格型号	额定功率、吨位、容量	数量	备注
1	沥青混凝土拌和站	Speco3000	180~240t/h	1座	
2	沥青混凝土摊铺机	ABG423	11.5m	2台	
3	轮胎压路机	XP261	26t	2台	
4	双光轮压路机	RZ12	12t	3台	
5	自卸汽车	红岩	25t	20辆	视运距
6	ZL50装载机			2台	
7	振动夯板			1台	
8	空压机		$6m^3$	1台	
9	洒水车		8 000L	1辆	
10	切割机			1台	
11	非接触动找平仪			2套	
10	发电机组		30kW	1	

6.2.2 试验设备(表2)

试验设备表 表2

试验仪器名称	单位	数量	备注
针入度试验器	台	1	数字显示恒温浴,温度显示25℃±0.1℃
全自动沥青软化点试验器	台	1	电脑控制升温速率,数据检测储存处理,测量范围5~90℃
沥青延度仪	台	1	0~50℃长度1.5m控温和延度测量由电脑数据处理并显示压缩机制冷拉伸速率可变变频调速
恒温水浴	台	1	0~100℃温控范围,控温精度±0.1℃
马歇尔稳定度试验仪	台	1	数显打印自动控制主机

续上表

试验仪器名称	单位	数量	备 注
沥青混合料拌和机	台	1	
真空密度仪	套	1	负压容器、真空负压装置
沥青含量试验(燃烧炉)	台	1	
取芯机	台	1	内燃 5.5hp(约合 4 097.5W)
渗水仪	台	1	
构造深度试验仪	台	1	
马歇尔击实仪	台	1	试模配备 15 套
摆式仪	台	1	
沥青旋转薄膜烘箱(85 型)	台	1	工作温度 163℃ ±0.5℃样品盘转速 15r/min ±0.2r/min 一次试样 8 个
浸水电子天平	台	1	称量 3kg,感量 0.1g
弹性恢复试模	个	3	
冻融劈裂设备	套	1	负温恒箱、压条、真空干燥箱
电子天平	台	2	15kg/1g、3kg/0.1g 各一台
带金属棒热电偶温度计	支	1	0 ~ 300℃
红外线温度计	支	3	-18 ~ 275℃
烘箱	台	1	101—3
其他	沥青取样、分析用化学品等小仪器、消耗品多个		

7 质量控制

7.1 质量控制体系

7.1.1 在明确项目经理是第一责任人的前提下,建立以总工程师为主,副总工程师负责的施工技术保障体系,及由工程部牵头的试验中心、测量组、质检中心三位一体的工程质量保证体系。施工中两个体系统一管理,相互配合,共同监督。

7.1.2 配备国内先进的试验检测仪器,用来进行沥青混合料配合比设计及试验、检测。为了保证沥青混合料的拌和质量,拌和楼完全置于试验中心的监控之下。测量队负责放样测量工作;质检中心负责全段的质量检查和质量评定工作。

7.2 技术保证措施

7.2.1 配备高素质试验人员、采用先进检测手段。正确的试验数据对指导路面施工具有重要意义,正确的试验数据来自高素质的试验人员和先进的检测手段。试验中心配备先进的沥青和沥青混合料试验设备。如自动沥青混合料搅拌锅,自动马歇尔试验仪及离心式抽提仪等主要试验设备。在原材料检验、沥青及沥青混合试验及质量检测等方面,为沥青路面的顺利铺筑起了重要作用。因此,具有高素质的试验人员及先进的试验设备是保证沥青路面铺筑质量的关键。

7.2.2 宜采用自办石料加工场,严把原材料的进场质量关。

7.2.3 增加热拌料储备,确保连续摊铺。保证沥青混合料连续匀速、不间断铺筑是保证路面平整度的关键。施工前一般提前 2 ~ 3h 拌料,第一次料仓储满料后即装 20 辆自卸车,运往工地后再继续拌料,储存在热料仓内,保持循环,就能保证摊铺机连续不断地铺筑。

7.2.4 紧跟摊铺机,高温初压,有效利用温度资源。一方面能起到稳定作用,更重要的是能提高沥青混合料的初始密度,减少复压产生的轮迹,从而提高沥青路面的平整度。

7.2.5 认真处理好横向接缝。由于横向接缝为冷接缝,处理难度较大,但处理的好与坏将直接影响路面的平整度。

7.2.6　加强信息反馈,正确指导生产。拌和楼是沥青混合料生产的关键设备,在施工过程中由试验中心派专人进行监控,测量温度和取样试验。发现问题立即将质量情况反映给拌和厂,及时纠正偏差。施工现场也由试验中心派人监控,终压后立即用6m直尺检测平整度,并于第二日及时检测压实度等指标,发现问题立即将质量情况反馈给现场工程师,及时处理,保证路面铺筑质量。

8　安全措施

8.1　制定一系列确保安全生产的制度,使施工人员在安全生产上有纪律约束,有重视安全生产的概念。做到安全有办法、安全有章法。

8.2　不断加强安全生产的教育和宣传,使职工牢固树立安全生产的思想,懂得"安全就是效益",让他们自觉遵守安全生产的有关规章制度。

8.3　建立完善的安全保证体系,建立安全组织机构,配置安全生产管理人员,督促落实各项安全生产措施,确保安全生产。

8.4　切实安排好施工机械的维修和保养工作,机械不得带病工作。

8.5　摊铺机喂料、行走时应有专人指挥,前方不得站人;多台压路机同时工作时,其前后间距不得小于3m,并有专人指挥。

8.6　汽车运输时,严禁人货混载、超载和偏载,卸料时不得边行边卸;严禁无证驾驶车辆和酒后开车。

8.7　施工车辆在施工中,不抢道,不占道,既保证正常交通,又做到施工有序,避免发生意外事故。

8.8　在开放交通的道路上施工,放置好警示牌、反光标志,施工人员穿好警示服,并有专人指挥交通。

8.9　注意保证地方交通正常进行,在重点部位设置警告标志,护栏、照明等安全防护设施,确保过往行人、车辆安全。

8.10　沥青拌和场设立防火标志,设置防火工具,并防止遭受损坏。

8.11　沥青拌和场应按设计电路图进行用电安装,并设专用电工和机械修理工进行维护,一旦出现机械和电力故障,专人处理。

9　环保措施

9.1　选择带有二级除尘设备的沥青搅拌站,其产生的废料及粉尘要专门处理,防止对空气的污染。

9.2　沥青拌和场选址要远离村镇,并设在下风口处。防止其噪声及有害物质影响当地居民的生产生活。

9.3　现场施工人员配备足够的劳保防护用品,防止沥青在高温下产生有毒物质损害人体健康。

9.4　每日多余的沥青混合料应运回指定堆放地,不得随意倾倒。

9.5　沥青拌和场入库沥青、重油、柴油时应专人负责看管,不得溢出造成污染。

10　资源节约

10.1　贯彻国家节能工程的有关要求,以节能减排,创建节约型项目管理为方针,以不浪费现有资源为主题,做到最大限度地节约资源。

10.2　推广运用新工艺、新技术、新材料、新设备、改变沥青路用性能,提高使用寿命。

10.3　把好SBS改性沥青混合料控制、质量检测、配合比设计、运输、摊铺、碾压等关键工序,提高工程质量,加快施工进度。

11　效益分析

11.1　利用本工法施工的SBS改性沥青混凝土路面,质量上得到了有效控制,在工程应用中,如杭州绕城公路南线第九合同段、甬金高速路面金华段第302合同段，通过工程质量验收，均获优良工程。进度上，拌和楼产量均匀并有保障，拌和、运输能力和摊铺机行驶速度，碾压成型等工序井然有序，环环相扣，进度明显加快，保证了业主的工期要求，同时也取得了一定的经济效益。

11.2　沥青路面使用寿命延长，可以延长在修养护周期，减少了养护次数，节约大量的养护费用。

11.3　由于沥青路面质量提高，路面使用性能大为改善，提高行车安全舒适性，提高车辆使用寿命。

12　应用实例

12.1　杭州绕城公路南线第九合同段，上面层设计厚度为4cm，结构设计采用AC13，SBS改性沥青混凝土。该项目起自杭州市转塘狮子口（桩号0K+000）与绕城西线相接，经浮山、袁浦镇北、东江咀并折向东南，在K9+400~K11+800处跨越钱塘江和浦阳江后，进入萧山，沿石圬尖山北侧向东至白鹿塘火车站北侧，然后路线继续向东，分别跨越03省道、浙赣铁路、南门江、西小江，路线终点在张家畈（桩号K22+977）与杭金衢高速公路立交相接，路线全长22.977km。该项目起点桩号K12+509，终点桩号K22+980，路线长度10.468km。上面层细粒式SBS改性沥青混凝土（厚4cm）总量为293 609m^2。上面层施工时间的2003年9月14日至10月7日。

12.2　甬金高速公路金华段路面工程第302合同段，起讫桩号为K138+860~K163+500，全长24.64km。按设计车速100km/h的四车道高速公路标准设计。中面层为60mmSBS改性沥青混凝土，结构采用AC20，总量为498 098m^2；上面层为40mmSBS改性沥青混凝土，结构采用AC13，总量为612 054m^2。该项目中上面层施工时间为2005年8月22日至10月3日。图2所示为施工照片。

图2　施工照片

OGFC排水式沥青混凝土路面施工工法

GGG(冀)B4048—2009

魏玉军　王志斌　刘献民　荣献如
(河北路桥集团有限公司)

1　前言

20世纪90年代以来,我国的高速公路从无到有,飞速发展,目前通车总里程已超过6万km。其中沥青路面以其良好的行车舒适性、优异的使用性能,建设速度快和维修方便等优点在我国得到了广泛应用。随着新型路用材料级配的问世和工程实践的进一步深化,道路工程界开展了有关材料组成设计、材料性能方面的研究。OGFC路面也叫PAC(排水式沥青路面)作为一种新型路面结构不断应用于现代工程实体中,它适用于高等级公路S形曲线反弯点排水不畅段及公路大型隧道内沥青混凝土路面的铺筑,建立一套科学有效的施工工法对我们以后的施工将会有非常重要的作用。

本工法是2008~2009年河北路桥一分公司在安徽六武高速公路施工过程中总结形成的。

2　工法要点

2.1　该工法完全按照热拌热铺法沥青混凝土排水式(即PAC)路面施工程序进行总结,对施工中各环节的具体操作进行说明,具有较强的可操作性。

2.2　对沥青混凝土路面施工过程中要注意的事项、配合比设计等问题进行了列举,具有很强的指导性。

3　用适范围

本工法适用于热拌热铺排水式沥青混凝土路面的施工。

4　工艺原理

排水式路面是采用空隙率较高的多空隙率沥青混合料路面表层或整个路面表层,在排水混合料层下设不透水层,透过排水机能层的水在不透水层上迅速流入排水设施,而不透向路基的一种构造。其工艺原理为矿料与沥青在高温度状态拌和、摊铺碾压形成时间短,在路面碾压结束冷却到常温时,便可开放交通。其优点为:

(1)减缓雨天车辆轮胎与路面之间形成水膜,提高雨天行车抗滑性。

(2)减少雨天行车溅水和水雾,提高可视性。

(3)减少雨夜行车路面反射眩光。

(4)提高雨天行车路面标志易读性。

(5)降低车辆行驶时路侧噪声。

5　工艺流程

5.1　沥青混合料路面施工工艺流程按施工组织程序划分见图1。

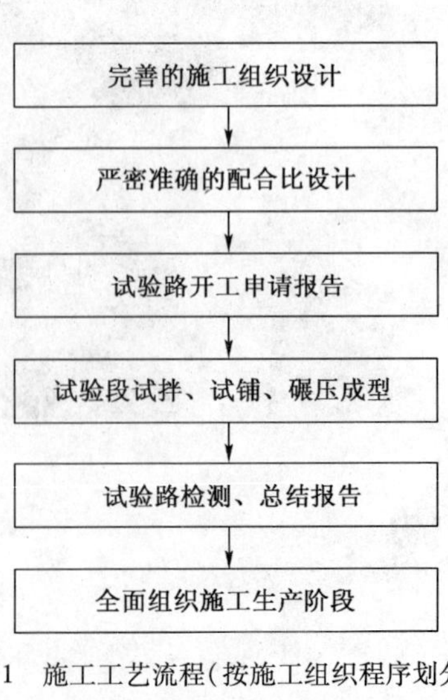

图1　施工工艺流程(按施工组织程序划分)

5.2　其工艺流程按施工技术划分见图2。

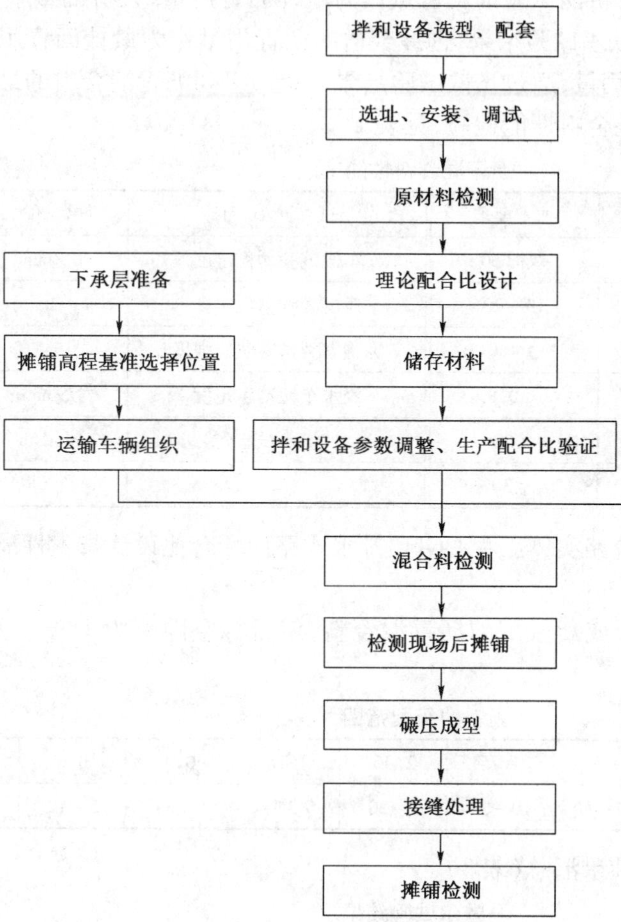

图2　施工工艺流程(按施工技术划分)

6　配合比设计

6.1　OGFC混合料的配合比设计分析步骤如下。

6.1.1　检验原材料的技术数据,按集料试验检测规定的方法准确检测各种原材料的相对密度。粗集料可按T 0304方法测定,机制砂石屑可按T 0330方法测定,用于计算较为合理的理论密度,并与实测理论密度相结合来确定马氏试件的内部空隙率。

6.1.2　在工程推荐的级配范围内,根据期望的目标空隙率拟定三种配合比方案。使通过率在2.36mm筛孔通过率范围±3%左右。

6.1.3　引用理论计算法,对于初选的矿料级配,按下式计算集料的表观密度。

$$A=(2+0.02a+0.04b+0.08c+0.14d+0.3e+0.6f+1.6g)/48.74 \quad (1)$$

式中:　A——集料总的表观密度;

a,b,c,d,e,f,g——分别代表4.75mm,2.36mm,1.18mm,0.6mm,0.3mm,0.15mm,0.075mm的筛孔的通过百分率,(%)。

根据期望的沥青膜厚度和集料表观密度预估沥青用量,不同沥青按不同膜厚计算P_b。

即$P_b=hA$,通常情况下OGFC的沥青膜厚h宜为14mm。

6.1.4　制作马歇尔试件,马歇尔试件的击实数为双面各50次,用体积法测定试件的空隙率是否到达目标空隙率的范围,并控制2.36mm通过率,空隙率的合成曲线。并根据期望的空隙率确定混合料的矿料级配。

6.1.5　达到设计的空隙率后可按±0.5%，±1%乳化沥青用量，分别进行析漏试验和飞散试验，记录试验结果，绘制成图。通常以沥青析漏试验的反弯点作为最佳沥青用量，且析漏量一般不超过0.8%(技术不详)，在此范围内再按照马歇尔试验结果，选择合适的沥青用量作为最佳沥青用量，即析漏试验确定OGFC沥青混合料的最大沥青用量，通过飞散试验结果确定OGFC沥青混合料的最小沥青用量。

6.1.6　最后进行排水性沥青混合料性能检验，见表1。

沥青混合料性能　　表1

试验项目	单位	技术要求	试验项目	单位	技术要求
马歇尔试件击实次数	次	双面50	车辙试验动稳定度	次/mm	≥3 000
空隙率	%	19～20	残留马歇尔稳定度	%	≥80
稳定度	kN	≥4.0	冻融劈裂试验残留强度	%	≥70
析漏损失	%	≤0.8	浸水车辙动稳定度	次/mm	≥1 500
飞散损失	%	≤20	渗水试验	mL/15s	>900
浸水飞散损失	%	≤30			

6.2　下面就安徽省六武高速公路实体工程OGFC排水式路面配合比设计技术性能进行分析。

6.2.1　混合料的级配范围

取消2.36mm以下部分集料，形成断级配的沥青混合料，使目标空隙率为18%～22%之间。混合料的级配范围见表2。

集料的级配范围　　表2

筛孔(mm)	16	13.2	9.5	4.75	2.36	1.18	0.3	0.6	0.015	0.075
级配范围	100	95～100	40～71	10～30	9～20	7～17	6～14	5～12	4～9	3～7

6.2.2　沥青混合料的马歇尔结果汇总(表3)

马歇尔试验结果　　表3

油石比 P_a(%)	毛体积密度 ρ_s(g/cm^3)	空隙率 VV(%)	矿料间隙率 VMA(%)	沥青饱和度 VFA(%)	稳定度 MS(kN)	流值 FL (0.1mm)	析漏损失 (%)	飞散损失 (%)
4.0	2.077	18.4	26.1	29.7	6.6	47	0.02	14.0
4.5	2.056	18.7	27.3	31.5	7.8	54	0.08	8.6
5.0	2.069	17.6	27.1	35.3	8.0	43	0.32	6.9
5.5	2.043	18.0	28.4	36.5	9.0	41	0.63	3.8
6.0	2.009	18.8	29.9	37.0	6.6	47	1.74	3.7
技术标准 (JTG F40—2004)	—	17～20	—	65～75	>3.5	—	≤0.3	≤20

6.2.3　油石比与各项指标的关系曲线图(图3)

6.2.4　最佳油石比的确定

(1)由图2的析漏试验可以看出沥青析漏量随油石比的增加而变大，经作图计算，沥青用量与析漏损失关系曲线的反弯点在油石比为5.30%处。因此，由该试验确定油石比不得超过5.30%。

(2)由图2的飞散试验可以看出混合料飞散后的损失随油石比的增加而变小，经作图计算，沥青用量与飞散损失关系曲线的反弯点在油石比为4.90%处。因此，由该试验确定油石比不得小于4.90%。

(3)规范建议的析漏损失上限0.3%，其对应的油石比为4.95。为保证混合料不发生松散，飞散试验的质量损失不能大于20%。考虑到以上要求，并根据试验结果确定的油石比范围(4.90%～5.30%)，取4.9为此混合料最佳油石比。

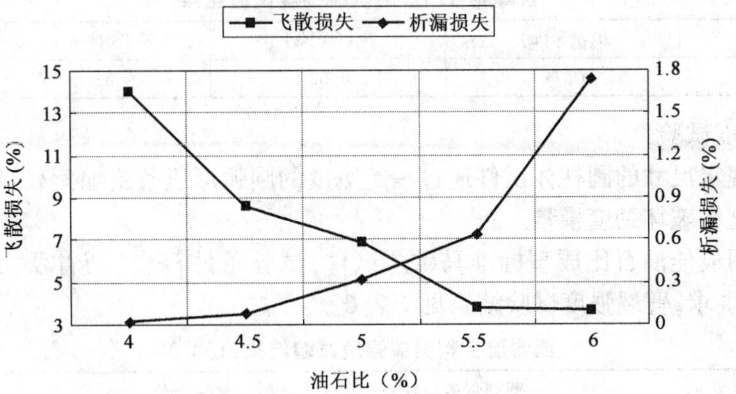

图3　油石比与流值关系曲线

6.2.5　水稳定性试验

沥青混合料的水稳定性是指抵抗受水侵蚀后逐渐产生的沥青膜剥落、掉粒和坑槽等破坏的能力。评价水稳定性试验的方法是测定沥青混合料在浸水前后力学性能的变化，以浸水后的力学性质和原性质的对比作为对剥落的间接量度，沥青混合料在饱水的情况下强度降低越小，说明水稳定性越好。

本试验中采用浸水马歇尔试验和冻融劈裂试验评价沥青混合料的水稳定性能。

6.2.6　浸水马歇尔试验

沥青混合料分别采用最佳油石比成型的试件在60℃恒温水槽中的保温时间为48h，其余试验方法均与标准马歇尔试验相同。试件的浸水残留稳定度根据下式计算：

$$MS_0 = \frac{MS_1}{MS} \times 100 \tag{2}$$

式中：MS_0——试件的浸水残留稳定度，%；

MS_1——试件浸水48h后的稳定度，kN；

MS——试件的稳定度，kN。

表4所列为沥青混合料浸水马歇尔试验结果。

沥青混合料浸水马歇尔试验结果　表4

沥青混合料类型	正常稳定度(kN)	浸水稳定度(kN)	残余稳定度(%)	技术要求(%)
PAC-13 高粘	8.3	7.5	90.4	实测

6.2.7　真空饱水冻融循环劈裂强度试验

该试验采用马歇尔击实法成型圆柱体试件，击实次数为正反两面各50次。试验时，将试件随机分为两组，每组4个，将第二组试件以标准的饱水试验方法真空饱水，再放入塑料袋中加入约10mL水，扎紧袋口，将试件放入 -18℃的冰箱保持16h，取出试件立即放入已保持为60℃的恒温水槽中，撤去塑料袋，保持24h。然后，将两组试件全部浸入温度25℃的恒温水槽中2h。

取出试件立即进行劈裂试验，求得最大荷载，冻融劈裂抗拉强度比按下式计算：

$$TSR = \frac{R_{T2}}{R_{T1}} \times 100 \tag{3}$$

式中：TSR——冻融劈裂强度比，%；

R_{T2}——冻融循环后第二组试件的劈裂抗拉强度，MPa；

R_{T1}——未冻融循环的第一组试件的劈裂抗拉强度，MPa。

沥青混合料分别采用最佳油石比成型试件，冻融劈裂强度试验结果见表5。

沥青混合料冻融劈裂强度试验结果 表5

沥青混合料类型	R_{T1}(MPa)	R_{T2}(MPa)	TSR(%)	技术要求(%)
PAC-13 高黏	0.74	0.62	83.8	实测

6.2.8 劈裂强度试验

劈裂试验是对规定尺寸的圆柱体试件通过一定宽度的圆弧形压条施加荷载,将试件劈裂直至破坏,测定其劈裂抗拉强度和破坏劲度模量。

沥青混合料采用最佳油石比成型标准马歇尔试件,试验条件符合《沥青及沥青混合料试验规程》(JTJ 052—2000)的要求,劈裂强度试验结果见下表6。

沥青混合料劈裂强度试验结果(15℃) 表6

沥青混合料类型	劈裂强度(MPa)	水平变形(mm)	劲度模量(MPa)
PAC-13 高黏	0.98	8.97	20.2

6.2.9 车辙试验

为了模拟沥青路面在车轮的反复作用下产生车辙的情况,在试验室采用一个小型车轮在沥青混合料板块试件上进行往返行走试验,从而使板块试件形成像实际沥青路面那样的辙槽,这种试验方法称为车辙试验。车辙试验是评价沥青混合料抗车辙能力的较简单和有效的试验方法。该试验依据《公路工程沥青及沥青混合料试验规程》(JTJ 052—2000)的要求,并考虑到混合料均为粗粒式沥青混合料,将沥青混合料成型为300mm×300mm×60mm的板式试件,在同一轨道上60℃温度下,以轮压为0.7MPa的实心橡胶轮作一定时间的反复碾压,形成车辙,以辙槽深度(总变形量)RD和动稳定度DS(每产生1mm辙槽所需的碾压次数)作为沥青混合料的抗车辙能力的评价指标。

沥青混合料试件的动稳定度按下式计算:

$$DS = \frac{(t_2 - t_1) \times N}{d_2 - d_1} \times C_1 \times C_2 \tag{4}$$

式中:DS——沥青混合料的动稳定度,次/mm;

d_1——对应时间 t_1 的变形量,mm;

d_2——对应时间 t_2 的变形量,mm;

C_1——试验机类型修正系数;

C_2——试件系数;

N——试验轮往返碾压速度,通常为42次/min。

沥青混合料采用试验室确定的最佳油石比成型试件,在60℃温度下进行车辙试验,其试验结果见表7。

车辙试验结果 表7

沥青混合料类型	总变形量 d_2(mm)	动稳定度DS(次/mm)	技术要求(次/mm)
PAC-13 高黏	1.823	3 867	≥1 500

6.2.10 渗水试验

在沥青混合料配合比设计阶段进行沥青混合料的渗水试验是非常重要的。试验方法主要参照T 0730—2000,混合料试件即采用按轮碾法制作的车辙板。在试验过程中,应仔细观察渗水的情况,正常情况下水应通过混合料的内部空隙从试件的反面及四周渗出,如果水是从底座与密封材料间渗出,说明底座与试件密封不好,应另采用干燥试件重新操作。

对四种混合料的车辙板分别进行渗水试验,试验结果见表8。

沥青混合料渗水试验结果 表8

沥青混合料类型	渗水系数(mL/min)	技术要求(%)
PAC-13 高黏	1 363.7	≥900

6.2.11 抗滑性能试验

开级配抗滑表层沥青混合料应具有良好的抗滑性能。采用摆式仪测摩擦系数及人工砂铺法测构造深度以评价抗滑性能。试验结果见表9。

抗 滑 性 能 试 验　　表9

级 配 类 型	试 验 项 目	
	构造深度(mm)	摩擦系数(BNP)
PAC-13 高黏	1.93	75
技术要求	≥0.55	—

7 施工工艺

7.1 OGFC 沥青混合料的拌制

沥青混合料必须在沥青拌和厂(场、站)采用拌和机械拌制。拌和厂的设置除应符合国家有关环境保护、消防、安全等规定外,还应具备下列条件:拌和厂应设置在空旷、干燥、运输条件良好的地方;沥青应分品种分标号密闭储存;各种矿料应分别堆放,不得混杂;矿粉等填料不得受潮;集料堆放场地必须硬化,细集料应设置防雨顶棚;二次除尘设备排放的粉尘应采用湿法排尘并尽快清理出场,以免对集料造成二次污染;拌和厂的厂地必须进行有效硬化并应有良好的排水设施;拌和厂应有可靠的电力供应。

沥青材料应采用导热油加热,沥青与矿料的加热温度应调节到能使拌和的沥青混合料出厂温度符合要求。改性沥青使用前应升至170℃,拌和温度应控制在180℃左右,混合料送抵前场的到场温度不低于160℃。为防止改性沥青焦化,混合料出厂温度不得超过195℃,一旦超过应予废弃。

间歇式拌和机热矿料二次筛分用的振动筛孔应根据矿料级配要求选用,其安装角度根据材料的可筛性、振动能力等由试验确定。除非有特殊理由,拌和机均应安装有相应于2.36mm和4.75mm的振动筛。

沥青混合料拌和时间由试拌确定。应以混合料拌和均匀、所有矿料颗粒全部裹覆沥青结合料为度,并经试拌确定。间歇式拌和机每盘的有效拌和时间应不少于50s(其中干拌时间不的少于5s),对于隧道内的排水式沥青混合料的拌制,还应添加不少于沥青用量10%的阻燃剂加入拌制。

每台拌和机每工作日上午、下午各取一组混合料试样做马歇尔击实试验,检验油石比、矿料级配和沥青混凝土的物理力学性质的验证。

油石比与设计值的允许误差-0.1%~+0.2%。

矿料级配与标准级配的允许差值

0.075mm 筛孔通过率　±2%

≤2.36mm 筛孔通过率　±3%

≥4.75mm 筛孔通过率　±4%

每天工作结束后,用拌和机打印的各种数量,以总量控制,以各仓用量及各仓级配计算平均施工级配、油石比与施工厚度和抽提结果进行校核。

拌制好的沥青混合料应及时摊铺。若因生产或其他原因需要短时间储存时,储存时间不宜超过12h,储存期间温降不应超过10℃,且不应发生改性沥青老化、混合料流淌以及集料离析现象。

7.2 OGFC 沥青混合料的运输

OGFC 热拌沥青混合料应采用较大吨位的自卸汽车运输,车厢应清洁干净,为了防止沥青粘厢板,便于卸料,在车厢板上涂薄层1∶3的油水混合液,且应保证车厢不得有可见游离液,该混合液应严格按照油与水的比例,严禁使用纯石油制品。

从拌和机向运料车上放料时,应每卸一斗混合料挪动一下运料车位置,以减少粗细集料的离析现象。

运料车应用篷布覆盖,用以保温、防雨、防污染。为减少沥青混合料的温度离析,在运料车运输、到场及卸料的全过程不允许揭开篷布。

沥青混合料运输车的运量应叫拌和能力或摊铺速度略有富余,摊铺前方应等候卸料。车辆不应超过3辆,应努力做到随到随铺。

连续摊铺过程中,运料车应在摊铺机前10~30cm处停住,不得撞击摊铺机。卸料过程中运料车应挂空挡。靠摊铺机推动前进。

沥青混合料运到摊铺地点后应凭运料单接受,并检查拌和质量。不符合要求的或已经结成团块、已遭雨淋湿的混合料不得铺筑在道路上。

7.3 热拌沥青混合料的摊铺

沥青混合料摊铺前,下承层和下封层进行检查,当质量符合要求时,方可开始施工。

(1)检查下封层的完整性和与下承层表面的黏结性。对局部下承层外漏和下封层两侧宽度不足部分,应按下封层施工要求,补洒沥青;对已成型的下封层,用硬物刺破后应与下承层表面相黏结,以整层不能被撕开为合格。

(2)下封层表面浮动矿料、表面杂物应清扫干净。灰尘应提前冲洗,或用大功率的空压机吹干净。

(3)根据国内外经验,对于OGFC路面,要求中面层在3min内的渗透量不得超过10mL,否则,应进行补洒处理。

当施工气温低于10℃时,不得摊铺热拌混合料。

特别注意改性沥青混合料运输过程中的温度离析。前场每台摊铺机前应限定一辆运料车等候。遇机械故障、降雨等情况时,运料车内混合料温度降低至160℃以下则应予废弃。

沥青混合料必须缓慢、均匀、连续不间断地摊铺。摊铺过程中不得随意变换速度或中途停顿。摊铺速度应根据拌和机产量、施工机械配套情况及摊铺厚度、宽度按下式确定。

$$v = \frac{100Q}{60D \cdot W \cdot T} \cdot C \tag{5}$$

式中:v——摊铺机摊铺速度,m/min;

D——压实成型后沥青混合料的密度,t/m^3;

Q——拌和机产量,t/h;

W——摊铺厚度,m;

T——摊铺层压实成型后的平均厚度,cm;

C——效率系数。根据材料供应、运输能力等配套情况确定,宜为0.8。

应预先标定摊铺机行走速度与螺旋布料器转速的传动关系,摊铺过程中应保持螺旋布料器全范围内物料分布均匀,螺旋布料器两侧应保持有不少于送料器高度2/3的混合料,并保证在摊铺机全宽度断面上不发生离析。螺旋布料器端部距物料挡板间距应在10~30cm之间,此间距超过30cm时必须加装叶片。摊铺过程中应注意螺旋布料器悬挂装置处是否产生离析、卡料或虚铺,一旦发生此现象应启动摊铺机全速旋钮迅速补料。

在熨平板按所需厚度固定后,不得随意调整。严禁空仓收斗。夏季施工时应避免每车料收斗一次的做法,仅当料斗内粘附较多沥青混合料时需收斗。收斗应在运料车离去、料斗内尚存较多沥青混合料时进行,收斗后应立即连接满载的运料车向摊铺机内喂料。

用机械摊铺的混合料,不应用人工反复修整。当出现下列情况时,可用人工局部找补或更换混合料:

(1)横断面不符合要求;

(2)构造物接头部位缺料;

(3)摊铺带边缘局部缺料;

(4)表面明显不平整;

(5)局部混合料明显离析;

(6)摊铺机后有明显的拖痕。

人工找平或更换混合料应在现场技术人员指导下进行。缺陷较严重时,应予铲除,并调整摊铺机或改进摊铺机工艺。当属机械原因严重缺陷时,应立即停止摊铺。摊铺不得中途停顿。摊铺好的沥青混合料应紧接碾压,如因故不能及时碾压时,应停止摊铺,并对卸下的沥青混合料覆盖保温;混合料已冷却时应废弃不用。摊铺遇雨时,应立即停止施工,并清除未压实成型的混合料,遭受雨淋的混合料应废弃,不得卸入摊铺机摊铺。

7.4 热拌料 OGFC 沥青混合料的压实及成型

摊铺采用一台 ABG423 摊铺机单幅全宽摊铺,摊铺机就位控制根据暂定的松铺厚度采用垫木板的方式进行,摊铺采用平衡梁进行控制。

摊铺机就位后应将熨平板加热到100℃左右,并调整好熨平板高度及仰角、夯锤振幅和振频,确保混合料的初始密度。摊铺机收料前应在料斗内涂刷防粘剂并在施工中经常将两侧板收拢,防止混合料结块。摊铺应连续不间断进行,一般控制在2~3m/min,摊铺温度应控制在160℃以上。为了尽量减少接缝,每天的施工不得间断,施工缝接头处不可涂沥青或者其他结合料,以免阻碍面层内部的排水。对于 OGFC 混合料,粗集料含量较多而细集料较少,混合料主要是靠粗集料相互嵌挤形成强度,振动压路机由于振动产生的冲击力,使得单位压力大大提高,易使混合料中的粗集料被压碎。使得空隙率下降,因此该种路面不适宜采用大型振动压路机压实。另外,OGFC 混合料拌和、摊铺、压实温度较高,混合料较虚,因此温度散失快,如此采用轮胎压路机易出现轮胎痕迹,同时也易于出现粘轮现象,因此压实时也不适宜采用轮胎压路机进行初压复压。OGFC 混合料压实宜采用压实功较小的压路机。压实后的沥青混合料应符合压实度及平整度的要求,沥青混合料的分层压实厚度不宜大于10cm。

沥青混合料现场碾压质量控制,应采用压实度与现场空隙率双指标监控。对于 OGFC 改性沥青混合料,加强确定压实度用的马歇尔试件制件温度控制,加强与目标配合比马歇尔试件制件密度的比对,确定压实度用的马歇尔试件密度不得低于生产配合比制件密度的2%。

沥青混合料的压实应按初压、复压、终压(包括成型)三个阶段进行。

沥青混合料的初压应符合下列要求:

初压应在混合料摊铺后较高温度下进行,并不得产生推移、发裂,压实温度应根据沥青稠度、压路机类型、气温、铺筑层厚度、混合料类型经试铺试压确定,并符合本规定的要求。

压路机应从外侧向中心碾压。相邻碾压带应重叠1/3~1/2轮宽,最后碾压路中心部分,压完全幅为一遍。当边缘有挡板、路缘石、路肩等支挡时,应紧靠支挡碾压。当边缘无支挡时,可用耙子将边缘的混合料稍稍耙高,然后将压路机的外侧轮伸出边缘10cm以上碾压。也可在边缘先空出宽30~40cm,待压完第一遍后,将压路机大部分重量位于已压实过的混合料面上再压边缘,以减少向外推移。

初压应采用轻型钢筒式压路机或关闭振动装置的振动压路机碾压1遍,其线压力不宜小于350N/cm,再用振动压路机碾压1遍。振动压路机的振动频率宜为35~40Hz,振幅宜为0.5~0.8。相邻碾压带重叠宽度为10~20cm。振动压路机倒车时应先停止振动,并在向另一方向运动后再开始振动,以避免混合料形成鼓包。

碾压时应将驱动轮面向摊铺机。碾压路线及碾压方向不应突然改变而导致混合料产生推移。压路机起动、停止必须减速缓慢进行。

复压应紧接在初压后进行,并符合下列要求:复压应采用重型的轮胎压路机,碾压遍数应经试压确定,不宜少于4~6遍达到要求的压实度,并无显著轮迹;碾压厚层沥青混合料,总质量不宜小于22t;轮胎充气压力不小于0.5MPa,相邻碾压带应重叠1/3~1/2的碾压轮宽度。

终压应紧接在复压后进行。终压可选用双轮钢筒式压路机或关闭振动的振动压路机碾压,不宜少于两遍,并无轮迹。

压路机的碾压段长度以与摊铺速度平衡为原则选定,并保持大体稳定。压路机每次应由两端折回的位置呈阶梯形随摊铺机向前推进,使折回处不在同一横断面上。在摊铺机连续摊铺的过程中,压路机不得随意停顿。

钢轮压路机碾压过程中,仅当沥青混合料粘轮时方可向碾压轮少量喷洒水或加洗衣粉的水溶液,严禁使用柴油。轮胎压路机碾压时不得洒水,可在开始碾压前在轮胎上涂敷一层1∶4的植物油水溶液。

压路机不得在未碾压成型并冷却的路段上转向、掉头或停车等候。振动压路机在已成型的路面上行驶时应关闭振动。

对压路机无法压实的边缘部位,应采用手扶式小型压路机碾压。桥梁、挡墙等构造物接头、拐弯死角、加宽部分及某些路边缘等局部地区,应采用振动夯板压实。

在当天碾压的尚未冷却的沥青混合料面层上,不得停放任何机械设备或车辆,不得散落矿料、油料等杂物。

7.5 接缝

施工缝及构造物两端的连接处必须仔细操作,保证紧密、平顺。

纵向施工接缝部位的施工应符合下列要求:摊铺时采用梯队作业的纵缝应采用热接缝;施工时应将已铺混合料部分留下10~20cm宽暂不碾压,作为后摊铺部分的高程基准面,再最后作跨缝碾压以消除缝迹。

表层的纵向施工接缝应顺直,且应留在车道区画线位置上。当纵向施工接缝位置不在车道区画线上时,不得在主车道轮迹处设置纵向施工接缝,上下相邻层的纵向施工接缝至少应错开30cm以上。

横向接缝的碾压应先用双轮钢筒式压路机进行横向碾压。碾压带的外侧应放置供压路机行驶的垫木,碾压时压路机位于已压实的混合料层上,伸入新铺层的宽度为15cm。然后每压一遍向新铺混合料移动15~20cm。直至全部在新铺层上为止,再改为纵向碾压。当相邻摊铺层已经成型,同时又有纵缝时,可先用钢筒式压路机沿纵缝碾压一遍,其碾压宽度为15~20cm,然后再沿横缝作横向碾压,最后进行正常的纵向碾压。施工中,配备包括钢轮压路机、16t轮胎压路机在内的4台压路机分别用于初压、复压和终压。

碾压温度的确定如下:

(1)初压温度的确定

沥青的黏度受温度影响很大,当初压温度过高时,沥青的黏度较低,混合料易错位和活动,发生推移现象,容易出现裂纹;当初压温度过低时,沥青黏度较高,很难压实。经试验确定在施工气温为20℃时,试验路初压温度确定为145~160℃较好。

(2)复压温度的确定

OGFC路面的降温速度较普通沥青路面快,因此施工时,复压应紧随初压工序进行,压实路段不宜过长,以保证复压的温度。根据试验路的实际情况以及取芯后压实度的数据,复压的温度应控制在135~150℃。

(3)终压温度的确定

根据施工现场的气温、压实路段的长度以及消除轮迹的情况,确定试验路终压温度应控制在90℃以上。

(4)压路机行驶速度

摊铺温度根据摊铺机的摊铺速度和混合料压实控制温度来确定,同时对于初压、复压和终压,压路机行驶速度将有所区别。根据现场压实情况观测以及取芯结果,确定压实速度。在压路机类型、压实速度、混合料的有效压实时间、气候、混合料类型等要素确定后,可通过试验段确定压实遍数。

8 材料

8.1 沥青

OGFC用改性沥青,其主要技术要求见表10。

高黏度改性沥青技术要求 表10

试验项目		单位	技术要求
针入度(25℃,100g,5s)		1/10mm	≥40
软化点		℃	≥80
延度(5℃)		cm	≥20
溶解度		%	≥99
弹性恢复(25℃)		%	≥85
密度(15℃)		kg/cm^3	实测
RTFOT 薄膜加热试验残留物	质量变化率	%	≤0.6
	针入度残留率	%	≥65
	延度(5℃)	cm	≥15
60℃动力黏度		Pa·s	≥50 000
闪点		℃	≥230
运动黏度(170℃)		Pa·s	≤3
储存稳定性,48h 软化点		℃	≤2.5

8.2 粗集料

凡粒径大于2.36mm 以上者称为粗集料。沥青混凝土用粗集料可以采用碎石、破碎砾石和矿渣等。所用粗集料应洁净、干燥、无风化、不含杂质。在力学性质方面,压碎值及洛杉矶磨耗率应符合相应道路等级要求,其技术指标见表11。

OGFC 混凝土粗集料(碎石)技术指标 表11

石料压碎值(%)	洛杉矶磨耗损失(%)	表观相对密度	吸水率(%)	坚固性(%)	针片状颗粒含量(%)	水洗法0.075mm(%)	软石含量(%)	磨光值(PSV)	与沥青黏附性
≤20	≤28	≥2.6	≤2.0	≤12	≤12	≤1	≤2.5	≥42	5级

8.3 细集料

细集料可采用天然砂、人工砂及石屑或天然砂和石屑混合料。细集料应干净、坚硬、干燥、无风化、无杂质并有适当的级配,其技术指标见表12。

细集料技术指标 表12

视密度	坚固性	砂当量
≥2.5t/m^3	≤12%	≮60%

8.4 填料

矿粉必须满足《公路沥青路面施工技术规范》(JTG F40—2004)规定的物理力学性能要求,并满足粒径规格要求。沥青混合料用矿粉应采用石灰石加工而得,矿粉应干燥、洁净,其质量应符合表13的要求。严禁使用水泥生产的生料、半熟料或副产品。

矿粉主要技术指标 表13

视密度(t/m^3)	含水率(%)	亲水系数	粒度范围		
			<0.6mm	<0.15mm	<0.075mm
≥2.5	≤1	<1	100%	90%~100%	75%~100%

9 质量技术措施

9.1 严把材料质量关

材料质量决定着混合料的质量。对于原材料质量控制,一方面要做好材料的进场检验,按照原材料试验检验要求分批检验;另一方面要做好材料的现场管理,包括粗细集料的防雨淋、防污染,以及沥青的储存温度控制,防止高温老化。

9.2 合理确定拌和参数,确保混合料质量

拌和设备在使用前要经过具备相应资质单位的标定,保证设备性能。选择科学合理的矿料加热温度、干拌时间、加沥青拌和时间等拌和参数,并根据原材料变化、气候变化适时调整,确保出厂混合料质量。

9.3 优化组织连续均衡生产

合理配套各种资源,优化拌和厂和现场组织,保证连续生产。混合料的温度控制、生产的连续性从很大程度上影响着摊铺层的平整度和压实效果。

9.4 加强检测提高摊铺碾压质量

加强对沥青混凝土在各环节的温度检测,是保证摊铺碾压成型的基本要求,只有在最佳温度下才可能获得最大密实度与理想的平整度。现场对摊铺基准的设置,对摊铺层高程、厚度的实时检测,直接决定着结构层平整度、混合料消耗量。

9.5 做好接缝处理提高舒适度

接缝位置必须保证整个断面的均匀性,尽可能采取热接缝,并做好预热处理,配合接缝碾压工艺,提高接缝平顺性。

10 安全及环境保护措施

10.1 施工人员一切行动听从指挥统一安排,坚守岗位,未经许可,不得擅自离岗,如有异常现象发生立即报告现场指挥。

10.2 沥青路面施工属于高温施工,必须遵守高温施工的要求,准备一些必备的防高温物品、药品。

10.3 沥青拌和站禁止烟火,并要有明确的标识牌,同时储备足够的防火砂、灭火器。

10.4 机械设备实行岗位及安全责任制,严格奖罚制度。

10.5 加强运输车辆管理,运输中要限速、控制超载,并在拌和场内及摊铺现场设置明显标志。

10.6 配备合格的防毒器具,保证拌和场操作人员健康。

10.7 做好设备除尘系统的调试与监控,防止大气污染。

10.8 施工垃圾集中处理,杜绝施工现场黑色污染。

11 社会效益和经济效益

该工法在六武高速公路路面施工中,通过严格控制沥青混凝土平整度及施工工艺流程,降低了成本,节约了材料用量。工法得到了安徽省投资集团和安徽省交通监理咨询有限公司的一致好评。并经交通部公路科学研究院检测中心检测,数据完全符合排水式沥青路面的技术要求,工程质量优良。

12 工程实例

安徽六武高速公路路面设计为双向四车道,隧道进出口为OGFC排水式路面。

工程施工中采用ABG423型摊铺机,设置初始仰角标尺值为0,螺旋布料器高度设置为低位,振幅

选择 20 ~ 22Hz，熨平板振动器振动频率选择 35 ~ 40Hz，摊铺速度选择 2.0m/min，基本上实现了恒定连续工作，且获得了较好的初始压实度（98%）和平整度（均方差可达 0.5mm）。

通过在施工过程中改进工艺，严格控制沥青混凝土摊铺厚度及平整度，加大检测力度等措施，既满足了设计和规范要求，又确保了工程质量优良。

经过安徽省交通工程基本建设质量监督站检测评定，该标段沥青排水式路面施工厚度、压实度、平整度指标合格率达到 100%。

公路耐久性沥青路面施工工法

GGG(鲁)B4049—2009

朱万生　郑兆远　孙海清　李健美　张炳亮
(山东省滨州公路工程总公司)

1　前言

1988 年我国高速公路开始兴建,至 2008 年年底高速公路通车里程达 6.03 万 km,短短 17 年,就走了西方国家需要 40 年才走完的发展路程,成就瞩目,令世人惊叹。我国高速公路通车里程跃居世界第二位, 90% 以上为半刚性沥青路面结构,这种结构承载能力强,行车舒适,已成为我国高等级公路的主要结构形式。

我国公路建设特别是高等级公路的建设中,广泛采用半刚性材料作为公路路面的基层材料,可以说,半刚性基层沥青路面是我国高等级公路的主要路面结构形式,这是历史的选择,其发展并得到广泛应用的过程是和我国的国情紧密相关的。据调查,高等级公路沥青路面出现早期病害的主要有:横向裂缝(图 1)、纵向裂缝(图 2)、沉陷(图 3)、车辙(图 4)、龟裂、松散、坑槽(图 5)、剥落(图 6)、桥头台背路基沉陷导致桥头跳车(图 7)。

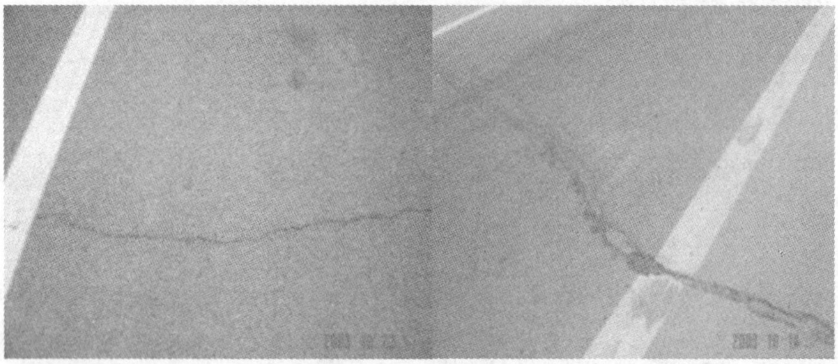

图 1　路面横向裂缝

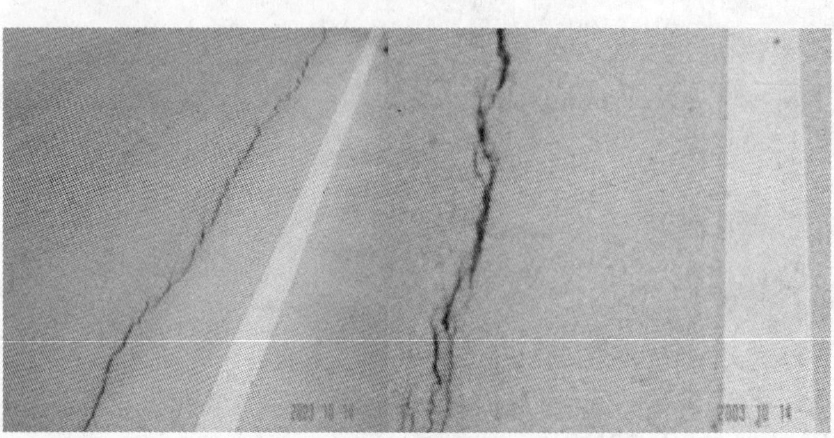

图 2　路面纵向裂缝

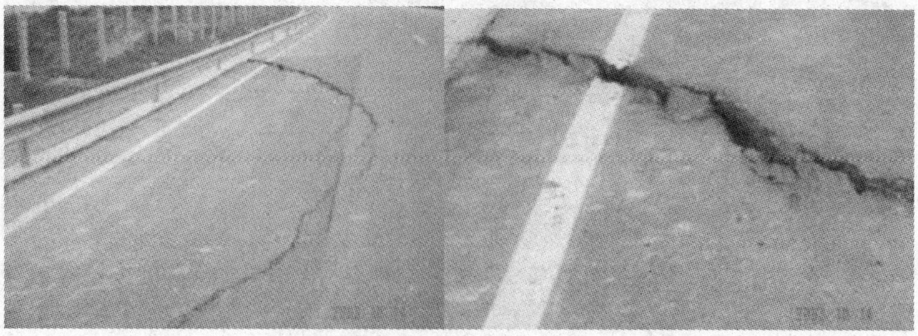

图3　路面沉陷

图4　路面车辙

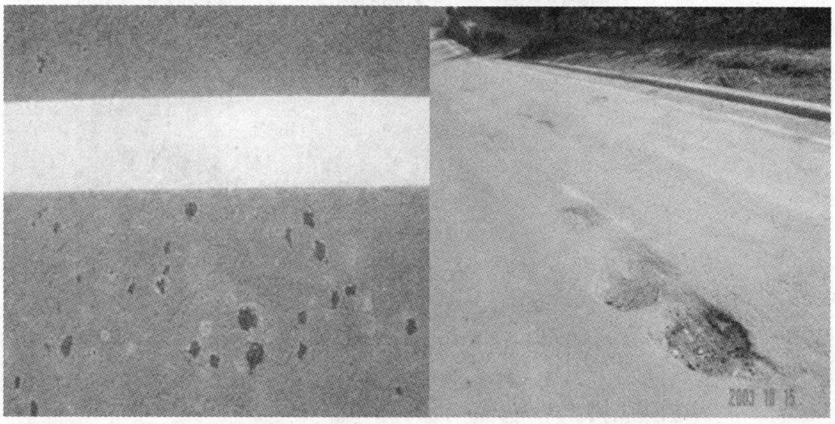

图5　路面坑槽

图6　路面剥落

图7　桥头台背路基沉陷

公路使用调查显示，半刚性沥青路面裂缝问题尤为突出，现场钻芯取样观察表明，裂缝中相当数量为半刚性基层先开裂而导致沥青面层开裂的反射裂缝。大量裂缝(反射裂缝)的产生，在一定程度上导致了结构强度的削弱，从而影响了路面结构的整体强度(图8～图10)。随着交通量的不断增长及轴载的明显加大，沥青路面的早期破坏，严重影响了行车安全及路面长期使用性能，致使沥青路面达不到设计寿命就要进行大修，特别是结构性大修，增加了路面建设费用及养护费用。

图8　现场钻芯试样一

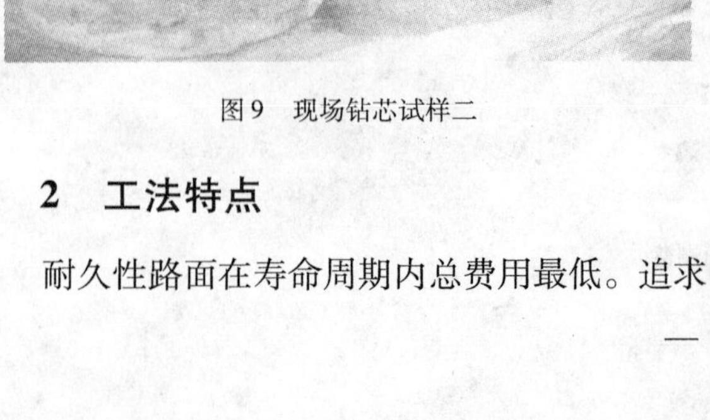

图9　现场钻芯试样二

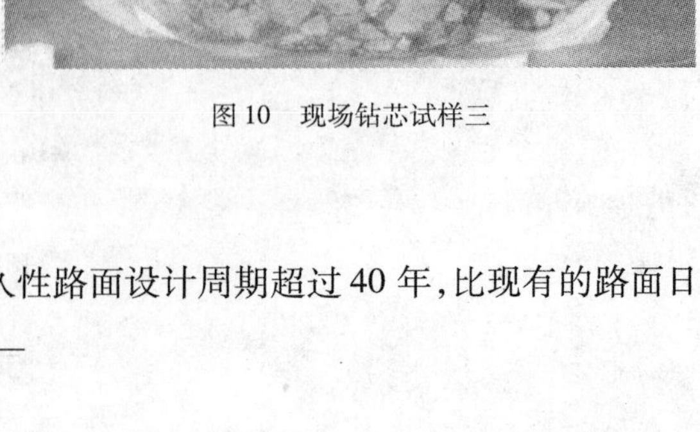

图10　现场钻芯试样三

2　工法特点

耐久性路面在寿命周期内总费用最低。追求的耐久性路面设计周期超过40年，比现有的路面日常养护费用更低,路面的损坏只发生在表面层,不存在结构性破坏,只需日常养护,不需结构性大修。

耐久性沥青路面是国际沥青路面学界提出的新技术,代表了国外高等级公路路面结构选择和设计的新趋势。大量的理论分析及国内外已有的工程实践表明:耐久性路面结构能有效地减少水损害,使路面结构的受力相协调,在重交通作用下具有较长的使用寿命。

为了保证将要修建的道路不产生疲劳开裂,特别是主要的结构层不产生任何疲劳开裂或疲劳损坏,保证路面不发生结构性变形。在路面结构设计过程中,长安大学引入或借鉴国外耐久性沥青路面的设计理念,针对各地交通、气候及沥青路面修筑现状,从设计理论、设计指标及标准等方面进行了深入系统的研究,运用新的结构设计方法——力学方法来分析各地区路面结构对气候和荷载的影响,研究路面结构各层在抵抗疲劳、车辙和温缩裂缝中各自所起的作用,进而确定沥青路面结构工作的临界状态,并根据材料、交通、环境以及服务性能的相互影响,综合确定路面的合理结构,提出了适合当地的耐久性沥青路面施工意见。

3 适用范围

3.1 高等级公路。

3.2 交通量大的主要干线公路。

3.3 地质不良地段:地基沉陷和黄土湿陷、地表和地下水丰富地区、温度变化剧裂地区等。

4 工艺原理

4.1 在结构方面采取措施,通过在沥青面层和半刚性基层之间设置一层弹性模量低、韧性好的材料作为应力吸收层(土工织物或柔性基层),以吸收半刚性基层开裂造成的应力集中,使其而不反射到面层。

4.2 在材料方面进行面层、基层材料的合理组成设计,控制结合料剂量及混合料中细料含量及其塑性指数,掺加增韧添加剂(聚合物、乳化沥青等),掺加加筋纤维,掺加膨胀剂、引气剂等。降低刚度,提高抗裂性能。

5 施工工艺流程及操作要点

5.1 施工工艺流程(图 11)

5.2 工艺顺序及操作要点

5.2.1 施工方案

5.2.1.1 混合料拌和

采用日工 240 间歇式拌和机拌和(图 12),并逐盘打印,生产温度及拌和时间等都按拟定参数执行,添加的消石灰和矿粉由专用管线和螺旋升送器直接加入拌锅中,SMA 结构添加的木质纤维由专用风送设备和管道直接喷入拌锅内。由沥青混合料试验人员按规定对原材料和混合料进行取样试验,并及时将试验结果通知技术和质检负责人,并验证微机质量控制准确性,以便动态控制混合料质量和原材料质量。装载机上料前都进行了详细分工,每种料相对固定装载机,且要求装载机不能装料太高,以防混料,影响级配。

5.2.1.2 混合料运输

采用载重 25t 运输车装料 20t 运输(图 13),以防超载运输,同时严防运输车辆在路基及路面上急制动或急弯掉头,以防破坏下承层。每次装料前都将粘附料清扫干净,并用喷雾器喷洒防粘剂,装料时分前、后、中,三次挪动装料,以减少离析。所有运输车辆全部用防雨苫布覆盖,运输到现场的混合料逐一进行目观和温度质量检测,不合格的一律退回。运料车倒至摊铺机前 20cm 左右停住,空挡等候摊铺机推动向前并缓缓卸料,严防撞击摊铺机,影响平整度。

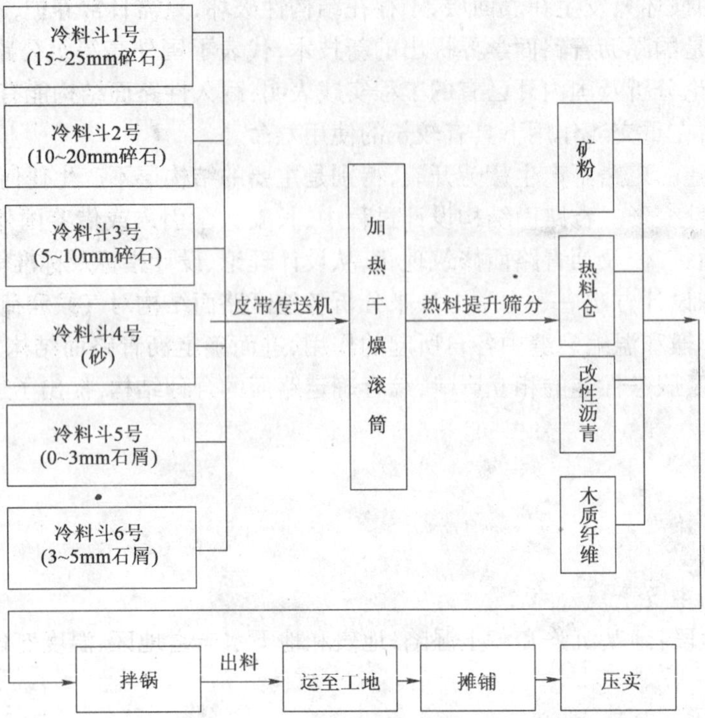

图11　施工工艺流程

图12　月工240间歇式拌和机

图13　混合料的运输

5.2.1.3　混合料摊铺(图14)

图14　混合料摊铺

待摊铺机前有不少于5辆的运料车时再开始摊铺,采用两台摊铺机交错10m梯队前进,两幅搭接5cm,每一层两台摊铺机更换一次位置,摊铺速度及混合料温度严格按既定参数执行,SMA用平衡梁控制方式施工,从上至下第二层在桥头采用两次各30m钢丝绳挂线施工,其他位置用平衡梁控制施工,其他层即用钢丝绳挂线施工,随摊铺随设专人检查松铺厚度、摊铺温度。螺旋布料器全部设在最低位置,并始终保持混合料在布料器中的高度不少于2/3高度,以防离析,每层摊铺前都要检查下承层是否干燥、清洁,否则严禁向前摊铺,以保证层间良好结合。

5.2.1.4　混合料压实(图15)

图15　混合料压实

压路机的行驶速度要均衡,严防忽快忽慢,影响平整度和压实不均。压路机初压速度控制在40m/min内,复压速度控制在50m/min内,终压速度控制在70m/min内,终压只要无轮迹,尽可能在高的温度下进行,以防磨损混合料表面,阶梯前进碾压,记清碾压位置,杜绝漏压、少压或多压。压路机紧跟摊铺机,压实工艺按拟定压实工艺进行,轮胎重叠1/2碾压轮宽度,双光轮重叠20cm碾压带宽度碾压,错轮时一律在压实过的路段上缓慢进行,以防影响平整度。

5.2.1.5　接缝处理

桥面铺装层以下各层尽可能施工到桥头处再收工,尽量减少横向接缝,遇特殊情况必须设横向接缝时,采取垂直接缝,在混合料冷却前用镐头刨除边缘不平整部分(用3m杆检测),接缝时喷洒少量沥青,摊铺机重叠在已铺层上10cm摊铺,再清走摊在前幅的料,碾压时采取先横向压实,先在压实路面上行走碾压新铺层15cm左右,逐渐推进,待光轮全在新铺路面上后,再改为纵向压实。

5.2.1.6　交通管理

设专人及禁行标志看管交通,混合料表面温度低于50℃前禁止一切车辆通行,采取严厉处罚措施,严防一切杂物不采取防护和保护措施即放在路面上,从而破坏路面或污染路面。

5.3　主要工序施工控制

5.3.1　透层及黏层油施工(图16)

图16　洒布数量检测

耐久性沥青路面,结构基层上置有良好渗透性能的透层沥青,采用PC-2乳化石油沥青,洒布数量通过现场试验确定,确保对粒料基层透入3～6mm。沥青层之间设有乳化沥青黏层,洒布数量0.3～0.5kg/m^2(沥青含量约为0.15～0.25 L/m^2)。

5.3.2　ATB25的施工

5.3.2.1　摊铺

首先要把摊铺机熨平板加热至100℃以上后再开始摊铺。为防止ATB25拌和料离析,采用两台摊铺机前后相隔10～20m成梯队式向前摊铺,摊铺速度控制到1m/min连续不间断摊铺。

5.3.2.2　厚度及高程控制

采用钢丝挂线引导的方式来控制高程厚度。并且在摊铺过程中有专门人员随时检测摊铺厚度,随时记录。

5.3.2.3　温度控制

摊铺温度控制在150～160℃,初压温度控制在120～140℃,复压温度100～120℃,终压温度不低于80～95℃。

5.3.2.4　压实

初压由DD-130双钢轮压路机先稳压一遍,而后由DD-130和派克压路机由外向内各振压一遍,复压由26t轮胎压路机由外向内碾压6遍,终压由DD-110压路机由外向内静压1遍以消除轮迹。

5.3.2.5　接缝处理

在采用两台摊铺机摊铺时,它们之间要搭接5～10cm,防止中间开裂。在与二灰碎石基层接缝时首先沿直线把松散碎石纵向凿去且内边成垂直立面,等待摊铺后用压路机紧贴基层内边振压。

横向接缝处理:首先用6m直尺测出已完成路段,将低头处凿去,凿成一个垂直立面且横向成一条直线。用压路机沿接缝横向稳压,在稳压时要把钢轮大部分放在成品路面上,每次向热料稳压10～15cm,连续两次,再把整个钢轮全部放在热料处振压。

5.3.3　HMAC-20沥青混合料施工

5.3.3.1　摊铺

首先要把摊铺机熨平板加热至100℃以上后再开始摊铺。为防止HMAC-20拌和料离析,采用两台摊铺机前后相隔10～20m成梯队式向前摊铺,摊铺速度控制在2m/min,连续不间断摊铺。

5.3.3.2　高程控制

采用钢丝挂线引导的方式来控制高程厚度。并且在摊铺过程中有专人随时检测摊铺厚度。随时记录。

5.3.3.3　温度控制

摊铺温度控制在150～156℃,初压温度控制在130～140℃,复压温度130～135℃,终压温度70～80℃。

5.3.3.4 平整度控制

在复压完成后专门由两人用6m直尺把测出高于3mm的点用DD-110压路机横向振压至平整。

5.3.3.5 压实

初压由DD-130和派克双光轮压路机由外向内共同振压3遍,然后由26t轮胎压路机由外向内碾压两遍,终压由DD-110压路机由外向内静压直至轮迹消失。

5.3.3.6 接缝处理

在采用两台摊铺机摊铺时,它们之间要搭接5~10cm,防止中间开裂。在与另外半幅成品路面进行接缝时首先将其内边沿纵向成直线凿去且内边成垂直立面,等待摊铺后用铁耙把热料推至硬立面,用压路机沿接缝纵向稳压,在稳压时要把钢轮大部分放在成品路面上,每次向热料稳压10~15cm,连续两次,再把整个钢轮全部放在热料处振压。

横向接缝处理:首先用6m直尺测出已完成路段,将低头处凿,凿成一个垂直立面且横向成一条直线。用压路机沿接缝横向稳压,在稳压时要把钢轮大部分放在成品路面上,每次向热料稳压10~15cm、连续两次,再把整个钢轮全部放在热料处振压。

5.3.4 FDAC-5应力吸收层施工

5.3.4.1 摊铺

首先要把摊铺机熨平板加热至100℃以上后再开始摊铺。我们采用两台摊铺机前后相隔10~20m成梯队向前摊铺,摊铺速度控制到2m/min连续不间断摊铺。

5.3.4.2 厚度及高程控制

采用钢丝挂线引导的方式来控制高程厚度。并且在摊铺过程中有专门人员随时检测摊铺厚度,随时记录。

5.3.4.3 温度控制

摊铺温度控制在165~170℃,初压温度控制在160~165℃,复压温度155~160℃,终压温度不低于120℃。

5.3.4.4 压实

对于应力吸收层需采用短距离碾压,压路机紧跟摊铺机后30m。初压由DD-130和派克双光轮压路机各稳压一遍,而后复压由DD-130和派克压路机由外向内共振压三遍,26t轮胎压路机由外向内碾压6遍且两者交替碾压,终压由DD-110压路机由外向内静压二遍以消除轮迹。如果混合料出现开裂现象,压路机应该退回直到开裂停止。

5.3.4.5 接缝处理

在两个摊铺机摊铺时之间要搭接5~10cm防止中间开裂。在与二灰碎石基层接缝时首先沿直线把松散碎石纵向凿去且内边成垂直成立面,等待摊铺后用压路机紧贴基层内边振压。

5.3.5 SMA-13沥青马蹄脂施工

5.3.5.1 摊铺

首先要把摊铺机熨平板加热至100℃以上后再开始摊铺。我们为防止SMA-13拌和料离析采用两台摊铺机前后相隔10~20m成梯队式向前摊铺,摊铺速度控制在2m/min连续不间断摊铺。

5.3.5.2 温度控制

摊铺温度控制在165~170℃,初压温度控制在160~165℃,复压温度150~160℃,终压温度比低于120℃。

5.3.5.3 平整度控制

在摊铺过程中用平衡梁作为找平基准来控制平整度。并且在摊铺过程中有专门人员随时检测摊铺厚度,随时记录。在复压完成后专门由两人用6m直尺把测出高于3mm的点用DD-110压路机横向振压至平整。

5.3.5.4 压实

初压由DD-110压路机和派克双光轮压路机由外向内共同振压三遍,终压由DD-110压路机由外向内静压直至轮迹消失。

5.3.5.5　接缝处理

在两个摊铺机摊铺时之间要搭接5~10cm防止中间开裂。在与另外半幅成品路面进行接缝时首先将其内边沿纵向成直线凿去且内边成垂直立面,等待摊铺后用铁耙把热料推至硬立面,用压路机沿接缝纵向稳压,在稳压时要把钢轮大部分放在成品路面每次向热料稳压10~15cm,连续两次,再把整个钢轮全部放在热料处振压。

横向接缝处理:首先用6m直尺测出已完成路段,将低头处凿去,凿成一个垂直立面且横向成一条直线。用压路机沿接缝横向稳压,在稳压时要把钢轮大部分放在成品路面上,每次向热料稳压10~15cm、连续两次,再把整个钢轮全部放在热料处振压。

5.3.6　FAC-25施工与HMAC-20施工相同。

6　材料与设备

6.1　材料

6.1.1　沥青(表1)

沥　青　材　料　　表1

沥青层位	沥　青	沥青层位	沥　青
上面层SMA13	MAC改性沥青	沥青稳定碎石ATB30	AH-70
中面层HMAC20	AH-70	抗疲劳层FDAC5	MAC改性沥青
下面层FAC-25	AH-70		

沥青的品种质量要求按《公路沥青路面施工技术规范》(JTG F40—2004)的要求执行。

6.1.2　矿料

6.1.2.1　SMA13、AC20、AC25种ATB30采用的粗集料和填料的品种质量要求按《公路沥青路面施工技术规范》(JTG F40—2004)的要求执行。

6.1.2.2　抗疲劳层FDAC5采用的集料是面层集料。

6.1.3　纤维

SMA13上面层采用木质素絮状纤维,掺加比例是沥青混合料质量的0.3%,纤维品种、施工要求按《公路沥青路面施工技术规范》(JTG F40—2004)的要求执行。

6.2　施工仪器、仪表等试验设备按照现行施工规范进行配备(图17~图28)。试验按《公路沥青路面施工技术规范》(JTG F40—2004)进行。

图17　CORELOK(密度)

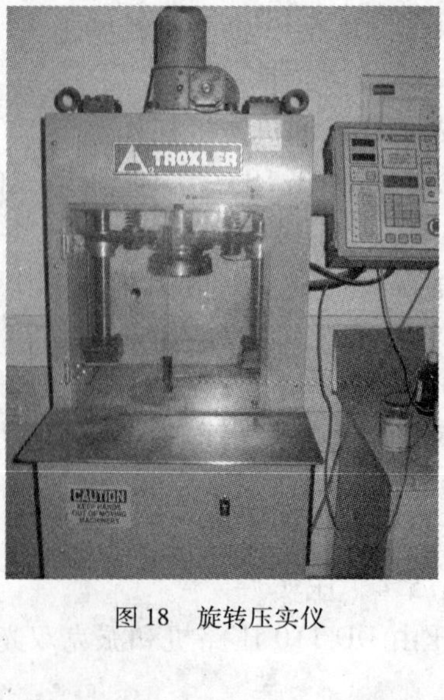

图18　旋转压实仪

图 19　试件 1

图 20　试件 2

图 21　渗水试验

图 22　施工检测

图 23　筛分试验

图 24　沥青混合料车辙试验仪

图 25　取芯机

图 26　取芯试验

图27　落锤式弯沉仪

图28　汉堡试验机

6.3　主要施工机械及人员

日工NBT-240拌和站	1台	ZL-50型装载机	4台
25t运输车	15辆	ABG525摊铺机	2台
双光轮压路机	3台	XP-261轮胎压路机	1台
洒水车	1辆	管理人员	3名
技术人员	8名	试验员	4名
工人	30名		

7　质量控制

7.1　应力吸收层施工工艺

应力吸收层混合料的施工工艺基本上同普通沥青混合料,但是在生产拌和及摊铺碾压上和普通沥青混合料有所不同。

7.1.1　混合料的生产

应力吸收层混合料的矿料中粒径小于2.36mm的细集料含量很大,约占集料的70%～80%,属于难以拌和的混合料,加之石屑中矿粉含量很高,为了保证混合料质量,采用加大引风的方式去除部分粉尘,这与一般的混合料生产存在很大的不同。但是对于其他的生产工艺,基本上与普通沥青混合料的生产是一致的。

(1)振动筛筛孔精确选择。

(2)拌和时间进行调整。

(3)拌和温度控制(见表2)。出料温度控制在允许出料温度的上限附近,温度波动控制在±2.5℃以内。特别指出,摊铺层温降受环境温度、风速和摊铺层厚度影响很大,因此在施工中要特别强调及时碾压。

混合料生产温度控制　　表2

序号	项　目	要　求	控制范围	序号	项　目	要　求	控制范围
1	石料加热温度(℃)	190	185～195	3	混合料拌和温度(℃)	185	180～190
2	沥青加热温度(℃)	180	175～185	4	拌和时间(s)	50	40～60

(4)引风除尘。这是应力吸收层混合料生产的关键。应将引风设备调整到合适的状态,并且保持稳定,以避免造成除尘不稳定,影响混合料的级配组成,并避免除尘系统温度过低或过高。一般排气温度为115～160℃,最高排气温度应小于180℃。

7.1.2　混合料的摊铺与碾压

(5)找平基准。尽管摊铺基准有弦线法和平衡梁法作为自动找平基准,但是为保证铺筑厚度均匀,采用原基层作为找平基准的方式进行。

(2)下面层正式摊铺前必须清除封层上多余的石子、泥土、污物等，污染严重时必须进行冲洗，然后进行中线高程测量。在摊铺时，摊铺机必须连续、匀速地摊铺，为此要配置足够的运输车辆，并严格控制摊铺速度，以免出现停机待料现象，减少集料离析。摊铺速度应控制在3m/min以内，不宜过快。摊铺温度应控制在170℃左右。

(3)在碾压时，第一台压路机尽可能地靠近摊铺机，如果混合料有开裂现象，压路机应该退回直到开裂停止。在摊铺时，压路机需紧跟摊铺机后30m内，采用短距离碾压。由于应力吸收层含油量较高，铺层又薄，轻型钢筒式压路机紧跟摊铺机从外侧向中心初压2遍，初压要求压路机不断地向钢轮上喷水，且压路机驱动轮在前，从动轮在后，相邻碾压带重叠1/3轮宽。复压采用重型振动压路机碾压2~4遍，交错使用轮胎压路机碾压4~6遍，使密实度达到要求。终压采用双轮钢筒式压路机静压2遍，消除轮迹，直到平整度合格为止。碾压结束温度控制在110℃左右。

7.2 沥青稳定碎石施工工艺

7.2.1 严格控制施工过程，防止离析

在装料、运输和摊铺过程中，仔细观察沥青稳定碎石中集料的混合状态。建议降低摊铺宽度，采用两台摊铺机半幅摊铺。若出现离析，应暂停施工；查明原因并采取可以消除离析现象的措施后，方可继续施工。

7.2.2 严格控制碎石原材料的质量

严格控制碎石原材料强度、压碎值、集料中<0.5mm细料的塑性指数以及集料中针片状颗粒含量等指标在规定范围内，这是级配碎石基层获得较高强度和刚度的基本保证，同时集料应该洁净。

7.2.3 严格控制沥青稳定碎石的级配组成

严格的级配是沥青稳定碎石获得高密实度、高强度的关键因素。因而在沥青稳定碎石的施工中必须保持其级配于规定要求中。

(1)配料

严格控制料场碎石质量完全符合要求。配料前，对40~20mm，20~10mm，30~10mm，10~5mm以及石屑进行严格筛分分析，各级料应隔离，分别堆放；细集料应有覆盖，防止雨淋。再根据最终采用沥青稳定碎石之级配严格确定各级碎石所占比例，并换算为体积比以便用装载机配料，配料拌和后应定期抽检所出混合料级配，以便实时控制和调整各规格配料比例。

(2)拌和

拌和均匀是沥青稳定碎石形成强度和具有良好功能的关键，对于沥青稳定碎石施工，采用厂拌。拌和设备与生产常规沥青混合料的相同，均采用间歇式拌和楼。在拌和ATB30等大粒径沥青碎石时，应改变拌和楼热料仓的筛网设置，但是冷料仓无需增减。同时，由于ATB30材料较粗，沥青用量相对较低，所需要的拌和时间宜较一般混合料长，沥青混合料的拌和时间应以混合料拌和均匀，所有矿料颗粒全部裹覆沥青结合料为准。一般采用间歇式拌和机每锅料拌和时间为25~50s，要求拌和料均匀一致，无花白料，无结团成块或严重的离析现象。

(3)运输

对于大粒径沥青混合料的运输，应尽量保证车辆处于良好状态，缩短运输时间，提高运输车辆的速度。

为保证施工的连续性，运输汽车的运输能力应比拌和能力及摊铺能力有所富余，开始摊铺时排在施工现场等候卸料的运输车不少于4辆，施工过程中一般安排3~5辆运输车等候卸料。

(4)摊铺

ATB30在摊铺时比较容易发生离析，建议在施工时采用两台摊铺机进行半幅摊铺，两台摊铺机一前一后，相隔10~20m成梯队向前摊铺。其摊铺温度应控制在150~165℃之间，以保证混合料能够摊铺均匀。在铺筑ATB30时，松铺系数一般应在1.2~1.3，摊铺厚度采用钢丝引导的高程控制方式。

(5)碾压

沥青稳定碎石基层的碾压是所有施工工艺中最主要的环节,合理的碾压工艺和合理的碾压厚度对于达到设计要求的沥青稳定碎石基层,铺筑性能优异的沥青路面是非常重要的保障。在碾压时,初压温度应控制在120~140℃,而在复压时,温度应在100~120℃,终压温度应大于70℃,压实度应以最大理论密度作为标准,按91~93℃控制。

①初压第一次应该采用钢轮进行稳压一遍,振动方式采用前静后振。

②复压采用一次振动压实,再采用≥25t的轮胎压路机压实4~5遍,这样既可以很好地压实又不至于压碎沥青稳定碎石。

③终压采用≥13t双钢轮压路机静压一遍,主要目的是消除轮迹。

④接缝处理,按常规进行纵、横向处理。

7.3 层间处置

层间处置包括透层、黏层、防水层以及土工织物的施工。透层、黏层及防水层的施工按照《公路沥青路面施工技术规范》(JTG F40—2004)的要求执行。重点阐述玻璃纤维土工格栅的施工工艺。

7.3.1 玻璃纤维土工格栅的施工工艺

(1)玻璃纤维土工格栅的施工基本要求

①在铺设玻纤土工格栅前需将基层表面修整、找平、清扫干净,必须将路面上可能影响格栅与基层结合强度的物质如油脂、油漆、松散颗料、水渍、污物等彻底清除干净,使铺设表面清洁干燥,基层表面要求平整度不大于5mm。

②在基层表面均匀洒布黏层油,黏层油采用中裂洒布型乳化沥青(如PC-3或PA-3型),参考用量为0.4~0.6kg/m^2,以能形成均匀、连续、尽量薄的一层沥青膜为度,并且应经过24h,待乳化沥青完全破乳干燥后再铺设玻纤土工格栅。

(2)玻璃纤维土工格栅的施工基本步聚

①铺设玻纤土工格栅时,保持铺设平整、拉紧,不得起皱,要求拉紧时玻纤格栅纵横向处于挺直张紧状态,使格栅具备有效的张力。

②固定时,不能将钉子钉于玻璃纤维土工格栅上,也不能用锤子直接敲击玻纤格栅,影响其抗拉强度。钉子可用锤子或射枪射入,再将格栅纵向拉紧并分段固定,每段长度为2~5m。固定后如发现钉子断裂或铁皮松动,则需予以重新固定。

③玻纤土工格栅搭接距离为:纵向接头搭接距离不小于20cm;横向搭接宽度不小于15cm。

④玻纤土工格栅铺设固定完毕后,用轮胎压路机适度碾压稳定,以确保格栅与基层表面黏结牢固,使其表面平整。

(3)玻璃纤维土工格栅的施工注意事项

①在拉平格栅时,杜绝玻纤土工格栅由于受力不均匀而产生变形,影响施工铺设过程中的使用。使格栅失去有效的张力。

②要确保水泥钉的牢固性。

③严格控制运送混合料的车辆出入,在格栅层上禁止车辆急转向、急制动和倾卸混合料,以防损坏已铺设的玻纤土工格栅。

④玻璃纤维土工格栅铺设时,要求路面温度通常在5~60℃之间。

⑤玻璃纤维土工格栅背胶易溶于水,雨天或路面潮湿时不得施工。

⑥玻璃纤维土工格栅为玻璃纤维制造,对人体皮肤易产生刺激作用,施工人员须戴防护手套。

⑦当使用的轮胎压路机需注水增加重量时,其注水量不能太满,以防溢流到玻璃纤维土工格栅上,造成其背胶失去黏性。

(4)玻璃纤维土工格栅的施工质量检验

①检查外观:玻纤土工格栅应无翘起、褶皱、不平顺等,并且无损坏断丝现象。

②玻纤土工格栅的质量应符合行业规范要求,在平整的基层按设计要求铺设、张拉,紧粘基层。格

栅间的搭接方向、搭接长度及宽度应符合设计要求

8 安全措施

8.1 安全目标

8.1.1 不发生人身死亡责任事故；

8.1.2 不发生重大交通安全责任事故；

8.1.3 不发生火灾；

8.1.4 不发生对施工区附近施工单位的安全生产造成重大影响的事件；

8.1.5 不发生因人为失误造成的重大设施、设备等财产损失。

8.2 建立健全安全管理机构

8.2.1 设专职抓安全的工程师、专职安全员和数名兼职安全员；

8.2.2 建立安全管理制度，包括：安全检查制度、安全责任制度、安全教育制度、安全审查制度、安全事故报告制度和作业安全细则。

8.3 主要安全保证措施

8.1.1 安全责任

认真贯彻“安全第一”的方针，建立健全安全保证体系，建立各级安全生产责任制，明确规定各部门、技术人员和生产工人在施工生产中的安全责任。各项措施严格按照交通部颁发的《公路工程施工安全技术规程》(JTJ 076—95)和《公路工程质量检验评定标准》(JTJ F80/1—2004)和其他相关安全生产条例中有关安全施工的规定及国家、省有关安全生产的法律法规来指导施工生产。

8.1.2 安全管理与培训

进行安全教育与培训，增强施工人员的安全生产意识，提高安全生产知识水平，主要包括：进行安全思想教育，学习国家劳动保护法规、安全施工管理条例等；进行安全技术、工业卫生的科学知识教育；进行典型经验和事故教训的教育；进行法制教育等。

8.1.3 安全技术措施

(1)加强安全警识：在施工现场周围配备、架立并维护一切必要而合适的警告、危险、禁止等标志牌。

(2)加强机械使用管理：定期检查和维修保养机具设备，保证使用安全，教育驾驶员文明驾驶。

(3)加强消防治安管理：对工地上设置的消防器材要定期维护和检查。

(4)加强用电管理：注意用电安全，现场统一布设电力线路，不准私拉乱接电线，专由电工管理。

9 环境保护措施

9.1 成立环境保护领导机构，下设环境保护领导小组。全面负责项目施工期间的环境保护工作。

9.2 建立学习制度。组织全员认真学习《中华人民共和国环境保护法》等政策法规和环境保护方面的有关规定，提高环保意识，做到全员自觉主动地保护环境。

9.3 环保措施

9.3.1 组织职工学习环保知识，加强环保意识，使大家认识到环境保护的重要性和必要性。

9.3.2 定期进行环境检查，及时处理违章事宜，主动联系环保机构，请示汇报环保工作，做到文明施工。

9.3.3 场地废料的处理，应按设计要求按工程师指定地点处理，防止水土流失。保持排水通道畅通，工地干净卫生。施工中还尽量减少对周围绿化环境的影响和破坏。

9.3.4 施工作业中对沿线村道及引线必须进行保洁，运输车辆必须按规定的行驶路线运输作业，路过居民区时应慢速行驶，尽可能地避免振动和噪声，材料运输过程中应有避免发生抛、洒、滴、漏的防

护措施,必要时采用覆盖措施。干燥季节湿度较小时,应对沿线道路进行洒水,防止尘土飞扬造成对周围环境的污染。

9.3.5 施工废水、生活污水源、耕地、农田、灌溉渠道,要采用渗井或其他措施处理。工地垃圾及时运往指定地点深埋,清洗集料机具或含有沉淀油污的操作水,采用过滤的方法或沉淀池处理,使生态环境受损降到最低程度。

9.3.6 施工区内及周围的植被不得随意破坏。若因工程的施工需要,植被受影响,则应采取永久有效措施及时对植被进行恢复。

9.3.7 临时设施的布置必须符合当地环保部门的要求,生产及生活区搭设在少占耕地的同时,注意对水资源的保护,污水的排放要经过处理,对生产及生活垃圾进行集中处理。

9.3.8 施工完成后,根据环保及设计要求,要对所有生活区、生产区临时设施所占用地进行复耕,拆除建筑物、铲除硬化地面及建筑垃圾,场地进行平整。保持原来的自然景观。

10 经济效益预测

耐久性沥青路面的费用包括寿命周期费用和其他费用,寿命周期费用指寿命周期内全部的施工和养护以及和养护活动相关的费用。按照现有沥青路面进入大修的时间规律推算,若能够使沥青路面使用15年不进行大修,即可减少2~3次中修以及1~2次大修,按减少2次中修、1次大修计算(不考虑基层维修)。

10.1 两次中修,按照罩上一层普通沥青混凝土(3cm)计算:每公里约135万元,计算过程如下所列。

2(次数)×22.5m(宽度)×3cm(厚度)×1 000m(长度)×10元/(m^2×cm)(单价)=135万元

10.2 一次大修,按照罩面7cm普通沥青混凝土计算:每公里约157.5万元,计算过程由如下所列。

1(次数)×22.5m(宽度)×7cm(厚度)×1 000m(长度)×10元/(m^2×cm)(单价)=157.5万元

由上述推算可知,仅因减少中修以及大修产生的经济效益即可达到292.5万元/km,此外,还可减少大量的早期裂缝处理、龟裂、网裂与坑槽修补产生的费用,此项费用每公里在2万~3万元。

10.3 耐久性沥青路面还可产生如下效益。

(1)减少由于道路养护所引起的行车延误时间;

(2)降低道路使用者费用;

(3)维持较高服务水平。

11 试验成果与应用

实例一:2004年施工的滨大高速公路路面工程

实例二:2006年施工的大(山)济(南)路路面改建工程

实例三:2008年施工的国道205线一级路路面工程

以上三项工程的现场检测试验结果证明,该工法施工的路段没有出现任何问题。耐久性沥青路面具有较低的寿命周期费用,特别适用于重载交通量较大的地区。如果此项成果能够在滨州等地区得到推广应用,仅减少沥青路面维修费用一项,就可为国家节省几千万元。如果能在全国逐渐推广,不仅可使公路建设总体投资减少,而且可使投资效益增加。维修次数的减少,对确保车辆安全正常行驶、确保公路在国家经济命脉中的作用具有重要的作用。因此该项目推广使用前景广阔、意义重大,产生的经济及社会效益不可估量。推广使用有着明显的经济效益和深远的历史意义。

长大桥梁桥面沥青混凝土铺装层施工工法

GGG(浙)B4050—2009

周则勤　周一勤　吴鑫龙　沈　洪

(浙江海滨交通工程有限公司　浙江海滨建设集团有限公司)

1 前言

桥面铺装层是桥梁上部结构的组成部分,由于它黏结在梁体顶面,成为受力结构的上缘部分,它直接承受车轮的压力、冲击和剪切作用,并在汽车和气候变化的反复作用下被磨耗和风化,随着交通量增加、重型车增多、车速变快、冲击力增强,出现裂缝、拥包、车辙、碎裂、脱落等破坏现象的概率比普通沥青混凝土路面要高得多,桥面铺装的早期损坏已成为影响公路使用功能的发挥和诱发交通事故的一大病害。

造成桥面铺装病害的主要原因主要是:结构理论与设计方面的滞后和习惯,如桥面铺装受力复杂给铺装层的工作性能造成不利影响,又如高速公路主车道比超车道铺装层病害要严重;铺装层厚度过小,且由于桥面高程难以控制,造成铺装层厚度不均;桥梁顶面清理措施不到位,使铺装层与主梁结合不良;防水层材料使用不妥和施工不当;沥青混凝土级配不符合要求;在沥青混凝土桥面铺装过程中,运料车向摊铺机内倒料时,沥青料向下滑动产生的冲击使箱梁混凝土产生的动应变很大;碾压不密实等。

根据以上原因,我公司在公路长大桥梁桥面沥青混凝土铺装层施工中,采取了多种措施,研究了新的施工工法,取得了显著的效果。2005 年该桥面使用以来,基本未出现大的病害,得到了使用者的好评。

2 工法特点

2.1 清理铣刨梁顶水泥混凝土表层浮浆,理顺梁顶排水通道。

2.2 复测桥面高程,调整铺装层厚度。

2.3 加铺改性沥青防水黏结层。

2.4 避免使用运料过重的运料车。

2.5 通过试验调整沥青混合料级配。

2.6 采用振动压路机压实。

3 适用范围

本项技术提高长大桥梁沥青混凝土铺装层水稳定性、密实性、耐久性,减少早期损坏,适用于特大及中跨径及行车承载要求较高的桥梁桥面沥青混凝土铺装。

4 工艺原理

施工前首先用高压水冲洗桥面,观察梁顶水泥混凝土表层,浮浆严重的部分使用 BQL 铣刨机进行铣刨,铣刨后梁顶表面具有较高的粗糙度;测量梁顶高程,用 1.0cm 厚左右的改性沥青砂第一次调整高程,碾压形成防水层;最后摊铺改性沥青混凝土,选用 YZD6C 振动双钢轮压路机和轮胎压路机碾压密实。

5 施工工艺流程及操作特点

5.1 工艺流程(图1)

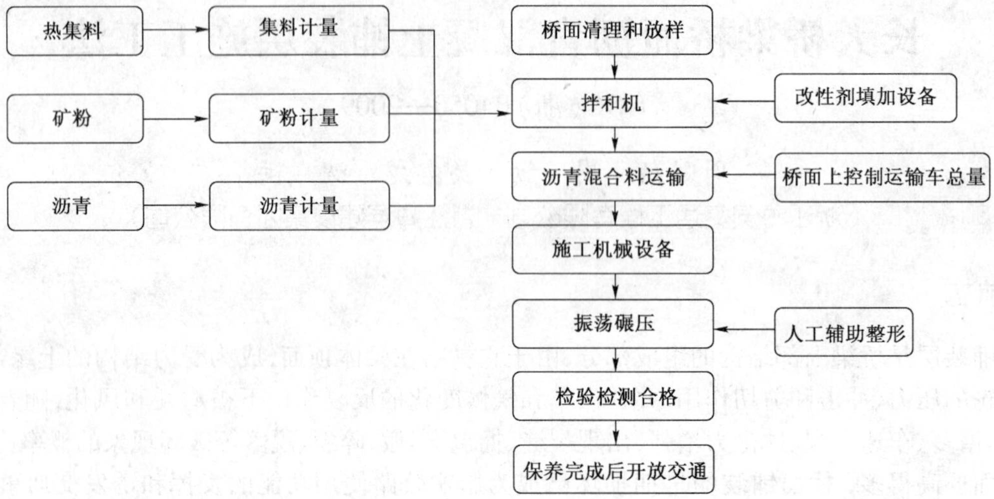

图1 沥青混凝土铺装层施工工艺流程图

5.2 施工操作要点

5.2.1 改性沥青砂防水层

(1)对桥梁顶面水泥混凝土表层浮浆严重的部位用铣刨机对进行铣刨,用高压水清洗干净;测量纵向和横向高程,确保排水畅通;桥梁顶面水泥混凝土存在裂缝的部位用环氧树脂修补,以防渗水。

(2)改性沥青黏层油

施工人员在桥头放置一块尺寸为1m×1m的胶合板,然后要求洒布车按照一定速度通过这块胶合板,测出洒布车洒布在胶合板上面的沥青量,根据洒布车的行驶速度及胶合板上的沥青量建立洒布车喷油量与行走速度的关系方程式,通过方程式计算出洒布车喷洒1.3kg/m^2(室内模拟桥面铺装进行抗剪强度试验及抗拉拔强度试验,得出黏层油的最佳用量为1.3kg/m^2),SBS改性热沥青洒布车喷洒速度为6.5m/min。

在喷洒黏层油前,需要将5%SBS改性沥青加热到170~180℃。SBS改性沥青做黏层油施工时要求施工气温较高(一般在15℃以上),风速偏小(一般小于4级)。对于护轮带、护栏底座等边缘附近没有洒到的部位,应采取人工按沥青最佳用量的方法涂刷,以确保黏结层在桥面上形成一个完整的表面层。

在洒布黏层油的同时,应分配有经验的工人紧跟黏层油洒布车后,人工撒布粒径为3~5 mm石屑作为黏层油的保护层,撒布量应控制为2~3kg/m^2,并保证不粘车轮。石屑撒布时应尽量避免粒料出现离析现象,撒布后再由工人用扫帚将石屑轻轻扫平。

最后用轮胎压路机或6~8t轻型压路机以较慢速度稳压2~3遍。

(3)改性沥青砂

改性沥青砂的拌和与运输:

5%SBS改性沥青黏度高,在一定高温下碾压才能密实,拌和时将矿料温度升至190%以上,确保拌和料出料温度在170%~180%。拌和时间一般在45s,拌和料要色泽均匀,既无花白料,又无过久拌和造成的老化现象。严格控制施工配合比及沥青用量,确保SBS沥青用量在允许误差范围内。

运输SBS改性沥青砂时要在车厢底部及侧面涂少量的隔离剂以防止卸料困难。在运输过程中,为防止SBS改性沥青砂温度下降过快,对运料车应加盖帆布。

改性沥青砂的摊铺与碾压：

摊铺。采用德玛克—230 型沥青摊铺机全幅摊铺 SBS 改性沥青砂，摊铺机在开工前应提前 0.5～1h 预热熨平板，温度不低于 100℃（最好在 145℃以上），以避免摊铺过程中熨平板粘料。考虑到改性沥青砂的矿料粒径较小，改性沥青用量较大，作为防水层其结构厚度仅有 1.5cm，若按传统方法摊铺，就会由于压路机的碾压而产生较大推移，使得摊铺层压实度降低。所以在桥面摊铺改性沥青砂防水层时，应选用较小的松铺系数。通过试验，确定了松铺系数为 1.18，沥青砂摊铺厚度、平整度采用红外线电脑装置配合平横梁来控制；摊铺机应以 1～3rn/min 速度均匀连续不间断地摊铺，摊铺温度应控制在 165～175℃；在大风、降雨或气温低于 15℃应停止摊铺施工。

初压。由于改性沥青砂防水层厚度薄，而水泥混凝土桥面板又呈刚性，当振动压路机采用低频振动碾压时，就会使沥青砂摊铺层内产生细小裂纹，导致防水层的防水效果降低。因此，在保证符合规定平整度的条件下，调试摊铺机振捣梁和振动频率来加大激振力，以提高沥青砂防水层的初始压实度在 90% 以上。

复压。为保证沥青砂摊铺层更密实，在 SBS 改性沥青砂初始压实结束后，紧接着用英格索兰 D110 振动压路机紧跟摊铺机的后面静压 2 遍，再换 2 挡频率低幅振动碾压 1 遍，然后用英格索兰 D130 振动压路机在 2 挡或 3 挡频率低幅振动碾压 2 遍。

终压。复压结束后采用 8～15t 轮胎压路机再揉搓碾压 2 遍。整个碾压过程中，为避免 SBS 改性沥青砂混合料由于温度过低反弹影响压实效果，必须保证将改性沥青砂摊铺层的初压温度控制在 165～175℃，终压温度控制在高于 120℃。

5.2.2 沥青混凝面层

下面层采用 5cmAC—16C4.5% SBS 改性沥青混凝土。

上、下面层之间洒布 5% SBS 改性沥青，用量为 1.3kg/m^2 作为黏层油。

上面层采用 4cmAC—16C4.5% SBS 改性沥青混凝土。

(1)沥青混合料生产

沥青混合料拌和楼按日生产量等因素，就近安装在施工现场附近。沥青混合料按规定，对供货厂家的进场原材料进行抽样检测，优化配合比。

(2)沥青混合料的运输

为确保沥青混合料的运输质量，采用 15t 以上自卸汽车运输。为防止沥青与车厢板的黏结，车厢底板和侧板喷涂一薄层油水混合液(柴油和水的比例为 1∶3)，但不得有余液积聚在车厢底部。为保温、防雨、防遗洒及其环境保护的要求，运料车加装篷盖，运料车经外观和温度检测合格后，关闭篷盖，运送至现场。

进场路口前 50m 用彩条布、麻袋铺路，设专人负责清理运料车车轮在路上粘的尘土。

卸料由专人指挥，运料车不得主动与摊铺机接触，应缓慢倒车向摊铺机靠近，停在摊铺机前 30～50cm 处，待摊铺机向前行驶与之接触，两机接触后即可卸料。这时卸料车挂空挡，由摊铺机推动向前行驶，直至卸料完毕离去。卸料后的自卸汽车不得擅自起斗卸油渣，剩余的油渣必须卸到指定位置，以确保作业面的清洁，避免对施工周边地区的环境污染。

为确保摊铺作业的连续性，按拌和站日产量和摊铺能力计算调配运输车辆，保证施工过程中摊铺机前方始终保持有运料车在等候卸料，开始摊铺时等侯卸料的运车不少于 10 辆。施工中保证拌和机、运输车与摊铺机的生产能力互相协调，以减少摊铺机停机待料的情况。

(3)沥青混合料摊铺

沥青混合料摊铺前，项目部测量班提前将测量工作准备好，在桥面上每 5m 测设高程方格网。遇宽度渐变段时，标出摊铺机行驶轨迹；摊铺过程中，要随时检测高程和中线，发现问题及时调整。

为保证沥青混合料摊铺质量，减少混合料的离析，采用两台德国进口 ABG423 摊铺机成梯形联合进行整幅摊铺,前后两台摊铺机相距不超过10m,混合料重叠50~100mm。每5m布设一个测墩高程点,两侧用地锚倒链固定钢索作为摊铺机的高程基准线,两摊铺机间采用测定的杠尺作为基准线,并设专人控制;固定板摊铺机走两侧高程基准线,活板摊铺机走外侧钢索基准线。

将摊铺机按松铺厚度组装就位,固定预热不小于30min,使熨平板温度不低于100℃,并在熨平板下面拉线校测,保证熨平板的平整度。混合料运至工地的温度为130~150℃,摊铺温度为120~150℃,由质检员检验沥青混合料的到场温度及外观,发现糊料、花白料以及油料温度异常等不合格材料,坚决废弃。将检验合格后的沥青混合料倒入摊铺机料斗,并启动摊铺机,按2~3m/min速度进行摊铺,当摊铺5~10m后,用细线横向检查摊铺厚度,横坡调整无误时继续摊铺。在摊铺过程中摊铺机连续均匀行走,保证无停机待料现象,施工过程中摊铺机前方至少保持5台运料车处于等待卸料状态,摊铺机料斗内任何时候都保持2/3~1/2以上的混合料。在摊铺过程中,确保摊铺的混合料得到有效的振动和压实,并无离析、撕扯、孔眼较大和横向垄埂等现象,摊铺机后设专人跟机,对局部摊铺缺陷进行人工修整。

当摊铺50m时,由质检员测出铺料的温度后,决定上压路机碾压。

桥面有水或很湿时不进行铺筑,天气预报降水概率60%以上天气不进行摊铺。

(4)碾压

摊铺机后:钢轮静压/轮胎碾压(1~2遍)→钢轮振动(1遍)→轮胎碾压、钢轮振动碾压交替进行(根据实际情况可改变振动遍数,但在3~5遍范围内)钢轮静压收面(1~2遍)。

振动压路机以30Hz频率进行碾压,用无核密实度仪快速检测初始和每遍碾压的密实度。

碾压完全消除轮迹为准,碾压终了温度不小于120℃。对路边缘、拐角等部位采用手扶压路机进行加强碾压。

在碾压过程中采用自动喷水装置对碾轮喷洒掺加洗洁精的水,以免粘轮现象发生。压路机不得在未压实成型的混合料面上停车,振动压路机在已压实成型的桥面上行驶要停止振动。

(5)接缝的处理

纵缝必须采用热接缝,非特殊情况不得使用冷接缝。两台摊铺机平行作业,后一摊铺带与前一摊铺带须有一定的重叠,使接茬处有足够的混合料,一般以5cm为宜。同时熨平板延伸到前一摊铺带一侧5~10cm,接缝处的碾压,两幅一起碾压;前一摊铺带必须先压时,靠近后一摊铺带的一侧留20~30cm暂不压,留到与后一摊铺带一起碾压。

(6)初期保护

铺筑层在碾压完毕尚未冷却到50℃以下前暂不开放交通。局部路段必须提前开放交通时,洒水冷却,强制降温。

开放交通前,禁止重型车辆特别是重型压路机停放。开放交通初期,禁止车辆急制动和急转弯。

在提前开放交通的路口,安排专人对路面进行看管,做好成品保护工作。

5.2.3 注意事项

(1)摊铺防水层和沥青混凝土前用高压风机吹干净灰尘。

(2)运输车在进入施工路段前车轮要清洗干净。

(3)在沥青混凝土桥面铺装过程中,最不利的情况出现在运料车向摊铺机内倒料时,沥青料向下滑动产生的冲击使梁体混凝土产生的动应变很大,因此运料时应避免使用运料过多的重型车辆。

6 材料与设备

6.1 主要材料

110号沥青加5%SBS改性剂的改性沥青、各种集料、矿料等。

6.2 主要机械设备及工具(表1)

主要机械设备及工具配备表

表1

序号	名 称	规格型号	单 位	数 量	备 注
1	沥青混凝土拌和站	安迈-4000型	台	1	
2	沥青混凝土摊铺机	德国ABG423	台	2	
3	双光轮振动压路机	英格索兰D130 英格索兰D110	台	各1	(振动未开启)
4	双光轮振动压路机	YZD6C	台	1	
5	轮胎压路机	YL16/20	台	1	
6	装载机	ZL50	台	2	
7	推土机	山东山推TY220	台	1	
8	自卸汽车	15t	台	10	根据运距确定
9	铣刨机	VA250	台	1	
10	洒水车	5~8t	台	1	
11	沥青洒布车	4~8t	台	1	
12	乳化沥青设备		套	1	
13	沥青储罐		个	3	
14	高压机	$3\sim6m^3$	台	1	
15	高压吸尘机		台	1	
16	发电机组	260~300W	台	2	备用
17	地秤	SCS-R5	台	1	
18	全站仪	GTS602	台	2	
19	水准仪	DZS-1	台	2	
20	无核密度仪	HDXM-21	台	1	

7 质量控制

7.1 改性沥青(表2)

SBS改性沥青技术性能试验汇总表

表2

检测项目			I-C标准	检测结果
针入度(25℃100g 5s)(0.1mm)		最小	60	70
针入度指数PI		最小	-0.2	-0.02
延度(5℃,5cm/min)(cm)		最小	30	31
软化点(环球法)(℃)		最小	55	56
运动黏度135℃(Pa·s)		最大	3	0.52
闪点(℃)		最小	230	>230
溶解度(%)		最小	99	99.81
离析,软化点差(℃)		最大	2.5	—
相对密度(25/25℃)			—	1.018
弹性恢复25℃(%)		最小	65	77
RTFOT后残留物	质量损失(%)	最大	1.0	-0.06
	针入度比25℃(%)	最小	60	71
	延度5℃(cm)	最小	20	20

7.2 沥青混合料(表3)

马歇尔及动稳定度试验检测结果表 表3

检测项目	稳定度(kN)	流值(mm)	空隙率(%)	沥青饱和度(%)	残留稳定度(%)	动稳定度(次/mm)
技术标准	>7.5	20~40	3~6	70~85	>75	不小于800
AC-20C	14.09	33.3	4.6	70.6	92.1	2715
AC-13C	16.21	34.2	4.5	71.9	88.7	10 700

7.3 桥面铺装层施工阶段的质量检查标准(表4)

桥面铺装层施工阶段的质量检查标准 表4

项次	检查项目		规定值或允许偏差		检查方法和频率	权值
			高速公路、一级公路	其他公路		
1△	压实度(%)		试验室标准密度的96%(*98%) 最大理论密度的92%(*94%) 试验段密度的98%(*99%)		按附录B检查,每200m测1处	3
2	平整度	σ(mm)	1.2	2.5	平整度仪:全线每车道连续按每100m计算IRI或σ	2
		IRI(m/km)	2.0	4.2		
		最大间隙h(mm)	—	5	3m直尺:每200m测2处×10尺	
3	弯沉值(0.01mm)		符合设计要求		按附录I检查	2
4	渗水系数		SMA路面200mL/min;其他沥青混凝土路面300mL/min	—	渗水试验仪:每200m测1处	2
5	抗滑	摩擦系数	符合设计要求	—	摆式仪:每200m测1处;摩擦系数测定车:全线连续	2
		构造深度			铺砂法:每200m测1处	
6△	厚度(mm)	代表值	总厚度:设计值的-8% 上面层:设计值的-10%	-8%H	按附录H检查,双车道每200m测1处	3
		合格值	总厚度:设计值的-10% 上面层:设计值的-20%	-15%H		
7	中线平面偏位(mm)		20	30	经纬仪:每200m测4点	
8	纵断高程(mm)		±10	±15	水准仪:每200m测4断面	
9	宽度(mm)	有侧石	±20	±30	尺量:每200m测4断面	
		无侧石	不小于设计			
10	横坡(%)		±0.3	±0.5	水准仪:每200m测4处	

8 安全控制

8.1 项目部应成立安全领导小组,并设专职安全员全程进行监护。

8.2 应遵照中华人民共和国行业标准《公路工程施工安全技术规程》(JTJ 076—95)的要求执行。

8.3 应遵照国家颁发的有关安全技术规程和安全操作规程办理。

8.4 对参与沥青混合料施工的人员应穿戴劳动保护用品,防止烫伤,夏季高温季节施工应采取防暑降温措施。

8.5 对从事沥青试验检测人员除做好通常的沥青作业防护以外,还得做好三氯乙烯等有害气体的防护并发放一定的补贴。

8.6 拌和场的燃油罐与导热油热载体有足够的距离，应经常检查导热油，防止泄露入沥青储存罐中而引发火灾，并设置醒目的“小心烫伤”、“禁止烟火”的明显标志，配备一定数量的消防器材，应采取有效的防爆、防毒措施。

8.7 凡对沥青敏感的施工人员禁止从事沥青混凝土的施工作业。

8.8 施工现场应设立安全警示牌，路口处、运输车辆转弯处标牌正确、醒目。

9 环保措施

9.1 选择SBS沥青混合料拌和场地时，应远离居民区及村庄，无法避开居民区或村庄时应选在主风向下方。

9.2 施工便道定期维护定期洒水，杜绝扬尘。

9.3 拌和场内废弃的粉尘和SBS沥青混合料存放在指定地点，粉尘可采用经常洒水及覆盖等措施，防止扬尘。

9.4 现场存放油料，必须对库房进行防渗处理，对废油、废料要采取隔离措施，防止污染地下水。

9.5 拌和场地的扬尘和发电机等设备的噪声，应符合当地环保部门的要求，不符合者应采取有效措施。

10 效益分析

本工艺施工造价仅比同等厚度的传统工艺方法施工造价有所增加，虽然局部加铣刨、振动碾压等工序，但在机械作业下，施工时间相差不多，但工程质量显著提高，使用寿命增加几倍。通过调查发现，中部或南方地区如“宁杭高速公路”通车2年，“南柳高速公路工程”、“九景高速公路”等在3年里，大部分桥梁的沥青混凝土铺装层出现了不同程度的坑槽、裂缝等现象，而采用此工艺的“320国道曹娥江大桥”及“上虞三环路春晖互通立交工程”应用此工法施工经过多年的使用后，未出现任何横、纵裂缝破损的质量通病。因此，此工法无论在工程质量上还是在经济效益、社会效益上都取得了非常显著的效果。

11 应用实例

11.1 329国道曹娥江大桥全长1 141m，于2004年9月开工，2007年9月投入使用。通过该法施工的桥面，通车两年后全桥沥青铺装层无任何轻微坑槽，横向、纵向无任何裂缝。该法施工特别适用于中国中部及南方地区的桥面铺装，具有一定的推广意义。

11.2 上虞三环路春晖互通立交10个匝道2 540m，该工程于2003年12月开工，2006年4月投入使用。通过该工法施工的桥面，通车3年后沥青铺装层无任何轻微坑槽，横向、纵向无任何裂缝。

现浇路缘石自动找平找直施工工法

GGG(鲁)B5051—2009

王　芳　安志村　房文祥　王溪波　李冠勇
(山东省滨州公路工程总公司)

1　前言

传统的现浇路缘石施工为先人工安装模具,然后再浇筑混凝土,存在整体衔接性差、路缘石强度不够、与基层黏结度不够、线形不直等缺点。

我公司于2008年引进路缘石滑模摊铺机,先后在国道205(滨城至庆云)、滨阳路、开发区城镇道路建设、803省道(黄河大桥至柳桥)等工程施工中进行平、立式路缘石铺筑,提高了路缘石的施工质量,克服了传统工艺存在的一些缺点,大大加快了施工进度,获得了业主及监理部门的好评,并取得了良好的经济效益。

2　工法特点

路缘石自动找直找平施工工艺简单,易操作,节省了人力,且制作出的路缘石线形美观,结实耐用,为高等级公路路缘石的施工起到了示范作用。

3　适用范围

本工法适用于各种地形、各种等级公路的平、立式路缘石工程。

4　工艺原理

4.1　新型路缘石机主要构件由以下三部分组成(图1)。

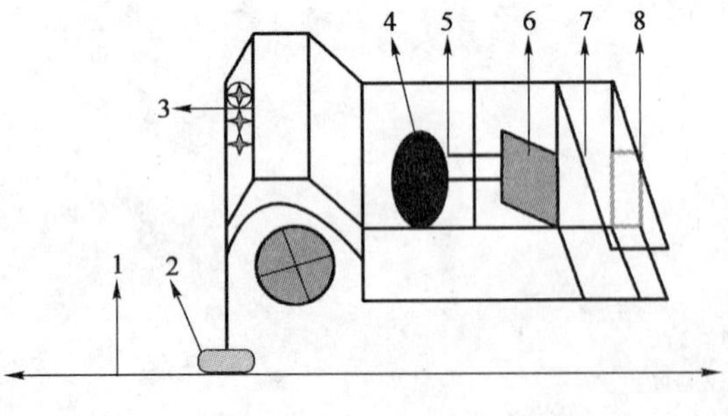

1- 钢丝绳，用于引导路缘石机前进的方向。
2- 传感器，用于感应钢丝绳，从而实现自动找平找直。
3- 控制按钮，用于操作路缘石机。
4- 发动机，是本机器的动力输出场所。
5- 曲柄连杆，带动撞锤往复运动，挤压混凝土。
6- 撞锤，把混凝土挤压成型，保证路缘石的密实度，并靠产生的反作用力使路缘石机前进。
7- 混凝土进料口。
8- 砂浆进料口。

图1　路缘石滑模摊铺机构造示意图

4.1.1　前方为模具,可自由拆卸改装,我公司经过摸索改进,根据所需制作的路缘石尺寸,制作完成了高度从7~25cm,宽度从20~55cm的各种模具,从而使本机器可以制作出各种型号的路缘石。

4.1.2　中央部分则是撞锤,是保证混凝土密实度和强度的关键构件,路缘机只有通过撞锤以一定频率、压力挤压混凝土成型时产生的反作用力，才能使路缘机保持良好的向前均衡运动。撞锤在工作时，一定要启动路缘机制动装置，以增大撞锤的力度，从而使路缘石达到足够的强度。

4.1.3　自动路缘机的最关键部分则是高度、线形和水平度传感系统。线形传感（高度和转向）装在一个普通的双传感匣中。该传感匣载在一个可伸缩的管组装件上，该管组装件又由一根驱动电缆与转向汽缸相连，驱动电缆确保轮子的转动数量受转向传感器的限制。

4.2　通过放线定位，在路边拉一条150m长、3mm粗的钢丝绳，通过自动传感装置让路缘石机自动找平找直，免去了传统工艺中的铸模工序。路缘石机通过撞锤挤压混凝土成型时产生的反作用力，使路缘机保持良好的向前均衡运动，从而也保证了路缘石有足够的强度。同时本工艺还具有使路缘石线形更加圆顺，接缝减少、与路基黏结度大、色泽一致等特点。

5　施工工艺流程及操作要点

5.1　施工工艺流程图（图2）

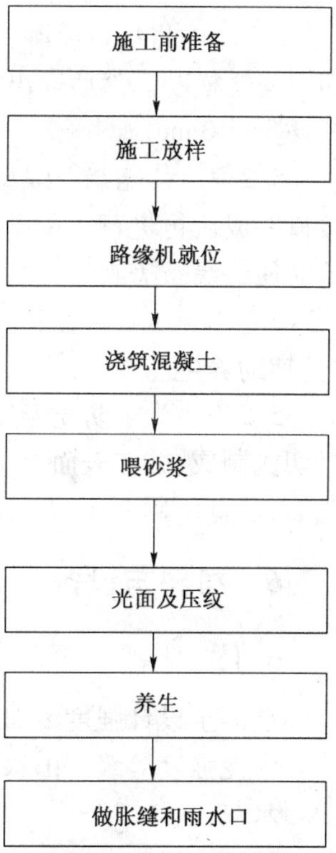

图2　施工工艺流程图

5.2　操作要点

5.2.1　现浇路缘石施工前应认真做好准备工作，组织好施工人员，把现场清理干净。

5.2.2　在施工现场每隔200m精确地放出中桩，据此用J_2经纬仪放出10m中桩向两侧设计距离定出路缘石的边线。施工前，每隔10m打上钢钎，高度调整为路缘石设计高度，然后在上面各挂上一根150m长、3mm粗的钢丝绳，绳平面根据实际离开路缘石边线20～30cm以保证路缘机能通过。

5.2.3　路缘石铺设前应将水泥稳定碎石表面洒水湿润，经防止水分从混凝土中流失，人工将路缘机移至施工现场，去掉机器后轮，将后轮精确放到位，然后启动路缘机，把传感器放在控制高程的钢丝绳上，启动水平、高度控制装置，并用水平尺、钢尺校核准确。

5.2.4　将搅拌机拌好的混凝土运到施工现场，然后向路缘机料仓里送料，通过撞锤挤推混凝土使向前运行，每一次撞锤大约使路缘机向前移动55～70mm。连续往进料口喂料，则路缘石机保持匀速向前运动。图3所示为混凝土浇筑施工现场。

图3　混凝土浇筑施工现场

5.2.5　路缘机专用模具后半部分即是往刚成型的路缘石的上表面均匀加上2mm厚砂浆的装置。使用的砂浆是砂、水泥的水的混合物（砂与水泥与水的比例为2∶1∶0.58），并掺加少量润滑剂（比如洗洁剂），以消除混凝土表面的气泡。在施工中要频繁搅动灰浆以防砂下沉。图4所示为路缘石成型后压实现场。

图4　路缘石成型后压实现场

5.2.6　将切口浸湿,轻轻调进刚吐出的成型路缘石约1/3高度,切割间距为3~4m,然后轻轻摇摆切刀使之松动。然后取出,浇注砂浆,将刚切成的缝从外面糊好,做成一个假缝,并用开槽工具修整接口,缝宽10mm。

5.2.7　待路缘石成型6~8m后,便可用成型工具对路缘石进行压光。初次压光1~2遍即可,待接口完成后再进行一次压光,以消除机器留下的痕迹,达到光面的目的。同时用路面压纹机进行压纹,从而使路缘石美观大方。

5.2.8　压纹后,用塑料布覆盖,再盖湿麻袋或洒水方式进行养生。24h后,如干燥,彻底湿润覆盖物,辅助养生。

5.2.9　为了防止温度升高时,路缘石拱起造成破坏,每隔15~20m做一个20mm宽的胀缝,用切割机切割制成,并在表面上灰浆。按照设计要求在右侧路缘石底部做雨水口,即用一拱形工具支撑路缘石正面,从背面用金刚钻钻出一个直径3cm的孔,然后修整干净,以便能将路面下渗的积水排除。

6　材料与设备

6.1　材料

混凝土设计强度20MPa,混凝土假定密度2 400kg/m^3。

水泥强度等级　山水牌　32.5R　　石子种类　5~10mm82%,10~20mm18%

水灰比　0.38　　水用量　120kg/m^3

砂率　38%　　砂细度模数　2.0

水泥用量　315kg/m^3　　砂石混合质量　1 965kg/m^3

砂用量　747kg/m^3　　石子用量　1 219kg/m^3

坍落度　5mm　　7d试块强度　29.3 MPa

28d试件强度　31.4MPa

6.2　设备(表1)

施工设备表　　表1

序号	名　称	数　量	用　途
1	路缘石机	1台	打造路缘石
2	经纬仪	1台	测量放样及复核
3	水准仪	1台	高程放样及复核
4	5m卷尺	每1班组配置一个	路缘石机及传感器定位及复核
5	150m钢丝绳	2卷	用于引导路缘石机前进
6	混凝土运输车	3部	轮流从料场运输混凝土进施工现场

续上表

序号	名　称	数　量	用　途
7	钢钎	40 个	用于固定钢丝绳
8	路面压纹机	每 1 班组配置一台	路缘石压纹(用于 GBM 平缘石)
9	混凝土搅拌机	1 台	用于制作混凝土
10	砂浆机	1 台	用于制作砂浆

7 质量控制

7.1 路缘石质量控制表(表 2)

路缘石质量控制表 表 2

项　目	试块 28d 强度	直顺度(mm)	20m 内高差(mm)
要求	>20MPa	<15	<5

7.2 应采取的措施

7.2.1 对混凝土的质量做好控制,从取材到拌料都严格按设计标准执行,同时控制好水灰比,若混凝土过湿,则路缘石无法挤压成型,若过干则黏结度不够,所以对水灰比一定要严格掌控。通过对混凝土的质量控制,从原料上保证路缘石质量。

7.2.2 路缘石与硬化路基的衔接部分做好清扫洒水,以保证路缘石与下部结构层的黏结度。

7.2.3 定期对路缘石进行试块抽样实验,以保证所打造的路缘石达到设计的强度。

7.2.4 安排专业技术人员对所打造的路缘石定期定量进行直顺度(15mm)、20m 内高差(5mm)、伸缩缝、膨胀缝及顶面高程(10mm)的测量检测,以保证打造的路缘石标准规范。

7.2.5 派专人对刚打造好还未形成强度的路缘石进行细致的养生和看护工作,防止行人和车辆损坏,保证路缘石的使用寿命。

8 安全措施

8.1 开工前,对全体人员进行安全生产教育,并设专职安全员进行施工安全检查。

8.2 机械操作手要严格执行操作规程,确保各种设备、车辆安全运行。

8.3 机械加燃料油与润滑油要熄火进行。

8.4 做好劳保工作,配齐劳保用品,确保职工的人身安全。

8.5 地质松软的地段尤其是打造路缘石的路边坡应提前进行硬化,以防止路缘石机器发生倾斜事故。

8.6 做好交通安全组织措施,购置及安装如前方施工、锥形路标等一切所需要的安全标志牌,现场施工人员统一穿着橘黄色反光服、施工车辆配置统一施工车辆标志,以保证交通安全。

9 环保措施

9.1 施工现场要注意文明施工,不准乱扔杂物,机械加油时,避免油料污染路面。

9.2 设备、车辆选用优质油料以减少空气污染。

9.3 采取适时洒水等措施控制扬尘污染。

9.4 注意废水、废油、泥浆的及时疏导与合理掩埋。

9.5 漏料可做到回收搅拌后再利用,无废料产生,不污染环境。为确保上基层工程质量,对路缘石施工过程中滴落于下基层表面上的水泥灰浆要立即用水冲洗干净。

10 经济效益分析

10.1 现浇路缘石省去了传统安装工序,仅这一项每方路缘石可节省造价近60元。

10.2 现浇路缘石由于其线性更加圆顺,接缝减少,色泽一致,使高等级公路的线形更加美观。

10.3 新式路缘石施工工艺提高了路缘石与下部结构层的黏结度,同时因为撞锤巨大的挤压力,使得打造出的路缘石可以保证足够的强度,大大增加了路缘石的使用年限,减少了养护费用。

10.4 先做路缘石,再施工沥青混凝土,省去了传统路缘石施工的切割工序,且减少了沥青混凝土的浪费,降低了工程成本。

10.5 传统筑模现浇路缘石施工工艺,一般施工速度为30m/h,而采用新工艺后可达到100m/h,极大地提高了施工速度,节约了人力成本。

11 工程应用实例

实例一:国道205(滨城至庆云)改造工程中采用新工艺施工30cm宽、15cm厚的路缘石10万多米,达到了预期的效果,提前完成路缘石建设任务,且取得了可观的经济效益。

实例二:在长深高速公路阳信连接线完成50cm宽、9cm厚路缘石39 000多米。获得业主及监理处好评。

实例三:在省道803黄河大桥至柳桥段施工中,完成50cm宽、10cm厚路缘石5万多米,取得极好的经济效益。

玻纤格栅用于防止水稳层反射裂缝施工工法

GGG(云)B5052—2009

郭小坤　李君强　刘志民　彭红涛　李国青　李炳南　冉维彬　李竹志　谷卫华
(西南交通建设集团有限公司　济南金曰公路工程有限公司)

1　前言

高等级公路水泥稳定碎石基层(以下简称水稳层),施工中不预留伸缩缝,其自身干缩,导致出现横向收缩裂纹。同样在城市道路或改建公路工程中,大部分需要路面加宽,新加宽路基铺筑的水稳层与原来的路面也会出现纵向收缩裂纹。水稳层干缩裂缝是引起路面早期破坏的主要原因,一直是高等级公路的通病,如果处理不好,会造成极大的经济损失。为了能有效地减缓旧混凝土路面上裂缝的反射速度,对沥青混凝土需进行加筋处理。沥青混凝土加筋能提高路面结构层对裂缝的抑制能力、对横向剪切破坏的抵抗能力等,达到延长路面结构的疲劳寿命,节省材料,降低费用的目的。在沥青混凝土路面中采用加筋的方法来改善路面使用性能的设想由来已久,自 20 世纪 30 年代开始掺加石棉纤维,到 50 ~60 年代美国、加拿大和英国以金属网作为沥青混合料中的加筋材料进行试用,但均因材料不过关未能推行。

国内不同地方都采取过不同方法用来减少干缩裂缝,比如采取调整配合比、降低水泥用量等措施,虽能收到一定效果,但始终不能阻止干缩裂缝的出现。为了防止裂缝反射,试验过不同方法如:切除裂缝处水稳层重新浇筑贫混凝土;用细粒径沥青混凝土灌注裂缝;铺筑土工格栅;铺筑钢丝网等方法都不成功。最后经施工单位推荐,监理单位和建设单位研究决定,采用玻璃纤维土工格栅(以下简称玻纤格栅)铺筑在横向裂缝和加宽路基水稳层纵向搭界处后,再铺筑沥青混凝土面层的方法,在施工实践中取得成功。通车一年后观测证明,水稳层的干缩裂缝没有反射到沥青面层上导致路面早期破坏。这就形成了玻纤格栅在路面半钢性基层防止干缩裂缝的施工工法。由于该工法在处理水泥稳定基层横向干缩裂缝,以及加宽路基水泥稳定基层纵向干缩裂缝可起到明显效果,并且施工简单,有明显的经济效益,值得推广。

2　工法特点

2.1　玻纤格栅具有两种功能:一是能提高沥青结构层的强度,具有长期抵抗拉应力的能力;二是能使应力均匀分布在较大的面积范围内,大大减轻沥青结构层的徐变作用,最终达到防止沥青路面开裂的目的。

2.2　玻纤格栅具有高抗拉强度、低延伸率、无蠕变、与沥青混合料的兼容性好、物理化学性能稳定、耐高温、嵌锁与限制作用强等特点。其主要作用为均匀传递轴载,并将反射裂缝应力由垂直方向转为水平方向,可增强沥青混合料的整体抗拉强度,有效地改善路面结构应力分布,抵抗和延缓由于路面的基层裂缝引起的沥青混凝土路面反射裂缝的发生,从而提高路面的使用寿命。

2.3　玻纤格栅表面涂覆了改性沥青,并由于其具有与沥青混合料的相容性、耐高温、集料嵌锁和限制等性能,因此,用其来防止水稳层裂缝反射到沥青面层上,效果好。

2.4　在施工沥青面层前把玻纤格栅铺筑在水稳基层干缩裂缝处,并加以固定碾压即可,施工简单方便。

2.5　和传统的施工工艺相比,具有工期短、造价低、效果好等优点。施工成本在19.5元/m左右,而切除水稳层开裂处重新修补则需140元/m左右。裂缝反射到沥青面层后再进行返工处理,则成本更高,需要在1 696.4元/m。用玻纤格栅处理相对成本最低。

3　适用范围

3.1　公路水稳基层出现干缩裂缝,铺设在裂缝位置以防止该裂缝反射到沥青混凝土面层上。

3.2　公路和城市道路改建扩建中,为了加宽路基而又不破坏原来的基层和面层,在拼宽位置处铺设玻纤格栅,防止水稳层干缩出现的纵向裂缝反射到沥青面层上,从而使路面形成一个整体。

3.3　旧沥青混凝土路面,加筋增强沥青面层,防治病害。

3.4　软土基加筋处理,利于软土析水固结,有效抑制沉降,均匀应力分布,增强路基整体强度。

3.5　新建道路半刚性基层产生收缩裂缝,加筋增强防止基础裂纹反射而引起的路面裂缝。

4　工艺原理

玻纤格栅是选用优质增强型无碱玻纤纱,引进国外先进经编机织成基材,并经过优质改性沥青涂覆处理而成的平面网格状材料。利用材料本身涂覆的沥青和沥青混合料相似相容原理,重点突出其与沥青混合料的复合性能,并充分保护玻纤基材,极大提高了基材的耐磨性及抗剪切能力,克服了其他材料抗拉强度不足、延伸率过大、与沥青面层不相容等问题,从而得以在路面抑制基层的干缩裂缝反射到沥青面层上应用。

4.1　高抗拉强度低延伸率

玻纤格栅是以玻璃纤维为原料,而玻璃纤维的强度极高(断裂强度可以达到100kN/m),超过了其他纤维与普通金属。同时它的模量很高(弹性模量67GPa),具有很高的抗变形能力,断裂延伸力小于3%。

4.2　与沥青混合料的相容性

玻纤格栅在后处理工艺中涂覆的材料是针对沥青混合料设计的,每根纤维都被沥青充分涂覆,与沥青具有很高的相容性,确保了玻纤土工格栅在沥青层中不会与沥青混合料产生隔离,而是牢固的结合在一起。

4.3　物理和化学稳定性

经过特殊处理剂进行涂覆处理后,玻纤格栅能够抵抗各种物理磨损和化学侵蚀,还能抵御生物侵蚀和气候变化,保证其性能不受损失。

4.4　无长期蠕变

作为增强材料,具备在长期荷载的情况下抵抗变形的能力即抗蠕变性是极为重要的,玻璃纤维和其他土工材料相比蠕变很小,确保了产品能够长期保持性能。

4.5　热稳定性

玻璃纤维的熔点在1 000℃以上,而在280℃下不会发生任何性能改变,保证了玻纤格栅在摊铺作业中承受过量热的稳定性。

4.6　集料嵌锁和限制

由于玻纤格栅是网状结构,沥青混凝土中的集料可以贯穿其中,这样就形成了机械嵌锁。这种限制阻碍了集料的运动,使沥青混合料在受荷载的情况下能够达到更好的压实状态、更高的承重能力、更好的荷载传递性能及较小的变形。

要限制水稳基层的干缩裂缝不反射到沥青面层上,就要把干缩裂缝处的应力在沥青面层上分散,而不集中到裂缝处。玻纤格栅铺设在裂缝位置,就相当于铺筑了一层钢筋网格从而使沥青混凝土形成整体,来抵御和分散裂缝处的应力。另外沥青混凝土和玻纤格栅都具有一定的韧性,能达到阻止裂缝反射到沥青面层破坏路面，同时又不会被拉裂破坏。

玻纤格栅和普通的土工格栅或钢丝网格栅相比，其性能更加适用于路面防裂处理。普通的土工格栅不适用沥青混凝土的高温作用，一般沥青混凝土的铺筑温度都不低于160℃，而在如此高温度下，土工格栅已被烫软，改变了其性能达不到加筋使沥青混凝土形成整体受力的作用。而采用钢丝网格代替，因其和沥青混合料不能形成一个整体，会出现把沥青混凝土和下承层分成两个独立受力层，改变路面结构性能，再加上钢丝受路面水分作用易发生锈蚀损坏，时间不长就会失去作用。土工格栅和钢丝网不具备很好的柔软性，在铺筑过程中不能和路面完全黏结在一起，施工中容易被带起，施工困难；而玻纤格栅柔软性很好，能和路面紧密黏结，其本身具有黏连性，施工方便，不容易在施工过程中被带起。

玻纤格栅专门针对沥青混合料进行设计，与沥青有很高的相容性，克服了钢丝网的分离现象；其能承受280℃的高温，满足沥青混合料高温度铺筑的需要，是其他一般土工塑料等合成材料不能代替的；玻纤格栅抗拉强度超过其他纤维和普通金属，其具有低延伸率和无长期蠕变性能，以及能抵抗物理磨损和化学侵蚀等性能都适于沥青路面防止水稳层裂缝反射沥青面层破坏路面。表1所示为玻纤格栅技术性能规格。

玻纤格栅技术性能规格

表1

规格		EGA1×1A-N	EGA1×1D-N	EGA1×1C-N	EGA1×1CI-N	EGA1×1B-N	EGA1×1T-N	EGA2×2A-N	EGA2×2B-N
		EGA1×1A	EGA1×1D	EGA1×1C	EGA1×1CI	EGA1×1B	EGA1×1T	EGA2×2A	EGA2×2B
断裂强度（kN/m）	经向	30	40	50	60	80	100	50	80
	纬向	30	40	50	60	80	100	50	80
伸长率（%）		≤3	≤3	≤3	≤3	≤3	≤3	≤3	≤3
网格尺寸 mm×mm		25.4×25.4	25.4×25.4	25.4×25.4	25.4×25.4	25.4×25.4	25.4×25.4	12.7×12.7	12.7×12.7
弹性摸量（GPa）		67	67	67	67	67	67	67	67
耐高温（℃）		-100~280	-100~280	-100~280	-100~280	-100~280	-100~280	-100~280	-100~280
最大幅宽（m）		6.22	6.22	6.22	6.22	6.22	6.22	6.22	6.22
耐腐蚀性		优异	优异	优异	优异	优异	优异	优异	优异
表面处理（根据用途）		改性沥青/PVC	改性沥青/PVC	改性沥青/PVC	改性沥青/PVC	改性沥青/PVC	改性沥青/PVC	改性沥青/PVC	改性沥青/PVC

5 施工工艺流程和操作要点

5.1 施工工艺流程

冲洗水稳基层（下承层）→洒透层或黏层乳化沥青→铺设玻纤格栅并固定→轮胎压路机碾压→摊铺沥青混凝土→压实路面（水稳层上设置了稀浆封层的，在铺设前只要把稀浆封层冲洗干净，并在干燥后铺设）

5.2 操作要点

5.2.1 冲洗和洒乳化沥青

玻纤格栅经过改性沥青处理后，与沥青材料有很好的黏结性能。在施工前必须把下承层冲洗干净，这样有利于更好的黏结。乳化沥青要在格栅铺筑前24h洒布，保证在铺设前路面干燥无水分，能和洒布后的乳化沥青很好的黏结。

5.2.2 铺设玻纤格栅

玻纤格栅中线布置在裂缝位置，其宽度根据裂缝的大小而定，一般在3~6m宽度。处理拼宽路基时，布置宽度不能小于4m，如果沥青面层是两层及以上时，玻纤格栅要设置两层，一层设置在水稳层和下面层之间，一层设置在下面层和上面层（或中面层）之间。

玻纤格栅在铺筑前路面应干净、干燥、无尘，无油污或其他杂物，铺设格栅前路表面温度在5~60℃，有利于黏结。

格栅可以通过人工或机械铺设,但要拉的足够紧,以防止皱褶。如产生皱褶,必须通过拉紧格栅消除,在非常严重的情况下(如急弯)可剪断后拉平。搭接宽度在5~15cm,并用铁丝扎起。

玻纤格栅有自黏性能,铺设时认准把有黏性一面向下。应摊铺沥青混合料过程中有车辆和机械经过,为了保证不带移,用胶皮或薄铁皮配合水泥钉进行固定。

5.2.3 轮胎压路机碾压

铺置好后的格栅用轮胎压路机碾压1~2遍,以激活玻纤格栅上的黏结剂。如轮胎粘有黏层油,则应及时清洗,防止格栅被轮胎带起。

5.2.4 沥青混合料铺筑前管理

格栅经碾压后,施工车辆或紧急车辆可以通行,但速度必须慢,并应保证不因车辆的转弯或制动造成格栅的损坏。保持格栅的清洁、无泥、无尘或无其他杂物,损坏部分应进行修补,并保证格栅的整体性。已铺置的格栅,必须保证在当天,在允许的温度内完成摊铺工作。

5.2.5 沥青混合料的摊铺和碾压

玻纤格栅铺置用轮胎压路机碾压后即可摊铺沥青混合料,但运料车辆禁止在上急转向、急制动和倾倒混合料脚料,以防止玻纤格栅的损伤。沥青混合料的碾压方法和没有加铺玻纤格栅的一样。

6 材料与设备

6.1 材料

材料即为玻纤格栅和水泥钉。玻纤格栅的网格尺寸要求是混合料最大粒径的0.5~1.0倍,一般在高速公路中网格尺寸为25.4cm×25.4cm即能满足要求。

6.2 设备

无需专门的设备,只需要运输玻纤格栅的车辆,以及剪刀、钉锤等简单工具。

7 质量控制

7.1 工程质量控制标准

玻纤格栅材料验收标准,按《公路土工合成材料应用技术规范》(JTJ/T 019—98)表7.2.1-1执行:抗拉强度≥50kN/m;最大负荷延伸率≤3%;网格尺寸为混合料最大粒径的0.5~1.0倍,网格为矩形;耐高温≥170℃。

铺设验收标准,按《公路工程质量检验评定标准》(JTG F80/1—2004)表4.5.2-4执行。基本要求:土工合成材料质量应符合设计要求,无老化,外观无破损,无污染;土工材料应紧贴下承层,按设计和施工要求铺设、张拉、固定;土工合成材料的接缝搭接、黏结强度和长度应符合设计要求,上、下层土工合成材料搭接应交替错开。实测项目:下承层平整度、拱度,符合设计和施工要求;搭接宽度:横向≥50mm,纵向≥150mm;黏结力≥20N。

7.2 质量保证措施

7.2.1 选择大的正规生产厂家供应材料,保证玻纤格栅材料质量。

7.2.2 成立质量控制小组,严格控制从材料检验开始的每道工序质量,不合格不允许进入下道工序。

7.2.3 施工时注意保证基层清洗干净,铺设平整无皱褶,搭接宽度满足要求,固定稳固,轮胎碾压工序不能缺少,做好铺设后的保护工作,就能够保证施工质量。

8 安全措施

8.1 认真贯彻"安全第一,预防为主"的方针,根据国家有关规定、条例,结合施工单位实际情况和工程的具体特点,组成专职安全员和班组兼职安全员,明确各级人员的职责,抓好工程的安全生产。

8.2　施工现场配备好安全标识牌，并标识出可走和不可走路线，有人专门指挥交通。

8.3　现场施工人员和指挥人员穿黄色交通协管服，特别是晚上作业时要穿有荧光的交通协管服，并派专职安全人员保障施工人员安全。

8.4　工人配备手套、胶鞋等劳保用品，严禁穿拖鞋到工地上班，严禁使用童工和带病上班。

8.5　建立完善的施工安全保证体系，加强施工作业中的安全检查，确保作业标准化、规范化。

9　环保措施

9.1　成立对应的施工环境卫生管理机构，在工程施工过程中严格遵守国家和地方政府下发的有关环境保护的法律、法规和规章，加强对施工燃油、工程材料、设备、废水、生产生活垃圾、弃渣废料的控制和治理。做好交通环境疏导，充分满足便民要求，随时接受相关单位的监督和检查。

9.2　材料堆放在工程建设允许的范围内，合理布置、规范围挡，做到标牌清楚、齐全，各种标识醒目，施工现场整洁文明。

9.3　施工剩下的材料不能乱弃乱堆，要集中回收处理。

10　资源节约

10.1　使用玻纤格栅处理水稳层裂缝，不需要对开裂位置的水稳层进行返工处理，节约砂石、水泥等材料和机械设备。

10.2　此施工方法，施工简单方便，劳动强度低，节约了大量的劳动资源。

11　效益分析

11.1　高等级公路因水稳基层干缩裂缝处理不好，雨水随缝隙下渗是导致路面早期破坏的主要原因。如果水稳层的干缩裂缝不在下面处理好，反射到沥青面层上，雨季时雨水随裂缝下渗透到路基，使路基局部软弱，在裂缝处的水稳层板块在重车反复作用下导致断裂而破坏，这样就会使水稳层的损坏由线发展到块的破坏，再由块的损坏发展到面的破坏，造成路面翻浆、下沉等。所以发现水稳层的裂缝一定要在铺筑面层前进行处理，不能反射到沥青面层上。

11.2　水稳层干缩裂缝采取切除裂缝处一定宽度，再重新浇筑新的贫混凝土或重新铺筑水稳层的方法处理。这样处理不能彻底处理好，还有可能导致在切除位置由原来的一条裂缝变成两条，且处理效果不明显，并且成本也很高。

11.3　如果水稳基层的裂缝不处理，反射到沥青面层使路面局部或大面积破坏，则需要挖除重新铺筑，所造成的经济损失极大。

11.4　本工法采用玻璃纤维格栅处理水稳基层裂缝施工方便，成本最低。本工法只在裂缝处一定宽度铺设玻纤格栅，每平方米造价只在6.5元左右，并能够阻止裂缝反射到沥青面层上。此方法处理水稳基层裂缝能收到很好的效果，并且费用很低，产生较好的经济效益，值得推广。

11.5　不同方法处理水稳层裂缝成本对比（以处理水稳层厚度34cm，一条长10m的裂缝为例）

11.5.1　玻纤格栅处理

在裂缝处铺筑3m宽玻纤格栅，材料运输到工地5.5元/m^2，人工费用0.5元/m^2，压路机和小型工具费0.5元/m^2，总成本6.5元/m^2。10m长的裂缝处理费用195元，即为19.5元/m。

11.5.2　切除裂缝，重新浇筑混凝土

需要切除后重新浇筑，切除宽度为1m，切除人工小型机具费用30元/m^2；新浇筑混凝土人工、机具、材料费110元/m^2，合计140元/m^2。10m长的裂缝处理费用1 400元，即为140元/m。

11.5.3　未处理裂缝，导致裂缝反射到面层上，路面破坏，返工处理

切除宽度不能小于3m（不能小于压路机宽度）。以小磨高速公路路面四标单价计算，34cm水泥稳定碎石基层63.38元/m^2，8cm沥青下面层77.57元/m^2，4cm沥青上面层47.54元/m^2，合计188.49元/m^2。

返工费用是正常铺筑费用的 3 ~ 5 倍,按照最低 3 倍计算,10m 长的裂缝处理费用 16 964.1 元,即为1 696.4 元/m。

三种方法相比:返工最低费用是铺玻纤格栅费用的 87 倍;切除浇筑混凝土费用是铺玻纤格栅费的 7.2 倍。由以上可知,采用玻纤格栅处理水稳层干缩裂缝最经济。

12 应用实例

12.1 小磨高速公路水泥稳定基层,委托某设计院做抗裂性配合比设计,在铺筑后通常还是会在 200m 左右出现一道干缩裂缝,虽与普通的配合比相比起到了不错的效果,干缩裂缝明显减少,但始终不能完全克服。其中 K114 + 460 ~ K147 + 300 段因受当地石料供应的影响,水稳层裂缝要比其他段落多一些。试验过程中采取过如下不同方法处理:

(1)切除裂缝处 1m 宽度重新浇筑干易性贫混凝土,但等干后在切割处会重新出现细小裂纹,使原来的一条缝隙变成两条;

(2)在裂缝处用钻子打出宽 3cm 左右,深 5cm 左右的一个小槽,浇注改性沥青含量在 20% 左右的细石热沥青混凝土,想通过沥青来封住裂缝防止以后雨水从此下渗,但经过铺筑稀浆封层后,裂缝一样会反射上来,证明以后也会反射到沥青面层上,此种方法不能阻止裂缝继续向上面反射;

(3)在裂缝处铺筑土工格栅,但其不柔软不能和路面黏结,并在沥青混合料温度 170℃ 下,土工格栅烫软变形改变了性能,不能起到作用;

(4)土工格栅不能耐高温,改用钢丝网,但钢丝网同样不能和路面黏结,并且钢丝以后受雨水等侵蚀而断开,同样起不到长久作用。

最后施工单位推荐玻纤格栅,在监理工程师和指挥部共同研究下,决定采用在裂缝处铺设 3m 宽的玻纤格栅,再铺沥青面层。通车一年时间,经过雨季和旱季的交替考验,并进行观测,没有出现裂缝反射到沥青面层上,证明用玻纤格栅处理水稳基层的干缩裂缝能起到很好的效果。

12.2 小磨高速公路因后期增加了人性化设计工程,在 K145 ~ K146 位置左右两侧,在水稳基层铺筑好后又每侧加宽路基 4.5m,此段处于填方位置,填方高度在 4m 左右。加宽路基填筑好后,铺筑水稳层时虽在主线水稳层切除了 50cm 的搭接宽度,但加宽位置铺筑水稳层干后,同样在搭接位置出现一条纵向收缩裂缝。在指挥部和驻地高监办的同意下,在水稳基层和下面层间,以及下面层和上面层间,铺设了两层 4m 宽的玻纤格栅。经过通车后一年的观测,此处没有出现裂缝反射到沥青面层的现象,证明了玻纤格栅应用于路基拼宽防止水稳层纵向裂缝反射到沥青面层能起到很好的效果。

12.3 由济南金曰公路工程有限公司施工的省道 242 线明水至刁镇改建工程第三合同段工程,该工程位于山东省章丘市,是连接省道 321、244 和济青高速公路的重要枢纽,交通量和车辆荷载都较大。第三合同段为路面工程,共 15.2km,起点桩号为 K0 + 000,终点桩号为 K15 + 200,设计速度 80km/h,路基为分离式路基,双向 10 车道,单幅路面宽度是 20m,工程于 2007 年 6 月开工,2009 年 7 月竣工并顺利通车。该工法在该工程中应用效果较好,施工工期短,右幅 10km 共用一个月就顺利完成,其适用性广,工期短,造价低,效果好,受到了业主、设计、监理等相关单位的称赞。

12.4 由济南金曰公路工程有限公司施工的济南市公路养护大中修工程一期第一合同段国道 309 线章丘市西外环至收费站段路面中修工程。国道 309 线是济南市重要干线公路之一,改建于 2003 年,道路通车后,随着重载交通和交通量的增长以及新旧路基的不均匀沉降而不断形成横缝、纵缝、网裂、车辙、波浪、唧浆、沉陷等病害,严重影响了道路的使用性能。

章丘西外环至收费站段(K500 + 300 ~ K513 + 200)全长 12.9km,2009 年 5 月 15 日正式开工,2009 年 7 月 13 日建成通车,本工艺施工操作简便,造价低,大大缩短了工期,为本合同段按期完工打好了基础。

川藏公路黑色路面病害综合治理工法

GGG(中企)B5053—2009

阳仁力　王　鑫　柴金存　夏孝畲　喻进全
(安通建设有限公司　四川武通路桥工程局)

1　前言

近年来川藏公路不断黑色化,提高了公路等级和行车舒适性,但是沥青路面的病害问题随之也频频出现,除了川藏线本身所处特殊的高原地理环境和地质特点外,由于地处高原,施工环境恶劣,在施工方法、工艺、质量控制上的问题也部分存在。黑色公路建成通车后,其病害治理就成为保证其服务质量和使用寿命的重要手段。我们在对这些病害进行处治的同时,不断摸索总结,形成了一套较为完整的做法和经验。

2　工法特点

该工法具有机械化使用程度高,质量控制有保障,简易方便,适用范围广,费用投资少,人员投入少,灵活机动,效率高,易安排等特点。

3　适用范围

公路路面病害虽然从理论上分为以上几种,但实际上往往是一块损坏的路面多种病害并存,如裂缝、车辙、坑槽、沉陷等多种病害并存。

3.1　裂缝

路面裂缝可分为龟裂(网裂)、纵裂缝、横裂缝。

龟裂又称网裂,通常由于路面整体强度不足、基层湿软、稳定性不良等原因引起。沥青路面老化变脆,也会发展成网状裂缝。

纵裂缝通常产生在拓宽的新旧路面交界处或路基半填半挖处,由路面不均匀沉陷引起,或在沥青路面施工的纵向接缝处,由施工接茬处理不善引起;在行车载荷作用下,车辙边缘也易形成纵缝。

横裂缝通常是由于温度、湿度的变化,路面结构层产生收缩而引起的;半刚性基层的收缩裂缝及其面层的反射裂缝,大多是横向裂缝。不论什么样的裂缝,在行车载荷和气温、雨雪等自然因素反复作用下,都有加速和扩展的趋势。

3.2　车辙

车辙是在行车载荷重复作用下,路面产生积累永久性的带状凹槽。车辙的产生受内因和外因的综合影响,内因包括路面结构层次及材料组成,外因包括设计、施工、交通条件和气象条件。

3.2.1　路面结构及材料组成

沥青材料在路面结构中厚度越大,在行车作用下发生永久变形的变形量越大。故路面结构厚度既要有足够的承载能力,又要有较好的抗车辙能力。采用刚性或半刚性基层,可以大大减少基层和路基的变形,从而减少路面的整体车辙。沥青混合料具有一定的蠕变和应力松弛现象,在行车载荷作用下,当沥青混合料的受力超过其弹性极限和屈服点,就可能产生塑性变形,不断积累形成车辙。车辙的形成还与混合料的选择有一定的关系。

3.2.2 设计与施工

沥青混合料配合比、基层材料配合比以及路基土壤组成等设计，都可能影响车辙的产生。施工时路基的压实度、排水性能、基层压实度、路面热稳定性等是否达到规范要求也都会影响车辙的产生。

3.2.3 道路交通条件

大量重型或超载车辆在路上行驶，由于其单轴载荷加大，从而更容易产生车辙。同时车轮在不断地磨损路面，特别是在车辆行驶较多的主车道上，也是产生车辙的原因。

3.2.4 气象条件

由于沥青混合料是弹塑性材料，沥青路面是黑色路面，吸收热量能力强，所以在气温较高时，路面在行车载荷反复作用下极易产生车辙。在下雨或下雪时，由于雨水渗透侵蚀了基层材料，使其软化，从而使车辙扩大。

3.3 坑槽

坑槽是沥青混凝土路面常见的病害，其产生的原因有：

施工时混合料温度太高，使沥青老化，黏结力降低，脆性增加，在行车载荷作用下易形成坑槽；混合料温度太低，使摊铺不够均匀，压实不充分，导致压实度不够，也易形成坑槽。

路面的下面层高程控制不严，导致沥青上面层结构厚度不够，从而在行车载荷作用下，这部分混合料易被“带走”，形成坑槽。

路面裂缝后，水渗到基层，在行车载荷作用下，基层可能发生松散、沉陷，从而造成面层进一步龟裂。如此反复循环，沥青面层将发生脱落沉陷，形成坑槽。

3.4 沉陷

路面发生的沉陷可分为两类：局部沉陷和大面积下陷。

局部积沉陷一般是由基层局部成形不足、强度不够，在行车载荷作用下，路面发生龟裂，当水渗入后，将已经损坏的基层进一步软化，从而使面层形成沉陷。

大面积下陷一般是由路基不均匀沉降或局部滑移而引起的。

3.5 推移、拥包

推移拥包在高速公路上不是很常见的病害，其形成原因有：

沥青混合料配合比不合理，沥青含量偏高，在气温较高时，在行车载荷反复作用下，面层可能发生推移。

基层和面层没有黏结好，在车辆高速行驶时，面层可能相对于基层发生移动，从而发生拥包推移。

3.6 桥头涵顶跳车

桥台台背填土时压实不够而引起路基不均匀沉降，从而使路面产生沉陷，形成跳车。

3.7 桥面脱落

中粗粒式沥青混凝土封水性能不佳，当桥面排水不畅时，容易在沥青面层与桥面之间存水，冬季易产生冻胀破坏，在行车载荷作用下，路面容易产生龟裂甚至脱落。特别是在冬季降雪或结冰后，进行撒盐融化，由于盐水对水泥混凝土有腐蚀作用，故当盐水渗透到桥面上时，会对桥面产生不同程度的腐蚀，形成灰浆，从裂缝里反渗到路面面层上，在行车载荷作用下，路面面层很快产生龟裂、脱落、坑槽。

4 工艺原理

川藏公路沿线地质灾害复杂频发，对公路黑色路面造成多种类型的破坏，本工法综合多年我单位在川藏公路上的施工养护经验，并对其归类，分析病害原因，找准施工切入点，结合实践总结而成。本工法在多年的川藏公路病害整治工程中，得到了证明。

5　施工工艺流程及操作要点

5.1　施工工艺流程

在开始施工之前要对路面病害段、桩号、路面高程、宽度、病害范围、转弯半径、超高超宽、纵坡横坡、路面结构、沥青混合料级配、原材料产地和型号规格等作全面的了解和详细的记录,并要严格依照这些数据采用合理工艺流程指导施工。

5.1.1　路面铣刨

包括:刨前路面测量、切割机切边。铣刨机铣刨、废料运输、刨边角、清扫余渣、洒布乳化沥青。

(1)刨前路面测量。通过测点高程的比较来确定补修的面积、铣刨的面积和铣刨深度。

(2)切割机切边。确定补修面积后,要用切割机将边线切出来,这主要是为了保证坑槽槽壁垂直、槽边整齐。

(3)铣刨机铣刨。依据工程技术人员提供的铣刨面积和铣刨深度沿着行车方向逐刀地进行铣刨,一般来说铣刨的深度(即路面面层最小结构厚度)为 3~4cm,但如果坑槽中有松散物或藏水,则应加大铣刨深度,直至彻底露出坚实底层为止。对于未铣刨但需加铺的路面,铣刨机要在来回行驶过程中将其拉毛,拉毛痕迹深度为 3~5mm。

(4)废料运输。铣刨机铣刨时,通过传输皮带将废旧混合料装上运输车辆,运到固定地点进行存放。

(5)刨边角、清除余渣。用综合养护车(液压镐或人工)将铣刨机人(提)刀的斜边与切割机切缝间的少部分残留路面清除掉,然后人工将坑槽内残留杂物清扫干净。

(6)喷洒乳化沥青。用沥青洒布车将乳化沥青喷洒于槽内及槽边接口,经 2~3h 后,乳化沥青破乳,即可进行摊铺作业。

5.1.2　沥青混合料摊铺

摊铺作业是整个补修过程中保证施工质量的关键一环。

(1)由于采用滑靴找平施工,对下承层平整度要求甚为严格,故路面补修应尽可能采用挂线法施工。

(2)在摊铺作业之前,应对施工段的测点进行重新测量,确定其摊铺厚度,然后打钢钎、挂钢丝绳,确定整个摊铺面。

(3)当坑槽深度超过 10cm 时,应分层进行摊铺。此时下承层的接头一定要平整,平整度保持在 5mm 之内。一般情况是用铣刨机将下承层接头处铣成台阶,切割机将槽壁切直,刨边、清除杂物后,进行摊铺、碾压、冷却。

(4)摊铺厚度应考虑虚铺系数。

(5)对于摊铺不到的边角,要人工即时进行填补,对于新旧路面的接口要筛分一些细料,然后人工进行整平。

(6)摊铺一旦开始,应尽量避免停机,直到铺完坑槽的半幅为止。同时摊铺机应匀速行驶,速度控制在 3~5m/min 为佳。

5.1.3　沥青混合料压实

碾压采用光轮轮胎压路机,分初压、复压、终压三道工序。

(1)碾压要及时,应尽量在较高的温度和较短的时间内完成碾压。

(2)碾压要从坑槽两边开始,以 1/3 轮在新铺路面上来回碾压,逐渐向坑槽中间移动。同时,碾压应按阶梯形逐步向前推进。

(3)初压采用双钢轮压路机静压 2~4 遍,复压采用振动压实 4~6 遍,终压用轮胎压路机压实 2~4 遍。

(4)对于新旧路面横向接缝,可采用小型压路机进行碾压,以 10~20cm 轮压实新路面,逐渐向新铺层移动,直至全轮压实在新铺层上。

(5)压路机转向、掉头要在旧路面上进行。

5.1.4　沥青混合料拌和和运输

由于摊铺的不连续性,所以拌和厂要有足够大的热料储存罐。

(1)对于沥青混合料的级配,由于原材料、施工环境和拌和条件都与路面最初施工时存在差异,所以标准级配可以适当进行调整(当然要经过试验论证确定),但级配类型必须和原路面一致。

(2)每天路面工程技术人员都要将下一天所需混合料的类型、数量和时间书面通知拌和厂,然后拌和厂据此一次性集中拌制。由于摊铺是逐块进行的,所以所报混合料应尽量准确,以避免浪费和完不成作业面的施工。

(3)充分发挥试验室的作用,做到用数据指导生产。试验室人员要对每批进场的原材料进行各项指标检验,确保原材料合格;要对出厂的混合料进行马歇尔和抽提筛分试验,保证出厂的混合料合格;同时要实地钻芯取样,做密实度试验,指导摊铺碾压作业。

(4)结合实际情况,对路面病害特别严重的地方,大胆采用新材料、新技术(比如采用沥青玛蹄脂碎石混合料 SMA)进行修补,提高路面抗车辙能力、低温抗裂能力、耐疲劳能力和水稳性能等。

(5)不论运距长短,沥青混合料在运输过程中要加盖篷布。

5.1.5　恢复标线

沥青混合料碾压、冷却后,应对路面施工质量进行自检,合格后用划线车恢复标线。

5.2　操作要点

在对病害处治之前,要对病害进行实地调查。然后根据病害的类型、面积大小、施工的难易程度、交通流量的大小等确定最佳处治方案,保证养护工作快速、高效、安全。

5.2.1　单根式的纵向或横向裂缝

一般在冬季进行灌缝处理。太旧高速公路从德国进口了两台 Breining 灌缝机,专门用于灌缝作业。施工工艺为:用一种手推喷枪把加热后的压缩空气吹向裂缝,这既可以将缝里杂物吹干净,又可加热缝两侧的沥青混凝土,然后用沥青喷枪将灌缝机上已加热熔化的沥青灌入裂缝,最后将多余或误洒的缝外的沥青清除干净即可。

5.2.2　局部龟裂、坑槽、小面积沉陷的修补

可统称为"小坑槽修补",其机械配置为:切割机、铣刨机、沥青洒布车、综合养护车、手扶式压路机、光轮胶轮压路机。施工工艺为:用切割机将修补的范围切割出来;用铣刨机(或人工)将病害的路面挖除,要确保将损坏的混合料都清除干净,坑底达到坚实面层;在坑内洒布透层油,槽壁要涂刷新的沥青;用综合养护车(或人工)将混合料铺满铺平坑槽;用光轮轮胎压路机(手扶式压路机)碾压新铺混合料,直到碾压密实,新旧混合料结合紧密、无缝隙。

用综合养护车进行路面修补,它不切边、不清除损坏的路面,而是对损坏路面进行高温加热,使其与新铺料结合到一起,然后用压路机进行碾压。

5.2.3　大面积龟裂、沉陷、严重车辙或局部路面翻修

这些病害的处治可列入"专项工程",需专门组织立项进行施工。其机械配置为:切割机、铣刨机、沥青洒布车、自卸汽车、沥青拌和机、摊铺机、光轮轮胎压路机、画线车。"专项工程"机械化在其施工之前要对一些不完全由路面原因引起的病害作前期处治,如:

(1)大面积的路面严重破损,要调查基层情况,如发现基层也严重损坏,则应进行彻底的处理,小面积可用沥青碎石或粗粒式沥青混凝土填补,大面积的则需重做水泥碎石基层。

(2)大面积严重沉陷,要调查沉陷的形成原因,如属路基不均匀沉陷或滑移,要对路基进行稳固处理。比如可进行速效水泥灰浆灌桩,然后等路基稳定后,对超过 15cm 的沉陷做水泥碎石基层,超过 10cm 的沉陷进行沥青碎石或粗粒式的沥青混凝土填补。

(3)对于桥面龟裂脱落,要在铣刨完沥青路面后,对桥面进行认真检查,彻底清除桥面上的存水和脱落的杂质,对于桥面损坏较为严重的部位要进行水泥混凝土加固。

5.2.4　公路大修工程

这是指当公路病害严重,必须大修使其全面恢复其设计状态的施工,如整段路面翻修。整段路面罩面。它可以参照公路路面施工方法,这里不作赘述。

6　材料与设备

为保证病害整治工作顺利开展,主要设备应有下列几种。

6.1　公路切割机

广泛用于公路、市政、桥梁、电讯、自来水、热力管等诸多作业的沥青,水泥路面切割作业。该机体积小、操作方便,是理想的作业工具。小型压路机适用于狭窄地带、小型工程、路面修补坑槽填土等工程的压实。

6.2　沥青混合料再生修补车

具有沥青路面加热再生沥青,沥青混合料加热拌和、旧料再生、喷洒乳化沥青、路面压实、液压输出等功能。独立风机系统、配备本田汽油发动机;路面加热、料仓加热均采用 PLC 程序控制;配备乳化沥青系统。

6.3　公路灌缝机

用于沥青混凝土路面、水泥混凝土路面裂缝的密封。

6.4　路面开槽机

用于拓宽及清理沥青、水泥混凝土路面的开封,以满足修补路面裂缝的需要。机械操作方便、工作效率高。

6.5　沥青混合料保温运输车

是一种沥青路面维护与养护的多用途、高效率的路面机械,广泛用于修补沥青路面的过程中,对沥青混合料进行长距离、大容量的保温运输工作,是现代化公路养护的最佳设备。

6.6　沥青路面就地热再生加热机

是沥青路面就地热再生机组之一,该加热机 2003 年已经列入国家“863”项目。加热机由自身的热风炉将燃料燃烧产生高温,循环风机将温度可达 500 ~ 700℃的热风送到路面加热器,对路面进行加热,使路面温度逐渐升高,达到需要的温度。热风的热量一部分传给路面,余温 300 ~ 350℃的热风通过循环风机送回到热风炉再次加热使温度上升到 500 ~ 700℃,形成热风循环。利用热风循环系统软化沥青表面,不会产生影响环境的有害物质。旧沥青可以得到百分之百利用。

6.7　多功能沥青路面修补车

是以修补沥青路面为主兼具发电、电焊、钻孔、除锈等多种功能于一体的公路养护设备。可对新、旧沥青混合料加热再生,为修补沥青路面提供热料。发电机组可为外接电动工具等提供动力,液压动力输出接口,可满足多种需要液压机具使用,随车带有振动压路机,以满足修补后路面的振动压实功能。

7　质量控制

质量控制要参照公路施工及养护规范进行。治理工作在保证施工质量的前提下,应及时、快速、安全且不能中断交通。

8　安全措施

由于公路病害整治施工不中断交通,所以应加强安全管理,加强安全教育,完善安全措施,增加安全投入,加强路上工人的安全保护。

9 环保措施

废料不宜随处乱丢,要注意掩埋。尽可能利用原有路面再生资源。

10 资源节约

采用沥青路面再生修补车,可有效节约资源。同时,应最大限度实行机械化施工,尽量避免频繁调动机械设备。

11 效益分析

由于施工点多线长,频繁调迁设备,所以路面机械尽量选用转弯掉头灵活、行走方便快捷的轮式机械。降低生产成本,增加企业效益。

由于乳化沥青喷洒后 2 ~ 3h 才破乳,因此同时同地施工时,就会因为破乳时间长而影响摊铺进度。应尽量让铣刨作业提前一天进行,这样既可把前一天铣刨量作为第二天的计划摊铺量,又可使摊铺作业连续进行,不受铣刨机的影响,保证摊铺效率。

12 应用实例

该功法曾应用于:八宿至牛踏沟项目、楠木林项目、江达至妥坝项目、芒康至隔界河项目。

公路工程聚酯玻纤布施工工法

GGG(冀)B5152—2009

魏玉军　王志斌　左小林　赵海魁　刘朝晖
(河北路桥集团有限公司)

1　前言

路面的裂缝是公路早期破坏的病害之一,随着裂缝的出现路面积水渗入了路面结构中,随即就出现了唧浆、龟裂、坑槽等病害等并发症。为了有效地防止或延缓路面裂缝,国内外公路界的科研单位和学者们根据裂缝形成的原因进行了大量的科学研究和工程的实践,采取了诸如在水泥稳定碎石基层收缩裂缝上锯缝灌浆、设置级配碎石或沥青碎石柔性基层、在裂缝上加铺聚酯玻纤布等很多措施和方法。近年来以安全性、实用性、可靠性、经济性、施工方便快捷为特点的在路面裂缝上加铺聚酯玻纤布的施工方法在工程中得到了迅速广泛的应用。2006 年~2007 年安徽合(肥)六(安)叶(集)高速公路工程和 2006 年安徽铜汤高速公路(半刚性水泥稳定碎石基层裂缝);2006 年南京太平北路水泥路面加罩沥青混凝土工程(白加黑);2006 年河北石安高速公路沥青罩面等工程都大量的应用了这种新材料。通过对试验段和工程实践的观察总结,证明聚酯玻纤布在沥青路面结构中具有良好的防水、抗开裂和加筋作用,对防止路面开裂早期破坏、提高路面使用的耐久性起到了很好的效果。总结以往的施工经验,编制施工工法,对保证和提高工程质量有着重要的实际意义。

2　工法特点

铺设聚酯玻纤布防止公路裂缝的施工方法相对于半刚性基层采用人工切缝灌沥青或控制水泥剂量的方法和对水泥混凝土路加铺沥青面层对其缩胀缝采用冲碎稳压,均匀分布受力的方法具有如下特点。

2.1　材料优点多、技术性能稳定

聚酯玻纤布是由 60% 玻璃纤维和 40% 聚酯纤维组成的一种无纺、无加筋新型复合防裂材料,具有:玻璃纤维的高抗拉强度和聚酯纤维的柔韧性;延伸率低,没有长期蠕变性;与沥青有很好的相容性和高温稳定性好,聚酯玻纤布的熔点在 230℃以上,在 160℃热铺沥青混凝土不受任何影响;在 230℃时聚酯玻纤布物理化学稳定性好;可以粉碎和再生使用;大规模集中生产产品质量变异性小,技术性能稳定的特点。

2.2　具有很好的防水、防裂和加筋作用

无论在哪个路面部位使用,聚酯玻纤布与沥青可形成一个连续、完整、侵润沥青的且强度明显增加的玻纤布防水层,提高了聚酯玻纤布与沥青混合料的黏结性能、抗永久变形性能、低温抗裂性能、加筋强度性能、渗透性能,具有良好的防水、防裂效果,增加了路面使用寿命。

2.3　具有质量容易保证,省工省时、节省费用的特点

施工采用专门的施工设备,工艺简单、工序少,玻纤布没有正反面不易褶皱,聚酯玻纤布上无需再喷洒黏层油,施工方便快捷,可以提高施工速度,保证施工质量。

3 应用范围

3.1 半刚性路面基层工程收缩裂缝的处置

在水泥稳定碎石等半刚性路面基层工程收缩裂缝部位、水稳碎石与桥的搭板接插部位，设置在封层上沥青下面层的下部位置。

3.2 沥青路面的接插或旧沥青路面罩面工程裂缝部位。罩面厚度宜大于4cm。

3.3 水泥混凝土路面改造工程，此类工程一般应设置两层玻纤布，沥青层厚度一般不小于10cm。

3.3.1 原水泥混凝土路面板与板之间纵向和横向接缝对应的第一层沥青层顶面，如图1所示。

3.3.2 原水泥混凝土路面板与板之间纵向和横向接缝对应的第二层混凝土层顶面，如图2所示。

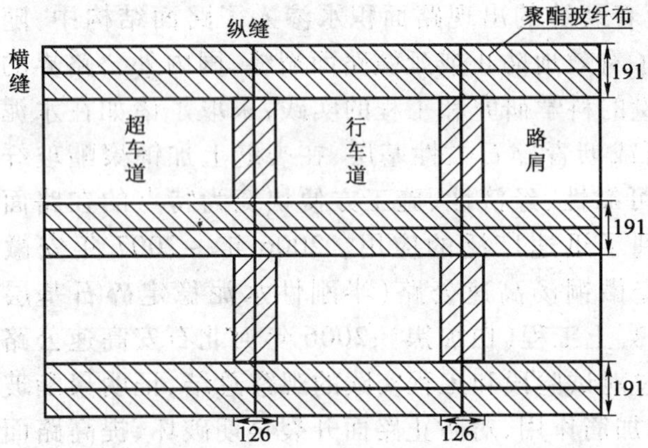

图1 第一层聚酯玻纤布铺设示意图(尺寸单位:mm)

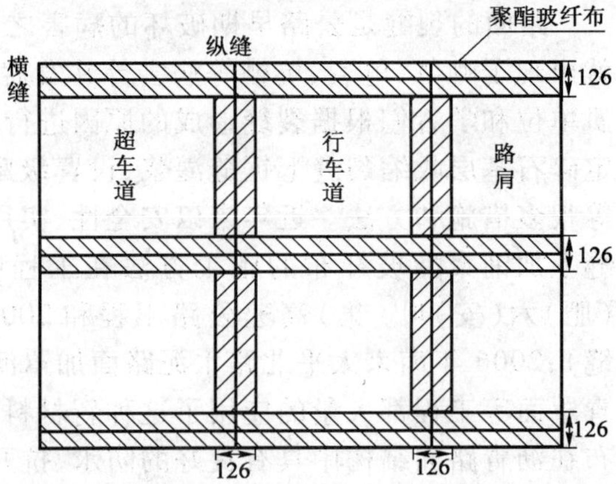

图2 第二层聚酯玻纤布铺设示意图(尺寸单位:mm)

3.4 桥面防水层。

4 工艺原理

中国南京东南大学通过室内试验对聚酯玻纤布工程特性及其复合混合料的路用性能进行了深入研究。对其加固机理、与沥青混合料的黏结性能、剪切试验、渗水性能试验、半正弦波荷载防治反射裂缝试验、轮载模式防治反射裂缝试验进行了评价，并结合大量的工程实践分析，得出如下结果：

4.1 加铺在路面结构中的聚酯玻纤布实际上是和沥青混凝土结合在一起形成了一个复合结构——土工织物加筋沥青混凝土，是这种复合结构的每个部分共同承受着荷载的作用，因此不能孤立的分析聚酯玻纤布本身的性质，应综合考虑。

4.2 通过浸润热沥青前后的拉伸试验对比，可以发现浸润后其破坏时所需的力有了明显的提高，但破坏时变形没有明显增加，且变形都在弹性范围之内。

4.3 不同结构裂缝产生的应力通过聚酯玻纤布可使水平方向的应力扩展至更大范围，从而缓解裂缝处的应力集中，起到吸收部分拉伸能量的作用，有效改善路面结构应力分布，抵制和延缓由于裂缝引起沥青反射裂缝的发生。

4.4 聚酯玻纤布减小了面层与基层间的结合力，从而使面层的最大拉应变也减小。

4.5 聚酯玻纤布浸透沥青粘油后形成防渗层，能阻止路面雨水的下渗，从而减少基层的水浸软化。减小沥青面层在反射开裂处的剥离破坏。雨水沿面层裂缝下渗，在高速行驶的车辆动荷载作用下，水流的高速运动对基层和面层的危害性都很大。

5　施工工艺及操作要点

5.1　聚酯玻纤布铺设施工工艺流程图(图3)

5.2　操作要点

5.2.1　裂缝调查、标示、底层表面清扫

(1)裂缝调查应细致,标示要准确、醒目、不易损坏抹灭。

(2)在喷洒黏结料前,应对水泥混凝土旧路面的病害进行处理,对大于6mm的裂缝用高压空气清除接缝内杂物(水、脏物、土、油脂、废物等)并进行修补填平,对小面积的坑槽、条状病害部位用水泥混凝土或沥青混合料进行填平压实处理。路面上尖锐的部分予以铲除。

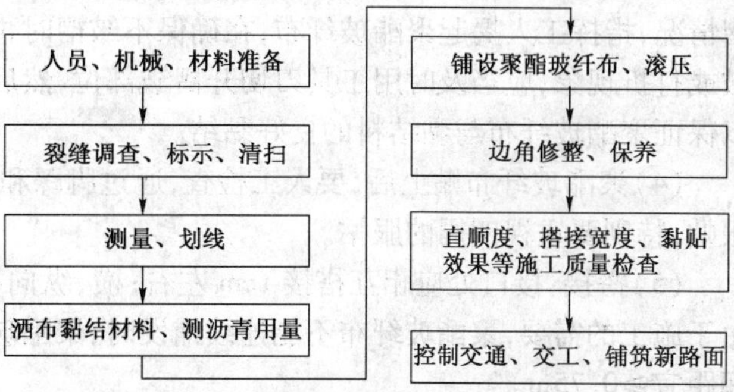

图3　聚酯玻纤布施工工艺流程图

(3)将底层表面清扫干净,不得有尘土、污物和碎石,清扫范围要满足铺设玻纤布面积的要求。尤其注意旧水泥路面要用清扫机进行清扫然后用鼓风机吹,对桥面铣刨部位采取先鼓风机吹后水冲再用鼓风机吹的方法进行处理。

(4)保持工作面无水分,雨后必需待路面干燥后方可施工。

5.2.2　测量、画线

(1)在经监理工程师验收合格的底面上,对照拼接缝或裂缝标志确定拼接缝或裂缝位置。

(2)按拟铺设的聚酯玻纤布宽度在拼接缝或裂缝两侧定好基准线,并用石灰或粉笔画线作为铺设聚酯玻纤布的依据。对于横向裂缝和路面接缝,保证裂缝两侧的布宽≥0.5m,接缝或裂缝居中。

5.2.3　喷洒黏结料

根据不同项目,黏层油可选用普通热沥青、改性乳化沥青和SBS改性热沥青。根据路面的粗糙度和聚酯玻纤布的饱和量及温度限制,粘层油的基质沥青量一般控制在0.7~1.0kg/m^2,如下面洒布了黏层油还应考虑黏层油的用量;热溶沥青的喷洒温度应根据沥青品种控制在160~190℃;喷洒时最好采用手工操作洒布机械,热沥青的喷洒宽度应该要比聚酯玻纤布宽5~10cm;喷洒要均匀,切忌黏层油量不足或条纹状喷洒。施工的关键工序是喷洒沥青黏层。一般工程应首先采用SBS改性热沥青作为黏结材料,具体工序因注意以下几点:

(1)在对应的沥青混凝土面层上洒布0.3L/m^{2}的乳化沥青黏层油时应在6h后进行热沥青黏结材料的喷洒。

(2)喷洒热沥青前要确保洒布车工作正常,洒布车内SBS改性沥青的加热温度应保持在185~195℃。

(3)在底面画线范围内用沥青喷洒车洒布热黏结料,喷洒黏结料的横向范围要比聚酯玻纤布宽约5cm,保证边角都有沥青。

(4)洒布热黏结料时要均匀喷洒,计量准确,用量为0.7~1.0kg/m^2,依据试验路的具体喷洒情况,需要来回喷洒三四次,要用接盘法进行检查沥青用量。

(5)人工洒布过程中,要对周围进行遮挡,避免撒的范围过大,浪费材料且污染路面。切忌黏层油量不足或条纹状喷洒,或局部沥青用量过大,这些情况必须及时人工推均匀。

5.2.4　聚酯玻纤布的铺设

(1)聚酯玻纤布宽度选择和施工方法的选择。玻纤布保证缝侧宽度不小于0.75m即可。施工方法可用人工铺设和机械铺设。

(2)黏结料洒布结束,并修整均匀后,立即或适时(使用热沥青时在喷洒沥青高温状态下摊铺,使用改性乳化沥青时在破乳后立即摊铺)进行聚酯玻纤布铺设施工,不得使沥青喷洒车与聚酯玻纤布铺设设备距离过远。

(3)人工铺设聚酯玻纤布过程中,必须保证平整、无褶皱。现场负责人必须及时发现可能发生的皱褶情况,指挥工人揭起聚酯玻纤布,在确保不皱褶时再放下,并采用竹扫把初碾一遍。若铺设时发生褶皱或打折现象,应当及时用工具刀切开褶皱部位,然后在铺设方向上再搭接起来,用黏结料胶结并压实,以保证聚酯玻纤布与黏结料的良好黏结。

(4)聚酯玻纤布贴上后,要人工检查,通过脚踩和铁碾子碾压等措施确保聚酯玻纤布的下层结构的服帖,特别要重视四周的服帖。

(5)搭接:接口处应相互搭接1cm左右;横、纵向接缝同时铺设聚酯玻纤布时,采用不搭接的原则;由于施工的需要,聚酯玻纤布不能连续铺设时,聚酯玻纤布接缝处采用不搭接原则,接缝处离路面裂缝间距宜≥0.75m。

(6)在进行聚酯玻纤布施工时,玻璃纤维对人体皮肤易产生刺激作用,现场操作人员应戴好防护手套和口罩,以避免被聚酯玻纤布刺伤手指和漂浮的纤维吸入口中。

(7)施工中对储存过程中对受潮的聚酯玻纤布不得使用。

5.2.5 保养维护

(1)聚酯玻纤布铺设施工完成后,在热黏结料未冷却至常温下应禁止行人或车辆进入,以防止由于车轮黏油将聚酯玻纤布带起或破坏。

(2)禁止任何车辆在聚酯玻纤布上行驶时突然刹车或急转弯,以免对聚酯玻纤布造成极大破坏。

5.2.6 铺筑新路面

(1)上层沥青混合料的摊铺应至少在聚酯玻纤布施工后隔夜进行,聚酯玻纤布应处干燥状态。雨后应待玻纤布干燥后进行。

(2)有条件的可用胶轮压路机在铺筑上层沥青混合料前对已铺设玻纤布进行1遍碾压,这样黏结效果更好,对路面平整度有很大提高。

(3)沥青混合料摊铺时,运输车辆不得在聚酯玻纤布上急刹车或转弯。

5.2.7 其他使用要求

(1)横、纵向接缝同时铺设聚酯玻纤布时,采用不搭接的原则,保证横向聚酯玻纤布的连续(图1)。第一层沥青混凝土面层顶面上横缝对应处采用宽度为1.91m的聚酯玻纤布,纵缝对应处采用1.26m的聚酯玻纤布,第二层沥青混凝土面层上均采用宽度为1.26m的聚酯玻纤布,必须保证裂缝两侧的布宽≥0.5m,接缝或裂缝居中。

(2)水泥混凝土路面上直接摊铺聚酯玻纤布必须使用改性热沥青作为黏层油。

(3)铺设聚酯玻纤布的环境气温应在5℃以上。

6 材料与设备

6.1 材料

6.1.1 聚酯玻纤布

聚酯玻纤布的质量标准,详见表1。供货单位须提交出厂检验报告及进口商检报告,经质量认可后方可进场,施工单位应妥善保管,以防受潮、污染或破损。

6.1.2 黏结材料

黏结材料应满足相关规范要求的技术标准。SBS改性沥青应满足相应的技术指标要求,详见下表2。

聚酯玻纤布材料技术要求　　表1

性质		单位	数值	测试方法
抗拉强度	纵向	kN/m	>7	T 1121—2006
	横向	kN/m	>7	T 1121—2006
	纵横比		0.85～1.15	T 1121—2006
断裂延伸率	纵向	%	<5	T 1121—2006
	横向	%	<5	T 1121—2006
梯形撕裂强力	纵向	N	>35	T 1125—2006
	横向	N	>35	T 1125—2006
CBR 顶破强力		N	>550	T 1126—2006
熔点		℃	>230	ASTM D276
沥青吸收量		kg/m^2	>0.7	ASTM D6140
单位面积质量		g/m^2	>125	T 1111—2006
厚度(2kPa)		mm	<1.2	T 1112—2006

SBS 改性沥青技术要求　　表2

检验项目			改性沥青	检测方法
针入度(25℃,100g,5s)(0.1mm)			30～60	T 0604
针入度指数 PI		不小于	0	
延度(5cm/min,5℃)(cm)		不小于	20	T 0605
软化点(环球法)(℃)		不小于	70	T 0606
运动黏度 135℃		不大于(Pa.s)	3	T 0625
闪点(COC)(℃)		不小于	230	T 0611
溶解度(三氯乙烯)(%)		不小于	99	T 0607
弹性恢复 25℃		不小于	75	T 0662
储存稳定性离析,48h 软化点差,		不大于	2.5	T 0661
旋转薄膜加热试验 163℃,5h	质量损失(%)	不大于	1.0	T 0609
	针入度比 25℃(%)	不小于	65	T 0604
	延度(5℃)(cm)	不小于	15	T 0605
密度(15℃)(g/cm^3)		不小于	1.0	T 0603
动力黏度 60℃(Pa·s)		最小	3 000	T 0620

6.2 设备

施工前应配备齐全的施工设备和器具,并做好检查、调试和日常保养工作,以保证设备和器具处于良好的技术状况。

6.2.1　施工设备主要有:热沥青喷洒车(图4)(有加热装置,喷头经专业加工,喷洒时必须保证雾状,且喷洒量可以控制)、聚酯玻纤布铺设设备(图5)(采用聚酯玻纤布铺设设备施工,保证铺设后聚酯玻纤布平直、无褶皱)。

6.2.2　施工器具主要有:鼓风机见图6、铁碾子见图7、涂刷等(用以清除浮土、碎渣,将聚酯玻纤布压实黏附在黏结料上)。

图4 热沥青喷洒车

图5 聚酯玻纤布铺设设备

图6 鼓风机

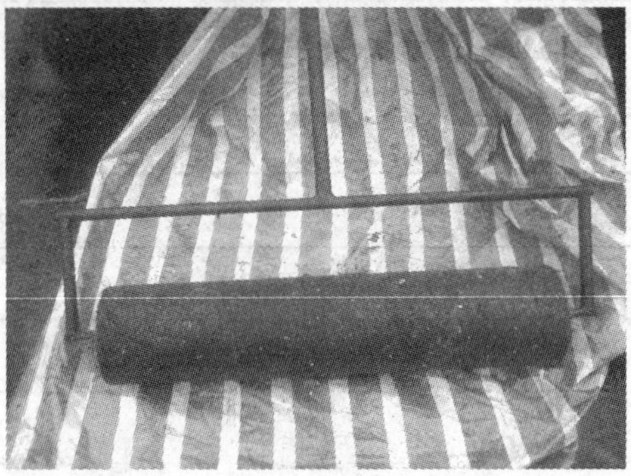

图7 铁碾子

7 质量检查与验收

聚酯玻纤布铺设施工质量检查及验收标准(表3)

聚酯玻纤布铺设施工质量检查与验收标准 表3

检查项目	质量要求		检查规定		备注
	要求值或允许偏差	质量要求	检查频率	检查方法	
1. 沥青洒布量	规定范围内		随时	接盘、总量、目测	—
2. 玻纤布宽度(m)	≥规定值		符合规定要求	抽查10%	皮尺测量
3. 外观要求	不允许空鼓、褶皱和污染、线条直顺			目测	—

8 安全措施

8.1 应遵照中华人民共和国行业标准《公路工程安全技术标准》的要求组织施工。

8.2 成立安全领导小组,设置专职安全员,监督检查纠正违反操作规程的行为。

8.3 在施工区域应设置明显的安全警示标志牌。特别是旧路改造工程要做到安全设施正规,标志齐全,设置合理,控制好交通。

8.4 对从业人员进行安全技术交底。玻纤布是比较安全的材料,不会对环境造成较大的污染。玻璃纤维对人体皮肤易产生刺激作用,现场操作人员应穿好工作服,戴好防护手套和口罩,以避免被聚酯玻纤布刺伤手指和漂浮的纤维吸入口中。

8.5 人工洒布热沥青时应穿好工作服,戴好防护手套和口罩,避免高温烫伤身体,有效的防护沥青的伤害。

8.6 沥青的加热温度不得过高,避免发生火灾。

8.7 沥青面层的施工往往是在夏季,应做好防暑降温措施。

9 环保措施

9.1 在清扫下层路面时注意当时的风向,尽量不要使扬尘对附近的居民生活造成污染。

9.2 对裁下的边角碎块玻纤布、玻纤布的包装及时清理,不要随处丢弃污染周围环境。

9.3 施工时要对道路的两侧进行遮挡,避免对植物或公路设置造成污染。

10 资源节约

铺设聚酯玻纤布防止和延缓路面裂缝施工方法,与其他施工方法相比,施工工艺简单,操作方便快捷,省工省时工期缩短,使用机械、人员、材料少,也没有材料浪费,成本降低,因此无论对自然资源还是社会资源都有很大程度的节约,且环境保护意义重大。

11 效益分析

11.1 此施工方法简便省时各种资源投入少,可加快施工进度,工期缩短,资源节约,能够创造很好的经济效益。

11.2 此方法能有效地防止和延缓路面裂缝的出现,进而有效防止路表面水下渗损害路面基层,在恢复路面的使用性能、提高道路通行能力、延长公路使用寿命、减少养护费用等方面都有很大的提高,社会效益和经济效益显著。

11.3 本方法工艺简单,操作方便,参与的机械设备、人员少,安全隐患少,安全效益显著。

12 应用实例

12.1 2006 年~2007 年在安徽合(肥)六(安)叶(集)高速公路工程在沥青下面层对 200 多道基层横向裂缝铺设了聚酯玻纤布,裂缝最宽处为 6mm,到 2009 年两年多的观察,在沥青路面上均未发现反射裂缝,因此玻纤布对防治路面反射裂缝有很好的效果。见图 8。

12.2 2006 年河北石安高速公路沥青罩面工程应用了这种材料。石安高速公路车流量很大下面层裂缝很严重,对原破坏严重的路面进行铣刨后,铺设聚酯玻纤布,上面铺筑 4cm 改性沥青混凝土。铺设的 1.3 万 m^2 聚酯玻纤布部位至今仅有很少的路面裂缝。见图 9。

图 8 合六叶高速公路半刚性基层

图 9 石安高速公路沥青混凝土罩面工程

12.3 2009 年安徽合(肥)六(安)叶(集)高速公路大顾店至叶集段对水泥混凝土路面工程进行改造,在对水泥混凝土面板进行病害处理后在上面加铺 3 层总厚 13cm 的 SBS 改性沥青混凝土。铺设两层聚酯玻纤布,分别在第一层 3cm 厚的调平层上和第二层 6cm 厚的下面层上,玻纤布的铺设位置对应原水泥混凝土面板的纵横缩胀缝。路线双福全长 18km,共铺设聚酯玻纤布 39 万 m^2。见图 10 和图 11。

图 10　大叶段混凝土路改造工程

图 11　大叶段混凝土路改造工程

隧　道　篇

富水千枚岩大断面公路隧道快速施工工法

GGG(中企)D1131—2009

杨新兴 史振宇 王学军
(中铁十二局集团有限公司)

1 前言

千枚岩是一种具千枚状构造的岩石,属于区域变质浅变质带岩之一。由黏土岩或火山凝灰岩等变质而成,其原岩类型与板岩相似,重结晶程度比板岩高,基本已重结晶。矿物成分以绢云母为主,多呈微粒状或片状;有时含有绿泥石、黑云母、石榴石或十字石等。其主要特征是能被剥成叶片状的薄片,表面呈显著的丝绢光泽,质地软,遇水易软化。富水千枚岩地层隧道施工,最重要的一点就是控制围岩的大变形,通过监控量测掌握围岩变形规律,动态设计、施工。目前我国在千枚岩特别是富水千枚岩地段隧道施工技术还不是很完善,在西康铁路陕南段隧道群、兰乌二线乌鞘岭隧道等项目的施工中施工进度慢和初期支护都有较大的变形。通过我公司承担施工的小康高速全国第三长公路隧道——包家山特长隧道施工实践,总结形成本工法。其关键技术"富水千枚岩大断面公路隧道快速施工工法"于2008年1月20日在太原通过了山西省建设厅组织的专家鉴定,鉴定结论为国内先进。

2 工法特点

(1)采用三台阶七步流水法开挖,施工工艺简单,施工投入小。

(2)与传统三台阶施工法相比,本工法采用了灵活的劳动组织方式,各工序混合编组,施工效率高,保障了施工安全,加快了施工进度,节约了工程成本。

3 适用范围

本工法适用于地下水比较大的千枚岩地段大断面公路隧道(开挖半径>5.5m)Ⅴ级及Ⅴ级加强段围岩施工,或同类地质水文条件下的其他类型地下工程施工。

4 工艺原理

在地下水丰富的千枚岩地段施工隧道,最重要的问题是解决千枚岩遇水软化后引起的围岩变形问题。我们按照新奥法施工的理念,遵循"管超前、弱(不)爆破、强支护、早封闭、勤量测"的施工原则,制定富水千枚岩地段施工方案为:超前物探、钻探结合探水、超前注浆堵水、超短台阶人工开挖(局部辅以弱爆破)、初支加强、仰供超前、二衬紧跟。

5 施工工艺及操作要点

5.1 施工工艺流程

施工工艺流程见图1。

5.2 操作要点

5.2.1 超前地质预报

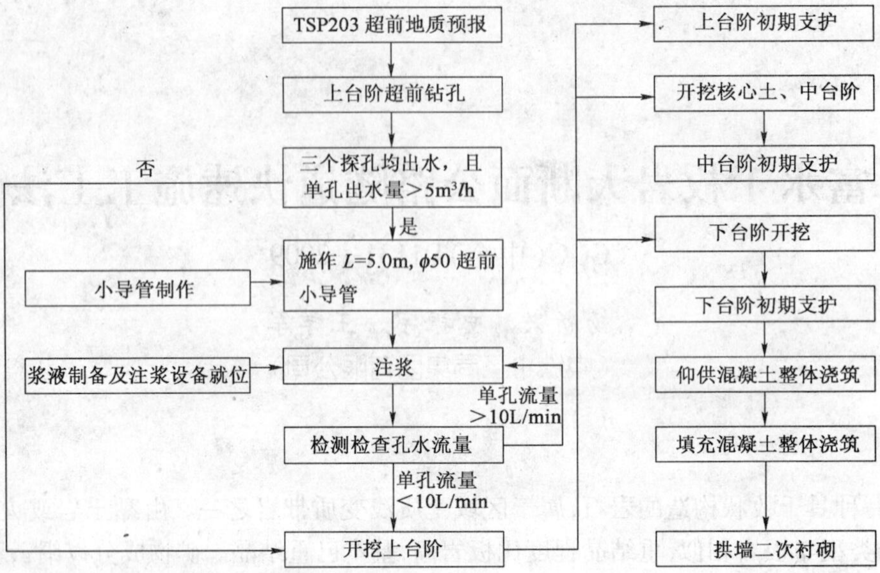

图1　工艺流程图

1)TSP203 超前地质预报

富水千枚岩地段超前预报,采用的是瑞士 Amberg 测量技术公司出产的 TSP203 地质超前预报仪。TSP203 是采用了回声测量原理。地震波在指定的震源点(在隧道的边墙,24 个炮点布成一条直线)用小量炸药激发产生。地震波在岩石中以球面波形式传播。当地震波遇到岩石物性界面(即波阻抗差异界面,例如断层、岩石破碎带和岩性变化等)时,一部分地震信号反射回来,一部分信号透射进入前方介质。反射的地震信号将被高灵敏度的三分量传感器接收。由于 TSP203 超前地质预报系统采取的是"多点激发、一点接收"测量方法,多点激发产生的地震波相互跟踪检验,故而能提供一种精确的测量。反射信号的强弱与反射界面两侧的岩性有很大关系,反射界面两侧的岩性差异越大,反射回来的信号越强,预报的范围也就更大。一次预报用时 1.5h 左右,需要人员 4~5 名。TSP203 系统的现场测试,如图 2 所示。

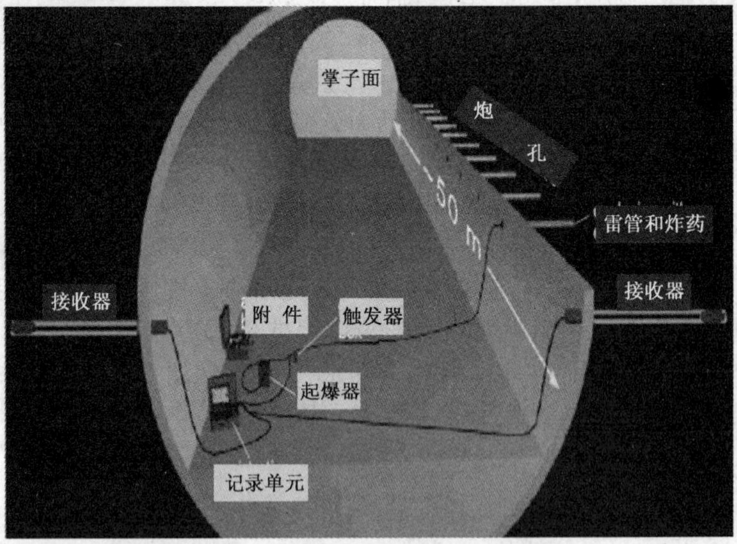

图2　TSP203 系统的现场测试示意图

注:爆破孔布置在隧道侧壁,使用 ϕ42mm 钻头,钻孔深度为 1.5~1.8m,钻孔向下倾斜 8°±5°,每孔装药量为 100~150g;接收器孔使用 ϕ50mm 钻头,钻孔深度为 2.0m,用环氧树脂锚固,钻孔倾角为向上 16.7°;上述钻孔高度控制在距隧底约 1.9m。

2)超前钻探

富水千枚岩地段隧道施工坚持以TSP203预报为主、超前钻探为辅的预报方案,用30m超前钻探对TSP203预报结果进行验证、确认。超前探测孔布设在上导,每个断面布3个探测孔,孔深30m,搭接长度5m。探孔用于探明前方地质,发现地下水较大时(三个探孔均出水,且单孔水流量>$5m^3/h$),及时采用必要的堵水、止水措施和手段。

5.2.2　地下水处理

富水千枚岩地段,快速、有效地隔断水对围岩的作用对隧道开挖后的稳定性非常重要,施工中采用开挖前超前注浆、开挖后径向注浆堵水措施,对地下水进行封堵;采用洞内挖集水坑、排水渠的措施对洞内水进行抽排,安排专人24h对洞内排水进行监控值班。

1)注浆堵水

(1)小导管超前及径向注浆

当超前探测孔地下水单孔流量大于$5m^3/h$且小于$40m^3/h$时,地下水采用小导管注浆的方式进行封堵。富水千枚岩地段每3m进行一次超前注浆,小导管采用先钻孔后下钢管法施工,钻孔时开孔从工作面最后一榀工字钢拱架上部穿过,打入小导管后,钢管尾部和工字钢架焊接成整体。止浆墙采用喷射混凝土,掌子面上台阶范围,喷10cm厚混凝土进行封闭,采用2台KBY50/70注浆泵进行注浆作业。径向注浆小导管在进行初期支护时同步打设,在开挖下一循环的时候对本循环打设的径向小导管进行注浆作业(为了节约时间,径向注浆管全部用铁丝绑在事先预埋在边墙的ϕ10钢筋上),采用4台KBY50/70注浆泵在开挖时注浆。

①施工工艺

制作钢花管:ϕ50mm超前小导管、ϕ42mm径向注浆小导管在构件加工厂制作。前端做成尖锥形,尾部焊接ϕ8mm钢筋加劲箍,管壁上每隔15cm交错钻眼,眼孔直径为6~8mm。小导管加工,如图3所示。

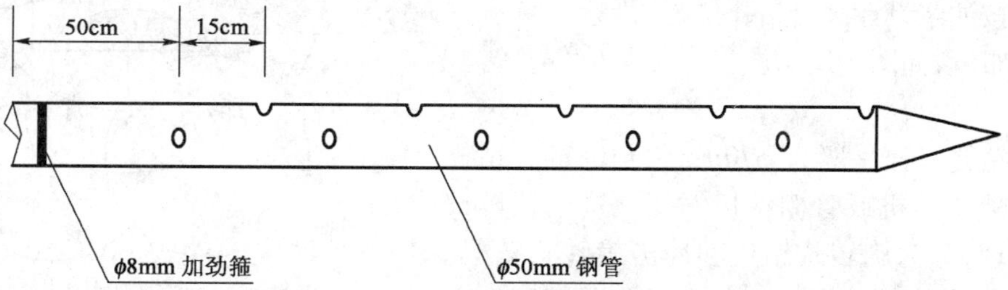

图3　注浆小导管加工

小导管安装:风动凿岩机钻孔后,将小导管按设计要求插入孔中,个别地段可用凿岩机直接将小导管打入,与钢架焊接组成支护体系。

小导管水泥—水玻璃双液浆注浆工艺流程,如图4所示。

②注浆

注浆用水由隧道高压水管提供,水泥采用普通硅酸盐42.5级水泥,水玻璃浓度30~35Be。注浆配合比:水灰比$W:C=0.2:1\sim0.8:1$;水泥浆:水玻璃体积比$C:S=1:0.3\sim1:1$。注浆设备采用KBY-50/70注浆泵(超前注浆2台,径向注浆4台);注浆压力为0.5~1.0MPa;注浆工艺严格按设计和施工规范进行。

注浆每班配备两名专业技术人员,其中一名负责观察并记录注浆压力变化情况,另一名负责观察并记录掌子面注浆情况,负责对注浆过程中出现的跑浆、漏浆或注浆压力突然上升等异常现象及时处理,以提高注浆效率。每台注浆机配备人员:注浆机操作1人、制水泥浆液2人、作业面前方安装管路1人,总计4人。另外每班安排4人专门负责向洞内倒运水泥、水玻璃。当单孔注浆达到设计量时,结束注浆,设置检查孔对注浆效果进行检查,单孔流量<10L/min时,即可进行开挖作业。注浆参数根据注浆试验结果及现场情况及时调整。注浆作业中认真填写注浆记录,随时分析和改进作业,并注意观察施工

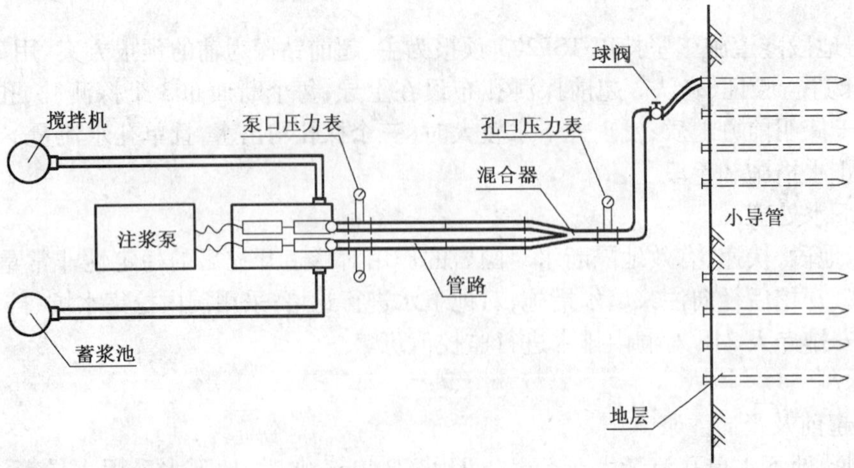

图4　小导管注浆工艺流程

支护工作面的状态。

(2)超前帷幕注浆

当超前探测孔地下水单孔流量 >40m^3/h 时,应采取超前帷幕注浆对地下水进行封堵。

①布孔

帷幕注浆加固范围为隧道开挖轮廓线外5m,通过注浆充填衬砌开挖轮廓线外5m范围内的围岩裂隙,保证施工安全。在完成现场施工准备后,由测量人员用红漆在掌子面上按注浆设计画出钻孔位置,并标注编号。

注浆布孔布置,如图5所示。

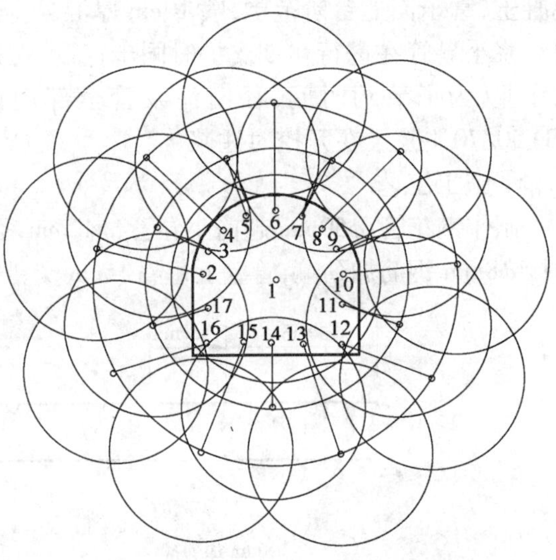

图5　注浆孔布置示意图

②钻孔

a. 钻机。钻孔直径一般为 ϕ70mm ~ ϕ108mm,钻机一般采用水平地质钻机或管棚钻机钻孔。这些钻机按其机械动作原理,分为旋转式钻机和冲击旋转式钻机。千枚岩地层适合采用旋转式钻机,每次钻孔深度20m。

b. 钻具。钻具的选择应根据地层、钻机型号和注浆方式的等因素综合考虑选定,千枚岩地层选择偏心扩孔跟管钻具,其由先导钻、扩孔钻、套管、钻杆等组成。其钻具与套管可同步跟进、分离退出,适用于难成孔的破碎岩层。

c. 止浆墙设置。为保证注浆施工顺利安全进行,在掌子面设置50 ~100cm厚模筑C25混凝土止浆墙,此后各循环利用已注浆未开挖的5m岩体代替止浆墙,掌子面用喷射混凝土封闭。每孔孔口套管与孔壁之间,使用环氧树脂或CS麻丝等充填黏结防止漏浆。

d. 埋设孔口管。为保证注浆孔的钻进方向,一般在孔口段安设钢管套管,套管长度3 ~6m。孔口管位置、方向检查准确无误后,开始钻注浆孔。钻孔孔径一般比套管直径要大10 ~15mm。

e. 注浆。充水试验——安装注浆管、注浆泵就位后,先做充水试验。连接注浆管路,用注浆泵先压水检查管路是否漏水,设备状态是否正常,尔后再做压水试验,以冲洗岩石裂隙,扩大浆液通路,增加浆液充塞的密实性,核实岩石的渗透性。

浆液制备——采用水泥单液浆和水泥—水玻璃双液浆。浆液配合比是决定注浆效果的一个关键因素,选用时要考虑土体裂隙情况及浆液的扩散半径,根据实验配合比并结合经验确定,选择水泥单液浆(掺入浓度为30 ~35Be′的水玻璃作为早强剂,掺量3% ~5%)水灰比1:1 ~0.6:1。先注单液浆,保证浆液有效扩散,注单液浆过程中注浆压力长时间不上升,采用注双液浆,配比为:水泥浆-水玻璃浆比为

0.6:1,水玻璃浓度为30~35Be′,体积比1:0.3~1:0.5。当注浆压力和注浆量达到设计要求不能自封孔的,采用双液浆予以封孔。注浆时,浆液配比的选择应根据涌水量的大小和进浆情况而定,当涌水量大,进浆快时,选用凝胶时间短的配合比,反之,选用凝胶时间长一些的配合比。

注浆作业——采用后退式注浆,注浆压力为静水压力的1.5~2倍。注浆注意事项:注浆时先开水泥浆液泵,一般在5min后根据单液进浆量的大小确定凝结时间,再开水玻璃浆液泵。注浆浆液应按先稀后稠、稀浆与浓浆交替、压力与注入浆量相结合的方式进行注浆。注浆压力从低到高逐步增压;凝结时间应先长后短,但不能小于30s。每环注浆先注奇数编号的注浆孔,再注偶数编号的注浆孔,并以偶数编号的注浆孔作为检查孔。待本环所有注浆孔注完后,根据压浆孔的出水量确定局部是否需要补设注浆孔,一般每延米的出水量>0.5L/min,追加钻孔注浆。注浆结束标准是孔口压力达到设计终压并维持10~20min,且单位进浆量很少。注浆流量不变,若压力长时间不上升,浆液应调浓;流量急剧减少,压力上升很快,浆液应调稀一级。

注浆效果检查——全部注浆结束后,应钻孔检查浆液渗透及固结状况,对注浆效果进行检测。当孔内出水量小于每延米0.15L/min,岩体的物理力学指标有明显提高时,即可进行下一轮注浆的施工。如果注浆效果达不到设计要求,应继续补充注浆直至符合要求为止。

5.2.3 开挖方法

为了减少对围岩的扰动,控制围岩变形,在富水千枚岩地段采用上部弧形导坑预留核心土三台阶法施工。上部弧形导坑采用人工风镐开挖弧形导坑,必要时辅以弱爆破;核心土长度同上台阶长度,核心土距拱顶开挖面1.5m,坡脚距拱脚开挖2.5m。中下台阶及仰拱采用微震光面爆破开挖,严格掌握炮眼数量、深度及装药量,以减少爆破震动对围岩的影响。各部开挖后及时初喷3~5cm混凝土封闭掌子面,网喷、锚杆、钢架联合支护作业。上导拱脚、中下导墙角增设锁脚锚管,仰拱紧跟下台阶施作,按每段3m开挖及时施作仰拱混凝土,使支护闭合成环。上、中台阶开挖后挖掘机将洞渣扒至下台阶,同时上导开始架立钢架,挖掘机座于中台阶配合ZL50C装载机装渣,北方奔驰车出渣。

施工过程中对开挖面、初期支护应加强围岩监控量测,根据量测结果,进行数据分析,确定是否调整支护参数和预留变形量大小,以控制拱顶下沉和围岩净空变化。初期支护及时封闭成环,各分步工序衔接紧密。完善洞内临时防排水系统,防止浸泡拱墙脚基础。

施工中严格遵循"超前支护、分步开挖、随挖随护、密闭支撑、监控量测、适时衬砌"的原则,短台阶分步平行开挖一般包含上部弧形导坑法短开挖施作拱部初期支护,再左右错位开挖及施作边墙初期支护;混凝土仰拱紧跟下台阶并及时施作尽早封闭成环受力。

5.2.4 支护措施

在地下水丰富的千枚岩地段施工隧道,最重要的是迅速抑制围岩的变形,因此支护措施必须要强,尤其是初期支护措施。通过试验确定的一般富水千枚岩隧道初期支护如下:$\phi50\times5$超前小导管,$L=5m$,每3m施工一环,每环33根;I20a工字钢架,间距75cm(个别地段50cm);$\phi42\times4$周壁注浆小导管,间距100cm×100cm,梅花形布置;喷射C25混凝土26cm;50cm厚二次模筑防水钢筋混凝土衬砌,抗渗强度等级S8。

帷幕注浆地段应采用$\phi50\times5$超前小导管,$L=5m$,每1.5m施工一环,每环33根;I20a工字钢架,间距50cm;喷射C25混凝土26cm;60cm厚二次模筑防水钢筋混凝土衬砌,抗渗强度等级S8。

5.2.5 施工组织

富水千枚岩地段围岩破碎,地下水大,如何合理地进行工序安排、人员组织,对施工的安全、进度、质量等具有重要意义。为了尽量缩短各工序的衔接时间,做到随挖随护,加快施工进度,施工中要尽可能利用一切可以利用的时间,使各工序能平行或部分搭接施工;在人、机、料的使用上要科学计划,合理安排,使之发挥最大效率。

开挖、支护混编为一个班。开挖每班18人,负责断面开挖,立拱架,施工超前、径向小导管。喷锚每班15人,负责开挖过程中的随时初喷和喷射混凝土。两个作业班同时上班,同时下班。注浆班共24

人,负责注浆作业。具体的一个循环工序时间及各工序搭接情况,如表1所示。

富水千枚岩地段一个施工循环工序时间 表1

工序	时间	循环时间(min)										备注
		30	60	90	120	150	180	210	240	270	300	
测量	7.5	—										每4循环测量一次,每次30min
围岩量测	30	—										
超前支护、超前探孔、预报	51		—	—								每4循环施工超前支护一次,每30m超前钻探一次,每150m超前地质预报一次
开挖	60				—	—						
上台阶立架	30						—					
出渣	60						—	—				包含打设径向小导管,铺设钢筋网
中下台阶立架	30								—			
喷射混凝土	60									—	—	
径向注浆	60				—	—						开挖本循环时,对上一循环打设的径向小导管进行注浆
每一循环进尺0.75m,用时288min												

5.2.6 监控量测

现场监控量测是判断围岩和隧道的稳定状态、保证施工安全、指导施工生产、进行施工管理和提供设计信息的重要手段。施工过程中,按技术规范的要求进行监控量测,以量测资料为基础及时修正支护参数,使支护参数与地层相适应并充分发挥围岩的自承能力,围岩与支护体系达到最佳受力状态,并在施工中进行信息化动态管理,达到确保工程质量、施工安全和进度,合理控制投资的目的。在隧道正洞洞身支护完成后,尤其是仰拱施工完毕后,喷锚支护已闭合成环,及时进行全断面监控量测,随时掌握初期支护的工作状态,指导和确定二次衬砌施作时间。

(1)量测项目根据富水千枚岩隧道的支护参数和施工方法等特点,初步选择确定本隧道监控量测必测项目和选测项目如表2、表3所示。

监控量测必测项目 表2

序号	监测项目	测试方法和仪表	测试精度	备注
1	洞内、外观察	现场观察、地质罗盘		
2	衬砌前净空变化	隧道净空变化测定仪(收敛计、隧道激光断面仪、全站仪)	0.1mm	全站仪采用非接触观测法
3	拱顶下沉	水准测量的方法,水准仪、钢尺	1mm	一般进行水平收敛量测
4	地表下沉	水准测量的方法,水准仪、塔尺	1mm	浅埋隧道必测($H_0 \leqslant 2b$)
5	二次衬砌后净空变化	隧道净空变化测定仪(收敛计)	0.01mm	

注:H_0——隧道埋深;b——隧道最大开挖宽度。

监控量测选测项目 表3

序号	监测项目	测试方法和仪表	测试精度	备注
1	地表下沉	水准测量的方法,水准仪、塔尺	1mm	$H_0 > 2b$时
2	隧底隆起	水准测量的方法,水准仪、塔尺	1mm	
3	围岩内部位移	多点位移计	0.1mm	
4	围岩压力	压力盒	0.001MPa	
5	二次衬砌接触压力	压力盒	0.001MPa	
6	钢架受力	钢筋计	0.1MPa	

续上表

序 号	监 测 项 目	测试方法和仪表	测 试 精 度	备 注
7	喷混凝土受力	混凝土应变计	10με	
8	锚杆杆体应力	钢筋计	0.1MPa	
9	二次衬砌内应力	混凝土应变计	0.1MPa	

注：H_0——隧道埋深；b——隧道最大开挖宽度。

其中，右线试验段必测、选测项目都进行监控，一般富水段仅进行必测项目监控。

（2）量测断面布置。隧道每个量测断面各布置一个拱顶下沉测点和两条水平净空收敛量测基线，围岩测点布置如图6所示。

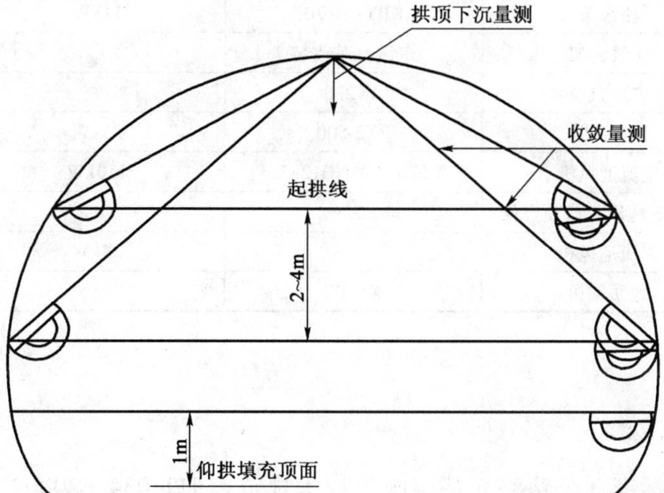

图6 围岩测点布置

（3）量测频率。量测频率见表4，实际量测频率从表中根据变形速度和距开挖工作面距离选择较高的一个量测频率。

（4）监测方法。监测方法与要求，见相关资料。

量 测 频 率 表 表4

量 测 频 率	变形速度（mm/d）	量测断面距开挖工作面距离
2 次/d	≥5	<1B
1 次/d	1~5	(1~2)B
1 次/2~3d	0.5~1	(2~5)B
1 次/3d	0.2~0.5	
1 次/周	<0.2	>5B

注：B 为隧道开挖宽度。

（5）监测资料整理、数据分析及反馈。在取得监测数据后，及时由技术干部整理分析监测数据。结合围岩、支护受力及变形情况，进行分析判断，将实测值与允许值进行比较，及时绘制各种变形或应力-时间关系曲线，预测变形发展趋向及围岩和隧道结构的安全状况，并及时向总工程师汇报，修正支护预留变形量。

6 材料与设备

本工法无需特别说明的材料，采用的机具设备如表5所示。

机具设备　　表5

序号	名称	规格型号	功率(kW或容量)	数量(台)
1	电动空压机	SA-5150W20m^3/min	120	10
2	风镐	G10	1.2m^3/min	6
3	风动凿岩机	YT-28	83.3L/s	6
4	挖掘机	CAT320C	1.2m^3	1
5	装载机	ZLC50B	3.0m^3	2
6	北方奔驰汽车	2631K	19t	10
7	混凝土喷射机	YSP6-10S		2
8	混凝土拌和站	JS750 + PL1200		1
9	注浆泵	KBY-50/70	11kW	4
10	注浆台架	东风汽车改装		1
11	冷弯机	LW220		1
12	电焊机	BX2-500	25kW	4
13	轴流通风机	SDF(c)-NO12.5	110kW	2
14	TSP203地质超前预报仪			1
15	射流通风机		35kW	2
16	地质钻机	XY-PC		1

7　质量控制

7.1　质量控制标准

质量控制执行以下标准:《公路路面基层施工技术规范》(JTJ 034—2000)、《公路隧道施工技术规范》(JTG F60—2009)、《公路工程岩石试验规程》(JTG E41—2005)、《公路工程水质分析操作规程》(JTJ 056—84)、《公路工程质量检验评定标准》(JTG F80/1—2004)、《公路工程施工安全技术规程》(JTJ 076—95)、《公路隧道设计规范》(JTG D70—2004)以及设计图所要求、所涉及的国家、部门、行业、地方规范、政策、法律和法规。

7.2　质量控制措施

(1)成立专门的质量管理机构,编制详细的施工作业操作指导书,明确质量要求,对参加施工的全体技术人员进行技术交底。设专职人员,层层把关,逐级负责,从项目经理部、施工队到工班实行三级质保责任制。坚持"预防为主、检查为辅"的原则,定质量目标责任到人,做到质量与工资挂钩,奖优罚劣。

(2)施工实行动态管理,及时向业主和设计单位汇报情况、实行信息化施工。加强超前地质探测和预报工作,迅速提供准确超前地质资料,及时反馈设计和施工情况,严格注浆工艺,快速开挖封闭,注意施工安全。加强施工调度和信息联络,及时掌握施工动态,服务施工现场。

(3)机械化、工厂化施工。配置性能优良、成龙配套的机械设备,极大地提高机械化施工水平,减少工人劳动强度;减少或避免外界干扰,实现快速高效施工。

(4)计量仪器和设备定期标定、检查,确保精度,积极采用先进的计量设备和快速准确的测试技术,消除和预防因检验、测量和试验因素造成的质量缺陷。

(5)遵循招标文件明确的施工规范、规程和验收评定标准,严格执行业主在工程管理方面的有关规定。制定严格的管理制度,执行严密的控制程序,按规章办事。

(6)加强原材料的质量控制,定点、定量采购,严格检验和验收程序,消除原材料因素对工序质量的影响。

(7)加强测量控制,采用光面爆破技术,减少围岩扰动,控制超欠挖,保证开挖轮廓尺寸,并预留变形量。

(8)喷射混凝土采用湿喷技术,喷射料集中拌制,自动计量。喷射混凝土强度合格,支护厚度符合设计要求。

(9)仰供、二衬台车及水沟电缆槽模板,要经常清理、涂油,以保证结构物尺寸准确,棱角分明,线条顺畅。

(10)施工中严格控制混凝土坍落度,坍落度误差控制在 ±2cm 以内,超过者立即调整;严禁在现场随意加水,以确保混凝土的密实度及抗裂性。配合比必须进行试验研究,经科学比选确定。

8 安全措施

(1)严格执行国家有关安全生产的规范和规章制度及《职业健康安全和环境管理手册》(GB/T 24001—1996,GB/T 28001—2001)的规定。

(2)设专职安全员检查洞内安全情况,进洞施工必须佩戴安全帽。

(3)坚持岗位培训,持证上岗。杜绝无证上岗、无证驾驶的现象。

(4)加强围岩监测和观察,按新奥法原理组织施工,对目测观察予以足够的重视,随时注意围岩变化,喷混凝土是否产生裂隙,钢架是否压变形,当围岩变形量无变缓趋势或喷射混凝土产生较大的剪切状态时立即停止开挖,采取辅助加固措施。做好隧洞监控测量,根据监测资料,判定围岩的稳定性,超前指导施工,保证安全。

(5)坚持 TSP203 超前地质预报连续探测,演练好应急预案及紧急情况下的逃生路线。隧道内安设警报器、应急照明灯和视频监控摄像头。

(6)开挖后及时封闭,使支护闭合成环,仰拱离掌子面不超过 30m,二衬离掌子面不超过 70m。

9 环保措施

(1)成立施工环境、职业健康安全管理体机构,施工时满足本项目环境影响评价报告批复的各项指标和要求,遵守《环境保护法》、《水土保持法》等相关的法律、法规及当地政府的有关规定,污染物达标排放。

(2)施工现场场界噪声:昼间 <70dB,夜间 <55dB(22:00 至次日 6:00)。对生活区和加工场地进行硬化,在晴天对施工主便道进行洒水降尘,防止污染周边环境。

(3)生产、生活污水经沉淀处理达标后,按当地环保部门指定地点排放,厕所每天定时清理。

(4)保护森林资源和生态环境,对弃土场进行绿化。施工期间无农田、河流污染。

(5)对化学危险品的废弃物应在规定位置存放,分类、定期回收,进行安全妥当的处理,以减少或消除对环境的影响。有毒有害化学危险品废弃物的处理按公司化学危险品搬运、储存和使用规定及《固体废弃物管理规定》执行。

(6)固体废弃物的控制措施。有毒有害的办公垃圾,如废旧电池、墨盒、硒鼓等要分类存放,定期交有关部门处理;废旧报纸、办公废纸集中送往废品站回收处理。生活垃圾应指定地点单独收集、存放,及时送往附近的垃圾点,做到无垃圾积压现象。生活垃圾有专人管理,垃圾存放点不准泼倒污水、粪便,适时进行消毒,控制蚊蝇孳生,消除危害因素。

(7)光污染的控制措施。项目部、工地除办公室外的所有夜间照明灯具要 100% 加灯罩,尽可能减少对居民休息的影响。

10 效益分析

采用本工法施工富水千枚岩隧道,平均日进尺 3.75m,比国内已施工的富水千枚岩隧道(西康铁路堰岭隧道、金鸡岭隧道、兰乌二线乌鞘岭隧道)月进尺快 20 ~30m,缩短工期大约 2 个月,节约费用约 240 万元。富水千枚岩地段的安全快速施工为整个项目的按期交工奠定了基础,TSP203 超前地质预报、P - 201 止水膏、各作业班混合变组等新技术、新材料、新措施的成功运用受到陕西省交通厅、陕西省交通建设集团小康建设管理处、设计单位和监理单位的一致好评。富水千枚岩地段施工期间,安全、质量、进度都处于可控状态,提升了企业的社会信誉,社会效益明显。

11 工程实例

小康高速包家山隧道全长11.2km,是小河至安康高速公路最长的一座隧道,也是全国第三长公路隧道。其中我合同段施工左线4 845m,右线4 850m,1号通风斜井746m。隧道按分离式单向行车双线隧道设计,设计行车速度80km/h,洞门采用1:1削竹式洞门。隧道围岩以千枚岩为主,地下水丰富,断层破碎带较多,围岩分级以Ⅳ、Ⅴ级为主,其中富水千枚岩地段共1 970m,占隧道总长的20%,施工难度大。包家山特长隧道于2006年12月开始进入富水千枚岩地段,采用本工法介绍的措施已施工富水千枚岩1 850m,隧道支护体系一直保持稳定,平均日进尺3.75m/d,施工安全、质量、进度满足业主要求,综合效益显著。

浅埋偏压地段双连拱公路隧道施工工法

GGG（中企）D1132—2009

巩荣耀　何海梅
（中铁十二局集团有限公司）

1　前言

公路连拱隧道经常设计于地形、地势崎岖陡峭、长度小于500m、场地狭窄埋深较浅的中低山体中。隧道洞口经常会遇到浅埋偏压情况，并且地质条件较差，而连拱隧道开挖跨度大，洞口段工程遇到浅埋偏压的Ⅳ、Ⅴ级围岩时，传统的方法均是明挖法，即刷坡开槽→边仰坡防护→施工抗滑抗偏压工程→浇筑中隔墙→分别施工左、右洞明洞并做防排水→洞顶反压回填。传统的明挖法在遇到严重浅埋偏压特别是处于古滑坡体地段，山体横坡较陡时，不但开挖和回填方量大、边坡抗滑防护工程量极大、施工速度慢，而且极易造成原山体的扰动，诱发滑坡体的复活，对隧道造成破坏性的严重后果。我们在认真总结以往连拱隧道施工经验的基础上，为了确保施工安全，加快施工进度，针对隧道处在浅埋偏压软弱滑坡体地质条件中的特难点，结合在连拱隧道研究中比较专业的同济大学专家的现场跟踪、监测指导，综合云南思小高速公路全线连拱隧道的施工经验，形成本工法。

2005年12月19日本工法通过了山西省建设厅省级工法关键技术鉴定，当时的工法名称为“整浇曲中墙双连拱隧道在浅埋偏压滑坡体地段施工工法”，其关键技术达到国际先进水平。本工法可广泛应用于浅埋偏压地段连拱隧道洞口工程的施工中，具有较为广泛的应用前景。

2　工法特点

（1）双连拱隧道因其特殊结构，决定了施工工序多，各工序间的相互影响大，且各工序施工的先后顺序与时间间隔直接决定着左右洞受力的先后与大小。双连拱隧道的施工必须要有科学合理的施工组织设计，要理清各个工序的先后顺序及相连关系，在施工过程中尽量减小各施工工序之间的相互影响并根据施工中的实际情况灵活地调整，确保施工质量和安全。该工法中涉及明洞段众多的工序，提出了科学合理的安排各项复杂工序间的施工方案与顺序。

（2）该工法与常规连拱隧道施工方法相比，方案更优化、合理，对山体围岩扰动小，施工过程安全可靠，使隧道结构受力更合理。

（3）该工法具有简化施工步骤，加快施工进度的特点。

（4）该工法具有优化工序、节约成本的特点。

3　适用范围

本工法适用于浅埋偏压地质条件下连拱隧道的施工，可广泛推广应用于地质条件较差（Ⅳ级围岩以上地质）浅埋偏压的连拱隧道施工中。

4　工艺原理

为使隧道施工顺利通过浅埋偏压滑坡体，避免大面积开挖明洞段边仰坡造成本来就不稳定的滑坡体的复活，更加充分地体现环保生态施工理念，本工法是将设计和传统施工中的明挖法施工明洞改为暗挖与盖挖法相结合的方法进行施工,且根据偏压地段连拱隧道有限元法计算分析开挖方案的结果,采用侧压力小的一侧先施工,即主洞施工先山体外侧后山体内侧的顺序进行。并根据量测观察数据来指导开挖、仰拱、二衬等工序的循环进尺、间距与作业时间的施工方法。

5 施工工艺流程及操作要点

5.1 施工工艺流程

施工工艺流程,如图1所示。

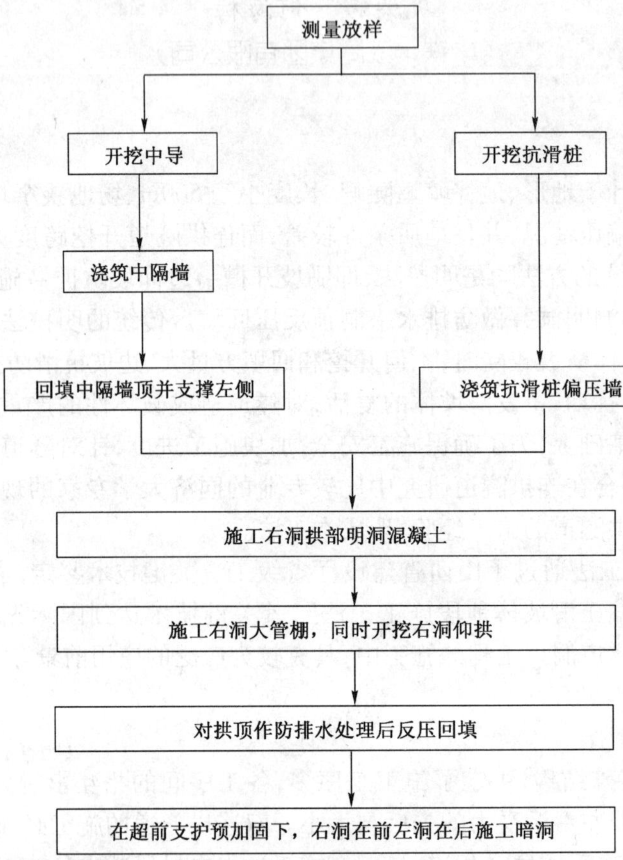

图1 施工工艺流程

5.2 施工步骤

施工步骤,如图2所示。具体施工步骤如下:

(1)开挖右侧偏压墙位置的土石方,开挖并浇筑抗滑桩—I、1。

(2)开挖中导洞,同时浇筑偏压墙承台—II、2。

(3)浇筑中隔墙,同时平行浇筑偏压墙3′、3。

(4)回填中隔墙壁顶部并加固中隔墙左侧支撑。

(5)平整右洞拱部以上土石方,浇筑外侧拱部混凝土—III、4。

(6)施作左、右侧大管棚同时开挖施工右洞明洞段土体及仰拱—IV、V、5、6。

(7)施作右洞顶明洞防水层,用碎石土反压回填右洞拱顶 VI、7。

(8)右洞在前左洞在后,在超前支护预加固下采用台阶法步骤施作暗洞(二衬紧跟)。

5.3 施工要点及综合治理

(1)施工要点

①抗滑桩施工时桩长确定要穿过滑面下延不小于5m。

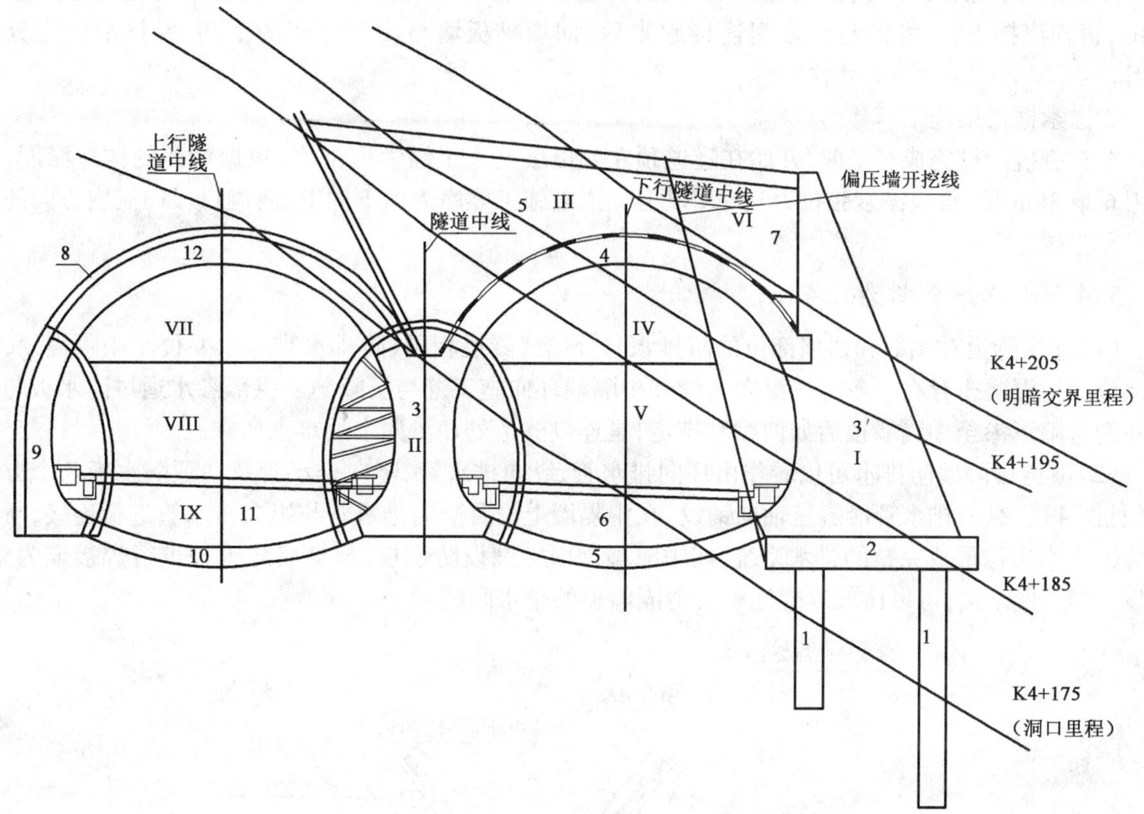

图2　半明半暗段施工程序示意图

②暗洞偏压严重段需在外侧增设抗滑桩，主洞相应里程开挖施工前完成抗偏压结构的施工。

③抗滑桩及中导洞开挖采用人工作业，局部确实要进行爆破时，爆破技术方面要严格控制，短进尺，多打眼，少装药，尽量减少对山体的扰动和对中隔墙的影响。抗滑桩施工跳孔开挖浇注，主洞开挖决不能将中导洞作为临空面进行爆破施工。

④主洞在通过浅埋偏压滑坡体地段时，严格按照"管超前、短进尺、单循环、二衬紧跟"方法施工。

(2)综合治理

隧道在通过浅埋偏压古滑坡体不稳定地质地段时，如果洞顶以上山体高度超过25m，还必须另外采取科学合理的施工方案加固和消除偏压，否则，很可能会因为侧压力过大，造成连拱隧道结构的破坏，发生重大工程事故。处于严重的浅埋偏压地段时，有扰动滑坡体使山体失稳的可能（见图3）。根据地形与隧道设计线形的关系和滑坡体地质勘探结果，采用如下几种方法综合治理施工。

图3　浅埋偏压段施工示意图

①抗滑桩板墙结构

暗洞施工前在右洞右侧边墙外5m，设一排1.5m×2.0m抗滑桩板墙，间距5m，开挖抗滑桩时必须跳孔开挖施工,先施工单号孔,后施工双号孔,待桩基部分浇筑完成后,模筑外露部分至隧道拱顶以上2.0m,再现浇挡土板,将桩与桩之间连接起来后,回填桩板墙与山体之间的空间,使抗滑桩充分发挥作用。

②锚索框格梁施工

在右侧抗滑桩完成一半时,开始在隧道顶左侧山坡上施工锚索框格梁,根据滑面的构造深度,锚索采用6束36m长,每根锚索张拉力达90t以上。锚索施工顺序为由下向上,由洞口段向洞内方向的顺序施工和张拉。

5.4 中隔墙防排水

(1)连拱隧道在拱部和边墙部位的防排水与分离式隧道相同,防排水难点主要位于中隔墙顶,因为此部位二衬混凝土存在一条施工纵向通缝和中隔墙环向施工缝与沉降缝。拱部渗水通过防水板与初支之间的空隙下渗至中隔墙顶后如何顺利排走,是连拱隧道处理渗漏水的难点所在。

(2)隧道中隔墙防排水可以看作由环向排水管、纵向排水管、竖向排水管及墙顶防水板几个方面组成(见图4)。纵向排水管沿隧道轴向铺设,在中隔墙上设置竖向排水管与纵向排水管进行连接,下方接入隧道排水边沟形成完整的排水系统,在中隔墙顶面上铺设防水板,与拱墙防水板进行焊接成为整体,铺设成“U”形结构,可以比较理想地解决中隔墙顶的排水问题。

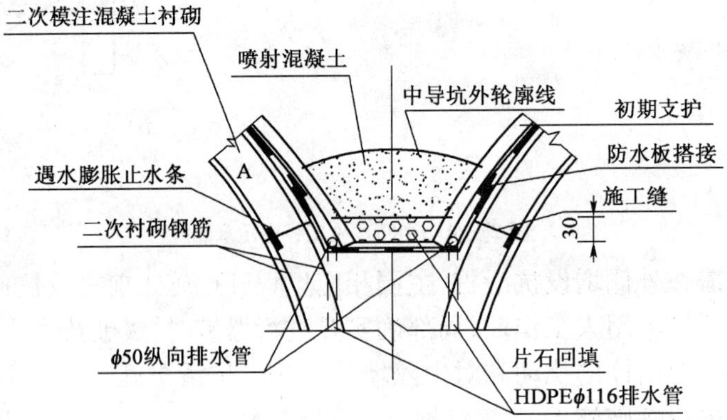

图4 中隔墙排水(尺寸单位:cm)

5.5 监控量测

现场监控量测是判断围岩和隧道的稳定状态、保证施工安全、提供设计信息的重要手段,使支护参数与地层相适应并充分发挥围岩的自承能力,达到确保工程质量、施工安全和进度,合理控制投资的目的。

为全过程监测隧道的安全稳定,并及时监测各主要施工工序阶段引起的沉降动态数值,我方请同济大学专家组对施工过程进行了全过程监控量测。中导洞开挖施工中进行隧道“地质辩论”,为施工提供地质资料。

(1)测点布设

测点大部分设置在II类围岩段,在III、IV类围岩中设置少量测点。

①洞内测点布设

在拱顶设置两个沉降观测点,上半断面及下半断面各设一条水平收敛基线。

②洞外测点布设

正常情况在洞口边仰坡位置环向布设5个点即可,针对曼歇4号隧道进口纵向长距离偏压的实际情况,我部在隧道顶斜坡上布设了两排7个点(下面一排4个点),在桩板墙及偏压墙顶布设4个点,共布设了11个点进行监控。

(2)埋设时间

洞内尽早埋设测点和读取初读数,一般在滞后一个循环进行。洞外在中导开挖后和桩板墙完成后埋设。

(3)量测频度

①洞内量测频度

1 ~15d 内:1 ~2 次/d;16d ~1 个月内:1 次/2d;

1 ~3 个月内:1 ~2 次/周;3 个月以后:1 ~3 次/月。

②洞外量测频度

洞外观察视洞内施工情况确定,一般对应位置正常施工时 1 次/(2 ~3)d,如山体有明显变化时可 2 次/d进行观测。

(4)画出位移随时间变化图

根据位移变化记录,及时画出位移随时间变化图,据此判断围岩稳定状况;并结合肉眼观察经验判断补充。

(5)稳定性判别方法

稳定性判别,可根据位移量值及位移变化速率结合观察结果综合判断。用位移率和位移变化趋势来判断比较有利,一般距离工作面二倍开挖宽度时,位移应基本趋向稳定。若位移变化率仍无减少趋势或速率减少不明显,说明支护强度是不够的,应该加强;若速率量呈上升趋势,则说明洞室有失稳的可能,则应停止掘进,立即采取措施加强支护。

根据这种动态监控量测结果或回归分析数据进行信息反馈及预测预报来判断围岩的稳定性和支护系统的工作状态,全面、动态指导隧道工程的各项工作,实现信息化施工,确定不同地质条件下合理有效的开挖、支护方式、支护时间,为及时变更设计和指导施工提供有力的证据,确保隧道施工的安全与质量以及工程项目的社会、经济和环境效益,确保科技成果的转化,达到技术与经济的最优化,保证工程的顺利进行。

6 材料与设备

6.1 材料

本工法使用的主要材料,如表 1 所示。

主 要 材 料 表 表1

序 号	材 料 名 称	规 格 型 号	单 位	数 量
1	水泥	普通硅酸盐水泥 42.5 级	t	1 700
2	钢筋	ϕ16、ϕ22、ϕ32	t	125
3	工字钢	I20	t	26
4	锚杆	ϕ25 中空	t	1.6
5	锚索	6xϕj15.24	M	648

6.2 设备

本工法所配备的主要设备,如表 2 所示。

主 要 设 备 表 表2

序 号	名 称	规 格 型 号	单 位	数 量	备 注
1	挖掘机	CAT320	台	2	
2	风枪		台	14	
3	装载机	ZL40	台	2	

续上表

序　号	名　称	规格型号	单　位	数　量	备　注
4	自卸汽车		台	7	
5	搅拌机	JZ350	台	2	
6	混凝土输送车		台	3	
7	输送泵		台	2	
8	潜孔钻		台	1	
9	电焊机		台	8	

7 质量控制

(1)项目部成立质量管理领导小组,建立、完善由项目经理、副经理、总工及各业务部门主管组成的质量监控管理体系,施工现场设有专职质量工程师,班组配质量技术员,最终形成全员组织管理体系。

(2)在施工中,决策层、管理层、作业层三级职责清楚、权限分明,自上而下逐级建立工程质量责任制,签订质量责任书,明确工作岗位的质量职责和义务,建立完善的质量责任制度,以确保施工质量得到有效控制。

(3)工程开工前,在认真熟悉设计图纸和规范标准的基础上,由主管工程师向全体施工人员进行技术交底,讲清该项工程的设计要求、技术标准、功能作用及与其他分项工程的关系、施工方法、工艺和注意事项等,要求全体人员明确标准,做到人人心中有数,正确指导施工。

(4)特殊部位与关键工序的施工要召集班组成员以上人员进行岗前培训与技术交底,让所有人明白整个施工过程的流水作业与交叉作业的关系,避免盲目蛮干。

(5)严格按设计要求施作超前预支护结构,提高注浆的效果,并在超前支护下"短进尺、弱爆破、快封闭、早成环",使隧道的变形受控,结构安全。

(6)测量资料必须经换手复核无误,再报监理工程师审查认可,方可用于施工。对中线桩、水准点建立定期复测检查制度,测量与施工应建立联系制度,对监控测量的数据及时反馈到施工方案中,并根据反馈信息及时调整施工方法,确保施工质量。

(7)对采购进场的原材料、半成品及成品均要有出厂合格证,并进行检查验收,合格后经报请监理工程师复检认可方可用于施工。进库材料应有出厂证、检验单和材料单,保证合格品进库。库存保管应按性能分批存放,做到先进先用、不积压、不变质。

(8)开挖后按照设计要求加强围岩变形量测监控,根据量测反馈数据及时调整开挖方案,防止围岩坍塌。加强公路隧道无损检测的应用,运用地质雷达、钢筋混凝土保护层厚度测定仪等检测手段,达到对施工质量100%的检测率。

(9)在隧道衬砌施工中加强衬砌结构应力的量测,及时反馈,加强与设计单位和科研单位的配合。

8 安全措施

本工程严格执行《中华人民共和国安全生产法》和《安全生产条例》等相关法律法规和公路隧道行业标准。

(1)坚持标准化作业,严防隧道坍塌、滑坡事故发生。

(2)加强危爆物品管理,做到领用、起爆、清退专人使用,专人监管,确保企业生产安全。

(3)所有参与施工人员必须佩戴安全帽。

(4)把外部劳务纳入安全生产管理全过程,及时签订安全生产责任书并强制上保险,为施工生产创造良好的氛围。在施工过程中认真抓好安全设施的使用和配套完善工作,如在安全用电方面:用电设备必须符合安全技术要求,必须安装漏电保护器;闸刀的使用和安装必须符合安全要求,用电线不得乱拉乱接,不得随意搭接。侧重于初期支护和安全用电,要求支护必须牢固,不得悬空,洞内电线必须绝缘悬挂等。同时利用地质描述和围岩量测等科学手段进行安全分析预测,准确指导安全施工生产。

(5)建立抢险突击队,制定隧道安全预案,建立有值班备勤制度等,做到超前谋划,超前谋略。还要做到"三个到位"、强化"四种意识"、搞好"四个结合"、开展"三无"活动、"安全文明岗"和"安全天天讲"等活动,确保施工生产正常、有序、顺利进行。

(6)油罐埋入地下,消防器材齐全,防火标志醒目,库区周围无明火、无用电,符合安全要求。

(7)针对重要部位、重点对象均采取了"以施工方案来指导施工"的思路进行,避免了盲目性、蛮干、乱干等现象发生。从施工工艺把关,规范操作规程,重视施工工序的衔接,不漏项,不留盲区。在遇到难点、重点等控制工序时,召集相关人员进行会议研讨,方案比选后,再进行现场指导施工,变事后控制为事前预防。

9 环保措施

(1)施工过程中尽量保存原有植被,杜绝乱砍滥伐。

(2)拌和站的砂石料存放场应设沉淀池,处理和冲洗机械车辆产生的废水,应达标后排放。

(3)拌和站、工程材料存放场地、施工便道和生产、生活区道路采取硬化处理,施工过程中经常洒水,防止扬尘对施工人员造成危害和对周边环境的造成影响。

(4)隧道施工中加强通风排烟,洞内有害气体和粉尘含量不超标,确保作业环境良好。洞内作业人员配备必要的劳保防护用品。

(5)施工完成后及时清除临时工程和设施及建筑垃圾,对弃土场进行挡墙及植被防护,以免水土流失。

(6)合理布置施工便道,尽量减少施工便道数量,不在便道两侧就近取土。施工营地合理选择在一定的距离范围内。

10 资源节约

采用暗挖与盖挖法施工取代传统的明挖法施工,不但加快了工程进度,工期提前了2.5个月,提高了施工效率。而且简化了工序,节约了资源与成本,每延米隧道施工中可节约的工程量约为:开挖土石方250m^3;锚索216m;框格梁钢筋360kg、混凝土6m^3;反压回填碎石土25m^3;植草防护15m^2;劳力工费更是节约较多,为企业节约了成本,为社会节约了资源。

11 效益分析

(1)经济效益

浅埋偏压滑坡体地段中连拱隧道采用暗挖与盖挖结合的方法取代传统的明挖法施工,总结了丰富的连拱隧道施工经验,解决了许多技术方案难题,节约了成本,提高了工效,加快了施工进度。由于工程量的节约每延米隧道直接创效约6万元,综合考虑工期及环保等因素,延米隧道创效约15万元,经济效益非常明显。

(2)社会效益

思小高速公路在曼歇4号隧道进口的浅埋偏压滑坡体地质中采用暗挖、盖挖法施工,有效地控制了古滑坡体复活的风险,确保了山体的稳定,节约了投资,加快了施工进度,在连拱隧道重难点技术攻关方面取得了重大的突破,在全线施工中起到了以点带面的作用。并被建设指挥部推广应用到6-1标的麻底河1号隧道工程中,受到了监理及业主的一致好评,取得了良好的社会效益,为企业赢得了荣誉。

(3)环保效益

思小高速公路穿越国家级自然森林保护区,在全国备受关注的亚洲唯一的热带雨林中修建的生态环保路上,该工法一改传统施工中大面积开挖边仰坡的做法,高度诠释了"绿色进洞环保施工",完工后隧道洞顶及洞口周边的思茅松依然挺立,“马刀梁式”的树干(古滑坡体的时间推断依据)清晰可辨,森林与植被资源最大限度地得到了保护,环保、节能效益良好,施工现场环保意识与成效得到国内外专家的认可与好评。

12 工程实例

(1)位于云南省思茅至小勐养的高速公路,由于穿越国家级的自然森林重点保护区,为修建自然环保的生态高速公路,保护好我国唯一的亚热带雨林气候与环境,节约占地,保护森林,设计上采用的连拱隧道较多,第1~2合同段的曼歇4号隧道,隧道里程K4+170~K4+395,全长225m,设计为双连拱隧道,隧道开挖跨度25.2m,通过严重浅埋偏压的古滑坡体地段,被云南思小高速公路建设指挥部、设计院及监理单位定为思小公路建设项目中的重难点工程。在施工过程中备受建设单位、监理单位、设计及监测单位的关注。并将曼歇4号隧道定为“连拱隧道中重点检测科研项目”。由于我部在施工过程中技术方案科学合理,施工方法得当,曼歇4号隧道在全线15座连拱隧道中率先贯通中导洞并安全顺利通过严重浅埋偏压古滑坡体,第一家完成了施工任务重、施工难度大的双连拱隧道,并经云南省交通厅与质检站等部门质量检测合格。在思小公路连拱隧道施工中,我们运用先进的技术方案和科学合理的施工组织,多次受到同济大学、长安大学专家的高度评价和业主的赞扬,取得了良好的经济效益和社会信誉,较好地掌握了连拱隧道通过严重浅埋偏压滑坡体地段的施工技术,并推广应用与6-1合同段的麻底河一号连拱隧道施工中。

(2)思小高速公路6-1合同段麻底河一号连拱隧道,全长305m,进出口段均处于浅埋偏压地质中,开始在进口的施工中采用明挖法施工,造成30多米高的边仰坡多次滑塌,经过反复治理,严重影响了隧道的正常施工。后经业主推广该工法,应用与麻底河1号隧道出口的施工中,不但节约了投资,降低了成本,而且逐渐缓解了工期压力,最终后开工的出口承担了该隧道2/3的施工任务,创造了良好的经济效益与社会效益。

软弱围岩隧道台阶法五步开挖施工工法

GGG(中企)D1133—2009

段琼琳　方　竞　缑晓东　王德安　王昌裕
(中铁七局武汉工程有限公司)

1　前言

隧道通过软弱围岩地段时,由于围岩的整体强度低、自稳能力差、隧道开挖后自稳时间短,甚至没有自稳时间,隧道开挖后拱顶及局部应力集中过大易出现坍塌冒顶,隧道结构极易失稳,给施工带来极大的困难。我公司在恩施凤凰山隧道施工过程中,结合施工能力和现场实际地质条件,依据新奥法原理改进施工方案,采用上下台阶预留核心土分五步进行开挖支护,拱部和边墙分别采用组合模板台车衬砌,成功地进行了施工,并形成了"软弱围岩隧道台阶法五步开挖施工技术";通过四川凉山州官地水电站对外交通公路E标段煤炭沟隧道、杭瑞高速鸡口山隧道等软弱围岩隧道的施工,总结了成功的经验,并取得了良好的经济效益和社会效益。本关键技术获得中铁七局2006年科技进步一等奖;2009年9月10日,中国中铁股份有限公司组织对"软弱围岩隧道台阶法五步开挖施工技术"进行了鉴定,认为该技术成果达到国内先进水平,通过对关键技术和施工工艺及管理经验进行总结形成了本工法。

2　工法特点

(1)减少了对周边围岩的扰动,且台阶之间可平行穿插作业;开挖面稳定,作业较为安全;机械利用率高,施工周期短。

(2)运用上下台阶预留核心土法进行开挖支护,拱部边墙先施作系统锚杆注浆,分部封闭成环,初期支护为网、锚、喷加型钢钢架,二次衬砌为钢筋混凝土结构。

(3)采用五步开挖作业简便,无需使用特殊施工机械,容易推广应用。

3　适用范围

(1)本工法适用于新奥法指导施工的较大跨度、地下水较为丰富的软弱围岩隧道。

(2)本工法适用于各种埋深的IV-V级围岩公路隧道和类似跨度与其他级别围岩的隧道工程,地下水丰富的V级围岩隧道需要采取特殊的施工方法。

4　工艺原理

(1)采用上下台阶预留核心土法施工较大跨度的隧道,其机理是将洞室断面分为上部环形拱部、上部核心土、下部弧形拱部、下部核心土以及仰拱,由于上下部有核心土支挡着开挖面,而且能及时施作拱部初期支护,开挖工作面稳定性好,施工安全有保障。上下台阶预留核心土法施工,如图1所示。

(2)以岩体力学理论为基础、监控量测为依据,采用新奥法原理和控制爆破技术,及时喷锚进行初期支护,针对围岩软弱的特点,经监控量测数据反馈,合理确定工序间的关系。

(3)利用监控位移反分析及初支锚杆轴力、围岩应力、二衬接触应力的量测结果指导施工。

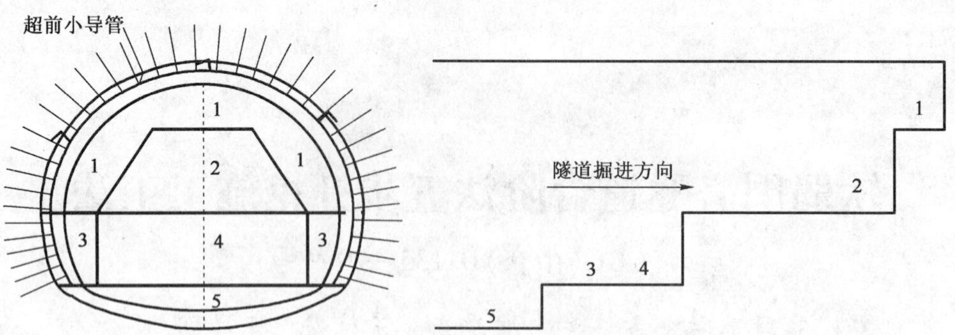

图1　上下台阶预留核心土施工示意图

1-上弧形导坑开挖及支护;2-上核心土开挖及支护;3-下弧形导坑开挖及支护;4-下核心土开挖;5-仰拱开挖及支护

5　工艺流程及操作要点

5.1　工艺流程

施工工艺流程,如图2所示。

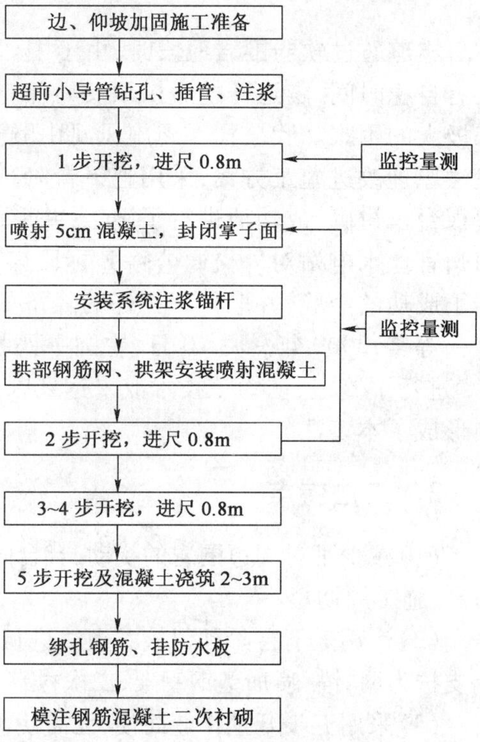

图2　施工工艺流程图

5.2　操作要点

5.2.1　施工准备

(1)熟悉设计图纸,制定详细的施工方案。

(2)地表布置监测桩点,并进行原始数据测量。

(3)分析洞内的地质情况和稳定与否,制定进洞前辅助加固措施。

(4)准备施工队伍和设备,培训施工人员,组合所需的材料。

5.2.2　施作超前小导管

(1)在1步开挖前,按照设计文件在拱部120范围内布设ϕ42mm,$L=3.5$m,$a=0.3$m超前小导管施作超前支护。小导管的搭接长度为30%～50%、型钢间距为0.6m。

(2)钻孔、插入小导管:采用ϕ60mm钻机钻孔,孔径为:延开挖轮廓线向外倾斜α角(外插角控制在5°～10°)。孔位检查合格后,插入小导管,小导管的后端焊接在钢架上然后进行注浆,注浆采用单浆水灰比为:$W/C=1.0$,注浆的初始压力0.5～1.0MPa,终结压力控制在2.0MPa。注浆料的配合比及压力要通过试验参数调整确定。

5.2.3　开挖与支护

(1)开挖顺序:1部先行开挖,随即依次开挖2步→3步→4步→5步。1、3步采用光面爆破后装载机出土至下台,2、4、5步采用挖掘机开挖,15t自卸汽车运输。上下台阶间距控制在15～30m之间。分步开挖,如图3所示。

开挖循环进尺与设计型钢间距相同,即每次开挖进尺与型钢钢架的间距相同,都为0.8m。

(2)初期支护为:C20喷射混凝土厚20cm,I18工字钢钢架间距为0.8m,单层HPB235钢筋网以及法向系统注浆锚杆,每两榀钢架之间设ϕ25纵向连接钢筋,环向间距为0.6m。

(3)喷射混凝土采用湿喷工艺,可大幅度减低粉尘浓度和回弹率,增大一次喷层厚度,提高生产效率,保证工程质量。

①将满足要求的水泥、砂、碎石、水、外加剂按配合比加入搅拌机,拌好后的混凝土加入喷射机的料

斗，根据喷射机的操作规程进行喷射，喷射工艺流程，如图4所示。

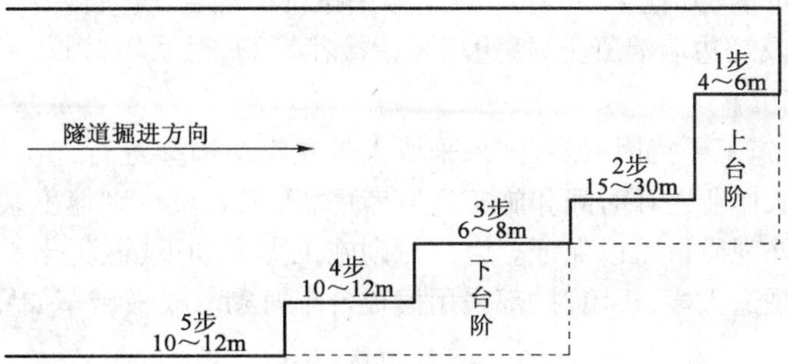

图3 五步开挖示意图

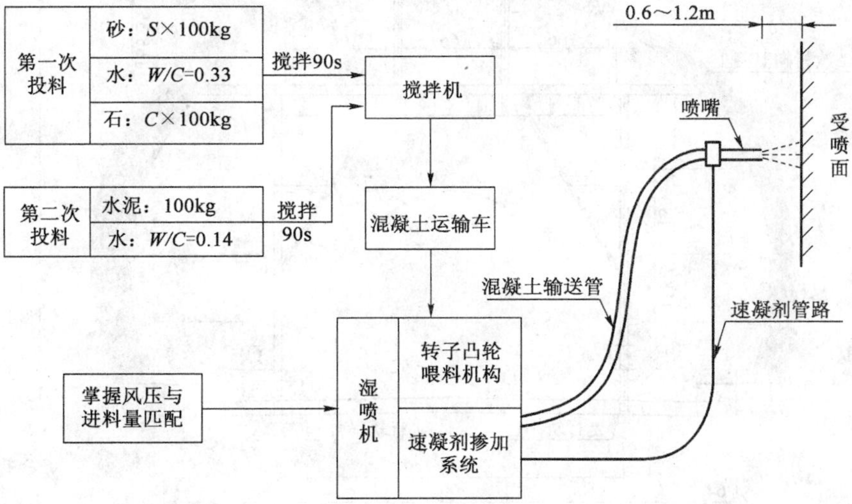

图4 湿喷工艺流程

②设备。500L混凝土搅拌机一台、$20m^3$电动空压机一台、$3m^3$混凝土罐车两台、TK96-1型湿喷机一台。

③人员。湿喷机操作人员1人、喷射手2人、上料3人、运料4人、搅拌3人、电工1人、班长1人，共计15人。

④材料。细度模数大于2.77的中粗砂、碎石最大粒径10mm、P. O42.5级普通硅酸盐水泥、SDJY型高效液态速凝剂、饮用水、高效减水剂。

⑤注意事项：

a. 混凝土材料和易性好，坍落度控制在8～15cm；

b. 风压控制在0.1MPa左右，风量$10m^3$/min；

c. 喷射手要注意喷嘴的方向控制。

(4)施作工序

①在台阶上部测量划出开挖轮廓线，沿轮廓线搭设超前小导管并注浆；采用正台阶法开挖，1步采用光面爆破配合人工出渣，单循环进尺0.5～0.8m；周边初喷混凝土厚5cm，架立钢架，挂网焊上连接杆。钢架0.8m/榀；在周边钻锚杆孔，安装系统径向锚杆并注浆；周边复喷混凝土至设计厚度。

②待1步进尺2～3m时，进行2步开挖。4、5步开挖采用挖掘机配合15t载货汽车出渣。

③上下台阶之间间隔15～30m。开挖下台阶前确定3步开挖的轮廓线，3步开挖采取马口交叉施工，两边不得同时开挖，错开最小间距为3m。开挖采用人力及风镐，周边初喷混凝土厚5cm，架立钢架挂网焊上纵向连接杆，钻孔布设径向系统注浆锚杆，钢架之间的横向连接采用钢板和连接螺栓，并采取

焊接作为加强措施。钢架的底部、背部垫设混凝土垫块,周边复喷混凝土至设计厚度。

④待3步开挖6~8m时,开挖4步、5步,开挖采用挖掘机配合15t自卸汽车出渣,开挖长度控制在10~12m,灌注隧底仰拱及矮边墙混凝土,矮边墙预留接茬钢筋,每循环12m。

5.2.4　二次衬砌施工

隧道施工工序繁多,施工干扰因素多,如果采取人工立模加横撑进行二次衬砌施工,对前方开挖出渣进料造成不利影响。从作业循环时间和施工进度考虑,人工立模衬砌速度缓慢。隧道断面衬砌跨度大,立模加固困难,衬砌外观质量难以保证。因此衬砌施工方案如下:混凝土在洞外自动计量拌和站拌制,混凝土运输,输送泵泵送入模,边墙、拱部采用模板台车衬砌。模板台车如图5所示。

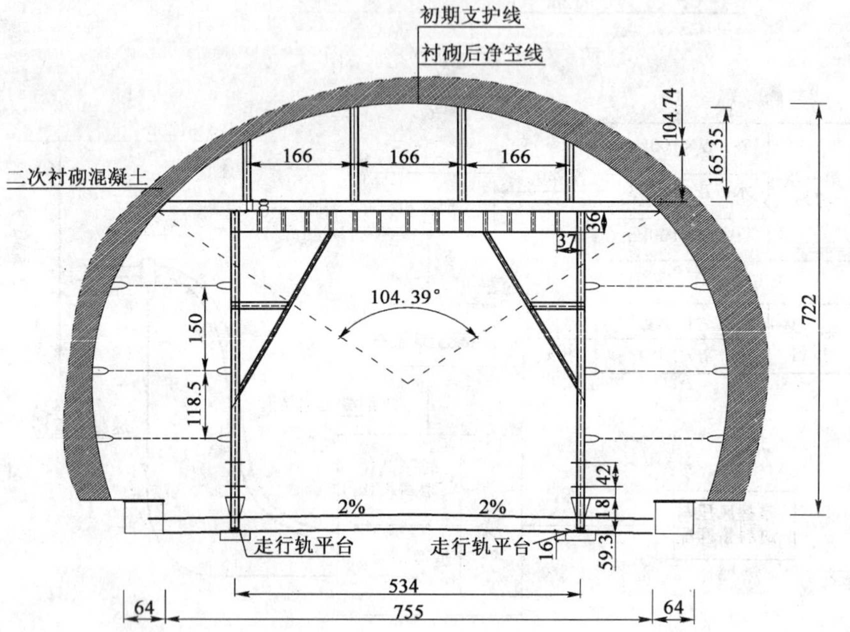

图5　模板台车(尺寸单位:cm)

(1)要求。液压动作,自动行走,拱架配组合钢模,拱架可上下左右动作,内净空可通过ZLC-50装载机。

(2)参数选定。轨距5 340mm,钢轨43kg/m,轨枕槽钢160mm×160mm;门架高度7 126mm。液压系统:系统压力16MPa,泵排量20mL/r。

5.2.5　施工监测项目

监控量测项目主要根据隧道工程的地质条件、围岩类别、跨度、埋深、开挖方法和支护类型等综合条件确定。具体项目、测点布置、量测频率和周边允许相对位移值,如表1、表2和表3所示。

监测项目表　表1

序　号	监测项目	测试工具及仪表	备　注
1	岩性,结构面产状及支护裂隙	放大镜	必测
2	地表下沉	水准仪	必测
3	拱顶下沉	精密水准仪	必测
4	周边位移	收敛机	必测
5	围岩应力	压力盒、水准仪	必测
6	锚杆轴力	应力计	必测
7	衬砌内应力、表面应力及裂隙量测	压力盒	必测

测点布置表 表2

围岩级别	测点间距(m)	水平收敛	拱顶下沉	表面位移
V	10~20	5	3	2
IV	15~30	5	3	2

量测频率 表3

位移速度(mm/d)	距工作面距离	量测频率
>10	0~1*B*	1~2次/d
5~10	1~2*B*	1次/d
5~1	2~5*B*	1次/2d
<1	>5*B*	1次/周

注:*B*为隧道开挖宽度。

根据位移变化速率判别,当净空变化速率连续三天>1mm/d时,需加强支护系统;当拱顶下沉速度<0.07~0.15mm/d,或周边位移速率<0.1~0.2mm,则认为围岩基本稳定。

5.2.6 注意事项

上下台阶预留核心土法施工应坚持"管超前、短进尺、弱爆破、强支护、勤量测、早封闭"的原则。

5.2.7 劳动组织

劳动力组织人员配备,如表4所示。

劳动力组织人员配备表 表4

开挖	人数	衬砌	人数
测量(含监测)	8	防水板铺设	6
钻孔(含锚杆安装及爆破)	20	混凝土生产	12
出渣	15	输送泵	6
喷射混凝土(含架立钢架)	15	混凝土运输及振捣	12
排水、通风道路维护	8	立模定位	14
电工	3	钢筋绑扎	10
合计	69	合计	60

6 机具设备

施工机械设备配备,如表5所示。

施工机械设备配备表 表5

序号	机械设备名称	型号	数量
1	轮式装载机	龙工ZLC50	2
2	挖掘机	卡特320	1
3	自卸汽车	15t	5
4	电动空压机	$20m^3$/135kW	2
5	凿岩机	YT28	8
6	潜孔钻		2
7	搅拌站	350L	1
8	输送泵	HBt60a	1
9	混凝土搅拌机	Js750	2
10	混凝土运输车	vr350	1

续上表

序　号	机械设备名称	型　　号	数　量
11	湿式喷射机	TK96-1	1
12	水泥净浆搅拌机	200a 型	1
13	模板台车		1
14	抽水机	147×106	3
15	电焊机	Xj－600	5
16	切断机	GJ32	2
17	发电机	250kW	1
18	变压器	500kVA	1
19	轴流式风机	55kW	2

7　质量控制

本工法除执行施工设计图纸等文件的有关技术要求外,还应执行《公路工程质量检验评定标准》(JTG F80/1—2004)、《钢筋混凝土工程施工及验收规范》(GBJ 204—1983),同时应注意以下质量标准:

(1)超前小导管钻孔要严格控制外插角,注浆应饱满。

(2)钢支撑应严格测量检查,准确定位,连接良好,拱脚不悬空。

(3)锚杆应确保眼深,注浆饱满,抗拔力达到设计要求。

(4)喷射混凝土达到设计厚度,强度合格。

8　安全措施

施工过程中除严格遵守国家和部颁有关隧道施工安全技术规则外,还要注意以下事项:

(1)设专职工程技术人员做好地质描述和超前地质导报,并根据监控量测的结果,调整支护参数,确保施工人员、设备的安全。

(2)隧道采取光面爆破,严格按爆破设计和《爆破安全规程》(GB 6722—2003)操作施工,严格控制药量,做好软岩的防塌,光爆成型工作。

(3)洞内严格控制进尺,严格按设计和施工方案进行超前小导管注浆,在上一环初期支护没完成以前,不得进入下一环开挖作业。

(4)结构应及时封闭成环。

(5)拱部开挖支护完成,在架设临时竖向支撑后,方可拆除导洞内壁上部的临时支护钢架。

9　环保措施

(1)施工场地的布置与清理

永久性用地范围内裸露地表用植被覆盖。工程完工后,拆除一切临时用地范围内的临时设施和临时生活设施,搞好租用地和弃渣场复耕,绿化原有场地,恢复自然原貌。退场时的场地清理,达到地方政府、群众及其他相关单位的满意,并取得有效的证明文件。

合理布置施工场地,生产、生活设施尽量布置在征地线以内,少占或不占耕地,尽量不破坏原有植被,不随意砍伐树木,并在其周围植草或植树绿化,创建美好环境。

(2)水土保持措施

为了保护环境和洞外水源不受污染,在洞口设污水处理系统,采用隔油沉淀池、气浮设备和二级生化处理设施对施工污水进行处理。

控制施工注浆使用的水泥及其他浆液泄漏,严格按照设计要求控制隧道内排水量。并对进入隧道排水系统中的注浆废液作净化达标处理,避免浆液污染洞外当地居民的生活、生产用水。

靠近生活水源的施工场地用沟壕或堤坝与之隔开,避免水源污染。

施工期间生产场地和生活区须修建必要的临时排水渠道,污水经处理后,与永久性排水设施相接,不致引起渠道淤积冲刷。

施工区域、砂石料场在施工期间和完工后,进行绿化、复耕,减少水土流失。

对弃渣场及时设置防护,且挡墙设泄水孔和反滤层,避免雨季冲刷弃渣,污染河流。

(3)大气污染防治

洞内爆破后进行水幕除烟,溶解炮烟中的 SO_2、NO_2、NH_3 等,避免污染大气。洞外内燃机械安设消烟罩,减轻对大气的污染。

(4)粉尘防治

洞内爆破后采用水幕降尘器降尘。隧道干式除尘机除尘用于喷混凝土和装渣时的除尘。

通过调整供风的风速控制粉尘。根据经验,当洞内风速达到 1.5 ~ 3.0m/s 时,作业地点中空气粉尘的含量会降低至最低。

对施工现场和运输便道等易产生粉尘的地段定时进行洒水降尘,勤洗施工机械车辆,使产生的粉尘危害减至最小程度。

对隧道施工人员发放口罩、防毒面具等,并定期进行体检。

对易松散和易飞扬的建筑材料用彩条布、篷布等严密覆盖,并放于居住区的下风处。

(5)噪声污染防治

加强施工机械设备的维护保养,减少噪声的污染。

洞外易产生噪声的工程(如碎石加工场)晚上应停工。

施工现场严格按照《建筑施工场界噪声限值》(GB 12523—90)中的有关规定和要求进行。

对于产生噪声较大的施工项目,应合理布局施工组织计划,避免夜间施工扰民,尽量减少噪声对当地居民的影响。

(6)生产、生活垃圾的处理

隧道弃渣及弃渣场地清理物,如表土、草皮、树木、树墩、树根、灌木和垃圾等应运到指定地点弃置,不乱弃乱倒。在弃渣场顶外缘设环形截水沟,弃渣场顶向外做坡度不小于2%的排水坡。

对有害物质(如染料、油料、废旧材料和生产、生活垃圾等)经处理后运至当地环保部门所指定的地点进行掩埋,防止泄露、腐蚀造成对生态资源的破坏。

10 资源节约

(1)采用上下台阶预留核心土的施工方法,能较好地保证围岩的稳定性及隧道施工的安全性,减少临时支护。

(2)与原设计施工方案相比,机械利用率高达 90%,减少了能源的浪费。

11 效益分析

(1)在 IV-V 级围岩条件下,采用台阶法五步开挖的施工方法。能较好地保证围岩的稳定性及隧道施工的安全性。且台阶之间可平行穿插作业,互不干扰;开挖具有足够的作业空间和较快的施工速度,隧道掌子面每天掘进达 3m。

(2)衬砌施工中由于采用模板台车,既保证了混凝土的外观质量,解决了各工序的干扰问题,又加快了衬砌速度。与原设计方案相比,机械利用率高达 90%,在短短的两个月内仅人工费一项就为项目节约资金 10 万元,经济效益显著。

12　工程实例

(1)恩施凤凰山隧道位于恩施市城区,为单线双车道分离式隧道,隧道净宽10.9m,净高7m。隧道西洞口段为双跨连拱段,向东边逐渐过渡为小净距段、加强段、两条分离式隧道,南隧长278m,北隧长280.734m,隧道总长558.734m。整体围岩情况为红砂岩,局部区域为铁砂岩。按岩质分类,隧道西洞口为III级围岩,东洞口为V级围岩,洞内围岩自西向东逐渐由III级围岩变化到V级围岩。

(2)雅砻江官地水电站对外交通公路E标段煤炭沟隧道长1 317m,处于古滑坡地带,围岩级别为V级,存在低瓦斯,区域内煤炭沟古滑坡在天然状态下处于不稳定状态,隧道内轮廓宽9.0m,高5.3m。

(3)杭瑞高速公路鸡口山隧道位于湖北省通山县,左洞长2 969m,右洞长2 984.2m。最大埋深约319m。隧道区段有3条断裂(F15-1、F15、F16)与洞身相交,均为早期的EW向断裂,以张扭性为特征,破碎带宽15~30m,倾向350°~15°,倾角72°~82°,后期有硅质热液充填,并在断裂旁侧形成劈理带,造成岩体极为破碎。隧道不良地质主要为断裂及岩溶,IV级及V级围岩。

上述工程隧道施工地段均处于断层挤压带内。隧道围岩为IV、V级围岩,地质特征表现为:围岩呈褶皱挤压状态,岩体强风化、破碎,结构面光滑,岩层软硬交错裂隙很发育,加之地下水相对富集,很容易造成围岩失稳甚至出现小坍塌现象。

中铁七局武汉公司在软弱围岩隧道施工中采用台阶法五步开挖施工工法,坚持"管超前、短进尺、弱爆破、强支护、勤量测、快封闭"的施工原则,使围岩的下沉和收敛得到良好的控制,取得了成功的经验。

隧道穿越大型充填溶洞基底钢管桩注浆加固施工工法

GGG(中企)D1134—2009

陈庆怀　朱玉峰　周泽民　林　琳

（中铁隧道集团有限公司）

1　前言

灰岩地层岩溶及地下暗河发育，且发育的规模、形态、位置不一，这给穿越岩溶地层的隧道施工带来了很大的困难，特别是溶洞位于隧道底部的处治往往较难，处治时既要考虑施工安全，又要考虑结构在使用运营中的安全。目前处治隧道底部溶洞的方法一般有桥梁通过及底部换填加固，桥梁通过施工干扰较大、周期长，对基底地质情况要求苛刻，且不适用于拱墙承受较大压力的情况，底部加固中换填技术对填充物较厚的溶洞且有较大的局限性。

我公司承建的重庆外环玉峰山隧道灰岩地层岩溶发育，且发育的规模较大，溶洞边界在隧道仰拱下15～30m就有4个，其中纵向长度为20～64m，且该工程工期压力相当大。

中铁隧道集团二处有限公司联合设计单位、邀请重庆交通系统专家进行了科技创新，采用了隧道底部钢管桩深孔注浆加固改良基地承载力的方法，对隧道底部特大溶洞，特别是底部深度在10～30m范围内有较好的可操作性，通过底部深孔注浆及钢管桩，提高了仰拱底部承载力，将应力传递至基岩上，将对结构运营安全十分有利。该工法关键技术于2009年通过中国铁路工程总公司评审，成果达到国内先进水平，其合理的工艺参数及科学的资源配备，既保证了工程质量和结构的使用寿命，又实现了平行、快速施工，节省了工期。

2　工法特点

（1）利用地质勘探技术，在物探手段地质雷达、TSP等技术的基础上，对溶洞区纵横竖向进行钻孔取芯，做到准确详尽地了解溶洞的规模及形态，为处治方案提供有力的技术保障。

（2）利用仰拱底部钢管桩深孔注浆处治技术，达到满足结构安全及使用寿命的要求，该技术能实现多个工作面平行作业，并且不会影响前方正常施工，达到快速施工的目的。

（3）利用仰拱底部钢管桩注浆技术与其他跨越或换填等技术相比，具有适应性强、施工干扰小、可操作性强等特点。

3　适用范围

本工法适用于净高在5m以上净空断面积在30m^2以上的各种埋深、各级围岩充填型溶洞的隧道，且溶洞底部距离隧道基底在5m以上、填充介质为黏土夹角碎砾石的铁路隧道、公路隧道、城市地铁、地下停车场等各种洞室的基础处理。

4　工艺原理

（1）利用地质勘探技术探明隧道底部溶洞的规模、形态，了解溶洞内地下水、填充物情况。

（2）利用合理的隧道开挖方法，确保仰拱在基底处治期间的施工安全。

(3)利用钢管桩和注浆技术,提高仰拱溶洞填充物的承载力,确保结构的安全及使用寿命,具体加固深度应根据设计确定。

5　施工工艺流程及操作要点

5.1　施工工艺流程

施工工艺流程和仰拱处治剖面图,如图 1 和图 2 所示。

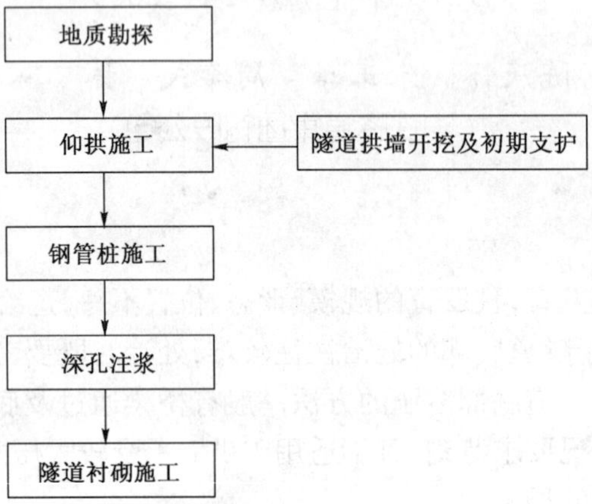

图 1　施工工艺流程

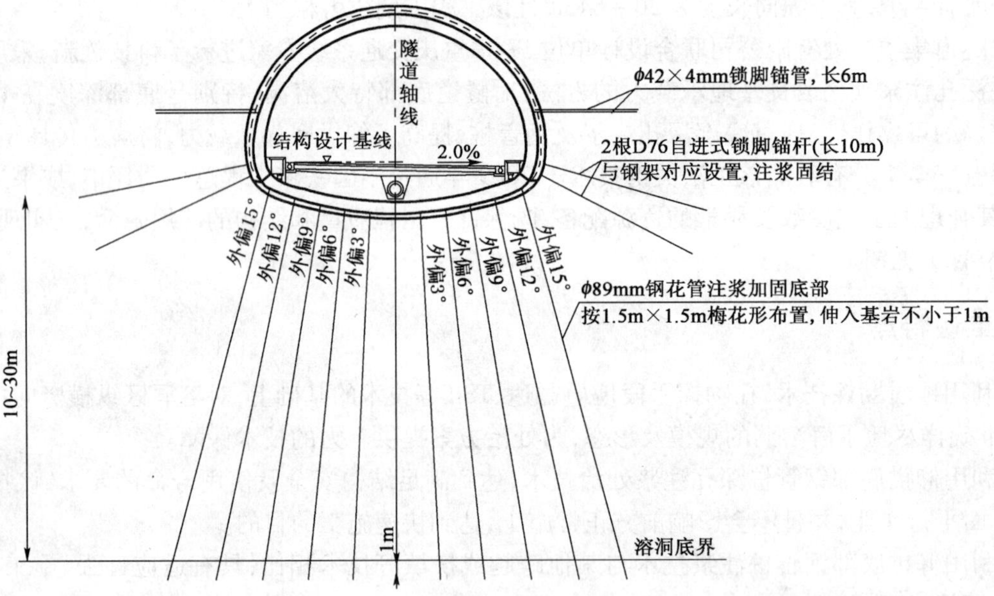

图 2　仰拱处治剖面图

5.2　操作要点

5.2.1　地质勘探

地质勘探应采用不同的探测方法进行互相验证,以保证探测成果精度。溶洞发现后,施工单位应立即施作探孔,并进行必要的物探技术验证。物探技术应采用 TSP、地质雷达与地表高密度电法等方法。如溶洞构造复杂,或施工单位超前探孔与物探成果不一致时,应委托地勘单位做相应的补勘,以保证对溶洞的规模、形态等要素有一准确清晰的认识,补勘探孔布置如图 3 所示。并在仰拱施工前,每 5m 一个断面钻设竖向探孔,一个断面布置三个,中线及两侧各一个,探明仰拱底部堆积层厚度,以确定仰拱底部注浆范围及深度。

5.2.2　仰拱施工

由于隧道底部为溶洞填充物,承载力往往很低,一是初支结构在仰拱未施作期间沉降量很大,二是仰拱开挖后会诱发初支结构发生大的变形,稍有不慎,将引发严重的事故。

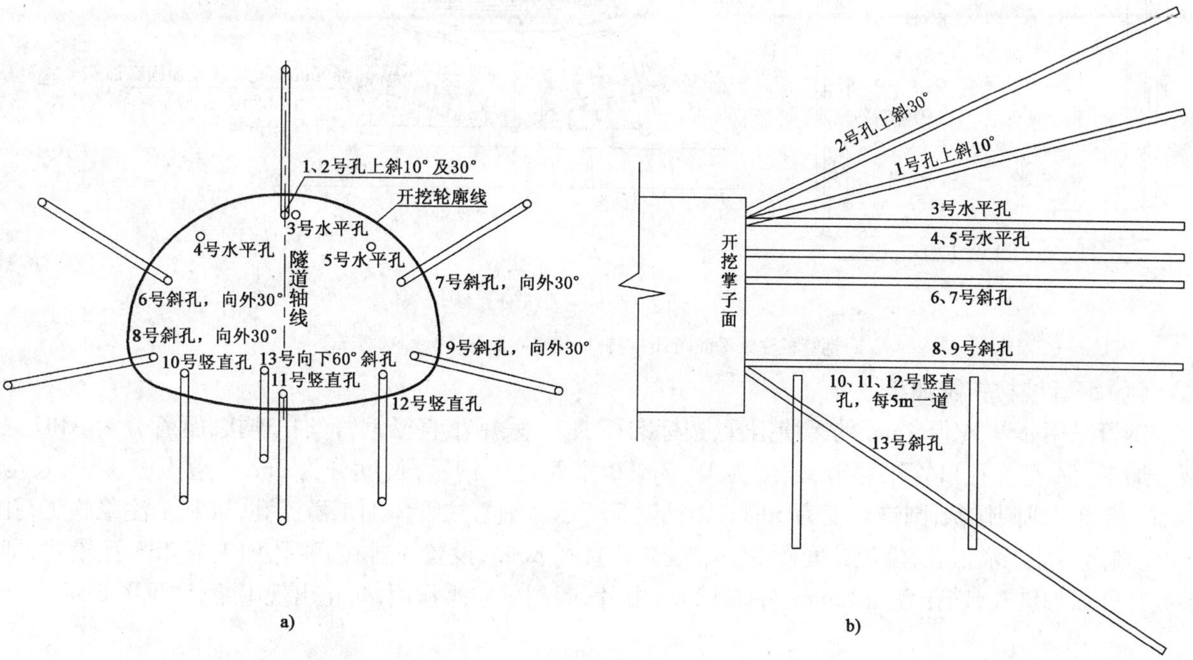

图3　探孔布置示意图

a)探孔横断面;b)探孔纵断面

(1)施工顺序

拱墙加固→仰拱开挖→仰拱结构施工。

(2)施工要求

①拱墙加固

为防止隧道在中下层及仰拱施工时发生掉拱及引起沉降过大而导致坍塌事故的发生,必须采取有效措施对拱墙进行加固。主要措施为:

a. 控制开挖进尺,必须保证中下层及仰拱开挖进尺在一榀拱架。

b. 加长锁脚锚杆长度并保证其施工质量。锁脚锚杆采用 $L=6$m 的 $\phi42$ 小导管注浆加固,并在下层拱脚处设置 $L=10$m 的 $\phi76$ 自进式锚杆注浆加强。并利用自进式锚杆做支撑采用25 槽钢做纵向托梁,将拱架连成整体,以控制初支结构沉降。

②仰拱开挖

该段仰拱必须紧跟,尽早落底成环,仰拱施作长度控制在3m 内,仰拱左右错进距离控制在3~5m。

③仰拱结构施工

仰拱开挖后,按要求施作初支及二衬仰拱,施作时采用 $\phi150$ 钢管按间距 1.5m×1.5m 梅花形预留底部钢管桩。初支仰拱支护参数为:I20b 工字钢@50cm,挂双层钢筋网,$\phi25$ 连接筋@50cm 内外侧交错布置,喷 C20 混凝土 28cm;二衬仰拱支护参数为:$\phi25$ 主筋@20cm,接头采用焊接,70cm 厚 C30 防水混凝土,抗渗强度等级 S8,混凝土要求掺加防水减水共效的膨胀防水剂。施工时保证二衬仰拱左右幅同时施工,不得采用半幅施工,以保证其整体性。

5.2.3　钢管桩施工

仰拱施工完毕待混凝土强度达到设计强度的70%后立即进行钢管桩作业。钢管桩分区作业,分区按纵向10m 布置,钢管桩按 1.5m×1.5m 梅花形布置,详见图4 所示。

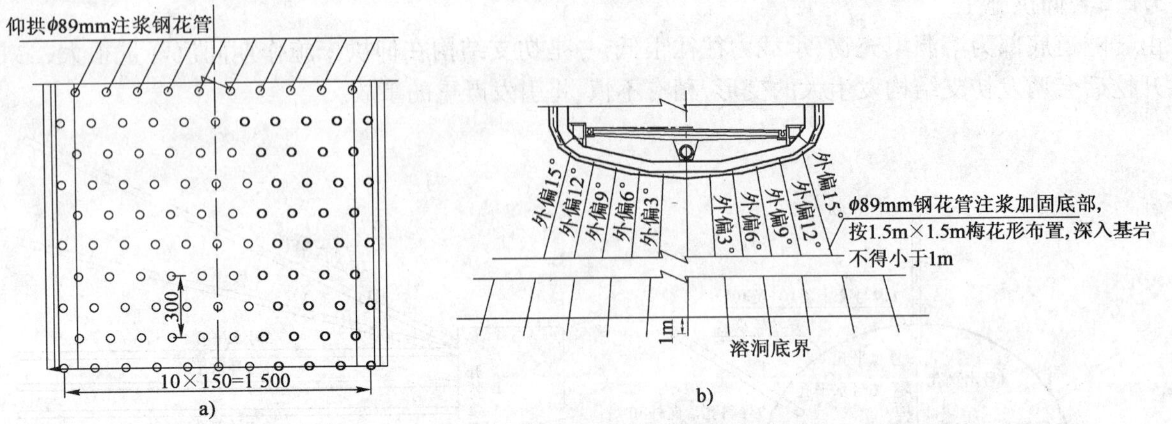

图4 钢管桩布置图

a)钢管桩注浆平面图;b)钢管桩注浆立面图(尺寸单位:cm)

(1)钢管桩材料及加工

钢管采用ϕ89、壁厚4mm的无缝钢管,按标准长加工,采用小直径钢管丝扣连接,钢管分为ABC三种型号加工。A型为孔口管第一节,长度为1~3m;B型为桩中钢管,长度分为3m;C型为桩头管,长度为3m,前端加工成圆锥状,圆锥长度为30cm,详见图5所示。钢管桩管体加工溢流孔,以利于注浆施工,孔口1m范围内不加工溢流孔,溢流孔间距25cm,溢流孔直径8mm,设置4排;溢流孔加工成TSS孔模式,即在溢流孔外面加铣孔,铣孔直径12mm,外贴12mm贴片,起到单向阀作用,防止出现串浆,详见图6所示。

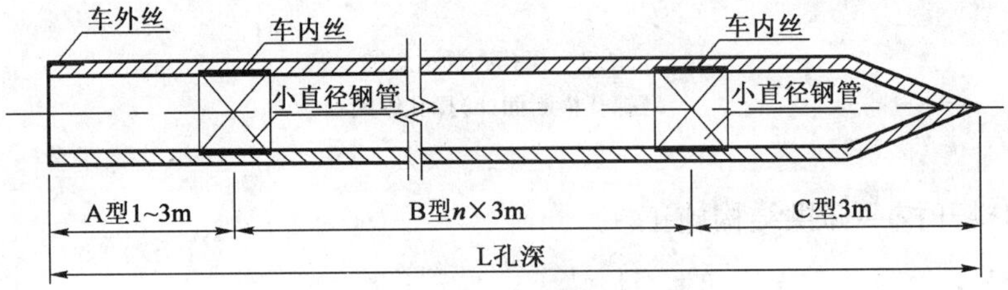

图5 钢管加工及连接大样图

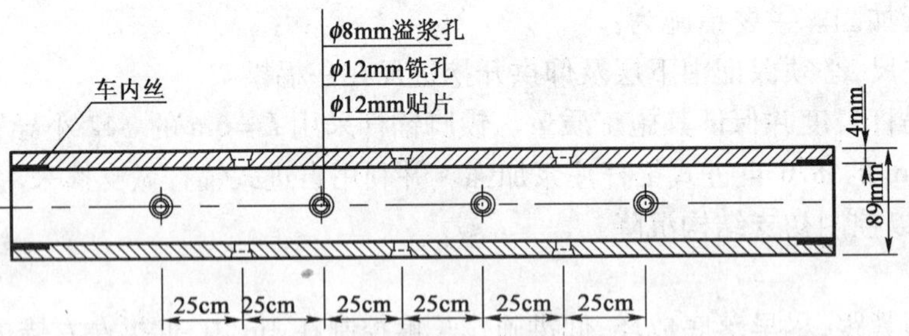

图6 钢管桩溢流孔大样图

(2)钻孔、下管

①成孔采用GY-100型工程地质钻机钻ϕ108孔,钻孔采用分区纵横向错孔间隔钻进,钻孔时从仰拱预留孔位钻孔,钻孔深度深入基岩1m,如存在塌孔现象,应全部跟管作业钻进,钻孔采用干钻,避免基底持力层被破坏。

②成孔后即开始下管,下管完毕后抽出跟管,连接注浆机准备注浆。

5.2.4 深孔注浆

(1)注浆顺序

钢管安装到位后立即进行注浆,采用成孔一个,注浆一个,注浆顺序与钻孔顺序一样,采用纵横向错孔间隔注浆。

(2)注浆准备工作

注浆前先封闭预埋管,后将钢管桩与高压注浆胶管连接,上齐止浆阀,注浆连接详见图7所示。同时对注浆设备进行检查并完成试注,检查设备、管路是否符合要求。

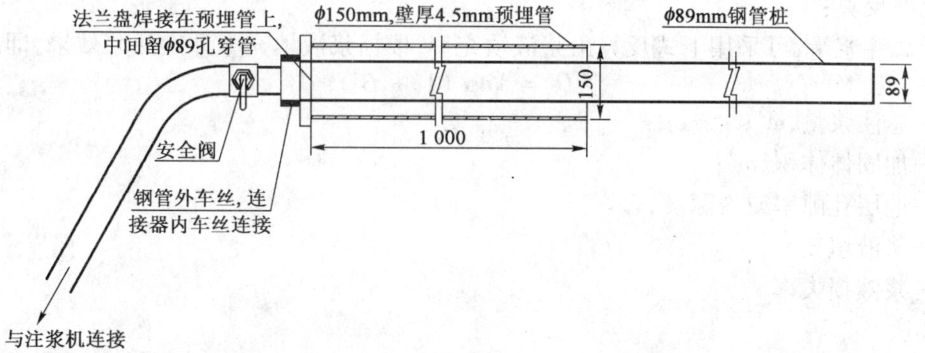

图7 钢管桩注浆连接大样图(尺寸单位:mm)

(3)注浆设备及材料

注浆采用KBY50/70注浆机,注浆浆液采用水泥浆,对个别岩溶出水较严重时采用水泥-水玻璃双液浆。水泥浆水灰比 W/C 为0.6~1,水玻璃浓度35Be′,双液体积比 C/S 为0.7~1,水泥采用PO.32.5普硅水泥。

(4)注浆参数

注浆参数详见表1所示,注浆前应进行现场注浆试验,根据实际情况调整注浆参数,取得注浆施工经验。

注 浆 参 数 表 表1

序 号	参数名称	参 数 值
1	浆液扩散半径	$R=1.5\sim2$m
2	注浆速度	10~100L/min
3	注浆终压	静水压力的2~3倍,一般控制在3~5MPa
4	注浆凝结时间	30s~2min
5	注浆方式	前进式一次性注浆

(5)注浆量计算

单孔理论注浆量如下:

$$Q=\pi R^2\times h\times n\times\alpha\times(1+\beta)\times\gamma$$

式中 R——浆液扩散半径,取1.5~2m;

h——注浆孔深,取实际长度;

n——岩层空隙率,取20%;

α——岩层空隙充填率,取0.8~0.9;

β——浆液损失率,取1.1~1.2;

γ——二次注浆充填率,取30%~50%。

(6)结束注浆标准

采取定压与定量相结合的原则,单根当达到以下条件之一,即可结束注浆:

①注浆压力达到设计终压,注浆速度<5L/min时,持续10min后压力不下降即可结束注浆。

②由于填充区存在局部岩溶通道,为防止浆液随着连通的岩溶通道流失造成不必要的浪费,当注浆量达到单孔理论计算量100%时压力未上升应采取间隔注浆,如达到单孔理论计算量120%后压力仍未上升即可结束注浆。

(7)注浆效果检查及评定

所有注浆孔都结束以后,应进行注浆效果检查。注浆效果检查采用分析法、探孔检查法与注浆固结体强度和变形性能检测进行综合评定。

①分析法。

浆液填充率反算:

通过统计总注浆量,可采用下式反算出浆液填充率,根据浆液填充率评定注浆效果,即

$$\sum Q = Vn\alpha(1+\beta)$$

式中:$\sum Q$——总注浆量,m^3;

V——加固体体积,m^3;

n——地层孔隙率或裂隙度;

α——浆液填充率;

β——浆液损失率。

②检查孔法。

a.选择可能出现的薄弱环节进行钻孔检查,钻孔每5m在隧道左中右分别打设,总的检查孔数量按注浆孔总数的10%(不得少于5个)控制。

检查孔无裂隙和无充填物涌出,不塌孔。

b.检查孔必须取芯,很难取得完整岩芯,但通过检查孔的岩芯中浆液的固结体存在的多少,以及固结体的强度来判断浆液的固结情况和注浆效果。

③注浆固结体强度和变形性能检测。

a.检测固结体强度的方法采用静力触探试验,检测时凿除仰拱进行试验。

b.变形性能根据静力触探试验得到的P_s或q_c值通过由室内试验而得的经验公式换算得到。

如:$S \leq P_s < 30$;$E_o = 9.79P_s - 26.33$。溶洞填充物为黏土。

(8)补充注浆

对于没有达到设计要求的检查孔,应对其区域进行补充注浆,补充注浆根据现场实际情况确定。

5.2.5 隧道衬砌施工

(1)支护参数:ϕ25主筋@20cm,接头采用焊接,70cm厚C30防水混凝土,抗渗强度等级S8,混凝土要求掺加防水减水共效的膨胀防水剂,起到以加快凝结时间及早形成承载拱。

(2)溶洞区两端设置沉降缝与基面段完全断开,防止不均匀沉降引起衬砌结构开挖。

(3)隧道内设置永久观测点,设置在隧道矮边墙两侧,纵向5m一个,长期监测衬砌结构沉降情况。

5.2.6 监测技术与分析

施工过程中应全过程监测隧道结构的变化情况,及时测量各主要工序施工阶段引起的动态沉降数值,并与分析计算值比较,及时反馈指导设计和施工。主要的监测内容参见表2所示。

监测项目汇总表 表2

序号	监测项目	监测仪器	监测频率	监测目的
1	拱顶沉降	WILD-N3精密水准仪,铟钢尺,钢挂尺	初期:1次/2h 后期:1次/6h	了解隧道施工过程中支护结构变位情况及规律
2	结构收敛	坑道收敛计		
3	围岩压力	压力盒,频率接收仪	初期:1次/1d 后期:1次/2d	了解隧道施工过程中围岩压力、接触应力及结构自身应力大小及分布情况
4	初支与二衬间压力			
5	初支钢筋内力	钢筋计,应变计、频率接收仪		
6	二衬钢筋内力			
7	混凝土应变			
8	地下水位	电测水位计	初期:1次/d 稳定后:1次/2d	掌握隧道及溶洞内地下水位情况

注:可根据施工条件和沉降情况增加或减少观测次数。

5.3 劳动力组织

劳动力组织如表3所示。

劳动力组织 表3

项 目	人 数	项 目	人 数
测量放线(含监测)	8	钻孔	35
立拱、喷混凝土、埋管等	20	下管、配料及注浆	25
自进式锚杆施工	15	合计	103

6 材料与设备

主要材料及机械配备如表4所示。

主要材料及机械配备 表4

序 号	设备名称	设备型号	单 位	数 量	用 途
1	钻机	GY-100型工程地质钻机	台	10	钻孔施工
2	装载机	ZLC50	台	2	出渣
3	挖掘机	1.2m^3	台	1	挖渣
4	自卸汽车	8t	台	5	出渣
5	抽水机	80D30×9	台	10	排水
6	电焊机	BX3-500-2	台	10	钢筋、钢管桩等加工
7	车床	CY6140	台	1	钢管桩及注浆配件加工
8	钻床	Z3032×10	台	1	
9	圆盘搅拌机		台	3	浆液拌制
10	注浆机	KBY50/70型	台	3	注浆
11	注浆管	注浆高压胶管(16MPa)	m	150	注浆
12	自进式锚杆动力机		台	2	自进式锚杆施工
13	自进式锚杆	D76	m	实际需要数量	加固围岩及支护结构

7 质量控制

7.1 工程质量控制标准

仰拱处治执行《公路工程质量检验评定标准》(JTG F80/1—2004)。钢管桩及注浆效果允许偏差按表5执行。

钢管桩及注浆效果允许偏差 表5

序 号	项 目	允许偏差	检查频率	检验方法
1	桩长	不小于设计	每孔	测绳量
2	孔径	不小于设计		探孔器
3	桩位	50mm		用全站仪测量
4	竖直度	1%桩长,且不大于500mm		测壁仪
5	注浆效果	满足设计要求	每5m检查三个孔	钻机钻孔取样
6	基底承载力	不小于300kPa	每10m检查一处	静力触探试验

7.2 质量措施

(1)技术人员24h值班,加强施工过程指导及监控,保证溶洞处治安全平稳穿越。

(2)严格组织技术交底,施工方案制定后必须对现场管理人员及操作人员进行交底,做到现场施工人员人人了解溶洞的规模和危害,从思想上得到重视,并让施工人员人人领会处治方案的意图及要求。

(3)坚持三检制度,所有工序必须经过工班自检、质检复检、监理复检合格后方可进行下一道工序,确保施工安全。

(4)注浆工程量较大,特别是底部注浆,试验人员必须全程跟踪,根据地层情况及地下水情况及时调整注浆参数。

8 安全措施

(1)认真贯彻"安全第一、预防为主"的方针,根据国家有关规定、条例,结合施工单位实际情况和工程的具体特点,设置专职安全员,做到每个施工班组都有施工安全管理人员,安全员实行巡查制度,重点巡查存在安全隐患地段,执行安全生产责任制,明确各级人员的职责,抓好工程的安全生产。

(2)建立完善的施工安全保证体系,加强施工作业中的安全检查,确保作业标准化、规范化。实行领导干部值班制度,领导及部门人员靠前指挥,随时应对突发事件。保证隧道通风及照明,应急照明设备运行正常,并设置应急通道。

(3)仰拱开挖时必须按照既定方案施工,保证临时加固措施施工质量。施工时严格控制开挖进尺,开挖后及早封闭。

(4)施工人员严格按要求佩戴劳动防护用品,特别是注浆施工必须佩戴防护镜,保证施工安全。

(5)施工所需的机械设备必须由专业操作工人持证上岗,并保证严格按照相应的安全操作规程施工。

(6)加强监控量测,该段量测桩点5~10m埋设一组,量测频率严格按照监测项目汇总表中要求办理,并及时将量测数据反馈现场指导施工,现场随时根据量测数据修改支护参数。

9 环保措施

(1)成立以项目经理为组长的环境保护领导小组,建立与质量安全保证体系并行的环境保护保证体系,配备相应的环保设施和技术力量,与当地政府和环保部门联合协作,全面控制施工污染,减少污水、空气粉尘及噪声污染,严格控制水土流失,达到国家环保标准。

(2)把环保作为文明施工的首要工作来抓,抓措施、抓设施、抓落实,制定施工现场环境保护的目标责任书,定岗定责,责任到人。

(3)强化环保宣传和思想教育工作,使环保意识全面深入人心,真正认识到环保的重要性。

(4)为了保护环境和洞外水源不受污染,在洞口设污水处理站,采用隔油沉淀池、气浮设备和二级生化处理设施对施工废水进行处理。设专人值班管理,对沉淀池打捞浮油,以及对隧道污水进行处理,直到符合国家规定标准再排放。

(5)控制施工注浆使用的水泥、水玻璃的泄漏,并对进入隧道排水系统中的注浆废液作净化达标处理,避免浆液污染洞外居民的生活、生产用水。

(6)施工区域、砂石料场在施工期间和完工后进行妥善处理,以减少对河溪流的侵蚀,防止沉渣进入河流或小溪。

10 资源节约

本工法所需设备全部使用清洁能源,全为电力设备,避免使用内燃机械。且由于本工法采用钢管桩注浆工艺,与传统的架梁通过相比,节约了大量的钢材,从而达到了节约资源的目的。

11 效益分析

本工法通过隧道底部深孔注浆钢管桩加固的方法改良基底围岩承载能力，并将基底应力传递至基岩，既保证了工程质量和结构的使用寿命，又实现了平行、快速施工。对隧道底部特大溶洞，特别是底部深度在10～30m范围内有很大的可操作性，且对隧道施工干扰较小，推广该工法有较好的社会、环境和经济效益。

12 应用实例

12.1 工程概况

重庆外环玉峰山隧道是全线重点控制性工程，设计时速100km/h，为分离式三车道大跨隧道，最大跨度达18m，隧道左线全长3 702m，右线全长3 671m。隧址区属构造剥蚀低山地貌及岩溶槽谷地形，隧道穿越铜锣峡背斜，隧道与构造线成垂直相交，围岩以砂岩、灰岩为主，含有软质泥岩、炭质页岩，特别是嘉陵江组灰岩地段地下水丰富、岩溶发育，且岩溶发育规模很大。

12.2 施工情况

(1)隧道右线2007年3月31日开挖至K12+916处，掌子面围岩为黏土夹角砾碎石及孤石，稳定性极差，且地下水十分丰富，掌子面左侧出现多处股状涌水，拱部及右侧地下水呈淋雨状。掌子面开挖至K12+936处，围岩为黏土，含有少量角砾碎石，两侧地下水呈股状涌出，开挖后出现了大范围的掉块、坍塌现象。经地勘单位补勘，确定该处发育有一大型溶洞。溶洞纵向长度约64m，横向宽度约34m，溶洞上边界在隧道拱顶上15m，下边界在隧道仰拱下26m，隧道从溶洞中间穿过。该溶洞仰拱底部采用钢管桩注浆加固进行了处治。

(2)隧道右线K13+110～130溶洞，纵向长度20m，溶洞下边界在隧道仰拱下19m，该溶洞仰拱底部采用钢管桩注浆加固进行了处治。

(3)隧道左线LK12+882～944溶洞，纵向长度约62m，溶洞下边界在隧道仰拱下29m，该溶洞仰拱底部采用钢管桩注浆加固进行了处治。

(4)隧道左线LK13+059～079溶洞，纵向长度约20m，溶洞下边界在隧道仰拱下25m，该溶洞仰拱底部采用钢管桩注浆加固进行了处治。

12.3 工程监测与结果评价

采用“隧道穿越大溶洞仰拱底部钢管桩处治”工法进行处治后，经过对衬砌沉降观测看，K12+916～980溶洞处治有一年时间了，最大沉降为1.2mm，其他溶洞均比该溶洞沉降值要小。

采用该工法处治，施工干扰大大降低，既保证了开挖作业与溶洞处治同步施工，又不影响仰拱及填充作业。特别是本工程工期异常紧张，采用该工法既确保了工程质量和结构寿命，又不影响工期，取得了良好的社会效益和经济效益。

海底隧道大断面钻爆法安全掘进施工工法

GGG(中企)D1135—2009

惠建永　梁海青　孙振川　房建华　周旭东
(中铁隧道集团有限公司)

1　前言

厦门翔安隧道及两岸接线工程位于福建省厦门地区，是连接厦门市本岛和翔安区陆地的重要通道，兼具高速公路和城市道路双重功能。隧道全长8.695km，其中隧道长6.05km，两岸接线长2.747km，施工跨度约17m。该工程跨越海域总长约4200m，双向六车道，采用钻爆暗挖法修建。其中由中铁隧道集团有限公司于2005年承建的厦门翔安隧道及两岸接线工程A1合同段内行车隧道起止里程为：ZK6+540~ZK9+700。其中跨海段2582m，覆盖层28.4~47.6m，最大水深28m，拱顶最大静水压力0.62MPa；岩层为火山侵入岩，多断层裂隙，I~V级围岩段设计为钻爆法施工，(V级以机械为主，人工辅助)具有工程工期紧，工程技术和安全质量要求高，需要全面进行探索创新等重点和难点。

厦门翔安隧道头顶无限海水，围岩节理、断层发育，具有与海水联通通道，稍有不慎，就可能带来灭顶之灾；隧道围岩地质软硬交替、频繁变化，需穿越海底几个大型风化深槽(30~113m宽)，施工风险极高；且在国内尚未先例可供借鉴，施工难度极大。

针对工程的特殊性，首先开展了《海底隧道长距离浅埋大跨软弱富水围岩CRD工法施工技术研究》(目前正在申报福建省科技一等奖)及《厦门东通道翔安隧道施工关键技术研究》等科技创新项目研究(目前已通过集团公司评审，正在修改准备进一步评省部级科技奖项)，认真进行爆破设计与开挖工序优化，严格进行施工组织实施，紧密依靠超前地质预报，全程进行爆破监测分析反馈与安全质量控制，综合合理的利用各种辅助功法，选择合理的开挖方法和施工参数，使工程开挖安全顺利完成，工程质量良好，由此总结出本工法。

2　工法特点

2.1　施工安全性高、风险可控，工程质量得以保证

由于海底隧道具有地质条件复杂、勘测资料不全面、施工风险高等特点，针对海底隧道的特殊性质，依靠综合超前地质预报准确探明前方围岩地质，结合开挖支护施工方案具有针对性、施工组织准备充分。采取一系列针对性的安全措施，使海底隧道工程安全施工始终处于可控状态。

(1)信息化施工、工序衔接灵活转换快

地质条件差异较大时，能够将大断面分割成若干小断面进行开挖支护作业，保证了围岩的稳定性及工程施工安全。

(2)周边围岩扰动小

采用上下断面三分部法，减少一次爆破装药量，采用光面、控制爆破技术，减小爆破对多断层、裂隙围岩的扰动破坏；人工和机械的配套组织合理，能有效保证施工安全、质量。

(3)辅助措施规避了隧道施工风险

针对海底软弱富水全强风化深槽，风化深槽施工采用合理的辅助工法及开挖方法，成功地解决了海

底隧道风化深槽高风险、施工难的问题，工程安全、质量得到了保证。

2.2 保护环境

海底隧道施工范围海域为海洋生态保护区，减振爆破能够控制噪声污染，同时保护了国家珍稀动物白海豚。

2.3 安全施工速度较快

针对高风险、高标准的海底隧道施工，月施工240m，作为国内首条海底隧道开创了施工新记录。

3 适用范围

大断面、埋深浅、高水压、裂隙发育等复杂地质的长大海底、水底隧道采用钻爆法安全施工的工程。

4 工艺原理

紧密联系综合超前地质预报，准确分析、判断围岩地质参数，针对工程的特殊性质及特殊要求，合理组织施工、合理配备资源、确定合理的施工参数，采用控制爆破及光面爆破技术，将大断面化整为零，分块分步施工，既能保证施工安全，又能保护海洋生态环境；以前进式注浆、钻杆后退式注浆和钢管孔底注浆相结合的超前预注浆工艺，大管棚超和小导管联合支护、台阶法开挖、径向注浆补强，突破了F1、F2、F4、F5等几个风化深槽，防止了涌水突泥，保证了施工安全；通过综合超前地质预报技术、注浆堵水、洞内通讯及报警、设置防水闸门等防突水涌泥措施，并通过建立和实施应急抢险预案和体系，有效地防止了海底隧道涌水突泥，实现了安全、优质、高效施工。

5 施工工艺流程及操作要点

5.1 施工工艺流程

施工工艺流程如图1所示。

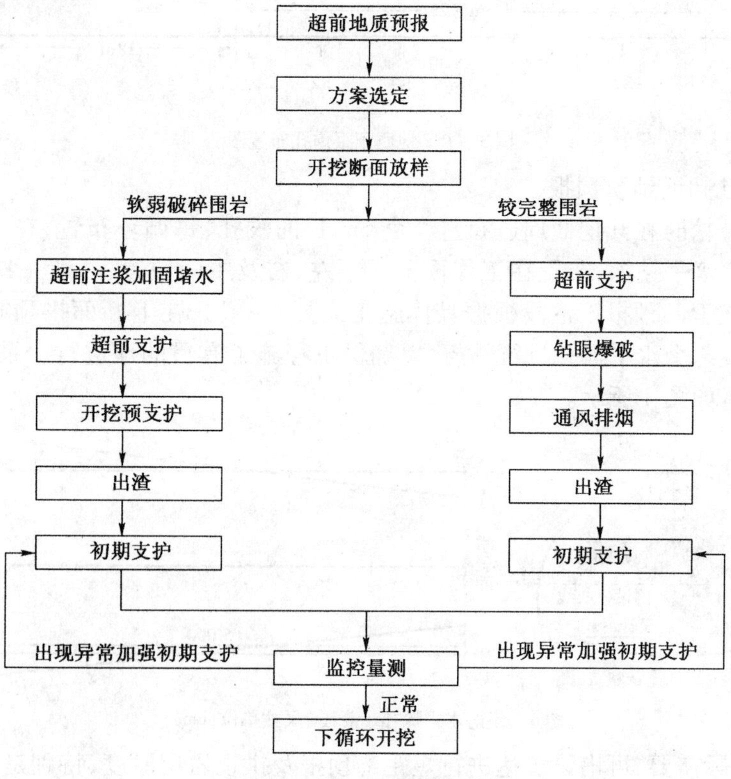

图1 施工工艺流程

5.2 操作要点

5.2.1 超前地质预报

施工中严格执行“有疑必探、先探后挖、不探不挖”的超前地质预报原则。根据地质勘察资料及针对特殊工程性质，工程采取长、短距离相结合和物探、钻探相结合，主要运用 TSP、长短超前探孔等方法和手段组成综合超前地质预报方案(与岩溶区隧道不同，翔安海底隧道主要为花岗岩，故不需要超前探水)，地质预报流程如图 2 所示。最大程度地接近围岩的真实情况，查明隧道的工程、水文地质及不良地质体的准确位置和岩土物理力学参数及岩体强度和可注性等，从而制定合理的施工方案，避免隧道施工中坍塌、突涌水等现象的发生。

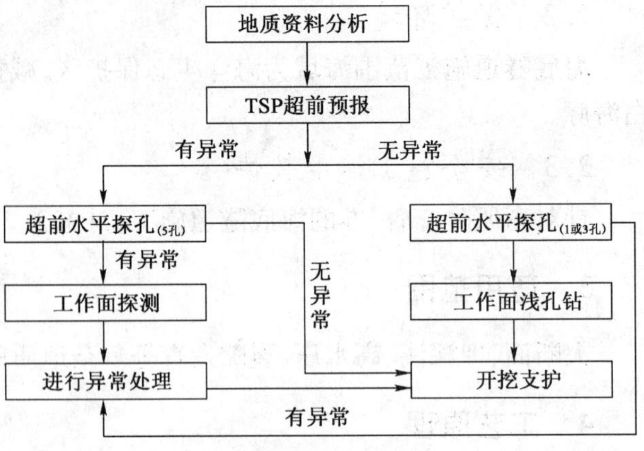

图 2 超前地质预报流程

(1)TSP 超前地质预报

厦门翔安隧道设计采用全程 TSP 地质预报，TSP 地质预报采用 TSP203 预报系统，主要对掌子面前方 100m 范围内进行宏观地质预测。根据设计工程地质资料，在正常段采用单侧布孔预报；在接近风化深槽等不良地质体时，在隧道左右两侧同时布置炮孔，对两侧接受的地震波图进行对比分析，以提高 TSP 探测的准确度及更精确地探明不良地质体的大致产状。炮孔布置如图 3 所示。

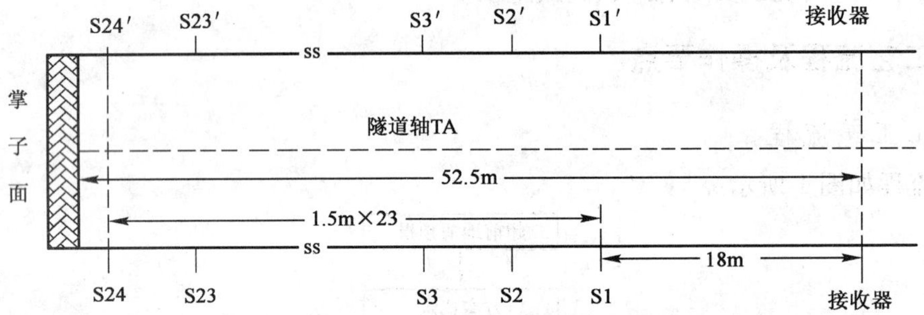

图 3 TSP 地质预报炮孔布置图

(2)长短水平探孔超前地质预报

在 TSP 预报后，开挖时在开挖面周边布置 5 个 6m 长的浅孔，每循环布置；在 TSP 预报异常地段如风化深槽，采用长距离水平钻探，布置在工作面上、下、左、右及中间位置，一般一次探测距离 50m 左右或贯穿不良地质体；在 TSP 预报正常段根据具体施工需要，一般只在上断面拱顶布置单孔或在上断面拱顶和左、右两侧布置 3 个水平探孔进行钻探，以确保工程施工有目的地进行。采用卡萨 C6 钻机或矿岩钻机施工，钻孔布置如图 4 所示。

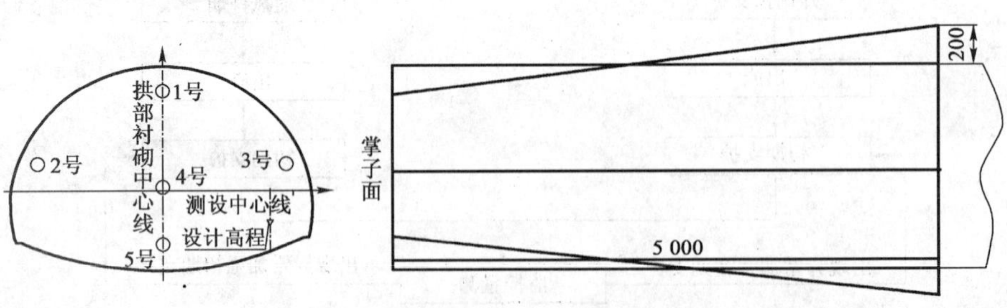

图 4 超前水平探孔示意图(尺寸单位:cm)

此外根据工程实际需要，可增设雷达进行短距离预报及拱顶岩层厚度，特别是在接近风化深槽等不良地质体时，一定要进行雷达顶部岩层厚度雷达探测，以确定是否进行立拱支护，确保工程安全。

5.2.2 开挖施工

由于厦门翔安隧道属于围岩地质复杂多变的隧道，处于高水压、裂隙发育、风化深槽等复杂地质和环境，开挖爆破需使围岩振动破坏小，采用减振爆破技术，保持施工中围岩稳定安全。故在软弱破碎围岩段宜采用台阶分部法或CRD法开挖，在较完整硬岩段采用风钻人工钻爆，分上下断面开挖支护。出渣运输采用机械配套。

1）较完整硬岩段施工

（1）开挖方法的确定

由于断面大，工程地质条件复杂多变，节理破碎带频繁出现，而且隧道头顶无限海水，水压高，施工中极易发生突涌水，施工风险大，稍有不慎将有灭顶之灾，故施工方法必须利于工法、工序的快速转变，方便围岩变差时钢支撑的迅速支护。宜采用上下断面三分部法（即上断面、下断面左、下断面右）。施工时，上半断面先行，下断面采用左右分部交错开挖爆破，开挖一侧时，另一侧作为行车通道（见图5）。

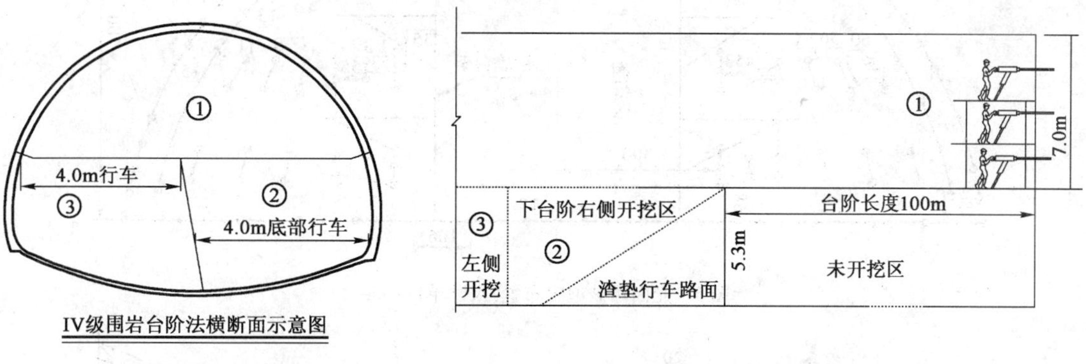

说明：

1. ②开挖时，车辆人员走③；③开挖时，将②开挖面用渣堆起作为行车通道。这样可以解决行车问题。

2. 上下台阶的长度不能过小，否则前后会互相影响，施工速度缓慢。

图5 台阶法开挖示意图

上断面高度和陆域段CRD工法的Ⅰ、Ⅲ部高度保持基本一致，在围岩地质发生变化时可迅速将工法转变为CRD工法，以省去重新定制钢拱架等步骤，充分利用现有的钢拱架延续进行加工和使用。

①断面高度：以安全第一、方便施工为原则。由于厦门翔安隧道地质频繁变化，软弱围岩随时可能出现，要保证围岩的自稳及开挖方法的迅速转变，一次开挖断面不能过大，宜采用钻孔台架的主体高度为4.5m，再从出渣机械设备方面考虑，上台阶的开挖高度可定为7m，这与CRD工法的Ⅰ、Ⅲ部断面高度基本一致。当隧道施工出现险情时，一是断面小更容易处理险情；二是利于施工方法的快速转换，能够确保施工安全。

②初期支护：分Ⅰ、Ⅱ级围岩岩石较好段和Ⅲ级围岩较差段，对Ⅰ、Ⅱ级围岩岩石较好段一般支护参数为C25喷射素混凝土；Ⅲ级围岩较差段支护参数一般为锚、网、喷支护，因为潮湿的洞内环境及海水、部分气体对围岩具有腐蚀性，故开挖过后必须对围岩及时进行支护作业，同时起到封闭围岩的作用，减少岩体与海水和空气接触，保证围岩的稳定性及工程安全。

（2）减振爆破设计

厦门翔安海底隧道地质条件复杂多变，且厦门区海域是国家白海豚保护区。这样为了保证施工安全及保护海洋生态环境，爆破设计需采用减振爆破技术，并进行爆破振动检测。这就要求施工中必须严格控制一次爆破炸药量、分段起爆，同时，因为隧道围岩岩体强度高（Ⅰ、Ⅱ级围岩普遍达到150MPa以上），挟制力大，所以爆破设计也是一大难题。

厦门翔安海底隧道钻爆法开挖Ⅰ、Ⅱ、Ⅲ级围岩均按光面爆破设计，采用ϕ32mm岩石乳化炸药，复式锥形掏槽炮孔内连续装药，周边眼内利用竹片间隔装药，非电毫秒雷管塑料导爆管网络联接起爆。配自制钻孔台架，用18台YT-29气腿式风钻同时司钻，出渣运输机械化配套施工、大风量射流风机压入式通风。

为能保证海底隧道施工安全、海洋生态环境,又能保证钻爆法施工速度,需采用合理的掏槽方式、炮眼布置和装药控制。针对坚硬的花岗闪长岩类,经过反复的试验及爆破监测,采用复式锥形掏槽方式效果较好,即从上、左、右三个方向掏槽,其优点是掏槽面积大、挟制力小、成功率高;掏槽眼分布稀疏,可减少炮孔数量和雷管、炸药数量(Ⅰ、Ⅱ级围岩开挖断面 $84m^2$,炮孔数 151 个,见图 6),炸药单耗为 $1.09kg/m^3$。当掏槽区渣块较大时,可在掏槽区中心布一同孔径的空眼,可装一节炸药,用来控制渣块大小。掏槽眼采用连续装药,为达到减振效果分为 1、3、5 跳段式装药(见图 7)。

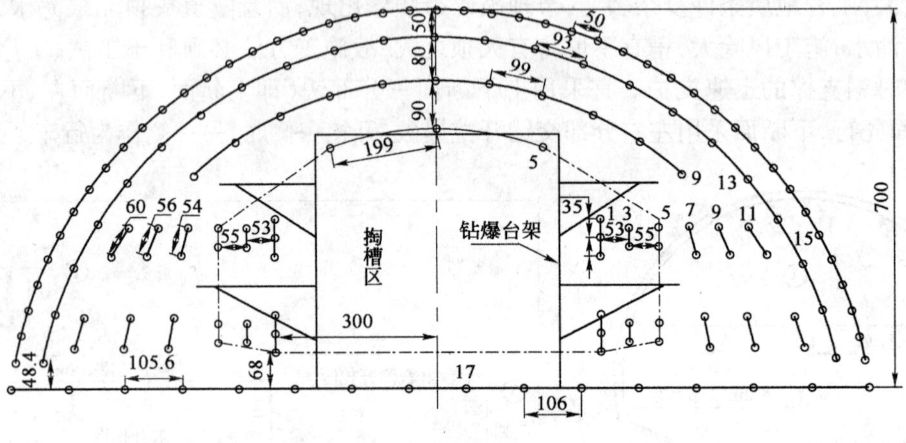

图 6　光面爆破炮眼布置(尺寸单位:cm)

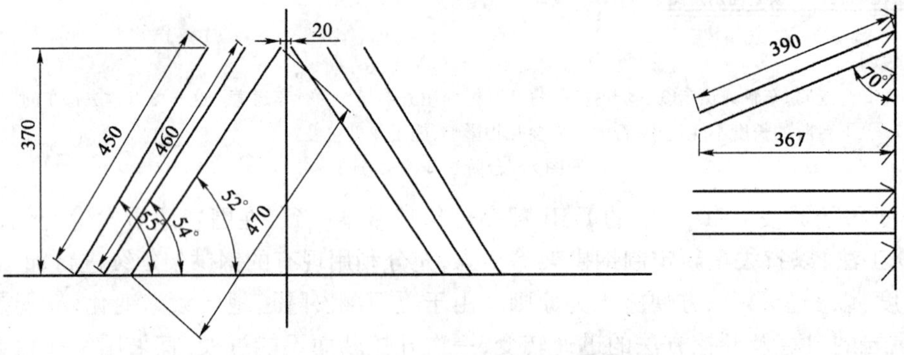

图 7　掏槽眼结构图(尺寸单位:cm)

(3)下台阶爆破设计

下台阶爆破相对较简单,由于上台阶开挖过后,下台阶各部位开挖时至少有 2 个临空面,采用斜眼掏槽方式,小装药量即可爆破成型,只需要控制两侧的光面爆破及底板成型效果即可。下台阶各部位开挖时的炸药单耗量一般为 $0.7kg/m^3$。

(4)Ⅲ级围岩与Ⅰ、Ⅱ级围岩爆破设计的差别

前述爆破设计是以Ⅰ、Ⅱ级围岩为主,本工程实例的Ⅲ级围岩段很少,与Ⅰ、Ⅱ级围岩相比主要是减少装药量及辅助眼数量,周边眼间距略有加大。

(5)出渣采用灵活多变的无轨运输方式

周边眼采用密布眼、少装药、间隔装药方式,既能减小爆破振动对围岩的扰动,保证施工安全,又能保证光面爆破效果。炮孔装药结构及装药量,如图 8 所示。

2)软弱、破碎围岩段施工

厦门翔安海底隧道海域段软弱、破碎围岩段主要是风化深槽及其影响破碎带,为Ⅴ、Ⅳ级围岩,是海底隧道施工的最大难点。为能够保证施工安全,采用超前注浆加固堵水、超前长短管棚预支护,CRD 工法或三台阶七部法开挖,锚、网、喷结合刚拱架联合支护方式。

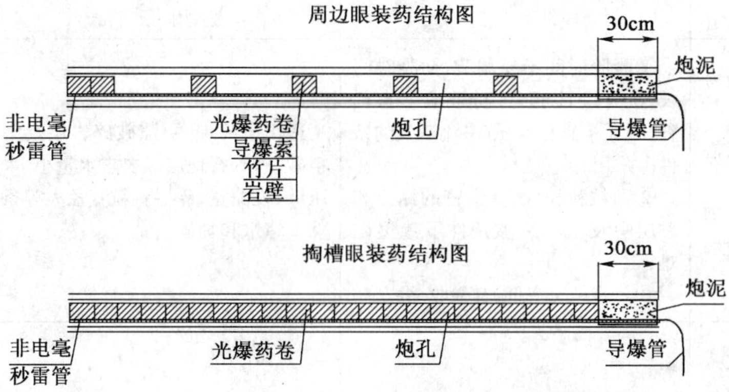

说明：周边眼采用间隔装药结构；掏槽眼满装药，孔口均用30cm长的炮泥封堵。

炮眼名称	炮眼个数	雷管段别	眼深(m)	单孔装药（节）	单孔装药(kg)	单段装药(kg)
掏槽眼	12	1	4.7	16	3.2	38.4
	8	3	4.6	16	3.2	25.6
	11	5	4.5	16	3.2	35.2
辅助眼	8	7	3.5	11	2.2	17.6
	19	9	3.5	11	2.2	41.8
	8	11	3.5	10	2.0	16
二圈眼	23	13	3.5	10	2.0	46
周边眼	45	15	3.5	3.5	0.7	31.5
底板眼	16	15	3.5	13	2.6	41.6
合计	151					293.7

说明：
1. 开挖断面面积84m²，设计循环进尺3.2m，炮眼利用率91.4%，每循环开挖方量268.8m³，平均耗药量1.09kg/m³。
2. 炸药采用2号岩石孔化炸药，药卷直径32mm，长20cm，单节重200g。
3.炮眼直径42mm。

图8　光面爆破装药结构及爆破参数

(1)超前预注浆

厦门翔安隧道风化深槽段施工根据超前地质预报的地质参数差异，采用全断面帷幕注浆及周边注浆方式进行超前加固及堵水。设计循环长度为40m，注浆参数详见表1所示；注浆材料主要选用超细水泥浆单液浆、高强度混凝土(HSC)水泥浆单液浆、普通水泥单液浆和超细水泥-水玻璃双液浆、普通水泥-水玻璃双液浆，见表2所示；各种注浆材料的优缺点和适用条件见表3所列；施工中根据地层的可注性合理选用，见表4所示；注浆方式主要以前进式分段注浆为主结合钻杆后退式注浆、钢管孔底注浆等(钻杆后退式注浆装置及钢管孔底注浆装置现已申报专利)。

全断面超前预注浆参数表　　表1

序　号	参数名称	参数值	备　注
1	纵向注浆加固长度	40m	
2	径向加固范围	开挖轮廓线外5m	
3	浆液扩散半径	1.5m	
4	注浆压力	2.0～4.0MPa	
5	注浆孔直径	ϕ90mm	
6	注浆速度	5～110 L/min	
7	终孔间距	2.2m	
8	注浆方式	前进式分段结合后退式注浆	分段长度3～5m
9	注浆孔数量	见相关设计施工图	
10	C25混凝土止浆墙厚度	3.0m	
11	孔口管	L=3m，ϕ121，壁厚5mm	

浆液配比参数表　　表2

序　号	名　称	配合参数		
		水灰比 W/C	体积比	水玻璃浓度
1	超细水泥单液浆	(0.8～1.2):1		
2	HSC浆	(0.8～1.2):1		
3	普通水泥单液浆	(0.8～1.2):1		
4	超细水泥—水玻璃双液浆	(0.8～1.2):1	1:(1～0.3)	35Be'
5	普通水泥-水玻璃双液浆	(0.8～1.2):1	1:(1～0.3)	35Be'

不同类型注浆材料优缺点和适用条件 表3

材料名称	优点	缺点	适用条件
普通水泥单液浆	①可渗透注入0.5mm的裂隙及平均粒径1mm以上的砂子; ②凝胶时间长,能够进行大量注浆和远距离扩散; ③胶结体具有较高的抗压、抗剪强度,能有效地提高地层的稳定性; ④材料来源丰富,价格较低	①凝胶时间不易调节,初凝时间长,抗分散性能差,易被地下水稀释,因而不宜在水压高、流速大的条件下采用; ②颗粒粒径大,在致密的黏土和砂层中及微小裂隙条件下渗透困难; ③浆液结实率低,容易收缩	适用于节理、裂隙破碎岩层及中粗砂、砂砾石地层。要求水量小、水压低、裂隙宽,砂层颗粒直径大等条件下堵水和加固
超细水泥MC-20和MFC-GM8000单液浆	①可注性强,渗透注浆时能注入宽度>0.05mm的裂缝和平均粒径0.1~0.2mm的细砂层中; ②具有早强、高强的特点,固结体抗压、抗剪强度较高,能得到好的注浆加固效果; ③颗粒粒径小,在致密砂层和黏土层中能得到较好的堵水和加固效果	①终凝时间较长,受地下水稀释影响,对其凝胶性能会产生影响,因而在水压高、流速大条件下会有一定的浆液损失; ②水灰大时,浆液略有收缩; ③价格较高	适宜于各种地层的注浆加固,特别对于致密的粉细砂层、黏土地层等空隙率很小的地层加固和堵水比较有效
超细型HSC浆	①具有较好的抗分散性、能有效地控制注浆区域,适宜在水压高、流速大的条件下注浆施工; ②具有早强、高强、高抗渗、流动度大的特点,可快速提高地层的稳定性; ③具有微膨胀性,胶结后,地层密实度提高	①浆液的抗分散性能受水灰比影响较大; ②浆液的强度受海水影响较大; ③采用海水拌和和海水养护时,强度较低; ④价格较高	适宜于各种地层的注浆加固,特别适用于水量大、水压高、地下水流速大的地层
普通水泥-水玻璃双液浆	①可渗透注入裂隙为0.2mm以上的岩体或平均粒径为0.5mm以上的砂层,可注性较好; ②凝胶时间短且容易控制,具有早强的特点; ③浆液配制容易,使用方便,价格中等	①胶结体后期强度较低,耐久性差,受水长期浸泡容易分解;对地层长期堵水和加固有不利影响; ②注浆工艺比较复杂,容易堵管; ③具有弱腐蚀性,对操作人员健康有一定影响	适用于临时堵水、加固围岩和控制浆液扩散范围以及止浆墙渗漏时的快速封堵

海底隧道不同地层条件下注浆材料选择 表4

地层岩石性	钻孔涌水量 $Q(m^3/h)$	水压力 P(MPa)	主要注浆材料
全风化花岗岩	$Q \geqslant 20$	$P \geqslant 0.2$	普通水泥浆、HSC浆、普通水泥—水玻璃浆
	$10 \leqslant Q < 20$	$0.1 \leqslant P < 0.2$	MFC浆、普通水泥—水玻璃浆
	$Q < 10$	$P < 0.1$	MFC浆、超细水泥—水玻璃浆
强风化花岗岩	$Q \geqslant 20$	$P \geqslant 0.2$	普通水泥浆、HSC浆、普通水泥—水玻璃浆
	$10 \leqslant Q < 20$	$0.1 \leqslant P < 0.2$	普通水泥浆、MFC浆、超细水泥—水玻璃浆
	$Q < 10$	$P < 0.1$	MFC浆、超细水泥—水玻璃浆
中、微风化花岗岩	$Q \geqslant 10$	$P \geqslant 0.1$	MFC浆、超细水泥—水玻璃浆
	$Q < 10$	$P < 0.1$	MC-20浆、超细水泥—水玻璃浆

注浆效果检查采用直观的钻孔检查法，根据注浆状况，确定检查孔位置。检查孔钻深为开挖段长度以内并预留 3m 段。根据检查孔涌水量及强度来决定是否需补设注浆孔。如果每孔每延米涌水量 >0.15L/min或局部孔涌水量 >3L/min，为保证施工安全，需追加钻孔注浆，再次压注直到达到设计要求为止。

(2)超前预支护

为了保证风化深槽段开挖施工安全，采用长短管棚结合的方式进行超前预支护，长管棚采用 $L=40\text{m}$、$\phi=108\text{mm}$、$\delta=6\text{mm}$ 无缝钢管。管棚在注浆完成后施作，并对管棚也进行注浆，长管棚施工采用卡萨钻机成孔；小管棚在每循环开挖前施作，采用 ϕ42mm@ 3.5mm，$L=4\text{m}$ 的热轧无缝注浆钢管。这样每循环都会至少有四层超前预支护管棚。最大程度上棚闭了围岩土体，能够保证隧道在软弱富水地段安全的开挖支护。详见“图 9 所示的长、短管棚结合超前支护设计图”。

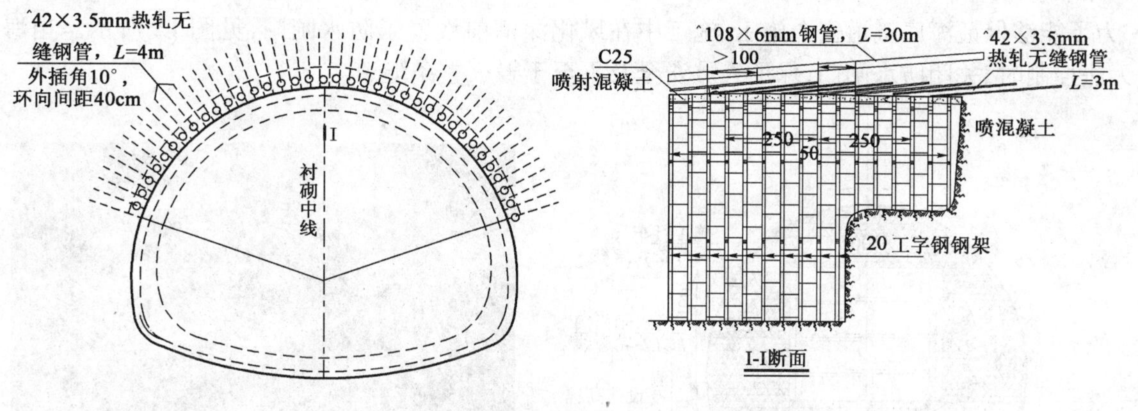

图 9　长、短管棚结合超前支护施工图

(3)开挖支护

在软弱、破碎围岩段(风化深槽段)开挖施工，为能够确保施工安全及结构稳定，主要根据围岩软弱、破碎程度，分别采用 CRD 法及三台阶七部法施工，将开挖面尽量减小，利于围岩的稳定。开挖采用人工风镐配合机械开挖，必要时采用弱爆破。当各部位开挖完成后及时进行支护作业，支护采用以I22工字钢拱架为主要承力结构的锚、网、喷体系(见图 10 及图 11 所示)。

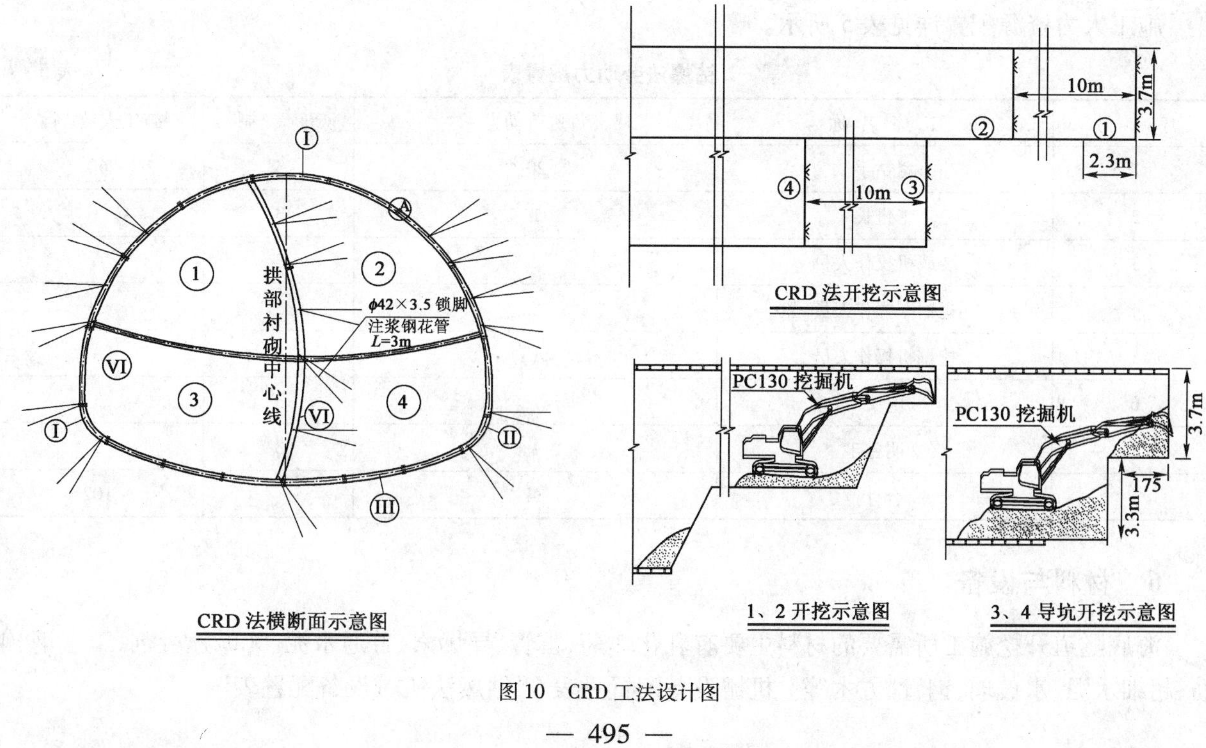

图 10　CRD 工法设计图

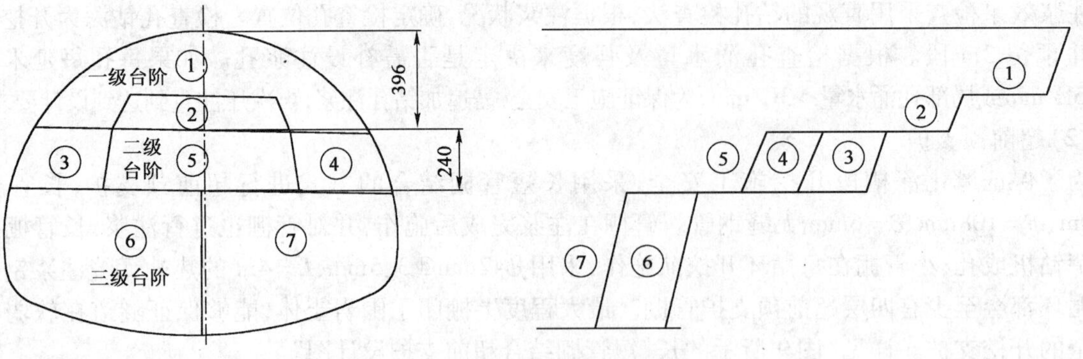

图11　三台阶七部法设计图(尺寸单位:cm)

为了能够保证海底隧道安全施工,施工中在风化深槽前设置了防水闸门,见图12所示。当海水泄涌,无法控制时,关闭防水闸门,保证人员安全及不至于毁灭整条隧道。

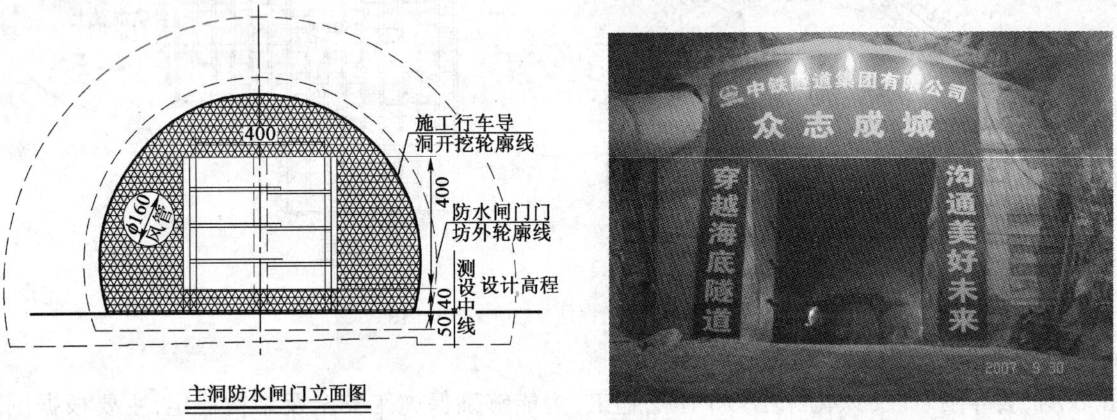

图12　防水闸门设计及工程图(尺寸单位:cm)

5.3　劳动力组织

施工人力资源配置详见表5所示。

钻爆法劳动力配置表　　表5

序　号	工序名称	每班劳动力	班　制	施工人数(个)
1	司钻手	20	3	60
2	工班长	1	3	3
3	装载机操作人员	2	3	6
4	运输车操作人员	8	3	24
5	挖掘机操作人员	1	3	3
6	电工	1	3	3
7	文明施工	1	3	3
	合计	34		102

6　材料与设备

海底隧道开挖施工所需要的材料主要有乳化炸药、雷管、导爆索、普通水泥、无碱速凝剂、工字钢、钢筋、超细水泥、水玻璃、钢管、方木等。机械设备配置见表6"钻爆法机械设备配置表"。

钻爆法机械设备配置表 表6

序 号	名 称	规格型号	单 位	数 量
1	气腿式风动凿岩机	YT-29	把	22
2	装载机	WA470	台	1
3	装载机	CAT966G	台	1
4	铰链式自卸汽车	A25C	台	8
5	挖掘机	PC200/PC60	台	2/2
6	钻孔台架	$H=4.5$m	台	1
7	空压机	XP825E,25 m²/h	台	4
8	钻机	卡萨 C6	台	3
9	注浆泵	KBY50/70	台	6

7 质量控制

(1)为保证光爆效果,司钻手宜全部经过专业培训。掏槽眼、底板眼、辅助眼、周边眼(又分拱部、左边墙、右边墙)分工安排专人负责钻孔,控制好爆破参数及工序的协调,要求达到洞体爆破后成型圆顺,钻爆设计、钻孔参数符合《爆破安全规程》(GB 6722—2003)的要求。

(2)进行爆破监测:将爆破振动速度控制在国标3cm/s之内,尽量减小爆破振动对围岩的扰动;通过爆破监测可知,爆破振速的大小与掏槽成功与否有很大关系,一般在掏槽眼爆破时,产生爆速最大,掏槽成功,则有进尺、地表振速小,反之,则无进尺、地表振动大。即有无进尺看掏槽,振动大小看掏槽。所以,这就要求对掏槽眼的精度、装药量等进行严格控制。

(3)隧道开挖后,要及时进行初喷混凝土作业,防止围岩暴露在空气中时间过长,从而被空气中的H_2O、CO_2、O_2等氧化、腐蚀,影响施工安全、质量。

(4)软弱、破碎围岩段注浆施工要严格施工工艺、严格过程控制,选用经验丰富的注浆队伍,注浆参数、注浆材料要根据地层的可注性灵活掌握,保证注浆效果及质量。

(5)管棚施工要提高施工精度,减少施工偏差,管棚施工完后要进行一次性注浆,填充管棚周围孔隙,并用砂浆填充管棚,提高管棚的刚度。

(6)软弱、破碎围岩开挖支护后,要及时进行回填注浆,使支护体系与围岩密贴,使支护体系尽快起到承重作用,减小围岩变形。

8 安全措施

(1)严格执行“有疑必探、先探后挖、不探不挖”的超前地质预报原则。

(2)备好应急物资:施工中应做好排水准备工作,准备好充足的抽水设备,并有备用。同时保证自发电系统良好运转,以防止施工中大量涌水形成危害;准备好抢险材料、应急救援物资,做好抢险准备工作根据开挖施工参数,应急物资如表7所示。以便在隧道发生险情时,及时进行支护,将险情及时控制。

应急物资储备表 表7

序 号	名 称	数 量	序 号	名 称	数 量	序 号	名 称	数 量
1	装载机	1台	6	水泥	20t	11	对讲机	10台
2	汽车	3台	7	抽水机	10台	12	应急照明灯	10套
3	编织袋	2 000条	8	钢管	若干	13	担架	2套
4	注浆机	2台	9	发电机	三台	14	急救药品	若干
5	速凝剂	5t	10	救生衣	30套			

(3)在风化深槽前设置防水闸门。防水闸门作为风化深槽最后的应急手段,万一洞内出现突涌水,海水进入到隧道内并已到不可收拾的情况下,及时关闭防水闸门,可将突涌水的破坏降到最低、损失降到最小。

(4)防止钻孔注浆时发生突涌水,在空口管处安设止水球阀。

(5)海底隧道施工高压突涌水如同悬在头顶的一把利剑,要求在施工过程中要仔细分析、认真研究每一施工步骤面临的风险,然后提出科学的解决方案和应急预案,并进行应急演练及逃生演练,力求将海底风化深槽施工风险降到最低。

(6)为确保洞内外信息通畅,能够及时了解风化深槽施工情况,第一时间下达正确的施工指令,在各作业点之间设置便捷可靠的通信设备。

(7)进行监控量测:在海底隧道施工中应当加强监控量测。为保证施工安全,施工中建立监测系统,采集围岩和结构安全信息,认真进行分析、处理和反馈,实行动态管理、信息化施工。

(8)设置安全预警系统。当洞内出现紧急情况时,可启动安全警报,安全指示灯会跳到红色预警,能够及时通知各部门人员,及时启动应急预案。

(9)为保证结构安全,支护要加强并紧跟开挖,及时施作二次衬砌。

9 环保措施

(1)喷射混凝土采用潮喷方法(不采用干喷),有效减少了粉尘污染;同时喷射混凝土外加剂采用无碱速凝剂,防止了对环境造成破坏。

(2)采用控制爆破进行爆破,既减少了爆破振动对周边环境的影响,又有效减少了废气对环境的污染。对富水段进行堵水注浆处理,防止海水进入隧道作为废水排放,而影响当地生态环境。

(3)隧道施工时,隧道内每500m设置一个污水处理池和集水池,洞口设置大型污水三级处理沉淀池,确保外排水质达标。

(4)隧道粉尘、噪声、环境振动、施工废水等,要满足《大气污染物综合排放标准》(GB 16297—1996)、《建筑施工场界噪声限值》(GB 12523—92)、《城市区域环境噪声标准》(GB 3096—93)、《农用灌溉水质标准》(GB 5084—2005)等国家标准,每季度检测。

10 资源节约

(1)施工中,各类施工材料及工具采用定人、定量管理,并拟定专门的资源节约制度,严格落实。

(2)喷浆手选用经验丰富、技术水平高的技工,减少喷射混凝土的回弹量。

(3)进行注浆作业时,浆液要随伴随用,并不停搅动,防止浆液由于时间过久而凝固在储浆桶内而造成浪费。

(4)各类机械操作要按操作规程进行,防止对机械设备造成不必要的损害。

11 效益分析

厦门翔安海底隧道采用本工法施工至今,不仅在进度上领先其他标段,而且隧道一直在安全施工,不良因素基本全在控制范围内,创造了国内外海底隧道零伤亡的奇迹,对比国外的海底隧道,如著名的日本青函隧道,33名工人丧生,1 300人伤残。厦门翔安海底隧道取得了良好的社会效益。

该工法采用减震爆破、人工配合挖掘机开挖,既减少了爆破振动对周边环境的影响又有效减少了废气对环境的污染,保护了当地生态环境,环境效益良好。

厦门翔安海底隧道的建成将展示我国工程技术的发展和实力,对推进隧道建设技术的进步,缩小与世界海底隧道先进修建技术的差距,起到里程碑式的作用。对国内诸如青黄、烟大、大连湾,甚至台湾海峡隧道等众多工程的论证、修建将起到很好的案例引导作用,其政治、社会、环保效益巨大,影响深远。

12 应用实例

12.1 应用实例一：厦门翔安海底隧道

厦门翔安隧道及两岸接线工程位于福建省厦门地区，厦门翔安隧道及两岸接线工程位于厦门岛东北端的湖里区五通村与翔安区西滨村之间（见图13）。行车隧道建筑限界净宽为13.50m，内侧设检修道，建筑限界净高为5.0m。如图14所示。

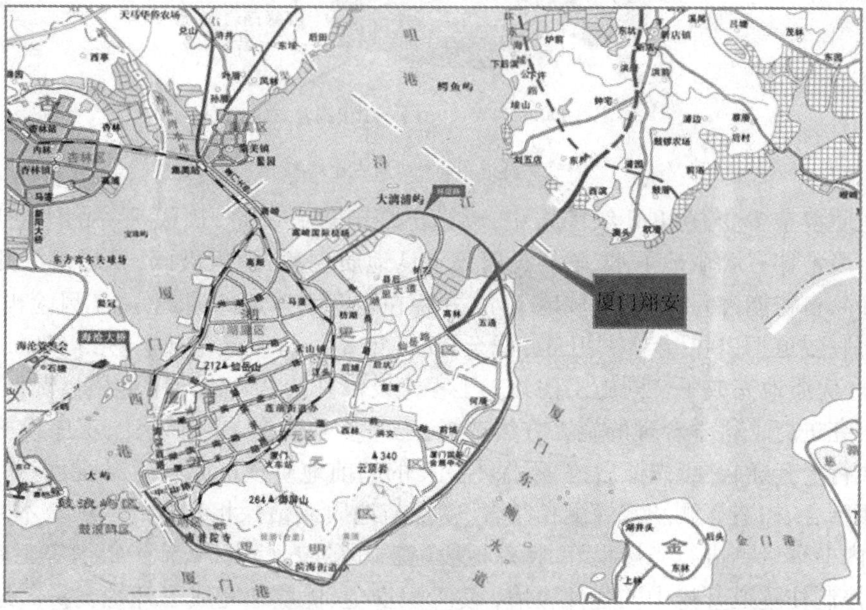

图13 工程地理位置示意图

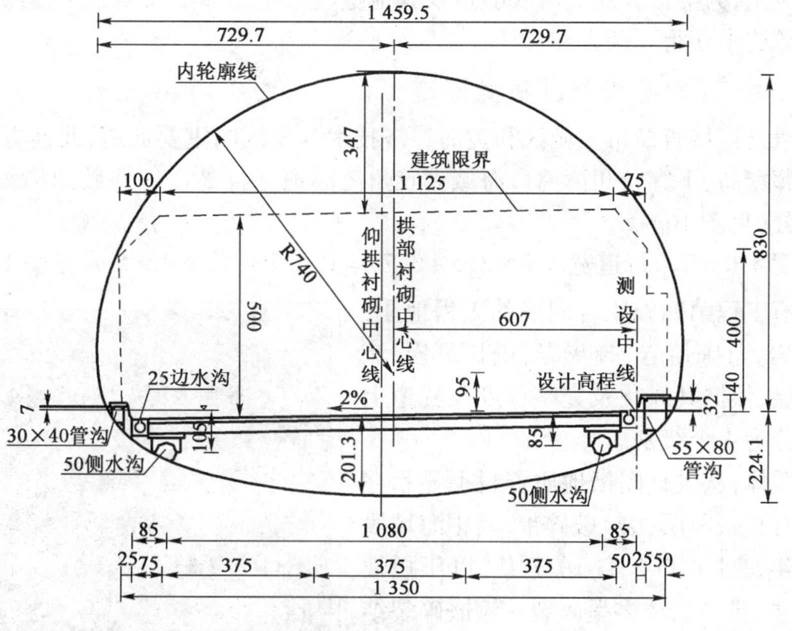

图14 行车隧道净空断面图（尺寸单位：cm）

其中A1合同段基岩以燕山早期第二次侵入的花岗闪长岩及中粗粒黑云母花岗岩为主，其内穿插二长岩、闪长玢岩、辉绿岩（玢岩）等岩脉。岩脉以辉绿岩最为多见，多沿本合同段最为发育的近南北向及北北东向高角度裂隙侵入，脉宽一般不足1m，个别部位宽达10～20m；二长岩脉多分布于F1、F2、F4等几个风化深槽。基岩按风化程度可分为全、强、弱、微四个风化带。

A1 标行车隧道左线长 3 160m(后增加 500m),隧道各级围岩长度及所占标段长度比例见图 15“隧道左线分级所占比例图”;其中,行车隧道 I ~ III 级围岩所占比例占标段总长的 61%,I、II 级围岩占 58.4%。隧道 I、II 级围岩属坚硬岩,岩石普遍强度达到了 150MPa 以上,最大岩石强度达到了 200MPa 以上。

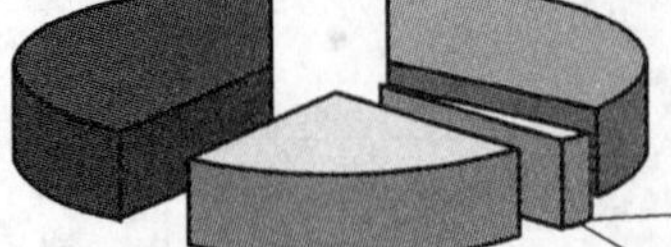

图 15　隧道左线分级所占比例图

隧道围岩地质复杂多变,在 I、II 级围岩中,频繁出现节理破碎带,规模不等的小断层,裂隙集中区等。在这些围岩段常伴有海域地下水、软弱夹层等不良地质现象,围岩破碎,易塌落。几个风化深槽地段围岩软弱、破碎,自稳能力差,富含海域地下水,并存在与海水连通的通道,施工风险极高,难度极大。

厦门翔安海底隧道于 2006 年 3 月开工,截至 2009 年 8 月份服务隧道开挖 3 678m,主洞隧道开挖 3 660m,均已安全优质地完成了合同施工任务。工程建设一开始认真进行了地质情况调查分析,结合开展的科技创新研究进行了科学合理的施工方法选择、工序参数确定、光爆设计、工序设施配套。施工前和施工中严格执行“有疑必探、先探后挖、不探不挖”的超前地质预报原则,按长距离和短距离结合、宏观和微观探测相结合、构造探测和水探测相结合、物探与地质或钻探相结合的四项基本原则进行超前地质预报,结合洞内变形量测进行光爆设计、特殊地段施工方案、开挖支护、施工组织等工序项目参数进行修正,能够及时控制住隧道开挖中的各种险情,使工程安全、优质地完成了开挖支护。经过专家及现场的不断修正使海底隧道各项施工参数更趋于合理,既能保证隧道安全,施工速度也有了提高。

本工法的成功应用,为类似大断面海底隧道及其他隧道采用钻爆法安全施工提供了成功借鉴,在业主的多项建设项目评比中获得了荣誉和好评。

12.2　应用实例二:青岛胶州湾海底隧道

青岛胶州湾隧道是连接青岛市主城区和黄岛经济技术开发区的重要通道,北连青岛市团岛,南接青岛经济技术开发区薛家岛,下穿胶州湾湾口海域。胶州湾隧道是青岛市区环胶州湾范围交通骨干网络系统的重要组成部分(见图 16)。

主隧道限界高度 5.0m ,车行道宽度 2 ×3.5 +3.75 =10.75m,总宽 13.5m(见图 17)。

其中胶州湾隧道工程第四施工合同段的工程地质:主要为微风化花岗岩、角砾熔岩、凝灰岩、正长斑岩、流纹斑岩等火山岩地层,依据其风化及完整程度及隧道上方顶板厚度等状况分为 4 个级别。

主要的不良地质体,从设计图纸地质资料上显示在本合同段内分布共有 9 条断层(裂)破碎带,其中海域段有(f4-5、f4-4、f4-3、f4-2、f4-1、f3-2、f3-1) 7 条,以压扭性和张性断层(裂)为主,带内岩体多呈碎裂 ~ 镶嵌碎裂结构,裂隙多为微张型且发育,破碎带影响带岩体受其影响发育微张型裂隙。

图 16　工程地理位置图

胶州湾隧道工程第四施工合同段主隧道长 3 300m,其中开挖支护长度 3 220m,II 级围岩段长度1 065m,占合同段隧道长度的 32.27%,III 级围岩段长度 812m,占合同段隧道长度的24.61%，Ⅳ级围岩段长度1 100m，占合同段隧道长度的33.33%，Ⅴ级围岩323m，占合同段隧道长度的9.79%。

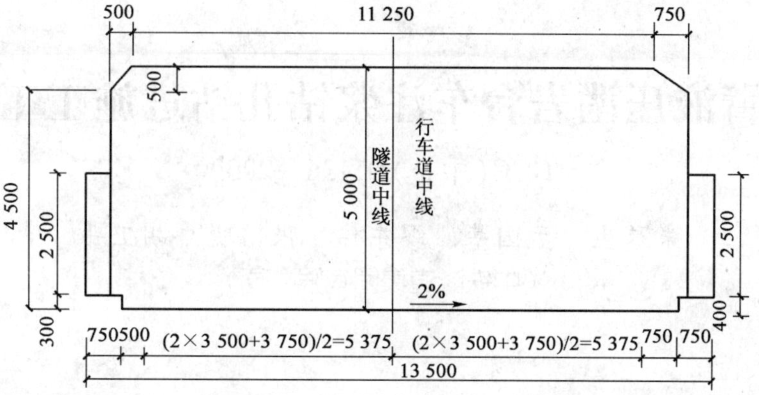

图17　主隧道建筑限界图(尺寸单位:mm)

主隧道起止里程为YK5+600～YK8+900，海域段约1750m，覆盖层厚度约在25.4～35.1m之间。隧道通过海域段最大水深约42m。

青岛胶州湾海底隧道2007年8月22日开工，截至2009年8月份服务隧道开挖3 150m，主隧道上断面开挖2 760m，目前施工正常，安全质量可控。根据本工程存在的断层(裂)构造发育、岩性界面形态复杂、穿越海底的突出特点，在借鉴《海底隧道大断面钻爆法安全掘进施工工法》的基础上，本工程采用以地质分析为主，长距离宏观预报与短距离精确预报相结合、物探与钻探相结合、定性与定量相结合、多种探测方法相互补充验证的综合超前预报方案，结合洞内变形量测进行光爆设计、特殊地段施工方案、普通段开挖支护方案的参数进行修正，能够及时控制住隧道开挖中的各种险情，使工程安全、优质地完成了开挖支护。经过断面的修正参数使海底隧道各项施工参数更趋于合理，既能保证隧道安全，施工速度也有了提高，目前正在利用前期积累的成果快速推进隧道的建设。

三臂液压凿岩台车注浆钻孔钻进施工工法

GGG(中企)D1136—2009

朱琴生　孟国基　缪东伟　张培聪　胡卫平
(中铁隧道集团有限公司)

1　前言

隧道及地下工程在穿越断裂破碎带、岩溶、高承压水、软弱地层等不良地质段时,为有效规避突泥涌水、坍塌等各类地质风险,确保人员及机械设备安全,需要对前方实施预加固处理措施,而注浆作为一种重要的施工工法,起到很好止水和加固围岩的作用。但在超前预注浆施工中,钻孔工程量很大,约占整个注浆段施工工期的70%以上,是超前预注浆施工的控制因素,钻孔速度的快慢影响和制约施工计划能否按时完成。而目前注浆孔钻进施工都存在施工工期长、费用高、环境污染大等缺点,也一直成为施工中难以突破的瓶颈。

由中铁隧道集团有限公司承建部分施工任务的青岛胶州湾海底隧道,工程地质复杂,断裂破碎带多,地下水丰富,钻孔注浆工程量大,针对超前预注浆施工中对钻孔机械的有关要求,中铁隧道集团有限公司积极探索,通过对三臂液压凿岩台车的认识,经过不断改造和改进,不仅使三臂液压凿岩台车适用于爆破开挖施工,还适用于超前预注浆作业,在青岛胶州湾海底隧道开挖及超前预注浆施工中进行了成功的应用和验证,随后又应用于长沙浏阳河隧道,获得了满意的效果,缩短了工期,取得较好的技术、环境、经济和社会等综合效益,并由此总结成工法。

2　工法特点

(1)将原属于爆破开挖的专用设备三臂液压凿岩台车进行改造和改进,使其不仅适用于爆破孔和锚杆孔的钻进,同时还适用于注浆孔、管棚孔等深度小于50m、孔径ϕ45mm ~ ϕ130mm各种钻孔的施工。

(2)与其他钻孔设备相比,三臂液压凿岩台车钻孔速度快,钻孔定位、孔口管安装、钻注工序转换更加便利和快捷,施工作业环境舒适安全。

(3)在断层及软弱破碎带,三臂液压凿岩台车仍能得到运用,提高了台车的使用率,拓展了台车的应用领域。

3　适用范围

(1)适用于Ⅰ~Ⅲ级围岩超前预注浆钻孔、超前地质钻孔、管棚孔及锚杆孔的钻进,经前进式注浆或其他处理措施后,亦可应用于Ⅳ、Ⅴ级围岩中各种钻孔的施工。

(2)适用于钻孔深度50m以内,孔径ϕ45 ~ ϕ130mm各种钻孔的施工。

(3)作业范围可覆盖铁路双线隧道及公路3车道隧道的各个角落。

4　工艺原理

发挥三臂液压凿岩台车快速、灵活的施钻能力,满足不同孔径和工程范围的作业要求,将原台车的钻杆更换为钻孔深度、钻杆强度和刚度更高的美国T38 × 3.66圆形加长钻杆,钻孔中的排渣采用改进后的高压水洗和高压风洗双重系统,按设计孔径大小配置相应大小的钻头由台车进行钻孔,用符合设计要求的设备、机具、材料、工艺进行施工组织，最终完成注浆孔及其他深管孔的钻进作业和检验。

5 施工工艺流程及操作要点

5.1 施工工艺流程

钻孔注浆施工工艺流程如图1所示。

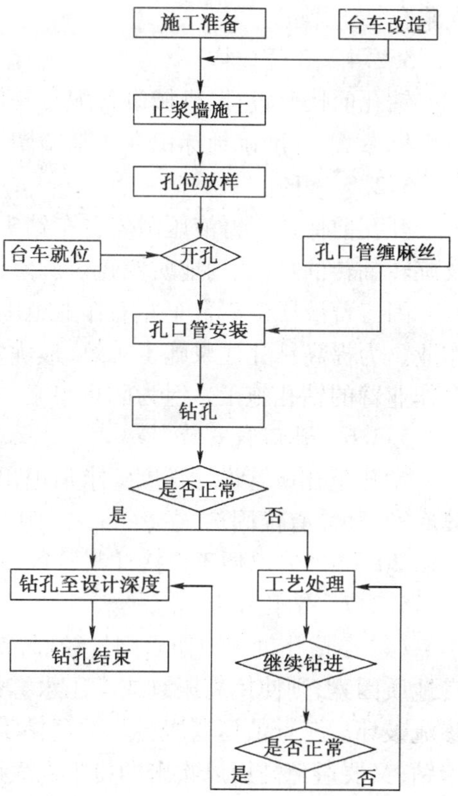

图1 钻孔注浆施工工艺流程

5.2 操作要点

5.2.1 施工准备

施工前合理布置风、水、电管线，场地平整时要考虑顺畅的排水系统，注浆材料堆放台架放置距地面50cm高，严防水淹而板结，现场布置详见图2所示。

5.2.2 台车改造

(1)钻具的改进

超前探孔及超前预注浆都面临深孔施工，深孔施工钻具必须满足强度和刚度要求，即“粗、重、刚、直”原则。因台车属于开挖专用设备，配置用于打设炮孔和锚杆孔的R38(H35/R32)×5.5m六角形钻杆。此类钻具根本无法满足深孔施工要求，经过反复试验，最终引进美国生产的用于潜孔钻使用的T38×3.66m圆形加长钻杆，配套三臂液压凿岩台车使用。这种钻杆满足一定的强度和刚度要求，为台车深孔施工提供了保证。

(2)吐渣冲洗系统改进

由于三臂液压凿岩台车对围岩及地质条件要求较高，一般使用于Ⅰ~Ⅲ级围岩施工，所以吐渣系统配置7.5kW(1.2MPa水压)水冲洗系统。然而水冲洗系统不适应于强风化及软弱地层带，否则由于泥沙冲蚀，造成塌孔卡钻，甚至潜涌及更大的渗流破坏。要使三臂液压凿岩台车满足不同地质围岩的要求，必须对吐渣冲洗系统进行改进，否则台车的使用领域将受到很大的局限。而传统多功能钻机风动原理在一定的程度上避免此类情况。正是通过对这两种冲洗系统的研究，不断的尝试试验，最终建立高压水洗和高压风洗双重系统。

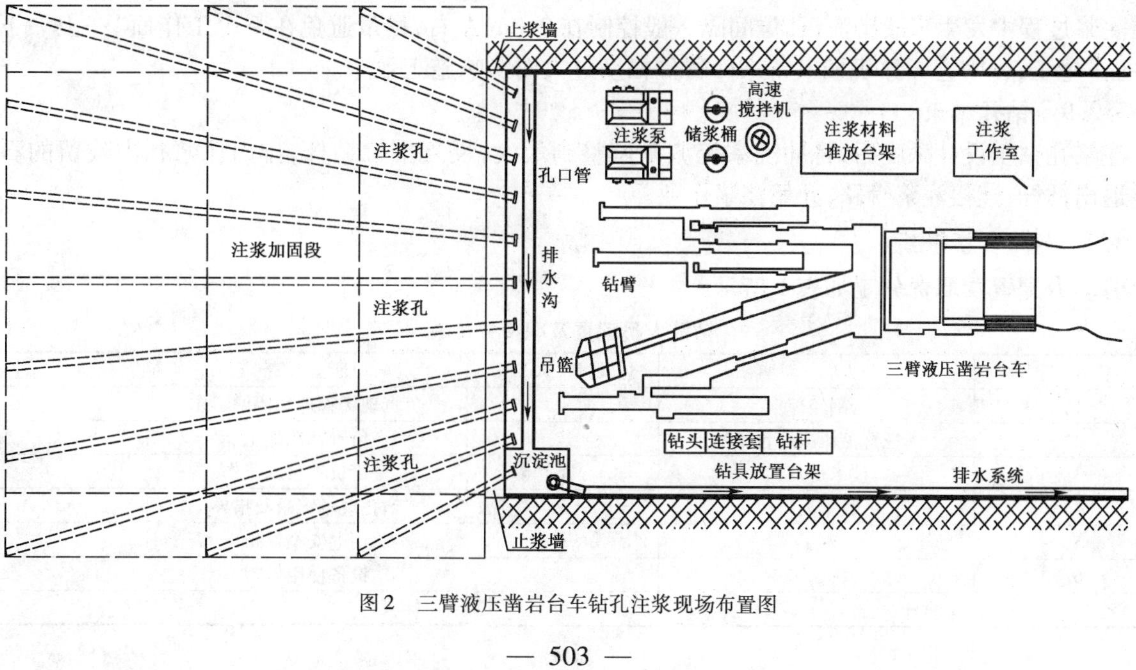

图2 三臂液压凿岩台车钻孔注浆现场布置图

5.2.3 止浆墙施工

止浆墙通常结构为较简单的模筑混凝土或喷射混凝土墙,在注浆前先施工。混凝土墙必须内实外光,喷射混凝土墙要内部密实、表面平整,强度不低于设计值。待墙体混凝土强度达到设计值后才转入注浆孔钻进施工。

5.2.4 孔位放样

钻孔前按照设计、机械设备配套及现场情况,合理布置注浆孔施工区域,然后计算出各注浆孔的孔位坐标参数,并准确地标识在止浆墙墙体上。

5.2.5 开孔

开孔前保持三臂液压凿岩台车钻头与掌子面孔位标识点重合,然后推上台车推进梁,拉伸台车大臂及旋转翻转油缸,使用地质罗盘仪调整钻杆中心线与设计注浆孔中心线相吻合,实施开孔的钻孔作业。

因三臂液压凿岩台车左右作业范围可达15.3m,宽达12.6m,而且台车三个作业臂可独立完成钻孔作业。为提高钻孔注浆施工工效,最优发挥凿岩台车快速施钻能力,可根据现场实际情况,灵活安排三个作业臂的钻孔施工。但为防止串浆,可适当拉开作业臂之间的距离,一般控制在2.0m左右。

5.2.6 孔口管安装

钻孔至孔口管设计长度要求后退出钻杆,利用台车作业平台安装孔口管。孔口管管身缠绕有纺锤体麻丝,外涂有锚固剂,在5min之内用钻机将孔口管顶入孔内,以防止锚固剂凝固。孔口管统一外露止浆墙20~30cm,以便于连接注浆管件。

5.2.7 钻孔作业

(1)在钻孔过程中如果围岩较好,就使用高压水冲洗系统;如果围岩破碎,存在粉细沙、断层泥等不良地质因素,则使用高压风或高压水雾化混合冲洗系统,防止卡钻和钻杆掉失、或者泥沙潜失而造成的渗流破坏。三臂液压凿岩台车的司钻手钻孔施工中要合理控制高压风和高压水的流量,既要防止塌孔卡钻,又要避免高压风吹出的粉尘太大而污染环境。

(2)在遭遇断裂破碎带及涌水量大等不良地质段时,可采用前进式注浆或经其他注浆施工工艺处理后,再实施钻孔作业。

(3)在钻孔的过程中,及时进行洗孔,防止石渣在注浆孔内堆积太多而造成卡钻。

5.2.8 钻孔顺序

按注浆孔布局从外圈向里圈、自上而下进行钻进。每环注浆孔先施工奇数编号(如A1、A3…)注浆孔,然后施工偶数编号(如A2、A4…)注浆孔,偶数编号注浆孔同时可作为注浆检查孔。为防止临近孔位在注浆过程中发生浆液串流,孔位间隔一般控制在2.0m左右,尽量避免在整个工作面"一上一下、一左一右"施工,否则会导致机械设备来回移位幅度过大而影响施工效率。

5.2.9 钻孔结束

注浆孔钻至设计深度后,将冲洗系统流量调整到最大,反复推拉钻杆,排出注浆孔内残留的石渣。然后退出钻杆,连接注浆管路,开始注浆作业。

5.3 劳动力组织

劳动力配置及职责分工如表1所示。

钻孔人员配置及职责分工表 表1

序号	人员	数量(人)	职责	备注
1	副经理	1	负责现场管理和协调工作	
2	三臂液压凿岩台车	12	负责钻孔施工	
3	技术负责人	1	全面负责技术工作	
4	技术人员	3	钻孔现场记录及指导	
5	电工	3	用电安全保障	
6	机修工	9	设备使用保障	
合计		29		

6 材料与设备

6.1 主要材料配置

主要材料配置如表2所示。

主要材料配置表

表2

序 号	材 料	性能型号	单 位	数 量
1	钻杆	T38×3.66	根	40
2	钻头	ϕ130	个	5
3	钻头	ϕ89	个	5
4	燃油	柴油	L	100
5	液压油	壳牌	L	500

6.2 三臂液压凿岩台车主要设备性能

三臂液压凿岩台车主要设备性能如表3所示。

三臂液压凿岩台车主要设备性能表

表3

序 号	名 称	型 号	性能指标	其 他
1	发动机	Deutz BF6M1013C	功率133kW;最大扭矩703N·m;最低机油压力80kPa;排量7.146L;压缩比17.6	
2	钻进系统	DCS18	功率3×55kW,380V;缓冲压力4 000~6 000kPa;最大冲击压力23 000kPa;最大推进压力8 500kPa;增压水泵型号CR16-120;流量70L/min;水压2 000~2 500kPa	3个
3	空压机	LE75	最大工作压力1 000kPa;排量2.6L/s;功率:7.5kW,380V	
4	液压钻臂	BUT 35G	最大提升角70°;最大俯角30°;左右摆角45°;最大延伸1 600mm	3个
5	推进器	BMH6818	长度7 100mm;推进力20kN	3个
6	凿岩机	COP 1838ME	回钻速度0~300r/min	3个
7	工作平台	HL230MB	最大荷载4kN;最大工作半径11 300mm;最小工作半径6 300mm;回钻角度45°;升降范围↑60°,↓35°;工作压力20 000kPa	

7 质量控制

7.1 质量控制标准

(1)孔位误差≤±1cm,钻机定位误差≤±5cm,角度误差≤±0.5°。

(2)注浆孔的孔底偏差应不大于孔深的1/40孔深,检查孔的孔底偏差应不大于孔深的1/80孔深。

7.2 质量控制措施

(1)开孔偏差必然引起终孔坐标偏差,定位过程中严格要求,精益求精。

(2)开孔钻进的前3m一定要采取低冲击、慢钻进的操作方法,减少开孔段的钻进偏差,对随后的深钻孔起到很好导向作用。

(3)钻孔过程中随时检查校正钻杆方向。

8 安全措施

8.1 三臂液压凿岩台车使用安全措施

8.1.1 台车行走安全措施

(1)台车行走前降下升降平台,倒回作业平台,缩回臂架,将推进梁摆成水平,凿岩机保持在始动位置,缩回支腿,方能行走。

(2)台车行走前,应查看场地周围,确认前后左右无人及障碍物后,再按照引导人员的指示信号作业,切不可误触操作杆。

(3)行走时要平稳,避免紧急操作发生意外事故,特别在上下坡时更应注意。由于台车的机体很长,即使转弯角度不大、台车机体的前端与尾端也会极度摆动,故操作时要特别慎重。

(4)行走于狭窄坑道时,要特别注意机体四周情况。卷起电缆时,操作人员必须按照引导人员的指示进行作业。

(5)液压油温应控制在75℃以下,否则应立即停止行走,查明原因排除故障后再继续行走。

8.1.2 台车钻孔作业安全措施

(1)连接水管前,先用压缩空气排除管内的尘埃。

(2)将绝缘的电缆线按色差准确地接在供电装置上。

(3)必须先张开支腿,然后才进行注浆孔钻进及孔口管安装作业。

(4)在进行钻孔作业或在作业平台工作时,严禁移动机体,以防损伤作业臂和推进梁。

(5)若作业臂需移位时,必须先退回推进梁,使顶点离开工作面,同时注意作业臂下是否有人,并且注意施工人员应该在作业臂移位时能触及的安全距离以外。注意作业臂间不要互相碰撞,损坏油管。

(6)作业平台移动时,一定要用手势或信号提醒下方施工人员注意,随时查看下方的作业臂与推进梁的位置。

(7)移动作业臂时,严禁液压油管绊绕。

(8)随时注意查看作业孔石渣排出量的大小,防止堵塞卡钻。

(9)台车运转中,推进梁、油管、液压部件等损伤引起漏油时,应立即关闭发动机或电动机。

(10)工作前检查水泵、空压机等是否正常,并检查管路、接头等有无漏油、漏水和漏气的现象。

(11)台车更换钻杆时,作业平台防护门必须插上安全销,伸缩臂上的配合人员必须佩戴保险绳,严防人员高空跌落。

(12)台车在施钻过程中臂下严禁站人,防止钻杆及连接套坠落伤人。

8.1.3 台车停车安全措施

(1)不能将台车停放在软基处,以及侧壁和顶部有落石或岩崩危险的地方。

(2)台车停放后,应将推进梁和作业臂就行走状态摆成水平位置,各操作杆置于中位,关闭电动机和发动机。

(3)避免在斜坡上停车。若必须停车时,应张开支腿和垫上三角枕木,防止机体下滑。

(4)操作人员因故暂离台车而停止作业时,应切断台车电源。

8.1.4 台车其他安全措施

(1)当台车发动机过热时,立即停止运转,待水温降低后再加注冷却水,保持运转时的冷却水温最高在80~90℃范围内。

(2)发动机运转时,不可碰撞消声器和排气部分,切忌在通风不良处长时间运转。

(3)经常检查电缆是否有破损,是否被履带车辆压住或物体挂住、卡死以及长度是否足够。

(4)工作前应确定各部操作杆、控制装置及仪表应处于正常。

8.2 其他施工安全措施

(1)施工之前现场需设置有一定排水能力的排水系统,并针对性地进行应急演练。准备好抢险材料,以防止施工中大量涌水形成危害。

(2)施工用电架空无碍,并按照动力、照明分离要求布置线路,同时必须安装漏电保护装置。

(3)在扫孔过程中,严禁施工人员正对孔口管方向,防止吹出石渣伤人。

(4)加强施工人员的安全防护意识,进行岗前作业安全培训。进场人员必须持证上岗,进场之前必须穿戴雨衣、安全帽、防尘口罩等防护用品。

(5)在高压水施工地段,孔口管安装后及时安装防突装置,确保人员及设备安全。

9 环保措施

(1)防止施工机械漏油,严禁将机械运转过程中或维修时产生的油污水未经处理就直接排放。

(2)隧道作业面无杂物,场地整洁,现场材料堆码及管线布置整齐美观,规范有序。

(3)落实对隧道通风设施的管理,确保隧道作业环境通风效果,降低粉尘及其他有害物质,并对隧道气体进行监测,确保有害物质含量符合相关规定。

(4)完善现场排水方案并进行排水设备监控,确保排水畅通并经多级沉淀达标排放。

10 资源节约

因三臂液压凿岩台车在胶州湾海底隧道首次使用于深孔超前预注浆,为全面掌握台车在注浆孔钻进施工中的使用性能和施工效率,现场还配备了一台国产 HTYM808 多功能钻机。为提高钻孔速度,又购置一台 2.2MPa 的 ATLAS 柴油 XRHS8360D 空压机配套多功能钻机使用。经过在 2009 年 1 ~4 月同类围岩施工累计采集的数据分析来看,三臂液压凿岩台车在资源节约方面存在很大优势。

根据统计,多功能钻机和空压机燃油消耗每延米 7.8L,而三臂液压凿岩台车由于采用电力驱动,仅在行走和维修时采用内燃驱动,燃油消耗极小,每延米为 0.2L。截至 2009 年 9 月,胶州湾海底隧道累计注浆孔钻进 20 672m,燃油节约 157 107L, 约 133.5t,有力地保护了不可再生资源。

11 效益分析

11.1 经济效益分析

在 2009 年 1 ~4 月青岛胶州湾隧道超前预注浆施工中,三臂液压凿岩台车和多功能钻孔机械综合单耗对比如表 4 所示。

钻孔机械综合单耗比较(2009 年 1 ~4 月) 表 4

项目 \ 分类	三臂液压凿岩台车(RB353E)				多功能钻机(HTYM808)			
	配件	钻具	油耗	电耗	配件	钻具	油耗	电耗
钻孔完成总量(m)	11 558				678			
发生费用(万元)	38.19	25.17	5.63	5.69	0.81	5.3	3.07	—
每延米消耗(元)	33.04	21.78	4.87	4.92	11.95	78.67	45.34	—
每延米消耗累计(元)	64.65				135.96			

截至 2009 年 9 月,胶州湾海底隧道中铁隧道施工段共计完成超前预注浆 10 段,累计钻孔长度 20 672m。根据钻孔每延米机械消耗情况,如果全部注浆孔都采用多功能钻机钻进,需要费用 281 万元,而三臂液压凿岩台车需要费用 134 万元,节省费用 147 万元,工期提前半年左右。

11.2 钻进速度快

根据现场施工统计(见表 5),最有效时台车一个臂的施钻效率近乎相当于 4 倍多功能钻机的施钻效率。如果台车保持两个臂同时作业,基本相当于 7 倍多功能钻机的施工效率,三臂液压凿岩台车在施钻 ϕ108mm 注浆孔曾创下单天钻孔 468.1m 的成绩,这是多功能钻机根本无法完成的。

30m超前探水孔用时比较(min) 表5

设备名称	进场时间	定位	孔口管安装	更换冲击器	注浆孔钻进	退拆钻杆	设备退场	总计
多功能钻机	60	15	20	10	207	80	60	452
RB353E台车	10	10	5	0	73	20	10	128

11.3 环境污染小

根据现场情况,一个工作面需要两台多功能钻孔,再配套空压机使用,开钻一小时离掌子面400m的距离能见度不足5m,而三臂液压凿岩台车采用电力驱动、液压传动、水风双重冲洗系统,对环境污染极小,施工条件相对比较舒适。

11.4 施工安全,劳动强度低

三臂液压凿岩台车配置有HL230MB型的液压作业平台,平台能伸缩5m并能左右摆动,升降可达到工作面的任何地点,在钻孔注浆施工中用于钻杆装卸及孔口管安装非常便利快捷,很大程度提高了施工工效,减轻了施工劳动强度,而多功能钻机根本不具备此类功能。

11.5 设备使用率比较

三臂液压凿岩台车除满足注浆孔钻进施工外,设备本身主要功能是掘进开挖,而多功能钻机除了钻孔外,设备基本就处于闲置状态,设备使用率低。

12 应用实例

12.1 青岛胶州湾海底隧道

12.1.1 工程概况

青岛胶州湾海底隧道是我国第二条海底隧道,长度上在国内排名第一,世界排名第三,地质构造复杂多变,主隧道海域段共穿越10条断裂破碎带,隧道拱顶覆盖层仅25m左右。基岩主要由早白垩系火山岩和燕山晚期侵入岩组成,以含晶屑火山角砾凝灰岩为主,局部夹凝灰岩、并有较多辉绿岩脉、石英正长岩脉侵入,岩体完整程度和风化带厚度差异很大,多为碎裂~镶嵌破碎结构,局部发育抗风化能力较低的辉绿岩和构造破碎带,基岩全~弱风化带厚度一般不超过15m,但辉绿岩脉或构造破碎带发育处的弱风化底界埋深往往可超过25m。

12.1.2 现场应用

结合TSP超前地质预报、钻孔取芯、超前探水孔,以及设计勘探资料,胶州湾隧道超前预注浆布置有全断面帷幕注浆、周边帷幕注浆和超前局部注浆。自2009年1月至2009年9月,中铁隧道股份有限公司利用三臂液压凿岩台车钻孔先后组织实施超前预注浆施工10个注浆段,其中主隧道完成8段,服务隧道完成2段,注浆段最长加固长度35m,最短25m。

12.2 长沙浏阳河隧道

12.2.1 工程概况

长沙市湘江大道浏阳河隧道南起319国道,西临湘江,下穿浏阳河,北接规划路——湘江北路,东接长沙市芙蓉路。该工程为双向四车道隧道,穿浏阳河采用矿山法施工;两岸结构采用明挖法施工,隧道长度1 400m,建筑长度1 760m。其中矿山法施工的暗挖隧道段579.2m,暗挖隧道段在河床下的最小覆土厚度为14m。

明挖基坑的主要地层有杂填土、粉质黏土、粉土、粉细砂、圆砾、残积粉质黏土和强风化砾岩。K0+240~K0+530段明挖隧道结构底板地层位于第四系的粉土,粉细砂层及圆砾卵石地层之上,K0+530~K0+820段结构底板地层为强风化砾岩地层。水下暗挖隧道洞身范围地层主要为强风化砾岩,洞顶覆土厚度为14~25.4m,由上向下依次为素填土、粉质黏土、残积粉质黏土和强风化砾岩。

场地不良地质作用主要表现为管涌,管涌主要发生于浏阳河两岸第四系地层中。隧道内的粉质黏土遇水即泥浆化给隧道开挖施工带来很大风险,因此进行超前预注浆施工对确保浏阳河隧道安全掘进尤为重要。

12.2.2 现场应用

2009 年 5 ~7 月,为确保施工安全,根据现场水文地质、设计及超前地质预报情况,使用三臂液压凿岩台车完成右线隧道超前预注浆 3 个循环,左线隧道超前预注浆 4 个循环,注浆段长各 30m,注浆段之间搭接长度 6m,注浆实施效果良好。

12.3 效果评价

通过现场规范有序的施工生产组织管理,严格要求的施工工艺和质量控制,以及三臂液压凿岩台车优越的机械设备性能,台车在青岛胶州湾海底隧道和长沙浏阳河隧道钻孔注浆施工中表现出极其明显的操控、环保、工期等优势,对节约成本、保护环境具有很大的经济效益和社会效益,值得全国推广应用。

软弱围岩大跨双连拱隧道施工工法

GGG(中企)D1137—2009

辛国平　林永强　崔根群　陈　锐　唐绍伟　王如喜　华典年　刘芝明
(中铁隧道集团有限公司　顺吉集团有限公司)

1　前言

随着我国的高等级公路的迅猛发展,在建或拟建的众多高速公路均已按六车道进行规划设计或预留,特别是在地形、地质条件复杂的山岭重丘地区将出现越来越多的六车道大跨双连拱隧道。但其造价一般较高,对施工技术与管理要求严格,施工技术难度相对较大。

中铁隧道集团有限公司和顺吉集团有限公司分别承建了宛坪高速公路吴家庄隧道、新沟隧道、樊营隧道和104国道公路主干线上的长岙隧道、后江隧道、台缙高速公路东延段寺前张隧道,针对这六座双连拱隧道地质条件差、跨度大的特点,开展了科研课题研究。在传统的双连拱隧道工法基础上,依据新奥法原理,以监控量测为指导,不断优化施工方案进行动态管理,在进洞方案、开挖方法、衬砌施工、特殊问题处理等方面进行了创新,工程安全快速地通过强风化细砂岩层夹薄层泥岩,成功解决了中隔墙下沉开裂、中隔墙渗漏水的质量通病,工程进度指标得到极大提高,遥遥领先其他标段的双连拱隧道施工。通过对科研成果和六座双连拱隧道施工工艺的进一步总结,形成本工法。

2　工法特点

(1)进洞采用传统的超前大管棚、超前小导管支护结合地表反压回填、地表预注浆等技术措施,很大程度上减弱了隧道结构的不均衡复杂受力状况,消除了偏压因素,实现了浅埋偏压隧道的安全进洞。

(2)洞口段及Ⅴ~Ⅵ级围岩采用传统的双连拱隧道施工工法——三导洞法施工。三导洞按同行不同步的原则进行施工组织安排,各项技术经过众多隧道的实践,已日臻成熟,从方案的选择上保证了暗洞的施工安全和运营施工。

(3)Ⅲ~Ⅳ级围岩地段修正了传统的施工工法,取消侧导洞,采用中导洞法,正洞采用分部开挖法,节约了临时支护投入,简化了施工工序,加快了施工进度。

(4)中隔墙基底和中导洞拱顶设端头嵌入中隔墙的地基锚杆和径向锚杆,在进入正洞开挖前,只将中隔墙单侧做临时横向支撑,增强了中隔墙的抗侧翻能力的同时,解决了中隔墙下沉开裂的难题,保证了正洞施工安全。

(5)中隔墙浇筑与正洞开挖同向施工,减少了中隔墙混凝土等强时间,有利于提早进入正洞施工,缩短了工期。

(6)无钉热熔铺设防水板技术结合"夹心式"中隔墙衬砌结构的成功运用,科学解决了中隔墙防水效果差的技术难题,做到隧道衬砌结构不渗、不漏。

3　适用范围

本工法适用于围岩级别为Ⅲ~Ⅵ级的软弱围岩公路双向四、六车道双连拱山岭隧道,并能指导类似条件下的城市公路双连拱隧道、地下铁道等地下工程施工。

4 工艺原理

开挖支护等工序严格按“新奥法”原理组织施工，整体上合理组织各工作面人员与机械，实现资源优化组合。

隧道进洞根据“早进晚出”原则，避免大挖大刷，先施工超前大管棚，用地表返压回填、地表预注浆等一些必要措施提前加固洞口，根据地形条件尽早进洞。根据大跨连拱隧道的结构特点，中导洞尽可能提前进洞并尽快优先贯通，随后浇筑中隔墙基础，墙身采用两片整体式钢模板台车一次性模注完成，为左右正洞的开挖创造条件。正洞的洞口段及Ⅴ~Ⅵ级围岩地段采用侧壁导洞法施工，Ⅳ级围岩地段取消侧导洞，采用环形开挖分部法施工。结构防排水施工采用无钉热熔铺设防水板技术及“夹心式”中隔墙衬砌结构施工技术。仰拱紧跟正洞掌子面下部，明洞衬砌采用双台车并排一次性对称浇筑施工及暗洞二次衬砌采用整体液压台车全断面施工，满足结构整体性要求。

5 施工工艺流程及操作要点

5.1 工艺流程

5.1.1 洞口段及Ⅴ~Ⅵ级围岩地段

采用三导洞法施工，施工工序见图1，施工工艺流程见图2所示。

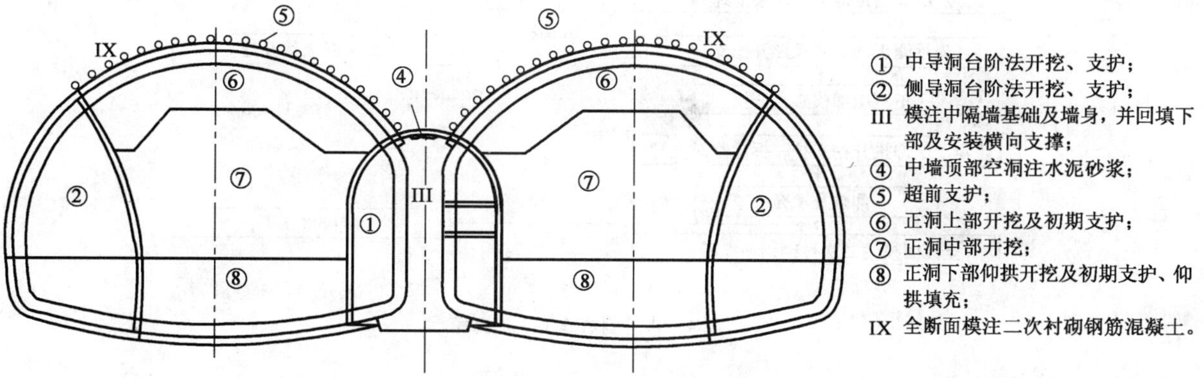

图1 三导洞法施工示意图

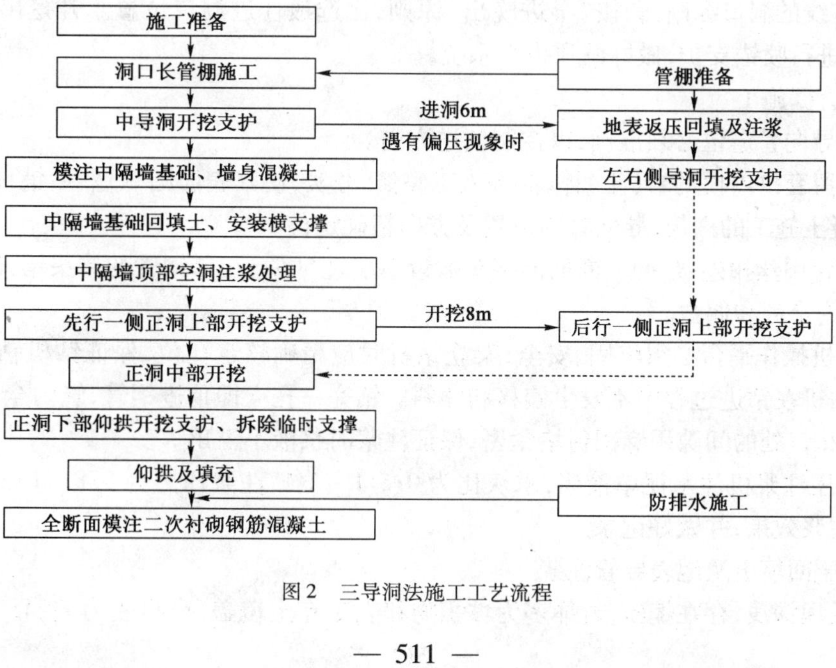

图2 三导洞法施工工艺流程

5.1.2　III～IV 级围岩地段

采用中导洞法施工,施工工序见图 3,施工工艺流程见图 4 所示。

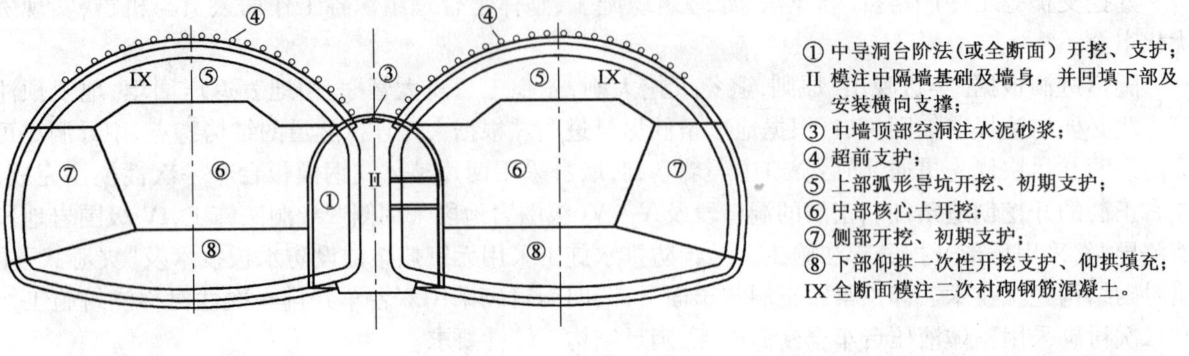

图 3　中导洞法施工示意图

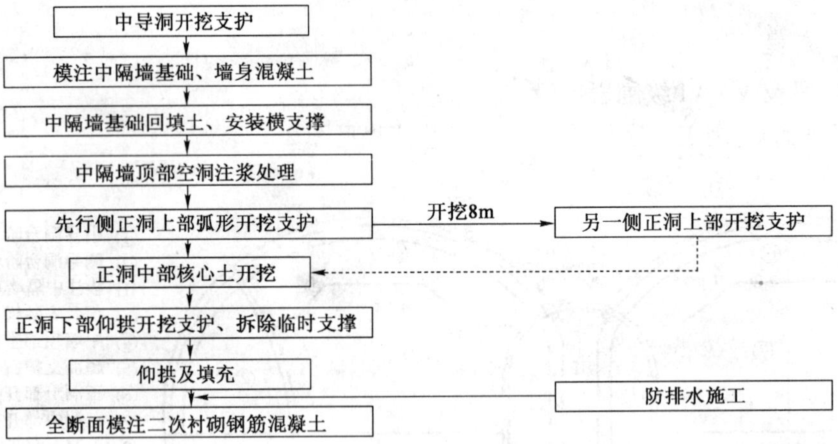

图 4　中导洞法施工工艺流程

5.2　操作要点

5.2.1　洞口工程施工准备

测量出左右线的洞口纵断面,按“早进晚出”原则,比选最佳进洞口位置。开挖出洞口管棚施工平台,并对边仰坡进行喷锚支护,做好洞顶排水系统。

5.2.2　长管棚施工

(1)套拱内导向管定位必须准确,以控制钻进方向。

(2)洞外预留套拱内模的岩(土)体,需经人工整修、夯实,使其表面圆顺,然后铺设 3mm 厚的钢板,作为导向墙混凝土施工的内模;导向管的位置及方向精确定位。

(3)每节钢管用丝扣连接,同一断面内接头数量不超过 50%,相邻钢管的接头错开长度不小于 1m,施工时,把孔编为奇数和偶数。

(4)液压钻机操作平台必须牢固、安全,架立钻机时应精确核定孔位,保证钻机钻杆线与管棚设计轴线吻合以及钻机在钻进过程中不发生偏移和倾斜。钻完一孔立即顶进钢管,管内全长设排气管,并伸出管口;钢管与孔口处的间隙用麻团封堵紧密,保证注浆时浆液不溢出。

(5)采用液压注浆机注水泥单液浆,水灰比为 0.5:1～2:1,注浆压力为 0.8～1.2MPa,注浆过程中专人负责检查注浆效果,并做好记录。

5.2.3　返压回填土及地表导管注浆

隧道洞口段埋深浅,存在偏压,岩体多为坡积物和人工弃土覆盖,自稳能力差,且存在坍塌、冒顶等安全隐患;采用反压回填土增加浅埋侧覆盖层厚度以减少偏压,同时进行地表注浆固结围岩和上覆层,使原为主动荷载的上覆层变成能承载的承载拱,同时达到固结围岩、堵水的目的,以保证安全进洞。参见图5所示。

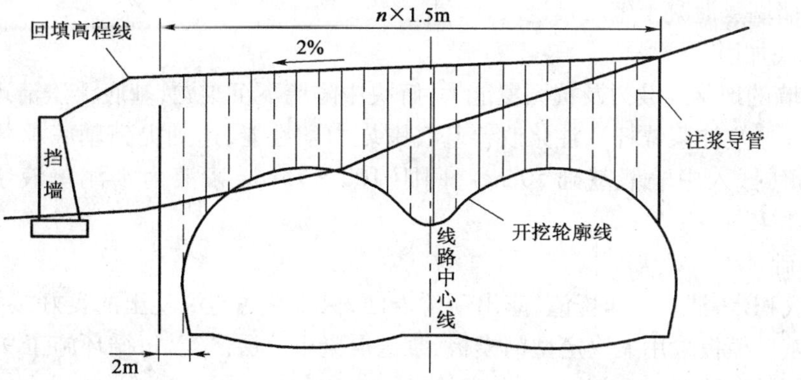

图5 地表反压回填及注浆示意图

1)反压回填施工

回填前先挖去软弱土,清除表土、灌木及危石;采用土石回填,用推土机和5t自卸汽车推运土石混合料,用18t振动压路机分层压实(每层压实厚25cm,压实度95%)。

2)小导管地表注浆

注浆钻孔直径:ϕ50;注浆孔间距:150cm×150cm,梅花形布置;浆液:地表至拱顶压注1:1水泥砂浆;注浆终压1.0MPa;压注范围:隧道开挖轮廓线以外2m的所有反压回填段。

5.2.4 中导洞开挖

V~VI级围岩段采用台阶法开挖,台阶长度5~6m,上下台阶均利用简易台架进行开挖支护作业,III~IV级围岩采用全断面开挖。当围岩为土质时,直接采用挖掘机开挖,人工修整周边轮廓,必要时采用弱爆破。出渣采用汽车配合装载机。临时支护紧跟掌子面。

5.2.5 侧导洞开挖

侧导洞采用上下台阶法施工,施工方法同中导洞。因断面较小,侧导洞的出渣用装运机械倒运至洞外。偏压浅埋或围岩较差的侧导洞先行,并要滞后中导洞至少10m,另一侧导洞滞后先行侧导洞至少10m。

中导洞与侧导洞开挖中的地质情况应记录详尽,为正洞开挖作地质预报。

5.2.6 中隔墙施工

中隔墙施工,如图6所示。

1)施工安排

当隧道长度较短(≯200m)或工期不紧张时,中隔墙单方向组织施工。

当隧道长度200m或工期紧张时,在进洞条件允许的情况下,为缩短工期,中导洞开挖到一定里程后即可转入中隔墙施工,中导洞从另一端继续开挖。当开挖贯通时中隔墙也施工到贯通点,中导洞开挖人员即可转入正洞施工。由中导洞向正洞转换工序时,中导洞开挖长度可按下式计算:

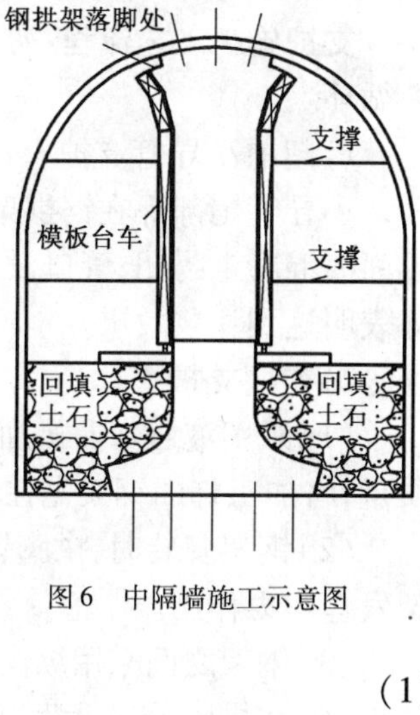

图6 中隔墙施工示意图

$$k = \frac{L}{\frac{D}{J} + \frac{D}{S} + 1} \tag{1}$$

式中:k——先施工端中导洞开挖长度,m;

L——中导洞全长,m;

D——中导洞开挖日进尺,m/d;

J——中隔墙基础混凝土施工日进尺,m/d;

S——中隔墙墙身混凝土施工日进尺,m/d。

2)中隔墙基底加固

为增加中隔墙的地基承载力及抗倾覆能力,解决中隔墙下沉难题,基底浮渣清理干净后,打设长3m地基锚杆(RD25N中空注浆锚杆),注浆改善基底围岩力学性能,达到提高基底承载力的目的。地基锚杆端头外露50cm(嵌入中隔墙基础50cm),间距100×75cm,浆液为水泥单液浆,注浆压力不大于0.5MPa,水灰比0.45:1~0.5:1。

3)中隔墙基础

(1)排干基底积水,清扫干净虚渣,露出新鲜岩面,保持基底与混凝土的良好接触。

(2)中隔墙基础模板采用大块定型钢模板,泵送混凝土分层浇筑,每循环施工9m。

(3)基础两侧及时回填土石,并分层夯实。

4)中隔墙墙身

(1)浇筑墙身前,在中导洞拱顶设径向RD25N中空注浆锚杆,长3m,间距100×75cm,外露50cm与墙顶相接,增强中隔墙的抗侧翻能力。注浆参数同地基锚杆。

(2)采用整体式中隔墙衬砌台车,泵送混凝土每循环浇注9m。模板安装时,顶部预留出正洞初期支护的落脚平台,并预埋连接钢板。

(3)每隔4~5m顶部预留一根ϕ50mm注浆管,脱模后及时注1:1水泥砂浆,防脱空。

(4)为防止先行侧正洞开挖时产生的横向水平推力对中隔墙墙体造成破坏,在中隔墙与中导洞后行正洞侧之间提前安装横向支撑。一般浅埋偏压或围岩较差侧正洞先行施工,以确定支撑方向。

5.2.7　正洞施工

待中隔墙混凝土达到设计强度的70%后,可进行正洞上部开挖施工。正洞分上中下三部开挖,上部采用环形开挖,超前中部5~6m,中部预留核心土,光面弱爆破,汽车配合装载机出渣。严格控制每循环进尺,浅埋段0.75m,Ⅴ级围岩深埋段1.5m,Ⅳ级围岩段2m,并随开挖随支护。

左右洞宜同时开挖,为减小相互之间影响并减小对中隔墙产生的附加应力,左右洞掌子面宜前后错开8~10m。

5.2.8　支护体系施工

支护施工工艺流程:初喷→立钢架→打锚杆→挂网→注浆→打小导管→喷混凝土→养生→进入下一循环。

1)超前小导管支护

小导管尾部焊在钢拱架上,与钢拱架等其他初期支护形成有效的联合支护体系,并对开挖面及相临界面喷混凝土封闭,管口设止浆塞。采用1:1水泥浆灌注,注浆终压为0.5~1.0MPa,能保持压力2min即表明达到注浆效果。

2)初期支护

(1)采用液压弯曲机加工钢架,把平面翘曲度控制在允许范围内,并充分保证连接板与钢架的焊接质量,将加工好的钢架先在平整的场地上预拼,检查合格后批量加工、编号分类存放。

(2)钢架安装时,拱脚置于牢固的基础,连接钢板的螺栓必须拧紧,连接钢板企缝焊接,确保整体钢架发挥承力作用。

(3)钢架之间采用纵向钢筋连接。

(4)在拱脚处增设两根砂浆锚杆,并与钢架焊接牢固。

(5)混凝土喷射时,应先将钢架与围岩间隙以喷射混凝土充填密实,再喷钢架周围,将钢架用喷射混凝土包裹,最后喷平钢架之间部分。

3)正洞与导洞钢架衔接处理

正洞上部开挖、出渣后,凿除正洞与侧导洞连接处松散的喷射混凝土,然后将正洞拱部钢架与侧导洞钢架连接板用螺栓连接;同时,用风镐将正洞与中导洞衔接处喷射混凝土凿开,将钢架拱脚放置在中隔墙顶部预埋的连接钢板上;拱部钢架定位完成后,连接钢板企缝焊接。

4)临时支撑拆除

临时支撑在正洞下部仰拱开挖前分段拆除,拆除长度与仰拱开挖长度一致,应逐榀钢架依次拆除。拆除时,先将临时支撑与正洞衔接处及拟拆除支撑与未拆除支撑交界处喷射混凝土凿除,露出钢架及钢筋,然后用氧炔焰、电动手砂轮机等将其割断。

5.2.9 防排水体系

防排水结构采用夹心式,排水通路封闭成环,形成有效的排水系统,详见图7所示。

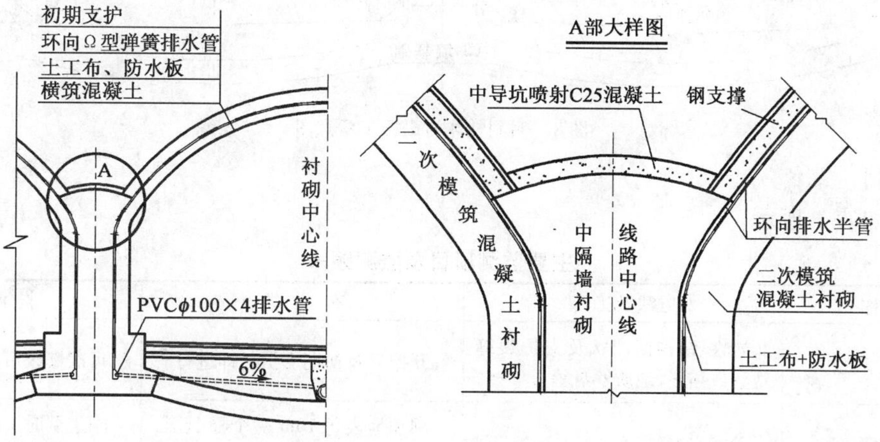

图7 中隔墙处防排水细部构造图

(1)隧道每5m环向布设Ω型弹簧排水半管与两侧墙脚处$\phi100\times4$纵向PVC排水花管相连,并用PVC$\phi100\times4$排水管与中心排水沟横向连通,形成纵横向连通的完整排水体系。

(2)防水层采用复合式防水板,系吊带无钉铺设,用热熔机焊缝(宽10cm)。防水板是否破损是防渗漏水的关键,必须处理好突出物(锚杆、小导管头),防电焊烧伤,逐条缝逐面积排查及时修补。

(3)隧道内所有施工缝和变形缝均设置中埋式橡胶止水带。

5.2.10 二次衬砌施工

二次衬砌在围岩和初期支护变形基本稳定后进行,当围岩变形较大、流变特性明显时,应及早施作仰拱和二次衬砌。

(1)仰拱紧跟正洞下部,仰拱初期支护全幅对接成环,并及时进行仰拱填充。仰拱填充整体浇筑施工,洞内车辆从简易便桥上通过。

(2)二次衬砌混凝土采用整体式模板台车施工。混凝土泵送入模,插入式振捣器配合附着式振动器捣固混凝土,混凝土对称分层浇注;边墙从墙脚往上灌注,拱部从拱脚处压注,拱顶处从搭接端向自由端灌注,杜绝混凝土自由跌落,防止产生空洞。拱顶设$\phi25$钢管排气孔,并作为拱顶预留注浆孔。

(3)隧道明洞中墙与拱圈为整体性结构,采用2个模板台车并排、一次性整体对称浇注。外模采用木模,边墙侧模板加固采用钢架,用方木或圆钢管支撑加固;中隔墙顶的木模加固在混凝土外层钢筋上。由于明洞整体浇注的混凝土量大,特别是拱脚压力特别大,模板安装要确保牢固,避免跑模。明洞整体浇注施工,参见图8所示。

5.2.11 监控量测

1)监控目的

通过监测及时对数据进行分析,判断变形是否稳定,指导施工,重点解决以下几个问题:

(1)动态地确定开挖与支护预留变形量;

(2)判断围岩类别情况,合理确定开挖方法,如正洞开挖采用双侧导洞法,还是分部开挖法;

(3)支护形式是否合理;

(4)断面超欠挖控制情况。

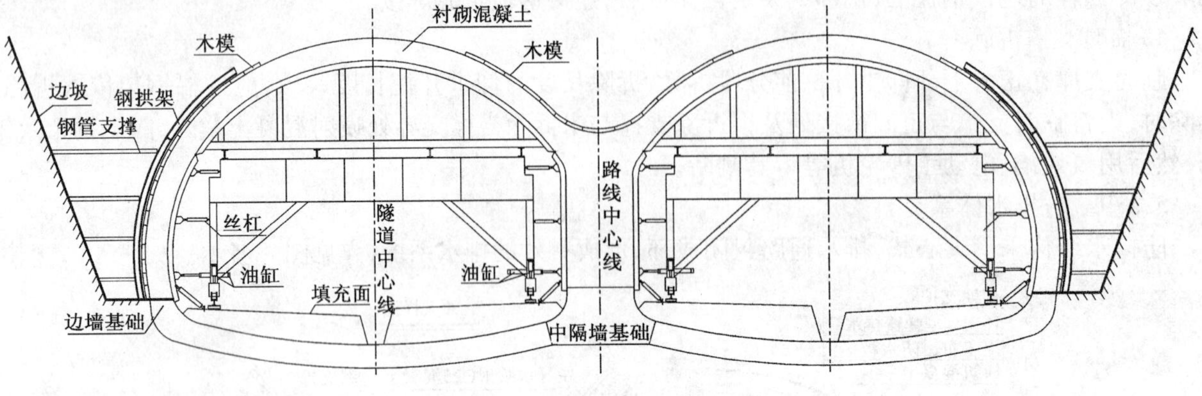

图8　明洞整体衬砌施工示意图

2)监测项目

监测项目如表1所示。

主要监测项目及监测频率　　表1

项目名称	方法及工具	布　置	监测频率
地质和支护状况观察	岩性、结构面产状及支护裂缝观察或描述,地质罗盘等	开挖后及初期支护后即进行	每次爆破后及初期支护之后
洞口浅埋段地表下沉	精密水准仪	洞顶地表每10m一个横断面,每断面4~5m一个点	刚进洞时1次/2d,进到深埋段后1次/周
周边位移	各种类型收敛计或测杆	每20m一个断面,每断面2~3对测点	0~15d,1次/d;16~30d,1次/2d;1~2月,1次/周;2个月以上,1~3次/月
拱顶下沉	水平仪、水准尺、钢尺或测杆	每20m一个断面	与周边位移同时进行
锚杆抗拔力	锚杆拉拔仪	每10m一个断面	每个断面至少做三根锚杆
断面测量	断面仪、全站仪	每5m一个断面	每5m一个断面

3)测线和测点的布置

测线和测点的布置如图9、图10所示。

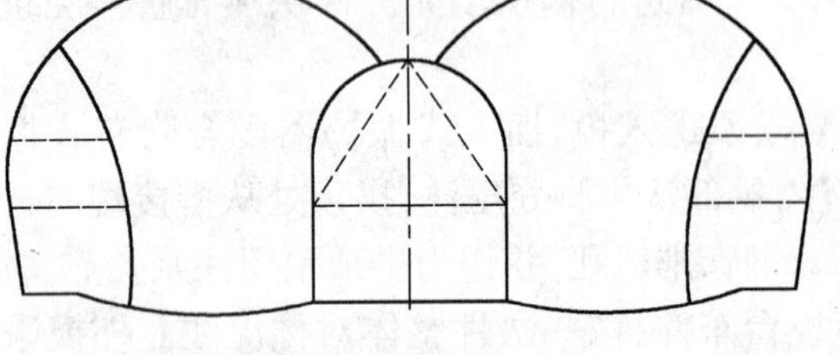

图9　导洞测点、测线布置图

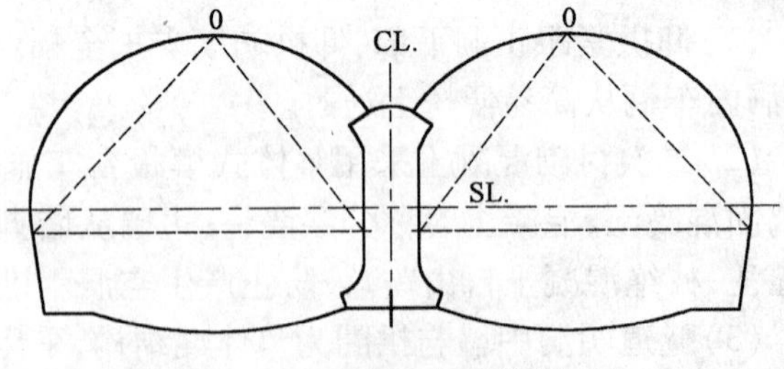

图10　左右正洞测点、测线布置图

4)注意事项

(1)必须成立一个由2~3人组成的量测小组,专门负责。

(2)量测点在初期支护施作时安设,在下一循环开挖前完成,并测取初读数。

(3)测点应安设在距开挖工作面2m范围内,且不大于一个循环进尺,并应细心保护,不受下一循环施工的破坏。

(4)各项位移的测点,一般布置在同一断面内,测设结果能互相印证,共同分析和应用。

(5)特别注意中导洞及侧导洞的开挖施工地质记录,对正洞来说是最好的、最准确的超前地质预报方法。对其围岩情况应进行详细、准确的记录,指导正洞施工。

5.3 劳动力组织

主要作业工序劳动力配备如表2所示。

主要作业工序劳动力配备表　　表2

工　序	工作内容	人数×班数	备　注
监控量测	测量与量测	7×1=7人	测量组
开挖支护	开挖、初喷、立钢支撑、挂网、锚杆、复喷	13×6=78人	三导洞开挖、支护班
		18×4=72人	两正洞开挖、支护班
二次衬砌	仰拱及填充	8×2=16人	仰拱施工班
	挂防水层、排水管	4×2=8人	防水板施工班
	钢筋绑扎、安装预埋件、台车定位	25×2=50人	钢筋衬砌班
	混凝土灌注、脱模、养生	7×2=14人	混凝土施工班
合计		245人	

6 材料与设备

6.1 材料

本工法所涉及水泥、碎石、中粗砂及钢筋等材料,为常规建筑材料,均按设计及规范要求购置,不涉及需特别说明的新型材料。

6.2 设备

主要施工机械设备如表3所示。

主要施工机械设备一览表(续)　　表3

序　号	机械名称	规格型号	数量(台)	备　注
1	变压器	S9-630/10	1	电力设备
2	发电机	250GF	2	
3	电动空压机(含储气罐)	LS-20HAC	2	开挖、运输设备
4	挖掘机	PC200	1	
5	装载机	ZLC40C	1	
6	装载机	ZLC50C	1	
7	自卸载货汽车	5t	6	
8	风钻	YT-28	15	
9	风镐	G10A	6	
10	通风机	DKJ-NO10	3	通风设备
11	地质钻机	MK-5D	2	支护设备
12	混凝土喷射机	湿式 TK961	3	
13	注浆机	KBY-50/70	3	
14	弯曲机	0~250	2	支护设备
15	电焊机	BX-315-1	4	
16	混凝土输送泵	HBT60	2	衬砌设备
17	混凝土运输车	TSB-6	3	
18	强制混凝土拌和机	JS750	2	
19	中隔墙模板台车	9m	1	
20	正洞液压模板台车	9m	2	

续上表

序　号	机械名称	规格型号	数量(台)	备　注
21	地质预报系统	TSP-203	1	地质预报设备
22	红外线探测仪	HY-303	1	
23	地质雷达	CR-20B	1	
24	全站仪	TCR402	1	测量与量测设备
25	精密水准仪	DSZ-2	1	
26	数显收敛仪	SD-1	1	

7　质量控制

严格执行《公路隧道施工技术规范》(JTG F60—2009)及《公路工程质量检验评定标准》(JTG F80/1—2004),并在施工中注意以下事项:

(1)严格控制隧道超欠挖,初期支护与围岩密贴,防止初期支护背后出现空洞,超挖部位应回填密实。

(2)钢架安装时,控制好中线及高程,保持与隧道轴线垂直,避免钢架侵入二次衬砌。钢架之间联结牢靠,螺丝拧紧,且松紧均匀,必要时将连接钢板焊接牢固,拱脚要落在稳定基岩上,避免出现悬空,且必须设置锁脚锚杆。

(3)仰拱开挖时将基底清理干净,不能满足承载力时换填一层片石混凝土。

(4)保证防水板无破损,保证排水管道畅通。

(5)模板台车刚度、强度、尺寸、板缝、表面平整度等满足要求,减少错台,确保外观质量。

(6)明洞衬砌混凝土的方量大,注意模板加固牢靠,以免跑模。

8　安全措施

(1)大跨连拱隧道断面大埋深浅,围岩情况复杂,坚持短进尺、早封闭,保证安全。

(2)洞口是隧道施工安全的关键,必须制订周密稳妥的进洞方案。

(3)左右洞加强调度协调,爆破时另一洞人员暂时撤离。

(4)中隔墙浇筑后,基础两侧及时对称回填土石,增强中隔墙抗倾覆能力。

(5)下部开挖后仰拱及填充紧跟,尽快施作二次衬砌。

(6)坚持文明施工,注意洞内排水顺畅,避免积水对拱脚、仰拱的浸泡。

(7)派专人负责监控量测,及时发现问题及时反馈信息,随时响应应急对策。

(8)临时用电采用“三相五线”制,一机一闸一漏一箱,保证作业人员的用电安全。

(9)空压机储气罐及其他特种设备按时报当地技术监督部门检测,确保使用安全。

(10)做好电焊工、空压机操作人员及其他特殊工种的培训工作,做到持证上岗。

9　环保措施

除执行国家关于环保的现行法律、法规外,仍需注意以下事项:

(1)生产设施尽量布置在征地线以内,生活用房应尽可能租用当地的民居,若无现成的房屋可以租用,临建应尽可能避开基本农田;若无法避免,则在施工结束后,必须恢复原有的土地利用功能。

(2)做好生产、生活区的卫生工作,保持工地清洁,定时打扫,在指定的地点倾倒、堆放生活垃圾,决不随意扔撒或者堆放。

(3)生产和生活污水不得排入《地表水环境质量标准》(GB 3838—2002)中所规定的Ⅰ、Ⅱ类水域。排入其他水域时,必须经污水处理池处理达标后排放。

(4)在洞口、生活区设污水处理系统,采用隔油沉淀池、气浮设备和二级生化处理设施对施工废水进行处理,直到符合国家规定标准再排放。

(5)噪声源较大的发电机、空压机等设备,放置在室内,加强门窗隔声,并在进风口、出风口安装消声器。

(6)拌和站设置在当地主风向的下风头,并配有除尘装置;沙石料场应及时洒水;沙石装卸时应尽量降低落差。施工人员应配有防尘用具,以保护工人健康。

(7)对施工现场和运输便道以及邻近施工区街道等易产生粉尘的地段定时进行洒水降尘,勤洗施工车辆,保持湿度、控制扬尘。散装材料采用密闭罐运输、存放。

(8)弃渣场遵循“先挡后弃”的原则,在弃渣场坡脚设挡土坝,并施作浆砌片石防护,防止雨水冲走弃渣,填塞河流。

10 资源节约

(1)紧密结合现场施工,运用信息化技术手段,不断优化施工方案和工艺参数,提高劳动生产率,降低单位产值能耗,减少资源投入。

(2)规范喷射混凝土工艺,严禁采用干喷施工,减少喷射混凝土回弹量,节约水泥、砂、碎石等原材料。

(3)大型机械尽量选用电动设备,不得不采用内燃设备是,应尽量选用节能型号的设备。

(4)严格内部管理,建立相应的材料节超奖惩制度,鼓励节约材料,处罚材料超用浪费。

(5)规范施工操作行为,尽量减少不合格产品的出现,杜绝质量事故的发生,从而避免因返工造成的材料浪费。

(6)弃土场要合理规划、科学设置,隧道洞口要“早进晚出”,尽量少占用土地资源。

11 效益分析

在总结浅埋偏压双向六车道双连拱隧道施工技术的同时,也取得了良好的社会效益、经济效益和技术效益。

1)经济效益

(1)采用本工法施工,单洞单口平均进度指标可达:中导洞开挖支护 76m/月、正洞开挖支护 65m/月、二次衬砌 86m/月的较高水平,较其他施工单位提前 5 个月完工。共计节约人工费 335 万元,节约机械使用费 120.4 万元,节约现场管理费 55 万元,合计 510.4 万元。

(2)Ⅳ级围岩地段优化施工方案,采用中导洞开挖法,取消侧导洞,减少了临时支撑投入,节约工程投资 203.8 万元。

2)社会效益

未出现塌方、混凝土开裂等安全、质量事故,工程质量优良。隧道施工进度遥遥领先于其他标段,被业主作为典型指导全线隧道施工,得到业主单位(宛坪高速公路有限公司)、河南省公路局和交通厅领导的高度评价,赢得了良好的社会效益。

3)技术效益

(1)本工法克服了连拱隧道施工中隔墙开裂下沉、防渗漏水难题,做到隧道无一处漏水现象,实现了安全、经济快速修建大跨连拱隧道,对今后大跨度连拱隧道的设计施工具有指导作用。

(2)传统的超前大管棚施工工艺结合洞口地表返压回填和地表预注浆加固技术,可实现隧道的零埋深进洞,使工程施工对环境的破坏减到最小,能最大限度地保护周边环境。

12 工程实例

12.1 宛(南阳)—坪(西峡)高速公路吴家庄隧道、新沟隧道及樊营隧道进口段

河南省宛(南阳)—坪(西峡)高速公路是国家重点公路建设上海至武威国家重点干线公路的重要

组成路段,全线总长150.297km,共有六车道双连拱隧道16座,是我国目前六车道大跨双联拱隧道最多的一条高速公路。隧道涉及地质软弱、浅埋、大跨、偏压、技术难度大等问题,其隧道单跨断面为多心圆结构,边墙为曲墙,中墙为直墙,单跨净宽14.1m,净高8.2m,左右洞之间通过2.4m厚的钢筋混凝土中隔墙相连,初期支护采用工字钢拱架、中空注浆锚杆、挂钢筋网、喷射混凝土等形式,二衬采用独特的“夹心式”模筑双层钢筋混凝土结构。隧道断面结构,如图11所示。

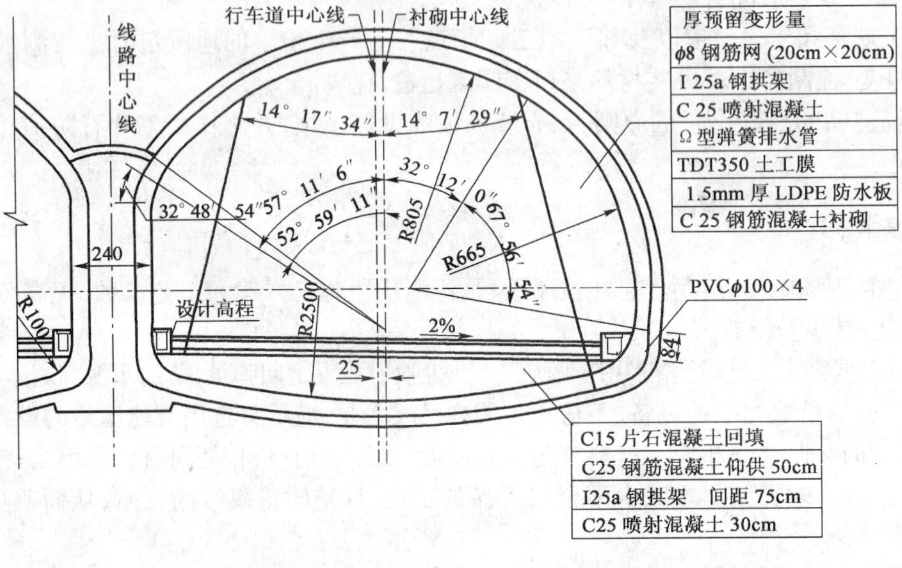

图11 宛坪高速公路六车道双联拱隧道结构典型断面图(尺寸单位:cm)

中铁隧道集团有限公司负责施工其中的吴家庄隧道340m、新沟隧道135m及樊营隧道进口段125m均为双向六车道双连拱隧道,共长600m;隧道最大开挖跨度为32.37m,高12m,最大埋深68m。隧道穿越地层为全—强—弱风化白垩系上统细砂岩夹薄层泥岩,软弱相间岩组单斜构造,泥岩遇水软化,隧道开挖时,如受振动或处理不当会出现坍塌现象。2005年3月27日开始新沟隧道中导洞施工,随后进行其他隧道及工序施工。到2006年5月30完工,用时13个月。因施工组织合理,方案得当,工法先进,使工程安全与质量状况良好,其工程进度指标较国内同类工程进度指标水平有较大提高(达到单口中导洞开挖76m/月,正洞开挖65m/月,二次衬砌86m/月),使我集团承建的双连拱隧道工程进度处于遥遥领先地位,较其他单位提前5个月完工,被业主作为典型指导全线隧道施工,得到业主(南阳市宛坪高速公路有限公司)、河南省公路局和交通厅领导的高度评价。

12.2 长岙隧道和后江隧道

长岙隧道和后江隧道位于浙江温州永嘉县境内,是104国道公路主干线上两座双连体隧道,长度分别为268m和168m,具有偏压、大跨、浅埋、地质差等工程特点。隧道最大开挖宽度为30.6m,最大开挖高度11.6m,为双连拱结构形式;衬砌外最大覆土厚度42m,覆跨比小于1.5,属超浅埋隧道。隧道从山垭口穿越,围岩为断层压性构造,微风化的灰岩夹全~强风化的泥质砂岩,软硬不均,自稳能力差,围岩类别以V级、IV级为主,隧道进口都设置了部分明洞。两座都具有隧道一侧山势较高,另一侧山势较低的特点,偏压十分明显。

洞口15~20m范围采用三导洞法施工,洞身段采用中导洞法施工。

洞口浅埋土质段采用ϕ108长管棚支护,管棚长40m,间距30cm,洞身采用ϕ42小导管支护,小导管长3.5~4.5m,间距40cm。防水板为PVC复合防水板,施工缝、变形缝采用XZ-322-30型中埋式橡胶止水带,防水板背后设ϕ50的软式透水管。

该隧道于2006年10月开工,2008年4月竣工。施工中无发生塌方和伤亡事故,衬砌外观质量优良,结构无渗漏水,得到业主、设计及监理单位的高度评价。

12.3 台缙高速公路东延段寺前张双连拱隧道

寺前张双连拱隧道位于台缙高速公路东延段，长度为545m，隧道最大开挖宽度为27m，最大开挖高度10m。隧道进出口段埋深较浅，穿越残坡积，为强风化岩层，岩体呈碎裂状松散结构，受浅埋和围岩基本质量等因素的影响，隧道开挖时自稳能力低，不利于隧道结构稳定。洞口段为Ⅴ、Ⅳ级围岩，洞身段为Ⅲ级围岩。

寺前张双连拱隧道采用中导洞法施工，其支护参数如下：

(1)初期支护

洞口浅埋段(Ⅴ级围岩)采用$\phi 108\times 6$mm超前管棚支护，管棚长35m，环向间距40cm。Ⅳ级围岩地段采用拱部超前砂浆锚杆：$L=3.5\sim 4$m，纵向间距2.0m，环向间距40cm，外插角5°～7°。

型钢钢架：Ⅴ级围岩段I16号型钢拱架间距均为50cm；Ⅳ级围岩段I14号型钢拱架，间距均为100cm。

系统锚杆：Ⅴ级围岩段中空注浆锚杆，$L=3.5$m，间距100×50cm，梅花形布置；Ⅳ级围岩段中空注浆锚杆，$L=3.0$m，间距100×100cm。

Ⅲ级围岩段中空注浆锚杆，$L=2.5$m，间距120×120cm。

喷混凝土：C20混凝土，厚度15～25cm。

(2)二次衬砌

C25混凝土或C25钢筋混凝土，有钢筋段采用双层$\phi 22$螺纹钢主筋，间距20cm，混凝土厚度35～50cm。

该隧道采用软弱围岩公路连拱隧道施工工法，施工中未发生塌方及安全事故，且施工费用大幅降低，得到建设各方的高度评价。

公路隧道超大直径深竖井施工工法

GGG(中企)D1138—2009

谢　爽　刘宝许　高崇霖　王　巍　皇甫明
(中交隧道工程局有限公司　中铁二十局集团第二工程有限公司)

1　前言

秦岭终南山特长公路隧道全长18.02km,设3座竖井将隧道分为4段纵向式通风。2号竖井工程是该隧道通风系统的主体工程,井深661m,开挖直径12.4m,是世界上直径最大的竖井工程。

中交隧道工程局有限公司承担了2号竖井工程的施工任务,在施工过程中克服了没有同类工程规模施工经验以供参考、缺乏超大直径竖井机械化施工装备、地应力高及岩爆现象突出等诸多困难,在参照以往小直径竖井(ϕ8.5m以下)施工经验的基础上,在交通部西部科研课题《公路隧道超深大断面竖井工程施工技术研究》的技术攻关下,配备和自行加工制作了以改进V形井架、3m直径提升绞车、井底挖掘机、分瓣式整体滑升模板等为主的超大直径竖井机械化施工设备,开挖采用全断面钻爆法开挖、衬砌采用滑模工艺自下而上连续施工的施工工艺,其关键技术《超大直径深竖井关键施工技术及装备》于2009年1月19日通过了中国煤炭工业协会的鉴定,综合技术达到了国际先进水平。该综合技术在现场应用过程中创造了"开挖月进尺80m"和"滑模衬砌月成井236m"的全国纪录,该两项纪录被中国企业家协会认可,并收录于《中国企业新纪录》第十二辑和十三辑。

对井径8.5m以下的竖井施工工法已经有成套配套技术,但对于井径超过8.5m以上的竖井工法还没有系统配套技术,根据2号竖井等工程实践以及相关调研情况,编制了"公路隧道超大直径深竖井施工工法",并分别在1、3号竖井工程应用取得了良好社会和经济效益,为井径超过8.5m以上的超大直径深竖井工程施工提供参考。

2　工法特点

(1)采用伞钻与人工钻相结合,井筒8.5m范围内采用伞钻施工,外侧部分采用人工钻施工,实现伞钻和人工钻的最佳匹配,凿岩效率高,钻孔质量好。

(2)大断面复式斜眼掏槽配合水胶炸药爆破施工,掏槽效果好,进尺快,解决了爆破效果不佳、进尺不理想的问题。

(3)采用井底挖掘机装岩,双绞车提升,出岩效率高,节省了人工清底时间,提高了循环效率。

(4)初期支护随开挖直至井底,竖井开挖完成后再采用滑模工艺进行永久衬砌,简化了施工工艺,加快了施工进度,经济效益显著。

3　适用范围

(1)公路、铁路、水电等行业井径8.5m以上的竖井井筒施工。

(2)井筒地质条件要求无瓦斯,涌水量不大(小于10m^3/h)。如井筒涌水量过大,需采取地面预注浆、壁后预注浆和预留岩帽工作面超前预注浆等综合治水措施。

(3)井筒深度无限制,如小于400m时可考虑反井法施工。

4 工艺原理

大断面深竖井施工以"新奥法"基本原理为依据,配备以大跨距特制井架、3m 直径双提升绞车、系列提升稳车、双层金属工作吊盘以及井底挖掘机为代表的综合机械化打井装备,全断面钻爆掘进。根据围岩级别动态选取锚、喷、网、格栅等初期支护方式,随挖随护,紧跟工作面,使初期支护体系与围岩共同组成承载体系,充分发挥围岩自稳能力;井壁与中隔板混凝土施工采用液压分瓣式机械一体化滑模系统由井底向上一次整体滑模成型。

5 施工工艺流程及操作要点

5.1 施工工艺流程

初期支护随掘进及时施工,反复循环,直至到井底;然后从井底向上,采用滑模工艺进行井壁二次衬砌和中隔板混凝土施工。竖井施工工艺流程,见图1所示。

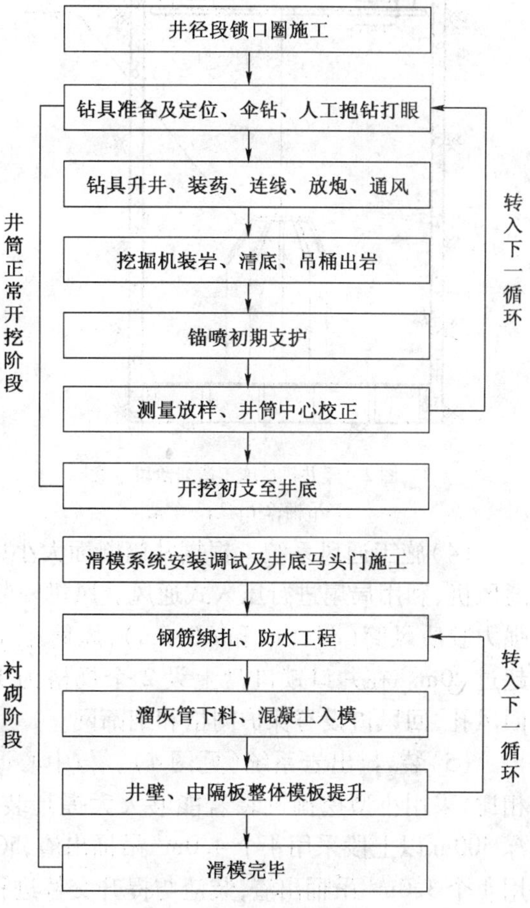

图1 竖井施工工艺流程

5.2 施工操作要点

(1)工作面打眼采取分区、定钻、定人的打眼责任制,工作面共划分为四个区,责任到人,确保钻孔质量和高效率。

①6 臂伞钻负责 ϕ8.5m 范围内打眼,每臂由 1 人操作,四个区域 ϕ8.5m 范围外每个区布置 5 台风钻,每台风钻由 1 人操作,每区配 2 名领钎工。

②伞钻打眼顺序为从外围开始依次打辅助眼、掏槽眼;人工钻开始依次打周边眼、辅助眼。

③伞钻滑轨与人工风钻之间的最小安全距离保持在 1m 以上。

④钻孔垂直度控制在 5°以内,爆落岩块要大小适中。

(2)爆破孔打设完毕后,先收拢伞钻支撑臂,然后提至地面,吊挂在井架上,再提升风钻、钎杆和子母梯等设备。施工过程中要有专人统一指挥设备提升。

(3)竖井掘进施工必须做好爆破设计,既要减少对周边围岩的扰动,还要提高单循环爆破进尺,达到快速掘进的目的。竖井机械施工凿岩阶段及炮眼布置,如图2、图3 所示。竖井爆破参数,见表1 所示。

竖 井 爆 破 参 数 表1

圈别	每圈炮眼数	圈径(m)	炮眼倾角(°)	炮眼深(m) 每个炮眼	炮眼深(m) 每圈炮眼深	炮眼间距(mm) 眼间距	炮眼间距(mm) 圈间距	装药量 每圈炮眼药量(kg)	装药系数	雷管段数	起爆顺序	连线方式
1	9	1.6	90	2	18	550	500	4.32	0.6	I	1	并联
2	14	2.6	90	3.7	55.5	600	500	12	0.54	I	1	
3	22	4.2	90	3.5	84	600	800	15.5	0.46	II	2	
4	30	5.8	90	3.5	115.5	600	800	21.3	0.46	II	2	
5	39	7.4	90	3.5	147	600	800	27	0.46	III	3	
6	47	9	90	3.5	178.5	600	800	50.7	0.71	IV	4	
7	55	10.6	90	3.5	213.5	600	800	60.6	0.71	V	5	
8	62	12	89	3.5	241.5	600	700	40.6	0.42	VI	6	
合计	278				1053.5		232					

①3~3.5m 的中深孔 2 阶复式掏槽,遵循“光面、光底、弱振、弱冲、全断面掘进”的爆破设计原则。

②炸药采用 T-220 水胶炸药,雷管选用 5m 长脚线毫秒延期电雷管,起爆电源为 380V 动力电源。

③放炮连线前工作面设备要停电,放炮前应将工作面的机具提到安全高度,打开盖门,切断井棚内的切电源。放炮时井下人员要全部升井,并和井棚内的人员撤出到井口 50m 以外的安全地方。

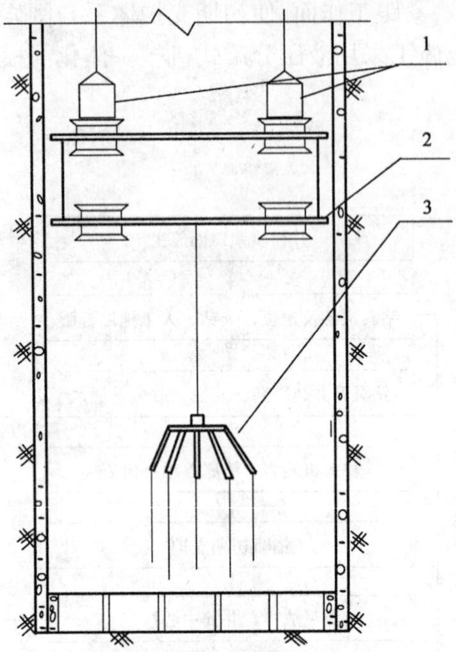

图 2　竖井机械施工凿岩阶段示意
1-吊桶;2-吊盘;3-伞钻

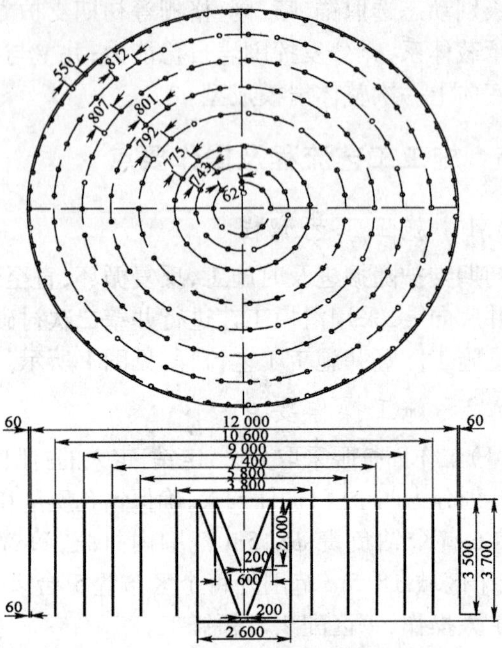

图 3　炮眼布置示意(尺寸单位:mm)

(4)施工通风系统。根据井筒断面大小以及一线操作人员需风量的计算,选用 2 台 FBD-37 型局部通风机,利用局扇进行压入式通风。风机安装在井架平台上,运行风机需安装消音器。井筒内悬挂 2 趟强力胶质风筒(ϕ1.0m 和 ϕ0.8m),风筒距工作面不应超过 20m。在井口锁口盘上设 2 个规格为 1m×1m 的回风孔,回风口设有保护网格和细筛网。

(5)装岩、出岩系统(见图 4)。与中心回转抓岩机相比,采用小型挖掘机装岩能够大大提高装岩效率,井深 500m 以上段采用 4 个 4.0m^3 吊桶出渣,500m 以下采用 4 个 3.0m^3 吊桶出渣,装渣与提升交替进行以利于快速出渣。通过地面两台绞车提至井架翻渣台,经溜渣仓由自卸汽车运走。

①吊桶必须沿钢丝绳罐道升降。在建井初期尚未装罐道时,吊桶升降距离不得超过 40m;吊盘下面不装罐道的部分也不得超过 40m。

②装有渣石和物料的吊桶不得载人。

③要保证吊桶与井内其他悬吊设备之间有足够的安全间距。要避开井筒中心。

(6)压风系统。根据伞钻和人工钻需风量计算,地面设一压风机房,总供风能力为 200m^3/min。地面压风主干线选用 ϕ219 无缝钢管,井筒内压风管路选用一趟 ϕ159 钢管。

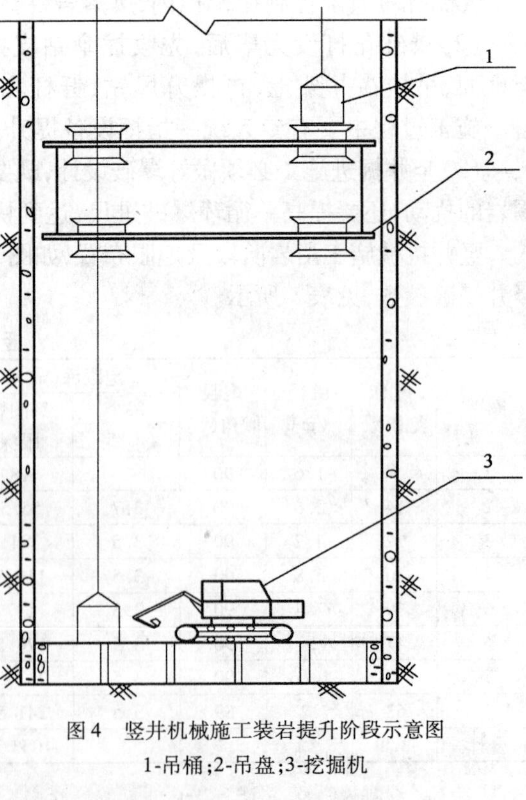

图 4　竖井机械施工装岩提升阶段示意图
1-吊桶;2-吊盘;3-挖掘机

(7)供电照明及通信系统。

①为保证2台3m直径提升绞车的正常工作,需要安装特种变压器(10kVA变为6kVA)。

②井口照明在井架上安装6盏自镇汞灯来实现;吊盘上、下层盘分别安设3盏防爆投光灯,用于井底工作面施工照明。

③凿井期间,在井筒内保护盘、井口信号房、10m翻渣台、绞车房均设置声光信号系统,可确保井上、下的通信联络及时、准确。井下防爆电话可与地面任意地点实现内部通话。

(8)初期支护(见图5)。采用湿法喷射混凝土,工作面安排转VII型混凝土喷射机2台,自制的钢板混凝土盛放器1个。地面采用1台PLD-1200型配料机输送砂石,电子秤计量,铲车上料,水泥通过电子秤计量自动加入,由一趟159mm×6无缝管输喷浆料到井底工作面。

(9)滑模衬砌施工。井筒二次衬砌和中隔板采用分瓣式模板机械一体化滑模衬砌由下至上一次成型施工技术,其平面示意见图6。中隔板与井壁同时灌注,连接处用半径0.5m圆弧顺接。中隔板与井壁设置贯通的变形缝,每6m一道,弹性材料填塞。

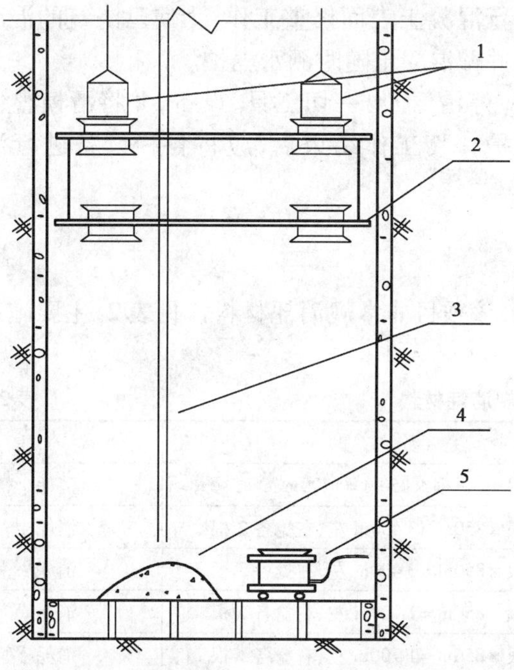

图5 竖井机械施工初期支护喷射混凝土阶段示意图

1-吊桶;2-吊盘;3-溜灰管;4-喷浆料;5-喷浆机

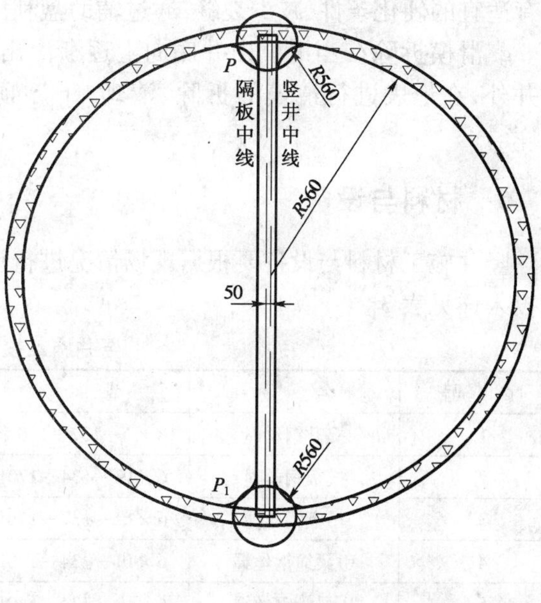

图6 竖井二次衬砌及中隔板平面图(尺寸单位:cm)

①液压滑升模板的结构组成。竖井液压滑升模板为二次衬砌和中隔板分瓣式一体化模板,其中竖井二次衬砌为单侧滑模施工,中隔板为双侧滑模施工。滑升模板结构断面,见图7所示。液压提升系统是全部滑模装置、设备及施工荷载向上提升的动力装置,由千斤顶、支承杆、液压控制系统和油路等组成。

②滑模系统组装顺序:桁架梁→辐射梁→加强圈→提升架→开子架→围圈→模板就位→操作平台铺板及栏杆→千斤顶就位→液压控制装置及管路→支承杆→辅助盘及安全绳网。

③滑模衬砌施工。

a.井下滑模定位与调试。当滑模整体下井就位

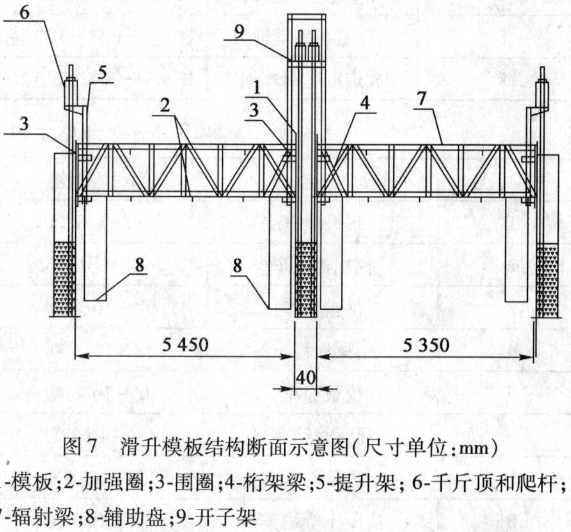

图7 滑升模板结构断面示意图(尺寸单位:mm)

1-模板;2-加强圈;3-围圈;4-桁架梁;5-提升架;6-千斤顶和爬杆;7-辐射梁;8-辅助盘;9-开子架

后,首先利用仪器测定竖井井筒中心线和模板边线位置,再利用滑模中心的重垂线与井筒中心重合,找正定位。然后利用液压系统进一步全面校核井下滑模的空载调试,确认无误后,插入爬杆,找正焊接牢固。

b. 钢筋绑扎与爬杆(支承杆)接长。钢筋绑扎应随同滑模滑升同步进行,即升一层绑一层,环向水平筋与爬杆的接点与爬杆和立筋焊接牢固,以加强爬杆的稳定性。

c. 滑模的检查与校正。滑模施工过程中要经常对操作平台的偏移、扭转情况进行检查。

d. 混凝土浇筑。竖井内混凝土浇筑采用溜灰管(ϕ159mm)进料(溜灰管在工作吊盘上设置缓冲器防止混凝土离析,同时严格按照试验提供的配合比拌制混凝土),严格遵守分层分片对称浇筑混凝土,每层混凝土厚度以300mm为宜。混凝土振捣采用插入式振捣器,经常变换振捣方向和顺序,以防工作平台发生倾斜和扭转。

e. 模板滑升。浇筑第一层时,厚度要达到600~700mm,开始滑升1~2行程,每个行程10~20mm,并检查脱模的混凝土凝固程度是否合适,如合适,再继续进行浇筑或滑升。

f. 井壁的表面修整及养护。混凝土脱模后须立即进行混凝土表面修整工作,为使已浇筑的混凝土具有适宜的硬化条件、减少裂缝,通过辅助盘利用水管对井壁混凝土随时洒水养护。

g. 滑模拆除。当滑模由井底向上逐渐滑出井口后应停滑,撤出一切工具、设备,并将滑模整体吊出井外,在地表进行滑模的拆除、清理,千斤顶进行养护一切工作结束后,应将各种设备进行清点入库。

6　材料与设备

竖井施工材料与设备要根据现场情况进行计算选型,该项目非常规消耗材料详见表2,主要施工机械投入详见表3。

竖井施工投入的非常规消耗材料　　表2

序号	名称	型号	数量	备注
1	提升钢丝绳	18×7—ϕ37—170特	2根×850m=1700m	消耗
2	模板钢丝绳	6×19—ϕ34—170I	4根×850m=3400m左、右捻各2根	消耗
3	吊盘钢丝绳	6×19—ϕ37—170I	4根×850m=3400m左、右捻各2根	消耗
4	引梁绳钢丝绳	6×19—ϕ34—170I	2根×850m=1700m左、右捻各1根	消耗
5	压风管钢丝绳	6×19—ϕ34—170I	2根×850m=1700m左、右捻各1根	消耗
6	风筒钢丝绳	6×19—ϕ24.5—170I	2根×850m=1700m左、右捻各1根	消耗
7	混凝土管钢丝绳	6×19—ϕ37—170I	4根×850m=3400m左、右捻各1根	消耗
8	抓岩机钢丝绳	18×7—ϕ34—170特	3根×850m=2550m	消耗
9	放炮电缆钢丝绳	18×7—ϕ31—170特	1根×850m=850m	消耗

竖井施工投入的主要施工机械　　表3

序号	设备名称	型号/规格	数量	产地	年份	功率(kW)	用途
1	提升绞车	2JK-3.0/20	2	洛矿	1985	1000	提升
2	挖掘机稳车	JZ_2T-10/700	3	济重	1988	45	悬吊
3	吊盘稳车	JZ-16/800	4	济重	1989	22	悬吊
4	引梁绳稳车	JZ-10/600	2	济重	1989	22	悬吊
5	模板稳车	JZ-16/800	4	浙江	1987	30	悬吊
6	压风管稳车	2JZ-16/600	1	包头	1989	40	悬吊
7	风筒稳车	2JZ-10/600	1	包头	1989	22	悬吊
8	混凝土管稳车	2JZ-16/800	1	上海	1999	40	悬吊

续上表

序 号	设备名称	型号/规格	数 量	产 地	年 份	功率(kW)	用 途
9	安全稳车	JZ-10/600	1	济重	1989	22	悬吊
10	伞钻	FJD-6	1	济宁	2005		钻眼
11	挖掘机	YC85-7C	2		2007		装岩
12	空压机	5L-40/8	4	沈阳	1998	250	压风
13	变压器	SJ-560/6/0.4	2	哈尔滨	2003		供电
14	通风机	FBD-30	4	湘潭	2006		通风
15	搅拌机	JS-750	4	郑州	2006		搅拌
16	分瓣式滑升模板			自制			衬砌
17	配料机	PLD-1200	2	郑州	2006		配料
18	装载机	ZL50M	2	柳州	2006		上料
19	凿岩机	YT-29	30	沈阳	2006		钻眼
20	井架	自制改V型	1	沈阳	2006		提升
21	自卸汽车	东风	8	沈阳	2006		出渣

7 质量控制

(1)本工法以《公路隧道施工技术规范》(JTG F60—2009)、《公路工程质量检验评定标准》(JTG F80/1—2004)、《煤矿井巷工程质量检验评定标准》(MT 5009—94)等为依据进行质量控制。

(2)质量保证措施。

①认真执行招标书中指定的国家和行业现行有关验收标准及规范,严格按设计图纸要求施工,优良品率达100%,实现全优工程。

②建立健全质量管理机构,完善质量管理制度,认真开展QC小组活动。设专、兼职质量检查员,检查评定各项工程质量。

③组织全体施工人员,包括工程技术人员和管理干部,认真学习、全面掌握施工质量标准。

④严格执行各项质量管理制度,重点做好图纸自审、会审、技术与质量交底工作。

⑤施工期间认真做好井筒中心复测工作,保证井筒中心位置。

⑥加强施工材料的质量管理,保证施工材料采购质量。凡进场的施工材料:水泥、混凝土外加剂、钢材等必须有合格证,砂、石必须经检测并经现场有关人员检查验收。不符合设计和施工要求的材料,施工单位不予验收和使用。

⑦砂石料场在雨天要用雨布盖好,防止雨淋。

⑧为防止溜灰管下料混凝土离析,溜灰管每次使用前要及时清理,水灰比不宜过大,控制在0.65以下,坍落度应控制在8~12cm。

8 安全措施

8.1 安全注意事项

竖井工程属于高危工程,在公路工程中具有特殊性,存在一些区别于常规隧道作业的不安全因素,其中包括:

(1)井下提升系统的作业安全。

(2)竖井高空坠物、井下物体高空坠落。

(3)井筒涌水。

(4)高地应力下岩爆带来的危险。

8.2　安全措施

(1)加强职工培训工作,对参加施工的全体人员全面进行安全技术培训,经考试合格后发证,持证上岗。

(2)认真执行各级安全生产岗位责任制,坚持安全检查活动,及时处理安全隐患。

(3)乘罐人员必须扎好安全带,将安全带的钩头扣在吊环上。

(4)入井人员必须戴安全帽,身体各部位不得超出罐外。

(5)信号工必须设专人,经培训后持证上岗,其他人员不得替信号工传送信号。罐在运行期间,信号工要精力集中,发现不正常现象要立即停罐,并查明原因。

(6)每天都要对提升钢丝绳和各种悬吊设备及提升钩头进行检查并做好记录,发现问题应及时处理。

(7)吊盘起落要由跟班队长或组长统一指挥,吊盘上所业人员要系好安全带并生根,所用工具要带笼头生根,盘上人员不得将身体某个部位伸出喇叭口,不得向下张望。

(8)处理溜灰管堵管时的混凝土不准直接溜放到滑模工作盘,防止混凝土冲击滑模工作盘造成其破坏。

(9)地面提升绞车运行到滑模工作盘上方5m必须自动停车,在吊盘到滑模工作盘区间的运行速度不准大于0.5m/s。

(10)当发生突出水灾害时,人员可乘吊盘软梯到吊盘上;如需升井时,可利用吊桶升井;如停电时可由井上放下的安全梯升井。

9　环保措施

(1)建立以项目经理任组长的环境保护领导小组,制定管理程序,明确各职能部门的职责,专门负责施工中的环境保护工作。

(2)建立文明施工区域负责制,实行包点包片分工负责。

(3)施工现场设备、材料应摆放整齐,施工用管线、敷设应标准化。

(4)井棚内、井盖门及周围应保持清洁,无杂物、无积水。

(5)施工管理牌板及掘砌施工图板应悬挂整齐。

(6)项目部与当地环保部门应联合建立环境保护检测点,对环境质量进行跟踪检测,对排入本区水域的污水执行一级标准。

(7)精心保护原有植被,保护野生动物;对施工废弃物和生活垃圾集中运至指定垃圾处理场进行处理。

(8)工程完工后对工程所在地地表植被要予以复原。

10　效益分析

由于配备了综合机械化打井装备,大大减轻了竖井施工的劳动强度,减少了施工操作人员,提高了工效,缩短了工序循环时间,降低了施工成本。该工法实质就是在保证工程质量的前提下,充分利用机械设备的高性能和可靠性,通过严格的管理和技术创新来缩短竖井建设工期,具有显著的经济效益和社会效益。

10.1　经济效益

(1)显著提高竖井施工速度。开挖阶段,正规机械化打井循环开始后,平均月进尺69.6m,最高月进尺80m;衬砌阶段,分瓣式机械一体化滑模系统可以连续不间断施工,月平均滑模进尺206m,最高月滑模进尺236m,此两项指标均创造了国内同类工程快速施工记录。全员人均效率达到31.2万/年,经济效益显著。缩短建井工期4个月,仅此一项节约建设投资800万元。

(2)采用整体液压滑升模板,机械化程度可达95%以上,与翻模法或倒模法衬砌相比,减少了施工人员30~40名;采用井底挖掘机装岩缩短工序衔接时间,减少了清底人员20名。此两项措施使得施工效率大大提高,减少人工费、辅助费以及其他费用合计200万元。

10.2 社会效益

(1)此工法机械化程度高,建井速度快,适合大口径竖井施工,工艺简洁流畅,适于推广应用。

(2)优质高效建成竖井工程,为隧道的通风、防灾减灾、安全运营提供了必要的保障。

(3)为施工企业积累了丰富的施工经验,提高了企业的知名度,带动了企业施工技术进步,促进了我国隧道竖井的建设水平。

11 工程实例

秦岭终南山特长公路隧道位于新建西安至安康高速公路西安至柞水段的青岔乡与营盘镇之间,全长18.02km,目前公路隧道中规模居世界第一,被誉为“中国第一长隧”。该隧道采用3竖井纵向式通风方案,1号竖井井深185.0m(开工时间2006年3月,竣工时间2008年6月)、2号竖井井深661.1m(开工时间2006年6月,竣工时间2008年9月)、3号竖井井深395.0m(开工时间2006年3月,竣工时间2008年6月),三座竖井开挖井径均超过12m,衬砌内径11.2m。其中2号竖井井深661.1m、开挖直径12.4m,是世界公路隧道行业口径最大、深度最深的通风竖井工程。

这三座竖井应用情况表明,竖井开挖超欠挖控制较好,滑模衬砌质量内实外美,施工迅速,取得了良好的经济和社会效益。施工期间创造了开挖月进尺80m、衬砌月滑模236m的全国纪录,此两项纪录分别被载入《中国企业新纪录》。秦岭终南山隧道2号竖井施工,见图8~图13所示;图14和图15为创纪录照片。

图8 凿井井架

图9 凿岩伞钻

图10 提升绞车

图11 地面稳车群

图12　挖掘机装岩

图13　初期支护

图14　井筒开挖新纪录

图15　井筒滑模施工新纪录

四车道大跨度公路隧道施工工法

GGG(中企)D1139—2009

马建军　卫永毅　陈向军　陈德国　刘　涛
（中铁二十一局集团有限公司）

1　前言

深圳市雅宝隧道是国内第一座分离式双向八车道、矢跨比最小(0.418 5 ~0.414 6)的公路隧道,隧道穿越II、III类围岩段153.5m,原设计采用双侧壁导坑法施工,设计工期9个月。雅宝隧道设计推荐的开挖施工方法是双侧壁法,但该工法工序复杂,对围岩扰动的次数多,施工速度慢,无法进行大型机械化施工,且工期长、造价高。中铁二十一局集团针对四车道公路隧道施工进行了科技攻关,在II、III类围岩段采用台阶法施工,形成了"四车道大跨度公路隧道施工技术"科技成果,于2008年5月通过了甘肃省科技成果鉴定,达到国内领先水平,并获得了2008年度中国铁道建筑总公司科技成果三等奖。该项技术经进一步完善总结形成本工法。

2　工法特点

(1)隧道作业空间大,工序可平行作业,施工干扰小,便于大型机械化联合施工,施工速度快。

(2)II类(V级)软弱围岩段采用I20b工字钢进行竖向临时支撑,施工安全、简便,同时材料可周转使用。

3　适用范围

本工法适用于II类(V级)及以下围岩条件下四车道公路、铁路隧道等地下结构工程施工。

4　工艺原理

施工充分利用新奥法施工原理,应用岩体力学理论,以维护和利用围岩的自承能力为基点,以监控量测为手段,通过对工程地质资料的详细分析,在II、III类(V级、IV级)围岩段采用分部台阶法工艺施工,辅助措施采用型钢竖向支撑加固,重点通过对围岩和支护的监控量测结果来指导隧道工程施工,确保施工安全。

5　施工工艺流程及操作要点

5.1　施工工艺流程

施工准备→洞口浅埋段施工→进洞上台阶开挖、支护→监控量测→下台阶交错开挖、支护→仰拱开挖、支护→衬砌结构防排水施工→明洞及衬砌钢筋混凝土施工。

5.2　操作要点

5.2.1　洞口浅埋段施工

(1)完善洞口施工防排水系统。施工前做好地表情况调查,完善施工范围内地表防排水系统,特别是对顶部及两侧的冲沟进行疏导引流,减少地表水对隧道周边岩体的侵蚀。

(2)洞口边、仰坡防护。洞口端一般存在浅埋、堆积、偏压等不良地质,施工前进行清理、锚喷网防护、管棚超前支护。

(3)洞口浅埋段施工。在洞口III类围岩段进洞施工时采用$\phi50\times5$mm小导管超前支护;在土质或全、强风化的II类围岩段进洞施工时采用$\phi127\times8$mm大管棚超前支护,管棚内安装钢筋笼,增加管棚刚度。

(4)施工套拱及进洞施工。施工套拱作用是预防洞顶落石,确保进洞安全,套拱施工长度2m。在套拱的防护下进行隧道洞身开挖施工。

5.2.2 洞身开挖及支护

隧道洞身采用台阶法开挖进洞,首先通过超前地质预报对掌子面前方岩体的施工性能进行判别,及时调整实施超前支护方案,因为开挖断面宽度大,对施工安全监测要求高。

(1)超前地质预报

根据超前地质预报起作用的时间和控制隧道的长度,分为长远期、中近期和临近期。在施工期间必须熟悉和掌握前期地质工作的成果,包括地质报告、试验数据、地质剖面图等,采用多种方法综合判断验证。如在隧道围岩变化较大、出现异常或地质情况不是很明确的地段施工超前地质钻孔取样,钻深10~30m,以探明围岩变化,使工程措施紧跟地质变化;在临近开挖面前一两个循环内的地质情况,采用超前炮孔(每一断面5~10个)工程地质综合分析法,推测前方3~5m范围内的地质情况,简单有效,不需另外增加投入,费时短。大跨度隧道超前地质预报的内容主要考虑以下几点:

①对照勘测阶段的地质资料,预报地质条件的变化情况对施工的影响程度。

②可能出现塌方、滑动影响时,预报其部位、形式、规模以及发展趋势,提出处理措施。

③当隧道穿越不稳定地层、断层时,需采取应急措施的预报。

④预报可能存在的突然涌水地点、涌水量大小、地下水中泥沙含量以及对施工的影响。

⑤岩体突然开裂或原有裂缝逐渐加宽时,预报其危害程度。

⑥在洞口可能出现的滑坡、坠石情况的预报。

⑦隧道浅埋段地面出现下沉或裂缝时,预报其对隧道稳定性和施工的影响程度。

⑧根据围岩地质特性,推断开挖施工面前方一定范围内的地质特征,进行地质预报,防范不良地质或产生地质突变。

⑨在隧道开挖后根据隧道围岩状况填写围岩地质记录,并对围岩岩性、岩体结构和完整程度进行判定,推测施工面前方围岩稳定性。

(2)超前支护

开挖放样后,利用钢架进行超前导管定向。沿开挖轮廓线外缘进行超前导管支护,导管的尾部与钢架焊接牢固。采用注浆机进行导管超前预注浆固结。

(3)洞身上台阶开挖

根据测量放样,在对隧道周边围岩超前加固后,进行隧道上台阶开挖。上台阶开挖高度控制在7m左右,一是便于工人支护施工操作,二是便于大型机械化出渣作业施工。IV类围岩段循环进尺控制在2.5~3.5m,III类围岩段开挖循环进尺控制在1.5~2.0m,II类围岩段采用弱爆破与挖掘机相结合的开挖方式开挖(浅埋段必要时预留核心土),人工风镐修整开挖轮廓面,循环进尺控制在0.5~1.2m。采用机械钻孔,光面爆破。为减小爆破对围岩的振动,使周边眼爆破时有较好的临空面,掏槽眼、辅助掏槽眼、底眼、辅助周边眼、周边眼导爆管采用跳段或加大雷管段别的方法,即采用1段、5段、9段、13段、17段、或2段、6段、10段、14段、18段的布设方式。开挖后及时进行型钢架、超前导管、锚杆、钢筋网、喷射混凝土等联合支护。

(4)洞身下台阶开挖

当上台阶开挖超前30m并且支护稳定以后,再进行下台阶开挖施工。下台阶开挖长度根据围岩类别 III 类控制在 3 ~ 5m 之间，II 类控制在 2 ~ 3m 之间；开挖宽度根据施工调整一般取 7 ~ 10m。在 II 类围岩段下导开挖时上台阶支护底脚边墙处预留宽度不小于 1m；进行超前支护后采用挖掘机配合人工修整至设计位置，要避免单侧 5 榀以上钢架同时悬空，钢架及时接至底脚，施工锚杆、钢筋网，及时进行喷射混凝土支护。下导坑左右交错开挖施工长度可根据施工情况具体调整，一般可控制在 15 ~ 20m 之间。

(5)隧道支护

隧道初期支护是由中空锚杆、钢筋网片、型钢架和喷射混凝土支护等联合组成的一种受力结构。在洞口加强段辅助 $\phi127 \times 8$mm 大管棚超前支护、$\phi50 \times 5$mm 管棚超前支护以加强围岩受力，确保隧道洞室开挖稳定。在隧道断面开挖后，及时进行通风、排危和断面超欠挖检查处理。围岩支护参数见表 1 ~ 表 4，工艺流程如图 1 所示。

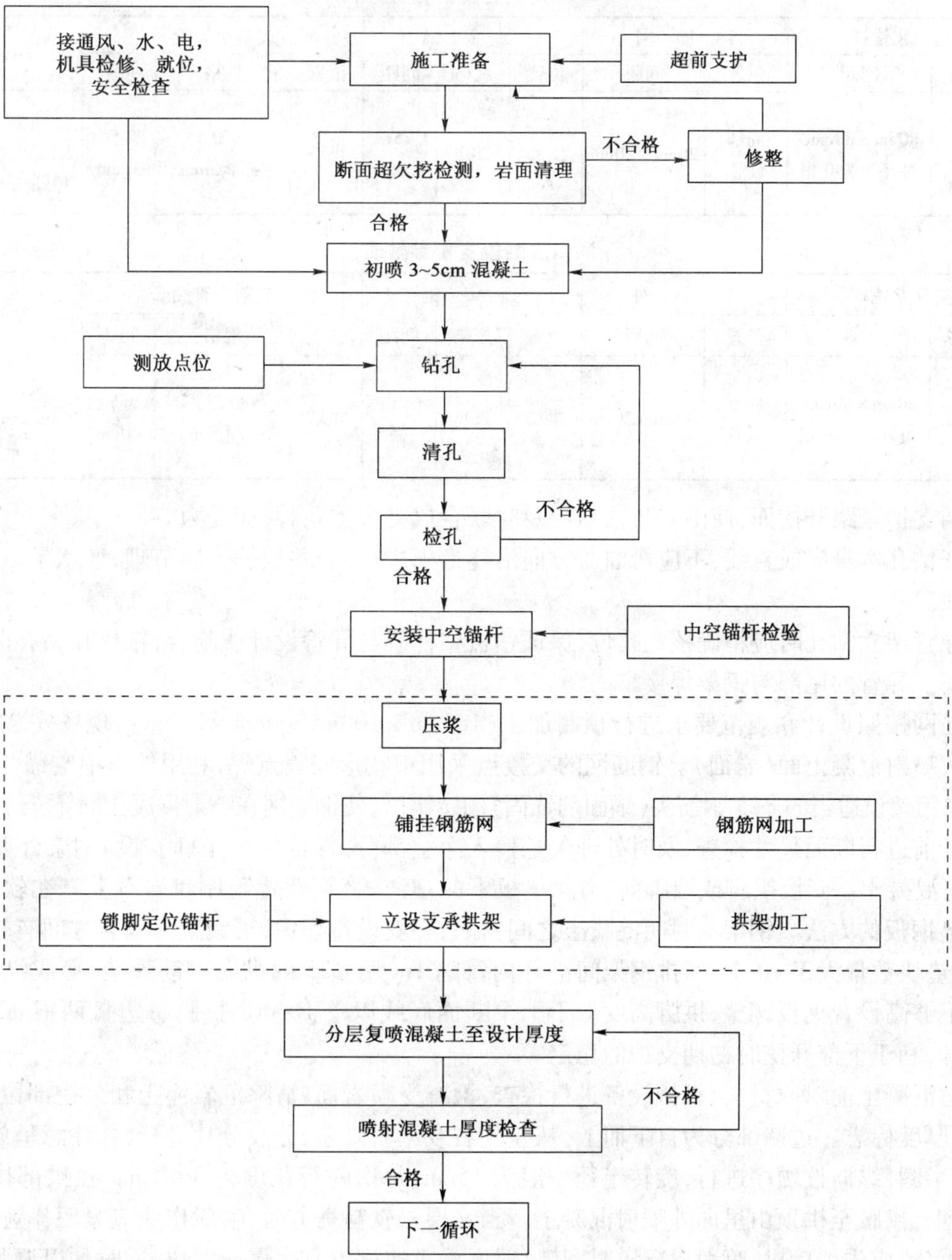

图 1　隧道支护施工工艺流程

IV 类围岩支护参数 表1

R25 中空注浆锚杆			钢筋网		2ϕ25 锁角药卷锚杆			喷射混凝土
位置	规格	间距	位置	间距	位置	规格	间距	
拱墙	长 3m	100cm×100cm,每环 28/29 根	局部设置	20cm×20cm	两侧底脚对称布设	长 4m	50cm,每处 3 根	喷射 C25 钢纤维混凝土,钢纤维掺量 40kg/m^3

III 类围岩支护参数 表2

R25 中空注浆锚杆			工字钢			超前小导管			喷射混凝土
位置	规格	间距	位置	规格	间距	位置	规格	间距	
拱墙	长 3.5m	100×100cm,每环 28/29 根	拱墙	I20b	0.75m/榀	拱墙	ϕ50,壁厚 5mm	环距 40cm	喷射 C25 钢纤维混凝土,钢纤维掺量 40kg/m^3

II 类围岩支护参数 表3

R25 中空注浆锚杆			钢筋网		工字钢			超前小导管			喷射混凝土
位置	规格	间距	位置	间距	位置	规格	间距	位置	规格	间距	
拱墙	长 4m	80cm×80cm,每环 39/40 根	局部设置	20cm×20cm	拱墙	I20b	0.75m/榀	拱墙	ϕ50,壁厚 5mm	环距 35cm	喷射 C25 钢纤维混凝土,钢纤维掺量 40kg/m^3

洞口加强段支护参数表 表4

R25 中空注浆锚杆			钢筋网		工字钢			超前大管棚			喷射混凝土
位置	规格	间距	位置	间距	位置	规格	间距	位置	规格	间距	
拱墙	长 5m	80cm×80cm,每环 39/40 根	局部设置	20cm×20cm	拱墙	I20b	0.5m/榀	拱墙	ϕ127,壁厚 8mm	环距 40cm	喷射 C25 钢纤维混凝土,钢纤维掺量 40kg/m^3

①初期支护紧跟开挖面,使围岩与锚喷网及时联合成受力体系,共同受力。

②锚杆钻孔本身应成直线,不应弯曲。方向沿隧道周边径向,并根据岩层节理、产状予以调整,不能平行于岩面。

③小导管架立钻孔时应精确核定孔位,保证钻机钻杆线与导管设计线吻合,钻机在钻孔时不能产生偏移和倾斜。导管的尾部与钢架焊接牢固。

④钢筋网按照设计和规范要求进行预制加工(100cm×100m、200cm×200m)、现场安装,并使钢筋网紧贴初次喷射混凝土面(岩面)。钢筋网的交接点采用梅花形间隔点焊,利用外露中空锚杆进行固定,个别部位采用架设适当的 ϕ25 钢筋头(锚固剂锚固)固定牢固,使钢筋网在喷射混凝土时不至于晃动。

⑤安设前进行断面尺寸检查,及时处理欠挖侵入净空部分,保证钢架正确安设,钢架外侧有不小于 5cm 的喷射混凝土。安设拱脚或墙脚前,清除垫板下的虚渣,将钢架置于原状岩石上。在软弱地段,采用拱脚下垫钢板的方法。钢架与封闭混凝土之间紧贴,在安设过程中,当钢架与围岩之间有较大间隙时安设垫块,垫块数量大于 10 个,两排钢架间沿环向每隔 1m 用 ϕ22 的纵向钢筋焊接,形成纵向连接系。拱脚高度不够高设置钢板调整,拱脚高度低于上半断面底线以下 10cm。拱脚每边打两根 ϕ25 长 1.5m 的锁脚锚杆,利于下部开挖时初期支护的稳定。

⑥喷射混凝土前对原材料、机械设备进行检查,检查受喷岩面,清除危岩浮土和欠挖部位,冲洗吹扫岩面,埋设厚度标志。边墙部分为自下而上,从左到右或从右到左,分段分片进行,并注意呈旋转轨迹运动,一圈压半圈,纵向按顺序进行,旋转半径一般为 15cm,每次蛇行长度为 3~4m。在拱部拱脚至拱腰处,自下而上,拱腰至拱顶由里向外喷射混凝土。当岩层松软易坍方时,喷射作业应紧跟作业面,初喷应先拱后墙,复喷应先墙后拱;喷射混凝土时,其喷射混凝土速度不宜太慢或太快,适时加以调整。钢架与围岩之间的间隙采用由两侧拱脚向上喷射密实。

(6)仰拱支护

根据设计要求,隧道 III 型衬砌段仰拱支护采用钢纤维喷射混凝土环向封闭支护,II 型衬砌段仰拱支护采用钢架(与拱墙部分设置要求相同)、钢纤维喷射混凝土联合支护,以加强围岩整体受力。因此,在完成拱墙初期支护后,及时采用左右交错的方式进行仰拱开挖、安装钢架、喷射钢纤维支护,使初期支护封闭成环,以尽早发挥围岩的自承能力,构成稳固的初期支护体系,缩短二次应力重分布的时间。施工仰拱混凝土后,为洞内施工运输创造良好的作业环境。

(7)临时支护

在 II 类软弱围岩段,当初期支护施工结束后围岩变形接近规定值但仍无减缓趋势或混凝土表面已有明显开裂时,必须进行临时支护。临时支护采用 I20b 工字钢竖向支撑。工字钢纵向间距 1.5m,采用角钢连接,形成一面受力的墙体,以承受围岩变形压力。工字钢底部采用纵梁支垫,以增大支撑体系的受力效果。由于断面大,可以根据现场情况采用中间支撑或两侧拱腰支撑。同时在围岩变化部位进行小导管注浆固结,并检查注浆效果。注浆导管深度应与支护锚杆一致,待围岩稳定后再撤去临时支撑。具体施工,如图 2 所示。

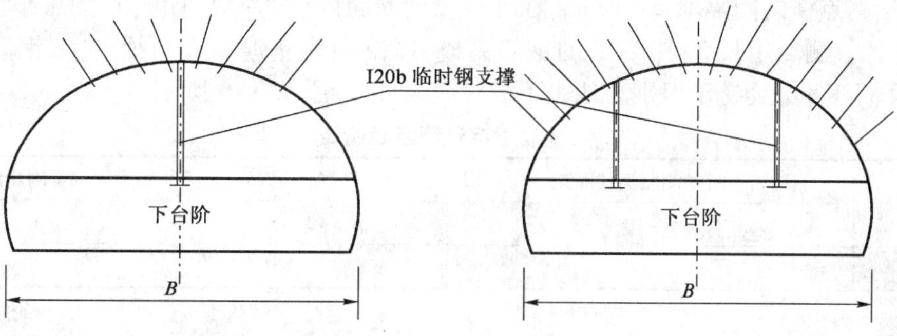

图 2　临时支护

5.2.3　施工监控量测

在施工中通过围岩变形量测、三维弹塑性有限元模拟分析,对隧道变形进行系统研究验证,适时调整支护措施,保证施工安全。

(1)三维弹塑性有限元模拟分析

根据相似模型和三维弹塑性有限元分析,预测各种施工方法的下隧道变形和受力状态分析,优化施工参数,及时采取相应的施工措施。

(2)围岩应力应变测试

围岩应力应变测试包括在初期支护与围岩之间径向接触压力(钢架与岩面之间设置)、围岩内部应力测试。III 类围岩段 1 处,II 类围岩段 2 处,每断面五个测试点。

(3)围岩变形监控量测

围岩变形监控量测,包括拱顶下沉量测、围岩周边收敛量测、地表沉降量测、支护结构观察和掌子面地质素描等。详见表 5 所示。

隧道监控量测汇总表　　表 5

监控量测项目	监控量测内容	监控量测仪器
洞内观察	对隧道开挖面的围岩状况和地质变化情况观察并绘示意图	地质罗盘
地表下沉量测	对洞口地表情况,地表沉陷,边、仰坡稳定,地表水的渗透观察	精密水平仪、钢尺
洞外观察		
净空水平收敛量测	主要测量施工过程中支护结构位移变形情况	收敛计
拱顶下沉量测		水准尺、钢尺
围岩应力	掌握施工过程中围岩压力、接触压力大小情况	应变计、频率接受仪
初期支护与围岩间接触压力		压力盒、频率接受仪

①净空变化量测点布置

由于四车道隧道开挖断面大,净空变化量测断面布设间距除按规范要求的数值减半外,还需具体结合围岩类别、埋置深度等具体情况确定。在雅宝隧道施工中采取的参数为:IV 类围岩段每 20m 设置一个断面;III 类围岩段每 10m 设置一个断面;II 类围岩段每 5m 设置一个断面。一般围岩地段每一台阶 1 条测线,每断面设 2 条测线;软岩地段上台阶设置 3 条测线,下台阶设置 1 条测线。

②拱顶下沉量测

拱顶下沉量测与净空收敛量测在同一断面内进行,测点设于拱顶顶部,用精密水准仪、悬挂钢钢尺测定其下沉量。当测点下沉量较大或存在较大偏差时,可在拱腰增设测点,作为辅助控制量测。水准点设在稳固的基岩上。

③地表下沉量测

地表沉降点布设在隧道轴线上方的地表中,原则上尽量与净空变化和拱顶下沉量测的测点布置在同一断面内,同时在主测点横向上也布设必要的测点。水准基点应布设在隧道施工影响范围以外且不易扰动的地方,并且便于观测使用。

地表下沉量测点横向间隔取 2 ~ 10m。在一个量测断面内设 7 ~ 11 个测点,测点布置时洞身中线附近较密,两侧渐稀。测点用长 20 ~ 30cm 的钢筋制成,埋设钢筋外露端头刻画十字,钢筋周围以混凝土包裹,布设牢固、不移位,且易于识别。地表下沉量测断面间距,如表 6 所示。

地表下沉量测断面间距 表 6

埋置深度	地表下沉量测断面的间距(m)	埋置深度	地表下沉量测断面的间距(m)
$H<20$	5 ~ 10	$H>40$	20 ~ 50
$20<H<40$	10 ~ 20		

④现场观察

在每一开挖施工循环结束后,及时进行现场观察并作详细记录,预报其对隧道稳定性和施工的影响程度。

⑤量测频率和量测时间

净空变化量测和拱顶下沉量测的测试频率,主要根据位移和测点距开挖面的距离进行确定,一般按表 7 选定。即元件埋设的初期测试频率每天观测 1 ~ 2 次,随着围岩逐渐趋于稳定,量测次数可以减少;当出现围岩不稳定征兆时,要加大量测次数。

净空变化量测和拱顶下沉量测的量测频率 表 7

序号	位移速度	距工作面距离	量测频率	备注
1	10mm/d 以上	0 ~ B	1 ~ 2 次/d	B 为隧道开挖宽度
2	10 ~ 5mm/d	B ~ 2B	1 次/d	
3	5 ~ 1mm/d	2B ~ 5B	1 次/2d	
4	1mm/d 以下	5B 以上	1 次/周	

在由位移速度决定的和由距工作面距离决定的量测频率中,原则上采用两次频率之中较高者。当位移趋于一定值时,可不采用以上参数。

量测开始时间:一般要能够保证在爆破后 24h 内、下一次爆破前测读初次读数,以获得位移开挖初始阶段的变形动态数据。

量测结束时间:当位移达到基本稳定后,以 3 日一次的频率测量 2 周,若无明显变形,则可以结束量测。

⑥数据处理与信息反馈

数据处理:根据现场观察和监控量测结果,绘制净空收敛、拱顶下沉时间-位移曲线,分析判断围岩压力变化趋势。

信息反馈:在施工监控过程中,及时对所得数据分析、处理,以判断支护结构的稳定性和施工过程的安全性,并将所得的结果及时反馈于施工过程中,达到指导施工的目的。

5.2.4 结构防排水施工

结构防排水系统主要包括单壁打孔波纹管、防水板及无纺布防水层、衬砌施工缝(沉降缝)止水带以及隧道二次衬砌自防水等。在上下导坑施工结束后,防水板采用环向整体一次无钉铺设成型,确保施工质量。

6 材料与设备

(1)本工法无特别需要说明的材料。

(2)机具设备见表8所示。

机具设备表 表8

序号	设备名称	规格型号	单位	数量	备注
1	挖掘机	PC220	台	1	按单口隧道工作面配置
2	装载机	ZL50C	台	2	
3	自卸载货汽车	东风自卸车,15t	台	5	
4	电动空压机	$20m^3/min$	台	2	
5	内燃空压机	$10m^3/min$	台	1	
6	气腿式凿岩钻机	YT28	台	15	
7	通风机	2×55kW	台	1	
8	注浆机	BW250	套	1	
9	风镐		台	4	
10	泥浆泵	200QW350-25	台	2	
11	简易开挖台架	自制	台	1	自制
12	地质钻机	MGJ-50	台	1	大管棚施工
13	混凝土湿喷机		台	2	
14	电焊机	ZXG-500	台	4	
15	钢筋切断机	CJ4-1	台	2	
16	万能弯筋机	CW40-1	台	1	
17	卷扬机		台	1	
18	混凝土输送泵	HB-60	台	1	
19	自行式爬焊机		台	2	
20	混凝土运输车	$5m^3$	台	3	商品混凝土
21	强制式混凝土搅拌机		套	1	商品混凝土
22	整体式衬砌台车	全液压	台	1	
23	变压器	10kVA	台	1	
24	发电机	200kW	台	1	

7 质量控制

7.1 工程质量控制标准

隧道施工质量执行《公路隧道施工技术规范》(JTG F80—2009)、《钢筋混凝土工程施工及验收规范》(GB J204—83)、《公路工程质量验收评定标准》(JTG F80/1—2004)。

7.2 质量保证措施

(1)实施GB/T 19001—2000—ISO 9001:2000标准质量管理体系,建立健全质量保证体系和全面质量管理体系，严格按奖惩制度管理。

(2)强化技术管理、大力开展科技攻关，优化方案，对重点关键性工艺组织开展QC小组活动，进行专项技术攻关。

(3)加强施工过程的质量监控，严格“三检”制度，把好材料进场关、检验关、使用关，把好工序质量关。

(4)严格控制欠挖。当石质坚硬完整，并确认不影响衬砌结构稳定和强度时，允许岩石个别凸出部分($1m^2$ 不大于 $0.1\ m^2$)凸入衬砌断面，锚喷支护时凸入不大于3cm，衬砌时不大于5cm。拱脚、墙脚以上1m内严禁欠挖。开挖轮廓圆顺，开挖断面的中线高程符合设计要求。

(5)严格控制钢纤维喷射混凝土的原材料质量，拌制时严格按照配合比计量，均匀掺放，缩短存放时间，随拌随用。

(6)当钢纤维喷射混凝土表面有裂缝、脱落、露筋、渗漏水等情况时，应及时修补，凿除喷层，重新喷射或进行整治。

(7)上台阶钢架支护安装锁脚锚杆必须设置牢固；在开挖下台阶时，严格控制开挖进尺，避免多榀钢架底脚同时悬空或同一榀钢架两侧底脚同时悬空。

(8)根据量测数据及时调整预留变形量和设置临时支护。一个量测断面的量测信息结果只适用于该断面前后不大于5m范围同类围岩地段的施工指导。长段落进行设计参数修正时，必须以不少于三个断面的量测信息为依据。

(9)严格按设计要求无钉铺设防水板，并在安装衬砌钢筋时，加强对已施工验收防水层的有效防护，避免焊渣烧伤防水板。

(10)衬砌钢筋混凝土采用整体式衬砌台车一次浇注成型，混凝土采用插入式与附着式联合振捣密实。

(11)上下分离式隧道同时施工时，考虑到左右线爆破振动叠加影响，当一侧开挖支护进洞 $2D$ (D 为隧道设计最大开挖宽度)后再进行另一个洞口施工。

8 安全措施

8.1 管理措施

(1)实施《职业健康安全管理体系规范》(GB/T 28001—2001)，建立健全安全保证体系，制定切实可行的施工安全保障措施制度。

(2)隧道施工各班组间，建立完善的交接班制度。

8.2 技术措施

(1)分项工程开工前制定出详细的施工方案和实施措施，上报相关部门批准，并向施工人员进行详细的安全技术交底。

(2)在交接班时，交班人应将本班组的施工情况及有关安全事宜及措施向接班人详细交代，并记录在交接班记录本上；工地值班负责人(领工员)应认真检查交接班情况。每班开工前未认真检查工作面安全状况，不得施工。

(3)施工期间，现场施工负责人应会同有关人员对支护各部定期进行检查。在不良地质地段每班应设专人随时检查，当发现支护变形或损坏时，应立即整修和加固；当支护变形或损坏情况严重时，应先将施工人员撤离现场，再行加固。

(4)对不良地质段隧道施工，采取“弱爆破、短开挖、强支护、快衬砌”，必要时留核心土，加强支护措施。

(5)对自稳程度很差的围岩，采用预注浆，超前锚杆、挂网和钢架支撑喷混凝土的办法进行临时支护，以免造成坍方。

(6)隧道开挖作业前,先检查工作面的安全状态,如有松动的岩石应立即加以支护和清除。同时要加强隧道内照明,施工照明采用防爆灯具。

(7)当发现测量数据有异常变化、洞内或地表位移量测值大于允许位移值、出现裂缝,以及喷层出现异常裂缝时,均应视为危险信号,必须立即通知作业人员撤离现场,待制定处理措施后才能继续施工。

(8)在洞口或适当场所,应设置急救材料储备库,所储备的各项机械设备、器材应保证数量和质量,不得随意挪用,使用后随即补足数量。

(9)在隧道衬砌作业时,模板台车作业地段距开挖面要保持一定的安全距离;台车下的净空应能保证车辆顺利通行,并悬挂明显的缓行标志。

(10)合理布设洞内"设三管一线",即风管、水管(进、出)、施工用电线路。用电线路布设时,高压线路在上,低压线路在下,不同回路、电压的交流导线不得穿在同一根管内。照明线路电压在施工区域内不高于36V。

(11)闸刀、配电箱以及其他电力设备警示标志明确,有防雨水措施,且需有专人经常性检查维护。

9 环保措施

(1)严格执行国家有关环保法规及工程所在地政府对环保的有关规定,严格执行合同中的环保条款。开工前对全体职工进行培训教育,认真学习法律法规,增强全体施工人员的环保意识,提高认识,明确环保责任,形成全员全过程环保局面。

(2)搞好环保调查,了解当地环保内容与要求,严格执行建设单位与当地环保部门签订的有关协议,建立环保检查制度,把环保措施层层落实,做到责任到人,奖罚分明。

(3)在编制实施性施工组织设计时,应同时考虑施工方案与环保问题,对易污染环境的施工项目(如弃土、施工垃圾、扬尘、燃料、污水、化学物质等)制订具体防护措施,从施工安排上全力落实。不多占用土地,少破坏植被,不污染河流,不随意堆放垃圾,减少施工扬尘。

(4)在布置施工场地时,钢筋加工、混凝土拌和、构件预制等设施应尽量远离居民区,以减少视觉和噪声污染。

(5)生产施工废水及生活污水经收集并采用二级生化或化粪池、过滤、沉淀等措施进行净化处理,经检查符合标准后按当地环保部门的规定要求排放。施工机械的废油废水采用隔油池处理,未经处理的废水、废油,不得直接排放。

(6)生产及生活垃圾分可降解、不可降解分类集中收集。可降解的垃圾就地降解处理,不可降解的垃圾运至环保部门指定的地点按规定处理。

(7)及时清理并保持生产、生活区环境卫生,严格禁止随意倾倒垃圾,同时认真搞好周围环境的绿化工作。

(8)配备专用洒水车,对施工现场和运输便道经常进行洒水湿润,防止扬尘,并对施工便道进行植被绿化。

(9)对使用的工程机械和运输车辆加强维修保养,提高尾气排放标准,降低噪声。

(10)严格按土方调配方案取、弃土,并按设计要求及时实施工程防护,严禁向设计范围外场地弃土。

(11)工点完工后,及时进行现场清理,恢复植被绿化,建筑垃圾运至环保部门指定地点。

(12)经常征求当地环保部门及群众对施工范围内环保工作的意见,及时整改,避免和减小由于施工方法不当而造成的污染和破坏。

10 资源节约

(1)台阶法施工相对双侧壁导坑法施工节约大量的型钢、锚杆等临时支护材料,减少材料使用量。

(2)初期支护施工中采用I20b型钢替代H20型钢,减少钢材用量。

(3)通过对工程施工机械和运输车辆的维修保养,减少油料损耗,提高燃料利用率。

(4)通过采用漏电节能保护措施减少施工用电损耗,提高电能利用率。

11 效益分析

(1)通过对隧道开挖方式的优化,扩大作业空间,可形成平行流水化作业,便于大型机械化施工,可提高工效20%~45%,确保施工工期。

(2)在四车道大跨度隧道II类围岩区段采用台阶法施工中,大跨度全断面二次衬砌施工技术方面推动了技术创新性,为以后类似工程的设计、施工积累了宝贵经验,具有较好的社会效益。

(3)台阶法施工作业面空间大,机械使用效率高,施工通风效果好,节约了能源,减少了尾气排放和粉尘污染,改善了作业环境。

12 应用实例

深圳南坪快速路雅宝隧道左线、右线。该隧道为国内第一座双向八车道、矢跨比最小的大跨度公路隧道,左线洞身262.5m,右线洞身181.5m,隧道最大埋深75m,最小埋深1.5m,左右线最小净距32m。隧道设计限界净宽18.0($4\times3.75+2\times0.50+2\times0.25+2\times0.75$)m,净高5 m。衬砌内轮廓采用三心圆曲墙断面设计,洞身最大开挖宽度21.10m,最大开挖高度13.68m(拱顶至仰拱底部)。洞身穿越地层岩性主要为燕山期粗粒花岗岩、第四系坡洪积层、第四系残积层,围岩类别为II、III、IV类(V级、IV级、III级),围岩节理发育,II、III类围岩稳定性较差(长度153.5m),IV类围岩较稳定,设计工期9个月。

隧道2004年12月31日开工,左线2005年5月31日顺利贯通,主体衬砌2005年10月25日完工。2006年4月15日全部完工,6月30日顺利通车。

隧道采用台阶法施工,硬岩段最大月进尺达89m,软岩段月进尺平均30 m,实现顺利穿越软弱破碎围岩段,保证了隧道按期完工。400m暗洞施工中节省ϕ50超前导管137.76t、型钢及螺纹钢筋533.72t、喷射钢纤维混凝土1 374m^3,直接费用约400余万元,节约造价8.3%。台阶法施工作业面空间大,机械使用效率高,施工通风效果好,节约了能源,减少了尾气排放和粉尘污染,改善了作业环境。在整个隧道施工过程中安全可靠,未出现一次安全质量事故,得到了各方认可。

竖井工程分瓣式机械一体化滑模衬砌施工工法

GGG(中企)D2140—2009

刘宝许 高崇霖 王 巍 皇甫明 王周理 王 亮 苏红岭 肖礼忠 张 沱
(中交隧道工程局有限公司 中铁二十局集团第二工程有限公司 中铁二十一局集团第三工程有限公司)

1 前言

随着世界各国长大公路隧道工程越来越多,其通风竖井工程的建设数量和建设规模也必将呈现跳跃式发展。竖井的衬砌是为井筒结构提供应力储备和外观美观的作用,一般煤矿行业竖井井筒衬砌多采用翻模法或倒模法施工,这种施工方法的显著缺陷是工序繁杂,人工投入多,材料消耗大,外观不美观,施工速度慢。

秦岭终南山特长公路隧道设计3座通风竖井,其中2号通风竖井工程井深661m,衬砌内径11.2m,是目前世界上最大、最深的通风竖井工程。三座通风竖井井筒中间均为钢筋混凝土中隔板,将井筒一分为二,为了加快施工进度,打造世界精品工程,多家施工单位共同进行了"分瓣式机械一体化滑模"研究工作,其关键技术《超大直径深竖井关键施工技术及装备》于2009年1月19日通过了"中国煤炭工业协会"的鉴定。并在三座竖井衬砌施工过程中成功使用了"分瓣式机械一体化滑模施工工艺",使得竖井井筒衬砌和中隔板整体一次性滑模成型,取得了较好的社会效益和经济效益。为了促进该施工方法在我国类似竖井工程中推广应用,根据秦岭终南山隧道竖井工程的施工经验与实践,特编制此工法。

2 工法特点

2.1 采用分瓣式整体钢结构模板与"开"形钢架,能够使得井壁衬砌与中隔板衬砌同时滑模成型,有效地实现了机械一体化滑模。

2.2 采用全液压操作系统,施工操作简单灵活,自动化程度高,节省了人工投入量并且显著降低了人工劳动强度。

2.3 采用全封闭双层工作平台,能够承受工作和物料等荷载,整体安全性能高,同时又是模体的支撑构件,刚度大,衬砌质量好。

2.4 模板定位和调整方便、工艺简洁流畅,可以实现连续不间断施工,施工速度快。

2.5 质量易于控制,通过控制施工中心线和施工边线确保其垂直度,衬砌结构物和实体质量外观质量优良。

2.6 本工法工艺结构设计合理,施工易于实现,易被工程技术员所掌握,具有较强的推广应用价值。

3 工法适用范围

本工法具有设计结构合理,施工快捷,经济效益显著等特点,可以广泛应用与长大隧道工程、大型地下工程等的竖井井筒混凝土施工,也可应用于地面塔式混凝土结构物混凝土施工。

4 工艺原理

4.1 工艺原理

本工法采用分瓣式全液压自动整体滑模系统,模板为整体钢结构设计,滑模系统自带动力装置,在工作过程中,模板能够自动爬升。在井筒圆周内以及中隔板内每隔一定距离埋设金属爬杆,将穿心液压千斤顶套在爬杆上,通过螺栓把液压千斤顶底座与提升架的顶部连在一起,为使所有液压千斤顶能同步工作,用输油管路将其与液压操作相连。这样随着模板底部混凝土的凝固、液压操作机驱动所有液压千斤顶,就可带动滑膜系统沿着爬杆向上滑动。

4.2 滑模系统组成

竖井液压滑升模板为二次衬砌和中隔板一体化模板,其中竖井二次衬砌为单侧滑模施工,中隔板为双侧滑模施工。滑模系统包括操作平台、提升架、围圈、辐射梁、模板、辅助盘、液压系统和支承杆等,详见图1。

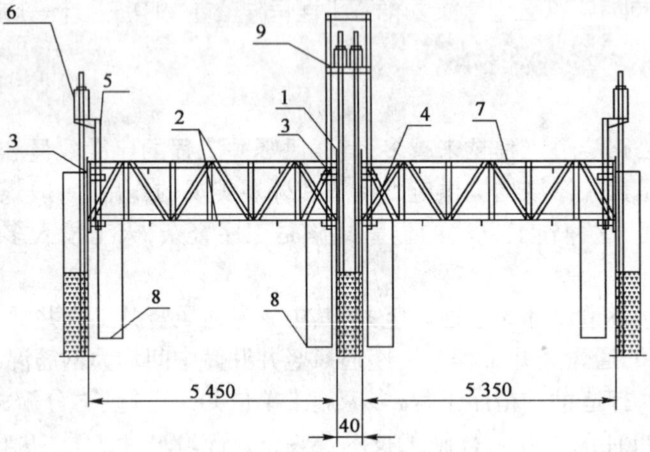

图1 滑模系统示意(尺寸单位:cm)

注:1-模板;2-加强圈;3-围圈;4-桁架梁;5-提升架;6-千斤顶和爬杆;7-辐射梁;8-辅助盘;9-开子架

4.2.1 操作平台

操作平台是滑模系统的主要受力结构之一,也是施工布置的主要场地,该构件除要满足强度要求外,还应有足够的刚度。操作平台支撑于提升架的主体竖杆上,通过提升架与模板连接成一体,并对模板起横向加固作用。

4.2.2 桁架梁和辐射梁

桁架梁和辐射梁是模板的主要骨架,由角钢∠80×80×8 和∠63×63×6 焊接而成,高度为106mm,长度不等。

4.2.3 提升架

提升架是滑模板与混凝土井壁间的联系构件,主要用于支撑模板、围圈、滑模盘,并且通过安装于顶部的千斤顶支撑在支承杆上,整个滑升荷载将通过提升架传递给支承杆。

4.2.4 开子架

开子架是滑模板与混凝土中隔板间的联系构件,由立柱、横梁和支托组成,用于支撑中隔板模板、围圈、滑模盘,通过千斤顶,整个滑升荷载将通过开子架传递给支承杆。

4.2.5 围圈

围圈用来加固模板,使其形成一个整体,围圈采用上下两道,间距 720mm,围圈与模板用螺栓连接,并与提升架和开子架支托相连。

4.2.6 模板

模板是混凝土井壁和中隔板成形的模具,每块设计大小采用 1 500 mm×1 333 mm×6mm,背面用50mm×6mm 角钢做横筋及纵筋,钢模板挂在上下两道围圈之上,螺栓连接。

4.2.7 辅助盘

为了随时检查滑升后的混凝土质量,处理局部缺陷和及时对混凝土表面洒水养护,辅助盘用直径

20mm 的钢筋悬挂在操作平台下部处，上铺 5cm 厚木板。

4.2.8 液压提升系统

液压提升系统承担全部滑模装置、设备及施工荷载向上提升的动力装置，由千斤顶、支承杆、液压控制系统和油路等组成。

5 施工工艺流程及操作要点

5.1 施工工艺流程

施工工艺流程见图 2 所示。

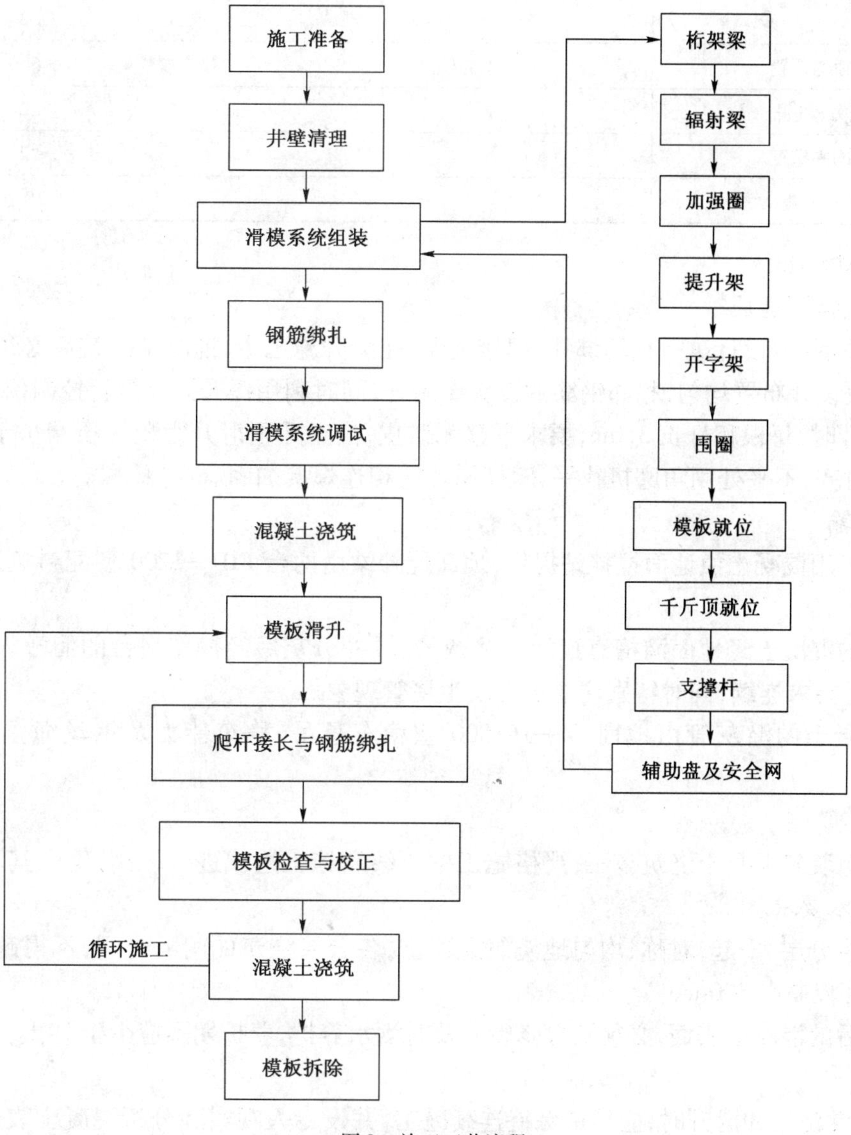

图 2 施工工艺流程

5.2 主要工序操作要点

5.2.1 滑模施工各工种必须密切配合，各工序必须衔接，以保证连续均衡生产。

5.2.2 施工前，对混凝土的配合比、外加剂进行试验工作，测定混凝土的坍落度、凝固时间，为滑模做好准备。

5.2.3 安装完毕的滑模，应经总体检查验收后，才允许投入生产。

滑模组装调试按表 1 质量标准进行检查调整。

模板安装调试标准 表1

内容		允许偏差(mm)
模板装置中线与结构物轴线		3
主梁中线		2
围圈位置	垂直方向	5
	水平方向	3
提升架的垂直度		≤2
模板倾斜角	上口	+0,-1
	下口	+2
安装千斤顶的位置		5
圆模直径、方模边长		≤2
相邻模板的平整度		≤2
操作盘的平整度		10

5.2.4 滑模施工

1)钢筋绑扎、爬杆延长

(1)模体就位后,按设计进行钢筋绑扎、焊接工作,在滑升施工中,混凝土浇筑后必须露出最上面一层水平筋,间距按设计布置均匀,相邻钢筋的接头要错开,同时利用提升架焊钢管控制保护层。

(2)正常滑升时,每根爬杆长3.0m,要求平整无锈皮,当千斤顶滑升距爬杆顶端小于350mm时,应接长爬杆,接头对齐,不平处用角磨机找平,爬杆同环筋相连焊接加固。

2)混凝土运输

(1)滑模施工用混凝土由地面搅拌站提供,地面搅拌站由两台PID—1200型配料机及三台JS—740型搅拌机构成。

(2)拌和好的混凝土经地面溜槽直接溜入溜灰管、缓冲分灰后经操作平台的溜槽入模。输送混凝土时,混凝土输送要求连续,同时特别注意不要发生堵管现象。

(3)输送混凝土的溜灰管由地面JZ—16/800型稳车悬吊,稳车能力及钢丝绳强度要满足施工要求。

3)混凝土浇筑

(1)从滑模组装到混凝土浇筑施工,严格施工中心线和施工边线进行控制,确保其垂直度,偏差要符合施工质量技术要求。

(2)严格按照分层、平起、对称、均匀地浇筑混凝土,各分层浇筑的间隔时间,不得超过允许间隔时间,每次浇筑高度控制在300mm。

(3)对脱模后的混凝土表面,必须及时修整。及时洒水养护,养护期不应少于14d。

4)模板滑升

施工进入正常浇筑和滑升时,应尽量保持连续施工,并设专人观察和分析混凝土表面情况,根据现场条件确定合理的滑升速度和分层浇筑厚度。

(1)每次滑升高度可与浇筑厚度相适应,或与横向间距一致。

(2)出模混凝土应无流淌和拉断,表面湿润不变形,手按有硬感并有1mm左右深的指印,能用抹子将其抹平。

(3)施工中如需提高滑升速度,必须采取有效的技术措施,如对支撑杆进行可靠加固,混凝土中加入外加剂提高其早期强度,提高混凝土入模温度及现浇混凝土附近环境温度,增加千斤顶数量减少支撑杆荷载等。

6 材料与设备

6.1 主要材料

槽钢、钢板、钢管、安全网、砂、水泥、防水剂等。

6.2 主要设备

主要设备和材料见表2。

主要设备和材料　　表2

序 号	名 称	规格型号	数 量	单 位	说 明
1	千斤顶	HY—100	24	台	10t
2	液压控制台	ZYXT—3	1	台	
3	高压油管	ϕ16mm	根	24	
4	提升架	"开"和"F"形	19	个	
5	井 架	改V形	1		
6	提升绞车	2JK—3.0/20	台	1	
7	水泵	250QJ50—400/20	24	4	11kW
8	地面稳车	JZ—16/800	台	6	
9	钢丝绳	6×19—ϕ37-170I	根	12	
10	电缆	3×35+1×10			380V
11	配料机	PID—1200	台	2	
12	搅拌机	JS—750	台	3	

7 质量控制

7.1 质量标准

主井井筒工程施工质量标准执行国家有关的现行技术规范、规程以及相关专业的质量标准，主要有：

(1)《公路工程质量检验评定标准》(JTG F80/1—2004)；

(2)《矿山井巷工程施工及验收规范》(GBJ 213—90)；

(3)《煤矿井巷工程质量检验评定标准》(MT 5009—94)；

(4)《煤矿安全规程》(2005年版)；

(5)《煤矿建设安全规定》(1997年版)；

(6)《煤炭建设工程技术资料管理规定与评级办法》；

(7)《质量管理体系》(GB/T 190001—2000)。

7.2 质量保证措施

7.2.1 认真执行招标书中指定的国家和行业现行有关验收标准及规范，严格按设计图纸要求施工，优良品率达100%，实现全优工程。

7.2.2 建立健全质量管理机构，完善质量管理制度，认真开展TQC小组活动。设专、兼职质量检查员，检查评定各项工程质量。

7.2.3 组织全体参加施工人员，包括工程技术人员和管理干部，认真学习、全面掌握施工质量标准。

7.2.4 严格执行各项质量管理制度，重点做好图纸自审、会审、技术与质量交底工作。

7.2.5 认真编制技术先进、经济合理、有针对性的施工组织设计和施工作业规程，并向全体人员及管理干部认真贯彻。

7.2.6　施工期间,认真做好测量定向、复测工作,保证工程按设计方位、高程施工。

7.2.7　加强施工材料的质量管理,保证施工材料采购质量。凡进场的施工材料:水泥、混凝土外加剂、钢材等必须有合格证,砂、石必须经检测并经现场有关人员检查验收。不符合设计和施工要求的材料,施工单位不予验收和使用。

7.2.8　砂石料场在雨天要用雨布盖好,防止雨淋。

7.2.9　为保证施工质量,要严格按混凝土配合比搅拌,并分层对称浇筑,同时采用振动棒进行捣固。

7.3　质量检测措施

7.3.1　每滑升一个段高要用中心线检查一次井壁的竖直程度,检查时在井壁下放四根边垂线,在井上测出边垂线坐标,再量出边垂线与井壁的距离。中隔板施工采用四根边垂线,在井上测出边垂线坐标,再量出边垂线与中隔板的距离。

7.3.2　工程开工前,对进场原材料进行产品质量检测,按规定数量进行抽检试验,对经抽检合格的原材料填写报验单交甲方和监理签字,不合格的原材料禁止使用。

7.3.3　每班设专职质量检查员,对每个分项工程按设计和验收规范进行检查验收,有不合格的分项工程必须进行处理,否则不准进行下道工序,并做好记录。

7.3.4　对使用的模板,使用前须在地面进行组装,经甲方、监理验收后方可入井,入井组装完毕用中心线进行复测,测点不得小于10个,对不符合要求的模板必须进行处理。

7.3.5　定期对模板进行检测,如发现尺寸不符合要求,要及时升井处理检修,模板定期清洗、刷油。

8　安全措施

8.1　提升物料及人员的吊桶不准直接下放到滑模的工作盘上。

8.2　使用吊桶下放长物料,不准超出罐沿宽度且捆绑牢固。

8.3　滑模工作盘不准堆放混凝土,每次浇筑混凝土后的滑模工作盘必须清理干净。

8.4　中隔板所使用的钢筋必须随用随取,不准堆放在工作盘上。

8.5　在吊盘保护盘上的作业人员必须配戴安全带且生根牢固。

8.6　修面、养护工作盘必须设置安全网,高度1.8m。在修面、养护工作盘上工作人员必须配戴安全带且生根牢固。

8.7　滑模工作盘的焊缝高度必须满足8mm以上要求,不准出现虚焊、假焊现象。每次接班必须检查焊缝是否有开焊情况,发现问题必须处理。

8.8　在修面、养护工作盘人员每次进入工作面必须检查挂钩等连接装置是否牢固可靠,发现问题及时处理。

8.9　处理溜灰管堵管时的混凝土不准直接放到滑模工作盘,防止混凝土冲击滑模工作盘造成滑模工作盘的破坏。

9　环保措施

9.1　水污染处理

9.1.1　施工污水抽放至沉淀池中,经沉淀后集中处理。

9.1.2　生活污水由管道排放至沉淀池集中处理。

9.2　建筑垃圾及废弃物处理

9.2.1　在施工平台上设置垃圾桶、垃圾袋收集各种废弃物,定期运至垃圾场集中掩埋。

9.2.2　生活垃圾用环保袋集中运至垃圾场掩埋。

9.2.3 加强噪声的控制和处理,对噪声源消声处理。

9.2.4 保护周边环境,对作业场区周边的树木,草场采取严格保护措施,做到不乱砍滥伐一草一木。

9.2.5 工程完工后,彻底清理现场,栽种树木,恢复原貌。

10 资源节约

10.1 技术方案选择合理性

从技术节约成本方案分析,从由普通翻模法和悬吊金属模板法施工,采用新工艺液压滑模施工,模板的整体式设计,确保竖井井壁及中隔板的同时衬砌。该工艺显著减少支、拆模板和搭、拆脚手架等工序的次数,降低劳动强度,把高难度立体作业变为操作平台内的平面作业,各工序实现交叉综合作业。

10.2 施工速度体现优越性

普通施工方法施工进度慢,工序复杂,日进度 1m 左右。但滑模施工速度快,深度 200m 以上,直径在 10m 左右的竖井滑模日进度在 7m 左右。进度的加快提前工期,降低工程各项成本的支出,劳动力和机具设备资源的消耗显著降低。

11 效益分析

11.1 经济效益

由于采用整体液压模板,可以大大减轻工人的劳动强度,减少施工人员,施工速度快,衬砌质量好,不但节省施工材料而且减少了维修养护费用,大大降低了施工成本。

11.2 社会效益

本工法设计合理,工艺简明流畅,一般技术人员均可掌握,使用本工法施工可以保证工程质量,提高工作效率,工法推广应用后可产生巨大的社会效益。

12 工程应用实例

西康高速公路秦岭终南山特长公路隧道 2 号通风竖井工程,井深为 661m,开挖直径 12.4m,衬砌内径 11.2m,其中 2 号竖井是世界上规模最大、最深的通风竖井工程。竖井井筒由钢筋混凝土隔板一分为二,兼作送风井和排风井。竖井井筒的二次衬砌混凝土施工中均采用分瓣式机械一体化滑模施工方法,使井壁与中隔板一次滑模成型,可以全天 24h 不间断施工,施工速度每天可控制在 8 ~9m,在提高功效的同时保证了施工质量,衬砌结构轮廓线条顺直美观,施工缝平顺无错台。质量在竣工验收时评定为优,实践证明该技术居国内领先水平。

秦岭终南山特长隧道通风系统 1 号竖井净直径 10.8m,井深 190.033m。2007 年 11 月 4 日开始组装滑模,2007 年 11 月 10 日正式开始滑升,2008 年 1 月 3 日结束,共用时 34d,完成混凝土浇筑 5 100m^3。平均每天滑升 5m,最快时每天滑升 6.5m。比原计划采用支架翻模法缩短工期 4 个月,工效大大提高。工程质量良好,为企业树立了良好的社会形象。

秦岭终南山特长公路隧道 3 号通风竖井工程,设计深度为 392.77m,衬砌直径为 11.50m。平均每天滑升 5m,最快每天滑升 7m,均取得了良好的经济效益和社会效益。

自进式中空注浆锚杆隧道围岩支护施工工法

GGG(浙)D3141—2009

戚金明　金国良　陈建波　梁明文　楼安阳
(杭州宇航交通工程有限公司)

1　前言

锚杆支护在公路隧道围岩支护中应用非常广泛,它能充分发挥围岩自稳能力。永久性锚杆多采用普通砂浆锚杆,但普通砂浆锚杆存在灌浆不饱满,特别是向上仰斜或长度大于3.0m时,由于砂浆外溢,其饱满程度难以保证;常存在孔内空隙、杆体钢筋裸露现象,导致实际的有效锚固区达不到设计要求;由于锚杆砂浆饱满度难以控制,为地下水(特别是腐蚀性地下水)的入侵提供了通路,导致钢质杆体的锈蚀,严重影响锚杆的耐久性。另外,普通砂浆锚杆、普通中空锚杆当围岩破碎、松散时,造孔困难,容易塌孔、卡钻,工效低,甚至拔不出钻杆。

自进式中空注浆锚杆是一种集钻进、注浆、锚固功能于一体的新型锚杆,能够保证在复杂地层(破碎岩石地层、松散土层以及需要套管护壁钻进的地层)下施工效率高,能在锚杆全长充分锚固,并能在开挖后立即提供一定的支护抗力,抑制围岩的松动和变形,避免或缓减工程施工及使用期间冒顶片帮事故或其他病害的发生,特别是杆体周围具有足够而均匀的保护层厚度,充分保证了锚杆的耐久性。其经济及社会效益是普通砂浆锚杆所无法比拟的。

2　工法特点

2.1　适用性强,特别是软弱围岩

钻杆、锚杆合二为一,锚杆可直接钻入岩土体,其中空可作为注浆通道,从里至外进行注浆。在回填区、风化岩、破碎岩、砂层、黏土层、卵石层等不良围岩下不需造孔,不需套管护壁。

2.2　一次升压法注浆

注浆方法为孔底返浆,一次升压法注浆,因自进式中空注浆锚杆设计有止浆塞,可实现压力注浆。注浆压力要根据设计值进行控制,一次升压至设计值,孔口溢浆时压力维持时间不应小于10min,可实现浆液快速沿岩体裂隙充分渗透,浆液扩散半径大,固结后将围岩凝成一个整体,达到永久性锚固围岩的目的。

2.3　操作简便,快捷省时

连续的国际标准螺纹、连接套,锚体加工、安装钻头(锚头)、锚杆接长操作简便,快捷省时;锚杆钻到位后即可清孔、压浆,无需拔出钻杆,安装锚杆,较普通中空锚杆、普通砂浆锚杆施工工序简化,工期效益明显。

2.4　实现狭窄空间特长锚杆加固

连续的螺纹使自进式中空注浆锚杆可任意切割、连接,在狭窄的空间实现了特长锚杆加固危岩的设计目的。同时,连续的螺纹使自进式中空注浆锚杆比光滑的钢管具有更强的黏结阻力。据试验结果所得,黏结阻力高出普通砂浆锚杆2~3倍。

2.5　高效能的止浆塞使注浆能保持较强的压力,充分地充填空隙,固定破碎岩体,高强度的垫板、螺母可以将深层危岩应力均匀地传递到周围壁岩石上,达到危岩与锚杆互为支护的目的。

3 适用范围

3.1 适用于新奥法隧道围岩喷锚支护，尤其是软弱围岩、破碎围岩、应力变化大、造孔困难等复杂地质条件件的锚固支护、超前支护和超前管棚支护。

3.2 适用于隧道坍方、断层地段的整治和特长锚杆及狭窄地段等工程施工。

4 工艺原理

自进式中空注浆锚杆是一种新型锚杆，表面带有国际标准螺纹，锚杆中空，锚头带出浆孔，可由凿岩机将锚杆直接钻进围岩内，止浆塞可实现压力注浆。在一些特别破碎的围岩中，为防止锚头上注浆孔被岩屑堵塞，保证砂浆流动顺畅，在杆体的前部相隔一定距离钻一些孔径为6mm的注浆孔，浆液在一定压力下沿岩体裂隙渗透，固结后将围岩凝成一个整体，在锚杆强大抗拔力的作用下，围岩有了充分的自承能力。

5 施工工艺流程及操作要点

5.1 施工工艺流程（图1）

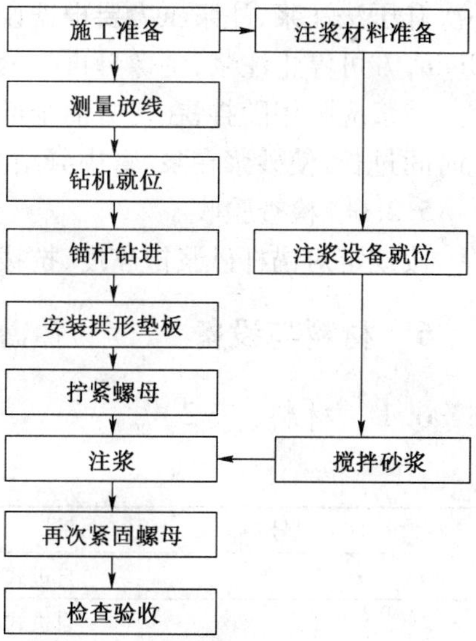

图1 施工工艺流程图

5.2 操作要点

手持气腿式风钻、潜孔钻机、凿岩机均可施作自进式锚杆，施工方法大同小异。凿岩机施工自进式中空注浆锚杆施工操作要点如下：

5.2.1 施工准备

(1)施工现场“三通一平”，根据需要搭设工作平台或搭设脚手架，以便操作。

(2)调试机械设备，空压机、凿岩机、注浆泵、灰浆搅拌机试机无故障，将各种风管和水管接好，保持各种管路畅通，备好各种料具及配套设备。

(3)清理锚杆孔口岩面，使岩面与钻孔方向垂直，如不垂直，安装锚杆时可用特制垫板调整，使托板密贴岩面。

(4)确定砂浆施工配合比。

5.2.2 测量放线

测量人员根据设计图纸进行放线：

(1)放出锚杆施工区域的起止桩号和基准高程，桩号每间隔10m做一标记，根据需要，在部分洞段桩号适当加密。

(2)按设计支护参数进行锚杆孔位放样，用白油漆做好标志，并放出方向线以控制钻孔的倾角和方位角。

5.2.3 锚杆制作

自进式锚杆的制作相对较简单，根据设计锚杆长度切割锚杆，施工现场用连接套随钻随接。制作好的锚杆应放在干燥、清洁的地方，不得露天存放，避免机械损坏或使焊渣、油渍溅落在锚杆体上。

5.2.4 钻进

使用天水风动机械有限公司生产的YG—40型凿岩机施钻，空压机启动后，开启凿岩机，根据地形及地质情况，调整好凿岩机的钻进角度。气压保持5～6个大气压，钎头为自进式十字形钎头，钎头直径为60mm，钻具根据表1进行选定。

钎杆、连接套、钎头直径关系(单位:mm) 表1

钎杆规格	连接套外径 ϕ	钎头直径
22 六边合金钎钢	34	45~50
25 六边合金钎钢	38	50~60
32 圆合金钎钢	45	55~70

当设计锚杆较长,需多根锚杆拼接,锚杆制作长度应分别相差1m,以避免锚杆接头在同一断面,如锚杆节长分别为1m、2m、3m,每根锚杆第一节所选长度相互间隔错开。在第一节锚杆的前端套上钻头,当第一节锚杆剩余30cm时,停止施钻,在前一节锚杆的尾部套上带有人工涂抹润滑剂的连接套后再连接好后一节锚杆,依此类推,直至钻到设计长度。接通高压空气,将孔内灰尘、杂物吹净。然后安装止浆塞,并将垫板紧贴岩面安设,并拧紧螺母。

5.2.5 注浆

通过快速注浆接头将锚杆尾端与注浆泵相连,启动灰浆搅拌机,人工将水泥和其他外加剂材料按配合比配制好,输入到搅拌机中进行加水搅拌。搅拌均匀后,输入压浆泵,压浆时要保持压浆高压管顺直。压浆量根据压浆泵压力的大小或根据灰浆搅拌机的灰浆消耗速度确定。注浆方法为孔底返浆法,采用一次升压法注浆,注浆压力要根据设计值控制,一般在0.5~1.5MPa,孔口溢浆时压力维持时间不小于10min,方可停止注浆,将螺母再次紧固。

砂浆应随用随拌,在初凝前全部用完,使用掺速凝剂砂浆时,一次拌制砂浆数量不应多于3个孔,以免时间过长,使砂浆在泵、管中凝结。

5.2.6 检查验收

按规定对锚杆砂浆饱满度、抗拔力进行检测,确保工程质量合格。

6 材料与设备

6.1 材料(表2)

施工主要材料一览表 表2

序号	名称	规格	备注
1	自进式中空注浆锚杆	ϕ32	
2	自进式中空注浆锚杆	ϕ25	
3	十字合金钻头	ϕ50	
4	十字合金钻头	ϕ55	
5	普通硅酸盐水泥	42.5R	
6	河砂	中细砂	

6.2 设备(表3)

主要机械设备表 表3

序号	机械名称	规格型号	单位	数量	备注
1	凿岩机	YG40型	台	2	钻孔
2	切割机	STX—602	台	1	钻杆切割
3	空压机	≥12m^3/h	台	1	钻孔、供风
4	通风管	≥ϕ80mm	m	若干	
5	灰浆搅拌机	Y132S—4	台	2	
6	注浆泵	0.05m^3/min	台	2	
7	加压泵	OBD型	台	1	注浆升压
8	发电机	30kW	台	1	现场照明、施工用电

7 质量控制

7.1 质量标准

7.1.1 《锚杆喷射混凝土支护技术规范》(GB 50086—2001)。

7.1.2 《硅酸盐水泥、普通硅酸盐水泥的各项指标》(GB 175—99)。

7.1.3 《钢筋混凝土用热轧光圆钢筋》(GB 13013)。

7.1.4 《钢筋混凝土用热轧带肋钢筋》(GB 1499)。

7.1.5 《低碳钢热轧圆盘条》(GB/T 701)。

7.2 质量控制要点

7.2.1 风管、水管、压浆管要顺直。

7.2.2 锚杆钻进的角度、长度,浆液的配合比(是否掺水玻璃、速凝剂),钻头选择(十字钻头或一字钻头)等根据岩层情况确定。

7.2.3 钻孔结束时锚杆外露至少10cm,便于安装拱形垫板和球形螺母以增大锚杆抗拔力和黏结力,外露长度不可过长或过短。

7.2.4 注浆时灰砂比参考值:1:0～1:1;水灰比参考值:0.45:1～0.5:1。注浆应饱满且注浆压力达到设计值,确保注浆质量。

7.2.5 安装止浆塞时,应将其安装在锚孔内离孔口25cm处,特殊情况如注浆压力较大或围岩太破碎,也可用锚固剂封孔。

7.2.6 根据地质情况选钻头。岩石:柱齿钻头,十字形钻头;松散土及软土:十字形钻头;松散土、黏性土:锥形钻头。

7.2.7 锚杆施工完毕后,由于爆破震动或其他因素的影响,可能使托板松动,锚固失效。因此,要定时检查,如发现托板松动,及时拧紧螺帽。

8 安全措施

8.1 注浆管不准对人放置,以防止高压喷出物击伤人。

8.2 施工期间,应对支护的工作状态进行定期和不定期检查,在不良地质地段,应由专人每班检查。

8.3 暂停施工时,应将支护直抵开挖面。

8.4 锚杆简易台架安置应稳妥。

8.5 作业中如发生风、水、输料管路堵塞或爆裂时,必须依次停止风、水、料的输送。

8.6 对锚杆支护体系的监控量测中发现支护体系变形、开裂等险情时,应采取补救措施。当险情危急时,应将人员撤出危险区。

8.7 若已锚地段有较大变形或锚杆失效,立即在该地段增设加强锚杆,长度不小于原锚杆长度的1.5倍。

8.8 临时用电、洞内通风等按隧道施工安全操作规程严格执行。

9 环保措施

钻孔和注浆时由于尘土太大,所有施工人员都必须戴专用防尘口罩;钻孔和注浆时,不得将剩余水泥浆任意倾倒,以免造成环境污染。作业面要定期进行洒水,降低空气中粉尘含量,当使用手持气腿式风钻施工时,尽量采用湿钻,而不采用干钻。

10 资源节约

自进式中空注浆锚杆简化了施工程序,减轻了劳动强度,改善了施工条件;操作简便,快捷省时,加快了施工进度,降低了施工成本。注完浆后无须像传统的工艺那样拔出注浆管以避免造成砂浆的流失,有效地加强了围岩的稳定性,安全性强。

11 效益分析

自进式中空注浆锚杆的单价较普通砂浆锚杆略高,但自进式中空注浆锚杆钻孔、注浆、锚固工序简化,操作简便快捷,施工效率大幅度提高;自进式中空注浆锚杆施工质量可靠,能在锚杆全长充分锚固,并能在开挖后立即提供一定的支护抗力,抑制围岩的松动和变形,避免或缓减工程施工及使用期间冒顶片帮事故或其他病害的发生,特别是杆体周围具有足够而均匀的保护层厚度,充分保证了锚杆的耐久性。综合分析,其经济效益是普通砂浆锚杆所无法比拟的。

12 应用实例

12.1 "鸬鸟陡岭隧道"位于杭州余杭鸬鸟镇,长485m,宽11.5m,2006年7月开工,2007年10月竣工。采用自进式中空注浆锚杆加固危岩,砂浆饱满,填隙充分,操作简便,快捷省时,锚固质量可靠,投入使用2年来,效果良好。

12.2 浙江省淳安至开化公路淳安段(东段)S01合同段,1号、2号、3号隧道,共长902m,2006年1月到2007年5月施工。采用自进式中空注浆锚杆工艺,达到在狭窄的空间实现了特长锚杆加固危岩的目的,加快了工程进度,节省了人工成本,质量可靠。

大跨度浅埋隧道大管棚超前支护进洞施工工法

GGG(中企)D3142—2009

孙士成 曲俐俐 付腾元 李增军 郭明章
(中交一航局第二工程有限公司 中交第一航务工程局有限公司 山东鑫泰公路工程有限公司)

1 前言

浅埋地下工程以往多采用传统的明挖法施工。明挖法简单易行,施工作业面宽敞,施工速度较快,采用这种方法十分经济,但近年来,人们对环境保护意识的增强,提倡隧道洞口施工尽量减少对洞口围岩结构的扰动和地表生态环境的破坏,采取超前支护暗挖进洞的技术得到越来越多的应用。

在浅埋地层中施工时,当围岩自稳时间短,不能保证安全地完成初次支护时,为确保施工安全,加快施工速度,必须在开挖前对工作面前方的围岩进行超前支护,然后才能进行开挖作业。目前广泛使用的超前支护方法为超前小导管和超前注浆锚杆。当隧道跨度较大、洞口埋深较浅,洞口地质条件较差时,采用传统的超前小导管或超前注浆锚杆加固方法就很难保证初次支护安全完成。为了保证安全进洞,需要采用一种更强的超前支护方案。这种方案不仅要求一次支护的有效长度更长,而且要求钢管直径更大以便注入更多浆液加固围岩。为了满足以上两点要求,一种更有效的超前支护技术——大管棚超前支护技术被提出来。

2 工法特点

2.1 对地表扰动小,能减少对地表生态环境的破坏。

2.2 能有效地控制拱顶沉降量,提高施工的安全储备。

2.3 适用于各种复杂的地质环境,在软弱围岩中应用更体现其优越性。

3 适用范围

本工法主要适用于大跨度浅埋隧道的进洞,对进口段围岩破碎、软弱、存在大偏压或破碎带等不良地质条件的隧道更为适用。

4 工艺原理

隧道衬砌外缘一定范围内环向按一定距离打入一排纵向钢管。在插入钢管后,在钢管内进行有压注浆,使浆液通过钢管渗透、扩散到地层孔隙或裂隙中,改善围岩物理力学性能,提高围岩的自承能力,且浆液能充填钢管与孔壁之间的空隙,增加钢管的抗弯刚度。开挖后架设拱形钢架支撑,形成牢固的棚状支护结构,能有效控制地面下沉,保证地下结构物的顺利施工。

5 施工流程及操作要点

5.1 施工工艺流程

管棚施工一般按施工准备、套拱施工、平台搭设、钻机定位、钻进成孔、钻孔测位、顶进管棚和压力注浆等步骤完成(图1)。

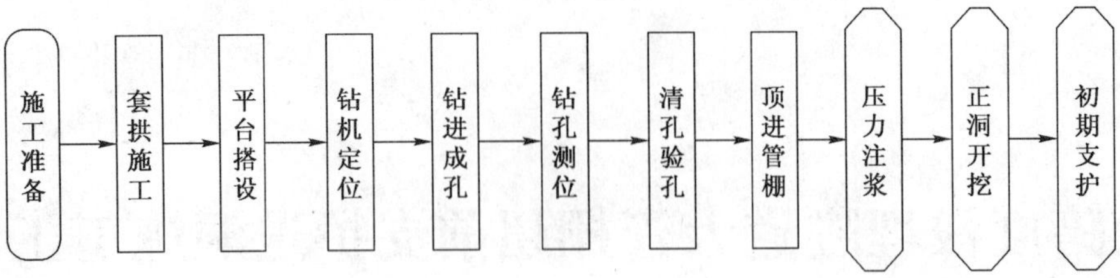

图1　施工工艺流程图

5.2　施工操作要点

5.2.1　施工准备

按“先排水、再进洞,统筹安排,减少干扰”的原则,先进行洞口自然边坡的整理和防护,在隧道施工前,加强排水和锚喷、三维植被网等防护。在坡顶设截水沟,排水沟,截水沟采用浆砌片石,平台用浆砌片石封闭加固。浆砌片石施工采用人工挤浆法进行砌筑。在施工范围的左右两侧由人工进行横向刷顺,浆砌块料石护脚,坡面三维植被网防护。根据现场地形及洞口的实际情况,可采用钢筋锚杆进行挂网喷射防护。仰坡平台位置处应设置防落石护栏,以保证施工安全,施工准备见图2。

a)　　　　b)

图2　施工准备

a)洞口开挖;b)洞口出渣

5.2.2　套拱施工

混凝土套拱作为长管棚的导向墙,套拱在明洞外廓线以外施作,套拱内埋设4个工字形钢榀支撑,钢支撑与管棚套管焊成整体。套管作为管棚的导向管,它安设的平面位置、倾角、外插角的准确度直接影响管棚的质量。用经纬仪以坐标法在工字钢架上定出其平面位置;用水准仪、水平尺配合坡度板设定套管的倾角;用前后差距法设定孔口管的外插角。套管应牢固焊接在工字钢上,防止浇筑混凝土时产生位移。套管混凝土浇筑完成后,应待混凝土强度达85%以上时才可开始长管棚的施工,套拱施工见图3。

图3　套拱施工

5.2.3　平台搭设

(1)钻机平台可用枕木或钢管脚手架搭设,搭设平台应一次性搭好,钻孔由两台钻机由高孔位向低孔位对称进行,可缩短移动钻机与搭设平台时间,便于钻机定位。

(2)开挖工作坑施作混凝土垫层,确保平台与混凝土垫层连接牢固,以防止在施钻时钻机产生不均匀下沉、摆动、位移等影响钻孔质量。

(3)要充分考虑操作人员的活动空间,平台搭设见图4。

5.2.4 钻机定位

钻机要求与已设定好的孔口管方向平行,必须精确核定钻机位置。用经纬仪、挂线、钻杆导向相结合的方法,反复调整,确保钻机钻杆轴线与孔口管轴线相吻合。钻机定位见图5。

图4 平台搭设

图5 钻机定位

5.2.5 钻进成孔

影响钻孔精度的因素有:地质情况、钻进工艺、机具设备等。针对不同的地质条件,采用不同的钻进方法及相应的机具设备。对于硬质土层(含有姜砾石的),因为密实度较高,先采用三翼合金钻头,开钻时低压、低速,防止钻具偏离设计轴线,钻进10m左右初步定位钻孔方向后,将钻头直径由原来的ϕ120mm的,换成ϕ130mm的钻头,再次钻进成孔,保证孔位精度。

对于一般围岩,可采用三翼合金钻头钻进,在满足精度要求的前提下,一次成孔长度可确定为:采用全液压坑道锚杆钻机施钻,当$\phi \leq 108$mm时,长度10~25m为宜,当$\phi > 108$mm时,长度以10m左右为宜,钻进成孔见图6。

a) b)

图6 钻进成孔

a)钻进成孔-1;b)钻进成孔-2

5.2.6 钻孔测位

在钻进过程中,需采用有效办法发现和控制钻孔的精度,主要测定钻头的标高、方位和倾角。可采用的工具为英国RD433HCTX—2管线探测仪,测点沿管向设置,每隔1.5~2.5m测设一次,发现偏斜超标应及时纠偏,主要措施是加重或减轻钻具重量和使钻速减缓。

5.2.7 清孔验孔

(1)用地质岩芯钻杆配合钻头进行反复扫孔,清除浮渣,确保孔径、孔深符合要求,防止堵孔。

(2)用高压风从孔底向孔口清理钻渣。

(3)用全站仪、测斜仪等检测孔深、倾角、外插角。

5.2.8　顶进管棚

(1)钢管应在专用的管床上加工好丝扣,钢管孔壁打孔,布孔以梅花型布置,孔径以12mm、孔间距以200mm为优。管头焊成圆锥形,便于入孔;

(2)下管时,当孔壁不易坍塌时,采用直接撞击法将导管撞击至设计位置,当孔壁容易坍塌时,用导管与钻头同时钻进的方法。注意相邻无缝钢管的节头位置应相互错开,同一环向范围内接头数量不能大于50%,错开距离不能小于1m,管棚顶进见图7。

5.2.9　压力注浆

压力注浆是管棚施工的关键环节之一,注浆效果的好坏,直接影响管棚施工质量。浆液采用水泥素浆,水灰比有1.5:1,1:1,0.8:1三个等级。注浆时由稀到浓逐级变换,即先注稀浆,然后逐步变浓至0.8:1,压力控制在0.5~1.0MPa。水泥浆充满钢管内,并通过管壁花孔,压入周围围岩,从而起到加固周围围岩的作用。管棚施工完毕后的洞门见图8。

图7　管棚顶进

图8　管棚施工完毕后的洞门

(1)管棚管口封堵。注浆前,将管棚外露端焊接钢板密封,并安设压浆孔。

(2)管棚注浆。注浆的水泥浆液采用灰浆搅拌机搅拌,待拌和均匀后,经过滤网放入储存桶内。再由注浆泵注入钢管内,控制注浆量及注浆压力,观察注浆管及接口处有无漏浆泄压现象,若出现漏浆及时封堵,然后继续加压注入浆液,待浆液压力达到设计值后,稳压8~15min,即可结束注浆。

5.2.10　正洞开挖

在管棚棚架结构的保护下,正洞开挖采用环形开挖预留核心土工艺施工。该工艺将隧道断面分为上部环形导坑、核心土、下台阶和仰拱四个部分逐级开挖掘进施工。上部宜超前核心土3~5m,下台阶超前仰拱4~6m,上台阶核心土随下台阶施工时挖除。为方便机械作业,上部开挖高度应控制在5.5m左右,上台阶底部与仰拱以上部分作为下台阶,其高度根据上台阶高度和隧道断面尺寸确定。

5.2.11　初期支护

正洞初期支护采用锚喷支护方式,主要包含锚杆、型钢拱架、钢筋网片、喷射混凝土等。初期支护的主要工序介绍如下:

(1)锚杆施工

锚杆钻孔利用开挖台阶搭设简易施工平台,按照设计间距布孔;钻孔方向尽可能垂直开挖面或初喷混凝土表面;成孔后采用水或高压风清孔,然后根据注浆作业流程施工。

(2)型钢拱架施工

依据隧道开挖方法和隧道断面曲率分节加工型钢钢架,完成后先在加工场地上进行试拼。各节钢架拼装,要求尺寸准确,弧形圆顺。要求沿隧道周边轮廓误差不大于3cm;型钢钢架平放时,平面翘曲小于2cm。

每节钢架之间采用高强螺栓连接，连接板应相互紧贴。为保证型钢拱架在全环封闭之前置于稳固的地基上，安装前应清除各节钢架底脚下的虚碴及杂物。同时每侧打4根ϕ42mm的锁脚锚管将其锁定，底部开挖完成后，底部初期支护及时跟进，将钢拱架全环封闭。

(3)钢筋网施工

钢筋网片采用HPB235ϕ8钢筋在加工场内集中加工。先用钢筋调直机把钢筋调直，再截成钢筋条，钢筋网片网格尺寸为200mm×200mm，每个钢筋网片尺寸则根据拱架间距和网片之间搭接长度综合考虑确定。

按图纸标定的位置挂设加工好的钢筋网片，钢筋片随初喷面的起伏铺设，绑扎固定于先期施工的系统锚杆之上，再把钢筋片焊接成网，网片搭接长度为1~2个网格。

(4)喷射混凝土施工

隧道初期支护喷射混凝土设计为喷射微纤维混凝土，喷射混凝土强度等级为C25，碳素纤维含量为1.0kg/m^3，喷射混凝土厚度根据现场地质条件综合确定，喷射混凝土厚度不能小于设计厚度。

喷射混凝土作业采用湿喷工艺，喷射纤维混凝土支护系统分两次进行，第一次在开挖后先素喷纤维混凝土30~40mm封闭开挖面，待施作系统锚杆、型钢钢架、钢筋网等后再复喷至设计厚度，且保证钢架保护层在40mm以上。

6 材料与设备

6.1 机具设备配制

机具设备配制见表1。

机具设备配制表 表1

序号	机械名称	型号	数量
1	管棚钻机	MKD—5	2台
2	空压机	英格索兰HVP—700	1台
3	注浆机	GS—20EC	1台
4	高速制浆机	ZJ—400	1台
5	混凝土搅拌站	HZS75	1台
6	型材切割机	J3G—400A	1台
7	型钢冷弯机	自制	1台
8	管线探测仪	RD433HCTX—2	1台
9	交流弧焊机	BX1—400	2台
10	混凝土搅拌运输车	6m^3	2辆
11	装载机	ZL50C	1辆

6.2 主要材料

6.2.1 管棚：选用无缝钢管，见图9管棚加工。

6.2.2 拱架：拱架采用宜选用工字钢。

6.2.3 注浆材料：水泥宜选用普通硅酸盐水泥，其强度等级应不小于32.5MPa。砂子宜用0.16~5mm洁净砂，含泥量不得大于3%，不得采用海砂。

图9 管棚加工

7 质量控制

7.1 钻孔前，精确测定孔的平面位置、倾角、外插角，并对每个孔进行编号。

7.2　钻孔仰角的确定应视钻孔深度及钻杆强度而定,一般控制在1°~1.5°,经现场实测数据统计,钻机最大下沉量及左右偏移量为钢管长度的1%左右,施工时要做到双控,最大不能超过300mm。

7.3　严格控制钻孔平面位置,管棚不得侵入隧道开挖线内,相邻的钢管不得相撞和立交。

7.4　在钻孔过程中,每钻进1m测量钻孔斜度,发现误差超限及时纠正,至终孔仍超限者应封孔,原位重钻。

7.5　掌握好开钻与正常钻进的压力和速度,防止断杆。

7.6　在遇到松散的堆积层和破碎地质时,在钻进中可以考虑增加套管护壁,确保钻机顺利钻进和钢管顺利顶进。

7.7　注浆效果控制。注浆采用注浆压力、注浆量进行双控。

8　安全措施

8.1　清除一切可能造成火灾的事故根源,对火源、易燃物和助燃物进行严格管理,严防火灾发生。

8.2　严防触电及电气设备安全事故。

8.3　逐级建立安全组织机构,设立专职安全员。

8.4　加强施工人员安全制度学习。

8.5　严格按安装施工工艺进行施工,杜绝野蛮施工。

8.6　现场施工机械必须按操作规程操作。

9　环保措施

9.1　隧道施工中,有计划的做好排雨水及废水措施,对施工现场清除的垃圾和废土按业主指定地点弃卸堆放,禁止任意乱堆乱弃及向河、沟、渠内排弃超标废水等。

9.2　隧道钻孔排出的废泥浆,须经过滤、沉淀后再排放。生活污水经处理达标后排出。

9.3　加强隧道施工噪声的控制措施。

10　资源节约

与明挖法相比,浅埋暗挖法开挖土方量少,且不需要回填,节省大量的人力与设备使用。

11　效益分析

管棚超前支护进洞对地表扰动小,对自然环境破坏小。采用管棚超前支护进洞技术可以克服浅埋地质不良的难题,顺利完成成洞施工,赢得了工期且保证了施工质量,经济效益显著。

12　工程实例

江西九瑞高速公路南阳一和南阳二隧道均为双向6车道,跨度为14.5m。隧道进口段地形地质条件复杂,断面发育,存在软弱夹层等不良地质现象。根据隧道进口段地质有断层、围岩破碎、地表水和地下水含量丰富,覆盖层薄的特点。采用大管棚超前支护进洞,克服了洞口浅埋地质不良难题,顺利完成了成洞施工,赢得了工期,保证了施工质量。尤其是对洞口处生态环境的保护取得了显著效果,该工法的顺利施工为浅埋隧道支护进洞积累了施工经验,推广应用前景广阔。

太中银铁路工程黄嶂3号隧道出口山坡地势较缓,表覆一层卵石土,未见基岩,地表植被茂密,山脚处多为梯田,地势平坦。隧道出口段围岩以新黄土、中更新统洪积层(Q2p1)老黄土及细角砾岩土为主,含有少量的粗圆砾土和角砾,为V级围岩稳定性差,易产生塌方。采用大管棚超前支护进洞,12d顺利完成出口端进洞施工阶段,赢得了工期,取得了较好的经济效益。

通过以上多条隧道的工程实例验证,该工法取得了较好的经济效益和社会效益,在工程进度、安全、质量等方面也取得了良好的效果,因此应用前景非常广泛。

隧道自动排水施工工法

GGG(云)D4143—2009

李德杰
(西南交通建设集团有限公司　云南省铁路总公司)

1　前言

隧道排水是隧道施工中的一个重要环节,它不但会影响文明施工,而且会影响施工的进度及安全。

内(江)昆(明)铁路 DK355+427.5 黄土坡三号隧道全长为 3 005m,其中出口段承担 1 250m 的施工任务。该隧道出口属反坡,坡度为 19.5‰。隧道施工前期,施工单位使用潜水泵人工排水方法,曾发生以下情况:洞内设计涌水量为 5 000m^3/D,实际施工排水量超过设计涌水量;洞内涌水段连续,当排水管较长时易造成水管中的反压大、回水量多,抽水机功效降低;积水坑里的积水经常溢流到路面,甚至倒流到掌子面,使文明施工难以整治,且严重影响施工进度;劳力、材料与设备投入多,施工排水成本较高。

为解决以上存在的问题,施工单位经过研究创新,由传统的人工排水方法改用自动排水方法。实践表明,应用自动排水方法使该隧道的存在问题得以解决,且排水综合效益较为显著。

在此基础上,通过渝怀铁路庙山隧道、大理——丽江铁路赵家蹬隧道的进一步工程实践,总结提炼了本施工工法。本工法通过了 2008 年度西南交通建设集团有限公司企业级工法评审,其关键技术于 2009 年 2 月 26 日通过了云南省建设工程技术专家委员会的鉴定。

2　工法特点

与传统排水施工方法比较,该工法在工期(或进度)、质量、安全、造价(或成本)等技术经济效能方面具有以下特点:

2.1　该工法的控制设备简单,整个系统的综合成本低。

2.2　可根据涌水的大小及含泥量,合理选择抽水机,以降低系统成本。

2.3　可根据施工地段涌水量与围岩地质情况的不同,合理设置积水坑的位置、形状和大小,减少涌水下流多做无用功。

2.4　可因地制宜设计滤池的位置、形状和大小,以减少建造成本。

2.5　无需人员的介入即可实现多台抽水机同时自动运作,从根本上减少系统运行的人工费用。

2.6　通过设置单向止回阀,确保实现单向排水,避免排水倒流,安全可靠。

2.7　可减少人为因素造成积水从一个积水坑下流至下一积水坑乃至掌子面,减少抽水机所做的无用功,延长抽水机的使用寿命。

2.8　可使隧道各生产工序间的干扰变小或变无,从而提高施工进度及保证施工质量。

2.9　对于漏电保护,整个自动排水系统通过设置一个总的漏电保护电路来完成,便于维护,对安全更有保障。

3 适用范围

本工法普遍适用于隧道及井巷工程的施工排水(反坡、平坡或10‰以内的顺坡排水都适用),尤其在涌水量大、坡度大、距离长的隧道及井巷工程的反坡施工排水。如铁路及公路隧道、水工隧洞、矿井、地铁、人防工程隧洞等的施工排水。

4 工艺原理

实现自动排水效果的工艺原理:按实际情况选定抽水机类型、选定主排水钢管的规格尺寸、选定单向止回阀,合理布置洞内积水坑(在已衬砌地段合理布置滤水池),合理布置洞外积水坑、滤水池及沉淀池,进行自动排水装置控制器及漏电保护电路的制作安装。待以上各部件及电路都安装完毕后,要进行整个排水系统的调试工作。系统调试正常后的日常运行,通过自动排水装置控制器来完成。详见图1、图2和图3。

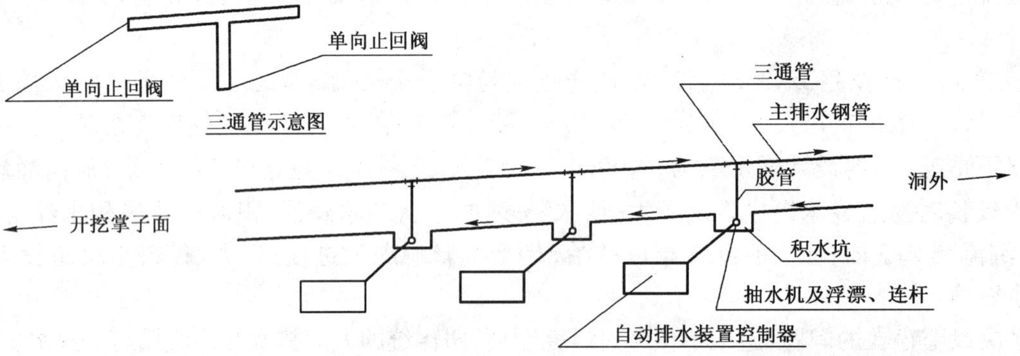

图1　自动排水原理示意图(反坡段)

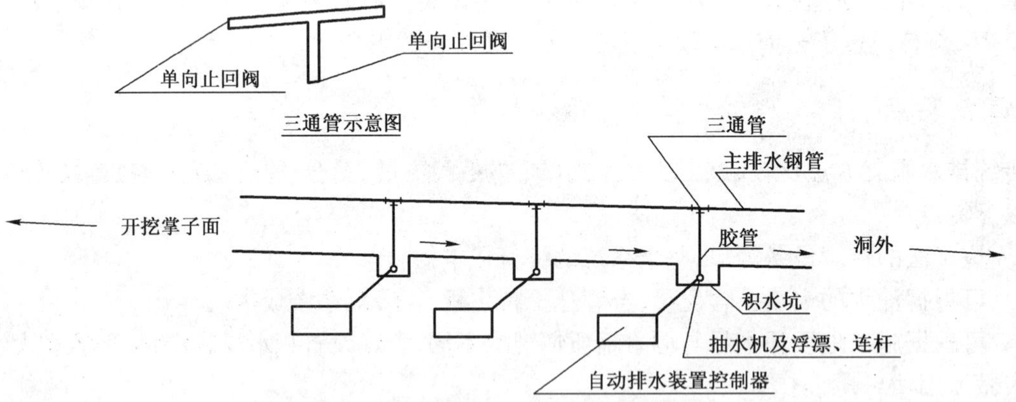

图2　平坡段或10‰以内的顺坡段自动排水原理示意图

5 施工工艺流程及操作要点

5.1 施工工艺流程

本工法的施工工艺流程如下:

抽水机类型的选择→主排水钢管的规格尺寸的选定及安装→单向止回阀的安装→洞内积水坑的布设→洞内滤水池的布设→洞外积水坑、滤水池及沉淀池的布设→自动排水装置控制器的制作及安装→漏电保护电路的制作安装→整个自动排水系统的安装调试→整个自动排水系统的日常运行。

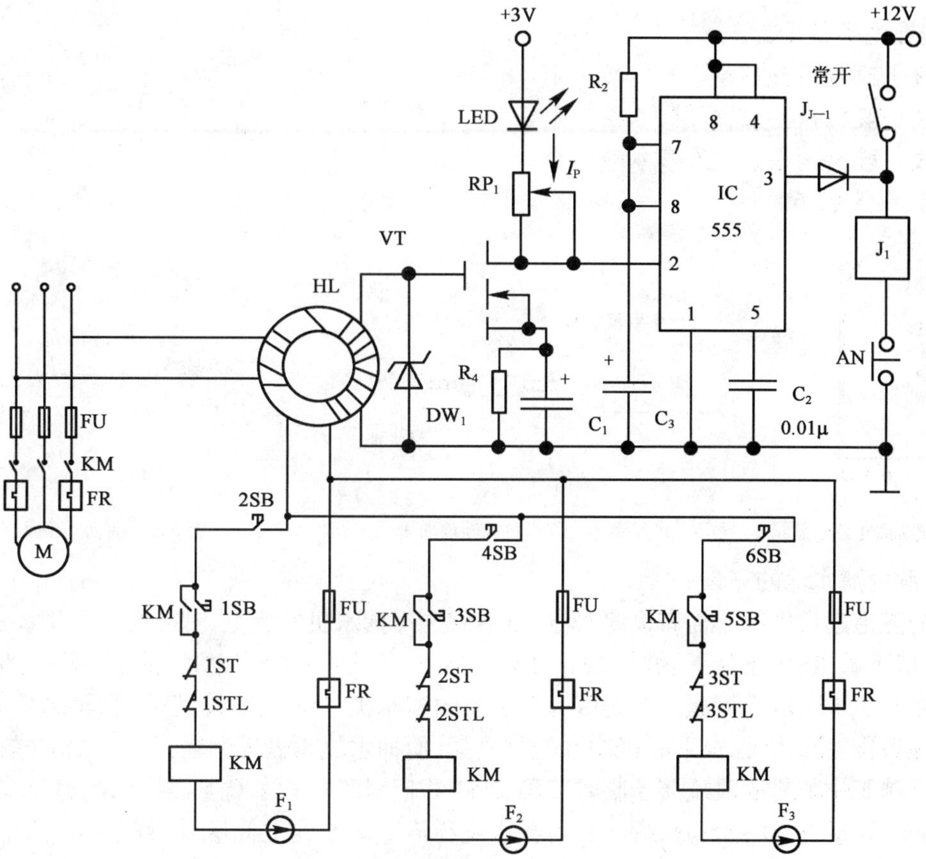

图 3　系统控制电路图

注：M-发电机；FU-熔断器；FR-热继电器；1SB、3SB、5SB-总开关；2SB、4SB、6SB-电路启动开关；1ST、2ST、3ST-行程开关；1STL、2STL、3STL-限位开关；KM-交流接触器；J_1、J_2、J_3-抽水机。

漏电保护电路（图中用粗线表示）：C1、C2、C3-电容器；DW_1-稳压器；RP_1-可调电阻；LED-二极管；IC555-芯片；J_{J-1}-常开开关；AN-常闭开关；R_2、R_4-电阻。

5.2　施工工艺操作要点

5.2.1　抽水机类型的选择

（1）根据隧道涌水的大小及排水的高差，合理选择抽水机类型。设置了滤水池的积水坑通常用清水泵，未设置滤池的积水坑用浑水泵。

（2）隧道涌水量大小与抽水机选型的关系：涌水量越大，所选择的抽水机的功率越大。

（3）排水的高差大小与抽水机选型的关系：涌水量越大，所选择的抽水机的扬程越大。

5.2.2　主排水钢管的规格尺寸的选定及安装

主排水钢管的规格尺寸要根据隧道排水量的大小选定。每根钢管要焊接法兰盘，钢管间用螺钉连接，用螺帽固定。

5.2.3　单向止回阀的安装

在三通管与主排水钢管连接处安装 1 个止回阀；每台抽水机另外配置 1 个止回阀。安装方法与主排水钢管相同。

5.2.4　洞内积水坑的布设

一般而言，对抽水机的扬程作大概的估计，把积水坑建在涌水量大的地方，尽量避开地质较差的地段。可依据洞内涌水量大小及坡度类型考虑积水坑的设置间距。

（1）依据涌水量大小设置：涌水量越大，积水坑的设置间距越小；反之，涌水量越小，积水坑的设置间距越大。

(2)依据坡度类型设置:

①反坡段一般30m左右设置积水坑一个。

②平坡段一般50m左右设置积水坑一个。

③顺坡段一般80m左右设置积水坑一个。

详见图4、图5、图6。

图4 积水坑横断面布置示意图

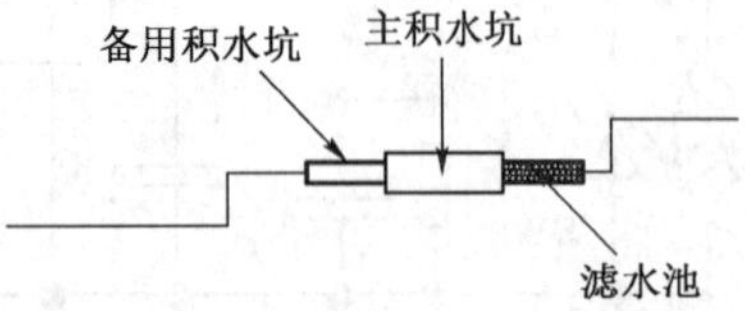

图5 已衬砌地段积水坑纵断面布置示意图

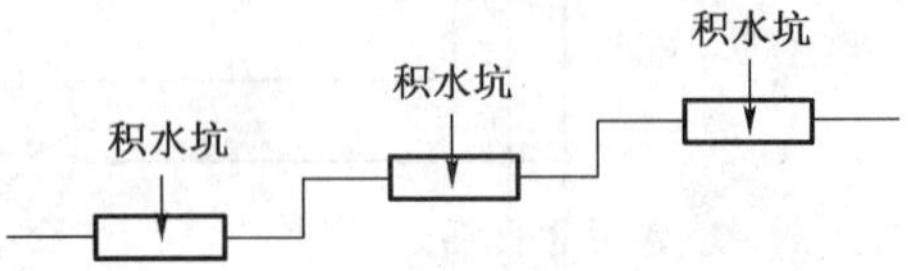

图6 其他地段积水坑纵断面布置示意图

5.2.5 洞内滤水池的布设

在一般的隧道建设中都不需布设滤水池,也不需选择抽水机的类型,都可统一采用潜水泵。这虽然很方便,但有以下缺点:效率低下、做的无用功多、抽水机负荷大、容易烧毁。在衬砌好的地段布设滤水池的目的就是为了解决以上问题。这是因为该地段的积水泥沙少且较清,但从下段抽上来的水却较浑浊。若在该地段设置滤水池,则可减轻抽水机的负荷,使抽水机少做无用功,从而增加功效。

由于隧道施工中的排水设施属于临时工程,所以我们只需把积水坑上游的水沟清挖深至硬底,并拓宽至50~70cm(长度为10~15m),用碎石将积水坑与清好的水沟之间隔开,即形成一个简易的滤水池(图5)。此滤水池的制作无需用砂浆或混凝土,故比较简便。

5.2.6 洞外积水坑、滤水池及沉淀池的布设

在洞外合适地点,根据洞内的排水量合理布设积水坑、滤水池及沉淀池的尺寸。积水坑与滤水池间设滤水金属网;滤水池里放置片石或洞碴;沉淀池底部放置一定数量的片石或洞碴。

5.2.7 自动排水装置控制器的制作及安装

1)控制器的工作原理

工作原理:在控制器中,判断水位装置主要通过浮球硬连接行程开关ST实现的。当水位处于高位时,行程开关连通电路,抽水泵F工作;抽水处于低位时,电路断开。为保证硬连接行程开关的连杆可靠工作,可再装一个极限开关STL作限位(终端)保护。

2)控制器的制作及安装

(1)线路中安装热继电器,用于抽水机电机的过载保护。

(2)线路中安装熔断器,用于短路保护。

(3)线路中同时安装热继电器、熔断器的必要性。

三相异步电动机的过载保护是由热继电器来完成的,不能用热继电器去完成短路保护。熔断器、热继电器两者所起作用不同,在保护线路中相互补充、不可缺少。因此,在系统控制电路图中既要接熔断器,也要接热继电器。

(4)总开关及电路启动开关的安装:总开关起紧急断电作用;电路启动开关起启动抽水机用。

(5)浮球硬连接行程开关ST及限位开关STL的安装

5.2.8 漏电保护电路的制作安装

为保证安全,整个系统设一个总的漏电保护器(或保护电路)用于漏电保护。它是一种触电保护器(或保护电路),灵敏度高。当有人触电或电器设备漏电时,能在0.1s时间内切断电源,功耗动作最大电流为1mA,而且有自投功能(即在所保护电器的漏电消失后,经30min将自动恢复供电)。在图3(系

统控制电路图)中,漏电保护电路用粗线表示。

5.2.9 整个自动排水系统的安装调试

所有的部件及电路都安装完毕后,随即要进行整个排水系统的调试工作。对调试工作要持认真、细致及谨慎的态度。

5.2.10 整个自动排水系统的日常运行

系统调试正常后,其日常运行通过自动排水装置控制器来完成。

6 材料与设备

6.1 抽水机

台数按积水坑数量的1.5倍(含备用台数),规格按涌水量情况选用,额定功率应大于排水消耗功率的20%。

6.2 钢管

按隧道洞内长度加上洞外排水钢管长度配备。

6.3 三通管

按积水坑的数量配备。

6.4 胶管

按每台抽水机配备约5~10m。

6.5 自动排水装置控制器

按每个积水坑设1台,并适当考虑备用数量。控制器电路中设1个熔断器、1个热继电器、1个交流接触器、2个按钮式开关。

6.6 行程开关、限位开关

按每台抽水机各配备1个。

6.7 电线、熔断丝

电线、熔断丝若干。

6.8 单向止回阀

反坡段每隔30~50m(平坡或10‰以内的顺坡段可加大间隔距离),在三通管与主排水钢管连接处安装1个;每台抽水机另外配置并安装1个。详见图1、图2。

6.9 漏电保护线路

总设1个,电流额定值按自动排水系统的总功率和总电流值确定。

6.10 交流弧焊机

1台。

6.11 木箱(或金属箱)

按自动排水装置控制器个数配备。

6.12 其他材料与设备

电工工具:2~3套;老虎钳:2~4把;扳手:2~4把;金属网:约10m^2;电焊条、法兰盘、胶垫若干。

7 质量措施

7.1 线路及电气设备、排水管路进场前应检查良好,并定期进行检查与维护。

7.2 胶管必须接牢,应拉伸,并防折叠。

7.3 各个积水坑之间应挖小水沟,以免抽水机临时故障造成积水漫流到洞内地面,增加文明施工的难度。

7.4 为了不影响混凝土衬砌施工,在衬砌地段附近的积水坑有条件的情况下可在其下挖一个小的积水坑,并在其中安装一台备用抽水机。

7.5　整个系统安装调试并正常运行之后,应指派一名电工专门负责管理,每周例行检查一次。

7.6　定期由洞内施工管理人员负责请临时工人清理一次积水坑及滤水池里的淤泥、杂物等。

8　安全措施

8.1　特种工种人员如电工、电焊工等要求进行培训,考试合格后持证上岗,严禁无证上岗。

8.2　施工电线严格按技术标准架设,应有严格防护措施,所有机电设备设专人负责。

8.3　对线路及电气设备应定期进行检查与保养,确保良好状态。

8.4　自动排水装置控制器电路应用箱子锁上,以防有人乱调电器而损坏系统。箱子应固定在干处,并有防水设施。

8.5　每个抽水机都必须用网网住,以免吸入碎石卡在单向止回阀处,造成水管中的水回流。

9　环保措施

9.1　洞内设一定数量的积水坑及滤水池。

9.2　洞外设积水坑、滤水池、沉淀池,应防止污水、污泥立即排放。

9.3　洞外积水经过滤、沉淀排放后,应防止造成泥石流或土壤流失。

9.4　定期清理洞内外的积水坑、滤水池、沉淀池里的淤泥及杂物。

10　资源节约

与使用传统的排水施工方法比较,本工法的应用可节约以下资源:

10.1　节约劳力:排水系统自动运行,故可节省大量的劳力。

10.2　节约用电:因减少了人为因素造成抽水机的无用功,故可节约用电。

10.3　节约用水:洞内排出的水经过滤、沉淀净化后,视情况可作生产用水重复循环使用,故可节约水源。

10.4　节约材料与机具设备:由于人为因素造成的无用功减少及系统具有的自我保护功能,使抽水机的使用寿命延长,故可节约材料与机具设备。

11　效益分析

与使用传统的排水施工方法比较,本工法的应用会产生以下效益:

11.1　技术效益:工法技术难度低;可操作性强;可大大提高施工进度。

11.2　经济效益:可节省大量的劳力;节约用电;可防止抽水机因负载而损坏或烧毁,从而节约材料与设备。故本工法的经济效益较显著。

11.3　社会效益:安全、文明施工均有保证;洞内排出的水经过滤、沉淀后,视情况可作生产用水重复循环使用,节约水源。

11.4　环保效益:洞内排水在洞外经过滤、沉淀后排放或通过重复循环使用,有利于环境保护。

12　应用实例

12.1　应用实例:内江至昆明铁路黄土坡三号隧道。

(1)工程概况

内昆铁路安边(水富)至梅花山段 DK355 +427.5 黄土坡三号隧道全长为 3 005m,其中出口段承担 1 250m 的施工任务(里程范围:DK355 +680 ~ DK356 +930 段)。出口段属反坡施工,洞内坡度大,设计坡度为 19.5‰。隧道基岩为玄武岩整体基岩,节理、裂隙发育,地下水发育、水量大,平均设计涌水量为 5 000m^3/D。实际施工中,洞内积水量(考虑了开挖钻眼用水)普遍比设计的要大,在 DK356 +640 处最大,流量超过 5m^3/min。

(2)工法应用前情况

隧道施工前期,施工单位使用潜水泵人工排水方法,曾造成以下情况:积水坑里的积水经常溢流到路面,甚至回流到掌子面,不但使文明施工难以整治,且严重影响开挖的施工进度,还消耗了大量的人力和物力(月平均耗用抽水机10台;每天每班耗用劳力2~4人,全天分三班值班;用电量及其他材料消耗量很大)。

(3)工法应用后情况

在改用自动排水装置后,排水效果变得较显著:抽水机经常烧坏的现象及人工全天24h值班的弊病都得以消除;节省了大量的人力和物力;洞内积水能及时疏干,施工进度大为提高;洞内、洞外的文明施工得以良好整治;施工安全得到有力保证;环保工作得以良好实施。

(4)本工法应用与传统方法的直接经济效益对比

直接经济效益对比情况见表1。

直接经济效益对比情况 表1

序号	人料机消耗	传统方法	应用本工法	差额	备注
1	人工(工日)	5 400	1 200	4 200	施工时间按20个月
2	电(度)	324 000	135 000	189 000	
3	抽水机(台)	200	40	160	抽水机按3kW/台
4	其他材料与设备(元)	71 000.00	30 000.00	41 000.00	排水长度洞内按1 250m,洞外按150m
5	人工费(元)	270 000.00	60 000.00	210 000.00	人工按50元/工日
6	电费(元)	194 400.00	81 000.00	113 400.00	电:0.60元/度
7	抽水机(元)	320 000.00	64 000.00	256 000.00	抽水机:1 600元/台
8	合计(元)	855 400.00	235 000.00	620 400.00	

12.2 应用实例2:大理至丽江铁路赵家蹬隧道

大丽铁路DK120+317.5赵家蹬隧道全长为1 185m,其中出口承担施工长度为505m(里程范围:DK120+405~+910段)。出口段洞内坡度为9‰,平均涌水量约为800~1 000m^3/d。该隧道采用自动排水施工工法进行施工排水,取得了很好的经济效益。本工法应用与传统方法的直接经济效益对比情况见表2。

本工法与传统工法直接经济效益对比情况表 表2

序号	人料机消耗	传统方法	应用本工法	差额	备注
1	人工(工日)	2 160	810	1 350	施工时间按18个月
2	电(度)	51 840	25 920	25 920	
3	抽水机(台)	72	18	54	抽水机按3KW/台
4	其他材料与设备(元)	45 000.00	15 000.00	30 000.00	洞内按505m,洞外120m
5	人工费(元)	172 800.00	64 800.00	108 000.00	人工按80元/工日
6	电费(元)	38 880.00	19 440.00	19 440.00	电:0.75元/度
7	抽水机(元)	129 600.00	32 400.00	97 200.00	抽水机按1 800元/台
8	合计(元)	386 280.00	131 640.00	254 640.00	

钻孔雷达预报隧道掌子面前方含水构造工法

GGG(中企)D4144—2009

杨家松　卿三惠　王崇绪　吴建福　辜文凯
(中铁二局股份有限公司)

1　前言

锦屏水电工程辅助洞属于典型的高风险隧道工程,隧道施工过程中遇到了高压大流量地下水,富水洞段约占隧道全长的44%。为确保施工安全,保证工程建设进度,中铁二局股份有限公司联合设计单位与大专院校开展了科技攻关,取得了"高压富水地层超深埋特长隧道施工技术"研究成果,于2008年4月通过四川省科技厅鉴定,获得了2008年四川省科技进步三等奖和中铁工程总公司科学技术一等奖。通过科研课题的研究与运用,形成了"钻孔雷达(Borehole Radar)预报隧道掌子面前方含水构造工法"。

该工法属于精细预报,是在TSP、表面雷达、瞬变电磁等中短期物探方法预报基础上,利用超前地质探孔对隧道掌子面前方的含水构造(断层、溶洞、裂隙、破碎带等)进行准确预报,避免了预报盲区,预报准确率远高于常规物探方法。工法经应用于锦屏辅助洞工程,保证了工程进度,有效杜绝了灾害性事故的发生,取得了明显的社会效益和经济效益。

2　工法特点

2.1　该预报方法分辨率高,可分辨3m范围内的管道、裂隙与夹层。

2.2　采用双孔法测定岩体电磁波速,对计算含水构造位置更加准确。

2.3　在钻孔内移动发射与接收天线,操作过程不受任何人工与外界的干扰,提高了预报的准确率。

2.4　钻孔雷达与表面雷达掌子面剖面测试相比,钻孔只是一个小畸点,天线的发射效率可达90%以上(表面雷达为60%左右),无地空界面反射波干扰。

2.5　是对掌子面前方空间地质信息的全方位预报,避免了预报盲区,提高了预报的可靠性。

2.6　与普通表面雷达相比,虽然预报原理相同,但预报工艺有些差别,两者使用的天线与分析软件不同。

3　适用范围

本工法属于精细预报,适用于准确判别隧道掌子面前方有无大的含水构造、含煤地层的采空区等地下工程项目。

4　工艺原理

钻孔雷达(Borehole Radar)探测工法是利用电磁波的反射原理,根据雷达介质中的反射波形成雷达剖面,通过异常体反射波的走时、振幅和相位特征来识别目标体,判明其位置、岩性及几何形态。它必须借助于超前探孔,把探头(发射和接收天线)放入钻孔中进行测试,并根据各个孔所测得的异常分布和各个孔的位置,通过空间几何交汇的方法,能够准确判定掌子面前方不良地质体的位置与规模。

发射天线和接受天线同在一个钻孔中并以固定间距沿钻孔从内向外移动,以固定间距触发,一般采用间隔为0.5~1m。测试范围是以钻孔中心为中心,15m为半径范围内的地质信号,并将洞身范围内的信息全部投影到平面上，当初步怀疑有异常情况时，再作第二个探孔，最多三个探孔，就可依据三次信号把异常信号的空间位置描述出来。

从几何形态来分析，地下异常体可概括为点状体和面状体二类，前者如洞穴等，后者如裂隙、层面等，它们在雷达图像上有各自特征，其中点状体反射呈现双曲线，面状体反射呈现“V”字形。异常体的位置可通过反射波确定，岩性特征则可通过反射波振幅来判断。钻孔雷达测试过程与反射原理见图1、图2。

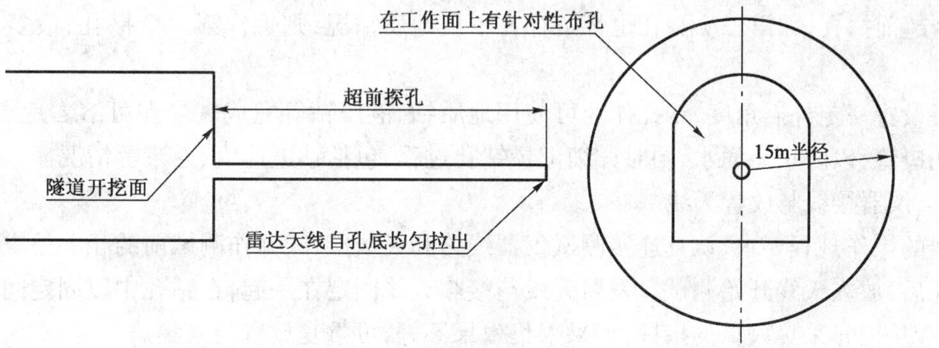

图1　钻孔雷达测试过程示意图

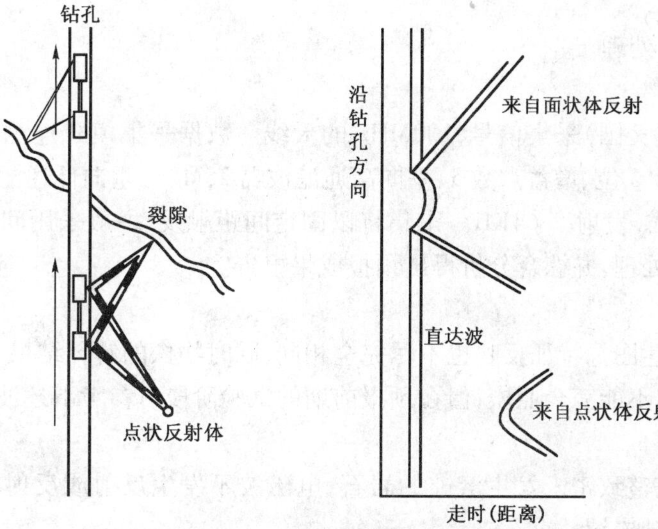

图2　钻孔雷达反射原理示意图

5　施工工艺流程及操作要点

5.1　施工工艺流程

钻孔雷达预报流程见图3。

5.2　操作要点

5.2.1　中期、短期预报确定探孔方案

中期预报一般多使用TSP或陆地声纳等物探方法，短期预报常使用表面雷达、瞬变电磁等物探方法。根据这两种物探方法先综合判断掌子面前方是否存在大的含水构造带，若怀疑有，则将结合超前探孔进一步使用钻孔雷达进行精细预报。精细预报前先要确定探孔的位置、深度、孔径等钻孔方案。

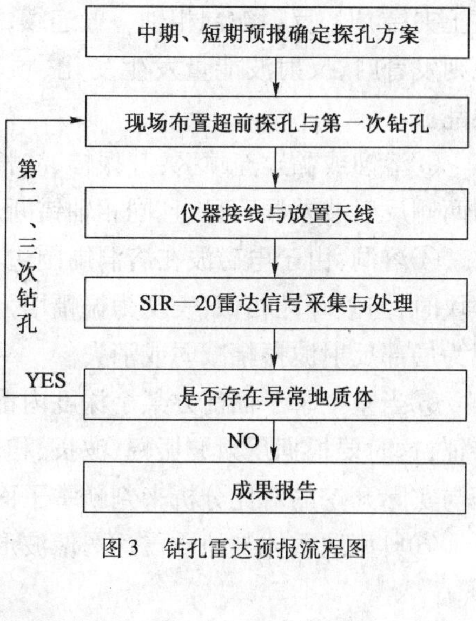

图3　钻孔雷达预报流程图

5.2.2 超前探孔施工

根据中、短期预报成果现场确定的超前探孔方案进行现场布孔与钻孔作业。探孔深度不宜小于15m,但也不宜超过100m、孔径不小于$\phi48$。超前探孔数量1~3个,3个探孔位置选择不能在同一直线上或靠得太近,在掌子面上相互要构成三角形,边长大于2m、最小角度不小于30°;同时探孔要选择在靠近含水构造的附近(涌水影响天线放入),原则上探孔高度位置可根据施工方便灵活选择。

当第一个钻孔完成后,立即作一次测试并作出初步判断,如果初步怀疑前方有异常地质情况存在,再作第二个超前探孔,如第二个探孔也怀疑存在不良地质情况,则再作第三个探孔,最多三个探孔可准确判断。

探孔可设置一定外插角度,钻孔作业可使用地质钻、液压钻等完成。当在可溶岩地层施工时,必须事先安装孔口管,以防止突涌水,同时详细记录钻孔过程,包括钻进速度、返浆等情况。

5.2.3 仪器接线与放置天线

按仪器的操作规程要求,认真连接测试仪器线路和天线接长,并作测试前的相关检查工作。当每完成一个钻孔后,放入天线开始测试。发射天线与接收天线固定在一起,在钻孔中以固定间距从内向外匀速移动,并听从信号采集人员的指挥,如果采集效果不好,可重复放置与采集。

将钻孔雷达专用天线直接绑在塑料软杆上,然后送入钻孔中,需要测试时均匀拉出,如果还需要第二次采集,可重复操作。

5.2.4 信号采集与处理

(1)信号采集设置

使用SIR—20雷达(美国)采集信号,100MHz的天线。数据采集模式连测、测程300纳秒、每次扫描的采样数512、分辨率16位、增益点数5、垂向高通滤波器25MHz、垂向低通滤波器200MHz、每秒扫描数16、水平平滑5个扫描、发射率64KH。采集将以固定间距触发,一般采用间隔为0.5~1m。最后将采集的信号成果在室内处理,并综合分析得出预报成果报告。

(2)信号处理

不同的地质条件雷达图像特征反映也不尽完全相同,同时物探的解释结果又具有多解性,因此没有统一的解释原则,各工点不能完全照搬,但在预报前期的试验阶段可参考下述波形解释的基本原则进行解释:

①完整岩石:对于完整致密未发生溶蚀的岩石,电磁波不发生反射或反射能量较小,波形均一,振幅、波长基本一致,同相轴连续。

②节理裂隙或破碎:由于岩石被节理裂隙切割,反射界面增多。当节理裂隙近水平发育(有时形成黏土夹层)时,反射波同相轴一般连续,与完整岩石的差别在于振幅、波长的不同;当节理裂隙纵向或不规则发育时,反射波能量发生变化、频率降低,反射波同相轴连续性变差;岩石破碎时常表现为波形杂乱。

③溶蚀或黏土充填区:其振幅、波长因含水量差异而不同(一般反射波振幅衰减较快、波长变长),与两侧反射波差异明显,且同相轴错断。黏土一般充填在溶洞或岩石节理裂隙间。

④溶洞:由于电磁波在溶洞周围边界发生反射,一般形成振幅较强的弧形反射波;当部分充填岩石碎块时,与破碎区相似,表现为振幅增强、波形杂乱;当部分充填黏土时,由于黏土对电磁波的强吸收,表现为局部反射波振幅减弱或消失。

⑤当整个掌子面前方某个深度内都是水平层状的岩石或空洞时,反射波同相轴均表现为连续、水平特征,这时要根据反射波振幅、波长、相位、反射时间进行综合判断。有时要对已开挖隧洞的雷达波形特征与实际开挖的对比分析来判断掌子面前方介质反射波反映的异常性质。

⑥典型地质体与地质雷达图像波形特征关系见表1。

典型地质体与地质雷达图像波形特征关系表

表1

地质体名称	图像波形特征				
	波形分布	波形变化	相同轴连续性	波形相似性	振幅强度(弱)
完整岩体	均匀	按一定规律缓慢衰减	连续	波形均一	低幅
断层破碎带	不均匀	衰减快,规律性差	不连续	波形杂乱	波幅变化大
裂隙密集带	不均匀	衰减较快,规律性差	时断时续	波形杂乱	高幅
富水带	不均匀	按一定规律,快速衰减	与含水率有关	基本均一	高、宽幅
岩性变化带	不均匀	规律性差	不连续	波形杂乱	一般为高
岩脉破碎带	不均匀	衰减较快,规律性差	不连续	波形杂乱	高幅

5.2.5 预报成果报告

将现场的测试信号带回室内利用分析工具作进一步的数据处理与分析,结合地质分析法、物探解释综合给出预报成果。根据预报处理成果及时指导施工,并在过程中作好地质跟踪记录与地质素描,分析总结实际情况与预报成果的对比差异。

5.3 劳动力组织(表2)

劳动力组织情况表

表2

序 号	钻孔雷达预报	所需人数	备 注
1	管理人员	2	
2	地质工程师	1	
3	物探工程师	1~2	
4	测试人员	2	
5	超前探孔钻孔	3~5	包括辅助人员
合计		9~12	

6 材料与设备(主要机械设备配置)

本工法无需特别说明的材料和设备仪器如下表3。

设 备 仪 器

表3

名 称	型号或规格	数 量	产 地	备 注
钻孔雷达(台)	SIR—20	1	美国	宜选用美国
天线(付)	100MZ	2	美国	备用1付
分析软件(套)	特殊	1	美国	随仪器配套
计算机(台)	普通	1	—	自选
液压钻(台)	地质钻或快速钻机	1	—	非特殊设备,自行选择
孔口管(个)	—	3	—	自行加工
工作平台(个)	—	1	—	高空作业

7 质量控制

7.1 工程质量控制标准

(1)《水利水电工程物探规程》(DL/T 5010—2005);

(2)《水利水电工程地质勘察规范》(GB 50287—99);

(3)《水利水电工程施工地质规范》(DL/T 5109—1999);

(4)《水利水电工程钻探规程》(DL/T 5013—2005)。

7.2 质量控制措施

7.2.1 钻孔深度不宜小于15m,但也不宜超过100m,其钻孔孔径不小于$\phi48$(保证天线顺利放入与移动)。

7.2.2 三个钻孔位置选择不能在同一直线上或靠得太近,在工作面上相互要构成三角形,边长大于2m、最小角度不宜小于30°。

7.2.3 为保证天线顺利放入,钻孔不要直接选择在含水的构造带上。

7.2.4 发射天线和接受天线同在一个钻孔中并以固定间距从内向外移动,以固定间距触发,一般采用间隔为0.5~1m。

7.2.5 应尽量采用高频天线。灰岩等可溶岩的衰减系数较小,高频电磁波具有较大的穿透深度,宜选用主频100MHz或更高频率的天线。

7.2.6 地质雷达图像在不同介质的地质环境中,有不同的图像特征,解释时必须与地质分析紧密结合,避免纯物探解释。

7.2.7 加强地质素描与地质工作总结,及时对比分析预报成果与实际揭露的地质情况,以提高物探水平。

7.2.8 钻孔雷达与表面雷达预报相比,其周围环境干扰小,因为接发射天线是天线在孔内移动过程中完成的,因此受隧道掌子面附近的环境干扰小,基本上没有。

8 安全措施

8.1 隧道内要保持良好照明。

8.2 进洞人员必须穿戴齐防护用品。

8.3 非操作人员严禁动用各种机电设备,非电工不得进行电工作业操作,操作人员必须持证上岗。

8.4 进入作业区应先观察,找顶、撬浮石,确认安全后才能进行作业。

8.5 在可溶岩施工超前钻孔时,必须安装孔口管,孔口装置要根据可能有的高压水压力设计确定。

8.6 尽量使用仪器的自带电源进行测试,严禁在潮湿的工作现场对仪器进行充电。

8.7 放置天线位置较高时,必须遵守高空安全作业的各项要求。

9 环保措施

本工法主要为仪器测试,钻孔作业是超前预报的必要工序,因此钻孔雷达测试不对环境造成额外的附加影响,但须遵守隧道作业相关环境保护的有关规定。

10 资源节约

本工法是将先进的物探仪器引进到隧道施工超前地质预报中来,是借助于超前探孔实现对隧道掌子面前方含水构造进行准确预报,不增加任何工程量。工法使用的是目前国内外最为先进且比较适用的预报仪器,仪器自带充电电源,能耗低,使用操作方便,对环境无任何影响。

11 效益分析

11.1 本工法属于超前地质预报的精细预报,对隧道施工的危险源能够准确预报,避免了其他预报方法不能预报的盲区,极大地减少了灾害性事故发生的几率。

11.2 是在超前探孔的基础上进行的物探测试,当使用SIR—20表面雷达采集信号时,仅需要购置专用分析软件即可,同时测试过程短,单孔作业10min可全部完成测试,因此测试费用较低。

本工法关键技术正在申请专利:隧道施工超前地质预报方法(200810044238.9)。

12 应用实例

12.1 锦屏水电枢纽辅助洞工程

12.1.1 工程概况

锦屏水电枢纽辅助洞工程位于四川省凉山彝族自治州的木里、盐源、冕宁三县交界处的雅砻江干流锦屏大河湾上，是锦屏一级、二级水电站前期关键工程。辅助洞由A、B两孔平行的单车道隧洞组成，单洞全长约17.5km，中心距离35m。

该隧道平均埋深大于1 500m的洞段占隧道全长的73%，最大埋深2 375m，无任何条件设置斜竖井，分东西端独头掘进施工。西端原合同任务为K0+34.5～K8+000，实际A洞开挖至AK9+724、B洞开挖至BK9+643。

工程前期勘探只作了地表调查和地质分析，无条件施作地质钻探探测；在地下水的地质分析中是依据东端的长探洞试验，并结合西端地表与岩溶的发育等情况，推测西端施工范围的工程地质条件。西端工程区位于强透水性的可溶大理岩地层，且断层与褶皱发育并为地下水的储存和大理岩岩溶的发育创造了良好的条件，洞线围岩具备赋存大量高压水（泥浆）的可能。突涌水点多，并具有高压（设计9MPa）、稳定的流量（5～7m^3/s）等特点。

本工程合同文件要求预报在先，做到“先探后掘”——先进行综合预报，根据预报成果确定施工方案，并必须使用TSP、雷达、地质分析及其他物探手段等进行综合预报。

12.1.2 预报实施情况

锦屏辅助洞西端先后采取了多种物探预报手段，在0+4500前（以不透水的砂板岩、绿片岩和T_{2z}杂谷脑组大理岩组成）主要以陆地声纳、红外线为主，辅以表面雷达、瞬变电磁、电法等物探方法；之后（全为T_{2b}白山组大理岩）建立了以TSP203、雷达、钻孔雷达为主的物探方法。整个预报过程始终将地质分析、物探与钻探相结合进行综合预报分析，构建了长期预报、中期预报与短期预报相结合的预报体系。该工程项目自始至终坚持预报，不断总结提升，预报准确率大幅上升，下面列举一典型实例，说明本工法的运用：

（1）TSP中期预报成果

在BK5+019桩号掌子面上作了$TSP203_{plus}$探测，通过处理得出BK5+019～BK5+130段TSP岩石物理力学参数及二维平面（2D）显示图（图4）。根据图4分析：在桩号BK5+036～042，BK5+072～082两段泊松比较高，而密度较低，结合已揭露的实际掌子面地质情况推测BK5+072～082段为裂隙发育带并且含水。

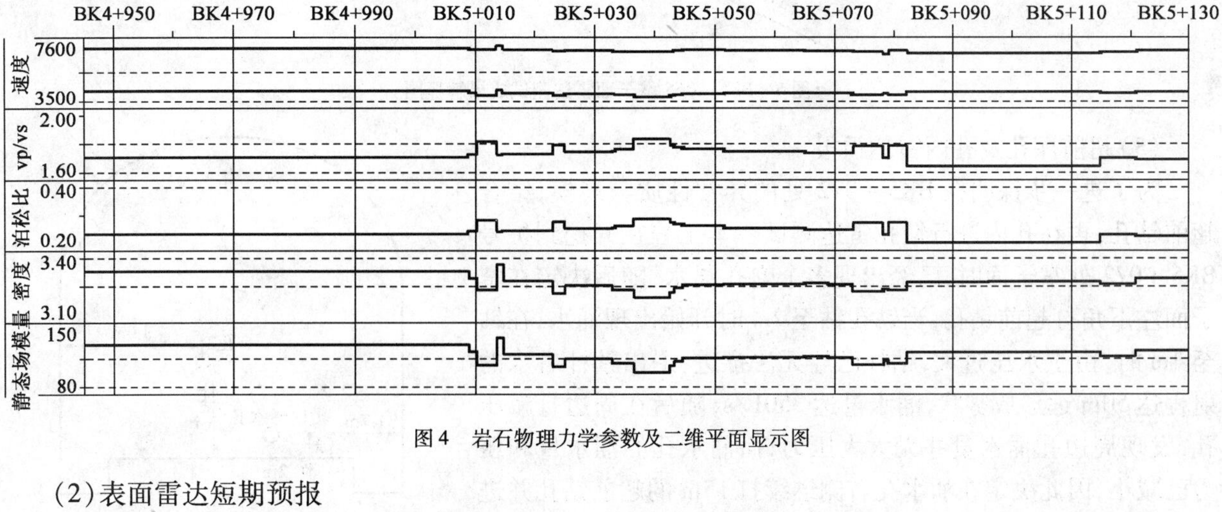

图4 岩石物理力学参数及二维平面显示图

（2）表面雷达短期预报

根据TSP预报结果，加强了表面雷达在BK5+036～042的预报频率，在雷达测试成果中，发现前方

14m 左右即 BK5 +072 处发现了明显异常现象,同时 BK5 +038 ~ +058 段右壁异常也较明显,如图 5。

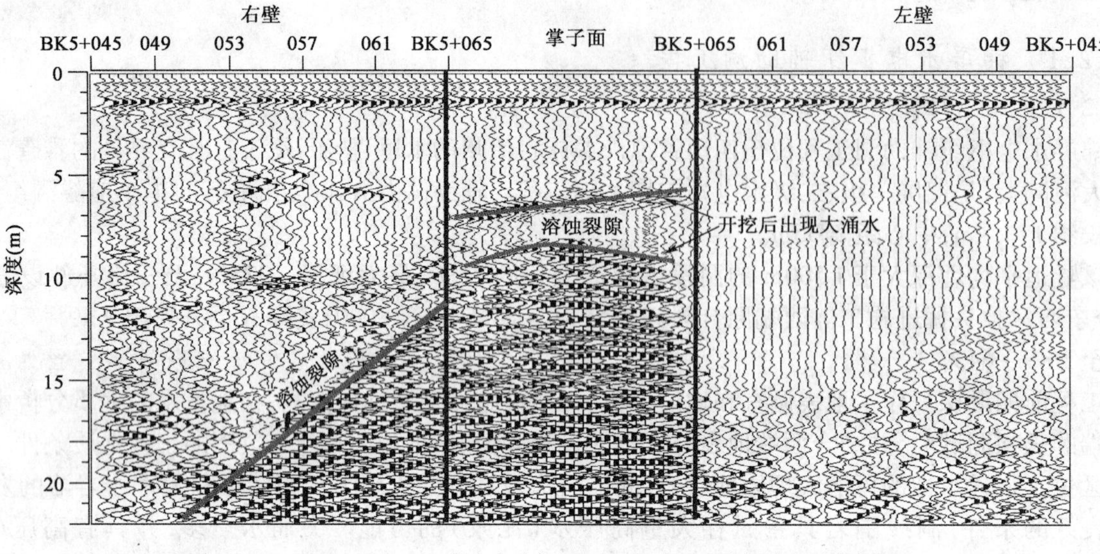

图 5　BK5 +045 ~ BK5 +065 段左右壁与 BK5 +065 掌子面底部雷达测线成果图

由图 5 分析掌子面前方桩号 BK5 +070 开始出现异常,并在 BK5 +072 处消失,同时在 BK5 +073 处又出现异常并延伸至 BK5 +087 位置都未结束。由此可以推测:

①在桩号 BK5 +071 左右发育一溶蚀裂隙,并富水,不排除是断层发育;在 BK5 +074 ~ BK5 +087 段为受裂隙影响的破碎带,且含水严重。

②在 BK5 +049 ~ BK5 +065 段右壁还发育一裂隙,并含水,延伸后将在 BK5 +089 左右与隧洞相交。图 6 是 BK5 +065 掌子面雷达测试成果解释图。

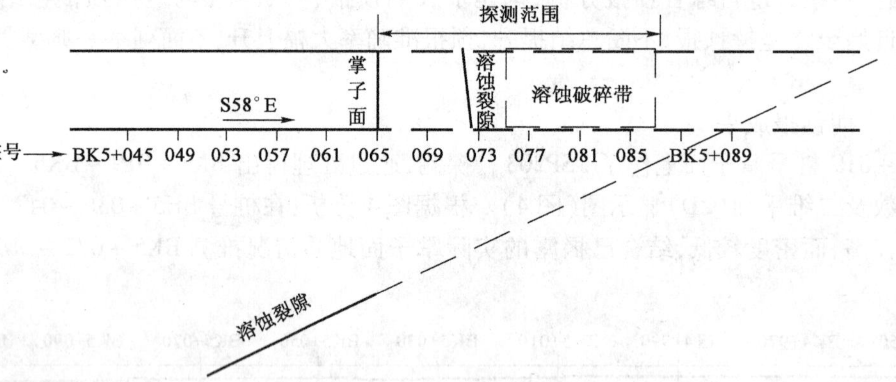

图 6　BK5 +065 掌子面雷达测试成果解释图

(3)超前探孔及孔内雷达预报

为了进一步探明在 BK5 +072 处的异常性质与规模,结合超前钻孔,再在孔内进行钻孔雷达测试。本工程在开挖到桩号 BK5 +072 处掌子面时,已经出现多个炮孔涌水,随后决定在掌子面左下角打超前钻孔,当钻孔钻至 2m 时开始出现涌水,在钻至 4m 时,由于水压过大,钻杆已经无法推进,退出钻杆后水的射程达 50m 远形成雾状,涌水量达 350L/s,随后在周边打减压孔,发现周边孔涌水量并无太大压力,而涌水孔的涌水量和压力已减小,因此决定在涌水孔右侧继续打 15m 的超前钻孔并进行钻孔雷达测试,图 7 是钻孔雷达测试的钻孔布置示意图。

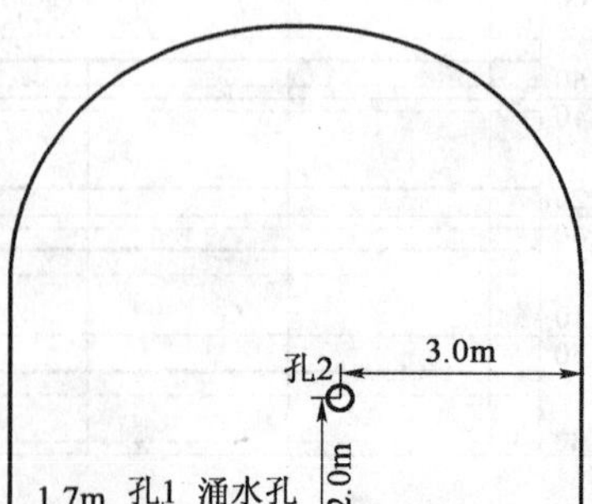

图 7　BK5 +072 掌子面钻孔雷达测试钻孔布置图

(4)图像处理与成果

图8和图9为钻孔雷达在不同孔位的测试成果图,图10为钻孔雷达测试成果解释图。

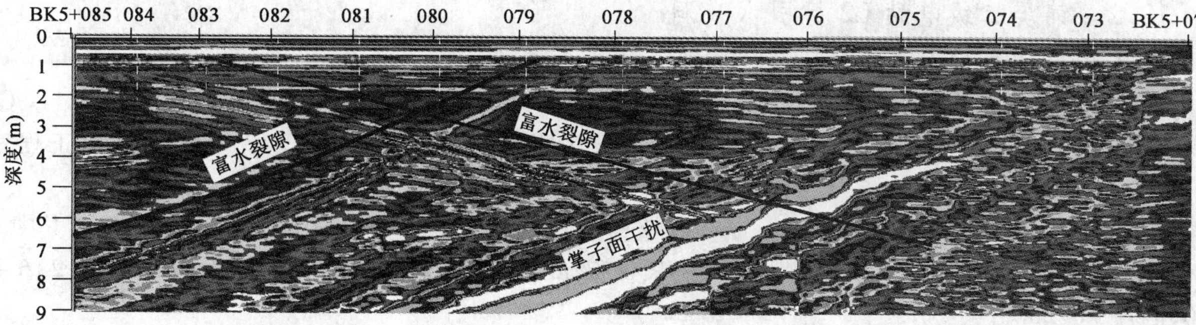

图8 孔1测试成果图

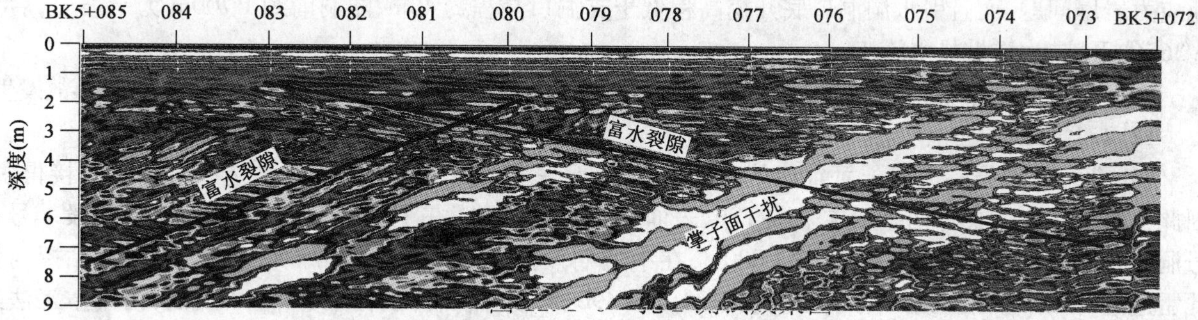

图9 孔2测试成果图

综合图8、图9分析,掌子面前方BK5+072~BK5+085段存在两个异常,推测为两条主要富水裂隙,其中一条裂隙宽6~12cm,另一条宽10~20cm。且在探测范围内(BK5+072~BK5+085)未发现大型溶洞。成果解释如图10。

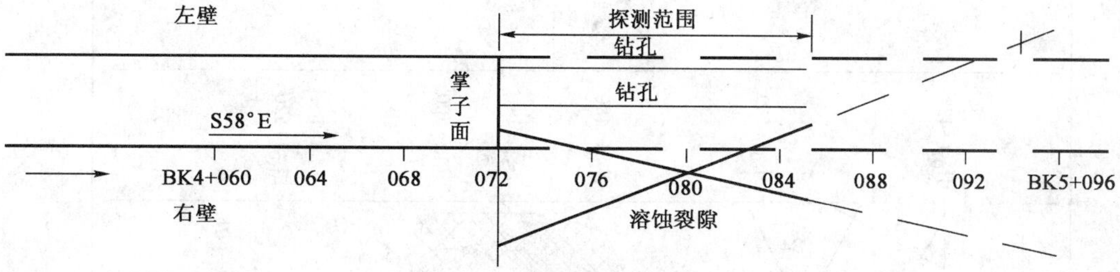

图10 钻孔雷达测试成果解释图

(5)对比情况

通过钻孔雷达测试,确定前方无大型溶洞和大的张性断层等含水构造后,施工时采取短进尺掘进。后经开挖证实:桩号BK5+073~BK5+075m发育一小断层,产状:N60~70°E/NW,∠80°,宽度0.4~2.0m,为方解石及方解石胶结的角砾岩,断层面均附有钙化物,在该断层附近,裂隙极为发育,形成与该断层走向平行的裂隙密集带,裂隙带内出现了30~50L/s的较大涌水。

12.1.3 取得的成果

钻孔雷达是对含水地质构造进行全方位精细预报。掌子面前方是否发生突涌水,必须具备两个前提条件,一是必须有可溶岩地层,二是要有含(储)水构造带,两者缺一不可。在可溶岩地层中,一般的张性断层、破碎带、裂隙等通常富存有地下水,只要能准确预报掌子面前方是否具有含水构造,包括溶洞、溶蚀宽缝等,基本上就能比较准确地作出判断。在进行中短期预报的基础上,如果怀疑掌子面前方有水,本身就需要进行探孔施工,然而探孔预报有局限性、有盲区存在,为确保施工安全需要,在此基础上再采用钻孔雷达进行精细预报是十分必要的。本工法在 A、B 洞施工中多次运用,预报准确率比其他预报手段高。

12.2　锦屏二级电站 C2 标引水隧洞

12.2.1　工程简况

锦屏二级电站由四条引水隧洞组成,单洞平均洞线长 16.5km。引水隧洞工程划分为 C_2、C_3、C_4、C_5 四个合同段,其中 C_2 合同段由中铁二局承建,工程开工于 2007 年 8 月 1 日,2013 年 9 月 15 日工程完工,投资约 8.01 亿元。

C_2 合同段由 1 号、2 号引水洞组成,断面开挖直径 13 ~ 14.6m,开挖面积 136.97 ~ 172.32m^2 其中 1 号洞施工范围引(1)0 + 128 ~ 引(1)4 + 700,洞长 4 572m 长;2 号洞施工范围引(2)0 + 128 ~ 引(2)6 + 000,洞长 5 872m。

该工程项目与即将建成的锦屏前期工程辅助洞相邻,施工过程中不仅面临高水头大流量地下水、高地应力岩爆问题,而且引水洞洞口底开挖高程低于支洞口高程约 40m,隧洞前约 1 700m 为平坡段,后为 0.365% 下坡,为逆坡排水施工。

本工程最大的危险源就是突涌水的预防,因此要求施工过程中必须作好超前预报,杜绝灾害性事故发生。

12.2.2　工法运用情况

《钻孔雷达预报隧道掌子面前方含水构造工法》比一般物探方法预报含水构造要准确且直接得多,因此引水隧洞合同文件明确要求采取 TSP、表面雷达及钻孔雷达三种方法综合预报。C_2 合同段 1 号、2 号洞分别已经揭露出大理岩洞段约 1 000m,在中短期预报怀疑的重点异常洞段,都必须采取钻探与钻孔雷达进行精细预报。如 1 号引水洞在引(1)1 + 490、2 号引水洞在引(2)1 + 500 两处,使用本工法进行钻孔雷达预报,发现了大型溶洞且贯穿于 1 号与 2 号洞,并富水。而实际揭露证明了预报的准确性。其预报成果解释见图 11。

1 号引水洞引(1)1 + 437 ~ 引(1)1 + 535 段右边墙与 2 号引水洞引(2)1 + 422 ~ 引(2)1 + 511 段左边墙之间岩体结构面发育,且多有溶蚀现象,岩体较破碎。

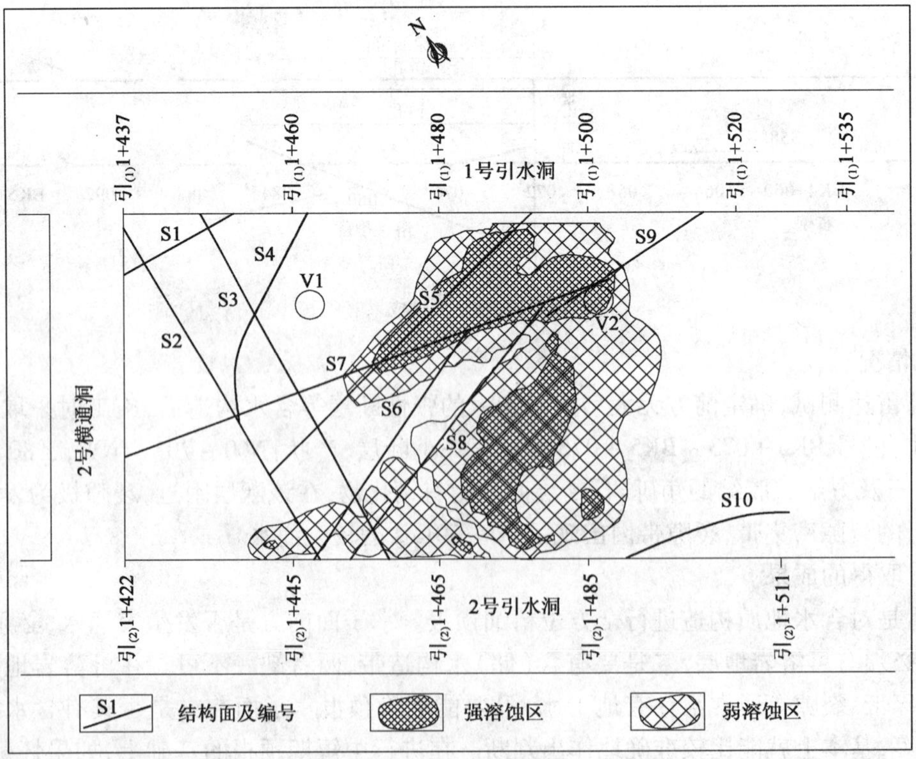

图11　钻孔雷达成果解释图

新型施工缝止水带 P-201 施工工法

GGG(中企)D4145—2009

肖必建　南学飞　王杭立　张少波　李东海
(中国建筑第七工程局有限公司　中建七局(上海)有限公司)

1 前言

P—201 遇水膨胀止水带是由日本辰日株式会社研发的一种新型施工缝和变形缝细部处理的一种材料。该材料较目前国内所采用的膨胀止水条止水效果明显,且对于橡胶止水带施工方便快捷,在施工过程中出现渗漏现象易于修补,也可以作为一种新型的堵漏材料。目前在国内隧道、地铁、市政构筑物广泛应用。

2 工法特点

2.1　本工法相对原有橡胶止水带施工方法方便、快捷。

2.2　本工法具有更环保、节能效果。

2.3　性能优于传统的施工缝防水材料如钢边橡胶止水带或止水条,价格适中。

3 工艺原理

P-201 遇水膨胀止水胶(简称 P-201)是一种遇水膨胀、单液、弹性密封胶。它以聚氨酯的预聚体为基础、含有特殊的尿烷。具有橡胶的弹性止水和遇水后自身的体积膨胀止水的双重密封止水机理,适用于混凝土施工缝防水和各类预埋构件的防渗漏。

P-201 可以在潮湿环境中固化。固化时间取决于环境温度和湿度。温度越高或湿度越大,固化时间越短。表面硬化(指触干燥)后即可进行下一次混凝土浇筑。技术指标见表 1。

技术指标　　表 1

序号	项目		技术指标
1	固化前	外观	胶状物
		含固量,%	≥85
		下垂度(50℃),mm	≤3
		表干时间,h	≤24
2	固化后	外观	橡胶状
		延伸率,%	≥500
		抗拉强度,MPa	≥0.3
3	最终体积膨胀率(室温、蒸馏水),%		220~300
4	浸水 7d 的膨胀率占最终膨胀的百分比,%		≤50

4 适用范围

各类地下结构(如地下建筑工程、山岭隧道、市政隧道、地下隧道、污水处理池等)施工缝防水、变形缝辅助防水以及预埋构件防渗漏。

5 施工工艺

5.1 工艺流程(图1)

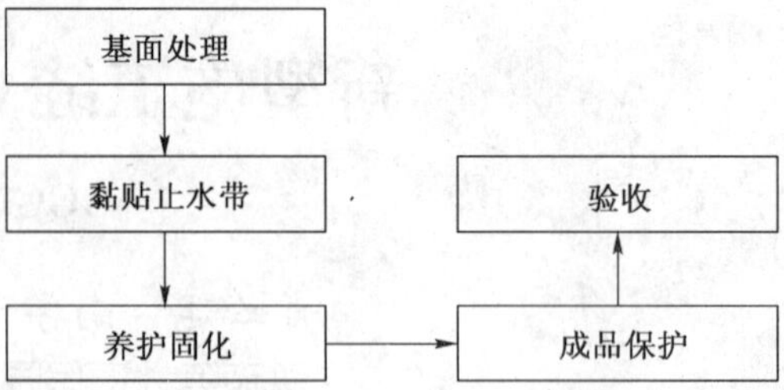

图1 工艺流程

5.2 操作要点

5.2.1 预处理

采用钢丝刷清除敷设范围内施工缝面的砂粒及混凝土渣,然后采用抹布擦净或高压水冲洗干净,表面既可以是粗糙的,也可以是平整的;既可以是干的,也可以是潮湿的。施工过程应避免大雨天或与水长期接触。防止提前膨胀,造成与混凝土黏结脱落,失去防漏功能。

5.2.2 挤出断面、长度的确定

每支P—201水膨胀止水带320mL,不同水压条件下的挤出断面和长度如表2。

不同水压条件下的挤出断面和长度 表2

序　号	水压力(MPa)	挤出断面(宽 高)(mm)	挤出长度(m)
1	<0.1	15,5	4.2
2	<0.2	20,5	3.2
3	<0.3	15,8	2.6
4	<0.4	20,10	1.6

5.2.3 切口

根据设计的挤出断面,用切断刀把P—201嘴部前端相应部位切断,用细铁丝捅破里面的薄膜。并左右晃动扩孔,注意切勿多次乱捅,否则会使薄膜碎屑混入挤出的P—201里,影响施工质量。

5.2.4 挤出P—201

把P—201管装的密封枪上,边扣动扳机边挤出P—201施工。为使挤出的P—201良好附着于混凝土表面,应将出口前端压向混凝土表面,施工后应确认混凝土基面和P—201间无缝隙,挤出的P—201连续均匀地敷设在基面上,如遇挤出部分不连续或不均匀,可以用刮片适当刮匀或修整。见图2、图3。

图2 密封枪挤出P—201

图3 P—201均匀敷设

5.2.5 养护、固化

为保证P—201对混凝土有很好的黏结性,必须保证有充分的养护时间。施工后的P—201到表面硬化为止不超过24h。P—201表面硬化需要完全达到指触干燥后,才可以进行下一道工序施工。

6 机具准备(表3)

机 具 准 备 表3

序 号	机具名称	用 途
1	手持混凝土切割机	切割施工缝
2	高压水枪	变形缝清理
3	密封枪	打止水胶

7 质量控制

7.1 基面处理

基面必须牢固,表面不得有油污、蜂窝、起皮、起砂等现象,否则清除。

基面施工前可采用弹线方式预先定位,定位偏差≤10mm。

7.2 黏贴止水带

止水胶挤出高度及看度必须复核相关要求。挤出要连续、均匀、饱满、无气泡或孔洞。

7.3 养护固化

施工环境温度应控制在5°~40°。必须在止水胶表面硬化后方可进行下道工序施工。

7.4 成品保护

止水胶刚施工后,不宜用水冲刷。

8 安全技术措施

8.1 工人进入工地后应进行三级安全教育和职业健康安全教育。新工人应进行上岗教育。

8.2 进入施工现场必须戴安全帽,操作时须穿胶鞋,以防滑伤。

8.3 现场临时用电应按“一机一闸一漏保”进行配电。

8.4 雨天、大风天气不宜进行施工。

8.5 合理安排施工工艺流程,避免高低空同时作业。

9 环保措施

9.1 P—201遇水膨胀止水胶本身从其成分来说,就是一种新型环保材料。

9.2 具有良好的耐化学品性能:可以耐盐酸、盐水、碳酸钠、氢氧化钾等化学物品;可与饮水接触,安全、无毒,属环保型产品;

9.3 P—201遇水膨胀止水胶施工便捷,减少各种能源的消耗量。

9.4 使用完毕的包装应回收,重新进行二次利用。

10 资源节约

P—201遇水膨胀止水胶是一种新型的止水材料,其代替以往的橡胶止水节约了能源的消耗。且施工便捷,在一定程度上减少了劳动力的浪费。

11 效益分析

P—201遇水膨胀止水胶与普通的遇水膨胀止水条相比有相当的优越性,其主要有以下几点:

11.1 P—201遇水膨胀止水胶施工时间短,且受天气影响较小(除特殊天气外),而普通膨胀止水条在遇碱性水后会迅速膨胀,在短时间内达到最大膨胀率会失去止水效果。

11.2　P—201 遇水膨胀止水胶在施工前只需将混凝土表面清洗干净即可施工;而普通膨胀止水条施工前需将已施工的混凝土基面凿毛,并需每隔 50cm 用黏结剂黏搭接口处上下重叠并压紧,用水泥钉钉住,施工较为繁琐。

11.3　P—201 遇水膨胀止水胶可施工混凝土连续浇筑的地下部分、水平、垂直面以及混凝土、塑料的二次制品、安装止水钢板时不平整面调整材料、型钢、管材的连接等;而普通遇水膨胀止水条仅适用于现浇混凝土施工缝和修补施工缝。

11.4　P—201 遇水膨胀止水胶与普通遇水膨胀止水条相比,施工过程中使用材料较少,节约了能源的消耗,在制作过程中对环境污染较小。

11.5　P—201 遇水膨胀止水胶耐盐酸、盐水、碳酸钠、氢氧化钾等化学物品;可与饮水接触,安全、无毒。

12　工程实例

12.1　2005 年 10 月 26 日施工的重庆大坪隧道总长度 1 427m。

12.2　2008 年 10 月 18 日开工,于 2009 年 8 月 31 日竣工阿克苏隧道总长度 600m。

施工过程见图 4、图 5、图 6。

图　4

图　5

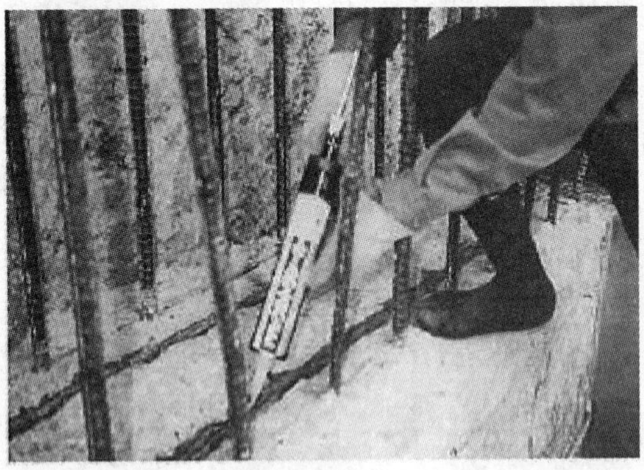

图　6

隧道独头掘进9 500m以上无轨运输巷道式射流施工通风工法

GGG(中企)D5146—2009

卿三惠　杨家松　陆懋成　李博闻　辜文凯
(中铁二局股份有限公司)

1　前言

锦屏水电工程辅助洞由两条相互平行的交通隧道组成,隧道线间距35m,单线长约17.5km。由于隧道所处地势险峻,没有条件设置辅助坑道,辅助洞西端洞口场地狭窄不具备有轨运输施工条件,导致隧道采用无轨运输独头掘进超过9500m以上。

为解决特长隧道无轨运输施工通风技术难题,加快工程建设进度,中铁二局股份有限公司联合设计单位与大专院校开展了科技攻关,取得了"高压富水地层超深埋特长隧道施工技术"新成果,于2008年4月通过四川省科技厅鉴定,并获得2008年四川省科技进步三等奖和中铁工程总公司科学技术一等奖。通过对特长隧道巷道式射流施工通风技术的研究与应用,形成了"隧道独头掘进9 500m以上无轨运输巷道式射流施工通风工法"。

本工法突破了现行隧道施工技术规范对通风方式的要求,解决了独头掘进9 500m以上隧道无轨运输施工通风技术难题。工法经应用于锦屏辅助洞工程,不但满足了隧道施工通风的要求,改善了洞内作业环境条件,而且隧道施工任务由原合同K0+34.5~K8+000增至K9+800,创造了国内隧道无轨运输独头掘进9724m的施工通风新纪录,取得了明显的经济社会效益。

2　工法特点

(1)利用相邻两巷道作为施工通风的循环通道,节省了通风管道。

(2)把巷道作为主风道,断面大,减小了风阻,保证了通风质量。

(3)进、排风路径可根据实际施工情况进行轮换,有利于开展洞内多工序平行作业,减少了施工干扰,施工组织方便灵活。

(4)射流风机控制灵活,方便管理与维修。

(5)巷道式射流通风能够解决超长距离施工通风技术问题,而压入式通风、吸出式通风或混合式通风,在无轨运输条件下,目前尚无类似工程实例报道。

3　适用范围

适用于有两相邻并行隧道(巷道),构成巷道式通风条件的所有地下工程项目。

4　工艺原理

射流风机产生的射流初速度 v_j 进入通风速度为 v_r 的隧道空间,在风机出口处,射流与隧道气流之间形成切向间断而产生旋涡,使射流微团产生横向脉动,并与隧道气流进行能量、质量交换。这种"卷吸"作用,使射流范围扩展、能量增加、速度减小,压力上升,形成射流发展过程。与此同时,伴随着流动范围逐渐减小,压力同步上升,整个隧道气流沿着纵向呈现一种渐变的、非均匀的逆向流动,直到射流完成,断面开始形成均匀流分布,污染物在气体中的扩散也受到整个射流过程的影响。

巷道式射流施工通风不完全等同于公路隧道的运营通风。运营通风是隧道已经贯通并处在正常使用阶段,而施工通风是隧道正在掘进期间,其构成巷道的隧道间未贯通,因此射流通风用于运营和施工过程存在一定差别。但研究与试验运用表明,经过相关简化后,公路隧道运营通风理论完全适用于巷道式射流施工通风。施工期间的巷道式射流通风为混合通风,即开挖工作面的通风始终是轴流风机供风,轴流风机的新鲜风源与污浊空气的排除是依靠射流风机升压所产生的进出风道压力差而形成通风循环,最终实现洞内外空气交换的目的。通风原理见图1。

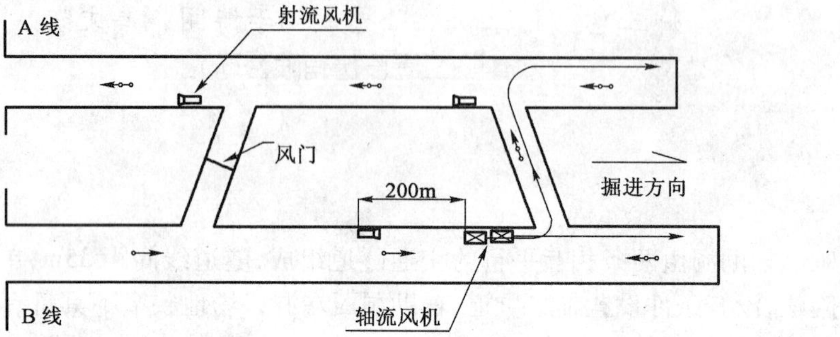

图1　巷道式无风门通风原理图

5　施工工艺流程及操作要点

5.1　施工工艺流程

当构成巷道式通风的A、B两隧道(洞)在第二个横向通道贯通后(一般横向通道间隔500m左右),就可以在两巷道内布置一定数量的射流风机向洞内分别供入新鲜风和排除污浊空气。也可根据实际情况,前期采用压入式通风形成独立的通风系统,待第四个横通道形成后再转为巷道式通风,并在吸入新鲜风的巷道内布置轴流风机,风机位置为离掌子面最近的横向通道后方约80~100m的地方,通过轴流风机与风管将其后方的新鲜空气直接压入到巷道开挖工作面;吸入新鲜风的巷道和排除污浊空气的巷道均布置射流风机。进、排风路径可根据实际情况进行轮换。

特长隧道无轨运输巷道式射流施工通风施工工艺见图2。

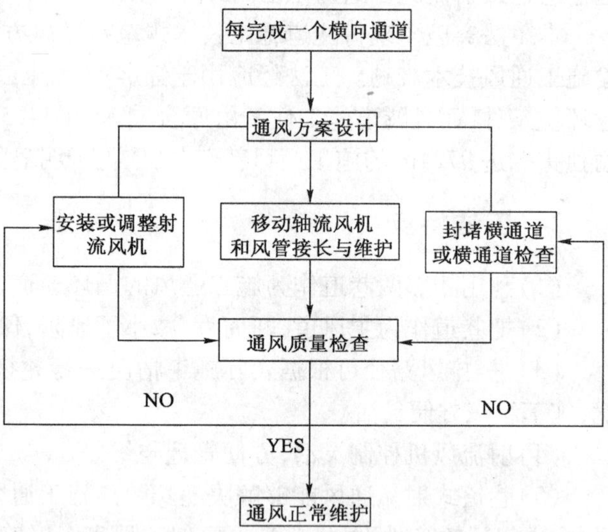

图2　巷道式射流施工通风工艺流程图

5.2　操作要点

5.2.1　轴流风机通风计算与风机选型

巷道式通风中,因轴流风机设置在紧靠掌子面后方的第一个横通道后方约80~100m位置,其通风距离一般在800~1 000m,该段的整个通风量不需要计算,直接选择2×110kW、2×135kW变频风机,完全能满足通风需要。在掌子面超前最近的横通道300m安全距离后,将A或B巷道的轴流风机同步向前推进,特殊情况可完成两个横通道后再移动。

5.2.2　射流通风计算与风机选型

(1)射流通风计算

射流风机数量计算较复杂,在设备配备时一般可参考公式计算考虑,而实际在使用时是以保证现场通风质量为前提,根据试验确定。它与射流风机的功率、效率、通风质量、隧道断面等直接相关。计算简图见图3。

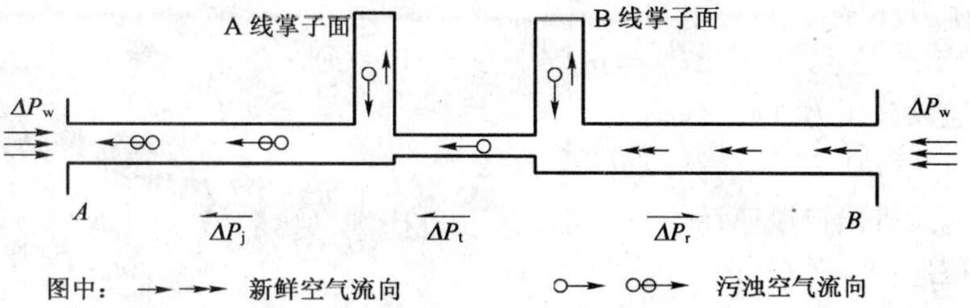

图3 射流通风计算简图

注:ΔP_w-自然通风阻力;ΔP_j-射流风机升压力;ΔP_t-交通通风力;ΔP_r-通风阻力,其单位均为 N/m^2。因构成巷道式通风的两洞口相距较近与为满足特长隧道快速施工的需要,往往一次性配置足够数量的车辆,因此,其 ΔP_w 和 ΔP_t 可以忽略不计,计算射流风机台数时只考虑 ΔP_r。

经过相关简化后,射流风机数量可按公式(1)计算。

$$n = \frac{\Delta P_r}{\Delta P_j} \tag{1}$$

式中:ΔP_r——通风阻力,Pa;

ΔP_j——射流通风升压力,Pa。

ΔP_r、ΔP_j 可按下述公式分别进行计算。

①通风阻力计算

$$\Delta P_r = \left(\sum \xi + \sum \lambda_i \frac{L_i}{d_i} \right) \cdot \frac{\rho}{2} \cdot v_i^2 \tag{2}$$

式中:ΔP_r——通风阻力,Pa;

$\sum \xi$——局部阻力系数(对特长隧道而言,每500~600m设置横通道一处,局部阻力相对沿程摩擦阻力较小,计算时可以忽略);

λ_i——隧洞内沿程摩擦阻力系数;

L_i——隧洞的长度,m;

d_i——隧洞内的水力直径,m;

v_i——隧洞内的风速,m/s;

ρ——空气相对密度,取 $1.2kg/m^3$。

$$\lambda_i = \frac{1}{\left(1.1138 - 2\lg \frac{\Delta}{d_i}\right)^2} \tag{3}$$

式中:Δ——隧道壁面粗糙度,mm;

其余符号同上。

比较光滑的混凝土标准断面一般情况下 $\lambda_i < 0.1$,可参考相关资料取值计算;然而施工期间洞身一般为锚喷支护,由于超挖存在,即便经临时喷护后,表面粗糙度平均达到200~500mm,因此按式(2)计算沿程摩擦阻力系数 $\lambda_i = 0.135 \sim 0.360$,代入公式计算的风机数量与实际情况相差较大,取值时仅供参考。

根据锦屏辅助洞前9 000m每阶段实际风机布置与测试数据统计与回归分析,洞内在达到施工安全的临时喷护后,λ_i 取值按0.10~0.2。考虑比较切合实际情况。

$$d_i = \frac{4 \times A_r}{C} \tag{4}$$

式中:C——隧道断面周长,m。

$$v_i = Q_{需} / A_r \tag{5}$$

式中:$Q_{需}$——洞内需要的风量 m^3/min。

②射流通风升压力计算

$$\Delta P_j = \rho \cdot v_j^2 \cdot \varphi \cdot (1-\varphi) \cdot K \tag{6}$$

式中:ΔP_j——射流通风升压力,Pa;

K——为喷流系数0.85;

v_j——为射流风机出口风速,m/s;

φ——为面积比;$\varphi = F_j/F_s$;

F_j——为射流风机的出风口面积,m^2;

F_S——为隧道横断面积,m^2;

ψ——为速度比;$\psi = v_i/v_j$。

(2)射流风机选型

研究表明,施工通风宜选择大功率的强射流风机。如 QSF—1250 型强射流风机,功率75kW,口径1250mm,稳定风速可达到40m/s。

5.2.3 风机安装与布置

(1)风机安装

射流风机安装在隧道(洞)的顶部或设置在离隧道(洞)底板一定高度的隧道(洞)边墙一侧。为了方便维修和不影响洞内其余工序施工,通常设置在离底板1.5~2.0m的高度位置。风机支架采用型钢制作,支架安装必须牢固,电源控制柜放置在干燥位置,风机与控制柜有明显的安全标识。

轴流风机设置在进入新鲜空气的隧道(洞)中,其位置在紧靠开挖工作面的第一个横向通道的后方80~100m位置。风机紧靠在隧道(洞)边墙侧安装,其高度不低于1.2m。

(2)轴流风机的风管安装

①风管安装在拱顶和边墙位置,当无轨运输的净空满足要求时,为便于维修方便,一般设置在边墙,其悬挂高度不低于2.5m;当净空受限时则必须安装在拱顶位置,悬挂必须顺直牢靠。

②风管的弯管安装

风管弯管使用特制的软管制作,并用拉链与主风管相连接。

(3)风机控制柜与供电变压器安装

控制柜与风机配套使用,单机、单闸、单柜,并设置自动断电保护装置。

变压器原则上与洞内其余工序用电结合起来考虑设置。变压器必须设置在干燥或环境条件较好的洞段,离地高度不小于1.2m,警示标识明显。

(4)风机平面布置原则

风机平面位置布置原则:进风道数量相对排风道要少,风机间距与风机功率、有效射程、通风质量与隧道断面密切相关,基本上按3:7分布可达到较好的通风效果。布置在排除污浊空气的隧道内的射流风机宜均匀分布;在进入新鲜风流的隧道内,风机主要布置在横向通道的开启位置或靠近轴流风机后方各横向通道附近布置或布置在有少量内燃作业的横通道附近。若射流风机靠近横向通道附近时,风机要布置在靠风流方向的上方并离通道边壁位置5~7m。

当横通道开启时,必须在A、B线靠近横通道的相对应位置增加射流风机,以平衡横向通道内的风压,确保污浊空气不被吸入到进风洞内(增加的风机不在计算数量之内)。

5.2.4 风门封堵

为确保通风质量,防止洞内出现循环风流,当不需要利用横向通道进入施工洞内进行其他工序作业时,必须将横向通道全部封堵;如果根据施工安排,需要开启横通道时,可拆除或暂不封堵横向通道,但此时为确保通风质量,必须在A、B线对应位置设置射流风机,以防止在横通道局部出现循环风。风门封堵可使用角钢、方木和竹制品等材料，注意预留进入门。同时要注意风门封堵尽量要严密，以减少漏风。

5.3 劳动力组织（表1）

劳动力组织与隧道长度及风机台数有关。

劳动力组织情况表 表1

序 号	施工通风	所需人数	备 注
1	管理人员	2	
2	技术人员	1~2	
3	工班长	2~3	
4	通风工	6~9	
5	风机驾驶员	2~3	
6	辅助工	2	
7	电工	2	
	合计	17~23	通风距离8 000m以上取大值。

6 材料与设备

本工法无需特别说明的材料，采用的机具设备配备见表2。

巷道式无风门通风设备配置表 表2

名 称	型号或规格	数 量	安装位置	备 注
射流风机	75kW	—	边墙或拱顶	风机数量与通风长度有关
轴流风机	2×110或2×135	3	边墙侧	备用1台，变频
风管	ϕ120~150	2×(800~1 000)	拱顶或边墙	拉链式，并配置变管
变压器	315或500kVA	—	边墙	结合其他工序考虑
控制柜	—	—	靠风机设置	与运转风机数量相同
风速度检测	风速仪	1	—	
有害气体检测	CO仪	1	—	
有害气检测仪	其他有害气体	氮氧化物或H_2S或瓦斯	—	由实际情况选择

注：射流风机及其配套设施的数量与隧道（洞）通风长度直接相关，可通过计算估算。

7 质量控制

7.1 通风设计依据

7.1.1 《水工建筑物地下开挖工程施工技术规范》（DL/T 5099—1999）；

7.1.2 《公路隧道通风照明设计规范》（JTJ 026.1—1999）。

7.2 设计计算采用的劳卫标准

7.2.1 一氧化碳（CO）一般情况下不大于30mg/m^3，特殊情况下，施工人员必须进入工作面时，可为100mg/m^3，但工作时间不得超过30min。

7.2.2 二氧化碳不得大于0.5%（按体积计）。

7.2.3 氮氧化物为5mg/m^{3}以下。

7.2.4 洞内最高平均温度不大于28℃。

7.2.5 洞内噪声不得大于90dB(A)。

7.2.6 洞内最小排尘风速不得小于0.25m/s。

7.2.7　洞内最大排尘风速不得大于6.0m/s。

7.2.8　含10%以上游离二氧化硅的粉尘，每立方米空气中不得大于2mg；含10%以下游离二氧化硅的矿物性粉尘，每立方米空气中不得大于4mg。

7.2.9　$H_2S<6.6ppm(10mg/m^3)$（反复作业的间隔时间应在2h以上）。

7.3　质量控制措施

7.3.1　风机、风管的安装质量控制

(1)轴流通风机应摆设在新鲜风流中，四周无障碍物。

(2)风机摆放应牢固，风机与风管的连接应密封，如果截面变化过于剧烈可以制作铁皮接头避免增大阻力。

(3)定期对风机的机械部分和电气部分进行检修养护，一般以3个月为一个周期，特殊情况下可缩短周期。

(4)应保证接头的密封，注意使风向与风管上标注的风向箭头保持一致。

(5)风管吊挂应平、直、顺。

(6)破损的风管应及时拆换、修补，尤其是靠近风机段的风管严禁出现漏洞。新风管用在靠近风机段，修补后的用于中后段。

(7)搞好风门封堵或随时检查风门漏风情况，若发现漏风，要及时修补，确保洞内不出现循环风流。

7.3.2　污染源控制

减少污染源是搞好通风质量控制的关键。一是运输设备选型时尽量考虑低污染车辆；二是在装渣等待时间内尽量不开发动机；三是运输车辆尽量均匀拉开距离，保证在洞内同时通行的重车不宜过多；四是爆破后采取洒水等降尘措施。

7.3.3　通风效果的检查与风机状态的观测

(1)应定期对通风效果进行监测检查，以确保通风效果达到设计要求并符合劳动卫生标准。

(2)通风效果检测常指风速、有害气体、粉尘等。风速检测在断面不同位置都应该有检测点，同时通风效果监测数据应做好记录，整理后可用来进行效果分析。

(3)风机驾驶员定时对风机性能进行观测记录并建立运转台账，可为通风效益分析提供基础资料。

7.3.4　根据通风质量要求，及时调整射流风机位置或适当增减风机数量，以保证经济合理。

8　安全措施

(1)隧道内要保持良好照明。

(2)进洞人员必须穿戴齐防护用品。

(3)非操作人员严禁动用各种机电设备，非电工不得进行电工作业操作，操作人员必须持证上岗。

(4)进入作业区应先观察，找顶、撬浮石，确认安全后才能进行作业。

(5)风机安装要稳固并有安全警示标识。

(6)风管悬挂必须顺直牢固。

(7)控制柜采用单机、单闸、单柜，并设置自动断电保护装置。

(8)变压器必须设置在干燥或环境条件较好的洞段，其离地高度不小于1.2m，并有明显警示标识。

(9)按规定设专职安全员，监督、落实各项安全制度，随时检查、消除各种事故隐患。

(10)瓦斯隧道施工通风必须遵守现有国家和行业有关瓦斯隧道施工安全的相关规定。

9　环保措施

(1)施工中严格遵守国家和地方政府下发的有关环境卫生的法律、法规和规章制度，加强管理，接受相关单位及部门的监督和检查。

(2)加强施工中的环境监测，根据信息反馈指导施工。

(3)优先选用先进的低污染、低噪声等环保型设备。

(4)定期、不定期请环保部门进行检测洞内的通风质量。

10 资源节约

本工法认真贯彻国家节能工程的有关要求,掌子面轴流风机使用变频风机,可根据不同时段施工通风需要来调节风速挡位,以节约电能;通过改进射流风机制造工艺,对风机叶片角度进行工况模拟优化,使改进后的射流风机能耗更低、效率更高、噪声更小,满足节能环保要求。

11 效益分析

(1)采用本工法通风,通风质量指标均能达到国家卫生标准和隧道施工规范的相关要求,有利于文明施工。

(2)解决了特长隧道无轨运输独头掘进无风门巷道式施工通风技术难题,与有轨运输设备投入比较,有较好的经济效益。

(3)使用无风门巷道式射流通风技术,采用无轨运输方式施工,不但施工组织方便灵活,而且有利于多工序平行作业,加快了施工进度。

(4)改善洞内作业环境,有利于施工人员的身心健康。

(5)突破了隧道施工技术规范对运输方式的限制,创造了无轨运输独头掘进 9 724m 的纪录,可为类似工程施工提供借鉴。

12 应用实例

12.1 锦屏水电枢纽辅助洞西端土建工程

12.1.1 工程概况

锦屏水电枢纽辅助洞工程位于四川省凉山彝族自治州的木里、盐源、冕宁三县交界处的雅砻江干流锦屏大河湾上,是锦屏一级、二级水电站前期关键工程。辅助洞由 *A*、*B* 两条平行的单车道隧洞组成,中心距离 35m,单洞长约 17.5km,分东西两端同时掘进,东端为有轨运输,西端采用无轨运输。隧道设计为城门型断面,以锚喷支护为主,局部二次衬砌。隧道为“人”字坡,变坡点在 AK9 + 215.5 和 BK9 + 252.5,上坡 0.25%,下坡 2.5%。隧道过风断面 K6 + 000 前 A 线为 $31m^2$、周长 20.5m;B 线为 $36.4m^2$、周长 22.4m;K6 + 000 ~ K9 + 800 段 A 线断面为 $45m^2$、周长 24m、B 线断面为 $52m^2$、周长 25.5m。

12.1.2 施工情况

锦屏辅助洞西端前期 2 000m 为手持风钻钻孔,轴流风机各自形成独立的通风系统;待第三个横通道贯通后,钻孔使用三臂液压台车,ZL50 装载机装砟,VOLVO 和红岩自卸汽车运输(正常使用共 25 台能满足需要,其中两种设备数量基本相等),并采用本通风工法。*A*、*B* 洞分别于 2004 年 1 月 1 日和 2004 年 2 月 17 日进洞施工,至 2007 年 7 月 2 日和 3 日,*A*、*B* 洞同时达到 K8 + 000 桩号,并完成了原合同的洞挖任务。根据施工情况,业主对施工任务进行了调整,实际锦屏水电枢纽辅助洞西端 B 线贯通里程为 BK9 + 643;A 线贯通里程为 AK9 + 724。创造了单口无轨运输独头掘进 9 724m 的记录和无轨通风记录;与此同时,A、B 线的路面混凝土、二次衬砌混凝土、系统锚喷支护、地下水处理等多工序平行安排施工。由于施工过程中遇到高压大流量地下水与岩爆等技术难题,影响到工程施工进度,但辅助洞西端充分利用巷道式通风的特点,合理组织施工工序,总体上加快了辅助洞西端的进度,也由此调整合同任务至 K9 + 800。

隧道掌子面分别采用 2 × 110kW 和 2 × 135kW 轴流风机分别向 A、B 线供风;污浊空气排出和新鲜风的提供全部依靠射流风机。射流风机 75kW、出口平均风速 40m/s。风机出口直径 1.25m。

在隧道掘进 AK9 + 264.9 和 BK9 + 378.8 时,通风理论计算需要射流风机 22 台,而实际仅为 20 台,详见图 4,并请凉山州环境监测站对施工通风进行了检测,其质量情况如下:

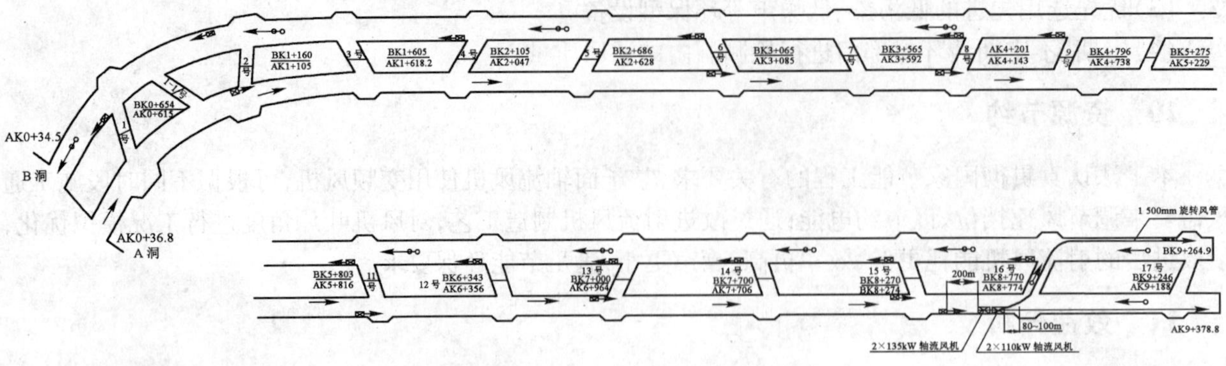

说明：1. 本图为独头掘进至 AK9+378.8 桩号的通风机布置示意图；
2. 通风形式为 A 洞送入新鲜空气流，B 洞排出污风流；当 B 洞在向前掘出 100m 后可移动轴流风机；
3. 布置 75kW 射流风机 20 台，其中 A 洞 6 台，B 洞 14 台；
4. 风机中心离地大于 2m，靠隧道一侧摆放，风机外壳离隧道壁 30~50cm。

图例：75kW 射流风机
2×220kW 轴流风机
2×135kW 轴流风机
新鲜空气流动方向
洞内污风流动方向
A 或 B 洞掌子面污风流动方向
横通道风门

洞内通风人员及设备数量表

风机类型及功率		风机台数
射流风机	75kW	20
轴流风机	2×135kW	1
	2×110kW	1
1 500mm 螺旋风管		1 600m（最大距离）
设备维护人员		22 人

图 4　辅助洞西端 K0 + 34.5 ~ K9 + 379 射流通风机布置示意图

(1)爆破后开挖工作面 15min 后空气清晰、视线良好。

(2)爆破后 10minCO 最大浓度 77mg/m^3,爆破 30min 后,在装碴期间离开挖工作面后方 150m 范围的实测 CO 浓度一般在 10 ~ 20mg/m^3。粉尘 3.043mg/m^3、NOx = 2.39mg/m^3,均低于国家标准要求。

(3)洞内平均风速 1.5 ~ 2m/s;两洞高峰同时出砟能见度 60 ~ 80m。

(4)无明显的炸药硝烟味道和柴油尾气味,出入隧道一趟鼻孔内几乎没有黑色灰尘。

(5)污浊空气隧道温度一般高于进入新鲜空气的隧道 2° ~ 3°;洞内温度 12° ~ 14°、湿度45% ~ 70%。

12.2　锦屏二级水电站引水隧洞 C_2 合同段

12.2.1　工程简况

锦屏二级水电站总装机容量 4 800MW,单机容量 600MW。工程枢纽主要由首部拦河闸、引水系统、尾部地下厂房三大部分组成,为一低闸、长隧洞、大容量引水式电站。其中引水系统采用 4 洞 8 机布置形式。引水隧洞洞群沿线上覆岩体一般埋深 1 500 ~ 2 000m,最大埋深约为 2 525m,具有埋深大、洞线长、洞径大的特点。

锦屏二级电站由四条引水隧洞组成,单洞平均洞线长 16.5km。引水隧洞工程划分为 C_2、C_3、C_4、C_5 四个标段,其中 C_2 标由中铁二局承建,工程开工于 2007 年 8 月 1 日,2013 年 9 月 15 日工程完工,投资约 8.01 亿元。

C_2 标由 1 号、2 号引水洞组成,断面开挖直径 13 ~ 14.6m,开挖面积 136.97 ~ 172.32m^2 其中 1 号洞施工范围引(1)0 + 128 ~ 引(1)4 + 700,洞长 4 572m 长;2 号洞施工范围引(2)0 + 128 ~ 引(2)6 + 000,洞长 5 872m。引水洞必须经过两个支洞才能进入正洞施工,正洞低于支洞约 40m,见图 5。

12.2.2　工法运用情况

隧洞施工采取无轨运输,机械钻爆作业,装碴使用 WA320 装载机,15t 红岩自卸汽车运输。隧洞分上下部开挖,上部开挖高度 9.5m、开挖断面 98m^2。本工程由 4 条相互平行的大断面隧洞组成,两两构成典型的巷道式通风,《隧道独头掘进 9 500m 以上无轨运输巷道式射流施工通风工法》完全适用本项目。但不同之处在于本项目是无露头的巷道式通风(即隧洞的洞口未直接与大气相接,而是通过支洞进入),断面大,工作界面多,因此掌子面的通风必须依靠风管直接供风,而洞内污风与洞内其他工序的施工用风,完全依靠射流风机形成巷道式通风加以解决。

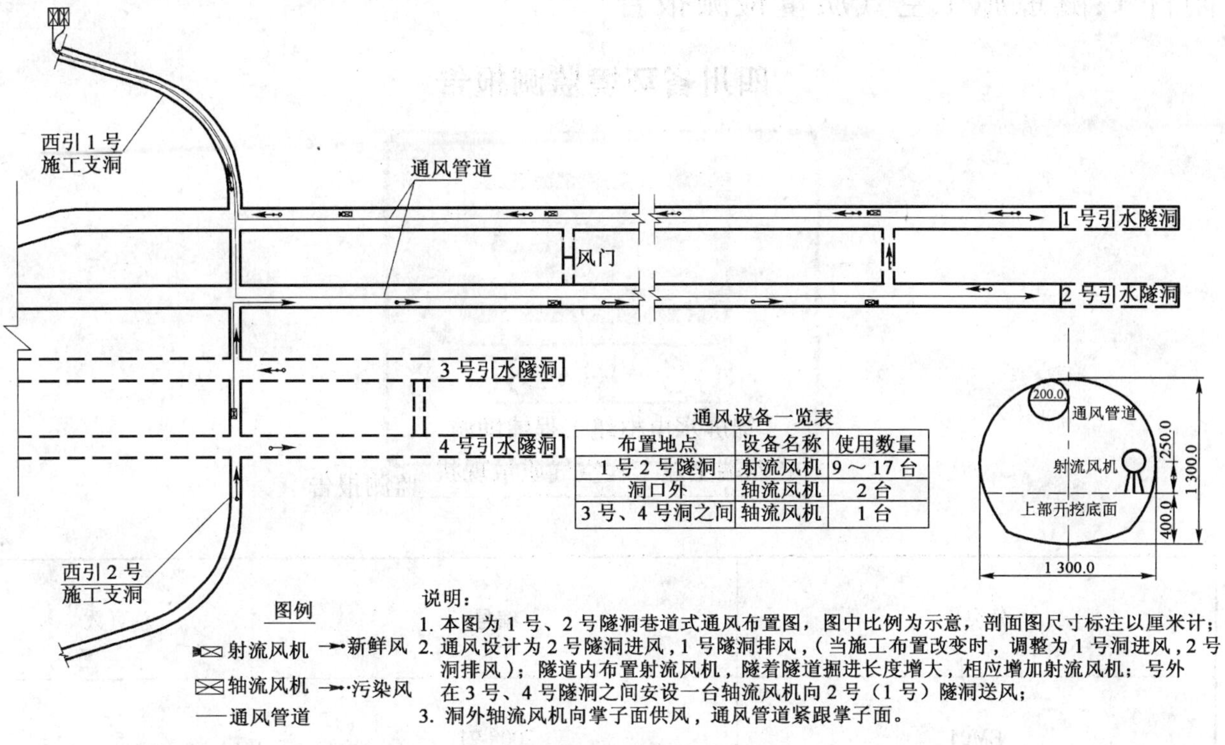

通风设备一览表

布置地点	设备名称	使用数量
1号2号隧洞	射流风机	9～17台
洞口外	轴流风机	2台
3号、4号洞之间	轴流风机	1台

说明：
1. 本图为1号、2号隧洞巷道式通风布置图，图中比例为示意，剖面图尺寸标注以厘米计；
2. 通风设计为2号隧洞进风，1号隧洞排风，（当施工布置改变时，调整为1号洞进风，2号洞排风）；隧道内布置射流风机，随着隧道掘进长度增大，相应增加射流风机；号外在3号、4号隧洞之间安设一台轴流风机向2号（1号）隧洞送风；
3. 洞外轴流风机向掌子面供风，通风管道紧跟掌子面。

图5　引水隧洞西端通风布置图（尺寸单位：cm）

掌子面供风目前使用2台2×135kW变频风机，主风管直径2m，支管1.5m；射流风机使用75kW，分别布置在横向通道附近，对不使用的横向通道进行封堵。

目前隧洞已掘进至引(2)2+600，计入支洞长度，独头已达到3 000m，经过检测CO在出碴时达到67.5ppm、能见度80～120m、正洞内风速在1～1.5m；在公用通道的风速达到2～3m。在不出碴的正常施工条件下，洞内CO浓度低于24ppm。

引水洞使用本工法，不但进一步证明了本工法的适用与操作简单，根据工程特点还把适用范围得到进一步的扩展，即有露头巷道式通风的轴流风源是依靠洞内巷道供风；而无露头巷道通风的掌子面风源是依靠风管直接从外界供风。不过如果支洞风源良好，也完全可以把轴流风机放在洞内，风源从支洞进入到巷道，是最佳供风方式。然而本项目公用通道施工单位多，支洞空气条件差，因此在工法运用上得到创新。

隧道施工空气质量检测报告见附件1。

附件1:隧道施工空气质量检测报告

四川省环境监测报告

EMQ

06-甲-30

锦屏水电枢纽工程辅助洞

西端土建工程空气质量现状监测报告

分类号	编号	总页数
EM04	2008-21	5

监测站长: 张绍东

技术负责人: 雷　波

质保负责人: 张　硕

监测单位: 凉山州环境监测站

委托单位: 中铁二局锦屏水电枢纽工程项目经理部

报告发送日期:2008年4月6日

使 用 说 明

一、监测报告共分六类：

EM01——污染事故监测；

EM02——污染纠纷仲裁监测；

EM03——新、改、扩建工程及污染治理工程竣工验收监测；

EM04——排污状况及排污收费监测。

以上四类监测报告应包括以下内容：

(1)实施监测的依据。

(2)监测方案(监测因子、采样点位、监测周期、监测频率及其确定依据)。

(3)监测过程中的生产工况。

(4)监测数据报表。

(5)监测结果评价。

EM05——环境质量监测；

EM06——送样委托监测。

本报告应严格按报告分类号在其规定范围使用

二、送样委托监测，本报告只对测试数据负责，不对样品来源负责。

三、对本报告监测结果有异议时，应于报告发出之日起十五日内向出具报告的监测站提出。因对本报告的异议而引起纠纷时，应于引起纠纷之日起十五日内向上一级监测站申请仲裁，并以仲裁报告为准，逾期未申请仲裁者，仍以本报告为准。

四、本报告不得自行涂改、增删，否则一律无效。未经同意不得复制。经出具报告的监测站认可的复制件，需加盖该单位的环境监测专用章后方能生效。

五、本报告不得作商品广告使用。

锦屏水电枢纽工程辅助洞空气质量现状监测报告

站　　长：张绍东

技术负责：雷　波

质保负责：安跃美

报告编制：李在林

报告审核：朱建华

参加人员：李在林、王　杰、彭　强

受中铁二局锦屏水电枢纽工程项目经理部委托，凉山州环境监测站于2008年3月中旬对锦屏水电枢纽工程辅助洞西端土建工程空气质量现状进行了监测，监测工作经现场监测、室内分析、数据处理等工作，现已全部完成。监测结果如下：

一、监测项目、因子、频次、点位及监测方法来源

(1)监测项目：环境空气。

(2)监测因子：总悬浮颗粒物(TSP)、一氧化碳(CO)、二氧化氮(NO_2)。

(3)监测频次：洞内爆破后连续采样。

(4)监测点位：CO监测点位：A洞1号：AK9+100，A洞2号：AK8+700，A洞3号：AK8+100；B洞1号：BK8+747，B洞2号：BK5+000，B洞3号：BK3+000，B洞4号：BK0+500。

TSP、NO_2监测点位：A洞1号：AK9+100，B洞1号：BK8+747，B洞2号：BK5+000，B洞3号：BK3+000。

二、监测方法来源(附表1)

监测方法及方法来源 附表1

分类	监测因子	监测方法	方法来源
环境空气	一氧化碳	非分散红外法	GB 9801—88
	总悬浮颗粒物	重量法	GB/T 15432—95
	二氧化氮	Saltzman	GB/T 15435—95

三、监测结果详见附表2、附表3、附表4。

NO_2、TSP监测结果表(单位：mg/m^3) 附表2

项目 / 点位	NO_2	TSP
A洞1号	2.388	3.043
B洞1号	1.274	1.213
B洞2号	1.112	0.556
B洞3号	0.524	0.413

CO监测结果表(单位：mg/m^3) 附表3

点位	监测时间	监测值
A洞1号	响炮后10min	77
A洞2号	响炮后20min	44
A洞3号	响炮后30min	16
B洞1号	响炮后10min	28
B洞2号	响炮后20min	14.1
B洞3号	响炮后30min	11.6
B洞4号	响炮后40min	9.8

用户反馈意见表

附表 4

用户反馈意见：   用户单位签章 年　月　日

监测单位名称：　　　　　　　　　　　　　　　　地址：
联系人：　　　　　　　　邮编：　　　　　　　　电话：

地下洞室开挖过程中强岩爆防治工法

GGG(中企)D7147—2009

卿三惠　杨家松　王崇绪　刘士恩　王正新
(中铁二局股份有限公司)

1　前言

锦屏水电工程辅助洞由A、B两条平行的交通隧道组成,单线长约17.5km。隧道平均埋深大于1 500m洞段占隧道全长的73%,最大埋深2 375m,是典型的超深埋特长隧道,具备强至极强岩爆发生的条件。施工过程中掌子面附近曾发生强至极强岩爆,针对岩爆特点及形成机理,施工中采用了对掌子面实施应力解除爆破、水胀式锚杆与普通喷混凝土中外掺超细沸石粉的湿喷混凝土等措施,并结合传统的超前支护、控制爆破、挂钢筋网片、钢筋拱肋或拱架、应力释放孔等措施,对岩爆进行了有效的防治。

中铁二局股份有限公司联合设计单位与大专院校开展科技攻关,取得了"高压富水地层超深埋特长隧道施工技术"新成果,该成果获得2008年四川省科技进步三等奖和中铁工程总公司科学技术一等奖。通过科研课题的研究与运用,形成了"地下洞室开挖过程中强至极强岩爆防治工法"。该工法的运用既保障了人员设备的安全,加快了施工进度,同时又新增掘进任务3 600m,取得了明显的经济社会效益,并创造了隧道无轨运输独头掘进9 724m的国内隧道施工新纪录。

本工法关键技术正在申请两项专利,其中发明两项:强至极强岩爆安全快速处理工艺(200810044239.3);喷射混凝土(200810044240.6)。

2　工法特点

(1)水胀式锚杆安装快速,安装完成即可发挥支护能力,围岩临时加固效果较好。

(2)外掺超细沸石粉的湿喷混凝土,能改变混凝土的微观结构,可提高一次喷射厚度至30cm及以上,同时减少水泥用量。

(3)在开挖工作面实施超前应力解除爆破,能达到释放调整围岩应力的目的。

(4)以爆破前采取预防措施为前提,爆破后系统治理为保障,才能实现安全快速防治岩爆的目的。

3　适用范围

适用于高地应力、围岩完整性好,强度高,可能发生强至极强岩爆的地下工程。

4　工艺原理

超深埋完整硬质脆性的岩体储备了大量弹性应变能,当洞室爆破开挖后,围岩的径向约束解除,环向应力骤然增加,能量进一步集中,在集中应力作用下,产生突发性胀剪脆性破坏,伴随声响和震动消耗部分弹性应变能。同时,剩余能量转化成动能使围岩急剧向动态失稳发展,造成岩片(块)脱离母体,向临空方向猛然弹射。

根据上述岩爆发生的机理,在爆破前,采取超前支护、应力解除、缩短开挖进尺、掌子面预加固、喷混凝土封闭等预防措施调整围岩的应力状态;在爆破后,立即采取水胀式锚杆与挂网、架钢筋拱肋或拱架、喷外掺超细沸石粉的湿喷混凝土,对围岩的变形进行弹性约束,当变形发展到一定阶段及时完成砂浆锚杆与复喷混凝土为主的系统支护等径向约束,以维持围岩的稳定,从而达到防治岩爆的目的。

水胀式锚杆:普通无缝钢管经过特殊加工成凹型断面(一端封闭,另一端焊接高压注水管),在锚杆插入孔中后,再通过高压水泵向锚杆注水使之膨胀。

超细沸石粉:主要化学成分是 $SiO_2 + Al_2O_3$,经过机械研磨成粒径约 327.7×10^{-9}m 的无机中性粉状材料。

5　施工工艺流程及操作要点

5.1　施工工艺流程(图1)

强至极强岩爆的防治施工工艺与中等及以下等级岩爆的防治工艺区别于五个主要方面:

(1)是临时快速支护用水胀式锚杆取代普通砂浆锚杆或其他类注浆锚杆;

(2)是在强岩爆及以下等级岩爆用钢筋拱肋代替格栅拱架;

(3)是在普通喷混凝土中再外掺超细沸石粉;

(4)是对掌子面前方实施应力解除爆破;

(5)是完成临时支护后,紧跟系统支护或系统支护不得滞后离掌子面2倍洞径范围。强至极强岩爆区段施工工艺流程见图1。

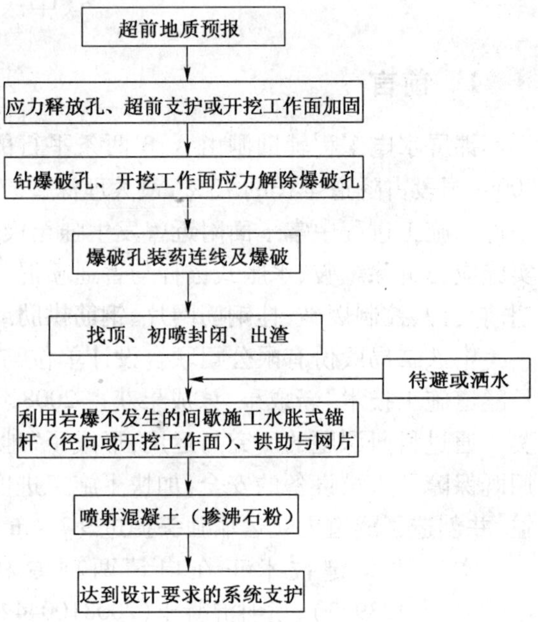

图1　强至极强岩爆区段施工工艺

5.2　操作要点

5.2.1　超前地质预报

采用物探手段与工程地质分析法相结合分析岩爆发生的可能和等级,根据预报结果选择施工方法。

5.2.2　应力解除

应力解除措施分作应力解除孔和应力解除爆破。两种方法可结合使用,通常在拱顶附近作超前释放孔,在掌子面其他位置作应力解除爆破。

应力解除孔原则上越大越好,一般与掘进爆破孔的孔径一致,但其长度不小于进尺的2倍,间距不大于周边孔间距,个别解除孔可兼作周边爆破孔用。

应力解除爆破参数要通过试验计算确定。原则上是孔径同爆破孔的直径;孔深不小于进尺的2倍;孔间距离比掘进孔要大,一般在1.5~2m;靠周边的外插孔角度不宜过大,控制在5°~10°即可。应力解除孔布置在岩石完整的部位,有结构面的部位严禁布置。应力解除孔装药控制在孔深的1/3~1/2,且先于爆破孔爆破。应力解除孔爆破可采取微差实现(间隔时间大于150ms),也可单独与掘进孔分开爆破。

5.2.3　超前支护

超前支护主要为锚杆,施工与普通破碎围岩超前支护方法和工艺完全一样。这里需要注意的一点是超前锚杆的长度不短于开挖进尺的2倍并要求灌浆。

5.2.4　控制爆破

当预示有强至极强岩爆发生时必须严格控制爆破孔的深度,强岩爆控制在2m以内,极强岩爆控制在1m以内,并采取光面爆破。

5.2.5　水胀式锚杆、钢筋拱肋(或格栅拱架)施工

(1)水胀式锚杆施工(包括掌子面加固)

水胀式锚杆布置间距一般是@ =1m×1m、成梅花形布置,特殊情况可按@ =0.75m×1m布置。锚

杆随机布置在相对完整的岩石上。水胀式锚杆的垫板尺寸不得小于15cm×15cm。

水胀式锚杆长度要求穿过爆破松动圈，但不应小于4m；用于掌子面加固用的水胀式锚杆也不应小于4m。水胀式锚杆充水使用高压水泵，注水压力不小于15MPa或由现场试验确定，并要保证胀开后的直径至少要大于钻孔直径2mm。

(2)钢筋拱肋或格栅拱施工

钢筋拱肋间距@ =0.5～1m，特殊情况缩小至@ =0.5～0.75m；直径不小于$\phi22$，每3根为一束且用横筋连接成束状，并保证水胀式锚杆垫板压注钢筋束。具体见图2。

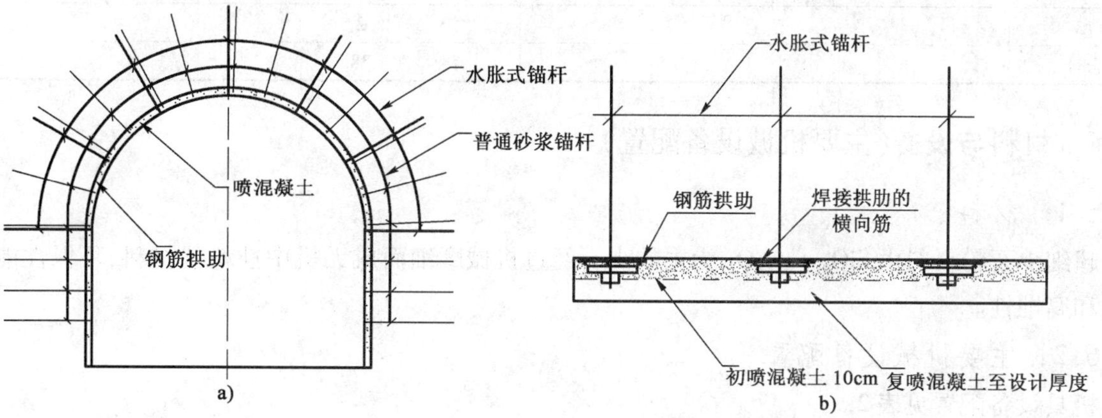

图2 钢筋拱助与水胀锚杆支护示意图

格栅间距@ =0.75～1m，并用纵向筋连接。格栅尺寸与施工工艺同普通格栅施工。

(3)钢筋网

采用普通$\phi6$～$\phi8$钢筋网，与水胀式锚杆、钢筋拱肋(格栅)联合采用，并与喷射混凝土形成联合支护。

5.2.6 喷射混凝土作业

喷射工艺与普通湿喷混凝土工艺完全相同，仅配合比与速凝剂的掺量稍有不同。

采用机械台车或湿喷混凝土机械作业。在喷射料中一同加入粉状超细沸石粉，并按要求拌和与运输，仅当速凝剂在喷嘴与拌和物混合时才发生作用。

超细沸石粉掺料为水泥重量的5%～10%或由现场试验确定，当速凝剂掺量控制在6%～8%时效果最佳。一次喷射厚度可达30cm以上，终凝时间可控制在1min左右。

如果开挖工作面发生岩爆，必须首先用喷射混凝土封闭开挖工作面，厚度不小于10cm。

5.2.7 系统支护

水胀式锚杆只能作为临时加固围岩和固定钢筋拱肋或格栅使用，当完成了临时支护处理后，还必须再作系统锚杆。系统锚杆按设计图纸的要求施工，其滞后距掌子面距离不宜超过2倍洞径，必要时要紧跟掌子面，以防止掌子面岩爆振动导致在已经完成临时支护的部位再次诱发岩爆或导致坍塌。

5.3 劳动力组织(表1)

劳动力组织情况表 表1

序 号	强至极强岩爆防治	所需人数	备 注
1	管理人员	2	
2	技术人员	2	
3	安全员	3	
4	钻孔台车人员	3	
5	MEYCO机械手	3	
6	水胀式锚杆安装人员	3	

续上表

序　号	强至极强岩爆防治	所需人数	备　注
7	喷射混凝土运输	2	
8	系统锚杆安装人员	4	
9	挂网人员	3	
10	钢筋拱肋或格栅安装人员	4	
11	辅助工	6	
12	电工	1	
13	杂工	2	
合计		38	

6　材料与设备(主要机械设备配置)

6.1　材料

超细沸石粉材料由 $SiO_2+Al_2O_3$ 为主的沸石经过机械磨细而成无机中性粉状材料,环保性能好,无污染和腐蚀性。

6.2　主要机械设备配置

机具设备配置见表2。

强至极强岩爆施工设备配置表　　表2

名　称	型号或规格	数量	作用位置	备　注
钻孔台车	TOMROCK 或 Alats	1	锚杆钻孔、安装、钢筋网片安装等	
电焊机	BX_1-500	1	锚杆拱肋或格栅焊接	
高压水泵	>20MPa	2	水胀式锚杆充水	与锚杆配套提供
混凝土运输罐车	$9m^3$	2	混凝土运输	
喷射机械手	MEYCO	1	喷射混凝土	或其他湿喷机械

7　质量控制

7.1　工程质量控制标准

《锚杆喷射混凝土支护技术规范》(GB 50086—2001);

《水电水利工程锚喷支护施工技术规范》(DL/T 5181—2003);

《喷射混凝土施工技术规程》(YBJ 226—91)。

7.2　质量控制措施

7.2.1　严格按材料进场程序对水胀式锚杆进行抽检,不合格的产品严禁使用。

7.2.2　优化喷射混凝土配合比设计,严格按施工配合比组织施工,尤其是外掺材料与速凝剂的掺量控制要严格。

7.2.3　应力解除法的相关参数与工程地质条件有关,必须通过试验确定。

7.2.4　超前锚杆和应力解除孔的长度不短于进尺的2倍,并确保灌浆饱满。

7.2.5　根据岩爆等级严格控制爆破孔深度,即强岩爆不大于2.0m,极强岩爆不大于1m。

7.2.6　水胀式锚杆在使用前,必须在洞外作相关充水试验,确定充水压力,并检查胀开后的直径与钻孔直径是否匹配,同时在安装过程中必须保证充水压力,并稳定10s后才结束充水。

7.2.7　钢筋网、钢筋拱肋或格栅安装要紧贴岩面。

7.2.8　初喷混凝土厚度要覆盖钢筋网片并不小于5cm,同时尽量将洞壁护圆喷顺。

8 岩爆区施工安全措施

(1)严格按操作工艺流程的程序组织施工与加强现场管理;

(2)使用挖掘机等设备找顶;

(3)加强过程控制,各工序必须一次处理到位,防止多次扰动时在曾发生岩爆的部位再次发生岩爆或诱发大规模的坍塌;

(4)应力解除孔严禁布置在有结构面的部位;

(5)加快出碴速度,为支护提供充足的时间;

(6)强岩爆或剧烈岩爆发生时,应加强观察,及时避让,待岩爆平息过后再进行施工;

(7)应力解除孔严禁超装药量和当成掘进孔使用;

(8)当围岩应力释放加剧,拱肋变形加快时,必须改用格栅拱架进行强支护或施作衬砌混凝土;

(9)系统支护不宜滞后掌子面2倍洞径,宜紧跟掌子面。

(10)施工设备应安防弹钢丝网和加厚钢板并对其薄弱部位予以加固;

(11)提高工作效率,同时严禁无关人员进入危险区。

9 环保措施

严格遵守国家和地方政府下发的有关环境保护的法律、法规和规章制度,加强对施工燃油、工程材料、设备、废水、生活和生产垃圾、弃渣的管理和治理,接受相关单位及部门的监督和检查。

10 资源节约

本工法认真贯彻国家节能工程的有关要求,改进湿喷混凝土的配制工艺,通过掺加超细沸石粉,不但降低了喷射混凝土的回弹率,大大提高了喷射混凝土的喷射质量,而且节省了水泥用量,降低了粉尘,改善了工作环境。

11 效益分析

(1)本工法用于强至极强岩爆洞段开挖过程中的岩爆防治,最大特点是安全快速,保障作业人员安全,减少设备损坏频率;

(2)外掺超细沸石粉,不但能达到快速支护的目的,而且能减少水泥用量,降低喷射混凝土回弹,故综合成本不会增加;

(3)本工法是在传统的岩爆防治基础上,用水胀式锚杆取代砂浆锚杆或其他注浆锚杆、用钢筋肋拱取代格栅,综合成本优于传统的处理方式;

(4)本工法在确保安全的前提下,能加快隧道通过岩爆区的掘进速度,有利于工程的顺利开展。

12 应用实例

12.1 锦屏水电枢纽辅助洞西端土建工程

12.1.1 工程概况

锦屏水电枢纽辅助洞工程位于四川省凉山彝族自治州的木里、盐源、冕宁三县交界处的雅砻江干流锦屏大河湾上,是锦屏一级、二级水电站前期关键工程。辅助洞由A、B两孔平行的单车道隧洞组成,单洞全长约17.5km,中心距离35m,人字坡单车道,分东西端独头掘进。其中西端合同任务由K0+34.5~K8+000调增至K9+800。隧道结构为城门型断面,尺寸与断面积:A线5.7m×6.1m~7m×7.6m、33~45.5m²、B线6.2m×6.7m~7.5m×8.2m、38~55.5m²;变坡点在AK9+215.5和BK9+252.5,上坡0.25%,下坡2.5%

辅助洞最大埋深2 375m,与目前世界上埋深最大的法国谢拉水电站引水隧洞(最大埋深2 619m)接近,经查新证实最大埋深位居世界第二,而埋深大于1 500m的洞段占隧道全长的73%,居世界之首;最大主应力随埋深变化较大,介于40~70.1MPa。

岩性以大理岩为主,围岩分类以II、III类为主,完整性较好,强度80~210MPa。在发生强岩段围岩强度与应力比介于1~2之间,极强岩爆小于1。

工程开工于2003年11月,隧道进洞是2004年1月1日,工程在建。

12.1.2 施工情况

锦屏辅助洞西端近9 800m施工洞段:A线岩爆段长2 298m,占洞线24%,其中强至极强岩爆长245.5m;B线岩爆段长2004m,占洞线长21%,其中强至极强岩爆段长194m。施工过程中曾在掌子面发生多次岩爆。岩爆声响似雷,弹射达30m以上,最大爆坑深5m左右,岩爆松动深度达3m及以上。

隧道施工采用TOMROCK和ALATS三臂液压台车钻孔、PC200找顶,ZL50装砟,无轨运输;MEYCO机械手喷混凝土作业,$9m^3$混凝土运输罐车运输、水胀式锚杆使用随锚杆配套的高压水泵(压力达到30MPa)。直眼掏槽爆破方案,周边实施光面爆破,钻孔直径$\phi48$。

在超前预报预示有强至极强岩爆洞段,施工顺序为:①超前支护和加固掌子面,②应力解除,③钻孔爆破,④找顶、装运等作业,⑤快速完成径向支护,最后施作系统支护。

超前锚杆使用普通水泥砂浆锚杆,锚杆直径$\phi22$、长4.5m,@ =30~40cm,外插角10°左右;在开挖工作面钻眼前先对掌子面施作20~30根4m长$\phi22$水胀式锚杆并喷10cm钢纤维外掺超细沸石粉混凝土;在强岩爆洞段施工中,采用十四孔的爆破应力释放孔方案(如图3),钻孔深4.5~5m、装药量控制在1/3~1/2孔深长度,药卷直径$\phi40$;爆破孔深度控制在1~2.0m以内;应力解除孔先期使用微差,间隔大于150ms,后期在极强岩爆洞段分开爆破。在爆破出砟后立即对暴露岩面施作水胀式锚杆(图4)与挂网和拱肋(图5、图6),喷5~10cm钢纤维混凝土(外掺超细沸石粉材料)支护,在安全的工作环境下,再次进行系统支护(按设计施作系统锚杆和复喷混凝土至设计厚度)。

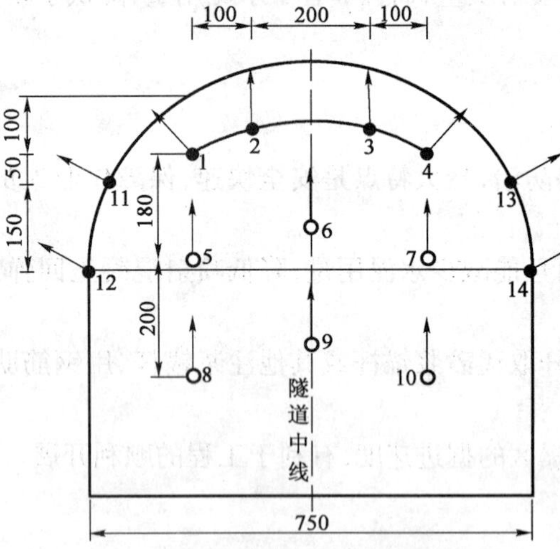

图3 应力解除爆破孔布置(尺寸单位:cm)

图4 钢筋拱肋与钢筋

图5 水胀锚杆与充水安装

辅助洞在强岩爆及以下等级岩爆发生后采用钢筋拱肋代替格栅拱架,极强岩爆仍使用格栅架拱。

辅助洞西端进入埋深 2 000m 后,掘进过程中发生过多次岩爆,其中有一洞段最为特殊,掌子面一边有涌水而在另一边却产生岩爆,经过研究试验总结出本工法并予以实施以后,既保障了掌子面的作业安全,又减少了掌子面后方的安全威胁,确保了在岩爆洞段的安全、快速掘进,由此新增合同任务 3 600m(单洞 1 800m),并创造了隧道在高压大流量地下水及高地应力强岩爆等特殊环境条件下,无轨运输独头掘进 9724m 的国内隧道施工新纪录。

图 6 钢筋拱肋施工

12.2 锦屏二级水电站引水隧洞 C2 合同段

12.2.1 工程简况

锦屏二级水电站总装机容量 4 800MW,单机容量 600MW。工程枢纽主要由首部拦河闸、引水系统、尾部地下厂房三大部分组成,为一低闸、长隧洞、大容量引水式电站。

锦屏二级水电站引水系统采用 4 洞 8 机布置形式,从进水口至上游调压室的平均洞线长度约 16.65km,中心距 60m,洞主轴线方位角为 N58°。引水隧洞洞群沿线上覆岩体一般埋深 1 500 ~ 2 000m,最大埋深约为 2 525m,具有埋深大、洞线长、洞径大的特点。

锦屏二级电站由四条引水隧洞组成,单洞平均洞线长 16.5km。引水隧洞工程划分为 C_2、C_3、C_4、C_5 四个合同段,其中 C_2 合同段由中铁二局承建,工程开工于 2007 年 8 月 1 日,2013 年 9 月 15 日工程完工,投资约 8.01 亿元。

C_2 合同段由 1 号、2 号引水洞组成,断面开挖直径 13 ~ 14.6m,开挖面积 136.97 ~ 172.32m^2 其中 1 号洞施工范围引(1)0 + 128 ~ 引(1)4 + 700,洞长 4 572m;2 号洞施工范围引(2)0 + 128 ~ 引(2)6 + 000,洞长 5 872m。该工程项目与即将建成的锦屏前期工程辅助洞相邻,施工过程中同样面临高地应力岩爆问题,同时由于断面较大,岩爆程度有一定程度加大。隧洞主要穿越大理岩地层和少量砂岩地层。

12.2.2 工法运用情况

隧洞施工采取机械作业,分上下部开挖,上部高度控制在 9.5m,开挖断面 98m^2。在高地应力洞段,采用了本工法。根据超前预报成果和地质分析,在判断岩爆容易发生的洞段实施应力解除爆破,应力解除孔间距 2m,孔深 5m,单孔装药 2.5kg,提前主炮孔 200ms 起爆。隧洞实施光面爆破,短进尺为原则,强岩爆控制在 2m 以内,极强岩爆不大于 1m。在爆破后立即用 5cm 厚的 CF30 超细沸石粉喷射混凝土封闭围岩,包括掌子面,在岩爆不发生的时间段内,快速安装水胀式锚杆与挂网,完成临时支护后,再喷 5 ~ 10cm外掺超细沸石粉喷射混凝土,最后根据实际情况组织系统锚杆支护,当为极强岩爆时,根据设计要求施工拱架。系统锚杆为 ϕ32 砂浆锚杆,长 6m 和 9m,在径向相间布置,原则上不滞后 20m。

引水洞目前已经掘进到引(2)2 + 600 桩号,遇到了强岩爆,围岩强度一般在 80 ~ 105MPa、根据设计资料,地应力在 43MPa,其围岩强度与地应力比在 1.9 ~ 2.5,介于中等与强岩爆间。本工法纳入引水洞施工组织设计中,并得到进一步运用与提升,使该工法更加成熟。在已经统计的 20 次岩爆洞段施工中,未发生任何施工安全事故,极大地保障了施工安全快速。

TSP 超前地质预报工法

GGG(中企)D7148—2009

杨昌盛　丁海明　周　鹏　刘锡波　陈　蕾
(中建市政建设有限公司　中国建筑一局(集团)有限公司)

1　前言

隧道设计与施工之前,要对拟建隧道工程地段的工程地质条件进行详细勘察,但由于岩体的复杂性,使得勘察所获得的资料与隧道开挖后实际揭露出来的情况可能会有较大的出入。由于对掌子面前方地质条件了解不清,隧道施工就带有很大盲目性,施工中经常出现预料不到的塌方、冒顶、涌水等事故。这些事故一旦发生,轻则影响工期,增加工程投资,重则砸毁机械设备,甚至造成人员伤亡,而且事故发生后的处理工作难度较大。如何解决这一难题,备受世界各国隧道工程界的关注,隧道施工地质超前预报正是在这种情况下提出的。

地质超前预报可以预测掌子面前的一些内容:如断层构造及断层破碎带,煤层、瓦斯、天然气、硫化氢富存条件,采空区状况,岩溶、空洞、裂隙及其规模和充填情况,地下水富存状态及可能突水、涌水的位置以及水量的大小和软弱围岩及不同类别围岩的界面等。目前常见的地质超前预报方法可归为两类:一类属破坏法;另一类属非破坏法。破坏法是指用破坏的方法凿开隧道直接取样,它包括地质法、超前平行导坑法和超前水平钻孔法;非破坏法也就是物理方法,利用岩石的物理性质来判别,它包括有声测法、电测法和波反射法。波反射法也可以分为电磁波反射法和地震波反射法。

受各种条件的限制,不同的预报方法有各自的优缺点。工程地质调查分析推断法,也称为地质法,是指用地质锤、放大镜和地质罗盘等野外地质工具直接观察岩石的岩性,并判断周围的岩性。地质法有可靠的理论基础,不占或很少占用施工时间,适用性强,成本低,操作简便,但靠有限之“见”预报范围很有限,特别是在地层岩性变化极为复杂(如强烈褶皱地层)的隧道中预报的难度很大。

超前水平钻孔法是用钻探设备向掌子面前方钻探,从而直接揭示隧道掌子面前方地层岩性、构造、地下水、岩溶洞穴充填物及其性质、岩石(体)的可钻性、岩体完整程度等资料,还可通过岩芯试验获得岩石强度等定量指标,是最直接有效的地质超前预报方法,但一次钻探距离短,费用高且占用施工时间长。

地质雷达(简称 GPR)是利用无线电波检测地下介质分布和对不可见目标或地下界面进行扫描,以确定其内部形态和位置的电磁技术。其分辨率高、无损伤、探测和数据处理速度快、机动灵活、操作方便、抗干扰能力强,可对隧道一定范围内进行全方位探测,但是其预报距离较短,只能预报掌子面前方 40 ~ 50m 处的工程地质、水文地质条件,而较准确预报的距离只有十几米。

TSP 法是由瑞士安伯格(Amberg)量测技术公司为隧道及地下工程施工期地质超前预报而研制开发的,它的预报范围是地质雷达的 4 ~ 12 倍,预报费用是超前水平钻探的 1/10 ~ 1/20。

对 TSP 发现的不良地质段(如断层破碎带、软弱夹层、岩溶、突水、突泥等不良地质条件段),必要时用地质雷达辅助进行“重点预报”以加强预报的准确性;同时,对于已经探明的特殊地质灾害突发地段,应利用超前地质钻探与 TSP 超前预报相配合,进行“跟踪排查预报”,对前方软弱围岩或其他不良地质体提前主动采取相应加固处理措施,有效控制地质灾害,确保隧道施工安全。

2 工法特点

TSP地质超前预报技术是目前先进的物探方法之一,具有适用范围广,预测距离远,精度高,操作简单,成果丰富,对施工干扰小,预报工期短的特点。

TSP地质超前预报一般预报距离为100~200m,极限距离可达到300m,仅在接收地震数据的60~90min内需要短暂停工,通过TSP超前预报,能够及时地了解掌子面前方的地质情况(一般在洞内现场采集数据资料后,2个工作日之内,即可提交正式的成果报告),为隧道施工和及时地调整支护参数提供依据,有效地控制了地质事故的发生,降低成本,提高隧道掘进的速度,将风险降低到最小。在工程地质调查的基础之上,利用构造地质学和地质力学的理论确定探测布置方案,可以保证采集尽可能多的探测信息,提高了探测的距离和精度。

工程地质调查与推断是地质超前预报方法中最为常用和可靠的方法之一,实践证明,采用地质分析与物探相结合的方法来实现超前预报能够快速、准确地对预测段做出判断,能更好地指导施工。

3 适用范围

由于高速公路对线形和坡度的特殊要求,使隧道成了高速公路翻山越岭的最佳优选方案。然而高速公路隧道所穿过的地层往往复杂多变,因此,在隧道的掘进过程中,经常要遇到许多不良地质现象,如断层、节理、裂隙、破碎带、溶洞等。这些不良地质的存在,不仅影响掘进速度,有时甚至还会造成严重的工程事故,因此,查明地质条件与岩土工程地质特征至关重要。通过TSP地质超前预报,准确地提前了解掌子面前方岩石结构的变化情况,不仅可以及时合理地安排掘进进度、修正施工方案、安排防护措施,还可以避免许多险情的发生。

4 工艺原理

TSP—200是瑞士安伯格(Amberg)公司生产的最新型号的隧道地质超前预报系统。TSP测量系统是通过在掌子面后方一定距离内的钻孔中以微震爆破来发射信号的,爆破引发的地震波在岩体中以球面的形式向四周传播,其中一部分向隧道前方传播,经隧道前方的界面反射回来,反射信号经接受传感器转换成电信号并放大。从起爆到发射信号被接收的这段时间是与反射面的距离成比例的。通过反射时间与地震波传播速度的换算就可以将反射面的位置、与隧道轴线的夹角以及与隧道掘进面的距离确定下来,同时还可以将隧道中存在的岩性变化带的位置方便的探测出来。

图1是TSP超前预报测量原理图,图2是TSP—200系统组件标准测量图。

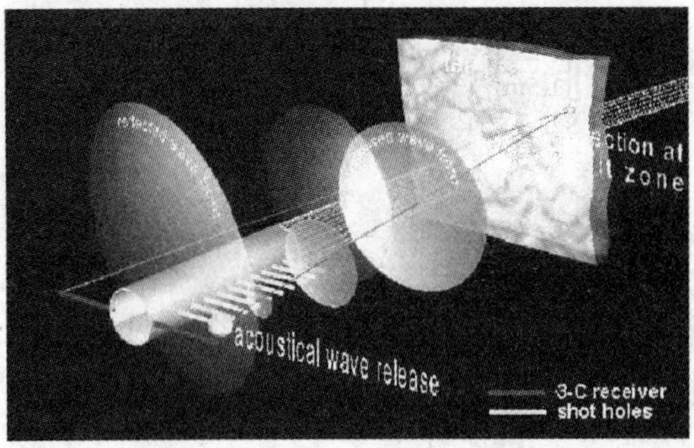

图1 TSP超前预报测量原理图

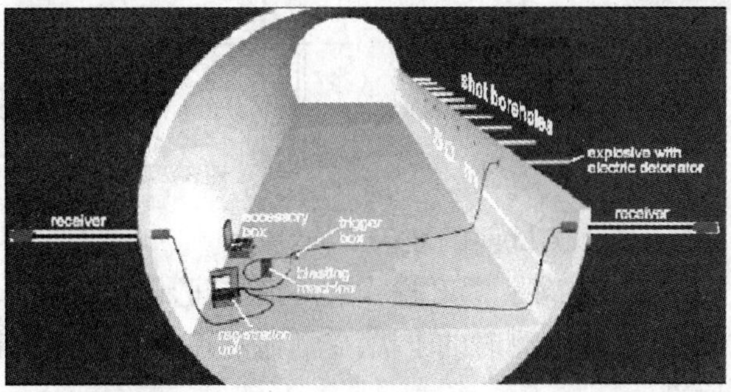

图2 TSP—200系统组件标准测量图

为达到探测隧道前方和周围地质情况的目的,在TSP测量系统中使用了三对高敏加速度传感器,三对加速度传感器通过一根金属杆连接在一起,分别以平行和垂直隧道轴线的方向定位在专门的传感器钻孔内,传感器的这种布置方式能保证接收有各种不同角度反射回来的反射信号,使用三对水平和垂直布置的传感器还能有效地减少干扰信号的影响。

由传感器采集到的振动信号经过模数转换器转换后存储在一台小型计算机上,整个测量过程也是通过这台计算机来完成的。测量工作结束后将存储在小型计算机上的地震信号作进一步的分析处理之用。TSP 测量系统配备有专门的分析软件,分析软件的主要任务之一是对测量信号进行各种数值滤波、选择放大等,以获得清晰的反射图象。分析软件的另一功能是将反射波图像所提供的信息与隧道的空间坐标结合起来,通过一系列的数学运算求出反射事件本身的空间位置以及与隧道的相对位置。这些数学运算的结果和解释正是 TSP 地质超前预报的最终结果。

采集的 TSP 数据,通过 TSPwin 软件进行处理,获得 P 波、SH 波、SV 波的时间剖面、深度偏移剖面和反射层提取以及岩石物性参数等一系列成果。

在成果解释中,以 P 波资料为主对岩层进行划分,结合横波资料对地质现象进行解释。解释中,遵循以下准则:

(1)正反射振幅表明硬岩层,负反射振幅表明软岩层。

(2)若 S 波反射较 P 波强,则表明岩层饱含水。

(3)v_s/v_p 或泊松比增大,常常由于流体的存在而引起。

(4)若 v_p 下降,则表明裂隙或孔隙度增加。

5 施工工艺流程及操作要点

5.1 TSP 探测程序

TSP 探测的基本程序为:钻孔布置──→施工钻孔──→安装炸药──→布置设备──→引爆炸药──→数据采集──→数据分析──→报告提交。

5.2 TSP 探测具体方法

TSP—200 超前地质预报是利用振动波的反射来进行探测的。振动波由在特定位置人为制造的小型爆破产生,一般是沿隧道一侧洞壁布置 24 个爆破点,爆破点平行于隧道底面呈直线排列,孔距 1.5m,孔深 1.5m,炮孔垂直于边墙向下倾斜 15°~20°,以利于灌水堵孔。距最后的爆破点 15~20m 处设接收器点(在一侧或双侧),接收器安装孔的孔深 2m,内置接收传感器。

观测系统与隧道关系平面示意详见图 3。

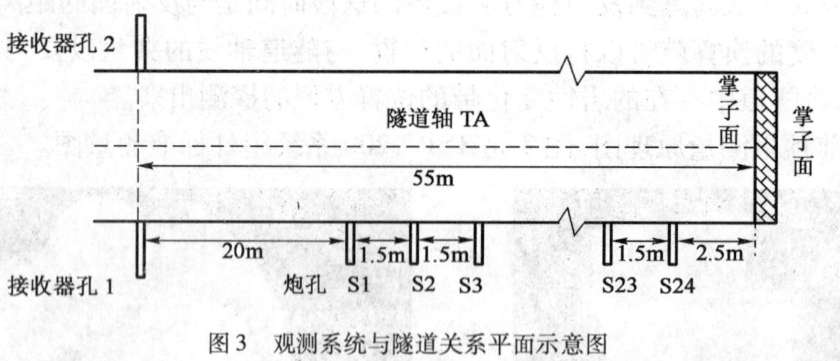

图 3 观测系统与隧道关系平面示意图

5.2.1 测试前的准备工作

(1)保证满足 TSP 操作的隧道空间,即至少有 55m 无障碍的(台阶等)、没有施作二次衬砌的隧道空间,为避免探测时的干扰,施测时隧道中要确保没有其他振动源。测试地点应准备封堵炮眼用的水和锚固剂。

(2)爆破物品的准备

①炮线,即连接雷管与触发器之间的一般胶质导电线,长约 65m。

②雷管,要求为瞬发电雷管(工业用 8 号雷管)。

③炸药,要求为 2 号岩石乳化炸药。

④发爆器,要求电力充足。

(3)钻孔

数据采集前,提前完成钻孔工作。因此,需要准备钻孔机(风钻)及配套的钻头(炮孔用 ϕ38mm 和传感器孔用 ϕ45 ~ 50mm)。具体布置如下:

①爆破孔:沿隧道一侧洞壁布置 24 个爆破孔,预报断层构造时爆破钻孔应根据断层走向布置在与断层夹角较小一侧的隧道边墙上。爆破孔平行于隧道底面呈直线排列,孔距 1.5m,孔深 1.5m(孔深应尽量一致,且必须保证深度),炮眼高度 1 ~ 1.5m,所有炮眼与接收器的高度应相同。炮孔垂直于边墙向下倾斜 10° ~ 20°,以利于灌水堵孔。钻孔完成后应注意保护,防止塌孔。

②接收器孔:距最后的爆破点 15 ~ 20m 处设接收器孔(在双侧),上倾 5° ~ 10°,接收器安装孔的孔深 1.95m(必须保证深度),内置接收传感器。接收器与孔壁的藕合必须紧密。

观测系统与隧道关系横断面示意详见图 4。

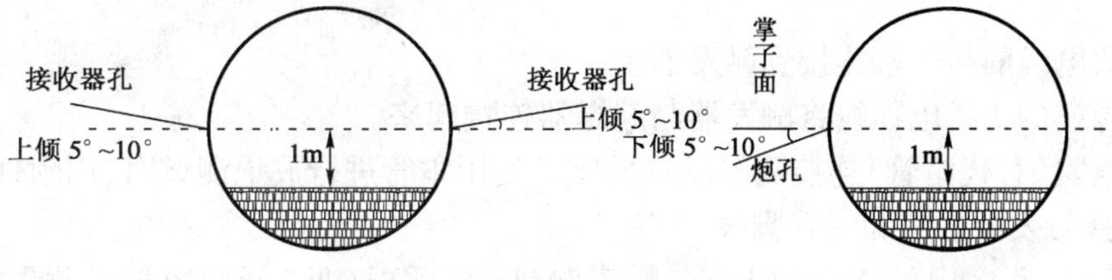

图 4　观测系统与隧道关系横断面示意图

③每次 TSP 探测,要提前准备需用的瞬发电雷管 30 发(工业 8 号电雷管),防水乳化炸药 4kg(2 号岩石乳化炸药)。

爆破要求:遵守《爆破安全规程》(GB 6722—2003)的规定:使用瞬发电雷管;炸药量应大于 200m 探测距离要求,一般 50g 左右,最多不大于 450g;应保证炸药与炮孔严密藕合,炸药装入后灌水封闭。

④炮孔和接收器孔钻孔完毕后用水冲洗干净。

5.2.2　安装接收器单元

(1)检查接收器套管与接收器孔以及围岩之间的耦合情况,同时查看套管末端表面是否有机械损伤。

(2)打开套管上的塑料盖(保护盖),检查是否有污染物。

(3)在清洁杆上的洗涤器喷射润滑油形成油膜以改善传感器在套管中的滑行以及与套管的耦合。

(4)利用清洁杆伸出套管外的部分,使用附件箱中的电子测角仪测量接收器孔的倾角。

(5)小心地从包装箱中取出传感器段(接收器三段「传感器段、延长段、插座段」中的第一段),将其装入套管中。在装入套管前,应注意整个接收系统的定向,即传感器段上的圆形黑磁片必须指向掌子面(或隧道开挖方向)。

(6)在传感器段被推进去一部分后,连接延长段。

(7)连接好延长段后继续将接收器单元往里面推进,接着停下来连接最后的插座段。

(8)小心地连接好插座段后,继续将接收器单元往里推进,直达套管的末端,然后检查插座段顶面上刻的箭头,应确保箭头指向掌子面。

(9)打开插座盖,并用信号传输线(带有彩色护套的四针 LEMO 插头)将接收器单元连接到记录单元面板上标有 SENSOR INPUT(传感器输入端)插座。

(10)按照相同的步骤,安装另一个接收单元。

5.2.3　启动记录单元

通过按面板上的 POWER(电源)按钮,启动记录单元。这样,BATTERY(电池)状态的显示灯就会发亮。电压显示应至少为 6.0V(大约在显示条的中间),这样才能保证测量时有足够的电量。如果电压低于 5.5 V,那么记录单元将在短时间内关闭。打开记录单元时,橙色的控制灯(标有 BUSY 字样)将短时发亮,表明记录单元正常运行。关闭电源后,红色的控制灯(标有 IDLE 字样)将发亮。

5.2.4　连接笔记本电脑与记录单元

将记录单元控制面板上标有 NOTEBOOK(笔记本)插座上的串行接口或 USB 接口线连接到笔记本电脑上的串行端口或 USB 端口。打开笔记本电脑的电源,并登录 MS Windows XP 操作系统。成功启动后,双击桌面上显示的 TSPwin 图标,便可启动 TSPwin 程序。

5.2.5　地震噪声测试

在每放一炮之前,笔记本电脑的 TSPwin 软件可自动地对记录单元和安装的接收器单元进行噪声测试,检测其功能,测试结果以条形图显示。

5.2.6　触发/引爆测试

触发测试是在开始测量之前对触发器和起爆器进行测试,因此,进行以下连接:

(1)用触发器电缆的一个插头(每个插头后面带有黑色塑胶护套)连接记录单元上的 MASTER 触发器输入端。

(2)将触发器电缆的另一端连接到触发器上。

(3)用末端裸露的 2 线电缆线将触发器与起爆器连接起来。

(4)将测试电阻(替代雷管)连接到触发器插座。使用雷管进行放炮测试时,用附件箱中的 50 m 长的炮线(2 线)连接触发器插座和雷管脚线。

(5)进入 TSPwin 程序中的 Noise Check(噪声测试)对话框(见"开始数据采集"部分)。在 CONTROL(控制)面板上,绿色的 READY 灯将变亮。同时,触发器上的绿灯也变亮。到现在为止,放炮测试准备完毕,可以起爆和数据记录。

(6)触发器上绿灯亮时,对起爆器进行充电,操作人员便可发出"准备放炮"的信号。但是为安全起见,起爆最终由放炮工决定。但无论如何,触发器内的触发电路将提供准确的数据记录的起始时间,当记录开始时,绿灯将立刻熄灭。在数据记录的过程中,触发器上的红色控制灯会变亮(一般持续时间很短)。

成功触发后,地震数据将从记录单元的缓冲存储器上传到笔记本电脑上的存储器(RAM)。在这个过程中,CONTROL(控制)面板上的橙色的控制灯(标有 BUSY 字样)将变亮。所记录的测试数据以地震道的形式显示取代原来的 Noise Check(噪声测试)显示。

5.2.7　向炮孔内装药

(1)用装药杆检查 PVC 管是否通畅(没有被堵塞)。

(2)将炸药(爆炸索)和雷管包扎在一起。

(3)使用装药杆通过 PVC 管向下推入炸药包。

(4)小心拉出 PVC 管(如果可能的话),同时防止损坏雷管脚线。

(5)在刚好起爆前必须用水封堵炮孔。最好用橡皮软管缓慢注水。

5.2.8　采集、记录处理数据

6　材料与设备

TSP200 型是瑞士安伯格(Amberg)测量技术公司最新生产的(Tunnel Seismic Prediction)超前地质预报系统设备。与 TSP202 相比,TSP200 在硬件设计和软件设计等方面都作了较大改进,其软件编程除了考虑与 WINDOWS 视窗的兼容之外,还特别强调了软件的智能化和评估结果输出的灵活性。

TSP200 系统组件简图详见图 5。

6.1　记录单元

地震信号的记录及记录质量的控制由记录单元完成。记录单元由下列部件组成:

(1)信号处理箱(部件 1)。用于将地震信号从模拟信号转换为数字信号。

(2)运行 Windows XP 的松下笔记本电脑(部件 2)。笔记本电脑控制着整个记录单元,用于记录、存储、处理及评估数据。

(3)运行 Windows XP 的松下笔记本电脑外置电池充电器(部件12)。

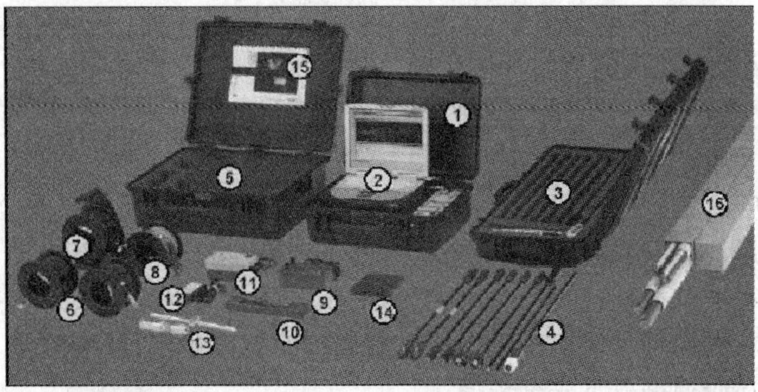

图5 TSP200 系统组件简图

6.2 接收器单元

(1)接收单元(部件4)。用于接收返回的地震信号,由一个高灵敏度的三轴(x-y-z 分量)地震加速度计构成。它的频带大约在1~5000 Hz之间(包含了所需的动态范围),可将地震信号转化为电压。由于使用了三分量接收器,可以保证全波场的数据记录,因此,可以将不同的波型分离为压缩波(P)和剪切波(S)。此外,相互间按标准排列的三个分量记录,能够计算出波的入射方向。在设计上,接收单元适用于各种岩石类型(从弱质岩层到坚硬的花岗岩)。

(2)附件箱(部件3)。为保护好接收单元,在运输过程通常情况下将其放置在附件箱中。

(3)钢套管(部件16)。接收单元置于特制的钢套管中,钢套管必须固定在接收器孔中。同时,钢套管与接收器孔之间必须用双组分环氧树脂牢固耦合。

(4)接收器电缆(部件6)。连接接收单元与记录单元。

6.3 系统配件

(1)附件箱(部件5)。

(2)触发器电缆(部件7)。

(3)炮线(部件8)。

(4)内置触发电路的触发器(部件9)。

(5)电子测角仪(部件10)。

(6)起爆器(部件11)。

(7)安装工具(部件13)。

(8)工具袋(部件14)。

(9)说明书(部件15)。

7 质量控制

7.1 炮眼和接收器孔的质量控制

(1)炮眼和接收器孔的深度和孔径必须满足要求;

(2)炮眼和接收器孔的角度应控制在允许范围内,以求更好的爆破效果;

(3)炮眼的位置应保持在同一水平面上,间距应按照要求控制均匀,如遇到拱架或格栅钢筋,可适当调整;

(4)起爆孔应灌水并用锚固剂封堵。

7.2 爆破物品的质量控制

(1)雷管必须采用瞬发电雷管,否则会影响接收数据的准确性;炸药应采用2号岩石乳化炸药。

(2)起爆必须使用专业起爆器,起爆器应电力充足。

7.3 接收数据过程中的质量控制

(1)接收数据过程中,现场要保证安静,大型机械应暂停施工,以免震动波干扰数据接收。

(2)根据接收数据的情况,及时调整炸药用量。

8 安全措施

8.1 探测人员遵守隧道施工有关安全制度,进洞前进行安全教育,提高安全意识。

8.2 洞内做好通风、瓦斯检测和灭火等安全措施。

8.3 施暴由专职有证人员进行,所有参加探测工作人员听从探测组长的统一指挥。

8.4 所有火工材料的储存和使用遵照当地公安部门的有关规定,严格监控。

8.5 施爆过程中还应遵循以下安全步骤:

(1)向炮孔内装药前,将两根炮线与触发器断开,将起爆器与触发器断开;

(2)向炮孔内装药期间,连接雷管与炸药,勿连接炮线,然后向炮孔内装炸药、填水;

(3)准备放炮前,先将雷管线与炮线连接,离开当前炮孔,将两根炮线与触发器连接,再将触发器与起爆器连接。

(4)由指挥员确认人员物品撤到安全区后,发出起爆信号,起爆员起爆。

9 环保措施

TSP超前地质预报在隧道洞内操作,炸药用量小,对外界环境影响较小。由于需要爆破作业,洞内应加强通风,操作人员应戴防尘口罩。

10 资源节约

TSP超前地质预报实施过程中,合理计算观测点间距和最佳距离,保证预报质量准确度前提下,减少爆破点设置,减少爆破材料耗用量,减少观测接收器用量。

11 效益分析

11.1 TSP超前地质预报较地质雷达、超前地质钻探具有成本低、探测距离远、报告工期短的优点。

11.2 数据采集时,对现场干扰小,停工时间短,不影响施工进度。

11.3 超前预报后,可及时要求业主和设计单位进行变更,缩短变更时间,减少由于变更带来的进度影响。

11.4 通过TSP超前地质预报,及时改变支护参数,确保施工安全,减少因地质变化等原因带来的经济损失。

超前地质预报指标对比详见表1。

超前地质预报指标对比表 表1

探测方式 指标分析	TSP超前预报	地 质 雷 达	超前地质钻探
探测距离	长	中	根据钻杆长度
报告工期	短	短	长
准确度	100m内较准确	较准确	高
操作性	容易	容易	复杂
对施工的干扰	小	较小	大
费用	低	高	高

12 应用实例

12.1 工程概况

阳五高速公路阳泉至盂县段 A1 -1 合同段维社隧道，位于平定县维社—里社一线东侧 500m 左右，为分离式隧道。左线阳泉端里程 ZK0 +500，洞底设计高程 684.79m，盂县端里程 ZK4 +075，洞底设计高程 710.86m，总体走向为 325°~355°，全长 3 575m，属于特长隧道，隧道顶板最大埋深约 82.57m，位于 ZK1 +000 处；右线阳泉端里程 YK0 +535，洞底设计高程 685.215m，盂县端里程 YK3 +985，洞底设计高程 714.07m，总体走向为 325°~355°，全长 3 450m，属特长隧道，隧道顶板最大埋深约 82.51m，位于 YK1 +020 处。左线与右线基本平行，相距约 50m。隧道设计净空（宽×高）为：10.25m×5.0m，设计行车速度 80km/h。

隧址区位于山西省中东部，太行山西麓。由于受地质构造和长期的侵蚀、剥蚀作用，地形起伏较大，沟谷纵横，地形条件复杂，总体趋势西北高东南低，呈阶梯状，倾斜坡度 15°左右。最高点为分水岭处，海拔 1339.5m，最低点位于桃河谷底，海拔 522.5m，相对高差 817m。根据地表形态特征及其成因类型，将项目区划分为黄土覆盖低山区、河谷阶地区、构造剥蚀基岩低山区、黄土丘陵区、山前倾斜平原，同一地貌单元呈不连续分布。

隧址区地层结构较为复杂，经工程地质调绘和勘探揭示，勘察区地层由第四系全新统人工堆积层及冲洪积层（Q42ml、Q4al + pl）、第四系上更新统风积层及冲洪积层（Q3eol、Q3al + pl）、第四系中更新统冲洪积层（Q2al + pl）、上第三系上新统冲洪积层（N2al + pl）、石炭系上统（C3）、中统（C2）及奥陶系（O2）中统沉积岩构成。

隧道地貌属黄土覆盖低山区。隧道围岩主要由第四系上更新统马兰组（Q3m）黄土及中更新统离石组（Q2l）粉质黏土，石炭系上统太原组（C3t）砂岩、泥岩，石炭系中统本溪组（C2b）砂岩、泥岩、灰岩、铝土页岩，奥陶系中统峰峰组（Q2f）石灰岩组成。隧道进口围岩岩性为奥陶系中统峰峰组（Q2f）中~薄层石灰岩，强~弱风化，层间结合较差，节理发育，受 F4 断层影响，岩体较破碎，呈裂隙块状结构，自然开挖围岩无自稳能力，岩层产状 320∠5°，围岩级别划分为左线 V 级，右线 IV 级。隧道出口围岩岩性为石炭系上统太原组（C3t）砂岩及石炭系中统本溪组（C2b）灰岩、泥岩等组成。强—弱风化，层间结合一般，节理发育，岩体破碎，呈破裂结构，无地下水，自然开挖围岩无自稳能力，围岩级别划分为 V 级。隧址区实测有两条断层（F4、F6），为正断层，推测有一条断层（F5），为逆断层。勘察期间地表水主要为隧址附近的十二局水库，钻孔未揭露地下水。隧道进出口工程地质条件较差，进出口围岩级别为 V 级；洞身围岩为 III~V 级，工程地质条件一般。隧址区无不良地质。

12.2 超前预报的内容和目的

本项目隧道施工地质超前预报工作内容和需要达到的目的：

(1)资料收集、勘察成果整理分析、熟悉设计文件、资料和图纸。

(2)补充地质调查。

(3)洞内地质调查和掌子面地质素描。

(4)物探方法的选择和现场实施掌子面探测。

(5)探测成果分析。

(6)隧道工程岩体分级。

(7)预报报告的内容及报告的提交。

通过资料收集、勘察成果整理分析、熟悉设计文件、资料、图纸和补充地质调查，确定隧道施工地质超前预报重点段，减少预报的盲目性和预报经费使用的有效性。

洞内地质调查和掌子面地质素描是隧道施工过程中的地质工作，是开展隧道施工地质超前预报的基础工作，也是对隧道设计地质资料的补充和完善，更为隧道运营阶段隧道病害整治提供完整的隧道地质资料。

12.3 超前预报计划

根据地勘资料揭露的地质概貌,维社隧道地质情况并不复杂,地下水极不丰富,资料未显示有溶洞、采空区、煤层和瓦斯等不良地质,在开挖到设计支护级别变化前,已探明和推测存在的地质断层处之前,或开挖过程中地质情况与地勘资料明显不符时,采用 TSP 超长地质预报手段,进行地质预报,必要时辅以地质雷达等手段作为进一步的探明,以保证隧道施工的安全和经济。估计探测次数在 8 ~ 12 次。

12.4 超前地质预报

用 TSPwin 软件对接收到的地震波信号进行处理,得到掌子面前方岩体波速、界面及岩体物性参数等成果。根据测试资料同已开挖段揭示成果比较,本报告主要采用接收器 2 的数据。

图 6 为接收器 2P 波、SH 波提取的深度偏移图;图 7 为接收器 2P 波、SH 波提取的反射界面图;图 8 为 2D 结果显示与岩体物性图;图 9 为 3D 结果显示图。

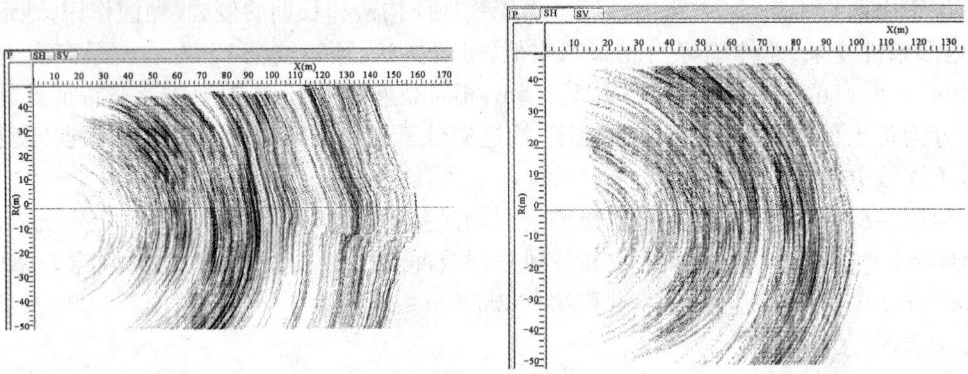

图 6 接收器 2P 波、SH 波提取的深度偏移图

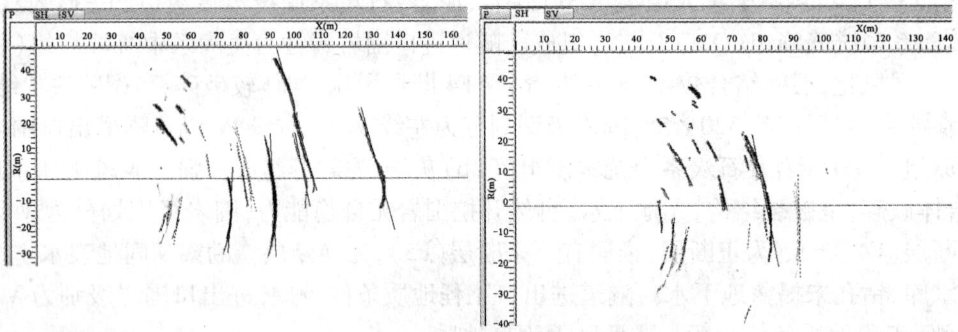

图 7 接收器 2P 波、SH 波提取的反射界面图

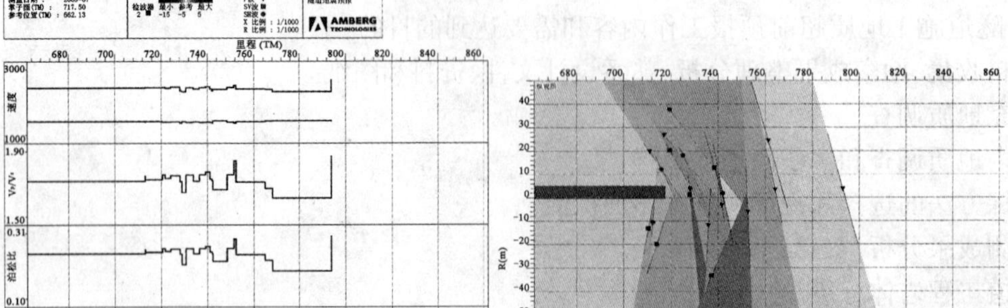

图 8 2D 结果显示与岩体物性图

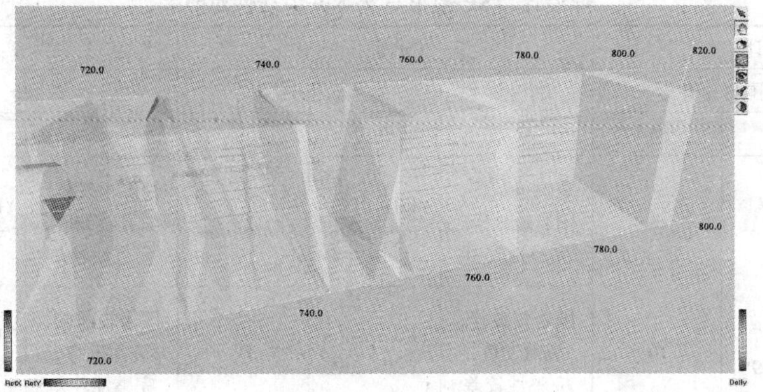

图9 3D结果显示图

12.4.1 成果解释

成果解释详见表2。

成果详细解释表 表2

序号	里程	长度(m)	围岩级别	推断结果
1	YK0+717~YK0+742	25	IV	据成果图推断,该段围岩同掌子面围岩基本一致,裂隙很发育,围岩较破碎,完整性较差,围岩等级为IV级
2	YK0+742~YK0+765	23	IV	该段围岩较上一段围岩质量稍好,围岩较破碎,裂隙发育,完整性较差,围岩等级为IV级
3	YK0+765~YK0+798	33	IV	该段围岩较上一段围岩质量好,围岩较破碎,裂隙较发育,完整性较差,围岩等级为IV级

12.4.2 结论与建议

根据掌子面地质调查,围岩为奥陶系峰峰组(O2f)中~薄层状石灰岩,弱—微风化,岩体较破碎,节理裂隙很发育—发育,层间结合差,属较坚硬岩—较软岩,无地下水。

根据TSP探测结果分析,在本次探测范围内右线围岩主要为灰岩组成,为中—薄层状结构,较破碎,层间裂隙和垂向节理、裂隙较发育—发育,无地下水和大的构造带影响,纵波波速 v_p 在1 300~2 700m/s之间,大部分级别为IV级。

在YK0+717~YK0+742岩体较破碎、完整性较差,裂隙密集发育,围岩等级为IV级,开挖过程中自稳能力较差,建议施工时应加强支护工作,防止事故的发生。另外,由于围岩倾角较小,近于水平,加之裂隙发育,拱顶围岩可能会因为裂隙切割而出现失稳块体发生坍塌。因此要注意及时支护,必要时应采取超前支护。

12.5 开挖验证

开挖结果证明:维社隧道右线YK0+717~YK0+742岩体较破碎、完整性较差,裂隙密集发育,无地下水,与地质报告基本相似,YK0+742~YK0+798围岩较上一段围岩质量好,围岩较破碎,裂隙较发育,完整性较差,与地质报告基本相似。

通过TSP超前地质预报,项目部及时汇报业主及设计单位,将原设计图纸III级围岩衬砌形式进行了加强变更,改变支护形式,确保了施工安全。

从以上开挖结果可以看出,距掌子面100 m以内的预报结果比较可靠(误差小于10);当大于100m时,准确程度有所下降。原设计、TSP预报与实际开挖岩对照见表3。

原设计、TSP预报与实际开挖岩性对照表 表3

原设计			TSP预报			实际开挖		
地质情况	围岩分类		地质情况	围岩分类		地质情况	围岩分类	
	里程	类别		里程	类别		里程	类别
岩体较完整，自然开挖自稳能力较好，节理裂隙一般发育	YK0+717~YK0+798	III	裂隙很发育，围岩较破碎，完整性较差	YK0+717~YK0+742	IV	裂隙很发育，围岩较破碎，完整性较差	YK0+717~YK0+742	IV
			围岩较破碎，裂隙发育，完整性较差	YK0+742~YK0+765	IV	围岩较破碎，裂隙发育，完整性较差	YK0+742~YK0+765	IV
			围岩较破碎，裂隙较发育，完整性较差	YK0+765~YK0+798	IV	围岩较破碎，裂隙发育，完整性较差	YK0+765~YK0+798	IV

注：实际开挖结果与TSP预报结果比较一致，与原勘察设计结果有出入。

Gonglu Gongcheng Gongfa Huibian

公路工程工法汇编

(2009)

下册

中国公路建设行业协会　编

人民交通出版社

内 容 提 要

为提高公路施工水平和工程质量，完善公路工程标准规范体系，中国公路建设行业协会组织编写了《公路工程工法汇编(2009)》。本工法汇编共包含了152个公路工程工法，体现公路路基、路面、桥梁、隧道和交通工程的最新施工工艺和施工技术。本工法符合国家公路工程建设的方针、政策、标准规范，具有先进性、科学性和实用性，对于保证工程质量、提高施工效率、降低工程成本、节约资源、保护环境等有重要的指导作用。

本书主要供公路工程施工与管理人员学习参考。

图书在版编目(CIP)数据

公路工程工法汇编(2009)/中国公路建设行业协会编.—北京:人民交通出版社,2010.1

ISBN 978-7-114-08207-8

Ⅰ.公… Ⅱ.中… Ⅲ.道路工程—施工技术—标准—汇编—中国—2009 Ⅳ.U415.6-65

中国版本图书馆CIP数据核字(2010)第008508号

书　　名:公路工程工法汇编(2009)(下册)
著 作 者:中国公路建设行业协会
责任编辑:沈鸿雁　岑　瑜
出版发行:人民交通出版社
地　　址:(100011)北京市朝阳区安定门外外馆斜街3号
网　　址:http://www.ccpress.com.cn
销售电话:(010)59757969,59757973
总 经 销:北京中交盛世书刊有限公司
经　　销:各地新华书店
印　　刷:北京牛山世兴印刷厂
开　　本:880×1230　1/16
印　　张:85
字　　数:2670千
版　　次:2010年1月　第1版
印　　次:2010年3月　第2次印刷
书　　号:ISBN 978-7-114-08207-8
印　　数:2501～5000册
定　　价:200.00(上、下册)

前言

为了深入贯彻落实科学发展观，鼓励和引导公路交通建设从业单位大力开展科技创新，促进公路工程新技术、新工艺、新材料和新设备的推广和应用，中国公路建设行业协会受交通运输部的委托，开展组织公路工程工法管理工作。2009年度公路工程工法申报和评审工作已经结束，经有关单位积极申报、专家评审、相关媒体公示等程序，最终审定2009年度公路工程工法152项。本次评审通过的工法包括：路基工程27项，路面工程27项，桥涵工程77项，隧道工程18项，交通工程3项。

这批工法是我国公路工程建设行业评审出的第二批公路工程工法，是从业单位科技创新成果的具体体现，是广大工程技术人员对优秀施工方法的科学总结。从总体看，这批工法都是经过实践检验证明是优秀的施工方法，都在原有公路工程施工技术规范基础上有所创新，有较强的创新性和实用性。我们倡导公路交通建设从业单位和广大工程技术人员要积极推广应用公路工程工法，继续修改完善现有工法，积极探索和实践新的工法，不断加强工法成果管理工作。为此，我们将这些工法汇编成书，旨在通过本书，把公路交通建设中的优秀科技创新成果展现给大家，以此鞭策和激励从业单位和工程技术人员坚持科技创新，提高自主创新能力，在实践中认真总结难点和重点项目的宝贵施工经验，加强公路工程工法的开发和管理工作，不断提高公路工程质量，促进资源节约型和环境友好型交通运输行业健康发展。

本书的编写，凝结了工法完成单位和工程技术人员的辛勤劳动和汗水，以及公路建设行业有关专家的智慧。程树本、许和平、石新栋、吴全立、刘元炜、沈文悦、许建盛、刘鹏、徐国庆和人民交通出版社的同志为本书的汇编和校稿作了大量的工作，在此我们一并表示诚挚的谢意！

汇编过程中，尽管我们作了很大的努力，但由于时间紧迫，水平有限，加之又是一本专业性比较强的书籍，难免会出现一些疏漏或错误之处，敬请从业单位和广大读者批评指正。

本书汇编的工法，技术水平高、应用广泛、内容翔实、图文并茂，文字表达准确，能指导公路建设工程的施工与管理。本汇编是公路建设从业单位的工程技术人员必备的一本工具书，同时也可供科研、设计、教学等单位从事土木建筑专业的技术人员学习与参考。

中国公路建设行业协会

二〇〇九年十二月二十六日

目　录

上　册

交通工程篇

路　基　篇

路 面 篇

隧　道　篇

下 册

桥 梁 篇

桥 梁 篇

钢护筒支承水中钻孔平台施工工法

GGG(浙)C1054—2009

翁国强 吴伟荣 李思望 嵇昌海 黄国樟
(杭州市交通工程集团有限公司)

1 前言

桥梁基础是桥梁下部结构的重要组成部分,在诸多基础中,钻孔灌注桩基础是目前比较普遍和常用的一种。

而水中钻孔灌注桩基础施工,首先进行的是钻孔平台作业。钻孔作业平台主要是为水中钻孔而必须进行的一项重要的辅助工程,钻孔平台主要根据工程特性及地质条件、施工技术设备、经济实用等原则确定。平台形式多样,目前主要采用的有钢管桩平台、钢围囹平台、钢管架平台等。

由于各个工程所处场地不同,环境条件千差万别,虽然常用的钻孔平台都可进行钻孔作业,但在覆盖层很薄或裸露岩层地质环境条件下,采用一般的水中钻孔作业平台,其平台搭设有一定的难度。在不同的地质环境和施工条件下,如何寻求一种更经济、合理、适用的方法。通过柬埔寨 Prek Kdam 洞里萨河大桥及杭州市建德麻车大桥等工程的水中钢护筒钻孔平台施工实践,取得了一套比较成功的以钢护筒取代钢管桩、直接以钻孔钢护筒为支承结构的水中钻孔平台施工经验,形成本工法。

2 工法特点

采用预成孔嵌埋钢护筒,以混凝土固定钢护筒底座,并在钢护筒顶面用型钢进行纵横固结使之形成平台。其特点是:对基岩平面的适应性好;护筒嵌固于基岩中,底座稳定性好,支立可靠,适应性强;减少了平台钢管桩搭设和拆除工序,缩短了工期;取消钢管桩,减少了投入,节省了成本;增加了钢护筒混凝土封底,保证了钢护筒底口不漏水、不翻浆;设备投入较少,比较经济。

3 适应范围

覆盖层很薄或裸露岩层且坡度不大;钻孔桩为两排以上的群桩基础;水面宽阔且流速不大的水中钻孔桩施工。

4 工艺原理

改变以往传统的钻孔桩水中平台施工程序,取消钢管桩等支承结构,直接以钻孔桩钢护筒为平台支承结构的一种施工方法。其工艺是首先通过水上临时浮式作业平台,采用冲击钻机在钻孔孔位处用比护筒直径大 50 ~ 80cm 的冲击锤冲出深度不小于 2.0m 锅底形的坑,按照《公路桥涵施工技术规范》(JTJ 041—2000)中钢护筒埋设要求,准确进行钻孔桩钢护筒埋设作业,完成钢护筒埋设后,采用水下混凝土对钢护筒底口进行封底,使钢护筒嵌固于基岩中,然后在其上铺设钻孔平台,进行钻孔作业。

5 施工工艺流程及操作要点

5.1 工艺流程

5.1.1 工艺流程框图(图 1)

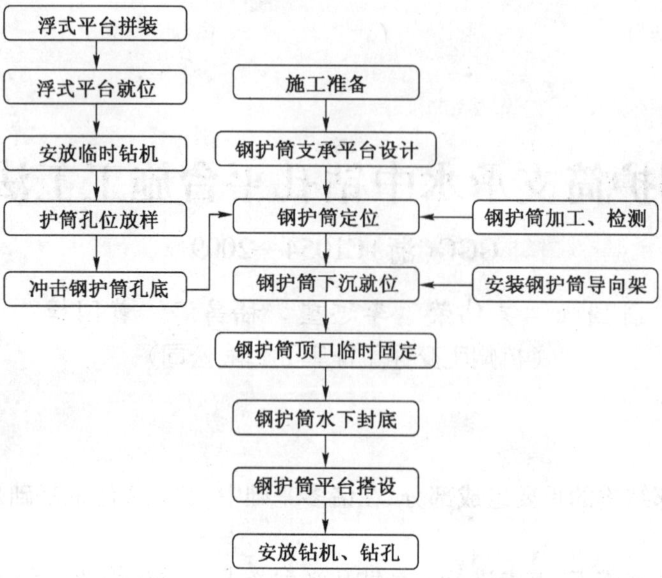

图1　钢护筒支承平台施工工艺流程框图

5.1.2　钢护筒支承平台搭设程序(图2)

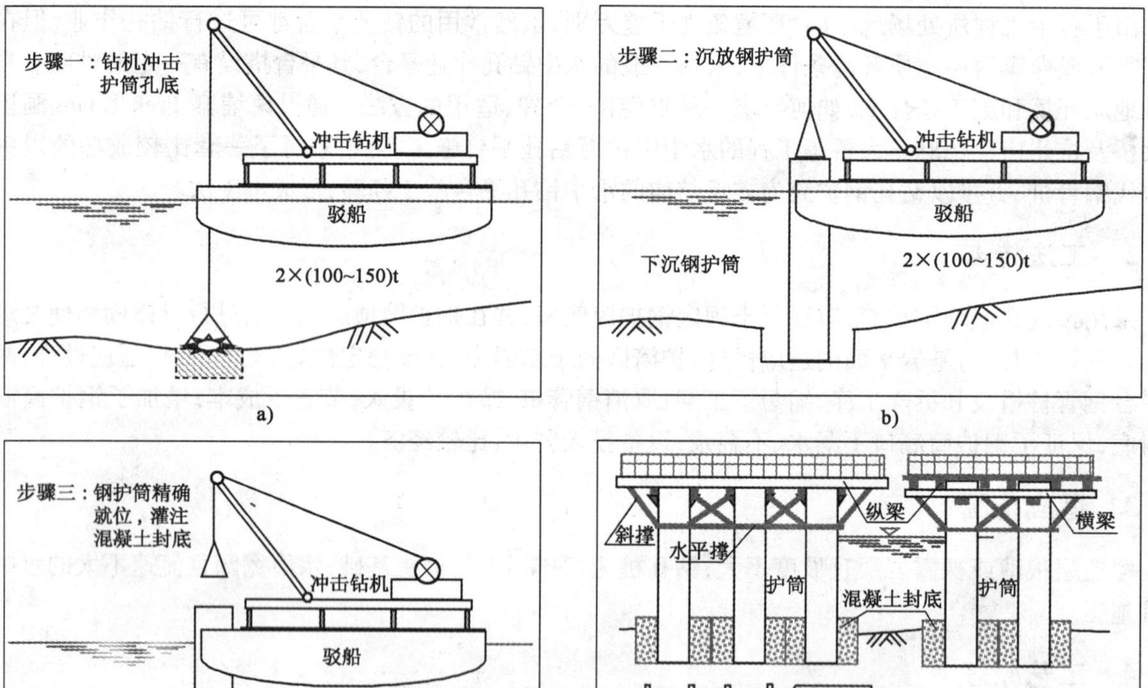

图2　钢护筒支承平台搭设程序示意图

5.2　操作要点

5.2.1　钢护筒支承平台的确定

(1)钢护筒直径的确定

参照《公路桥涵施工技术规范》(JTJ 041—2000)的规定，钢护筒内径由设计桩径确定，一般比设计桩径大200mm。

(2)钢护筒钢板厚度的确定

钢护筒由Q235钢板卷制而成。其钢板厚度由平台设计计算确定,同时应满足《钢结构设计规范》的规定。

钢护筒钢板厚度(t):

$$t \geqslant Df_y/23\,500 \tag{1}$$

式中:D——钢护筒直径;

f_y——钢材的屈服点应力。

当钢板计算厚度小于8mm时,一般采用8mm。

在确定钢板厚度后,还应对钢护筒管壁的局部稳定进行验算。在弹性范围内,其屈曲应力(σ_{cr})的计算公式为:

$$\sigma_{cr} = 1.21Et/D \tag{2}$$

式中:E——钢材弹性模量;

t/D——钢护筒的壁厚和管径比。

(3)钢护筒埋入深度的确定

根据现场施工地质条件确定,一般要求进入岩层不小于2.0m深。

(4)钻孔平台高程及平台平面尺寸的确定

根据现场施工期水位等水文条件确定,一般以高出施工常水位1.5~2.0m为宜。平台平面尺寸根据施工工期计划考虑在平台上安排钻机台数来确定(通常以不超过2台钻机为宜),以满足钻孔作业空间的需要。

(5)钻孔平台纵横梁的确定

平台由纵横梁及水平撑、斜撑等组成。水平撑、斜撑等一般采用16号以上的槽钢,纵横梁根据平台平面尺寸及施工荷载通过计算确定,一般采用25号或25号以上工字钢(图3)。

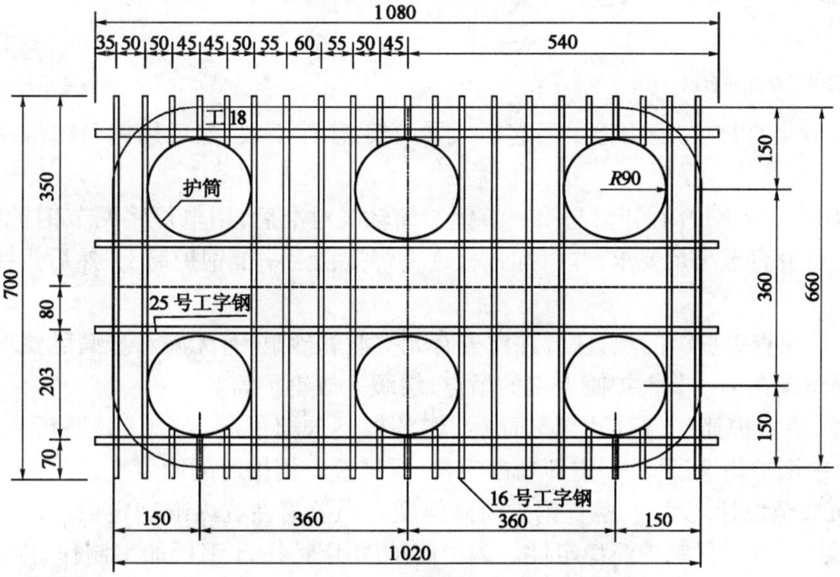

图3 钻孔平台示意图(尺寸单位:cm)

(6)钻孔平台的承载力及稳定性验算

在钻孔平台施工前,对钢护筒钻孔平台进行验算,保证其承载力及稳定性均能满足施工要求。

验算包括强度、整体稳定、局部稳定、刚度等。

验算可采用Midas程序,以护筒作为支承桩,上部以型钢为联结体,以布置钻机为荷重,以水流为水平向作用力,建立钻孔桩固定平台的空间模型,采用梁单元进行离散,可得空间分布的有限元计算模型,通过有限元计算得到等效 Mises 应力分布,由此验算钢护筒平台最大等效应力是否小于钢材的屈服应力。

5.2.2 钢护筒制作

(1)钢护筒一般在施工现场用三棍卷板机自行加工而成。根据钢板的出厂尺寸及水上浮吊的起重能力,进行钢护筒分节制作和拼装,端部 1m 范围内刃脚加厚至 16mm。

(2)在固定平台上将每节钢护筒连接成合适的(一般为 5 ~ 7m)吊装节段,同时,在护筒节段一端焊接内衬套,并在同一端护筒外侧每间隔 1m 焊接长 10 ~ 15cm、宽 5 ~ 6cm 的加强板。

5.2.3 钢护筒的埋设

(1)按设计将两艘驳船(100 ~ 150t)连成具有较大刚度的浮式平台,在其上安装冲击钻机及卷扬机等(图 4),作为钢护筒埋设的工作平台。

(2)根据设计孔位对浮式平台进行精确定位后,用比钢护筒直径大 50 ~ 80cm 的冲击锤,采用预成孔工艺,先在设计桩位处将桩位处湖床表面冲平整,然后再冲出深度大于等于 2.0m 锅底形的坑(图 5)。

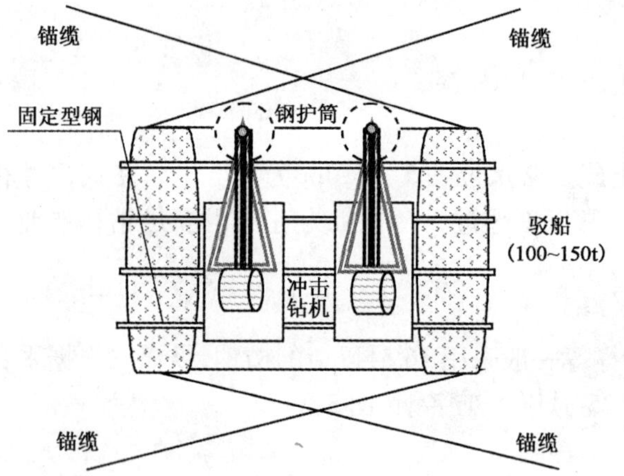

图 4 浮式平台示意图

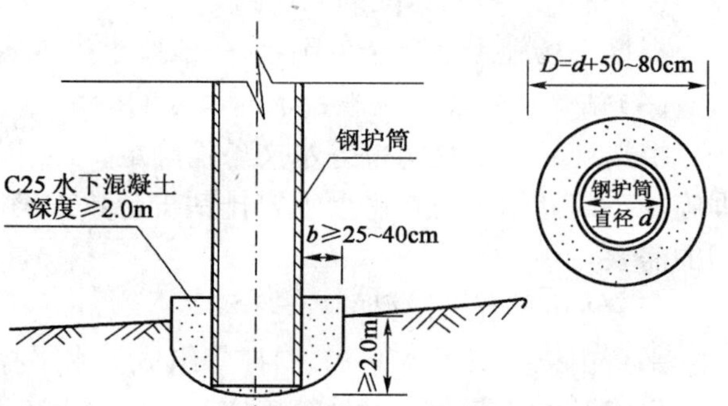

图 5 钢护筒底部示意图

(3)钢护筒分段运至桩位处,由浮吊吊起插入导向架,徐徐下放,然后用钢丝绳吊住钢护筒,解除浮吊吊点。

(4)用浮吊将第二节钢护筒吊起,与第一节钢护筒轴线对准后,用电焊将两节钢护筒通过加强板连接,调整钢护筒垂直度直至满足要求,并将加强板逐一焊接在上一节钢护筒上,然后焊接内衬套,完成钢护筒连接。

(5)用 3m 直尺检查钢护筒的顺直度,并检查有无空洞和砂眼,有无漏水。满足要求后,用浮吊将其整个吊起,解除钢丝绳在第一节钢护筒上端的吊点,缓缓下放钢护筒。

(6)依次作业,待钢护筒底端到达湖床面后,将整根钢护筒吊起,按照《公路桥涵施工技术规范》(JTJ 041—2000)中钢护筒埋设要求,重新精准定位,保证整个钢护筒的倾斜度控制在 1% 以内。

(7)钢护筒沉放至设计高程后,检查钢护筒倾斜度。当护筒在坑内准确定位后,在护筒底灌注 C25 水下混凝土进行封底,以增强钢护筒稳定性。钢护筒护圈用厚 4mm 钢板加工制作,内部骨架用 $\phi32$ 钢筋制作,并用 10 号角钢进行加固。

(8)待全部钢护筒下沉到位后,用 36 号工字钢下沉至预定加固位置,由潜水员下水焊接固定,及时进行护筒间水下连接,以加强整体刚度。

5.2.4 钻孔平台搭设

在钢护筒上口设置钢板牛腿作为纵、横梁主要受力点,每个钢护筒顶部设四个牛腿,纵、横梁采用工字钢(一般≥25a)。在顶部互相连接形成钻孔平台(图 6),在上面安置钻机进行钻孔作业(图 7)。

图6 钻孔平台

图7 钻孔作业

5.3 注意事项

(1)在进行浮式平台设计时，冲击钻机的布置应与钻孔桩位相适应；

(2)钢护筒沉放时应准确定位，使其位置偏差在允许范围以内；

(3)钢护筒沉放至设计高程后，护筒底灌注 C25 水下混凝土封底时，需潜水员水下检查，以确保封底密实；

(4)封底混凝土没有结硬前，护筒顶口需设置稳固设施；

(5)在平台焊接固定前，应再次复核、检查钢护筒的垂直度及平面位置，确保正确无误。

5.4 劳动组织(表1)

主要劳动力组织表　　表1

序号	工 序	工 种	每班数量(人)	工作内容
1	水上作业	船工	10	抛锚、定位
		起重工	4	钢护筒沉放、平台搭设
		钻机工	2	钢护筒孔底处理
		电焊工	2	钢护筒连接、平台焊接
2	钢护筒制作	钣金工	2	钢护筒加工
		电焊工	4	钢护筒加工
		机械操作工	2	钢护筒加工
3	其他	混凝土工	2	钢护筒封底
		潜水员	2	钢护筒封底
		电工	2	
		测量工	2	
		搬运工	6	
		普工	10	

6 机械设备

机械设备见表2所示。

施工机械设备需求表(一个平台)　　表2

名 称	规格型号	功 率	单 位	数 量
交通船	10t		艘	1
浮吊	15t		台	1

续上表

名　称	规格型号	功　率	单　位	数　量
卷板机	W12-25×2 500		台	1
交流电焊机	BXI-100	30kW	台	5
汽车吊	16 t		台	1
运输驳船	100t		艘	2
水上搅拌站	750×2		套	1
冲击钻机	锤重 8t	50kW	台	2
发电机组	上海 CAT120	120kW	台	1

7　质量控制

7.1　质量标准

(1)《钢结构工程施工质量验收规范》(GB 50205—2001)

(2)《钢结构设计规范》(GB 50017—2003)

(3)《公路桥涵施工技术规范》(JTJ 041—2000)

(4)《普通混凝土配合比设计规程》(JGJ 55—2000)

7.2　质量控制

7.2.1　钢护筒加工

钢护筒由 Q235 钢板采用三棍卷板机卷制而成,并进行焊接质量检验及水压试验。焊缝高度不少于 4mm,加工精度允许误差控制在 ±3mm。

7.2.2　钢护筒埋设

钢护筒中心竖直线应与桩中心线重合,平面允许误差≤50mm,竖直线倾斜度≯1%;护筒埋置深度在 2.0m 以上,护筒顶面应高出施工常水位 2.0m 以上。钢护筒连接顺直,筒内无突出物,并应耐拉、耐拉压,不漏水。

7.2.3　钢护筒封底

封底混凝土采用 C25 水下混凝土,要求四周密实,封底混凝土高度在 2.0 m 以上。封底混凝土没有结硬前,护筒顶口需设置稳固设施。

7.2.4　平台搭设

平台应进行专门设计,确保其强度、刚度及结构稳定性满足施工要求;平台平面尺寸、顶面高程应根据施工需要及施工环境条件合理确定。

7.3　质量保证措施

(1)有条件时,钢护筒由加工厂专业化加工,以提高钢护筒制作质量。

(2)钢护筒的分段加工长度根据水上吊装设备的起吊能力尽可能加长,一是减少水上焊接作业量,二是更好地保证钢护筒的垂直度。

(3)钢护筒吊运、安装前,均应复检吊耳板处加筋板的焊缝,注意是否脱焊或出现裂缝,若有应补焊、加强。

(4)平台构件焊接应严格按图施工,注意局部贴板加劲。

(5)平台必须设置竖向剪刀撑,在钢护筒切割后,应附加水平横向斜联系加固,而联系节点处也应作贴板加焊。

8　安全措施

(1)工作平台要整体联结牢固,四周设扶手并挂安全网,工作面挂全封闭安全网。作业时必须配戴安全帽和系安全带等必须的劳防用品。

(2)遇有大风、暴雨及雷电而停止施工时,注意要切断电源,保护好各种设备。

(3)特种作业人员要经培训考核,持证上岗。

(4)定期检查起重设备的性能,包括各种限位开关、起重钢丝绳、卡环、附着杆等,如有损坏应及时更换。

(5)起吊作业要有专人指挥,浮吊要规定转动范围、转动路线,禁止超负荷起吊。吊顶部、大臂前部要设置信号灯。

(6)施工平台需设置标志禁止过往船只在施工水域抛锚,并采取一定防撞措施。

(7)考虑到对通航的影响,须提前与航管部门协商,共同解决好施工与通航的安全问题。并在上下游、航道两侧一定范围内设置减速标牌、航道标志,并挂红灯提醒来往船只注意安全,保证航道安全畅通。

9 环保措施

(1)在施工中严格遵守国家环保部门及项目的有关规定,采取有效措施,使生产生活设施符合环保要求,认真接受当地政府及有关部门的监督。

(2)加强环保意识,谨防水资源受污染。

10 资源节约

取消了钢管等支承结构材料,改变了传统的施工工艺流程,节省了辅助材料,减少了人、财、物的投入,有效地节约了资源。

11 效益分析

(1)首先从技术上较好地解决了深水位裸岩河床钻孔平台的施工难题,为同类工程施工提供了经验。

(2)与钢管桩平台相比,按常规每个钢管桩平台考虑10根ϕ52.8cm(壁厚8mm)钢管桩,每根桩长以L(m)计,每个钢护筒平台至少可节省1.04L(t)钢管桩的投入。

(3)减少了平台钢管桩搭设和拆除工序,缩短了工期,节省了成本。

(4)增加了钢护筒混凝土封底,保证了钢护筒底口不漏水、不翻浆,有效地保证钻孔作业顺利进行。

12 应用实例

(1)柬埔寨Prek Kdam洞里萨河大桥跨越洞里萨河,位于柬埔寨首都金边的西北方,距首都金边25km。

大桥位于洞里萨河冲积平原,桥位处河道顺直,平坦开阔,地面高程介于6.5~12.0m(以DD02点高程为准)。洞里萨河河床呈宽缓的"U"形河谷,主河槽偏西侧,呈现两岸斜坡较陡、河床底部宽平的特点。水位变化大,水位落差大,最高水位与最低水位相差10.5m。

主桥桥墩处水深覆盖薄,再加上河床冲刷,施工难度大。同时考虑基础施工必须在一个旱季内完成,如果采用钢围堰施工,前期形成施工平台周期长,围堰需在水上拼装焊接,拖运定位,需要投入大型船只和设备,需要前期进行封底混凝土定位施工,又要在内填土形成平台,所需时间较长,一个旱季内完成施工存在风险。根据多种方案比选后,最终采用了本钢护筒平台施工工艺,桩基平台工程自2007年12月16日开工至2008年2月15日结束,整个施工过程顺利。同时为后续施工赢得了宝贵时间。

(2)杭州市建德麻车大桥全桥长447 m,主桥为72m+120m+72m的变截面预应力混凝土连续箱梁,下部3号、4号主墩基础采用双排共6根直径为1.6m的钻孔灌注桩,上配以厚4.0m边角倒圆的矩形钢筋混凝土承台。

桥位处河床底部为裸岩,但河床相对平坦,水位较深,平均达 12 m,平台搭设、护筒埋设困难,桩基绝大部分为深基础嵌岩桩,桩长达 22 m,嵌岩深度为 10 ~ 12m,技术难度和施工风险都很大。经过多方案比选,主墩钻孔平台同样采用了本钢护筒平台施工工艺,桩基工程自 2008 年 3 月至 2008 年 4 月结束,整个施工过程顺利。该钢护筒平台节省了钢管桩的投入,取得了较好的经济效益,达到了预期的目标。

(3)井田坝大桥位于四川省 S105 线广元市青川县沙洲镇至木鱼镇段宝珠寺水库沙洲井田坝附近,是联系绵广高速与青川县的重要通道。井田坝大桥总长 209m,桥梁上部结构为 52m + 95m + 52m 预应力混凝土连续刚构。每个主墩桩基础采用 4 根 $\phi2.0$m 灌注桩呈正方形布置,其中 1 号墩桩长 26 m,2 号墩桩长 24m。大桥处于宝珠寺水库内,库床宽缓,两岸斜坡较陡,库底岩床裸露。水库水位受雨季影响变化大,主墩桩基处平均水深约 6.0m。

由于 1 号、2 号主墩位于库区岩床裸露的斜坡上,因水深、坡斜无覆盖层,施工难度大。考虑到施工工期短,如果采用其他形式的施工平台施工,有一定的施工难度。通过对多种方案比选后,最终采用了本钢护筒平台施工工艺,1 号主墩桩基平台工程自 2009 年 3 月 12 日开工至 2009 年 4 月 8 日结束,2 号主墩桩基平台工程自 2009 年 3 月 24 日开工至 2009 年 4 月 20 日结束,整个平台施工过程顺利,为后续施工奠定了基础。

溶洞区域桩基片石黏土筑壁和钢护筒跟进联合施工工法

GGG(浙)C1055—2009

王松海　宋民军　舒建伟　苏道双　王文武
(浙江永达交通工程有限公司)

1　前言

岩溶在我国有着广泛的区域分布,桥梁桩基施工中,遇到溶洞的情况并不少见,溶洞的存在,给施工带来很大困难,如处理方法不当,往往会造成掉钻、卡锤、埋锤、偏孔、漏浆、塌孔、钻机发生倾斜等事故发生,给工程进度和成本带来很大压力,工程质量难以保证,甚至威胁桥梁运营安全。

溶洞处理的方法形式多样,有抛填法、土钉封堵法、护筒跟进法、混凝土置换法、水泥封堵法、灌浆法、静压化学灌浆法等。我公司结合新205国道至新46省道连接线工程渡船头大桥和黄衢南高速公路衢州互通至江山北连接线公路工程S2标上余大桥穿越单层或多层复杂溶洞的桩基施工,经反复探索研究,采用冲击钻成孔加片石黏土筑壁法和钢护筒跟进法联合施工方法,成功处理了溶洞问题,成孔质量良好,钻进过程中无塌孔、吸钻、埋钻、卡钻、偏孔及缩孔等现象。溶洞桩基采用上述施工方法流水作业完成,施工成本低,速度快,安全保障高。经衢州市交通工程检测试验中心进行低应变(ϕ1 200mm桩基)和超声波(ϕ1 500mm桩基)检测,全部桩基均满足设计和规范要求,达到优良标准,经总结形成本工法。

2　工法特点

2.1　施工方法简单,施工成本低

片石黏土筑壁法原料为片石、黏土,采用冲击钻反复冲击,施工方法简单,施工成本低。

2.2　应用范围广,成孔质量可靠

对于溶洞深小于3m的充填型、半充填型溶洞,片石黏土筑壁法可有效快速造孔;洞深大于3m的深大型溶洞和无充填、流塑充填物、流动性暗沟溶洞采用钢护筒跟进法施工,成孔速度快,成孔质量可靠。

3　适用范围

适用于充填型、半充填型、无充填型、流动性暗沟等溶洞灌注桩施工。

4　工艺原理

当溶洞高度不太大,一般在3m以内无充填或半充填溶洞,利用片石、黏土等材料填入钻孔中,小冲程反复冲击,利用片石加固孔壁,利用黏土堵孔塞漏,形成密不渗水的片石泥浆护壁,从而顺利完成桩基施工。

当溶洞较大,洞内无充填物或流塑充填物,漏水很严重,采取片石加黏土反复打密,仍然无法形成泥石护壁的,可采取钢护筒跟进法施工。选择壁厚6～10mm的钢板卷制内径不小于设计桩径的内护筒,打入溶洞底,封隔溶洞对成孔、灌注水下混凝土的影响,从而实现无充填物或流塑充填物大溶洞桩基施工。

5　施工工艺流程及操作要点

5.1　施工工艺流程(图1)

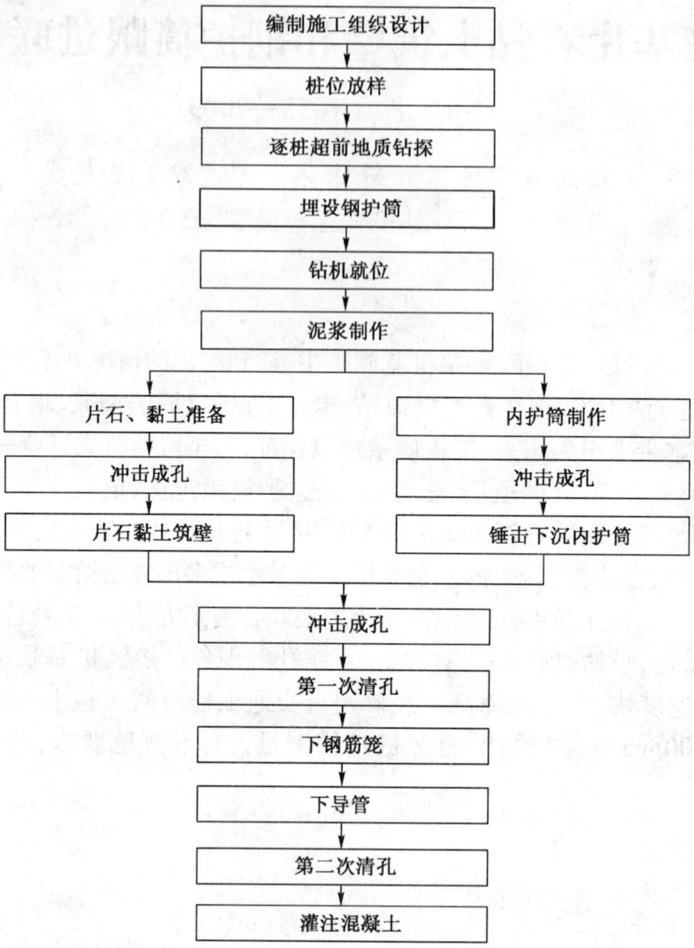

图1　施工工艺流程图

5.2　施工操作要点

5.2.1　逐桩超前地质钻探

工程施工前应采用超前钻探并结合其他物探方法详细查明每根桩位溶洞情况,包括溶洞的位置、规模、埋深、岩溶充填物和地下水特征,以便有针对性地进行地基处理和采取相应的施工方案。查明桩端基岩性状,包括岩样强度、是否有溶洞、溶洞尺寸、顶板破碎程度、顶板厚度等,若不满足应报告监理、设计院和业主进行变更设计。

5.2.2　施工准备

先将施工场地进行平整,道路、电路、水沟及其他附属设施合理布置,跨河段利用枯水期进行筑岛,并高出水面0.5m,然后精确测量定出桩中心位置,埋设钢护筒。护筒采用6mm厚的钢板加工制成,高度为3~4m。护筒内径较设计桩径大20~40cm,顶部开溢浆口,并高出地面30cm。护筒底埋入坚硬土层中,将护筒位置周围填筑黏土、分层夯实。按照施工规范要求,护筒顶面位置偏差不得大于5cm,护筒倾斜度不得大于1%。

5.2.3　泥浆系统制作、钻机就位

采用优质泥浆,当缺少优质黏土时,可在泥浆中掺入适量的水泥、烧碱和锯末,以提高泥浆胶体率和悬浮能力,其质量配合比为黄土∶水泥∶烧碱=1∶0.2∶0.4,锯末按黄土体积的10%掺入。钻进过程中泥浆及钻渣的混合物进入泥浆池，进行泥浆净化，净化后的泥浆再输送回各钻孔护筒。泥浆按工艺规定并结合墩位处地质情况进行反复试配，泥浆相对密度钻孔时选1.15～1.30，清孔时选1.10左右，黏度22s，新制泥浆含砂率小于3%，胶体率大于95%，pH值大于8.5。泥浆制作好后将钻机就位，钻机支撑点远离桩位，支点距离应根据可能造成坍塌范围进行估算，严禁将钻机直接支撑在孔口，同时钻机应用“八”字缆风绳拴拉。钻机安装就位后，底座和顶端应平稳，不得产生位移或沉陷。开钻前，检查钻机磨盘的平整度（用水平尺）及主钻杆的垂直度（用线垂架或经纬仪）。

5.2.4　溶洞处理

（1）片石黏土筑壁法

溶洞内无充填或半充填，溶洞高度不太大，一般在3m以内，护筒内水头高度不能保持时，可采用片石加黏土回填冲击，片石粒径10～30cm，黏土要做成ϕ(15～20)cm泥球，混合物黏土：片石的比例为1:3，使其形成泥石护壁。施工前备好足够的片石、黏土和1台装载机，当碰到溶洞漏浆时，迅速铲起片石和黏土填孔，同时大量补水。当钻头钻至溶洞顶以上0.6m深时，向孔内抛投0.5m深片石黏土，以平衡钻头，防止穿破溶洞时出现孔斜，冲程控制在0.8m内，平稳冲砸。经仔细观察钻头穿破溶洞后钢丝绳有无摆动，孔位有无偏斜。钻进溶洞后，向孔内继续投放片石黏土，以0.6m的小冲程钻进，钻进1m后，再次投放片石黏土，无漏浆，钻头冲程稍微加大至1m，钻进过程中要观察有无异常现象发生。整个溶洞区域均采用每钻进1m投放片石及黏土1.5m深重复钻进的方法，反复多次回填片石黏土，反复冲击直至形成泥石护壁不再漏浆为止。在开钻前和钻进过程中，宜使用稠度相对高的泥浆，溶洞内泥浆相对密度始终控制在1.6以上。

桩孔穿越半壁溶洞、溶沟、溶槽或溶洞底部凹凸不平，一般用黏土块和片石混合料进行回填，以保证冲击钻头的稳定性。要求黏土块、片石回填高度应超过被填段0.5～1.0m，并根据回填高度和孔内情况分几次反复回填复打。如果发现钻孔弯曲，亦可用黏土块、片石回填弯曲孔段复打纠斜。

（2）钢护筒跟进法

溶洞较大，洞内无充填物或流塑充填物，漏水很严重，采取片石加黏土反复打密，仍然无法形成泥石护壁的，可采取钢护筒跟进法施工。内护筒内径不小于设计桩径，根据入土强度选择壁厚6～10mm的钢板卷制。钢护筒孔径要准确，连接要顺直，长度一般宜比超前钻所确定的溶洞深度值长3m，可分节运到现场。首先用与内护筒相当的冲锤冲击成孔，根据地质超前钻探结果，当冲锤在溶洞上方1m时，要反复提升冲锤，上下慢放轻提。当冲锤不再受到阻碍时，说明顶部已成孔并且是圆滑垂直的，此时注入高密度护壁泥浆，然后移开钻机，采用60kW以上的振动锤和25t以上的吊机配合打设钢护筒，钢护筒采用钢丝绳活扣绑住，分节吊装焊接，分节高度为8.0～10.0m，孔口对焊，对焊时严格要求两钢护筒保持竖直状态，在同一轴线上，且焊缝牢固，打入后无漏水现象。振打入桩孔内，一般每节振打需10～20min，注意在沉入内护筒前，应采用检孔器检查钻孔的大小及倾斜度，为保证钢护筒顺利下滑，要求桩孔铅直，无歪斜、缩颈。内钢护筒施工完成后，回填黏土片石混合物（比例1:1），将钻机恢复原位采用1～1.5m的冲程将洞内冲砸密实，再正常钻进，冲孔至终孔高程。

5.2.5　清孔

（1）终孔后及时清孔，不能停歇过久，以免使泥浆、钻渣沉淀增多而造成清孔工作困难，甚至塌孔。采用掏渣法进行清孔，要求用手摸泥浆无2～3mm大的颗粒为止，然后用一根水管插到孔底注入高压水，使水流将泥浆冲稀，泥浆的相对密度减小到1.1～1.2。吸渣换浆时及时向孔内注入新鲜泥浆，保持孔内水位，避免塌孔。

（2）换浆清孔使泥浆指标和孔底沉淀物均达到验收标准，拆除钻机钻杆后，用试孔器检查钻孔桩的孔径和倾斜度是否符合验收标准，若超标，根据情况研究处理。

5.2.6　下放钢筋笼

钢筋笼根据起吊与运输能力在车间分段制作，在桩位处现场接长；主筋的连接采用双面焊接头。按照设计图纸的要求加工骨架耳环及保护层垫块，控制与孔壁的间距，尤其在骨架上口更应调整好间距，使其轴线尽量对准桩中心线。另外，下口内收并加焊环筋、吊放前清除骨架内的临时十字支撑等细节都应注意,为防止钢筋笼上浮,应采取临时固定措施,将钢筋笼与钢护筒顶焊接固定。

5.2.7 灌注桩身水下混凝土

导管使用前进行水密承压和接头抗拉试验,合格后下放,然后吊装混凝土灌注漏斗。混凝土运输车出料口置于漏斗上方,保证拔球时首次灌注有足够的混凝土储备量。灌注混凝土前,必须用吸泥机二次清孔。开始灌注时,导管底口离孔底0.3m,拔球后,保证埋深不小于1.0m。正常灌注时,保证导管埋入混凝土深度不小于2.0m,并连续灌注完成。灌注过程中,导管的埋深测量采用同步多测点的办法,避免因孔径大产生大的误差和测量错误。

6 材料与设备

6.1 主要材料

10~30cm片石、ϕ(15~20)cm黏土泥球、钢护筒、钢筋、水下混凝土。

6.2 主要设备(表1)

主要施工机具设备表

表1

序号	机械名称	规格型号	额定功率	数量(台)
1	钻机	CZS-40	75kW	4
2	振动锤	YZJ-50B	106kW	1
3	汽车吊		25t	1
4	钢筋切断机	GJ40	5.5kW	2
5	钢筋弯曲机	GJ40	7.5kW	2
6	电焊机		14~21kW	4
7	装载机	ZL50		1
8	泥浆泵	NL3		4

7 质量控制

(1)开钻前,有关技术人员和操作手都要熟悉该桩位的地质情况及溶洞的位置、规模、发育情况,对施工中可能出现的问题要掌握采取的措施和操作要领。

(2)要求对套内护筒法施工过程的每个环节(从确定内护筒长度、内径到沉放方法至内护筒与溶洞底部间空隙的处理)都落实到位,才能顺利成孔。

(3)由于溶洞桩基的施工具有不可预见性、复杂性、危险性等诸多特点,因此在溶洞处理过程中应随时观察发生的异常情况,并全天候安排多名专职技术人员观察泥浆中的浮渣及水头变化,充分准备泥浆、片石、黏土等应急物质,吊车、铲车处于待命状态,及时解决现场出现的各类异常问题,确保工程质量和施工安全。

(4)钢筋笼的施工和混凝土的浇注应尽可能迅速,防止意外情况发生,尽量缩短施工间隔期。

(5)灌注过程中加大导管埋深,一般控制导管埋入深度不小于3m,混凝土浇注时,派专人观察混凝土面的上升情况和出浆量变化。混凝土面的上升高度和出浆量与混凝土的灌入量成正比,若有异常,应分析原因,并采取相应对策。若混凝土灌入量增加,说明部分混凝土进入溶洞。若溶洞灌入量减少,说明孔壁坍塌或缩径,应果断处理。

8 安全保证措施

(1)施工现场入口处设置警示标志,无关人员不得进入施工现场。

(2)对于已埋设护筒未开钻或已成桩护筒尚未拔除的,加设护筒顶盖。

(3)钻孔机就位后,对钻机及配套设施进行全面检查。钻机必须平稳、牢固,钻架加设斜撑或揽风绳。

(4)钻至溶洞时,要密切关注孔内泥浆情况,如有漏浆,立即提出钻头,以防坍孔埋钻。钻机停钻,必须将钻头提出孔外，置于钻架上，不得滞留孔内。

(5)根据溶洞情况准备好足够的片石、黏土，准备1台装载机，以防漏浆时及时补浆用。

(6)桩基钻孔施工时，每台打桩机至少3人在现场，晚上施工时，设专人巡视检查。

(7)一旦发现钻孔范围有塌陷可能，人员应撤出危险区域，暂停钻孔作业，经处理情况稳定再进行施工。

9　环保措施

灌注桩施工泥浆、浮渣不得乱放乱堆，避免对周围环境产生影响，可挖坑种植土覆盖处理，然后植树种草，恢复生态。施工机械产生的废油应进行回收利用，灌桩剩余混凝土应加以利用，不得随意乱丢。

10　资源节约

片石黏土筑壁法资源耗费少，较抛填法、土钉封堵法、混凝土置换法、水泥封堵法、灌浆法、静压化学灌浆法等处理方法节约大量资源。护筒跟进法处理深度深、流动性溶洞效率高，符合国家节能减排、资源节约要求。

11　效益分析

片石黏土筑壁法、钢护筒跟进法处理溶洞，材料损耗少，施工速度快，施工质量保证率高，灌注桩体混凝土损耗少，与同类溶洞处理方法相比，该法技术经济性明显。

(1)抛填法耗用材料较筑壁法一般多3~4倍；

(2)土钉封堵法施工难度大，效果有时并不理想；

(3)混凝土置换法、水泥封堵法、灌浆法、静压化学灌浆法材料成本高，且须7~10d水泥凝结硬化时间，工期较长。

(4)对于大型无充填、流动性溶洞，采用钢护筒跟进法尽管钢护筒成本较高，但其他方法效率低，工期长，成桩质量难以保证，综合成本钢护筒跟进法较低。

12　工程应用

(1)新205国道至新46省道连接线工程渡船头大桥全长210m，共有桩基础27根，桩径120cm。桥址位于岩溶发育地区，河床下伏灰岩中有多层溶洞，河床上部为素填土、砂卵石、角砾，下部为强风化钙质砂岩、弱风化钙质砂岩、弱风化灰岩层。在工程施工中，除了9-1号桩基为一个小溶洞外，其他都为多层复杂溶洞，特别是斜坡岩和孤石特别多，再加上卵石覆盖层已经筛过砂子，非天然级配卵石层，在钻孔中极易造成坍陷，需要多次重复回填钻孔施工，极大地增加了施工难度。

工程采用冲击钻成孔加片石黏土筑壁法和钢护筒跟进法联合施工方法，成功处理了有关问题。钻进过程中无塌孔、吸钻、埋钻及卡钻现象。全部桩基均满足设计和规范要求，达到优良标准。该方法可操作性强，施工组织设计方便，易于操作，可流水作业；降低了溶洞处理难度和作业风险，安全保障得到进一步提高，具有较好的经济效益和社会效益。

(2)我公司在黄衢南高速衢州互通至江山北连接线公路工程S2标上余大桥下部结构采用钻孔灌注桩，ϕ1 500mm桩基共32个，ϕ1 200mm桩基共97个。其中23~27号桥墩处于严重岩溶地段，28~35号墩台为一般溶洞区域。岩溶地质地区，地质较复杂，地基表层为堆积土和砂砾土，下层为溶蚀石灰岩，岩层起伏大。多数桥基在地表以下15m深度内普遍存在单层或多层溶洞，溶洞形状各异，大小不同，填充物不一。溶洞的填充物为硬塑状、软塑状砂性土或砂砾土，或富水流塑状砂性土，有的洞与洞相通且形成了暗沟。

我公司经反复探索研究，采用冲击钻成孔加片石黏土筑壁法和钢护筒跟进法施工方法，成功处理了有关问题，成孔质量良好，钻进过程中无塌孔、吸钻、埋钻及卡钻现象。钻头上下自如，无孔斜、缩孔现象。全部桩基均满足设计和规范要求，达到优良标准。

深水钻孔灌注桩浮式平台施工工法

GGG(浙)C1056—2009

王跃东　赵厚纯　梁明文　陈飞鑫
(杭州宇航交通工程有限公司)

1　前言

深水钻孔灌注桩施工平台主要采用固定式平台,固定式平台对旋转钻机钻压保持和钻孔倾斜度控制有利,但存在结构复杂,搭拆工序繁琐,耗钢量大,成本高,工期长等缺点。

我公司在浙江省淳安—开化公路淳安段(东段)S01 标 K3 + 802 桥及淳安县环湖公路上江埠大桥及接线工程(S01)合同段界牌岛 1 号桥施工中,利用湖面浪小、无通航要求等有利条件,结合力学平衡理论,形成了浮式平台深水钻孔灌注桩施工工法。浮式平台具有结构安全稳定,能与钻孔整体设计,墩间可以整体移动,工序较少,施工周期短,平台转移速度快,材料投入少,成本相对较低等优点。浮式平台使用效果良好,显著缩短了工期,受到业主、监理单位的一致好评。

2　工法特点

(1)结构简单,安全稳定,材料投入少,成本低;

(2)搭拆周期短,投入施工快,平台转移速度快,显著缩短工期;

(3)平台受波浪影响平稳性不够,但不受水位影响;

(4)需要较多水上设备和器材,一定程度上影响通航。

3　适用范围

适应水流速度小、风浪不大、通航压力小的湖泊、河流中,水深 8m 以上钻孔灌注桩基础施工。

4　工艺原理

浮式平台是利用水的浮力作为平台支撑力来承受竖向施工荷载的一种刚性浮体作业平台。浮式平台主要由浮箱拼接而成,在浮箱上面搭设门吊及钢护筒沉放平台,解决钢护筒、钢筋笼起吊等水上作业面问题。通过设置水下混凝土锚碇或岸边地锚来承受水平荷载及因水平或竖向荷载引起的浮式平台倾斜。钻孔作业时平台与钢护筒完全脱离,钢护筒之间通过水下连接系相连成为刚性整体,解决钢护筒的自身稳定问题。

5　施工工艺流程及操作要点

5.1　施工工艺流程(图 1)

5.2　施工操作要点

5.2.1　工程测量

(1)根据工程特点,在施工现场建立平面控制网,控制网的区域必须大于施工范围,消除施工时对控制点可能变动的影响。平面控制网的网形可布置三角形、多边形和附合导线,但控制网坐标点位置必须要求控制面广，点与点能够通视、校核，防止放样差错；为了施工方便，在个别位置布设地面控制点，对地面点应增设复测校核的措施。

（2）依据建设单位提供的坐标点进行平面控制网联测，控制网等级必须符合《公路勘测规范》（JTG C10—2007）的要求进行，并及时整理测量成果，报送监理工程师认可。

（3）复核桩位坐标，初步放出桩位，浮台就位时，精确测设桩位，确保浮台就位准确；埋设钢护筒时，进一步复核桩位，确保桩位准确。

5.2.2 浮台施工

（1）浮台设计

浮台是由若干浮箱拼接而成。浮箱一般外形为长方体，底部周边为圆角，顶部为长方形，钢箱钢板厚度不小于3mm，内部有钢制中隔板，顶部焊有带螺栓眼和卡销眼的角钢及钢板，小钢箱之间通过螺栓和卡销互相连接，顶部预留有锚栓孔，以连接固定锚机或其他需要固定的设备。根据平台在施工过程中的荷载分布对其进行详细计算，主要计算浮箱承载力、浮箱偏载后的最大干弦高度、浮箱间的连接计算、浮箱稳定系数、浮箱龙骨计算、万能杆件纵梁计算等。浮台设计须具有足够的承载力和抗倾覆稳定系数，保证浮台的安全稳定。

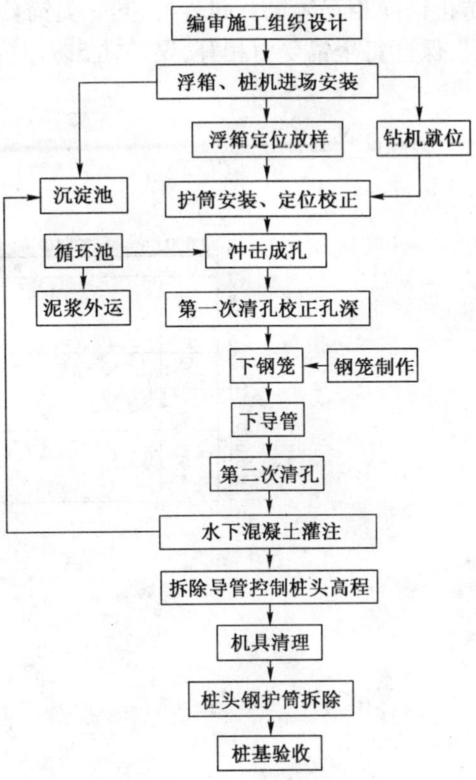

图1 施工工艺流程图

①承载力安全系数

$$K_1 = F_1/F_2 = 1.5 \sim 2.0$$

式中：F_1——浮箱干舷50cm所产生的浮力；

F_2——浮箱、平台自重、竖直施工荷载总和。

②倾覆稳定系数

$$K_2 = M_{max}/M_{Hq} > 1.3$$

式中：M_{max}——复原力矩，浮箱在最大允许倾斜度（5°）时的复原力矩，由结构自重和浮力构成的力偶产生；

M_{Hq}——浮箱倾覆力矩，由风力、施工荷载或水流等其他水平力对浮台浮心的力矩产生。

（2）浮式平台组拼（图2、图3）

在码头组拼浮式工作平台。浮箱组拼后，在浮箱上根据桩位布置，拼装纵梁。纵梁上分别铺6cm木板，空出桩位。纵梁上安装龙门吊机、冲击钻机。若水流较大，上游位置设置定位浮箱，通过定位浮箱平衡剪力，保证横梁拼装的顺利进行。

（3）浮台定位

锚碇系统由铁锚（或钢筋混凝土锚）、锚链、锚绳、马口、带缆桩、卷扬机等组成，是平台的锚固定位装置。主锚碇、边锚数量应足够，确保安全稳定。

使用拖轮将锚碇在距设计桩位40～80m处进行抛锚，并用浮筒作为标志。将拼装好的浮式平台用钢丝绳固定在拖轮上调整好走行方向，拖运到墩位处，利用安装在浮台上的四台卷扬机（锚机），在测量指挥下，通过伸缩锚机对拉调直理顺锚绳，根据每根桩的布设位置准确放出每根桩的桩位，并依次安装定位框架，实现浮式平台就位。或通过手动倒链葫芦调整锚绳的松紧程度进行浮式平台精确定位。调锚通过安装在锚绳上的拉力表掌握锚绳的受力状态，收紧锚绳，按“先抛后收、后抛先收”的顺序进行，防止锚绳相互缠绕。同一批、同一类锚分次收紧到位。收紧某一个锚的同时务必观察其他锚的受力情况,保证每个锚受力相等,误差在5%以内。对锚绳的预拉力一般拉到设计的80%左右。锚的抛设在水面风平浪静、能见度好的天气下进行,采用拖轮拽带,抛锚浮箱作业由测量人员交汇出锚位。成立调锚作业队,施工过程中勤检查、勤调锚,使平台偏位控制在5cm范围内。

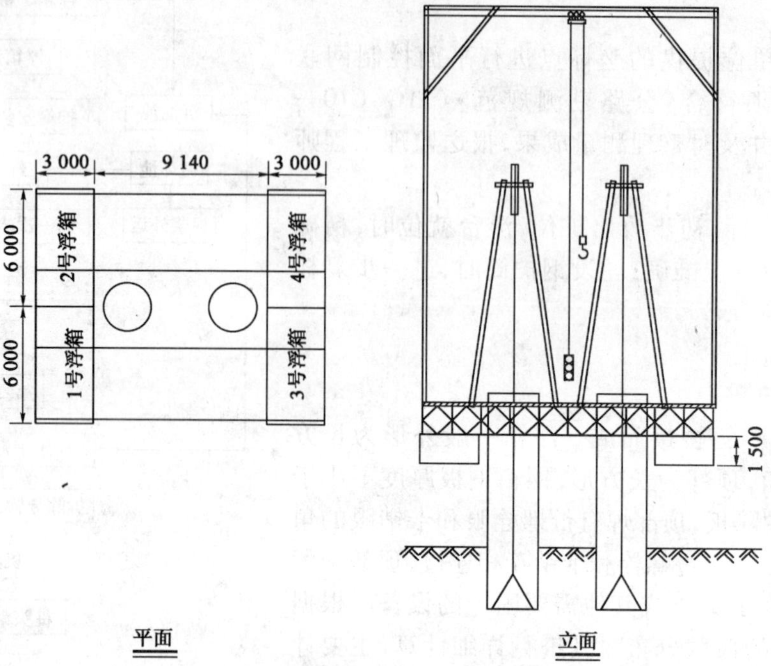

图2 浮式平台布置图(尺寸单位:mm)

5.2.3 插打钢护筒——"栽护筒"法

护筒设计直径是设计桩径加200~400mm,一次性钢护筒,护筒面板采用QJ235厚8~10mm钢板,护筒采用振动锤打入。根据地质资料,护筒须入土一定深度h,所以设计第一节护筒长大于$h+1$m,气割成45°刃角。钢护筒入泥岩最小深度须大于2m,如果泥岩坚硬,难以直接打入至规定深度,当钢护筒入岩小于2m但大于1.5m时,可先成孔5m,再用振动锤将钢护筒打入设计护筒底高程;但当护筒入岩深度小于1.5m或湖底坡度太大,钢护筒插入有难度时,可采用"栽护筒"法(图4),先在桩基部位用大钻机锤冲击一个大于钢护筒的坑,坑的深度大于等于要求钢护筒埋入深度,然后将钢护筒放入其中就位,再用导管在护筒外周灌注水下混凝土,要求混凝土强度等级大于等于C25,等混凝土达到一定强度后即可进行桩基冲孔施工。

图3 浮式平台组拼

插打钢护筒时,需制作上下"井"字形导向架。计算水深、流速影响下护筒受到的水流冲击力,若不能保证钢护筒下口位置时,应在上游抛锚设置定位浮箱,由定位浮箱上的卷扬机、滑轮组牵出下拉缆,牵住护筒下口,达到控制护筒垂直度的目的(图5)。按此方法施工的钢护筒平面位置偏差不超过10cm,垂直度控制在0.5%。护筒顶高程高出水面100cm以上,并与浮式泥浆中转箱连接,护筒中心竖直线应与桩中心线重合,平面允许误差为50mm。

5.2.4 成孔

由于是全岩石桩基,选用CZS-40型单绳冲击成孔设备,成孔时为保持孔壁稳定,防止孔底坍塌,成孔时采取优质黏土造浆，适当控制黏度，根据地质资料，一般待钻孔深度达到5m以后泥浆相对密度可控制在1.20～1.30之间，直至钻孔结束。

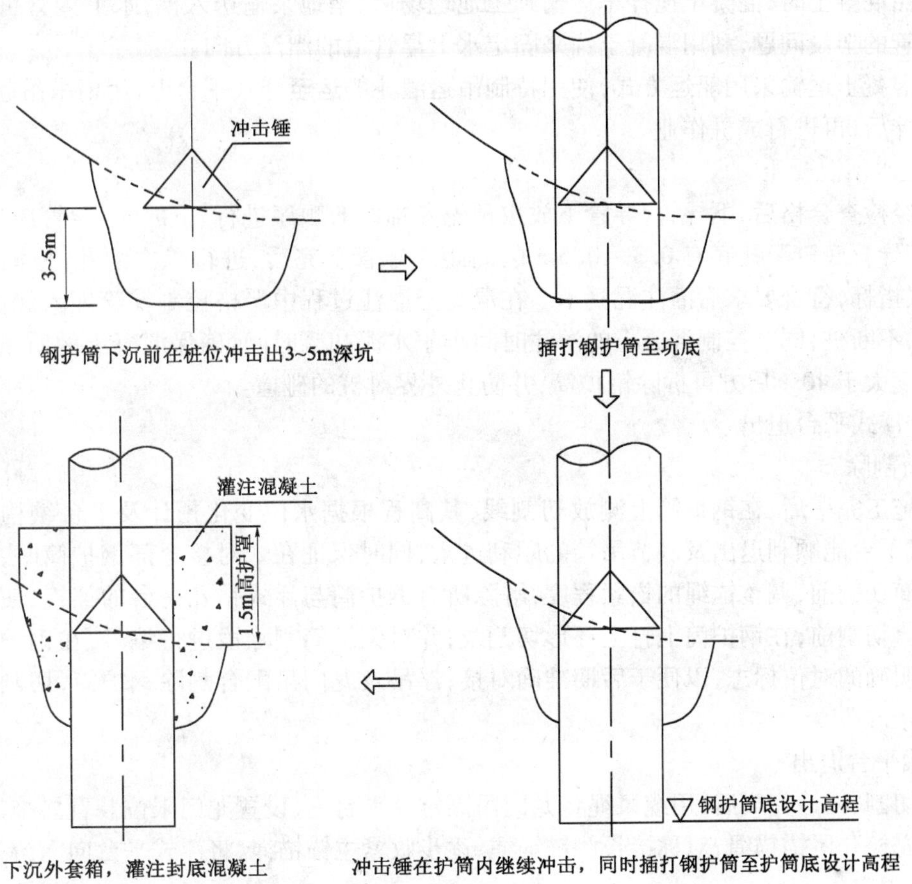

图4 “栽护筒”法

各台钻机均配备相对独立的泥浆循环系统，由钻机泥浆泵循环管道、泥浆箱和沉淀池组成，用NB-1型泥浆比重计和1006型泥浆黏度计来测试成孔泥浆指标，确保良好的护壁性。钻进过程中确保钻机起重轮缘、钻头中心、孔位中心三者在一条直线上，并经常矫正。

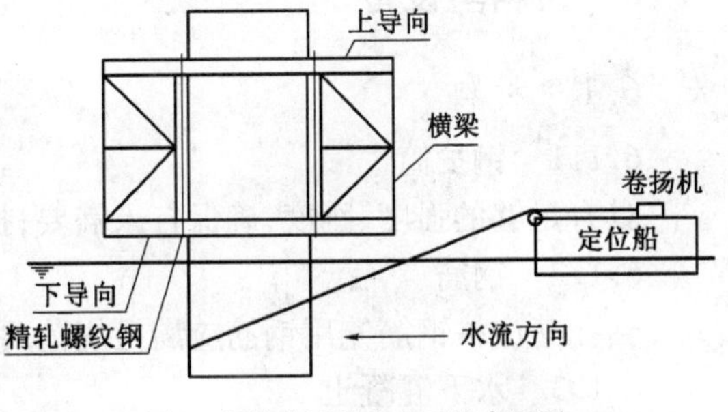

图5 钢护筒下放定位系统布置图

5.2.5 清孔

在孔深达到设计高程后，采用抽浆换浆法清孔，向孔内补充储浆池内净化后的泥浆，将孔底钻渣及泥砂等沉淀物清除，直到出浆口的泥浆达到以下要求：相对密度1.04～1.08，黏度16～18s，含砂量小于4%，胶体率大于98%，清孔后沉淀物厚度应小于10cm。

5.2.6 钢筋笼成型及吊放

钢筋笼于现场制作，由专业浮式门吊将钢筋笼分节起吊下放，钢筋笼进入孔口后，应将其扶正徐徐下放，严禁摆动碰撞孔壁，并且边下放边拆除内撑。当最后一道加劲箍筋接近孔口时，在主筋上焊接吊环，将钢筋笼通过工字钢支承在孔口钻机轨道上。再吊起第二节骨架，使它们在同一竖直轴线上对接齐焊接，为节省时间，至少2名焊工同时焊接。接头焊接好后，再吊起骨架，抽出工字钢，割去吊环，下放骨架，如此循环，使骨架下至设计高程为止。最后用3根相同直径的钢筋把钢筋笼接长固定于护筒上，防止钢筋笼下沉或上浮，并把钢筋笼放正于孔位中心，钢筋骨架底面高程控制在±50mm以内。钢筋笼每2m安装4个保护层垫块，确保钢筋笼保护层的厚度。

5.2.7　灌注水下混凝土

(1)混凝土供应

采用商品混凝土时,混凝土搅拌车运输到工地现场后,坐地泵输送入模,水上接管可由专用浮筒来完成水上泵管的架设问题,利用混凝土锚来固定水上浮管道的漂浮方向。

若水泥混凝土运输采用船运方式,使用特制吊运灌斗船运至浮式平台上,用桁吊吊起放入二次拌和仓内二次搅拌后,再进行成桩作业。

(2)灌注水下混凝土

钢筋笼经检查合格后,下导管,导管下放按预先安排好的顺序进行,下放时,导管应连接紧密,垂直居中,且保证导管底口距孔底有0.3~0.5m的间距。导管下完后,进行二次清孔,检测孔底沉淀层厚度、孔底泥浆指标,符合要求后灌注混凝土。在混凝土灌注过程中严格控制导管埋入深度,确保混凝土灌注不夹层、不断桩,同时控制混凝土的灌注时间小于水泥初凝时间,确保混凝土的质量。同条件养护试件试压强度大于40%后方可拆除钢护筒,并防止外界对桩的碰撞。

5.2.8　浮式平台退出

(1)护筒割除

钻孔桩施工完毕后,在钢护筒上测放切割线,其高程根据水位变化预计及平台结构尺寸限制来确定,确保浮式平台能顺利退出及底节吊箱的顺利进入;同时保证在未对接全部钢护筒时,水不淹没切割位置。钢护筒切割前,调整锚绳的松紧程度,解除所有钢护筒与浮式钻孔平台的连接,使浮式平台完全由锚绳固定。切割前,在钢护筒上打上环形切割线,并对钢护筒割除段进行编号,在钢护筒的切除段和水中段做好明确的对位标志,以便于后期准确对接;浮吊及龙门吊配合割除钢护筒,切割段放在钻孔平台上。

(2)浮式平台退出

钢护筒切割、调运完成后,用缆风绳将龙门吊固定在平台上,设置龙门限位装置。拖轮就位,拴牢浮式平台。首先松开尾锚锚绳,对称接长侧锚锚绳,逐步收紧主锚锚绳,将浮式平台向上游拖动,到达下一墩位后,拴锚固定。

6　材料与设备

6.1　材料

6.1.1　钢护筒

具有足够的强度、刚度,确保打入需要;护筒长满足入岩深度及出水高度需要。

6.1.2　钢筋

钻孔灌注桩钢筋笼用钢筋应满足规范要求,并检验合格。

6.1.3　水下混凝土

强度满足设计需要;坍落度:16~20cm。

6.2　设备(表1)

主要施工机具设备表　　　　表1

序号	机械名称	规格型号	额定功率	数量(台)
1	钻机	CZS-40	75kW	4
2	门式5t吊机	FD-180	5t	2
3	汽车吊		25t	1
4	浮式平台	排水量	$60m^3$	2组
5	钢筋切断机	GJ40	5.5kW	2

续上表

序　　号	机械名称	规格型号	额定功率	数量(台)
6	钢筋弯曲机	GJ40	7.5kW	2
7	电焊机		14~21kW	8
8	5t 手动葫芦	台		8
9	20t 千斤顶	台		2
10	5t 千斤顶	台		2
11	5t 卷扬机	台	12kW	2

7 质量控制

7.1 质量标准

《公路桥涵施工技术规范》(JTJ 041—2000)。

《普通混凝土配合比设计规程》(JGJ 55—2000)。

《公路工程质量检验评定标准》(JTG F80/1—2004)。

7.2 质量控制要点

7.2.1 孔径保证措施

冲击过程中,准确控制冲击速度和起锤高度,经常检查锤头直径磨损情况,及时修补、更换锤头,确保桩的充盈系数在1.05~1.15。配置优质泥浆,使钻孔泥浆相对密度控制在1.3左右,确保孔壁稳定,防止孔壁坍塌、缩径,使成孔孔径规则。

7.2.2 垂直度保证措施

钻机就位准确,并以天车、护筒中心、锤三点于一垂线定位。开孔时减少起锤高度,一般控制在40~100cm,慢击,待冲击深度3m以上时方能正常冲进。

7.2.3 孔深保证措施

埋设护筒后,根据孔口高程、桩底高程精确计算孔深(桩深)。准确丈量钻具,保证钻孔深度。在终孔后将锤头提离孔底10~20cm,并配置优质泥浆补充进行第一次清孔,清孔不少于1h,下完导管后进行第二次清孔,待孔底沉渣厚度小于10cm后立即灌注水泥混凝土。待灌时间不超过20min。

7.2.4 钢筋笼吊放技术措施

严格按照规范和设计要求进行钢筋笼制作,原材料应取样进行力学及材质检验后方可使用,钢筋笼分段制作,在门架式吊机起吊高度允许的情况下尽可能少分段,一般分三段加工制作,再通过浮排运输到机架台边,然后由吊机起吊安装,最后在平台上焊接钢筋笼,焊接时吊点应受力均匀。电焊采用单面焊接不小于10d,电焊时不损伤主筋断面。箍筋点焊牢固,钢笼安放时不得随意扭动并控制保护层。

7.2.5 水下水泥混凝土灌注成桩质量

水泥混凝土强度等级满足设计要求,坍落度为(18±2)cm;下入孔内的导管必须圆直光滑,密封圈完好,无渗漏水现象;隔水塞大小适宜,既能隔离泥浆又能在管内移动自如;水泥混凝土灌注前必须测定沉淤厚度和确保泥浆性能合格,并经现场监理认可后才能开始,浇注过程中严禁导管提离水泥混凝土面造成断桩;桩顶加灌高度不少于50cm,原则上控制在100cm;严禁成桩后浮台等物体撞击桩。

8 安全措施

(1)施工单位应持有效的《水上水下施工作业许可证》;严格施工船舶进场报验制度,施工船舶应配备有效的通信和救生设备,并保持设备技术状态良好;操船人员须持与岗位相适应的适任证书。

(2)从事起重等特种作业人员必须持证上岗;潜水人员和水上辅助作业人员须持有效潜水员证书和适任证书,并报监理备案。潜水作业专人统一指挥,信号绳、氧气管由专人持管。

(3)浮箱、浮吊的设计与安装必须符合相关要求,在安装过程必须符合相关安装要求,各类金属支架应加设接地装置。锚碇系统应安全可靠。

(4)浮箱等临水边须设不低于1.2m高的安全栏杆,并挂密目安全网;施工人员个人防护用品须穿戴规范,水上作业须穿救生衣、戴安全帽、穿防滑鞋。

(5)浮箱拖运前,应按海事部门批准路线拖运,拖运前应摸清有无暗礁、浅点、渔网等障碍,拖运方案应报监理审查,并制订应急预案。

(6)机械设备应确保状况良好,带“病”的机械设备及缺少安全装置或安全装置失效的机械设备不得进入施工现场。

(7)大风、大浪、大雾等不良天气应停止水上作业。

(8)浮箱内须安置自动泵,防止浮箱渗漏影响浮箱浮力。

9 环保措施

(1)钻孔泥浆运至规定地点堆放,防止污染湖水。施工用油严防渗漏,防止造成湖水污染。

(2)水上施工需保护水域环境,保证水资源不受污染,淤泥等不可随意排放入水。

(3)工程竣工后,认真清理现场,拆除临时建筑,掩埋、处理各种垃圾,种树铺草,做到撤场后生态环境不受影响。

10 资源节约

该工法在淳安—开化公路淳安段(东段)S01标K3+802桥项目中取消了钢管桩、辅助支撑,用钢量少,比固定式平台节省了近80t钢材;机械设备台班少,节约了成本。在淳安县环湖公路上江埠大桥及接线工程(S01)合同段界牌岛1号桥项目中节约了大量的工程材料。

11 效益分析

采用浮式平台、冲击反循环成孔方法有效地解决了深水位桩基施工难题。淳安—开化公路淳安段(东段)S01标K3+802桥,采用浮式平台施工,浮台整体拖运,节省了建、拆固定平台的工作,提前工期近1/6,节约投资约80万元;在淳安县环湖公路上江埠大桥及接线工程(S01)合同段界牌岛1号桥项目中,减省了材料耗费120万元,节约工期近3个月,创造了很好的经济效益和社会效益。

12 应用实例

(1)淳安—开化公路淳安段(东段)S01标K3+802桥,地处千岛湖,桥梁全长120m,桥跨结构为6×20m箱梁。由于本桥梁位于千岛湖水区,最大水深29m左右,水中墩基采用ϕ1.5m的钻孔灌注桩;桩长30~47m,水中自由桩长8~29m,桩基施工为全岩石基础。我公司在该桥桩基施工中大胆运用新工艺,采用浮式平台深水钻孔灌注桩施工工法,在深水基础施工上是一个创新。该工法比固定式平台节省了近100t钢材;浮台整体拖运,节省了建、拆固定平台的工作,提前工期近1/6,节约投资约80万元,取得了很好的经济效益和社会效益。

(2)淳安县环湖公路上江埠大桥及接线工程(S01)合同段界牌岛1号桥地处千岛湖,桥梁全长292.06m,位于千岛湖深水区,最大水深34m左右,桩长32.4~47.1m,水中自由桩长6.56~24.12m,桩基施工为全岩石基础。采用浮式平台深水钻孔灌注桩施工工法,成功完成了深水钻孔灌注桩施工,节省了材料费120万元,节约工期近3个月,创造了很好的经济效益和社会效益。

新型锁扣式钢结构围堰施工工法

GGG(中企)C1057—2009

赵 斌 赵建刚 杨永文 孙建勋 简瑞峰

(中交第四公路工程局有限公司)

1 前言

目前国内海中浅滩承台围堰形式一般采用传统的钢板桩围堰、单壁钢围堰这两种单一形式的围堰施工方式。传统钢板桩围堰有止水效果不好、施工成本太大及施工周期太长的缺点,而单壁钢围堰有施工周期长、周转次数少及定位不准确的缺点。新型锁扣式钢结构围堰综合了传统钢围堰与钢板桩围堰的优点,使得拼装及安装简便,定位控制精确、稳定性好,机械设备投入少。

鉴于青岛海湾大桥水文、地质情况,即胶州湾海底地形海域海底高程在 -2 ~ -4m 之间, 规则半日潮类型。青岛长期验潮站实测最高潮位为3.09m,年平均高潮位1.39m;历史实测最低潮位 -3.12m,年平均低潮位 -1.40m;历年最大潮差4.75m,年平均潮差2.78m;实测测点最大涨潮流速0.76m/s,流向339°;最大落潮流速0.62m/s,流向182°。本工程基础施工采用了新型锁扣式钢结构围堰。这种围堰是介于传统钢围堰与钢板桩围堰之间的一种围堰阻水结构,具有拼装与安装简便、定位控制精确、稳定性好、机械设备投入少、受外界环境的干扰小、下放省时、安全性高、成本较低等特点。

新型锁扣式钢结构围堰以其施工便捷,重复利用率高,成本较低的优点受到广大施工单位的青睐,具有良好的发展前景。该工法关键技术通过了中交第四公路工程局技术委员会的评审,并被认定为局级工法。

2 工法特点

该围堰是介于传统钢围堰与钢板桩围堰之间的一种围堰阻水结构,其特点总结如下:

(1)拼装与安装简便,定位控制精确,稳定性好;

(2)大型机械投入少,受外界环境的干扰小,可降低施工成本;

(3)钢围堰也可以直接作为承台模板,无需新制内模;

(4)合拢处模板可调节,无需特制;

(5)模板锁扣止水措施方便有效;

(6)可分块解体周转使用。

3 适用范围

本工法适用于水深在5~6m的海洋、大江环境中施工的桥梁、码头等,自制锁扣式钢结构围堰适用于淤泥、淤泥质黏土、淤泥质亚黏土、泥岩、砂岩,其中淤泥平均层厚5m、淤泥质黏土平均层厚5m左右的地质及覆盖层较薄但是其下有强风化岩层强度在200~300kPa的深水河床的地质情况,并且当水深较浅、流速较低及高桩承台底距河床面高差不大时宜于采用。根据工地起吊和现场实际情况,锁扣式钢围堰一般制成装配式,并采取相应措施,防止围堰接缝渗漏。

4 工艺原理

(1)新型锁扣式钢结构围堰是一种分离式拼装钢围堰,由若干块钢模板借助钢模板上的锁扣联结结构联结起来,在施工现场插套拼装联结构成。

(2)新型锁扣式钢结构围堰将围堰分成了两大部分,其中八大块和四个角为一部分,其他四个面的中间模板为一部分。每个面的模板与角板都通过锁扣连接形成一个整体,锁扣处的卡槽用砂浆灌满密封,从而达到封水效果。

(3)锁扣联结结构包括一个锁扣和一个充填密封管。锁扣是由支壁板联结圆钢管构成的锁头(俗称阳头)插套入由一侧沿长度开口的圆钢管构成的锁扣内(俗称阴头),填充密封管由两个凹口结构相对构成(图1)。

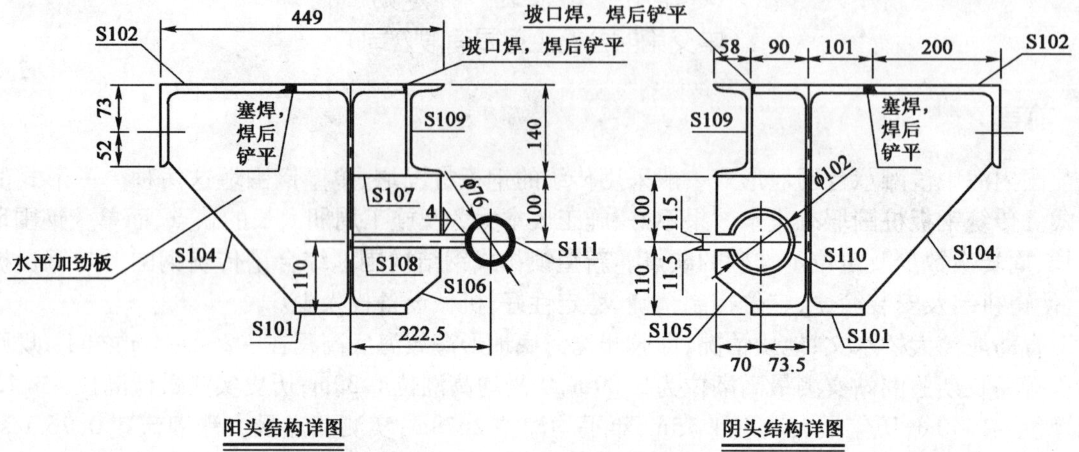

图1　锁扣结构图(尺寸单位:mm)

(4)钢围堰总体高度为12.0m,顶面高程为+4.04m,底面高程为-7.96m,由侧板及内骨架系统组成,钢围堰整体质量分别约为85t、90.4t、97.82t,由加工成尺寸固定的A、B、C三类侧块(图2)根据不同尺寸的承台组装成为不同尺寸的围堰。新型锁扣钢结构围堰侧板由水平横向骨架、竖向骨架、面板加劲

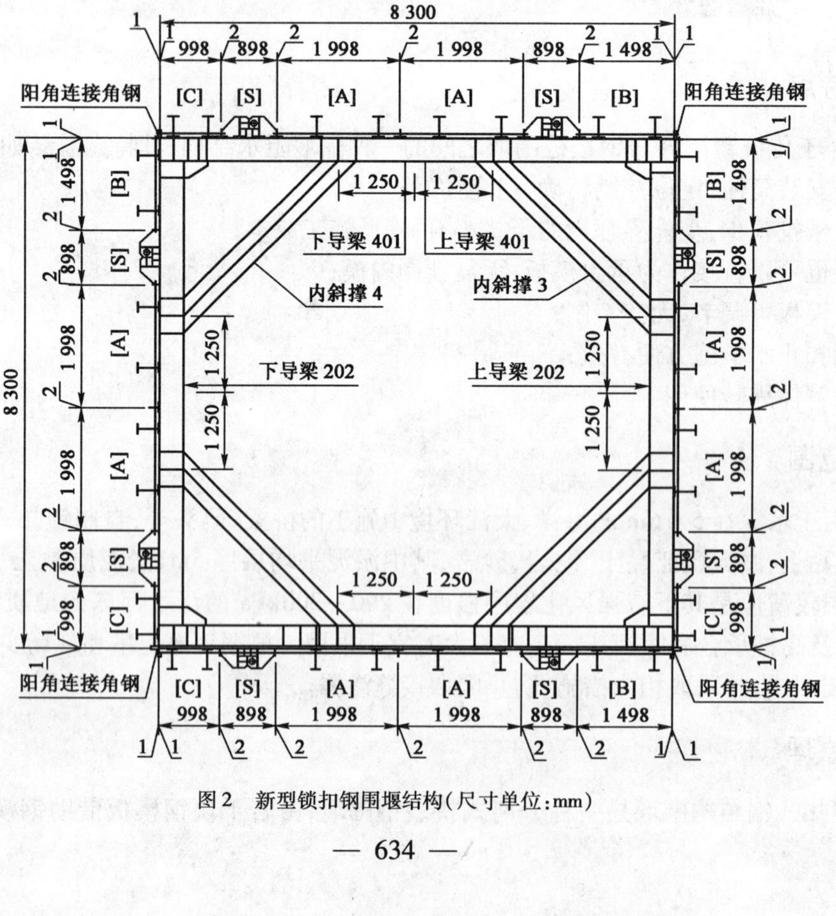

图2　新型锁扣钢围堰结构(尺寸单位:mm)

以及面板组成。水平横向骨架和竖向骨架均为Ⅰ20a 热轧普通工字钢，以竖向通长设置；面板加劲以加密形式布置在竖向通长骨架的中间位置，面板加劲材料为$\angle 100 \times \angle 100 \times 6$mm 的热轧等边角钢。竖向通长骨架以及面板加劲以面板面积平均布置。侧板面板为δ10mm 的 A3 钢板。钢围堰侧板竖向不分节，横向分块加工制作；接缝采用法兰螺栓连接，法兰之间采用普通橡胶垫加以密封，待承台防腐涂刷完成后方可拆除。

(5)为降低高潮位时海水对钢围堰封底混凝土的浮托力，同时作为钢围堰内积水排除通道，围堰在侧板上距承台底高程往上 20 ~ 50cm 位置处设置一个直径为 30cm 的进出水流通管，即其高度略高于封底混凝土顶面，这样残留海水在一定时间内还可起到对封底混凝土蓄水养护作用。同时为了便于现场施工和保证施工安全，在钢围堰两块侧板连接处的其中一块钢围堰侧板外侧龙骨上设置竖向爬梯，整个钢围堰共设置三处，在围堰顶口设置工作平台、护栏。

5　施工工艺流程及操作要点

5.1　新型锁扣钢结构围堰的施工工艺

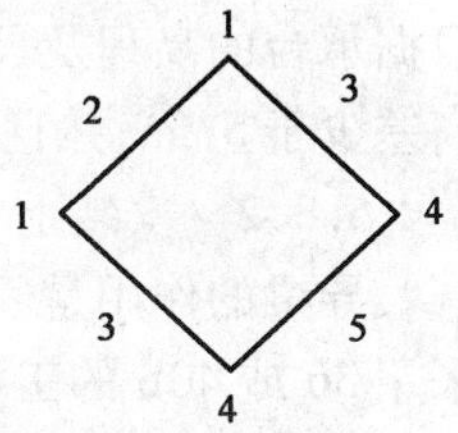

图 3　围堰下放顺序图

(1)围堰模板下放的顺序如图 3 所示。

(2)先下 1 位置处的两个角模板，再下 2 位置处的侧模板，然后是 3 位置处的两个侧模板，接着是 4 位置处的两个角模板，最后是 5 位置处的侧模板。

(3)工艺流程如图 4 和图 5 所示。

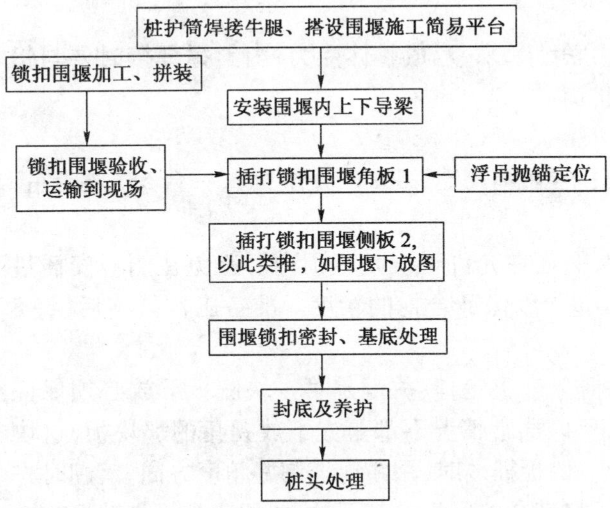

图 4　锁扣围堰安装施工工艺流程图

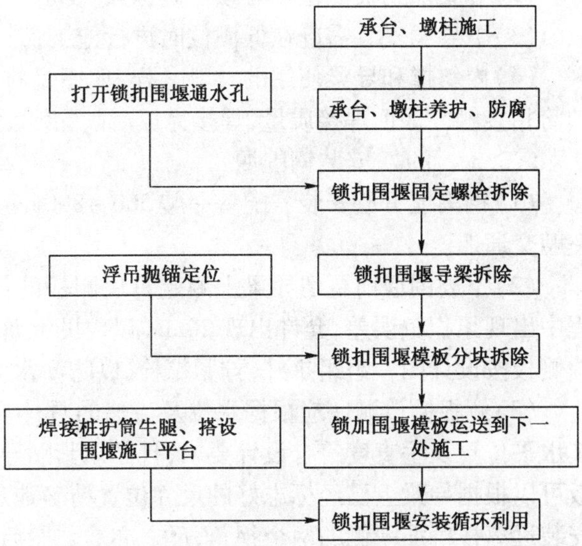

图 5　锁扣围堰循环利用施工工艺流程图

5.2　锁扣围堰的加工、拼装、运输

锁扣式钢结构围堰侧板需要在项目部基地加工厂按照图纸尺寸进行加工，加工过程要做到精确，尤其是锁扣的加工，更要做到精益求精。锁扣槽钢间距的大小，阴、阳接头锁扣的磨合顺利与否都是整个围堰成败的关键所在。因此在加工制作过程中应该注意以下几点：

(1)模板的法兰盘(角钢边缘与面板边缘必须在同一垂直线上)。

(2)锁扣槽钢翼缘板边缘必须与面板边在同一垂直线上，面板不能超出槽钢翼缘板。

(3)锁扣阴、阳头焊接完毕后必须打磨光，阳头连接钢板与钢管焊接必须水平在一条线上不得有变形，阴头钢管切割开口必须在同一条水平线上 。

(4)海水对钢材的腐蚀较严重，为了延长钢围堰的使用年限和周转次数，加工完后的钢围堰应仔细地涂刷防腐材料。

(5)根据现场实际施工需要,将围堰进行分块拼装,大致可拼为八大块、四个拐角和四个面板。需要注意的是围堰模板拼装时其板缝之间必须用橡胶垫作密封条,以便以后重复周转使用、防水和给模板之间一定的活动空间。每块侧板接缝必须平整,不得有变形,板缝间背侧要用槽钢进行加固,以保证下放时侧板不会变形。

(6)在运输到施工现场之前,必须将四个拐角处的模板用角铁固定死,以防在吊装或运输的过程中变形。用吊车将模板吊放在平板车上运到施工现场。

5.3　钢围堰的安装、下放

5.3.1　辅助性施工

在进行围堰的安装下放工作前,需要进行两个辅助工作:在钻孔桩钢护筒上焊接牛腿,搭设围堰施工简易平台,为挖掘机、吊车等施工机械提供作业空间和为围堰下放提供支撑。焊接牛腿前,需要测量,根据承台的高程及尺寸进行放样。同一平面上焊接8个牛腿(每个钢护筒2个),要求8个牛腿间平面高差少于5mm,并且焊接在桩位的顺桥向和横桥向的中心线上。

5.3.2　安装上下导梁,焊接斜内支撑

导梁的作用是固定导航,为围堰内部施工时人员行走、操作提供便道。围堰内导梁分为上下两层,采用36或40b的工字钢直接焊接在牛腿上,导梁的尺寸与围堰的内尺寸一样。在围堰下放后,将导梁与围堰模板焊接,形成整体,即加强了围堰整体刚度。导梁焊接时要保证:

(1)同一侧导梁在牛腿上的焊接位置必须相同;

(2)导梁加劲板的位置必须准确,焊缝要饱满;

(3)下导梁安装需赶在低潮位时进行施工;

(4)内斜撑和导梁使用的材料一样,作用是将导梁联结起来,形成整体受力,内斜撑焊接时要与钢护筒相接触并保证焊接质量,焊接完成后割除多余钢护筒。

5.3.3　下放、安装钢围堰

(1)钢围堰下放安装需配备一艘500~800t运输驳船(配有1台200kW发电机)、一台55t履带吊、一艘交通船。

(2)下放围堰前要在导梁上测定每块侧板的位置,保证在允许正误差范围内。避免在侧板安插过程中出现累积负误差,允许出现20mm以内的允许正误差,以保证合拢的精度。准备工作就绪后,将8块侧板按设计图一组组拼好,拧紧螺栓,以防漏水。

(3)侧板插放顺序应根据水位及流速的具体实际情况来决定,其关键是第一块侧板下放必须保证其水平位置及垂直度符合设计要求,且必须紧贴导梁,所以通常情况下都是先下放拐角的那块板,这块板可以根据导梁上已经标志好的尺寸位置精确地定位。侧板插放时,用缆绳控制好角度方向,落潮时先安装远离栈桥那一侧的两个拐角,反之亦然。然后依次将其余的侧板安装下放,并用履带吊带动振动锤逐一将其振入河床亚黏土层中(海湾大桥新型锁扣式钢围堰的入土深度约为4~5m),然后用三角形钢板将其与导梁固定好。

(4)整体下放到位后要进行围堰锁扣的封堵,锁扣的封堵是整个围堰成功的关键之一。在振动锤将模板振入亚黏土层的过程中,锁扣中会进入泥巴,首先应该用空压机将锁扣内的淤泥等清除干净至底部。用彩条布制作好一个桶状编织袋,编织袋的长度和围堰的高度一样,直径30cm,将内径16cm的PVC管插入彩条布桶内,然后将彩条布桶和PVC管一起插入锁扣底部,向PVC管内灌入P42.5的水泥砂浆,并在灌注的过程中往上提PVC管(具体的操作过程和钻孔灌注桩类似),待到将整个PVC管拔出,锁扣也就封好了,依次完成所有锁扣的封堵工作,待砂浆强度满足要求后便可抽水施工。

5.3.4　封底

(1)在封底混凝土浇筑前,测量人员在导梁及桩护筒上标出封底混凝土顶面高程,以此控制封底混凝土的高程。

(2)封底分为水上封底和水下封底。水下封底前需要潜水员先找平。找平是为了使石子或砂能够均匀地铺散在围堰内底部，使得铺垫厚度均等，上面混凝土的荷载能均匀地分布开，避免压力不均造成一部分碎石被挤走产生夹泥。

(3)封完底后个别地方可能漏水，这时首先得多加水泵，抽完水弄清楚漏水情况，在低潮的时候用空压机将漏水洞周围凿除，凿除的面积可根据漏洞大小而定。打开通水孔，然后将砂浆或混凝土利用大料斗插进所凿开的洞里，吊车附钩提起堵头，让混凝土或砂浆一次性瞬间压到洞里，进行养生，强度满足要求后可进行后续施工。

(4)一次封底混凝土强度达到要求后，堵住通水孔抽水，测出封底高程并观察封底的平整度，根据高程算出差多少混凝土，准备好砂浆、泵车、抓斗，进行二次封底，封底时需要配合人工进行抹平，使承台模板底口能和封底混凝土精密接触，或尽量控制到最小缝隙，以免外漏承台混凝土。砂浆凝固后立刻可以割除护筒破桩头，桩头必须要嵌入承台20cm左右，以保证承台不会产生横向位移。

6 材料与设备

6.1 主要施工材料

本工法投入的材料主要有钢护筒、型钢、热轧等边角钢、钢板、PVC管等，其中大部分设计已对钢板有明确要求，其他施工材料根据施工方案设计选用。

以青岛海湾大桥A类承台施工为例，见图6及材料用量表(表1～表4)(A、B、C三类的钢围堰高度均为12m)。

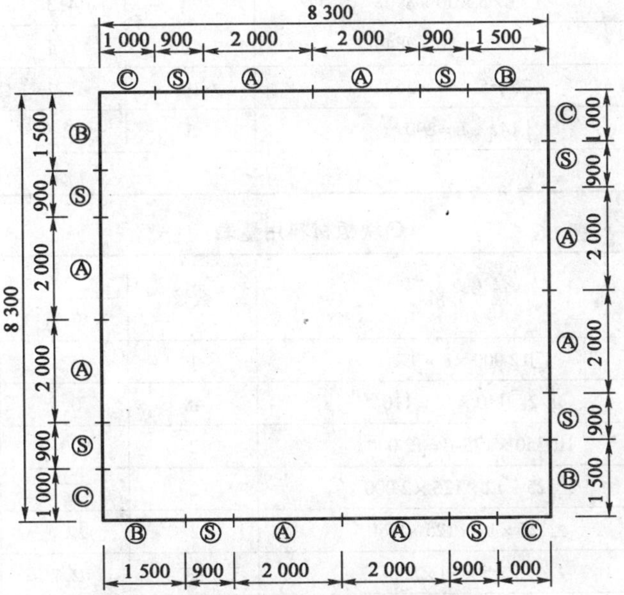

图6 A类承台围堰示意图(尺寸单位：mm)

A块板材料用量 表1

编号	名称	规 格	数量	质量(kg)		备 注
				单重	总重	
1	A101	□12 000×8×1 998	1	1 505.7	1 505.7	
2	A102	1/2□110×10×110	48	0.5	21.6	
3	A103	HN350×175 L=12 000	2	600.0	1 200.0	
4	A104	∠125×12×125×12 000	2	272.4	544.8	
5	A105	∠125×12×125×1 974	2	44.8	89.6	
6	A106	∠75×5×50×990	23	4.8	109.5	
7	A107	∠75×5×50×334	23	1.6	37.0	

续上表

编号	名称	规　格	数量	质量(kg)		备　注
				单重	总重	
8	A108	∠75×5×50×633	23	3.0	70.0	
9	A109	∠75×5×50×450	5	2.2	10.8	
10	A110	∠75×5×50×700	5	3.4	16.8	
11	A111	[14a　L=990	5	14.4	71.9	
合计					3 677.8	

B 块板材料用量表

表 2

编号	名称	规　格	数量	质量(kg)		备　注
				单重	总重	
1	B101	□12 000×8×1 498	1	1 128.9	1 128.9	
2	B102	1/2□110×10×110	48	0.5	21.6	
3	B103	HN350×175 L=12 000	2	600.0	1 200.0	
4	B104	∠125×12×125×2 000	2	272.4	544.8	
5	B105	∠125×12×125×1 474	2	33.5	66.9	
6	B106	∠75×5×50×890	23	4.3	98.5	
7	B107	∠75×5×50×284	46	1.4	62.8	成对制造
8	B108	∠75×5×50×360	10	1.7	17.3	
9	B109	[14a　L=890	5	12.9	64.7	
合计					3 205.5	

C 块板材料用量表

表 3

编号	名称	规　格	数量	质量(kg)		备　注
				单重	总重	
1	C101	□12 000×8×998	1	752.1	752.1	
2	C102	1/2□110×10×110	48	0.5	21.6	
3	C103	HN350×175 L=12 000	2	600.0	1 200.0	
4	C104	∠125×12×125×2 000	2	272.4	544.8	
5	C105	∠125×12×125×974	2	22.1	44.2	
6	C106	∠75×5×50×563	23	2.7	62.3	
7	C107	□195×10×110	46	1.7	78.2	
8	C108	[14a　L=563	10	8.2	81.8	
合计					2 785.0	

锁扣材料用量表

表 4

编号	名称	规　格	数量	质量(kg)		备　注
				单重	总重	
1	S101	HN350×175 L=12 000	2	600.0	1 200.0	
2	S102	∠200×12×125×2 000	2	357.1	714.2	
3	S103	1/2□125×10×110	46	0.6	25.3	
4	S104	□327×10×286	46	7.3	335.8	
5	S105	□199×10×140	25	2.2	55.0	

续上表

编号	名称	规　格	数量	质量(kg)		备　注
				单重	总重	
6	S106	□112×10×140	25	1.2	30.0	
7	S107	□140×10×90	25	1.0	25.0	
8	S108	□12 000×20×181	1	341.0	341.0	
9	S109	[14a　L=12 000	2	174.4	348.7	
10	S110	ϕ102×6 L=12 000	1	170.5	170.5	
11	S111	ϕ76×6 L=12 000	1	124.3	124.3	
合计					3 369.9	

6.2　主要机具设备(表5)

主要机具设备表　　表5

序　号	设备名称	型　号	数　量	用　途
1	浮吊	70t	1	围堰插打
2	履带吊	50t	1	材料起吊
3	运输船	800t	1	运输、存放围堰
4	平板拖车	30t	1	运输材料
5	汽车吊	25t	1	吊运材料、机具等
6	发电机	200kW	1	临时用电供应
7	振动锤	DZ90	1	插打围堰
8	空压机		2	破桩头
9	压浆机		1	压浆
10	混凝土泵车	SY 5291THB-37	1	封底

7　质量控制

7.1　质量控制标准及规范

《钢结构设计规范》(GB 50017—2003)。

《建筑工程大模板技术规程》(JGJ 74—2003)。

《港口工程钢结构设计规范》(JTS 283—99)。

《公路桥涵施工技术规范》(JTJ 041—2000)。

《公路桥涵地基与基础设计规范》(JTG D63—2007)。

《建筑地基基础工程施工质量验收规范》(GB 50202—2002)。

7.2　主要控制原则和要求

(1)钢围堰分块和整体运输过程中要求局部加强,采取多点吊装带缆固定等有效措施,防止钢围堰在运输过程中发生变形。

(2)钢围堰的型号和质量必须符合设计要求和规范规定,且无损坏和变形,保证连接件具有足够的强度,钢围堰拼装应选择在空旷平整的场地内进行,侧板的拼装必须对称进行,严格控制承台的平面偏位和竖直度。

(3)牛腿定位时,在控制好高度的情况下,牛腿必须焊接在桩位顺桥向和横桥向的中心线上,锁扣阴、阳头焊接完毕后必须打磨光,阳头连接钢板与钢管焊接必须水平在一条线上,不得有变形,阴头钢管切割开口必须在同一条水平线上。

8 安全措施

本工法的施工全部在水上进行,施工难度大,安全隐患影响因素较多,在施工过程中除严格遵守桥梁安全技术规程的有关规定和《中华人民共和国环境保护法》外,还应注意以下几点:

(1)根据各部结构、重量、数量、角度编制船式起重机作业专项方案和技术保证措施,满足《起重机械安全规程》(GB 6067—85)要求,确实执行机关及项目工地两级安全管理体系。

大型施工机械在进场前进行维修保养,做到外观精美,质量好,安全装置齐全有效。并严格执行验收制度,无有关部门核发的建筑施工机具安全使用合格证不使用。现场的机械设备操作满足《建筑机械使用安全技术规程》(JGJ 33—2001)的要求。

按照项目要求编制锁扣围堰专项安全施工方案,并对所有参与施工的人员进行安全交底。

(2)与当地气象部门取得密切联系,建立海区海洋气候预报网络,及时预报,根据潮水涨落合理安排施工。

(3)施工船舶必须持有符合海事局安全要求的各类有效证书,按规定配备齐合格船员,船机、通信、消防、救生、防污等各类设备必须安全有效。

(4)吊装作业严格按照吊装操作规程,起重吊装设专职信号指挥人员。起重吊装作业前根据专项施工组织设计的要求,划定施工作业区域,设置醒目的警示标志和专职的监护人员。

9 环保措施

固定运渣车,将施工中产生的废弃物运送到指定地点。派专门的值班人员负责承台、墩柱防腐后围堰内的抽水工作,以防涂料在凝固前被海水浸泡,污染海域和影响海水养殖业。

10 节能措施

改进水下封底混凝土的施工工艺,封底前在淤泥层上铺设 30 ~ 40cm 厚的砂砾,潜水员水下找平,提高封底混凝土的质量,在保证封底完好的前提下,尽量降低封底混凝土的厚度,减少混凝土用量。在水下封底工艺中铺设砂砾找平层 30 ~ 40cm 厚,本工程中采用对砂石料进行水洗后的废料——砂漏料代替砂砾,可以节约砂砾资源 3 200m^3 多。从而满足了国家下达的相应节能减排标准中的降低固体废料排放数量 60% 回收的要求。另外,在施工中采取船只仅在相邻的墩位处施工,减少船只在海里的移动次数和利用一日两潮水的高潮位时缆绳进行船只就位,从而达到油耗下降 10% 的国家二氧化碳及主要污染物排放目标。

11 效益分析

新型锁扣式钢结构围堰由于整体刚度较大,周转次数多,相对传统围堰要增加 50% 的次数,因此,在施工中相对传统围堰相比损耗相对减少 40% 左右,从而减少了整体围堰的投入数量。

例如我们根据施工计划要求从原计划投入 14 套传统围堰现改为 8 套新型锁扣式围堰,14 套 ×75t/套 - 8 套 ×95t/套 = 节省钢材 290t,按照加工费 1 650 元/t,材料费 4 600 元/t 计,直接节约成本 1 650 元/t ×290t + 290t ×4 600 元/t = 181.25 万元。

具体数据参见表 6。

围堰使用成本分析对照表

表 6

围堰类型	单套质量(t)	加工费(万元)	施工费(万元)	套数	周转次数	残值(万元)	单个围堰成本(万元)
锁扣式	95	6 500 ×95 = 61.75	1 500 ×95 = 14.25	8	12	3 000 ×95 = 28.5	(61.75 + 14.25 ×12)/12 - 28.5/12 = 17
传统式	75	6 500 ×75 = 48.75	1 500 ×75 = 11.25	14	7	3 000 ×75 = 22.5	(48.75 + 11.25 ×7)/7 - 22.5/7 = 15

15(万元)×14-17(万元)×8=74(万元)

由上述计算可知,在同样的工期内完成施工任务,锁扣式比传统式节约成本74万元。

根据其材料的用料情况以及实际施工来看,该类围堰可以周转使用多次,只需加工类型板就可以拼装成任意尺寸的围堰,围水效果好,周转快,工程量越大其经济效益越可观。

根据表6所列,在工程完工后新型锁扣式钢围堰要比传统围堰要节约成本50%以上,另外,钢围堰在维护好的情况下还可以在同类工程中重复使用。

12 应用实例

青岛海湾大桥,位于胶州湾北部,是国家高速公路网青岛至兰州高速公路的起点段,主线全长26.707km,其中跨海大桥长25.88km,黄岛侧接线长827.319m。青岛海湾大桥第八合同段由中交第四公路工程局有限公司承建,起讫点桩号为:K28+200~K30+650。

八合同段承台为四边形圆倒角承台,承台的尺寸有6.45m×6.45m、6.90m×6.90m、7.70m×7.70m三种,承台厚有2.8m、3.0m,顶高程均为+0.3m,底高程为-2.5m、-2.7m。承台混凝土为C35,在施工中,采用厚度为1.4m的C20混凝土进行封底。本工法2007年9月首次开始应用,目前已完成全部48个承台的施工,效果良好。

岩溶地质覆盖层及溶洞预处理嵌岩钻孔灌注桩施工工法

GGG(中企)C1058—2009

何锦明　周翰斌　刘胜权　李加才
(中交四航局第一工程有限公司)

1　前言

岩溶地质在我国分布较广泛,按目前的岩溶勘探技术,要想明确了解清楚地下岩溶的平面及立面位置、尺寸、连通状态是困难的,甚至是不能的。在这类地质进行嵌岩钻孔灌注桩施工时常常遇到两大主要难题:一是成孔作业时泥浆突然大量流失、塌方、塌孔,以致地面或施工平台塌陷、埋锤、埋机,使桩孔报废,施工机械和人员安全难以保障;二是灌注的混凝土大量流失,成桩质量难以保证。这两个难题直接影响了工程质量、安全、工程成本以及进度,甚至使工程中断。

中交四航局为此组织技术攻关,并通过在广东南海广和大桥、肇庆大桥及广明高速公路富湾特大桥等工程的实践,取得了岩溶地质钻孔灌注桩施工成套技术,获得1999年度广东省优秀QC成果奖、1999年度全国工程建设优秀QC成果奖及2000年度中港集团科学技术进步三等奖。其关键技术于2008年1月通过中国港口协会鉴定,鉴定认为该技术具有创新点,研究成果总体达到国内领先水平。通过总结关键技术而形成的完整的施工工法,由于技术上先进,能优质、安全、高效地完成岩溶地质钻(冲)孔灌注桩施工,经济效益明显,已经被不少单位应用于广州市芳村地区的市政桥梁、广梧高速公路马安大桥、佛山雅瑶立交扩建工程等众多工程的岩溶地质钻孔桩施工中,取得了明显的社会效益。

2　工法特点

(1)利用“超前钻”对探明的或经分析可能存在的桩孔溶洞进行灌浆预处理,让泥浆先在正式钻孔之前充满溶洞空间,消除溶洞内外的压力差,大大地减少了传统的泥浆护壁工艺处理溶洞在正式钻(冲)孔冲破溶洞顶板时产生漏浆的现象,或者虽出现漏浆现象但可以通过及时补浆而不发生塌孔,极大地提高了桩基一次成孔率,保证了施工安全和桩基的施工进度。

(2)采用深护筒工艺方法,可以避免未探明的半充填及无充填物的较大溶洞在钻(冲)孔施工时发生泥浆大量流失、孔内水头下降太突然而根本来不及补浆、恢复不了泥浆护壁功能而造成孔壁坍塌,确保了桩基顺利按期成孔及质量、安全。

(3)对规模较大的溶洞、溶洞群及地下水丰富并连通的较大溶洞,采取静力注浆法进行处理,把松散的土粒、砂或碎石、裂缝胶结成为具有一定强度的“结石体”,使冲孔时形成较坚固的孔壁,确保安全顺利地成孔,并防止混凝土灌注大量流失,控制施工成本。

(4)对覆盖层和基岩界面附近的砂砾、卵石等颗粒松散土层,未探明土洞的溶洞及土洞采用注浆预处理方法,充填松散土层内的孔隙、通道及溶洞、土洞,由浆泡向四周扩散、挤压、固结覆盖层,阻隔地下水与桩孔的水力联系,消除出现漏浆时来不及接长跟进钢护筒、补浆而产生的塌孔事故隐患,避免因处理事故而造成的各种损失。

(5)成孔施工过程中获得的溶洞资料可以指导后续施工,综合运用、动态调整溶洞处理施工方法及注浆参数,比传统的溶洞处理方法更安全主动地解决岩溶地质桩基施工难题,确保桩基施工安全、快速,一次成孔率达到100%。

3　适用范围

适用于石灰岩地区覆盖有较弱、松散土层的岩溶发育的嵌岩钻孔灌注桩施工。在地层构造复杂、邻近有建筑物、地下管线或交通要道的环境施工时，本工法具有不危及周边环境的优点。其中注浆预处理工艺同时适用于城市地铁、公路、铁路隧道或路基下高风险区域溶洞、土洞的处理。

4　工艺原理

针对岩溶地质钻孔时产生漏浆、塌孔的根本原因，对探明的或经分析很可能存在的桩孔溶洞采用"超前钻"进行灌浆预处理，让泥浆先在正式钻孔之前先行充满溶洞空间及裂隙通道，事前主动消除正式钻（冲）孔冲破溶洞顶板时桩孔内外的压力差，大大减少冲破溶洞顶板时产生漏浆，或者虽出现漏浆现象但可以通过及时补浆而不发生塌孔的情况；采用深护筒作为坚固的承载围挡结构，承受未探明的半充填及无充填物的较大溶洞在钻（冲）孔施工时发生泥浆大量流失、孔内水头下降太突然而根本来不及补浆所产生的水头压力差，极大地提高桩基一次成孔率，确保了桩基安全顺利按期成孔及质量。

针对溶洞、土洞的平面及立面位置、连通状态的不确定性，利用"模糊处理"的溶洞施工理念，对规模较大的溶洞、溶洞群及地下水丰富并连通的较大溶洞，覆盖层和基岩界面附近的砂砾、卵石等颗粒松散土层，未探明的溶洞及土洞采取注浆法预处理，充填土洞及松散土层内的孔隙、通道，渗透、挤密、固结覆盖层及溶洞内的充填物，阻隔地下水与桩孔的水力联系，化流动为稳定，把土洞及松散的土粒、砂或碎石、裂缝胶结成为具有一定强度的"结石体"，提高土体的密实度和强度，使冲孔时形成较坚固的孔壁，确保安全顺利地成孔，并防止混凝土灌注大量流失，控制施工成本。

通过综合运用、动态调整溶洞处理施工方法及注浆参数，确保桩基一次成孔率达到100%，安全顺利地完成桩基施工。

5　施工工艺流程及操作要点

5.1　施工工艺流程

工艺流程详见图1。

5.2　操作要点

5.2.1　施工平台设计及施工

水上桩基施工平台的设计应综合考虑桥墩所在场地的地质与水文情况、成孔设备等因素，水深较大的水域处施工平台一般采用钢管桩平台或双壁钢围堰等水中固定钢结构平台；靠岸边水深较浅处可采用筑岛形成施工平台。钢管桩施工平台以钢管桩作承重基础，桩顶架设型钢作纵、横梁，面铺钢板。钢管桩直径大小根据地质情况、水深、荷载大小等而定，在内河一般采用 ϕ500～ϕ1 000mm，壁厚6～10mm。钢管桩可用振动锤施打和拔除。

双壁钢围堰施工平台与水上承台施工结合起来一起进行专门设计，双壁钢围堰一般采用水上浮运、导向船配合法进行沉放。

水上施工平台顶面高程应高于施工水位3～4m，以保证护筒中的泥浆水头，防止塌孔。对于陆上桩，将地表清理、平整，钻机即可就位。

5.2.2　钢护筒设计及埋设

（1）钢护筒设计：桩基钢护筒设计内径为 D+（200～500）mm（D 为桩径），水中长桩宜取上限值。钢护筒可采用单壁或双壁结构，直径小于3m的采用单壁钢护筒，壁厚根据护筒的直径、长度而定，若钢护筒直径较大且较长时，应在外壁按一定间距设置加劲肋，以保证足够的刚度，护筒底刃脚处应用钢板加厚以防卷曲；直径大于3m的采用双壁钢护筒，即由两层薄钢板（厚8～12mm）通过添加型钢作肋构成。

(2)钢护筒埋深:护筒顶宜高出地面或平台面0.3~0.5m或高出施工水位3~4m。护筒埋设深度应针对各桩不同的地质情况来确定,一般应尽量穿过淤泥及粉细砂等透水层而埋入不透水土层内,且埋深不小于2m,当覆盖层无不透水土层时,应埋入透水土层6~8m。当溶洞采用深护筒工艺方法处理时,护筒埋深则根据该工艺要求确定。

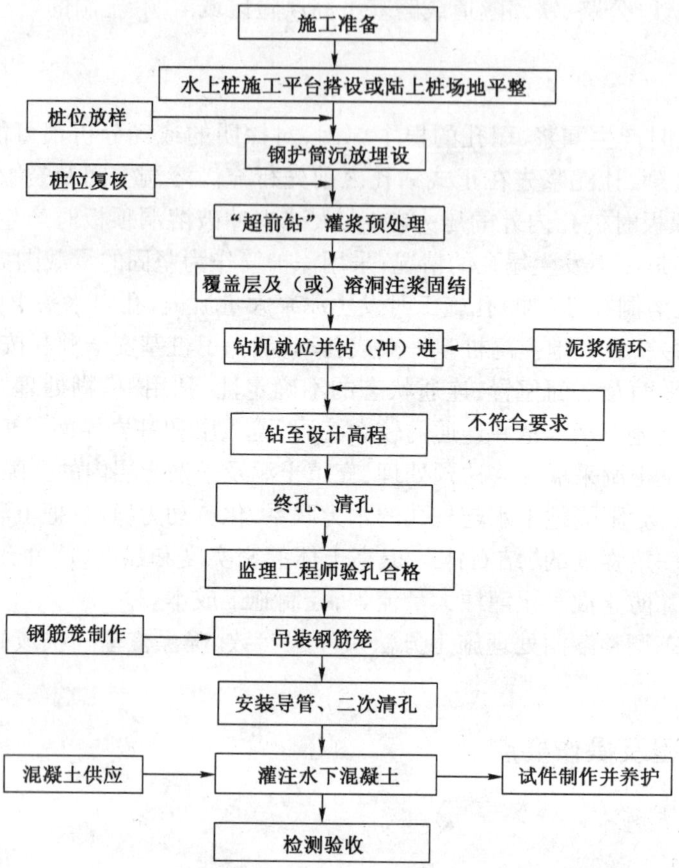

图1　岩溶地质钻孔桩施工工艺流程图

(3)钢护筒沉放:钢护筒埋设采用振动锤振动下沉,必要时配以护筒内用空气吸泥机吸泥下沉,或在护筒外壁辅以高压射水下沉,直至下沉到预定位置。当采用钻埋法下沉时,需对护筒外周空隙进行注浆处理。

当水上钢护筒埋置深度不足而无法满足强度、稳定性要求时,可在护筒周围进行围网吹填砂或抛填砂包人造覆盖层,以加大护筒埋深。如无覆盖层时,可先用冲击钻机冲击岩面形成凹孔,再将钢护筒下放,并在护筒四周抛填片石压注水泥浆固定,或先将钢护筒直接下放至岩面,然后在护筒四周灌注水下混凝土固定护筒并防止护筒脚漏浆。

(4)钢护筒定位:钢护筒沉放必须全过程测量定位,保证护筒偏位和垂直度在容许范围内。对于水上桩基采用施工平台时,钢护筒的测量定位除了用仪器观测以外,还需安设导向架,导向架内腔尺寸比护筒外径大50mm,长度不小于10m。

5.2.3　"超前钻"处理溶洞

本工法称谓的"超前钻"技术不同于地质钻探的"超前钻",两者的目的及所采用的设备不相同。它是指对于地质勘察资料显示存在或者经分析很可能存在的溶洞、土洞的桩孔,先用回旋钻机(SPJ300型)配上特制的小型钻头钻穿溶洞顶板直至终孔高程(对于多层溶洞则钻穿2~3层,不必钻穿终孔高程顶部的全部溶洞),根据地质资料进一步分析溶洞大小及高度,并补充优质泥浆以及用锯末和黏土加水拌成软塑状的混合物,使其填满溶洞,观察24h后,若情况正常,再正式开始钻孔或冲孔;若溶洞漏浆较严重而无法将溶洞充填满,则通过钻杆孔填入中粗砂、黏土、碎石等材料,进入溶洞内静力注浆固结处理。

5.2.4　深护筒法处理溶洞

对于地质勘察未探明的半充填及无充填物的较大溶洞,当钻(冲)孔进入溶洞时,一旦发生严重漏浆,孔内泥浆液面将迅速下降,泥浆护壁无法抵抗漏浆所形成的内外水头差所产生的压力,其后果会导致塌孔埋钻等恶性事故发生,而防止出现这种情况最有效的方法是采用深护筒乃至全护筒施工。深护筒法在实际施工中采用护筒跟进或双护筒施工两种方式。

(1)护筒跟进施工,即先按常规方法沉放护筒,钻机就位钻孔至一定深度后,移走钻机,再将护筒振动下沉,如此反复,直至护筒跟进至基岩面或预定深度,然后对护筒外周空隙作注浆处理。

(2)双护筒采用"钻埋法"施工,即先按常规方法沉放外护筒,用冲击钻机钻至基岩面,然后移走钻机,下放内护筒至岩面,然后对内外护筒之间的空隙进行注浆处理,再进行入岩冲孔施工。具体方法为:

①吊放内钢护筒

钻机钻(冲)孔至岩面经验收后,使用起重船(陆上桩基使用汽车吊机)将内钢护筒吊放入桩孔内,焊接反向牛腿固定(双向经纬仪测量控制垂直度),然后吊放上面一节内护筒焊接接长,焊接时严格控制顺直度,依次下放直至岩面或预定深度,测量定位后焊接固定,最后在内外护筒之间填充细碎石并下放注浆管,压注水泥浆固结。吊放内钢护筒时如果阻力过大可以采用振动锤协助下放到位。

②护筒刃脚固结处理

内护筒下放至岩面后,钢护筒周边不可能与岩面完全接触,岩溶地质的岩面较多的为倾斜状,内护筒脚与岩面之间往往会形成较大间隙,当间隙周边为淤泥、砂砾或碎石填充时,在溶洞漏浆严重的情况下,若不加以固结,极易造成塌孔、埋钻等事故。在施工中可采取两种方法进行护筒脚的固结:

a.利用冲机成孔时对孔壁会产生挤压的特点,在内钢护筒刃脚范围内抛填块石、黏土,用2～4m冲程冲压,使其密实造壁,反复多次(要求≥3个工作台班),直至孔底平整才向下冲进,处理时也可以冲平参差不齐的岩面,以免冲孔穿过护筒脚时产生偏孔或斜孔,留下质量隐患。整个过程需严格控制进尺及冲程,加强对操作人员的管理,才能达到预期的效果。

b.若上述方法不能奏效时,可在内护筒刃脚外采用高压旋喷法将护筒刃脚与岩面周围的砂砾固结成一个有一定强度的整体围幕,如图2所示。这种方法安全上较有保障,但成本较高、工期较长。

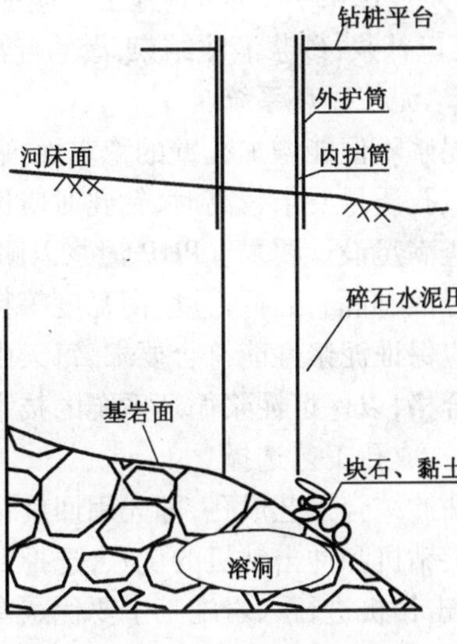

图2　护筒脚处理

5.2.5　溶洞注浆固结处理

成孔施工前,对规模较大的溶洞、溶洞群及地下水丰富并连通的较大溶洞,当采用"超前钻"法而无法对溶洞稳定处理时,此时采取静力注浆法处理是十分有效的措施。根据地质勘察资料,采用XY-150型地质钻机及泥浆护壁法在每根桩的中心位置(几根桩穿过同一溶洞时)钻注浆孔或在每根桩孔内钻2～3个注浆孔,通过注浆孔向溶洞内灌入砂或5～20mm碎石(溶洞体积较大时),然后用注浆设备向溶洞内注入水泥浆或水泥砂浆将充填物固结,保证冲钻成孔时有足够的固结体。注浆选用水泥浆时,水泥浆配合比为水:水泥=0.8:1.0;若选用水泥砂浆,则配合比采用水:水泥:砂=1:1:0.8。

(1)若溶洞内的充填物呈松散或软塑状态,可直接注浆固结,即可提供成孔条件穿过溶洞。

(2)若洞内无填充物或填充物不满,则采取先填充黏土、碎石或干砂,然后注浆。具体做法为:选择一个合适的孔位,放入并固定钢套管,将注砂管与钢套管相连接,在注浆前灌砂或5～20mm碎石。根据成桩直径、围护体积的最小直径及堆积体成形规律,计算填砂(或碎石)数量。用压风机将干砂压入,为防止洞内高压阻止灌砂,利用其他孔作为减压孔。待达到计算的填充体积,压力稳定时,即可停止。

5.2.6 覆盖层注浆固结预处理

采用混凝土输送泵对岩面以上的砂砾、卵石等透水层,自下而上分段高压力灌注较高强度水泥砂浆(M20),将砂砾、卵石层内的孔隙、通道及土洞充填,同时通过高压力砂浆灌注,在注浆孔底形成浆泡,由浆泡向四周扩散,对周围松散的砂土层进行挤压、固结,达到加固的目的,阻隔地下水与桩孔的水力联系,防止溶洞桩基施工漏浆、坍孔等事故的发生。

具体施工流程及方法:

(1)灌浆孔的布置:每根桩中心各布置1孔,桩周布置6~8孔,孔位布置应根据桩径及处理面积而定,施工时可根据实际灌浆情况对孔数、孔位作适当调整。

(2)灌浆孔的钻孔:采用XY-150型地质钻机及ϕ127mm钻具成孔,钻孔终孔深度确定原则为:钻孔穿过砂砾、卵石等透水层进入全风化岩面0.50m以上。

(3)下入ϕ127mm套管:钻孔完成后,在孔内下入ϕ127mm套管,套管要求止沉稳固。

(4)水泥砂浆的配制:灌注的水泥砂浆采用P·O32.5R水泥、中粗砂及清水配制,应保证其流动性,以利于泵送。要求砂浆强度为M20,由试配确定,每m^3砂浆材料用量为:水泥(kg):中粗砂(kg):水(kg)=480:1 200:348.8。

(5)灌注水泥砂浆:采用混凝土输送泵在孔口灌注M20水泥砂浆,灌浆初始,水泥砂浆含砂量应适当减少,或适当增加水泥量。灌注施工自下而上分段进行,分段以套管节长为单位,段长以2.5~3.0m为宜,向上拔出一段套管则灌注一段,直至超过砂砾、卵石等透水层顶面1m深度为止。

终止灌浆标准:①灌浆压力控制:灌浆泵送压力约10~15MPa,达15 MPa时可终止;②灌浆量明显减少,或不大于0.05 m^3/min。施工中应多方面观察判断,综合确定终止标准。

(6)孔口补浆:砂浆灌注结束,套管起出后应及时进行孔口补浆,直至孔口满浆为止。

5.2.7 泥浆循环系统

优质泥浆不但能增加孔壁的稳定性,还可大大提高循环效率,加快钻孔进尺。对于桩径较大、且设计对桩基成孔质量要求较高时,钻孔时应优先采用优质泥浆(如PHP泥浆)进行施工,以加强护壁效果,并确保清渣满足设计要求。PHP泥浆以膨润土为主要材料,掺入一定量的纯碱及少量的外加剂,该泥浆具有不分散、低固相、低密度、高黏度等特点。施工时采用反循环清渣,水上利用泥浆船进行循环。成孔过程中应保证泥浆性能符合要求,每天由试验人员检测孔内及返孔泥浆指标,随时调整泥浆的各项性能指标至合格,以保证泥浆循环系统的技术状态符合稳定孔壁、提高钻进速度、加快进尺的要求。

5.2.8 成孔工艺选择

采用钻冲结合工艺成孔,即先用回旋钻机钻穿覆盖层,再换冲击钻机进行入岩施工。采用此法可充分发挥回旋钻机和冲击钻机的优点,选择回旋钻机施工覆盖层的优点是进尺快、效率高、成孔护壁质量好;选择冲击钻机进行入岩施工主要优点有:①冲击钻机在冲击孔底时,对孔壁四周的土层有一定的挤压密实作用;②冲击成孔时冲锤冲击能力大,穿透力强,较易穿透岩溶顶板,并且冲锤为自由落体运动,能保证桩孔的垂直度;③冲穿溶洞顶板时如果发生漏浆,可以马上以30m/min的速度迅速提锤而有效避免埋锤事故的发生;④一旦出现卡锤、掉锤等事故时,易于打捞。

当覆盖层厚度小于10m时,可直接采用冲击钻机成孔。

5.2.9 溶洞地层冲进及处理

岩溶地质的桩基成孔施工时出现溶洞漏浆是最容易发生也是最危险的情况,施工时应采取多种可靠措施来防止出现上述情况,确保施工安全,顺利成孔。

(1)进入溶洞地层冲孔施工前,再次对所有施工人员进行详细技术交底,使每一位操作人员对溶洞处理方案、应急抢险措施及溶洞分布情况都做到心中有数,同时要求每一工作班操作人员在施工过程中必须对冲机的钢丝绳、冲锤直径等各项指标进行详细检查。

(2)施工时漏水漏浆是不可避免的,也无法预测,其处理关键是发生漏浆时及时补浆补水,维持孔内水头,防止桩孔内外产生过大的水头差,并迅速堵漏。为此,应做好以下工作:①钻孔前在平台上或用船准备适量的片石、块石、黏土砖及袋装水泥,并在现场设置大容量泥浆池(船),准备好大量新鲜泥浆,保证一旦桩孔出现漏浆,可以马上抛填足够的填料和补浆;②准备足够的补浆补水设备(如大功率泥浆泵等)作为备用,并接好电源,保证其能马上进行补浆;③施工过程中严格控制孔内泥浆质量,利用泥浆堵塞微小裂隙,尽量减少泥浆漏失量。

(3)土层钻、冲孔施工时,如果突然进尺缓慢,锤头、钢丝绳、钻机有明显的晃动,则可判定进入岩层;若在进入岩层后锤头晃动厉害,经过冲程、冲击频率的调整后,仍存在晃动即锤头左右摆动的情况,则可判定为该岩层的表面处于倾斜状态,即有斜坡岩存在。此时,应立即停止钻孔,通过反复回填片石、块石,然后反复冲孔进行纠偏处理。

(4)根据地质勘察资料及"超前钻"的结果,施工时冲进至离溶洞顶板约1m时,提高泥浆相对密度,并选用小冲程进尺,逐渐将顶板击穿,防止卡钻。同时在击穿顶板之前,安排专人密切观察孔内泥浆面的变化,发现漏浆时应马上提锤、补泥浆,抛填片石、黏土砖混合料(重量比1:1~1:1.5),等泥浆面不再下降稳定后,小冲程轻打挤压形成泥石孔壁成孔。若桩孔仍继续漏浆,则改抛片石、黏土砖、袋装水泥混合料(重量比1:1:0.2),采用冲锤小冲程继续轻打,慢慢将片石、袋装黏土、水泥挤压到溶洞中,堵塞溶洞通道,如此反复操作,直到不再漏浆为止,转入小冲程冲孔固壁成孔,顺利穿越溶洞。规模较大的溶洞、溶洞群及地下水丰富并连通的较大溶洞经注浆固结处理后,一般不会发生漏浆现象,可顺利成孔。

(5)对于溶洞没有注浆固结处理的桩孔,冲机冲穿过溶洞顶板后,不论是否漏浆,也不论溶洞原来是否为空溶洞或半填充或溶洞内充填物为软弱黏性土或淤泥,进入溶洞后均应向孔内投入片石(加适量30~50mm的碎石)、袋装黏土(比例约1:1),超过溶洞顶面2.5~3.0m,然后小冲程方法冲击投下的混合物,不取渣,使其挤入裂隙、溶洞,如此反复操作多次堵塞溶洞通道固壁。

(6)为防止出现卡锤、掉锤、梅花孔等问题,应做好以下几点:①在接近溶洞顶板及溶洞内冲进时,应严格控制冲程,以免不慎掉锤;②遇到半边岩及斜面岩时,应在正常进尺前,按1:1的比例回填块石及黏土至正常孔深以上约1m,再用锤牙好的桩锤压实冲进反复修孔,要求低锤紧击,慢慢将陡斜岩面修整成水平状,直到整个冲锤施工接触面进入均质岩面才结束修孔操作,然后进行正常进尺冲孔,施工中若出现梅花孔亦如此处理;③施工时应经常检查桩孔孔径、垂直度、钢丝绳磨损等情况,一有异常立即停止进尺,并采取纠正措施。

5.2.10 清渣清孔

岩溶地质的嵌岩桩成孔质量要求高,按常规清渣清孔方法较难达到设计及施工规范要求。为此,施工时应采用气举反循环及泥浆分离净化器进行清渣清孔,以提高清渣效率及清孔质量,加快施工进度。但由于气举产生的负压大,要求清渣过程中应及时补充泥浆,保持桩孔内水头压力和泥浆的相对密度,以维持孔内外的水头平衡,故在操作时应利用泥浆船(或泥浆池)储浆进行补充。

5.2.11 钢筋笼的制作及下放

钢筋笼在加工场分节制作,然后由平板车或驳船运往现场采用船吊或汽车吊下放就位。安装时采用两点起吊,以防止骨架变形;钢筋笼竖直后,检查其竖直度,进入孔口时扶正缓慢下放,严禁摆动碰撞孔壁。钢筋笼边下放边拆除内撑。上、下节钢筋笼的连接采用单面焊接或机械连接,并且保证各节钢筋笼在同一竖直轴线上。钢筋笼下到设计高程后,定位于孔中心,将主筋或其延伸钢筋焊接在护筒上,以防骨架在浇注混凝土时上浮及移位。

5.2.12 灌注水下混凝土

灌注前应考虑扩孔及填充溶洞的需要,准备较多的材料。灌注时适当加大溶洞区埋管深度(埋管深度取6~9m为宜),以避免浇注混凝土时,因溶洞护壁塌陷,桩孔内混凝土充填溶洞,引起混凝土面急剧下降而使导管口露出混凝土面,从而产生断桩事故。另外,为减少溶洞没有经过注浆固结处理的桩孔在灌注过程混凝土的流失,采取在钢筋笼相应位置周围包裹薄铁皮来解决。灌注水下混凝土时应加强浇注过程的监控力度,以及时发现问题并及时解决。

水下混凝土配合比要求:①坍落度 180 ~ 220mm,坍落度降至 150mm 的时间≥3h;②混凝土初凝时间不小于预计整根桩的灌注施工时间的 1.5 倍;③碎石采用连续级配,粗集料最大直径 31.5mm。

6 材料与设备

6.1 成孔主要材料(表1)

成孔主要材料　表1

序号	材料名称	规格、型号	备注
1	袋装水泥	P·O.32.5R	配制水泥浆、砂浆,堵漏
2	黏土砖坯	500×250×150mm	堵漏、造浆
3	黏土	散粒(天然状)	造浆
4	片石、块石	200 ~ 600mm	堵漏
5	中粗砂	天然级配	配制水泥砂浆、填充溶洞
6	钢护筒	专门设计计算	承载围挡结构

6.2 主要机械设备(表2)

主要机械设备　表2

序号	设备名称	规格、型号	备注
1	回旋钻机	SPJ300	超前钻处理溶洞
2	地质钻机	XY-150	覆盖层、溶洞注浆固结处理时成孔
3	回旋钻机	GDJ2500	成孔
4	冲击钻机	CZ-30	成孔
5	泥浆泵	22kW,3PNL	泥浆循环、补浆补水
6	混凝土输送泵	SHC57, $50m^3/h$	水泥浆、砂浆、混凝土灌注
7	混凝土运输车	$8m^3$	水泥浆、砂浆、混凝土运输
8	汽车吊机	QY25C,25t	下放护筒、钢筋笼等
9	龙门吊	LM30/10,90t	水上桩基钻机移位、下放钢筋笼等
10	起重船	40 ~ 60t	搭设水上施工平台等
11	拖船	1 200 匹	拖船
12	方驳	400 ~ 800t	运输材料、泥浆等
13	振动锤	45kW,90kW,377kW	施打钢管桩、钢护筒等
14	泥浆分离净化器	ZX-200	清渣清孔

注:机械设备的数量根据溶洞处理的规模与数量、桩基的规模与数量、工期要求进行配备。

7 质量控制

7.1 工程质量控制标准

岩溶地质的桩基施工执行现行标准《公路桥涵施工技术规范》(JTJ 041—2001),桩基的钢筋加工及安装质量、桩基施工质量执行现行标准《公路工程质量检验评定标准》(JTG F80/1—2004),其允许偏差分别见表3、表4 所示。

钻孔桩钢筋安装允许偏差 表3

项次	检查项目		规定值或允许偏差	检查方法和频率
1	受力钢筋间距(mm)		±20	尺量:每构件检查2个断面
2	箍筋、螺旋筋间距(mm)		±10	尺量:每构件检查5~10个间距
3	钢筋骨架尺寸(mm)	长	±10	尺量:按骨架总数30%抽查
		直径	±5	
4	弯起钢筋位置(mm)		±20	尺量:每骨架抽查30%
5	保护层厚度(mm)		±10	尺量:每构件沿模板周边检查8处

注:在海水或腐蚀环境中,保护层厚度不应出现负值。

钻孔桩安装允许偏差 表4

项次	检查项目			规定值或允许偏差	检查方法和频率
1	混凝土强度(MPa)			在合格标准内	按JTG F80/1—2004附录D检查
2	桩位(mm)	群桩		100	全站仪或经纬仪:每桩检查
		排架桩	允许	50	
			极值	100	
3	孔深(m)			不小于设计	测绳量:每桩测量
4	孔径(mm)			不小于设计	探孔器:每桩测量
5	钻孔倾斜度(mm)			1%桩长,且不大于500	用测壁(斜)仪或钻杆垂线法:每桩检查
6	沉淀厚度(mm)	摩擦桩		设计规定,设计未规定时按施工规范要求	沉淀盒或标准测锤:每桩检查
		支承桩		不大于设计规定	
7	钢筋骨架底面高程(mm)			±50	水准仪:测每桩骨架顶面高程后反算

7.2 质量保证措施

(1)对桩基施工的所有人员进行详细技术交底,将地质勘察资料、溶洞分布情况、溶洞处理方案、应急抢险措施、质量标准等资料及施工要求制作成图表,悬挂于钻机的醒目位置,使每一位操作人员都做到心中有数。

(2)认真分析每根桩的地质勘察资料,针对所掌握的每根桩或几根群桩的地质资料详尽程度、可能的溶洞分布情况,制订针对性的溶洞具体处理措施。严格执行“三检制”制度和隐蔽工程验收制度。对施工中的每一道工序经自检和监理现场验收合格后,方可进行下一道工序施工,使工程质量始终处于受控状态。

(3)严格执行“积极主动预处理”的溶洞处理原则及措施,将可能发生的后果进行统筹考虑,准备各种可行设备和材料,方便于突发现象的及时处理。

(4)钻冲孔时,必须严密注意地层地质情况的变化,及时采取措施。严格控制护壁泥浆的相对密度、含砂率和黏度。

(5)每一工作班操作人员在施工过程中必须对冲机的钢丝绳磨损、冲锤直径、桩孔孔径及垂直度等情况进行详细检查,一旦有异常立即停止进尺,并采取纠正措施,避免出现卡锤、掉锤、梅花孔等问题。

(6)钻孔桩成孔后必须进行孔径、孔深、孔斜率及沉渣厚度的检测,下放钢筋笼后,灌注水下混凝土之前应复测沉渣厚度,确保桩基质量满足规范要求。

(7)下放钢筋笼应缓慢进行,防止碰刮孔壁,水下混凝土应一次灌注成桩。

(8)钻孔桩施工必须按隐蔽工程要求做好各种施工记录。

8 安全措施

(1)认真贯彻“安全第一、预防为主”的方针,根据国家有关法律法规、条例、规定,结合工程的具体特点,建立以项目经理为首,由专职安全员、班组兼职安全员及工地安全用电负责人参加的安全生产管理机构,执行安全生产责任制,明确各级人员的职责,抓好岩溶地质的钻孔桩安全生产。

(2)建立重大危险源清单,对其风险进行评价,制订应急方案并组织演练,定期进行安全大检查。

(3)施工现场按符合防火、防雷、防台、防洪、防触电等安全规定及安全施工要求进行布置,并布置完善的各种安全标志。

(4)施工现场库房、料场等的消防安全距离做到符合公安部门的规定,室内不堆放易燃品,随时消除现场的易燃杂物,不在有火种的场所或其近旁堆放生产物资。

(5)水上施工船舶严格执行现行国家及有关部委关于船舶航行、水上交通、水上作业的有关规定。

(6)施工现场的临时用电严格执行现行标准《施工现场临时用电安全技术规范》(JGJ46)的有关规定。

(7)氧气瓶与乙炔瓶必须按规定距离分开存放,严格保证氧气瓶不沾染油脂、乙炔发生器具有防止回火的安全装置。

(8)电缆线路应采用“三相五线”接线方式,电气设备和电气线路必须绝缘良好,现场架设的电力线路的悬挂高度和线间距、架设用电杆应按安全用电的规定要求执行。

(9)现场配电柜、配电箱前必须有绝缘垫,并安装漏电保护装置。钻机等设备必须有接地装置。

(10)钻孔机械就位后,应对钻机及配套设备进行全面检查。钻机安设必须平稳、牢固。

(11)冲击钻孔,选用的钻锥、卷扬机和钢丝绳等,应配置适当,钢丝绳与钻锥用绳卡固接时,绳卡数量应与钢丝绳直径相匹配。冲击过程中,钢丝绳的松弛度应掌握适宜。

(12)对于已经埋设护筒未开钻或已成桩护筒尚未割除的,应加设护筒顶盖或铺设安全网遮罩。

(13)建立健全完善的施工安全保证体系,加强钻孔桩施工作业中的安全检查,确保作业标准化、规范化。

9 环保措施

(1)成立对应的施工环境卫生管理机构,在工程施工过程中严格遵守国家和地方政府颁发的有关环境保护的法律、法规和规章,加强对施工燃油、工程材料、设备、废水、生产生活垃圾、弃渣的控制和治理,遵守防火及废弃物处理的规章制度,做好陆上、水上交通环境疏导,充分满足便民要求,认真接受城市交通管理,随时接受相关单位的监督检查。

(2)根据工程的具体特点,对重大环境因素进行辨识,建立重大环境因素清单,并制订相应的应急预案,保证环境保护专项费用的投入,确保环保措施落实到位。

(3)将施工场地和作业限制在工程建设允许的范围内,合理规范布置、围挡,做到标志清楚、齐全,各种标志醒目,施工场地整洁文明。

(4)对施工可能影响到的各种公共设施、地下管线制订可靠的防治损坏和移位的实施措施,加强实施中的监测、应对和验证。同时,将相关方案和要求向全体施工人员详细交底。

(5)设立专用泥浆循环净化系统或泥浆船、集浆坑,对废浆、污水进行集中,严禁将施工污水直接排放,从根本上防止施工废浆乱流。水上船舶采取防止油污染水质的措施。

(6)定期采用泥浆船或车清运沉淀泥砂,做好泥砂、弃渣及其他工程材料运输过程中的防散落与沿途防污染措施,废水除按环境卫生指标进行处理达标外,并按当地环保要求的指定地点排放。弃渣及其他工程废弃物按工程建设指定的地点和方案进行合理堆放和处治。

(7)优先选用先进的环保机械。在人口密集地方采取设立隔音墙、隔声罩等消音措施降低施工噪声到允许值以下,同时尽可能避免夜间施工。

(8)对施工场地道路进行硬化,并在晴天经常对施工通行道路进行洒水,防止尘土飞扬,污染周围环境。

10　效益分析

岩溶地质嵌岩冲孔灌注桩基础若采用传统的泥浆护壁施工方法,其成孔质量和施工安全往往难以保证,相当多的工程事例表明,桩孔漏浆塌孔、混凝土超灌严重现象较为普遍,有的工程因为桩孔漏浆、反复塌孔而导致某一桩基的成桩时间长达数月的情况相当普遍。本工法对溶洞、土洞主要采用综合的“积极主动预处理”的事先处理措施,不仅克服了岩溶地区桩基施工容易出现的塌孔、埋锤、埋机事故,大大节省了施工成本,加快了施工进度,确保了一次成孔率达到100%,且混凝土灌注量正常,桩基施工质量良好,优良率普遍大于90%。本工法针对岩溶地质嵌岩钻孔桩的成熟应用,为今后钻孔桩等地基基础工程在类似情况下的规划建设提供了可靠的决策依据和技术指标,促进基础工程在岩溶地质施工的技术进步,社会经济效益明显。

同时,本工法符合国家现行关于节能、环境保护的法律法规及建设部《绿色施工导则》(建质[2007]223 号)对于环保、节能等方面的规定。

11　应用实例

(1)中交四航局一公司于1998 年5 月~2000 年12 月承建的广东南海广和大桥,全桥长967m,其中主桥为(66+120+66)m 连续刚构。该桥引桥桩基设计为 ϕ1.70 m 钻孔灌注桩,共78 根桩,桩长从20 到70 m 不等,大多数为嵌岩桩;主桥桩基设计为 ϕ2.00m 钻孔灌注桩,共32 根,为嵌岩桩,桩长从20 到50m 不等。

该桥地处岩溶、裂隙强发育地区,地下水丰富,地质十分复杂,溶洞变化大,是典型的卡斯特地形。溶洞数量多,空间分布极不规则,整个大桥的桩位约有80%的桩位下有土洞、溶洞。溶洞顶板最浅埋深-22.1 m,最深埋深-58.9 m,溶洞高度从0.10 m 到18.0 m 不等,存在为数不少的条带状和直立串珠状的多层溶洞,溶洞最多达9 层,溶洞边界很不规则,同时基岩表面溶沟、裂隙、落水洞上方接触的软土层在地下水潜蚀和冲刷下,土颗粒被带走而形成了土洞。溶洞、土洞中大多数半填充或无填充物,溶洞大多数漏水、漏浆,甚至有的在钻探过程中就出现了坍孔现象。

针对岩溶地质的特点,该工程首次采用“超前钻”技术在正式钻(冲)孔之前对探明的或经分析可能存在的桩孔的溶洞、土洞进行灌浆预处理,取得了良好的溶洞处理效果,大大减少了冲穿溶洞顶板时产生的漏浆,保证了成孔率100%。经检测,桩基的合格率100%,优良品率85.3%。该工程的溶洞处理QC 小组成果荣获1999 年度广东省优秀QC 成果奖。

(2)1998 年9 月开工、2001 年4 月竣工通车的肇庆大桥位于肇庆市西江下游,南接广肇高速公路,北连市区端州一路。主桥为(86+4×136+86)m 连续梁,全长2 529m,主墩为4 根 ϕ3.00/ϕ2.70m 钻孔桩基础,副墩为2 根 ϕ3.00/ϕ2.70m 钻孔桩基础。该桥桥址处于岩溶发育地带,溶洞层数最多达7 层,顶底板大都倾斜,溶洞高度变化很大,最小的溶洞仅高0.20~0.3m,最高的溶洞则高达9.4m;溶洞形状各异,错落无序,互相连通。该工程在施工过程中采用了本工法的“超前钻”、全护筒、静力注浆等工艺技术,使溶洞桩施工能保质按期完成。该工程的溶洞地质钻(冲)孔桩QC 小组成果荣获1999 年度全国工程建设优秀QC 成果奖,“岩溶地区大直径钻孔桩施工技术”荣获2000 年度中港集团科学技术进步三等奖。

(3)2006 年1 月开工、2009 年2 月完工的富湾特大桥为广明高速公路跨越西江的一座特大桥,在高明区富湾镇南逢山向东跨越西江,主桥为(112+2×200+112)m 预应力混凝土连续刚构,引桥采用50m、30m 跨后张法预应力简支T 梁,全桥长3 094m,桥宽33.5m,主桥(双幅)主墩基础为每墩18 条 ϕ2.50cm,桩长60~97m,过渡墩12 条 ϕ1.80m,按嵌岩桩设计。全桥共有372 根桩。地质初勘结果显示,富湾大桥桥址江中靠高明岸的位置河床基底为灰岩分布地带,溶洞发育,其分布范围及规模大小不一,溶洞的分布规律大致是上游多、下游少;深度在 -43.0 ~ -84.0m 之间;溶洞高大(单个溶洞最高15.3m);多数呈串珠状,层数多(最多的达11层)。在桩基施工过程中运用本工法的“超前钻”、深护筒、溶洞内静力注浆、覆盖层注浆固结等技术,不仅克服了溶洞地区桩基施工易出现的塌孔埋锤事故,大大节省了施工成本,加快了施工进度,成孔率100%,且桩基施工质量良好,优良率达100%。同时,因溶洞最复杂的56号墩桩基能按业主下达的节点时间完成,施工过程没出现质量、安全事故,赢得了业主嘉奖,创造了良好的社会效益和经济效益。

附:工法内容与相关的行业或国家工程技术标准一致性情况

本工法内容与相关的行业或国家工程技术标准一致之处或遵守执行的主要情况有:

(1)现行标准《公路桥涵施工技术规范》(JTJ 041—2000)第6章灌注桩基础、第10章钢筋的部分内容。

①施工平台的设置形式相同,本工法不同于 JTJ 041—2000 之处在于提出岩溶地质“水上施工平台顶面高程应高于施工水位3~4m”。

②桩基护筒的设置质量要求相同,但本工法不同于 JTJ 041—2000 之处在于:a. 水上护筒顶部设置高程;b. 护筒埋深;c. 明确护筒沉放方法。

③钻孔施工所用的泥浆要求相同。

④钢筋笼的制作及下放要求相同。

⑤水下混凝土的配制要求相同,灌注水下混凝土时的不同要求之处在于:a.“溶洞区埋管深度取6~9m为宜”;b. 溶洞没有经过注浆固结处理的桩孔,采取在钢筋笼相应位置周围包裹薄铁皮,以减少灌注过程混凝土的流失。

⑥灌注水下混凝土过程中的污水、泥浆处理要求相同。

(2)现行标准《公路工程质量检验评定标准》(JTG F80/1—2004)

①桩基的钢筋加工及安装质量执行 F80/1—2004 的第“8.3.1”条。

②桩基施工质量执行 F80/1—2004 的第“8.5.2”条。

(3)部分安全措施、环保措施与现行标准《公路工程施工安全技术规程》(JTJ 076—95)的第“6.2.6”条的部分内容相同。

水中大直径超深钻孔灌注桩施工工法

GGG(中企)C1059—2009

高小强　王建朋　陈立国　衣成林
(中国建筑第六工程局有限公司)

1 前言

桩基础是一种常见可靠的基础形式,近年来,钻孔灌注桩以其明显的优越性在桩基工程中起着越来越大的作用,尤其能在复杂地质条件、不利环境条件下成桩,且施工工艺成熟,进度及效益可观,这是其他类型桩基所无法替代的。灌注桩的技术在国内外工程界日益受到重视和发展。

天津滨海新区中央大道永定新河大桥于2008年被批准为中国建筑股份有限公司示范工程,针对本工程地质条件复杂,土层交替变化,中国建筑第六工程局有限公司采用大功率泥浆泵配合水力旋流器对原有的正循环钻孔施工工艺进行改良。大功率泥浆泵使泥浆处于悬浮状态,同时加设水力旋流器降低泥浆含砂率。该工程的施工探索和总结,解决了在河流入海口处淤泥质、粉质黏土层特殊地质条件下,水中大直径超深钻孔桩多项施工技术难题,保障了工程建设的顺利进行。水中超深超大直径钻孔灌注桩综合施工技术于2008年12月20日由天津市建设管理委员会鉴定达到国内领先水平,并于2008年12月被评为市级工法。

2 工法特点

(1)大直径钻孔灌注桩泥浆的作用主要为:①保护壁;②悬浮钻渣;③冷却钻具。

(2)大口径成孔对泥浆质量要求很高,一般检测指标有:①相对密度;②黏度;③含砂率;④胶体率等。

(3)当钻进至砂层或粉砂层时,由于泥浆的含砂率较高,导致钻进速度缓慢时,通过加设大功率泥浆泵及水力旋流器将泥浆中的砂子分离,能有效地降低泥浆中的含砂率和成孔后沉渣厚度。极大缩短钻孔及清孔时间,加快成孔速度和提高成孔质量。

(4)淤泥质黏土层采用加长钢护筒,达到减少缩孔或孔壁坍塌、加快成孔速度、确保工程安全。

(5)在入海口处作业时,材料供应和正常施工不可避免地要受到潮汐、风浪、季节性的影响,另由于平台的局限性需在平台配置专门的泥浆箱或利用护筒的连接作为泥浆池或泥浆循环管。

3 适用范围

本工法适用范围:孔径≥2 000mm,孔深150m以内的孔径、垂直度要求较高,水上(陆地)竖向承重桩的施工。

4 工艺原理

结合工程及地质条件,利用大扭矩钻机配合大功率泥浆泵及水力旋流器进行水中大直径超深成孔,下放钢筋笼、导管法灌注水下混凝土,从而实现成桩达到竖向承重的目的。

5 施工工艺流程及操作要点

5.1 施工工艺流程(图1)

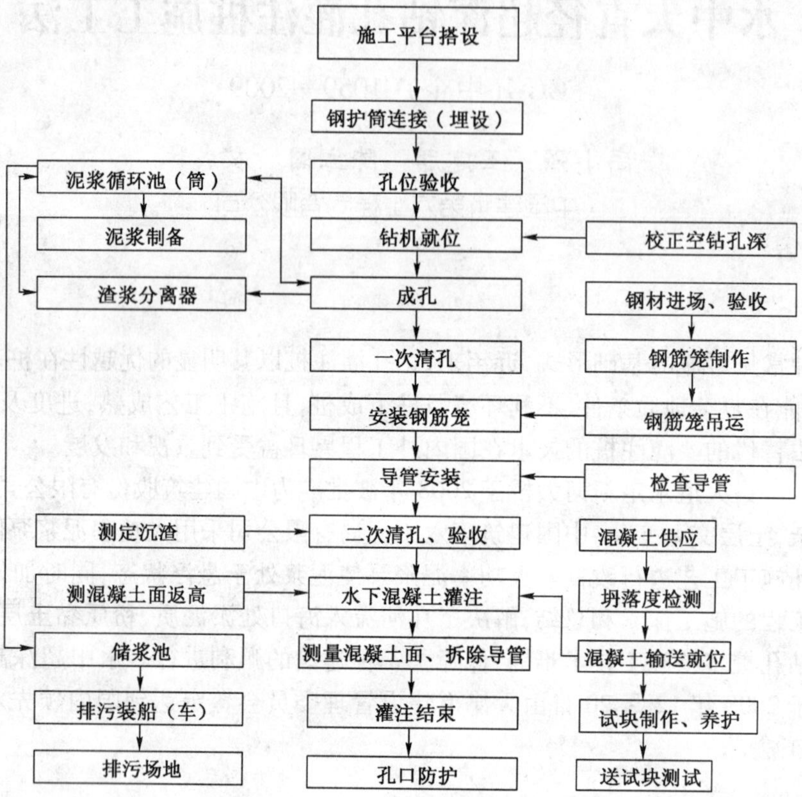

图1 正循环钻孔灌注桩施工工艺流程

5.2 操作要点

5.2.1 施工准备

(1)施工前完成三通一平工作,搭设水中施工栈桥和施工平台(图2)。

(2)制定桩基施工流程图,按设计图纸正确测定桩孔位置,并设置护桩。

(3)根据地质资料绘制桩孔地质层况表,交司钻人员掌握,以便对钻进过程中的地质情况提前做好应对措施。

(4)根据桩孔设计地质资料,储备足够的膨润土等材料,并考虑适当的备用机械设备。

(5)配置满足施工要求的钻头,并对钻机认真进行检查维修与保养。

5.2.2 水中平台搭设

永定新河特大桥主桥25号墩里程桩号K15+665.401,26号墩里程桩号K15+825.401,桥位处水位受海潮影响较大,海域属不规则半日潮,一天两次涨潮,两次落潮。在一个全潮过程中,两个半潮的潮型有明显区别,两个半潮的高潮潮位比较接近,而低潮潮位相差较大。最小潮差1.4m,最大潮差3.53m,最高潮位5.72m,最低潮位-1.8m,平均潮位3.77m。

25号墩河床面高程为2.0m,低潮位时河床面外露;26号墩河床面高程为-2.2m,墩位临近主河道,水流流速大。

25号墩水深只有2m左右,采用土方筑岛构筑施工平台,平台顶高程4.8m,平台尺寸比为61.45m×44.4m。

26号墩水深，水流流速大，需搭设水中钢平台。固定平台顶高程5.3m，比平均高潮位高1.5m，平台尺寸为44.5m×32.5m。平台采用63根壁厚为10mm的钢管桩作为基础，钢管桩长度22m，管桩底高程-17.7m。钢管桩顶架设I40b工字钢分配梁，分配梁上架设I40b纵向工字钢，工字钢上满铺18cm×20cm方木构成平台铺装。平台四周采用钢管做栏杆，栏杆间距1.5m，高度为1.2m。

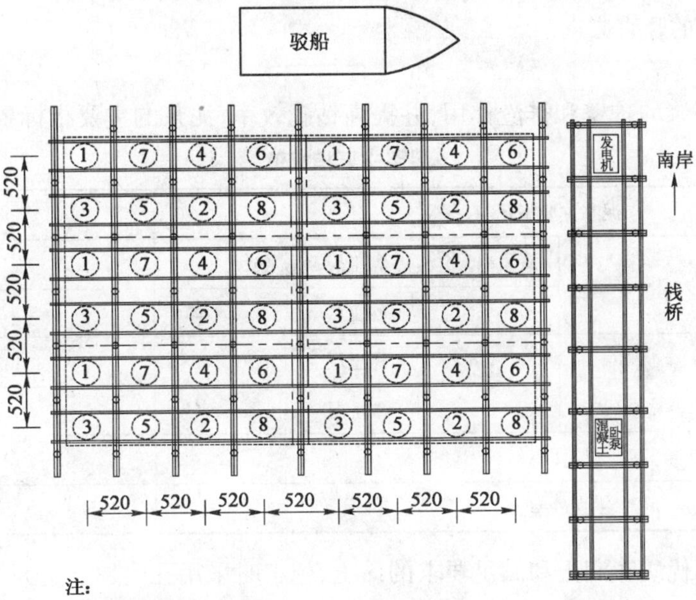

注：
1. 尺寸单位为cm。
2. 图中桩位处阿拉伯数字为桩基成孔顺序，共划分6个区域，配置6台钻机。
3. 驳船可用于堆放钻杆和钢筋笼。

图2　水中栈桥及施工平台

首先，在测量控制下，抛设重力锚，其具体位置用浮筒做标志，进行浮吊就位，钢管桩由运输船从临时码头运到墩位处（或由栈桥运至墩位处），利用浮吊、振动锤等机具在测量仪器的指导下插打钢管桩至设计高程。在插打钢管桩期间，必须要全程测量监控，以保证桩身垂直及控制桩位。钢管桩打设完毕后，在浮吊的配合下，进行钢管桩定位找平。接着安装桩顶工字钢横梁，然后安装纵向工字钢，最后铺设面板木方，安装平台栏杆。

5.2.3　埋设护筒

(1)根据工程量选取足够的钢护筒。

(2)钢护筒根据桩径大小、地层条件分别采用8~10mm厚钢板卷制焊接成圆形。护筒长依据地质、水文情况选定，由单节或多节短护筒焊接而成。

(3)桩基钢护筒加工完成后经质检工程师检验合格，运至钻孔平台位置附近，利用吊机配合振捣锤进行桩基钢护筒的沉桩施工。钢护筒埋设首先在每个平台上，精确放出护筒位置，水中墩可利用钻孔平台上纵横工字钢安设护筒沉放导向架，导向架比护筒外径大5cm，由浮吊吊起钢护筒，通过导向架缓慢下放，直到其刃脚自然下沉到河床面为止。再校正护筒垂直度（小于1%）和护筒平面位置偏差（小于5cm）后，采用振动锤振动下沉，振动锤振动下沉直至护筒底部到达设计高程。

5.2.4　钢护筒沉放注意事项

(1)钢护筒下沉时如出现异常倾斜、卷刃等情况，应探明原由，提出相应处理对策再继续施工；

(2)钢护筒焊接接长时应保证护筒顺直，焊缝饱满；

(3)振动锤重心和护筒中心轴尽量保持在同一直线上；

(4)开动空气吸泥机同时须往钢护筒内加水，护筒内水位不能低于河面水位；

(5)在护筒下沉过程中,当护筒沉入土中一定深度后,要及时撤除护筒导向架,以免影响护筒下沉;

(6)钢护筒沉放必须全过程测量,保证护筒偏位和倾斜度在容许范围内。

5.2.5 安置钻架

(1)护筒埋好,经检验位置无误后,将钻架移到桩位上,架立稳固,四角垫平不得倾斜。

(2)在架立钻架时应使钻架顶的起重滑轮、扶钻平台处固定钻杆的卡杆孔和桩位中心三者在一根竖直线上,以保证钻孔的竖直方向。

5.2.6 钻孔泥浆

(1)为充分发挥泥浆的护壁和排渣作用,并提高钻孔效率,泥浆的主要指标要求见表1所示。

泥浆主要指标值

表1

泥浆主要指标		指 标 值
相对密度	黏土层	1.05~1.2
	砂土层	1.2~1.45
黏度(Pa·s)	黏土层	16~22
	砂土层	19~28
胶体率		≥96%
含砂率		4%~8%

(2)制作泥浆使用优质膨润土和满足要求的黏土,施工时采用孔内原土造浆配合投入黏土。

(3)泥浆制备采用孔内造浆的方法,并根据试验结果投入适量的膨润土及纤维素。

(4)为节省黏土,可利用循环泥浆。钻孔前应根据桩的布置情况,设泥浆沟、储浆池(水上用泥浆槽或船),以使孔内溢流出的带渣泥浆经沉淀后重复使用。26号墩可利用护筒或泥浆船做泥浆储备池,护筒间设置泥浆槽。桩基成孔时可利用邻近钢护筒做储浆池,如储浆池的体积不能满足要求时,可插打临时护筒做为储浆池。

(5)由于孔深60m时泥浆的含砂率明显升高,经检测含砂率达17%,导致排渣困难,钻进速度减慢,影响工程进度。经过试验采用加设辅助设备提高泥浆质量,在泥浆循环过程中加设大功率泥浆泵和水力旋流器把泥浆中的砂子进行分离,以降低泥浆含砂率,有利于降低成孔后沉渣厚度,缩短清孔时间至2.5h,以达到加快成孔速度,提高成孔质量。加设水力旋流器后泥浆含砂率数据如表2所示。

加设水力旋流器后泥浆含砂率数据

表2

加设辅助设备后含砂率检测时间	含砂率	加设辅助设备后含砂率检测时间	含砂率
初始时	17%	1.5h	4%
0.5h	12%	2h	3%
1h	8%		

5.2.7 钻孔

(1)钻机安置要平稳,磨盘中心亦即钻杆中心应对准设计桩轴心位置。

(2)磨盘转动钻杆使钻头及钻杆自动钻进时,则应保持提吊钻头的钢丝绳索永保铅直状态,切不可使钻杆发生晃动,以使孔身不直或扩孔过大。如果企图加大钻进速度,则以加重钻头或在钻头上部钻杆处加配重,以保证钻孔垂直。

(3)钻孔工作应连续进行,中间停顿时间不得过长,如因检修设备或其他原因停止钻进时,钻头应提高孔底不小于3.0m,不得将钻头停放在孔底,以免发生埋钻现象。

(4)钻孔周围地面(平台)上不得堆放重物和杂物,孔口附近应尽量保持清洁。施钻过程中,并应随时检查护筒四周填土及河床面变化,注意是否有沉陷坍塌现象。

5.2.8 成孔清理与质量检验

通常采用抽渣筒抽渣清孔。达到设计深度清孔时，清孔中不断向井内补充清水，以保持井内绝对水头高度。清孔后，泥浆相对密度控制在1.05～1.2，黏度17～20Pa·s，设计要求沉渣厚度小于10cm，孔底泥浆糊在手掌上能看见掌纹即可判定清孔结束。

5.2.9 钢筋笼制作、运输与吊放

钢筋连接采用电弧焊焊接工艺，钢筋笼成型采用电弧焊，钢筋笼制作根据桩长分节制作，两节钢筋笼间的开口连接采用滚轧直螺纹连接。采用螺纹连接技术，应采用“长线预制法”分节段制作钢筋笼，并标明钢筋笼接长时对接位置标记，另钢筋滚丝前应将两端头马蹄形切除。两节钢筋笼对接好后，进行下一节钢筋笼接长。钢筋笼制作自检合格后，申请监理工程师验收签证。

钢筋笼在施工现场须使用改装后的场地运输车运输，确保钢筋笼在运输过程中不变形。

钢筋笼应采用三点吊放，防止扭转弯曲、发生永久性变形。为防止吊装过程中变形，在钢筋笼加强箍筋内侧焊接钢筋支撑，在入孔时逐一割除。钢筋笼吊放前应对平台上定位点进行复测，吊放时通过控制点定向对准孔位，吊直扶稳，缓慢下放，两节钢筋笼对接采用直螺纹连接，避免碰撞孔壁；在钢筋笼下放前在钢筋笼上应焊接定位块（图3），定位块的尺寸满足设计要求，采用每隔2m焊4个定位块，以保证混凝土保护层厚度。另外，混凝土灌注时需采用吊钩和顶管，以防止钢筋笼上浮。根据钢筋笼设计高程及平台顶高程确定吊筋长度。吊筋采用两根与主筋相同的钢筋焊接在主筋上，采用双面焊缝，焊缝长度不小于$5d$，吊筋顶焊接钢板与吊具连接，此连接可以保证2倍以上的安全系数。

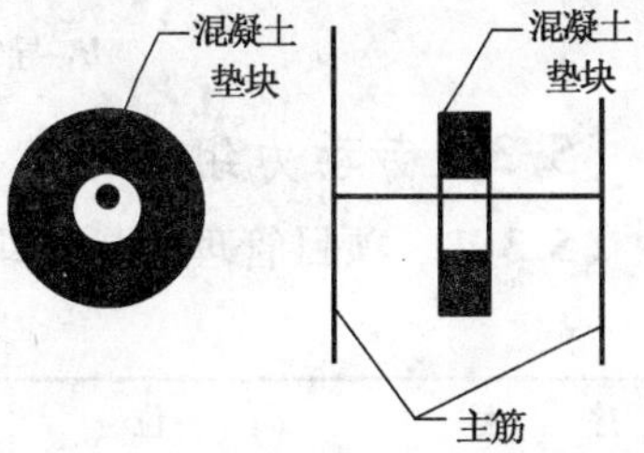

图3 定位块示意图

钢筋笼主筋接头，每一截面上接头数量不超过50%，加强箍筋与主筋连接全部焊接。钢筋笼的材料、加工、接头和安装，符合要求。

5.2.10 导管

导管技术要求灌注水下混凝土采用钢导管灌注，采用导管内径为30cm。导管使用前应进行水密承压和接头抗拉试验，严禁用压气试压。进行水密试验的水压不应小于孔内水深1.3倍的压力，也不应小于导管壁和焊缝可能承受灌注混凝土时最大内压力p的1.3倍。

导管每节2～3m，配1～2节1～1.5m的短管。钢导管内壁光滑、圆顺，内径一致，接口严密。导管使用前按自下而上顺序编号和标示尺度。导管长度按孔深和工作平台高度决定。导管接头采用螺旋丝扣型接头，设防松装置。

5.2.11 水下混凝土灌注

现场配备4m^{3}储料斗，灌注时储备一车满罐混凝土，储料斗阀门打开时，混凝土泵同时开动，混凝土连续灌入，保证首批灌注数量。

在灌注过程中，应防止混凝土拌和物从漏斗顶溢出或从漏斗外掉入孔底，使泥浆内含有水泥而变稠凝结，致使测探不准确；应注意观察管内混凝土下降和孔内水位升降情况，及时测量孔内混凝土面高度，正确指挥导管的提升和拆除；导管的埋置深度应控制在2～6m。

混凝土灌注到接近设计高程时，计算还需要的混凝土数量，通知拌和站按需要数拌制，以免造成浪费。

在灌注将近结束时，由于导管内混凝土柱高减小，超压力降低，而导管外的泥浆及所含渣土稠度增加，相对密度增大。如在这种情况下出现混凝土顶升困难时，可在孔内加水稀释泥浆，并掏出部分沉淀土，使灌注工作顺利进行。在拔出最后一段长导管时，拔管速度要慢，以防止桩顶沉淀的泥浆挤入导管下形成泥心。

图4所示为混凝土灌注示意图。

5.2.12 成桩检验

混凝土灌注完毕后，按规定的时间进行检验，检验的方法按设计要求确定。

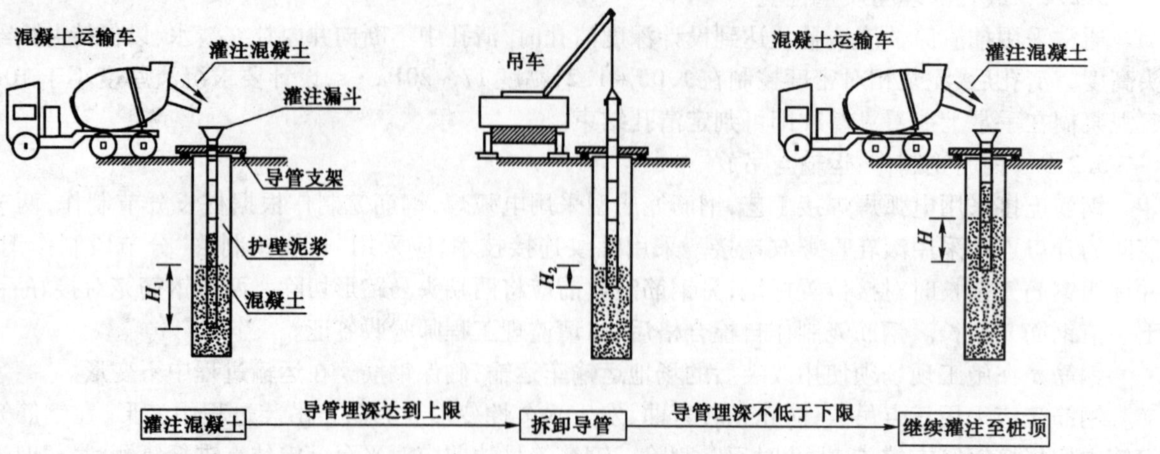

图4 混凝土灌注示意图

H_1-导管埋深上限;H_2-导管埋深下限;H-灌注过程中导管埋深2~6m

5.3 劳动力组织

5.3.1 项目管理人员组织情况(表3)

项目管理人员组织情况表 表3

序号	岗位	数量	主要职责
1	项目经理	1人	代表公司实施项目管理,履行施工合同规定的任务,对进入现场的生产要素进行优化配置和动态管理,协调内外关系,处理突发事件,参与竣工验收和结算
2	项目副经理	1人	分管现场的生产工作,直接指挥各施工口,主持施工中的生产、安全和文明施工中的管理
3	项目工程师	1人	主持项目技术管理,施工组织计划编制、技术交底和组织落实。组织技术核定工作,指导和参与质量监督检查,参加工程验收,处理质量事故,组织技术攻关
4	技术、质量员	2人	实施工序间的施工质量监督和专职检查,负责与监理方的隐蔽工程验收,行使施工质量的认可和否决权
5	资料员	1人	负责工程技术资料、外来文件的收集、登记、整理、汇总及管理工作
6	施工员	2人	负责施工生产调度,协调各工种间的施工配合,组织生产。实施施工现场管理和文明生产管理
7	材料员	1人	按计划做好施工用原材料、成品材料的采购、进货、到货验收和保管工作
8	核算员	1人	负责月工作量的统计上报、成本分析、预测、核算和相关账务的处理
9	专职安全员	1人	实施施工现场的专职安全教育、培训、检查,贯彻安全措施,纠正违章作业、违章指挥,协助排除不安全的隐患,行使安全达标的认可和否决权
10	行政后勤	1人	生产和生活资料采购、运输及协调

5.3.2 单台钻机的人员配置(表4)

单台钻机劳动力组织情况表 表4

序号	工种	人数	备注
1	机长	1人	生产调配
2	辅助人员	6人	埋设护筒,处理泥浆回填等
3	汽车驾驶员	2人	运输作业
4	司钻人员	7人	三班制值班,机长1人
5	电焊工	2人	补焊钻头及其他
合计			18人

6 材料与设备

6.1 材料

本工法所需主要材料品种见表5所示,数量需根据工程具体情况确定。

成孔所需主要材料品种　　表5

序　号	材料名称	备　注	序　号	材料名称	备　注
1	钢护筒	护壁防护	3	纤维素、锯末	增加黏度
2	膨润土	制备泥浆			

6.2 机械设备(表6)

现场投入机械设备表　　表6

设备名称	规格型号	数　量	单　位
回旋钻机	Gps-20	8	台
回旋钻机	Gps-250	4	台
履带吊	60t	1	台
吊车	25t	2	台
浮吊	50t	2	艘
驳船	400t	1	艘
	300t	1	艘
交通艇		1	艘
振动锤	DZ90	2	台
铲车	50L	1	台
挖掘机	Ex200	1	台
发电机	150kW	1	台
	300kW	2	台
振动锤	DZ60	1	台
电焊机	BX1-500-3F(BXL-300)	5	台
	ZX7-500	8	台
氧炔焰切割机	Pcs-100	4	套
钢筋切断机	CQ-40	3	台
混凝土泵	三一重工	1	台
水力旋流器		12	台
内燃空压机	ZS1110	2	台

7 质量控制

7.1 测量放样

(1)选用精度高的全站仪。

(2)定期校正测量仪器。

(3)护筒埋设时一定要测量其中心偏位与垂直度。

(4)钻机安装就位时要测量转盘中心与桩位中心及钻机的水平度。

7.2　成孔

(1)严格控制护筒埋深,护筒底部进入黏土层2.0m深以上,防止护筒底部串孔。

(2)钻进护筒底部时,要仔细观察,防止因护筒变形而挂碰钻头。

(3)严格控制泥浆性能指标,发现异常及时调整。

(4)严格控制各土层的钻进速度,同时防止底部液流冲刷孔壁。

(5)各桩位应交错施工,防止塌孔和串孔。

(6)孔内发生卡钻时,不能盲目起拔,应采用合理方式处理。

(7)经常观察孔内水头,及时补充优质泥浆。

(8)在开孔和换层及地层软硬不均时,应放慢钻进速度。

7.3　钢筋笼安放

(1)一定要按设计和规范要求加工钢筋笼。

(2)起吊时防止钢筋笼变形。

(3)井口钢筋笼安放要稳定,防止掉入孔内。

(4)向孔内下放要缓慢,对正桩中心。

(5)控制钢筋笼归中和高程。

7.4　混凝土灌注

(1)检查导管的长度、质量,以防漏水、漏气。

(2)检查导管的总长、节数。安放时要拧紧,保证导管底口悬空距离0.3~0.4m。

(3)检查灌注前孔底沉渣和泥浆性能指标。

(4)检查初灌量和导管埋深。灌注中控制导管埋管深度,宜控制在2~6m范围。

7.5　意外质量事故处理措施

(1)当发生塌孔时,应立即往孔内填充黏土以封闭坍垮段。然后用钻头搅拌黏土,以高黏土和高胶结性泥浆抑制砂层水化,使黏土渗入孔壁,以达到稳固孔壁的目的。

(2)孔内掉入异物(铁件)时,及时清净孔底沉渣。起钻后,用磁铁吸上来。

(3)当发生意外的掉钻头、断钻杆事故时,根据具体情况分别用钩子、钢丝绳圈套和钻杆绕管器打捞,但处理一定要快。

(4)对意外造成的掉钻,经打捞未果时及回旋钻机无法正常施工时,考虑回填片石后,采用冲击钻成孔。

8　安全措施

8.1　施工中的基本措施

(1)编制安全操作规程分发到工班,在组织作业人员逐条学习的同时,抓好工作中的落实。

(2)设专职安全员,负责日常生产中的安全检查和评比。

(3)合理布置泥浆池及施工场地的安全防护和安全警示标志。

(4)钻孔、压钢护筒、回填片石或黄泥由专人指挥,严格按程序作业。

(5)加大对机械设备,尤其是钢丝绳的检查力度,每天交接班应检查钻头、主绳、主绳与钻头连接、提梁、绳卡,发现问题及时处理。当钻头钢丝绳在一个捻距内断丝数超过15%时马上更换。

8.2　施工过程中除应严格遵守国家和部颁有关施工安全技术规则外,还应注意的事项

(1)成立安全领导小组,并制订相应的应急预案。

(2)施工前报请港监对大桥水中墩施工水域进行勘划审批,取得施工许可证,并通过他们发布航行通告。

(3)遵守水上施工纪律。水上施工手续齐备,先报告后开工,大型单项工程工前办理施工许可证。桥区水域范围内,施工水域范围外的其他作业,经港监、航运部门征得同意后再进行。

(4)加强安全教育。按照《中华人民共和国内河避碰规则》要求,在通航桥孔工程船舶设置信号灯,以标示航道和施工范围。

(5)强化汛期的安全管理,汛期项目部将组织对全桥水中施工船舶锚碇系统进行全面检查,督促施工单位根据水位变化及时调整锚索,确保水中墩以及水上船舶安全度汛。

(6)使用浮吊进行吊重作业时,应时刻关注潮位变化,加强信号联系,及时调整吊机吊绳长度,避免因潮汐影响造成重物忽上忽下,给施工带来不便,乃至诱发各种不安全因素。

9 环保措施

(1)建立与质量安全保证体系并行的环境保护保证体系,配备相应的环保设施和技术力量,与当地政府和环保部门联合协作,全面控制施工污染,搞好泥浆收集处理,将各种污水及噪声污染控制在环境指标限定的范围内,严格控制水土流失,确保施工环境全面达到国家环保标准。

(2)把环保作为施工的重要工作来抓,抓措施、抓设施、抓落实,制订施工现场环境保护的目标责任书,定岗定责,责任到人。

(3)合理布置施工场地,生产、生活设施尽量布置在征地线以内,少占或不占耕地,尽量不破坏原有植被,不随意砍伐树木,并在其周围植草或植树绿化,创建美好环境。

(4)永久性用地范围内裸露地表用植被覆盖。工程完工后,拆除一切临时用地范围内的临时设施和临时生活设施,搞好租用地和弃渣场复耕,绿化原有场地,恢复自然原貌。退场时的场地清理,达到地方政府、群众及相关其他单位的满意,并取得有效的证明文件。

10 资源节约

工程在采用原有设备的基础上,通过加设水力旋流器,能提高工效30%。减少了设备的损耗率及资源的使用量。同时监控泥浆的质量,通过随时加设优质膨润土,提高泥浆的使用率,减少废泥浆的排放量和对环境的影响。

11 效益分析

11.1 经济效益

本工法较好地解决了海滩地区淤泥质黏土、粉质砂土钻孔施工成孔困难的问题,使钻孔桩能安全、顺利、快速、保质地进行,推动了桩基施工的技术进步,在困难桩基施工中得到很好的应用,能形成较好的经济效益和社会效益。工程桩施工费用由1300元/m^3降低到966.3元/m^3,节约工程费用25.7%,节约工程费用达412.5万。

11.2 社会效益

水上作业的大直径大深度灌注桩,在施工平台位置钻取地下承压水以满足泥浆用水和钻孔施工用水,不仅可以大大节约从岸上输送淡水的施工成本,而且可以克服天气和风浪对运送淡水的不利影响,缩短施工工期。另外,利用串连的钢护筒,改造成钻孔施工所需的淡水储存池、泥浆制备池和沉淀池,使钻孔施工几乎不受风浪的影响,类似于陆地施工。直径大深度深灌注桩相对打入桩(钢管桩、钢筋混凝土预制桩)在基桩的高承载力及基桩使用寿命等功能方面具有一定的不可替代性效益,尤其对于大型桥涵主墩、辅助墩基桩方面更有利于实现工程设计的技术要求。

12 应用实例

中央大道永定新河大桥地处天津滨海新区永定新河入海口处,北起青坨子段的修筑终点K14+300,南至中央大道—京津塘高速二线互通立交修筑起点K16+077.401,于2007年11月开工。该段桥梁总长为1 367m,主跨为100m+160m+100m悬臂现浇变截面预应力混凝土连续梁。桥位处水位受海潮影响较大,海域属不规则半日潮,一天两次涨潮,两次落潮。在一个全潮过程中,两个半潮的潮型有明显区别,两个半潮的高潮潮位比较接近,而低潮潮位相差较大。最小潮差1.4m,最大潮差3.53m,最高潮位5.72m,最低潮位-1.8m,平均潮位3.77m。

主桥24~27号墩钻孔桩共128根,其中25号、26号钻孔桩位于河道中,直径2.0m,孔深达98m。该钻孔灌注桩基础在天津地区属首例,在粉质亚砂土这种地质状况中,华北地区也是首例。采用本工法的多种处理方法相结合的方式,尤其是对于多层复杂地质处理方面得到了有效的应用,加快了成孔速度,提前了工程工期,经济上得到了节约,取得了良好的社会效益,桩基检测合格率达到了100%。在应用本工法时要合理组织人员、材料及机具设备,加强施工管理和组织,并专门由技术人员现场监督管理。

桥梁深水桩基础移动周转平台施工工法

GGG(中企)C1060—2009

任 刚 白建普 张丽丽 赵星焱 吕清斌
(中国建筑第七工程局有限公司)

1 前言

目前,钻孔灌注桩基础已成为桥梁水中基础的主要形式,也是桥梁施工中的重点和难点。水中钻孔桩施工的关键是水上钻孔施工作业平台,其主要的施工方法有:船上钻孔法、钢板桩围堰法、浮运钢壳沉井法、栈桥及水中固定平台法等。

由我公司施工的宿迁市开发区大道京杭运河特大桥项目工程,桥梁全长602.0m。其中,跨运河主桥长242m,为66m+110m+66m单索面三跨预应力混凝土部分斜拉桥,采用塔梁固结、塔墩分离的结构体系。主墩为钻孔灌注桩基础。

杭(杭州)浦(上海浦东)高速公路嘉兴段11合同段是我公司近几年承接施工的工程项目。其中控制性工程盐嘉塘大桥跨越规划III级航道——盐嘉塘船运航道,跨越盐嘉塘船运航道主桥,为预应力混凝土连续梁桥,采用双半幅分离式结构。

该桥主桥下部结构20、21号主墩均位于盐嘉塘船运航道河水中,为钢筋混凝土矩形墩、二层台阶承台形式。主墩采用钻孔灌注桩基础,单个承台内分布ϕ160cm桩基12根;顺桥向分为三排,每排四根,排距和桩间距均为4.2m,共48根,桩长87m左右。该桥主桥桩基础布置如图1所示。

根据盐嘉塘大桥主墩在航道水中位置、水深情况,采用常规的栈桥及固定平台法进行钻孔、灌注施工,需要使用大量的施工钢材;且在平台拆除后,大部分的施工钢材将闲置无用,浪费大,施工成本高。

通过对各种桥梁水上钻孔桩基础施工方法的分析、比较,我们设计、加工出这种水中周转平台施工技术,实现了高质量、高工效、低成本的水中钻孔桩基础施工的目标,顺利完成了宿迁市开发区大道京杭运河特大桥主墩基础及盐嘉塘大桥主墩基础48根ϕ160cm钻孔灌注桩的施工,取得了很好的经济效益,并为全桥后续施工创造了有利条件。

为积累施工经验,指导类似工程施工,在总结本技术的基础上,编写本工法,并于2008年4月初被评为中国建筑第七工程局有限公司(三级)工法。

本工法应用的关键技术——桥梁水中桩基础移动式周转平台法施工技术,于2008年4月中旬被河南省科学技术厅确认为河南省科学技术成果。

2 工法特点

(1)承载力大、适应性强。通过对钢管桩桩径和沉入深度的选择和调节,可以实现平台上所需的较大的承载力,进而具有较强的适应性。

(2)材料节约、成本低。桩基施工从群桩的一侧向另一侧施工,在一排桩基施工完成后,拔出第一排,插打在第三排,实现钢管桩的周转使用,这样就大大节约了钢管使用量,降低了施工成本。

(3)施工简便、工效高,易于保证施工质量。

3 适用范围

适于桥梁较深水中墩钻孔灌注桩基础的施工。

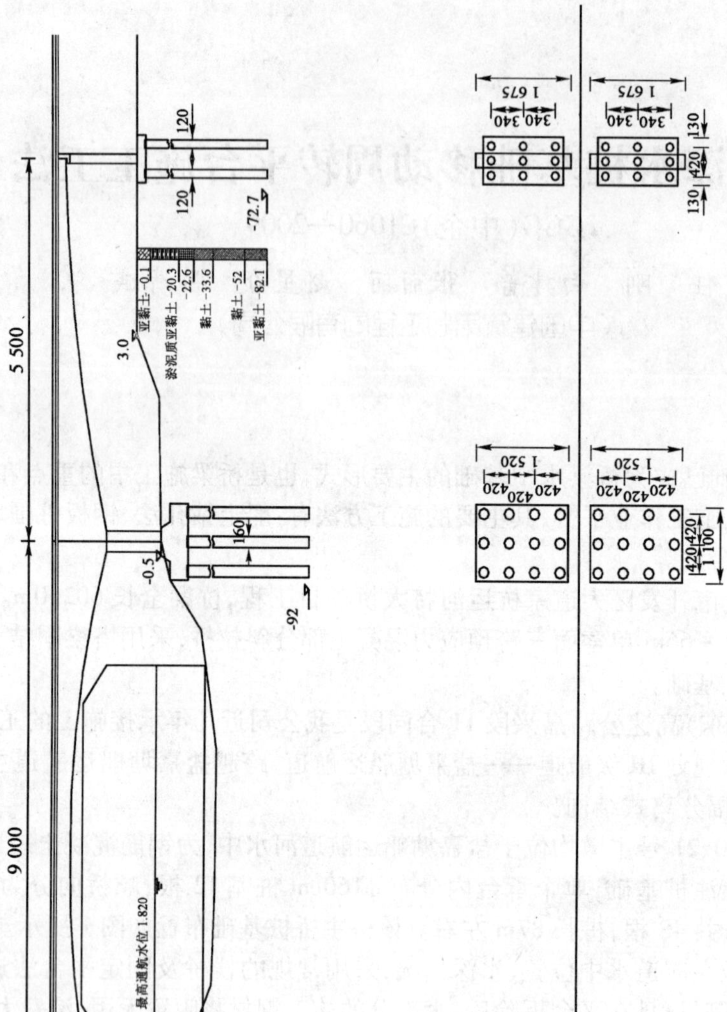

图1 杭浦高速公路S11合同段盐家塘大桥主桥桩基础布置(尺寸单位:cm)

4　工艺原理

根据盐嘉塘大桥工程总体施工计划要求,由于主桥上部箱梁悬浇施工特点,主墩施工工期紧,要求主桥(左右幅)20、21号主墩同时进行施工。

主桥每墩(左右幅)桩基础布置如图2所示。

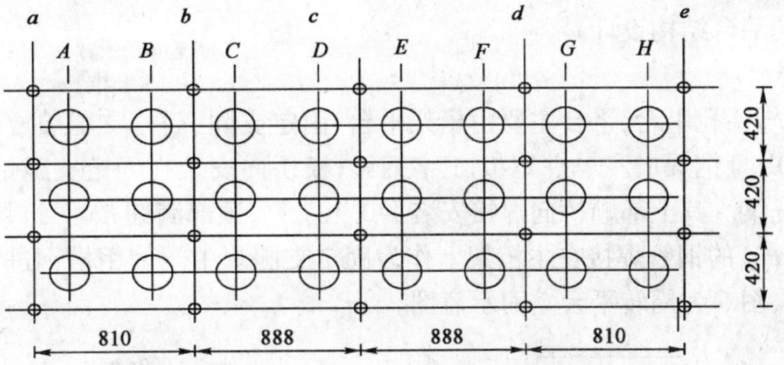

图2　主桥每墩(左右幅)桩基础布置图(尺寸单位:cm)

移动式水中周转平台加工完成后,在浮船上组拼成整体,水上浮运至主墩墩位。插打钢管桩活动支腿,吊装周转平台。周转循环施工主墩钻孔桩基础,循环施工的程序如图3所示。

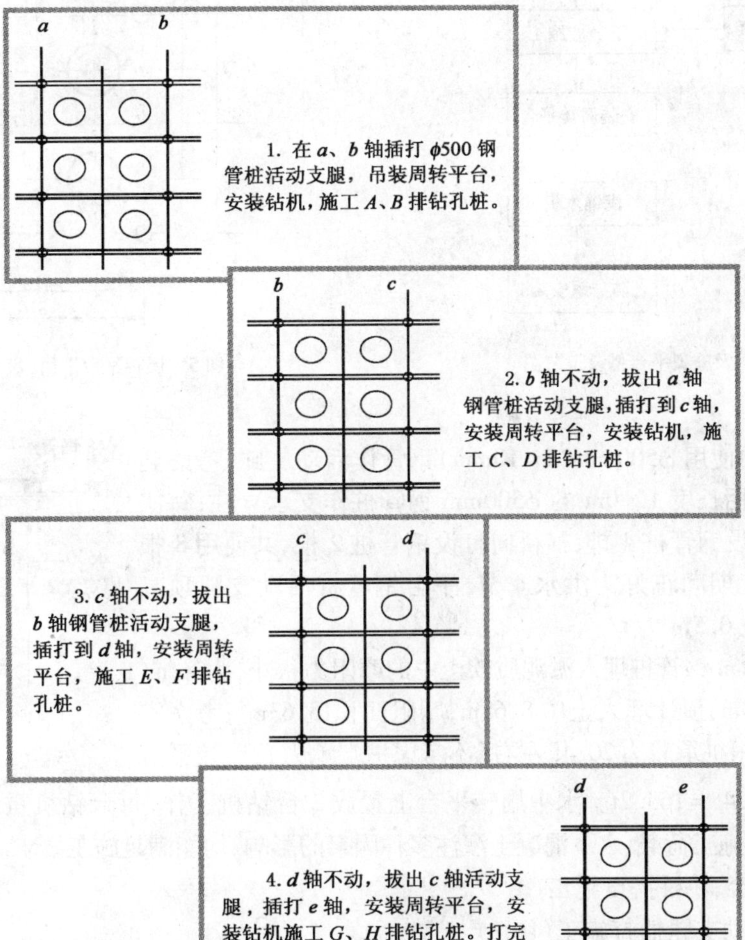

图3　周转循环施工主墩钻孔桩基础的程序

5　施工工艺流程及操作要点

5.1　施工工艺流程

周转平台施工工艺流程如图4所示。

5.2　操作要点

5.2.1　移动周转平台结构设计

(1)周转钻孔平台

设计采用水中周转钻孔平台,平台主要由桁架平台、固定支腿、插打支腿组成。桁架平台平面尺寸为9m×13.5m,由I40b型钢焊成。焊拼2I40工字钢梁,横桥向安装在固定支腿钢管顶部预割槽口内,焊接牢固,作为承重托梁。其上部顺桥向焊接安装I40工字钢,顶部满铺$\delta=5$cm厚木板,形成主桁架平台。$\phi630$mm($\delta=10$mm)的钢管焊接在主桁架上作为固定支腿。中间使用槽钢进行剪刀连接。图5为周转平台平面示意图,图6为周转平台立面示意图。

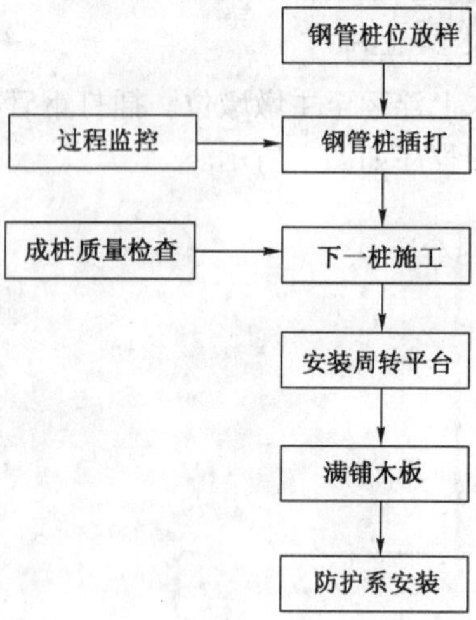

图4　钢管桩及施工平台搭设工艺图

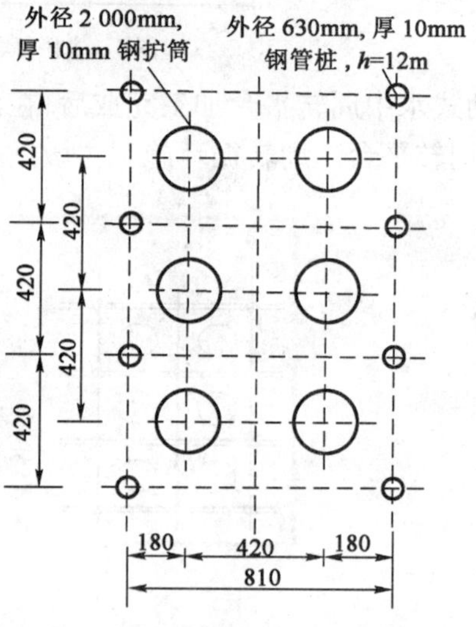

图5　周转平台平面(尺寸单位:cm)

(2)活动支腿

主桥主墩施工须使用$\phi500$mm($\delta=10$mm)钢管作活动支腿,考虑到材料的多次利用,采用长度12.0m的$\phi500$mm钢管桩作支承立柱;每次周转,平台顺桥向布设钢管桩4排,横桥向打设钢管桩2根,共使用8根钢管桩。桩基础施工期间正好为洪水季节,平台钢管桩活动支腿顶高程均应高出通航水位0.5m为宜。

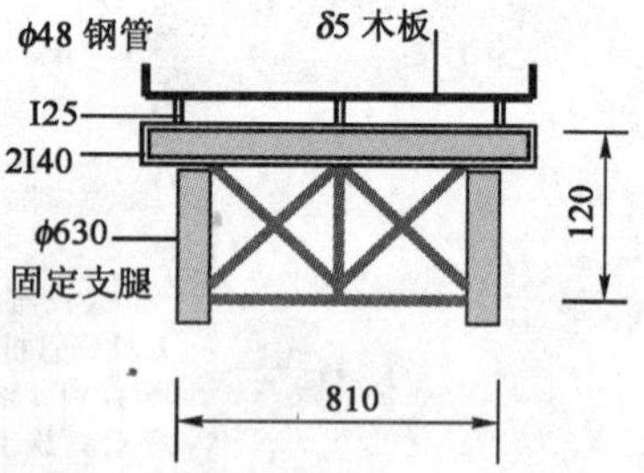

图6　周转平台立面(尺寸单位:cm)

根据资料,$\phi500$mm钢管桩埋入淤泥质软土中的摩阻力很小,为$2t/m^2$左右。每根桩长12.0m,预计埋入土中8.68m,摩阻面积$13.63m^2$;考虑安全系数为0.75,计每根桩承载力20.4t左右(不考虑桩端承力);周转平台总承载力在8根×20.4t=163.2t。水中周转平台上置放2台钻机工作,每台钻机重约25t(包括钻杆、钻头),总重约50t;考虑施工荷载、水下混凝土灌注多种因素的影响,均能满足施工要求。

5.2.2　钻孔平台、栈桥搭设施工

(1)周转平台活动支腿插打施工(图7)

钢管桩插打在测量的监控下,利用定位船、40t吊船及DZ-60kW咬口激振锤进行。施工前,首先根据桩位坐标计算出钻孔平台四角定位桩的坐标及交会角,供打桩使用。打桩时,在岸正面设置一台全站仪观测定位,侧面设置两台经纬仪校核。

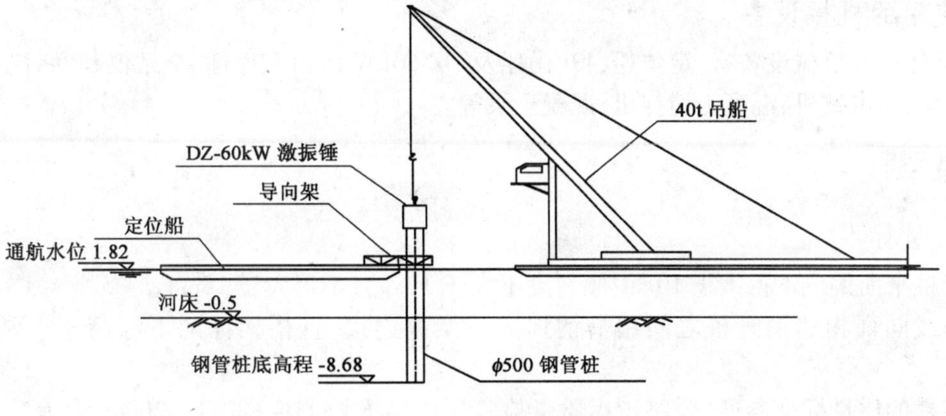

图7 活动支腿钢管桩插打

插打时，首先定位船抛锚初步定位在设计位置，吊船移至旁靠抛锚定位，定位船定位误差不大于2cm。在岸上测量仪器精确控制下，确定平台的四根角桩位置；利用激振锤咬口起吊 ϕ63 定位钢管桩，在平台的四角，各沉入一根钢管桩定位。在定位钢管桩上按照设计位置安放导向钢梁。利用导向钢梁定位，逐根插打钢管桩，直至全部。

钢管桩插打要求水平最大偏位小于15cm，倾斜度小于1%。

(2)安装周转平台

移动式水中周转平台加工完成后，在浮船上组拼成整体，水上浮运至主墩墩位。完成插打钢管桩活动支腿后，吊装周转平台安装在钢管桩活动支腿上，形成水中钻孔桩施工平台。

(3)栈桥搭设施工

栈桥考虑汽车吊通行，桥宽设4.5m，采用8m长 ϕ20cm 木桩作承重立柱；木桩排间距3m，每排两根，间距3m。单桩入土一定深度。横向主梁采用I400工字钢，横梁与木桩使用钯钉固定。纵梁采用3根I200×100工字钢，面层横向铺设5cm厚木板。

平台及栈桥施工前均需报航道等有关部门审批，发布施工通告；在适当位置设立防撞钢管桩和夜间警示灯，设立相应通航、助航标志；引导过往船舶通行，确保过往船只的通航和施工安全。

6 材料与设备

6.1 所用材料

本工法所用材料如表1所示。

工法使用材料情况表 表1

序 号	材料名称	型号/规格	备 注
1	钢筋	普通R235、HRB335级钢筋	桩材料
2	水泥	42.5R	桩材料
3	钢管	ϕ630mm(δ=10mm)	钢管桩材料
4	钢管	ϕ500mm(δ=10mm)	钢管桩材料
5	钢管	ϕ48mm	
6	工字钢	I40b、I25b	做纵横梁
7	槽钢	[12b	做支撑
8	木板	δ=5cm	平台板
9	A3钢板	δ=8mm、δ=20mm	δ=8mm系做钢护筒

6.2 使用的机械设备

本工法需使用的机械设备有:定位船、40t 吊船及 DZ-60kW 咬口激振锤、全站仪、经纬仪、振动锤、空气吸泥机、水泵、冲击钻机、混凝土搅拌机、混凝土泵等。

7 质量控制

7.1 质量标准

(1)钢管桩平面偏位不得大于 10cm;倾斜度不大于 1%,且不得大于 15cm。

(2)同排或同列相邻钢管桩之间用槽钢焊成桁架撑连接,且桁架撑的下缘高于正常水位 50cm 以上。

(3)桁架撑的质量标准参见《公路工程质量检验评定标准》(JTG F80/1—2004)中表 8.9.1-5 的相关要求。

7.2 质量控制

钢管桩插打在测量的监控下,利用定位船、40t 吊船及 DZ-60kW 咬口激振锤进行。施工前,首先根据桩位坐标计算出钻孔平台四角定位桩的坐标及交会角,供打桩使用。打桩时,在岸正面设置一台全站仪观测定位,侧面设置两台经纬仪校核。

插打时,首先定位船抛锚初步定位在设计位置,吊船移至旁靠抛锚定位,定位船定位误差不大于 2cm。在岸上测量仪器精确控制下,确定平台的四根角桩位置;利用激振锤咬口起吊 ϕ63 定位钢管桩,在平台的四角,各沉入一根钢管桩定位。在定位钢管桩上按照设计位置安放导向钢梁,焊接固定。利用导向钢梁定位,逐根插打钢管桩,直至全部。

8 安全措施

(1)施工平台上建立安全管理体系,并配置 1 ~ 2 名专职安全员,进行各施工平台间的巡回检查,平台的应急通道图上墙,并保证应急通道随时畅通。

(2)平台四周安装栏杆,栏杆的高度不低于 1.1m,平台上配有齐全的安全、消防、救生设施,有足够的燃油、淡水及副食品的储藏。

(3)建立电工、焊工、油漆工、危险品管理员、物资仓库管理员、油舱等防火责任制,明确重点防火部位,落实安全防火措施,配备足够灭火器材。油舱和发电机房之间需有屏蔽措施,防止静电起火。

(4)平台上的电气设备输电电线必须采用三相五线制和"三级配电二级保护",电线(缆)必须按要求架设,不得随地拖拉,各类配电箱要安装在适当的位置,并进行防护。

(5)为防止过往船只及施工船只撞击施工平台,平台首尾须设置航标灯、信号旗及防撞装置。另外,要密切观测平台处钢管桩的冲刷情况,必要时进行二次抛石防护。

(6)为确保平台和施工人员的安全,每时每刻注意气象部门的气象信息,如遇大风、台风等恶劣天气和海况,严禁作业。

(7)在通航天的水上施工,开工前应与当地航监部门联系,商定有关航运和施工作业的安全事项。

(8)交通船应按规定的载人数量渡运,严禁超员强渡。船靠岸抛锚后顺序上下。

(9)五级以上大风(含)应停止航行。中途遇有阵风、雨时,乘船人员不得走动或站立。

(10)平台上和交通船应按规定备好救生设备。

9 环保措施

(1)遵守有关海上防污染国际公约,妥善处理泥浆水,未经处理不得直接排入水中;

(2)除设有符合规定的装置外,不得在施工现场熔融沥青或者焚烧油毡、油漆以及其他会产生有毒有害烟尘和恶臭气体的物质;

(3)采取有效措施控制施工过程中的扬尘；

(4)对产生噪声、振动的施工机械，应采取有效控制措施，减轻噪声扰民；

(5)严禁向水域抛设和倾倒废弃用品，平台上设置油污收集设施和粪便收集装置，定期用船运到陆上，陆上建立废油和废弃用品的回收站，负责及时处理。

10　资源节约

在桥梁水中桩基础施工中，采用移动式钻孔周转平台施工技术，运用交替插打钢管桩方法，减少了钢管桩、型钢等施工钢材的使用，降低了施工成本。符合国家节能降耗的产业政策。

11　效益分析

水中周转平台技术创新点，就是在桥梁水中钻孔桩基础的施工中，在传统的栈桥及水中固定平台施工方法上变革、创新。

技术可行的水上钻孔平台，还应进行综合的分析比选，从而确定出最优的施工方案。经济比选采用工程成本对比分析，包括直接成本和间接成本。而直接成本是消耗在工程上的最主要费用，主要有人工费、材料费、机械台班使用费、其他直接费以及现场经费等。除材料费外，这两种施工方法其他各项费用的差距较小，因此在施工方案经济比选中，仅进行材料消耗对比分析，从中选择最优施工方案。

以盐嘉塘大桥主墩桩基施工为例，选用周转钻孔作业平台，共节约主要材料如下：

(1)ϕ500mm($\delta=10$mm)钢管

$$12\ 根\times 12\text{m}/根\times 2\times 120.83\text{kg/m}\times 0.001\text{t/kg}=34.799\text{t}$$

(2)I40b 工字钢

$$[(888+888+810)\text{cm}\times 0.01\text{m/cm}\times 2\times 4+13.5\text{m}\times 6]\times 2\times 73.878\text{kg/m}\times 0.001\text{t/kg}=42.536\text{t}$$

(3)$\delta=5$cm 厚木板

$$(888+888+810)\text{cm}\times 0.01\text{m/cm}\times 13.5\text{m}\times 0.05\text{m}\times 2=34.911\text{m}^3$$

节省材料费为：

$$(34.799+42.536)\text{t}\times 3\,800\ 元/\text{t}+34.911\text{m}^3\times 1\,500\ 元/\text{m}^3=346\,239.5\ 元$$

杭浦高速公路 S11 合同段 2007 年被评为中建总公司科技推广示范工程。

12　应用实例

12.1　应用实例 1

宿迁市开发区大道京杭运河特大桥项目工程，桥梁全长 602.0m。其中，跨运河主桥长 242m，为 66m+110m+66m 单索面三跨预应力混凝土部分斜拉桥，采用塔梁固结、塔墩分离的结构体系。主墩为钻孔灌注桩基础，采用水中钻孔桩基础周转钻孔作业平台法施工。

12.2　应用实例 2

杭(杭州)浦(上海浦东)高速公路嘉兴段 11 合同段盐嘉塘大桥跨越规划Ⅲ级航道——盐嘉塘船运航道，该桥主桥下部结构 20、21 号主墩均位于盐嘉塘船运航道河水中，采用钻孔灌注桩基础，单个承台内分布 ϕ160cm 桩基 12 根；顺桥向分为三排，每排四根，排距和桩间距均为 4.2m，共 48 根，桩长 87m 左右，采用水中钻孔桩基础周转钻孔作业平台法施工，三个月内顺利完成了桩基础的施工任务，取得了很好的经济效益，并为全桥后续施工创造了有利条件。

空腹封闭式钢沉箱围堰桥梁深水基础加固施工工法

GGG(中企)C1061—2009

任 刚 田培明 王东亚 张丽丽 赵星焱
(中国建筑第七工程局有限公司)

1 前言

1.1 桥梁深水基础及墩台的施工,主要困难在于防水、防土,有时还要防冲刷、滑坡等。使用围堰配合施工的目的,就是在围堰内施工基础及墩台时,使围堰外的水和土不至于大量涌进围堰内,而待基础、墩台施工出水面后,即可将其拆除,以免堵塞水流或航道,所以它是一种施工用临时结构。

显然,在水深流急的江河或潮涌浪高的近、浅海中采用围堰法施工桥梁深水基础及墩台时,由于桥址区的水文、地质、气象、航道以及施工要求等条件的不同,不可能有一种适合于所有桥梁深水基础修建的围堰结构形式和施工方法。

目前,桥梁深水基础及墩台施工中采用的防水围堰大致有以下几种:钢板桩围堰、双壁钢围堰、异形钢围堰、双层薄壁钢筋混凝土围堰、钢吊箱围堰、锁口钢管桩围堰等。

1.2 温州市瓯江南口灵昆大桥是温州半岛工程的重要组成部分,是温州市区陆路连接灵昆、洞头两岛的唯一的交通通道,见图1。

根据浙江省交通规划设计研究院检测中心《温州灵昆大桥桩基础检测报告》和浙江省交通勘察设计有限公司《温州灵昆大桥提升荷载标准加固工程施工图设计》,采用穿靴加固方法对桩基进行桩基加固处理,全桥28个墩共有128根桩基础。

综合考虑到需加固的桥梁基础全部位于瓯江海口海水之中,水深且水面宽度大,以及潮汐及潮流特征且需要加固的桩基础数量较大,加固施工围护需多次周转使用。为了最大限度提高施工速度,最大限度降低施工成本,我们力求找到最好的施工方法。选择了拉森钢板桩围堰、双壁钢套箱以及空腹封闭式钢沉箱围堰三种方案进行了比较,从施工工期、施工安全性、施工成本等几个方面考虑,最终确定用空腹封闭式钢沉箱围堰的方法对桥梁水中桩基础进行加固施工。

空腹封闭式钢沉箱围堰是为高桩承台施工而设计的临时阻水结构,其作用是通过钢沉箱侧板、高压旋喷桩止水帷幕及压密注浆封底的围水,为桥梁深水桩基础(高桩承台)提供无水的干处施工环境。

使用空腹封闭式钢沉箱围堰,我们顺利完成了温州市瓯江南口灵昆大桥28个墩的128根桩基础的加固施工,实现了高质量、高工效、低成本的桥梁深水桩基础加固施工的目标,取得了很好的社会效益和经济效益。

本工法应用的关键技术——空腹封闭式钢沉箱围堰桥梁深水桩基础加固施工技术,于2008年12月经河南省科学技术信息研究院《科技查新报告》确认为国内首次使用,达到国内领先水平。

2 工法特点

同钢板桩围堰、双壁钢围堰、钢护筒小围堰等围堰形式比较,空腹封闭式钢沉箱围堰具有:满足施工人员在围堰内安全作业;快速浮运,快速就位,施工周期短;钢沉箱可反复拆装,周转循环使用;减少材料

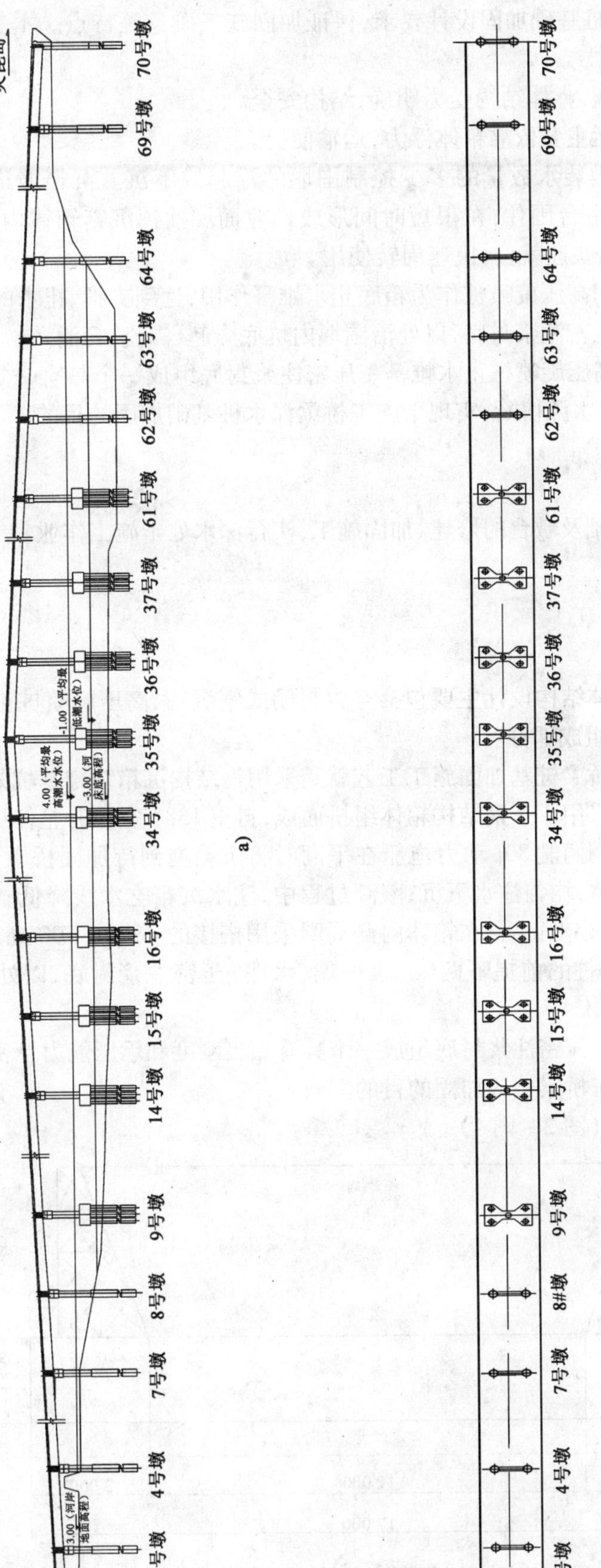

图1 温州市瓯江南口灵昆大桥

a)温州市瓯江南口灵昆大桥纵立面图；b)温州市瓯江南口灵昆大桥桩基平面图

用量,经济合理;满足桥梁深水桩基础加固设计要求,保证加固施工质量等特点。本工法采用空腹封闭式钢沉箱围堰,具有如下特点:

(1)空腹封闭式钢沉箱围堰,整体结构受力明确,结构安全。

(2)空腹封闭式箱体的浮运主要依靠箱体浮力,运输便捷。

(3)钢沉箱主要依靠箱体内装水数量的多少控制围堰的浮起或下沉。沉箱能迅速浮移至指定地点,并注水下沉,将需要施工的墩台围住,在很短时间形成作业面。抽掉沉箱箱体内的水,沉箱空腹浮起,使用动力船拖动,快速移动,快速就位,快速周转使用。

(4)沿钢沉箱内侧周圈采用高压旋喷桩作为箱底止水帷幕作用,达到支护、止水的作用。

(5)在钢沉箱内坑底使用压密注浆封底,以处治围堰内坑底隆起、渗流、管涌。

(6)空腹封闭式钢沉箱+高压旋喷桩止水帷幕+压密注浆封底组成一个具有一定承压能力且密不透水的敞口的围护结构,将外部水源切断,实现干施工桥梁深水桩基础加固的目的。

3 适用范围

本工法适用于桥梁深水基础及墩台的修建、加固施工,实行深水处干施工作业。

4 工艺原理

4.1 技术原理

空腹封闭式钢沉箱围堰整体结构设计主要包括空腹封闭式钢沉箱、高压旋喷桩止水帷幕、两浆(水玻璃、水泥)压密注浆封底三个组成部分。

空腹封闭式沉箱围堰进行桥梁桩基加固施工工艺就是采用钢结构沉箱结合基坑处理的方法进行桩基加固施工。空腹封闭式沉箱采用4个钢结构箱体组拼而成,自重138t;空腹时整体沉箱自身的排水量达到360t;沉箱空腹时浮起,利用两艘80t动力拖船在平潮时将沉箱拖到待加固桥墩位,围待加固桥墩四周将4个箱体组合成一个整体,均匀注水下沉;落潮过程中,注水沉箱吃水线降低,浮力减小,沉箱下插板随潮水下落而插入滩涂;沉箱坐正后;在箱体内侧周圈采用搭接的 $\phi900@700$ 高压旋喷桩,起箱底止水帷幕作用;坑底在避让工程桩的前提下两浆(水玻璃、水泥)压密注浆封底,以处治围堰内坑底隆起、渗流、管涌。

从而使沉箱+高压旋喷桩+压密注浆封底组成一个具有相当刚度和承压能力且密不透水的敞口箱体,将外部水源切断,实现干施工桥梁桩基加固的目的。

4.1.1 空腹封闭式钢沉箱(图2~图4)

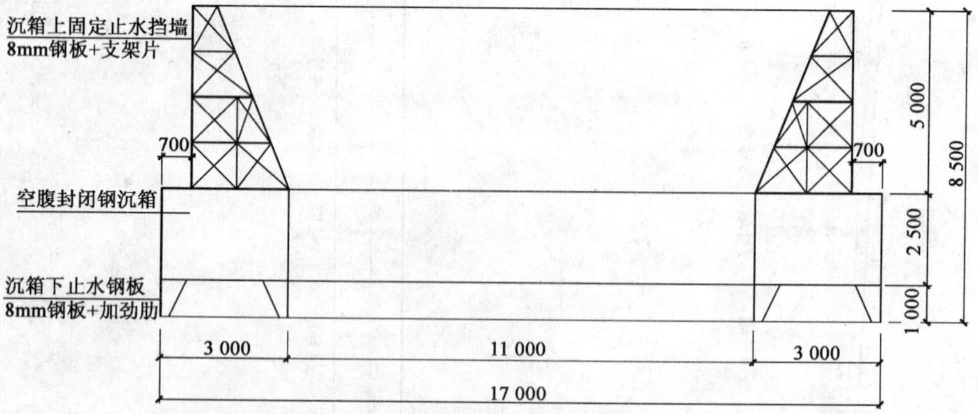

图2 空腹封闭式钢沉箱立面图(尺寸单位:mm)

(1)空腹封闭箱体采用两种规格定制,每套空腹封闭沉箱使用两只长11.0m×宽3.0m×高2.5m和两只长13.0m×宽3.0m×高2.5m的箱体组拼形成。图5所示为沉箱结构平面图。

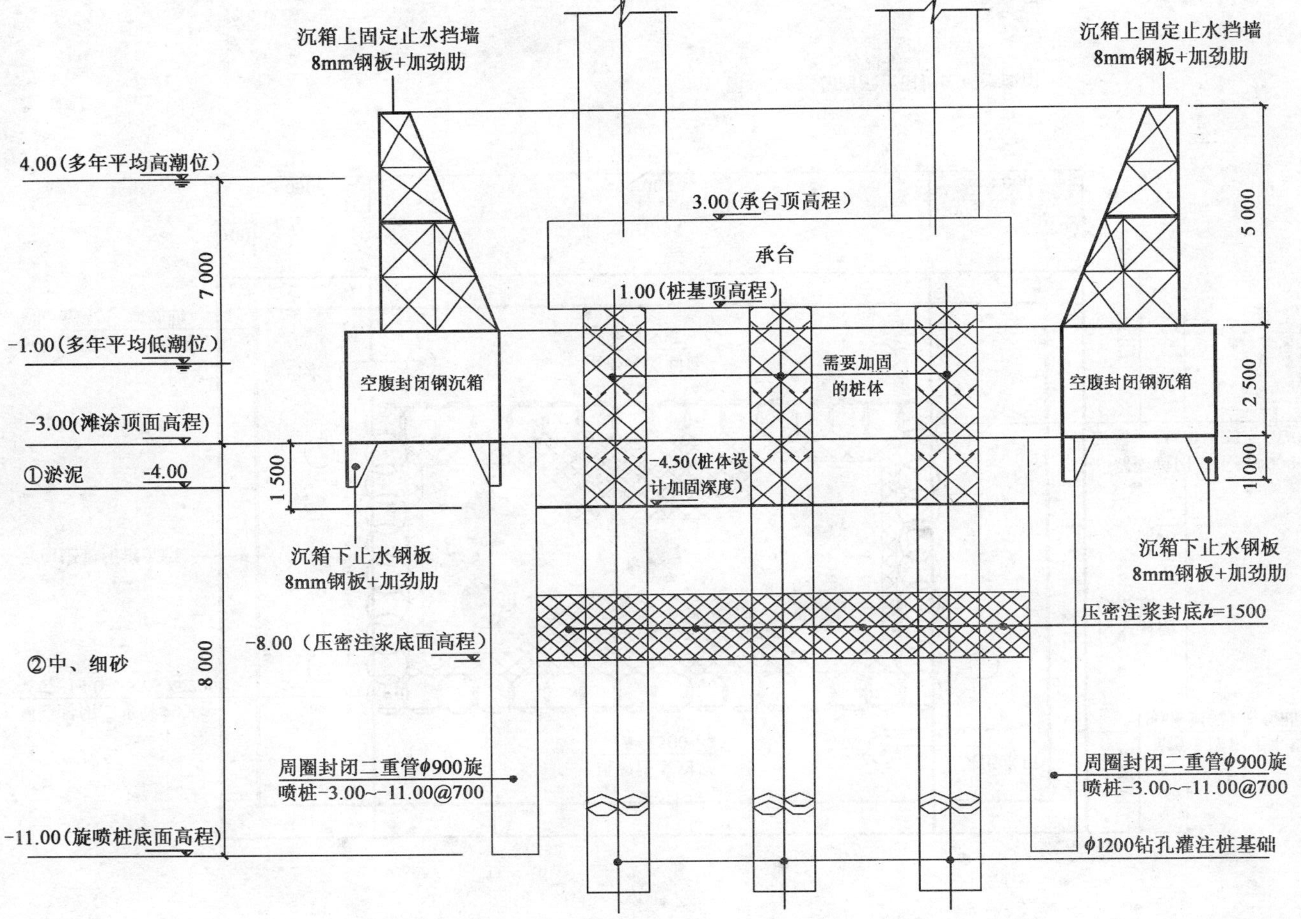

图3　桩基加固沉箱围堰结构剖面图

说明：

1. 桩基加固沉箱围护结构采用4个空腹封闭式钢沉箱作为滩涂以上部分的止水结构；沉箱上设固定止水挡墙；沉箱下固定h=1 000mm高止水钢板，沉箱下沉后，下止水钢板插入滩涂下土层。

2. 围护内沿沉箱周圈使用连续搭接的二重管ϕ900mm旋喷桩@700作为沉箱底以下的封闭止水帷幕。

3. 止水帷幕内在避让桩基的前提下使用压密注浆（厚1.5m左右）进行封底，以保证桩基加固施工时，围护内的抗渗流、抗管涌稳定性满足施工安全的要求。

4. 空腹封闭式钢沉箱在工厂加工制作，在江边码头水上拼装，并安装上止水挡墙和下固定止水钢板。

5. 使用驳船将拼装好的沉箱浮运至桥墩；围桥墩组装成整体，进行密封焊接作业（空腹沉箱、上止水挡墙及下固定止水钢板的封闭和补强）。

6. 待沉箱形成可靠的封闭整体后，在4个箱体内均匀注水、整体下沉。

7. 沉箱下沉、着床就位、稳定后，安装反压钢梁、焊接补强、固定。

8. 一次连续施工沉箱内周圈ϕ900mm旋喷桩；随后压密注浆封底。

9. 待旋喷桩及压密注浆均达到设计强度后，抽出围护内水体，开挖到桩基加固设计深度；进行桩基加固施工。

10. 待桩基加固施工完成后，打开箱体上互通阀门，使围护内注水，围护内外达相同水位；抽出沉箱内水体，使沉箱上浮；解除沉箱连接，使其重新成为独立的箱体；浮运至下一桥墩，重新组装、下沉……进行下一桥墩的桩基加固施工。

11. 图中标注尺寸均以毫米计，高程以米为单位。

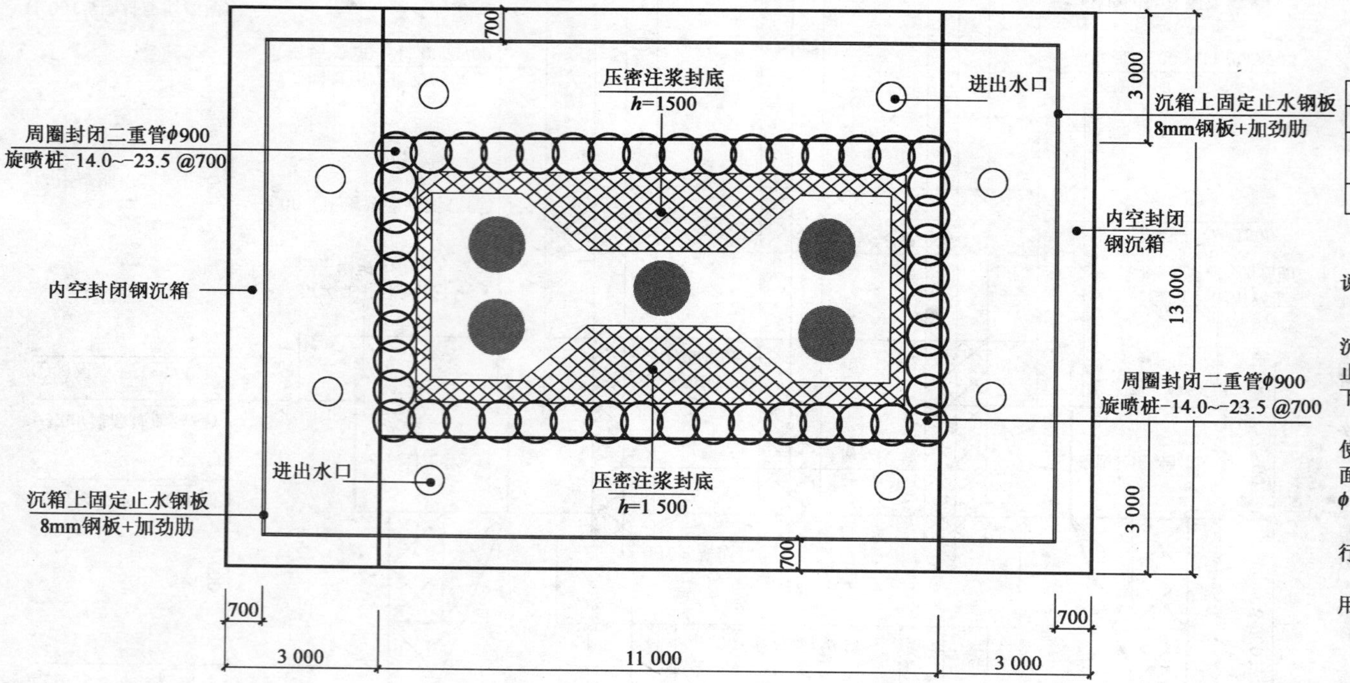

图4　桩基加固沉箱围护结构平面图

沉箱围护结构工程数量（一个）

项目	规格	单位	数量
空腹封闭式钢沉箱		t	132
高压旋喷桩	二重管φ900 mm旋喷桩	m	384
压密注浆封底		m^3	115.5

说明：

1.桩基加固沉箱围护结构采用4个空腹封闭式钢沉箱作为滩涂以上部分的止水结构；沉箱上设固定止水挡墙；沉箱下固定100cm高止水钢板，沉箱下沉后，下止水钢板插入滩涂下土层。

2.沉箱拼装采用法兰盘+高强螺栓栓接；法兰盘使用δ30mm厚钢板制作，要求整个板面平整；板面上钻模钻制φ18mm栓孔、@100mm；栓接采用φ16mm高强螺栓。

3.沉箱拼装连接缝隙采用δ6mm厚橡胶止水带进行封闭；橡胶止水带宽度为100mm。

4.沉箱上止水挡墙及下固定止水钢板连接缝隙采用焊接，内外接口均通长满焊封闭。

5.图中标注尺寸均以mm为单位。

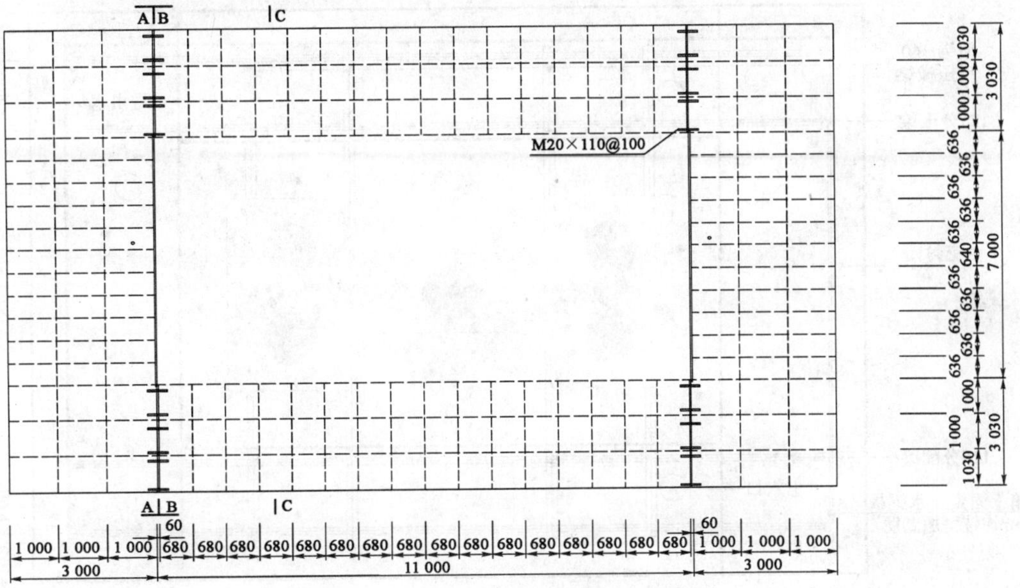

图5　沉箱结构平面图(尺寸单位:mm)

(2)沉箱上固定钢结构止水挡板,外侧挡水板采用 δ6mm 钢板,四周所有骨架均使用∠63×5 角钢制作。

(3)沉箱下固定止水钢板使用 δ8mm 钢板 + δ8mm 菱形钢板加劲肋焊拼。图 6 所示为 5m 结构止水挡墙结构图。

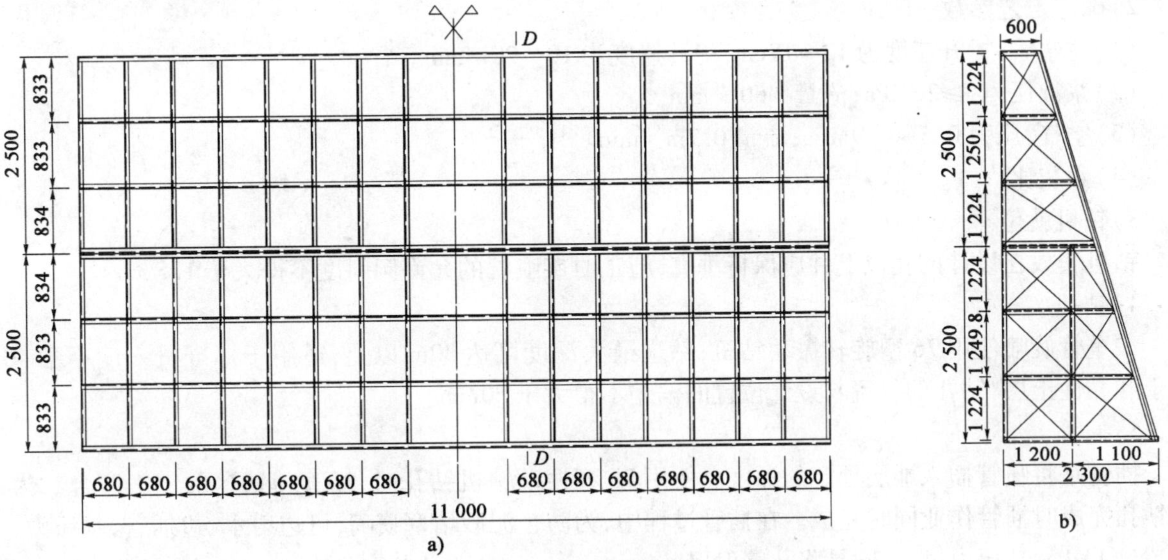

图6　5m 钢结构止水挡墙结构图(尺寸单位:mm)

a)5m 钢结构止水档墙立面结构图;b)D—D 断面图

(4)空腹封闭钢沉箱排水体积很大,排水量达到 960m³;在沉箱注水下沉、着床就位后,抽出沉箱围堰内水体,空腹式钢沉箱围堰的总浮力达到 960t;考虑沉箱结构自身质量(138t)和沉箱箱体内注水质量(360t),需解决浮力尚达 460t;设计利用桥梁承台,使用 4 根 H40 型钢作反压横梁($L=11.0$m),反压沉箱,以此解决沉箱围堰的上浮;沉箱箱体上加双排 I25 型钢($L=14.0$m)做分配梁,使沉箱箱体受力均匀,见图 7。

4.1.2　高压旋喷桩

1)工艺原理

高压旋喷桩平均桩径为 ϕ900mm、桩间距 700mm。高压旋喷钻机采用 XPZ-50 型单管高压旋喷桩,

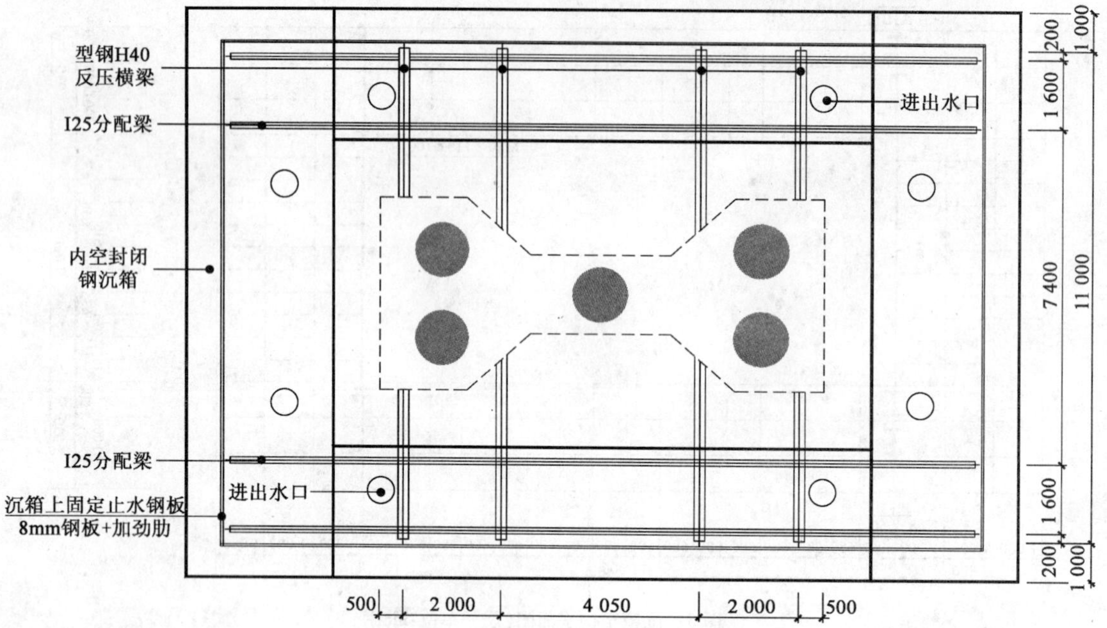

图7　沉箱箱体结构示意图(尺寸单位:mm)

BWT100/30 高压注浆泵机,当钻机钻到设计高程后,用高压旋喷机把安有水平喷嘴的注浆管下到孔底,利用高压设备使喷嘴以 20MPa 的压力把浆液喷射出去,冲击切割土体,并与土体搅拌混合,随着注浆管的旋转和提升而形成圆柱桩体,浆与土体经过一系列的物理化学反应,固结成桩,从而达到支护、止水的作用。

2)确定工艺参数

(1)注浆管:提升速度为 12 ~ 18cm;旋转速度为 10 ~ 20r/min。

(2)浆液压力:≥20MPa;流量 >60L/min。

(3)空气:压力 0.5 ~ 0.9MPa;流量 0.7m^3/min。

(4)水灰比:1∶1。

3)钻机就位

钻机安放在设计的孔位上并应保持垂直,施工时旋喷管的允许倾斜度不得大于 1.5%。

4)钻孔

二重管旋喷使用 76 型旋转振动钻机,钻进最大深度可达 30m 以上,适用于标准贯入度小于 40 的砂土和黏性土层,钻孔的位置与设计位置的偏差不得大于 50mm。

5)插管

插管是将喷管插入地层预定的深度。使用 76 型振动钻机钻孔时,插管与钻孔两道工序合二为一,即钻孔完成时插管作业同时完成。在插管过程中,为防止泥砂堵塞喷嘴,可边射水、边插管,水压力一般不超过 1MPa,若压力过高,则易将孔壁射塌。

6)喷射作业

当喷管插入预定深度后,由上而下进行喷射作业,技术人员必须时刻注意检查浆液初凝时间、注浆流量、风量、压力、旋转提升速度等参数是否符合设计要求,并随时做好记录,绘制作业过程曲线。

当浆液初凝时间超过 20h 应及时停止使用该水泥浆液(正常水灰比 1∶1,初凝时间为 15h 左右)。

7)冲洗

喷射施工完毕后,应把注浆管等机具设备冲洗干净,管内机内不得残存水泥浆。通常把浆液换成水,在地面上喷射,以便把泥浆泵、注浆管和软管内的浆液全部排除。

8)移位

移动机具将钻机等机具设备移到新孔位上。

4.1.3 压密注浆

压密注浆采用双管压密注浆，施工工序流程：放孔→钻孔→注浆液制备→注浆→观测。

(1)放孔：每个注浆孔的间距设计为1.5m。

(2)钻孔：采用的钻探设备为XY-1型钻机，钻孔直径110mm，孔深为8.0m，进入地层中粗砂层顶面。

(3)注浆液制备：注浆液采用42.5级硅酸盐水泥，水灰比为1:1~0.5:1，并加入0.3%的三乙醇氨为早强剂。

(4)注浆：注浆设备采用HB80/10型泵，注浆压力0.3~1.0MPa，在注浆初期水灰比采用1:1，若"吃浆"均匀，可增大水灰比的浓度，直至0.5:1。当注浆压力达1.0MPa，并不"吃浆"，应停止注浆。

4.1.4 空腹封闭式钢沉箱围堰的验算

箱体下固定止水钢板长度1.0m，沉箱下沉后止水钢板插入滩涂后，箱体能够稳定坐在滩涂面上，且整个箱体底面落在最低滩涂面，故不需要进行整体稳定性验算。箱体之间全部用高强螺栓连接，不需要进行单个箱体踢脚稳定性验算，施工中沉箱围堰主要问题是处理坑底突涌、渗流和隆起、箱体浮力、高压旋喷桩弯应力和施加的钢横梁弯应力验算。

1)坑底突涌验算

考虑到围堰内的基底在覆盖土的作用下不足以抵抗下部的水压力，基坑就会失稳，出现突涌现象，我们对基坑的突涌稳定性进行验算。计算理论采用压力平衡概念验算，公式如下：

$$\gamma_{土} \times t \geqslant \gamma_w \times H \tag{1}$$

式中：$\gamma_{土}$——土的重度，取$1.8 \times 10^3 kg/m^3$；

t——不透水层土的厚度，取7m；

γ_w——水的重度，取$1 \times 10^3 kg/m^3$；

H——承压水头高于含水层顶板的高度，最大取11.5m。

当$t > \gamma_w \times H/\gamma_{土}$时，不会产生突涌。

其中没有考虑覆盖土层的重量和覆盖层与支护结构的摩擦力，此计算偏向安全。

经过验算，不会产生突涌。

2)坑底抗隆起稳定性验算

坑底的隆起验算反映了坑底的封底厚度能否满足要求，灵昆大桥的每个承台桩基共有5根，桩基的直径为1.5m，桩基长度65m，计算时主要看封底厚度能否承受水的压力。

验算必须满足下式要求：

$$h_w \gamma_w + \sum \gamma_{土} h_{土} \leqslant \sum \gamma_i h_i + f_i/A \tag{2}$$

式中：h_w——水头距不透水层底的高度，m；

γ_w——水的重度，kg/m^3；

$h_{土}$——土的高度，m；

γ_i——封底的重度，kg/m^3；

h_i——封底的厚度，m。

其余符号含义同前。

经验算满足要求，箱体封底不会被顶穿。

3)沉箱浮力验算

由于围堰排开水的体积较大，需要对沉箱的浮力进行验算，这也是考虑反压沉箱措施的依据。

经验算，围堰合计有967.44kN的浮力需要外力抵消。我们解决浮力的办法是采用承台反压箱体进行处理，即在沉箱上施加4根H40型钢反作用于沉箱，防止沉箱上浮。

4)箱体底部高压旋喷桩受到的水压力和土压力的验算

由于箱体插板以上部分均有钢板抵消了土和水的压力，我们仅验算插板底至压密注浆的这段。这段高度承受了水压力和土压力，受力最大时，水位最高。

经验算,桩身弯应力满足要求。

4.1.5　空腹封闭式钢沉箱围堰的几个主要创新点

(1)沉箱围堰结构采用4个空腹封闭式钢箱体组成,钢箱体进场前已经在工厂制作并试拼装。在工厂制作,能很好地保证制作质量和安装质量;运到现场后,在施工现场能够迅速组合。

(2)沉箱在江边水上拼装,并安装上固定止水挡墙和下止水钢板。钢沉箱拼装完成后,使用动力拖船即可将其快速浮移到待加固的桥墩处,沉箱整体移动方便,无需浮吊等大型设备,用两只较小的动力船在平潮时移动沉箱,快速移动到指定的施工作业位置,施工简单便捷。

(3)钢沉箱4个钢箱体第一次拼装连接后,再次移动时仅需沿对角线分解为L形,浮移到下一个工作面,不需要全部分解,减少了沉箱围堰再拼装的时间。

(4)钢沉箱主要依靠箱体内装水数量的多少控制围堰的浮起或下沉。沉箱能迅速浮移至指定地点,并注水下沉,将需要施工的墩台围住,在很短时间内形成作业面。抽掉沉箱箱体内的水,沉箱空腹浮起,使用动力船拖动,快速移动,快速就位,快速周转使用。

(5)基坑开挖深度可以通过调整固定下插止水钢板的长度来决定,下插止水钢板完全靠箱体自重及箱体内注水重量压入土中,不需大型机械助沉。

5　施工工艺流程及操作要点

5.1　施工工艺流程

空腹封闭式沉箱围堰桥梁深水桩基础加固施工工艺过程分为5个阶段:沉箱浮移及沉箱下沉就位、高压旋喷桩止水帷幕、压密注浆封底、桩基础加固施工、沉箱上浮及转移,见图8。

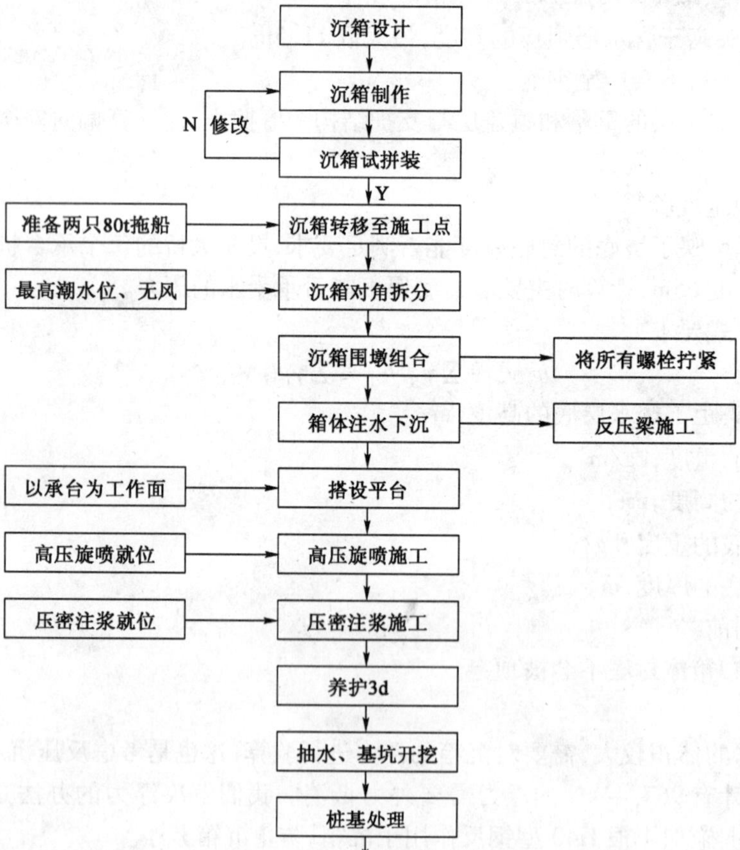

图8　空腹封闭式钢沉箱围堰桥梁深水基础加固施工工艺图

5.2 操作要点

5.2.1 沉箱制作

(1)沉箱制作在厂家进行(见图9),先按照设计图纸下料,并作记号,钢板采用切割下料,不得使用氧气乙炔高温切割,防止钢板变形。箱体所用阀门设置在箱体内,阀门要采取防漏水处理,阀门设置在离沉箱底80cm以上。箱体之间连接处要焊接牢固,拆除的位置要设置止水带,止水带用螺丝固定在箱体上,做到不能因挤压损坏。沉箱焊接完成后,在场地进行拼装,做到没有问题后下水。箱体间用高强螺栓连接。

图9 空腹封闭式钢沉箱厂内加工制作

(2)箱体顶要预留安装挡水板的小槽钢,考虑到单个沉箱要能单独平衡放置在水中,挡水板的重心与箱体重心基本在上下一条线上,尽量位于形心,并用I25工字钢在重心加强,承受反压系统的力。

(3)挡水板钢板厚度8mm,挡水板之间焊接形成整体,板后设置角钢加固,防止变形,角钢水平布置,间距30cm,角钢∠50×5。挡水板高度5m,除了满足桥下净空外,也能满足箱体就位时的最高潮水位。

(4)箱体5m挡水板背肋采用角钢骨架加固,间距70cm,并用通长角钢连接成一体,增加背肋稳定性。挡水板按照箱体做拼缝,拼缝间粘贴橡皮垫,并用普通螺栓连接固定。

(5)挡水板背肋上焊接通长槽钢稳加强背肋刚性,同时今后可以作为高压旋喷桩施工作业的支架。

5.2.2 箱体浮移就位

(1)沉箱就位前要将墩台位置清理平整,原承台周边的滩涂要基本在一个水平面上,确保箱底下插板能全部插入土中。

(2)沉箱拖移时间控制在涨潮基本结束前的一个小时,同时基本拆除沉箱之间(对角)的连接螺栓,留下的螺栓不要超过设计的30%,便于靠近墩台后及时分解沉箱,为就位二次组合留下时间。

(3)分解后要将沉箱及时按照方位就位,7m长度箱体顺桥方向下靠,11m长度箱体横桥方向下靠墩台。

(4)分解并靠近墩台的沉箱用尼龙绳拉紧,防止落潮时沉箱漂移。必要时配置5t手拉葫芦4~6个,第一时间将沉箱用高强螺栓连接,连接时沉箱部分螺栓孔会漏水,用小水泵抽除。

(5)等到所有箱体的连接螺栓连接牢固并加强后将沉箱注水下沉。下沉前应该将箱底的排气阀门打开,由于箱底是个封闭的整体,底部存在的大气和水压力较大,应将水和空气排出。箱体之间的螺栓连接先外后内,按照顺时针或逆时针加强螺栓,确保全部螺栓对眼顺利穿接完成后,逐渐将螺栓顺时扭紧。

(6)箱体就位后打开连通箱体内外的连通阀门,在施工高压旋喷桩前,要保持箱体内外水面基本持平,防止由于水压将箱体底部串通,造成箱体底部漏水加大,以致围堰失败。

图10和图11所示为沉箱的浮运与分解。

图10 动力拖船水上浮运钢沉箱

图11 钢沉箱对角线分解

5.2.3 反压梁施工

通过计算,箱体存在较大的浮力,需要外力平衡,防止箱体上浮,箱体的外力主要依靠承台施加,使用四根钢梁顺桥向均匀施加在箱体上,之前箱体要先进行加固,防止单点施力导致箱体变形。

当沉箱下沉就位后,开始反压梁的施工,加载钢梁前先对沉箱箱体进行加固,使浮力均匀传递到箱体,本次采用的钢梁为H40型钢,共计4根,单根长度12m,钢梁顺桥向反压沉箱。钢梁与承台之间用小槽钢或枕木顶住,之间的孔隙用三角木楔塞紧。注意到每次潮水起落后需要检查沉箱是否下沉,并及时用木塞塞紧反压梁与箱体之间的空隙。

5.2.4 箱底止水帷幕和压密封底

高压旋喷桩平均桩径为ϕ900mm、桩间距700mm,长度700cm。高压旋喷钻机采用XPZ-50型单管高压旋喷桩机,BWT100/30高压注浆泵机,当钻机钻到设计高程后,用高压旋喷钻机把安有水平喷嘴的注浆管下到孔底,利用高压设备使喷嘴以24MPa的压力把浆液喷射出去,冲击切割土体,并与土体搅拌混合,随着注浆管的旋转和提升而形成圆柱桩体,浆与土体经过一系列的物理化学反应,固结成桩,从而达到支护、止水的作用。图12所示为高压旋喷桩施工。

压密注浆采用二重管压密注浆。注浆孔的间距为1.5m。采用的钻探设备为XY-1型钻机,钻孔直径110mm,孔深为4.00m,进入桩基处理面下1.5m。注浆液采用42.5级硅酸盐水泥,水灰比为1:1~0.5:1。注浆设备采用HB80/10型泵,注浆压力0.3~1.0MPa,在注浆初期水灰比采用1:1,若"吃浆"均匀,可增大水灰比的浓度,直至0.5:1。当注浆压力达1.0MPa,并不"吃浆",应停止注浆。两个迎水面的方向,压密注浆要特别加强,防止潮水冲刷。图13所示为坑底压密注浆。

5.2.5 维护加固

潮水流速高,容易对箱底形成冲刷,导致箱底出现脱空。在沉箱下沉到位后,在围堰内抽水,开挖前还需要对钢沉箱围堰进行外围的加固,防止潮水反复冲刷围堰周边土体。

在钢沉箱围堰外侧四周均匀对称抛填沙袋,抛填范围为箱体外1.5m范围内,抛填高度不小于1.5m,抛填施工必须在钢沉箱围堰内抽水、开挖以前进行。

6 材料与设备

钢沉箱围堰主要材料以型钢为主,其质量和检查必须符合《钢结构施工及验收规范》(GB 50205—2001)第4章《原材料及成品进场》中规定。结构焊接加工必须符合《建筑钢结构焊接规程》(JGJ 81—2002)中相关要求。表1所列为施工机械或设备。

图 12　高压旋喷桩施工

图 13　坑底压密注浆

施工机械或设备　　　　表 1

序　号	机械或设备名称	型号规格	数　量	国别产地	制造年份
1	小沉箱	3.5×7m	6	自制	2007
2	大沉箱	3.5×11m	6	自制	2007
3	动力拖船	80t	2	国产	
4	挖泥船		1	国产	
5	泥浆泵		2	国产	
6	高压泵		2	国产	
7	单管高压旋喷桩机	XPZ-50	2	国产	2003
8	钻机	XY-1	2	国产	2003
9	砂轮切割机		8	国产	2002
10	钢筋切断机	FGQ	4	国产	2004
11	钢筋弯曲机	CW40A	2	国产	2005
12	振捣器	HZ6Z-50	8	国产	2006
13	电焊机	BX1-300	4	国产	2006
14	电焊机	BX3-300	4	国产	2006
15	调直切断机	GT4-14	2	国产	2005
16	钢筋对焊机	WN-150	1	国产	2006
17	变压器	200kW	1	国产	

7　质量控制

沉箱围堰是水中基础施工时的重要维护结构，也是基础处理的施工作业人员的作业保护结构，为了满足止水要求，其加工质量非常重要。

(1)钢板之间焊缝必须饱满连续，不得漏水，钢板表面不得有砂眼。焊接构件加工时应制定严格措施，均匀施焊，以减少构件加工变形。所用焊条必须有出厂合格证，焊缝达到二级质量标准。

加工必须严格按照沉箱设计图纸及《钢结构施工及验收规范》(GB 50205—2001)、《建筑钢结构焊接规程》(JGJ 81—2002)执行。

(2)箱体之间的连接处必须安装橡皮垫，橡皮垫牢固固定，防止箱体挤压接触时脱落或损坏。

(3)箱体的阀门要焊接牢固，阀门自身要有质量合格证，通过水压测试，不得漏水。

(4)沉箱的对接孔眼均为钻孔,严禁冲孔或烧孔,构件加工精度必须符合相关规定。

(5)沉箱加工完后进行详细检查并试拼,主要负责人、设计人员和质检人员进行严格检查验收,确保无漏水、无漏焊等质量问题后出场。

(6)由于沉箱是在厂里制作,最长构件13m,最高构件3m,运输过程中会超限,可能影响道路安全,需设置明显标识并办理道路通行证。

图14所示为钢沉箱箱体连接法兰板,图15所示为钢沉箱箱体阀门。

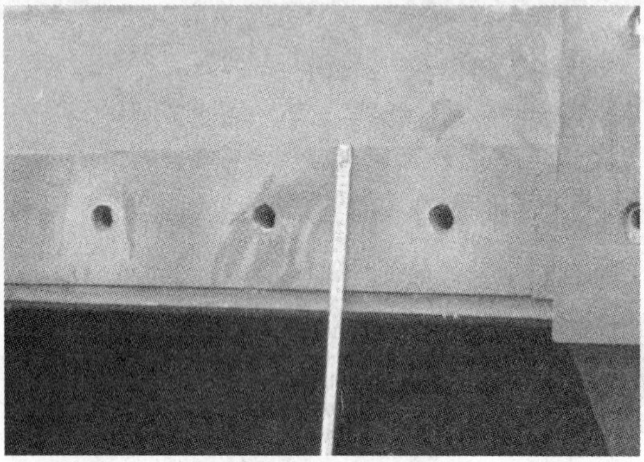

图14　钢沉箱箱体连接法兰板

图15　钢沉箱箱体阀门

8　安全措施

我们本着无安全事故,文明施工的原则进行施工管理,从桥上到水下多次以不同的方式对作业工人进行安全、文明教育。所有参加施工的工人劳保用品、安全服装配置到位。救生衣、水裤人手一套。现场安排专业电工对配电箱进行管理,防止乱接电线,保证用电安全。下海作业的人员除了管理人员管理外,还依靠背靠背管理的方法去管理,做到安全万无一失。施工过程中管理人员和施工工人同时到达施工现场,确保施工过程中安全管理到位。

大型构件水中运输使用两只船两侧施加动力使得箱体平稳运至指定区域。并有富有经验的人员指挥协调。

箱体之间的链接螺栓孔用橡皮塞塞紧,不能出现漏水现象。

9　环保措施

9.1　环境保护体系的运行

保护、改善生活环境和生态环境,防止污染和破坏自然环境,是我国的一项基本国策。根据国家《环境保护法》的有关制度及业主对环境保护的要求,严格执行ISO 14001环境管理体系,结合本项目的实际情况,建立适合本项目的环境保护体系。

9.2　环境保护具体措施

为保护生态环境,防止水土流失,在整个施工期间对周边海水环境等自然生态做好应有保护,努力保持生态平衡。挂牌施工、规范弃土,为当地人民创造一个清洁适宜的生活环境。为此制定如下措施:

(1)设立生态环保机构,积极执行当地环保法规,定期进行检验。

(2)严格业主的环保规定,为了确保环境得到保护,不管任何时候都接受监理工程师、业主以及当地环保机构的检查,认真按照监理工程师指令去施工。

(3)对废弃的土、石及其他施工废料不随意乱扔乱弃,运到业主及监理工程师指定的地点进行处理,并整理成型。

(4)积极主动与当地环保部门联系,取得当地环保部门对我们的支持,加强对全体职工、农民工的环保思想教育,重视生态平衡环境保护工作。把环保工作当成我们一项重要的经常性的工作来抓。

(5)加强对施工机械的维修保养,遇到漏油、漏水的机械必须维修好后方可继续参与施工,废油要收回集中存放,统一处理。

(6)认真做好施工时的环保措施,及时清理施工现场,确保不因施工对当地的生态环境造成污染和破坏。

10　资源节约

本项目在桥梁深水基础加固施工中,使用的封闭式空腹沉箱桥梁深水基础施工技术,是一种既能反复拆卸、循环周转使用,又能适用于大多数基础施工需要的新型围堰结构,在国内尚属首例。与国内部分工程应用的各类围堰的实例进行比较,空腹封闭式沉箱结构简洁、受力明确、整体结构刚度大;浮移快捷、形成围堰速度快;不需大型机械的操作,操作简便、工效高;反复拆卸、循环周转使用,减少了大量钢材的使用,节约资源。符合国家节能降耗的产业政策。

11　效益分析

空腹封闭式钢沉箱围堰桥梁深水基础加固施工技术的创新点,就是在桥梁深水基础的加固施工中,在传统的围堰施工方法上变革、创新。

技术可行的空腹封闭式钢沉箱围堰桥梁深水基础加固施工技术,还应进行综合的分析比选;从而确定出最优的施工方案。经济比选采用工程成本对比分析,包括直接成本和间接成本。而直接成本是消耗在工程上的最主要费用,主要有人工费、材料费、机械台班使用费、其他直接费以及现场经费等。除材料费外,这两种施工方法其他各项费用的差距较小,因此在施工方案经济比选中,仅进行材料消耗对比分析,从中选择最优施工方案。

现将三种围堰施工方法进行对比,具体比较见表2。

三种方案的比较　　表2

比较＼方案	沉箱围堰方案	钢板桩围堰方案	双壁钢套箱围堰方案
设备投入	共需投入3套空腹封闭式沉箱	共需投入6套钢板桩大围堰	共需投入28套双壁钢套箱围堰
施工成本	用钢384t,造价623万元	用钢量643t,造价997万元	用钢量2 240t,造价3 512万元
施工工期	135d	180d	120d
安全问题	有保障	有保障	有保障

通过以上比较,我们可以看到新研制的空腹封闭式沉箱围堰既能反复拆卸、周转使用,不仅可以一次彻底解决所有桩基存在的问题,而且所用材料成本最低,满足工期要求,且安全有保障,又能适用于绝大多数桥梁深水基础及墩台施工需求,其经济效益是很明显的。

12　应用实例

12.1　工程概况

温州市瓯江南口灵昆大桥是温州半岛工程的重要组成部分,是温州市区陆路连接灵昆、洞头两岛的唯一的交通通道。

工程按平原微丘二级公路标准设计;

桥梁设计荷载标准:汽车—20级、挂车—100;

设计行车速度80km/h;

桥梁总长2 534.04m。

桥面宽度 12.0m;

桥梁包括主桥和引桥两部分:主桥上部结构为13联(4跨1联)共52跨40m预应力T梁简支变连续结构;引桥为4联(桥面连续4跨或5跨1联)共18跨25m预应力简支T梁;全桥配跨为9×25m+52×40m+9×25m预应力T梁。

桥梁主桥下部结构,在深水区采用ϕ120cm预应力管桩基础加承台;浅水区采用ϕ120cm钻孔灌注桩基础加承台;引桥下部采用ϕ150cm钻孔灌注桩基础(部分加系梁);双立柱桥墩。

12.2 桥址区自然条件

1)地形、地貌

桥梁横跨瓯江入海口南汊;大桥东岸灵昆岛,平均海拔3~5m,沿岸为滩涂;大桥西岸为温州市龙湾区,地形平坦。沿岸已修建标准较高的塘堤,顶面高程7.2m左右;紧邻大桥上游侧,已抛筑浅坝一条,坝顶高程-1.076m,底宽25~35m。

2)水文

桥址区瓯江水面宽度2 300m左右,水深在7m左右(以平均高潮水位为基准),水流受潮汐影响,潮汐性质为规则半日潮,呈往复流,见表3和表4。

潮汐特征表(单位:m) 表3

最高潮位	平均最高潮位	最低潮位	平均最低潮位	最大潮差	平均潮差	平均涨潮历时	平均落潮历时
7.43	4.40	-1.61	-0.11	7.17	4.52	5.26	6.59

潮流特征表 表4

潮 流 特 征	规则半日潮流,往复流,落潮流大于涨潮流
涨潮最大水流速度	2.7m/s
落潮最大水流速度	6.8m/s
波浪	龙港以上波高不大于0.8m

3)工程地质

地质钻探揭露自上而下可分为三层;上部砂层为现代滨海相沉积物,层厚一般在10~14.5m;灰黄色;主要粒径为0.25~0.5mm的中砂与0.75mm以下的细砂,并有少量粉砂充填,呈松散状。

中部为广泛分布的青灰-灰色淤泥质黏土瓦层,层厚42m以上为全新海相沉积;土质均匀,透水性差。

底部为砾石层,呈黄色;分造性和磨圆度良好;密实,并含有少量卵石。

该工程2002年12月交工使用。

12.3 项目来源

2007年7月,由于温州洞头岛深水港码头的建设需要,温州市政府提出灵昆大桥通行集装箱货车的要求,要求大桥在原公路二级标准(设计荷载标准汽车—20级、挂车—100)上提升荷载标准达到公路一级。

为满足2008年6月大桥通行集装货车的目的,加固施工计划工期为2007年12月31日~2008年5月31日,需要加固的桩基础数量较大,施工工期很紧张。

根据浙江省交通规划设计研究院检测中心《温州灵昆大桥桩基础检测报告》和浙江省交通勘察设计有限公司《温州灵昆大桥提升荷载标准加固工程施工图设计》,初步确定采用穿靴加固方法对桩基进行桩基加固处理。采用植入ϕ16mm钢筋并绑扎钢筋骨架,外包20cm厚C40抗渗S8混凝土,处理深度根据开挖检测情况定,但必须达滩涂150cm以下。主桥13~36号墩桩基(ϕ120cm)和引桥7号、8号、62号、63号墩桩基(ϕ150cm)共28个墩的128根桩基础。

根据施工图纸设计要求,必须采取有效的围堰措施,摸清进一步滩涂以下桩基的情况。

2007 年 11 月 15 日，中国建筑第七工程局交通建筑公司承接温州市瓯江南口灵昆大桥提升荷载等级桩基础加固施工任务，12 月 15 日进场。

综合考虑，需加固的桥梁基础全部位于瓯江海口海水之中，水深且水面宽度大；潮汐为规则半日潮、呈往复流，潮水落差高；水流受潮汐影响，流速高。且需要进行加固处理的桥墩比较多，加固施工围护需多次周转使用。

综合施工现场情况及工期要求，我们成立了课题组，进行技术研究攻关，最终设计出空腹封闭式钢沉箱围堰的方法对桥梁深水桩基础（高桩承台结构）进行加固施工。

2008 年 1 月 15 日 3 套沉箱中的第一套沉箱到达施工现场，下水作业。经过采取对沉箱配重、增加下插板长度、抛填砂袋护脚等措施后，于 4 月 13 日，第一个钢沉箱围堰在 25 号墩抽水、开挖成功，并处理完成了 25 号桩基础的外包混凝土加固施工，以此成功方案开始了其他 27 个墩的桩基础的加固施工，3 套沉箱循环周转使用，于 5 月 28 日完成了最后一墩 19 号墩的 5 根桩基础的加固施工，历时近 4 个月，确保工程按工期要求完成。

公路桥梁基础小直径预应力混凝土管桩静压法施工工法

GGG(浙)C1062—2009

张伟东　陆柏川　吴宏恩　项向阳　徐发容
(浙江交工路桥建设有限公司)

1　前言

我国自20世纪80年代初开始引进、研制和生产预应力混凝土管桩。因其具有施工工艺简单、单桩承载力高、质量可靠、单位造价低等诸多优点,是目前预制桩同类型基础中比较先进的一种基础类型。同时与诸如混凝土灌注桩等其他不同类别的基桩相比,其技术先进且质量稳定,近几年已越来越受到国内工程技术人员和建设业主的欢迎,在工业与民用建筑和高速公路软基处理等建设领域得到了广泛应用。目前,预应力混凝土管桩作为公路桥梁桩基础亦开始被逐步推广应用。

在杭甬运河绍兴县段二期改造工程第六合同段的上孙桥桥梁工程中采用了静压法预应力混凝土管桩作为桩基础,该施工工法缩短了工期,降低了造价,减少了环境污染和噪声污染,取得了良好的社会效益与经济效益。

2　工法特点

2.1　单桩承载力高

由于管桩桩身混凝土强度高,可打入密实的砂层和强风化岩层,由于挤压作用,桩端承载力可比原状土质提高60%～75%,桩侧摩阻力提高20%～40%,并因管桩为高强度混凝土预应力构件,尤其抗压、抗弯性能好,其桩身承载力比其他桩种高2～5倍。

2.2　抗震性能好

管桩在一定水平荷载范围内,桩土处于弹性状态,每级加载增量与位移增量基本呈线性关系,卸载后变形大部分可以恢复,残余变形量较小。因此只有在小应变条件下,土体的抗力才能有效发挥出来;当分级循环加载至临界荷载时,是反映管桩抗水平力的一个特性点。与其他桩型相比较,在同等量级的荷载作用下,预应力混凝土管桩具有同等的抗震性能。

2.3　施工工期短

在普通地质条件下,2～3min即可压入10m长的一节管桩,施工时间主要用在桩头、接桩焊接及倒运管桩、移动桩机等其他工作项目上。而且沉桩完毕后,桩体即有强度,承载力达到最终承载力的80%以上。与混凝土灌注桩相比,大大缩短了施工时间,而且管桩施工,可采用流水作业加快施工进度,缩短建设投资周期,获得良好的经济效益。

2.4　适应性能好

管桩施工设备简单,不需要大型施工机械,能够穿透普通软土层及粉沙黏土层,配上开口型桩尖减少挤土效应后,具有良好的穿透土层能力。管桩桩段可以预制成多种长度,搭配灵活,运输吊装方便,成桩长度不受限制,用普通的电焊机即可实现迅速接驳。

2.5　造价低、施工污染少

由于管桩混凝土强度高,单桩承载力大,而且,随着桩尖反力和桩周摩阻力的增加,桩长也可缩短,进一步减少了工程量,工程造价相对于混凝土灌注桩便宜40%左右。管桩均为成品,与混凝土灌注桩相比无砂石料、混凝土及泥浆等污染。

3 适用范围

3.1 要求单桩竖向极限承载力标准值在2 400 ~5 600kN之间的建筑,选用管桩较经济合理。

3.2 作为摩擦桩时适用于一般黏性土及回填土、淤泥和淤泥质土、粉(砂)性土、非自重湿陷性黄土质以及强风化(全风化)的岩层、坚硬的碎石土层和砂土层中,并且不受地下水位高低的影响;作为支撑桩时,基岩埋深在15 ~30m左右,有较厚的强风化岩层作持力层。

3.3 淤泥软土较厚的地基、近海建筑,采用其他桩型易出现质量事故,采用管桩为首选。

3.4 虽然管桩是空心结构,但仍有一定的挤土效应,对附近建筑物及地下管线有一定的影响,同时不适宜用在地下障碍物较多、深层土质内存在孤石以及地下岩面坡度太陡的土层中。

4 工艺原理

预应力混凝土管桩静压法沉桩工艺原理,是采用适合吨位的起重设备(或压桩机自带的起吊设施)吊起管桩进行喂桩,通过静压桩机中心的夹具对预应力混凝土管桩进行夹抱,调整垂直后进行施压。施压时,静压桩机机身通过油缸支持安装在大小步履上的小车,小车在大小步履轨道上由油缸控制运动,抱压管桩时,借助自重及配重,以器缸液压互联动力系统方式通过夹头相交压力施加压桩力,管桩在自重及配重静压力作用下逐渐将桩压入地基土中,然后通过焊接将上下两节管桩连接实现接长,并通过送桩器将桩顶送到设计高程的一种成桩工艺。

5 施工工艺流程及操作要点

5.1 施工工艺流程(图1)

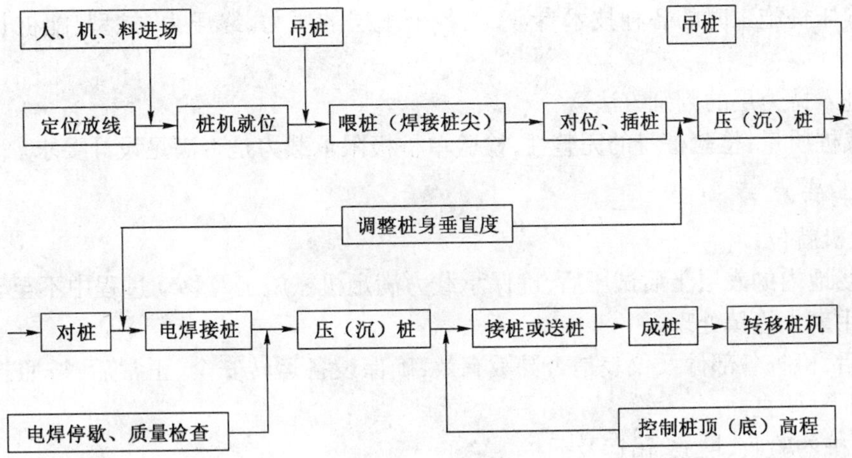

图1 施工工艺流程图

5.2 施工准备

5.2.1 技术准备

(1)工程施工图及图纸会审纪要。

(2)施工场地和邻近区域内的地下管道、地下构筑物、危房、精密仪器车间等的调查资料。

(3)管桩等材料的质检报告。

(4)主要施工机械及其配套设备的技术性能资料。

(5)管桩桩施工组织设计或施工方案。

5.2.2 施工场地准备

(1)施工前对施工场地进行平整,两侧开挖排水沟做好排水措施。

(2)清除桩位处地面、地下一切障碍物(包括石块、树根和垃圾等),场地低洼时回填黏性土并进行压实,以满足机械行走时的地基承载力。

(3)对于施工场地下埋的施工管线采取标示等保护措施。

5.2.3 测量定位放线

(1)认真复核设计图纸及设计院交桩点位,必要时将坐标控制点、水准控制点按标准设置要求布设在施工现场,标准控制点数量满足施工需要及测量点间互相复核的需要即可,然后依据设计图纸精确算出尺寸关系或各桩位坐标,对桩位进行精确测放。

(2)可采用电子全站仪或经纬仪等测量工具建立平面测量控制网,或者直接采用坐标定位方式放出桩位,并进行闭合测量程序进行复核;同时利用水准仪对场地高程进行抄平,然后反映到送桩器上,显示出送桩深度,做好桩顶高程控制工作。

(3)桩位放出后,在中心采用30cm长ϕ8mm钢筋或者竹筷插入土中,根据需要做好标识,然后用白灰画出桩外皮轮廓线的圆周,便于对位、插桩。

(4)为防止挤土效应及移动桩机时的碾压破坏,针对单桩、独立承台以及大面积筏板基础的群桩制定不同的放线方案。当桩数比较少时,采用坐标随时复测;针对大面积群桩,在场地平整度较高的情况下,采用网格进行控制,并在端头桩位延长线上埋设控制桩,以便复核。

5.2.4 设备标定

首次进场施工时应对静压桩机压力表、电脑打印机进行标定;压桩机传感设备应完好,桩机配重与设计承载力要相适应,平时应经常复查,以保证管桩具有足够的承载力。

5.2.5 试桩工作

管桩施工前,应根据现场实际情况进行试桩试验,以取得各种机械施工技术参数,确保桥梁桩基的质量,试桩工作有以下几项内容:

(1)掌握静压桩施工时的各种技术参数,如各个土层的压力、终压力、桩型、配桩长度、可压入深度等。

(2)确定进入持力层的判别方法。

(3)检验成桩质量:检验桩身的完整性,检验单桩极限承载力是否满足设计要求。

5.3 施工要点

5.3.1 桩机就位

在对施工场地内的表层土质试压后,确保承载力满足机械施工及移动过程中不至于出现沉陷,对局部软土层可采用事先换填处理。

桩机进场后,检查各部件及仪表是否灵敏有效,确保设备运转安全、正常后,按照打桩顺序,移动调整桩机对位、调平、调直。

5.3.2 管桩的验收、堆放、吊运及插桩

1)管桩的进场验收

管桩进场后,应按照《先张法预应力混凝土管桩》(GB 13476—1999)的国家标准或各地区的地方标准对管桩的外观、桩径、长度、壁厚、桩身弯曲度、桩端头板的平整度、桩身强度以及桩身上的材料标识等按规范进行验收,并审查产品合格证明文件,把好材料进场验收关。根据设计及施工规范要求等级将不符合要求的管桩清退出场。

2)管桩的堆放

现场管桩堆放场地应平整,采用软垫(木垫)按二点法做相应支垫,且支撑点大致在同一水平面上,见图2。当管桩在场地内堆放时,不宜超过4层;当在桩位附近准备施工时宜单层放置,且必须设支垫。管桩堆放要按照不同型号、规格分类堆放,以免调运施工过程中发生差错。

管桩在现场堆放后,需要二次倒运时,易采用吊机及平板车配合操作。如场地条件不具备时,采用拖拽的方式,需要采用滚木或者对桩头端头板采取一定的保护措施,以免在硬化地面上滑动时磨损套箍及端头板。

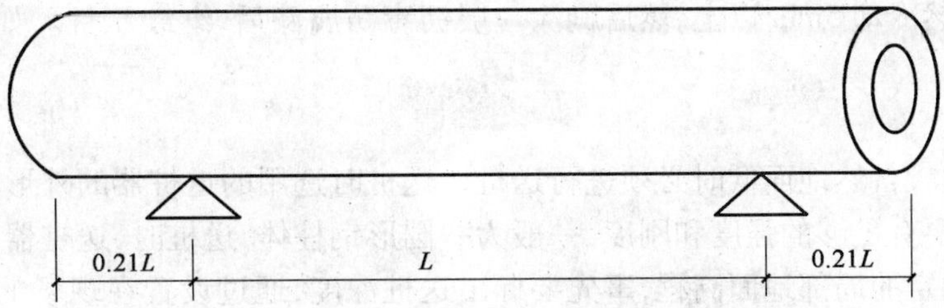

图2 二点支垫示意图

3)管桩吊运及插桩

单根管桩吊运时可采用两头勾吊法,竖起时可采用单点法,见图3。管桩起吊运输过程中应免平稳轻放,以免受振动、冲撞。

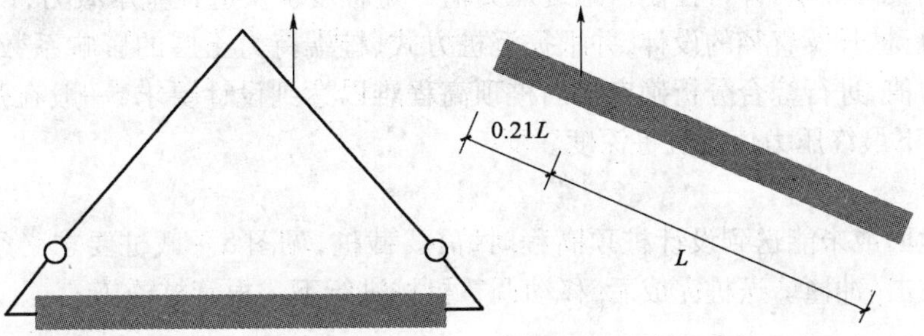

图3 管桩起吊示意图

管桩吊起后,缓缓将桩一端送入桩机中,待管桩放入桩机,扶正就位后,根据需要焊接开(闭)口型桩尖,然后将桩插入土中0.5~1.0m的深度后,用两台经纬仪(在接近90度的夹角方向)双向控制桩的垂直度,条件不具备也可采用两个线锤进行垂直度控制。通过桩机导架的旋转、滑动进行调整,确保管桩位置和垂直度符合要求后压桩。

5.3.3 压(沉)桩

(1)压(沉)桩前,根据工程情况制定合理的压(沉)桩顺序,减少挤土效应,施工时按照压桩顺序组织施工。

(2)压(沉)桩前在每节单桩桩身上划出以米为单位的长度标记,以便观察桩的入土深度及记录对应压力值,并通过实地高程测量,在送桩器上做好最后1m及最终送桩深度标记,通过水准仪配合控制。

(3)静压法施工,在压桩开始阶段,压桩速度不能过快,应根据地质报告显示的土质情况选择压桩速度,一般以2.0~3.0m/min速度为宜。在初期2~3m的压桩范围内应重点观察控制桩身、机架垂直度,垂直度控制应重点放在第一节桩上,垂直度偏差不得超过桩长的0.5%。当入土一定深度,并待桩稳定且经经纬仪双向校正其垂直度合格后,再按正常的落距沉桩。在压(沉)桩过程中需要经常观测桩身是否发生位移、偏移等情况并做好过程记录,详细记录每入土1m时压力表的压力值。

(4)压(沉)桩前最好将地表下的障碍物探明并清除干净,以免桩身移位倾斜,或因障碍物过大,将桩体绞断。

(5)在压(沉)桩过程中,如压力值突然过小,有严重回弹、发生倾斜或位移时,应立即停压,并及时向有关方汇报,经有关单位研究后方可继续沉桩。

5.3.4 接桩

将首节管桩压(沉)至桩头距地面0.5~1.0m左右高度时停止压(沉)桩,开始进行接桩作业。接桩前将上下桩端头板用钢丝刷清除浮锈及泥污,然后下放桩身进行对桩。上下两节端头板对齐并初步调整垂直后,采用手工电弧焊在坡口周围点焊4~6点,然后再次进行垂直度的调整,若端头板间隙过大,应加塞铁片。为减少焊接变形引起节点弯曲,焊接时由至少两名工人对称施焊,焊接层数不少于两层且焊缝应均匀饱满(焊缝与坡口平),见图4。

焊接完成后,自然冷却5min以上,然后刷涂一层沥青防腐漆后,继续压桩。如果有多节管桩,重复以上工序即可。

5.3.5 送桩

当桩顶设计高程较自然地面低时必须进行送桩。送桩时选用的送桩器的外形尺寸要与所压桩的外形尺寸相匹配,并且要有足够的强度和刚度,一般为一圆形钢柱体,送桩时,送桩器的轴线要与桩身相吻合。送桩器上根据测定的局部地面高程,事先要标出送桩深度,通过设置在现场的水准仪跟踪观测,准确地将桩送至设计高程。

5.3.6 静压桩停压标准

静压法沉桩方式要注意最终压力值的控制。对于停止压桩的控制一般有两个指标,一个是设计桩顶高程,一个是最终压力值。两个指标可双控也可实现某一值即可停止压桩。

设计高程根据实际测量,即可控制。最终压力值一定程度上反应地基承载力,设计通过对地基土层的承载力分析,进行桩长及直径的设计,并根据沉桩方式、桩端持力土层的影响系数以及试桩提供的实测压力值及承载力值,进行综合分析确定。当桩顶高程难以达到设计要求,一般在达到设计压力值后,稳压2min,并记录下最终压力值及沉桩深度。

5.3.7 截桩

当管桩露出地面或未能送到设计桩顶高程时,需要截桩,见图5。截桩要求必须用专门的锯桩器,严禁用大锤横向敲击、冲撞。送桩完成后,移动调整机械进行下一根管桩施工。

图4 接桩

图5 截桩

5.3.8 管桩与承台连接

(1)承台开挖可采用普通挖土机即可,但在开挖过程中注意不得碰损桩头,在挖至桩头高程附近时,停止开挖。桩间土采用人工配合进行挖除。管桩施工完毕后当天承载力没有完全达到设计强度,根据不同的土质情况,需要7d以上的嵌固期,所以承台开挖要与试验检测结合起来进行安排,保证施工连续。

(2)承台是将上部结构的力传递给管桩基础的受力构件,所以管桩要与承台之间实现有效的锚固连接。一般管桩伸入承台内100mm,在施工完基础素混凝土垫层后,如管桩内有积水应排出,并用吊筋下放3mm厚的圆形钢板托板,伸入管桩内1 000~1 500mm左右,待承台浇筑混凝土时一同灌入同等级混凝土增强桩头受力截面。同时在桩端头板上焊接伸入承台的锚固钢筋,伸入承台内,然后进行承台钢筋的绑扎作业。

6 材料、设备与人员组织

6.1 材料

6.1.1 管桩

根据设计图纸，提报管桩加工生产计划，工厂化加工成品出厂。管桩材料规格、型号及外观质量应符合《先张法预应力混凝土管桩》(GB 13476—1999)的标准规定，见图6。材料进场后根据规范要求对管桩外观质量及尺寸进行检查，并向厂家索要相关合格证明文件以及必要时的管桩力学性能检测报告等。

图6 预应力钢筋混凝土管桩

6.1.2 其他材料

桩尖、焊条、液压油等其他材料。

桩尖为钢桩尖，可自制，由钢板焊接而成，分开口型桩尖、十字型桩尖。制作可参照标准图集《预应力混凝土管桩》(03SG409)，也可参照各地区的标准图集进行加工。

6.2 机械设备

6.2.1 成桩设备

采用静压桩机进行沉桩施工，目前市场上静压桩机有抱压式和顶压式两种，目前最大吨位可达800t，均为液压步履式底座，普通可选择诸如YZY-150～500，GZY-100～800等型号。

根据设计荷载以及各地区的土质情况、周边环境、施工经验进行选择合适的沉桩方法和桩机类型，也可根据打桩前的试桩得到的相关地层、压桩力、入土深度等参数进行选择。表1为静压桩机压桩力选择参照表。

静压桩机选型参照表

表1

最大压桩力(kN)		1 600～1 800	2 400～2 800	3 000～3 600	4 000～4 600	5 000～6 000
适用管桩	最小桩径(mm)	300	300	400	400	500
	最大桩径(mm)	400	500	500	550	600
单桩极限承载力(kN)		1 000～2 000	1 700～3 000	2 100～3 800	2 800～4 600	3 500～5 500
桩端持力层		中密～密实的砂土层，硬塑坚硬的黏性土层，残积土层	密实的砂土层，坚硬的黏性土层，全风化岩	密实的砂土层，坚硬的黏性土层，全风化岩	密实的砂土层，坚硬的黏性土层，全风化岩，强风化岩	密实的砂土层，坚硬的黏性土层，全风化岩，强风化岩

有些静压桩机没有配备吊桩设备，根据需要配备喂桩的吊装设备，如汽车吊等，并配合长度合适的送桩器。

6.2.2 其他配合机具设备

装卸倒运管桩可采用普通汽车吊，一般选用20t即可，要考虑行走方便。

接桩及焊接桩尖采用普通直流电焊机即可，截桩采用专用的锯桩器。

测量及检测器具主要有测放桩位的电子全站仪，控制桩身垂直度的经纬仪，控制桩顶高程的水准仪，以及测量管桩外观尺寸的卷尺、游标卡尺等。

6.3 人员组织

表2为一组静压机械的人员组织配备，如工期紧张可增加相关人员。

静压机人员需求表 表2

序号	岗位	工作范围	人数
1	项目负责	全面负责	1
2	施工员	现场施工管理与施工协调	1
3	质量员	质量监督、工序验收、试验检测	1
4	安全员	安全工作	1
5	测量员	测量工作	3
6	起重工	吊桩	1
7	桩机手	桩机操作	1
8	倒桩工	配合吊桩、静压作业	4
9	电焊工	接桩焊接	2
	合计		15

7 质量控制

7.1 质量标准

管桩施工质量验收标准,执行设计要求和国家标准《建筑地基基础工程施工质量验收规范》(GB 50202—2002)、《先张法预应力混凝土管桩》(GB 13476—1999)及桩基施工的相关技术规程的规定。管桩质量检验标准见表3。

管桩质量检验标准 表3

项	序	检查项目		允许偏差或允许值		检查方法
				单位	数值	
主控项目	1	桩体质量检验		按桩基检测技术规范		按桩基检测技术规范
	2	桩位偏差		见规范相关标准		用钢尺量
	3	承载力		按桩基检测技术规范		按桩基检测技术规范
一般项目	1	成品桩质量	外观	无蜂窝、露筋、裂纹、色感均匀、桩顶处无空隙		直观
			桩径	mm	±5	用钢尺量
			管壁厚度	mm	±5	用钢尺量
			桩尖中心线	mm	<2	用钢尺量
			顶面平整度	mm	10	水平尺量
			桩体弯曲		<1/1 000L	用钢尺量,L为桩长
	2	接桩	焊缝质量	见规范相关标准		见规范相关标准
			电焊结束后停歇时间	min	>1.0	秒表测定
			上下节平面偏差	mm	<10	用钢尺量
			节点弯曲矢高		<1/1 000L	用钢尺量,L为两节桩长
	3	电焊条质量		设计要求		查产品合格证书
	4	压桩压力(设计有要求时)		%	±5	查压力表读数
	5	桩顶标高		mm	±50	水准仪测量

7.2 质量控制要点

7.2.1 进场材料质量验收与控制

施工前应对成品管桩做外观尺寸及外观质量验收,并查看合格证明文件及相关外加剂的含量证明,必要时索要管桩的抗弯、抗裂性能检验报告；接桩用焊条等应有产品合格证书并送样复检，对压桩用压力表也应进行检查。

对于堆放在施工场地内的成品管桩，要加强成品保护，严禁机械碰撞，合理安排管桩堆放场地及进场次序，减少二次倒运，并在二次倒运的过程中平稳、轻放，减少对桩身的振动损伤。

7.2.2　场地土承载力要求

场地要平整坚硬，在较软的场地中适当铺设道渣，不能使桩机在打桩过程中产生不均匀沉降，特别是静压桩桩机对施工场地要求较高，由于桩机及配重重量较大，为防止桩机下陷而造成桩身倾斜、桩机挤压对桩位的影响，影响施工质量及施工安全，必须对施工场地进行局部回填平整，采取必要的措施提高地基承载力，使其达到桩机施工要求。图7所示为陷机压桩示意图。

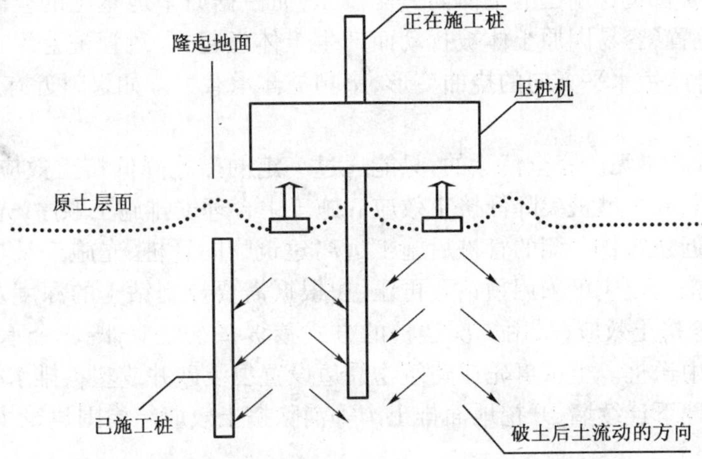

图7　陷机压桩示意图

7.2.3　桩位、垂直度及高程控制

在打桩前应调查场地土土质情况，尤其是地表土层是否有大量的废弃混凝土块等杂填土质，是否有地下废弃混凝土结构、构筑物及地下管线等障碍。需将地下障碍物清除干净，并分层回填夯实后再进行管桩施工。障碍物的存在、地表土质松软均易导致桩位偏移，甚至导致桩体断裂。

桩身垂直度应重点控制第一棵桩身的垂直，从十字交叉的两个方向进行观测，及时发现偏差后，拔出管桩回填后重新施工，不得强行回扳校正，以免将桩扳裂以致断桩。桩身的不垂直沉入会导致偏心受力，从而容易将桩体压碎裂而降低桩体的承载力。

高程控制，通过正确引测到施工现场附近的水准控制点进行观测。将水准仪安放在离开桩机5m左右以外的位置，测定此时水准线下需要的送桩长度，并标记在送桩器上，送桩时，设专人进行观测，当送桩器上的刻度将与水准仪的水准线重合时，放慢压（沉）桩速度直至两线重合，并结合设计要求的稳定终压值，按设计要求的贯入度进行观察，待桩体稳定后，停止压（沉）桩。

7.2.4　桩尖及接桩焊接质量控制

桩尖焊接时不能只点焊了事，需进行一周满焊。在设计需要桩尖的地层，如桩尖焊接不牢而发生脱落，会影响管桩穿透土层的能力。

接桩焊接质量为管桩施工质量控制的一个重点环节。焊接前需清理干净端头板上的铁锈、泥污等，对称、分层焊接，减少焊接变形而引起的节点弯曲，并保证焊缝均匀饱满。焊接结束后，确保足够的冷却停歇时间，一般不应小于5min，然后在把桩头连接部分涂刷防腐沥青漆。对于重点工程国家规范规定，还需对电焊接头作10%的焊缝探伤检查，目前对接头探伤没有很好的操作标准，超声波探伤因端头板较薄而难以实现，一般采用磁粉对焊缝表面进行外观检查。

7.2.5　沉桩到位率控制

管桩没有沉入到设计位置，需要截桩，既浪费材料，增加额外的桩头处理费用，而且会导致桩身承载力降低。设计及施工过程中,采取合理的技术措施,在满足承载力的要求下尽可能的将管桩沉入到设计高程位置。

选择合适型号的压桩机械。根据正式工程桩施工前的试验桩资料、地质土层分布情况、桩端持力层土质情况选择合适的压桩力既选择合适型号的压桩机械,避免压力较小导致管桩压不到设计高程。

降低挤土效应带来的不良影响。由于桩体间距过小、压桩顺序不合理,地下水孔隙压力大均容易导致基础土阻力增大,管桩压不到设计位置。

缩短送桩时间。压桩作业在进入硬土层时,压桩时应控制施工停歇时间,避免由于停歇时间过程中土的摩阻力增大影响桩机施工,造成沉桩困难。

7.2.6 降低挤土效应危害的措施

管桩在压入土中后,会将桩身周围的土体向旁侧挤压,而占据原来地基土的空间,尤其在桩位较密集或者靠近既有结构的位置,容易因原土体被扰动而产生土体隆起,导致管桩上浮,同时挤土效应产生的水平压力容易导致桩身产生水平方向的挠曲变形,影响桩体承载力。如果附近有建筑物或地下管网,容易遭到破坏。

预应力管桩的挤土效应是无法完全消除的,只能通过一定的措施降低挤土效应带来的危害。设计方案可采取合适的桩间距、开口型桩尖降低挤土效应。施工中合理安排施工顺序,先施工中间后施工四周位置的管桩、先施工靠近建筑物一侧的管桩后施工远离建筑物的管桩、先施工长桩后施工短桩,或采用间隔跳打法;为了减少挤土效应可采用预钻孔再压桩,根据需要控制钻土的深度及直径,一般为管桩长度及深度的2/3;为减少挤土效应,采用二次送桩的方式减缓挤土效应,既一个承台的管桩统一打到地表高度,然后再一起集中送桩。也可事先在建筑物周边设置袋装砂井或塑料排水板,消除部分超孔隙水压力,设置隔离板桩或地下连续墙、开挖地面排土沟等消除挤土效应给周围建筑物造成影响。

7.3 成桩检测

压桩结束后,需要对桩基进行检测,桩基检测依据设计要求采用《建筑基桩检测技术规范》(JGJ 106—2003)及《基桩低应变动力检测规程》(JGJ/T 93—95)进行。检测的项目主要有桩身的完整性质量检测、单桩竖向抗压极限承载力检测。

桩身质量检测,主要通过现场低引变反射波法进行,目的是对桩身缺陷进行判定,对桩身质量进行分级。根据规范分为四个等级,分别为I、II、III、IV类桩。其中I类桩为桩身质量优良桩;II类桩为合格桩;III类桩为明显质量缺陷桩,需要与相关单位研究,确定处理方案或继续使用,按要求修补后或经研究可继续使用的视为合格桩;IV类为不合格桩。小应变动力检测数量,按规范要求抽检不少于20%且不少于10根,以上孙桥为例,由于是在内河桥梁上首次应用,所以,小应变检测频率为100%。

单桩承载力检测,主要通过现场静荷载试验进行,主要检测单桩承载力是否满足设计要求。静荷载试验检测数量,按规范要求随机抽检总桩数的1%且不少于3根。

由于管桩施工完毕后,单桩承载力没有完全达到设计承载力强度,需要7d以上的嵌固期,故单桩承载力检测宜在成桩后10~20d范围内进行。

8 安全措施

8.1 机械进场前,需要对场地土进行预压,确保桩机平稳施工,避免发生桩机倾斜。

8.2 桩机手等相关操作人员必须持证上岗,进行安全教育培训与班前安全教育。

8.3 桩机入场后,需提供桩机配套相关合格证明文件及年检报告,每天上班前需要对钢丝绳及液压轮轴等易磨损部分加强检查,确保制动灵活,试机正常后方能施工。施工过程中加强对桩机各部件的日常检查与维修保养。

8.4 吊装运输及起吊喂桩时,需要专人指挥及监护,隔离操作,严禁人员通行。

8.5 送桩完毕后,遗留下的孔洞上面要加盖或回填,以防人员掉入。

8.6 机电设备维修时必须要切断电源后无电方能操作。

8.7 因露天作业,需注意安全用电防护,实行三相五线制,做好机械漏电保护、防潮防雨设施,一机一闸,闸箱上锁。确保用电作业安全。

8.8 雨季施工预应力管桩,其场地内宜设置排水盲沟,并在场地外适当位置设集水井,随时排出地表水。使场地内不积水、不软化、无泥浆。操作人员应有相应的防雨用具。各种用电设施,要检查其用电安全装置的可靠性、有效性,防止漏电或感应电荷可能危及操作人员的安全。

9 环保措施

9.1 挤土效应控制措施

9.1.1 设置沉降位移观测点,专人负责每天的观测,发现问题,立即停止施工。

9.1.2 为避免挤土效应对周围建筑物的影响,在建筑物边开挖排沟。

9.1.3 合理安排打桩顺序。

9.2 噪声控制

9.2.1 加强机械设备的维修保养工作,确保机械运转正常,降低噪声。

9.2.2 静压机夜间施工时,监督职工不得敲打钢管等,尽量减小噪声,施工时严禁大声喧哗。

9.2.3 进出施工现场的所有车辆不得鸣号,去施工现场时不污染道路和环境。

10 效益分析

10.1 预应力混凝土管桩与钻孔灌注桩经济比较

预应力混凝土管桩在桥梁基础工程中的应用,其经济效益很明显。以上孙桥工程为例,该桥位于绍兴县杨汛桥镇永利厂区内。现根据地质报告就预应力混凝土管桩与钻孔灌注桩两者经济指标分析如表4所示。

两种桩型经济指标表 表4

桩型	位置	施工工艺	根数	桩径(mm)	桩长(m)	桩尖地质度(m)	单桩垂直承载力(kN/根)	总米数(m)	市场单方造价(m/元)	总造价(万元)
预应力管桩	主桥	锤击法	48	PHCϕ500	46	强风化1.0m	3 100	2 208	175.97	89.10
	引桥	静压法	72	PCϕ500	40	砾砂层1.5m	2 800	2 880	174.46	
钻孔灌注桩	主桥	正循环	16	ϕ100	47.5	中风化1.0m	3 500	760	1 009.89	171.30
	引桥		24.	ϕ120	45.45	中风化1.0m	3 200	1 090.8	866.8	

通过表4分析可知,管桩和灌注桩是按3∶1受力面积的比例进行换算的,即由3根管桩代替原来的一根灌注桩,虽然单根桩长缩短,但整体承载力却大大提高,约为原来的2.5倍。费用方面,如再考虑桩尖、试桩费用9万元及桩顶钢筋和三角承台费用15万元,采用预应力管桩总造价为113.10万元,采用钻孔灌注桩总造价为171.30万元,比预应力管桩总造价多58.2万元。

为更好地分析与评价预应力管桩的施工效益,我们仍以上孙桥为例,对预应力混凝土管桩与钻孔灌注桩的施工时间进行比较。

10.2 预应力混凝土管桩与钻孔灌注桩工期比较

如采用传统的混凝土灌注桩施工,按每根桩基3d时间,则上孙桥全桥40根桩,考虑时间利用系数

0.8,则一台钻机完成上孙桥桩基时间为 40×3÷0.8=150d。现采用预应力管桩施工,试桩天数 3d,单台静压机完成引桥管桩天数为 10d,单台锤击桩机完成主桥管桩天数为 10d,坏桩补打天数为 4d,则完成全桥管桩 5 088m 共用 27d,施工时间也缩短为传统混凝土灌注桩的 1/5,而且管桩完成即有强度,缩短了等待检测的时间,从而加快了工程施工进度。

由此可见,上孙桥桩基工程采用预应力管桩,其经济效益是明显的。该工法为今后缩短桥梁施工时间,降低造价,提高桩基承载力,减少污染提供了一种可选和参考方案。

11 应用实例

实例 1:杭甬运河绍兴县段二期改造工程第六合同上孙桥工程

杭甬运河绍兴县段二期改造工程第六合同上孙桥工程位于绍兴县杨汛桥镇永利厂区内,软土分布极为广泛,表层有厚度不一的耕植土。主要地层为亚黏土、淤泥质亚黏土、粉砂土、砾砂、亚黏土、风化岩等。上孙桥桩基工程采用预应力混凝土管桩,其中引桥采用 PC 桩静压法施工,桩尖入砾砂层,主桥采用 PHC 桩锤击法施工,桩尖入强风化岩层,施工机械分别为 YZY-600 型抱压机和 DD-80 型 16t 导杆柴油锤击桩机,施工桩总数 120 根,总桩长达 5 088m,其中 PC-A500(100)桩 2 880m,PHC-A500(100)桩 2 208m。该桥桩基工程于 2006 年 8 月 13 日开工,并于 2006 年 10 月 25 日完工。

该工程经绍兴市交通建设检测进行小应变检测,I 类桩为 120 根,II 类桩为 2 根(含补桩),补桩完成后,I 类桩率为 100%,经浙江大学土木工程测试中心进行高应变检测,所检测桩体桩身完整,引桥 38m 桩长单桩承载力达 5 700kN 以上,主桥 47m 桩长单桩承载力达 7 000kN 以上,单桩承载力大大超过设计要求。

实例 2:温岭市大溪~石粘一级公路大溪高架桥养护维修工程

温岭市大溪~石粘一级公路大溪高架桥位于甬台温高速公路温岭市大溪出口处,2000 年建成营运,2005 年 1 月 48~53 号桥墩出现不均匀沉降,存在工程隐患需维修养护。经各方代表及有关专家论证,确定了维修养护方案,其中的补桩采用静压预应力管桩,即每个桥墩在顺桥向承台前后二侧各增加 4 根 ϕ40cm 的预应力管桩,每根预应力管桩的单桩承载力 750kN,桩长按入土深度 22m 考虑。

维修方案由浙江交工路桥建设有限公司实施,对该桥 39~53 号墩共计 15 个桥墩基础进行加固,加固工程于 2006 年 10 月开始,于 2007 年 9 月结束。

处理方案使用 PC-A400 预应力管桩,采用静压的方法将预应力管桩压入地基,将预应力管桩与原承台连接成整体,使新桩基与原桩基础共同承担荷载,提高原桩基础的承载力。该方案与常规的钻孔灌注桩加固方案相比,减少了环境污染和环境噪声,缩短了施工工期,带来了较好的经济效益和社会效益。

钢筋气压焊施工工法

GGG(浙)C1063—2009

金龙林　张伟东　陆柏川　叶仁亦　翁奇波
(浙江交工路桥建设有限公司)

1　前言

钢筋气压焊接是利用氧气乙炔火焰把钢筋结合部位加热至塑性状态,同时施加适当压力,使其形成牢固对焊接头的一种压焊方法。这种熔态气压焊法新工艺比普遍使用的固态焊法要容易掌握多,并且省去了磨削加工钢筋端部的工序,不仅有效简化操作工序,还大幅提高焊接速度,彻底有效解决了操作工人技术要求较高问题;焊接质量稳定、接头外形美观,强度高、性能可靠;能焊接横向、竖向、任意方向的各种直径的钢筋,通用性强;成本低廉,具有较好的经济价值;焊接时无溅落焊渣等废物,有利于环保。

2　工法特点

(1)该工法操作简单,易掌握,可采用全自动、半自动焊接工艺,劳动强度低;

(2)施工效率高,速度快,工效相当于手工电弧焊的4~5倍;

(3)焊接质量稳定,接头外形美观,强度高、性能可靠,经各项试验检测,合格率均为100%,高于电弧搭接焊、闪光对焊、直螺纹连接等钢筋连接方法;

(4)节约材料,成本低,比搭接焊平均节约钢筋20%~30%以上,与比较高效的机械连接(冷挤压连接)比较,气压焊成本只有后者的1/4~1/6;

(5)焊接时无溅落焊渣等废物产生,利于环境保护。

3　适用范围

本工法适用于钢筋混凝土结构中ϕ16~40mm的R235级、HRB335级、HRB445级以及部分进口钢筋在垂直、水平和倾斜位置钢筋接头的对接焊接。

4　工艺原理

该工法的主要工艺原理为:采用氧气乙炔(或氧液化气)火焰,对两钢筋接缝处进行加热,使其达到塑性(或基本熔态)状态后,适当施加压力,形成对接焊头。其工艺原理示意图如图1所示。

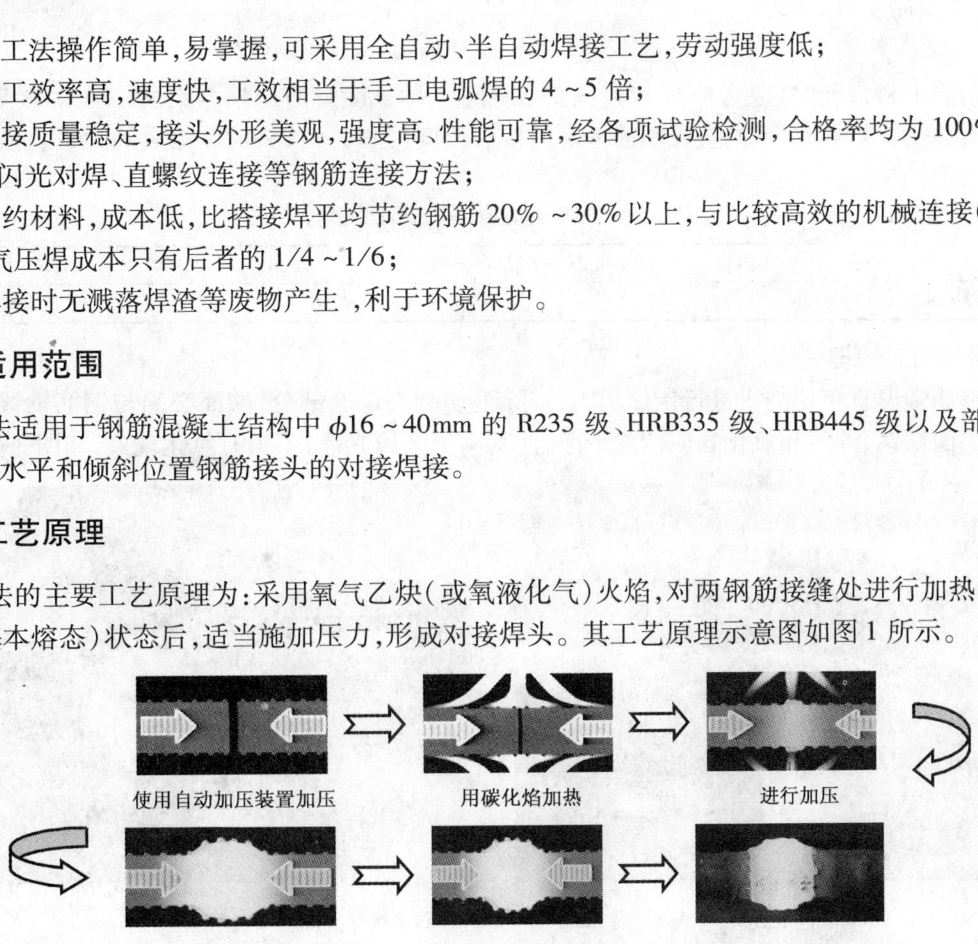

图1　工艺原理示意图

5 工艺流程及操作要点

5.1 工艺流程

该工法工艺流程如图2所示。

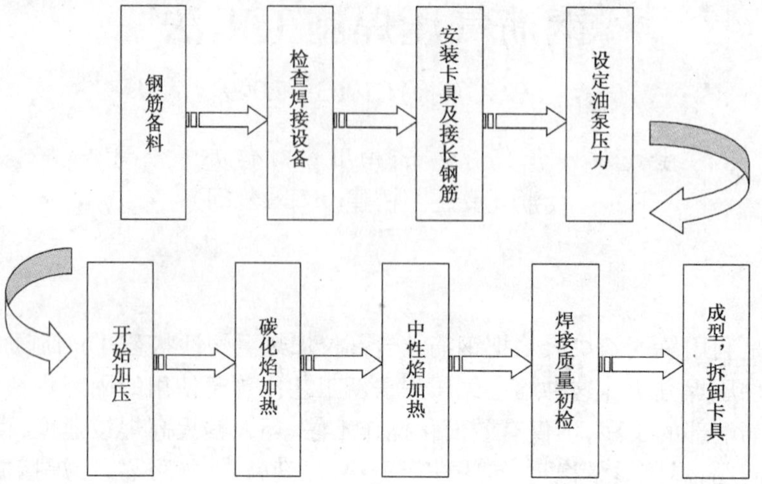

图2 工艺流程图

5.2 操作要点

5.2.1 钢筋备料

(1)下料

计算钢筋下料长度时,应考虑焊接接头的压缩量,每一接头的压缩量约为一个焊接钢筋直径的1.0~1.2倍长度。下料时,不同直径钢筋考虑的接头长度(按每一接头的压缩量约为1.0倍考虑)具体参照表1所示。

下料接头长度参照表 表1

钢筋直径	*D*16	*D*18	*D*20	*D*22	*D*25	*D*28	*D*32	*D*36	*D*40
长度(mm)	8	9	10	11	13	14	16	18	20

(2)钢筋端面处理

使用钢筋常温直角切割机进行钢筋切割,切除钢筋端头弯曲部分,端面必须与钢筋轴线相垂直,边角毛刺及端面铁锈、油污和氧化物应清除干净,使其露出金属光泽,不得有氧化现象,如图3所示。

a) b)

图3 钢筋端面处理

a)常温直角切割机钢筋切割;b)切割处理后的钢筋端面

5.2.2　检查焊接设备

(1)加热器检查:对加热器的射吸能力进行检查,保持射吸力正常,并检查各阀门是否有效灵活,各部位不得有漏气;然后点燃加热器,检查火焰形状,必须使每个喷嘴喷出的火焰在中心形成一个环形平面。

(2)卡具检查:卡具钳口中的V形垫块应适合待焊钢筋的直径,螺栓螺母转动灵活,注意对各个转动部位加注润滑油。夹具应装夹灵活,便于操作。

(3)油泵检查:检查整个油泵系统是否正常,保证有足够的液压油,缺油时必须加注液压专用油(不得用其他油料代替),加注液压专用油必须过滤,防止杂物带入泵内。油缸活塞复位灵活,整个油路系统不得有泄漏,防止因油管微裂而喷出油雾引起爆燃事故。

焊接设备检查示意图如图4所示。

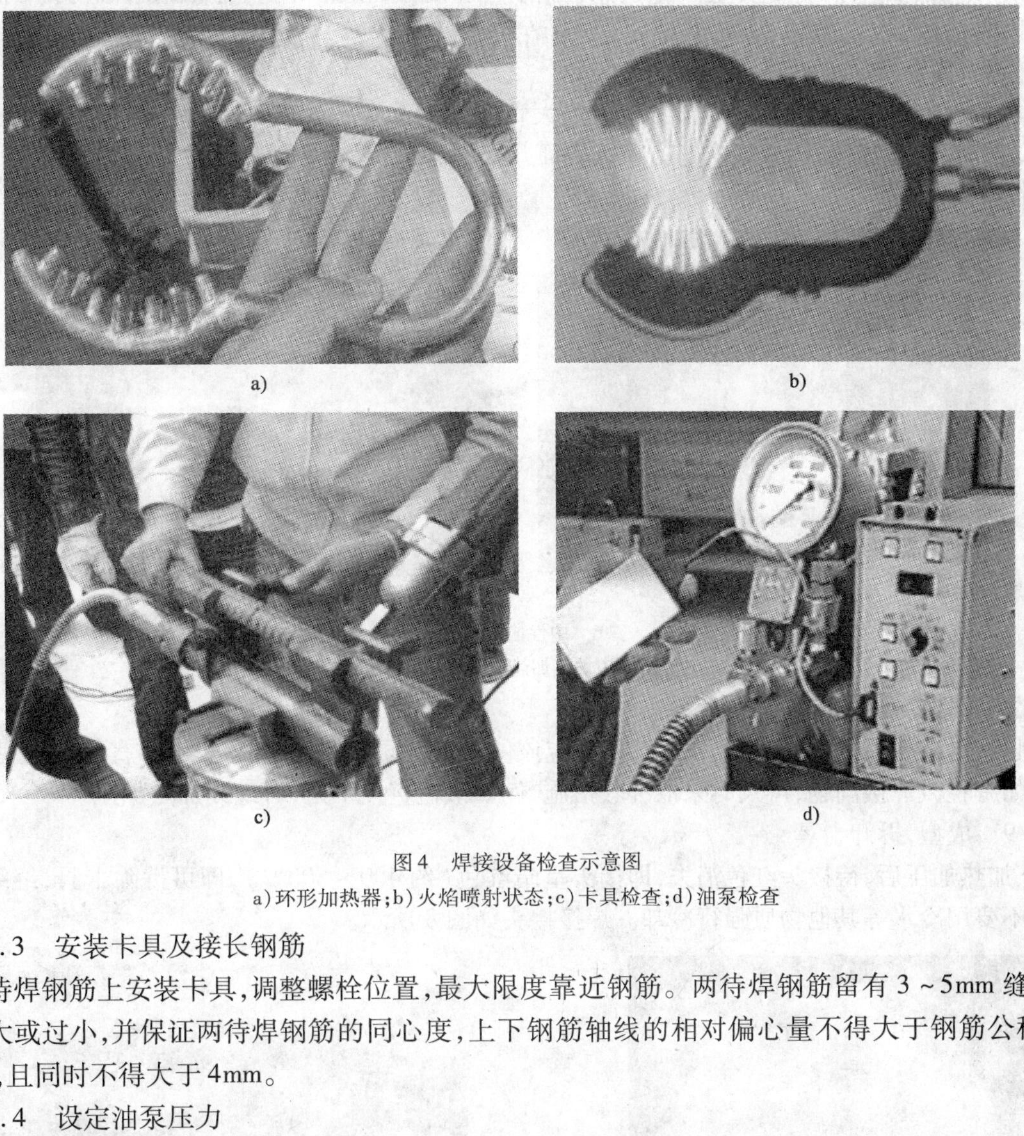

a)　b)　c)　d)

图4　焊接设备检查示意图

a)环形加热器;b)火焰喷射状态;c)卡具检查;d)油泵检查

5.2.3　安装卡具及接长钢筋

在待焊钢筋上安装卡具,调整螺栓位置,最大限度靠近钢筋。两待焊钢筋留有3~5mm缝隙,空隙不可过大或过小,并保证两待焊钢筋的同心度,上下钢筋轴线的相对偏心量不得大于钢筋公称直径的0.15倍,且同时不得大于4mm。

5.2.4　设定油泵压力

根据不同的待焊钢筋直径设定油泵控制压力,具体数据如表2所示。

压力数据对照表　　表2

钢筋直径	*D*19	*D*22	*D*25	*D*29	*D*32	*D*35	*D*38	*D*40
对应压力(MPa)	14.1	19.0	24.9	31.6	39.0	47.0	50.4	46.1

注:直径*D*35以下的钢筋焊接采用36mm液压油缸的油泵;*D*38~*D*40钢筋焊接采用50.5mm液压油缸的油泵。

5.2.5 开始加压

卡具按要求固定好后，开动油泵进行加压，使两待焊钢筋端面顶紧。

5.2.6 碳化焰加热

点燃环管形加热器，先用碳化焰进行加热，对准两钢筋接缝处集中加热，并使其内焰包住缝隙，防止钢筋端面产生氧化，如图5所示。

图5 碳化焰加热加压

5.2.7 中性焰加热

(1)使用中性焰加热，在加热器不离开钢筋缝隙的前提下，做均匀圆弧运动，使得每个加热器焊嘴火焰轮流接近钢筋缝隙，直至钢筋端头至熔化状态，端部呈凸状时，即快速加压，挤出熔化金属，并镦粗成型，在开始加压时可适当减少氧气供应量。

(2)在加压时要宽幅移动加热器，镦粗区最大直径为钢筋直径的1.4~1.5倍，长度为钢筋直径的1.1~1.2倍时，停止加压，用火焰吹烤镦粗区表面几秒钟，使镦粗凸起部分均匀平缓。

中性焰加热示意图如图6所示。

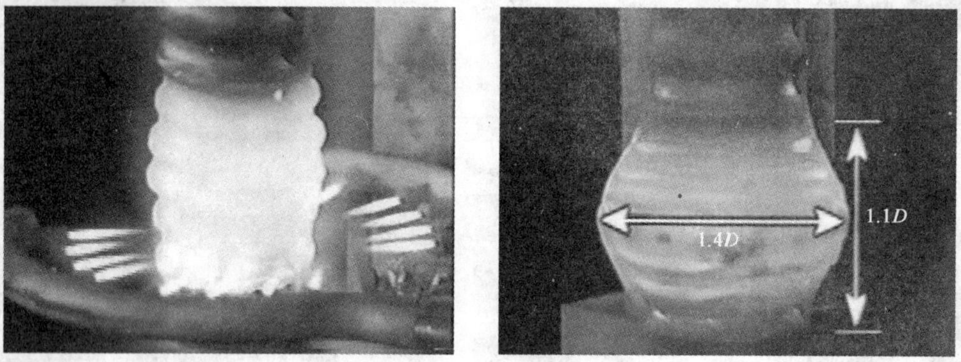

a) b)

图6 中性焰加热示意图

a)中性焰加热加压；b)镦粗

5.2.8 焊接质量初检

镦粗后，对外观质量进行检查(图7)，外观应该使两钢筋同心，接头镦粗长度和直径符合规定，表面无裂纹，如有轻微焊接问题，可及时采取补救措施，例如镦粗直径不足，可继续加热加压。

5.2.9 成型，拆卸卡具

停止加热加压后，待接头红色消失，即接头呈暗红色(约400~500℃)，即可拆除卡具，继续自然冷却，注意不要用冷水等其他物质强行冷却。焊接接头如图8所示。

图7 外观质量

图8 焊接接头

5.3 劳动力组织

钢筋压力焊施工主要施工劳动力组织如表3所示。

钢筋压力焊施工劳动力组织　表3

序　号	工　种	人　数	职　责
1	工长	1	负责对钢筋压力焊操作者的技术指导和施工协调
2	质检员	1	现场旁站、质检、验收
3	试验员	1	钢筋原材料抽检和焊接质量试验检测
4	安全员	1	施工现场安全旁站、安全检查
5	钢筋工	1	钢筋下料、端面处理
6	压力焊工	1	钢筋压力焊焊接作业
7	普工	2	配合钢筋加工及焊接作业

6 材料与设备

6.1 工程材料

钢筋气压焊施工主要工程材料为待焊接的钢筋。

6.2 机具设备

钢筋气压焊施工主要机械设备表如表4所示。

钢筋气压焊施工主要机械设备表　表4

序号	设 备 名 称	规格或型号	数量	备　注
1	常温钢筋直角切割机	SDC-32 型	1 台	用于钢筋端面处理
2	环形加热器	D19-D51	1 台	根据不同钢筋规格选用
3	便携全自动高压电动油泵	DSP-120	1 台	施加压力
4	焊接卡具	D19-D51 型	1 台	用于钢筋固定
5	油泵控制连线和高压油管		1 套	连接卡具和油泵
6	供氧装置		1 套	氧气瓶、乙炔气瓶(或液化石油瓶)
7	辅助设备		1 套	卡具的 V 形垫块、扳手、锯片

7 质量要求及控制措施

7.1 质量技术要求

(1)所用气态氧的质量应符合 GB/T 3863 中规定的 I 类或 II 类一级的技术要求。乙炔气纯度必须在98%(体积比)以上,磷化氢含量不得大于0.06%,硫化氢含量不得大于0.1%,水分含量不得大于$1g/m^3$,丙酮含量应不大于$45g/m^3$。

(2)外观质量和机械性能检查应满足相关规范有关规定。

图9为质量检查示意图。

7.2 质量控制措施

(1)建立完善的质量保证体系,落实质量岗位责任制,工序质量实行精细化管理,强调技艺标准化。

(2)制订工序质量实施细则,落实"三检制",严把工序质量关,按质量标准施工,不达标准坚决返工。

(3)开展质量培训教育活动,进行质量检查和评定,发现问题及时予以纠偏。

(4)焊工必须持证上岗,不同级别的焊工有不同的作业允许范围,应符合国家标准的规定。辅助工应具有钢筋气压焊的有关知识及经验,掌握钢筋端部加工和钢筋安装的质量要求。

(5)正式焊接之前,必须进行现场条件下钢筋气压焊工艺性能试验,焊接试件经外观检查拉伸试验及弯曲试验合格,并确定焊接工艺参数。

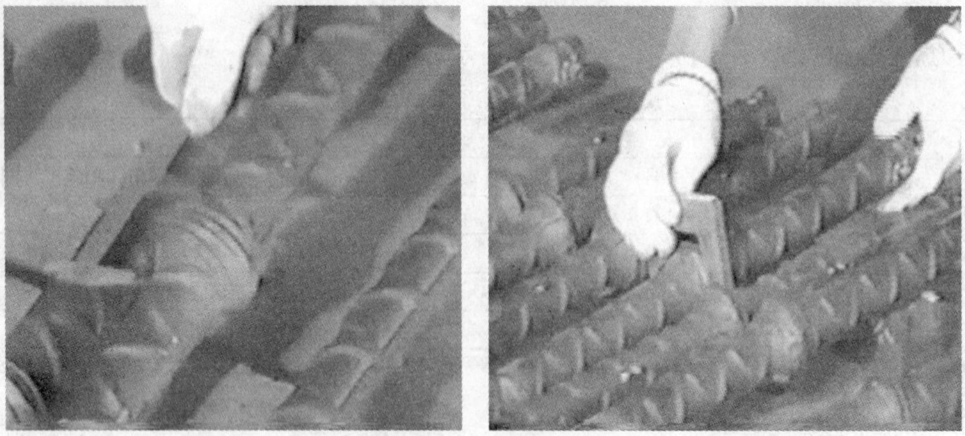

图9　质量检查示意图

8　安全措施

(1)气压焊接作业如遇雨雪天气无遮蔽不许作业,在负温下施工,对气源设备应采取保温防冻措施,在-15℃以下施焊时,应对钢筋接头采取预热和保温缓冷措施,当环境温度低于-20℃时不得进行施焊。

(2)现场施焊前搭好操作架子;高空临边作业时,作业人员要配备安全带,防止高空坠落。

(3)施工地点及附近不得有易燃、易爆物品,现场配备消防设备,谨防火灾爆炸和人员烫伤事故。

(4)施焊人员必须穿戴防护服、手套等防护用品。

(5)在使用电动、液压等工具作业时,要按"安全操作使用说明书"规范操作,安全施工。

(6)遇有6级以上大风、雷电、暴雨、大雾等恶劣天气而影响视觉和听觉的条件下或对人身安全无保证时,不允许进行焊接作业。

9　环保措施

(1)对机械设备应经常检查和维修保养,保证设备始终处于良好状态,防止机械漏油污染环境,若发现漏油,用黄沙进行覆盖,并及时清除油污。

(2)油压管路要接头牢固,防止脱落或接头漏浆污染环境。

(3)钢筋端部处理产生的废料应及时回收。

10　资源节约

略。

11　效益分析

目前我国建筑市场上常用的钢筋连接方法有:闪光焊、电渣焊、电弧搭接法、螺纹连接等钢筋连接方法,比较气压焊而言,以上几种连接方法存在以下不足:

(1)与气压焊进行比较,闪光焊合格率和电渣焊合格率一般只有89%~95%左右,较气压焊的100%合格率低,并只能用做钢筋的竖向焊接,且电量耗用量大;

(2)电弧搭接法材料浪费大,劳动强度高,气压焊比搭接焊平均节约钢筋20%~30%以上;

(3)螺纹连接法成本高,大约是气压焊成本的4~6倍。

比较以上几种连接方法,气压焊具有如下优特点:

(1) 接头强度高、性能可靠,经各项检测合格率100%;

(2)施工效率高,速度快,以*D*32钢筋为例,焊接时间仅需90~120s;

(3)节约材料、成本低;

(4)气压焊焊接设备小型轻便、移动方便,操作简单、易于掌握、耐用,可适用于各种位置、各种方向、各种直径钢筋;

(5)接头两端钢筋在同一轴线上,故钢筋受力状况好;

(6)焊接时,无溅落焊渣等废物产生,利于环境保护。

综上,钢筋气压焊接技术具有良好的经济效益、社会效益和质量效益,并符合国家节能环保的建设理念,本工法具有广阔的应用前景。

12 应用实例

12.1 工程实例一

宁波北仑梅山大桥及接线工程桥梁总长 1 487m,主桥为 75m + 130m + 75m 连续刚构,南北引桥为 40m 跨径现浇箱梁,钻孔灌注桩基础,矩形承台,主墩采用矩形双薄壁墩,引桥采用现浇实体墩。基础及下部结构钢筋规格为 ϕ10 及 ϕ16、ϕ25、ϕ32,原设计使用滚轧直螺纹连接,后来改用半自动钢筋气压焊。大桥钢筋接头总数约 98 000 个,目前已焊接完成接头 68 000 个,其中 ϕ25 以上钢筋加工采用气压焊对接(图 10),取得了较好的经济效益。

按照一个接头对比经济效益情况如表 5 所示。

经济效益对比表 表5

连接方式	钢筋直径	人工费(元)	设备折旧费(元)	材料费(元)	合计(元)
钢筋气压焊	D25	2.0	1.0	1.0	4.0
手工电弧焊	D25	1.3	2.0	1.7	5.0
滚轧直螺纹连接	D25	1.8	1.4	5.3	8.5
钢筋气压焊	D32	2.0	1.5	1.0	4.5
手工电弧焊	D32	1.3	2.0	2.2	5.5
滚轧直螺纹连接	D32	2.5	1.0	6.0	9.5

注:手工电弧焊成本采用其他工地同期成本值。

12.2 工程实例二

舟山大陆连岛工程宁波连接线 2 合同,主线桥总长为1 677m,上部结构为 4 ×30m +4 ×32m +3 ×28.5m +4 ×28m +3 ×29.5m +5 ×28m +(30m +2 ×30.5m +30m) +4 ×28m +4 ×31m +(28.5m +2 ×29m +2 ×28.5m)(左幅)+(30m +2 ×30.5m +30m) +3 ×34m +6 ×29m 现浇连续箱梁,基础为 ϕ150mm 钻孔灌注桩,下部结构为单柱和双柱两种形式,该桥基础和下部结构 ϕ22 以上的钢筋采用气压焊对接(图 11),钢筋焊接质量稳定,取得了较好的施工效果。

该工程于 2007 年 9 月 27 日开工,基础和下部结构于 2009 年 3 月完工,目前上部现浇箱梁施工已接近尾声。

图10 宁波北仑梅山大桥及接线工程桥梁钢筋气压焊对接示意图

图11 舟山大陆连岛工程宁波连接线 2 合同段主线桥钢筋气压焊对接示意图

大直径深长钻孔桩旋挖钻机施工工法

GGG(中企)C1064—2009

付国平　闵　峰　周　望　冯兆祥　林海峰
(中铁大桥局股份有限公司　江苏省长江公路大桥建设指挥部)

1　前言

钻孔桩基础广泛应用于公路、铁路、水利水电、高层建筑等工程,特别在桥梁工程中得到大量采用。从国内跨江大桥建设发展的方向来看,钻孔桩基础有向大直径、大长度发展的趋势。

泰州长江公路大桥主桥桥跨组合为350m+1 080m+1 080m+350m,为世界上首座千米级三塔两跨悬索桥。夹江大桥位于江苏省扬中市南侧夹江段,上游距扬中大桥约8km,下游距扬中二桥约16km,北接泰州长江公路大桥扬中接线段,南联镇江新区。夹江大桥左汊桥及扬中岸引桥全长1 180m,桥跨布置为(7×30)+(7×30)+(7×30)+(87.5+3×125+87.5)=1 180m;扬中岸引桥段基础采用ϕ1.2m的钻孔灌注桩,共计172根;左汊桥主桥段基础采用ϕ1.5m、ϕ1.8m、ϕ2.0m三种桩径的钻孔灌注桩,其中22号墩采用ϕ1.5m的钻孔桩,共计12根,23号墩与27号墩采用ϕ1.8m的钻孔桩,共计34根,24~26号墩采用ϕ2.0m的钻孔桩,共计57根。全桥各类钻孔桩共计275根,最大设计桩长为94m。桥址沿线岩土层分布自上而下可概括为:上部全新统松散层类(厚度35~54m)、上更新统黏性土和砂性土类(厚度约30m)以及中更新统粉质黏土、粉砂。

经过研究分析和现场试验,最终确定钻孔桩采用旋挖钻机进行施工。实践证明旋挖钻机在安全、优质、高效地完成钻孔桩施工的同时,取得了较好的经济效益,经总结其主要施工方法形成本工法。

2　工法特点

2.1　施工工期短

2.1.1　旋挖钻机采用动力头装置,钻进能力强;其钻杆自动伸缩,钻进过程中无须装、拆钻杆;深水100m长桩钻进成孔时间小于48h,成孔时间大大缩短。下放钢筋笼、清孔及灌注混凝土不到20h,单桩施工时间小于68h。

2.1.2　旋挖钻机采用履带式底座,可自行移动。一根桩钻进成孔经检验合格后,即可自行到下一孔位继续钻进,给后续施工留出作业面。形成的流水作业使整个钻孔桩施工周期缩短。

2.2　成孔质量高

2.2.1　旋挖钻机施工时,孔壁不易产生厚泥皮;且在孔壁上形成较明显的螺旋线,有助于增加桩的摩阻力,提高桩的质量。

2.2.2　旋挖钻机通过电脑操控,可精确定位钻杆,并能自动校正钻孔垂直度,自动测量钻孔深度,可以最大限度地保证钻孔质量。

2.3　安全性能好

2.3.1　旋挖钻机采用履带式底座,与地面接触面积大,平稳可靠。

2.3.2　旋挖钻机只需一人操作,即可完成钻孔作业,大大减少了现场施工人员,减少了安全隐患。

2.3.3　旋挖钻机自带动力钻孔,减少了施工电力布置,确保了用电安全。

2.4 经济效果佳

2.4.1 旋挖钻机自带动力,既减少了辅助起吊设备,又减少了施工现场电力布置。

2.4.2 旋挖钻机从孔内直接取土,形成的废渣少,有效降低了排污处理费用。

2.4.3 单机施工效率极高,节约了机械设备费用。

2.5 环保效果突出

旋挖钻机施工取土产生的钻渣量大致为钻孔桩体积,所用泥浆仅起护壁作用且用量少,减少了对土体污染,改善了施工环境。

3 适用范围

本工法适用于黏土、粉土、砂土、淤泥质土、人工回填土及含有部分卵石、碎石地层的大直径深长钻孔桩施工。

4 工艺原理

旋挖钻机的钻头为直筒式容器,不同型号的钻头大小不一。钻头主要由钻土斗、切削斗齿、挡土板、底板锁定装置、上碰杆等组成,见图1。钻头通过销轴与钻杆连接。钻杆为多节可伸缩结构,主要作用是传递由动力头施加的扭矩和压力至钻头。

旋挖钻机采用履带式底盘,整个机身可绕底盘中心实现360°回转。钻机钻进过程中,由动力头施加扭矩和钻压,通过可伸缩钻杆传递给钻头,钻头带动切削斗齿切入土体,钻头旋转时,切削斗齿将土体推进钻土斗完成钻孔取土。钻土斗装满土体后,钻头反向旋转,挡土板通过底板锁定装置封闭。动力装置提升钻杆和钻头出孔外。钻机将钻杆和钻头移动到预先设置的弃渣池上方,钻头上碰杆与机架相碰后,挡土板打开。土体在重力作用或水平摆动下排出钻土斗,落入弃渣池内,集中外运。钻头下放并关闭挡土板。回至孔内进行下一钻头的取土。如此循环反复,不断取土、卸土,直钻至设计深度。

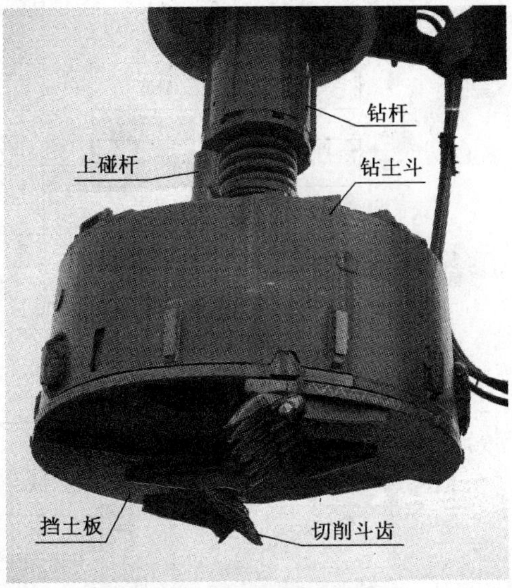

图1 旋挖钻机钻头

5 工艺流程及操作要点

5.1 施工工艺流程(图2)

5.2 施工准备

5.2.1 详细研究工程水文地质资料

1)水文地质:属长江下游感潮河段,潮位受长江径流与潮汐双重影响。每日两潮。常水位+1.0~2.0m。20年一遇洪水位+6.065m。

2)桥位区属副热带湿润气候类型。

3)地质条件。桥址沿线岩土层分布自上而下可概括为:上部全新统松散层类(主要由细颗粒沉积物组成,灰黄色~青灰色,岩性主要为黏性土及粉、细砂,厚度35~54m)、上更新统黏性土和砂性土类(上部颗粒较细,岩性为黏性土及粉、细砂,下部变粗,岩性为中砂夹小砾石,厚度约30m)以及中更新统粉质黏土、粉砂。

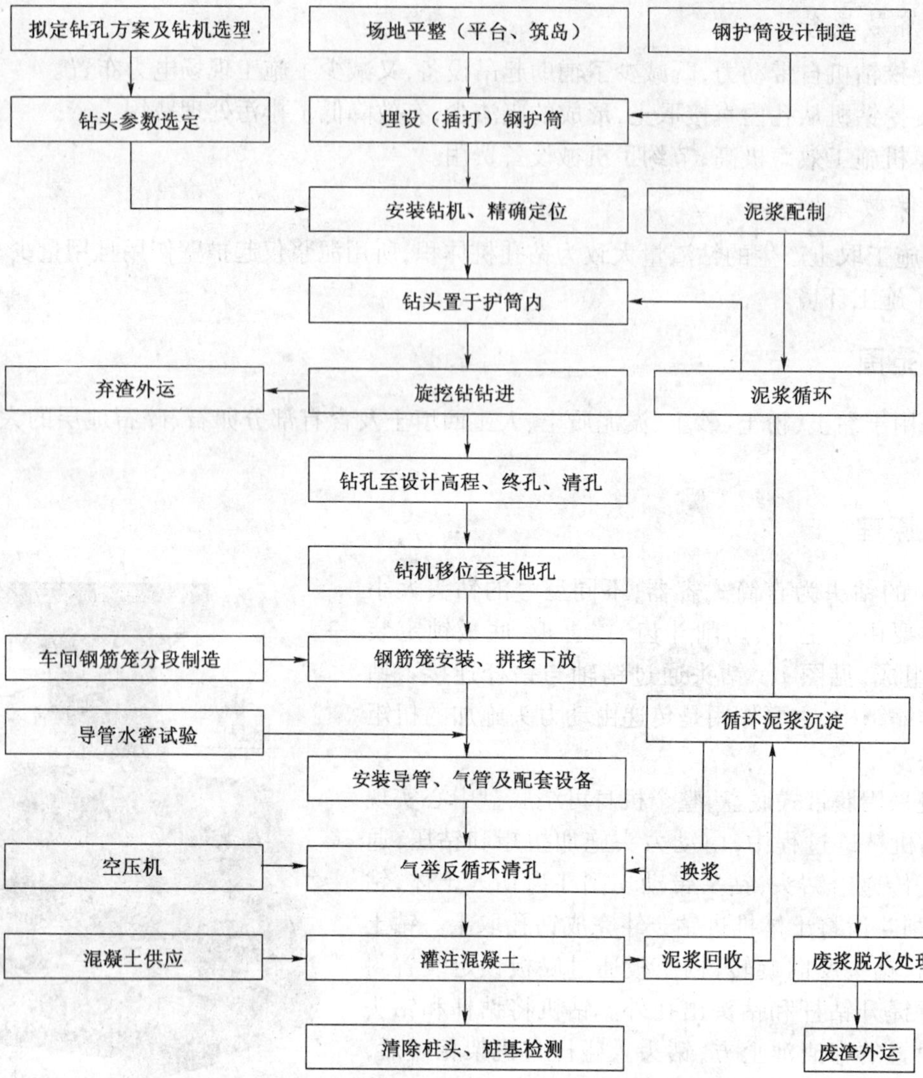

图2　旋挖钻机施工工艺框图

5.2.2　拟定钻孔方案及钻机选型(表1)

常见旋挖钻机主要技术参数

表1

型　号	泰格 TIG300	宇通 YTR260	三一 S220	金泰 SD20	宝峨 BG25	巨力 ZY200	中联重科 ZR200	辰龙 CLH200
额定功率(kW)	256	261	250	190	291	246	252	216
扭矩(kN·m)	300	265	250	194	245	200	220	220
最大钻孔直径(m)	2.5	2.0	2.3	2.0	2.6	2.2	2.0	2.0
最大钻孔深度(m)	100	83	67	60	82.5	60	60	60
整机质量(t)	90	78	65	65	81	60	70	65

根据地质情况,结合施工工期,钻孔施工配备2台TIG300旋挖钻机和2台YTR260旋挖钻机。其中主墩ϕ2.0m钻孔桩采用TIG300旋挖钻机,陆上ϕ1.5m、ϕ1.8m、ϕ1.2m钻孔桩采用YTR260旋挖钻机。

5.2.3　场地平整

1)陆上:清除墩位处杂物,整平场地,测量放样。夯实加固场地,保证平整、稳固,确保施工中不沉陷、倾斜、移动。

2)水上:根据所选用的旋挖钻机和起吊设备及施工荷载进行水上钻孔平台设计。平台所用材料为:ϕ820mm钢管桩、贝雷梁、型钢及混凝土桥面板。搭设水上施工平台,其主要施工工序:钢管桩制造、运输→浮吊抛锚、定位→测量定位桩位→振动打桩锤插打平台钢管桩→联结系及平台安装。

5.2.4　埋设(插打)钢护筒

1)陆上:在测量放样好的孔位位置埋设钢护筒。

2)水上:在平台上安装钢护筒插打导向装置,精确定位,利用浮吊和打桩锤插打钢护筒。

3)护筒埋设要求:

(1)钢护筒内径大于设计桩径20~40cm。任意断面的椭圆度≤3%,垂直度≤0.5%。

(2)钢护筒中心线应与桩中心线重合,平面位置偏差≤5cm,倾斜率≤1%。

(3)钢护筒顶部高程应高出水位1.0~2.0m,或高出地面0.3m。

(4)一般情况钢护筒埋深2.0~4.0m,特殊情况应加深以保证钻孔和灌注混凝土的顺利进行。有冲刷影响的河床应沉入局部冲刷线以下不小于1.0~1.5m。

5.2.5　设置泥浆池、弃渣池

1)陆上:在两个桥墩中间空地上挖设泥浆池和弃渣池,分别用来配置泥浆和储存废渣。

2)水上:在平台两侧横桥向放置两艘600t运输船,分别作为泥浆池和弃渣池。

5.3　泥浆配制

5.3.1　泥浆护壁特点

泥浆护壁是利用泥浆与地下水之间的压力差来控制水压力,以确保孔壁的稳定。孔内泥浆密度过小,泥浆护壁就容易失去了阻挡土体坍塌的作用;孔内泥浆密度过大,容易产生大量沉渣甚至使混凝土的灌注产生困难,使成桩质量难以得到保证。所以泥浆密度在保持这种压力差方面起着关键作用。

5.3.2　泥浆配制

根据旋挖钻机钻进的特点,在钻孔灌注桩的施工过程中,采用膨润土、CMC(羧甲基纤维素钠盐)、纯碱等按一定比例加水配制成的泥浆进行护壁。泥浆中的膨润土颗粒经渗透作用,吸附在孔壁表面形成泥皮,起护壁作用。根据工程地质具体情况,合理地控制不同土层中泥浆的指标。

1)膨润土:为泥浆胶体质的主要来源,采用以蒙脱石为主的钠质膨润土,该土具有较好的分散悬浮性和造浆性,泥皮薄,稳定性好,造浆率高。膨润土掺量为泥浆体积的6%~10%。

2)纯碱(Na_2CO_3):主要作用使黏土颗粒进行分散,并增加表面负电荷,来吸附带正电荷的钻屑,使泥浆悬浮钻屑效能更好,因此回流孔内泥浆中pH值应稍高一些。纯碱掺量为泥浆体积的0.3%~0.5%左右。

3)羧甲基纤维素钠盐(CMC):提高泥浆的黏度,具有使土壁表面形成化学膜泥皮和降低失水量的功能。它常作为膨润土基浆的改性剂,掺用量为泥浆体积的0.005%~0.01%。

4)聚丙烯酰胺(PHP):既可单独拌制泥浆,又可作为膨润土泥浆中的掺加剂,其突出功能是使泥浆具有触变性,保持不分散、低固相、高黏度的优质性能,提高泥浆的黏度,降低泥浆的失水量。其掺用量为泥浆体积的0.003%左右。增黏效果远大于CMC。

5)制浆用水:取自夹江,水质经试验满足要求。

6)钻孔桩泥浆的性能指标:

(1)密度:1.06~1.10g/cm^3

(2)黏度:18~28s;

(3)胶体率:≥95%

(4)含砂率:≤4%

(5)失水率:≤20ml/30min

(6)酸碱度:8~10

5.4　旋挖钻机钻进成孔

5.4.1　安装钻机

1)旋挖钻机安装必须稳定。陆上采用钻机自行移动就位,水上采用200t浮吊起吊至钻孔平台后钻机自行就位。钻机就位时平面最大倾角不超过4°。将钻机行驶到要施工的孔位,调整桅杆角度,将钻头中心与孔位中心对准,放入孔内,调整钻机垂直度参数,使钻杆垂直,同时稍微提升钻具,确保钻头自由浮动孔内。钻头中心与护筒顶面中心的偏差不得大于5cm。

2)钻孔桩钻孔最大深度达100m,应严格保证钻杆安装质量,以防发生掉钻、埋钻的情况。

3)开钻前应进行机械试运转。

5.4.2　钻机钻进

开始钻进时采用低速钻进,以保证孔位不产生偏差。钻进护筒底以下3m后可以采用高速钻进。钻进过程中,操作人员随时观察钻杆是否垂直,并通过深度计数器控制钻孔深度。由动力头施加扭矩和钻压,通过可伸缩钻杆传递给钻头,钻头带动切削斗齿切入土体,钻头旋转时,切削斗齿将土体推进钻土斗完成钻孔取土。钻土斗装满土体后,钻头反向旋转,挡土板通过底板锁定装置封闭。动力装置提升钻杆和钻头出孔外。钻机将钻杆和钻头移动到预先设置的弃渣池上方,钻头上碰杆与机架相碰后,挡土板打开,土体在重力作用或水平摆动下排出钻土斗,落入弃渣池内,集中外运。钻头下放并关闭挡土板。回至孔内进行下一钻头的取土。如此循环反复,不断取土、卸土,直到钻至设计深度。钻至离设计孔底高程30cm左右时,低速钻进,掏渣2~3次,尽量减少孔底沉渣厚度。

5.4.3　注意事项

1)根据不同地层情况适当控制钻进速度,调整钻压,减少扩孔及斜孔。

2)注意钻进速度,钻孔到护筒底口1~2m时,要慢速减压钻进。在淤泥质黏土层中可用快速或中等转速、低密度泥浆钻进。

3)孔内外水头差应保持大于2m。

4)根据不同地质情况,检查泥浆指标。

5)保持排渣系统畅通。

6)起落钻头要平稳,避免撞击孔壁。严防工具等杂物落入孔内。

7)钻孔应连续作业,因故中途停钻时,必须将钻头提起以防坍孔埋钻,并采取有效措施保证孔壁稳定。

8)每孔钻完后,检查钻头磨耗情况并及时进行修补。

5.5　检孔、下放钢筋笼、安装导管、清孔

5.5.1　检孔

当钻至设计高程时,终止钻进。用检孔器或超声波检测仪对孔径、孔形和倾斜度进行检验,合格后,钻机移位至下一孔位。

5.5.2　下放钢筋笼

将分节制作好的钢筋笼运至指定地点,采用履带吊接长、下放钢筋笼。

5.5.3　安装导管

导管安装前须按规范进行水密试验,利用履带吊逐节安装导管,导管应位于孔位中心,确保顺直以防卡挂钢筋笼。

5.5.4　清孔

测量孔底沉渣厚度,因旋挖钻钻进采用优质泥浆进行护壁,孔底一般沉渣较少(10cm左右)。如沉渣厚度超标,可用气举反循环法清孔,直至泥浆各项指标、孔底沉渣等符合设计及规范要求。严禁采用加深孔底深度的方法来代替清孔。

清孔质量符合下述要求:

1)泥浆相对密度:1.03~1.10

2)含砂率≤4%;

3)黏度:18~28s;

4)胶体率:≥95%;

5)pH 值:8～10;

6)沉渣厚度≤20cm。

5.6 灌注混凝土

5.6.1 混凝土的拌制

严格按照施工规范进行混凝土配合比设计,必须测定砂、石含水率,将理论配合比换算成施工配合比。混凝土拌和采用强迫式拌和机,搅拌时间不少于1.5min。

5.6.2 混凝土的运输

陆上混凝土由布置在23号墩附近的混凝土工厂供应,由搅拌车运送至墩位。水上混凝土由水上混凝土工厂供应。

5.6.3 混凝土的浇筑

1)首批混凝土的方量应能满足导管初次埋置深度大于等于1.0m和填充导管底部间隙的需要。

2)灌注采用“拔球法”灌注水下混凝土,拔球后混凝土要连续灌注,不得停顿,保证整桩在混凝土初凝前灌注完成。

3)混凝土灌注过程中要有专人测量混凝土面高程,正确指挥导管的提升和拆除,保证埋置深度不大于6m,不小于2m。

6 材料与设备

钻孔桩旋挖钻机施工所需的主要机械设备见表2和表3。

主要机械设备的配置表 表2

序号	设备名称	备注	序号	设备名称	备注
1	旋挖钻机		6	电焊机	
2	空气压缩机		7	混凝土拌和楼	
3	泥浆分离器		8	封孔导管	
4	泥浆泵		9	测量仪器	
5	钢筋加工机械				

旋挖钻机技术参数表 表3

型号	TIG300	YTR260
额定功率	256kW	261kW
最大输出扭矩	300kN·m	265kN·m
最大钻孔直径	2.5m	2.0m
最大钻孔深度	100m	83m
整机质量	90t	78t

7 质量控制

7.1 旋挖钻机成孔质量检验(表4)

成孔质量标准 表4

序号	项目	允许偏差
1	孔径	不小于设计孔径
2	孔深	不小于设计孔深
3	孔位偏差	不大于50mm

续上表

序　号	项　目	允许偏差
4	群桩中心偏差;单排桩偏差	≤100mm;≤50mm
5	倾斜度	≤1%
6	灌注混凝土前孔底沉渣厚度	≤200mm
7	灌注混凝土前泥浆指标	相对密度:1.03~1.10;黏度:18~28s;含砂率:≤4%;胶体率:≥95%;pH值:8~10

7.2 钻孔桩质量检验

7.2.1 混凝土强度满足设计要求。

7.2.2 超声波检测钻孔桩混凝土质量符合要求。

7.3 旋挖钻机施工病害预防及处理措施

钻孔过程中可能发生坍孔、缩孔、漏浆、糊钻、卡钻、钻孔偏斜等现象,一旦发生,应仔细查明情况,分析原因,及时进行处理。

7.3.1 坍孔预防及处理措施

坍孔分为孔口坍塌、孔内塌方两种情况。

1)孔口坍塌处理:应及时回填粘土或砌黏土草袋加固防护后,继续钻孔。若坍孔严重,宜拆除护筒回填或下钢护筒至未坍处以下1.0m。原因分析:护筒埋置过浅或回填黏土夯实不细密;护壁泥浆不浓,钻进过快,致使护筒脚处护壁不牢,以及孔口压力过大。

2)孔内坍塌处理:坍孔不严重时,加大泥浆密度继续钻进,严重时回填重钻。原因分析:泥浆性能差,未形成可靠护壁;孔内水头低,造成孔内外水压力差等。

7.3.2 斜孔、扩孔、缩孔、糊钻的预防及处理措施

1)安装钻机时,不得产生水平位移。

2)采用减压钻进施工,以中低速钻进,保证钻孔垂直度。

3)钻进过程根据不同的地层控制钻压和钻进速度,尤其在变土层位置、护筒口位置更要采用低速钻进。

4)选用优质泥浆护壁,加强泥浆指标的控制,随时注意孔内泥浆液面的变化情况,孔内泥浆应始终高于江水面2.5~3m,需要时补充新制泥浆,保持孔壁的稳定。

5)若出现斜孔,应扫孔至倾斜位置,慢速来回转动钻头。

6)扩孔一般表现为局部的孔径过大。在土质松散地层处或钻头摆动过大,易出现扩孔。若只是孔内局部发生坍塌而扩孔,仍能钻到设计深度则不必处理。若因扩孔后继续坍塌影响钻进,应按坍孔处理。

7)缩孔一般表现为钻机钻进时发生卡钻,提不出钻头或提钻异常困难。缩孔原因主要是由于地层中有软塑土,遇水膨胀后使孔径缩小。为防止缩孔,要使用失水率小的优质泥浆护壁并须高转速少进尺,并复钻二、三次;或者上下、左右反复扫孔以扩大孔径,直到使缩孔部位达到设计孔径要求为止。

8)糊钻的原因是钻进的进尺过快,钻渣加大,泥浆密度过大。处理办法:控制进尺,降低钻进速度。

7.3.3 钻孔漏浆预防及处理措施

跟进护筒或减小孔内外水头差、增加泥浆密度、改善泥浆性能。

7.3.4 卡钻、埋钻预防及处理措施

发生卡钻和埋钻时,宜采用冲、吸等方法,将钻头周围土层松动后提钻,并采取措施保持孔壁稳定。

8 安全措施

8.1 要求各工序、各工点严格按照相应的安全操作规程进行施工。

8.2 强化安全教育,在思想上重视安全生产,在技术上懂得安全生产知识,在操作上掌握安全生产要领。

8.3 优化安全管理办法,根据“全员管理,安全第一”的原则,建立安全责任制,明确规定各级领导、职能部门、工程技术人员和生产工人的责任。

8.4 针对现场实际情况,经常分析施工中可能出现的不安全因素,制定对策,防患于未然。

1)机械、电器定期检查,并配置安全防护措施。实行三级配电保护,电缆设明显标记。

2)施工作业区悬挂安全警戒标志,非作业人员严禁进入施工现场。

3)钻孔完毕钻机移位后,及时将孔口盖住,防止人员掉入孔内。

4)按夜间规定施工,配备好照明设备。

5)电缆线要架空,电箱设置要符合施工安全操作要求,并设专人负责。

6)按要求穿戴好安全防护用品,水上施工人员必须穿着救生衣。

9 环保措施

认真贯彻环保、文明施工的要求,推行现代管理方法,科学组织施工,做好施工现场的各项管理工作:

1)严格遵守省、市环保部门的有关政策、法规、法令,接受检查监督。

2)加强施工管理、监督工作,严格检查各种施工机械,防止油料泄漏污染水体。

3)健全环保管理机制,定期进行环保检查,及时处理违章事宜。

4)操作人员要加强各种施工机械的维修保养,尽可能降低施工机械噪声。

5)陆上钻孔桩施工,设泥浆池和沉淀池,形成循环系统,避免环境污染。水上钻孔桩施工,配备泥浆船和沉淀船。形成的废渣集中存放,及时外运到指定地点。

6)施工现场保持整齐有序,坚持文明施工。

10 效益分析

10.1 经济效益

泰州长江公路大桥夹江左汊桥水中 ϕ2.0m 钻孔桩施工地质情况特殊,责任工期紧张,采用了旋挖钻机施工工法。旋挖钻机的诸多优势在施工中得到体现,现将本工法的经济效益分析如下。

10.1.1 直接费用

1)同等地质情况、相同机械工作状态下,旋挖钻机比普通钻机成孔一根桩大概节约 7d 工期,工作效率明显提高,工期节省是最大的效益。

2)普通钻机成孔后混凝土消耗量约为 3.48 m^3/m,旋挖钻机成孔后混凝土消耗量约为 3.34m^3/m,相对混凝土消耗量减少约为 4%,全部 ϕ2.0m 共 5 101m,混凝土材料费用节约了约 24.3 万元。

小计节约直接费用约为 24.3 万元。

10.1.2 间接费用

1)普通钻机在施工过程中需增设一级配电 630kVA 变压器一台约 50 万元,三个墩位二级配电及敷设电缆约 750m 约 18.8 万元,旋挖钻机自带动力钻孔,只需柴油。此项目费用节约 68.8 万元。

2)普通钻机每次平移孔位需其他辅助人员、机械配合,且移动速度慢。旋挖钻机可自行移动,桩位之间转换方便,对位快速、准确,节约机械约 30 台班,节约人员、机械费用约 15 万元。

3)环境效益:普通钻机所产生的渣土和泥浆量大约为桩孔体积的 3 倍,所产生的渣土和泥浆为 48 100m^3,旋挖钻机泥浆只起护壁作用,钻削中的泥浆含量相当低,可以重复使用,排出的渣土和泥浆量仅为桩孔体积的 1.1 倍,所产生的渣土和泥浆为 17 600m^3,节省环境污染费用约为 55 万元。

4)普通钻机成桩周期约 10d/根(桩长 100m),每个墩配备二台,施工速度折算为 5d/根;旋挖钻机成桩周期约 3d/根(桩长 100m),每个墩配备一台。全部 ϕ2.0m 共 57 根,工期节约了 55d。管理人员 40

人考虑,人员工资可节约30万元。

小计节约间接费用约为168.8万元。

节约直接费用、间接费用共计193.1万元。

10.2 环保效益

旋挖钻机钻进利用钻头取土斗把钻渣从孔内快速取出,钻渣集中外运。泥浆用量小,减少了对土体污染,改善了施工环境。

10.3 社会效益

夹江左汊桥钻孔桩基础采用旋挖钻施工,满足了钻孔桩施工技术要求,为大桥施工打好了坚实基础,对大桥的顺利建设有着积极的作用。“大直径深长钻孔桩旋挖钻机施工工法”,具有施工工期短、成孔质量高、安全性能好、经济效果佳等特点,可以在以后的类似地质情况施工中推广应用。

11 应用实例

11.1 实例一:泰州长江公路大桥夹江左汊桥钻孔桩施工

左汊桥引桥基础为ϕ1.2m的钻孔灌注桩,共计172根,采用2台YTR260旋挖钻机施工;主桥段基础为ϕ1.5m、ϕ1.8m、ϕ2.0m三种桩径的钻孔灌注桩,共计103根,采用2台TIG300旋挖钻机施工。

桥址沿线岩土层分布自上而下可概括为:上部全新统松散层类(主要由细颗粒沉积物组成,灰黄色~青灰色,岩性主要为黏性土及粉、细砂,厚度35~54m)、上更新统黏性土和砂性土类(上部颗粒较细,岩性为黏性土及粉、细砂,下部变粗,岩性为中砂夹小砾石,厚度约30m)以及中更新统粉质黏土、粉砂。

全部采用旋挖钻机进行钻孔桩施工。共计使用旋挖钻4台,分别为2台TIG300旋挖钻机和2台YTR260旋挖钻机。施工工期从2009年2月21日至2009年7月4日。

其中24~26号墩57根钻孔桩采用水上钻孔平台法施工,平台顶高程为+6.5m,从钻孔平台到桩底的长度分别为92m、94.5m、100m。使用2台TIG300旋挖钻机进行施工,施工工期从2009年3月12日至2009年7月4日。

所施工的钻孔桩经桩基检测均满足规范和设计要求。

11.2 实例二:泰州长江公路大桥南锚至南塔间引桥钻孔桩施工

泰州长江公路大桥南锚至南塔间引桥钻孔灌注摩擦桩基础,桩径1.8m,最大桩长为73m,S01~S05每墩各16根桩,共计桩基80根。

桥址沿线岩土层分布自上而下可概括为:

(1)第四系全新统(Q4):主要由细颗粒沉积物组成,灰黄色~青灰色,岩性主要为黏性土和粉、细砂。

(2)第四系上更新统(Q3):上部颗粒较细,岩性为黏性土及粉、细砂;下部变粗,岩性为中砂夹小砾石。

根据场地情况,配备2台BG25旋挖钻机进行墩钻孔桩施工,墩旁设置汽车吊配合钻机施工。施工工期从2008年9月18日至2009年3月15日。

所施工的钻孔桩经桩基检测均满足规范和设计要求。

深水基础倾斜岩面钢围堰稳定施工工法

GGG(湘)C1065—2009

禹学永 张念来 欧阳钢 彭力军 宋 达
(湖南路桥建设集团公司)

1 前言

深水中建造结构物基础大多数需要设置钢围堰挡水结构以营造基础干施工环境,常规的钢围堰稳定是将钢围堰底嵌入河床覆盖层或岩面内,同时依靠钢围堰结构自重、锚碇系统和钢围堰外覆盖层嵌固等外力稳定钢围堰。但当遇到水底岩面倾斜陡峭高差大时,钢围堰底支承在强度不同的支承面上会使围堰不稳定而产生倾斜,当碰到此地质情况时,常规的办法是用钻机或水下爆破将堰底岩面整平,但此工艺风险大、工期长、费用高。

安庆长江公路大桥北塔钢围堰基础水深最高到达50m,基础岩面南北向高差3.25m,原设计要求钢围堰嵌岩3m,考虑岩面南北高差太大,围堰在嵌岩过程存在极大倾斜风险。湖南路桥建设集团公司组织工程技术人员进行大胆创新,最终研究出在钢围堰岩面低的位置振打钢管桩稳定钢围堰方案,成功应用在安庆长江大桥北塔基础钢围堰的稳定施工。

经总结形成深水基础倾斜岩面钢围堰稳定施工工法,其关键技术是在钢围堰底岩面低或承载力弱的位置设置钢管桩辅助支撑锚固钢围堰,确保钢围堰稳定不倾斜,满足基础施工要求(见图1)。利用钢管桩稳定钢围堰可以克服深水倾斜岩面位置钢围堰常规施工的难以稳定、工期长、费用高、质量安全风险大等不足。

该工法关键技术成果在湖南省交通厅主持召开的成果鉴定会上被评价为“首次通过优化钢围堰基础设计,充分利用钢管桩和钢围堰组合优势,改变了以往在倾斜基岩施工环境下采用设置高低刃脚或水下基岩整平的常规施工方法,解决了钢围堰着床稳定、抗冲、抗倾和安全度汛的施工难题。该项成果的研究在桥梁深水基础施工工法方面探索出了一种全新的理念和技术,在深水基础倾斜基岩双壁钢围堰构造形式设计与施工上取得新的突破,是一项具有自主知识产权的创新成果,具有国际先进水平,有广泛的推广应用价值。”

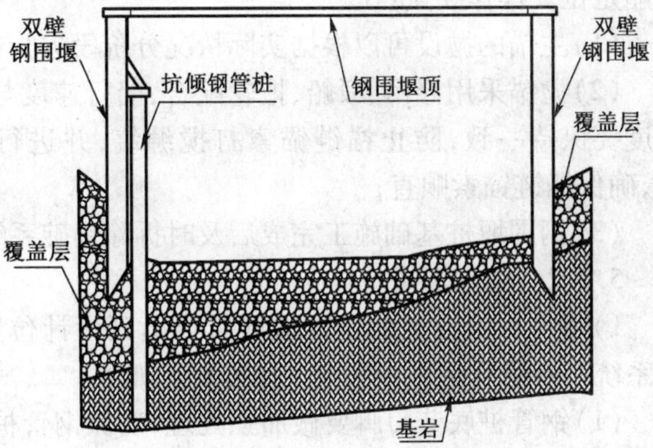

图1 钢围堰稳定示意图

2 工法特点

2.1 本工法充分利用钢管桩的抗弯、抗拔、抗倾和支承力大等优势特点,巧妙地利用到深水急流倾斜岩面位置基础钢围堰稳定施工当中,具有技术创新性。

2.2 本工法不仅适用深水急流倾斜岩面位置基础、也适用岩面平整但覆盖层厚的地质条件位置的基础钢围堰稳定施工。

2.3 本工法实施振打钢管桩可以与钢围堰下沉平行作业,缩短工期,相对钻孔或水下爆破整平基岩施工有利于环境保护。

2.4 本工法打破基础钢围堰稳定需要嵌岩的传统技术,利用钢管桩稳定急流、深水基础钢围堰,施工质量有保障,安全可靠,造价低。

3 适用范围

本工法适用江、湖、海中结构物基础位置倾斜岩面钢围堰的稳定施工。

4 工艺原理

深水基础倾斜岩面钢围堰稳定施工工法原理是在基础钢围堰底岩面低和承载力弱的位置设置钢管桩支撑锚固钢围堰,确保钢围堰能够承受水流冲击产生的倾覆和堰顶施工的荷载。工法理论基础是根据钢围堰位置的水文资料、地质情况、风力和钢围堰自重等各种因素,计算确定钢围堰稳定需要钢管桩数量、规格、桩位布置和振打深度,以及钢管桩与钢围堰间连接方式和连接结构强度验算等情况。

5 施工工艺流程及操作要点

5.1 施工工艺流程(见图2)

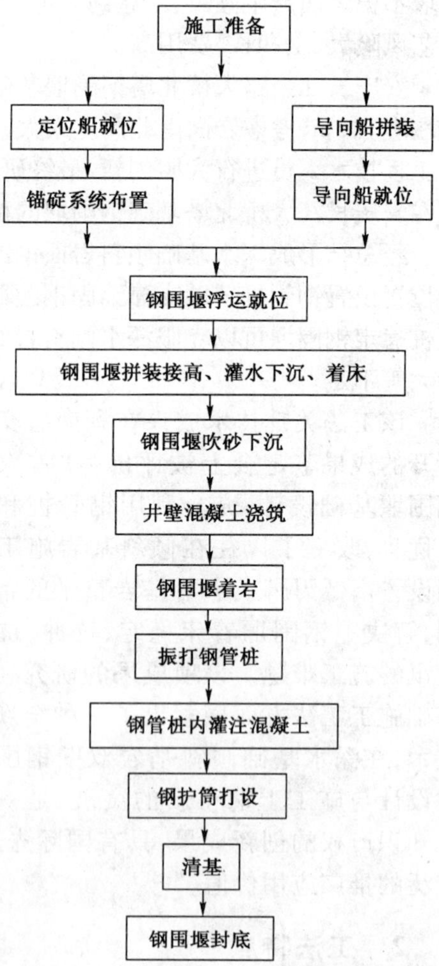

图2 施工工艺流程图

5.2 操作要点

5.2.1 锚碇布设

1)锚碇包括由驳船和联结梁组成的导向船、钢围堰、定位船、拉缆、主锚、侧锚、尾锚等主要设施。

2)锚碇系统布置见图3。

系统布设顺序为:定位船自锚→主锚抛设→定位船侧锚抛设→导向船、钢围堰浮运就位→上拉缆安装→导向船侧锚抛设→导向船尾锚抛设→下拉缆挂设→主尾锚对拉试验→导向船定位。操作要点:

(1)主锚的抛设可以根据实际情况分阶段进行;

(2)抛锚采用浮吊、驳船、拖轮配合,船行速度与抛锚放索速度要保持一致,防止锚链锚索打搅缠绕,并进行主尾锚对拉,确保锚链锚索顺直;

(3)钢围堰桩基础施工完成后及时拆除锚碇系统。

5.2.2 钢围堰拼装接高下沉

1)将带有钢管桩的钢围堰底节浮运到设计位置,通过锚碇系统初步稳定钢围堰底节。操作要点如下:

(1)钢管桩底节刃脚要做加强处理,确保钢管桩底刃脚具有破岩强度和刚度;

(2)钢管桩固定结构要有足够强度,确保接长钢管桩不掉落;

(3)钢管桩要安装竖向导向和横向约束装置;

(4)钢管桩也可以在钢围堰完成定位和下沉后一次接长。

2)用浮吊将钢围堰节段或单元块件吊至钢围堰底节顶面焊接接高,同时接高钢管桩,用立面垂直三角形测距的方法控制围堰接高精度,确保围堰垂直度、平面圆度等各种精度要求满足设计要求(见图4)。

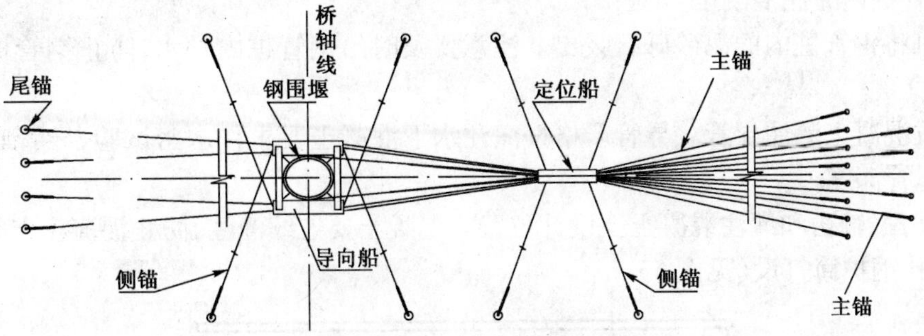

图3 锚碇系统布置图

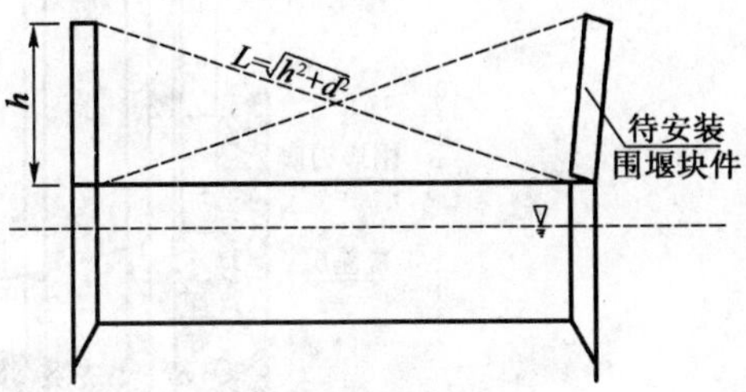

图4 钢围堰接高精度控制

3)钢围堰拼焊完成一个节段高度后，在钢围堰隔舱内灌水，使钢围堰逐步下沉，通过钢围堰下拉缆调整钢围堰的垂直度，边下沉边调整钢围堰垂直度，直到钢围堰外露高度满足下节段接高要求停止下沉。

4)按照2)和3)要求接高下沉钢围堰到围堰底进入水下覆盖层。钢围堰刚进入覆盖层时要严格控制钢围堰平面位置和垂直度的准确，其精度直接影响整体结构是否满足设计要求。钢围堰底进入水下覆盖层下沉施工要点：

(1)钢围堰的平面位置和垂直度通过拉缆、锚碇系统及灌水配重调节；

(2)对河床地形进行密切观测而准确掌握。需掌握的参数有水位高程、水流流速、围堰底刃脚周围河床高程、河床被冲刷的速度等。由于围堰状态是与河床地形状况紧密相关的，而河床受水流冲刷，其地形随时间变化而变化很大；

(3)围堰刚进入覆盖层时，要特别控制围堰着床速度，并保持围堰悬浮状态，让覆盖层尽可能多冲刷，使围堰范围覆盖层平整，特别是河床高差较大时要反复升降围堰以达到多冲刷覆盖层的目的；

(4)掌握围堰范围覆盖层状况，确定着床就要将围堰一次性加载灌水而迅速着床进入覆盖层，并立即进行堰内导管吹砂工作，以保证围堰尽可能多嵌入河床覆盖层中而保持稳定；

(5)钢围堰着床过程中，必须保证其水面以上有足够安全高度，安全高度需考虑围堰着床后5d的冲刷下沉深度在内，确保围堰顶面外露在水面以上。

5)钢围堰进入河床后，通过堰内吹砂施工，减少堰内覆盖层对其内壁的摩阻力，并依靠自重而下沉；通过井壁混凝土浇筑，增加围堰自重，使围堰下沉更容易。在吹砂加载下沉过程中，钢围堰继续进行接高施工，如此反复施工直到围堰到达设计位置。操作要点是井壁混凝土浇筑可以穿插在吹砂过程中进行，井壁混凝土浇筑位置要根据堰底地质情况和围堰下沉情况而定。

5.2.3 钢管桩振打到位

1)解除钢管桩临时固定结构，用振动锤振打钢管桩。操作要点：

(1)首先振打围堰底地基承载力最低位置的钢管桩；

(2)根据地基承载力情况确定振打其他钢管桩的先后顺序；

(3)振打钢管桩时是要观测围堰顶平面位置和高程变化，同时要测量围堰内外周围覆盖层的变化，根据观测和测量情况确定振打哪根钢管桩，以及振动锤振打钢管桩的频率和强度；

(4)观测钢管桩振打贯入度，防止钢管桩被振打破坏；

(5)当振打某根钢管桩发现围堰有倾斜趋势时立即停止振打，并将该钢管桩与围堰临时固结起来后，再振打另外的钢管桩，如此交替振打钢管桩，直到钢管桩达到设计位置。

2)将钢管桩振打到满足设计要求后用钢构件将钢管桩与钢围堰固结起来，使钢管桩和钢围堰共同承受外力荷载对围堰的稳定破坏。

5.2.4　钢管桩内灌注混凝土

1)用吸泥机将钢管桩内的泥砂砾石吸出。注意要及时给钢管桩内补水,防止钢管桩内外水头差被挤压变形破坏。

2)安装下放混凝土灌注导管。导管严格按灌注水下混凝土要求作水密试验,导管底口悬空高度满足首批混凝土埋管深度。

3)混凝土配置、输送和灌注混凝土至设计位置。混凝土要连续灌注,防止混凝土卡管。

5.2.5　钻孔钢护筒打设(见图5)

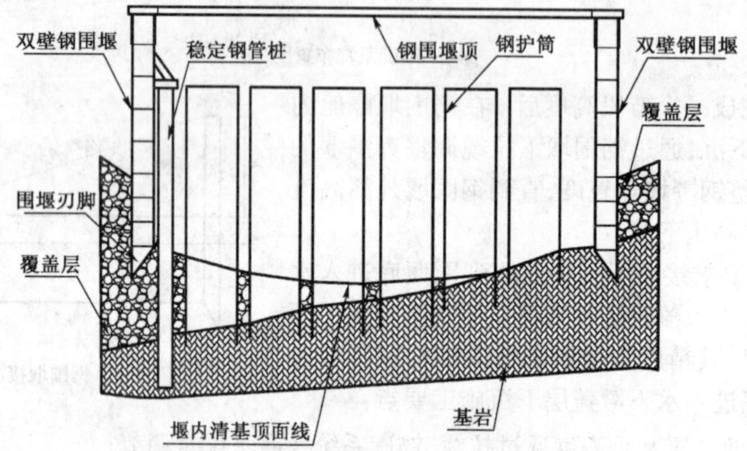

图5　钢护筒打设布置图

在钢围堰顶搭设施工平台,在桩基位置上下放钻孔钢护筒。护筒用大型振动锤振入岩层。操作要点:

(1)钢围堰在搭设堰顶施工平台前已形成了一个稳定状态,在搭设堰顶施工平台时要密切观测钢围堰顶口位置的变化,由于钢围堰底支撑在不同承载力地基上,堰顶加载后钢围堰可能出现不均匀沉降破坏,采取措施是根据观测结果及时调整钢围堰隔舱内压重水;

(2)钢护筒在振打下沉过程可以同时吹出护筒内覆盖层,确保钢护筒嵌入更深岩面。

5.2.6　钢围堰封底(见图6)

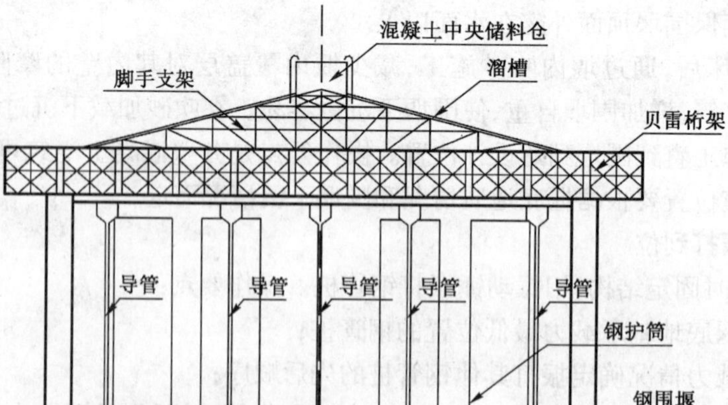

图6　钢围堰封底布置

清除堰内杂物后,在堰顶布置封底设施,在堰内布设水下混凝土浇筑导管,灌注封底混凝土。操作要点如下。

(1)根据封底混凝土性能,充分考虑导管作用半径、封底施工时间、设备配置和搅拌站供应混凝土能力;

(2)封底混凝土需要一气呵成连续施工完成,各种施工环节故障的应急预案准备要充分到位。

6　材料与设备

6.1　材料

主要材料是 δ4 ~ δ20mm 厚 Q235c 和 Q235a 钢板、ϕ17.5 ~ ϕ39mm 钢丝绳、[10 ~ [18mm 槽钢、I36mm、∠50 ~ ∠100mmδ5mm 角钢和 C20 水下混凝土等。

6.2　设备

本工法所使用的主要机械设备见表1。

主要机械设备表　　表1

序　号	名　称	规格型号	单　位	数　量	用　途
1	卷板机	W11	套	1	加工钢管桩
2	甲板驳	专门设计加工	艘	3	定位船和导向船用
3	浮吊	120t	艘	2	吊装
4	振动锤	160t	套	1	振打
5	吸泥机	50m	套	4	吸泥吹砂
6	空压机	VHP700	台	4	
7	高压储气罐	1.2MPa/10m^3	个	2	储高压气
8	水上混凝土搅拌站	HSW25X2 75m^3/h	座	1	混凝土生产
9	混凝土输送泵	BP3000HD	台	2	混凝土浇筑
10	潜水设备	TF16	套	2	潜水探测

7　质量控制

7.1　遵守下列质量标准及其技术规范

《公路桥涵设计通用规范》(JTG D60—2004);

《公路桥涵地基与基础设计规范》(JTG D63—2007);

《公路桥涵钢结构及木结构设计规范》(JTJ 025—86);

《公路桥涵施工技术规范》(JTJ 041—2000);

《铁路钢桥制造规范》(TB 10212—98);

《钢结构工程施工质量验收规范》(GB 50205—2001)。

7.2　质量控制措施

7.2.1　认真组织学习有关质量管理文件,使全体施工人员明确质量目标,牢固树立质量第一的思想,全员参与质量管理。

7.2.2　组织各部门有关人员学习与其工作岗位相关的合同文件、技术规范和操作规程,务求现场施工人员管理和操作单一化,原则上做到定人定岗,自始至终不得随意调换工作,以提高生产熟练程度和稳定施工质量。

7.2.3　组织施工人员不断进行技术交流和技术完善,不断总结质量管理经验,提高技术水平和质量管理水平。

7.2.4　施工前必须进行详细的技术、质量和安全交底,确保方案顺利实施。

7.3 质量控制标准

7.3.1 钢围堰节段采用的钢材和焊接等材料的品种规格、化学成分及力学性能必须符合设计和有关技术规范的要求,具有完整的出厂质量合格证明。

7.3.2 钢围堰块件的加工尺寸和预拼装精度应符合设计和有关技术规范的要求。

7.3.3 特种作业施工人员必须持有特种作业上岗证。施焊人员必须具有焊接资格;焊缝探伤检测结果应全部合格;钢围堰拼焊后应进行水密试验,符合设计要求后,方可下沉。

7.3.4 双壁钢围堰的制作拼装定位精度要求见表2。

双壁钢围堰的制作拼装定位精度要求 表2

项　　次	检 查 项 目		规定值或允许偏差	检查方法和频率
1	顶面中心偏位(mm)	顺桥向	20	全站仪或经纬仪
		横桥向	20	
2	围堰平面尺寸(mm)		直径/500及30,互相垂直的直径差<20	尺量,每节检查4处
3	高度(mm)		±10	尺量,每节检查2处
4	节间错台(mm)		2	尺量,每节检查4处
5	焊缝质量		符合设计要求	超声波,抽检水平、垂直焊缝各50%
6	上下口偏位(mm)		250	
7	最大倾斜度(纵、横方向)(mm)		1/50高度	吊垂线:检查两轴线个1~2处
8	平面扭转角(°)		2	全站仪或经纬仪:检查沉井两轴线

7.3.5 封底混凝土所用的水泥、砂、石、水、外掺剂等材料的质量和规格应符合有关规范的要求,按规定的配合比施工。

7.3.6 混凝土必须按水下混凝土的操作规程一次浇筑完成,且符合表3所列质量要求。

封底混凝土质量要求 表3

项　　次	检 查 项 目	规定值或允许偏差	检查方法和频率
1△	混凝土强度(MPa)	在合格标准内	按 JTG F80/1—2004 附录D检查
2△	基底高程(mm)	+0,-200	测绳和水准仪,5~9处
3	顶面高程(mm)	+50	水准仪,5处

8 安全措施

8.1 在整个施工过程中认真落实安全施工的各项规章制度和安全操作规程。

8.2 加强安全生产领导,项目部生产领导小组中要有专人分管安全工作,设置现场专职安全员。

8.3 在水上高空作业时要戴好安全帽,系好安全带,挂好安全网,防止高空坠物和摔倒掉落。

8.4 制作好施工平台,平台上铺好竹夹板,焊好栏杆,支架等操作平台要有结构计算,并具有足够的安全度。

8.5 施工吊篮要牢固可靠,吊索经常检查。

8.6 起重设备要按要求检查并填写好工作日志,定时保养维修,由专职起重工指挥,确保吊装安全。

8.7 冬期施工的混凝土,为保证其和易性和流动性,应稍加延长拌和时间,混凝土搅拌时间一般应较常温时延长50%。

8.8 冬季钢结构焊接最低温度不宜低于-20℃,施工前要破冰除雪,且施工时应采取防雪挡风措施，焊后的接头严禁立即接触冰雪。

8.9 雨天施工时现场应备好足够的防雨防滑设施，电焊工穿好绝缘鞋、戴好绝缘手套和面罩，对于焊接设备和施焊部分，搭设防雨工棚，保证焊接质量。

8.10 夜间作业：工作点周围必须配备一定数量的灯光照明设施，必须细心地设置有效的保护措施，操作人员一定要全神贯注，避免麻痹大意，确保夜间施工安全。

8.11 施工现场各种设备材料摆放整齐，安全标志警示牌合理规范布置。

8.12 灌注混凝土时等立体交叉施工时要注意上下层平台施工人员施工安全。

8.13 振打钢管桩时一定要注意控制振动锤的振打频率和钢管桩的贯入度，同时观测钢围堰顶高程、平面位置和堰底覆盖层冲刷的变化，防止钢围堰失稳倾斜。起重设备要持荷吊装振动锤振打钢管桩，防止振动锤掉落发生安全事故。

8.14 严格按照航监部门制定的水上交通安全管理规定布置施工水域，在有关部门发布航行通告和设置航标后，按照经过批准的施工水域进行施工。

8.15 所有工程船驳应保持良好的技术状况，信号齐全，配备足够的消防、救生及联络设施，工程船只的行驶及横渡严格遵守长江航行的有关规定。

8.16 设置灯光信号及航行标志，并定期维护消除隐患。密切注意水位、流速、天气等变化，及早采取应急措施。对于施工水域内长久停靠的船只和结构物、临时码头、泊船区等，将在适当地点设置航标、标志灯等航运安全设施。

9 环保措施

9.1 实行环保目标责任制，加强检查和监控工作，对施工现场环境进行综合治理。

9.2 采取技术措施，严格执行国家的法律、法规，制定有效措施防止大气污染、水源污染，及时把对施工有害的废水、废油、废渣清理出现场，运往工程师指定地点弃置，保证水资源环保。

9.3 选用液压振动锤，避免产生大的噪声，振打钢管桩选择在白天进行，尽量减少对当地居民生活的影响。

9.4 钢结构焊接时要用隔离防护箱阻挡电弧，防止强光污染。

10 资源节约

采用钢管桩稳定深水急流倾斜岩面位置钢围堰施工工艺减少了钢围堰的结构质量，节省了用钢量和加工费用；避免了水下岩石爆破施工或钻机破岩施工，减少了相关的人工、材料和机械的消耗；减少了钢围堰防冲涮抛填材料；在避免爆破施工（钻孔施工）和减少抛填施工的同时，也减少了对长江生态环境的破坏；采用此工艺比传统工艺大大缩短了工期，节省了施工的其他间接费用。

11 效益分析

11.1 经济效益

利用钢管桩稳定深水急流倾斜岩面位置钢围堰，和常规的嵌岩稳定钢围堰方法比较，在结构自重方面节约了很多钢材；不需要加载和吹砂清除堰内覆盖层使钢围堰下沉嵌岩而节约大量的人工、机械台班和施工材料；不需要水下爆破和钻机扫孔使钢围堰嵌岩而节约大量的人工、机械台班和施工材料；因为减少施工工序而加快了工程进度，节约了施工各种间接费用，同时工程项目早日建成也可以产生效益。

11.2 社会效益

该工法施工与常规施工相比，避免了钢围堰要嵌岩而需要大量吹砂、水下爆破和钻机钻孔而造成的环境和水体污染；钢管桩稳定钢围堰节约了大量钢材，减少资源浪费，节约能耗；工程提前完成可以更早为社会服务。

12　安庆长江公路大桥北塔钢围堰应用实例

12.1　工程概况

安庆长江公路大桥主桥为265m+510m+265m双塔双索面钢箱梁斜拉桥,索塔深水基础采用双壁钢围堰钻孔桩复合基础。桩基设计为18根ϕ3m的钻孔灌注桩,钢围堰为双壁自浮式结构,外径32m,内径29m,壁厚1.5m,高47.4m,总重1 309.0t。北塔墩位地质情况是北侧岩面顶面标高为32.0m,南侧岩面顶面高程为35.25m,南北两侧岩面顶相差3.25m。

12.2　钢围堰稳定施工方案

在钢围堰南内侧堰壁处振打6根钢管桩,其规格为ϕ120mm×δ8mm,长度为52.5m(图7)。在封底前,将钢管桩内的砂砾石吹出,在钢管桩内填充混凝土至钢围堰封底混凝土顶面,防止钢围堰倾斜。

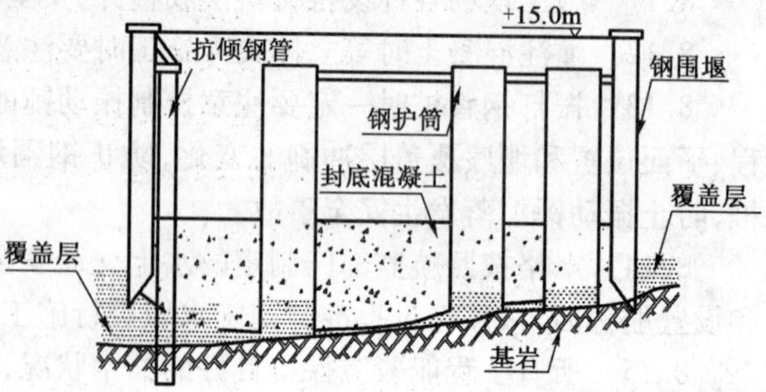

图7　安庆桥钢围堰稳定示意图

12.3　施工时间

安庆长江公路大桥北塔钢围堰自2001年11月18日开工建设,2002年3月22日完成稳定封底,共计用时4个月,创造长江上建造类似桥梁基础钢围堰施工的最快速度纪录。

12.4　实施效果

1)钢围堰施工精度

安庆长江公路大桥北塔墩位地质地貌非常复杂,施工难度很大,但通过运用钢管桩稳定钢围堰技术,钢围堰的施工位置精度满足并超过设计要求。施工精度见表4。

安庆长江公路大桥北塔钢围堰定位精度　　表4

底面中心偏位	设计允许偏差	25cm	实际围堰底面中心偏位	偏上游6.5cm,偏南7.1cm
顶面中心偏位	设计允许偏差	25cm	实际围堰顶面中心偏位	偏上游9.2cm,偏南5.6cm
倾斜度	设计允许偏差	2%	实际围堰倾斜度	上下游倾0.5‰,南、北倾0.3‰

2)取得的经济效益

(1)减少加工围堰123t,节约围堰制作加工成本73.8万元;

(2)节约钢围堰下沉措施费用326.3万元(减少围堰安装123t,节约围堰安装费用12.3万元;减少水下爆破岩石工程量600m^3,节约水下爆破工程施工费用60万元;提前完成了围堰定位、稳定工序,减少了机械使用台班费和人工费200万元);

(3)减少了钢围堰防冲涮措施费用54万元(需要抛填大量块石、石笼防围堰周围的覆盖层冲涮);

(4)提前一年建成通车取得的经济效益1 920万元;

(5)采用钢管桩稳定围堰、短桩和钢护筒防封底混凝土破坏技术的措施费用101万元。

共计取得直接经济效益2 273.1万元。

深水高桩一体化钻孔平台施工工法

GGG(鄂)C1066—2009

叶方谦　潘诚文　孙　涛　徐明浩　邹治为
(湖北省路桥集团有限公司)

1　前言

对于在内湖、水库及不具备大型船舶通航条件的河道中施工的桥梁,特别是具有深水高桩等特点的桥梁施工,由于水位深、不宜筑岛施工,且不具备通航条件,不能采用起重能力大的船舶进行作业,给施工带来一定的难度。湖北省路桥集团有限公司结合多座类似桥梁施工经验,总结形成深水高桩一体化钻孔平台施工工法,该工法对于深水高桩施工方便快捷,能有效加快施工进度、节省施工成本。图1所示为襄樊汉江四桥深水高桩一体化钻孔平台。

图1　襄樊汉江四桥深水高桩一体化钻孔平台

2　工法特点

2.1　利用小吨位船只插打轻型钢管桩,克服了无法通行大吨位起重船的困难;

2.2　将轻型管桩加高并联成整体,拼装桁车,形成高桩龙门,解决大吨位吊重问题,同时能有效加快钢护筒的插打进度;

2.3　将钢管桩与钢护筒联成一体,形成稳固的整体受力钻孔平台;

2.4　平台上安装多组桁车,可照顾到多台钻机同时施工、钻孔施工与承台施工多点作业的需要,方便快捷;

2.5　直接利用龙门进行承台套箱拼装、下沉和拆除,快捷、经济;

2.6　可利用高桩龙门,进行墩身钢筋安装、模板安装拆除及混凝土浇筑施工。

3　适用范围

本工法适用于所有位于内河、水库中的大中小桥梁基础及下构施工。

4　工艺原理

深水高桩一体化钻孔平台主要由高桩龙门和钻孔平台组成。其中高桩龙门主要由轻型管桩、横向联系和龙门桁车组成;钻孔平台主要由钢护筒及横向联系组成。其整体结构如图2所示。

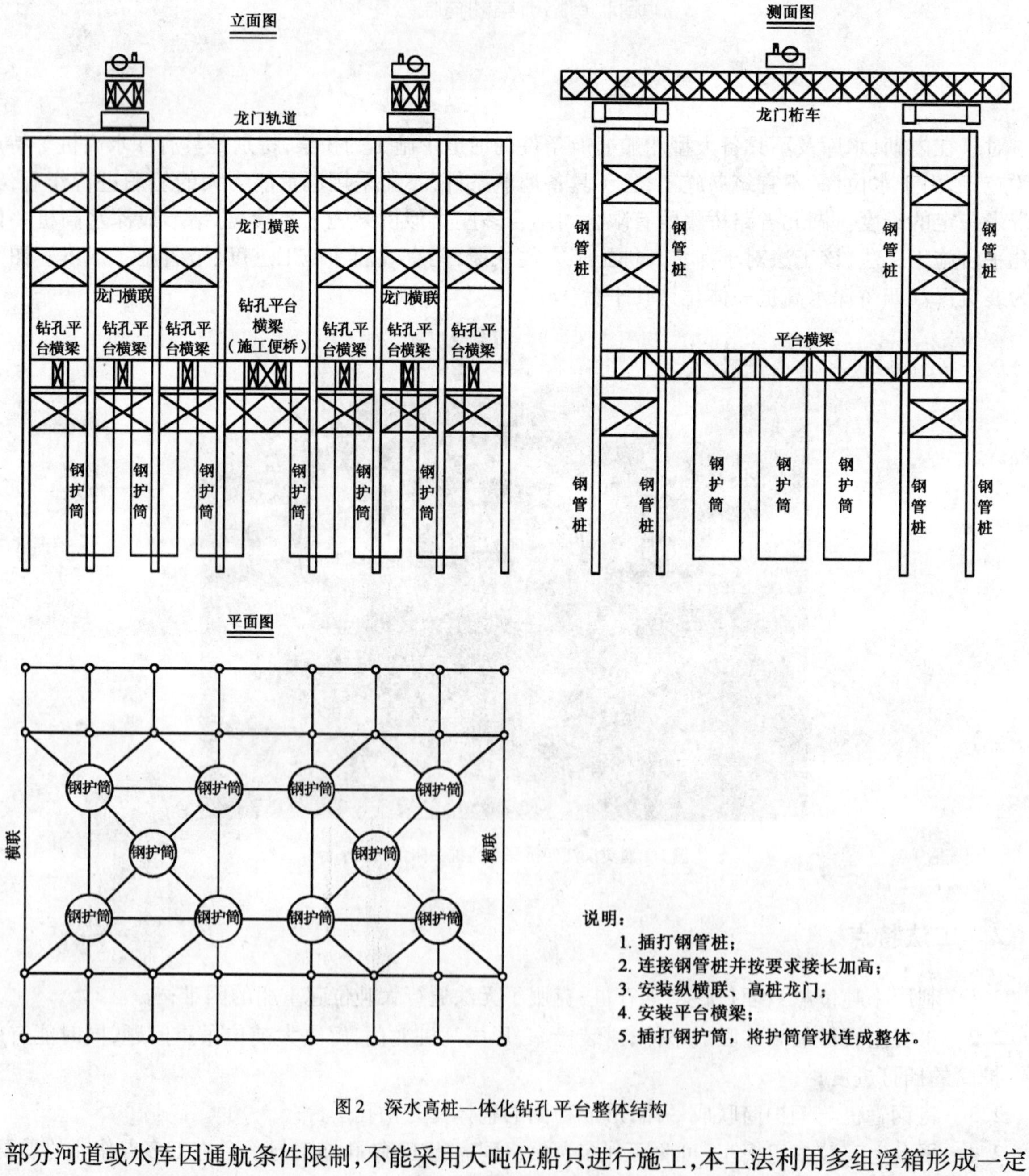

图2　深水高桩一体化钻孔平台整体结构

部分河道或水库因通航条件限制,不能采用大吨位船只进行施工,本工法利用多组浮箱形成一定的浮运能力,利用较小吨位的吊车安装轻型管桩和龙门桁车,形成龙门结构,再利用龙门安装钢护筒,解决了深水高桩大吨位钢护筒的吊装问题。

5　施工工艺流程图及操作要点

5.1　施工工艺流程图(图3)

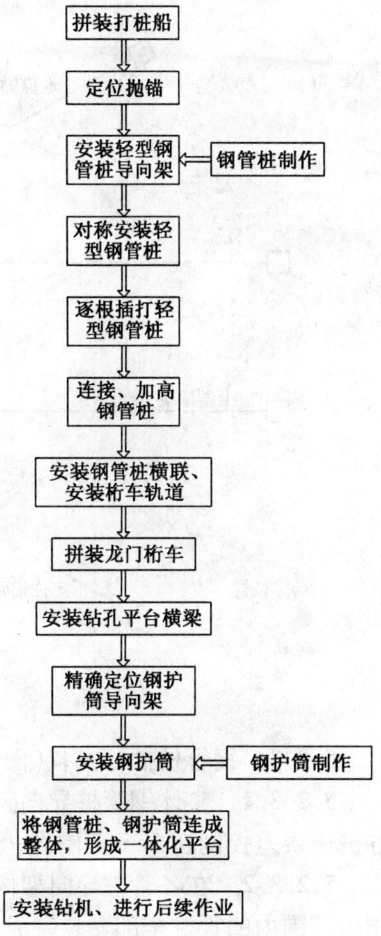

图3　施工工艺流程图

5.2　施工工艺操作要点

本工艺主要操作要点包括:拼装浮箱、浮箱抛锚定位、管桩定位架安装、钢管桩插打、龙门桁车拼装、钢护筒导向架定位、钢护筒安装。

5.2.1　拼装浮箱

5.2.1.1　打桩船根据钢管桩、沉拔锤及龙门桁车重量配置16~25t的汽车吊(或履带吊),采用9节6m×3m×2m钢浮箱连成整体形成9×18m浮吊,两边根据管桩布置,配备长12~18m钢浮筒,浮筒每6m加一道隔仓。

5.2.1.2　用桁架将钢浮筒与钢浮箱连成整体,在各仓内根据需要注水配重,使其在最不利起吊角度下吊重时,浮船两边吃水差≤5cm。

5.2.1.3　施工过程中,随时观察浮箱、浮筒注水是否有变化,发现偏水应及时停止作业进行处理。

图4所示为打桩船整体插打钢管桩示意图。

5.2.2　浮船抛锚定位

5.2.2.1　浮船整体拼装完成后将其浮运到各墩位;

5.2.2.2　根据水流速度在浮船四角抛2~5t锚碇,呈四个八字形;

5.2.2.3　调整锚绳长度,将浮船整体进行准确定位,误差控制在50cm范围内;

5.2.2.4　根据需要在浮船正面和侧面各增加1~2道2~5t压锚;

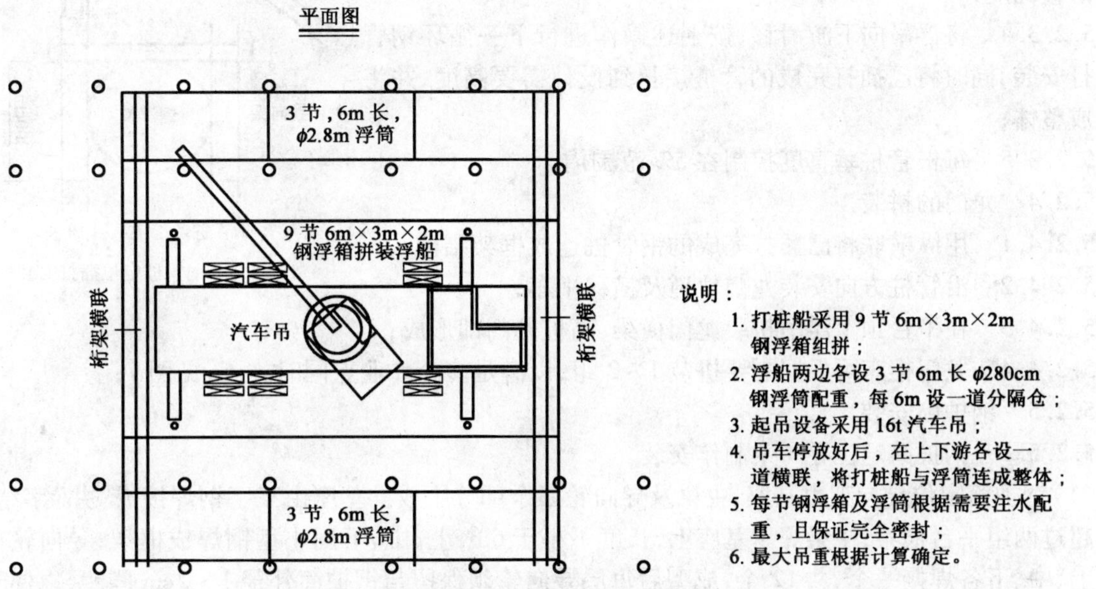

图4　打桩船整体插打钢管桩示意图

5.2.2.5　钢管桩插打前随时用全站仪检查定位情况,及时纠偏;

图5所示为打桩船定位抛锚示意图。

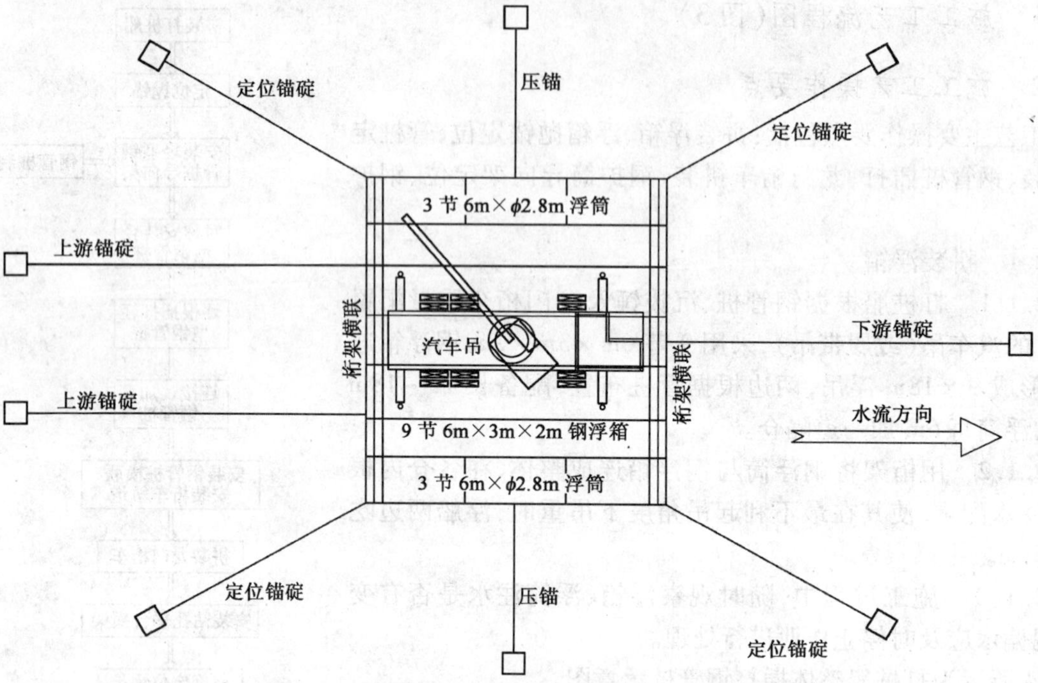

图5　打桩船定位抛锚示意图

5.2.3　钢管桩插打安装(图6)

5.2.3.1　整体钢管桩导向架安装:将起吊能力范围内钢管桩导向架用全站仪定位,与钢浮筒焊接,各桩位误差控制在5cm范围内;

5.2.3.2　在各管桩导向架内安装钢管桩,一次性将浮吊起重能力范围内的管桩全部安装完成;

5.2.3.3　对称插打钢管桩,每根管桩插打前再次检查桩位偏差,如在允许范围内方可使沉拔锤起振插打,顶面高度控制须低于浮吊滑移高度;

5.2.3.4　将浮吊向下游滑移、按上述操作进行下一循环钢管桩插打安装,同时将已插打完成的管桩接长到设计需要高度,并将之连成整体;

5.2.3.5　每根管桩垂直度控制在5‰范围内。

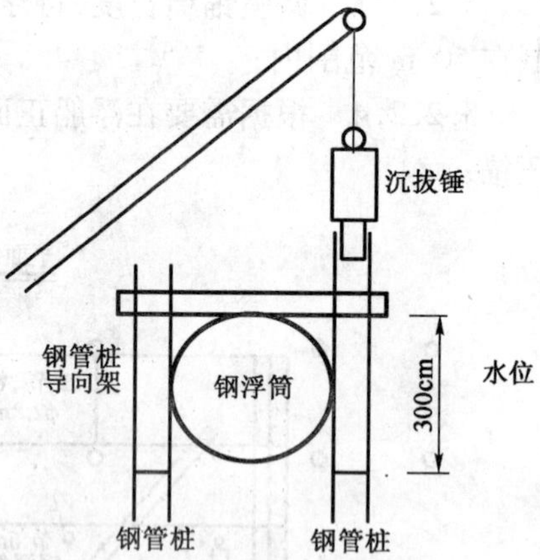

图6　钢管桩定位插打安装

5.2.4　龙门的拼装

5.2.4.1　用纵横联将已插打完成的钢管桩连成框架结构;

5.2.4.2　沿管桩方向安装龙门轨道及横移平车;

5.2.4.3　在平台顶上浮吊拼装龙门横梁,高桩龙门即形成;

5.2.4.4　龙门桁车可根据需要拼装1~2组,以满足多个作业点同时施工,见图7;

5.2.5　钢护筒安装

5.2.5.1　钢护筒定位导向架制作安装

(1)钢护筒定位导向架由基座、主梁及导向轮三个部分组成。基座由工字钢焊接成“井”字结构,长度需超过两组平台横梁;主梁焊于基座上,长度不小于6m,上、中、下用小型钢焊成框架;导向轮在四根主梁上、中、下各焊接一个,共12个,成型后每层导向轮须保留与钢护筒外径1~2cm间距,以便于钢护筒能自由下沉。

(2)用龙门起吊将导向架安放在两组平台横梁上。

(3)用全站仪对导向架进行精确定位,误差控制在5cm范围内。

(4)用骑马螺栓将导向架基座与平台横梁联结,调平后紧固。

图8所示为导向架结构图。

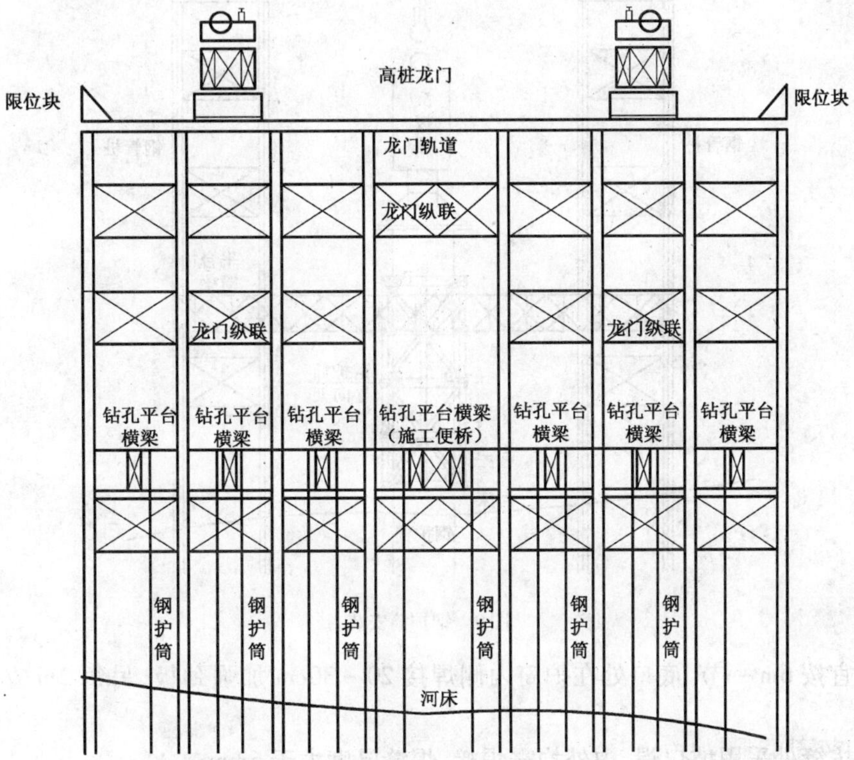

图7 多桁车龙门

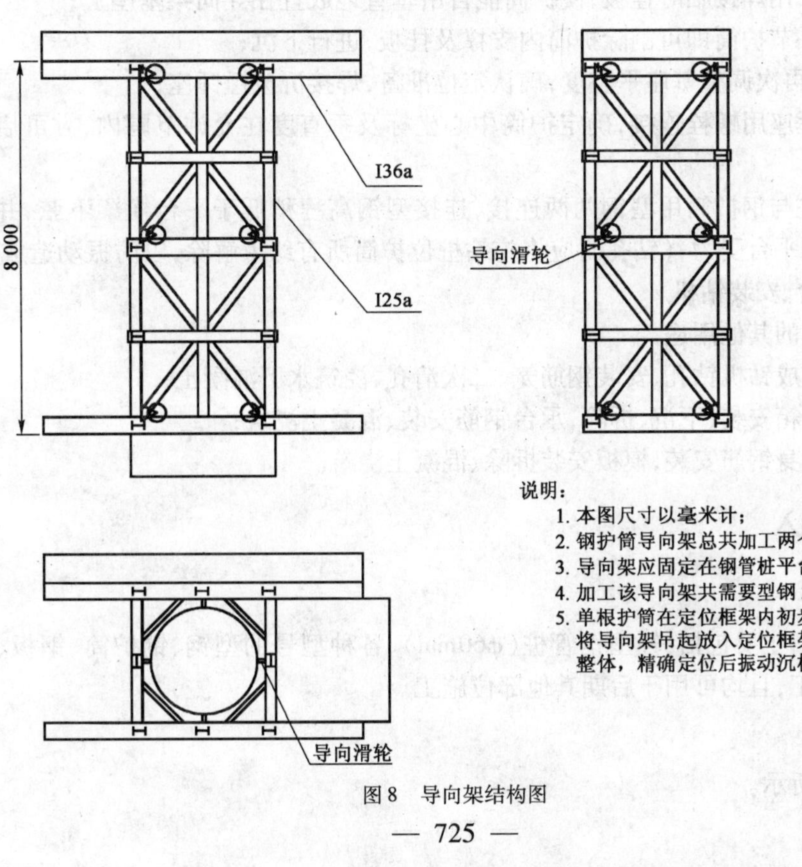

说明:
1. 本图尺寸以毫米计;
2. 钢护筒导向架总共加工两个;
3. 导向架应固定在钢管桩平台上;
4. 加工该导向架共需要型钢26.8t;
5. 单根护筒在定位框架内初步定位后,将导向架吊起放入定位框架内连接成整体,精确定位后振动沉桩。

图8 导向架结构图

5.2.5.2　钢护筒安装(图9)

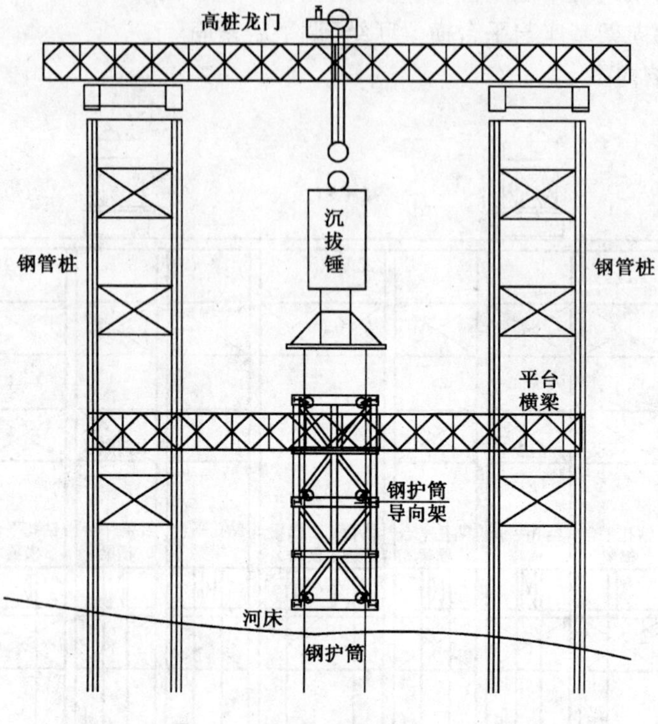

图9　钢护筒安装

(1)钢护筒宜按6m一节、底口处在护筒内侧焊接20~30cm加强劲板,另每2m安设一道20cm高加劲板;

(2)钢护筒按缝处采用坡口焊,内外均需焊接,焊缝厚度大于6mm;

(3)护筒顶外侧采用焊接临时挂板,使护筒能自由垂直地放置在导向架基座上;

(4)每对按完成一节护筒即可割除护筒内支撑及挂板,进行下沉;

(5)护筒着床后,再次调整基座平整度,确认定位准备,焊接沉拔锤锤座;

(6)将沉拔锤与锤座用螺栓连接,确定护筒中心坐标及垂直度在允许范围内,方可启动电源、起振下沉;

(7)将相临钢管桩与钢护筒用型钢两两连接,连接型钢高程稍低于平台横梁下弦,并用抄屑抄紧,使护筒、管桩同时参与平台受力;(钻孔时应将施钻桩位护筒所有约束解除,以防振动造成钻孔事故)

(8)完善钻孔平台、安装钻机。

5.2.6　高桩龙门的其他用途

5.2.6.1　协助完成钻机钻孔、安装钢筋笼、二次清孔、浇筑水下混凝土;

5.2.6.2　承台套箱安装、下沉、拆除,承台钢筋安装、混凝土浇筑;

5.2.6.3　下层墩身钢筋安装,模板安装拆除、混凝土浇筑。

6　材料设备投入

6.1　材料投入

本工法投入的材料主要包括:轻型钢管桩(ϕ60mm)、各种型号的型钢、钢护筒、钢板、联结钢桁架,所有材料均可现场加工,且均可用于后期其他部位施工。

6.2　设备投入

主要设备如表1所示。

主要设备表 表1

编号	设备名称	型号	单位	数量	备注
1	钢浮箱	6×3×2	节	9	拼装浮船
2	汽车吊	16t	台	1	小型吊车
3	发动机	200kW	台	1	供应电能
4	电焊机	27kW	台	3	焊接
5	龙门桁车	30~60t	台	2	大型吊重
6	抛锚船	15t	艘	1	抛锚起锚
7	沉拔桩锤	60t	台	1	安装钢管桩钢护筒

7 质量控制

7.1 浮筒按钢护筒加工焊接技术要求,封仓应满足完全密封的要求;

7.2 钢管桩坐标控制在10cm范围内,垂直使控制在5‰以内;

7.3 钢护筒制作安装应满足《公路桥涵施工技术规范》(JTJ 041—2000)要求;

7.4 各部位焊接焊缝应满足《建筑钢结构焊接规程》(JGJ 81—2002)的相关要求。

8 安全措施

8.1 在施工过程中,应严格遵守水上施工、安全用电、起重吊装等相应的法规、标准、规程,以确保安全施工;

8.2 按照航务部门有关规定,做好通航警示标志,以防外来船只撞击平台;

8.3 做好天气预警工作,大风(5级以上)、大雾时应停止起重作业,以防事故发生;

8.4 抓紧有利时间施工,抢在汛期到来前完成墩身出水施工,确保工程连续性。

9 环保措施

本工法主要污染源在于施工设备废油的排放,施工时应设置相应的围堵及收集设施,防止排入河流中,污染环境。

10 效益分析

10.1 无须调用大型船只施工,可节省大量的船只费用,襄樊汉江四桥仅此一项即节约成本约50万元;

10.2 钢浮筒可用于钻孔桩护筒,减少了船只投入、降低成本约10万元;

10.3 龙门可用于钻孔桩、承台及墩身施工,节约大量的时间和设备投入,综合分析,襄樊汉江四桥每个墩位降低成本20余万元;

10.4 每个平台投入两组龙门,钻孔施工和承台施工能同步进行,使工期缩短2个月时间。

11 工程实例

11.1 湖北省京珠北段第七合同段蔡甸汉江大桥为110m+180m+110m三跨连续箱梁。于1997年12月开工,2001年4月建成通车。该桥21号主墩、初次对施工工艺进行创新;实践证明采用一体化钻孔平台施工较采用传统工艺的22号主墩缩短工期2个月,为该项目顺利完工奠定了良好的基础。

11.2 湖北省汉十高速公路襄荆连接线襄樊汉江四桥全长4 618m,主桥75m+5×120m+75m预应力混凝土变截面连续箱梁。于2001年6月开工,2003年4月完工。该桥位于汉江中上游,6个主墩位于河床中,由于常年挖采卵石及河砂,不宜于起重能力大的船舶行驶;另受丹江水库泄洪影响及河道管理部门要求,不允许进行筑岛施工,湖北省路桥集团工程有限公司,采用本工法进行施工,6个月内完成了全部水中墩出水任务,为襄樊汉江四桥提前完工创造了良好的条件。

11.3 湖北省十漫高速公路汉江特大桥为左右幅分离结构,主桥箱梁结构形式为85m+3×150m+85m 5跨预应力混凝土变截面连续钢箱梁。于2004年11月开工,2008年4月完工。该桥单幅主墩基础为6根ϕ250cm钻孔灌注桩,桩长36~41m,主墩最高水位时,水深达23m。湖北省路桥集团有限公司采用本工法组织施工,不仅节约了成本、节约了社会资源,而且有效保障了施工进度,取得了良好的效果。

11.4 十堰市郧西金钱河大桥为75m+125m+75m三跨连续箱梁,于2008年6月23日开始进场施工,该大桥1号、2号主墩位于陡岭子水库主河道中,设计常水位为251.86m,常水位水深在30m以上,河床地面高程分别为224.41m和218.57m,河床平坦,主桥桥墩区上部为崩坡积层,层厚2.60~8.6m,下伏基岩为寒武系中统岳家坪组石英绢云母片岩、含炭石英绢云母片岩等,饱和单轴极限抗压强度5.1~21.3MPa,平均值11.6MPa,属软质岩。1号墩、2号墩嵌岩桩桩底高程均为198.852m,桩顶高程均为250.852m,桩长均为52m,每个墩4根ϕ2.5m桩基呈正方形分布,承台尺寸900cm×900cm×400cm,库区桥位处不通航。主墩桩基均采用本工法施工。

钢管混凝土系杆拱桥拱肋施工工法

GGG(皖)C2067—2009

欧阳志宜　王　洁　姚启海　魏　英　卢军球
(安徽省路桥工程集团有限公司)

1　前言

钢管混凝土系杆拱桥拱肋是将混凝土填充到钢管内形成的一种组合结构,兼有钢结构和混凝土结构的特点,有效地发挥混凝土和钢材的力学特性,材料的组合强度高。混凝土对钢管起到稳定作用,使钢管的强度能够充分发挥,并利用钢管的环箍作用,大大提高结构的抗压能力和抗弯能力。钢管混凝土系杆拱桥造型美观、结构严谨、受力科学、经济合理,近年来在公路、城市桥梁中被广泛采用。通过施工项目现场施工和管理,总结了钢管混凝土拱肋各阶段施工过程控制,包括拱肋的加工,现场中段拱肋的整体焊接拼装,边段拱肋悬臂及中段拱肋整体安装以及管内混凝土灌注的施工工法。本工法解决了该类桥梁技术含量高、工艺严格、工序繁多、施工难度大等难题,并对此类桥梁今后的设计、施工、管理等有实际指导意义。

2　工法特点

(1)适用范围广。适用于跨河桥梁、跨度 60～100m 的钢管系杆拱桥。

(2)工序简单、施工难度小。采用钢管支架作胎模,中段拱肋整体预拼,然后跨墩门架整体吊装。

(3)施工机具简单。所用的施工机具,目前市场上有生产。

(4)安装的构件,线形美观、结构严谨。预拼装后,再整体安装比每节段现场空中拼接,减少了施工误差。

(5)节约资金。与目前常用的缆索吊安装技术相比较,安装费用低廉。

3　适用范围

钢管混凝土系杆拱桥拱肋施工工法适用于跨河桥梁、跨度 60～100m 的钢管系杆拱。

4　工艺原理

钢管混凝土系杆拱桥是外部静定的简支体系,属于拱梁组合的梁式体系,拱肋的刚度大,以压弯的形式做功。系杆梁平衡拱的水平推力和拱脚弯矩,承担和传递局部荷载,通过吊杆对拱肋起平衡稳定作用。系杆拱构件的安装,使钢管拱肋呈先拱后梁状态。拱肋安装后,随着系杆构件的不断安装,拱的受力状况不断变化,拱脚产生的推力也不断增加,此时应逐步张拉系梁钢束,以保持拱肋受力处于一种相对平稳状态。

5　施工工艺流程及操作要点

5.1　钢管混凝土系杆拱桥拱肋施工工艺流程(图 1)

5.2　钢拱肋各阶段施工

5.2.1　拱肋加工

在拱肋加工厂,根据桥拱肋矢跨比、矢高,按其拱轴线,以 1:1 的比例整体放样,并考虑设置预拱度,同时标出吊杆、风撑、灌注孔及分段线的位置，放出矢高的拱肋平面大样并分段。在拱节段上开吊杆孔，安装吊杆锚垫板和上导管。灌注孔在拱肋整体吊装时封闭，以保证拱肋吊装时所需的刚度。锚垫板临时电焊固定，待拱肋安装结束调整至水平位置后再焊接牢固。

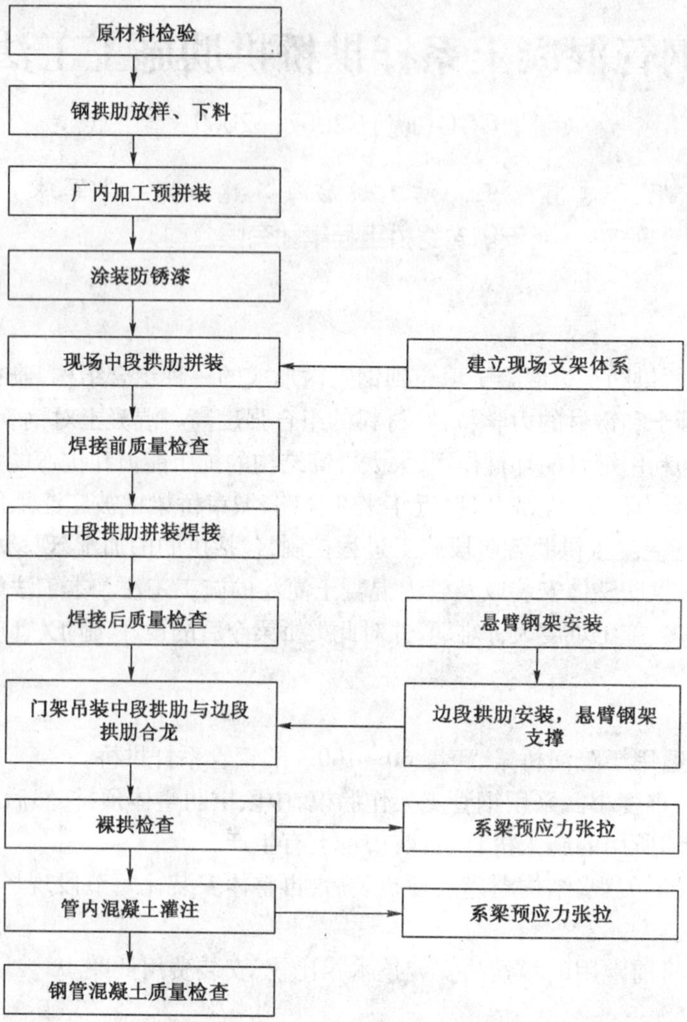

图1　钢管混凝土系杆拱桥拱肋施工工艺流程图

工艺流程：原材料检验→放样→下料→加工→装配与焊接→火工微弯→节段组装与腹板焊接→吊杆相关部(附)件组装→焊接过程检测→排气、排浆孔安设→拱肋预拼装→涂装防锈。

加工操作要点：

(1)节段划分：为便于吊装，拱肋钢管分段制作。结合现场吊装能力，每片拱肋划分为2个拱脚预埋段和中间吊装段，K形风撑每个为一段。

(2)制作方法：采用卷板机将钢板卷制成圆管；装配焊接成6m和17m左右拱肋管及设计基本长度的风撑管；上下拱肋管采用火工微弯方法形成设计轴线，其后在设定专用胎架上完成定位、焊接和节段组装；各风撑管节段在另外平面胎架上完成组装。

(3)大接头余量加放：为保证各步施工方案和工艺都能满足设计要求，达到规定的偏差精度，上下拱肋管大接头加放80mm余量，该余量节段组装时保留，只在分段计算长度处作出正作线。焊接补偿量加放：考虑节段组装时，腹板焊接将使各拱肋节段上下管的距离受到影响，可沿径向线方向加放5mm作为焊接补偿，以保证设计几何尺寸。

(4)标记线：标明拱肋管0℃和180℃径向线，作为火工、节段组装、检验的标记线。

(5)安装标示:为便于工地安装,在拱肋预拼装前,通过径向线与站号线测定,标明各接头在工地安装时的控制点,做出标记,涂装时采取一定的保护措施。

5.2.2　工地现场支架体系

(1)按计算的预拱度,精确放出上下游两拱肋纵轴线,并对支架逐点抄平、放样;

(2)每小节段钢管进行两点支撑,三段共5点支撑;

(3)支架设置缆风,搭设平台,在支架顶用弧形托架对拱段进行固定;

(4)两侧拱肋的三小段与桥轴线平行放置在支架上;

(5)拱肋组装后,检查几何尺寸,合格后进行焊接。

5.2.3　拱肋焊接

(1)拱肋焊接前测量检查

①拱段拼接前校圆:用一张纸板靠在一拱段的端口上画出外圆并标出水平和竖直方向,然后用该纸板校核要对接的另一拱段的端口,差别较大时,可用千斤顶矫正;

②检查两主拱肋、风撑的轴线及高程是否符合设计要求;

③每次的测量检查工作应选择在当天的同一时间,避免温度应力影响测量检查的结果。

(2)两拱肋接头平顺控制措施

①拱肋接头采用L形钢板焊接在拱肋端部,形成楔槽,用V形楔块调整对接台阶;

②L形钢板采用厚2cm的普通钢板切割而成,短边长度应小于V形楔块最大厚度;

③L形钢板的短边焊在对接接头的一端,长边伸向另一端头,形成楔槽;

④将V形楔块塞进楔槽,敲击楔块,调整台阶错牙;

⑤接头各方向均无台阶时,便可对接头点焊固定。

(3)焊接工艺流程

①焊接安全设施的准备,焊接设备与材料准备;

②定位焊接整板、引弧板、坡口板检查及记录;

③气象条件检测记录;

④坡口表面清理;

⑤焊接施工及记录;

⑥焊接外观及超声波探伤检查;

⑦检查验收记录;

⑧焊接结束,焊缝位置涂装防腐处理。

(4)现场焊接控制

①焊缝按Ⅰ级缝执行;

②焊接应对称施工,先间断后连续施焊,减少焊接变形和应力;

③焊接时用CO_2气体保护焊打底,多层滚动焊接,焊条采用小直径焊条并选择小电流,每层焊好后均用磨光机除去浮渣,清除干净,再焊下一层焊缝。

(5)焊接质量检查

①焊接后成整体拱段的几何尺寸误差应在规范允许的范围内;

②焊缝按Ⅰ级缝执行;

③焊缝外观质量标准及对接焊缝外形尺寸允许偏差参照相关标准;

④所有焊缝必须在全长范围内做到无裂缝、夹渣、焊瘤、气孔、咬边等外观缺陷;

⑤主拱肋焊缝应100%进行超声波探伤,并小于焊缝长度的20%进行射线探伤,检测结果必须满足规范要求。

5.2.4　钢拱肋整体预组装施工质量控制(表1)

钢拱肋整体预组装施工质量控制　表1

序　号	实例项目	允许偏差(mm)
1	拱度偏差	8
2	吊杆导管中心水平偏差	8
3	吊杆导管中心左右偏差	8
4	锚垫板水平	1
5	拱段接缝间隙	1
6	拱段接缝错台	0.1δ(钢板厚12mm)
7	焊接坡口角度	±5°
8	焊接坡口钝边	±1

5.2.5　拱肋安装

利用跨墩门架及配备悬臂支架安装拱肋。

(1)用门架分别将四个边段拱肋吊起,安装就位,由悬臂支架支撑;

(2)吊起已焊好的中段整体拱肋,考虑悬臂支架承受中段拱肋部分自重后,产生向下的挠度,在安装边段拱肋时,需将边段拱肋端部抬高2cm左右;

(3)门架安装中段整体拱肋脱钩前,对拱肋纵向轴线、各特征点高程及垂直度进行复核、调整;

(4)四个接头焊接结束,门架脱钩。

5.3　管内混凝土浇筑

5.3.1　工艺流程

管内混凝土浇筑采用两台输送泵分别自两端拱脚对称浇筑至拱顶的方案,其工艺流程如下:检查吊杆上导管是否符合设计要求→输送泵及泵管准备→清洗管内污物,湿润内壁→利用吊杆孔作为灌注孔并预留排气孔→在灌注孔处振捣混凝土→在拱顶处安设增压管,确保拱顶混凝土浇筑密实→拆除拱顶增压管,完成管内混凝土浇筑。

5.3.2　混凝土配合比设计

钢管混凝土宜采用半流动微膨胀缓凝混凝土,配合比要点如下:

(1)水灰比应小于0.35,坍落度:120~180mm,以160mm最佳;

(2)加入减水剂增加流动度,减水剂以FDN最好,在相同水灰比时,可增大坍落度1.0倍,提高强度20%左右,减水剂掺加量为水泥量的0.9%~1.2%;

(3)加微膨胀剂防止混凝土收缩;

(4)夏季灌注混凝土,可加5%(水泥量)的一级粉煤灰,以增加和易性,降低水化热;

(5)加入缓凝剂延长初凝时间;

(6)配料强度应大于(1.1~1.15)设计强度。

5.3.3　混凝土输送泵选型

(1)混凝土输送泵应当性能可靠,以保证连续灌注,一般应有备用泵;

(2)输送泵的额定扬程应大于1.5倍灌注顶面高度;

(3)输送泵的泵压不宜超过4MPa;

(4)输送泵的额定速度:

$$v < 1.2Q/t$$

式中:v——输送泵的额定速度,m^3/h;

t——混凝土终凝时间,h;

Q——要求灌注的混凝土量,m^3。

5.3.4 钢管混凝土灌注施工要点

(1)混凝土入口设在吊杆孔即灌注孔,待灌注到该孔时,用钢板焊死开口,并预留通气孔,防止混凝土外溢;

(2)灌注开始前,应用清水洗管,润湿内壁,管内不得留有油污和锈蚀物;

(3)应从两岸对称灌注混凝土;

(4)可在钢管上固定附着振捣器,边灌边振,这有助于排出管内空气;

(5)在浇筑过程中,对拱肋轴线变形进行观测调整;

(6)灌注时环境气温应大于+5.0℃,当环境气温高于40℃,钢管温度高于60℃,应采取措施降低钢管温度。

5.4 系杆拱安装各阶段的施工控制

5.4.1 系梁预应力张拉控制

系杆拱构件的安装,使钢管拱肋呈先拱后梁状态。拱肋安装后,随着系杆构件的不断安装,拱的受力状况不断变化,拱脚产生的推力也不断增加,此时应逐步张拉系梁钢束,以保持拱肋受力处于一种相对平稳状态。系梁钢绞线张拉值如表2所示。

表2

系梁钢绞线张拉值

承受水平推力系梁钢束数	工 况	系梁钢绞线张拉值(kN)
2	拼装钢拱	113.5
2	浇筑钢管内混凝土	845.8
2	安装横梁8片	1 759.8
4	安装横梁14片	2 445.3
4	浇筑系梁混凝土	4 245.0
10	浇筑桥面及人行道	7 885.0

5.4.2 各阶段施工拱顶最大挠度控制

在进行钢管混凝土浇筑、中横梁安装、浇筑系梁时需对钢管拱顶、1/4拱、1/8拱、3/8拱处高程测量控制。浇筑拱肋及系梁混凝土时,应对称浇筑,并连续监测各特征点的高程变化。如果发现对称点高程不一样,偏差较大,应立即停止对高程偏低处施工混凝土,继续对高程高的地方浇筑混凝土,直到两对称点高程相同。各阶段施工拱顶最大拱度控制如表3所示。

表3

各阶段施工拱顶最大拱度控制

序 号	工 况	拱顶最大挠度	
		本阶段(mm)	总和(mm)
1	拼装拱肋	-1	-1
2	钢管混凝土浇筑	-2	-3
3	安装中横梁	-5	-8
4	浇筑系梁混凝土	-2	-10
5	浇筑行车道	-3	-31
6	桥面和人行道	-4	-17

6 材料与设备

6.1 材料性能

(1)水泥:满足设计要求,应采用合格的R42.5级普通硅酸盐袋装水泥,以便计量,出厂日期不超过三个月。使用前,承包人应将水泥的样品送中心试验室或监理工程师指定的试验室检验。

(2)外加剂:所采用外加剂膨胀剂,须具备合格证与质保单,满足设计要求,并应做复试。

6.2 主要设备

有 HBT-60 输送泵 2 台、500L 以内强制式混凝土搅拌机 2 台、UN1-100 交流电焊机 6 台、120kW 发电机(备用)、100t 门架一副、5t 倒链葫芦 6 台。施工前应检查机械工作性能、各种计量设备完好程度,组织验收设备合格后方可开工。

7 质量控制

7.1 基本要点

(1)钢管拱肋使用的钢材和焊接材料应符合规范和设计要求;

(2)钢管拱肋的焊接应按施工规范有关规定进行焊接工艺评定,施焊人员必须具有相应的焊接资格证和上岗证;

(3)钢管拱肋元件合格后方可组建,钢管拱肋节段合格后方可安装;

(4)同一部位的焊缝返修不能超过两次,返修后的焊缝应按质量标准进行复验,并且合格;

(5)钢管拱在安装过程中,必须加强横向稳定措施,扣挂系统应符合设计和规范要求;

(6)管内混凝土应采用两台输送泵分别由拱脚至拱顶对称均衡地一次灌注完成;

(7)钢管混凝土应具有低泡、大流动、收缩补偿、延后初凝的性能;

(8)管内混凝土不能出现断缝、空洞;管内混凝土不能与管壁分离;

(9)管内混凝土的配料强度应比设计强度高 10% ~15%;新灌注的钢管混凝土,3d 内承载量不宜高于 30% 设计强度,7d 内承载量不宜高于 80% 设计强度;

(10)一根钢管的混凝土灌注完成时间,不得超过第一盘入管混凝土的初凝时间;一根钢管的混凝土必须连续灌注,一气呵成;

(11)钢管防护应符合设计要求。

7.2 实测项目

7.2.1 钢管拱肋制作实测项目(表 4)

钢管拱肋制作实测项目 表 4

项次	检查项目	规定值或允许偏差	检查方法和频率	权值
1	钢管直径(mm)	±*D*/500 及 ±5	尺量:每管检查 1~3 处	3
2	钢管中距(mm)	±5	尺量:每段检查 2~3 处	1
3	内弧偏离设计弧线(mm)	8	样板:每段测 1~3 处	2
4	拱肋内弧长(mm)	+0、-10	尺量:每段检查	1
5	节段对接错边(mm)	2	尺量:检查各对接断面	2
6	节段平面度(mm)	3	拉线测量:每段检查 1 处	1
7	竖杆节间长度(mm)	±2	尺量:检查每个节段	1
8	焊缝尺寸	符合设计要求	量规	2
	焊缝探伤		超声:全部检查; 射线:符合设计规定,设计未规定时按 5% 抽检	3

注:*D* 为钢管直径。

7.2.2　钢管拱肋安装实测项目(表5)

钢管拱肋安装实测项目　　表5

项　次	检 查 项 目		规定值或允许偏差	检查方法和频率	权　值
1	轴线偏位(mm)		L/6 000	经纬仪:检查5处	1
2	拱圈高程(mm)		±L/3 000	水准仪:检查5处	2
3	对称点高差(mm)	允许	L/3 000	水准仪:检查各接头点	2
		极值	L/1 500,且反向		
4	拱肋接缝错边(mm)		0.2壁厚,且≤2	尺量:每个接缝	2
5	焊缝尺寸		符合设计要求	量规:检查全部	2
	焊缝探伤			超声:全部检查; 射线:符合设计规定,设计未规定时按5%抽检	3

注:L为跨径。

7.2.3　钢管拱肋混凝土浇筑实测项目(表6)

钢管拱肋混凝土浇筑实测项目　　表6

项　次	检 查 项 目		规定值或允许偏差		检查方法和频率	权　值
1	混凝土强度		在合格标准内		按相关规范要求检查	3
2	轴线偏差		L≤60m	10	经纬仪:检查5处	2
			L=60m	50		
			L>60m	L/4 000		
3	拱圈高程(mm)		±L/3 000		水准仪:检查5处	2
4	对称点高程(mm)	允许	L/3 000		水准仪:检查各接头点	2
		极值	L/3 000,且反向			

注:1. L为跨径;

2. L在60~200m间时,轴线偏位允许偏差内插。

7.2.4　钢管混凝土质量检查方法

(1)敲击听音法

通过敲击声音的变化,可以检查出灌注混凝土与钢管内壁的空隙,精确度可达1~2mm。

(2)超声波检查法

超声波检查的主要目的是检查混凝土是否均匀、混凝土与钢管是否密贴、管内混凝土是否存在空洞和冷接缝以及混凝土强度是否达到设计要求。为了能对钢管混凝土质量作出正确评价,超声检测布点采用随机抽样布点,具有一定布点数量,对可能产生缺陷的部位,如拱顶和拱脚应适当增加测区,同时,对在泵送混凝土浇注中出现堵管的管道进行重点探测。超声测缺陷通常使用首波声时法(声速法)、波形识别法、首波频率法。

8　安全措施

(1)建立安全生产保障体系,明确安全生产责任,规范具体操作方法,真正达到“纵向到底,横向到边”的全方位、全过程、全员负责的安全生产要求。

(2)认真落实施工组织设计中安全技术管理的各项措施,严格执行安全技术措施审批制度、施工项目安全交底制度以及设备交接验收使用制度。

(3)严格执行安全技术操作规程,模范遵守安全生产规章制度。机械操作人员必须身体健康,培训合格,持证上岗,正确使用个人防护用品,非专业人员禁止操作机械。

(4)操作工人进入施工场地必须戴好安全帽,严禁酒后操作和施工。

(5)做好发生事故预案,如事故发生,首先保护好现场,及时施救,及时上报,并认真吸取教训。

9 环保措施

环境保护是我国的一项基本国策,施工前及施工过程中与当地政府和环保部门联合协作,加强对施工人员的教育与管理,保护自然资源、树木、花草,将对周边居民单位的工作生活造成的影响降到最低程度。采取必要的措施防止燃料、油、化学品、污水、扬尘、有害气体、施工噪声和其他有害物质的污染。环境保护工作由专职人员负责,对施工区周围环境作合理的保护,抓好施工期间的环境保护工作。成立以项目经理任组长的环境保护领导小组,配备一定的环境设施和专业技术人员,制订环保措施。

(1)水土及生态环境的保护措施:必须占用的临时用地优先选择已征用地,尽量少占用绿化用地和当地(企业)生产用地、居民公共用地。

弃土、弃渣及土石方在指定位置堆放整齐,不得阻塞排水通道、交通通道和污染环境;除按图纸、经批准的施工方案或监理工程师事先的书面指示外,不得干扰或改变现有河流、水道和排水系统的自然水流状态。

(2)水环境保护措施:废油、生活废水分别采用隔油池、气浮设备和二级生化处理设施进行处理;临时排水设施与永久排水设施相结合,流水不得在地表到处横流。雨季前,预先做好完善的排水系统。

(3)大气环境及粉尘的防治:配备专用洒水车,对施工现场和运输道路经常进行洒水湿润,减少扬尘;进行切割、炮机凿除、粉碎和挖运作业时,洒水以保证材料潮湿,避免尘土飞扬;对汽油、油漆及其他易挥发物密闭存放,尽量缩短开启时间。

(4)固体废弃物:施工和生活中的废弃物经当地环保部门同意后,运至指定地点进行处理;施工中废弃的零配件、边角料、包装箱材料等及时收集清理回收,搞好现场卫生,以保护自然环境与景观不受破坏。

(5)为防止道路污染,土方运输车辆要经常清洗轮胎,在运土时,土面不得高于车厢顶面,并覆盖帆布,以防尘土飞扬或土石洒落地面。定期派人清洗道路,其清洗后的水或洗车水不得直接排入河流或其他水域。工程完工后,清除所有施工场地内杂物,对已破坏的原地面平整还原或覆盖植被。

(6)噪声污染:合理安排工作人员轮流操作机械,穿插安排低噪声工作,减少接触高噪声时间,并配备耳塞,同时注意机械保养,发电机、空压机应有消音器,降低噪声的声级水平;机械运输车辆途经居住场所时减速慢行,禁止鸣笛。

10 资源节约

钢管混凝土系杆拱桥造型美观、结构严谨、受力科学、经济合理,近年来在公路、城市桥梁中被广泛采用,钢管混凝土系杆拱桥拱肋施工工法将应用的更加广泛,特别是应用于市政的城市桥梁,施工工期短,使用的机械设备少,采用本工法的项目降低了时间成本、节约了材料和设备资源,大大地降低了工程造价,取得了良好的经济效益和社会效益。

11 效益分析

钢管混凝土系杆拱桥拱肋施工工法,在我公司已多次应用,通过不断的改进和总结,已成为一种成熟的工艺方法。与缆索吊安装钢拱肋相比,在空中无支架悬拼拼装拱肋,具有安装误差小、线形美观等优点。应用此项工法首先能够缩短施工工期,降低时间成本,以蚌五路新浍河大桥为例,提前5个月完成,为项目盈利约100万元;其次使用的机械设备少,节约了资源,与缆索吊方案相比,共节约成本约200万元,其中中段拱肋使用的跨墩门架安装设备,也能为两端引桥部分上部结构安装使用,降低项目成本约150万元。

12 工程实例

(1)蚌五路新浍河大桥位于306省道五河县城出口段,桥梁全长268.22m。主桥计算跨径为60m,单孔下承式钢管混凝土系杆拱,矢跨比$f/l=1/5$,拱肋为ϕ1 000mm×12mm钢管,管内灌注C40微膨胀混凝土,引桥为20m后张法预应力空心板梁。桥跨组合由五河县城至蚌埠方向为3×20m(引桥)+63.58m(主桥)+7×20m(引桥),桥面宽度:主桥全宽20.8m,布局为2×1.75m(人行道)+2×1.4m(系梁)+2×0.25m(防撞护栏)+14m(行车道)。设计荷载为汽车—超20级,挂车—120级,人群荷载3.5kN/m^2。2001年11月开工,2002年12月竣工。

(2)宁国济川桥位于宁国市政府边,计算跨径为80m的单孔下承式钢管混凝土系杆拱,钢管拱肋的截面为哑铃形,管内灌注C50混凝土,引桥为20m预应力板梁,桥梁全长316.5m,桥梁全宽36.5m,2003年11月开工,2005年8月竣工。

两项目主桥钢管混凝土系杆拱施工采用了此工法,未发现拱脚有位移现象,各阶段施工完成后,拱轴横向偏位各特征点高程、拱肋跨径及垂直度均满足设计及规范要求。其中蚌五路新浍河大桥完工后,江苏省交通科学研究院有限公司对系杆拱做了动载试验,各项指标符合设计要求,建成通车以后,至今运行情况良好。

跨海大桥墩柱分节预制安装工法

GGG(中企)C2068—2009

陈　重　陈　平　刘宝河　高　雷　殷天军　任鸿鹏　熊仕玲
(中国路桥工程有限责任公司　中交第一航务工程局有限公司)

1　前言

近十几年来,随着新型材料的不断出现和桥梁设计技术的发展,桥墩结构向着轻型、高强和快速施工方向发展,高强度、高韧性、高密实性与高耐久性混凝土发展为这种发展方向提供了一种可能性,从而可以把桥墩从沉重、宽大的形式中解放出来。拼装式桥墩就是将桥墩分解成若干轻型部件,在工厂或工地集中预制,再运往现场拼接成桥墩,使更为轻便、施工快捷的桥墩形式得到应用。

2　工法特点

(1)桥梁轻型化:减少工程数量、节约劳力、降低造价。

(2)施工质量高:构件生产工厂化,利于科学管理,成品检验易于实施,施工工质量高于现场浇筑。

(3)施工速度快:施工机械化程度高,不仅明显降低劳动强度,改善劳动条件,而且,现场装配迅速,大幅度缩短现场工期,解决在自然环境差、防腐要求高、施工条件复杂情况下桥梁墩柱的预制、养护、运输、安装等生产工艺,实现结构预制拼一体化施工工艺,解决预制墩柱之间及其与承台连接构造的可靠性、安全性、抗裂性和耐久性。

(4)减少自然条件对工期的影响:构件工厂制造不受风雨严寒等气候条件限制,可以全年均衡生产,可有效地控制墩身的预制质量,避免了水上墩身模板装拆和混凝土浇筑、养护等作业工序,还可以解决沙石、水源不足等施工困难,可缓和工期紧迫的矛盾,降低工程成本和施工风险。

(5)墩身与承台之间采用现浇混凝土湿接缝的方式连接,减少了海上现浇混凝土次数和吊机等设备数量,可有效节约成本。

(6)全预制施工过程的研究,有效提高了施工质量和施工效率。

3　适用范围

(1)适用于桥梁规模浩大、桥墩数量多的工程。大量采用预制拼装施工减少了水上作业时间,提高了劳动效率,节约工程造价。

(2)适用于自然环境差,施工受风、浪、流、雨、雾影响较大的跨海桥梁工程,可以充分利用好天气集中施工。

(3)适用于施工工期相对较短,安全风险突出的工程。

4　工艺原理

墩柱工程采用根据预制场的起吊能力,将墩柱在预制场分多节立式预制。墩柱内模采用分节伞形收缩整体拼装内模板,进行分节安装,节段间使用螺栓连接固定。墩柱外模由模板板面和模板支架两部分组成。墩柱内外模板均使用起重设备配合安装。内模拼装结束后,进行钢筋绑扎。绑扎前先对水平筋放样,人员站在脚手平台上施工。钢筋绑扎由下至上一次绑扎完成。钢筋验收合格后再支立外模板。

外模板首先拼接成整片，共分4片，在接缝处使用腻子刮平，然后涂刷模板漆。混凝土浇筑前，在钢筋骨架内安放串筒，避免混凝土离散。混凝土采用泵送，分层浇筑，直立式一次浇筑完成。当混凝土达到规定强度，专用电动葫芦安放于墩柱顶部，使用钢丝绳吊住内模进行拆除。

墩柱场内运输采用420t龙门吊将墩柱吊放至立式平台车上，对构件进行加固，平台车通过固定在场地和码头上的卷扬系统沿轨道将构件运至码头。采用700t起重船将构件吊放到5 000t自航深船舶内，并对构件进行加固。由拖轮水上运输至桥墩位置，如图1所示。

运输墩柱驳船和起重船现场驻位后进行墩柱安装，起重船首先从船舱中吊起构件，调整起重船方向及位置和扒杆的俯仰角度，将墩柱吊至承台上方，使墩柱对准导向装置，缓慢下落；依靠支承短柱和导向短柱的导向装置及安放在4个角的液压千斤顶控制墩柱安装正位，起重人员卸钩，准备下一节安装。

墩柱拼装，浇筑湿接头混凝土进行连接，墩柱安装结束后，即可进行钢筋施工。墩座内钢筋采用常规工艺与承台内预埋钢筋焊接。墩柱间钢筋首先使用直螺纹钢筋与上节墩柱连接器连接，然后与下节墩柱外伸钢筋焊接。湿接头混凝土采用拌和船泵送工艺进行浇筑，从墩顶人孔处用下料管下灰，施工人员进入墩柱内部进行振捣。同时加强振捣，确保混凝土密实及外观质量，如图2所示。

图 1

图 2

湿接头混凝土养护：内侧采用涂刷养生液方法养护，外侧白天采用人工洒水养护，晚上采用滴水养护。模板拆除后施工人员将集水桶吊放到墩顶，在湿接头上方围绕一圈带孔水管，通过截门控制水的流量。

上述过程实现了下部结构预制拼装一体化施工。

5 施工工艺流程及操作要点

施工工艺分为预制场内墩柱施工和现场安装现浇施工两部分。现分别介绍施工工艺流程及操作要点。

5.1 墩身预制、出运施工

5.1.1 工艺流程

工艺流程如图3所示。

5.1.2 墩柱内模施工

墩柱内模采用分节伞形收缩整体拼装内模，分节高度根据组合钢模板的规格而定，面板采用钢板，横向及竖向围囹采用型钢结构，内撑为伞状骨架，伞轴杆、支杆采用钢管，通过调整顶丝改变模板外形尺寸，完成模板的拆卸。内模板分节安装，节段间使用螺栓连接固定，起重设备配合一次安装到位。

5.1.3 墩柱外模施工

每块模板由模板板面和模板支架两部分组成。模板板面采用δ8钢板，加劲板采用δ8钢板及[10

槽钢,组成网格,网格间距350mm。模板支架采用[14槽钢作为上下弦杆,使用∠63×6角钢连接上下弦杆形成桁架。

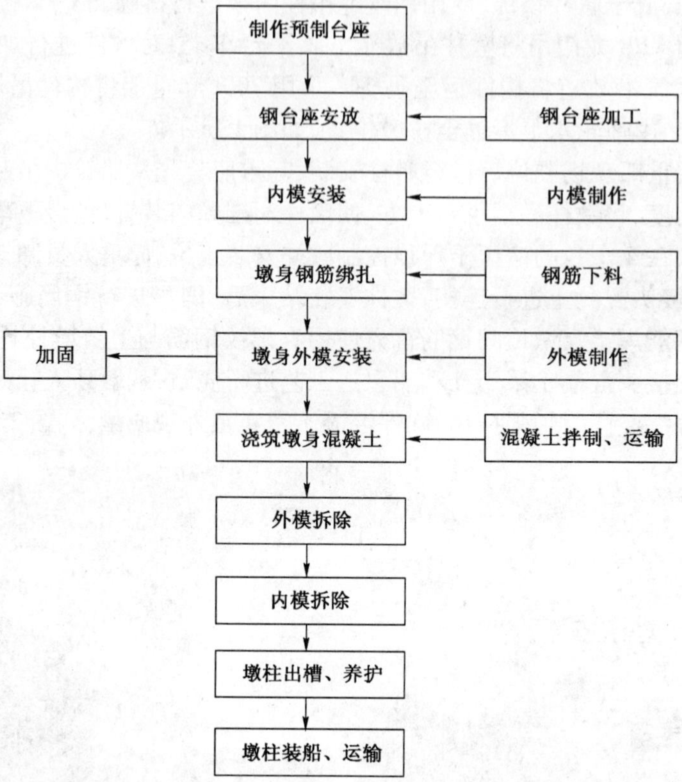

图3　工艺流程图

5.1.4　墩柱预制施工

墩柱内外模板均使用起重设备配合安装。内模拼装结束后,进行钢筋绑扎。绑扎前先对水平筋放样,人员站在脚手平台上施工。钢筋验收合格后再支立外模板。外模板首先拼接成整片,共分4片,在接缝处使用腻子刮平,然后涂刷模板漆。拼装结束后在侧面使用钢丝绳调整外模板。

混凝土浇筑前在钢筋骨架内安放串筒,避免混凝土离散。混凝土采用泵送,分层浇筑,按规范控制浇筑厚度。振捣手根据振捣棒上的刻度控制下棒深度。振捣时布点要均匀,快插慢拔,不得过振和漏振,分层处振捣棒插入下层混凝土5~10cm深。混凝土在浇筑过程中分层减水,混凝土浇筑至顶部,清除浮浆,二次振捣,二次压面。

内模拆除时专用电动葫芦安放于墩柱顶部,采用钢丝绳吊住需拆内模的两侧边,将上下模板间的连接螺栓及固定斜杆拆除。内模收缩后,电葫芦慢慢将内模下放,放置在下面的滑车上,在卷扬机的牵引下拉出,移位到下一个工作面,打磨处理,等待下次使用。

5.1.5　墩柱出运与运输

墩柱场内运输选用420t龙门吊。龙门吊将墩柱吊放至平台车上,施工人员立即对构件加固,平台车通过固定在场地和码头上的卷扬系统沿轨道将构件运至码头。停泊在码头边的700t起重船将构件吊放到运输驳船舱内,并再对构件进行加固。运输驳船选用5 000t自航深船舶,每次运输6件。

5.2　墩柱现场安装施工

5.2.1　工艺流程

墩柱现场安装施工工艺流程如图4所示。

5.2.2　测放墩身轴线及高程

测量仪器均选用常规仪器。墩柱平面位置及垂直度控制使用3台全站仪同时观测,高程使用水准仪和钢尺配合测放。测量人员将墩柱边线及墩柱底高程测放到支撑结构上,施工人员依次进行调整。墩柱的垂直度通过放置在4个角上的液压千斤顶来完成。测量施工如图5所示。

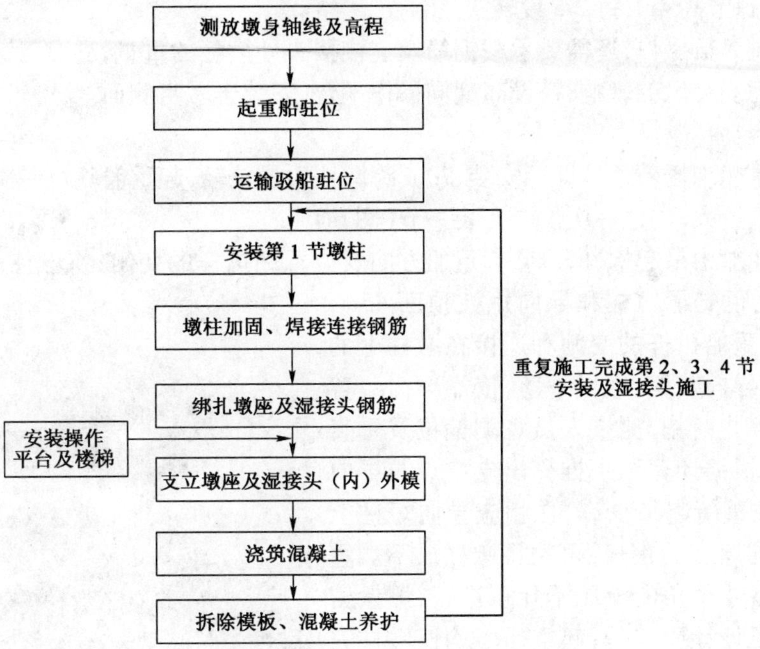

图4 墩柱现场安装施工工艺流程图

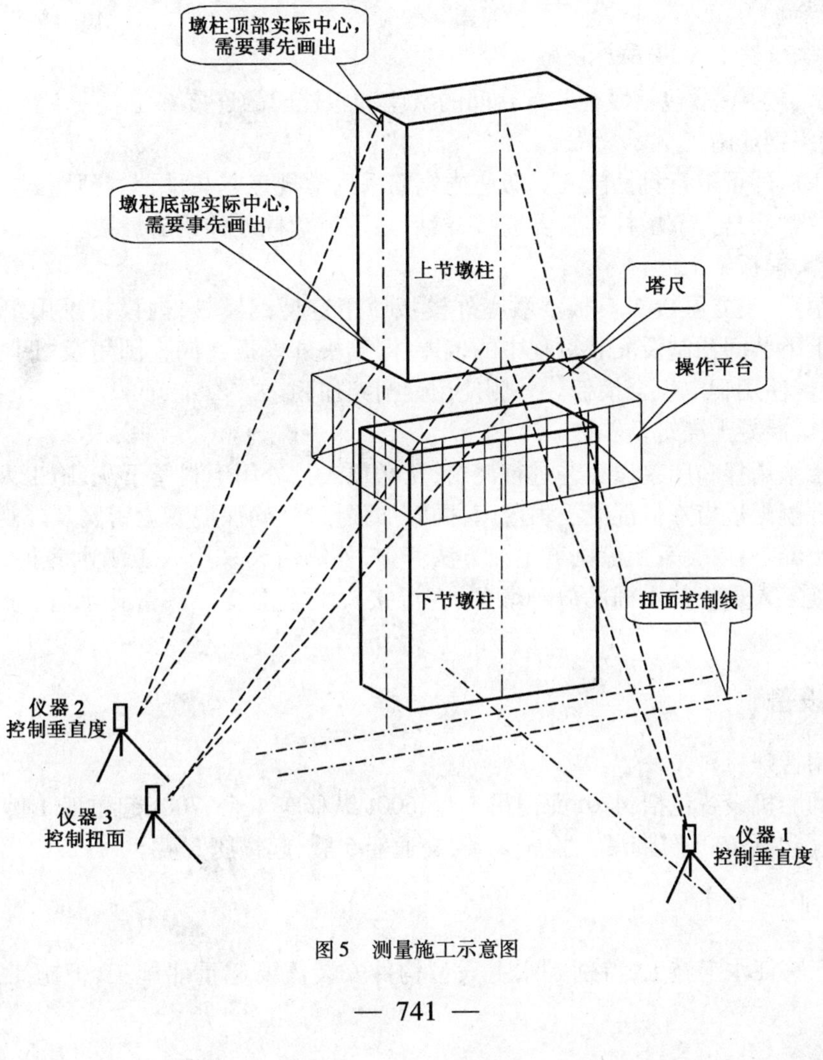

图5 测量施工示意图

5.2.3　钢平台及楼梯安装

平台及楼梯采用钢结构,在陆地加工,运至现场拼装。平台尺寸比墩柱断面尺寸宽20cm,侧面设1.5m高护栏。楼梯每节高4m,每2m设转接平台。

操作平台不仅供人员操作,还需要承载钢筋及连接接头外模板的重量,支撑点选用墩柱壁的四个吊装孔。楼梯需要考虑受突风的影响,搭设高度同操作平台,安装于墩身侧面。

5.2.4　墩柱安装

运输驳船和起重船现场驻位后即可安装,70m跨墩柱重量较轻,起重船驻位一次可以安装一个排架两节,100m跨墩柱重量大,驻位一次仅能安装一节(图6)。

起重船首先从船舱中吊起构件,调整起重船方向及位置和扒杆的变俯,将墩柱吊至承台上方,缓缓落钩,当墩柱降低至距支承短柱和导向短柱顶面45cm时停止落钩,调整起重船扒杆的变俯和连接在墩柱上的缆风绳,使墩柱对准导向装置,缓慢下落,依靠导向装置使墩柱基本就位后停止落钩,测量人员观测偏位及垂直度。首先调整偏位,根据计算结果推算出支撑点与导向点垫片厚度,将墩柱重新起吊少许,在相应导向短柱上焊接与偏差数值相同厚度的钢板,再次将墩柱放下。垂直度调整使用安放在4个角的液压千斤顶进行,测量密切配合。垂直度满足设计要求后,起重船落钩使墩柱完全落在支撑短柱上,焊接部分钢筋加固,起重人员卸钩,准备下一节安装。

图 6

5.3　墩柱连接接头(湿接头)施工

墩柱连接接头(湿接头)包括墩柱与承台间的墩座和墩柱间的连接部位。

5.3.1　湿接头钢筋施工

墩柱安装结束后即可进行钢筋施工。墩座内钢筋采用常规工艺与承台内预埋钢筋焊接。墩柱间钢筋首先使用直螺纹钢筋与上节墩柱连接器连接,然后与下节墩柱外伸钢筋焊接。

5.3.2　湿接头模板施工

钢筋绑扎结束后,支立湿接头模板。墩座外模板使用定型钢模板,内模板采用组合钢模板拼装而成。为克服墩柱上下节间预制及安装过程中的偏差,湿接头外模板在四个圆角及"凹槽"部位采用钢模板,在其他平面位置使用钢木组合模板。外侧使用钢桁架加固。

5.3.3　湿接头混凝土浇筑及养护

湿接头混凝土采用拌和船泵送工艺进行浇筑,从墩顶人孔处用下料管下灰,施工人员进入墩柱内部进行振捣。顶部混凝土适当降低混凝土坍落度,同时加强振捣,确保混凝土密实及外观质量。

湿接头混凝土养护:内侧采用涂刷养生液方法养护,外侧白天采用人工洒水养护,晚上采用滴水养护。模板拆除后施工人员将集水桶吊放到墩顶,在湿接头上方围绕一圈带孔水管,通过截门控制水的流量。

6　材料与设备

施工中未使用特殊材料。

施工中使用的船机设备包括:420t龙门吊1台、600t纵移车1台、700t起重船1艘、5 000t自航驳1艘、多功能驳4艘(包括100t履带吊)、拖轮2条、交通船5艘、起锚艇3艘。

7　质量控制

虽然工程属于跨江水上施工,特别是水上大型构件安装需要起重船施工,但施工质量标准仍然按

《公路工程质量检验评定标准》(JTG F80/1—2004)控制。项目部根据规范要求及标准规定,制订了各项质量管理措施。

(1)制订了工程质量目标值。工程项目质量优良率为92%,单位工程合格率100%,分项工程合格率100%,消灭不合格工程,实现“质量零缺陷、安全零事故”的目标,创建上海市市政工程金奖,上海市建筑工程优质结构,上海市、交通运输部优质工程和国家优质工程。

(2)成立了创国家优质工程工作小组,为设计创优、科技推广、施工创优及QC小组活动创优等提供了组织保证。

(3)为满足工程施工的需要,编制专项施工组织设计。邀请设计单位分期进行设计交底和联合审查。对水上沉桩、承台工程进行有组织的典型施工活动。编制典型施工计划、典型施工方案。承台施工方案经监理工程师同意后实施。典型施工后及时进行鉴定总结。

(4)严格控制安装精度,施工人员首先将每一节墩柱的断面尺寸进行统计,测量人员根据统计数字测放安装线及高程,层层控制,确保安装精度和质量。

(5)试验人员严格控制混凝土各项技术指标。施工中加强对原材料质量控制,及时检测砂石含水率,调整配合比,确保混凝土质量。

(6)加强对钢筋及混凝土施工人员的教育及培训,从提高操作水平及质量意识入手,对焊接质量、振捣时间等实施有效管理,在保证构件内在质量的同时不断提高构件的外观质量。

8　安全措施

施工中项目部始终坚持“安全第一,预防为主”的方针,贯彻落实安全生产责任制,建立健全安全生产保证体系,制订防台预案、冬季施工安全预案,开展安全宣传教育培训,加强施工现场检查和整改。

(1)指定专人收听天气预报,对异常恶劣天气提前采取安全措施。

(2)施工人员必须穿好防滑鞋和救生衣,戴好安全帽,高空作业系好安全带。

(3)所有机电设备设有防雨罩,电源开关专人负责。

(4)发电设备由专人负责,配备足够的灭火器材。

(5)起重作业由专人指挥。

(6)经常检查起重设备、钢丝绳、卡环等设备。

(7)夜间施工时配备充足的照明。电气、电缆加强保护,防止触电。

(8)功能驳船及监护船舶配备救生设备,用于紧急情况时的救援工作。

(9)钢平台及楼梯设围护设施,外挂安全网,防止人员坠落。

9　环保措施

根据施工具体情况制订卫生环保专项方案及预防措施,实现绿色施工。

(1)坚持垃圾回收制度,对生活垃圾每天安排专人专船回收,对废旧电池定期回收,禁止向海内直接排放。

(2)对机电设备所用的柴油进行密封,更换时加强监护,保证无油气泄漏,不污染水域。

(3)对混凝土拌和船上的废水废料在船舱底部集中回收,由专船运回陆地处理。

10　资源节约

上海长江隧桥工程,墩柱预制、拼装施工提前1.5月竣工,节约船机费等费用1.5×151万元=226.5万元。

推广应用到浙江省舟山连岛工程,墩柱预制、拼装施工提前1.2月竣工,节约船机费等费用1.2×155万元=186万元。

总计节约船机费等费用412.5万元。

11 效益分析

跨海大桥墩柱预制拼接建造技术适用于受自然条件影响大、工期紧张、水上作业量大、桥墩数量多、墩柱较高等大型工程。传统施工采用的现浇施工工艺在模板及起重设备上投入量巨大。随着桥梁建筑向大跨径方向发展,结构断面不断加大,这均要求模板及起重设备加大。加之水上作业受自然气候影响比较大,人员在模板支拆及高空作业危险性增高,拌和船受天气海况影响大,施工效率必然受到影响。在保证安全的前提下如何提高劳动效率是水上施工必须解决的难题。

墩柱分节预制安装施工技术将大量的水上施工工序改在陆上工厂化进行,无论是质量、安全,还是进度,均可以得到严格控制,大大降低了水上劳动强度和安全风险,减少了水上船机使用,提高了劳动效率,从而提高了经济效益。

12 应用实例

12.1 上海长江大桥墩身预制安装

上海长江大桥工程是上海市首座跨长江大桥,该工程南起长兴岛,北至崇明岛沉家镇。大桥全长10.3km,工程主要包括:两岸引桥部分、深水区段、主通航孔、堡沉沙浅滩段、附通航孔等几部分。

上海长江大桥B2标段施工范围包括深水区70m跨和100m跨两个施工区段,分别包括水上沉桩、墩身预制、安装等分项。其中墩身预制安装共216节,70m跨墩柱116节,其中单节墩柱12节,两节墩柱104节。105m跨墩柱100节,其中三节墩柱36节,4节墩柱64节。4节墩柱高度达到了40.6m。共现浇墩座92个,现浇湿接头124个,其中70m跨现浇湿接头52个,100m跨现浇湿接头72个。

长江大桥B2标段墩身施工自2006年5月26日正式预制施工,至2007年5月12日浇筑最后一节湿接头混凝土,在11个多月的时间里,共预制安装墩身216节92个,浇筑混凝土31 945m^3,提前一个月完成整个工程施工,与长江上其他跨江大桥相比在设计施工工艺上均有很大突破。

12.2 金塘大桥墩身预制安装

金塘大桥是浙江省舟山连岛工程的重要组成部分,工程自金塘岛东北沥港起,西南至镇海新洪口止,海上全长约18.2km。我局负责第IV-D合同段工程,全长约7.5km。主要包括海上沉桩、承台浇筑和墩身预制、安装施工四大部分。墩身为钢筋混凝土柱体结构,共计施工墩身254个。

墩身为矩形混凝土空心薄壁墩结构,墩身横断面尺寸下部为6.3m×2.4m,顶部为6.3m×3.6m,墩身在定海预制场预制,船运至现场安装及现浇墩座。墩身最大高度18.828m,墩身最大吊装质量450t。

工程自2006年3月15日开始沉桩施工,2007年12月15日浇筑最后一节墩座混凝土,工程提前16d(竣工日期2007年12月31日)完成整体施工。墩柱预制安装工艺起了重要作用。

墩身预制安装现浇湿接头工艺对提高劳动效率起到了关键作用,对桥梁墩身施工工艺是个突破,在工程运用上具有广阔的前景。

高墩柱翻模施工工法

GGG（中企）C2069—2009

程敦伍 油新华 郝本峰 杨福生 张 军 徐登票 周红星 吴其静 厉 锋

（中建市政建设有限公司 中国建筑一局（集团）有限公司 温州交通建设集团有限公司）

1 前言

本工法是中建市政建设有限公司在山西阳五高速公路桃河特大桥项目，温州交通建设集团有限公司在瑞金大柏地沙沙哈大桥，温州诸永高速温州段第二合同段亭口坑高架桥、山早溪高架桥、张家坦高架桥和龙巢高架桥等项目施工中总结而成的。上述项目桥梁墩柱分等截面矩形实心墩和变截面空心墩（图1）两种形式，均采用翻模施工工艺，在施工过程中，项目施工技术人员不断总结并改进该工法，在模板投入量一定的情况下，施工进度不断加快，应用中工效显著。

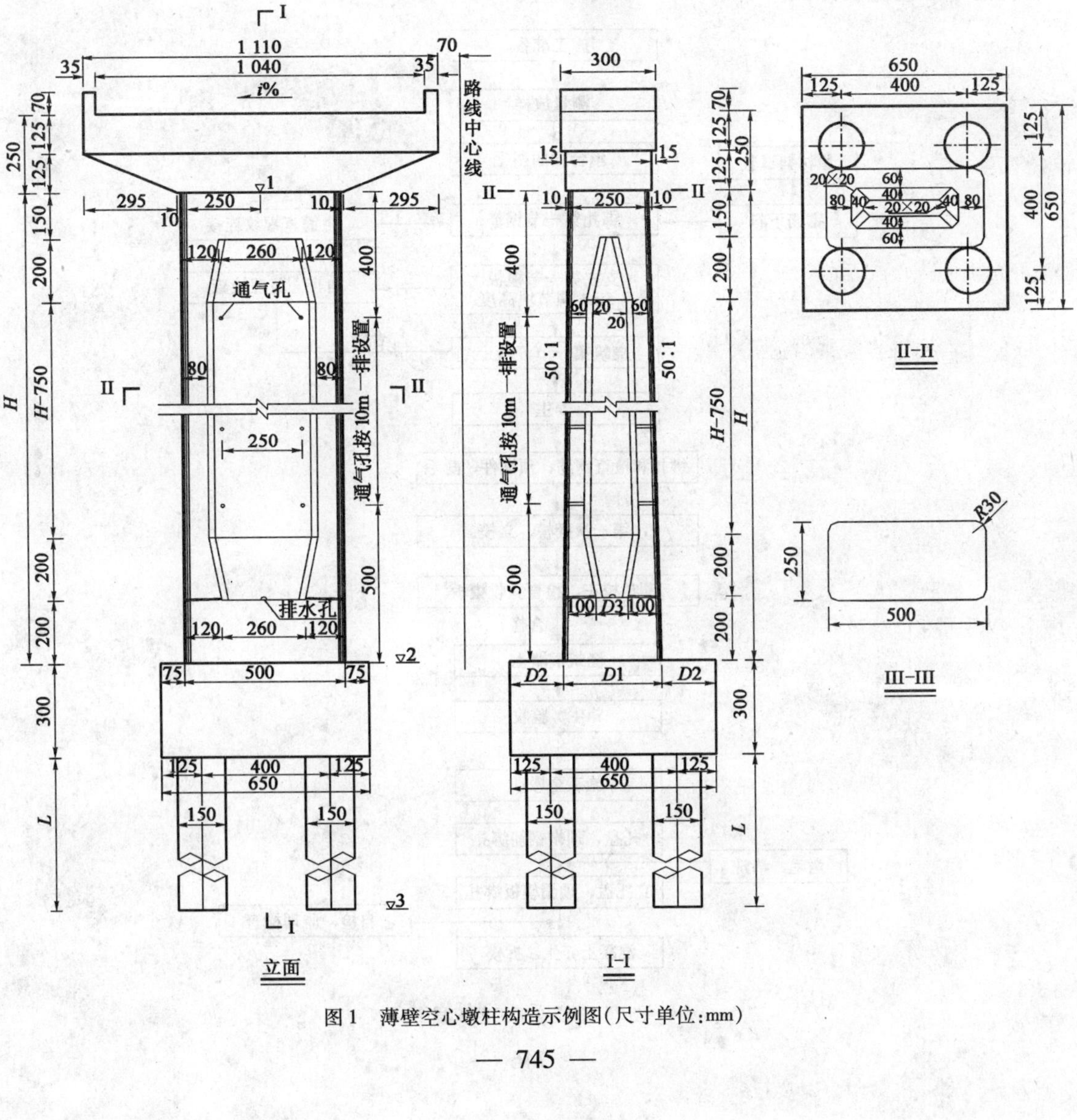

图1 薄壁空心墩柱构造示例图（尺寸单位：mm）

2 工法特点

该工法模板投入量少、利用率和周转率高;同时,质量容易控制,施工条件简单,周期快,不污染环境,较爬升模板施工设备投入少,成本低,施工简单。

3 适用范围

公路、铁路桥梁的实心、空心高墩柱或高墩、高塔等钢筋混凝土结构工程。

4 工艺原理

翻模是依靠外部吊点的单节整体模板提升或多节模板交替提升的工艺。即:以下一节已浇筑混凝土的模板为上一节模板的支撑体系,将上节模板通过螺栓固定在下一节模板上,同时,内外模板用对拉螺栓固定。外模设置固定施工平台,施工人员在操作平台上进行模板的拆卸、安装、绑扎钢筋、混凝土的浇筑等。内外模板各设2~3节,循环交替翻升,周而复始,直至完成整个墩身的施工。

5 施工工艺流程及操作要点

5.1 施工工艺流程

翻模施工工艺流程如图2所示。

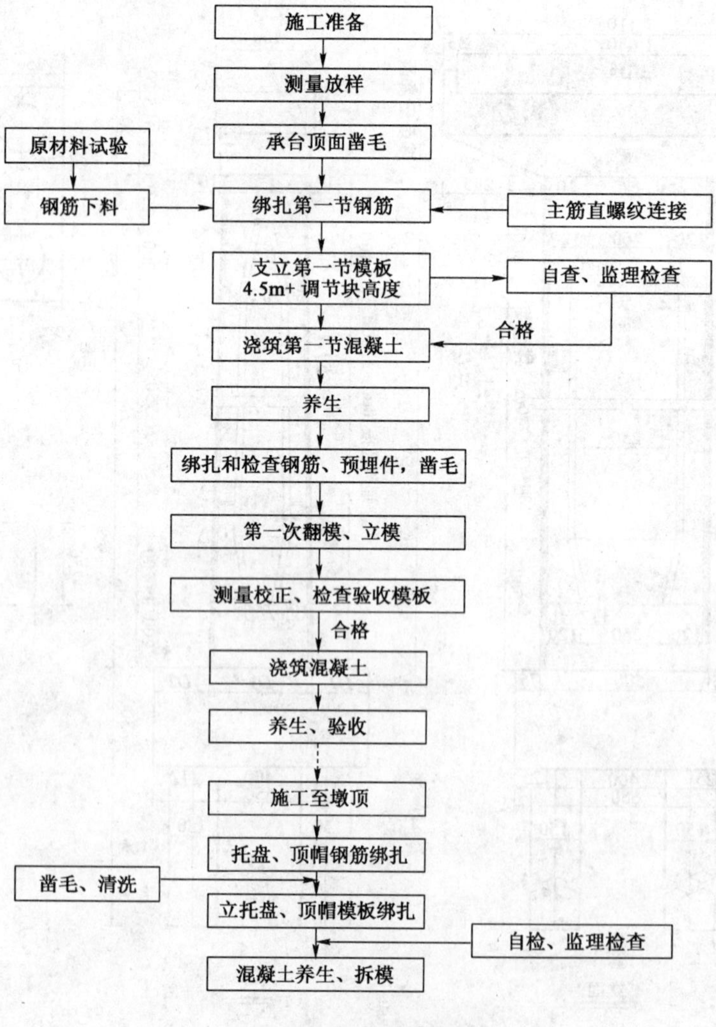

图2 翻模施工工艺流程图

5.2 操作方法及要点

5.2.1 桥墩预埋钢筋

在承台混凝土浇筑前，根据设计图纸和承台放样数据，将墩柱主筋按照设计预埋，预埋深度符合图纸要求，外漏长度以施工方便和利于钢筋保护为原则，同时注意错开主筋搭接位置（同一平面主筋搭接数量不超过50%），一般为0.5～1.5m。

5.2.2 墩身放样

承台施工完毕后，根据设计资料进行第一节墩身放样。确定墩身的外边界、纵横轴线等。为方便以后控制模板偏差，还要放出距离第一节墩身外边线30cm的位置，作为较高段施工的控制线。

5.2.3 混凝土凿毛

在承台上进行墩身放样后，人工或机具对承台与墩柱相接部分混凝土进行凿毛，剔除浮浆和松散混凝土，并用空压机将渣滓吹干净，合模板前洒水湿润。

5.2.4 垂直物料运输系统

对于高度较高的墩柱，宜采用塔吊；较低的墩柱可直接使用汽车吊作为物料垂直运输系统。

使用塔吊时，必须符合特种设备的相关规定，并注意不能距离墩柱太远，以备做扶墙件，以3～5m为宜；使用汽车吊时，平整好场地及进出场道路。

5.2.5 第一节钢筋骨架制作安装

综合考虑模板高度、施工难易、接头控制等因素，确定每节钢筋绑扎的长度，提前下料。使用直螺纹套筒连接的，预先进行丝扣加工。钢筋的连接方式可选用单面搭接焊、双面搭接焊、直螺纹套筒等方式，选择以方便施工为宜。但不论何种连接方式，在正式应用前需进行试连接并经试验验证符合相关要求后方可使用。

钢筋加工及安装质量控制项目如表1所示。

钢筋加工及安装质量控制项目 表1

项 次	检 查 项 目		允 许 偏 差	检查方法和频率
1	受力钢筋间距(mm)		±20	每节两个断面，尺量
2	箍筋、横向水平筋、螺旋筋间距(mm)		±10	每节5～10个间距
3	钢筋骨架尺寸(mm)	长	±10	总数30%抽查
		直径(圆柱)	±5	
4	弯起钢筋位置(mm)		±20	总数30%抽查
5	保护层厚度(mm)		±10	沿模板8处

5.2.6 模板安装及验收

翻模施工至少需两节模板，为适当加快施工进度，可采用三节模板，每次翻升两节的做法。每节高度根据工程实际确定，一般2～4m。模板的设计符合《公路桥涵施工技术规范》(JTJ 041—2000)的相关要求。

施工中，宜采用三节模板，每节高2.25m，面板厚5mm，加强肋5mm，竖肋为12号槽钢，背楞为14号槽钢，拉杆为$\phi28$两节圆钢的定制组合钢模板。图3、图4分别为空心墩模板拼装示例图和空心墩内外模板分形示例图。

为方便施工，在模板外设置挑架（图5），上铺跳板作为施工平台。

模板安装前需打磨光滑，刷脱模剂，并将施工挑架固定，设置栏杆，悬挂安全网。

模板安装时，以底节已浇筑混凝土的模板为固定模板，将上节模板通过螺栓固定在底节模板上，并用对拉杆对拉固定。模板安装完成后，利用第一节放样时放出的外30cm线进行偏差测量。模板安装允许标准如表2所示。

模板安装允许标准 表2

项　　目	允许偏差(mm)	项　　目	允许偏差(mm)
模板高程	±10	预留孔洞中心位置	10
轴线偏差	±10	预留孔洞内部尺寸	±10
相邻模板偏差	2	倾斜度	±0.3%或不大于20
预留件中心位置	3	全部对拉螺杆及紧固螺母	全部紧固,无滑丝、松动等

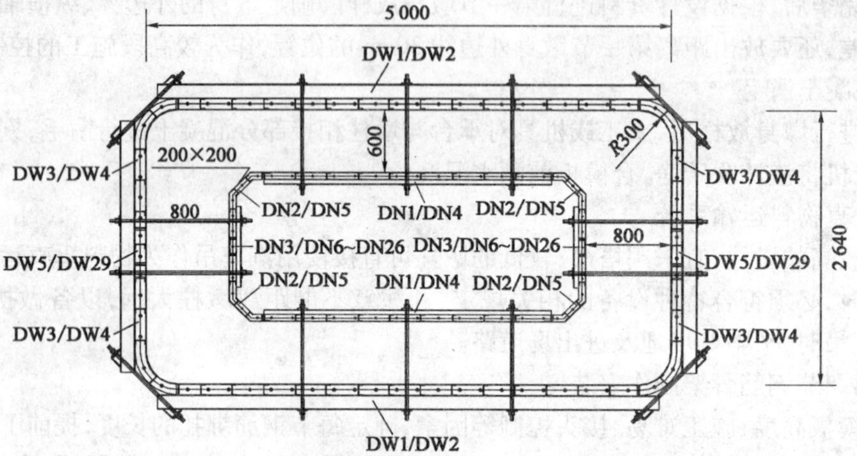

图3　空心墩模板拼装示例图(尺寸单位:mm)

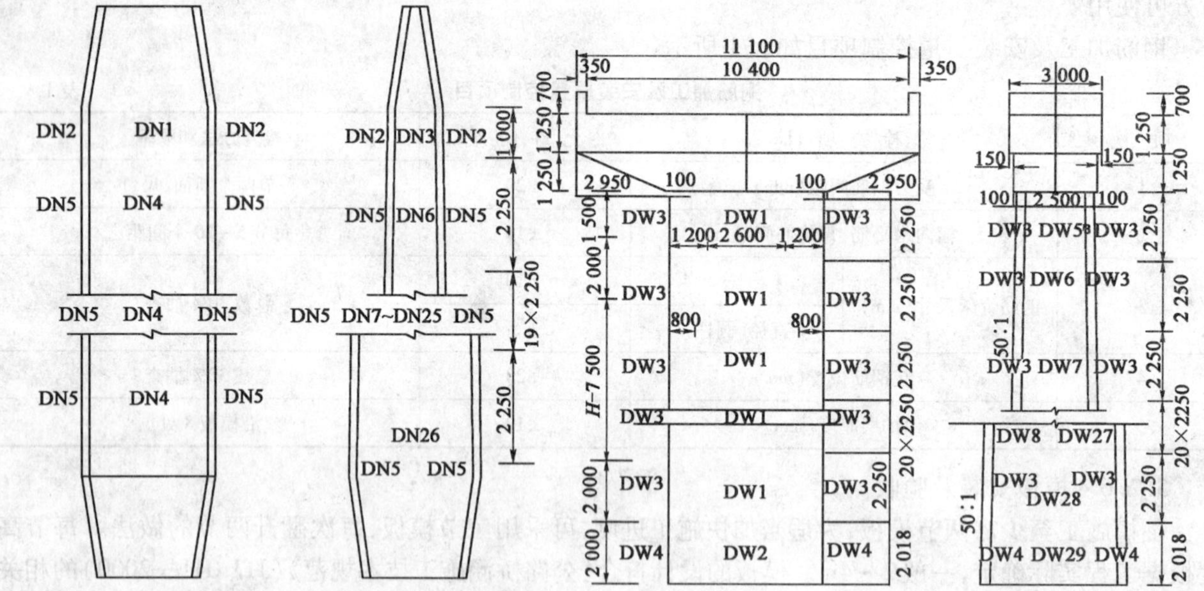

图4　空心墩内外模板分形示例图(尺寸单位:mm)

模板安装完成后,用全站仪测设纵横中心线并校核,不符合表2要求时,用钢丝绳和手动葫芦纠偏或在螺栓位置加垫片及用千斤顶顶推等方式进行纠偏。

5.2.7　混凝土浇筑

混凝土要有试配强度报告,采用强制式搅拌,严格控制坍落度。模板调试符合要求后,用泵车或料斗将符合要求的混凝土浇筑入模。浇筑时,混凝土布料要均匀,移动放料,浇筑速度不可过快。每30cm进行一次振捣。振捣时,采用$\phi 50$插入式振捣器,棒距15~20cm,当振捣至混凝土面不再下降且无气泡、表面无泛浆为止。

5.2.8 混凝土养护

混凝土浇筑完毕后,及时洒水养护,冬期施工还要做好保温措施,浇筑48h后可以拆模,拆模后及时清理表面并刷养护剂。

混凝土同条件养护试块的7d和28d抗压强度值应符合《公路工程质量检验评定标准》(JTG F80/1—2004)的要求。

5.2.9 模板拆除

混凝土浇筑48h后或强度达到2.5MPa时可以拆模。拆模时,先将对拉螺杆和紧固螺栓松开,将模板用钢丝绳连接在塔吊或汽车吊上,用撬棍等工具将模板拆除。

拆除时,钢丝绳竖直靠近模板,防止模板晃动幅度过大碰撞墩柱而造成模板的变形和墩柱外观质量的损伤。

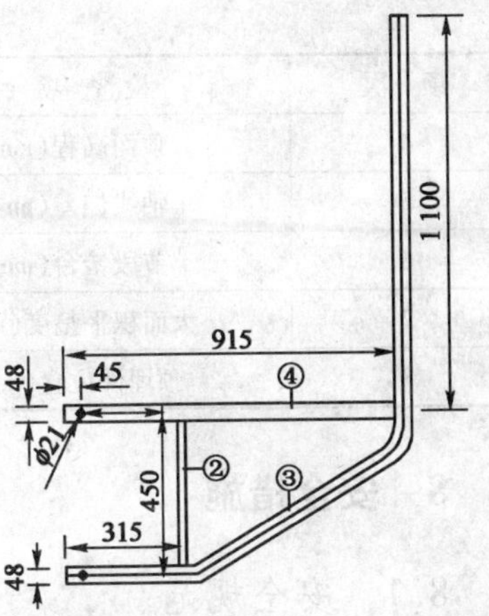

图5 模板外施工挑架示例图(尺寸单位:mm)

5.2.10 上一节施工

重复以上施工工序,直至墩柱达到设计高程。

6 材料与设备

翻模施工工法较滑升模板施工、爬升模板施工所用机具较少。物料的垂直运输工具为塔吊、泵车等,所需数量根据墩柱数量及工期另行确定。翻模施工常用机具如表3所示。

翻模施工常用机具表 表3

序 号	名 称	型 号	备 注
1	钢筋切断机	GQ40B—FB	钢筋加工
2	钢筋弯曲机	GTB7—40	钢筋加工
3	钢筋调直机	GTJ4—14	钢筋加工
4	交流电焊机	BX3—300	钢筋加工
5	直螺纹滚丝机		钢筋加工
6	装载机	ZL50	物料运输
7	汽车起重机	QY—25	钢筋、混凝土吊装
8	地泵	HBT60	混凝土垂直运输
9	混凝土搅拌运输车	JS750	混凝土运输
10	塔吊		物料垂直运输
11	振动器		混凝土浇筑
12	模板	105系列	

7 质量控制

7.1 该工法所应用的主要标准、规范

(1)《公路桥涵施工技术规范》(JTJ 041—2000)

(2)《公路工程质量检验评定标准》(土建部分)(JTG F80/1—2004)

(3)《混凝土结构工程施工质量验收规范》(GB 50204—2002)

7.2 桥墩墩台身质量检测项目(表4)

墩台身质量检测项目 表4

项 次	检 查 项 目	规定值或允许偏差	检查方法和频率
1	混凝土强度(MPa)	在合格标准内	按JTG F80/1—2004附录D检查
2	断面尺寸(mm)	±20	检查三个断面
3	倾斜度(mm)	0.3%H且不大于20	垂线或经纬仪测两点

续上表

项次	检查项目	规定值或允许偏差	检查方法和频率
4	顶面高程(mm)	±10	水准仪测三处
5	轴线偏差(mm)	10	经纬仪纵、横各两点
6	节段错台(mm)	5	尺量每节段四处
7	大面积平整度(mm)	5	2m 靠尺垂直水平各一处
8	预埋件位置(mm)	10	尺量,每件

8 安全措施

8.1 安全规范

《建筑施工高处作业安全技术规范》(JGJ 80—91)。

8.2 安全技术保证措施

(1)在模板安装拆卸过程中,必须有临时固定措施,严防倾覆。模板拆除应按区域逐块进行,并设警戒区,严禁非操作人员进入作业区。

(2)在2m以上高度从事施工作业时必须有可靠防护的施工作业面,并设置安全稳固的爬梯。

(3)施工交叉作业时,制订相应的安全措施,并指定专职人员进行检查与协调。

(4)现场使用移动式碘钨灯照明,采用密闭式防雨灯具。碘钨灯的金属灯具和金属支架做好接零保护,金属架杆手持部位采取绝缘措施。电源线使用护套电缆线,电源侧装设漏电保护器。

(5)使用电焊机单独设开关,电焊机外壳做接零或接地保护。一次线长度小于5m,二次线长度小于30m。电焊机两侧接线压接牢固,并安装可靠防护罩。电焊把线双线到位,不得借用金属管道、金属脚手架、轨道及结构钢筋做回路地线。电焊把线使用专用橡套多股软铜电缆线,线路绝缘良好,无破损、裸露。电焊机装设采取防埋、防浸、防雨、防砸措施。

(6)施工现场的起重吊装由专业队伍进行,信号指挥人员持证上岗。起重吊装作业前期根据施工组织设计要求,划定施工作业区域,设置醒目的警示标志和专职的监护人员。起重回转半径与高压电线保持安全距离。

(7)钢丝绳根据用途保证足够的安全系数。凡表面磨损、腐蚀、断丝超过标准的,或打死弯、断股、油芯外露的不得使用。

(8)作业高空临空面,布设安全护栏,保护施工人员安全。

(9)在整个工作平台四周及底部设安全网。

(10)内模施工必须有足够照明。

(11)上高墩作业的工人必须系带安全绳,穿防滑安全鞋。

(12)加强机械设备的检查、维修、保养工作,做到使用前检查,使用后复查。

9 环保措施

翻模施工中对大气、水资源等几乎没有污染,所产生的废物只有密封模板的胶条和浇筑混凝土时的多余及浪费混凝土,做好施工废品的及时回收和混凝土的处理,即不会对环境有所污染。

10 资源节约

翻模施工工法中,在考虑定制模板时,加入了节约钢筋等主要建材的因素,如采用2.25m模板,每两节做一次翻升,则每施工阶段绑扎钢筋的长度为4.5m,这样可以充分利用9m定尺钢筋原材。

采用直螺纹套筒连接钢筋技术,减少钢筋用量和焊接用电量,且不产生环境污染。

11 效益分析

高墩施工一般采取翻模、滑模、爬模三种方式进行。

滑模施工一般用于截面形式单一、无较多突出结构物的等截面垂直塔柱,需预埋套筒,有一定的局限性,且滑模配套设备多,施工机具投入大,模板刚度高,自重大,混凝土外观质量差,施工纠偏困难。一旦开始施工,不得中断,雨季施工质量难以保证。

爬模利用已浇筑混凝土墩身为支承,依靠模板提升爬架,依靠爬架爬升模板,集工作平台、模板、支架为一体。所需机具设备少,但需要单独的提升系统,且需预埋套筒。

翻模是依靠外部吊点的单节整体模板提升或多节模板交替提升的工艺。这种模板系统依靠混凝土对模板的黏结力自成体系,制造简单,构件种类少,模板的大小可根据施工能力灵活选用,混凝土接缝较易处理,施工速度快。但模板本身不能爬升,要依靠外部起重设备提升。

12 应用实例

(1)山西省阳五高速公路桃河特大桥,墩柱高61m,为变截面空心墩柱,在施工中采用翻模施工工法,变截面外侧模4套,不变截面横桥向模板12套。每级(2节)模板按5d完成一次浇筑拼装周转,施工进度快,质量优良。

(2)沙沙哈大桥为7×30m+7×30m先简支后连续的预应力混凝土小箱梁,位于瑞金市大柏地乡扬古村委会境内,主线跨越山涧洼地。本桥下部结构采用钢筋混凝土薄壁墩共计26个,其中5号、6号、7号、8号主墩为6.5m×2.1m钢筋混凝土薄壁墩,左右幅墩高分别为28.821m、24.048m、32.868m、32.095m、36.107m、36.334m、37.929m、38.156m,其他22个薄壁墩为6.5m×1.9m,墩高为1.569~24.661m。工程于2008年9月1日开工,预计2010年2月28日完工交验并顺利通车。薄壁墩施工采用翻模工艺,应用效果较好。

(3)诸永高速温州段第二合同段位于温州市黄南乡境内,主线跨越山涧洼地。共有五座桥梁,其中亭口坑高架桥、山旱溪高架桥、张家坦高架桥和龙巢高架桥下部结构为薄壁墩,施工采用翻模工艺,应用效果良好。工程于2005年4月15日开工,于2008年10月28日完工。

混凝土底板单壁钢吊箱滩海高桩承台施工工法

GGG(中企)C2070—2009

卢　见　刘海彬　向　科　王庆昀　敖志勇

(中铁二十四局集团有限公司)

1　前言

随着我国公路建设大发展时代的到来,许多近海或跨江大桥都采用了大直径钻孔下部结构的基础形式,进而发展了高桩承台基础这一独特的形式。套箱围堰施工工艺也因此产生并经大量的施工实践得到发展和完善,结构形式也趋于多样化。

上海长江隧桥工程 B1 标段属于近海的跨江大桥,所有涉水承台均为高桩承台。该工程位于长江入海口的长兴岛北岸,受潮汐、风浪和季节性台风影响。由于施工环境复杂,工期紧,施工难度大,为确保工程质量,加快施工进度,中铁二十四局集团有限公司专门成立了攻关小组,对采用混凝土底板单壁钢吊箱滩海高桩承台施工技术进行研究,在施工技术和方法上进行创新。

混凝土底板单壁钢吊箱法施工工艺成功应用于长江隧桥工程 B1 标段的水中墩施工,该工艺技术含量高,施工便捷,攻克了桥梁下部结构施工中的一系列难题,总结形成了整套适应滩海地区水中墩高桩承台施工的工法。该工法关键技术通过了中国铁建股份有限公司的科技成果评审,其成果达到国际先进水平。

2　工法特点

2.1　充分利用潮差自然条件,采用了混凝土底板和钢侧板组合的吊箱围堰,实现了组合围堰的整体吊放就位。

2.2　安装时不需要大型机械设备,施工方法简便,周转速度快,从而加快了施工进度。

2.3　采用混凝土预制板作为底板,无需拆除,可大大节省施工周期并避免因底板抽出带来的施工难度。

2.4　单壁钢吊箱既可作为承台施工的围堰结构,同时又作为承台施工的外模,经济实用。

2.5　采用精轧螺纹钢和螺旋千斤顶作为钢吊箱围堰的下沉系统,精准度高,下沉速度快。

2.6　钢吊箱结构轻便,可节约大量材料,并可在现场制作,减少运输距离。

3　适用范围

适用于公路、市政、铁路桥梁的水中高桩承台的施工,尤其是采用长钢护筒的近海或跨江大桥的大直径钻孔桩基础的水中墩施工。

4　工艺原理

混凝土底板钢吊箱是为水中高桩承台而设计的围堰形式,通过对当地水文、地质条件的分析,以及对钢吊箱的稳定性、抗浮性和自身刚度的计算,基于钢护筒上所搭建的施工平台和支撑体系,利用精轧螺纹钢、螺旋千斤顶和扁担梁作为下沉系统,可以快速、便捷地下沉并安装到位,再利用单壁钢吊箱的内壁作为模板,创造无水的施工环境,实现围堰内干施工的目的。

5　施工工艺流程及操作要点

5.1　施工工艺流程(图1)

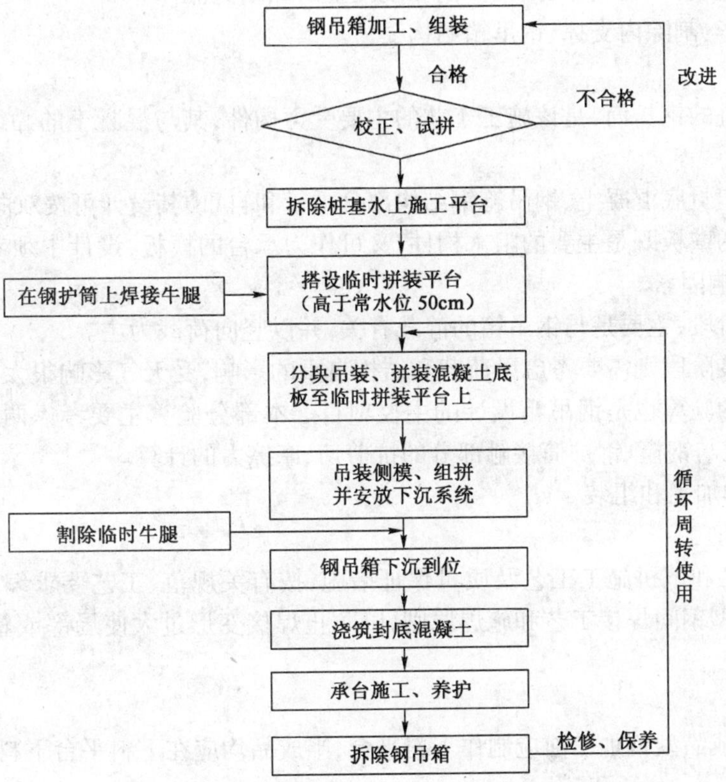

图1　混凝土底板钢吊箱法施工水中承台工艺流程图

5.2　操作要点

5.2.1　钢吊箱的设计

钢吊箱的设计须充分考虑施工水位的影响，并按相关规范的要求选取参数，设计的围堰高度应高出施工期间可能出现的最高水位(包括浪高)0.5～0.7m；围堰外形应考虑河流断面被压缩后，流速增大引起水流对围堰、河床的集中冲刷及影响通航、导流等因素，并应满足堰身强度和稳定的要求；堰内平面尺寸应满足基础施工的需要。

钢吊箱的设计还包括合理选择吊箱结构形式，根据高桩承台的特点和混凝土预制板的优点，采取底包侧的结构；合理划分钢围堰的节段(钢吊箱钢结构部分和混凝土底板部分)，尽可能减少拼装节段，以节省拼装的层次和时间，适用于低潮位维持时间短的特点。

1)设计参数

(1)施工水位、最高水位、最低水位、常水位；

(2)静水荷载、结构自重、封底混凝土自重；

(3)水流荷载、波浪荷载、风荷载；

(4)钢护筒与混凝土的黏结力；

(5)承台顶、底面高程及承台结构尺寸；

(6)承台混凝土浇筑速度。

2)计算工况

(1)钢吊箱结构受力计算：考虑混凝土的浇筑速度、钢模的刚度。

(2)钢吊箱吊装、下沉计算：考虑钢吊箱结构自重、风荷载、波浪荷载。

(3)封底混凝土施工阶段计算:考虑封底混凝土厚度。

(4)封底混凝土达到设计强度、钢吊箱封闭平衡阀、抽水完毕工况计算:考虑风荷载、波浪荷载、模板内外水压、内支撑刚度和位置、混凝土底板(含结构自重)抗浮。

(5)承台混凝土浇筑:牛腿支撑力、钢护筒和混凝土的黏结力。

(6)承台施工完毕:割除内支撑、钢吊箱结构受力。

3)计算分析

(1)大直径钻孔桩的钢护筒,是该施工工艺的主要受力构件,其与混凝土的黏结力是施工计算的重要影响因素。

(2)底板主要承担封底混凝土、钢吊箱钢结构部分重量和自重,其设计可按双向简支预制板考虑。

(3)单壁钢吊箱的壁板既是主要的阻水构件,又可作为承台的模板,设计中须考虑它的结构刚度和混凝土浇筑速度的影响因素。

(4)钢吊箱下沉阶段,主要是与钢吊箱的静载有关,并以竖向荷载为主。

(5)钢吊箱的吊装阶段则需要考虑风荷载和结构自重的影响,受天气影响很大。

(6)封底混凝土的验算也是钢吊箱设计的主控项目。本部分验算主要考虑两个阶段,一个是抗浮验算,以及封底混凝土与钢模、钢护筒接触部分的抗剪切、摩擦力的计算。

5.2.2　钢吊箱的加工和组装

1)钢结构主体的加工

(1)编制分块加工和试拼施工工艺及质量保证措施,按有关规范、工艺要求编写钢板与钢板间、钢板与型钢间及型钢与型钢间焊接工艺和施焊原则,以防止焊接变形过大使局部或整体尺寸超出图纸允许误要求差。

(2)下料平台

半成品钢板或半成品型钢加工前应制作下料平台,半成品均应在下料平台下料。

(3)模具

下料平台上应设置钢板或型钢下料模具,用模具确保下料半成品符合图纸尺寸要求(含允许误差)。

(4)分块加工平台及其定位、限位装置

各分块钢吊箱必须在专用的事先制作好的加工平台上加工。加工平台应具有足够的刚度和强度,其上设置定位、限位装置,以确保半成品组拼成分块钢吊箱时各细部和整体结构尺寸符合该分块钢吊箱设计尺寸要求(含允许误差)。

(5)半成品数量表

加工前认真复核图纸,按块分类统计各类半成品钢板或半成品型钢数量,并制作一一对应的标识。

(6)标识

半成品应分类堆放,并悬挂、张贴、涂写唯一的标识。堆放时应采取防止半成品变形的有利措施。

(7)焊缝质量检查

钢吊箱壁板上的所有焊缝加工厂必须使用煤油100%检查有无漏焊孔洞。焊缝厚度和长度必须达到图纸要求,否则不予验收。

2)钢吊箱的试拼装

(1)试拼装

钢吊箱加工完成,必须进行钢吊箱陆地整体试拼工作。试拼平台放在两个加工场中间,应具有足够的刚度和强度以满足试拼要求。

(2)平台放样

在试拼平台上进行钢吊箱内壁缘线及各分块线放样,以利于进行试拼验收,试拼平台顶高程为同一高程。

(3)钢吊箱各节段按顺序编号,并在焊接现场拼装。

3)混凝土底板的设计和加工

(1)混凝土底板的设计

混凝土底板在钢吊箱整体沉放就位后承台混凝土浇筑前,需承受来自钢吊箱钢侧模自重、混凝土底板自重、封底混凝土自重等荷载,并将该荷载组合全部传递给钢护筒上的焊接牛腿,因而该底板须按双向简支板考虑,并配筋验算合格。

混凝土底板根据实际桩位情况可对称分为四个部分,每个部分按钻孔桩的位置,设置预留孔洞,该孔洞须充分考虑施工偏差等情况,可比钻孔桩直径大20cm。每块混凝土底板内侧都采用槽钢包边,作为后期四块底板拼装时焊接接口。

每块底板按吊挂系统的设置情况,须在预留孔附近安设吊环,该吊环可作为后期底板、钢侧模整体下沉中的精轧螺纹钢与底板的连接点,同时也可兼做混凝土底板吊装、运输过程中的吊点。每块混凝土底板在牛腿受力位置处,须设置钢板预埋件,防止该处混凝土由于受力过于集中而被压碎。

(2)混凝土底板的加工

钢吊箱由于占地面积不大,可在后方陆地加工厂进行整体预制,预制时将整个混凝土底模对称分成四块,根据设计尺寸先安装混凝土底模钢筋,每块底模根据钢护筒位置设置预留孔以及进行吊环等预埋件安装,检查合格后灌注混凝土,并及时做好分块标识。

4)牛腿的加工

牛腿是高桩承台钢吊箱施工的重点,在施工的过程中需两次焊接牛腿,分别是作为钢吊箱的临时拼装平台支撑和下沉到位后钢吊箱支撑。牛腿可采用 $\delta = 10$ mm 钢板加工成梯形,沿钢护筒圆周方向布置4组(根据钢吊箱钢模、预制板和封底混凝土的重量确定组数),每组由3块梯形钢板组成。为方便施工,采用倒挂牛腿的形式,安装时必须保证4组牛腿顶面在统一水平面上。

5.2.3 桩基施工平台的拆除

钻孔灌注桩施工完毕,拆除原承台位置处可能阻碍钢套箱侧模下沉的钢平台(钢管桩及平台横、纵平联)。同时保留原钻孔桩上的钢护筒,以作为后续施工的支撑平台。

5.2.4 钢吊箱的运输

钢吊箱经试拼装并验收合格后,方可分节段运送到施工地点;混凝土底模预制完毕到设计强度时,分四块用平板车分别运至现场栈桥平台上。考虑到水上拼装的难度以及施工方便易控,在钢套箱每节段距上端焊接两个吊耳、在混凝土底板的预留孔附近设置两个吊环,作为吊装的主起吊点。

5.2.5 钢吊箱的支撑系统

钢吊箱支撑体系沿承台四周各个桩基(大直径钻孔桩)全部布置,每个钢护筒设置两个牛腿焊接位置,每个位置处根据钢吊箱钢模和混凝土底板的自重计算牛腿的数量和焊缝长度。第一个位置设置在施工常水位以上50cm即可,如果钢护筒高度不足,可接长作为钢吊箱的水上拼装平台;第二个位置设置,需根据承台底高程减去混凝土底板的厚度确定最终支撑平台的牛腿顶面高程,此处高程因位于施工常水位以下,故采用倒挂牛腿的结构形式,在钢护筒的上方(常水位以上)焊接,无需潜水员等人员操作,该平台作为钢吊箱下沉到位后的最终支撑平台。图2所示为混凝土底板钢吊箱断面图。

5.2.6 钢吊箱的下沉系统

吊挂系统设于既有钻孔桩的钢护筒上,充分利用永久结构,方便承台施工,钢吊箱主承重梁一般可采用双拼I45工字钢(根据实际受力情况计算确定),沿桥横向护筒上平行布置2条,主梁在钢护筒两侧对称预留2个吊杆穿孔,穿孔间距需大于钢护筒的直径。主梁吊挂采用 ϕ32mm 精轧螺纹钢筋,扁担梁可采用双拼I25a工字钢(根据实际受力情况计算确定)。

5.2.7 钢吊箱的安装

1)混凝土底板的安装

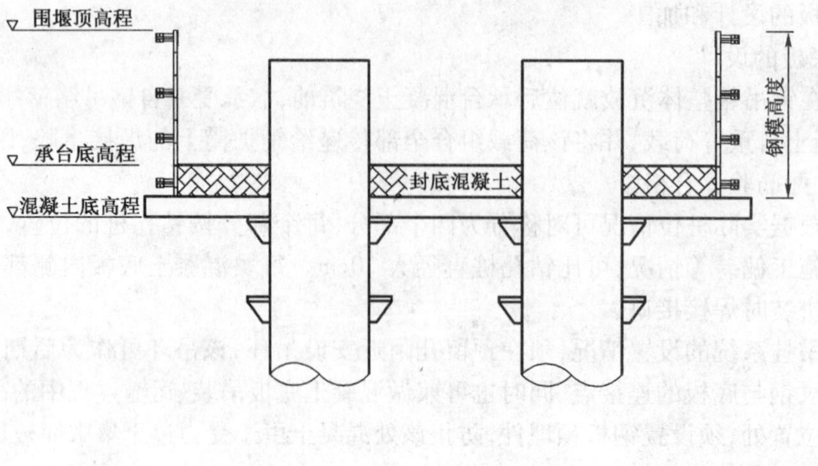

图2 混凝土底板钢吊箱断面图

混凝土底板运至现场后,利用50t履带吊(预制板分节重量较轻)起吊、安装。安装时利用钢护筒作为导向系统,将其安放在钢护筒的临时支撑上,用钢筋焊接固定,然后根据桩中心位置调整每块混凝土底模的中心位置。采用同样的工艺安装另一块混凝土底模,当四块都安装完毕后,根据承台中心位置精确调整混凝土底模的中心位置,确保两者在误差允许范围内。

2)拼装钢吊箱钢结构部分及下沉系统

在施工过程中采用8根6m长的ϕ32mm精轧螺纹钢、扁担梁以及8个32t螺旋千斤顶作为整个钢吊箱的下沉系统,见图3。钢吊箱的下沉系统采用钢护筒搭设扁担梁吊装钢吊箱。

图3 混凝土底板钢吊箱下沉系统

在下沉过程中,2个千斤顶为一组,操作人员两人一组,在下沉过程中,设专人指挥,统一指令,确保同步下沉。

5.2.8 封底混凝土的浇筑

钢吊箱下沉到位后,首先封堵护筒和混凝土底板之间的缝隙,根据实际需要设立潮位观测桩,观测桩利用原有栈桥钢管桩,定时观测,及时汇总观测数据,并询问当地居民历年潮水涨落情况,参照当地《潮汐表》,制定钢吊箱下沉和混凝土浇筑计划。

封底混凝土采用水下C30早强混凝土,在浇筑过程中,须严格控制混凝土各点的分布厚度,确保封底混凝土的质量。在封底过程中,为了避免浇筑的混凝土被冲散以及稳定箱体的需要,在承台底高程上20cm处设平衡阀,封底时尽量选择潮位在平衡阀门以下的时段,如潮位增势过猛,可及时开启该平衡阀,让围堰外江水缓慢流入,平衡内外水差,保证混凝土上下水压一致,确保封底成功。

5.2.9 承台施工

封底成功结束两天后,在低潮位时,封堵平衡阀,然后边抽水边加设横向支撑,抽干围堰内积水后,即可进行钢护筒割除、封底混凝土整平及桩顶处理及承台施工。

5.2.10 钢吊箱的拆除

承台混凝土浇筑完毕后,混凝土养生达到规范拆模要求时,既可拆模,首先取出割除钢吊箱顶部的内支撑钢管,然后在低潮位松掉钢吊箱钢模板的侧模法兰螺栓,既可分节吊装钢模板,拆除钢吊箱,混凝土底板为一次性使用,施工完毕后无需拆除。

6 材料与设备

6.1 材料(表1)

材 料 表 表1

序号	名称及规格	材料	序号	名称及规格	材料
1	吊箱面板,钢板厚 $\sigma=6$mm	Q235-A	4	面板横向背肋,$\sigma=8$mm 厚的钢板	Q235-A
2	水平环向型钢, I16a	Q235-A	5	内支撑钢管,$\phi273\times8$mm	Q235-A
3	面板竖向背肋, I8mm	Q235-A			

6.2 机具设备(表2)

机 具 设 备 表 表2

序 号	机械设备名称	规 格 型 号	数 量	备 注
1	汽车吊	25t	1	
2	履带吊	50t	1	
3	运输汽车		1	运送混凝土底板
4	混凝土捣固棒		2	
5	精轧螺纹钢	ϕ32mm	8 根	每根 8m
6	千斤顶	32t 螺旋千斤顶	8 台	

7 质量控制

7.1 质量标准

7.1.1 施工中应执行的规范

《公路桥涵施工技术规范》(JTJ 041—2000);

《公路桥涵地基与基础设计规范》(JTJ 024—85)(已更新为 JTG D63—2007);

《混凝土结构设计规范》(GB 50010—2002);

《钢结构工程施工质量验收规范》(GB 50205—2001)。

7.1.2 钢模加工质量标准(表3)

模板制作时的允许偏差 表3

项 目			允许偏差(mm)
钢模板制作	外形尺寸	长和高	0, -1
		肋高	±5
	面板端偏斜		≤0.5
	连接配件(螺栓、卡子等)的孔眼位置	孔中心与板面的间距	±0.3
		板端中心与板端的间距	0, -0.5
		沿板长、宽方向的孔	±0.6
	板面局部不平		1.0
	板面和板侧挠度		±1.0

7.1.3 钢吊箱安装质量标准(表4)

模板安装的允许偏差

表4

项目		允许偏差(mm)
模板高程	基础	±15
模板内部尺寸	基础	±30
	墩台	±20
轴线偏位	基础	15
	墩台	10
装配式构件支承面的高程		+2,-5
模板相邻两板表面高低差		2
模板表面平整		5
预埋件中心线位置		3
预留孔洞中心线位置		10
预留孔洞截面内部尺寸		+10,0

7.2 质量控制

7.2.1 8只千斤顶下放需要高度同步,以免主横梁受力不均,局部承重超限,派专人对吊箱下沉全过程进行指挥,随时纠偏。

7.2.2 封底混凝土质量的好坏直接关系吊箱施工的成败,必须在规定的潮位内浇筑,其他结构混凝土必要时必须避让。

7.2.3 拼装吊箱用的倒挂牛腿必须在同一水平位置上,防止混凝土底板不平衡,造成钢吊箱整体偏斜。

7.2.4 下沉吊箱应在白天进行,白天视野开阔,可以及时处理一些突发性问题,抽水后,工作面必须坚持24h不间断施工。

7.2.5 根据项目部实测潮位数据以及当地居民的经验,对照《潮位表》,及时把握潮汛变化情况。

7.2.6 在钢吊箱下沉到位时,在钢吊箱顶部纵向中心轴线处加设双拼I20工字钢,作为定位装置。

8 安全措施

8.1 项目部管理人员认真贯彻执行安全生产规程中的各项规定,建立健全安保体系,并在专职安全员的安全监督下,加强现场安全教育工作,增强职工的安全意识,建立安全生产交底制度,根据交底内容进行施工,并作相应的书面施工记录。

8.2 在工程的施工中,项目部物资、设备管理人员,各工序责任人,应定期对施工的机械设备、测量计量仪器具等进行检查和技术复核,并及时对机械设备进行保养和维修。

8.3 水上作业人员,进入栈桥前必须穿救生衣,并严禁酗酒人员进入水上施工作业区。

8.4 施工作业区内按安全规定设置足够数量的救生圈。

8.5 起重吊装设备使用前,操作人员应持有特种操作证,并按程序进行检查和试运转验收,确认合格后报监理批准再投入使用。

8.6 钢吊箱下沉工序前,根据《潮汐表》及观测桩的水位变化积累的数据确定最低潮位时段,并密切关注天气情况,如果风浪较大,将会影响潮位和潮汛时间。

8.7 在钢吊箱下沉到位和承台施工期间,设立两个安全通道,施工时保持通道畅通,直到钢筋验收合格后方可封闭。

8.8 钢吊箱下沉和承台施工期间,在栈桥上设立专人,随时关注水位变化情况,如有危险情况及时通知人员撤离。

8.9 承台施工期间,需备用水泵,如风浪或潮汛较大时,可以及时回灌,减轻钢吊箱的外侧水压,并及时撤离施工人员。

8.10 在水上平台上施工时,平台周围要设置防护栏杆,施工人员要佩戴安全帽,要穿平底防滑软底鞋等劳保用品。

9 环保措施

9.1 水上作业的施工废弃物集中统一运输处理,严禁向江中倾倒垃圾。

9.2 合理安排施工周期和作业时间,在大潮位来临前,清理施工作业平台上的可移动设备和工具。

9.3 做好施工现场各类机械设备和车辆分类划区安放停置工作;各种施工材料、构件均挂牌分类整齐堆放,按照不同材料相应要求确定其堆放方式及存放条件。

9.4 主要分项工程施工要设立施工告示牌,详细列出该项工程负责人员、工期、材料配备等情况,给予施工和检查都带来方便。

10 资源节约

在本工法形成过程中,积极贯彻国家节能工程的有关要求,以材料节省、新技术开发或原有技术的改进提高为主要的设计指导思想。因而相对于其他围堰结构形式,混凝土底板钢吊箱属于单壁钢吊箱系列,其壁板直接作为承台模板使用,并承担其临时阻水创造内部无水施工环境的作用,可以最大幅度地节省钢材用量;混凝土底板可以直接作为承台支撑和防护层,无需回收,有助于降低钢材的消耗。另外由于下沉过程均采用螺旋千斤顶,结构轻便,人工操作既可,可以节省电力、燃油等能源的消耗,符合国家技能工程的要求。

11 效益分析

11.1 社会效益

(1)在海工环境下采用混凝土预制板施工水中钢吊箱,满足规范要求,通过理论计算,采用了合适的配筋、合适的混凝土级配以及合理的吊钩和吊环设计,通过合理的吊装方法,确保了混凝土预制板拼装成功,并在预制板上进行了水中钢吊箱的拼装和下沉,采取以上措施后承台施工质量高,风险小,浇筑的承台尺寸标准、外观光滑,接缝平整,受到业主单位的好评。

(2)以上海长江隧桥 B1 标工程为例,采用混凝土预制板施工水中钢吊箱,施工周期短,每个承台施工时间周期短,缩短时间,满足了业主的工期要求。原计划 14 座水中墩在 2007 年 12 月 31 日完成,实际于 2007 年 12 月 14 日完成,提前 7d,为确保长江隧桥工程的整体工期提供了有力的保证。

11.2 环保效益

由于本施工工艺是采用有底套箱的施工构思,所有施工废渣均产生在围堰内,可集中清理并调运至岸上处理,对环境的影响相对较小,收到了很好的环保效果。

11.3 经济效益

单壁钢吊箱的结构简单,受力明确,其设计都非常便捷。而且其侧模板既可作为阻水围堰结构,又可作为承台模板,大大节省了加工材料和加工成本,见表 5。针对水上的特点,同传统的施工方案相比,混凝土底板钢吊箱围堰方案的底板在施工后无需拆除,减少了抽出底板的施工成本和施工周期。

钢吊箱节约成本统计表　　表5

序　号	项　目	节约成本(万元)	备　注
1	钢吊箱选型阶段	70	选定钢筋混凝土结构做底板,结构简单,受力明确,节约了成本
2	钢吊箱拼装阶段	28.8	无需采用浮吊,利用50t履带吊拼装节约了成本
3	钢吊箱下沉阶段	10.08	下沉时间短、结构稳定节约了成本
4	承台施工周期	28	底板无需拆除,每座承台工期缩短,共计14座承台
5	合计	138.88	

12　工程实例

12.1　工程概况

上海长江隧桥工程B1标段里程桩号为K10+921.76~K12+248,双幅桥梁,长1 326.24m,分为576.24m陆上段和750m浅滩段。其中PM22~PM28号墩基础位于长江口水中,各墩均设左右两幅承台,共有承台14个,全部为高桩承台。承台尺寸均为11.7m×7.8m×2.5m,承台顶高程均为+4.0m,承台底高程均为+1.5m。其中所有的高桩承台基础施工均是在浅滩环境中、潮汐及台风影响下进行的。

12.2　施工情况

本工程位于长江入海口的长兴岛北岸,属于非正规半日潮,每天推后约45min,在施工中还伴随季节性台风、大雾等恶劣天气的影响。

1)施工时利用栈桥作为主要的交通通道,所有的机械设备以及钢吊箱钢结构部分、混凝土底板均通过次通道运输并吊放,运输基本上可以克服天气的影响。

2)钢吊箱底板和侧模根据实现划分好的节段分块拼装、焊接,主要的吊装设备采用50t履带吊既可满足施工要求。由于采用了倒挂牛腿,所有的焊接工作均可在常水面以上施工,无需潜水人员介入,可以节省大量工作时间和资金。

3)钢吊箱的沉放是本工程的重点,在固定好的临时牛腿平台上,安放钢吊箱底板和侧模,并在钻孔桩的钢护筒上安设主梁、扁担梁等承重、下沉设备。

图4所示为混凝土底板钢吊箱施工图。

图4　混凝土底板钢吊箱施工图

(1)钢吊箱拼装完毕后设置导向架和沉放平台。

(2)每个护筒设置2个导向架;并在迎流面增加1个导向架。将导向架与护筒牢固连成一体,导向架至钢吊箱堰内侧的间隙为5cm。导向架与主护筒的连接采用型钢连接,与护筒之间焊接固定,焊结位置宜在与导向平联成90°的方向上。

(3)钢吊箱沉放过程中,力求各千斤顶均匀、一致,以防吊箱倾斜、偏位和吊点不均匀受力。在下沉到位前50cm左右时进行测量,纠偏。下沉到位后,及时将其与钢护筒进行可靠连接,确保钢吊箱的稳定,从而保证封底混凝土的质量。

(4)钢吊箱采用8根ϕ32mmJL785级精轧螺纹钢和8个Q-32千斤顶(顶程为200mm)作为下沉系统。

(5)下沉高程控制点放置在钢护筒上,由下沉指挥人员确定下沉速度和下沉位置(下沉是否到位根据钢护筒上的控制点到底板面的距离来确定)。

4)采用混凝土底板钢吊箱施工水中墩,水中钢吊箱施工通过临时拉结、平衡阀措施克服了围堰受到内外潮差、混凝土浇筑过程中围堰变形产生的透水性问题。另外承台施工是充分利用了长兴岛北侧长江口的深水环境、潮差大等条件,选择在低潮位时进行混凝土干封底施工,提高了封底混凝土效果,改善了封底混凝土的外观质量。

12.3 工程监测与结果评价

从工程的实际监控来看,所有的钢吊箱其轴线偏差均控制在施工规范允许范围以内,而采用的倒挂牛腿焊接和精轧螺纹钢下沉等施工工艺,由于无需水下焊接作业,也节省了大量的资金和人力。

由于钢吊箱施工方案完备、技术预防措施全面,并在施工过程中,不断总结经验,进行了若干局部构造的改良,最大限度降低了安全风险、缩短了工期、确保了工程质量,并且取得了良好的经济效益,使施工成本得到了极大的降低。水中高桩承台施工周期达 10d/座,原计划 14 座水中墩在 2007 年 12 月 31 日完成,实际于 2007 年 12 月 14 日完成,提前 7d,为确保长江隧桥工程的整体工期提供了有力的保证。

高墩大跨连续刚构桥无提升支架翻模施工工法

GGG(中企)C2071—2009

徐美华　李西亚　胡世权　王　云　华万生
杨志刚　李洪良　曹会芹　潘新朝　周永明
(中铁十四局集团有限公司　中铁十七局集团第三工程有限公司)

1　前言

桥梁高墩施工一般采用滑模或液压爬模方案,系统比较复杂,调整操作要求高、定位难度大;往往存在线形不顺直、横竖模板接缝错台及表面拉痕、窜浆、表面光洁度不高等外观质量问题;模板周转慢,投入相对较大,工效不高,难以满足工期紧、工程量大、质量要求高的高墩施工,急需一套简便、高效、实用的新方法解决这一问题。

在工程建设实践中,中铁十四局集团有限公司和中铁十七局集团第三工程有限公司开展了科技攻关,取得了以"高墩无提升支架快速翻模施工技术"为关键技术的国内领先的新成果,于 2007 年 12 月 6 日通过中国建筑业协会评审,被评为住房与城乡建设部"全国建筑业新技术应用示范工程"。同时,开发了高墩大跨径连续刚构桥无提升支架翻模施工工法。

本工法应用于由中铁十四局集团有限公司施工的重庆市北碚区碚东嘉陵江大桥、福建泉三高速公路西洋 2 号大桥、由中铁十七局集团有限公司施工的六武(六安至武汉)高速公路李集大桥等高墩施工,均取得了快速、简捷、质优的应用效果,技术工艺成熟,经济社会效益显著,有很高的推广应用价值。

2　工法特点

2.1　无需任何液压设备和提升支架,仅利用墩身施工的塔吊实现模板拆装及向上翻升,采用重心平衡方法确定吊点实现模板平稳吊装。

2.2　模板采取等节长设计,所有节段设等截面桁架平台与模板连成整体,方便周转,一次性投入小,调节操作简单、可靠、安全。

2.3　容易调整控制模板定位,不易出现偏心、扭转现象,保证墩身断面结构和线形流畅,模板接缝密封严,混凝土的外观质量好。

2.4　采用竖向高压泵送浇筑混凝土,泵送管节长与模板节长匹配,翻升快速、安全。

3　适用范围

本工法适用于公路、铁路桥梁高墩或其他类似高耸柱形混凝土结构物施工。对高山峡谷等场地狭窄、运输困难的工程环境尤为适用。

4　工艺原理

采用重心平衡方法确定模板节块的吊点,实现模板平稳吊装;采用上、中、下三层竖向等节高模板循环拆装,每一循环的上层(此循环不拆)为下一循环的固定节,完成所有节段浇筑(见图 1);采用高性能泵送混凝土技术输送浇筑混凝土;采用滚轧直螺纹连接技术,解决大直径钢筋竖向对接问题;采用高精度全站仪结合激光垂准仪的测量控制方法,确保模板拼装定位精度;通过在混凝土收缩缝隙填塞密封材料后紧固拉杆来消除窜浆现象,确保混凝外观质量。

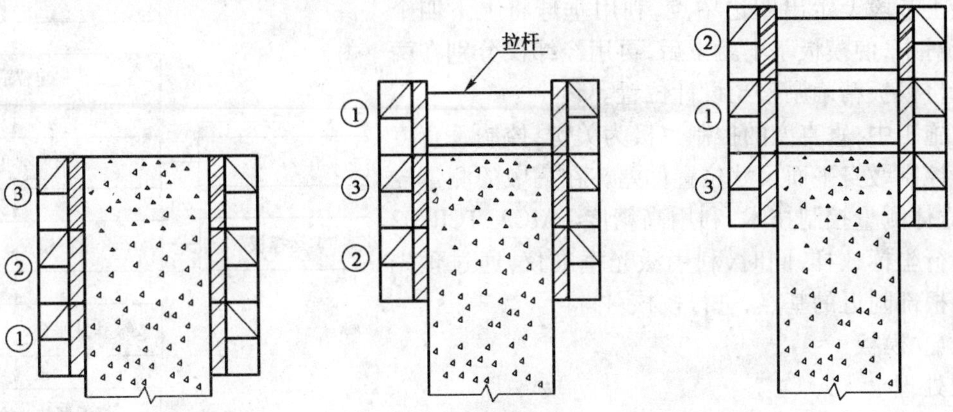

图1　模板翻升示意图

模板单节高度为2m,模板长度主要由墩身截面尺寸确定,截面边长小于4m则此边长作为模板长度尺寸,否则取截面边长一半作为模板长度尺寸。每块模板皆由面板和后架组成,面板一般采用6mm钢板,竖肋采用[8槽钢,横向龙骨采用双[14槽钢。后架为三维桁架结构,由[10槽钢焊制而成,通过直径20mm的螺栓与面板后肋型钢连接,成为整套翻模的施工平台和进行翻模时上层模板架立的支撑平台,同时也增加了模板刚度。相邻模板间使用螺栓连接,同平面内相邻模板间另设有连接限位件加强连接部位的刚度,上下层之间设有一条竖梯通道,可供施工人员上下行走。每块模板后架底部使用50mm厚的木板满铺并通过铁条固定成为施工操作平台,同时在后架顶部后侧设置有可拆卸的安全围栏,确保施工人员安全。在围栏内侧,设置有由螺栓组装的可调节装置,以加快每层模板的安装调平速度且传递外架受力。

翻模拉杆采用ϕ25mm普通热轧圆钢,使用直螺纹连接套筒作为端头紧固螺栓。上排拉杆位于每块模板顶层以下20cm处,以便于下一循环紧固模板,减小模板与墩身表面间隙达到密封效果。模板设计示意图见图2。

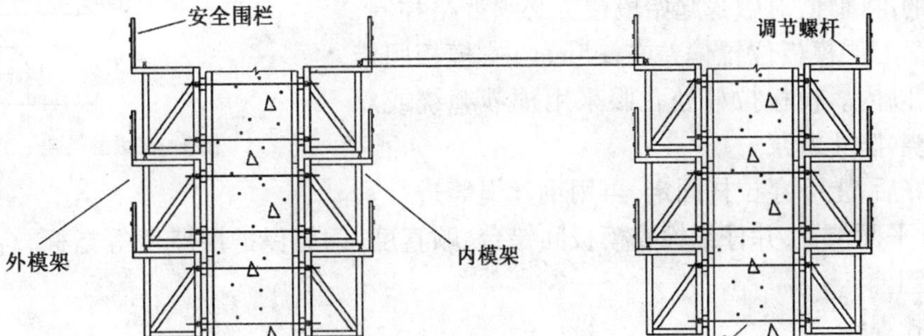

图2　模板总装示意图

5　施工工艺流程及操作要点

5.1　施工工艺流程

5.2　施工操作要点(图3)

5.2.1　测量控制定位:

测量队现场放出墩身四个角的定位桩,经监理工程师复核后,开始起始节段的立模,施工中严格控制模板的平面位置和竖直度,确保起始基准节段的位置准确。

后序节段施工中，分别在四边模板顶部定出中点，并在已浇筑混凝土节段上定出四边中点，利用垂球将上下四个定位点两两对中，使模板基本就位后，再用经纬仪分别在两个轴线方向将模板精确调整至设计位置。

在高墩施工中，垂直度的控制也极为关键，控制垂直度的根本在于控制墩身平面尺寸位置偏差。在高墩的测量控制上，采用立体测量控制技术，利用高精度 LAICA TCR702 型全站仪进行坐标放样，同时，利用激光垂准仪，通过预先设置在墩身根部附近的基点，进行校核。

5.2.2　立模板

1)模板处理

使用前，首先检查模板质量，主要为模板外形尺寸、面板有无偏斜、孔眼位置是否对正、板面局部有无不平、板侧挠度是否超标等。模板表面鳞锈、漆皮等必须清除。脱模剂采用新鲜机油，严禁用废柴油机油调和物，刷脱模剂时可用拖把等物，但最后必须用洁净抹布擦拭一遍，以避免模板表面存附过多油污。

2)立模

第一次立模前，对墩身位置处承台表面凿毛，将混凝土表面浮浆及松散层清除干净，并用水冲洗干净。模板用塔吊移至设计位置，相邻两模板间接缝加一层海绵胶条作为密封，防止漏浆，并用螺栓紧固。模板相对位置用拉杆调整间距，当墩身截面尺寸较大且单侧需用多块模板时，在相邻模板连接处使用长度等于墩身厚度的支撑杆件支撑于两对立模板间，以避免模板在紧固拉杆时内缩减小截面尺寸；为保证墩身位置的准确性，对墩身起始段位置必须严格控制，要求第一层～第三层模板位置偏差在 ±5mm 内，模板间错台控制在 1mm 以内。模板拉杆处孔眼采用棉纱缠绕或双面海绵胶条缠绕，防止漏浆。

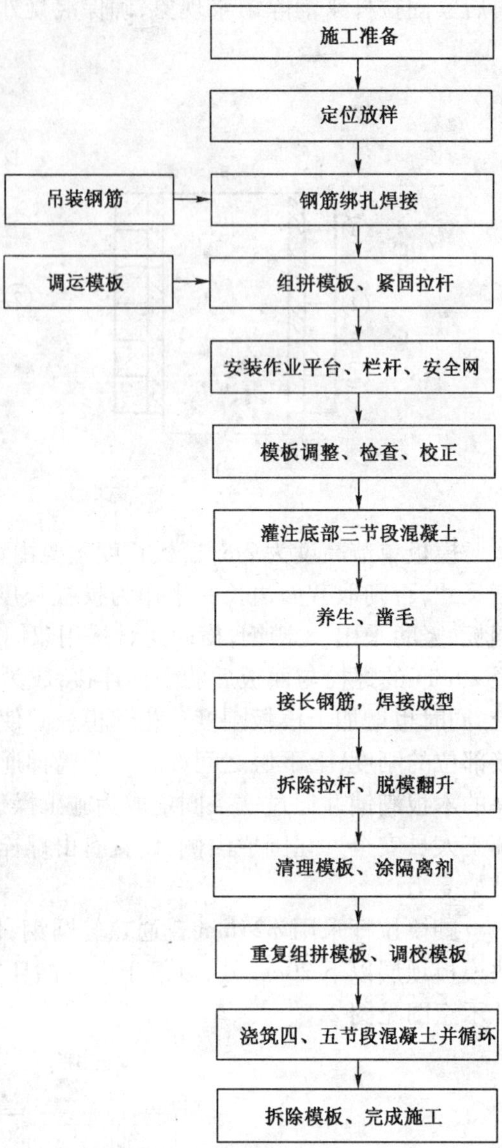

图3　高墩翻模施工工艺流程图

模板安装好后，上下穿拉杆固定，再用钢丝绳等进行紧固，调整到设计平面位置，并仔细检查模板间错台、顺直度、钢筋保护层厚度等指标，合格后报验监理工程师，浇筑混凝土。

3)钢筋绑扎焊接

(1)钢筋加工

施工时，首先对图纸中钢筋尺寸仔细复核，无误后方可按图下料，下料时应按规范规定预先考虑钢筋加工延伸量，以避免钢筋加工成型后尺寸与图纸不符。

钢筋加工前应进行处理，表面应洁净，无油渍、漆皮、鳞锈等，如有局部弯折，应调直后方可使用。

钢筋主筋 D22mm 以上采用等强直螺纹连接，其余钢筋连接采用搭接焊技术。等强直螺纹连接接头按规范规定进行抽检，焊接接头施工前，应对焊接接头做抽检试验，以检查接头的焊接质量，要求做抗拉试验时，断裂面在接头外母材处。

同一截面内，要求钢筋接头截面面积占总截面面积的百分率不应超过 50%。

(2)拼组骨架：

钢筋加工成型后，按设计要求拼装为骨架。骨架拼装前应按设计图纸放出大样，放样时应考虑焊接变形和预留拱度；拼装时，先在焊缝两端点焊定位，待所有焊缝定位完后，再对焊缝施焊。

施焊顺序宜由中到边对称地向两端进行，先焊骨架下部，后焊骨架上部，相邻的焊缝采用分区对称跳焊，不得顺方向一次焊成。

HRB335 级钢筋焊接用焊条采用结 502 或结 506，I 级钢筋焊接用焊条采用结 422。

由于钢筋拼组为高空作业，且钢筋出露混凝土面最大高度约为 12m，受风力或其他因素影响容易偏斜甚至倾覆，因此，在组拼钢筋时，可沿水平方向用钢管等在钢筋骨架上临时约束后，再用 ϕ8mm 盘条紧固在已浇筑混凝土面预埋的拉环上，盘条设 4 根。

5.2.3 灌注混凝土

1）混凝土拌和、运输

施工前，首先检查水泥、砂石料等原材料质量，抽查砂的含水率，根据实际情况将理论配合比调整为施工配合比。

混凝土采用拌和站集中搅拌，放入拌和机内第一盘混凝土材料应适当增加水泥、砂和水的用量，以覆盖拌和机内壁而不降低拌和物所需含浆量，搅拌时，应检查混凝土拌和物的均匀性，确保拌和均匀，颜色一致，不得有离析和泌水现象。出料后，应在搅拌地点和浇筑地点分别测试坍落度，评定时以浇筑地点的数值为准。如果混凝土自出料至入模时间不超过 15min，可以混凝土出料时坍落度为准。

混凝土采用混凝土搅拌车进行运输，途中以 2 ~ 4r/min 的慢速进行搅动，混凝土的装载量宜为搅拌筒容量的 2/3，如混凝土运至搅拌地点后发生离析、泌水，应进行二次搅拌。二次搅拌不得任意加水，确有必要时，可同时加水和水泥以保持其水灰比不变。二次搅拌后仍不符合要求的，不得使用。

在泵送混凝土过程中，严格控制混凝土的拌和质量，坍落度控制在 16 ~ 18cm，如遇下雨天气，应加强现场砂石料含水率的检测，并对施工配合比及时进行调整，同时目测混凝土黏聚性等外观质量，以确保满足泵送施工要求。

2）浇筑混凝土

浇筑混凝土前，应对支撑、模板、钢筋和预埋件等进行检查并做好记录，符合要求后方可浇筑。模板内的杂物、积水和钢筋上的污垢应清理干净。

混凝土浇筑采用 HBT80 拖式泵提升混凝土、人工振捣的方式进行，浇筑时，混凝土应按一定厚度、顺序和方向分层浇筑，一般振捣分层厚度不宜超过 30cm，施工时应沿桥横向由一端逐步向另一端推移，混凝土由底层分层浇筑至设计高程。

混凝土振捣选派 4 名经验丰富的工人施工，振捣时，一人在前，另一人在后，以免发生漏振现象，影响混凝土内在质量。插入式振捣器移动间距不宜大于 45cm，并严禁碰撞模板及预埋件，每一处振捣完毕后，应边振动边徐徐提出振捣棒，遵守"快插慢提"原则。对每一振捣部位，必须振捣至该部位混凝土停止下沉，不再冒出气泡，表面呈现平坦、泛浆。

5.2.4 翻模

每一墩身节段混凝土浇筑施工完毕并强度达到 20MPa 以上，进行翻模施工。翻模时，保留最顶层模板，作为翻升后模板的承力部分，然后，从最下层模板开始逐一拆除并滑出，利用塔机将模板吊起，并放置于顶层模板相应平面位置上，将模板与周围模板连接。重复以上操作至墩身浇筑完成，见图 4。

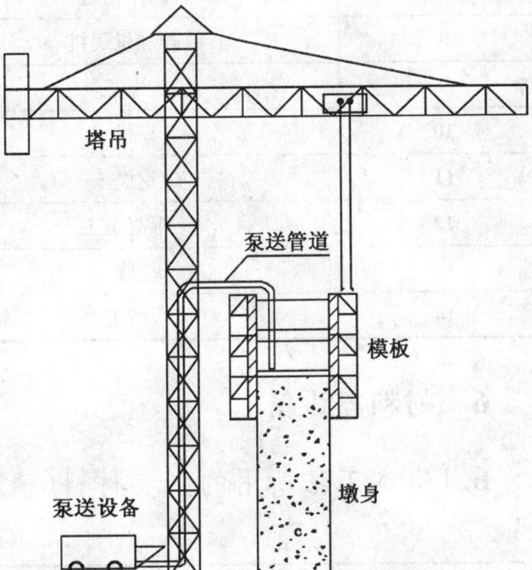

图 4 塔吊提升翻模系统示意图

(1)模板起吊翻升

上翻模板操作前，需通过计算，准确找到每块模板的重心，翻升时，在模板重心位置挂钩起吊，以避免塔吊起吊模板时,碰撞上层模板而翻转倾斜,造成危险,同时给顶部落模、立模造成不便。

(2)模板的校立

由于高墩施工均在高空中进行,立模和校模均没有可靠的持力点,因此,模板的校立比较困难。对此,经方案讨论和现场的实践,在每层模板就位时,应及时处理模板拼缝,调整垂直度,做到层层控制,避免多种偏差积累,同时,应加大模板刚度,避免翻模过程中,模板的扭曲和变形。

(3)节段接缝的处理

由于翻模施工为分节段浇筑混凝土,在浇筑下一节段时,上一节段浇筑的墩身混凝土已硬化并发生收缩,与模板间产生一定的缝隙,不仅造成节段的错台较大,而且,最主要的是,浇筑混凝土时,水泥浆下漏,影响墩身外观。

在实际施工中,采取三个措施以解决此问题。其一,在最上节段模板距模板顶5cm设置一层拉杆,在浇筑下一节段墩身混凝土前,将此层拉杆再次紧固,减小混凝土与模板间的缝隙;其二,在缝隙产生后,用原子灰将水泥浆制成细条状封堵缝隙,同时,在浇筑最初几盘混凝土时,适当减小坍落度;其三,为事后处理措施,即在翻模后,清除掉粘附在墩身上的水泥残浆,并用水清洗。

5.2.5 拆除

施工至墩顶后,墩顶仍保留3个节段模板,墩身混凝土强度大于20MPa时,拆除模板。拆除时按先底节段,再中节段,最后顶节段的顺序进行。

5.3 劳动组织(见表1)

劳动组织表 表1

序号	岗位	人数	备注
1	施工队长	1	安排任务,检查工作,指挥施工
2	技术员	2	负责技术工作
3	安质员	1	负责安全工作和质量检查
4	班组长	1	分别负责模板、钢筋、混凝土作业
5	测量员	2	放线和各断面测量控制
6	试验员	1	材料检测、混凝土配合比选择
7	塔吊司机	2	塔吊操作与保养
8	拌和机司机	2	拌合机操作与检查保养
9	电工	1	负责电路
10	模板工	6	模板组装、拆除、吊装、维修
11	钢筋工	4	钢筋下料、焊接、绑扎
12	混凝土工	8	混凝土灌注和混凝土振捣
13	机修工	3	配件加工
14	普工	11	混凝土及材料运输

6 材料与设备

6.1 本工法所用的主要材料(表2)。

主要材料表 表2

序号	材料名称	规格	备注
1	水泥	P. O42.5	
2	螺纹钢筋	ϕ12、ϕ16、ϕ20、ϕ22、ϕ25	
3	冷轧带肋钢筋焊接网	D5	

6.2 采用的主要机具与设备(表3)

机具设备表

表3

序号	名称	型号	单位	数量	备注
1	套丝机	GGZL-40	台	1	
2	电焊机	BX1-400	台	2	
3	切筋机	GQ-40	台	1	
4	弯筋机	GW-40	台	1	
5	砂轮切割机	SQ-40	台	1	
6	手拉葫芦	HSZ·10t	台	4	
7	塔吊	QTZ63	台	1	
8	拌和站	HZB75	台	1	
9	混凝土搅拌运输车	$8m^3$	台	4	
10	拖式泵1台	HBT80	台	1	
11	插入式振动棒	50型	台	12	
12	发电机	200KW	台	2	

7 质量控制

7.1 工程质量控制标准

模板制作与安装执行《公路桥涵施工技术规范》(JTJ 041—2000)中的9.6.1和9.6.2条的规定。墩身的施工质量执行《公路工程质量检验评定标准》(JTG F80/1—2004)中的8.6.1-2。见表4

双壁墩身检验质量标准

表4

项目	项次	检查项目	规定值或允许偏差	检查方法及频率
双壁墩	要　求:混凝土所使用的水泥、砂、水、外掺剂及混合材料的质量和规格必须符合有关规范的要求,按规定的配合比施工。不得出现露筋和空洞现象。 外观鉴定:混凝土表面平整,施工缝平顺,棱角线平直,外露面色泽一致。蜂窝、麻面面积不得超过该面总面积的0.5%。混凝土表面出现非受力裂缝时减1~3分,裂缝宽度超过设计规定或设计未规定时超过0.15mm必须处理。			
	1△	混凝土强度(MPa)	在合格标准内	按JTG F80/1—2004附录D检查
	2	相邻间距(mm)	±20	尺或全站仪测量:检查顶、中、底3处
	3	竖直度(mm)	0.3%H且不大于20	吊垂线或经纬仪:测量2点
	4	墩顶高程(mm)	±10	水准仪,检查3处
	5△	轴线偏位(mm)	10	全站仪或经纬仪:纵横各测量2点
	6	断面尺寸(mm)	±15	尺量,检查3个断面
	7	节段间错台(mm)	3	尺量:每节检查2~4处

7.2 质量保证措施

7.2.1 严把材料关,坚持对原材料进行进货检验和进场后的试验,确保使用优质材料。外购材料必须三证(出厂证、合格证、检验证)齐全,确认合格后才能使用。

7.2.2 严格按编制的模板制作、安装和拆除钢筋、混凝土施工的作业指导书要求操作,保证工序操作质量。

7.2.3 严格执行签证制度,上一道工序没有通过,下一道工序不得进行。

7.2.4 认真细致地做好工程隐检和不定期质量检查、评定工作。

7.2.5 主要领导跟班作业,及时发现问题并解决问题。专业技术人员深入一线跟班作业了解情况,及时做好技术交底,并做到发现问题及时解决。发挥技术管理的保障作用,细审核、严交底、勤检查、抓落实。

7.2.6 严格奖惩制度,明确质量责任,实行工资、奖金与工程质量挂钩,奖罚分明。并且对严重失职者不仅在经济上进行处罚,而且还要视其情节给予必要的行政处分,以教育本人,警戒大家。

8 安全措施

在严格遵守《公路工程施工安全技术规程》(JTJ 076—95)外,还要抓好以下几方面工作。

8.1 进行安全教育。建立健全各项规章制度,加强岗位责任制。严格施工纪律,严格按操作规程作业。

8.2 参加高空作业人员每月进行一次体检,不带病作业。施工人员进入现场必须佩戴安全帽、系安全绳;使用的电葫芦、吊笼等应安全可靠并配有自动卡紧保险装置。

8.3 遇有大风、暴雨及雷电而停止施工时,注意切断电源,保护好各种设备。在塔机顶部安设避雷设施,防止雷电伤害。

8.4 施工现场的一切电源、电路的安装和拆除必须由持证电工操作;电器必须严格接地、接零和使用漏电保护器。严禁一闸多用,照明应采用安全矿灯或12V以下的安全灯。

8.5 在施工现场周围配备、架立并维护一切必要而合适的警告、危险、禁止等标志牌。

8.6 未经工班长批准,任何人不得顶岗、跨岗作业。严禁从高空向下抛掷杂物。

8.7 制订安全奖罚办法,明确责任,严格对各单位的考核。把安全工作的各项要求细化为指标,分项目、分阶段对各施工单位进行考核,奖(罚)金额在各单位当月验工计价中兑现。各单位同专职安全员签订安全责任目标合同,与其工资、奖金挂钩,奖罚金额在其当月收入中兑现。实行全员安全风险抵押金制度。落实各级安全行政责任制,对安全事故的责任人,将按责任大小分别给予相应的行政处罚。

9 环境保护措施

9.1 设立环保机构,切实贯彻环保法规,严格执行国家及地方政府颁布的有关环境保护、水土保持的法规、方针、政策和法令,结合设计文件和工程实际,及时提出有关环保措施。

9.2 采用有效措施,消除施工污染,强化环保管理,健全环保管理机制,定期进行环保检查,及时处理违章事宜,并与当地的环保部门建立联系,接受社会及有关部门的监督。

9.3 加强环保教育,宣传有关环保政策,强化职工的环保意识,使保护环境成为参建职工的自觉行为。

9.4 保护生态。施工中注意保护自然生态,不得随意拆堵水利设施,保护好河渠,不污染水源。

9.5 收集混凝土输送泵首盘泵送砂浆,禁止砂浆自由散落在施工区原地面上;将所收集砂浆用于施工便道硬化等临时设施。

9.6 在混凝土拌和站处设置二级污水沉淀池,将站内机械清洗用水进行两级沉淀后再排出。

9.7 在拌和站附近设置一处废料存放池,施工中的废料不得随意堆放,一律堆放于废料池内。对于池内废料,定期清理。

10 资源节约

本工法中,高强度冷轧带肋钢筋网的使用减少了普通钢筋的用量。同时,墩身钢筋数量大,主筋机械连接的采用大大节省了人力用工数,起到了优化人力资源的作用。由于墩身高度大,为满足泵送混凝土施工及强度需要,少量微硅粉的掺加避免了大量易泵掺料(如粉煤灰等)的使用,既节约了资源又保证了墩身混凝土的最终强度。

11 效益分析

采用翻模进度快,成本低,经济效益显著。以杨家岭特大桥为例,与液压模板施工相比,取消了液压系统,单套减少成本15万元,节省约120万元;同时缩短了工期60天,节约17.85;共节约费用137.85

万元。混凝土内实外美,表面平整光洁,明显优于滑模板施工质量。

该工法有效控制墩身偏心、扭转,改善混凝土的外观质量。能够随时纠正墩身施工误差,便于模板及时清理、修整、涂刷脱模剂,混凝土表面平整光洁。杨家岭特大桥巨型墩身工程多次受到建设单位表彰和奖励,被评为全线优质样板工程,同时受到重庆市交通工程管理部门的推荐而被《重庆日报》专题报道。2007 年 12 月初,杨家岭特大桥获评为"全国建筑业新技术应用示范工程"。

该工法已应用于泉三高速公路西洋 2 号大桥、重庆北碚区碚东嘉陵江大桥和六武高速公路李集大桥高墩施工,技术工艺简单成熟,推广应用前景广阔,经济效益和社会效益显著。

12 工程实例

12.1 忠垫高速公路杨家岭特大桥位于重庆市忠县境内,主桥设计为 112m + 200m + 112m 三跨连续刚构箱梁,全长 804m。全桥 11 个墩柱中 50m 以上高墩有 6 个,最高墩为 8 号墩,墩高 95.984m。在场地狭窄、运输困难的不利条件下采用此工法施工,墩身平均每天升高 0.64m,最快达 1.3m。以 7 号墩为例经质量检测,中心偏差为 7mm,高程误差 8mm,壁厚最大误差 9mm,均小于规范允许偏差值,节段之间接头平顺,无错台,墩身表面平顺光洁,混凝土颜色一致,评定优良,节约了投资,受到建设单位奖励。

12.2 重庆市北碚区碚东嘉陵江大桥主桥上部结构为 130m + 230m + 130m 预应力混凝土连续刚构,主墩采用圆端形双薄壁墩,两个主墩高均为 38m。模板采用整体式钢模板,采用 QTZ 630 自升式塔式起重机作为提升设备。主桥 24 号墩从 2005 年 11 月开始施工,平均施工周期为三天两模,而且墩柱高程准确,混凝土表面平整光洁,棱角平顺,受到了建设单位、设计单位和监理单位的表扬,项目部也因采用此工法节省了大量人工费与机械费,取得了良好的经济效益和社会效益。

12.3 西洋 2 号大桥为福建省泉三高速公路 SMA9 合同段上的一座左右幅分离的双幅桥,桥型布置为 6 × 30m 预应力混凝土连续 T 梁 + (56 + 100 + 56)m 预应力混凝土箱梁连续刚构 + 2 × 30m 预应力混凝土连续 T 梁,桥梁全长 459m。主墩墩身都在 45m 以上,最高为 49.474m。西洋 2 号大桥的 4 个主桥的薄壁空心墩从 2007 年 3 月 2 日同时开始施工,至 2007 年 6 月 12 日四个主墩墩身全部完成。开工最晚到全线第一个率先完成主桥主墩身施工,受到了业主和总监办的充分肯定。该工法的使用既保证了工程的安全质量,又缩短了施工工期、节约了材料和人工成本,在取得了较好的经济效益同时,还取得了良好的社会效益。

12.4 六武高速公路李集大桥的部分下部构造就采用了本工法施工。该桥是六安至武汉高速公路上一座重要的桥梁。大桥总体上分两部分:跨线部分(横跨 S210 省道)和跨河部分(横跨牛食畈河)。其中除左幅 1 号墩外,其余均设计为空心薄壁式构造,墩身高度从 17.5m ~ 43.0m 不等,共施工 43m 墩身一个,42m 墩身一个,40m 墩身两个,较传统施工方法节约成本约 60 万元,提前工期 3 个月。本工法所施工墩身经安徽省交通工程基本建设质量监督站验收,均达到合格标准,并已交工。

百米高墩外翻内爬模施工工法

GGG(中企)C2072—2009

杨立财　陈宏铭　段一龙
(中铁十六局集团有限公司)

1　前言

随着建筑材料、工程机械的发展和工程设计理论、施工方法的逐渐成熟,桥梁的跨越能力也在逐步增大,尤其是跨越天然河流沟壑等。大跨度桥梁一般来说存在高墩或索塔等高的建筑物,对于这类高的建筑物与通常的高层建筑还有很多不同之处,因此研究高墩施工技术就显得相当有意义。

黄陵至延安高速公路第四合同段葫芦河特大桥全长1 468m,主桥为90m+3×160m+90m连续刚构,群桩基础,矩形承台,双薄壁空心墩,其中主桥7号墩设计墩高80m,8号墩设计墩高130m,9号墩为全桥最高墩,设计墩高138m,10号墩设计墩高58m。中铁十六局集团公司结合该桥施工,从模板设计、机械选择、翻爬模施工等方面对百米高墩施工技术进行了研究,总结形成了一套外翻内爬高墩施工工法。

2　工法特点

本工法整合翻模和爬模的优点,与传统的滑模和爬模施工相比,主要特点如下:

2.1　减少墩身施工缝,从根本上保证墩身的表观及内部质量;

2.2　模板只与下层已固结的墩身模板接触,施工荷载对其不发生影响,有效地提高了立模精度;

2.3　方便施工,节省劳动力,施工周期短;

2.4　提高大型起重设备的利用率。

3　适用范围

适用于铁路和公路桥梁等截面高墩、索塔等类似工程施工。

4　工艺原理

内爬外翻模主要由内外模板、围带、拉杆、内外模板固定架、作业平台组成,由四节大块组合模板及支架、内外工作平台、塔式起重机、手动葫芦组合而成的成套模具。内爬模由三节模板组成,底节模高度2.6m(60cm立于已施工的混凝土上),中节和顶节模板高度2m。外翻模每节模板高度2m,施工时第一节段模板支立于墩身基顶上,第二节段模板支立于第一节段模板上,第三节段模板支立于第二节段模板上,第四节段模板支立于第三节段模板上。一般情况下,当第四节段混凝土强度达到3MPa,第一节段混凝土强度达到10MPa时,拆除第一节段模板,此时荷载由已硬化的墩身混凝土传至基顶。待第一节段模板作少量调整后利用模板内外固定架和塔式起重机、手动葫芦将其翻升至第五层,依此循环向上形成拆模、翻升立模、模板组拼、搭设内外工作平台、钢筋焊接绑扎、接长泵送管道灌注混凝土、养生和测量定位、高程测量的不间断作业,直至达到设计高度。

4.1　外模结构

考虑到拉杆布置及模板整体的受力效果,每节外模由8块组成,即四块定型平板模和四块角模块组成。模板横、竖缝均采用企口方式拼接,外模板采用鞍钢6mm厚钢板,竖筋用[8mm槽钢,横向拉杆位置设[12mm 双槽钢(注意横纵拉杆上下错位)。分块模板接口采用∠80mm×80mm×8mm 钢板式法兰连接。为施工的安全方便,每节段设水平桁架两道,距上下边缘 50cm 各一道;550cm×200cm 模板设竖向桁架 4 道,250cm×200cm 模板设竖向桁架 3 道。在设计过程中为节省材料,模板围带与桁架考虑共同受力,角模做成角隅结构。分层竖向桁架对齐并注意错开拉杆孔位。外模的规格及数量:550cm×200cm 平模 2 块;250cm×200cm 平模 2 块;75cm×50cm×200cm 角模 4 块。

模板主要构件的计算:面板的选用,主要是根据以往的工程实际用 6mm 热轧钢板。竖向背楞间距及选用规格是依据不同的荷载组合进行验算,横向围带及桁架的设计是根据围带和桁架变形协调来选材验算的,桁架的高度为 60cm 主要是考虑施工安全方便。为了减少拉杆数量,在墩身 6.5m 方向每层设三道,4m 方向每层两道(尺寸如图 1 所示)。

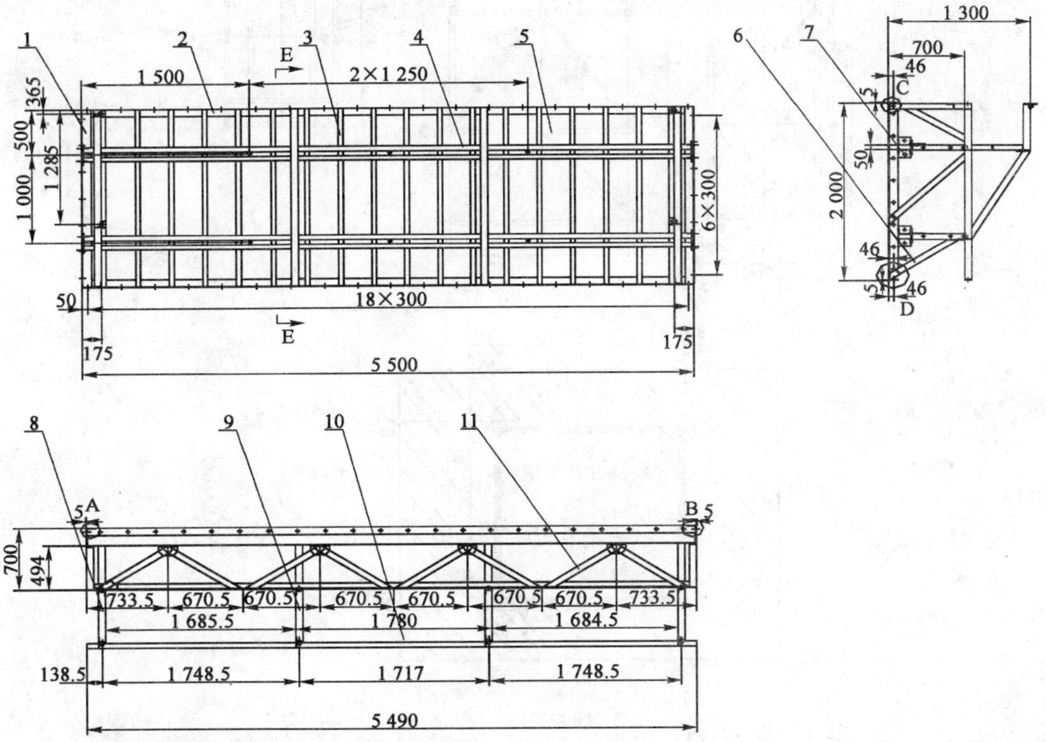

图 1　550cm×200cm 面模(尺寸单位:cm)

1、2-法兰∠80mm×80mm×8mm;3-竖肋[8mm;4-围带[12mm;5-面板;6-斜撑角钢∠63mm×63mm×6mm;7-法兰板 10mm×230mm×120mm;8-边桁架∠63mm×63mm×6mm;9-边桁架∠63mm×63mm×6mm;10-横连角钢∠63mm×63mm×6mm;11-操作平台 A3

4.2　内模及内井架

内井架与内模整体提升就位后,内、外模同步固定,考虑到内模作业空间小,且拆除时无落点存放,只能随着墩身的施工不断提升,受塔吊起重能力的限制,经精确计算各项荷载,制作时弱化其结构,与内井字架构成可拆分的整体结构。9 号内模整体控制高度为 6.6m,顶节和中间节为 2m、底节高 2.6m。底节段 0.6m 固定在已施工的混凝土上。内模钢板厚 $\delta=4$mm,避开拉杆位置设脱模机构,脱模后内模板与井架的联系以倒链受力为主,脱模机构为辅。

井字架采用型钢和角钢组合焊接,加斜撑形成矩形井架结构,底部设基座与墩身内部已施工的凝混凝土预埋套筒,采用三角钢架牛腿的方式生根。井字架水平支撑层距 2m 以便模板拆装,从整体迅速提升的角度出发,原则上内模和井字架总质量控制在 8t 以内,可对井字架进行适当的弱化设计(见图 2)。在内井字架上搭设方木,方木上铺木板,木板上铺 2mm 钢板,形成内侧施工平台,进行钢筋、混凝土、模板作业。

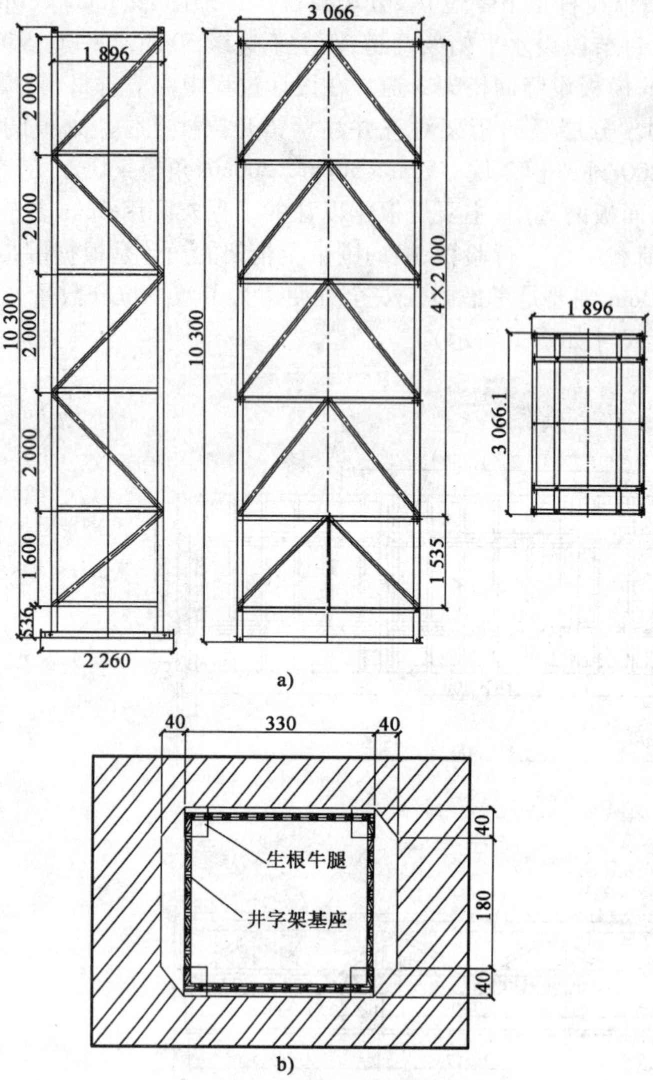

图 2　内井架(尺寸单位:cm)

a)内井架组装图;b)内井架生根图

内模按普通模板拼装设计,考虑到方便拆模按照模板的拆装顺序模板接缝设成企口缝。(详见图 3)。

4.3　模板的固定

拉杆的层距选择 1m,拉杆孔垂直位置设在每节段 2m 高模板的上 50cm 和下 50cm 处;平面每层设顺桥向三道,设计通气孔位全部为拉杆位置,不再另行留设,薄壁内设钢筋撑,非通气孔位置的拉杆洞在拆模时及时堵好,横桥向两道,考虑到拆装和重复利用,每根拉杆均加 PVC 外套,拉杆采用 ϕ20mm 圆钢。井字架上设脱模机构,脱模机构为正反丝结构形式,方便拆装,有效缩短工序循环时间(模板拉杆布置见图 4)。

每一节段纵向定型模、角模及层间均在桁架上用螺栓连接成一个整体。生根节 2m 内、外模分别用套筒与主桥墩身钢筋连接,以消除外模翻升时的不安全隐患。

4.4　工作平台

外工作平台:在外部桁架上附着比较灵巧的人行平台,宽度 60cm,以能行走和进行简单操作为原则,同时起到安全防护的作用。在顶面沿周边设立防护栏杆,栏杆外侧至模板底部设封闭安全网。施工平台上面铺设 5cm 厚木板或 2mm 厚钢板网,供操作人员作业、行走,存放小型机具,整修外模板。

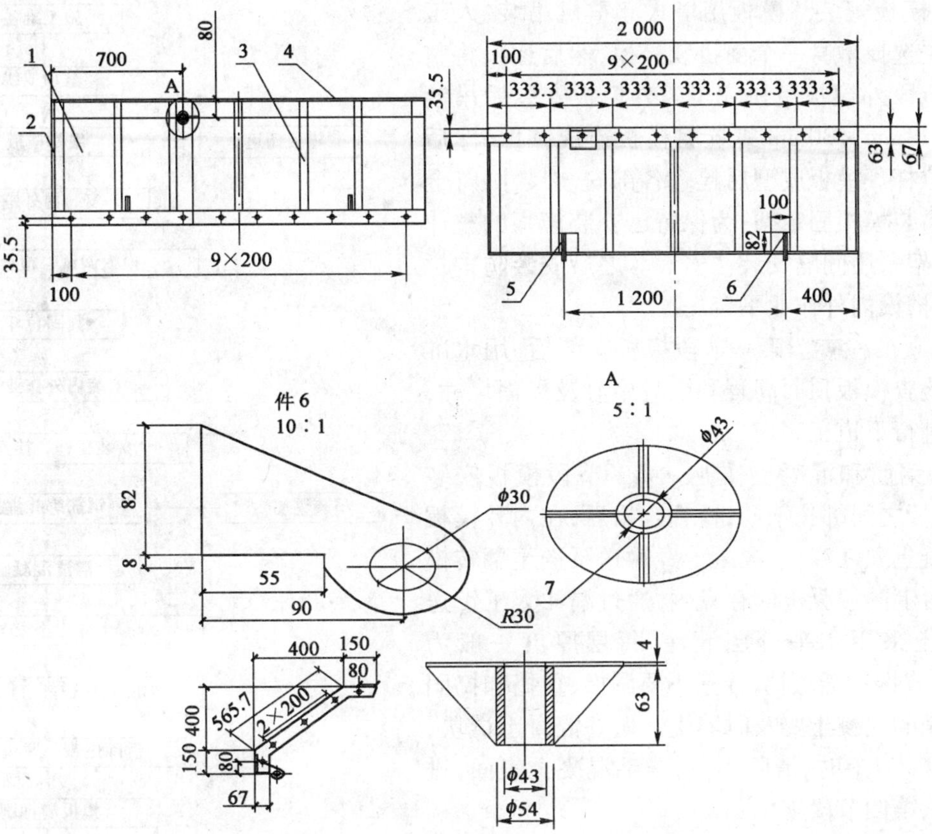

图3 内模角模板(尺寸单位:cm)

1-面板4mm;2-法兰角钢∠63mm×63mm×6mm;3-纵筋[6.3mm;4-法兰板8mm;5-加强筋板10mm;6-连接销儿;7-固定套及加强筋A3

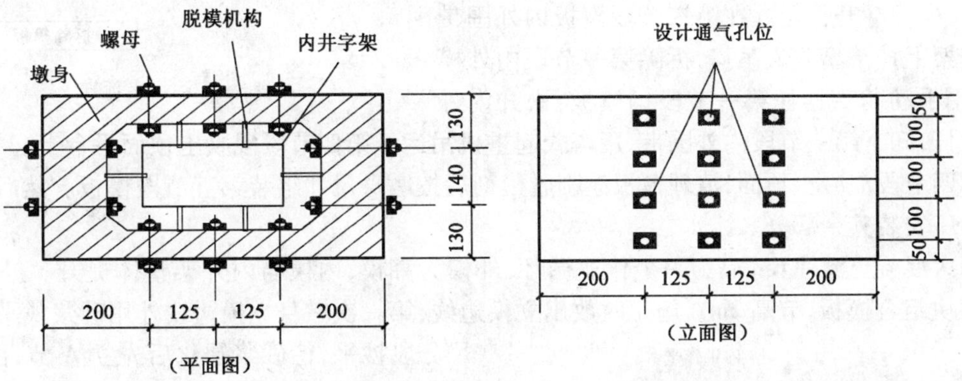

图4 模板拉杆布置图(尺寸单位:cm)

内工作平台:负责钢筋接长、绑孔,临时存放小型机具和周转性材料,混凝土施工。由于9号墩每个循环井字架生根考虑0.5m高,未拆除内模板高度6.6m,下一循环钢筋绑扎和模板架立需不小于3.4m的工作平台,井字架的高度不小于10.5m,否则无法进行钢筋制安、架立模板和混凝土灌注等工序。

5 施工工艺流程及操作要点

5.1 工艺流程(图5)

5.2 工艺流程说明

5.2.1 立模准备。根据基顶中心放出立模边线,立模边线外用砂浆找平,找平层用水平尺分段抄平,待砂浆硬化后由线路中心向两侧立模。

5.2.2　模板安装。模板用塔式起重机吊装,人工辅助就位。先选择墩身一个面拼装外模,然后逐次将整个墩身第一节段外模板组拼完毕。外模板安装后吊装内模板,用M12mm×30mm螺栓将模板连成整体,然后吊装围带和拉杆。模板成型后检查各部安装尺寸,符合安装标准后吊装模板固定架,为保持已安装模板的整体性,模板固定架采用间隔安装法安装。之后安装防护栏杆和安全网,搭设内外作业平台。

5.2.3　立模检查。第一节段模板安装后,用水准仪和全站仪检查模板顶面高程和墩身中心及平面尺寸,符合标准后进行下道工序。

5.2.4　钢筋和混凝土作业。第一节段模板安装后,在内外模板之间绑扎钢筋,检查合格后,在内外模板之间安装混凝土灌注漏斗,混凝土经输送泵送至翻转模板内施工平台上的混凝土储存盘内,通过漏斗人工铲送入模。混凝土采用水平分层灌注,每层厚度一般为50cm,用插入式振动器振捣,注意不要漏捣、重捣和捣固过量。灌注完的混凝土要及时养生。做好混凝土试块,强度达到3MPa以上时,清除浮浆,凿毛混凝土表面,进行第二、第三、第四节段施工。

5.2.5　第四节段混凝土强度达到3MPa以上,第一节段混凝土强度达到10MPa以上时,凿毛清理第四节段混凝土表面,准备第五节段墩身施工。

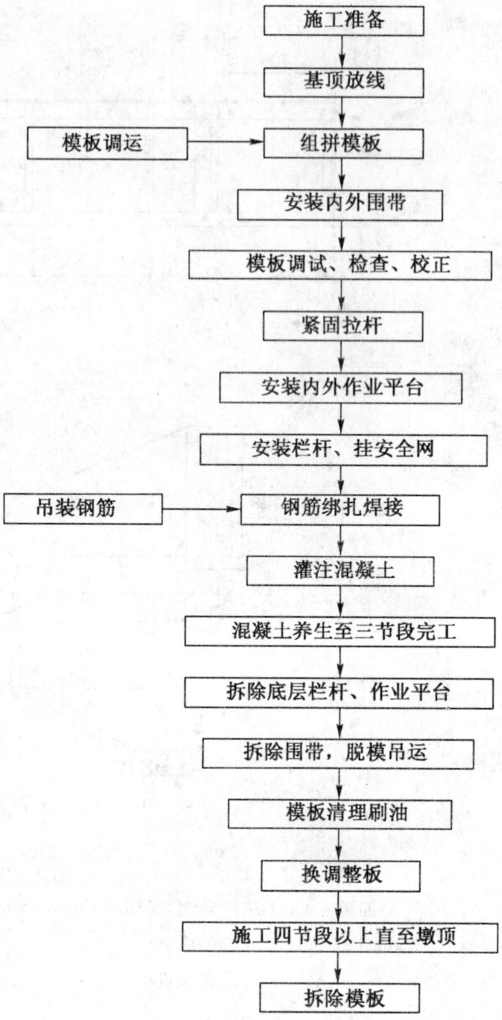

图5　工艺流程

5.2.6　模板翻升作业。在第二节段模板内外围带或模板固定架上挂小型载人吊篮,拆除第一节段内外模板固定架,用手动葫芦挂住第一节段钢模板,松开内外模板之间拉杆,卸下第一节段内外围带,用塔式起重机吊运至第四节段混凝土顶面平台上。将拆下的模板吊运到第四节段混凝土顶面,清理模板涂刷脱模剂后按墩身尺寸组装第五节段模板。然后,按第一节段的安装次序安装其余部分。

主墩每次混凝土灌注6m高为一个作业循环,外模为翻模,内模与内井架整体提升。外模分A、B、C、D四节大块组合模板,节高2m。施工时放出立模边线,第一次墩身立模边线外用砂浆找平,并用水平尺分段抄平,待砂浆硬化后先立A节,由下至上依次为A、B、C、D节段模板。当第D节段混凝土强度达到3MPa,A段混凝土强度达到10MPa时,拆除A节段模板,此时荷载由已硬化的墩身混凝土传至基顶。利用塔吊人工辅助将A节段模板翻升至D节上面,依次循环形成拆模——翻升——组拼——钢筋长接绑扎——提升内模与井架——泵送管道接长——灌注混凝土——养生——墩身十字线测量定位——高程测量的不间断作业,直至达到设计高度。模板由下至上排列为第一循环ABCD、第二循环DABC、第三循环CDAB、第四循环BCDA(模板循环见图6)。

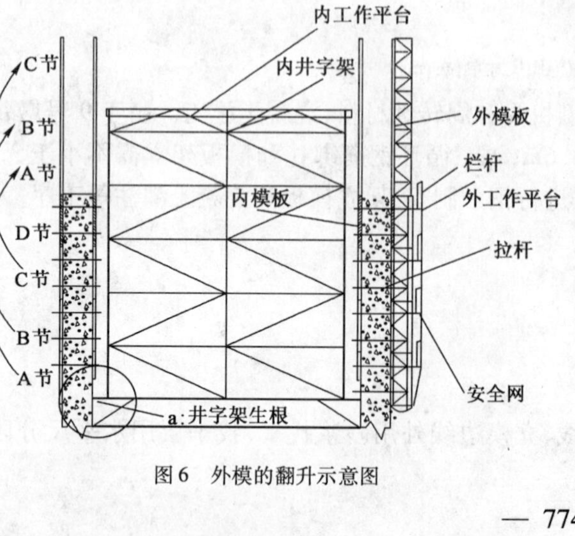

图6　外模的翻升示意图

5.2.7 每节模板安装时可在两节模板间的缝隙用0.51～1mm薄钢板塞填以便纠偏。

5.2.8 墩顶封闭。引桥桥墩当模板翻升至墩顶封闭段底模设计起点高程时，暂停施工。在内外侧模板上安装封闭段底模板。其支架采用焊接的钢桁架，模板用刨光的厚5cm的木板，拼缝要严密，刷脱模剂后绑扎钢筋，钢筋隐检后，安装外模板、围带、模板固定架、搭设外侧施工平台和安装防护栏杆，挂好安全网，灌注墩顶封闭段混凝土，养生达到规定强度。

主桥桥墩当模板翻升至墩顶0号段刚构箱梁底高程时，安装各桥墩0号块现浇托架，准备进行0号块施工。

5.2.9 拆除。施工至墩顶后，墩顶仍保留4个节段模板，墩身混凝土强度大于10MPa时，拆除模板。拆除时按先底节段，再中节段，最后顶节段的顺序进行。每节段模板拆除按安全网、栏杆、脚手板、平台和模板固定架、围带、连接螺栓、钢拉杆、钢模板的顺序进行。

为方便拆除，在墩顶预埋吊装环，利用吊装环悬挂载人小吊篮和手动葫芦进行拆除吊运作业。

6 材料与设备

6.1 材料

墩身翻模4套(层高2m)，内爬模定型内模(高6.6m)，内井架高10.5m，内模生根牛腿4套，相配套的螺栓拉杆若干。

6.2 机具设备

主要辅助设备有：电梯与塔吊。主桥四个墩各设一部塔式吊机，一部外部电梯。塔吊和外部电梯设备设在主桥墩身左右幅之间，并尽量避开结构物的重要部位，减小施工干扰。墩身施工时，每20m预埋金属杆件，用于塔吊和外部电梯设备附着杆与墩身连接。塔吊用于内模内井架的整体提升，材料、小型机具、模板、钢筋等的垂直运输，外部电梯设备用于施工人员上下。塔吊基础与承台施工同步进行(平面位置见图7)。机具设备见表1。

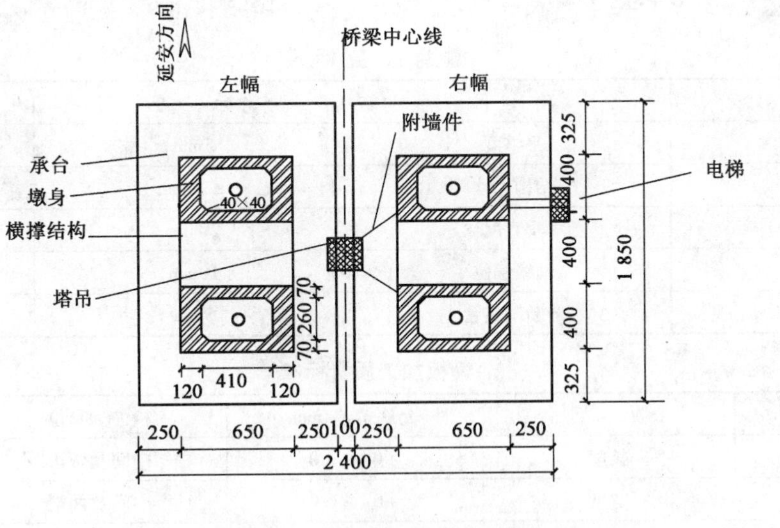

图7 墩身结构尺寸及塔吊布置图(尺寸单位：cm)

机具设备表 表1

序 号	名 称	型 号	数 量	用 途
1	塔吊	200kN固定式	1	吊运模板、机具
2	电梯	双笼	1	人员垂直运输
3	装载机	40B轮胎式	1	
4	手动葫芦	10kN、50kN	各2台	模板拆除、安装

续上表

序　号	名　称	型　号	数　量	用　途
5	自动安平激光铅直仪	BJ-84 整体悬挂式、精度 20″	1	墩中心控制
6	全站仪	索佳 2B, 精度 2″	1	模板放线
7	水准仪	精度 1mm	1	
8	电渣压力焊机	ϕ40mm 以下	2	钢筋接头
9	混凝土拌和机	强制式 800L	1	
10	混凝土输送泵	50B	1	
11	钢筋切断机	5-40	1	钢筋加工
12	钢筋弯曲机	WT4-140	1	钢筋加工
13	钢筋调直机	4～14mm	1	钢筋加工
14	钻床	ϕ63mm	1	机修加工
15	刨床	B665		1 台机修加工
16	剪板机	11-20/2 000	1	机修加工
17	车床	630×1 000	1	机修加工
18	振捣器	ϕ50mm 插入式	4	混凝土施工
19	吊篮	承重 200kg	2	拆除作业
20	抽水机	扬程 120m	2	供水
21	发电机	120kW	2	发电备用
22	汽车吊车	35t	1	拆塔吊、电梯

7　质量控制

7.1　主墩质量要求(表 2～表 4)

墩身质量标准　　表 2

序　号	项　目	标　准	备　注
1	平整度	5mm	2m 靠尺
2	结构尺寸	±20mm	钢尺
3	垂直度	20mm	红外线铅垂仪
4	轴线偏位	10mm	全站仪
5	节断间错台	5mm	2m 靠尺

模板加工质量标准　　表 3

序　号	项　目	允许偏差/mm	检 查 部 位	量　具
1	长度	+0 −1.0	中间及两边	1.5m 游标卡尺
2	宽度	+0 −1.0	中间及两端	
3	高度	±1.0	中间及两端	300mm 游标卡尺
4	面板端偏斜	<2.0	面板四角	直角尺、塞尺
5	面板局部不平度	<2.0	面板任意方向	平尺、塞尺
6	模板挠曲	<2.0	长、宽两方向	平尺、塞尺
7	边肋孔距	±1.0	任意两孔间距	游标卡尺
8	端肋孔距	±1.0	任意两孔间距	游标卡尺
9	孔与板面间距	±0.8	两端及中间	游标卡尺

续上表

序　号	项　目	允许偏差/mm	检查部位	量　具
10	孔与板端间距	+0　-1.0	两端孔	游标卡尺
11	各肋高差	<1.5	任意部位	平尺、塞尺
12	边肋和端肋垂直度	<1.5	肋两端及中间	直角尺、塞尺
13	端肋位移	<1.0	两端	直角尺、塞尺
14	焊缝长	+5.0　-0	所有焊接	游标卡尺
15	焊缝高	+1.0　-0	所有焊接	焊缝万能检查尺
16	角模90°偏差	<1.0	两端及中间	直角尺、塞尺

模板组装质量标准　　表4

序　号	项　目	允许偏差/mm	检查方法	量　具
1	模板间拼接缝宽	<1.5mm	1.5塞尺不通过	塞尺
2	相邻模板面错台	<2.0mm	检查拼接缝	平尺、塞尺
3	相邻模板上口高差	<1.5mm	检查拼接缝	平尺、塞尺

7.2　保证质量的制度

7.2.1　坚持技术交底制度

各分项工程开工前由分管工程师对操作人员进行技术交底。讲清设计要求、技术标准、定位方法、功能作用、施工参数、操作要点、施工安全和注意事项。

钢筋专业、模板专业、混凝土施工专业间协调由各工班长间自行协调，一是确保上道工序不给下道工序留隐患，二是对预留、预埋孔件、尺寸、高程和质量要求以文字记录交待清楚，防止出现质量和安全问题。

7.2.2　坚持“三检”、“三不交接”和“五不施工”制度

“三检”即：施工中进行自检、互检、工序交接检，做到上道工序不合格，不准进入下道工序。“三不交接”即：无自检记录不交接；未经专业技术人员验收合格不交接；施工记录不全不交接。“五不施工”即：未进行技术交底不施工；图纸及技术要求不清楚不施工；测量桩橛和资料未经换手复核不施工；材料无合格证或试验不合格者不施工；上道工序不经检查签证不施工。

7.2.3　坚持隐蔽工程检查签证制度

凡属隐蔽工程项目，在内部三检合格后，按规定报请监理工程师复检，未经监理检查签证的不准进入下道工序。

7.2.4　材料检验制度

建立材料进场前检查验收和取样送检制度，杜绝不合格材料进入现场。水泥、钢材等外购材料进场必须三证齐全。每批材料必须进行检验合格后方可使用。

7.2.5　严格进行施工资料管理

设立专业资料员，及时收集、整理原始施工资料（含照片、录像带）并分类归档，做到数据记录真实可靠。

7.2.6　施工过程的质量检查制度

施工过程的质量检测按三级进行，即“跟踪检测”、“复检”、“抽检”三级，对工班作业由专业人员跟踪检测，试验室进行复检和抽检。

7.3　保证质量措施

7.3.1　开工前进行定位复测，准确确定桥位，并埋设必要的护桩，设置水准基点。施工期间定期进行中线及水平测量，确保桥位中线、宽度及各部位高程准确无误。

7.3.2　混凝土按配合比集中拌制。混凝土实行质量“传票制”,由用料单位填报混凝土申请单,填写混凝土强度等级、用于里程和结构物部位、用量、使用时间等送试验室;试验室填报混凝土配合比单送拌和站;拌和站填报加工单,按水泥型号、附加剂名称、生产厂家、生产日期、水泥、碎石、砂、水用量、开盘时间、出盘温度、数量填报;试验员跟踪作试件,填报试验报告;运输车驾驶员将混凝土加工单连同混凝土送用料单位,由施工单位填写接收单,接收单由施工队长填写签名,填写灌筑时间、地点、结构物部位、混凝土级别、灌筑时温度等。

同时,对混凝土碱集料作出检测及采取相应措施。

7.3.3　钢筋骨架绑扎牢固,钢筋连接符合设计及施工规范要求。

7.3.4　板缝与施工缝处理。模板缝隙处贴泡沫塑料胶条,防止漏浆。混凝土灌注完养生,强度达到3MPa以上时,清除混凝土顶面浮浆并凿毛,混凝土表面清理冲洗干净,再进行下阶段的翻模施工。

7.3.5　混凝土外观质量控制。板缝质量控制:模大小统一,板缝横平竖直,不漏浆。模板稳定性及刚度控制:模板支架先设计后检算,审查批准后投入使用,并安排专人看模。保证颜色一致:用同一厂家、同一批号、同一炉号水泥、同一产地砂子和碎石;同一拌和站生产的混凝土,并使用同一种脱模剂。保证不出蜂窝麻面:划片安排专人负责振捣,并避免设备撞击模板。不缺楞掉角控制:安排专人拆模,从上向下轻起慢放。

7.3.6　高墩垂直度控制措施

薄壁空心高墩施工中,由于垂直度对于结构在最大双悬臂状态下的稳定性具有至关重要的意义,因此,必须对此进行控制,防止结构出现失稳。在已施工的承台上,利用全站仪定位,保证墩柱初始定位准确,然后绑扎钢筋、立模,进行混凝土的浇筑。在模板翻升定位的施工中,采用激光铅锤仪对模板的垂直定位进行校核、检测,随时对模板产生的偏位进行纠正,确保墩身的垂直度和中线偏差不积累,定期对主墩中心位置进行复核,确保轴线不偏位。

影响高墩施工精度的因素可分为自然因素和人为因素两类,自然因素主要指风载、太阳辐射及升温、降温造成的温度荷载;人为因素主要指施工过程中工人的操作不当等,以及材料、施工设备等的不对称放置从而对墩身产生不对称荷载,致使墩身产生挠曲变形,从而使墩身轴线发生偏差,影响墩身的施工质量。

墩身轴线放样时选择在无风或微风时刻,以减小因风载引起的轴线偏差;为了避开日照温差效应引起的墩身弯曲变形,应选择在日照强度低的时刻如在早晨太阳升起之前,傍晚日落后墩身温差比较小的时刻,也可采用洒水降温法以减小由日照温差引起的轴线偏差。

翻模施工的过程也是一个不断纠扭的过程,因此在施工过程水泥砂浆找平层改为C20细石混凝土找平找坡,细石混凝土基层必须坚固、密实、强度达标,表面必须干燥、洁净、平整。施工采用自动安平高精密度水准仪进行测量,同时每翻模3次进行一次全站仪放样校核。垂直度控测采用苏州产的DZJ2激光垂准仪,偏差精度为1/45 000。

DZJ2激光垂准仪控制量测法:墩身下部实体段施工完毕后,在墩身四个角点附近各设一固定控制点作为垂准仪操作平台的对中点,并准确量测各固定点与墩壁板的垂直距离。垂准仪还必须有接收激光的装置,使用时在模板的各固定控制点上各用一块,树脂类材料施工环境及各种材料的使用温度,以15~30℃为宜,相对湿度不宜大于80%,低于15℃时,应采取保温加固定好的有机玻璃接收激光,并在各玻璃片上标示各放样点位置。接收激光时,激光垂准仪在4个不同位置打点,调整模板直到垂准仪发射的激光束打在玻璃片上的放样点中心为止。

测量控制方法:根据本桥桥位处的地形特点,充分利用现有地形。在全桥布设双三角形控制网的基础上,主墩控制在桥梁纵轴线上一侧分级设置测控平台,平台设置障碍在坚固的岩石上,既作为轴线控制辅助桩,又作为临时水准点。

置于自然环境中的混凝土结构,长期受到自然界气温的变化和日照辐射等强烈作用。由于混凝土结构物的热传导性能差,其周围环境气温以及日照辐射作用将使结构表面温度迅速上升或降低,但结构的内部温度仍处于原来状态,于是在混凝土结构中形成较大的温度梯度,使混凝土结构的各部分处于不同温度状态。通常在日照作用下,薄壁空心柔性高墩的向阳壁板的表面温度因太阳辐射而显著升高,而背阳面壁板只是随着气温缓慢升高,待向阳面壁板表面温度达到最高温度时,由于混凝土热传导性能很差,使得薄壁空心柔性高墩内表面温度比向阳面壁板低得多,而与墩内气温相接近。此时会产生很大的温度变形。

由于葫芦河特大桥地处西部地区,太阳辐射强烈,日照温差致使混凝土箱形柔性高墩发生弯曲变形,使墩顶发生较大位移,138m 的高墩位移甚至可达到 3cm 左右。根据计算,温度变化对超高墩混凝土结构的受力与变形影响很大,并随温度的改变而改变。在不同时刻对结构状态进行量测,其结果是不一样的,如果在施工控制中忽略了该项因素,就必然难以得到结构的真实状态数据(与控制理想状态比较),从而也难以保证控制的有效性。因此,在墩身的垂直度施工控制中必须考虑日照温差对墩顶的位移影响。

由于墩身受日照温差的影响,墩顶产生位移对模板的垂直度检测结果势必产生干扰,而墩身的垂直度控制非常严格,规范要求:垂直度允许偏差不大于 20mm,轴线偏位为 10mm。而且,主梁与主墩属于刚接的结构形式,主梁底宽与墩柱横桥向同宽,因此,若不对墩身的垂直度检测结果进行日照温差的修正,一方面墩柱的垂直度和轴线偏位将超出规范允许的范围,另一方面,将对主梁的线形控制精度产生影响;偏位不断累加,势必对结构在最大双悬臂状态下的稳定性产生严重威胁。

根据现场的实际墩顶位移观测和薄壁空心高墩内外温差量测结果表明,一般在早 8 点前,薄壁空心高墩的内外温差较小,且墩柱越高温差越大其偏移量也越大。因而此时刻墩顶位移受日照温差的影响较小,可不考虑该时刻的墩顶日照温差的影响,可以采用激光铅锤仪进行检测,并用其观测结果直接校正模板。因此,在施工中,我们根据施工的实际需要,为减小温度影响,选择在日出前和日落后测量。每天定时测量,观察在不同温度条件下墩身变化规律。同时坚持多测回测量,通过多测回测定在墩身自振状态下的实际中心线,为安装模板提供准确的数据。

一般可选择在早 8 点前进行模板的定位检测。实际施工中,由于工期较为紧张,可按既有的施工观测经验或程序计算的结果,考虑此时刻日照温差的影响及墩柱施工的实际高度对墩顶的位移影响值,先行进行模板的初步定位,并进行钢筋的绑扎等施工,在合适的时间段再对模板的定位进行仔细的检查,对偏位进行修正。根据我们现场的实际施工经验,采取上述方法进行模板校正,经过与在合适时间段检测结果对比,一般均能满足施工需要,只需对模板进行微调即可满足规范和结构稳定性的需要。采用该施工方法,既保证了垂直度的要求,也满足了实际施工工期的需要。

7.3.7　主墩混凝土表面裂缝控制

混凝土薄壁空心柔性高墩在温差的作用下,薄壁空心柔性高墩内表面温度比向阳面壁板低得多,而与墩内气温相接近。此时会产生很大的温度变形。由此产生的温度变形当被结构的内外约束阻碍时会产生相当大的温差应力。

根据连续晴好及连续阴雨天气的数组观测数据进行分析可知,混凝土空心墩内外壁的最大温度差在 20℃ 左右。根据相关计算可知,6 月份最大温差应力为 1.961MPa,10 月份最大温差应力为 2.134MPa,都接近 C40 混凝土强度的轴心抗拉标准值 2.60MPa。这种温差应力与其他荷载的组合有可能使混凝土开裂。尤其在墩身的施工过程中,混凝土结构未达到设计强度之前由于日照温差的影响完全可能致使结构开裂,因此,高墩的混凝土养护必须考虑空心墩内外壁温差对结构的影响,并尽可能将此种温差控制在该时刻结构允许的范围内,避免结构的开裂。

实际施工中,我们在主墩表面布置钢筋 ϕ6mm 钢筋网片作为防裂钢筋网,减轻混凝土的收缩程度,提高混凝土极限拉伸值,加强墩身的抗裂性能。另一方面,为尽可能降低墩身内外温差应力的影响,最根本的措施是在混凝土浇筑前,对主墩的内外模板进行浇水降温,并对新旧混凝土结合面进行浇水,一方面可以降低温差,另一方面可以加强墩身新老混凝土的结合性能。根据现场实际观测,一般日照温差影响较大的时间段为每天的早 8 点后至晚 9 点前,在该时间段时,必须加强未到强度的墩身混凝土的养护,尤其要注意刚浇筑完成已经初凝尚未终凝的混凝土的养护,防止结构在此时开裂,对结构的耐久性产生影响。

7.3.8　对预埋件、预留孔的质量保证措施

设计模板时,准确留出预埋件、预留孔位置。技术人员随浇筑工班作业,及时提醒和检查预埋件安

装和预留孔模具安装;浇筑中由工班长负责检查预埋件的位置、高程和稳定状态,合格后开始预埋预留;拆模时注重对预埋件、预留孔保护,严禁碰撞。

8 安全措施

8.1 安全保证措施

8.1.1 建立健全安全教育培训制度

工人入场必须进行安全教育;各级领导干部和安全管理干部必须进行安全生产培训;特种作业人员必须进行安全教育;安全生产的经常性教育;通过各种途径进行安全教育。

8.1.2 安全生产制度措施

为了做到施工中各项工作有章可循,建立各项安全作业规章制度,主要包括以下内容:安全生产责任制度;安全生产教育培训制度;特种作业人员持证上岗制度;施工现场消防安全责任事故;生产安全事故报告制度;生产安全事故应急救援制度;意外伤害保险制度;高处作业安全作业制度;车辆运输运行安全作业制度;各种机械的操作规则及注意事项;用电安全须知及电路架设养护作业制度;用水管路安装及养护作业制度;施工现场保安制度及火工产品保管领用管理制度;防火、防风安全制度;各种安全标志的设置规则及维护制度;有关部门劳动保护法规的执行制度等。

8.1.3 建立安全交底及检查落实制度

项目开工前,必须编制实施性安全技术施工组织设计,并经监理和建设单位同意后认真执行。

严格执行逐级安全技术交底制度,施工前由经理部组织有关人员进行安全技术组织设计的交底,施工队、施工工班由队长、工班长进行安全技术交底。各级专职安全员对安全措施的执行情况进行督促检查,作好记录。

实行周安全例会制,对安全工作进行会前布置,会后检查落实,做到超前控制。施工前进行安全防护布置,施工中进行检查落实然后形成检查通报或记录,对检查到的安全隐患,要进行登记、制定整改措施,限期改正合格后,方可施工,以免造成施工及交通安全事故。

8.1.4 明确安全岗位责任制

成立各级安全领导小组,明确各部门和有关人员的安全工作职责,在全员施工全过程中严格执行,将安全责任落实到每个作业人员、每个施工过程、每个作业点,各级各类人员各负其责,定期检查、考核,奖惩兑现。以达到全员、全方位、全过程的安全防范到位,安全工作全面落实。

8.1.5 建立安全自检制度

项目经理部定期进行安全生产检查、班前安全检查、日常安全检查、专业安全生产检查、季节性安全生产检查、特殊性安全生产检查。由项目经理负责组织,总工程师、项目副经理、施工技术部、安质部、保障部、综合办公室等部门主管参加。

施工队每周组织一次安全检查,由施工队组织,班组长、技术、安全、设备物资等相关人员参加。

专业检查由项目经理组织专业人员、安全检查人员参加,对现场进行安全防护、用电安全、机械安全、消防安全等进行专项检查。

经常性的安全检查,是各级安全管理人员日常巡回检查,各级管理人员在检查施工生产工作的同时必须进行的安全检查。

季节性安全检查,是由项目经理组织,各相关部门参加,针对气候特点(冬季、风期、雨季)可能会给施工带来事故隐患和危害的安全检查。

特殊性检查,是由各级领导带队,相关部门参加,在元旦、春节等特殊节假日,对施工现场进行安全消防等措施落实情况的检查。

安全检查要认真填写《安全检查计划表》、《安全检查记录表》和《安全整改通知书》。对查出的安全隐患和发现好的安全工作经验后,及时以现场会的形式进行安全评比工作,表彰先进,激励后进,并对违章作业酿成事故的单位和个人进行处理,并在评比会上兑现奖罚规定。

8.2 施工现场及临时工程安全措施

施工现场的布置符合防火、防爆、防洪、防雷电等安全规定及文明施工的要求。施工现场的生产、生活及办公用房、仓库、材料堆放场、停车场按批准的总平面布置图进行布置。

工地平整,经常保持排水畅通,工地内的各种道路平整、坚实,保持畅通,且有照明设施。施工现场设置安全警示标志,设置安全生产宣传栏。在重点作业场所、危险区、主要通道设立“五牌一图”,即:工程告示牌、安全生产记录牌、防火须知牌、安全无事故记录牌、工地主要管理人员名牌和施工总平面布置图。现场设立安全标志,危险区必须悬挂“危险”、“禁止通行”和“严禁烟火”等标志,夜间设红灯警示。

现场的生产、生活区设足够的消防水源和消防设施网点,消防器材有专人管理,不乱拿乱放。每施工队组成一个义务消防队,所有施工人员要熟悉并掌握消防设备的性能和使用方法。

各类房屋、库棚、料场等安全距离符合有关规定,现场的易燃物随时清理,严禁在有火种的场所和附近堆放易燃易爆物品。

汽油、柴油等易燃液体运输使用专用油罐车运输,工地专用油库储存;油库可建成半地下式结构,且距既有公路、房屋、电力和线路的距离符合安全规定。

8.3 高墩施工安全措施

特大桥主墩高,桥址处地势险峻,没有施工场地,桥梁高墩采用翻模施工,施工条件恶劣,危险系数也大,施工前应制定高空作业预防措施,确保施工人员和施工机械的安全。

混凝土工程使用的模板及支架结构的稳定性、刚度和强度满足施工要求,其承载能力满足支承新浇混凝土的重力、侧压力以及施工过程中产生荷载的要求;施工中不得碰撞模板和脚手架。模板拆除时划定作业区,悬挂警示标志并按规定的拆模程序进行。

凡是从事高空作业人员均接受高空作业安全知识的教育,经体检合格后上岗。在进行高空作业施工时,使用脚手架、平台、梯子、挡脚板、安全带、安全网等,作业前认真检查所用的安全设施是否牢固、可靠,个人安全防护用具按规定正确佩戴和使用。高空作业使用工具、材料严禁投掷,上下立体交叉作业确有需要时,中间设隔离设施。施工中发现安全措施有隐患时,立即采取措施,消除隐患,必要时停止作业。

8.4 其他安全保证措施

8.4.1 交通安全保证措施

车辆和机械驾驶人员经过培训考试合格后方可从事驾驶,离开工作岗位半年以上,继续从事此项工作的,应再经过考试培训后才能重新上岗;严禁酒后或疲劳驾驶,不得在行驶时从事吸烟、饮食等有碍安全行车的活动;驾驶车辆时,携带驾驶证和行驶证,运输货物不得超载,按规定速度行驶;对车辆经常进行保养,保持完好状态,开车前要检查制动装置、指示灯等。

8.4.2 机械设备安全措施

各种机械设备操作人员和车辆必须取得操作合格证,不准将机械设备交给无本机操作证的人员操作,对机械操作人员要建立档案,专人管理。

操作人员按照机械说明规定,严格执行工作前的检查制度和工作中注意观察、工作后的检查保养制度。

保持机械操作室整洁,严禁存放易燃易爆物品。禁止酒后操作机械,机械不带病运转、超负荷运转。

起重作业严格按照《建筑机械使用安全技术规程》(JGJ 33—2001)和《建筑安装工人安全技术操作规程》规定的要求执行。

拆除混凝土软管或管道时,停止混凝土泵的运转,电源设备完整无损。

定期组织机电设备、车辆安全大检查。对检查中查出的安全问题按照“三不放过”原则进行调查处理,制定防范措施,防止机械事故的发生。

8.4.3 防火措施

指挥部和各工区成立消防小分队,配备必要的通信器材和消防工具。施工现场、生活区及各类库房、加工厂配备足够的消防桶、灭火器等必备消防安全器材,施工期间消防器材不得挪作它用。当出现火警时,立即组织人力扑灭火险,并及时报警。

8.4.4 安全保卫与防盗措施

在项目经理部安排两名保安负责现场和营区治安工作,与当地公安取得联系,共同做好施工现场的治安保卫工作。在营区和施工区安排专人值班,加强白天和夜间巡视工作,严防材料丢失,保证工程顺利进行。

8.4.5 建立安全事故报告制度

在施工中如果发生安全事故,为减少损失和及时处理,必须立即向甲方、监理工程师和上级有关部门进行报告。

参加各方面组成的事故调查处理委员会,组织指挥有关人员积极抢救伤员,采取措施迅速恢复施工并做好调查工作,认定事故类别、事故原因及责任单位和责任人,完成事故分析纪要,然后上报。

9 环保措施

依据国家和当地政府有关环保方面的法律、法规,以及甲方和设计单位对环保方面的具体要求,结合 ISO 14001 环境管理体系,制定环保措施,把环保纳入施工管理内容,坚持施工与环保同步。

9.1 施工中必须重视环保,杜绝施工生产对当地环境的破坏。施工生产必须坚持以下原则:

9.1.1 依法行事的原则;

9.1.2 "三同时"的原则;

9.1.3 "同一尺度"的原则;

9.1.4 一把手负责的原则;

9.1.5 预案在先的原则。

9.2 进场伊始,就组织全体职工认真学习相关法律、法规,使每个参与建设的职工都懂法、守法、依法施工。并充分发挥经理部中环保组的作用,会同有关部门组织环境监测,调查和掌握环境状态,督促全体职工自觉做好环境保护工作,并认真接受建设单位和环保部门的监督指导。

9.3 在各项施工中应尽量减少对原有自然环境的破坏。

9.4 加强对施工技术的改造,积极推广清洁生产,减少污染源。

9.5 加强环境管理,全面推行污染物排放控制原则,将污染降低到最低限度。

9.6 厉行节水减污,提高施工用水重复率,降低废水排放量。

9.7 继续加强施工污染的终端处理,控制污染物排放总量,降低污染。

9.8 制定和健全排污法规体系,加强排污管理。

9.9 加强环境监测与事故预防,避免污染事故的发生。必要时,邀请有关环保科研部门来工地现场监测,以确定是否发生环境污染。

9.10 保护原有植被。对合同规定的施工界限内、外的植物、树木等尽力维持原状;砍除树木和其他经济植物时,应事先征得所有者和业主的批示同意,严禁超范围砍伐。

9.11 临时用地范围内的耕地采取措施进行复耕,其他裸露地表植草或种树进行绿化。

9.12 工程完工后,及时进行现场彻底清理,并按设计要求采用植被覆盖或其他处理措施。

10 资源节约

该翻模施工与同类型滑模施工相比较,滑模施工每墩液压系统滑轨需要 ϕ48mm 普通钢管(壁厚 3.5mm)64 根,每延米 3.81kg,以葫芦河特大桥 9 号墩为例,墩高 138m,共计用钢管 33 650kg。则另以每节段拆模和装模的工作量统计,滑模需要人工 40 人,而该翻模需要人工 20 人,以葫芦河特大桥 9 号墩为例,共计浇筑混凝土(施工节段数)23 次,则节约人工 460 个。此外,大大提高了施工效率,节约了墩身的施工时间,正常情况下,采用该翻模施工法 9 号墩只需 3 个月的时间即可完工,若采用滑模施工则施工时间延长一月,为整个上部施工争取了施工时间。仍以葫芦河特大桥为例,在主墩完成施工任务后,根据现场的实际施工情况,将主桥墩身外侧模板拼装成 0 号段的外侧模板。施工时,合理安排 0 号块两端外侧模板的长度，浇筑完成0号段后，在0号段上拼装完成挂篮，在模板桁架内穿入外滑梁将该段侧模前移就位，改为挂篮的外侧模使用。主桥墩身翻模模板改0号块侧模、挂篮侧模既提高了施工的效率，节省了模板的二次吊装，也提高了模板的使用率，节约模板240t。

11 效益分析

11.1 经济效益

该翻模施工与同类型滑模施工相比较，滑模施工每墩液压系统滑轨需要 ϕ48mm 普通钢管（壁厚3.5mm）64根，每延米3.81kg，以葫芦河特大桥9号墩为例，墩高138m，共计用钢管33 650kg，按每吨钢管3 500元计，共计11.8万元，全桥4个主墩共计节约钢管材料费34.6万元；每箱节约滑模施工中额定起重量为1.5t的液压单作用千斤顶28台，每主墩4箱，全桥4个主墩共计节约448台千斤顶，每台千斤顶需500元，共计节约22.4万元；另以每循环拆模和装模的工作量统计，滑模需要人工40人，而该翻模需要人工20人，仍以葫芦河特大桥9号墩为例，共计浇筑混凝土（施工节段数）23次，则9号墩每箱节约人工460个；一个主墩共计4箱，全桥4个主墩共计节约人工5 440个，按高墩施工每人工50元计，节约人工费27.2万元；全桥4个主墩共计节约费用84.2万元。

仍以葫芦河特大桥为例，在主墩完成施工任务后，根据现场的实际施工情况，将主桥墩身外侧模板拼装成0号段的外侧模板。施工时，合理安排0号块两端外侧模板的长度，浇筑完成0号段后，在0号段上拼装完成挂篮，在模板桁架内穿入外滑梁将该段侧模前移就位，改为挂篮的外侧模使用。主桥墩身翻模模板改0号块侧模、挂篮侧模既提高了施工的效率，节省了模板的二次吊装，也提高了模板的使用率，节约模板240t，每吨以3 500元计，共计节约费用84万元。此外，大大提高了施工效率，节约了墩身的施工时间，正常情况下，采用该翻模施工法，9号墩只需3个月的时间即可完工，若采用滑模施工则施工时间延长一月。全桥主墩施工共计节约施工时间约40d。经济效益明显。

11.2 社会效益

外翻内爬模与以往其他高墩所使用的模板相比较，对内壁直坡的空心墩采用外翻内爬式，外模从底节往上依次翻升；内模与内井架组装成一整体，从而实现内模与内井架以塔吊为动力整体同步提升。一个循环浇筑混凝土6m，正常3d一个循环，每墩日进尺可达2m，做到快速流水作业，施工效率明显提高，从工艺上实现了整个墩身零施工缝。采用外翻内爬模板施工，其最大的优点在于模板安装好后，只与下层已固结的墩身模板接触，施工荷载对其不发生影响，有效地提高了立模精度，这对控制138m高墩墩身混凝土质量以及墩身的垂直偏位起到了关键性的作用，从根本上保证了墩身的表观及内部质量。采用该翻模施工法，墩柱施工混凝土外观质量好，施工速度快，获得了业主的一致好评，其技术水平已达到国际领先水平，社会效益显著。

12 应用实例

该工法先后在陕西省黄陵至延安高速公路第四合同段葫芦河特大桥及贵昆铁路天生桥大桥上应用。该外翻内爬模在陕西黄延高速公路葫芦河特大桥主桥7号（墩高80m）、8号（墩高130m）、9号（墩高138m）、10号（墩高58m）墩上予以实施，从2004年3月开始施工，至2004年9月各主墩全部完工；在贵昆铁路天生桥大桥主桥3号、4号及5号空心高墩上应用外翻内爬模施工，最高墩高为73m，从2008年8月至2009年1月3个主墩全部完工。以上施工实践证明：该翻模施工很好地适用于高墩的施工，为主墩施工节约了施工时间，做到了高效、安全、优质。

该翻模施工对于其他同类型的高墩施工具有很好的推广及应用的价值。该工法在变截面高墩或其他结构物施工中有很好的应用前景。应特别指出的是该套翻模与滑模、爬模等传统结构的最大区别在于模板安装好后，只与下层已固结的墩身模板接触，施工荷载对其不发生影响，有效地提高了立模精度，解决了传统的滑模及翻模使用过程中挂浆、纠偏的问题。

桥梁高墩高效组合快速施工工法

GGG(中企)C2073—2009

赵宏军　喻国华　陈天立　夏孝畲　喻进全
(安通建设有限公司　北京市海龙公路工程公司)

1　前言

随着公路交通事业的发展,桥梁工程向着大跨、高墩的方向发展,相继出现了100m以上的高墩。由于桥梁高墩施工对施工总工期影响较大、施工工作面小、安全风险大、效益差等特点。通过对高墩每段的合理浇筑高度、模板使用、主筋连接和充分综合利用主要施工设备的比较分析,总结形成本工法。该项工法具有施工速度快、工程质量好、施工安全、劳动强度低、经济效益好等优点。

2　工法特点

2.1　采用翻模施工法以便充分利用重机主要设备。

2.2　充分综合利用塔式起重机等主要施工配套设备,达到节约成本的目的。

2.3　合理确定每次浇筑高度。根据钢筋原材的长度为减少接茬筋用量和模板加工的要求、施工作业安全等确定每次的浇筑高度为4.5m。

2.4　墩身主钢筋采用剥肋滚轧直螺纹连接。减少传统焊接的搭接长度节约钢材,减少高空焊接的工作量和焊接难度。

2.5　充分利用地面加工,减少高墩施工作业面的工作量以达到安全、快速的目的。如模板清理、校正,墩身主筋车丝加工,每段劲性骨架的加工等,可在地面工作平台上加工。

3　适用范围

本工法适用于同类墩型公路、铁路桥梁混凝土高墩、高塔柱施工。特别适用于整体式路基桥梁的双肢主墩,以充分利用塔式起重机等的主要设备,一般一台塔式起重机可供两个双肢主墩的施工。

4　工艺原理

对高墩柱施工的模板一般有滑模、爬模、翻模等。经比较,滑模成本高、工艺复杂、对施工连续性要求很高、混凝土面粗糙、外表光洁度差;爬模虽具有省工、省料、速度快的特点,但其构造复杂,一般在斜拉桥塔柱施工中使用;翻模工艺简单、施工速度快,虽每次翻模高度受限制,但可充分发挥塔吊优越性能,从而克服其弊端。

翻模施工法是利用已浇混凝土段顶节模板(未拆除的)作为嵌固段,以其作为支撑依托,承托新装模板、工作平台等荷载,从而增加了模板安装的稳定性、安全性和准确性,同时也确保新旧混凝土接缝平顺,模板提升(安装)、拆除及钢筋等物品的垂直运输均由塔吊完成,混凝土浇筑采用混凝土输送泵垂直输送入模。如此循环往复,来完成墩身施工。无支架翻模施工法主要由大型模板、工作平台、提升装置(塔吊)组成。

钢筋剥肋滚轧直螺纹连接技术，是一种新兴的钢筋连接技术，它的结构原理是将待连钢筋端部的纵肋和横肋用切削的方法剥掉一部分，然后直接滚轧成普通直螺纹，用特制的直螺纹套筒连接起来，形成钢筋的连接。这种连接的优点在于无虚假螺纹、力学性能好、连接安全可靠，达到与钢筋母材等强。

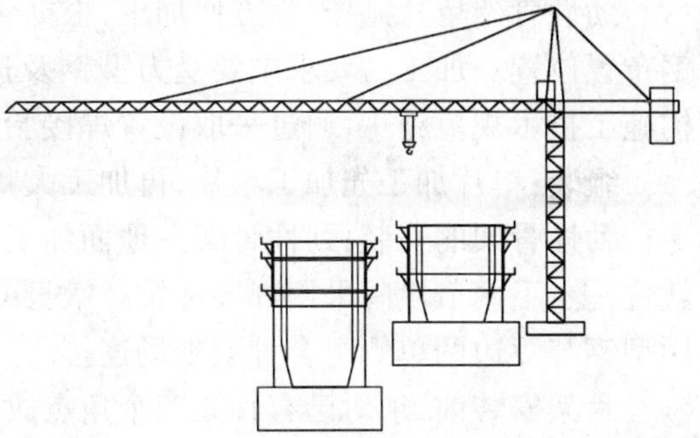

图1 主墩施工示意图

5 施工工艺流程及操作要点

主墩施工示意图如图1所示，主墩翻模施工工艺图如图2所示。

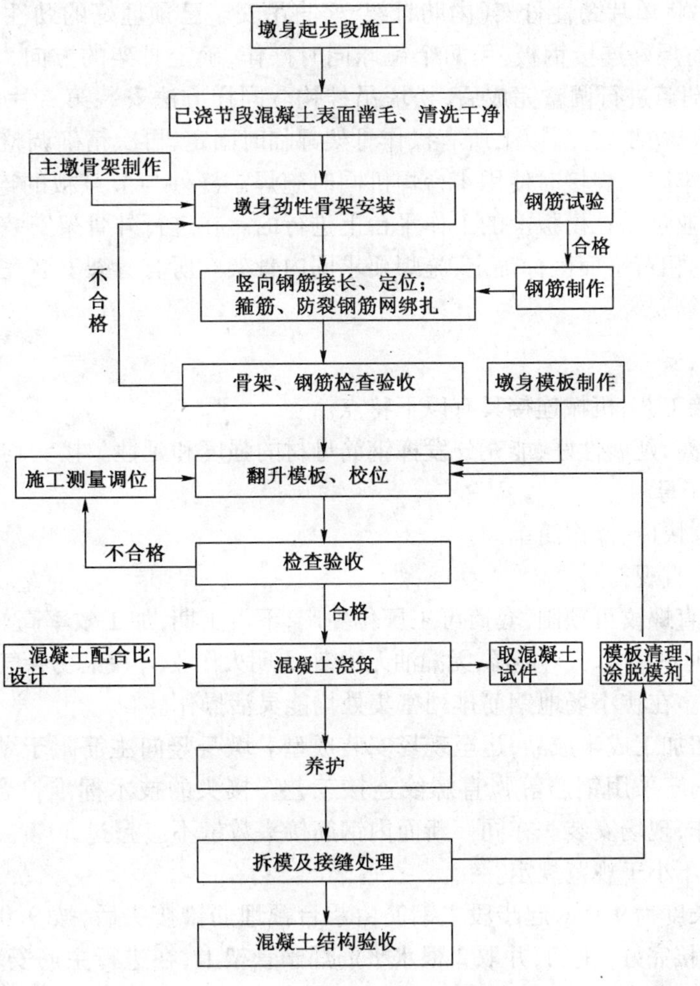

图2 主墩翻模施工工艺图

5.1 劲性骨架加工、安装

充分利用地面加工场地，配合墩身每次浇筑高度，确定每节劲性骨架加工长度为9m。

主墩设计采用角钢桁架劲性骨架，按照设计图纸在地面加工场地专用台座上放样加工制作，现场逐段焊接接高，塔吊提升安装。加工安装时严格控制其精度和焊接质量。

骨架采取在地面分片制作，在墩上拼装成一整体。单节骨架的高度与钢筋分段高度大致相同，整个骨架用设计要求的角钢以及钢板制作。

加工平台：在地面上进行地表整平处理，采用混凝土硬化后形成劲性骨架加工平台。混凝土表面应整平，水平度差不大于±5mm。

劲性骨架单片制作:为方便加工,根据骨架制作的重复性,在平台上实样划出各大小片的尺寸和型钢布置位置。加工时要求主要受力型钢及边角型钢位置严格控制,精度在±3mm内,并且严格按钢结构施工技术规范施工,通过采取设置焊接胎架和劲性夹具的措施来控制焊接变形,减小加工误差。

组装:单片加工先加工小片,再加工大片。考虑到塔吊的起吊能力,骨架的组装在墩身上完成。

劲性骨架的安装:劲性骨架在地面加工制作好以后,直接利用施工塔吊吊装,在墩身施工节段位置就位,上、下两节段间采用焊接连接。墩身的劲性骨架采取墩身短边单侧组合骨架一次安装,墩身长边用型钢与短边两单侧组合骨架现场连接。

骨架安装前,须对已有骨架四个角点放点控制,同时调整高程与设计高程一致。骨架在安装时,四个下角点对准已有骨架四个顶角控制点,四个上角点用垂球或经纬仪校核偏差,各角点偏位控制在±1cm之内。劲性骨架以供测量放样,主筋安装、立模就位依托的受力构件,安装质量很重要。

第一次安装用塔吊将单片劲性骨架(内肋骨架)竖直吊安于已预埋好的劲性骨架顶面,此时固定的骨架(预埋好的)已临时焊好连接钢板,用两个锤球同时操作,确定骨架的方向,对接头临时固定,此操作过程用2台1t手动葫芦进行调整完成后,松塔吊挂钩。同样方法安装第二片内劲性骨架单片,连接两单片间角钢,内骨架已初步安完,以上所有操作骨架都临时固定,再次精确调整内劲性骨架之后,全部焊接骨架间连接,直至牢固。焊接时使用4台焊机同时施焊。杆件与节点板的连接焊缝为两面侧焊或三边围焊,以上高空作业是站在模板上的工作平台上进行的。在进行外骨架安装时较简单,它的定位是通过内骨架对外骨架的相对平面坐标确定,施焊要求同内骨架。所有骨架安装完后,需再次对骨架进行校核,无误方能进行钢筋安装。

5.2 钢筋加工、安装

主筋采用机械连接工艺,机械连接具有以下特点。

5.2.1 接头强度高,延展性好,能充分发挥钢筋母材的强度和延性。接头均能达到JGJ 107—2003 1级接头标准,并能断于母材。

5.2.2 连接方便、快捷、操作简单。

5.2.3 检测方便、直观。

5.2.4 钢筋加工直螺纹可预制,套筒可工厂化生产,不占工期,加工效率高。

5.2.5 施工连接时不用电、气等能源,无漏油无污染,无明火作业,不受恶劣天气影响,可全天候施工。

5.2.6 适用性强。在狭小场地钢筋排列密集处均能灵活操作。

钢筋在钢筋加工房加工成半成品,运至现场安装成型。墩身竖向主筋附于劲性骨架上。主筋直径大于或等于25mm的钢筋采用钢筋等强直螺纹连接工艺。接头的技术标准符合JGJ 107—2003的规定。在加工场加工制作,现场安装。在同一断面内钢筋接头数量不应超过50%。横向水平钢筋绑扎或点焊接头,其搭接长度不小于规范规定。

墩身主钢筋加工长度为9.0m,起步段主钢筋由承台预埋筋错接头后,按9.0m/次依次上升。横向水平筋为整长(或已对接完好)钢筋,并取2根水平筋焊于骨架上,在进行主筋安装时,劲性骨架水平角钢上分画出钢筋安装位置,将主筋上端点焊于劲性骨架横肋上,中间点焊于横向水平筋上(焊于骨架上的水平钢筋),再安装水平筋,水平钢筋采用绑扎和点焊结合,以增大钢筋骨架刚度。

5.3 墩身模板

主墩采用翻模施工工艺完成浇筑,外模采用定型组拼钢模,内模采用组合钢模加适配钢模组拼而成,定型组拼钢模由型钢及钢板在专业工厂内加工而成。墩身标准浇筑高度为4.5m,模板竖向分为3节,高度为1.5m+3.0m+1.5m。每个主墩考虑3节3.0m+1.5m轮换翻模施工。模板除保证强度及刚度外,还要便于安拆,且施工中不漏浆。

墩身翻模施工,每次标准浇筑高度为4.5m,横隔板位置根据具体高度适当调整,横隔板和墩身封顶倒角下部墩身理论浇筑线设置在相应的倒角起点,这样方便横隔板和封顶倒角现浇托架预埋件的布置和牛腿的焊接安装，同时也可将墩身施工内模一次性提出来。横隔板和 50cm 高度墩身一次浇筑完成；封顶倒角按 150cm 高度浇筑，200cm 封顶混凝土最后一次浇筑完成。

5.3.1 模板设计

根据施工设计文件及公司多年施工类似的工程经验，主墩采用翻模施工工艺，为满足施工需要，同时兼顾模板的通用性，以降低施工成本，提高施工效益。外模板采用大块定型钢模板，内模采用组合钢模配异形模。考虑钢筋单根长度为 9m，为方便钢筋的安装，每次浇筑高度为 4.5m。

每套标准高度外模板采用 1.5m + 3.0m + 1.5m，每次翻模两段，浇筑高度 3.0m + 1.5m = 4.5m，每层模板用型钢加工一个施工平台，设计宽度 1.0m，可供人员施工操作和临时堆放少许材料，安置小型施工设备和放置氧炔设备，也可供操作人员临时休息。翻模时，1.5m 高度的模板始终安装在浇筑段的顶部。用全站仪配合模板精确调位，在模板每节段每侧上缘设 1～3 个调位控制点，供模板精调时安置全站仪镜头时用。

如是空心墩内模采用普通组合钢模和异形木模适配块组成，设横向围檩和竖向加劲肋，竖肋与型钢支架连接，支撑稳定模板，倒角采用切削适配木模满足墩身结构断面尺寸需要。内模采用单侧整体拆除提升安装。墩身内设施工平台供人员操作使用和搁置小型设备，平台与内模分离设计加工，平台悬挂于模板锚固螺栓上；移模时先拆除内支撑架和倒角模，置于平台上；拆除各侧内模，提升与已成混凝土结构内的锚固螺栓连接临时固定后，提升平台挂于锚固螺栓上，对模板进行细部调位，安装角模和支架。

在外模上对应围檩位置设置对拉拉杆孔，对拉杆采用 ϕ20mm 钢筋制作，内模对应眼孔在施工时根据具体需要现场开孔。用对拉杆将内模围檩与外模围檩桁架连接，固定和支撑模板，对拉拉杆通过 ϕ25mmPVC 管穿出围檩，并借助内模支架对模板进行精确调位，然后全断面检查模板尺寸，满足要求后浇筑混凝土。施工中为尽量减少工作强度，加快作业进程，除保证模板的必要强度、刚度外，可少用对拉拉杆。

为满足塔吊正常工作和拆卸，塔吊安装在桥梁一侧，距承台边线 3.3m 左右，在施工中模板起吊最大工作幅度为 25m 左右，塔吊在该幅度设计最大起吊质量为 3t，所以模板单件吊装质量控制在 3t，模板设计按此作为分段控制指标之一。起吊前先卸去模板上的额外荷载（钢筋、小型机械等），如需带外荷起吊，则必须进行塔吊起吊能力验算，确保塔吊使用安全。

5.3.2 模板结构

(1)外模

高度方向布置 3 节，每次整体翻 2 节，每次标准浇筑高度 4.5m。各种模板间均用 M20 螺栓连接，对拉拉杆采用 ϕ20 钢筋。模板分面板、骨架、围檩三个组成部分。面板均采用 δ6mm 钢板，在加工面板时，当眼孔与竖向型钢骨架相重合时，可适当调整竖向骨架的位置。面板四周均用∠100 × 10 角钢（异形及小块横板用 δ10mm 钢板）封闭，在角钢（或钢板）上钻眼孔以利模板之间连接，∠100 × 10 角钢钻孔均钻于正中。在角钢上每 30cm 左右（根据现场情况调整）加一块 δ10mm△加劲板，以削弱变形。纵、横向骨架采用[10 槽钢，最大间距不大于 40cm。骨架与面板均采用间断焊缝连接，双侧面焊。焊缝高度不小于 4mm，施焊时应采取有效措施，减小热效应不利影响。

(2)内模

内模设计采用组拼式组合钢模拼组而成。在模板提升时，将支撑系统、倒角模与大模板分离，每一面的模板单独提升。

模板采用组合钢模加适配异形块组拼而成，模板之间采用组合钢模的定形 U 形卡，勾头螺栓等连接。在钢模后面设置横向加劲肋（围檩），采用 2[10 背靠背，间距 5cm，横向加劲肋之间间距 50cm，采用勾头螺栓和焊接固定在模板上。横向加劲肋后设置竖向加劲肋，采用 2[10 背靠背，间距 5cm，竖向加劲肋间距同外模围檩尺寸，采用焊接固定在横向加劲肋上。

5.3.3 模板加工、安装总体技术要求

(1)选择新出厂的合格材料加工，特别是面板。要求平整、光洁、顺直，使用前应检查校正，杜绝不合格的钢材或生锈的旧料进场使用，模板所用钢材全部为 Q235 材质。

(2)模板表面平整光洁,焊缝应磨平,靠尺检查。

(3)外模10槽钢交叉时,断开横向槽钢,保持竖向槽钢的完整性,并与槽钢焊接牢靠。槽钢的对接应按等强度焊接,要求对接顺直,焊缝质量良好,连接板偏离栓孔;槽钢与角钢的焊接均用双面焊。

(4)在每层每块外模板四周设三角支撑并搭设操作平台,平台宽度1m,四周贯通并设置安全防护。加工平台应确保平整、稳固(平整度误差±1mm),模板焊接需设定位工装及反压装置,放样、布料、紧压后点焊,待焊接工作完成并冷却后才能卸下紧压装置,从加工平台上取下模板,焊接时还应采取其他有效措施削弱热效应的不利影响。

(5)焊接时应尽可能对称施焊,避免集中受热,引起不均匀变形。若有变形应进行热校或冷校,控制模板常温时的精度误差。

(6)骨架应确保焊缝强度,隔板与隔板、型材形成框架的端部焊缝应全焊,焊缝高度不低于板厚的0.7倍。未特别注明的焊缝高度均不小于4mm。隔板与面板用倒退、间断、跳跃焊法,焊缝长30mm,间隔100mm,均采用双侧焊。尽量防止焊接变形。面板的四周与骨架的连接面采用跳焊,焊缝长20mm,间隔100mm,焊后磨平。骨架与横隔板的接触焊缝应全焊。

(7)螺栓孔位、孔距应确保精度,当有背肋影响孔位时,应对背肋位置作适当调整,保证孔位的精度。

(8)加工质量要求:①表面平整、光洁,接缝打磨平整;②长宽尺寸对角线长度符合设计要求;③孔径、孔位、孔距符合设计要求;④焊缝深度足够,不漏焊;⑤装配方便,装配后应符合设计尺寸;⑥面板四周必须经专用设备处理,要求平直,无毛刺、缺陷;⑦模板间装配接缝应平直密封良好,接缝误差≤0.5mm。钢模板制作允许偏差见表1。

钢模板制作允许偏差 表1

项目		允许偏差(mm)	备注
外形尺寸	长和高	0,-1	
	肋高	±5	
面板端偏斜		≤0.5	
连接配件(螺栓、卡子等)的孔眼位置	孔中心与板面的间距	±0.3	
	板端中心与板端的间距	0,-0.5	
	沿板长、宽方向的孔	±0.6	
面板局部不平		1.0	2m靠尺,塞尺检查
板面和板侧挠度		±1.0	
矩形模板面板对角线差		≤2	

(9)除模板面外,其余部分均应除锈喷漆,二道防锈底漆,一道红色面漆,板面除锈涂油。

(10)加工完后应组装检验精度,并在每块模板显眼处用油漆标明型号。

(11)模板采用止水胶带止漏;模板间连接采用螺栓连接工艺。

(12)对拉螺杆孔在完成墩身施工后一次性进行处理。

(13)墩身施工时在墩身模板下悬挂轻型小平台,供修饰人员使用。

(14)墩身施工采用2″级全站仪极坐标法控制模板调位。

(15)墩身施工修饰工作同步进行;实践证明:在拆除模板时,混凝土表面还湿润的时候完成墩身的外表缺陷处理,能很好实现外表的一致性;处理外表可用干水泥涂抹和经试配获得的专用处理砂浆及混凝土;试验部门应在墩身施工初期完成专用处理砂浆及混凝土的试配比选工作,为施工提供支持。

(16)模板安装允许偏差要求见表2。

钢模板安装允许偏差 表2

项目		允许偏差(mm)
模板高程	柱、墙、梁和墩台	±10
模板内部尺寸	上部构造所有构件	+5,0
轴线偏位	柱	8
模板相邻两板面表面高低差		2
模板表面平整		5
预埋件中心线位置		3
预留孔洞中心线位置		10
预留孔洞截面内部尺寸		+10,0

5.4 混凝土设备、配合比及浇筑

5.4.1 混凝土设备

拌和站布置两套拌和设备生产能力分别为60m^3/h、40m^3/h,理论生产能力为60m^3/h,混凝土运输罐车运至工地后泵送到施工位置;国产HBT-60混凝土输送泵2台,理论水平输送距离500m,垂直输送高度150m;对各设备进行调试、试运行,可靠无误后,投入使用。

5.4.2 混凝土配合比设计

墩身混凝土多是高强度混凝土,结合墩身特点,混凝土应采用低水灰比、低水泥用量,并适当掺入适用于泵送的外加剂进行配制,以满足缓凝、早强的要求。主墩采用缓凝早强泵送混凝土,缓凝时间在8~10h,气温20℃时,3d强度达到85%以上,设计坍落度13~18cm,室外气温30℃时,基本满足2h坍落度损失不大于30%。

混凝土泵送混凝土原料各项控制指标如下。

水泥:采用42.5R水泥,水泥初凝时间不少于2.5h,水泥的其他技术指标应符合GB 175—2007的各项指标的规定。每批水泥运至施工现场应附有3d强度报告,初、终凝时间及安定性的出厂质量证明书。在水泥供不应求的情况下,不允许热水泥(出窖后未达到规定堆放时间提前出厂的水泥)及安定性不合格的水泥进场。

细集料:采用中粗河砂,级配好,视密度>2.55,干密度>1.5,空隙率≤40%,含泥量≤3%。

粗集料:采用规格为5~25mm的自产碎石,级配好,视密度>2.6,干密度>1.6,空隙率≤45%,含泥量≤1%。软弱颗粒含量≤15%。

外加剂:由于要求泵送混凝土流动性大,可泵性好,加入中兴南友RST-1高效缓凝剂,减水率大,泌水率小,保水性好,具有缓凝早强的技术性能,满足混凝土初凝时间不少于8~10h的要求。

墩身泵送混凝土要求:混凝土初凝时间不少于8~10h,可泵性能好;有较好的稠度,坍落度控制在16~18cm,室外气温30℃时,基本满足2h坍落度损失不大于30%;有良好流动性能保持能力;保水性能好,泌水率小;表观密度大。

5.4.3 混凝土原材料控制

中砂、碎石通过汽车直接运抵拌和站料场,经检验合格后方能进入料场储存、待用。水泥及外加剂用合格大厂生产的优质产品,用汽车运至工地;按品种、强度等级及批号分别存放,并采取隔水、防潮措施;应分批检验,确保原料质量。

为确保施工质量,提高混凝土的均匀性和抗裂能力,必须加强对混凝土每一环节的施工控制,要求现场人员必须从混凝土的原材料、拌和、运输、浇筑振捣至养护整个施工过程实行有效监控,严格按照相关技术规范进行。

混凝土拌制前,对配料系统进行标定,计量误差应符合规范要求。

5.4.4 混凝土浇筑

浇筑前应对模板、钢筋、预埋件进行检查，清除已浇筑混凝土顶面的浮渣及异物，检验合格经监理工程师签认方可开盘浇筑。

混凝土由陆上拌和站生产，输送泵各对应一个墩肢泵送入模，墩上软管布料，串筒下料。混凝土分层厚度控制在0.3m左右，且在下层混凝土初凝前浇筑完成上层混凝土浇筑。

混凝土由插入式振捣器进行振捣密实，混凝土振捣人员须进入模板内操作，并严格按操作规程布料、下料、振捣，不得漏振、欠振、过振。为方便人员操作，可后安装部分构造钢筋，随着浇筑进程，应及时安装补足。

根据施工的实际季节和气温等情况，制定炎热季节、雨季的混凝土浇筑及养生工艺，在秋、冬采用喷涂养生剂养生；夏季可采用洒水养生，但应作相应处理，避免混凝土表面的二次污染。施工缝应按设计和规范要求设置，采用人工凿毛清除表面浮浆软弱层。

在混凝土浇筑前，试验室要作好混凝土浇筑的温度控制，必要时对原材料采取喷淋水降温措施。并且根据不同温度选用不同混凝土坍落度，见表3。

混凝土入模坍落度选用表 表3

泵送高度(m)	<30	30~90
坍落度(mm)	130~160	160~180

在混凝土浇筑过程中，若发现模板有变形、位移时，必须立即停止该部位混凝土浇筑，对变形部位进行处理，变形不再增大时为止，同时对已浇部分加强振动，并观察加固后情况，确保该部位不再跑模且已浇部分混凝土密实度处理好后，再继续进行混凝土浇筑。如跑模，应即刻通知、请示监理工程师，再进行处理。

加强天气情况的收集，混凝土浇筑应避免在暴雨天气进行。特殊情况下，浇筑过程中突降暴雨，应暂时中断混凝土浇筑，同时迅速覆盖浇筑面，防止雨水浸泡混凝土，待暴雨后恢复浇筑，浇筑中断时间不能超过先浇混凝土的初凝时间，并保证先浇混凝土的振捣质量，确保先后混凝土的重塑和连接，同时应采取其他措施保证后续浇筑的顺利开展。

在进行主墩施工过程中，每上升一定高度要预埋电梯、塔吊及横向支撑的附着预埋件。墩身施工属高空作业，加强职工安全教育，严格按施工安全操作规程进行施工。

5.4.5 混凝土浇筑过程特殊处理预案

混凝土由从拌和站经4台$6m^3$罐车运输至桥位后经1台HBT-60型混凝土输送泵泵送到施工现场。因为桥位离混凝土拌和站有近3km，因此对混凝土的可泵性、和易性、泌水性及缓凝早强性能要求较高，以保证主墩混凝土泵送。为满足主墩混凝土的泵送需求，采用如下方法。

(1)改善混凝土内部条件，混凝土中掺入缓凝高效减水外加剂，并视气候条件适当调整坍落度、水灰比；在首次泵送前先泵送水湿润泵管内壁，再泵送砂浆洗涤管内残余砂料，最后泵送混凝土，以减少管壁对混凝土的摩阻力。

(2)改善混凝土外部环境条件：对泵送混凝土管进行降温措施，减少混凝土水分损失，对混凝土管用湿麻袋覆盖或冲水降温。当泵送混凝土过程中由于其他原因需要较长间歇时间时，混凝土泵间隔10min应泵一两个行程，避免堵管，混凝土浇筑间隔时间不宜超过1h。

进入冬季施工期，混凝土施工应按冬季施工要求进行。进入夏季施工，当日均气温≥32℃时施工，采取在夜间施工，以确保混凝土的施工质量。

混凝土浇筑均为分层浇筑、振捣，分层厚度30~40cm，振捣方法按振捣棒作用半径均匀分布。每次在浇筑上一段混凝土(即接缝处)时，预先用清水充分润湿下一段混凝土表面。施工接缝处四边用砂轮打磨成水平线。

混凝土在气温较低时养护采用覆盖麻袋保湿保温养护，侧面钢模用彩条布包围，以控制内外温差。气温较高时，采用洒水养生。

5.4.6 混凝土抽检、自检控制

每节段浇筑在现场根据施工进程随机抽取3组自检试件，并作好编号，送试验室进行标养，并按相关规范要求作强度压检，操作前报请监理工程师现场督导。按监理工程师要求，协助监理工程师对混凝土进行抽检取样。

5.4.7 混凝土浇筑控制及记录

混凝土浇筑前，由试验人员根据现场材料取样检验情况（含水率）发施工配合比通知单，施工现场准备就绪后由现场值班试验人员通知开盘，并作好浇筑记录；混凝土机械操作人员严格按照试验室出具的施工配合比通知单进行混凝土拌和。混凝土浇筑过程中，必须有试验人员值班，监督混凝土的质量，检测混凝土坍落度，控制好用水量。对质量不合格的混凝土，试验人员必须立即禁止并做出处理。浇筑过程中须由值班技术干部填写完整的混凝土浇筑过程记录。

5.5 横隔板、墩身封顶倒角施工

横隔板高度为150cm，施工时将隔板以上50cm墩身一起浇筑即每次隔板浇筑高度为200cm。墩身封顶倒角高度为150cm，按一次浇筑施工。

横隔板和墩身封顶倒角采用托架现浇施工。为方便墩身内模成片拆除，托架在内模拆除后方可安装、焊接。

5.5.1 托架

托架为在隔板下倒角起点下的墩身内侧埋预埋件，∠75×6mm或∠100×8mm角钢焊接的钢桁架。每个托架采用7片桁架，桁架间用∠75×6mm的角钢横桥向连接，间距为40cm，上铺δ12mm竹胶板作底模。托架布置见图3所示。

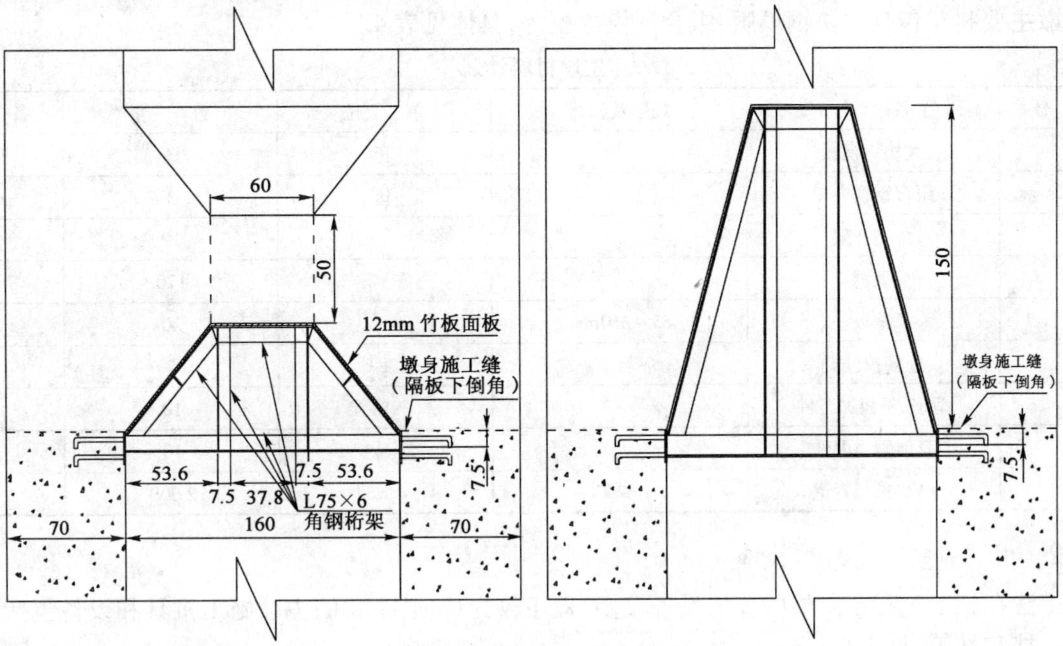

图3 托架布置图（尺寸单位：cm）

5.5.2 模板

横隔板采用δ12mm竹胶板作底模，外侧模用墩身大块定型钢模，内模为钢木组合模板，内外模板由对拉螺杆对拉固定。

5.5.3 钢筋

横隔板钢筋在加工车间加工成半成品，按编号分类运至墩位现场绑扎。

5.5.4 混凝土浇筑

为防止因托架弹性变形和少量非弹性变形引起新浇混凝土开裂,全部混凝土浇筑须在初凝前完成。

5.6 墩身临时连接设置

考虑到高墩在施工中的稳定,结合设计要求:墩高大于40m时应采取必要的临时加固措施,施工时在两肢薄壁空心墩横隔板位置预埋450mm×450mm×15mm钢板[与预埋钢筋连接(呈U形,三道),并与主筋连接],连接2根ϕ400mm×10mm钢管作为临时加固措施。

5.7 模板翻升作业

在浇筑完底节混凝土24h后,绑扎上节钢筋。绑扎完3m高钢筋后,拆除第一、二节模板拉筋,将第一节模板用塔吊吊运至第三节模板上,以第三节模板为基座立模,立模完毕后继续绑扎3m高钢筋,再将第二节模板用塔吊吊运至第一节模板上。

5.8 墩顶封闭

当模板翻升至墩顶封闭段底模设计起点高程时,在内外侧模上安装封闭段模板。其内模支架采用焊接钢桁架,模板采用5cm厚的木板,拼缝要严密。

5.9 拆除模板

施工至墩顶后,墩顶仍保留3个节段模板,待墩身混凝土强度达到规范要求时,拆除模板。拆除时按先底节段,再中节段,最后顶节段的顺序进行。

6 材料与设备

6.1 主墩材料

主墩主要材料包括大块钢模版、组合钢模内模等,具体见表4。

主墩材料计划 表4

序号	名称	规格及型号	单位	数量	备注
1	大块钢模板		套	3	150t
2	组合钢模内模		套	3	60t
3	角钢托架		t	10	
4	型钢		t	170	
5	钢板	δ5～δ10mm	t	20	
6	连接拉杆类		t	5	
7	型钢、钢板加工件		t	10	
8	其他钢质配件		t	10	
9	PVC预埋管道	ϕ25	m	2 000	

6.2 主要施工机具和设备

该工法在施工过程中需要的施工设备较多,程序较为烦琐,主要的主墩施工机具和设备包括大型塔吊、电梯、拌和站等,见表5。

主墩施工机具和设备 表5

序号	名称	规格及型号	单位	数量	备注
1	塔吊	TC5013	台	1	2号墩高约104m,1号墩高约86m
2	电梯		台	1	2号墩高约94m,1号墩高约76m
3	拌和站	60m^3/h	套	1	配备6m^{3}混凝土运输罐车4台
4	电焊机		台	10	
5	钢筋制作机械		套	2	

续上表

序　　号	名　　称	规格及型号	单　　位	数　　量	备　　注
6	输送泵	HBT-60	台	2	
7	9级高压水泵		台	2	
8	箱式变电站	500kVA	座	1	
8	发电机	250kVA	台	1	备用电源
10	全站仪	2″	台	1	
11	水准仪	S3级	台	1	
12	钢筋直螺纹滚丝机		台	2	
13	钢结构加工平台		座	1	10m×15m

7 质量控制

为完成墩身施工质量目标,施工中必须严格实现各阶段的过程控制,质量保证措施。

(1)墩中心和扭转控制。先用全站仪测设每节墩身立模中心,再分别测设纵、横向中心线,进行校核,每次校核在一个方向上进行多测回测量和换人测量,通过比较选择正确结果。

(2)坚持对原材料进行进货检验和进场后试验,确保使用优质材料。

(3)如在雨天浇筑混凝土,应在墩身钢筋上搭设彩条布防雨。混凝土浇筑应在仓内无水的情况下进行。

(4)编制完善的模板制作、安装拆除和钢筋、混凝土作业的工序作业指导书,严格按作业指导书要求操作,保证工序操作质量。

(5)认真细致地做好工程预检、隐检和不定期质量检查、评定工作,发现问题后与责任人一起制定纠正措施,报项目部总工程师批准后,组织实施。

(6)对全部上岗人员进行岗前质量培训,做好工前技术交底。

8 安全措施

8.1 人的安全

8.1.1 身体状况

首先要具备能上高空作业的基本素质,主墩高空作业前必须经医院或有专业知识的人确诊并出具相关资料证明:无高血压、心脏病、癫痫病和其他不适宜于高空作业的病,才允许进入高空作业。

8.1.2 安全知识培训

(1)各作业班组,定期或不定期由经理部或工区安全领导小组进行安全知识的培训和教育。

(2)各施工作业班、组组长,每天进行工作安排时必须同时执行《班前安全例会制度》。

8.1.3 特种作业人员

特种作业人员必须经相关部门培训,并取得合格证持证上岗。

(1)主墩施工工作人员,必须经有关部门培训,取得登高作业操作证。

(2)电工、起重工、焊工等必须具备特种作业双重操作证。

8.1.4 主墩安全防护

主墩所有上班人员,必须正确佩戴安全帽、安全带。

8.1.5 设置安全员

每班、组,必须设置班内安全员,随时检查班内工作人员的安全设施佩戴情况;检查工作环境的安全动态,防止隐患的出现。

8.2　物的安全

购买合格的安全平网、立网、安全带、安全绳、安全帽、漏电保护器等设备;对各种进场的机械设备,必须进行检校,合格的方能使用。杜绝有问题设备进入主墩高空作业;主墩施工工作平台,必须经专业技术人员,根据工作需要确定操作平台的宽度和连接部位,不得有漏洞和探头板;外侧临空面必须按规定设置安全防护栏杆,并且在工作平台踏板下方设置安全平网;若主墩下横隔板下部施工有坡面时,则平台模板上应设置防滑条,两侧照设安全防护栏杆。根据以上要求由专业技术人员按现行技术规范进行设计并进行稳定性验算;墩内操作平台,应由专业技术人员根据墩内净空面积,按现行的相应技术规范进行设计、加工并进行稳定性验算。

8.3　安全操作要求

8.3.1　高空的定性:凡是离开地面2m高以上的作业为高空作业。

8.3.2　主墩施工时,承台周围15m范围内禁止外来人员进入,并设醒目标志,派专人守护。

8.3.3　各技术工种必须严格按操作规程执行。

起重工:必须严格按起重作业安全操作规程进行操作。

焊 工:必须严格按焊工作业安全操作规程进行操作。

电 工:必须严格按电工作业安全操作规程进行操作。

钢筋工:必须严格按钢筋作业安全操作规程进行操作。

混凝土工:必须严格按混凝土作业安全操作规程进行操作。

电梯工:必须严格按电梯作业安全操纵规程进行操作。

8.3.4　主墩所有操作(纵)人员的下方,能够布设安全平网的地方,一定要布设平网,防止人、物坠落。

8.3.5　主墩所有悬空作业处,应有牢固的立足处,并必须视具体情况,配置防护栏网、栏杆或其他安全设施。

8.3.6　钢筋、设备、仪器吊运

钢筋、设备、仪器吊运时,应绑扎牢固,轻起轻吊,防止左、右摆动,撞坏设备,滑落物体。并且起吊后,下方不能站人,必须离开物体垂直下方点15m左右。

8.3.7　钢筋制作、安装

严格按钢筋制作、安装安全操作规程作业。超过平台2m范围,操作人员在绑扎钢筋时,必须拴好安全带,逐渐上升。

8.3.8　骨架焊接

焊工必须严格执行电焊工操作规程,并且在电焊时不要将安全带拴在焊接这一根骨架上,以防止铁水、焊渣烧坏安全带。

8.3.9　混凝土浇筑

严格按混凝土工安全操作规程执行,防止振动器电缆线在混凝土、钢筋上拖拉断线,预防触电事故的发生,做到勤检查,勤处理,勤清洁。

8.3.10　模板拆翻

(1)外模拆除时,拆除工作人员在拆除模板时,必须将安全带步步为营,并将安全带拴在拆除的上一块模板上,确保自身安全。

(2)模板安装时,注意模板的摆动方向,防止撞人,防止手、脚垫在模板下或模板拼接处。

8.3.11　操作人员在吊运货物时,严禁撞击工作平台上的栏杆,如遇损坏立即修复。

8.3.12　氧气、乙炔

墩上氧气、乙炔的堆放位置,必须按施工组织设计位置安放。氧气与乙炔间隔应大于5m以上;平台上堆放的数量不得超过3瓶。电焊机应该分隔放置,最好是与氧气、乙炔分边放置(一个在上河,一个在下河)。

8.4 用电安全

防止触电事故的发生,跟班电工必须随时检查漏电保护器的工作能力,做到"一机一闸一漏",完成三相五线制。

9 环保措施

加强施工现场粉尘、噪声、废气的监测和监控工作,把它与文明施工现场管理一起检查、考核、奖罚,采取措施消除粉尘、废气、污水的污染;保护和改善施工现场的环境,要进行综合治理;做好宣传教育工作,采取有效措施控制人为噪声、粉尘的污染,采取技术措施控制烟尘、污水、噪声污染;严格按照相关劳动保护的规章制度,对从事有噪声、粉尘等工作的施工作业人员采取防护措施,适当缩短其劳动时间;及时清理垃圾、废土到指定的废弃场;禁止在施工现场焚烧油毡、橡胶、塑料、皮革、树中、枯草、各种包装袋以及其他会产生有毒、有害烟尘及恶臭气体的物质;工地茶炉、火灶、锅炉等,尽量采用消烟除尘型炉具;混凝土搅拌站是除尘的重点,采用现代化先进设备拌和混凝土,拌和站用材料封闭起来,防止粉尘扬起。

10 资源节约

使用该工法最大限度地利用了主要起重设备,节约了相关的小型提升设备。机械连接相比焊接节约了钢材、电焊设备、电焊条、电能、人工,节约高空作业平台,为其他高空作业节约空间,所以更加安全快速。

11 效益分析

由于采用适用性较强的翻模施工法,充分利用了成套的设备和地面的加工,钢筋采用了机械连接,合理确定每次混凝土的浇筑高度。证明采用4.5m大块钢模翻模施工安全,质量可靠,进度快,成本低,经济效益显著。与一般2~3m翻模施工相比,可减少接茬筋50%,降低了成本,缩短工期20%。混凝土内实外美,表面平整光洁。由于钢筋采用了机械连接,滚轧直螺纹接头与常规帮条焊对比平均节约成本30%左右,有效降低钢筋接头成本,且套筒可在市场采购,滚轧螺纹可在加工厂提前进行加工,每个接头节省施工时间约15min左右。

12 应用实例

渝湘高速公路阿蓬江特大桥1、2号桥墩为主桥桥墩,墩身采用双肢等截面矩形薄壁空心墩,壁厚70cm,肢间净距8m,最大墩高91m。空心墩内部每30m设置一道横隔板,以加强墩身刚度。阿蓬江特大桥2个主墩对该工法的应用均取得成功。墩身施工最快1m/d,减少接茬筋5t,约2.5万元,减少施工缝凿毛工人工费5万元。经质量检测,中心偏差15mm,高程误差10mm,均小于规范容许偏差值,节段间接头平顺,无错台,混凝土表面平顺光洁,颜色一致,优良率100%。

高频液振双套管水中灌注桩施工工法

GGG(中企)C2074—2009

史生军　宋冰泉　张国梁　梁彦伟　肖　剑
(中冶交通工程技术有限公司　宁波交通工程建设集团有限公司　北京支盘地工科技开发中心)

1　前言

高频液压振动锤是一种发展于20世纪80年代,成熟于90年代的新型液压桩工机械,它依靠柴油机提供动力,采用高频振动实现内、外双钢套管埋设作业,钻机成孔后,在套管内吊放钢筋骨架、浇筑混凝土,然后拔内套管,灌注桩养护后,再拔外套管。这种施工方法适用于在水下施工、成孔过程中出现的坍孔、流砂及卵石层中施工的漏浆等问题,采取双套管施工工艺,均取得了良好的效果,对类似岩溶地质条件的桩基施工具有一定参考价值。双管均能拔出回收,节省投资。该施工工法在桩基础领域中具有良好的应用和推广前景。

2　工法特点

2.1　双管均能拔出回收,节省投资。

2.2　环保型的桩工机械。施工时振感小、噪声低、不扰民,如果配备降噪动力箱,非常适合市区、人群较集中的地区和对周围有较严格限制的区域施工。

2.3　高效的桩工机械。一般来说,高频液压振动锤的施工效率是普通桩工机械的10倍,振动沉桩速度一般在4~7m/min,在非黏性土最快速度达到12m/min,若与振动专用桩架配套使用,还能提高工作效率。

2.4　该工法解决了水下施工、成孔过程中出现的坍孔、流沙及卵石层中施工的漏浆等问题。

2.5　全套管护壁,施工便利,成桩质量稳定。

3　适用范围

该工法适用于水下施工、成孔过程中易出现的坍孔、流砂及卵石层漏浆情况下的桩基施工。

4　工艺原理

双套管高频液压振动桩锤施工的工作原理,是通过液压动力源使液压马达作机械旋转运动,从而实现振动箱内每组成对的偏心轮以相同的角速度反向转动;这两个偏心轮旋转产生的离心力,在转轴中心连线方向上的分量在同一时间内将相互抵消,而在转轴中心连线垂直方向的分量则相互叠加并最终形成沉桩激振力。振动锤施工套筒的基本原理是借助于偏心块的高速转动而产生高频振动,通过夹持的打筒使套筒基周围的沙石液化,土质松软,从而减小周围沙石或泥土对套筒的摩擦力,这时套筒在其自重及振动锤作用下沉入土中,或是在较小的提升力作用下把套筒拔出。双套管的在成孔过程中保护孔壁稳定,灌注过程中拔除内套管,桩混凝土达到初凝后具备强度后,拔外套筒。

5　施工工艺流程及操作要点

5.1　施工工序

高频液震套管灌注桩工艺施工流程如下:施工场地准备→起重设备就位→高频液压振动锤施工双

套管→钻机就位→完成钻孔→清孔→下钢筋笼→清孔→灌注混凝土→成桩→拔内套管→桩混凝土养护→拔外套管。

施工工艺流程图如图1所示。

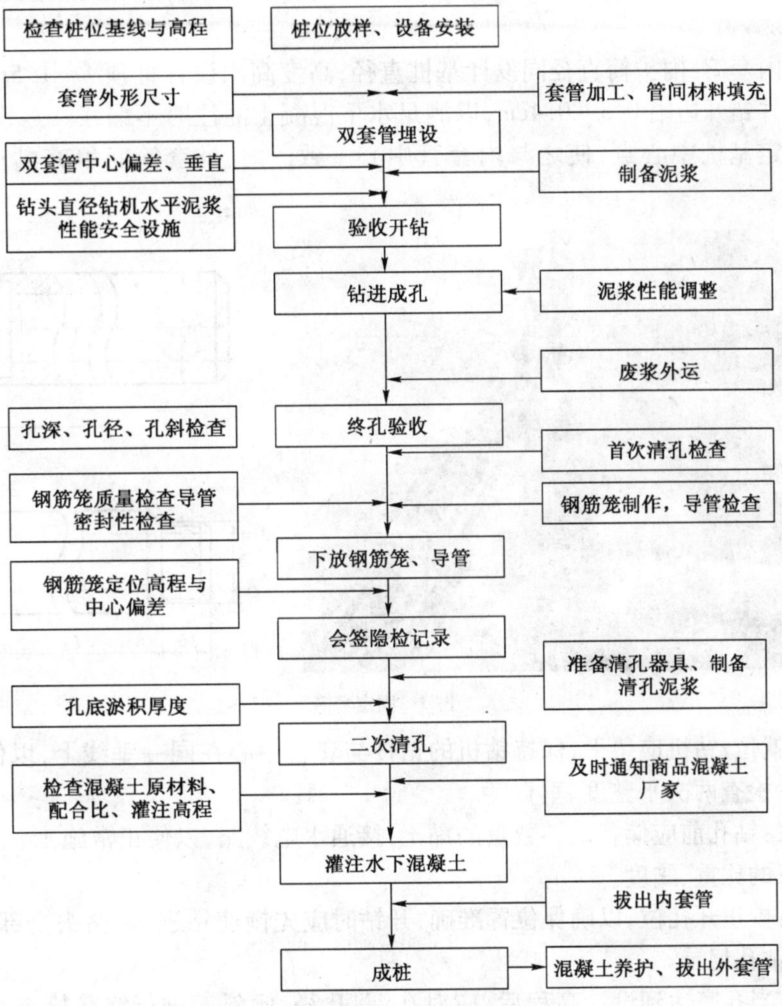

图1 施工工艺流程图

施工工序如图2所示。

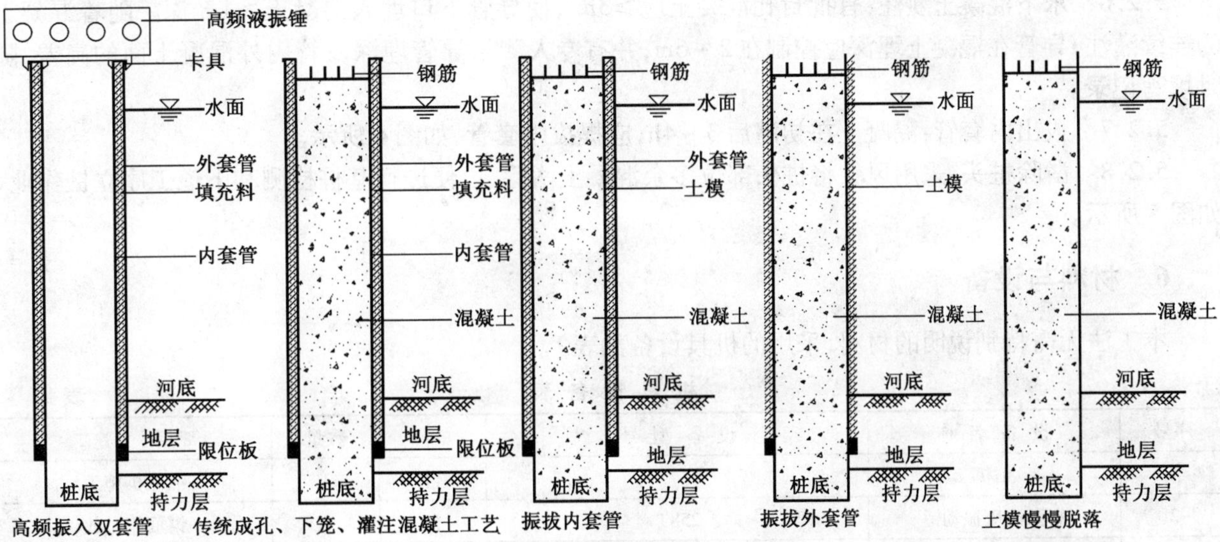

图2 高频液振双套管施工工序图

5.2 施工要点

5.2.1 定位放线:采用全站仪,以轴线控制点作测站,极坐标法进行桩位放样,通过起重设备就位,高频液压振动锤施工内、外钢套管固定孔位,再以轴线交会法复核桩位中心,校正套管埋设偏差及钻机就位偏差。

5.2.2 固定内套筒:内护筒直径同设计基桩直径,高度高出设计桩顶1~1.5m。采用三扇边角铁焊接于每扇边沿,并错开边沿0.3~0.4cm,以满足水下混凝土灌注时不漏浆。角铁外采用槽钢锁扣固定,便于拆卸。确定基桩中心点,使之与内套管中心一致。内、外套筒间填充黏土,黏土厚度不小于5cm。如图3所示。

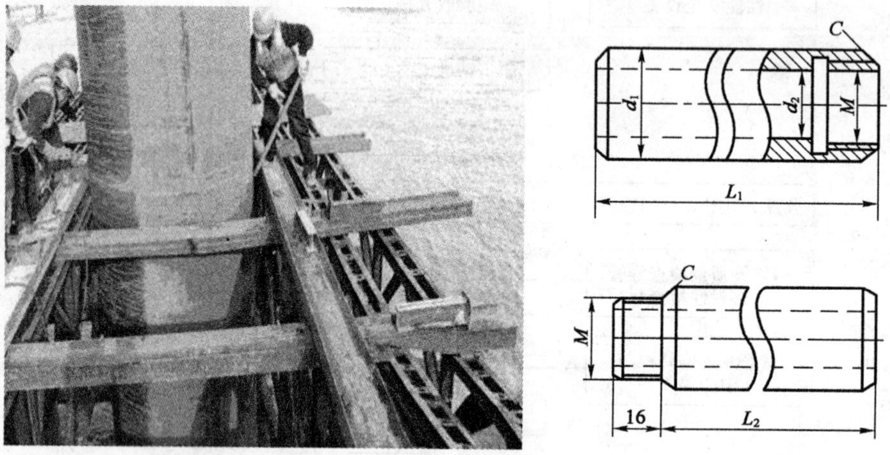

图3 固定套筒

5.2.3 钻机就位:钻机应垫平,保持钻机的钻杆与套管中心在同一垂线上,以保证钻孔的垂直度。每班组作业时最少检查两次平整度、垂直度。

配置钻孔泥浆:钻孔前应储备足够数量的黏土,接通水电线路,以便正常施工。同时根据地层、地质情况准确配制泥浆的比重、黏度。

5.2.4 钻进:校正开孔位,以确保位置准确,开钻时应先慢速钻进,等钻头全部进入地层方可加速钻进,设专人负责钻孔记录。

5.2.5 清孔:当孔底达到设计高程后,应对孔深、孔径、倾斜率进行终孔检查,合格后进行第一次清孔。

5.2.6 水下混凝土灌注:首批封孔混凝土应≥3m,使导管下口埋入混凝土≥1m深。随着混凝土的连续灌注,导管在混凝土埋深应控制在2~6m,并有专人测量导管埋深及管内外混凝土面的高差,随时填写记录。

5.2.7 拔出内套管:混凝土在初灌后3~4h,应提拔内套管,如图4所示。

5.2.8 凿除桩头:采用风钻将桩头部位多余混凝土凿除,以便进行基桩检测和下道工序立桩作业,如图5所示。

6 材料与设备

本工法无需特别说明的材料,采用的机具设备见表1。

机具设备表

表1

序号	设备名称	设备型号	单位	数量	用途
1	钻机		台	1	灌注桩施工
2	高频液压振动锤	258T	台	1	钢筋笼吊放
3	正铲装载机	ZL50	台	1	运土

续上表

序号	设备名称	设备型号	单位	数量	用途
4	卷扬机	3t	台	1	拉直钢筋
5	泥浆机	3PNL	台	1	成孔及排污
6	泥浆泵	7.5kW	台	1	成孔及排污
7	灌混凝土管架	ϕ219×50mm、ϕ250×50mm	套	1	混凝土灌桩
8	电焊机	250A	台	2	焊接钢筋笼
9	泥浆测试仪		套	1	监测泥浆性能
10	空压机	YV-6/8	台	1	清障及洗孔
11	泥浆运输车		辆	1	泥浆外运
12	吊车	QY16-25T	台	1	吊钢筋笼机具
13	孔口套管	ϕ1 300、ϕ1 600	台	1	成孔及排污
14	混凝土导管	ϕ230mm	套	1	成孔及排污
15	混凝土搅拌车		台	1	

图4　振拔套管

图5　凿除桩头

7　质量控制

7.1　施工必须遵守执行现行的国家、行业标准

7.1.1　《建筑地基基础设计规范》(GB 50007—2002)；

7.1.2　《建筑基桩检测技术规范》(JGJ 106—2003)；

7.1.3　《建筑桩基技术规范》(JGJ 94—2008)；

7.1.4　《公路桥涵地基与基础设计规范》(JTG D63—2007)；

7.1.5　《建筑地基基础工程施工质量验收规范》(GB 50202—2002)；

7.1.6　《建筑施工安全检查标准》(JGJ 59—99)；

7.1.7　《公路桥涵施工技术规范》(JTJ 041—2000)；

7.1.8　《建筑钢结构焊接技术规程》(JGJ 81—2002)；

7.2　质量保证措施

7.2.1　振入时，应及时观测振频，套管振幅；桩钻孔时，必须严密注意地层地质变化，及时调整钻杆速度和钻压。严格控制护壁泥浆的比重、含砂率和 pH 值。

7.2.2　桩成孔后必须进行孔径、孔深、孔斜率及沉渣厚度的检测，下钢筋笼后，灌注水下混凝土之前复测沉渣厚度，确保满足规范要求。钻孔桩成桩允许偏差见表2。

7.2.3 下钢筋笼应缓慢进行,防止刮碰孔壁,水下混凝土应一次灌注成桩。

钻孔桩成桩允许偏差

表2

项次	检查项目		规定值或允许偏差	检查方法和频率
1	混凝土强度(MPa)		在合格标准内	按 JTG F80/1—2004 附录检查
2	桩位(mm)	排桩	50	用经纬仪检查纵、横方向
3	钻孔倾斜度	直桩	1%	查灌注前记录
4	沉淀厚度(mm)	支承桩	不大于图纸规定	查灌注前记录
5	钢筋骨架底面高程(mm)		±50	查灌注前记录
6	双套管间距		±10	制作及套管沉至高程检查

8 安全措施

8.1 根据国家有关规定、条例,结合施工单位实际情况和工程的具体特点,组成专职安全员和班组兼职安全员以及工地安全用电负责人参加的安全生产管理网络,执行安全生产责任制,明确各级人员的职责,抓好工程的安全生产。

8.2 施工现场按符合防火、防风、防雷、防洪、防触电等安全规定及安全施工要求进行布置,并完善布置各种安全标志。

8.3 水中桩施工应严格执行水中作业操作规程。

8.4 水中作业平台搭设应满足大型工程机械的安全作业要求。

8.5 平台上的吊装设备就位作业时,应有足够的安全作业空间半径。

8.6 通往水中作业平台的便道应满足承载及机械通行安全条件。

8.7 符合水上作业吊装安全操作规程。

8.8 室内配电柜、配电箱前要有绝缘垫,并安装漏电保护装置。

8.9 平台钻机作业应设置稳定装置,大型钻机作业应备有防震防滑等安全装置。

8.10 建立完善的施工安全保证体系,加强施工作业中的安全检查,确保作业标准化、规范化。

9 环保措施

9.1 建立环保管理体系,切实贯彻国家及地方环保法规。

9.2 水中平台施工,制定并执行河道生态保护措施。

9.3 水中围堰施工应确保水生物保护和安全。

9.4 水中便桥、围堰搭设应急可能减少占用面积,减少环境影响。

9.5 实行环保责任制,保持施工区域和生活区域的环境卫生,及时收集各种生活、生产垃圾,按照相应要求进行处理,生活施工污水经处理纳入市政污水系统。

9.6 施工噪声较大的工序(如空压机、切割机、钻机等),要选择合适的时间进行施工,并在工程中采用相适宜的隔音降噪措施,降低施工噪声对环境的影响。

9.7 成孔过程中的废弃泥浆应集中排至泥浆池中,及时消纳处理掉。

9.8 运送砂子、石子、土方及渣土的车辆必须有遮盖装置,车轮必须清洗干净。

9.9 搅拌机在运行过程中,应防止尘土污染空气,必须遮盖或搭临时棚。

9.10 成立对应的施工环境卫生管理机构,在工程施工过程中严格遵守国家和地方政府下发的有关环境保护的法律、法规和规章,加强对施工燃油、工程材料、设备、废水、生产生活垃圾、弃渣的控制和治理,遵守有防火及废弃物处理的规章制度,做好交通环境疏导,充分满足便民要求,认真接受城市交通管理,随时接受相关单位的监督检查。

10 效益分析

10.1 本工法适施工时振感小、噪声低、不扰民，高频液压振动锤的施工效率高，属于环保型的桩工机械。

10.2 该工法全套管护壁，施工便利，成桩质量稳定，解决了水下施工、成孔过程中出现的坍孔、流砂及卵石层中施工的漏浆等问题，同时钢套筒可以回收再利用，节约造价。

随着该施工方法的日臻成熟，其逐步获得了明显的社会和经济效益。

11 应用实例

11.1 2008 年，唐山古冶外环路工程，水中灌注桩施工，直径 1 200mm、1 500mm，桩长 30 ~ 50m。采用高频液振双套管施工回收技术，使造价降低了 20%，施工过程快捷便利，取得了良好的社会效益和经济效益。

古冶项目采用高频达 1650 振动频率的液振锤，各液振锤的参数如表 3 所示。

液 振 锤 参 数 表3

型　　号	单　　位	DBJ-B200T	DBJ-B258T	DBJ-B300T	DBJ-B400T
偏心力矩	kg · m	50	56	60	70
激振力	kn	2 000	2 600	3 000	4 000
振动频率	r/min	1 650	1 650	1 650	1 650
最大起拔力	kn	1 000	1 000	1 200	1 400
整机质量	kg	9 500	10 000	15 000	20 000
长度	mm	2 560	2 560	2 700	2 700
宽度	mm	355	450	500	600
高度	mm	2 692	2 692	2 850	2 950
动力站	hp	DBJ-C500P	DBJ-C630P	DBJ-C800P	DBJ-C1000P

液振锤及施工照片如图 6 和图 7 所示。

图6 液振锤

图7 施工中的液振锤

11.2 浔江特大桥全长1 839m,桥面宽29.6m,北起梧州市长洲区龙华村,南至苍梧县龙圩镇,浔江特大桥桩基施工中,在采用传统的处理桩基成孔过程中出现的坍孔、流砂及套管流水的方法不适用的情况下,采用双套管工艺进行处理桩基钻孔施工,取得了良好的效果。

通过施工应用实例,很明确的证实了高频液振双套管灌注桩施工工法的可靠便捷,安全稳定,具有一定的先进性和实用性,值得大力推广。

高寒地区大体积混凝土冬季施工温度裂缝控制工法

GGG(黑)C2075—2009

孙雪飞 马 勇 孙国臣 陈彦君 朴志海
（龙建路桥股份有限公司 黑龙江伊哈公路工程有限公司）

1 前言

大体积混凝土水化热大、温升高、散热慢，致使混凝土里外温差大，很容易引起温度裂缝。2001年7月开工，于2004年9月竣工的哈尔滨绕城高速公路松花江四方台斜拉桥，主跨336m，主塔承台外形尺寸为54.5m×15m×5m，混凝土量为3674.5m^3，强度等级C30，属于大体积混凝土施工。10～12月之间施工，日平均气温介于-8℃～-22℃之间，属于冬季施工。经计算最大温差45℃以上，远远超出大体积混凝土最大温差需小于25℃的标准要求，加大了温度控制的难度。为了避免混凝土体产生温度裂缝，保证承台质量，龙建路桥股份有限公司和黑龙江伊哈公路工程有限公司会同黑龙江省寒地建筑科学研究院及哈尔滨工业大学等科研单位，通过大量的研究和试验，施工时搭设暖棚、埋设蛇形管道通过循环水强制降温，掺入粉煤灰降低水化热，掺入缓凝剂控制温升速率，延迟水化热温度最高点，掺入优质引气剂提高抗冻性等措施，取得了圆满成功，总结出了高寒地区桥梁大体积混凝土冬季施工温度裂缝控制工法。施工后经检测没有出现一处裂缝，达到了预期目的。2002年11月本工法经科技查新处于国内领先水平，2003年该工法通过黑龙江省交通厅组织的专家鉴定，认为国内领先。2003年度荣获黑龙江省交通厅科技进步二等奖，该桥于2006年荣获国家建筑工程“鲁班奖”、黑龙江省建设工程质量“龙江杯”奖。

2 工法特点

2.1 承台大体积混凝土搭设保温大棚，向棚内通暖气提高环境温度。

2.2 混凝土内埋设蛇形管道通循环水强制降温。

2.3 混凝土掺加粉煤灰减少水化热。

2.4 掺入缓凝剂有效地控制温升速率，推迟水化热最高温度。

2.5 降低混凝土入模温度小于18℃。

2.6 采用热电偶监控混凝土温度。

3 工法适用范围

本工法适用于高寒地区桥梁大体积混凝土冬季施工。

4 工艺原理

选择使用中低热普通水泥掺优质粉煤灰，减少单方水泥用量，降低水化热的产生。加缓凝减水剂，掺入缓凝剂控制温升速率，推迟最高温升出现的时间，降低混凝土入模温度，控制局部温差过大。搭设保温大棚，内通暖气，覆盖裸露的混凝土表面，分层浇筑混凝土减少水化热的聚集。混凝土内部布置蛇形管道，内通循环水强制降温，采用热电偶测温技术，对混凝土进行全方位跟踪测温，出现问题及时处理。

5　施工工艺流程及操作要点

5.1　工艺流程(见图1)

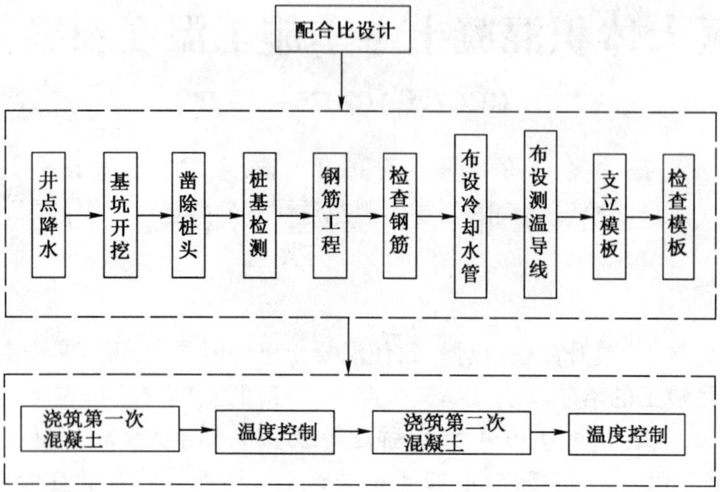

图1　工艺流程图

5.2　操作要点

5.2.1　施工中搭设暖棚

10月至12月施工,室外气温日平均介于-8℃～-22℃之间,为了避免过大的温差,在整个施工作业面搭设保温大棚,内通暖气,随混凝土内部温度的升高及降低,棚内的气温亦同步增减,保证混凝土内部与表面的温差始终小于25℃;为混凝土匀速升温或降温提供了一个稳定的温度场,有力地保证了施工初期混凝土的内部温度应力小于混凝土的抗拉强度。

5.2.2　控制混凝土的入模温度

在大体积混凝土冬季施工过程中,室外温度为负温,由于砂石料等原材料储存在有暖气的保温大棚内,其温度可以有效控制。为防止水泥水化热峰值的提前上升,冷水拌制混凝土等措施,由于冷水的分子缔合作用及其$(H_2O)_n$的大分子团效应,对外加剂的溶解尚为缓慢,故在搅拌时应相应延长搅拌时间2～3min,可采用30℃～40℃热水进行搅拌。搅拌时可采用二次投料,先将砂、石、热水、外加剂投入搅拌机,先搅拌20～30s之后再投入水泥进行搅拌至规定时间出料,控制混凝土出料温度在5℃～10℃之间,但注意混凝土泵的泵管保温,以防止新拌混凝土浇注挂腊。

5.2.3　采用内部控温的办法降低混凝土内外温差

在混凝土内部埋入蛇形循环冷却水预埋钢管(内径为3cm),强制带走混凝土凝结硬化过程中产生的多余水化热,控制混凝土内外温差,使混凝土内外温度保持小于25℃温差,保证不产生较大的温度应力。

5.2.4　采用铜—康铜热电偶对混凝土内部监测温度

承台混凝土施工的重点和难点是混凝土内部温度的测定和控制,在混凝土初凝开始至撤除保温大棚之前,始终利用铜—康铜热电偶跟踪监测混凝土不同位置、不同厚度的温度变化情况,以便及时调整大棚内的温度,应预先进行温度的测点布置。具体原则是:混凝土的四角及其易透风的位置、混凝土的中心位置,所布置的测点应均匀分布,最好是等距离间隙,以便易于计算混凝土的降温速度及其混凝土内部的温度场分布,具体布点方式如图2所示。

5.2.5　改善约束条件,减少温度应力

承台混凝土的浇筑分两层进行,第一层浇筑厚度为3m,混凝土量为2 205m^3;第二层浇筑厚度为

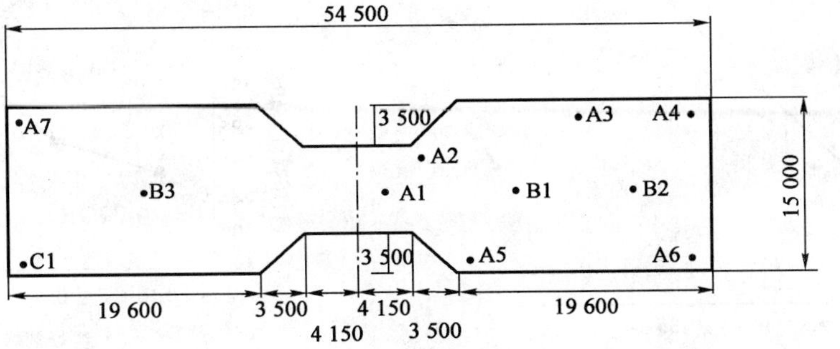

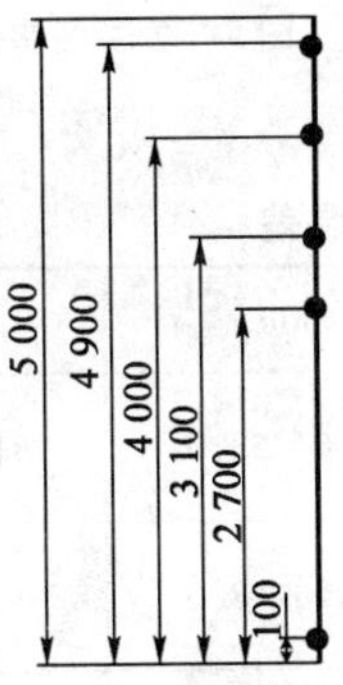

A1、A2、A3、A4、A5、A6、A7、C1 测温点竖向尺寸（其中 C1 为便携式测温仪测点）

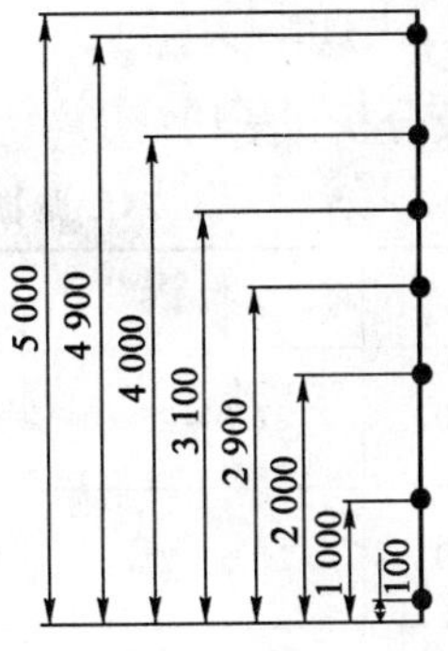

B1、B2、B3 测温点竖向尺寸

图 2　混凝土测温点配置略图（松花江大桥工程大体积混凝土基础测温点布置示意图）

2m，混凝土量为 1 469.5m^3，合理设置施工缝，以放松约束条件，并减少水化热的聚集。浇筑顺序是上游至下游方向呈阶梯状分层进行，每层厚度为 30 ~ 50cm，浇筑时间为 12 ~ 15h，混凝土实测初凝时间为29 ~ 33h，终凝时间为 34 ~ 37h（图 3）。第一次浇筑的混凝土表面应凿毛处理，第二次浇筑前应用水将混凝土表面清洗干净，方可再次浇筑混凝土。振捣均匀到位，以混凝土表面发亮不再上返气泡为准，要防止漏振和过振。

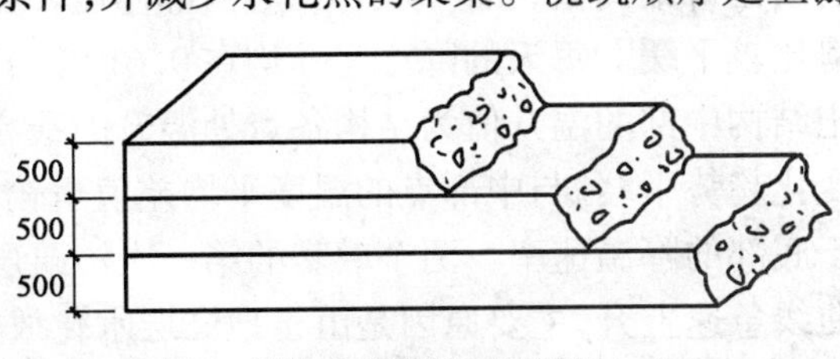

图 3　混凝土分层浇筑高度图（mm）

5.2.6　混凝土配合比

经过优化对比，本工法混凝土配合比采用六组分法，即水泥、粉煤灰、缓凝高效减水剂、粗集料、细集料、水六种组分。混凝土配合比设计时做不同体积混凝土现场模拟测温试验，根据试验结果确定具体控温方案。做杜瓦瓶绝热温升试验，根据最小升温确定粉煤灰和外加剂掺量。做正交对比试验，确定最佳配合比。

考虑到大体积混凝土中水泥水化热过大，在配合比设计过程中，应尽量采用级配良好的集料、降低水灰比、掺入粉煤灰和外加剂等方法来减少水泥用量，以达到降低水泥水化热的效果，参照《公路桥涵施工技术规范》第 11.3.5 条规定，水泥用量不宜超过 350kg/m^3。

如图 4、图 5，粉煤灰和缓凝剂随掺量增加，混凝土的强度也随之提高，因此在大体积混凝土中可以采取用粉煤灰取代部分水泥，降低水化热的产生，增加缓凝剂，降低水化热放热速率，推迟放热峰值，从而使混凝土内外温差得到缩小，防止混凝土产生温度裂缝；另外哈尔滨地区冬季漫长 5 个月之久，年温差超过 70℃，属于高寒地区，掺入优质引气剂对抗冻融性能有显著改善，经多次试验配制出抗冻性满足 300 次冻融循环以上要求。

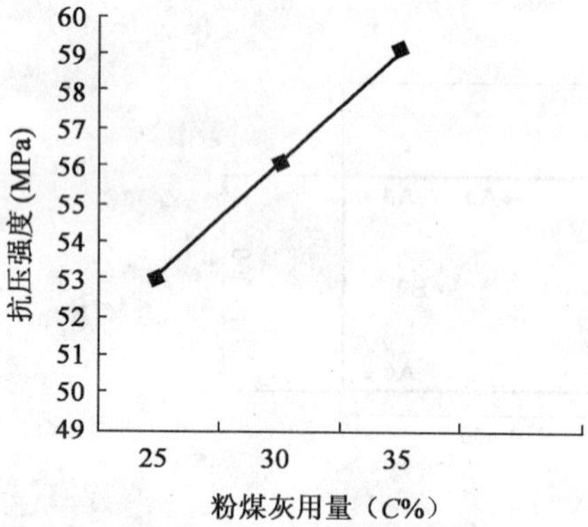

图4 粉煤灰用量与强度的关系

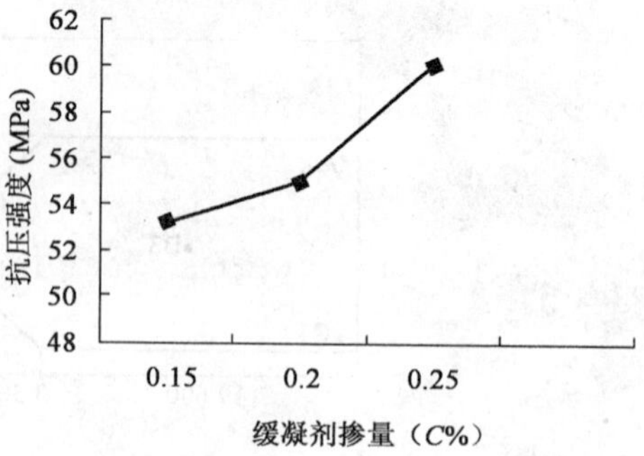

图5 缓凝剂掺量与强度的关系

5.2.7 实测数据及分析(表1)

不同龄期混凝土的强度及最大温差

表1

		3d	7d	28d	60d	90d	最大温差(℃)
第一层	南岸	12.0～15.0	22.0～25.0	38.5～41.5	47.0～53.0	51.0～53.0	16.04
	北岸	10.0～13.0	21.5～25.0	36.0～40.0	46.5～48.0	49.5～52.0	16.30
第二层	南岸	13.0～15.5	22.5～28.0	40.0～42.5	48.0～52.0	51.5～54.5	15.24
	北岸	11.0～14.0	22.0～27.0	38.5～42.0	47.5～51.0	50.0～53.5	18.51

图6、图7,总体特征为混凝土内部在浇筑完毕后的前7d时温度急速上升,到第7d时达到水化热引起的温升最高值,在持续了1d后内部温度开始下降,到第10d时温度明显下降,总体的降温曲线下降趋势比较平缓。每天的降温速率均在0.619℃/d左右,控制在了1～2℃/d之内满足降温限制速率;混凝土结构中部的温升值为结构各点处温升的最高值;结构表面处的温度曲线波动性较大;底部的温度曲线变化趋势平缓,与中部点的温度平均差值也较小;结构中部与底部的降温趋势相似,但中部降温速率小于底部的降温速率。两个墩基的第一次浇筑层温度曲线在第二层浇筑后均有明显的变化,其表层温度曲线急速上升,主要原因是由于地二层水化放热引起的。表面处的温度曲线波动性大的原因是由于受外界温度的影响显著,当外界气温变化时表面温度也随其变化,从中可以看出,表面覆盖保温层的重要性,当保温效果不好时,其曲线波动特别明显,资料显示,当表面采取设置多层温度保温缓冲层时,表面温度曲线非常平滑,保温效果良好。

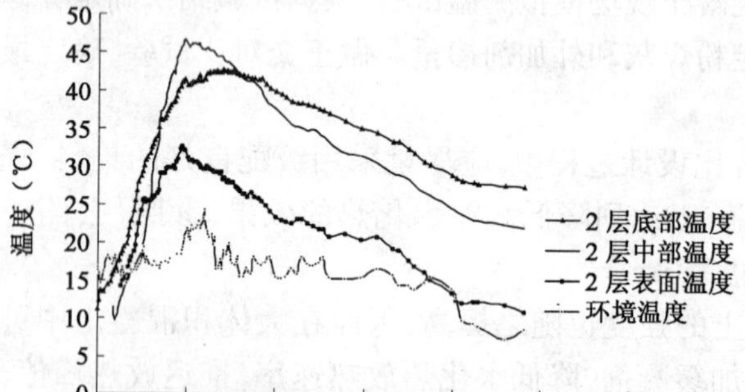

图6 8号桥墩大体积混凝土第二层温度曲线

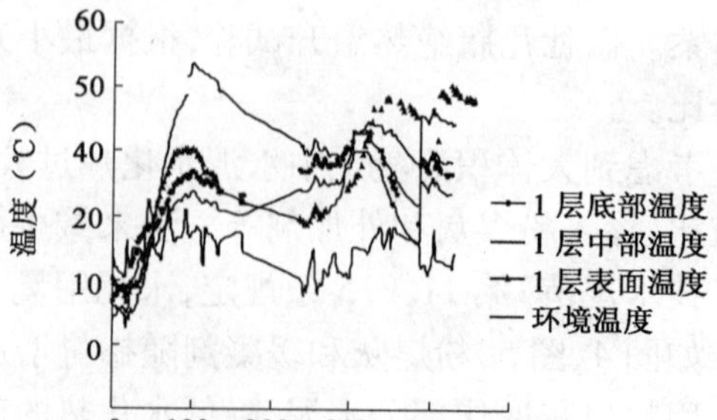

图7 9号墩大体积混凝土第一层温度曲线

5.3 人员配置(表2)

主要人员配置表 表2

序号	名称	人数	职责权限
1	经理	1	负责现场全部工作
2	副经理	2	主抓现场生产、负责工程质量、管理
3	工程部	4	协助经理、副经理工作
4	木工	15	负责模板支立、拆除工作
5	钢筋工	18	负责钢筋绑扎、焊接工作
6	混凝土工	20	负责混凝土生产、振捣、养护工作

6 材料与设备

6.1 混凝土组成材料(表3)

混凝土组成材料主要技术性能指标 表3

	粗集料	细集料	水泥	粉煤灰	缓凝高效减水剂	水
主要指标	含泥量≤1.0	含泥量≤3.0	强度≥32.5MPa	细度≤12	减水率≥18	饮用水
	压碎值≤15	细度模数2.3~3.0	安定性合格	烧失量≤5	缓凝时间≥20h	
其他指标	符合现行国家标准					

6.2 主要设备、机具(表4)

主要设备、机具表 表4

名称	型号	性能	能耗	数量
混凝土搅拌机	JS500 27.5kW	20~25m^3/h	27.5kW·h	4台
混凝土输送泵	HBT80 181kW	60~80 m^3/h	18~20kg/h	2台
振捣器	TEDDY-ZD50 3kW		3kW·h	8个

7 质量控制

7.1 在保证混凝土强度基础上,尽量减少水泥用量,增加粉煤灰用量,减少水化热。

7.2 控制最大温升,推迟最高温升出现的时间,控制混凝土不产生大于25℃的温差。

7.3 执行的规范标准

《用于水泥和混凝土中的粉煤灰》(GB 1596—2005)

《公路桥涵施工技术规范》(JTJ 041—2000)

《公路工程水泥及水泥混凝土试验规程》(JTG E30—2005)

《公路工程集料试验规程》(JTG E42—2005)

《公路工程质量检验评定标准》(JTG F80/1—2004)

7.4 现行标准、规范中未规定关键部位、关键工序的质量要求有:蛇形降温管的水温与所处部位混凝土的温差应小于25℃。第二次混凝土浇筑的时机应选择在第一次浇筑的混凝土进入稳定降温期24h后。

7.5 达到工程质量目标所采取的技术措施和管理方法:严格按国家有关标准和规范进行混凝土施工,用热电偶并结合人工联合测温,安排技术人员昼夜值班观测温度变化,及时、准确记录,对出现的异常现象及时处理。

8 安全措施

施工过程中都严格执行国家安全规定要求,对全体现场作业人员实行岗前安全培训;浇筑混凝土时要求全体现场作业人员必须佩戴安全帽;穿绝缘鞋,电气设备和线路必须绝缘良好,手持照明灯使用36V安全电压。大棚内设置足够数量的灭火器和消防水源,并设两名专职安全员全程监护,预防火灾。

9 环境保护

施工时严格执行国家环保有关规定,按环保部门的要求及时清理残土、混凝土废弃物,堆放到指定地点,不得对水体造成二次污染。注意水泥和粉煤灰的防尘。

10 效益分析

10.1 经济效益

该工法在高寒地区大体积混凝土结构冬季施工中,虽然增加了冬季施工费用,但充分利用冬季江河水位低的特点,减少了高水位时的支撑加固和降水等复杂工艺,成本大大降低,粉煤灰的使用节省水泥资金达69万元,早几个月交工通车间接费至少几千万,经济效益显著。

10.2 社会效益

该工法在高寒地区大体积混凝土结构冬季施工中,对温度裂缝控制技术进行了积极地尝试和探索,并取得了成功,缩短几个月工期,为早日竣工通车奠定了基础,粉煤灰的使用充分利用"废料",符合国家"三废"利用的产业政策,社会效益显著,该工法具有广阔的应用前景。

11 应用实例

11.1 应用实例一

哈尔滨绕城高速公路松花江四方台斜拉桥2001年7月开工,于2004年9月竣工,主跨336m。8号、9号主塔承台外观尺寸为54.5m×15m×5m,强度等级C30,每个承台混凝土量均为3 674.5m^3,10月~12月之间施工,日平均气温-8~-22℃,属于大体积混凝土冬季施工。该工法温控结果显示混凝土内部最高温升值49.41℃,最大温差18.51℃,完全满足《块体基础大体积混凝土施工技术规程》(YBJ 224—91)第2.0.5条规定的最大温差不大于25℃的要求。降温速率0.8~1.2℃/24h,混凝土的拉应力小于实际抗拉强度,混凝土未出现一处温度裂缝,达到了混凝土的质量要求。该桥于2006年荣获国家建筑工程"鲁班奖"、黑龙江省建设工程质量"龙江杯"奖。

11.2 应用实例二

哈尔滨市道外二十道街松花江特大桥,2008年5月开工,计划于2010年10月竣工通车。该桥结构为单塔双索面斜拉桥,主跨268m,主塔承台尺寸60.218m×19m×5m,混凝土强度C35。2009年1月上旬至3月初施工,施工期日平均气温-9~-23℃,最低气温-27℃,采用本工法高寒地区大体积混凝土冬季施工温度裂缝控制技术施工,承台里外最大温差小于25℃,保证了施工质量,取得了可观的经济效益和社会效益。

11.3 应用实例三

鸡讷公路通河松花江大桥,2006年10月开工,计划于2009年10月竣工,该桥全宽21.5m,双向四车道。其中22~26号承台尺寸为20.1×14.0×3.0(m),属大体积混凝土,其中22号和23号承台于2006年10月中旬~11月中旬施工,日平均气温低于-4℃,最低气温-16℃,属冬季施工,采用本工法高寒地区大体积混凝土冬季施工温度裂缝控制技术施工,施工后经检测未出现裂缝,完全满足质量要求,得到社会各界的好评。

盖梁整体托架施工工法

GGG(黑)C2076—2009

宋 勋 张纯学 孙雪飞 田树林 王 猛
(龙建路桥股份有限公司 黑龙江龙捷市政轨道交通工程有限公司)

1 前言

绥满国道主干线海林至亚布力段高速公路改扩建工程河源1号高架桥、河源2号高架桥由龙建路桥股份有限公司和黑龙江省龙捷市政轨道交通工程有限公司负责承建,于2005年5月开工,至2008年10月竣工。工程位于张广才岭主峰延伸地带,地形为沟谷交错,起伏连绵,相对高差较大,其中河源1号高架桥最高墩达47.69m。针对墩身高、工期紧采用常规方法施工难度大、成本高等问题,经过我公司工程技术人员现场勘察、试验、研究,决定采用整体托架法施工技术,经实际应用,取得了很大的成功,提前完成施工任务,得到了业主及监理部门的好评。该工法关键技术于2008年5月经科技查新处于国内领先水平,2008年5月通过了黑龙江省建设厅科技成果鉴定。

2 工法特点

2.1 工期显著缩短

采用本工艺对多个高墩同时施工,大大缩短盖梁施工工期。

2.2 安全性能较高

由于施工作业平台在地面上已经制作完成,护栏等安全措施已经就位,大大降低了高空作业的危险,同时也解决了模板、钢筋等其他物品的运输所代来的安全隐患,显著降低安全事故的概率。

2.3 减少环境污染

本施工工法占地面积小,不需要很大作业面,减少了对土地资源的占用。

3 适用范围

该施工工法适用于高架桥梁盖梁施工,特别是大型机械设备无法进入的山区。

4 工艺原理

将两根45号工字钢,用四根方钢连接成一个整体托架,用槽钢将方钢加固,在工字钢外侧焊接上三角桁架,在三角桁架上铺设跳板,作为工作平台,并在桁架外侧用钢管制作安全防护围栏(图1)。为防止托架与墩身碰撞,并抵抗工作平台对工字钢的扭转作用,在型钢内侧设置滚轮,在墩身顶面用10号工字钢制作两个人字扒杆,用10×10角钢进行加固,在每个人字扒杆顶放置一

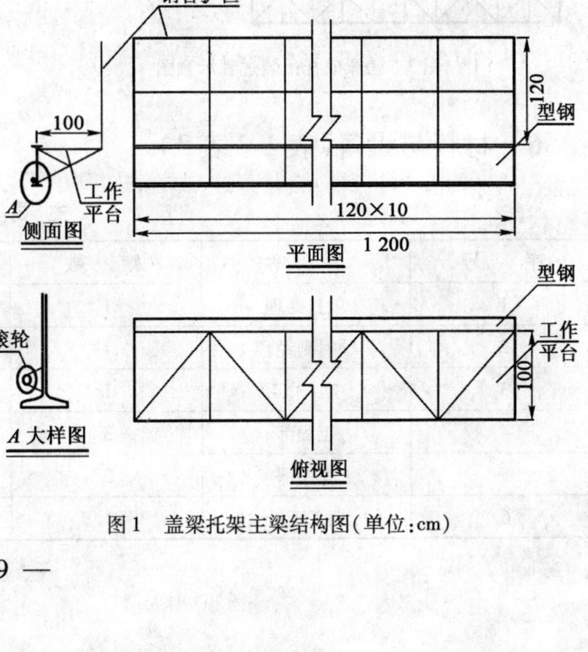

图1 盖梁托架主梁结构图(单位:cm)

个滑轮组,并且在墩柱两侧各架设一台5t卷扬机,用于起吊托架。施工时,将所有施工用机具材料放置在工作平台上,与托架一起一次吊装到位。吊装就位后将钢棒插入墩柱的预留孔中,把托架落在钢棒上进行固定,检查工字钢是否变形。然后将人字扒杆拆除掉,进行盖梁的绑筋、支立模板、混凝土浇筑等工作。待盖梁施工完成模板拆除后,将模板同拖架一起落下,移至另一个墩柱下,重复上述过程,进行下一个盖梁的施工。

5 施工工艺及操作要点

5.1 工艺流程(图2)

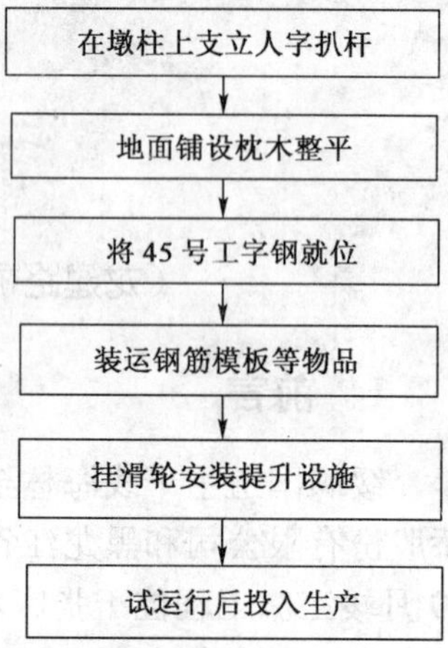

图2 整体托架施工工艺流程图

5.2 施工要点

5.2.1 托架制作时,必须检查工字钢是否完好,并对工字钢按设计进行补焊加强。

5.2.2 设置好工字钢侧面的滚轮的位置,使其每个滚轮紧贴墩柱,并且每个滚轮均匀受力,使托架与墩柱始终保持一定间距。

5.2.3 通过计算控制好人字扒杆支立的角度。

5.2.4 墩柱左右两侧的平台要均匀布置荷载,使左右两端尽量保持平衡。

5.2.5 提升起重绳受力必须达标,卷扬机缓慢提升,不断调整卷扬机的速度,使托架平稳上升以防止整体托架发生倾斜而刮、碰墩柱。盖梁底托吊装过程及就位后示意图见图3、图4。

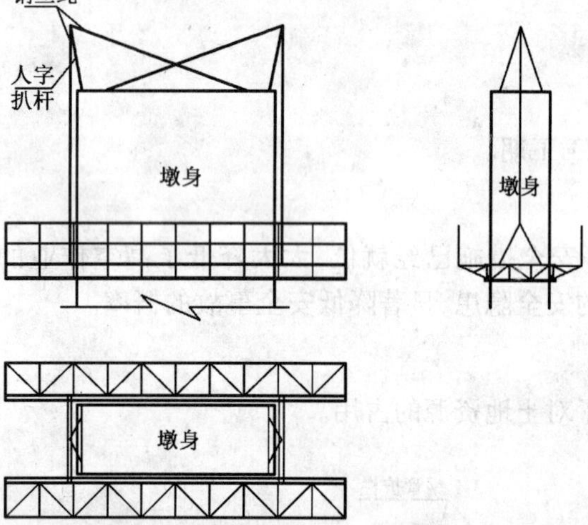

图3 盖梁底托吊装过程示意图

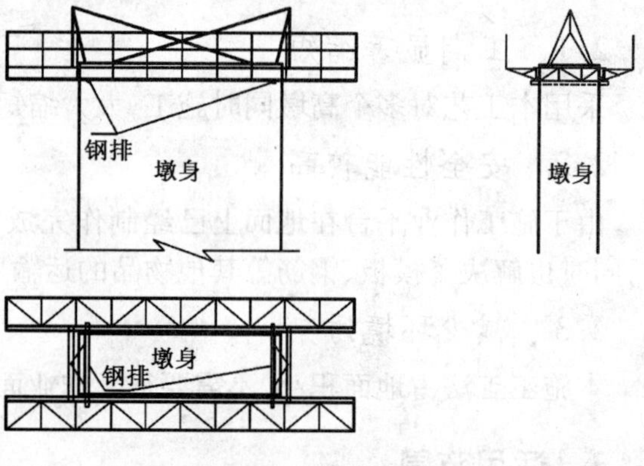

图4 盖梁底托就位后示意图

6 材料与设备(表1~表3)

主要人员表 表1

序号	名称	人数	职责权限
1	项目经理	1	全权负责本项目工程的协调、管理及生产工作
2	项目副经理	1	协助项目经理工作,主抓施工现场管理
3	项目总工	1	对全标段的质量负全责,负责技术管理及施工现场
4	工程部	3	工程技术指导、管理和安全工作
5	安保部	2	负责工程安全
6	架工工长	1	全面负责安装、起吊工作

续上表

序 号	名 称	人 数	职责权限
7	技工	4	负责机械操作、起吊工作
8	力工	10	装运、安装工作
合计		23	

主要设备工具表 表2

序号	名称	规格	数量	备注	序号	名称	规格	数量	备注
1	卷扬机	5t	2	提升	3	推土机	80马力	1	平整场地
2	吊车	8t	1						

注:1马力=735.499W。

主 要 材 料 表 表3

序号	名称	规格	数量	备注	序号	名称	规格	数量	备注
1	枕木		10根		5	钢丝绳	19.5mm	600m	
2	工字钢	I45a	2根12m/根		6	导链	5t	7个	
3	角钢	∠10×10	8根2m/根		7	滑轮	3t	4个	
4	跳板	6×6×400	16块		8	滑轮组	3×3	4个	

7 质量控制

7.1 托架制作时,必须检查工字钢是否完好,并对工字钢按设计进行补焊加强。

7.2 设置好工字钢侧面的滚轮的位置,使托架与墩柱始终保持一定间距。防止托架在上升的过程中将墩柱刮碰,影响外观质量。

7.3 托架两侧配重必须均匀,提升时用导链连接托架左右两侧平台,防止在提升过程中托架倾斜。

7.4 确定好人字扒杆的位置及角度,将人字扒杆固定牢固(图5)。

图5 人字扒杆用导链锁牢

7.5 在提升过程中,为防止整体托架发生倾倒,而受力不均匀,不断调整2台卷扬机的速度,使托架平稳上升,并且用专业技术人员进行指挥操作。

7.6 就位后检查工字钢是否变形,并且用保险绳、导链等加固好。

8 安全措施

8.1 在起吊时,严格按操作程序操作,并派专职安全员进行全程监护。

8.2 起吊前,仔细检查滑轮、滑轮组是否完好,钢丝绳是否完好,有破损时必须换用新绳。

8.3 托架底下10m范围内不允许有人,防止空中坠物。

8.4 起吊时,必须有专人指挥跟随托架上下,但指挥人决不能在托架上,而是通过两墩之间的脚手架上下,启动卷扬机的人员必须严格按照指挥人的指令进行操作。

8.5 待托架就位后,必须先挂好保险绳,作业人员方可去穿钢棒。

9 环保措施

本工法作业面小,易于施工,减少了对土地资源的破坏,而且所用的机械设备也少,这样可以大大减少能源的消耗。

10 效益分析

河源1号、2号高架桥30m以上共30个实体墩盖梁,使用整体托架法比脚手架法可节约成本126.3万元,比大吨位吊车法可节约成本51.1万元。并且,托架制作成本较低,可制作多套托架多个盖梁同时施工,大幅度提前工期,节约了大量间接成本。

本工法不但经济效益明显,社会效益也十分突出,本工法在应用的过程中不仅减少了工、料、机的消耗,并且可以多个作业面同时施工,大大提高了工作效率,缩短了施工工期,对环境污染也非常小。

11 应用实例

11.1 应用实例一、二

绥满国道主干线海林至亚布力段高速公路改扩建工程B8标段,河源1号高架桥桥长624m,结构形式为3×45m+12×40m预应力钢筋混凝土简支T梁,30m以上高墩20座,墩身最高达47.69m,河源2号高架桥桥长277m,结构形式为9×30m预应力钢筋混凝土箱梁,30m以上高墩10座,于2005年5月开工,至2008年10月竣工。并且在2007年4月至2007年7月对河源1号高架桥和河源2号高架桥进行盖梁施工,在施工中对30m以上的30座盖梁采用盖梁整体拖架施工工法,从而加快了施工进度,节约了工程成本。

11.2 应用实例三

鹤伊公路大岭高架桥桥长457m,30m以上高墩11座,结构形式为15×30m预应力钢筋混凝土箱梁。盖梁前期施工为在墩身施工结束后直接利用墩身的满堂脚手架进行盖梁施工,用满堂脚手架法占用了大量脚手架,使脚手架施工周期大大延长,综合考虑各种因素后,经实践证明,在对高墩盖梁施工时,采用盖梁整体托架法施工,本工法在国内领先,安全可行,并节约大量人力、物力,并能缩短施工周期。

高寒地区桥梁粉煤灰水泥混凝土施工工法

GGG(黑)C2077—2009

李吉胜　任建章　姜英民　王　艳　姜月萍
(龙建路桥股份有限公司　黑龙江龙捷市政轨道交通工程有限公司)

1　前言

龙建路桥股份有限公司和黑龙江龙捷市政轨道交通工程有限公司会同黑龙江省寒地建筑科学研究院及哈尔滨工业大学等科研单位在哈尔滨绕城高速公路松花江四方台斜拉桥施工过程中,通过大量的研究和试验,通过掺加Ⅰ级高效增钙粉煤灰的工艺改善了混凝土拌和物的和易性,减少了泌水性和干缩性,提高了混凝土强度,满足高塔柱和远距离的可泵性,特别是解决了高寒地区高性能混凝土在桥梁中应用抗冻性的问题。不论在承台混凝土还是塔柱混凝土的施工中,混凝土的施工性能、强度、耐久性诸方面都明显优于普通混凝土的指标,工程质量完好,表面光滑、气泡少、外观颜色一致、无蜂窝、麻面、外观极佳,完全满足设计要求及施工需要。它充分利用电厂粉煤灰废料,减少了环境污染,工程成本降低至少200万元以上。该桥于2006年荣获黑龙江省建设工程质量"龙江杯"奖、中国建筑工程"鲁班奖"奖。2008年4月经科技查新处于国内领先水平,2008年5月通过了黑龙江省科技成果鉴定,经总结形成本工法。

2　工法特点

2.1　粉煤灰作为一种技术成熟的矿物掺料,掺入大体积混凝土工程中可以增加混凝土的黏聚性,减少泌水,降低水胶比。利用它的滚珠效应,可以大大减少混凝土对泵管的摩阻力,提高可泵性;利用它的微粒效应,可以增加混凝土的密实性,并提高混凝土的抗冻性、抗渗性,增加耐久性。更重要的一点是它可以大量取代水泥,减少混凝土的水化热,提高混凝土的抗裂性能,控制温度裂缝的产生。

2.2　按照本工法配制的混凝土抗冻性应满足300次以上冻融循环要求,可以保证哈尔滨地区冬季漫长(达5个月之久)、年温差超过70℃高寒地区工程质量及施工需要。

2.3　混凝土收缩变形大大降低,最终变形在$0\sim3\times10^{-4}$之间,比普通混凝土$(4\sim6)\times10^{-4}$降低一半以上,不会产生裂纹;混凝土水化热大大降低。其性能对大体积混凝土或夏季施工特别有利,其热应力小,应变小。

2.4　节能利废效果显著,节省了大量水泥。利用粉煤灰,改善了环境,节能环保,具有显著的综合效益。

2.5　可以泵送到100m以上的高度,使混凝土施工合理化,提高浇筑速度,塔柱每节段浇筑时间仅为5~6.5h,缩短工期,减少了气候的影响。整个塔柱混凝土的工期提前了2个月。

3　适用范围

适用于高寒地区的桥梁工程配制高性能混凝土、大体积混凝土、大高程及远距离泵送混凝土等施工。

4　工艺原理

粉煤灰在水泥混凝土中可起到三个基本效应:形态效应、活性效应、微集料效应。掺入到混凝土中可减少水泥用量及降低水化热,提高混凝土拌和物的和易性和流动性;粉煤灰微珠可填充水泥石中的孔隙与毛细孔,改善混凝土的孔结构和增大混凝土的密实度,提高混凝土的强度和耐久性;由于二次水化作用,混凝土的密实性提高,界面结构得到改善,使得易受腐蚀的氢氧化钙的数量降低,提高了混凝土的抗渗性和抗硫酸盐腐蚀性、抗镁盐腐蚀性等。

混凝土的抗渗性:当混凝土水胶比在0.40以下,其连续贯通的毛细孔可以尽早得到自行封闭,微集料与骨料周边水化物 $Ca(OH)_2$ 作用,改善了界面结构及水泥石结构,有效地"细化"孔隙和填塞毛细孔通道,使不透水的小孔增多,从而极好地改善了混凝土的抗渗性。试验证明:当水胶比小于0.38时,其成熟水泥浆的渗漏系数,比花岗岩的渗漏系数($1.5\times10^{-10\mathrm{m/s}}$)还要低得多,细孔可以尽早得到封闭,基本不透水。

混凝土的抗冻性:由于季节变换,冷热交替温度变化,干湿度变化,引起干缩湿胀,混凝土施工时必须加引气剂,由于抗渗性好,孔径小于 10^{-5}cm 微孔其冰点很低,水很难渗入其内部,所以具有良好的抗冻性。

5　施工工艺流程及操作要点

5.1　施工工艺流程

施工工艺流程见图1。

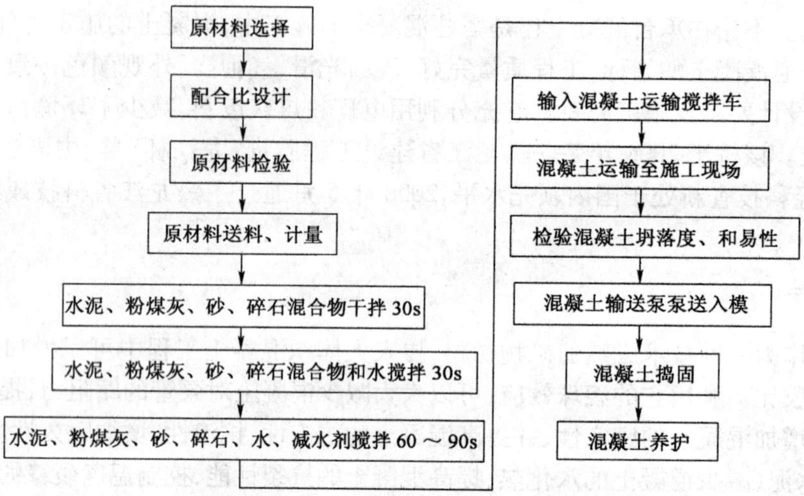

图1　粉煤灰混凝土施工工艺流程图

5.2　操作要点

5.2.1　材料的选择

5.2.1.1　水泥:在配制高强度混凝土选择水泥强度等级时,使水泥的标准抗压强度为混凝土的实际强度的0.9~1.5倍为宜。其技术指标应符合现行国家标准《通用硅酸盐水泥、普通硅酸盐水泥》(GB 175—2007)。

5.2.1.2　粗细集料:采用的粗集料最好为表面粗糙有棱角的硬质砂岩,石灰岩、玄武岩、碎石,其最大粒径在5~25mm为好。细集料以颗粒较圆滑、坚硬,级配良好的河砂或碎石砂,表观密度2.55以上,细度模数在2.60~2.90之间,含泥量不超过2%。具体技术指标应符合《普通混凝土用砂、石质量及检验方法标准》(JGJ 52—2006)。

5.2.1.3　外加剂:选用优质缓凝减水剂,提高混凝土强度,延缓凝结时间,质量满足外加剂标准要求。

5.2.1.4　粉煤灰:根据《公路桥涵施工技术规范》(JTJ 041—2000)中11.2.6的规定,公路桥涵混凝土粉煤灰的质量须满足《用于水泥和混凝土中的粉煤灰》(GB 1596—2005)的规定,使用时还应满足《粉煤灰混凝土应用技术规范》(GBJ 146—90)的规定,我们对两个电厂粉煤灰进行了对比,见表1。

粉煤灰性能对比表

表1

产地	性能	细度	烧失量	含水率	SO_3	需水量比	28d抗压强度比
阿城黑宝建材厂 I级增钙高效灰	实测值	3.5	0.2	0.01	0.06	94.8	83.9
	标准值	≤12	≤5.0	≤1.0	≤3.0	≤95	—
哈市第三发电厂 I级粉煤灰	实测值	11	4.6	0.5	0.1	95	76.5
	标准值	≤12	≤5.0	≤1.0	≤3.0	≤95	—

结论:阿城黑宝建材厂生产的I级增钙高效粉煤灰的性能优于哈三电厂生产的I级粉煤灰,故本工程确定选用阿城产的I级增钙高效粉煤灰。

5.2.2　混凝土配合比设计原则

5.2.2.1　混凝土配合比设计应符合《普通混凝土配合比设计规程》(JGJ 55—2000)的规定。

5.2.2.2　混凝土配制强度按照下式计算

$$f_{cu,o} \geqslant f_{cu,k} + 1.645\delta \tag{1}$$

式中:$f_{cu,o}$——混凝土配制强度(MPa);

$f_{cu,k}$——混凝土立方体抗压强度标准值(MPa);

δ——混凝土强度标准差(MPa),应以同配合比试件不少于30组统计资料为准;若无准确统计标准差时可尝试选择6.0的标准差。

5.2.2.3　混凝土水胶比不宜大于0.38,一般在0.33~0.35之间;用水量小于190kg/m³;胶凝材料总量小于550kg/m³。

5.2.2.4　高效减水剂用量一般为胶凝材料的0.5%~1.8%,可通过不同掺量对比试验确定最佳用量。

5.2.2.5　混凝土砂率应根据试配确定,以保证混凝土不离析、不泌水,具有可泵性为原则。

5.2.2.6　粉煤灰掺量增加,混凝土的强度提高,因此在大体积混凝土中可以采取用粉煤灰取代部分水泥用量,减少水化热的产生,防止混凝土产生裂缝,不同粉煤灰掺量对混凝土在冻融循环中损伤程度不一样,掺入优质引气剂对抗冻融性能有显著改善,经多组试验表明粉煤灰和强度之间关系见图2。

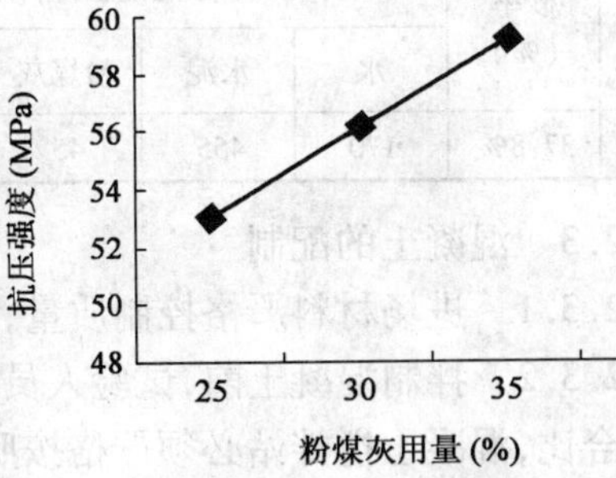

图2　粉煤灰用量与强度关系

5.2.2.7　承台:承台外形尺寸为54.5m×15m×5m,混凝土量为3 674.5m³,强度等级为C30,属于大体积混凝土施工。为了避免过大的里外温差,防止混凝土温度裂缝,在浇筑前对混凝土浇筑后可能产生的最大水化热温升值、温度差、温度收缩应力进行了估算。采取大量掺加粉煤灰替代水泥,减少水化热,提高混凝土的抗裂性能,控制温度裂缝的产生。利用粉煤灰的滚珠效应,可以大大减少混凝土对泵管的摩阻力,提高可泵性;利用它的微粒效应,可以增加混凝土的密实性和混凝土的黏聚性,减少泌水,降低水胶比,降低混凝土内部的最高温度、延缓降温速率、减小混凝土收缩、提高混凝土极限拉伸力及改善约束条件,提高混凝土的抗冻性、抗渗性,增加耐久性。我们做了多组试验,结果如表2。

C30承台混凝土正交对比试验对比表

表2

序号	水泥用量(kg/m³)	粉煤灰用量(%)	砂率	LNC-51掺量(%)	水胶比	坍落度(mm)	扩展度(mm)	初凝时间	终凝时间	常压泌水率比	压力泌水率比	可泵性	3d强度(MPa)	7d强度(MPa)	28d强度(MPa)
1	310	25	36	0.020	0.40	195	530	27:15	33:09	42	36	一般	15.8	28.6	42.8
2	310	30	38	0.025	0.41	230	540	29:32	35:42	39	34	一般	16.5	26.2	44.5
3	310	35	40	0.016	0.38	240	600	32:20	38:45	35	32	良好	18.0	32.2	46.6

续上表

序号	水泥用量（kg/m^3）	粉煤灰用量（%）	砂率	LNC-51掺量（%）	水胶比	坍落度（mm）	扩展度（mm）	初凝时间	终凝时间	常压泌水率比	压力泌水率比	可泵性	3d强度（MPa）	7d强度（MPa）	28d强度（MPa）
4	330	25	38	0.025	0.394	230	520	31:53	38:30	34	32	一般	17.2	31.0	45.8
5	330	30	40	0.016	0.38	230	560	27:25	33:18	34	30	好	16.9	32.0	42.7
6	330	35	36	0.020	0.37	240	630	29:15	35:08	32	27	良好	17.8	32.4	43.2
7	350	25	40	0.020	0.39	240	530	29:05	35:25	30	27	一般	16.2	30.5	45.8
8	350	30	36	0.025	0.41	225	550	32:51	37:43	25	21	好	18.2	31.0	46.6
9	350	35	38	0.016	0.37	230	590	27:08	32:55	22	18	良好	17.8	32.0	46.4

经对比分析，第3号配合比综合指标优于另外8种，故选择3号配合比做为基准配合比，各种材料配合比为：

（水泥+粉煤灰）：砂：碎石：水：LNC-51

（310+109）：724.9：1 081：159.2：6.7

5.2.2.8　塔柱：塔柱断面形式为类六边形，两个塔高分别为110.8m和106.1m，混凝土强度等级为C50，混凝土总量8 078.46m^3。①塔高达110m以上，只能采用泵送，要求混凝土必须有较高的泵送能力，和易性好、摩阻小、不离析、不阻塞和有良好的黏塑。②由于塔柱较高，要分5m一节（共22节）浇筑，工期紧要求混凝土早期强度要高，即三天抗压强度必须达到90%以上。③夏季高温中施工，混凝土必须具有较高的坍落度，且坍落度的经时损失要小，使混凝土的强度及工作性能满足施工要求。④由于塔柱主体全部裸露在空气中，而哈尔滨地区冬季漫长，达5个月之久，年温差超过70°C，其抗冻性要求满足300次以上冻融循环。

通过对塔柱用混凝土分别掺入35kg、45kg、55kg三种不同量的粉煤灰进行49组不同的组合配合比试验，确定45kg为塔柱混凝土最佳粉煤灰掺量，取得了如下一组最佳配比，见表3。

塔柱混凝土配合比

表3

W/C	砂率（%）	单方混凝土材料用量（kg）					高效减水剂（C%）	坍落度（mm）	抗压强度（MPa）		
		水	水泥	粉煤灰	砂	碎石			3d	7d	28d
0.34	37.8%	170	455	45	675	1 112	1.0	205	53.8	59.9	66.5

5.2.3　混凝土的配制

5.2.3.1　进场材料严格控制质量，保证按设计的材料技术标准进料。

5.2.3.2　拌制混凝土前，试验人员必须实测砂、石的含水率，按照实测的数据将理论配合比换算为施工配合比，混凝土搅拌站必须严格按照规定的投料顺序投料，配制混凝土；在混凝土拌制过程中，试验人员要定期不定期检测砂石的含水率，以便及时调整混凝土施工配合比。

5.2.3.3　搅拌：搅拌的目的是使混凝土的各组成材料由互相分散达到均匀混和。由于高性能混凝土的黏性大，搅拌机的形式与搅拌工艺对混凝土拌和物的流变性能、微观结构及均质性等均有很大的影响。因此，为了获得高工作性的混凝土拌和物，宜选用搅拌效率高、均质性好的强制式搅拌机，并采用如图3所示的投料顺序。

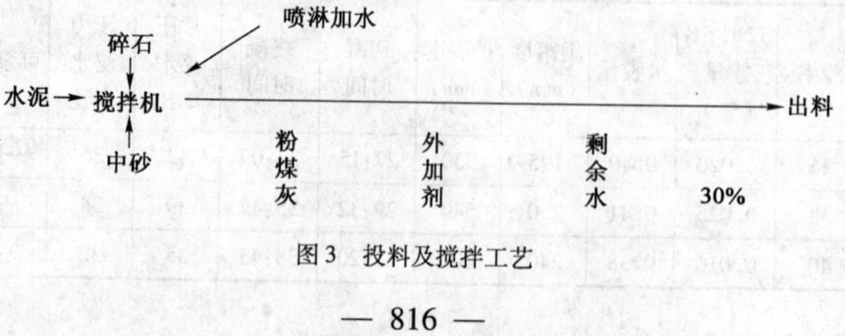

图3　投料及搅拌工艺

5.2.4 混凝土的运输

5.2.4.1 混凝土采用搅拌运输车运输。在运输途中，拌筒以2~3转/min速度不停地进行搅动，运到现场卸料前应使拌筒搅拌1~2min后再卸料。

5.2.4.2 混凝土的泵送初始时，应慢速泵送，待泵送顺利时，再用正常速度泵送；混凝土泵送速度要均匀连续，必要时可降低混凝土的泵送速度。

5.2.4.3 混凝土必须在初凝之前泵送并密实成型完毕。

5.2.4.4 混凝土泵送施工完毕后，要及时清洗搅拌车、输送泵机、输送泵管、串筒等。

5.2.5 泵送

高性能混凝土因材料不易离析，变形性能优良，在弯管和锥管处堵塞的可能性减小，混凝土与管壁间的滑动膜层形成困难，与普通泵送混凝土相比，在同输送量下，其压力损失约增大30%~40%，泵送混泥土应制定周密计划，合理布置配管，尽量减少或避免停泵时间。

5.2.6 浇筑

浇筑时应控制好浇筑速度，不能过快。要防止过量空气的吸入与混凝土供应不足而中断浇筑。制定好浇筑及泵送配管计划。混凝土的直接下落高度应尽量减小，若有必要，应设置串筒等缓冲减速装置，防止骨料的离析。此外，高性能混凝土不泌水，施工缝处不会有浮浆，但应防止干燥，应遵守有关施工缝设置与处理的相关规定。

5.2.7 养护

养护的目的使混凝土保持或尽可能接近于饱和状态，直到新鲜水泥浆中原始充水空间为水泥水化产物填充到所要求的程度为止；由于高性能混凝土的用水量较少，水化反应迅速，可能会使毛细管中断，即重新开始养护时水分将不能进入混凝土内部，不会引起进一步水化，所以高性能混凝土在早期即开始养护。

5.3 劳动力组织（表4）

劳动力组织情况表 表4

序号	工程人员	所需人数	备注	序号	工程人员	所需人数	备注
1	项目经理	1		4	电工	2	
2	混凝土工长	1		5	混凝土泵操作手	4	
3	拌和站操作手	4		6	技工和力工	35	

6 材料与设备

6.1 施工所用主要材料（表5）

6.2 施工所用主要机具设备表（表6）

原材料明细表 表5

序号	材料名称	规格	主要技术指标
1	水泥	42.5	详见本工法5.2.1、5.2.4
2	细集料	$M_x=2.6\sim2.9$	
3	粗集料	5~25mm	
4	粉煤灰	I级	
5	外加剂	减水、缓凝剂	
6	水	饮用水	

机械设备明细表 表6

序号	名称	型号	数量	用途
1	装载机	ZL40	2台	装运砂石料
2	混凝土搅拌机	JS500L	2台	搅拌混凝土
3	混凝土输送泵	HBT80	2台	泵送混凝土
4	混凝土搅拌运输车	$8m^3$	4台	混凝土运输
5	振捣器	TEDDY-ZD50	8个	混凝土捣固

7 质量控制

7.1 在拌和混凝土时,专职试验员按有关规程、规范检查水泥、砂、石、粉煤灰、外加剂等材料的规格质量,严格掌握水灰比,严格材料计量,做坍落度、测混凝土温度、做试块,做好当天混凝土施工日志,在拌和混凝土时,拌和时间比不掺粉煤灰的拌和时间要延长30~45s。

7.2 混凝土试块严格按要求抽检、养生、试验、记录好原始数据。

7.3 引用标准

《公路工程集料试验规程》(JTG E42—2005)

《普通混凝土用砂、石质量及检验方法标准》(JGJ 52—2006)

《用于水泥和混凝土中的粉煤灰》(GB 1596—2005)

《普通混凝土配合比设计规程》(JGJ 55—2000)

《混凝土泵送施工技术规程》(JGJ 10—95)

《粉煤灰混凝土应用技术规范》(GBJ 146—90)

《公路工程质量检验评定标准》(JTG F80/1—2004)

8 安全措施

8.1 建立完善的施工安全保证体系,加强施工过程中的安全检查和控制,确保安全生产。

8.2 施工现场的安全设施、施工人员的安全培训和现场安全技术交底均应遵守《建筑安装工程安全技术规程》。

8.3 拌和设备、泵送设备、运输设备、起重设备在使用前均应检查其性能是否可靠,确保设备运行安全。其操作人员必须经过培训考核,持证上岗。

8.4 施工现场内的一切电源、电线路的安装与拆除,必须由专职电工作业,电器严格接地、接零和使用漏电保护开关。

9 环保措施

施工时严格执行国家环保有关规定。

9.1 清理出的基坑残土、混凝土废弃物按环保部门的要求堆放到指定地点,防止对水体造成二次污染。

9.2 进场材料苫布覆盖,减少粉尘污染周围大气。

9.3 拌和站附近设置沉淀池,刷罐等清洗混凝土的污水经沉淀处理后排放,防止污染水源。

9.4 混凝土拌和、运输、振捣等设备定期维修保养,以减少噪声对周围百姓的干扰。

9.5 废弃材料集中堆放,统一处理,防止影响周围环境的美观。

10 效益分析

10.1 经济效益:哈尔滨绕城高速公路松花江四方台斜拉桥应用粉煤灰混凝土技术取代水泥节约费用200万元以上,解决了长距离、高塔柱施工和冻融等问题,缩短了工期,间接费用节省至少500万元。

10.2 社会效益:该工法在高寒地区桥梁结构中成功应用,节约了水泥,它充分利用电厂粉煤灰废料,减少了环境污染,加快了工程进度,提高了工程质量,解决了高寒地区混凝土配制和大高程远距离泵送混凝土施工需要等问题,具有显著的经济效益和社会效益,推广应用价值深远。

11 应用实例

11.1 应用实例一

哈尔滨绕城高速公路松花江四方台斜拉桥,2001年7月开工,于2004年9月竣工;结构为双塔双索面斜拉桥,全长1 268m,施工过程中应用本工法,配置的混凝土和易性好、不离析、摩阻小、不阻塞和有良好的黏塑性，经多次抗冻性试验，满足300次以上冻融循环要求，解决了东北地区年温差超过70℃高性能混凝土配制问题。混凝土具有高强度、高施工性、高密实性和高耐久性，无蜂窝麻面、无温度裂缝，经五年的使用质量完好如初，经济效益和社会效益非常显著。

11.2 应用实例二

鹤大公路杏山至省界段公路工程B2合同段红岭高架桥，位于黑龙江省牡丹江市镜泊湖附近，2005年4月1日开工，于2007年7月31日竣工。桥梁全长549.56m，桥宽：12m，结构形式为（75＋130＋130＋130＋75）m预应力混凝土连续刚构箱梁，采用本工法粉煤灰混凝土技术，节省水泥成本68万元，充分利用电厂粉煤灰废物，减少了环境污染，经济效益和社会效益显著。

11.3 应用实例三

哈尔滨松浦大桥2008年5月开工，计划于2010年10月竣工通车，主桥为独塔双索面漂浮＋纵向约束体系叠合梁斜拉桥，桥跨布置：268m（主跨）＋144.7m（主跨）＋63.3（边跨）。主墩承台是本桥的主要承重结构之一，尺寸为60.218m×19m×5m，混凝土量5 720.71m^3，混凝土强度等级C35，属于大体积混凝，采用粉煤灰混凝土施工技术，粉煤灰取代部分水泥，减少了大体积混凝土水化热，避免了温度裂缝的发生，节约了水泥，充分利用电厂粉煤灰废料，保护了环境。粉煤灰混凝土技术在该桥承台上的成功应用，是大体积混凝土在北方严寒地区一次成功的尝试，其经济效益和社会效益深远，受到社会各界好评。

钢拱桥倾斜式钢箱拱肋施工工法

GGG(津)C3078—2009

吴东粤　曹思诚　董景强　张　伟　乔建军
(天津第三市政公路工程有限公司　天津市海河建设发展投资有限公司)

1　前言

伴随着我国国力的增强,桥梁设计、施工水平逐步提高,越来越多的新型桥梁涌现,结构形式正趋于多样化,正从单纯强调使用功能向多功能并重逐步转变,现今很多桥梁都具备使用功能及人文景观功能两种甚至多种功能。倾斜式钢箱拱肋式桥梁就是集使用功能和人文景观于一体的新型桥梁,其特异美观的造型对桥梁施工提出了更高要求。在倾斜式钢箱拱肋安装施工中关键是制定最优的安装工艺、选用适宜的施工机具、设计便捷的安装辅助构件以提高拱肋安装精度、控制安装线形及施工质量。我公司在天津市大沽桥工程中于倾斜式钢箱拱肋安装施工中积累了丰富经验,《外倾式变截面钢拱肋安装工艺研究》荣获天津市职工技术成果三等奖。为使该项施工技术更好的推广应用,编制本工法。

2　工法特点

2.1　倾斜式钢箱拱肋安装采用分节吊装、组拼、焊接工艺。

2.2　钢箱拱肋安装采用支架架设施工。

2.3　钢箱拱肋吊装采用两点吊倾斜式吊装方式。

2.4　利用专用拱托结构辅助拱肋安装。

2.5　钢箱拱肋安装采用跨中合龙技术。

2.6　采用空间坐标测量、焊缝宽度及吊点位置控制三重手段进行安装精度及线形控制。

3　适用范围

适用于钢箱拱肋分节现场拼装施工,拱肋截面可为矩形、圆形及各种变截面形式,拱肋线形可为竖直式、倾斜式等。

4　工艺原理

采用拱肋支架及拱肋安装施工辅助构件拱托结构进行倾斜式钢箱拱肋安装施工,利用两点倾斜式吊装方式进行拱肋吊装,简化安装工艺,通过控制拱肋安装定位点的空间三维坐标、焊缝宽度及吊点位置控制拱肋空间姿态、安装精度和安装线形。

5　工艺流程及操作要点

5.1　工艺流程图(图1)

5.2　钢箱拱肋分节设置原则

在进行钢拱肋的分节加工制造时需考虑诸多方面因素的影响:考虑吊车的吊装能力;尽量减少焊接工作量;吊索的吊耳位置的布置;拱节板厚的变化及横隔板的位置等因素。钢箱拱肋分节的方法不但要

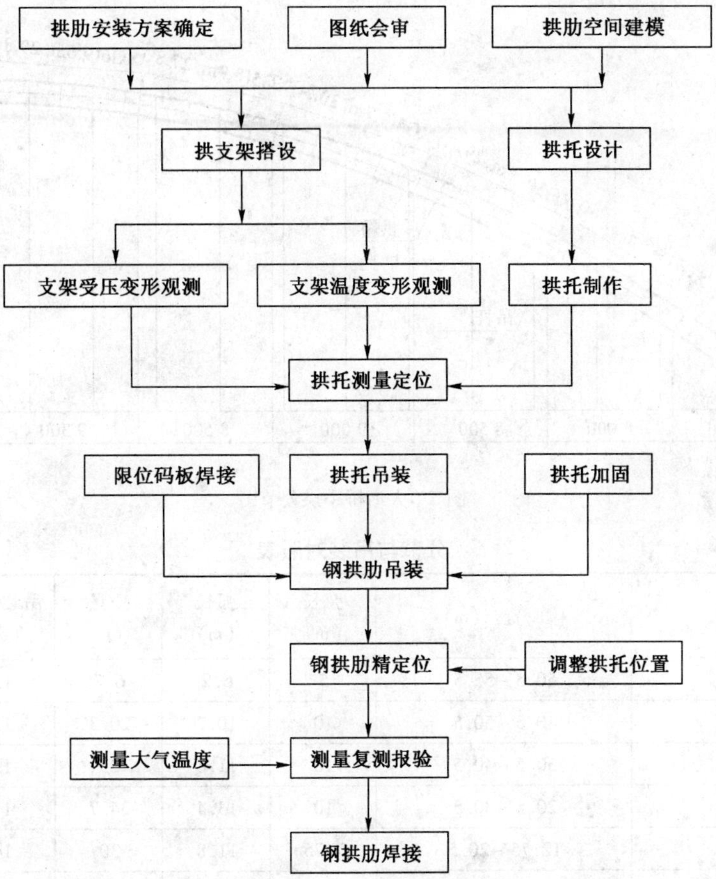

图1 工艺流程图

满足吊车的吊装能力、做到环缝焊接工作量最少,同时还错开了吊索的吊耳位置、横隔板的位置,而且将分节位置设在有板厚变化处,以大沽桥分节为例(图2、图3、表1)。

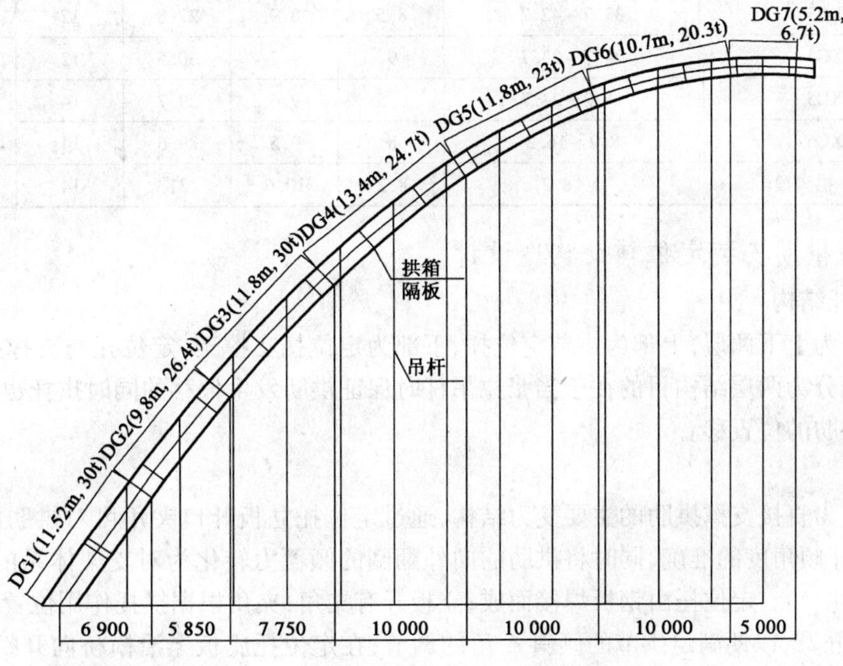

图2 大沽桥大拱分节图

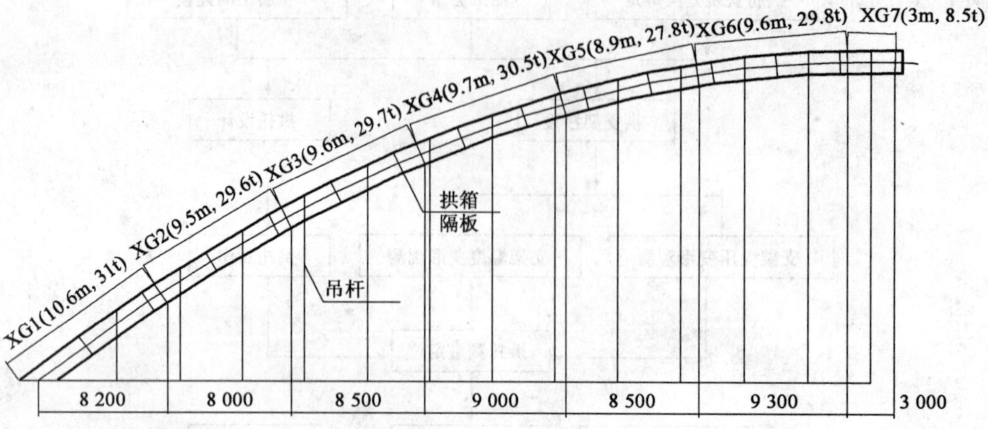

图3 大沽桥小拱分节图

分节与吊装对照表

表1

部位	编号	位置 (m)	弦长(m)	弧长(m)	质量(t)	吊装半径(m)	吊装能力(t)	吊装情况
大拱肋	DG1 合龙段	50.5~55.5	5	5.2	6.7	12	43.5	满足
	DG2	40.5~50.5	10	10.7	20.3	12	43.5	满足
	DG3	30.5~40.5	10	11.8	23	12	43.5	满足
	DG4	20.5~30.5	10	13.4	24.7	14	40.3	满足
	DG5	12.75~20.5	7.75	11.8	30	14	40.3	满足
	DG6	6.9~12.75	5.85	9.8	26.4	14	40.3	满足
	DG7 拱脚段	0~6.9	6.9	11.5	30	14	40.3	满足
小拱肋	XG1 合龙段	51.5~54.5	3	3	8.5	12	43.5	满足
	XG2	42.2~51.5	9.3	9.6	29.8	12	43.5	满足
	XG3	33.7~42.2	8.5	8.9	27.8	12	43.5	满足
	XG4	24.7~33.7	9	9.7	30.5	12	43.5	满足
	XG5	16.2~24.7	8.5	9.6	29.7	14	40.3	满足
	XG6	8.2~16.2	8	9.5	29.6	14	40.3	满足
	XG7 拱脚段	0~8.2	8.2	10.6	31	14	40.3	满足

5.3 钢箱拱肋安装定位辅助构造设计

5.3.1 拱托结构

拱托结构分为上下两层,上部为拱节定位托,下部为定位托支撑架,定位托与支撑架之间用螺栓连接成整体。拱托分为两层结构目的在于当张拉吊杆时保证拱肋发生偏移的同时拱托也能够随之发生滑动而不会限制拱肋的位置移。

(1)定位托

定位托是作为直接支撑拱肋的主要受力结构,通过定位托立板开口夹角可对拱肋的倾斜角度予以限制,保证拱肋外倾角度的准确,同时将拱肋的向外翻倒的倾覆力转化为对支架体系的竖直压力,使支架体系受力更加明确。定位托由钢板焊接而成;立板开有夹角,夹角根据拱托作用位置处拱节底角角度确定,且大于底角2°,以便满足拱节的倾斜 ϕ 角的调节;在定位托底板上沿横桥向开螺栓槽,用于通过螺栓与支撑架相连。定位托示意图如图4所示。

(2)支撑架

支撑架主要采用型钢制成，并配以局部加强肋板，支架长 250 ~ 300cm、宽 90cm、高度依据拼装完成的支架顶部实际空间而定。方法如下：将已拼装完成的支架顶面高程进行抄平，计算其实际高程值与设计定位托底板高程之间距离以确定拱架高度。此高度的确定受支架支撑体系受温度和压荷的影响，同时将计算高度下调 2cm，为拱肋及定位托加工误差预留调整空间。支撑架顶板设螺栓槽，槽长 300mm、宽 26mm，沿顺桥向布置。采用高强螺栓与定位托底板连接成整体，螺栓构造要求如下：螺栓强度等级 10.9 级，螺杆长度 12cm(满扣)，每套螺栓配两个螺母、两个垫圈。支撑架与支架顶部布设的上垫梁采用螺栓进行连接，为保证支架稳定可配以型钢作临时连接。支撑架示意图如图 5 所示。

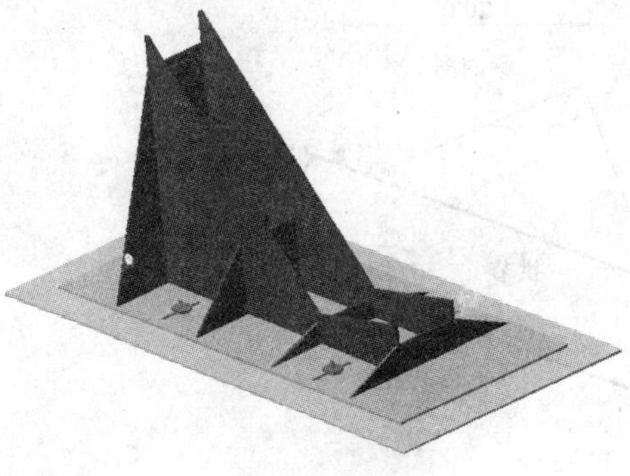

图 4　定位托示意图

图 5　支撑架示意图

(3)定位托与支撑架间允许滑移的目的

在于全桥吊杆挂设完成后需对吊杆进行张拉，完成体系转换施工，为满足大沽桥体系转换过程中钢拱能够按预设情况发生位移的需要，在体系转换前将定位托与支撑架之间的高强螺栓松开，即解除约束。在体系转换过程中，对吊杆进行分级、分批张拉，随张拉工作的进行随着拆除部分拱托，在全部吊杆张拉完成后、全部拱托拆除前，拱托将随拱肋发生移动，此移动值即为拱肋偏移值。大拱拱中最大水平位移 6.88cm、最大竖向位移 0.56cm；小拱拱中最大水平位移 8.48cm、最大竖向位移 0.75cm。定位托底板与支架顶板均设有螺栓槽，可调节相互位移量为 ±15cm，能够满足拱肋偏移的要求。

5.3.2　限位码板结构设计

拱肋接口限位码板结构主要作为拱肋安装定位装置，在拱节吊装时空间姿态与设计姿态存在偏差时，可通过限位码板的限制将拱节的空间姿态进行校正，保证钢拱接口处连接的顺畅，同时限位码板还可作为两节拱接口处临时连接的码板使用。限位板的设置使得拱肋安装工作在操作上可简化工艺程序，提高安装调节的方便性，确保安装的精度，加快施工的速度。

接口限位码板采用 20mm 厚钢板制成，布置在拱节上口底角的两侧面，与板面焊接长度为 40cm，焊口采用坡角焊形式、焊缝高度 8mm。限位板探出接口 30cm，并刨切 5mm 的坡角。在限位板两端设加强板将同一板面内的限位板连接成整体，加强板板厚 12mm，与限位板垂直布置。限位码板示意图如图 6。

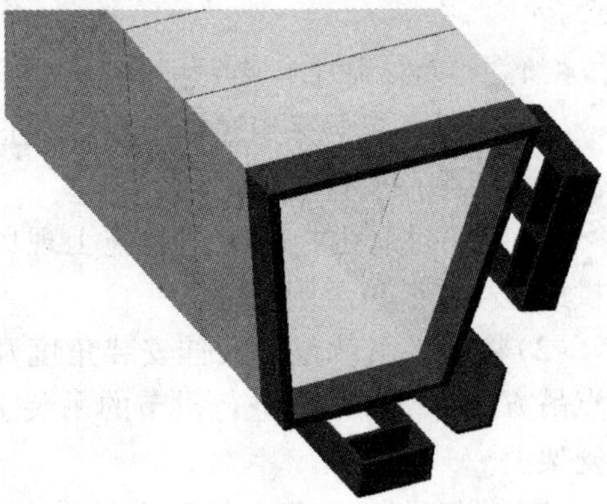

图 6　限位码板示意图

5.3.3　吊点结构设计

钢箱拱肋吊装采用两点吊形式。由于钢拱为空间梯形截面拱，为保证每节拱吊装时空间姿态的准确，在设计吊耳位置时要综合考虑到拱节的外倾角度、施工的方便性等各方面因素影响。首先要对拱箱重心点位置进行计算，重心位置确定后方可计算吊点位置。由于重心及吊点位置计算难度和工作量较大，因此采用空间制图形式进行模拟拱肋的空间姿态，从而确定重心和吊点位置。吊点结构采用开孔钢板制成，并配以加劲肋满足吊点结构受力要求。为保证拱箱吊装时空间姿态的准确,对于钢丝绳长度的计算尤为重要。针对每节拱和每个吊点均需进行钢丝绳长度计算。吊点结构构造见图7。

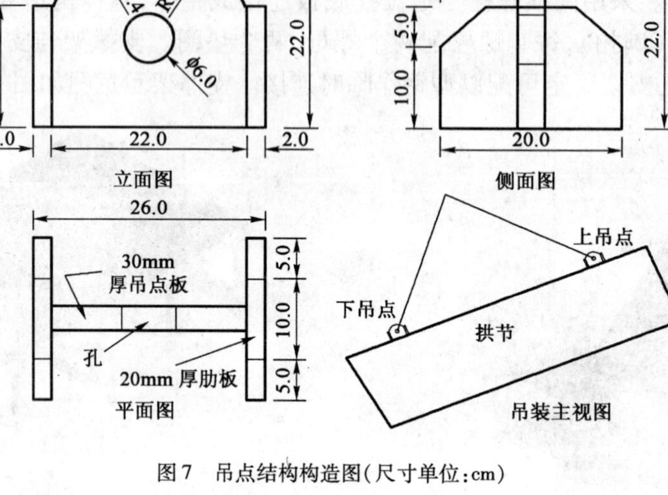

图7　吊点结构构造图(尺寸单位:cm)

5.4　倾斜式钢箱拱肋安装工艺

5.4.1　施工准备

为了确保拱肋安装施工的顺利进行,在进行施工作业前须做如下准备工作。

(1)每节拱节在加工厂内加工完成后进行预拼装,在几何尺寸无误及线形符合要求后才可出厂。吊耳结构的焊接要厂内完成,吊耳两侧垫板同时送到施工现场。对吊耳的焊接质量进行探伤及X光射线检验,保证焊口质量的同时还要满足吊耳疲劳试验的要求。

(2)各节钢拱加工完成后,根据事先根据计算好的拱节定位点位置在拱节上、下口打出样冲眼,用于拱节的定位。

(3)各节钢拱加工完成后,根据拱托设计位置在钢拱上划线或打孔,用于拱箱在相对的拱托上定位。钢拱吊装吊点按设计结构形式及位置在厂内事先制作、焊接完成。

(4)预先在加工厂内对每节拱上口四边点焊小块钢板,满足定位时保证接口焊缝宽度。拱节上口预先焊接接口限位板。

(5)拱托在拱节运到施工现场之前按照设计位置提前安装于拱支架上,并与拱肋支架栓接成整体。

(6)为便于拱脚定位,首先将拱脚法兰钢板按预定位置定位于中横梁上,并将拱脚螺栓拧紧,在法兰盘上画线标示出拱脚底口中心线及外框线。在底口外沿靠近边跨侧两角位置焊接两块限位板用于拱脚定位。

5.4.2　总体施工顺序安排

钢箱拱肋的吊装采用履带吊进行施工(图8)。拱肋吊装总体施工顺序安排如下。

(1)钢箱拱肋由拖车运送至施工现场后,采用履带吊将拱放至待安装位置附近。

(2)将履带吊就位于最佳安装角度及作业半径后,以两点吊方式将拱节吊起进行拱节的吊装工作,将拱节放置于支架上。

(3)拱节吊装顺序采用两边对称安装中间合龙的方式,首先吊装拱脚节,对称式吊装在中间节处进行合龙。

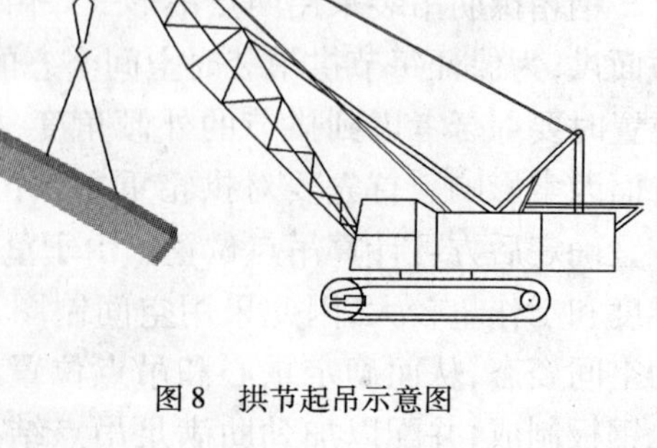

图8　拱节起吊示意图

5.4.3　拱肋安装施工

(1)拱脚段安装:在拱托支撑架上按预设位置、高程由测量人员放出定位托的定位点,将定位托按照定位点位置安置定位后将定位托与支撑架之间的4个高强螺栓栓紧。由履带吊将拱节按安装到位时的方向、角度吊离地面,通过测量上下口水平距离差及拱箱底角边与水平面的夹角,复测拱箱的空间姿态,在姿态不满足预订要求时采取调换吊点及调节钢丝绳长度的方式调整拱箱空中姿态。拱节安装方向、角度正确无误后,将拱脚箱口放置于法兰盘上的定位线框内,拱脚外沿两角紧贴定位板。拱脚基本定位后吊车放松少量钢丝绳,将拱节上口沿拱托立板夹角开口缓慢落下,测量人员利用全站仪复测控制点三维坐标,并根据坐标情况进行微调,在拱节控制点坐标满足设计要求后,拱托与拱箱之间填塞钢板楔稳固拱箱,将拱脚与法兰钢板焊接并将全部高强螺栓拧紧和安装拱脚加劲肋板。钢拱拱脚段定位、焊接完成后准备进行下节拱的安装。拱脚安装示意图如图9所示。

图9　拱脚安装示意图

(2)标准段安装:拱脚段安装焊接完成后,由测量人员对该段特征截面(吊点截面、拱托界面及上下口截面)的空间位置进行复测,根据复测结果分析拱肋空间位置情况,同时考虑预安装拱节位置的调整情况并计算出安装定位的空间坐标。根据坐标值按照上节拱段吊装方式由履带吊将拱肋吊起,调节方向、角度准确后,将拱节下口首先安置于已安装拱节上口限位板内,然后将上部拱身放置于已定位拱托上。同时调整拱节的空间姿态,由测量复测空间坐标,根据实测坐标情况对拱节进行精确定位调解。拱节位置、方向、角度通过吊车卸力、填塞钢板块和移动拱托的方式调解,焊口通过安置T形板及码板采用千斤顶调解,在拱肋位置、方向、角度及焊口都无误后,将拱节的下端与已安装拱节上端通过码板连接后施焊。在全部码板焊接完成前,履带吊始终对该节拱处于保护状态。拱节安装示意图如图10所示。

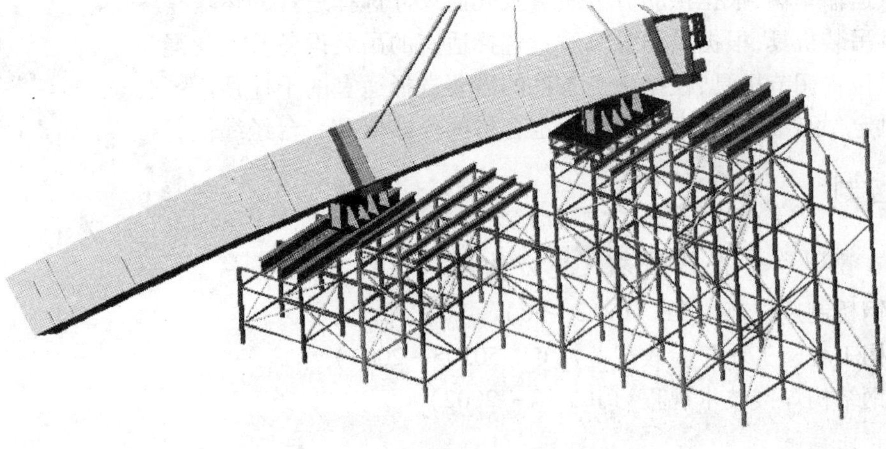

图10　拱节安装示意图

(3)合龙段安装:合龙段钢拱安装主要利用其两侧拱节接口限位码板作为支撑点,采取强制对中合龙的方式。合龙段安装温度为20℃,因气温影响造成拱节长度变化,因此在合龙段安装前针对气温变化观测并计算出合龙段实际长度,长度确定后根据两侧拱箱接口形状对合龙段进行下料,以满足安装、焊接要求。在理想合龙温度下,合龙段钢拱安装准备工作就绪后开始吊装、定位、焊接。大、小拱合龙段吊装均采用履带吊以两点吊方式进行,拱箱均向外侧倾斜一定角度可通过吊点设置位置进行调节。合龙段吊装姿态满足要求后,将其沿定位码板下落放置稳定后即初定位完成。精定位采用码板、L形板及千斤顶进行调节,保证接口平顺,调节到位后码板连接、施焊。合龙段安装及焊接必须迅速,确保钢拱合龙质量及其线形顺畅。钢拱合龙示意图如图11所示。

图11 钢拱合龙示意图

6 材料与设备

6.1 材料(表2)

材料使用表 表2

材料名称	材料用途	材料名称	材料用途
混凝土	支架工艺墩	钢板	拱托及支撑架制作
工字钢	支架底梁	型钢	拱托及支撑架制作
军用八三墩	搭设支架	钢丝绳	钢拱肋吊装
脚手管	马道及防护	卡环	钢拱肋吊装

6.2 设备及主要机具

(1)钢箱拱运输车辆,根据拱肋分节质量及几何尺寸选择适宜的运输车辆。

(2)钢箱拱吊装机具,根据拱肋分节质量选择适宜的吊装设备及钢丝绳。

(3)钢箱拱位置调节机具,根据施工条件的需要选择适宜的千斤顶。

(4)钢箱拱定位测量设备,配备两台标定合格的全站仪及一台经纬仪。

7 质量控制

7.1 质量管理严格执行国家及地方的强制性标准

(1)《铁路钢桥制造规范》(TB 10212—98)

(2)《钢结构工程施工质量验收规范》(GB 50205—2001)

(3)《建筑钢结构焊接技术规程》(JGJ 81—2002)

7.2 施工注意事项

(1)施工前选定最优方案,进行技术交底工作,确保每一个施工人员充分了解施工工艺,掌握每一施工细节。

(2)加强对钢箱拱肋加工质量的控制和检验,消除结构自身质量缺陷对安装精度及质量的影响。

(3)拱肋定位坐标偏差控制 X 方向 ±5mm、Y 方向 ±5mm、Z 方向 ±10mm。

(4)拱肋接口焊缝宽度偏差控制在 ±2mm 以内,吊点位置偏差控制在 ±10mm。

(5)拱肋空间三维坐标测量做到定时、定温测量,消除日照、温差等气候条件对测量精度的影响。

8 安全措施

必须严格遵照执行国家及地方的强制性标准,在施工中,还应注意如下事项:

(1)钢箱拱肋安装过程中始终保持对支架体系的监控。

(2)钢箱拱肋吊装过程中,因其采用两点吊方式进行吊装,始终要保持对吊装过程的监控。

(3)钢箱拱肋粗、精定位调节过程中要始终保持吊车对拱肋的保护状态。

(4)加强对施工人员的安全教育,将高空作业及大型起重设备施工作为安全工作的重中之重。

9 环保措施

(1)施工场界噪声控制按《建筑施工场界噪声限值》(GB 12523—90)要求执行。减少施工(生产)噪声对环境的污染;环境敏感区(厂)内噪声达标。

(2)减少扬尘和生产性粉尘排放;防尘有措施,措施落实达95%以上。

(3)固体废弃物,分类处置;达到国家和天津市有关固体废弃物处置的要求。

10 资源节约

通过本工法的运用、有效的缩短施工周期,降低了使用大型机械的费用,同时减少了大量措施项目,使得资源得到了节约。

11 效益分析

通过本工法的运用能有效的加快施工进度、缩短施工周期,降低措施费用;而且工艺的优化简便了施工步骤和工序,使得施工操作更为简便快捷,节约了工期。在工程竣工后,能够保证拱肋整体线形顺畅,造型美观,满足设计要求。

12 应用实例

我公司于2003年7月6日至2005年8月23日承建了天津海河大沽桥工程。大沽桥为敞开式系杆拱钢结构桥梁,全长154m,跨径为24m + 106m + 24m,桥面宽为30 ~ 59m。大小钢拱肋采用造型美观,整体性强,易于养护的封闭式倒梯形钢箱。大拱拱高39.0m,外倾角度1:3,断面形式为变截面倒梯形,截面尺寸为(拱角)220m × 220m × 90cm 渐变至(拱顶)130m × 130m × 90cm,钢板厚度40 ~ 32cm;小拱拱高19.0m,外倾角度1:2.5,断面形式为恒截面倒梯形,截面尺寸为130m × 130m × 90cm,钢板厚度60mm。

该桥倾斜式钢箱拱肋安装历时两个半月,通过本工法施工有效的加快了施工进度、缩短了施工周期,使得拱肋安装工作简单化,增强了安装精度的准确性。通过现场实施情况及拱肋安装质量和线形的情况来看,拱肋安装定位点空间三维坐标 X 方向最大偏差3mm、Y 方向最大偏差5mm、Z 方向最大偏差8mm;拱肋整体线形顺畅,造型美观,满足设计要求。工艺的优化简便了施工步骤和工序,使得施工操作更为简便快捷,直接节约工期20d。由于简单便行的拱肋安装辅助构造的设计实施,增强了施工安全性并满足了质量要求,同时节约了复杂设备的使用,直接节约安装措施费用30万元。

桥梁钢箱梁免吊装顶推施工工法

GGG(津)C3079—2009

董景强　张　伟　乔建军　阎学成　贾明浩
(天津第三市政公路工程有限公司　天津第七市政公路工程有限公司)
赵惠川　王惠和　云　学　赵文艺　李　鑫
(天津第六市政公路工程有限公司)
彭立志　应　虹　田连民　阎王虎　李　勇　王俊伟　王明城
(中交路桥华北工程有限公司)

1 前言

随着钢结构桥梁在国内外的发展,钢桥的兴建数量正在日益上升,钢结构桥梁以其优美的外形、良好的受力越来越多地得到了人们的认可。但是随着国内外桥梁外形的不断变化,使得钢箱梁的外形向曲线形变化,而重量也在不断地加大,钢箱梁安装难点主要体现在复杂地质条件下安装以及合龙施工,因钢箱梁受外界影响,其结构内力、高程、梁长变化大,给施工增加了难度。这样对施工队伍的机械设备要求也就越来越高,从而导致施工的费用也相应增加,钢箱梁安装方法也在不断地探索、寻求更为简便、适用、经济的施工方法。本工法采用纵推横移的方法进行钢箱梁的安装,成功地运用在钢结构桥梁的建设中。天津第三市政公路工程有限公司和天津第七市政公路工程有限公司在天津市海河综合开发大沽桥工程首次使用纵推横移的方法安装了钢箱梁桥板。天津赤峰桥工程再次使用了纵推的方式进行主桥钢箱梁安装。天津第六市政公路工程有限公司在天津李公楼立交桥改建工程,以主桥钢箱梁施工为载体,在跨越多股运营铁路的前提下,施工空间作业面狭小,无法采用架桥机和大吨位吊车进行施工,后经查阅有关资料没有类似工程可以借鉴,因此采用了钢箱梁全断面多点同步悬臂顶推施工工艺,第一次完成了天津市跨铁路斜交角顶推钢箱梁的施工任务。江西南昌英雄大桥为独柱斜塔空间扭面背索斜拉桥,中交路桥华北工程有限公司根据桥梁边跨的地理条件、施工工期、施工难度等情况,边跨钢箱梁采用全支架与中跨强迫合龙,形成边跨全支架顶推合龙施工工法,克服了钢箱梁的安装及合龙难度。南昌市英雄大桥边跨施工采用全支架顶推合龙施工工法。

2 工法特点

纵推横移的施工方法是利用大型运梁车自身的升降功能配合千斤顶等设备进行钢箱梁安装的一种方法。其施工方法是在水中平台上铺设运梁轨道,采用运梁小车将钢箱梁纵推到位,以达到钢箱梁粗定位的目的,再用三向微调千斤顶进行精确定位钢箱梁的一种施工方法。本工法主要特点:

(1)具有安装大吨位钢箱梁的功能;

(2)施工方便,占地面积小,施工进度快;

(3)施工安全性好,且可在特定环境条件下进行安装工作;

(4)可以有效地避免大型设备的使用前提条件等问题。

3 适用范围

本工法适用于满支撑体系的钢桥施工,且对于直线段和曲线形较小的钢箱梁桥的安装工作,能适应多种环境和天气情况的变化。

4　工艺原理

钢箱梁安装采用分块定位、组拼、焊接的安装方式。钢箱梁安装工作的重点及难点关键在于大块件钢箱梁运输方式、卸车方式、纵推横移、精确定位、现场成组焊接等环节上,同时还要兼顾施工的经济性、方便性和安全性等因素。

5　工艺流程及操作要点

5.1　工艺流程

5.1.1　施工准备阶段

由于全桥钢箱梁面积较大,需将整个箱梁分解成不同的段数在厂内加工制作完成后运输至施工现场进行拼装施工,因此钢箱梁的分块既要考虑现场的拼装能力和运输能力,又要考虑到将来拼装焊接的方便性,以及钢箱梁的受力(尽量减少U形肋板的截断量)及工期要求等因素的限制。

根据钢箱梁的结构特点及分节重量合理确定水中平台的结构形式;另外受到大型运输车自身和钢箱梁重量的影响,临时卸车平台的结构形式也是必须要考虑的因素。

施工准备阶段的工作流程如图1所示。

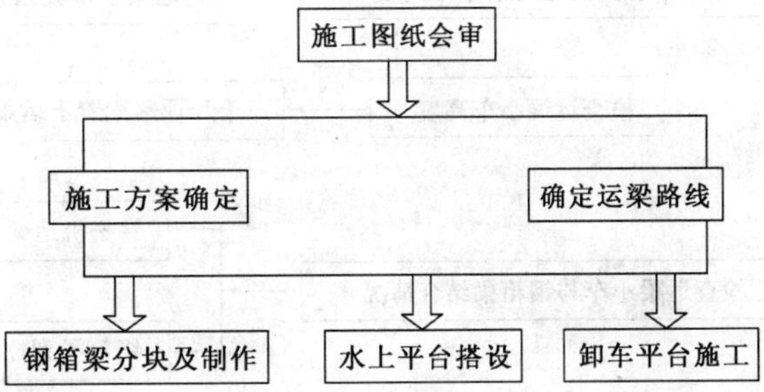

图1　施工准备阶段的施工流程图

5.1.2　大型运梁车运梁及卸梁

由于本工法采用的施工工艺无法对钢箱梁进行旋转,为解决此难题,采用大型运梁车对位的形式来避免钢箱梁旋转定位。即在钢箱梁未卸车前,预先在卸车平台上放出车辙线,使大型运梁车按照已放出的车辙线停靠,从而达到钢箱梁对位的条件,然后利用大型运梁车的升降装置与现场配备的支墩进行卸梁,具体步骤如下:

测量放车辙线→运输车运梁至支墩侧→运输车降落底盘落梁于打顶工艺墩上→运输车驶出作业区。

大型运梁车运梁及卸梁的施工流程如图2所示。

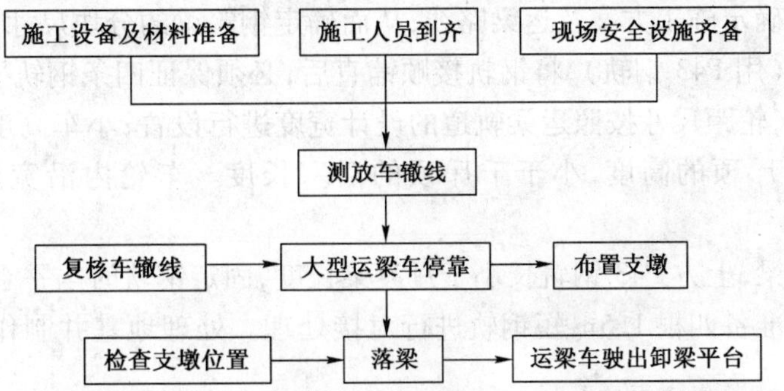

图2　大型运梁车运梁及卸梁的施工流程图

5.1.3　钢箱梁在平台上纵推横移定位

为了使卸车平台与水上平台进行有效连接,在工艺墩与水中平台设置过渡梁,然后采用现场配备的千斤顶将钢箱梁高度提升,提升高度满足运梁小车高度即可,再将预先制作完毕的运梁小车沿过渡梁驶入钢箱梁下,落顶将钢箱梁置于运梁小车上。

采用卷扬机将运梁小车连同钢箱梁运至指定位置,在水中平台布置完钢箱梁支撑后,落梁至水中平台支撑上,采用倒顶的方法进行钢箱梁精定位。

具体步骤为:

架设过渡梁→在过渡梁上接顺纵运梁轨道→千斤顶顶升钢箱梁→运梁小车驶入梁下→落顶将梁置于小车上→开启卷扬机小车运梁→到位后用千斤顶将梁顶升→撤出小车→调整梁中心线及高程→满足粗调要求后落梁于沙漏上→设置三向微调千斤顶→精定位调节→临时固定。

钢箱梁在平台上纵推横移定位的工艺流程如图3所示。

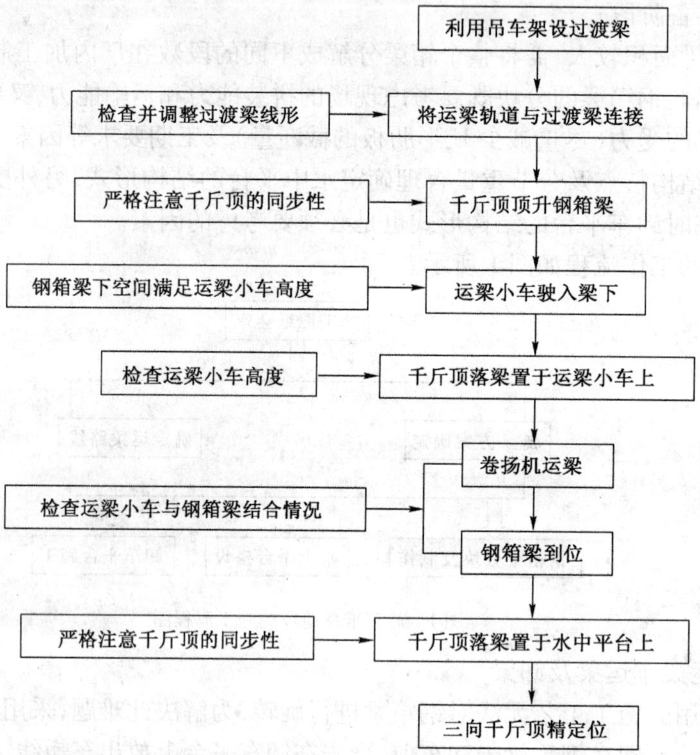

图3 工艺流程图

5.2 操作要点

5.2.1 施工准备工作

(1)根据设计图纸确定施工方案及运梁路线,从而确定钢箱梁的分块尺寸、重量。

(2)铺设纵运轨道(用P43钢轨),将钢轨接顺铺直后,必须保证四条钢轨平行。

(3)制作运梁小车,轮距尺寸按照运梁轨道的设计宽度进行设置;小车高度按照施工平台与钢箱梁的净空设计,且大于千斤顶的高度,小于千斤顶的活塞长度。车轮内沿宽度要较P50钢轨顶面宽出3cm。

(4)准备四棵过渡梁,上方P43钢轨长小于过渡梁长度,固定钢轨时与平台上纵向工字钢接口处两侧都预留0.75m长度,准备四根1.5m短钢轨进行对接处理。处理地基并制作过渡梁两端的混凝土工艺墩。

(5)准备4台千斤顶(千斤顶的规格根据单块钢箱梁的重量确定,一般为钢箱梁重量的2/3),用ϕ340钢管撑制作四个千斤顶工艺墩,工艺墩由2根ϕ340钢管撑、连接撑及扩大钢盒组成,顶部放千斤顶及钢盒的管撑内部要加纵向十字肋。

(6)准备若干高度不等的钢盒和钢板。

(7)在起始钢箱梁上准备2台10t卷扬机，用于牵引运梁小车，在卸梁位置准备2台5t卷扬机，用于帮助运梁小车下坡制动，同时配备若干滑轮组和钢丝绳，滑轮组数量与钢丝绳型号按照桥梁纵坡计算，以满足卷扬机的工作性能；制作卷扬机工艺平台，用于固定卷扬机，满足卷扬机牵引的要求。

(8)根据运行车运梁进场到位时的实际地势高程进行适当的路面混凝土硬化处理，满足坡度与平台坡度接顺。

5.2.2　卸梁

(1)提前用吊车将四台运梁小车摆放在过渡梁位置附近的施工平台上等候；提前将所运的钢箱梁横肋位置找准，在运行车进场到位时的地面标出打顶位置，将四个千斤顶工艺墩分别摆放在该位置的附近，不要影响运行车进场的路线；钢箱梁每端分别放两个卸梁工艺墩。

(2)运行车进场到位后，将四个千斤顶工艺墩按打顶位置对正后挪到与钢箱梁纵肋(ZL)相冲的准确位置，在放钢盒的管撑上摆放钢盒(高度一致)；然后运行车降低自身的液压底盘，将钢箱梁落在千斤顶工艺墩的钢盒上，将钢箱梁四个支点的钢盒或钢板垫实垫稳，确保钢箱梁的稳定性；当底盘降到与钢箱梁底有足够的空间后，运行车从出场方向驶出。

(3)运行车出场后，用吊车挂扁担将两组过渡梁分别摆放到过渡梁工艺墩上，分别与施工平台上相对应的纵向H70型钢进行对接，保证接顺、接平和用螺栓临时固接后进行钢轨的对接，将1.5m的短钢轨与两侧钢轨用鱼尾板栓接，有利于接口受力，确保钢轨接顺接平；吊装时注意不要碰撞到钢箱梁。

(4)将4台千斤顶分别放到各自工艺墩打顶的管撑上，千斤顶上方放置钢板；同时接通钢箱梁一端两侧的2台千斤顶油泵，同步顶升钢箱梁一端，一次顶升不到位，可在垫钢盒的管撑上垫不同高度的钢盒或钢板，结合千斤顶顶升钢箱梁不同高度进行倒顶，直到稍高于满足运梁小车进入所需要的高度。

(5)将等候在附近平台上的该端2台运梁小车向钢箱梁下方牵引，每块钢箱梁找到距离合适的两条横肋，在每条横肋下方布置两台运梁小车，找准位置后用木楔楔紧小车；一端两千斤顶同步顶升直到钢箱梁脱离钢盒后，撤掉钢盒，千斤顶同步降落将钢箱梁该端放置在运梁小车上；钢箱梁另一端同样处理。每台小车上沿横肋方向在肋下方垫四块钢板，作为支点，距离允许情况下尽量使支点垫在小车横桥向同侧的车轮上方，保证小车受力明确。由于钢箱梁横肋的不规则，在每块钢箱梁沿平台纵向前进方向，前端的运梁小车长度不能超过钢箱梁的前端长度，以免影响钢箱梁的就位。

车行道钢箱梁安装立面示意图如图4所示。

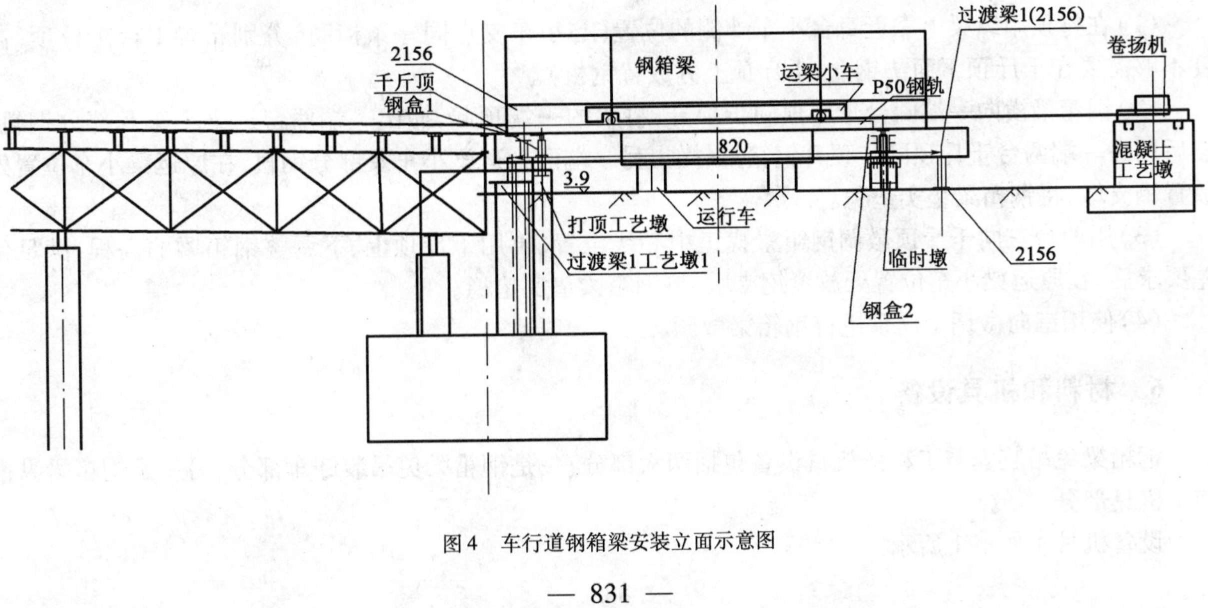

图4　车行道钢箱梁安装立面示意图

5.2.3 运梁小车运梁

(1)钢箱梁终点一侧的两台10t卷扬机用作牵引运梁小车,将其用钢丝绳配上滑轮组与小车连接。连接时,一台卷扬机连接横桥向一侧的后端小车,另一台连接另一侧的后端小车。钢丝绳绷紧后,撤掉小车车轮处的木楔,启动卷扬机牵引小车前进。下坡时,起点(卸车平台)一侧的两台5t卷扬机作为制动卷扬机,分别连接后端小车,帮助制动。

(2)运梁小车靠卷扬机牵引顺施工平台将梁纵向运到所安装段;其他梁按顺序到达时与前段梁的后端横截面边线对齐即可。

(3)运梁的过程中必须注意运梁小车与钢箱梁之间空隙的变化,保证钢箱梁与运梁小车连接紧密,防止运梁小车与钢箱梁之间打滑。

车行道钢箱梁安装横断面图如图5所示。

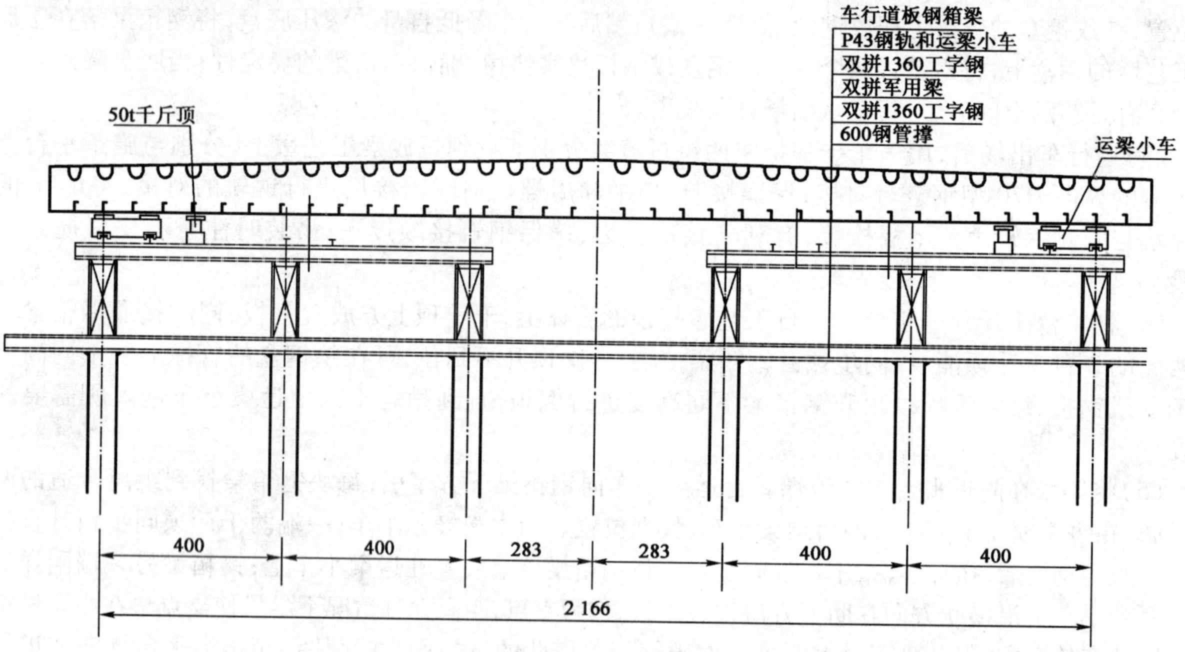

图5 车行道钢箱梁安装横断面图(尺寸单位:mm)

5.2.4 钢箱梁就位

(1)在打顶用纵梁上靠近每台小车外侧的位置(与小车支点同一条横肋)分别布置1台千斤顶(高度不够需要在千斤顶下面垫钢盒,千斤顶上方放置钢板)。

(2)钢箱梁横向一端两台千斤顶同步顶升,将梁的一端顶起,撤出一端两台运梁小车及部分钢轨;然后用另一端两台千斤顶同步顶升钢箱梁,撤出另一端两台运梁小车及部分钢轨,在原运梁小车位置处放置钢支墩,将钢箱梁垫实垫稳。

(3)用四台三向千斤顶微调钢箱梁找正中心线位置,再用千斤顶上、下调整钢箱梁的高程,满足偏差要求后,在原运梁小车位置处放置钢支墩,将钢箱梁垫实垫稳。

(4)使用三向微调千斤顶进行钢箱梁微调。

6 材料和机具设备

钢箱梁免吊装安装工程的机具设备包括两大部分:一是钢箱梁免吊装卸车部分,另一是钢箱梁纵推施工机具部分。

设备机具表如表1所示。

设备机具表 表1

设备名称	型号或形式	数量	备注
运行车	底盘能升降	4台	根据钢箱梁长度配置
35t履带吊		1台	
运梁小车	1m×1m×0.45m	4台	
打顶及落梁工艺墩	2ϕ340 钢管	4组	
过渡梁	12m^2 I56 工字钢	2组	
100t千斤顶	CLSG大吨位油缸	5个	
油泵		2台	
油管	4m长	2组	
5t卷扬机		2台	
10t卷扬机		2台	
滑轮组	5t	2组	
滑轮组	10t	2组	
手扳葫芦	3t	2个	
钢丝绳	D19.5mm	400m	
钢丝绳	D56mm, L6.5m	4根	
卡环	85t	6个	
卡环	50t	8个	
卡环	10t	10个	
P43钢轨		540m	
钢盒及钢板		若干	

7 质量控制

(1)安装前,应对构件的产品合格证、设计文件与预拼装记录进行检查,并复验记录构件的尺寸。钢箱梁的变形、缺陷超出允许偏差时,应进行处理。钢箱梁安装前,应编制详细的测量和矫正工艺,厚钢板的焊接应在焊接安装前进行模拟产品结构的工艺试验,编制相应的施工工艺。

(2)钢箱梁就位后,应对构件定位轴线、高程等设计要求控制点进行测量做好标记,对吊装对接接头质量进行焊前检查。安装好临时支撑以使钢箱梁在施工过程中安全稳定。

(3)钢箱梁安装时,应提交每块钢箱梁安装后的高程尺寸,焊接、涂装质量等分别向监理提交验收。

由于钢箱梁免吊装安装工程技术难度高,施工风险大,工程中不可预测因素多,且一般均为百年大计(如跨河大桥),故此对质量要求极高。

施工必须按照下列工程建设规范进行施工:

(1)《铁路钢桥制造规范》(TB 10212—98)。

(2)《钢结构工程施工质量验收规范》(GB 50205—2001)。

(3)《建筑钢结构焊接技术规程》(JGJ 81—2002)。

8 安全措施

(1)必须遵循安全第一的原则,要确保作业人员安全与健康。

(2)劳动防护。一切工作人员必须戴安全帽及劳动用品,集中思想操作,防止碰伤和不必要的安全事故,此外应根据工作环境设置安全标志,配备相应的保护用品。

(3)防止灾害发生。一般事故:如坠物、轨道事故等,这些灾害的发生将产生不可估量的损害,为此要遵照预防为主的原则,相应采取有效措施。

(4)其他方面。吊运过渡梁及其他材料时吊运活动范围严禁人员停留;起吊重物前应检查索具吊具等有无损伤,发现磨损及时更换;保证机械设备的维修保养,严禁机器带病超负工作;加强电机车安全管理。

小车纵运时应注意事项:

(1)严格执行技术交底制度,使施工人员心里有数,确保各项措施落实。

(2)纵向轨道要铺直、铺顺、垫实、垫稳,接着用连接板、螺栓将钢轨接头连接,钢轨接头处下方必须垫实,然后间隔6m设置一道轨距夹确保轨距,最后间隔1m用压板与H70上纵梁焊接,满足小车用的两条轨道横向高差不大于1cm。

(3)过渡梁应按图示位置摆放并固定;打顶用的工艺墩应按图示位置摆放并与待安装的钢箱梁纵肋相冲。

(4)纵向运梁时保持两运梁小车同步,发现异常情况及时由指挥人员叫停,并采取有效措施,以保证梁在移动过程中保持梁的稳定。

(5)千斤顶应按图示位置放置,同时用两台千斤顶顶升或落顶时,由专人指挥,专人操作,要求同步。

(6)起重时,先将重物稍稍顶起,确认无异常后再继续顶升,顶升时要保持平稳,不得过猛操作。

(7)千斤顶与梁体结合处,梁体下方或侧面必须垫钢板和橡胶垫,以防止梁体局部受力变形和防锈漆脱落,影响工程质量。

(8)施工人员必须持证上岗,防止现场事故的发生。

(9)施工人员行走平台及施工用的支架要牢固。

(10)开工前强化安全教育,建立健全安全生产监督管理制度,坚持预防为主,安全第一的方针。

(11)进入施工现场必须戴好安全帽。

(12)各工种操作人员应遵守本工种的安全操作规程。

(13)电器设备要专人管理、维护,其他人员不准擅自乱动。

(14)闸箱及电器设有防雨装置,夜间施工照明要有电工监护。

(15)雨天施工人员,必须穿绝缘胶鞋,戴绝缘手套,所用机具电器设备要有防雨安全设施,雨季施工中要设专门电工值班,防止突然事故发生。

(16)施工中听从指挥,遵守操作规程,不准蛮干。

(17)操作人员持有特殊工种操作证,否则禁止上机操作,操作人员严禁酒后操作或疲劳操作。

9 环境保护

(1)施工过程中应尽量保持河水生态环境,不得随意破坏污染和撒放土石杂物和污泥浊水。

(2)注意对树木、河流和周围其他生态环境的保护。在环保工作中做好与有关单位的协调工作。

(3)由于本工法采用了纵推横移的方法安装钢箱梁,使得本工法在机械使用方面节约了大量的能源消耗,且因为本工法的临时占地较少,所以对周边的环境影响较小。

10 资源节约

通过本工法的运用,有效地缩短了施工周期,降低了大型机械的使用费用,同时减少了大量措施项目,使得资源得到了节约。

11 效益分析

纵推横移安装钢箱梁工法与直接吊装法相比,具有安全、作业环境要求低、安装速度快、安装精度高及综合造价低的优点。

安全性:由于钢箱梁的安装过程很少使用吊车,且使用吊车的型号吨位较小,所以在施工过程中的安全性有了较大的提高。

作业环境要求低:众所周知,大型吊车的使用对地理位置、道路情况、天气情况要求较高,而纵推横移工艺只需要一个停车平台大的位置就能施工,且施工过程对天气的要求较低。

安装速度快、精度高:由于纵推横移工艺只需将运输车的位置测量准确即可,且在定位的过程中充分利用了钢箱梁自重大、稳定性好的优点,所以其安装的速度快而准。

综合造价低:很明显纵推横移工艺不仅节约了大型吊车的费用问题,且节约了部分由大型吊车施工引发的措施费用(如:施工用地的占用)。

环境效益:由于本工法采用了纵推横移的方法安装钢箱梁,使得本工法在机械使用方面节约了大量的能源消耗,且因为本工法的临时占地较少,所以对周边的环境影响较小。

12 工程实例

(1)工程实例 1

由天津第三市政公路工程有限公司和天津第七市政公路工程有限公司修筑的天津市大沽桥工程,为敞开式四索面系杆拱桥形式,跨越海河,河面宽度 96m,水深 10m,于 2003 年 7 月 6 日开工,2005 年 8 月 23 日竣工,全桥钢箱梁 4 600 多吨,单块梁最大质量 90t,采用纵推横移的方式进行钢箱梁安装工作,将钢箱梁分块于主平台上,纵向滑移,而后采用横向推移方式移入副平台。大沽桥钢箱梁示意图如图 6 所示。

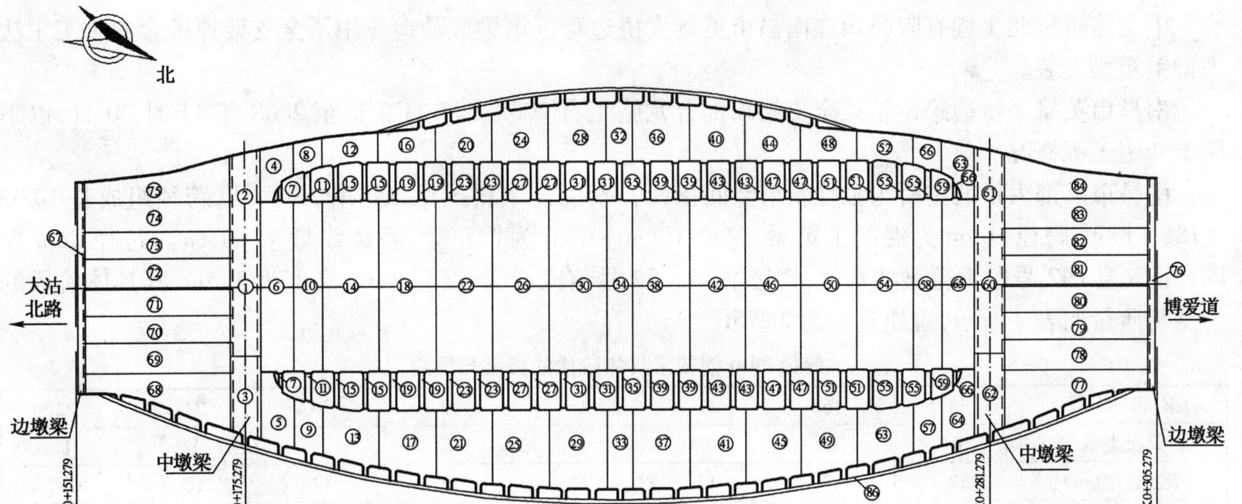

图 6 大沽桥钢箱梁示意图

(2)工程实例2

2006 年2月26日至2008年8月31日由天津第三市政公路工程有限公司和天津第七市政公路工程有限公司承建的天津海河赤峰桥工程,主跨为134m,跨越海河;边跨50m+41m,跨越海河东路;主桥总长225m,设有辅助墩和边墩。主桥桥面总宽度为39m,车行道布置为双向六车道,两侧设有非机动车及人行道。

本工程的主跨采用纵推的形式将主跨134m钢箱梁全部安装完毕,本工程有以下主要特点:钢箱梁吨位大,且钢箱梁大部分为曲线形。赤峰桥钢箱梁示意图如图7所示。

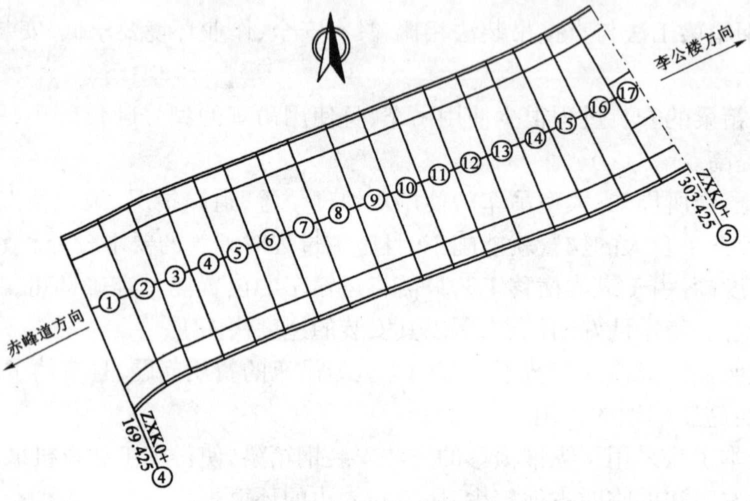

图7 赤峰桥钢箱梁分块示意图

钢箱梁从16号块开始,一次安装到1号块,全部采用纵推的方式安装,有效地控制了主跨的曲线线形,减少了诸多辅助措施的实施,产生了显著的社会效益和经济效益。

(3)工程实例3

天津第六市政公路工程有限公司在天津站枢纽工程李公楼立交改造工程中,采用全断面悬空多点同步顶推施工技术,成功地将28.9×41m的整体钢箱梁一次性安全跨越运营铁路,顶推就位实现中心轴线位移-8mm,中线高程偏差+4.5mm,就位质量高,尤其是中间12m段无平台悬臂顶推技术以及采用的"三点顶推,分级调压,集中控制"的方法有效地保证了整体钢箱梁的顶推就位质量。

(4)工程实例4

中交路桥华北工程有限公司在南昌市英雄大桥边跨钢箱梁成功地应用了全支架顶推合龙施工工法进行钢箱梁安装。

南昌市英雄大桥边跨钢箱梁全支架顶推合龙施工自2008年1月5日至2008年11月20日,以下简要介绍工程概况。

南昌市洪都大桥北主桥为独柱斜塔空间扭面背索混合梁斜拉桥,墩、塔、梁固结,跨径组成是109m+188+88m;跨径109m为混凝土箱梁、跨径188m+88m为钢箱梁,桥梁纵坡1.603%。跨径88m即P91号墩至P92号墩钢箱梁共八片,钢箱梁15~22号节段,其宽度为44m,高度为3.5m,其具体阶段的类型与质量如表2所示,总质量约为2 275t。

跨径88m钢箱梁具体阶段的类型与质量 表2

梁段编号	15	16	17	18	19	20	21	22
梁段类型	D	C	B	B	E	E	E	F
梁段长度(m)	12	12	12	12	12	12	12	8.97
梁段质量(t)	330	302	288	288	274	274	274	245

全支架构造图如图8~图11所示。

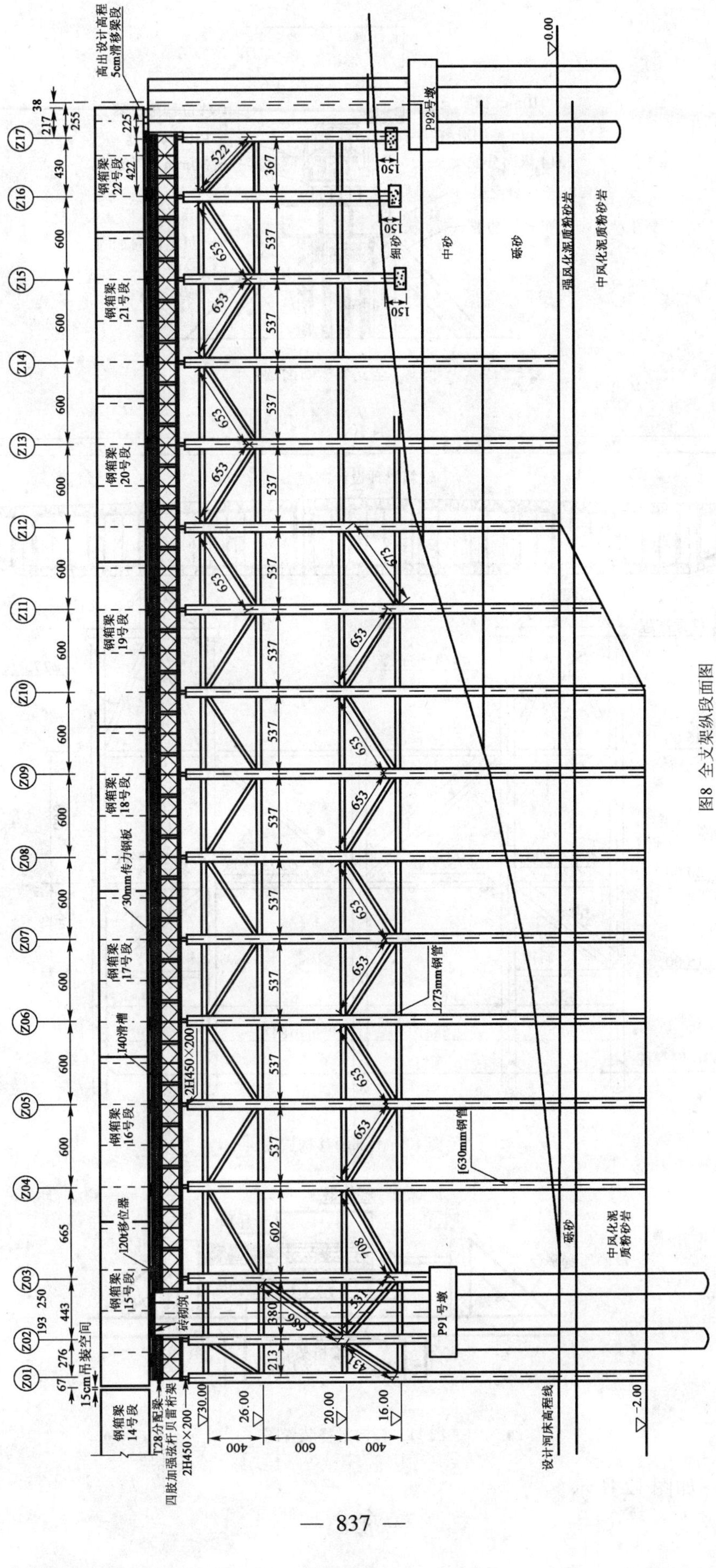
高出设计高程
5cm滑移梁段
P92号墩
P91号墩
钢箱梁 14号段
钢箱梁 15号段
钢箱梁 16号段
钢箱梁 17号段
钢箱梁 18号段
钢箱梁 19号段
钢箱梁 20号段
钢箱梁 21号段
钢箱梁 22号段
15cm吊装空间
I28分配梁
四肢加强弦杆贝雷桁架
2H450×200
I20移位器
I40滑槽
30mm传力钢板
∅630mm钢管
∅273mm钢管
砖砌筑
细砂
中砂
砾砂
强风化泥质粉砂岩
中风化泥质粉砂岩
设计河床高程线
▽30.00
▽26.00
▽20.00
▽16.00
▽-2.00
▽0.00

图8 全支架纵段面图

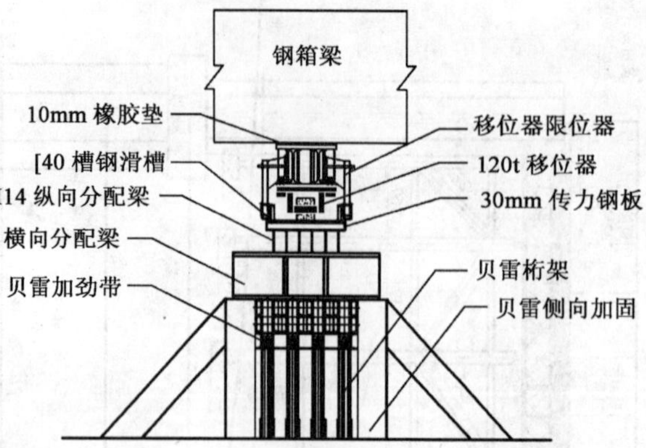

图 9　全支架横断面图

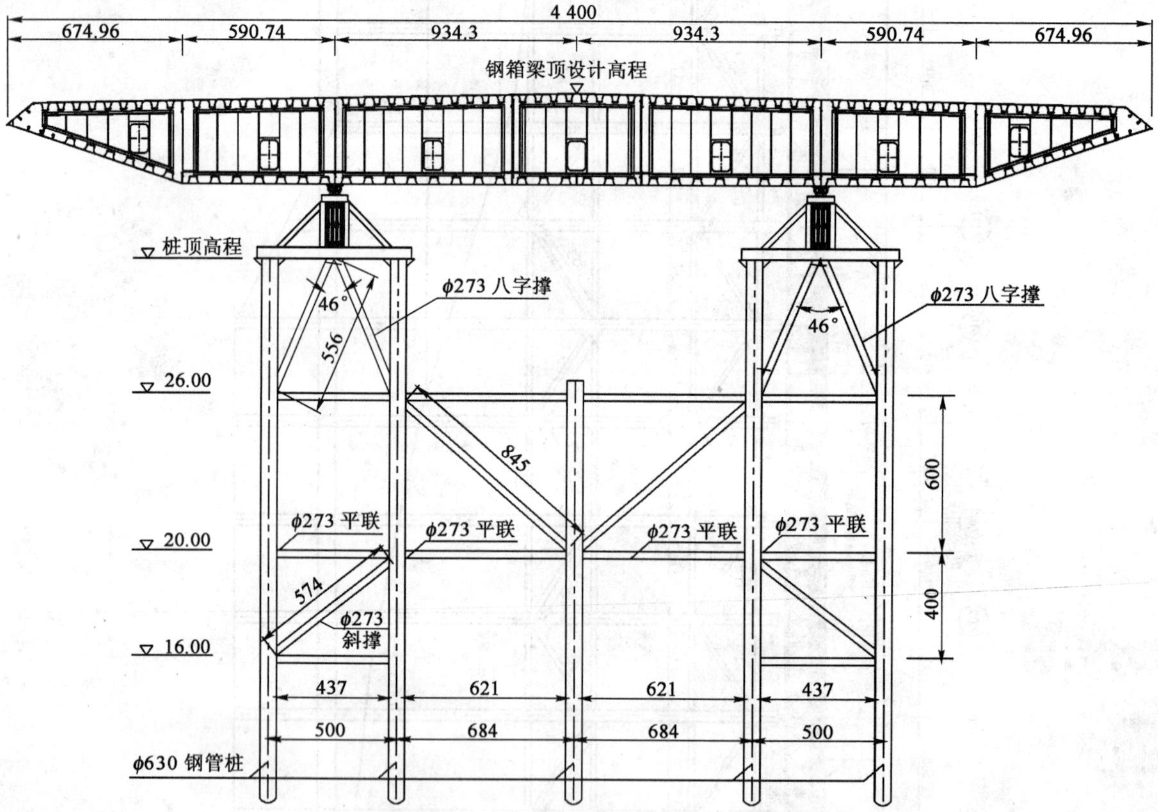

图 10　上部滑移构造图

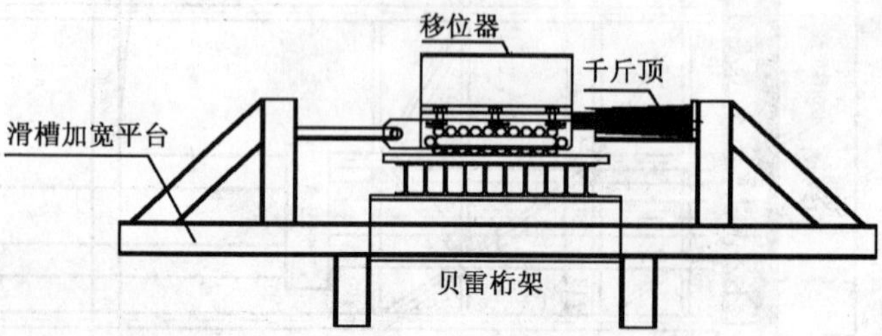

图 11　横向滑移装置图

顶推示意图如图 12 所示。

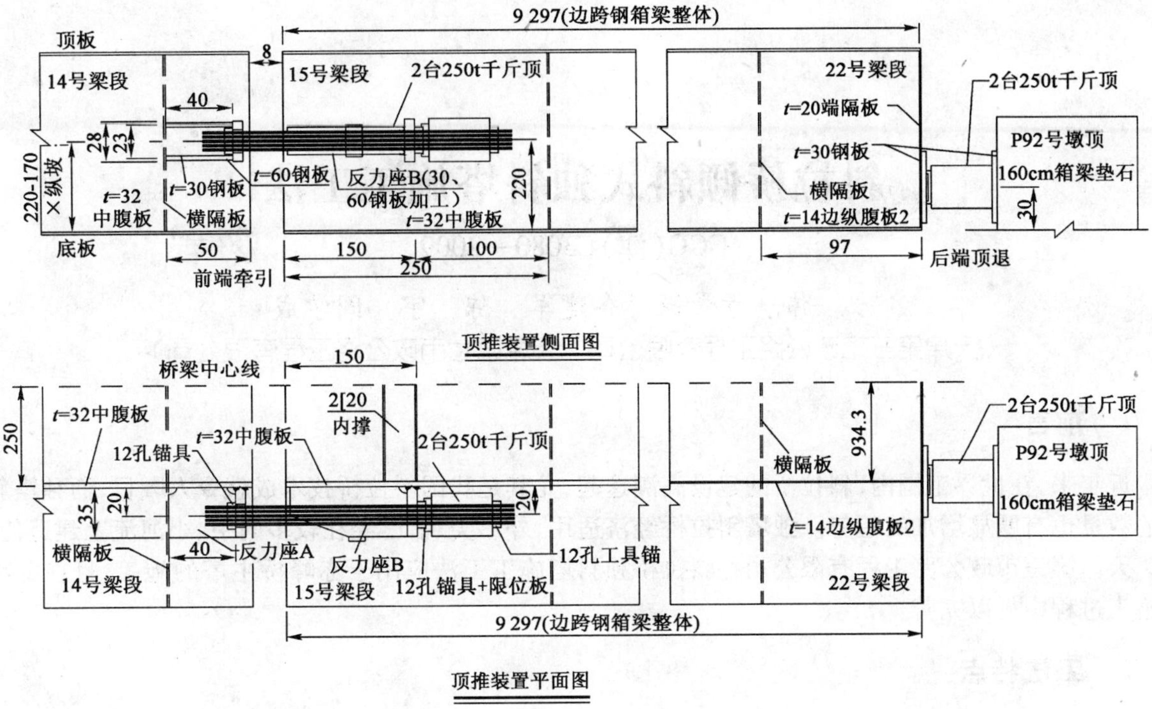

图12　钢箱梁顶推示意图(尺寸单位:cm)

斜拉桥倾斜式独斜塔施工工法

GGG(津)C3080—2009

张 伟 董景强 乔建军 陈 宇 阎学成
(天津第三市政公路工程有限公司 天津第七市政公路工程有限公司)

1 前言

近年来,在世界范围内,斜拉桥的建设高潮迭起,尤其是我国斜拉桥技术成就令人瞩目,而独塔斜拉桥的数量也有明显增加的趋势。独塔斜拉桥经济适用,外形美观,已经在较多的中、小河流上建造使用。

天津第三市政公路工程有限公司将斜拉桥独斜塔施工工法应用于赤峰桥主塔的施工,且在此项工程施工过程中得以完善。

2 工法特点

该工法是在一般斜拉桥施工工法的基础上建立起来的,具有普通斜拉桥的施工特点。该工法具有以下几个特点:

(1)本工法是由塔柱分节、空间模型建立、模板工程、劲性骨架工程、索道管工程、混凝土工程、预应力工程组成;

(2)在主塔模板施工中采用上一步主塔模板进行加工,节省了模板材料;

(3)采用空间建模,独斜塔施工工法对于独斜塔的施工线形质量控制得以较好的保证;

(4)预应力施工中,由于本工法采用后穿束施工工艺,节省了主塔的施工工期;

(5)混凝土施工中,通过采用高性能的混凝土和优化浇筑工艺,有效地克服了主塔钢筋含量高、预应力波纹管密集等难点。

3 适用范围

(1)塔柱截面较大;

(2)倾斜角度较大;

(3)塔柱内部所含构筑物较多,混凝土工程施工较难;

(4)塔柱为预应力高强度混凝土现浇斜塔结构。

4 工作原理

独斜塔施工工艺是以空间建模为基础,进行独斜塔柱、劲性骨架、索道管空间坐标的计算;将塔柱根据最宜施工的方法进行分节;利用定型钢模板结合空间定位技术进行塔柱的线形质量控制;利用空间坐标提高劲性骨架、索道管定位精度;采用后穿束技术进行竖向预应力施工。

5 施工工艺流程及操作要点

5.1 工艺流程图(图1)

5.2 施工要点

5.2.1 主塔分节

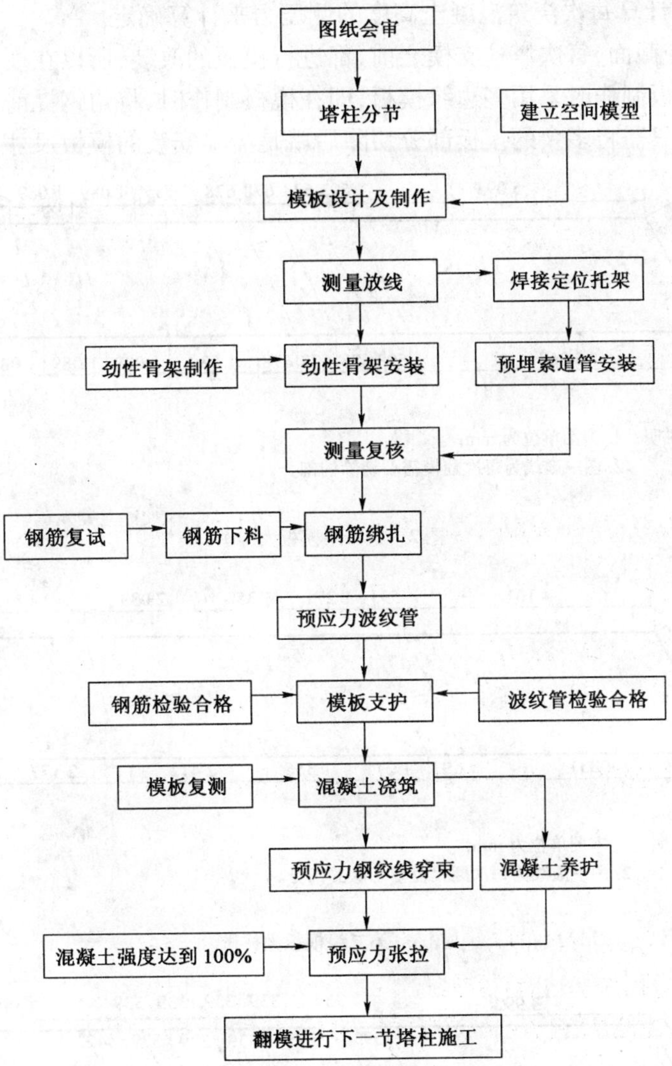

图1　工艺流程图

主塔的施工分节应按照以下原则进行：

(1)严格按照塔柱内部的竖向预应力束的张拉位置进行分节。

(2)根据塔柱的内部构造、垂直运输设备的起吊能力进行分节。

(3)根据塔柱的模板性能进行分节，以提高塔柱施工质量。

(4)本着施工方便、安全性能好的前提进行分节。

5.2.2　空间模型建立

针对倾斜式独斜塔高度较高、倾斜角度较大，且主塔内部构造复杂等问题，应建立独斜塔空间模型以指导施工。

(1)必须深入细致的分析施工图的结构工艺性；

(2)宜聘请国内知名斜拉桥专家进行技术咨询服务；

(3)应用建模软件，建立塔柱空间模型，得出独斜塔分节断面坐标、劲性骨架安装断面坐标、索道管上下口坐标。

5.2.3　模板工程

1)模板的制作

(1)独斜塔模板工程必须采用大型定型钢模板；

(2)模板标准节高度按照每次浇筑混凝土高度的1/4～1/2确定；

(3)模板构造通过计算每次浇筑混凝土高度的侧压力来计算确定。

如塔柱截面为渐变截面,每次塔柱支模之前,都进行模板的改装,所以在模板的制作时,应充分考虑模板的改装问题,在模板制作时采用多边缘模板,即在模板制作时,将角钢提前设在下一步模板边缘处,待下一步模板支设时,只需将多余的模板部分切除后就是需要安装的模板尺寸(具体见图2~图5)。

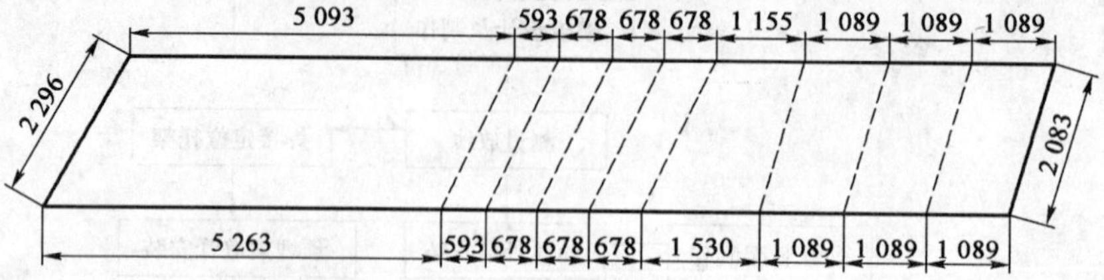

说明:1. 本图单位为mm;
2. 图中虚线为每次翻模需要切除的部分。

图2 第一组模板大样图

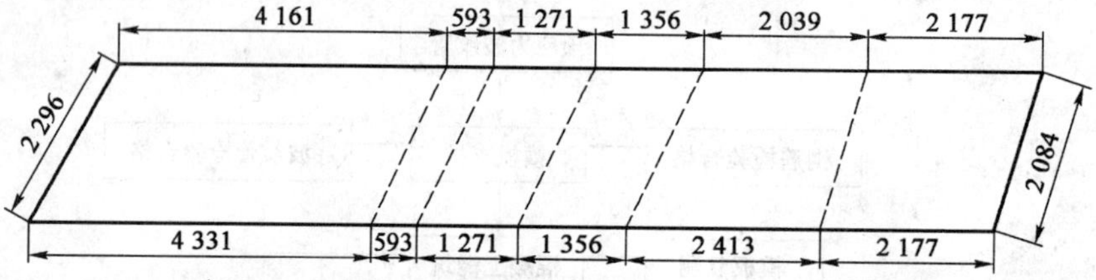

说明:1. 本图单位为mm;
2. 图中虚线为每次翻模需要切除的部分。

图3 第二组模板大样图

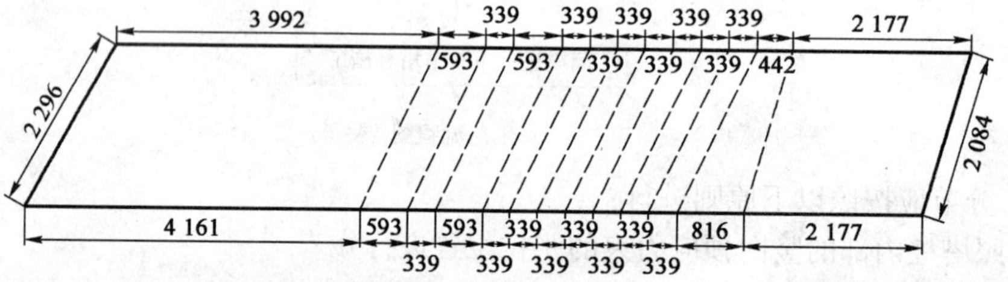

说明:1. 本图单位为mm;
2. 图中虚线为每次翻模需要切除的部分。

图4 第三组模板大样图

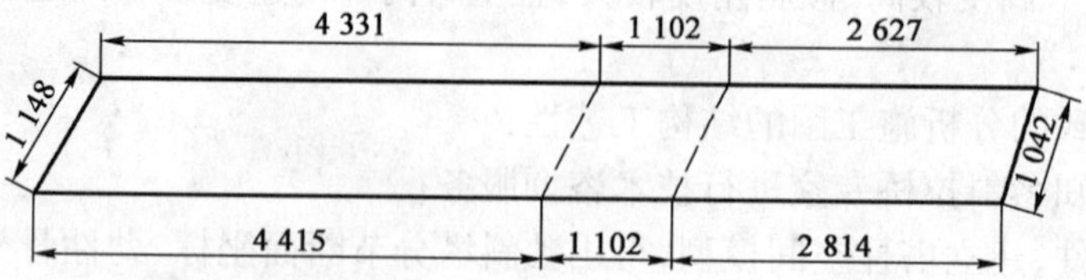

说明:1. 本图尺寸单位为mm;
2. 图中虚线为每次翻模需要切除的部分。

图5 第四组模板大样图

2)模板的定位安装

倾斜式独斜塔高度较高,在模板的安装过程宜采用全站仪进行定位的方法来控制模板的线形质量。且模板安装完毕后,必须进行模板的测量复核工作。

具体的模板定位与复核的方法有:

(1)采用相对尺寸法,根据空间尺寸将模板与劲性骨架的相对尺寸量出,模板根据劲性骨架来定位,已达到模板粗定位的原则;

(2)粗定位完成后,采用全站仪将模板的4个角点测出,与空间坐标对比,进而来调整模板的位置。

5.2.4　劲性骨架工程

使用之前求出劲性骨架的空间坐标,在劲性骨架节与节之间设置定位连接钢板,每次劲性骨架的安装高度平均比每次将要施工的塔柱高度高1~2m,以利于下一节劲性骨架的安装。安装第二节劲性骨架时,先将劲性骨架的现状高程测定,然后利用建模软件将劲性骨架此高程的坐标(施工预抛后)求出,在劲性骨架节与节之间设置定位连接钢板,在定位钢板上放出所求坐标,将所要安装的劲性骨架安装定位。图6所示为劲性骨架示意图。

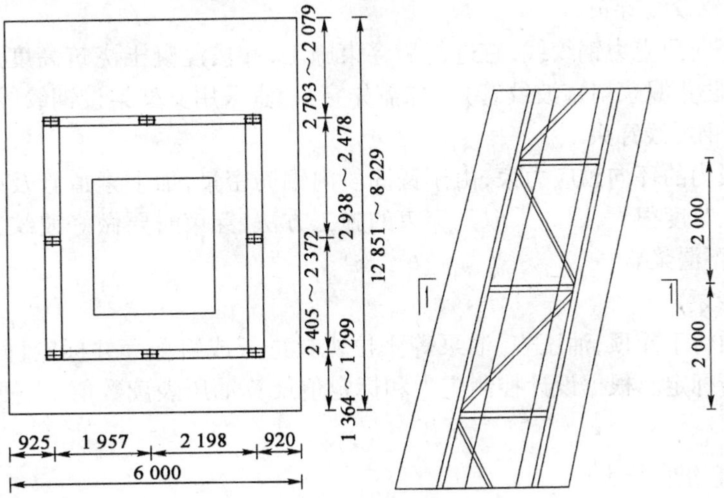

图6　劲性骨架示意图(尺寸单位:mm)

5.2.5　索道管工程

索道管安装采用空间坐标控制定位的方式进行。索道管安装之前,先于主塔上设置安装索道管定位托架,利用空间坐标放设托架位置,利用角钢制作托架结构,于索道管与托架连接位置设置开口钢板,利用钢板开口夹角对索道管倾斜角度、安装方向进行限位,通过复测开口点空间坐标对索道管进行精确定位。

5.2.6　混凝土工程

由于本工法所面临的塔柱内部所含构筑物较多,从而面临着独斜塔混凝土流动性较差、混凝土施工较难等难点,针对其难点,本工法在混凝土性能上和浇筑工艺上做出了较大的改进。

1)调整混凝土配合比

针对独斜塔混凝土箱体在各施工阶段各部位受力状况,合理确定施工工艺,并采取以下相应措施以达到控制混凝土独塔斜拉桥结构无结构裂缝发生,提高独斜塔斜拉桥施工质量。

(1)应采用多个厂家的外加剂进行试配,选用减水性能最好的外加剂,改善混凝土黏稠度、和易性及流动性。

(2)在保证混凝土强度不变的情况下对配合比进行深入优化,适量降低水泥等胶凝材料的掺入量,降低混凝土的水化热,并增加细集料的掺入量,提高混凝土含砂率,以增强混凝土流动性,使混凝土更加均匀;同时将塌落度控制在18cm±2cm,在保证混凝土正常浇筑施工需要的同时,降低混凝土产生的泌浆现象。

(3)不建议冬季施工,如工期需要,在必须做好保温措施的前提下,不宜在混凝土中使用防冻剂。

2)优化浇筑工艺

(1)合理布置混凝土浇筑下料点数量,以保证混凝土均匀浇筑。考虑到混凝土自由落差较大,为防止混凝土入模后产生离析,可使用串桶导管进行浇筑。

(2)如塔身内的钢筋较为密集,保护层内混凝土的匀质性略受影响,为保证保护层内的大粒径粗集料的含量,采用溜槽的方式将混凝土从钢筋与模板之间灌入,以弥补保护层内混凝土的匀质性较差的不足。

(3)为最大限度地减小混凝土泌浆现象对主塔结合面的影响,在塔壁侧钢模板顶部设置浮浆排放口,采用混凝土超灌方法将顶部浮浆由排放口处挤出。

(4)控制混凝土的入模温度在10℃左右,混凝土拌和时将水温控制在40℃左右,严格控制混凝土材料的投料顺序。

5.2.7　预应力施工

(1)竖向预应力钢绞线穿束

如独斜塔设有竖向预应力钢绞线,宜进行后穿束施工,并按混凝土浇筑高度连接波纹管,严格控制波纹管的连接部分(防止漏浆堵塞波纹管)。如需先穿束,宜采用支架架设钢绞线。

(2)环向预应力钢绞线穿束

设在塔柱锚固段内的环向预应力束,由于锚固段内钢筋密集,加上索道管及劲性骨架的设置,对于运用后穿束进行施工难度很大,因此采取先穿束的施工方法,穿束时要做好波纹管的定位及防护工作,保证波纹管不变形、不漏浆。

(3)预应力钢绞线张拉

张拉施工前必须将千斤顶,油压表、油泵等张拉机具进行成组配套并标定,而且在使用200次或6个月以上时必须重新标定。根据设计控制应力和标定值反算油压表读数值,以便准确控制预应力钢绞线的张拉力。

5.3　劳动力组织(表1)

人员配备表　　表1

工作项目	工　种	数　量	备　注	工作项目	工　种	数　量	备　注
塔吊司机	机械工	2人		电焊	电焊工	4人	
钢筋工	普通工	20人		电气	电工	2人	
木工	普通工	20人		定位测量	测量工	2人	
架体工	普通工	10人		当班负责	施工员	2人	
混凝土工	普通工	10人		总计		72人	

6　材料和机具设备

独斜塔施工机具设备包括4大部分,具体为:

(1)垂直运输部分(表2)

垂直运输设备表　　表2

机具设备名称	型　号	数　量	备　注
塔式起重机	H3/36B	1台	

(2)钢筋及木工部分(表3)

钢筋及木工设备表

表3

机具设备名称	型 号	数 量	备 注	机具设备名称	型 号	数 量	备 注
钢筋波纹机		4台		电焊机	BX3-50	4台	
钢筋切断机	GQ40	2台		平刨	MB504	1台	
钢筋弯曲机	GW-40	2台		压刨	MB106	1台	
砂轮锯				电锯	MJ-106	1个	

(3)混凝土部分机具设备(表4)

混凝土部分机具表

表4

机具设备名称	型 号	数 量	备 注	机具设备名称	型 号	数 量	备 注
混凝土输送泵	48m	1台		混凝土振捣棒	5cm	6根	

(4)预应力部分机具设备(表5)

预应力机具设备表

表5

机具设备名称	型 号	数 量	备 注	机具设备名称	型 号	数 量	备 注
千斤顶	25t	2个		卷扬机	2t	1台	
千斤顶	400t	2个					

7 质量控制

7.1 施工注意事项

(1)制定主塔施工组织设计实施细则,详细设计支架、模板施工设施,合理地制定施工步骤,施工方法、操作要领、安全措施、机械设备和材料计划,使主塔施工有章可循;

(2)操作人员经培训后方可上岗,加强施工技术质量层层交底工作,各单项工程技术人员应详细交底,配合质检人员严格把各工序质量关;

(3)服从监理,密切配合,加强监测复核工作,确保施工精度;

(4)钢筋绑扎的过程中,严格注意钢筋的间距和主筋的连续性;

(5)预应力波纹管在安装的过程中,保证波纹管的密封性,防止漏浆堵塞波纹管;

(6)浇筑混凝土时严格控制混凝土的塌落度和延展性,以利于混凝土的密实;

(7)由于主塔混凝土的强度较高,水化热较大,所以在混凝土浇筑完毕后注意洒水养护,防止混凝土出现干缩性裂纹。

7.2 主要实行规范

《混凝土结构工程施工质量验收规范》(GB 50204—2002)

《公路桥涵施工技术规范》(JTJ 041—2000)

主塔质量检验标准:

倾斜度:$\leqslant H/3\,000$,且$\leqslant$30mm(H为桥面上塔高);

轴线偏位:$\leqslant \pm$10mm;

断面尺寸:$\leqslant \pm$20mm;

塔顶高程:$\leqslant \pm$10mm;

斜拉索锚具轴线:$\leqslant \pm$10mm,且两端同向。

8 安全措施

(1)认真贯彻“安全第一,预防为主”的方针,根据国家有关规定、条例,结合施工单位实际情况和工程的具体特点,组成专职安全员和班组兼职安全员以及工地安全用电负责人参加的安全生产管理网络,执行安全生产责任制,明确各级人员的职责,抓好工程的安全生产。

(2)工作环境。应充分考虑高空作业的特殊性,在塔柱施工中,确保照明设备、通路的完整和有效,采取措施,消除影响工作人员健康的因素。

(3)劳动防护。塔上一切工作人员必须戴安全帽及配备的劳动用品,集中思想操作,防止碰伤和不必要的安全事故,此外应根据工作环境设置安全标志,配备相应的保护用品。

(4)防止灾害发生。事故可分为一般事故(如坠物、踢落等)和特殊事故(如火灾等)两类。由于这些灾害的发生将产生不可估量的损害,为此要遵照预防为主的原则,采取相应的有效措施。

(5)其他方面。吊运钢筋、模板及其他材料时塔上、塔下吊运活动范围严禁人员停留;起吊重物前应检查索具吊具等有无损伤,发现磨损及时更换;保证机械设备的维修保养,严禁机器带病超负工作;加强电机车安全管理。

9 环境保护

(1)塔柱空间模型的建立,为主塔的施工带来了极大的方便,使施工周期缩短,从而降低了主塔施工对周边环境的影响。

(2)本工法在模板的制作上采取新型的改装方法,节约了大量的材料。

(3)遵守天津市的环保条例及有关规定,施工期间防止噪声及其他污染,尽量减少对周边环境的干扰。

(4)树立环保意识,认真贯彻国家及省市有关环保的政策方件,对全体员工进行环保教育,强化为子孙后代造福、为人类造福的思想。

(5)在安排施工生产计划时,要同时制定环保措施并检查贯彻执行情况。

10 资源节约

通过本工法的运用,有效地缩短施工周期,降低了使用大型机械的费用,同时减少了大量斜塔钢模板的用量,使得资源得到了节约。

11 效益分析

因为主塔空间模型的建立,使得主塔的施工有了较好的预见性,减少了主塔施工的反复,从而有效地缩短了主塔的施工工期,使主塔的施工成本降低;独塔斜拉结构体系桥梁施工工法由于采用新型模板的制作方法,此方法比传统模板的改装节省时间,且施工的安全、质量较高,从而缩短了主塔施工的工期;由于预应力施工采用后穿束施工工艺,使得独斜塔的预应力施工难度降低,这也是本工法的优点所在。由于本工法采用的混凝土性能较高且混凝土的浇筑工艺也有所改进,有效地克服了独斜塔内部构筑物较多的难点,保证了塔柱的施工质量。

12 应用实例

2006年2月26日至2008年8月31日由天津第三市政公路工程有限公司承建的赤峰桥工程总长225m,主跨为134m,跨越海河;边跨50m+41m,跨越海河东路;设有辅助墩和边墩。主桥桥面总宽度为39m,车行道布置为双向6车道,两侧设有非机动车及人行道,见图7。主塔采用斜塔形式,塔垂直高度为64.923m(至承台顶面),塔身轴线与大地平面垂直交角63°。主塔为变截面,与承台顶交面的截面尺寸为9.5m×6.0m(不含加厚楔形体),塔顶水平面截面尺寸为4.0m×6.0m。塔顶部设置钢结构圆形构筑物。

在塔柱的施工过程中运用了工法,起到了很好的效果,节约了工期,节省了材料及相应的措施费用,从而节省了工程的造价,这是本工法在经济上的优势。

本工法的创新性保证了塔柱的外形美观，质量达到设计要求，满足了塔柱的使用功能和人文景观功能，这是本工法在社会效益上的优势。

综上所述，斜拉桥倾斜式主塔施工工法具有很大的潜在价值和良好的推广、应用前景。

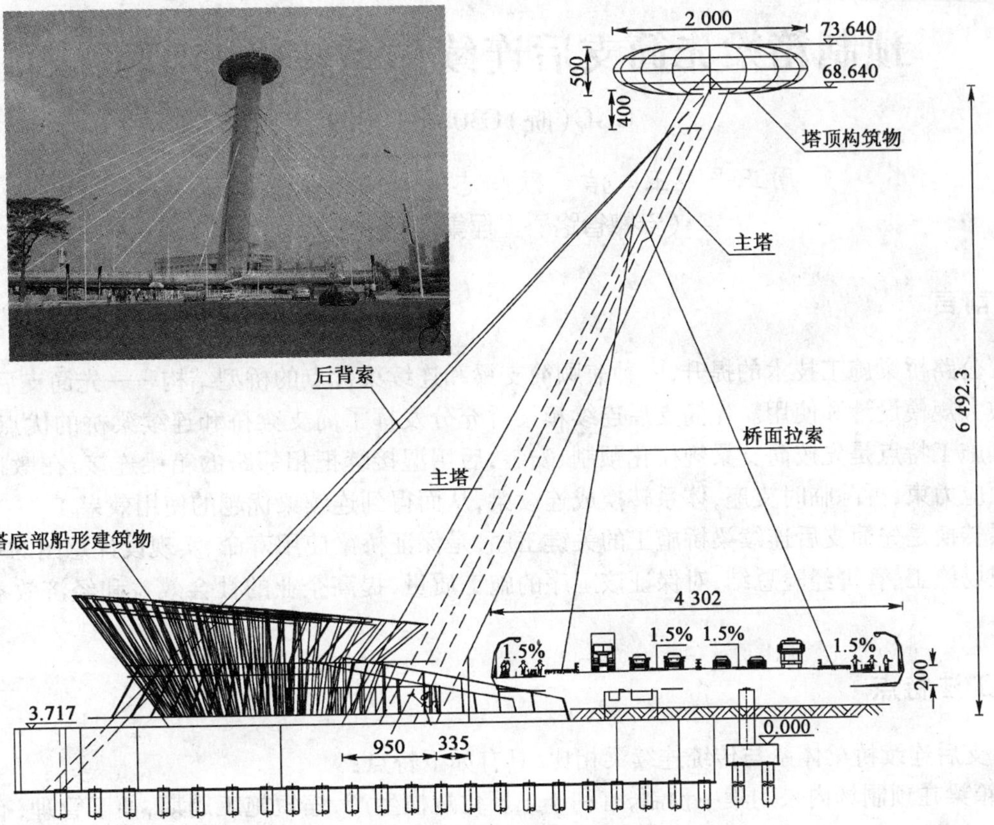

图7 赤峰桥工程示意图(尺寸单位:cm)

预制箱梁先简支后连续体系转换施工工法

GGG(皖)C3081—2009

周正平　王　洁　欧阳志宜　石永峰　汪荣华
(安徽省路桥工程集团有限公司)

1　前言

随着公路桥梁施工技术的提升,一种兼顾简支梁和连续梁优点的桥型结构——先简支后连续箱梁,目前已被大规模设计和使用。先简支后连续箱梁桥充分发挥了简支梁桥和连续梁桥的优点,克服了其缺点。其施工特点是先按简支梁规模化预制、安装,后用湿接缝把相邻跨的箱梁连接,在墩顶施加纵向负弯矩预应力束,拆除临时支座,体系转换成连续梁,从而得到连续梁优越的使用效果。

体系转换是先简支后连续梁桥施工的关键工序,是保证桥梁使用寿命、实现设计意图的基础。本工法通过现场施工、管理经验总结,对保证该工序的施工质量,提高企业的社会效益和经济效益可起到指导作用。

2　工法特点

先简支后连续桥梁体系与传统连续梁相比,具有如下特点:

(1)箱梁在预制场内采用集中预制,有利于工厂化规模生产,缩短施工周期,便于管理,有利于梁体预制质量控制。

(2)由于采用集中预制,现场架设,能够充分发挥机械性能,有效提高劳动效率,节约大量模板和支架投入,从而加快施工进度,减低施工成本。

(3)体系转换后,利用墩顶负弯矩预应力张拉,使得应力分布更趋于合理,提高其承载性能。

(4)减少桥梁伸缩缝设置频次,增加桥面整体性,提高行车舒适性,延长桥梁使用寿命。

3　适用范围

先简支后连续体系桥梁,上、下部结构可同时进行,便于组织流水作业,可以快速推进施工。上部结构基本采用的是简支梁施工工艺,得到的却是结构更优的连续梁。这种结构比其他装配式连续梁湿接缝数量少,不需要临时支架,特别适用与软土、深水、广域浅水、高墩及地势复杂的山区等施工,对于结构简单的长线桥或对受跨越限制的桥梁(若跨越铁路、渠闸及特殊地表附着物等),一般多采用这种结构形式。跨径为20~30m的连续梁桥大量采用了这种结构,一般认为先简支后连续桥梁的适用跨径为50m以内。

4　工艺原理

把一联连续箱梁分段、分片预制,通常每段为一孔,每孔布置3~5片。各段每片箱梁在预制场预制后经移运吊放到墩(台)顶的临时支座上,在完成湿接缝前的各项工序后浇筑湿接缝混凝土。在湿接缝混凝土达到设计或规范规定的强度后张拉负弯矩预应力束,拆除临时支座,使箱梁落到永久支座上,完成由简支到连续的体系转换。这种结构在体系转换前属简支梁体系,简支梁内力在体系转换中原封不动地带到连续梁,体系转换、二期恒载及活载等内力按连续梁计算。

5　施工工艺流程及操作要点

5.1　施工工艺流程

先简支后连续桥梁的体系转换为将后张法预应力梁移运吊装至安装位置，先采用临时支座按简支梁安装就位后，在连续墩上预置永久橡胶支座，现浇湿接头混凝土，张拉预应力束，拆除临时支座，将体系转换为连续梁。其施工工艺流程见图1所示。

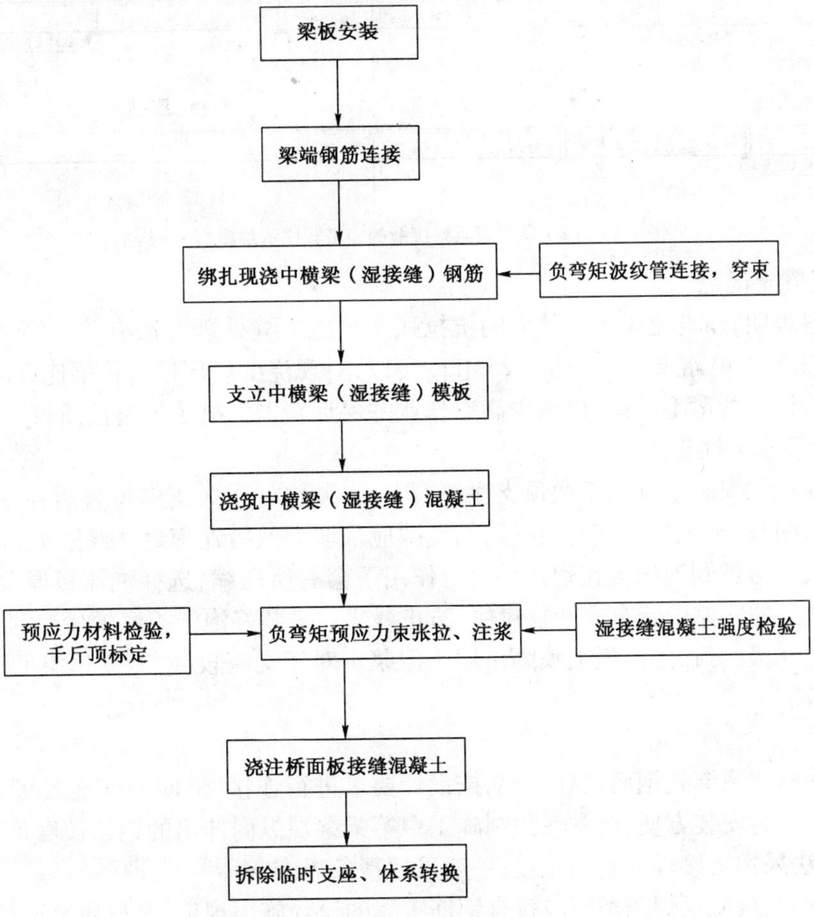

图1　先简支后连续桥梁体系转换施工工艺流程图

5.2　操作要点

(1)临时支座的选用

预制箱梁安装在临时支座上，并调整好轴线与高程后即可进行湿接缝的施工。对于搁置箱梁的临时支座，确保其强度和刚度在箱梁架设过程中不破损，基本上无沉降量。目前广泛使用的临时支座有硫黄砂浆临时支座、活塞套筒式临时支座、硬木框砂池式临时支座等。根据使用情况，硫黄砂浆临时支座科技含量较高，能有效降低劳动强度，但在软化拆除时易对盖梁造成污染。活塞套筒式临时支座一次性投入过大，但可多次重复利用，适合特大桥、长线桥使用。硬木框砂池具有成本低、拆卸方便的特点，但其承载力较低，适用于跨径较小的小箱梁。如在马芜高速姑溪河特大桥30m跨的预制箱梁施工中，临时支座采用的是硫黄砂浆临时支座。而沿江高速公路15标林东大桥30m跨箱梁安装时，由于桥梁孔数较多(共72孔)，为重复使用，其临时支座采用的就是活塞套筒式临时支座。

(2)施工顺序

考虑到箱梁接长收缩和温度应力的影响，湿接缝的浇筑一般采取"先两侧，后中间，隔跨施工"的原则，即从联端向中间对称施工。在一联湿接混凝土浇筑完成，达到设计要求的强度后，进行负弯矩预应力束的张拉压浆工作,然后浇筑桥面板的接缝混凝土。在一联的所有湿接缝施工完毕后,进行体系转换,完成由简支到连续的施工。图2是预制箱梁湿接缝的施工顺序示意图。

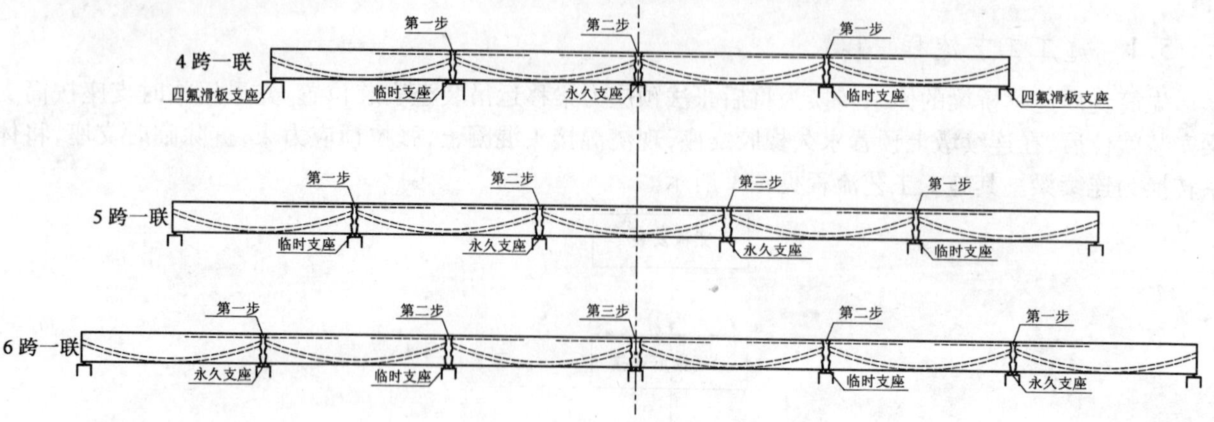

图2　预制箱梁湿接缝的施工顺序示意图

(3)连续端混凝土凿毛

根据试验资料表明,新老混凝土湿接面的抗拉强度与施工缝处理方法有关。经凿毛处理的新老混凝土面的抗弯曲强度(C40混凝土)可达1.25MPa,所以,对现浇湿接部位的箱梁连续段及桥面板湿接处务必在安装前进行详细的凿毛处理,以减少高空作业并保证新老混凝土的湿接质量。

(4)安装底模及永久性支座

将永久支座在箱梁安装前预置于墩顶支座垫石上,在调整好永久支座位置后在永久性支座外周围安装底模。为严防漏浆,永久性支座与底模间的缝隙应采取有效措施密封。根据实际情况及经济性,底模大多采用泡沫板。考虑到泡沫板在现浇混凝土作用下会有所压缩,选择泡沫板厚度要比支座厚度大2~3mm,并与支座间的缝隙用胶布或砂浆封住,防止漏浆。安装好泡沫板底模后,为防止后续工序焊渣掉落至底模烧坏泡沫板,可在泡沫板上喷洒一层水泥浆。对于支座较高,有立模空间的情况,可用木楔支撑木模板当底模。

(5)钢筋安装

按湿接缝钢筋构造图绑扎钢筋,纵向钢筋按设计要求进行连接,纵向钢筋连接可采用搭接焊、帮条焊或套筒压接接头。为安装方便,通常在预制施工中箱梁梁端纵向伸出的钢筋长度预留不足,底板受剪钢筋直径较大,无法采用搭接焊或套筒压接,一般采用帮条焊。

帮条钢筋的材质、规格及焊条类型应符合钢筋工程的设计施工规范,有材质及产品合格证书和物理性能检验,检验合格后方能使用。钢筋的规格、形状、尺寸、数量、间距、锚固长度、接头位置、保护层厚度必须符合设计要求和施工规范的规定,焊工必须持相应等级焊工证才允许上岗操作。帮条筋应采用与主筋同级别、同直径的钢筋制作。绑扎接头的搭接长度,应符合结构设计要求。

在焊接前应预先用相同的材料、焊接条件及参数,制作两个抗拉试件,其试验结果大于该类别钢筋的抗拉强度时,才允许正式施焊,此时不可再从成品抽样取试件。所有焊接接头必须进行外观检验,其要求是:焊缝表面平顺,没有较明显的咬边、凹陷、焊瘤、夹渣及气孔,严禁有裂纹出现。在连接完连续端纵向钢筋后,进行中横梁的钢筋绑扎。

(6)波纹管定位安装

①按设计要求箱梁的负弯矩预应力预留孔道采用扁波纹管,每片梁预制扁波纹管按施工的实际情况下料。

②扁波纹管安装前要检查是否有破洞、变形现象,要保证波纹管道畅通,否则浇筑混凝土时,混凝土浆进入堵死管道,使钢绞线无法通过,影响负弯矩工作。

③在箱梁顶板钢筋绑扎成型后,便可进行波纹管的安装。安装按图纸设计位置进行,每隔1m绑扎或用钢筋焊接于主筋之下,保证管道直顺平畅。在波纹管接头位置要搭接好,且每端搭接长度不小于

15cm，不能出现错台、毛头，同时用胶带纸包裹密封。

④扁波纹管与锚垫板连接时，要将波纹管伸入锚垫板内约10cm左右，不能出现错台，并用胶带纸包裹密封。

⑤锚垫板安装时会出现与主筋、箍筋相互干扰，这时要将主筋、箍筋位置适当调整，保证锚垫板的位置。

⑥浇筑箱梁混凝土时，要将锚垫板孔内用海绵填实，并用宽胶带纸将口封好，以便混凝土浆不能渗入。

⑦箱梁预制前，根据箱梁负弯矩波纹管长度，利用相应长度的钢绞线穿入扁管中。待混凝土初凝后，将钢绞线来回穿行，使管道畅通，拔出钢绞线，以备下一片箱梁预制使用，此措施能保证波纹管道畅通，梁板吊装后负弯矩钢绞线顺利通过。

⑧为防止预应力钢束与管道之间摩擦引起的应力损失增加及改变预应力钢束的受力，应严格控制预应力束道安装误差在2mm以内。在湿接现浇段中预埋与预制梁中的扁波纹管规格必须相同，确保连接顺接、可靠、不漏浆。

(7)浇筑现浇混凝土

根据体系转换后湿接缝的受力情况，设计上采用与预制梁混凝土强度相同的C50号微膨胀混凝土，即在混凝土中掺加微膨胀剂，就是为防止混凝土收缩引起现浇段与预制梁的开裂及预应力损失。因此钢筋密集处，混凝土用的石子的粒径不大于2cm。根据配合比，严格控制各材料用量，浇筑混凝土时采用小直径振捣棒的振捣器配合大直径振捣棒的振捣器，最后用平板式振捣器，确保现浇段混凝土密实，控制好表面平整度。

(8)养生

混凝土施工完毕，为防止早期收缩出现裂缝，最好在捣实抹平后即用塑料薄膜覆盖。在混凝土初凝前，掀开塑料薄膜，混凝土会泛水至表面，这时进行二次收浆，以控制平整度及防止出现裂缝。收浆完再用塑料薄膜覆盖待下次洒水养生时，用土工布或麻袋洒水代替塑料薄膜继续养生。

(9)钢绞线及张拉设备要求

预应力筋采用$\phi^{j}15.24$mm低松弛钢绞线，其技术要求应符合GB/T 5224—2003的规定。钢绞线抗拉强度为1 860MPa，张拉控制应力$\sigma_k = 0.75\sigma_b = 1\,395$MPa。油泵采用ZB4型，千斤顶采用YDC24Q型千斤顶，锚具采用BM锚。高压油表采用精度不低于1.0级标准油表（表盘刻度0～60MPa）；高压油管采用钢丝耐油橡胶管，内径6mm，外径18mm，标准油压≥60 MPa。每根管长6m并带两端原配接头，张拉用油随外部温度变化，一般采用20号或30号纯净液压油。

张拉千斤顶必须经过校正后才允许使用，千斤顶校正后的有效使用期限，不应超过6个月或张拉200次。在特殊情况下，如千斤顶常压漏油或串缸，应及时检修，每次检修后，都必须经过校正后才允许使用。

(10)预应力施工主要规定与要求

钢绞线进场时对其分批验收，验收时，除对其质量证明书、包装、标志和规格进行检查外，还须从每批钢绞线中任取3盘，并从每盘所选的钢绞线端部正常部位截取一根试样进行表面质量、直径偏差和力学性能试验。每批钢绞线的质量不大于60t，检验合格并经监理工程师同意后方可使用。

锚具进场时，除按出厂合格证和质量证明书核查其锚固性能类别、型号、规格及数量外，还要按规范要求对锚具的外观、硬度进行验收，符合规范要求后经监理工程师同意后方可使用。

锚具验收批的划分：在同种材料和同一生产工艺条件下，锚具不超过1 000套组为一个验收批。

钢绞线和金属波纹管在室外存放时，不得直接堆放在地面上，采用枕木将其垫起，并用油毡布覆盖，防止雨露和各种腐蚀性气体、介质的影响。锚具设专人保管，存放、搬运时妥善保护，避免锈蚀、玷污、遭受机械损伤或散失。

张拉用的千斤顶、电动油泵、油表由专人使用和保管，并定期维护和校检。千斤顶与压力表配套校验,已确定张拉力与压力表之间的关系曲线,在经主管部门授权的法定技术机构进行校验。当千斤顶使用超过6个月或200次或在使用中出现不正常现象或检修后重新校验。

现浇横梁的混凝土强度达到设计规定强度后方可张拉。判断混凝土强度是否达到时,用现场试块强度来确定。

(11)主要张拉工艺

张拉控制应力 $\sigma_k = 0.75\sigma_b = 1\,395\text{MPa}$。

预应力束张拉程序为0→初应力→σ_{con}(持荷2min锚固)。

张拉顺序:预应力筋的张拉顺序必须符合设计要求。如设计无具体要求,一般从一侧开始对称张拉。

张拉伸长值校核。张拉采用"应力-伸长量"双控原则。如实际伸长值与理论伸长值差值超出±6%,要暂停张拉,查明原因或采取措施予以调整后,方可继续张拉。

预应力筋的计算伸长值 ΔL 按下式计算:

$$\Delta L = \frac{F_p \cdot L}{A_p \cdot E_s}$$

式中:F_p——预应力筋的平均张拉力,kN,直线筋取张拉端的拉力,两端张拉的曲线筋,取张拉端的拉力与跨中扣除孔道摩阻损失后拉力的平均值;

A_p——预应力筋的截面面积,mm^2;

L——预应力筋的长度,mm;

E_s——预应力筋的弹性模量,kN/mm^2。

$$F_p = P \cdot \frac{1 - e^{-(kx+\mu\theta)}}{kx + \mu\theta}$$

式中:P——预应力筋的张拉力,N;

x——从张拉端至计算截面的孔道长度,m;

k——孔道每米局部偏差对摩擦的影响系数,1/m;

μ——预应力筋与孔道壁的摩擦系数;

θ——从张拉端至计算截面曲线孔道部分切线的夹角之和,rad。

预应力筋的实际伸长值 $\Delta L'$,在初应力张拉控制应力10%时开始量测:

$$\Delta L' = \Delta L_1 + \Delta L_2$$

式中:ΔL_1——从初应力至最大张拉力之间的实测伸长值,mm;

ΔL_2——初应力以下的推算伸长值,mm,采用相邻级别的伸长值。

预应力筋在张拉控制应力达到稳定后方可锚固。预应力筋锚固完毕后经检验合格后采用无齿锯切割,锚固,外露长度不小于30mm,并尽快封锚,防止锈蚀。

张拉过程中如出现负弯矩锚垫板处裂缝或混凝土掉皮情况,应停止张拉,检查原因。若有特殊情况发生,不能继续张拉,要将所张拉的几根钢绞线进行放张,然后在负弯矩束道处凿开混凝土进行补加钢筋焊接等补救措施,并浇筑混凝土,强度达到要求后再行张拉,做到使张拉工作万无一失。有些情况是张拉虽已完成,但在完成后一定时间内混凝土掉皮,要尽快补救,以保证下道工序孔道压浆工作的进行。

(12)管道压浆

管道压浆必须在预应力筋正式张拉全部完毕24h内进行,且宜在5d内完成。压浆前需经检查无滑丝及其他异常情况,确认合格后才允许进行。

正式压浆24h之前,必须先将锚头部位全部缝隙堵塞严密。堵塞部分是锚套与支承垫板接触面的缝隙和锚套与夹片间、夹片与钢绞线之间的间隙。堵塞材料采用强度等级R42.5普通硅酸盐水泥和过筛的细砂(粒径小于0.3 mm)按1:1.5的配合比,适当加水抹匀(宜稠不宜稀)。堵塞应认真细致,可用灰刀、泥抹子或刮铲等工具。压浆前应清除管道内杂物及积水,方法可用高压风吹。

压浆前应先安装好桥梁两端的压浆短管，并检修好压浆机及输浆管，压浆机上要配装好0～2MPa的灰浆压力表。灰浆泵最高输浆压力以保证压入水泥浆饱满、密实为准，其值应为0.6～0.7MPa。

预应力筋张拉后，孔道尽快压浆。孔道压浆采用的水泥将严格按试验室出的配合比配制，采用二次压浆法，两次压浆的间隔时间为30～45min。压浆使用活塞式压浆泵，不得使用压缩空气。压浆的最大压力为0.5～0.7MPa；压浆达到孔道另一端饱和出浆，并达到排气孔排出与规定稠度相同的水泥浆为止。为保证管道中充满灰浆，关闭出浆口后，保持不小于0.5MPa的一个稳压期，该稳压期不少于2min。压浆后从检查孔抽查压浆的密实情况，如有不实，及时处理和纠正。压浆时，每一工作班留取不少于3组试件，标养28d，检查其抗压强度，作为评定水泥浆质量的依据。当气温高于35℃时，压浆在夜间进行。

拆卸压浆封闭阀门的时间宁晚勿早。按不同季节，酌情掌握，以水泥浆不流出即可拆管。

管道压浆作业必须在环境温度高于+5℃的条件下进行。否则应采取保温措施或采用冬季施工方法。入冬以前应用高压风将全部存梁管道内的水吹干净，以免冻裂梁体。

(13)临时支座的拆除

当负弯矩压注水泥浆达到设计规定的强度后，要立即拆除临时支座，完成体系转换工作。在拆除临时支座时，要尽量使临时支座同步、均匀、缓慢地拆除。对于采用硫黄砂浆的临时支座，可将同一墩顶处各临时支座的电阻丝并联，同时通电解除，可使墩顶各永久支座同时受力，杜绝应力集中现象发生，保证体系转换的安全。对于采用活塞套筒临时支座，可采取多人同时打开套筒砂门的方法拆除临时支座，也能保证体系转换的安全。

6 材料与设备

根据先简支后连续桥梁体系转换的施工特点，选用设备如表1所示。

预应力箱梁体系转换设备表

表1

项　次	设备型号、名称	数　量
1	HZS50 混凝土搅拌站	1
2	JZC 混凝土搅拌机	1
3	HB-3 型灰浆泵	1
4	ZB4-500 型电动油泵	3
5	YDC24Q 型穿心千斤顶	3
6	ZX5-500 型电焊机	2
7	FC-1 型机动翻斗车	2

7 质量控制

7.1 执行标准

先简支后连续桥梁体系转换应按《公路桥涵施工技术规范》(JTJ 041—2000)和《公路工程质量检验评定标准》(JTG F80/1—2004)执行，一些质量要求见表2～表4所示。

钢筋加工的允许偏差(单位:mm)

表2

序　号	偏 差 名 称	钢 筋 长 度 L	
		$L \leqslant 5\,000$	$L > 5\,000$
1	受力钢筋顺长度方向的全长	±10	±10
2	弯起钢筋的弯起位置	±20	

预应力筋孔道预留质量标准(单位:mm)　表3

序　号	项　目		允许偏差
1	管道坐标	梁长方向	30
		梁高方向	10
2	管道间距	同排	10

钢筋骨架质量标准(单位:mm)　表4

序　号	检查项目	标　准
1	受力钢筋两排以上排距允许偏差	±5
2	受力钢筋同排间距允许偏差	±10
3	箍筋、横向水平钢筋间距允许偏差	0,−20
4	钢筋骨架长允许偏差	±10
5	钢筋骨架宽、高允许偏差	±5
6	弯起钢筋位置允许偏差	±20
7	钢筋保护层与设计尺寸允许偏差	±5

7.2　检验试验方法

对于模板、钢筋、预应力孔道、混凝土构件的检验应按《公路桥涵施工技术规范》(JTJ 041—2000)和《公路工程质量检验评定标准》(JTG F80/1—2004)要求的方法进行检验和试验。

钢绞线进场时对其分批验收,验收时,除对其质量证明书、包装、标志和规格进行检查外,还须从每批钢绞线中任取3盘,并从每盘所选的钢绞线端部正常部位截取一根试样进行表面质量、直径偏差和力学性能试验。每批钢绞线的质量不大于60t。检验合格并经监理工程师同意后方可使用。

锚具验收批的划分:在同种材料和同一生产工艺条件下,锚具不超过1 000套组为一个验收批。

张拉用的千斤顶、电动油泵、油表由专人使用和保管,并定期维护和校检。千斤顶与压力表配套校验,已确定张拉力与压力表之间的关系曲线,在经主管部门授权的法定技术机构进行校验。当千斤顶使用超过6个月或200次或在使用中出现不正常现象或检修后重新校验。

7.3　质量保证措施

(1)建立健全质量保证体系,明确各级人员的职责,切实做到分工明确,责任到人。

(2)钢筋进场后,必须按照不同钢种、牌号、规格及生产厂家分别堆放,不得混杂,且应设立标志牌。钢筋宜堆放在仓库内,如临时堆放在外面时,下面应用垫木垫起,上面用雨布覆盖完好。钢筋在使用前,应把钢筋表面的油渍、鳞锈清除干净,钢筋应平直,无局部弯折,成盘的和弯曲的钢筋应调直。采用冷拉方法调直钢筋时,Ⅰ级钢筋冷拉伸长率不大于2%,Ⅱ级HRB335、HRB400冷拉伸长率不大于1%。

(3)钢绞线和金属波纹管在室外存放时,不得直接堆放在地面上,采用枕木将其垫起,并用油毡布覆盖,防止雨露和各种腐蚀性气体、介质的影响。锚具设专人保管。存放、搬运时妥善保护,避免锈蚀、玷污、遭受机械损伤或散失。

(4)混凝土浇灌前要做好如下准备工作

①仔细检查模板安装情况,在现浇横梁模板全部安装完毕,且所有联结螺栓、固定螺栓、紧固件、铁楔子等,均已安装整修完好,有可能漏浆的缝隙已全部堵塞的情况下,经现场监理工程师检验合格后方可浇筑。

②仔细检查所有的振动器及有关部分是否完好,联结是否牢固,振捣器支架有无焊接开裂,电路是否已经接通并试运转正常。

③检查存料场的砂、碎石质量是否合格,是否准备够用量,水泥和水的储备是否足够,减水剂是否已准备好等。

④认真检查箱梁纵向接头钢筋的焊接质量,必须保证钢筋的焊缝长度和厚度,同时将焊渣等杂物清除干净。

(5)由于端头钢筋密集,现浇湿接缝采用5~20mm粒径的石子拌制混凝土,振捣时采用小直径插入式振捣器认真振捣。

(6)施工配合比要根据材料与施工情况,由试验室经试验确定,并书面通知拌和站。每m^3混凝土中的水泥用量不宜超过500kg。材料计量误差标准(按重量计):水泥、水及减水剂不得超过±1%;碎石、黄砂不得超过±2%。

(7)负弯矩扁管连接要顺畅,接头要严密,在焊接钢筋时要注意避免烧伤扁管。浇筑混凝土时要注意保护好扁管。

(8)由于钢绞线是在浇筑湿接缝混凝土前穿入,故在湿接缝混凝土初凝前要拉动钢绞线,以保证钢绞线可在扁管内自由活动。为防止孔道内注浆密实,在可能的条件下适当加大扁管的截面尺寸。

(9)湿接缝的施工顺序必须按规定要求进行,各现浇接头的浇筑气温尽量相同,温差控制在5℃以内,夏季宜在一天气温最低时进行。

(10)现浇横梁浇筑过程中要特别注意避免碰撞预埋件和梁底模泡沫板,以保证预埋件的位置和现浇横梁的几何尺寸和外观质量。

(11)张拉前要对预应力材料进行检验,合格后方可使用。按规范要求定期对千斤顶进行标定,同时测定锚头、预应力孔道的应力损失,张拉时要用伸长值进行校核,误差超过±6%要查明原因后方可继续张拉,确保张拉应力的准确。

(12)施加预应力钢绞线所用机具、设备、仪表应有专人使用和保管,并应定期检修和校验。千斤顶和压力表应配套校验,从而确定张拉力与压力表之间的曲线关系。张拉人员必须经考试合格,持证上岗,非专业人员不准开机张拉。张拉时,锚具位置应正确,混凝土强度应达到设计要求。现场应有安全措施,安全警示应挂在张拉位置醒目处,千斤顶张拉轴线应与钢绞线轴线中心重合。

(13)钢绞线的张拉采取对称张拉,按"先长束、后短束"的原则进行。

(14)在锚具安装完成、预应力张拉前,应在锚圈外钢绞线上画线。既可以比对每根绞线伸长量是否基本一致,又可在压浆前检查张拉完工后的钢绞线有无滑动。在确保钢绞线伸长量符合理论值且无滑动后切断钢束进行压浆工作。

(15)硫黄砂浆临时支座在拆除时,注意采取措施保护盖梁不受污染。

8 安全措施

8.1 执行标准

施工现场严格按照公路工程安全生产许可达标、现场安全技术操作规范及国家标准强制性条文执行。

8.2 安全控制措施

先简支后连续体系转换施工现场安全隐患主要有两方面:一是用电安全隐患,二是机械操作安全隐患。

8.2.1 用电安全

(1)严格按有关规定安装线路及设备,用电设备均要安装地线,不合格的电气器材严禁使用。

(2)强化临时用电管理,规范配电箱的制作与使用,强制推行漏电保护器的安装与使用。

(3)配电箱、开关箱:使用BD型标准电箱,电箱内开关电器必须完整无损,接线正确,电箱内设置漏电保护器,选用合理的额定漏电动作电流进行分级匹配。配电箱设总熔丝、分开关,动力和照明分别设置。

(4)金属外壳电箱作接地或接零保护。开关箱与用电设备实行一机一闸保险。同一移动开关箱严禁有380V和220V两种电压等级。

8.2.2 机械设备操作安全

施工现场的主要机械设备有混凝土拌和站、混凝土运输车、张拉压浆设备、钢筋加工设备、翻斗车等。施工现场要强化施工机械设备的管理,做到机械设备状态完好,不带病运转,制订详细的操作规程,禁止违章操作。所有施工设备和机具使用时均须由专职人员负责进行检查、必要的试验和维修保养,确保状况良好。各技术工种必须经过培训并经考核取得合格证,方可持证上岗操作,杜绝违章作业。大型机械的保险、限位装置防护指示器等必须齐全可靠。驾驶、指挥人员必须持证上岗,必须按规程要求进行操作,驾驶员应做好例保和记录。各类安全(包括制动)装置的防护罩、盖等要齐全可靠。必须严格定期保养制度,做好操作前、操作中和操作后设备的清洁、润滑、紧固、调整和防腐工作。严禁机械设备超负荷使用、带病运转和在作业运转中进行维修。机械设备夜间作业必须有充足的照明。

(1)张拉前要检查张拉设备、工具(如:千斤顶、油泵、压力表、油管、顶模器及液控顶压阀等)是否符合施工及安全的要求。压力表应按规定周期进行检定。

(2)高压油泵与千斤顶之间的连接点,各接口必须完好无损。油泵操作人员要戴防护眼镜。

(3)油泵开动时,进、回油速度与压力表指针升降,应平稳、均匀一致。安全阀要经常保持灵敏可靠。

(4)张拉前,操作人员要确定联络信号。在锚具正前方严禁站人,以防钢绞线射出伤人。

(5)张拉操作中若出现异常现象(如油表振动剧烈,发生漏油,电机声音异常,发生断丝、滑丝等),应立即停机进行检查。

(6)管道压浆时,应严格按规定压力进行。施压前应调整好安全阀。关闭阀门时,作业人员应站在侧面。

9 环保措施

随着人们物质文化生活水平的不断提高,人们对环境的要求也越来越高,环保意识也不断增强。环境保护在工程建设过程中占有越来越重要的地位。针对小箱梁预制来说,控制好水泥浆排放和混凝土养护用水的回收是防止污染的关键,主要是水泥浆排放管线要单独设置,并设置沉淀池和循环池,同时也要做好其他方面的控制措施。

10 资源节约

本工法与传统施工工艺相比,提高了体系转换的安全性,加快了施工速度,有效地降低了工程的施工成本,节约了材料和人工机械的成本,有效节约了环境资源和人力资源,值得推广应用。

11 效益分析

从施工技术角度出发,先简支后连续桥梁的体系转换已有类似成熟的施工工艺,不存在技术难题,关键是如何在保证完成箱梁体系转换的前提下,提高体系转换的安全度,避免在体系转换中出现较大的应力集中,保证体系转换的质量。本工法与传统工艺相比,可以大大地提高体系转换的可靠性,加快体系转换的施工速度,有效地降低工程的施工成本,是一种值得推广的施工工艺。

以沿江高速公路15标林东特大桥12联小箱梁先简支后连续体系转换施工为例,采用活塞套筒临时支座$2\times8\times6\times3=288$套,完成单幅24联先简支后连续体系转换工作,周转8次,使用钢板288套×18.1kg/套=5 212.8kg,费用为5 212.8kg×5.50元/kg=28 670.4元。该项目先简支后连续体系转换顺利完成,未出现任何质量问题。

12 应用实例

安徽省沿江高速公路15标林东特大桥,布置为$12\times(6\times30)=2\ 160$(m)。马芜高速公路04标姑溪河特大桥，引桥布置为 $7\times(5\times30)+1\times(6\times30)+2\times(5\times30)=1\,530(\mathrm{m})$。阜周高速 12 标淮河大桥南引桥工程，桥跨布置为 $14\times(5\times30)+1\times(6\times30)=2\,280(\mathrm{m})$。以上三座桥梁的体系转换中，均采用了此种施工方法进行先简支后连续体系转换。和传统施工方法比，从施工速度上看，平均每联体系转换时间缩短 2～3d，从工程质量上看，能最大限度保证临时支座同步拆除，大大提高体系转换的安全性，保证了施工质量。以上三座桥梁交工验收检验合格率平均在 97.5%，得到了业主和监理的好评，质量评定为优良。

大型钢吊箱整体施工工法

GGG(中企)C3082—2009

姚海东　任回兴　欧阳效勇　孙克强　杨　红
(中国路桥工程有限责任公司　中交第二公路工程局有限公司)

1　前言

钢吊箱作为大跨度深水桥梁桩基高桩承台施工的围水结构,是实现水下施工向水上施工转换的关键结构,对整座桥梁施工起着至关重要的作用。如苏通长江公路大桥主6、7、8号墩规模庞大,其中主6号近塔墩承台平面尺寸为52m×32.5m,采用有底双壁钢吊箱作为承台施工围水结构,吊箱质量达1 248t,其加工、运输及安装质量是决定承台施工成败的关键。

中交第二公路工程局有限公司、中交第二航务工程局有限公司在苏通大桥1、2、3、6、7、8号墩,上海长江大桥主塔墩以及武汉白沙洲大桥主1号墩深水基础施工中成功应用了大型吊箱整体加工吊装的施工方法,即岸上整体加工吊箱,经滑道下水(或气囊法下水),水上浮运至已完成的桩基施工现场,采用大型浮吊整体吊装、定位、水下封底。该工法将吊箱全部的焊接工作量转移到岸上,水上作业量小,显著降低了风浪潮对水上焊接、吊装作业的影响,具有进度快、施工精度高、安全可靠等特点,创造了良好的社会效益和经济效益,具有广阔的应用前景。

结合施工实践总结编写形成工法,指导类似工程施工。工法关键技术于2007年5月经陕西省科技厅组织专家鉴定,达到国内领先水平,其中核心技术"拼装式弧形封堵板"(ZL2008 2 0028792.3)、"超大型钢吊箱可调水平定位装置"(ZL2008 2 0020028.8)、"深水钢吊箱竖向定位装置"(ZL2008 2 0028931.2)获得国家专利。

2　工法特点

2.1　钢吊箱选择岸上符合条件的场地和加工单位整体加工,质量有保证。

2.2　加工场地具备:

(1)下水条件,可采用船台滑道下水或浮吊直接吊装下水;

(2)加工单位具备专业钢结构加工资质,场地应有相应的配套设备、质量保证措施等。

2.3　具备水运条件,包括航道水深、流速、风力、水上运输设备及航道、海事部门许可证等,应优先选择具备水上运输资质的专业单位。

2.4　墩位(桥位)附近水深条件满足浮吊吃水要求,施工水域满足抛锚作业要求,浮吊具备现场作业技术参数及能力要求。

2.5　钢吊箱加工、钻孔桩施工同步进行,条件具备即可进行吊箱安装,速度快、质量好。

2.6　水上吊装作业周期短,安全风险降低。

3　适用范围

本工法适用于以下条件:

3.1　墩位施工现场具备大型浮吊作业对水域的要求。

3.2　桥位附近具备钢吊箱整体加工、下水及水上运输的条件。

3.3 尤其适用于长江中下游、海上施工水域等现场有效作业时间短、受风浪潮影响大的施工环境。

4 工艺原理

4.1 利用大型钢吊箱的双壁浮力，即底壁板在起吊前严格密封，下水后，自浮于水面，使用拖轮浮运至施工现场。

4.2 利用吊箱壁板及内支撑组合形成的空间整体结构特点来布置吊点，保证整体吊装的受力要求。

4.3 利用吊箱双壁箱式结构的特点，合理抽加水，克服潮差，调整吊箱在水中的姿态及高程，便于竖向定位。

4.4 以钻孔施工平台为依托挂靠和固定吊箱；利用已完桩基，通过反压型钢和千斤顶可调水平定位系统，分别对吊箱实施竖向限位和水平定位。

4.5 利用已完成的桩基，通过焊接与吊箱底板与护筒之间的吊杆，将封底混凝土及吊箱荷载传递至桩基。

5 施工工艺

5.1 大型钢吊箱整体吊装施工工艺（流程图见图1）

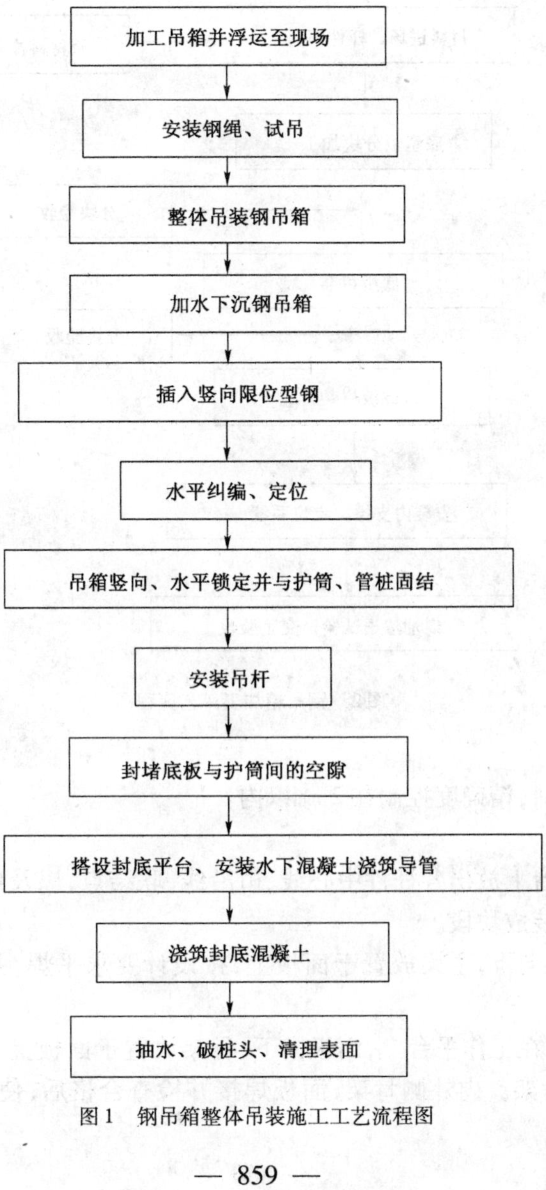

图1 钢吊箱整体吊装施工工艺流程图

5.2 操作要点

5.2.1 吊箱整体加工

1)加工质量要求

钢吊箱加工制作允许偏差:

平面尺寸:≤5cm;　　内口尺寸:≤ 3cm;

对角线:≤ ±10cm;　　底板预留孔:±1cm。

2)加工场地要求

加工及存放时场地要求平整、坚实,临时支承顶面测平,基础稳固,不允许发生不均匀沉降,以确保块体不变形。

吊箱整体合龙要求在船台滑道上进行,滑道高在60cm以上,滑道间距以确保吊箱不变形为原则。

3)加工顺序

具体加工流程见图2。

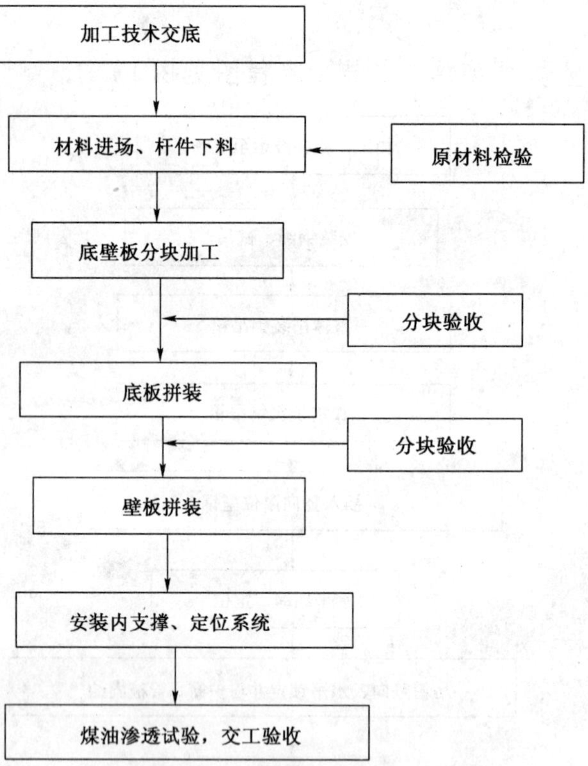

图2　钢吊箱加工工艺流程图

4)下料

车间内按技术要求下料,精确度控制在2㎜以内。

5)组装

在已操平的混凝土平台上放出各杆件中心线、边沿线、联结点,以及细部、总体尺寸,校核无误后按主骨架到次骨架的顺序组装成块段。

底板杆件组装时,面板向下,主梁放置于面板上,按设计要求平焊,并检查合格后使用桁吊翻转底板,使面板朝上,准备拼装。

侧板杆件组装时,平放在工作平台上,面板向下,骨架放置于面板上,焊接好并检查合格后,使用桁吊翻转180°,补焊对立面骨架。内外侧骨架、面板焊接并检查合格后,使用桁吊立起各块侧板,准备拼装。

6)焊接

施焊前必须彻底清理待焊区的铁锈、氧化铁皮、油污、水分等杂质。焊后必须清理熔渣及飞溅物,焊接以尽量减少立焊、仰焊为原则。

焊缝高度超过6mm时,分层焊接,每层焊缝4~5mm,每层焊渣必须严格清除。

7)拼装

在船台上拼装底板各分块,拼装前进行长线放样,减少累计误差。底板拼装成整体并检查合格后,按图示顺序拼装壁板。

8)合龙

根据加工工期安排,选择场地温度20℃时合龙。

5.2.2 下水浮运

(1)吊箱下水要求:船台宽度大于吊箱宽度3m以上,滑道水下部分长度为吊箱长度的2倍左右,船台前沿具备足够的吃水深度。下水滑道坡度应介于5°~15°之间。

(2)下水时机:涨平潮且风力小于6级;无潮汐河段应选择高水位季节。

(3)浮运安全、稳定性分析:需保证定倾中心明显高于重心。

(4)为减小吊箱吃水深度,从而减小迎水阻力便于浮运,吊箱底板在起吊前不宜开孔。

(5)浮运设备的选择:根据计算迎水阻力、逆水航速2m/s,计算所需最小功率,选用合适的拖轮。要求使用两个以上拖轮确保稳定和安全(图3)。

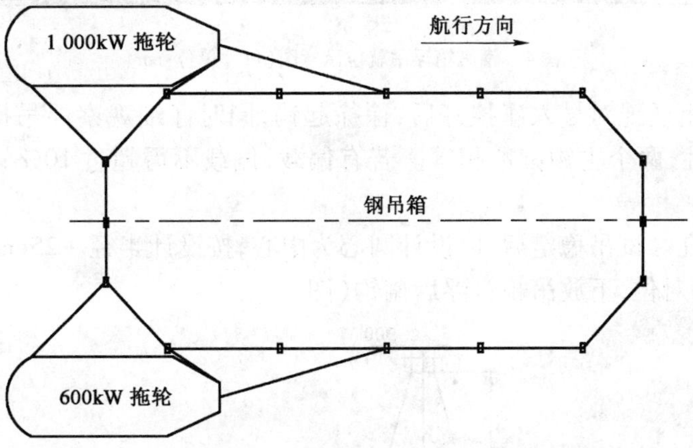

图3 钢吊箱浮运示意图

(6)在交通密集区及桥区附近浮运时,吊箱前方200m左右应有警戒船领航。

(7)吊箱壁板上布置紧急系缆桩,以防万一。

5.2.3 浮吊就位、整体吊装

(1)吊装设备的选择应符合钢吊箱吊重的要求、现场跨距和吊高要求,确保吊索与水平面的夹角大于45°。

(2)浮吊确定后,根据主钩分布及钢吊箱结构,在吊箱壁板上布置吊点。通常为单主钩4点吊或双主钩8点吊。

(3)吊具的选择:吊点布置好后,利用空间几何精确计算钢丝绳长度及受力;根据计算数据选择钢丝绳直径和卸扣型号。钢丝绳受力安全系数大于3,卸扣安全系数大于1.5。

用于吊装的钢丝绳长度必须严格按计算长度加工,误差不得超过±10mm。

(4)浮吊抛锚就位。浮吊抛锚就位通常有横桥向和顺桥向两种。在墩位之间间距允许的情况下,尽量采用顺桥向(即垂直基础的长边方向),因为这样可以在吊重、吊高一定的条件下尽可能地减小吊幅的要求,对于浮吊选型更具经济性。在墩位间距过小,浮吊无法驶入抛锚时,可采用“横桥吊”,浮吊顺基础长边方向,并尽可能的抛锚挂靠与下游侧。迎涨落潮方向各抛2条5t的八字缆,迎水角度45°左右,船头朝向平台一侧带缆。

(5)喂钢吊箱。落潮时段,松浮吊下游八字锚,自下游使用拖轮顶带,逆水喂入钢吊箱,并用钢丝绳将钢吊箱临时固于上下游平台,使多桩共同受力(图4)。

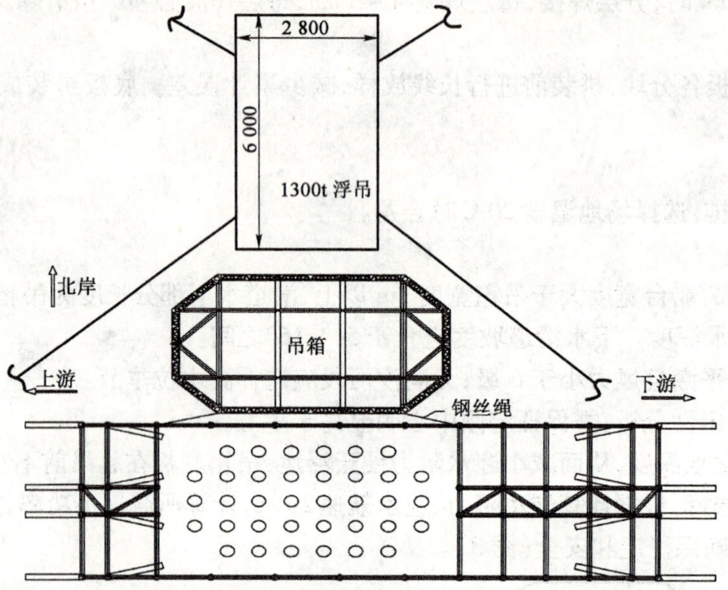

图4 钢吊箱浮吊就位示意图(尺寸单位:cm)

(6)安吊具试吊。钢丝绳对号入座挂好后,徐徐起钩,同时仔细观察浮吊操作仪表中的荷载读数。理论上,根据结构对称性,两个主钩读数相等。若有偏载,偏载不得超过10%;否则,应完全松钩后,再次同步起吊。

(7)钢吊箱底板开孔。试吊稳定后,以设计圆心为中心,按设计半径+25cm为半径,画圆并开孔。

(8)吊箱起吊、护筒对位,下放吊箱自浮后摘钩(图5)。

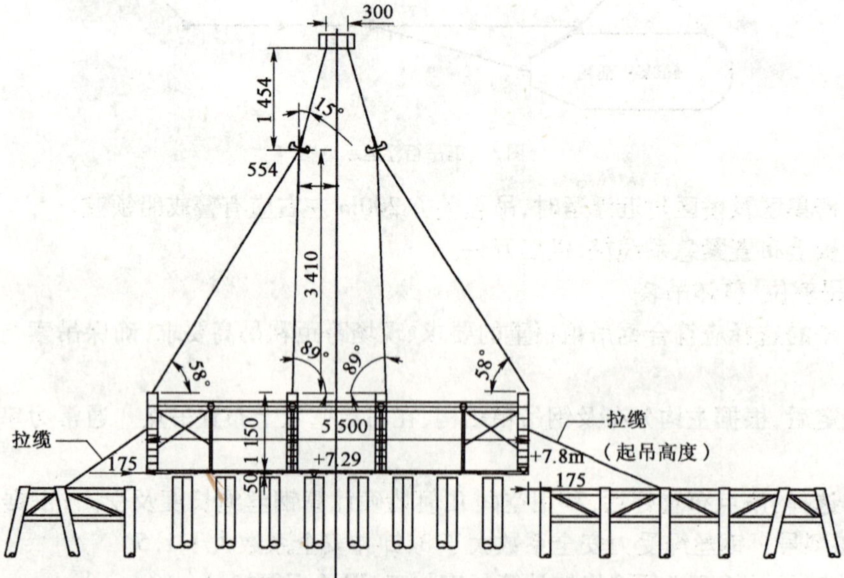

图5 钢吊箱吊装就位示意图(尺寸单位:cm)

5.2.4 钢吊箱定位

(1)加水助沉、并通过不均衡加水调整纠偏。使用水泵往吊箱壁板内对称加水。加水由专人统一指挥,各箱室单独同步进行,根据下沉倾斜情况,反方向调节加水,确保吊箱处于水平状态。加水速度应严格控制。

(2)下沉过程中吊箱平面位置及姿态调整。吊箱设有拉耳,通过外拉缆及外围钢管桩或内部钢护筒为着力点,对吊箱平面位置进行纠偏;通过各箱室内加水高度的调整,合理加载,调整吊箱倾斜度。

(3)落潮时穿入竖向限位型钢,涨潮时吊箱顶紧限位型钢,利用反压措施进行竖向锁定,同时抽出一部分水,使吊箱在涨落潮过程中始终顶紧限位型钢,实现竖向固定(图6)。

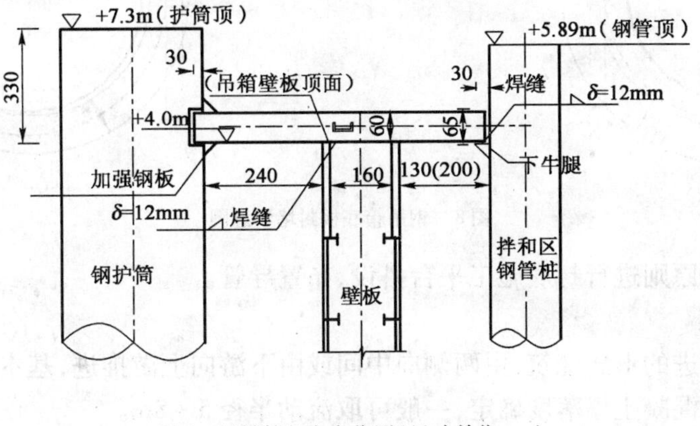

图6　钢吊箱竖向定位图(尺寸单位:cm)

(4)在涨平潮前的1~2h,利用千斤顶水平定位,调整吊箱平面位置,涨潮时吊箱顶紧限位型钢实现竖向固定。不符合精度要求则重新定位(图7)。

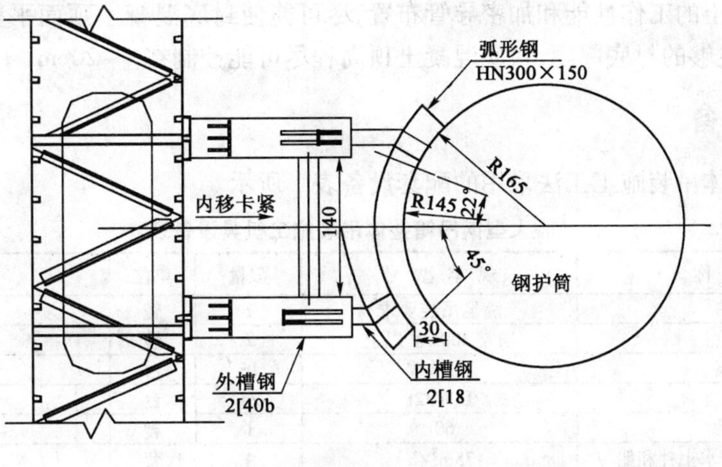

图7　钢吊箱水平定位图

(5)将吊箱与桩基护筒及周边平台焊接固定。

(6)吊箱定位要求:满足设计要求,一般高程允许偏差[-50mm,0],轴线偏位[0,100mm]。

5.2.5　封底施工

1)吊杆焊接

吊箱定位稳定后,及时按先周边后中心的顺序焊接吊杆至护筒上。吊杆在吊箱吊装前提前安装在底板上,为避免吊杆挂错护筒,吊杆上铰座按设计桩位编号统一作出标记,现场焊接时统一对号入座,并便于检查。

2)底板封堵

采用弧形板及袋装干封堵,每护筒周边的弧形板等分为4~6块,单件重40kg左右。吊装前利用试吊间隙,将各块封堵板分开并后移布置于底板开孔边沿处,利用螺栓临时固定;吊装定位后,潜水员水下紧固封堵板贴紧护筒(图8)。

3)导管布置

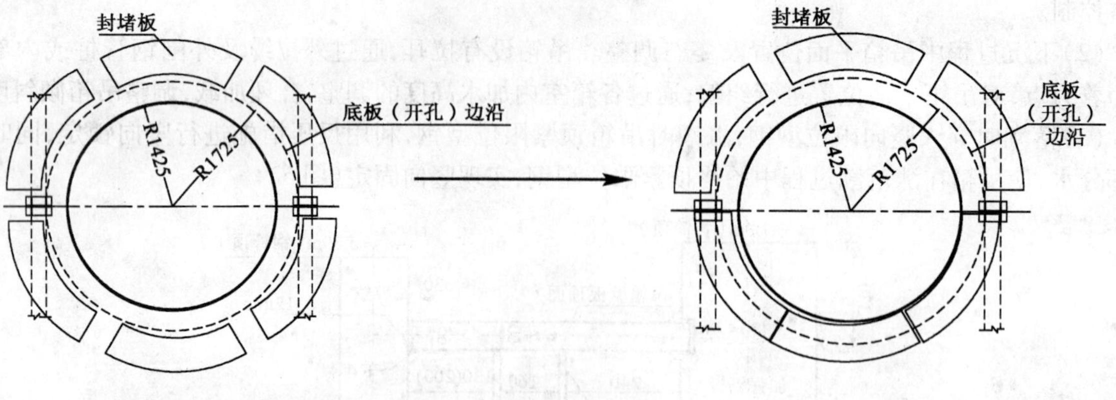

图8 钢吊箱底板封堵示意图

以满足导管布点为原则进行封底施工平台搭设,布置导管。

4)水下混凝土浇筑

封底采用全高度推进的形式浇筑,由两侧向中间或由下游向上游推进,基本对称进行。

导管的布置可根据混凝土塌落度确定,一般可取流动半径5~8m。

结合混凝土供应能力,对封底混凝土进行分仓分区,相对独立施工,降低混凝土供应中断造成的风险。分仓分区应尽量对称,混凝土浇筑时先中间仓后两边仓,逐仓对称进行。

5)高程监控

通过改善混凝土的工作性能和加密导管布置,尽可能使封底混凝土顶面平整。为减小抽水后的凿除量,同时保证有足够的封底厚度,封底混凝土顶高程尽可能控制在[-20cm,+10cm]以内。

6 材料与设备

大型钢吊箱整体吊装施工工法采用的配套设备表1所示。

大型钢吊箱整体吊装施工机具设备表 表1

序号	名称	规格型号	数量	单位	备注
1	浮吊	满足吊装要求	1	艘	整体吊装
2	拖轮	通常300kW以上	2	艘	浮运
3	水泵	4.5kW	16	台	抽加水
4	千斤顶	LQY32t	24	台	水平纠偏定位
5	浮吊	60t	1	艘	小型构件安装
6	混凝土拌和站/水上拌和船	$75m^3/h$	4	套	封底混凝土浇筑
7	割炬		20	套	
8	电焊机		10	台	
9	发电机组	400kW	1	台	应急电源

7 质量控制

7.1 质量控制标准

(1)应遵照现行的中华人民共和国行业标准《公路工程质量检验评定标准 土建工程》(JTG F80/1—2004)的要求执行。

(2)应按本工程的招标文件及业主确定的技术质量标准要求执行。

7.2 质量控制措施

7.2.1 钢吊箱委托加工能力强、技术水平高的专业造船厂制造。钢吊箱加工过程中采用有效措施防止焊接变形。

7.2.2 钢吊箱焊接严格按图纸要求,整个吊箱需做水密检查。

7.2.3　焊缝需进行外观检验、内部质量检验以及煤油渗透试验。

所有焊缝不得有裂纹、未熔合、焊瘤、夹渣、未填满及漏焊等缺陷，外观检查不合格的焊接件，在未返修合格前不得进入下一道工序。

外观合格后，对钢吊箱所有关键受力焊缝及试板对接焊缝应沿焊缝全长进行超声波探伤，质量等级为Ⅰ级；检验不合格件，在未返修合格前不得进入下一道工序。

7.2.4　严格底板封堵，并实施水下复检制度。经历两个涨落潮考验后，再次检查底板封堵情况，防止混凝土浇筑过程中的渗漏。

7.2.5　配备足够的混凝土生产及供应系统：储备足够的混凝土原材料。开始浇注后，要求混凝土连续不间断供应，直至该区完成。

7.2.6　严格控制混凝土的顶面高程，测量人员应勤检测，尤其接近顶高程时，每10min量测一次，及时反映混凝土顶面高程，采取对应措施。

7.2.7　严格控制混凝土的拌和质量，确保混凝土工作性能。

8　安全措施

8.1　遵照现行的中华人民共和国行业标准《公路工程施工安全技术规程》（JTJ 076—95）及《公路项目安全性评价指南》（JTG/T B05—2004）的要求执行。

8.2　遵照国家颁发的有关安全技术规程和安全操作规程办理。

8.3　严格按施工工艺、施工操作规程、施工组织设计有关安全条款进行施工。

8.4　建立健全各工地、各施工环境下的施工安全规章制度，做好上岗前职工安全施工培训工作；特殊工种必须持安全考核证上岗，严禁无证操作、违章作业。

8.5　对加工区水域航道、水深、流速、流向由拖带船船长按通航安全要求进行确认。

8.6　拖轮的选择根据吊箱入水后的水流及风力负荷、水流方向等确定，确保足够的拖运功率。

8.7　吊箱挂系钢缆用的卡环、系缆桩等，焊缝经过严格检查，满足受力要求，安全系数不小于3，并配有备用卡环或系缆桩。

8.8　成立吊箱吊装现场指挥小组，与协作单位统一部署，专人指挥。吊装前对参与吊装的人员资质进行审查确认，并召开专项安全交底和培训，明确职责和分工。

8.9　吊装前，由结构设备安全检查小组对起重设备、吊箱关键结构的可靠性、安全性进行严格检查。尤其：吊具、吊耳、缆绳等；吊装选择风力低于4级，潮汐处于相对稳定的时间段。

8.10　钢丝绳的安全系数不得小于表2中所列各值。

钢丝绳安全系数　　表2

用　途	安全系数	用　途	安全系数
缆风	3.5	吊挂与捆绑	6
支撑动臂	4	千斤绳	8～10
卷扬机	5	缆索起重绳	3.75

8.11　在封底混凝土浇注平台上铺设通道，安装栏杆，挂安全网；非通道区严格隔离。

8.12　吊箱内外不通视，为确保安全，在吊箱顶部设指挥平台，安排专人统一指挥构件吊装。

8.13　吊箱在整个施工阶段，设置明显的警示标志，防止碰撞。

8.14　为保证施工安全，该工法各环节施工条件要求如表3所示。

吊装施工条件要求　　表3

施工环节	施工要求
浮运	风速<15m/s、水流速<3m/s、能见度>1 000m、无雨
吊装	风速<10m/s、水流速<2m/s、能见度>800m、无雨
封底	风速<15m/s、水流速<3m/s、能见度>500m

9 环保措施

9.1 成立对应的施工环境卫生管理机构,在施工过程中严格遵守国家和地方政府下发的有关环境保护的法律、法规和规章,加强对施工燃油、工程材料、废水、封底混凝土等的控制与治理。

9.2 各种施工水上设备的废弃物按相关规范及要求集中进行处理,严禁直接排放入江中。

9.3 钢吊箱底板切割下来的钢板掉入江中,采挂浮标进行标识,在钢吊箱下放到位后,采用浮吊将其打捞出水面。

9.4 对钢吊箱底板进行封堵,尽量减少封底混凝土对江水的污染。

10 资源节约

10.1 吊箱周边外壁板上涂抹黄绿色反光漆,代替大量霓虹灯,用于夜晚水上防撞。

10.2 吊箱浮运尽可能充分利用涨落潮水流作用,顺水浮运,减少逆水时的水流阻力。

10.3 吊箱在涨潮高水位时下水,降低吊箱下水辅助工作量。

10.4 吊箱定位同样充分利用涨落潮,降低定位工作量。

10.5 吊箱水位连通器在低潮位时关闭,减少封底后吊箱内抽水工作量。

11 效益分析

大型钢吊箱整体吊装施工工法与传统的分节散拼方法相比,具有经济性好,安全性高,施工效率高,易于保证施工质量等特点。效益分析具体如下。

11.1 工期比较

整体吊装工艺较传统分节散拼工艺节省工期40d左右。

11.2 设备费用对比分析

整体吊装费用包括大型浮吊(1 300t浮吊)、拖轮费用(周期2d)。

散拼费用包括63t浮吊费用、1 600t甲板驳费用(按45d散拼周期)。整体吊装设备费用较散拼费用节省10万元左右。

11.3 材料费用对比分析

整体吊装较分节散拼工艺节省的主要材料包括拼装牛腿、临时拼装平台等,节省钢材50t左右。

11.4 人工费用对比分析

岸上加工通过机械化作业,整体吊装较散拼节省人工500工日以上。

在考虑节省的40d工期带来的项目管理、配套设施等间接费用,经济效益更为明显。

11.5 质量

整体吊装施工吊箱加工精度及现场安装定位精度更高。

同时吊箱通过在后场专业工厂整体加工,现场基本无焊缝,结构质量更容易保证。

11.6 安全

整体吊装作业仅持续两天,通过集中的安全管理,相对于水上吊装、散拼1个多月的传统方法,安全更容易保证。

整体吊装工艺,现场基本无焊接工作量,施工更安全。

12 工程实例

该工法在武汉白沙洲大桥1号主墩钢吊箱及苏通大桥主桥6、7、8号墩的钢吊箱施工中得以应用。

12.1 工程概况

苏通大桥为世界第一大跨径斜拉桥，其中C1合同段主1、2、3，C2合同段主6、7、8号墩承台均采用有底双壁钢吊箱进行施工。其中主6号近塔墩承台平面尺寸52m×32.5m，采用有底双壁钢吊箱作为承台施工围水结构，吊箱重达1 248t；7(8)号钢吊箱平面尺寸43.2m×21.9m，重达800t。

上海长江隧桥2008年贯通，为主跨780m的斜拉桥。其主塔墩承台钢吊箱平面尺寸76.4m×41.4m，重达1 480t。

12.2 施工情况及结果评价

12.2.1 2004年9月前全部完成苏通大桥主1号、2号、3号墩钢吊箱于施工，提前计划工期40d以上；定位精度均控制在25mm以内。一次性成功封底，抽水后无一渗漏，成功渡台度汛，安全转入承台施工。

12.2.2 2004年6月27日完成苏通大桥近塔墩的主6号钢吊箱整体吊装定位，较计划工期缩短35d，定位最大偏差23mm；7月11日一次性成功封底，抽水后无一渗漏，成功渡台渡汛，安全转入承台施工。

12.2.3 2004年9月11日完成苏通大桥7号钢吊箱整体吊装定位，较计划工期缩短45d，定位最大偏差18mm；9月23日完成封底，抽水后无一渗漏，承台施工顺利。

12.2.4 2004年4月13日完成苏通大桥主8号钢吊箱整体吊装定位，较计划工期缩短47d，定位最大偏差25mm；4月24日成功封底，抽水后无一渗漏，成功转入承台施工。

12.2.5 在上海长江隧桥主塔基础施工中，于2006年7月1日完成主61号墩钢吊箱整体吊装定位，较计划工期缩短65d，定位最大偏差25mm；7月20日一次性成功封底，抽水后无一渗漏，安全转入承台施工；于2006年8月4日完成主62号墩钢吊箱整体吊装定位，较计划提前48d，定位最大偏差16mm；8月17日完成封底，抽水后同样无渗漏；顺利转入承台施工。

该工法在苏通大桥C1合同段、C2合同段、上海大桥得到成功应用，在提前进度的同时，显著提高了工程质量，节省施工成本，社会效益和经济效益显著，具有广阔的应用前景。

大跨度悬索桥先导索火箭抛送施工工法

GGG(中企)C3083—2009

庄值政　熊仕伶　王崇旭　王嗣江　王宗仁
(中国路桥工程有限责任公司　路桥集团国际建设股份有限公司)

1　前言

进入21世纪后,统筹区域均衡发展成为可持续发展的战略要求,中西部地区需大力进行交通、水利、电力、通信、油气管道等基础设施建设。连通山区的各种干线不可避免地跨越各种沟壑峡谷,而为其发挥重要作用的大跨径悬索桥将大范围修建。

先导索架设作为悬索桥上部结构施工的最先工序,是首要攻破的技术难关。一般来说,大跨径悬索桥通常都修建在大江大海上,先导索可以用船或直升机进行架设。在我国修建的小跨度山区悬索桥的先导索一般都采用人工拽拉(卷扬机配合)的方式进行施工;在险峻的山区,先导索架设却是最为棘手的难题。悬索桥先导索如何成功跨越深谷沟壑,成为桥梁建设首要克服的难题。

依托湖北沪蓉西高速公路四渡河大跨度悬索桥工程,在千米宽、五百米深的深切峡谷复杂地形条件下,旨在研发一项安全、经济、便捷、高效的新技术,解决深山峡谷悬索桥先导索架设难题。这一项新技术通过把军用技术和建桥技术结合起来,达到在峰高谷深的山区、在宽阔复杂水域上而因航道繁忙不能封航的环境下成功架索目的。

大跨度悬索桥火箭抛送先导索新技术在四渡河特大桥的成功开发,填补了国内桥梁施工原创性的技术空白,开创了大跨度悬索桥先导索架设的施工新技术;也可在跨江河及复杂山地环境下,电缆、光纤架索工程,悬崖峭壁地区探险和救援等民用领域中得到应用。它还可以用于城市反恐行动中高层建筑物之间的物资、人员快速投送,抗洪抢险、应急救援时紧急物资等的输运,为快速机动保障提供技术手段。

《大跨度悬索桥先导索火箭抛送技术》先后获得了广东省中山市科学技术进步一等奖、广东省科学技术二等奖以及中国公路学会科学技术二等奖。编制的《先导索过深切峡谷火箭抛绳技术的研发》QC成果获2007年"国酒茅台"杯全国QC小组成果发表赛一等奖。结合施工实践,经总结形成本工法,以便对类似工程施工提供借鉴和指导。

2　工法特点

大跨度悬索桥先导索火箭抛送技术,其动力源:火箭发动机为运载平台和飞行动力;工作绳:高强软质锦纶绳;发射角度和方向:通过发射架来进行调整;弹落点散点精度:高,但是受到风特性影响;射程:1 200m以内;工作环境:以晴天和风速在4级以下为最佳,大雾和大风对发射的瞄准产生影响。系统轻巧、简便、可靠,具有"安全、经济、环保、高效"的特点。

(1)安全:对构造物和人身不构成安全威胁。

(2)经济:系统施工总成本低。

(3)环保:无污染、不破坏生态环境。

(4)高效:系统从准备至发射完毕仅需2h。

而在目前国内外桥梁界的悬索桥建设中,适用于山区悬索桥先导索施工的方法,只有直升飞机牵引法、人工拽拉法,以及我公司研发的火箭抛索技术,现分析如下。

2.1 人工拽拉方法

(1)施工风险大,极易引发安全事故;

(2)山区植被茂密,在陡峭的山谷里需要沿着先导索架设后的水平投影线,然后用人工砍出一条宽1.5m的通道,生态环境破坏很大;

(3)受季节影响比较大,必须避开雨雪天气及雾天;

(4)施工周期比较长,远远满足不了工期要求。

2.2 直升机牵引法

(1)山区桥位的紊流特性不仅由大气边界层运动决定,而且受到山峰绕流特征紊流的作用,对飞行安全影响极为不利;

(2)山区桥位对飞行的视野有一定的影响;

(3)山区桥址区域雾多湿重,对飞行的视野有一定的影响;

(4)两岸均需提供一个大于$500m^2$的场地供直升机降落,需修建一次性的升降场地,对环境破坏大。

2.3 火箭抛索技术

(1)施工速度快;

(2)受到天气、地形地貌影响程度比较小;

(3)基本上对作业人身和结构物不构成安全威胁;

(4)对环境破坏非常小。

3 适用范围

本工法适用于大跨度悬索桥先导索架设施工,也可在跨江河及复杂山地环境下,电缆、光纤架设工程,悬崖峭壁地区探险和救援等民用领域中得到应用。它还可以用于城市反恐行动中高层建筑物之间的物资、人员快速投送,抗洪抢险、应急救援时紧急物资等的输运,为快速机动保障提供手段。

4 工艺原理

4.1 火箭抛绳系统组成

全套器材由火箭发动机、工作索、发射架、钢丝绳、固定桩等部分组成。系统构成如图1所示。

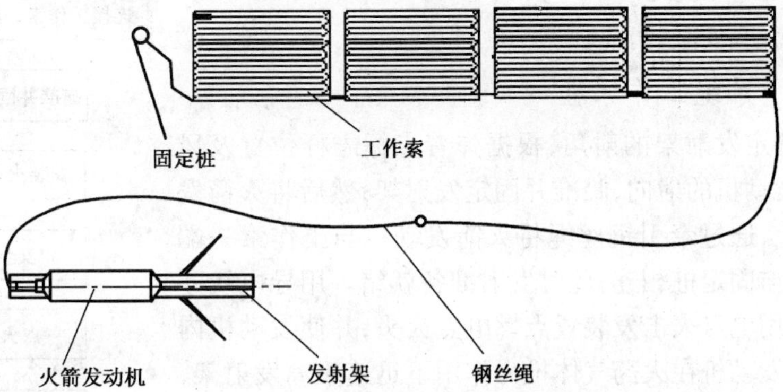

图1 抛送先导索火箭系统方案原理示意图

火箭发动机是软绳抛送系统的动力源。它由弹头、燃烧室、定向钮、喷管、连接件等组成。发动机结构如图2所示。

工作索由不同直径的锦纶绳两端编制插花而成,有足够的抗拉强度。

发射架赋予火箭发动机的射角及方向,它由导轨、射角测量角器、固定装置等组成,射角在范围20°~50°范围内可调,导轨全长1 150mm。发射架结构如图3所示。

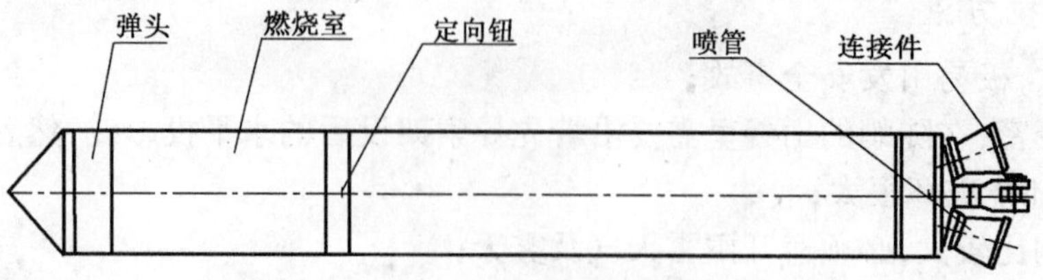

图2　火箭发动机结构示意图

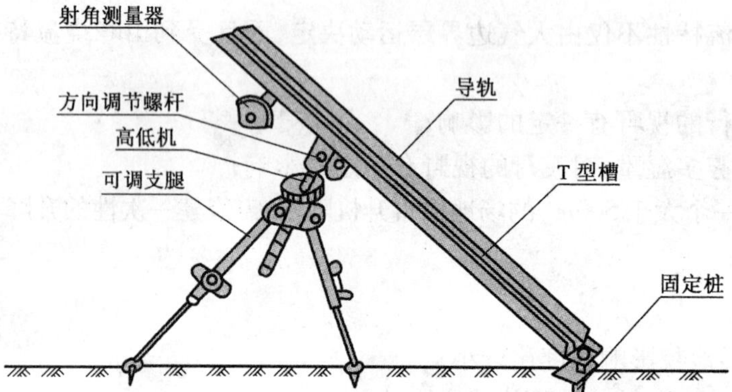

图3　发射架结构示意图

4.2　火箭抛绳系统组成及主要技术指标

火箭抛绳系统由全套器材由火箭发动机、工作索、发射架、固定桩等部分组成。

火箭抛绳系统采用模块化设计,射程在500 ~1 200m 范围内可调,火箭弹横向偏差 ±40m(法向风速超过4m/s 以上时可适当修正射向);

工作索直径 ϕ14mm、抗拉强度≮2 000kg、线密度≯105g/m、断裂伸长率≯45%;

射角在20° ~50°范围内可调;

使用温度:-40℃ ~ +50℃;

系统操作使用简便、安全、可靠。

4.3　火箭抛绳系统工作原理

首先根据射程选定发射架的射角,根据弹着点标志杆位置及风力和风向确定火箭发动机的射向,瞄准并固定发射架;然后将火箭发动机安装在发射架上,通过牵引钢丝绳将火箭发动机与工作索一端连接,工作索另一端与固定桩相连,此时发射准备就绪。用导电线连接发动机电点火头,用电点火击发装置点燃电点火头,并使发动机内的发射药燃烧,火箭发动机在火药气体推力作用下迅速飞离发射架,进入主弹道飞行,与此同时钢丝绳将先导索拖起,发动机工作结束后,火箭发动机带着先导索进入惯性飞行阶段,几秒钟后火箭弹体落入预定的目标区。

5　施工工艺流程及操作要点

5.1　施工工艺流程(图4)

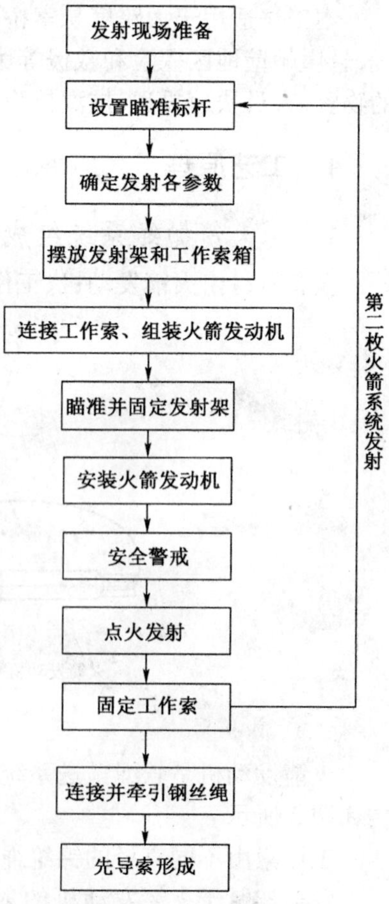

图4　工艺流程图

5.2 操作要点

5.2.1 现场准备工作如下(图5):

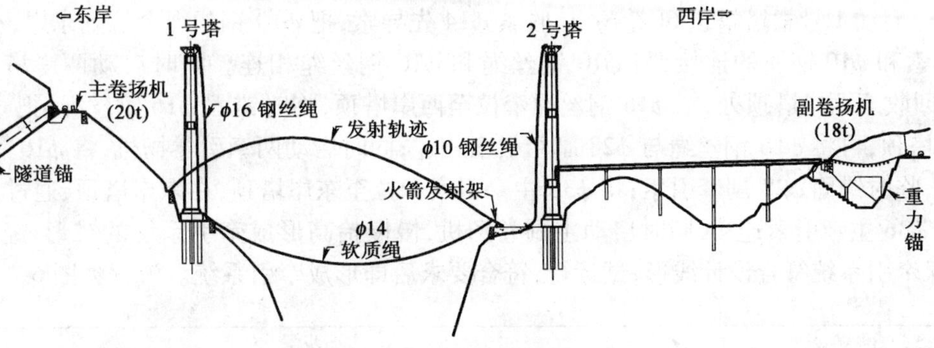

图5 火箭发射布置图

(1)收集整理发射前一周现场的气象资料,尤其是两岸及峡谷地带的风向和风力大小在每天不同时段的变化规律。

(2)平整发射场地:发射场地不小于3m×10m的平地,四周无灌木丛和杂草等易燃物。

(3)在东岸,确定火箭的落点位置,落点的选择主要考虑如何控制弹头不被先导索拽下沟底;同时还要考虑到索塔不被弹头碰到,以免影响到结构的安全。

(4)为了防止火箭弹落下后由于反弹而滚下悬崖,保证弹头不被所拽拉的绳子拽到沟底,火箭弹落点范围进行篱笆桩设计,以左右瞄准点为中心靠近悬崖一侧各铺设高度为1.5m的栅栏,每个篱笆能承受3t的水平拉力。

(5)准备器材房一间,用于抛绳系统运送至现场后的临时存放。

(6)将ϕ10钢丝绳从西岸塔顶6t卷扬机放下,牵拉至火箭发射位置,卷扬机绳筒预留一定富余长度,在火箭发射场处与ϕ14软质绳进行连接,以满足先导索过沟的需要。

(7)将ϕ16钢丝绳从东岸塔顶6t卷扬机放下,下放到中跨侧塔底,预留一定的长度。

5.2.2 设置瞄准标杆:在东岸和西岸分别设置两枚火箭弹发射时的瞄准标杆,标出东岸弹着点范围标志,并测量发射点距离落弹点的距离。

5.2.3 确定发射各参数:根据射程选定发射架的射角、弹着点位置及风力和风向确定火箭发动机的射向。

5.2.4 摆放发射架和工作索箱:沿着瞄准线方向,在瞄准标杆后方选择工作索摆放和发射架设置的位置,装箱的工作索通常整齐排放在发射架左前方2~3m处。

5.2.5 连接工作索、组装火箭发动机:将木箱中的工作索相互可靠连接、检测并组装火箭发动机、设置发射架和固定桩。

5.2.6 瞄准并固定发射架:选定射角和射向,然后固定发射架。

5.2.7 安装火箭发动机:将火箭发动机安装在固定好的发射架上,通过牵引钢丝绳将火箭发动机与先导索连接,先导索另一端与固定桩相连。

5.2.8 安全警戒:在东岸派出安全警戒,清除落弹区域100m范围内的所有人员。

5.2.9 点火发射:用导电线连接发动机电点火头,用电点火击发装置点燃电点火头使发动机内的发射药燃烧,火箭发动机在火药气体推力作用下迅速飞离发射架,进入主弹道飞行,与此同时钢丝绳将先导索拖起,发动机工作结束后火箭发动机带动先导索进行惯性飞行,几秒钟后火箭弹体落入预定的目标区。

5.2.10 固定工作索:将落入东岸的工作索进行打桩固定,同时将西岸的先导索固定,以便牵引ϕ10mm的钢丝绳。

5.2.11　按照以上作业程序发射第二发火箭弹。

5.2.12　连接并牵引钢丝绳:牵引先导索的两发火箭弹安全发射至预定区域后,从东岸开始牵引先导索,通过先导索牵引 $\phi10$mm 的钢丝绳。

5.2.13　启动 1 号索塔塔顶 6t 卷扬机,收紧 $\phi14$ 先导索,把 $\phi10$ 钢丝绳牵拉到东岸,在东岸塔顶解除 $\phi14$ 先导索和 $\phi10$ 钢绳的连接,将 $\phi10$ 钢丝绳和 $\phi16$ 钢丝绳相连。同时启动两岸塔顶卷扬机,将 $\phi10$ 钢丝绳回收至西岸塔顶处,把 $\phi16$ 钢丝绳牵拉至西岸塔顶,临时锚固 $\phi16$ 钢丝绳;把 $\phi28$ 副牵引索牵拉至西岸塔顶,再将 $\phi16$ 钢丝绳与 $\phi28$ 副牵引索相连;同时启动两牵引卷扬机,将 $\phi16$ 钢丝绳回拉至东岸塔顶处,临时锚固 $\phi28$ 副牵引索;将 $\phi36$ 主牵引索牵拉至东岸塔顶,在东岸塔顶,通过拽拉器将 $\phi28$ 副牵引索和 $\phi36$ 主牵引索连接,同时启动主副卷扬机,慢慢抬高形成牵引系统的雏形,经垂度、拉力测定调整,确保牵引系统符合设计线形,试运行,符合要求后即形成牵引系统。流程见图6。

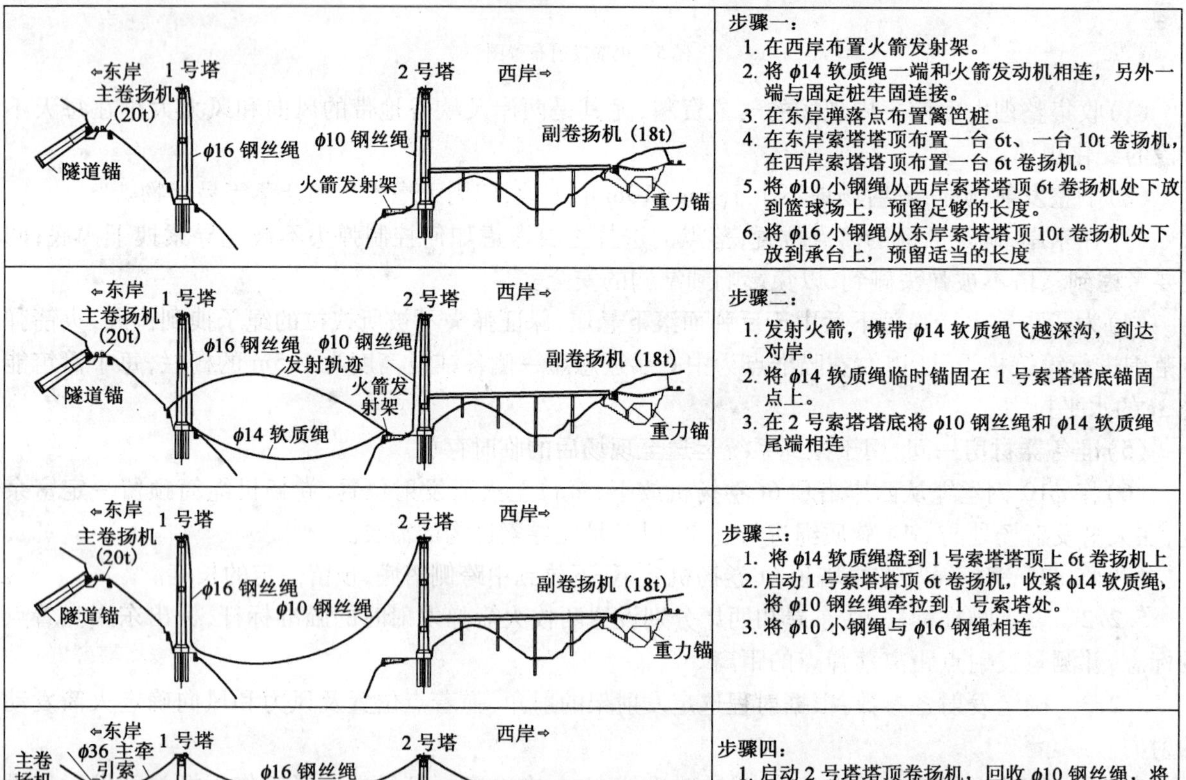

图6　火箭抛送先导索施工流程示意图

6　材料与设备

一套先导索火箭抛送系统所需机具设备(表1)。

先导索火箭抛送系统所需机具设备　　表1

序号	名　称	数　量	序号	名　称	数　量
1	火箭发动机	1个	7	导电线	50m
2	发射架	1个	8	灭火器	6个
3	锦纶工作索	1 200m	9	对讲机	4个
4	高强连接钢绳	6m	10	大锤	1把
5	固定桩	2个	11	冲击电钻	1部
6	起爆器	1套			

7　质量控制

为了达到1 200m的射程要求和横向偏差±40m的目标，必须从以下几个方面进行控制：

(1)火箭牵引变质量软索远程抛送系统采用模块化设计，以改进了发动机喷管和推进剂装药结构火箭发动机为运载平台和飞行动力。

(2)先导绳直径ϕ14mm、抗拉强度≮2 450kg、线密度≯105g/m、断裂伸长率≯45%，保证飞行过程中不被拉断。

(3)选择在4级风以下，避开有雾和雨天的环境条件下进行发射，效果最佳。

(4)在弹落区设置篱笆桩，防止弹头反弹回拉。

8　安全措施

(1)以预计落弹点为中心100m半径范围内的人员全部撤离至安全区域。

(2)两岸的警戒人员必须戴安全帽，火箭发射时密切注视火箭弹的落点位置。

(3)发射场地内必须平整，不能有碎石，防止发动机点火时，碎石扬起伤人。

(4)发射架正后方50m范围内人员全部撤离。

(5)发射前对相关工作进行分工，并提前进行告示。

(6)所有人员全部撤离至安全区域(安全区域现场指定)后，点火人员方可将干线与起爆器连接。

9　环保措施

火箭发动机牵引变质量软索远程抛送新技术为路桥华南工程有限公司首创，为国内外首例。该项新技术基本上不对环境产生破坏，环保性非常好。

10　资源节约

火箭发动机牵引变质量软索远程抛送新技术，是军用技术和桥梁建设技术的巧妙结合，能耗非常低，不需耗费油料和电能等能源。

11　效益分析

以湖北沪蓉西高速四渡河特大桥先导索架设为例。

11.1　经济效益分析

11.1.1　人工拽拉法

直接费70万元：

(1)人工费：需要普工24人，历时3个月，2 200元/月×3月×24人=158 400元；

(2)征地费用：2 700m^2×1.5元/m^2=4 050元；

(3)树木补偿费：2 700m^2×5颗/m^2×25元/颗=337 500元；

(4)不可预见费:200 000 元。

间接费为 4 567 万元:

采用人工拽拉法必然会引起人员伤亡而导致工期拖延至少 2 个月,由此产生的间接费用为:

拖延工期增加的固定费用:(1)人工费 110 万;(2)机械费 130 万;(3)拖延工期损失赔偿金(按合同规定为合同价格的 0.2%/d,赔偿金限额为合同总价 4.327 亿的 10 %):4 327 万。

综上所述人工拽拉法所需的总费用为 4 637 万元。

11.1.2 直升机牵引法

直接费 300 万元:

(1)飞机飞行费用:3 班次 ×60 万元/班 =180 万元;

(2)500m² 直升机降落场地修建费用:100 万元;

(3)不可预见费:20 万元。

间接费为 904.5 万元:

拖延工期(雾、风影响导致工期延长按 10d 考虑)增加的固定费用:

(1)人工费 18 万;

(2)机械费 21 万;

(3)拖延工期损失赔偿金(按合同规定为合同价格的 0.2%/d,按 10d 计算):865.5 万。

综合上述直升机牵引法所需总的费用为 1 204.5 万元。

11.1.3 火箭远程抛送软索技术

(1)试验研究费 24 万元;

(2)发射架 2 万元/个 ×2 个 =2 元;

(3)施工火箭弹费用:5 万元/枚 ×2 枚 =10 万元;

(4)篱笆桩费用为 5 万元;

(5)其他管理费用:150 000 元。

火箭远程抛送软索技术所需总的费用为 56 万元。

通过比较,本课题所采用的火箭远程抛送软索技术相对人工拽拉法共节支(4 637 -56) =4 581 万元,相对于直升机牵引法共节支(1 204.5 -56) =1 148.5 万元。

11.2 社会效益

火箭远程抛送软索技术具有环保、安全、快速、高效的特点,在倡导环保、人文、和谐的今天,火箭远程抛送软索技术具有显著的社会效益。

11.2.1 环保方面

火箭远程抛送软索技术不对环境产生破坏。

传统人工牵拉法至少需要砍伐出 1.8km 长、1.5m 宽的通道,毁坏植被 2 700m²、砍树 13 500 棵,对环境破坏非常大。

直升机牵引法需要在两岸建设一个 500m² 的飞机起落平台,同样对环境破坏大。

11.2.2 安全方面

火箭远程抛送软索技术根本不会对作业人员人身构成威胁。

传统人工牵拉法因山高、坡陡、林密、谷深,极易对作业人员造成伤亡事故(在离本桥轴线 150m,地势较好、坡度较缓的平行位置,当地部门在进行高压电力架设中采用了人工拽拉的方法进行施工,造成两死三重伤的安全事故)。

直升机牵引法:在山高、坡陡、林密的山区,紊流风变化快,对飞机安全飞行影响非常大,极易造成机毁人亡安全事故。

11.2.3 时间方面

火箭远程抛送软索技术从发射到弹落,整个飞行时间仅为几秒。

传统人工牵拉法需要在悬崖、陡坡上砍树开路，至少需要花费3个月的时间。

直升机牵引法，需要进行三个班次飞行，第一个班次进行高空环境探查、第二个班次进行等高空试飞，第三个班次进行正式飞行作业。

火箭远程抛送软索技术在时间上具有显著的效益，这在抗洪抢险、反恐、应急救援过程中物资和轻装备输送和人员救助等方面体现得更为明显。

12　运用实例

沪蓉国道主干线湖北宜昌至恩施高速公路段采用火箭抛绳系统进行先导索的架设。

四渡河特大桥为主跨900m的钢桁架悬索桥。该桥横跨四渡河，桥址区四渡河为清江北岸二级支流，河水暴涨暴落、流量变化大，河谷宽20～30m、河两岸地形陡峻（宜昌岸坡度为75～85°、恩施岸坡度为85°～90°）、悬崖矗立、植被茂密、交通闭塞，桥面距谷底垂直高度约560m，桥塔顶距谷底垂直高度约680m。

2006年10月9日上午7时28分，火箭抛送先导索系统第一次发射正式开始，随着现场指挥“5、4、3、2、1”发射指令的发出，“改进407型”火箭拖带ϕ14mm锦纶绳工作索腾空而起，3.5s钟后火箭发动机跨过900m峡谷，准确落入宜昌岸预定的落弹区；7时48分火箭抛送先导索系统第二次发射顺利完成。第一次发射的火箭落点水平距离为1 121m，第二次发射的火箭落点水平距离为1 001m，两次试验的落点高程差约为120m。计算表明：消除高程差因素，第一次发射对应于第二次试验落点高程的水平射程应为1 014m。因此，两次火箭抛索的水平发射距离为1 001～1 015m之间，与设计的水平射程之间的相对误差小于15m，而测得的两个落点相对于瞄准点的左右偏差分别为10m和5m，火箭抛送先导索取得圆满成功。

液压同步提升大吨位钢拱塔施工工法

GGG(中企)C3084—2009

凌　四　王国俊　唐　永　任鸿鹏　阎冬颖
(中交第四公路工程局有限公司　中国路桥工程有限责任公司)

1　前言

随着桥梁工程的不断发展,钢构件作为斜拉桥索塔逐渐被应用到桥梁工程中。钢拱塔斜拉桥中,钢拱塔作为斜拉桥一个十分重要的组成部分,发挥了重要的作用。采用何种方式进行钢拱塔的安装,如何优质高效地组织施工,具有十分重要的意义。沈阳浑河三好桥主桥为钢拱塔斜拉桥,主塔外观横立面呈斜伸的双网球拍型,造型新颖美观。该桥由林同炎国际工程咨询(中国)有限公司设计,并获得了全球桥梁设计建造最高奖之一"尤金·菲戈奖"。本工法依托三好桥工程实例,全面阐述了液压同步提升钢拱塔施工技术和工艺特点。已建成的钢拱塔成品空间位置、尺寸以及外观质量均满足规范要求,处于良好的受控状态,且施工组织科学合理。该工法被证明是一项行之有效的施工工法,代表了目前液压同步提升钢拱塔施工的先进水平。

2　工法特点

2.1　钢塔拱肋结构在桥面上整体拼装,便于机械化焊接作业,使焊接质量、装配精度及检测精度更易保证,且施工效率高,安全防护工作易于组织。

2.2　"液压同步提升技术"采用液压提升器作为提升机具,柔性钢绞线作为承重索具。液压提升器锚具具有逆向运动自锁性,使提升过程十分安全,且构件可以在提升过程中的任意位置长期可靠锁定;承重件具有自身重力轻、体积小、运输安装方便、中间不必镶接、适宜于在狭小空间或室内进行大吨位构件牵引提升安装等优点。通过提升设备扩展组合,提升质量、跨度、面积不受限制。

2.3　液压提升器通过液压回路驱动,动作过程中加速度极小,对被提升构件及提升承载结构几乎无附加动荷载。

2.4　以两拱肋横向中心线为提升转动轴,同步提升两片钢拱肋,提高了施工效率,大大缩短了高空作业时间,降低了施工风险,且设备投入少,线形易控制。

2.5　设备自动化程度高,操作方便灵活,安全性好,可靠性高,使用面广,通用性强。

3　适用范围

本工法具有施工快捷、结构合理、经济等特点,可以广泛应用于钢塔斜拉桥、大型龙门起重机的整体安装、大型化工塔的提升安装、大吨位钢构件空间提升定位及桥梁的整体安装施工中。

4　工艺原理

4.1　在两拱肋横桥向中心线处、主塔墩外围延伸段,搭设提升门式塔架。在塔架顶部设置液压提升设备,用于拱肋的提升。

4.2　斜拉桥钢拱塔拱肋在桥位拱肋平面投影处平面拼装成整体。拱肋按照工厂内加工的工艺段进行拼装和焊接。现场拼装、吊装主要完成拱脚段及拱脚以上在桥位主梁及加宽平台上的拱肋分段的整体平面拼装工作。

4.3 在拱肋根部及塔座设置转动铰,利用提升门式塔架上的大吨位液压提升器,将两片钢拱肋一次同步竖转提升就位。

5 施工工艺流程及操作要点

5.1 液压同步提升施工工艺流程

施工工艺流程图见图1。

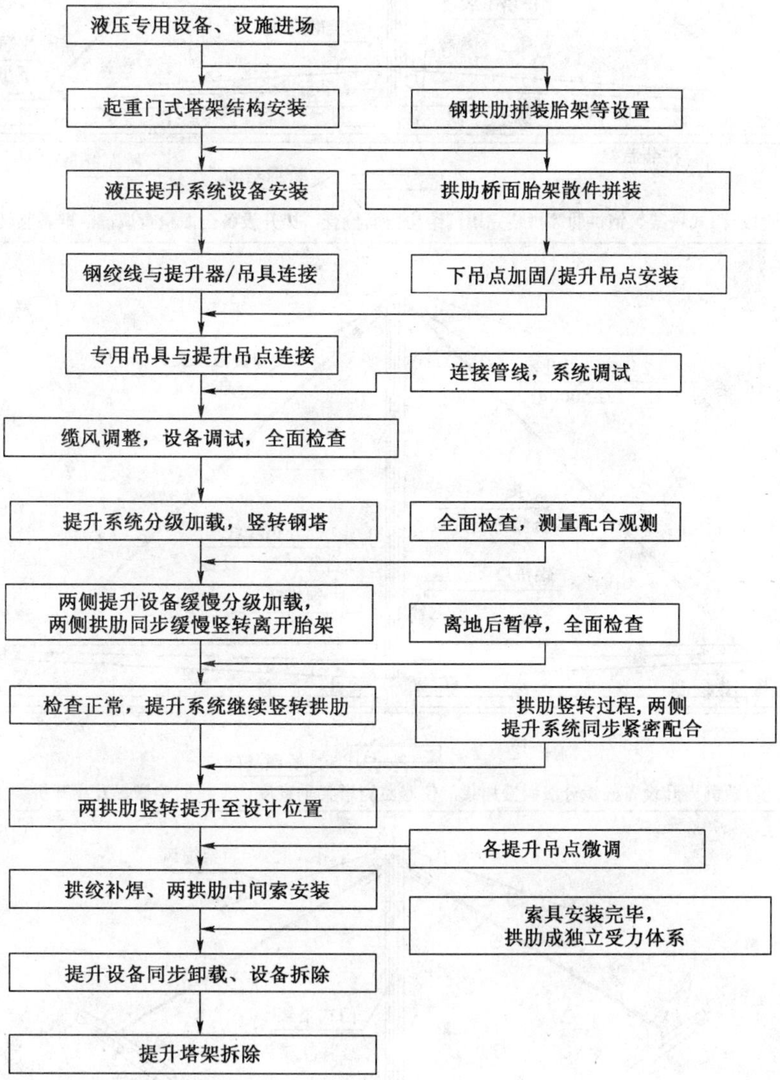

图1 液压同步提升施工工艺流程

5.2 流程示意图(图2)

5.2.1 在两拱肋中心线处桥墩外延伸段,搭设门式塔架。

5.2.2 将钢拱肋在其平转位置投影线上整体拼装。

5.2.3 在门式塔架上设置竖转提升设备,并通过钢绞线与拼装好的钢拱肋上方提升下吊点连接。建立各提升设备间电子管路、线路的连接。

5.2.4 设备连接完毕,对结构件及提升设备等进行全面检查。

5.2.5 门式塔架顶部提升设备分级加载,准备竖转钢拱塔。在分级加载竖转钢拱塔过程中,两侧提升设备应密切配合,确保同步。

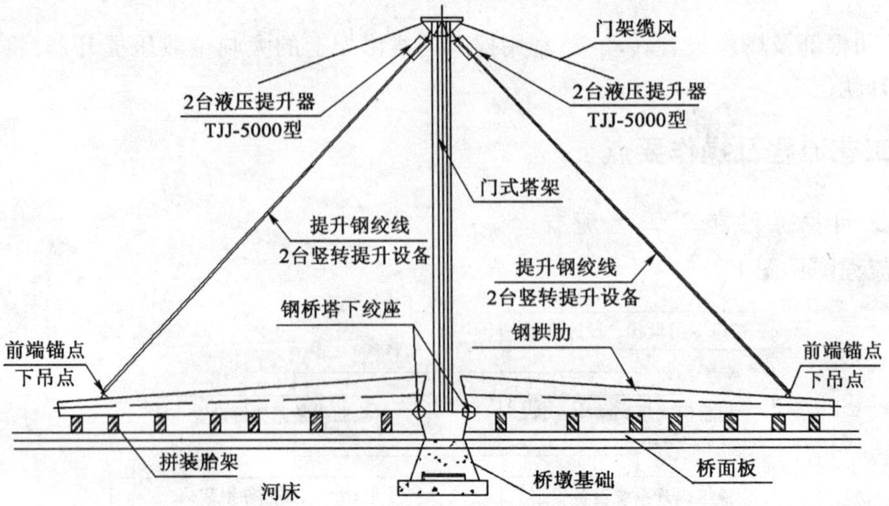

第一阶段:门式塔架、钢拱肋等拼装完毕，结构全面检查，提升设备全面检查调试，准备竖转提升

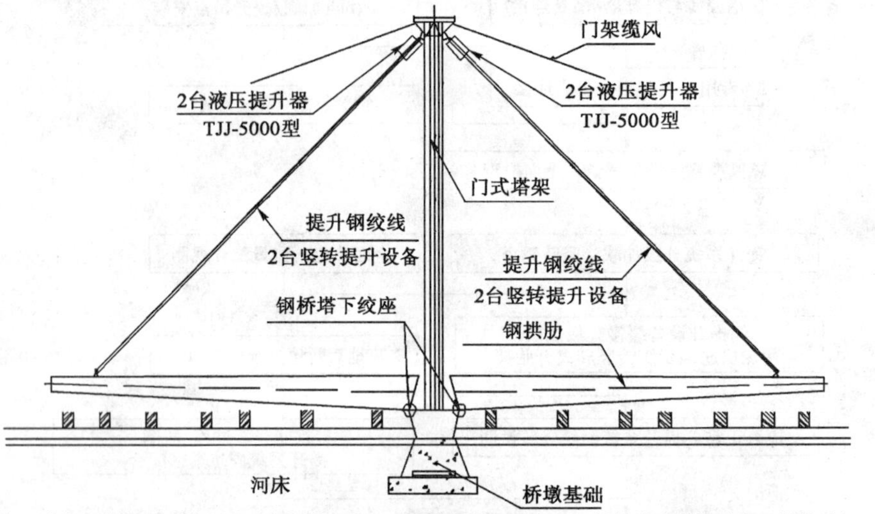

第二阶段:两侧提升设备同步分级缓慢加载，仪器监测塔架垂直度，使拱肋略微提升离开拼装胎架

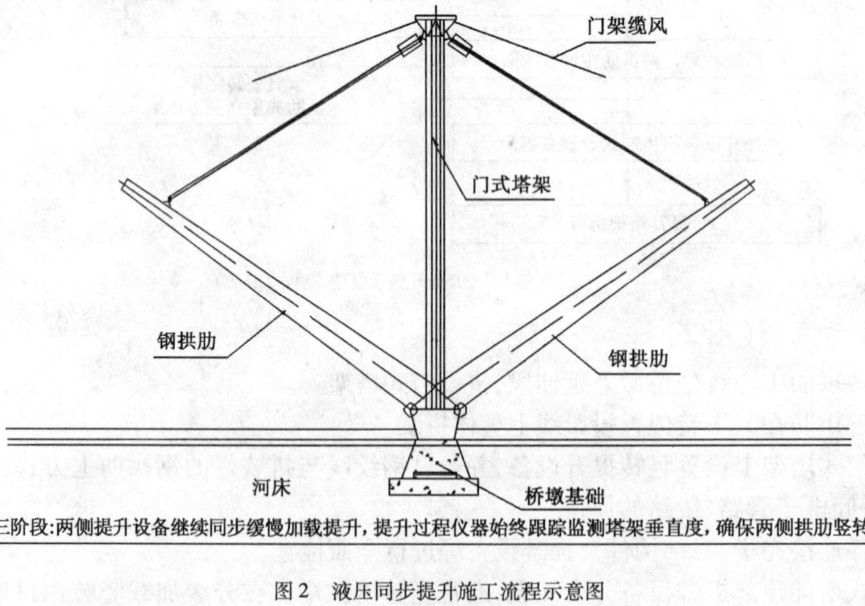

第三阶段:两侧提升设备继续同步缓慢加载提升，提升过程仪器始终跟踪监测塔架垂直度，确保两侧拱肋竖转同步

图2　液压同步提升施工流程示意图

5.2.6　分级加载完毕,即提升钢拱肋离开拼装胎架后,暂停提升,全面检查各设备运行情况及结构件稳定情况。

5.2.7　确保设备运行正常后,继续竖转提升钢拱肋,并同时测量塔架顶部,使门式塔架在分级加载过程始终处于竖直状态。

5.2.8　钢拱肋提升至接近设计位置后,暂停、微调各提升点,锁定提升设备,使钢拱肋保持姿态不变。

5.2.9　进行钢拱肋底部补焊作业和塔上水平索的安装。水平索安装完成后再进行斜拉索的安装。

5.3　钢拱塔现场拼装

5.3.1　以沈阳三好桥为例,因桥面主梁在斜拉索未张拉之前,桥面承载能力有限,因此对拱脚以上分段(即 D1 ~ D6 分段)采取在现场桥位桥面主梁及加宽平台上以单元形式直接组装成拱肋整体。而 D0 段在工厂制作成 3 个吊装分段现场直接吊装安装。

5.3.2　现场拼装顺序

现场拼装总的顺序要求:由两片拱肋转动绞端依次向拱肋中央进行,拼装时同时分布 4 个工位,对称进行,逐段进行拼装,并将 D6 段作为拱肋合龙段。合龙段根据拱肋整体尺寸进行配切组装,确保拱段的整体成型尺寸精度。现场拼装顺序见图 3。

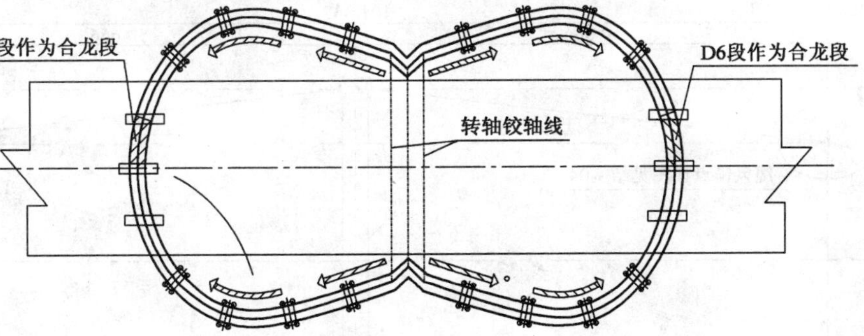

图 3　钢拱肋现场拼装顺序图

5.4　提升门架的结构设计及安装

5.4.1　提升门架结构设计

门架结构的设计主要考虑门架提升过程中的承重能力、门架的整体刚性及稳定性。根据本桥钢拱塔的整体布置及拱肋宽度、高度及最大竖转力的情况分析,每付塔架上的最大垂直反力约 1 240kN。门架设计的主要技术参数为:门架高度 72m(桥面以上 51m,桥面以下 21m),截面为 2.8m × 2.8m(中心距),门架跨度 48.6m(中心距),上横梁截面为 2.8m × 2.8m(中心距),长度为 45.8m。在门架内侧加两道内缆风绳,加强塔架的稳定性。门架及横梁如图4 所示。

门架底部与基础采取螺栓锚接,连接方式如图 5 所示。

5.4.2　门架缆风绳位置

门架缆风承载及设置位置依据拱肋起扳力及风载而定,根据现场实际情况并考虑到主梁上索道管受力,将门架缆风锚点设置在主梁索道管上,如图 6 所示。

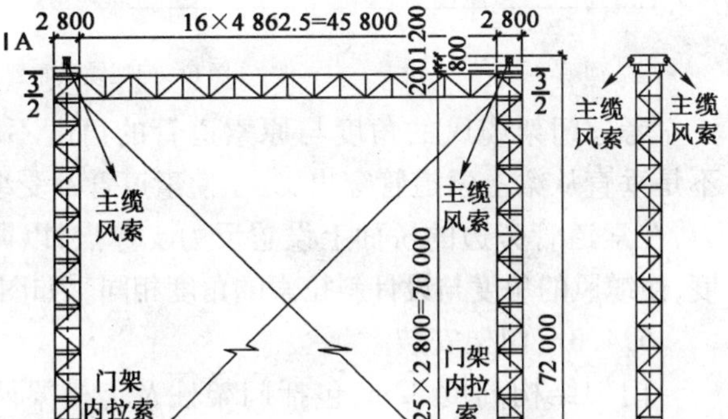

图 4　门架及横梁结构图(尺寸单位:mm)

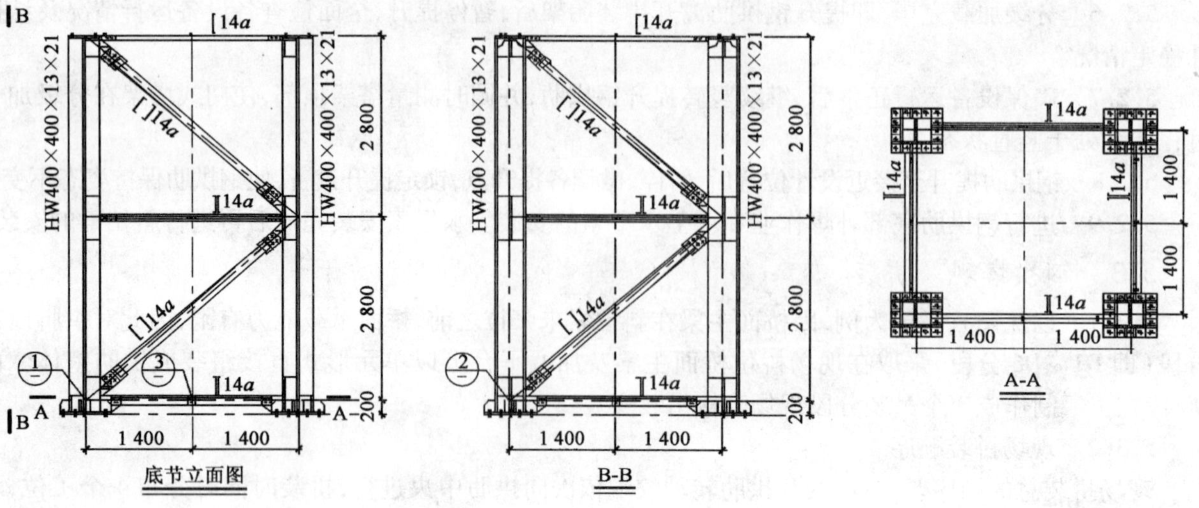

图5　门架底部与基础连接(尺寸单位:mm)

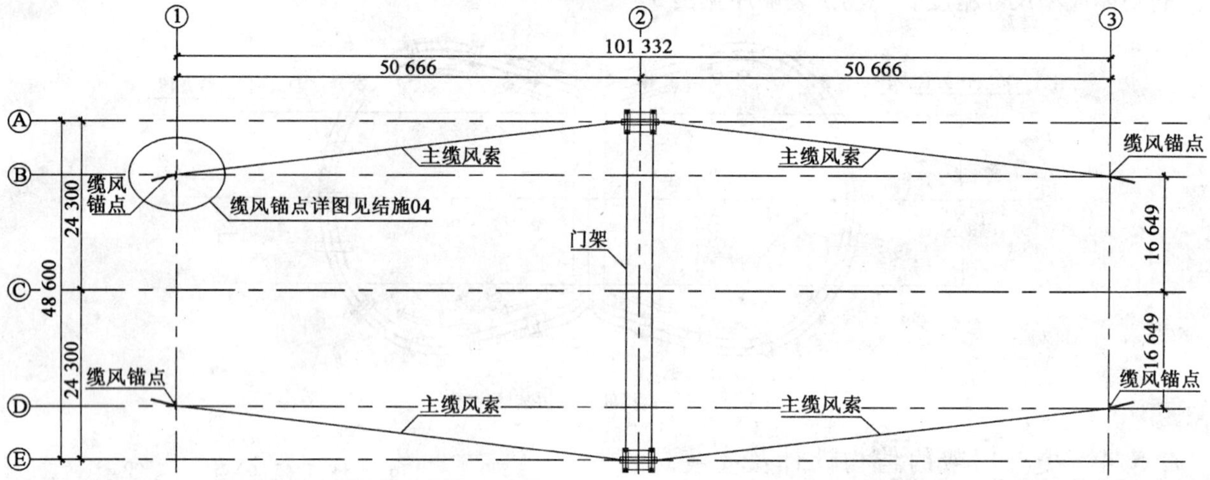

图6　门架缆风布置平面示意图(尺寸单位:mm)

考虑门架缆风的角度与原索道管的角度不同,即缆风不是垂直从梁上索道管穿出,为了使索道管不受缆风的侧向力,在索道管旁边的桥面上设置反力支撑点,以调整缆风角度,使缆风的角度与设计斜拉索的角度相同。如图7所示。

5.4.3　门架安装

门架结构高度72m,包括门架柱及上横梁两部分。其中门架柱设计时划分成若干节段。根据各门架柱节段的安装高度及重力,门架的安装,采取在桥下筑岛采用250t汽车吊直接进行吊装安装。门架横梁由于其跨度较大,结构安装高度较高且重力较重,考虑到吊车的起重能力,横梁划分成两个分段进行吊装,横梁分段中间采用支架进行临时支撑。

5.5　提升吊点的定位及设计

5.5.1　提升吊点的定位

拱肋提升点的数量及设计位置主要从两方面进行考虑:其一主要考虑提升设备的提升能力要求;其二则考虑提

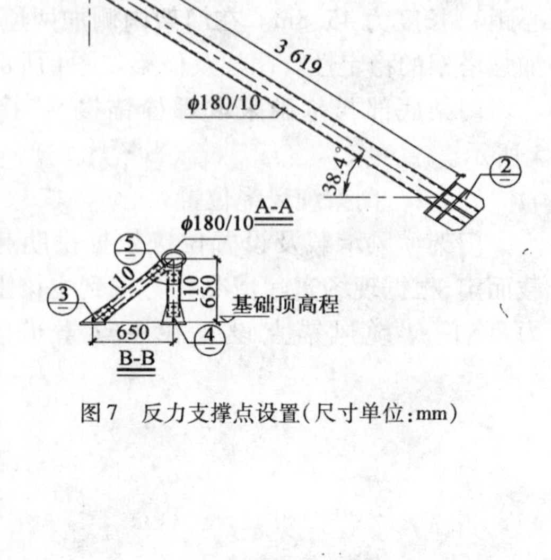

图7　反力支撑点设置(尺寸单位:mm)

升过程拱肋提升过程的变形控制。通过结构计算两侧拱肋各设置两吊点进行钢拱肋同步竖转提升,吊点间距 48.6m。

5.5.2 提升吊点的设计

采用液压同步提升设备提升钢拱塔,需要设置专用提升平台,即合理地提升上吊点,在提升上吊点上布置液压提升器。上部的提升器通过提升专用钢绞线与底部拱肋上的对应下吊点地锚相连接。

1)提升上吊点

上吊点设计形式为吊笼 + 吊点耳板(销轴)连接,吊点耳板设计在门式塔架顶部,通过销轴将门式塔架与吊笼连接,吊笼内放置提升器。

2)提升下吊点

提升下吊点对应上吊点而设置。提升下吊点内安装提升专用地锚,提升地锚通过钢绞线与提升上吊点内的提升器连接。提升下吊点的设置以尽量不改变结构原有受力体系为原则。下吊点设置在钢桥塔拱肋上,与上吊点设计形式相同。钢拱塔提升下吊点如图 8 所示。

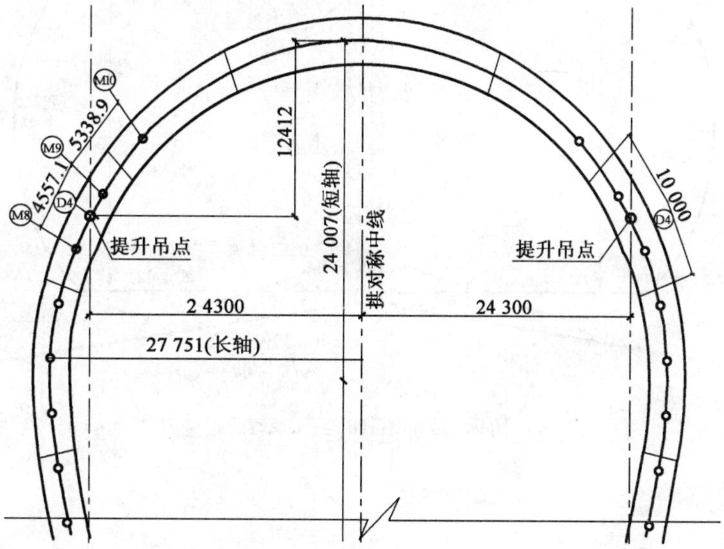

图 8 提升下吊点布置示意图(尺寸单位:mm)

5.6 液压提升系统的选取及布置

5.6.1 液压提升器的选取

根据设计,单片钢拱重约 7 600t,结构初始提升时单片拱的提升力最大约为 8 600kN,在起门式塔架顶部配置 2 台 TJJ-5000 型液压提升器作为钢拱肋的提升竖转,单台额定提升能力为 5 400kN,大于提升最大反力 8 600kN。

5.6.2 泵源系统

在不同的工程中,由于吊点的布置和提升器安排都不尽相同,为了提高液压提升设备的通用性和可靠性,泵源液压系统的设计可采用模块化结构。根据提升重物吊点的布置以及提升器数量和泵源流量,进行多个模块的组合,每一套模块以一套泵源系统为核心,可独立控制一组液压提升器,同时可用比例阀块箱进行多吊点扩展,以满足实际提升工程的需要。

5.6.3 电气同步控制系统

电气同步控制系统由动力控制系统、功率驱动系统、计算机控制系统等组成。

(1)无论是提升器主油缸,还是上、下锚具油缸,在提升工作中都必须在计算机的控制下协调运行,为同步提升创造条件,各点之间的同步控制通过调节比例阀的流量来控制提升器的运行速度,保持被提升构件的各点同步运行,以保持其空中姿态。

(2)液压同步提升施工技术采用行程及位移传感监测和计算机控制,通过数据反馈和控制指令传递,可实现全自动同步动作、负载均衡、姿态矫正、应力控制、操作闭锁、过程显示和故障报警等多种功能。操作人员可在中央控制室通过液压同步计算机控制系统人机界面,进行液压提升过程及相关数据的观察和(或)控制指令的发布。

5.6.4 液压提升系统的布置

根据提升设备的配置情况,在门架柱顶端设置4台TJJ-500型液压提升器及2台液压泵站。竖转提升每单片拱肋配置两台提升器及一台液压泵站,液压提升器间距48m(上、下吊点间距相同),每台液压提升器安装于提升吊笼里面,提升吊笼与门架顶端对应耳板销轴连接。液压泵站布置于门架顶端靠近提升器6m范围内,便于连接并控制对应提升器。设备布置见图9。

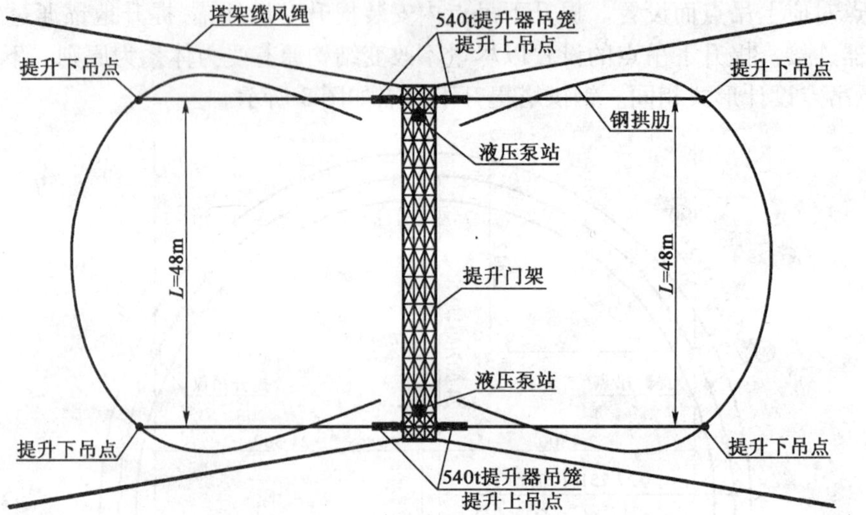

图9 提升设备布置平面示意图

5.7 液压系统同步控制

5.7.1 提升同步控制策略

根据提升吊点的布置,采用"吊点油压均衡,结构姿态调整,位移同步控制,分级卸载就位"的同步提升和卸载就位控制策略。控制系统根据一定的控制策略和算法,实现对钢拱塔提升竖转的姿态控制和荷载控制。在提升竖转过程中,从保证结构吊装安全角度来看,应满足以下要求:

(1)应保证各个吊点受载均匀。

(2)应保证提升竖转结构的空中稳定,以便结构能正确就位,也即要求各个吊点在提升竖转过程中能够保持同步。

5.7.2 同步控制原理

计算机控制,通过数据反馈和控制指令传递,实现同步动作、负载均衡、姿态矫正、应力控制、过程显示和故障报警等多种功能。

5.7.3 液压提升控制要点

1)提升分级加载

以主体结构理论载荷为依据,各提升吊点处的提升设备进行分级加载,依次为40%、60%和80%(门式塔架两侧的拱肋同步分级加载),在确认各部分无异常的情况下,可继续加载到90%和100%,直至钢拱肋结构全部离地(胎架)。

2)离地检查

钢拱肋结构离地后,停留4~24h作全面检查(包括吊点结构、承重体系和提升设备等),各项检查正常无误,再正式提升。

3)整体同步提升

在钢拱肋整体同步提升竖转过程中,保持各吊点同步直至提升到预定空间位置。在整个竖转提升过程中,通过应力贴片测试钢拱塔根部产生的弯矩,并架设全占仪随时跟踪监测提升竖转过程门式塔架顶中心偏移。

4)提升过程的微调

钢拱肋结构在提升竖转过程中,因为空中姿态调整和竖转就位等需要进行高度微调。在微调开始前,将计算机同步控制系统由自动模式切换成手动模式。根据需要,对整个钢拱塔提升系统的4个吊点的液压提升器进行同步微动(上升或下降),或者对单台液压提升器进行微动调整。以满足钢拱安装的空间精度需要。

5.8 提升速度及加速度

5.8.1 提升速度

提升的速度主要取决于泵站的流量,可以根据提升要求选取泵站的流量。本钢拱塔施工中,每台液压泵站的主泵流量为2×36L/min。正式提升速度约为4~6m/h。

5.8.2 提升加速度

液压同步提升作业过程中各点速度保持匀速、同步。在提升的启动和制动时,其加速度取决于泵站流量及提升器的工作压力,加速度极小,可以忽略不计。这为提升过程中门式塔架和钢拱塔的安全增加了保证度。

5.9 提升前准备及检查工作

正式提升之前,应对提升系统及提升(下降)辅助设备进行全面检查及调试工作。

5.9.1 钢绞线作为承重系统,在正式提升前应派专人进行认真检查,钢绞线不得有松股、弯折、错位。外表不能有电焊疤。

5.9.2 地锚位置正确,地锚中心线与上方对应提升器中心线同心,锚片能够锁紧钢绞线。

5.9.3 由于运输的原因,泵站上个别阀或硬管的接头可能有松动,应进行一一检查,并拧紧,同时检查溢流阀的调压弹簧是否完全处于放松状态。

5.9.4 检查泵站、同步操作系统及液压提升器之间电缆线及控制线的连接是否正确。检查泵站与液压提升器主油缸、锚具缸之间的油管连接是否正确。

5.9.5 在泵站不启动的情况下,手动操作控制柜中相应按钮,检查电磁阀和截止阀的动作是否正常,截止阀与提升器编号是否对应。

5.9.6 提升器的检查:下锚锁紧的情况下,松开上锚,启动泵站,调节一定的压力(3MPa左右),伸缩提升器主油缸,检查截止阀能否截止对应的油缸;检查比例阀在电流变化时能否加快或减慢对应提升器的伸缩缸速度。

5.9.7 预加载:调节一定的压力(3MPa),使每台提升器内每根钢绞线基本处于相同的张紧状态。

5.10 钢拱塔提升

一切准备工作做完,且经过系统的、全面的检查确认无误后,可进行钢桥塔拱肋的液压整体提升。

5.10.1 分级加载(试提升)

(1)先进行分级加载试提升。通过试提升过程中对拱肋结构、提升设施、提升设备系统的观察和监测,确认符合模拟工况计算和设计条件,保证提升过程的安全。

(2)以主体结构理论载荷为依据,各提升吊点处的提升设备进行分级加载,依次为40%、60%和80%(门式塔架两侧的拱肋同步分级加载),在确认各部分无异常的情况下,可继续加载到90%和100%,直至钢拱肋结构全部离地(胎架)。

(3)每次分级加载后均应检查耳板的应力状态,并通过经纬仪跟踪监测门架顶中心的偏移。加载过程中各项监测数据均应做好完整记录。

(4)当分级加载至钢桥塔即将离开拼装胎架时,可能存在各点不同时离地,此时应降低提升速度,并密切观察各点离地情况,必要时做"单点动"提升。确保钢拱塔离地平稳,各点同步。

(5)分级加载完毕,钢桥塔提升离开拼装胎架约5cm后暂停,停留4~24h作全面检查各设备运行及构件的正常情况。停留期间组织对门式塔架、拱肋结构、铰链结构、塔架缆风、提升吊具、连接部件、及各提升设备进行专项检查,对塔体变形进行复测。

5.10.2 正式提升

试提升阶段一切正常情况下开始正式提升。在整个同步提升过程中应随时检查:

(1)每一吊点提升器受载均匀情况;

(2)仪器监测门式塔架垂直度及塔架缆风受载稳定情况;

(3)上吊点平台的整体稳定情况;

(4)钢拱塔提升过程的整体稳定性;

(5)提升承重系统监视;

(6)液压动力系统监视。

5.10.3 提升就位

钢拱肋提升竖转高度达50余米,正式提升竖转过程为1d。

钢拱塔同步提升竖转至设计位置后,各吊点微调使钢拱塔精确提升到达设计位置,提升设备暂停、锁定,保持两拱肋空中姿态稳定不变,再进行拱肋底铰补焊和水平索的安装。

6 材料与设备

本工法仅列出了沈阳三好桥钢拱塔提升所需要的机械设备需求量(表1)。实际施工时,可根据具体情况适当调整。

材料与设备表 表1

序号	名称	规格	型号	设备单重	数量
1	液压泵源系统	30kW	TJD-30	2.5t	2台
2	液压提升器	5 000kN	TJJ-5000	4t	4台
3	标准油管	标准油管箱			8箱
4	全站仪		GTS-332		4台
5	激光经纬仪		J2-JDA		2台
6	铲车	$3m^3$	CPCD5A	10t	1台
7	50t汽车吊	50t	GT-550E		1台
8	运输车	15~40t			3台
9	计算机控制系统	16通道	YT-1		1套
10	传感器	位移			4套
11	传感器	锚具、行程			4套
12	专用钢绞线	φ18mm	70m/根		10 080m
13	激光测距仪	Desto pro			2台
14	对讲机	Kenwood			8台
15	提升门架	H型钢			1套

7 质量控制

主要质量标准及规范钢拱塔提升的施工难度较大,质量要求高,施工时严格要求,精细施工,严把质量关。并从拱塔变形、拱塔空间位置、拱塔受力等方面进行重点控制。

7.1 主要质量标准及规范

(1)《钢结构工程施工及验收规范》(GB 50205—2001);

(2)《起重机械安全规程》(GB/T 6067—85);

(3)《起重机械试验规范和程序》(GB/T 5905—1986);

(4)《起重机设计规范》(GB/T 3811—2008);

(5)《钢结构制作安装施工规程》(YB 9254—95);

(6)《钢焊缝手工超声波探伤方法和探伤结果质量分级》(GB 11345—89);

(7)《公路桥涵施工技术规范》(JTJ 041—2000)。

7.2 主要控制环节及措施

7.2.1 钢拱塔四点转动铰同心度、平行度的控制

解决措施:轴心采用偏心轴套调节。

7.2.2 钢拱塔转动铰转轴灵活性的控制

解决措施:轴孔间添加滑油(牛油 + 石墨粉),以保证其转动性。

7.2.3 钢拱塔提升门架稳定性的控制

解决措施如下:

(1)门架设置斜拉揽风索及内交叉索。

(2)门架柱安装时严格控制其垂直度。垂直度控制在 30mm 以内,门架揽风索张拉时调整其垂直度,控制在 20mm 以内。

(3)提升过程的实时监控:门架顶部设置门架偏移观测点,采用激光全站仪实时监测门架偏移量。

7.2.4 钢拱塔提升过程同步性的控制

解决措施:确保各吊点均匀受载(压力控制);确保提升竖转各吊点同速(流量控制)。

7.2.5 钢拱塔提升施工过程的控制

解决措施如下:

(1)分级加载控制:试提升时采取分级加载,依次为 40%、60% 和 80%(两侧同步分级加载),在确认各部分无异常的情况下,可继续加载到 90% 和 100%,直至钢拱塔结构全部离地(胎架)。

(2)跟踪监测检查:分级加载期间跟踪检查相关受力点的结构状态,并通过全站仪跟踪监测门架顶中心的偏移。

(3)"单点动"同步调整:当分级加载至钢桥塔即将离开拼装胎架时,可能存在各点不同时离地,此时应降低提升速度,并密切观察各点离地情况,必要时做"单点动"提升。确保钢桥塔离地平稳,各点同步。

7.2.6 钢拱肋提升就位控制

钢拱塔提升就位主要通过液压微动进行调整。将计算机同步控制系统由自动模式切换成手动模式。根据需要,对整个钢拱塔提升系统的 4 个吊点的液压提升器进行同步微动(上升或下降),或者对单台液压提升器进行微动调整。

8 安全措施

8.1 坚持"安全第一、预防为主、综合治理"的方针。

8.2 所有施工人员要对施工方案及工艺进行了解、熟悉,在施工前逐级进行安全技术交底,交底内容针对性强,并做好记录,明确安全责任。

8.3 现场安全设施齐备,设置牢靠,施工中加强安全信息反馈,不断消除施工过程中的事故隐患,使安全信息及时得到反馈。

8.4 设置施工警戒线和警示牌,严禁非施工人员进入施工区域。吊装作业时,施工人员不得在起重构件、起重臂下或受力索具附近停留。

8.5　高空作业时,应铺设安装、操作临时平台,地面应划定安全区,应避免重物坠落,造成人员伤亡;下降前,应进行全面清场,在下降过程中,应指定专人观察地锚、上下吊耳、提升器、钢绞线等的工作情况,若有异常现象,直接通知现场指挥。

8.6　在施工过程中,施工人员必须按施工方案的作业要求进行施工。如有特殊情况进行调整,则必须通过一定的程序以保证整个施工过程安全。

8.7　在钢拱塔整体液压同步提升过程中,注意观测设备系统的压力、荷载变化情况等,并认真做好记录工作。

8.8　在液压提升过程中,测量人员应通过测量仪器配合测量各监测点位移的准确数值。

8.9　液压提升过程中应密切注意液压提升器、液压泵源系统、计算机同步控制系统、传感检测系统等的工作状态。

8.10　通信工具专人保管,确保信号畅通。

8.11　高空作业人员经医生检查合格,才能进行高空作业。高空作业人员必须系好安全带,安全带应高挂低用。

8.12　吊运设备和结构要充分做好准备,有专人指挥操作,遵守吊运安全规定。

8.13　施工用电、照明用电按规定分线路接线,非电器人员不得私自动电,现场要配备标准配电盘,现场用电要设专职电工。电缆的敷设要符合有关标准规定。

8.14　夜间施工必须有足够照明,周边孔洞处设置防护栏和警示灯。

9　环保措施

9.1　粉尘控制措施

9.1.1　由于其他原因而未做到硬化的部位,定期压实地面和洒水,减少灰尘对周围环境的污染。

9.1.2　禁止在施工现场焚烧有毒、有害和有恶臭气味的物质。

9.1.3　严禁向建筑物外抛掷垃圾,所有垃圾装袋或装桶投入指定地点并及时运走。

9.1.4　施工场地内固定专人进行道路的清洁工作,并进行严格检查;严格执行工完料尽场地清的原则。

9.2　噪声控制措施

9.2.1　尽可能采用低噪声的工艺和施工方法,施工方案实施前必须经过环境保护小组的审核。

9.2.2　建筑施工作业的噪声可能超过建筑施工现场的噪声限值时,在开工前向建设行政主管部门和环保部门申报,并在核准后进行施工。

9.2.3　施工中合理组织,尽可能将产生噪声的工作安排在白天进行。

9.2.4　进入施工现场内的车辆、所有场内施工用机械设备不允许鸣笛;地面和高层的联系采用对讲机;工人施工时禁止大喊大叫。

9.3　光污染控制措施

9.3.1　电焊、金属切割产生的弧光采用围板与周围环境进行隔离,防止弧光满天散发。

9.3.2　现场围墙上布设的灯具原则上不得超过围墙高度;吊车及周围场地照明的大镝灯必须调整照射方向向场内,不得直接照射到机场飞行区,施工场地外围的照明采用柔光灯,不可采用强光灯具。

9.4　排污控制措施

9.4.1　施工现场厕所污水在进入污水管网前,必须经过化粪处理并定期撒适当的防疫药物后方可排入市政管道;厕所、化粪池应具有防漏措施,防止污染水源。

9.4.2　现场冲洗机械设备必须在指定地点进行,避免冲洗的废油四处扩散,冲洗完成后必须将冲洗的废油进行收集;机械修理等地方必须在地面上采取木板等进行适当的铺垫,防止污染地面。

9.4.3 施工现场必须保持雨水排水的畅通,防止现场局部地方产生积水现象。

9.5 现场防污染控制措施

9.5.1 现场使用的油料必须设置专人进行保管,防止产生油料扩散现象;现场摆放的易扩散油料或施工用料必须进行密闭储存,防止扩散。

9.5.2 现场使用的易漂浮材料必须装袋进行储存,防止扩散。

9.5.3 现场垃圾实行分类管理,设置足够的垃圾池和垃圾桶,建筑垃圾集中堆放并及时清运。

9.5.4 现场禁止焚烧油毡、橡胶等会产生有毒、有害烟尘和恶臭气体的物质。

9.5.5 化学物品,外加剂等要妥善保管,库内存放,防止污染环境。

10 资源节约

10.1 建立能源考核办法;建立能源管理机构,具体负责能源的节约利用工作;建立能源监测检查办法,依法进行管理。

10.2 优化主体工艺结构和产品结构。建立装备结构大型化、资源利用高效化、物质消耗减量化的高效生产体系。积极采用计算机同步控制系统,加强自动化建设。

10.3 在供电、输配电、用电系统,应用节电产品和节电技术。采用低损耗新型变压器,优化变压器的运行方式,应用高效电机,采用变频调速、斩波内馈调速节能技术提高用电效率;采用动态无功补偿技术,提高系统功率因数,抑制谐波;提倡绿色照明,采用高效光源、高效灯具替代白炽灯。

11 效益分析

沈阳浑河三好桥钢拱塔采用“液压同步提升大吨位钢拱塔施工工法”,将其竖转提升至设计位置。该工法较好地解决了钢拱的安装线形;拱肋主要在工厂内焊接 ,焊接质量得以保证;在施工过程中体系内力容易控制 ,施工设备自动化程度高 ,操作方便灵活 ,安全性好,可靠性高。且可减少拆迁量,施工设备、物资及人员投入少,造价低。减少了高空作业量,使安全、质量更有保障。

液压同步提升系统可以及时发现偏差,自动纠正偏差,科技含量高。具有自动化程度高,操作方便灵活,安全性好,可靠性高,使用面广,通用性强等特点。

三好桥钢拱塔成功的竖转提升到位取得了良好的效果,不仅节省了工程成本,也提高了工作效率。工程质量可靠,提前完成目标计划,得到了业主、监理的认可,提高了企业的信誉度,取得了良好的社会和经济效益。

而常规的缆索吊装法施工需要大跨度大吨位的缆索吊机,临时索塔较高组拼困难 ,且临时索塔布置会占用大片施工场地。且需在空中实施对接,难度较大,施工周期长,施工质量难以提高。液压同步提升工法与常规的缆索吊装法相比,可节约成本见表2。

液压同步提升技术与缆索吊装法的经济比较 表2

工 程 项 目	采用液压同步提升技术造价（万元）	采用缆索吊装法施工方案造价（万元）	价格差异（万元）	备 注
钢结构现场吊装、现场拼装焊接费	297	379	82	拱肋主要在工厂分节段预制,减少了现场加工、焊接、吊装量
钢拱塔竖转费	116	219	103	超大型液压同步提升技术,使两拱同时一次提升到位,节约双拱分别提升的成本

续上表

工 程 项 目	采用液压同步提升技术造价(万元)	采用缆索吊装法施工方案造价(万元)	价格差异(万元)	备　注
钢拱塔安装门架	148	208	60	同步对称提升,门架简便,不用搭设大型辅助支架
安全措施	10	20	10	电脑数字化同步提升,无须施工人员、机械设备辅助,减少安全措施费用
工期成本		20	20	电脑数字化同步提升24~36h提升到位,大大节约工期成本
合　计	571	846	节省275	

12　应用实例

沈阳浑河三好桥主桥为中承式钢箱拱斜拉桥,桥梁全长900m,主桥桥面宽主跨为34 m、边跨为32m。跨径布置为35m+100m+100m+35m,两侧引桥采用连续箱梁。主桥桥塔结构体系为单塔双斜拱结构,两拱呈43.6°斜交,单拱斜面为一平面,拱肋矢高61.5m,宽度55.5m,单片拱肋线型主要为曲线线形,局部为直线段。其桥型构思新颖独特,为世界首创的独墩双钢拱塔斜拉桥构体系,具有很强的地标性。通过吊索、主拱、主梁的空间几何构图,结构立体感强,与周边环境交相辉映、浑然一体。为确保钢拱塔空间定位精度,与上海同济大学、沈阳建筑大学联合进行测量监控,钢拱塔空间定位完成后,所布监控点最大误差在10mm之内。结构物内实外美,受到业主的一致好评,钢拱塔从拼装开始仅用1个月即将两片重达17 000kN钢拱塔提升到位,比预定计划提前约半个月。

大跨径钢桁拱桥悬臂安装大吨位钢绞线扣索施工工法

GGG(中企)C3085—2009

邓新安　汪存书　李　鹰　罗锦刚　王天广

(中交第二航务工程局有限公司)

1　前言

钢桁架结构由于其结构布置灵活、施工装配程度较高,在铁路桥梁中得到了较为广泛的应用,但以往的工程实例多为连续梁桥,拱桥相对较少,且跨度相对较小,近年来,随着我国交通事业的飞速发展,大跨径钢桁架拱桥由于其竖向刚度较大,在跨越大江大河的铁路或公铁两用桥梁中的应用中得到了较快的发展。

大跨径钢桁架桥多采用悬臂法安装,为增大悬臂施工期间结构刚度,施工时一般在墩顶上弦处安装扣索塔架,设置一对或多对扣索,与主结构形成共同受力体系,控制主结构内力和悬臂端变形,减少结构用钢量。

以往的工程实例跨径相对较小,扣索多设置一对高强钢丝成品索,受扣索自重、张拉设备、索力不均匀性控制等因素的影响,高强钢丝成品索在需要设置两对以上,且单桁索力较大的特大跨径钢桁架桥梁悬臂安装施工中的应用有一定的局限性。

中交二航局根据重庆朝天门长江大桥主桥上部三跨连续钢桁架拱桥施工需要,对大吨位钢绞线扣索在特大跨径钢桁架桥梁悬臂施工中的应用展开了专项研究,取得了成功,该项技术是重庆朝天门长江大桥工程系列研究课题的一个重要组成部分,目前已通过了委托单位组织的专家验收,技术审定结论为“达到了国际先进水平”。经总结形成本工法。

2　工法特点

与平行钢丝成品索比较,钢绞线群锚扣索体系具有如下特点:

(1)可采用单根挂索单根张拉的施工工艺,挂索及张拉不需要大吨位专用设备,施工方法相对比较简单,操作方便,在超长大吨位扣索施工中有较大的优势。

(2)不需要大型施工辅助设备,可通过先张索超张拉的方式控制索力均匀性,一次将单根钢绞线的索力张拉到位,后期不做调整,扣索拆除工作相对较为简单,张挂施工及索力不均匀性控制难度小,可操作性强。

(3)可多点同步对称挂索,多点同步对称张拉,施工效率较高,张拉完成后不需调整索力,可保证安装进度。

(4)采用先张索超张拉的单根对称张拉施工工艺,通过布置在基准索上的传感器的实测索力作为后张索的锚固力,可将单根钢绞线的索力不均匀性控制在 ±2.5% 以内,整束索力的不均匀性控制在 ±1.5% 以内,对保证主结构安装线形较为有利,且可以布置多个传感器对索力不均匀性进行监测。

(5)单根钢绞线质量小,张拉设备自重轻,施工高空作业安全风险小,钢绞线是否断丝、夹片锚固效果容易观测,更换简单,施工安全有保障。

(6)可直接购买外包 PE 防腐处理后的普通钢绞线,普通夹片式群锚体系,且可以回收重复使用,不需要大吨位张挂机具和辅助起重设备,施工成本较低。

(7)对环境影响较小。

3 适用范围

本工法适用于大跨径钢桁架桥梁悬臂安装施工,对需要设置两对以上超长超大吨位扣索的特大跨径钢桁架拱桥悬臂安装施工,其施工可操作性、安全性、安装线形控制和技术经济指标等方面更有优势。

4 工艺原理

扣索塔架与主桁中支点顶上弦节点铰接,钢绞线扣索通过钢锚箱与主桁节点、塔架顶端铰接,形成共同作用受力体系,以增加悬臂施工期间结构整体刚度,控制主结构内力和悬臂端变形,主结构内力控制标准为:各构件设计容许应力。

通过建立三维有限元整体模型,分析各控制工况下扣索索力,以重庆朝天门长江大桥工程为例,设两对扣索时索力控制工况见图1和图2。

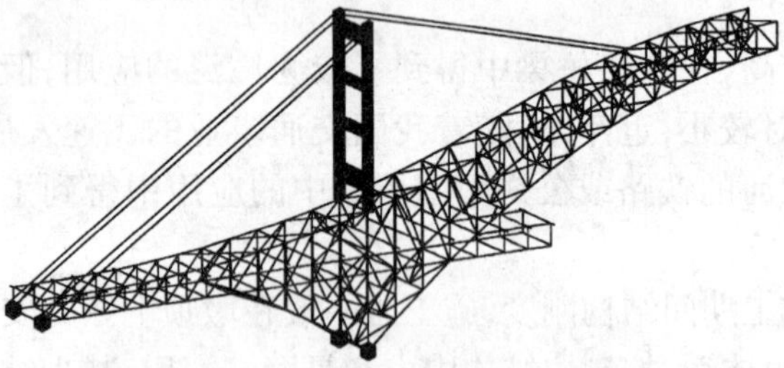

图1 工况一:2号扣索未张拉前

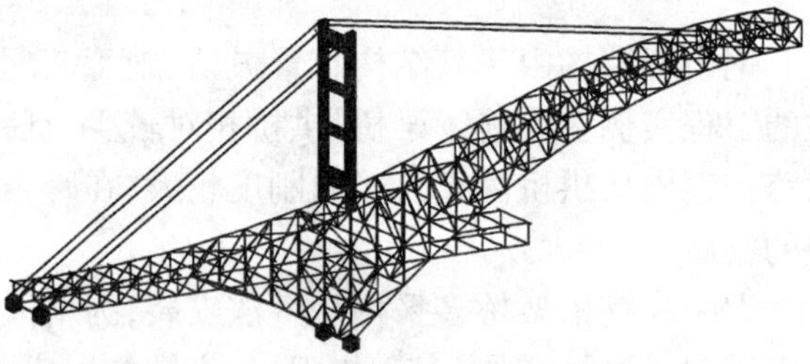

图2 工况二:主桁跨中合龙前

1号扣索的控制索力由工况一控制设计,并由此工况采用倒拆法分析计算1号扣索的初张拉力,2号扣索的控制索力、扣索塔架最大内力由工况二控制设计,并由此工况采用倒拆法分析计算2号扣索的初张拉力。

根据确定的初张拉力,采用各根钢绞线索力平均拆分法计算张拉过程中扣索索力和锚点位移,确定每轮单根张拉钢绞线的锚固力和无应力索长。

将首批单根张拉的钢绞线作为张拉控制基准索,严格控制索长、张拉锚固力及不均匀性,安装测力传感器,按扣索锚点位移与索力变化基本呈线性对应关系的原理,采用先张索超张拉,后张索以基准索的实测索力作为张拉锚固力的方法,分批单根对称挂索对称张拉完成所有钢绞线扣索。

5 施工工艺流程及操作要点

5.1 施工工艺流程

钢绞线扣索系统施工工艺流程如图3所示。

5.2 主要工序及操作要点

5.2.1 扣索系统设计

扣索系统包括扣索塔架、扣索、锚具、钢锚箱、风缆等,扣索塔架由上述工况二控制设计,主要承受竖向荷载,扣索塔架一般采用万能杆件拼装或者采用钢管格构柱,根据各种荷载组合按容许应力法设计,进行强度和稳定性计算,其高度宜保证扣索与水平面的夹角不小于25°,铰轴是扣索塔架的关键受力结构,可采用35号锻钢,其化学成分及机械性能符合相关规范要求,锻造后需进行正火处理。

扣索分别由上述工况一、工况二控制设计,确保最不利工况下的安全系数不小于2.0,扣索用钢绞线应根据使用时间长短选择合适的防腐措施。

锚具可选用普通钢绞线夹片式群锚,当索力较大时可分组锚固,并配备必要的防松限位装置,为防止钢绞线弯折,可在锚具与锚箱之间设置弧形垫板。

钢锚箱是扣索与主桁和扣索塔架的连接装置,一般采用钢板焊接,当扣索索力较小时可采用铰轴连接，当扣索索力较大时可考虑用高强螺栓摩擦连接。

扣索塔架风缆设计时应考虑第一对扣索张挂过程中结构变位对风缆索力的影响。

5.2.2　扣索塔架制作安装

扣索塔架一般在工厂加工成半成品，在施工现场进行装配，若采用法兰连接钢管格构柱时，应重点控制管柱中心重合率、法兰表面平整度和缀条连接质量，现场安装时重点控制结构垂直度和各部位的连接质量。

扣索塔架一般与主桁上弦节点铰接，安装过程中设置风缆保持稳定，开始安装时塔脚应临时固接，第一道风缆安装完成后解除，上层风缆宜待第一对扣索张挂完成后拆除，扣索系统拆除过程中应及时恢复风缆，确保施工安全。

钢锚箱若采用高强螺栓连接，连接部位摩擦面抗滑移系数宜大于0.45。

5.2.3　钢绞线、锚具采购

钢绞线根据使用时间长短及施工区域环境条件，可选用普通钢绞线外包PE防腐、环氧涂层钢绞线或镀锌钢绞线，锚具宜选择通用性较强的夹片式群锚，一个锚箱上锚具的数量可根据扣索控制索力确定，分多组锚固。

钢绞线及锚具进场后应按规范要求进行相关检测试验。

5.2.4　施工机具准备

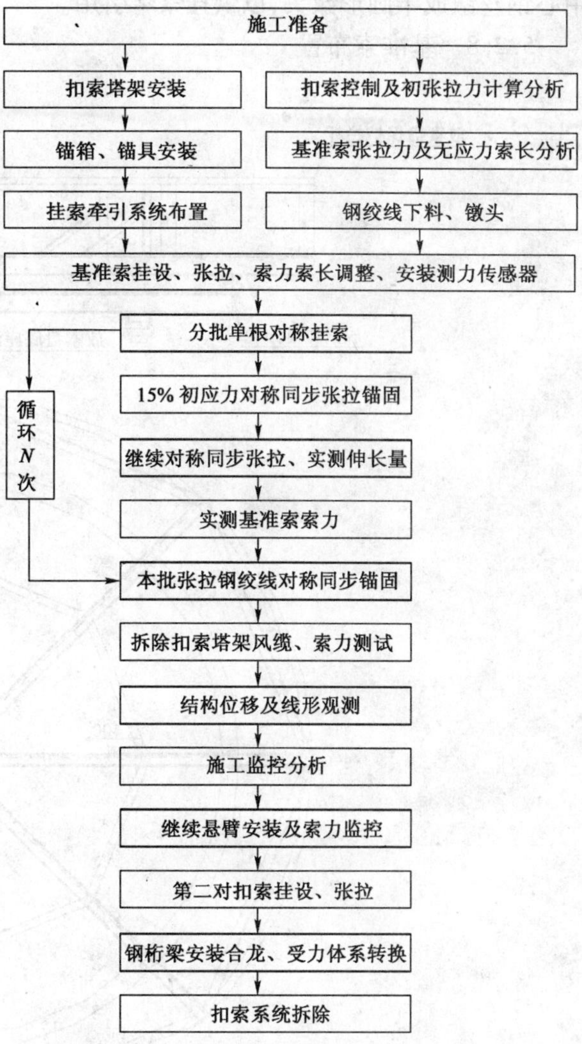

图3　钢绞线扣索系统施工工艺流程图

施工机具主要包括挂索牵引卷扬机、滑车、放索架和张拉设备，卷扬机宜选用状况良好的快速卷扬机，其牵引力大小由单根索长确定，放索架由放索转盘、放索转盘底座及轴承三部分组成，卷扬机牵引钢绞线时，放索架上的索盘可随放索转盘一起绕轴承转动，使钢绞线逐步展开，如图4所示。

张拉设备由穿心孔千斤顶、油泵、压力传感器、张拉撑脚等，如图5所示。

5.2.5　牵引系统布置

挂索牵引系统由卷扬机、转向滑车和牵引索三部分构成，卷扬机一般布置于张拉端附近，牵引索沿塔架下放，形成闭合的牵引体系，如图6所示。

牵引系统布置时，应尽量减少挂索施工作业与已经张挂完成的钢绞线之间的相互干扰，防止扭绞，并方便钢绞线牵引入锚头。

5.2.6　索力分析

扣索索力宜按上述第四节确定的原则和方法进行分析，分析内容包括：控制索力、初张拉力、主结构内力及变形、扣索塔架内力及偏位、锚点位移、无应力索长、基准索索力、张拉各阶段扣索索力、钢绞线单根张拉参考值等。

5.2.7　扣索准备

扣索准备包括钢绞线展开、下料、张拉及锚固端PE套剥除、镦头、上放索架等工作。

钢绞线下料长度计算时考虑锚点长度、工作长度和牵引长度。

钢绞线剥皮完成后，将两端各12cm长度范围内的外圈6丝切除，保留中心一根钢丝，用镦头器将中心钢丝镦成半圆形镦头,以供挂索牵引用。

5.2.8 基准索布置

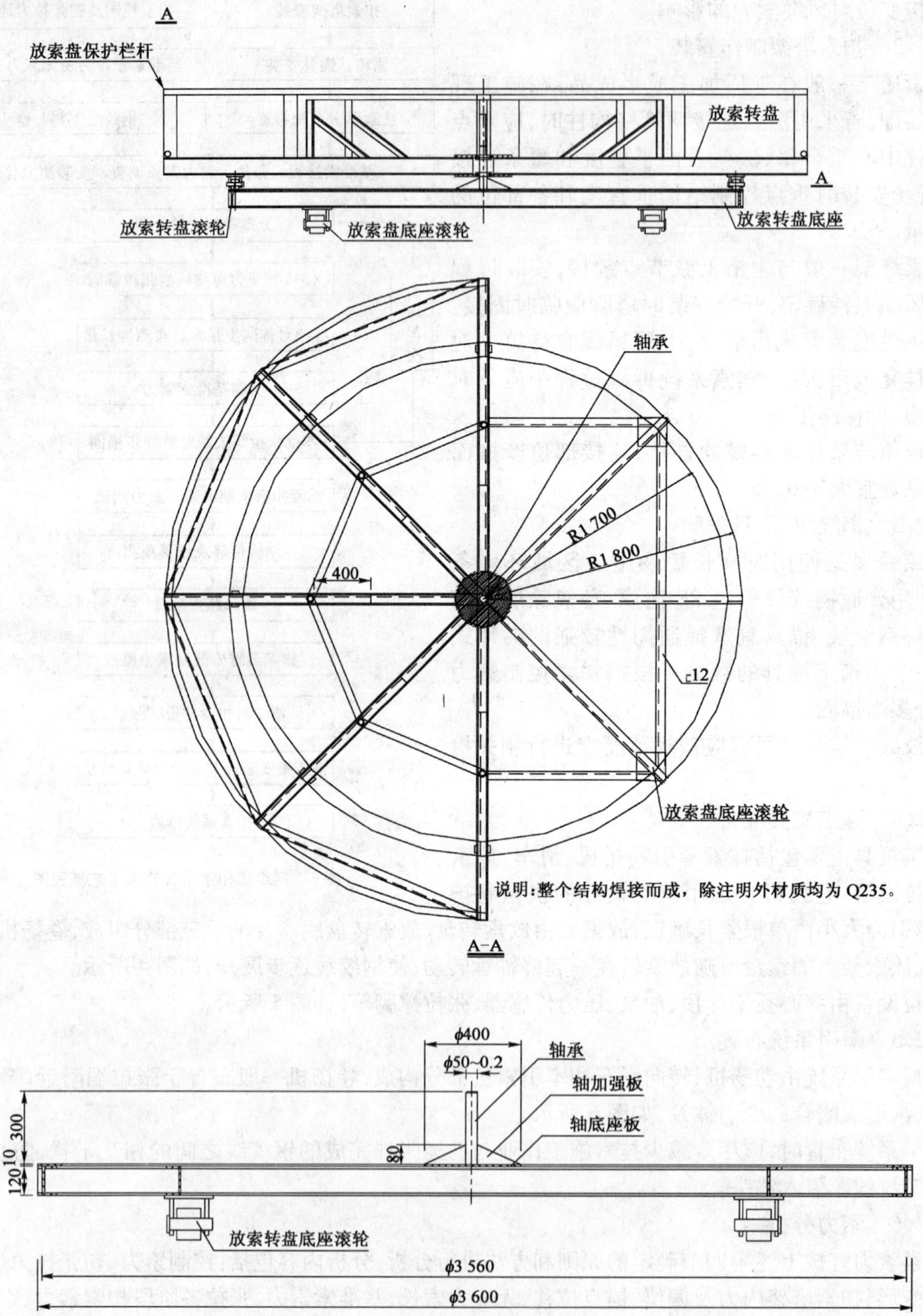

放索转盘底座详图

图4 放索架结构图(尺寸单位:mm)

基准索数量根据扣索锚固分组和一次对称张拉钢绞线的根数确定,一般将第一批张拉的钢绞线作为基准索,各布置一个标定好的压力传感器,且尽可能保证每个锚头上均布置有一根基准索。

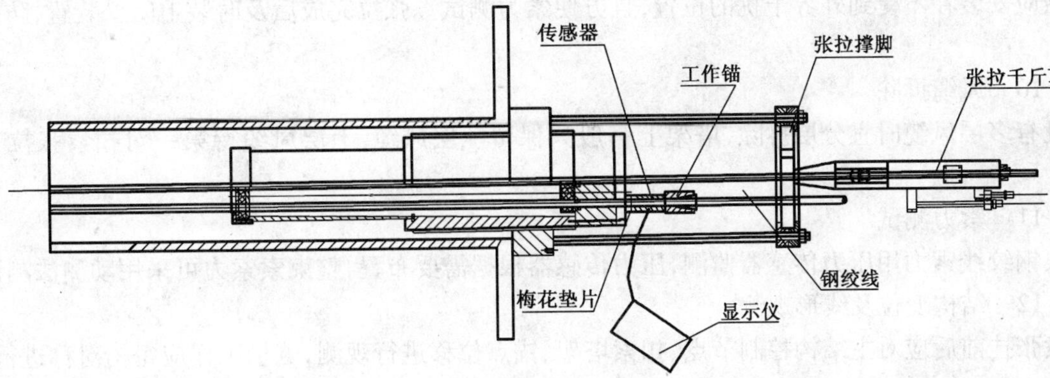

图5 单根钢绞线张拉设备布置

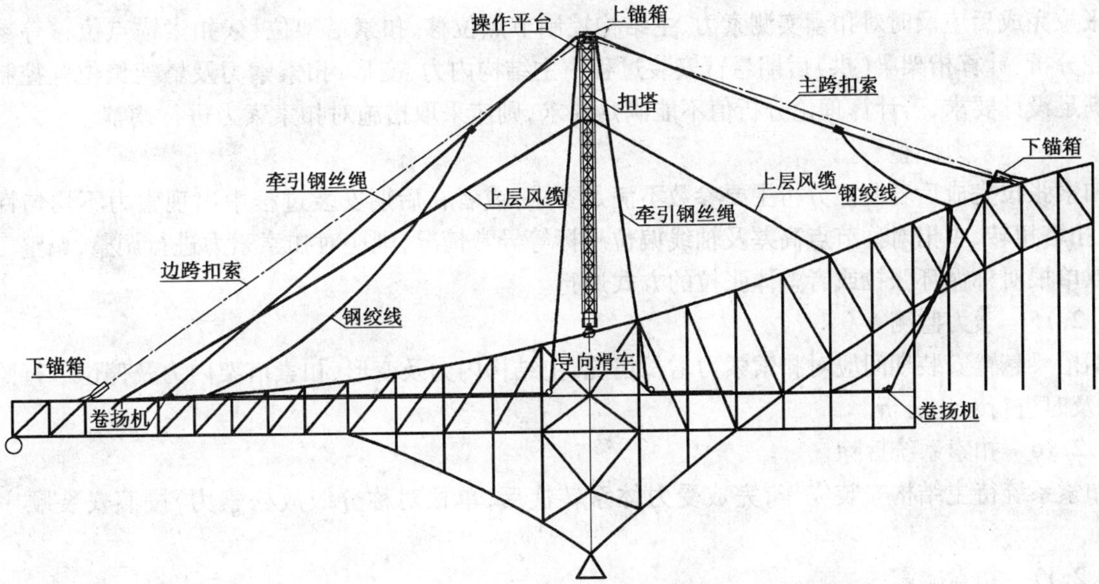

图6 挂索循环牵引系统布置图

基准索张拉前应调整好扣索塔架姿态，严格控制每桁基准索的索长和索力，防止扣索塔架扭转，确保主结构安装线形和索力均匀性。

5.2.9 扣索循环张挂

1）锚固端穿索

锚固端一般设在塔架顶部，由闭合循环牵引系统将单根钢绞线牵引到塔顶锚箱附近，用手拉葫芦牵引到位后锚固，钢绞线预留长度不宜小于15cm，并及时安装放松装置，防止掉索。

2）张拉端穿索

张拉端一般设在桥面上，待锚固端穿索完成后进行，施工时应严格控制索孔的对应性，防止扭铰，穿索完成后应及时调整悬垂度，顶紧锚固夹片。

挂索工作应边中跨、上下游对称进行。

3）张拉

钢绞线扣索采用分批单根对称同步张拉，同步锚固，根据锚点位移与索力变化的对应关系，采用先张索超张拉，后张索以基准索的实测索力作为张拉锚固力的施工方法，单根钢绞线索力一次张拉到位，后期不调整，将单根钢绞线的索力不均匀性控制在±2.5%以内，整束索力的不均匀性控制在±1.5%以内，施工时应严格控制锚固回缩量。

张拉作业应按“穿一根张拉一根”的原则进行，避免“绞扭”现象发生，并保证夹片跟进平齐。基准索传感器应安装在不受到外界干扰的位置,且方便索力测试。张拉完成后及时装上防松装置,防止夹片松动。

5.2.10 风缆拆除

当设有多层风缆时宜分层拆除,塔架上一般只保留一层风缆,上层风缆待第一对扣索张拉完成后拆除。

5.2.11 索力测试

单根钢绞线索力用压力传感器监测,压力传感器根据需要布置,整束索索力可采用动测法测试。

5.2.12 结构变位及线形观测

扣索张挂前后应对主结构控制节点、扣索塔架、锚点位移进行观测,测量工作应每桁对称进行,确保安装线形。

5.2.13 施工监控分析

张拉完成后应及时对扣索实测索力、主结构控制节点位移、扣索塔架位移、扣索锚点位移等参数进行监控分析,计算桁架梁(拱)后期悬臂安装过程中主结构内力、变形,扣索索力及塔架偏位等控制参数是否满足设计要求,若计算理论分析值不能满足要求,则应采取措施对扣索索力进行调整。

5.2.14 索力调整

扣索张拉完成后若监控分析主要参数不满足要求,或者在后期安装过程中出现索力不均匀性超标较大、扣塔扭转、主桁对称节点高差及轴线偏位超标等异常情况,则应对扣索索力进行调整,调整工作可以采取单根对称循环张拉或者整体张拉的方式进行。

5.2.15 索力监测

钢桁梁悬臂安装期间应对扣索索力增长情况、主结构内力及变形、扣索塔架内力及偏位进行监测监控,并及时进行对比分析。

5.2.16 扣索系统拆除

扣索系统待主结构安装完毕,完成受力体系转换后,单根对称分级放松索力,按照安装顺序逆序拆除。

5.2.17 扣索减震

钢绞线扣索可采用在锚箱索道管内安装减震阻尼器、安装索夹和将多组索串连的方式进行减震。

6 材料与设备

6.1 挂索设备

挂索设备包括牵引卷扬机、牵引钢丝绳、转向滑车、手拉葫芦、连接器、放索架等,每座扣索塔架需配备4台性能良好的2t快速卷扬机、11mm钢丝绳若干、2t单柄转向滑车12个、30kN手拉葫芦8台、连接器8个、放索架4个。

6.2 张拉设备

单根张拉设备包括穿心孔千斤顶、油泵、压力传感器、张拉撑脚、工作夹片、防震压力表等。

每座塔架需配置200~250kN穿心孔千斤顶8~16台、油泵8~16台、压力传感器24~36个、振弦检测仪4台、张拉撑脚8~16个、工作夹片若干。

若后期需要整体调整索力,需根据单组扣索最大索力,至少配备4套整体张拉设备,包括大吨位千斤顶、张拉杆、连接套、高压油泵等。

施工前应对张拉千斤顶和压力表进行标定,当使用超过6个月或者200次后应重新进行标定。

6.3 其他设备

其他设备主要有镦头器、切割机、电焊机及相应的通信设备,均可根据需要配置。

6.4 主要材料

主要材料包括直径为$\phi 15.24$、标准强度为1 860MPa的高强低松弛钢绞线(包括防腐材料)、锚具、夹片、索道管、减振阻尼器、放松装置等,根据索力大小配置,确保安全系数不小于2.0。

钢绞线、锚具、夹片进场后应分类在物资仓库中存放,防止损伤和污染,钢绞线进场后应按规定进行表面质量、直径偏差和力学性能指标取样试验,锚具、夹片应进行外观检查、硬度检验和静载锚固性能试验。

7 质量控制

7.1 建立健全的质量管理体系,所有操作人员均培训考核合格后方能上岗,并严格进行技术底,增强员工质量意识。

7.2 所有材料进场后均按照规范要求进行取样试验和检测,确保半成品质量满足使用要求,加强材料储运管理,防止损伤、污染。

7.3 钢绞线下料前应精确计算无应力索长,确定工作长度,严格按要求进行下料,并对索长进行标识,夹片在使用前不容许开封。

7.4 严格按要求对张拉千斤顶、压力表、传感器进行标定。

7.5 合理布置挂索循环牵引系统,提高工作效率,上下锚头编号标识对应穿索,防止出现扭绞现象。

7.6 正确分析每对扣索的控制索力、初张拉力、基准索力及无应力索长、张拉各阶段单根钢绞线张拉力及以张拉完成索的总索力、主结构内力及变形、锚点位移、安装过程中索力变化情况等参数,并绘制变化曲线,精确布置基准索。

7.7 张拉挂索工作严格按照挂设一组张拉一组的要求进行,控制索力误差。

7.8 严格遵循对称挂索对称张拉同步锚固的操作原则,控制锚固回缩量,确保夹片锚固效果。

7.9 张拉前需确保锚孔、钢绞线、夹片表面清洁,无污染,无损伤。

7.10 每根索挂索、张拉到位后立即安装放松装置,防止夹片松动。

7.11 基准索索力测试应准确可靠,定期对各根基准索的索力进行检查和对比,确保索力均匀一致。

7.12 每张拉完成总索量的15%~20%可布置一组压力传感器,便于对单根钢绞线的索力均匀性进行监测。

7.13 挂索过程中及悬臂安装各阶段及时采集现场各项数据,进行监控分析,发现问题技术修正。

8 安全措施

8.1 建立健全的安全管理体系,完善施工安全专项方案和员工安全培训,严格进行安全交底和教育,配备必要的安全防护设施设备。

8.2 制订安全技术操作流程,各项作业均按要求进行。

8.3 挂索牵引系统应合理可靠,挂索时严格控制钢绞线与牵引索的连接质量、夹片锚固质量,防止掉索和扭绞。

8.4 张拉操作应严格按照预应力钢绞线操作规程进行,防止出现断丝、断索、卡顶等现象,若出现异常需要退锚,则应制订专项技术安全操作方案,严格进行技术安全较低后方可执行。

8.5 单根钢绞线锚固后应检查夹片锚固质量,及时安装放松装置,挂索完成后应及时安装减震阻尼器、索夹,索力测试完成后及时将各组索串连。

8.6 施工现场安全通道、安全防护设施、操作平台设置应规范合理,照明良好,指挥通信系统通畅,不受干扰。

8.7 定期进行安全检查,发现问题和隐患及时整改。

9　环保措施

施工材料、设备应分类定点存放,施工现场设置废弃物和生活垃圾收集设施,集中处理,防止随意丢弃,污染环境。

10　资源节约

10.1　通过监测水资源的使用情况,有选择地安装小流量的设备和器具,以此来降低用水量,降低用水费用。

10.2　根据工程实际需要,安装节能灯具和设备,在项目部内采用声光传感器控制照明灯具,采用节电型施工机械,合理安排施工时间等降低用电量,节约电能。

10.3　通过更仔细的采购,合理的现场保管,减少材料的搬运次数,减少包装,完善操作工艺,增加摊销材料的周转次数等措施降低材料在使用中的消耗,提高材料的使用效率。

10.4　加大资源和材料的回收利用、循环利用,如在施工现场建立废物回收系统,再回收或重复利用在拆除时得到的材料,这可减少施工中材料的消耗量或通过销售来增加企业的收入,也可降低企业运输或填埋垃圾的费用。

11　效益分析

11.1　工期效益

钢绞线索挂设和张拉工作可多点同步进行,根据索力大小,挂设一对扣索的现场作业时间约需10~15d,且一般不需要后期调索,与高强钢丝成品索的施工作业时间大体相当。

11.2　经济效益

钢绞线索购买成本比高强钢丝成品索低。外包PE防腐的钢绞线购买价格为7 000元/t左右,锚具系统为预应力混凝土用普通锚具,市场价格约为35元/孔,成本较低,高强钢丝成品索价格均在20 000元/t以上,前钢绞线索、锚具回收后二次使用价值较高,钢绞线索购买价格有较大的优势。

钢绞线索使用的挂索、张拉设备均较小,一般不需要整体张拉调整索力,且不需要大型起重辅助设备,设备使用成本远低于高强钢丝成品索。

钢绞线索挂索需要的时间和操作人员数量相对较多,人工费成本略高于高强钢丝成品索。

12　应用实例

用高强钢丝成品索作为钢桁架桥梁悬臂安装扣索的工程实例,在我国铁路桥梁施工中应用较多,工艺也较为成熟,钢绞线扣索应用较少,中交二航局在借鉴钢绞线扣索在其他类型拱桥和钢绞线斜拉索在斜拉桥上成功应用的基础上,根据重庆朝天门长江大桥主桥上部钢桁拱悬臂安装需要,开展大跨径钢桁架拱桥扣索塔架钢绞线扣索施工技术研究,并得到了成功应用。

重庆朝天门长江大桥主桥上部结构设计为:190m+552m+190m的三跨连续中承式钢桁系杆拱桥。双层桥面,上层布置双向六车道和两侧人行道,宽36m,下层中间布置双线城市轨道交通,两侧各预留一个7m宽的汽车车行道,宽29m。

采用从边支点向跨中悬臂安装,中跨最大悬臂276m,施工时为控制主结构内力和悬臂端变形,在中支点顶上弦节点处各安装了一座扣索塔架,与主桁铰接,设两对钢绞线扣索,如图7所示。

12.1　结构形式

(1)塔架总高度:98.07m。

(2)塔架与主桁连接方式:用直径510mm、材质为35号锻钢的绞轴与主桁A15节点铰接,如图8所示。

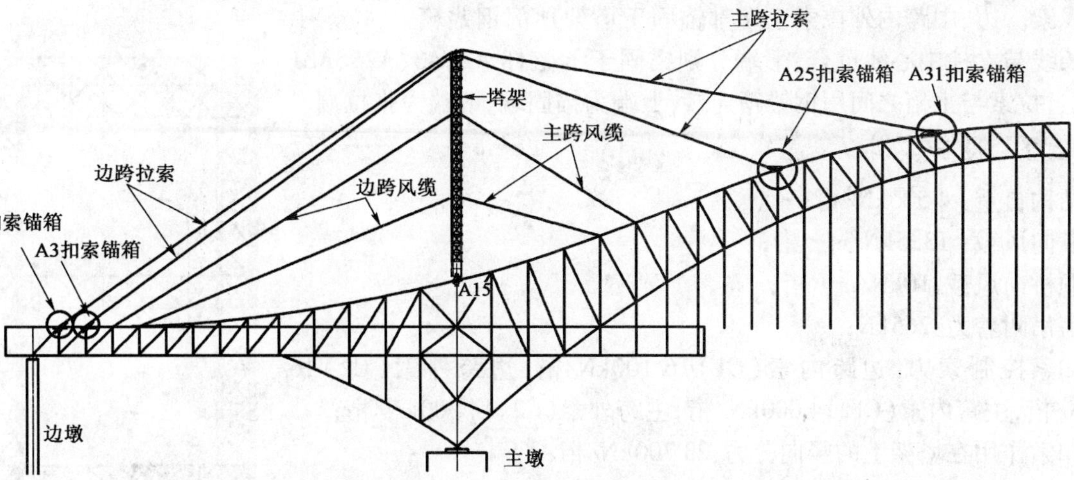

图7　重庆朝天门长江大桥扣索系统布置图

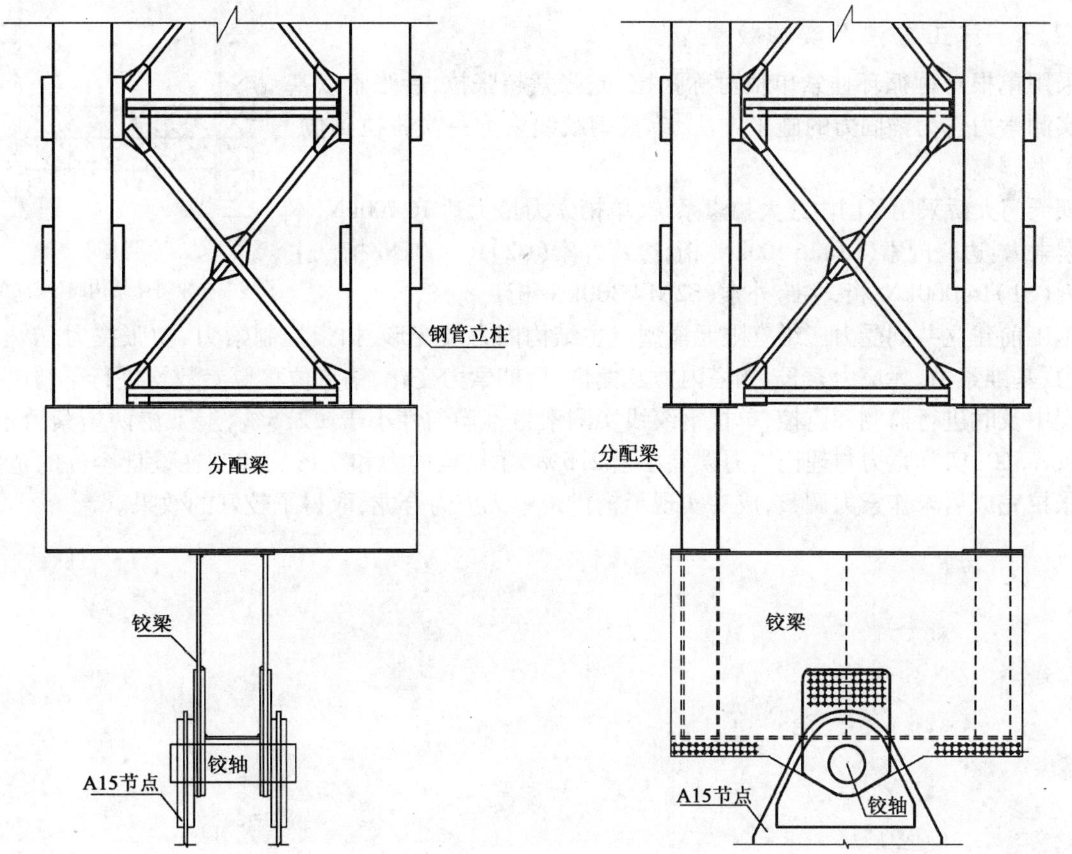

图8　扣索塔架与主桁节点连接方式

(3)塔架:立柱每桁设4根ϕ800mm×20mm、材质Q345c的钢管,钢管标准长度为6m,法兰盘之间用螺栓连接,钢管中心间距4m×4m,用角钢和缀板连接成格构柱,左右两桁中心距29m。底部通过铰梁和分配梁完成立柱与铰轴之间的连接,顶部钢锚箱通过分配梁与钢管立柱连接。上下游两侧立柱每隔22m或23m设置一道横向风撑,全立柱范围内共有4道风撑,顶底层风撑8m,中间两道风撑高4m,如图9所示。

(4)风缆:上下层风缆均由2组6ϕ15.24钢绞线组成,上端分别锚固在塔架32.806m、68.806m处,下端分别锚固在主桁上弦A4、A5、A19、A20节点上。

(5)拉索:边跨内、外拉索每桁均采用4×37ϕ15.24钢绞线索,主跨内、外拉索每桁均采用2×61ϕ15.24

钢绞线索。边、中跨内外拉索上端都锚固于塔架顶部钢锚箱上,拉索中心延长线与立柱中心线重合,下端分别锚固于上弦杆 A2、A3、A25、A31 节点上,拉索与主桁之间用钢锚箱连接,上端为锚固端,下端为张拉端。

12.2 设计条件

结构自重: 4 500kN/桁;

横向风载: 13.5kN/m·桁;

顺桥向风载:10kN/m·桁;

塔吊附着力:265kN;

扣索控制索力:边跨内索(C1)16 100kN/桁,边跨外索(C2)16 700kN/桁,主跨内索(C1)14 000kN/桁,主跨外索(C2)14 300kN/桁;

扣索作用在塔架上的竖向分力:23 700kN/桁;

风缆索力:边跨上下层风缆索力 850kN/桁,主跨内侧风缆索力 870kN/桁,外侧风缆索力 1 150kN/桁。

12.3 施工方法及实施效果

采用单根对称循环挂索单根对称张拉,先张索超张拉,后张索以基准索实测索力作为锚固力的施工方法,单根钢绞线索力一次张拉到位,后期不做调整。

朝天门大桥采用了国内最大扣索系统,单桁索力最大达 16 700kN,本桥扣索索力:边跨内索(C1)16 100kN/桁,边跨外索(C2)16 700kN/桁,主跨内索(S1)14 000kN/桁,主跨外索(S2)14 300kN/桁。

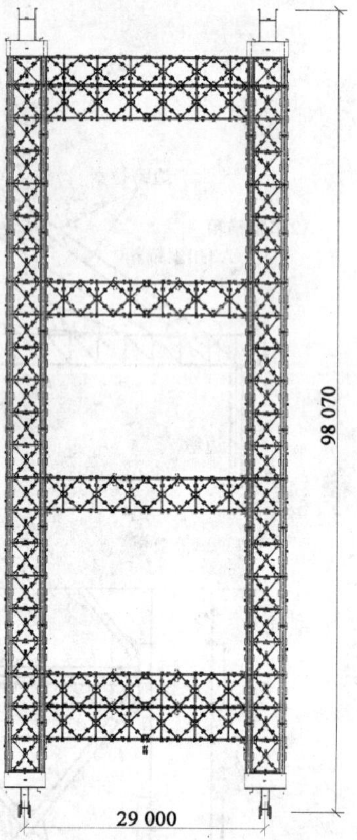

图9 扣索塔架结构图(尺寸单位:mm)

施工前建立共同受力三维有限元模型对主结构内力及变形、扣索控制索力、初张拉力、单根钢绞线张拉力、基准索力、无应力索长、扣塔内力及偏位、后期索力变化、锚点位移等参数均进行了精确分析,施工工程中及时进行监测和监控,单根钢绞线实测索力不均匀性小于 ±2.5%,上下游两桁索力不均匀性小于 ±1.5%,实际索力与理论索力误差小于 2.5%,主结构内力和变形均控制在设计容许的范围以内,一次张拉完成后未作索力调整,成功实现了桁拱跨中无应力合龙,取得了较好的效果。

超高双层箱梁现浇装配式支架施工工法

GGG(中企)C3086—2009

汪存书 罗锦刚 蔡汝一 段志强 余 勇

(中交第二航务工程局有限公司)

1 前言

预应力混凝土连续箱梁在桥梁工程中应用十分普遍,且多采用预制安装和支架现浇施工。支架的结构形式有悬空式支架(包括移动模架)和落地支架,落地支架又分为满堂支架和少支架(又称梁柱式支架)。悬空式支架一般适用于箱梁宽度较小,一次性浇筑混凝土方量较小,截面等宽的箱梁现浇施工。满堂支架一般适用于箱梁离地高度较小的单层箱梁现浇施工。对于离地高度较大和双层箱梁一般采用少支架现浇施工。

重庆朝天门长江大桥南北引桥设计为50m双层预应力混凝土连续箱梁,上层为双箱单室单幅公路桥,箱梁宽度为31~40.5m,下层为单箱单室三幅箱梁,最大离地高度92.3m,设计采用支架现浇。

为满足该工程施工需要,中交二航局开展了适用于超高双层箱梁现浇施工装配式少支架专项研究,得到了成功应用。该支架系统结构通用性强、装配简单快捷、便于组织流水作业,对超高超宽箱梁现浇施工具有较为广泛的应用价值,并获得了中交二航局2007年度科技进步奖二等奖。经总结形成本工法。

2 工法特点

2.1 与钢管焊接支架比较,装配式支架构件均在工厂加工制作,施工现场根据需要组装,构件加工质量和精度容易保证,现场装配作业效率高,便于组织流水作业,施工安全质量容易保证;与满堂式脚手钢管支架比较,装配式钢管支架稳定性好,承载能力强,适用高度范围大,对地形地质条件要求低;与万能杆件立柱支架比较,装配效率更高,非弹性变形小;与悬空式支架比较,承载能力和对箱梁截面变化的适应能力更好。

2.2 装配式支架可根据需要灵活组装,施工操作简单,连接质量及垂直度易控制,可操作性强。

2.3 装配式支架安装拆除方便、快捷,周转速度快,便于组织流水作业,施工进度容易控制。

2.4 装配式支架非弹性变形小,连接质量可靠,施工质量容易控制。

2.5 装配式支架安拆作业简单,便于布置施工通道,施工安全风险较小。

2.6 装配式支架安拆材料损耗少,施工费用低,重复使用率高,技术经济指标较好。

2.7 装配式支架对环境的影响较小。

3 适用范围

本工法适用于离地高度较大、地形条件复杂、一次性浇筑方量大的预应力混凝土连续箱梁现浇施工,对超高、超宽、变截面、双层箱梁现浇施工适应性更强。

4 工艺原理

装配式支架立柱采用钢管格构柱,主要承受竖向荷载,按容许应力法设计,根据各工况荷载组合进行强度和稳定性计算,联撑采用销轴连接组合型钢,承受轴向荷载,上部纵梁为贝雷桁架连续梁,主要计算节点剪力和跨中挠度,横梁采用标准型钢组合,分配传递上部荷载。

装配式支架充分发挥了各种材料受力特性、结构受力明确、构造简单、材料通用性强、非弹性变形小,通过工具式卸荷块调整支架预拱度,对保证施工安全、节约施工材料和控制箱梁现浇线形具有较大的优势。

支架系统与主结构分离,不依赖主结构受力,施工时对主结构影响较小。

支架系统设计时根据箱梁外形尺寸、荷载大小,灵活布置支架立柱数量和间距,对于双层箱梁可先施工下层,待下层预应力系统建立后,卸荷,再施工上层箱梁,提高现场施工作业机械化程度。

5 施工工艺流程及操作要点

5.1 施工工艺总流程

双层箱梁装配式支架现浇施工工艺流程如图1所示。

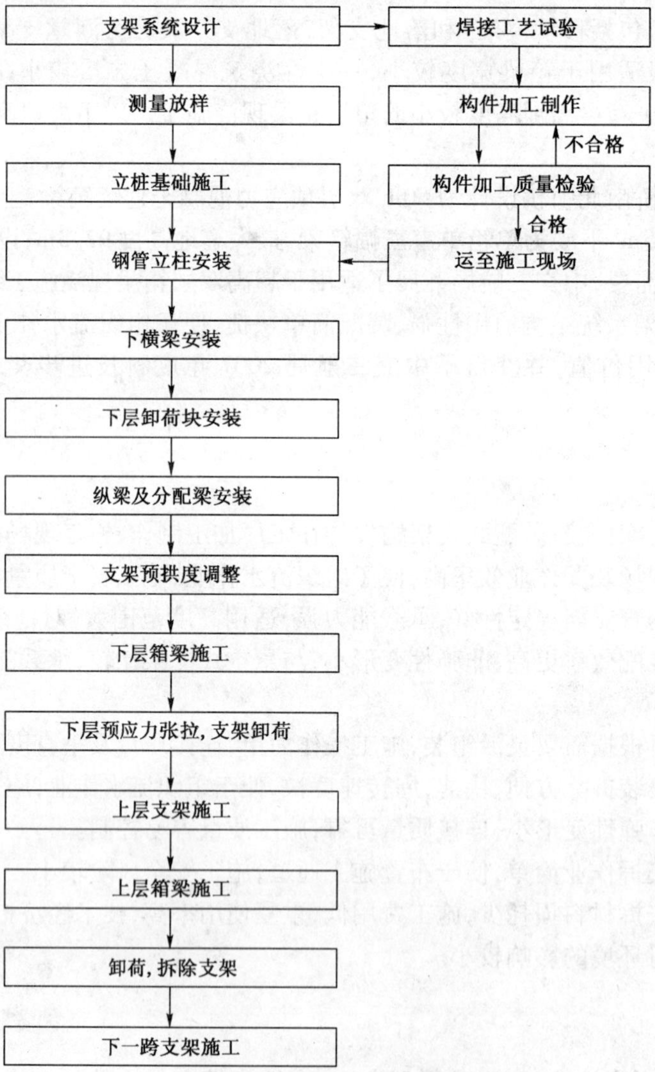

图1 双层箱梁装配式支架现浇施工工艺流程图

5.2 主要工序操作要点

5.2.1 支架设计

支架系统依据上部箱梁结构形式、水文、地质、地形条件进行设计,荷载主要包括:

1)恒载:主结构自重+支架自重+模板重力

2)活载:施工荷载,风荷载,水流力

支架根据各工况荷载组合进行强度和稳定性验算。立柱基础根据荷载大小、水文地质条件,可采用混凝土灌注桩基础、扩大基础或打入桩基础。

5.2.2　结构形式

立柱钢管采用法兰连接,标准管节布置各个方向通用连接座,管节标准长度一般为6m(如图2所示)。

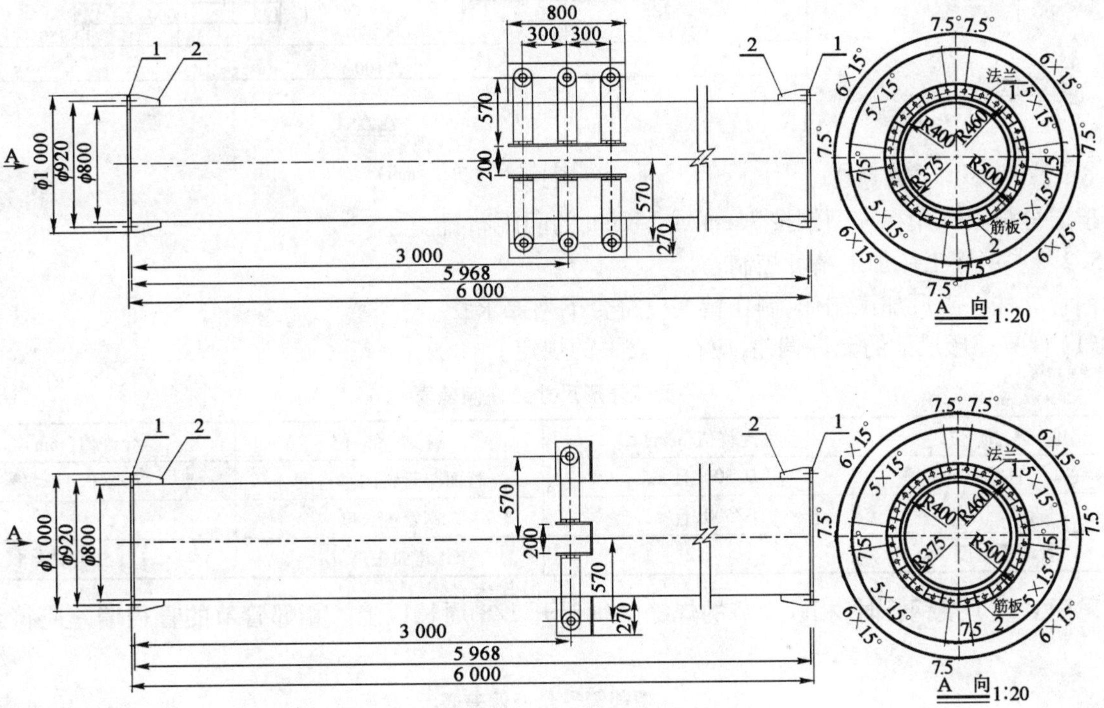

图2　标准管节设计图(尺寸单位:mm)

横撑及斜撑采用组合型钢,与标准管节用销轴连接(如图3所示)。

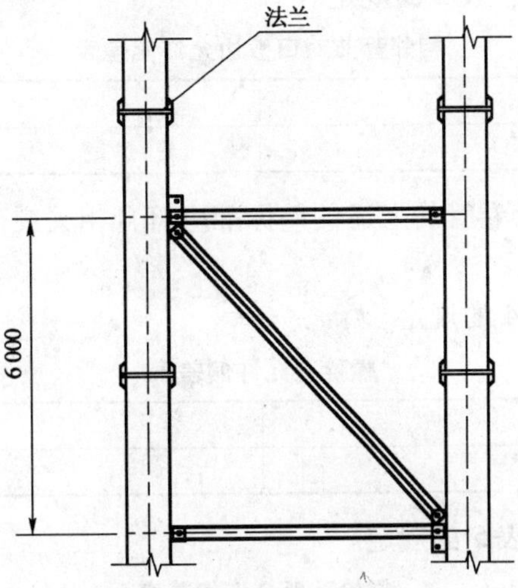

图3　联系撑设计图(尺寸单位:mm)

下立柱顶端横梁采用组合型钢,与立柱拴接(如图4所示)。

纵向分配梁采用贝雷桁架连续梁,用锲形卸荷块卸荷落架。

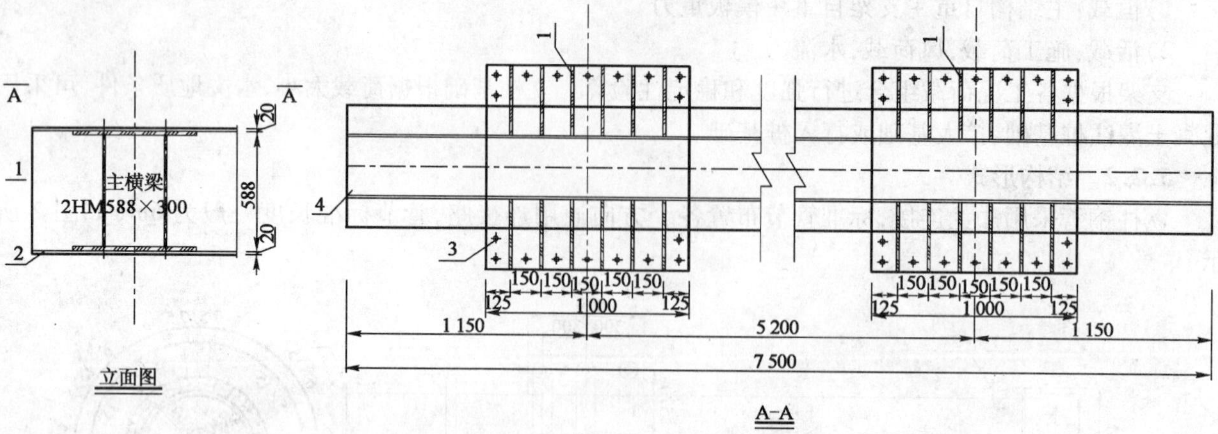

图4　下横梁设计图(尺寸单位:mm)

顶层分配梁采用标准型钢按75cm或150cm的间距布置。

5.2.3　钢管工厂加工精度控制

钢管立柱在工厂加工制作,制作精度应符合下列要求:

(1)管节外形尺寸的允许偏差,应符合表1的规定。

管节外形尺寸允许偏差表　　表1

偏 差 部 位	允许值(mm)	偏 差 部 位	允许值(mm)
直径	$D/500$,且±5	管面与管轴的垂直度	$D/800$,且≤3
管口圆度	$D/500$,且≤5	钢管桩长度	±3
管端平整度	≤2	弯曲失高	$L/1\,500$,且≤5

采用对口焊接钢管时,相邻管节的焊缝必须错开1/8周长以上。相邻管节的管径偏差应符合表2的规定。

相邻管径允许偏差表　　表2

管径(mm)	允许值(mm)
>700	≤3

相邻管节对口板边高差应符合表3的规定。

相邻管节对口板边允许偏差表　　表3

板厚δ(mm)	允许值(mm)
$10<\delta\leq20$	<2

当采用螺旋卷管制作立柱时,卷管的上述偏差标准应符合相关规范的规定。

(2)管节法兰加工质量控制要求。

螺栓孔的允许偏差应符合表4的规定。

螺栓孔允许偏差表　　表4

孔径(mm)	允许值(mm)
24	+0.7,0

螺栓孔距的允许偏差应符合表5的规定。

螺栓孔距允许偏差表　　表5

项　　目	允许值(mm)
两孔邻孔距	±0.4
两端孔群中心距	±0.8

法兰端面对钢管立柱轴线的不垂直度小于1mm。

法兰表面的不平整度不大于2mm，用靠尺加塞尺的方法测量。

(3)横撑和斜撑加工的质量控制要求。

销孔同心度的允许偏差应符合表6的规定。

销孔同心度允许偏差表　　表6

项　目	允许值(mm)
销孔同心度	≤0.5

销孔的允许偏差应符合表7的规定。

销孔允许偏差表　　表7

项　目	允许值(mm)
孔径56mm	+0.5,0
两销孔间距	±0.5

5.2.4　立柱基础施工

基岩裸露或覆盖层较小地区，多采用嵌岩扩大基础，岩石强度一般按6~8MPa控制。覆盖层较厚地区，多采用人工挖孔桩或打入桩基础。当采用打入桩基础应充分考虑基础沉降对支架系统的影响。

首节支架立柱与基础可通过预埋钢板焊接或预埋地脚螺栓连接。要求预埋位置准确，预埋精度满足表8的要求。

预埋件误差标准　　表8

项　目	允许偏差(mm)	项　目	允许偏差(mm)
中心位置偏差	5.0	高程误差	2.0
表面平整度	1.0	相邻预埋件的中心距误差	5.0

5.2.5　首节钢管安装

根据地形变化，首节钢管多采用非标构件。依据基础预埋件结构形式，可采用两端法兰连接或一端为法兰，一端焊接。

首节钢管安装时应精确进行测量放样，垂直度误差不大于2‰，相邻管节之间的间距不大于5mm，顶面高差不大于2mm。

5.2.6　标准钢管安装

标准管节安装重点控制：

(1)管节垂直度不大于2‰；

(2)连接座方位；

(3)相邻管节同心率；

(4)相邻管节法兰密贴度，顶紧面积不小于法兰总面积的85%，必需时可填塞垫片；

(5)螺栓连接质量。

5.2.7　横撑及斜撑安装

横撑与斜撑安装不得滞后于立柱安装2个标准管节。施工时可按由下后上的顺序先安装斜撑后安装横撑。销轴采用45号钢加工制作，前端3cm加工为锥形，方便打入。销轴安装时严禁随意扩孔。

5.2.8　下层横梁安装

下层横梁采用标准型钢组合结构，与钢管立柱用螺栓连接。钢管法兰与横梁连接座栓孔应进行配钻，确保连接质量(如图5所示)。

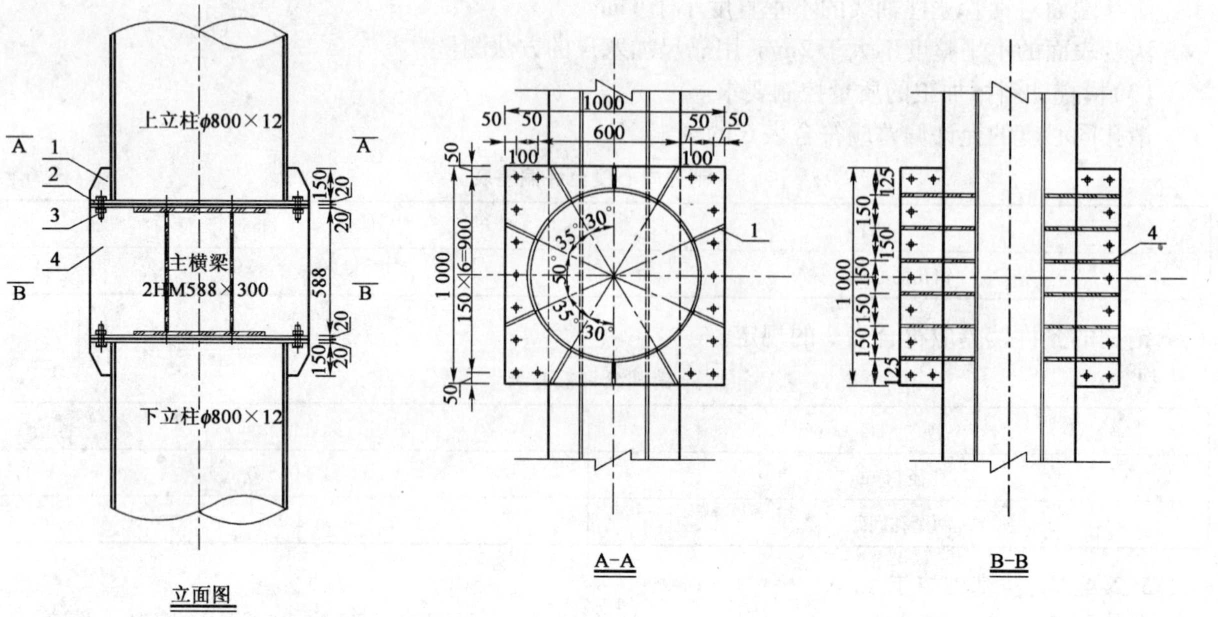

图5 下横梁加工图(尺寸单位:mm)

5.2.9 卸荷块、纵横梁安装

卸荷块由4个锲形卸荷块和 $\phi25$ 精轧螺纹钢两部分构成,如图6和图7所示。下层卸荷块布置在贝雷桁架纵梁和横梁之间,上层卸荷块布置在上横梁与支架顶节立柱之间,主要用于调整预拱度、高程和卸荷落架用。锲形面之间涂抹黄油,卸荷块高程调整范围为3~5cm。

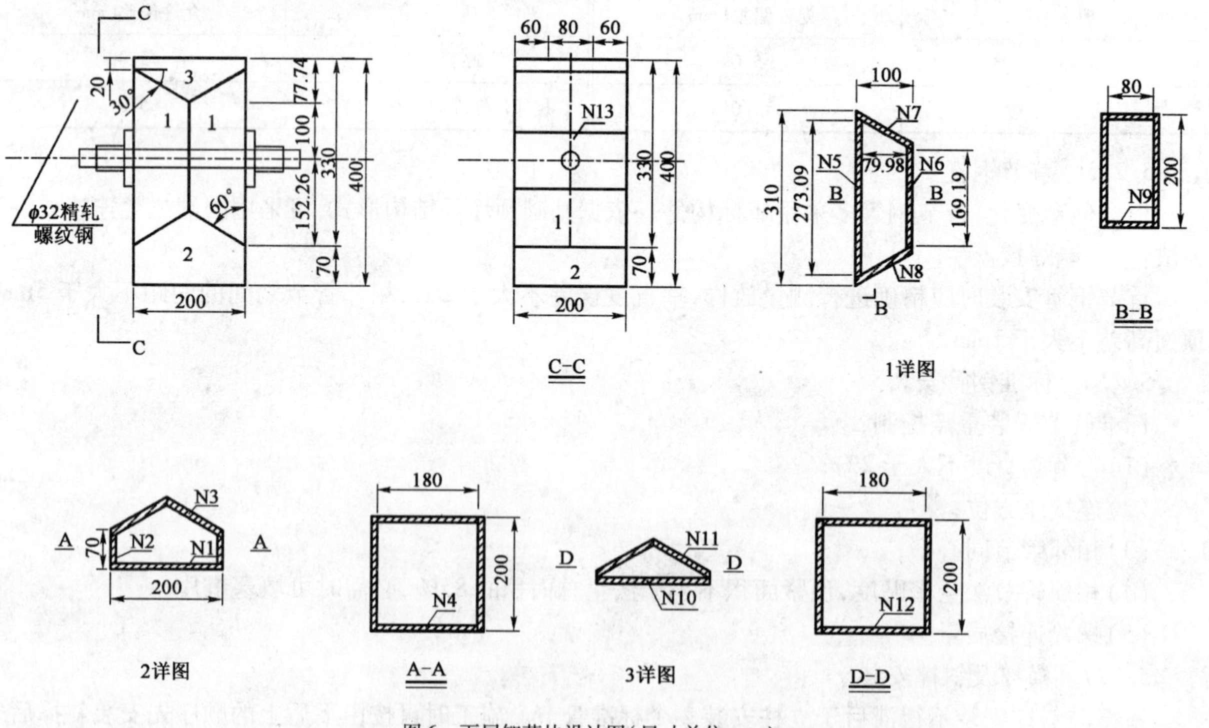

图6 下层卸荷块设计图(尺寸单位:mm)

纵梁采用贝雷桁架梁,施工时重点控制销轴连接质量和每榀贝雷梁之间的横向联系,确保其横向稳定性,贝雷梁与卸荷块连接节点应安装支撑架。

横梁采用标准型钢,根据上部荷载大小,一般按75cm或150cm的间距布置。

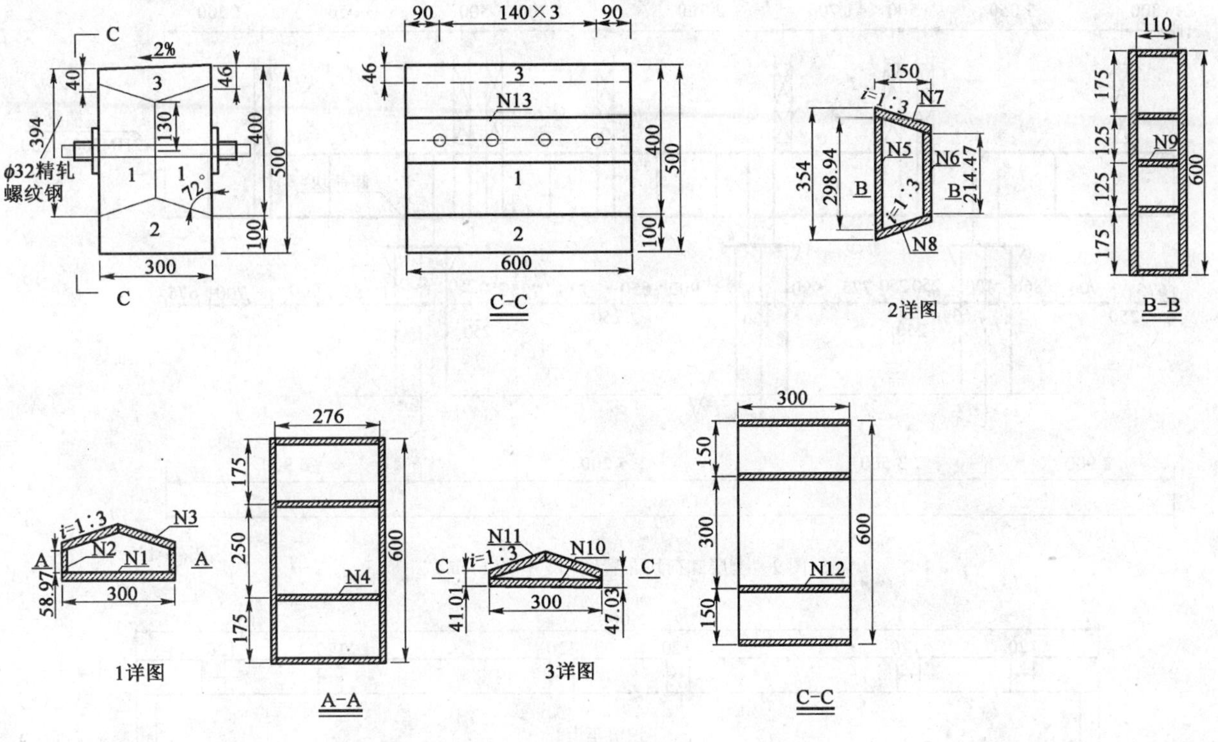

图7　上层卸荷块设计图(尺寸单位:mm)

下层横梁、卸荷块和纵梁的连接方式见图8所示。

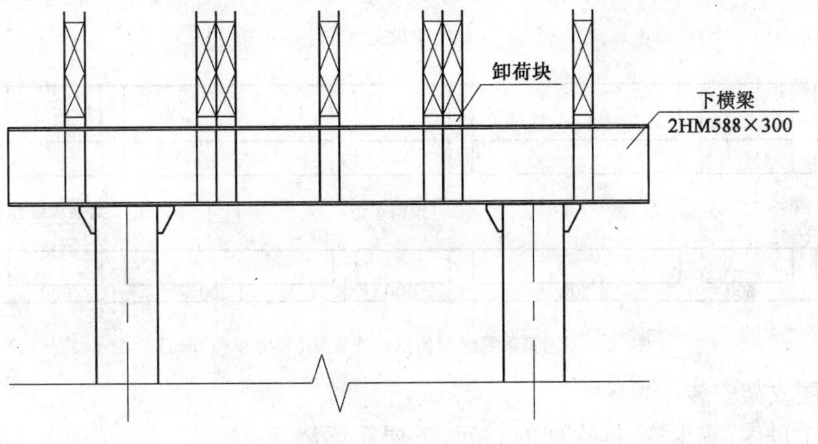

图8　下层卸荷块布置图

上层支架立柱、卸荷块和纵梁的连接方式见图9所示。

5.2.10　下层箱梁施工

支架系统安装完成,根据要求进行预压(施工时可选择首跨进行预压,确定支架预拱度参数,其余跨一般不需要预压)。

测量支架高程,平面位置,确定支架预拱度设置无误后,安装下层箱梁底模。测量放样后,按下述流程进行下层箱梁施工:支架搭设→预拱度调整→安装底模→测量放样→绑扎底板、腹板钢筋→波纹管安装→钢绞线穿索→安装侧模、内模→绑扎顶板钢筋→复测校核→浇筑混凝土→养护→预应力张拉→预应力管道压浆。

下层箱梁施工时,根据支架立柱平面布置,在下层箱梁翼缘上预留槽口,以便上层钢管支架的接长。重庆朝天门长江大桥工程下层箱梁翼缘预留槽口如图10所示。

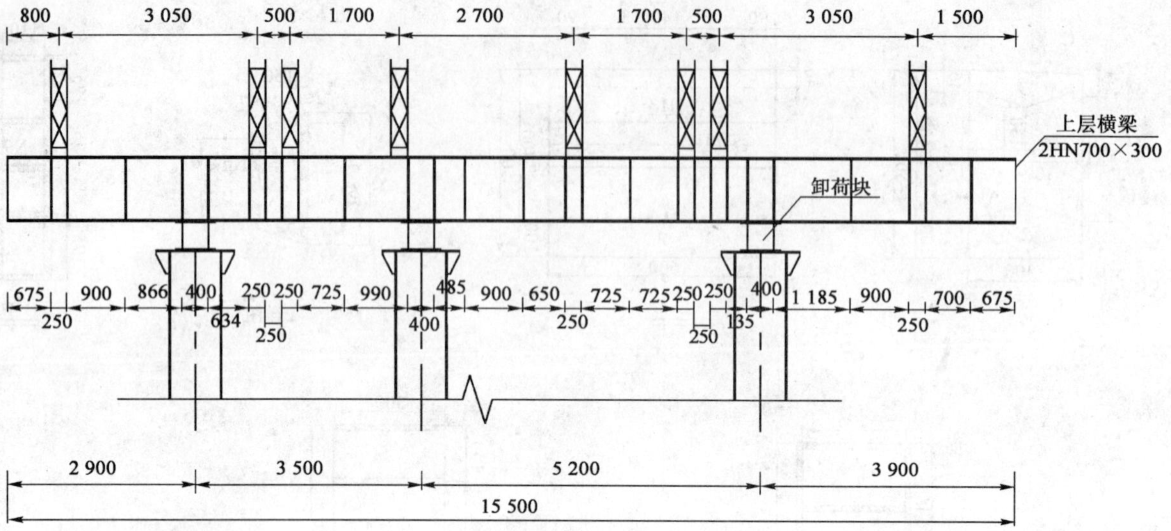

图9　上层卸荷块布置图(尺寸单位:cm)

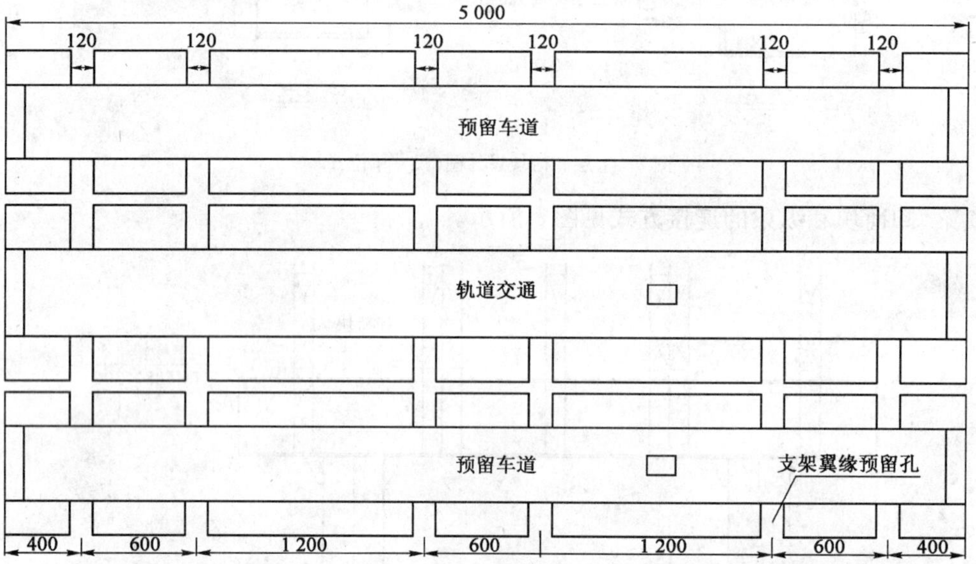

图10　下层箱梁翼缘预留槽口布置图(尺寸单位:mm)

5.2.11　上层支架安装

为了加快施工进度,减少安、拆支架的时间,下层箱梁浇筑后,即可搭设上层箱梁支架。上层支架与下横梁用螺栓连接(如图11所示)。

5.2.12　上横梁安装

上层横梁为标准型钢组合结构,其结构形式与下层横梁基本一致。上层箱梁若宽度较大,为了控制上横梁自重,可根据起重设备的吊装能力,分段吊装,用法兰连接,如图12所示。

上层横梁放置在卸荷块顶部,安装前应调整好卸荷块顶部高程,设置预拱度。

5.2.13　上层箱梁施工

上层箱梁施工工艺流程与下层箱梁施工工艺流程一致。

5.2.14　支架拆除

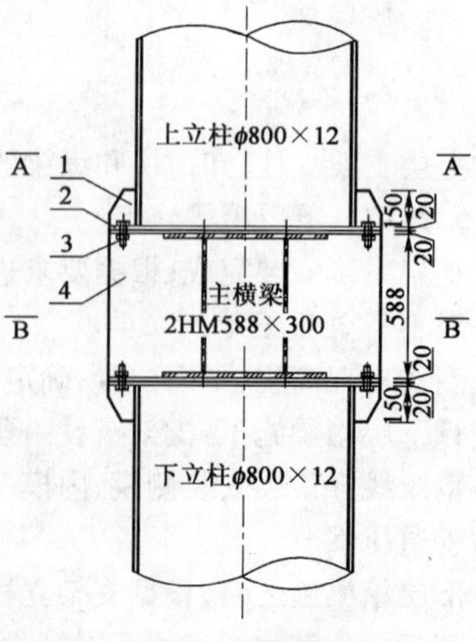

图11　上、下层立柱连接结构图(尺寸单位:mm)

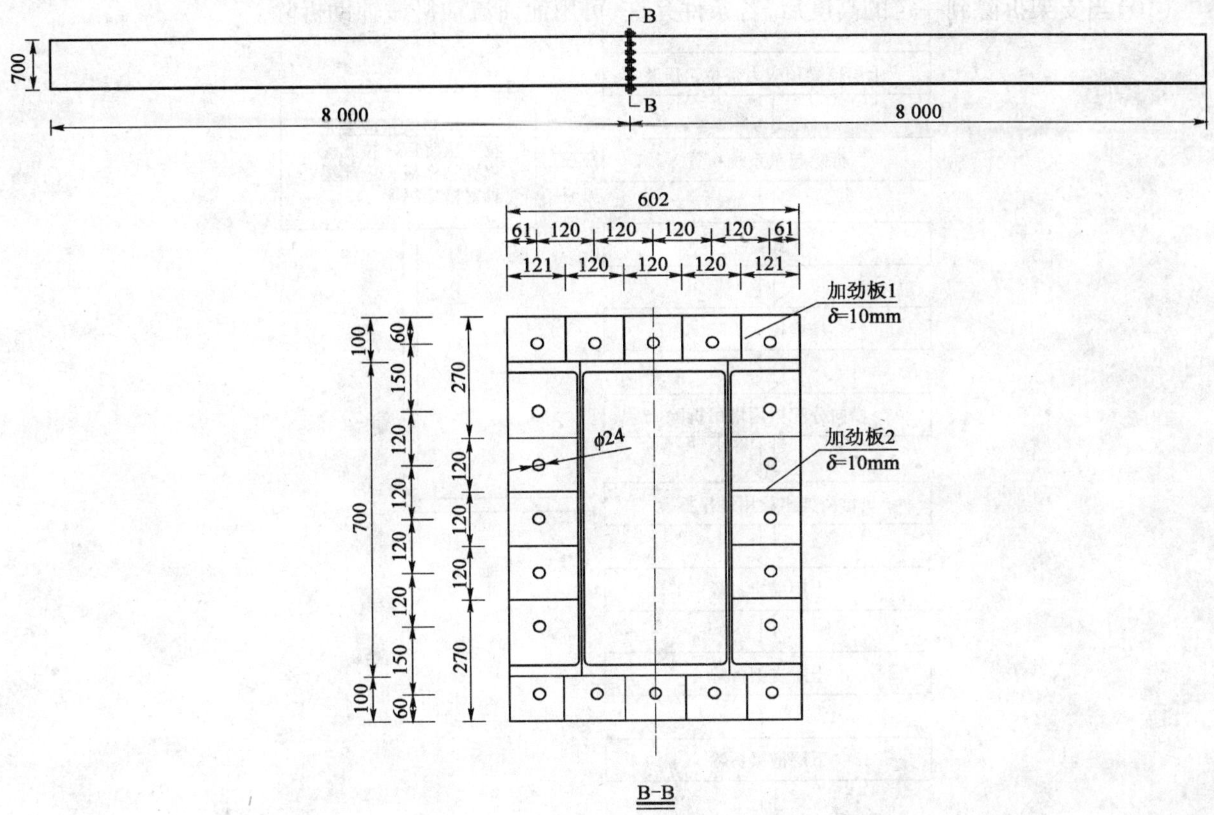

图 12　上横梁设计图(尺寸单位:mm)

上层箱梁预应力张拉完成,管道压浆强度达到设计强度的 80% 后,方可开始卸荷拆除支架。

1)施工准备

支架系统利用上层箱梁施工时预留孔道,布置卷扬牵引系统拆除。需要的拆除设备有 5t 卷扬机 4 台,3t 卷扬机 2 台,定滑轮 4 个,动滑轮 4 个,5t 手拉葫芦 4 个,不同规格的钢丝绳若干。25t 汽车吊和转场运输设备根据需要配置。

2)支架拆除流程

支架拆除流程图如图 13 所示。

3)拆除作业要点

(1)拆除工作应严格按照从上到下的顺序进行。

(2)待箱梁预应力管道压浆强度达到设计强度的 80% 以上后,方可卸荷。

(3)卸荷时应用螺旋千斤顶辅助,按顺序放松精轧螺纹钢螺母,确认所有卸荷块锲形面均已滑动,方能认为卸荷完成。

(4)卸荷后应保证底模与箱梁之间有 3 ~ 5cm 的空间,便于模板拆除。

(5)箱梁底模用手拉葫芦向两侧横向拖移至塔吊可直接吊装位置拆除。

(6)横向分配梁可适当加长,一端外伸到箱梁翼缘外侧,便于用塔吊直接拆除。同时,也可作为施工操作平台。

(7)贝雷梁通过卷扬机转向,慢慢向两侧横移至箱梁翼缘外侧后,用塔吊分段拆除。横移时应防止侧向倾倒。

(8)横梁、立柱用卷扬机牵引系统分段拆除,施工时应合理布置卷扬机、转向滑车,拆除起重钢丝绳应有足够的安全系数,防止冲击破坏,确保拆除工作安全、快捷、顺利进行。

(9)拆除时应注意对箱梁、桥墩等结构物的保护。

(10)当支架拆除到一定的高度后,若条件允许,可用地面流动机械辅助拆除。

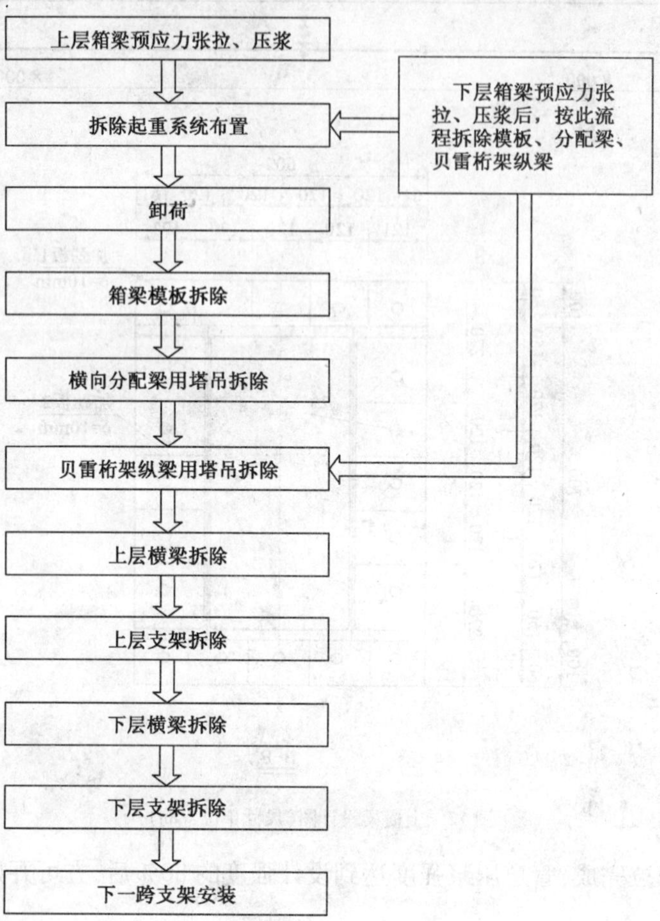

图13 支架拆除流程图

5.2.15 施工测量控制

支架安装、箱梁现浇施工期间,应布置观测网点,对支架垂直度、预拱度、变形情况进行观测监控,确保施工安全。测量观测点位不宜少于4个,且通视情况良好,混凝土浇筑过程中应在支架上布置变形观测点,定期对支架的变形情况进行监测。一榀箱梁浇筑完成后,应对箱梁底板张拉起拱度进行观测,以供参考确定下一跨支架预拱度。

6 材料与设备

主要施工材料及设备见表9。

每跨现浇双层箱梁超高支架施工机具设备表 表9

序号	名称	规格型号	单位	数量
1	支架基础	根据水文地质条件确定	个	据根设计确定
2	支架结构材料	各型		据根设计确定
3	全站仪	1mm+2ppm	台	2
4	水准仪	欧波 OP3000	台	1
5	经纬仪	南方 KDT02	台	2
6	螺旋千斤顶	30t/60t	台	各4台
7	塔吊	120型	台	2
8	卷扬机	5t/3t	台	各4台

续上表

序　号	名　称	规格型号	单　位	数　量
9	汽车吊	QY-25A	台	1
10	平板汽车	5t	台	1
11	电焊机		台	2

注:其他配套材料及小型设备根据需要确定。

7　质量控制

7.1　质量控制标准

装配式支架施工质量控制标准按《钢结构工程施工质量验收规范》(GB 50205—2001)的相关标准执行。

7.2　质量保证措施

(1)建立健全质量管理体系,完善各项质量管理和检查制度,加强员工质量意识教育。

(2)严格按要求进行支架基础施工,防止出现不均匀沉降,控制支架基础预埋件安装精度,确保首节钢管顺利安装。

(3)严格控制支架半成品加工制作质量,必需时进行试拼。

(4)严格控制支架安装质量,重点检查垂直度、拴接质量、销轴连接质量、法兰密贴度、管节同心率、卸荷块组合效果、贝雷梁销轴及联系撑连接情况、预拱度设置情况。

(5)第一跨高支架搭设完成后进行分级加载预压,测试记录支架系统非弹性变形和弹性变形量,作为预拱度设置的依据。

(6)箱梁现浇施工过程中对支架的变形情况进行监测,预应力张拉后对箱梁起拱度进行观测,对下一跨支架预拱度进行修正。

(7)加强对已施工完成结构物的保护,防止碰撞。

8　安全措施

(1)建立健全的安全管理体系,完善安全管理机制,落实安全管理责任制。

(2)编写专项施工安全方案,严格进行施工安全技术交底。

(3)支架系统应根据各工况荷载组合进行强度、整体稳定性和局部稳定性分析,确保支架系统安全可靠。

(4)配备完善的安全通道和安全设施,并定期检查。

(5)所有操作人员均应进行培训,考核合格后方能上岗,特种作业人员应持证上岗。

(6)支架安装、拆除工作均应制订相应的施工操作规定,规范操作行为,确保支架安装质量,以质量保安全。

(7)重点监控支架变形、卸荷及拆除作业,防止出现意外及高空坠落事故。

9　环保措施

(1)施工材料、设备应分类定点存放,施工现场放置废弃物和生活垃圾收集设施,集中处理,防止随意丢弃,污染环境。

(2)支架基础若为挖孔桩或扩大基础时,应注意弃土对环境的影响。

10　资源节约

(1)通过监测水资源的使用情况,有选择的安装小流量设备和器具,以此来降低用水量,降低用水费用。

(2)根据工程实际需要,安装节能灯具和设备,在项目部内采用声光传感器控制照明灯具,采用节电型施工机械,合理安排施工时间等降低用电量,节约电能。

(3)通过更仔细的采购,合理的现场保管,减少材料的搬运次数,减少包装,完善操作工艺,增加摊销材料的周转次数等措施降低材料在使用中的消耗,提高材料的使用效率。

(4)加大资源和材料的回收利用、循环利用,如在施工现场建立废物回收系统,再回收或重复利用在拆除时得到的材料,这可减少施工中材料的消耗量或通过销售来增加企业的收入,也可降低企业运输或填埋垃圾的费用。

11 效益分析

11.1 施工效率

以重庆朝天门长江大桥工程引桥双层箱梁现浇为例,一次性投入两跨半支架,组织流水作业,首跨箱梁施工时间为95d,流水步距约52d,具体分析如下:

(1)基础施工:15d(不占关键线路);

(2)下层支架搭设:18d;

(3)下层箱梁(三榀)施工:20d;

(4)上层支架搭设:10d;

(5)上层箱梁施工:22d;

(6)支架拆除:25d;

装配式支架安拆方便、快捷,便于组织流水作业,施工效率较高。

11.2 经济效益

(1)50m跨超宽双层预应力混凝土箱梁若采用移动模架施工,需投入大量的技术开发费和制作成本。

(2)离地面25m以上箱梁不宜采用满堂脚手支架施工。

(3)装配式钢管立柱少支架与万能杆件立柱少支架比较,可大幅提高作业效率,减少螺栓消耗量。

(4)与焊接支架比较:

①安拆费用每吨可节约施工费用约700元;

②可大幅提高支架周转效率,减少支架投入量;

③支架材料损耗可降低15%,按市场价格6 000元/t计,每吨可节约成本6 000×15% =900元。

12 应用实例

重庆朝天门大桥工程南、北引桥均采用装配式钢管少支架施工,其南北引桥设计均为50m预应力混凝土连续箱梁,双层桥面。

北引桥上层为50m+54m+4×50m六跨连续双箱单室单幅箱梁,梁高2.8m,箱梁宽度31~40.5m。北引桥下层为50m+54m+4×50m六跨连续单箱单室三幅箱梁,中间为轻轨交通轨道梁,梁宽9.2m,两侧为预留车道,宽7.5m,箱梁高2.8m。

南引桥上层为45m+4×50m五跨连续双箱单室单幅箱梁,梁高2.8m,箱梁宽度31~36.5m。南引桥下层轻轨交通轨道梁为45m+4×50m五跨连续单箱单室单幅箱梁,梁宽9.2m。预留车道为4×50m四跨连续单箱单室单幅箱梁,宽7.5m,箱梁高2.8m。

箱梁离地最大高度92.3m,一次性最大浇筑混凝土方量2 100m^3。

桥位区地形落差大,北引桥部分位于岸坡,部分位于河滩。南引桥全部位于岸坡,两侧岸坡基岩裸露,岩石强度较高,河滩部分覆盖层较浅,均采用人工挖孔嵌岩桩基础,嵌岩深度一般为1m。施工时对基础基底岩面进行了取样强度试验,单轴抗压强度均在8MPa以上。

支架立柱采用Φ813×12mm的钢管,标准节长6m,法兰连接。钢管之间联撑材料采用2[25组合槽钢,联撑与钢管之间销接。上层主横梁采用2HN700×300型钢,下层主横梁采用2HM588×300型钢,支架系统用卸荷块卸荷落架。

经过设计计算和构造布置，重庆朝天门长江大桥引桥箱梁支架典型断面结构布置如图14、图15、图16、图17和图18所示。

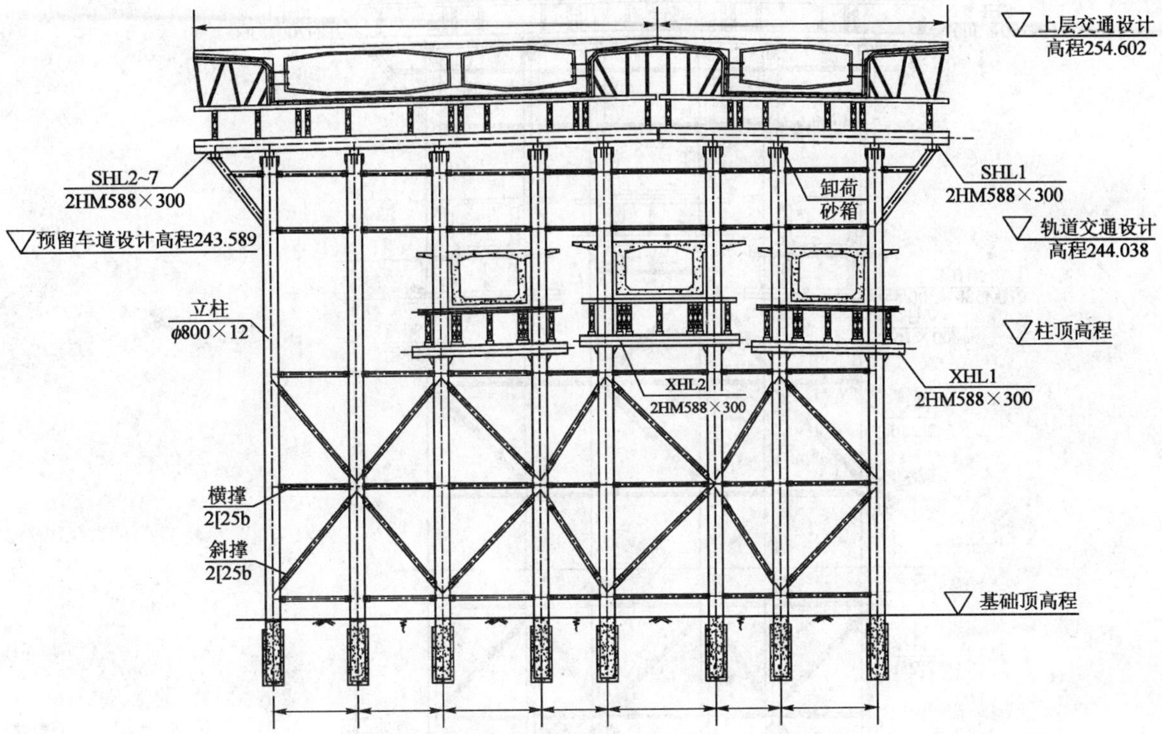

图14　上层加宽段箱梁横断面支架结构图

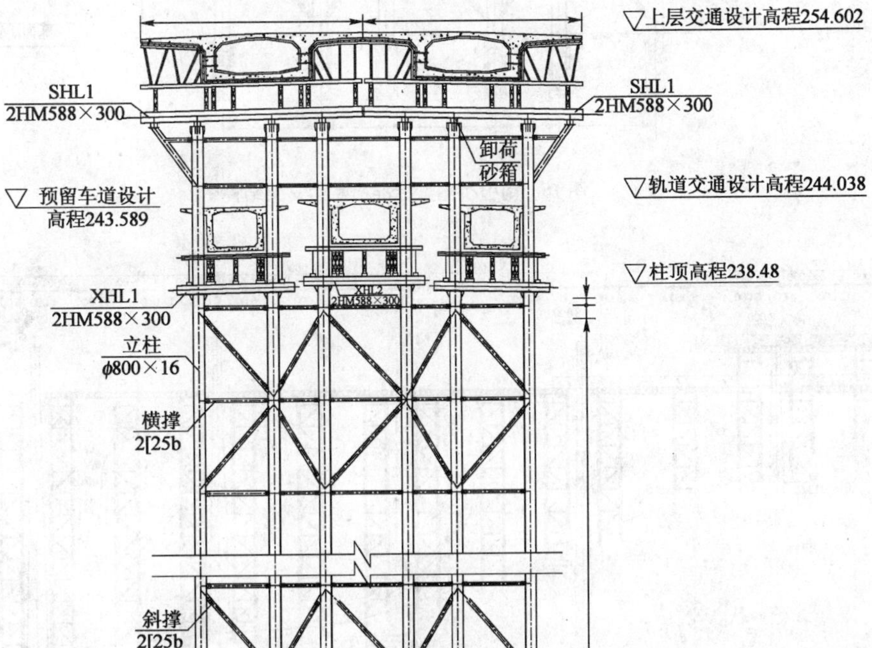

图15　北引桥箱梁标准横断面支架结构图

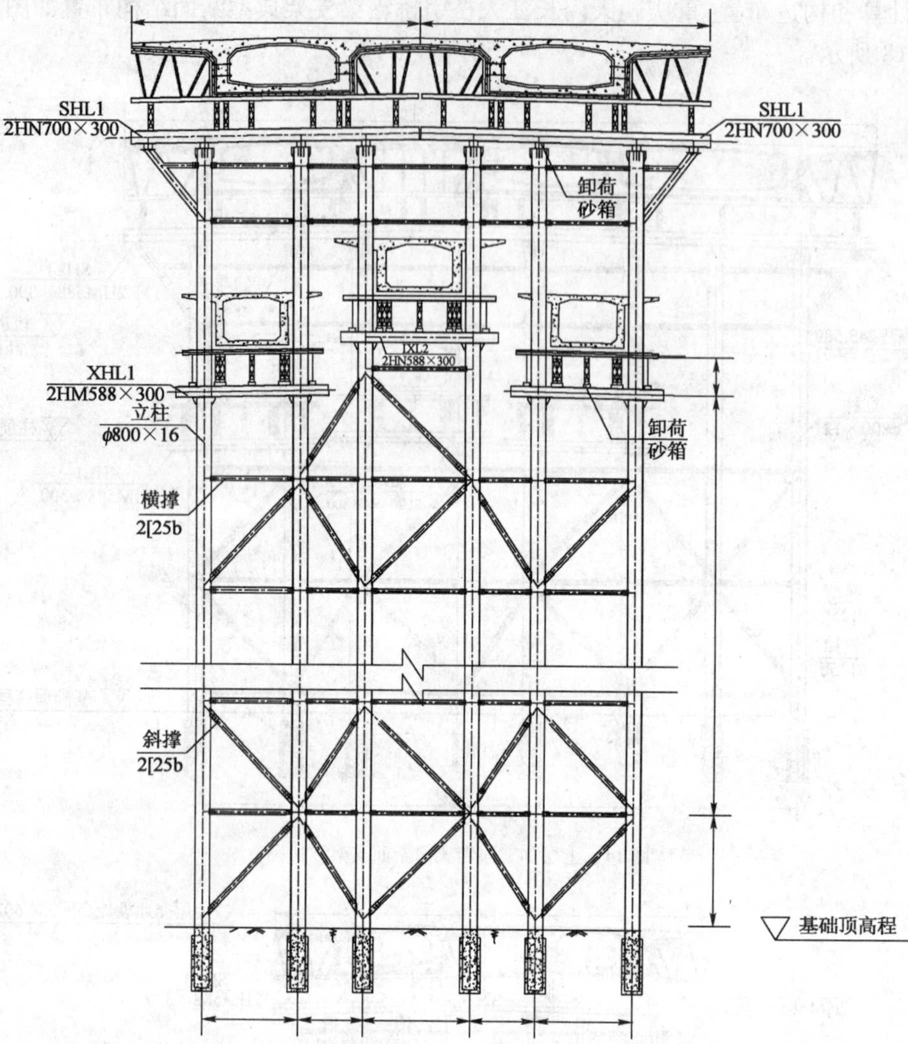

图 16 南引桥箱梁标准横断面支架结构图

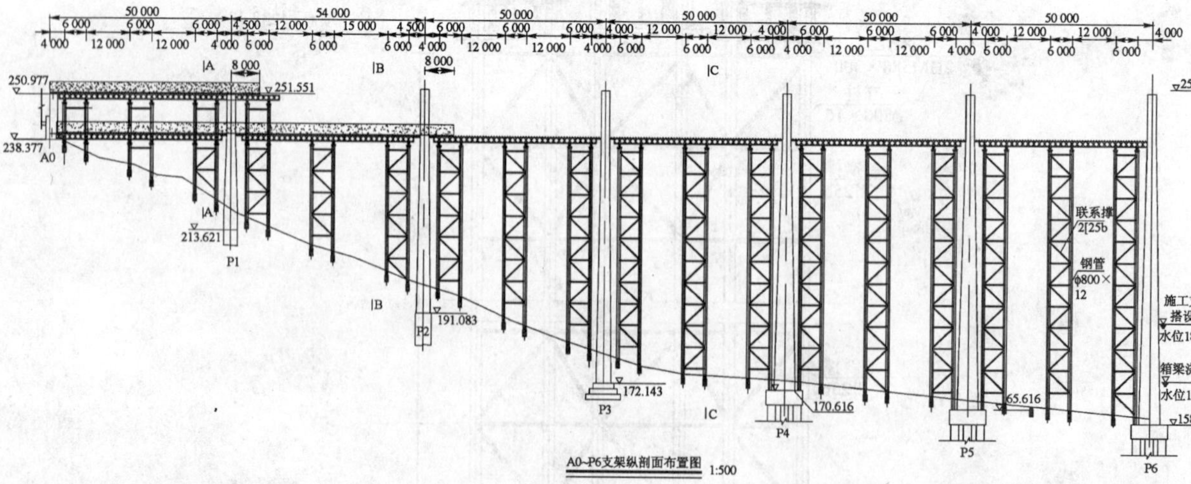

图 17 北引桥箱梁纵断面支架结构图(尺寸单位:mm)

箱梁支架安装从 2006 年 12 月开始,于 2008 年 11 月结束,安拆支架总质量达 2 万吨,浇筑 C50 混凝土 140 000m^3,箱梁施工质量、线性控制效果良好,获得了一致好评。

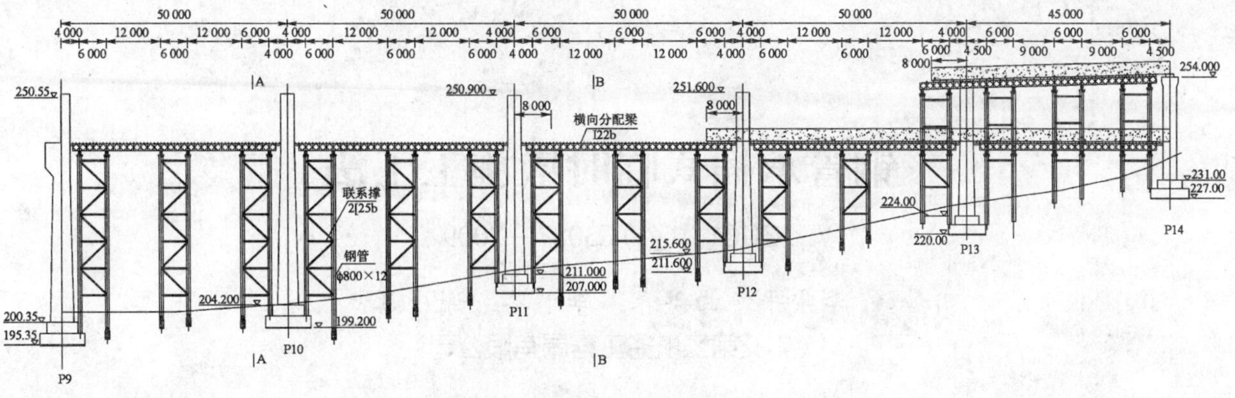

图 18　南引桥箱梁纵断面支架结构图(尺寸单位:mm)

钢管承插式临时墩施工工法

GGG(中企)C3087—2009

李宗平　曲洪春　李　鉴　谢小琴
(中交第二航务工程局有限公司)

1　前言

在大跨度斜拉桥主梁悬臂施工过程中,索塔两侧的梁体因自重、索力及常规临时不平衡荷载等会引起竖向、横向产生一定的不平衡力矩,这种不对称荷载可以由塔梁临时锚固来抵抗,但当双悬臂达到一定长度(通常从塔柱横桥轴线向外150m以上),如果出现落梁、地震及不对称横桥强风等非正常荷载时,由于悬臂较大,将对塔、梁产生巨大的竖向倾覆力矩或水平扭矩,塔梁受损甚至出现重大安全事故。因此对于双悬臂较大或施工环境恶劣,在施工控制中需要在边跨(或中跨)不影响通航范围内的适当位置设置安全措施——临时墩,当主梁架设到此位置时,将主梁与临时墩进行竖向和横向的锚固,纵向容许发生位移(让梁体适应温度变化),当出现落梁、地震或不对称横桥强风工况时,临时墩起着竖向或横桥向弹性约束作用,用来改善塔梁的受力状况和增强抗风稳定性。因边跨高度较主跨低,一般临时墩均设在边跨,只有当单悬臂施工仍需临时墩作为横向抗风保险措施时,才将临时墩设在主跨。在边跨合龙后,双悬臂变为单悬臂,即可解除临时墩(除设在中跨的临时墩仍保留横向约束)约束。

上海长江大桥临时墩支架顶高程为+60m,支架处泥面高程约为-16.0m,则泥面以上支架高度达76m,如果临时墩支架搭建一步到位,则在墩顶钢箱梁吊装到位的过程中(桥面吊机吊装前),需要浮吊的起重高度高达82m左右(其墩顶块钢箱梁到水面约60m高,吊具及吊索约22m),临时墩处于大悬臂(约76m)状态。且上面放置长15m、宽51.5m、高4m、重约400t的钢箱梁,易受风载及其他外界荷载作用而墩顶产生较大位移(计算很难通过),产生不安全因素;如果先将临时墩搭设至水面以上20m左右的位置,将墩顶钢箱梁用浮吊安装,待用桥面吊机将钢箱梁吊起后,再用浮吊或其他设备搭设临时墩支架的方案,不仅工期长,而且由于墩顶上空有钢箱梁,限制了起重设备的使用,施工起来非常困难。因此,经多方研究,形成了上海长江大桥临时墩支架施工的独特工艺,这一先进工艺,已向中华人民共和国国家知识产权局申请了专利,并已受理,同时,形成了承插式临时墩施工工法。由于临时墩支架施工比较快捷,缩短了主梁悬臂吊装时间,确保在6月底台风到来之前实现主跨合龙,具有明显的经济效益与社会效益。

2　工法特点

将临时墩支架设计成上、下两部分,并且将支架上部结构设计成承插式结构,即将支架上部结构规格比较小的立柱桩插入基础规格比较大的立柱桩内,待临时墩顶钢箱梁被吊起后,将支架上部结构向上抽出并与钢箱梁进行锚固,然后将支架上下部分焊接固定,完成临时墩支架提升。此工艺不但实现了钢箱梁搁置阶段的高墩低用,同时也达到了临时墩顶梁段被吊起后临时墩支架快速安装的目的,既保证了施工质量,同时也加快了施工进度。

3　适用范围

临时墩支架比较高,泥面以上部分悬臂比较长。

4 工艺原理

将临时墩支架上部结构较小的立柱桩插入基础比较大的钢管桩内，待临时墩顶梁段被吊起后，在正上方的钢箱梁上焊接反力点，再采用卷扬机或千斤顶等设备将临时墩支架上部结构向上提升并与钢箱梁进行锚固，最后将支架上下部结构焊接固定。

5 施工工艺流程及操作要点

5.1 临时墩支架施工工艺流程(图1)

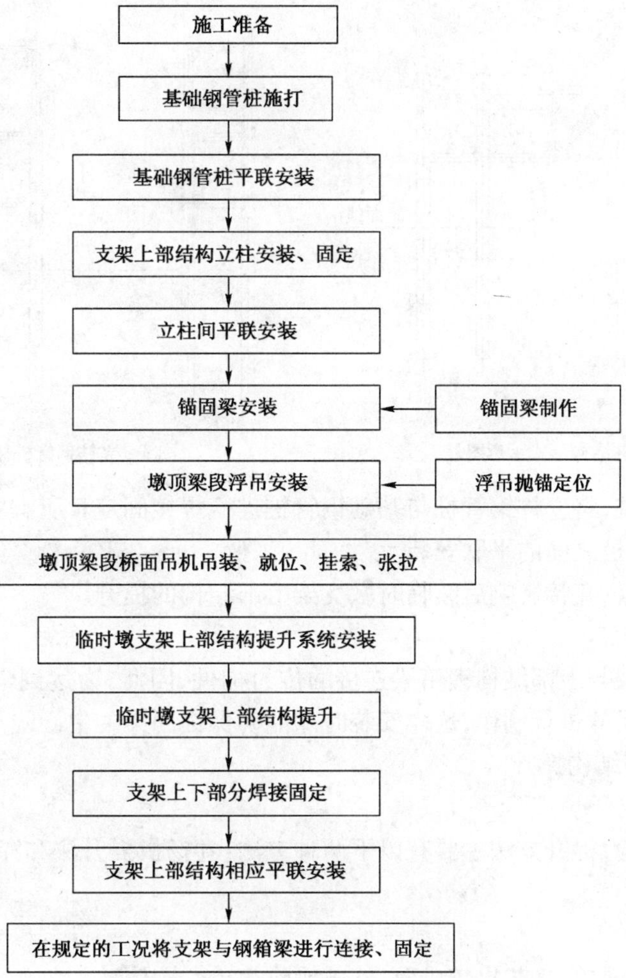

图1 临时墩支架施工工艺流程图

5.2 操作要点

5.2.1 基础钢管桩施打

基础钢管桩施打采用打桩船或在浮吊上安装导向架采用振动锤施振，采用打桩船施工的优点是施工速度快、施工质量高，缺点是施工费用比较高。在浮吊上安装导向架采用振动锤施振，优点是施工费用比较低，缺点是施工速度慢，钢管桩的平面位置及垂直度偏差比较大。采用何种方法，在具体施工时，根据桩的数量、施工现场的自然条件及两种工艺的经济方案比较后确定。

钢管桩施打注意以下几点：

(1)浮吊或打桩船应抛锚定位牢靠；

(2)选择在流速较小的时段进行钢管桩定位，并且控制钢管桩的垂直度不大于1/400；

(3)钢管桩施振以贯入度控制为主,高程控制为辅。

基础钢管桩结构形式示意如图2所示。

5.2.2　支架上部结构施工

基础钢管桩施振完毕,并且钢管桩之间的平联安装完毕,开始支架上部结构施工。

(1)立柱及顶层平联安装

按照设计图纸,将支架上部结构立柱依次插入基础钢管桩内,支架上部结构立柱插入过程中随时观察钢管桩的变位情况,以便于在立柱与基础钢管桩相碰时能够及时调整立柱桩的中心位置,确保立柱桩垂直插入基础钢管桩内,同时,立柱钢管桩下放过程中,测量人员进行动态观测,确保立柱钢管桩的施工质量。立柱钢管桩插入后结构形式示意如图3所示。

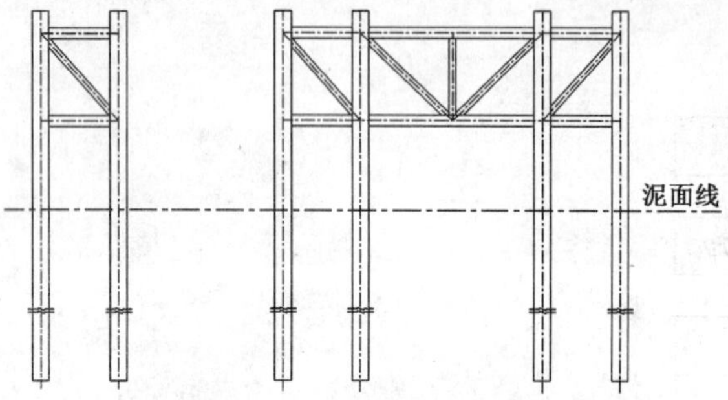

图2　基础钢管桩结构形式示意图

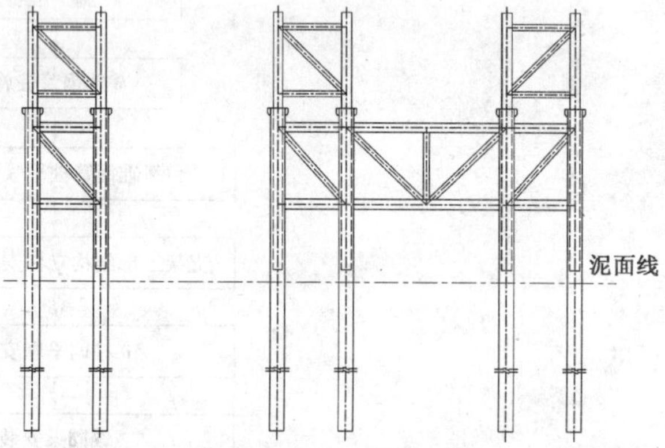

图3　立柱钢管桩插入后结构形式示意图

立柱钢管桩下放到位,将立柱钢管桩与基础钢管桩进行焊接固定。所有立柱桩全部安装完毕,按照设计图纸,进行立柱钢管桩之间的平联安装。

立柱钢管桩施工质量,直接影响后续临时墩支架上部结构的提升。

(2)锚固梁制作与安装

锚固梁为临时墩支架与上部结构钢箱梁连接的传力构件,因此,为达到最佳的传力效果,锚固梁应按立柱桩的实际位置及尺寸进行制作,这样安装时才能确保锚固梁的中心线与相临立柱桩的连线重合。

(3)临时墩支架上部结构提升

①提升方法

根据以往的施工经验,提升方法主要有以下两种方法:卷扬机提升法和穿心式千斤顶配合精轧螺纹钢筋或钢绞线提升法。

a. 卷扬机提升法

优点:施工方法比较简单,工艺比较成熟,施工操作简单。

缺点:需要多台卷扬机设备,且滑车重量和体积比较大,安装拆卸困难,受支架与箱梁之间的净空高度限制。

b. 穿心式千斤顶配合精轧螺纹钢筋或钢绞线提升法

优点:工艺相对比较成熟,施工操作简单,精轧螺纹钢筋或钢绞线重量相对比较轻,安装与拆除方便。

缺点:精轧螺纹钢筋采用螺母连接,连接处增加了不安全因素,而且,精轧螺纹钢筋连接器体积比较大,无法通过穿心千斤顶的心孔,需要变换高矮撑脚才能通过连接处,变换方法如图4所示;钢绞线虽然不存在接头及连接器过千斤顶心孔的问题,但张拉为倒置操作,夹片安装不方便,另外,穿心式千斤顶配合精轧螺纹钢筋或钢绞线提升法需要施工人员在提升平台上操作,并与支架上部结构一同上升,安全风险比较大。

②支架上部结构提升

无论是采用卷扬机提升还是采用穿心式千斤顶配合精轧螺纹钢筋或钢绞线提升，提升反力点均设置在钢箱底面，当然也可利用钢箱梁梁底的并将与临时墩支架连接的锚固点，提升反力点设计力求简便，安装、拆除方便，并且对永久结构损伤最小。

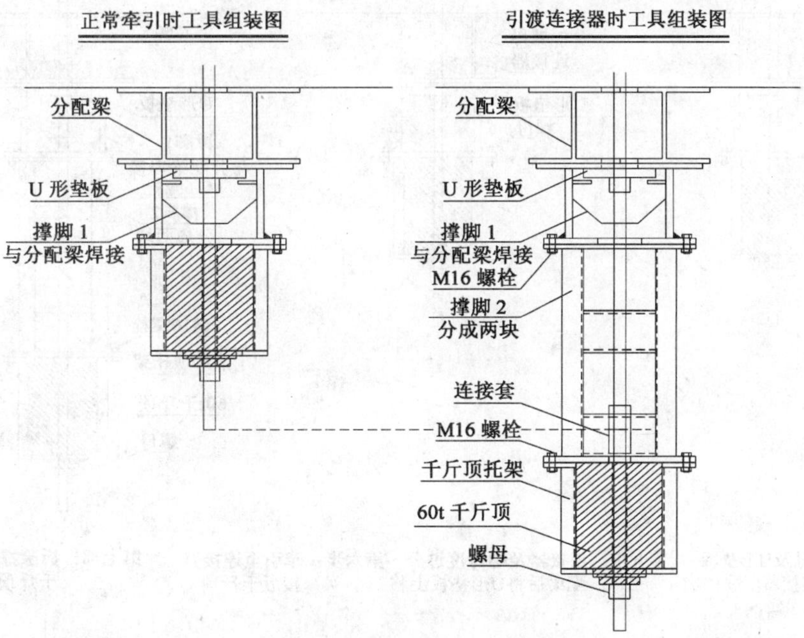

图 4　临时墩牵引机具布置图

a. 卷扬机提升法施工流程

第一步：根据受力计算确定卷扬机的型号（卷扬机的数量不亦太多，以两台为最佳），并根据现场的实际情况布置卷扬机；

第二步：利用钢箱梁底的检查小车安装提升反力点的滑车装置，并在检查小车上将上下滑车的钢丝绳穿好；

第三步：移走检查小车，并通过卷扬机将底口滑车下放到临时墩支架顶面，并与之间顶面的吊耳销接；

第四步：所有准备工作就绪，开始提升，提升操作应统一指挥，确保各卷扬机受力均匀；

第五部：临时墩支架上部结构按照预定高程提升到位后，将支架上部结构及下部结构的力柱桩进行焊接固定，完成临时墩支架提升。

b. 穿心式千斤顶配合精轧螺纹钢筋提升施工流程

第一步：焊接千斤顶提升操作平台，焊接反力牛腿及反力架，安装精轧螺纹钢筋，安装撑脚及千斤顶，开始牵引；

第二步：牵引至精轧螺纹钢筋接头处时，此时将连接器牵引至 U 形垫板上方；

第三步：将千斤顶下放，安装加长撑脚；

第四步：将锚固螺母及 U 形垫板下移，使连接器度过分配梁；

第五步：连接器及螺母度过分配梁后将 U 形垫板上移；

第六步：牵引至连接器接近千斤顶；

第七步：拆除加长撑脚及连接器，将千斤顶上移，继续牵引，完成临时墩支架上部结构的向上提升。

操作具体流程图如图 5 所示。

穿心千斤顶配合钢绞线张拉施工过程与一般的牵引张拉方法相同，这里就不再详细描述。

③支架固定及完善

支架上部结构按照预定高程提升到位后,将支架上下部分进行焊接固定,固定完毕,采用浮吊或卷扬机安装立柱桩相应平联,最后解除提升系统,完成临时墩支架的施工。

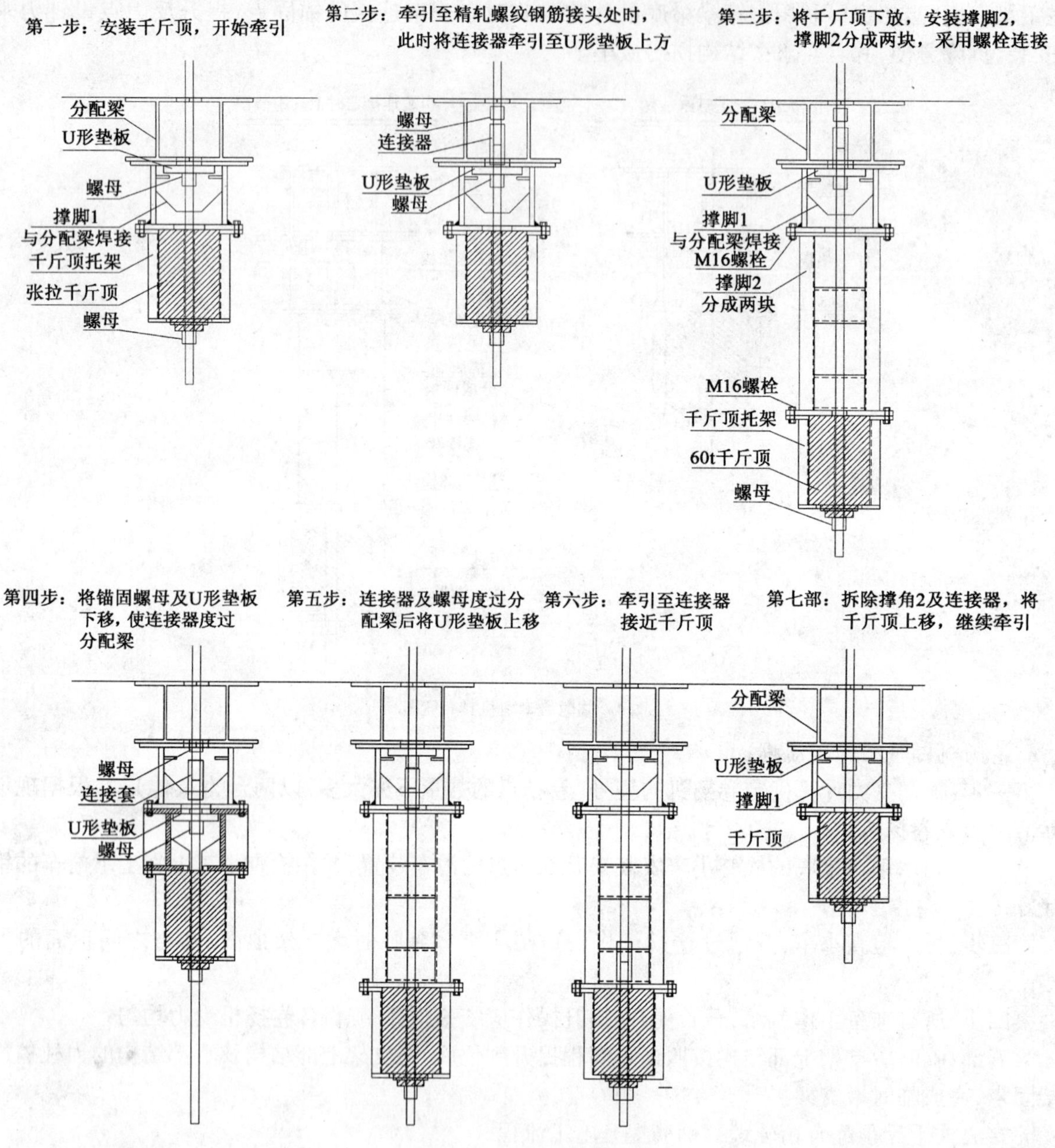

图5 临时墩牵引流程图

6 材料与设备

本工程无需特别说明的材料,各阶段采用的机具设备如表1所示。

临时墩支架施工机具设备表

表1

序号	设备名称	设备型号	单位	数量	用途
1	浮吊或打桩船		艘	1	基础钢管桩施打
2	起重船(如采用打桩船打桩)		艘	1	基础钢管桩间平联安装
3	卷扬机		台	4	临时墩支架上部结构提升
4	交流焊机		台	10	临时墩支架焊接
5	手拉葫芦	2t/3t/5t	个	8	拼装定位

续上表

序号	设备名称	设备型号	单位	数量	用途
6	拖轮		艘	1	浮吊移位
7	钢丝绳		m		构件吊装
8	手工割具	GI-100	套	2	材料下料
9	穿心式千斤顶		台	8	支架提升张拉设备(如采用精轧螺纹钢筋或钢绞线)

7 质量控制

7.1 质量控制标准

(1)基础钢管桩倾斜度不大于1/400。

(2)支架上部结构立柱桩倾斜度不大于1/400。

7.2 焊接质量

(1)所有焊缝的焊缝高度不得小于最小板的厚度,或满足相应规范及设计要求。

(2)对于关键受力部位,如提升吊耳、锚固体系等,焊缝质量应达到二级标准,并进行超声波无损检测。

8 安全措施

8.1 做好开工前的安全准备

(1)做好该项目所需设备计划和清单并及时报告相关部门,相关部门应及时检查设备保证安全有效,相关工种应做好开工前的准备。如:电焊机应备好接地线、配电闸刀应完好、各种吊具准备好。

(2)工序安排应按照工艺场地布置图执行,每个工艺场地应有招牌标志。

(3)安排好施工现场布局,检查或搭建好平台。

(4)施工人员应按本工种安全规范施工,并做好"两穿一戴"。水上作业必须穿救生衣,高空作业必须系安全带。

8.2 施工现场安全注意要点

(1)焊接导线不能有破损,氧气瓶带、乙炔气瓶带不应漏气。

(2)电焊机应符合"一机一闸保护"。焊机一次线不应有接头,二次接线不应超过三处。

(3)电源接线箱应符合要求。

(4)夜间作业应有足够的照明,用电、用火要防止触电和火患,并按规定布置灭火器。

8.3 支架上部结构提升安全注意事项

(1)支架提升前,再次检查反力点焊缝情况及提升系统的连接情况;

(2)支架初始提升力应分级施加,每施加一级,应安排专人对提升系统进行检查,无任何问题后,再施加下一级,直至支架上部结构被提起;

(3)支架上升过程中安排专人进行全程监控,发现问题应立即停止提升,排除问题后,才可继续提升;

(4)支架提升到位后,支架上下部分焊接牢靠并且上部支架自身稳定性无问题后,才能解除提升装置,否则,在相应平联安装完毕后再解除提升装置。

9 环保措施

(1)禁止向水域任意倾倒垃圾等污染物。

(2)船上油污水,需经油水分离器过滤,达到排放标准后,需在许可排放区域排放或申请回收部门统一回收,严禁任意排放。

(3)船上机械、油管等确保密封,严防漏油、渗油发生。

(4)每天作业结束后,选择安全并无碍他船航行的地点靠泊,并对当天的作业情况进行总结,指出缺陷,以利下次改进、完善。

10　资源节约

本工法采用承插式结构支架设计,与传统工艺相比,材料用量大大降低,节约了资源。

11　效益分析

(1)由于临时墩支架在钢箱梁搁置阶段顶面荷载较大,需要支架具有足够的刚度,特别在大悬臂条件下,支架材料用量非常大,而承插式临时墩支架结构设计,使在钢箱梁搁置阶段临时墩支架高度大大降低,支架悬臂长度减少后,刚度加大,节约了大量材料。

(2)承插式临时墩支架结构设计,在临时墩顶钢箱梁被吊起后,支架上部结构被从基础钢管桩内抽出并焊接固定,达到了临时墩支架快速安装的目的,同时,支架平联的安装高度大大降低,能够利用浮吊等起重设备,安装方便、快捷。

由以上两点可以看出,承插式临时墩支架结构设计,使支架材料用量大大降低,具有明显的经济效益,同时,此新颖式设计,必将为以后类似桥梁临时墩支架的设计提供借鉴,具有明显的社会效益。

12　应用实例

12.1　工程概况

上海崇明越江通道长江大桥工程B5标为主通航孔桥,主通航孔桥为双塔双索面钢箱梁斜拉桥,跨径布置为92m + 258m + 730m + 258m + 92m = 1 430m,主梁为扁平闭口流线型钢箱梁,钢箱梁全宽51.5m,标准梁段重约400t,上部结构施工时,为确保钢箱梁悬臂吊装安全,在中跨侧距两主墩156.75m处设置临时墩,临时墩支架顶高程为 +60m,支架处泥面高程约为 -16.0m,泥面以上支架高度约76m,且临时墩支架顶需搁置长15m、宽51.5m、高4m、重约400t的钢箱梁,受风载及其他外界荷载作用而墩顶产生较大位移(计算很难通过),产生不安全因素。经研究,最后将临时墩支架设计成承插式结构,即支架分基础和上部结构两部分,支架基础钢管桩采用直径1.5m钢管桩,支架上部结构立柱桩采用直径0.8m的钢管桩,基础钢管桩顶高程 +20m,支架上部结构提升前顶高程为31.53m,支架上部结构立柱桩插入基础钢管桩内,支架结构图如图6所示。

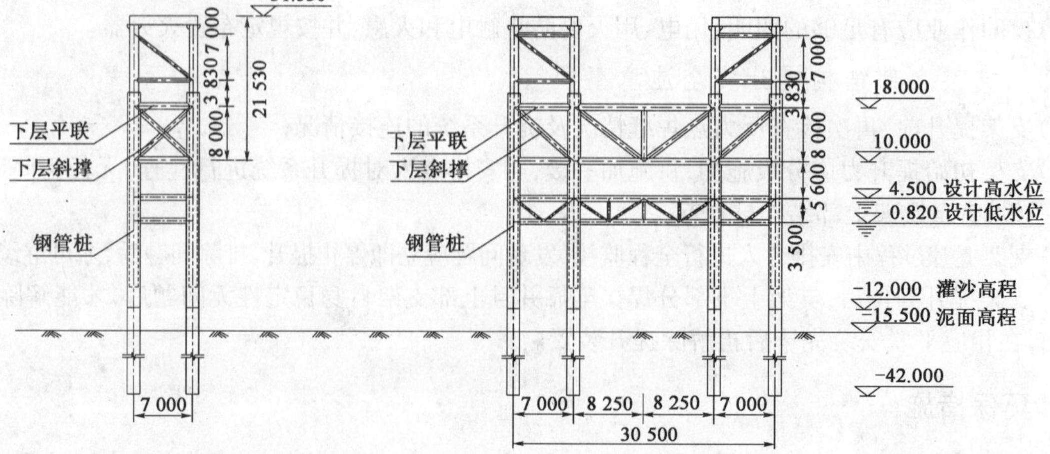

图6　上海长江大桥临时墩支架结构图(尺寸单位:mm)

临时墩顶钢箱梁被吊起后，在规定的工况将临时墩支架上部结构向上提升，提升到位，将支架上部结构和基础立柱桩焊接固定，然后进行支架完善。提升阶段及完善阶段支架结构图如图7、图8所示。

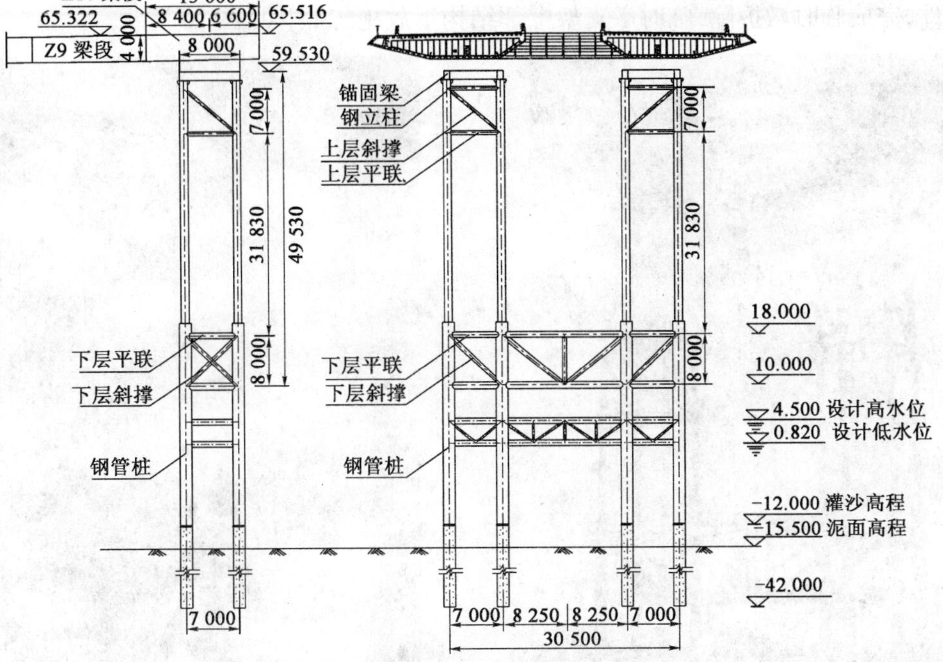

图7　支架提升阶段（尺寸单位：mm）

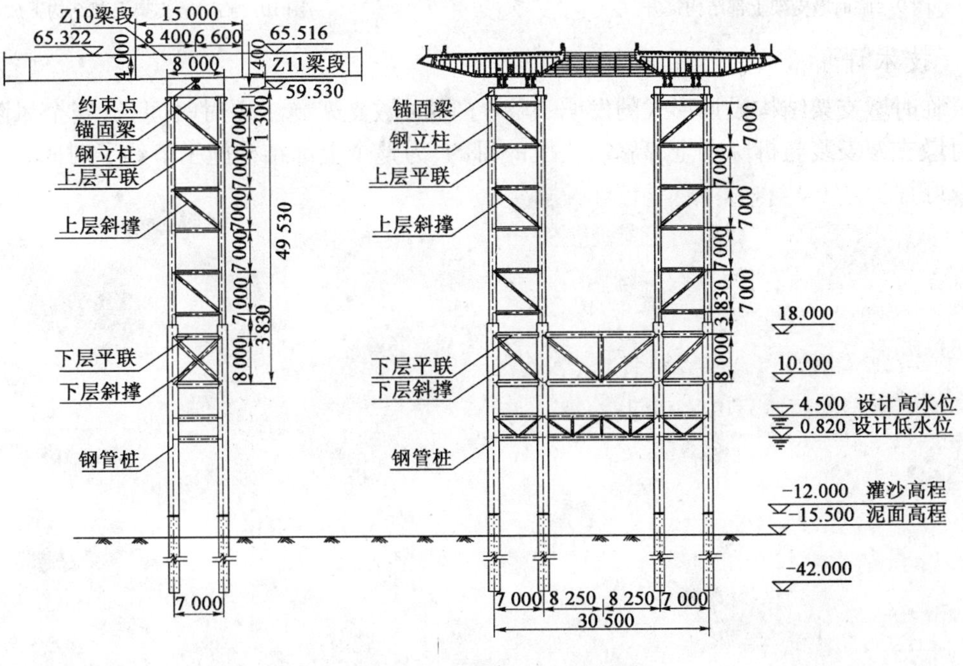

图8　支架完善到位（尺寸单位：mm）

12.2　施工情况

上海长江大桥临时墩支架上部结构提升采用穿心式千斤顶配合钢绞线提升法，临时墩支架上部结构半幅重约70t，提升采用4台60t穿心式千斤顶，每个千斤顶设有4根ϕ15.24mm的钢绞线，4个千斤顶通过一台油泵控制，确保4台千斤顶同步动作。支架提升从开始至预定高程仅用8h，效率非常高，提升施工过程照片见图9所示。

支架拆除同样采用上述原理,只不过是通过卷扬机将支架下放到提升前的状态。支架拆除时,首先解除临时墩支架与上部结构钢箱梁的约束,安装卷扬机滑车并穿好钢丝绳,采用浮吊将底层平联拆除,然后卷扬机带力,解除上下立柱桩间的约束,最后,同时开动卷扬机进行下放,下放到位后,再采用浮吊拆除相应构件,完成临时墩拆除,临时墩支架上部结构下放施工照片见图10所示。

图9 临时墩支架上部结构提升

图10 临时墩支架上部结构下放

12.3 技术评价

承插式临时墩支架结构设计形式的发明,解决了临时墩支架施工历时时间长,安全风险大的缺点,达到了临时墩支架安装与拆除安全、高效、快捷的目的,为整个上部结构施工节约了时间,受到了业主和监理的一致好评。

钢管混凝土拱桥双肋整体缆索吊装施工工法

GGG(赣)C3088—2009

童世敏 黄力勇 徐茂芬 李远明 张 峰
(江西省路桥工程集团有限公司)

1 前言

钢管混凝土拱桥双肋整体缆索吊装具有跨越能力大、水平和垂直运输灵活、适应性广等优点,目前已成为大跨度拱桥无支架施工的主要方法。

江西省路桥工程集团有限公司施工的祁家黄河大桥为钢管混凝土拱桥,大桥全长248.06m,主桥净跨180m无铰拱,矢跨比1/5,拱圈采用等截面悬链线,净矢高36m,拱轴系数$m=1.543$。桥跨组合为:20m简支梁+净跨180m拱+20m简支梁,采用二级公路技术标准,设计速度为40km/h,桥面总宽12m。钢管混凝土拱肋截面由横哑铃形桁式双肋组成,每肋由4根直径ϕ700mm、壁厚12mm的钢管组成。由于受地形条件的限制,为确保在正常通航的情况下,安全优质地完成施工任务,对传统缆索吊装方法加以改进,形成钢管混凝土拱桥拱肋缆索吊装方法,取得较好的效果。现对施工过程进行总结,形成本工法。

2 工法特点

2.1 本工法钢管采用工厂化加工,确保了钢管的焊接质量和拱肋的线形。

2.2 本工法桥肋各节段在现场就地进行拼装,减少了高空作业量,降低了安全风险,提高了工作效率,节约了施工工期。

2.3 本工法吊装节段(双肋节段单元)结构刚度大,横向稳定性高,减少了侧缆风索和空中作业量。

2.4 本工法采用缆索吊装,不受地形、地势和通航限制,快速、安全。

3 适用范围

本工法广泛适用于钢管混凝土拱桥拱肋缆索吊装的施工。

4 工艺原理

拱肋吊装系统由缆索起吊安装系统、扣索系统和稳定措施系统组成。本工法改变以往采用节段拱肋在空中进行拼装的施工方法,利用缆索吊装能力大,节段拼装焊接成整体,其结构本身的刚度大,横向稳定性高的特点,减少侧缆风索和空中作业量,实现拱肋快速、安全吊装。

5 施工工艺流程及操作要点

5.1 施工工艺流程(图1)

5.2 施工工艺操作要点

5.2.1 缆索起吊安装系统

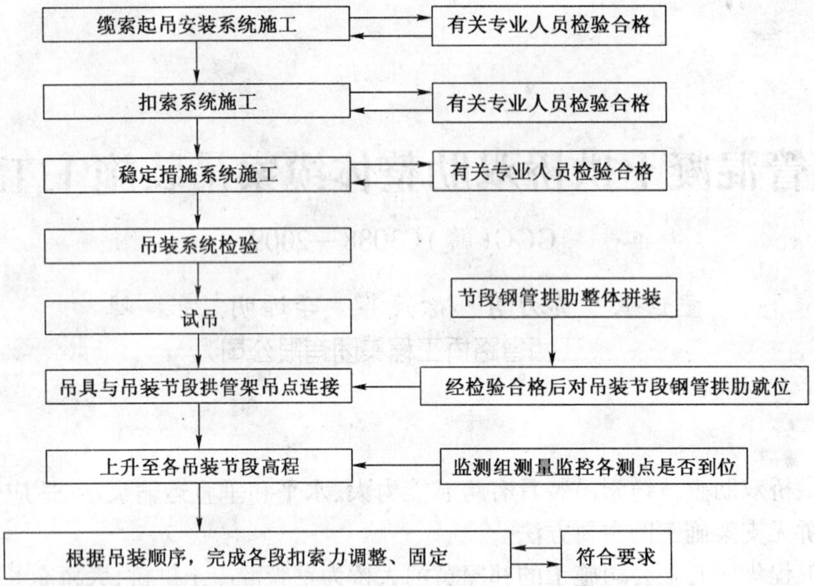

图1　施工工艺流程图

(1)承重主索

主索跨径为270m,后端跨径为45m,与水平线夹角为33.69°。全桥共设两套主索吊装系统(对应上、下游拱肋各一套),每套由1组6根ϕ47.5mm钢丝绳组成,钢丝绳抗拉强度为1 550MPa,重载垂度$L/14$,钢丝绳组成时主索拉力安全系数为3.23。

(2)起吊系统

主吊起重牵引索选用ϕ22mm钢丝绳(6×37—180型),单卷扬机布置,走8绳,起重采用40kW、5T、中速(40m/min)卷扬机。

(3)牵引绳

由于跨度较大,牵引绳不便走多绳,最大牵引力状态为吊装两边拱肋就位时,牵引绳设计为ϕ22mm钢丝绳,走4绳,5T慢速卷扬机(两岸、2台)收放对应操作。

(4)地锚

采用重力式U形钢筋混凝土地锚。地锚共四个,每侧两个,同侧两地锚底采用1.4m、高5.0m宽的混凝土基础连接,两地锚相距5m,混凝土基础共计126m^3,地锚284.3m^3,全桥混凝土共820.6m^3。同侧两地锚中间采用黄土进行回填,在地锚上增加配重。

(5)索塔

两岸主塔塔架均采用双柱门式塔架(图2),由E形万能杆件组拼。主塔架塔高30m(间距12m、截面尺寸2m×4m,塔架中部18m高处设横梁,下部铰接于底座上,塔架主肢采用L125×125×10、缀条L90×90×8和L75×75×8角钢)。

5.2.2　扣索系统

扣索系统由扣索鞍、扣索和卷扬机三大部分组成。扣索鞍由辊轴、轴承、滑轮、纵向钢板、横向隔板等组成。因相邻两滑轮钢丝绳会发生挤压,设计时将相邻两滑轮在高度上错开,索鞍与塔顶采用高强螺栓连接。4号扣索由拱肋端的固结点,经过塔顶上的索鞍至地锚,3号扣索通过索塔18m处横梁至地锚,1号、2号扣索扣挂在桥台上,利用卷扬机收放进行调整拱肋高程(图3)。

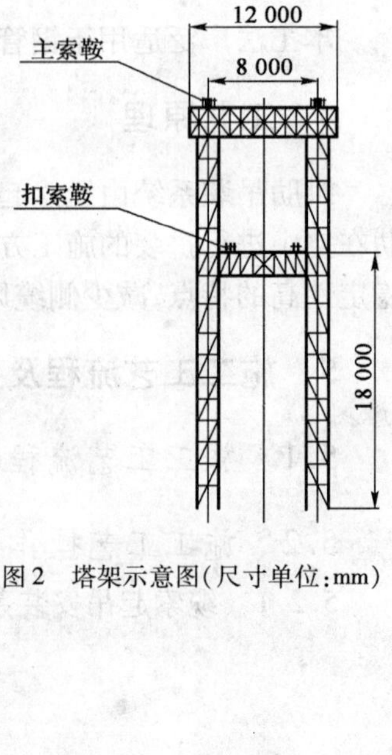

图2　塔架示意图(尺寸单位:mm)

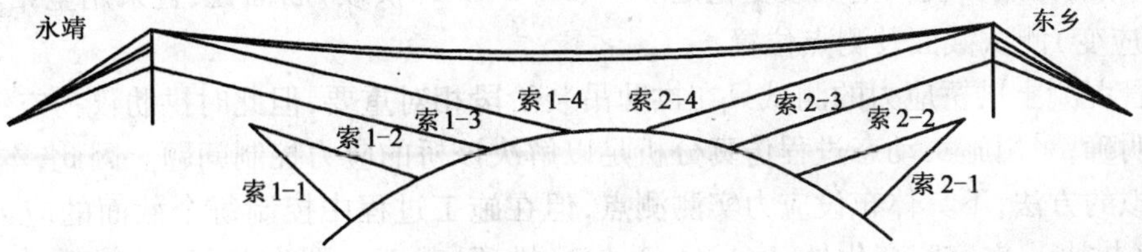

图3 扣索系统

5.2.3 稳定措施

(1)索塔稳定措施

索塔形式为铰接，在组装过程中先固接，在稳定措施布置完成后解除固接，恢复铰接。横向稳定性通过布置顺河抗风索来实现，上、下游各布置一组（$2\phi22$mm）钢丝绳作抗风索。塔架在上、下游各自对称布置2根$\phi47.5$mm钢丝绳作压塔索。在吊装过程中，水平力比较大，在每个立柱处用$\phi36.5$mm钢丝绳走4线作平衡索。

(2)拱肋安装过程中的横向稳定

第一拱肋节段为单肋安装，待同一岸上、下游同一节段安装就位后，紧接着安装节段间连接横（斜）撑，即完成一个双肋节段单元。一个双肋节段单元形成，结构本身的横向稳定是安全的。对于尚未形成双肋节段单元前的一个单肋节段，布置抗风索辅助横向稳定。

风缆设置在离拱肋接头1~2m的拱肋下缘位置，然后分别扣挂在两岸，与拱轴线的夹角如图4所示，第一吊段同一侧拱肋横向之间也临时连接，将第一、二段风缆扣在岸边同一个扣点，将第三、四段风缆扣在岸边同一个扣点。

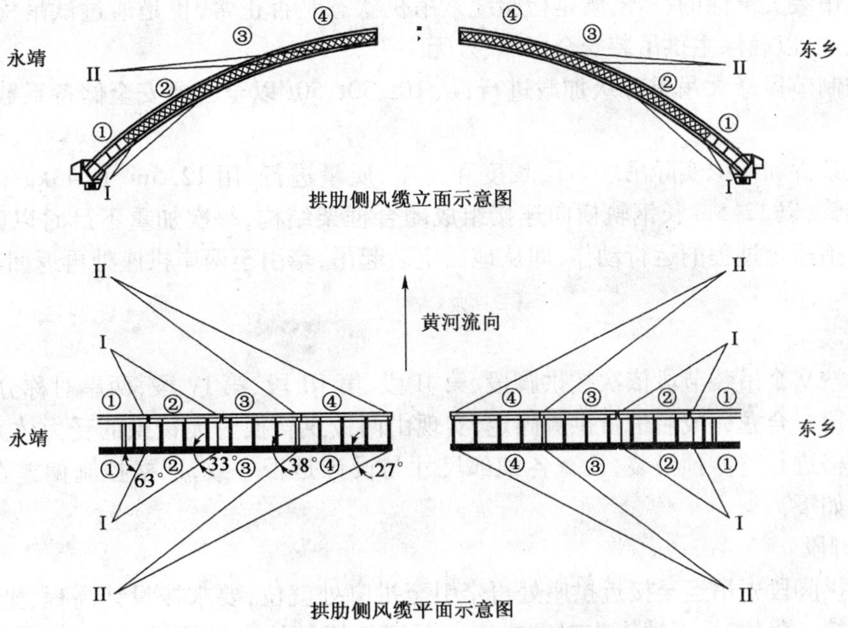

图4 拱肋安装过程中的横向稳定

5.2.4 测试截面及测点布置

缆索吊装质量主要为拱肋轴线、高程、拱肋应力的控制，施工时严格按照《施工监控实施细则》的要求，对如下截面或位置布设应力和位移测点。

(1)位移测点位置

扣塔顶水平位移：在每个扣塔顶各布置2个（分上、下游）。

拱肋坐标及位移：吊装悬拼过程中控制每段拱肋前端；拱肋合龙后监测拱肋控制截面，每断面设3

个坐标和高程测点,分别布置在空实腹变化处、L/4、3L/8、L/2(拱顶)断面处,且采用全站仪测量控制。

(2)应力(应变)测试截面及测点位置

桁架式钢管混凝土拱桥应力的测试只在拱肋吊装阶段相对重要,但此时拱肋仅为空钢管,而拱肋合龙后受力非常明确,采用施工动态过程仿真分析足以解决该桥的应力控制问题。因此,本桥采用施工动态过程仿真模拟的方法,不具体布设应力实测测点,但在施工过程中控制每个截面的应力;拱肋合龙后重点控制 $x=0$(拱脚)、空实腹变化处、L/4、3L/8、L/2(拱顶)截面处拱肋应力。

(3)扣索索力测试与控制

采用直接法(千斤顶油压表、扣索引伸量控制)和间接法(根据结构反应反推)相结合的办法,有效测定、估算、反推和控制扣索索力。

吊装过程施工监控是施工组成的重要部分,也是吊装过程运行安全和成桥质量的关键环节。其主要监控项目:

①缆索吊机缆索受力状态监控;

②索塔受力状态和变位监控。

5.2.5 吊装实施

1)吊装系统检验

缆索吊机属建筑特种起重设备,组成设备多,吊装质量大,难度大,操作要求严,环境条件要求高,且有一定的风险性。因此,整个吊装过程必须确保安全万无一失。

为此,须确保缆索吊机设备状态良好,运行安全可靠。在整个缆索吊机组成后必须组织有关部门和专业人员进行一次全面检查验收,验收合格方可进入下一工序。

2)试吊

试吊是缆索吊装关键性的一环,既是检验缆索吊机状态是否正常,也是通过试吊检查发现问题,进行有针对性的改进,以确保主拱吊装安全可靠、万无一失。

试吊根据控制节段最大吊重分级加载进行,从10t、30t、50t以至必要安全储备系数1.1~1.2倍吊重加载。

试吊以工地条件和模拟实际吊装节段长度和宽度、质量进行,用12.5m、长43kg/m钢轨组成轨束梁等代替两肋钢管,以12.5m长钢轨横向连接组成闭合框架结构,每次加重不足时以砂袋、石料加足,模拟设计4吊点抬吊全过程的运行动作,即从地面组装起吊,牵引至两岸拱座处再返回落下。至此全过程完成。

3)主拱肋吊装

主拱肋吊装按9个吊装节段依次按拱脚段、第II段、第III段、第IV段,两岸对称分8节段吊装后,最后吊装合龙节段。合龙完成后进行拱脚固定,实现由两铰拱转换为无铰拱的受力体系。拱肋各节段在吊装前必须严格进行整体预拼装,检查各细部尺寸与设计是否一致,严格控制偏差在规范容许范围内。其吊装步骤如下:

(1)吊装拱脚段

把组装好的拱脚段先吊运至接近拱座处再牵引至拱脚处就位,要求按设计高程、坐标准确就位,铰与拱座预埋件连接。落位时,下端头先对准拱座上预埋件标示的中线然后落位,上端使拱肋中线与上(下)拱顺桥向轴线重合,可用缆风索控制。然后将上端头高程调整到设计施工高程(含预拱度值)加预抬高度。各段接头预抬高量见表1。

各段接头预抬高量(mm) 表1

位置	永靖				东乡			
索号	1	2	3	4	1	2	3	4
位移(mm)	-40.12	3.6	170.5	380.74	-45.57	-17.84	170.5	380.74

紧扣索并固定,如有偏差应以千斤顶或吊装缆索等进行调整。检查符合设计要求后,将铰与预埋钢板焊接牢固。拱上按设计扣好扣索,经再次检查确认后完成本节段吊装。特别强调本节段的拱轴线、高程、坐标一定要严格控制,以达到要求的精度。

(2)吊装第Ⅱ、Ⅲ、Ⅳ段

由吊重索起吊该段到设计高程,再牵引至拱脚段上端,进行拼接,对准并上紧连接螺栓,测量好拱轴线坐标位置及高程,紧固好连接件,完成加强焊缝焊接,扣好扣索,确认符合要求后完成本段吊装。

(3)吊装合龙段

拱肋吊装合龙是悬拼施工中最关键的一道工序,必须高度重视,严格按如下工艺执行。

①为安全稳妥,合龙前应进行合龙段试吊。即将合龙段吊离地面,平移至跨中,持荷30min,对各构件关键部位、吊机系统等进行全面检查,同时由于塔顶位移的原因,应对各吊装段的对接高程、轴线进行复测,相邻两段中间的开口尺寸也应复测,对照计算值,必要时调整两段拱肋,确保预拱度15cm。

②在确定缆机系统安全及合龙段各细部尺寸达到设计值后,可进行合龙施工。先将合龙段拱肋起吊上升,定位在比设计高程高出3~5cm处,再放松扣索,使边段拱肋向合龙段靠拢,直至基本接触,可进一步循环放松起重索和扣索,使合龙段接头高程降至比设计高程高出2~3cm为止。松索时注意一定要应用反复、对称、循环松索法进行,每一次松索控制接头高程变化不大于2cm,同时对各扣索采用“定长松索”控制钢丝绳。松索长度与计算值对应,确保各扣索受力均匀。

③当拱肋接头已靠紧,继续松索而接头高程下降很少时,则说明拱肋已初步形成拱的状态。此时测量高程、轴线偏位,满足要求后,保留起重索拉力5%~10%,扣索基本放松,进行接头焊接。

4)松索和卸扣

空钢管拱肋合龙、各节段接头焊接完成,封固拱脚,由两铰拱转换成无铰拱后,逐级松索,将扣索拉力转换为拱的推力。松索程序为:从跨中4号扣索开始,两岸对称分级依次(从4号→1号)放松,各扣索松一级,暂停15~20min后,测试拱肋钢管应力、高程、轴线及平面位置,经设计、监理、施工监控方确认后,再进行第二级放松循环。最后一级保留部分的索力暂不放松。

松索后对拱肋进行全面测试,根据检测结果来决定:

①纠偏方式(适当调整缆风索、部分扣索索力等);

②修正管内混凝土灌注方案和灌注顺序。

拱肋钢管内混凝土灌注完成后,彻底放松扣索,并将扣索拆除。

5)施工动态监控

(1)施工控制目标

①将可以直接量测的拱肋轴线和应力定为控制目标,即空钢管拱肋控制轴线=制造轴线(拱轴线+预拱度值)-空钢管无铰拱自重挠度曲线。

②空钢管拱的应力(上、下弦)=空钢管无铰拱自重作用下的应力。

③根据主拱圈预拱度,各点预拱度按挠度曲线分配。

施工控制以线形控制为主,控制方法为:在主拱上下游两侧焊接大小相同的三角块,位置设在拱圈正中部,在两岸桥台上各设置一观察点对拱肋安装中的轴线进行控制。在离每节段接头20cm处设置小棱镜,用于高程控制。

(2)控制计算主要内容

①空钢管节段安装至合龙、松扣过程各阶段内力、应力、挠度及安装高程计算(包括温度影响)。

②灌注钢管内混凝土过程各阶段内力、应力、挠度计算(包括温度影响)。

③钢管混凝土拱肋在安装上立柱、横斜撑(含腹杆)、桥面板、桥面铺装等各阶段内力、应力、挠度计算(包括温度影响)。

④最大悬臂空钢管阶段横向风力影响和稳定安全性计算。

⑤其他必要的计算。

(3)施工检测

①线形检测

包括控制网和水准基点的复核,各阶段安装高程和拱轴的测量,扣塔顶的偏移测量,大气、温度及对拱轴变形影响测量。

一般宜采用脉动频率对各阶段内力进行量测,也可采用设计方同意的其他方法,保证测量方法的正确性和测量精度。

②应力测试

主要是对拱肋的拱脚、1/8、1/4、3/8、拱顶截面的上下弦杆、腹杆进行应力测试。测试方法采用长效电阻应变片。贴片位置在节段的中部,拱脚附近应增加节点处的贴片。

鉴于应力测试的不稳定性,测试应注意:起始初读数必须可靠和准确;设法排除温度影响,采用测各阶段应力增量的方法。

监控单位应对测试资料进行及时整理,并将整理成果报告施工、监理、设计及业主单位,以便评判结构现阶段的工作状态及是否可以继续进行施工。

6 材料与设备(表2)

材料与设备 表2

序号	名称	规格型号	数量
1	钢丝绳	ϕ47.5mm、ϕ43.5mm、ϕ32.5mm、ϕ28.5mm、ϕ22mm、ϕ19.5mm、ϕ17.5mm、ϕ15.5mm	计40 460m
2	慢速单筒卷扬机	10t	2台
3	慢速单筒卷扬机	5t	20台
4	慢速单筒卷扬机	3t	6台
5	千斤顶	50t、32t、16t	各4台
6	千斤顶	3~5t机械式	10台
7	起重滑车	6门60t(H60×6D)	16套
		4门20t(H20×4D)	2套
		2门10t(H10×2D)	2套
		单门5t(H8×1GL)	18套
8	起重滑车	6门50t(H50×6D) 5门32t(H32×4D) 2门16t(H16×2D)	各8套
9	起重滑车	单门10t(H10×1GL) 单门3t(H6×1GL) 单门1~2t(H10×3GL)	各4套
10	塔架(万能杆件)		2副

7 质量控制

7.1 工程质量控制标准

质量控制要求执行国内相关行业规范标准,主要包括《公路桥涵施工技术规范》(JTJ 041—2000)、《公路工程质量检验评定标准》(JTG F80/1—2004)等。

7.2 质量控制的技术措施及管理措施

7.2.1 技术措施

(1)为保证缆索起吊安装系统的安全性,控制承重主索和牵引绳质量、承重主索连接质量、地锚混凝土浇筑质量、索塔拼装质量。

(2)为保证扣索系统的安全性,控制索鞍质量、索鞍鞍座安装质量、索鞍安装质量、索鞍加固质量。

(3)控制稳定措施系统质量。

(4)控制节段钢管拱肋整体拼装质量。

(5)节段高程控制。

7.2.2 管理措施

(1)编制详细的施工组织设计、作业指导书,并组织安全技术交底,落实各工序应控制的技术要点和质量要求,并建立工序交验制度。

(2)编制质检计划,定期和不定期组织进行质量检查;质检工程师每周组织召开质量例会,针对工程中出现的质量隐患、质量事故制订预防和纠正措施,并对其完成情况进行跟踪验证,建立质量奖罚制度,实行质量一票否决制。

(3)编制测量方案,制订导线、水准复核计划和测量仪器检校计划,并加强对控制桩和水准点的保护;在施工过程中,多次复核测量数据,坚持测量放样中两人测量复核的原则,确保施工放样准确。

(4)编制试验计划,按规定及时进行原材料的自检、送检工作。

8 安全措施

8.1 安全组织机构建立

按照生产必须安全的原则,成立由项目部直接领导的安全小组,建立健全各项安全生产规章制度,项目经理任安全生产领导小组组长,下设安全技术负责、生产调度负责、机械管理负责、消防管理负责、劳务管理负责、财务负责、卫生、行政负责,项目部相关人员、吊装施工队负责人任小组成员,配备专职安全员,具体履行监督、检查、管理各专业施工队的安全工作。

8.2 加强危险识别及防范

拱肋吊装上下交叉作业多、临空面高,安全防护设施、文明施工任务异常艰巨。对临空、临边处的安全防护措施,计划采用临空面围栏挂设双层安全网进行防护,安全网底部全部用竹跳板铺设并绑扎牢固,充分保证作业人员的安全。在临边处全部设置防护栏杆和安全防护网,做到防护设施随拱肋吊装的延伸及时延伸,达到确保安全要求。

加强大型起吊设备的安全管理。为了从被动防范向源头管理转变,项目部做了大型起吊设备安装、拆除的施工方案、试运行报告、监控管理,保证塔架安装与拆除的安全;制订了《大型起吊设备作业规定》,从司机操作、信号指挥、维修与保养、安全责任制等全方位地进行了规范,确保大型设备作业时的运行安全。专职设备安全员在施工现场协调监督起吊设备作业及日常检查工作,并会同设备科进行起吊设备专项安全大检查。

8.3 编制切实可行的应急预案

加强安全生产事故应急预案的制订,结合吊装实际制订了《塔架安全运行预案》、《起重机械设备事故应急救援预案》、《缆机起重机非正常运行伤害事故应急预案》、《人员落水抢救应急预案》等应急预案。

8.4 编制安全施工技术措施

对于利用起重机械施工的重大技术方案,重型机械拆、装方案,大型机械的转运、改造方案,危险地段施工及季节气候变化对安全运行和机械的影响等,都要编制安全施工、安全运行的技术措施,做到合理选用机械,统筹安排施工顺序和总平面布置,为作业创造必要的条件。

9 环保措施

大跨度缆索吊系统,主要为钢构件,涉及环境的工序有地锚施工和绳索系统。为做好环境保护,应从以下方面进行控制。

9.1　吊施工作,大多都是采用各种绳索和机械设备,故控制油渍污染作为环保工作的重点。绳盘必须设置基架,在基架底下铺设彩条布或者废旧土工布,防止钢绳的油污。

9.2　施工中废弃的零碎配件、边角料、水泥袋包装箱,应及时收集清理并搞好现场卫生,以保护自然与景观。

9.3　对使用的工程机械和运输车辆安装消声器,降低噪声;在比较固定的机械设备附近设置临时隔音屏障,减少噪声传播。

9.4　生产污水以及生活垃圾必须集中处理,不得直接排入沟底河中;施工废水按有关要求处理,不得直接排入河流。

10　资源节约

由于钢管拱是在加工厂进行加工,然后到现场进行拼装,因而提高了施工速度,有助于节约工期,节约人工费,减少了模板的投入,节约了材料,能确保工程质量。

11　效益分析

11.1　经济效益

采用本工法施工,节段拱肋拼装由空中焊接改为地面焊接,既保证了工程质量,又缩短了工程工期,能使工程及早投入运营,同时节省了部分劳动力及机械设备台班,给公司带来一定的经济效益。

11.2　社会效益

11.2.1　安全生产

安全生产方面,大量的焊接工程在地面完成,减少了高空作业量,降低事故发生率,进一步保障了施工人员的安全。

11.2.2　社会效益分析

本工法施工快捷,速度快,施工工期、质量能够得到保证;运营时间的提前,尽早满足了当地居民的交通运输需求,社会效益显著。

12　应用实例

12.1　祁家黄河大桥

祁家黄河大桥全长248.06m,主桥净跨180m,为无铰推力式拱。桥位位于峡谷最窄处,河流深切基岩180m,为典型"V"形冲沟,岸高约90m,岸坡55°~70°,部分地段近于直立,两岸陡峭。工程于2006年8月22日开工,计划于2009年8月30日完工交验。该工法在该工程中应用效果良好,主体结构只用10个月完成施工任务,施工安全快捷。

12.2　华光潭水库大桥

华光潭水库大桥全长194.08m,跨越约75m之深溪,主跨为165m跨径中承式钢管混凝土拱桥,拱肋为等截面悬链线。工程于2004年7月18日开工,2005年8月25日完工交验并顺利通车。该工法在该工程中应用效果良好,施工中在地面整体焊接拼装好,再进行整体吊装,减少空中作业量和加快施工进度,最大限度保障了施工安全。

混凝土斜拉桥悬浇挂篮体系与0号、1号块托架一体化设计施工工法

GGG(渝)C3089—2009

唐建华 杨寿忠 刘宗建 冯 强 李勇超
(重庆交通建设(集团)有限责任公司 重庆建工集团有限责任公司)

1 前言

斜拉桥主梁0号、1号块大多采用搭设0号、1号块托架的方式进行施工。0号、1号块施工完成后,再拆掉托架,安装挂篮,利用挂篮施工主梁其他块件。

混凝土斜拉桥悬浇挂篮体系与0号、1号块托架方案一体化设计,是将混凝土斜拉桥主梁0号、1号块施工的托架体系与其他块件施工的挂篮体系融合,即将0号、1号块托架设计成为挂篮的一部分。施工时,先拼装0号块托架,施工0号块;然后在0号块托架的基础上继续拼装,形成1号块托架,施工1号块;最后在1号块托架的基础上继续拼装,就基本形成了挂篮,进行其余块件施工。

本工法与常见的施工方法相比节省了0号、1号块单独的托架费用和拼拆时间,使技术措施简捷、高效,主梁各块件施工工序之间衔接紧凑,能更好地保证施工质量,降低施工成本,加快施工进度。

本工法与整体钢箱形挂篮相比,更适用于运输条件差、无大型吊装安装设备的情况,同时施工成本更低、周转使用率更高,施工挂篮虽不算宏伟,却更巧妙。

重庆交通建设(集团)有限责任公司桥梁公司在2002年重庆大佛寺长江大桥、2005年竣工的云阳长江大桥和2008年重庆长寿长江大桥三个工程中成功运用了本工法。实践证明,本工法能够较好地解决悬臂挂篮体系与0号、1号块施工问题,能够保证质量,加快进度,节省费用。

本工法于2008年6月进行了关键技术查新,国内未见报道,通过重庆市建委组织的专家鉴定和评审,其中的关键技术达到了国内领先技术水平。

2 工法特点

(1)本工法利用万能杆件组拼挂篮的灵活性,将0号、1号块施工托架与挂篮进行一体化设计,使技术措施简捷、高效,主梁各块件施工工序之间衔接紧凑。

(2)由于采用万能杆件组拼,拼装灵活,工艺简单,杆件轻,不需要大型机械设备,在运输不便、吊装能力受限的情况下,技术经济优越性更强。

(3)万能杆件本身作为工具式杆件,周转使用率高,焊接量少,节能环保,使用成本低,工程完成后浪费少。

(4)0号、1号块托架与挂篮体系一体化,省去了0号、1号块单独的托架措施费用和相应的搭设、拆除时间,降低成本,节省工期。

(5)挂篮(托架)刚度大,并且在混凝土初凝前,1号块及以后块件前端高程均可通过前端斜拉索微调,主梁各块件线形控制可以达到很高的精度。

(6)采用本工法,0号、1号块与其余块件混凝土龄期间隔更均匀,主梁块件挂篮施工速度除去养护时间达到了4d一个周期,施工速度达到国内领先水平,主梁质量更容易得到保证。

(7)本工法对万能杆件拼装工人要求较高,高空作业、吊装作业要求执证上岗。

3 适用范围

本工法适用于各种预应力混凝土斜拉桥主梁施工。

由于本工法主要材料为万能杆件,对于桥位运输条件差、起重能力有限的混凝土斜拉桥项目,其技术经济优势更为明显。

本工法适合各种季节施工,但在拼装挂篮时,应避开大风和冰雪天气。

4 工艺原理

4.1 设计原理

斜拉桥0号、1号块的施工支架可以设计为支承在主墩上的托架,也可以设计成挂篮体系的一部分。本工法利用万能杆件拼装灵活的特点,将0号、1号块托架与挂篮体系相结合,进行一体化设计。对0号、1号块托架来说,仅需要改动悬挂、支承系统和模板系统,就可以将托架完全融入挂篮结构中。

对挂篮设计而言只是对标准的挂篮体系多了3~4种荷载工况和体系转换。

采用先进的设计分析软件,对各块件主梁施工工况、体系转换工况、行走工况等进行仔细分析和详细的挂篮结构设计,保证结构强度、刚度和稳定性要求。

4.2 安装原理

本工法的安装原理是在斜拉桥主梁施工中,0号、1号块托架体系和其余悬臂块件挂篮体系均采用万能杆件组拼,利用万能杆件拼装灵活的特点,将0号、1号块托架设计成为挂篮的一部分。施工时,先拼装0号块托架,在完成0号块施工后,将0号块托架继续向前拼装,形成1号块托架,1号块施工完成后,再继续向前拼装,形成挂篮体系,完成以后的悬臂浇筑块件。

4.3 施工原理

本工法使主梁0号、1号块托架与其他悬臂块件的施工挂篮一体化,技术措施简捷高效,各工序之间衔接紧凑,解决了主梁施工问题,保证了主梁施工质量,加快了施工进度,节省了工程费用,在质量、安全、工效、成本控制上可取得较好的效果。

从0号块施工到标准块件施工,各阶段施工平台是挂篮或挂篮的一部分,平台的强度、刚度和稳定性均达到施工要求时,其钢筋、混凝土、预应力等施工工艺与采用其他施工方法施工基本相同。

每一个施工阶段的体系转换和形成过程是本工法施工的关键技术,其基本原理是对各个工序进行工艺设计,施工时采取先形成下一阶段的支承体系,再逐步去除前一阶段多余的支撑,确保体系转换和形成过程结构受力状态与设计相吻合,使结构处于安全状态。

5 施工工艺及操作要点

5.1 施工方法

在完成0号、1号块托架与挂篮一体化设计的相关工作后,可以组织实施,具体方法为:

挂篮的材料(主要为万能杆件)采用汽车运至现场,采用塔吊、小型卷扬机等工具配合人工安装。安装时,先在索塔下横梁上设预埋件,形成0号块托架的支撑、对拉、稳定系统,然后拼装0号块支架,浇筑0号块混凝土。0号块施工完成后,再拼装1号块支托架,并安装1号斜拉索,接长到1号块托架的前端,经过体系转换,索力、高程调整,形成1号块浇筑平台,浇筑1号块。1号块施工完成后,张拉预应力,将托架反挂在1号块上,将1号斜拉索转换到1号块主梁上,进行体系转换,然后再继续向前拼装挂篮,完成弧形梁安装,接长2号斜拉索到弧形梁锚固,基本形成2号块浇筑挂篮体系,经过初始索力和高程的调整,即可进行2号块施工。2号块浇筑完成、体系转换后,完成挂篮最后的挂卡、轨道、剪力键、反顶轮等组件拼装,形成标准的挂篮体系。标准挂篮行走到下一块件,就位,安装下一对斜拉索,调整初始索力和高程,浇筑下一块件,养护,再张拉预应力,斜拉索体系转换,再行走到下一块件,如此循环,完成所有悬臂块件施工。

5.2　施工工艺

施工工艺流程见图1。

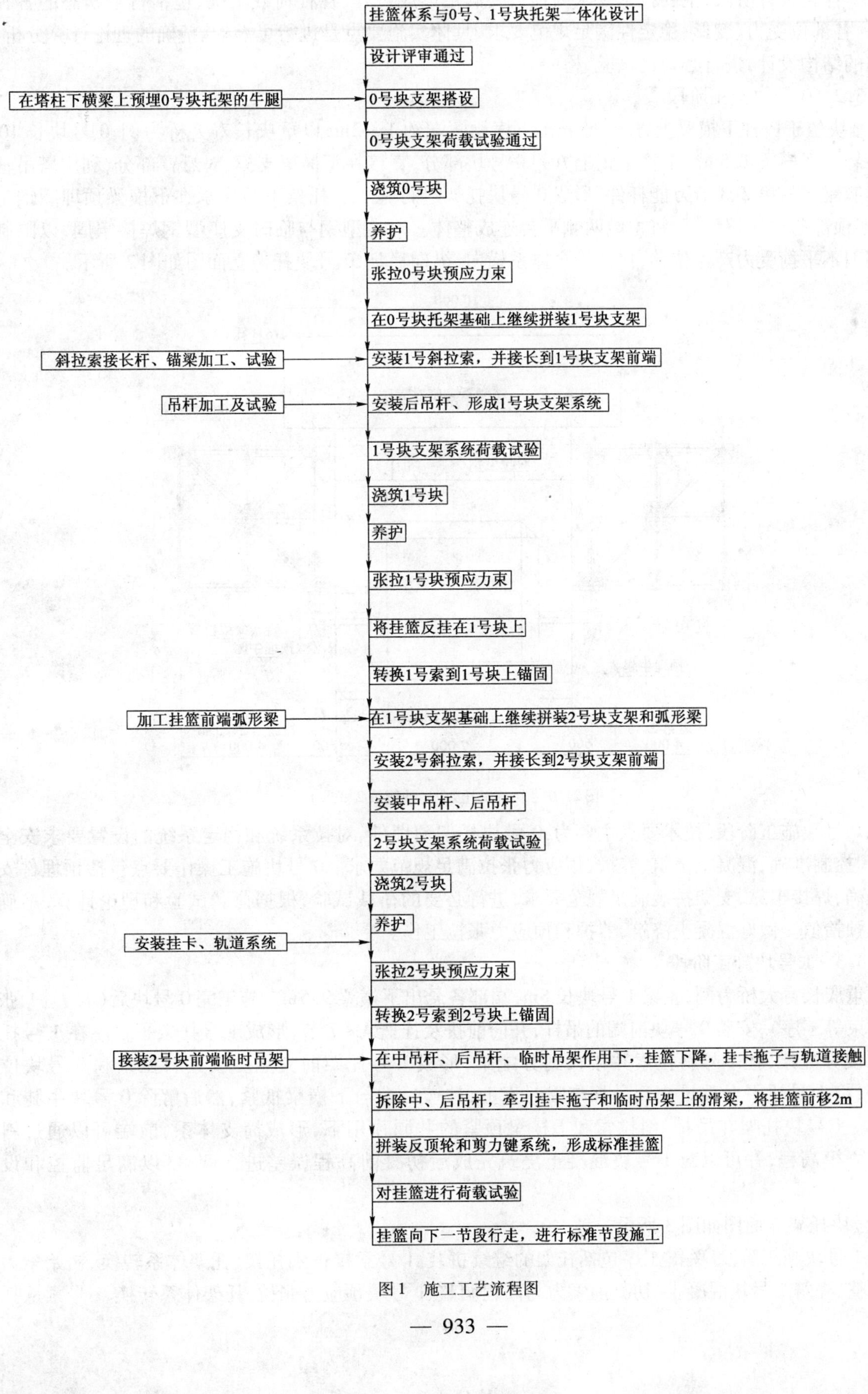

图1　施工工艺流程图

5.3 关键工序的技术要点和操作要点

5.3.1 一体化设计阶段

在一体化设计阶段,主要技术要求为挂篮要满足形成过程、各种荷载工况、包括行走状态的各种体系状态,各部位受力、变形、稳定性满足规范要求,具体实施要点是进行可靠的、精确的理论计算分析,进行详细的结构设计,进行必要的试验、检验。

5.3.2 0号块施工阶段

0号块位于塔柱下横梁上方,一般悬出下横梁两端约1~2m,以重庆长寿大桥为例,0号块长10m,两端各悬出下横梁1.5m。下横梁正上方的0号块部分,直接在下横梁支模,对悬臂部分,利用塔吊辅助拼装挂篮尾部的第2、3节万能杆件,形成0号块托架进行施工。托架下沿支承在下横梁预埋型钢牛腿上,托架顶部通过对拉型钢,将主墩两侧平台连成整体。对拉型钢与临时支座型钢焊接牢固,以限制对拉型钢因不平衡受力产生位移,保证平台体系横向、纵向稳定,0号块托架立面图如图2所示。

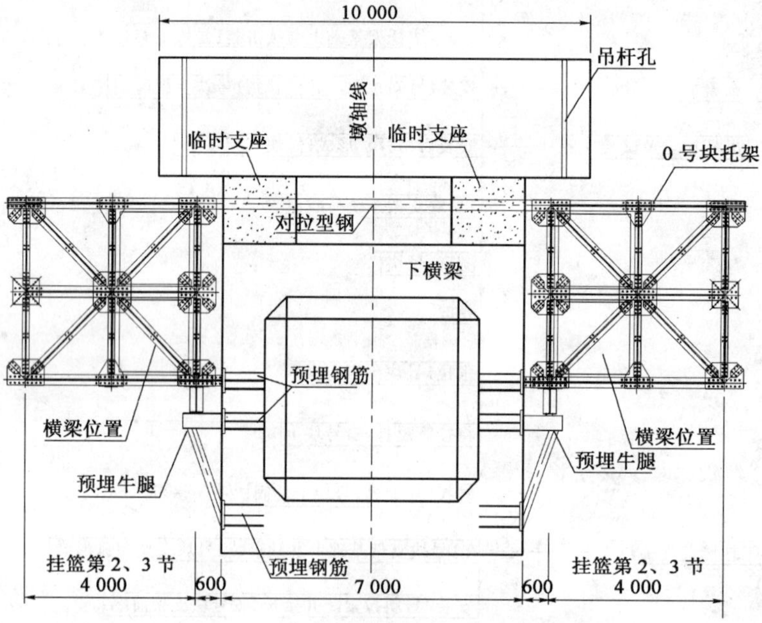

图2 0号块施工托架图(挂篮第2、3节)

在0号块施工阶段,技术要点主要为:0号块托架预埋件、对拉系统和稳定系统的设置要求安全可靠,高程控制准确,混凝土浇筑、养护、预应力张拉满足规范要求。0号块施工操作要点包括预埋件安装位置准确,焊接牢靠,支架拼装满足规范要求,进行必要的荷载试验,根据荷载试验和理论计算,准确设置模板预抬值。做好混凝土浇筑、养护和预应力张拉工作。

5.3.3 1号块施工阶段

以重庆长寿大桥为例,主梁1号块长8m,端部各悬出下横梁9.5m。施工完0号块后(含养护、张拉预应力束等工序),安装0号块前端的吊杆,并向前拼装挂篮4~7节,形成1号托架平台。在1号托架前端加设分配梁,挂1号斜拉索并接长到分配梁,形成1号托架前支点。收紧斜拉索和0号块位置的吊杆,将1号块平台重量交到吊杆与临时索上,挂篮后端与下横梁抵紧,然后解除0号块牛腿和对拉钢带。1号块托架在吊杆、斜拉索和下横梁顶紧的共同作用下,形成简支体系,前端可以通过斜拉索调整立模高程,并可以对1号块混凝土浇筑完成后初凝前高程误差进行调整,以满足监控和设计要求。

1号块托架立面图如图3所示。

在1号块施工阶段,关键工序包括托架的继续拼装、1号索接长到托架、托架体系转换、初始索力与高程调整、浇筑1号块混凝土、初凝前索力与高程调整、1号块预应力张拉、托架体系转换、1号索从托架转换到1号块上。

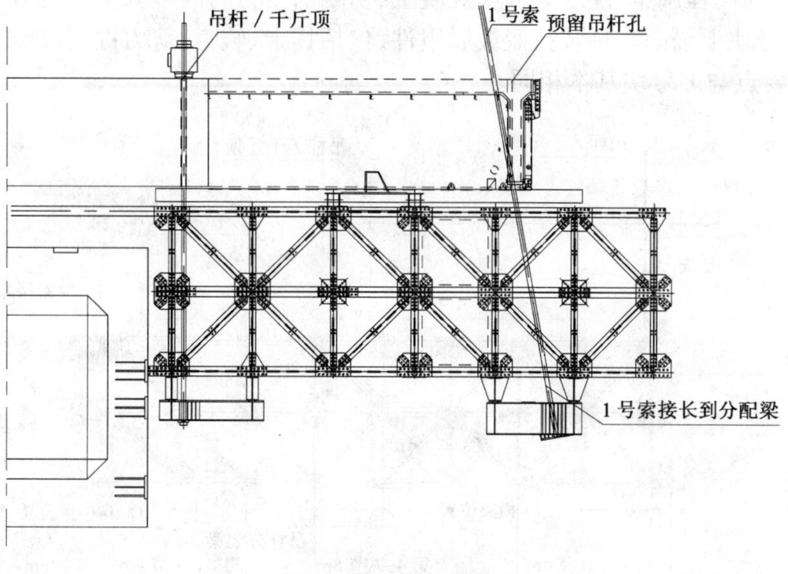

图3 1号块施工托架图(挂篮第2~7节)

1号块施工的操作要点为:在塔吊的辅助下,继续向前悬拼托架,作好高悬空作业的安全防护。加工好1号斜拉索的接长杆和分配梁,将分配梁安装在1号块托架前端底部,将1号索拉索接长到分配梁上。注意安装1号索前,应采用钢丝绳将托架前端临时斜拉到索塔上,确保1号块托架拼装时和1号斜拉索安装时托架的安全。1号斜拉索接长到1号块托架,调整索力,形成托架的前支点,托架后端安装吊杆,形成后支点,这时拆除原0号块托架的预埋件固接,将托架尾部与索塔下横梁抵紧,这时1号块托架体系就转换成了前支点、后支点、水平力平衡点支承下稳定的施工平台。

这里拆除托架尾部的固接,1号块托架体系在前后支点的作用下,呈简支状态,通过对前端1号斜拉索初始索力的调整,可以方便地调整1号块托架前端的初始高程。

由于万能杆件挂篮理论变形和非弹性变形不易精确计算,应将混凝土浇筑过程和索力、高程控制结合起来。一般浇筑前通过监控的混凝土终凝控制高程、弹性变形理论值、非弹性变形估计值,推算出初始高程值和初始索力值,浇筑一半混凝土的高程值和索力值,浇筑完成时高程值和索力值。

1号块进行荷载试验可以使估算值更准确。估算值只是对施工过程控制做参考,估算值越准确,施工过程中的调整越小。在浇筑一半混凝土时,其高程和索力可以根据实际测量的变形情况进行调整。而混凝土浇筑完成后初凝前,可以通过调整索力,将混凝土初凝前无应力高程调整到监控和设计的控制值,由于1号块托架呈简支体系,混凝土初凝前高程调整时,索力变化并不大,一般可以将高程误差控制在1cm以内。

混凝土初凝高程调整满足监控和设计要求后,进行混凝土养护、预应力张拉,然后在1号索附近安装中吊杆,将1号块托架反挂到1号块上,最后将1号索锚固在1号块上,完成斜拉索的体系转换,至此1号块施工完成。

5.3.4 2号块施工阶段

主梁1号块施工完成后,安装1号块前端吊杆,将挂篮反挂在1号块上,然后挂1号斜拉索,进行1号斜拉索的张拉和索力、高程调整。

1号斜拉索张拉后,可以利用塔吊辅助悬拼2号块施工挂篮,直到形成挂篮弧形梁。

2号块挂篮拼装完毕后,挂2号斜拉索,并用接长杆将2号斜拉索锚固在挂篮弧形梁上。2号块挂篮通过2号索(前支点)、1号块的吊杆(中支点)、0号块吊杆(后支点)以及0号块悬出部分对挂篮的反压点、下横梁的水平支承点共同形成一个稳定支承体系。此时离标准挂篮仅差剪力键系统、反顶轮系统和行走系统。2号块挂篮施工图如图4所示。

在2号块施工阶段,关键工序为:1号块托架继续向前拼装、完成挂篮弧形梁安装、接长2号斜拉索到弧形梁、初始索力与高程调整、浇筑2号块混凝土、初凝前索力与高程调整、2号块预应力张拉、2号索从弧形梁转换到2号块上锚固。拼装挂篮最后组件,包括挂卡、轨道、剪力键、反顶轮等,完成挂篮。

2号块的操作要点与1号块基本相同。

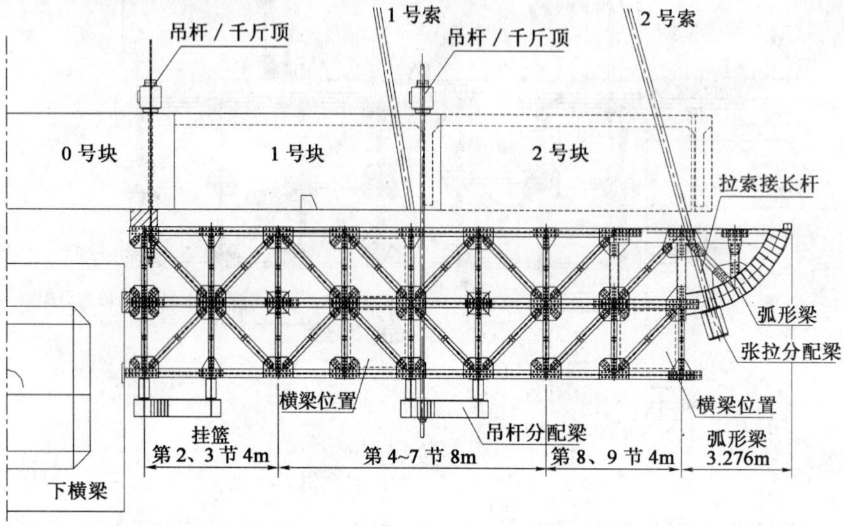

图4　2号块施工挂篮图(挂篮差第1节反顶轮、剪力键、挂卡、行走系统)

5.3.5　挂篮形成

2号块施工完成后,将2号索转换到2号块上,张拉、调索,然后拼装挂篮的挂卡和行走系统。

挂卡拼装和轨道铺设完成后,在2号块前端拼装用以临时移动挂篮2m的临时吊架,用吊架前端的钢绞线吊住挂篮弧形梁位置,然后在0号、1号块吊杆和吊架钢绞线的共同作用下,将挂篮下降约2.5m,让挂卡落在轨道上,此时解除1号块吊杆,挂篮重量由挂卡和临时起吊架承担,0号块吊杆替换为钢丝绳,将挂篮尾部吊住,防止挂篮倾覆。向前牵引挂卡拖子和临时起吊架钢丝绳,将挂篮前移2m,即可拼装挂篮的第1节(反顶系统)和剪力键。拼装完成后,即形成完整的挂篮。

拆除前端的临时吊架,牵引挂卡拖子,挂篮在挂卡和反顶轮的作用下,继续前移6m,至3号节段位置,接长3号斜拉索至挂篮弧形梁,进行3号块标准节段施工。

在挂篮最后的拼装过程中,挂篮下落、前移、反顶系统安装等工序都是关键工序,各个受力点交替承受荷载、受力体系变化时,应注意操作仔细,确保安全。

挂篮全部形成后的行走也是挂篮比较危险的状态,行走前,应进行挂卡的承载能力试验。行走过程应缓慢、平稳,并加强对反顶轮系统、挂卡系统的监测。两挂卡间可设临时对拉钢绞线,以增强行走过程中挂篮的稳定性。

挂篮形成过程如图5所示。

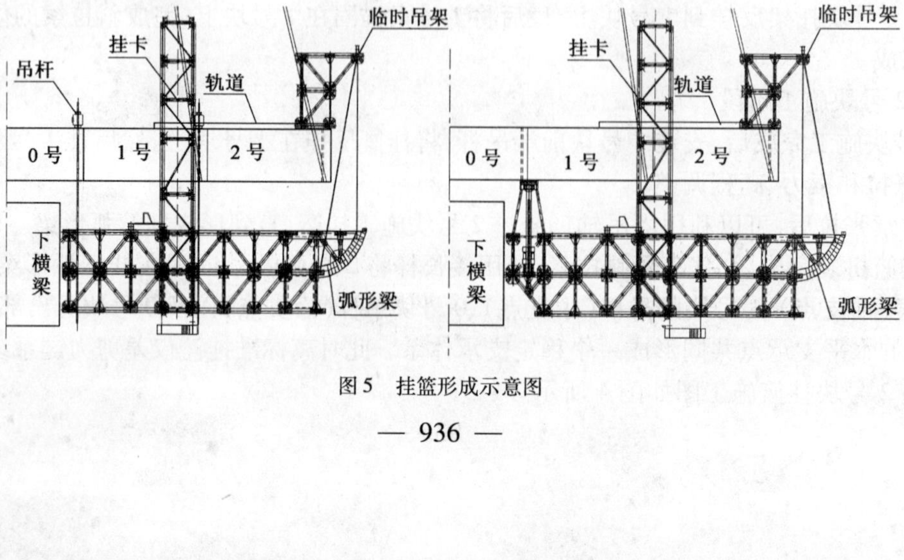

图5　挂篮形成示意图

6 材料与设备

本工法单个索塔为两幅挂篮，一般双塔斜拉桥为四幅挂篮。一副挂篮体系涉及的主要施工设备及材料如表1所示。

主要施工设备及材料表　　表1

序　号	名称及规格	单　位	数　量	备　注
1	20t 运输车	台	2	
2	塔吊 80t·m	台	1	每个索塔可只设一个塔吊，负责两幅挂篮拼装
3	20t 千斤顶	台	2	
4	100t 千斤顶	台	2	
5	300t 千斤顶	台	4	
6	5t 卷扬机	台	1	
7	5t 链条葫芦	台	4	
8	索力检测设备	套	2	
9	应力检测设备	套	2	
10	全站仪	台	1	
11	水准仪	台	1	
12	万能杆件	t	170	
13	型钢、钢板	t	15	
备注	以上设备仅为挂篮体系所用，常规的混凝土浇筑、钢筋制作、模板加工、预应力张拉、斜拉索安装等设备未计在内			

本工法所需要设备均为常见的小型设备，材料以万能杆件为主，不需要大型运输设备和吊装、安装设备，工艺成熟，操作简便，一般的施工单位要采用本工法进行施工均容易实现。

7 质量控制

本工法涉及挂篮临时设施的设计、安装和悬臂梁段的浇筑施工，主要规范和标准有：《公路桥涵施工技术规范》（JTJ 041—2000）、《钢结构设计规范》（GB 50017—2003）、《钢结构工程施工质量验收规范》（GB 50205—2001）等。

对挂篮，主要是挂篮材质、加工、焊接、安装等方面的质量控制，最终确保挂篮设施的质量。

对主梁实体质量，由于挂篮刚度较大，变形小于2cm，并且挂篮前支点斜拉索可调整主梁的高程，所以主梁施工线形可以有效保证。

本工法对各个块件混凝土浇筑前立模高程预测有一定难度，因为理论计算变形、非弹性变形与实际情况有一定的误差，即使通过挂篮刚度试验，也不易准确确定。对此问题控制方法是将混凝土初凝前无应力高程设为控制值，浇筑前和浇筑过程中的高程均作为中间参考值，由于挂篮体系基本上为简支体系，混凝土浇筑完成后、初凝前，可以通过挂篮前端斜拉索对初凝前高程进行调整，最终让混凝土无应力高程控制在监控和设计容许范围内。

由于浇筑前、过程中、初凝前、斜拉索体系转换后，索力和高程都不同，所以必须在各个时段进行索力和高程监测。索力测量可采用振动索力仪或压力环，一般测当前索即可，高程测量主要用全站仪、水准仪等设备测量当前块件的高程，有时也可加测前几个块件的索力和高程。

对不同时段的测量数据、温度条件以及控制截面的应变数据进行收集、分析，可以更好地控制主梁施工质量。

8　安全措施

本工法在安全上,严格执行《中华人民共和国安全生产法》、《建筑施工安全检查标准》(JGJ 59—99)、《建筑施工高处作业安全技术规范》(JGJ 80—91)、《建筑机械使用安全技术规程》(JGJ 33—2001)等相关法规和规范,并制订严格的安全管理措施和技术措施,具体如下:

(1)建立严格的安全保障体系,落实责任制度。

(2)在施工中必须遵守有关施工作业的安全操作规程。

(3)操作人员必须经过培训,特种作业人员必须持证上岗。

(4)对各种工况应制订相应的对策,制订应急处理预案。

(5)悬浇挂篮与0号、1号块托架的一体化设计方案必须经过严格的设计和审核,须经施工方技术负责人和总监签认,保证设计可靠。

(6)挂篮材质要符合要求,加工、焊接、安装符合要求,必须严格按设计及规范要求进行加工和验收。

(7)挂篮重要部件必须进行单件试验,各个阶段应进行分阶段试验。

(8)挂篮的拼装必须进行严格的检查,挂篮上安全网、护栏、人行道板、梯道等设置符合安全规定。

(9)各个阶段施工前,应有详细的操作指导书和技术交底。

(10)挂篮实施过程中,0号块托架的预埋件、连接件,1号块托架的后吊杆、前端1号斜拉索拉长杆、锚固分配梁,标准挂篮体系挂卡、反顶轮、剪力键等部位为关键部位,对这些关键部位的控制方法主要为安装前的检查、单件试验,拼装后,可在关键杆件、节点板位置贴应变片,进行应力监测。在每一次行走和浇筑混凝土前,必须对挂篮进行全面检查,特别是关键部位检查。

(11)挂篮体系施工过程中容易出现的问题包括:高程已达到控制状态,索力与理论值相差较大;索力达到控制状态,高程与理论值相差较大;索力上下游相差较大;挂篮局部杆件变形较大等。

(12)对于索力、高程控制误差较大时,应首先保证索力在结构体系容许的最大或最小范围内,如已接近限值,应立即停止作业,请挂篮体系设计人员、施工技术人员现场分析原因,检查挂篮体系边界条件,使之尽量与设计模型吻合,如为非弹性变形原因,可以采取放松、加载、再放松、再加载的方式,消除部分影响。如为理论计算模型与实际状态的误差问题,可由设计人员再分析计算,修正原来提供的理论值。当最终控制高程与监控要求相差较大时,可进一步请监控单位、设计单位、监理单位参与分析、处理。

(13)对于挂篮局部变形较大情况,需要查明原因,分析可能产生的不均匀受力情况,规范操作,确保受力均衡,必要时进行局部加强。

(14)严禁违规操作,比如上、下游斜拉索张拉力不同步,千斤顶超过限值张拉或反顶轮超过限制顶升力起顶等。违规操作可能对挂篮体系造成严重损坏。

(15)应避免操作不规范引起的冲击荷载,应减小安装误差,保证挂篮受力符合设计要求。

9　环保措施

(1)成立对应的施工环境卫生管理机构,在工程施工过程中严格遵守国家和地方政府下发的有关环境保护的法律、法规和规章,加强对施工燃油、过程材料、设备、废水、生产生活垃圾、弃渣的控制和治理,遵守防火及废弃物处理的规章制度,做好交通环境疏导,充分满足便民要求,认真接受政府相关部门的管理,随时接受相关单位的监督检查。

(2)将施工场地和作业限制在过程建设允许的范围内,合理布置、规范围挡,做到标牌清楚、齐全,各种标志醒目,施工场地整洁文明。

(3)设立污水坑、集水坑、排水沟,认真做好无害化处理,从根本上防止施工废水外流。

(4)对施工场地进行硬化,运输车辆进行加盖处理,进出车辆应进行冲洗,防止带泥上路。晴天经常对施工通行道路洒水,防止尘土飞扬,污染周围环境。

(5)优先使用先进的环保机械,采取设立隔音罩等消音措施降低施工噪声到允许值以下,合理安排施工进度,尽量避免夜间施工。

(6)利用高性能混凝土的高工作性,选用低噪声的高频振捣器进行混凝土振捣,并设置防噪监控点,白天把建筑施工场界噪声值控制在75dB以下,夜间把建筑施工场界噪声值控制在55dB以下。

(7)挂篮尽量使用标准万能杆件,减少非标件的使用,减少焊接量,提高周转率,保护环境,节能降耗。

10 资源节约

(1)在施工过程中,严格贯彻国家节能工程的有关要求。

(2)积极探索能源替代和材料的再生技术。

(3)在施工过程中,坚持随用随要,避免储存和运输过程中的损耗。

11 效益分析

11.1 经济效益

按本工法施工,单座桥梁(双塔)共有4套挂篮,与常规施工方法相比,估算节省0号、1号托架材料约600t,节省工期2个月以上,节省材料费、拼拆费、管理费约167.8万元(表2,表3)。

万能杆件挂篮与0号、1号块托架一体化设计施工费用 表2

挂篮与托架一体化施工方法					
项 目	费 用 名 称	数量(t)	单 价	时间(月)	总 价
托架标准万能杆件	租金[元/(t·月)]	0	150	0	0
	拼拆费(元/t)	0	400	0	0
托架非标件	非标钢件制造安装	0	7 000	0	0
挂篮标准万能杆件	租金[元/(t·月)]	680	150	11	1 122 000
	拼拆费(元/t)	680	400	2	272 000
挂篮非标件	非标钢件制造安装	60	7 000		420 000
运输费	运输费	740			14 800
安装机械费	挂篮和托架安装	740			59 200
现场管理费	施工期间管理费	1项	500 000	11	5 500 000
					7 388 000

单独万能杆件0号、1号块托架与挂篮施工方法费用 表3

单独0号、1号块托架+挂篮施工方法					
项 目	费 用 名 称	数量(t)	单 价	时间(月)	总 价
托架标准万能杆件	租金[元/(t·月)]	600	150	3	270 000
	拼拆费(元/t)	600	400	2	240 000
托架非标件	非标钢件制造安装	30	7 000		210 000
挂篮标准万能杆件	租金[元/(t·月)]	680	150	10	1 020 000
	拼拆费(元/t)	680	400	2	272 000
挂篮非标件	非标钢件制造安装	60	7 000		420 000
运输费	运输费	1 340			26 800
安装机械费	挂篮和托架安装	1 340			107 200
现场管理费	施工期间管理费	1	500 000	13	6 500 000
合计					9 066 000

两种方法相比,本工法费用节省:9 066 000 - 7 388 000 = 1 678 000(元)。

有的斜拉桥使用了钢箱形整体焊接挂篮,钢箱形整体焊接挂篮虽然每一套重量比万能杆件挂篮略轻,但是一次性投入大,按4套600t钢材计算,加工制作一次投入约540万元,并且施工完成后,周转可能性较小,利用率不高。钢箱形整体挂篮运输和安装特别不方便,需要大型的运输设备和安装设施,运输安装费用在100万以上。钢箱形整体挂篮的直接投入费用比本施工方法多300万元以上。

11.2 社会效益

本工法的成功实施,保证了主梁施工质量,加快了桥梁施工速度,挂篮施工过程中未发生一例安全伤亡事故,产生了巨大的社会效益。重庆长寿长江大桥等重庆重要桥梁优质快速地建成,为重庆经济发展作出了重要贡献,产生了巨大的社会效益。

本工法对混凝土斜拉桥悬臂浇筑挂篮设计和施工提出新的思路,丰富了桥梁施工技术。根据本工法编写的技术论文在全国桥梁学术会议18次会议上发表,对今后同类型的桥梁施工具有重要参考价值。

11.3 技术经济分析

本工法可以较好地解决混凝土斜拉桥0号、1号块以及其他悬臂梁段的施工技术问题,保证了主梁施工质量,节省0号、1号块托架的施工措施费用,节省0号、1号块托架拼拆的时间,加快桥梁施工进度。

本工法节省0号、1号块托架的拼拆时间60d以上。

主梁块件挂篮施工速度除去养护时间达到了4d一个周期,施工速度达到国内领先水平。

本挂篮体系由万能杆件拼装而成,相对大型整体焊接钢箱形挂篮而言,减少了运输和安装成本,减少一次性费用投入,工程完工后,万能杆件作为工具式材料,可以周转使用于其他桥梁重要设施,增加材料周转使用率,对环保、节能、降耗具有重要意义。

12 工程实例

12.1 重庆大佛寺长江大桥

重庆大佛寺长江大桥位于南岸区大佛寺和江北寸滩之间,是渝黔高速公路上的控制工程,桥型为双塔双索面预应力钢筋混凝土斜拉桥,大桥全长1 176m,桥宽30.6m,主跨450m,双向六车道,于2002年12月竣工。该桥采用了万能杆件挂篮,0号、1号块托架形成了挂篮的后半部分。

12.2 重庆云阳长江大桥

重庆云阳长江大桥,位于重庆市云阳县,连接云阳主城区和磐石镇主干道。桥型为双塔双索面预应力混凝土斜拉桥。主桥长637m,主跨318m,2005年9月建成通车。该桥采用了万能杆件挂篮,挂篮系统与0号、1号块托架体系一体化施工得到充分的体现。

12.3 重庆长寿长江大桥

重庆长寿长江大桥位于重庆长寿城区上游1.5km处,设计桥型为主跨460m混凝土双塔斜拉桥,桥长1 160m、宽20.5m,双向四车道,跨长江连接长寿城区与江南镇。

该桥万能杆件挂篮与0号、1号块托架完全融合,0号、1号块托架万能杆件部分未作任何拆除,技术措施简捷高效,各工序之间衔接紧凑,解决了主梁施工问题,保证了主梁施工质量,加快了施工进度,节省了工程费用。

重庆长寿长江大桥于2009年3月20日竣工通车。

12.4 完善与改进

以上工程实例充分证明了悬浇挂篮体系与0~1号块托架一体化设计施工方法具有很强的安全性、实用性、经济性,能显著节省造价和缩短工期,具有明显的经济效益和社会效益。

本工法挂篮体系在内模支架板系统方面,可以再进行改进和完善。比如在内模支架与主桁之间增设竖向滑道,使挂篮内模板体系可以整体升降。这样完善后,可使挂篮在行走前,先将内模支架沿挂篮主桁侧面滑道下降,下降高度要求大于主梁横隔板高度。

内模支架下降后,挂篮整体再下降约 40cm 左右,即可满足挂篮行走要求。此项完善与改进,需要在万能杆件主桁侧面设滑道,供内模支架系统升降,整个升降系统细部构造设计较为复杂,需要大量的时间进行研究和设计,但如经过此项改进和完善,将大大降低反顶轮和挂卡的高度,使挂篮重量减轻,行走刚度增大,操作更方便。

大跨度索道吊机安装悬索桥上部主梁施工工法

GGG(渝)C3090—2009

赵晓彬　陈明华　朱光华　张天许　贺恩明
(重庆交通建设(集团)有限责任公司　重庆建工集团有限责任公司)

1　前言

国内外悬索桥上部主梁通常采用缆载吊机进行定点垂直起吊安装的传统工艺,但缆载吊机只能空载移位,不能重载行走,因此主梁节段的安装必须满足定点垂直起吊的条件。

2000年重庆交通建设(集团)有限责任公司针对重庆市鹅公岩长江大桥(图1)桥位处河床狭窄、两岸地势陡峭、长江水位涨落、流速均较大、水流紊乱等特殊的地理及水文特点,采用大跨度索道吊机安装上部主梁新技术,成功解决了受地形、水文条件限制下悬索桥上部主梁不能运至安装地点进行定点垂直起吊的难题,创造性地把索道安装技术运用到大跨度桥梁的施工中,丰富了大跨度悬索桥上部主梁安装的施工技术。

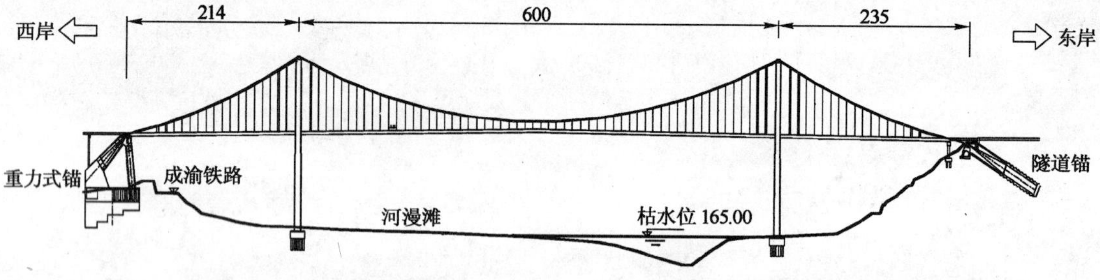

图1　重庆鹅公岩长江大桥(尺寸单位:m)

该技术于2000年12月通过了建设部专家鉴定,获得中国公路学会科学技术三等奖。首次在国内应用该技术成功建成的重庆市鹅公岩长江大桥荣获2002年度"中国市政金杯奖"。在总结施工实践的基础上,研发形成本工法。

2　工法特点

(1)本工法使用的索道吊机能载重行走,解决了钢箱梁不能船运至安装地点进行定点垂直起吊的技术难题。

(2)本工法不受河流涨落影响,能保持航道正常营运,不需封航,具有显著的社会经济效益。

(3)本工法使用的索道吊机为三跨连续索道,可调整安装顺序,施工速度快,能加快工期。

(4)本工法使用的索道吊机跨度达到600m,吊重达到260t,使索道施工技术在规模和能力上都上了一个新台阶。

(5)调整主索根数及牵引、起重绳线数,可适应不同重量的钢箱梁或钢桁梁等上部主梁安装。

(6)吊装钢箱梁时主索塔偏位较小,并可通过措施有效平衡索道在安装钢箱梁过程中对索塔的不平衡力,控制索塔变位及应力。

(7)在索塔上布置索道门架,以降低门架高度,同时门架可作为先期施工的主(散)索鞍吊装支架、主缆架设和猫道架设等所需的支架,可多次重复使用。

(8)索道吊机主要设备为常用的吊装设备,工程完工后还可运用于其他桥型桥梁工程的基础或上部结构施工,设备通用性较好,重复利用率高。

(9)本工法构思新颖实用,结构受力合理,安装工艺成熟、先进,施工安全可靠。

3 适用范围

本工法在下述特殊条件下选用优势更为明显:

(1)水路和陆路均不能满足主梁运输到位进行定点起吊安装条件的或者需要付出高昂代价方可满足主梁定点起吊安装条件的悬索桥,尤其适用于边跨位于河滩上的三跨钢箱梁或钢桁梁悬索桥;

(2)洪期水位涨落差较大,流速大、水流紊乱,驳船抛锚定位困难或航道狭窄在江心有船只停泊作业对航道的畅通有较大影响的悬索桥;

(3)悬索桥主跨跨径500~1 000m,主梁重100~300t。

4 工艺原理

(1)充分利用悬索桥的索塔、引桥基础等永久结构,布置一套受力明确、结构简单、费用较省的多跨索道吊机系统。每跨共有两组索道,每组索道布设一副天车,由上、下游索道的两组索道天车共同抬吊钢箱梁。

为使起吊和牵引在已安装的钢箱梁的下面进行,研制了两副近40m长的大扁担梁。大扁担梁两端头有滑轮组与索道天车的起升滑轮组串通,大扁担梁中部下缘设有联结钢板与钢箱梁的吊耳联结。

运输主梁的驳船在桥下位置固定,索道吊机起吊钢箱梁垂直提升、纵向行走到位安装。边跨主梁则通过索塔处布置的长度较短、高度较低的栈桥转运后由边跨索道吊机安装。

(2)索道吊机在吊装钢箱梁过程中,对索道支架会产生较大的不平衡水平力,导致索塔变位,使索塔根部产生拉应力。通过合理选择边跨主绳倾角、增设对口缆风绳以及利用相邻跨牵引系统的调整来平衡索道在安装钢箱梁过程中对索塔的不平衡水平力,以控制索塔变位满足设计及监控的要求。

5 施工工艺流程及操作要点

5.1 索道吊机的主要技术参数

承载能力:260t(包括钢箱梁,大扁担梁,以及天车、承重索、牵引索和提升索等自重)。

提升速度:3m/min。

牵引速度:3m/min(重载牵引)。

5.2 工艺流程

工艺流程如图2所示。

5.3 施工过程及要点

5.3.1 索道布置要点

(1)利用原有的索塔和两岸散索鞍,施工索道主索通过门架进入两岸的混凝土主地锚内形成三跨施工索道,跨度分别为214m、600m和295m。在原索塔上布置索道门架,以降低门架高度;同时门架作为先期施工的主(散)索鞍吊装支架、主缆架设和猫道架设等所需的支架,可多次重复使用,减少施工费用。

(2)为了使已安装的钢箱梁、猫道和主缆不影响索道吊机的正常使用,索道在主缆外侧各设

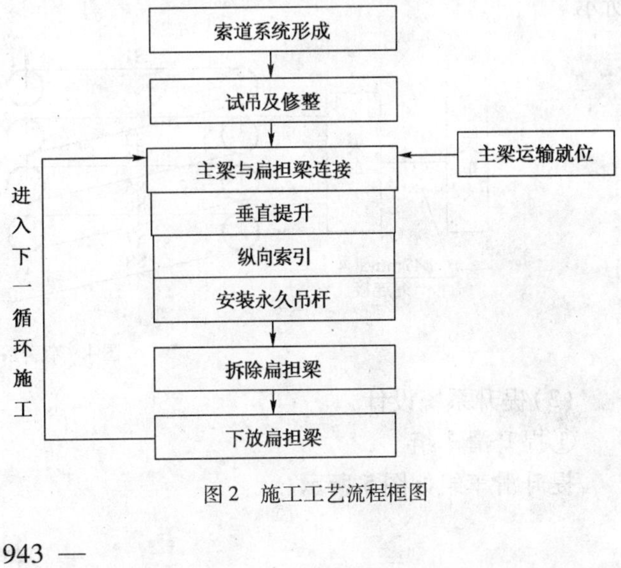

图2 施工工艺流程框图

一组,其与主缆中心距应充分考虑猫道宽度、索道多排主索并列宽度以及安全距离,两者中心距不小于2.5~3.5m。每组索道布设一副索道天车,每跨共有两组索道,由两组索道共同抬吊钢箱梁。

主缆、箱梁及索道关系图如图3所示。

(3)钢箱梁起吊、牵运必须在已安装就位的钢箱梁节段下面进行,同时索道布置在主缆外侧,因此需新增两副大扁担梁,用以钢箱梁起吊转换。

大扁担梁可兼作多线起重绳配重,采用箱形或桁架结构梁,重量适中;两端头上缘设滑轮组与索道天车的起升滑轮组串通,大扁担梁中部设置吊具,保证与钢箱梁的临时吊耳联结、拆卸方便;钢箱梁安装就位后,其中内侧一根大扁担梁需从吊索间退出,拆卸及组装应简单、便捷,以利进行下一个节段安装。

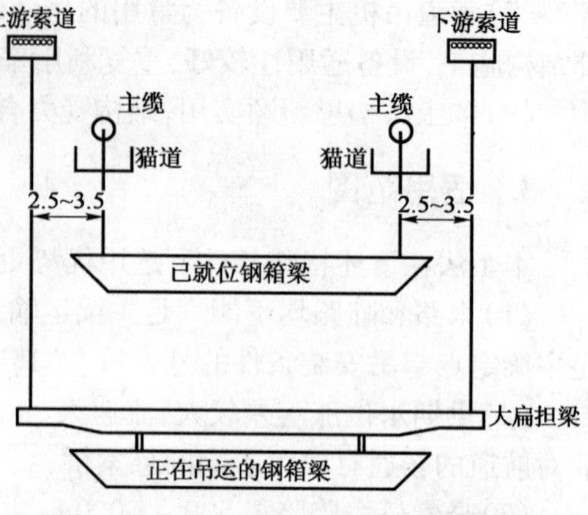

图3　主缆、箱梁及索道关系图(尺寸单位:m)

(4)在两主索塔处设置低位栈桥,使边跨钢箱梁通过低位栈桥的转运,由中跨索道吊机转交给边跨索道吊机,实现边跨钢箱梁的安装。在边跨尾部无吊索区段布置高位栈桥,以利尾部几个特殊节段在高位栈桥上拼装、焊接。

(5)通过合理选择边跨主索的倾角、增设对口缆风绳和边跨及中跨牵引系统的调整,以平衡索道在安装钢箱梁过程中对索塔的不平衡力,控制索塔变位及应力,满足设计和监控要求。

5.3.2　索道设计要点

(1)承载索设计

三跨连续索道的承载主绳为整根通索,一跨索道在使用时对其他两跨有较大影响,两跨或三跨同时起重作业将使索道受力极为不利,也会使钢箱梁安装极难操作。因此,设计只考虑一跨起吊,其他两跨放置在预先确定的位置,不起重作业。通过对各种工况的分析计算,确定出主绳的最大拉力并使主索安全系数大于3.0。

索道主索采用上下游两组,每组为8ϕ56钢丝绳。主索垂跨比1/10.9。

索道主索设置支索器,在地锚处设置大滑车,使多根主索受力均衡一致;新钢丝绳在使用前进行预拉,消除非弹性变形。主索中跨安装垂度在1/15,垂度误差控制在±10cm。

(2)牵引设计

通过对索道天车重载牵引到各个位置的分析计算,确定出天车牵引力最大值及牵引系统控制状况,据此,设置8线滑车组。牵引钢丝绳通过滑车组及塔顶的转向滑车进入岸边的牵引卷扬机,如图4所示。

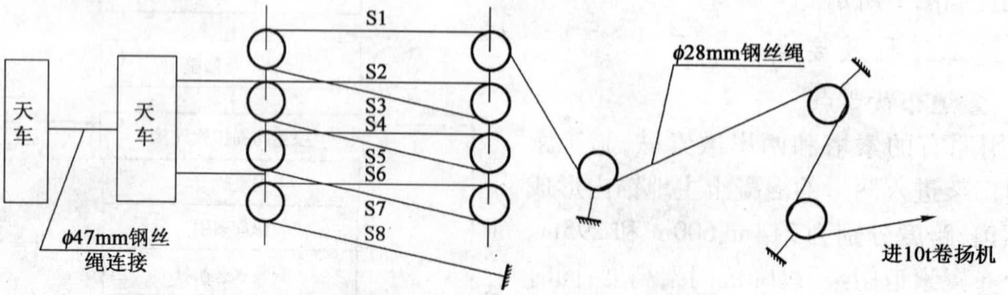

图4　牵引系统布置图

(3)提升系统设计

①提升滑车组

提升滑车组如图5所示。

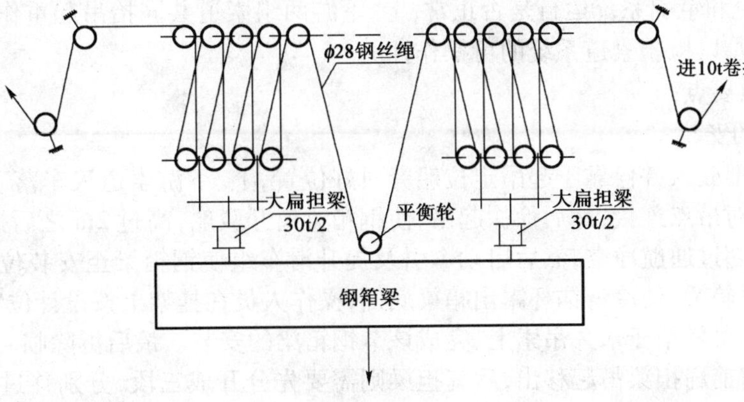

图5 提升系统布置图

提升滑车组由2组8线滑车组构成，为使两组滑车受力一致，提升钢丝绳通过平稳滑轮串通，绳的两头分别进入10t卷扬机，起吊钢箱梁，虽然上、下游索道共有4个吊点，但通过平衡滑轮的联通平衡作用，4个吊点受力基本一致。

②大扁担梁设计

大扁担梁为钢板组焊的箱形结构，高1.6m，宽0.9m，长近40m。具有足够的强度和刚度，整体稳定和局部稳定经计算也满足规范要求。

(4)支架设计

每组索道有四笼支架，支架均采用万能杆件组拼。这四笼支架分别设在塔顶和岸边。所有支架均按空间桁架采用电算，杆件应力和位移均满足规范要求。由于塔顶受力较大，各设两组索鞍，每组索鞍有8个轮子，轮径80cm，而岸边受力较小，各设一组索鞍。索鞍均由纵横型钢梁分配至各支架节点。

(5)天车设计

每组索道每跨设天车两组，在天车之间用ϕ47mm钢丝绳连接，组成一副索道天车。天车间距离6.67m，与钢箱梁临时吊点的距离一致。每组天车设承载轮32个，作用在8根ϕ56mm的承重主绳上，每组天车有起升滑轮和牵引滑轮。为减少牵引和起升阻力，所有滑轮均配有滚动轴承。天车的结构设计除满足强度外，通过承重绳的自身调节也使天车轮均匀受力。

(6)栈桥设计

由于边跨钢箱梁的吊装需要在塔柱处中转一次，因此，在塔柱处安设了90m长的低位栈桥，栈桥的高度选择吊装期间可能到来的最高水位之上，使钢箱梁的安装不受洪期影响。栈桥均采用万能杆件拼装，顶面安装有轨道及运梁平车，并布置了2台5t卷扬机，用以牵引钢箱梁。两边跨靠近散鞍索处的几个特殊节段没有设置吊索，在该处设置了高位栈桥。栈桥均按空间桁架采用电算，其强度及稳定均满足规范的要求。

(7)地锚设计

索道的主地锚设在两岸，承载主索、对口缆风索以及牵引索、提升索都最终锚固在它上面，受力很大。

索道的主地锚设计为钢筋混凝土地锚，尺寸为6m×5m×2.5m，地锚嵌入完整砂岩深1.5m以上，为了增加地锚的抗倾、抗滑能力，又在地锚尾部增设两根ϕ1m、深3.5m的挖孔桩，使地锚具有较大的抗倾覆和抗滑能力，经计算其安全系数在2.5以上。

5.3.3 试吊及要点

(1)索道吊机形成后，在控制设计计算的中跨及两边跨进行试吊。试吊荷载采用混凝土块进行加载，每一级荷载起吊至一定高度后，均需在本跨内至少运行一个来回，再进行下一级荷载的试吊。

(2)请有资质单位对索道主要受力系统进行测试。将试吊中所测试的有关数据与设计计算值进行对比分析，以检验索道系统的安全性。主要测试项目包括：索塔偏位、索道支架应力及变形，索道主绳应力、主地锚变形和吊具应力及变形。

(3)检查提升系统和牵引系统运行是否正常,上、下游两组索道共同抬吊起重作业是否协调配合一致,如有异常及时整改,以检验索道系统的可操作性。

5.3.4 吊装主梁要点

(1)主跨钢箱梁的安装

装载钢箱梁的驳船驶入并停靠于起吊定位船旁对好位置,上、下游索道天车落下起吊滑车组,将扁担梁吊具与钢箱梁临时吊点连接,然后徐徐起吊,使钢箱梁离开驳船,高过2m之后撤出驳船,继续起吊钢箱梁至一定高度并超过通航净空,然后启动牵引及提升滑车组使钢箱梁至安装位置,安临时挂架,穿入永久吊索,继续提升箱梁,使冷铸锚杯露出箱梁底面,操作人员在挂架上按设计位置旋合吊索螺母,慢慢下落滑车组,使钢箱梁悬吊于永久吊索上,完成该节钢箱梁的安装。最后拆除临时挂架并拆除扁担梁与箱梁的临时连接,将前扁担梁吊起移出,后扁担梁则需要先分开成三段,分别移过永久吊索后再组装接长,最后移出进行下节钢箱梁的安装。

(2)边跨钢箱梁的安装

①中跨天车起吊钢箱梁,并牵引至索塔处的低位栈桥上空,落于低位栈桥上的轨道平车上。

②用卷扬机将钢箱梁牵引,穿过索塔,进入边跨。

③用边跨天车起吊钢箱梁并牵引至指定位置安装就位。

④靠近散索鞍的几个无吊索的特殊节段,先吊放在高位栈桥端部,再逐节段横移就位,然后用千斤顶调整高程,组装焊接。

(3)主索塔区域钢箱梁安装

主索塔区域钢箱梁采用主跨天车起吊,牵引至主索塔旁,再用位于主索塔另一侧的边跨天车牵引对抬,使钢箱梁进入下横梁上方,置于预先在下横梁上设置的临时钢架上。

因上下游索塔间距一般为下大上小,主索塔区域钢箱梁若按上述流程安装,中跨索道扁担梁要进入主索塔间,而原扁担梁长度太长,不能满足安装要求,故必须将中跨索道扁担梁及边跨靠主索塔一根扁担梁作一定调整:在扁担梁下设千斤绳和箱梁连接,千斤绳的长度应按计算确定,将扁担梁按计算位置提高,以保证在吊该节段时扁担梁不进入主索塔内。

塔柱区域钢箱梁安装示意图如图6所示。

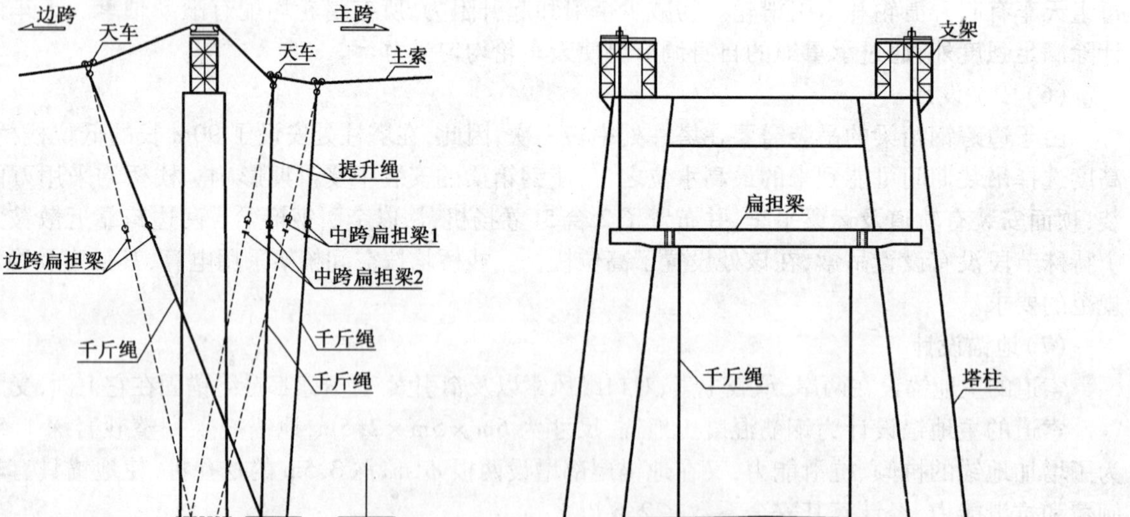

图6 塔柱区域钢箱梁安装示意图

（4）邻近主索塔区域节段钢箱梁安装

因非常靠近主索塔，安装时索道升角很大，同时塔柱下设有栈桥，因此邻近主索塔区域节段采用在栈桥上定点垂直起吊，天车不移动，滑轮组的反向摩擦系数可使卷扬机受力反而减少。为保证安全，又临时增设四线滑车组，施加20t拉力，以抵抗天车因升角较大而产生的下滑力，保证在吊装过程中的平稳、准确。

（5）天车同步行走

索道天车牵引速度3m/min，这样缓慢、平稳有利与上、下游索道运行中随时进行调整，以便上、下游索道天车做到同步，避免索道吊机在起吊钢箱梁时，由于上、下游索道天车不同步、前后差距过大而发生事故的危险。

6　材料与设备

三跨各布置独立的索道吊机，所需主要设备如表1所示。

主要材料及设备表　　表1

序号	名　称	型号与规格	数量	备注	序号	名　称	型号与规格	数量	备注
1	主索钢丝绳	ϕ56	19 000m		9	千斤顶	60t	4台	
2	卷扬机	10t中速	24台		10	施工索道		2副	
3	卷扬机	5t中速	6台		11	附墩塔吊	80t.m	4台	
4	卷扬机	1t中速	4台		12	对讲机		10台	
5	索鞍		12台		13	全站仪	拓普康GTS-602	2台	
6	天车		12台		14	经纬仪	JD2	2台	
7	滑车组		12台		15	水平仪	瑞士WILDN3	2台	
8	扁担梁	型钢梁30t	6根						

7　质量控制

（1）主梁施工质量检查和质量标准执行《公路桥涵施工技术规范》（JTJ 041—2000）及《公路工程质量检验评定标准》（JTG F80/1—2004）中悬索桥加劲梁有关规定。

（2）千斤顶的标定委托有资质的单位进行，标定的频率按现行规范及设计图纸有关规定执行。卷扬机及选定的钢丝绳、索夹、滑车组等材料的检验与试验检验严格按国家有关规定执行。

（3）吊装索道主索在各种工况下，其破断拉力安全系数均大于3.0；索道主索安装状态下垂度误差控制在±10cm。新钢丝绳在使用前进行预拉，消除非弹性变形；提升及牵引钢丝绳安全系数大于5.0。

（4）地锚抗倾、抗滑安全系数大于2.5，抗拔安全系数大于2.8。

（5）主梁在安装过程中，每完成一节段测量其位置、高程和预拱度，如不符合要求及时进行校正；同时密切观测主索塔变位情况，根据设计要求和实测塔顶偏移量，及时采取措施进行调整，保证工程质量。

（6）在安装合龙段前，根据实际的合龙长度，对合龙长度进行修正；并将合龙口两侧节段预偏20～30cm，便于合龙段顺利通过。

（7）钢加劲梁安装后的吊点偏位小于20mm，顶面高程在两吊索处的高差小于20mm，相邻节段匹配高差小于2mm，达到了《公路桥涵施工技术规范》（JTJ 041—2000）中悬索桥钢加劲梁安装后允许偏差的要求。

8　安全措施

索道安装主梁施工属高空作业，危险性很大，在施工中严格遵守桥梁施工高空作业及水上作业的安全规定，重点注意以下几点：

(1)贯彻"安全第一,预防为主"的方针,成立安全领导小组,建立健全安全管理体系,严格各级安全岗位责任制,加强安全监督,进行安全技术交底及安全培训,提高施工人员安全意识和防范能力。

(2)定期、定人检查索、吊具。主要是检查钢绳夹头、弯曲处的耳环、转向轮、收紧处的滑轮组、手动葫芦及动力装置的连接是否可靠,安装是否符合安全要求,是否有裂纹,润滑是否良好。

(3)吊装作业画定危险区域,挂设明显安全标志,并将吊装作业区封闭,设专人加强安全警戒,防止其他人员进入吊装危险区。夜间施工配备足够的照明,电力线路必须由专业电工架设及管理,并按规定设红灯警示,并装设自备电源的应急照明。

(4)选派具有丰富吊装经验的信号指挥人员、司索人员。作业人员必须持证上岗,对患有不宜高空作业疾病的人员不得安排高空作业。吊装挂钩人员必须做到相对固定。吊索具的配备做到齐全、规范、有效。吊装作业时必须统一号令,明确指挥,密切配合。

(5)季节施工时,做好与气象台的联系工作,雨季施工设专人负责发布天气预报,并及时通报全体施工人员。当风速达到15m/s(6级以上)时,吊装作业必须停止。风雨过后,要对现场的大型机具、临时设施、用电线路等进行全面的检查,当确认安全无误后方可继续施工。

(6)穿永久吊杆等连接工序的高空作业时,必须设临边防护及可靠的安全措施。作业时必须系挂好安全带,穿防滑鞋。作业人员应从规定的通道和走道通行,不得在非规定通道攀爬。

(7)吊装过程中密切观测主索塔变位情况,根据设计要求和实测塔顶偏移量,及时采取措施进行调整,保证施工安全。

9 环保措施

(1)遵照《中华人民共和国环境保护法》要求,严格组织施工和管理,成立以项目经理为责任人的文明施工领导小组,实行环保责任制。

(2)进行环保教育,使工人认识环保的重要性。

(3)重视设备的选择和放置位置。选择科技含量高的环保施工机具,不但能提高效率,保证工程质量,更能减小产生的噪声污染。在总平面布置上,将产生较大污染的设备尽量远离临时生活区和周边的住宅。

(4)合理安排进度,尽量避免深夜连续施工;将产生噪声的设备和活动远离人群,做到施工不扰民。

(5)施工现场运送各种材料、垃圾、渣土等有覆盖和防护措施,保证行驶途中不污染道路和环境,不影响市容和卫生。出渣车辆按规定办理准运证,按规定线路运输到指定渣场弃放。

(6)及时处理施工及生活中产生的废弃物,运至指定地点弃置,不得向江、河内倾倒,避免造成环境污染。

(7)不乱排放施工废水、污水,施工及生活中产生的污水或废水。

10 资源节约

(1)在施工过程中,严格贯彻国家节能工程的有关要求。

(2)积极探索能源替代和材料的再生技术。

(3)在施工过程中,坚持随用随要,避免储存和运输过程当中的损耗。

11 效益分析

11.1 经济效益

以重庆鹅公岩大桥为例,一套索道吊机加上232m栈桥总计需投入878.7万元,而要达到索道吊机的安装进度,至少需要投入6套缆载吊机,每套缆载吊机造价约190万元,同时还需布置约950m栈桥及4台辅助吊机,总计投入达1 736.2万元。大跨度索道吊机安装钢箱梁方案比缆载吊机安装钢箱梁的方案节约投入857.5万元，经济效益非常显著。

鹅公岩大桥的索道吊机方案与缆载吊机方案的直接费构成如表2所示。

鹅公岩大桥主梁安装两种方案直接费用构成　　表2

缆载吊机方案				索道吊机方案			
项目	数量	单价(万元)	小计(万元)	项目	数量	单价(万元)	小计(万元)
缆载吊机	6台	190	1 140	钢丝绳	295t	0.76	224.2
扁担梁	126t	0.58	73.1	扁担梁	186t	0.58	107.9
栈桥	950m		152.1	栈桥	232m		40.1
简易吊机	2套	75	150	塔架标准件	205t	0.078	16
简易挪梁吊机	2台	20	40	塔架新制件	35t	0.52	18.2
10t卷扬机	12台	10	120	索鞍及天车精加工件	79t	2	158
钢丝绳			31	索鞍及天车加工件	39t	0.52	20.3
栈桥水下基础			30	10t卷扬机	24台	10	240
				地锚			54
合计			1 736.2	合计			878.7
1 736.2 - 878.7 = 857.5(万元)							

11.2　社会效益

(1)采用本工法施工，在钢箱梁吊装时不需封航，在繁忙的川江航道及黄金水域具有突出的社会效益。

(2)与缆载吊机相比，本工法加快了施工进度，施工速度可以达到2～4节段/d，重庆鹅公岩长江大桥节约工期3个月，使大桥提前通车获得较大社会效益。

(3)本工法的成功研发和实施为国内外的悬索桥施工提供了在经济、环境条件上可供选择的新方法，为桥梁技术的发展作出了贡献。

12　工程实例

重庆长江鹅公岩大桥上部钢箱梁由重庆交通建设(集团)有限责任公司采用本工法进行安装，忠县长江大桥也采用本工法安装上部主梁。

12.1　重庆鹅公岩长江大桥

重庆鹅公岩长江大桥为柔性三跨连续钢箱梁悬索桥，跨径布置为214m + 600m + 235m，加劲钢箱梁宽35.5m、高3m，节段长7～10m，重106～174t，全桥共108个节段。主梁实际安装平均2～3节段/d，最快达4节段/d。整个吊装过程安全顺利，得到了业主、监理及参建各方的一致好评，大跨度索道安装悬索桥上部钢箱梁新技术突破了传统缆载吊机安装上部主梁施工工艺的局限性，解决了因各种原因上部主梁不能运输到位进行定点垂直起吊的难题，属国内外首创。该桥于1997年10月开工建设，2000年12月竣工通车，鹅公岩长江大桥工程荣获2002年度"中国市政金杯奖"。重庆鹅公岩长江大桥钢箱梁安装总体布置图如图7所示。

12.2　忠县长江大桥

忠县长江大桥为单跨加劲桁架梁悬索桥，全长1 199.73m，主跨560m，桥面净宽18m。大桥加劲桁架梁35个块段，桥面板1 540块。该桥于1998年9月开工建设，2001年9月竣工通车。忠县长江大桥获得2006年度"国家优质工程银质奖"。

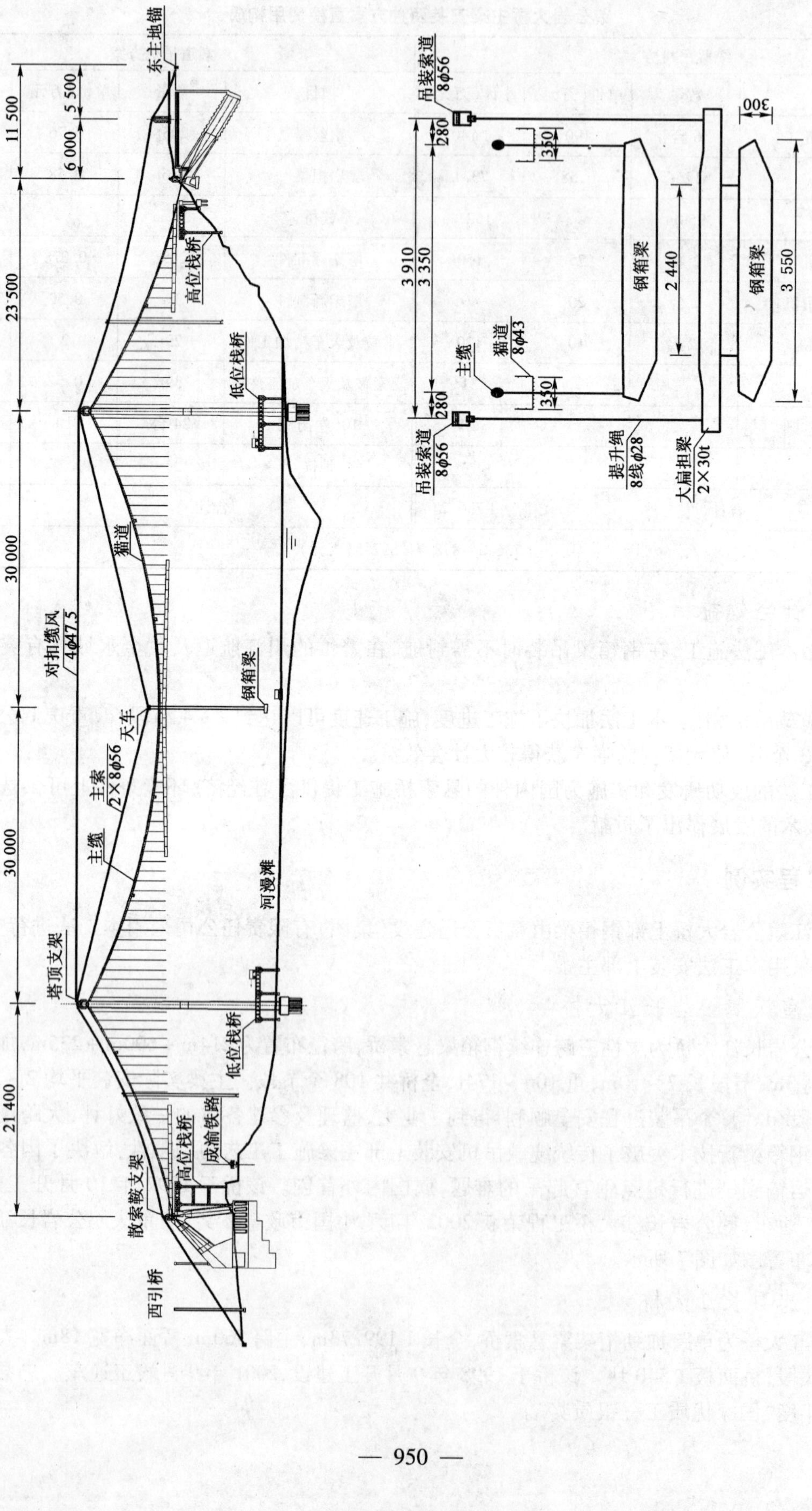

图7 重庆鹅公岩长江大桥钢箱梁安装总体布置图（尺寸单位：cm）

现浇预应力混凝土连续箱梁满堂支架施工工法

GGG(浙)C3091—2009

宋德昌　郑纪伟　周学军　李世祥
(浙江登峰交通集团有限公司)

1 前言

随着我国社会经济的发展,桥梁的设计要求不再局限于通行功能。现代桥梁的设计功能除了满足通行这一基本要求而外,增加了景观化等要求,这就导致出现了更多结构复杂、形式多样的桥梁。其中,曲线型桥梁和变截面桥梁的设计使用越来越多;而对这些采用特殊结构线形的桥梁,采用满堂支架现浇施工的方法是最经济实用的施工工法。

虽然满堂支架法施工是常用的桥梁施工工法,但是在近年来,经过对支架材料不断地研究完善与更新,使得满堂支架的施工工法成为了一种技术上简单、易于控制,经济上实惠而较安全的施工工法。

近年来,浙江登峰交通集团有限公司运用现浇预应力混凝土连续箱梁满堂支架施工工法,对申苏浙皖长兴西互通区两座大桥、03 省道萧山东复线延伸段(新街至红垦)改建工程、03 省道萧山义桥大桥及南岸互通工程等多项工程进行了施工并圆满完成了施工任务。通过对这些多项工程的实际施工经验的总结,我公司对该工法的施工技术日益完善,并获得了较大的经济效益。

2 工法特点

2.1 技术特点

本工法可以有效地节约施工工期,减少施工成本,且相较于悬臂浇筑的技术复杂、施工程序烦琐,本工法工艺简单、易于操作,从而较好地规避了施工中存在的施工安全和质量缺陷的各种风险,具有较好的经济价值。

2.2 结构特点

本工法施工预应力可以集中安装,同时张拉压浆,一次成型,不发生结构受力体系的转换,对成型后的桥梁受力具有较好的优势。

3 适用范围

本工法适用于桥下无行车要求或者通行车辆较少的陆地桥梁及城市高架桥桥梁的施工,且桥墩高度不宜大于 20m。

4 工艺原理

在处理好的地基上搭设门式支架,在门式支架的顶托杆上设置纵、横分配梁,在分配梁上安装连续箱梁模板,先浇筑连续箱梁,再张拉预应力钢束,形成一联多跨连续的简支梁,最后形成由多联组成的整体桥梁。

5 施工工艺流程及操作要点

为了能清晰了解本工法的施工工艺流程及操作要点,现以浙江省 03 省道萧山东复线延伸段(新街至红垦)改建工程第二合同段一联标准跨(30m+30m+30m联)预应力混凝土连续箱梁的施工为例,阐述现浇预应力混凝土连续箱梁满堂支架施工工法。

5.1 工程概况

浙江省03省道萧山东复线延伸段(新街至红垦)改建工程采用一级公路快速路、一级公路高架快速路和一级公路城市主干道三种技术标准设计,设计行车速度为60km/h、80km/h、100km/h。路基宽度分别为38m、25.5m、38m。本合同段起讫桩号K2+350~K4+518.435,全长2.168km,包括路基工程、高架桥1 500m/1座、中桥52m/1座(已建成)。

5.2 满堂支架法现浇箱梁施工工艺流程

编制专项施工方案→监理工程师审核、批准→测量放样→支架下地基处理→搭设支架→铺设底模→超载分级预压→预压数据收集记录→卸载→调整支架及梁底高程→绑扎底板、腹板及纵横梁钢筋骨架→预应力波纹管施工→底板锚具及锚固体系埋设→穿预应力索→监理工程师查验→浇底板、腹板、纵横梁混凝土→养护→拆腹板、隔板内模,并立顶板模板→绑扎顶板钢筋骨架→穿入波纹管→监理工程师查验→浇筑顶板混凝土→养护→预应力束筋张拉→孔道压浆、封锚→顶板临时人孔洞处钢筋焊接处理→浇筑顶板临时人孔洞口混凝土→养护→拆除支架(图1)。

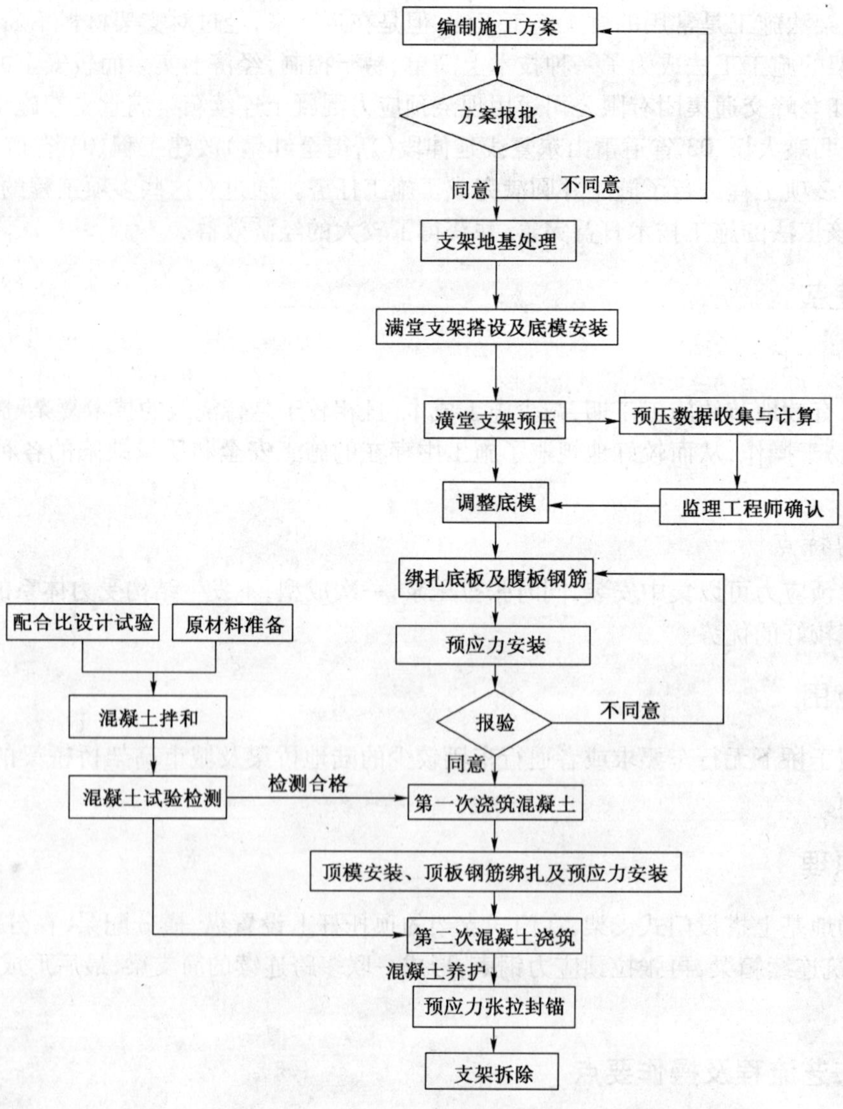

图1 满堂支架现浇预应力混凝土连续箱梁施工工艺流程图

5.3 操作要点

5.3.1 地基处理

(1)地基回填和压实

对承台基坑、淤泥彻底进行清理,然后用土进行分层回填碾压。一般采用与原地基土相同性质的土进行回填,个别软弱地基处填以灰或砂砾。地基土进行分层回填和压实,碾压密实后做地基承载力试验。

地基土回填压实后,上铺35cm厚的宕渣,碾压后压实度达93%。顶面浇筑厚10~15cm的C20混凝土。混凝土顶面做成2%的横坡,且高于原地面,利于排水。

(2)支架基础排水系统

为使整个支架的基础不至于浸泡在水中而发生下沉,在支架的两侧各1m以外通常设置排水沟2条,每80m设集水坑1个,做到有水及时排出。整个地面,按两幅桥面中心线为界,向外侧按2%放坡,做到雨停场地干,不浸润架子基础。配备2台潜水泵,配套管子和专业人员及时排除坑积水。

(3)地基承载试验

对处理好的支架基础做承载试验。试验方法为:在认为比较软弱的地基上划出7.2m×1.8m的地块,按支架立柱间距做支承加载平台。在加压前对平台的高程观测一次,然后用相应于1.1倍箱梁与支架自重的总荷载进行加压。在加压过程中平均每2h观测一次,连续3次观测在24h沉降量为小于1mm范围时即可确认达标。卸载后再对平台高程观测一次,从以上的观测资料中计算出地基的弹性变形及下沉量。

5.3.2 支架搭设(图2)

满堂支架可采用碗扣式或门式支架,主要构件由HR100门架片、调节杆、交叉拉杆、纵横水平加固杆、剪刀撑、下托与上托组成。剪刀撑采用ϕ48mm×3.5mm的焊接钢管。整体构架竖直方向通过调节杆、可调托座和可调底座调节所需施工高度。整体构架水平方向通过设置在门架上的锁销连接。连接棒固定在门架下面。

支承架的搭设顺序如下:按排距弹线→铺支座垫板→摆扫地杆→竖立杆→依次上一排纵、横管,上两排横管→校正立管→上临时支撑→搭至指定高程→搭设各剪刀撑→自检→预压→交付验收。

5.3.3 模板安装(图3)

图2 支架搭设施工

图3 模板安装施工

支架搭设好后,根据桥轴线对支架进行调整。支架上托横桥向布置3根直径4.8cm、壁厚3.5mm的无缝钢管作为龙骨。横桥向间距为90~120cm,其上铺设10cm×10cm落叶松的方木作为分配梁,顺桥向间距为25cm,方木两面刨光压平。然后安装箱梁模板,本工法箱梁模板分两次安装,第一次安装底模及腹板模板,待第一次混凝土浇筑且混凝土强度达到一定程度后(一般等待3d)再安装顶模模板。为保证现浇箱梁的外观质量光洁度、表面平整度和线形,加快施工进度,箱梁模板统一采用竹胶板。

5.3.4 支架预压(图4)

为检查支架的整体稳定性及支架基础的实际承载能力和支架的弹性变形,克服混凝土浇筑过程中支架的不均匀沉降,避免箱梁混凝土因支架不均匀沉降而出现裂缝,满堂支架搭设前,先对其地基预压,达标后再进行支架搭设。在浇筑箱梁前,要按照监理工程师指定大于两个以上连续等跨的跨数进行超载预压。预压以水袋法代替砂袋法进行施工,预压荷载质量:全段面分层法浇筑,为浇筑段箱梁自重的1.1倍;全断面法一次性浇筑,为箱梁自重与施工荷载之和的1.2～1.25倍。加载宜分四级进行,即25%、50%、80%和100%的预压荷载总重,每级加载后均静载3h,分别测设支架和地基的沉降量,做好记录。加载全部完成后,连续观测日沉降量,连续观测3d,当沉降量在24h小于1mm方可卸载,测设支架的回弹值,计算支架的弹性变性。底板铺设调整高程时要根据预压结果在跨中设置一定的预拱度,各跨的跨中按设计要求设置预拱度,预拱度在各跨按照二次抛物线分布。支架预压试验观察标尺,预压试验完成后不能拆除,待箱梁混凝土浇筑完成后方可拆除,以便观察现浇过程中的沉降量。

5.3.5 底板、腹板及纵横梁钢筋绑扎(图5)

图4 水袋法支架预压施工

图5 钢筋绑扎及预应力管道施工

因本合同主桥为单箱多室箱梁,拟采取两次浇筑,分界面为横断面的中性轴线,钢筋现场下料配制成型。安装绑扎分两次进行,一次为底板、纵梁、横梁及腹板,第二次为顶板及翼板。箱梁预留进出的人孔洞口处钢筋避让原则为:一般钢筋避让主筋,主筋避让横向预应力钢筋,横向预应力钢筋避让纵向预应力钢筋。波纹管安装时,依据施工实际情况,可先安装好波纹管后穿钢绞线,也可先把钢绞线穿进波纹管后一起安装。特别注意,对于纵向预应力束长达100多米,而且设计有弯起弧度拐弯处的预应力筋束,弯曲处须安装使用井字形钢筋定位,且必须确保波纹管的位置准确。即在平直段绝不能出现凹凸的波浪形,在弯起处要注意增加防崩井字架,以便预防预应力筋束张拉施工产生曲线径向次全力,造成混凝土崩裂,形成严重的混凝土质量缺陷。

在钢筋施工过程中,应先预埋锚垫板,使其与波纹管孔道垂直。锚垫板压浆孔先塞满棉丝,防止压浆孔漏浆堵塞。钢绞线的切割用砂轮切割机,严禁采用电焊烧割钢绞线。钢筋垫块须均匀设置,密度不宜太大,垫块采用半圆形状混凝土预制垫块或塑料垫块。钢筋垫块选用原则为既能确保保护层的厚度又能减少与箱梁混凝土的色差。严禁钢筋与模板紧贴。

5.3.6 混凝土浇筑(图6)

图6 底板和腹板混凝土浇筑

箱梁混凝土的浇筑一共分两次进行。在第一次浇筑混凝土前,对支架、模板、钢筋和预埋件进行检查,对模板内的杂物、积水和钢筋上的污垢应清理干净。在监理工程师签字同意后方可进行混凝土的浇筑。箱梁混凝土采用泵送,纵向分段,横向分层浇筑。混凝土由下坡端往上坡端浇筑。第一次浇底板、腹板及纵、横梁横断面中性轴线以下,待第一次浇筑混凝土达到设计强度的70%后,即可立内模、绑扎顶板并绑扎箱梁顶板钢筋;待第一次浇筑混凝土达到100%设计强度后,即可进行第二次浇筑翼板、腹板和顶板。浇筑前第一层混凝土界面的浮浆必须凿除,并对腹板伸入顶板部分钢筋上的混凝土进行清理;清理完成后用水冲洗干净且铺设一层砂浆。

浇筑混凝土时,混凝土由低往高处浇,先浇筑箱梁底板,后浇筑腹板混凝土。腹板混凝土振捣后设专人检查以防漏振。浇筑混凝土的过程中应密切观察支架沉降。

5.3.7 预应力张拉

1)张拉准备工作

(1)清除梁体张拉端支承板上杂物、梁体孔道内积水和杂物。观测孔道有无串孔现象,再用压缩空气吹干孔内水分。确认孔道已进行过检孔器检查。对预应力筋束,进行外观检查,不得损坏,无污物,无锈蚀。预应力筋下料两端共考虑30~40cm富余量,钢绞线切断前的端头用铁丝绑扎,用砂轮锯切割。下料后梳整编束,每隔1~1.5m绑扎铁丝一道,顺直编号分类存放,支垫遮盖,严防锈蚀、污染。

(2)待混凝土达到设计强度的95%,龄期达到8d以上才能进入张拉施工。

(3)根据实用钢绞线弹性模量E,修正好钢绞线的伸长量,供张拉施工参考。

(4)张拉设备的校验:油泵、压力表、张拉千斤顶等必须已校正并保证在使用期内。压力表、张拉千斤顶等计量设备,应定期检查并建立卡片备查。锚具按规定检查合格。张拉机具与锚具配套设备,应在进场时进行检查和校验。千斤顶与压力表应配套使用和校验,从而确定张拉力与压力表读数之间的关系曲线。

2)预应力张拉施工

(1)张拉工艺流程:分别采用YCW150型油压张拉千斤顶,配ZB4—500油泵进行预应力钢绞线的张拉施工。工艺流程:$0\rightarrow 0.1\sigma_k\rightarrow$持荷2min,同时量测伸长量$\delta_1\rightarrow\sigma_k\rightarrow$持荷2min,同时量测伸长量$\delta_2$→回油→量测伸长量$\delta_3$($\sigma_k$表示张拉控制应力)。

(2)张拉注意事项

①检查千斤顶有无滑丝:若$\delta_3-\delta_2>8$mm,则表明滑丝,应查明原因并采取措施,及时解决后方可继续张拉;再检查钢绞线尾端标记是否仍为一个平面,如平面出现了变化,说明有个别钢绞线出现了滑丝现象,必须采取措施进行及时处理。

②计算实测引伸量:实测引伸量$\delta=P(\delta_2-\delta_1)/(P-P_0)$。

③进行实测引伸量和计算引伸量的比较:张拉中应对实测伸长量与计算伸长量进行比较。实测伸长量与理论伸长量相比较误差保持在±6%以内,否则应查明原因,并予以解决。

5.3.8 压浆

钢绞线张拉完毕后24h内对孔道进行压浆,按设计要求压浆采用真空压浆法进行;水泥浆强度等级为C40,具体指标如下:

水灰比:0.30~0.35;

泌水率:最大泌水率不大于3%,拌和3h后,泌水率小于2%,泌水在24h内重新被浆吸收;

流动度:浆体流动度控制在14~18s,拌制30min后控制在50s内;

膨胀率:通过试验确定膨胀剂的掺量,膨胀率小于5%;

初凝时间不小于3h;

抗压强度:浆体7d强度不小于30MPa,28d强度不小于40MPa。

真空压浆主要设备有灰浆搅拌机、压浆泵、真空泵、真空压浆组件、各种接头阀门、浆桶等,主要设备的性能须满足设计要求。压浆后先将其表面清理干净并将周围的混凝土面凿毛,然后设置钢筋网,浇筑封锚混凝土。封锚混凝土强度等级与构件混凝土相同。

5.3.9 混凝土养护

养护一般采用洒水养护,为防止养护水分蒸发过快,可草帘子覆盖并浇水,也可以用土工布等。养护期间不可断水,必须保持箱梁混凝土的表面湿润,防止混凝土表面开裂。浇水养护不应少于7d。

5.3.10 支架拆除拆除时间

现浇箱梁混凝土支架的拆除时间应符合施工图设计要求,结构物现浇混凝土强度达到设计要求;结构物有关的预应力工程施工完成,经过单位工程负责人、质量自检人员和监理工程师的检查验证,确认不再需要支架时,并由监理工程师批准确认,方可科学、合理地拆除施工支架。

5.3.11 支架拆除顺序

对支架的稳定性与拆除支架的程序一定要给予高度的重视,否则会造成意外的安全、质量事故;要采取相应措施防止支架下沉与变形。拆架时一定要先拆箱梁翼板后底板或先外伸梁后主梁,并必须从跨中对称往两边拆。当跨度大于20m时,支架拆除宜分两阶段进行,先从跨中对称往两端松一次架,再对称从跨中往两端拆,而且在整个拆架过程中必须有技术人员跟班指挥与检查,以防拆架产生过大的瞬时荷载引起不应有的施工裂缝。多跨连续梁应同时从跨中对称拆除。

5.4 施工中的关键技术

本工法在施工操作中,要采用在对支架材料不断研究、比较的基础上,选择合理结构支架进行施工;先在支架搭设前,对地基进行超载预压,达标后再搭支架,以水袋法支架预压代替砂袋等其他材料进行支架预压;要科学合理进行支架拆除;确保满堂支架现浇施工安全。采用支架刚柔地基连接技术,合理选择分层浇筑界面,预防混凝土沿预应力钢束纵向崩裂的预应力管道定位技术和现浇混凝土施工技术,以便解决现浇箱梁施工时常见的质量缺陷。

6 材料与设备

6.1 支架

HR100重型门式支架,门架高1.9m,宽1m,单片门式支架重0.224kN,单片门架由立杆、立杆加强杆、横杆及横杆加强杆等组成。

6.2 分配梁

纵向分配梁采用3根直径4.8cm、壁厚3.5mm的钢管,横向分配梁采用10cm×10cm的方木。

6.3 模板

模板采用18mm×1 220mm×2 240mm规格的竹胶板,内模背脊采用小方木。

6.4 机械设备

施工中会使用到的主要机械设备为起吊机、混凝土拌和楼、混凝土输送泵、振捣棒、预应力钢绞线张拉及压浆设备等。

7 质量控制

7.1 基本质量控制要求

(1)所有实测项目必须符合《公路桥涵施工技术规范》(JTJ 041—2000)要求。

(2)所有控制指标必须符合施工图设计及招投标文件要求。

7.2 主要现场质量控制措施

(1)对所有材料进行检测。对于钢绞线、锚具等材料要有质量证书,并送业主审查和备案;水泥、钢筋等厂供材料必须有出厂合格证,并严格控制其质量规格符合规范要求。对砂、石料等进行材质、强度试验,并严格控制其粒径及含泥量不超过设计及规范要求。

(2)坚持施工过程中的试验制度。混凝土浇筑现场对每批混凝土均进行坍落度试验并记入施工记录，保证混凝土强度试验的频数、试件组数达到规定要求。

(3)钢筋骨架的绑扎必须牢固，混凝土的灌筑要严格按照配合比施工。

(4)夏天输送混凝土时要经常做坍落度试验，以确定调整适用的水灰比，方可浇筑混凝土。选派熟练的技术工人进行施工作业，严格按技术规范做好各项记录、试验，及时进行混凝土的养生。

(5)严格把好模板质量关，从设计、加工、安装、拆模等全方位严格控制、检查，为混凝土圬工施工打好基础。

(6)预应力施工时，严格按监理工程师批准的施工方案和操作要求进行，并切实做好工地技术指导和施工记录。

(7)施工过程中，做好地表的防排水工作，支架地基边沟、集水坑等要随时检查，防止积水浸泡箱梁支架地基。

(8)每一部位均统一使用同料场、同厂家、同品种、同等级的原材料，保证混凝土的颜色、和易性，不离析，并连续灌筑，确保质量。

(9)混凝土拌和最大水灰比和最小水泥用量要符合规范要求。当混凝土坍落度有明显变异时，应及时分析，并调整施工配合比。

(10)混凝土浇筑施工前必须对锚垫板、支座、压浆口等预埋构件进行严格检查，确保各种预埋构件定位准确、安装牢固。

(11)在浇筑预应力锚垫板下混凝土时，由于该部分钢筋较现浇密集，必须采用小号的振捣棒对该处混凝土进行振捣。

8 安全措施

现浇预应力混凝土连续箱梁支架施工属于安全施工的重点工程，为确保施工安全，必须按照有关规定编制《支架搭设施工安全专项方案》、《高空作业安全专项方案》及《支架拆除安全专项方案》，并请有关部门的专家进行论证、修改后再进行施工。

9 环境保护措施

从长远考虑，本着保护环境，美化环境的原则，在施工中应合理安排施工生产，把施工对环境的影响减少至最低限度，防止污染和其他公害，保障人体健康，促进社会主义建设的发展。

10 资源节约

本工法比较于悬臂挂篮浇筑施工具有较好的经济技术价值，现以一联宽 25.5m、跨径 30m + 50m + 30m 现浇预应力混凝土连续箱梁采用满堂支架现浇施工（墩高 10m）与采用贝雷桁架梁悬臂现浇施工的资源使用进行比较。采用贝雷桁架悬臂浇筑施工时，0 号块 12m、0′号块 4m 均采用满堂支架施工。其余 1 ~5 号块 2.75m 采用贝雷桁架悬臂挂篮浇筑施工。中跨合龙段长 2.5m，边跨合龙段 2m 边跨现浇段 4.21m。采用四榀贝雷桁架梁，每榀采用单层四片贝雷片拼装而成，上下弦杆采用 I10mm 槽钢加强。具体见表 1。

资 源 比 较 表

表 1

施 工 工 法	周转钢材(t)	C20 混凝土基础(m^3)	人工成本(万元)	竹胶板、方木等(m^3)	施工工期(d)
满堂支架施工	192	125	143	140	64
悬臂施工	292	280	294	36	165

11 效益分析

11.1 施工工法成熟且易于控制

满堂支架现浇施工工法是采用较早的施工工法，经过不断的实践与完善之后，这一工法已经相当成熟。

与悬臂挂篮施工相比较,满堂支架法预应力混凝土连续箱梁施工工法技术与施工工艺更为简单,易于控制。

11.2 资源获得相对简单并可循环利用

满堂支架施工工法所采用的竹胶板、方木等在全国各地均有销售,并可以周转使用四五次。而搭设支架所采用的门式支架,属于多次周转材料,在全国大部分地区均有出租,且该门式支架的价格也相对实惠,长期从事本行业的公司也可采取购买的方式使用。

在现代桥梁设计施工当中,桥型的设计越来越趋于多样化且注意景观,截面更多采用变截面桥梁。而对这些形式的桥梁,如采用其他施工方法一般都要求钢模板等经过特殊加工,这在一定程度上造成了资源的浪费。满堂支架一般都采用竹胶板、方木等可再生资源,模板的加工成本相对较低,可以实现对资源的更大化利用。

12 应用实例

12.1 申苏浙皖高速公路第十合同段全长9.233km(含匝道),为双向六车道高速公路,路基宽35.5m,合同总价为1.39亿元人民币。其中长兴西互通区二号桥总长236m,跨径4×16m+24m+30m+30m+24m+4×16m;三号桥总长308m,跨径5×16m+18m+24m+24m+18m+5×16m+4×16m,从2005年1月8日开始至2006年10月25日竣工,均为满堂支架法现浇预应力混凝土连续箱梁,工程质量优良。

12.2 浙江省03省道萧山东复线延伸段改建工程第二合同段及第三合同段

(1)浙江省03省道萧山东复线延伸段改建工程位于杭州市萧山区,南起浙江省03省道东复线与104国道的平面交叉处(浙江省03省道东复线起点),终点位于红十五线一级公路起点以北250m处。第二合同段起点桩号K2+350,终点桩号K4+518.435,全长2.168km,共有现浇预应力混凝土连续箱梁18联,均采用满堂支架法施工,工程质量优良。

(2)浙江省03省道萧山东复线延伸段(新街至红垦)改建工程第三合同段起点桩号K4+518.435,终点桩号K6+866.452,全长2.348km,共有现浇预应力混凝土连续箱梁22联,均采用满堂支架法施工,工程质量优良。

采用砂箱临时支座架梁的施工工法

GGG(中企)C3092—2009

骆大新 骆军成 张意波 朱 峰 孙向楠

(葛洲坝集团第五工程有限公司)

1 前言

随着高速公路的发展,对公路桥梁的质量、进度、安全、舒适、环保要求不断提高,桥梁结构由简支梁桥逐渐发展到完全连续梁桥,但其各有利弊,取两者之长处,舍两者之短处,先简支后连续梁桥应运而生。对于地质条件特别复杂的地区,桥梁基础坐落在力学性质截然不同的持力层上,先简支后连续梁桥一般是设计人员的首选桥梁结构形式。经过近十年的发展,理论与实践的不断结合与创新,设计与施工技术不断成熟。但是在施工过程中美中不足之处,就是桥梁的临时支座往往被忽视。临时支座的设计与施工是连续梁桥施工中的重要环节。人们在不断的施工过程中总结采用了木制临时支座、混凝土砂临时支座、钢结构临时支座和硫黄砂浆临时支座。以上各种支座都有其适用的优点,也有自身难以克服的缺点。葛洲坝集团第五工程有限公司通过在公路桥梁施工中不断总结,特别是通过对在云南元磨高速公路、云南小磨高速公路和湖北沪蓉西高速公路的施工中所采用的各种临时支座的反复比较,经过不断摸索和反复验算,结合钢结构临时支座、硫黄砂浆临时支座和混凝土砂临时支座的优点,克服缺点,设计出砂箱临时支座,在实际工程中得到了广泛应用。经实践证明,砂箱临时支座与硫黄砂浆临时支座相比成本降低了3/4,与传统的混凝土砂临时支座相比成本降低了1/2。其在实际工程应用中,操作非常方便,能提高进度,而且砂箱高度采用的是无级调节,保证了连续梁桥的架设高程,确保了工程质量,并且在施工过程中不会产生任何污染,非常环保。

2 工法特点

(1)根据桥梁架设高程的需要,对砂箱高度进行无极调节,满足桥梁架设的要求。

(2)将传统的砂箱分解为上下两个部分,质量轻巧,一个工人轻松就可以安装拆卸,便于施工。降低施工安全风险。

(3)砂箱临时支座强度比较高,稳定性好。

(4)加工材料尺寸小,选择废旧钢模板切割,将废旧模板进行周转使用,变废为宝,节约材料。

3 适用范围

该砂箱临时支座适用于所有先简支后连续梁桥的施工;在上下两个构件间距比较小的地方作为上部构件模板的支撑也可以广泛应用。

4 工艺原理

本砂箱临时支座的工作原理就是根据钢材可以加工成任何形状,并具有很高的抗压强度、不易损坏的特点,利用黄砂抗压强度高、粒径小的特性,综合两者加工成活塞式可调节砂箱,其结构如图1所示。

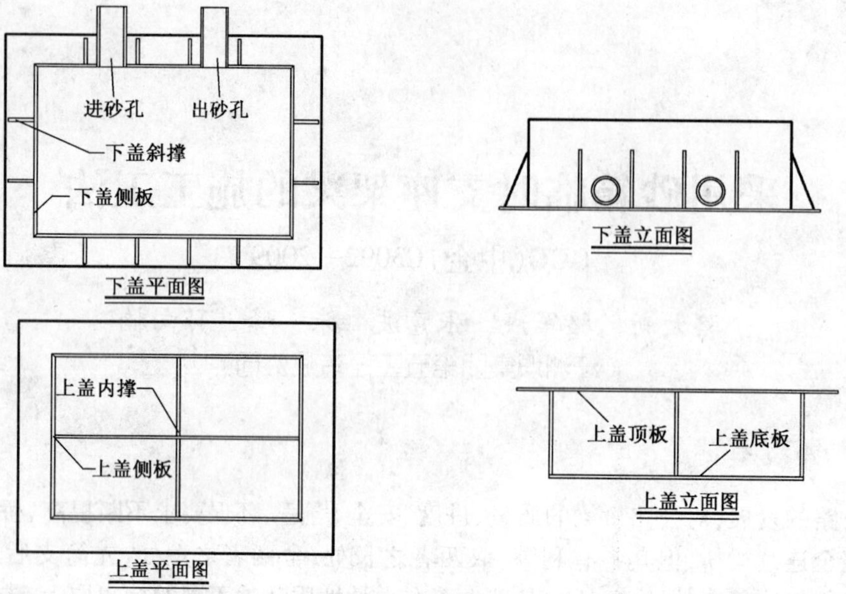

图1 可调节砂箱结构

5 施工工艺流程与操作要点

5.1 施工工艺流程

材料准备→加工砂箱→试验确定砂箱压缩量→梁板试压确定压缩量→拆除砂箱→循环使用。

5.2 操作要点

5.2.1 材料准备

收集已经使用的模板或者废旧型钢,切割成设计需要的尺寸,砂箱的面板和侧板长宽尺寸要求比较严格,面板厚度3~5mm均可,侧板一般为5mm。如果侧板太薄则不能满足强度要求,太厚则重量增加,操作起来就不方便,具体厚度根据承载重量的大小计算确定。侧板的斜撑均可以采用废旧型钢进行加工。黄砂选用极配良好的中砂,在使用前要在太阳下暴晒或在烘箱中烘烤,保证黄砂含水量控制在1%以下,控制含水量的目的是防止随着时间的推移砂箱产生过大的沉降量。

5.2.2 加工砂箱

砂箱加工质量控制的重点是焊接质量,所以焊接必须采用持有电焊操作证并且技术熟练的电焊工操作。侧板与上盖、下盖焊接均采用外侧焊接,在长边方向均匀间隔焊接4个焊点,每个焊点焊缝长度约3cm,在短边方向焊接3个焊点,每个焊点焊缝长度约3cm。上、下盖外面的加固支撑均采用满焊。

5.2.3 试验室确定砂箱压缩量

将含水率小于1%的黄砂装入砂箱内,然后放在万能试验机上,不断给砂箱加压,记录砂箱的压缩量,通过获取的试验数据画出受力大小与压缩量的关系曲线。特别注意加压到设计压力时砂箱上所产生的压缩量,根据试验数据来指导现场砂箱装砂的数量。

5.2.4 梁板试压确定压缩量

在预制场利用龙门吊吊起一片梁板预压在砂箱上,再次确定砂箱的压缩量,根据试验室和现场压缩量数据,在砂箱内装填所需要数量的黄砂后置于盖梁上,然后将梁板轻轻放置在砂箱临时支座上,临时支座上盖板就会慢慢下沉,如果下沉的高度超过了设计高程,则必须重新将梁板吊起往砂箱里增加砂;如果下沉的高度还没有达到设计高程,则可以从进水孔和出水孔慢慢掏出砂子,砂箱就会慢慢下沉,直到满足设计高程,砂箱临时支座安装一般控制在比梁底的永久支座高1.5cm为宜,为后期砂箱随着时间的推移留下一定的沉降空间,梁板安装在临时支座上后,一定要对梁板进行支撑,确保梁板的稳定性。

5.2.5 拆除砂箱

在桥梁完成从简支到连续的体系转换、二期束张拉压浆封锚后,待压浆强度达到设计强度后就可以拆除临时支座了。在拆除临时支座前先加工一个挂篮,挂篮长约11m,从桥底提升到盖梁外侧,作为拆除人员的工作平台,然后将一根水管伸进砂箱的进水管,砂就会被水从出水管冲出来,砂箱由于砂的减少慢慢下降,这样很容易就能把砂箱从梁底拆除,然后进行周转使用。

5.3 劳动力组织(表1)

劳动力组织表 表1

序号	单项工程	所需人数	备 注	序号	单项工程	所需人数	备 注
1	管理人员	1		3	安装砂箱	1	
2	电焊工	1		4	拆除砂箱	3	
				合计		6	

6 材料与设备

主要的材料设备见表2所示。

主要材料机具设备表 表2

序号	材料设备名称	型 号	单 位	数 量	用 途	备 注
1	钢板	5mm	kg	若干	加工砂箱	根据计算确定
2	电焊机	BX-300	台	1	加工砂箱	
3	挂篮	11m×1m	台	1	拆除砂箱	

7 质量控制

7.1 工程质量标准

(1)临时支座焊接应满足钢结构对焊接的要求,质量要符合《焊接部位的质量》(JB/ZQ 3679)和《焊缝外观质量》(JB/ZQ 3680)的验收标准。

(2)焊接时不得使用药皮脱落的焊条,焊条要符合《焊接材料质量管理规程》(JB/T 3223—1996)的验收标准。

7.2 质量保证措施

(1)加工砂箱所使用的钢材均应为合格钢材,质量符合《钢板和钢带包装、标志及质量证明书的一般规定》(GB/T 247—2008)的验收标准。

(2)焊工必须经考试合格取得特种行业规定的操作证方可上岗,对焊工的焊接水平要进行试焊检验,焊缝长度和焊缝饱满度均应满足要求。

8 安全措施

(1)坚持"安全第一、预防为主"的方针。根据国家有关规定、条例,结合施工单位和工程的具体特点,组成专职安全员和班组兼职安全员的安全生产网络,加强安全教育,坚持上岗前的安全培训和安全技术交底工作,建立健全各项安全规章制度,加强安全岗位责任制。严格按操作规程作业。

(2)参加安装和拆除临时支座的高空作业的施工人员,作业时必须配戴安全帽、系安全带或安全绳,不准穿拖鞋。

(3)加强现场用电管理。

(4)加强对挂篮用钢丝绳的检查,如果钢丝绳断丝超过起重用钢丝绳断丝规程要求,则必须立即给予更换。

9　环保措施

本工法环保的主要措施就是将使用过的临时支座进行回收处理。在操作过程中不会产生化学反应,也不会造成环境污染。

10　资源节约

本工法在应用过程中对周围环境不会产生任何污染,是一种"零污染"的施工工艺。同时由于支座砂箱尽量使用废旧钢材和钢板,而且可以循环周转使用,符合目前国家建立"工程建设资源节约型"社会的要求。

11　效益分析

(1)本工法砂箱临时支座将传统的临时支座分解成几个部分,方便轻巧,便于安装,大大提高了功效,拆除时工人直接用水管将黄砂从砂箱内冲出后就可取出,缩短了高空拆除临时支座的时间,降低了安全风险。

(2)本工法采用砂箱临时支座的高度采用无极调节,满足梁板安装对高程的质量要求,确保了安装质量,砂箱临时支座是普通混凝土砂临时支座成本的1/2,是砂浆硫黄临时支座成本的1/4,极大降低了施工成本,对于大量简支连续梁桥施工成本控制效果会更加明显,由于加快了施工进度,为工程早日进入运营阶段打下基础,将产生良好的经济效益和社会效益。

(3)由于采用的材料均为废旧材料的再次利用,符合现在国家要求建立"建设资源节约型社会"的要求,砂箱临时支座可以循环周转使用,大大降低了工程成本。

12　应用实例

12.1　云南元磨高速公路特大刚构桥砂箱应用

云南元江—磨黑(简称元磨)高速公路是国道213线云南境内的一段,其中第十三合同段位于云南省墨江县境内,全长10.768 48km,起讫桩号为K303+420~K314+188.82,有特大型刚构桥4座,边跨梁段采用落地支架立模浇筑,但是箱梁底板与抬帽距离25cm,浇筑后底模支撑拆卸非常困难,当时采用砂箱作为底模的支撑,拆卸模板非常方便,提高了功效,保证了施工安全。

元磨高速公路于2001年5月开工,于2003年12月完工。

12.2　云南小磨高速公路先简支后连续T梁砂箱临时支座安装

云南小勐养—磨憨(简称小磨)高速公路是国道213线云南境内的一段,该公路2004年被交通部列为云南省唯一的"部省联合实施的典型示范工程",其建设对质量、安全、环保、经济、舒适要求程度都非常高。小磨高速公路第六合同段全长4.915km,大小桥梁14座,其中先简支后连续梁桥7座,30mT梁235片,每片T梁重约80t,如果按照硫黄砂浆临时支座,投入费用高,如果采用普通混凝土砂临时支座则拆卸困难。

第六合同段由于桥梁比较多,投入的模板数量比较大,下部结构完工后,所有的模板全部闲置无处可用,成了一堆废铁,能否将这些模板变废为宝进行再次利用呢?项目部经过技术论证,决定将这些模板进行简单切割后,加工成砂箱临时支座用于上部结构梁板安装,用来代替设计要求使用的硫黄砂浆临时支座,节约成本达到90余万元,此举受到设计和监理的认可,并在小磨高速公路全线推广。

小磨高速公路路基工程于2004年12月16日开工,于2007年5月16日完工。

12.3　湖北沪蓉西高速公路简支T梁砂箱临时支座安装

湖北沪蓉西高速公路第十四合同段路线全长3.33km,主要工程为双河口特大桥、关口垭1号~3号大桥、八字岭特大桥及关口垭隧道等。其中关口垭1号大桥、关口垭2号大桥、八字岭特大桥为简支T梁结构,在该桥梁架设过程中,采用了砂箱临时支座用于上部结构梁板的安装,使用非常方便,提高了功效,保证了施工安全,节约成本达到70余万元,经济效益和社会效益显著。

预压支墩现浇箱梁施工工法

GGG(中企)C3093—2009

廖纪明 罗努银 吴 非 张红卫 罗桂军
(中国建筑第五工程局有限公司)

1 前言

福州长乐机场高速公路二期工程A3合同段,地处冲海积平原,旁依闽江光明港。地质复杂,淤泥、流沙层较厚,施工难度大,工期紧。该合同段内现浇箱梁工程量大,有336跨,跨径27~35m,墩高5~26.5m,箱梁宽度9~30m,箱梁高1.8m,箱梁顶、底厚均为25cm,腹板厚度45cm。中国建筑第五工程局有限公司通过科技创新,采用在跨中设置临时支墩与贝雷梁组成支架体系进行现浇箱梁施工,加快了施工进度,保证了工程质量,总结形成了预压支墩现浇箱梁施工工法。其关键技术"现浇箱梁临时支墩基础预制与预压施工技术"经湖南省建设厅鉴定达到国内领先水平。

2 工法特点

(1)采用本工法与满堂支架法相比,加快施工进度。

(2)为方便贝雷梁连接和拆除,中间支墩设置两排钢管立柱。

(3)钢管立柱首节底部焊接钢板与支墩预埋件焊接连接;钢管分段汽车吊吊装,空中竖向采用螺栓连接。

(4)临时支墩基础采用钢筋混凝土预制块,循环利用,加快进度,节约材料。

(5)每个支墩基础在立支架前按计算荷载120%超载预压,消除沉降等非弹性变形,有效避免支架不均匀沉降,保证施工质量、安全。

(6)形成墩间通道,解决桥下有通行要求的区域的人、车通行。

3 适用范围

(1)本工法主要适用于地质条件相对较差,地表虽有一层硬黏土层,但局部土层比较薄,且地下水位浅且丰富,允许承载力较低,容易产生下沉的地区。

(2)现浇箱梁底离地面的高度超过9m时,更能显示本工法的优势。

4 工艺原理

在现浇箱梁跨中设置临时支墩,临时支墩基础采用可循环利用的钢筋混凝土预制块。按简支梁计算跨中预压荷载。临时支墩地基基础在超载预压作用下,沉降趋于稳定。在支架搭设时,贝雷梁纵、横向连接,临时支墩基础实际受力小于预压荷载,结构更安全。

5 施工工艺流程及操作要点

5.1 施工工艺流程

测量放线→临时支墩基础处理→支墩预制块制作→支墩预制块安装→支墩堆载预压→支架搭设→现浇箱梁模板、钢筋、混凝土、预应力工程施工→拆除支架,转运支墩预制块。

5.2 操作要点

5.2.1 测量放线

在桥梁桩基、承台施工完成后,根据设计施工图纸,利用全站仪或钢卷尺放出临时支墩基础平面位置。临时支墩基础平面几何尺寸一般为:(桥宽+200cm)×400cm。

5.2.2 临时支墩基础处理

在支架上现浇箱梁,危险因素多,施工风险大。桥址地质条件相对较差地段,存在隐患更多。支架基础处理不当,容易产生下沉,轻者造成梁板开裂,重者可能支架失稳,故加大支架基础处理,确保支架稳固安全是关键,临时支墩基础需要根据实际地形地质及箱梁设计截面进行详细设计。

(1)承台基坑回填:先抽干承台基坑积水,再进行分层回填夯实合格土壤(如砂性土,碎石土等)。

(2)采用贝雷梁支架地段,临时支墩处软基位于地面3.0m以下深度时,首先对原地面进行整平碾压;然后在其上填筑80cm厚的碎石土,分层用20t以上振动压路机振压密实(20t以上振动压路机振压两遍无明显高程差异);最后把C30钢筋混凝土预制块铺在碎石土上作为支墩扩大基础。

(3)采用贝雷梁支架地段,临时支墩处软基位于地面以下3.0m深以内时,采用打松木桩或换填片石等进行地基加固,松木桩根数及长度依桥宽及地质情况而定。同样填筑80cm厚的碎石土后铺设C30钢筋混凝土预制块作为支墩扩大基础。

(4)在临时支墩基础周边设置排水沟,及时将临时支墩处雨、积水排走,避免水对临时支墩基础的浸泡,影响支墩基础的稳定。

5.2.3 支墩预制块制作

临时支墩预制块可在建桥梁旁选择一个场地就近预制或者就在已经处理好的支墩地基上预制。预制块采用C30混凝土浇筑,尺寸一般为:长×宽×高为2.4m×2.4m×0.6m,以便于调运;基础配ϕ16@200双层钢筋网;预制块顶部立钢管柱处设置6mm厚预埋钢板,用于钢管柱与钢板焊接,形成整体。预制块四角预埋四个吊钩,在预制块循环利用时方便吊装。支墩基础预制块设计图如图1所示。

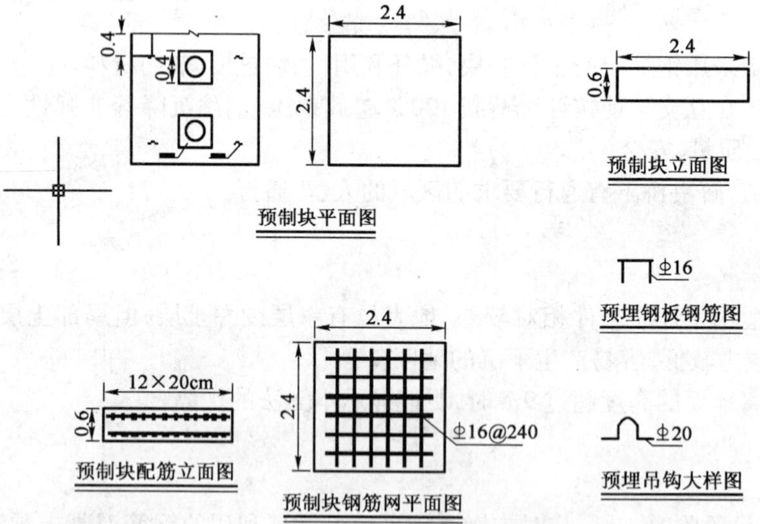

图1 支墩基础预制块设计图

注:预制块为双层钢筋网,除钢筋单位为mm外,其他尺寸单位为m。

5.2.4 支墩预制块安装

在处理过的临时支墩基础范围内铺设好已成型的钢筋混凝土预制块。预制块顶面高程基本一致,同一侧的预埋钢板中心要求在一条轴线上。

5.2.5 支墩堆载预压

每个临时支墩在支立钢立柱前必须按计算荷载120%超载预压,以消除地基沉降等非弹性变形。

预压采用三级预压:0～50%～100%～120%,每阶段预压观测时间不少于24h;加载至120%时连续观测3d。每个临时支墩堆载预压不少于7d,并做好沉降观测记录,见表1所示。

沉降观测记录表 表1

承包单位: 监理单位: 施工标段:
施工日期: 起止桩号: 编号:

工程名称			水准点编号			测量仪器	
水准点位置			水准点高程			仪器检定日期	
观测日期:							
观测点布置简图:							
观测点编号	天气情况	观测日期	荷载累加情况描述	实测高程(m)	本期沉陷量(mm)	总沉陷量(mm)	备注
技术负责人		施测人				日期	

沉降观测每天不少于两次。沉降稳定状态标准为1d内沉降累计±1mm。预压采用砂袋或混凝土预制块。以宽16.5m、跨径30m桥为例,预压观测点布置如图2所示。

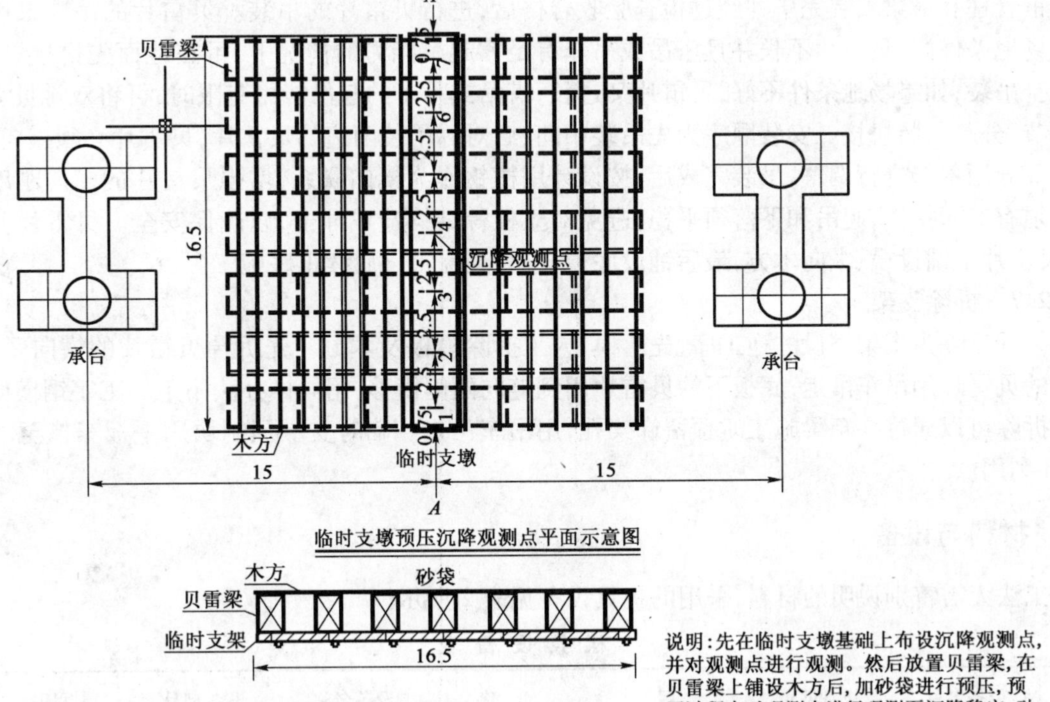

图2 预压观测点布置(尺寸单位:m)

堆载预压的工序流程如下。

(1)压重的准备工作:准备足够的砂料或混凝土预制块。施工中可采用统一的砂袋尺寸,并进行称重。

(2)支承重支架:首先在铺设好的钢筋混凝土预制块上安装好贝雷梁,每组贝雷纵梁长6m;然后在贝雷纵梁顶面铺设10cm×12cm木方做横向分配梁。

(3)全面测量观测一次。

(4)利用汽车吊机,将砂袋或混凝土预制块吊至支架上;注意底层砂袋的均匀砌码;吊运过程中防止砂袋堆载倾覆。

(5)压重一半时进行一次观测记录。

(6)按照要求布置好全部压重荷载,进行一次全面观测,之后每天不少于两次观测。

(7)安排现场各类值班人员,对压重情况进行24h不间断观察、观测和巡视。

(8)开始卸载:卸载前必须对压重情况进行一次全面观测,然后按照先压砂袋层后卸、后压砂袋层先卸的原则,注意分层均匀卸载。荷载卸至一半时进行一次观测,全部砂袋卸完后进行最后全面的观测。

(9)整理观测记录,上报观测记录。

5.2.6 支架搭设

(1)钢管柱的安装

在临时支墩基础预压完成后,进行钢管立柱的安装。钢管立柱安装前,在基础上先用全站仪对平面控制点位置进行精确放样,首节钢立柱与钢筋混凝土预制块上的预埋钢板焊接,钢管分段吊装,空中竖向采用螺栓连接,钢管柱中设置1个钢抱箍,抱箍四面焊接横、纵、斜向联系,联系采用[16号钢,钢管柱的顶部与工字钢横梁焊牢,以增强钢管的横向和纵向稳定性,安装时严格控制钢管的倾斜度小于1%。

(2)贝雷片的安装

在钢管柱和横梁安装完毕并经过检查验收合格后,进行贝雷片的吊装。贝雷片的吊装采用两种方法。在场地条件好、贝雷片不长并且塔吊或吊车有足够起吊能力的情况下,可在地面先拼接贝雷片后,整联双排吊装;如果场地条件不好,贝雷片又过长,塔吊或吊车的起吊能力有限时,可将双排贝雷片纵向分为几节,分跨吊装拼接。安装顺序为先吊装中间、后对称吊装两边的贝雷片,贝雷片必须横向放平,箱梁超高部分用木垫进行调整,吊装完成后,按设计用槽钢作为横向联系,增强贝雷片的横向刚度。吊装作业必须有专人指挥,起吊和下落须平稳,避免对立柱等结构造成冲击,以确保安全。贝雷片安装完毕后,在贝雷片上铺设横、纵向木方,最后铺设底模,进行现浇箱梁后续工序施工。

5.2.7 拆除支架

支架的拆除为支架搭设的逆工序,先落模,人工拆除模板及木方。先拆掉贝雷片的横向联系,再将翼板下的贝雷片用吊车吊走,底板下的贝雷片用倒链向两侧横移,用同样办法吊走。工字钢横梁和钢管立柱的拆除可以通过在箱梁施工时预留卸架孔,用吊车吊走。临时支墩预制块用平板车拖至下一支墩处,循环利用。

6 材料与设备

本工法无需特别说明的材料,采用的机具设备见表2所示。

机具设备表 表2

序号	设备名称	设备型号	用途	序号	设备名称	设备型号	用途
1	吊车	QY25	支架、钢筋吊装	6	钢筋切割机	GJ40	钢筋加工
2	吊车	QY16	模板吊装	7	混凝土拌和机	HZS-75	混凝土加工
3	振动压路机	YZT20B	基础处理	8	混凝土搅拌车	$8m^3$	混凝土运输
4	卷扬机	5t	钢筋加工	9	千斤顶	YCW400	施加预应力
5	钢筋弯曲机	GW40	钢筋加工	10	千斤顶	YCW150	施加预应力

7 质量控制

7.1 工程质量控制标准

现浇箱梁施工质量执行《工程测量规范》（GB 50026—2007）、《公路桥涵施工技术规范》（JTJ 041—2000）、《公路工程质量检验评定标准》（JTG F80/1—2004）。表3～表5分别为支架、模板安装、钢筋加工及安装现场质量允许偏差。

支架现场质量允许偏差 表3

项 次	检 验 项 目	规定值或允许偏差	检验方法和频率
1	高程(mm)	+20，-10	用水准仪，每跨至少测5点
2	跨径(mm)	+0，-20	用测距仪，每跨抽查3片
3	纵轴的平面位置	跨径的1/1 000或30mm	用经纬仪检查

模板安装现场质量允许偏差 表4

项次	检 验 项 目		规定值或允许偏差	检验方法和频率
1	轴线偏位(mm)	梁	±10	用经纬仪检查，梁纵向检查2点，其他纵、横各检查2点
2	模板高程(mm)	梁	±10	用水准仪检查
3	内部尺寸(mm)	上部结构	+5，-0	用尺量长、宽、高各2点
4	平整度(mm)	表面平整	5	用2m直尺检查2点
		相邻板表面高差	2	用尺量，每接缝检查2点
5	预制件、预留孔(mm)	预埋件中心线位置	3	用尺量，每孔抽查30%
		预留孔中心线位置	10	
		预留孔截面内部尺寸	+10，-0	

钢筋加工及安装现场质量允许偏差 表5

项次	检 验 项 目		规定值或允许偏差	检验方法和频率
1	受力钢筋间距(mm)	两排以上排距	±5	尺量：每构件检查2个断面
2	箍筋、横向水平钢筋、螺旋筋间距(mm)		±10	尺量：每构件检查5～10个间距
3	钢筋骨架尺寸(mm)	长	±10	尺量：按骨架总数30%抽查
		宽、高或直径	±5	
4	弯起钢筋位置(mm)		±20	尺量：每骨架抽查30%
5	保护层厚度(mm)	梁	±5	尺量：每构件沿模板周边检查8处

7.2 质量保证措施

（1）安排桥梁专业施工队，使用素质高的工人参与施工，做到精心管理，精心施工；

（2）加强测量、试验、检验等基础性工作，制定各项技术管理制度，用科学手段保障工程质量；

（3）第一跨箱梁浇筑前后，认真做好观测记录，如支架下沉总量、支模上拱度及地基下沉量等，了解地基承载力情况，以便调整地基处理方案；

(4)认真做好技术交底工作,对基础处理、支架、模板、钢筋、混凝土浇筑等工序按设计图纸、施工方案及施工规范向班组进行详细交底,做到人人心中有数,在施工中精心操作;

(5)严格各工序检查,关键工序主管专业工程师亲自指挥检查;

(6)施工区域四周设置截水沟,区域内设置排水沟,保证支墩基础不受雨水浸泡,造成地基承载力下降;

(7)为保证雨季支墩安全,项目部将配备足够的排水设备并成立排水紧急小组随时进行突击。

8 安全措施

(1)项目部建立以项目经理为第一责任人的安全管理保证体系,明确各级人员的安全职责;

(2)堆载预压成立压重施工班组,专人负责,统一指挥,杜绝违章作业和违章指挥现象;压重要选择在正常天气下进行,避免在5级及5级以上的大风天气中施工;

(3)堆载预压区域安装临时防护栏杆,挂安全防护网,非施工人员严禁入内;

(4)夜间施工桥上必须有足够照明,经常性地进行安全检查;

(5)进场人员戴安全帽,禁止穿拖鞋;

(6)高处作业人员应系好安全带;施工人员不得带病作业,特殊工种作业人员持证上岗;

(7)横跨道路地段施工时,应设置防抛网,防止坠物伤人;夜间施工设置红灯标志,确保过往人车安全;

(8)支墩预压及混凝土浇筑过程,派专人负责支架巡检工作,遇支架下沉或横桥偏移迹象,立即向现场负责人汇报,并采取有效措施确保安全;

(9)施工过程一旦出现安全事故等紧急情况,立即启动项目部安全事故紧急预案,第一时间做好人员救助,现场保护,采取措施减少人员伤亡和财产损失。

9 环保措施

9.1 临时驻地的环境管理

施工人员临时住地、办公室和其他施工生活场地的环境管理是搞好文明施工和环境保护的重要环节。

(1)项目经理部,各工区项目办公室,各种临时生活、施工设施,均统一设计,合理布置,做到整洁、美观、适用、安全。

(2)临时设施区域内设置化粪池和水处理系统,并经合理规划和设计。污水净化池中的污泥应予定期清除。

(3)生活和固体垃圾有固定的弃置场,并设置定期处理的垃圾箱。

(4)驻地临时设施配备足够的防火和消防设施,并制订相应的防火措施,成立义务消防队,确定各区域防火负责人。

(5)工场、料场、配电房、易燃易爆物品合理布置,做到工完场清,保持场区整洁。

9.2 水的保护及防止水污染措施

(1)工程废水和生活污水不能随便排入河流以及市政排水系统,要按规定处理后,排放至指定地点。

(2)施工人员的生活污水、生活垃圾应集中处理,不得直接排入附近的水体造成污染。在各施工临设生活区配设沉淀池、废水处理池。生活废水经过处理后,再排到场外。

(3)沿线施工期间,在现场设置沉淀池,经过有关处理符合要求后,才排出场外。

(4)清洗集料的用水或含有沉淀物的水在排放前进行过滤、沉淀或采用其他方法处理,确保沉淀物含量不大于施工前河流中所达到的含量。

(5)施工期间和完工之后,对建筑场地、砂石料场地进行适当处理,以减少对河流和溪流的侵蚀。

(6)施工期间,施工废料如水泥、油料、化学品堆放,严格管理,防止雨季物料随雨水径流排入地表及相应的水域、市政排水系统,造成污染。

(7)施工时,机械废液用容器收集,不随意乱倒。防止机械严重漏油,施工机械运转中产生的油污水及维修施工机械时油污水不经处理不得直接排放。

9.3 防止尘埃及废气污染措施

(1)每天早晚用洒水车冲洗进入施工现场的场外道路,保持路面干净。

(2)施工场内交通道路进行硬化处理,每天根据实际情况用洒水车洒水。

(3)所有施工机械做好检修工作,尤其是废气的排放检测,必须符合当地废气排放检测标准。不合标准的机械设备不得使用。

10 资源节约

(1)本工法贯彻国家节能工程的有关要求,节约钢材和混凝土,降低能耗。

(2)本工法同传统的满堂支架体系相比,每16.5m宽、跨径30m的桥梁基础处理可节约混凝土70m^3,燃油35L。

(3)本工法工艺合理,技术成熟,能提高工效,降低劳动强度,节约劳动力,缩短现浇箱梁支架施工作业时间。

11 效益分析

(1)本工法经济效益、社会效益显著。与传统的满堂支架相比,本工法对桥下场地及净空要求不高,无需对场地进行硬化处理,可节约资源,降低工程成本;不需人工进行大量的脚手架搭、拆,机械化程度较高,加快了施工进度。

(2)本工法支架体系操作简便,稳定性好,有利于文明施工,工程质量、安全有保证。本工法对每个支墩进行了超载预压,降低了支架预压高度;贝雷梁强度高,每片贝雷梁之间采用钉销连接,能有效避免因支架不均匀沉降而引发的质量、安全事故。

(3)本工法临时支墩部分基础采用钢筋混凝土预制块,循环利用,拼装成型,不仅可节约支墩基础处理成本,而且可加快施工进度,减少环境污染。

(4)本工法由于在墩间形成通道,解决了对桥下有通行要求区域的人、车通行问题。

12 应用实例

福州长乐机场高速公路二期工程魁岐互通、洋里高架桥、国货互通现浇箱梁施工都采用本工法。

本项目地处冲海积平原,旁依闽江光明港。地质复杂,淤泥、流沙层较厚,施工难度大,工期紧。该互通桥梁基础为钻孔灌注桩,现浇箱梁工程量大。现浇箱梁现宽度9~30m,跨径24~35m,梁高1.8m,箱梁顶、底厚均为25cm,腹板厚45cm。主线桥现浇箱梁有104跨,A匝道、B匝道、B1匝道、B2匝道、C匝道、接线桥共现浇箱梁有118跨。采用本法工人劳动强度降低,加快施工进度,工期有保证。同传统的满堂支架施工方案相比,就场地硬化一项就节约投资600万元。9m、16.5m、19m宽等截面标准箱梁支架体系如图3~图11所示。

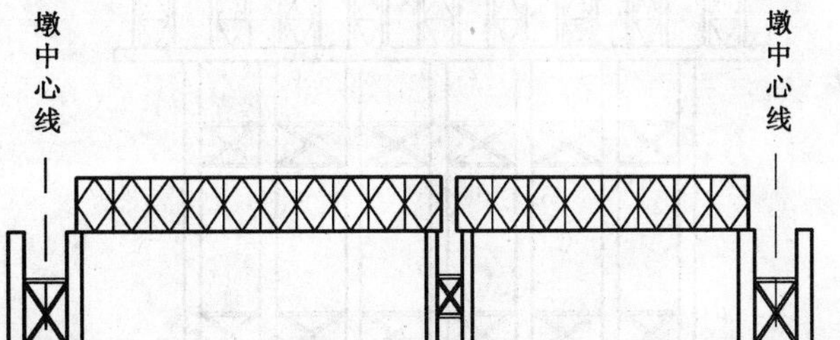

图3 9m宽30m箱梁支架纵断面图

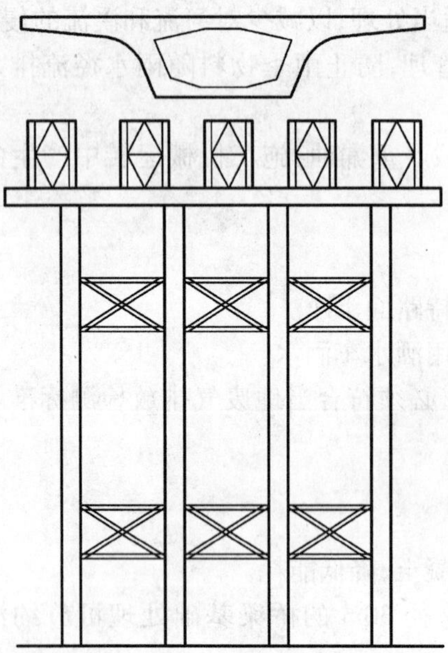

图4　9m宽箱梁中支墩处支架横端面图

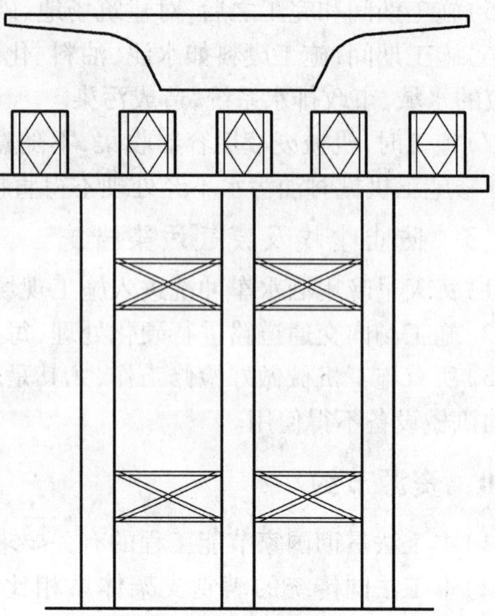

图5　9m宽箱梁承台处支架横断面图

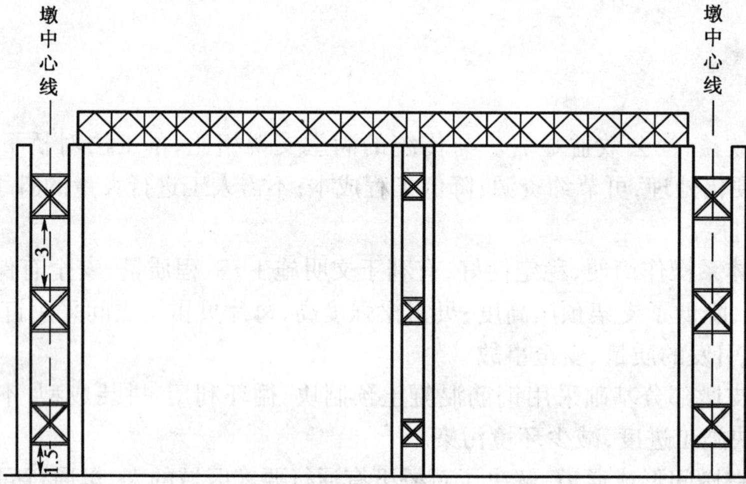

图6　16.5m宽30m箱梁支架纵断面图

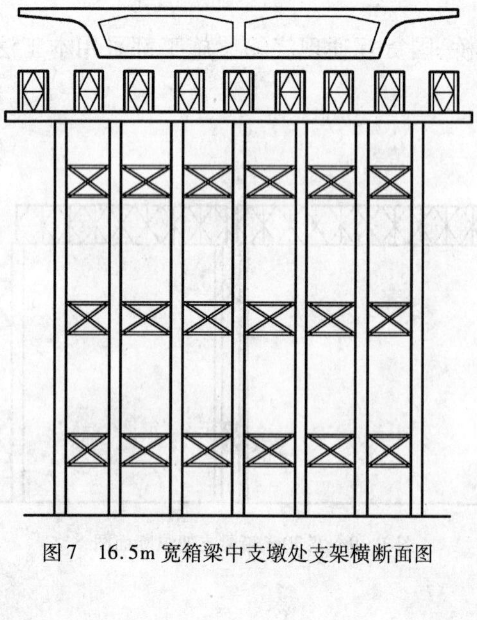

图7　16.5m宽箱梁中支墩处支架横断面图

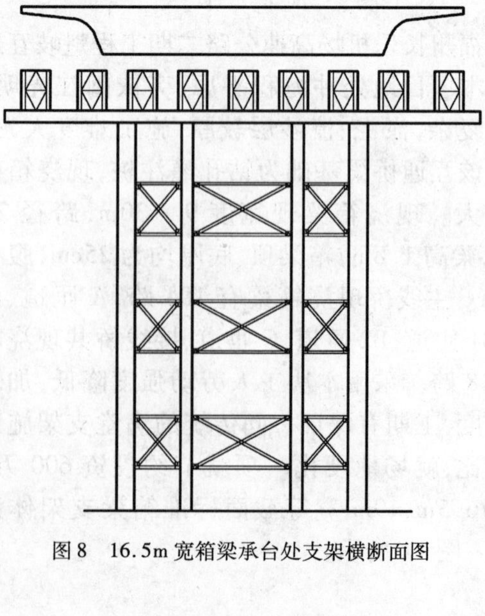

图8　16.5m宽箱梁承台处支架横断面图

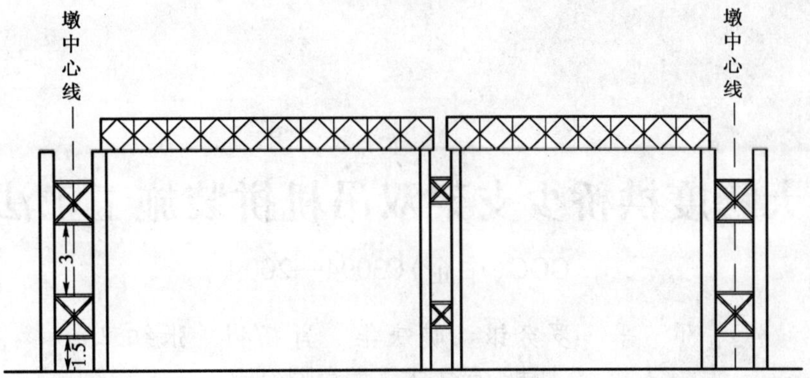

图 9　19m 宽 30m 箱梁支架纵断面图

图 10　19m 宽箱梁中支墩处支架横断面图

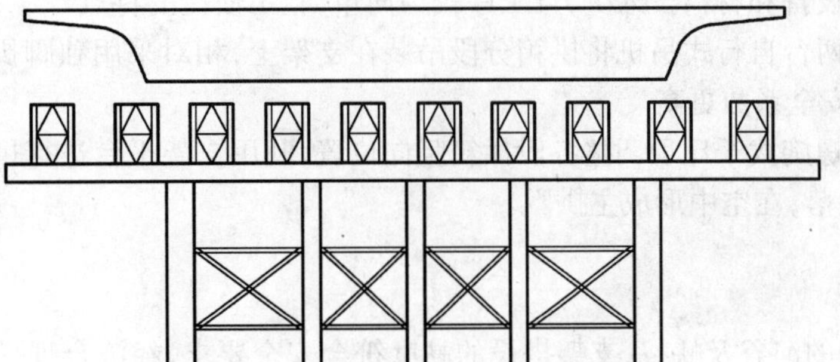

图 11　19m 宽箱梁承台处支架横断面图

大跨度拱桥少支架双吊机拼装施工工法

GGG(中企)C3094—2009

邓　平　罗努银　旷庆华　肖扬明　张红卫

(中建五局土木工程有限公司)

1　前言

拱桥是我国公路上采用很广泛的一种桥梁体系,原因是拱式体系的受力合理,拱式结构在竖向荷载作用下,支承处除产生竖向反力外,还产生水平推力,由于存在水平推力,使拱的弯矩比相同跨径梁的弯矩小很多,拱圈内主要承受压力,特别对于大跨度的拱桥,静载占全部荷载中的绝大部分,当合理选用拱圈的轴线时,使拱圈在静载作用下主要受压,这就使抗压性能较好而抗拉性能较差的石料和混凝土材料得到了充分的利用。同时由于外形美观,在桥梁方案比选中常处于有利的位置,经常被选用。

拱桥施工的难点在于主拱圈,特别是装配式预制拱圈的安装是拱桥施工的重点,施工的方法有支架施工和无支架施工。中建五局土木工程有限公司结合云南省楚雄州南永公路 K139 + 900 箱形拱桥工程实际情况,通过科技创新,形成了大跨度拱桥少支架双吊机拼装施工工法。其关键技术“大跨度拱桥少支架双吊机拼装施工技术”经湖南省建设厅鉴定达到国内领先水平。

2　工法特点

(1)该工法与传统的无支架缆索吊装和转体施工工法相比,利用支架代替缆索吊装中扣索的功能,减小了预制拱箱的吊装难度,提高了施工的安全性。

(2)该工法具有设备和材料投入少,且工序较为简单,施工便捷的特点。

(3)该工法采用两台自行式吊机将拱箱分段吊装在支架上,相对采用独脚扒杆、人字扒杆和缆索吊机进行安装,工效和安全系数更高。

(4)该工法利用螺旋式千斤顶调整各段拱箱竖向位置,利用支架平台进行拱箱的连接作业,通过螺旋式千斤顶的分级回落,在空中形成主拱圈。

3　适用范围

在地势较为平坦的河谷及峡谷,支架搭设的高度符合安全要求,经济合理,拱箱的安装高度满足自行式吊机的安全作业高度和范围。

4　工艺原理

针对拱圈采用分段拱箱预制后,在空中进行组合连接后形成的特点,根据拱箱的重量选择适宜的自行式吊机(汽车吊或履带吊),采用两台吊机(最好同型号和有相同的起重吨位)将拱箱(也称双机抬吊)吊装到相应的支架上进行人工调试和拼装。在每段拱箱的接头处设置支架,为每肋拱箱在合龙前提供临时支撑,同时为人员提供作业平台。双机抬吊拱箱到支架就位时,通过经纬仪的轴线控制,使拱箱的轴线符合设计要求;使用螺旋式千斤顶使彼此相邻的两段拱箱满足设计高程的要求。当每肋拱圈上所有的拱箱都按以上操作完成后,进行拱箱接头的连接(先采用螺栓连接,拱圈成拱后再进行焊接及浇筑纵横联系梁,进一步加强拱圈的整体性),然后螺旋式千斤顶分级回落,使每肋拱箱合龙后形成拱圈。

5　施工工艺流程及操作要点

5.1　施工工艺流程

施工准备→测量放样(放出拱箱接头在地面的相对位置)→支架底部垫层施工→安装支架→支架安全验收→吊装拱箱到支架上→测量控制→调整拱箱接头的位置→拱箱连接→落架(拱箱悬空,形成拱圈)→进行下一肋拱圈的安装。

5.2　操作要点

5.2.1　支架的施工

支架采用何种材料搭设,要根据支架的搭设高度及拱箱的最大重量等因素通过一系列的计算确定。搭设的材料有钢架管、槽钢和工字钢支架和万能杆件组合支架等。本工法选用钢架管的搭设方法进行说明。示例如下。

支架施工工艺流程参见图1所示。

(1)支架地基的处理

对支架地基进行碾压,提高地基的密实度,减少沉降。为进一步减少支架不均匀沉降,在立杆底部做30cm厚的C20片石混凝土垫层,其上面在每根立杆底部设宽20cm、厚5cm的垫木,并在支架外侧设临时排水沟,排除雨水。放垫木时必须铺放平稳,不得悬空,并事先在混凝土垫层弹线,以准确确定立杆位置。

(2)施工中,变形的钢管和不合格扣件(有裂纹、尺寸不合适、扣接不紧等)不准使用。

(3)搭设过程中随时校正杆件垂直和水平偏差,避免偏差过大。

(4)扣件的拧紧程度对支架的承载能力、稳定和安全影响很大,螺栓拧得过紧会使扣件和螺栓断裂,故要求保持合理的松紧度,即螺栓的扭力矩控制在40~50N·m之间。

(5)立柱的顶部用槽钢开口向下反扣,并焊接固定,施工时注意各横向槽钢保持在同一水平面上。再将12mm厚钢板平铺在槽钢上,钢板四周与槽钢焊接固定。钢板上再铺枕木垛,枕木之间用抓钉固定牢固。

(6)支架完成后,在支架上每肋拱箱作用区的立柱顶部横向设置2道直径12.5mm的钢丝绳作为缆风绳,用3t手拉葫芦收紧钢丝绳。

(7)在正式吊装前,利用拱箱进行支架预压,具体作法如下:当吊车吊装拱箱到支架的枕木垛上时,起重钢丝绳逐步放松,让支架逐渐受力,直到拱箱重量完全由枕木垛承担,持续4h后,在此期间内,起重钢丝绳保持一定的松紧度,防止支架可能发生严重变形,而产生结构破坏,通过以上过程以消除支架的非弹性变形,同时检验支架的受力状态是否正常,能否满足施工的需要。当支架稳定后,再次吊起拱箱,对支架各连接部位进行检查和加固,重新调整枕木高度后,将拱箱放置在枕木上。

(8)支架内力验算(举例说明计算的方法):

某桥主拱圈为长度$l=90$m、高度$f=15.113$m、拱轴系数$m=2.514$的等截面悬链线空腹式箱形拱圈。每肋拱圈由5段拱箱构成,其中Ⅰ段边箱的重量最重,其重量为$P=264$kN,同时其拱轴线水平倾角为5段拱箱的最大值,对支架产生的水平分力也为最大值。故取Ⅰ段边箱做控制计算。按《公路桥涵设计手册　拱桥》的有关悬链线计算公式,计算如下(计算简图见图2所示):

$$\tan\alpha_1=\frac{2fk\mathrm{sh}(k\xi)}{l(m-1)}=\frac{2\times15.113\times1.5729\times1.1531}{90\times(2.514-1)}=0.4023$$

式中:

$$\mathrm{sh}(k\xi)=\frac{1}{2}(\mathrm{e}^{k\xi}-\mathrm{e}^{-k\xi})=\frac{1}{2}(\mathrm{e}^{0.9856}-\mathrm{e}^{-0.9856})=2.3062\times\frac{1}{2}=1.1531$$

$$k=\ln(m+\sqrt{m^2-1})=1.5729$$

$$\xi=\frac{x}{l_1}=\frac{28.195}{45}=0.6266$$

$$k\xi=0.9856$$

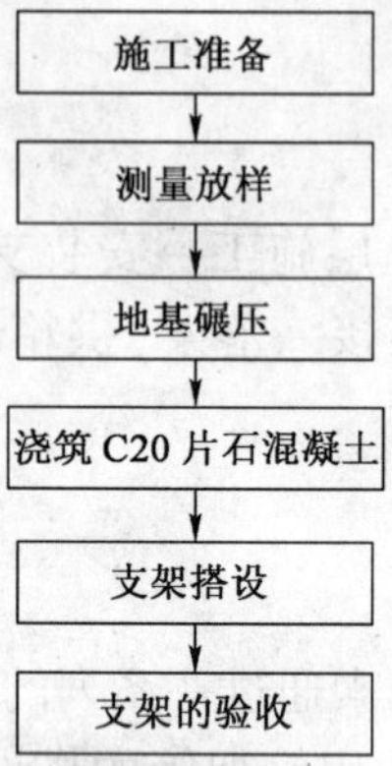

图1 支架施工工艺流程图

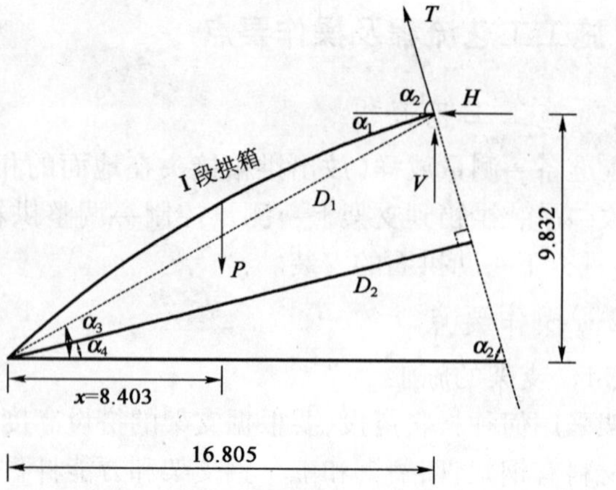

图2 计算简图(尺寸单位:m)

得

$$\alpha_1 = 21°54'54''$$

$$\alpha_2 = 90° - 21°54'54'' = 68°5'6''$$

$$D_1 = \sqrt{16.805^2 + 9.832^2} = 19.47$$

$$\alpha_3 = \arctan\frac{9.832}{16.805} = 30°19'49.31''$$

$$\alpha_4 = \alpha_3 - \alpha_1 = 30°19'49.31'' - 21°54'54'' = 8°24'55.31''$$

$$D_2 = \cos\alpha_3 \times D = 19.26$$

则有

$$T = m \times \frac{x}{D_2} = 264 \times 16.805 \times \frac{1}{2} \div 19.26 = 115.2(\text{kN})$$

其中水平分力为

$$H = T \times \cos\alpha_2 = \cos68°5'6'' \times 115.2 = 43(\text{kN})$$

其中竖向分力为

$$V = T\sin\alpha_2 = \sin68°5'6'' \times 115.2 = 106.9(\text{kN})$$

立柱的强度、稳定性验算:

支架的立柱横向间距为50cm,纵向间距为40cm,拱箱端部支撑面积为$S = 1.0 \times 1.5 = 1.5(\text{m}^2)$。通过支架内力计算,边箱Ⅰ段的前端对支架的竖向分力$V = 106.9\text{kN}$,水平分力$H = 43\text{kN}$。边箱Ⅰ段的前端对支架的压应力为:$P = V/S = 71.27\text{kPa}$,拱箱前端重量全部由支架的12根立柱支撑,则每根立柱的作用面积为0.125m^2,每根立柱承受的荷载为(考虑1.2的动力系数):$1.2 \times 0.125 \times 71.27 = 10.69(\text{kN})$。计算简图见图3所示。

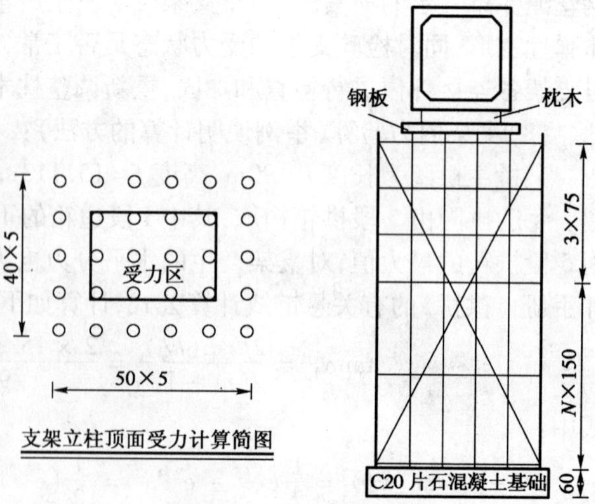

图3 计算简图(尺寸单位:cm)

强度验算:

采用$\phi48 \times 3.5\text{mm}$钢管,$A = 489\text{mm}^2$,则钢管回管的回转半径:$i = \frac{\sqrt{d^2 + d_1^2}}{4} = \frac{\sqrt{48^2 + 41^2}}{2} = 15.781(\text{mm})$。

采用12根立柱,各立柱之间布置双向水平撑,步距为1.5m,并适当设置剪刀撑,按强度计算,立柱的受压应力为:

$$\sigma=\frac{N}{A}=\frac{10\ 690}{489}=21.86(\mathrm{MPa})<f=215(\mathrm{MPa})$$ （满足要求）

长细比 $\lambda=\frac{L}{i}=\frac{1\ 500}{15.781}=95$

稳定性验算：

查《钢结构设计规范》(GB 50017—2003)，得 $\varphi=0.552$，则立柱的受压应力为：

$\sigma=\frac{N}{\varphi A}=\frac{10\ 690}{0.552\times 489}=39.60(\mathrm{MPa})<f=215(\mathrm{MPa})$（钢材强度极限值）（满足要求）

支架的整体稳定验算：

支架顶部的水平力为 $H=43.0\mathrm{kN}$，支架自重 $G=45.0\mathrm{kN}$。

倾覆力矩：

$$M_{倾}=Hh=43\times 5.83=250.69(\mathrm{kN}\cdot\mathrm{m})$$

稳定力矩：

$$M_{稳}=(G+V)b=(45+106.9)\times 2.5=379.75(\mathrm{kN}\cdot\mathrm{m})$$

倾覆稳定安全系数：

$$K=M_{稳}/M_{倾}=379.75/250.69=1.51>1.4$$（满足要求）

通过以上验算，支架的布置满足要求。

5.2.2 拱箱的吊装

按单肋有5段拱箱进行说明，分别是I段拱箱2个，II段拱箱2个，顶段拱箱1个。

(1)双吊机吊装施工

①两台吊机分别位于拱箱前后支架的作业区域，先起吊I段拱箱就位，使用钢丝绳分别捆绑在拱箱的前后设计吊点上。起吊后，使拱箱的后端落在拱座预埋钢板处焊接的钢牛腿上，前端落在钢管支架顶部枕木垛上。测量人员在每段拱箱吊装前，预先确定支架上枕木垛的位置和高度，吊装时进行拱箱平面位置观测，用1台经纬仪对每肋上每段拱箱的平面位置进行控制，当拱箱的轴线位置符合设计要求后，将拱箱放置在枕木垛的螺旋式千斤上。I段拱箱前端设计吊点处作为临时支撑点，II段拱箱前、后端设计吊点处作为临时支撑点，各临时支撑点的拱箱斜向底面用三角枕木调平（用螺栓连接固定，防止相对移动，合龙后拆除），用两台螺旋式千斤顶在枕木垛顶面顶起拱箱每个支撑点的三角枕木（螺旋式千斤顶活塞预先伸出15cm的高度，便于上下调整拱箱的竖向位置），再进行高度控制，用2台水准仪分别对I段、II段拱箱前段的设计高程标记进行水准观测，通过螺旋式千斤顶上下调整，使拱箱的空中拼装高度符合设计要求。中段拱箱利用双吊机空中就位，与在支架上的II段拱箱实现对接。

②拱箱位置和高程符合设计要求后，采用3t手拉葫芦收紧缆风绳，临时固定I段拱箱，防止产生晃动，松去起重钢丝绳。再吊装第II段拱箱，II段拱箱在支架上通过螺旋式千斤顶的调整实现与I段拱箱对接后，穿螺栓连接I段拱箱前端和II段拱箱的后端，防止互相错位，II段拱箱前端落在钢管支架顶部的枕木垛的螺旋式千斤顶上。在拱箱对接过程中，起重钢丝绳保持一定的张力。

③分别吊装左岸的I、II段拱箱及右岸的I、II段拱箱后，吊装顶段拱箱。顶段拱箱直接采用吊车在空中分别与右岸、左岸的II段拱箱对接。用水准仪校核已吊装的5段拱箱位置和高程，用支架上的每个支撑点的螺旋式千斤顶调整各段拱箱竖向位置，调整到整段拱肋符合设计要求的高程精度后，将拱箱接头间的空隙用调整钢垫片填塞牢固后，再次拧紧各段拱箱接头螺栓。分级同步回落I、II段拱箱临时支撑点的螺旋式千斤顶，分级同步是指螺旋式千斤顶活塞行程分次回落，即每次1cm回落高度，使拱箱逐步形成整体，防止各支撑点不均匀的回落，造成拱箱接头局部应力过大，导致接头破坏，影响质量和造成安全隐患，与此同时吊住顶段拱箱的两台吊车也要同步回落，从而使拱箱形成主拱圈。

(2)吊装过程的注意事项

①每段拱箱严格按设计吊点进行捆绑吊装，确保拱箱在吊装过程中处于安全状态。

②由于采用双吊机抬吊拱箱,在起吊、运输、就位时设专人统一指挥,协调2台汽车吊的吊装动作,起吊的速度要基本保持一致,并在拱箱起吊安装时,拱箱在前后吊点处各设2道缆风绳,通过地面人员的操作,控制拱箱空中状态,避免与支架、支架的缆风绳发生碰撞。

③拱箱就位后,须注意支撑点保持与拱箱底部均匀和水平受力,并采取临时横向固定措施,固定每段拱箱,防止拱箱左右晃动,发生安全事故。

④每肋拱箱空中对接,完成连接工作后,回落千斤顶时须注意分级同步,即I段、II段拱箱支撑点对称均匀落架,确保拱圈均匀受力。

⑤拱箱就位后,拱箱间的对位要求平整,不出现扭曲,轴线控制采用经纬仪控制。I、II段拱箱就位后,在拱箱连接处的底板处角钢的连接螺栓拧得稍紧,而顶板处的连接螺栓拧得稍松。在II段拱箱前端的支撑牢固后,除去起重绳。

⑥I、II段拱箱就位后在前端按1:2的比例预留抬高度,即II段拱箱前端预留抬高度为I段拱箱预留抬高度的2倍,以便顶段就位。各段就位后,在接头处形成上开口,便于在顶板角钢处填塞调整钢板。

⑦一片拱箱合龙时,在顶段基本就位但不松吊的情况下按1:2的比例缓缓回落I、II段拱箱的千斤顶,逐步调整接头高程,缓缓使顶段吊索受力逐渐减至顶段自重的30%,此时一片拱箱已基本合龙。此后在顶板角钢之间继续垫填和嵌紧钢板,以进一步减少千斤顶、吊索的受力,逐渐使全片成拱。最后拧紧各段拱箱的连接螺栓,焊接接头垫板和底板角钢的连接钢板(注:底板角钢连接钢板的焊接,利用拱圈下的支架,焊工在支架上,实施仰焊),并与已吊装完成的拱圈用钢板横向焊接固定。

⑧在合龙过程中,当接头高程偏低或轴线偏离较大时,采取千斤顶缓慢顶起箱段,并垫塞枕木,卸掉连接螺栓。在顶底板角钢处加焊钢垫板,调整拱的内弧长度或底板接头面的斜度,然后重新合龙就位。

6 材料与设备

本工法无需特别说明的材料,采用的机具设备见表1所示。

机具设备表 表1

序号	设备名称	设备型号	单位	数量	用途
1	汽车吊	根据拱箱重量和作业高度而定	台	2	抬吊拱箱用
2	螺旋式千斤顶	Qj50-100t	套	12	调整拱箱高度用
3	电焊机	XZ350	台	4	焊接拱箱接头钢板
4	手拉葫芦	SH3	个	10	收紧缆风绳用
5	花篮螺栓	CO-24	个	40	收紧缆风绳用
6	发电机	50kW	台	1	备用
7	钢管	$\phi 48$	t	80	支架搭设用
8	扣件		t	20	支架搭设用
9	绳夹	骑马式	个	200	固定钢丝绳头
10	钢丝绳	$\phi 12.5$mm	m	500	缆风绳
11	钢丝绳	$\phi 43$mm	m	100	起重绳

7 质量控制

7.1 工程质量控制标准

主拱圈的施工质量执行《公路桥涵施工技术规范》(JTJ 041—2000)。主拱圈允许偏差按表2执行。

主拱圈允许偏差表　　表2

<table>
<tr><th colspan="2">检 查 项 目</th><th>规定值或允许偏差(mm)</th><th>检 查 频 率</th><th>检 验 方 法</th></tr>
<tr><td rowspan="2">轴线横向偏位</td><td>L≤60m</td><td>10</td><td rowspan="9">每肋拱箱</td><td rowspan="2">钢尺全站仪</td></tr>
<tr><td>L>60m</td><td>L/6 000</td></tr>
<tr><td rowspan="2">拱圈底面高程</td><td>L≤60m</td><td>±20</td><td rowspan="2">水准仪</td></tr>
<tr><td>L>60m</td><td>±L/3 000</td></tr>
<tr><td rowspan="2">两对称接头相对高差</td><td>L≤60m</td><td>20</td><td rowspan="2">钢尺水准仪</td></tr>
<tr><td>L>60m</td><td>±L/3 000</td></tr>
<tr><td rowspan="2">同跨各拱肋相对高差</td><td>L≤60m</td><td>20</td><td rowspan="2">钢尺水准仪</td></tr>
<tr><td>L>60m</td><td>±L/3 000</td></tr>
<tr><td colspan="2">同跨各拱肋间距</td><td>±10</td><td>钢尺</td></tr>
</table>

7.2　质量保证措施

(1)拱箱的预制尺寸要严格按照设计执行,并核对拱箱预制台座的坐标和高度,保证拱箱制作的精度,防止发生由于尺寸误差而导致无法安装。

(2)拱箱合龙后的轴线和高度误差要控制在规范允许的范围之内。

(3)全部拱箱合龙后要及时浇筑纵横联系梁,使独立的拱圈能形成整体,提高稳定性和安全性。

(4)拱圈合龙后要建立观测点,定时测量拱圈的位置变化情况,为拱上桥面系的均衡施工提供依据,防止不均衡加载,而危及拱圈的质量。

8　安全措施

(1)认真贯彻“安全第一,预防为主”的方针,根据国家有关规定、条例,结合施工单位实际情况和工程的具体特点,组成专职安全员和班组兼职安全员以及工地安全负责人参加的安全生产管理网络,执行安全生产责任制,明确各级人员的职责,抓好工程的安全生产。

(2)施工现场的临时用电严格按照《施工现场临时用电安全技术规范》(JGJ 46—2005)的有关规范规定执行。

(3)对吊车等关键设备要定时检查,防止带病作业,防止安全事故的发生。

(4)对起重用的钢丝绳破损程度达到报废的要求时,要坚决予以报废处理。

(5)加强对作业人员起重知识的培训和教育,配备相应的安全防护器材,确保安全作业。

(6)拱箱支撑点的枕木垛搭设时,枕木之间要用钢爪钉固定牢固,防止拱箱的水平推力使单根枕木发生移动,而发生垮塌事故,造成安全事故的发生。

(7)建立完善的施工安全保证体系,加强施工作业中的安全检查,确保作业标准化、规范化。

9　环保措施

(1)成立对应的施工环境卫生管理机构,在工程施工过程中严格遵守国家和地方政府下发的有关环境保护的法律、法规和规章,加强对施工燃油、工程材料、设备、废水、生产生活垃圾、弃渣的控制和治理。

(2)将施工场地和作业限制在工程建设允许的范围内,合理布置、规范围挡,做到标牌清楚、齐全,各种标志醒目,施工场地整洁文明。

(3)对施工场地道路进行养护,并在晴天经常对施工通行道路洒水,防止尘土飞扬,污染周围环境。

10　资源节约

由于拱桥施工常用的缆索吊装工艺,需要采用大量的地锚锚固系统,要使用大量的混凝土材料和钢筋,塔架的搭设要使用大量的工字钢和角钢,各种规格的钢丝绳投入量大(有主索、起重索、走道索和缆风索等)、重复使用的次数较低(磨损程度高),卷扬机和滑轮组需求较高。而本工法节约了大量的混凝土、钢筋和钢材及设备的投入,有效地节约了资源。

11 效益分析

本工法相对于拱桥施工常用的缆索吊装施工方法,具有设备和材料投入小的优势,工程进度快,安全系数有所提高,施工方便且灵活,能产生良好的经济效益。

12 应用实例

云南省楚雄州南永公路 K139 +900 箱形拱桥由中建五局土木工程有限公司云南分公司于 2006 年建成并投入使用。

该桥为 $l_0=90$m(跨径)、$f_0/l_0=1/6$(净矢跨比)、拱轴系数 $m=2.514$ 的等截面悬链线空腹式箱形拱桥。拱上部分的腹拱及引桥为跨径 5m、矢跨比为 1/5 的等截面圆弧空腹拱,两岸主拱座均为桩基础承台,引桥桥台为 U 形桥台及扩大基础。大桥跨越永仁县莲池乡姜家村村后的峡谷,桥面至峡谷地面的高差为 90m,起讫桩号分别为 GGK138 +880 和 GGK139 +054,全桥总长度为 174.0m。

上部结构由主跨度为 90m 的主拱圈箱形梁及拱上的横墙、腹拱圈、片石铺砌、现浇桥面板构成。主拱圈梁混凝土强度等级 C40,分段预制及安装,分为五段预制安装,主拱圈在桥的横断面布置上为 8 肋,全桥共有 40 片拱箱(中拱箱 30 片,边拱箱 10 片),分为 I、II 段及顶段拱箱三种类型,其中 I 段拱箱弧长 19.54m,质量分别为 26.4t(边箱)和 22.78t(中箱);II 段拱箱弧长 19.24m,质量分别为 25.88t(边箱)和 22.28t(中箱);顶段拱箱弧长 19.24m,质量分别为 25.88t(边箱)和 22.25t(中箱)。拱箱的截面尺寸为 1.46m×1.50m。由预制横隔板、预制腹板组装后,现浇拱箱接头、底板和顶板形成预制拱箱。

本项目应用此工法提高了工效,加快了施工进度,工程质量得以保证,社会效益、经济效益显著。

三维空间扭曲拱加工安装施工工法

GGG(中企)C3095—2009

刘长玉　何　冉　宿明辉　刘　民　刘永福
(中建八局基础设施建设有限公司　中建国际建设有限公司)

1　前言

随着现代桥梁向轻巧、纤细、大跨的方向发展,高性能钢材在桥梁结构中得到广泛的应用,并出现了一些应用高性能钢材的新型桥梁结构,这对将来的桥梁结构发展起着至关重要的作用。天津海河蚌埠桥是新型桥梁结构和高性能钢材使用的代表工程之一,桥梁外观结构采用法国马克曼朗的平面中心反对称设计方案,主要承重由设置在主桥和步行桥之间的两组三维空间网状结构实现,用钢为Q370qd。该结构满足了桥梁大跨、高强、结构轻、构造美观等要求。其采用三维空间网状结构的纵横拱钢结构技术在我国桥梁中应用尚属首次,为此中建八局立项"天津海河蚌埠桥新技术研究"科研任务,成立科技攻关小组,该课题于2008年通过验收,并获得企业科技进步二等奖。其中空间扭曲、小断面厚板且截面形式不断变化的纵拱施工技术是空间网状拱施工的核心技术之一,该技术于2009年9月通过中国建筑工程总公司组织的科学技术成果鉴定,达到国内领先水平。在此基础上,总结提炼形成本工法。

2　工法特点

(1)利用3D建模软件模拟板体曲面位置和结构的空间参数,确保板材三维空间扭曲放样的精确度。

(2)对单元板采取画等高线法加工,确定单元板的制作精度。

(3)设计专用的胎模在三维方向上对构件限位,保证空间扭曲结构的实现。

(4)采取横梁上设置拱脚定位横拱,横拱上设置纵拱连接结构来定位纵拱,保证了空间扭曲纵横拱的安装定位准确。

3　适用范围

本工法适用于大型三维空间扭曲钢结构桥梁以及相关造型的异性钢结构的加工、安装。

4　工艺原理

采用3D软件对空间构件建模;用专业软件进行模型展开并编制切割程序,采用多头数控火焰切割机进行切割,保证单元板的精度。在板材上按一定模数绘制高线方法控制空间形状,并采用压力机或千斤顶配合火焰加热的方法加工出所需的形状;采用限温热矫保证钢板内部结构。

加工时针对空间构件设计专用的空间三维胎膜,通过试验确定焊接工艺,设置工艺隔板形成空间曲线拟合点,使板材焊接形成设计的空间曲线。

空间扭曲拱线形复杂,施工时利用与空间纵拱拟合的平面横拱为纵拱定位,采用全站仪、反射贴片空间测量技术进行安装监控。

5 施工工艺流程及操作要点

5.1 工艺流程

三维空间扭曲拱结构加工、安装施工工艺流程如图1所示。

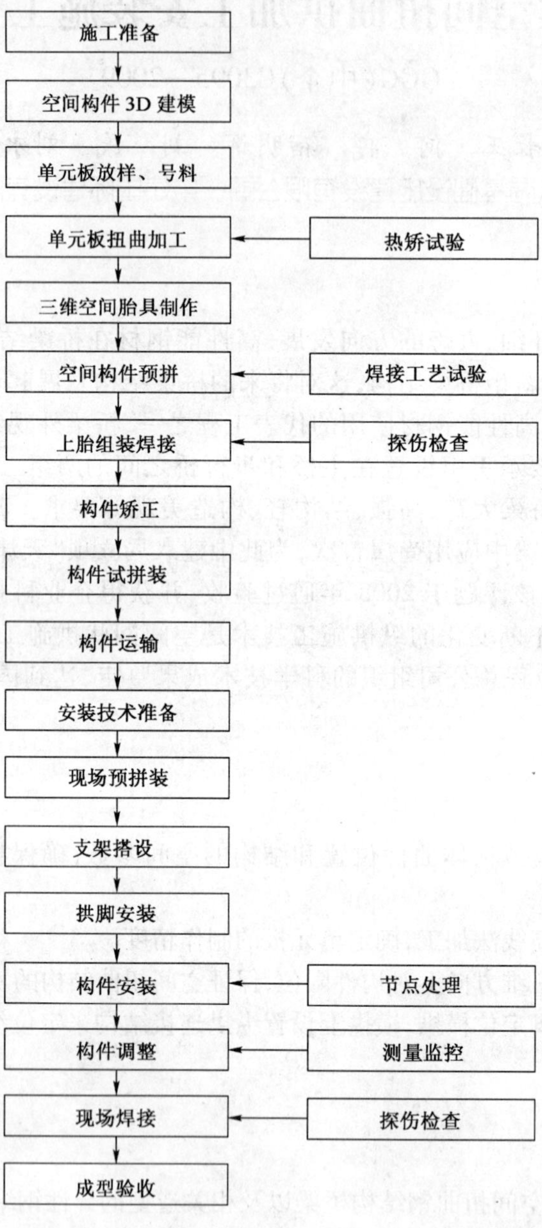

图1 三维空间扭曲拱加工、安装施工工艺流程图

5.2 操作要点

5.2.1 施工准备

(1)按设计图纸要求,钢板进料并进行复验。复验合格的钢板应造册登记,按不同钢种不同板厚分堆码放。根据工艺试验要求购置焊接材料,焊接材料进场必须要有质保书,并按批抽查焊剂和焊丝。

(2)设计必要的加工、制造、安装所需的工艺装备,如三维胎架、空间构件预拼支架等。

(3)准备软件,初步确定合理的加工工艺、焊接工艺,绘制统计所有构件图,确定安装工艺,并编制上述方案报批。

5.2.2　空间构件 3D 建模

依据施工图纸坐标以及试件研究数据确定构件预抛值，修正三维空间扭曲小截面结构的坐标。

根据加预抛后的线形坐标，采用 Autodesk Mechanical Desktop2007 软件（或其他可 3D 建模软件，下同），模拟三维空间扭曲结构的实际模型。如图 2 所示。

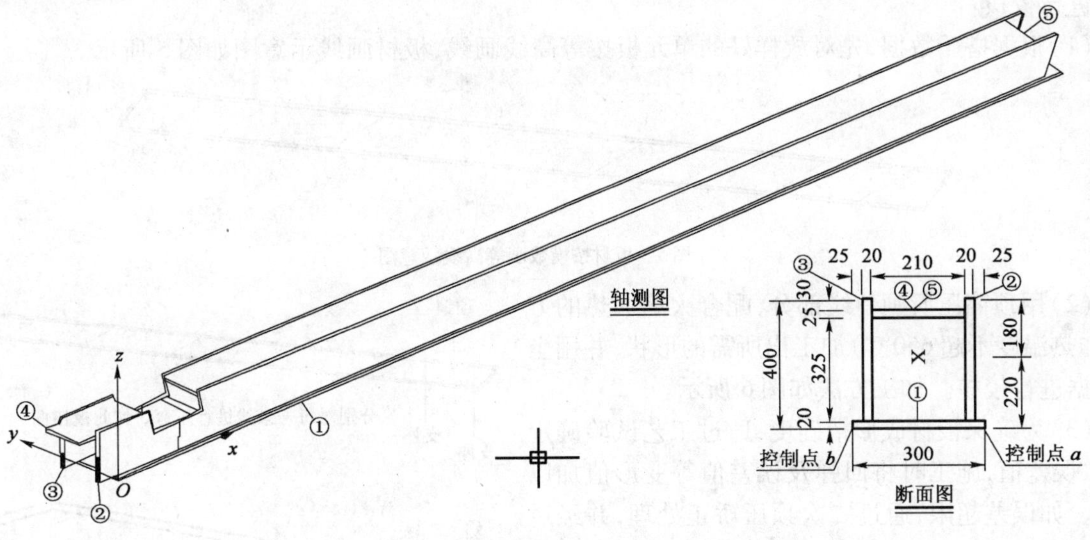

图 2　三维空间扭曲小截面（厚板）拱立体图

5.2.3　单元板放样、号料

根据加工要求、受力状况以及材料损耗控制等对实际模型进行分段，对组成箱体构件的顶板、底板和腹板采用专业软件（如 AutoPOL for Windows 等）进行展开处理。

根据展开处理后的单元构件尺寸，编制程序，采用多头数控火焰切割机进行切割，保证单元板构件下料精度，见图 3 所示。

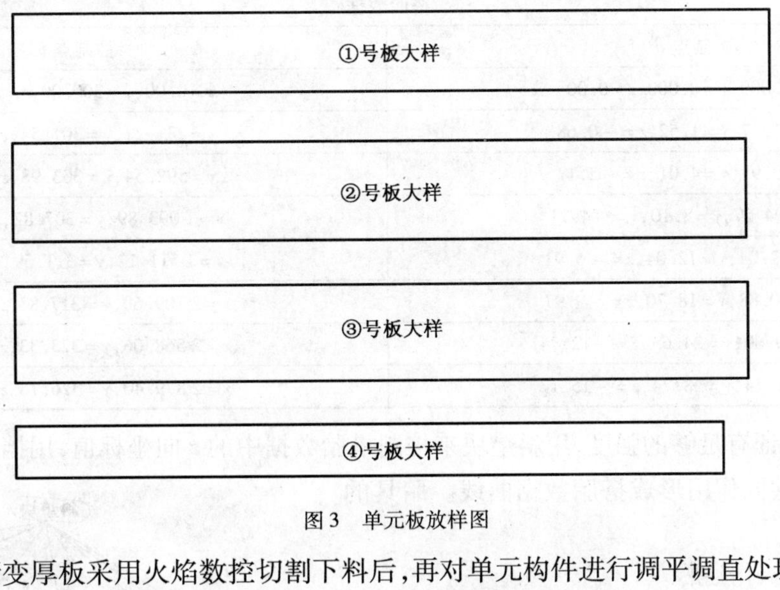

图 3　单元板放样图

小截面箱形渐变厚板采用火焰数控切割下料后，再对单元构件进行调平调直处理，最后按照焊接工艺评定要求进行坡口加工。不同板厚钢连接处理示意图见图 4 所示。

5.2.4　热矫试验

为确保钢材内部结构不被损坏，单元板加工前进行热矫试验，确定限温热矫的界限值。试验表明，Q370qd 钢材热处理温度限值为 850 ~ 900℃，加

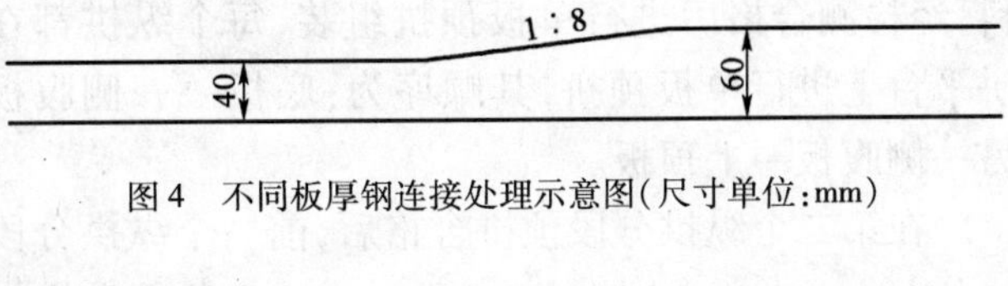

图 4　不同板厚钢连接处理示意图（尺寸单位：mm）

工时取热矫温度限值为650℃。

5.2.5　单元板扭曲加工

单元板成型加工过程即为单元板的三维扭曲过程。采用数控火焰切割机进行下料,每50cm绘出三维坐标控制的等高线或梯度线,采用压力机或千斤顶配合火焰加热的方法加工出所需的形状,用坐标数据进行校核。

(1)根据搭胎数据,先对放样好的单元板按等高线画线,板材画线示意图如图5所示。

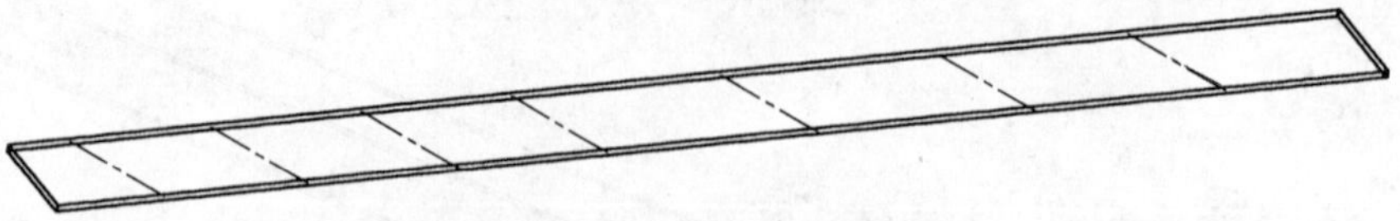

图5　板材按模数画等高线示意图

(2)用顶镐压所画斜线部分,配合火焰加热的方法(加热温度不超650℃)加工出所需的形状,并用坐标数据进行校核。加工方法如图6所示。

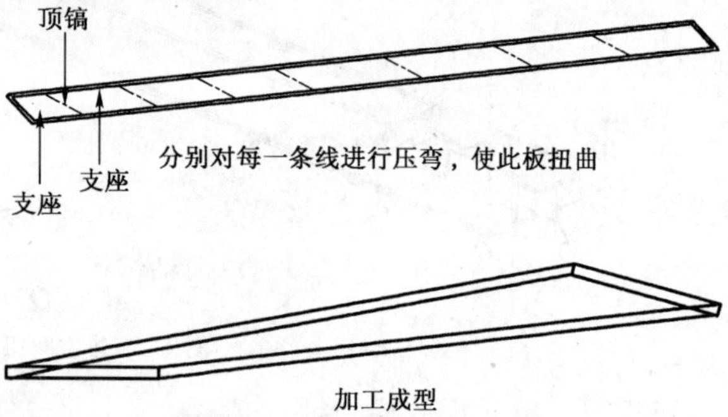

图6　板材加工示意图

(3)为确保板材成形精确度,通过工艺试验确定回弹、误差值,施工时将回弹及误差值等变形值加以考虑。如误差超限,通过二次顶压矫正处理,并经过48h时效后二次检测。

5.2.6　三维空间胎具制作

根据修正的结构坐标,计算出详细的胎具坐标,制作胎具。并依据胎具坐标值来检测胎具的准确性。表1所示为一段搭胎数据坐标值(以轴测图中给出的坐标原点和坐标系为参考原点)。

××段搭胎数据坐标值　　表1

搭胎数据	
控制点 a	控制点 b
$x=0.000,y=0.000,z=0.00$	$x=0.00,y=300.00,z=-0.01$
$x=231.37,y=1.52,z=-0.68$	$x=231.22,y=301.54,z=2.43$
$x=592.91,y=4.01,z=-2.17$	$x=592.54,y=303.98,z=4.44$
$x=1\,094.57,y=8.10,z=-4.71$	$x=1\,093.89,y=307.82,z=7.59$
$x=1\,512.04,y=12.04,z=-6.91$	$x=1\,511.12,y=311.59,z=9.61$
$x=2\,110.88,y=18.70,z=-9.97$	$x=2\,109.60,y=317.83,z=13.41$
$x=2\,569.60,y=24.63,z=-12.74$	$x=2\,568.06,y=323.33,z=15.19$
$x=2\,881.14,y=28.74,z=-15.17$	$x=2\,879.40,y=326.76,z=19.24$

胎具底板要保证有足够的强度,用斜垫块来控制搭胎数据中的z向坐标值,用挡块来控制搭胎数据中的x值和y值,共同作用形成搭胎数据曲线。胎具的形式如图7所示。

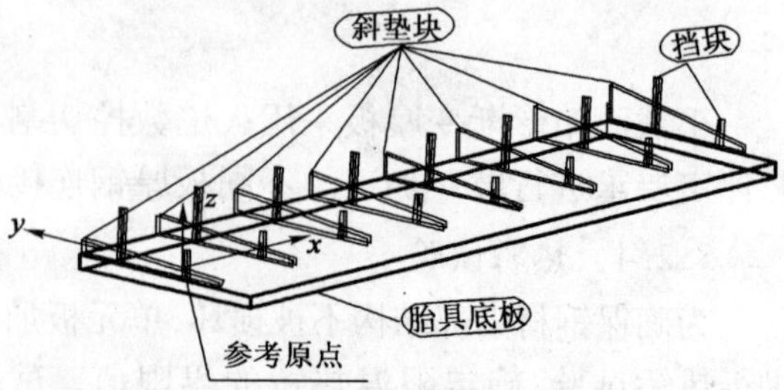

图7　空间扭曲箱形拱胎模示意图

5.2.7　空间构件预拼

组成纵拱的顶板、底板、腹板按照轴线6m一段下料,经检测合格后进行单板预拼组装,每个纵拱都在试拼平台上进行单板预拼,其顺序为:底板→一侧腹板→另一侧腹板→上顶板。

在第二个纵拱分段预拼合格后,前一个纵拱分段才可以在组装胎模上进行单段焊接，组装胎模的线形尺寸与试拼平台的线形尺寸完全一致。

5.2.8 焊接工艺试验

在构件焊接实施前进行焊接工艺试验，确定焊接接头形式、焊接材料、焊接温度和层间温度控制、焊接程序等参数。本工法的主要焊接方式为对焊和角焊，坡口采用数控切割机成形。工厂焊接以自动埋弧焊、自动 CO_2 焊为主，手工 CO_2 焊为辅，现场焊接采用手工 CO_2 焊或手工 CO_2 焊打底、自动埋弧焊填平。

采用手工电弧焊，使用 J507 低氢焊条；采用 CO_2 气体保护焊，使用 E501T—1 药芯焊丝；采用埋弧自动焊，使用 H08Mn2E 焊丝 sn0l 焊剂。

超过 20mm 厚的钢板焊接时，焊前焊后采用火焰加热预热处理，温度控制在 100 ~ 150℃之间，加热范围每侧宽度均应大于焊件厚度的 1.5 倍，且不小于 100mm。焊后应立即进行热处理，火焰加热温度在 250 ~ 350℃之间保温，并用石棉布覆盖。焊接时控制层间温度，层间温度控制在 150 ~ 200℃。

所有焊接工艺均应该遵守相应的国家焊接规程来进行，施焊前应对所有焊件进行检查，焊件是否平整，拼接是否密合，缝隙、坡口是否符合图纸及工艺要求，并检查各种焊接设备是否良好，焊接材料是否符合工艺，焊剂与焊条在使用前须烘干，焊剂中的污物要清除干净，焊丝亦清理干净。

5.2.9 上胎组装焊接

对加工成型且经过时效处理的板进行检验，符合误差（ < 1.5mm）要求的进行组装焊接。

（1）在胎模上安装底板，对板局部采用倒链和千斤顶施压，使板与胎具曲线吻合，然后将此板固定在胎具上。

（2）在底板上画出侧板定位线，并按每 50 ~ 100cm 设置底板与侧板的拟合点，并按拟合点部位设置工艺横隔板，保证拟合点位置箱体结构三维坐标准确。

（3）安装侧板，同样用千斤顶和倒链对侧板施加外力，使其与底板定位线重合，进行焊接作业，如图 8 所示。

（4）利用侧板上的拟合点和定位线，按上述方法进行顶板焊接安装，如图 9 所示。

图 8 空间扭曲箱形拱侧板安装

图 9 空间扭曲箱形拱成箱

5.2.10 探伤检查

构件加工完成后按照设计要求和《钢结构工程施工质量验收规范》（GB 50205—2001）要求进行探伤检查。要求焊缝外观和超声波探伤检查满足一级焊缝质量标准。

5.2.11 构件矫正

焊接完成的箱体解除固定后，检查是否合格。如误差过大，应予矫正，矫正采用液压矫正机机械矫正或火焰加热矫正两种方法。

5.2.12 构件试拼装

完成工程单体所有构件焊接后，必须进行场内预拼装。

组装胎具按照修正的坐标进行控制,按照设计间距放置横拱,每个横拱之间再按照修正高程放置三根立杆作为纵拱支撑,在其上按照设计线形敷设纵拱进行组装,试拼装见图10所示。

5.2.13 构件运输

分段制作检验合格的构件用汽车由工厂向安装工地运输。由于构件为空间扭曲结构,运输时应配备相应的支架,保证运输构件的稳定及不产生变形。

5.2.14 安装技术准备工作

安装前,测量主桥钢梁横纵拱接口处的高程、横纵轴线的位置,对加工好的横纵拱杆件的长度、宽度、高度等外形尺寸进行检测,对吊点和焊缝质量进行检查。

5.2.15 现场预拼装

构件运输至现场后,在施工现场进行预拼装,程序与5.2.12节“构件试拼装”相同。现场预拼装见图11所示。

图10 空间扭曲箱形拱试拼装

图11 空间扭曲箱形现场预拼装

5.2.16 支架搭设

无应力焊接要求构件下必须搭设临时支撑系统,而且搭设的支撑系统必须满足一定的强度、刚度和稳定性,同时沉降量满足构件预抛值。

在横拱与中间纵拱的拼接口处竖向设置一道28a工字钢,用于横拱安装时的定位,并起到辅助支撑的作用。

5.2.17 拱脚安装

为保证拱脚的安装精度,纵拱拱脚同时进行安装(纵拱拱脚在场内加工时通过槽钢杆件将其连接牢固),纵拱拱脚的安装采用汽车吊吊装,并埋入两侧的承台内。

5.2.18 构件安装

(1)安装顺序

决定空间结构连接顺序的主要因素是构件的受力情况。依据设计院提供的构件受力情况、构件分段情况,蚌埠桥项目采用河西往河东侧顺次进行安装,人行辅桥分段进行安装,每段人行辅桥安装就位后,顺次安装相应的挑梁和横拱,横拱安装就位后,即可以安装其间的纵拱。

(2)构件定位及节点处理

在钢梁和人行辅桥的加工过程中,钢梁与反拱的连接处已经将钢梁与横拱两侧的拱脚处部分加工在一块,因此在安装横拱的过程中,为便于横拱能够准确地安装就位,人行辅桥每段安装定位后不能完全固定死,待横拱与钢梁顺利对接完成后,可以选择调节人行辅桥或者横拱的方式来调节人行辅桥与横拱的对接误差。

每段纵拱的安装在两侧横拱安装就位后进行,由于在横拱的加工过程中已经将横纵拱的拼接口细部结构在横拱上组装完成,因此纵拱的安装可以采用横拱来定位。纵横拱连接节点示意图见图12所示。

(3)横拱安装

横拱的安装采用两点吊(图13),起吊就位支撑点落于主桥钢箱梁与人行辅桥接口处。在横拱安装前,应先根据横拱的安装位置,在主桥钢箱梁上测量放线,画出横拱的安装位置,并设置卡板,用于横拱安装时的准确限位。在横拱落位支点处置千斤顶,就位临时固定后,对其高程及位置进行测量,符合要求后方能进行拼接,同时由于横拱侧向稳定差,因此需要在临时支架上搭设工字钢支架对其固定。横拱在场内加工过程中应将接口处破口加工好。

图12 纵横拱连接节点

图13 横拱两点吊装

横拱就位过程中,在横拱弧形最高点设置相应重量的铅坠,用于时时控制横拱 x 方向的精度。横拱初就位后,在横拱上与纵拱相交处20cm范围内贴反光片,采用全站仪控制贴片位置的三向坐标。对于测量的三个实际坐标与理论坐标存在较大误差的,应控制其中间纵拱位置的坐标与理论坐标值偏差在允许范围之内。

(4)横拱二序法精安装

根据对实际加工好的横拱进行测量的结果,上下游横拱A8上的三点与理论偏差均在允许范围之内,因此在安装时,先将A8精就位(图14),以此为基准,用于控制其他横拱三点的精确位置。在A8精就位及施焊过程中,应不断采用全站仪检测 x 方向的位置,保证A8精就位的准确。

(5)纵拱安装

A8焊接完成后,安装其两侧的纵拱,并进行施焊。施焊时,应同时对两侧的纵拱接口进行焊接,避免焊接不对称所产生的变形。

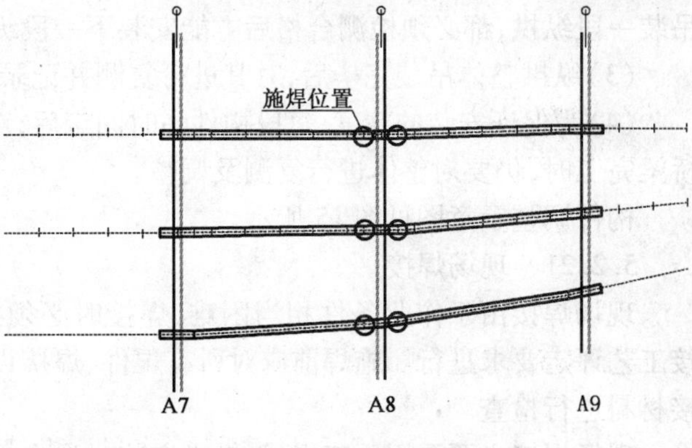

图14 A8横拱精安装

横拱A8与纵拱接口焊接完成后,对横拱A7上的三点三维坐标进行复测,如果合格,则安装横拱A7另一侧的纵拱,同时进行拼接口的焊接。如果经检测后,A7与两侧纵拱的接口处的控制点 x 方向的坐标误差较大,则需要经过调整后在进行纵横拱的焊接。

5.2.19 测量定位

测量定位采用全站仪三维坐标放样法,高程放样采用无仪高、反射贴片代替棱镜的三角高程测量。

(1)根据该工程的特点和平面图的具体情况,以工程独立施工坐标系为基准,计算各横拱中心顶点在该坐标系下的理论坐标,运用极坐标原理对横拱进行测量放样。设 $O(x_0, y_0, z_0)$ 为测站点,$P(x_p, y_p, z_p)$ 为放样点,则点 P 的放样参数按如下公式计算:

$$L = \sqrt{(x_p - x_0)^2 + (y_p - y_0)^2} \quad (1)$$

$$\alpha = \arctan[(y_p - y_0)/(x_p - x_0)] \quad (2)$$

$$\beta = \arctan[L/(z_p - z_0 + i_0 - H_p)] \quad (3)$$

$$S = L/\sin\beta \quad (4)$$

式中：i_0——仪高；

H_p——棱镜高；

L——平距；

S——斜距；

α——水平方向角；

β——竖直角。

横拱上与纵拱相交处 20cm 范围内贴反光片，采用全站仪控制贴片位置的三向坐标。

(2)运用全站仪、反射贴片对已初步安装的钢构件进行检测、校正。

(3)运用全站仪数据采集器、接口技术使全站仪和计算机二者相联，在计算机上建立准确的钢构件三维立体图，作为控制依据。

5.2.20 构件调整

由于 A7 段中间控制点的坐标在安装时已经调整准确，因此先将其与中间的纵拱进行焊接。根据横拱 A7 上点的变形的方向，在其反方向上设置手拉导链，在其变形方向设置千斤顶进行施压，同时应采用火焰进行加热。待将其变形调整到允许范围后，同时进行两侧纵横拱接口的施焊。

对于其他纵横拱的安装方式和调整方式采用如下的方式进行。

(1)为保证安装的精度，每段构件临时固定后，对高程、位置、轴线及中心偏移进行测量调整。整体桥梁完工时，仍要对整体进行复测及调整。

(2)纵拱考虑分为 6m 一段来吊装，纵拱采用两点吊，纵拱段与段之间的支点落于横拱上，由于在横拱加工过程中，已经将纵横拱接口焊接在横拱上，并在接口处设置了限位板，便于纵拱的顺利对接。每吊装一段纵拱，都必须检测合格后方能安装下一段纵拱。

(3)纵拱整体吊装完毕后，对其进行复测并记录，必要时应进行调整。

(4)为保证安装的精度，每段构件临时固定后，对高程、位置、轴线及中心偏移进行测量调整。整体桥梁完工时，仍要对整体进行复测及调整。

构件调整示意图见图 15 所示。

5.2.21 现场焊接

现场焊接由于作业条件相当困难，焊接时必须按照焊接工艺评定要求进行。施焊前应对所有焊件、焊接设备、焊接材料进行检查。

现场焊接主要采用手工焊，纵横拱安装时先点焊牢固，经过测量确定其安装位置准确后，方可进行焊接。焊接工艺参数以焊接工艺评定试验通过的参数为准，施焊时必须加引熄弧板，严禁在梁体上引熄弧。完成后气割掉两侧引弧板(不可伤及主材)，再修磨顺直。焊接材料注意防潮防水，正在施焊的焊缝部位，在下雨时应采取防护棚遮盖，直至焊缝完全冷却到常温。

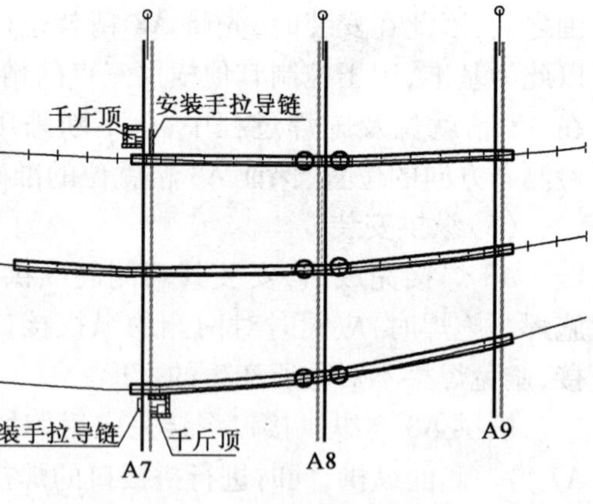

图 15 构件调整示意图

5.2.22 成型验收

构件安装完成后按后按照设计要求和《公路桥涵施工技术规范》(JTJ 041—2000)要求验收。

6 材料与设备

6.1 主材

纵横拱结构钢材全部采用 Q370qd。其中大量采用 30 ~ 80mm 厚的钢板，并要求板厚超过 20mm(包括 20mm)的钢板均要求进行超声波 II 级探伤检测、板厚超过 30mm(包括 30mm)的钢板要求满足厚度方向钢板性能级别 Z25 指标。

6.2 辅材

6.2.1 焊接材料

Q370qd 钢材手弧焊接:符合《低合金焊条》(GB/T 5118—1995)的规定,并使用 J507 低氢焊条。CO_2 气体保护自动焊:全部采用 E501T—1 药芯焊丝。

6.2.2 钢结构涂装

底漆采用环氧富锌漆,中间漆采用环氧云铁漆,面漆采用氟碳漆和氟碳清漆。

6.3 主要机械设备(表 2)

主要机械设备表 表 2

序号	设备名称	数量(台)	规格型号	额定功率
1	多头火焰直条切割机	1	GZ-4000 龙门式 9+1	2kW
2	多头数控切割机	1	SKG-3A(3)、B	2kW
3	半自动切割机	12	CG1-30	24W
4	液压摆式剪板机	1	QH12Y	18.5kW
5	液压平整机	1	AGC	36kW
6	液压矫正机	1	JHX100	37kW
7	型钢液压矫正机	1	NYJ-60B	54kW
8	端面铣床	1	1.5m×1.8m	16.8kW
9	三维数控钻孔机	1	BDL-760/3	15kW
10	钢坡口开铣机	1	HS-38WW 通过式	7.9kW
11	数控平面钻床	1	双平台 PD16 型	9.2kW
12	龙门刨床	1	B2025	32kW
13	压力机	1	500t	26kW
14	龙门式埋弧焊机	2	DC-1000	100kW
15	埋弧焊机	17	ZD5-1250a、ZX5-1250A	850kW
16	CO_2 保护焊机	41	KRII500、RF500、KH500	1 016kW
17	碳弧气刨焊机	3	SS630	114kW
18	硅整流焊机	24	400A 以上	547kW
19	抛丸机	2	Q3525	32kW
20	卷板机	1	W11Y-50X3200	55kW
21	高压无气喷枪	4	PS	11kW
22	室内桥式吊车	2	50t	37kW
23	龙门吊	1	150t	64kW
24	汽车吊	2	QY50	72kW

6.4 主要检测设备(表3)

主要检测设备表 表3

序号	名称	单位	数量	备注/型号
1	游标卡尺	只	10	—
2	钢直尺	只	5	—
3	钢卷尺	只	5	—
4	法兰靠尺	把	5	—
5	数字超声波探伤仪	台	1	TUD360
6	移动式X探伤仪	台	2	TSY-7000X
7	激光铅直仪	台	3	JDA95
8	拓普康全站仪	台	2	GTS-601,精度:1″,$2mm+2ppm\times D$

7 质量控制

7.1 质量控制措施

(1)根据工程结构特点,采取合理、科学的施工方法和工艺,使质量提高建立在科学可行的基础上。

(2)严格材料采购及检验制度,主材和辅材均需有出厂合格证,并经现场复验合格方可使用。

(3)建立严格的检查验收制度,特别是影响钢结构安装的构件外形尺寸偏差以及连接方式等进行严格检查,确保构件几何尺寸准确,确保空间三维坐标准确对接,线性符合要求,保证安装质量。

(4)测量校正采用高精度的全站仪、激光铅直仪、激光水准仪等先进仪器进行测量,确保安装精度。钢结构加工制造中所使用的量具:钢尺、仪器、仪表都要经法定计量技术机构进行校验方可使用。

(5)在焊接部位搭设防护棚。特别是CO_2气体保护焊,风速对焊接质量影响较大,必须确保优良焊接环境。

(6)尽量减少在成品钢构件上焊接临时设施,避免伤害母材。

(7)减少构件分段,尽量在工厂进行加工制作,必须要进行分段的尽量避免高空组装焊接,而采取在地面进行拼装。

(8)焊接控制工序如下:

①焊缝间隙调整:对接焊缝间隙不小于6mm,当小于6mm时,采用磨修达到8~10mm;嵌补不小于4mm。

②焊缝清理:在焊缝边缘80mm范围内清洁、除锈、清油污,使其露出金属光泽。

③定位焊:定位焊缝长度50~100mm,间距400~600mm,定位焊脚尺寸不得大于设计焊缝尺寸的1/2。

④打底焊及盖面焊:第一道打底焊将定位焊缝连通,焊前作焊缝清理并将定位焊端头打磨成1:5斜坡,以便焊缝平滑过渡。每道打底焊前均应认真作焊区清理及打磨干净。

⑤焊接的每个工序均需按要求探伤合格后,方可进行下一道工序。

⑥焊接工艺评定试验:加工制造前,必须先进行本桥各种接头焊接工工艺评定试验,采用相同的材料、设备及工艺参数进行试验,经评定合格后编制焊接工艺方能进行焊接。

⑦焊接完毕后应检查焊缝质量。焊缝中主要缺陷有:裂缝、内部气孔、夹渣、未溶透、咬边、溢流、烧穿及焊缝尺寸不合规定等。对于所有的焊缝均应进行外观检查。内部检查以超声波探伤、磁粉探伤为主。若仍有疑问,可用X射线进行检查。

⑧焊接变形的控制。采用斜对称施焊顺序,可防止扭曲变形。

7.2 质量标准

验收标准执行《公路桥涵施工技术规范》(JTJ 041—2000)。

8 安全措施

(1)建立安全保证体系,建立安全生产责任制,使安全工作措施到位,责任明确。

(2)成立以项目经理为组长、项目总工、副经理为副组长的安全生产管理小组,并配备一名主管安全的专业工程师管理安全生产。同时,按施工人员的1% ~3%配备专职安全员,经常性地组织全体施工人员学习施工安全制度和安全操作规程。对每个施工环节制订施工安全措施。

(3)建立安全管理制度如下:

①开工前制订详细的安全生产技术措施方案,并报审后,申办"安全生产许可证",否则不允许开工。

②坚持安全交底单制度。施工中,每道工序由施工员向班组进行有针对性的书面和口头安全交底,安全交底单、交接手续齐全,切实起到对班组安全生产的指导作用。

③坚持班前会制度。各生产班组每天坚持召开班前会。坚持班组长每日自检,项目部经常抽查和定期检查,公司每半个月检查,以及安全员的每日巡查的检查制度,发现问题及时整改,以确保每项安全管理制度的落实。

(4)制订安全施工防护措施如下:

①进入施工现场人员必须按规范戴好安全帽,高空作业(2m 以上)系好安全带。配备的零星工具必须装入工具包内,不得随意乱放,避免高空物体坠落。

②在河面上作业人员必须佩戴救生衣,作业面配备救生圈。

③安全用电,严格做到一机、一箱、一闸、一漏保。所有焊接机械设备必须接地,接零。

④现场配备足量的消防器材。焊接场所配有专职看火人和消防措施。焊接操作平台铺满防火石棉布,钢构件施焊部位挂有接火盆。

⑤按工作环境和部位给操作人员按规定配备劳保用品,保证劳动者健康。

⑥建立重大安全事故应急预案。本着"安全第一,预防为主"的方针,以"出现事故,快速科学处理"的思路,为提高事故发生后的工作效率,避免更大的损失作准备。

9 环保措施

(1)项目部设置文明施工环境保护管理机构,保证环境保护工作的顺利进行。

(2)在临设、办公区设置若干活动垃圾箱,按垃圾类别分箱存放,派专人管理和清理。生活区垃圾集中统一处理,禁止在工地焚烧残留的废物。

(3)建立卫生包干区,设立临时垃圾堆场,及时清理垃圾和边角余料。

(4)注意临设的日常维护与管理,竣工后及时拆除,恢复平整状态。

(5)施工现场不准乱堆垃圾及余物,应在适当地点设置临时堆放点,专人管理,做到日集日清,集中堆放,并定期外运。清运渣土垃圾及流体物品,要采取遮盖防漏措施,运送途中不得撒落。

(6)施工现场与临设区保持道路畅通,并设置雨水排水明沟,使现场排水得到保障。

(7)现场临时设置男、女厕所,在办公区、临设区及施工现场设置若干饮水点,保证职工饮用水的清洁卫生。

(8)清洗机械排出的污水要有排放措施,不得随地流淌。

(9)氩弧焊加工场地应确保足够的通风,使场内环境良好。

10 资源节约

采用本工法施工与设计相比节约钢材19.7t,材料损耗降低了5.8%;节约成本34.58万元,每吨钢材加工安装费减少近2.5%;工期比预定工期提前18d(占总工期的12%)。

11 效益分析

11.1 社会效益

采用三维空间扭曲拱结构,适应目前高强桥梁用钢的使用和发展。三维空间网状拱结构对于桥梁实现大跨度、高强度、轻结构、构造美观等要求具有重要意义。

我公司通过对天津海河蚌埠桥非对称的空间梁拱组合结构体系进行的课题研究,了解了结构的受力特性与变化规律,总结的工法在源头上确保桥梁整体与局部的安全可靠,在总体上控制桥梁的顺利实施与实现。2007 年 12 月天津市建委召开专家评审会,对蚌埠桥关键部位(如纵横拱)的研究成果给予了高度评价。

11.2 经济效益

纵横拱共重 334t,通过本工法的使用,构件的结构尺寸及相关数据准确度提高,焊接、安装顺利,工期比原定工期提前 18d,总工期节约 12%;材料损耗降低了 5.8%,工期和材料节约成本共计 34.58 万元,降低率达到 6.9%。

12 应用实例

天津海河蚌埠桥位于天津市中心,小白楼中央金融商务区,西连河西区蚌埠道,东接河东区十三经路,是天津市海河开发重点工程。蚌埠桥规划为机非混行桥,机动车双向 4 车道,在主桥两侧设辅桥作为观光人行道,并通过踏步连接至河道两侧的带状公园。主桥宽 23.5m,辅桥宽各 3.0m,桥梁全长 192.0m。

主桥为单箱多室钢箱梁结构,辅桥为悬臂挑梁结构。桥梁的主要承重由设置在主桥和步行桥之间的两组三维空间网状结构实现。每组三维空间网状结构均包括:连接主桥和步行桥的横梁及 3 道纵向拱、17 道横向拱。结构均采用新型材料 Q370qd 桥梁钢材。

施工中针对桥梁工程"三维空间网状结构的纵横拱"承力结构使用了本工法:采用 3D 软件对空间构件建模(图 16),AutoPOL for Windows 软件展开号料。采用"空间等高线法"对板材画线,并用冷弯和热矫等方法进行板材加工,限温热矫(温度小于 650℃)进行空间板材加工制作;针对空间三维扭曲构件设计相应的空间三维胎模,按一定模数设置空间拟合工艺横板,使空间扭曲板按空间曲线焊接成形,制作出空间小截面厚板箱形拱;利用空间拟合出的平面横拱形成纵横拱连接点,为空间三维纵拱定位。采用全站仪、反射贴片钢结构安装空间测量等圆满地完成了构件安装。天津海河蚌埠桥梁线形流畅,结构稳定,外形美观(图 17、图 18),其施工质量得到建设、设计、监理和主管单位的一致称赞。

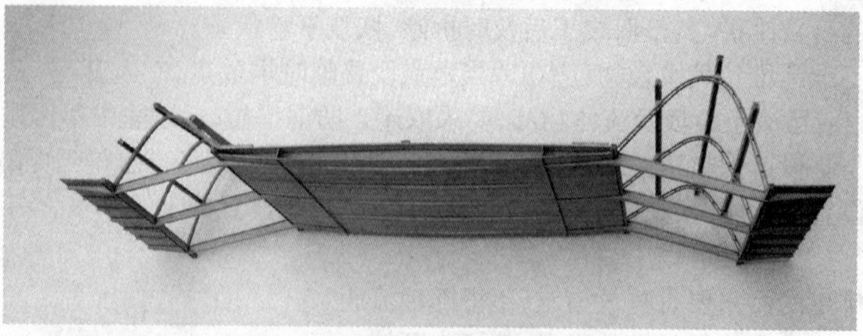

图 16 天津海河蚌埠桥横断面示意图

通过本工法的使用,该桥材料(较设计比)节约 19.7t,材料损耗降低了 5.8%;节约成本 34.58 万元,钢材加工安装费减少近 2.5%;工期比预定工期提前 18d(占总工期的 12%)。

该工程获得天津市"海河杯"优质工程。

图 17　天津海河蚌埠桥完工全景图

图 18　天津海河蚌埠桥空间扭曲拱效果图

大跨度钢管混凝土拱桥钢拱肋千斤顶斜拉扣挂悬拼施工工法

GGG(中企)C3096—2009

杨建平　相咸高　季景江　张成林　陈　静
(中国建筑第八工程局有限公司　中建工业设备安装有限公司)

1　前言

杭新景高速公路千岛湖支线1号钢管混凝土拱桥采用的是跨径260m的上承式钢管混凝土桁架结构。拱桥共两条拱肋,每条由十一个节段组成,单个节段最长26m,设计净重最大为71.3t。拱桥跨越千岛湖,跨越处水深48m,施工环境恶劣。在此工况下如何合理应用拱桥架设技术确保工程顺利实施是个巨大的考验。我单位组织科技人员,开展科技创新,总结出了大跨度钢管混凝土拱桥施工成套技术,尤其是大跨度钢管混凝土拱桥钢拱肋千斤顶斜拉扣挂悬拼技术在关键环节上较传统施工技术有所创新。该关键技术于2007年12月25日通过了中建总公司组织的科学技术成果鉴定,达到国内领先水平。以此为基础,形成了大跨度钢管混凝土拱桥钢拱肋千斤顶斜拉扣挂悬拼施工工法。

2　工法特点

(1)采用钢绞线作为斜拉索,利用斜拉索的索力调整来控制吊装拱肋的高程和调整拱肋轴线变形,可减少架设过程中的不稳定非弹性变形。

(2)采用千斤顶张拉系统对斜拉索加卸拉力、收放索长,具有张拉能力大,行程控制精度高,索力调整和控制灵活,锚固可靠等优点。

(3)采用的斜拉扣挂体系自成系统,不受缆索吊装系统干扰。

(4)应用的扣塔顶部和中部同步对称张拉和拱肋合龙后松索技术,减少了扣塔局部受力,节约扣塔使用材料,拱肋合龙时间短,精度高,施工安全风险降低。

3　适用范围

本工法可适用于大跨度多节段钢拱桥的施工。

4　工艺原理

千斤顶斜拉扣挂悬拼安装系统包括缆索吊运系统和斜拉扣挂系统两部分。

4.1　缆索吊运系统工作原理

利用两套独立的起重量均为750kN的缆索吊运送、吊装拱肋节段。索鞍不需横移,主承重索布置于拱肋轴线上,拱肋节段直接于安装位置起吊。

4.2　斜拉扣挂系统工作原理

利用扣塔和扣索扣挂拱肋吊装节段,利用千斤顶张拉、收放扣索和锚索,通过对扣索和锚索索力调整来控制吊装拱肋的高程和调整拱肋轴线变形。

采用钢绞线斜拉扣挂拱肋,多节段拱肋在悬拼过程中,除拱脚采用铰接外,其余各段之间采用固接,最后形成一个一端铰接、多点扣挂、相邻拱肋设横向永久横撑的多次超静定的空间结构。

拱肋节段扣挂、张拉示意图见图1。

5 施工工艺流程及操作要点

5.1 施工工艺流程

安装系统布置→缆索吊装系统安装→缆索吊装系统试吊→斜拉扣挂系统安装→拱肋节段安装→各拱肋节段的调整→拱肋吊装段间内法兰连接→合龙后松索。

拱肋节段吊装施工工况示意图见图2。

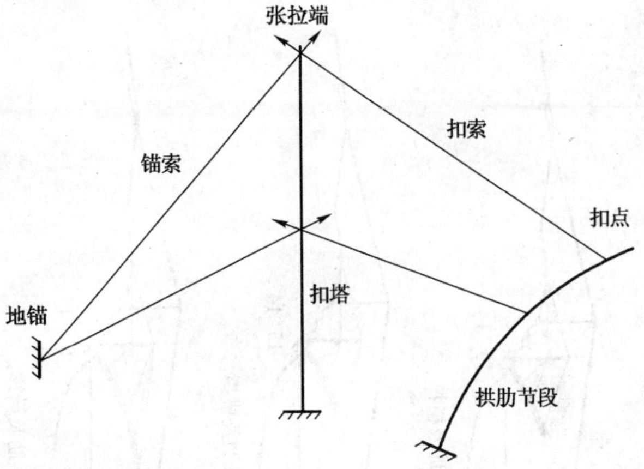

图1 拱肋节段扣挂、张拉示意图

5.2 操作要点

5.2.1 安装系统布置

千斤顶斜拉扣挂悬拼安装系统包括吊装系统和斜拉扣挂系统两部分，其布置情况如图3所示。

5.2.2 缆索吊装系统安装

1)吊装索塔安装

吊装索塔采用N型万能杆件组拼成二柱门式塔架。通过简易拔杆吊运万能杆件，由人工逐层拼装而成，拼装过程中随时监控索塔垂直度，拼装一定高度后及时挂上缆风索锚固。

2)承重主索安装

(1)主索在主塔安装完成，并调好垂直度和塔架螺栓紧固检查通过之后开始架设。

(2)主索架设从一侧主地锚开始，先将存放在一侧ϕ6.2mm的细钢丝绳人工坐船牵引到另一侧10t牵引卷扬机(绕过两岸主塔架顶索鞍)，在一侧连接临时牵引ϕ19.5mm钢丝绳，用其来带动主索钢丝绳，穿过一侧主塔塔顶索鞍，然后利用另一侧10t牵引卷扬机收紧ϕ6.2mm的细钢丝绳来带动ϕ19.5mm的临时牵引索进另一台10t牵引卷扬机(此时两侧牵引绳均绕过塔顶的牵引轮并两头全部进入卷扬机)，最后利用两侧10t牵引卷扬机来回牵引ϕ56mm主索，牵引完一根主索后，将临时牵引索移至下一个主索轮绳槽内，再用10t牵引卷扬机牵引下一根主索，直至完成所有主索。

(3)利用卷扬机及滑轮组收紧主索，调整到设计垂度后扣紧主索。

3)主索地锚

两岸主索地锚均采用卧式地垄，地垄横向间距16m。全桥共设4个卧式地垄。主索地锚采用钢筋混凝土结构，混凝土强度等级为C25，与主索连接的钢丝绳预埋在地垄内。

地垄混凝土浇筑采用泵送混凝土施工，待地垄混凝土强度达到设计要求后，在地垄上回填土石压重。

4)起重和牵引系统

(1)起重系统。每套主索上布置2个吊点，两吊点跑车之间用2ϕ28的钢丝绳连接，全桥共4个吊点，每个吊点采用ϕ21.5的钢丝绳(抗拉强度为1 700MPa)走12线的起重索。每一拱肋节段用一套主索系统上的2个吊点抬吊。每个吊点采用1台8t慢速双筒卷扬机作动力，全桥共4台。

(2)牵引系统。主索道上的两个吊点串联后由一套牵引绳联动，牵引索采用ϕ26钢丝绳走2线，两岸各用二台10t慢速双筒卷扬机作牵引动力(一岸收，另一岸放)，循环牵引。

(3)起重和牵引系统事先组装摆放到位，穿绕主索与主索同步安装。

5.2.3 缆索吊装系统试吊

缆索吊装系统起重能力为2×75t，需要分别对两套吊装系统进行试吊。

1)试吊加载原则

试吊重量按照设计吊重的60%、100%、130%逐级加载，其中60%、100%级设计吊重每次加载均来回牵引一次，130%设计吊重在跨中起吊，不行走。

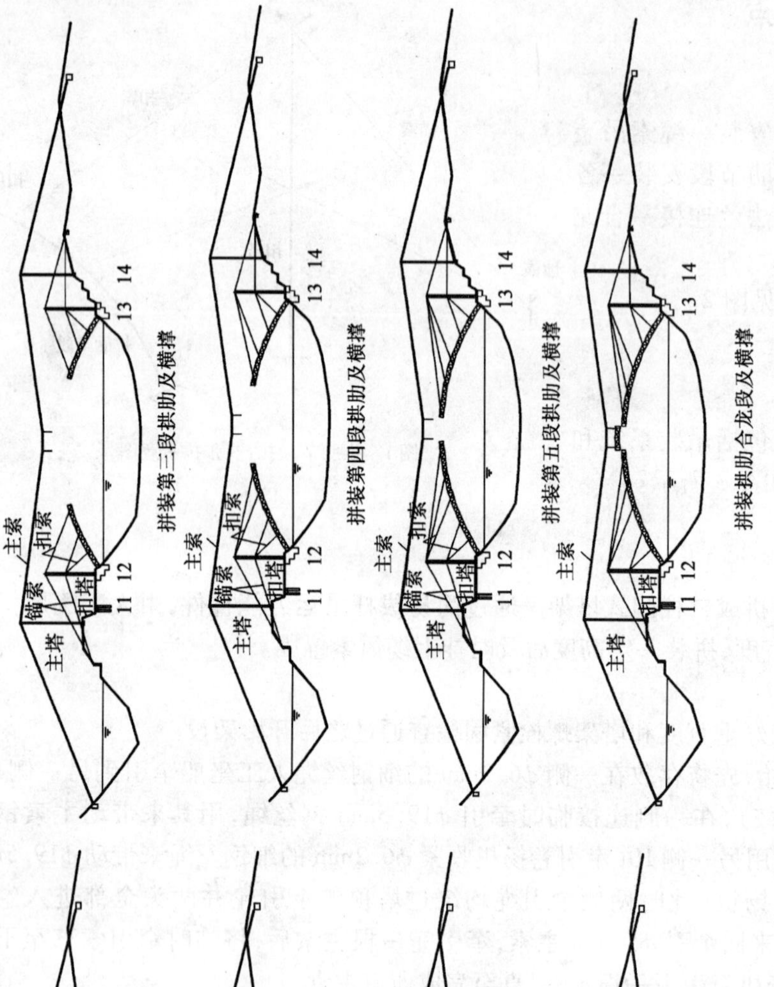

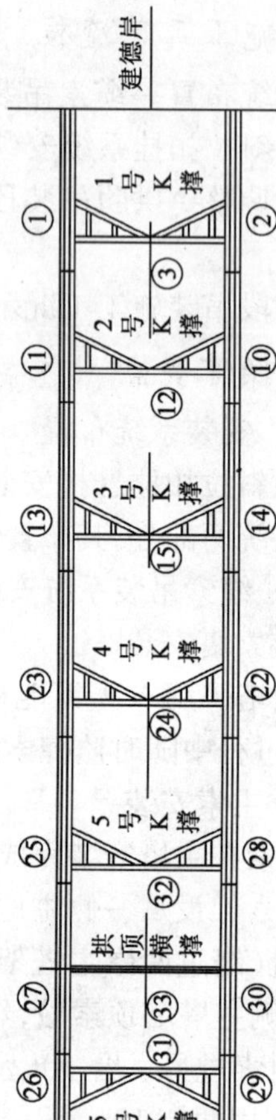

说明：图中数字1-33表示拱肋节段的吊装就位顺序。吊装顺序遵循对称均衡加载的原则。

图2 拱肋节段吊装施工工况示意图

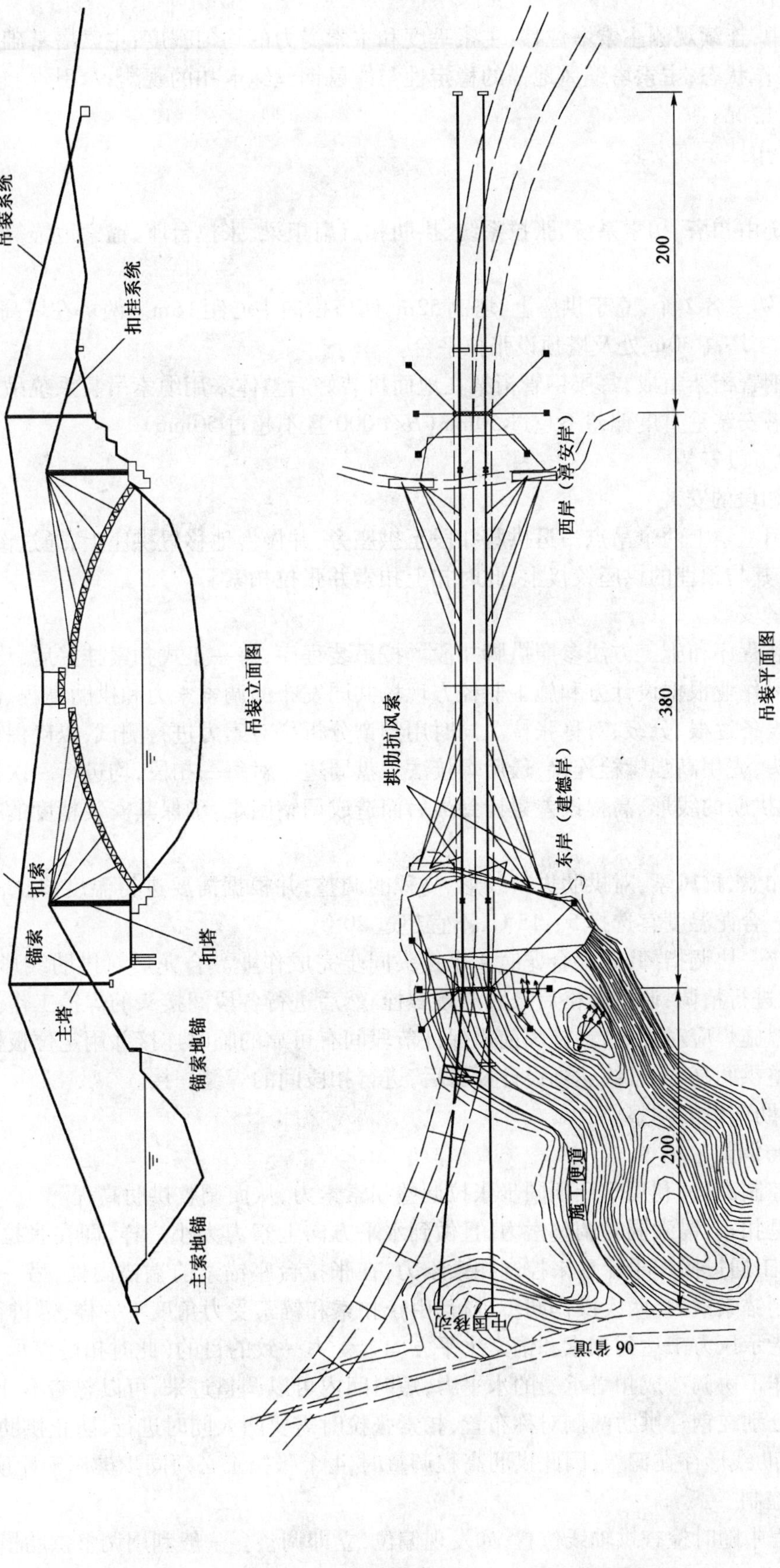

图3 千斤顶斜拉和挂悬拼安装系统布置图（尺寸单位：m）

2)试吊负重

利用拱肋最重节段和横撑进行试吊。

3)观测内容

各阶段试吊中,连续观测主索塔位移、主索垂度和主索受力的均匀程度;主索塔基础的沉降;主索地锚位移;卷扬机工作状态;主索塔缆风地锚的稳定性与缆风钢丝绳卡扣的观测;牵引索、起重索、跑车、吊点、滑轮组等运行情况。

5.2.4 斜拉扣挂系统安装

1)系统构成

斜拉扣挂系统由扣塔、扣索系统、张拉系统、拱肋扣点扁担梁、张拉台座、锚索地锚等构成。

2)扣塔安装

扣塔共4个,两岸各2个,立于拱座上,塔高52m,两塔横向中心距16m。两塔在塔高30m和50m处设横向连接钢桁架,塔高30m处及塔顶设张拉平台。

扣塔由五层钢管桁架组成,每层钢管桁架在地面拼装好后整体采用缆索吊装系统吊运到位,层间通过法兰连接。扣塔安装垂直度偏差不超过50mm(H/1 000且不超过50mm)。

5.2.5 拱肋节段安装

1)拱肋拱脚扣段的安装

缆索起重机用主索上两个吊点吊运拱脚扣段至拱座旁,并慢慢地移置拱座上,通过倒链逐步调整拱脚端铰轴位置,使其与预埋的拱座铰接上,此时扣上扣索并张拉扣索。

2)一般扣段的安装

一般扣段吊装程序和施工方法参照拱脚扣段。按吊装程序,每一正式扣索挂好后,均需对该扣索进行调索作业。调索作业根据设计方和施工监控方现场共同发布的调索索力和拱肋高程、调索顺序,对每一号索采用张拉设备逐根、分级、对称张拉。同时用频谱分析仪对索力进行测试,以确保调索顺利开展。各吊段间拼装接头,先用高强螺栓连接,最后焊接法兰盘周边。对每一扣段,均进行一次拱肋轴线、拱肋高程的调整,避免拱肋的线形、高程误差累计到最后而造成调整困难,确保其安装精度的有效控制。

3)合龙段安装

合龙前通过扣索、抗风索,对拱肋进行线形、高程的调整,并根据需要进行温度修正,选择温度稳定时实施瞬时合龙。合龙温度宜选择5~15℃,不宜超过20℃。

合龙施工时统一协调指挥,确保合龙时4个接头同步完成作业。合龙后对拱肋线形及位置实施精确测量,通过扣索进行精调,调整合格后拧紧连接螺栓,然后进行各段间接头的焊接工作。

节段间环焊缝施焊应对称进行,施焊前需保证节段间有可靠的临时连接并用定位板控制焊缝间隙。待拱肋合龙并调整拱肋高程、轴线达到设计要求后,进行扣段间的焊缝焊接。

5.2.6 各拱肋节段的调整

1)高程控制与调整

采用全站仪控制高程,利用千斤顶同步张拉调整扣索索力,从而调整拱肋高程。

同步张拉就是扣索、锚索同时调整索力,且做到水平方向上索力大小一样,即在张拉台座扣索后端锚固处,一个张拉工通过操作千斤顶来控制扣索索力,在张拉台座锚索前端锚固处,另一个张拉工通过操作千斤顶来控制锚索索力,两人操作同步进行,由于扣索和锚索受力角度不一样,需进行受力换算,即通过读取油压表指示压力来达到扣索和锚索水平方向上受力一致的目的(此时扣塔仅承受竖向压力)。

因张拉工动作不协调造成扣塔承受的水平力,短时间内可以调整过来,可以忽略不计。

扣索前扣点分别在钢管拱肋两侧对称布置,扣索张拉时需要两人同时进行,防止拱肋两侧受力不均发生扭转,造成拱肋线形存在偏差,因此拱肋高程调整时,4个张拉工必须同步操作千斤顶。

2)轴线偏位控制

拱肋悬拼过程中随时检查拱轴线位置,如发现偏位,立即调整。一般利用调整拱肋横向抗风索索力和吊装段间内法兰接头处垫钢板等进行调整。

3)调整工艺

拱肋轴线、高程是拱肋吊装的控制指标,需要一个复杂的控制过程。在整个钢拱肋吊装过程中,吊装后段拱肋时,前段拱肋扣索索力有所变化,因扣索钢绞线受力变化时,线长也跟着变化,从而影响到扣点的空间位置,必须对锚索、扣索钢绞线进行张拉、放张调整。整个吊装过程中,测量人员进行跟踪观测之外,还要使用拱肋横向风缆进行调整。

用YCW24千斤顶根据计算索力值及油表读数对扣索单根张拉,使拱肋初步定位;调整时用YCW24千斤顶配退锚器,根据计算索力值及油表读数进行单根放张。

由于大跨度拱桥桥面较宽,所以拱肋本身横向稳定性非常好,拱肋横向侧风缆主要调整拱肋的轴线位置。每条拱肋左右侧各设二组风缆,风缆采用ϕ28mm钢丝绳。

拱肋安装过程中,应掌握近期天气预报资料,避开可能发生的灾害性天气,并采取必要的预防措施确保结构安全。

5.2.7 拱肋吊装段间内法兰连接

(1)对孔。在段间栓孔基本重合的瞬间(相错10mm以内),将小撬棍插入孔内拨正,然后通过起落吊钩使其他孔眼对合。用小锤轻敲冲钉入孔眼(每个接头对角法兰各穿1个),使法兰螺栓孔完全对合。

(2)穿入螺栓,待拱肋高程、轴线调整到位后拧紧螺栓。

(3)焊接段间接头外包板焊缝。

5.2.8 合龙后松索

(1)精确测量合龙间隙并与合龙段的实际长度作比较,切除合龙段两端余量。

(2)合龙前对拱肋轴线、高程再次测量,有偏差时通过扣索、抗风索调整。

(3)进行温差修正(拱肋节段制作、吊装测量与合龙时温度比较)。选择温度稳定时实施瞬时合龙。合龙温度选择一般在5~15℃,不得超过20℃。

(4)合龙时统一协调指挥,确保4个接头同步完成作业。合龙后对拱肋轴线、高程实施精确测量、调整,合格后拧紧连接插板螺栓,然后焊接接头处包板焊缝。

(5)松索。拱肋各段间接头外包板焊缝全部焊接,肋间段横撑焊接完后,便可松索。

扣索力释放应分批、同步进行。左右两条拱肋对称布置的扣索、锚索应同时进行索力释放。索力释放不能一次完成,需分批进行,避免拱肋产生变形。

松索过程中及时利用全站仪监控各拱段的高程和轴线,如果发现有较大变化时,随时采取措施予以调整。

6 材料与设备

6.1 施工机械、设备与材料

施工机械、设备、材料需用量见表1。

施工机械、设备、材料需用量一览表 表1

序号	机械设备名称	规格型号	单位	数量	备注
1	主索钢丝绳	6×37S+FC-56mm	m	13 120	承重主索,共20根,单根长830m,单重11.074kg/m,破断拉力2 000kN
2	起吊钢丝绳	1×37S+FC-21.5mm	m	6 400	(4组吊点),单根长为1 600m,单重1.638kg/m,破断拉力296kN
3	牵引钢丝绳	1×37S+FC-26mm	m	4 000	单根长1 000m(4组),单重2.359kg/m,破断拉力426kN
4	卷扬机(起重)	8t,慢速	台	4	牵引卷扬机,配套(容绳量1 000m)钢绳卷盘

续上表

序号	机械设备名称	规格型号	单位	数量	备注
5	卷扬机(牵引)	10t,慢速	台	4	起吊卷扬机,配套(容绳量500m)钢绳卷盘
6	卷扬机(工作索)	5t,慢速	台	4	起吊卷扬机,配套(容绳量500m)钢绳卷盘
7	卷扬机	3t,慢速	台	2	辅助牵引及其他用
8	万能杆件	N型	t	370	门式主塔架、扣塔架
9	塔脚铰		个	16	
10	索鞍	10轮	个	4	
11	吊点	2×4	个	8	吊点包括定滑车组和动滑车组
12	吊点分配梁		根	4	
13	缆索跑车	2×10	台	4	
14	千斤顶	YCW-250	台	4	扣索、平衡索张拉
15	千斤顶	YCW-150	台	4	扣索、平衡索张拉
16	千斤顶	YC-24	台	2	扣索、平衡索放张
17	油泵	ZB4-500	台	8	
18	钢绞线	$\phi^j15.24$	t	100	正式扣索
19	工字钢	I36c	t	10	门式主塔架
20	工字钢	I36c	t	50	塔顶张拉扣点结构
21	工字钢	I20	t	30	塔顶张拉扣点结构

6.2 检验、测量设备仪器

检验、测量设备仪器一览表见表2。

检验、测量设备仪器一览表 表2

序号	名称	型号规格	单位	数量	序号	名称	型号规格	单位	数量
1	激光经纬仪	JD-JS	台	2	6	水平尺	1 000mm 2mm/m	把	2
2	全站仪	JTS-3	台	2	7	钢卷尺	5m	把	5
3	水准仪	S3BZ	台	2	8	钢卷尺	30m	把	1
4	百分表	1mm	个	8	9	塞尺	100×17±0.02	个	2
5	柜式水平仪	200×200±0.02	台	1	10	磁力线坠		只	4

7 质量控制

7.1 执行的规范、标准

(1)《公路桥涵施工技术规范》(JTJ 041—2000);

(2)《公路施工手册 桥涵》(下册);

(3)《钢管混凝土结构设计与施工规程》(CECS 28:90);

(4)《公路工程质量检验评定标准》(JTG F80/1—2004)。

7.2 工程质量控制标准

工程质量控制标准参照《公路桥涵施工技术规范》(JTJ 041—2000),但此规范远远低于设计要求的质量标准,因此拱肋安装质量控制精度依据于设计要求,见表3。

拱桥拱肋安装质量控制标准 表3

工况	各测点高程	两肋对称点	单肋对称点	拱肋平面
	误差(mm)	高程偏差(mm)	高程偏差(mm)	偏位(mm)
合龙前	>-5;≤+15	≤-10		≤-10
合龙后	+40;-40		+30;-30	+15;-15

7.3 质量控制措施

(1)工程所用测量器具必须经过调校方可使用。拱肋节段组装等工序应与安装、验收及土建所用量具、仪器有相同的精度等级。

(2)拱肋节段安装过程中,每天必须按时测量记录拱肋轴线、高程,且每天测量时间要一致。

(3)设置抗风缆,保证拱肋从多个方向进行微调,从而保证安装精度。

8 安全措施

(1)建立安全保证组织机构,确保安全保证体系正常运行。

(2)特殊工种持证上岗,密切配合按操作规程作业,制订安全操作规程。

(3)成立一支随时听从专职安全工程师指挥的紧急救援队,并配备必要的救援工具、设备与通信联络设施。

(4)针对钢拱桥的施工工艺和特点,设立本工区安全关键点和危险点,制订相应的预防措施,使事故"防患于未然"。

(5)加强电气设备等的用电安全,采取有效的接地保护措施,严格按规程操作。

(6)拱桥水上作业安全措施。

①构件吊运上船。

a)按最大负荷选用运输船,每艄运输船承载力不得超过额定的80%。

b)两艄运输船采用型钢平台串联,通过结构受力计算选用平台材料,到达载重要求,平台设置平稳牢靠。

c)考虑到构件吊运过程中的不定因素,每个绑扎点采取独立绑扎、独立提升,提防钢丝绳断裂情况下的连锁反应,确保构件安全。

d)满载构件的运输船在水上运行时,驾驶员听从统一指挥,服从调度。

e)构件起吊时严禁起吊物下船只通行,并做好安全警示,确保施工人员及运输船只的绝对安全。

②缆索吊承重主索安装时水上作业。

a)施工作业期间,所有作业人员必须穿戴救生衣。

b)注意收听天气预报,遇大风或有雾等恶劣天气时及早让施工船只抛锚躲避,不得进行水上施工作业。

c)严禁作业人员和船只驾驶员在船上酗酒,一旦发现,严肃处理。

d)定期检查船体及船上动力设备的完好性。

e)作业船只不得超载。

③钢管拱肋节段水上吊装和拼接。

a)绑扎拱肋吊点时,船上施工人员要穿救生衣,防止人员意外落入水中。

b)起吊拱肋节段至安装位置与上节段对接作业时,操作人员要在搭设的安全平台上进行,爬梯搭设牢固。对拱肋节段纵向坡度较大的位置作业时,需在操作安全平台上操作。

c)拱上安装操作人员要穿救生衣及正确佩戴安全带。

④拱肋水上焊接作业。拱肋节段间连接法兰接头包板及上下弦管缀板焊接作业时,在对应的部位安装吊篮。吊篮设立可靠的安全平台,平台内木板满铺且两端要绑扎牢靠,钢管架子扣件连接牢固。

⑤河道来往船只通行。在沿岸两边设置安全警示,两岸各设一导航员对来往船只进行疏导,避免从吊装区域通行,防止高空坠物伤及船员和船只。

9 环保措施

(1)施工过程中必须严格遵守国家和当地的建设工程施工现场环境保护标准及建设工程施工现场场容卫生标准的有关规定。

(2)机械设备,如卷扬机、船只、油泵,使用后应进行设备的日常保养,保证设备经常处于完好状态,避免设备使用时意外漏油污染土地和地下水。

(3)材料库房的搭建要求应符合临时设施建设与使用相关要求,防止噪声污染、扬尘、废水污染现场。

(4)加强施工和生活垃圾的管理,避免造成对千岛湖水质的污染。

(5)新购的承重主索含油脂量极高,构件吊运过程中油脂受挤压后,直接下滴。为避免润滑油滴入千岛湖及地面,造成环境污染,在地面和拱肋上表面铺设彩条布隔挡。

(6)施工现场位于千岛湖,树木林立,施工中尽可能少占用作业面积,尽可能利用已施工完成的构建物,如高速公路桥墩基础等,避免破坏树木和影响生态。

10 资源节约

(1)本工法中采用钢绞线作为斜拉索替代传统的钢丝绳,不仅使关键技术应用得到了保障,体现出了优越性,而且节约材料共计20t,节省了大量资源。

(2)本工法中索塔基础设置于桥墩桩基础上,扣塔基础设置于桥墩基础平台上,安装系统布置充分利用了现场地形地貌,节约了大量钢材和水泥、砂石料。

11 效益分析

11.1 工期效益分析

本工法在总结传统的施工方法的基础上,对其加以改进和创新,因此应用本工法较传统施工方法可提前完工。

11.2 经济效益分析

以千岛湖1号钢管混凝土拱桥工程为例,分析效益如下:

采用本技术,使钢拱肋安装更加快速精确,大大缩短了安装时间,节约人工。计划拱肋安装人工费44万元,实际使用人工费16万元,节约人工费28万元。本技术与传统的施工方法所用机械类型基本相同,所不同的是施工周期变短,节约的机械费为7.2万元,采用钢绞线作为斜拉索较传统的钢丝绳节约的材料费为17.13万元,取得的总体经济效益为52.33万元。

11.3 社会效益分析

(1)工程质量得到提高。

(2)提高了企业生产技术水平,扩大了企业的知名度和影响力。

(3)确保了施工作业的安全性。该工程的施工对国家风景名胜区千岛湖的湖面未产生任何环境污染。

(4)积累了宝贵的施工经验,为企业以后承接类似工程打下了坚实的基础。

12 应用实例

以杭新景高速公路千岛湖支线1号钢管混凝土拱桥工程为例进行介绍。

12.1 工程概况

杭新景高速公路千岛湖支线1号钢管混凝土拱桥位于浙江省淳安千岛湖镇，横跨千岛湖，跨越处水域宽250m，水深5.0~48.0m。

拱桥为跨径260m钢管混凝土桁架上承式拱桥，净矢跨比为1∶6.5，拱肋弧长298m，净矢高38.769m，主拱肋为悬链线，拱轴系数 $m = 1.756$。拱肋为等截面钢管混凝土桁架结构，断面由 $4\phi 1\,000 \times 20(22)$mm的钢管组成，高5.0m，宽2.5m。

全桥共两条拱肋，每条拱肋分11个节段，最长节段弧长26.067m，最重节段设计净重71.3t。拱肋分段见表4。

拱肋分段情况表　　表4

节段 / 项目	第Ⅰ(Ⅺ)段	第Ⅱ(Ⅹ)段	第Ⅲ(Ⅸ)段	第Ⅳ(Ⅷ)段	第Ⅴ(Ⅶ)段	合龙段
设计净重(t)	71.3	64.6	71.3	71.1	70.1	69.6
弧长(m)	25.324	23.222	26.067	25.939	25.448	24.894

两主拱肋间采用10榀K形风撑和1榀拱顶横撑作横向连接。风撑采用 $\phi 610 \times 12$ 和 $\phi 377 \times 10$ 的钢管。

拱上立柱采用钢管混凝土结构。立柱钢管为 $\phi 1\,000 \times 12$ 和 $\phi 800 \times 12$ 的两种。柱间设横向斜撑，均采用 $\phi 610 \times 12$ 的钢管。

拱桥主结构材质均为Q345qC。

工程于2004年12月1日开工，于2006年6月15日竣工。

拱桥效果图如图4所示。

图4　千岛湖1号钢管混凝土拱桥效果图

12.2 应用效果

千岛湖1号钢管混凝土拱桥拱肋采用本工法，成功地解决了施工条件恶劣、悬拼节段多、风险大的施工难题，而且使拱肋快速、精确地完成合龙。

拱肋共33个吊装节段，安装有效时间共55d，单幅拱肋仅用了60min(外包板焊缝焊接除外)便完成了合龙连接。此时各观测点轴线最大偏差右幅17mm，左幅14mm，合龙前各拱段轴线偏差均在10mm之内。各观测点高程最大偏差右幅14mm，左幅19mm，均在20mm之内，远远低于设计和规范要求的偏差值。

本工程顺利实施,成效显著,取得了良好的经济效益和社会效益,为同类型工程施工提供了借鉴。工程竣工实景如图5所示。

图5 千岛湖1号钢管混凝土拱桥竣工实景图

竖向预应力孔道压浆施工工法

GGG(中企)C3097—2009

肖必建 徐发祥 焦安亮 黄延铮 贾飞宏
(中国建筑第七工程局有限公司 中建七局(上海)有限公司)

1 前言

本着"质量改进、管理先进、经济合理、资源节约、降低成本、缩短工期"的原则,实现"优质高速低耗完成大跨径箱梁的竖向预应力工程施工"的目标,同时为解决避免传统工艺中因压浆孔长期堵塞问题而造成的麻烦,为便于锚具产品安装操作及压浆方便、节约资源和成本,我们通过改进新产品并使用了YGM高强精轧螺纹钢锚具张拉端垫板上直接留设压浆孔后竖向预应力孔道压浆的施工工法。

2 特点

(1)可避免传统工艺中压浆孔长期的堵塞问题。

(2)可降低压浆施工难度。

(3)可加快施工进度,节约工期;可由于缩短工期从而减少箱梁支架租赁、机械及各项管理费用;可取消PVC压浆管,节约材料费用。

(4)可减少安装及压浆操作人工,节约人工费用;可直接降低产品制作成本费用(由原钢板材料变为铸铁材料)。

(5)可杜绝由于自重因素导致从底部压浆造成顶部不密实、有空隙的现象,保证施工质量。

3 适用范围

本工法主要应用于大型桥梁工程、高架立交、大跨径箱梁桥的竖向预应力工程中。

4 工艺原理

通过对传统产品及工艺的改进,将压浆孔设置在上垫板,即在张拉端垫板上直接留设压浆孔,代替了原有工艺中固定端附近底部压浆,方便锚具产品安装,实现先重力自流再低压到高压的注浆方法,既避免了传统工艺中压浆孔长期的堵塞问题,又节约资源和成本。

5 施工工艺及操作要点

5.1 施工工艺流程

施工工艺流程如图1所示。

5.2 操作要点

对于竖向预应力管道,每根孔道按先重力自流再低压最后高压的程序进行了二次压浆,采取了从上至下的压浆方向。第一次压浆首选采取重力流的方法,大约时间5min,待排气孔冒浆时采取低压力控制,压力控制在0.1~0.2MPa,时间控制在3min左右。然后将排气管扎起堵塞,开始第二次压浆,压力控制在0.3~0.4MPa,直至冒浆饱满为止。最后将排气管竖起,让其高度高于波纹管高度。

本节是工法的重点,应根据工艺流程,补充有关操作要点。

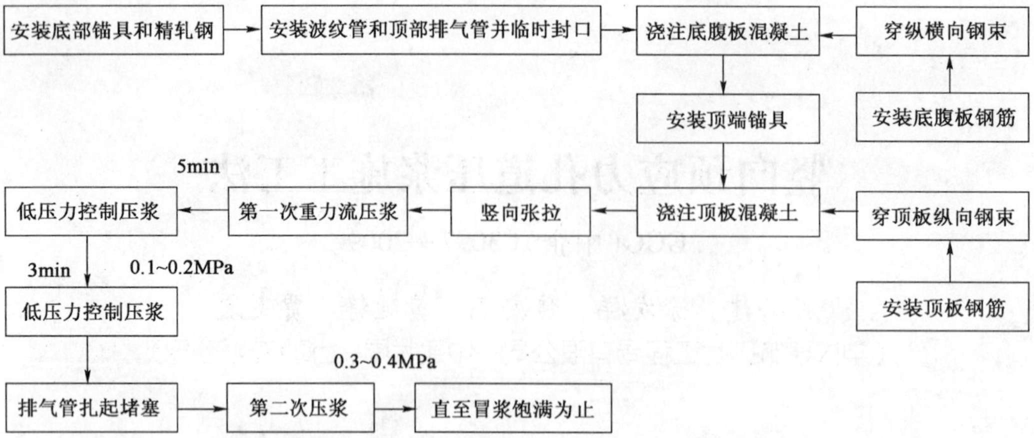

图1　施工工艺流程图

6　主要材料

YGM 精轧螺纹钢锚具,含螺母、垫板配套产品,见图2～图6。螺母材质为优质结构钢,螺母其硬度指标为 HRC20～35;垫板材质为铸铁,其硬度为 HB170～240;ϕ12 螺旋筋材质为 Q235 钢。螺母磁粉探伤符合 JB 3965—85 中Ⅲ级要求,超声波探伤符合 GB/T 4162—2008 中 B 级要求,质量符合 GB/T 14370—2000,试验方法符合 GB/T 230.1—2004。

图2　圆孔洞为压浆孔

图3　上垫板正面

图4　上垫板背面

图5　螺母

图6　压浆试验后锚具产品及试验芯体

7　质量控制

(1)上下垫板安装稳固准确,波纹管安装位置准确并且严密,排气管安装严密无空隙,混凝土浇筑时及以后保证孔道内无积水和杂物,压浆时按先重力自流再低压后高压的方法,水泥净浆严格按配合比拌制,以保证压浆质量。

(2)从预应力筋安装、波纹管安装、排气管安装、上下垫板安装、螺母安装等一系列过程中均需要规范操作,以保证混凝土浇筑时不漏浆。在逐根张拉后,压浆时要排除管内积水,压浆时按先重力自流,再低压后高压的方法,以保证孔道内无空洞,饱满密实。

(3)在精轧钢和波纹管安装时将每排两根从底部使用 UPVC 管连接串通,这样还可两根同时压浆,同时可避免由于空管道内因积水而带来的麻烦。顶部上垫板密封包裹,底部连接 UPVC 管严密以保证浇筑混凝土时不漏浆。

8　安全措施

(1)建立安全技术交底制度,每道工序在施工前除有质量保证措施交底外,还必须有安全技术书面交底,并有交底人和接受人的签字认可以及安全员的见证,使安全施工管理的第一关具有可追溯性。

(2)安全用电措施。现场电工人员不准离开岗位,并经常检查用电设施是否安全,做到专人专管,无证人员不准操作,保证施工用电安全。

(3)机械安全管理措施。设备管理人员不得擅自离岗,同时要经常检查各种施工机械的状态,保证施工机械不带病作业,所有施工机具设备和高空作业设备均应定期检查并有安全员的签字记录。

(4)压浆过程中要做到指挥统一,专人负责,按规范进行操作。

(5)压浆过程中要做好安全防护工作,增设必要防护设施,现场应设置明显的安全标志,严禁非与施工有关人员进入施工警戒区。

9　环保措施

(1)成立以项目经理为组长,技术负责人、工长和综合办公室有关人员等管理人员为成员的现场文明施工管理小组,委派综合办负责文明现场管理。

(2)建立文明施工岗位责任制,专业队伍对各自工作区域的现场管理负责,服从项目经理部文明施工管理。

(3)建立文明施工管理制度,严格执行检查制度和奖罚制度,把文明施工管理和经济利益挂钩,一同"包"、"保"、检查与复核。

(4)坚持文明施工例会制度,对检查情况进行讲评,分析文明施工现状,针对实际存在的问题,制订改进措施。

(5)施工过程中严格遵循"两通、三无、五必须"的原则,由项管部定期组织巡回检查。

(6)实行挂牌施工,接受群众监督、社会监督、政府监督。

(7)开展竞赛,加强文明施工教育培训工作。在现场各专业之间开展文明施工竞赛活动,将其与检查、考核、奖惩相结合,竞赛评比结果张榜公布于众,对工人进行岗位文明施工教育。

(8)严格按配合比拌制施工,做到既不减料,也不浪费。多余水泥净浆要及时妥善处理,做到不污染。

10　资源节约

(1)采用上部锚垫板预留压浆孔,可取消 PVC 压浆管,节约材料费用。

(2)降低压浆施工难度,可加快施工进度,节约工期。

(3)由于缩短工期从而减少箱梁支架租赁、机械及各项管理费用。

(4)可减少安装及压浆操作人工,节约人工费用。

11 效益分析

11.1 直接经济效益

竖向预应力工程造价约有75.2万元,原预测成本80.9万元,亏损5.7万元。通过改进产品和工艺后,仅此就节约的经济效益约29.6万元,成本降低率36.5%。其中,运用本技术,节约人工费1.2万元、材料费6.4万元、机械费5万元,节约技术措施费3万元,节约工期(24d)费用12万元,节约其他费用2万元。最后实际成本51.3万元,实现利润23.9万元,产值总利润率31.8%。

11.2 社会效益

该项目的成功实施,解决了传统工艺中因压浆孔长期因堵塞问题而造成的麻烦,杜绝了由于自重因素导致从底部压浆造成顶部不密实、有空隙的现象,保证了主线2006年结构贯通等诸多难题,受到了当地主管部门和业主的高度赞扬,获得了"上海市市政、公路、燃气行业质量先进集体"、"2006年度上海市重大工程立功竞赛优秀集体"、中建七局2006年度科技工作先进单位、青年文明号、上海市东环高速质量管理流动红旗、2006年度上海市重大工程文明工地等多项荣誉。项目总工徐发祥被评为"2006年度上海市重大工程立功竞赛记功个人"、"上海市工程建设质量管理先进工作者"。

12 工程实例

上海A30高速公路(界河—外环线)五标段工程位于上海市浦东新区曹路镇,主线全长1.7km,东通浦东国际机场、远东大道进入上海市区,西接五洲大道通往江苏方向,A、B、C、D四条匝道均与崇明长江隧道相连通往崇明岛,是一座三层特大型互通式立交桥,是上海、崇明、江苏三省市的交通枢纽。

我单位承担施工的沪崇苏立交工程,其中大跨径箱梁共4联(主线左右幅共两联,C、D匝道分别有一联,每联均为3跨),箱梁中墩附近设置ϕ25的竖向高强预应筋(屈服强度785MPa,抗拉强度980MPa),竖向预应力筋采用的YGM锚具是定型产品(含螺母、垫板、螺旋筋。其中,螺母HRC20~35,垫板HB170~240,螺旋筋Q235),锚具一端为固定端,另一端为张拉端。主线箱梁共有竖向筋或孔道1 824处,C、D匝道箱梁分别有竖向筋或孔道808处,累计数量为3 440处。

从2005年9月至2006年10月,历时13个多月,由中建七局上海A30五标项目部承建施工的大跨径箱梁(最大跨92m,共4座,每座3跨)取得圆满成功。本成果开发的技术与国内同类研究、同类技术相比,在先进性、实用性、系统性方面有优势,具有工艺先进、质量改进、低耗高效、适应领域宽等特点。此类型大跨径箱梁大桥,无论是跨度、高度,还是技术难度,均在全国同类型施工中处于领先水平。

上海A30高速公路(界河—外环线)五标工程的施工实践,宝贵解决了诸多施工难题,总结出了一套成熟的施工工艺,为同类工程施工提供了宝贵的经验。

上海A30高速公路(界河—外环线)五标工程,箱梁最大单跨92m,三向预应力施工,取得了圆满成功。该桥工程量大、质量要求高、技术难度大,竖向预应力施工时采用竖向预应力孔道压浆工法,具有良好的推广价值和发展前景。

斜拉桥多节段同期张拉施工工法

GGG(中企)C3098—2009

鲁万卿 李雪峰 李 华 罗锁焕 邵先国 高德清 杨华武
(中国建筑第七工程局有限公司)

1 前言

由于斜拉桥工程工期紧、质量要求高,采用何种施工技术方案优质、高效地完成斜拉索张拉、调索与监控技术,成为工程施工面临的首要和紧迫问题。经过查询,国内斜拉桥施工建造技术虽有大量应用报道,但均与本桥的设计方法不同,多为单节段挂索张拉。本工程设计模式要求三个节段同时挂索同期张拉,现无类似相关技术资料参考。为了在最短时间内攻克斜拉桥支架法一次立模多节段同期张拉、调索与施工控制的技术难题,中国建筑第七工程局有限公司成立了课题攻关小组,建立模型,采用大型有限元计算软件 ANSYS 程序,对斜拉桥的每一个施工阶段进行详尽的分析、验算、验证、模拟,从理论上分析了各个设计参数对主梁内力、高程以及索力的影响,论述对比了参数敏感性分析与识别,深入研究了支架现浇斜拉桥多节段同期张拉、调索与施工控制的技术难题。结合本桥的施工特点,参考国内外斜拉桥施工控制的经验,我们在后湖大桥的施工控制中采用自适应控制系统,并通过实践总结了本工法。

2 特点

2.1 采用多节段同时立模浇筑,多节段多对斜拉索同期张拉、调索,相对于每节段挂索、调索,可节约每节段混凝土施工的养护时间,缩短技术间隔,加快施工进度,同时也可提高梁体混凝土的整体性。

2.2 后湖大桥施工中采用支架法施工,每三个节段立一次模板,混凝土浇筑完成后同时挂索、张拉、调索,同期挂索 12 根,每侧 6 根,通过仿真分析和施工控制,全过程没有产生大的应力和应变偏差,经测量,成桥线形及索力控制非常理想。

2.3 采用多级次循环张拉技术,消除先张拉索的松弛现象,控制主塔和主梁内应力和应变符合仿真计算要求,较好地保证了斜拉桥的线型和应力,达到了设计理想的成桥索力。

3 适用范围

3.1 适用于具备支架法施工条件的斜拉桥建造领域。

3.2 适用于梁内空间设计较小的斜拉桥拉索的快速就位。

4 工艺原理

采用支架法施工,若干根 ϕ^j15.24mm 钢绞线通过专用连接套头、锚具和斜拉索头连接,梁内穿心千斤顶张拉钢绞线,从而牵引斜拉索进入索导管就位锚固,每次可同时施工多个节段的梁体,多节段梁体同时穿索、同期张拉。通过有限元软件对桥梁的施工工况进行模拟计算,确定斜拉索的张拉索力和张拉方法;施工时严格按照要求施工并进行应力、应变和变形监测,及时调整计算程序,确保施工过程中桥梁各部位的受力状况满足设计和规范要求。

5 施工工艺流程及操作要点

5.1 施工工艺流程(图1)

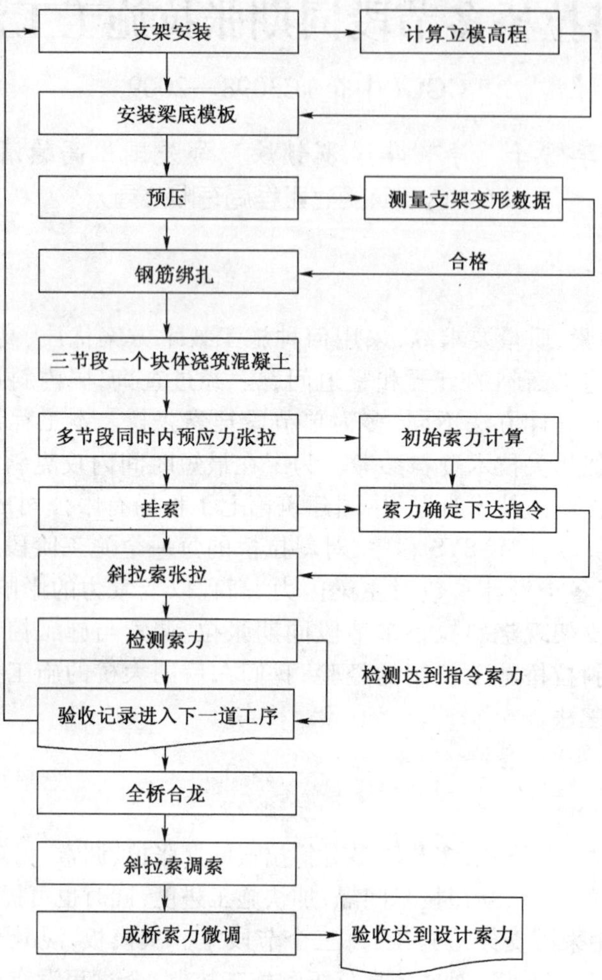

图1 斜拉索多节段同期张拉、调索与监控工艺流程

5.2 操作要点

5.2.1 支架法施工三节段一次立模整体浇筑施工

针对该工程箱梁的结构设计特点及施工环境实际情况,箱梁施工采用支架现场浇筑的施工方案。该桥主梁最大跨度128m,对采用支架法进行施工的连续箱梁而言,属超大跨度。其箱梁高度大(3.5m)、一个整块体三个节段长(最长18.5m)、顶面宽(33.5m),因此一次性浇筑的混凝土数量大,对支架荷载和设备的配套要求高,且施工工艺复杂。

1)支架设计(图2)

支架采用48mm×3.5mm碗扣脚手架管搭设。支架顶部用螺旋顶托支撑纵横向10cm×10cm木枋设成平台。支架立杆间距纵横向均不超过60cm。搭设时先从腹板下定位搭设,其中纵向中腹板和主墩位置横向腹板宽度达到50cm以上。采用双立杆双顶撑设置,双立杆间距30cm。支架拼装完成后,要进行与主梁部位120%质量的压载试验,以此消除支架非弹性变形,并测量得到弹性变形值。压载工作完成后,重新对高程进行调整。

完成支架拼装后,安装主梁的底模板。

在底模板上面堆砂，码砂袋预压。堆码时要根据主梁的断面尺寸，将砂袋相应地堆码成接近于主梁重力实际情况。砂卵石袋的总质量为120%块件的混凝土质量。

预压荷载加上的前后及其卸载后，都要对支架高度（高程）根据监控单位的要求进行测量，以得到弹性和非弹性变形值。

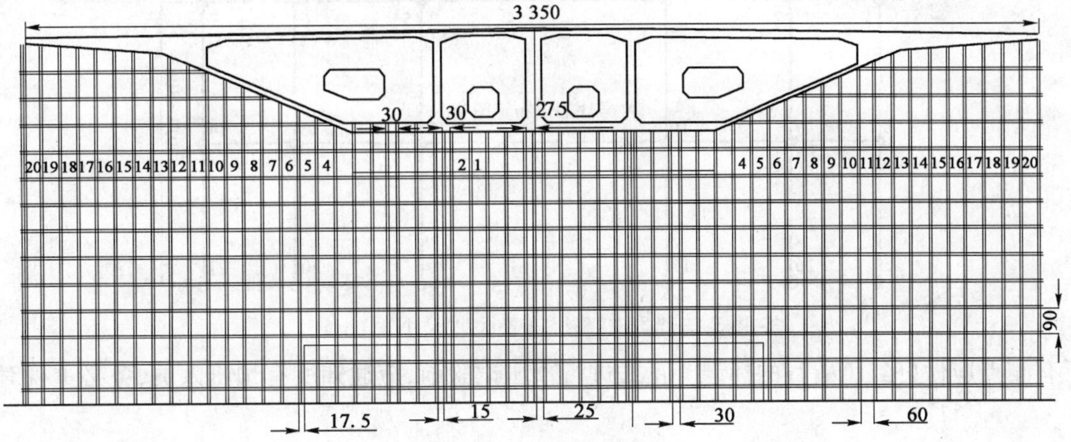

图2　支架设计横断面（尺寸单位：cm）

2）支架基础处理

根据设计图纸及地质报告计算满足施工支架承载力要求。

在拟搭设支架的场地两侧各不小于1m以外，先挖出深度不小于1m的排水沟。西侧与便道较近的地方，可采用盲沟回填碎石的方法。然后在持力层上采用振动压路机反复碾压密实，局部不平整的可采用红黏土分层回填压实，表面再用砂石铺200mm厚并碾压密实，使其持力土层均匀受力。

3）支架搭设

首先在混凝土上立杆下方设置钢垫板加大立杆的受力面积，钢垫板采用14号槽钢沿支架立杆横向通长设置。然后搭设脚手架，立杆间距设置为60cm（在50cm厚腹板下加密横向间距为30cm）、排距设置为60cm，水平杆间距为120cm纵横布置。支架四边与中间每隔四排支架立杆应设置一道剪刀撑，由底至顶连续设置。模板支架其两端与中间每隔4排立杆，从顶层向下每隔2步设置一道水平剪刀撑。剪刀撑的构造应符合《建筑施工扣件式钢管脚手架安全技术规范》第6.6.2条的规定。扫地杆设置在基础表面20cm处。

4）支架预压

支架现浇其支架本身刚度及地基的承载力是主梁线型控制的关键因素之一，因此在浇筑混凝土之前须对支架进行预压，清除其非弹性变形，测定其弹性变形与荷载的关系，为主梁线形控制提供可靠数据。同时，预压也是检验支架强度及刚度的一种最有效的方法。支架预压采用堆载法。

（1）支架预压流程

支架安装、模板调校——→初始高程测量——→压混凝土荷载20%的砂袋——→测支架变形量——→压混凝土荷载50%的砂袋测支架变形量——→压混凝土荷载100%的砂袋，测支架变形量——→压混凝土荷载120%的砂袋，测支架变形量——→卸混凝土荷载20%的砂袋，测支架底模高程的变形——→卸混凝土荷载50%的砂袋，测支架底模高程的变形——→卸除全部砂袋，测支架底模高程的变形——→支架预压结束。

（2）测点布置

①测点布置如图3所示。

②设置测点应注意的问题

设置稳定、可靠的测点是测试数据准确可靠的前提条件，思想上应该引起足够重视。

方便使用塔尺的测点，应焊接上便于放置塔尺的“凸形物”（如废弃钢筋头），要求焊接可靠，凸形物顶面有最高点。

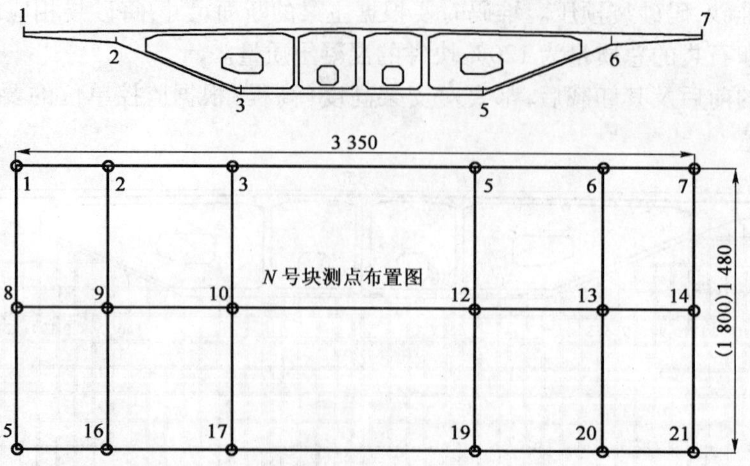

图3　三节段支架测点布置示意(尺寸单位:cm)

所有测点应做好红色醒目的标记。正式进行预压试验前,应通知所有预压人员,务必重视对测点的保护。

(3)堆载预压

①预压分级

按支架要承受的最大混凝土荷载,分四级进行,即20%、50%、100%、120%的混凝土质量。

②加载方法

砂子采用装载机运至墩旁,人工装袋至40kg/袋左右时(台秤过计量),用麻绳扎紧后由吊车吊至压载位置,人工整齐堆放。累计加载的质量满足分级荷载的要求,注意每级荷载加载完毕,在砂袋顶撒石灰作标记,以便按级卸载时卸除应卸质量。加、卸载时注意保证对称性。应注意,每级荷载持续时间不得少于10h。

③加载顺序及大小

堆载按照先底板后腹板最后翼板的原则分级进行。

(4)变形观测的数据收集

预压前,须对各测点进行编号,同时编制支架预压变形实测数据记录表。另外,必须强调的是,测点数据观测应尽量选择在温差较小的时间进行,以确保数据可靠。

(5)支架预压荷载与其弹性变形的关系及非弹性变形

①支架的非弹性压缩变形

支架的非弹性变形量为压载至100%和卸载至100%时其变形量的差值。

②支架的预压荷载与其弹性压缩变形

支架压载至120%混凝土总质量时,认为其非弹性变形已消除,并确定其弹性变形与荷载呈线性关系。从卸载120%→100%→50%→0时,其变形量按数理统计方法拟定变形与荷载关系的回归方程。

$$Y = B \cdot x + A$$

式中:Y——变形量;

x——荷载;

A、B——分别为回归方程系数。

$$B = (n\sum x_i Y_i - \sum x_i \sum Y_i) / [n\sum x_i^2 - (\sum x_i)^2]$$

$$A = (\sum Y_i - \sum B x_i) / n$$

③整理预压观测报告,其将作为支架现浇节段立模高程调整的重要依据。

5)模板工程

(1)模板的组成

模板由均采用 20mm 厚竹胶合模板。模板在支架上拼装,与侧模架按照梁体的结构尺寸连成一个整体;外侧模架用 10cm×10cm 木枋纵横铺设,布置间距主楞 60cm、次楞 30cm;注意板缝严实,板面平整,内模采用木胶合板模板,5cm×10cm 木方。

(2)模板的安装

先在可调顶托上铺设纵向 10cm×10cm 方木,间距 60cm(中腹板下间距 30cm),再铺设横向次楞 10cm×10cm 方木,间距 30cm(腹板下间距 15cm),还要保证模板接缝下有一根方木用于拼接模板。竹胶合板模板用钉子钉在次楞方木上,要接缝严密,表面平整,接缝高低差不得大于 1mm。

内模板采用 20mm 厚木胶合板模板,其中腹板采用 5cm×10cm 方木竖向背楞间距 300cm,横向采用 2ϕ48mm×3.5mm 钢管间距 60cm,顶底板均采用 5cm×10cm 方木次楞间距 300cm,5cm×10cm 方木主楞间距 600cm,5cm×10cm 方木竖向顶撑,在地面上预制成整体吊装到位安装。

6)钢筋工程

钢筋在加工厂集中加工,塔吊吊运至施工现场。ϕ12mm、ϕ16mm、ϕ20mm 钢筋接头采用搭接焊接工艺,ϕ28cm 钢筋的接头采用直螺纹套筒连接。钢筋安装按照"放样→底板钢筋→箍筋和斜筋→腹板钢筋→安装预应力波纹管道→端部加强钢筋→安装内模板→安装斜拉索道管→顶板钢筋→安装顶板横向预应力管道"的顺序进行。钢筋两端及转角处的交叉点均用铁丝绑扎结实。箍筋接头交错布置,封闭口两端绑扎牢固。绑扎按八字形交错扎结牢固。绑扎用的铁丝向内弯,不得伸入保护层。为保证钢筋的混凝土保护层厚度,在钢筋与模板之间,按设计的保护层厚度安装预制垫块。

7)组合节段混凝土浇筑

箱梁混凝土浇筑按照"底板与腹板倒角处→底板→腹板→顶板,从两端向中间"的原则,采用输送泵管道移动端部向内对称布料、连续浇筑,以水平分层(浇筑层厚度不大于 300mm)、斜向分段(工艺斜度为 1:4~1:5)的施工工艺进行。

由于箱梁为斜腹板结构,再加上其高度大,使得腹板的混凝土捣固工艺成为一个技术难点。具体表现在以下几个方面:首先,振动棒不易伸至腹板的中下部,特别是倒角处,该区域混凝土捣固困难;其次,该部分区域的腹板内容易因浆液流失形成麻面甚至空洞;另外,在底板倒角处容易出现混凝土上翻。经过反复的工艺试验和技术攻关,我们采取了模板倒角改进、改善混凝土工作性能、控制混凝土捣固时间等技术措施,使混凝土得到了有效控制。

8)预应力工程

该桥主桥采用全预应力体系,纵向采用低松弛钢绞线,波纹管成孔,桥墩两侧对称顶板束在竖向和水平弯曲,其余钢束只在竖向弯曲;竖向采用 ϕ32mm 的精轧螺纹钢筋,波纹管成孔;横向采用低松弛钢绞线,波纹管成孔。连接悬挂锚阶段的预应力在混凝土强度达到 80% 后进行,其他预应力束在混凝土强度达到 100% 后进行。

5.2.2　后湖大桥张拉及自适应施工控制系统运行施工工艺

1)后湖大桥斜拉索软牵引安装及张拉

(1)挂索

斜拉索塔上挂索采用卷扬机牵引,塔吊辅助起吊。牵引用卷扬机安装到塔顶,钢丝绳从塔顶经导向滑轮进入索导管伸出管口,等待牵引斜拉索。

首先将斜拉索索盘放在主塔根部的专用放索小车上。然后用塔吊将斜拉索上端用哈夫夹具起吊,提升至索导管附近,将卷扬机钢丝绳通过专用连接头与张拉端索头锚杯相连,塔顶卷扬机启动,牵引斜拉索进入索导管,旋紧锚杯螺母完成挂索(图 4~图 6)。

张拉端冷铸锚杯进入斜拉索导管口前,由于斜拉索因自重下垂,必然使张拉丝杆下缘抵在导管口上,此时须依靠主吊点滑轮组随时调整高度,使得拉杆始终处于导管中心,否则拉杆螺纹将被损坏。

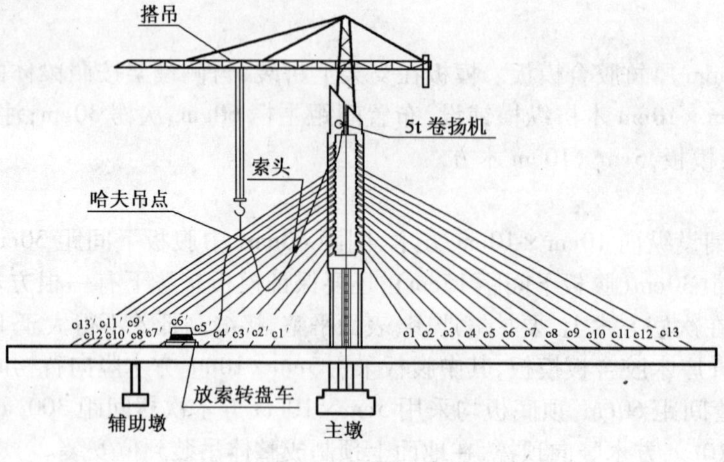

图 4　斜拉索挂索牵引示意图(一)

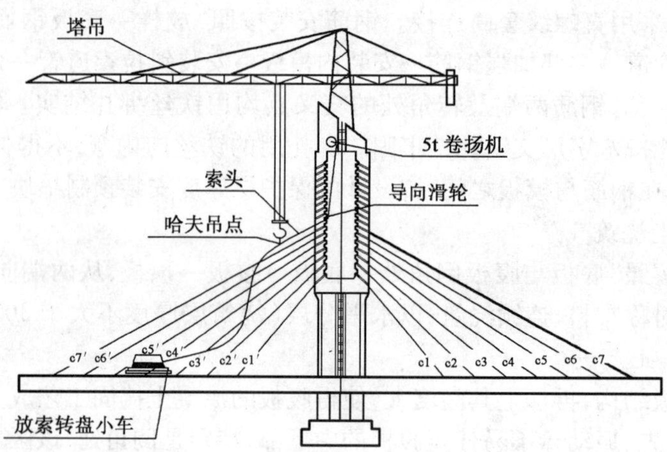

图 5　斜拉索挂索牵引示意图(二)

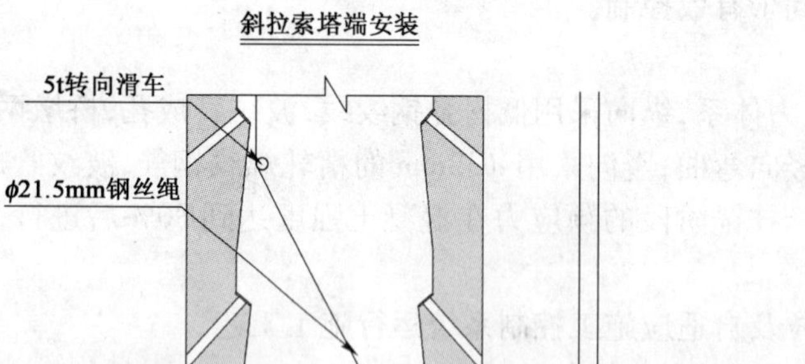

图 6　斜拉索塔内牵引示意图(三)

(2)展索

主梁前端设一台展索用卷扬机,牵引放索小车向梁前端前进,同时应在缆索下放置圆木、胶管和滚轮等设施防止滑伤缆索(图7)。

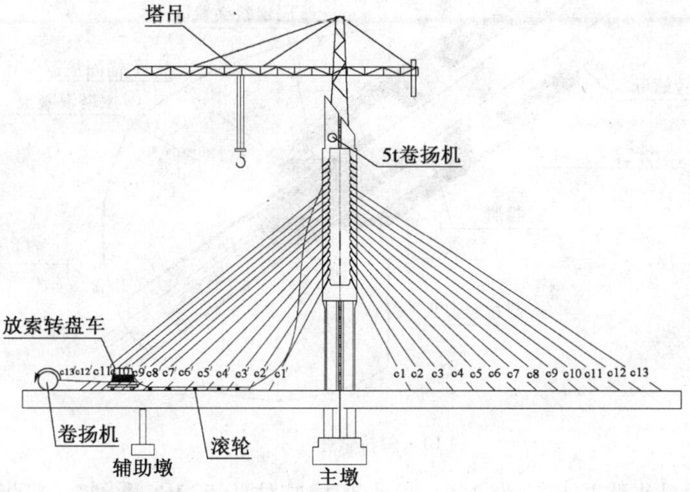

图7　斜拉索梁上展索示意图

(3)压索

展索完成后,在斜拉索梁端安装钢绞线软牵引系统,钢绞线的长度 L 及根数应通过计算确定。在索导管附近立简易门架,采用手动环链葫芦将索头吊起,使斜拉索的角度与索导管的角度相吻合,以便索头进入。然后使用桥面卷扬机将斜拉索引向索导管,钢绞线穿入索导管后与梁内已经固定好的牵引用千斤顶连接,完成压索(图8)。

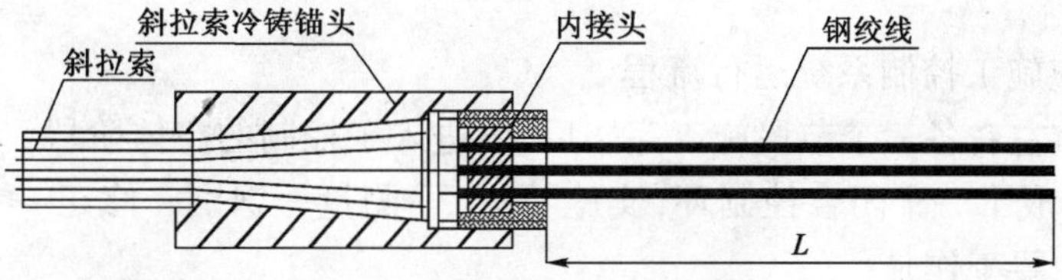

图8　斜拉索梁上展索示意图

(4)柔性软牵引张拉完成斜拉索安装

压索完成后,梁内千斤顶通过张拉钢绞线牵引斜拉索逐步进入索导管,直至能够完成锚杯螺母的锚固,斜拉索挂索安装结束(图9)。

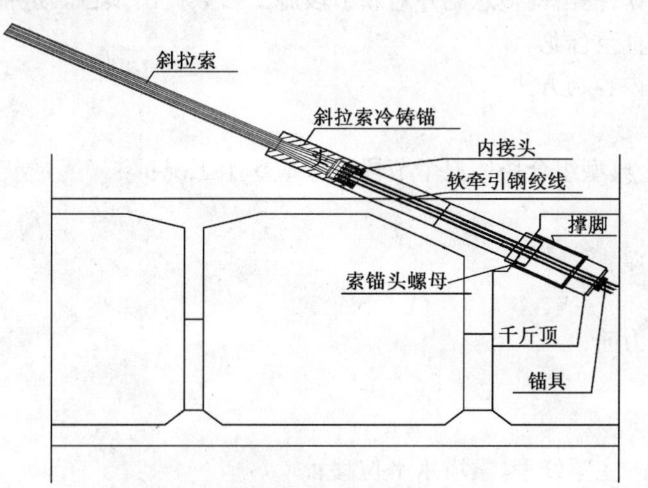

图9　斜拉索牵引安装入主梁索导管示意图

(5)斜拉索张拉(图 10)

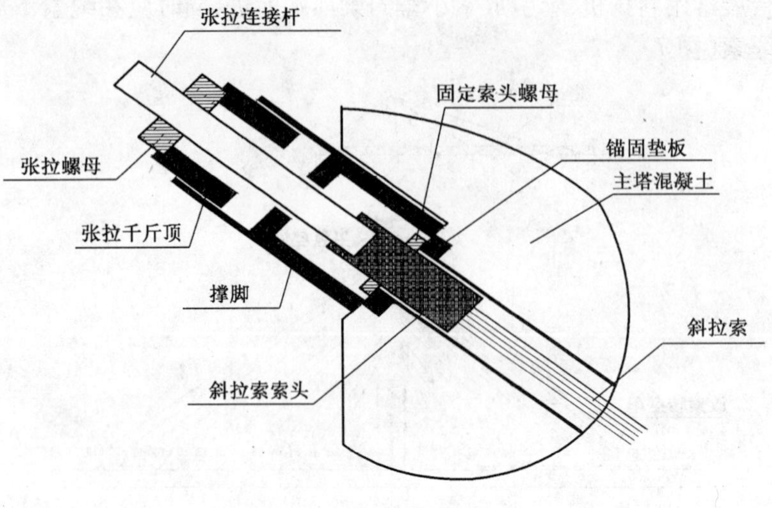

图 10　斜拉索张拉示意图

后湖大桥斜拉索的最小张拉吨位为 246t,最大张拉吨位为 532t。采取一端张拉,一端锚固的张拉方式,即事先把斜拉索下端冷铸锚锚固在箱梁上,张拉在索塔内进行。斜拉索张拉采用与索头锚杯内丝衔接的张拉连接杆和大吨位千斤顶完成,在空间满足的条件下,张拉可在梁内或塔内完成。

首先利用手工倒链将加工制作好的张拉连接杆安装入拉索锚杯,然后再用手工倒链吊起千斤顶辅助就位。据监控单位和设计院索力通知单,穿心千斤顶通过对张拉连接杆施加拉力来完成拉索的张拉。

拉索张拉过程中锚杯螺母应跟着拧紧,并要详细记录油表读数、索力、伸长量、索头相对锚垫板的位置,便于相互校核。张拉前后应量取索头与锚垫板的相对位置。张拉过程中分级记录油表读数、索力及伸长量。

2)后湖大桥自适应施工控制系统运行流程

在第一个组合块体左右各三个节段施工完毕后,就进入了控制的主体阶段。“施工监测”、“控制分析”和“新节段施工”形成了一个闭合控制环,实施“施工—测量—识别—修正—预告—施工”的循环控制过程。这个过程的主要工作是:

①进入测量模块。通过测量取得施工阶段结构的应力、位移、材料常数(弹性模量、重度、收缩徐变参数等)、温度等数据。

②进入控制分析模块。将结合测量数据和理论目标值进行误差分析,参数识别和修正,利用修正后的参数进行理论模拟计算,提出调整意见并对新节段施工参数提出预告。进行下一节段施工,之后又返回测量模块,如此循环,直至合龙。

3)施工监测的主要内容与方法

(1)施工监测工况

根据设计要求,一个典型组合块体三个节段可分成 5 个工况:

①定位立模高程;

②主梁混凝土浇筑;

③安装斜拉索;

④张拉顶底板预应力筋;

⑤张拉斜拉索。

监测项目有:

线型及变位监测——主梁线型、索塔水平位移;

应力监测——主梁、索塔、塔墩应力;

索力监测——斜拉索索力；

温度测量——主梁和索塔温度监测。

在下列施工工况作用前后需要对结构反应进行测试：浇筑组合块体混凝土，张拉块体预应力束，安装和张拉斜拉索，具体分述如下。

(2)线形及变位监测

线形监测包括主梁高程测量和中线测量。变位监测指索塔水平位移的测量。

主梁高程测量：用精密水准仪测量测点高程。临时水准点可设在梁塔临时固定处，测点布置在主梁每个施工节段的悬臂端截面。测出已施工各节段的控制点高程后，再根据与其梁底的高差，可推算出相应节段的梁底高程。

主梁中线测量：用全站仪观测各已施工节段的中线点相对于桥轴线的偏距。测量时将经全站仪安置在索塔中心处的主梁中线上，以另一墩主梁中心线后视点定向。

索塔水平位移测量：用全站仪测量。测点分别布置在索塔的顶部和根部，同时测量顺桥向和横桥向水平位移。

详细监测方案如表1所示。

线型及位移监测　　表1

测量项目	测量时机	测点位置略图	测量仪器	测点分布	备　注
主梁高程	每施工工况完成后，选择气温变化较小的时间进行	图11	电子水准仪	每个施工节段2个(塔每侧共17施工节段、0号、合龙段)，总计76个	测点用短钢筋埋设并编号
主梁中线	同高程测量(测量时间二者同步)	图12	全站仪	每个施工节段1个(塔每侧共17施工节段、0号、合龙段)，总计38个	同上
索塔位移	同高程测量	图13	全站仪	主塔3个控制截面，每截面设置2个测点	同时测量顺桥向及横桥向水平位移
主梁高程、中线、索塔位移	合龙前	图14	电子水准仪全站仪	主桥控制截面(11个截面，每截面3测点)，塔控制截面(3个，每截面2测点)，测点共39个	高程用电子水准仪，其他用全站仪

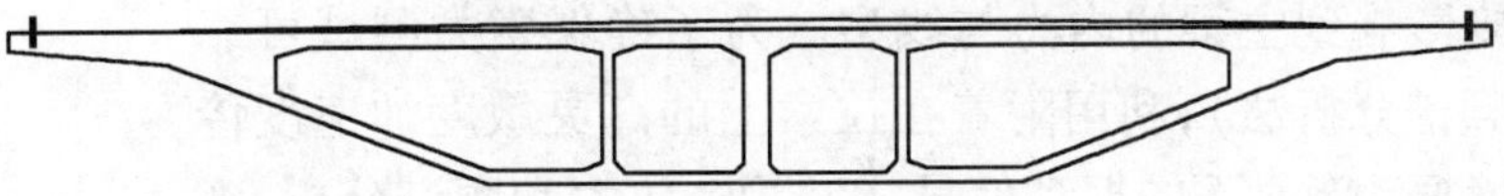

图11　主梁高程测点布置

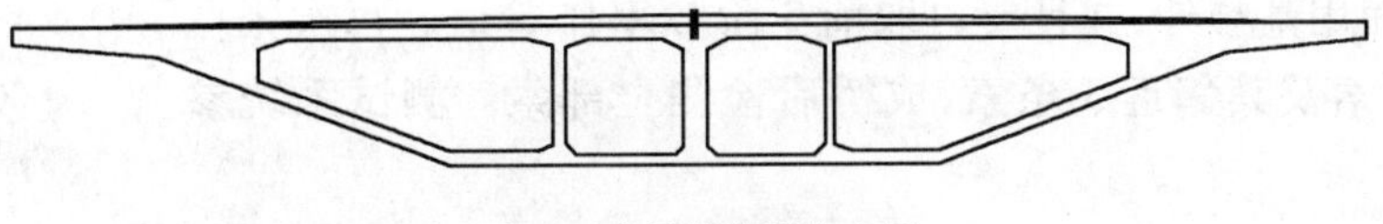

图12　主梁纵向测点布置

(3)应力测试

应力监测包括主梁应力监测和索塔应力监测两个分项，主要目的是了解主梁和索塔控制截面的应力状况，并对梁体质量及其他荷载变化情况进行判断，确保结构施工安全。

桥梁应力需要进行长时现场观测，涉及的测试技术困难较多，目前国内比较成熟的技术是采用振弦式应变计。

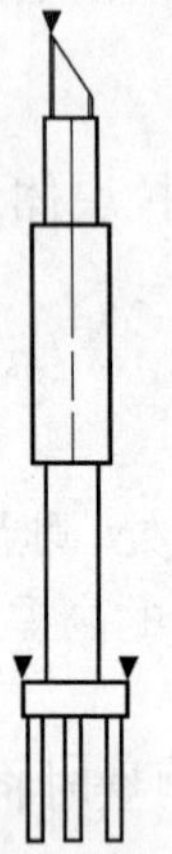
图 13　索塔位移测点布置

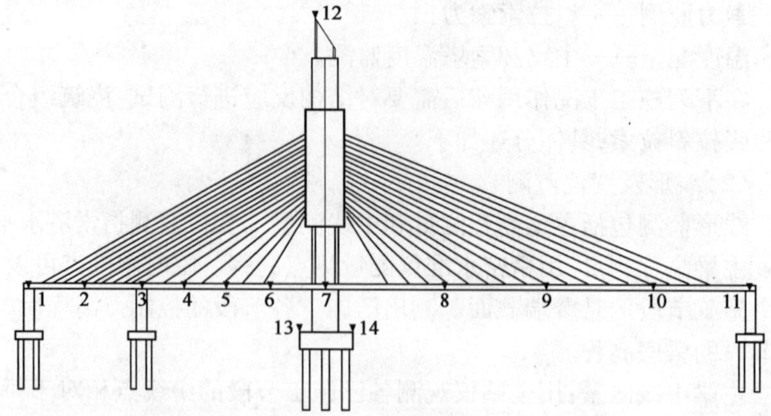

图 14　主塔控制截面测点

测量截面:拟在主梁控制截面埋设钢弦式应变计,控制截面有边跨和主跨的 0 号块根部、1/4 跨、1/2跨、合龙段。

鉴于主塔和主墩的重要性,在墩底和主塔截面突变处埋设应变计,以做应力监测。

应变补偿:应力测试影响因素复杂,除荷载作用引起的弹性应变外,还受收缩、徐变、温度等因素的影响。拟通过埋设无应力计或其他措施,补偿混凝土自身的体积应变和收缩应变以及自由温度应变的影响。

应力测试详细测试方案如表 2 所示。

应力监测　　　表2

测试项目	测试工况	测点布置	测试仪器与方法	备注
主梁应力	每节段混凝土浇毕,预应力束张拉完毕,张拉斜拉索时及张拉完毕时	图 15	钢弦式应变计;振弦频率仪	钢弦式应变计应在不同温度下进行标定
索塔应力	同主梁应力测试; 桥梁合龙	图 16		

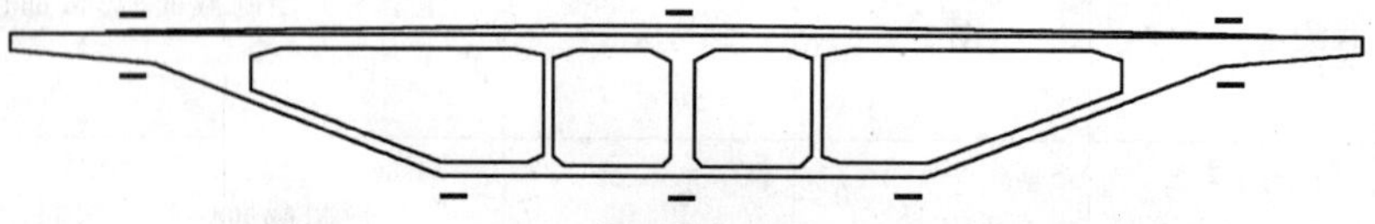

图 15　主梁控制截面应变测点布置

(4)索力测定

斜拉索索力直接影响到主梁的内力与线型。为了确保索力测试可靠性,拟采用脉动法(频谱分析法),利用附着在拉索上的高灵敏度加速度传感器拾取拉索在环境振动激励下的振动信号,经滤波、放大和频谱分析,确定拉索的自振频率,从而计算索力。测量前将进行标定,并在测量中加以修正。索力换算除使用基频外,并且要再取前 3 阶频率作验证。每次张拉和调索时,测量张拉索及其邻近 5 条索,成桥后检测全部索。测试系统参见图 17。

(5)温度测试

温度变化,特别是日照温差的变化,对于斜拉桥结构内力和变形的影响是复杂的。在施工阶段,日照温差对主梁挠度和塔柱水平位移的影响尤其显著。

为了便于施工控制资料的分析,拟测量出较有代表性的某一天或几天 24h 结构温度变化情况。结合塔柱偏移和主梁线形测量结果,总结出结构

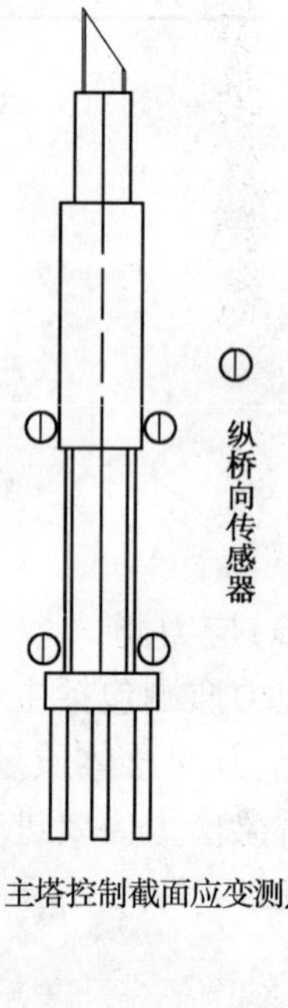

图 16　主塔控制截面应变测点布置

日照温差变形规律和季节性的温差变形规律。

测温元件：选用性能优良的热敏电阻。根据电阻与温度的标定曲线，由测定的电阻值推算温度值。

混凝土测温部位：在主梁和塔柱已选定进行应力测量的截面中，各选 2 个截面同时作为混凝土测温截面。

(6)结构几何及物理参数监测

测试主梁断面各部分的几何尺寸及混凝土材料的重度、强度和弹性模量，为结构的分析与计算提供更加符合实际的结构几何及物理参数，以使结构的分析结果能更加切实地反映实际结构的受力性能。

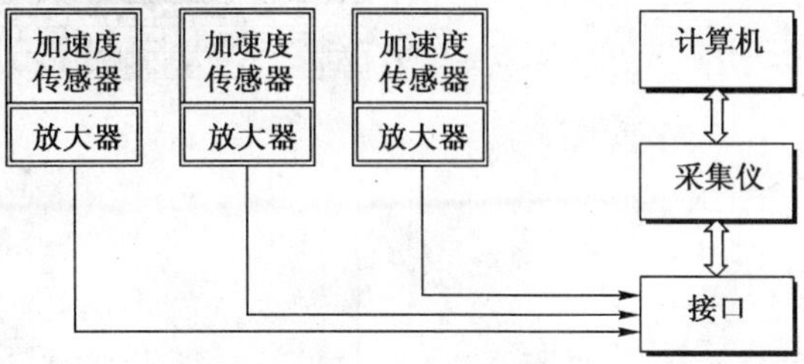

图 17　斜拉索索力测试系统

4)施工监控的工作流程

为了对施工过程中的结构实施有效控制，根据本桥的受力性能和施工工艺特点，监控所建立监控分析计算模型需通过监理工程师经设计单位及其授权的设计代表认定，以形成合理和准确的施工监控分析计算模型。施工监控框图见图 18。具体工程流程如下：

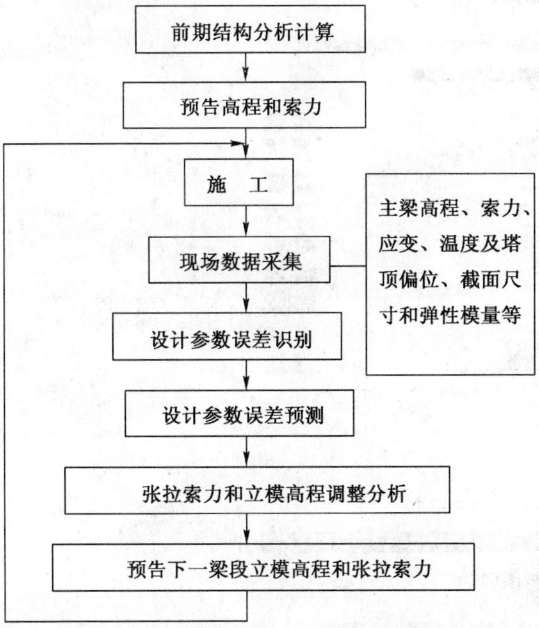

图 18　施工监控框图

①为了对施工过程中的结构实施有效控制，根据本桥的受力性能和施工工艺特点，所建立的施工控制分析计算模型应通过监理工程师与设计单位取得一致并得到相关各方的认可。在施工控制实施以前，将形成施工监测及施工控制的具体方案和实施细则，经有关各方签认后再具体实施。

②在上部结构施工阶段，根据其施工情况，在控制截面内预埋用于应力、应变测试的传感元件。

③在主梁施工阶段，根据实际需要，将有多名专业测试人员和施工控制人员长驻现场，以确保施工控制的顺利进行。

④每一施工循环完成后，以草签的形式向有关各方提供相应的阶段监测报告，对结构现状进行述评；对监测结果进行分析评定后，提出下一施工阶段立模高程和拉索索力等的建议值，该建议值在本节段斜拉索最后一次张拉后 12h 内给定。阶段监测报告和监控实施报告以草签的形式提供给设计及监理有关方，经签认后由监理工程师组织设计、业主等有关单位签认并批准后实施。

⑤二期恒载全部施工完成后，提供施工监控正式研究报告。

5.2.3　后湖大桥多阶段同期张拉施工控制效果与成果

从该桥的监测监控结果来看，在整个主梁施工过程中，监测结果与理论计算结果分析比较，进行参数辨识和参数修正，用修正后的参数重新对施工工况进行计算，对结构实施控制。这样，经过几个工况的反复辨识修正后，计算模型就将与实际结构趋向一致。该桥主梁线型、斜拉索索力和结构应力均达到预期要求。

模型计算与分析图像详见图 19 ~ 图 21。

1)全桥主梁线形

从竣工后实际测量的主梁高程来看，该桥主梁线形较好，各节段梁底高程与设计高程基本一致，一般偏差在 1cm 以内；局部地方偏差稍大，主要在 M2 和 M3 组合节段，最大偏差 2.6cm，但均满足监控目标要求。主梁梁底高程与设计高程之差见表 3。表中正值表示比设计值高，负值表示比设计值低。

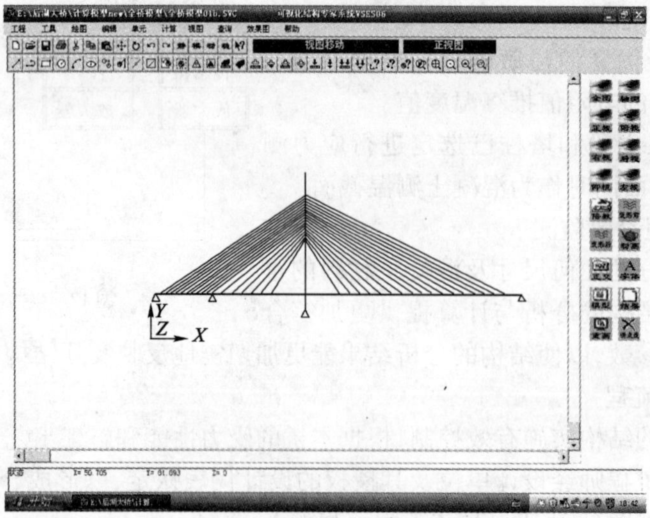

图19　模型计算分析图(一)

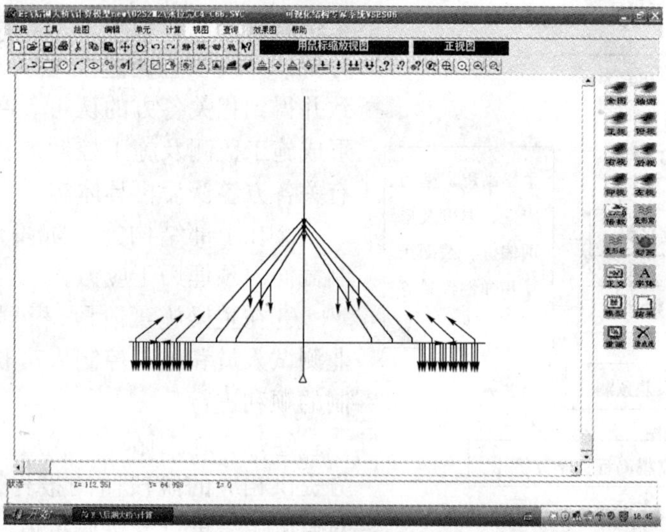

图20　模型计算分析图(二)

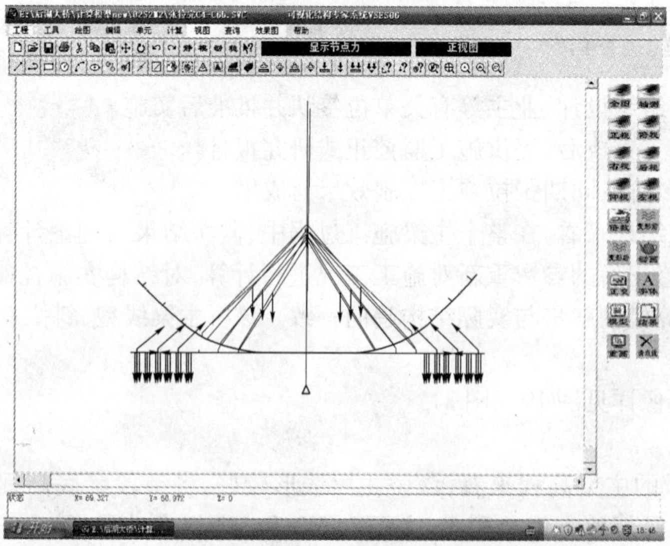

图21　模型计算分析图(三)

主 梁 高 程(m) 表3

梁段	S4	S3	S2	S1	M1	M2	M3	M4	M5	M6	M7
与设计差	0	0	0.016	0.022	-0.006	-0.023	-0.026	0.006	0.026	0.023	0

2)全桥应力满足相关规范要求,混凝土无拉应力,并在最不利时与理论计算对比有一定的压应力储备。

(1)主梁成桥应力

主梁应力情况见表4。表中列出了应力实测值和计算值,便于对比。其中计算应力根据实测索力计算得出。

主梁成桥应力(MPa) 表4

梁 段	传感器编号	截 面 位 置	实 测 应 力	计 算 应 力
S1	210615	东下	-9.94	-9.14
	210625	西下	-9.84	-9.14
	284916	东上	—	-7.13
	284930	西上	-5.78	-7.13
M1	210356	东下	-11.9	-9.74
	210624	西下	-15.7	-9.74
	284919	东上	-13.9	-11.83
	284925	西上	-12.38	-11.83
S2	284926	东下	—	-7.62
	284921	西下	-8.37	-7.62
	284917	东上	-8.84	-3.97
	284924	西上	—	-3.97
M3	284928	东下	-17.7	-14.26
	284920	西下	-17.7	-14.26
	284918	东上	-11.71	-13.62
	284927	西上	-10.86	-13.62
M5	284931	东下	-14.35	-11.02
	284923	西下	-15.94	-11.02
	284929	东上	-16.16	-14.32
	284922	西上	-18.47	-14.32

(2)主梁运营阶段应力

根据实测索力,对全桥各工况进行了主梁运营后应力状态分析,分析时考虑了恒载、活载、温度、支座沉降、混凝土徐变等因素。进行荷载效应组合得出主梁运营后应力结果见表5。

主梁运营阶段应力(MPa) 表5

上 缘	空 载 下	最 小	最 大
S3	-4.61	-2.25	-7.73
S2	-9.28	-5.65	-12.69
S1	-7.13	-4.89	-10.55
S0	-5.83	-3.71	-9.24
M0	-5.02	-3.54	-10.38

续上表

上　　缘	空　载　下	最　　小	最　　大
M1	-11.83	-6.78	-12.15
M2	-12.67	-7.62	-15.44
M3	-13.6	-8.47	-17.30
M4	-14.18	-7.25	-18.33
M5	-14.3	-8.20	-19.40
M6	-9.51	-6.27	-15.02
M7	-7.37	-4.93	-10.04
下缘	空载下	最小	最大
S3	-6.12	-4.24	-11.35
S2	-7.62	-3.18	-1072
S1	-9.14	-5.28	-13.67
S0	-4.65	-2.87	-10.43
M0	-4.21	-3.05	-8.61
M1	-9.74	-5.31	-13.87
M2	-10.76	-6.54	-14.68
M3	-14.26	-8.54	-20.25
M4	-12.32	-7.55	-18.46
M5	-11.02	-6.70	-17.60
M6	-9.15	-7.02	-13.48
M7	-5.41	-3.76	-8.23

为直观起见,将表5绘制成图形。

①空载下的主梁上缘应力见图22。

②空载下的主梁下缘应力见图23。

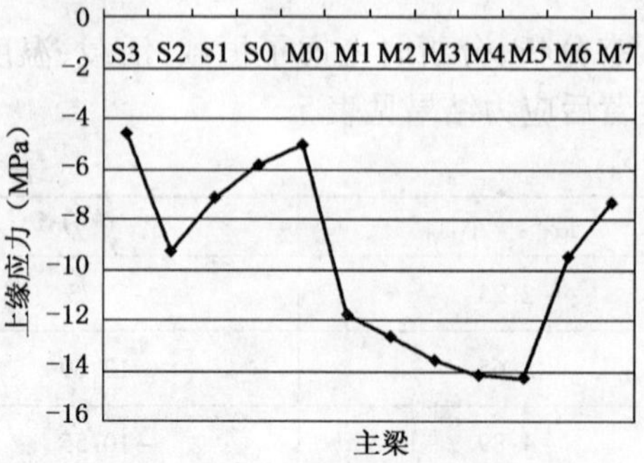

图22　空载下主梁上缘应力图

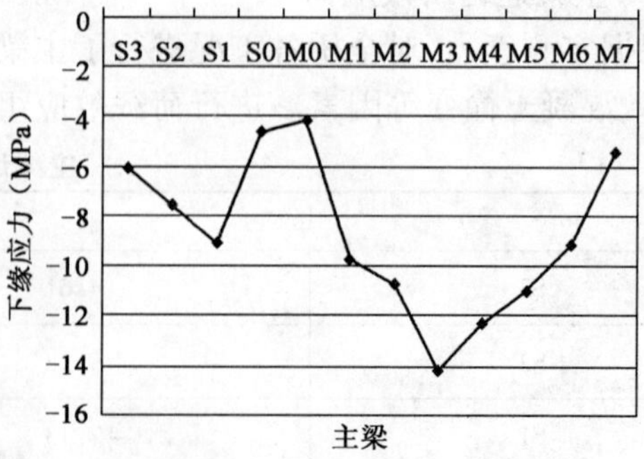

图23　空载下主梁下缘应力图

③在最不利工况下,主梁各截面上缘应力包络图见图24。

④在最不利工况下,主梁各截面下缘应力包络图见图25。

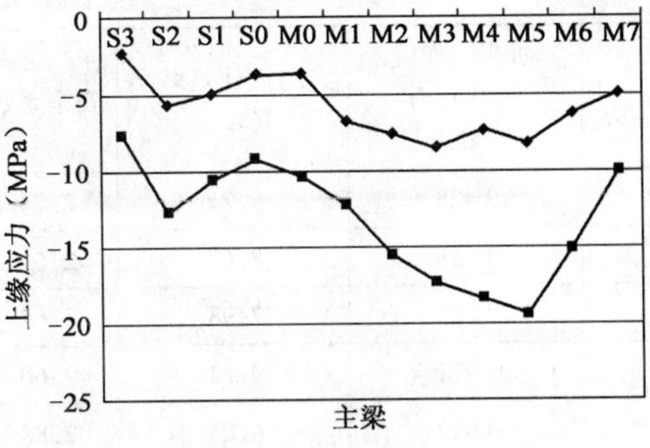

图 24　主梁上缘应力包络图

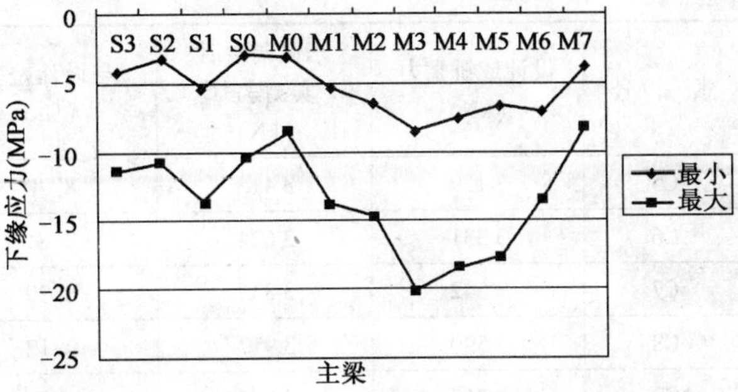

图 25　主梁下缘应力包络图

（3）全桥索力

斜拉索索力在全桥合龙后，按设计要求进行了两次调整，第一次对每根索都进行了调整，第二次为微调，仅对 6 根索进行了小幅调整。在第一次索力调整前，各方对调索要求、方案进行了讨论，鉴于桥梁混凝土重度、尺寸及其他参数等与监控理论计算模型和设计计算模型均有一定偏差，为保证成桥后塔梁混凝土应力达到更好的状态，监控组根据实测参数对全桥受力状态进行了全面分析，制订了调索方案。此调索方案优先考虑使塔梁混凝土应力有很好的安全储备，适当地放宽了对索力的控制要求，但限制索力不超过设计成桥索力 10%，并使其安全系数满足设计规范要求。通过两次调索，达到了预期目的。

全桥成桥后索力情况见表 6。

后湖大桥索力　　表 6

索　号	设计成桥索力（kN）	东侧调索后实测索力（kN）	与设计差率（%）	安全系数	西侧调索后实测索力（kN）	与设计差率（%）	安全系数
C1′	4 451	4 473	0.49	2.73	4 532	1.82	2.70
C2′	2 817	3 023	7.33	2.57	3 058	8.57	2.54
C3′	3 005	3 070	2.16	2.56	3 101	3.19	2.54
C4′	3 292	3 252	-1.20	2.84	3 289	-0.08	2.81
C5′	3 390	3 556	4.91	2.62	3 590	5.92	2.60
C6′	3 464	3 706	6.99	2.72	3 716	7.27	2.71
C7′	3 513	3 553	1.14	2.83	3 528	0.43	2.82
C8′	3 638	3 841	5.59	2.99	3 845	5.70	2.98
C9′	3 832	4 043	5.51	2.82	4 029	5.14	2.83
C10′	3 909	3 999	2.32	2.86	3 961	1.34	2.89
C11′	3 955	4 147	4.87	2.82	4 157	5.12	2.82
C12′	4 099	4 446	8.48	2.62	4 408	7.55	2.64
C13′	4 425	4 543	2.68	2.58	4 646	5.01	2.52
C14′	4 514	4 742	5.06	2.62	4 723	4.64	2.63
C15′	4 611	4 998	8.40	2.53	4 987	8.17	2.53
C16′	4 971	5 129	3.19	2.57	5 100	2.61	2.58
C17′	5 118	5 183	1.27	2.55	5 168	0.98	2.56
C1	4 594	4 888	6.40	2.56	5 017	9.21	2.49
C2	2 446	2 637	7.83	2.98	2 656	8.61	2.95
C3	2 642	2 889	9.35	2.74	2 905	9.95	2.73
C4	2 888	3 092	7.06	2.58	3 078	6.58	2.59

续上表

索　号	设计成桥索力(kN)	东侧调索后实测索力(kN)	与设计差率(%)	安全系数	西侧调索后实测索力(kN)	与设计差率(%)	安全系数
C5	3 139	3 412	8.70	2.75	3 428	9.21	2.74
C6	3 331	3 624	8.81	2.61	3 618	8.63	2.61
C7	3 542	3 835	8.29	2.66	3 824	7.98	2.67
C8	3 590	3 917	9.12	2.61	3 921	9.24	2.60
C9	3 765	4 016	6.67	2.89	4 022	6.83	2.88
C10	3 833	4 168	8.74	2.75	4 163	8.61	2.75
C11	3 842	4 201	9.36	2.73	4 197	9.25	2.73
C12	3 945	4 243	7.57	2.71	4 246	7.64	2.71
C13	4 086	4 362	6.75	2.66	4 283	4.82	2.71
C14	4 290	4 229	-1.42	2.89	4 236	-1.26	2.89
C15	4 549	4 191	-7.87	2.92	4 206	-7.54	2.91
C16	4 742	4 579	-3.44	2.85	4 621	-2.55	2.83
C17	4 858	4 496	-7.45	2.91	4 531	-6.73	2.89

(4)塔顶偏移

主塔塔顶偏移很小,在整个施工过程中和成桥后均不大于±3cm。

综合上述的检测结果,采用斜拉桥多阶段同期张拉、调索与施工控制技术,在缩短工期50%的情况下,没有产生大的应力和应变偏差,成桥线型及索力控制均达到设计初衷的理想状态。

6　材料与设备

6.1　材料性能

6.1.1　钢筋混凝土中的钢筋和预应力混凝土中非预应力钢筋,必须符合现行《钢筋混凝土用热轧光圆钢筋》(GB 13013)、《钢筋混凝土用热轧带肋钢筋》(GB 1499)、《冷轧带肋钢筋》(GB 13788)、《低碳钢热轧圆盘条》(GB 701)的规定。环氧树脂涂层钢筋的标准可按照现行《环氧树脂涂层钢筋》(JC 3042)执行。

6.1.2　预应力筋应符合《预应力混凝土用螺纹钢筋》(GB/T 20065)的要求,钢绞线应符合现行《预应力混凝土用钢绞线》(GB/T 5224)的要求;

6.1.3　应根据工程现场情况采用商品混凝土或现场搅拌,其材料应符合:

(1)水泥:采用符合GB 175标准的32.5级以上硅酸盐水泥、普通硅酸盐水泥,或矿渣硅酸盐水泥,严禁使用过期,受潮、变质的水泥。

(2)砂:宜用中砂,含泥量不得大于3%,质量应符合现行《普通混凝土用砂质量标准及检验方法》(JGJ 52)标准的要求。

(3)石:宜用碎石,其质量应符合现行《普通混凝土用碎石或卵石质量标准及检验方法》(JGJ 53)的要求,最大粒径不宜大于31.5mm,含泥量不大于1%,吸水率不大于1.5%。

(4)水:饮用水或天然洁净水。

(5)外加剂:所采用的外加剂,必须是经过有关部门检验并附有检验合格证明的产品,其质量应符合现行《混凝土外加剂》(GB 8076)的规定,使用前应复验其效果。

(6)混合材料包括粉煤灰、火山灰质材料、粒化高炉矿渣等,应由生产单位专门加工,进行产品检验并出具产品合格证书。其技术条件应分别符合现行《用于水泥和混凝土中的粉煤灰》(GB 1596)、《用于水泥中的火山灰质混合料》(GB/T 2847)、《用于水泥中的粒化高炉矿渣》(GB/T 203)等标准的规定。

6.1.4 斜拉索采用塑包平行钢丝束,钢丝采用ϕ7mm镀锌高强钢丝,护套采用双层,内层为黑色高密度聚乙烯,外层为乳白色高密度聚乙烯。PVF带、PE护套及钢丝镀锌构成索的三层防护。

6.1.5 连接套头:为此工艺特别设计的适应该种工作环境和张拉原理的张拉机具。

6.1.6 钢绞线:f_{pk}为1 860MPa的低松弛钢绞线,其质量必须符合《预应力混凝土用钢绞线》(GB/T 5224)。

6.1.7 锚具:采用三孔或五孔圆形锚具,锚具和夹片质量必须符合规范要求。

6.2 设备

一般采用本工法拉索所需机械设备如表7所示。

表7

名 称	型 号	数 量	备 注
搅拌机	JS750	2	如采用商品混凝土可不用
电子计量配料机	PLD1200	1	
铲车	ZL30	1	
塔吊	QTZ63	1	
电焊机	BS—300	6	
角磨机	125	2	
振捣棒	ϕ50mm	6	
钢筋切断机	GJ—40	2	
钢筋弯曲机	GW—40B	2	
高速卷扬机	5t\5t\10t	1\1\1	
油泵	ZB4-500	2	
千斤顶	YCW250A/400	2/2	
砂轮切断机		5	
发电机	150kW	1	备用
对焊机		1	
水泵		3	
吊车	Q30	2	辅助工程施工
对讲机	5W	8	
挤压机	TYJ500A	1	
滑车	5t	1	
转向滑车	5t	1	
倒链	5t\10t	1\1	
挤压机	TYJ500A	1	
放索盘	10t	1	
放索小车	1.5t	1	
简易导向门架		1	
砂轮切断机		2	
哈夫夹		12	

7 质量控制

7.1 施工质量应符合《公路工程质量检验评定标准》(JTG F80/1—2004)的要求;

7.2 施工质量应符合《市政桥梁工程质量检验评定标准》(CJJ 2)的要求;

7.3　计算好要调整索的索力、延伸量、主梁高程的变化值数据。

检查数量:全数检查;

检验方法:观察,检查技术处理方案。

7.4　支架搭拆

支架应坐落在均匀的地基上,如有不同,应在处理后能确保施工期间不产生不均匀沉降后搭设。

支架搭设的间距和构造应符合本方案设计要求,并应符合现行碗扣式钢管脚手架施工规范的要求。

支架施工完毕后应经验收合格后方可进行下一步施工。

7.5　灌注混凝土由于模板的变形会引起新旧梁体接缝处混凝土开裂,可采取如下措施:

7.5.1　箱梁混凝土的浇注采用一次浇注,并在底板混凝土凝固前全部浇注完毕。在混凝土浇注前预留准确的下沉量,严格控制浇筑速度及浇筑顺序。

7.5.2　水箱法:在模板前端吊水箱,使水箱产生的挠度与箱梁第二次混凝土质量所产生的挠度相等。在浇注第二次混凝土时,随着入模混凝土的增加同时从水箱往外放水,使支架和模板受力状态基本保持不变。

7.5.3　逐步调整前吊带方法:在箱梁已成段内安设水准仪。观测支架前下横梁在灌注时的变化,每下沉达5mm时就在前吊带上固端用千斤顶提升吊带5mm。如此反复观测和起顶,直到梁体灌注完。

7.5.4　箱梁墩顶0号块件体积较大,预应力管道及钢筋密集。施工中应确保预应力管道准确定位,注意混凝土的振捣密实,确保混凝土的施工质量。浇筑混凝土应采取减少水化热的有效措施,避免发生温度收缩裂缝。

7.5.5　箱梁浇筑过程中,应严格控制箱梁线型,使之符合设计要求。浇筑完成后相邻两端的相对竖向高程差不应大于20mm,轴线偏差不大于10mm。浇筑过程中,应按施工控制文件要求,在每个块件的前端顶、底板布设测点及箱内埋设有关测试元件,加强变形观测,对箱梁高程、线型及轴线等进行控制调整。

7.5.6　钢绞线和预应力粗钢筋进场后,必须按有关规定对其强度、外形尺寸、初始应力和力学性能进行严格试验。锚头应进行裂缝探伤检验,夹片应进行硬度检验,锚具应进行组合锚固性能试验;同时,应就实测的弹性模量和截面积对计算引伸量作修正。

7.5.7　预应力管道采用加强型镀锌波纹形成,其壁厚不小于0.35mm,波高不小于3.5mm。管道应严格保证弯曲坐标及弯曲角度,用"井"字形定位架精确定位。定位架间距在直线段为1.0m,曲线上为0.5m。定位架应与箱梁纵横向钢筋点焊连接。管道的制作、安装及连接必须保证质量。现场在预应力管道附近对钢筋施焊时,应采取保护管道的措施,严禁因管道漏浆造成预应力管道堵塞。

7.5.8　合龙段采用劲性骨架合龙,视实际控制情况在悬臂端加压水箱。在一天中气温最低时,在尽可能短的时间内,采用平衡施工法浇筑合龙段混凝土。合龙段劲性骨架要求焊接迅速完成,并形成刚接。焊接时在预埋件周边混凝土上浇水降温,避免烧伤混凝土。合龙段混凝土达到设计强度的90%后,方可进行合龙段预应力钢束张拉。

7.5.9　按预先计算并确定调索的相应的张拉力,通过电动油泵进油或回油逐级调整索力。如果是降低索力,则先进油张拉至上次张拉的吨位,看锚圈是否有所松动;如没有松动,则增加少许拉力,使锚圈松动,反时针拧松锚圈至大于拉索回缩量位置,油泵缓慢回油使拉索索力降低,直到满足设计要求,量测并检查索力调整后各项数据是否符合设计要求。

检查数量:全数检查;

检验方法:观察,量测,索力测量。

8　安全措施

8.1　安全教育

对新工人实施总部、项目部和班组的三级安全教育,对变换工种的工人实施新工种的安全技术教育,并及时做好记录。

工人熟悉本工种安全技术操作规程,掌握本工种操作技能。

8.2 安全防护方案编制

编制安全防护的施工组织设计,要针对工程的特点、施工方法、所用的机械、设备、电气、特殊作业、生产环境和季节影响等,制订出相应的安全技术措施,审批手续齐全,有技术负责人签名和技术部门盖章;制订详细的交通管制计划和防行车干扰措施,严禁因施工造成交通阻塞。

8.3 分部分项工程安全技术交底

各分部分项工程施工前对工人进行全面的针对性的安全技术交底,并履行签名手续。

8.4 特种作业

各特种作业人员都按要求培训,考试合格后持证上岗,操作证不过期,名册齐全,真实无误。

8.5 安全检查

建立各级安全检查制度,有时间有要求,重点、危险部位明确。

检查记录齐全,隐患整改做到定人、定时、定措施。

8.6 班组的班前活动

班组长在班前进行上岗交底(交待当天的作业环境、气候情况、主要工作内容和各个环节的操作安全要求,以及特殊工种的配合等),上岗检查并做好上岗记录。

8.7 高空作业[凡在坠落高度基准面2m以上(含2m)有可能坠落的高处进行的作业]时,所有现场作业人员、管理检查人员正确戴好安全帽、穿好救生衣,系好安全带。施工现场必须设置稳固、可靠的安全挂钩处。

8.8 安装工作锚和工具锚时,要清除夹具内的砂粒和杂质,并保持孔内的钢绞线平直、顺滑,以防止钢绞线打绞断丝,夹片飞出伤人。

8.9 张拉千斤顶吊装过程中,要仔细检查起吊手段的可靠性,如钢丝绳、小车的固定等,防止千斤顶在吊装过程中发生意外倾倒。

8.10 每根钢绞线张拉前必须有专人检查所有设备的工作状态,特别是检查油泵安全阀是否调整至规定值。

8.11 张拉作业前应设施安全区域范围,并用围绳圈定施工安全范围,无关人员禁止入内。

8.12 张拉前,需对张拉设备进行配套标定;并严格按照标定成果制定张拉程序及相应张拉级别的压力油压表、伸长量对照值。张拉设备标定超过6个月或经维修、长途运输后必须重新标定,避免出现安全事故。

8.13 张拉和放张过程中千斤顶的升、降压速度应保持缓慢、均匀,切忌突然加压或卸载。在张拉过程中,要不断拧紧斜拉索冷铸锚的锚环,防止千斤顶回油时,斜拉索产生冲击,损坏千斤顶和油泵;同时,观察油压表读数以及传感器读数,使两者基本保持一致,如果两者相差较大,应立即停止张拉并分析原因。

8.14 张拉作业必须做好防护工作。为了防止钢绞线和连接器意外拉断伤人,在钢绞线端面用挡板进行防护。

8.15 张拉作业时,操作人员必须站在千斤顶两侧面进行操作,正端面45°角范围内严禁人员停留或通过。

8.16 油泵必须设定专人操作。操作前对压力表、管路和线路进行检查,对千斤顶进行排气试运行,复核张拉程序及张拉参数,确认无误后方可进行锚束张拉。

8.17 在张拉施工的全过程中,严禁任何人员敲击锚具和碰撞张拉设备。

8.18 严禁用钢丝绳直接吊起或牵引缆索,必须加设橡胶保护和使用起吊夹具。

8.19 注意保护好锚头和张拉杆的丝扣,防止螺母拧不过去。

8.20 不得将HDPE保护层损坏的缆索挂至高空,以免造成后患。

8.21 吊点及预埋件的焊接质量等均应检查验收后投入使用。

9 环保措施

9.1 成立相应的环保管理机构,在施工过程中严格遵守环境保护的法律、法规,加强环境、卫生、文明、安全的施工管理。

9.2 根据有关法律法规、规章和施工方案,合理布置临时施工场地,施工场地做到整洁文明。废水的排放、建筑垃圾等的堆放和丢弃,应按政府有关部门的规定进行管理。

9.3 严格执行《建筑施工场界噪声限值》标准,施工中采用低噪声的工序;对大量焊接所产生的光污染,应采取相应措施进行防护,发现超标及时进行整改。噪声较大的工序应禁止夜晚作业。

10 资源节约

进行工艺和设备选型时,优先采用技术成熟、能源消耗低的工艺设备;对设备进行定期维护、保养,保证设备运转正常,降低能源消耗,减少因设备的不正常运转造成能源浪费;施工机械及工地办公室的电器等闲置时关掉电源;安装适当小流量的设备和器具,减少施工期间的用水量。

11 效益分析

采用多节段同期施工及线形控制施工,相对于单节段施工,可节约每节段混凝土施工的养护时间,缩短技术间隔,加快施工进度。在条件设计模式基本相同情况下采用多节段同时挂索同期张拉工效较高,主梁在塔根部的相对线刚度较大,变形较小。因此,在控制初期,误差对全桥线形的影响较小,这对于上述自适应控制方法的应用是非常有利;同时也可提高梁体混凝土的整体性。综合比较,该工法显著提高了工效、节约了工程成本、加快了施工进度、降低了施工安全风险,有效地控制了线形、索力和应力,同时也可提高梁体混凝土的整体性。后湖大桥工程采用本工法进行主桥施工,整体施工成本降低了约9.6%,施工安全也有了保证。直接经济效益为:工期节约了53d,直接节约相关费用2 759 860元,取得了较好的经济效益。

12 应用实例

后湖大桥工程独塔单索面预应力混凝土斜拉桥全长804m,其中主桥全长218m,主跨128m,总造价约1.2亿。斜拉索施工采用该技术,较好地保证了斜拉桥的线型和应力,达到了设计理想的成桥索力,节约每节段混凝土施工的养护时间,缩短技术间隔,加快施工进度,同时也可提高梁体混凝土的整体性。

通过该技术在上述工程中的成功实践,树立了良好的企业形象,为总体项目的早日投入使用、促进当地经济发展做出了积极贡献,受到了当地政府和建设单位的高度赞扬,赢得了较大的社会信誉,社会效益显著。

桥梁空心板台座窄间隙施工工法

GGG(豫)C 3099—2009

鲁万卿 李雪峰 罗锁焕 崔秉育 王修进
(中国建筑第七工程局有限公司)

1 前言

桥梁预应力空心板在目前桥梁建设中是常用构件,一般长度为8~20m,高度为0.5~1.0m,内腔高度小,施工不便,以前通常采用气囊作为内模板进行施工,但由于气囊质量轻,施工中容易上浮、偏位,截面几何尺寸不易控制而逐渐被淘汰,目前多用硬内模施工。桥梁预应力空心板的生产方法分为先张法和后张法,先张法对台座和施工场地要求较高,一般应先建设长线台座,需要墩台或传力柱等临时支撑构件来临时承受张拉力,3~5片梁为一槽同时生产,每片梁生产时的间隙以不小于内模最小拆模间隙为准,故多在5~6m,造成钢绞线和场地建设费的浪费;后张法对台座和施工场地的要求相对宽松,不需要墩台或传力柱等临时支撑构件,有满足板长加张拉的空间和板宽的场地即可,钢绞线的损耗也较小,但需增加波纹管和锚具的开支。总体来说以上方法都不是很经济,因此,中国建筑第七工程局在施工中总结钢内模的施工经验并对钢内模和台座加以改进和创新,通过实践总结了本工法。本工法所采用的抽拉式钢内模预应力空心板台座窄间隙布置技术经湖北省科技信息研究院查新检索中心查新,在国内未见相同报道,并在2007年4月初经中建七局科技鉴定委员会鉴定达到国内领先水平,并获中建七局2007年度科技进步奖。

一般先张法空心板构造如图1所示。

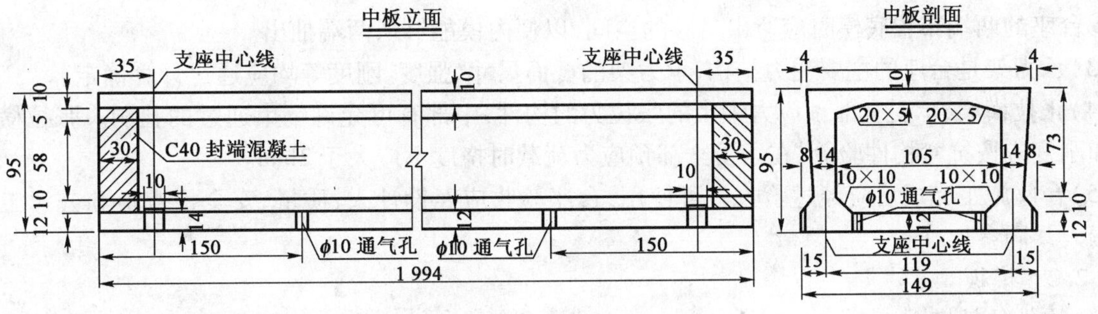

图1 一般先张法空心板构造图(尺寸单位:cm)

2 工法特点

2.1 本工法针对桥梁预制空心板或箱梁的生产具有能够控制芯模上浮,构件截面几何尺寸准确的特点。

2.2 与传统先张法长线台座比有构件生产时的间隙小,节约预制场地建设费和预应力筋的特点。

2.3 相对采用预应力筋连接器的方法缩短间距、节约预应力筋的方法具有接头少、安全性高的特点。

2.4 相同的台座长度可增加构件的一次生产量,施工速度快。

3 适用范围

3.1 适用于各类先张法桥梁预应力空心板或预应力箱梁的生产。

3.2 后张法设计的空心板或箱梁须经设计同意并变更设计后适用。

3.3 适用一般先张法的生产。

4 工艺原理

在先张法预应力空心板或箱梁的生产中,采用改进的抽拉式折叠钢内模加快内模的安装和拆除速度,采用长线抽拉法将内模从长线台座的两端集中抽出,可缩小台座的间隙,增加构件预制场生产能力,降低台座建设费和钢绞线损耗,可在保证施工质量的同时保证施工速度和施工安全。

5 施工工艺流程及操作要点

5.1 施工工艺流程(图2)

5.2 操作要点

5.2.1 台座

(1)张拉台座可采用槽式、墩式,但无论采用哪一种台座均需按照规范要求进行结构计算,确保台座的强度、刚度和稳定性符合张拉的需要。

(2)台座底模:

①作为预制构件的底模,其宽度由制作预应力构件的宽度决定,一般按照构件的宽度减5mm;

②底模应具有足够的强度,以抵抗放张后构件对底模两端的压力;

③底模的表面应平整洁净,宜采用钢板或水磨石等面层;

④底模的纵向轴线应在一条直线上,高程也应在一条直线上;

⑤底模的纵向间距按容许一个人进出构件内腔设计,最小不应小于500mm,横向间距应留出操作距离;

⑥台座的两端布置底模时应留出足够的空间,以便内模能够从两端抽出。

(3)承力架是台座的主要受力结构,承力架的截面尺寸、强度、刚度等均应通过计算确定。

(4)张拉横梁,承受全部预应力钢束的张拉力的构件,中部有可允许钢束通过的孔洞。张拉横梁的强度和刚度应按抗弯构件验算,在承受全部预应力荷载时挠度不应大于2mm。

(5)台座施工完成后应经过验收方可使用,台座验收应经设计人、质量、安全检查员和公司工程部门负责人共同参加。

5.2.2 模板

(1)构件的外模

①采用分段加工的定型大钢模板,其强度、刚度和稳定性应符合要求,表面应平整光滑,截面几何尺寸符合设计及规范要求;

②模板拼装后宜加固成整体,以便以后装拆;

③使用前应除锈并涂刷隔离剂;

(2)构件的内模

①构件的内模采用抽拉式钢内模,如图3、图4所示;

②对于较长的构件,为便于拆出,内模分节段制作,每节长度3~5m,安装时拼接成整体,拆除时分段拆出;

③内模的制作采用两块式设计。

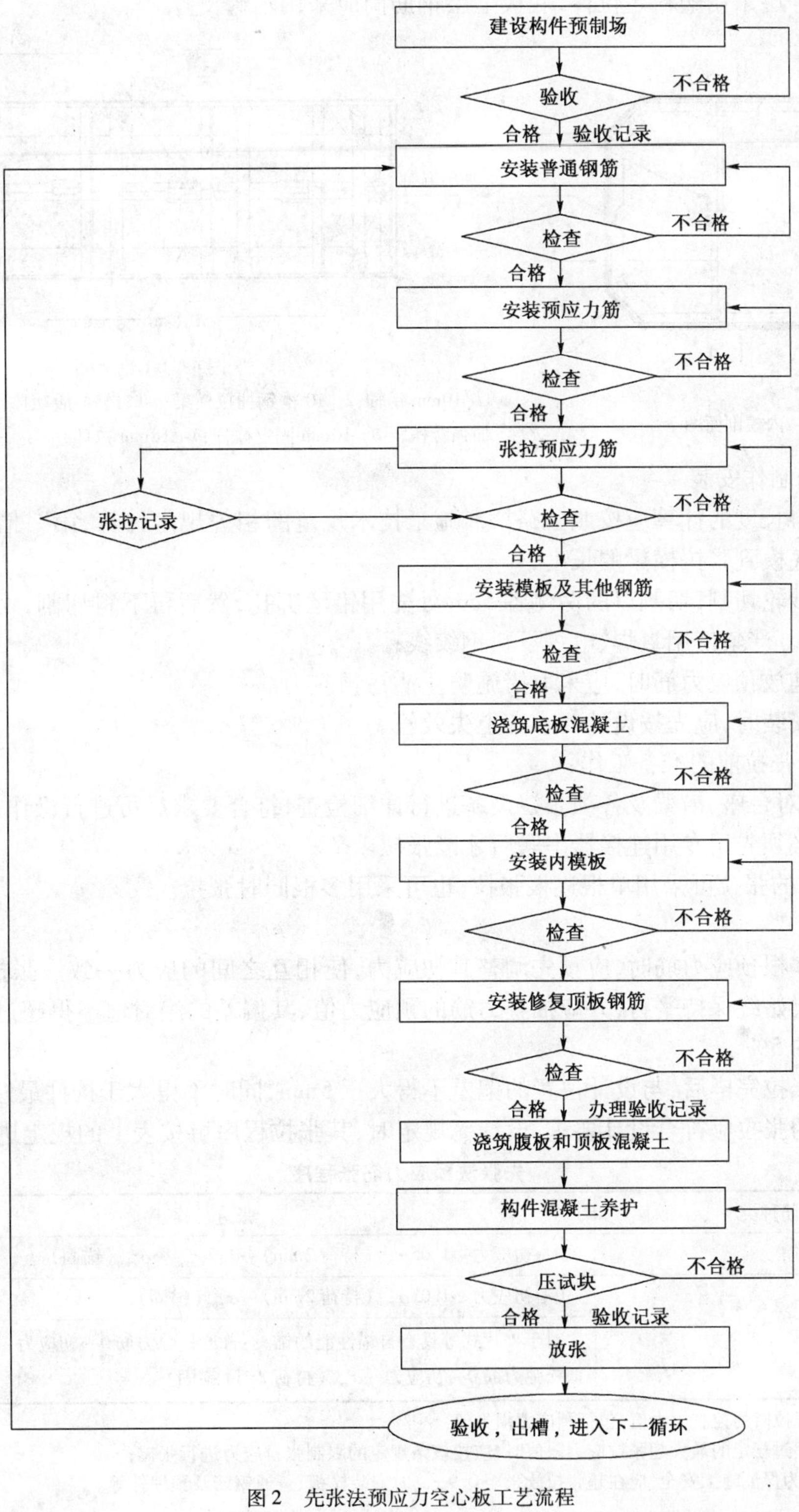

图2　先张法预应力空心板工艺流程

5.2.3　施工方法

(1)钢筋加工和安装

①钢筋采用预制骨架的方法,车间预制,整体用龙门吊吊装到底模上就位;

②钢筋骨架制作安装时,底板的上层钢筋应在预应力筋安装张拉后再安装,顶板钢筋待内芯模安装校正完毕后再安装;

③钢筋的保护层采用塑料定位件,底板上层钢筋尚应采用马镫支撑。

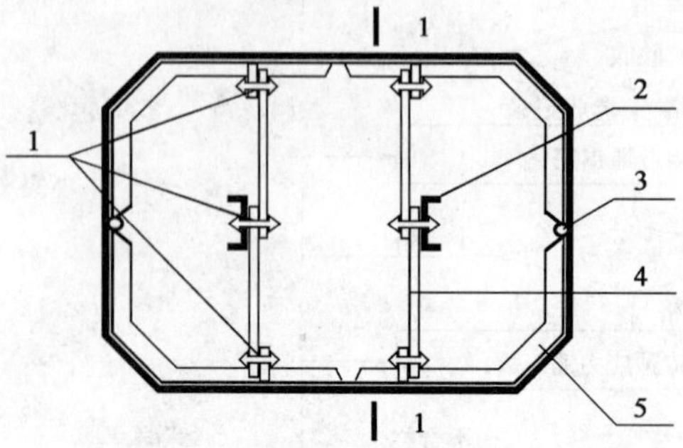

图3　内模剖面图

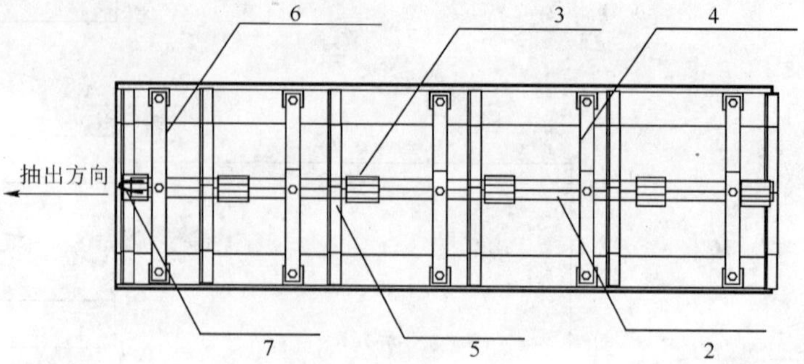

图4　1-1 剖面图

1-ϕ10mm 销轴;2-[10 槽钢抽拉横梁;3-铰链;4-活动撑杆(δ = 10mm);5-角钢加强背楞;6-δ = 10mm 固定撑杆;7-ϕ18mm 拉环

(2)预应力筋制作安装

①钢丝束下料长度的计算应按照公路桥涵施工技术规范的相关规定计算,第一槽梁的下料长度还应加上两个端部底模到张拉横梁的长度;

②下料时用砂轮切割,切割口的两侧各5cm处先用铅丝绑扎,然后再下料切割,切割后应立即将割口扎牢,以防松散。严禁使用氧焊、电焊下料钢绞线;

③在台座上铺放预应力筋时,应采取措施防止沾污预应力筋;

④预应力筋安装时,应先按设计要求套上失效管。

(3)预应力筋张拉前的准备工作:

①张拉前,应对台座、横梁及各项张拉设备进行详细检查,符合要求后可进行操作;

②预应力筋必须先用专用连接器串联后才能张拉。

(4)预应力筋的张拉可采用单根逐根张拉,也可采用多根同时张拉。

(5)张拉

①同时张拉多根预应力筋时,应预先调整其初应力,使相互之间的应力一致。张拉过程中,应使活动横梁与固定横梁始终保持平行,并应抽查力筋的预应力值,其偏差的绝对值不得超过按一个构件全部力筋预应力总值的5%。

②预应力筋张拉完毕后,与设计位置的偏差不得大于5mm,同时不得大于构件最短边长的4%。

③预应力筋的张拉应符合设计要求,设计无规定时,其张拉程序可按表1的规定进行。

先张法预应力筋张程序　　表1

预应力筋种类	张拉程序
钢筋	0→初应力→1.05σ_{con}(持荷2min)→0.9σ_{con}→σ_{con}(锚固)
钢丝、钢绞线	0→初应力→1.05σ_{con}(持荷2min)→σ_{con}(锚固)
	对于夹片式等具有自锚性能的锚具:普通松弛力筋0→初应力→1.03σ_{con}(锚固) 低松弛力筋0→初应力→σ_{con}(持荷2min 锚固)

注:1.表中σ_{con}为张拉时的控制应力值,包括预应力损失值;
2.超张拉数值超过规定的最大超张拉应力限值时,应按该条规定的限制张拉应力进行张拉;
3.张拉钢筋时,为保证施工安全,应在超张拉放张至0.9σ_{con}时安装模板、普通钢筋及预埋件等。

④张拉时,预应力筋的断丝数量不得超过表2的规定。

先张法预应力筋断丝限制　　表2

类　别	检查项目	控　制　数
钢丝、钢绞线	同一构件内断丝数占钢丝总数的比例	≤1%
钢筋	断筋	不容许

(6)侧模安装

①立模时严格控制侧模的倾斜度及顺直度,并支撑稳定,上下口各设对拉螺杆防止胀模,保证截面尺寸。

②台座与侧模接触位置加厚胶带,防止漏浆。

③同时模板拼装时,严格控制好接缝处的平整,接缝高低差应不大于1mm,以免影响混凝土面的外观质量。

(7)混凝土浇筑

①混凝土的浇筑顺序应按先浇筑台座两端构件,再浇筑中间构件的顺序,以便混凝土终凝后芯模的抽出。

②单块构件浇筑时先浇筑到底板上表面,在底板混凝土初凝前安装完芯模,绑扎好顶板钢筋,然后再浇筑腹板和顶板混凝土,两次浇筑过程不得出现冷缝。

③混凝土坍落度不宜过大,宜控制在3~7cm之间,混凝土浇筑采用龙门吊料斗运输,分层下料用振捣棒振捣或平板振动器振动,振捣棒振捣时,应避免振动棒碰撞预应力筋及其他预埋件。

④腹板混凝土应分层下料,分层振捣密实,顶板混凝土浇筑完成后表面应拉毛,可在拉毛后再插入预埋桥面铺装拉结筋,但插入深度应符合设计要求。

(8)安装芯模

①芯模安装前应先刷脱模剂,脱模剂不得漏涂,也不得涂刷过多造成表面汪油或滴油。

②每节两个半块的芯模拼装好并检查截面几何尺寸符合设计及规范要求后,将固定支撑固定好并用钢带打包机或铁丝牢固绑扎,芯模场地拼装使用龙门吊整体吊入,芯模节与节之间用油毡包裹避免漏浆。

③芯模安装时应注意方向性,由于芯模两个节段接头处设有为防漏浆的阴阳接头,故安装时每节芯模的接头方向应一致,固定支撑应朝向芯模的抽出方向。

④芯模安装时应注意其位置,保证两侧的腹板的厚度偏差应符合相关设计及规范要求。

(9)混凝土养护

①混凝土终凝后即开始保湿养护。

②夏季温度较高时采用土工布覆盖洒水养护并遮盖,避免失水过快引起干缩裂缝;外界温度低于5℃时采取草袋覆盖养护,不得洒水,也可采用蒸汽养护。当采用内腔内加温养护时,构件表面的温度不得大于80℃且不得造成表面温度差异过大。

③养护期内不吊运空心板,在强度达到2.0MPa前梁板不准上人行走或施工。

(10)芯模拆除

①混凝土终凝后,强度达到1.2MPa后,即可拆除芯模。芯模的拆除时间不得过早,过早将造成构件的损伤;也不宜过迟,过迟则造成芯模拆出困难。

②芯模分节段拆出,每节拆出时先拆下固定支撑,用卷扬机拉钩拉住芯模活动支撑的连接槽钢,拉动后模板合上截面变小,芯模可顺利地抽出。

③每节芯模拆出时先拆下带阴接头的一半,再拆除带阳接头的一半,顺序错误不但无法拆出芯模,还有可能损坏芯模。

④拆出的芯模及时清理并涂刷隔离剂,重新组装好以便下次使用。

(11)预应力钢绞线放张

①当混凝土达到设计规定的放张的强度后,在台座上放松受拉预应力筋;设计未规定时,不得低于设计的混凝土强度等级值的75%。

②预应力筋的放张顺序应符合设计要求,设计未规定时,应分阶段、对称、相互交错地放张。在预力筋放张之前,应将限制位移的侧模、翼缘模板或内模拆除。

③多根整批预应力筋的放张,可采用砂箱法或千斤顶法。用砂箱放张时,放砂速度应均匀一致;用千斤顶放张时,放张宜分数次完成。单根钢筋采用拧松螺母的方法放张时,宜先两侧后中间,并不得一

次将一根力筋松完。

④钢筋放张后,可用乙炔一氧气切割,但应采取措施防止烧坏钢筋端部。钢丝放张后,可用切割、锯断或剪断的方法切断;钢绞线放张后,可用砂轮锯切断。长线台座上预应力筋的切断顺序,应由放张端开始,逐次切向另一端。

(12)移梁出槽

①预应力筋放张后,构件的混凝土强度达到设计要求的移梁强度后即可移梁出槽,如设计未要求则一般不低于设计强度的80%。

②移梁采用龙门吊,也可采用汽车吊等其他起重设备,移梁时吊点的设置应符合设计要求。

6 材料与设备

6.1 材料性能

6.1.1 钢筋混凝土中的钢筋和预应力混凝土中非预应力钢筋必须符合现行《钢筋混凝土用热轧光圆钢筋》(GB 13013)、《钢筋混凝土用热轧带肋钢筋》(GB 1499)、《冷轧带肋钢筋》(GB 13788)、《低碳钢热轧圆盘条》(GB 701)的规定,环氧树脂涂层钢筋的标准可按照现行《环氧树脂涂层钢筋》(JC 3042)执行。

6.1.2 空心板所用预应力筋应符合《预应力混凝土用螺纹钢筋》(GB/T 20065)的要求,钢绞线应符合现行国家标准《预应力混凝土用钢绞线》(GB/T 5224)的要求;

6.1.3 应根据工程现场情况采用商品混凝土或现场搅拌,其材料应符合:

(1)水泥:采用符合GB175标准的32.5级以上硅酸盐水泥、普通硅酸盐水泥,或矿渣硅酸盐水泥,严禁使用过期,受潮、变质的水泥。

(2)砂:宜用中砂,含泥量不得大于3%,质量应符合现行《普通混凝土用砂质量标准及检验方法》(JGJ 52)标准的要求。

(3)石:宜用碎石,其质量应符合现行《普通混凝土用碎石或卵石质量标准及检验方法 》(JGJ 53)的要求,最大粒径不宜大于31.5mm,含泥量不大于1%,吸水率不大于1.5%。

(4)水:饮用水或天然洁净水。

(5)外加剂:所采用的外加剂,必须是经过有关部门检验并附有检验合格证明的产品,其质量应符合现行《混凝土外加剂》(GB 8076)的规定,使用前应复验其效果;

(6)混合材料包括粉煤灰、火山灰质材料、粒化高炉矿渣等,应由生产单位专门加工,进行产品检验并出具产品合格证书,其技术条件应分别符合现行《用于水泥和混凝土中的粉煤灰》(GB 1596)、《用于水泥中的火山灰质混合料》(GB/T 2847)、《用于水泥中的粒化高炉矿渣》(GB/T 203)等标准的规定。

6.2 机具设备

一般采用本工法生产空心板所需机械设备如表3如下:

生产空心板所需机械设备 表3

名 称	型 号	数 量	备 注
搅拌机	JS 750	1	
电子计量配料机	PLD 1200	1	如采用商品混凝土可不用
铲车	ZL30	1	
龙门吊	20T	2	跨度按台座宽度要求
电焊机	BS-300	2	
角磨机	125	2	
振捣棒	$\phi50$	6	

续上表

名 称	型 号	数 量	备 注
钢筋切断机	GJ—40	2	
钢筋弯曲机	GW—40B	2	
高速卷扬机	1.5t	2	
油泵	ZB4—500	2	
千斤顶	YCW250A/400	2/2	
砂轮切断机		3	
发电机	150kW	1	备用
对焊机		1	
水泵		3	

7 质量控制

7.1 用于公路工程的预应力构件施工质量应符合《公路工程质量检验评定标准》(JTG F80/1—2004)的要求。

7.2 用于市政桥梁工程中的预应力构件施工质量应符合《市政桥梁工程质量检验评定标准》(CJJ 2—90)的要求。

7.3 预制构件应在明显部位标明生产单位、构件型号、生产日期和质量验收标志。构件上的预埋件、插筋和预留孔洞的规格、位置和数量应符合标准图或设计的要求。

检查数量:全数检查。

检验方法:观察。

7.4 预制构件的外观质量不应有严重缺陷,对已经出现的严重缺陷,应按技术处理方案进行处理,并重新检查验收。

检查数量:全数检查。

检验方法:观察,检查技术处理方案。

7.5 预制构件不应有影响结构性能和安装、使用功能的尺寸偏差。对超过尺寸允许偏差且影响结构性能和安装、使用功能的部位,应按技术处理方案进行处理,并重新检查验收。

检查数量:全数检查。

检查检验方法:量测,检查技术处理方案。

7.6 预制构件的外观质量不宜有一般缺陷。对已经出现的一般缺陷,应按技术处理方案进行处理,并重新检查验收。

检查数量:全数检查。

检验方法:观察,检查技术处理方案。

7.7 预制构件的尺寸偏差应符合表4的规定。

梁(板)预制实测项目 表4

项 次	检 查 项 目		规定值或允许偏差	检查方法和频率	权 值
1	混凝土强度(MPa)		在合格标准内	按规范检查	3
2	梁(板)长度(mm)		+5,-10	尺量:每梁(板)	1
3	宽度(mm)	干接缝(梁翼缘、板)	±10	量:检查3处	1
		湿接缝(梁翼缘、板)	±20		
	箱梁	顶宽	±30		
		底宽	±20		

续上表

项次	检查项目		规定值或允许偏差	检查方法和频率	权值
4	高度(mm)	梁、板	±5	尺量:检查2处	1
		箱梁	+0,-5		
5	断面尺寸(mm)	顶板厚	+5,-0	尺量:检查3个断面	2
		底板厚			
		腹板或梁肋			
6	平整度(mm)		5	3m直尺:每侧面每梁长测1处	1
7	横系梁及预埋件位置(mm)		5	尺量:每件	1

8 安全措施

8.1 张拉台座应经过专门的设计,对台座以及张拉梁的强度、抗倾覆稳定性以及张拉横梁的刚度等性能进行计算并报经企业技术负责人审批后方可实施,台座建设完成后应经企业质量安全部门和设计、审批人验收合格后方可使用。

8.2 安装工作锚和工具锚时,要清除夹具内的砂粒和杂质,并保持孔内的钢绞线平直、顺滑,以防止钢绞线打绞断丝,夹片飞出伤人。

8.3 张拉千斤顶吊装过程中,要仔细检查起吊手段的可靠性,如钢丝绳、小车的固定等,防止千斤顶在吊装过程中发生意外倾倒。

8.4 每根钢绞线张拉前必须有专人检查所有设备的工作状态,特别是检查油泵安全阀是否调整至规定值。

8.5 张拉作业前应设施安全区域范围,并用围绳圈定施工安全范围,无关人员禁止入内。

8.6 张拉前,需对张拉设备进行配套标定;并严格按照标定成果制定张拉程序及相应张拉级别的压力油压表、伸长量对照值。张拉设备标定超过6个月或经维修、长途运输后必须重新标定,避免出现安全事故。

8.7 张拉和放张过程中千斤顶的升、降压速度应保持缓慢、均匀,切忌突然加压或卸载。

8.8 张拉作业必须作好防护工作。为了防止钢绞线和连接器意外拉断伤人,在钢绞线端面用挡板进行防护。

8.9 张拉作业时,操作人员必须站在千斤顶两侧面进行操作,正端面45°角范围内严禁人员停留或通过。

8.10 油泵必须设定专人操作。操作前对压力表、管路和线路进行检查,对千斤顶进行排气试运行,复核张拉程序及张拉参数,确认无误后方可进行锚束张拉。

8.11 在张拉施工的全过程中,严禁任何人员敲击锚具和碰撞张拉设备。

8.12 混凝土振捣过程中,禁止直接振捣预应力筋。

9 环保措施

我们从材料选择、进场检验、施工过程、竣工检测等几方面对室内环境污染进行了控制,经武汉市环保检测中心取样检测,各项污染物指标限量均满足国家规范的要求。

10 资源节约

进行工艺和设备选型时,优先采用技术成熟、能源消耗低的工艺设备;对设备进行定期维护、保养,保证设备运转正常,降低能源消耗,减少因设备的不正常运转造成能源浪费;施工机械及工地办公室的电器等闲置时关掉电源;安装适当小流量的设备和器具,减少施工期间的用水量;本工法通过采用抽拉式钢内模的周转,节约了大量木方和木模板的投入。

11 效益分析

先张法预应力空心板窄间隙长线台座技术采用长线台座生产空心板,在采用节段抽拉式钢内模的同时,克服了单块钢内模长度对台座间隙的影响,台座间隙仅为0.5m,提高了工效,减少了钢绞线的浪费,兼具后张法节约钢绞线和先张法无须锚具和波纹管的优点,更无气囊法截面几何尺寸不易保证的困难,而且生产的空心板预应力基本一致,从而保证了板起拱值相对统一,成桥后板底无错台。后湖大桥工程采用本工法进行预应力空心板的生产,整体生产成本降低了约20%,施工安全也有了保证。

12 应用实例

后湖大桥引桥上部结构设计采用20m预应力混凝土宽幅式空心板,边板板宽199.5cm,中板板宽149cm,板长1 994cm,预制板高95cm。横店侧为$10\times19+2\times21=232$块,盘龙侧引桥为$15\times19+2\times21=327$块。共计中板501块,边板58块。

后湖大桥项目空心板原设计为后张法施工,由于该工程属于武汉市重点工程,工期紧,项目提出设计变更采用先张法预应力空心板长线台座施工。采用该项工法一次张拉施工5片,效果显著,有效解决了项目工期紧张的问题。

折线配筋预应力混凝土50mT梁先张法施工工法

GGG(浙)C3100—2009

张忠胜　姜天鹤　陈国平　钟跃平　王毛彬
(浙江省大成建设集团有限公司)

1 前言

20世纪50~70年代,我国桥梁技术的骄绩和宏伟工程令人瞩目,但一门科学的长足进步有赖于经济的全面复苏和发展。改革开放推动了我国交通事业的发展。高速公路开始大规模兴建。随着公路等级的提高,桥梁、特别是干线公路桥梁的荷载标准,桥梁宽度,桥下净空,设计洪水频率等诸多技术指标都已全面提升,预应力技术被广泛运用。桥梁基础理论、计算方法和手段、施工工艺和技术、检测手段以及相关材料和配套设施等课题,在过去研究的基础上,获得了大量成果和技术经验,并及时用于实桥建设。

2 特点

(1)先张预应力混凝土便于工厂化预制或就地预制场预制,具有施工周期短、工序简捷、节省材料、维修养护工程量少、耐久性好等特点。

(2)可省去成孔、穿束、压浆工艺与预应力锚具。

(3)折线配筋先张法,最突出的优点为有效预应力可控,无需管道压浆。因此,在国内外得到了广泛应用,特别是在高原严寒、跨江越洋工程中的应用较广。

3 适用范围

公路、铁路、城市立交桥、水利等基础建设设施领域。

4 工艺原理

根据T梁设计的截面尺寸和技术要求,设计制作(浇捣)张拉台座及胎模。在T梁钢绞线弯起点位置,设置一个合理的弯起装置。装置在台座制作时,预先打设反力桩或埋设反力墩,并在台座两侧设反力梁,以承受张拉横梁的张拉反力。再制作横梁,养护达到满足台座设计张拉强度(吨位)后,在胎模上进行钢筋绑扎、设置预埋件,穿钢绞线(束)。采用QYC270型前卡式千斤顶进行调整初应力,第一阶段张拉30%,目的在于使钢绞线、锚具、夹片等预紧,然后利用弯起器进行调整。第二阶段张拉至60%,测量钢绞线伸长值和液压千斤顶行程,进行模板安装,绑扎顶板钢筋及预埋件。第三阶段采用YDC2500型液压千斤顶顶推张拉横梁,张拉T梁梁弯起束60%~100%,并测量本阶段液压千斤顶行程;然后用YDC5000型液压千斤顶顶推,张拉横梁张拉T梁直线束60%~100%,并测量本阶段液压千斤顶行程。最后,进行混凝土浇捣,待混凝土达到设计强度后,进行整体放张释放预应力筋的拉力,借其与混凝土之间的黏结力对混凝土施加预应力。

5 施工工艺流程及操作要点

5.1 施工工艺流程

折线配筋预应力50mT梁先张施工工艺流程见图1。

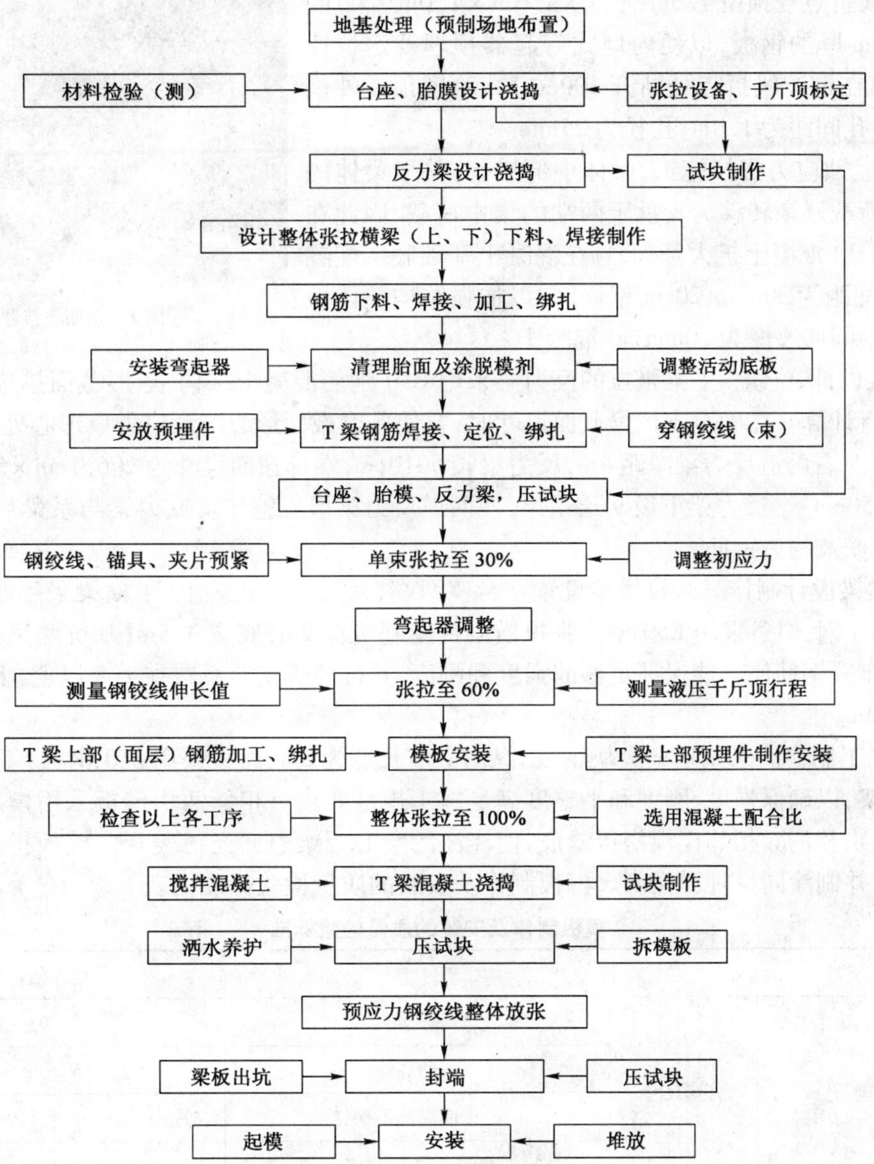

图 1 折线配筋预应力 50mT 梁先张施工工艺流程图

5.2 操作要点

(1)预制场地处理。原土地基经处理后，采用碎石塘渣进行填筑，经碾压压实后，浇注 25cm 厚 C30 混凝土垫层。制梁台用 C30 混凝土浇筑成型，上铺钢板，台座预设 ϕ25mmUPVC 拉杆套管。根据设计确定在梁端建设扩大基础 250cm × 200cm × 60cm，预制场四周设置合理的排水沟，保持制梁期间场内无积水。

(2)台座设计、浇注。为防止起拱超高、改变结构，梁板张拉时应预留反拱。梁在跨中顶，底面设向下 4cm 的预拱度，梁端为零，其间按二次抛物线变化。

(3)张拉台采用梁式张拉台，施工放样定出台座具体位置(并定出钢绞线折点位置)，在钢绞线两折点处，一处利用桥墩立柱 ϕ2 000mm 钻孔桩，一处采用扩大混凝土基础的施工方法，在钢绞线弯起点设置预埋件。预埋件要与弯起器连接，以平衡张拉时弯起器的上抗力，见图 2。

(4)胎模设计、制作。每个台座长 50.5m，台座用现浇混凝土上铺 10mm 钢板，并涂抹脱模剂，使 T 梁底面平整，光滑美观。钢板底根据构造需要、方便制作及温度焊接变形因素，分为底板、端部底板、活动底板三部分。

①在钢绞线折点处预留1.0m(长)×1.5m×1.0m(深)的孔洞,上铺40mm厚的钢板,以便内埋式弯起器预埋及定位插销的拆除(胎模在钢绞线折点处断开100cm)。胎模预设外模对拉螺栓套孔,孔间距为1.0m,孔径为25mm。

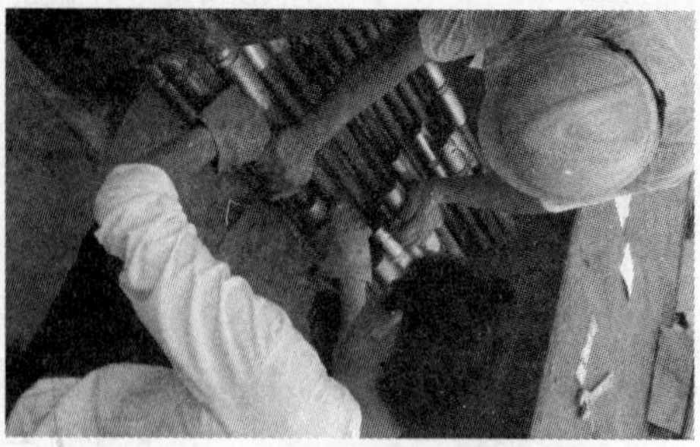
图2 钢筋连接器安装

②因T梁经预应力张拉施工,梁体中部拱起,整个梁体的质量就由均布荷载逐渐转移为支承于两端的集中荷载,因此在梁端下部采用C30混凝土扩大基础,且在混凝土基础底层配置直径为20mm,间距为20cm×20cm钢筋网,以加强结构整体性和受力需要。中间底座厚为20cmC30混凝土。

(5)反力梁设计、浇筑。T梁张拉的反力梁采用C30钢筋混凝土结构,矩形截面按边梁的预应力束张拉控制力进行计算。在确定支撑梁截面尺寸时,要使各梁截面形心与预应力束形心处于同一平面,避免梁偏心受压(左右两道反力梁净距4m,反力梁长5010cm,端部截面尺寸为296.1cm×50cm,跨中截面尺寸为90cm×50cm)。反力梁下设9道系梁,使两道反力梁形成整体。反力梁与系梁均采用C50混凝土,并配置受力筋及构造钢筋。

(6)张拉横梁设计制作。张拉横梁设置在台座两端,采用整体式。上、下横梁采用厚40mm组焊而成,钢材用16mm钢,焊条采用E50型。张拉横梁台座基坑深2m,底宽3.5m,基坑两侧设通长排水沟。混凝土底座内布置钢筋使其能保证足够的强度和刚度,其抗倾覆安全系数在1.5以上,上部横梁受力后挠度不大于2mm。

(7)模板加工制作。采用定型大块钢模,纵向分节长度为6m,面板采用$\delta 10$钢板,用∠63×40的角钢构成加固框架,以确保强度、刚度和平整度满足施工规范要求。相邻两块模板采用楔形搭口,用螺栓连接,以防止漏浆及消除相邻模板搭接缝痕,使浇注的空心板梁表面光滑美观。模板拼装前,应将模板表面清理干净,并刷涂同一种脱模剂。模板制作及安装的质量检验标准见表1。

模板制作及安装的质量检验标准 表1

项目			允许偏差(mm)
模板制作	外形尺寸	长、高	0、-1
		肋高	±5
		板面局部不平	1.0
		板面和板侧挠度	±1.0
模板安装	模板高程		±2
	轴线偏位		2
	模板表面平整		2

(8)弯起器的制作及预埋。弯起器由钢转轴底座、销子、转向板、导向板组成,见图3,包括两部分:埋入梁体的一次性使用部分和梁体下方连接用的可重复使用部分。一次性使用部分包括转向板、导向板,重复使用部分包括钢转轴底座、销子等。导向板与转向板组合成十字形钢结构,使结构更加安全。

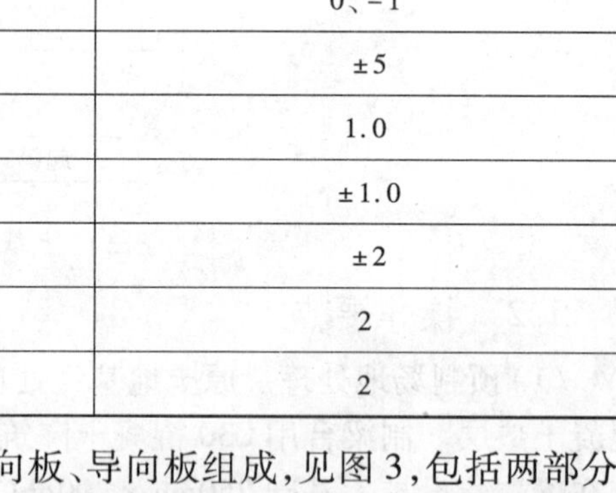
图3 弯起器制作及预埋

(9)先张法预应力筋的张拉顺序:先上后下,即先上方弯起束、后下方直线束,并防止钢绞线交叉。预应力钢绞线按设计计算,张拉力=1 395MPa×钢绞线截面积,并对张拉力和设计伸长量进行双控制。

(10)先张法张拉程序:0 → 30%σ_k → 60%σ_k → 100%σ_k

(持荷2min锚固)。张拉时,分别采用QYC270型前卡式千斤顶单端对称单根张拉钢绞线和YDC2500型、YDC5000型液压千斤顶整体张拉钢绞线至控制应力,见图4、图5。

图4 QYC270型单束张拉调整预应力

图5 YDC2500型整体张拉

张拉分四个阶段进行。第一阶段为QYC270型前卡式千斤顶张拉钢绞线,0% σ_{con} ~30% σ_{con} 作为钢绞线初张拉节段,目的在于使钢绞线、锚具、夹片等预紧;第二阶段使用QYC270型前卡式千斤顶张拉钢绞线预应力30% σ_{con} ~60% σ_{con},并测量本阶段钢绞线伸长值和液压千斤顶行程;第三阶段采用4只YDC2500型液压千斤顶顶推张拉横梁张拉T梁弯起束60% σ_{con} ~100% σ_{con},测量本阶段液压千斤顶行程;第四阶段使用4只YDC5000型液压千斤顶顶推张拉横梁张拉T梁直线束60% σ_{con} ~100% σ_{con},并测量本阶段液压千斤顶行程。

(11)钢绞线固定端用锚具锚固在钢横梁上,活动端由连接器与精轧螺纹钢筋相连。精轧螺纹钢筋用螺母紧固在钢横梁上。在千斤顶作用下,推动活动钢横梁向外移动,带动钢绞线拉伸,当"双控"达到设计规范要求时,将活动端固定钢横梁上的螺母拧紧,锚固钢绞线,即完成张拉工艺。张拉时要求两端的千斤顶同步进行,使活动横梁始终保持平行。

(12)钢筋安装。钢绞线整体张拉达60%后,钢模板安装,绑扎顶板钢筋及预埋件。按施工设计钢筋图,在场外钢筋制作车间将钢筋按编号下料、弯制、分类堆放,并按设计位置设置钢筋。钢筋加工及安装质量检验标准见表2。

钢筋加工及安装质量检验标准 表2

<table>
<tr><th>项次</th><th colspan="3">检 查 项 目</th><th>规定值或允许值</th><th>检查方法和频率</th></tr>
<tr><td rowspan="3">1</td><td rowspan="3">受力钢筋间距
(mm)</td><td colspan="2">两排以上排距</td><td>±5</td><td rowspan="3">每构件检查2个断面,用尺量</td></tr>
<tr><td rowspan="2">同排</td><td>梁板、拱肋</td><td>±10</td></tr>
<tr><td>基础、锚锭</td><td>±20</td></tr>
<tr><td>2</td><td colspan="3">箍筋、横向水平钢筋、螺旋筋间距</td><td>+0、-20</td><td>每构件检查5~10个</td></tr>
<tr><td rowspan="2">3</td><td rowspan="2">钢筋骨架位置
(mm)</td><td colspan="2">长</td><td>±10</td><td rowspan="2">按骨架总数30%检查</td></tr>
<tr><td colspan="2">宽、高或直径</td><td>±5</td></tr>
<tr><td>4</td><td colspan="3">弯起的钢筋位置(mm)</td><td>±20</td><td>每骨架抽查30%</td></tr>
<tr><td>5</td><td colspan="3">保护层厚度(mm)</td><td>±5</td><td>每构件沿模板周边检</td></tr>
</table>

(13)钢筋加工。钢筋按设计图纸进行翻样,并编制钢筋配料单。加工制作按一条龙流水作业加工成型,钢筋接头采用机械连接(搭接)、电弧焊接,并严格按有关设计及规范要求施工。

(14)钢筋绑扎。待底模经检查合格后方可安装钢筋(图6),钢筋等材料应按规范规定做好原材料的抗拉、抗弯、延伸率及焊接试验,合格后方可使用。

(15)钢筋绑扎须牢固,不得有滑动、折断、位移现象。成型骨架必须牢固,钢筋保护层垫块须均匀设置(梅花形40cm×40cm×30mm、强度等级C30砂浆),力求美观,严禁钢筋与模板紧贴。

(16)T梁混凝土的施工。混凝土浇捣前由专职人员检查钢模的拼缝、稳定性,钢筋保护层厚度,预埋件是否准确,底模是否干净,确保无杂物等,合格后方可浇注混凝土。

(17)T梁混凝土采用C50,坍落度要求10cm±1cm,石子粒径5~25mm,采用桁架配漏斗送料。搅拌车运到现场的混凝土需对有关技术参数进行检测,不符合要求的不得使用。

(18)分层浇捣,每层宜为30~40cm,振捣采用插入式和附壁式振动器进行操作捣固密实。使用插入式振捣器时,振动器不得碰撞预应力钢绞线和套管。插入点要交叉(错)排列,从两侧同时振捣。在浇注过程中,注意观察钢模稳定性,如发生胀模现象,则立即停止浇捣混凝土并及时处理。浇注时应连续浇注,不设施工缝。若因故必须间断时,其间断时间应小于混凝土的初凝时间,见图7。

图6 钢筋绑扎

图7 混凝土浇捣

(19)放张顺序。在放张前必须先拆除弯起器,然后让千斤顶同步回程,对称分级放张。顺序为先上后下,交错放张,具体为:

①先上方(弯起束)整体放张至60% σ_{κ}。

②后下方(直线束)整体放张至60% σ_{κ}。

③再上方(弯起束)整体放张至零。

④再下方(直线束)整体放张至零。待全部放张后,即可用砂轮高速切割机交错切割外露钢绞线。切割后用砂浆或防腐蚀材料封闭外露端头,并做不易擦掉的标志,标注张拉日期和现浇混凝土日期,其标志在安装后不得外露。

(20)养生及T梁的存放。T梁体混凝土终凝即开始养护,主要用洒水养生(必要时采用喷洒养护剂进行养护)。洒水前用无纺布覆盖混凝土表面。要经常洒水,操作中视梁体情况调整洒水次数和时间间隔(浇筑后前7d尤为重要)。始终保持梁体表面处于润湿状态中,直至达到一定强度,脱模后必须连续养生14~21d。当混凝土试块强度达到20MPa时,拆除外侧模。

T梁采用龙门吊进行起吊、存放安置在存梁场。存梁时,用方木在支座中心处支垫,中间必须全部悬空,并在混凝土完全达到设计强度后及时架设,使存梁时间不超过30d。

5.3 劳动力组织

劳动力资源配置情况见表3。

劳动力资源配置表(每班) 表3

序号	施工工序	驾驶员	起重机驾驶员	木工	钢筋工	混凝土工	电焊工	起重工	辅工	技工	指挥	施工员	电工	测量
1	地基处理、预制场地平整	5	1					2	18	2				
2	台座制作			4	6	6	4		4	5				
3	胎膜制作		1	4	4	6	4		4	4	1	2	2	2
4	反力梁制作		1	4	8	6	4		5	4				
5	张拉横梁制作		1				4		2	2				

续上表

序号	施工工序	驾驶员	起重机驾驶员	木工	钢筋工	混凝土工	电焊工	起重工	辅工	技工	指挥	施工员	电工	测量
6	折线配筋（钢绞线）							4	4	2				
7	整体张拉		1		3				4	11				
8	弯起器调整		1		2		2		2	4				
9	弯起器制作与预埋				2	3	2		4	2				
10	定型钢模板安装		1	2				2	2	4				
11	钢筋加工、绑扎		1		10		5	2	2		1	2	2	2
12	T梁混凝土浇捣	2	1	2		9		2		3				
13	洒水养护								4					
14	整体放张		1		2				4	11				
15	起模、堆放		1						4	6				
16	T梁安装		2	4	5	4	7	10		4				

注：先张法预应力箱梁结构施工，其劳动组织形式与数量主要取决于工程量与结构复杂程度。

6 材料与设备

机具设备配设表情况见表4。

机具设备配设表　　表4

机具名称	数量	备注
100t自行龙门吊	2台	
混凝土运输车	3台	$6m^3$
电动机（附壁式振动）	36台	1.0t
振捣棒	6支	插入式
坍落度筒	2只	
试块模具	12组	
张拉设备、油压表	各6套（只）	2套（只）备用
钢筋加工设备	2套	
乙炔、氧气、电焊机等设备	3套	
电焊机	6台	
千斤顶250t、500t	各5台、共10台	备用各1台
横梁	4根	由40mm厚Q235钢板组焊
2m卷尺	4把	检查、测量
3m钢直尺	2把	伸长量检测
50m卷尺	2把	钢绞线下料
线坠	2个	弯起器垂直度检测
全站仪	1台	
经纬仪	2台	
水准仪	2台	
烘箱	1个	备用（电焊条）
搅拌站（楼）$75m^3/h$、$50m^3/h$	各1座	
探照灯	3盏	
照明灯	25盏	

续上表

机具名称	数量	备注
配电箱	15个	
变压器(400kVA)、发电机	各2台	发电机300kW(备用)
路基施工设备、桩机、吊机、铲车、压路机、挖机等	若干台	

注:先张法预应力箱梁施工机具、设备、数量主要取决于工程量与结构复杂程度和运距。

7 质量控制

7.1 保证项目

(1)严格按《市政桥梁工程质量检验评定标准》(CJJ 2—90),《公路桥涵施工技术规范》(JTJ 041—2000),《预应力筋用锚具、夹具和连接器应用技术规程》(JGJ 85—2002、J219—2002,《公路工程质量检验评定标准》(JTG F80/1—2004)等有关规范办理。

(2)模板采用定型大钢模板(足够的强度、刚度和稳定性),确保T梁外观质量。整体式模板允许偏差见表5。

整体式模板允许偏差 表5

序号	项目			允许偏差(mm)	检验频率		检验方法
					范围	点数	
1	相邻两板表面高低差	刨光模板		2	每个构筑物或构件	4	用尺量
		不刨光模板		4			
		钢模板		2			
2	表面平整度	刨光模板		3		4	用2m直尺检验
		不刨光模板		5			
		钢模板		3			
3	垂直度	墙、柱		0.1%H且不大于6		2	用垂线或经纬仪检验
		墩、台		0.2%H且不大于20			
		塔柱		H/1 500且不大于40			
4	模内尺寸	基础		+10,-20		3	用尺量,长、宽、高各计1点
		墩、台		+5,-10			
		梁、板、墙、柱、拱、塔柱		+3,-8			
5	轴线位移	基础		15		2	用经纬仪测量,纵、横向各计1点
		墩、台、墙		10			
		梁、柱、拱、塔柱		8			
		悬浇各梁段		8			
6	支承面高程			+2,-5	每个支承面	1	用水准仪测量
7	悬浇各梁段底面高程			+10,0			每梁段用水准仪测量
8	预埋件	支座板、锚垫板、连接板等	位置	3	每个预埋件	1	用尺量
			平面高差	2		1	用水准仪测量
		螺栓、锚筋等	位置	10		1	用尺量
			外露长度	±10		1	
9	预留孔洞	预应力筋孔道位置		梁端10	每个预留孔洞	1	用尺量
		其他	位置	15		1	用水准仪测量
			高程	±10			

(3)绑扎钢筋接头搭接长度。受拉区Ⅰ级钢筋 $30d$,Ⅱ级 $35d$,受压区Ⅰ级钢筋 $20d$,Ⅱ级 $25d$,弧焊接缝长度单面焊 $10d$,双面焊 $5d$。表6为钢筋电弧焊接头的机械性能、缺陷和尺寸偏差见表6。

钢筋电弧焊接头的机械性能、缺陷和尺寸允许偏差　表6

序号	项　目		允许偏差	检验频率 范围	检验频率 点数	检验方法
1	抗拉强度		符合材料性能指标	每个接头(每批抽查3件)	1	应按现行的《金属材料室温拉伸试验方法》(GB/T 228—2002)执行
2	帮条沿接头中心线的纵向偏移		$0.5d$	每个接头(每批抽查10%,且不少于10个)	1	用尺量
3	接头处钢筋轴线的弯折		4°		1	
4	接头处钢筋轴线的偏移		$0.1d$ 且不大于3.0mm		1	
5	焊缝厚度		$-0.05d$		2	用焊接工具尺和尺量
6	焊缝宽度		$-0.1d$		2	
7	焊缝长度		$-0.5d$		2	
8	横向咬边深度		$0.05d$ 且不大于1.0mm		2	
9	焊缝表面上气孔及夹渣的数量和大小	在 $2d$ 长度上	不多于2个		2	观察和用尺量
		直径	不大于3.0mm			

注:1. 表中 d 为钢筋直径,mm。

2. 以300个同类型接头(同钢筋级别、同接头形式)为一批。一周内连续焊接时,可以累计计算。一周内不足300个接头时,亦按一批计算。

表7为钢筋网片和骨架成型允许偏差。表8为钢筋成型与安装允许偏差。

钢筋网片和骨架成型允许偏差　表7

序号	项　目		允许偏差(mm)	检验频率 范围	检验频率 点数	检验方法
1	网片	长度	±10	每片网片或骨架	2	用尺量
		宽度	±10		2	
		网格尺寸	±10		4	用尺量,量取纵、横方向各3~5个网格
		网片两对角线之差	10		1	用尺量
2	骨架	长度	+5,-10		3	用尺量
		宽度	+5,-10		3	
		高度	+5,-10		3	

钢筋成型与安装允许偏差　表8

序号	项　目			允许偏差(mm)	检验频率 范围	检验频率 点数	检验方法
1	受力钢筋	间距	梁、柱、板、墙	±10	每个构筑物或构件	4	在任意一个断面连续量取钢筋间(排)距,取其平均值计1点
			基础、墩台	±20		4	
		顺高度方向配置两排以上的排距		±5		4	
2	箍筋及构造间距			±20		5	连续量取5档,其平均值计1点
3	同一截面内受拉钢筋接头截面积占钢筋总截面积		焊接	不大于50%			观察
			绑接	不大于25%			
4	保护层厚度		墩、台、基础	±10		6	用尺量
			梁、柱、桩	±5			
			板、墙	±3			

(4)钢筋在使用前应清除表面的浮皮、铁锈、油渍、污斑后方可使用。

(5)做好钢绞线试验检测工作,以及张拉设备的校验工作。

(6)预应力张拉控制力和张拉程序应严格按设计要求及锚夹具连接器的特性进行操作。张拉的方法按规范和设计规定进行。表9为预应力筋张拉允许偏差。

预应力筋张拉允许偏差　　表9

序号	项目		允许偏差	检验频率		检验方法
				范围	点数	
1	Δ张拉应力值		±5%	每根(束)	1	用压力表测量或查张拉记录
2	Δ预应力筋断裂或滑脱数	先张法	5%总根数且每束不大于2丝	每个构件	1	观察
		后张法	3%总根数且每束不大于2丝			
3	Δ每端滑移量		符合设计规定	每束(根)	1	用尺量
4	Δ每端滑丝量		符合设计规定		1	
5	先张法预应力筋中心位移		5mm	每个构件	1	

注:①预应力筋的滑移量系指预应力钢丝束张拉完毕,锚塞顶紧后,松张时端塞向锚环内滑移的距离。

②预应力筋的滑丝量系指预应力钢丝束张拉完毕,锚塞顶紧后,固定张拉力时个别钢丝向孔道内滑移的距离。

(7)所有原材料进场时,应有合格证或质保书,并按规定进行复核,凡不符合要求者,一律不准使用。要认真做好技术复核和隐检验收工作(包括高强度混凝土的配制前,必须对原材料的物理、力学性能进行严格试配,全方位地满足工期、质量、浇筑性能等要求),确保T梁质量。

(8)混凝土质量必须设置双控系统,即搅拌楼与现场入模前的质量控制。

7.2　质量保证措施

(1)预应力筋放张时的混凝土强度须符合设计规定,设计未规定时,不得低于设计的混凝土强度等级值的90%。

(2)张拉、放张前应检查千斤顶、油泵、压力表是否完好,配套。检查锚夹具连接器的位置是否正确,确定张拉顺序,以张拉力乘钢绞线截面积后的张拉力和设计伸长量进行"双控"控制。张拉过程中做好记录,对张拉过程中出现的滑丝、断丝等现象应及时处理,以确保张拉质量。

(3)原材料要求如下。

①主要原材料应有出厂合格证明书及进场复验报告单。

②水泥应采用强度等级不低于42.5级的低碱硅酸盐水泥或低碱普通硅酸盐水泥(掺和料仅为粉煤灰或矿渣粉)。碱含量不超过0.6%;水泥熟料中C3A含量不应大于8%,强腐蚀环境下不应大于5%;水泥比表面积不超过350m^2/kg;游离氧化钙含量不超过1.5%。其余性能应符合GB175的规定,不应使用其他品种水泥。

③细集料应采用硬质洁净的天然砂或经试验确认符合质量要求的机制中粗砂,细度模数宜为2.6~3.2mm,含泥量不应大于2.0%。其余技术要求应符合JGJ 52—2006的规定。

④粗集料应为坚硬耐久的碎石,压碎指标不应大于10%,空隙率不大于40%,针、片状颗粒不宜超过5%,粗集料母岩的抗压强度与混凝土设计强度之比不应小于2,含泥量不应大于0.5%;粒径宜为5~20mm,且不应大于钢筋最小净距的3/4。其余技术要求应符合JGJ 53—92的规定。

⑤选用的集料应在试生产前进行碱活性试验。不应使用碱—碳酸盐反应的活性骨料和膨胀率大于0.20%的碱—硅酸盐反应的活性集料。所采用集料的碱—硅酸盐反应膨胀率在0.10%~0.2.%时,混凝土中的总碱含量不应超过3kg/m^3,其中粉煤灰的碱含量按实测值的1/6,矿渣粉中碱含量按实测值的1/2折算。

⑥混凝土采用的外加剂应符合GB 8076—2008的规定。外加剂品种和掺量由试验确定,不应掺入氯盐类外加剂。外加剂应与所用水泥具有良好的适应性。高效减水剂减水率不应低于20%,30min坍落

度损失不应大于15%；碱含量不应超过10%；硫酸钠含量不应大于5%；氯离子含量不应大于0.10%。

⑦混凝土活性矿物掺和料(Ⅰ级粉煤灰或磨细矿渣粉)除Ⅰ级粉煤灰需水比不应大于100%外，其他均应符合GB/T 1596—1991和GB/T 18736—2002的规定。

⑧混凝土中各种原材料引入的氯离子总量不应超过胶凝材料总量的0.06%。

⑨混凝土含气量应控制在3%～4%。

⑩拌制和养护混凝土用水应符合JGJ 63—2006的规定。

⑪非预应力钢筋(带肋、光圆钢筋及盘条)技术性能应分别符合GB 1499、GB 13013—91、GB/T 701—2008的规定。带肋钢筋应符合碳当量不大于0.5%的规定。

⑫预应力钢绞线技术性能应符合GB/T 5224—2003的规定，并对进厂(场)钢绞线按批量进行拉伸试验、弹性模量试验。

⑬横向预应力筋采用的预应力混凝土用螺纹钢筋或预应力钢绞线，其技术性能应符合GB/T 5224—2003等有关国家标准的规定。

⑭制造钢配件用的普通碳素钢应符合GB/T 700—2006的规定。人行道U形螺栓、支座锚栓应采用多元素渗透或渗锌等防腐处理，渗锌层厚度应符合JB/T 5067—1999表中4级要求。

⑮纵向预应力钢绞线用锚夹具、连接器及楔块装置，其材质应符合GB/T 3077—1999和GB/T 699—1999的规定，其技术性能应符合GB/T 14370—2000的规定。

⑯制造折线配筋先张梁转辙器的优质碳素结构钢应符合GB/T 699—1999的规定。

⑰用以消除钢绞线与混凝土之间黏结力的隔离套管应符合设计要求。

(4)主要工艺技术要求如下。

①台座。台座应满足张拉时强度、刚度和稳定性的要求。在构造上满足张拉、浇筑、拆模及放张等工艺的要求，并应严格控制梁端地基不均匀沉降。

②弯起器。弯起器的强度、刚度和稳定性应符合设计要求，安装应牢固，纵、横向位置偏差不应大于2mm。

③钢配件。钢配件应安装牢固，位置正确。梁内支座板应平整，每块边缘高差不应超过1mm。当有支座锚固螺栓时，则支座锚固螺栓与支座板不应直接焊接。

④模板。模板应具有足够的强度、刚度和稳定性，应能保证梁体各部形状、尺寸及预埋件的位置准确。模板安装允许偏差应符合表1的规定。

⑤反拱及预留压缩量。预制梁应根据设计要求和制梁的实际情况设置反拱及预留压缩量。

⑥预应力钢绞线、预应力混凝土用螺纹钢筋及普通钢筋。

a)预应力钢绞线或螺纹钢筋进场后，应按批号取样，进行力学性能及弹性模量试验。移运时应保持顺直，不应损伤和污染。

b)普通钢筋按批号取样，进行力学性能和冷弯试验，合格后方可使用。

⑦钢绞线及钢筋绑扎。

钢绞线及钢筋绑扎允许偏差见表10。

钢绞线及钢筋绑扎允许偏差 表10

序号	项 目	允许偏差
1	纵向预应力钢绞线中心位置在任何方向与设计位置的偏差	距跨中5m处≤1 mm，其余≤3mm
2	桥面主筋间距与设计位置偏差(拼装后检查)	≤15mm
3	底板钢筋间距与设计位置偏差	≤8mm
4	箍筋间距偏差	≤15mm
5	腹板箍筋的不垂直度(纵向偏离垂直位置)	≤1/1 000h(h为高度，以mm计)
6	钢筋保护层与设计尺寸偏差	-0mm，+50mm
7	其他钢筋偏移	≤20mm

(5)组合钢模板的脱模剂要涂刷均匀,不得漏刷。模板表面应光洁,无变形,确保接缝严密、不漏浆。

(6)混凝土搅拌车的运输应满足T梁浇捣工作不间断,并使混凝土至浇注地点时仍保证均匀性和规定的坍落度。

(7)对钢筋,预埋件、混凝土保护层及模板进行检查后,才能浇注混凝土。浇注前必须清除模板中的杂物。

(8)浇捣过程中应注意振捣,特别是箱梁的腹板、底板及顶板。预应力钢绞线锚固钢筋密集部位,宜用直径小的振动棒,适当延长振捣时间,严格控制附着式振捣器的时间和操作要领,确保不漏振、不过振,保证T梁的外观质量。

(9)混凝土浇注应连续进行,混凝土振捣密实。混凝土密实的标志是混凝土停止下沉,表面呈现平坦、泛浆。

(10)浇注混凝土时应防止模板、钢筋、等松动、变形和移位。

(11)混凝土浇注完成,表面收浆干燥后,应及时养护和梁顶面拉毛。

(12)及时做好养护工作,视浇注季节(气温)实况浇水养护,夏季应每日不少于3~5次定时浇水养护。冬季要做好防冬保暖工作,防止产生各种收缩和开裂裂缝。

(13)在施工中应注意锚垫板、夹具及连接器是否完好。安装千斤顶应确保安正,与垫板方向垂直。

8 安全措施

50m折线配筋预应力混凝土T梁台座、反力梁制作、钢筋加工、绑扎、钢横梁制作、钢绞线张拉、混凝土浇注、放张、起模安装等施工工序。为确保工程顺利进行,保证施工人员及设备和交通安全,特制订以下安全措施。

8.1 总体措施

(1)认真贯彻执行“安全第一、预防为主、综合治理”的方针政策,严格执行国家安全生产法、建筑法及建设工程安全生产管理条例等法律法规和《建筑施工安全检查标准》(JGJ 59—99)、《公路工程施工安全技术规程》等有关行业标准。

(2)加强对所有参加施工的人员进行“三级”安全教育,学习有关安全操作规程,提高安全意识,增强安全观念,切实做好安全自身保护工作。

(3)建立健全各种规章制度,制订各种安全操作规程。重要部位、特殊工序制订专项安全措施,持证上岗。

(4)加强安全生产管理,健全安全责任制,以人为本,确保安全生产文明施工。

(5)做好施工现场消防安全工作,落实防火措施,配备消防器材,制订消防、交通安全应急处置预案,制订防冻、防煤气中毒等措施,并与当地气象部门取得联系,做好气温观测工作。

8.2 具体措施

(1)施工现场建立安全管理网络,设立专职安全员,处理安全和劳动保护问题及可能发生的事故。

(2)施工人员进入现场,必须戴好安全帽,并带齐其他必要的防护用品。

(3)施工现场和其他有危险的地方要设立明显的示警标志,四周要设护栏或隔离措施,夜间应有红灯示警,特别是交通要道和交叉口部位尤为重要。夜间施工,现场要有足够的灯光照明。

(4)折线配筋预应力T梁安装支架的外周边须配挂安全网,高空操作人员必须系好安全带,操作前应进行高空作业的安全教育,特种高处作业人员应持证上岗。

(5)各种机械设备、施工工具检查完好后方可投入使用,定机定人,按操作规程进行操作。

(6)氧气瓶与乙炔瓶按操作规定进行存放,严格保证氧气瓶不得染油脂,乙炔发生器有防止回火的安全装置。

(7)张拉区域应有明显标记,禁止非工作人员进入张拉场地,梁的两端要设置活动挡板,操作高压油泵人员应戴保护目镜。张拉端两头、千斤顶后部等不得站人,操作人员侧向操作。

(8)安全张拉作业。张拉作业应由有资质的人员操作。张拉应缓慢进行,逐级加荷,稳步上升,切忌操之过急、供油忽快忽慢,避免发生事故。张拉时油顶两端严禁站人。

(9)操作千斤顶和测量伸长值的人员,应站在千斤顶侧面,严格遵守操作规程。

(10)千斤顶张拉缸进油时,回程缸及液压顶压器必须处于回油状态。

(11)顶压过程中必须密切注意张拉油路的升压情况,不得超过1~2MPa。

(12)主要起重机械必须配备经过专门训练的专业人员操作。起重工操作时,须佩带必要的劳动保护用品,禁止穿高跟鞋、拖鞋、赤脚进入现场。指挥人员、驾驶员、挂钩工人要统一信号,遇6级以上大风必须停止吊装作业。

(13)安全起吊作业。梁场的起吊作业包括施工材料起吊、模板起吊、混凝土料斗起吊、梁板起吊等,在各个环节均应严格按照起吊作业规程进行,做到信号明确、慢起慢放、严禁超载。平时要做好起吊设备的维护和检修,严禁机械带病作业。

(14)做好安全用电管理工作,普及职工安全用电和触电抢救知识,消除隐患,杜绝事故,电工要持证上岗。配电系统设总配电箱,分配电器、开关箱实行分级配电,开关箱装漏电保护器。

(15)拌和场、预制浇筑T梁及钢筋加工厂应配备2名有资质和有工作经验的电工,专门负责T梁、拌和场、钢筋加工制作区域电力设施的安装及检查,防止使用电线路乱拉乱接以及触电事故的发生。

9 环保措施

严格执行国家《环境保护法》、《文物保护法》和交通部及当地政府对环保的有关规定,做好水土资源、文物等保护工作。

(1)使用机械设备的工艺操作,要尽量减少噪声废气等的污染。施工现场的噪声应符合《建筑施工场界噪声限值》(GB 12523—90)的规定,并遵守当地有关部门夜间施工的规定,尽量避免夜间施工。

(2)禁止施工机械在操作运转中产生的油污水未经过处理就直接排放或维修施工机械时油污水直接排放。

(3)运输梁板时,施工便道应适当洒水,采取抑尘措施,使场地不出现明显的降尘。

(4)精确计算混凝土的数量以免造成浪费。抹面清理出的混凝土等杂物要集中堆放、集中处理,不得污染环境。

(5)混凝土T梁尽量采用覆盖养护,以节约水资源。施工过程中的冲洗用水尽可能循环使用。

(6)建立对应的施工环境和卫生管理机构,严格执行国家和地方有关环境的法律法规。加强对施工区域的材料、设备、油料、生活垃圾等管理。做好消防管理工作以及交通环境疏导管理工作,充分满足便民要求,随时接受相关单位的监督检查。

(7)做好各种标志,确保标牌醒目、清楚,施工场地整洁文明。

10 资源节约

(1)折线配筋50mT梁施工采用先张法施工工艺,并在工程实施中大力开展群众性的资源节约合理化建议和技术创新活动,积极推广新工艺、新设备、新材料、新技术,确保了工程质量和安全生产,加快了工程进度,降低了工程成本。

(2)整体张拉采用钢筋连接器,能节约大量钢绞线。

(3)采用先张工艺,可省去成孔、穿束、压浆等工序,缩短工期,同时可节约大量波纹管等材料。

11 效益分析

(1)具有施工周期短、工序简捷、节省材料、维修养护工程量少、耐久性好等优点。

(2)可省去成孔、穿束、压浆工艺与预应力锚具。

(3)能够增加道路面积,提高车流量,减轻交通压力,节约土地利用率,在城市交通道路中尤为突出。

(4)干扰、影响、噪声小,污染少。

(5)拆线配筋预应力T型结构具有跨度大,施工方法灵活,结构刚度大,抗振能力强,行车舒适,外形美观。

(6)有较高的经济效益和社会效益。

(7)有效预应力可控,无需管道压浆。因而在国内外得到了广泛应用,特别是在高原严寒,跨江越洋工程中应用较广。

12 应用实例

德(州)商(丘)高速公路,山东鄄城黄河公路大桥SJH-04标工程,由浙江省大成建设集团有限公司承建。该工程于2007年12月开工,于2009年10月竣工。目前T梁已基本完成,即将进入桥面和路基施工。本合同段桩号为K203+015~K204+773,项目路线桥全长1 758m。其中桥梁有6联×5孔50m预应力混凝土连续T梁桥,桥面宽28m,本合同50m先张法预应力T梁共360片(图8)。

图8 山东鄄城黄河公路大桥折线配筋50mT梁预制场的反力梁

公路 60m 箱梁整孔预制施工工法

GGG(中企)C3101—2009

陈 辉 彭龙超 高 恒 张 勇 杨慧丰
(中铁四局集团有限公司)

1 前言

我国大陆地区的大吨位预制梁应用属起步阶段,目前主要应用于客运专线(高速)铁路和高速公路跨海大桥工程。在大型跨海桥梁建设中大都采用先简支后连续,由陆地预制、海上架设、浇筑后浇带进行体系转换。

金塘大桥非通航孔桥上部结构全部采用先简支后连续的预应力混凝土箱梁。根据建设单位的总体规划,箱梁预制场设置在金塘岛沥港码头南侧一块围海填筑而成的滩涂区上,箱梁在陆地预制,海上逐孔架设,后浇连续缝,进行体系转换形成每联。在预制过程中采用了创新的梁场总体规划模式及多项新工艺等,成功解决了 60m 箱梁整孔预制的施工难题,并申请了“客运专线箱梁快速预制生产线规划设计”等 4 项国家专利。其中,“箱梁蒸汽养护自动化控制装置”(专利号:ZL 2007 2 0129693. X)等 2 项获得国家授权专利,经实践总结形成本工法。

2 工法特点

(1)根据箱梁长、大的特点,采用轮胎搬运机移梁的梁场总体规划。

(2)混凝土利用“双掺”技术,提高箱梁耐久性。

(3)采用二次张拉的预应力施工工艺及严格的养护工艺克服早期裂纹问题。

(4)使用双机并用“GPS/RTK 定位无线通信控制系统”和“PLC 微电控制技术”,有效地解决了两台搬运机双机联动的难题。

(5)以高强钢丝索配以冷铸墩头锚作为吊索、上部采用“三吊点”受力体系的箱梁吊挂系统,可保证箱梁在吊、运过程中不受弯、扭作用。

3 适用范围

本工法适用于陆地及海洋性环境下大批量生产的 60m/1 600t 及以上的箱梁预制施工。

4 工艺原理

金塘大桥 60m 箱梁采用梁体钢筋、桥面钢筋、液压式内模整体吊装方案,侧模采用单侧一块整体模板、台车移动方案,现场配置相应的起重设备及吊具。采用普通混凝土搅拌、运输、灌注方法,利用双掺矿粉和粉煤灰能达到海工耐久性混凝土各种性能指标。采用振动桥能增加混凝土密实,确保桥面施工质量。采用二次张拉工艺及高效自动化的养护工艺能有效地克服大跨度预应力预制箱梁易出现的裂纹问题,提高箱梁耐久性。采用研制出 2 台 43m 跨 900t 轮胎式搬运机作为 1 600t 箱梁吊运专业设备。利用机电液一体化技术,通过使用双机并用“GPS/RTK 定位无线通信控制系统”和“PLC 微电控制技术”,有效地解决了两台搬运机在走行速度、走行方向、卷扬机提升、天车横移等方面的同步问题,并以“无线通信链路”作为双机间控制信息的数据通道,解决了长距离无法布线的难题,具有高速、实时、可靠传递信息的优点,可实现双机同步直行、斜行或横移。研制出以型钢箱梁承托梁体、以高强钢丝索配以冷铸镦头锚作为吊索、上部采用"三吊点"受力体系的箱梁吊挂系统,各吊点受力明确、均衡,可保证梁体在吊、运过程中不受弯、扭作用。

5 施工工艺流程及操作要点

5.1 工艺流程

箱梁整孔预制施工工艺流程见图1。

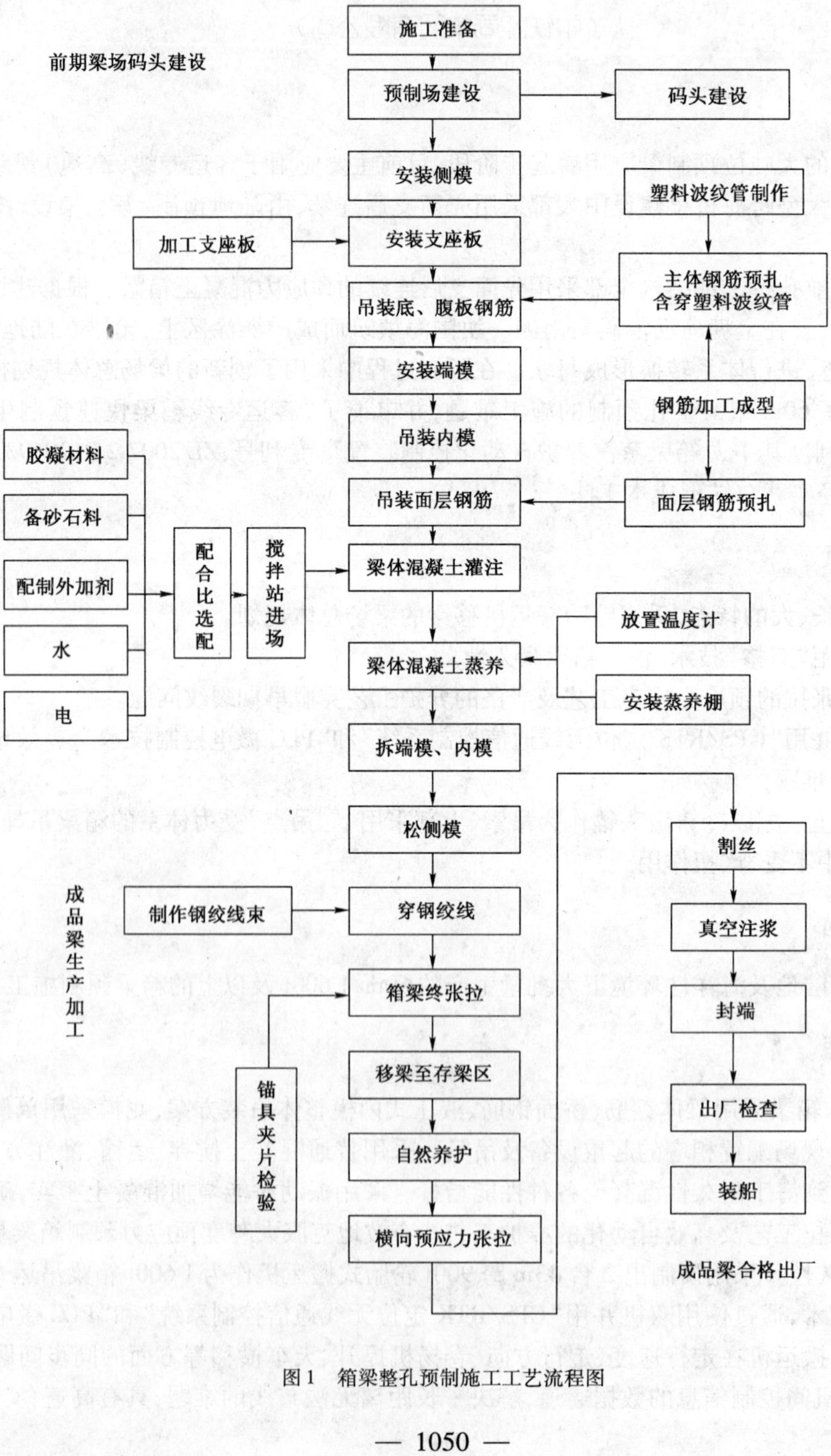

图1 箱梁整孔预制施工工艺流程图

5.2 操作要点

5.2.1 梁场规划

根据建设单位的总体规划，预制梁场设置在金塘岛沥港码头南侧一块围海填筑而成的滩涂区上。针对预制场需用面积大，专用设备多、专业化程度高的特点，结合所承担的生产任务和工期要求，本着“工厂化、规范化、标准化、程序化”的原则，在充分比选轮轨式搬运机、纵横移台车、轮胎式搬运机三种方案的基础上，确定采用两台900t轮胎式搬运机进行梁体吊运的总体方案，并以“形成作业工序互不干扰的流水线”为目的，将场区划分为钢材加工存放区、制梁区、存梁区，另在制梁区一侧设置混凝土搅拌站，钢筋区一侧设置生活区。场内所有水电管线系统暗置，全场地表设沥青混凝土面层，使整个场区紧凑、有序、整洁。

(1)钢筋区。采用敞口式钢结构厂房，可实现全天候作业。

(2)制梁台座。以“刚度为主，整体沉降为辅”控制设计，其两端采用钻孔桩基础和三U形钢筋混凝土槽型梁，中部梅花形布置水泥搅拌桩基础和“山”形钢筋混凝土槽型梁，梁顶设置型钢纵横梁和钢面板。在槽型梁两端设置缺口，以便于端部底模在梁体预施应力时滑动和便于起梁吊具的安装。

(3)存梁台座。以“两端差异沉降为主，承载力为辅”控制设计，由4根分设于两端的钻孔桩和桩顶橡胶支座构成。

(4)出海码头。长达205m，处于地质水文条件复杂的海域，荷载等级大，属海洋重载码头。采用6.0m跨筒支预应力混凝土梁板结构，分段设置了预应力方桩和钻孔桩基础，局部打设斜桩。

(5)轮胎搬运机走行道路。结合轮胎搬运机工作性能，经过刚性路基与柔性路基的实地对比实验，创造性地提出并采用了柔性道路作为搬运机行走通道，即基础常规填筑后，上铺60cm宕渣+30cm水泥稳定碎石+4cm沥青面层，避免了国内常用的“桩基础+混凝土梁”的刚性结构形式。

5.2.2 工艺控制

1)钢筋整体预扎与吊装

梁场配备箱梁底、腹板钢筋绑扎胎模和顶板钢筋绑扎胎模各4套。将整孔箱梁钢筋分为底腹板钢筋和顶板钢筋两大块，分别在绑扎胎具上预扎，然后整体吊装。钢筋保护层垫块采用塑料垫块，吊装之前安装好。每孔60m箱梁的钢筋及各种预埋件、预应力体系质量达150t，为保证钢筋起吊平稳、不变形，用两台DLT100的轮胎式搬运机和特制吊具先将约80t的底腹板钢筋笼从预扎台座整体吊入已安装好的底模和侧模上。再吊内模，然后按同样方法将预扎好的顶板钢筋(约70t)整体吊装到位，并与底腹板钢筋搭接，再局部调整搭接钢筋，绑扎吊装时少数没有固定的钢筋和预应力管道，然后进行下一道工序施工。

起吊钢筋笼所用的特制吊具采用斜拉框架结构，拉杆选用ϕ20圆钢，压杆根据所在部位的受力情况分别选用型钢制作。起吊时钢筋笼内穿入短钢管以分散集中力。吊具自重达42t，吊点多达220个，吊具设计时考虑了钢筋笼吊装时不至于产生过大的变形。

2)整体钢模板系统

本预制场共设制梁台座8个，底腹板钢筋绑扎台座4座，内模拼装台座4座。相应拟投入内模4套、外模4套、底模8套。其中1号与2号台座、3号与4号台座、5号与6号台座、7号与8号台座共用一套内模，通过纵向滑移共用一套外模。每个台座上设置一套底模。

模板系统包括内模系统和外模系统两个部分。其中，外模系统包括底模、外侧模和端模三个部分。底模、侧模如图2所示。

底模在每个台座一次相对固定好，外模一次拼装好。通过轨道在两个台座之间倒用，避免了模板拼缝和多次的拼装。整个模板体系不设任何拉杆，提高了外观质量，外侧模与底模采用特别的橡胶燕尾槽，避免了漏浆。外侧模的拆除通过轨道滑轮，收放千斤顶实施。

内模采用全液压折臂式收缩系统。为了便于内模系统脱模以及脱模后在台座间隙处移出，将整套内模设计成由12段内模车组成:梁体中部标准段长46.68m,分8节车,车长为2×(5.34 +6.2+5.9+5.9)m;两端两个4m长的腹板变厚段,各一节车;最外端两个2.46m长的顶底板变厚段,各一节车。每个内模车均由模板、车架、液压站、动作油缸、撑杆及锥销等组成。模板在横截面上对称分成七块,一块顶模、两块上侧模、两块中侧模、两块下侧模。可三次折臂收缩。立模前,先在内模拼装台位上将12节内模拼装成一个整体,并支撑到位,然后用2台DLT100的轮胎式搬运机和专用吊具将220t重的内模分两次整体吊装到底腹板钢筋上并精确定位。内模如图3所示。

图2 底模、侧模

图3 内模

3)混凝土一次连续灌注工艺

60m箱梁采用的是C50海工耐久混凝土,混凝土灌筑采用4台混凝土输送泵+4台布料杆,在箱梁两侧对称连续灌注,一次成型。混凝土灌注采用水平分层连续灌注,由一端向另一端循序渐进的施工方法。每层灌注厚度不得大于30cm。布料先从箱梁两侧腹板同步对称均匀进行,先灌注腹板与底板结合处,然后将底板尚有空隙的部分补齐并及时抹平,再灌注腹板,最后方灌注顶板。

为了保证桥面平整及坡度,顶板混凝土施工时采用振动桥(平板变频振动提浆机)提浆整平,并利用收浆平台进行人工二次抹压收光,以防裂纹和不平整,使桥面施工质量上升到一个更高的台阶。自行设计制造的收浆作业平台,使面积达730m^{2}的梁面能在短时间内完成收浆抹面作业,可有效地避免桥面裂纹的产生,彻底消除桥面施工的一些质量通病。

4)预应力张拉和真空辅助压浆工艺

60m箱梁腹板纵向预应力束采用两次张拉工艺,即当混凝土强度和弹性模量均达到设计值的50%以上时进行腹板束张拉,张拉力为25%。待混凝土强度和弹性模量均达到设计值时进行剩余的预应力束张拉,然后将箱梁搬运至存梁台座。预应力张拉按照"先纵向后横向、先腹板束后底板束、先长束后短束"的顺序进行。其中,横向预应力采用单根单端张拉工艺,纵向预应力束按整束双端、左右对称的工艺进行,张拉过程严格按照应力和伸长值进行双控。

箱梁采用真空辅助压浆工艺,为提高浆液的耐久性,在配合比设计时除按常规进行强度、泌水性、膨胀率试验外,还进行了斜管、密实度和模拟梁试验。在施工时要保证压浆设备在0.7MPa以上的恒压工作,其抽真空的能力应大于90%(-0.09MPa),抽真空的效率应不小于40m^3/h。

5.2.3 早期裂纹控制

通过选用比较合理的配合比、二次张拉工艺及严格的养护控制减少了箱梁早期裂纹的发生。

1)配合比

海工混凝土的配制主要从掺加优质活性矿物掺和料和高性能减水剂等综合技术入手,配制低水胶比、低缺陷、高密实、高耐久性的混凝土。

通过大量试验配制出掺加粉煤灰和矿粉双掺配合比,能够满足耐久性要求的C50海工混凝土,且降低了胶凝材料水化热,易于控制箱梁内外温差。通过覆盖、保湿养护,可避免箱梁混凝土早期裂缝的发生，提高箱梁长期耐久性。

2）预应力张拉

箱梁张拉严格按照二次张拉工艺进行施工，以减少箱梁早期裂纹的发生。

3）自动化蒸汽养护和自然养护

采用蒸汽养护技术预制混凝土箱梁（图4）可以进一步提高梁的品质，缩短施工周期，采用自行开发的控制软件及微机全自动控制理念，按照海工耐久性混凝土内部水化温度变化曲线，结合“大范围多点测量、分段控制”的方法，使混凝土箱梁的蒸汽养护工艺更加成熟、完备、可靠。

混凝土蒸汽养护采用保温保湿养护方案，它包括静养、升温、恒温、降温等过程。在混凝土灌注完毕以后，采用养护罩封闭梁体，箱梁顶面采用干土工布覆盖，混凝土静养至初凝（时间约8h），然后将箱梁顶板上土工布浇水湿透，箱内蓄水保湿。混凝土初凝后按照不超过10℃/h的升温速度升至40℃时停止升温，恒温保持约24h，然后按照不超过10℃/h的降温速度降温；当降温至梁体表面温度与环境温度之差不超过15℃时，撤除养护罩。箱梁的内室降温较慢，可适当采取通风措施。在混凝土养护过程中应加强混凝土内部温度、表面温度、养护罩内不同部位温度以及环境温度监测，并根据监测情况采取保温保湿养护措施。

蒸汽养护结束后，立即进入自然养护，见图5。梁体洒水次数以保持混凝土表面潮湿度为宜。一般情况下，白天以1～2h/次，晚上4h/次。自然养护不少于7d。

图4　箱梁蒸汽养护

图5　箱梁自然养护

5.2.4　工装设备

1）轮胎式搬运机

研制出2台43m跨900t轮胎式搬运机作为1 600t箱梁吊运专业设备。该套设备采用机电液一体化技术，通过使用双机并用“GPS/RTK定位无线通信控制系统”和“PLC微电控制技术”，有效地解决了两台搬运机在走行速度、走行方向、卷扬机提升、天车横移等方面的同步问题，并以“无线通信链路”作为双机间控制信息的数据通道，解决了长距离无法布线的难题，具有高速、实时、可靠传递信息的优点，可实现双机同步直行、斜行或横移。

2）吊具

研制出以型钢箱梁承托梁体、以高强钢丝索配以冷铸镦头锚作为吊索、上部采用“三吊点”受力体系的箱梁吊挂系统，各吊点受力明确、均衡，可保证梁体在吊、运过程中不受弯、扭作用。

5.2.5　工序时间

各工序时间如表1所示。

5.2.6　劳动力组织

本工法每作业循环所需劳动力见表2。

箱梁施工各工序施工时间

表1

序号	工作内容	用时(h)	序号	工作内容	用时(h)
1	侧模安装	6	7	模板拆除	48
2	底腹板钢筋吊装	4	8	穿钢绞线、初张	8
3	内模吊装	6	9	持续养护、终张	56
4	顶板钢筋吊装	4	10	箱梁吊移存放	2
5	检查签证	2	11	压浆封锚等强	120
6	混凝土浇注	10	12	合计	266

每作业循环所需劳动力

表2

序号	工种	技术等级	人数(个)	备注	序号	工种	技术等级	人数(个)	备注
1	技术人员	中级	6		10	电焊工	中级	20	
2	测量人员	中级	3		11	张拉工	中级	50	
3	试验人员	中级	4		12	搅拌、布料人员	初级	30	
4	安质人员	中级	3		13	锅炉工	中级	8	
5	起重工	中级/高级	30		14	驾驶员		10	
6	水电工	高级	10		15	机修工	高级	10	
7	钢筋工	中级/高级	190		16	普工	初级	8	
8	模板工	中级/高级	100		17	合计	602		
9	混凝土工	中级/高级	120						

6 材料与设备

本工法无需特别说明的材料,采用的主要机械设备见表3。

主要机械设备表

表3

序号	机械名称	型号、规格	额定功率、容量	数量
1	汽车起重机	QY16	16t	2台
2	汽车起重机	QY60	50t	1台
3	平板运输汽车	CA141	8t	2辆
4	发电机	Volv250	400kW	2台
5	电焊机	DN25	500A	10台
6	箱梁钢外模			4套
7	箱梁液压内模	液压		4套
8	底腹板/顶板钢筋绑扎胎膜			4套
9	变压器	SRN-M-800		
10	钢绞线切割机	DYJ-32		2个
11	电动泵	ZB4-500型		2个
12	顶推式千斤顶	500t		9个
13	顶推式千斤顶	300t		9个
14	顶推式千斤顶	60t		4个
15	平板变频振动提浆机	TZ254		2台
16	混凝土搅拌站(自动控制)	HZS75		4座
17	混凝土输送泵			4台

续上表

序号	机 械 名 称	型号、规格	额定功率、容量	数 量
18	液压布料机	HGY-18		4个
19	混凝土搅拌车	HTM804		8台
20	振动棒	ϕ30,50,75		50根
21	附着式高频振捣	F75		200台
22	温控设备			1套
23	锅炉	4t		2台
24	混凝土养护棚			1顶
25	循环水处理系统			1套
26	轮胎式搬运机	DLT100		2台
27	轮胎式搬运机	DLT900		2台

7 质量控制

7.1 质量控制标准

本工法施工执行《钢结构设计规范》(GB 50017—2003)及《公路桥涵施工技术规范》(JTJ 041—2000)及金塘跨海大桥专用施工规范。

7.2 质量控制措施

(1)钢筋绑扎及模块加工、拼装须严格按照技术交底实施加工,经专职质检员检查合格后方可进行后继施工。

(2)模板拆除须等箱梁达到设计强度和弹模后,试验室下达拆模令方可拆除。

(3)严格控制预应力张拉作业,坚持预应力旁站制度。

(4)管道压浆作业时浆液须严格按照配合比施工,压浆时待浆体流出梁体管道后方可停止压浆。

8 安全措施

(1)加强全员安全教育,做好安全技术交底制度,制订针对性的安全技术方案及措施。

(2)现场临时用电必须按安全规定进行布置线路,严禁乱拖、乱拉。经常对施工现场的用电设备进行安全检查,定期测试漏电开关及接地电阻,发现问题立即整改。

(3)现场吊装作业是重中之重。所有起重操作人员持证上岗,定期接受安全培训;定时检查起重吊装设备,尤其是钢丝绳的安全问题。

(4)制订防台风、防潮汛应急预案。成立突发事故领导小组,在遭遇强台风、大潮汛袭击时,负责组织所有员工进行救助,并采取相应的紧急措施,以减少损失,确保员工生命安全。

9 环保措施

(1)水污染的防治措施。清洗骨料及其他生产污水,须进行过滤沉淀后排放。

(2)噪声污染的防治措施。搅拌机等高噪声设备及车辆进出口安置在离居民区域相对较远的方位;建立隔声屏障,使用隔声材料或结构来阻挡噪声传播。

(3)固体、废弃物的处置。及时收集、清理,运至垃圾场掩埋。

(4)大气污染的防治措施。控制煤烟、机动车尾气以及扬尘污染等。

(5)轮胎搬运机走行道路采用柔性路面,使用建筑垃圾填筑,避免了刚性路面对环境的破坏。

10 资源节约

(1)采用粉煤灰和矿粉复掺技术,配制出耐久性 C50 海工混凝土,大幅降低了水泥用量,高性能海工混凝土具备100年的使用寿命,大大减少桥梁运营期间维护耗费的资源。

(2)广泛应用数值模拟分析,减少了实体试验,节约了大量材料。

(3)轮胎搬运机道路采用柔性路面,利用建筑垃圾填筑路基,水泥稳定碎石作为路面基层,沥青混凝土作为路面面层,相对刚性路面节约了大量的钢筋和混凝土,对建筑垃圾的利用,节能、环保。

(4)箱梁蒸汽养护采用自动化控制,通过传感器采集养护棚内环境温度参数,经系统分析根据所需实时调整蒸汽供应量,实现了变频供气,节约了能源。

11 效益分析

利用整体式钢模设计和钢筋整体绑扎及整体吊装及一次性大型箱梁浇筑工艺和重型箱梁场内移运、出海装船施工,解决了大型混凝土预制构件在海洋性环境下陆地施工的难题,节省了施工时间,保证了产品质量,提高了施工工效。

本工程通过联合攻关,研发了具有自主知识产权的两机同步联动900t级轮胎搬运机,并成功用于2007年1月11日舟山大陆连岛工程60m/1 600t预应力混凝土箱梁的移运。轮轨式的搬运方式较轮轨式的移运方式相比,场建投资节约600万元,提高预制场施工总体工效约15%,节约工期4个月,搬运机总价值约0.9亿元。按平均折旧年限10年计算,仅提前工期6个月工期及设备折旧两项就可节约成本达5千万以上。此外,兜底吊梁方式无需对箱梁进行局部加强处理,每片箱梁降低造价约4.5万元,预制470片箱梁共计节省2 115万元。箱梁采用蒸汽养护自动化控制系统后,每片箱梁蒸汽养护可节约0.35万元,可提前工期约2个月。

12 应用实例

舟山大陆连岛工程是浙江省的五大百亿工程之一,全线包括五座大桥,其中规模最大的金塘大桥目前正处于建设中。金塘大桥是舟山大陆连岛工程中的第五座、也是本工程中规模最大的跨海特大桥,大桥全线采用双向四车道高速公路标准建设,计算行车速度100km/h,路基宽度26.0m。金塘大桥非通航孔桥上部结构全部采用先简支后连续的预应力混凝土箱梁,箱梁在陆地预制、海上逐孔架设、后浇连续缝,进行体系转换形成每联。

中铁四局集团有限公司承担金塘大桥非通航孔桥470孔60m箱梁预制任务,总造价7.78亿元,合同工期30个月。本工程开工日期为2006年3月15日,竣工日期为2008年7月15日。

金塘大桥预制场自2006年3月15日开工以来,已顺利完成全部470片箱梁的预制和架设,各项科研成果在60m箱梁预制和移运施工中得到成功应用。其中,"箱梁蒸汽养护自动化技术"已通过浙江省交通厅科技鉴定;"成套箱梁预制及移运技术"通过安徽省科技厅鉴定;"大型箱梁兜底吊装装置"、"箱梁蒸汽养护自动化控制装置"实用新型专利已授权;"大型箱梁兜底吊装装置及其方法"、"箱梁蒸汽养护自动化控制装置及其温度控制方法"两项发明专利已进入实质性审查。2007年5月,交通运输部领导及专家一行对金塘大桥箱梁预制场进行实地检查,对其给予了高度评价,称其为目前国内最好的梁场。

110m 跨钢混组合连续梁上部结构施工工法

GGG(中企)C3102—2007

蒋绪鹏　曹树强　曲　华　王孝平　刘百合
(中铁十九局集团第二工程有限公司)

1　前言

京杭运河常州市区段改线工程邹区大桥主桥为主跨 110m 的三跨钢混组合连续梁桥,为目前国内同类型桥梁中最大跨径的钢混组合结构。针对国内首例大跨径组合梁桥带来的一系列工程技术问题,设计采用了全新的设计方法。一是钢混结合设计新方法:采用了剪力钉群方案,把 20 根剪力钉以较小的间距集中设置形成群体,再以 1m 的间距把剪力钉群设置在翼缘长度方向上,浇注桥面板混凝土时,剪力钉群处预留孔洞,进行桥面板预应力张拉后,再用无收缩砂浆填充剪力钉群处的预留孔,使钢梁和混凝土桥面板共同发挥作用。二是荷载分配新思路:为充分发挥钢梁作用,施工时钢梁采用支架法架设组拼完成后。通过首次落梁并使钢梁处于顶紧状态下进行桥面板混凝土浇注施工,成桥后进行二次落梁。这样钢梁自重荷载由钢梁自身承受,桥面板荷载及汽车荷载由全截面受力。这是桥梁结构分析与施工相结合的又一特点。

针对结构特点,中铁十九局集团第二工程有限公司联合设计单位和同济大学开展了科技创新,自主研制了大吨位钢箱梁现场节段拼装微调系统;253m 超长预应力束"接力穿束,分段注浆"的施工技术;联合开发了 C65 高强自密无收缩砂浆的应用技术;首次进行了国内剪力钉群钉承载力试验,验证了桥梁的设计;结合施工工艺进行了施工监测与监控,满足了桥梁应力与线形的设计要求,经查新,填补了国内空白。大跨径预应力钢混组合连续梁综合施工技术,经 2006 年 11 月 3 日中国铁道建筑总公司科技成果专家会议评审,达到国内领先水平。

课题组编写的《110t 钢梁移梁微调工法》获 2007 年度辽宁省工法;《大跨径钢混组合梁综合施工技术研究》获中铁建总公司 2007 年度科技成果二等奖;《柔性支墩法架设钢箱梁的质量控制》获 2006 年度全国、省优秀质量管理小组称号;《大跨径钢—混连续组合梁桥施工关键技术探讨与实践》获中铁建总公司 2007 年度优秀科技论文二等奖;《C65 无收缩高强砂浆在钢混组合梁中的应用》获 2007 年度辽宁省优秀论文三等奖;《特殊地段大悬臂盖梁支架设计》获 2007 年度辽宁省优秀论文三等奖;京杭运河常州市邹区大桥(原名为平陵大桥)被中国铁道工程建设协会授予 2007 年度火车头优质工程一等奖。

2　工法特点

2.1　操作方便、施工快捷

本工法采用的柔性支墩法架设钢梁、大吨位钢梁微调装置、接力穿束和分段压浆等施工工艺均具有操作方便、施工快捷等特点。

2.2　理论充分、安全可靠

本工法采用的柔性支墩及钢梁微调装置等均经过充分的理论计算和反复论证,使钢梁架设施工安全可靠。

2.3　施工质量易于保证

本工法中大吨位钢梁段微调装置的采用能够满足 2mm 以内的调节精度,分段压浆及 C65 高强自密砂浆灌注等施工工艺易于施工控制和保证质量。

2.4 成本低、应用范围广

所用均为常规材料和设备,在一般桥梁工地均可采用。

3 适用范围

适用范围为类似设计的柔性支墩法架设钢—混组合梁的施工、大吨位钢梁段微调、多段结构物组装连接的调整,超长预应力束、高强砂浆灌浆的工程施工。

4 工艺原理

(1)微调移梁系统采用千斤顶为动力系统,采取在相同荷载作用下,利用辊轴与顶梁千斤顶间的滚动摩擦阻力小于顶梁千斤顶与钢梁的滑动摩擦阻力,确保了顶梁千斤顶能够与钢梁同时移动,达到移梁的目的。

(2)"接力穿束"工艺是根据桥面板节段浇注,分批次进行预应力施工的特点,有效地利用跨中节段的操作空间作为接力穿束段,采用人工"接力穿束"和"反穿束"的方法进行超长预应力穿束施工,从而避免了孔道摩阻大和穿束难的问题。

(3)"分段压浆"工艺是针对预应力孔道长、两端低中间高(最高点与最低点高差2.6m)的特点,在超长预应力孔道的最高点处(跨中)设置出浆孔,从而将200m长束化为100余米短束,并实现由低到高、分段压浆的目的。

(4)利用C65高强砂浆的自密实、高强、无收缩等特点,以适应剪力钉群预留孔处的钢筋和剪力钉理论净间距小而采取的免振捣的施工工艺,并解决剪力钉群处与主桥桥面板混凝土分期施工混凝土收缩不一致、不同步等问题。

5 施工工艺流程及操作要点

5.1 工艺流程

施工工艺流程见图1。

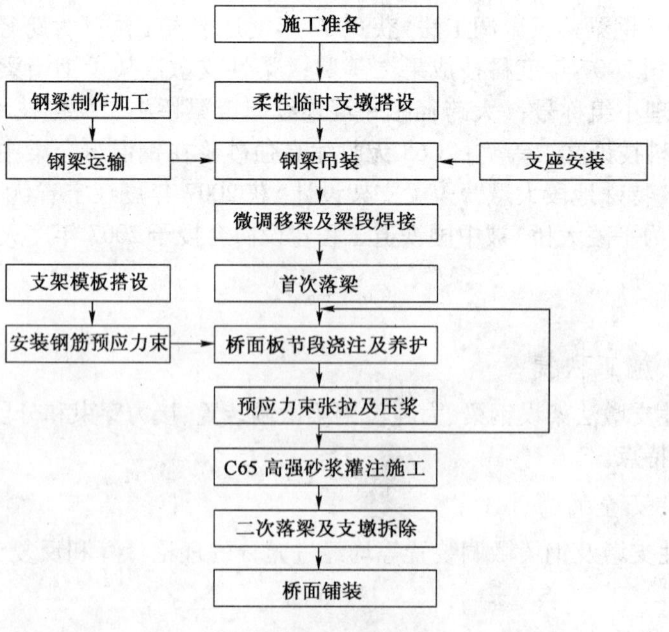

图1 施工工艺流程图

5.2 操作要点

5.2.1 施工准备

对运输道路情况进行充分调查,确定合理的钢梁运输方案;对柔性临时支墩设计进行反复验算和优化,保证钢梁架设安全;对施工便道进行硬化、平整,其平整度、宽度、曲线半径等参数应确保施工方便和安全;加强参施员工的技术、质量、安全教育培训。

5.2.2 柔性临时支墩搭设

1)柔性临时支墩设置

邹区大桥设计为双幅,单幅两箱,每箱16个钢梁节段,全桥钢梁节段共计64段。每两个钢梁节段接头处各设一临时支墩,全桥共设置60个临时支墩,见图2。

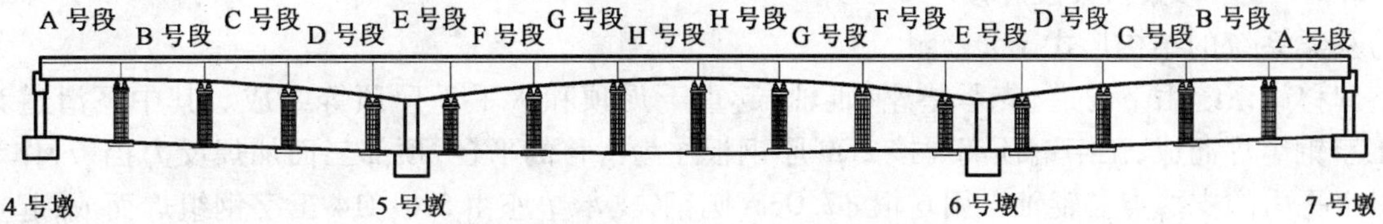

图2 钢梁梁段编号及临时支墩纵向布置图

2)柔性临时支墩结构形式及施工

柔性临时支墩从下至上分为基础、临时支架和支撑系统三部分,见图3。

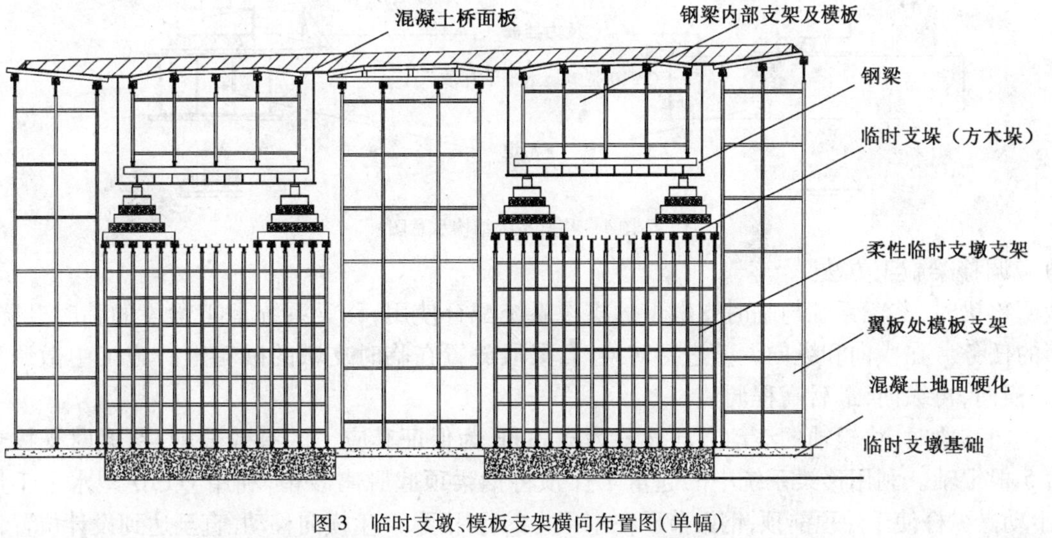

图3 临时支墩、模板支架横向布置图(单幅)

基础为50cm厚C15混凝土浇筑,基底应力不小于80~120kPa(根据梁段重量不同分别确定)。当基底应力不足时,可根据实际情况采用碎石换填等方法提高地基的承载能力。

临时支架采用WDJ碗扣式脚手架作为柔性临时支墩的主要受力单元,由于施工过程中支撑系统和移梁系统分别单独受力,因此在临时支架设计时,应考虑每个支撑系统和移梁系统所需受力杆件数量、横杆步距等情况。另外,还应根据不同梁段重量分别进行受力计算确定。本方案中以最重梁段(110t)接头处临时支架为例,临时支架由立杆、30cm横杆、U托和剪刀撑组成,其横杆步距为60cm。

支撑系统由临时支垛(方木垛)和砂箱组成,每个临时支架上设置4组支撑系统,其高度以保证钢梁到支架之间留有足够的移梁操作空间为宜。

5.2.3 钢梁吊装

1)吊装前的准备工作

钢梁梁段运输到现场后,应对其外形尺寸、梁端接触面等进行全面检查校核。由于各梁段均为变截面结构,根据梁段断面形式及重量划分,不同梁段的吊点略有不同,因此应在吊装前对吊点的位置进行确认。架设钢梁梁段前,须用水准仪、全站仪检查校核临时支墩上砂箱的高程及平面位置等情况,并在砂箱下面的临时支垛(方木垛)平台上放出梁段的底板中线和端头位置,用于吊机架梁时的初步调梁。

2)试吊

梁段吊装采用两台100t履带吊机抬吊就位的方法。在正式吊装前,首先进行试吊作业,通过试吊检查整个吊装设备是否安全可靠、安全措施是否到位、人员操作是否步调统一,以保证吊装安全。

3)正式吊装

施工时,两台履带吊车抬吊梁段至临时支墩上方,调整对位方向垂直缓慢落梁至砂箱上方5cm左右。根据临时支垛(方木垛)上已经标出的梁段底板和端头位置,用吊机进一步调整梁段位置,尽量调整梁段位置到与设计相差1cm以内,然后将梁段放到砂箱上。

5.2.4　微调移梁及梁段焊接

1)移梁系统的结构形式

整套移梁系统由下滑道、支承垫座、辊轴、起重千斤顶和水平千斤顶等组成。其中下滑道为4根I32a工字钢组焊而成,工字钢顶部焊接2cm厚钢板作为滑移的平台,顶部三面加焊反力挡板,作为移动梁段时水平力的支撑点。辊轴采用6根ϕ7.0cm圆钢;支承垫座由5根I14工字钢组焊而成;起重千斤顶采用100kN千斤顶;水平千斤顶采用QY10型螺旋千斤顶,见图4。

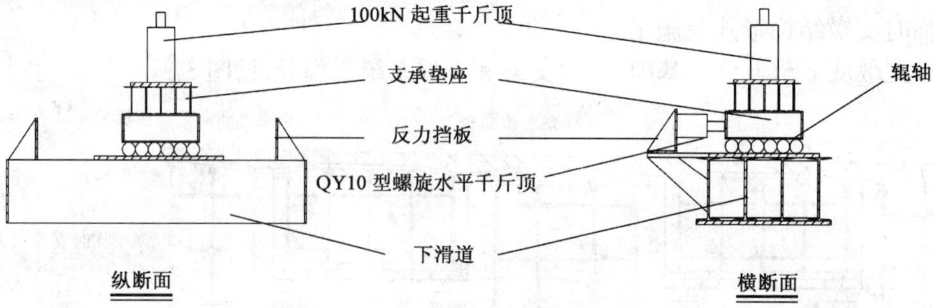

图4　移梁系统结构示意图

2)微调移梁施工方法

微调移梁时,移梁系统与临时支墩上的支撑系统配合使用,移梁系统承担梁段的临时升降及纵、横向位移的任务。在横向和纵向调整进行转换时,梁段放置在临时支墩的砂箱上。施工中微调移梁的顺序为:先横向,再纵向,最后高程调整。

在横向移梁时,将辊轴的滚动方向设置为横桥向,为保证其应力的有效分配,移梁时支撑垫座至少应覆盖5根辊轴。利用移梁系统中的起重千斤顶将钢梁顶起脱离砂箱,利用QY10型水平千斤顶顶紧挡板,手动操纵杆使千斤顶前顶,钢梁节段在水平力的作用下,产生横向移动,直至达到设计位置,见图5。

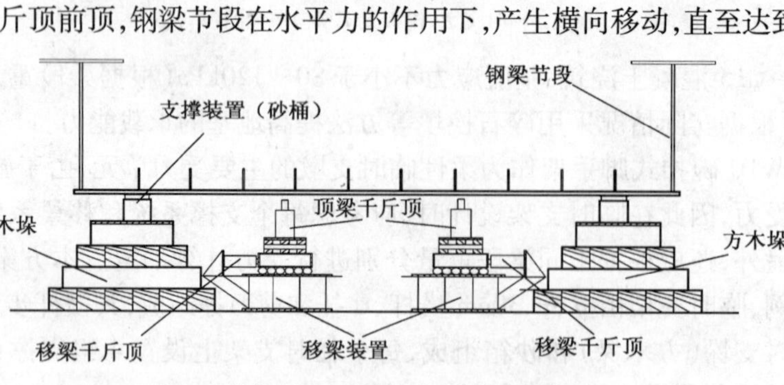

图5　横向移梁时移梁微调系统位置示意图

在横向移梁完成后,改变辊轴的滚动方向为纵向,并将水平千斤顶换至纵向挡板处,即可进行纵向移梁。其他移梁方法同横向移梁相同。

梁段高程调整采用砂箱放砂法调整,即在架梁前通过砂箱压力试验,控制砂箱装砂量,使其在落梁受力后保证梁段超出设计高程2~3cm。在调整梁段高程时,根据测量结果,缓慢的放出砂箱里的细砂,并跟踪测量,直到满足设计要求。

3)梁段焊接

通过梁段的微调移动及高程调整,满足设计要求后,运用自动埋弧焊和 CO_2 气体保护焊、电渣焊等多种成熟焊接技术,采用多焊头自动焊接设备进行现场焊接。

现场焊接顺序:从桥梁中部向两端对称进行,先内部焊缝,后外部焊缝;先内部横隔板贴角焊,后腹板、纵肋对接焊;先腹板焊接,后翼缘板焊接。同时,采取切实可行的加固措施,焊后对主焊缝进行100%超声波探伤检测。

在对梁段进行加工和安装过程中必须进行焊接工艺评定试验,选派焊接技术高、有类似工程施工经验的技师级焊工严格按工艺要求施工。焊接过程中要始终进行桥梁高程、水平度、垂直度的监控。

5.2.5 首次落梁

全部或单幅钢梁节段拼装完成并焊接成整体后,进行首次落梁,使钢梁能够自由受力,形成三跨连续梁结构。根据施工方案特点,以卸落支墩顶的砂箱达到落梁目的,当逐次掏砂使砂箱能够松动,但用手搬不动时终止落梁,首次落梁完成。此时砂箱与梁底仍为密贴状态。当砂箱预留下落高度小于钢梁自由下落高度,不足以使钢梁落下自由受力时,可采用移梁设备中的起重千斤顶顶升钢梁更换砂箱,并再次按照以上方法进行落梁。

落梁顺序根据设计所提供的预拱度大小按照先中跨后边跨的次序进行,同时为避免单支墩受力集中,对预拱度较大处的支墩采取分级卸落的办法。落梁时单幅每排临时支墩上的4只砂箱应保持同步,见图2、图3。

5.2.6 桥面板节段浇筑及养护

1)模板与支架

混凝土桥面板采用支架法施工。根据实际情况,桥面板模板支架结构分为两部分,一部分作用于钢梁上,另一部分作用于地基上。钢梁内可直接搭设支架和铺设模板,地面采用10cm厚C15混凝土硬化后,利用WDJ碗扣式多功能脚手架,搭设形成120cm(纵)×90cm(横)×120cm(竖)立体网格结构支架,见图3。

钢梁以外支架搭设完成后应进行加载预压,以累计3d总沉降量不大于3mm为合格,卸载并铺设模板。为保证支架稳定性,可利用钢管及扣件将其与临时支墩或钢梁连接。

2)钢筋及预应力孔道安装

支架及模板施工完成后,按设计绑扎钢筋、安装预应力孔道及张拉端锚具,并注意预埋钢筋等预埋件的安装。钢筋绑扎时,要严格按设计间距绑扎,由于剪力钉预留孔处的钢筋和剪力钉之间间距较小,桥面板内纵横向钢筋接头要调整使之不设在剪力钉预留孔内。若确实不能避开,则采用机械连接方式。

由于全桥单幅分11个节段进行混凝土浇注(图6),镀锌钢波纹管孔道预留和接长必须平顺无封堵。施工中可采用内穿小于波纹管内径5mm的PVC管,施工缝处波纹管的连接采用套接的方法,确保预留孔道的质量。

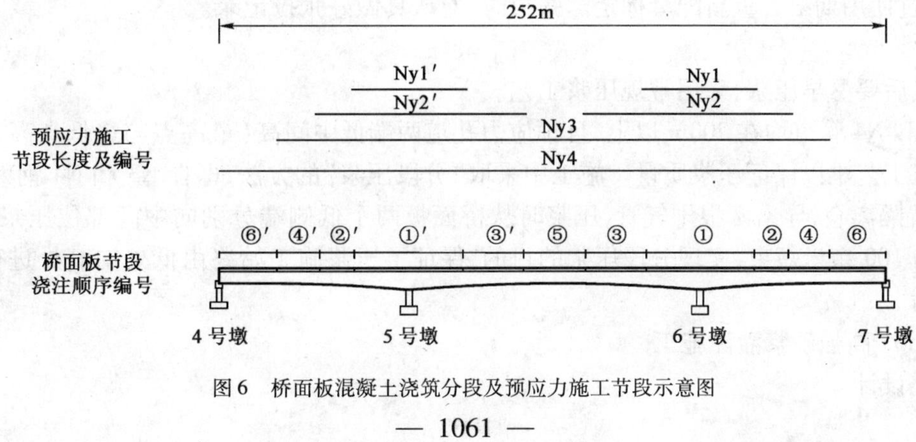

图6 桥面板混凝土浇筑分段及预应力施工节段示意图

3)混凝土浇筑及养生

桥面板混凝土为C50无收缩混凝土,对混凝土的限制膨胀率、限制干缩率等要求较高。在C50无收缩混凝土拌和时,原材料的计量均应采用电子计量。其中膨胀剂的掺入量根据试验严格控制。

单段桥面板混凝土一般按照由未浇筑端向已浇筑端的顺序进行浇筑,横桥向则从两侧向中间浇筑,即先浇筑翼板再浇筑其他部位,振捣采用插入式振捣器,按梅花形布点插捣,桥面混凝土浇筑完成后,收光抹面并按要求横桥向拉毛处理。同时,采用无纺土工布覆盖养护,养护时间不少于7d,注意始终保持洒水和土工布的湿润,确保无收缩混凝土的性能。

4)剪力钉群孔洞的预留

钢梁上翼缘板长度方向上,设置了20根为一组的剪力钉群,群间距为1m。根据设计要求,浇筑桥面板现浇段混凝土时,剪力钉群处需预留尺寸为43cm×42cm的孔洞,待桥面板张拉压浆结束之后,用C65无收缩高强砂浆填充预留孔洞。为使孔洞成形准确,孔洞模板采用1.5cm竹胶板制作,模板要坚固耐用、能够周转使用和易于拆装。模板以竖向板为主,采用抽插方式即可安拆,模板安装后与钢筋间的缝隙采用地板革和胶带纸密封,防止混凝土浇筑时水泥浆进入预留孔洞。预留孔模板在混凝土初凝后立即拆除。

5.2.7 预应力张拉及压浆

1)超长束穿束施工

根据该桥各预应力束设计特点,采用了不同的穿束方法。对较短束(Ny1、Ny1′、Ny2、Ny2′)直接采用后穿束法施工;对200m以上超长预应力束(Ny3、Ny4)的穿束施工,为避免后穿束法施工中穿束摩阻大、施工困难的问题,根据桥面板分段浇筑特点,其预应力穿束采用先穿束和后穿束相结合的施工方法。

超长预应力束穿束施工具体为:在1~4号段桥面板混凝土及预应力施工结束后,有效地利用跨中节段(5号段)的操作空间作为接力穿束点,通过1~4号段桥面板预留孔道,采取“接力穿束”和“反穿束”等施工工艺完成5号段和6号段桥面板预应力穿束施工,即在进行5号段桥面板混凝土浇筑前将Ny3、Ny4束穿入,并将接力穿束段(5~8m)的波纹管加大一号,未穿束时将该段波纹管直接套接在原波纹管上,穿束时施工人员分成两组,其中第一组先在一端穿束,当穿至跨中5号段时,由另一组和第一组共同继续向前穿束。穿束结束后,将接力穿束段的波纹管恢复原位并将接头用胶带缠紧包好进行5号段桥面板施工。在6号段桥面板施工时将已穿入的预应力束采用反穿束的施工方法给予恢复并进行6号段桥面板施工,见图6。

2)预应力张拉

根据设计要求,梁段混凝土强度达到设计张拉要求强度且满足龄期要求,方可进行该梁段预应力钢束张拉。全桥预应力钢束均采用两端张拉,根据分段混凝土浇筑顺序,依次张拉Ny1(Ny1′)、Ny2(Ny2′)、Ny3、Ny4束,见图6。

张拉时,严格按照张拉施工工艺进行操作,对引伸量和张拉力进行双控,并以横桥向对称张拉。张拉时,实际伸长值与理论伸长值控制在±6%以内。预应力张拉用的千斤顶、油泵压力表按照规定配套标定使用,超过使用期限后重新配套标定。张拉时,应认真做好张拉记录。

3)压浆

张拉完成后要尽早压浆,采用常规压浆工艺。

由于N3和N4管道均在200m以上,且预应力孔道两端低中间高(最高点与最低点高差2.6m),若采用单端压浆工艺难以保证压浆质量。施工中采取“分段压浆”的方法,即在N3和N4钢束的中间部位(最高处)设置隔离仓,导出两根排气管,压浆时从桥面板两个低侧端分别向中间部位压浆,从而将200余米长束化为100余米短束,实现分段压浆的目的,保证了压浆施工始终由低处向高处进行,从而可保证压浆的饱满。

5.2.8 C65高强砂浆灌注施工

1)配合比设计

经过试验研究，采用普通水泥和黄砂、聚羧酸盐减水剂、双飞粉以及硅灰，配以 12% ~14% 的 UEA 膨胀剂配制自密实高强砂浆，其新拌砂浆的流动度为 20 ~26cm，强度高达 70 ~100MPa 的自密实砂浆，并且有补偿收缩的功能。经过实际施工检验，完全符合邹区大桥焊钉预留孔浇筑混凝土的技术要求。

2）灌注施工方法

（1）基层处理

基面上的水泥浮浆、松散物、油、油脂、脱膜油、养护剂和其他杂质必须用湿砂喷射法、高压水枪或其他有效方法去除，并将施工表面凿毛（约 5mm 的粗糙面）。在灌注砂浆前用无油空气压缩机清理剪力钉预留孔，然后必须使施工面完全被干净的水浸透，但施工时表面不能有自由水。可以采用稀释的聚合物乳液来湿润施工表面，以提高灌注料与基面的黏结。

（2）砂浆拌和

砂浆搅拌设备主要为 15L 砂浆搅拌机，施工时按比例准确称料后，首先将减水剂与水混合均匀，同时将砂子、水泥、膨胀剂、硅灰、碳酸钙加入搅拌机先干拌均匀（至少 1min），然后加入水与减水剂的混合物，搅拌至均匀后多拌 3 ~5min。

（3）砂浆的灌注

砂浆拌和后应及时灌注，为了减少在灌注时夹带空气，最好从斜面灌注进预留孔。

（4）养护

必须保证良好的湿度养护，否则难以保证补偿收缩或微膨胀效果。可以使用草垫子浇水的方法，并加盖塑料薄膜防止水分蒸发。养护期至少 28d。

5.2.9　二次落梁及柔性临时支墩的拆除

当全桥剪力钉预留孔 C65 高强砂浆灌注施工结束，并达到设计强度和养护期后，进行二次落梁（落梁施工方法及落梁顺序与首次落梁相同），直至各临时支墩解除受力并拆除临时支墩。

5.2.10　桥面附属施工

桥面附属工程施工按常规施工方法。

5.3　劳动力组织

劳动力组织见表 1。

劳动力组织　　表1

序　号	工种及班组	人　数	工作内容
1	现场调度	1	现场机械设备调度及施工工序转换安排
2	安全员	1	施工安全监控与管理
3	技术员	3	现场技术指导与质量监控管理
4	支架班	25	临时支墩基础、临时支墩及桥面板支架的搭设与拆
5	吊车驾驶员	2	钢梁节段吊装机械操作
6	指挥员	2	钢梁节段吊装指挥
7	现场钢构班	10	钢梁节段焊接与剪力钉打设
8	移梁班	8	梁体调整及落梁施工
9	支模班	12	桥面板模板
10	钢筋班	25	桥面板钢筋加工、绑扎、预应力孔道安设及预应力穿束
11	混凝土班	14	桥面板混凝土浇筑
12	张拉压浆班	8	桥面板预应力张拉和压浆，剪力钉预留孔灌注

6 材料与设备

主要材料与设备详见表2。

主要材料与设备　　表2

序号	名　称	规格	单位	数量	备　注
1	吊车	100t	台	2	钢梁吊装
2	吊车	16t	台	2	现场施工材料吊装
3	混凝土拌和机	$50m^3/h$	套	1	混凝土拌制
4	混凝土输送车	$6m^3$	台	3	混凝土运输
5	装载机	ZL50C	台	1	拌和机上料
6	挖掘机		台	1	场地平整和配合卸载微调装置
7	钢筋切断机	CQ-40	台	1	钢筋加工
8	钢筋弯曲机	CW40	台	2	钢筋加工
9	移梁微调系统	自制	套	20	钢梁微调移动(含500kN、100kN千斤顶各10台)
10	脚手架		t	200	临时支架搭设
11	张拉油泵	ZB4-500	套	4	预应力张拉
12	千斤顶	YCL250	台	4	预应力张拉
13	千斤顶	YCQ240	台	2	预应力张拉
14	注浆机	UB_3	套	2	压浆

7 质量控制

施工过程中严格按照《钢结构工程施工质量验收规范》、《公路桥涵施工技术规范》、《公路工程质量检验评定标准》及《公路桥涵地基与基础设计规范》等现行规范和标准执行,为达到工程质量目标所采取的技术措施和管理方法控制要点如下。

(1)梁段架设前应对钢梁梁段质量进行全面检查。

(2)在微调移梁过程中,测量人员对平面位置、高程进行全过程监控,并随时把信息反馈给调梁人员,以便调梁人员根据测量情况,随时对段进行调整,最终达到要求。

(3)由于桥面板分段浇注、分批张拉。如果孔道定位不当,将加大张拉时的孔道摩阻,并且将影响后续的穿束和张拉应力的保证。因此,必须确保预应力孔道定位牢固、准确,镀锌钢波纹管孔道预留和接长必须平顺无封堵。

(4)张拉时严格按照张拉施工工艺和规范要求进行操作,预应力张拉用的千斤顶、油泵压力表按照规定配套标定使用,超过使用期限后重新配套标定。

(5)该桥预应力钢绞线最长束为253.84m,其理论伸长值为164.6cm,采用YCL250型千斤顶进行张拉时,其油缸最大行程为20cm。由于张拉倒顶频次较多,张拉倒顶时的应力控制以及伸长值的量测要准确,避免读数误差和量测误差。

(6)剪力钉群处预留孔的填充与桥面板混凝土分期施工。在桥面板混凝土浇注施工时应避免混凝土进入预留孔,如有散落应及时清理干净。

(7)C65高强砂浆灌注钉群处时,应对预留孔进行认真清理,砂浆拌和严格计量,保证施工质量。

8 安全措施

(1)认真做好安全生产教育和岗前培训交底工作,制订各项应急预案,并组织演练。

(2)施工作业区有较好的隔离措施,施工现场安全警示标志齐全,各种安全防护措施到位。

(3)吊装作业严格按照《吊车操作规程》和《机械安全措施》执行,并认真遵守“十不吊”原则。吊装作业范围内严禁站人,以免物体脱落时发生危险。

(4)施工人员进入现场必须佩戴好个人防护用品,高空作业人员必须经过体检合格,严禁交叉作业和高空抛物。

(5)架梁作业必须统一指挥,双机抬吊行走、起吊及落梁动作平稳、步调一致,并由联络员对吊机运行进行全程监控,遇特殊情况应立即报告指挥员,由指挥员作出安全指令,确保吊装安全。

(6)微调梁段过程中,要确保四点同时起落,并按照《千斤顶操作规程及安全措施》操作千斤顶。每个梁段两台千斤顶要同步、匀速,不允许有快有慢,避免造成梁段倾斜,以免发生梁段倾覆。

(7)张拉作业应严格遵守张拉操作规程,施工人员不得踩踏和攀扶油管,千斤顶后面严禁站人,防止断丝穿出伤人。

(8)在落梁施工过程中,应保证同一幅内、同一断面并排的两个支墩卸落同步。

9 环保措施

(1)按照《污染及废弃物管理程序》,严格执行工完场清,轻拿轻放避免扬尘;严格按操作规程操作,并对机械设备定时维护保养,减少大气污染;运输车辆尾气排放应符合当地车辆尾气排放标准,做好车辆年检、尾气年检工作,定期维护保养;严格按规程操作,及时维护保养,使设备保持良好状态,减少噪声污染。

(2)使用千斤顶时,可能会产生漏油现象。在每次使用前要进行检查修理,并在使用中注意随时观察。发现漏油现象后,用抹布等擦拭。对擦拭的抹布送至统一的处理场所进行处理,以免对环境产生影响。

(3)对于废弃物处理及周转后的剩料,采用集中处理。对于废弃垃圾也应送至统一的处理场所进行处理,避免对环境造成影响。自行清运到垃圾场时,应在装卸等环节尽量减少扬尘的产生。

10 资源节约

在工法形成过程中,贯彻国家节能工程的有关要求,研发推广能源替代和材料再生等新技术,采用柔性临时支墩结构形式及施工,重复利用有效资源,节约了资源。

11 效益分析

11.1 经济效益

本工法中所研制采用的高强砂浆,其原材料价格只有约 300 元/t,而超过 60MPa 规格的补偿收缩灌浆料的市场价格约为 4 000 元/t。邹区大桥焊钉预留孔浇筑 132m^3 砂浆需要 264t 灌浆料,可以节约成本约 100 万元,具有明显的经济价值。

本工法设计的大吨位钢梁段微调系统,采用的材料全部为常规材料,成本低廉,并且采用的是人工操作方法,大大减少了制作成本和制作时间,并可以缩短工期。京杭运河常州市区段改线工程邹区大桥 64 片钢箱梁,自制 20 套微调装置,节约成本约 150 万元左右。而此系统在施工过程中无噪声、无扬尘,对环境的污染甚小,有很好环境效益。

根据现场施工情况来看,采用的“接力穿束、分段压浆”的施工方法操作简单、作业面多,不受机械数量的限制,相对施工速度较快。对于超长预应力孔道压浆,不受“真空辅助压浆”方法中预留孔道材料使用上的限制,降低工程成本,同时有效地保证了工程质量。

11.2 社会效益

本工法所采用的钢梁架设施工方法,与以往常规施工方法相比较,减少了机械投入,且施工操作方便、成果显著,有效地解决了采用龙门吊或吊车架设大吨位钢梁段时精确就位的困难,提高了大桥的施工质量。同时,为钢箱梁桥的架设提供了简单精确的施工方法,便于同类型桥梁借鉴采用,具有良好的社会效益。首次进行了国内剪力钉群钉承载力试验,验证了桥梁的设计,结合施工工艺进行了施工监测与监控,满足了桥梁应力与线形的设计要求,经查新,填补了国内空白。

11.3 环保效益

京杭运河常州市区段改线工程邹区大桥64片钢箱梁,自制20套微调装置,此系统在施工过程中无噪声、无扬尘,对环境的污染甚小,与常规移梁方法相比,取得了很好的环境效益。

12 应用实例

12.1 工程概况

工程主桥长252m,为71m+110m+71m预应力钢混组合梁,为国内最大跨径的钢混组合梁,箱梁高度为2.6~5.2m,梁高按照二次抛物线变化,钢梁结构为变高度U形断面,采用双箱单室,单个钢箱宽度为4.25m,箱间净间距为4.24m。钢箱梁拼装节段总计8种类型,长度为14.54~16.0m,总计为64个梁段。其中E类型梁段重量为最大,单片为110t,钢箱梁底设计高程距地面高度为6.7~9.9m。

12.2 施工情况

施工中,钢箱梁的现场拼装采用了柔性临时支墩的架设方案,并通过自主设计的大吨位钢梁段微调装置的应用。于2005年11月8日~2006年1月9日,历时2个月,完成了全部钢梁节段的架设,并且满足设计要求,比业主要求工期提前14d。在同期中标的多家单位中,率先完成了主桥的合龙。

12.3 工程监测与结果评价

在该桥桥面板超长预应力施工中运用本工法中"接力穿束、分段压浆"的施工工艺,成功地解决了超长预应力束的孔道预留、穿束、张拉和压浆等难题,并保证了施工质量。另外,本桥施工中C65无收缩高强砂浆的配合比的设计和应用均属国内首例。该配合比和施工工艺,经实践应用,性能可靠、便于现场施工操作。

为加强控制,本桥还设立了监控单位,监控主要是综合运用桥梁博士和Ansys软件,对全桥控制截面应力和主梁挠度,应用在施工过程中实时监测并反馈,整个施工过程中以主梁高程和应力作为双控控制指标,并以主梁应力控制为主,保证全桥控制截面应力在安全范围内,确保成桥线形和设计线形一致。落梁监控结果显示,项目部测得数据与监控单位算得数据15.672相吻合,且在设计允许范围之内。

邹区大桥施工全过程始终处于安全、稳定、快速和优质的可控状态,在业主主持的多次检查与评比中,均受到表扬和认可,且无安全质量事故发生,得到了各方的肯定和好评。

平行镀锌钢绞线斜拉索挂索及张拉施工工法

GGG(中企)C3103—2009

王 俊 周 辉 龚 彬 陈兴平 赵凤龙
(中铁二局股份有限公司)

1 前言

在斜拉桥施工过程中,平行镀锌钢绞线斜拉索根据自身特点可采用现场单根下料、单根穿索、整体张拉,可以优质、高效地完成施工,缩短工期。中铁二局五公司针对斜拉桥平行镀锌钢绞线斜拉索组织了专业队伍参与施工并开展科技创新,总结出了一套较完整的平行镀锌钢绞线斜拉索挂索及张拉施工工法,并通过在金江金沙江大桥施工中的实际运用,取得了显著的经济效益和社会效益。

2 工法特点

(1)采用单根斜拉索现场下料技术,既方便快捷,又节约了成本。

(2)采用斜拉索安装专用循环系统,同时一次能够安装两根斜拉索,使得斜拉索安装周期缩短,提高了功效,保证了质量。

(3)采用振弦式传感器对单根斜拉索索力控制,保证了单根斜拉索索力的均匀性;同时采用锚索计对整束斜拉索的索力进行控制,保证斜拉索索力控制在设计要求范围内。

(4)HDPE 防护管的连接采用专用发热式工具对焊方式在施工现场焊接,缩短了施工周期,且焊接质量较好,线形流畅。

3 适用范围

本工法适用于大跨度斜拉桥平行镀锌钢绞线斜拉索单根拉索制作、安装、张拉及索力控制。

4 工艺原理

在主梁及塔外沿斜拉索预埋管方向安装斜拉索施工循环系统,并在塔内、塔外设置操作平台,利用循环系统完成单根斜拉索的安装,根据索力整体张拉。在主梁上对 HDPE 外护管进行对接,利用辅助索及塔吊配合完成外护的安装。

5 施工工艺流程及操作要点

5.1 施工工艺流程

斜拉索安装施工工艺流程见图 1。

5.2 操作要点

5.2.1 平行钢绞线斜拉索下料标准工艺

下料时,应对钢绞线索盘出厂编号、质量保证书编号及单个索盘无黏结钢绞线重量进行记录。

1)下料长度

按下列公式列表计算出无应力状态下的自由长度。

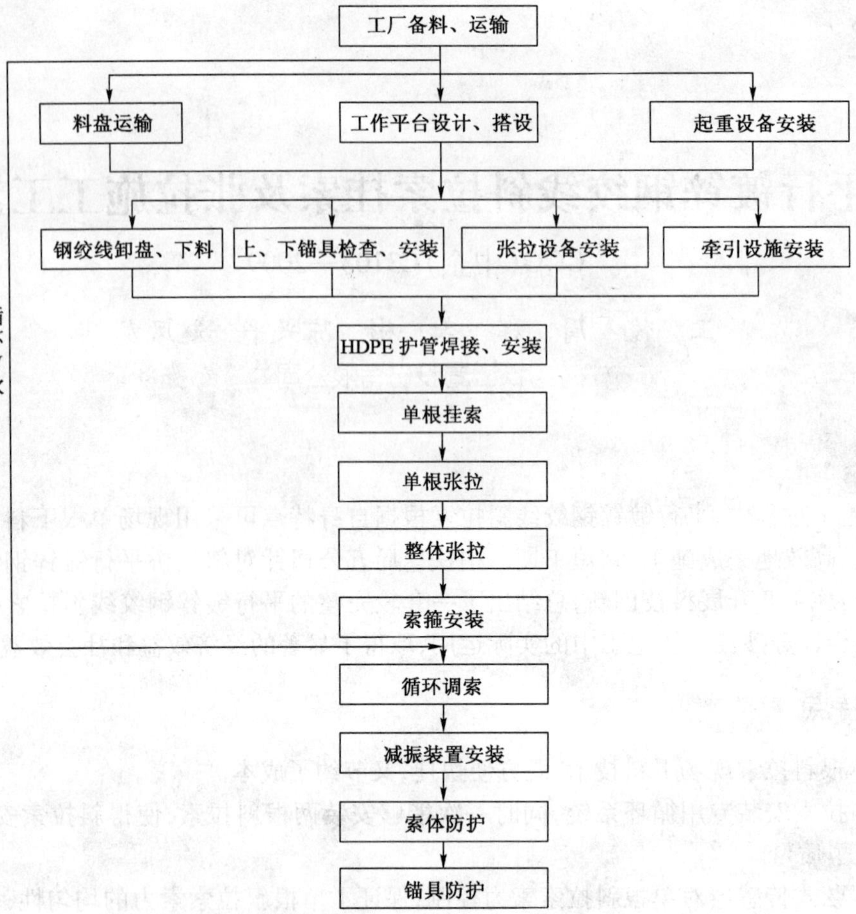

图1 斜拉索安装施工工艺流程图

(1)下料长度计算公式

$$L = L_0 + L_1 + L_2 + L_3 + A_1 + L_4 + L_5$$

式中:L_0——上、下锚垫板间距,mm,该数据由设计院提供;

L_1——张拉端工作长度,mm,含牵引长度。

L_2——张拉端预设锚具外露长度,mm,$L_2 = A_1 + A_2 + 50$mm;

L_3——固定端钢绞线外露长度,mm,含固定端牵引长度。

A_1——固定端锚板厚度,mm;

A_2——固定端螺母厚度,mm;

L_4——有圆管限制的垂度影响长度,mm;

L_5——塔梁施工误差的修正值,mm,一般取150mm。

(2)钢绞线 HDPE 剥除长度

张拉端(标准索) $L_{张} = L_1 + A_3 + L_6 + L_7 + L_5 + \Delta L/2 - L_8$

张拉端(辅助索) $L_{张} = L_1 + A_3 + L_6 + L_7 - L_8$

式中:A_3——张拉端锚板厚度,mm;

L_6——支承筒长度,mm;

L_7——延长筒长度,mm;

L——单根张拉伸长值,mm;

L_8——PE 进入锚具长度,mm。

固定端(标准索) $L_{固} = L_3 + A_1 + L_9 - L_8$

固定端(辅助索)　　　$L_{固} = L_3 + A_1 + L_9 + L_5 + \Delta L/2 + L_4 - L_8$

式中:L_9——固定端密封筒长度,mm。

2)下料

(1)下料时注意事项

①发现PE护套有破损之处,应马上修补,若损坏严重难以修补,则应弃用此段钢绞线。为尽量减少人为损坏PE护套,下料人员应严禁穿硬底鞋,同时下料场应进行封闭,以免非下料人员进入现场损坏PE护套层。

②为了保证钢绞线下料长度准确,除保证钢绞线行走路线为直线外,还应遵守分组进行长度丈量、标志和复核的下料原则。

③断料应用高速切割机,严禁用气割等易产生高温的设备进行断料。

④钢绞线PE层为易燃材料,下料场地应完善防火措施。

(2)剥皮及清洗

将钢绞线两端的PE剥掉一部分作为工作和锚固长度。剥皮时应注意刀具不能损伤镀锌层和钢绞线层,清洗时应将钢绞线端头打散后并用清洗剂清洗干净。同时清洗后的钢绞线要进行防污保护。

(3)切丝及镦头

钢绞线清洗完成后,在钢绞线两端打散后在端头约12~13cm长度范围内平齐切掉外圈6丝,保留中心丝,然后将钢绞线复原。复原后用LD10镦头器将两端的中心丝镦成半圆形镦头,以供挂索牵引用。

(4)成盘与运输

由于二次搬运需要,钢绞线还需进行成盘,成盘应用大胶带或软绳进行绑扎。运输吊装时也应用软绳作吊具,以免损伤钢绞线PE层。

为防止挂索时错用绞线,成盘时应在绞线上做好塔、索号及边中跨的标记。

5.2.2　平行钢绞线斜拉索的牵引、安装

1)循环牵引动力系统安装

循环系统见图2。循环系统安装步骤如下。

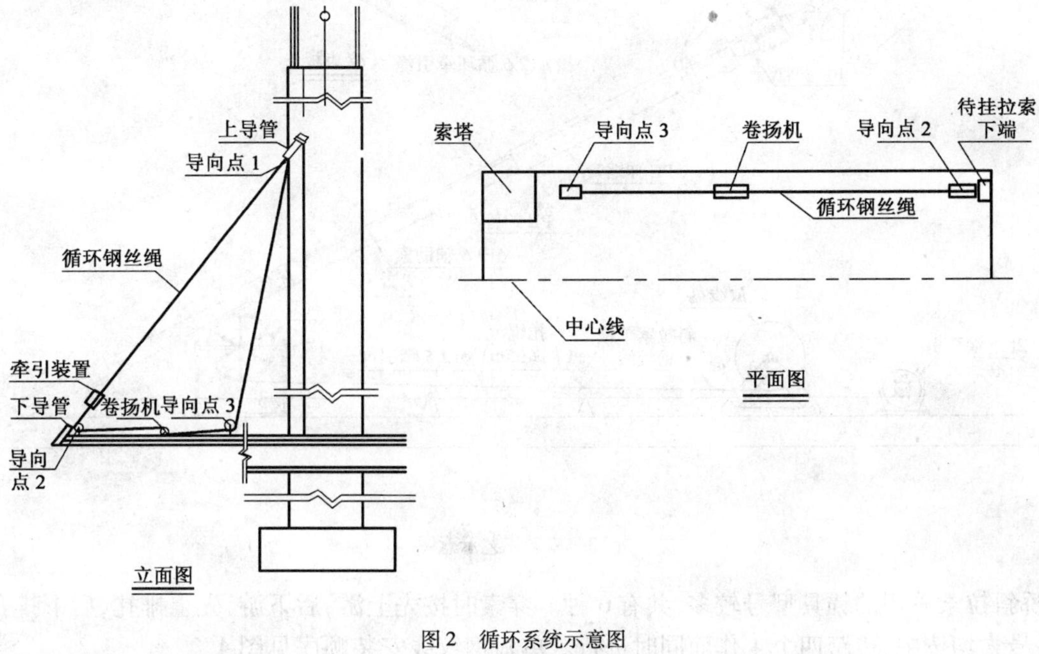

图2　循环系统示意图

(1)设置导向、并将卷扬机移动到位。

(2)从塔外将钢丝绳一端加配重,穿过 HDPE 护管放到桥面,桥面人员将其与牵引器连接。

(3)另一端通过塔外导向后,沿索塔向放到桥面。

(4)在桥面将其通过桥面导向后,引入卷扬机,从卷扬机引出循环钢丝绳,通过挂索点导向后与牵引器另一端连接在桥面导向出。

(5)用 2t 葫芦对循环钢丝绳进行预紧,操作卷扬机进行试循环。若没有问题,则循环装置安装完成。

2)单根斜拉索安装

安装程序如下。

(1)钢绞线运输到施工现场后,将索盘吊装于放线架上,考虑挂索时从 PE 管下端向上牵引,将放线方向朝向梁端预埋管处,放线架与预埋管之间应设铺垫及导向,以防钢绞线 PE 损伤。

(2)将盘好的钢绞线放盘打开张拉端与循环钢丝绳上的专用牵引装置连接,启动循环系统,将钢绞线顺着 HDPE 护管牵引至上端管口,将已牵引出的钢绞线从盘上全部放出,与穿过下端锚具的牵引索连接,用人工穿过锚孔,安装夹片锚固。

(3)在塔外将钢绞线和从锚具孔穿过的牵引索连接,解除循环系统上的牵引装置通过塔柱内的葫芦等工具将钢绞线拉出锚板孔,塔内作业人员相应辅助直到满足单根张拉所需的工作长度后锚固,准备牵引下一根钢绞线。

(4)单根挂索时,注意 PE 护套的保护,严防打绞、旋转,扭曲现象发生。

(5)利用循环牵引钢丝绳可同步一次牵引两根钢绞线。安装工艺示意图见图 3。

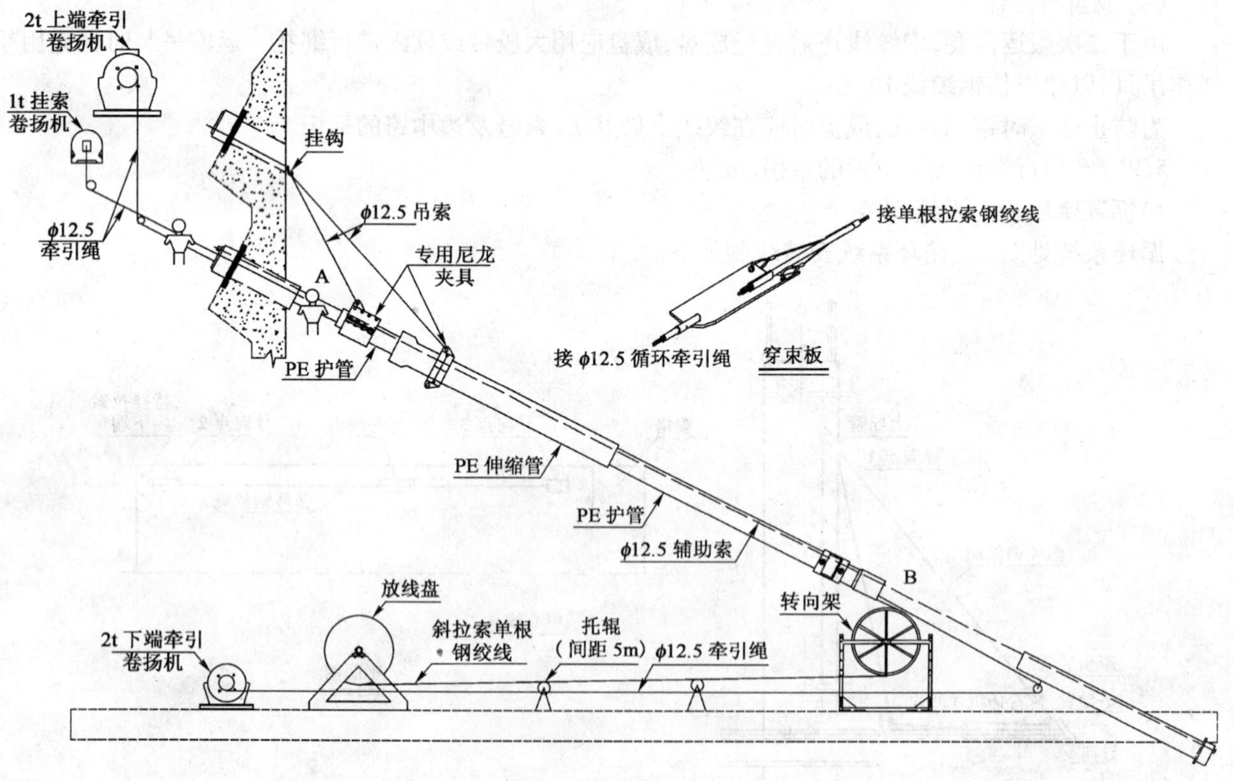

图 3 安装工艺示意图

本桥斜拉索采用的锚具型号较多,共有 6 种。穿索时按先上游,后下游,先上排孔,后下排孔的顺序进行;各号索均按主、边跨四个工作面同时进行。单根钢绞线安装顺序见图 4。

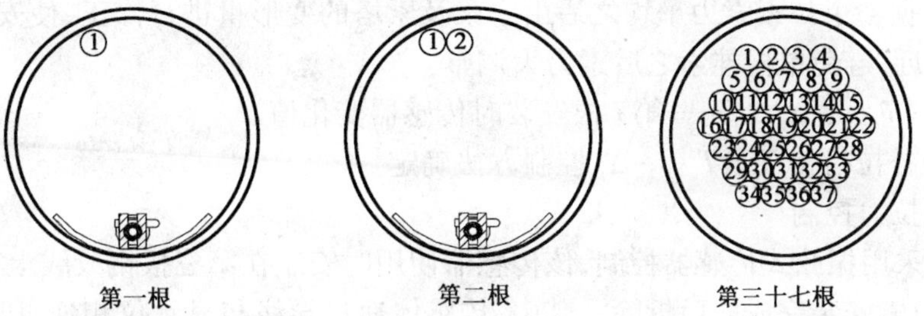

图4　拉索编号示意

单根钢绞线挂索工艺流程见图5。

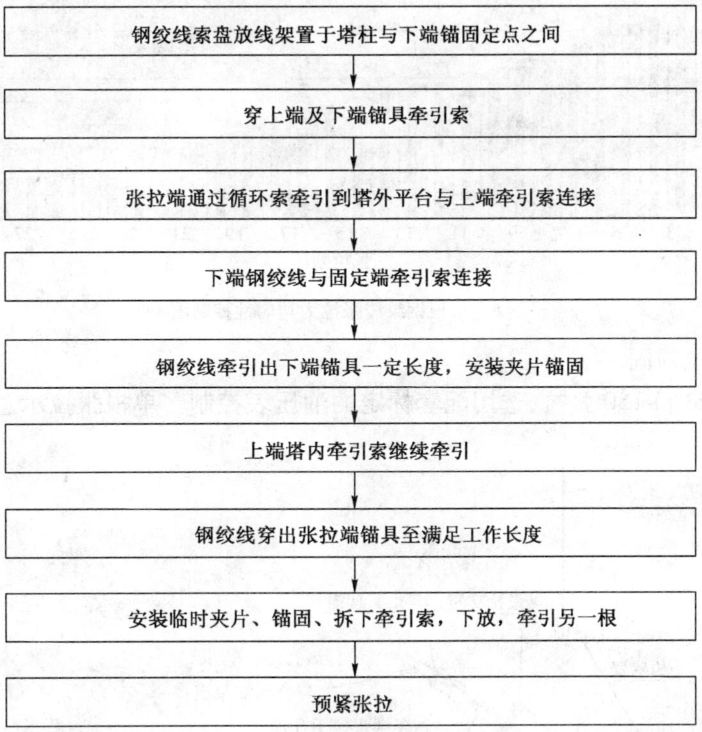

图5　单根钢绞线挂索工艺流程图

5.2.3　平行钢绞线斜拉索的张拉

1)单根张拉力

为了保证单束拉索中每根钢绞线应力满足设计要求,保证索力均匀度控制在2%范围内。张拉时严格按工艺控制进行,做好张拉记录,且施工前必须提供以下项目。

(1)斜拉索安装控制张拉力,该值由监控单位以监控指令形式提供给安装施工单位。

(2)斜拉索安装控制张拉力作用下,斜拉索锚固点计算相对位移量(或变形量),即该索所在竖直平面内下端锚点竖向位移和上锚点水平位移,由监控单位临时给出。

(3)主梁相应截面的相关物理参数,该参数一般根据设计而定。

(4)斜拉索索体几何和物理参数,由斜拉索产品供方提供。

2)单根张拉力计算

斜拉索第一次张拉是通过单根张拉索力累积达到整束设计第一次张拉索力的,实际施工操作时应按以下原则进行。

(1)第一、二根:为减少HDPE外套管对单根张拉力造成过大的非线性影响,第一、二根钢绞线用来承受HDPE外管的自重,所以张拉力由该管的垂度确定。

(2)第三根:根据整束拉索索力平均之后由主梁及索塔的变形量进行修正,使安装完成之后单根索力累计值与设计接近,避免单根挂索之后索力大调整。

(3)第 i 根:$T_i = T_{i-1} - \Delta_i$,Δ_i——第 i 根安装时传感器变化值。

(4)第一、二根补拉时按 $T_i = T_{i-1} - \Delta_i$ 控制方法确定。

3)单根钢绞张拉力控制

单根张拉过程采用振弦式传感器控制,该传感器使用时安装在第三根钢绞线上,通过单孔锚具临时锚固,待该整束斜拉索安装完成之后拆除。其中,传感体通过导线与显示仪相连,压力变化值从显示仪中读取。张拉力均匀性控制以 N11′为例,见图 6。

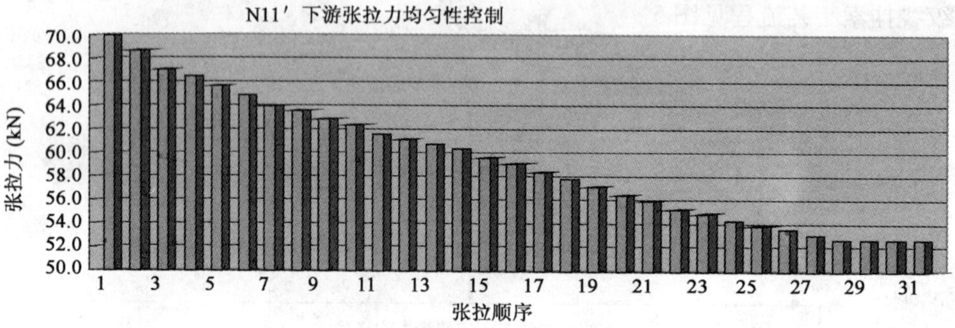

图 6　单根钢绞线张拉力均匀性控制图

4)单根钢绞线张拉锚固

钢绞线采用 YDCS160-150 张拉,选用配套标定的油压表控制。单根张拉示意图见图 7。

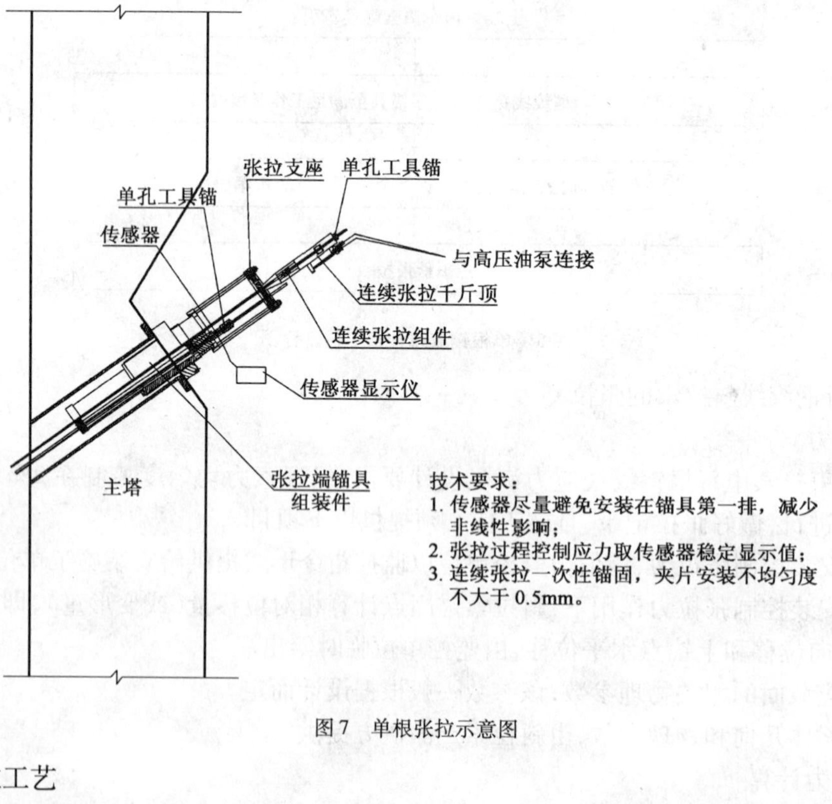

图 7　单根张拉示意图

5)整体张拉工艺

斜拉索的整体张拉对钢绞线的索力值将起到削峰填谷的作用,各钢绞线的索力值将会变得更加均匀。此外,在荷载作用下,各钢绞线的索力值也会随时间变得越来越均匀。

整体张拉时,必须根据索号选择千斤顶,并配套张拉连接套、张拉杆和张拉撑脚。整体张拉(调索)示意图见图 8。在塔内进行设备安装可利用塔吊将撑脚、千斤顶、张拉杆、连接套吊至塔内平台上,然后利用活动平台移动到相应索号张拉端位置,借助于手拉葫芦将连接套、张拉杆、千斤顶及撑脚、张拉螺母依次安装固定,千斤顶安装时对中误差≤5mm。

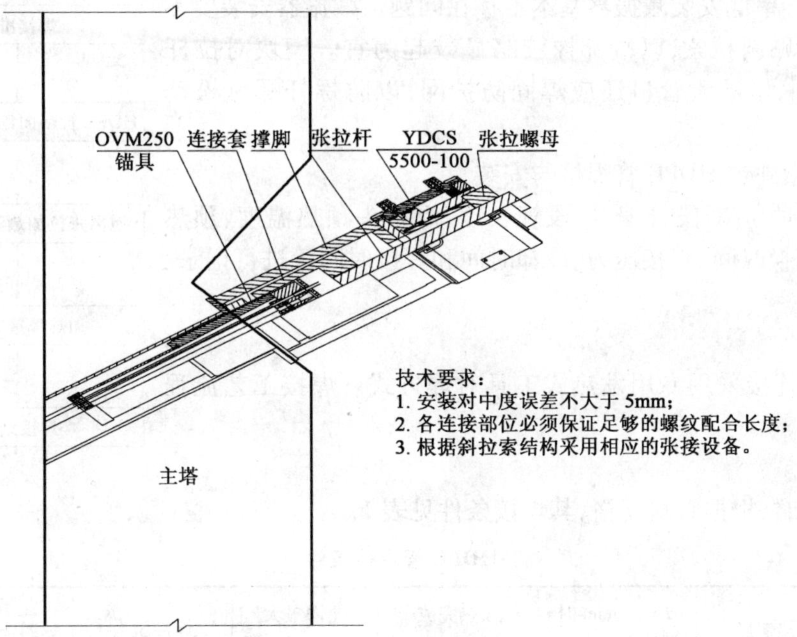

图8 整体张拉(调索)示意图

6)张拉力及张拉控制

由于该桥单根挂索的时候索力都比较小,挂篮施工不可避免钢绞线在低应力工作状态下工作,因此加强拉索低应力锚固保证其夹持质量和夹持效果对施工过程中的主体工程安全尤为关键。

(1)尽量提高拉索初始控制应力,最佳达 $0.15\sigma_b$ 以上。

(2)单根张拉涉及临时锚固,全部在连续张拉装置内完成,工作夹片只一次性咬合锚固,不允许出现多次工作夹片锚固的情况。

(3)单根钢绞线顶压:利用 OVM 拉索配套的张拉顶压设备,用专用顶压器对钢绞线进行逐根顶压,按该钢绞线工况下锚固应力累加顶压应力控制,但总应力不超过钢绞线破断力的0.45,一次性顶压锚固,使夹片锚固后产生相当于 $0.45\sigma_b$ 应力状态下的夹持效果,使之能适应在低应力状态下的锚固。

(4)顶压必须在整体张拉之前完成,利于钢绞线应力增大时夹片夹持。

该工况下张拉配合性工作较强,此次张拉主要是服从监控指令,除控制拉索在该工况下有效应力外,还顾及相应的主梁段及挂篮控制点高程,控制技术措施如下。

(1)根据监控指令进行张拉。

(2)为保证张拉时克服张拉部件的变形量对有效应力的影响,张拉到控制应力之后,锚固卸压。

(3)按照监控指令要求调整索力。

(4)整体张拉时四个工作点进行同步分级张拉,各点同级索力相对误差控制在2%之内,拉索最终索力误差控制在控制索力的2%以内,做好张拉记录。

7)整体调索

在梁段悬浇过程中或成桥后,如需调整桥面高程,则需进行整体调索,调索工艺与整体张拉工艺一致,见图8。具体调索工况、顺序、部位、应力则由监控单位下达监控指令而定。

8)减振器安装

减振器的作用是吸收桥上活载、风振等的振动能量,通过吸收能量性能抑制其响应值,消除索对梁、塔的振动,延长结构的使用受命。减振器由两个半圆铸铁外套和两个半圆高分子橡胶阻尼器构成,其固定结构为四对铸铁对拉楔块,在外套和槽内对拉,聚中挤压锲固。安装时一般采用铁丝捆固于索上,在羊城振器顶部垫木锤击入进索管。紧固锲块对拉杆。减振器顶部略低于索管口,对安装防护罩有利。当索存在一定偏心时可用千斤顶、葫芦等作调整,一般情况中长索偏心与悬链线长有关,调整比较容易。短索悬链线短、偏心率低安装减振器基本不存在问题。减振器安装要不橡胶阻尼器必须紧贴斜拉索,以端部橡胶略显鼓起为宜。锲块对拉杆螺母应与索管焊固,塔端索管口还应焊固防护网,以防螺杆螺母松动坠落。

5.2.4　斜拉索外包 HDPE 管焊接与安装

HDPE 管焊接时,应对段管编号、段管长度、焊接头预热温度、预热压力、加热时间、切换时间、焊接压力、冷却时间和焊接时间等进行记录。

1)焊接

(1)焊接工艺

HDPE 段管的连接采用专用发热式工具对焊方式。焊接工艺流程图见图 9。

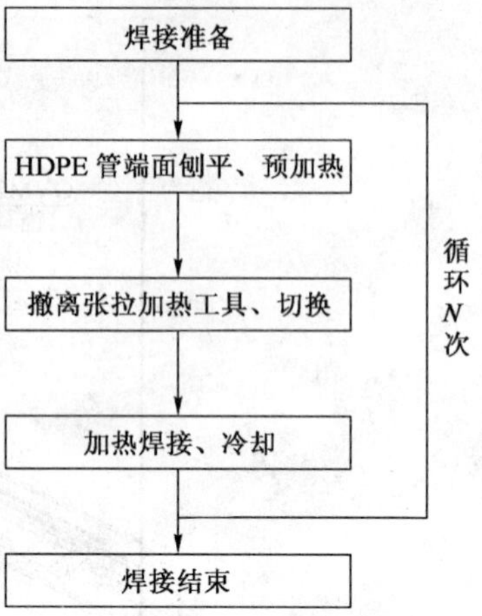

图 9　焊接工艺流程图

(2)焊接条件

HDPE 管焊接时,根据管材规格,其焊接条件见表 1。

HDPE 管焊接条件　　表 1

管材规格	预热温度(℃)	$H=1.0$mm 时的预热压力($\times10^5$Pa)	预热完成后加热时间(s)	允许最大切换时间(s)	焊接压力($\times10^5$Pa)	冷却时间(min)	备注
$\phi180\times10$	210 ± 10	90 ± 10	80 ± 5	5	90 ± 10	13	
$\phi200\times10$	210 ± 10	90 ± 10	80 ± 5	5	90 ± 10	13	
$\phi235\times10$	210 ± 10	100 ± 10	90 ± 5	5	100 ± 10	15	

注:HDPE 管焊接前,将管材旋转于夹紧装置内并将之夹紧,在压力作用下用平行机动旋刀削平两个管材的被焊端面。在焊接过程中,无论如何焊接压力都必须保持至焊缝完全满足冷却时间且硬化后才能撤去。

2)HDPE 护管安装

(1)在桥面上按设计要求的长度将 HDPE 套管焊接好,焊接要做好焊接记录。运输至塔下,以备起吊,HPDE 护管安装,见图 10。摆放时用支架或枕木将套管架立,防止 HDPE 管损伤。

(2)在套管内穿入一根已计算好长度的钢绞线,同时在 HDPE 套管两端安装抱箍。

(3)利用塔吊等起吊设备将钢绞线和套管一起吊起,到达预定高度后将钢绞线穿入塔上锚具并固定,利用千斤绳和葫芦将套管吊挂在塔外管口相应位置。

(4)套管下端牵引至下端预埋管口,先将钢绞线穿入下端锚具并固定。

(5)通过张拉钢绞线使套管挺直抬起达到设计的角度,以方便下一步挂索工作的进行。

3)斜拉索防护

斜拉索是斜拉桥的生命线,索体、锚头防腐需高度重视,按国家有关标准和 OVM250 平行钢绞线拉索体系技术标准进行。

(1)斜拉索索体防腐

索体材料采用带 PE 镀锌涂层钢绞线,PE 层与钢绞线间涂专用油脂。如在下料、挂索等过程中发现 PE 有破损处,立即用焊枪修补,防止钢绞线锈蚀。

索体外用 HDPE 套管防护,成桥调索结束,减振器固定后,固定已预先套在管外的防水罩,与两端预埋管连接,可有效防止水分进入 HDPE 管内,并隔绝了紫外线照射,进而起到保护索体的作用。假如预埋管因偏心过大造成防水罩无法顺利连接,预埋管安装方可考虑将预埋管接长,只要保证该接长段与索体同心即可。

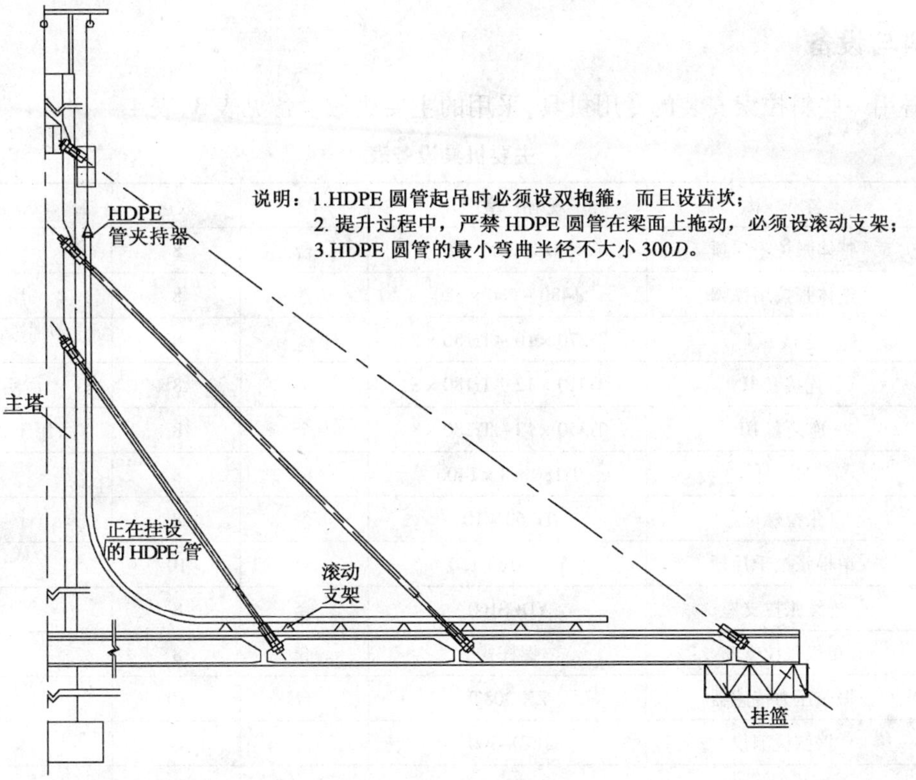

图 10　HDPE 护管安装示意图

(2)锚头内防腐

锚头内钢绞线由于挂索、张拉需要,两端 PE 需剥除,剥除段钢绞线必须进行有效防护,需在锚具内灌注油脂。注油设备采用 OVM 活塞式注浆泵,待调索结束后,用该泵把油脂压进锚具内。

(3)锚头端面、夹片、外露钢绞线的防腐

①为了整体防腐以及方便螺母旋动,在锚具安装时预先在支承筒外螺牙上涂上防腐油脂。

②整体张拉后,支承筒外露部分、锚板、夹片等都涂上防腐油脂,而且支承筒外露部分锚板用封箱带缠绕密封。

③调索结束后,锚具外安装保护罩,罩内注油对裸露钢绞线、夹片、锚板等进行防护。

④上、下锚箱内必须预设防水、防潮措施,下端锚垫板应设有排水槽。

5.3　劳动力组织

劳动力组织情况见表 2。

劳动力组织情况表　　表 2

序　号	名　称	人员配置及分工	人员数量(人)
1	斜拉索安装总负责人	负责斜拉索安装人员、设备的组织安排	1
2	斜拉索安装技术负责人	负责斜拉索安装总体施工技术	1
3	技术员	负责斜拉索安装现场技术管理,技术资料的整理等工作	3
4	起重工	负责斜拉索安装循环绳的检查,卷扬机操作等工作	8
5	电工	负责场内线路维修等工作	1
6	焊工	负责场内焊接等工作	2
7	操作工	负责斜拉索安装塔内、塔外及千斤顶操作等工作	16
8	普工	负责斜拉索下料、卷盘等其他工作	50
合计			82

6 材料与设备

本工法需用一些斜拉索安装的专用机具,采用的主要机械设备见表3、表4。

主要机具设备表 表3

序号	名称	规格型号	单位	数量	备注
1	整体张拉千斤顶	YDCS5500-100	台	8	
2	整体张拉用撑脚	ϕ480-580×580	件	8	用于27~43
3	连接套Ⅰ	Tr270×10-Tr180×8	个	8	用于27
4	连接套Ⅱ	Tr310×12-Tr180×8	个	8	用于31、34
5	连接套Ⅲ	Tr350×12-Tr180×8	个	8	用于37、43、49、55
6	张拉杆	Tr180×8×1400	根	8	
7	张拉螺母	Tr160×10	个	8	
8	单根张拉千斤顶	YDCS160-150	台	10	
9	连续张拉支座	YDCS160	套	8	
10	单根张拉支座	螺杆式	套	8	
11	振弦压力传感器	ZX-308T	台	10	
12	振弦检测仪	IFZX-300	台	8	
13	单孔工具锚	OVM15-1G	个	20	
14	工具夹片	OVM15G	付	30	
15	单孔穿束器	CKQ8	个	40	
16	穿束器用挤压机		台	1	
17	顶压千斤顶	YCD4-20	台	8	
18	HDPE塑料焊机	整圆式	台	1	Φ180Φ200Φ235
19	镦头器	LD10K	台	2	
20	油泵	ZB4-500B	台	9	
21	环氧注浆泵		台	1	
22	高压油管	6m	根	30	
23	钢绞线牵引托板		个	8	
24	卷扬机	1t	台	8	约11~15m/min

钢绞线下料需用主要设备机具表 表4

序号	规格及名称	单位	数量	备注
1	下料线	套	2	
2	手动放线架	个	1	
4	牵引小车	台	1	
5	1t卷扬机	台	2	
6	380V台式切割机	台	2	
7	手提角磨机	台	5	
8	钢绞线清洗盘	个	2	
9	16t吊车	架	2	或塔吊

注:如桥面现场没有汽车吊或者塔吊够不到,可制作2m×2m门架,用两个2t单链手拉葫芦上盘。

7 质量控制

7.1 技术标准

1)斜拉索验收

施工过程中,根据挂索计划安排,提前向监理工程师及生产厂家提交供货计划,确定供货日期。产品到场后,严格按照国家或交通部颁布的行业标准和规定进行检测和验收,并将验收结果上报监理工程师,经批准后方可正式使用。斜拉索的质量及技术条件见设计图纸及《斜拉桥热挤聚乙烯拉索技术条件》(JT/T 6—94),具体内容如下。

(1)抗拉强度。拉索整体静载破断荷载应不小于标准破断荷载的95%。高强度钢丝抗拉强度、屈服强度满足设计要求。

(2)延伸率。$\phi 7$ 高强镀锌钢丝延伸率≥4%。

(3)弹性模量。钢丝弹性模量$(2.1\pm0.1)\times10^5$MPa,斜拉索弹性模量$\geq1.95\times10^5$MPa。

(4)钢索最外层钢丝扭绞角度:3°±5°左旋。

(5)索长误差ΔL。索长≤100m时,$\Delta L\leq$20mm。

(6)抗疲劳性能。应力上限700MPa,应力幅值200MPa,经2×10^5次循环加载后,要求锚具完好无损,钢丝破断数不大于索中钢丝总数的5%。

2)平行钢绞线下料

(1)断料。钢绞线用切割机断料时,要求端面平整光滑、无毛刺。长度要准确,相对误差不得大于1/5 000。

(2)剥皮。两端剥皮长度要求准确,相对误差为±10mm之内,剥皮时不得损伤钢绞线镀锌层。

(3)清洗。钢绞线剥皮工作段要清洗干净,以每根钢绞线钢丝表面用干净软白纸擦洗后不残留肉眼可视的污物为准。

(4)切丝。外圈6丝切断时要求端面对齐并用打磨机将外圈打磨成圆滑倒角,中心丝长度保留在12~13cm。

(5)镦头。

①用LD10镦头器镦头时,镦头压力控制在36~38MPa。

②镦头应镦成半圆形,镦头直径约为1.5倍的钢丝直径,镦头高度约等于钢丝直径。

3)斜拉索安装

(1)拉索安装可根据塔高、布索方式、索长、索径、索的刚柔程度、起重设备和施工现场状况等综合选择挂设方法。

(2)安装前应根据索长、索重、斜度和风力等因素计算其安装过程中锚头距索管2.0m、1.0m,距锚板0.70m以及锚头带锚环时的牵引力,以综合选择挂设方案和设备。

(3)施工中不得损伤索体保护层和索端锚头及螺纹,不得堆压弯折索体。

①不得用起重钩或易于对索体产生集中应力的吊具直接挂扣拉索,宜用带胶垫的管形夹具尼龙吊带或设置多吊点起吊。

②放索时索体应贴在特制的滚轮上拖拉,并应控制索盘的转速,防止转速突变或倾覆。

③为防止锚头和索穿入塔、梁索管时的偏位和损伤,在放管处设置控制的力点或限位器调控。

④安装过程中锚头螺纹应包裹,及时清除拉索的包护物。拉索防护层和锚头损伤应及时修补并记入有着表格存档以便跟踪维护。

(4)施工中,拉索抗振的约束环和减振器未安装前,必须确保索管(特别是梁上索管)和锚端的防水、防腐和防污染。

4)斜拉索张拉

(1)张拉施工的设备根据设计的索型、锚具、布索方式、塔和梁的构造确定。

(2)拉索张拉的顺序、级次数和量值按设计规定执行。以振动频率计测定的索力或油压表量值为准,以延伸值作为校核,并视拉索防振圈以及弯曲刚度的状况对测值予以修正。

(3)拉索张拉于塔端单端进行,采用整体张拉。

(4)索塔顺桥向两侧的拉索(组)和桥横向对称的拉索(组)必须对称同步张拉。同步张拉的不同步索力的相关值不得超出设计规定。两侧不对称或设计拉力不同的拉索,应按设计规定的索力分级同步张拉,各千斤顶同步之差不得大于油表读数的最小分格,索力终值误差小于 ±2%。

(5)拉索锚固时不宜在锚环与承压板间加垫。需要加垫时,其垫圈材料和强度符合承压要求,并设成两个密贴带扣的半圆。

(6)拉索张拉完成后,当梁体内预应力钢筋全部张拉完且桥面及附属设备安装完时,应采用传感器或振动频率测力计检测各拉索索力值,同时应视防振圈及索的弯曲刚度等状况对测值予以修正。每组及每索的拉力误差超过设计规定时应进行调整,调整时可从超过设计索力最大或最小的拉索开始(放或拉),直调至设计索力。调索时应对塔和相应梁段进行位移检测,并作出存档记录。记录内容包括日期、时间、环境温度、索力、索伸缩量、桥面荷载状况、塔梁的变位量及主要相关控制断面应力等。

7.2 质量控制措施

(1)施工严格按照设计图纸及有关国家规范进行。

(2)施工过程中,应对各个环节加强检查和监督,做好自检记录。

(3)所有的材料进场或使用前应作严格的检查和试验,并保存材料的质保书及试验资料。

(4)为与施工现场挂索顺序保持一致,钢绞线放盘时应遵循以下原则。

①钢绞线应分塔号、索号和边、中跨分别放盘原则。

②各根钢绞线平行并排成盘原则。

③每盘钢绞线放盘时,张拉端在靠近与埋管口处。

(5)钢绞线运输时应固定牢固,并做好全面保护措施,防止钢绞线 PE 层损伤和标志牌脱落。

(6)施工过程中下锚点的索导管口与 HDPE 下管口采用防雨布缠绕密封防水。

(7)合理规划桥面拉索安装作业线,与主梁施工合理协调,有效利用施工场地。

8 安全措施

(1)坚持“安全第一,预防为主”的方针,加强安全生产教育,提高安全意识。

(2)健全安全岗位责任制,做到奖罚分明,逐级签订安全生产责任书,明确分工,责任到人,把安全落实到实处。

(3)严格执行各工种的《安全操作技术规程》,定期对职工进行考核。

(4)注意环境保护,做到文明施工。

(5)现场具体保证措施如下。

①千斤顶操作时前方不许站人,设备安装要求端部平整对中。

②油泵操作时需缓慢、均速加压和卸压,严禁超压和快速加压。

③施工平台移动平稳,严防坠物。

④锚具起吊、安装时要求起落平稳,注意对锚具的保护。

⑤挂索时确保牵引连接可靠,注意信号配合,索下不许站人。

⑥注油时要求接头可靠,保持规定压力但严禁超压,注意劳动保护。

⑦严禁非专业人员擅自操作机械。

⑧高空作业时不得随意向地面抛掷物品。

⑨脚手架、安全网的搭设要符合安全要求,并进行定期检查,维修和保养。

⑩起重机械作业时起重臂下严禁站人。

⑪注意现场设备、材料的防雨和防风,场地不留安全隐患。

9　环保措施

(1)防止水污染措施。施工营地生活废水就近排入不外流的地表水体,严禁将生活污水直接排放至江河中,对于含砂量大且浑浊的施工生产废水,采用沉砂池处理后再排放,含油废水经隔油池处理后排放,防止油污染地表和水体。

(2)生产生活垃圾处理及油料管理。严禁将生活污水直接排放至江河中,含油废水经隔油池处理后排放,防止油污染地表和水体。生活污水经化粪池处理后排放。

(3)施工营地设置集中垃圾收集地,设专人管理,经无害化处理后排放,定期填埋,严禁就地焚烧。对营地生活垃圾(包括施工废弃物)集中装运至指定垃圾处理场处理。对不能处理的垃圾拉到设有处理设施的厂处理。

(4)油和废油的管理。施工机械维修、油料存放地面应硬化,减少油品的跑、冒、滴、漏。所有油罐要有明显的标志,在不使用时要密封。严禁随意倾倒含油废水,应将其集中处理。

10　资源节约

该工法在形成过程中遵守国家节能工程的有关要求,在工法的研发和推广应用过程体现了资源节约的原则。

(1)在平行钢绞线的下料过程中考虑多利用既有塔吊,既节约了资源,又节约了成本。

(2)采用现场焊接 HDPE 护套管,方便快捷,焊接质量好、接缝圆滑,因此对一短的 HDPE 可以焊接利用,减少浪费。

(3)自行设计研发的穿索器,结构简单适用,利用废旧材料在施工现场加工即可。

11　效益分析

由于斜拉索施工工期较短,任务集中,采取现场下料工艺,前期充分利用已完路基作为下料场地,后期利用已完梁段作为下料场地,因此节约场地租赁费及斜拉索下料转运费约 40 万元。采用斜拉索安装专用循环系统及专用工具,使得单根斜拉索安装时能同时安装两根,这样安装周期提高了一倍,节约了工期,同时节约了成本约 50 万元。共计节约成本 90 万元,经济效益显著。

同时该桥的建设引起中央电视台、四川卫视等多家国家和地方级电视台及平面新闻媒体的宣传报道,社会各界和国内外学者、专家纷纷前来参观,对其给予了高度评价。

12　应用实例

平行镀锌钢绞线斜拉索挂索及张拉施工技术在中铁二局五公司西攀项目部金江金沙江大桥斜拉索安装中得到了成功应用,整个斜拉索安装过程处于安全、稳定、快捷、优质的可控状态。平行镀锌钢绞线斜拉索挂索及张拉施工技术具有创新性、实用性,总体技术达到国际先进水平。项目部应用该项技术,使得斜拉索安装效率提高一倍以上,工程质量优良率 98% 以上,多次在业主质量信誉评价获好名次,项目部被评为四川省优秀 QC 管理小组、四川省质量信得过班组,无安全事故发生,得到了广泛好评。

大跨度单索面矮塔斜拉桥悬臂施工工法

GGG(中企)C3104—2009

谯华东　杨忠波　李裕高　李　东　何　亮
(中铁二局股份有限公司)

1　前言

连续梁是以梁的直接受弯、受剪来承受竖向荷载,斜拉桥是以梁的受压和索的受拉来承受竖向荷载,混凝土矮塔斜拉桥是以梁的直接受弯、受压、受剪和索的受拉共同承受竖向荷载,因此三者的最大区别在于梁的受力行为不同。由于矮塔斜拉桥的结构性质决定,在施工过程中无法进行二次索力的调整,且对于大跨度单索面的斜拉桥来讲,在悬臂施工过程中极易形成偏载,导致梁体扭转变形,线形很难控制。中铁二局五公司于2005年~2006年在山东惠青黄河公路大桥施工中采用对称施工、预顶合龙的方法,使该桥在悬臂施工过程中的线形得到很好的控制,经济效益和社会效益显著。该工法被评为中铁二局2008年度三级工法。

2　工法特点

(1)在张拉过程中采取了拉索伸长量测定法、张拉千斤顶测定法与振动测定法相结合的方式确保了斜拉索的索力。

(2)采用对称施工,减少桥面不均匀堆载,避免桥梁的偏斜与扭转。

(3)由于矮塔斜拉桥的墩高偏低,混凝土的收缩、徐变及温度的变化对塔墩及基础的内力影响较大,采取中跨预顶合龙,改善桥梁基础的受力。

3　适用范围

本工艺适用于大跨度单索面矮塔斜拉桥的悬臂施工。

4　工艺原理

由于矮塔斜拉桥的结构性质决定,在施工过程中无法进行二次索力的调整,且大跨度单索面的斜拉桥在悬臂施工过程中极易形成偏载,导致梁体扭转变形,线形很难控制。在悬臂施工过程中,注意梁体偏载的控制,从桥面临时荷载、挂篮走行、混凝土浇筑、预应力张拉、斜拉索索力的控制等多方面进行考虑,并从测量上综合考虑温度、风力等因素,对每一个施工阶段进行很好的控制,并根据监控的数据来调整下一节段的施工,从而使整个悬臂施工过程得到了有效的控制。

5　施工工艺流程及操作要点

5.1　施工工艺流程

施工工艺流程见图1。

5.2　操作要点

5.2.1　挂篮施工

挂篮是大跨径悬臂浇注施工的主要设备。目前,斜拉桥主梁悬臂浇注施工采用的挂篮形式很多,各有特色,归纳起来可分为普通挂篮、索式挂篮两种,见表1。

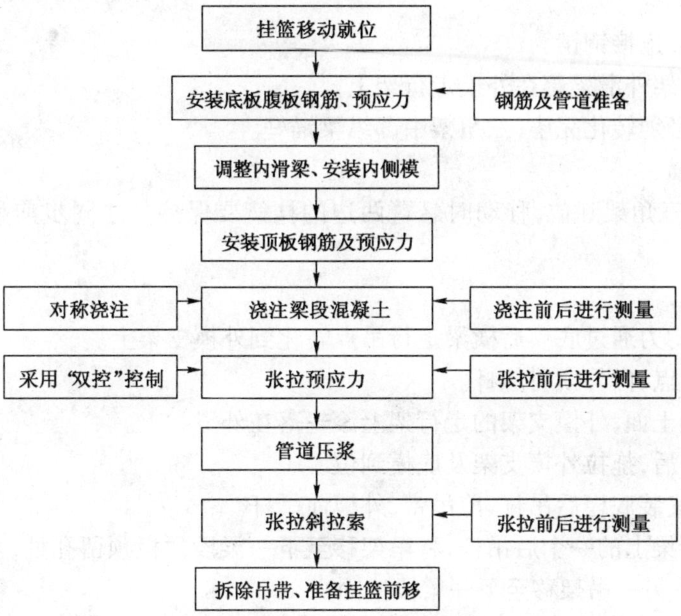

图1　施工工艺流程

挂篮形式与优缺点对比　　表1

挂篮形式	适用断面	优　点	缺　点
普通挂篮	箱形断面	在浇注一个节段混凝土过程中,挂篮结构和索塔结构无直接关系,挂篮的定位和一个节段的混凝土浇注过程不需调索,施工工艺简单	挂篮需要承受全部施工荷载使浇注节段长度受到限制,且主梁在施工过程中为悬臂受力,要求有较大的刚度
索式挂篮	各种形式断面	充分发挥了斜拉索效用,节段悬灌长度及承重能力大为提高,施工进度快	浇筑一个节段混凝土过程中要分阶段调索,工艺较复杂,挂篮及斜拉索套管定位难度大

对于单索面斜拉桥来说,牵索式挂篮的稳定性很难保证,一般采用普通挂篮,以四主桁三角挂篮为例,挂篮主要由三角架、底模、内模、外模、前后吊杆及轨道系统6大部分组成。

从0号梁段开始,对称拼装好两套挂篮后,进行悬臂灌注施工。

第一块箱梁浇注前,对挂篮进行预压,预压荷载为最重的节段荷载。测得其弹性变形和非弹性变形数值,以后节段则不再进行预压,均以此数据为依据,结合设计院与监控方提供的数据,进行模板高程的微量调整。

主梁浇注采用挂篮对称浇注,挂篮悬臂浇注施工步骤如下。

(1)检查挂篮上千斤顶等设备的状况,完好无损时,进行力系转换后,先松吊带,再松锚杆,并注意均衡同步。

(2)挂篮后锚固解除时,四根主桁架后锚均衡同步进行。

(3)挂篮移动时,同步前进,前进50cm作一次观察,防止挂篮有转角引起误差,同时也防止挂篮受扭变形。

(4)挂篮移动就位后收紧吊带,吊带收紧时。挂篮前横梁吊带的收紧工作和测量同步进行。

(5)混凝土浇注前,复测高程。混凝土浇注后,作高程观察,每浇注一次箱梁节段,应进行4次高程观测。注意混凝土从中箱到边箱进行浇注,以避免挂篮受力不均而变形和防止箱梁根部新、老混凝土之间产生裂缝。箱梁混凝土强度达到设计强度的80%后,进行预应力的张拉工作。

按上述工艺完成一个梁段施工后,挂篮需前移至下一个梁段,前移顺序如下。

(1)将刚灌好的梁段顶面找平,然后铺设轨枕及轨道。

(2)放松底模架的前吊带,底模架前横梁两端吊点处用10t倒链将底模前吊的力转化到外模支架上。

(3)拆下底模前吊带连接钢销。

(4)放松外模后,吊架外滑梁落在外模走行架上。

(5)三角主桁力系必须转化完毕;三角架中部纵梁锚好。

(6)解开三角架后锚。

(7)用5t倒链拖拉三角架到位,移动时悬臂两边的挂篮要保持与之同步前移,三角架尾部设反向倒链。

(8)锚固好三角架。

(9)将底模后吊点的力通过底模后横梁走行吊点转化到外模支架上。

(10)拆除底模后吊点,内外模对拉杆。

(11)外模脱离混凝土面,外模支架的走行架上滚轮落在外滑梁上。

(12)力系转化完毕后,拖拉外模支架及底模到位。

(13)移动到位后,安装底模后吊杆、前吊带,外模前吊杆。

(14)解除外模走行梁上的一个后吊杆,将吊架移至下一梁段顶板预留孔处,然后与吊杆连接,锚固好后,再用同样的办法将另一吊架移至下一梁段锚固。

(15)调整立模高程后,重复上述施工步骤进行下一梁段的施工,直至最后一节梁段。

由于大跨度单索面矮塔斜拉桥在施工过程中对于梁体的线形控制是非常困难的,不但要保证主墩两悬臂端的荷载均衡,还必须保证上下游荷载的均衡性。在施工过程中,主要通过桥面临时施工荷载的合理布置与浇注混凝土过程中混凝土的均衡来控制。在桥面上严格划分临时施工荷载的堆放区域来控制临时荷载对梁体作用力的均衡性;浇注混凝土时,严格按照施工方案,分层浇注上下游底板与腹板的混凝土以控制拉索两侧的重量。

5.2.2　钢筋、模型、混凝土施工

钢筋在加工场地严格按照施工图进行下料、制作,不得随意更改。钢筋接长采用绑扎搭接或焊接,由于节段钢筋密集,预应力管道众多,钢筋安装时从下向上,分部分节段进行,从里向外依次施工。为保证钢筋的稳定性,在每部分钢筋成型后,按测量放线点对钢筋进行固定。在整个钢筋绑扎完后,系好塑料垫块,以保证钢筋网的保护层厚度满足设计要求。

节段底模、侧模采用挂篮上定制大块钢模,内模采用组合钢模,碗扣支架加固。施工时先在底模上先按设计图纸要求的位置和间距进行底板钢筋及预应力波纹管的安装,再进行中腹板、边腹板以及横隔墙钢筋的安装,安装完毕后,清除模内杂物,清理干净后再进行内模和侧模的安装。两模板之间、端头模板与侧面模板应牢固连接,认真采取支撑、加固措施,接缝严密、整齐,防止跑模、漏浆。

模板安装经检查合格后进行混凝土浇注。节段混凝土一次浇筑成型。混凝土在拌和站集中拌和生产,泵送上桥,小串筒或钢套管入模,插入式捣固。在浇注过程中分块分层、连续进行,逐层振捣密实至施工高度。

5.2.3　预应力施工

预应力张拉顺序:先纵向,再横向,最后进行竖向预应力张拉。合龙后预应力张拉时按照先长束、后短束的顺序对称张拉。

纵向预应力张拉工艺要点如下。

(1)张拉要保持平稳,分级施加预应力,并按级记录油表读数和预应力束伸长量。张拉至最后一级时持荷5min,并计算总伸长量。

(2)各种管道在张拉之前测试管道摩阻力,以校核控制张拉力和确定初始张拉力。

(3)混凝土抗压强度和弹性模量必须达到设计要求后方可张拉。

(4)张拉时,要求张拉两端同步施加预应力和控制伸长量。当两端伸长量相差较大时,应查找原因,纠正后再张拉。

(5)为确保大吨位预应力群锚各束钢绞线受力均匀,在张拉之前先用小吨位千斤顶将钢绞线逐根预张拉,预张拉力值随管道情况而定。一般约为每根钢绞线控制张拉力的20%。

(6)经常检查限位板是否有磨损,同时测量限位板的厚度,防止因为厚度变化造成回缩值超过设计要求。

(7)当张拉预应力束中有一根或多根钢丝产生滑丝时,如果能够满足设计要求,可以采用单根或整束超张拉(不能超过规范允许值),否则必须退出全部夹片重新张拉。

(8)张拉后,发现夹片破碎或滑移时,应在更换夹片后,再次张拉。张拉后的回缩量大于设计规定值时,也应该重新张拉。

(9)当实际张拉伸长量与理论计算伸长量比较,超过规范规定的6%时,要停下来找出原因后再行张拉。

(10)为了避免管道漏浆堵塞的现象发生,采用塑料波纹管代替金属波纹管的方法,用专用连接管连接,接口用密封胶带封口,并在浇注混凝土的过程中,穿入硬质塑料内衬管,硬质塑料内衬管穿入上一已浇节段中,避免在混凝土混凝土浇注过程中,塑料波纹管变形或者接头被打掉,导致预应力穿束时不易穿过。

(11)施工中管道定位必须控制准确。

(12)锚垫板安装时必须确保锚垫板与预应力孔道中轴线互相垂直,避免锚垫板处出现弯折,张拉时钢绞线被锚垫板剪断的现象出现。

横向预应力束采用YCL27型千斤顶张拉。采用扁平波纹管和扁平喇叭管,受力较为均匀,张拉时,采用单根张拉工艺。横向预应力施工时要注意以下几点。

(1)严格控制管道的安装质量,保证设计要求的空间曲线,避免钢筋挤压管道,接口要严密不漏浆。

(2)锚垫板定位准确、牢固,严禁垫板与管道之间出现折角。

(3)夹片露出锚头的长度要小于限位器的限位量。

(4)当实测伸长量比设计值小,且已经超过规定限值时,可以采取复拉的方法补足。

(5)浇注混凝土时,混凝土不允许直接倒在扁管上,振捣时,严禁振捣器碰撞管道。

(6)千斤顶必须与油表配套经常进行标定和检查。

(7)施工中管道定位必须控制准确。

(8)锚垫板安装时必须确保锚垫板与预应力孔道中轴线互相垂直,避免锚垫板处出现弯折,张拉时钢绞线被锚垫板剪断的现象出现。

竖向预应力一般为ϕ32精轧螺纹钢筋,采用YCL65型千斤顶张拉。竖向预应力筋分作两次张拉,每次张拉完成后及时旋紧螺帽,到第二次张拉到控制力值为止(第二次张拉压紧值小于1mm)。伸长量计算以力筋的实际伸长量计算,不能用千斤顶的伸长量推算。当伸长量不足时,可以采用多次反复张拉,直到设计值。在竖向预应力张拉过程中,应注意以下几点。

(1)下料后,竖向预应力钢筋要随用随搬运,不能在现场长期堆放。

(2)严禁在预应力钢筋上接电焊搭铁线,严禁使用电切割下料,只能采用机械切割。

(3)下料后,预应力钢筋两端戴帽逐根进行预张拉,预张拉力为100%σ_k~105%σ_k。

(4)加强张拉安全防护,竖向预应力如不进行预拉检查,其拉断率大致为3%~5%。

5.2.4 斜拉索张拉

拉索的张拉形式可以分为三种:塔端张拉、梁端锚固;梁端张拉、塔端锚固;塔、梁两端同时张拉。

斜拉索张拉程序:张拉前的准备工作→安装张拉设备→张拉杆安装进冷铸锚杯→安装张拉杆工具锚→调整各部分相对位置→启动油泵张拉,施加5%的设计索力→检查并调整安装位置,记录初始值→解除安装千斤顶时的吊点或支撑点的约束→分级施力张拉直到设计所要求的张拉力值→张拉过程中同步拧紧锚圈,并量测应力与应变值→检验,与设计应力应变值进行比较核对→外观检查(锚垫板、锚箱、塔柱结构等的变形情况)→检验合格后,拆除千斤顶、张拉杆。

索力张拉过程中认真记录油表读数、索力、伸长量以及锚固螺母的位置。缆索张拉过程中锚固螺母及时跟进拧紧锚固。张拉时采用四台千斤顶两个悬臂端上下游对称进行、分级张拉,不同步张拉力控制在100kN以内,避免因不平衡加载导致结构的受力不均衡。索力终值误差控制在2%以内。每对斜拉索两根之间的差值严格控制在整索索力理论值的±1%之内。

在张拉过程中采取拉索伸长量测定法、张拉千斤顶测定法与振动测定法相结合的方式确保斜拉索的索力。振动测定法实测斜拉索的固有频率,利用拉索的张力和固有频率的关系计算索力。

振动法采用环境随机激振。测试时用索夹或者绑带将传感器固定在拉索上,进行激振和信号采集,现场分析,可以很方便测定索力。

5.2.5 合龙段施工技术

合龙段是桥梁悬臂浇注施工的最后一道工序,也是悬臂浇注施工的关键。合龙效果的好坏,对桥梁内力与线形均有较大的影响。根据结构特点、施工方式,考虑到龄期与后期混凝土的弹性模量增长问题,三个合龙段的施工顺序为边跨合龙段同时合龙→中跨合龙段的合龙顺序。

边跨现浇段施工完毕后,可以利用边跨挂篮的底桁平台前横梁与边跨现浇段的现浇支架作为合龙段底模支点,铺设模型施工边跨合龙段。边跨合龙主要施工步骤:拆除施工挂篮前端平台→搭设合龙支架→铺设合龙段底模→刚性撑杆锁定→张拉临时预应力束→立模、安装钢筋→浇注合龙段混凝土→混凝土强度满足设计要求时,拆除刚性撑杆→张拉永久预应力。

两个边跨合龙段施工完成后,利用两个中跨挂篮的底桁平台前横梁作为支点,搭设平台进行中跨合龙段的施工。中跨合龙主要施工步骤:拆除施工挂篮前端平台→在挂篮前横梁上铺设合龙段底模→安装换重水箱→施加设计预顶力→刚性撑杆锁定→张拉临时预应力束→拆除预顶千斤顶→立模、安装钢筋→浇注合龙段混凝土→混凝土强度满足设计要求时,拆除刚性撑杆→张拉永久预应力。

斜拉桥合龙是一个体系转变过程,约束增加,超静定次数增大,合龙应着重考虑三个方面的条件。

(1)在合龙施工过程中,合龙段两端线形高程要保持一致。

(2)温度相对稳定,温度稳定持续时间要满足合龙段临时固接。

(3)无应力合龙,即保证合龙施工不引起后期结构产生永久性次内力。

为满足三方面条件,可以采用施加预顶力方案消除结构因混凝土收缩、徐变引起的永久性次内力,采用压重或顶升边跨现浇段方案来调整线形高程、采用换重方案使荷载分布在合龙前后和合龙过程中保持一致,避免在合龙施工过程中和施工前后荷载变化引起合龙段受力破坏,采用刚性撑杆临时锁定方案来防止因温度变化引起合龙段受剪破坏。

主桥悬灌过程中提前观测主桥悬灌节段与现浇段的线形与高程,对合龙口的两悬臂端的中线及高程进行对比,控制施工误差,以保证桥梁顺利合龙。施工时,测量分为梁段张拉前、后两个阶段进行。测量时间尽量与预定合龙锁定时间一致,选在避开日照的22:00至次日8:00,同时避开大风期,按设计提供的预拱高程、监控单位监测提供的有效数据以及施工调整值严格控制。测量时注意观测温度对线形的影响,并根据合龙前三个节段的变化规律调整预拱度,使合龙时合龙口两端的高程与设计一致,且两端的相对高差满足设计要求。

为防止在合龙施工过程以及合龙段混凝土没达到设计强度的养护过程中,由于温度变化引起合龙段两端高程、间距发生相对变化,使合龙段在合龙施工过程以及合龙段混凝土没达到设计强度的养护过程中,由于温度变化引起合龙段受力破坏,采用刚性撑杆作为合龙段混凝土未达到设计强度前的临时受力结构,以保证合龙段顺利施工。

因刚性撑杆在焊接施工过程中易受压,不易受拉,故刚性撑杆锁定焊接时间设在全天最低温度下进行。劲性骨架焊接量大,合龙临时固接时间长,在合龙临时固接时间内,温度要求相对稳定,以避免因温度降低引起斜拉索、主梁收缩,使劲性骨架轴向受拉、竖向受剪、使劲性骨架焊缝在双向剪应力作用下被剪坏,合龙临时固接时间选择在晚上的22:00至次日清晨5:00。

为避免温度降低,混凝土收缩产生收缩裂纹,混凝土浇注时间定在全天温度较低且较为恒定的时段,使混凝土浇注后,温度逐渐上升,以避免混凝土产生收缩裂纹。

5.3 劳动力组织

按照一个主墩一个班口计算,需要的劳动力见表2。

劳 动 力 统 计 表 表2

序号	班组名称	工 作 内 容	人员数量(人)	序号	班组名称	工 作 内 容	人员数量(人)
1	钢筋组	负责钢筋加工与安装等	40	4	挂篮组	负责挂篮的拼装、走行、调整等	16
2	模型组	负责模型的加工与安装等	20	5	张拉组	负责斜拉索、预应力的安装、张拉等	16
3	混凝土组	负责混凝土的浇注与养护等	30	合计			82

6 材料与设备

本工法无需特别的材料,采用的主要机械设备见表3。

主要机械设备表 表3

序 号	名 称	规 格 型 号	单 位	数 量
1	塔吊	10t	台	1
2	卷扬机	5t	台	2
3	张拉千斤顶	YCW500	台	4
4	张拉油泵		台	4
5	频率分析仪		台	4
6	全站仪		台	1
7	水准仪		台	1
8	笔记本电脑		台	1
9	挂篮		套	2

7 质量控制

7.1 工程质量控制标准

矮塔斜拉桥的施工质量控制标准执行《公路工程质量检验评定标准》(JTG F80/1—2004)要求。混凝土斜拉桥悬臂施工实测项目见表4。

混凝土斜拉桥悬臂施工实测项目 表4

项次	项 目		要 求	备 注
1	轴线偏位(mm)	$L \leq 100$m	10	经纬仪:每段检查2点
		$L > 100$m	L/1 000	
2	断面尺寸(mm)	高度	+5、-10	尺量:每段检查2个断面
		顶宽	±30	
		底宽或肋间宽	±20	
		顶、底、腹板厚或肋宽	+10、0	

续上表

<table>
<tr><th>项次</th><th colspan="3">项　目</th><th>要　求</th><th>备　注</th></tr>
<tr><td rowspan="3">3</td><td rowspan="3">梁锚固点或
梁顶高程
(mm)</td><td colspan="2">梁段</td><td>满足施工控制要求</td><td rowspan="3">水准仪或全站仪:测量每个
锚固点或每梁段中点</td></tr>
<tr><td rowspan="2">合龙后</td><td>$L \leqslant 100$m</td><td>±20</td></tr>
<tr><td>$L>100$m</td><td>$\pm L/5\,000$</td></tr>
<tr><td rowspan="2">5</td><td rowspan="2">索力(kN)</td><td colspan="2">允许</td><td>满足设计和施工控制要求</td><td rowspan="2">测力仪:测量每索索力</td></tr>
<tr><td colspan="2">极值</td><td>符合设计规定,设计未规定时
与设计值相差10%</td></tr>
<tr><td>6</td><td colspan="3">横坡(%)</td><td>±0.15</td><td>水准仪:检查每梁段</td></tr>
<tr><td>7</td><td colspan="3">预埋件位置(mm)</td><td>5</td><td>尺量:每件</td></tr>
<tr><td>8</td><td colspan="3">平整度(mm)</td><td>8</td><td>2m 直尺:检查竖直、水平
两个方向,每侧每 10m 测一处</td></tr>
</table>

7.2　质量控制措施

(1)由于钢筋密集,预应力管道纵横交叉布置,为保证混凝土灌注质量,混凝土下料采用小串筒或钢套管连接。振捣人员利用熟练工人,定点捣固,捣固棒采用长短配合,不得漏捣,尤其注重预应力管道位置及梁体倒角位置混凝土的振捣。混凝土的浇注必须悬臂两端对称、上下游对称。

(2)每块模板边缘应横平竖直,无弯曲、翘角、啃边等现象,大面平整,满足设计对混凝土表面平整度的要求,无磨损现象。

(3)波纹管的连接采用专用连接管,接口用密封胶带封口,并由专人负责,确保封口严密。

(4)锚具安装时,锚垫板的中心、喇叭管中心、管道中心三者应同轴;工作锚板应紧贴锚垫板,并刚好镶入锚垫板的凹槽内;千斤顶应与锚垫板垂直,千斤顶端部周边应紧贴限位板。

(5)工作锚夹片安装时要均匀推入,同一个夹片之间的端面保持齐平,并用钢管打紧,外露于锚板外面的部分应以能刚好看到放胶圈的凹槽为准。

(6)完善施工过程中的观测。

①浇注前挂篮各控制点、线观测;

②浇注过程中的高程与轴线观测;

③浇注后轴线观测;

④预应力张拉后高程与轴线观测;

⑤斜拉索张拉后高程与轴线观测;

⑥合龙前,相接的两个 T 构最后 2 ~ 3 段在立模时必须进行联测,以便互相协调,保证合龙精度。

(7)尽可能排除温差影响。挠度观测和挂篮高程调整选在索、塔、梁温度基本一致的清晨或晚上进行,并同时测量温度,以便于比较分析,以减少温差对观测结果的影响。

(8)通过挂篮加载试验测得挂篮弹性变形精确值,每次移动挂篮的安装误差靠严格工序管理来消除。

(9)严格控制挂篮重量及附加荷载,使挂篮的使用状态尽量符合设计要求。预应力采用应力和伸长量双控,确保张拉力在设计允许范围内。适时分级张拉、调索、监控,根据现场情况对索力与线形高程进行温度修正。

(10)最后一段立模高程需要考虑工作活载中重量的变化、合龙束张拉、体系转换、二期荷载等影响。

(11)严格控制桥面堆载。施工中严格按照设计对称施工,防止偏载并尽量减少冲击。

(12)严格控制预应力及斜拉索的张拉条件。斜拉索的牵引及张拉,必须对称于主塔、桥中线均衡地进行。不均衡拉力的允许值,需符合设计要求。

(13)张拉严格按设计规定的程序进行。采用拉索伸长量测定法、张拉千斤顶测定法与振动频率测定法相结合的方式进行索力测试。振动频率测量采用精密拾振器。

8 安全措施

(1)把安全作业环境及安全施工措施需要费用列入工程概算,用于施工安全防护用具及设施的采购和更新、安全施工措施的落实、安全生产条件的改善。

(2)编制安全技术措施及专项施工方案,制订了现场施工技术安全规则、安全生产奖惩办法、安全标准工地建设办法等。

(3)对安全施工技术要求进行交底。

(4)斜拉索张拉安全注意事项。

①张拉时,千斤顶要有悬吊或支垫保险,防止千斤顶掉落伤人。

②千斤顶后不得站人,防止千斤顶失稳伤人。

③油泵运转有不正常情况时,应立即停电检查。在有压情况下,不得随意拧动油泵或千斤顶各部位的螺钉,不得拉扯高压油管。

④高压油管的接头应加防护套,以防喷油伤眼。

⑤张拉作业必须持证上岗,由熟练的专业人员操作,形成专业化施工。

(5)对安全防护用具及施工机械进行安全管理,施工现场的安全防护用具、机械设备、施工机具及配件必须由专人管理,定期进行维修和保养,建立相应的资料档案。

(6)挂篮四周设置安全围栏,张挂安全网,防止坠物伤人伤车。

(7)经常检查挂篮、锚固筋、张拉平台的保险绳等,底模高程调整时,设专人统一指挥,作业人员站在铺设稳固的脚手板上。

(8)挂篮行走速度控制在0.1m/min内,挂篮后部各设一组溜绳以保安全,滑道要铺设平整、顺直、不得偏移。

(9)挂篮上增设雨棚,立井架等设施时,不得损坏挂篮结构及改变其受力形式。

(10)在底模前移,详细检查挂篮位置,后端压重,后锚及吊杆安装情况,确认安全后方可前移。

9 环保措施

(1)根据施工现场场地布置情况,设置统一的排水和污水净化池,生活及施工污水经沉淀净化处理达标后再行排放。派专人对排水系统、净化池进行检查,并视其情况不定期进行清除,废弃物用汽车运至指定地点废置,不得将含有污染物质或悬浮物质的水排入河中。

(2)散体物料及混凝土运输严格执行城市运输有关规定。混凝土灌注作业后,运输车辆、机械和拌和场地及时清除清洗,污水排入污水净化池。

(3)水泥、油料存放在防雨、干燥的库房中,地面做硬化处理,并派专人看守、管理、溢漏油料采用铁桶回收。库房周围设置隔离沟,以防在雨季中物料随雨水污染环境。

(4)临时排水设施设置要与永久排设水设施相结合,场地排水不得直接排入河流、农灌渠、饮用水源等处,以防止污染。

(5)各种临时设施的设置尽量远离居民区。施工便道、拌和场应经常洒水,以减少粉尘污染。

(6)加强对施工人员环保教育,强化环保意识,渣土和生活垃圾实行定点倾倒,集中处理,严禁将废弃物倒于水渠、河床内。

(7)工程完工后,按要求及时清除临时设施和地面硬化层,并将工地及周围环境清理整洁,做到工完、料清、场地净。恢复原有地貌景观,不留有碍自然景观和耕作环境的施工痕迹,以利当地居民尽快恢复生产。

10 资源节约

采用本工法,使用的挂索张拉设备较为简单常规,仅采用塔吊、卷扬机、千斤顶相配合即可。这些设备在一般桥梁工地上均会配备,避免了大型机械设备的选用,减少设备的重复投入。

11 效益分析

采用本工法进行施工,能够使桥梁的线形得到很好的控制,保证大跨度单索面斜拉桥的悬臂施工质量。

大跨度单索面混凝土矮塔斜拉桥线型控制施工工法完善了相关施工技术,具有较强的推广应用价值。惠青黄河大桥"220m 大跨度混凝土矮塔斜拉桥关键技术"获得 2007 年中国中铁工程总公司科技成果三等奖。

12 应用实例

本工法已在山东惠青黄河公路大桥(133m + 220m + 133m 单索面矮塔斜拉桥)成功运用。山东省惠青黄河公路大桥工程位于山东省滨州市惠民县与淄博市高青县之间,是省道 S246(庆云至淄川)跨越黄河的公路大桥。该桥主桥为 133m + 220m + 133m 预应力混凝土双塔单索面矮塔斜拉桥,塔墩梁固结;上部结构为单箱三室箱梁(边腹板为斜腹板);斜拉索采用 163 - ϕ7mm 平行钢丝斜拉索,塔顶锚固方式,采用一次张拉到位,后期不再进行索力的调整。该桥建成时是我国跨度最大的单索面混凝土矮塔斜拉桥,具有技术新、结构新以及工艺复杂等特点。中铁二局第五工程有限公司黄青黄河公路大桥项目经理部于2005 年 9 月开始运用本工法进行惠青黄河公路大桥的主梁悬灌施工。2006 年 9 月,完成大吨位、长节段、变截面、斜腹板主梁悬灌施工技术的研究、完成塔顶锚固的平行钢丝斜拉索施工技术。2006 年 10 月,完成大跨度混凝土矮塔斜拉桥的施工控制技术研究。2006 年 10 月 20 日,顺利实现主桥合龙。在施工过程中,采用了四主桁三角挂篮进行悬臂施工,两端悬臂在施工过程中的荷载得到很好的控制,整个大桥施工过程处于安全、稳定、快速、优质的可控状态。项目部应用该工法,使整个大桥的索力终值误差控制在 2% 以内,每对斜拉索两根之间的差值严格控制在整索索力理论值的 ±1% 之内;合拢后的桥面高程控制在 20mm 以内,达到了十分理想的结果,获得了各方好评。

大跨径悬索桥主缆预制平行钢丝索股制作工法

GGG(苏)C3105—2009

赵 军 宁世伟 薛花娟 吉 林 冯兆祥
(江苏法尔胜新日制铁缆索有限公司 江苏省长江公路大桥建设指挥部)

1 前言

地锚式悬索桥由主缆、桥塔、加劲梁和锚碇4部分组成,桥梁荷载通过加劲梁传给主缆,依靠主缆将载荷作用在桥塔及锚碇上。主缆是悬索桥的主要结构组成部分,它承载着桥梁上部结构的全部恒载和活载,其制作质量对悬索桥的成桥精度及架设施工起决定作用。

泰州长江公路大桥是江苏省"五纵九横五联"高速公路网的重要组成部分。该桥全长62.088km,由北接线、跨江主桥、夹江桥和南接线4部分组成。工程采用双向6车道高速公路标准,其中跨江主桥为世界首座三塔双跨特大跨径钢悬索桥,主缆长度达3 000多米,是目前国内最长的主缆索股,在世界上是除世界第一大悬索桥——明石海峡大桥外最长的主缆索股,其主缆索股的制作和架设难度较大。

通常,悬索桥主缆的制作方法有两种:空中纺线法(AS法);预制平行钢丝索股法(PPWS)。

空中纺线法是利用锚碇间的牵引系统往复拽拉钢丝,利用钢丝绕在索靴上来锚固,在现场制作主缆索股的方法。主缆由若干这样的索股(每股250~450丝)组成。该方法的优点是张拉力小,缺点是在大风季节施工钢丝易被刮乱,风速大于10m/s后很难作业,并且其设备过于庞大。PPWS是将若干根镀锌钢丝在工厂内预先制成正六边形索股,每股61丝(91丝、127丝),两端用热铸锚锚固,然后盘卷并运输到架设现场,逐根架设。由于在车间内已对其长度精度等多项参数进行了精确控制,大大降低了其在现场架设的难度。

根据泰州长江公路大桥的特点,采用悬索桥主缆预制平行钢丝索股制作工法可以保证其主缆空隙率,且其产品质量可在工厂控制,施工方便。

2 工法特点

悬索桥主缆预制平行钢丝索股制作工法具有以下特点:

(1)在预制索股外表面位置设置带有颜色的标准丝和标志丝,以控制其长度精度及扭转情况。

(2)预制平行钢丝索股按照设计,分别在散索鞍、边跨跨中、塔顶索鞍处、主跨跨中等位置设置多个标志点,以控制主缆在架设过程中的线形。

(3)索股两端用可调节长度的锚具浇铸锌铜合金锚固,架设时可调整长度和锚跨张力。

(4)采用预先由激光测距仪标定的台座作为标准丝基准尺制作标准丝。

(5)通过一根或多根标准丝控制平行预制索股的股内误差。

(6)预制平行钢丝索股在成型过程中采用高强、耐磨的缠包带,以保证索股的六边形形状。

(7)采用索股盘卷在线测力技术控制索股的盘卷力,保证了索股在盘卷中不变形,且不出现影响架设和使用质量的"呼啦圈"现象。

3 适用范围

本工法适用于悬索桥主缆索股的制作,对于多塔连跨的悬索桥主缆平行钢丝索股的预制,更加能凸显其优势。

4 工艺原理

本工法的工艺原理为：根据多塔连跨悬索桥的技术特点，通过对标准丝、标志丝及标记点的合理设置，以及减少标准丝制作系统误差，如温度修正误差、弹性伸长误差、标记转移误差等，来提高索股的制作精度、索股灌锚精度等，同时运用索股成型装置、缠带装置以及在线测力控制系统，合理控制成型质量、股内误差以及主缆索股盘卷质量等，从而有效保证主缆索股制作质量，满足多塔连跨悬索桥主缆索股的技术要求。

5 工艺流程及操作要点

5.1 工艺流程(图1)

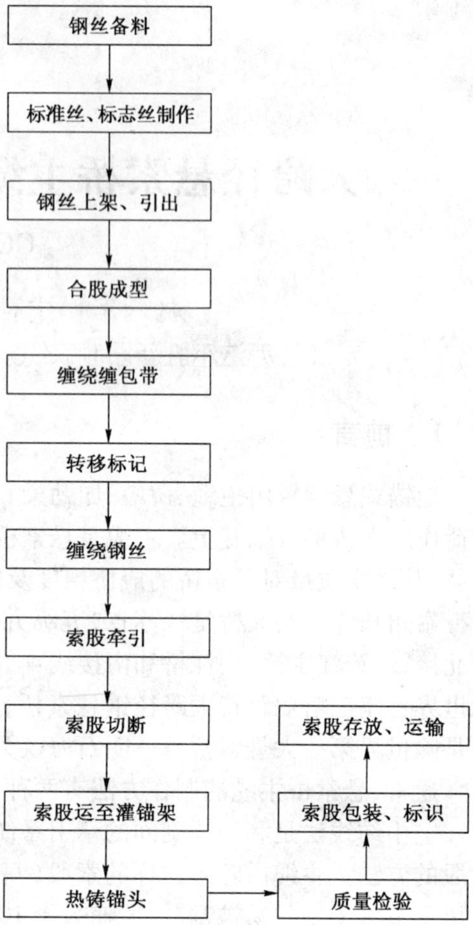

图1 悬索桥主缆预制平行钢丝索股制作工艺流程

5.2 操作要点

5.2.1 钢丝备料

按照技术规范要求对钢丝进行相关的进场验收，严格把关，保证原材料的质量。

5.2.2 制作标志钢丝

为了便于在制造、架设钢丝索股过程中观察、辨别平行钢丝索股是否扭转，在平行钢丝索股六角形截面左上角设一定位标志丝，沿全长涂上红色，如图2所示。

5.2.3 制作标准长度钢丝

在平行钢丝索股六角形截面右上角设一标准长度钢丝，该标准长度钢丝是保证钢丝索股制作精度的关键，是每股索股下料长度和标涂各标记点的依据，它是预先将钢丝展开伸直并通过精密测量刻记后制成的，其测量精度应在1/20 000以上。在标准长度钢丝上对应于散索鞍、边跨跨中、塔顶索鞍、主跨跨中等关键位置，按照图纸要求作出明显的标记。在这些标记处沿钢丝索股长度方向，涂上红蓝/红黄两种油漆各50mm宽，其分界线为标记截面，如图3所示。

图2 定位标志钢丝制作

5.2.4 平行钢丝索股成形

(1)将平行钢丝索股制成六角形截面形状的主缆钢丝索股，钢丝索股成型后，按各索股长度切断并浇铸锚头。

(2)钢丝索股应以标准长度钢丝为准进行切断。

(3)钢丝在钢丝索股中不得有焊接或搭接，并应保持平行，不应出现交叉、扭绞现象。

(4)必须避免钢丝在索股内长短不齐的产生，索股内钢丝间的长度允许误差精度应控制在1/15 000以上。

(5)为保持钢丝索股截面形状，沿其长度方向每1.5m用纤维强力带包扎定型，每处缠5~8圈，捆扎带在钢丝索长度方向应交错设置，应在适当的位置临时绑扎钢丝或设置夹具，以保证架设需要。制作时将根据索号，单号从端点开始缠带，双号从端点后0.75m处开始缠带，保证相连两根索股包带位置错开。

(6)在制作索股过程中根据图纸或监理工程师的指示，选定试件进行试验。并需配合监理进行相关试验。

图3 标准长度钢丝制作

5.2.5 索股锚头灌注

(1)索股锚头的锚杯、锌铜合金必须按图纸要求进行严格检查，合格后方可使用。

(2)钢丝索股端头和锚杯在浇铸台垂直固定，将插入锚杯部分的索股钢丝呈同心圆散开，然后清除其油污、锈蚀，保持均匀间距，同时清洗锚杯内壁。

(3)钢丝索股插入锚杯后，应保持丝股中心与锚杯中心完全一致。

(4)锚杯下的钢丝索股垂直长度及弯曲半径应符合图纸要求。

(5)锚杯下口应用石棉或耐火泥充分密封，以保证注入的合金不从下口漏出。

(6)锌铜合金的熔点不得高于600℃，灌铸锌铜合金前应将锚杯预热至(100 ± 10)℃，灌注容器预热至200℃以上，以保证锌铜合金灌铸温度为(460 ± 10)℃。

(7)将合金注入锚杯时，应避免任何振动，浇铸应一次完成，不得中断。

(8)锚杯内合金浇铸应密实，无气孔，浇铸量为每只锚杯实际容量的92%以上。

(9)索股与锚杯端面的垂直度应控制在(90 ± 0.5)°范围内。

(10)锚头及浇铸的合金完全冷却后，按照设计给定的顶压力在锚铸体后端进行顶压，持续5min以上，卸压后测量索股的外移量，外移量小于5mm且锚杯内螺纹完好为合格。

(11)所有锚具均需按上述检测，如发现缺陷，经监理工程师批准，确定是否有必要再熔合金并重新浇铸。

(12)为便于索股的架设，在锚头顶面用红色油漆为钢丝索股编号。

5.2.6 包装储存

(1)为运输、安装方便，将制成的钢丝索股根据索股的规格和长度确定盘绕内径，同时可考虑能否使用无卷筒形式进行盘卷。在使用钢盘进行盘卷时应保证钢盘在收卷或放出平行钢丝索股时不产生任何阻碍，同时不能损坏平行钢丝索股。

(2)每盘成品采用不损伤钢丝索股表面质量的材料捆扎结实，然后用防水纺织布紧密包裹。

(3)包装好的钢丝索股在仓库内平衡整齐架空堆垛存放。部分露天存放的索股，应加遮防雨布，并保持通风排水良好。钢盘上加装撑脚以防止滚动，撑脚要求拆卸方便。储存期限应不超过3个月。

5.2.7 运输

(1)运输可采用公路、铁路、水路或这几种方式相结合的运输方式。

(2)在运输和装卸过程中，应确保索股不受损伤和污染，具体情况应按防碰撞、防潮的规定要求操作。

(3)将钢丝索股运送至桥址工地监理工程师指定地点交验。

6 材料与设备

6.1 材料

主缆索股制作材料主要为高强镀锌钢丝，其性能指标如表1所示。

主缆用高强镀锌钢丝技术性能指标 表1

项　目		技术性能要求
直径	直径	ϕ5 系列
	圆度	≥0.94mm
机械性能	抗拉强度	按设计要求
	屈服强度	按设计要求
	松弛率	按设计要求
	断后延伸率	≥4.0%
	弹性模量	$(2.0\pm0.1)\times10^5$MPa
	反复弯曲	≥4 次
	缠绕性能	≥8 圈
	扭转性能	按设计要求
	镀锌方式	熔融锌
	锌层附着量	>300g/m²
	硫酸铜试验	≥4 次
	镀锌附着性能	≥2 圈
	表观质量	优良
	锌纯度	99.95%
直线性	自由翘头高度	15cm
	自由弯曲直径	≥8m
	钢丝长度	—

6.2 设备

主缆索股制作配备的生产及检测设备如表2和表3所示。

生产设备一览表 表2

序　号	设备名称	功率/吨位	数　量	用　途
1	灌锚架1	3t×8	2套	灌锚
2	灌锚架2	3t×8	2套	灌锚
3	千斤顶	3 000t	1台	张拉
4	千斤顶	1 500t	1台	张拉
5	张拉连接器	3 000t	2只	张拉
6	超张拉台座	3 000t	1套	张拉
7	打盘机	11kW	1套	打盘
8	脱胎打盘机	15kW	1套	打盘
9	叉车	5t	2辆	运输
10	龙门起重机	75t	2台	吊装

试验及检测设备一览表 表3

序　号	仪器/设备名称	规格/型号	数　量	用　途
1	液压拉力试验机	WE-200	1台	钢丝强度、延伸率测量
2	拉力试验机	WE-100	1台	钢丝强度、延伸率测量
3	弯曲试验机	GQJ-10	1台	钢丝弯曲次数测量
4	松弛试验机	RX-40H	2台	松弛率测量

续上表

序 号	仪器/设备名称	规格/型号	数 量	用 途
5	扭转试验机	GX-10	1台	钢丝扭转次数测量
6	布洛维硬度计	HD1-1875	2台	锚具硬度检验
7	里氏硬度计	HIM-100	1台	锚具硬度检验
8	静载试验台座	3 000t	1套	荷载
9	光学经纬仪	J2-1/J2-2	各1套	弹性模量测量时读数
10	激光测距仪	DI2002	1套	长度测量
11	钢卷尺	0~100m	2把	拉索长度测量、复核
12	弹簧秤	0~200N	2把	拉索测长时施力

7 质量控制

7.1 质量检测参数及要求(表4)

主缆索股的质量检测技术参数及检验技术要求　　表4

项 目		技 术 要 求
主缆索股规格		61/91/127ϕ5
同一根索股的平均钢丝直径偏差		$\phi5 \pm 0.03$mm
同一根主缆的平均钢丝直径偏差		$\phi5 \pm 0.01$mm
标准丝制作精度		大于1/20 000
标记点	通常索股	散索鞍、边跨跨中、塔顶索鞍、主跨跨中、索股两端
	背索	边跨跨中、散索鞍、索股两端
	长度	50mm
	颜色	红蓝/红黄
	标记点间距离精度	1/15 000
索股制作精度		1/17 500
主缆索股的盘卷直径		根据索股的规格和长度确定
股内钢丝长度允许误差		1/15 000
静载性能		静载破断延伸率应不小于2%
弹性模量		大于钢丝弹模的95%
其他性能		在放索过程中不出现呼啦圈、散丝、鼓丝、扭转等现象

7.2 质量控制措施

(1)对重点工序建立质量控制点，由操作人员24h监控记录所在工序的主要工艺参数，并由技术人员定期进行统计分析。

(2)在制造过程中，自原材料投入开始，至成品交付为止，每道工序均有工序流转卡及制造现场管制记录表。对半成品在工序间的流转进行标识，以便质量问题的查找和追溯。

(3)采用无损检测手段对锚具进行100%的检验，以及时发现零件在加工过程中因应力集中产生的裂纹等缺陷。

(4)运输过程中，公司要求对产品的装卸专人专管，现场监督，在车厢内要求垫上垫木及柔软材料，确保产品完好。

8 安全措施

为保证整个生产制作过程的安全,采取如下安全措施。

8.1 组织保证措施

每个项目设立安全生产领导小组,下辖各业务部负责人。各分部亦成立相应的安全生产管理部门,配齐安全管理人员,工地作业班组配兼职安全员建立各级网络,做到"专管成线,群管成片"。

8.2 制度保证措施

(1)为加强主缆索股生产过程中的安全管理、保障施工人员和国家财产的安全,根据"谁主管谁负责"的原则,建立以项目经理为第一责任人的各级安全生产责任制,做到"纵向到底,横向到边"。

(2)各级负责人签订安全生产责任状,哪一级出了问题,追究哪一级的责任。并严格按照有关保证安全生产的文件和规定执行。

(3)建立安全生产定期和不定期检查制度。每月对安全生产情况进行一次检查,每季度进行一次大检查,每年配合公司安全检查组进行一次总检查。每月召开一次安全生产例会,把可能存在的安全隐患消灭在萌芽状态。

8.3 思想保证措施

(1)全体施工人员严格执行党和国家有关安全生产方针、政策、法令和安全生产技术规程,自觉遵守有关安全生产的管理规定。

(2)增强全员安全意识。认真贯彻执行"安全生产、预防为主"的方针,打好安全基础,使各级明确自己的安全目标,制订各自的安全规划,达到全员参加,全员实施的目的,体现"安全生产、人人有责"的原则。

(3)抓好安全岗位培训。开工前,对所有上岗人员进行安全知识教育,分批培训,每人参加安全培训不少于两次,每次不少于4h,把有关安全操作规程印发给各基层单位,对照检查,对照实施,特种行业人员一律持证上岗。随时接受业主及监理单位对安全生产的督促、检查、考评,对提出的问题,马上确定方案组织实施,确保安全生产。

8.4 技术保证措施

(1)所有生产人员、行政、参观、检验、监理人员,进入现场需戴安全帽。

(2)建立电器安全管理和经济责任制度。

(3)配一名专职电器工程师负责电器采购、安装和安全工作。专职安全员负责巡视监督检查,专业电工在专管部门的领导下,负责生产现场的电器安全。

(4)生产现场装备行业统一规定的标准电源箱。电器线路和用电设备安装完成后,由专门管理部门验收合格后方可运行操作。

(5)经常对用电设备进行安全检查、测试,每周一次测试漏电开关的接地电阻,并有书面记录,发现问题,及时整改。专业电工应持证上岗。

(6)电工有权拒绝执行违反电器安全规范的工程指令,安全员有权制止违反用电安全的行为,严禁违章指挥和违章作业。

(7)机械设备操作人员(或驾驶员)经过专门训练,熟悉机械性能,经考试取得操作证或驾驶执照后方可上机(车)。

(8)机械操作人员和指挥人员应严格遵守安全操作技术规程,工作时应集中思想,谨慎工作,不擅离职守,不酒后驾车。

(9)机械设备发生故障后应及时检修,严禁带故障作业。

(10)机械操作人员做好各项记录,保证准确、及时,严格贯彻例保制度,认真执行"清洁、润滑、坚固、防腐、安全"的十字作业方针。

(11)工地设物资配件仓库,统一对物资进行管理,按照材料的储存要求,修建具备相应功能的仓库,做到分门别类储放,门前标志牌清楚,消防器材齐全。

(12)仓库设专人负责保管、看护,值班室内设报警系统,可随时与派出所和消防部门取得联系。

9　环保措施

(1)认真贯彻国家环境保护的要求,推行现代管理方法,做好悬索桥主缆制作的各项管理工作。

(2)防止由生产活动产生的废渣等造成污染。

(3)选用符合国家卫生防护标准的设备和运输工具,确保其废气排放符合国家有关标准。

(4)在生产过程中,操作人员应加强各种生产机械的维修保养,尽可能降低生产机械噪声。

(5)降低能源消耗,减少煤炭等燃料在燃烧时以气体形式排出的碳和氮氧化物。

10　资源节约

"十一五"以来,全国上下都在加强节能减排工作,国务院先后发布了一系列有关资源节约的规定及措施,各地区也相继作出了工作部署,加强了重点行业、重点企业和重点工程的节能工作。

本公司从建厂开始就将资源节约作为公司文明生产的重点工作内容之一,制订了严格的资源节约措施,包括节电、节水等多项措施,并保证在悬索桥主缆的制作过程中严格遵守以上规定,为"十一五"国策的顺利实施及我国的可持续发展贡献力量。

11　效益分析

11.1　经济效益

采用超长大悬索桥主缆预制平行钢丝索股制作工法可以保证悬索桥主缆索股的制作精度,大大缩短架设工期,提高建桥效率,缩减建桥成本。对促进地方经济发展具有巨大的推动作用。

11.2　社会效益

采用超长大悬索桥主缆预制平行钢丝索股制作工法可以保证其主缆空隙率,其产品质量可在工厂内控制,且采用本工法生产出的主缆索股架设方便,对大桥的顺利建设起着积极的铺垫作用。同时,本技术的推广使用可为我国悬索桥建设技术跻身于世界先进行列奠定基础。

12　工程实例

12.1　实例一:润扬长江大桥

润扬长江公路大桥是江苏省"四纵四横四联"的公路主骨架和跨长江通道的重要组成部分,其北起于扬州南绕城公路,跨经长江世业洲,南讫于国道,北联同江至三亚国道主干线,南接上海至成都国道主干线。由北接线、北引桥、北汊斜拉桥、世业洲互通、南汊悬索桥、南引桥、南接线及延伸段等部分组成。润扬大桥是我国长江上首座由悬索桥和斜拉桥两座大跨径桥梁组合而成的特大型现代化桥梁,其中南汊悬索桥主跨为1 490m的单孔双铰钢箱梁悬索桥,是当时"中国第一、世界第三"悬索桥。

该桥全长35.66km,其中主线桥长7.371km,悬索桥主缆共两根,每根主缆中含184股平行钢丝索股,每股平均长约2 580.8m。

该悬索桥主缆索股采用的是悬索桥主缆预制平行钢丝索股制作技术,制作的主缆索股完全满足工程技术要求,主缆架设牵引距离及牵引重量均为国内第一。

12.2　实例二:阳逻大桥

武汉阳逻长江大桥是全长188km的武汉绕城公路控制性工程,又是(北)京珠(海)、沪蓉国道主干线的咽喉,同时还是杭州至兰州重点干线公路及湖北省"四纵两横一环"公路的主骨架。该桥建设里程全长10km,其中桥长2 330m。该桥主桥采用主跨为1 280m的双塔单跨悬索桥,为武汉市的首座悬索大桥。

阳逻大桥共有两根主缆,横桥向间隔35m,每根主缆从北锚碇到南锚碇的索股有154股,北边跨另设8根索股在北塔索鞍处锚固。每根索股包含127根直径为5.35mm的高强镀锌钢丝。主缆在架设时竖向排列成尖顶的近似正六边形,紧缆后主缆为圆形,其索夹内直径,北边跨为为847mm,中跨及南边跨为826mm;索夹外直径,北边跨为858mm,中跨及南边跨为837mm。

阳逻大桥E标悬索桥主缆索股制作由江苏法尔胜新日制铁缆索有限公司承担。本合同段工程量为:主缆索股324束(包括16根背索),索股制作采用悬索桥主缆预制平行钢丝索股制作技术,完全满足该桥架设要求。

12.3　实例三:舟山西堠门大桥

舟山大陆连岛工程为浙江省重点工程和“五大百亿”工程之一,其中西堠门大桥是长达50km的舟山大陆连岛工程中的第四座跨海特大桥,联结舟山群岛的册子岛与金塘岛。西堠门大桥为两跨连续悬索桥,主跨1 650m,主缆矢高为165m,边跨578m,吊杆间距为18m。主梁采用带挑臂的分离式钢箱梁,总宽36m。设计通航等级3万t、使用年限为100年。作为浙江省舟山大陆连岛工程的重要组成部分,大桥建成后将成为世界上跨径最大的钢箱梁悬索桥。

西堠门大桥主缆共两根,每根长约2 880m,重约10 614t,每根主缆由169束索股组成。该桥的索股制作采用了悬索桥主缆预制平行钢丝索股制作技术,完全满足该桥架设要求。

12.4　实例四:珠江黄埔大桥悬索桥

珠江黄埔大桥南汊桥为双塔单跨钢箱梁悬索桥。桥跨布置为(290 + 1 108 + 350)m,主梁全宽为41.69m(含布索区)。悬索桥主缆钢丝直径采用5.20mm,每根主缆中,从北锚碇到南锚碇的通长索股有147股,北边跨增设6根北索,共有索股153股;南边跨增设两根背索,共有索股149股。每股索股由127根高强度钢丝组成,钢丝强度为1 670MPa。主缆在索夹内的空隙率为17%,在索夹外为19%,缆径接近800mm。

该桥一根主缆索股计(147 + 8)根,重5 996.5t,全桥主缆索股共计310根,重11 993t,其主缆索股采用的是悬索桥主缆预制平行钢丝索股制作技术,完全满足该桥架设要求。

无中间临时墩的梁式支架施工高墩大跨现浇梁施工工法

GGG(中企)C3106—2009

张 雄 张海燕 彭建萍 陈爱军

(中铁大桥局股份有限公司)

1 前言

在进行现浇箱梁施工时,常规的支架法施工,采用的支架有两大类:进行大面积地基处理,搭设扣件式或碗扣式满堂支架;修建若干临时墩,架设多跨梁式支架。临时墩的基础,视地质条件设计为扩大基础或桩基(打入桩或钻孔桩),梁部结构一般采用贝雷梁。但对于地处浅海滩涂或墩身高30m以上的现浇梁而言,上述两类支架投入大、工期长、费用高,不安全因素也较多。

中铁大桥局股份有限公司在厦门杏林大桥杏林互通立交主线桥现浇箱梁施工中,采用了仅在墩旁利用主体结构的承台修建临时墩,双层加强型贝雷作为纵梁,一跨跨越的支架施工方法。

经过工艺技术研究,并通过一年多的工程实践检验验证,其工艺技术已经成熟并形成工法,已在几个工程中推广应用。

2 工法特点

(1)采用墩旁支墩式贝雷梁支架,两墩间无须搭设临时墩,直接立于主体结构的承台上,无须进行临时墩的基础处理。支架跨度可达30m。

(2)墩旁临时墩采用钢结构,在工厂分节段制造,每一节段间采用法兰和螺栓连接,拼装、拆除及运输方便,可提高施工工效和结构质量,缩短了工期。并且有利于材料的管理(相对于万能杆件和钢管脚手架)。

(3)支架纵梁采用双层加强型贝雷梁,贝雷梁及加强弦杆作为周转材料在市场上容易租赁,拼装成组后可多次重复倒用,支架利用效率高。

(4)若桥梁主体结构箱梁为左右幅对称结构,可在施工完一幅箱梁后,将另一幅箱梁的临时墩拼装完毕,直接将贝雷纵梁在临时墩上进行横移至未施工的另一幅箱梁,将支架拼装时间大大缩短,同时减少了大型吊装机械的使用。

(5)支架结构简单,受力明确,克服了因地基等不确定因素带来的安全及质量风险。

3 适用范围

(1)本工法中墩旁支墩立柱直接立在承台上,对于桥面较宽、荷载较重的箱梁,要求承台有足够大的尺寸,以便能够放置立柱,并须对承台受力进行检算。

(2)在吊装贝雷梁时,由于单个吊装单元吊装吨位较大,要求用大吨位的吊机进行吊装,故在狭窄场地情况下,不宜采用该类型支架进行施工。

4 工艺原理

(1)进行支架方案设计,结合施工场地情况、箱梁荷载,合理地选择临时墩的材料及贝雷梁的拼装形式及相应吊装机械的选择。支架的布置形式如图1所示。

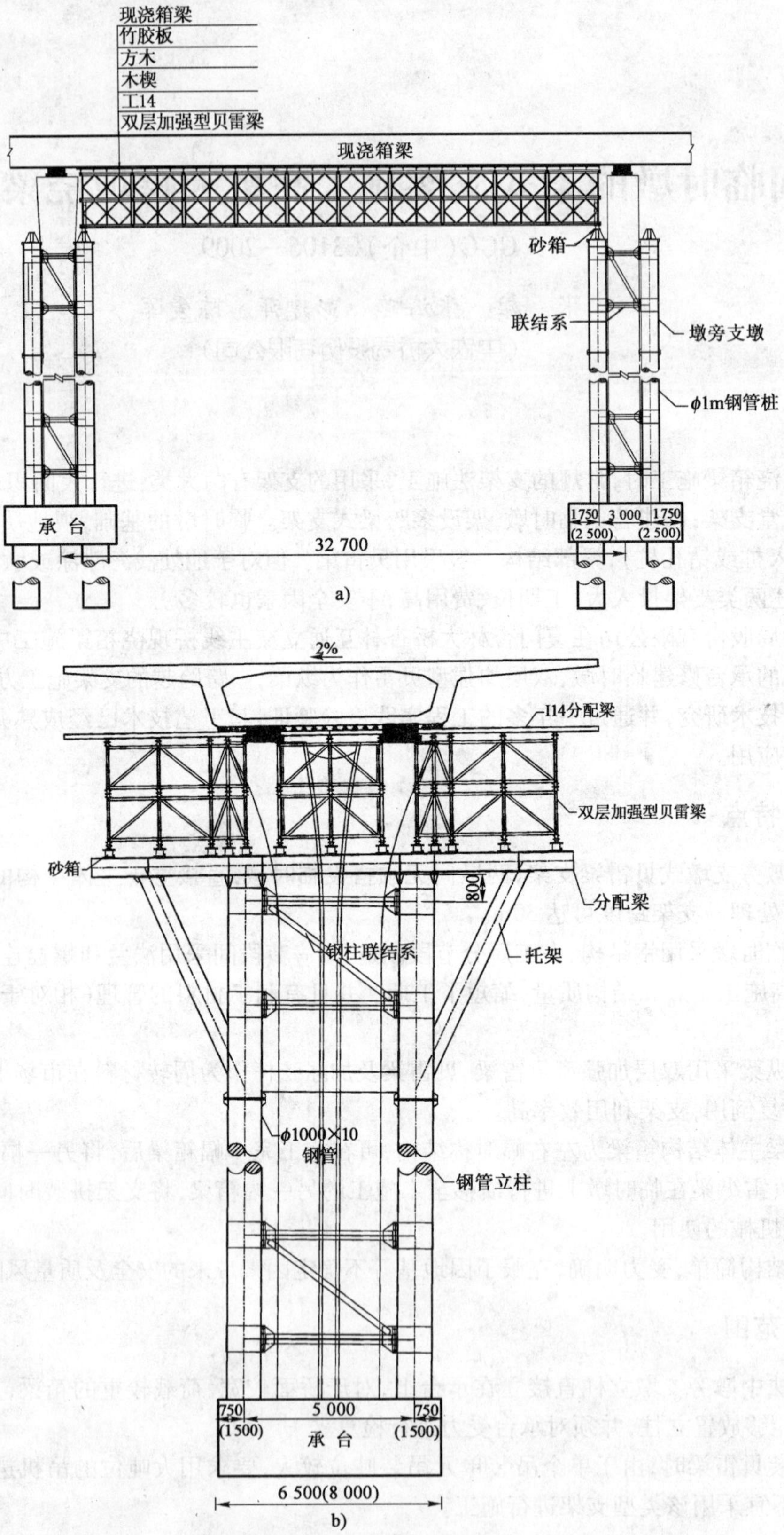

图1　支架总体布置图(尺寸单位:mm)

a)支架立面图;b)支架横断面图

(2)墩旁支架贝雷梁式支架主要由钢管立柱及联结系、分配梁、卸载砂箱、双层加强型贝雷片纵梁、工钢小分配梁组成。支架传力途径为:模板→木楔→方木→工钢小分配梁→双层加强型贝雷片纵梁→

卸架用砂箱→墩旁支架→承台。

(3)墩旁钢管支架均在工厂加工制作。为确保安装及钢管立柱的倒用方便,根据每墩的不同高度分别制作7.5m、3m、2m、1m、0.5m、0.3m等不同高度的钢管柱,钢管柱之间通过法兰连接。

(4)进行墩旁支墩的拼装工作。在拼装时应根据箱梁底面高程,选择合适长度的钢管立柱。钢管立柱通过管间连接系连接成一整体,并通过设置于墩身上的卡箍将临时墩和桥梁墩身连接成一整体。

(5)钢管支墩安装完毕并经检查验收合格后,安装卸载砂箱进行贝雷梁的吊装工作,贝雷片采用分块整体安装。

(6)贝雷梁的横移。若桥梁主体结构箱梁为左右幅对称结构,可在施工完一幅箱梁后,将另一幅箱梁的临时墩拼装完毕,直接将贝雷纵梁在墩旁支墩上进行横移至未施工的另一幅箱梁位置。横移时可在贝雷梁底放置滑轮,通过操作5t倒链来移动贝雷梁。

(7)支架的拆除。箱梁施工完毕后进行支架的拆除工作。

5　施工工艺流程及操作要点

5.1　墩旁支墩式贝雷梁支梁施工工艺

墩旁支墩式贝雷梁支架施工工艺流程,见图2工艺流程框图。

5.2　关键技术与操作要点

5.2.1　墩旁支墩及钢管立柱的制造

(1)墩旁支墩及钢管立柱选定专业化厂家加工制造,并制订专门加工制造工艺、方案。

(2)钢管立柱采用ϕ1 000×10mm成品螺旋管加焊法兰盘构成,所有法兰盘均出自同一胎具,并且每个法兰盘均要放出中心十字线,法兰在对接时以中心十字线进行对接。

(3)考虑到工地的吊重要求,墩旁支墩采用在工厂分成4部分制作的方法(即墩旁支墩顶HN596型钢组、两翼牛腿、中间横杆)。制作前应设一个较平整的预拼台座,然后进行各杆件的预拼,应采取措施,确保墩旁支墩不变形,墩旁支墩各焊缝均为连续焊缝。

(4)为保证墩旁支墩和钢管立柱的连接通用性,要求钢管立柱跟墩旁支墩必须在同一胎具上匹配制作,做到墩旁支墩的中心线跟立柱的中心线能够对应。

(5)墩旁支墩和钢管立柱加工制造应符合设计及国家标准、行业规范的规定。

(6)加工制造用钢材、焊接材料、涂装用料等材料的规格、性能、质量应符合设计及有关规范规定;加工制造用机具设备应能配套及满足需要。

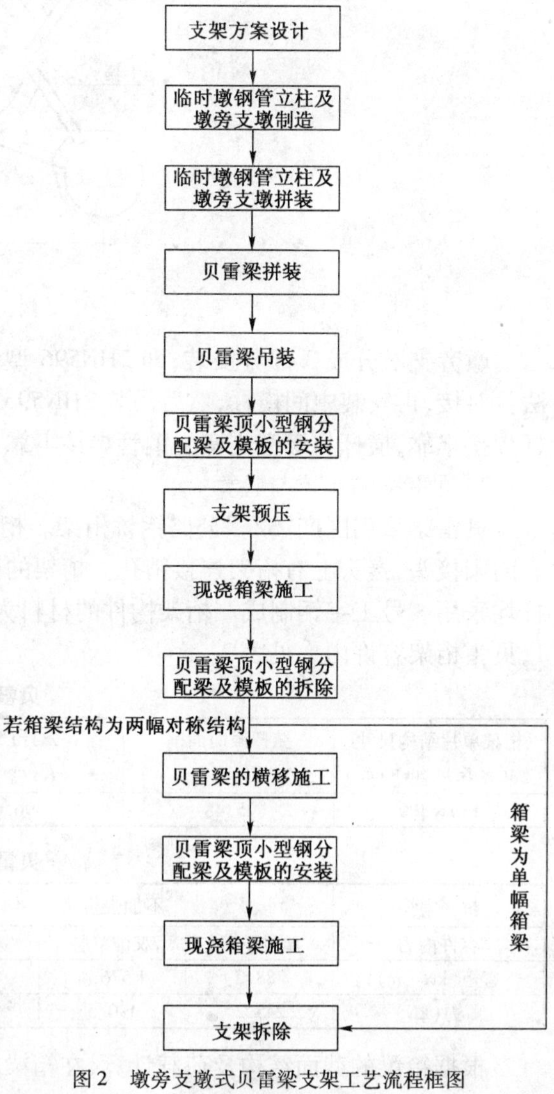

图2　墩旁支墩式贝雷梁支架工艺流程框图

(7)墩旁支墩和钢管立柱为全焊结构,焊缝多,所发生的焊接变形和残余应力较大,应控制墩旁支墩和钢管立柱的焊接变形,以保证焊接质量。制造前,应进行合理可行的焊接工艺,以保证部件焊接质量。

(8)墩旁支墩和各节钢管立柱在加工时,长度尺寸以负公差控制,以便控制整个支架的高程。

(9)墩旁支墩和钢管立柱制造完毕后,对其应进行必要的防锈防护处理,并将各部件进行标识编号。

(10)墩旁支墩和钢管立柱经过使用单位验收合格后,方可出厂。

5.2.2 支架的搭设与拆除

1)钢管立柱及墩旁支墩的安装

钢管安装前,在承台上先用全站仪放出每根钢管立柱中心十字线,并用水泥砂浆将钢管桩所处位置抄平。钢桩分节竖立,安装首节钢管桩时,在钢桩底部法兰接触面上做好标记的中心十字线,与承台上的钢管立柱中心十字线应重合,确保钢桩位置安装准确。4 根钢管立柱第一节吊装到位后,安装第一层连接系,形成稳定的整体。连接系由钢桩上的钢抱箍和各桩间连接角钢构成。依次吊装剩余各节段并每隔 5 ~8m 设一层连接系。在安装过程中,严格控制钢桩的倾斜度,应小于 0.1%。为保证钢管桩的整体稳定性,每座承台的 4 根钢管桩在墩身下口中部及上口分别设一层卡箍与墩身连接。卡箍构造示意图见图 3。

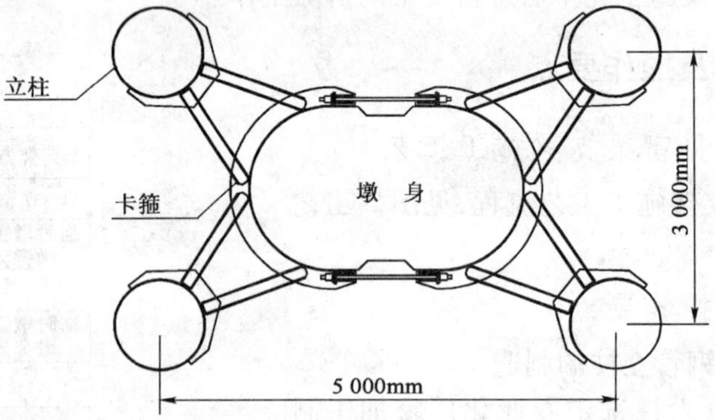

图 3 卡箍构造示意图

墩旁支墩分成 3 部分安装,即 2HN596 型钢组、两翼牛腿、中间横杆。先将两翼牛腿跟钢管立柱用法兰对接,再安装中间横杆,然后吊装 2HN596 型钢组分配梁。要求型钢组与墩旁支墩主钢管和牛腿斜杆焊接牢靠,横杆与墩旁支墩主钢管焊接牢靠。

2)贝雷梁的布置与验算

贝雷梁采用国产"321"公路钢桥桁架。桁架由上、下弦杆、竖杆及斜杆焊接而成,上下弦杆的端部有阴阳接头,接头上有桁架连接销孔。桁架的弦杆由两根 10 号槽钢(背靠背)组合而成。桁架斜杆、竖杆均采用 8 号工字钢制成。桁架构件的材料为 16Mn,每片桁架质量为 270kg。贝雷桁架力学性质见表 1,贝雷桁架容许内力见表 2。

贝雷桁架力学性质表 表 1

桁架单片结构尺寸(高×长)(cm×cm)	弦杆截面面率 F(cm^2)	弦杆惯矩 I_x(cm^4)	弦杆断面率 W_x(cm^3)	桁片惯矩 I_g(cm^4)	桁片断面率 W_o(cm^3)
150×300	25.48	396.6	79.4	250 500	3 570

贝雷桁架容许内力表 表 2

桥 型	不加强桥梁			加 强 桥 梁			
容许内力	单排单层	双排单层	双排双层	单排单层	双排单层	双排双层	单排双层
弯矩(kN·m)	788.2	1 576.4	3 265.4	1 687.5	3 375	6 750	3 375
剪力(kN)	245.2	490.5	490.5	245.2	490.5	490.5	245

根据箱梁的截面结构及荷载计算,在箱梁翼沿、腹板、底板等处进行分组布设贝雷梁。每组贝雷梁由若干片贝雷梁组成(横向),各组贝雷梁间采用支撑架连接。在设计该类型支架时,要优先考虑贝雷梁的端部剪力及贝雷梁的挠度。

3)贝雷梁的安装

钢管立柱和墩旁支墩安装完毕并经检查验收合格后,进行贝雷梁的吊装工作。

贝雷梁采用分块整体安装,双层贝雷片必须作为一个整体,以减少因过大的自重挠度造成拼装困难。贝雷梁分成5大块吊装,即箱梁两翼缘处贝雷梁各为1个吊装单元,箱梁腹板处贝雷梁各为1个吊装单元,箱梁底板处贝雷梁为1个吊装单元。最大吊重单元达到30t,故采用70t履带吊机进行贝雷梁的吊装作业。贝雷梁吊装完毕后,按设计用支撑架将各组贝雷梁连接成为一整体。贝雷片安装完成后,在贝雷梁上铺设工14型钢,摆设方木,安装模板。

4)支架的预压

支架拼装完成后,必须对支架进行预压。支架预压可以消除非弹性变形,可得出比较准确的弹性变形数据,对理论计算进行校核,为施工预拱度提供可靠的参数,并验证支架的强度、刚度和稳定性。

5)贝雷梁的横移

若桥梁主体结构箱梁为左右幅对称结构,可在施工完一幅箱梁后,将另一幅箱梁的临时墩拼装完毕,直接将贝雷纵梁在空中进行横移至未施工的另一幅箱梁。横移步骤如下:

(1)拼装需要横移一幅的临时墩。

(2)将两幅临时墩墩顶HN596分配梁接长,使两幅临时墩墩顶分配梁形成一通长分配梁。在进行分配梁接长时,需要做到等强接长。

(3)拆除贝雷梁顶横向工14mm小分配梁后,割除锁顶于贝雷梁上的∠75×75mm角钢做成U形卡,用千斤顶将贝雷梁顶起,将贝雷梁底的砂箱移开,将用于移动贝雷梁的滑轮组放置于贝雷梁下,千斤顶卸落后贝雷梁牢固的支撑于滑轮上,并用木楔将滑轮楔死。

(4)贝雷梁为5组(即箱梁翼缘处两组,箱梁腹板处两组,底板处1组),横移时分成3大组进行,即箱梁翼缘处和箱梁腹板处各归并为两组,箱梁底板处为单独1组。

(5)横移时采用4台5t倒链进行控制,两台倒链设置于贝雷梁的前端,以提供贝雷梁向前移动的动力,另两台倒链设置于贝雷梁的后端,以免贝雷梁移动速度过快,即在移动过程中需要4名工人进行配合,每人控制1台倒链。当前方倒链带紧时,后方倒链要随着放松,在移动过程中,还需一些木楔来辅助控制滑轮移动的速度。横移过程中,两端倒链受力一定要均匀,以免在横移过程中贝雷梁跑偏。

(6)贝雷梁横移到位后,用千斤顶将贝雷梁顶起,抽出用于横移的滑轮,将调好高度的砂箱放置于贝雷梁端部立杆下面,千斤顶卸落,贝雷梁落在砂箱上后,用∠75×75mm角钢做成U形卡将贝雷梁锁定于HN596分配梁上。

(7)贝雷梁横移到位后,安装横向工14mm小分配梁,摆设方木,安装模板。

贝雷梁横移情况如图4所示。

图4　贝雷梁横移施工

6)支架的拆除

若桥梁主体结构箱梁为左右幅对称结构,在左右幅现浇箱梁均施工完成后,进行贝雷梁的拆除工作。拆除时,可将贝雷梁横移至两幅桥梁中央分隔带下方,在施工完成的桥面上停放两台25t汽车吊机,解除贝雷梁各组间的连接系后,利用吊机直接将贝雷梁吊至地面。将贝雷梁分解成15m跨的两段后,用平板车运至下一施工梁段,拼装后进行下一梁段的支架施工。临时墩的拆除为常规作业,在拆完墩旁支墩后,可依次将钢管立柱的每一节段顺次拆除后用平板车运至下一施工点进行重新拼装施工;若桥梁主体结构仅为单幅箱梁,则将贝雷梁横移至桥梁翼沿板下方,解除贝雷梁各组间的连接系后,直接用大吨位吊机将贝雷梁吊至地面。其他工序同前。

6 材料与设备

由于在双层贝雷梁吊装时,吊重较大,且墩身较高,故在本工法中需大吨位的吊机进行吊装。另外需要注意的是,在进行贝雷梁平移施工时,需要若干套自制滑轮、若干台5t倒链和10t油压千斤顶。采用的机具设备见表3。

主要机具设备 表3

序号	机具名称	规格型号	数量	使用部位及用途
1	履带吊机	70t	1台	贝雷梁吊装
2	汽车吊机	25t	2台	墩旁支墩、钢管立柱安装及贝雷梁拆除
3	滑轮	自制	6台	贝雷梁横移及拆除
4	倒链	5t	4台	贝雷梁横移及拆除
9	卷板机	W1120	1台	墩旁支墩及钢管立柱加工
10	剪板机	Q11-13×2500~20	1台	墩旁支墩及钢管立柱加工
11	电焊机	MZ-1250、XD600G	各10台	墩旁支墩及钢管立柱加工、临时结构
12	全站仪	TC2003	1台	施工放样及测量监控
13	电子水准仪	DNA03	2台	施工放样及测量监控
15	液压千斤顶		12台	贝雷梁横移及拆除

7 质量控制

7.1 工程质量控制标准

质量控制要求执行国内相关行业规范标准,主要包括现行最新《公路桥涵施工技术规范》及《公路工程质量检验评定标准》等。

7.2 墩旁支墩及钢管立柱的制作、安装质量标准

7.2.1 墩旁支墩及钢管立柱的制作

1)基本要求

(1)墩旁支墩及钢管立柱采用的钢材和焊接材料的品种、规格、化学成分及力学性能必须符合设计和有关技术规范的要求,具有出厂质量合格证明,并经制造厂家和有关方复验合格后方可使用。

(2)墩旁支墩及各节钢管的加工尺寸及预拼装精度应符合设计和有关技术规范的要求,并经质检部门分阶段检查验收签字认可后,方可进行下一道工序。

(3)墩旁支墩及钢管立柱制作前必须进行焊接工艺评定试验,评定结果应符合技术规范的要求并经质检部门签字认可,并制定实施性焊接施工工艺。施焊人员必须具有相应的焊接资格证和上岗证。

(4)同一部位的焊缝返修不宜超过两次,返修后的焊缝应按原质量标准进行复验,并且合格。

(5)墩旁支墩和钢管立柱必须进行试组装,并按设计和有关技术规范要求进行验收。工地安装施工人员应参加试组装及验收。验收合格后填发梁段产品合格证,方可出厂安装。

(6)墩旁支墩和钢管立柱在存放时,应防止变形、碰撞损伤和损坏漆面,不得采用变形元件。

2)外观要求

(1)墩旁支墩及钢管立柱表面不得有凹陷、划痕、焊疤、电弧擦伤等缺陷,墩旁支墩及立柱连接法兰面应无毛刺,否则应予修整。

(2)焊缝均应平滑,无裂纹、未熔合、夹渣、未填满弧坑、焊瘤等外观缺陷。发现有时,应进行处理。

7.2.2 墩旁支墩及钢管立柱的安装基本要求

(1)所采用的焊接材料和紧固件必须符合设计和技术规范的要求。

(2)应按设计规定的程序进行安装。

(3)工地安装焊缝应事先进行焊接工艺评定试验,施焊应按批准的焊接工艺方案进行。施焊人员必须具有相应的焊接资格证和上岗证。

7.2.3 贝雷梁的安装基本要求

(1)贝雷梁及贝雷销、加强弦杆及支撑架成品必须有产品合格证。

(2)贝雷梁拼装时,支撑架螺栓必须连接牢靠,弦杆螺栓、桁架螺栓应用专门的扳手进行施拧。

(3)贝雷梁在吊装时,必须选择合适的钢丝绳及正确的吊点进行吊装,不得将钢丝绳直接捆绑于贝雷梁上,必须对吊点处贝雷梁作必要的防护。

(4)贝雷梁安装时,必须确保贝雷梁端部立杆和卸架用砂箱均在墩旁支墩顶大梁中线上,以确保结构受力安全。

(5)贝雷梁的安装位置必须准确,贝雷梁组与组之间必须连接牢靠。

8 安全措施

(1)墩旁支墩式贝雷梁支架施工必须贯彻"安全第一、预防为主"的方针,执行中华人民共和国《安全生产法》及各项安全规章制度,确保万无一失。

(2)针对墩旁支墩式贝雷梁支架施工的特点,除做好本职工作外,应着重消除和防止如下工作隐患:机械伤害,触电,台风,火灾及洪涝,高空坠落,溺水。

(3)应设置专门安全管理机构,建立安全生产责任制及教育培训制度,制订专项应急预案,切实落实安全生产"五要素",即安全文化、安全法制、安全责任、安全科技和安全投入。

(4)工程安全监控目标是实现"三无"(既无重大伤亡事故、无中毒事故、无倒塌事故),一般轻伤事故率应控制在1%以内。

(5)应成立一个由本工程总负责人任组长的安全生产领导小组,设置两名专职安全员,顶推施工流水线设置两名兼职安全员,定期组织开展安全检查。

(6)执行安全教育制度和安全生产定期检查规定,未经安全教育或教育时间不足48h的人员不准上岗作业。

(7)特殊工种(如电工、焊工、车辆驾驶员、机械工等)必须持证上岗。

(8)严格执行各项安全措施,如双层作业必须戴安全帽、高空作业必须系安全带、特殊地段应挂安全网等。

(9)对施工用电、钢结构加工设备临时用电,使用前必须按照国家住房和城乡建设部颁发的《施工现场临时用电技术规程》的标准进行检验,经检验确认合格后方能使用。

(10)坚持一机一闸一漏电保护器,三相五线制和保护零线重复接地。总配电箱或分箱,一律设门加锁添置防雨罩,施工临时电路必须按规程要求加设。

(11)夜间作业必须要有足够的照明。

(12)支架安装作业采用对讲机指挥,以保证指挥正确和操作安全。

(13)防火责任人必须认真负责,按规定位置安放好有效的消防器材,易燃物品要有专人看管。

(14)不得使用报废机械,各类大型起重机械必须通过试吊,并获得准用证后方可投入使用。

9 环保措施

(1)应贯彻落实国家关于环境保护的专项法律法规,有针对性的制订专项环保方案,加强环保宣传教育,切实执行。

(2)建立健全有针对性的环保工作体系,落实责任制,配备专人进行管理。

(3)执行公司的《职业健康安全和环境保护体系》。

(4)施工环保、水土保持目标

①施工用水和生活用水做到达标排放,施工噪声符合环保要求;

②确保施工区域内无重大管线事故;

③严格控制地面变形量,确保建筑物、堤坝等的安全;

④搞好水土保持,防止水土流失。

(5)施工环保方案

①对施工现场生产、生活用水的排放进行控制,建好生产区和生活区排水沟等设施;分块设置过滤池和沉淀池,所有生活用水和生产用水均应经过过滤、沉淀后方可达标排放。

②加强机械管理,执行《建筑施工场界噪声限值》(GB 12523—90)标准,减少施工过程中的噪声。

③采取有效措施妥善保护施工及生活区域外的绿化草地、植物、花木及道路等公共设施。避免泥浆、油污、生活垃圾、有毒及化学物质对其造成污染,严禁随意攀折树木、花草,踩踏草地,违者将按有关规定对其进行处罚。

④加强职工的环保知识教育,树立全员环保意识。

10 资源节约

(1)无中间临时墩的梁式支架施工高墩大跨现浇梁施工工法形成过程中,严格贯彻国家建筑节能工程的有关规定。

(2)采用无中间临时墩的梁式支架施工高墩大跨现浇梁施工工法,两墩间无须搭设临时墩,直接立于主体结构的承台上,无须进行临时墩的基础处理。

(3)墩旁临时墩采用钢结构在工厂分节段制造,使拼装、拆除及运输方便,提高施工工效和结构质量,加快了工期。

(4)支架纵梁采用双层加强型贝雷梁,拼装成组后可多次重复倒用,支架利用效率高。

(5)若桥梁主体结构箱梁为左右幅对称结构,可在施工完一幅箱梁后,直接将贝雷纵梁在临时墩上进行横移至未施工的另一幅箱梁,将支架拼装时间大大缩短,同时减少了大型吊装机械的使用。

(6)由于合理的组织和技术的革新,总体工期缩短,节省了大量的人力、物力,带来了明显的经济效益。

11 效益分析

(1)墩旁支墩式贝雷梁支架在高墩大跨箱梁支架中的使用,在国内支架法施工箱梁中应用较少,特别是在施工中,采用贝雷梁高空横移技术,减少了大型吊装机械的使用,缩短了箱梁支架施工周期,必将对推动国内高墩大跨箱梁支架的发展,产生积极及深远的影响;社会效益显著。

(2)从已完成的厦门杏林大桥杏林互通主线桥采用墩旁支墩式贝雷梁支架法施工的情况来看,对采用墩旁支墩式贝雷梁支架法施工比普通支架法施工每联箱梁支架(3 孔 1 联)可节约支出 15.3 万元,经济效果明显;并且,采用此法后,施工时间也得以压缩、提前;明显取得了较大的经济效益。

(3)墩旁支墩式贝雷梁支架法施工,支架主梁采用一跨跨越,支架立柱直接竖立于主体结构承台之上,克服了不良地基的影响,施工安全风险大大降低。

12 应用实例

(1)墩旁支墩式贝雷梁支架施工工法,在厦门地区已有两个成功实例,分别是厦门杏林大桥杏林互通主线桥箱梁支架施工和厦门 BRT2 号线(同安线)工程箱梁支架施工。

(2)厦门杏林大桥杏林互通主线桥实例

①厦门杏林大桥杏林互通主线桥为 17 联 54 孔 A 类部分预应力混凝土斜腹连续箱梁。上部结构为 C50 混凝土预应力现浇箱梁,箱梁高度标准跨(32.7m)均为 1.8m。箱梁为单箱单室断面,箱底宽为 6.77m,顶板宽为 15.5m,翼缘悬臂长 4m。

②厦门杏林大桥杏林互通主线桥于 2006 年 7 月开工,历时两年,于 2008 年 9 月建成通车。

(3)厦门 BRT2 号线(同安线)工程实例

①厦门 BRT2 号线(同安线)工程位于厦门同安区,起自滨海大道,沿滨海大道、海翔大道、同集路、同莲路,终于同安枢纽站。线路全长 11.993km,全线高架。本标段位于滨海大道和海翔大道上,起于 K17 +320.00m,终于 K17 +548.62m,全长 4 228.62m,桥梁标准联主要以 3 ×30m 和 4 ×30m 的预应力混凝土连续箱梁为主,辅以 3 ×25m、(30 +40 +30)m、(30 +40 +30 +33.5)m、(24.408 +30 +30 +24.408)m 等几种作为调整;车站梁均为 3 ×25m;本标段除第 3 联(30m +40m +30m)、第 14 联(30m +40m +30m +33.5m)采用变高度预应力混凝土连续箱梁外,其余联跨均采用大斜度斜腹板的预应力混凝土箱型梁,梁高为 1.8m,箱底宽为 4.45m,顶板宽为 10m,翼缘悬臂长 2m。

②厦门 BRT2 号线(同安线)工程于 2009 年 4 月开工,目前已浇筑箱梁 25 联。

无导梁拖拉法跨越高速公路架设大跨度钢箱梁施工工法

GGG(中企)C3107—2009

程龙先
(中铁十局集团有限公司)

1 前言

中铁十局承建的汉蔡高速公路红庙互通主线桥钢箱梁横向上跨京珠高速公路,与其交角为108°,桥跨布置为44m+62m+44m,桥宽26m,双向4车道,左右幅分离,总质量约1 723t。京珠高速公路高出地面5m,两侧路基边坡延伸距离较长,因此地面组装场地很小,且多农田和水坑,不具备现场吊装条件,加之工期紧,施工难度很大。

中铁十局集团施工人员通过分析评估和方案设计,采用无导梁拖拉法架设该钢箱梁,在规定工期内成功实现了钢箱梁的纵向移位和落梁就位,并确保了京珠高速公路的安全运行。同时,经工程实践形成了无导梁拖拉法跨越高速公路架设大跨度钢箱梁施工工法。

2 工法特点

(1)钢梁拖拉过程中不设导梁,而是在梁端设置地滑车与钢梁同步移动,既可减少梁端下挠,保证安全,也可方便操作。

(2)钢箱梁拖拉区段和另一跨吊拼装架设可同步进行。

(3)钢梁拖拉架设,可缩短对公路行车的影响,确保交通安全。

(4)施工速度快,机具设备投入少,有较好的经济效益。

3 适用范围

该工法适用于大跨度钢梁跨越高速公路等障碍物时的架设施工。

4 工艺原理

钢箱梁拖拉架设施工,就是将厂制分节段钢箱梁吊装至拼装支架平台上进行焊接,在钢管支架上部设置滑道托辊和滑道装置,采用千斤顶单向拖拉后续配重的方法来实现钢箱梁架设。首先在公路一侧搭设焊接平台支架、拖拉用支墩等,在其上部设置滑动装置和牵引机构,将拼装焊接好的钢梁实行单向牵引前行,为防止单向拖拉造成钢梁悬臂过长产生挠度变形超过规范要求,在半幅封闭公路路面上设置地滑车(拖拉前进过程中跟梁体同时移动),将梁体运送至公路中央分隔带下滑道支墩处,再通过后续焊接配重,按同程序实现跨公路架设,见图1。

5 施工工艺流程和操作要点

5.1 施工工艺流程

施工工艺流程图见图2。

5.2 操作要点

5.2.1 拼装、焊接支架平台搭设

图 1　钢梁拖拉架设施工图

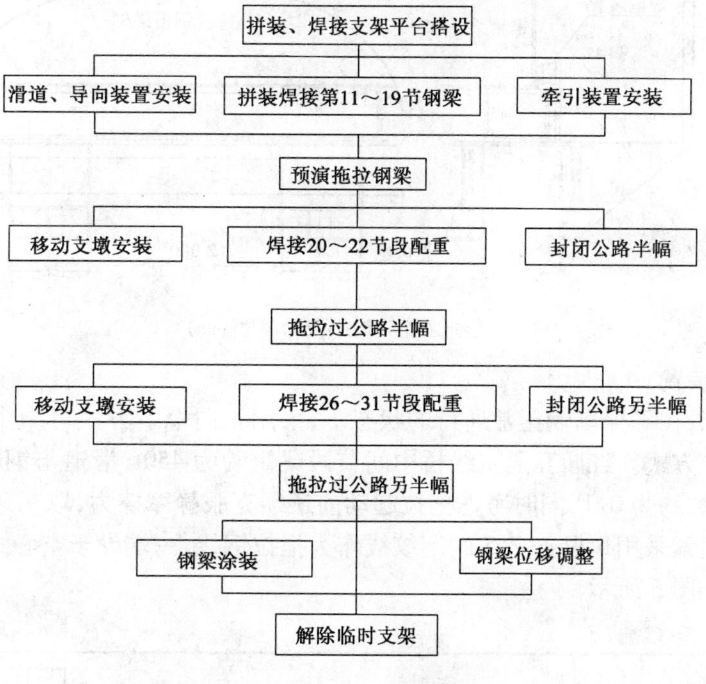

图 2　施工工艺流程图

根据整桥钢梁载荷对支架平台进行设计，分别计算出每组临时支架的受力值，对地基进行处理。左右两幅各布设 13 组临时支架，每一组临时支架设计为 8 根 $\phi426\times6$ 的钢管组成。各立柱钢管之间以 $\phi159\times6$ 的钢管连接并作剪刀撑。立柱顶下部侧面焊接牛腿安装贝雷梁组，所有的焊接平台和临时支架全部用型钢连为一个整体，从而组成一个完整的组拼装大平台。钢立柱顶部与钢箱梁之间设置滑动装置、两端部设置导向装置。具体见图 3。

5.2.2　滑道和导向装置设计

根据支架搭设布置位置和拖拉节段梁长度及安装位置，在各受力临时墩面及中央隔离节支墩顶面布置滑道，滑道布置于钢箱梁两外侧腹板对压梁底，单幅梁左、右布置 3 列，同时由于钢箱悬臂拖拉头部下挠，因此，实际安装时托辊总成高低位可调。滑道由两个工字钢拼焊而成，在滑道表面上还设置不锈钢板和聚四氟乙烯垫板，使梁体和聚四氟乙烯垫板与不锈钢板之间滑动，用于减小拖拉时的摩擦力。

为保证钢箱梁拖拉时横向产生位移和安装对位，在各临时支墩组焊固定的横向微调支座，主要便于微调时提供千斤顶支反力，同时对钢箱梁拖拉偏移时起一定限位作用。导向装置采用滚动轴承的方式，见图4。

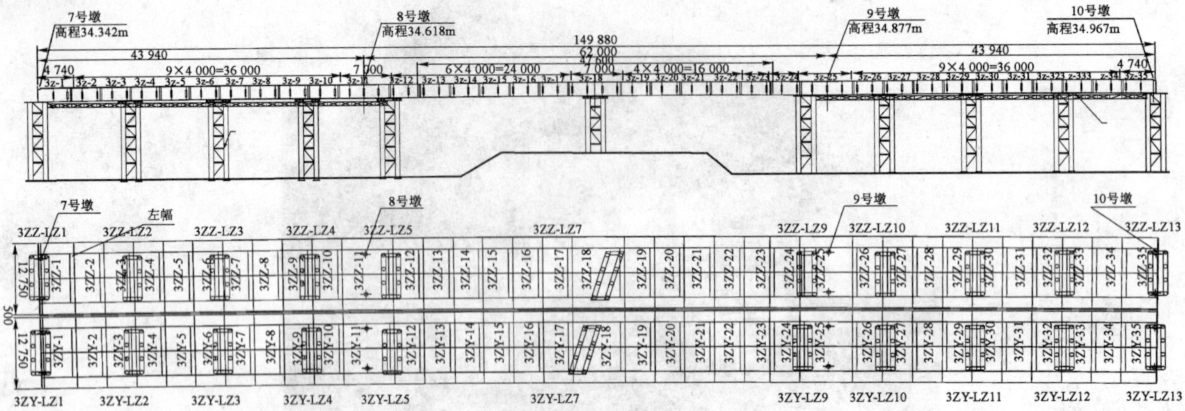

图3 支架布置示意

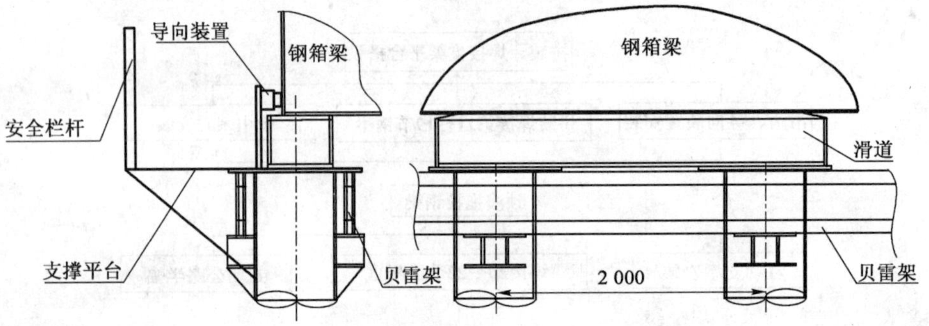

图4 导向装置示意图(尺寸单位:mm)

5.2.3 拖拉牵引装置

由于上跨公路施工,在确保车辆正常通行的状态下,采用正向牵引方式可操作性差,易在钢梁拖拉侧采用千斤顶顶推拖拉方式。红庙互通主线桥中间节段梁重约为450t,滑道与钢箱梁底部垫以聚四氟乙烯垫板,理论摩擦系数约为0.1,同时考虑拖拉起动前还须克服静摩檫力,取一定安全系数,采用100t液压牵引机牵引。牵引索采用5根ϕ12.5的钢绞线作为拖拉钢线,一端设于空心式千斤顶内,另一端与拖拉固定吊耳相连。如图5所示。

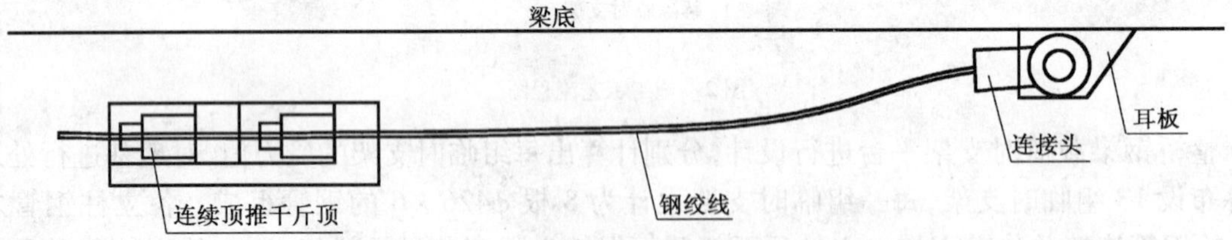

图5 钢箱梁拖拉装置示意图

5.2.4 拖拉钢箱梁

(1)拖拉前准备。拖拉节段钢箱梁拼装焊接完毕并检验合格后,组焊牵引用的吊耳、拖拉梁端处加固等,同时对钢梁底部与滑道间四氟滑板密贴情况进行检查,使梁处于拖拉准备状态。

为确保钢箱梁拖拉过公路安全,现场拖拉梁前需进行拖拉预演,作为试验拖拉区段,以便调整校验整体拖拉设备支架、人员协调等,以保证在过高速公路时的绝对安全、可靠、快捷。

(2)拖拉过公路半幅。拖拉跨公路半幅前,对拖拉过孔段进行交通管制,使公路处于全封闭状态,两端及变道处按要求设置警示标志和防撞设施,并指派专人负责指挥交通;钢箱梁拖拉过程中设专人监视钢梁偏移和滑板的喂进情况,同时对各类支墩进行监控,防止沉降量过大,防止出现倾覆和滑移。钢梁在千斤顶顶推拖拉移动过程中，梁端设置地滑车与钢梁同步移动，移动速度控制在3cm/min以内，如发现异常应查明原因再进行拖拉。待地滑车抵达中央分隔带0.5m时，将地滑车滚动装置转换为固定支架（将滚动轴与底部铺设钢板用限位钢板固定），将钢梁悬臂1m至中央分隔带下滑支墩上，放置滑道装置。对钢梁中线及高程进行复核，如发生偏移，采用20t千斤顶进行纠偏处理。定位后撤除地滑车，开通封闭交通，进入下一半幅拖拉。

（3）拖拉另一半幅。在纠偏钢梁过程中对后续钢梁进行拼装焊接，用同样方法对拖拉过孔段进行封闭交通管制，整个拖拉过程及控制按照第一阶段拖拉程序执行，拖拉到位后固定。拖拉过孔结束后，拆除路面设置的除中央隔离带支墩外的各种临时设施。具体见图6。

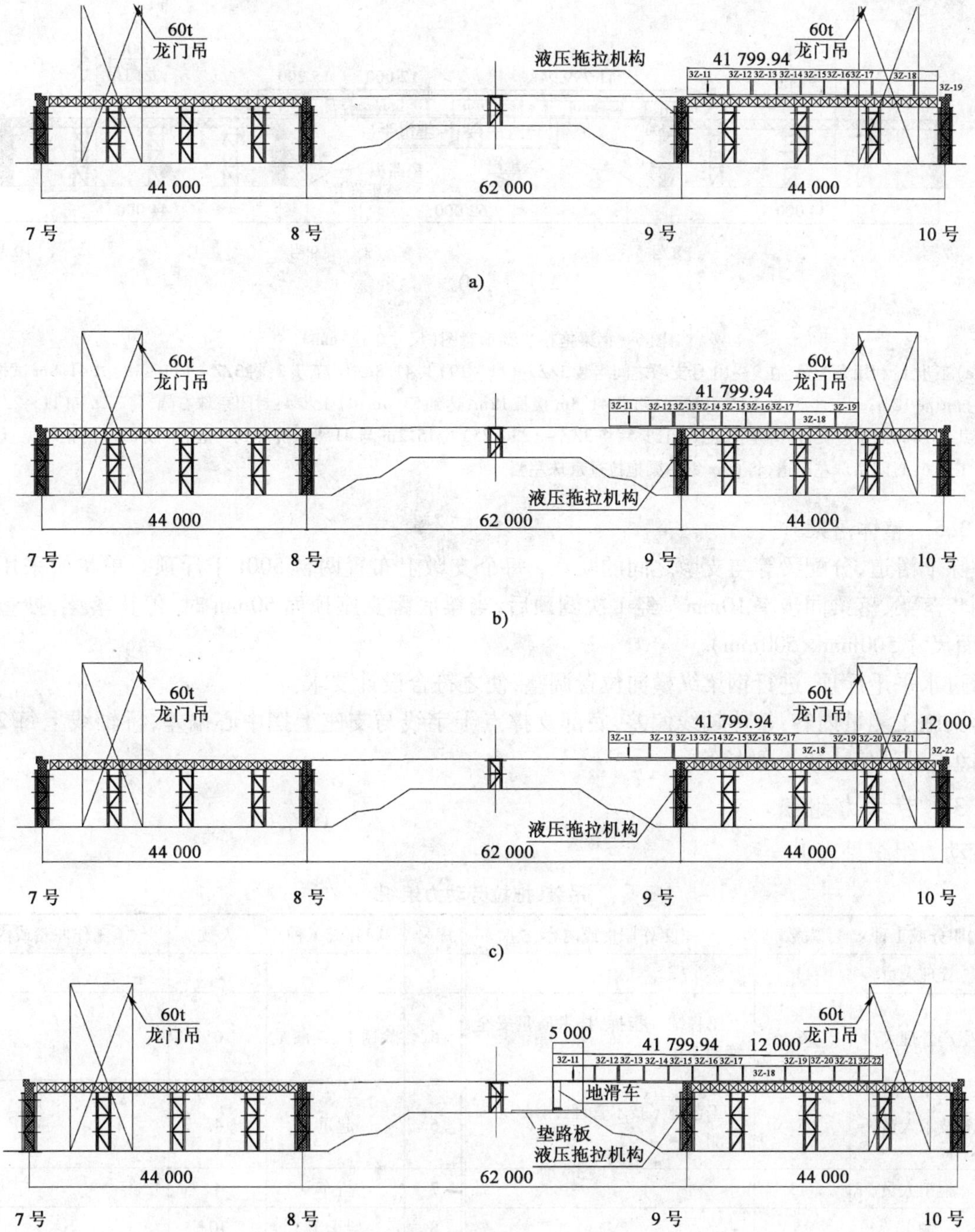

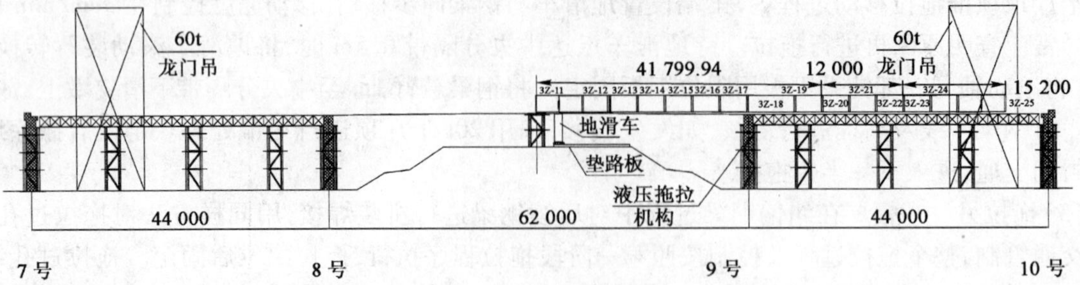

e)

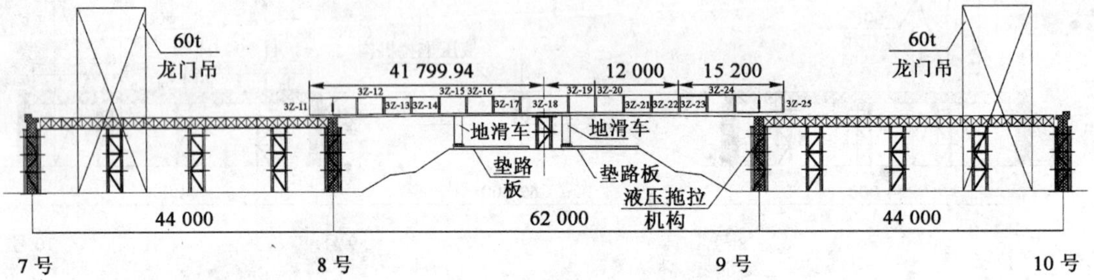

f)

图6 钢梁拖拉步骤示意图(尺寸单位:mm)

a)工步1:利用龙门吊,在9~10号支墩之间组装3ZZ-(11~19)共41.8m;b)工步2:将3ZZ-(11~19)共41.8m试拖拉预演12m;c)工步3:将3ZZ-(11~19)共41.8m接长12m,达到53.8m;d)工步4:封闭京珠右幅,将3ZZ-(11~22)共53.8m拖拉过孔,用滑车接送;e)工步5:将3ZZ-(23~25)共15.2m与41.8m拼焊到一起,组成69m的钢箱梁;f)工步6:封闭京珠左车道,将69m钢箱梁拖拉过京珠左幅

5.2.5 整体落架

解除下滑道、分配梁等与支墩之间的联系,每个支墩上布置两台500t千斤顶。单幅桥采用8台千斤顶同步落梁,落梁同步率10mm。经1次倒顶后,当梁底距支座顶面50mm时,停止落梁,抄垫多层钢板(平面尺寸500mm×500mm)。

通过水平千斤顶,进行钢梁纵横向位置调整,使之符合设计要求。

落梁施工测量内容:整体轴线偏差,底部支撑点十字线与支座上摆中心偏差,桥轴线上每2m分点高程值(与设计值比较),梁长等。

5.3 劳动力组织

劳动力组织见表1。

吊装、拖拉劳动力组织 表1

序号	职务或工种	人数	工作职责或内容	序号	职务或工种	人数	工作职责或内容
A	管理人员	11		4	电工	2	
1	生产管理人员	6	工程统一指挥,技术质量安全管理工作	5	除锈工、油漆工	6	
2	技术人员	5	工艺施工技术管理、测量、无损检测	6	起重	4	
B	施工人员	113		7	行车	4	
1	铆工	25		8	架子工	10	
2	焊工	40		9	辅工	20	
3	钳工	2		总计		124	

6　材料与设备(表2)

材料与设备　　表2

序号	设备名称	规格	单位	数量	备注
1	龙门吊	60t	台	2	
2	汽车起重机	80t	台	1	
3	汽车起重机	25t	台	2	
4	临时支架	$\Phi50$	t	70	
5	辊道和导向装置		组	50	
6	液压牵引机	100t	台	2	
7	液压千斤顶	20t	台	30	
8	埋弧焊机		台	4	
9	CO_2 焊机		台	20	
10	交流焊机		台	10	
11	直流焊机		台	4	
12	手动导链	10t	台	10	
13	手拉葫芦	5t	台	10	
14	全站仪		台	1	
15	精密水准仪		台	1	
16	地滑车	400t	台	1	

7　质量控制

本工法施工执行下列规范和标准:《公路桥涵施工技术规范》(JTJ 041—2000)、《钢结构工程施工质量验收规范》(GB 50205—2001)、《涂装前钢材表面锈蚀等级和除锈等级》(GB 8923—88)、《钢焊缝的外形尺寸》(GB 10854—89),具体质量控制措施如下:

(1)建立以项目经理为首,总工、副经理及各部门负责人为组员,全员参加的质量管理体系,实行质量分工,采取谁负责施工谁负责质量,质量与效益挂钩,质量与奖励挂钩的方法。

(2)临时支架、焊接平台在施工现场用龙门吊进行吊装翻边制作、安装,按钢结构规范要求进行施工,也要按钢结构施工质量验收规范进行验收,每一道工序验收合格才能进行下一道工序的施工。

(3)成立 QC 小组,制订正确的焊接工艺,来控制构件的焊接变形和反变形。

(4)在施工过程实行定点检查制度。基础交接质量检查、构件进场质量检查、吊装就位质量检查、焊接质量检查、桥体整体就位质量检查、涂装质量检查等。

(5)在拖拉施工中还实行定期、不定期质量检查和每天现场巡视检查,确保每一道工序都在受控范围内。

(6)加强测量控制。中线测量每次用相同的导线点,而且尽量在每天的同一时间段,每段梁架设前先放样,架完后再复核、调整。高程测量要建立全桥统一的高程控制网,以保证全桥的纵坡及横坡的准确性。

(7)钢箱梁最后一道面漆在现场统一用无气喷涂设备涂装,确保钢箱梁色标一致,外观整洁美观。

8　安全措施

(1)人员进场实行安全培训,施工前要实行安全交底。进入现场必须戴安全帽,穿工作服,上高空必须穿防滑鞋,系安全带。

(2)吊装前实行模拟吊装,不得强行起吊。吊装必须由是有资质的起重工专人指挥,不得违章作业,不得违犯安全生产操作规程。

(3)临时支架顶部设立安全操作平台,设置安全栏杆,用带防护罩的直爬梯通向地面。

(4)在钢箱梁内进行焊接时,用引风机将梁内的烟气抽出,防止意外事故发生。

(5)钢箱梁两侧的翼板焊接采用活动倒挂吊篮,吊篮设置要结实,固定要牢固,同时还须从钢箱梁上引出安全带系绳。

(6)在钢箱梁拖拉、停顿期间,对钢支架稳定性进行观测,发现异常情况及时进行加固处理。同时禁止施工人员横穿高速公路。

(7)加强与高速公路管理部门的联系,主动邀请交管部门进行专业知识讲座,对现场安全技术管理人员进行培训,所有交通管制方案实施前,必须经过交管部门的批准,并严格按上报方案实施。施工前,在施工路段设置明显的施工、安全标志。施工、安全标志应齐全、规范、清晰、视认性好、设置地点准确、设置牢固,能够有效地提示和引导驾驶人通过施工路段。

9 环保措施

(1)积极与高速公路管理局及路政处进行协商沟通,制订详细的防护方案,对京珠高速公路绿化、路面及设施进行维护。

(2)对公路两侧边坡及中央分隔带绿化树木进行移植,及时疏通排水系统;拆除原京珠两侧隔离栅设施,移运至公路两侧波形护栏处,确保高速公路封闭性,防止当地人员及家禽进入高速公路,完成后再恢复原貌。

(3)钢箱梁拖拉过程中,为防止移动支墩运行对公路路面造成破坏,在易破坏区域垫设钢板防护。

10 资源节约

本工法使用的临时施工设施比支架法等普通安装方法大为减少,且利用液压千斤顶作为钢梁移位的动力源,因此可大幅节约运输和安装过程中耗用的动力燃料。同时,应用本工法施工,在保证既有道路交通不中断的同时可显著缩短施工周期,其带来的间接资源节约效果也是很可观的。

11 效益分析

(1)加快了施工进度,计划工期为8个半月,施工工期为240d,工期缩短了15d。

(2)本工法与搭设门洞支架法吊装架设相比较,采用传统支架法施工成本为2 087.9万元,跨京珠高速公路段采用拖拉法后成本为2 052.3万元,节约支出35.6万元,降低了施工成本。

12 应用实例

12.1 实例1

中铁十局三建公司承建的汉蔡高速公路红庙互通主线桥钢箱梁横向上跨京珠高速公路,与被交道京珠高速公路的交角为108°,钢箱梁桥跨布置为44m+62m+44m,钢箱梁桥总长150m,桥宽为26m,为双向4车道,左右幅分离,总质量约为1 723t。该桥上跨京珠高速公路的跨距达62m,京珠高速公路高出地面5m,京珠高速公路两边的护坡很长,导致地面的组装场地很小,能够利用的拼装地面为农田,有许多的水坑和淤泥且现场的吊装地理环境极为恶劣。高速管理局要求钢箱梁上跨期间,京珠高速公路封道时间只给16d的施工期,施工难度大,施工工期紧,技术含量高。

12.2 实例2

路桥第二工程局承建的汉洪高速公路军山互通主线桥钢箱梁横跨京珠高速公路,与被交道京珠(沪蓉)高速公路的交角为79°,钢箱梁桥跨布置为42.5m+65m+42.5m,总长150m,双向6车道,左右幅分离,桥下净空为5.2m。施工场地内有鱼塘,吊装环境差,要求边施工、边通车,在工期紧的状况下,确保京珠高速公路行车安全。

上述两实例上跨京珠高速钢箱梁采用拖拉架设方法,即保证了工期又确保了既有高速公路行车安全和正常运营。在工程实施项目管理中,开发了拖拉钢箱梁安全跨越高速公路施工工法,填补了在上跨既有线钢箱梁施工的一项空白,具有推广价值。在施工期间,受到武汉市交委、业主及高速公路管理局的一致好评。

C50机制砂超高泵送混凝土施工工法

GGG(中企)C3108—2009

周玉兵　王　伟　王树文　肖红斌　刘金明
(中铁二十局集团有限公司)

1　前言

随着我国基础建设的发展和科学技术的进步,对混凝土的强度、性能要求越来越高,C50以上的高强度超高泵送混凝土越来越多地被应用于高墩大跨桥梁、高层建筑中,传统配制此类高强度超高泵送混凝土采用河沙配制。但西部山区省份如贵州、重庆等都缺乏河沙,如用河沙配制则需从省外运入,价格昂贵。如采用当地资源丰富的机制砂配制,则因机制砂所配制的混凝土和易性和可泵性差,泌水率和收缩性大,容易开裂。中铁二十局集团四公司施工的贵州崇遵高速公路韩家店Ⅰ号特大桥主墩及箱梁设计为C50混凝土,梁顶距墩底地面高差为98m。2003年7月~2005年11月在该桥的施工中,成立了科技攻关小组,展开科技攻关,采用机制砂成功配制了C50超高泵送混凝土,对机制砂的加工、混凝土配制与施工等各种施工工艺进行整理总结,形成本工法。2006年12月~2007年10月和2007年1月~2007年10月,该工法再次成功应用于重庆市湘渝高速公路D19合同段干溪沟2号特大桥和昭待高速公路D16合同段毛家村2号特大桥的施工中。2007年10月20日,C50机制砂超高泵送混凝土施工工法的关键技术成果通过中国铁道建筑总公司评审,其关键技术处于国内先进水平;2006年3月,机制砂配制高性能混凝土技术成果被评为2005年陕西省职工经济技术创新优秀成果三等奖;2008年,该工法获股份公司优秀工法奖。

2　工法特点

(1)机制砂混凝土比河沙混凝土拌和时间长,且机制砂混凝土的早期养护比河沙混凝土的早期养护要求高。

(2)严格按照本工法施工的机制砂高强超高泵送混凝土,其各项力学性能和物理性能均能达到河沙所配制的混凝土的性能。

(3)采用当地资源丰富的优质岩石加工机制砂配制混凝土,与从外地运入河沙配制混凝土相比成本低,经济效益显著。

(4)机制砂在贵州和重庆等地区可就地取材加工,不受施工高峰期河沙材料短缺的影响。

(5)机制砂混凝土配制工序简单,易操作,经三个工程实例的实践证明能够满足工期和质量要求。

3　适用范围

本工法适用于公路、铁路、城市道路和房屋建筑中的高强混凝土、高强泵送混凝土、高强预应力混凝土等。

4　工艺原理

通过对机制砂和机制砂混凝土的各种力学性能和物理性能的研究,在掌握其各种性能参数的基础上,对机制砂加工母料的选择,机制砂加工工艺及质量的控制,混凝土其他原材料的选择,配合比的设计,以及混凝土的拌和、运输、浇筑与养护等一整套机制砂超高泵送混凝土施工工艺进行严格控制,使所施工的混凝土的和易性、可泵性、强度、弹性模量、收缩徐变等力学及物理性能都满足设计与施工要求。

5 施工工艺流程及操作要点

5.1 工艺流程

机制砂的加工→机制砂检验→混凝土配合比的配制→混凝土拌和及运输→混凝土浇筑→混凝土养生。

5.2 操作要点

5.2.1 机制砂的加工与检验

1)机制砂加工母料的选择

配制 C50 混凝土的机制砂加工母岩应质地坚硬,其饱和极限抗压强度须大于等于 90MPa。在机制砂加工前,需对岩石的抗压强度、岩性和 SO_3 含量进行检测,满足要求后方可加工。机制砂母料宜采用洁净、质地坚硬、无软弱颗粒及风化石的石灰岩、白云岩、花岗岩和玄武岩等岩石,严禁使用泥岩、页岩、板岩等水成岩。

2)机制砂的加工

机制砂的生产必须采用一套完整的成规模的加工生产线进行生产,以保证生产的数量和质量。

(1)进料口设置振动给料机,以防止大量的泥块与软弱岩石同时进入破碎机。

(2)制砂过程经过三级破碎,前两级粗破采用颚式破碎机,第三级破碎采用立式冲击高细破碎机。

(3)粗破后的 5mm 以下的颗粒不能进入三级破碎的料仓,必须经过振动筛除。

(4)制砂中机制砂的石粉必须采用洗砂机进行水洗除粉。

(5)制砂中用的成砂振动筛的最大筛孔直径为 4mm,且应根据在制砂过程中的磨损以及机制砂质量的变动情况,及时进行更换。

(6)加工好的机制砂在连续 10 次(每小时抽样 1 次)抽样检测,至少有 9 次的细度模数与 10 次的平均值相差不大于 0.2。

3)机制砂的检验及指标

机制砂的检验分为出厂检验和形式检验。

(1)出厂检验项目包括颗粒级配、细度模数、泥块含量、石粉含量和压碎指标。配制 C50 超高泵送混凝土的机制砂采用级配良好的中砂,2.5mm 筛孔累计筛余量不得大于 15%,0.315mm 筛孔累计筛余量在 85% ~92% 之间,细度模数宜为 2.6 ~2.9,含泥量不大于 2%,单级最大压碎指标小于 25%。

(2)形式检验包括表面密度、堆积密度、空隙率、有害物质含量、碱活性等项目,具体指标应符合《建筑用砂》(GB/T 14684—2001)的相关规定。

5.2.2 混凝土配合比设计

1)混凝土原材料的选择

(1)机制砂。配制 C50 超高泵送混凝土的机制砂,其质量必须满足 5.2.1 条款的要求。

(2)碎石。碎石采用 5 ~25mm 的连续级配的优质碎石,加工碎石的母岩抗压强度与混凝土强度等级之比不小于 2,且碎石压碎指标值小于 12%,含泥量小于 1%,针片状含量小于 5%,其他指标如有害物质含量、坚固性等需满足《建筑用卵石、碎石》(GB/T 14685—2001)和其他行业规范要求,如《公路桥涵施工技术规范》(JTJ 041—2000)。碎石进场后需对其粒径级配、含泥量及压碎指标进行检验,合格后方可使用。

(3)水泥。水泥应选用质量稳定、旋窑生产的强度等级为 52.5 或 52.5R 的硅酸盐水泥、普通硅酸盐水泥。水泥进场时,应对其强度、安定性及其他必要的性能指标进行复验,其质量应符合《硅酸盐水泥、普通硅酸盐水泥》(GB 175—1999)的规定。水泥强度富余系数应大于1.15,初凝时间应不早于45min,终凝时间应不晚于10h。

(4)拌和水。拌和用水可用符合国家标准的生活饮用水,也可使用地表水,地下水及经处理或处置后的工业废水,但必须符合《混凝土拌和用水标准》(JGJ 63—89)的技术规定。

(5)外加剂。采用机制砂配制超高泵送混凝土,宜优先采用减水率大、坍落度损失小的缓凝(保塑)高效减水剂。泵送剂的减水率不宜小于16%,其缓凝时间以满足设计和现场施工要求为准。外加剂的品质指标应符合《混凝土外加剂》(GB 8076—1997)和《混凝土泵送剂》(JC 473—2001)的有关规定,外加剂的应用应符合《混凝土外加剂应用技术规范》(GB 50119—2003)的规定。

另外,每批外加剂在使用前必须用施工配合比作混凝土掺外加剂试验,经试验证明其掺量及与水泥的适应性均能满足混凝土强度、坍落度损失和凝结时间要求后方可使用。

2)配合比设计

(1)混凝土配合比设计应符合《普通混凝土配合比设计规程》(JGJ 55—2000)。

(2)混凝土配制强度按照下式计算

$$f_{cu.o} \geqslant f_{cu.k} + 1.645\sigma$$

式中:$f_{cu.o}$——混凝土配制强度(MPa);

$f_{cu.k}$——混凝土立方体抗压强度标准值(MPa);

σ——混凝土强度标准差(MPa),应以同配合比标准试件不少于30组统计资料为准;若无准确统计标准差,则按规范取值为6MPa。

(3)混凝土砂率应控制在38%~45%之间,水灰比在0.34~0.38之间,水泥用量不宜超出500 kg/m^3。

(4)混凝土坍落度应控制在180~200mm之间。

(5)C50机制砂超高泵送混凝土设计配合比见表1。

C50机制砂超高泵送混凝土配合比　　表1

名　称	水　泥	碎　石	砂	外加剂	水	坍落度	抗渗性	初/终凝时间
产地规格		5~25mm	机制砂		山间水			
材料/m^3(kg)	500	1 056	764	6	184	185	14	13h20min/16h40min
理论配合比	1	2.11	1.53	0.012	0.368			
备注	外加剂为重庆江北特种建材公司生产的聚羧酸缓凝高效减水剂,所配制的混凝土的和易性、保水性均较好							

5.2.3　混凝土的拌和

(1)混凝土拌和采用电子自动计量拌和站集中拌和,拌和计量以质量计,其偏差应符合表2的要求。

混凝土拌和计量允许偏差　　表2

原材料品种	水　泥	集　料	水	外加剂	掺合料
每盘计量允许偏差(%)	±2	±3	±2	±2	±2
每车累计计量允许偏差(%)	±1	±2	±1	±1	±1

(2)计量设备应具有法定计量部门签发的有效合格证书,正式称量之前,应对计量设备进行零点校核。

(3)混凝土拌和时间为120~150s。

(4)混凝土每30m^{3}取样一次,检测混凝土的坍落度。当测定坍落度与设定坍落度差超过±30mm时,应查明原因,并处理解决后才能继续搅拌生产。检测坍落度时,还应观察混凝土的黏聚性和保水性。

(5)当测定的集料含水率有变化时,应及时调整集料和水的用量。

5.2.4　混凝土运输

(1)混凝土的运输采用混凝土运输车和输送泵进行。

(2)混凝土在运至浇筑地点后,不离析、不分层、组成成分不发生变化,并能保证施工所必需的坍落度。如混凝土拌和物出现离析或分层现象,应对混凝土拌和物进行二次搅拌。

(3)混凝土搅拌运输车在运输途中,拌筒以 1 ~3r/min 速度不停地进行搅动,运到现场卸料前应使拌筒搅拌 1 ~2min 后再卸料。

(4)混凝土运至指定卸料地点时,应检测其坍落度,所测坍落度值应符合施工要求。

(5)采用泵送混凝土时,应保证混凝土泵的连续工作,受料斗内应有足够的混凝土,泵送间歇时间不宜超过 15min。

(6)混凝土输送管铺设要直、短、平,输送泵入口水平管至少 15m,输送管每隔 3m 应固定。夏季施工时,输送管必须采用麻袋覆盖并浇水降温。

(7)输送泵每次在泵送混凝土前,泵机先试运行。保证正常后泵送清水湿润管壁,并检查是否有渗漏,有渗漏时应及时处理。无渗漏再泵送与混凝土同标号的水泥砂浆润滑管壁,水泥砂浆不得泵入浇筑混凝土仓面,最后泵送拌制的混凝土。

(8)混凝土泵送初始时,应慢速泵送,待泵送顺利后,再用正常速度泵送。混凝土泵送速度要均匀连续,必要时可降低混凝土的泵送速度。若停泵时间过长,应每隔 3 ~5min 开泵一次,防止料斗内的混凝土沉淀离析。

(9)混凝土必须在初凝之前泵送并捣固完毕,为了防止混凝土输送泵在泵送过程中出现故障,致使结构混凝土出现工作缝,每次浇筑混凝土前,必须铺设两条输送管路,配置两台输送泵。

(10)混凝土泵送施工完毕后,及时清洗搅拌车、输送泵机、输送泵管、串筒等。

5.2.5 混凝土浇筑

混凝土的浇筑应满足有关施工规范和设计要求,如《混凝土结构工程施工质量验收规范》(GB 50204—2002)、《公路桥涵施工技术规范》(JTJ 041—2000)等。

5.2.6 混凝土养护

(1)养护时应控制混凝土处在有利于硬化及强度增长的温度和湿度环境中,使硬化后的混凝土具有必要的强度和耐久性。

(2)施工单位应根据施工对象、环境、水泥品种、外加剂以及对混凝土性能的要求,提出具体的养护方案,并应严格执行规定的养护制度。

(3)机制砂混凝土的养护应注意早期养护,以防止机制砂混凝土的塑性收缩和干燥收缩裂缝。

(4)机制砂混凝土浇筑完成后,应在收浆后尽快予以覆盖和洒水养护。在炎热天气浇筑的混凝土,有条件的可在浇筑完成后立即加设棚罩,待收浆后再予以覆盖湿麻袋、湿棉毡和洒水养生。混凝土面有模板覆盖时,应在养护期间经常使模板保持湿润。

(5)有条件的情况下尽量采用洒水养护,根据每天的气候条件,施工单位确定养护期间每天的洒水间隔时间,并形成记录。当采用塑料薄膜或养护剂时,应经常检查薄膜或养护剂的完整情况和混凝土的保湿效果。养护剂应符合《水泥混凝土养护剂》(JC 901—2002)的有关规定。

(6)机制砂混凝土养护用水的条件与拌和用水相同。

(7)机制砂混凝土的洒水养护时间,可根据空气的湿度、温度和水泥品种及掺用的外加剂等情况,酌情延长或缩短。

(8)在冬季或夏季应制订专门的养护措施,冬季有条件的话应尽量采用蒸汽养护。

6 材料与设备

6.1 材料

使用的具体材料见表 3。

材 料 表3

材料名称	规 格	技术指标	材料名称	规 格	技术指标
水泥	52.5 硅酸盐		外加剂	重庆江北特种建材 PCA-R	
机制砂	0～5mm		水	山间水	
碎石	5～25mm				

6.2 机具设备

使用的机具设备见表4。

机具设备 表4

机具设备名称	规 格	数 量	机具设备名称	规 格	数 量
颚式破碎机	PE400×600	1台	混凝土运输车	HTM804C	2台
颚式破碎机	PEX250×1000	1台	装载机	ZL40	2台
振动筛	YK1240	1台	塔吊	SCM-F0/23B	2台
振动筛	2YK1235	1台	吊车	25t	1台
洗砂机	XS2600	1台	施工电梯	1t	2台
混凝土拌和站	NZS50	2套	变压器	1 000kVA	1台
混凝土输送泵	HBT60C－1816	4台	发电机	300kW	1台

7 质量控制

7.1 C50机制砂超高泵送混凝土施工工法执行的质量标准有《混凝土结构工程施工质量验收规范》(GB 50204—2002)、《公路桥涵施工技术规范》(JTJ 041—2000)、《水泥混凝土养护剂》(JC 901—2002)。

7.2 质量保证措施

1)建立健全工程质量保证体系,成立体系健全的质量管理组织机构,完善各项质量管理制度。

2)原材料质量控制

(1)严格控制机制砂的生产,对每批机制砂均需进行各项指标检测,如发现不合格,立即通过机制砂加工场进行整改。

(2)水、粗骨料必须有试验检测报告,经检测满足规范标准要求后才能进场使用。

(3)水泥、外加剂必须有出厂合格证,进场后要经过复检,满足要求后才能使用。

(4)水泥在进场前要复检,并同外加剂进行相容性试验,只有相容性试验合格的水泥才能使用。

(5)混凝土生产前,要按照理论配合比作配合比试拌校正。

3)混凝土质量控制

(1)混凝土搅拌站控制系统即自动计量系统要定期进行标定,每班在使用前要检查一次,确保计量准确。

(2)浇筑混凝土取样要按照分批混凝土的方量和各施工环节的要求共同确定。

(3)混凝土在出站前,必须检查混凝土的和易性和坍落度,检查合格后才能签发出站。

(4)混凝土运输到施工现场放入混凝土输送泵前,必须检测混凝土的和易性和坍落度是否满足要求,若不能满足要求,应将该车混凝土退回,严禁在施工现场或混凝土的运输过程中加水。

(5)混凝土拌和试验人员必须全程监控,混凝土浇筑技术人员必须进行全程旁站,保证混凝土浇筑质量。

(6)建立混凝土养护制度,混凝土养护必须由专人负责。

8 安全措施

8.1 在工法应用过程中严格遵守国家及当地相关的安全法律、法规。

8.2　根据本工法的施工特点制订具体安全措施如下：

(1)建立健全安全保证体系，成立体系健全的安全管理组织机构，完善各项安全管理制度。

(2)施工现场的安全设施、施工人员的安全培训和现场安全技术交底均应遵守《建筑安装工程安全技术规程》。

(3)高空作业人员必须戴安全帽，系安全带，穿防滑鞋，严禁老弱病残及酒后人员上班，严禁从高空抛掷杂物。

(4)所有电路、用电设备必须满足安全用电要求，所有用电设备均按一机一闸设置空气开关，并要有漏电保护装置。

(5)机制砂加工设备、混凝土拌和设备、泵送设备、运输设备在使用前均应检查其性能是否可靠，确保设备运行安全。

(6)所有作业人员必须进行岗前培训，经考核合格后方可上岗。塔吊操作工、电工、装载机司机、运输车司机，以及电梯司机等特殊工种人员必须经相关部门培训，并取得相关作业证书后方可上岗。

(7)建立科学、合理的应急预案。明确相关责任，逐一分工，确保在发生安全、质量事故时将损失降低到最低。

9　环保措施

(1)用于机制砂母料开采的石料场应选择植被差，土覆盖层少的地点，以减少对植被的破坏。

(2)石料场开采结束后，将原开采前清除的表层覆盖层土运回进行覆盖防护，并植草植树，重新绿化。

(3)石料开采剩余的废渣、弃渣等需集中堆放，并需防护绿化。

(4)机制砂加工过程中必须有除尘设备，加强除尘，防止污染环境。

(5)所有水泥袋子等可回收垃圾不得随意丢弃，必须回收交于废品收购站；不可回收的建筑垃圾，应集中堆放，并需进行有效处理。

(6)施工废水、生活废水应按有关要求进行处理后排放。

10　资源节约

C50机制砂超高泵送混凝土采用的主要材料为水泥、机制砂、碎石、水、外加剂，其主要材料的使用均符合国家节能工程的相关要求，采用机制砂替代传统的河沙，可减少因大量河沙的开采造成水土的流失，减少对河床的损害，而机制砂又可利用生产碎石的废料来生产，可节省能源。

11　效益分析

河沙缺乏的山区，采用外地运入的河沙配制高强度超高泵送混凝土，价格昂贵，施工成本高。采用当地资源丰富的优质岩石，经过严格的加工工艺制成优质的机制砂，配制出各项力学性能和物理性能均满足设计与施工要求的混凝土，既保证了混凝土结构施工的质量，又节约了施工成本，取得了显著的经济效益和社会效益。

(1)贵州省崇遵高速公路韩家店Ⅰ号特大桥主桥墩身和箱梁共有C50混凝土28 390m^3，箱梁顶面距墩底地面高差为98m。若用河沙配制C50泵送混凝土，则需从四川购买，运至工地需210元/m^3。而采用当地石质优良的石灰岩生产的机制砂进行配制，成本价为30元/m^3。这与采用河沙相比，节约资金近230万元。成形后的大桥主桥墩身和箱梁线形美观，工程质量优良，受到业主、质检站、贵州省交通厅的高度评价，在全桥施工过程中未出现一例质量、安全事故，为企业创造了良好的信誉，社会效益显著。

(2)重庆市湘渝高速公路D19合同段干溪沟2号特大桥空心薄壁高墩和连续箱梁的施工采用C50机制砂超高泵送混凝土施工工法，在机制砂和河沙的差额上，相比沙砂节约资金近190万元。在施工中经业主、质检站的多次检查，均未出现任何质量和安全问题，受到了高度的好评，在重庆市场取得了良好的信誉。

(3)昭待高速公路D16合同段毛家村2号特大桥，大跨度变截面连续刚构箱梁施工采用C50机制砂超高泵送混凝土施工工法，在机制砂和河沙的差额上，相比河沙节约资金近200万元。箱梁施工完成后，未出现任何质量问题，质量优良。

12 工程实例

(1)中铁二十局集团四公司负责施工的贵州省崇遵高速公路韩家店Ⅰ号特大桥，是国道主干线重庆至湛江公路贵州省境内崇溪河至遵义高速公路的重点控制性工程。自2003年7月10日开工，于2005年11月20日竣工。该桥主桥为(122+210+122)m的连续刚构，箱梁顶宽22.5m，底宽11m，梁高由12.5m渐变为的3.5m，最高墩79.66m，梁顶面距地面高度达98m，墩身与箱梁均为C50混凝土。采用本工法施工的C50机制砂超高泵送混凝土，不离析、不泌水，和易性和可泵性好(泵送高度98m+水平距离200m)，强度、弹性模量均满足设计要求。全桥施工完成后，未出现任何裂缝，成桥线形美观。后经荷载试验表明，桥梁内力和挠度均符合设计要求。

(2)重庆市湘渝高速公路D19合同段干溪沟2号特大桥，是湘渝高速公路的重点控制工程，自2006年4月开工，于2008年12月竣工。该桥是一座大跨度变截面连续箱梁刚构桥，主墩为双肢空心薄壁高墩，全桥共有4个主墩，其中左幅5号墩高83.6m，6号墩高83.71m，右幅6号墩高91.11m，7号墩高91.8m，墩身与箱梁均为C50混凝土。采用本工法施工的干溪沟2号特大桥墩身和箱梁，未出现任何安全、质量问题，线形美观，质量优良。

(3)昭待高速公路D16合同段毛家村2号特大桥，位于云南省会泽县毛家村水库库区，是全线的重难点工程之一，自2005年3月开工，于2007年10月竣工。该桥跨越水库中部一岔沟，桥跨组合为82m+146m +82m，为大跨度变截面连续刚构箱梁桥，两主墩均位于水库中，设计采用高桩承台基础。在变截面连续刚构箱梁的施工中采用了C50机制砂超高泵送混凝土施工工法，应用本工法，成型后的箱梁线形美观，施工中未出现一例质量和安全事故，取得了良好的经济效益和社会效益。

连续钢箱梁逐段拼装空间曲线顶推工法

GGG(中企)C3109—2009

杜 越
(中铁二十局集团有限公司)

1 前言

顶推施工技术较多地应用于预应力混凝土箱梁、钢桁梁的架设之中。1977 年,国内首座采用单点集中顶推的是西延铁路狄家河桥(4×40m 单箱单室),属单一的直线顶推。1983 年,对位于竖曲线地段的广东中堂桥预应力混凝土直线连续箱梁成功实施了顶推施工,总结形成了竖曲线顶推技术。1990 年,国内首次采用平曲线顶推技术对山西平顺县弯桥(28m+35m+28m 单箱单室)成功实施了顶推施工,使顶推技术又发展到了一个新的阶段。随着顶推技术的日益发展,国内有钢管混凝土拱桥(如湖北秭归向家坝桥)、斜拉桥(如邵阳西湖大桥主孔 88m)也采用了顶推技术施工。但对位于小半径平面圆曲线及凸形竖曲线地段的梁体采用顶推技术施工在国内为数不多。无锡硕放互通枢纽 G、H 匝道桥在跨越新沪宁高速公路时,由于沪宁之间交通日流量超过 5 万辆,采用"借道"施工不仅会对刚刚通车的新沪宁路造成一定的影响,而且给收费单位带来巨大的经济损失。因此,在确定钢箱梁施工方案时考虑采用空间曲线顶推技术,即把平曲线顶推技术与竖曲线顶推技术融合在一起完成匝道桥钢箱顶推施工任务。在确定技术路线后,技术人员开展了行之有效的技术攻关,在理论模拟计算及现场施工监控量测的指导下,顺利对两座匝道桥的钢箱梁实施了空间曲线顶推施工,总结形成了"小半径空间曲线钢箱梁顶推施工技术"这一国内领先的新成果,并于 2007 年 10 月 20 日通过了中国铁道建筑总公司评审。专家们一致认为该技术达到了国内领先水平,对跨道路、桥梁、河流等类似条件的桥梁施工具有较为广阔的应用前景。该成果获得了 2007 年度中国铁道建筑总公司科学技术奖二等奖,2008 年度中国施工企业管理协会科学技术奖二等奖。

2 工法特点

(1)不影响桥下通车或通航。

(2)支架投入较少、顶推设备轻型简便,不需要大型吊装设备。

(3)分段拼装、单向空间曲线顶推。

3 适用范围

本工法适用于相同半径的平面圆曲线及凸形竖曲线钢箱梁桥。

4 工艺原理

在被顶推梁体的后部,沿线路中线位置布设数组临时钢支墩作为拼装平台,在平台上分段拼装事先加工好的钢箱梁段,形成一个整体后,经水平千斤顶施力,使梁段在各支墩滑道上逐段向前滑动,直至全联连续钢箱梁就位。

布设钢支墩时,其平面线形及纵面线形必须满足钢箱梁设计的平曲线及竖曲线要素要求,并在钢支墩顶面安装下滑道(用型钢及不锈钢板制作)及导向装置。钢箱梁拼装前,在下滑道面上放置好聚四氟乙烯滑板。在顶推过程中由专人不断地往钢箱梁底部喂聚四氟乙烯滑板。

5 施工工艺流程及操作要点

5.1 施工工艺流程

钢箱梁分段拼装、分段顶推施工工艺流程见图1。

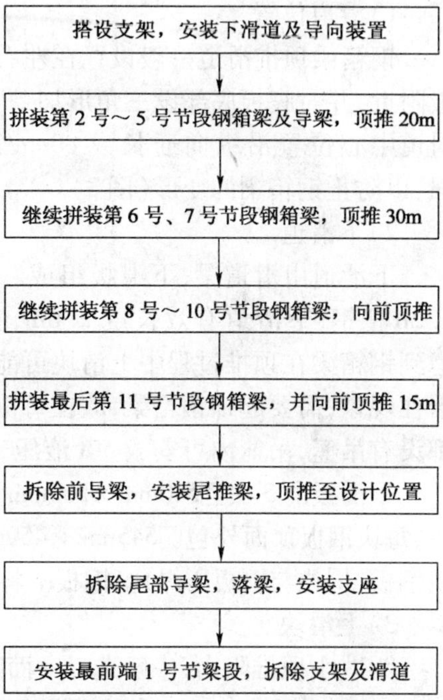

图1 钢箱梁顶推施工工艺流程图

5.2 操作要点

5.2.1 临时墩设计与施工

临时墩除满足钢箱梁拼装平台外，还要兼作对钢箱梁实施空间曲线顶推之用。因此，在设计临时支墩时，既要考虑其能承受顶推时的最大竖向荷载和最大水力，又要考虑满足钢箱梁在顶推过程沿同半径平面圆曲线和同曲率凸形竖曲线轨迹前进要求，并按位置准确计算和控制滑道进、出口的高程。

1）临时墩结构

临时墩一般采用钢管支墩，并用钢板对上下端部作加强处理。本桥临时墩均设计为 $\phi500\times8$ 钢管柱，用Q235钢板卷制。一组临时墩共由4根钢管柱组成，柱间用16号槽钢作剪刀撑连接，柱顶设置用于固定下滑道的钢支座（图2）。考虑到拼装钢箱梁过程中需要设置用于调整接头高程的千斤顶，同时提高临时墩抗推能力，因此，需要在每组支墩上部设置2根I40纵梁。位于桥墩处的临时墩，其墩顶用型钢与桥梁支座垫石进行连接。

2）临时墩基础

临时墩基础可采用钻孔桩基或钢筋混凝土浅基础。本桥临时墩基础采用混凝土扩大基础，根据地基实际承载力（120kPa）及最大竖向荷载（一般墩为85t，中央分隔带处为176t），确定一般临时墩2个分离式基础尺寸为4m×2m×1.2m。基础混凝土按照C25控制，在基础混凝土施工时预埋14个M25地脚螺栓。钢管柱与基础栓接。中央分隔带处临时墩基础充分利用匝道桥承台。临时墩确定后，根据顶推工况对其进行承载力和抗倾覆验算。

图2 临时墩结构

3）临时墩布置

临时墩沿线路中线径向布置，除各组临时墩平面满足与钢箱梁相同半径（$R=240$m）的圆曲线要求外，各墩顶部的高程必须满足钢箱梁对应的竖向圆曲线（$R=1\,850$m）线形要求。

拼装地段的临时墩布设数量主要根据钢箱梁在顶推中处于最大悬臂（34m）工况时满足抗倾覆系数1.5来确定，各组临时墩纵向间距主要根据钢箱梁分段长度（9.93m）确定。因此，本桥拼装地段临时墩纵向中心间距10m。G匝道桥需要布设11组，H匝道桥12组。

每组临时墩钢管柱纵横向间距由设计提供的滑道位置及下滑道梁长度决定，据此计算出横向间距5.15m，纵向间距2m。钢箱梁的顶推高程与设计落梁高程相同。

4）支架搭设

按照临时墩布置图用全站仪测放各个临时墩位置，并对地基进行处理，随后常规法浇注基础C25混凝土。待混凝土达到一定强度后安装钢管柱，采用[16槽钢设置好纵横向水平支撑和剪刀撑。临时支墩安装时垂直度≤1%,顶面高程0~-10mm。

5.2.2 滑动和导向装置

滑动装置主要由下滑道、上滑板组成。

1)滑道位置

钢箱梁顶推滑道一般设置在左右腹板下方的底板附近,并对腹板底部设三角形加劲肋,同时在顶推滑道中心位置沿纵向通长设80cm高肋板进行加强,以防止钢箱梁的变形(图3)。

图3 顶推滑道

2)下滑道

下滑道由滑道梁、下滑板组成。滑道梁为两根[32b槽钢,下滑道有效长度2.0m,宽度30cm。考虑到钢箱梁在顶推过程中上滑块可能会出现挤死或卡住现象,需要起顶钢箱梁,故在每侧滑道梁的两端都设有吊篮,吊篮内可安放50t液压千斤顶以备用。

下滑板由5块□500mm×500mm×20mm钢板组成,每块钢板顶面外包□545mm×450mm×1mm的不锈钢板(周边与钢板压焊)。钢板下料后四周剖成圆弧面,防止接缝处的棱角划伤聚四氟乙烯滑板面。

3)上滑块

为减小顶推阻力,一般选择一面贴聚四氟乙烯、内部设两层钢板的氯丁橡胶板作为滑块。其规格为□400mm×200mm×20mm。下滑板和上滑块共同组成顶推摩擦副,在顶推千斤顶的作用下,实现钢箱梁的顶推前进。

4)导向装置

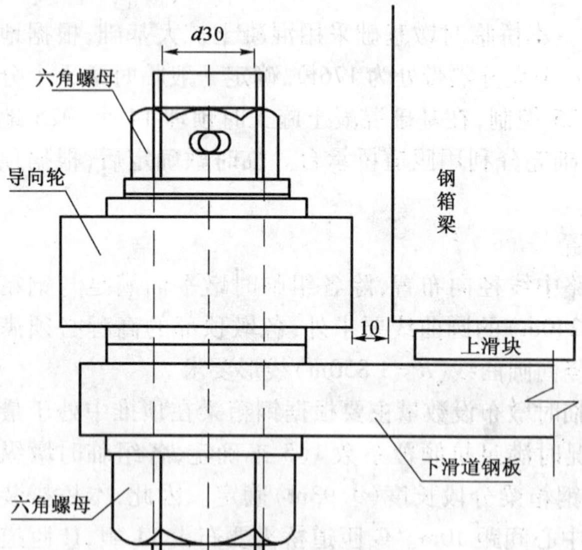

图4 导向装置示意图

为方便钢箱梁节段拼装时的横向定位和顶推时的导向,在临时支墩下滑道板外侧设置了导向装置(横向限位器)。导向装置主要由钢轴、螺母、垫片及导向轮组成,通过钢轴及螺母将导向轮固定在下滑道钢板面上,其结构如图4所示。

5)下滑道安装

下滑道加工好后,用吊车整体就位在钢管柱顶部的支座上,检查滑道顶面高程,必要时用钢板进行调整,符合要求后再将滑道梁与支座焊接。

5.2.3 导梁

导梁长度一般为顶推跨径的0.6~0.7倍,本桥钢导梁长度内侧为20m,外侧为22m,其截面为工字形钢板梁。导梁顶板、底板厚度为20mm,腹板厚度为12~16mm。导梁高度及线形与钢箱梁相同,并与钢箱梁腹板栓接。考虑到导梁上墩时要设置千斤顶顶升,导梁前端成弃口。

5.2.4 梁段顶推

1)顶推方式及位置

为减小桥墩承受的水平力,考虑到平曲线及竖曲线顶推,本桥选择多点拉杆式连续顶推(图5)。即两台千斤顶分别固定于G匝道19号墩、20号墩(H匝道为11号、12号墩)。为防止顶推过程中两侧桥墩受扭,将水平千斤顶设置在桥墩两立柱间的操作平台上。

拉锚器设置在钢箱梁底板横向中心线处的横隔板部位(图6)。拉锚器与钢箱梁底板栓接。钢箱梁加工时,事先在底板上打好固定拉锚器的栓孔。

图5　多点拉杆式连续顶推

图6　拉锚器设置

2)牵引装置

根据顶推最大水平力,选择两台 ZLD-100 自动连续千斤顶提供水平动力。拉杆采用3根 ϕ15.24 钢绞线和自动工具锚。锚固器采用 Q235 钢板组焊而成,其结构尺寸除满足最大顶推水平力外,还要兼顾水平千斤顶施力点尽量与拉锚器在一条直线上。每次顶推时,拉锚器与连续式千斤顶之间保持20～30m 的距离,以减小其位置对平、竖曲线顶推的影响。

3)多点顶推同步运行控制

由于本桥两个水平千斤顶布置在两个桥墩中间,因此,多点顶推同步运行控制主要目的在于期望两个墩上的千斤顶出力克服该墩上的摩阻力,或限制顶推力与摩阻力的差值在桥墩能够承受的水平推力范围。鉴于此,本桥桥墩最大允许的水平力为96t,而临时墩传递给桥墩的最大顶推力约65t。尽管如此,采购设备时按照两台千斤顶集中控制设置总控制台,控制两个泵站。每个千斤顶位置配备联络器具,随时可以与控制台人员通话,发布操作指令及反应顶推情况。

顶推力的控制主要由操作人员手动调整油泵压力控制施力。

4)分段拼装及顶推

(1)第一步:安装 G2～G5 共4个梁段和导梁。用一台250t 汽车吊分别将 G2～G5 梁段吊装在支架上,调整钢箱梁高程、线形,焊缝焊接、检测。安装前导梁并对梁段补涂装。

(2)第二步:顶推钢箱梁 G2～G5 梁段前移20m。操作顶推泵站,由两台千斤顶缓缓给钢箱梁施力,钢箱梁随之向前滑动。在顶推过程中随时观察滑板情况,一旦出现滑板脱空时,暂停顶推,及时在滑板与梁底间加垫钢板。当最前端滑板滑出后,及时从尾部喂新送滑板。

(3)第三步:拼装 G6、G7 梁段。用同样的方法吊装 G6、G7 分段,调整钢箱梁高程、线形,焊接好接头焊缝,随后安装 G6、G7 梁段的翼缘板和钢护栏,并进行涂装。

(4)第四步:第二次顶推钢箱梁前进30m。继续顶推钢箱梁,当导梁伸进中央分隔带临时墩下滑道约40cm 时,暂停顶推,用竖向千斤顶将导梁前端顶起一定高度(千斤顶下端垫上聚四氟乙烯滑板),接着继续顶推0.5～1m 暂停,在导梁下端安装滑板,拆除导梁上墩用的千斤顶,继续顶推,直至梁段前移30m 时止。

(5)第五步:吊装 G8～G10 分段,并顶推30m。具体方法同前。

(6)第六步:吊装 G11 梁段,顶推前进20m。用汽车吊吊装 G11 梁段,继续向前顶推15m,并逐节拆除导梁。最后安装尾梁,继续顶推前进5m,使尾部钢箱梁达到设计位置,拆除尾梁。

(7)第七步:落梁,安装支座。调整梁端线、梁边线精度满足设计及施工规范要求后,用千斤顶起梁,准确量测支座位置及上座板螺栓孔位置后安装支座,支座位置、高程经复核无误,匀速缓慢的落梁于永久支座上。

(8)第八步:安装最前端G1段钢梁。测量G1长度,必要时切割余量,符合设计要求后吊装最后G1分段,并焊接。安装G1、G11等梁段翼缘板和钢护栏,喷涂最后面漆。

5.2.5 施工监控

为确保顶推过程中钢箱梁、桥墩及临时墩的安全,对顶推全过程进行监控。

1)横向位移监控

在导道梁顶面、钢箱梁顶板中线位置每隔10~20m固定一个小棱镜。分别在顶推前、顶推中、顶推就位后采用全站仪观测小棱镜,根据测设的小棱镜位置推断钢箱梁及导梁的横向位移偏差。用同样的方法,对临时墩顶部位移进行监控(图7)。

图7 横向位移监控

2)导梁挠度监控

采用水准仪法对导梁挠度进行监测。测点设在导梁端断面上,横向共两个测点,分别在顶推前、推中、抵达临时墩顶前、抵达墩顶后进行实测,并与设计提供的挠度值对比。

3)钢箱梁、桥墩、临时墩应力监测

在墩底部、钢箱梁腹板底部等部位安装应力计,实测应力,并与设计规定值对比。

4)落梁时永久支座反力的监测

在永久支座处设置应力计,落梁时对各永久支座的支反力进行监测,根据测量结果调整支座高程。

5.3 劳动组织

钢箱梁顶推施工劳动组织见表1。

钢箱梁顶推施工劳动力组织表 表1

序号	岗位	人数	工作内容
1	总指挥	1	负责顶推技术,人员调度,指挥顶推作业,配置对讲机1个
2	泵站驾驶员	1	操作液压泵站总控制柜,配置对讲机1个
3	喂送滑块	4人/墩	滑板的喂送和交接
4	修理工	1	维修油泵、千斤顶等
5	电工	1	负责顶推系统的电路
6	观测人员	3	观测梁体中线,墩顶位移,配置全站仪及对讲机

6 材料与设备

6.1 材料

钢箱梁分段拼装分段顶推施工主要材料见表2。

钢箱梁逐段拼装分段顶推施工主要材料表 表2

序号	材料名称	规格	备注
1	钢管柱		螺旋焊管,直径500mm、壁厚10mm、材质Q235
2	槽钢	[28a	
3		[16a	
4	不锈钢板	$\delta=2$mm	
5	乙烯滑板	200mm	

6.2 设备

钢箱梁分段拼装分段顶推施工主要机具见表3。

钢箱梁逐段拼装分段顶推施工主要机具表(不含监控设备)　表3

序　号	设备名称	型　号	单　位	数　量	备　注
1	水平千斤顶	ZLD100	台	2	提供水平推力
2	液压泵站	ZLDB－100	台	2	
3	牵引装置	ϕ^j15.24 钢绞线	t	0.5	
4	竖直千斤顶	YD	台	10	落梁
5	下滑道板	$L=2.5$m	块	22	由型钢及 $\delta=2$mm 不锈钢板组焊而成
6	滑板	□450mm×240mm×25mm	块	100	
7	吊车	250t	台	1	

7 质量控制

7.1 质量标准

(1)钢箱梁分段拼装质量满足设计及有关施工规范要求。

(2)临时墩滑道安装时,相邻墩高程差控制在±2mm以内,同墩两滑道高程差控制在±1mm以内。

7.2 质量控制

(1)滑道宽度、长度满足设计要求。

(2)顶推速度控制在10~15cm/min。

(3)钢梁顶升最大高度及反力不得超过设计规定值。

(4)钢梁施工质量控制以相关的设计文件及技术规范、验收标准为准。

8 安全措施

(1)顶推作业时对钢箱梁、临时墩、导梁、桥墩实施监控,确保结构安全。

(2)位于既有道路地段的钢箱梁在实施顶推前完成护栏及钢结构表面防护等施工,以避免后续施工时对行车带来安全隐患。

(3)在支墩两侧用钢管搭设人行通道,并设置护栏,安装防落网,确保钢梁焊接和顶推时作业人员高空安全。

(4)中央分隔带中墩四周设置防护网,防止物品坠入行车道。

(5)在作业地段设置前方施工警示牌。

9 环保措施

(1)合理规划施工场地,优化临时施工设施的布置,做好施工区域自然景观和既有设施的保护工作。

(2)推顶施工完成后,积极配合有关部门及时清理建筑垃圾,恢复原有地表植被及排水系统。

(3)施工人员生活中采用液化气,禁止燃煤;工地生活垃圾严禁焚烧处理;施工现场采用洒水车及时洒水,有效防止了大气污染、控制了粉尘和扬尘。

(4)施工区域的生活污水,经过滤网过程,通过污水管输入池中沉淀,并采取生物接触氧化为主体的处理工艺,经甲方和环保部门认可后排放。

10 资源节约

(1)施工过程中使用能耗低的施工机械和设备,提高施工设备负荷运转效率,淘汰了能耗大的施工机械和设备,并禁止不合格临时设施与用电设施的使用。

(2)施工现场居住与办公用的临时设施的围护结构和屋面均采用了隔热保温措施,并采用密封保温隔热性能好的门窗,降低使用了能耗。

(3)非办公、居住有的临时设施时充分利用了符合临设要求的旧料和现场拆迁回收材料。

11 效益分析

11.1 经济效益

本桥顶推法施工需要支架约100t,滑道约10t,顶推设备约20万元(含竖向千斤顶),与支架法相比,主要经济性表现在:

(1)少投入的支架费用约3.5万元。

(2)省去交通防护设施费约28万元。主要是1 200个锥形桶(55元/个),两个灯车(3.8万元/个),26个水马墙(680元/个),3种不同速度限速牌共12块(900元/块),各类施工告示牌共46块(2 000元/块)等。

(3)省去了路政、交警执勤费用30万元。

以上累合计61.5万元,扣除顶推设备摊销费6万元(30%折旧),累计降低成本55.5万元。

11.2 社会效益

该技术带来的社会效益主要表现在钢箱梁施工时不需要对沪宁高速公路进行交通管制,确保了新沪宁高速公路车辆畅通。因此,交通收费没有受到影响,社会效益显著。其次是掌握了曲线地段钢箱梁顶推施工技术,为今后承揽类似工程打下了基础。

12 应用实例

无锡硕放互通枢纽工程的G、H匝道桥,在跨越沪宁高速公路地段设计为四跨一联单箱单室的钢箱梁,2座桥的钢梁顶板宽度10.5m,底板宽度5.5m,底板水平,顶板设有6%横坡。其中G桥跨径布置为28m+34m+34m+28m,钢箱梁与线路呈135°交角;H桥跨径布置为22m+32m+32m+25m,钢箱梁与线路呈105°交角。G桥钢梁在工厂分11段加工,梁段长度在9.22~10.472m。H桥钢箱梁在工厂分10段加工,梁段长度在10~13.391m。

G桥钢箱梁地段平曲线半径$R=250$m,竖曲线半径$R=3\ 000$m,曲线两侧纵坡分别为2‰和2.1‰。竖曲线顶点位于钢箱梁中部。H桥钢箱梁地段平曲线半径$R=240$m,竖曲线半径$R=2\ 000$m,曲线两侧纵坡分别为2‰和2.1‰,钢箱梁位于竖曲线的一侧。

上述两座桥的钢箱梁均采用逐段拼装分段顶推技术跨越沪宁高速公路,施工时间为2006年5月~7月。

45m宽幅斜拉桥节段主梁前支后吊移动平台施工工法

GGG(中企)C3110—2009

高 伟 张广涛 王力国

(中铁十三局集团第一工程有限公司)

1 前言

近年来,斜拉桥以其良好的力学性能、跨越能力、建造相对经济、造型美观的显著优势,成为大跨度桥梁建设中最具竞争力的桥型。斜拉桥主梁按照材料不同分为钢梁、混凝土梁、钢梁上架设混凝土桥面板的结合梁以及钢梁与混凝土梁混合使用的混合梁4类,大跨度混凝土斜拉桥主梁的施工,根据工期要求、场地情况、施工机具等因素可以采用悬臂浇筑法、悬臂拼装法、顶推法和支架现浇法施工。

金华市西二环路跨金华江大桥主梁全长413m,主跨222m,两侧边跨各95.5m,主梁总宽45m。主梁施工若采用全断面移动支架法一次性浇筑法施工,受施工水位影响大,施工周期较长,无法很好地解决施工中出现的主梁横向和纵向裂缝问题,混凝土接缝容易出现错台;若采用挂篮施工,基本不受水位影响,但施工工艺比较复杂,主梁体内横向预应力对施工有一定的影响,由于桥面较宽,主梁纵向需分3块进行施工,增加两条纵向施工缝,设计需对全桥重新进行计算;经研究对比决定采用前支后吊移动平台的方法进行施工,在施工过程中很好地解决了相邻梁段间相对位移的问题,从质量方面避免了原设计方案可能出现的裂缝及错台,同时对施工水位没有要求,施工工艺相对比较简单,施工工期短,施工安全系数较高。该项工法技术于2007年11月27日通过中国铁道建筑总公司评审,达到国内领先水平,该工法荣获2008年度总公司优秀工法。

2 工法特点

(1)自制可移动主梁施工平台,利用已完梁体作后吊点,主梁施工平台作前支点进行主梁施工。

(2)汛期前完成钢管支架及主梁施工平台施工,主梁施工不受汛期影响。

(3)主梁施工平台可操作性较强,工期较短。

(4)全过程监控梁体高程及梁体内力,确保了梁体线形及结构质量。

3 适用范围

本工法适用于旱地或浅水基础的连续梁桥及悬臂梁桥主梁现浇施工及其他类似桥梁的施工。

4 工艺原理

利用自制可移动主梁施工平台进行45m宽幅主梁节段施工。在枯水期完成基础及钢管支架施工,钢管支架顶部纵向使用双工字钢作为支撑,在钢管之间横向焊接工字钢,其上铺设纵向轨道,移动小车通过轨道移动,主梁施工平台由钢箱梁与六四军用梁组成,施工平台安装完毕后,支撑于钢管顶部双工字钢上,进行首节段梁体施工,首节梁施工完毕,拆除首节段模板,千斤顶放置在轨道小车上,使用千斤顶顶起整个施工平台,启动卷扬机,将平台向前移动至下一节段支架上,放下千斤顶,使平台支撑于双工字钢上,进行下一节段施工。施工中采用应变仪全过程监控应力应变,可保证结构质量。

5　施工工艺流程及操作要点

5.1　施工工艺流程

施工工艺流程见图1。

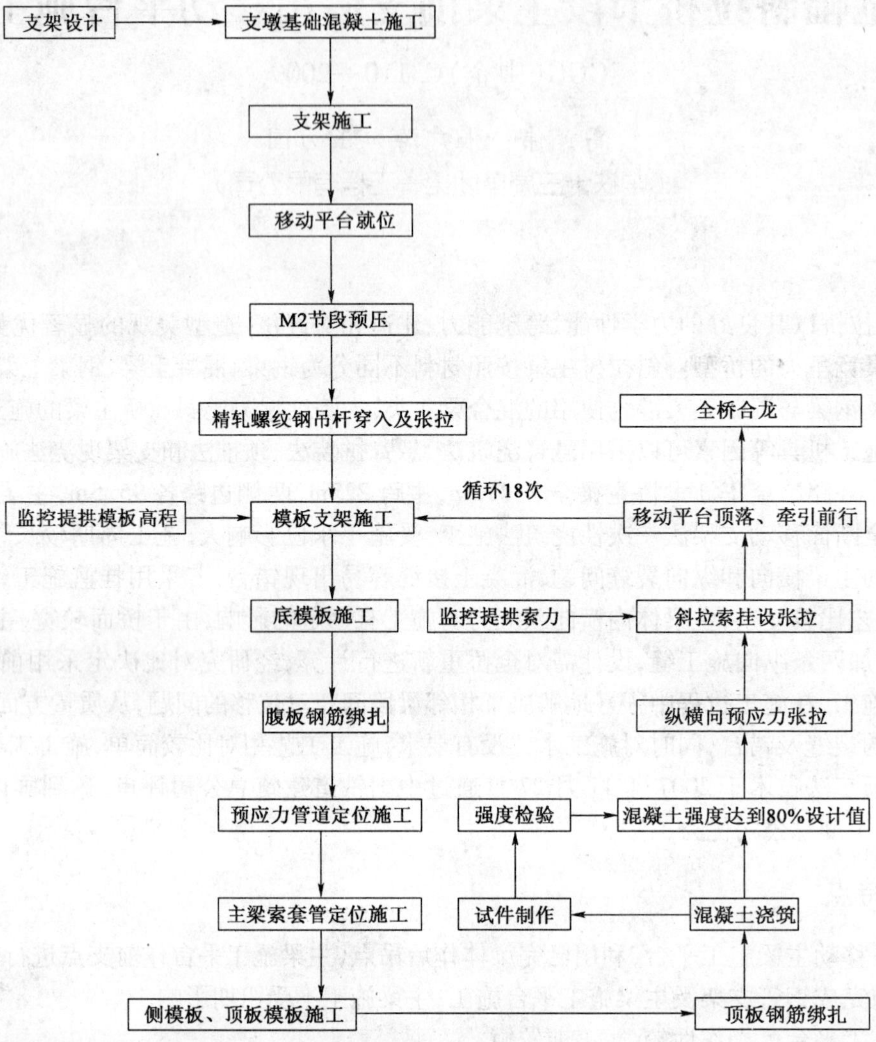

图1　主梁施工工艺流程图

5.2　操作要点

5.2.1　支架、平台系统设计

1)支架设计

主梁支架基础采用混凝土扩大基础,基础顶面预埋钢板,支架采用 ϕ325 钢管支立,支架与混凝土基础通过预埋钢板焊接,四根钢管组成一个支墩,钢管之间采用[10 槽钢连接,钢管顶部纵向使用双 32 工字钢作为支撑。

2)平台设计

移动平台以钢横梁、军用梁和工字钢组配构成,移动平台的尺寸为 13.7m×48m,移动平台采用前支后吊施工。

每个移动施工平台横向采用两片钢箱梁,纵向采用 20 片长度为 12m 的“六四”军用梁形成平台,军用梁上铺设 I16 工字钢,上部铺设木方形成作业平台。

前支后吊移动平台法施工纵向示意图见图 2。

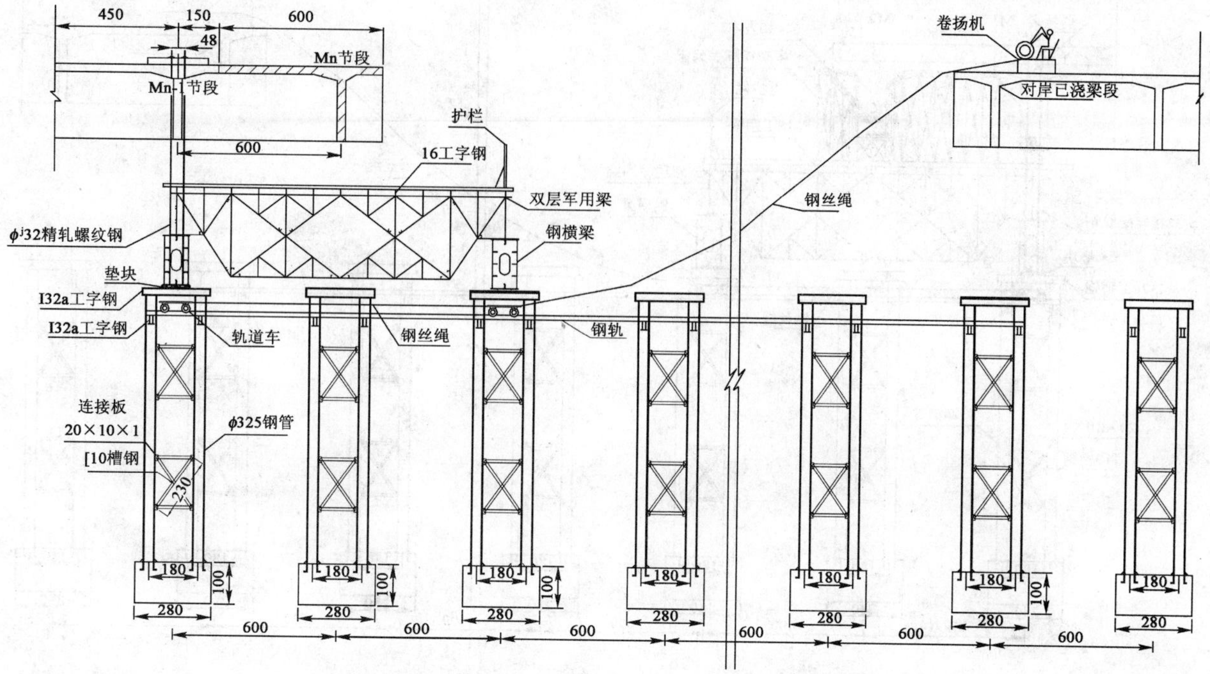

图2　前支后吊移动平台法施工纵向示意图(尺寸单位:cm)

3)移动平台施工工况流程

首先安装施工平台,平台钢横梁支撑于顶部钢管上,进行首节段梁体施工,同时前移轨道;斜拉索完成以后,拆除首节段模板,使用千斤顶顶起整个施工平台,放置在轨道车上,启动对岸卷扬机,将平台向前移动至下一节段支架上,放下千斤顶,使平台支撑于支架上,再进行下一节段施工。

工况流程可见图3~图6。

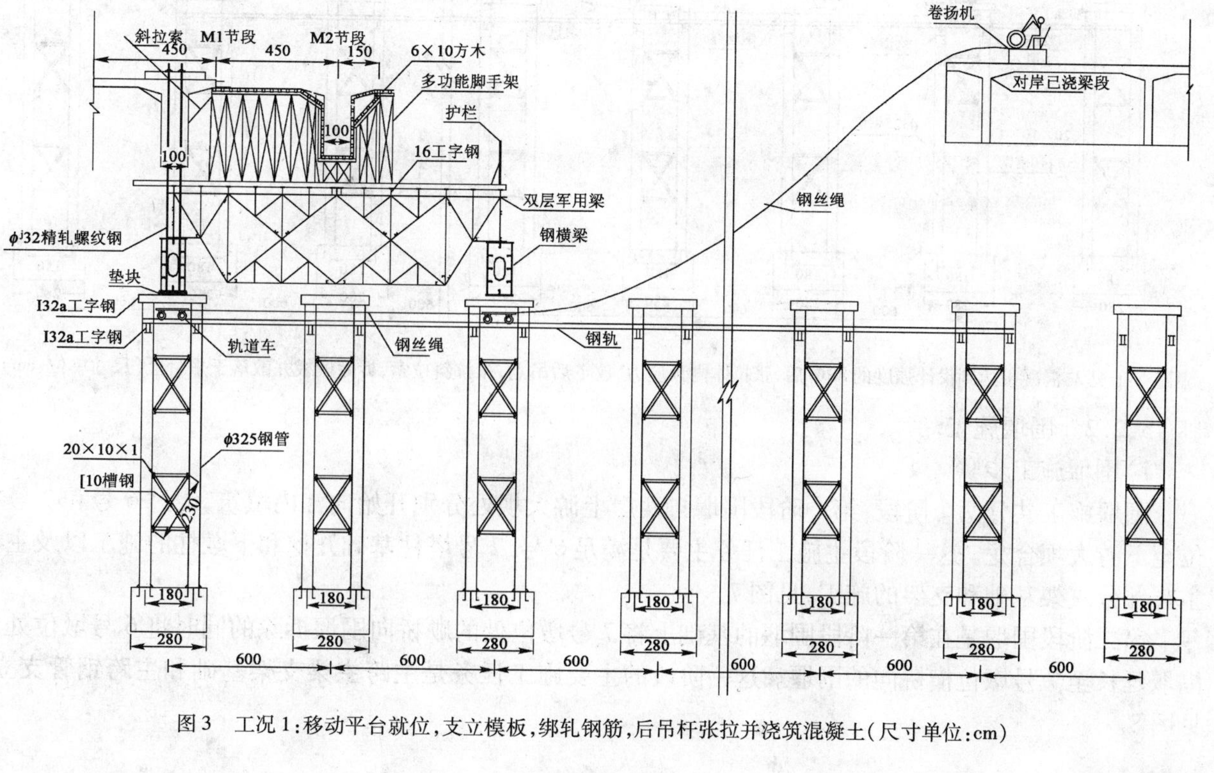

图3　工况1:移动平台就位,支立模板,绑扎钢筋,后吊杆张拉并浇筑混凝土(尺寸单位:cm)

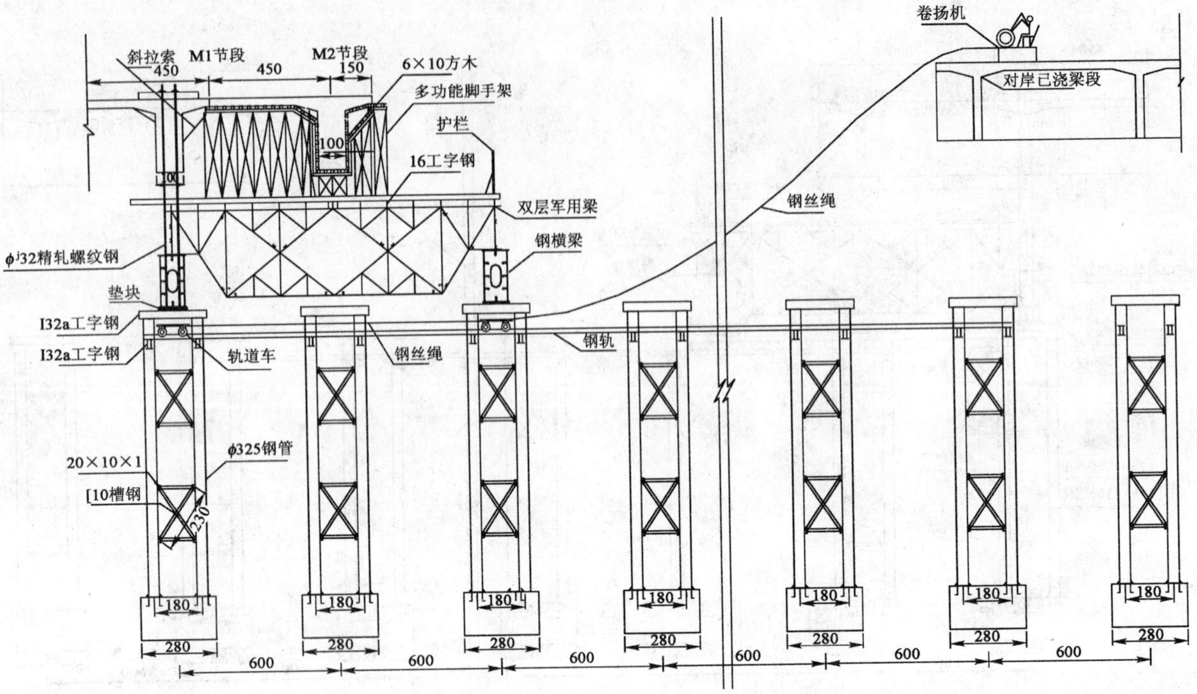

图4 工况2:混凝土浇筑完成后,轨道前移(尺寸单位:cm)

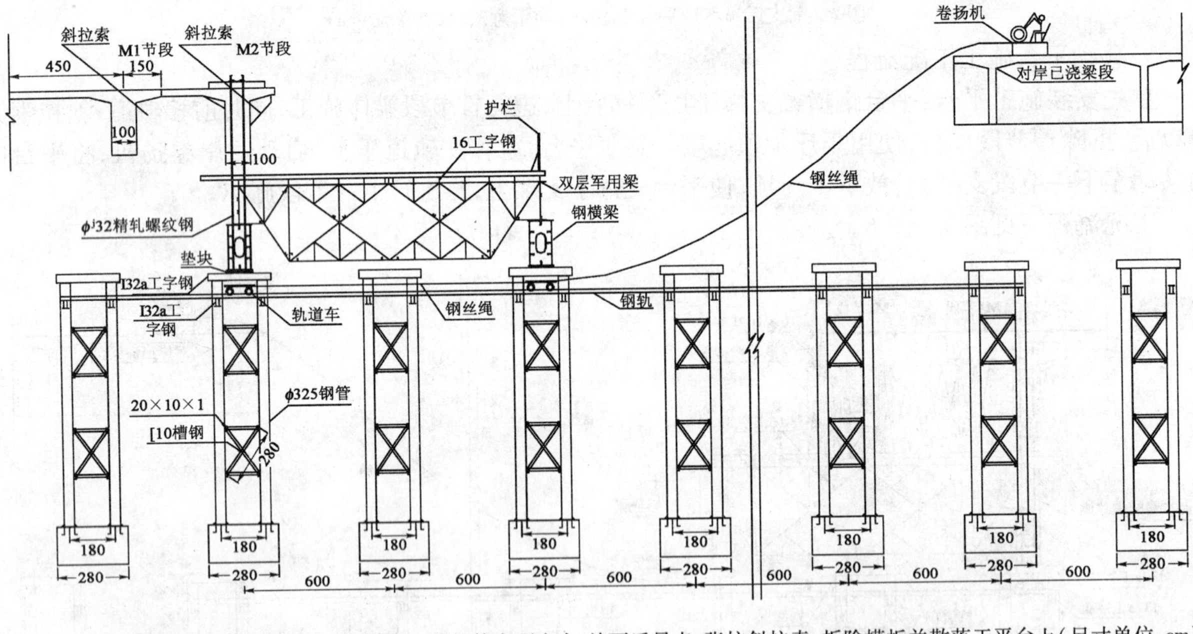

图5 工况3:混凝土达到设计强度的80%后,张拉体内预应力,放下后吊点,张拉斜拉索,拆除模板并散落于平台上(尺寸单位:cm)

5.2.2 围堰施工

1)围堰施工步骤

围堰施工共分两个阶段:第一阶段围堰自两岸上游大坝处分别开始向江内填筑,绕过6号和7号墩位至下游大坝合龙。这一阶段主施工任务主要是满足6号、7号塔柱基础开挖和下墩柱的施工以及主桥主跨部分支架基础和支架的施工,见图7。

第二阶段围堰是在第一阶段围堰的基础上将7号墩位处的顺桥向围堰拆除的同时将6号墩位处的围堰延长至7号墩位横桥向的围堰。这一阶段的主要施工任务是主跨主梁支架基础和主跨钢管支立,见图8。

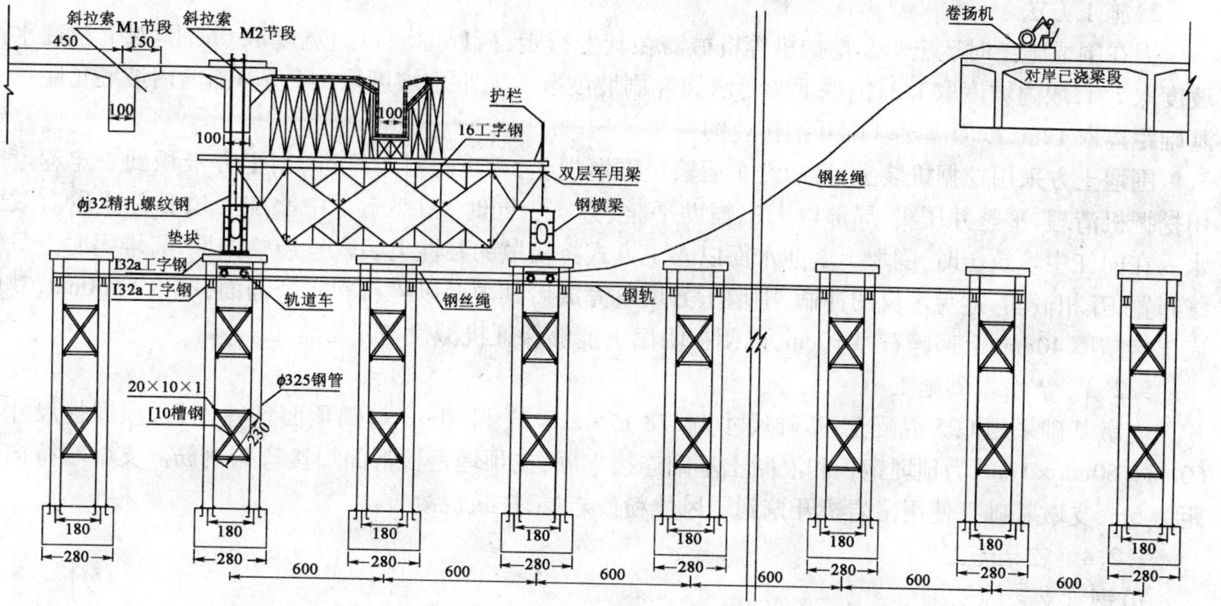

图 6　工况 4:移动平台牵引前行,进行下一个节段施工(尺寸单位:cm)

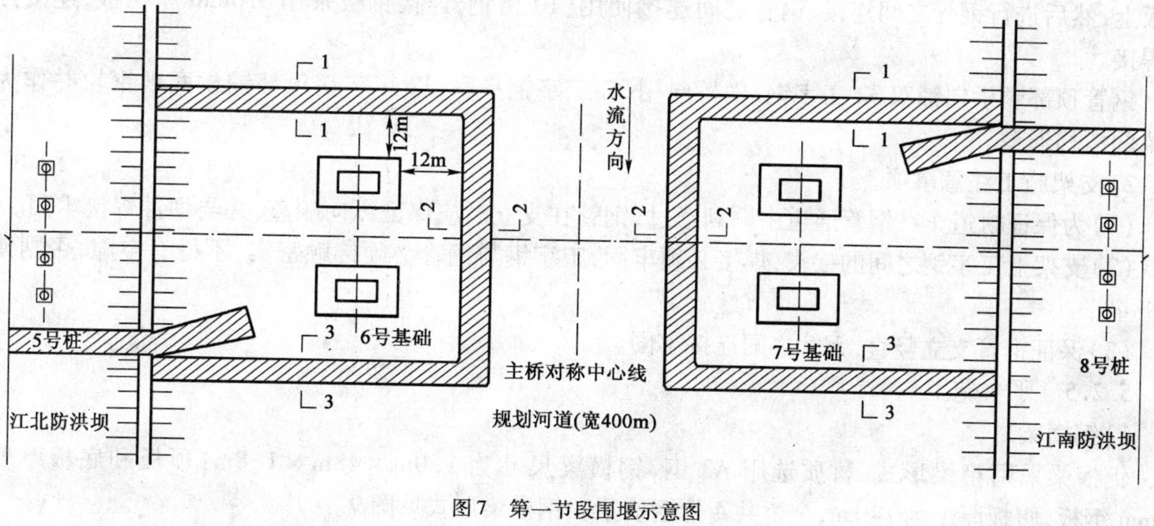

图 7　第一节段围堰示意图

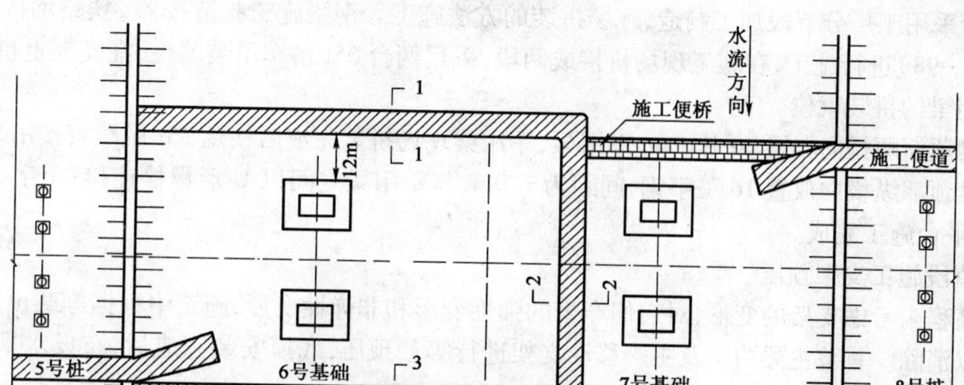

图 8　第二节段围堰示意图

2)施工方法

因在围堰施工时运土车及挖掘机等机械需在其上行走,所以围堰顶面宽度取6m,围堰上游迎水面坡度取1:3,堰内坡度取1:2,围堰下游背水面冲刷坡度取1:2,堰内坡度取1:1.5。围堰内坡底角距塔柱基础距离取12m,以便满足基础开挖作业的需要。

围堰土方采用挖掘机装土,自卸汽车运输至围堰坝上,逐步向江中推进,当土方堆积到一定程度时用挖掘机清理、平整并压实,局部以人工辅助平整、夯实。同时,围堰土方中心加一道黏性土以有效封水。在向江中填筑土时,围堰上游迎水面以人工方式将松散的黏性土装入丝袋整齐堆码,堆码时上下错缝布置,互相嵌实,避免水流的冲刷,围堰土方填筑完成后其顶面以碎石和宕碴铺面,厚度为50cm,其中底部宕碴厚40cm,上部碎石厚10cm,以便在阴雨天能够保证机械设备正常施工。

5.2.3　支墩基础施工

支墩基础采用C25混凝土,基础尺寸为2.8 m×2.8 m×1.0m,基础顶面预埋钢板,预埋件尺寸为60cm×60cm×1cm,为预埋钢板和混凝土基础连接牢固,在预埋钢板下面焊接弯钩钢筋。支墩顺桥向间距为6m,支墩基础下使用凿岩机开挖到弱风化粉砂岩层,浇筑混凝土。

5.2.4　支架施工

1)钢管支架施工

钢管支架采用ϕ325钢管,钢管壁厚10mm。钢管支立采用25t吊车作业,先将钢管焊接在基础预埋钢板上,然后进行钢管之间连接,钢管之间连接使用[10槽钢,连接钢板采用δ10mm厚钢板,连接方式为焊接。

钢管顶部顺桥向铺双32工字钢,横桥向用32工字钢平联,32工字钢顶部铺放两根钢轨并作为钢横梁的滑移通道。

2)支架施工注意事项

(1)为保证轨道车在钢管通道中顺利通过,钢管在支立时应保证纵向顺直,并与埋件焊接牢固。

(2)支架上工字钢之间的接头,焊接必须牢固,工字钢与钢管必须接触密实,不得有空隙,否则使用钢板垫平。

(3)保证钢管支立竖直,钢管之间连接牢固。

5.2.5　平台施工

1)钢横梁

钢横梁采用箱梁形式,材质选用A3钢,钢横梁尺寸为1.0m×48m×1.8m,顶板和底板厚度为20mm钢板,腹板厚度为14mm,全桥共4片钢横梁。钢横梁形式见图9。

钢横梁采用工厂分节段加工制造,现场拼装的方法施工。钢梁施工制造按照《铁路钢桥制造规范》(TB 10212—98)进行施工,在施工现场拼接成两段,采用两台65t吊车吊装就位,在支架上拼装完成。

2)军用梁的拼装就位

钢横梁顶面顺桥向布置20片12m军用梁,军用梁现场拼装完成后使用25t吊车直接吊装就位。

军用梁顶部纵横向放置16工字钢,间距为1.0m,与军用梁之间以U形螺栓连接;工字钢顶面满铺8cm木板,平台施工完成。

3)首节段施工支架预压

设计高程未考虑支架的变形,对它们产生的弹性变形和非弹性变形,施工中根据等载预压等数据设预拱度予以消除。首节主梁边跨及主跨移动支架进行等载预压,底模安装完成后,布设水平观测点,进行测量。观测点布置见图10。

在底模上用砂袋等施加梁重1.2倍的荷载(含侧模重30t及施工荷载162t),测得各观测点的变形量,加载持续48h,每间隔8h观测一次。48h后卸载,并观测一组数据。把观测的数据与计算挠度比较进行整理,绘出弹性变形量,并按此值在底模上预留挠度。挠度的最高值,设置在梁的跨径中点,其他各点的挠度以中间点为最高点,以梁的两端为零,按二次抛物线比例进行内插分配。

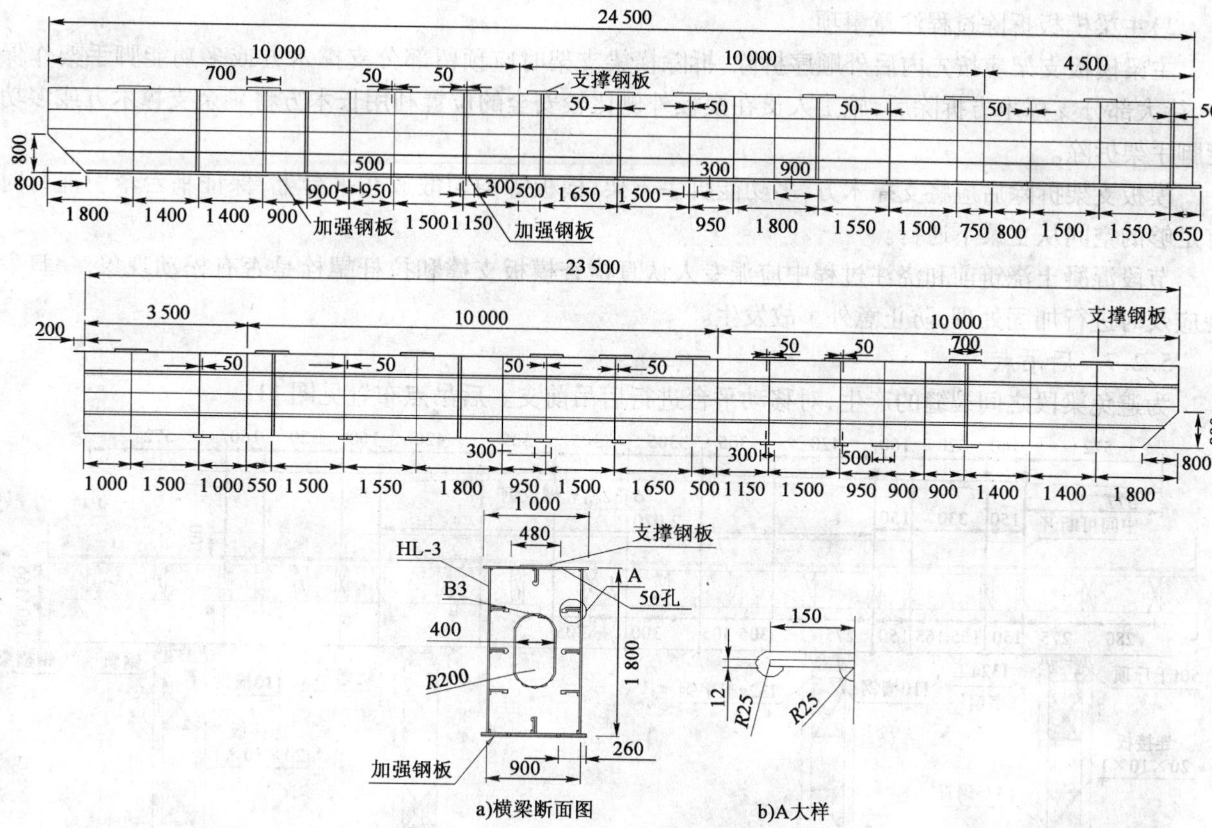

图9　钢横梁结构图(尺寸单位:mm)

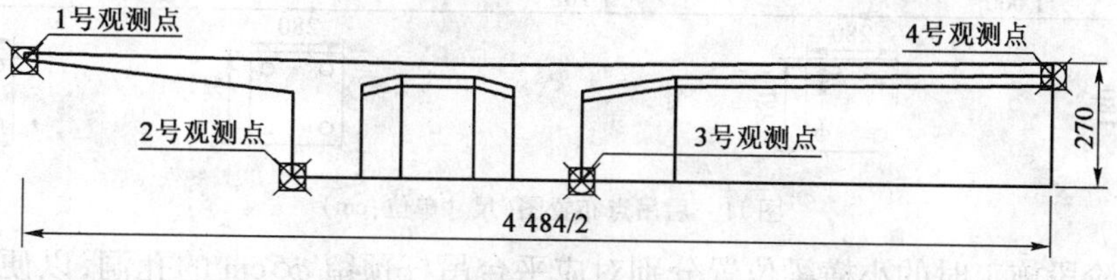

图10　首节段预压测点布置1/2图(尺寸单位:mm)

4)平台的移动

施工平台安装完毕后,平台钢横梁支撑于钢管顶部双工字钢上,进行首节段梁体施工,首节梁体施工完成以后,拆除模板,千斤顶放置在轨道小车上,使用千斤顶顶起整个施工平台,启动对岸已浇梁段上的两台5t卷扬机,将平台向前移动至下一节段支架上,放下千斤顶,使平台支撑于支架上,再进行下一节段施工。

5.2.6　模板施工

主梁模板采用钢木组合模板,多功能脚手支架,穿心拉杆支撑。

1)模板安装

移动平台就位后,先在支架平台上支立多功能脚手支架,按照施工监控单位提供的相应节段高程、支架变形预拱度的累加数值调整梁底高程。

铺设梁体底模、侧模,侧模使用10cm×10cm背方支撑,间距40cm,穿设$\phi16$钢筋拉杆(侧模在钢筋绑扎完成后支立),拉杆间距为60cm×100cm,拉杆外包$\phi25$PVC管,以便拉杆拔除。底模、内模采用竹胶板制作,翼缘板及外侧模采用大块钢模板;对有预应力张拉槽口的梁段,根据张拉槽口角度的不同,采用竹胶板制作该部分模板,模板表面涂刷脱模剂,保证混凝土表面质量。

2)主梁模板拆除过程注意事项

主梁模板支架应按先内后外顺序拆除,拆除横梁支架时应预留部分支撑木方或多功能脚手架作保护,待大部分支撑木方拆除后,施工人员在模板外侧比较安全的位置利用长木方将剩余支撑木方或多功能脚手架拆除。

模板支架拆除后应将支撑木方,多功能脚手支架、模板等均匀散放在平台上,保证平台牵引前行时有足够的空间从主梁下通行。

节段混凝土浇筑前和浇注过程中应派专人认真检查模板支撑和拉杆螺栓是否有松动现象,一旦发现应及时进行加固处理,防止意外事故发生。

5.2.7 后吊点

为避免梁段之间裂缝的产生,对移动平台进行后吊前支。后吊点布置见图11。

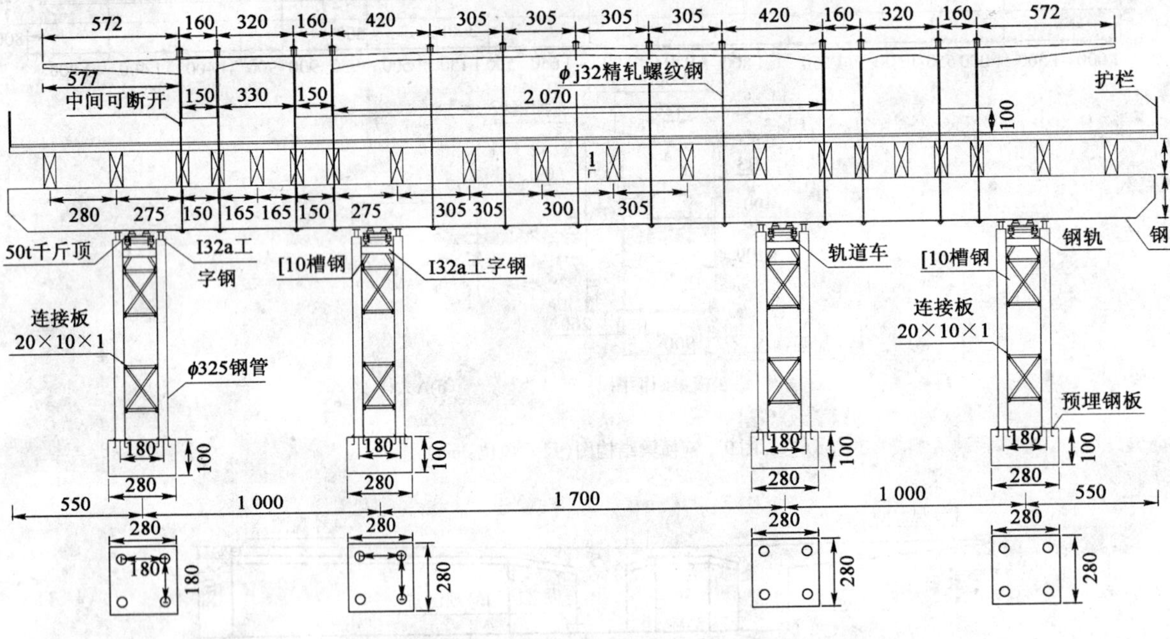

图11 后吊点布置图(尺寸单位:cm)

主梁在前一阶段施工时的小横梁位置分别对应平台吊杆预留ϕ5cm的孔洞,以便吊杆的穿过,吊杆用ϕ^j32精轧螺纹钢制作,浇筑完成后,开始组拼平台,并将吊杆从预留孔内穿过,使用小型千斤顶将吊杆拉伸到位,顶端以螺母固定,平台与吊点处横梁之间以型钢垫块垫牢。提升时需控制平台的顶面高程,应使其距小横梁底有100cm的高度,平台就位后在平台顶部进行支立模板、绑扎钢筋等工作,在施工上一阶段时应在相应位置预埋下一阶段平台吊杆预留孔洞;混凝土浇筑成型后,将平台吊点放下,移动平台。

5.2.8 钢筋绑扎及索套筒安装及预应力管道定位

1)钢筋绑扎及预应力管道定位

梁体钢筋在加工棚内下料,待底模板安装完成后,运至现场在模内绑扎。同时按设计进行塑料波纹管预应力管道安装,先按管道坐标焊制"井字形"定位钢筋。为了保证预应力管道的通顺,可适当增加定位筋数量,同时在绑扎钢筋时,应注意各种预埋件位置的准确性。

波纹管预应力管道安装注意事项:

(1)管道安装前检查其质量及两端截面形状,遇到有可能漏浆部分,割除、整形和除去两端毛刺后使用。

(2)接管处及管道与喇叭管连接处,使用胶带或冷缩塑料密封。

(3)孔道定位:直线段平均0.8m、弯道部分每0.4m设置一道定位钢筋,每道定位钢筋包括支撑钢筋及定位在支撑钢筋上的U形钢筋,支撑钢筋与钢筋骨架连接,定位后管道轴线偏差不大于5mm。

(4)主梁预应力束平弯段及纵向顶板竖弯段设置 $\phi 16$ 防崩钢筋,间距 10cm,并且与曲线凸侧的箍筋或顶板层钢筋可靠绑扎。

(5)管道与喇叭口连接处应保证管道垂直于锚垫板。

2)索套筒定位

主梁索套筒平面位置中的上下游方向严格用双索对称中心线来控制,并依此进行放样,索套筒的里程,依里程控制点进行控制,根据设计要求利用自制钢骨架来保证其稳固性及空间精度,定位误差控制在 5mm 以内,角度误差不大于 5′。

5.2.9 混凝土施工

1)混凝土配合比设计

混凝土采用商品混凝土,配合比见表 1。

主梁混凝土配合比 表 1

设计等级	材料名称	品种规格	每 m^3 用量(kg)	配合比
C50	胶凝材料	尖峰 P. O. 42.5 水泥 + I 级粉煤灰	480	1
	砂	中砂	703	1.46
	石	碎石 5 ~ 31.5mm	1 020	2.13
设计坍落度(mm)	水	自来水	178	0.37
140 ± 20	外加剂	DH-2 缓凝高效减水剂	9.0	0.019
	外掺料			
备注	单方混凝土胶凝材料中包含 460kg 尖峰 P. O. 42.5 水泥 + 20kgI 级粉煤灰,0.37 为水胶比			

2)混凝土浇筑

宽幅梁混凝土浇筑顺序尤为重要,处理不当容易产生裂缝。首先,对称浇筑加劲梁、横梁混凝土,然后,对称浇筑顶板及翼板混凝土。

混凝土水平运输采用混凝土搅拌运输车,泵送入模。浇筑时分层下料、振捣,每层厚度不超过 30cm,上下层浇筑时间相隔不超过 1h。上层混凝土必须在下层混凝土振捣密实后方能浇筑,以保证混凝土有良好的密实度。

混凝土浇筑因故必须间歇时,间歇最长时间按所用水泥凝结时间、混凝土的水灰比及混凝土硬化条件控制。

3)混凝土养生

梁体混凝土使用棉毯覆盖保温、保湿养生,侧面混凝土在模板拆除以后采用涂刷养护液的方法进行混凝土养生。

混凝土接茬处的处理:各梁段混凝土接茬在进行垂直接茬时,在下段混凝土浇筑之前首先应对接茬面进行凿毛,然后使用高压风清除表面的浮渣,在下段混凝土浇筑之前用水充分湿润后浇筑。

5.2.10 预应力施工

1)预应力张拉

分段梁体混凝土强度达到 80% 设计强度后进行张拉作业。预施应力采用应力和伸长值(应变)双控法互相校核。张拉时严格按设计给定的张拉顺序,对称、均衡进行。张拉过程中绘制张拉管理曲线图,对张拉全过程进行监控,确保有效应力达到设计的 100%。当实际伸长值与理论伸长值之差大于 ±6% 时,立即停止张拉,查明原因并采取措施调整后,再继续张拉。发生滑丝或断丝超过规范要求时,进行更换后重新张拉。

精轧螺纹钢的张拉采用专用千斤顶进行张拉,油泵采用 ZB4-500 油泵;其张拉工艺与钢绞线张拉基本一致,张拉顺序为:0→初应力→控制张拉力(持荷 2min 锚固),只不过锚固时是扭紧锚固螺母。

2)管道压浆

张拉锚固完成后,进行孔道压浆,孔道压浆采用真空辅助压浆技术,以保证压浆质量。

在压浆前先用高压水冲洗孔道,然后用空气压缩机吹干孔道内的积水,将真空泵与孔道的一端连接后启动,使孔道内部达到 -0.06 ~ -0.1MPa 的负压并保持住,然后在一端抽真空的同时,另一端压浆直至整个孔道充满水泥浆。

水泥浆中掺入适量的减水剂及微膨胀剂,掺入量由试验确定,并报监理工程师批准。水泥浆的水灰比控制在 0.35,以 0.7MPa 的恒压,一次注浆完毕,压浆完成后及时封锚。为了确保压浆、封锚质量,防止压浆后灰浆收缩出现空隙,在施工时,严格控制水泥浆的水灰比、管道真空负压及压浆压力,并作好压浆记录。

3)梁体封锚

孔道压浆后应立即将梁端水泥浆冲洗干净,同时清除支承垫板、锚具及端面混凝土的污垢,并将端面混凝土凿毛,以备浇筑封端混凝土。

5.2.11 合龙段施工

中跨合龙段混凝土浇筑采用移动平台作为支架,为避免梁端之间裂缝的产生,在平台滑动就位后,将其前后两端吊挂于先浇梁段上。吊杆以 ϕ32 精轧螺纹钢制作,吊杆穿过钢横梁后底部以螺母锚固,再把钢横梁与支架用型钢垫块垫牢。中跨合龙施工流程见图 12。

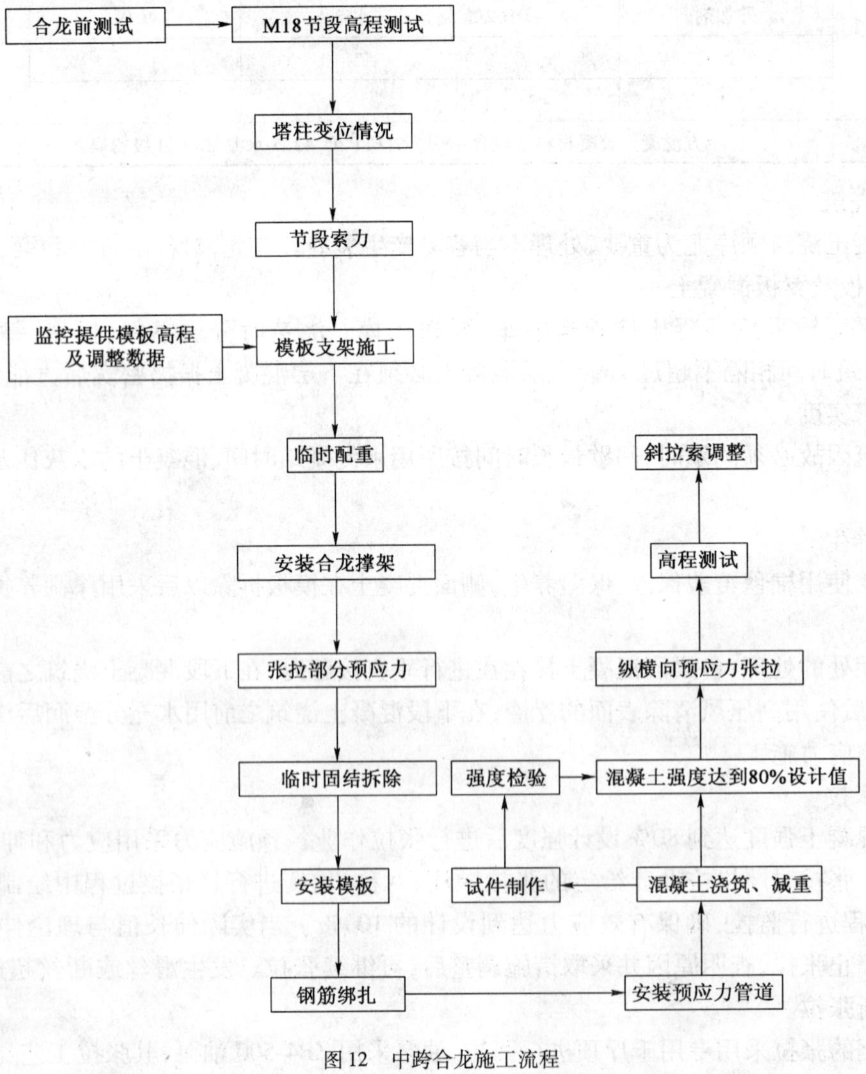

图 12 中跨合龙施工流程

主跨合龙应提前做好塔柱偏位、合龙口的梁段高程、斜拉索索力及施工温度的测试工作，并根据现场监控及设计意图，通过调整索力及两端配重的方法使梁段高程满足设计要求后，进行合龙撑架的锁定。

合龙撑架布置于主梁加颈梁及小横梁顶板上，顶板共6组，上下游各3组对称布置，每组由双[40c槽钢组成，通过与预埋在混凝土中的构件栓接形成。合龙撑架的锁定，采用与预埋钢板螺栓连接，锁定时间选在当日晚上气温最低的时刻进行，并对称连接完成。撑架锁定后经设计师同意后开始张拉部分预应力束，保证合龙段两侧无相对位移，拆除塔梁临时固结设施，支立模板、绑扎钢筋、安装预应力管道并穿束后，浇筑合龙段混凝土。

6 材料与设备

6.1 主要材料

主要材料见表2。

主 要 材 料 表 表2

序 号	名 称	规 格	备 注
1	钢管桩	ϕ325	现浇梁支撑
2	“六·四”式军用梁	·	移动平台
3	钢横梁	48m×1.8m×1.0m	移动平台
4	连接角钢		钢管桩连接
5	工字钢	16、32	移动平台
6	千斤顶	50t	平台顶升
7	木板	厚8cm	移动平台脚手板
8	钢模板		翼缘板模板
9	钢轨	50kg	移动轨道

6.2 主要机具设备

主要机具设备见表3。

主要机具一览表 表3

序 号	机 具 名 称	数 量	用途(使用部位)
1	挖掘机	2台	支架基础
2	25t 汽车吊	3台	支架拼装
3	65t 汽车吊	2台	钢横梁吊装
4	卷扬机	4台	平台移动
5	混凝土输送泵	4台	混凝土浇筑
6	400t 千斤顶	4台	主梁预应力张拉
7	28t 千斤顶	6台	主梁预应力张拉
8	60t 千斤顶	4台	精轧螺纹钢筋张拉
9	轨道车	自制	平台移动

7 质量控制

7.1 质量标准

主梁施工质量标准见表4。

主梁施工质量标准 表4

项目		规定值或允许偏差
混凝土强度(MPa)		在合格标准内
轴线偏位(mm)		$L/10\,000$
斜拉索索力(kN)		符合设计要求
断面尺寸(mm)	高	+5,-10
	顶高	±30
	板厚	+10,0
梁锚固点高程(mm)		$\pm L/5\,000$
锚具轴线与孔位轴线偏差(mm)		5

7.2 质量控制

主梁通过监控计算各阶段数据,现场对测试结果进行反馈分析和参数估计,准确地定出各梁段的主梁立模高程、目标高程、各次张拉索力等控制参数,分析产生各种误差的原因及其影响,及时采取对策并调控。

7.2.1 高程监测

主梁采用移动平台法施工,移动平台自重、混凝土自重、预应力大小、施工荷载、结构体系转化、混凝土收缩徐变、日照和温度等对主梁挠度影响很大,为确保主梁线形平顺和主桥顺利合龙,每一段梁从立模、混凝土浇筑、预应力张拉、斜拉索张拉、移动平台前移等工况都要进行该梁段高程测试和控制,根据实测高程和目标高程进行比较,若存在较大偏差,则可通过调整下段梁立模高程或在索力控制范围内进行调索,使实测高程和目标高程尽量吻合。

7.2.2 主塔偏位监测

主塔偏位受不平衡荷载和日照影响,主塔的偏位对主梁高程影响大,为了及时准确了解塔柱偏位情况,掌握主塔在自然条件下的变化规律,采取以下措施:

(1)在主塔建立长期观测点,利用高精度全站仪进行巡测。

(2)为避免日照对塔柱偏位产生的影响,塔柱偏位观测应安排在日出之前进行。

(3)对各梁段混凝土浇筑、斜拉索张拉、合龙前后工况进行测试。

(4)选择不同气温的晴天进行24h连续观测,以了解主塔在自然条件下的变化规律。

7.2.3 索力监测

索力较小的偏差会引起不利的弯矩,可能使截面应力超限,索力的测试与控制是预应力混凝土斜拉桥施工控制中的一项最关键工作。它不仅关系到主梁施工过程中的安全,而且还影响到成桥后主梁和塔柱的内力分布,索力测试精度要求很高,难度很大。主要采取以下措施:

(1)对锚索计和频率仪及张拉千斤顶的油表,到具有国家一级计量资质的单位统一进行标定,并对斜拉索索力进行联合测试。

(2)为避免日照及气温对斜拉索索力的影响,索力测试一般在当天气温较均衡时进行测试。

(3)拉索各次张拉、移动平台前移、合龙前后进行索力测试,并坚持张拉千斤顶和油表定期标定制度。

7.2.4 温度监测

日照温差对主梁挠度和塔柱偏位的影响非常显著,现场需要对结构梁柱体温度进行测试,将采集的温度进行分析处理,随时了解结构当时的状态,从而保证预应力混凝土的施工安全。现场温度测试的方法有:

(1)采用高精度、高灵敏度的测温仪进行现场测试。

(2)选择适宜的测温时间,并建立周期测试制度,现场随时采集记录。

(3)选择有代表性的测温断面,主梁和塔柱的测温断面与应力测量断面相同,以便计算分析。

(4)各梁段混凝土浇筑、预应力张拉、斜拉索张拉、合龙前后等工况进行测试。

8 安全措施

8.1 安全管理措施

主梁的现浇施工工序较多,在移动平台施工过程中要多次使用牵引和顶升设备,并且在现有的支架上施工,作业的专业性尤为重要。在保证质量的同时,安全工作不容忽视。

成立由项目经理为组长的安全领导小组,成员由各业务部门的负责人及在安质部配备的安全组组成。施工队相应成立安全生产领导小组,队长为组长,分派一名副队长负责具体工作。施工队设安全质量室,配专职安全员,工班内设兼职安全员。

(1)认真贯彻国家及当地政府、业主关于安全生产的法律、法规和规定。广泛进行安全生产教育,增强全员安全生产意识和自我防护意识,使每个职工都明确各自的安全责任,认真贯彻执行"安全生产、预防为主"的方针,打好安全基础,形成全员参加、人人有责、全员管理的安全生产氛围。

(2)加强安全管理,保障施工人员和国家财产的安全。根据"管生产必须管安全"和"谁施工谁负责安全"的原则,建立各级安全生产责任制,分级管理,层层签定安全生产责任书,落实安全生产责任制。

(3)建立安全生产定期和不定期检查制度。项目部每月对安全生产情况进行一次检查,每季度进行一次大检查,工班每天进行一次自检,同时,项目部将积极配合集团公司安全检查组的检查,评比打分,兑现奖罚。

(4)抓好安全岗位培训。开工前,对所有上岗人员实行安全意识和安全技术知识教育,把有关安全操作规程印发到工班,特殊工种人员一律持证上岗。

(5)开展安全达标竞赛,落实奖罚措施。开展安全标准工地建设活动,组织工程队与班组的两个层次的安全达标竞赛活动,做到100%达标。

(6)随时接受业主、监理单位及当地劳动部门对安全生产的监督、检查、考评,对提出的问题,及时整改,确保安全生产。

(7)项目经理具有与工程项目规模相适应的资质,专职安全员、质检工程师、试验员、测量员、技术员等管理人员和特殊工种操作工人佩戴胸牌,并持证上岗,胸牌应贴有本人照片并标明单位、岗位职务、姓名、编号。

8.2 安全技术措施

(1)主梁支架要经过施工设计计算,施工时要有专职质检员进行检查。

(2)平台移动前要对轨道、小车、千斤顶组、卷扬机等设备的工作状况要进行检查和试运行。

(3)平台在牵引的过程中,两台卷扬机工作时在指挥人员的统一指挥下同步进行,现场应设专人统一指挥。平台起落时,为防止千斤顶失灵,平台突然下落,必须有保险木方保证钢横梁与底部支架的高差不超过2cm。所有支点的底部均要垫实,垫平,禁止使用锈蚀或腐蚀严重的支撑材料,以确保平台顶落过程的安全性。

(4)机械操作人员做好各项记录,达到准确、及时,严格贯彻操作制度,认真执行"清洁、润滑、坚固、防腐、安全"的十字作业法;卷扬机操作人员要精神集中,听从指挥,确保安全。

8.3 安全保障措施及防误措施

(1)操作人员进入工地必须佩戴安全帽,特种作业人员应佩戴专门的防护用具,高空作业系好安全带。

(2)在作业区边缘应设置护栏并架设防护网。

(3)确保作业范围内有足够的照明设施。

(4)所有的设备在使用前均要进行检查,保证其在工作时有良好的使用性能,施工现场应布设好相关的安全防护设施,并且设专人负责检查、检修和养护,杜绝违章作业。

(5)建立电器安全管理和经济责任制度,专业电工负责电器安装和使用的管理、安全工作。专职安全员负责巡视监督检查。

9 环保措施

9.1 环保体系

(1)遵守国家现行的有关环境保护的法律,严格控制新污染并逐步治理老污染。坚持"以防为主、防治结合、综合治理、化害为利"的原则,采用有力措施,防止污染和破坏自然环境,同时认真了解当地的环保法规,并且严格遵守和执行。

(2)成立环境保护领导小组,由项目副经理任组长,环境保护部长、专职环保工程师任副组长,有关部门业务人员及各施工队长任组员的环保组织机构,定期对施工现场周围环境进行检查,一经发现有人有破坏生态环境行为,立刻制止,无偿恢复原貌,并且视情节轻重,给予罚款处罚。

9.2 施工环保的主要措施

(1)施工场地和运输道路要经常用洒水车进行洒水,防止扬尘。扬尘采用施工现场目测15m以内无扬尘。

(2)对工程施工产生的废渣、废液,按照有关环保要求进行处理,不得随意弃置、排放。

(3)施工现场的生活垃圾和工程废弃物应集中堆放,结合环保部门的意见及建议进行处理。

(4)靠近居民区及其他敏感单位施工时,要合理安排施工工序及作业时间,采取相应措施,最大限度降低和消除噪声污染。施工中采用对附近地区居民访问调查的方式,对施工噪声大的施工工序(如混凝土浇筑等)尽量赶在白天施工。

(5)基础开挖的土体,应及时清运和回填。来不及回填时,周围要设置临时排水沟,防止水土流失。

(6)弃土弃渣严格按设计要求运至弃渣场,不准乱弃。弃渣场要有永久挡护工程,严防水土流失。

采用本工法进行的施工,通过采取以上措施,均能达到环保的要求。

10 资源节约

本工法完善了施工中资源回收利用体系,对施工中的钢支架、钢箱梁等在施工完成以后全部拆除再利用,节能环保,横梁上的支架采用了工具式的六四军用梁,减少了建筑废料和污染物的生成和排放,促进施工的生产消费过程与环境相容,降低了整个施工活动对人类和环境的影响。

11 效益分析

11.1 经济效益

金华江大桥主梁施工如采用设计提供的全断面一次性浇筑约需费用350万元,采用前支点挂篮的施工需费用约274万元,因采用前支后吊移动平台,有效避免了桥下洪水侵袭,使施工人员和材料设备充分倒用,避免一次性投入过大或窝工,有效缩短施工工期,减少设备和材料的投入,约需费用216万,直接节约成本58万元。

11.2 技术经济分析

金华市西二环跨金华江大桥主梁主跨施工采用前支后吊移动平台的方法进行施工,从质量方面解决了相邻梁段间相对位移问题,避免了原设计方案可能出现的裂缝及错台,主梁在施工过程中受力明确,提高了工程质量。

11.3 社会效益

该桥主梁施工采用前支后吊移动平台的施工方法,在枯水期完成梁体支架,使主梁施工不受汛期影响，并利用已完节段作后吊点，施工前一阶段梁体，保证了施工缝不产生裂缝和错台；施工周期短；平台移动施工可操作性较强，施工中全过程监控梁体标高及梁体内力，确保了梁体线形及结构质量，主梁中跨合龙时桥面中线误差为5mm，高程误差为10mm，施工质量完全满足施工规范和设计图纸要求，保证了施工的顺利进行。该工法的成功运用，对旱地或浅水基础的连续梁桥及悬臂梁桥主梁现浇施工及其他类似桥梁的施工提供了新的思路和方法，创造了良好的社会效益。

11.4 节能环保效益

通过本工法的实施，有效减少了施工中对于环境的污染和资源的浪费，节能环保效益明显。

12 应用实例

12.1 金华市西二环金华江大桥工程

金华市西二环跨金华江大桥工程，该工程位于位于金华市婺城区乾西乡西二环路里程k1 +998.401 ~k2 +711.401m处。主桥上部结构采用95.5m +222m +95.5m三跨双塔斜拉桥，主桥总长413m。主梁采用预应力混凝土边双实心主梁断面，主塔从双边主梁间穿过，主梁在每个拉索锚固点间均设置一横梁，横梁采用预应力结构，整个桥面系为纵横梁组成的梁格体系。主塔采用钢筋混凝土结构，主塔高度约90m，为了增加主塔稳定性及抗风性能，二主塔间在桥面以上约2/3的位置及主梁底各设一道横梁。如图13所示。

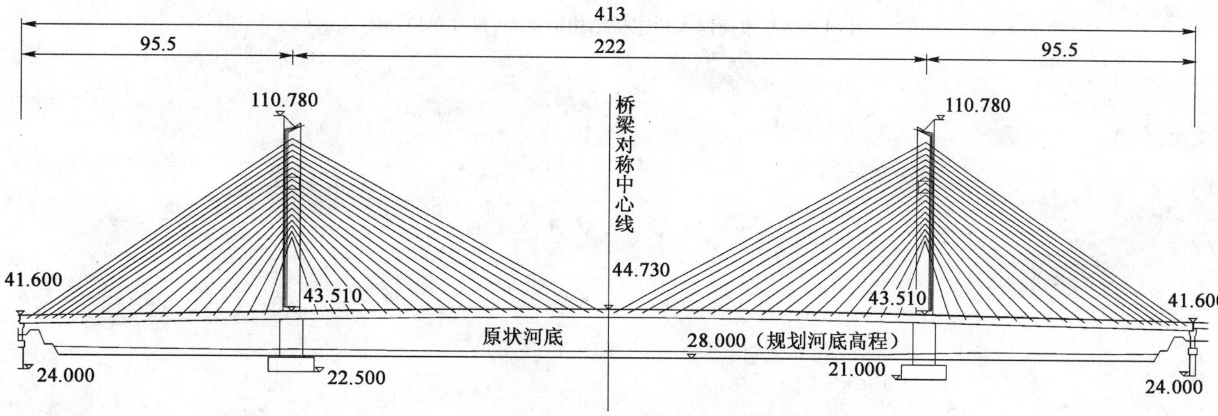

图13 金华江大桥主桥结构示意图（尺寸单位：m）

斜拉索采用高强平行钢丝斜拉索，共计72对144根，最长索约123m，最大拉索质量约12t，全桥总质量约1 064t。本桥采用塔柱固结，主梁半漂浮体系。开工日期为2006年12月29日，于2008月10月20建成试通车。

利用本工法在金华市西二环跨金华江大桥的应用，主梁中跨合拢时桥面中线误差为5mm，高程误差为10mm，施工质量完全满足施工规范和设计图纸要求，不仅为本单位积累了丰富的施工经验，而且对今后类似桥梁的施工具有较高的参考和推广价值。

12.2 义乌市商博大桥

本工程位于义乌市新城市中心东部，南起江东北路与商博路交叉口，北至商博路—北城路交叉口以北300m处。主桥桥型采用(75 +100)m的独塔式斜拉桥方案，塔、梁、墩固结，没有设置辅助墩，主桥总长175m。主梁形式为分离式双主梁，主梁按预应力混凝土A类构件设计。主塔自承台顶面至塔顶总高约66m，为钢筋混凝土箱形断面，单箱单室；斜拉索采用钢绞线斜拉索，全桥共26对，梁上标准间距6.5m，如图14所示。本工程开工日期为2008年12月26日，于2008月9月8建成通车。

该桥主梁175m，其施工采用本工法，主梁中跨合拢时桥面中线误差为5mm，高程误差为10mm，施工质量完全满足施工规范和设计图纸要求，保证了施工的顺利进行。通过本工法在义乌市商博大桥的成功应用,不仅为本单位积累了丰富的施工经验,而且再次验证了该工法的可靠性,并对今后类似桥梁的施工具有较高的参考和推广价值。

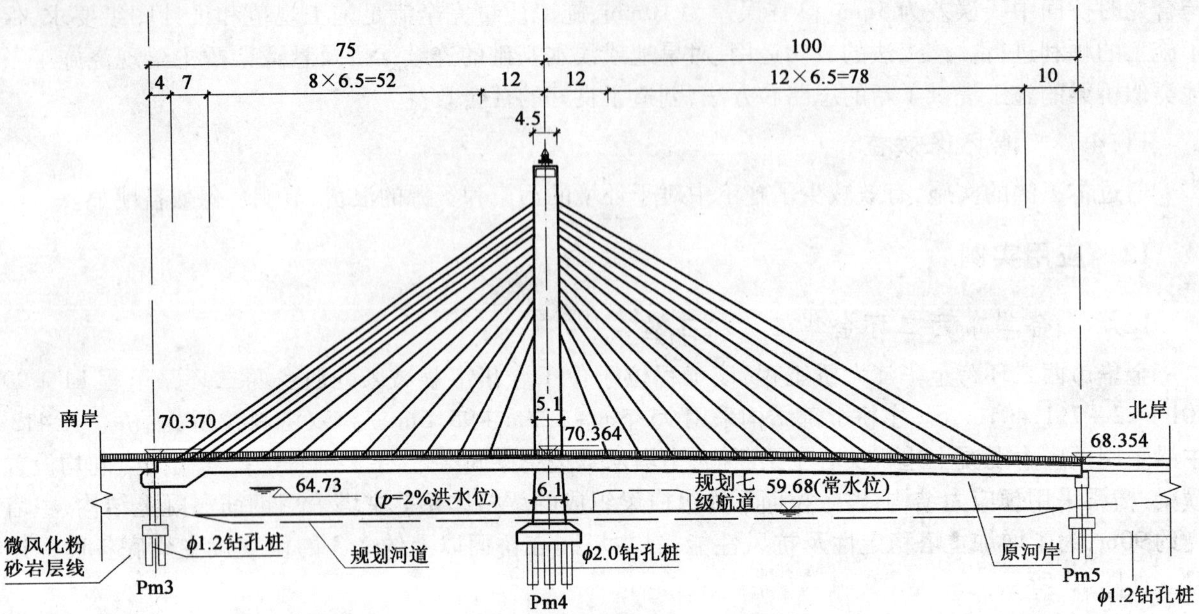

图14 义乌市商博大桥主桥结构示意图(尺寸单位:m)

大跨度变截面栓焊结构钢管桁架拱肋加工制作工法

GGG(中企)C3111—2009

刘 志 李志辉 刘宏宇 陶中原 李长武

(中铁十三局集团第一工程有限公司 中国铁建股份有限公司)

1 前言

大跨度变截面栓焊结构钢管桁架拱肋加工制作是钢管桁架拱肋施工的关键技术。针对具有结构复杂、管径大、板材厚、部件种类多、施工现场狭小等诸多特点的拱肋施工,宜选择在工厂内加工制作、厂内预拼、工地吊装的施工方案,不仅施工进度快,而且加工后的拱肋线形光滑圆顺,各项技术指标均符合设计和规范要求,将为主拱肋的顺利吊装提供了保障,也能够为实现工程的总体目标工期打下了坚实的基础。中铁十三局集团有限公司在总结沪蓉西高速公路支井河特大桥、浙江省象山县三门口跨海大桥、东莞水道特大桥等多座钢管混凝土拱桥钢管拱肋加工制作施工技术研究及成功实践的基础上形成本工法。

2008 年 11 月 25 日由吉林省科技厅组织专家对本工法关键技术进行了鉴定,认为加工制作大跨度变截面栓焊结构钢管桁架拱肋施工技术处于国际领先水平,具有广阔的推广应用前景。

2 工法特点

2.1 钢管拱肋采用栓焊结合工艺、变截面“5 + 1”拱肋整体卧拼技术,具有节能、节材、高效、安全等优势。

2.2 可提高大管径,厚板材钢管拱肋加工制造效率。

2.3 在充分保证施工质量前提下节约场地,形成流水作业,提高工作效率。

3 适用范围

本工法适用于大跨度栓焊结构变截面钢管桁架拱肋加工制作的拱桥加工,对相同类似结构工程可参照借鉴。

4 工艺原理

在工厂内设置胎架,按照工厂试验的焊接工艺完成拱肋桁片的制作后在胎架上进行节段制作。连续拱肋杆件完成后,通过单肋片组焊、弦管组焊接头法兰、节段组装,利用“栓焊结合”连接方式,“5 + 1”匹配制造完成全桥单拱肋的卧拼。

5 施工工艺流程及操作要点

5.1 施工工艺流程(图 1)

5.2 操作要点

5.2.1 钢材进厂检验

进厂钢材按照规定进行复验,复验结果应满足对钢材化学成分和机械性能的要求,合格后方可使用。

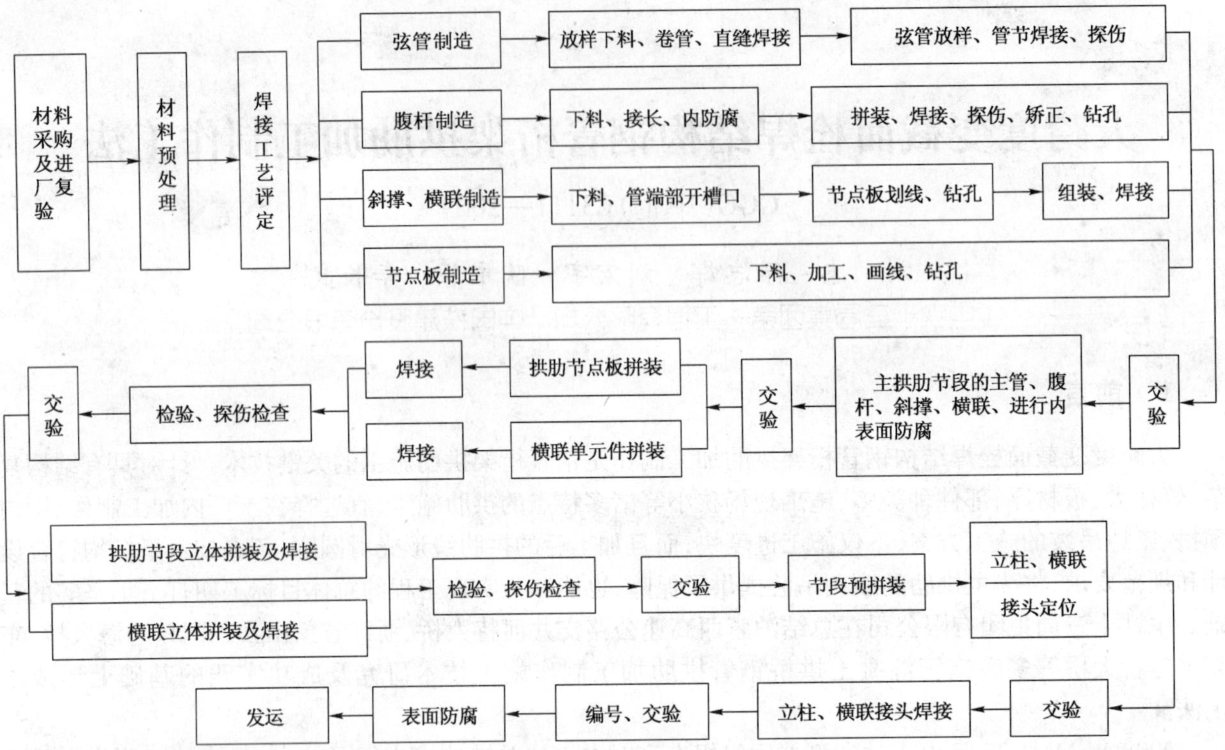

图1　工艺流程图

5.2.2　焊接工艺

根据设计要求,主拱各主要焊缝均要求全熔透焊接,结合工厂的实际制造情况,采用埋弧自动焊、药皮焊条手工电弧焊和 CO_2 气体保护焊完成主拱的焊接工作。埋弧自动焊用于主弦管直环缝焊接、拱肋腹杆棱角焊缝的焊接和所有钢板接长的对接焊缝焊接。CO_2 气体保护焊主要用于工厂内拱肋腹杆的棱角焊缝打底焊及制造时的平位和平角位的其他焊缝焊接。手工电弧焊用于工厂内的立、仰位置的焊缝焊接。

5.2.3　部件制作

按构件相似原理,拱肋部件制作分为弦管制造、腹杆制造、撑杆制造、节点板制造四个部分。在工厂内同时安排多条生产线分道作业,进行专业化生产,以保证构件质量和生产进度。

1)弦管制造

(1)单元管节制造

号料:

①下料按计算机放出的1:1大样进行画线。包括下料切割线、以后管节接长的基准线(在两端打样冲眼),并用钢印在两端距端部及直缝边100mm位置打上管节编号。

②画线时要分清钢板的压延方向,使钢板压延方向与卷管方向一致。

③计算机放样时,相邻两管节直缝应错开180°,一节的直缝布置在顶部(使用状态下),其相邻管节则布置在底部,上弦管拱上立柱处尽量布置在下部。每根弦管两端管节,长度各预留30mm焊接收缩量。下料后长宽尺寸允许误差±2.0mm。

下料:

采用半自动气割机进行下料。下料后切口上不得产生裂纹,并不宜有大于1.0mm的缺棱,应清除边缘上的氧化物、熔瘤和飞溅物等。切口或坡口边缘上的缺棱,当其为1~3mm时,可用机械加工或修磨平整;当缺棱或沟槽超过3.0mm时则应用 $\phi3.2$mm 以下的低氢型焊条补焊,并修磨平整。其他部件的下料要求与此相同。

加工焊接坡口：

采用半自动气割机加工焊接坡口。切割后用角磨砂轮机将坡口面及其侧边 50mm 范围内打磨光洁并清除锈斑、油污等脏物。单元管节焊接坡口形式如图 2 所示。

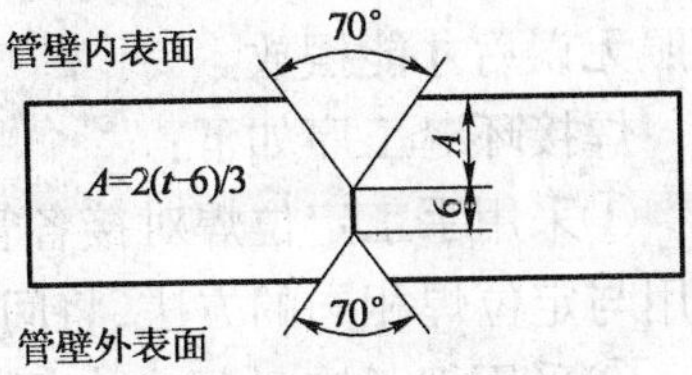

图 2　弦管直缝、环缝坡口形式

卷管：

①采用三辊卷板机对钢板进行卷管加工，根据管径、板材厚度及卷板机性能，选择常温下卷制成型的冷卷工艺。

②卷管前，首先利用专用压模在压力机上将两端直缝边预压成型（引弧），如图 3 所示。然后再上卷板机卷管。

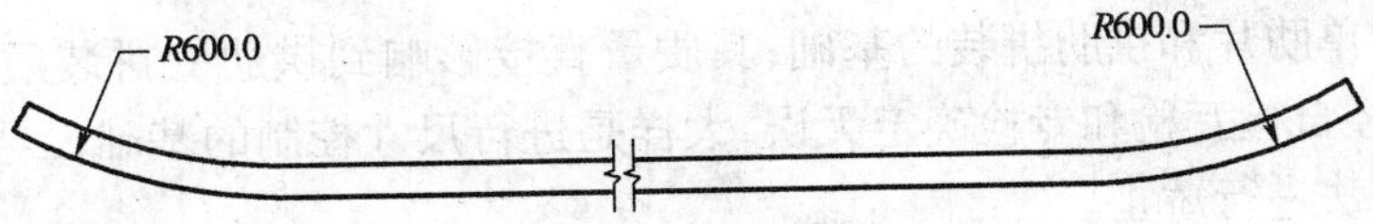

图 3　弦管直缝边压型

③卷管时注意，管节接长基准线及管节编号标志所在的钢板面应是钢管的外表面。另外，钢板喂入角度应保证直缝边与卷板机辊轴平行。卷管直径允许误差为 ±2.4mm，直缝对接错边量不超过 1.0mm。

④卷管时严格采用快速进给法和多次进给法，冷卷时，由于钢板的回弹，必须施加一定的过卷量，在达到所需的过卷量后，还应来回多卷几次。

⑤在管节直径较大，为防止钢板因自重而使已卷过的圆弧部分回直或被压扁，必须有吊车配合。

⑥在卷管过程中，应不断使用内圆样板检查钢板的弯曲度直至达标。

焊接纵缝：

①单元管节卷好后，按要求检查管径和直缝对接错边量允差，对局部超限的管节采用千斤顶、夹具、手拉葫芦等工具进行校正，合格后用手工焊点焊固定。

②采用埋弧自动焊焊接卷管直缝，先焊内侧，然后再清根焊外侧。

矫圆：

管节焊接后会发生变形，所以必须使用卷板机进行二次矫圆，以使管节外形尺寸达到工艺要求。矫正后管节端口失圆度不超过 3.6mm。

（2）组装节段弦管

当所有的单元管加工好后，下一步工作就是将单元管以折线对接连成所需要的节段弦管。在组装前，要将所有单元管几何尺寸、焊接质量进行检查，合格后方可进行组装工作。所有组装工作均在专用的平台上进行。

放样：在平台上放出节段弦管轴线大样，并依此轴线划出弦管轮廓线。对照轮廓线设置管节对接定位靠板。如图 4 所示。

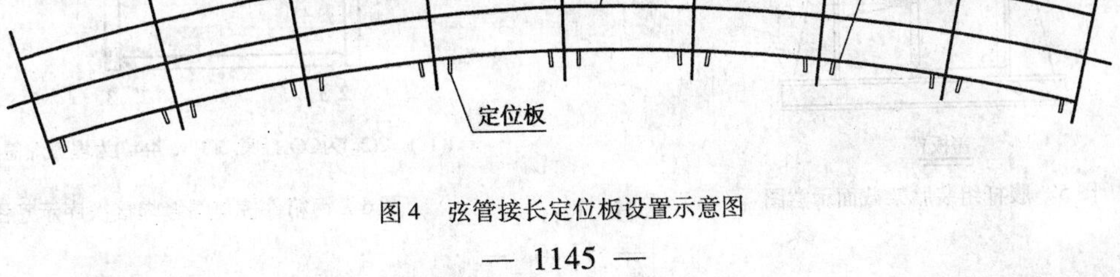

图 4　弦管接长定位板设置示意图

组装单弦管:每根筒节的摆放位置和方向是唯一的,在组装时要严格根据管节编号进行排位,为了避免组装时出现错误,在摆放管节前,先在平台上标出每根管节的位置编号以及摆放方向(纵向),两者对照无误后才能摆放。

焊接环缝工序如下:

①采用手工定位焊对接各管节。焊缝厚度4~6mm,每段长度及间隔均为100~150mm,自动焊前,采用与定位焊相同的方法,将间隔补焊到与定位焊齐平。管节对接错边量不超过2mm。

②采用埋弧自动焊在专用的旋转胎具上进行环缝焊接。先焊接内侧,再清根焊外侧。将焊好的弦管放到平台大样上,检查其弧线精度,并对超差部位采用火焰矫正。矫正后实际弧线与设计弧线偏移量不超过5mm。弦管节段制造完成后,用钢印在两端距端部及直焊缝100mm位置打上弦管编号。

(3)制造要点

管节对接是进行单肋片和拱肋拼装的基础,其质量直接影响到拱肋的拼装质量。一要放出准确的单弦管对接大样,并经自检互检和专检确定无误,大样是进行尺寸控制的基础;二要控制好焊接变形,如尺寸超差即采用火焰法进行矫正。

2)腹杆制造

腹杆为截面尺寸为400mm×600mm的箱形结构,其盖板厚度16mm,腹板厚度18mm。

(1)钢板接长

盖板和腹板尽量采用整板下料,在材料尺寸不满足要求时,允许接长,但不允许接宽。最小接长长度不小于1 000mm。钢板拼接均采用埋弧自动焊,焊后将焊缝余高磨平,拼接错边量不超过1.0mm。先接长,后进行切割下料。

(2)号料及下料

按照施工详图放出腹杆盖、腹板及中间隔板的1:1大样,划出下料切割线。为提高效率,采用多头直条切割机进行下料。下料宽度允差±2mm,盖板、腹板长度方向留30mm焊接收缩及修割余量。腹板的两侧边及中间隔板四周,每边留3~5mm机加工余量。

(3)加工中间隔板、腹板边缘及坡口

用刨边机加工腹板边缘,用铣边机加工腹板坡口,坡口角度50°,钝边2mm。腹板两端各1 000mm范围内宽度允差0~1mm,其余部位±2mm。用铣边机加工隔板四边,高、宽允差±1mm,对角线差不超过1mm。用机床对中间隔板、腹板边缘及坡口进行加工,能保证尺寸精度,确保组装质量。

(4)组装与焊接

①盖板、腹板内表面和隔板表面要按要求先进行内防腐,再进行组装。腹杆的组装在专用胎架内进行,如图5所示。先将一块盖板放入胎架内,然后按图纸划出隔板、腹板装配线,依次安装腹板、隔板和腹板。

②采用CO_2气体保护焊焊接隔板与腹板、盖板的连接焊缝。

③安装另一块盖板。并按图6所示顺序焊接四条棱角焊缝。棱角焊缝打底焊道(1,1′,2,2′)采用CO_2气体保护焊,盖面焊道(3,3′,4,4′)采用埋弧自动焊。

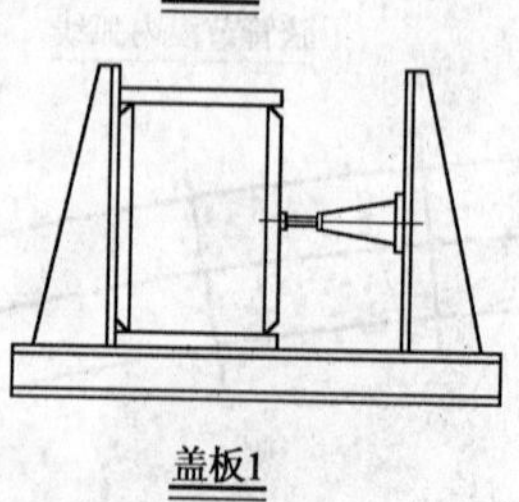

图5　腹杆组装胎架截面示意图

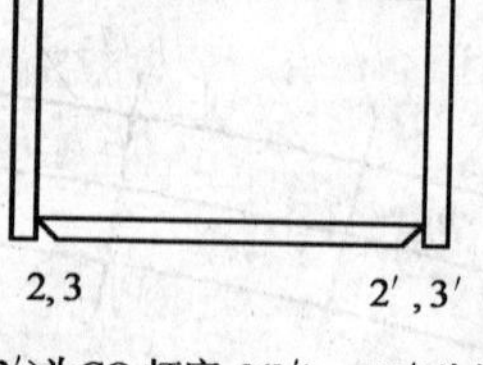

1(1′)、2(2′)为CO_2打底,3(3′)、4(4′)为埋弧焊盖面

图6　钢箱件棱角焊缝焊接次序示意图

(5)矫正焊接变形

腹杆焊接成型后,对各部尺寸进行检测,对超差部位采用火焰法进行变形矫正。

(6)钻连接螺栓孔

在刚性平台上放地样,将腹杆水平放在平台上,对地样划出两端孔群位置线。采用平面覆盖式模板,对线钻两端连接孔。

(7)制造要点

防止腹杆焊后发生扭曲变形是腹杆制造的关键。为此须采取以下保证措施:一为保证组拼质量对腹板及中间隔板的边缘及坡口用刨边机和铣边机进行加工;二严格按照焊接顺序进行施焊;三焊后采用火焰法消除焊接应力并进行变形矫正。

3)撑杆制造

撑杆钢管 $\phi600\times16$,采用直缝焊接钢管,其制造及要求同拱肋弦管。斜撑 $\phi402\times16$ 采用无缝钢管直接下料。

(1)号料及下料

按照施工详图放出撑杆的 1∶1 大样,划出下料切割线。采用半自动气割机进行下料,长度允差 ±2mm。

(2)加工焊接坡口

在平台上,划出两端坡口切割线,并采用半自动气割切割坡口。坡口根部宽度 1~3 mm。切割后用砂轮打磨坡口,使之光洁,清除锈斑、油污等脏物。

(3)卷管及焊接

利用专用压模,在压力机上将直缝边先压制成型,然后上卷板机卷管。采用埋弧自动焊焊接撑管直缝,先焊内侧,然后再清根焊外侧。对于需进行接长的撑杆,采用埋弧自动焊进行对接环缝的焊接,先焊接内侧,再清根焊外侧。

(4)撑管矫正

撑管管节焊接完成后,应二次上卷板机进行矫正,矫正后管节端口失圆度不超过 1.8mm。对接长的撑管应放到平台上,检查其弯曲度,并对超差部位采用火焰矫正。矫正后实际弯曲度,不超过 3mm。

(5)组焊节点板

先将同一端两节点板与填板及加劲板组焊成整体,填板与节点板间加 1mm 薄铁皮调整间隙,保证两节点板间距为正差 2~3mm。加劲板与节点板的连接焊缝,非隐蔽部分留待工地安装焊接。撑管制造完成后,用钢印在两端距端部及直焊缝 100mm 位置打上编号。

(6)制造要点

组焊两端节点板时,应严格控制好两端连接螺栓孔群的中心距精度。

4)节点板制造

(1)下料

本桥节点板数量大,形状尺寸各异,为保证精度提高效率,采用数控气割机下料,不留加工和修割余量。为保证钻孔质量,节点板螺栓孔采用数控钻床钻制。

(2)钻孔

为减轻数控钻床工作量,提高工作效率,对相同型号的节点板,用数控钻床先钻 1 块,充当模板,再套钻其余节点板。每块模板,只可用于套钻 1 次。

(3)制造要点

控制好节点板连接螺栓孔的位置精度是关键工序,为此采用数控钻床进行钻孔。先钻一块充当模板,再用其套钻其余节点板。每块模板,只能使用一次。

5.2.4 通过"5+1"整体卧拼进行单肋片的组装

1)放样

单肋片组拼在刚性的平台上进行。按吊装节段施工图在平台上放出1:1大样:上下弦管外缘轮廓控制线、拱肋中心线、腹杆中心线及拼装线、弦管对接线、横联撑杆的中心线。拱肋宽度加5mm的焊接收缩量。地样必须经自检、互检和专检,符合图纸尺寸要求后,用油漆标记,打上样冲眼。在平台上沿上弦管凸边轮廓线、下弦管凹边轮廓线、腹杆侧边轮廓线各设2个定位挡板,并在腹杆两端设置腹杆支承座。如图7所示。

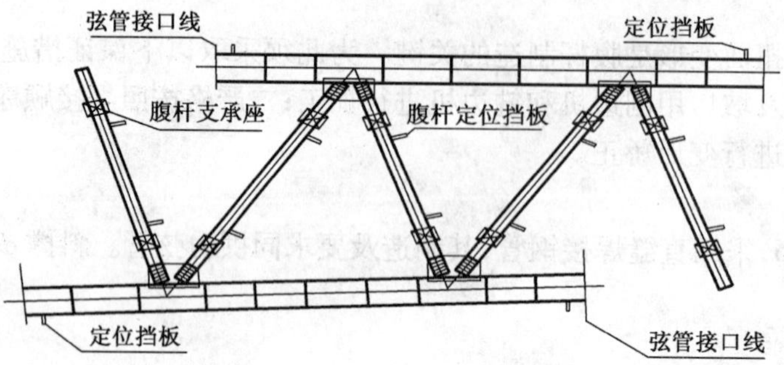

图7 拱肋肋片拼装定位示意图

2)各部件就位

将上、下弦管分别吊上平台,对地样就位。上弦管控制上凸边轮廓线,下弦管控制下凹边轮廓线,允许偏移5mm,超出范围时用火焰进行矫正。将腹杆吊上平台,对地样就位,两端用支承座支撑,使其中心面与弦管中心在一个水平面内。

3)安装腹杆节点板

先将下部的节点板拴在腹杆上,并用冲钉定位,接触面间垫1.0mm薄铁皮,然后对线将节点板与弦管点焊固定。当节点板与弦管间隙过大时,采用手工焊方法,先对节点板进行堆焊;节点板与弦管发生冲突时,采用气割的方法,对节点板进行修割。无论是堆焊还是修割,都须对坡口面进行修磨,使其表面光洁。再用相同的方法,组装上部的节点板。

焊接时先焊接节点板上侧坡口焊缝,应尽量使焊缝熔透,以减小背面清根量。焊接采用小线能量,多层多道焊。每焊接一道焊缝,须对焊道表面进行锤击处理。锤击后,焊道表面应有均匀的可见压痕。背面清根及封底焊,在拱肋试装完成,拆下腹杆后进行。

4)安装横联节点板

横联节点板仅进行点焊固定。注意控制节点板孔群到肋片中心面的高度,和上、下弦管上的两个节点板的相对位置。同一节段中,只组装一个肋片上的节点板,另一个肋片上的节点板拴在横联上,在节段组拼时再进行定位。

5)上下肋片合样

划出肋片两端弦管的切割线和距切割线100mm位置的切割检查线。切割线按相邻两节段弦管接口中心线确定,不考虑对接坡口的间隙要求,对接坡口在与相邻节段的肋片组装时进行修割。然后将肋片翻身,清根焊接另一面节点板坡口焊缝。按相同工艺组装另一侧单肋片,再将上下两肋片进行合样,检查并矫正使其几何尺寸在允差范围内。依此程序组装出全桥120个单肋片。

6)单拱肋肋片"5+1"整体卧拼

相邻节段肋片以整体"5+1"单肋卧拼的形式进行合样,组焊节段接头法兰,确定出拱上立柱支座的中心位置。合样分三部分进行,次序分别为1号+2号+3号+4号+5号+6号,6号+7号+8号+9号+10号+11号,11号+12号+13号+14号+15号。

7)制造要点

大样是进行结构尺寸控制的基础,放出准确的单肋片组拼大样后要经自检互检和专检;要通过整体"5+1"拱肋卧拼技术对变截面拱肋线形进行控制;要控制好焊接变形,提前采取反变形措施,在拱肋宽度上加5mm的焊接收缩量;要对局部超差采用火焰进行校正。

5.2.5 拱肋预拼装

主拱肋各部件制作完毕后，即开始进行拱肋预拼装。拱肋节段厂内预拼的目的是检验大桥制造是否符合设计线形及尺寸要求，为工地吊装做好准备。

基本流程为：单肋片组焊→弦管组焊接头法兰→节段组装→拱肋拆开→节点板背面焊缝清根焊接→表面喷砂处理→表面喷铝处理→表面油漆→待装车发运。

1）预拼平台

节段的预拼装必须在单肋片组焊合格后进行。为保证节段接头质量符合要求，肋片间横联撑杆、拱肋间横撑撑杆均能准确定位安装，须在专用的拼装平台上采用立式拼装。每组拼装 4 个节段（含 8 个拱肋节段，3 道横向风撑），拼装台的长度和宽度要求，如图 8 所示。

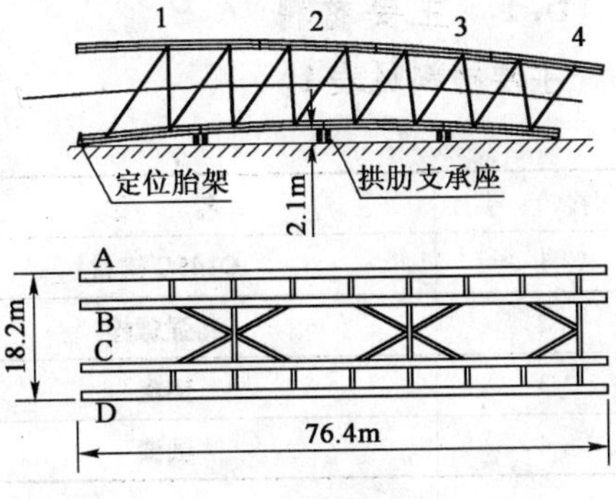

图 8 拼装平台布置图

2）预拼装顺序

节段预拼装工序为：1 号 + 2 号 + 3 号 + 4 号，4 号 + 5 号 + 6 号 + 7 号，7 号 + 8 号 + 9 号 + 10 号，10 号 + 11 号 + 12 号 + 13 号，13 号 + 14 号 + 15 号。节段预拼顺序见图 9。

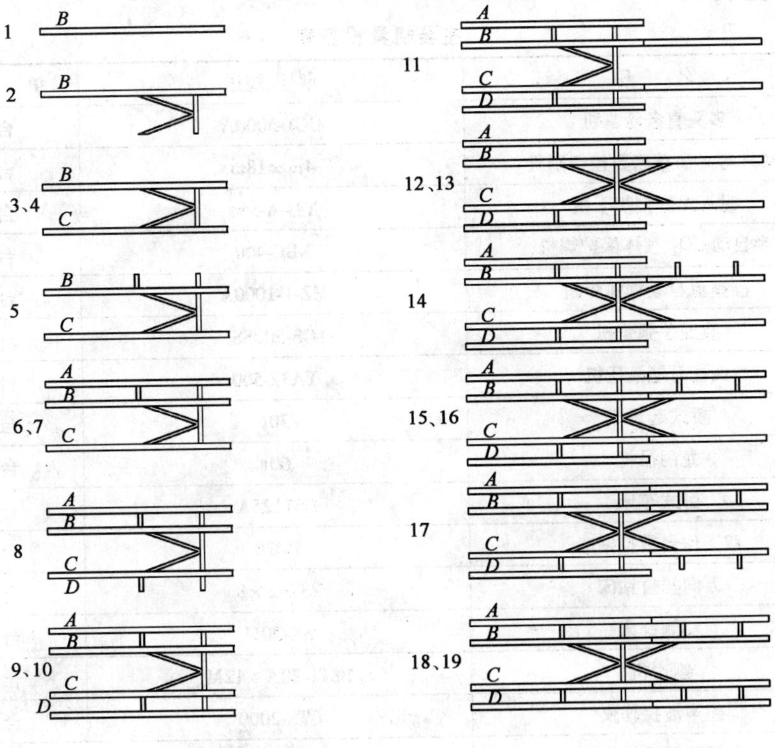

图 9 预拼装顺序示意图

3）预拼要点

（1）拱脚段安装定位，以下弦管底端为基准。安装时下弦管底端基准面应进行精确测量、调整，确保 4 个基准面在同一个平面内，并且底部 4 个支撑点水平高度（h）相同。各支撑座基础应牢靠，应保证在拱肋重力作用下不下沉。如图 10 所示。

图 10 拱脚定位基准

（2）4 号 + 5 号 + 6 号 + 7 号，7 号 + 8 号 + 9 号 + 10 号，10 号 + 11 号 + 12 号 + 13 号，13 号 + 14 号 + 15 号节段拼装时，作为基准的 4 号，7 号，10 号，13 号节段 B、C 肋片间的横向风撑不可缺少，以保证 AB 和 CD 两拱肋相对位置正确。

(3)每组拼装焊接完成后,对各个部件按规定进行编号标志,并对今后的安装基准(样冲眼)采用2mm 铁皮点焊遮盖,以便工地安装时对号安装和测量。

(4)拱肋预拼装后只对主弦管上的节点板进行焊接,其他焊缝在工地吊装时进行焊接。

6 材料与设备

6.1 主要材料

主要材料见表1。

主要材料表

表1

序号	名称	型号、规格	单位	数量
1	Q345C 钢材	16 ~ 35mm	t	5 500
2	高强螺栓		t	45
3	铝丝	1070A(L1)$\phi2\sim\phi3$	t	14.5
4	油漆	环氧云铁及脂肪族聚氨漆	t	11.2

6.2 主要机具设备

主要机具设备见表2。

主要机具设备表

表2

序号	名称	型号、规格	单位	数量
1	多头直条切割机	CG1-3000A	台	2
2	BCM 等离子精密数控切割机	4m×18m	台	1
3	吸入式焊剂烘干机	YJJ-A-500	台	1
4	半自动 CO_2 气体保护焊机	NBC-400	台	22
5	硅整流自动埋弧焊机	MZ-1-1000A	台	16
6	直流手弧焊机	GS-500SS	台	8
7	四柱万能液压机	YA32-500	台	1
8	桥式起重机	30t	台	2
9	龙门吊机	60t	台	1
10	卧式车床	C61125A	台	2
11	双工作台数控钻床	PD30	台	1
12	万向摇臂钻床	Z3732×8	台	8
13	双侧铣床	SX-20M	台	1
14	刨边机	B811-20A 12M	台	1
15	超声波探伤仪	CTS-2000	台	4
16	角焊缝磁粉探伤仪	DCT-C	台	1
17	测厚仪	LE-900	台	1
18	全站仪	徕卡 702	台	1
19	经纬仪	T2	台	1
20	冲击试验机	JB-300B	台	1

7 质量控制

7.1 质量标准

7.1.1 进厂钢材应符合设计文件要求和 GB 1591 的有关规定,除必须有材料质量证明书和合格证外,还应按《铁路钢桥制造规范》(TB 10212—98)的规定进行复验。

7.1.2 钢管拱肋的加工制作、焊接执行《公路桥涵施工技术规范》(JTJ 041—2000),全熔透焊缝按Ⅰ级验收。

7.1.3 拱肋制造精度要求:下料允差≤2mm;卷管直径允许误差为±2.4mm;直缝对接错边量≤1.0mm。管节对接错边量≤2mm。钢管棱角度≤1.5mm。

7.1.4 钢结构外表面采用电弧热喷铝长效防腐涂层。喷涂前,金属表面进行Sa3级喷砂处理。电弧喷铝1道,铝层厚度200±20μm;环氧云铁封闭漆1道,漆膜厚度20μm;环氧云铁中间漆1道,漆膜厚度60μm;红色脂肪族聚氨酯面漆2道,漆膜厚度50μm。

7.2 质量控制

7.2.1 所有的质量检验应由具有相应资质的单位进行。产品检验用仪器、工具及施工用的定扭扳手等,均应由相应资质的计量单位进行鉴定和标定。

7.2.2 加强对材料的管理与验收。所有的钢材、高强度螺栓、焊接材料和涂装材料,除了有生产厂家出具的产品质量合格证书外,使用前均应按生产的炉号或批号,根据其执行的相应的国家、行业进行材质复验。复验合格后才允许投入使用。材质复验的取样、送检和试验,应报请监理工程师旁站确认。

7.2.3 构件几何形状和尺寸的测量,应注意避免日照的影响。

7.2.4 加强质量控制,实行标准化作业,拱肋的加工从下料、卷管、破口、焊接到组样和预拼装,都要严格按照施工规范、技术标准操作,技术交底明确,配专职质检工程师,通过交接验互验及监理检查认证后,才组拼和出厂,上道工序不达标,不允许进行下道工序的施工。

7.2.5 拱肋、撑杆、腹杆及节点板等钢结构均在工厂加工制作,所有钢管管节均采用直缝破口焊,卷管方向与钢板压延方向一致,管节与构件制作标准及精度要求按照《公路桥涵施工技术规范》(JTJ 041—2000)实施。

7.2.6 杆件焊接要严格执行施焊工艺,不得随意变更预定参数;施焊环境温度不应低于5℃,空气相对湿度不应高于80%。环境温度低于5℃时,应进行预热处理。相对湿度高于80%时,焊前应用烤枪对焊区进行烘烤除湿;焊前应清除焊接区的锈尘和油污。多道焊时应将前道熔渣清除干净,并经检查确认无裂纹等缺陷后再继续施焊;型接头角焊缝和对接接头的平焊缝,两端应配置引弧板和引出板,其材质和坡口形式与被焊工件相同。

7.2.7 焊缝检测

1)外观检查

(1)所有焊缝均须进行100%外观检查。焊缝外观质量要求成形美观、整齐,不得有裂纹、夹渣、焊瘤、未熔合、未填满弧坑等焊接缺陷。

(2)所有角焊缝焊缝尺寸不低于设计要求,全熔透角焊缝,其焊缝外部焊脚尺寸为$t/2$(t为腹板板厚)但不大于10mm。

2)超声波探伤检查

(1)超声波检查应在焊完24h后检查。检查等级符合《钢焊缝手工超声波探伤方法和探伤结果分级》(GB 11345)规定的B级要求。

(2)所有钢板接长对接焊缝,钢管纵向和环向对接焊缝,接点板与弦管连接的全熔透角焊缝,拱肋腹杆、拱上立柱、钢盖梁的4条棱角焊缝进行100%超声波探伤。

(3)质量等级:所有钢板接长对接焊缝,钢管纵向和环向对接焊缝,为《公路桥涵施工技术规范》(JTJ 041—2000)规定的Ⅰ级焊缝,其他要求超声波探伤的焊缝为Ⅱ级。

3)射线探伤检查

(1)射线探伤应符合《钢熔化焊对接接头照相和质量分级》(GB 3323)规定的射线照相质量等级AB级要求,射线探伤焊缝质量等级为Ⅱ级。

(2)焊接钢管环向与纵向对接焊缝,均应按设计要求进行射线探伤,探伤比例为10%。射线探伤不合格的焊缝,要在其附近再选取2个检验点进行探伤,如这2个检验点中又发现1处不合格,则该焊缝必须全部进行射线探伤。

4)焊缝返修

(1)焊脚尺寸不足或焊缝咬边,应采用手工电弧焊进行补焊返修。

(2)发现有表面气孔或存在内部缺陷时,可采用碳弧气刨将焊接缺陷清除并进行补焊。

(3)发现裂纹,应先查明原因,制定出预防措施,再用清除缺陷的方法进行补焊。缺陷清除范围为裂纹两端各外延50mm。

(4)焊缝返修后,采用原检验方法的要求进行重新检验,同一部位的焊缝,返修次数不宜超过2次。

7.3 质量保证措施

施工中除执行上述标准外,强调如下措施。

7.3.1 焊工必须持证上岗,高空焊接工人从中择优录用。

7.3.2 坡口打好后,由两人专门负责管口的打磨,工具用电动磨光机,使焊口清洁。

7.3.3 焊工的焊条起弧与收弧时决不允许在焊缝以外上发生,应以焊缝端部(约10mm以上处)起弧、收弧,以避免气扎和夹渣现象发生。

7.3.4 对于主拱管的对接,如遇雨天,五级以上风天,停止施焊,雾天待构件表面无水分后,并在上午9时以后施焊。

7.3.5 焊后对焊缝进行100%超声波检验,并进行抽探15%射线检查。如出现返工,则必须制定返工工艺,并按工艺严格执行,且返工不能超过两次。

7.3.6 在现场施工中,由于施工条件较差,为保证焊接质量,必须在施焊前采取必要的防风、防雨、防潮措施。

7.3.7 采取适当的焊接工艺。在现场施工中,由于构件较多,应采取先点焊定位,再先内后外对称施焊的施工工艺。

7.3.8 分段焊接后,应对分段尺寸进行检查,对发生的超标变形进行调整。

8 安全措施

8.1 危险源识别

危险源主要有高空作业、钢管拱肋散件拼装及吊装、起重作业、施工用电、电气焊等。

8.2 采取的安全措施

(1)起吊重物时,应进行试吊,当起吊天车微微受力时,停机检查设备的灵敏性和可靠性及重物绑扎的牢固程度,确认情况正常后方可继续进行。

(2)高空作业人员必须先经身体检查合格,不合适高空作业的人员不得进行高空作业。高空作业时,不仅要戴安全帽,穿防滑鞋,设置安全网,还应检查是否有系安全带的地方。

(3)在高空焊接时,必须系好安全带,焊接周围备有消防设备;更换场地、移动电焊机时,必须切断电源,检查现场,清除出渣。

(4)严格执行三级安全教育和技术交底制度,未经安全教育和交底的人员,不准上岗作业。

(5)作业人员持证上岗,作业时穿戴防护用品,电焊机设置单独的开关箱,施焊完毕,拉闸上锁。遇雨、雪天停止露天作业。

(6)氧气瓶、乙炔瓶受热不得超过35℃,防止火花和锋利物件碰撞胶管。气焊枪点火时应按“先开乙炔、先关乙炔”的顺序作业。氧气瓶、氧气表及焊接工具的表面,严禁沾污油脂;氧气瓶设防震胶圈,并旋紧安全帽,避免碰撞、剧烈震动和强烈阳光暴晒。

(7)施焊时,场地应通风良好,点火时焊枪不得对人,正在燃烧的焊枪不得随意乱放,施焊完毕,将氧气、乙炔阀门关好,拧紧安全罩。

9　环保措施

9.1　清理施工垃圾时使用容器吊运，严禁随意凌空抛撒造成扬尘。清运垃圾时，适量洒水减少扬尘。

9.2　工程垃圾分类收集，运输到指定地点。

9.3　施工机械防止严重漏油，禁止机械在运转中产生的油污水未经处理就直接排放，或维修施工机械时油污水直接排放。

9.4　工地上使用的各类柴油、汽油机械执行相关污染物排放标准，不使用气体排放超标的机械。

9.5　办公区、施工区、生活区合理设置排水明沟、排水管，道路及场地适当放坡，做到污水不外流，场内无积水。

9.6　作业时尽量控制噪声影响，对噪声过大的设备尽可能不用或少用。在施工中采取防护等措施，把噪声降低到最低限度。

9.7　尽量避免夜间施工，确有必要时及时向环保部门办理夜间施工许可证，并向周边居民告示。

9.8　施工现场环境卫生落实分工包干。制定卫生管理制度，设专职现场自治员两名，建筑垃圾做到集中堆放，生活垃圾设专门垃圾箱，并加盖，每日清运。确保生活区、作业区保持整洁环境。

9.9　喷砂除锈要在封闭的车间进行。

10　资源节约

本工法中钢构件加工采用了高强度钢材、高强螺栓、环保油漆等材料，再加上栓焊接和电弧喷铝防护，有效地提高了钢构件精确度、可靠性和耐久性，具有节能、节材、环保、稳定的优势。

11　效益分析

11.1　利用场地条件，“5 + 1”卧拼，既保证了施工质量，又可有效利用施工空间、增加机械设备周转使用率，节约资金 240 万元。

11.2　在场内加工制作，质量完全能够得到保证，且具有一定生产规模，可以提高企业的影响力，创造一定的社会效益。

11.3　栓焊结合加工制造钢管桁架拱桥节段，在场内完成节段组拼后解体成散件运至现场，解决了整体运输的难题，使在无水运、无整体节段运输等复杂山区地形条件建设大跨度钢管混凝土桥梁成为现实。

11.4　在场内加工制造，与现场加工相比，避免了土地的大量占用和不可恢复，保护了环境，产生较大的环境效益。

12　应用实例

12.1　工程概况

沪蓉国道主干线湖北宜昌至恩施高速公路支井河特大桥，为目前世界上最大跨度的上承式钢管桁架拱桥。全桥主拱部分由 2 个矩形钢管桁架拱肋、20 道连接两拱肋的“米”字形横向风撑（横联）组成。拱肋中心轴线采用悬链线，计算跨径 430m，计算矢高 78.18m，矢跨比 1/5.5。拱肋采用钢管和箱形钢腹杆组成的空间桁架结构，拱脚处截面中心高度 13m，拱顶处截面中心高度 6.5m。拱肋中心宽度 4m。两拱肋内侧肋片之间中心距 9m。整个拱肋桁架分 30 个节段（不含拱顶处弦管 600mm 调整段），最大节段吊装质量约 280t。全桥主拱部分钢结构设计选材为 Q345C，工程量约 5 500t。

拱肋弦管直径均为 1200mm，壁厚有变化。自拱脚下弦管 1 ~ 4 节段为 35mm，5 ~ 7 节段为 30mm，其他节段为 24mm；上弦管全桥均为 24mm。节段间弦管连接，采用先高强度螺栓连接内置法兰定位，再将节段弦管与弦管进行焊接的工艺。拱肋腹杆为箱形杆件，截面尺寸为 400mm × 600mm，其盖板厚度为

16mm,腹板厚度为18mm。连接两肋片的横联,采用直缝焊接钢管。上下横联为$\phi600\times16$,斜撑为$\phi400\times16$。腹杆、横联、斜撑与弦管连接形式均为高强度螺栓连接和焊接的组合连接。节点板厚度20mm。横向风撑的直杆和斜杆及其与弦管的连接形式和横联相同。

12.2　应用效果

本桥于2007年6月5日开始吊装,2008年7月29日顺利合龙。通过采用本工法,在工厂内进行拱肋加工制作、整体组拼,使各项指标均满足设计及规范要求,同时确保了现场立拼、安装的精度,钢管拱肋最终以对位高程偏差3mm、轴线偏差10mm的高精度合龙,不仅提高了企业的影响力、竞争力,还创造了良好的社会和经济效益。

钢索塔平面拼装整体竖转施工工法

GGG(中企)C3112—2009

梁　莽　朱新广　张　强　邢志明　袁群波
（中铁十七局集团第二工程有限公司　中国铁建股份有限公司）

1　前言

由中铁十七局集团第二工程有限公司承建的西安市浐灞河2号大桥为扁平流线型混合式钢箱斜拉桥，全长485m，桥梁宽度29.6m，双向6车道。双索面拱形单斜塔斜拉桥，半漂浮体系。桥塔为拱门式钢结构，椭圆形箱型结构，高78m，倾角75°，钢塔自重约1 621t，其质量在混合斜拉桥中居国内第一。若采用常规的节段吊装施工方法需要大型吊装设备，费用大、施工周期长，质量不容易控制。经反复方案讨论，选用了平面拼装整体竖转技术施工。该技术2007年列入中国铁道建筑总公司科研计划项目，合同编号：07－24c。《钢索塔平面拼装整体竖转施工工法》拼装精度高，施工周期短，而且整个竖转过程计算机控制，提升平稳、安全。2009年2月19日通过关键技术鉴定，技术水平达国内领先。

2　工法特点

2.1　采用平面拼装，具有操作方便且便于机械化作业特点，构件拼装精度高、焊接质量好，施工周期短。

2.2　整体竖转施工无需特殊大型吊装设备，减少吊装成本。

2.3　竖转过程可以采用计算机监控，具有提升平稳、安全的特点。

3　适用范围

本工法适用于大型钢构件安装，尤其是在高度高、吨位大的塔状钢构件如悬索桥、斜拉桥的索塔安装等方面更有优势，在构件结构性能允许下，混凝土塔状构造物也可以采用。

本工法用于独柱式塔身或垂直式塔身时应将承重塔地面位置后移10m左右。

4　工艺原理

钢塔平面拼装、整体竖转施工，是在钢索塔的投影位置搭设钢索塔拼装平台，同时在主墩位置搭设竖转承重塔，钢索塔安装平台相反方向远端做两个平衡地锚。钢塔节段在厂内加工制作，拉运到施工现场用履带式吊车吊上平台拼装，拼装焊接完成后，利用塔顶平台吊挂六台350t液压穿心千斤顶，通过168根ϕ15.24mm预应力钢绞线牵引在平面完成整体拼装的钢塔，将其搬转至设计的安装角度，钢塔的回转通过焊接于钢塔根部连接在钢塔根部钢塔箱体内的铰链实现。钢塔搬转就位，倾角调整完成后进行根部接口的焊接。承重塔平衡通过在每个后背锚跟前设两台350t液压穿心千斤顶，一共96根ϕ15.24mm预应力钢绞线连接塔顶，并通过调整后背锚千斤顶来实现。竖转体系结构见图1和图2。

5　施工工艺流程及操作要点

5.1　工艺流程

工艺流程见图3。

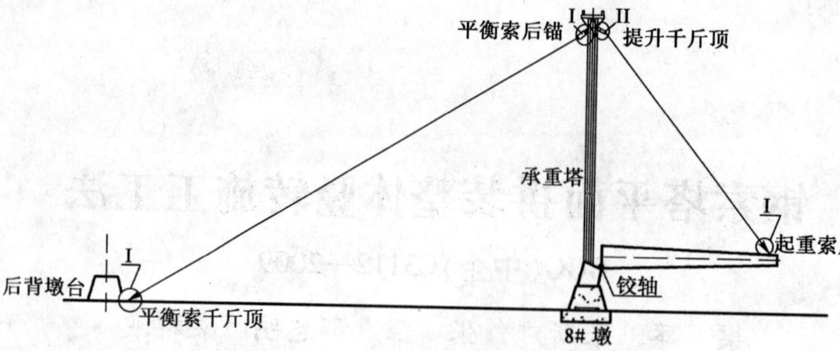

图1 竖转体系结构图

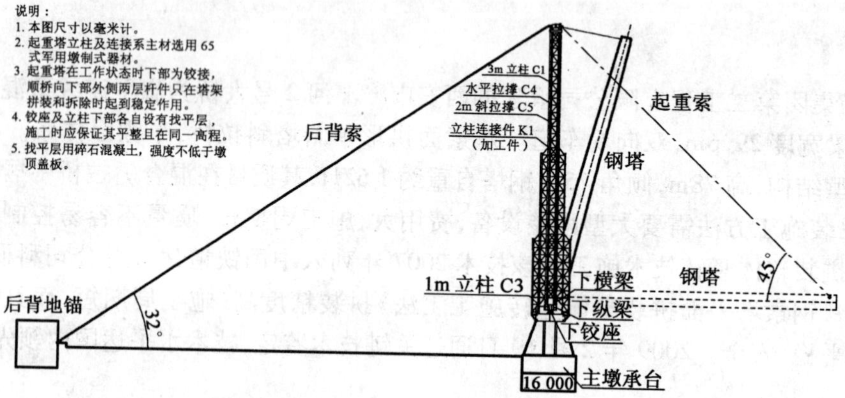

图2 竖转体系侧面图

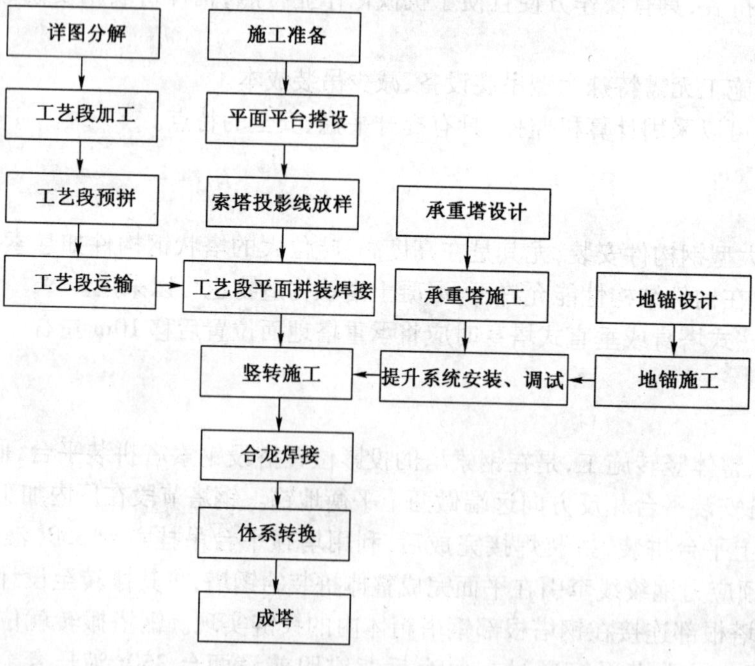

图3 平面拼装、整体竖转施工工艺流程图

5.2 主要施工工艺

5.2.1 钢索塔拼装焊接

(1)钢索塔厂内加工

钢索塔划分49个节段(从预埋段起对称编号N1、N1′、…、N24、N24′,N25),单节长4m,全部在工厂内加工完成，运输到桥址处进行拼装焊接。

(2)拼装平台搭设

拼装平台选用65式军用墩支架，上部铺设钢垫梁，作为塔架箱体拼装平台。

(3)索塔投影线放样

支撑平台上平面的垫梁上设拼装支撑墩作为钢塔箱节拼装时的支撑点，各支撑点按钢塔投影线布置，并进行高程初调。

(4)拼装焊接

钢索塔平面拼装工艺框图见图4，平面拼装见图5～图7。

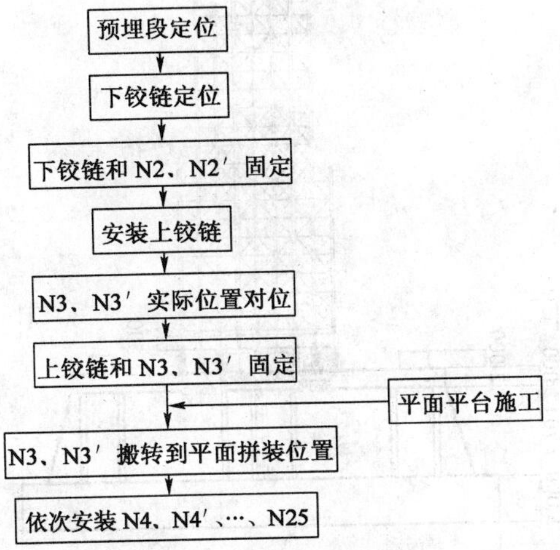

图4　钢索塔平面拼装框图

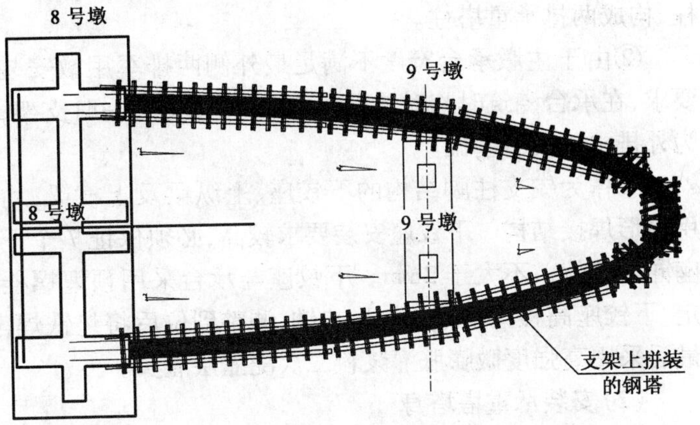

图5　钢索塔地面平台拼装俯视图

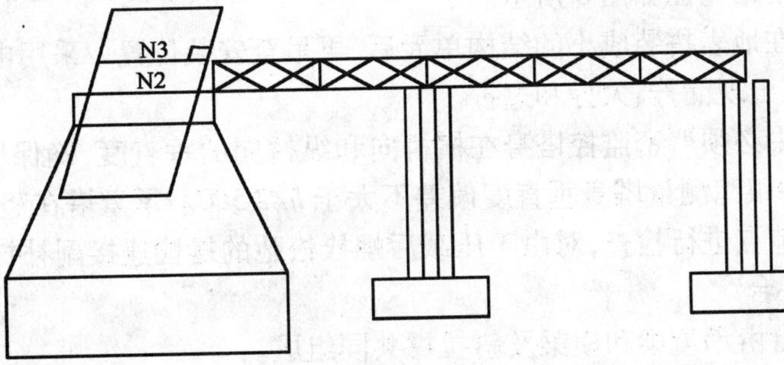

图6　平面拼装N2、N3对位图

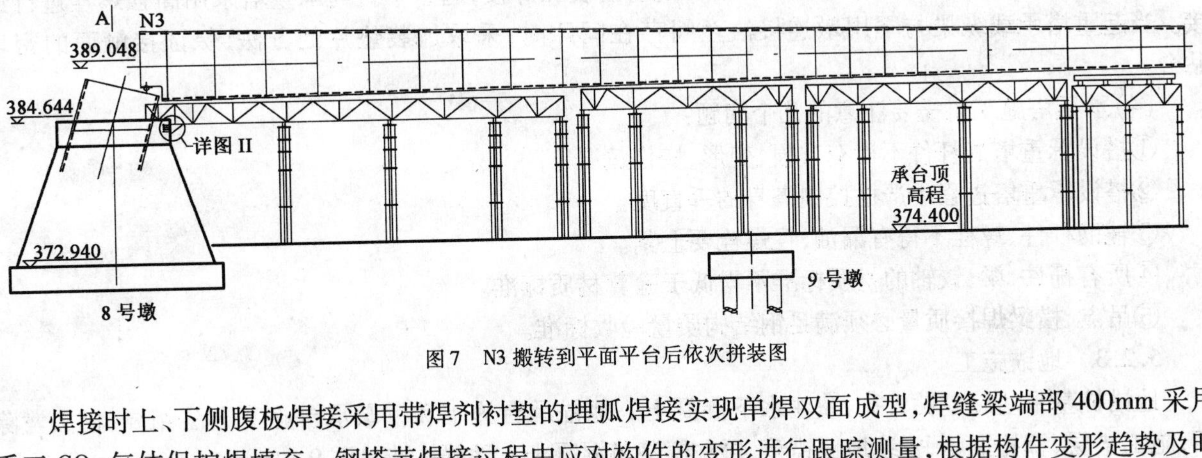

图7　N3搬转到平面平台后依次拼装图

焊接时上、下侧腹板焊接采用带焊剂衬垫的埋弧焊接实现单焊双面成型，焊缝梁端部400mm采用手工CO_2气体保护焊填充。钢塔节焊接过程中应对构件的变形进行跟踪测量，根据构件变形趋势及时调整焊接次序并根据规范调整控制变形。

5.2.2 承重塔施工

承重塔布置于主墩8号墩中心位置,高度81m共分3节,为变截面塔体,根部为铰接。塔中心与桥面中心重合,充分利用主塔能承受荷载大的特点,解决承重塔基础沉降不均的特点,确保承重塔的稳定。

(1)安装下部构造

①承重塔下部构造横桥向由9排65式军用墩,纵桥向由8排军用墩组成。其中,纵桥向承重塔外侧分别由两排65军用墩构成外排非承重支架,内排每两排军用墩拼成一排立柱,构成两排承重塔柱。

②由于主墩承台宽度不满足最外侧两排军用墩安装的要求,在承台浇筑时临时增设预埋件,用于安装临时支架,作为外排柱的安装基础。

③作为铰支柱脚结构的下铰座、上纵梁及上横梁,均采用箱形焊接结构。下铰座安装要求较高,必须保证7个下铰座同心度偏差不大于2mm。下铰座与承台采用预埋螺栓固定,下铰座高程调整采用楔形垫铁,调整到位后将垫铁焊牢。最后采用高强度微膨胀灌浆料二次浇灌层灌实。

(2)安装承重塔塔身

①承重塔使用23B塔吊进行安装,塔吊安装应考虑塔吊吊装范围内的额定起吊能力,塔吊在距承重塔根部45m处附着在承重塔上。承重塔结构图如图8所示。

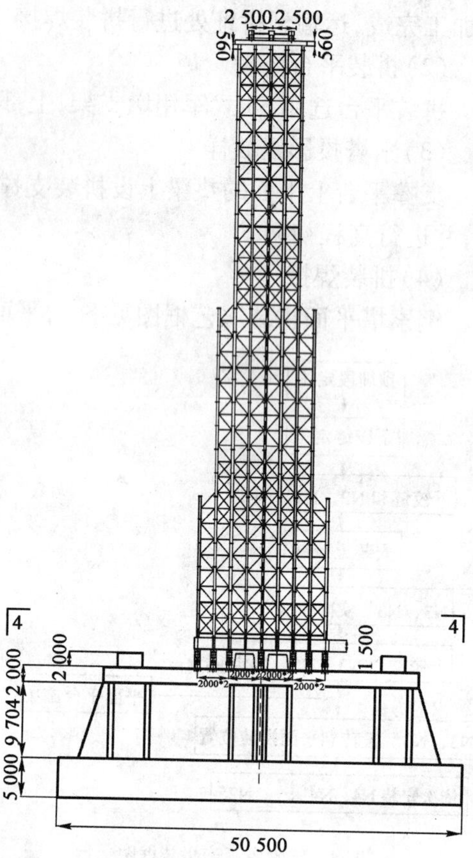

图8 承重塔结构图(单位:mm)

②将军用墩及腹杆在地表拼装成小的结构单元后,再吊至安装位置。采用电动扭矩扳手,保证扭矩值的统一,确保各节点不出现漏拧、欠拧和过拧。

③承重塔拼装过程中必须严密监控塔身在横桥向和纵桥向的垂直度,确保塔顶垂直度偏差控制在20mm以内。拼装过程中跟踪测量塔身垂直度偏差不大于$h/2\,500$。承重塔在竖转开始后满载压载24h期间要对全部高强螺栓节点进行检查,对由于压载后螺栓松弛的螺栓连接副补拧到设计扭矩值。

(3)安装顶部起重平台

承重塔顶部起重平台由承重梁和横梁及斜拉撑共同组成。

①承重梁采用箱形焊接结构,各部件均在工厂内加工制作完成,并进出厂前预拼装。

②用23B塔吊将起重平台散件吊至塔顶进行拼装和焊接,起重平台与承重塔采用高强螺栓进行连接。当起重塔承载纵梁与军用墩连接法兰间存在间隙时,采取加装垫片的方法,保证接触面的密切贴合。

(4)承重塔施工时需要注意的几个问题:

①搭设承重塔的杆件不得有破损、变形、烧伤情况。

②搭设承重塔过程中严格控制塔身的垂直度。

③辅助杆件、螺栓不得有漏油,且螺栓要上紧。

④所有杆件、梁、铰轴的材质标准不得低于验算材质标准。

⑤吊点、横梁焊接质量必须满足钢结构质量验收标准。

5.2.3 地锚施工

地锚桩基采用旋挖钻成孔,灌注水下混凝土。地锚承台施工和桥墩承台施工方法相同,桩头凿除后,施工垫层、绑扎钢筋、安装地锚锚箱,再立模浇筑混凝土。地锚构造见图9。

5.2.4 竖转系统安装及调试

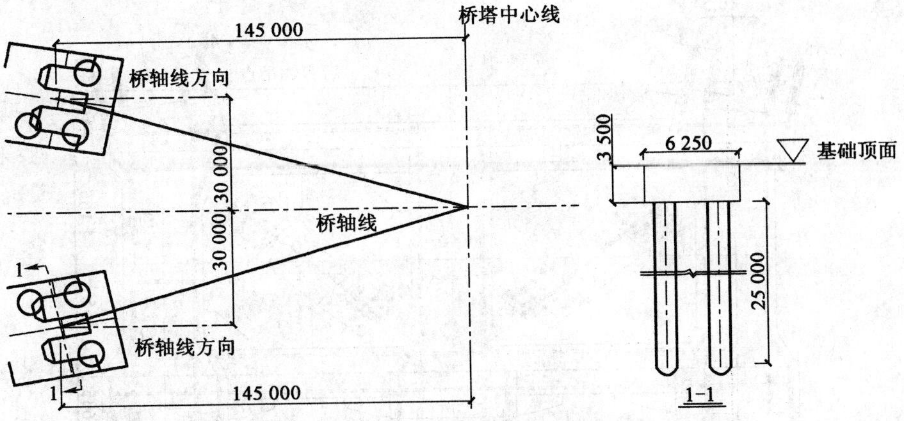

图9　地锚布置结构图(单位:mm)

(1)竖转系统安装:竖转系统安装顺序见图10～图12。

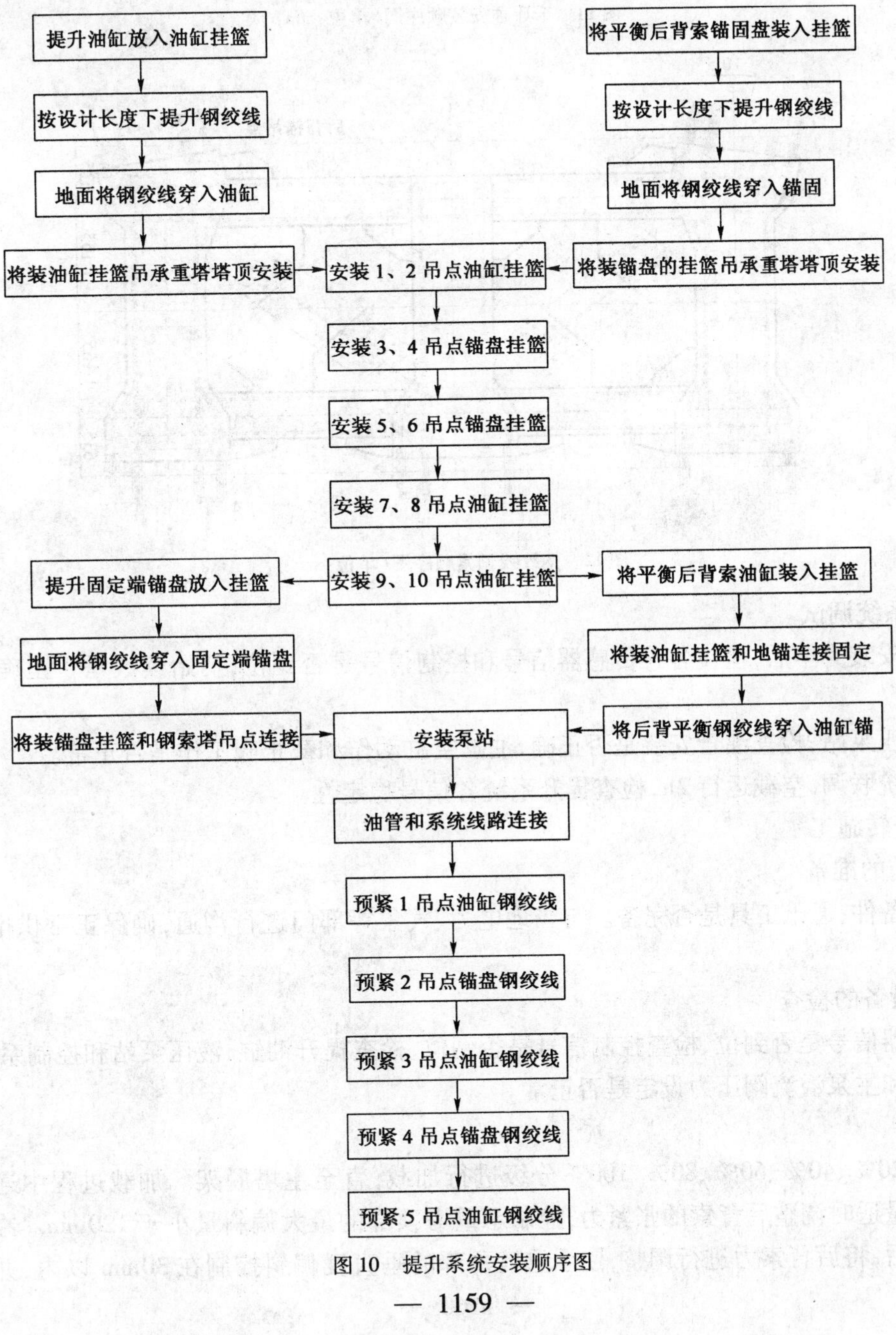

图10　提升系统安装顺序图

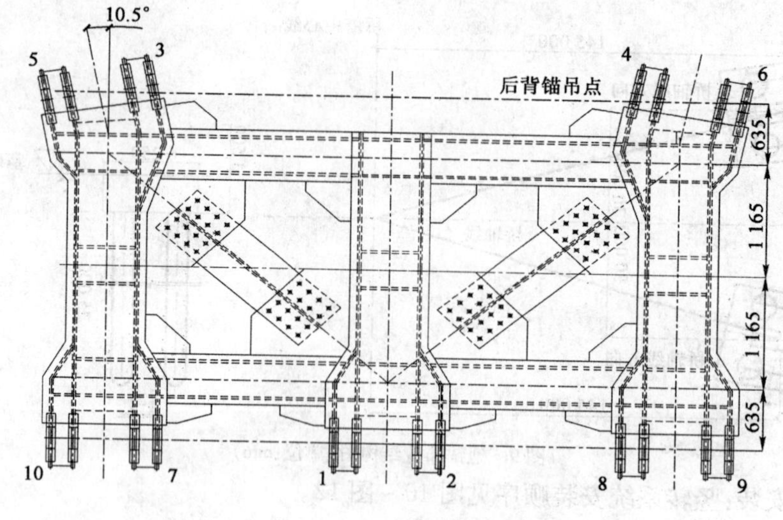

图11　千斤顶安装顺序图(单位:mm)

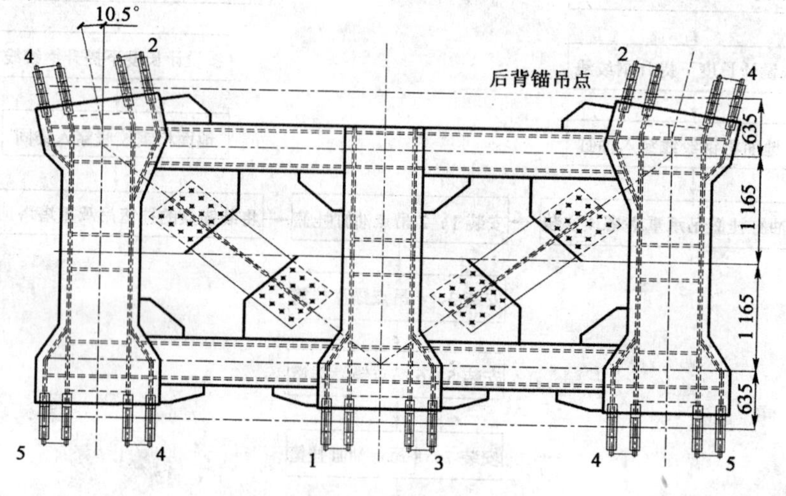

图12　钢绞线预紧顺序图(单位:mm)

(2)竖转系统调试

①在设备安装完毕后,检查各种传感器信号和控制信号是否到位,初始读数是否正确,并做必要的调整。

②启动液压泵站,检查油管安装是否正确,油缸空缸动作和截止阀工作是否正常。

③提升系统联调,空载运行2h,检查提升系统各信号稳定性。

5.2.5　竖转施工

(1)竖转前的准备

检查各种备件、通讯工具是否完备。与当地电力、气象等部门进行沟通,确保正常供电和避免恶劣天气。

(2)竖转设备的检查

检查传感器信号是否到位、检查控制信号是否到位、检查提升油缸、液压泵站和控制系统是否正常、检查锚具压力和主泵溢流阀压力设定是否正常。

(3)试竖转

试竖转按20%、40%、60%、80%、100%分级进行加载,直至主塔脱架。加载过程中通过监测承重塔顶部的偏斜量适时调整后背索的张紧力,控制承重塔顶部的最大偏斜量小于120mm。在达到钢塔与支架脱离状态后,将后背索力进行调整,使承重塔顶部的垂直度偏斜控制在30mm以内,并且在加载过程中对各应力监测点的应力值进行监控，同时对各部位进行认真检查，检查内容见表1。

试竖转检查内容 表1

序号	项目	检查内容
1	承重塔	变形和结构稳定性
2	主塔	变形及焊缝
3	竖转控制方案	竖转控制方案是否合适；检查同步情况，对控制参数进行必要的修改与调整
4	竖转设备	传感器工作是否正常、提升油缸、液压泵站和计算机控制柜工作是否正常
5	空中停滞检查	主塔离地后，空中停滞24h。悬停期间，要定时组织人员对结构进行观察。有关各方也要密切合作，为下一步作出科学的决策提供依据
6	试吊离地后的检查	钢塔脱离支架后，承重塔及相关设备均处于满载状态下，此时将对起吊的设备、构件及主要受力分组进行检查。同时核对加载过程中的各测试点数据理论计算值的偏差，并作出下一步的工作决策

(4)正式竖转

试竖转观察后若无问题，便进行正式竖转。正式竖转过程中，记录各点压力和高度。

①正式竖转，须按下列要求进行，并做好记录。

操作：按要求进行加载和竖转；

观察：各个观察点应及时反映测量情况；

测量：各个测量点应认真做好测量工作，及时反映测量数据；

校核：数据汇交现场施工设计组，比较实测数据与理论数据的差异；

分析：若有数据偏差，有关各方应认真分析，是否在允许偏差范围内。

决策：认可当前工作状态，并决策下一步操作。

②竖转过程的实时监控

依据理论计算结果，对起吊过程中应力较大的部位进行监控，承重塔和钢索塔共布置测点20个，监测点布置见图13，实时监控内容及方法见表2。

实时监控内容及方法 表2

序号	监控项目	监控方法
1	各吊点提升负载	通过安装在各提升油缸上的压力传感器，将各点油压信号传输至主控计算机上，通过油压监控该点的负载是否在允许的范围内
2	结构空中姿态	通过安装在各点的长行程传感器，测量各点的高度与距离，监控各提升点的高差
3	提升设备工作状态	监控各种传感器的读数与状态（包含压力、长行程传感器读数、行程传感器读数、锚具状态等），读取压力表读数等，分析设备工作是否正常
4	结构安全性	在钢塔起吊过程中，对承重塔、钢塔等结构的安全性进行全过程监测监控

(5)竖转过程的监控

监控承重塔的偏斜；监视各点的负载；监视主塔的空中位置姿态；监视竖转通道是否顺畅。

(6)钢塔根部合龙

在钢塔吊装就位后通过手动微调将转角调至75°，测量人员测量钢索塔空中姿态，并通过后背索索力调整减少钢索塔安装误差。然后进行合龙接口部位的焊接。

5.2.6 竖转“两同一平衡”控制

“两同一平”指同心、同步、平衡。同心指两个根部转动铰轴同心，同心问题利用最简单的三点一线方法来控制；同步指竖转的六个千斤顶行程同步，同步问题将提升的六个千斤顶泵站连通，并用一台自动控制台进行控制；平衡指竖转过程中承重塔前后受力时保持平衡，平衡问题是在竖转过程中通过对竖转承重塔塔顶位移进行测量监控，提升控制台根据测量数据通过调整后锚千斤顶来实现。同步均衡控制见图14～图16。

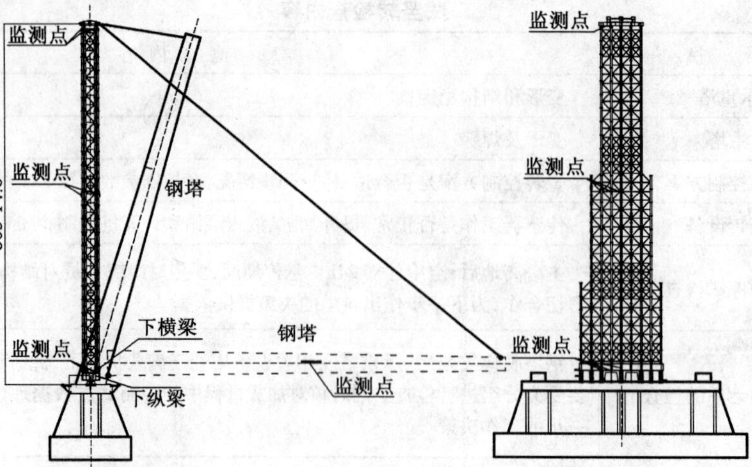

图13 监测点布置图

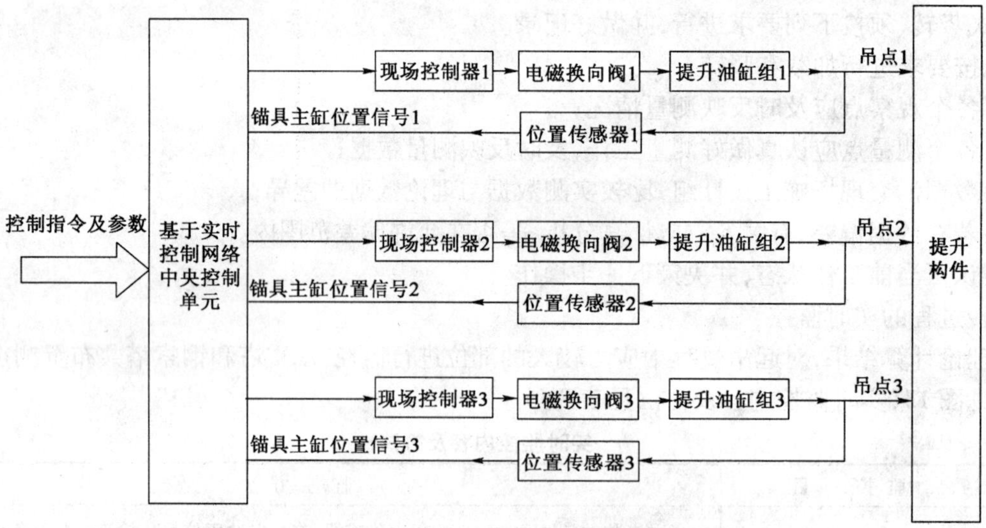

图14 竖转系统的动作同步控制方框图

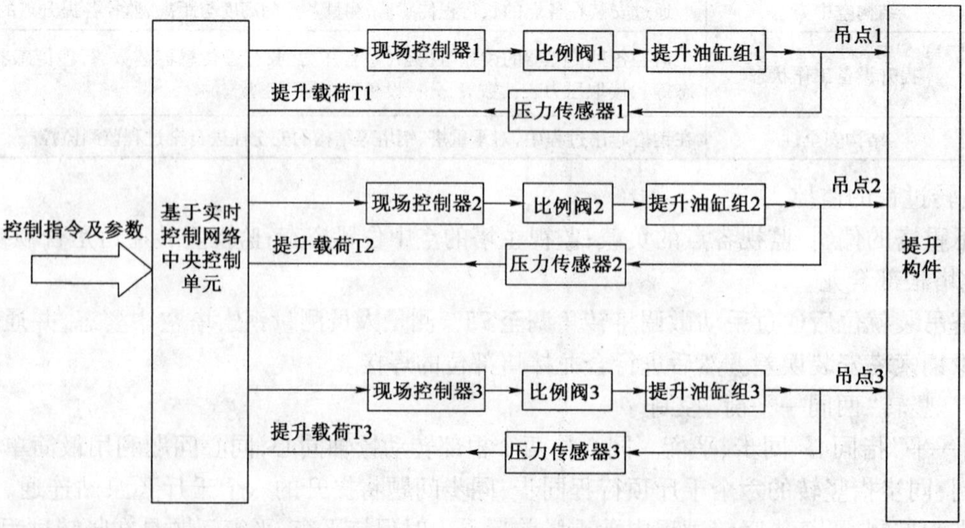

图15 控制系统实现载荷均衡的控制方框图

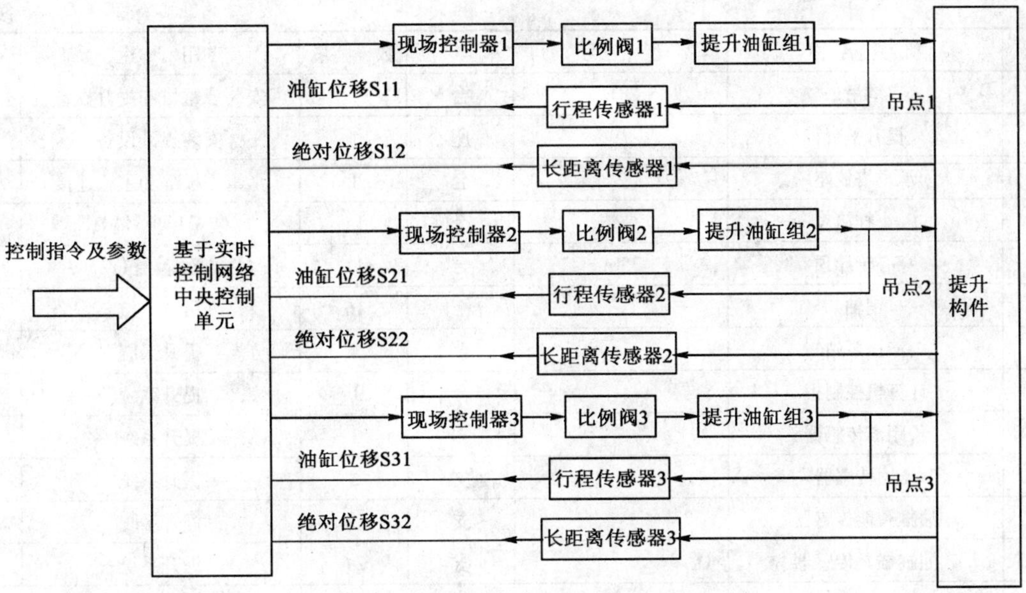

图16　控制系统实现位移均衡的控制方框图

5.2.7　体系转换

完成合龙口的焊接后，进行后背索的转换，转化过程中应保证各体系受力的平衡。

(1)将承重塔后背索分阶段拆除，在钢索塔顶部斜拉索孔及中部斜拉索孔设置临时锚点，安装钢塔后背索。

(2)钢索塔搬转至75°角后，留下外侧两组350t千斤顶，拆除其余千斤顶。同时松开两台350t后背顶的钢索。

(3)将后背索中的两组由承重塔转移到钢塔最上端的锚孔处的挂点，重新紧固承重塔风缆绳并恢复承重塔底部的固结状态。采用经纬仪在横桥向对准钢索塔顶部观测点，加载后背索力的同时松弛承重塔顶部竖转千斤顶，钢塔顶部观测点的摆动控制在30mm内，直至将竖转千斤顶彻底松弛。通过松弛剩余的两组后背索调控承重塔垂直度。

(4)承重索全部松弛后，将承重塔的剩余两组后背索转移到钢塔中部预先设置的挂点上，然后将该两组后背索张紧，调整钢索塔的空间位置和空中姿态。

6　材料与设备

主要材料和设备见表3、表4。

主要材料数量表　　表3

序号	材料名称	型号	单位	数量	用途	备注
1	钢绞线	ϕ15.24mm	t	10	提升、平衡索和风缆绳	
2	钢丝绳	ϕ28mm	m	1 600	风缆绳	
3	专用屏蔽导线	UL2464	m	1 500	监控系统	
4	电线	普通	m	2 000	提升系统	
5	Q345c	钢板	t	97	制作平台、铰座、挂篮	

主要机具设备表　　表4

序号	机具名称	型号	单位	数量	用途	备注
1	军用支墩	六五式	t	789	承重塔、拼装平台	
2	军用梁	六四式	t	35	拼装平台	

续上表

序号	机具名称	型号	单位	数量	用途	备注
3	塔吊	23B	台	1	安装承重塔和提升设备	
4	提升平台		座	1	安装提升设备	自制
5	承重塔铰座		套	1	承重塔根部和主墩连接	自制
6	小挂篮		个	14	装千斤顶、锚具	自制
7	穿心千斤顶	350t	台	11	平衡、提升	备用1台
8	销轴		个	16	吊点连接	自制
9	液压泵站		台	4	提升系统	
10	计算机控制柜		台	1	提升系统	
11	长距离传感器		支	3	提升系统	
12	压力传感器		支	6	提升系统	
13	油缸智能传感器		支	12	提升系统	
14	油缸锚具传感器		支	24	提升系统	
15	编码温度型传感器	JMZX-212BT	支	20	监测塔的应力	
16	通用数据采集模块	JMZX-64B	套	1	监测塔的应力	
17	计算机		台	1	数据分析	
18	手动葫芦	3t	个	2	钢绞线收紧	
19	手动葫芦	10t	个	8	风缆绳收紧	
20	千斤顶	150t	台	4	风缆绳收紧	

7 质量要求

7.1 质量标准

7.1.1 执行《公路工程质量检验评定标准》(JTG F80/1—2004)及《钢结构工程施工质量验收规范》(GB 50205—2001)

7.1.2 钢塔和锚箱位置精度要求如下:

承台处塔轴线偏位不大于10mm;

钢塔外轮廓尺寸偏差控制在±10mm以内;

钢塔安装后塔身倾斜度偏差要求控制在塔高1/3000以内,且不大于30mm;

塔顶高程控制在±10mm以内;斜拉索锚具轴线偏差控制在±10mm以内。

7.2 质量控制措施

7.2.1 加强原材料、构件的检查验收,严把材料、构件的质量关。对进场的构件、材料及时报验,检查构件、材料合格证及各种复验报告是否齐全有效,是否符合设计及相关规范要求;同时对进场的构件及材料进行检查验收,检查构件的外观质量。钢材材质的复验单和无损检测报告必须是原件,钢材的材质证明可以是复印件,但须加盖生产单位公章,并说明原件的存放地。

7.2.2 焊接质量的控制。钢结构施焊前,对焊条的合格证要进行检查,按说明书要求使用,焊缝表面不得有裂纹、焊瘤,一、二级焊缝不得有气孔、夹渣、弧坑裂纹,一级焊缝不得有咬边、未满焊等缺陷,一、二级焊缝按要求进行无损检测,在规定的焊缝及部位要检查焊工的钢印。不合格的焊缝不得擅自处理,定出修改工艺后再处理,同一部位的焊缝返修次数不宜超过2次。

7.2.3 涂刷工程质量的控制。在钢结构涂刷前,涂刷的构件表面不得有焊渣、油污、水和毛刺等异物,涂刷遍数和厚度应符合设计要求。

7.2.4 钢塔的倾斜度、轴线和高程控制首先在钢塔埋入段安装时必须确保其位置准确,我们的具体做法是塔墩混凝土浇注到距埋入段底部高程约两米的位置时暂停混凝土浇注，安装预埋段脚架，脚架和钢索塔配套加工而成，调整脚架高程位置并用槽钢支撑固定，浇注本层混凝土，待混凝土强度达到80%后，测量脚架顶高程，当高程与钢索塔底部高程一致，直接放出根部四个角位置，钢索塔吊安时按对应位置对位和角架直接焊接固定；其次平面拼装过程中，钢索塔轴线和工艺段位置要与平台上的投影轴线和位置一一对应。再次竖转过程对钢索塔进行空中姿态监控，发现钢索塔轴线偏离运行轨道，通过调整上下游提升索长来实现。

8 安全措施

8.1 为确保主塔竖转工程顺利实施，在设备正式启用之前，参照实际工况，在试验台上进行全面的设备性能考核，并委托具有相关资质的检测机构进行检测标定。在确认设备正常以后才能进场安装就位。所有的进场设备都要经过试验，并做好记录备查。

8.2 为了确保竖转工程的安全顺利实施，在整套竖转设备中机、电、液三方面设计多道安全保障措施。

8.3 竖转过程中对承重塔、钢塔及竖转设备进行实时监控。

8.4 制订各种应急措施与预案。如制订断电、刮风、下雨及设备故障等突发事件的应对措施和预案。

8.5 加强施工过程检查，确保构件、设备安装符合要求，保证施工安全。

8.6 利用社会资源，请专家、教授对整体方案进行技术咨询，并通过论证会的形式对方案进行完善和改进。

8.7 成立以项目经理为首，由液压、计算机方面的专家及经验丰富的技术人员组成的应急领导小组，领导小组在提升转体期间昼夜值班，在紧急情况下可以随时启动应急程序。

9 环保措施

整体竖转施工是通过液压系统来实现的，不产生污染；同时本方案不需要大的吊装设备，施工结束后各种材料可以回收利用。因此，这是一种环保节能的施工方法。

9.1 施工噪声控制措施：选用节能、噪声低的设备。如承重塔安装采用塔吊来完成，塔吊与一般吊车相比耗能低、无噪声。

9.2 在施工区和生活区设置污水处理系统，并备有临时污水汇集沉淀设施，生产和生活中产生的污水经过净化处理后达到《污水综合排放标准》(GB 8978—1996)规定，才能排放。

9.3 保护施工区和生活区的环境，及时处理施工垃圾、生活垃圾等废弃物，将废弃物运至当地环保部门同意的指定地点弃置，并注意避免阻塞水流和污染水源。

9.4 避免油料污染的措施：对液压油泵、柴油机械、车辆安装防漏油设施，对机壳进行覆盖围护，避免在车辆停放、维修时漏油污染；存放油料的库房，必须进行防渗处理，储存和使用都要采取措施，防止跑、冒、滴、漏，污染水源。

9.5 避免扬尘及有害气体的措施：主要施工场地进行硬化处理，施工便道定期压实地面。对施工场地、施工便道经常洒水，减少扬尘对周围环境的污染。装卸有粉尘的材料时，采取洒水湿润或遮盖，防止沿途撒漏和扬尘。

10 效益分析

和常用的分段吊装施工相比，平面拼装、整体竖转方案施工经济效益明显，主要体现在以下方面。

10.1 工期：平面拼装、整体竖转方案预计施工周期75d，分段吊装预计施工周期135d。平面拼装、整体竖转施工方案比分段吊装施工方案工期缩短60d。

10.2 施工成本：平面拼装、整体竖转施工方案拼装时仅占用约60d的150t履带吊和一台23B塔吊,比分段吊装施工方案长期占用M900塔吊(约150d)的成本明显降低。而且平面拼装、整体竖转施工方案和分段吊装施工方案占用支架数量基本都在1 000t左右,但占用时间平面拼装、整体竖转施工方案比分段吊装施工方案短一倍。

10.3 技术保障和质量控制:由于采用平面拼装,便于使用机械化焊接作业,从而使焊接质量和装配精度及检测精度上更容易得到保证,而分段吊装由于高空作业,无论构件拼装精度,还是焊接质量及测控精度都难以得到有效保障。而且平面拼装、整体竖转方案测控作业集中于平面作业,测控精度容易得到保证。

10.4 技术成熟性:分段吊装施工方案是一种较传统的吊装方法,对大型设备的起重能力要求较高,但操控起来平稳性较差,对大型构件的空中对接和调整带来不便。平面拼装、整体竖转方案是20世纪80年代中期引入我国的提升技术,起升能力大且平稳,整个起升过程可实现计算机监控。

10.5 安全性:分段吊装施工方案为高空组对焊接,由于构件质量偏大、带有75°倾角且安装高度高,在构件就位调整时的危险性极高,而平面拼装、整体竖转方案拼装作业全部集中于平面,安全防护工作易于组织,构件组对履带吊作业更加便利、安全。

具体经济效益对比见表5。

节段高空直接吊装和地面拼装、整体竖转成本对比表 表5

序号	项目	单价	传统节段吊装		整体竖转		成本节约(元)
			数量	成本(元)	数量	成本(元)	
1	军用墩	220元/t	856×4	753 280	798×3.5	614 460	138 820
2	军用梁	220元/t	47×4	41 360	35×3.5	26 950	14 410
3	其他杆件	200元/t	98×4	78 400	179×3.5	125 300	-46 900
4	150t履带吊	30 000元/月	0	0	5	150 000	-150 000
5	23B塔吊	25 000元/月	0	0	4	100 000	-100 000
6	20t汽车吊	15 000元/月	0	0	3	45 000	-45 000
7	M900塔吊	500 000元/月	5	2 500 000	0	0	2 500 000
8	提升设备	800 000元/套	0	0	1	800 000	-800 000
9	合计			3 373 040		1 861 710	1 511 330

注:支架构件均为平均占用时间。

11 工程实例

11.1 西安浐灞河2号大桥为扁平流线型混合式钢箱斜拉桥,全长485m,桥梁宽度29.6m,双向6车道。全长240m,为双索面拱形单斜塔斜拉桥,半漂浮体系。桥塔为拱门式钢结构主塔,椭圆形箱型结构,高78m,倾角75°,钢塔自重约1 621t,其质量在混合斜拉桥中居国内第一。

钢索塔施工采用平面拼装、整体竖转方案施工,2007年8月开始钢塔拼装焊接钢,2008年3月塔竖完成,经测量钢塔横桥向轴线偏位5mm,纵桥向轴线偏位8mm,高程误差14mm。

11.2 2005年2月~2006年11月佛山东平大桥主拱在国内桥梁施工中首次采用卧拉竖提结合平转的施工方法,主桥平转重量14 800t,创世界钢拱桥平转质量最大记录。

佛山东平大桥建设由路桥华南工程有限公司总承包,主拱转体设备选用同济大学、上海同新机电控制技术有限公司联合开发的液压成套设备。该套设备组合灵活,使用方便。经过组合,同样的设备既可用于竖转,也可用于平转。作业模式多样,既有连续作业模式,又有间歇作业模式,在东平大桥转体工程中发挥了巨大作用。该桥在建设过程中完全避免了水上作业并且极大地降低了高空作业量,提高了施工质量，取得了良好的经济和社会效益。

11.3　2005 年 1 月 ~ 2006 年 12 月该工法用于景德镇白鹭大桥。该桥位于该市的郊区，道路通行差且为非通航河流，缺乏重型施工设备。根据工地施工具体条件，中铁大桥局集团五公司主持，与同济大学、上海同新机电控制技术有限公司合作，充分利用其提供的设备灵活通用、模块化特点，首次使用起扳法，高质量地完成了桥梁独塔的安装。这种安装方法完全避免了高空作业，合龙精度高，误差仅 2 ~ 3mm，缩短了工期，节约了大量的重型设备和施工临时措施费用约 1 500 万元。

钢筋混凝土箱梁架空收折式移动平台施工工法

GGG(中企)C3113—2009

邢志明　朱新广　刘松亮　冯建川　赵文忠
(中铁十七局集团第二工程有限公司)

1　前言

重庆鱼洞长江大桥位于重庆市主城区,大桥全长1 514.6m、宽41.6m,桥面按双向六车道公路加两车道轻轨布置。大桥的北引桥位于长江北岸的坡面上,交通不便,地质条件差,加之墩身高、梁体宽而重,采用传统的落地鹰架既不安全,也不经济;采用专制的移动模架从设计、加工到安装调试均需要较长的周期,且运输、维护与保管都存在困难。中铁十七局集团第二工程有限公司设计并应用了架空收折式移动平台,成功地解决了该引桥箱梁现浇的支架难题,优质高效地完成了大桥箱梁施工任务,并总结形成了钢筋混凝土箱梁架空收折式移动平台施工工法。该工法不受地形、地貌控制,具有结构轻、承重大,施工安全等特点,于2009年2月通过山西省建设厅工法关键技术鉴定,达国内领先水平。该工法在山区、河谷、城市立交等交通或地形受限地区,具有极大的推广价值。

2　工法特点

(1)结构稳定,安全可靠

承重杆系的可收折设计显著提高了贝雷桁架的承载能力及刚度,同时实现了平台的快速转跨。杆件的连接采用销接,结构直观,受力明确,施工安全保障好。

(2)工艺简单,操作方便

该工法所使用的材料均为贝雷制式器材和Q235钢,容易组装或者改装,选材也相对容易。

(3)回收率高,效益好

该设备不但具有支架轻承重大的特点,而且因其大多是制式器材,回收率高,与专制移动模架和落地鹰架相比显著节约了成本。

(4)应用范围广

收折式移动平台不受地形、地貌控制,无需地基处理,可以应用于山区、河谷、城市立交等交通受限地区简支或连续现浇箱梁施工。

3　适用范围

本工法适用于公路、铁路、市政等简支或连续现浇箱梁施工,对城市立交、山区、河谷等交通受限地区或者墩高大于30m的现浇箱梁项目更为适宜。

该工法在现浇箱梁单跨跨度大于40m时,需对部分杆件进行加强。

4　工艺原理

收折式移动平台是一种现浇箱梁用的非落地支架,在平台的水平纵桁梁下部增加可收折的承重杆系。承重杆系为倒梯形拉压杆系,在平台工作状态时打开,与水平纵桁梁共同受力,达到加强桁梁承载能力和刚度的目的;行走前,将其收折于水平纵桁梁下部,形成“一”字形,以满足转跨行走的要求。

5 施工工艺流程及操作要点

5.1 工艺流程

施工工艺流程见图1。

5.2 关键工序操作要点

5.2.1 安装墩身牛腿平台

1)固定“吊装桁架”

“吊装桁架”主要由贝雷片和贝雷片支撑架在墩顶组装而成,利用塔吊把“吊装桁架”锚固在墩顶上,见图2。

2)布设牵引装置

用10t卷扬机作为牵引力装置,吊装用卷扬机摆放在前一桥墩下,利用滑轮组在“吊装桁架”上起吊牛腿等较重构件。

3)斜牛腿就位

由卷扬机拖动滑轮组把斜牛腿吊至预定的高度,然后把斜牛腿横移就位到墩身预埋键盒内,张拉精轧螺纹钢筋后再吊装横挑梁。

4)外牛腿就位

同样用卷扬机拖动滑轮组把牛腿平梁吊至安装高度后,转交给葫芦,人工拖动葫芦作横向位置微调,安装平梁就位。就位后安装拉筋立担、穿精轧螺纹钢筋并张拉。

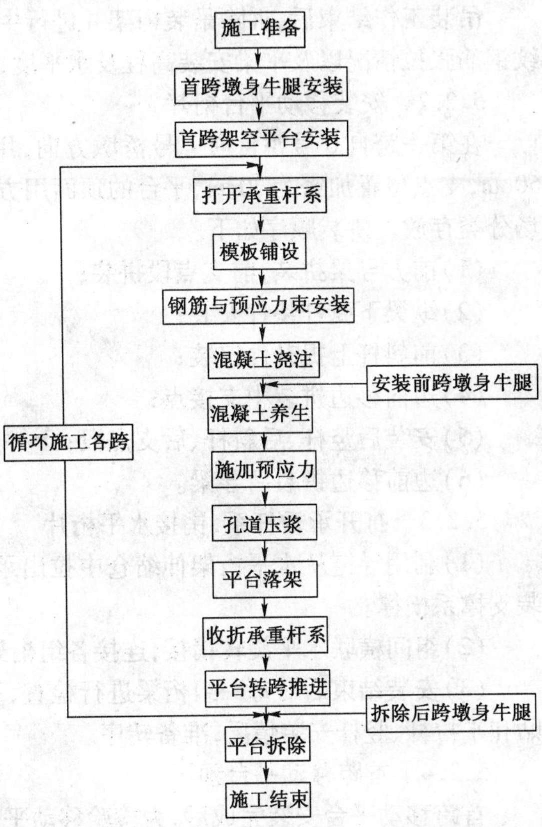

图1 移动平台逐跨推进施工工艺流程图

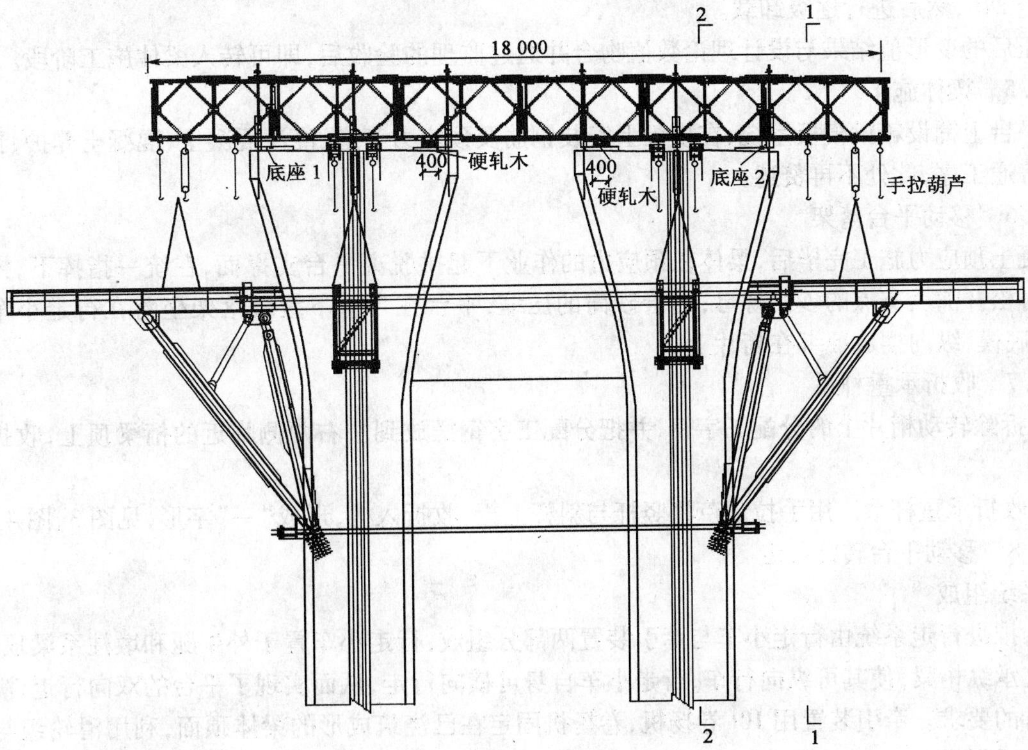

图2 牛腿支撑体系吊装示意图(尺寸单位:mm)

吊装工作结束后,拆除吊装桁架并进行牛腿安装的检查。检查承重主杆件连接、到位情况,精轧螺纹钢筋张拉情况以及平梁安装高程及水平度,做好检查记录。

5.2.2　安装移动平台桁片

在第一跨自0号桥台向1号桥墩方向,用脚手管搭设长20m、宽15m的平台(脚手管横竖间距为60cm,支点位置加密为30cm,平台的顶面用方木通铺形成一个整体平台)贝雷片、支撑架、加工构件进场分类存放。拼装顺序如下。

(1)前方导梁拼装,前支点段拼装;

(2)纵梁下弦杆垫件安装;

(3)前斜杆上提升件安装;

(4)边前移边拼装中支接点;

(5)安装后竖杆、后斜杆、后支点段;

(6)边前移边拼装后导梁。

5.2.3　打开承重杆系,销接水平桁片

(1)利用导链从水平桁架伸缩仓中拉出承重杆系的斜杆与竖杆,形成倒梯形,然后安装加强件,安装支撑系横撑。

(2)组间横联水平旋转销接,连接各组桁架为整体。

(3)安装结束后对每一组桁梁进行检查,重点检查加强螺栓、销子的安装、支撑架与被连接面的密贴和平拉杆、竖杆安装情况,准备转序。

5.2.4　首跨移动平台预压

首跨移动平台安装完成后,为检验移动平台的结构及安装质量,需进行逐级堆载预压。按设计荷载的0→50%→80%→100%→120%→100%→80%→50%→0进行四级加载和卸载,并测得各级荷载下跨中、1/4跨、支点、8m悬臂处变形值。加载到50%和80%时,分别稳定3h,加载100%和120%后,各持续稳定24h,然后进行逐级卸载。

预压后的变形值结果与设计理论数值吻合并通过监理的验收后,即可转入梁体施工阶段。

5.2.5　梁体施工

在平台上铺设箱梁模板系统、在模板上安装钢筋及预应力管道、浇注混凝土、混凝土养护、预应力施工均为普通工序,此处不再赘述。

5.2.6　移动平台落架

混凝土预应力施工完毕后,梁体在预应力的作业下起拱脱离平台支撑面,在统一指挥下,桁架由边及中同时松开前后支点的砂筒螺母;随着砂筒的压缩,平台在自重下缓缓落架坐落在行走小车上并固定;取出底模,纵向摆放捆绑在桁片上。

5.2.7　收折承重杆系

(1)拆除转动桁片上的分配工字钢,并把分配工字钢摆放到左右两侧临近的桁梁顶上,收折水平转动横联。

(2)收折承重杆系。用手拉葫芦将竖杆与斜杆上提,收折入槽,形成“一”字形,见图3、图4。

5.2.8　移动平台转跨行走

1)系统组成

平台推进行走系统由行走小车与牵引装置两部分组成:行走小车置于外牛腿和墩柱系梁顶部,其纵向滚轮支承纵桁梁,使其可纵向行车,行走小车自身可横向行走,从而实现了平台的双向行走,满足平台曲线走行的要求。牵引装置用10t卷扬机,卷扬机固定在已浇筑成形的梁体顶面,利用滑轮组与导向滑轮推进桁梁行走。

2)桁片分组

移动平台的桁片分组见图5。

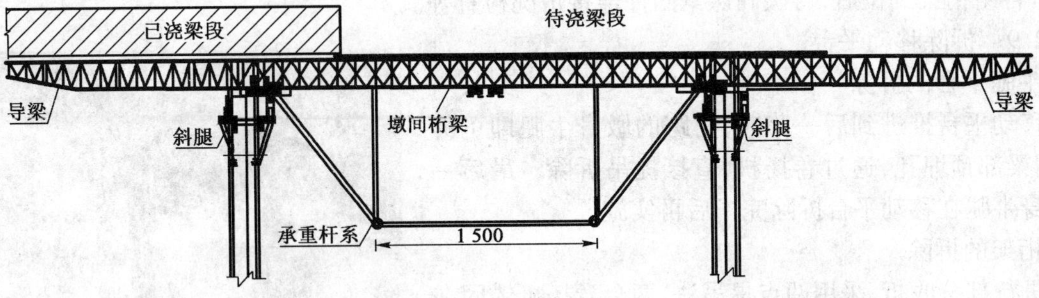

图3　平台待浇注混凝土状态(未显示外牛腿)

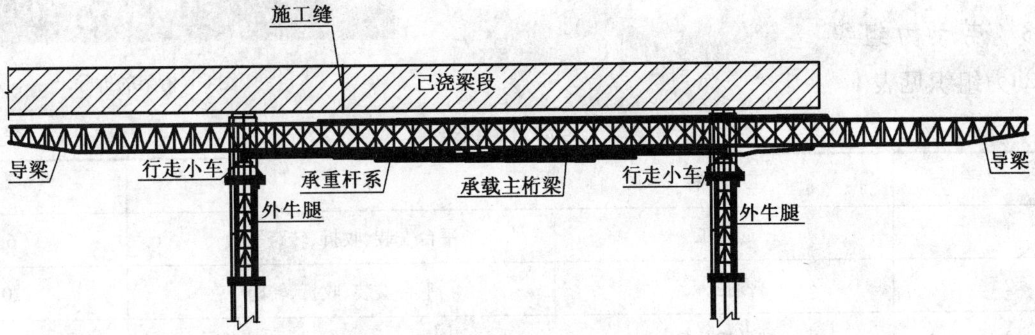

图4　平台收折待转跨状态(未显示斜腿)

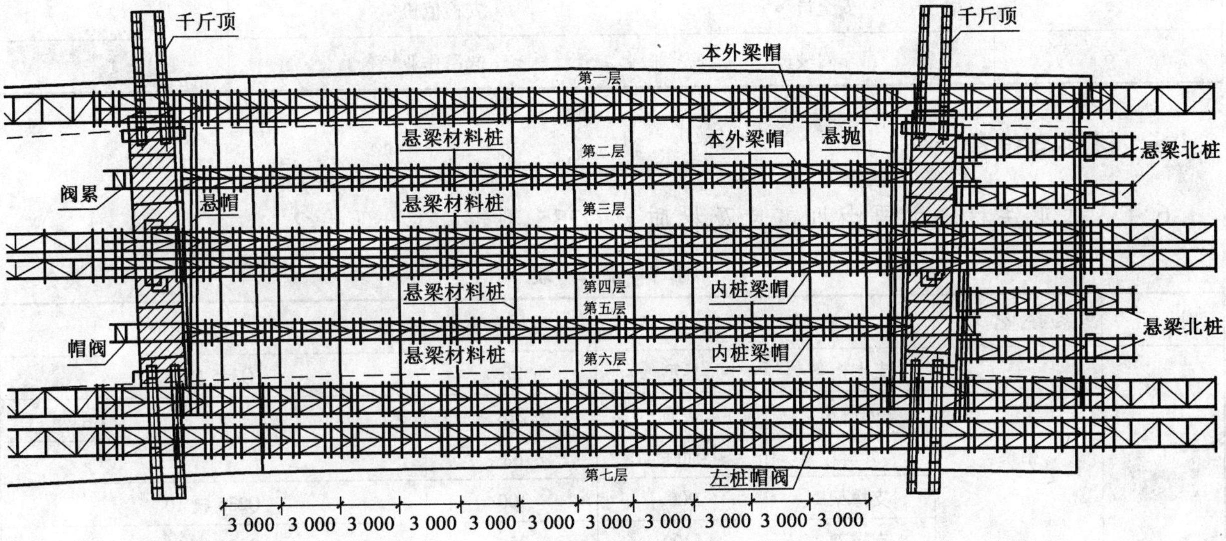

图5　移动平台平面示意图

3)平台推进步骤

平台的推进具有一定的先后顺序,其步骤如下。

(1)墩外第1组长桁梁前移就位。

(2)中间第3、4组长桁梁前移就位,同时墩间第2组与第5组短桁梁横移,分别与前段8m悬臂的1、2及3、4小桁梁进行对接。

(3)墩间第2组与第5组桁梁前移后在横移就位,桁梁后端导梁利用梁部的预留孔悬吊于翼缘板下,前端与该组桁梁对接的第1、2、3、4组8m小桁梁内移到位。

(4)墩外第6、7组桁梁前移就位。

(5)各组桁梁到位后,再次确认紧固件连接情况检查等。

5.2.9　拆除移动平台

1)牛腿平台的拆除

在移动平台推进到后一跨时,前跨的墩身牛腿即可拆除,利用梁部预埋孔,通过卷扬机,直接提吊拆除。最后一跨的墩身牛腿在移动平台拆除完毕后再实施。

2)桁架的拆除

先进行部分收折,采用两点提吊法,两台卷扬机锚固在地面,通过两次转向在翼缘板根部着力,分提桁架两端,通过动滑轮组慢速进行,见图6。

图6　桁架的拆除

5.3　劳动力组织

劳动力组织见表1。

劳动力组织表

表1

序　号	工　种	分　工	人　数
1	起重工	平台安装、收折、转跨平台	6
2	普通工人	平台安装、收折、转跨	10
3	塔吊驾驶员	起吊物件	1
4	测量员	调整高程	2
5	安全员	安检值班	2
6	吊车驾驶员	起吊作业	1

6　材料与设备

6.1　本工法材料主要由贝雷片及材质为Q235型钢组成,见表2。

材料统计表

表2

序号	系统名称	构件名称	型　号	数　量	主要材料组成
1	桁梁	支点桁梁	异型	28	Q345 工 8
		贝雷片	普通	218	
		贝雷片	加强	68	
		支撑架1	900	100	Q235 槽 10
		支撑架2	1300	256	Q235 槽 10
2	导梁	后导梁	900/1300	30	Q235I10、槽10及20mm钢板
		过渡段	900/1300	12	Q235I10、槽10及20mm钢板
		前导梁	900/1300	30	Q235I10、槽10及20mm钢板
3	承重杆系	竖杆滑道	900/1300	28	Q235;12mm钢板
		竖杆	槽钢	40	Q235 槽22b及8mm、30mm钢板
		竖杆支撑架	900/1300	112	Q235 槽10及角75
		斜拉杆	7015	80	Q235 槽20b及10mm、24mm钢板
		平拉杆	6m/3m	40	Q235 槽20b及10mm、30mm钢板

续上表

序 号	系统名称	构件名称	型 号	数 量	主要材料组成
4	组间横联	转动桁片	自制	48	Q235 角 80 及 10mm、30mm 钢板
		剪刀撑	1850/3070	96	Q235 槽 10
		收折仓	焊组件	120	Q235,8mm 钢板
		转动枢	1/2 型	72	Q235 槽 10 及 16mm 钢板
5	平台支撑	砂筒	自制	40	Q235,24mm 钢板
		外牛腿	自制	3 组	Q235I25b、工 56b
		墩间牛腿	自制	3 组	Q235I45b
		横挑梁	自制	3 组	Q235I20b、I32b
6	行走系统	行走小车	自制	21	Q235 槽 10 及 10mm、16mm 钢板 直径 50 圆钢

6.2 机具设备

本工法所需设备见表 3。

设 备 表　　表 3

序 号	名 称	型 号	数 量
1	塔吊	Q5012	2 台
2	卷扬机	10t	2 台
3	9m 手拉葫芦	5t	7 台
4	9m 手拉葫芦	3t	21 台
5	普通千斤顶	30t	14 台
6	吊车	QY30	1 台

7 质量控制

7.1 质量标准

施工全过程认真按设计文件要求执行,并满足《公路工程质量检验评定标准》(JTG F80/1—2004)及《钢结构工程施工质量验收规范》(GB 50205—2001)的要求。

7.2 质量控制措施

(1)工前认真审核设计图纸,并对加工单位做详细的技术交底书。

(2)加工过程中,派专人驻加工单位对原材料以及加工过程进行质量监督检查。

(3)对重点焊接部位,如牛腿支撑体系的杆件以及平台支撑体系中的拉压杆件焊接质量在出厂前按一级探伤标准进行检查,确保焊接质量。

(4)检验合格的杆件均需喷印编号和合格字样并分类堆放。

(5)现场组装中,平台桁梁构件间的连接螺栓必须安装到位,且保证露丝 3 丝以上。

(6)平台落架所采用的砂筒装砂要干燥,装砂后用沥青封口。

(7)平台首跨使用前在现场做堆载预压试验,合格后方准使用。

8 安全措施

8.1 安全管理措施

(1)认真贯彻"安全第一、预防为主"的方针,施工过程中严格执行《公路工程施工安全技术规程》

(JTJ 076—95)。

(2)建立健全安全领导机构,设专职安全员,组织定期和不定期的安全检查。

(3)工前对作业公司下发安全作业指导书,并对操作工实行岗前培训。对起重工及电气焊工等特殊工种严格实行持证上岗制度。

(4)做好关键工序的过程控制,在转跨前的平台收折和到位打开工序,严格执行检查人签字制度。

8.2 安全技术措施

(1)平台转跨时必须由专人统一指挥,严格按照规定程序进行分组转跨。

(2)平台施工下方地面,设专人警戒,以防闲人进入受到伤害。

(3)牛腿支撑体系中的撑脚必须要与墩身预留键盒底钢板密贴。

(4)转跨下坡时,在平台的后方设置卷扬机倒拉作为安全保险,预防平台下坡自滑。

(5)平台桁梁行走中不能偏离行走小车滚轮。

(6)支撑杆系重新打开后,再次检查连接螺栓的安装到位情况,确保连接可靠。

(7)平台下方设置细眼钢丝网,预防螺栓等小件坠落。

(8)高空作业,操作工必须配全"工地三宝",操作所用工具、零件应放入随身佩带的工具包中,不可随手丢弃。

(9)施工现场严格执行《施工现场临时用电安全技术规范》(JGJ 46—2005)的规定。用电设备实行一机一闸一漏(漏电保护器)一箱(配电箱)。漏电保护装置应与设备相匹配,不得用一个开关直接控制两台以上用电设备。

(10)现场氧炔气瓶应分类堆放,使用时要保持安全距离,安全距离应大于10m。

(11)夜间以及雷雨天气或者遇有5级以上强风、浓雾等恶劣天气,不进行平台的转跨作业。

9 环保措施

严格执行《中华人民共和国环境保护法》、《中华人民共和国大气污染防治法》等国家、地方政府有关环境保护的法规教育,认真学习有关环境保护的要求,提高环境保护意识,自觉做好环境保护工作,并对以下方面提出具体要求。

9.1 扬尘控制

对施工现场施工便道进行混凝土硬化并定期进行洒水,控制运输车辆扬尘。有条件的尽量采用商品混凝土。如确需自拌混凝土,则采用封闭的环保型拌和站,并对装卸有粉尘的材料,采取洒水湿润或遮盖。

9.2 噪声控制

(1)施工机械严格执行《建筑施工现场界噪声限值》(GB 12523—90),控制和降低噪声污染。

(2)平台施工尽可能安排在白天进行,避免夜间扰民。

9.3 废水排放控制

施工现场设置排水沟、沉淀池、冲洗池,废水、污水经滤网过滤后,通过污水管输入池中沉淀,再排入当地排污管网。

9.4 废弃物的排放

(1)施工现场产生的焊条、焊渣、钢筋切割锯渣等设专用容器随时清理,现场不用的材料和机具及时清退出场,保持场内清洁。

(2)生活区内的废料、垃圾应及时清理,运到指定地点进行处理。

10 效益分析

10.1 经济效益

(1)收折式移动平台与常用的落地膺架和大型专制移动模架相比,效益可观,优势明显。

(2)结构轻便精巧,一次性投入少,与专制移动模架方案相比,节省前期资金600万元。

(3)材料用量少,回收率高。与落地膺架施工方案相比,收折式移动平台方案贝雷片节约374t、钢材节约903t、C25混凝土节约2 100m^3,节省投资520万元。

10.2 社会效益

中铁十七局在重庆鱼洞长江大桥北引桥,采用可收折的移动平台完成了12跨×40m的箱梁,所施工的桥梁线形美观,质量可靠。大桥于2008年12月顺利通过验收。

在行业内一般移动平台的倒支撑体系是固定的,施工时需要反复拆下和组装,本技术属于倒支撑可收折体系,移动平台转跨无需反复拆装倒支撑结构,填补了行业中收折支撑体系的空白,得到了重庆市建委、市质检站、安检站以及业主、设计、监理单位的一致好评。

10.3 环保效益

(1)本工法采用的移动平台为非落地支架,无需进行地基处理,不产生弃土,对地表植被几乎不造成破坏。

(2)移动平台安装采用的是塔吊和卷扬机,其行走牵引动力为卷扬机和导链,施工不产生废气。

(3)承重杆系的可收折使得平台一次拆装即可完成全部现浇箱梁,平台承重杆系的收折、转跨、打开一气呵成,施工速度快,节约能源。

11 工程实例

重庆鱼洞长江大桥是重庆市重点工程,全长1514.6m,双幅桥宽41.6m,被誉为“国内最宽的长江大桥”。主桥为高墩、深水、大跨连续刚构,最大跨度260m,位列国内前茅。同桥面承受公轨两种荷载更为国内首创。大桥的北引桥梁部设计为40m×6+40m×6连续现浇箱梁,单幅梁体顶宽20.3m、底宽12.9m、梁高2.5m,其首跨为40m+8m(悬臂),混凝土自重2 400t;北引桥的墩身高度大多在37~72m之间,桥址位于一面陡坡上,地质条件差,施工场地狭窄且与成渝电气化铁路上跨立交。通过使用收折式移动平台工法成功突破了地域受限、跨线、高位支撑等难题。

此施工工艺不受地形、地貌与地质条件影响,尤其在地质条件差、高墩、跨线桥梁施工,其结构轻巧、受力安全可靠、稳定性好,节约工程成本等特点越发明显。同时因其无需地基处理,不产生弃土,不破坏地表植被,最大限度地满足了环保要求。

收折式移动平台施工施工工法综合效益显著,必将在城市立交、山区、河谷地区和高墩现浇箱梁施工中得到进一步的推广与应用。

施家梁互通立交桥上部结构主体均为现浇箱梁施工,其中主线共计15联,65跨,分左右幅布置,左幅8联,共计33跨,单跨跨度最大为34.45m,最小跨度为20.92m。箱梁标准断面顶板为16.75m,底板宽度为11.85m,除最后两联悬空高度稍低外,其余平均高度均在40m以上,且所处地形复杂,大多坐落在高低不平的山坎上,并有一条三岔河逶迤交错,悬空高度反复变化较大。

满堂支架法施工对地基处理要求高,且搭架过高(平均高度在40m以上),施工进度缓慢、不经济;梁柱式悬空支架法在纵梁架立时需要借助大的起重设备,安全性差,施工速度慢,逐联施工无法保证总工期要求。经过多次方案比选与专家论证,最终采用收折式移动平台进行梁部施工。

收折式移动平台结构安全可靠、安装拆除方便、施工速度快,我项目在施工期间未发生任何安全事故,且累计节约成本800万元,多次受到业主的表扬,收到了良好的社会与经济效益。

古家坝立交桥是重庆云万高速公路的重难点工程,箱梁混凝土方量设计为49 101m^3,其中设计为移动模架施工的为14联62跨。增加的13联58跨。从2007年10月至2008年7月共浇注102孔,其中最大跨30m。该收折式移动平台结构合理、安装方便、过孔速度快,我单位在使用过程中未发生任何安全质量事故,并收到了良好的经济效益,该收折式移动平台值得在同类型工程中推广和应用。

双幅T构桥跨越电气化铁路同步转体施工工法

GGG(中企)C3114—2009

雷勇锋　李洪良　曹会芹　周永明　潘新朝

(中铁十七局集团第三工程有限公司　中国铁建股份有限公司)

1 前言

转体施工法最先出现的是竖转法。20世纪50年代,意大利曾用此法修建了多姆斯河桥,跨径达70m。德国的Argentobel桥,跨径达150m,是采用此法修建的跨径最大的桥梁。2001年底,日本神原溪谷大桥采用竖转法施工建成,该桥为混凝土拱桥,跨度135m。

平转法于1976年首次在奥地利维也纳的多瑙河运河桥上应用,该桥为斜拉桥,跨径布置为55.7m+119m+55.7m,转体质量达4 000t。此后,平转法在法国、德国、日本、比利时、中国等国家得到应用。采用平转法施工的桥梁除斜拉桥外,还有T构桥、钢桁梁桥、预应力连续梁桥和拱桥。迄今为止,转体质量最大的是比利时的本·艾因桥。该桥为斜拉桥,跨径布置为3×42m+168m,转体质量达19 500t,于1991年建成。

1975年,我国桥梁工作者开始进行拱桥转体施工工艺的研究,并于1977年在四川遂宁县采用平转法建成跨径为70m的钢筋混凝土箱肋拱。此后,平转法在山区的钢筋混凝土拱桥中得到推广应用。20世纪70年代末80年代初,我国平转法施工的拱桥,跨径均在100m以下,且均为有平衡重转体施工。

随着转体施工工艺的进步,主要是转动构造中摩擦系数的降低和牵引能力的提高,这一方法在我国的斜拉桥和刚构桥中也得到应用,并且使其从山区推广至平原,尤其是跨线桥的施工。

我国跨铁路平转T构桥有:1990年四川绵阳桥(T构桥,转体质量2 350t);1994年广东南海谢叠大桥为跨越非电化铁路双线单幅T构转体桥(T构2×34m、转体质量3601t,转体时间60min,转体角度60°);1998年贵州都拉营T构桥跨越黔渝电气化单线铁路(T构90m、转体质量7 100t,转体角度73°);2004年贵州楚米大桥为跨越黔渝电化铁路单线双幅T构转体桥(T构2×55m、转体总质量3 300t,转体时间60min,转体角度45°);2006年北京六环张家湾大桥为跨越五条非电化铁路专用线双幅T构转体桥(T构2×60m、转体质量4 800t,转体时间57min,转体角度51°)。

国内同类T构转体桥资料表明,本文介绍的跨越电气化铁路双线双幅同步转体施工工法在国内具有创新性,具有安全风险大、技术难度高、施工工期短等特点。

电气化铁路行车密度大,地下有各种光电缆,高空有接触网供电线等铁路电力设施,转体桥从桩基础施工开始,到正式转体及转体后合龙段施工,对电气化铁路铁路都必须采取严密的安全防护措施。不仅如此,T构转体平衡控制、同步快速转体控制系统、铁路安全防护技术等都是技术含量大的新课题。

2006年4月中国铁道建筑总公司批准"大吨位刚构桥跨越电气化铁路平面转体施工综合技术"课题立项,我公司组织科研技术人员结合张—石(张家口至石家庄)高速公路ZS13合同段的双幅T构桥梁跨京广电气化铁路转体施工进行攻关研究。研究工作历时18个月,通过在实践中不断的摸索与创新,实现了跨电气化铁路的成功转体,圆满完成了课题要求的研究内容。2007年该项课题成果通过了中国铁道建筑总公司组织的技术鉴定。鉴定认为,"双幅T构桥跨越电气化铁路同步转体施工综合技术"成功应用于张石高速公路桥梁施工,取得了良好的社会经济效益,整体技术达到国内领先水平。为了使该技术得以推广和应用,我们经过总结提炼形成了"双幅T构桥跨越电气化铁路同步转体施工工法”。

2 工法特点

双幅T构桥跨越电气化铁路同步转体施工工法的特点主要体现在如下方面。

(1)受环境影响较大,在恶劣的气候条件下(如狂风暴雨天气)禁止施工;

(2)有较好的社会效益和经济效益;

(3)能保证施工安全和工程质量,施工速度快;

(4)施工方法程式化,易于施工人员掌握;

(5)需较完整的配套机械设备和控制系统,自动化程度高。

3 适用范围

该工法适用于以下情况。

(1)适用于先预制后转体跨越电气化铁路的大吨位转体桥平转施工;

(2)适用于先预制后转体跨越深河、深谷、高速公路等障碍的大吨位转体桥平转施工;

(3)适用于风力在4级以下的转体桥梁平转施工;

(4)适用于不宜采用支架、架梁和悬灌施工,但满足预制要求的各种情况桥梁施工。

4 工艺原理

4.1 T构转体平衡控制原理

转体T构没有斜拉索且两侧悬臂长度长,对梁端挠度的控制要求高。无论在转体过程中,还是在梁体线形的调整中,精确控制悬臂段的高程和转体体系的质量平衡,提高体系的抗倾覆稳定能力,均是保证施工质量、完成顺利转体及边跨合龙段施工的关键。

在竖平面内由于不平衡力矩使球铰转动体系产生微小的转动时,在转体悬臂段的端部的就会产生较大的竖向位移。在转体T构箱梁转体之前,首先对T构箱梁进行称重试验,然后根据称重结果进行配重,严格控制两端悬臂的质量平衡是保证T构平稳转体的关键。

4.2 双幅T构同时同步快速转体原理

实现双幅同时同步转体是控制的难点。左右两幅梁相距很近,任何转动偏差,如转体不同步或转体加速度过大等,都可能导致两幅梁碰撞,其后果不堪设想。此外,转体过程中有可能出现的非匀速转动、骤停、骤起等所产生的惯性力也会导致梁体变形、甚至产生裂缝。因此,保持左、右两幅梁的同步,缓慢匀速转动是转体施工的关键环节。

转体的基本原理是箱梁重量通过墩柱传递到球铰,上球铰通过球铰间的四氟乙烯板传递至下球铰和承台。待箱梁主体施工完毕后,脱空撑脚将梁体的全部重量转移于球铰,利用埋设在上转盘的牵引索、转体连续作用千斤顶,克服上下球铰之间及撑脚与下滑道之间的动摩擦力矩,使桥体比较容易转动。

转体施工主要依靠上、下转盘来转动,转体桥总重量都在近万吨,通过千斤顶及精密的同步控制系统对转体牵引系统的控制,实现了左、右两幅梁同时启动、同时停止,从而保证同时、同步平衡转体。

4.3 转体施工中电气化铁路双线安全防护

电气化铁路行车密度大;桥下有铁通、电力、信号等光电缆,箱梁位置处有接触网供电线及其他高压线路。转体施工对转体牵引系统要求很高,特别是电气化铁路上方封锁要点施工时间只有几十分钟。为了安全顺利地完成转体T构转体施工的任务,施工中安全防护技术主要包括以下几个方面。

(1)施工转体墩承台基坑前对铁路电缆管线进行改移保护,开挖承台基坑时对路基边坡进行防护;

(2)施工转体墩墩身及T构箱梁时,严格防止机具设备侵限,在靠近铁路一侧进行防护防止触电,防止人员、物体坠落;

(3)T构转体时,防铁路电气化立柱等超高,防转体T构转过高压线产生感应电,防坠落以及铁路封锁要点安全防护;

(4)T构转体到位后,合龙段在铁路隔离网内,供电线正上方,钢筋混凝土施工时需采取合理的承重受力体系及绝缘防护措施。

5 施工工艺流程及操作要点

5.1 施工工艺流程

双幅T形刚构转体桥总体施工工艺顺序:铁路路基边坡防护挖孔桩施工→转体主墩钻孔桩施工→转体下转盘承台施工→球铰精确安装就位→上转盘施工→中墩施工→箱梁混凝土施工→预应力体系施工→拆除箱梁支架→称重试验,并进行配重→试转以验证各项技术参数→正式转体→调整转体T构准确就位→封固上、下盘球铰转动体系→现浇合龙段→顶、底板通长束预应力施工→全桥贯通。

5.2 操作要点

下面对转体施工中转体球形转盘制作及安装、拽拉牵引系统安装操作、T构箱梁施工、T构称重测试与配重、双幅T构桥同步转体、转体后精确就位等关键工序的操作要点分别加以叙述。

5.2.1 高精度、大直径球形转盘制作加工工艺与安装

转体结构由转体下盘、球铰、上转盘、转动牵引系统组成。

转动球铰是转动体系的核心,是转体施工的关键结构。它由上下球铰、球铰间聚四氟乙烯滑片、固定上下球铰的钢销、下球铰钢骨架组成。它是整个转体的核心,在转体过程中支撑转体重量,是整个平衡转体的支撑中心。

使用的钢球铰型号为LQJ(Q)70000型(下球铰ϕ3000、R6000、钢板厚30mm,上球铰ϕ4200、R5962、钢板厚30mm),钢球铰分上下两片。钢球铰在工厂加工完成后,进行试磨合,各项指标满足要求后整体运至工地安装。球铰制作过程见图1。

图1 精确制作上、下球铰

转体球铰的加工制造周期总共约为104d。

(1)预成型。制造球面板的钢板进行预成型,加工周期7d。

(2)拼焊。对预成型好的球面板进行拼焊,拼焊周期10d。

(3)成型。对球面板进行压制成型,成型周期5d;上球铰围板接焊:围板按图纸下料后拼焊,拼焊周期5d。

(4)球面板与筋板及围板的组焊。肋板按图纸下料后,将肋板和围板检测球面的加工精度,球面加工周期20d。

(5)热处理。对组焊好的上、下球铰进行退火处理,热处理时间6d。

(6)球面加工。加工转体球铰的上下球面,加工是使用模板检测球面的加工精度,球面加工周期20d。

(7)球面聚四氟乙烯滑板凹坑的加工。下球面板镶嵌填充聚四氟乙烯复合夹层滑片的凹坑加工,加工周期10d。

(8)销轴的加工。销轴采用锻钢制造,销轴从锻造到机加工的周期12d。

(9)填充聚四氟乙烯复合夹层滑片的制造。球铰使用的填充聚四氟乙烯复合夹层滑片制造周期6d。

(10)整体组装。安装填充聚四氟乙烯复合夹层滑片,组装上、下球铰,组装周期3d。

5.2.2 转动钢球铰的安装

1)安装下球铰

承台混凝土浇注到一定高度后,安装下球铰骨架,下球铰骨架固定牢固后,吊装下球铰使其放在骨架上,对其进行对中和调平,对中要求下球铰中心,纵横向误差不大于 1mm,施工采用十字线对中法,水平调整先使用普通水平仪调平,然后再使用精密水准仪调平,使球铰周围顶面处各点相对误差不大于 1mm,固定死调整螺栓。

2)下球铰下混凝土施工

由于下球铰水平转盘面积比较大,盘下结构复杂,下转盘混凝土的密实性是转盘安装成败的关键。为此,在下转盘上提前预留了 4 个较大的混凝土振捣孔,并隔一定距离设置排气孔,混凝土浇注时从下转盘锅底向上依次进行振捣,当混凝土浇注到每个振捣孔位置时,在水平方向振捣的同时,采用插入式振捣设备从振捣孔深入盘下,捣固密实,现场观察混凝土不产生下沉,而且周边排气孔有充分水泥浆冒出。

3)安装上球铰

下转盘混凝土施工完成后,将转动定位钢销轴放入下转盘预埋套管中,然后进行下球铰四氟乙烯滑片的安装。填充改性聚四氟乙烯滑片在工厂内进行制作,在工厂内安装调试好后编好号码,现场对号入座,安装前先将下球铰顶面和滑片镶嵌孔清理干净,并将球面吹干。滑片安装完成后,各滑片顶面应位于同一球面上,其误差不大于 1mm。

在下球铰球面上涂抹黄油聚四氟乙烯粉,使其均匀的充满滑动片之间的空隙,并略高于顶面,涂抹完后尽快安装上球铰,其间严禁杂物掉入球铰内。上球铰精确定位并临时锁定限位后,用胶带缠绕密封上下球铰吻合面,严禁泥沙等杂物进入。

4)安装球铰的现场精度控制措施

承台混凝土分三步浇注,球铰中心采用"十字放线"法和坐标控制法,钢球铰现场安装如图 2 ~ 图 5 所示。

图 2　下球铰支架及球铰面安装

图 3　下球铰聚四氟乙烯滑片安装

图 4　安装销轴及涂抹润滑层

图 5　安装上球铰

5)下盘滑道与上盘撑脚安装

为保证大吨位结构平转的稳定性,在上盘设置6对向下悬吊的钢管混凝土撑脚,在撑脚下方设半径为3.3m、宽1.1m的滑道。

上盘撑脚即为转体时支撑转体结构平稳的保险腿,转体时保险撑脚在滑道内滑动,以保持转体的结构平稳性,同时也能承受转体过程中的不平衡力,以保证转体结构的平稳。滑道的平整度将直接影响顶推力和梁体高程的变化。

承台混凝土浇注第二层一定高度后,安装下盘滑道骨架,骨架固定牢固后,吊装滑道钢板使其放在骨架上,对其进行对中、调平。对中要求纵横向误差不大于1mm。施工采用十字线对中法,水平调整先使用普通水平仪调平,然后使用精密水准仪调平,水平控制点采用坐标控制法定点,使滑道周围顶面处各点相对误差不大于2mm,固定死调整螺栓。

撑脚在工厂制作为双圆柱形,下设30mm厚钢板,双圆柱为两个ϕ800mm×24mm钢管,高1 600mm,钢管内灌注C50微膨胀混凝土。在撑脚底与滑道之间预留13mm的间隙作为转体结构和滑道的间隙。转体前抽掉13mm垫板,抽掉垫板后在滑道内铺设3mm厚不锈钢板。以降低转体时上、下盘之间的摩阻力。下盘滑道与上盘撑脚安装如图6~图9所示。

图6 滑道安装

图7 上、下球铰安装完毕

图8 上盘撑脚安装

图9 上盘撑脚浇注微膨胀混凝土

6)上转盘施工

上盘是转体的重要结构,布置三向预应力钢筋。转台是球铰、撑脚与上盘相连接的部分,又是转体牵引力直接作用部位,转台内预埋转体牵引索,预埋端采用P型锚具,同一对索的锚固端在同一直径并对称于圆心,每根索的预埋高度和牵引方向应一致。每根索埋入转盘锚固长度大于3.0m,每对索的出口点对称于转盘中心。

上盘撑脚安装好后,立模,绑扎钢筋,安装预应力筋及管道,预埋转体牵引索,浇注混凝土。待混凝土达到设计强度后,张拉竖向预应力筋及纵横向钢绞线。上转盘与下转盘及中墩、上部箱梁的立面关系见图10。

5.2.3　拽拉牵引系统安装

平转牵引体系由牵引动力系统、牵引索、牵引反力座组成。转体施工设备采用全液压、自动、连续运行系统，具有同步，牵引力平衡等特点。该设备是一种较为理想的转体施工设备，能使整个转体过程平衡，无冲击颤动。转体牵引体系见图11。

1)牵引动力系统

转体的牵引动力系统由两台ZLD200型连续牵引千斤顶，两台ZLDB液压泵站及一台主控台(QK～8)通过高压油管和电缆连接组成。牵引动力系统主控台及连续牵引千斤顶见图12、图13。

转体的左、右幅T构分别单独成为一套牵引动力系统。牵引动力系统主要特点是能够实现两台千斤顶同步不间断匀速顶进牵引，使转体结构旋转到位，以主控台保证同步加压。本系统兼具自动和手动控制功能，手动控制主要用于各千斤顶位置调试和转体快到位前的小距离运动，自动控制作为主要功能用于正常工作过程。

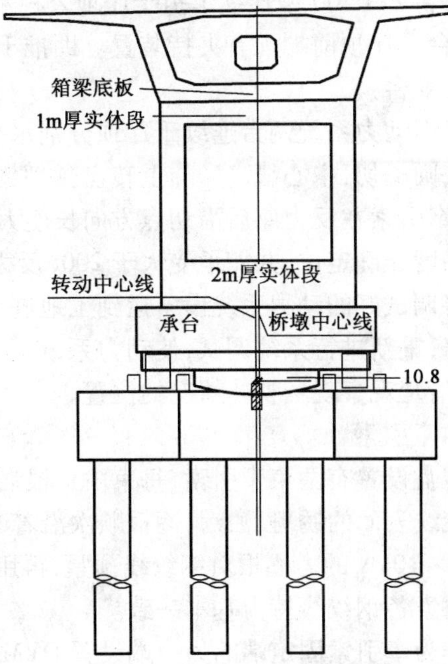

图10　上转盘及上部中墩与箱梁

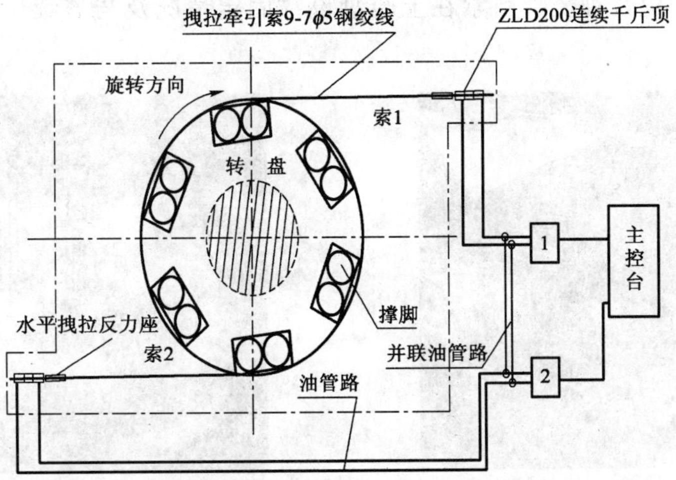

图11　转体牵引体系

图12　ZLD200型连续牵引千斤顶

图13　两台液压泵站及一台主控台

每台 ZLD200 型连续牵引千斤顶公称牵引力 2000kN,额定油压 31.5MPa,由前后两台千斤顶串联组成,每台千斤顶前端配有夹持装置。助推千斤顶采用 YCW150A 型穿心式千斤顶 6 台(配备 ZB4-500 电动油泵 6 台)。

牵引动力系统两台连续千斤顶分别水平、平行、对称的布置于转盘两侧,千斤顶的中心线必须与上转盘外圆相切,中心线高度与上转盘预埋钢绞线的中心线水平,同时要求两千斤顶到上转盘的距离相等,且牵引索在反力座后沿切点方向长度大于 4m。千斤顶放置于配套的反力座上,牵引反力座槽口位置及高度准确定位,并能承受大于 200t 反力的作用。

将调试好的动力系统设备运到工地进行对位安装后,往泵站油箱内注满专用液压油,正确连接油路和电路,重新进行系统调试,使动力系统运行的同步性和连续性达到最佳状态。主控台应放于视线开阔、能清楚观察现场整体情况的位置。

2)牵引索

转盘设置有两束牵引索,每束由 9 根强度为 1 860MPa 的 7ϕ5 钢绞线组成。预埋的牵引索须清洁各根钢绞线表面的锈斑、油污,逐根顺次沿着既定索道排列缠绕 3/4 圈以后,穿过 ZLD200 型连续千斤顶。先用 5 ~ 10kN 的力逐根对钢绞线预紧,再用牵引千斤顶在 2MPa 油压下对该束钢绞线整体预紧,使同一束牵引索各钢绞线持力基本一致。

作为牵引索固定端的另一端设置 OVM15 - 19P 锚具,已先期在上转盘灌注时预埋入上转盘混凝土体内,出口处不留死弯。牵引索安装完到使用期间应注意保护,特别注意防止电焊打伤或电流通过,另外要注意防潮、防淋,避免锈蚀。牵引索在上转盘设锚固定情况及与连续牵引千斤顶连接情况如图 14 ~ 图17 所示。

图 14　预埋入上转盘内的牵引索

图 15　牵引索缠绕在上转盘球上

图 16　经千斤顶预紧后的牵引索

图 17　连续千斤顶牵引系统

牵引反力座采用钢筋混凝土结构，反力座预埋钢筋深入下部承台内，反力座混凝土与下转盘混凝土同时浇注，牵引反力座槽口位置及高度准确定位，与牵引索方向相一致。

5.2.4 T构箱梁施工

T构箱梁采用落地碗扣式满堂支架施工，分两次浇注完成，第一次浇注底腹板，第二次浇注顶板、翼板。由于箱梁平行于京广铁路两侧，为了防止施工干扰铁路运营，在支架靠近铁路一侧，安设防护钢丝网及防电绝缘板，高出梁顶2.2m，以保证施工机具材料杂物不侵入铁路限界。支架搭设及浇注混凝土见图18。

图18 浇注T构箱梁底板、腹板混凝土

1)T构箱梁混凝土施工

混凝土灌注顺序为：第一次从梁端向根部处对称灌注底腹板，第二次从梁端向梁根部对称灌注顶板。混凝土采用拌和站集中拌和，每次灌注投入两台汽车泵，具体施工顺序为：腹板→底板→翼板→顶板。箱梁混凝土养护采用薄膜保湿养生，不得有冲溅水柱，影响铁路行车安全。

箱梁混凝土浇注完成达到强度后，按设计张拉顺序先进行纵向底、腹板及顶板束钢绞线的张拉，再进行横向顶板束钢绞线的张拉，张拉时采用应力与伸长量双控制。压浆采用真空辅助压浆，按操作工艺要求进行，压浆完毕达到强度后进行桥面防撞护栏施工。T构箱梁内钢绞线的张拉如图19、图20所示。

图19 T构箱梁内腹板纵向预应力

图20 顶板横向预应力束张拉

2)桥面系施工

为了减少上部结构施工对铁路运营干扰，在梁体转体前，安排跨京广铁路部分的防撞护栏、防落网、泄水管施工，保证转体后不需在铁路线限界内作业，以确保铁路运营和安全。成型后T构箱梁见图21。

图21 铁路两侧转体前T构箱梁

3)支架拆除及体系转换

桥面系防撞护栏、防落网、泄水管施工完毕后，进行支架拆除，从两端向中间逐步拆除，支架拆除后T构箱梁的所有重量通过上球铰及6对钢撑脚传到下球铰及滑道上。

在撑脚底与滑道之间预留13mm的间隙作为转体结构和滑道的间隙。为了稳定，考虑在T构箱梁完成前，该13mm的间隙通过在撑脚底平面钢板四周焊接竖向小钢板来支撑。T构箱梁完成拆除支架后，用竖向千斤顶配合按次序割掉竖向支撑小钢板，并在滑道内铺设3mm厚不锈钢板。

5.2.5 T构平衡控制

1)控制T构平衡的目的

理想的转动体系必须具备易于转动和安全稳定这两个基本条件。转体施工的关键构件就是承载整个转动体重量的转动球铰,而转动球铰摩擦体系的大小直接影响着转体时所需牵引力矩的大小。在施工支架完全拆除后及在转体过程中,转动体的自平衡或配重平衡又对施工过程的安全性起着至关重要的作用。为了保证桥梁转体的顺利进行,为大桥转体阶段的指挥和决策提供依据,有必要在转体前进行转动体称重试验,测试转动体部分的不平衡力矩、偏心矩、摩阻力矩及摩擦系数。最后,根据称重试验结果确定配重方案,达到控制T构平衡转体的目的。

2)称重试验

在转体T构上转盘下自下往上施加顶力,分别用位移计测出球铰由静摩擦状态到动摩擦状态的临界值,由位移反算内力,上转盘两侧T构的内力差值即为T构的不平衡重量。

施加顶力采用两台YCW100B型千斤顶,测试位移采用XL2118C与应变综合参数测试仪,称重施顶与数据采集如图22、图23所示。

图22 千斤顶施加顶力

图23 记录测试数据

在转体过程中为了增加转动体竖平面内的稳定性,人为地使转动体形成两点竖向支承,除了原球铰部分的一点支承外,还要通过称重试验进行配重,使梁轴线上桥墩一侧的撑脚落下接触滑道,形成另一点支承,确保转体过程的安全、平稳。

3)配重方案

配重方案分为重量平衡转体配重和梁体纵向倾斜配重两种,一般多采用第二种方案。

重量平衡转体配重的思想是,转体梁在静力状态保持平衡,即通过配重使转体梁的重心线通过球铰竖轴线。该方案的优点是配重量小,启动所需牵引力相对较小。由于该方案中对转动体为一点支承,在转动过程中容易导致转体梁在竖平面内的晃动。因此,若采取该方案,应尽量减小撑脚与滑道间的间隙。而梁体纵向倾斜配重方案的思想是,在转体过程中转体梁应在梁轴线方向略呈倾斜态势,即梁轴线上桥墩一侧的撑脚落下接触滑道,另一侧的撑脚抬起离开滑道。这样做有两个好处:一是使转动体形成两点竖向支承,增加了转动体在转动过程中竖平面内的稳定性;二是通过转体梁的微小倾斜可有效保证梁端不与桥墩发生碰撞,由于转体梁两侧的桥墩已建成,达到设计高程,但该配重方案的配重量较大。

5.2.6 双幅T构桥同步转体控制

1)试转

正式转动之前,应进行结构转体试运转,全面检查一遍牵引动力系统及转体体系、位控体系、防倾保险体系等状态是否良好。试转时应做好以下几项测试工作。

(1)每分钟转速,包括每分钟主桥转动的角度(角速度)、悬臂端转动的水平弧线距离(线速度),即建立主桥墩实际转动的角速度与梁端转动线速度的关系,以便在转动过程中把转动速度控制在设计要求范围内。

(2)控制采取点动式操作，测量每点动一次悬臂端所转动水平弧线距离的数据，为转体初步到位后，进行精确定位提供操作依据。

(3)启动试验，打开主控台(图 24)以及泵站电源，启动泵站，用主控台控制两台千斤顶(图 25)同时施力旋转，看两台千斤顶能否启动转体。若不能转动，则使用事先准备好的辅助顶推千斤顶，按照加力方案同时施力，以克服静摩擦阻力来启动桥梁转动。

图 24 转体牵引系统总控制台

图 25 转体牵引系统连续千斤顶

转动牵引力可由千斤顶油泵的油表读数计算得到。测试梁端线速度可在梁端用光电测距仪测量。光电测距仪架在能够通视的平地上，在梁端横断面顶部标上刻度，仪器对中刻度线，开始时仪器读数为零，随着梁端转动，读数开始变化，最后得到梁端转动距离。

把梁端转动线距离换算到转盘上，用上转盘上标出的一个刻度代表梁端转动 1m，如图 26 所示。转体时由专人负责报数，通过控制牵引速度，实现梁体转速控制，见图 27。

图 26 上转盘上的刻度

图 27 技术人员读数控制转动速度

试转对转体结构及拽拉设备进行检验，同时对理论计算的各项参数可以进行复核验证，对照转体 T 构箱梁试转前后实测高程数据，看转体前后高程无明显变化，确保整个转体过程在同一平面内，而且稳定平顺。图 28 为跨越电气化双线铁路转体。图 29 为双幅 T 构转体就位过程。

2)正式转体

正式转体主要施工步骤如下。

(1)按照试转采集的各项数据和经验，检查滑道和转体设备是否完好，做好正式转体的准备。

(2)结构转体前进一步做好人员分工，根据各个关键部位、施工环节，对现场人员做好周密部署，各司其职，分工协作，由现场总指挥统一安排。

(3)先使千斤顶达到预定吨位，启动动力系统设备，并使其在“自动”状态下运行。

(4)每个转体使用的两对称千斤顶的作用力始终保持大小相等、方向相反，避免不平衡力偶产生。

(5)设备运行过程中，各岗位人员必须坚守岗位，时刻注意观察、监控动力设备和转体各部位的运行情况，并做好记录。

图 28　跨越电气化双线铁路转体

图 29　双幅 T 构转体就位过程

(6)在转体就位处设置限位装置,并安排技术人员在两个转盘附近负责读转盘上标识的刻度,随时与总指挥联系,确保两幅同步转体。为防止结构超转,在合龙段支架上做好控制点,转体结构接近设计位置时(一般梁端留大约 0.5m 的距离),停止自动牵引操作,采用点动控制精确定位。

5.2.7　双幅 T 构转体后精确控制

1)中轴线准确定位

轴线偏差主要采用连续千斤顶点动控制来调整,采用点动控制,点动时间为 0.2s 一次,每次点动千斤顶行程为 1mm,换算梁端行程。每点动操作一次,测量人员测报轴线走行现状数据一次,反复循环,直至结构轴线精确就位。

2)T 构梁端的高程调整

首先进行线型测量,对横向倾斜、轴线偏差、高程偏差进行调整。若发生横向倾斜,高程偏差采用在梁端两腹板处作用千斤顶的方法进行调整。经过精确调整后,T 形刚构中线及高程误差在 10mm 之内,满足了《桥规》的精度要求。高程调整如图 30、图 31 所示。

图 30　T 构端部腹板下调整高程

图 31　腹板下竖向千斤顶加载

转体结构精确就位后,立即进行封盘混凝土浇注施工,清洗底盘上表面,焊接预留钢筋,立模浇注封固混凝土,使上转盘与下转盘连成一体。混凝土坍落度保持 30 ~ 100mm,拌制时掺入微量铝粉作膨胀剂,以方便振捣和增强封固效果。

5.2.8　铁路安全防护

转体桥的施工,严重影响着京广铁路的行车安全。因此,安全防护是本工程施工的一项重要内容,转体桥对京广铁路安全防护重点有以下几个方面。

转体墩承台距离既有路基很近,基坑开挖较深、开挖面大,开挖时将会对既有路基边坡稳定造成不利影响。因此,经过多种方案的比选,施工时采用密布人工挖孔桩防护。

转体墩墩身及箱梁施工时，设备侵限、铁路侧高压电及高空防落均是不容忽视的重要危险源。因此施工中采取防电、隔离措施，确保施工安全。

T构转体时，为防止转动时产生感应电，在转盘与承台位置设置专用接地线，避免转动体带电；对接触网立柱顶的铁架顶进行了拆移，保证了转体T构梁底部高于接触网立柱顶1m以上；施工前对转体T构进行了称重试验，并进行了配重，保证转体T构转动姿态平稳，避免了在转体过程中出现倾斜现象；同时京广铁路转体过程中申请要点、封锁线路，并按照《规范》的要求做好现场的安全防护工作；在转体过程中，对于转体过程中出出的各种可能情况，准备了多套应急预案，确保了转体的顺利实施。

T构转体到位后，需在2.75万伏供电线正上方现浇合龙段混凝土施工时采取了双层工字钢受力体系，并在其下设置防电绝缘板进行屏蔽防护，并搭设坠物平台，确保施工安全。

6　材料与设备

机械设备及材料见表1、表2。

机具设备表　　表1

序　号	设备名称及规格	单　位	数　量	备　注
1	LQJ70000型转体钢球铰	套	2	T构转动的主要设备，埋在上下承台之间
2	ZLDB液压泵站	台	5	转体同步控制
3	QDCLT2000－300提升千斤顶	台	5	转体连续牵引，每台额定牵引力为200t
4	ZB4－500油泵	台	6	
5	QK－8控制台（主控柜）	台	2	转体同步总控制
6	YDCS千斤顶	台	1	额定顶力为25t，用于牵引钢绞线预紧等作业
7	YCW100B千斤顶	台	2	用于T构秤重、梁端高程调整等作业，每台额定顶力为100t
8	YCW100A千斤顶	台	4	用于T构秤重、梁端高程调整等作业，每台额定顶力为100t
9	配套压力表（MP100）	块	5	
10	配套压力表（MP60）	块	15	
11	HYT－600对讲机	台	8	保持铁路两侧T构转动时通信畅通
12	手提砂轮机（单相）	台	1	
13	手拉葫芦（1t）	台	2	定位上下球铰
14	25t吊车	台	1	钢球铰安装，定位上下球铰
15	XL2118C力与应变综合参数测试仪	台	1	用于T构秤重测试

主要材料表　　表2

序　号	设备名称及规格	单　位	数　量	备　注
1	高压油管M16　$L=18$m	根	38	
2	高压油管M16　$L=1$m	根	10	
3	液压油（抗磨46号）	桶	6	新购
4	穿索器	个	3	
5	梳线板（19孔）	件	8	
6	工具夹片	付	30	
7	铜垫片M16	片	80	
8	单孔锚（开口）	个	2	

续上表

序　号	设备名称及规格	单　位	数　量	备　注
9	电缆线(6平方)	米	80	
10	水平尺	把	1	定位上下球铰
11	高精度水准仪	台	1	定位上下球铰
12	全站仪(徕卡)	台	1	定位上下球铰
13	钢卷尺	把	2	定位下球铰
14	定位螺栓、螺母	个	60	定位下球铰
15	黄油	桶	5	安装四氟板及保护上球铰
16	防水塑料布	卷	2	保护上球铰
17	宽胶带纸	卷	10	封闭上下球铰间缝隙
18	角磨机	台	1	清理上下球铰
19	布轮	台	1	清理上下球铰

7　质量控制

7.1　制订质量标准参考依据

根据交通部《公路桥涵设计通用规范》(JTG D60—2004)、《公路钢筋混凝土及预应力混凝土桥涵设计规范》(JTG D62—2004)、《公路工程质量检验评定标准》(JTG F80/1—2004)、《公路桥涵施工技术规范》(JTJ 041—2000)、《公路工程技术标准》(JTG B01—2003)等相关设计及施工规范,制订质量标准。

7.2　技术指标

7.2.1　转体钢球铰制作精度

(1)球面光洁度不小于▽3;

(2)球面各处的曲率应相等,其曲率半径之差±0.5mm;

(3)边缘各点的高程差≤1mm;

(4)椭圆度≤1.5mm;

(5)各镶嵌四氟板块顶面应位于同一球面上,其误差≤0.2mm;

(6)球铰上下锅形心轴、球铰转动中心轴重合。

7.2.2　转体钢球铰安装精度

(1)球铰安装顶口务必水平,其顶面任两点误差≤1mm;

(2)球铰转动中心务必位于设计位置,其误差:顺桥向为±1mm,横桥向为±1.5mm。

7.2.3　滑道安装精度

(1)滑道骨架顶面平整度偏差≤5mm;

(2)滑道顶面局部平整度偏差≤0.5mm;

(3)滑道顶面相对高差≤2mm。

7.2.4　转体就位精度

(1)转体就位轴向误差为±20mm;

(2)转体就位高程误差为±10mm。

7.3　质量控制措施

(1)建立质量保证体系,开展全面质量管理活动,各工序指派专人负责,技术人员跟班作业;

(2)搞好操作工人进行严格的岗位培训、技术培训,做到技术过硬,操作熟练,避免违章作业;

(3)做好各种材料、机具、设备的进场验收和使用前复查工作,严格按照程序管理,未经复查严禁使

用,复查不合格的绝不使用;

(4)在关键工序施工前必须做好试验工作,以确保设计参数的准确性及施工操作的可靠性,做到心中有数,应对有方,在可控的情况下进行操作;

(5)搞好“三检”工作,严格按照质量标准施工,达不到标准坚决要求返工。

8 安全措施

8.1 充分地分析施工安全的隐患

在既有繁忙铁路干线两侧施工,施工安全格外重要。仔细分析施工全过程,对线路本身及铁路运营安全、转体施工的安全、跨铁路作业的安全、电气化铁路特殊要求等方方面面进行周密认真地分析,将各种安全隐患一一列出,通过安全教育活动让每一位员工对安全预案都做到心中有数,并聘请有关专家对关键工序的施工方案把关。

8.2 制订严密的安全措施

(1)严格按照施工规范及设计文件指导生产。

(2)严格施工程序,对每道工序检验合格后,方可进行下道工序施工。

(3)严格遵守国家有关安全生产的法律法规,严禁违章作业。

(4)转体牵引系统及T构平衡配重系统的设计是确保安全的基本条件。因此,必须确保设计方面不出任何纰漏。运用科学的设计理念和先进的计算手段结合现场实际情况进行合理设计,需多专业分工协作,共同攻关,要进行专题研究,设计方案必须经过专家论证,以确保设计的安全性。对各种临时设施的设计成果采用试验、检测手段进行验证,通过验证结果优化设计方案,形成由设计理论指导施工实践,再从施工实践中总结经验对设计理论进行完善的良性循环体系。

(5)对转体牵引设施定期检查,发现问题要及时整改,处理结果要有记录。

(6)转体过程中测量工作要认真负责,做到吊装过程连续观测,测量数据及时整理汇报。

(7)对受力较大的杆件应力测试及位移要随时监控,发现异常情况,及时采取相应措施处理后,方可继续施工。

(8)在每一个项目施工前,应对全体施工人员进行技术交底和安全教育。

(9)转体过程中,必须确定统一的指挥系统,配备对讲机为联络工具,确保操作安全。

(10)跨越电气化铁路作业,操作人员必须严格执行铁路安全管理的有关规定。

(11)转体施工过程涉及高空作业,因此,必须严格按照高空作业的有关安全技术要求进行操作。

8.3 施工过程中严格执行安全措施

8.3.1 明确责任,建立安全保证体系

建立健全安全组织机构,成立以项目经理为组长,项目书记、项目副经理、项目总工为副组长的安全生产领导小组。加强安全管理及与铁路有关部门安全联防联控。配置专职安全工程师和安全员。安全工程师负责安全监督检查指导工作;安全员负责施工现场安全防护。

认真落实安全生产责任制,明确各级安全管理人员职责。项目经理部、施工队、工班、工班与个人逐级签订安全生产包保责任状,形成自上而下齐抓共管、群防群治的安全保证体系。

8.3.2 检查到位,实现过程控制

设立安全日志,做到随时检查,随时记录,随时检查,发现问题及时处理。

9 环保措施

(1)优化施工设计,减少对周边环境的破坏。总体布置尽可能地利用铁路两侧地形条件和永久性设施。排水系统的设计应尽可能地与周边环境相协调。

(2)施工中的建筑垃圾、开挖中的废渣、施工中的废水等的排放,废弃物的堆积必须统一规划,不能

随处排放堆积。必要时采用修筑挡渣墙集中堆放废渣、利用废渣修筑田地、废水沉淀净化后再排放等措施以减少对环境的影响。

(3)在桥头植树造林,美化环境,做到建一桥,添一景。

(4)采用“四新”技术,精心组织,科学施工,减少对周边环境的影响。如临时设施用建筑材料尽可能采用可循环和周转使用的环保材料,采用新技术和新工艺等减少材料和能源的浪费,做好施工组织,减少噪声、烟尘等对周边环境的影响。

10 资源节约

(1)施工中可遵循国家《建筑节能工程施工质量验收规范》的部分要求,尽可能减少土地、能源、材料的浪费。

(2)施工过程中对施工人员进行与资源节约相关的技术培训,并做好节能方面的宣传工作,使大家从思想上认识到节约资源的重要性。

11 效益分析

11.1 社会效益

通过电气化铁路转体桥的工程实践,我们掌握了T构平面转体施工的关键技术,验证了转体施工的多项技术参数。随着转体施工经验的不断积累,平面转体施工技术必将成为我公司又一个新的技术品牌。

11.2 经济效益

转体施工与普通的施工法相比,能够节约资金,不中断铁路运营,将安全风险减到了最小,为铁路运营部门安全顺畅地行车创造了条件。架梁施工与采用转体法施工技术经济比较情况如下。

11.2.1 采用常规架梁方法跨越京广铁路施工

跨越京广铁路处桥面宽34.5m,布置10片50m跨度的箱梁,每片梁架设按封锁要点30min计算,初步测算架梁施工铁路封锁要点费用400万元。横隔梁、湿接缝、防撞护栏施工至少要30d,施工时铁路封锁要点及铁路安全防护费用400万元,架梁等施工费用480万元。

11.2.2 采用转体法跨越京广铁路施工

增加转体球铰购置及安装费用140万元,增加转体牵引系统60万元,转体T构钢筋混凝土工程量增加120万元。转体施工一次性跨越京广铁路上方,铁路封锁要点时间40min,大大减少了铁路封锁要点的次数及在铁路上方作业的时间。转体T构在铁路两侧预制,不受铁路行车的影响,在铁路上方施工时间短,节约了人工费、电费、防护费用等。

比较可知,转体法较常规架梁法施工节约成本988.7万元。

12 工程实例

张家口至石家庄高速公路(石家庄段)ZS13合同段,位于石家庄市正定县境内,由我们中铁十七局集团担负施工的跨京广铁路转体桥为张石高速公路上跨京广铁路而设,为了减少上跨施工对铁路运输的影响,设计采用平面转体法施工。

转体单元为2~50m跨度的T形刚构,转体质量为4800t,转体角度为48.2°。施工时先在铁路两侧沿铁路方向支架现浇2×40mT构箱梁,T构箱梁完成后两幅桥同步顺时针转体,转体到位后在两边墩处搭支架现浇9.95m合龙段,最后形成2~50m跨度的T构梁桥。

京广电气化铁路行车密度大,平均每5min就有一趟列车通行。桥位处地下有各种光电缆,转体T构箱梁下有2.75万伏接触网供电线,转体桥从桩基础施工开始,到正式转体及转体后合龙段施工,对京广铁路都必须采取严密的安全防护措施。

正式转动之前，应进行结构转体试运转，全面检查一遍牵引动力系统及转体体系、位控体系、防倾保险体系等是否状态良好。2007 年 3 月 19 日，采用 ZLD2000 型连续千斤顶对左右幅 T 构箱梁进行了试转，在未使用辅助千斤顶的情况下，用拽拉千斤顶取得了试转的成功。试转对转体结构及拽拉设备进行了检验，对理论计算的各项参数进行了复核验证，转体 T 构箱梁试转前后实测高程数据对照看出，转体前后高程无明显变化，整个转体过程在同一平面内，而且稳定平顺。

2007 年 4 月 11 日 13:27 ~ 14:07，跨京广铁路转体桥进行了正式转体，转动距离 31m，用时 40min，转体过程中油压表读数在 6.5 ~ 8MPa。整个转体过程 T 构箱梁平稳安全、设备运转正常，各项参数满足要求，与理论计算相符合，转体取得了成功。

张石高速跨京广铁路转体桥是河北省第一座转体桥，也是国内第一座跨越电气化铁路双线转体桥。通过跨京广铁路转体桥的工程实践，我们掌握了 T 构平面转体施工的关键技术，验证了转体施工的多项技术参数。转体施工与普通的施工法相比，能够节约资金，不中断铁路运营，将安全风险减到了最小，为铁路运营部门安全顺畅地行车创造了条件。

小半径曲线连续刚构悬臂现浇施工工法

GGG(中企)C3115—2009

林丽军　杨　彪
(中铁十七局集团第五工程有限公司)

1　前言

连续刚构混凝土桥悬臂现浇施工已广泛的应用到公路工程中,具有施工效率高、整体性好、不受地形限制、不影响桥下交通的特点。

青海省平阿高速公路园艺场跨线桥系小半径曲线连续刚构桥,由于张拉与线形控制较难,一般极少采用悬臂现浇施工。本工法解决了小半径曲线连续刚构桥悬臂施工的难点,检测数据表明线形和应力控制符合设计要求,不中断桥下交通,施工安全可靠,施工工艺先进可行。该工法的关键技术已于2009年2月通过了山西省建设厅的科技鉴定,取得了显著的社会效益和经济效益,为今后小半径曲线连续刚构悬臂现浇法施工提供了宝贵经验。

2　工法特点

(1)连续刚构桥悬臂现浇采用菱形挂篮,结构简单,承载能力强,弹性变形小,安装与拆卸方便,移动灵活,定位固定准确,调整立模方便,施工空间大,易于工人操作。

(2)挂篮采用全封闭施工,既保证施工作业人员安全,又能防止物体坠落发生危险,能在不影响桥下交通情况下进行施工。

(3)有效控制悬臂现浇小半径曲线连续刚构桥的线形与应力,梁段线形美观平顺,应力及挠度控制符合设计要求。

3　适用范围

本工法适用于连续刚构桥悬臂现浇施工,特别是小半径曲线连续刚构桥现浇施工。

4　工艺原理

4.1　工艺原理

搭设支架或托架现浇T构0号段,在0号段上调试挂篮,利用挂篮前移对称浇筑梁段混凝土,保持T构平衡状态,挂篮逐段前移,最后进行合龙段施工,完成体系转换,使梁体由独立T构的负弯矩受力状态依次转化为正负弯矩交替分布的成桥状态。

4.2　关键技术

小半径曲线连续刚构桥悬臂法施工,梁体受力为平弯加扭转,除像直线桥一样严格控制施加预应力和每节段的竖向挠度外,还需严格控制每节段的横向平转及纵向扭转。平曲线形梁体是通过挂篮前端外移形成连续折线,以圆外接多边形趋近小半径平曲线。计算表明,500m半径平曲线5m长节段外矢距最大值仅6.25mm,可以满足平面线形和施工的要求。

小半径曲线梁纵向预应力筋张拉时对梁体产生扭矩及侧压力,是施工中的控制难点。小半径曲线梁桥的纵向预应力钢绞线束沿箱梁腹板平面曲线线形变化而布置，预应力钢绞线束张拉时对混凝土产生较大的径向力。这除了对相邻两预应力钢绞线束之间的混凝土产生局部挤压作用外，还对预应力钢绞线束与箱梁内侧混凝土产生挤压崩弹作用，故这种径向力对箱梁腹板的受力是很不利的，施工中需采取措施降低这种危害。

5　施工工艺流程及操作要点

5.1　施工工艺流程

施工工艺流程图见图1。

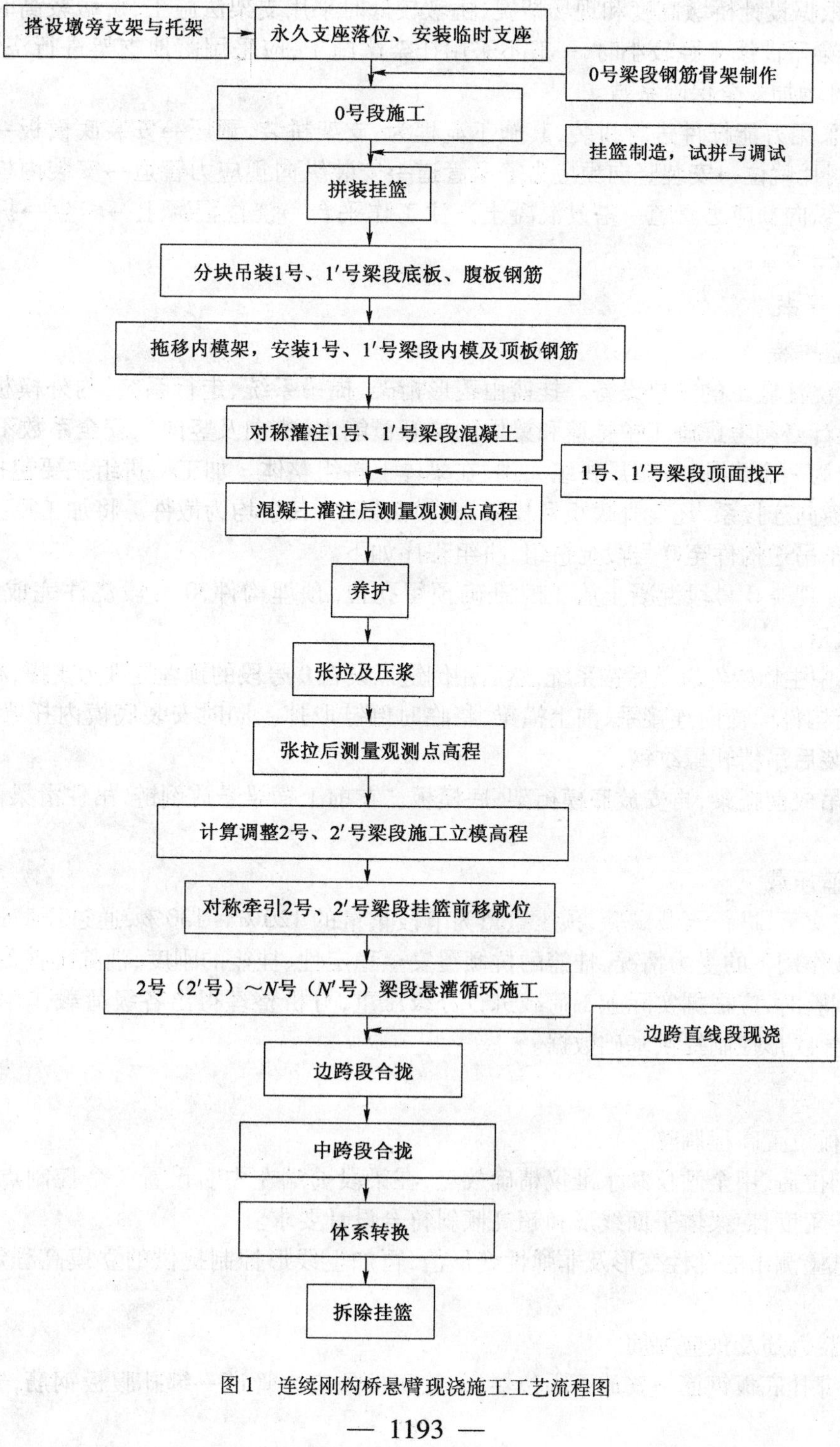

图1　连续刚构桥悬臂现浇施工工艺流程图

5.2 临时支座设置

当梁体与主墩连接采用刚性连接时,可不设临时支座。当梁体与主墩之间采用支座支承时,为承受悬臂施工中临时T构梁重量及不平衡弯矩,梁体与主墩必须采取临时固结,其施工按以下程序进行。

在其墩顶支撑垫石两侧分别对称设置4个临时支座。临时支座采用C50级混凝土灌注,顺桥向靠外侧分别设置两排ϕ25IV级精轧螺纹钢筋,上下端分别锚固于梁体及墩身内。为便于合龙时拆除临时支座,在临时支座中间设置一层6cm厚硫磺砂浆间隔层,并在其中预埋电阻片。拆除临时支座时,在临时支座与永久支座间设隔热层,然后向电阻片通电使硫磺砂浆熔化,拆除临时支座。

5.3 0号段施工

0号段浇注根据设计桥墩高度和现场情况,桥墩较低时采用支架法施工,桥墩较高时利用桥墩预埋托架施工。当桥梁平曲线半径较小时,一般不采用托架法施工,应采用落地支架进行浇注,有利于0号段线形控制,也可增加安全保险系数。

0号段支架采用万能杆件进行拼装,其施工流程为:支架拼装、预压→安装底模板→分片吊装外侧模板、整体钢筋网片就位→安装竖向预应力筋及管道→安装纵向预应力管道→安装内模板→绑扎顶板钢筋→安装顶板纵向预应力管道→搭设混凝土浇注工作平台→浇注混凝土→养生→拆模→穿钢绞线束→施加预应力→压浆。

5.4 挂篮安装

5.4.1 挂篮拼装

挂篮是悬臂浇注施工的主要设备。挂篮由菱形桁架、提吊系统、走行系统,内外模板和张拉操作平台组成。挂篮设计必须考虑施工中挂篮和梁体的抗倾覆能力(横向及竖向),安全系数不小于2.0。

挂篮拼组分为两个步骤:加工厂拼组大件,在梁体上拼组整体。加工厂拼组主要包括主梁系的两片主桁构架,四片横向连接系,还有外模板及模架、内模及模架,其余均为散件。将加工厂拼装件及散件运抵现场后,用吊车吊送构件至0号段上拼组,拼组程序如下。

准备工作:在现浇0号段混凝土施工时准确预留孔位、预埋构件,0号段浇注完成后,在梁顶上安装、整平,锚固轨道。

拼装主梁系中主桁构件以及后锚系统,然后用倒链以设在0号段的预埋构件为支撑,将主构架固定。

拼装两主桁构件间横向连接系、前上横梁,将临时倒链取掉。同时安装底模内托梁以及后吊带,插放滑梁,以及安装后吊精轧螺纹钢。

悬放吊带,吊放前托梁,再安放底模桁架、底模板。在前上横梁悬放倒链,吊住滑梁前端点并用倒链移出内外模板。

5.4.2 挂篮压载

挂篮组装完成后,进行压载试验,预压重量为节段重量的120%~130%,通过压载试验检验挂篮各构件在施工荷载作用下的受力情况、挂篮的抗倾覆安全稳定性、挂篮的刚度,消除挂篮的非弹性变形。

挂篮压载试验时,应根据实际施工荷载进行分级压重,分析整理得出各级荷载作用下挂篮应力、挠度变化值,为梁体线形控制提供基础数据。

5.5 梁段悬臂浇注

5.5.1 模板位置高程调整

挂篮走行到位后,用全站仪和水准仪精确放点,在梁段前端左中右设置3个控制点,调整模板横向平转位移及扭转角度,使梁体平面线形和超高倾斜符合设计要求。

根据挂篮试验测出的弹性变形及非弹性变形值,再加上线形控制提供的立模高程定出1号梁段的立模高程。

5.5.2 安装钢筋及预应力筋

施工流程:绑扎底板钢筋→安放下限位器,安放底板预应力管道→绑扎腹板钢筋,安放竖向预应力管道→绑扎底板上层钢筋及上、下定位筋→绑扎顶板下层钢筋→安放顶板纵向管道、锚垫板和螺旋筋→安放横向管道、锚垫板和钢筋网→绑扎顶板上层钢筋及上、下层定位钢筋。

5.5.3 混凝土浇注

在灌注混凝土前，每个梁段均在顶板上搭设施工平台，作业人员及施工机具均在施工平台上活动和放置，以免压坏钢筋网及预应力管道。

底板混凝土由输送泵直接泵入内箱，底板，腹板混凝土采用分层浇注，每层不超过30cm。梁体较高时，在腹板上口处布设串筒，将混凝土串入腹板下部，以免混凝土离析，顶板处三向管道较多。灌注时要注意保护波纹管不受损坏，在锚垫板处要特别注意灌注质量，必须保证混凝土粗骨料和砂浆不离析，振捣密实。

混凝土灌注应按由前往后，由两腹板向中心线对称浇注的顺序进行(即先灌注梁节前端，后灌注梁节后端，从两腹板向中间推进)，采用水平分层法施工，分层厚度以30cm为宜。

混凝土浇注完毕后，应及时进行洒水养护，梁端头表面在混凝土达到规定强度后，作凿毛处理。

5.6 预应力筋施工

5.6.1 基本要求

混凝土强度达到设计要求后，穿预应力筋并张拉，张拉时先纵向、再竖向、后横向，然后注浆封锚。纵向预应力筋采用两端整体张拉，竖向和横向预应力筋采用单端单根张拉，张拉以应力与伸长量双控制，实际伸长量与理论伸长量之差值应在6%以内。

张拉完成后在24h内及时进行注浆作业。

5.6.2 纵向预应力筋施工控制要点

(1)纵向预应力筋安装时，严格控制平弯及立弯曲线线形，限位钢筋位置准确、安装牢固。

(2)在箱梁腹板内设置防崩钢筋(图2)，抵消张拉时预应力筋崩弹力。

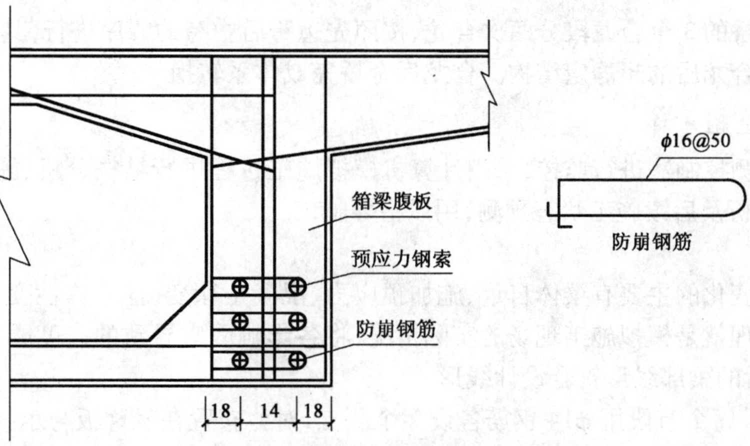

图2 防崩钢筋示意图

(3)张拉前对纵向预应力管道进行管道摩阻试验，测定管道摩阻系数和管道偏差系数，计算补偿张拉力大小，严格控制实际张拉力大小，不得超张拉。

(4)每束钢绞线必须整体张拉，不得单根张拉。

(5)张拉顺序为先张拉顶板，再张拉底板，必须保证两侧对称进行张拉，防止梁体承受过大扭矩。

(6)张拉采用分级施加预应力，按10%、20%、60%、80%、100%五级张拉。

5.7 边跨直线段现浇

直线段采用碗扣式脚手架搭设落地膺架施工。

直线段施工程序：平整场地夯实地基→施工支架基础→拼装支架、试压→消除非弹性变形并测出弹性变形→立模绑扎钢筋→安设预应力管道浇注混凝土。

5.8 边跨合龙

边跨合龙在悬浇段和边跨直线段完成后进行,采用落地膺架法施工。浇注前在两悬臂段加配重,配重为合龙段重量的一半。安装钢筋、预应力钢束,选择较低温度浇注。浇注混凝土时边浇注边减除配重,待混凝土强度达到设计要求后,张拉相关钢束,注浆封锚,拆除支架完成第一次体系转换。

5.9 中跨合龙

合龙中跨前须先拆除一个"T构"的挂篮。合龙段利用挂篮内外模滑行梁和底模前后横梁作吊架,通过梁段上的预留孔将挂篮的内外模和底模吊在梁段上作为合龙段模板施工。

拆除"T构"相应的临时支座,精确测量临时支座拆除后梁面所有观测点的高程,确定合龙段相邻的两个梁端顶面高程高差符合规范要求后,进行合龙段施工。

为防止"T构"因热胀冷缩而对合龙段的混凝土产生影响,在合龙段箱体内模及顶板钢筋安装前,选择气温最低时间,按设计的位置与数量焊接体外型钢支撑,将相邻"T构"连成一体;在浇注混凝土前根据计算拉力,张拉布置在底板与顶板中的临时预应力束。

合龙段的混凝土选择在一天中气温最低、温差变化比较小的时间开始浇注,拌制混凝土时,将混凝土强度提高一个等级,并掺入微量铝粉类膨胀剂,以免新老混凝土的连接处产生裂缝。混凝土作业的结束时间,应根据天气情况,尽可能安排在气温回升之前。

混凝土浇注完毕,顶面覆盖土工布,箱体内外以及合龙段前后的1m范围内,由专人不间断洒水养护。

待混凝土强度达到设计要求的强度时,解除临时预应力束和劲性骨架连接,完成体系转换后按顺序张拉预应力筋。

5.10 体系转换

三跨连续刚构桥的3个合龙段分两次合龙,按照先边跨后中跨的顺序进行,其体系转换是由合龙前的刚构状态转换为合龙后的超静定结构。合龙后全桥完成体系转换。

5.11 施工监控

施工中采用预测控制法进行监控,采用计算机模拟施工过程进行结构分析、施工监测(线形和应力监控)、施工误差分析及后续施工状态预测,用以指导施工。

1)线形监控

影响梁体线形变化的主要有梁体自重、施加预应力、混凝土徐变、挂篮弹性变形、温度变化等因素。梁体线形控制的原理就是模拟施工现场的实际情况,将各影响因素导致的挠度叠加并反向加入施工控制过程中,使完成后的梁部线形符合设计线形。

(1)测点布置。每个节段用ϕ14钢筋各设2个测点,对称布置在悬臂板与承托的交接处,离块件前端10cm,在其上用钢锯划成十字,以便同时监控高程和平面坐标。

(2)观测。对每悬臂浇注一个节段,按6个工况观测高程。

①浇注混凝土前;

②浇注混凝土后;

③预应力张拉前;

④预应力张拉后;

⑤挂篮移动前;

⑥挂篮移动后,同时还校核已浇相邻节段的高程,观测预拱度变化趋势。

在浇注混凝土前和挂篮移动后测一次平面坐标。

(3)结果分析、调整。施工前采用结构分析程序ANSYS按设计参数计算出理论预留抛高值、横向偏移值、各工况下的变形值,对每施工阶段后的观测结果进行分析、整理,与理论值相比较,根据差异修正参数,计算出下一梁段施工所需预留值。经过几个工况的反算辨识,使计算模型基本与实际结构一致。在此基础上,进行施工状态控制,使施工线形符合设计线形。

2)应力监控

(1)测点布置。在主梁悬臂根部、L/4、L/2,截面上布置测点,安装刚弦式钢筋应力计及刚弦式混凝土应变计。

(2)观测。对每一个梁段,按如下4个工况观测应力:

①混凝土浇注前;

②混凝土浇注后;

③预应力筋张拉后;

④挂篮移走后。

(3)内力分析。采用CURC和ANSYS结构分析软件分别对各工况下的应力进行分析计算,与实测应力进行分析比较,找出产生误差原因,对施工各方面指导和修正,使结构永久内力符合设计要求。

6 机具设备

悬臂现浇机具设备见表1。

悬臂现浇机具设备表 表1

序 号	设备名称	规格型号	数 量
1	挂篮	菱形挂篮	4套
2	吊车	徐工 QY25	1台
3	混凝土拌和站	山东 HZS60	1台
4	装载机	徐工 ZL50	1台
5	混凝土输送泵	山东 HBT60	2台
6	混凝土运输车	$6m^3$	4台
7	全站仪	拓普康 602	1台
8	精密水准仪	精度 0.1mm	2台
9	电焊机	BX500	4台
10	钢筋切断机	GQ40	1台
11	钢筋弯曲机	GW40	1台
12	钢筋调直机	GL40	1台
13	插入式振捣器	ϕ50mm	10台
14	千斤顶	600t	4台
15	千斤顶	60t	2台
16	千斤顶	30t	2台
17	油泵	ZB4-500	8台
18	真空压浆泵	HT-3	1套

7 质量控制

7.1 质量控制标准

符合《公路工程质量检验评定标准》(JTG F801/1—2004)和《公路桥涵施工技术规范》(JTJ 041—2000)要求。

7.2 质量控制措施

(1)0 号段应按大体积混凝土工艺浇注,选择在一天中气温最低时进行浇注,必要时布置冷却水管及测温元件,浇注完成后采取降温措施,保证混凝土内外温度差不大于25℃。

(2)钢筋、预应力管道位置安装准确,焊接牢固。钢筋与管道相碰时,只能移动,不得切断钢筋。

(3)纵向预应力管道随着箱梁施工进展逐节加长,管道定位要准确牢固,接头处不得有毛刺、卷边、折角等现象。接口要封严,不得漏浆。浇注混凝土时,管道可内衬硬塑料管芯(PVC 管),混凝土浇注后及时通孔、清孔,发现阻塞及时处理。

(4)严格控制混凝土浇注时间,宜在混凝土初凝之前完成底板及腹板浇注,初灌混凝土终凝之前完成顶板部位施工。

(5)梁段悬臂浇注时,T 构两端施工荷载要尽可能保持平衡,并注意左右不出现偏载,两端浇注混凝土进度之差不得大于2m^3。

(6)严格按预应力筋的张拉顺序操作,防止梁体受力不均或局部受拉开裂。

(7)合拢梁段的施工过程也是连续梁体系转换的过程,是连续梁施工的主要环节。应合理选择合拢段混凝土浇注时间,一般安排在夜间或低温时进行。

8 安全措施

8.1 悬臂施工过程均系高空作业,施工过程中应按照高空作业相关规程进行操作。

8.2 挂篮采用自身全封闭的防护措施。

(1)在挂篮底模位置焊接牛腿搭设操作平台;

(2)挂篮底模桁架下方焊接搭设防护平台;

(3)箱梁正前方全封闭防护网;

(4)梁上防护栏。

8.3 根据桥面横坡安放钢枕和轨道,保证左右轨道面水平,钢枕和轨道通过竖向预应力筋固定,防止挂篮倾覆。

8.4 挂篮走行前,仔细检查挂篮各部件完好情况,确保安全可靠。挂篮走行时,设专人观测挂篮各部分结构,特别是挂篮的后锚处及移动用的小型机具,一旦出现构件变形或机具损坏,立即停止移动并采取紧急措施,确保挂篮安全走行。挂篮走行到位后,及时锚固后锚,固定各走行结构,并设专人进行检查,确保挂篮锚固可靠。

8.5 T 构两边要注意均衡作业,混凝土灌注对称进行,挂篮移动时两边跨离差不要大于40cm,移动速度应缓慢,不大于4cm/min。

8.6 预应力筋施工严格按照操作程序操作,杜绝违章操作行为。

9 效益分析

小半径平曲线连续刚构桥悬臂施工在青海省平安高速公路园艺场跨线桥施工中取得了良好的应用效果,梁体线形圆顺,混凝土结构内实外美。中跨合龙精度符合桥梁施工规范的要求,高程差为3mm,小于规范允许的10mm,合龙后全桥线形与预计成桥线形吻合。施工内力监测结果表明,该桥施工中所形成的结构永久内力完全符合设计要求。施工中未发生任何安全和质量事故。

青海省平安高速公路园艺场跨线桥应用悬臂浇注法施工，不必封闭西兰高速公路交通，可避免因封闭交通而减少收费收入1 800万元左右。

该桥的施工为同类桥型悬灌施工积累了经验。

10 应用实例

平安高速公路AK0+432.338园艺场跨线桥为跨越西(宁)兰(州)高速公路而设，桥跨形式为预应力混凝土连续刚构，跨径组成35m+60m+35m。下部结构桥墩为钢筋混凝土双薄壁墩，桥台为肋板式桥台，基础为钻孔灌注桩；上部箱梁为单箱单室断面，箱梁顶宽12.5m，底宽8.0m，根部梁高3m，跨中1.5m，现浇腹板等厚30cm，顶板厚25cm，底板厚为27~50cm，箱梁设纵、横、竖三向预应力。全桥由两个T构组成，每个T构为6个节段。悬灌开始到全桥合龙共用78d，悬臂浇注每节段循环最短时间为6d，有效地保证了工期。

实践证明，该工法可应用于平曲线半径不小于500m，超高不大于5%，桥下有通航要求的预应力混凝土连续刚构桥。

MSS650 型(上行式)移动模架现浇公路预应力混凝土箱梁施工工法

GGG(中企)C3116—2009

邓 珣 吴锡平 胥 明 石清虎 隆 卫
(中铁隧道集团有限公司)

1 前言

在桥梁施工中,桥梁线路经常会穿越深山峡谷、跨越江河或跨越道路,并且有的桥梁墩柱高度较高。为解决工地现浇体这一难题,解决的办法有支架施工法、临时墩法等工艺工法。由于受周边环境及地质条件的限制,以上施工工艺有时难以实施。因此在一些情况下,采取移动模架施工法是一项比较合理的方案。使用移动模架(造桥机),箱梁可在无支架的条件下安全施工,又避免了对地面的道路交通及河流产生影响,箱梁结构的施工可按正常的施工顺序进行施工。根据现场实际情况及箱梁结构的各种参数,经相关专家评定采用 MSS650 型造桥机进行富溪 12 号特大桥的施工。在施工中采用的公路桥梁上行式移动模架现浇预应力混凝土箱梁施工工法较好地完成了富溪 12 号特大桥的施工,并经中铁隧道集团工法评审委员会评审通过。

2 工法特点

(1)移动模架施工是解决跨河、跨路等普通支架不能施工时的一种新的现浇箱梁施工技术,施工中可节省大量的机械台班及人工费用,可实现现浇箱梁的快速高效施工。

(2)施工中可保证箱梁的外观质量符合设计及规范要求,避免了现浇箱梁中的差台及不均沉降而引起的箱梁混凝土的开裂现象的出现。

(3)施工中采用了液压系统原理对移动模架进行平移及纵移,消除了跨河、跨峡谷、跨高山时搭设普通支架时的各种不安全因素的存在,避免了各种不安全事故的发生。

(4)移动模架施工工法,采用主桁梁在高空进行无支架施工,避免了跨河、跨路对河道或道路的占用,保证了河道及道路的畅通,适应了对环保要求高的城市或风景区施工的要求。

3 适用范围

适用于跨河、跨路、跨峡谷独柱、双柱式的公路高墩现浇桥梁,适用梁跨 20、24、32、50、64m 的单车道、双车道预应力混凝土简支、连续箱梁的施工。

4 工艺原理

移动模架施工是在每跨的 1/5 处设一道横向施工缝,在预先安装于桥墩两侧的钢托架上,拼装带有钢模板的钢主梁及导梁,利用钢主梁承重,在预应力混凝土箱梁的设计位置上整孔浇注现浇箱梁混凝土。经混凝土养护达到设计的张拉强度后进行预应力张拉并注浆后进行脱模,并利用自身配备的纵移、横移系统将移动模架整体往前移至下一跨位置,然后在移动模架的外模板框内进行钢筋绑扎、内模安装、混凝土浇注、预应力施工等,如此重复推进和连续进行施工。主要适用于现浇箱梁跨度 20 ~ 64m、一次现浇箱梁重量为 600 ~ 900t、纵坡/横坡 0.6% ~ 3% 的现浇箱梁结构。其中上行式移动模架的纵移图、结构横断面图(双柱、独柱墩)见图1、图2。

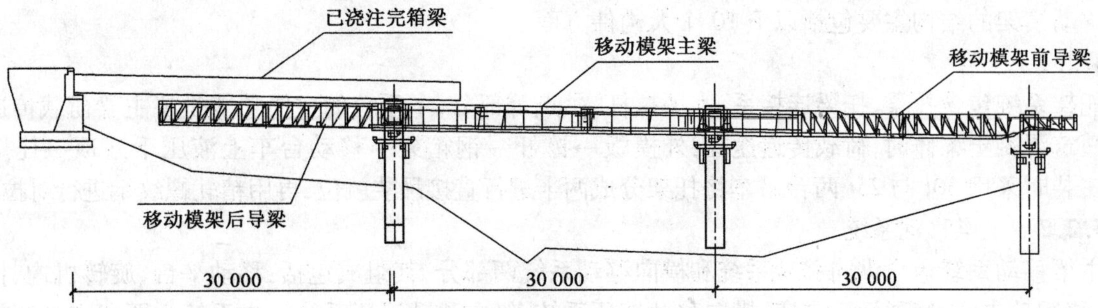

图1 上行式移动模架的纵移图(尺寸单位:mm)

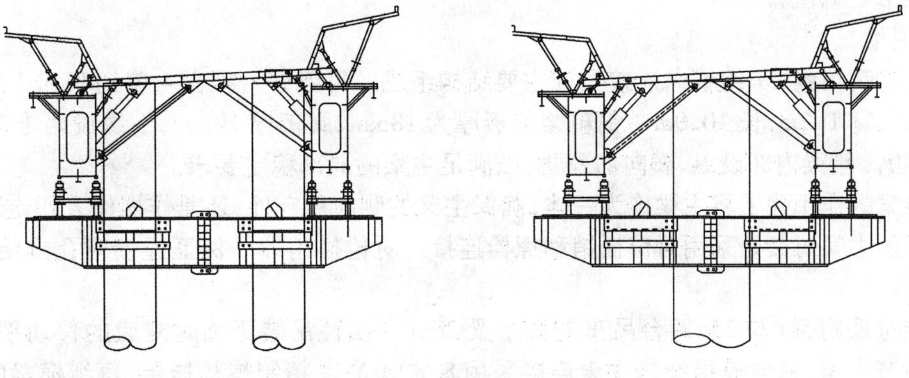

图2 上行式移动模架的结构横断面图(双柱墩、独柱墩)

5 施工工艺流程及操作要点

5.1 施工工艺流程

施工工艺流程图见图3。

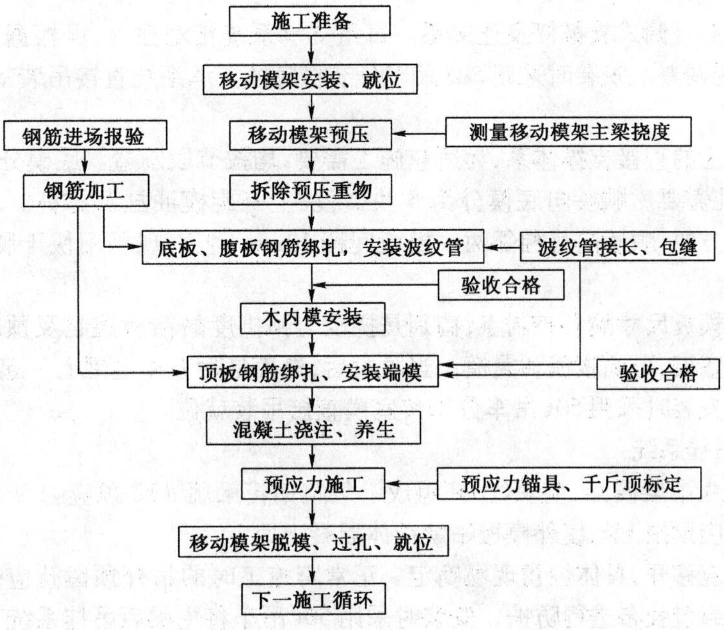

图3 移动模架与梁体施工工艺流程图

5.2 移动模架的结构组成

移动模架的结构主要包括以下10个大构件方面。

5.2.1 托架

托架系统包含托梁、托梁连接系、水平拉杆、吊点等部分,本系统的主要功能是将主梁荷载传递给墩柱。灌筑混凝土梁体时,荷载传递途径:外模板→撑杆→钢箱梁→移动台车上液压千斤顶→托架→墩柱。安装时采用50t与25t两台吊车将托架分成两半进行直接吊装就位,再用精轧螺纹钢进行对拉固定。

5.2.2 主梁移动系统

主梁移动系统包含纵向移动系统和横向移动系统两部分,其组成包括:移动平台、旋转机构、托辊轮箱、纵移活动支座、横移活动支座、横向移动液压系统、纵向移动液压系统。本系统主要起支承调整主梁高程和横移分离模架系统以及系统纵向移动过孔的作用。安装时采用50t与25t两台吊车将主梁移动系统进行直接吊装就位。

5.2.3 主梁

主梁由2组钢箱梁,21组横向连接梁等主要结构组成。每组钢箱梁含4节钢箱和3组接头。每节钢箱梁高2.4m,宽1.2m,长10.0m。钢箱梁盖板厚为18mm,腹板厚10mm,下缘设两走道宽80mm、厚30mm的轨道板。箱梁内部设纵、横向加劲肋,以满足主梁的局部稳定要求。

横向连接梁的作用除了将主梁连为一体,确保主梁的侧向稳定外,还兼作操作人行走道支撑。

每组横梁的中间对接处采用对位插销和螺栓连接。对位插销即为保证连接对孔方便,又可起抗剪作用。

主梁安装时采用50t与25t两台吊车先将主梁20m一次性吊装于临时支墩的移动平台上,然后再组装余下的各节主梁,横向连接梁与主梁连接采用8.8级M24精制螺栓拴接,每组横梁的中间对接处采用对位插销和螺栓连接。

5.2.4 导梁

导梁为桁架式,前、后共4组。前导梁长25m,分为三节,长度分别为10、7.5、7.5m;后导梁长31m,分为三节,长度分别为11、10、10m。安装时采用50t吊车分节将导梁直接安装于主梁上,连接处采用对位插销进行连接,以方便快速拼装。

5.2.5 底模支承系统

底模支承系统包括可调式支撑杆及连接系。每组支承系统相对独立,可根据混凝土箱梁曲线变化进行垂直、水平位置的调整。安装时采用50t吊车分节将底模支承系统直接吊装就位。

5.2.6 模板

外模是箱梁混凝土的直接支撑体系,为适应施工需要,均按节段制造。底模分为固定底模及旋转底模,以适应造桥机过孔需要。顺桥向底模分为6块,每块上有旋模油缸及撑杆。外模分为翼模、腹模。为脱模及造桥机施工方便,顺桥向每相邻两块模板间留10mm间隙,现场用快干腻子或原子灰填塞,防止漏浆。

螺杆支撑可调节模板尺寸的各控制点,特别是挠度与预拱度的精确控制及预应力混凝土箱梁的横坡和纵坡控制。先调底模,再调腹模和翼模。当脱模后,外模是附着在主梁上一起移动的。墩顶上底模现场临时加工。模板安装时采用50t吊车分节将底模直接吊装就位。

5.2.7 主梁后吊挂系统

主梁后吊挂系统由吊架横梁、垫块、吊杆组成。每组钢箱梁用ϕ32预应力V级高强精轧螺纹钢吊杆4根。安装时每根应预拉15t,使外模板贴紧梁体混凝土面。

后吊杆部位模板应移开,具体位置现场确定。正常跨施工时的吊杆预留孔应确保位置准确。精轧螺纹钢用塑料套管或缠包胶布进行防护。安装时采用50t吊车将主梁后吊挂系统直接吊装就位。

5.2.8 安全设施

安全设施包括:托架操作平台,两钢箱梁中间的纵向走道,钢箱梁上下人梯,钢箱梁梁顶护栏(现场自理），混凝土箱梁前端操作平台（由工地临时搭设），全部横向联结系下挂设安全网。安装时采用50t吊车将安全设施吊装就位再用人工进行安装。

5.2.9 液压操作系统

液压系统有4种：支腿液压系统（4套）；钢箱梁横移液压系统（4套）；纵移液压系统（2套）；底模旋转液压系统（2套）。

在钢箱梁每侧前后各有一套支腿液压系统，共4套，每套含泵站1台，千斤顶2只，共计4台泵站，8只千斤顶。每只千斤顶额定推力200t，行程65cm，配有双向液压锁和机械锁（抱箍或螺旋顶），以保证主梁浇筑混凝土状态万无一失。

在钢箱梁每侧前后两端各有1套横移液压系统，每套含泵站1台，油缸2只，共计4台泵站，8只油缸。每只油缸额定拉力15t，行程30cm，双缸可保证钢梁横移平稳、受力均匀。

在钢箱梁每侧前端各配纵移油缸2只，共计4只，每只油缸推力30t，拉力15t，行程100cm，纵移速度0.5m/min，油缸进出油口配有快换接头，既可起到截止阀的作用，又能使油缸、油管分离而不漏油，方便倒运。

在钢箱梁每侧各有一套液压系统，每套含泵站1台，油缸12只，共计2台泵站，24只油缸。

安装时采用50t吊车将吊装就位再用人工进行安装。

5.2.10 电气操作系统

电气系统采用380V三相四线制交流电，由主配电柜接入后分两路分别供两侧钢箱梁的各个泵站，整机总功率约为75kW。

5.3 移动模架的操作要点

5.3.1 施工准备

移动模架的施工准备主要包括移动模架各构件在加工厂的制造，各构件的运输至施工现场，施工现场临时支墩的施工、施工现场墩柱预留孔洞、场地的平整以及吊装机械的配备等，其中墩柱预留孔洞如图4所示。

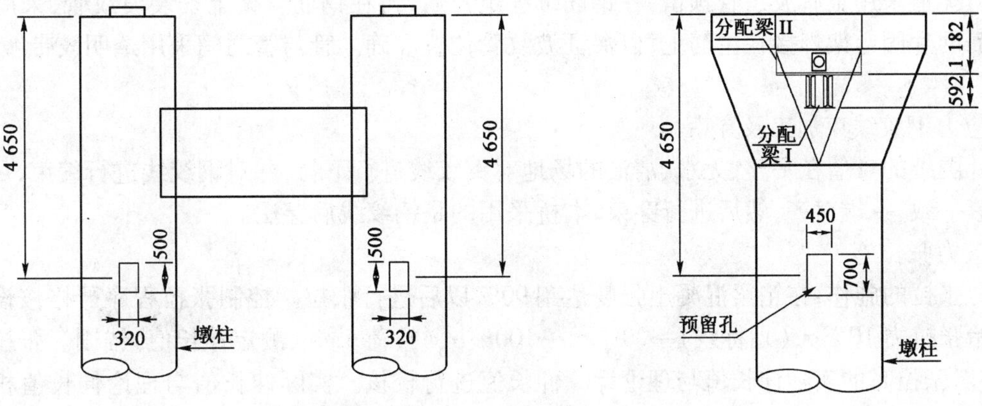

图4 墩柱预留孔洞图（双柱墩、独柱墩）（尺寸单位：mm）

5.3.2 移动模架的就位

在利用50t与25t两台吊车将移动模架上述各系统及各构件安装完成后，利用移动模架本身自有的横向及纵向液压操作系统，将移动模架纵向和横向移动至下一跨箱梁施工部位。移动的过程如下：

（1）箱梁经预应力张拉及注浆后已能承受自重可以进行脱模，首先松开移动模架的侧向约束，再松开支承千斤顶的保险箍慢慢回油，4个支承千斤顶同步下落，在移动模架自重作用下，模板与箱梁混凝土脱离，箱梁重量由支座承受，移动模架主梁下落到托架上的移动平台的轮箱上。

（2）拆除移动模架主梁之间的连接梁，利用底模的液压油缸将底模翻转成与主梁平行，然后利用钢托架上的移动平台的横移油缸将整个移动模架分成两半平拉出墩柱两侧。

（3）将移动平台上的纵移油缸与主梁底的纵移用钢板上的纵移孔相连，启动移动平台上的纵移油缸,同步将移动模架向前移动到下一跨待浇箱梁位置。

(4)利用移动平台上的横移油缸将分成两半的移动模架顶推至底模能合龙的位置,利用底模的液压油缸将底模翻转并用螺栓进行连接,安装好主梁之间的连接梁。

(5)利用支承油缸将箱梁结构坡度调整到纵坡0.6%、横向坡度2.65%的位置,安装好4个支承千斤顶及保险箍,并固定好移动模架的侧向约束。

在上述操作完成后,即可进行箱梁的下一步施工。

5.3.3　移动模架的预压

移动模架的预压采用水袋进行预压,在组装完成的移动模架模板内分两层摆放每袋20t的水袋共30个,并在两侧的40m长的主梁上布设挠度测量控制点,在主梁的挠度沉降量稳定后将水袋内的水放出进行卸载。

5.3.4　箱梁钢筋制作安装

箱梁钢筋在钢筋加工场进行加工,其中对于箱梁的端横梁或中隔梁钢筋在钢筋弯曲成型后并在专用的钢模架上进行加工焊接,然后吊运至在箱梁外模内进行现场绑扎。先绑扎底板及腹板钢筋,待内模安装完成后,再绑扎翼缘板钢筋及顶板钢筋和各种预埋件。

5.3.5　箱梁内模制作安装

箱梁内模采用普通竹胶板制作,后背8cm×8cm的方木,间距60cm。为便于安装及拆除,骨架方木之间可用扒钉连接。内模块与内模块之间用小木板进行连接,并进行调平。

5.3.6　箱梁混凝土浇筑施工

在内模安装及顶、翼板钢筋绑扎完成后进行混凝土浇注。混凝土在拌和站集中拌制,罐车运输,采用地泵或气泵浇灌,插入式捣固器振捣,纵向每跨一个施工节段采用一次性浇注。浇注时应对称进行并斜向分层。

5.3.7　箱梁预应力施工

1)预应力孔道施工

预应力孔道采用金属波纹管预留,在钢筋绑扎定位后,再在钢筋骨架上安装波纹管,采用$\phi10$圆钢加工成钢筋网片固定架焊接在主筋上,以保证波纹管位置准确。管与管之间采用透明胶带缠裹密实,防止漏浆。

2)预应力钢绞线束加工及穿束

按设计图纸的量值在平整、无水、清洁的场地对钢绞线进行下料,并对钢绞线进行编束,尽量使各根钢绞线松紧一致,一端对齐,然后进行穿束,本桥采用的是钢绞线后穿法。

3)预应力张拉施工

预应力张拉的施作,在箱梁混凝土强度达到90%以后进行张拉。控制张拉程序严格按设计要求施工:0→初始张拉力10%σ_0(划标线)→20%σ_0→100%σ_0(持荷5min,测定伸长值)锚固。张拉时严格控制应力,并以张拉时的实际伸长值与理论计算伸长值进行校核。实际伸长值与理论伸长值相差应控制在±6%以内,否则应暂时停止张拉,立即查明原因并采取措施加以调整后,再继续进行张拉。

4)预应力管道注浆

在箱梁预应力张拉完成后立即进行预应力管道注浆,水泥浆的强度不能低于40MPa。注浆压力控制在0.5~0.7MPa之间。孔道压浆按照先下层后上层顺序一次完成。

5)封锚

在箱梁预应管道注浆完成后切割锚圈外多余钢绞线,然后根据箱梁的钢筋设计图纸恢复张拉槽内的钢筋并浇注与箱梁同强度等级的微膨胀混凝土,在混凝土终凝以后及时洒水养护。

5.3.8　施工循环时间表

移动模架箱梁施工在施工顺利的情况下每12d可进行一个循环施工,具体的施工循环时间表见表1。

移动模架箱梁施工循环时间表 表1

工序	移动模架纵移就位	箱梁钢筋绑扎	箱梁混凝土浇注	箱梁混凝土养护	预应力施工及注浆	移动模架脱模
时间(d)	1	3	1	4	1	2

5.3.9 移动模架施工监测技术及分析

在整个移动模架箱梁施工过程中对40m钢箱梁及钢模板进行了对比监测和跟踪监测,及时监测各主要施工工序阶段引起的动态沉降数值,并与分析计算值进行比较(其中移动模架在箱梁混凝土浇注完成后的主梁中间位置最大挠度为2.8cm,满足设计所提挠度不超过4cm的要求,钢模板挠度在箱梁混凝土浇注完成后的最大挠度为0.5cm,满足设计所提挠度不超过1cm的要求),从而反馈设计和施工,是确保移动模架安全施工的关键,见表2。

移动模架施工监测项目汇总表 表2

序 号	监 测 项 目	监 测 仪 器	监 测 频 率	监 测 目 的
1	移动模架主梁挠度	苏光DSZ-1水准仪	主梁组装完成测一次、混凝土浇注前测一次、混凝土浇注过程中跟踪监测	掌握主梁在施工过程中的挠度,从而检验移动模架主梁的安全性
2	移动模架钢模板挠度	苏光DSZ-1水准仪	钢模板组装完成测一次、混凝土浇注前测一次、混凝土浇注过程中跟踪监测	掌握钢模板在施工过程中的挠度,从而检验移动模架模板的安全性

5.4 劳动组织

主要劳动力配备情况见表3。

劳动力配备表 表3

序 号	工 种	所需人数(人)	备 注
1	管理人员	2	现场协调
2	技术人员	2	现场技术
3	移动模架操作	10	移动模架操作
4	机械驾驶员	4	吊车操作
5	钢筋工	20	钢筋加工
6	木工	4	木模加工
7	混凝土工	10	混凝土施工
8	杂工	5	加工各种零件
	合计	57	1跨/12d

6 材料与设备

主要施工机械配备见表4。

机具设备配备表 表4

序 号	机械或设备名称	规 格 型 号	单 位	数 量	用 途
1	移动模架	MSS650	套	1	箱梁施工
2	汽车吊	QY25	台	1	移动模架组装
3	履带吊	QUY50A	台	1	移动模架组装
4	手拉葫芦	5T	台	40	移动模架的托架过孔
5	电焊机	BX3-400	台	5	箱梁钢筋加工
6	钢筋弯曲机	GW-40	套	1	箱梁钢筋加工

续上表

序号	机械或设备名称	规格型号	单位	数量	用途
7	钢筋切割机	GQ40	套	1	箱梁钢筋加工
8	平压刨木工机床	MLQ342	套	2	箱梁木内模加工
9	张拉设备		套	2	箱梁预应力施工
10	搅拌站		套	2	混凝土生产
11	混凝土罐车	$5\sim6m^3$	台	5	混凝土运输
12	装载机	ZL40	台	1	搅拌站用
13	混凝土输送泵	60	台	2	箱梁混凝土施工用

7 质量控制

本工法除执行施工设计图纸和相应规范的有关技术要求外,还应注意以下事项。

(1)移动模架组装时各螺栓连接必须牢固,支撑必须稳定。

(2)严格控制移动模架就位时轴线位置及平面高程,确保将就位误差在规范允许的范围内,以保证箱梁结构混凝土浇灌成型后的整体质量。

(3)因箱梁预应力张拉端的钢板网片密而多,故混凝土浇注时必须浇注密实,从而确保预应力张拉的实施。

(4)箱梁混凝土浇注时应对称进行,斜向分层。振捣时设专人负责,分区进行。防止混凝土浇注过程中出现漏振,过振及出现冷缝。

(5)箱梁混凝土浇注时设专职质检人员跟班作业,及时处理施工中出现的各种问题,严格按技术要求操作,做好监测信息动态管理这项关键环节,及时调整施工方法,确保工程建设能全面达到安全、优质、高效。

(6)防止预应力管道堵塞,切实做好预应力张拉、管道注浆和锚头封堵,确保预应力锚索的施工质量。

8 安全措施

首先严格按照《公路工程施工安全技术规程》(JTJ 076—95)中的规定执行。此外,还需采取如下措施。

(1)针对移动模架的组装,必须在移动模架各构件进场前进行严格的技术交底,并编制移动模架安全操作规程,分发并组织移动模架操作班组认真学习。

(2)移动模架周围布设栏杆防护设施并设统一的安全警示标志。

(3)移动模架操作班组按要求定期发放个人劳保用品,并加强工作中的个人防护。

(4)为了保证施工过程中的安全,在移动模架中间连系梁的底部设置封闭式安全网。

(5)专业工序必须由对应的专业工作人员进行施工,无证人员不得进行操作,并要对操作人员进行新技术操作和岗位的安全教育,未经教育不得上岗操作。

(6)预应力张拉、移动模架的托架吊装、移动模架的就位应设专人指挥,严格按施工程序进行操作。

(7)设专职安全员负责日常生产中的安全检查及评比。

9 环保措施

(1)开工前组织全体干部职工进行环境保护学习,增强环保意识,形成良好的环保习惯,在施工工作中对生态环境的损坏采取有效措施,将其降至最低程度。

(2)施工废水、废气、废油、垃圾不得排入山坡、耕地、饮用水渠、河流和灌溉渠,污水经处理池中净化处理后再排放。

(3)施工区域、砂石料场在施工期间和完工后,应妥善管理,以减少对河溪流的侵蚀,防止沉渣进入河流或小溪。施工作业易产生粉尘的地段应进行洒水,使粉尘公害减至最小程度。

(4)合理布置施工场地,生产、生活设施尽量布置在征地线以内,尽量不破坏原有植被,保护自然环境。

(5)工程竣工后搞好占地复耕,恢复原有植被,防止水土流失,做到施工一处,绿化一方。

10 资源节约

本工法采用移动模架进行施工时不占用地面场地,对地面及周围的环境影响非常小。采用液压系统原理对移动模架进行移动,可节省大量人力、电力资源,创造了良好的经济效益。

11 效益分析

本工法较好地解决了现浇箱梁跨越峡谷、河流及道路时支架不易搭设时的难题,现浇箱梁采用移动模架进行施工可不占用地面场地,对地面及周围的环境影响非常小。该工法的成功应用,为以后类似的现浇箱梁(曲线并存在较大纵、横坡的现浇箱梁)施工提供了可靠的决策依据和技术指标,将促进现浇箱梁在公路及铁路桥梁施工中采用移动模架施工的进一步发展,实现了较好的经济效益和社会效益。

12 应用实例

铜黄高速公路汤屯段三合同段共有大中桥梁21座(富溪1号~21号),其中富溪12号桥为特大桥之一。富溪12号桥梁结构为预应力连续箱梁,共19跨,分为5×30m和4×30m一联,双幅共8联38跨。桥梁为分离式双幅桥面,桥宽单幅12.25m,桥长580.56m,采用盆式橡胶支座。下部结构采用桩柱墩,包括独柱墩、双柱墩,墩高在5~25.5m之间。墩径有ϕ1.4m、ϕ1.5m、ϕ1.6m、ϕ2.2m四种。两端采用U台、扩大基础。本桥中心桩号为K202+425,起点至K202+509.946位于半径$R=550$m的圆曲线内,K202+509.946~K202+629.946位于缓和曲线内,K202+629.946至终点位于直线内,各墩台呈向心布置。桥梁纵坡为0.6%,横向坡度为2.65%。

富溪12号桥采用上行式MSS650型移动模架进行施工,其位置位于安徽省黄山市富溪乡境内,属黄山市风景旅游区,地理环境应当保持原状不受破坏,桥梁处于深山峡谷中间,并且要6次跨过富溪河的河道,墩柱较高,支架搭设困难。通过论证,在富溪12号桥右线采用移动模架的方案可行。

该上行式MSS650型移动模架于2005年3月25日进场,至2005年12月2日移动模架使用结束,由于移动模架使用时事先进行了详细的方案论证和风险分析,采取了较多的安全保障措施,使整个移动模架施工顺利进行,施工过程中未发生任何重大安全及质量事故,各分项工程检验合格率达100%,有效地保证了工程质量及施工进度,取得了较好的经济效益和社会效益。

小半径大坡度预应力混凝土公路T梁预制架设施工工法

GGG(中企)C3117—2009

柴正富　郑庆坂　李庆兵　郑之凯　常　翔

(中铁隧道集团有限公司)

1　前言

随着西部大开发的不断推进和交通事业的快速发展,西南地区高速公路建设蒸蒸日上,设计中因受地形限制,多以桥梁隧道通过,如云南保山(大官市)至龙陵(龙山卡)高速公路工程项目9标段设计长度4.06km。其中桥梁11座折合单幅总长4750m,占线路总长的59%,上部结构为30m预应力T梁共630片,所有桥梁均位于曲线上,最大曲线半径$R=820m$,最小曲线半径$R=250m$,梁长、梁顶面横坡、纵坡等各不相同,属典型上坡弯桥,需对模板进行特殊设计。小半径桥跨处,架桥机过孔横纵向悬空较多,吊梁、落梁前倾力较大,安全风险大。针对制架梁工序多的特点,施工中成立了科技攻关小组,开展调研和技术攻关,不断完善施工工艺,对各工序采取有效的控制和质量检查,使各工序有条不紊进行,使T梁成品质量满足设计要求,运梁、架梁安全可控。

2　工法特点

(1)曲线半径较小,每片T梁长度不一,对台座和模板设计要求精度较高才能保证桥梁跨度。

(2)曲线内外侧边梁弧度明显,弧度控制影响桥梁线形和防撞护栏施工外观质量。

(3)同跨主梁不同里程段桥面板横坡不同,横坡控制影响桥面铺装层厚度,梁体横坡要求高。

(4)小半径桥跨处,架桥机过孔横纵向悬空较多,吊梁、落梁前倾力较大,施工难度大。

(5)线路纵坡大,长下坡运梁安全风险高。

3　适用范围

适用于山区高速公路上下坡弯桥的小半径大横、纵坡桥梁预制与吊装(最小半径$R=250m$,最大横坡为7%,最大纵坡为6%)。可为类似桥梁施工提供借鉴。

4　工艺原理

根据小半径、大横纵坡度T梁设计特点,对T梁台座与模板进行特殊设计,预制中对梁靴预埋钢板高度进行控制、边梁内外翼缘边线调控和预制梁顶面横坡调整,采用T梁横隔板底模与侧模分离方式使梁体能很好地预制和成型。根据T梁重量、线路横纵坡选用抗滑性强、安全系数高的架梁设备,在一般的架梁工法上增加安全措施,完成梁体的预制和架设。

5　施工工艺流程及操作要点

5.1　施工工艺流程

梁体预制施工工艺流程图见图1,梁体架设施工工艺流程图见图2。

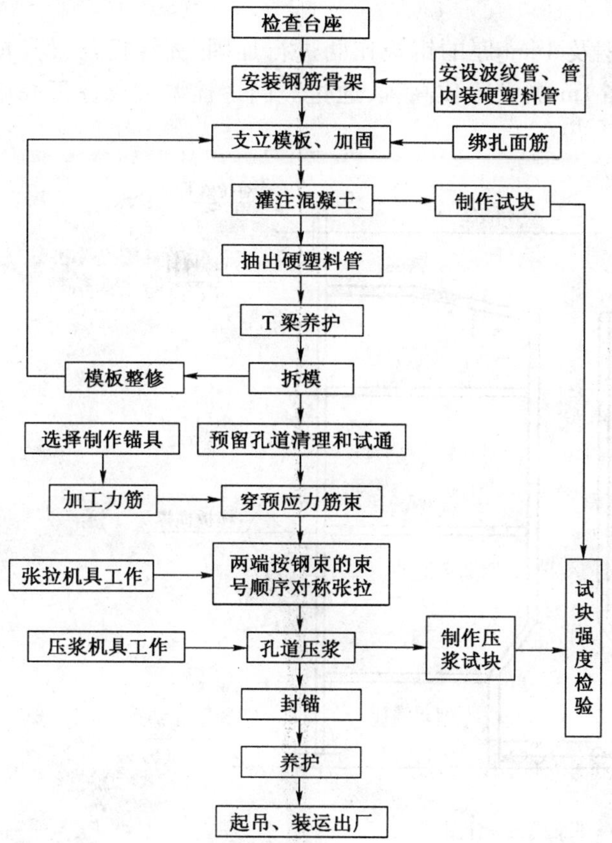

图1　梁体预制施工工艺流程图

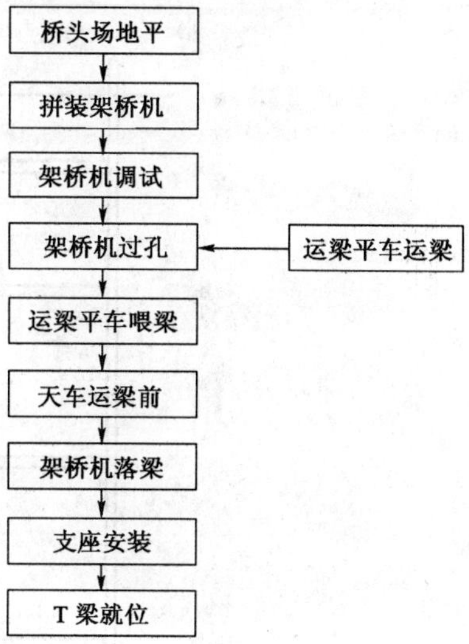

图2　梁体架设施工工艺流程图

5.2　操作要点

5.2.1　梁模板及台座设计

T梁模板设计须满足梁长、梁顶横坡、边梁内外翼缘弧形、T梁横隔板底模与侧模分离、梁靴滑动钢板预埋高度控制等。

1)T梁台座长度及调节箱长度确定

采用归类渐近法确定梁长。根据设计要求将T梁图纸设计中部14.2m为标准节,两端为变化段,将梁体中部设置为固定段,两端设置为可调段,通过调节箱实现梁长。

根据设计图纸确定T梁的实际长度(即梁的斜长),将梁片按长度进行升序排列,确定可调端L_A、L_B的最小值和是大值,梁长$L=L_1+L'+L_2$,由此可得$L'=(L-L_1-L_2)$,再将梁片的L'进行升序排列,根据排列结果可确定L_A、L_B的最小值和最大值。L为设计梁长,L'为标准节长度。

其中　　$L_1=L_A+i\times230\times\tan\theta_A$　　$L_2=L_B+i\times230\times\tan\theta_B$

式中:L_A——梁体A端变化段长度;

L_B——梁体B端变化段长度;

230——两片梁中对中间距,cm;

θ_A、θ_B——盖梁径向轴线与梁端夹角;

i——梁编号,曲线内侧第一片为1,第二片为2,……

当$L_1=L_2$时,可得$L_1=L_2=(L-L')/2$

$$L_A=L_B=[L-i\times230\times(\tan\theta_A+\tan\theta_B)-L']/2$$

台座调节箱长度可根据上式推算,将台座调节箱长度进行升序排列后确定其长度。利用这些系列进行组合完全能够满足梁片长度的要求,梁长可控制在±1cm,能满足规范和设计要求。

2)采用竖向调节螺杆确定梁顶横坡

模板采用5mm厚的钢板,用100mm的槽钢及4mm厚的钢板作肋进行加固,翼缘板与梁身模板之间采用铰接,在肋上设竖向螺栓槽,立模后每隔1m测设梁顶高程,通过竖向螺栓调节翼缘板高度来实现梁顶横坡。T梁模板设计见图3。

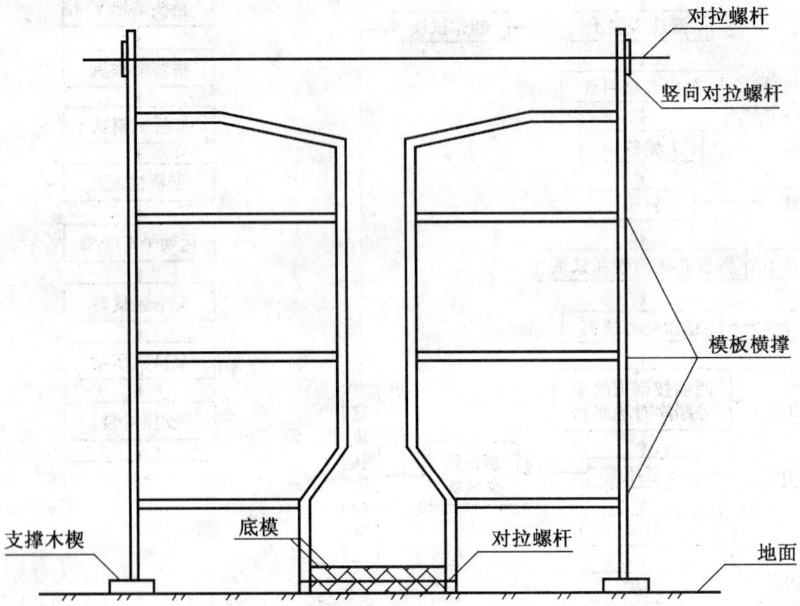

图3 T梁模板设计图

3)模板长度及边梁内外侧弧度确定

模板长度与台座长度的确定方法相同,为了便于吊装和运输,每节模板长度控制在1~1.5m,3节装配成一块,每节间用定位销和连接螺栓进行固定,棱角线一致,平整度控制在2mm以内。模板加固肋上安装附着式振动器,施作内外侧边梁时,用1cm厚、20cm高钢板钻槽作侧模,槽孔间距与T梁行车道钢筋间距相同,钢板加工成L形,采用U形卡与梁模固定,以梁中线为基线每隔1m确定梁顶宽度,即可确定梁的内外弧度。

4)梁靴及滑动钢板的设置

梁靴是与橡胶支座接触的梁底混凝土,通过它的调节可使T梁保持竖直向下及支座水平,梁靴呈楔形,采用两根竖向顶升螺丝杆(螺杆直径为$\phi=32$mm)调节其高度,将滑动钢板推至设计位置,可使梁靴高度控制在2mm之内。

5)T梁横隔板底模与侧模分离

T梁横隔板底部横坡必须与梁顶横坡一致,才能保证相邻横隔板钢筋对位焊接,横隔板底模与梁顶面横坡一致,底模与梁身模板铰接,能上下移动与侧模采用U形卡固定。

6)台座与模板配套设计

T梁预制各工序时间:吊移已施工完毕的T梁至存梁区、修整台座底模(2h)→安装钢筋骨架(3h)→安装波纹管(1h)→监理检验(2h)→关模(4h)→安装翼缘板钢筋(3h)→安装桥面负弯矩波纹管及焊张拉槽(2h)→浇注T梁混凝土(3h)→等龄期、养生(12h)→拆模(4h)→养生(72h)→清孔、穿束(2h)→张拉、压浆(2h)→封锚头(1h)→养生(12h)→下一片T梁。

粗体字为宜安排在白天施工的工序,白天施工更能保证质量和安全。

从上述工序时间设计可以算出,预制一片T梁占用台座的时间为125h,一片梁占用模板的时间为34h。

一片T梁占用台座的实际天数(考虑不同工序施工时间,必须在白天完成的工序为26h)为

$$\frac{26h}{10h/d}+\frac{99h}{24h/d}=6.7d$$

一套模板占用的实际天数(考虑不同工序施工时间,必须在白天完成的工序为19h)为

$$\frac{19h}{10h/d}+\frac{15h}{24h/d}=2.5d$$

台座占用天数÷模板占用天数=6.7÷2.5=2.68倍,按60片/月的计划生产能力设计,即得到表1中有关数值。

台座模板配套设计表

表1

项　目	计算数据	实际采用
一个台座的月生产能力(片/月)	4.5	
梁厂要求台座个数	13.3	17
台座模板的配套系数	2.7	
模板(套)	5	6

考虑到设备及料具的利用率(台座利用率13.3÷17×100%=78%,模板利用率5÷6×100%=83%)、雨季施工、施工投入和施工场地等因素,设台座17个,模板6套,其中中梁模板4套,边梁模板2套。

梁厂的生产能力由台座生产能力和模板生产能力共同决定的。

梁厂台座生产总能力=采用台座个数×每个台座月生产能力×利用率

梁厂模板生产总能力=采用模板套数×单套模板月生产能力×利用率

则梁厂生产能力计算如表2所示。

梁厂生产能力计算表

表2

项　目	单　位	数　据
台座总能力	片/月	59.7
模板总能力	片/月	59.8
梁厂总能力	片/月	60

注:1. 台座生产总能力计算:17个×4.5片/月个×0.78=59.7片/月。

2. 模板生产总能力计算:6套×30天/月÷2.5天套/片×0.83=59.8片/月。

梁场生产总能力取决于台座总能力与模板总能力中的较小者。

5.2.2　梁的制作

1)模板安装

模板安装后用螺栓拧紧,接缝处用海绵堵塞以防止漏浆。安装吊运时用5t龙门吊,每块长度4.5m(横隔板在安装使用前经过检查验收合格后才使用,模板拼装时在节间夹一层1cm厚海绵),用ϕ20mm的对拉螺杆进行固定,保持模板空间宽度。由于地面局部高低不平,安装模板时的高度由模板底的调节螺丝进行高度控制。模板的垂直度由地面预埋的可调木楔进行调节,确保模板安装质量。

2)钢筋及波纹管的制作安装

(1)钢筋制作安装

钢筋到场后按设计规范要求进行抽检,抽检合格后才使用,并按设计尺寸进行下料、弯制。钢筋在安装前先在底模台座两侧上定出底板钢筋的位置,并用手砂轮刻纹作记号。

(2)波纹管制作安装

波纹管制作由厂家现场加工,每节长度根据梁长与现场操作方便决定(一般为10~15m)。波纹管安装前先在T梁钢筋骨架上用ϕ6mm的钢筋制作成“井”字架,按设计要求准确定出波纹管的坐标。

3)混凝土施工

混凝土开盘后连续不断地进行浇注,由龙门吊提升料斗进行入模,混凝土的浇注由一端向另一端并

分台阶进行浇注,每个台阶长度宜控制为2~3m左右。混凝土的浇注分三层进行,第一层浇注60cm,第二层浇注100cm,第三层浇注完毕。合理的安排混凝土浇注时间,当气温高于32℃时,不进行混凝土浇注作业。

混凝土在浇注过程中,每层混凝土入模满足要求后,先开动附着式振动器进行振捣。附着式振动器的开动时间不宜过长,一般控制在15~20s之内,其他边角再由人工用插入式振动器振捣。振动棒的移动间距不超过振动器作用半径的1.5倍,与模板保持50~100mm的距离,并插入下层混凝土50~10mm。

4)混凝土的养护及模板拆除

在顶层混凝土浇注完毕1h后,表面用土工布覆盖,避免阳光暴晒。当混凝土浇注完12h后,根据现场气温来决定拆除模板最佳时间。模板的拆除由梁的一端向另一端进行,先拆除模板上的附着式振动器及对拉螺杆,然后逐块拆除模板上的螺栓,用龙门吊将模板吊住,以防倾倒。

5)梁体张拉

张拉前先检查预应力筋的外露长度,并对其进行调整。对锚垫板进行清理,重点是波纹管及注浆孔的清理。

6)压浆

启动压浆机时,压出残存在压浆机及喉管的水分、气泡,并检查所排出的水泥浆的稠度。在满溢的水泥浆从喉管排出后,暂停压浆机并将压浆喉管通过快速接头接到锚垫板的压浆快换接头上。保持真空泵启动状态,开启压浆端阀门并将已搅拌好的水泥浆往管道压注。待水泥浆从出浆端接往负压容器的透明喉管压出时,关闭球阀停止抽真空,关闭真空泵,检查所压出水泥浆的稠度,直到稠度一致及流动顺畅后,关闭出浆端阀门,暂停压浆机。

7)封锚

压浆完毕后,将锚具周围冲洗干净,并对梁端混凝土作凿毛处理,然后按设计要求设置钢筋网浇筑封锚混凝土。随后对封锚混凝土进行良好的养护,以减少收缩,防止与梁体间出现裂缝。

8)移梁

梁片在压浆和封锚24h后便可进行梁的移运。移梁工作应由专人指挥,明确信号或手势,并事先预演熟练,以防出错。

5.2.3 梁的架设

1)架桥机选型

桥梁位于小半径曲线上,桥梁最大纵坡为5.5%,桥面最大横坡为7%,每片梁重约80t,T梁在架设过程中由于受横坡的影响要产生一个较大的下滑力。为此对架桥机起重能力、起重速度、适应纵横坡等条件提出了要求,主要构件设计安全系数应大于国家规定的安全系数$n=1.33$的要求,符合安全第一、整机重量最轻、悬臂最短、拼装、拆卸、转场方便的原则,根据对架桥机的主要技术性能参数要求(表3),可选择型号为SDL_B100t/30m。

架桥机性能参数表 表3

序号	性能参数	参数要求
1	起重能力(t)	100
2	架设跨径(m)	≥30
3	适宜梁型	T梁
4	喂梁方式	尾部运梁平车喂梁
5	起落速度(m/min)	0.8
6	适应纵坡(%)	≤5.5%
7	适应横坡(%)	≤7.5%
8	适应最小曲线(m)	250

续上表

序 号	性能参数	参数要求
9	操作方式	电气集中控制、液压独立控制
10	整机过孔方式	步履式纵移，无需尾部配重，无需桥机纵移轨道
11	安全操作要求	走行有限位器及挡块，液压油缸有双向液压锁，电器有过载保护

2）运梁

见图4。

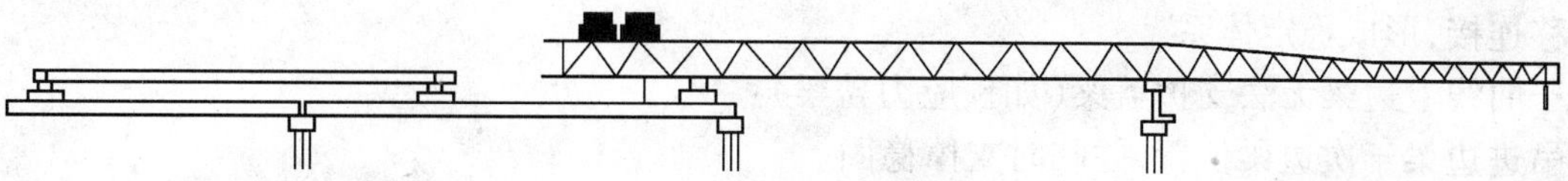

图4 运梁平车运梁

（1）制梁场用龙门吊使用钢性吊具或柔性吊具抬吊，将梁体放于运梁平车上，直线桥可用两边斜撑撑牢，曲线桥另加一套钢丝绳保护。

（2）运梁平车轨距误差±10mm，两条轨道高差±20mm，轨道间每隔2m用ϕ25mm拉杆横向连接，同时在全长范围内，轻轨、轨端不准有障碍物。

（3）同条轨道高差为±1mm，错台±2mm。重载运输必须采用低速挡，空载运输可采用高速挡。

（4）运输过程中，两台运梁平车必须有人监护。

3）架梁

（1）运梁平车载梁至架桥尾部（后支架后方附近，见图5）。

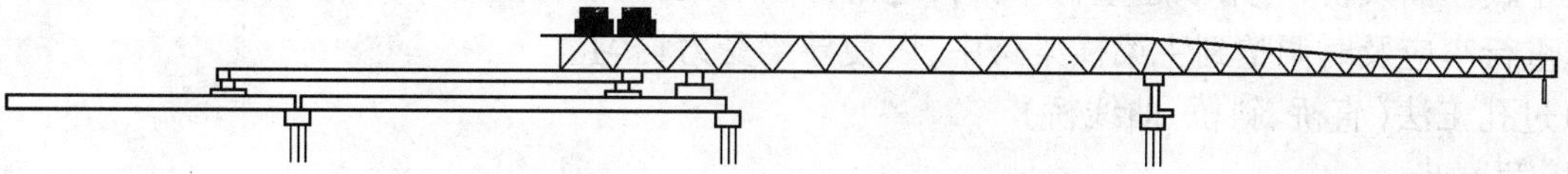

图5 运梁平车喂梁至架桥机尾部

（2）1号起重行车垂直起吊梁体，使梁体脱离台车面，临时支撑后支撑，同时检查卷筒排绳、制动。

（3）1号起重车和后运梁平车配合前移梁体，如果起升高度不够，可临时拆除后支架台车拉杆（此时起重行车应于主横梁跨中，见图6）。

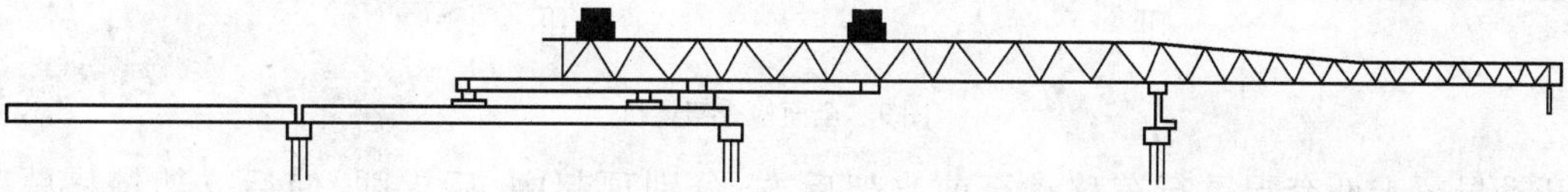

图6 1号起重行车吊起梁体与后运梁平车同时前移

（4）当1号起重行车载梁前移至前、后支架1/2跨中时，应密切注意导梁变形，定期测该处下挠值和水平旁弯值。

（5）当2号天车够吊点时，停车制动，用2号天车起吊梁体，两车同时吊梁前移，见图7。

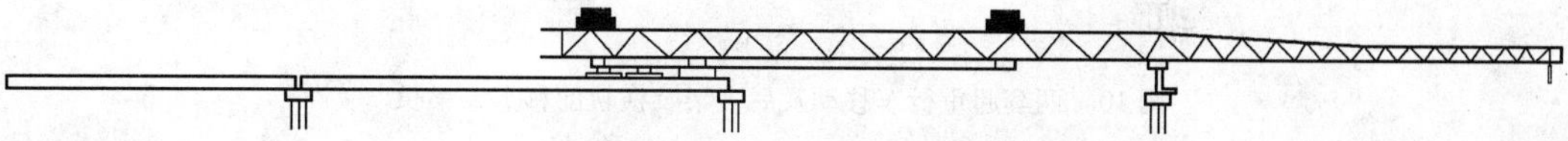

图7 2号起重行车够吊点时，两车同时吊梁前移

（6）两台起重行车同时载梁前移至架梁段，徐徐落下，对于中梁，可按指定位置就位；对于边梁，先放于次边梁的位置上，并临时支护好，见图8。

（7）全幅或半幅梁体，采用整机横移落梁方法。

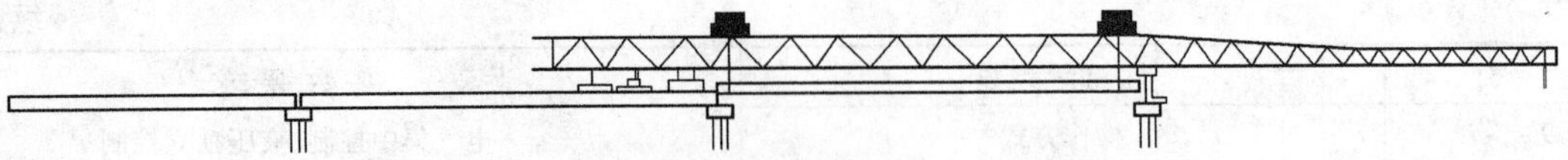

图8　两起重行车吊梁到架梁位置,整机横移落梁

(8)曲线上边梁可以支护的盖梁,可先将边梁置于次边梁的位置并临时支护好,然而整机横移回来,使主导梁中心和梁体中心重合,得用主横梁纵移台车上的落边梁油缸吊具或卷扬机构,重新捆吊梁体,使梁体离开盖梁 20 ~ 30cm,然后将整机横移至边梁位落下,临时支护,再用架桥机落进相邻次边梁,马上横移连接,形成稳定体系。

对于曲线上边梁无法支护盖梁(如预应力盖梁):

①吊进边梁于次边梁位置,并临时支撑稳固。

②吊进次边梁,横移天车靠至次边梁位置落下,并临时稳固,放松钢丝绳,但不摘钩(吊具)。

③整机横移至一边导梁中心线于边梁中线重合,穿好钢丝绳,起吊边梁,整机横移至边梁安装位置,落于支座上,并绷紧钢丝绳稳固作用,在此操作过程中,要反向移动天车,保持吊钩(吊具)相对于次边梁的起吊位置,严禁次边梁横向受力。

④起吊次边梁,横移起吊起重行车至次边梁的安装位置,落于支座上。

⑤焊接边梁与次边梁的横联,形成稳固体系。

⑥拆除边梁吊绳各摘掉次边梁吊钩(吊具),桥机横移,回到原架桥位置。

(9)对于较大曲线桥,采取起重行车偏移起吊方法喂梁,但前移过程中起重行车应及时调整到主梁横梁跨中,以使导梁受力均匀。

对于较小曲线桥,可采取起重行车偏移起吊方法喂梁,但前移过程中亦应时调整起重行车至主横梁跨中起重行车应及时调整到主梁横梁跨中,以使导梁受力均匀。

4)过孔工法(直桥、斜桥、曲线桥)

(1)第一步

①在已经架好的桥面上,全面检查架桥机各部,同时做好过孔的准备工作,如钢丝绳、垫木、葫芦,见图9。

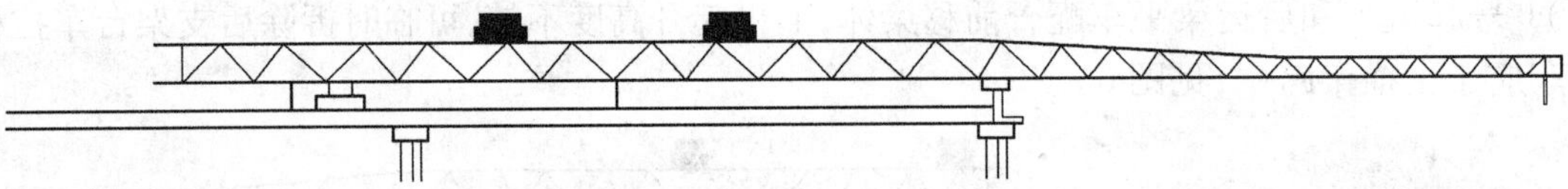

图9　全面检查架梁机

②开动导梁上两套起重行车移动至前支架后方,分别顶起中、后支腿,使后支架携横轨脱离桥机10cm,开动后支架电葫芦(摇滚电机),使后支架及横轨前移 1/2 梁长(若梁 $L = 30\text{m}$,即前移 15m),收起中、后支腿,使后支架及横轨落稳于桥面上。若为大坡度桥,可分几次前后支架,见图10。

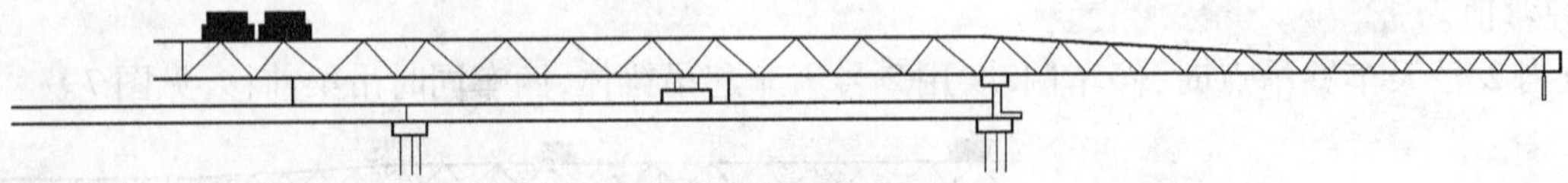

图10　两套起重行车移动及后支架及横轨前移 1/2 梁长

③临时稳定前支架,开动导梁上两套起重车移动至导梁尾部作配重,前后支架摇滚和导梁索具处于解除状态,同时开动前、后支架摇滚电机,导梁徐徐前移 1/2 梁长,直至辅支腿到达前方指定盖梁。此时,前支腿和已架梁体必须利用葫芦和钢性撑具于后方撑牢固,支起辅支腿,使主导梁水平,见图11。

④辅支腿下垫好硬木块(板),向前推辅支腿约 10cm,顶起辅支腿,使导梁地平,为防止左右倾,预先用葫芦分别将辅导梁前端和盖两端拉紧。

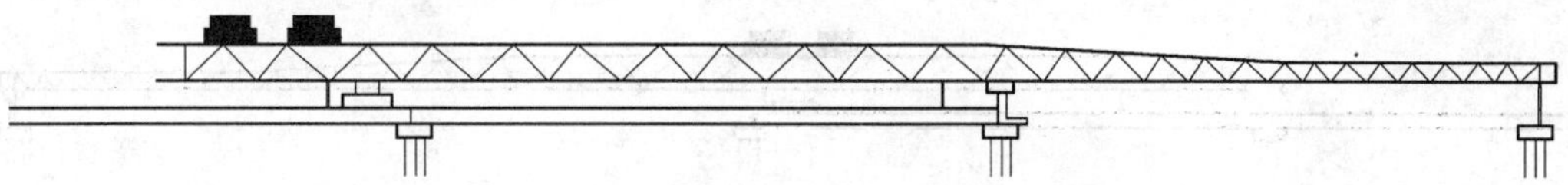

图 11 两套起重行车于桥机尾部作配重、主导梁前移 1/2 梁跨

对于曲线桥(转角操作):

a)重复上述①②③内容。

b)对于较大曲线桥($R\geqslant 1\,000$m),预先右(或左)横移动前支架,再左(或右)横移后支架,移动距离视实际情况而定。此法是依靠轮缘和轨顶间隙实现,导梁转动停止位置为导梁中心线和一侧边梁中心线重合。

对于较小曲线桥($R\leqslant 250$m),预先右(或左)横移动前支架,直至台车一侧轮缘和轨顶间隙消失为止,顶起后支腿,视曲线转角方向,解除后支架两侧电葫芦联锁装置,点动一侧电葫芦,使侧后支架携横轨纵移一段距离,尺寸根据实际情况而定,同时开动后支架台车横向移动,使导梁转动角度,一直到中心线和边梁中心线重合为止。

上述转角过程中,若两根导梁发生错位,可点动一侧摇滚电机,向前或向后部移动一侧导梁,使错位消除。如果此时辅导梁在转角过程中还未到位,整机悬臂继续前移,直至到位后停止。此时应密切注意辅支腿于盖梁上位置,不能影响下一步支放前支架空间。

c)重复上述③内容。

(2)第二步

①顶起中、后支腿,使后支腿携横轨离开桥面,开动电葫芦,使其徐徐前移,直至中支腿后方停止,起重行车开至后支架上部,收起后支腿,落后支腿及横轨于桥面上,垫牢垫实,见图 12。

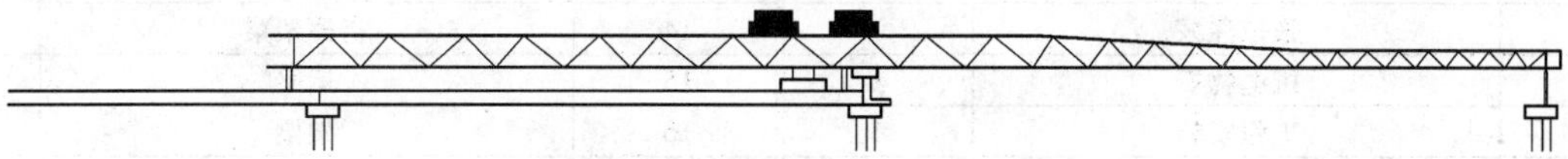

图 12 后支腿脱离桥面前移、起重行车开至后支架上部

对于大坡度桥面,此步骤可分以下几步进行。

a)顶起中、后油缸支腿,使后支架台车脱离桥面;

b)开动支架电葫芦,使后支腿前移 1/2 梁跨;

c)起重行车开至后支架上部,收起中、后油缸,稳固后支架。

②中后支腿、后支架同时支撑桥面以上的部分导梁,辅支腿支撑前侧导梁,导梁上两套起重行车全部移至地梁尾部作配重。

③测量辅导梁下导梁和盖梁顶面空间尺寸和后方前支架顶部到横轨底部尺寸。两者比较,以决定前支架缩回调整尺寸,保证一次前支架到期前方盖梁。

对于有横坡的盖梁,前地架可预先拆除 1 节或 2 节,前支架前移到后位,利用辅支腿油缸和前支架油缸交替顶升,将拆除的调整节重新装好。

④中、后油缸支腿、辅支腿、后支架同时支撑纵导梁,将后摇滚架与导梁索牢,收起前支腿,使下部台车脱离盖梁面,开动前支架电动葫芦,前支架徐徐前移至前方盖梁指定位置,前支架于前方盖梁上高度调整好后与前方盖梁垫牢垫实后,使用可靠前后钢性斜撑和葫芦将其稳固,以防止下步前移导梁时向前倾倒,见图 13。

⑤辅支腿、中后支腿脱空,开动前后支架摇滚电机,导梁徐徐前移,直至架梁工况支点位置,见图 14。

对于有坡度的桥梁,此步骤可分以下几步进行。

a)稳定前支架;

b)同时开动前、后支架摇滚电机,主导梁徐徐前移到位;

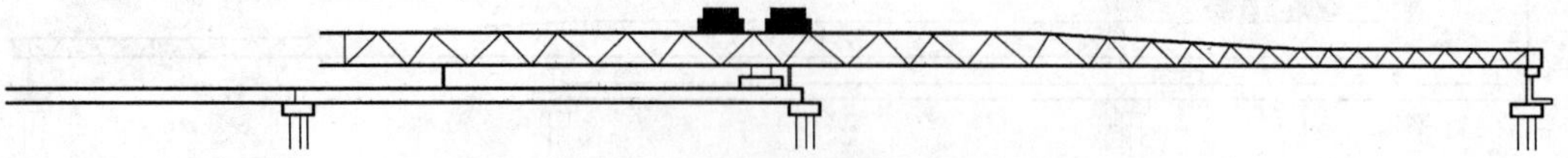

图13　前支架前移至盖梁指定位置

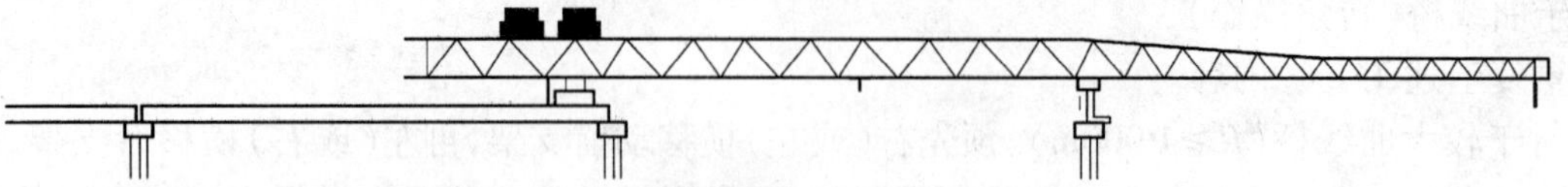

图14　导梁前移至架梁工况支点位置

c)下一孔桥架梁准备工作就绪。

⑥解除前支架斜支撑装置,安装前支架和导梁锁紧装置。

⑦调整后支架,使前后横轨平行;然后安装后支架和导梁锁紧装置。

⑧铺设桥面动梁车轨道,准备下一步运梁、架梁。

5.3　劳动力组织

合理配备梁厂施工劳动力是加快梁场施工进度的关键,本工程项目的梁场劳动力配备见表4。

劳动人员配备表　表4

序　号	工　种	人数(人)	序　号	工　种	人数(人)
1	场长	1	10	混凝土班	11
2	制梁、架梁技术负责	2	11	机械班	6
3	模板工程师	1	12	波纹管制作班	2
4	钢筋工程师	1	13	张拉注浆班	3
5	张拉注浆	1	14	指挥架梁	1
6	机电物资	1	15	运梁	2
7	工程实验	1	16	架梁	8
8	模板工	8	17	T梁横隔板钢筋焊接	3
9	钢筋班	10	18	运梁	3
小　计		26			36
合　计		62			

6　材料与设备

本工法不涉及需特别说明的材料,所需的机械设备情况见表5。

主要施工机具配备表　表5

序　号	机械名称	规格、型号	数　量	序　号	机械名称	规格、型号	数　量
1	强制式混凝土搅拌机	JS-500L	1台	12	电动油泵		2套
2	配料机(自动计量)	PD800	1台	13	装载机	ZL50	1台
3	变压器	S-315/10	1台	14	龙门吊	5t	1台
4	发电机	50kW	1台	15	附着式振动器		20台
5	钢筋切割机		2台	16	插入式振动器	D50	10台
6	钢筋弯曲机		2台	17	混凝土运输车		2台
7	钢筋调直机		2台	18	波纹管加工机		1台
8	钢筋对焊机		2台	19	架桥机	SDL_B100t/30m	1台
9	混浆压浆泵	6.8m^3/h	2台	20	龙门吊	50t	2台
10	真空泵	40m^3/h	1台	21	运梁平车	50t	2台
11	张力千斤顶		2套				
合　计		59(台套)					

7 质量控制

7.1 预应力系统的料具的质量控制

(1)钢绞线、锚具、夹片、锚垫板等先通过有资质的试验室试验合格后才使用。

(2)钢绞线使用时采用内抽头法。

7.2 施加预应力前的质量控制

(1)压梁体混凝土试块,检查梁体混凝土是否达到设计张拉强度。

(2)千斤顶校正系数应不大于1.05级,其校正有效期不超过一个月。油压表精度不低于1.0级,其校正有效期不超过一周。

(3)先用高压水冲洗预应力孔道,再用高压风清除孔道内的积水和污物,然后穿钢绞线。

(4)对所用的钢绞线、锚具、夹片在使用前先进行外观检查,确保无损伤、无扭结或未粘有污物。

(5)布设梁体上拱度、侧向挠度和梁体端部弹性压缩的量测点。

7.3 张拉过程中的质量控制

(1)锚具和工具夹片都应有标志,以免安装时同工作锚夹片混淆而误用。安装时必须将锚垫板及钢绞线上的混凝土清理干净。

(2)每束钢绞线应在两端做标记,以便穿束后观测是否扭结,无扭结时再使千斤顶与孔道对中。

7.4 压浆中的质量控制

(1)水泥浆的水灰比不能大于0.45,浆体最大自由膨胀量不能大于10%,其流动度、泌水率、体积收缩率及强度必须达到设计要求。

(2)灰浆中宜掺起膨胀、减水作用的外加剂,但不得掺加氯盐或其他对钢筋有腐蚀作用的外加剂,外加剂的掺量由试验确定。

(3)压浆中途若发生故障不能连续压满时,应立即用高压水将孔道冲洗干净,查明原因处理后再重新进行压浆。

8 安全措施

(1)架桥机、龙门吊拼装必须由有资质的单位进行安装,然后由相应资质的技术监督部门验收合格后方能使用。

(2)架桥机、龙门吊操作人员应由经过一定培训,了解机械构造、性能和熟悉架梁工法和过孔工法的人员操作。

(3)吊梁前检查轨道是否平整可靠;运梁平车重载时只能采用低速挡启动和运行;运梁平车运梁时,前后必须有人相随,随时注意轨道、T梁的平稳性,以防T梁倾倒。

(4)喂梁时注意平车与架桥机主横梁台车纵移的速度差,尽量保持同步行进。运梁平车或主衔架移动时,运行线路上有人时,必须发出信号。

(5)喂梁前必须仔细检查主、辅导梁及前支架各部位销子是否锁定,并插上防退销,切忌前支架撑起油缸到位后不锁销子而加载;检查塞垫、枕木、轨道及连接板的安装是否符合要求。

(6)吊装前,检查操作机电系统是否可靠,各电机、制动器是否灵活可靠,空载情况下应校验各限位开关和行程开关。

(7)吊装前应统一指挥信号,吊装时指挥人员发出的信号与操作人员意见不一致时操作人员应发询问信号,在确认指挥信号与指挥意图一致时,方可开车。

(8)操作架桥机时,应合理掌握控制按钮,除两手外,不允许身体其他部位接触控制面板;吊装过程使用控制按钮操作,不可利用安全装置来停车。另外,操作人员不能离开控制柜,以防突然情况发生,不能采取紧急措施。

(9)架桥机在吊运过程中,如遇到起升机构制动突然失灵时,操作人员应立即发出信号,通知附近人员离开,并迅速按动控制按钮反复起落T梁,并开动小车选择安全地点,把T梁放下,不应任其自由下落,随后再进行检修,决不可在吊运过程中进行检修。

(10)在吊T梁时,应使承载均匀、平稳,不能忽起忽落;起升机构的钢丝绳应保持垂直;同时,起吊或降落做到同步,注意控制好前后端的高度差;在架桥机所受的负荷不能超过其最大起重的情况下方可起吊T梁。

(11)在操作过程中,应有专人分别位于前、后支架观察和监听。如果发现不正常现象或听到不正常声音时,应采取相应措施,并停车检查,排除故障。未找出原因,不能开车。

(12)吊运过程中,T梁的高度应保持适中,在吊运T梁上,不准有堆放的物件、工具等。

(13)架桥机正在吊运T梁中,如遇停电或电气故障,T梁无法放下时,操作人员应马上紧急通知下面人员立即疏散,操作人员不准离开岗位,地面人员应立即将危险区域用绳子围起来,并警戒,任何人不得通过,然后请检修人员检修。

(14)操作人员要做到八不要:

①指挥信号有误或不明确;

②超负荷;

③T梁上有人;

④安全装置不灵;

⑤能见度低;

⑥起重钢丝绳滑槽;

⑦T梁被挂住;

⑧T梁紧固不牢。

9 环保措施

(1)保龙高速九标横穿国家自然保护区高黎汞山腹部,环保工作尤为重要,做到公路与环境同行,建设不忘环保,环保促进建设。

(2)该路段采用桥梁通过,不但减少开挖爆破的土石落入河流内,也避免大量土石中滚入农田耕地中,阻塞河道,毁坏农田耕地。

(3)采用桥梁施工,能减少就地乱堆乱放弃渣造成新的环境破坏。不乱砍滥伐,不易引起水土流失。爆破施工较少,无噪声污染。

(4)由于公路桥梁建设对原有的生态遭到破坏较小,不改变地质结构,不破坏地表植被,不会引发滑坍、泥石流,危害公路及附近农田。

10 资源节约

(1)通过工艺设计,梁体中部设置为固定段,两端设置为可调段,通过调节箱实现梁长的需求。对T梁台座与模板进行特殊设计以满足不同长度及坡度的T梁预制,大大节约了模板加工数量,提高了施工进度,同时也节约了劳动力资源。

(2)合理组织施工,减少建筑废料,促使建筑施工的生产与环境相容。

11 效益分析

本工法成功地解决了小半径大横坡桥梁预制和安装问题,利用17套台座和6套可调模板成功地解决了630片长度不一的T梁预制,边梁内外翼缘边线通过3mm厚锯齿钢板调控,保证曲线圆顺,桥梁护栏美观。为保证T梁吊装后,相邻两片梁横隔板位置正确,横向连接牢固,预制时采取T梁横隔板底模与侧模分离,使横隔板钢筋设置与顶面横坡一致,有效提高了作业人员和机械的工作效率,避免了大量台座和模板改造工作,保证了T梁预制和吊装速度,630片梁预制时间为8.4个月,比计划工期提前2

个月，节约成本100万元。运梁通过小半径隧道（$R=250m$），大纵坡桥梁（5.5%纵坡），从未发生安全事故，通过本工法的开发和应用，预制和吊装的T梁达到了设计及规范要求，无论进度、质量均得到业主好评，实现了较好的经济效益和社会效益。

12 应用实例

12.1 工程概况

保龙高速公路九标段全长4.06km，设计桥梁11座折合单幅总长4750m，占线路总长的59%，其中特大桥1座，大桥10座，上部结构为30m预应力T梁共630片。

12.2 工程地质

本区地处横断山脉西端，高黎贡山南延部分，地势西高东低，地形复杂，沟谷纵横深切，受地质构造控制明显，属中高山、中深切割流水侵蚀地貌类型。高黎贡山山体走向与地层、地质构造走向相似，近南北向产出，受怒江大断裂活动影响，横向沟谷割深，多悬崖，地形起伏大，沟谷纵横深切，多"V"形峡谷、陡坡，岩层破碎，岩性较较软弱，沿线多滑坡。

12.3 桥梁设计

桥梁均位于曲线上，最大曲线半径$R=820m$，最小曲线半径$R=250m$，最大纵坡5.5%，最大横坡7%，梁长、梁顶面横坡、纵坡等各不相同，属典型上坡弯桥，梁体为后张法预应力C50混凝土，设计荷载，汽—超20级，挂车—120，采用标准强度$R_y^b=1\,570MPa$，$E_g=1.9\times10^5MPa$高强度低松弛预应力钢绞线，张拉控制应力$\delta_k=0.75R_y^b$，即161kN。

12.4 工法实施效果

采用本工法，较好地解决了小半径桥后张法预应力T梁预制与架设中的控制问题，按程序多工作面开展流水化作业，有效提高了作业人员的工作效率，每天可预制T梁2~2.5片，架设T梁5片，施工中梁片运距达3km，从未发生安全事故，既保证了预制T梁的施工进度，也保证了施工安全。该工程于2004年12月27日开工，至2006年12月31日完成。预制的全部T梁内在质量和外观质量均良好，取得了较明显的经济效益和社会效益。

大跨径空间索斜拉桥转动锚座前支点挂篮施工工法

GGG(湘)C3118—2009

彭力军　刘玉兰　谭涌波
(湖南路桥建设集团公司)

1　前言

前支点挂篮也称为牵索式挂篮,是大跨径PC斜拉桥混凝土主梁施工主要的施工工具,合理地利用了斜拉索的拉力提高挂篮的承载力,并减轻已成形主梁的悬臂受力,具有承重大、浇筑节段长、施工安全性好、施工速度快、经济效益显著、主梁线形及内力易控制等优点,在平面直索面斜拉桥上成功广泛运用。但空间索斜拉桥其拉索梁段锚固点除了在立面逐渐变化外,还在平面逐渐变化,即锚固点的变化是立体的。由于不能合理解决三维空间索斜拉桥前支点挂篮运用问题,而只能每号拉索各采用一种拉杆、一种锚箱或采用后支点挂篮等较为保守、粗简的方式,使主梁施工操作复杂,速度慢,质量和安全保障难度大,经济性差。

湖南路桥建设集团公司在岳阳洞庭湖大桥主桥主梁施工中研制了配制空间索转动锚座和预应力钢结构水平止推座装置的前支点挂篮,成功地解决了大跨径三维空间索斜拉桥应用前支点挂篮悬臂浇筑主梁的技术难题。转动锚座和预应力钢结构水平止推座装置的前支点挂篮技术是《岳阳洞庭湖大桥多塔斜拉桥新技术研究》的子项目,2001年通过湖南省科技厅组织的技术鉴定,该技术先后获得湖南省科技进步一等奖和国家科技进步二等奖。

由于三维空间斜拉索对大跨径桥梁抗风稳定性非常有利,目前国内大跨径PC三维空间拉索斜拉桥的运用情况很多,解决该种桥型前支点挂篮运用难题,形成相应施工工法,对于桥梁建设安全性能、经济效益、施工工效的提高,以及斜拉桥技术水平的发展和提高,具有非常重大的意义。

2　工法特点

(1)平面拉索在挂篮上锚固时,各梁段的不同拉索沿挂篮锚固面只有竖向角度的变化,而三维空间拉索不仅有竖向角度的变化,而且还有水平角度的变化。本工法首次解决了三维空间拉索斜拉桥PC主梁浇筑的前支点挂篮运用难题。该工艺设计既稳妥安全又操作简便,实现了6天一个施工周期,并确保了主梁的线形平顺美观。

(2)本工法根据空间索斜拉桥的设计特征,在挂篮的两处关键部位进行了工艺创新。

第一,采用空间索转动锚座系统,使之能适应三维空间斜拉索锚固点的立体变化,操作简便,易于施工。第二,采用楔块填充止推座与预埋板之间的凹凸槽,即剪力槽,以承担剪力,使各槽受力均匀,解决了大吨位水平力止推座设置的问题。

3　适用范围

本工法适用于PC梁斜拉桥主梁悬臂浇注施工,尤其适用于三维空间拉索PC主梁斜拉桥的悬臂浇注施工。

4　工艺原理

该工法利用转动锚座前支点挂篮作为支架(挂篮以待浇梁段的斜拉索为前支点与已浇梁段一起承

载),逐段悬臂浇注斜拉桥主梁混凝土。由于挂篮需利用斜拉索作为支点,但每一次斜拉索的竖向面和水平面的角度都不同,本工法通过空间索转动锚座绕转轴的平面转动和圆弧面来解决斜拉索的水平角度和竖向角度的变化。

4.1　空间索转动锚座

转动锚座是安装在纵梁前部的小型箱体结构,其前端位于纵梁端部的反力梁下,并以千斤顶顶在反力梁上,其后部以转轴定位于纵梁内。转动锚座后端为圆弧面形状,紧贴在纵梁内专门设置的相同圆心和半径的圆弧面支承座上。锚座后部转轴上方的纵梁对应位置也设置了反压结构。转动锚座工作原理见图1。

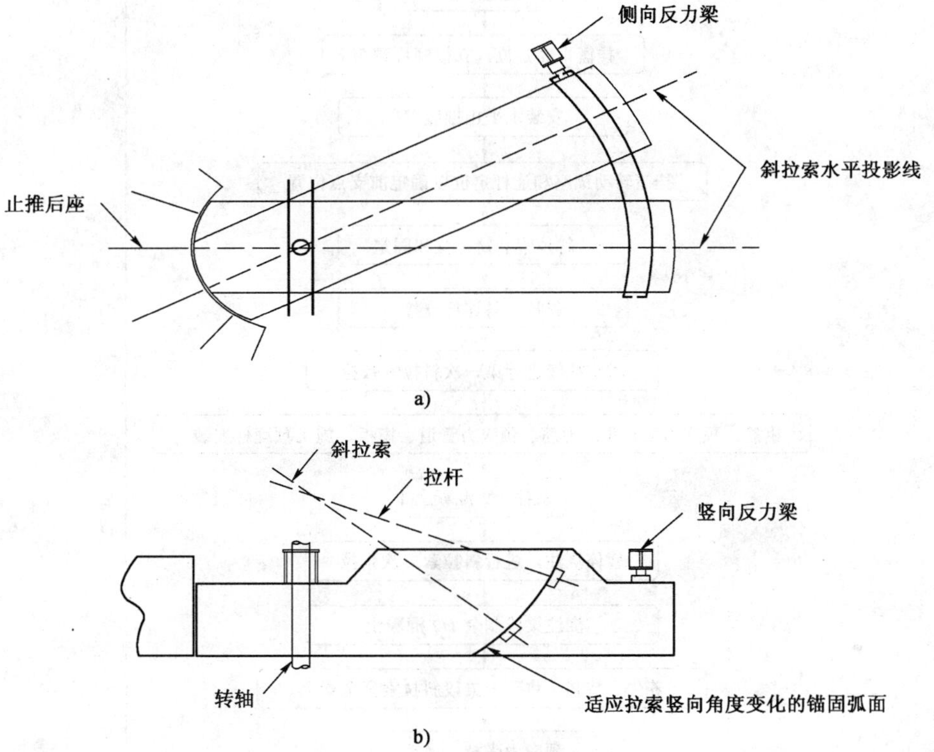

图1　转动锚座工作原理

a)平面;b)立面

4.2　预应力钢结构水平止推装置

本工法采用水平止推装置抵抗斜拉索的水平分力,用楔块填充止推座与预埋板之间的凹凸槽,即剪力槽,承担剪力,使各剪力槽受力均匀。同时,在止推座上配备精轧螺纹钢筋,根据索力的水平分力计算精轧螺纹钢筋的张拉力,以抵抗倾覆力,并保证止推座的稳定性。

由于前支点挂篮利用永久性斜拉索作为前支点,斜拉索张拉后会对挂篮产生一个巨大的水平推力,而以往在抵抗水平力构造的设计上,不能解决水平力受力均匀问题,所以止推座设计得比较庞大,使其仰面安装难度大,造成施工不方便。为此,本工法采用用楔块填充止推座与预埋板之间的剪力槽,承担剪力,使之受力均匀,这样止推座既满足了受力要求,又使施工安装、拆卸方便,达到了省工、省时,经济效益显著的效果。

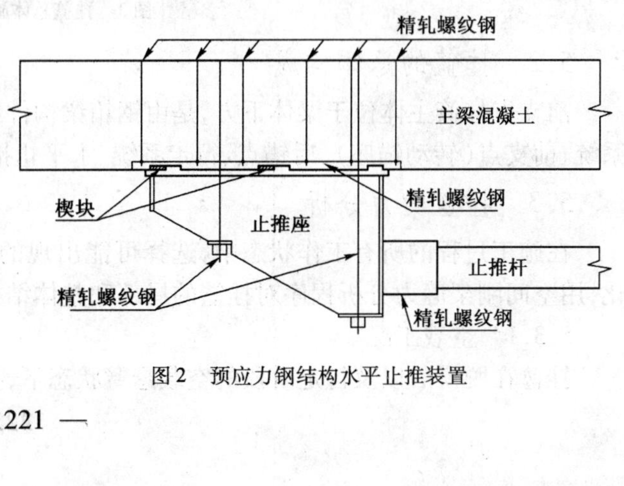

图2　预应力钢结构水平止推装置

预应力钢结构水平止推装置见图2。

5 施工工艺流程及操作要点

5.1 挂篮总体施工工艺流程

挂篮总体施工工艺流程见图3。

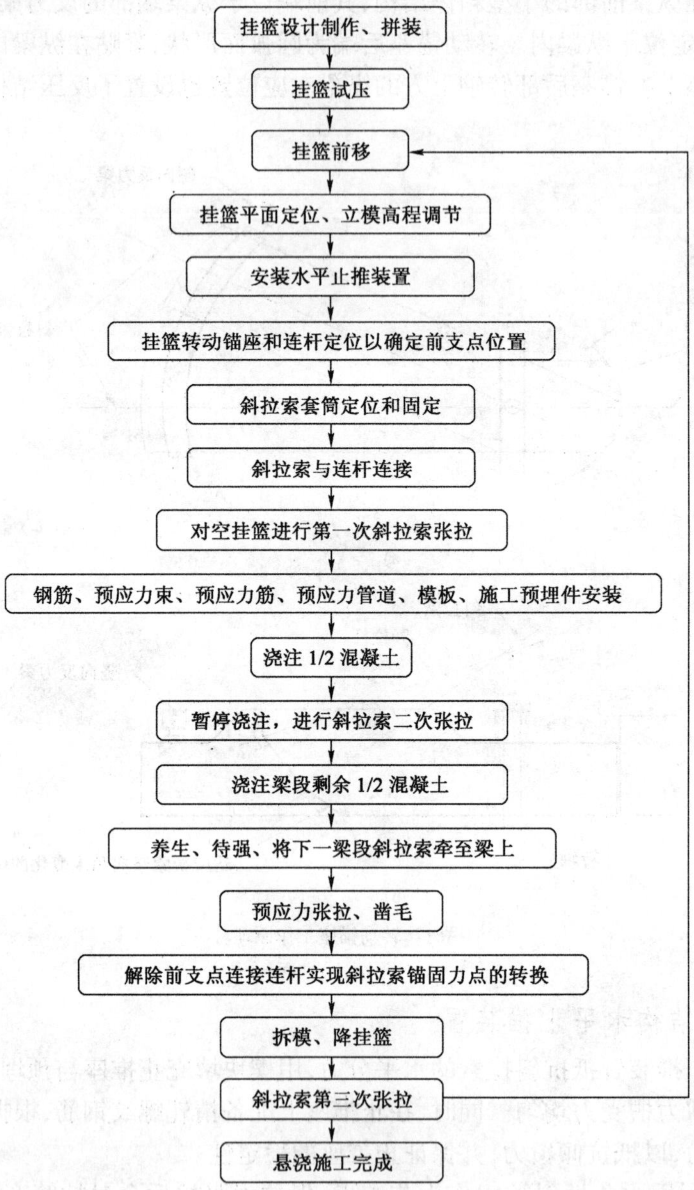

图3 挂篮总体施工工艺流程

5.2 挂篮的总体构成

前支点挂篮主体位于梁体下方,是由钢箱梁构件组成的框架结构,由六大部分组成:主体骨架、悬挂系统、前支点(转动锚座)、后锚点、行走系统、水平止推装置,见图4。

5.3 挂篮受力分析

在施工过程的所有工作状态中,选择可能出现的最不利工况,将挂篮整体结构按空间刚架图示简化,用空间刚架静力分析程序对挂篮的局部和整体结构进行受力计算。

5.3.1 空载工况

挂篮在脱模后以及行走阶段的空载悬臂状态下,挂篮受自重和其他应考虑荷载作用时,对挂篮整体结构的内力,相应的截面应力,焊缝应力进行计算,并对后顶点及C型挂钩支承构件的受力进行验算。

在移动挂篮时,C型挂钩受力指标在计算时考虑到由于摩阻力的影响产生的剪应力,其主应力超过不行走时的最大应力,见图5。

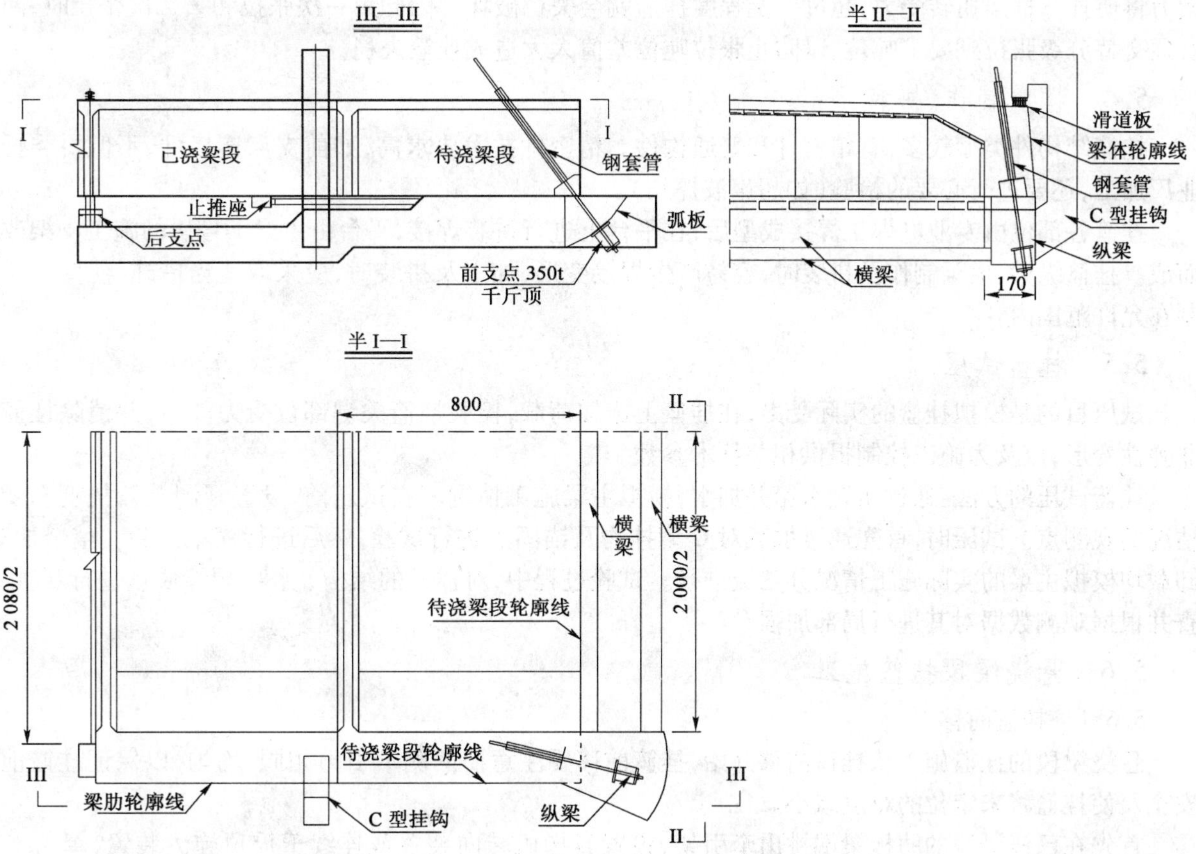

图4　前支点挂篮构造图(尺寸单位:mm)

5.3.2　混凝土浇注时的工况

按主梁的每个节段浇注混凝土时挂篮的受力情况,此时挂篮受自重、施工荷载及混凝土荷载作用,须对挂篮整体结构的内力,相应的截面应力、焊缝应力进行计算,并对C型挂钩支承构件、水平止推构件和转动锚座系统进行受力验算,见图6。通过对不同梁段混凝土施工各个阶段工况的分析和计算(斜拉索在挂篮前端分2~3次张拉,每次张拉时挂篮受力均不相同),选择挂篮的最不利情况作为对挂篮承载能力判断的依据。

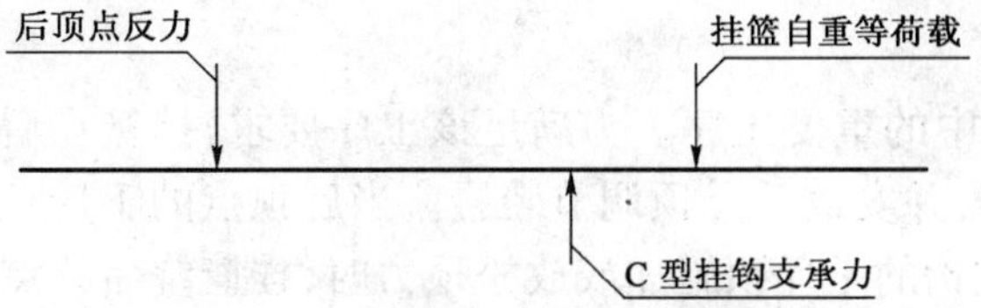

图5　空载时挂篮受力示意图

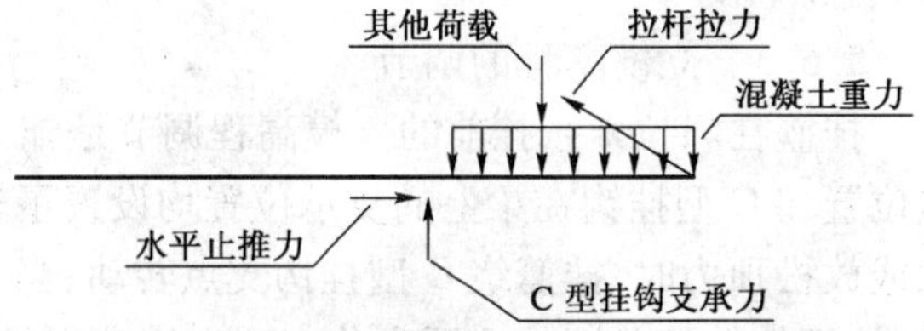

图6　混凝土浇注时挂篮受力示意图

在浇注混凝土过程中,通过调整斜拉索索力来解决C型挂钩的受力状况。

5.3.3　索力的控制思路

在主梁混凝土浇注前和浇注过程中,两次对斜拉索进行张拉。第一次张拉斜拉索的目的是为了克服端部自重的下挠,同时也起到了保证前支点处于受力状态的预张作用。完成部分混凝土浇注后的第二次张拉,是将已浇注混凝土的重量和斜拉索的柔性变形造成的挂篮端部下挠恢复回来,以及将剩下的混凝土将要产生的下挠实行预抬。没有将2次张拉合并为1次张拉,一是要考虑到挂篮的承载能力,二是可对索力和高程进行跟踪调整。在第一次张拉和第二次张拉工况中,如果同一梁段两侧索力不同步张拉,当张拉吨位相差不大时,挂篮仍能处于稳定状态;当张拉吨位相差较大时,两侧不相等的索夹角和索力将使挂篮框架扭转受力,超过一定程度挂篮就会失稳破坏。因此第一次张拉和第二次张拉时,两侧必须交替分级张拉到要求吨位,以防止张拉吨位差值太大造成挂篮失稳。

5.4 挂篮制作、拼装

挂篮结构件类型较多,有精密件和普通构件。精密件技术要求高,如前支点连接件,不但要委托专业厂加工,还要进行必要的检验(如超声波探伤)。

挂篮各部位由专业电焊工焊接成型后,在平台上进行拼装焊接,平台由主梁1号块的施工支架改造而成。挂篮纵梁、横梁制作及拼装时,容易产生焊接变形,加工及拼装时,应采取适当措施,使变形量控制在允许范围内。

5.5 挂篮试压

试压目的是模拟挂篮的实际受力,在挂篮上施加荷载,检验挂篮关键部位受力能力,并消除挂篮的非弹性变形,以及为施工控制提供相关技术参数。

挂篮试压的方法:通过布置水箱并加水,模拟主梁施工情况。在试压前,设置观测挂篮挠度和变形情况的观测点。试压时,首先通过加载对C型挂钩及锚固点进行试验,然后进行横梁试验。整个加载、卸载均模拟主梁的实际施工情况分三级进行。试验过程中,对挂篮的结构、刚度、焊缝质量进行观测、检查并根据观测数据对其进行局部加强。

5.6 悬浇梁段挂篮施工

5.6.1 挂篮前移

悬浇梁段的挂篮施工从挂篮前移开始,挂篮前移要注意使两侧牵引力相同、均匀,以保证挂篮前移安全及使挂篮将来定位的难度减小。

首先在已浇梁段的肋板梁端挑出牵引架,设置卷扬机转向装置或连续千斤顶施力装置,牵引C型挂钩在桥面滑动、后顶点在梁底滚动的方式使挂篮前移。既可保证通畅、平稳,又能充分满足挂篮定位调节要求。C型挂钩的滑动轨道为铺在桥面肋板上的钢板,而后顶点滚动轮则直接在PC主梁肋板位置的梁底滚动。

5.6.2 平面定位

挂篮平面定位的精确程度对施工控制有很大影响。挂篮纵横方向的定位通过水平千斤顶使C型挂钩在已浇梁段桥面上做位置移动来实现,从而使平面定位更为方便快捷。

挂篮平面定位要满足定位精度要求,系统检查要仔细,发现问题及时处理,确保挂篮各部分处于正常状态。

5.6.3 立模高程的调节

挂篮在斜拉索张挂前的立模高程调节是施工控制中的重要工序。为满足该工序要求,挂篮在后顶点位置和C型挂钩在梁上的支承位置均设置了转铰座,并安放千斤顶调节装置。当后顶点的千斤顶施加或放松顶力时,挂篮绕C型挂钩支点转动;当C型挂钩的千斤顶施加或放松顶力时,挂篮绕后顶点转动,从而使挂篮前端的上下变化实现立模高程的调节。挂篮立模高程根据施工控制要求确定。

5.6.4 安装水平止推装置

为了抵抗斜拉索张拉时的水平分力,挂篮水平止推装置在挂篮施工中起着关键的作用。挂篮前移到位后,将止推座与上段梁的预埋板通过精轧螺纹钢紧密咬合,并用楔块填充止推座与预埋板之间的凹凸槽,以承担剪力。挂篮定位后,拧动止推杆的螺母,使之与止推座紧贴,达到水平止推的效果。

5.6.5 确定前支点位置

前支点位置即待浇梁段斜拉索梁端锚固点的位置,是通过转动锚座和连杆的定位来实现的。转动锚座在平面上的转动，以及通过连杆在转动锚座弧板面上的滑动和锚固长度的调节，可调整斜拉索的位置，使斜拉索固定在设计位置上。转动锚座依挂篮纵梁固定，连杆依转动锚座固定，斜拉索套筒依靠挂篮模板而定位、固定。

5.6.6 斜拉索的牵引和张挂

1）牵引挂索方式

先将斜拉索上端牵引固定在塔上，后用吊车配合，卷扬机将斜拉索牵引张挂在前支点挂篮上。根据拉索规格和重量，采用桥面上挂索和水面上挂索两种方案。桥面上挂索主要适用于前几对规格小、重量轻的拉索。

2）水面上挂索具体的操作方法

放索船停泊到主梁悬臂端前下方抛锚定位，斜拉索由卷扬机牵引至梁端，换上塔端卷扬机连接头后牵引至塔柱附近，在塔吊及塔顶卷扬机的配合下再徐徐进入上塔柱钢套管，以螺母固定后塔端挂索完毕。桥面上挂索时将索盘直接吊放在桥面索架上，然后用塔吊牵引至套管下口，换上塔顶卷扬机连接头后徐徐牵引进入斜拉索套管，戴上螺母完成塔端挂索。梁端挂索即将斜拉索与前支点挂篮连接起来，挂篮推出就位立模高程调好后，拉索塔端与张拉千斤顶连接并向下放出一部分，以减少梁端挂索牵引力，挂索操作时用梁上吊车配合卷扬机将斜拉索与前支点挂篮公母套连接起来。梁端挂索时应注意斜拉索下螺母在冷铸锚杯的适当位置，以使塔端张拉完成后斜拉索上螺母基本处于冷铸锚头中间位置上。

5.6.7 第一次斜拉索张拉

对空挂篮所进行的第一次斜拉索张拉根据施工控制的要求进行，其目的是为了克服端部自重的下挠，同时也起到了保证前支点处于受力状态的预张作用。张拉时两侧必须交替分级张拉，以防止张拉吨位差值太大造成挂篮失稳。张拉后，要派专人对 C 型挂钩和纵梁进行必要的检查。

5.6.8 钢筋及预应力筋、模板等的安装

钢筋、预应力的布置，以及模板、预埋件的安装按有关施工要求进行。

5.6.9 浇注 1/2 混凝土

混凝土浇注按有关施工要求进行，浇注时应注意主塔两侧挂篮混凝土浇注基本同步。

5.6.10 第二次斜拉索张拉

第二次斜拉索张拉根据施工控制的要求进行，其目的是将已浇注混凝土的重量和斜拉索的柔性变形造成的挂篮端部下挠恢复回来，以及将剩下的混凝土将要产生的下挠实行预抬。主塔两侧挂篮都浇注完 1/2 混凝土后，暂停浇注，两侧交替分级张拉斜拉索至施工控制要求的吨位。张拉后，要派专人对 C 型挂钩和纵梁进行必要的检查。

5.6.11 浇注剩余混凝土

第二次张拉完成后，两侧同步进行剩余 1/2 混凝土的浇注，浇注按有关施工要求进行。

5.6.12 养生、待强、预应力张拉

养生、待强、斜拉索张挂、凿毛按相关施工要求进行。

5.6.13 解除前支点的连接

梁段预应力施工完成后，即可解除前支点连杆，将斜拉索锚固点从挂篮转换至主梁上时，先将拉索锚头螺母旋紧至与梁上齿板锚固面贴紧，然后将千斤顶受力松弛至零，实现拉索锚固的转换，从而解除连接。连杆解除要缓慢进行，千斤顶卸压要逐级进行，确保千斤顶和结构受力安全。

5.6.14 降挂篮，第三次斜拉索张拉

拆模、降挂篮按操作要求进行，确保施工安全达到要求。

斜拉索第三次张拉按施工控制要求进行。斜拉索第三次张拉完成后，主梁悬臂端可以承受悬臂施工荷载。如果悬浇梁段施工还未完成，则继续进行移挂篮等下一段梁段的悬浇施工，否则挂篮悬浇梁段施工结束，此后进行合龙段主梁浇注等后续施工。

6 材料与设备

6.1 材料

本工法挂篮所使用的结构材料主要有:Q235、A3 钢、40Cr、45 号钢、精轧螺纹钢筋等钢材。

6.2 设备

本工法使用的主要机具设备见表 1。

主要机具设备表　　表 1

序号	设备名称	设备型号	单位	数量	用途
1	液压千斤顶	50t	台	4	用于 C 型挂钩、后顶点装置中
2	液压千斤顶	200t	台	2	用于水平止推装置中
3	穿心式千斤顶	200t	台	2	用于前支点装置中
4	机械千斤顶	10t、20t、50t	台	10	用于装模、移动转动锚座操作中
5	卷扬机	5t	台	2	用于挂篮行走

注:本表机具设备为一套前支点挂篮的机具设备。

7 质量控制

7.1 质量控制标准

本工法执行的主要规范、标准和检验方法有:

(1)《钢结构设计规范》(GB 50017—2003);

(2)《公路桥涵施工技术规范》(JTJ 041—2000);

(3)《公路工程技术标准》(JTG B01—2003);

(4)《公路工程质量检验评定标准》(JTG F80/1—2004);

(5)《钢结构工程施工及验收规范》(GB 50205—2001);

(6)《建筑钢结构焊接规程》(JGJ 81—2002)。

7.2 质量要求

(1)挂篮结构、设备的整体、局部受力必须经过仔细分析、计算,确保挂篮受力满足要求。

(2)挂篮在加工制作和安装过程中,必须采取防加工、安装变形措施,保证挂篮加工、制作、安装精度以及焊接质量满足要求。

7.3 质量保证措施

(1)挂篮的受力计算必须委托有资质的相关单位进行复核,确保挂篮受力安全。

(2)在挂篮正式使用前,必须按试压要求进行试压,确保挂篮受力安全。

(3)挂篮的加工制作选择有经验的人员和加工制作班组进行。在挂篮的加工制作、安装过程中,要考虑加工、安装及温度变形,通过设置预变量、强制装置消除变形影响,保证挂篮加工制作质量满足要求。

(4)加强质量管理工作。在挂篮加工、制作、安装过程中,加强质量检查、控制,确保挂篮的加工制作质量满足要求。在挂篮使用过程中,加强跟踪检查、监控工作,发现问题及时处理,确保挂篮在使用过程中质量满足要求。

8 安全措施

(1)本工法执行《建筑施工安全检查标准》(JGJ 59—99)、《建筑施工高处作业安全技术规范》(JGJ 80—91)、《建筑机械使用安全技术规程》(JGJ 33—2001)、《施工现场临时用电安全技术规范》(JGJ

46—2005)。

(2)在挂篮临边设置防护栏、安全网、阻拦板带,保证施工人员的作业安全性,并防止施工物件掉落桥下,对桥下造成安全危害。

(3)在挂篮前移操作中,进行跟踪观察,保证牵引受力均匀,防止挂篮移动偏位,行出轨道。在梁段悬臂端设置阻拦装置,防止挂篮前行行出梁段。

(4)在梁段混凝土浇注过程中,加强对挂篮各关键受力部位和变形的观测,如发现受力、变形出现异常情况,立即停止施工,并采取各种措施,确保挂篮受力安全性。

(5)在挂篮的安装操作中,要重视吊装作业安全,严格按吊装作业安全规定作业。

(6)施工现场临时用电设施必须由持证电工专管,用电设施及用电操作必须满足相应的用电安全规定。

(7)制订相应的施工安全预案,对于可能出现的安全事故,有相应的紧急处理措施,将可能出现的安全事故的损失降低到最小程度。

9 环保措施

(1)在利用本挂篮进行梁段施工过程中,将梁段凿毛、挂篮操作等施工所产生的废弃物收集,并装入废料桶,然后将其运出施工场地进行弃置,不使废弃物落到桥下,从而保护桥下的环境卫生状况。

(2)在挂篮的临空周边,设置阻拦板带,阻止临边焊接产生的焊渣及其他施工废渣落至桥下,从而保护桥下环境的卫生状况。

(3)桥梁结构本身的外观就是环境的构成部分。在利用本挂篮进行梁段施工过程中,保护挂篮模板的清洁、平整,从而保证桥梁结构外观的美观,使环境得到美化。

10 资源节约

带转动锚座的前支点挂篮,可实现空间索斜拉桥主梁采用前支点挂篮施工工艺,相比后支点挂篮和传统的前支点挂篮可大大地减小其自重,降低用钢量,节省了大量材料和人工费用。同时,本工法的使用比传统的后支点挂篮施工空间索斜拉桥主梁工工艺要缩短工期,节省大量的机械台班使用费和人工费用,并减少了其他辅助费用。

11 效益分析

(1)本工法使前支点关篮技术运用在三维空间索斜拉桥 PC 主梁施工中,相比以往只能采用后支点挂篮,或一段梁一种锚箱的前支点挂篮的情况,大量节省施工造价和工期,效益良好。

(2)本工法由于合理、妥善地解决了三维空间索 PC 梁斜拉桥的主梁施工难题,使三维空间索 PC 梁斜拉桥这种非常有利于抗风稳定、安全,经济效益好的桥型能够大量、广泛应用,产生了显著的社会效益和经济效益。

12 应用实例

12.1 岳阳洞庭湖大桥第一合同段

12.1.1 工程概况

岳阳洞庭湖大桥第一合同段 11 号墩是洞庭湖大桥岳阳侧边塔墩,塔高 99.31m。斜拉索为扇形布置的空间双斜面索,以 0 号索为轴两侧各 16 对索。11 号墩最外索长 145.6m,倾角 29.9°,最内索长 49.9m,倾角 77.9°。洞庭湖大桥主梁采用预应力混凝土肋板式连续梁,梁肋高 $H=2.5\text{m}$,标准段肋宽 $B=1.7\text{m}$,非标准段肋宽 $B=2.0\text{m}$,标准节段长 8m,非标准节段长 6m。11 号墩 2 号 ~ 16 号梁段均采用前支点挂篮施工。本桥于 1997 年 4 月 18 日开工。2000 年 8 月 18 日,全桥合龙,并于同年 12 月 26 日竣工通车。

12.1.2　应用效果

由于采用本工法前支点挂篮功能齐备,在施工过程中平稳、安全,且操作简便,所浇主梁线形平顺、美观,充分保证了11号主梁悬浇施工的顺利进行。本工法的核心技术——配置转动锚座和预应力钢结构水平止推装置的前支点挂篮是《岳阳洞庭湖大桥多塔斜拉桥新技术研究》的子课题,于2001年底通过湖南省科技厅组织的技术鉴定,并先后获得湖南省科学技术进步一等奖和国家科学技术进步二等奖。岳阳洞庭湖大桥工程质量优良、外表美观,先后获得了湖南省建设工程芙蓉奖、交通部优质工程奖和詹天佑土木工程大奖,取得了显著的社会效益和经济效益,具有广泛的应用推广意义。

12.2　岳阳洞庭湖大桥第二合同段

12.2.1　工程概况

岳阳洞庭湖大桥第二合同段的12号墩和13号墩分别是三塔斜拉桥的中塔和华蓉侧边塔,其主梁的悬浇部分均采用本工法施工。其中12号墩塔高125.68m。斜拉索为扇形布置的空间双斜面索,以0号索为轴两侧各22对索。最外索长199.6m,倾角29.5°,最内索长65.8m,倾角80.9°。13号墩情况则与11号墩基本相同。

12.2.2　应用效果

由于采用本工法前支点挂篮功能齐备,在施工过程中平稳、安全,且操作简便,所浇主梁线形平顺、美观,充分保证了主梁悬浇施工的顺利进行。本工程工程质量优良、外观美观,先后获得了湖南省科学技术进步一等奖、国家科学技术进步二等奖、湖南省建设工程芙蓉奖、交通部优质工程奖和詹天佑土木工程大奖,社会效益和经济效益显著,具有很强的先进性和实用性。

高墩大跨连续刚构桥箱梁0号节段混凝土裂缝控制施工工法

GGG(鄂)C3119—2009

潘诚文 夏君华 王 军 张泽宇 王能定
(湖北省路桥集团有限公司)

1 前言

随着科学技术和生产力不断进步,山区高速公路建设不断推进,高墩大跨桥梁越来越多地应用到工程实际中。连续刚构梁桥是最常见桥型之一,随着跨度的增加,连续刚构桥梁0号节段体积加大,给施工过程中的质量控制及施工操作带来了相当的难度。箱梁0号节段成为全桥结构受力最复杂、施工难度最大的部位。湖北省路桥集团有限公司在施工过程中不断摸索,大力改进施工工艺,在0号节段裂缝、施工质量、施工进度等方面取得重大成效。本工法系统地介绍了0号节段的施工过程的控制要点及技术控制措施。

2 工法特点

对于大跨径连续刚构桥梁,箱梁混凝土强度等级一般较高,受箱梁0号节段结构尺寸及混凝土水化热等因素影响,极易造成箱梁0号节段混凝土开裂。针对各种类裂缝不同的形成机理,采取设置循环冷却水管、施加临时预应力、优化混凝土配合比等综合措施,达到控制0号节段混凝土裂缝的目的。

3 适用范围

本工法适用于连续刚构箱梁0号节段混凝土施工。

4 工艺原理

本工法的基本原理是根据水泥水化放热的机理,通过掺入矿粉、粉煤灰、高效缓凝减水剂等外掺料对混凝土配合比进行优化,在满足设计强度等指标的前提下,降低水泥用量。

由于箱梁0号节段设置了耳墙,部分部位混凝土尺寸较厚,混凝土的水化热量难以散失,极易在耳墙等部位产生温度裂缝,采取设置冷却水管的方式降低混凝土内部温度,并对箱梁0号节段外围进行包裹保温,减少内外温差。

对于梁体高度较高的箱梁0号节段,可采取分两次浇注的方式进行施工。为了减少第一次已浇混凝土对第二次新浇混凝土的约束而产生裂缝,采取施加临时预应力的方法控制裂缝的产生和发展。

5 施工工艺流程及操作要点

5.1 工艺流程

施工工艺流程见图1。

5.2 0号节段托架

箱梁0号节段托架采用在墩身上预埋钢板焊接牛腿及三角架,牛腿上放置桁架并加以固定,作为0号节段的模板、支架和混凝土的承重结构。为了缩短两次浇注的混凝土之间的龄期差,应在第一次浇注

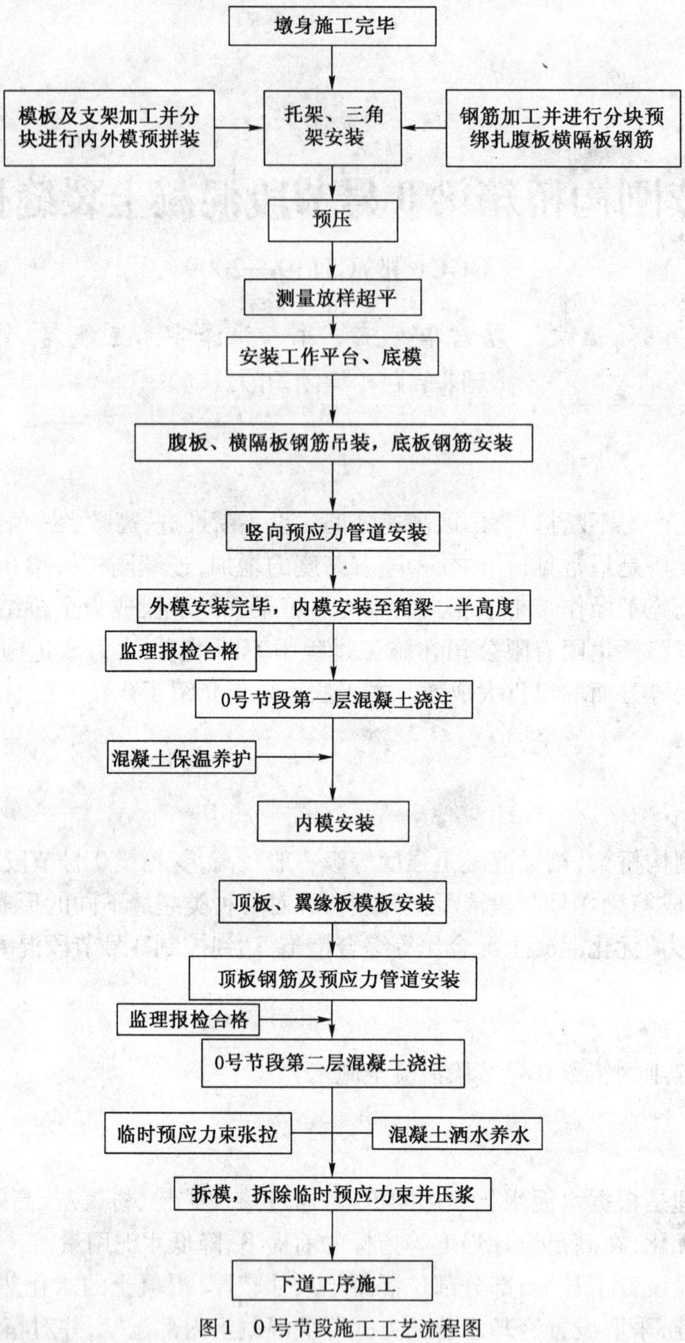

图1　0号节段施工工艺流程图

混凝土之前把整个外模安装完毕,内模只需安装到第一次混凝土的浇注高度。0号节段托架的设计荷载只需考虑第一次浇注的混凝土重量、全部的外模重量、安装的内模重量及其他施工荷载作用。而第二次浇注的混凝土、模板重量及其他施工荷载可考虑由托架及第一次已浇混凝土共同受力。托架安装完毕并经检查合格后,必须对托架进行预压。

5.3　模板、钢筋、预应力束安装

0号节段模板采用大块平面钢模及小块的倒角模板,内、外模板利用对拉螺杆对拉,对拉螺杆在箱室内利用通长拉杆连接,并利用钢管及U形顶托在水平方向对内模进行支撑,确保混凝土浇注后内外模不变形。

钢筋及预应力束安装均为常规施工,不作叙述。

5.4 混凝土配合比

(1)由于箱梁0号节段长18m,根据温控计算显示,在墩梁固结部分及墩身耳墙处极易因混凝土水化热不易散失,导致局部温度过高而产生裂缝。同时为了保证箱梁0号节段与其他节段外观颜色一致,混凝土配制强度等级按《普通混凝土配合比设计规程》(JGJ 55—2000)执行,水泥采用普通硅酸盐水泥。

(2)混凝土的水灰比宜控制在0.24~0.38,砂率宜为28%~34%,初始坍落度≥18cm,2小时混凝土无坍损,拌和物和易性、稳定性良好,适合于泵送。试验室应根据混凝土拌制实际情况尽量减小水灰比,确保混凝土外观质量。

(3)为了减少绝对用水量和水泥用量,改善混凝土和易性、可泵性并延长混凝土缓凝时间,可掺入优质粉煤灰、矿粉等水泥替代材料,同时掺入高效缓凝减水剂(本桥混凝土强度等级为C55,采用聚羧酸类减水剂)。

(4)针对不同季节情况,为了满足现场施工及温度控制要求,第一次浇筑混凝土的缓凝时间可控制在20h左右。试验室应对缓凝减水剂的缓凝效果进行同条件验证,以指导现场施工。第二次浇筑的混凝土缓凝时间可根据工程施工的实际情部控制在6h左右。

(5)细集料采用中砂,细度模数不小于2.6, 2.5mm筛孔的累计筛余量不得大于15%,含泥量小于1%。粗集料采用5~25mm连续级配碎石,其针片状颗粒含量小于5%,含泥量小于1%。

(6)采取分层浇筑的两次混凝土原材,如水泥、粉煤灰、矿粉、碎石、黄砂、减水剂等均应采用同场、同品质材料。

5.5 混凝土水化热试验

为了保证箱梁0号节段混凝土施工裂缝得到有效控制,确保理论计算能够指导施工控制,在进行配合比实验时必须同时进行水化热实验,测量其3、7、14、28d的发热量,以确保温控计算的准确性。

5.6 温控方案

5.6.1 温控计算

根据已测得的水化热参数计算不同龄期的绝热温升。温控计算可采用Midas Civil及Ansys等有限元计算软件综合分析比较。温控计算需要得出不同工况、不同龄期时的温度场和应力场情况,并对计算结构进行分析,得出能够指导现场施工的理论依据。

(1)在不设冷却水管的情况下,根据各龄期的温度场分布情况确定混凝土内部出现最高温度的部位、龄期和最高温度。根据各龄期的应力场分布情况确定混凝土结构最容易出现裂缝的部位和最容易出现裂缝的时间。

(2)在设置冷却水管的情况下,确定合理的冷却水管布置间距。根据各龄期的温度场分布情况确定混凝土内部出现最高温度的部位、龄期和内部最高温度。根据各龄期的应力场分布情况确定混凝土结构最容易出现裂缝的部位和最容易出现裂缝的时间。

5.6.2 循环冷却水管布置

(1)设置冷却水管主要是在混凝土升温阶段,通过冷却水管内流动的水带走混凝土内部的热量,达到降低混凝土内部温度的目的。

(2)冷却水管宜采用小管径、薄壁厚的钢管,采取分层、交错、密布置的方式把混凝土分割成多个小单元,通过降低每个小单元温度的方式降低实心段混凝土的整体温度。

(3)冷却水管进水口需设置水阀,以控制水流量。

(4)冷却水管接头必须焊接牢固,不得有漏焊,混凝土浇注之前必须进行水密试验,以防止其漏水对混凝土质量造成不良影响。

5.6.3 测温点布置

(1)箱梁0号节段温度裂缝控制是一个系统工程,为了全面反映混凝土内温度场的变化情况,根据混凝土构平面形状尺寸、厚度等具体情况,合理、经济地布置测温点,并绘制测温图。

(2)测温点的位置必须具有代表性,平面上应利用对称性减少测温点。

(3)为了真实反映混凝土表面各测点温度的真实情况,确保现场温度控制指令的准确性,底层、表层及边缘处的测温点应布置在距离混凝土面不大于10cm的位置,且测温点不得外露于混凝土表面,施工时应注意测温点的保护。

5.7 临时预应力束

(1)对于箱梁0号节段采用分两次浇筑时,由于第一次已浇混凝土对第二次浇筑混凝土的约束,导致第二次新浇的混凝土容易开裂,由于混凝土结构厚度本身较薄。采取施加临时预应力的方式可使这类约束裂缝得到有效控制,在第二次混凝土浇筑之前预留临时预应力管道。

(2)结合工程实际情况,可考虑将施加预应力后使得断面产生约1MPa的压应力,增强混凝土的抗裂能力。

(3)临时预应力束布置在第二次浇注混凝土的腹板中心位置,分别距两次浇筑的混凝土施工缝50cm、400cm,两侧腹板一共设置4束,每束采用ϕ15.24 (1 860MPa)低松弛级钢绞线12根。张拉控制应力采用$0.75R_b^y$。

(4)当混凝土龄期满3d,张拉临时预应力束控制应力的50%;龄期满4d时,张拉控制应力剩余的50%。

(5)混凝土龄期达到14d后,放张临时预应力并压浆填满临时预应力孔道。

5.8 混凝土输送

(1)混凝土采用输送泵管输送,泵管管道布置应根据工程和施工场地特点、混凝土浇筑方案进行配置,应尽可能缩短输送管道长度,少用弯管,减少压力损失。

(2)输送管的铺设应保证安全施工,便于管道清洗和故障排除。输送管道布置要求横平竖直。

(3)在浇注混凝土前拌和站各部件应全面检修、调试,特别是磅秤检查度量准确,应提出浇注过程出现故障的应急方案。

(4)混凝土振捣棒、水泵等检查运转合格正常。

(5)施工各部位照明检查到位。

5.9 混凝土浇筑

(1)采用分层浇筑时,为降低已浇的底层混凝土对第二层新浇混凝土的约束,要做到短间歇、连续施工。各层混凝土浇筑间歇期应控制在7d以内,最长不宜超过10d。

(2)为了降低混凝土入模温度,混凝土浇注时间应选择在气温较低的时间段进行,必要时还应对料场的碎石进行洒水降温(由试验室提供相关参数)。

(3)混凝土采用混凝土输送泵输送,采用串筒入仓,防止混凝土自由下落时与钢筋碰撞而发生离析。输送泵管应避免接触模板和支架。

(4)串筒底端与混凝土面间距控制在1m左右,混凝土最大堆高不得大于0.5m。

(5)混凝土振捣采用ϕ50mm插入式振捣器振捣。振捣时,振捣棒应快进慢出,垂直进垂直出,并以混凝土表面泛浆且不再下沉为准。振捣棒插点距离不应超过40cm,振捣棒离模板10cm左右。

(6)混凝土浇筑分层厚度控制在30cm左右。在振捣上一层时,应插入下一层5~10cm,以消除两层之间的接缝,同时在振捣上层混凝土时,要在下层混凝土初凝之前进行。

5.10 混凝土温控及养护

(1)粗、细集料应尽量堆高,以降低混凝土出机温度。

(2)粗集料碎石级配优良,来源应稳定。碎石必须分批检验,使用前其各项指标必须符合规范要求。

(3)高强度等级混凝土受水泥用量一般较大,受水泥的水化热影响,根据理论计算的结果,如混凝土拌和物的入模温度不能满足要求,可考虑在拌和水中加入冰块降温。

(4)考虑到箱梁0号节段混凝土水泥水化热较大,为了防止0号节段墩梁固结部位混凝土产生裂缝,可在耳墙及箱梁底板与墩顶对应的部分设置冷却水管,层距50cm,同层排距50cm,冷却管采用外径25mm,壁厚2mm的钢管。

(5)冷却水管使用前应进行压水试验,防止管道漏水、阻水。每根冷却水管进水口应安装一个阀门,可调节进水流量大小。

(6)混凝土浇注至冷却管的位置即开始通水,在温度上升阶段保持冷却管以最大水量通水,尽量降低混凝土的温度峰值,控制保温棚内温度与混凝土温度差不大于25℃。

(7)温控小组每小时量测混凝土内部温度一次,及时提供数据,为控制冷却水管水流量及保温棚内温度调整提供依据。

(8)待温度达到峰值过后,在降温阶段,必须根据温度监控数据,调节水流量,确保每24h降温不超过2℃。

(9)箱梁0号节段第一次混凝土浇注时,底板混凝土浇注完毕并达到终凝后,可在混凝土表面蓄水,进行保温保湿养护,并对箱梁0号节段内部全封闭覆盖,以确保其热量不至散失过快。

(10)冷却水管使用完毕后,采用同强度等级水泥浆对冷却水管进行压浆处理。

6　材料与设备

6.1　材料

(1)水泥:选用普通硅酸盐水泥,其强度等级应符合相关规范要求。

(2)砂:宜选用粗砂或中砂,其含泥量应符合相关规范要求。

(3)碎石:粒径5~25mm连续级配的碎石。

(4)混凝土外加剂:选用聚羧酸高效缓凝减水剂,根据气温变化调整缓凝成分掺量,具体掺量应由试验室联系减水剂厂家试配确定。

(5)粉煤灰:粉煤灰可以提高混凝土的和易性,改善混凝土的工作性能,同时可以替代水泥,降低水化热。

(6)矿粉:掺入适量的矿粉,有利于提高混凝土的强度,降低水泥用量。

6.2　主要机具设备

主要机具设备见表1。

主要机具设备表　　　　表1

序号	名称	规格	单位	数量
1	塔吊	根据工程规模及工程量确定	台	数量均由计算确定
2	倒链葫芦		个	
3	混凝土拌和机		台	
4	混凝土输送泵		台	
5	钢筋切断机		台	
6	钢筋弯曲机		台	
7	电焊机		台	
8	插入式振捣棒		台	
9	千斤顶		台	
10	油泵		台	
11	压浆机		台	
12	搅浆机		台	
13	水泵		台	

7　质量控制

(1)钢筋、混凝土质量标准,按现行施工规范《公路桥涵施工技术规范》(JTJ 041—2000)、《公路工程质量检验评定标准》(JTG F80/1—2004)的有关规定执行。

(2)优化混凝土配合比,减少水泥用量,降低水化热。配制混凝土时,严格控制水灰比和水泥用量,选用级配良好的碎石,减少空隙率和砂率。

(3)设置冷却管,降低混凝土温升峰值,及混凝土内部温度,并设置测温点,及时监控并调节邻却管内的水流量。

(4)选择合理的浇筑时间,气温高时选择夜间浇注,控制混凝土入仓温度不大于30℃,必要时对粗骨料洒水降温或用冰块对拌和用水进行降温。

(5)混凝土搅拌时严格控制配合比,经常检修、保养自动配料机,保证其计量准确,混凝土在满足泵送性能前提下尽量减小用水量。

(6)混凝土浇筑时设置10个布料点,两个长边各4个(每个转角点一个、中间两个),两个短边在中间各设一个,同时布料点应固定,料斗随泵管出料口一起移动,布料点悬高控制在1m左右,确保混凝土的匀质性。

(7)混凝土浇筑时严格掌握好每点的振捣时间,确保混凝土振捣密实,以减少收缩量,提高混凝土抗裂强度。

(8)采用土工布及彩条布全封闭包裹搭设保温棚,必要时在棚内加热升温,确保混凝土内外温差不大于25℃。

(9)混凝土浇筑后,对裸露表面及时蓄水保湿保温养护。

8 安全措施

除严格遵守国家制定的各种安全技术规范规定以外,还应注意下列事项。

(1)建立完善的施工安全保障体系,加强施工过程中的安全检查,确保作业标准化、规范化。

(2)制订适应工程特点的施工安全措施和注意事项,并在施工过程中认真执行。

(3)使用的机器设备,应随时检查、维修保养。

(4)所有动力、照明电路,须按规定铺设,定时检查,确保安全。

(5)夜间施工应有充足的照明。配电柜应安放在通风且无漏雨砖瓦房内。

(6)电力线路的架设应遵守有关规程,保证安全距离,线路接头处应严格按要求接好,严防连线短路和遇水露电。

(7)电力闸刀开关应配齐绝缘罩,无裸露情况,并配有遮雨装置。

(8)施工机械电机部分应设防雨罩。

(9)施工人员上岗前必须进行安全教育。施工过程中随时进行安全检查,作业人员配备安全帽及安全带,衣着要灵便,脚下要穿软底防滑鞋,不能穿拖鞋、硬底鞋。

(10)混凝土浇筑平台需设置必要的栏杆、走道板应搭设牢固。平台护栏外均需挂密目安全防护网。上、下梯需固定牢靠。

(11)张拉及拆除临时预应力时,必须严格按照施工程序和操作规程施工,严防张拉伤人事故的发生。

9 环保措施

(1)在施工过程中加强对施工用料、机具设备、生产生活垃圾、弃渣的控制和管理,遵守相关的规章制度。

(2)合理布置施工平面,规范文档和各类企业标志,做到标牌清楚齐全,施工现场文明整洁。

(3)对施工道路进行硬化处理,在晴天对施工道路进行洒水,防止尘土飞扬,污染周围环境。

(4)施工用废水须先沉淀,再排出或者回收利用。

(5)混凝土泵送及浇注过程中,严禁抛洒,多余、少量混凝土应合理利用。

(6)施工所用材料,特别是外加剂,应满足环保要求。

(7)如施工现场附近有居民居住,施工过程中,应采取消音、减噪等防护措施。施工时间应尽量与附近居民休息时间错开。

10　资源节约

(1)采用循环水进行冷却,减少了对水资源的消耗。

(2)由于混凝土浇注方量较大,采用分次浇注能有效减少托架等材料的用量,减少对社会资源的消耗。

(3)能够有效控制大跨径桥梁箱梁0号节段的施工质量,避免了因施工质量问题造成的资源浪费。

11　效益分析

(1)采用该裂缝控制工艺施工,有效减少了施工设备费用合计约20万元。加快了施工进度,节约了进度成本约20万元。考虑部分设备周转使用,该桥8座箱梁0号节段施工综合节约成本约100万元。

(2)采用该工法施工提高了工效,减低了工程成本,保证了工程质量,杜绝了安全事故的发生,取得了良好的社会效益。

12　工程实例

湖北沪蓉西高速公路龙潭河特大桥是沪蓉西高速公路关键性控制工程之一。龙潭河特大桥上构为106m+3×200m+106m五跨预应力混凝土连续刚构箱梁,其下构均为双肢薄壁空心墩,最大墩高178m,居亚洲同类型桥梁墩高之首。箱梁0号节段长1800cm,高1200cm,底板厚110cm,腹板厚70cm,桥面宽1 250cm,底板宽650cm,混凝土设计方量约718m^3。混凝土强度等级为C55。

湖北省路桥集团有限公司自2007年1月开始成功将本工法应用于该桥的箱梁0号节段施工施工,在工程质量、安全、进度、成本方面均得到了有效控制。

经检测,龙潭河特大桥8座箱梁0号节段均未发现裂缝。该工法的应用不仅加快了工程进度,而且降低了施工成本,提高了施工质量。

节段悬浇连续箱梁桥上构拆除施工工法

GGG(鄂)C3120—2009

朱红明　叶忠武　张清利　张文明　唐国良
(湖北省路桥集团有限公司)

1　前言

随着我国公路交通的不断发展,连续梁型桥梁建设在近二三十年来得到了广泛应用。但是在已建成的预应力混凝土连续梁桥中,由于运营时间较长、超原设计载运行等原因,导致部分桥梁在结构上出现不同程度的病害,如出现大量裂缝、跨中下挠、承载力不能满足使用要求等。部分病害严重的桥梁则需要进行拆除重建。

钟祥汉江公路大桥位于湖北省钟祥市境内,是湖北省206省道跨越汉江的一座特大桥,桥梁总长1548.73m,主桥采用五跨变截面连续箱梁桥,跨径布置为65m+3×100m+65m。大跨径预应力连续箱梁桥拆除施工在国内尚属首例,国内亦无类似工程参照。

湖北省路桥集团有限公司根据连续梁桥的施工经验,结合大量的理论分析,采用在0号块根部、1/4跨径及3/4跨径附近设置临时墩支撑,金刚石链锯及墙锯切割方式按原施工节段逆顺序将桥梁上构切割成块。采取对称倒拆的方式,用挂篮将切割后的箱梁节段放下,驳船转运至专用弃渣场集中破碎,成功完成了对该桥上构箱梁的拆除施工,并根据施工实践经验,总结形成本工法。

2　工法特点

(1)施工速度快,合龙段拆除后各跨均可同步对称切割、悬臂挂篮对称下放,对箱梁无冲击,科学安全。

(2)将结构切割分块吊运,不用爆破,施工中噪声小,污染小,有利于环保。

(3)对桥梁下构及桥下交通影响较小。

(4)工艺程序衔接紧密、环环相扣。

3　适用范围

适用于采用挂篮悬臂浇筑的连续箱梁和连续刚构梁桥的上构拆除施工。

4　工艺原理

根据预应力混凝土变截面连续箱梁桥的分段悬臂浇筑的施工的工艺原理,采用增设临时支撑增强稳定性、对称倒拆、挂篮下放、驳船运输的拆除方案,达到安全拆除上部结构的目的。

5　施工工艺流程及操作要点

5.1　工艺流程

施工工艺流程见图1。

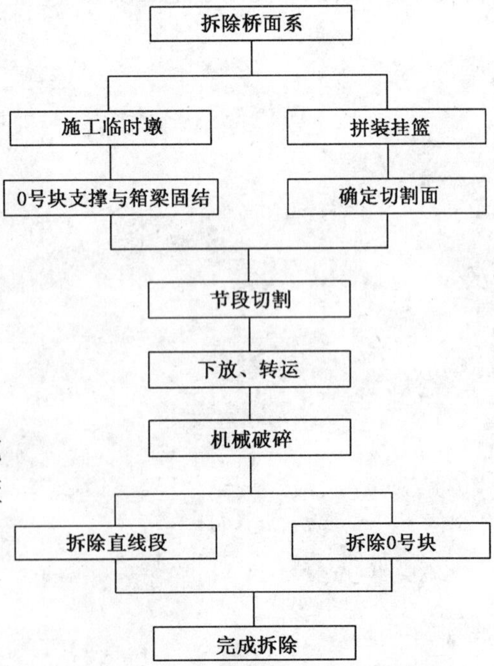

图1　拆除施工流程图

5.2　操作要点

5.2.1　拆除桥面系

为减轻结构上部荷载,需提前将桥面附属设施拆除,包括灯柱、栏杆、人行道板、路缘石及桥面铺装等。桥梁附属结构拆除采用小型设备和人工凿除,护栏等钢结构分段采用电锯和氧割割除,路缘石及桥面铺装等混凝土结构采用风镐凿除,见图2。

5.2.2　施工临时墩

(1)根据桥梁的病害情况进行分析,确定是否需要设置跨中临时墩以及设置跨中临时墩的位置。

(2)在拆除桥梁附属结构的同时,施工桥梁的临时墩和0号块、直线段支架。

(3)临时墩和0号块支架采用钢管桩打入河床,根据地质情况确定钢管桩打入河床的深度。

(4)所有支撑点均采用千斤顶预顶,再安装钢砂箱,钢砂箱与箱梁之间的缝隙采用钢板和钢楔塞缝并打紧,然后使千斤顶卸载。

(5)临时墩和0号块支架均应设置抗拉装置,可在箱梁底板处钻排孔,然后在排孔和钢管桩之间利用型钢锚固,见图3。

图2　拆除桥面系

图3　施工0号块支撑

5.2.3　拼装挂篮(图4)

(1)根据受力要求,设计挂篮结构形式,本桥挂篮采用万能杆件桁架结构。

(2)挂篮在墩顶附近进行拼装,完成后对称行走至跨中附近。

5.2.4　确定切割面

箱梁切割分段线应与原有施工缝平行,以避开纵向预应力锚头为原则。拆除第 n 节段时,不得将第 $n-1$ 节段张拉的预应力束切断,亦不能破坏第 $n-1$ 节段的锚头。

5.2.5　节段切割

(1)箱梁切割前将挂篮锚固在箱梁节段上,然后用挂篮将切割节段吊住,利用卷扬机施加外力使挂篮吊点传递到切割切段的力略大于切割节段的自重。

图4　拼装挂篮

(2)箱梁节段采取两点吊法,每个吊点对应箱梁腹板在翼缘板和顶板的倒角处钻四个圆孔,在底板相应位置钻两个圆孔。将钢丝绳依次穿入顶板孔、底板孔后再从翼缘板孔穿出,钢丝绳两端吊在挂篮吊钩上。注意选择吊点时应确保箱梁节段吊起后能平衡、不发生侧翻。为了防止箱梁底板棱角摩伤钢丝绳,需在倒角位置加垫废旧轮胎对钢丝绳进行保护。

(3)箱梁采用墙锯和链锯进行切割,对于厚度较小切墙锯能切穿的顶、底板,采用墙锯切割(图5);对于厚度较大或不能安装墙锯的部位,则采用链锯切割(图6)。

图5　墙锯切割

图6　链锯切割

(4)切割前应根据确定的切割面画线标示,并测量初始高程。切割时应及时在割缝处插打钢楔,防止切断的混凝土节段挤压链锯(墙锯)将其卡住。

5.2.6　节段的下放、转运

(1)箱梁节段切割完毕后,启动卷扬机使箱梁节段缓慢下放至驳船上或河滩上,见图7。

(2)拆下的节段吊装至驳船上时应尽可能选择过往船舶少的时段进行,同时应有港监部门配合进行通航水域的交通秩序控制,见图8。

(3)箱梁的切割按照监测监控单位的施工指令进行,严格按照对称卸载的原则进行。

图7　节段挂篮对称下放

图8　浮吊转运

5.2.7　破碎

箱梁采用机械破碎,并及时将建筑垃圾进行处理。当河水水位较高时拆除的节段可直接采用浮吊将其吊至破碎区进行破碎;当河水水位较低时可通过栈桥、滑道将其转运至破碎区进行破碎。

5.2.8 拆除直线段(图9)

(1)若直线段位于河滩上,可采取在支架上用人工配合小型机械施工方式凿除,凿除后的建筑垃圾便于清理。

(2)若直线段位于水中,则需采用分块切割,逐块吊下的方式拆除。

图9 在支架上拆除直线段

图10 在支架上拆除0号块

5.2.9 拆除0号块

悬臂节段段拆除完毕后,0号块采取支架上分块切割,利用浮吊逐块吊下的方式拆除,见图10。

(1)拆除施工所用挂篮,将箱梁顶面其余杂物清理干净。

(2)根据浮吊的最小作业角及最大安全起吊重量,确定分块大小。一般控制在50t以下,切除顺序:顶板→腹板→底板。

(3)切割时注意在割缝处插打钢楔,防止混凝土块挤压链锯(墙锯)将其卡住。

6 材料和设备

箱梁拆除所需的一些主要设备,见表1。

箱梁拆除所需设备 表1

编 号	设备名称	规 格	数 量
1	钢管桩支撑	直径100cm,壁厚1cm	2 000m,500t
2	浮吊	根据实际需要确定	1套
3	挂篮	根据实际需要确定	8套
4	链锯	HILYTI-DS系列钻石线锯	4套
5	墙锯	HILYTI-DS系列电动墙锯	4套
6	万能杆件栈桥	2m高万能杆件桁架型栈桥	360m,250t
7	各类型钢	I25a、I32a、I36a、I40a	50t
8	振动打桩锤	60kW	1台
9	驳船	380t	2艘

箱梁切割设备采用HILTI墙锯和链锯系统,其切割示意图见图11、图12。

图11　墙锯切除顶板和底板

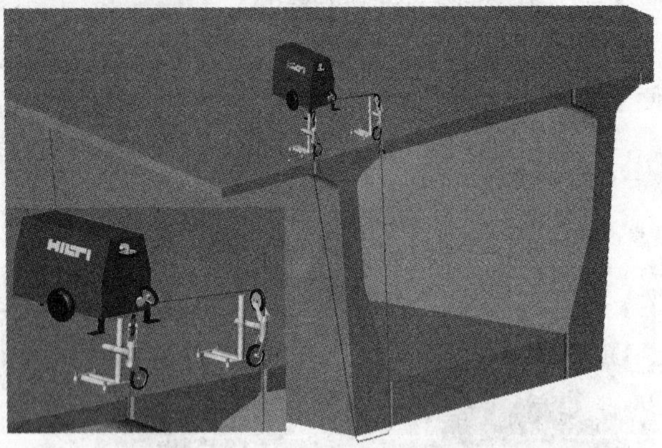

图12　链锯切割腹板

7　质量控制

(1)施工中,钢管桩临时墩根据地质情况来确定打入河床深度。

(2)临时墩钢管接长必须采用对接焊缝焊接,贴钢板加强焊缝强度,并达到母材等强的要求。

(3)切割面确定应准确,且切割时严格按照确定的切割面进行切割,避免损伤原结构预应力锚头。

(4)挂篮及浮吊起吊所用钢丝绳应经常保养检查,发现弯折严重、有毛刺或断丝等现象可能会影响施工安全时,应及时予以更换。

(5)混凝土切割块下放过程中,应由吊装经验丰富、组织能力强的人员担任指挥,两侧同步下放,放慢下落速度使两侧挂篮同步均匀卸载。

8　安全措施

(1)施工人员进入施工场地必须戴安全帽、救生衣,桥下高空作业人员必须佩戴安全带。

(2)金刚石链锯应由专业操作人员进行操作,操作过程中链锯四周采用专用防护板遮挡,严禁闲杂人员靠近,防止链绳金刚石颗粒飞出伤人。

(3)尽量减少桥面临时载荷重量,除了施工人员和切割设备及挂篮,不得有其他荷载堆放在悬臂端。

(4)箱梁的切割按照检测监控单位的施工指令进行,严格按照对称卸载的原则进行,被拆卸箱梁吊装至驳船上时应尽可能选择过往船舶少的时段进行,同时应有港监部门配合进行通航水域的交通秩序控制。

(5)弃渣场选在空旷且人烟稀少的场地,箱梁切割块直接通过浮吊转运至弃渣场内进行爆破。爆破采取毫秒差控制爆破进行,爆破时应做好防范措施,严禁闲杂人员接近。

9　环保措施

(1)桥面系建筑垃圾由小型车辆转运至弃渣场,施工中严禁丢入河道。

(2)箱梁切割块采取场地集中机械破碎的方式进行处理,结构钢筋回收利用,混凝土废渣由车辆转运至附近新修公路作路基垫层使用,良好地解决了建筑垃圾的处理问题,并节约了成本。

10　效益与施工效率分析

本方案经反复计算评审,该方案与其他方案(如跨墩龙门起吊方案)相比,节约施工成本近45%,且施工工期较短,施工中基本不影响船舶通航,取得了较好的经济效益和社会效益。

11 应用实例

湖北省路桥集团有限公司在钟祥汉江公路大桥主桥上构拆除工程中采用此工法，该桥是湖北省206省道钟祥市境内跨越汉江的一座特大桥，桥梁总长1 548.73m，主桥采用五跨变截面连续箱梁桥，跨径布置为65m+3×100m+65m。拆除工程于2005年11月正式开工，于2006年3月完成拆除施工，历时5个月。100m跨径的变截面连续箱梁桥上构拆除在国内尚属首例。利用本工法对桥梁上构进行拆除，在不影响桥梁通航的情况下，科学、安全、圆满地完成了施工任务，赢得了社会各界的广泛好评。该工法2006年被中国交通企业管理学会公布为创造全国静力切割拆除桥梁的单跨和总长度的施工新记录。

弓弦式挂篮悬臂浇筑施工工法

GGG(鄂)C3121—2009

潘诚文　夏君华　王　军　张泽宇　王能定
(湖北省路桥集团有限公司)

1　前言

随着大跨径连续刚构桥梁建设技术的不断发展,箱梁节段重量也在不断增加。在保证挂篮结构变形满足相关规范要求的前提下,减小挂篮重量就显得尤为重要。这样,一方面可以节约挂篮加工的材料,另一方面可以减小桥梁施工阶段的施工荷载,减小施工阶段的挠度,有利于箱梁线形控制。

湖北省路桥有限责任公司从保证挂篮结构变形以满足要求和减轻挂篮重量两个方面出发,设计制作了八套弓弦式挂篮,形成了对该挂篮施工工艺的一套施工工法,并成功应用于湖北省沪蓉西高速公路龙潭河特大桥的上构箱梁施工中。

2　工法特点

弓弦式挂篮施工工艺采用了弓弦式主受力结构,整体布局合理,安装操作方便,施工速度快,安全系数高。与传统的桁架式挂篮、三角挂篮、菱形挂篮相比,其在施工质量、安全、进度、成本等方面均具有明显的优势。

2.1　结构合理,安全系数高、设计荷载300t

挂篮主桁架采用弓弦式主受力结构,其结构简单、受力明确、重量轻、刚度大、变形小。

2.2　施工安全

模板和内外作业平台一次安装形成封闭整体,施工作业防护设施齐全,安全可靠。弓弦式挂篮施工悬灌箱梁,施工作业空间宽敞,并在挂篮主桁上方设置遮阳篷,改善了工人作业环境。

2.3　操作方便,施工周期短

弓弦式挂篮采用两根长轨道与挂篮的两组主桁架分离设计,挂篮行走无平衡重,采用液压油缸控制,可降低工人劳动强度。

3　适用范围

弓弦式挂篮悬臂浇筑施工工法适用于各种大跨径的预应力混凝土连续T型刚构、连续刚构桥梁。

4　工艺原理

弓弦式挂篮的主要工艺原理是利用弓弦结构作为挂篮的主受力构件,使结构整体在相同承载力的情况下变形更小、重量比更小。其行走原理是导轨与挂篮主桁架互为支点,相互提供反力前移。

5　施工工艺流程及操作要点

5.1　工艺流程（图1）

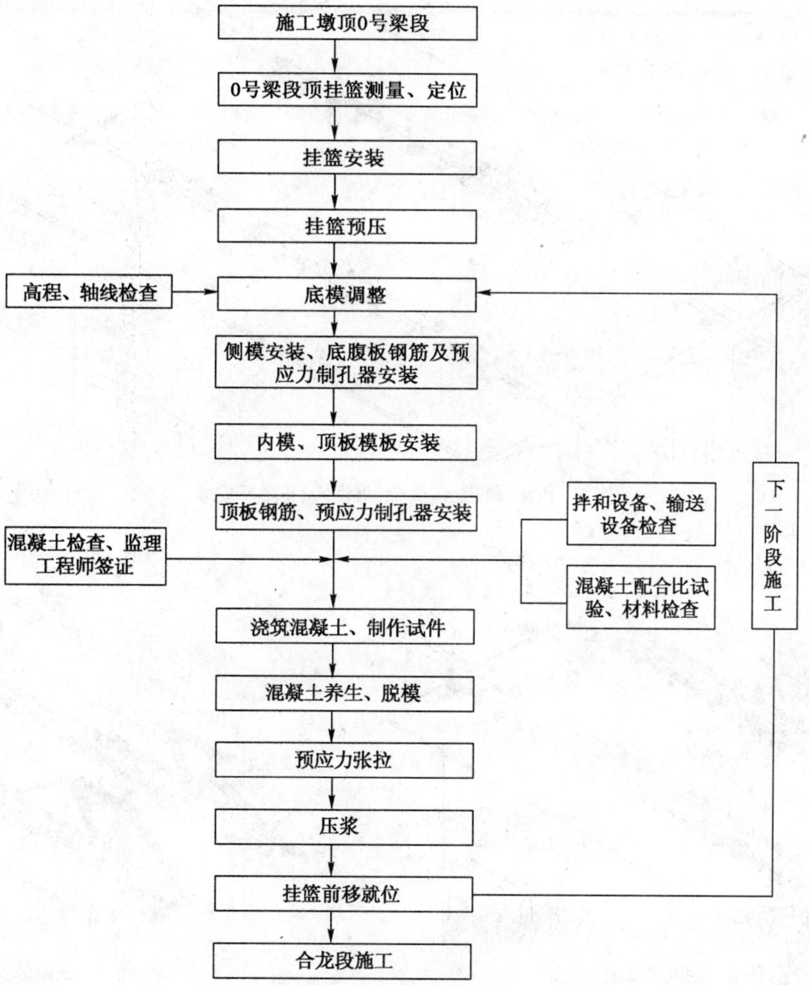

图1　施工工艺流程图

5.2　挂篮安装

（1）挂篮应进行使用前的调试组拼，调试组拼后，仔细地检查各部件连接牢固情况，查看各接头焊缝有没有开裂，杆件是否有变形等现象，各连接配件是否齐全，尺寸是否达到设计要求，如发现问题，应及时整改。

（2）挂篮现场拼装在箱梁0号节段上进行，在施工现场拼装时，先将部分杆件进行组装，组装多少根据起吊设备的起吊能力确定，以减少在梁顶高空拼装时间。

（3）检查0号节段底板和顶板预留孔的孔径、位置、垂直度误差是否满足挂篮安装要求；检查挂篮锚固用精轧螺纹钢筋位置、伸出梁顶长度误差是否符合挂篮安装要求；清点挂篮桁架杆件、销轴、螺栓等连接材料是否齐全；清点挂篮安装用的小型机具、材料是否满足安装需要；确认塔吊起重能力是否满足安装工艺要求。

（4）安装轨枕和轨道。两侧轨道中心距误差应不大于5mm，两侧轨道的中心线与箱梁中心线偏差应不大于2mm。

（5）利用销轴将挂篮桁架各杆件连接拼成单片桁架。高强度螺栓施工严格按《钢结构高强度螺栓连接的设计、施工及验收规程》（JGJ 82—91）。

(6)挂篮拼装要注意各杆件的拼装顺序。先拼装走行系统、主桁结构及主桁后锚部分,再拼装吊带及底篮平台部分,然后拼装挂篮模板及工作平台,最后安装液压及电气系统。具体拼装流程如图2~图9所示。

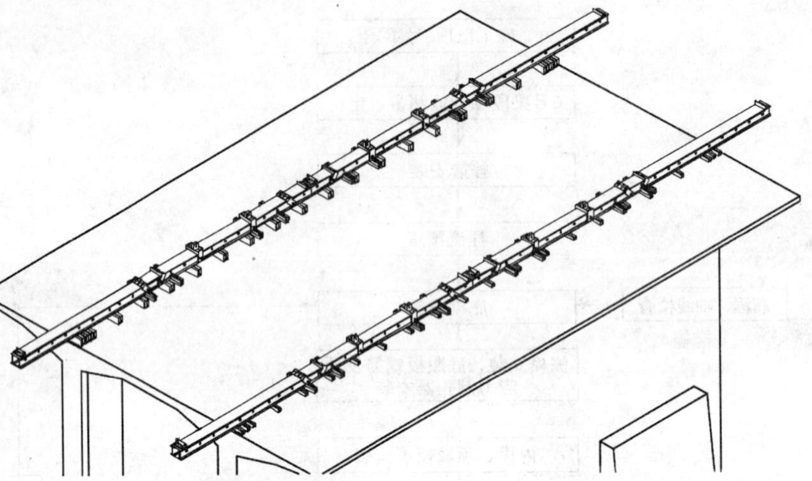

图2　轨枕、轨道、压轨梁、限位座、止推座安装

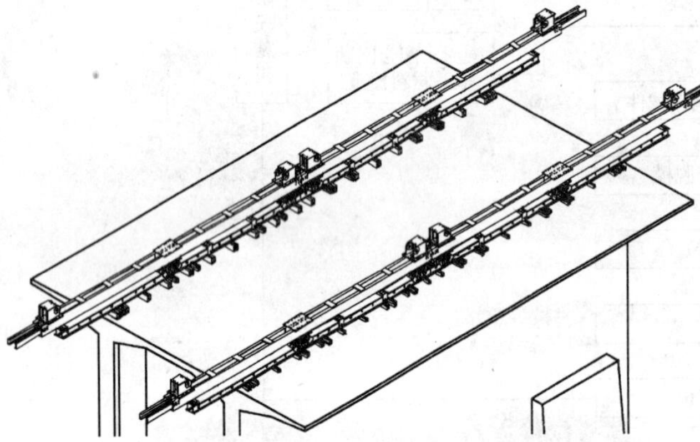

图3　主纵梁安装

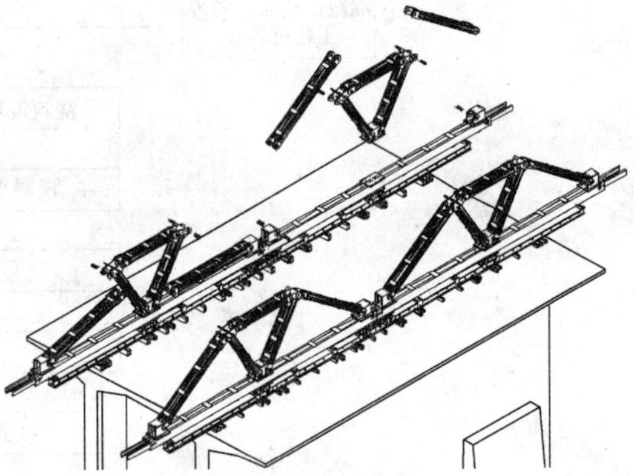

图4　主桁架安装

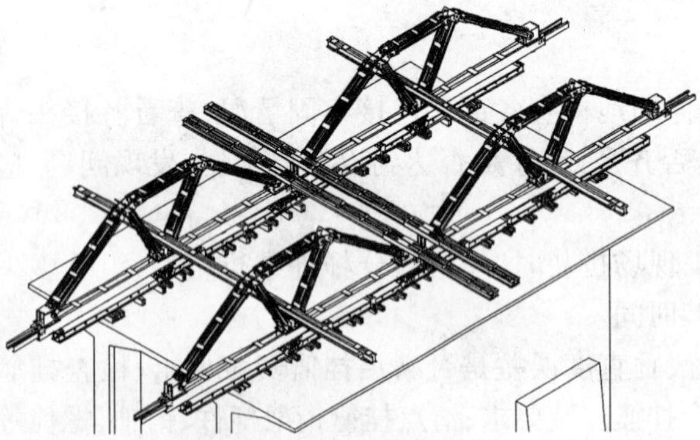

图5　后上横梁、后锚梁安装

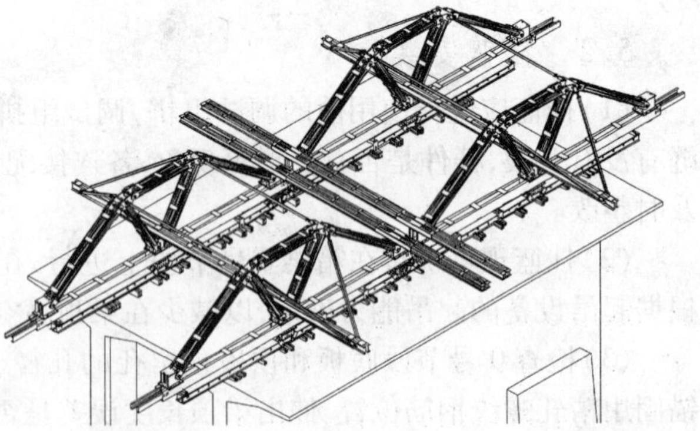

图6　横向联系安装

5.3　挂篮预压

为了确保箱梁悬浇施工中挂篮变形在安全范围内,在浇筑1号节段前需按设计要求对挂篮系统进行超载预压。预压加载过程采用分级加载的方式进行,测量人员跟踪观测。对加载观测记录数据进行整理分析,按照弹性变形值确定挂篮施工过程中弹性变形预留值。

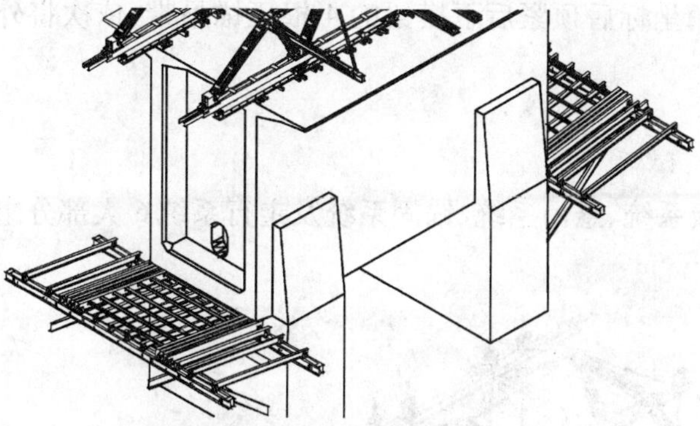

图7　底模平台安装

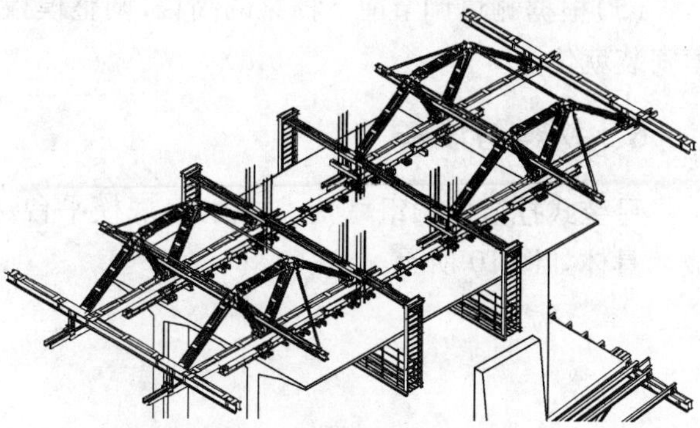

图8　后锚及前上横梁安装

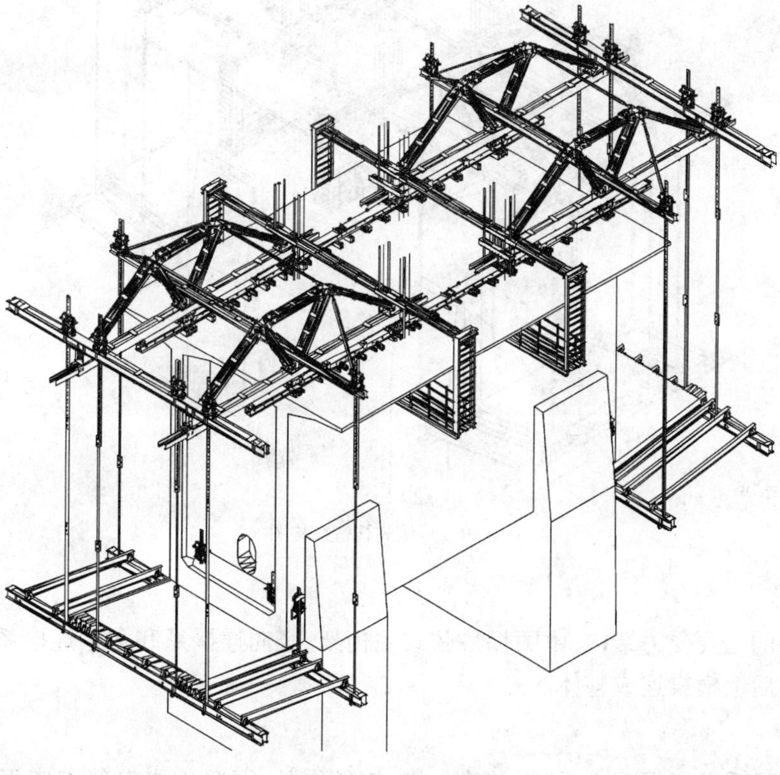

图9　悬吊系统安装

5.4　挂篮行走

(1)松外模吊杆,使外侧模支撑于挂篮底模平台的纵梁上,调整外侧抗倾覆梁;调整内模吊杆长度,使内模顶板脱离混凝土,并使内模导梁的行走滑轮受力。

(2)解除后下横梁内侧4根吊带的受力状态,由外侧两根行走吊带受力。利用千斤顶调节前、后6根吊带的长度,使底模平台下降。

(3)在已浇节段上按要求垫好轨枕后,少量松挂篮后压锚,用千斤顶将挂篮顶起,随着千斤顶的顶起,可继续少量松挂篮后压锚,直到挂篮轨道被挂篮的前后滑爪提起后为止。利用行走千斤顶将导轨前移至合适位置,逐渐放松千斤顶,将导轨在挂篮后支座附近处锚固,全部放松千斤顶。此时,挂篮的后锚力全部转移到导轨及导轨压锚上,全部解除挂篮后下锚。利用行走千斤顶将挂篮缓慢前移,注意挂篮行走时两片桁架的同步。

(4)挂篮行走就位后按照先内后外的顺序安装挂篮的后压锚,再按照先内后外的顺序安装挂篮后下横梁的4根锚杆,注意外侧锚杆处挂座的6颗螺栓应紧固,以确保后锚吊带受力后挂座不会发生移动。

(5)根据测量调节前下横梁的高程,调整模板四角坐标后顶紧后下横梁的4根压锚吊带,依次将外模安装就位。

6 材料与设备

弓弦式挂篮由两组弓弦式主桁架、底模平台、模板系统、悬吊系统、锚固系统及走行系统6大部分组成。具体如图10所示。

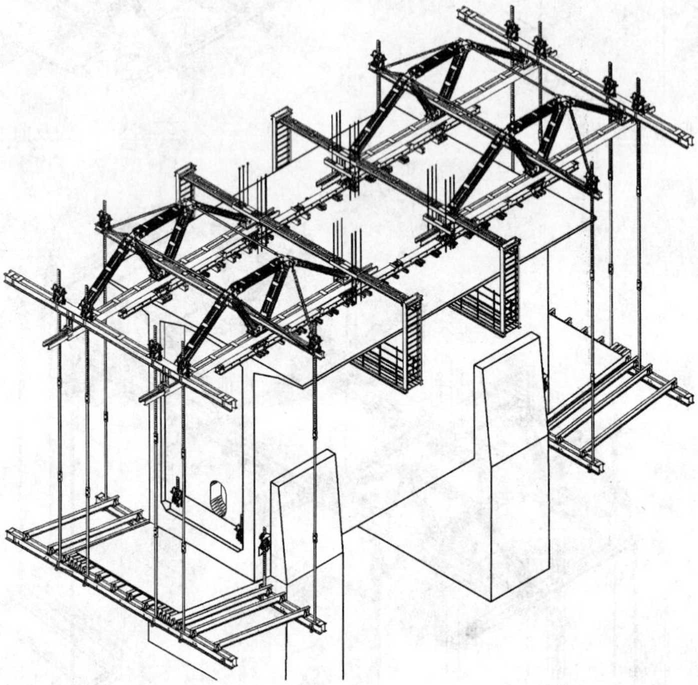

图10 弓弦式挂篮结构图

6.1 主桁架

主桁架是挂篮的主要受力结构,由两榀弓弦式主桁架、竖向连接系和水平连接系组成。挂篮的横向连接杆件与挂篮的后上横梁连成整体。

6.2 底模平台

底模平台直接承受节段混凝土重量,并为立模、钢筋绑扎、混凝土浇筑等工序提供操作空间。其由前下横梁、后下横梁、纵梁、底模模板等组成。底模模板采用 $d=10$mm 的钢板。

6.3 模板系统

内、外模板均采用钢模板,全部采用模板、桁架整体式设计。内模可整体收缩,并利用手拉葫芦沿挂篮主纵梁整体滑移就位。

6.4 悬挂系统

悬挂系统用于悬挂底模平台、外模和内模,并将底模平台、外模、内模的自重、节段混凝土重量及其他施工荷载传递到挂篮主桁架及已浇节段上。悬挂系统包括底模平台前后吊带、内外模走行梁前后吊杆、垫梁、扁担梁及螺旋千斤顶。

6.5 锚固系统

锚固系统设在两片主桁架的后节点上,采用两根15m长及两根1.7m长的压锚梁,每片桁架两侧各安装3根锚杆,后压锚合计12根锚杆。锚杆分别穿过箱梁顶板及翼缘板利用分配梁锚固,其作用是平衡浇筑混凝土时产生的倾覆力矩,确保挂篮施工安全。后锚杆采用 $\phi32$ 精轧螺纹钢筋。15m长的扁担梁两端安装下挂操作平台,用来安装和拆除翼缘板下的锚固分配梁,操作平台与挂篮同步行走。

6.6 挂篮走行系统

走行系统包括垫枕、轨道、前支座、后支座和牵引设备。挂篮行走时前支座在轨道顶面滑行,连接于主桁架后节点的后支座反扣在轨道翼缘下,并沿翼缘行走。挂篮走行由4台液压油缸顶推前后支座,并带动挂篮主桁架、底模平台及外侧模一同前移就位。挂篮行走通过滑爪与轨道实现自锚,无需配重。

7 劳动组织

挂篮拼装及悬浇施工作业要求组织好现场施工作业人员,根据总体进度需要安排两班或三班轮流作业。拼装及悬浇施工工程组成见表1。

劳动组织 表1

起重工	模板工	混凝土工	钢筋工	张拉工

8 质量控制

(1)符合现行《公路桥涵施工技术规范》(JTJ 041—2000)、《公路工程质量检验评定标准》(JTG F80/1—2004)要求。

(2)每节段混凝土灌注完后及时养护,保证混凝土养护时间不少于7d。

(3)模板要均匀涂刷脱模剂,不得有涂漏现象。

(4)混凝土不得离析,严格控制混凝土的坍落度。

(5)必须捣固密实,表面不得有蜂窝麻面,不得有跑模现象,应保证外观美观。

(6)挂篮在现场安装完毕后再进行预压;挂篮在加载预压前,吊带系统和后锚均应进行试验检验;在施工过程中应进行常规检查,确保挂篮安全;挂篮吊带采用16Mn钢制作,便于调节。

(7)挂篮悬臂浇筑施工开始前,对桥墩和0号节段的高程、平面位置情况以及混凝土强度进行详细复核和检查。

(8)箱梁逐段悬浇过程中,梁段混凝土的浇筑、钢束的张拉、挂篮和机具的移动等,均要遵循对称、均衡、同步进行的原则,平常梁面上尽量少堆放材料和施工机具,必须堆放时,应注意悬臂两端对称堆放。施工中的不平衡荷载应不超过设计规定的范围。

(9)悬臂节段浇筑时应采用正确的混凝土浇筑顺序,腹板和顶板混凝土必须从前端向尾端方向浇筑,并适当调整混凝土初凝时间,以避免因挂篮前端挠度引起下层浇筑混凝土在接缝面处出现竖向裂缝。

9 安全措施

为确保挂篮施工的安全,应配备挂篮施工班。应挑选有挂篮施工经验、安全意识强、责任心强的人员进行挂篮施工。

9.1 挂篮拼装安全

(1)挂篮组装过程中,施工人员必须佩戴安全帽、安全带,上下层同时作业要做好防护工作,禁止在直线上下作业,防止上面落物伤人。

(2)在吊装过程中,有专人指挥,禁止无关人员进入吊装作业区范围内。

(3)挂篮拼装时,各部件的吊装,要服从指挥人员的统一指挥,禁止盲目蛮干,防止意外事故发生。

(4)为了保证挂篮拼装过程的安全操作,应对千斤顶、导链葫芦、钢丝绳等机具设备进行检查,确保其满足现场施工要求。

9.2 挂篮施工安全

(1)必须掌握平衡施工的原则,挂篮两端对称施工,尽量减小两端施工荷载差,保证两端基本平衡。

(2)轨道行走就位后,复核其轴线距离及其安装位置,并安装压轨梁。

(3)挂篮行走时应及时调整、纠正挂篮轴线偏差,保持挂篮自身平稳。

(4)挂篮行走就位后,及时安装后压锚。

(5)施工过程中,随时检查各个吊带、锚杆的情况,确保挂篮施工安全。

9.3 施工安全措施

(1)桥梁施工中高处作业必须设置防护措施,脚手架搭设必须符合《建筑施工高处作业安全技术规范》(JGJ 80—91)的要求。按照《高处作业分级标准》(GB/T 3608—2008)实行三级管理,由项目经理负责。

(2)各工种进行上下立体交叉作业时,不得在同一垂直方向操作。

(3)塔吊严禁载人,起吊重物时回转走行范围内不得行人。起重设备由专职人员操作指挥,对讲机设为专用频道,不得与其他频道混用。

(4)移动式梯子梯脚底部坚实,上端有固定措施。爬梯工作角度在75°左右为宜,不得有缺档和垫高使用。

(5)雨天和冬天进行作业时,必须采取可靠的防滑、防寒和防冻措施。强风、浓雾等恶劣天气下不得从事高处作业。强风暴雨后,对高处作业设施应逐一进行检查,发现有松动、变形、损坏等现象,应立即修理完善。

(6)夜间施工应保证具有足够的照明强度,危险区悬挂警告标志,施工人员上桥前应集合,安全员对其进行教育和检查,任何人员未经批准,不得擅自进入作业现场。

(7)严格执行专职安全员日常巡检制,加强进场安全教育,真实、及时地记录安全日报表,每月进行一次安全生产大检查,发现问题及时通知整改。

10 环保措施

(1)建筑垃圾在场内设置临时堆放、集中堆放场所,定期运到指定地点。

(2)修建废水处理设施,设置污水处理系统,并配备临时的生活污水汇集设施,防止污水直接排入河流和排灌系统。

(3)拌和站、预制场等排出的废水、生活污水要经沉淀等处理达标后排放,不得排入农田、引水渠、或引水沟中。

(4)保证工地排水和废水处理设施在整个施工过程中有效,做到现场无积水、排水不外溢、不堵塞、水质达标。

(5)对易产生粉尘、扬尘的作业面制订操作规程和洒水降尘制度,保持湿度、控制扬尘。

(6)拌和站和混凝土搅拌机为新进设备,设有防尘设施。

(7)严禁在施工现场焚烧任何废弃物和会产生有毒有害气体、烟尘的物质。

(8)对施工便道经常洒水,保持湿润,避免过往车辆扬尘影响农作物的生长。

11 效益分析

(1)弓弦式挂篮设计合理,有效地降低了挂篮构件的重量,与传统挂篮相比,每套挂篮减轻质量约20t,节约社会资源及加工费约14万元/套。

(2)受桥梁高度影响,设计外吊架安装挂篮后压锚,节省了后锚预埋件的费用,每套挂篮节省后锚杆预埋件3.4t,节省费用约2.4万元/套。

(3)其操作便捷,人力劳动强度低,能有效加快施工进度,每个节段施工节约工期约3d,合计加快工期约 2 个月，节约工期成本约 40 万元。

(4)采用该工法施工，能有效节约社会资源和经济成本，加快施工进度，降低施工成本，取得良好的社会效应和经济效益。

12 应用实例

湖北沪蓉西高速公路龙潭河特大桥是沪蓉西高速公路关键性控制工程之一。龙潭河特大桥上构为 106m + 3 × 200m + 106m 五跨预应力混凝土连续刚构箱梁，左右线分离，箱梁顶板横向宽 1 250cm，箱底宽 650cm，翼缘悬臂长 300cm。该桥单 T 悬浇节段长 90m，共分为 22 个悬浇节段(7 × 350cm + 4 × 400cm + 11 × 450cm)，节段设计混凝土方量最大(1 号节段)，约为 91m^3。湖北省路桥集团有限公司于 2007 年 7 月采用弓弦式挂篮进行悬臂浇筑施工。

采用该工法施工，大大加快了工程施工进度，保证了工程质量。箱梁高程、线形均满足设计要求。箱梁合龙段施工前，合龙口高程最大误差 4mm，轴线偏差 1mm。施工过程实现了安全零事故、零伤亡。该施工项目获得了湖北省安全生产委员会颁发的“2008 年度全省安全生产先进单位”。

该工法施工便捷，可靠性高，施工质量能够得到有效保障，能有效地加快施工进度，箱梁线形能够得到有效控制，降低了施工成本，取得了良好的社会效益和经济效益。

桥梁支座更换计算机同步顶升工法

GGG(中企)C3122—2009

王双其　李文琪　芮宝东
(中交第三公路工程局有限公司)

1　前言

在桥梁结构中,支座是连接桥梁上、下部结构的重要部件,它的构造精微,堪称为桥梁的“腰椎骨”,其作用是将上部结构的荷载顺适、安全地传递到桥梁墩台上,同时保证上部结构在荷载、温度变化、混凝土收缩徐变等因素作用下的自由变形,以使结构的实际受力情况符合计算图式,并保护梁端、墩台帽梁不受损伤。桥梁支座的可靠程度将直接影响桥梁结构的安全度和耐久性。

在早期建设的一些梁式桥中,由于营运时间较长,以及受野外环境影响,普遍存在着支座年久失养问题:有些是橡胶支座日趋老化;有些是钢板支座锈蚀失效;还有一些跨径较小的简支桥梁原本就没有设置支座。上述桥梁在目前的大吨位、大交通量的作用下,出现了一系列问题,急需进行支座的更换或增设。同时,由于现代交通的发展,不中断或尽量缩短中断交通时间的需要又对支座的更换施工提出了更高要求,尤其是在高速公路和城市快速路上,道路施工中不得对交通进行全封闭,必须保证道路畅通,这就对桥梁支座更换施工技术提出了新的挑战。在国外,这样的施工也具有一定难度,因此桥梁支座的整体更换显得极其重要。然而,传统的支座更换方法是采用系列起重或顶起设备在墩台顶面或者在预先设置的支架上起顶梁板,然后更换支座,这种方法所需要的机械设备多,工序繁琐,施工周期也较长,施工成本大。

本工法解决了桥梁维修中最为复杂的支座更换的问题,借助国外先进技术,结合国内已有的设备,是用一套成本低、工期短、需要设备相对简单的系统来解决桥梁支座更换的工法。该工法已经成功应用于首都机场高速公路将台桥、南湖渠桥、京通快速路四惠桥、沪宁高速硕放互通薛典路立交桥、厦门市机场路环岛北路互通 B 匝道桥等项目,得到了当地政府及业主的肯定。

2　工法特点

(1)其具有良好 Windows 用户界面的计算机控制系统,整体安全可靠,功能齐全。软件具有如下功能:位移误差的控制、行程控制、负载压力控制、紧急停止功能、误操作自动保护功能等。

(2)硬件功能:油缸液控单向阀可防止任何形式的系统及管路失压,从而保证负载有效支撑。所有油缸既可同时操作,又可单独操作。

(3)同步控制点数量可根据需要设置,适用于大吨位物体的同步位移。

(4)采用顶升的方法更换支座,可以在不影响交通的情况下施工,相对于传统方法可以缩短工期,节约成本。

3　适用范围

本技术可应用于桥梁的支座更换、横向及纵向纠偏、增大桥下净空、修复或更换墩柱等。

4　工艺原理

通过多个液压泵源分别为多个液压缸提供液压动力源,驱动梁上、下移动。通过一个控制器接收和处理装在各组液压缸附近的位移传感器或接在各组液压缸液压油路内的压力传感器所发出的信号,并将这些信号同允许差值进行比较,控制器在处理这些信号后,指令某一液压油路中的控制阀动作来控制油流入相关的液压缸,以达到调整误差、同步控制的目的。

整个液压同步控制提升系统通过这一闭环锁链式反馈系统,启闭系统内各组液压缸的运动,来达到整个液压同步控制提升系统在桥梁顶升运动中同步的目的。其控制流程如图1所示。

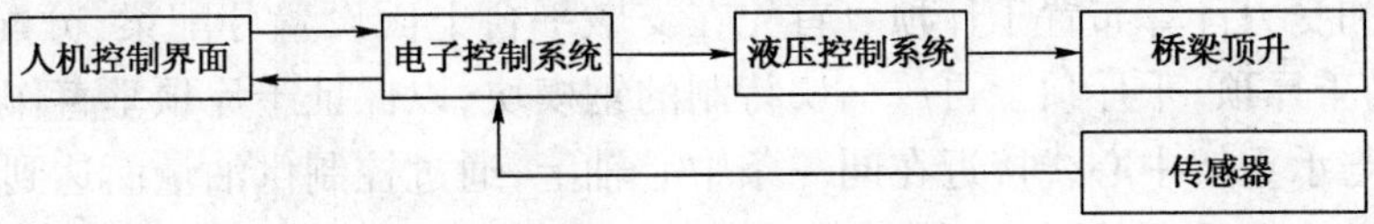

图1 顶升系统控制流程图

5 施工工艺流程及操作要点

5.1 工艺流程(图2)

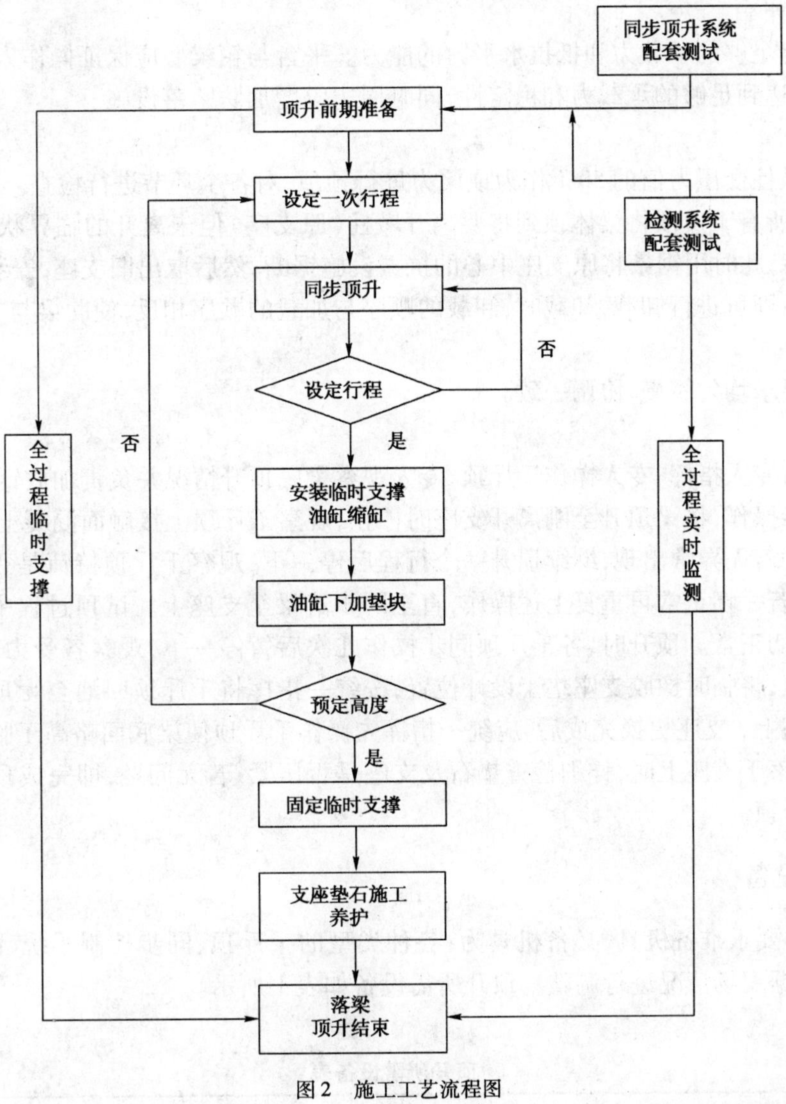

图2 施工工艺流程图

5.2 施工方案

(1)设置千斤顶支墩的基础,保证支撑千斤顶的支墩可以承受足够的压力,支墩安装表面要求平整,以保证支墩安装垂直于承台表面,使之能够安全、牢固地安装钢管支墩。同时,应注意在施工前向业主了解支墩的地下是否埋有管线,以免损坏管线。

支墩应按照设计要求进行力学计算,以保证安全。支墩安装后需进行放样测量,控制误差。每个支墩上设置安放千斤顶的平台,钢管内侧需用加劲肋板与平台焊接,使得支墩受力更合理。

(2)安装千斤顶

根据设计要求和受力计算布置千斤顶。首先在支墩平台上面设置分配梁,分配梁顶装上一块特制钢板,上置标定好的千斤顶,千斤顶上再放一块特制的钢楔块,以保证千斤顶垂直作用于梁底支点,同时保证千斤顶中心线与承重架中心线接近在同一条中心轴上,通过控制供油量而达到速度控制的目的。

为了保证各个墩柱千斤顶的平衡顶升,达到位移一致,通过油表读数和安装的位移监测百分表的控制而达到速度控制,同时达到千斤顶的行程同步。

(3)起顶力的计算

为了准确控制起顶力,保证梁体在安全受力的状况下起顶,起顶前应计算墩柱受力值和模拟起梁时的各种受力状态。

(4)搭设施工平台

施工平台应有足够的承载力和抵抗水平力的能力。平台与箱梁底应保证操作人员工作的空间。施工平台通过计算,达到足够的承载力和稳定性,同时周边应增加防坠落设施。

(5)更换支座

起梁前先用墩柱受压力值的50%作为顶梁力进行预顶,对各个环节进行检查。

顶梁时,起初所有千斤顶将梁体顶到将要离开墩柱(原支座)但未离开的临界状态,持荷,再顶梁时最多顶至15mm高,此时用锯条将原支座中心的抗振设施锯断,然后取出旧支座,安装新支座。

支座安放好后即可进行卸载,卸载时,卸载的顺序与加载的顺序相反,使肋梁与支座紧密结合,拆除千斤顶。

起梁落梁均要求均匀缓慢,协调一致。

(6)控制措施

顶升过程应由专人指挥、专人操作千斤顶,专人观察梁底顶升情况并负责加放钢垫板。每个操作人员按统一号令同步操作,将梁顶升至刚离开支座时停止,观察千斤顶上接触面混凝土有无局部受压破损迹象。静置几分钟若无异常出现,继续顶升一个行程后停一下,观察千斤顶持荷是否稳定,箱梁各处顶升高度是否一致,若一切正常再重复上述操作,直至同步落梁至支座上。试顶过程中若发现问题,应解决后重试,直至一切正常。顶升时,各千斤顶同步操作几次后暂停一下,观察各受力部位如无异常时再继续顶升一个行程,将临时橡胶支座垫于设计位置,按统一指挥将千斤顶回油至无顶升状态,使箱梁临时支撑于橡胶支座上,支座更换完成后,应统一指挥先操作千斤顶使梁底面略高于临时橡胶支座,缓慢回油落梁,当箱梁落于支座上时,详细检查垫石及支座是否压紧,若无问题,即完成顶升施工,可撤除临时橡胶支座及千斤顶。

6 材料与设备

根据项目具体要求准备机具,必备机具为:各种类型的千斤顶、同步控制系统、高压油泵、油管等。进行施工时,可根据现场情况进行调整。顶升所需设备如表1所示。

顶升所需设备表

表1

名称	型号	数量
千斤顶	根据实际情况而定	
高压油管	根据实际情况而定	

续上表

名　称	型　号	数　量
油泵	2YBZ2-80	20台
对讲机		30对
百分表	根据实际情况而定	
各型钢垫板		若干
控制系统PC盘	DR-LON-5000-WTY	1套
控制系统DQ控制盘	DR-LON-5000-DQP	1套

7　质量管理和质量检测

7.1　质量控制程序(图3)

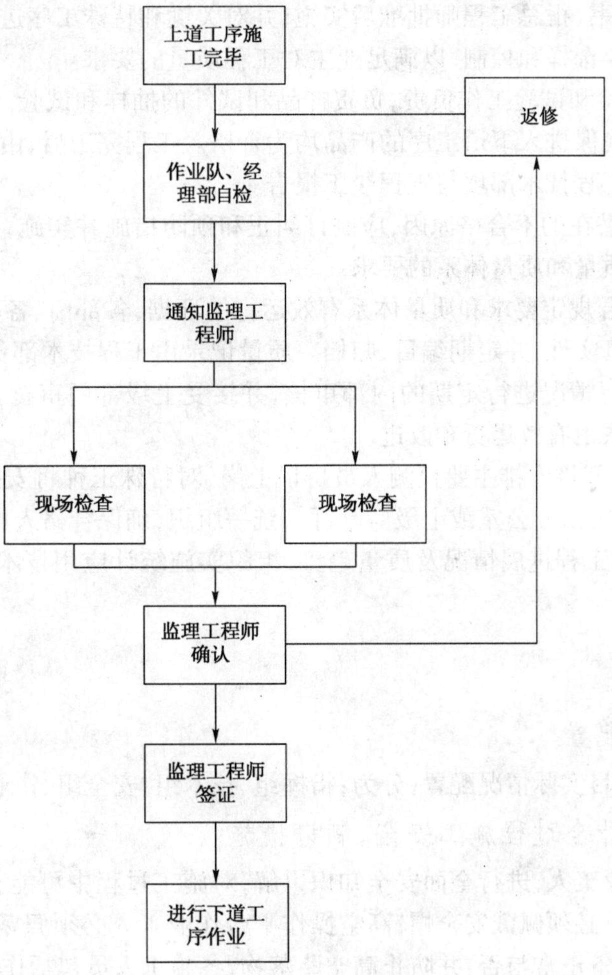

图3　质量控制流程图

7.2　质量控制的内容和要求

(1)合同评审

本标段招标文件由单位组织相关人员进行评审,本项目部能满足业主需求和招标文件中的质量要求。一旦中标,组织人员进行合同评审,以保证合同书内容与标书一致,并与业主按照有关法规签订施工合同,依据评审结果合理调配施工力量,保证合同的履行。

(2)文件和资料控制

根据质量体系要求,各单位、各部门应控制好本部门的与质量体系和产品质量有关的文件和资料,确保相关部门及时得到相应文件的有效版本,作废文件应从相关部门及时撤除,确保所有文件持有者都使用准确有效版本,并确定专人负责管理。由办公室负责文件和资料控制,并对其实施效果进行监督检查,确保质量体系正常、有效运行。

(3)采购

物资设备部在合格分供方中按"物资采购计划"采购物资,材料员进行现场物资管理工作。发现不合格品时,按不合格品控制程序进行控制,使采购物资符合质量要求。

(4) 施工过程控制

由工程技术部组织编制实施施工组织设计,报总工程师审核,由经理批准。由工程技术部组织各相关人员进行施工图纸会审,确保管理及施工人员达成共识,按图纸、规范、交底施作。施工中若发现新问题、新情况,由工程技术部组织制订有针对性的施工方案和处理意见,报总工程师批准后由作业队具体实施。由工程技术部测量队负责组织控制测量,由作业队控制施工测量。工程技术部负责制订关键和特殊工序的施工作业指导书,报总工程师批准后实施,并对关键和特殊工序进行连续监控。计财部对工程分包中的分包进行评定、选择和控制,以满足业主对工程质量的要求。

(5)实验室对进货检验和试验工作负责,负责样品和试件的抽样和试验。实验室、安全质量检查部对过程检验和试验负责,确保进入下道工序的产品均为合格。工程完工后,由总工程师组织相关部门进行最终检验和试验,并由工程技术部填写工程竣工报告。

(6)为了消除实际或潜在的不合格原因,应制订纠正和预防措施并实施,确保不合格或潜在不合格情况不会发生,满足工程质量和质量体系的要求。

(7)为了提供产品符合规定要求和质量体系有效运行的证据,各部门、各单位所有与质量有关的活动都应及时记录,保证其真实性,并定期编目、归档。质量记录由工程技术部负责监督和指导。

(8)对质量体系的运行情况进行定期的内部审核,并接受上级部门审核,对不合格问题及时指出,及时改正,以利于质量体系地有效运行和改进。

(9)本标段工程,项目部将安排主要检测人员持证上岗,对特殊工种将安排具有相应岗位上岗证的熟练操作者承担,如需培训,由办公室或上级劳动部门统一组织,确保合格人员持证上岗。

(10)工程技术部依据工程进展情况及质量趋势,组织实施统计应用技术,并对统计技术的有效性进行验证。

8 安全措施

8.1 劳动力资源配置

具体人员需要根据项目实际情况配置,分为:指挥组、技术组、安全组、作业组。

8.2 为了保证顶升全过程施工安全,制订措施

对施工人员,包括作业工人,进行全面安全知识讲解,对施工过程中可能会发生的安全事故作先前分析,进入施工现场的人员必须佩戴安全帽,高空操作平台作业工人必须佩戴安全带,施工前检查操作平台稳固与否以及各项设备正常与否,并防止高空坠落物,各施工人员包括作业工人必须一切行动听指挥,各工序按部就班,严禁私自违反指挥操作。所有设备现场必须有备用件,施工现场全部采用安全网防护并隔离,派专人看守,杜绝过路行人及闲杂人员进入施工现场观看,施工中对桥上过往车辆进行限制(主要针对重载型汽车),随时检查对讲机频道的统一,保证施工过程中信息的通畅。

9 环保措施

本工法的环保措施同一般桥梁工程的环保措施。

10 效益分析

相对于传统的整体拆装更换支座的方法，本工法可以极大地缩短工期，节约成本，减少断路施工产生的社会影响。

11 节能措施

本工法的节能措施同一般桥梁工程的节能措施。

12 应用实例

(1)京通快速路道路、桥梁大修工程(桥梁支座更换)；
(2)湖南长永高速公路黄花至永安段改造工程主线桥和现代园通道桥梁顶升工程；
(3)首都机场高速公路大修工程桥梁维修更换支座；
(4)京通快速路四惠北幅桥二期维修养护工程更换支座；
(5)总门大桥 K17 +794 支座更换工程；
(6)扎门中桥 K23 +784、扎门大桥 K24 +121、六台沟大桥 K26 +570 支座更换工程；
(7)厦门市机场路环岛北路互通 B 匝道桥第三联修复工程；
(8)沪宁高速硕放互通薛典路立交桥上跨桥修复工程；
(9)重庆渝黔、渝合高速公路桥梁维修加固工程；
(10)顺平辅路俸伯桥加固工程；
(11)云万高速公路高梁互通式立交桥维修工程；
(12)渝黔高速公路向家坡立交桥 II 号匝道桥顶升更换支座工程；
(13)重庆外环高速公路一品寨子坡互通式立交桥 F 匝道桥制作更换工程；
(14)渝宜高速公路梁平至万州段大修工程。

现浇混凝土箱梁高支模板施工工法

GGG(粤)C3123—2009

张光国　黄知元　程汉东　李约俊　成堂春
(广东长宏公路工程有限公司)

1　前言

目前国内外现浇混凝土箱梁数量相当大,而模板支撑体系在施工中的选择尤为重要。国内外针对现浇箱梁模板支撑体系进行了大量的试验和理论研究,并建立了相应标准化施工方法。

但随着施工工艺的革新,模板支撑体系面临的风险越来越大,导致安全事故、质量事故层出不穷。施工的不确定性,使施工临时承载结构体系从施工荷载到结构抗力呈现巨大变化。在宜昌三峡库区秭归县贾家店中桥、归游路万堂中桥、归(州)三(溪河)公路袁水河大桥通过现场实测和模型试验,研究了在现代施工环境条件下模板支撑体系的施工标准化工法,建立了一套系统完善、经济、可靠、实用的高支模板施工技术,对于控制现浇梁桥高支模板工程事故、完善现浇梁桥安全施工理论与方法,具有重大现实意义。

2　工法特点

传统高架现浇混凝土箱梁桥高支模板工程施工一般将箱梁的全部重量计入荷载,且不考虑首次混凝土承载能力,由于对高架现浇混凝土箱梁桥高支模板体系承载能力了解不足,往往造成成本高、工期长。

本工法基于试验研究最新成果,针对两次浇筑成型钢筋混凝土箱梁施工工艺,考虑模板支撑临时结构与两次浇筑箱梁的共同作用特性,以首次浇筑混凝土荷载作为现浇箱梁高支模板支撑体系的主要荷载,进行模板支撑体系技术设计,从而减少了人力、支架体系消耗,缩短了工期,减少了成本,增加了经济效益。

3　实用范围

本工法普遍适用于现浇混凝土箱梁的施工。

4　工艺原理

现浇箱梁模板支撑体系是由连接件与薄壁构件组成的空间结构。目前,现浇箱梁一般是分两次进行浇筑,针对其两次浇筑成型的施工工艺,考虑模板支撑临时结构与两次浇筑箱梁的共同作用特性,以首次浇筑混凝土荷载作为现浇箱梁高支模板支撑体系的主要荷载,通过模板支撑体系构造保证概念设计,确保其空间稳定性,辅以施工过程监控维护,实现现浇钢筋混凝土箱梁高支模板支撑堆载预压、首次混凝土浇筑、第二次混凝土浇筑模板支撑体系的安全可靠、经济、实用,并能充分保证现浇箱梁的施工外观质量和内在质量。

5　施工工艺流程及操作要点

5.1　施工工艺流程(见图1)

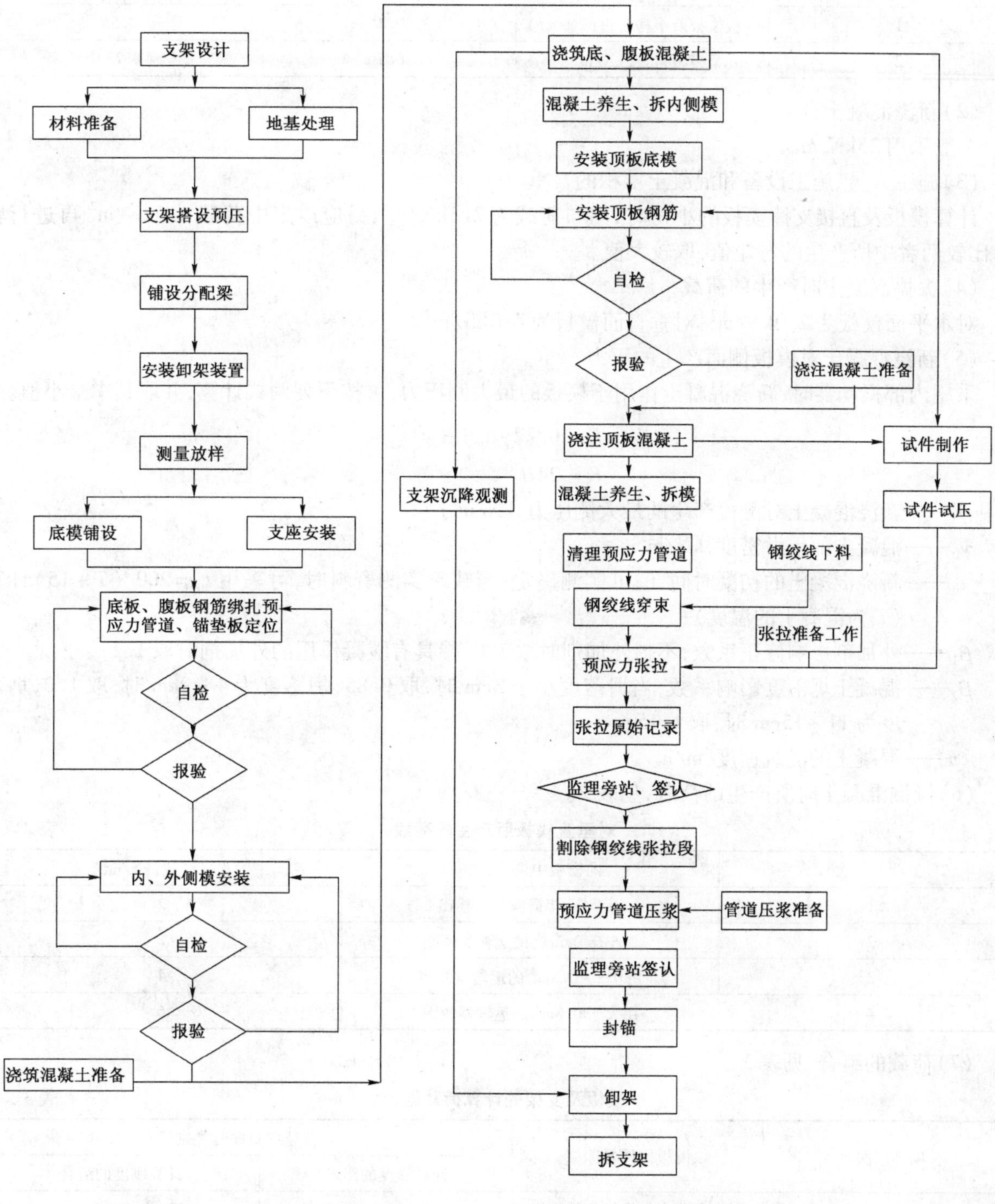

图1　现浇混凝土箱梁高支模板施工工艺流程

5.2　操作要点

5.2.1　模板及其支架的设计荷载

(1)模板及其支架自重

模板及其支架的荷载可以实际计算,也可参照表1。

模板及其支架的荷载表　表1

序　号	模板构架名称	木　模　板	定型组合钢模板
1	平板模板及小楞自重(kN/m^2)	0.3	0.5
2	梁模板自重(kN/m^2)	0.5	0.75

(2)新浇混凝土自重

一般采用$25kN/m^3$。

(3)施工人员、施工设备和混凝土堆积的自重

计算模板及直接支撑模板的小楞时,均布荷载为$2.5kN/m^2$,另应以集中荷载$2.5kN/m^2$再进行验算,比较两者中所产生的弯矩值,取较大值。

(4)振捣混凝土时产生的荷载

对水平面模板为$2.0kN/m^2$;对垂直面模板为$4.0kN/m^2$。

(5)新浇混凝土对模板侧面产生的压力

采用内部振动器时,新浇混凝土作用于模板的最大侧压力,可按下列两式计算,并取其中最小值。

$$F = 0.22\gamma_0 t_0 \beta_1 \beta_2 v^{\frac{1}{2}}$$

$$F = 24H$$

式中:F——新浇混凝土对侧模产生的最大侧压力,kN/m^2;

γ_0——混凝土的重力密度,kN/m^3;

t_0——新浇混凝土的初凝时间,h;可实测确定,当缺乏实测资料时,可采用$t_0 = 200/(T+15)$计算(T为混凝土的温度);

β_1——外加剂影响修正系数,不掺外加剂时取1.0,掺具有缓凝作用的外加剂时取1.2;

β_2——混凝土坍落度影响系数,当坍落度小于3cm时,取0.85,坍落度为4~9cm时,取1.0,坍落度为11~15cm时,取1.15;

v——混凝土的浇筑速度,m/h。

(6)倾倒混凝土时所产生的荷载,见表2。

对垂直模板所产生的荷载　表2

项　次	向模板中供料方法	水平荷载(kN/m^2)
1	用溜槽、串筒或导管输出	2
2	用小于$0.2m^3$的运输器倾倒	2
3	用$0.2 \sim 0.8m^3$的运输器倾倒	4
4	用大于$0.8m^3$的运输器倾倒	6

(7)荷载的组合,见表3。

模板及支架的计算荷载组合　表3

项　次	模板构件名称	上述荷载项目序号类别组合	
		计算强度的组合	计算刚度的组合
1	平板和薄壳的模板及其支架	1+2+3+4	1+2+3
2	梁和模板的底板	1+2+3+5	1+2+3

(8)由振动、水平偏差等引起的作用于模板平面的水平荷载,按竖向荷载的2%取值。

(9)两次浇筑时,第二次浇筑的总荷载按第二次浇筑时首次浇筑混凝土结构所具有的刚度与支撑系统刚度之比进行分配。

5.2.2　模板与支架的设计

按相应材料的结构设计规范进行。验算模板及其支架的刚度时,其变形不得超过下列数值:

(1)结构使用时,表面外露者模板的变形值不得超过其跨度值的 1/400;

(2)结构使用时,有天棚隐蔽者模板的变形值不得超过其跨度值的 1/250;

(3)支架的压缩变形值或弹性挠度,为相应结构计算跨度值的 1/1 000。

5.2.3　构造规定

(1)木模板受压杆件的长细比不得超过 150,钢模板受压柱和桁架的长细比不得超过 150,受拉时不得超过 250。

(2)跨度等于或大于 4m 的混凝土梁,安装模板时应起拱,如无设计要求时,宜为跨度的 1/1 000 ~ 3/1 000。

(3)模板支撑结构应沿行、列竖向平面每隔 5 根立杆(且不大于 6m)设置封闭的垂直剪刀撑,模板支撑立杆,顶部水平面设水平剪刀撑(剪刀撑与地面夹角控制在 45° ~60°)。

5.2.4　现浇混凝土箱梁模板支撑体系的地基基础

(1)地基处理与基础设计荷载按上部结构一次浇筑荷载总量和模板支撑结构重量之和,并考虑荷载的不均匀性后设计。

(2)基础采用素混凝土时,混凝土强度等级应不小于 C15,厚度不小于 100mm。

(3)直接坐落于经处理后的地基上时,立杆下垫 50mm 厚、长度大于两根立杆间距的硬木板。

5.2.5　模板与支撑体系的安装

(1)模板支撑结构安装顺序

①纵向从具有坚实稳固侧向支撑的墩台(或临时支柱)开始。

②横向从中部向两侧延伸,有梁时从梁中心向两侧延伸。

③竖向从下向上,先立杆,后扫地杆,再双向水平横杆、垂直剪刀撑、水平剪刀撑。

④工艺流程

施工准备→地基处理与基础施工→上部箱梁轴线、轮廓,在基础上放线、放样→模板支撑体系立杆放线→立杆施工→扫地杆施工→设置纵横向水平牵杆→立杆接高→设置纵横向水平牵杆→设置水平剪刀撑→加设垂直剪刀撑→交替施工。

⑤搭设施工

a. 模板支撑体系立杆

模板支撑体系立杆标准密度为 1.0 ~1.2m。

箱梁腹板与底板水平投影面积重量比小于 1.5 时,采用标准立杆纵横距,腹板下横杆采用小步高;箱梁腹板与底板水平投影面积重量比为 1.5 ~2 时,腹板下立杆采用高密度,横杆标准步高;箱梁腹板与底板水平投影面积重量比大于 2 时,腹板下立杆采用高密度,腹板横杆采用小步高。

梁下立杆必须保证沿梁中心线对称设置。

b. 模板支撑体系纵横向水平杆

模板支撑体系横杆标准步高为 1.5 ~1.8m,模板支撑体系底部,设置纵横向扫地杆,扫地杆距地面 200mm。

c. 模板支撑体系剪刀撑

竖直向剪刀撑(顺桥向、横桥向)采用十字交叉形式,宽度为 6m,其中斜杆与地面的倾角为45° ~60°。

顺桥向、横桥向剪刀撑设置:从底到顶在模板支撑体系四周和中间部位连续布置。

水平剪刀撑宽度为 6m,交叉杆件夹角为 45° ~60°,横顺桥向连续设置。

d. 模板支撑体系稳定控制

在永久桥墩、临时墩附近的模板支撑体系基础上,将邻近永久墩、临时墩的水平杆顶紧墩身混凝土面,并且设置附加的水平“井”字形环箍围箍永久桥墩、临时墩墩身,以上围箍每两步设置一道,以作为稳定模板支撑体系之用。

⑥模板支撑体系验收

除日常验收外，模板支撑体系搭设按搭设高度分别进行三次验收，验收高度分别为15m、30m和模板支撑体系顶高度，验收标准详见表4、表5，日常验收(每根立杆安装验收)也按此标准进行。

模板支撑体系杆件搭设质量验收表 表4

		搭设中检查偏差	允许偏差(mm)		检查方法与工具
立杆垂直度		$H=15$m	30	50	用经纬仪或吊线和卷尺
		$H=30$m	30	50	
		$H=$模板支撑体	30	50	2m靠尺检验偏差不大于15mm
间距	步	全高范围	+0，-20		钢板尺
	纵		+0，-50		
	横		+0，-50		

模板支撑体系扣件安装质量验收表 表5

扣　件	抽检数量	检查方法与工具
梁下立杆搭接扣件	100%	扭力扳手(40~60N·m)
板下立杆搭接扣件	50%	
其他扣件	30%	

(2)模板支撑结构安装的一般要求

①模板支撑结构的安装必须严格按施工设计进行。

②模板及其支撑系统在安装过程中，必须设置临时固定设施，严防倾覆。

③采用分节脱模时，底模的支点应按设计要求设计。

④承重焊接钢筋骨架和模板一起安装时，应符合下列要求：

a. 模板必须固定在承重焊接钢筋骨架的节点上。

b. 安装钢筋模板组合体时，吊索应按模板设计的吊点位置绑扎。

⑤组合钢模板采取预拼装用整体吊装方法时，要注意：

a. 拼装完毕的大块模板或整体模板，吊装前应确定吊点的位置，先进行试吊，确认无误后，方可正式调运安装。

b. 使用吊装机械安装大块整体模板时，必须在模板就位并连接牢靠后，方可脱钩，并严格遵守吊装机械使用安全有关规定。

c. 安装大块柱模板时，不得将柱子钢筋代替临时支撑。

⑥在架空输电线路下面安装和拆除组合钢模板时，吊机起重臂、吊物、钢丝绳、外脚手架和操作人员等距架空线路的最小安全距离应符合表6的要求。如不能满足表6的要求时，要停电作业；不能停电时，要有隔离防护措施。

施工设施和操作人员与架空线路的最小安全距离 表6

外电显露电压	1kV以下	1~10kV	35~110kV	154~220kV	330~500kV
最小安全操作距离(m)	4	6	8	10	15

(3)木模板(含木夹板)安装要求

①模板支撑不得使用腐朽、扭裂、劈裂的材料，顶撑要垂直，底部要平整坚实，并加垫木，木楔要钉牢，并用横顺拉杆和剪刀撑拉结牢固。

②采用桁架支撑，应严格检查，发现桁架严重变形、螺栓松动等应及时修复。

③安装模板应按工序进行，当模板没有固定前，不得进行下道工序作业。禁止利用拉杆、支撑杆件

上下攀登。

④支模时，支撑、拉杆不得连接在门窗、脚手架或其他不稳固的物体上。

⑤在现场安装模板时，所有工具应装入工具袋内，防止高处作业时，工具掉下伤人。

⑥安装柱梁模板应设临时工作台，不得站在柱模上操作或在梁底模板上行走。

⑦安装模板时遇有预留洞口的地方，应做临时封闭，以防误踏和坠物伤人。

(4)定型组合钢模板安装要求

①安装组合钢模板，一般应按自上而下的顺序进行。模板就位后，要及时安装好U形卡和L形插销，连杆安装好后，应将螺栓紧固。同时，加设支撑以保证模板的整体稳定性。

②需要拼装的模板，在拼装前应做好操作平台，操作平台必须稳固、平整。

③墙模板现场散拼支模时，钢模板排列，内外楞位置、间距及各种配件的位置均应按钢模板设计进行，当采用分层分段支模时，应自下而上进行，并在下一层钢模板的内外钢楞、各种支撑件等处全部安装紧固稳定后，方可进行上一层钢模板的安装。

④预拼装大块模板安装，应边就位边校正和插置连接件，并安设支承件或临时支撑固定，以防止大块模板倾覆。当采用吊机安装大块钢模板时，大块钢模板必须固定可靠后方可脱钩。

⑤墙模板的内外支撑必须坚固可靠，以确保组合钢模板的整体稳定；高大的墙模板宜搭设模板支撑体系式支撑。

⑥柱模板现场散拼支模应逐块逐段上好U形卡、紧固螺栓、柱箍或紧固钢楞，并同时安设支撑固定。

⑦安装预拼装大片钢模板应同时安设支撑或用临时支撑支稳，不得将大片模板系在柱钢筋上代替支撑，四侧模板全部就位后要随即进行校正，并紧固角模，上齐柱箍或紧固钢楞，安设支撑固定。

⑧安装预拼装大片钢模板时，应边就位边校正，边安设支撑固定。整体柱模久未安装时，要有套入柱子钢筋骨架的安全措施。

⑨柱模的支撑必须牢固可靠，确保整体稳定，高度在4m及以上的柱模，应四面支撑，当柱模超过6m时，不宜单根柱子支撑及灌注混凝土施工，宜采用群体或成列同时支模，并将其成毗连一体，形成整体构架体系。

⑩安装独立柱梁模板，一般应搭设操作平台，高度超过6m时，应搭设模板支撑体系，并设防护栏杆，操作人员不得在独立的梁底板或支撑架上操作及上下通行。

⑪安装圈梁、阳台、雨篷及挑檐等模板，这些模板的支撑应自成系统，不得交搭在施工脚手架上，多层悬挑结构模板的支柱，必须上下保持在一条垂直中心线上。

(5)大模板安装要求

①大模板组装或拆除时，指挥、拆除和挂钩人员必须站在安全可靠的地方操作，严禁任何人随大模板起吊，安装外模板的人员应佩戴安全带。

②大模板安拆时必须设置操作平台、上下梯道、防护栏杆等附属设施。大模板安装就位后为便于浇捣混凝土，两道墙模平台间应搭设临时走道或其他安全措施，严禁操作人员在外墙上行走。

③大模板安装时，应先内后外，单面模板就位后，应用支架固定并支撑牢固。双面模板就位后用拉杆和螺栓固定，未就位和固定前不得摘钩。

④组装平模时，应及时用卡或花兰螺丝将相邻模板连接好，防止倾倒；安装外墙外模板时，必须用悬挑扁担固定，位置调好后，方可摘钩。外墙外模板安装好后要立即穿好销杆。

⑤有平台的大模板起吊时，平台上禁止存放任何物料，里外角模和临时摘挂的板面与大模板必须连接牢固，防止脱开和断裂坠落。

⑥模板安装就位后，要采取防止触电的保护措施，应设专人将大模板串联起来，并与避雷网接通，防止漏电伤人。

(6)台模(飞模)安装要求

①台模必须经过设计计算,确保其能够承受全部施工荷载,并在反复周转使用的情况下能满足强度、刚度和稳定性要求。

②堆放场地应平坦坚实,严防地基下沉引起台模架扭曲变形。

③高而窄的台模宜加设连杆相互牵引,以防失稳倾倒。

④组装后及再次使用前,应设专人检查和整修,不符合标准要求者,不得投入使用。

⑤起飞台模用的临时平台结构必须牢靠,支搭坚固,平台上应设置车轮的制动装置,平台外沿应设栏杆,必要时还应设安全网。

⑥在运行起飞时严禁有人搭乘。

5.2.6 混凝土浇筑、预应力钢筋张拉过程模板支撑体系监控

在模板支撑体系搭设完成,经检查验收合格后,进入模板支撑体系的工作状态。在模板支撑体系工作过程中,必须做好模板支撑体系的日常监控与维护,保证其始终处于安全状态。

(1)模板支撑体系的日常监控

选择经验丰富的模板工程技术人员负责实施模板支撑体系的监控。普通模板支撑体系监控可采取对模板支撑体系杆件及其连接件外观检查方式监控,高支模板支撑体系必须辅以埋设传感器件或经纬仪、水准仪监控。

监控制度,模板支撑体系上每班作业前、作业中和作业后,均应检查记录,发现问题及时处理。

模板支撑体系上一道工序开始或结束、自然灾害或人为灾害发生后,均应增加一次详细检查,在确认模板支撑体系安全后,方可继续使用。图2、表7为工程实例1用应力计对模板支撑立杆在整个箱梁施工过程中的荷载历史及其荷载工况的记录结果。图3、表8为工程实例2用应力计对模板支撑立杆在整个箱梁施工过程中的荷载历史及其荷载工况的记录结果。

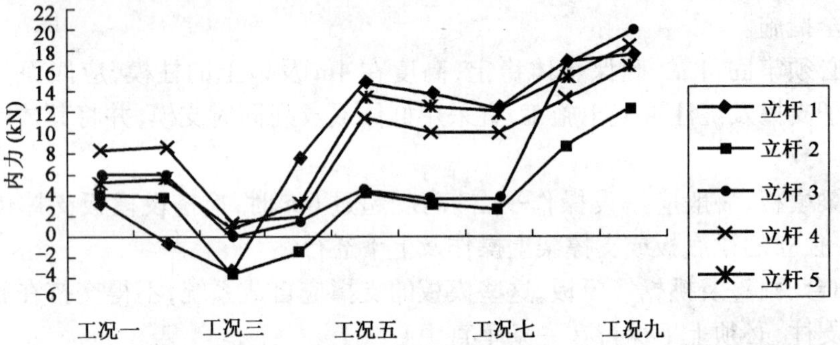

图2 工程实例1模板支架内力时程变化曲线图

工程实例1工况表 表7

编号	施工状况描述
工况一	支架上部预压,全部荷载已加
工况二	支架预压中
工况三	预压重量解除
工况四	上部箱梁主筋立好,底板均布钢筋铺设完,准备浇腹板
工况五	底板和腹板浇筑(一次浇筑)完毕后1h
工况六	一次浇筑后1d
工况七	一次浇筑后2d
工况八	面板和翼缘板浇筑(二次浇筑)后4h
工况九	箱梁施水养护过程峰值,板面铺有养护棉毯,并设专人间断施水,箱室内水深约5cm

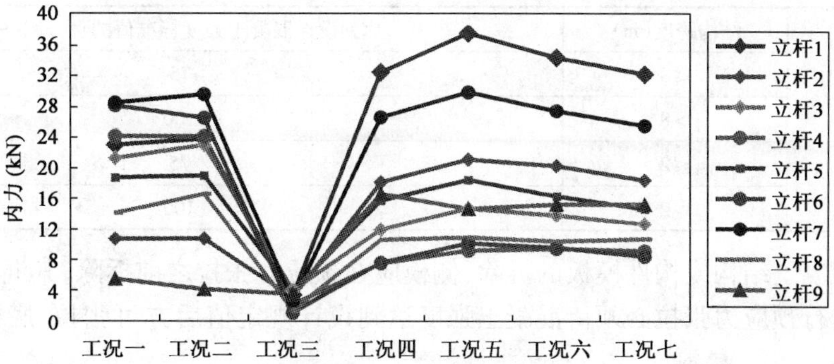

图3　工程实例2模板支架内力时程变化曲线图

工程实例2工况对应表　　表8

编　号	施工状况描述	编　号	施工状况描述
工况一	上部预压石袋加荷完毕	工况五	完成二次浇筑后6h
工况二	预压中	工况六	养护中
工况三	上部卸压完毕	工况七	养护中,支架拆除前2d
工况四	完成箱梁一次浇筑后3h		

(2)模板支撑体系维护

当发现模板支撑体系存在缺陷时,应在模板工程技术人员组织下及时维修。

5.2.7　模板支撑体系的拆除

(1)模板拆除的一般要求

①拆除时应严格遵守各类模板拆除作业的安全要求。

②拆除前,应经施工技术人员确认混凝土已达到拆模强度时,方可进行拆除。

③高处复杂结构模板的拆除,应由专人指挥且具有切实可靠的安全措施,并在下面标出作业区,严禁非操作人员进入作业区。操作人员应系好安全带,禁止站在模板的横拉杆上进行操作,拆下的模板应集中吊运,并多点捆牢,不准向下乱扔。

④工作前,应检查所使用的工具是否牢固,扳手等工具必须用绳链系挂在身上;工作时思想要集中,防止钉子扎脚和从空中滑落。

⑤拆除模板一般采用长撬杠,严禁操作人员站在正在拆除的模板下,拆除楼模板时,要注意防止整块模板掉下,尤其是用定型模板作平台模板时,更要注意防止模板突然全部掉下伤人。

⑥拆模间歇时,应将已活动的模板、拉杆、支撑等固定牢固,严防突然掉落伤到他人。

⑦已拆除的模板、拉杆、支撑等材料应及时运走或妥善堆放,严防操作人员因扶空、踏空坠落。

⑧在混凝土墙体、平板上有预留洞时,应在模板拆除后,随即在墙洞上做好安全护栏或将板的洞盖严。

⑨不承重的侧模板,包括梁、柱、墙的侧模板,只要混凝土强度能够保证其表面及棱角不因拆除模板而受损坏,即可进行拆除。一般墙体大模板在常温条件下,混凝土强度达到1N/mm^{2}即可拆除。

⑩承重模板,包括梁、板等水平结构构件的底模,应根据与结构同条件养护的试块强度达到表9的规定,方可拆除。

现浇结构拆模时所需混凝土强度　　表9

项次	结构类型	结构跨度(m)	达到设计混凝土强度标准值的百分率(%)
1	板	≤2	50
		>2,≤8	75

续上表

项次	结构类型	结构跨度(m)	达到设计混凝土强度标准值的百分率(%)
2	梁、拱、壳	≤8	75
		>8	100
3	悬臂构件	≤2	75
		>2	100

⑪后张预应力混凝土结构或构件模板的拆除,侧模应在预应力张拉之前拆除,其混凝土强度达到侧模拆除条件即可。进行预应力张拉必须待混凝土强度达到设计规定值后方可张拉,底模必须在预应力张拉完毕后方可拆除。

⑫已拆除模板及其支架的混凝土结构,应在混凝土强度达到设计的混凝土强度标准值后,才能允许承受全部设计的使用荷载。

⑬拆除芯模或预留孔的内模,应在混凝土强度能保证不发生塌陷和裂缝时,方可拆除。

⑭对于大体积混凝土,除应满足混凝土强度要求外,还应考虑保温措施,拆模后要保证混凝土内外温差不超过20℃,以免发生温差裂缝。

⑮各类模板拆除的顺序和方法,应根据模板设计的规定进行,一般可按先支后拆、后支先拆的顺序进行,先拆除非承重的模板,后拆除承重的模板和支架。

(2)木模板(含木夹板)拆除要求

①拆除人员必须戴好安全帽,操作时应按顺序分段进行,超过4m以上高度,不允许让模板枋料自由落下,严禁猛撬、硬砸或大面积撬落和拉倒。

②拆除模板前,应将下方一切预留洞口及建筑物周围用木板或安全网作防护围蔽,防止模板坠落伤人。

③拆除薄腹梁、吊车梁、桁架等预制构件模板时,应随拆随加支撑支牢,顶撑要有压脚桩,防止构件发生倒塌事故。

④完工后,不得留下松动和悬挂的模板木枋料。

(3)定型组合钢模板拆除要求

①定型组合钢模板拆除的顺序和方法,应按照施工组织规定进行,一般应先拆除侧模,后拆除底模;先拆除非承重部分,再拆除承重部分。

②拆除基础工程及地下室工程模板时,应先检查基槽(坑)土壁的安全现状,发现有松软、龟裂等不安全因素时,必须在采取防范措施后,方可下基槽(坑)作业。

③拆除现场散拼的梁、柱、墙等模板时,一般应逐块拆卸,不得成片松扣撬落或拉倒;拆除平台、楼层结构的底模,应设临时支撑,防止大片模板坠落,拆下的钢模板,严禁向下抛掷,应用溜槽或绳索系下,上下传递时,要互相接应,防止伤人。

④预拼大块钢模板整体拆除时,应先挂好吊绳和倒链,然后拆卸连接件,拆模时要用手锤敲击板体,使之与混凝土分离,再运吊到指定的地点堆放整齐。

⑤拆除高处模板,作业区范围应设有警示信号标志和警示牌,严禁非操作人员进入作业区。

(4)大模板拆除要求

①拆除大模板应先拆穿墙螺栓和铁件等,并使模板面与墙板面脱离,方可慢速起吊,起吊前应认真检查固定件是否全部拆除。

②起吊时应先稍微移动一下,证明确属无误后,方可正式起吊。

③大模板的外模板拆除前,要用吊机事先吊好,然后才准拆除悬挂扁担及固定件。

④大模板拆除后停放的位置,无论是短期停放还是较长期停放,一定要支撑牢固,并采取相应措施,防止倾倒。

⑤拆除大模板过程中千万要注意,不能碰撞墙体混凝土。

6　材料与设备

6.1　主要材料(表10)

主要材料一览表　　表10

序　号	名　　称	单　位	数　量	备　注
1	碗扣支架	t	350	根据不同桥梁而定
2	8号槽钢	t	80	
3	10cm×10cm方木	m	5 000	
4	1.8cm竹胶板	m^2	3 500	
5	ϕ50钢管	m	1 500	

6.2　主要设备(表11)

主要设备一览表　　表11

序　号	机械设备名称	规格型号	单　位	数　量
1	汽车吊	50t	台	2
2	千斤顶	YCW400B	台	2
3	汽车吊	25t	台	1
4	挖掘机	SK320-6	台	1
5	压浆机	D144;15kW	台	1
6	混凝土输送泵	HBT60	台	1
7	全站仪	TPCON	台	1
8	水准仪		台	2
9	经纬仪		台	2

7　质量控制

质量控制要求执行国内相关行业规范标准,主要包括现行《公路桥涵施工技术规范》(JTJ 041—2000)等。

7.1　模板支撑体系质量标准

模板支撑体系材料质量标准见相应规范,模板支撑体系安装质量标准见表12。

模板安装标准　　表12

项　　目	允许偏差(mm)	项　　目	允许偏差(mm)
模板高程	±10	模板相邻两板表面高差	2
模板内部尺寸	+5,0	模板表面平整	5
轴线偏位	10		

7.2　模板支撑体系质量控制

严格按照以下施工程序做好上一工序,未验收合格,不得进行下一工序施工。

(1)进场材料检查验收;

(2)地基基础检查验收;

(3)模板支撑体系搭设施工交底;

(4)模板基础上放箱梁轴线、结构样;

(5)依箱梁结构放样,模板支撑体系立杆轴线放线;
(6)模板支撑体系搭设与分阶段检查验收;
(7)模板支撑体系整体检查验收;
(8)模板安装与检查验收。

8 安全措施

(1)禁止架体倾斜或连接点松弛。
(2)禁止不按规定的程序和要求进行搭设和拆除作业。
(3)搭拆作业中应采取安全防护措施,设置防护和使用防护用品。
(4)禁止随意增加上架的人员和材料,以避免引起超载。
(5)禁止在架面上任意采取加高措施,增加荷载或加高部分无可靠固定,防护设施也未相应加高。
(6)不得将模板支架、缆风绳、泵送混凝土输送管等固定在脚手架上,严禁悬挂起重设备。
(7)不得在6级以上大风、雷雨和雪天继续施工。
(8)在脚手架上进行电气焊作业时,必须有防火措施和专人看守。
(9)搭拆脚手架时,地面应设围栏和警示标志,并派专人看守,严禁非操作人员入内。
(10)脚手架搭拆时应制止和杜绝违章指挥、违章作业。
(11)现场工作人员必须按规定戴安全帽和防护眼镜,高空作业时应系安全带。
(12)在工作时间、工作场所,严禁打闹、斗殴和脱岗,严禁酒后作业。

9 环保措施

(1)应贯彻落实国家关于环境保护的专项法律法规,有针对性地指定专项环保方案,同时加强环保宣传教育,并在施工中切实执行环保措施。
(2)建立健全有针对性的环境保护保证体系,落实责任制,配备专人负责管理。
(3)现场施工便道采用水泥混凝土硬化,并安排专人清扫、洒水。
(4)施工废弃物、生活垃圾等必须集中收集,运至指定地点处理。
(5)加强机械管理,执行《建筑施工场界噪声限值》(GB 12523—90)标准,减少施工中的噪声。
(6)施工机械防止严重漏油,禁止机械在运转或维修时产生的油污废水直接排放。

10 资源节约

本工法与传统工艺比较,节约了模板支撑体系的投入,在施工阶段加快了施工进度,节约了人力资源和设备动力。

11 效益分析

11.1 社会效益巨大

基于模板支撑体系和箱梁两次浇筑结构共同作用,采用科学设计,搭设高支模板工程,杜绝了箱梁施工过程垮塌事故的发生,减少了建筑废料,具有重大环境效益和社会效益。

11.2 经济效益显著

基于模板支撑体系和箱梁两次浇筑结构共同作用,可以减少模板支撑施工设计总荷载,避免盲目加大立杆密度带来不必要的材料和人工消耗,实现了较好的经济效益。

箱梁施工过程垮塌事故的有效控制,大大减少了施工废料排放,减少了场地清理工程量、建材消耗和人工费用,给施工企业带来了较好的经济效益。

12　应用实例

12.1　工程实例 1

宜昌三峡库区秭归县贾家店中桥箱梁碗扣式钢管高支模板工程。

宜昌三峡库区秭归县贾家店中桥为三跨连续弯箱梁桥，曲率半径为 55m，桥面宽 11.8m，跨径 20m，总长 60m，中跨箱梁下净高 20 余米，如图 4 所示。箱梁施工分底板和腹板，上盖板两次浇筑，按本工法箱梁与模板共同作用设计该桥的模板与碗扣式钢管高支撑系统。

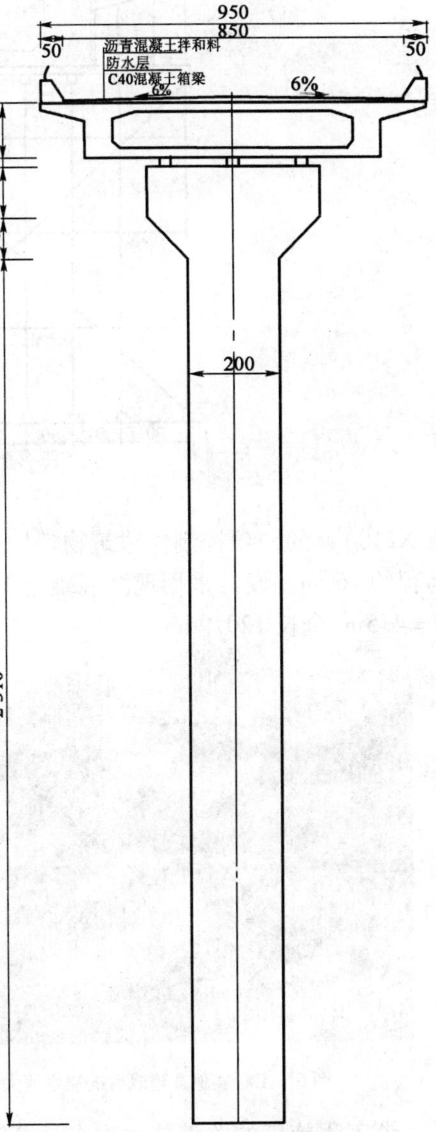

图 4　工程实例 1 立交桥剖面（尺寸单位：cm）

该桥采用碗扣式满堂支架现浇混凝土连续箱梁的施工方案。

12.1.1　地基处理

在支架设置范围内先采用推土机逐层予以推平，后用振动压路机分层碾压密实，碾压标准按高速公路填石路基检测。对易受冲刷部分用浆砌片石护面。支架两侧设置临时排水沟，以粗砂作为找平层，对于第一、二联部分地基在平碾压并检测合格后再浇筑 10～15cm 厚 C15 混凝土作为垫层，以提高地基的整体强度。

12.1.2　支架施工

碗扣式钢管立杆间距采取高密度 0.9m 布置，横桥向腹板下加密至 0.6m，立杆步距 1.2m。在纵、横向水平设 $\phi48\times3.5$ 普通钢管剪刀撑。其中纵向剪刀撑布置于支架两侧，相邻剪刀撑应交叉相连成为整体；横桥向剪刀撑每 4m 布设一道，钢管两扣件搭接固定，搭接长≥80cm；水平剪刀撑设于立杆顶平面，如图 5 所示。

12.1.3　模板安装

支架在安装完毕后，首先在立杆上面安装 U 形上顶托，再沿顺桥向在 U 形顶托上安装底模纵梁。纵梁采用 12cm × 12cm，间距与立杆横桥向间距相同，其上按间距 25cm 横桥向安装 10cm × 10cm 方木，顺桥向方木与横桥向方木采用耙钉牢固，最后在横桥向方木上安装底模。在安装底模时，为抵消现浇箱梁混凝土所引起的支架下沉值，将底模安装高程按设计预拱度抬高。

12.1.4　过程监控

采用沉降观测和模板支柱应力检测，对模板支架预压和混凝土浇筑整个过程进行监控。

12.1.5　应用效果

采用本施工工法，对箱梁施工模板支撑体系进行科学设计、施工，提高了施工结构的整体稳定性。该工程于 1997 年开工，1999 年主体结构完工，整个施工过程，不仅未发生高支模板工程垮塌事故，同时杜绝了各类安全生产事故的发生。建成后，桥梁各部结构强度、尺寸均符合设计要求，线形顺适，外观雄伟，符合《公路工程竣工验收办法》的有关规定，取得了明显的经济效益和社会效益。

12.2　工程实例 2

归（州）三（溪河）公路袁水河大桥是长江三峡库区秭归县交通复建工程归（州）三（溪河）公路（县

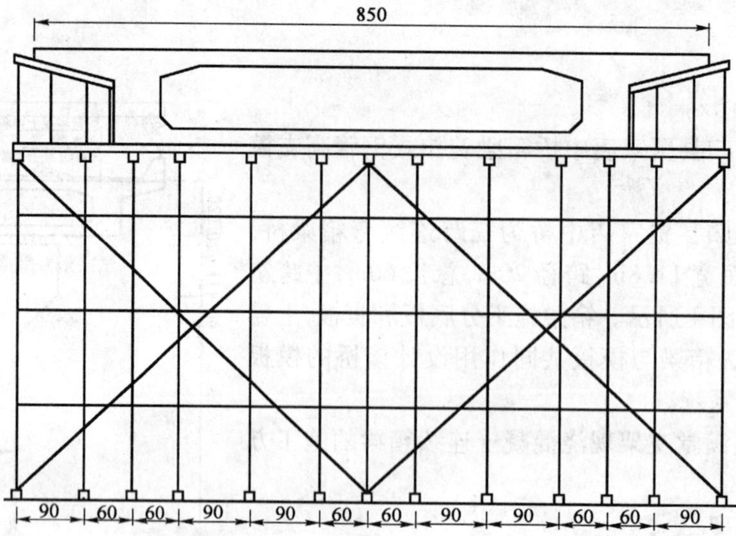

图5　模板支撑体系布设立面示意(尺寸单位:cm)

道 X210)上的一项控制性建筑物。桥址地处袁水河低山峡谷区,河谷呈不对称"U"形。河床宽约 50m,高程约 160m。设计采用现浇混凝土 Y 形墩连续刚架桥,如图 6、图 7 所示,净跨 30m + 50m + 30m,净高 H = 4.5m,全长 120.96m。

图6　工程实例2 建成后的袁水河大桥

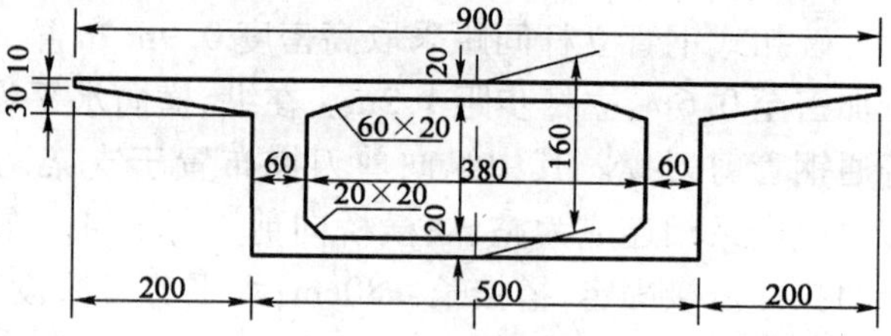

图7　工程实例2 桥梁断面(尺寸单位:cm)

该工程施工的关键技术难点是箱梁的施工,由于其净空高,施工空间小,工艺复杂,经反复比较,采取扣件式高支模板支撑系统,施工方案如下。

12.2.1　支架施工

(1)支架地基。当两墩、两台施工完毕,对箱梁下的地基进行平整压实(压实度≥95%),压实之后顺桥向设置 9 条片石混凝土地龙骨,横向每 1.0m 设置 1 条片石混凝土地龙骨,使地基形成均匀受力的地龙网。

(2)地龙木。当上述基础处理结束后,用 15cm × 10cm 的木板按立柱间距设地龙木,并用槽钢加固。

(3)立柱。立柱是箱梁支架的主要承重构件,根据结构需要,纵向、横向按 1.0m 的间距设置钢管立柱。

(4)平梁。纵横平梁是保证支架体系稳定性的主要承重构件。根据需要,纵梁、横梁均采用钢管,用十字钢管扣件连接加固。

(5)剪叉撑。剪叉撑是体系稳定的关键构件,使用钢管设置,用万向扣件连接加固。

(6)支架预压。为了确保箱梁施工后变形在规范允许范围内,在支架架设完毕后进行支架预压。

12.2.2　模板施工

(1)箱梁的外模采用5cm的钢模板或木模板,用地板胶封面,这样可以确保箱梁的外观质量。

(2)箱梁的内模全部用木模,根据箱梁变截面要求制作。

(3)箱梁与墩刚结的斜腿采用定形钢模拼装,以确保外观质量。

图8所示为工程实例工模板支撑体系图。

12.2.3　过程监控

采用沉降观测和模板支柱应力检测,对模板支架预压和混凝土浇筑整个过程进行监控。

12.2.4　应用效果

该项目于2000年3月1日正式动工兴建,并于2001年10月20日基本建成。在施工中,通过对箱梁施工满堂式支架的科学设计、施工,提高了整体稳定性,杜绝了大小安全生产事故的发生。建成后的袁水河大桥各部结构强度、尺寸均符合设计要求,线形顺适,外观雄伟。

图8　工程实例2模板支撑体系

按照《公路工程竣工验收办法》的有关规定,竣工验收委员会对袁水河大桥工程进行了验收综合评分,工程质量总评分为80.5分;工程质量等级为合格。

12.3　工程实例3

宜昌三峡库区秭归县归游路万堂中桥为三跨连续弯箱梁桥,曲率半径为59.8m,桥面宽11.8m,跨径20m,总长60m,中跨箱梁下净高20余米。箱梁施工分底板和腹板,上盖板两次浇筑,按本工法箱梁与模板共同作用设计该桥的木立柱、模板高支撑系统,最大控制荷载按箱梁自重的80%设计。

该工程于1997年开工,1999年主体结构完工。现场应用情况表明,模板支撑系统设计正确、施工可靠,不仅实现了施工过程安全,而且保证了桥梁质量,缩短了施工工期,取得了明显的经济效益和社会效益。

桥梁钢结构箱梁自浮航运施工工法

GGG(津)C4124—2009

贾明浩　胡　跃　陈　勇　吴　冬　赵　薇
(天津第三市政公路工程有限公司)

1　前言

目前,大跨度桥梁,多采用钢结构箱梁。钢结构箱梁需先制造成节段或块件,再进行总体安装。而箱梁节段或块件制造场地,占地大,且各方面配套要求较高,导致绝大多数桥梁钢结构箱梁无法在桥梁附近制造。而钢箱梁节段或块件均具有体积大、重量大的特点,故在距离桥梁较远的场地上制造完成的箱梁节段或块件的运输问题,就成为大多数钢结构箱梁桥梁施工所面临的技术难题。

箱梁节段或块件的陆路运输较为困难,需将梁体在满足设计最小梁体单元要求的前提下分块。由于梁体巨大,分块后亦需特种车辆方能运输;在运输过程中,对道路要求高,普通道路及狭小的交叉口很难满足运输要求,需交通管制配合,且不宜长途运输;梁体块件运至现场后如何下车安装亦为难题。

大型桥梁多跨江河,相对而言水路运输较陆路运输具有优势。而水路运输,使用的大型船舶或驳船对航道的要求较高,部分通航等级较低的河道不能满足要求。

天津第三市政公路工程有限公司,结合工程实践,展开科技创新。取得了"一种桥梁箱梁自浮运输方法"专利技术(专利号:200810154650.6)。同时形成了桥梁钢结构箱梁自浮航运施工工法。本工法采用箱梁自浮的方式进行航运,有效地解决了施工难题,降低了运输成本,效果明显,技术先进,具有显著的社会效益和经济效益。

2　工法特点

(1)对于跨越江河的,采用钢箱梁结构形式的桥梁,将梁体分成若干梁段,采用水路方式运输至桥位,避免了陆路运输的诸多弊端及限制,方便了悬臂拼装等架梁方式的吊梁施工。

(2)利用箱形梁自身结构,对箱梁节段或块件进行封闭改造,使梁段能在水运中自浮,避免了船舶运输、上船难的问题,以及对航道要求高,成本高等弊端。

(3)箱梁制造场地选择在与桥梁同水域的航道两侧,并能设置方便箱梁下水的坡道等设施。场地宜选择在占地成本低的地点,若场地能通航到相邻数个需进行钢结构箱梁施工的桥梁,则为最佳。

(4)钢结构箱梁段采用下水坡道及下水气囊配合下水,简便经济。

(5)采用动力舟船为水中自浮的箱梁体提供动力,进行航运。

3　适用范围

本工法适用于采用钢结构箱梁,且其所在水道具备基本的航运条件的桥梁,尤其适用于无法进行陆路运输且所在航道通航等级较低的钢结构桥梁。

4　工艺原理

本工法是一种桥梁钢结构箱梁自浮运输的方法,包括箱梁下水和航道上的运输。利用箱形梁的自身结构,进行梁段封闭改造,通过封焊钢板使梁体形成密封不透水的箱体;利用箱梁制造场地上设置的下水坡道，采用气囊顶托及滚动，移动梁体下水；动力舟船为水中自浮的箱梁段提供动力进行航运的方式施工。

5　施工工艺流程及操作要点

5.1　施工工艺流程

箱梁制造场地选择→箱梁制造场地建设(制造设备及下水设施)→箱梁制造→箱梁密封改造及与航运有关的其他改造→箱梁进入下水坡道→箱梁利用气囊在坡道上的滚动下水→水中箱梁与动力舟船的连接→自浮航运→到达目的地施工完成，见图1。

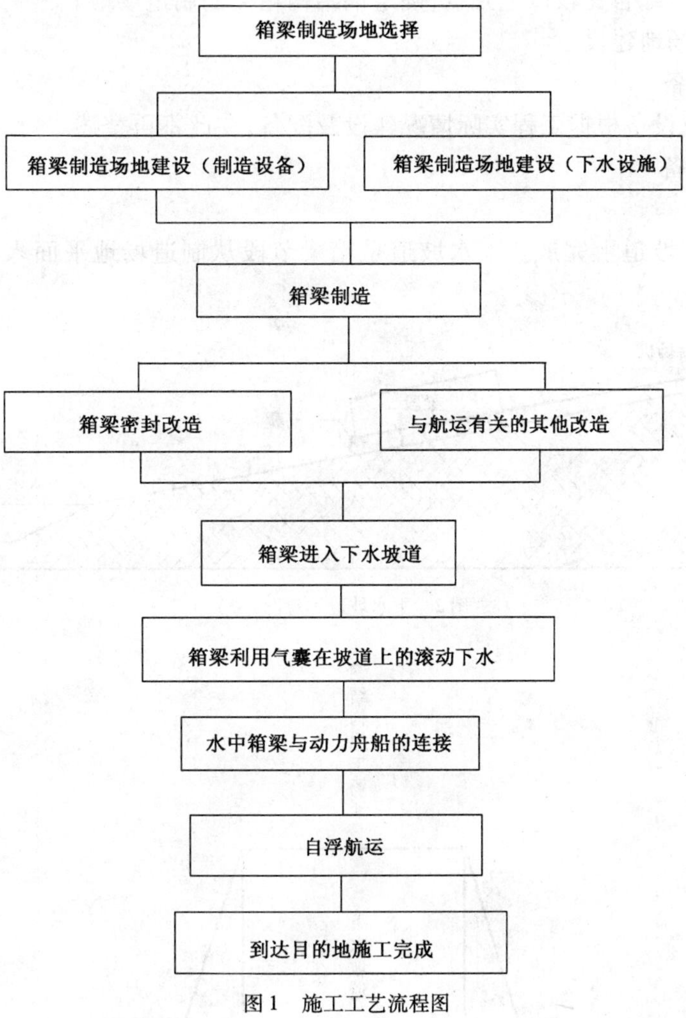

图1　施工工艺流程图

5.2　操作要点

5.2.1　箱梁制造场地选择

(1)场地具备制造及航运箱梁的条件

所选场地应具备制造箱梁的全部条件，如生产生活必需的水源和电源、场地面积及形状满足生产要求，具备原材料及工作人员进出场的交通条件，工作人员的生产生活不会对周围环境带来环保危害等。

所选场地位于桥梁所在水域的航道两侧，使制造好的箱梁段具备从场地直接下水进入航道运输的条件，运输距离及时间在允许范围之内。场地上需建设从钢结构箱梁加工胎直通航道的下水坡道等设施。所选场地应具备建设下水设施的条件。选址期应对拟选的场址，进行模拟航运分析及试验，以确保所经航道深度及宽度全部满足运输要求。经向航道航运主管部门申请，并获批后再确定选址。

满足以上几点要求的制造场地可作为备选方案。

(2)选址的经济性分析

应对满足上述要求的备选方案,进行经济性比较分析。经济分析主要从以下几方面着手。

①场地购置或租赁费用;

②场地改造建设费用;

③与运距成正比的航运成本;

④场地使用效率,考察是否选址可服务于多座桥梁;

⑤安全风险所带来的经济风险。

根据工程实际,通过综合比较以上几点,确定钢结构箱梁的制造场地。

5.2.2 梁段制造场地建设

(1)造梁场地及设备

制造箱梁的场地及设备根据工程实际情况建设及配备,在此不再赘述。

(2)下水设施及设备

①下水坡道

梁段下水需在下水坡道上完成。下水坡道是箱梁节段从制造场地平面入水到航道中的路径,见图2、图3。

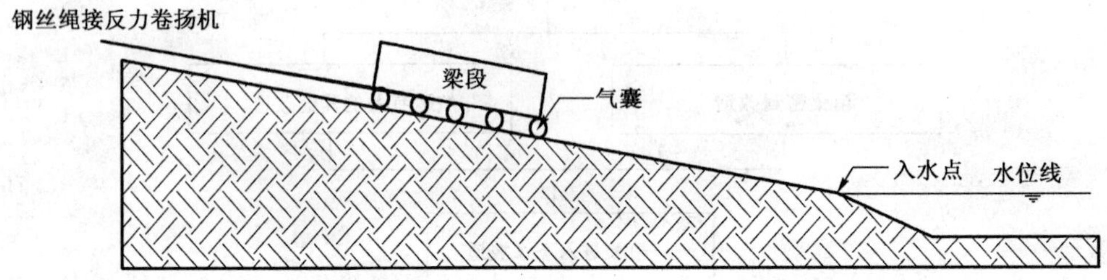

图2 下水坡道示意图(一)

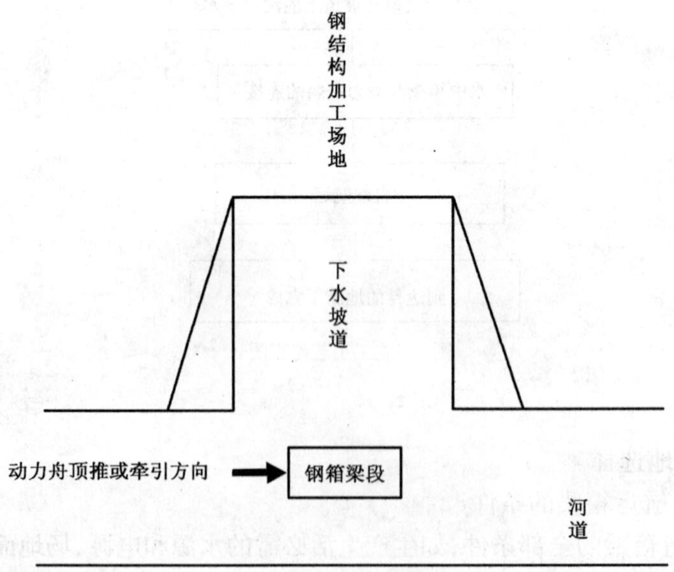

图3 下水坡道示意图(二)

下水坡道宽度应满足桥梁最宽梁段的下水需要。由于下水为软牵引下水,为保证梁段安全,坡道宽度应至少大于最宽梁段8m,对于较长的梁段还应适当加大宽度。

坡道表面需进行硬化和平整。硬化层厚度,可根据箱梁重量等施工荷载进行设计,具体设计方法本工法不再赘述。由于本工法采用气囊下水,故下水坡道应绝对平整且无尖锐外露物,防止刺破气囊。

下水坡道的长度及坡度设置,应根据梁段制造场地地面高程与航道常水位高差,以及场地可提供的坡道长度综合考虑设置。坡道最小坡度不宜小于4°,最大坡度不宜大于20°。

由于箱梁入水瞬间会因惯性下沉,下水坡道的入水点深度应大于梁段高度的1.2倍。

②坡道下水反力装置设置

下水时,梁段位于坡道之上,其在重力作用下会自行在气囊上下滑,故需设置下水反力控制装置,以控制其下滑距离及速度,保证梁段下水的各个动作顺利完成。

坡道下水反力装置可采用卷扬机,见图4。

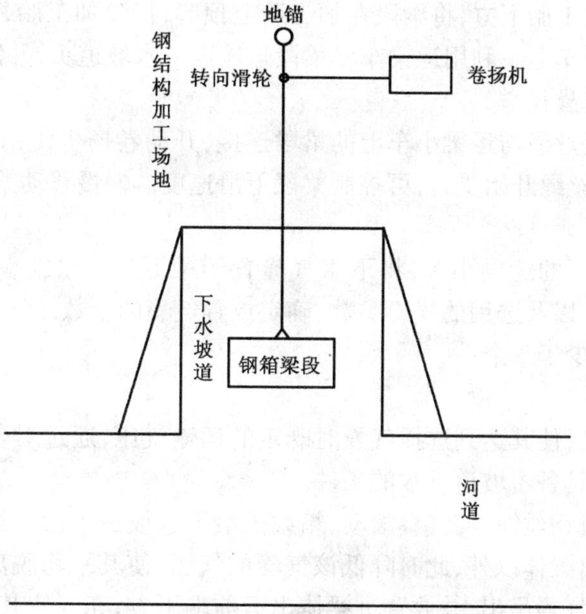

图4 下水反力卷扬机设置示意图

反力卷扬机的型号,以下水的最重梁段在坡道上产生的下滑分力作为主要依据来选择。卷扬机通过滑轮组能提供的反力至少是下滑分力的1.5倍。

反力卷扬机可设置在梁段正后方,也可通过转向滑轮设置在梁段侧方等不妨碍其他施工作业的地方。

反力卷扬机及地锚的锚固座需设置牢固,经计算,必要时可设置深基础。

5.2.3 箱梁密封改造及与航运有关的其他改造

(1)箱梁吃水深度及水中姿态预估

根据箱梁形状,通过计算箱梁密封部位的体积,计算其吃水深度。箱梁顶面应露出水面至少50cm,对于吃水深度不能满足要求的梁段,可采用绑扎气囊等措施增加浮力。根据计算下水的钢箱梁段的重心,判断其在水中的姿态。在工程实践中,钢箱梁段的理论重心均不可能与其形心重合,即下水后的梁段为倾斜姿态。通过理论计算,判断其倾斜程度是否符合要求,倾斜方向两端吃水深度差应小于20cm。对于倾斜角度过大,不能满足要求的梁段,采取绑扎气囊或压载配重的方式调节箱梁姿态。

(2)箱梁密封改造

箱梁的密封改造应根据箱梁设计结构进行。对于箱室横纵隔板及顶底板上的人孔及过焊孔进行封孔焊接。采用8mm或10mm的钢板切割成比原孔大30mm的封焊板进行封焊,焊缝要求饱满、连续、无漏焊点。在钢箱梁顶板上预留临时人孔,便于进入箱体检查。封焊后进行煤油密封检查,在焊缝上涂抹石灰水,在焊缝反面刷煤油,观察焊缝上石灰涂层是否出现黄斑,如有黄斑即为密封不严密,对密封不严密处应进行返工,直到符合密闭要求为止。

(3)与航运有关的其他改造

与航运有关的其他改造,主要包括:对于不满足吃水深度或水中姿态要求的梁段绑扎气囊或安装平衡配重物;安装下水所需的吊耳、吊点、连接件;在梁段四周安装碰撞缓冲装置(可绑扎废旧轮胎)等。

5.2.4 箱梁下水

(1)下水工艺

①梁段进入下水坡道

钢箱梁段制造完成报验结束,先对梁段进行密封改造及与航运有关的其他改造。改造完成验收合格后,将梁段从制作胎上转移到运梁车上。运梁车为根据梁段尺寸设计的平板运输车,其尺寸应与加工胎匹配。运梁车可进入加工胎下方,将梁段在加工胎上顶起,拆除加工胎,可在无需大型吊装设备的情况下将梁段直接落于运梁车上。利用运梁车将梁段运输至下水坡道头,并制动固定。

②反力装置受力及气囊托举

将反力卷扬机上的钢丝绳与运梁小车上的梁段连接,开动卷扬机使钢丝绳绷紧受力。移动梁段使其进入坡道,此时反力钢丝绳开始受力,可控制梁段下滑速度。慢慢移动梁段,使其全部进入坡道后,即停止。

将梁段顶起,移走其下的运梁小车,将下水气囊置于梁下。下水气囊与出运方向呈90°角横向放置。根据梁段重量、长度,以及选用的气囊参数,确定放置气囊的个数。气囊与气囊之间留有至少1.5m的间距,且气囊最少不得少于3个。

③坡道下水

对箱梁下的气囊充气,使其达到选择气囊时既定的运输气压,通过对各个气囊气量的调整,使箱梁底与坡道水平,此时梁段具备了坡道下水的条件。

缓慢放松反力卷扬机钢丝绳,使气囊滚动,箱梁段沿下水坡道下滑。经一段滚动下滑后,箱梁段后方最后一个气囊将要露出梁体以外,此时降低该气囊的气压,使其平稳脱离梁体。该气囊脱离梁体后,暂时停止梁段下滑,将该气囊吊出,并放置进梁体出运前端下方,充气使其达到选择气囊时既定的运输气压,调整各个气囊的气压使箱梁段底板平行于下水坡道。开始继续下滑箱梁,直至箱梁接近航道水面。

当箱梁段下气囊到达梁段入水点时,降低气囊气压,使其能随箱梁的下滑逐渐与箱梁共同入水。随着箱梁逐步入水,不断降低气囊气压,使梁段入水平稳,直至梁段全部入水并自浮。将排空的气囊吊离,梁段即在水中自浮,便完成了下水动作。

(2)下水气囊的选择与配置

气囊可到专业生产厂家选配,长度可根据构件的底宽任意选择,见表1。

常规气囊参数表 表1

公称直径 D(m)		0.8	1.0	1.2	1.5	1.8	2.0
中压气囊	出厂检验压力(MPa)	0.13	0.11	0.09	0.07	0.06	0.05
	许用压力(MPa)	0.09	0.07	0.06	0.05	0.04	0.035
高压气囊	出厂检验压力(MPa)	0.26	0.21	0.17	0.14	0.12	0.10
	许用压力(MPa)	0.18	0.14	0.12	0.09	0.08	0.07

根据下水梁段出运边宽选择单根气囊的长度,单根气囊长度大于梁段出运边宽3~5m。确定梁段下水时出运(顶升)高度,由此计算出承载面积,并按气囊的许用压力计算出所需气囊的最短总长度,根据最短总长度,确定气囊个数,气囊总工作长度应不小于计算最短总长度的1.3倍,以防出运过程中,气囊破裂或气囊受力不均时,气囊超负荷运行。根据选择的气囊个数,可反算出运输时气囊的既定运输气压。

可根据气囊的工作高度及构件的总重量,参考表2选择气囊在额定工作压力时的最短总长度。

气囊最短工作长度选用表　　表2

类别	直径(m)	气囊内压力(MPa)	H/D			
			0.5	0.4	0.3	0.2
中压气囊	0.8	0.088	55	66	77	88
	1.0	0.070				
	1.2	0.058				
	1.5	0.047				
	1.8	0.039				
	2.0	0.033				
高压气囊	0.8	0.176	110	132	154	176
	1.0	0.140				
	1.2	0.116				
	1.5	0.094				
	1.8	0.078				
	2.0	0.070				

注:H为气囊被压度或工作高度;D为气囊直径。

气囊供气系统采用空压机,为了使多个气囊同时充气,保持气压一致,应设置具有多管路接头的空气分配器1~2个,另有输气管多条。

5.2.5　水中箱梁与动力舟船的连接

确认入水的钢箱梁不漏水后,让钢箱梁自行漂浮,与动力舟进行连接,等待发运。

钢箱梁段与动力舟船的连接可根据实际情况选择柔性连接或者刚性连接。动力舟船的运输方式可分为顶推和牵引两大类,可根据箱梁结构及航道实际情况选择,在运输工程中设置导向船,确保梁段运输不偏离航道,见图5、图6。

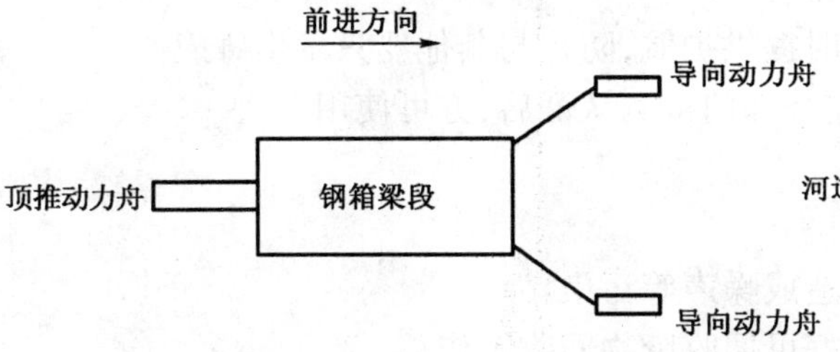

图5　顶推方式示意图

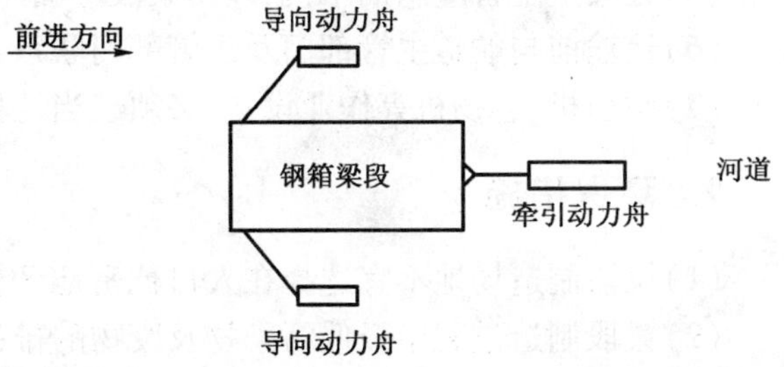

图6　牵引方式示意图

5.2.6　自浮航运

自浮航运利用动力舟提供动力,导向动力舟控制方向,运输梁段至目的地。

5.2.7　劳动力组织(表3)

劳动力组织表　　表3

序　号	配备人员	人数(人)	备　注	序　号	配备人员	人数(人)	备　注
1	经理	2		6	安全监督	2	
2	技术员	2		7	下水指挥	1	
3	质量员	2		8	航运指挥	1	
4	施工员	2		9	作业人员	25	
5	设备管理	3					

6 材料与设备(表4)

主要材料设备表 表4

编 号	名 称	单位	数 量	用 途
1	卷扬机	个	1	为坡道下水的箱梁提供反力
2	气囊	个	据情况选用	箱梁下水
3	空压机	台	1	气囊充气
4	抽水机	台	1~2	应急
5	动力舟船	艘	3	箱梁运输

7 质量控制

(1)箱梁密封改造需按照箱梁结构进行,完成运输后需恢复箱梁原状,改造不能破坏箱梁结构,或在梁体内残留有害应力。

(2)箱梁下水前至少需进行一遍防腐涂装,防止梁段因进水而腐蚀。

(3)对梁段运输全过程进行评估,确保运输过程中梁段不受损、不变形。

8 安全措施

(1)下水坡道大于梁段宽度至少8m,防止因入水过程中梁段偏位产生事故。

(2)正式运输前应进行模拟运输试验,真实模拟梁段在航道中运输的过程,确保航道深度、宽度满足要求,探明沿线情况。

(3)保证下水用气囊质量优良,防止因气囊爆裂发生事故。

(4)运输前在梁段及船舶上安装碰撞缓冲装置(可采用废旧轮胎)。

(5)在梁上配备应急抽水机,以便梁段渗漏时抽水排险。

(6)运输前与航道主管部门及运管部门联系,必要时提供护航,防止与其他船只发生碰撞事故。

(7)空压机、卷扬机等作业设备,必须经当地技术监督部门检测认证后,方可使用。

9 环保措施

(1)梁段制造场地不宜选择在人口稠密地区,以免造成噪声等污染。

(2)梁段制造过程中降低污染物及废物的排放,做好可回收废物回收工作。

(3)在梁段运输过程中,禁止向航道中排放或丢弃污染物。

10 资源节约

自浮航运工法形成后,节约了大量运输钢箱梁所使用的能源。自浮航运较陆路汽运消耗的能源大为降低,经济性明显。

11 效益分析

本工法社会及经济效益显著。

自浮航运使梁段制造场地可远离人口稠密地区,减少对环境的污染;水路运输在一定程度上缩短了桥梁施工周期,创造出了巨大的社会效益。

自浮航运,避免了陆路运输的诸多弊端,水路运输的优越性和经济性得到最大限度地体现;且梁段自浮,节省了驳船运输的成本;钢结构箱梁制造场地可重复利用或改建成钢结构加工工厂,因此产生了巨大的经济效益。

12 应用实例

12.1 工程简介

江西省贵溪市贵溪大桥工程，桥型为单索面无背索独斜塔斜拉桥，桥梁钢箱梁段长174m。钢箱梁标准梁段横断面为整体式箱形截面，标准节段长13m，中心梁高为3m。

贵溪大桥采用的桥梁箱梁自浮运输方法，由于采用了全新的技术方案，利用钢结构箱梁自身浮力，采用水运的方式，将箱梁的加工制作、运输及就位安装集为一体，有效地解决了施工难题，缩短了工期。

12.2 施工情况

贵溪大桥选择的钢箱梁制造场地距离桥梁约7km，该场地处河岸荒地上。在该场地上共制造并下水了贵溪大桥13个标准梁段及一个合龙梁段。

梁段制造场地下水坡道长70m，宽20m，坡度为1∶9。采用一台5t卷扬机，通过8倍滑轮组可以提供40t的拉力。大桥标准梁段重150t，采用5条直径1.5m、长13m的气囊交替滚动下水。

12.3 结果分析

贵溪大桥箱梁的制造及运输施工效果显著。由于大桥处于河岸边丘陵上，不具备陆路运输钢箱梁就位的条件，而大桥所处的信江河由于航道较浅，且航道上桥梁较多，净空及净宽均较小，不适合大型船舶运输。本工法提供的施工方法，有效地解决了上述问题，创造了良好的社会及经济效益。

浅埋式大断面箱涵顶推施工工法

GGG(中企)C4125—2009

李金光　田军乐　刘志博　孟俊芳　王凯峰

(中交第四公路工程局有限公司)

1　前言

随着社会经济的发展,我国在公路、铁路、市政等方面的建设项目日益增多。由于道路密度加大、高速铁路建设等原因,道路与道路交叉、道路与管线交叉、铁路与公路交叉在满足条件时都可以采用顶推法施工。特别是在铁路提速改造中,由于铁路运行几乎不可能中断,因此采用箱涵顶推施工解决铁路平交改下穿立交工程,应用前景十分广阔。本工法是中交第四公路工程局有限公司通过成功顶推一座单幅净断面长52m、宽20.8m、高6.6m的大断面箱涵总结形成的。

2　工法特点

(1)本工法可以解决在立体交叉不间断交通的情况下下穿箱涵施工的难题,可以实现较大跨径的箱涵顶推施工。

(2)本工法采用深井井点降水的方法,施工措施得当,有效解决了降水技术问题。

(3)施工方便、操作性强,对社会影响小,对地方干扰小,对自然环境影响小,可节约自然资源。

(4)安全性好,可确保工程施工及上跨公路及铁路的通行安全。

3　适用范围

本工法适用于道路与道路交叉、道路与管线交叉、平交改立交等在不间断交通的条件下,下穿工程的施工。

4　工艺原理

本工法顶进施工工艺为:先在顶进的一侧开挖工作坑,然后在坑内施工顶推滑板与反力墙,在滑板上预制钢筋混凝土箱涵,同时施工管棚,在反力墙与箱涵之间安设千斤顶,箱涵底现浇快硬混凝土滑板作为滑行轨道,采用中继间法顶进施工。路面土体采用管棚、钢网格刃角分割土体支护技术,箱涵分三节预制,节与节之间设中继间,三节同时顶进。基坑及箱涵周围采用深井降水,稳固掌子面。用千斤顶将箱涵顶入路基,边开挖边顶进,直至箱涵顶入路基达到设计位置为止。

5　施工工艺流程及操作要点

5.1　施工工艺流程(图1)

5.2　操作要点

5.2.1　箱涵预制坑地基处理

根据不同的地质条件,选择不同的地基处理方式。本工程所处的位置地下水稳定,水位为地面以下1.2m,箱涵两侧连接工程U形槽全部处于地下水位以下,在运营过程中,箱涵和U形槽将承受巨大的浮力,设计采用直径为80cm的钢筋混凝土钻孔桩作为抗拔桩来克服浮力。

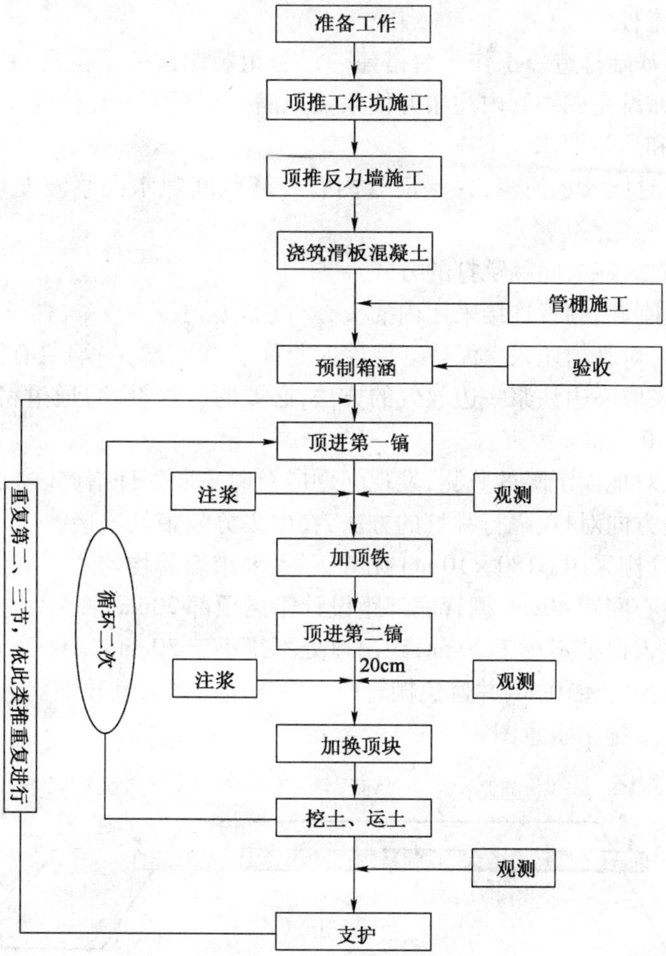

图1 施工工艺流程

5.2.2 降水施工

如果下穿被交线顶推箱涵处于地下水位以下,首先需解决地下水的问题。根据施工的需要可采用深井井点降水方法,即在降水井中用水泵抽水,以达到基坑降水和排水固结的目的,确保顶进箱涵施工时基坑无水。

由于顶进箱涵处的大面积长期降水会引起路基及周边土体产生一些沉降,为了使顶进箱涵处的路基不发生沉降突变,路基两侧降水井管采用由箱涵向两侧逐渐变浅的原则设置。

箱涵以外降水时使路基底的降水曲线由箱涵中部向两侧较平缓圆顺地升高,从而使路基由于降水引起的沉降也平缓圆顺,而不在顶进箱涵处发生沉降突变,以达到沉降对路面不产生不良影响的目的。

5.2.3 管棚施工

由于箱涵顶部覆土厚度较小,在顶推过程中箱涵顶上高速公路路面很容易被箱涵带走横移,为了保证施工时高速公路(或其他道路)的正常使用,有效控制路面沉降,在箱涵顶部采用大管棚支护,管棚施工示意图如图2所示。

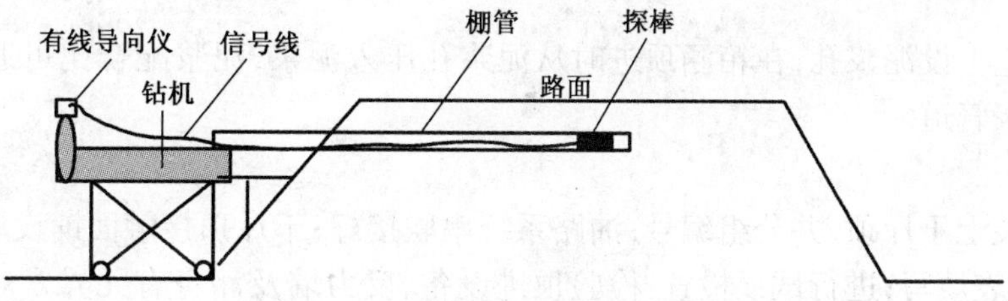

图2 管棚施工示意图

(1)管棚施工工艺流程

设备进场→工作面基础打造→工作平台搭建→设备组装调试→管位复测→15t 钻机定位(方位、仰角)→钻孔施工→棚管铺设完成→管内注浆并使浆液饱满→移至下一孔位施工。

(2)施工操作要点和质量要求

①每根棚管必须及时压入水泥浆,并保证管内管外环状间隙水泥浆液充填饱满,严格控制地面下沉。

②棚管施工采用隔二打一、间隔跳打的方式。

③为加强管棚整体刚性,棚管连接采用内插头,对口焊接。

④棚管打设完成后,对管内压入水泥浆。注浆时封闭棚管两端,一端留有注浆孔,另一端留有放气孔。为保证注浆饱满,采取一边注浆一边放气的方法,必要时二次补注;通过稳压措施使管内浆液充填饱满。注浆压力控制在 0.2MPa 为宜。

⑤管棚施工中加强对地面沉降的监测,发现问题应及时采取处理措施。

⑥长管棚采用相反方向对打、隔行跳打的方法,在中央分隔带处连接。

⑦棚管规格:横向管棚采用 $\phi 180 \times 10$mm 无缝钢管,要求厚薄均匀。

⑧横向相邻棚管中心间距 40cm,棚管底部距设计箱涵顶部 20cm,管位偏差应≤2cm。

⑨管棚底距箱涵顶入口处不小于 20cm,距出口处不得小于 30cm。

⑩棚管打设偏斜误差应≤10cm,并避免棚管向下侵入至箱涵设计顶面。

图 3 所示为管棚注浆施工示意图。

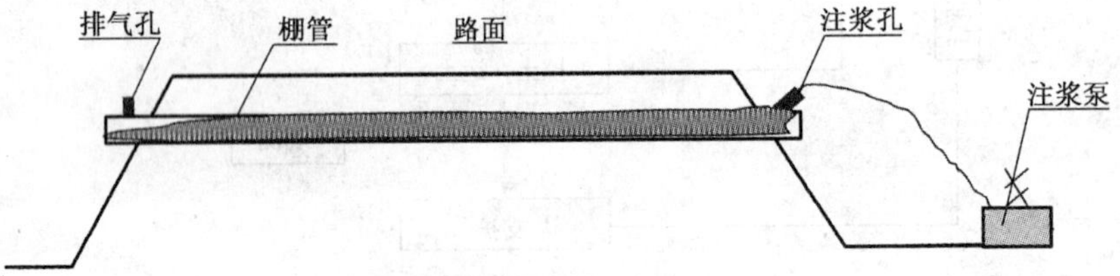

图 3　管棚注浆施工示意图

5.2.4　箱涵顶推施工

(1)施工方法

箱涵分三节预制顶进,节与节之间设中继间;箱涵底为快硬性混凝土现浇滑板,采用边浇筑边顶推的方法进行施工。施工前应组织人员进行顶推施工技术交底和安全技术交底,人员明确分工,责任落实到人。共设三个班组,分别为:掌子面挖土组、顶推油泵组、吊顶块组。每组设组长,现场技术人员负责记录,主要管理人员全过程跟班检查,发现问题及时解决。

(2)箱涵施工

箱涵施工与常规箱涵施工方法相同,预制完成后组织有关人员进行检查验收,清理工作坑和涵身模板、脚手架、零星钢筋头、钉子等;并在顶推正前方滑板上涂上石蜡和滑石粉。在混凝土的强度达到 100% 后方可进行顶推作业;为减少摩擦阻力,箱涵表面和土接触面应打蜡处理;箱涵涵身对拉螺杆孔应进行堵塞密封处理;将箱涵四周预埋的泥浆孔口凿开。

(3)泥浆系统

在箱涵四周侧壁上设泥浆孔,在箱涵顶进时从泥浆孔压入泥浆,泥浆配合比可通过试验确定;并按照设计图纸布设泥浆管道。

(4)千斤顶就位

在每个顶镐窝装上千斤顶,并分组编号;油路系统串联接好;千斤顶接触面铺设厚钢板,防止顶裂混凝土;熟悉顶推记录表填写;进行试顶检查:检验顶进设备、反力墙及涵身有无异常。经验证一切正常,方可进行正式顶进作业。

(5)机械调配

出土的快慢直接影响到箱涵的顶进速度,通过计算每延米的出土量和顶进进尺,配备足够的挖掘机、装载机、自卸车来保证整个箱涵的运土工作顺利进行。

(6)快硬性滑板混凝土浇筑

滑板基坑采用挖掘机挖土,人工配合清理至设计底高程,测量组控制好滑板高程。干硬性混凝土水灰比小,采用装载机运送混凝土,人工振捣的方法浇筑,并按照设计图纸铺设钢筋网片,人工抹面要抹平压光。

(7)顶进

顶进是现场一切工作的中心环节,每次开顶前及交接班时都应检查油泵等液压系统有无故障,挖土是否符合要求,顶铁安装是否合格,以及后背变形等情况,这些工作若有一个环节出问题,都会给顶进带来困难,甚至造成事故。

图4所示为箱涵顶进施工示意图。

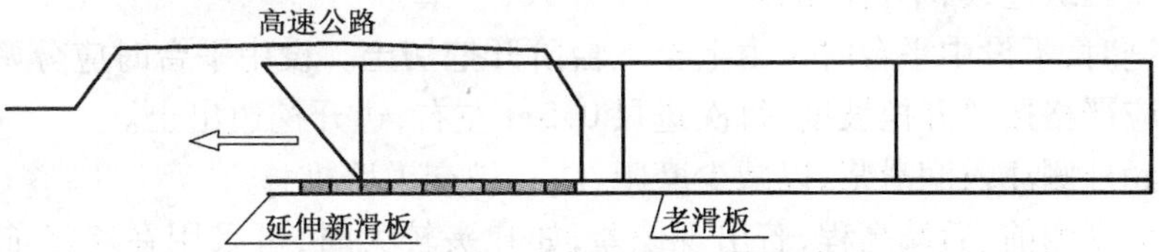

图4　箱涵顶进施工示意图

根据设计顶力值,计算顶进一节一孔机动车道需要的合适吨位的千斤顶台数,对大型顶推结构而言,以选择500t千斤顶为佳。

顶进前反力墙设施及顶进设备应全部安装完毕,安装顶进设备(包括高压油泵、千斤顶、顶铁、顶柱)和油路,经试运转合格,检查地下水位,确保顶进作业面(包括公路路基下施工降水)已达基底下1.0m以下。顶铁(柱)与千斤顶应呈一直线,与后背梁垂直。以上工作完成后,进行一次试顶,以检验顶进设备、后背及涵身有无异常,经验证一切正常,方可进行正式顶进作业。安装好混凝土顶块和顶铁后,预留好千斤顶顶推一镐的空间,注意调整使顶块和顶铁与千斤顶受力作用线方向一致。顶推前进一定的距离后,顶块之间要浇筑混凝土加固处理,防止混凝土顶块过长失稳而发生意外。

两幅两孔箱涵顺序交替顶进,先顶进第一节,再依次顶进二、三节。每顶进一镐,注浆一次,挖土一次,每次严格控制挖土量,严禁超挖。

随时顶进,随时观察箱涵的顶进姿态,以便做到及时纠偏。采用变换千斤顶的位置、左右两侧不同的挖土和左右两侧不同的顶力等措施来控制顶进过程的左右偏差,顶进中需做好顶进原始记录,随班交接。

箱涵顶进到位后,立即按设计要求注入化学浆液,直到达到满足设计要求的地基承载力。

(8)掌子面挖土

挖土的顺序由上而下,挖土以露出刃角为参考,底板挖到滑板的底部高程位置,切忌超挖,以免引起塌方而导致路面开裂等事故。刃角周围宜人工配合开挖,这样,尺度好掌握,灵活程度高,其他挖方量较大的部位采用挖掘机开挖,正常情况下,每顶一镐都要人工挖开刃角部位,减少顶推的阻力。土方应及时运出,不宜堆积在箱涵内。

(9)二次滑板浇筑

箱涵顶推到老滑板边缘时应及时清理基坑,以最短的时间浇筑第二次滑板混凝土,待混凝土强度达到设计强度的80%时,涂上石蜡和滑石粉进行下一回合箱涵顶推,正常情况下,每浇筑一次的长度为2m左右。

(10)顶进时注意事项

①顶进时应在被交道路上设防护人员,并在顶进刃角前方上端封闭车道,以免因重型车行驶而造成掌子面塌方,或因路基下沉而造成事故。

②在反力墙后背受力影响区以外应提前设置观测站,左右对称布置。观测标尺应设在前、后端边墙内侧及顶板下。轴线及高程测量基准点应设在不受扰动地区并经闭合检验后方可使用。箱涵被顶推启动前应观测记录原始位置各项数据。

③每顶一镐,组织机械和人员加快挖土和出土的速度,实行连续作业,以保持箱身不断顶进。

④如因某种原因致使顶进长时间中断时,也应间歇性地顶进涵身,以防止箱涵在重新顶进时阻力增大。故障一旦解除,应立即继续顶进,保证顶进的连续性。

⑤顶进时,顶柱和后背处严禁站人,以防顶柱弓起蹦出或后背发生意外安全事故。

⑥大型顶进箱涵宜采用机械挖土顶进,加快出土速度,减少开挖面曝露停滞时间,防止塌方。一般宜选用小型挖掘机按设计开挖坡度开挖,每次开挖进尺0.4~0.6m,配装载机或直接用挖掘机装汽车出土。顶板、侧墙刃脚切土及底板前清土须由人工配合。使用机械挖运土时箱涵内应设通风设备,强制通风。挖土顶进作业应三班连续,不得间断。

⑦人工挖土顶进时,不设中平台时可由上至下台阶开挖切土。设中平台时应分两级开挖,中刃脚吃土不得挖穿。挖土应严格按照开挖坡度,每次进尺0.3m左右,边开挖边出土。

⑧顶进时在箱涵外侧注入润滑浆,以减少摩阻,防止被交道路推移。

⑨每一顶程都应观测前、后端高程,若出现偏差,如扎头较大时,可采用在箱涵前端侧墙上支垫,产生上支点反力的方法来校正扎头,但要严密监测、观察路基及线路变化。如果地基很软,扎头严重时,可采用浇筑快硬混凝土垫梁等措施。

(11)顶推过程易发生的问题及处理措施

顶推施工过程中,易出现的主要问题是掌子面塌方、顶进侧向偏移、阻力过大使箱涵难以前进、路基向顶进方向移动等。

①掌子面塌方

由于原填方路基和原地面以下砂性土质很不稳定,机械人为因素超挖,未能按设计要求保证掌子面的倾斜度,刃角入土的深度不够,可能出现刃角脱空现象,以及被交道路行车振动等因素,可能导致掌子面塌方。

主要处理措施:

a. 尽可能按照掌子面的倾斜度和钢刃角的入土深度进行开挖,严禁超挖。

b. 对中间易塌方的范围打入6m长ϕ100钢管,边开挖边打入,以梅花状布置,使钢管钉始终发挥作用。

c. 与高速公路交管部门协商尽量使正前方车辆避让掌子面行驶,或采取减速措施,以减少对掌子面土体的振动。

d. 坚持勤开挖、少开挖原则,尽量采用人工开挖,避免超挖。

②箱涵左右偏移

由于箱涵可能与被交道路存在夹角,箱涵易向锐角方向偏移。

主要处理措施:

a. 发现偏移后,通过调整左右侧千斤顶来调整箱涵的前进方向,做好预防措施,每顶一镐测量一次,发现偏位立刻纠偏,以避免出现大偏位。

b. 通过改变千斤顶的受力方向来调整左右偏位(千斤顶的前端和后端垫上楔形钢板顶铁,从而改变力的作用线)。

c. 调整左右两侧不同的挖土量,据以调整左右两侧的阻力。

③顶进阻力过大使箱涵难以前进

当第一节箱涵难以顶进时,此时的顶力已经达到极限,顶进作业将终止。分析其原因:一是因为可能刃角被路基压实土挤死，没有及时清除；二是检查由于前方上方的管棚是否卡住钢刃角导致临界阻力过大。

主要处理措施：

a. 加大箱涵与土体接触面触变泥浆的注入量，尽可能减少摩擦阻力。

b. 现场指挥人员在顶推的过程中要勤于观察刃角前方的动态，设法排除刃角前方一切顶推阻碍。

c. 增加千斤顶，加大顶推力，此种情况只在采用前两种方法仍不能启动的情况下使用。

④路基向顶进方向的滑移

若观测发现路基向顶进方向出现滑移，路面开始开裂，主要原因是箱涵出口端的路基土体越来越少，不能抵抗箱涵的整体顶力，使前端的土体受拉发生位移。

主要的处理措施：反压土和抗推桩均发生变形，其原因是反压土的抗推力和抗推桩的推力叠加合力小于箱涵顶进时作用于路基上的水平力，可采取临时交通导航的方法。

6 材料与机械设备

6.1 降水钻井设备

200 型反循环钻机 2 台、空气压缩机 2 台、潜水泵 10 台、配电箱若干。

6.2 管棚施工设备(表 1)

管棚施工设备　表 1

设备名称	型号	数量	厂名
水平导向钻机	FDP-15B	3 台	黄海机械厂
棚管钻机	HT-100	2 台	中易恒通
水平导向钻机	FDP-36	2 台	黄海机械厂
水平导向仪	Drilltrack	3 台	英国雷迪公司
工作平台(架)	HW-6 型可移动升降式工作平台	3 台	自产
泥浆泵	BW-250 型	3 台	衡阳探机
搅浆箱	立式离心泵循环搅拌	2 台	自制
发电机	120kW	2 台	

6.3 顶推施工设备(表 2)

顶推施工设备　表 2

设备名称	型号	数量	备注
千斤顶	500t	100 台	4 台备用
油泵		36 台	
油泵管路		36 套	
吊车	16t	2 台	
挖掘机	220C	2 台	
自卸汽车	20t	10 台	
全站仪		2 台	
水准仪		4 台	

7 质量控制措施

(1)建立健全质量保证体系，成立项目质量管理组织机构，制订各项质量管理制度，明确岗位质量职责。

(2)对管棚施工、延伸滑板、掌子面开挖、顶进等关键工序,项目经理部制订作业指导书,岗前对技术管理人员及施工作业班组进行详细技术交底及专门培训。

(3)特殊工种,如高压油泵控制工、电工、起重工、焊工等,必须经过专业培训,持证上岗。

(4)根据对每班顶进作业中所采集的监测数据及顶进记录,及时整理、分析、总结,对箱涵的姿态、主体结构及后背的应力应变、顶力变化、地质及地下水位变化实行全程动态跟踪管理,适时纠偏,确保各项指标达到设计规范要求。

(5)顶进前,对箱涵原始(预制)位置的里程、轴线及高程测定原始数据并记录。顶进过程中,对每一顶程都要观测并记录各观测点左、右偏差值,以及高程偏差值、顶程和总进尺。观测结果要及时报告现场指挥人员,用于控制和校正。

(6)对顶进全过程的每一顶程都应详细记录千斤顶开动数量、位置,油泵压力表读数、总顶力及着力点。如出现异常应立即停止顶进,检查分析原因,采取措施处理后,方可继续顶进。

(7)箱涵顶进过程中,应定时监测主体结构应力应变和观测底板上设置观测标定的高程,计算相对高差、展图,分析结构竖向变形。对中边墙应测定竖向弯曲,当底板及侧墙出现较大变位及转角时,应及时分析研究,采取措施纠偏。

(8)在顶进过程中,要定期观测箱涵裂缝及开展情况,重点监测底板、顶板、中边墙、中继间牛腿或剪力铰和顶板前、后悬臂板裂缝及开展情况,发现问题应及时研究,采取措施处理。

(9)相邻两节箱涵不允许有错台,严格控制延伸滑板纵坡。

(10)严格执行《公路桥涵施工技术规范》(JTJ 041—2000)、《公路工程质量检验与评定标准》(JTG F80/1—2004)等相关标准,严格控制各分项技术指标在规范允许偏差之内,以确保施工质量。

8 安全技术措施

(1)坚持“安全第一、预防为主”的方针,成立以项目经理为首的安全生产领导小组,制订完善的安全生产管理制度,明确岗位安全责任,做到安全生产、人人有责、奖罚分明。

(2)认真做好岗前安全教育、培训工作,对高压油泵、千斤顶的操作、掌子面土方开挖、洞内机、电设施操作、起重等危险性较大的作业,开工前应做好相关人员的安全技术交底,对岗位应知、应会进行考试,合格后方可上岗。

(3)对顶进作业人员配备安全帽、安全带、防滑鞋、防尘面具等必要的劳保用品。加强洞内机械通风,排除污浊空气,使箱涵内有一个良好的作业环境。

(4)箱涵内照明采用36V电压,配备应急灯及发电机;箱涵内的液压油、氧气、乙炔等易燃易爆物品应隔离存放,同时应配备足够的消防器材。

(5)做好地表排水设施,监测地下水位变化,控制闭启水泵数量以达到降水目的,从而保证顶进作业在干基坑内进行。

(6)顶进作业安全重点监控项目:掌子面稳定性、管棚形变、顶推后背位移、主体结构裂缝及开展情况、被交高速路面下沉、路基侧滑等项目。对危及被交高速公路交通安全的,要制订专项应急预案。

(7)管棚的端头设置门框梁,将管棚端头封闭在一个钢筋混凝土的梁体内,使顶进断面的管棚受力分散至整个管棚断面,防止个别棚管集中受力,造成顶进施工时管棚局部在高速汽车荷载作用下断裂塌陷。

(8)设置大直径无缝钢管管棚及箱涵顶进时使用润滑泥浆,可以避免被交道路路面的严重开裂、沉降、隆起、推移。

出现管棚塌陷时,高速公路路面也随之塌陷,一旦出现高速公路路面严重开裂、沉降、隆起或推移,应立即封闭塌陷部位行车道,对受损路面进行应急抢修处理,并及时与高速公路交警取得联系。补救措施:在管棚间进行打孔注浆,增加塌陷部位路基的承载能力。

(9)首节箱涵前端设钢刃脚,采用网格状纵横钢带分割掌子面土体,掌子面放坡开挖,可以有效避免掌子面在开挖和顶进过程中坍塌。

出现局部坍塌时,应立即在坍塌部位进行注浆和钢管支护,防止坍塌进一步扩大。封闭行车道,及时与高速公路交警取得联系,采取交通渠化措施,有针对性地对受损路面进行应急抢修处理。

(10)箱涵顶进施工尽量保持连续作业,保证在尽量短的时间内完成箱涵顶进,以减少因箱涵停滞而造成的局部沉降。箱涵顶进完成后,为减少箱体下降,采用箱体内预埋泥浆管进行箱体底、侧板注水泥浆加固。

一旦箱体整体持续下沉超过5cm,则应停止顶进,利用箱涵底预留的注浆孔,注入水玻璃掺量较大的快凝水泥浆液加固地基。

(11)为避免长距离顶程形成顶块向上隆起的情况,顶镐窝设置在箱涵底板的中上部位,混凝土顶块厚度同箱涵底板厚度相同,受力区宜在顶块的中上部位。

在顶进过程中如个别顶块出现隆起,可在顶块上铺设钢板,在钢板上加载土袋或混凝土块以消除滑块拱起。隆起严重时,可以利用吊车将顶块分开,调整好隆起顶块后,再进行下一步顶推施工。

(12)在混凝土刃脚周边预埋2cm厚钢板,混凝土刃脚浇筑完成后,将钢刃角的外围钢板在纵肋位置加焊三角钢板,与混凝土刃脚预埋钢板焊成一体,即可较有效地防止钢刃角卷边发生。

9 效益分析

从经济效益上分析,下穿顶推施工显然要比采用中断主干道交通或改线绕行再进行大开挖现浇箱涵然后恢复交通的施工方法廉价得多。而且受不同地理位置、不同自然环境条件等的影响也大大减少。

在道路设计中,当路口交叉不具备平面交叉条件时,采用下穿顶进与采用上跨桥梁方案相比较,顶进法施工具有显著优势:从社会效益、环保效益、节能效益上分析,采用本工法因不间断交通,社会影响小,安全性好,占地少,地方干扰小,节约自然资源,有很大的优越性。

10 节能措施

因该类工程具有设计线路短捷,实体工程量小的特点,因此应尽可能使施工场地集中,便于施工管理,减少对周围环境的干扰,并节约能源。

在供电、输配电、用电系统中采用节电产品和节电技术。采用低损耗新型变压器,优化变压器的运行方式,应用高效电机,采用变频调速、斩波内馈调速节能技术,提高用电效率;采用动态无功补偿技术,提高系统功率因数,抑制谐波;夜间施工采用绿色照明,利用高效光源、高效灯具替代白炽灯。

11 工程实例

郑州至开封城市通道采用快速路技术标准,设计时速80km/h。主要结构物为K0+307下穿京珠高速公路分离式立交。该立交由U形槽和钢筋混凝土箱涵组成,下穿箱涵长52m,单箱净宽为20.8m,净空为6.6m。

箱涵总体布置分三节,分别为17m、18m、17m,外部尺寸宽23.4m,高9.3m,顶板和侧壁厚1.3m,底板厚1.4m。箱涵轴线与京珠高速公路夹角为114.228°,箱涵顶覆盖土厚1.4~2m,箱涵埋深约7m。如图5所示。

该工程地处黄河冲积平原,地下水位高,地下水位在地面下1.2m。涵底地质条件较差,涵底土层为松散细砂,处于亚砂土和细砂土的交界层。涵顶上覆土层薄,厚度仅为1.3~2.2m。施工时保证京珠高速公路的正常通车,在综合条件如此差的条件下进行顶推施工,技术含量高、施工难度大。

本项目采取的主要技术措施为:

(1)采用深度10~20m的深井降水方案进行降水。为了确保施工无水,又增加了注浆封水方案,注浆深度10m,厚度3m,减少了抽水排水量。

(2)由于箱涵顶至高速公路覆土厚度小,为避免顶推过程中路面沉降或推移,采用了大管棚支护技

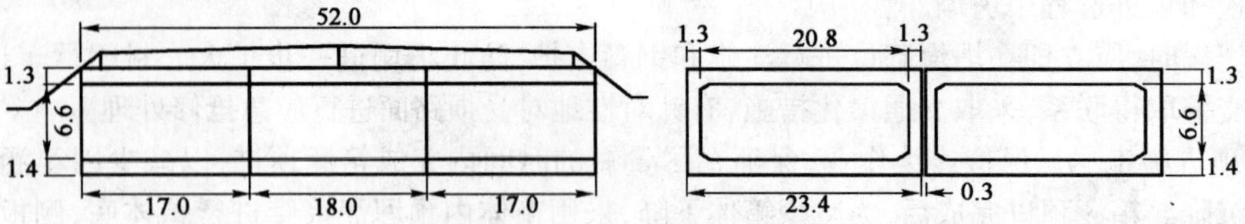

图5　箱涵总体布置图(尺寸单位:m)

术,管棚采用间距0.4m、直径180mm的无缝钢管一次性跟管钻进注浆法施工,该工法可以保证管棚施工精度在5cm以内。

(3)由于地质条件差,地下水位高,地基处理是顶推施工中的关键工序,为了避免顶推过程中由于地基沉降造成箱体扎头,采用现浇快硬性混凝土延伸滑板施工。

(4)为了保证顶进方向准确,用在箱涵上方埋设限位块控制箱涵的前进方向。

(5)为了减小四周的摩阻力,在箱涵四周注入化学泥浆润滑,顶进到位后利用水泥浆置换,以加固箱体周围土体。

(6)在顶进过程中,为了避免顶进时掌子面坍塌,采用了长6.5m的混凝土钢刃角始终吃土顶进的技术措施。

郑开大道第一合同段下穿京珠澳高速公路的顶推箱涵被称为"亚洲第一顶",2005年12月开工,2006年11月19日正式通车。在中交第四公路工程局有限公司全体参建本工程人员的共同努力和精心组织下,通过实施本工法,保证了箱涵顶进施工过程的各项技术指标达到设计和规范要求,保证了国道主干线京珠高速公路的正常通车,为今后类似浅埋式大断面箱涵下穿公路顶进施工奠定了良好的基础。

城市立交桥机械破碎拆除施工工法

GGG(渝)C4126—2009

康 庄 封孝文 翟旭茹 封 桦 谭华利

(重庆建工集团有限责任公司 重庆交通建设(集团)有限责任公司)

1 前言

随着我国经济的快速发展,城市交通建设日新月异,许多既有道路、桥梁已不能适应新时期的交通需求,需对其拆除、重建。但大量的城市桥梁集中在主城区内,周边建筑物较密集,综合管网较集中,交通繁忙,外界干扰因素较多,多数不允许采用爆破拆除的方式。若采用金刚索锯切割,则需要大型吊车通道,且工效慢、费用高。

重庆建工集团市政交通工程有限责任公司在重庆市牛滴路—牛角沱连接道等工程施工过程中,面对拆除旧桥并在原址修建新桥所造成的工期紧、压力重的局面,组织施工技术攻关,通过反复论证,最终采用支架钢板平台措施,对旧桥运用机械破碎拆除施工方法,成功地解决了这一难题,取得了明显的社会效益和经济效益。经总结,形成本工法。

2 工法特点

(1)桥梁上部结构拆除采用支架钢板平台作为支撑、操作和防护平台,液压破碎机械实施梁体混凝土破碎,破碎机械、碎渣清运机械均利用待拆桥面通行。

(2)下部结构(墩柱)采用人工配合液压破碎机械拆除,场地条件相对较好的部位可采用液压破碎机破碎其部分根部,使用钢丝绳牵引放倒的方法进行拆除,可以大大缩短施工工期,工程成本也得以降低。

(3)本工法成功地解决了拆除施工过程中安全控制以及对周边建筑、桥下设施、交通及环境产生的不利影响等难题,可操作性强,费用少,易推广。

(4)本工法通过对通用设备及常用材料的有机组合,使复杂环境下的旧危桥梁(构筑物)的拆除更为安全、简单、快速、高效,施工工艺成熟可靠。

3 适用范围

(1)本工法适用于城区内建(构)筑物密集区域不能使用爆破作业的旧危桥梁的拆除。

(2)本工法适用于桥下有需要保护的建(构)筑物以及桥下有通车要求的旧危桥梁的拆除。

(3)本工法适用于箱形、空心板、T型等各类连续和简支结构的旧危钢筋混凝土桥梁的拆除。

4 工艺原理

机械拆桥法采用与新建桥梁施工顺序相反的流程,自上而下依次进行。靠液压破碎机械工作时的冲击力来完成混凝土的破碎;利用各类支架承受梁体及施工机械荷载,同时保护周边和桥下建筑物,或者搭设门形构造物保持桥下继续通车;支架上设钢板平台承受混凝土碎渣,破碎机械及出渣机械均在待拆桥面作业,使拆除施工简便、快速、高效。

场地条件相对较好的下部结构(墩柱)采用液压破碎机破碎其部分根部,使用钢丝绳牵引整根放倒的方法进行拆除;场地条件狭窄的下部结构(墩柱)采用线切割分段拆除或者利用液压分离机逐段拆除。

5 工艺流程及操作要点

5.1 工艺流程(图1)

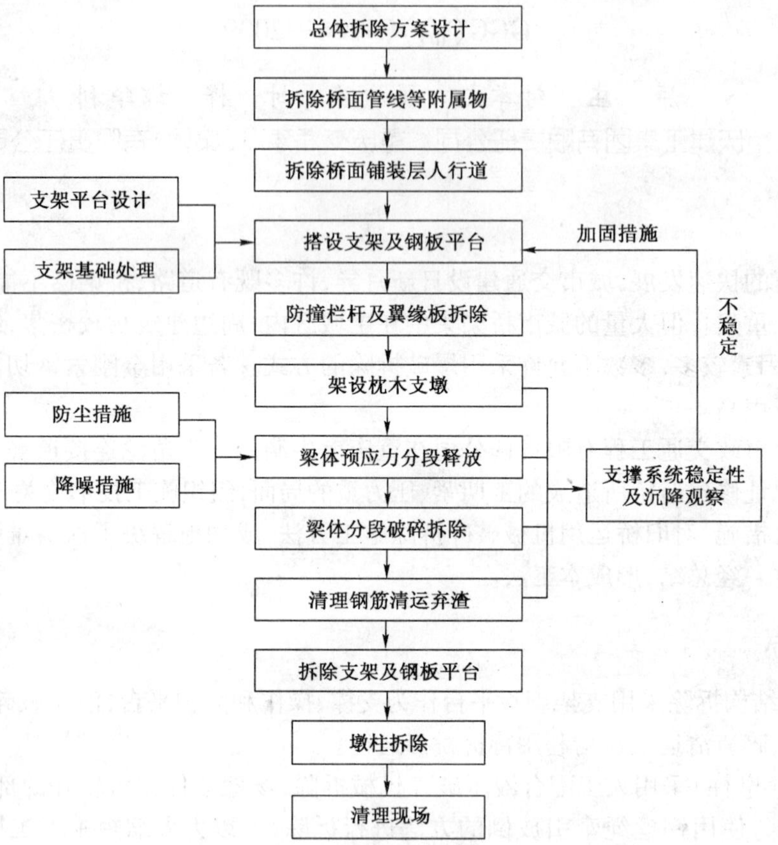

图1 机械拆除城市桥梁工艺流程图

5.2 工艺操作要点

5.2.1 支架平台系统搭设

(1)支架设计的依据及要求

①支架设计依据:待拆除桥梁的竣工图纸。

②支架设计受力计算主要要求:支架平台系统必须满足机械冲击破碎的冲击力及梁体自重、支架平台系统自重、拆除设备自重等荷载所需的强度和稳定性要求。

③支架基础按通过计算后的支架平台受力要求实施,地基承载力不能满足受力要求的,应根据不同的地基情况采取经济合理的措施对支架基础进行处理。

(2)支架系统的选择及搭设要求

①满堂支架:采用碗扣式脚手架搭设,以普通脚手架钢管作剪刀撑。支架基础采用条石加方木,支架立杆立于方木上。由于考虑到梁体破碎后冲击荷载和梁体上机械等动荷载的作用,支架受力一般按每平方米梁体自重及机械冲击力对支架的影响进行综合考虑,并设置足够的纵横向剪刀撑。

②架空支架:若在拆除桥梁下方需保证既有道路交通或有需保护的建(构)筑物要求的,可在既有道路或建(构)筑物上方采用贝雷梁或型钢架空的方式搭设支架系统,以确保交通运行通畅及建(构)筑物的安全。

③为便于材料周转使用及节约材料，支架搭设时可分段进行。对于连续梁，除在拆除跨搭设支架外，须延伸 1 ~ 2 跨搭设支架，以防止该联桥因预应力释放而发生的失稳情况。对于简支梁，则只需在拆除跨搭设支架即可。

④若新建桥梁与拆除旧桥平面位置大致相同，可根据新建桥梁与待拆旧桥位置具体情况综合考虑支架搭设方案，以利支架系统被二次利用，避免重复搭设。

(3)钢板平台及支墩搭设(图 2)

支架搭设至距离梁体底部 1.2 ~ 1.5 倍梁高时搭设钢板平台。钢板平台用 8 ~ 14mm 厚钢板点焊连接成整体，钢板平台距梁底部间距宜控制在 1 ~ 1.5m 左右。在钢板上用枕木搭设井字形支墩，并用铁爪钉固联成整体，支墩顶部用木楔及砂浆填实，以保证支墩顶紧贴梁体底部，对支墩纵、横间距应根据受力情况进行合理考虑。钢板平台与梁底面间距 1.0 ~ 1.5m 的作用是：

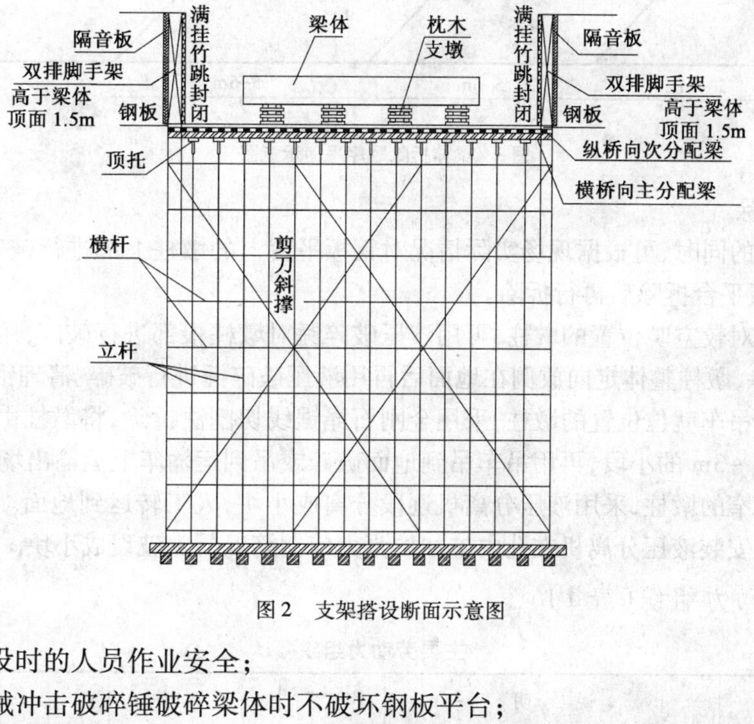

图 2　支架搭设断面示意图

①保证钢板铺设时的人员作业安全；

②便于液压机械冲击破碎锤破碎梁体时不破坏钢板平台；

③破碎后的碎渣可直接掉在钢板平台上，避免破碎后渣料堆积在作业点影响拆除作业进度；

④碎渣落下后，露出钢筋，方便钢筋的切割回收。

5.2.2　总体拆除顺序

(1)待拆桥梁总长度短或者工期无限制的，可以由一端桥台向另一端桥台顺序拆除。

(2)待拆桥梁总长度长或者工期有限制的，应当从桥梁中部向两端桥台顺序拆除。

(3)若梁体纵坡较大时，尽量采取从高处向低处拆除的顺序进行作业，以防止拆除过程中高处梁体出现下滑情况。

(4)拆除过程中始终保持未拆桥梁能够满足拆除和运输机械的通行。

5.2.3　梁体拆除

(1)梁体破碎拆除前应完成桥面管线、路灯、人行道板等附属物的拆除，利用挖掘机清理桥面铺装层。

(2)支架平台搭设好后拆除防撞栏杆及防撞墙，有翼缘板的先将翼缘板破碎拆除。

(3)预应力释放：当拆除箱体前，需将预应力分段释放。根据原桥梁竣工图纸初步确定预应力管道布置位置并探找到预应力筋，在梁跨 1/3 段处凿开混凝土，用气割或切割机割断预应力筋，但四周的钢筋暂不割断，使预应力慢慢释放。预应力筋按对称逐根切割的原则进行，切割顺序按照预应力施加顺序反向进行。

(4)梁体拆除(图3):梁体破碎时,液压破碎机械从梁的一个端头开始后退进行破碎。梁体破碎一定距离后,用手持液压断筋机或气割切断钢筋,钢筋清理后用挖掘机清除梁体破碎后掉落在平台上的石渣并装车运输出场。梁体破碎距离以5~6m为一段,梁体拆除按照破碎一段、清理一段梁体钢筋、清除一段破碎混凝土渣的顺序依次进行。

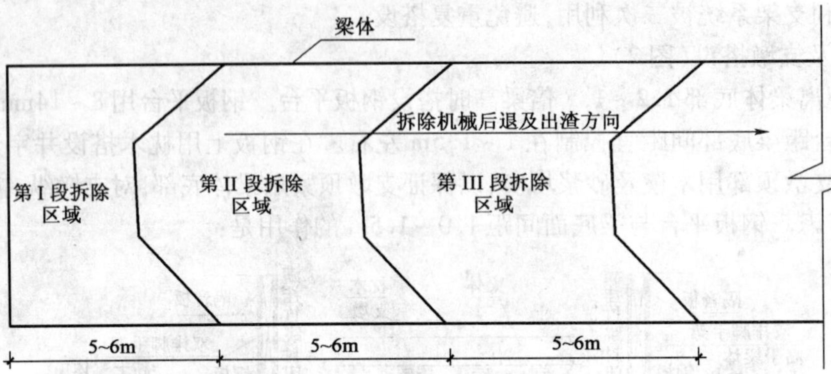

图3 梁体拆除顺序平面示意图

5.2.4 墩柱拆除

(1)在梁体拆除的同时,可根据现场实际情况对钢板平台上的墩柱上部进行破碎拆除,剩余部分待箱梁拆除完毕及钢板平台拆除后再行拆除。

(2)位于场地相对较空旷位置的墩柱,可用液压破碎锤对墩柱根部进行破碎,用钢丝绳牵引将其整体定向放倒进行拆除,墩柱整体定向放倒在地面后再用液压破碎锤进行破碎、清理钢筋及清运弃渣。

(3)位于场地有吊车就位位置的墩柱,采用金刚石绳锯线切割法拆除;将墩柱由上至下分段切割成所用吊车能起吊的1~3m的小段,再用吊车吊到地面破碎或吊到运输车上运输出场。

(4)位于场地狭窄的墩柱,采用液压分离机逐段分离成小块,人工转运到地面。先用水钻在墩顶中部钻孔0.5~1m深,安装液压分离机在孔内施加扩张力使钢筋混凝土破裂成小块。

5.3 主要劳动力组织(表1)

主要劳动力组织 表1

序号	工种	说明	序号	工种	说明
1	技术人员	根据现场情况和工程量配备	4	气割工	根据现场情况和工程量配备
2	安全保卫	根据现场情况和工程量配备	5	架子工	根据现场情况和工程量配备
3	机操工	根据现场情况和工程量配备	6	石工、普工	根据现场情况和工程量配备

6 材料与设备

6.1 主要材料(表2)

主要材料表 表2

序号	材料名称	说明
1	支架钢管	尽量周转使用
2	支架扣件	
3	支架方木	用于钢板平台,周转使用,钢板厚度根据实际情况计算选取
4	8~14钢板	
5	贝雷片	架空支架使用,周转使用
6	型钢	

续上表

序号	材料名称	说明
7	氧气	切割钢筋用
8	乙炔	
9	竹跳板、隔音板	防尘、防噪、防飞石用

6.2 主要机具设备(表3)

主要机具设备 表3

序号	机具名称	说明
1	液压式冲击锤	主要破碎机械,根据混凝土强度和进度选择
2	液压式挖掘机	碎渣运输机械,根据现场情况选择
3	自卸式汽车	
4	汽车吊车	辅助设备或用于墩柱拆除
5	液压分离机	用于墩柱拆除
6	乙炔割刀	用于钢筋清理
7	手持液压钢筋剪	

7 质量控制

7.1 实行工程质量领导责任终身制

从项目经理部到各工程施工队,实行领导责任终身制,质量目标层层分解,终身责任,一级包一级。从严格技术把关入手,抓好施工生产过程的质量管理,要求做到“六不施工、三不交接”,六不施工是:图纸和技术要求不清楚不施工,不进行施工技术交底不施工,资料未经审核不施工,材料无合格证或试验不合格不施工,隐蔽工程未经检查签证不施工,未经监理工程师认可或批准工序不施工。三不交接是:无自检记录不交接,未经监理工程师或技术人员验收不交接,施工记录不全不交接。

7.2 健全质量检查机构,加强质量监督

在项目经理部设立质检科,设专职质检工程师对整个工程进行全方位施工检测。同时,施工队设质检员,班组有专人兼职质检工作。施工中坚持自检、互检、交接检制度。

7.3 配备、健全质检设备,把好材料关

配备足够的质检设备、仪器,严格把好三材及其他原材料、半成品质量关,做好进场后的验收、复试,拒收不合格原材料和半成品,认真贯彻“先试验,后使用”的原则。

7.4 质量检查程序

工序班组自检→现场质检员检查→内部监理工程师检查→现场监理工程师检查→下道工序。

7.5 熟悉现场

根据被拆除物的竣工图纸及现场实地勘察,全面了解拆除物的本身结构和周边建筑物及地下管线等情况。

7.6 拆除程序

以经过各方审批的拆除施工方案为依据,严格按照方案相应要求进行拆除施工,满足各部位拆除块体大小要求。

7.7 技术交底

开工前应对进场施工人员进行技术交底,并由专人作现场指导。

8 安全措施

本工法在安全上,严格执行《中华人民共和国安全生产法》、《建筑施工安全检查标准》(JGJ 59—99)、《建筑施工高处作业安全技术规范》(JGJ 80—91)、《建筑机械使用安全技术规程》(JGJ 33—2001)等相关法律、法规规范及规程,并制订严格的安全管理措施和技术措施,具体如下:

(1)建立严格的安全保障体系,落实责任制度。

(2)在施工中必须遵守有关施工作业的安全操作规程。

(3)操作人员必须经过培训,特种作业人员必须持证上岗。

(4)对各种工况应制订相应的对策,制订应急处理预案。

(5)支架施工由专业架子工进行操作,施工前做好安全技术交底。作业时专职安全员必须跟班监督作业。作业面高度超过2m时,作业人员必须戴安全帽、系好安全带。作业面下方严禁站人。

(6)支架搭设完毕后,四周要设立好防护栏杆,挂安全网。支架上部作业人员严禁向下扔、抛物品,防止高空坠物伤人。

(7)桥梁拆除过程中,施工作业面四周必须设立醒目的安全警示牌、警示灯,严防非作业人员进入作业区。开始拆除时作业机械应由轻至重,逐渐施加荷载,并安排专门人员用测量仪器观察支架沉降情况,若发现支架沉降过大,必须立即停止拆除作业,待查明原因并重新加固后,方可继续作业。

(8)拆除过程中,应加强对支架变形及支架基础的沉降观测,并随时观察支墩的工作状态,防止支墩因冲击作用发生失稳而产生安全隐患。

(9)预应力筋切割时施工人员必须做好防护,在梁体侧面进行,切割时注意梁体变化、预应力筋是否回缩等情况,避免发生安全事故。

(10)设专职安全员负责现场安全管理工作。

9 环保措施

(1)拆除施工过程中,派专人对被拆除部位进行喷雾降尘。

(2)防噪措施。在防护脚手架上搭设隔音防噪板,拆除作业时间应严格遵循有关规定,避免夜间作业,避免噪声扰民。

(3)清运碎渣的车辆应在指定地点停放,车斗须作密闭处理,出入现场时应对车辆进行冲洗,避免带泥上路。

(4)现场做到工完场清,及时清理拆除过程中产生的建筑垃圾。

(5)施工场地外设围挡封闭,做到环境整洁、文明卫生。

10 资源节约

(1)在施工过程中,严格贯彻国家节能工程的有关要求。

(2)积极探索能源替代和材料的再生技术。

(3)在施工过程中,坚持随用随要,避免储存和运输过程当中的损耗。

11 效益分析

针对主城区内桥梁拆除施工,由于无法采取爆破作业,一般都采用金刚索锯进行分块切割,再运至指定地点进行二次破碎处理。无论采用金刚索锯或使用本工法施工,均需搭设支架系统,因此其经济效益对比主要在于梁体破碎拆除部分。

以重庆地区为例,使用金刚索锯切割时工效为4m^3/h,其费用为切割70元/m^2,按照常规桥梁结构设计厚度及目前车辆运输性能综合考虑,每立方米需切割面积约3m^2,折合为每立方米,费用约为210元/m^3,加上二次破碎费用20元/m^3,该施工工艺费用约为230元/m^3。而使用本工法进行机械拆除,其正常工效在 $20m^3/h$,受场地及清除石渣影响,一般工效为 $10m^3/h$,费用约 80 元/m^3。

综上比较,采用本工法进行拆除作业,单个作业点工效可提高 150%,可节省费用 150 元/m^3,经济效益显著。

12 应用实例

由重庆建工集团市政交通工程有限责任公司施工的牛滴路—牛角沱连接道工程,由于原有牛角沱立交无法满足现阶段交通需求,需对此立交旧桥全部拆除、重建。该立交桥位于重庆市主城区内嘉陵江大桥与渝澳大桥之间,紧靠轻轨牛角沱车站,周边建(构)筑物较多,交通繁忙,桥下综合管网密集。该桥由 4 条匝道桥组合而成,总面积约 9 200m^2,桥型结构为钢筋混凝土预应力连续空心板梁桥。

因该旧桥位于重庆市主城区内,无法实施爆破作业,经反复论证、比较,决定采用上述工法进行拆除作业,于 2006 年 9 月开始拆除,2006 年 10 月拆除完毕。

该桥拆除其支架系统选用满堂支架,采用碗扣式脚手架搭设,以普通脚手架钢管作剪刀撑,立杆间距按 0.6m 布置,步距为 1.2m。支架搭设至距梁体底部 1.5m 左右时,在立杆顶部加顶托,将高度调整到离梁体底部 1.2m 左右,在顶托上用 10cm × 10cm 木方设置横桥向主分配梁,用 5cm × 10cm 木方设置纵桥向次分配梁。分配梁顶部满铺 10mm 厚钢板,并点焊连接成整体,在钢板上用枕木按 5m 间距搭设井字形支墩,并用铁爪钉固联成整体,支墩顶部用木楔及砂浆填实,以保证支墩顶紧贴梁体底部。

由于该工程新建桥梁与拆除旧桥平面位置大致相同,在支架搭设时,根据现场具体情况综合考虑了支架搭设方案,使新建桥梁修建时,部分利用了拆桥支架系统,避免了重复搭拆支架。

运用本工法对牛角沱立交旧桥进行拆除,按期完成了施工任务,共节约资金投入 110 万元,施工期间未发生任何安全事故,达到了预期效果,取得了较好的社会效益和经济效益。

深山峡谷高墩桥梁遥控缆索吊施工工法

GGG(滇)C4127—2009

金光祥　肖　飞

(西南交通建设集团有限公司　云南省铁路总公司)

1　前言

建筑工程无线控制是工程界结合无线电技术而诞生的高科技控制方式,其属于无障碍控制,可远离危险区域,增加生产效能,降低工作伤害,一直以来,是欧美等发达国家仰赖的控制方式。但在我国,特别是在边远山区,几乎无人考虑及使用该方式。将无线电控制技术引入建筑工程界,将发挥巨大的作用,它的运用使建筑工程的生产及效率发生了变化。

在高墩桥梁施工中,通常采用满堂支架、塔吊、龙门吊、轮式起重机、缆索吊等方法施工,但在大峡谷地区,因受现场地形限制,以上施工方法均存在其局限性,使得费用大大增加或直接无法实施,采用传统缆索吊运输,因视线远等问题定位不准,导致模板等设备及材料无法准确运送到位,造成施工进度慢、效率低、安全隐患大。采用遥控缆索吊进行运输,因直接在施工的墩柱上进行控制运输,解决了传统缆索吊存在的问题,能直接拼装模板等,大大地提高了施工效率。

云南省铁路总公司在怒江州大桥施工中(该工程地处怒江大峡谷,桥梁设计在70°陡坡的山腰上,桥梁墩柱高为43.69m;因地形原因,该处便道无法修建,钢材、混凝土、模板、脚手架等材料无法运输到墩柱位置,塔吊、龙门吊、轮式起重机等吊装设备无法使用),根据该桥特点及现场地形,自行研究设计了遥控缆吊系统,成功地解决了该大桥高墩、地形复杂、安全隐患大、材料、设备无法定位运输等技术难点,并取得了显著的技术经济效益。

本工法在2009年3月被西南交通建设集团有限公司评定为企业级工法,于2009年3月被云南省住房和城乡建设厅评审为省级工法。

2　工法特点

(1)遥控缆索吊成功将无线电控制技术引入建筑工程界,具有无障碍控制、远距离、视线远、几个工作面协同作业,保证运输定位准确、快捷、高效,远离危险区域,增加生产效能,降低工作伤害的特点,达到了以人为本的目的。

(2)成功地将无线电技术引入建筑工程,解决了以弱电控制强电的技术难题。

(3)与传统缆索吊运输比较,具有定位准确、快捷、高效的优点,模板可直接吊装,设备及材料可直接准确运送到位,减少了材料、设备二次搬运,确保了施工安全,解决了材料、设备运输的难题,施工进度快,施工效率高,施工安全隐患小,施工人员少。

(4)遥控缆索吊具有跨度大、覆盖面广、速度快、效率高、总体结构简单、造价低廉、设备一次性就位、不需要搬移等突出特点。

(5)遥控缆索吊使用设备简单、费用低、操作简便、安全可靠,同时还有定位准确、运行平稳、快速及灵活的特点,大大降低了工程成本。

3　适用范围

本工法适用于跨越深山、峡谷、通航河道、桥下有繁忙交通运输的跨线工程和施工中要求不能中断航运的桥梁施工，以及必须在汛期进行施工的大、中型桥梁，适用于水利建设中大坝工程施工。

4　工艺原理

遥控缆索吊工作原理，利用缆索吊具有能在较长距离内运送材料、设备、吊装就位的特点，在大桥两桥台处各设置一塔架，覆盖整座桥梁，进行运输。

利用无线电控制技术精确的控制，加上电磁调速技术，采取遥控器控制，由伺服电动机控制行程开关来控制交流接触器动作，以达到控制缆索吊的牵引与提升目的；另外，用一通道的伺服电动机控制电磁调速控制器，控制缆索吊牵引的快慢；由一个或多个送信机同时控制一个收信机，在各个工作面协同控制运输，保证运输稳定、快速、高效、准确。

5　施工工艺流程及操作要点

5.1　总体施工工艺流程

施工工艺流程见图1。

5.2　操作要点

本工法是一种兼作垂直和水平运输的遥控运输设备，由塔架、承重索、牵引索、起重索、缆行车、缆风绳、卷扬机、电气、遥控等部件组成，如图2所示。

先进行塔架、承重索、牵引索、起重索、缆行车、缆风绳、卷扬机、遥控系统、电气系统等部件及设备的设计，然后进行塔架竖立、穿承重索、卷扬机就位、电气控制系统安装等，最后进行调试，由遥控器控制缆吊的总开、总关、材料水平运输、材料垂直运输。

5.2.1　施工准备

根据工程设计要求，结合桥址地形和施工需要，拟订施工方案，确定缆索吊水平跨距、塔架高度、最大吊重、钢丝绳型号、卷扬机型号、电气系统各材料型号和平面总体布置。

5.2.2　缆索吊设计

(1)承重索的最大拉力计算

本桥施工以混凝土运输为主来考虑，350强制搅拌机每盘出料0.33m³，根据现场情况，按每次起吊一盘混凝土来计算：

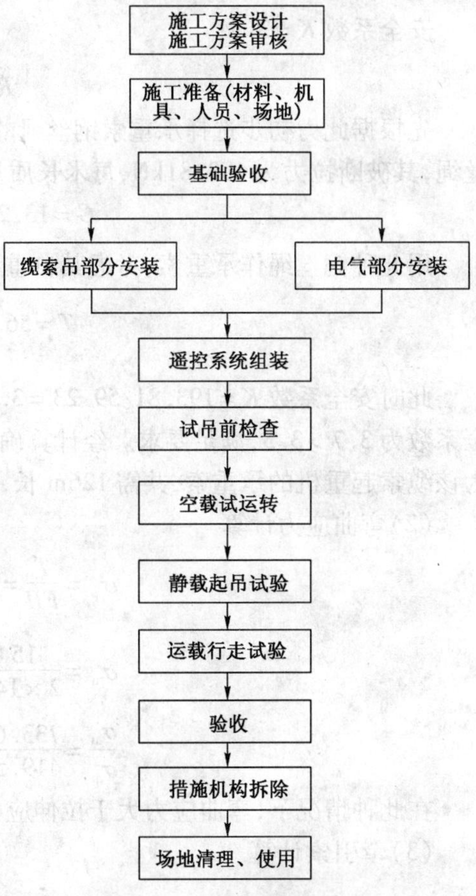

图1　总体施工工艺流程图

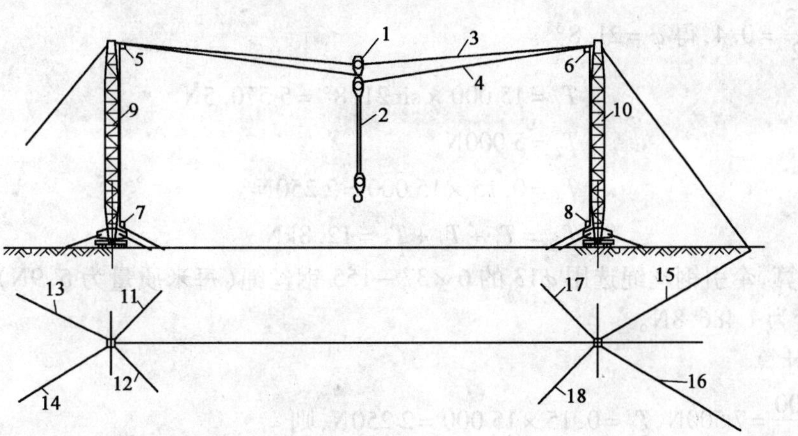

图2　缆索起重机

1-缆行车；2-起重滑轮组；3-承重索；4-起重索；5、6、7、8-导向滑轮；9、10-支柱；11～18-缆风绳；19-牵引绳

混凝土重量:0.33×2.5=8.25kN;

料斗重量:3kN;

考虑其他因素,起吊按15kN计算,长按120m计算,则

$$f_{max}=\frac{1}{15}L=8\text{m}$$

不考虑承重索自重时,

$$T_1=\frac{15\times120}{4\times8}=56.25\text{kN}$$

安全系数 $K=3.5$;

$$R=T_1\times3.5=196.9\text{kN}$$

先根据此力初步选择承重索钢丝绳的直径,然后再进行验算。初步选用 ϕ19.5 的 6×37-137.3 钢丝绳,其破断拉力为193.81kN,每米长质量为13.27N。为此,承重索钢丝绳之总重为

$$G=13.27\times120=1\ 592.4\text{N}=1.59\text{kN}$$

用此种钢丝绳作承重索,考虑其自重后承重索的最大拉力为

$$T=56.25+\frac{1.59\times120}{8\times8}=59.23\text{kN}$$

此时安全系数 $K=193.81/59.23=3.27<3.5$,不满足要求。改用 ϕ19.5 的 6×37－155 钢丝绳,安全系数为 $3.7>3.5$,满足要求。经计算确定选用 ϕ19.5 的 6×37－155 钢丝绳(每米质量为13.27N)作为该缆索起重机的承重索,共需126m长,质量为1 672N。

(2)弯曲应力计算

$$\sigma_p=\frac{T}{FH}=\frac{59\ 230\text{N}}{141.16\text{mm}^2}=419.59\text{N/mm}^2$$

$$\sigma_u=\frac{15\ 000}{2\times141.16}\sqrt{\frac{8\times10^4}{419.59}}=733.64\text{N/mm}^2$$

$$\frac{\sigma_u}{\sigma_p}=\frac{733.64}{419.59}=1.75>1$$

在此种情况下,弯曲应力大于拉伸应力,不符合要求,改用4个轮的缆行车,满足要求。

(3)牵引索计算

缆行车满载驶至接近支柱的距离,设定 $b=\frac{120}{10}=12\text{m}$,$y=\frac{3}{5}\times8=4.8\text{m}$。

由 $\tan\varphi=\frac{4.8}{12}=0.4$,得 $\varphi=21.8°$。

则

$$T_1=15\ 000\times\sin21.8°=5\ 570.5\text{N}$$

$$T_2=5\ 000\text{N}$$

$$T_3=0.15\times15\ 000=2\ 250\text{N}$$

$$T_{总}=T_1+T_2+T_3=12.8\text{kN}$$

根据以上计算,牵引钢丝绳选用 ϕ13 的 6×37－155 钢丝绳(每米质量为5.9N),即可满足要求,共需252m长,质量为1 486.8N。

(4)起重索计算

由 $T_1=\frac{15\ 000}{2}=7\ 500\text{N}$,$T_2=0.15\times15\ 000=2\ 250\text{N}$,则

$T_{总}=T_1+T_2=9\ 750\text{N}=9.8\text{kN}$

根据以上计算，考虑钢丝绳的统一购买，起重钢丝绳同样选用 $\phi11$ 的 6×37－155 钢丝绳（每米质量为 4.1N），满足要求，共需 276m 长，质量为 1 131.6N。

（5）塔架后缆风绳的拉力计算

$T_B = \frac{59\,230}{\cos30°} = 68\,393N$，每根缆风绳所承受的拉力为：$T'_B = 27\,357.2N$。

根据以上计算，缆风绳选用 $\phi9.3$ 的 6×19－155 钢丝绳，即可满足要求。

（6）塔架受力计算

支柱承受的轴向压力包括：

①钢丝绳重力

每根缆风绳的长度：$l = \frac{H}{\sin\alpha} = \frac{12}{\sin30°} = 24m$；

缆风绳总重力：$G_1 = 8 \times 24 \times 3.1 = 595N$；

承重索总重力：$G_2 = 126 \times 13.27 = 1\,672N$；

牵引索总重力：$G_3 = 252 \times 5.9 = 1\,487N$；

起重索总重力：$G_4 = 276 \times 4.1 = 1\,132N$；

因此，钢丝绳总重力：$G = G_1 + G_2 + G_3 + G_4 = 4\,886N$；

$$N_1 = \frac{G}{2} = \frac{4\,886}{2} = 2\,443N$$

②荷重及缆行车重量产生的压力

设 $b = \frac{1}{10}L = 12$，则

$$N_2 = \frac{15\,000 \times (120 - 12)}{120} = 13\,500N$$

③缆风绳的垂直分力产生的压力

支柱后面承受承重索的缆风绳的垂直分力为：

$$N_3 = T\tan\alpha = 59\,230 \times \tan30° = 34\,196N$$

支柱两侧缆风绳的垂直分力为：

$$N_4 = 2 \times 10\,000 = 20\,000N$$

$$N = N_1 + N_2 + N_3 + N_4 = 70\,139N$$

经计算，塔架采用直径 $D = 400mm$，壁厚 $t = 4.5mm$ 的圆钢管，其截面特性如下：

轴惯性矩 $I_X = 10\,933.723cm^4$，

$i_x = 13.984cm$；

极惯性矩 $I_p = 21\,867.446cm^4$；

抗扭系数 $W_t = 1\,093.372cm^3$；

截面面积 $A = 55.912cm^2$；

单位质量 $g = 438.91N/m$。

由风载等产生的弯矩 M 的计算，此处从略。根据 N 和 M，按压弯构件进行塔架的截面验算，此处从略。

（7）塔架基础

$$F = 70\,139 + 43.891 \times 12 \times 10 = 75\,405.92N$$

拟定基础为 1m 的立方体，则为 75MPa。

现场用轻型触探仪测得地基承载力为 298MPa，故基础设定为 1m 的 C25 混凝土立方体满足要求。

基础配筋图如图3所示。

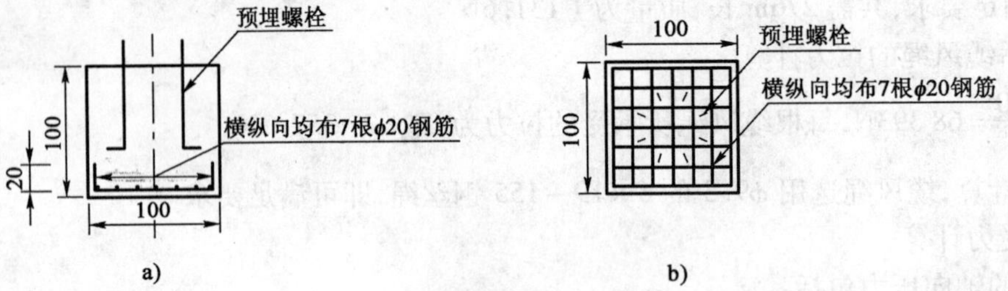

图3　基础配筋图(尺寸单位:cm)

a)立面图;b)平面图

(8)地锚计算

$$L=1.37\text{m}$$

$$B=1\text{m}$$

$$T=59.23\text{kN}$$

$$P=2\times2\times1.25\times25=125\text{kN}$$

考虑土压力f取0.78。

①倾覆稳定性验算

$$M_{稳}=125\times1=125\text{kN}\cdot\text{m}$$

$$M_{倾}=59.23\times1.37=81.15\text{kN}\cdot\text{m}$$

$$K_{\text{M}}=\frac{125}{81.15}=1.54$$

通过计算可知满足要求。

②上拔力安全系数

$$V_{\text{T}}=59.23\times\sin30°=29.62\text{kN}$$

$$K_{\text{V}}=\frac{125}{29.62}=4.22$$

通过计算可知满足要求。

③抗滑稳定性验算

$$H_{\text{f}}=(125-29.62)\times0.78=74.4\text{kN}$$

$$H_{\text{T}}=59.23\times\cos30°=51.29\text{kN}$$

$$K_{\text{H}}=\frac{74.4}{51.29}=1.45$$

通过计算可知满足要求。

经上计算,地锚采取C25片石混凝土。

(9)卷扬机选型

根据牵引索计算中$T_{总}=12.8\text{kN}$,选用3t调速卷扬机,见图4,产品参数如表1所示。

3t调速卷扬机参数表　　表1

项　目		参　数
钢丝绳额定拉力(kN)		30
总传动比 i		36.71
钢丝绳	规格直径(mm)	6×37－17.5
	额定速度(m/min)	15～40

续上表

项目			参数		
卷筒	直径/长度(mm)		ϕ270/620		
	转速(r/min)		26.42		
	容量绳(m)		150		
减速器齿轮参数		第一级	模数	3	
			齿数比	52/27	
电动机	型号		YCT225-4B		
	功率(kw)		15		
	转速(r/min)		960		
液压推杆制动器			YWZ—200/25		
电磁铁制动器					
外形尺寸(mm)			1 340 × 1 310 × 620		
整机质量(kg)					
第二级	模数	4	第三级	模数	6
	齿数比	61/16		齿数比	70/14

图4　3t 调速卷扬机

根据起重索计算中 $T_{总}=9.8$kN，选用2t 卷扬机，基本参数：最大起重量为 2kN，额定载重量为 2kN，最大提升高度为 100m，额定起重力矩为 20kN · m，见图 5。

详细参数如表 2 所示。

2t 卷扬机参数表

表2

项目		参数
钢丝绳额定拉力(kN)		20
总传动比 i		82.12
钢丝绳	规格直径(mm)	6 × 19 - 12.5
	额定速度(m/min)	16.5
卷筒	直径/长度(mm)	ϕ245/480
	转速(r/min)	17.54
	容量绳(m)	100

续上表

项目			参数		
减速器齿轮参数	第一级		模数	3	
			齿数比	66/15	
电动机	型号		Y132M-4		
	功率(kW)		7.5		
	转速(r/min)		1 440		
液压推杆制动器					
电磁铁制动器			TJ_2-200		
外形尺寸(mm)			1 210×1 000×550		
整机质量(kg)			600		
第二级	模数	4	第三级	模数	5
	齿数比	62/14		齿数比	59/14

图5　2t快速卷扬机

5.2.3　电气控制设计

(1)电气控制电路图设计过程略(图6)

(2)各电气配件型号与数量(表3)

各电气配件型号与数量　　表3

名　称	型　号	数　量	名　称	型　号	数　量
塑料外壳式断路器	RDM10—160/3 300	1	电机保护器	KLDB－30/□	4
交流接触器	CDC10—40	2	进联开关	D16 292	5
交流接触器	CDC10—60	2	进联开关	D16 291	1
交流接触器	CDC10—100	1	导线		若干
行程开关	LXW5—11G	6			

(3)主要配件特点、功能、技术参数说明

①KLDB-30/□电机保护器

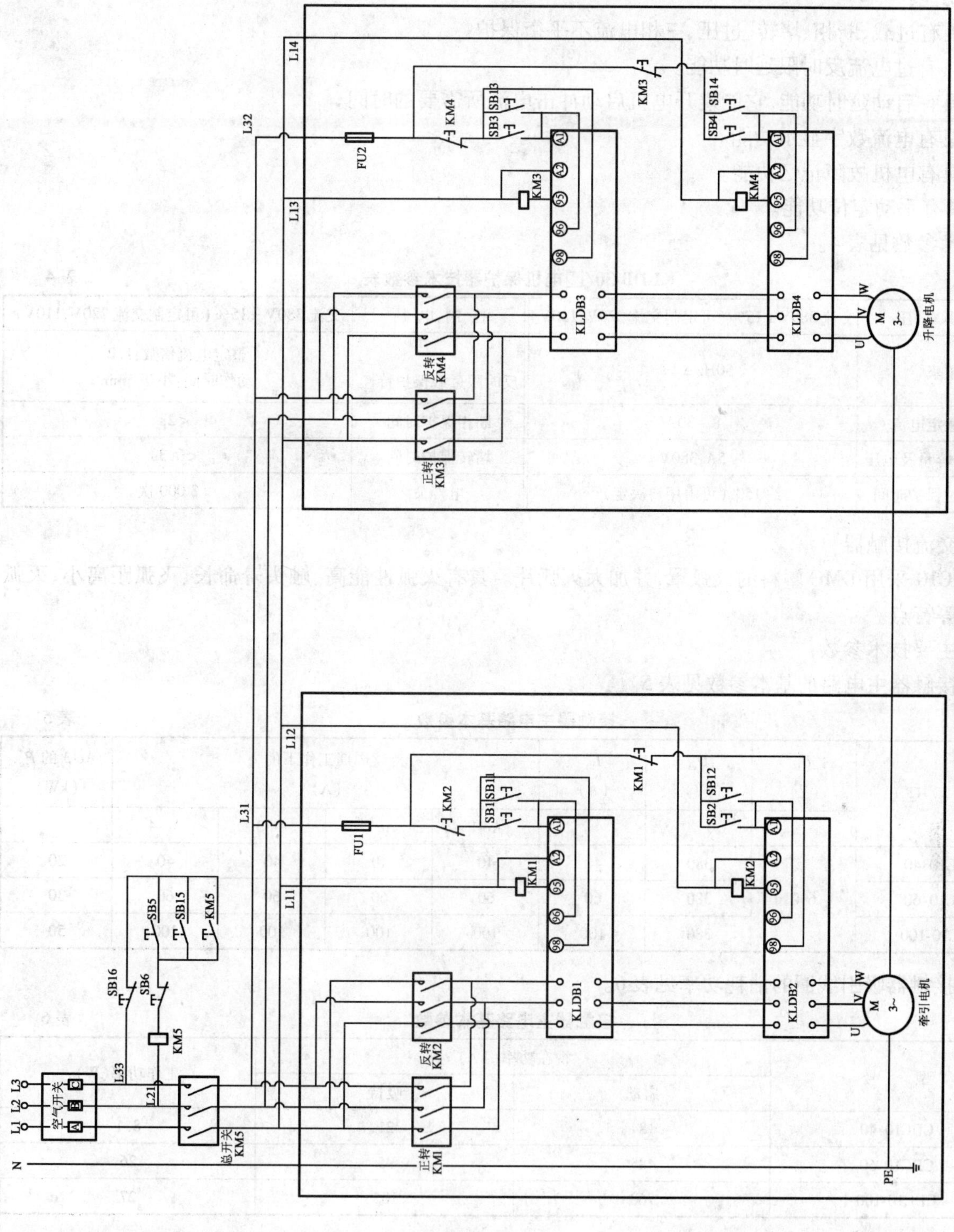

说明：电磁调速控制器电路图见电磁调速控制器说明书。本图中忽略指示灯连接。

图6　电气控制电路图

其特点：

a. 电机功率范围：0.5～100kW/220V 或 380V。

b. 额定工作电流范围：0.5～200A。

c. 模拟式控制面板。

d. 工作电压：380V、220V。

e. 多功能保护。

f. 一体化轨道安装。

其功能:

a.具有过载、断相、堵转、过压、三相电流不平衡保护。

b.具有过电流反时限延时功能。

c.具有启动延时功能,它能避开电机启动冲击电流所需要的时间。

d.具有电流数字显示功能。

e.具有电机故障记忆功能。

f.具有手动定位功能。

技术参数见表4。

KLDB-30/□电机保护器技术参数表 表4

控制电压	交流380V±15%(可定制交流220V,110V)	控制电压	交流380V±15%(可定制交流220V,110V)
频率	50Hz±2%	反时限过载保护特性	整定电流倍数:1.2 动作时间:小于5min
电机额定电流	8~30A	断相保护时间	<2s
输出触透容量及电压	5A,380V	堵转保护时间	<0.3s
通电延时保护时间	约150s(可由用户决定)	电寿命	>3 000次

②交流接触器

CDC10采用DMC塑料的灭弧罩,并加大灭弧片。具有灭弧性能高、触头寿命长、飞弧距离小、灭弧罩耐用等特点。

其主要技术参数:

a.接触器主电路的基本参数见表5。

接触器主电路基本参数 表5

型号	U_i (V)	U_e (V)	I_{th} (A)	持续周期工作下的I_e (A)				Ac-3的P_e (kW)
				Ac-1	Ac-2	Ac-3	Ac-4	
CDC10-40	690	380	40	40	40	40	40	20
CDC10-60		380	60	60	60	60	60	30
CDC10-100		380	100	100	100	100	100	50

b.接触器吸引线圈的消耗功率见表6。

接触器主电路基本参数 表6

型号	视在功率(VA)		工作功率(W)
	启动	吸持	
CDC10-40	184	21	8.1
CDC10-60	485	95	26
CDC10-100	760	105	27

c.接触器的吸引线圈在其额定控制电源电压U_s的85%~110%范围内正常工作。

5.2.4 遥控控制设计

遥控器由送信机、收信机、伺服电动机组成。遥控器设计中无线发射接收部分尽量采用PLL相锁回路及石英电路,并带有安全码及汉明码等安全措施。编码解码部品采用大厂CPU芯片,CPU及外部电路设多重安全防护,当CPU或外围元件出现故障时,能自动停止输出。不仅对外来干扰信号能有效摒除,而且内部元件发生故障亦能自动侦测并停止输出,收信机加设无送信机信号时控制伺服电动机复位电路,切断电气部分总电源,以保证其高安全性、高可靠性。

本系统伺服电动机仅仅用于开关和调速，且负载不会因受到外在因素的影响而改变，所以选择伺服电动机时，扭力达到10N就行。

一般来说，伺服电动机并不需要特别的保养，只要注意下列事项即可。

(1)开关的可动部分，不可小于舵机的行程活动范围。

(2)不要随意改变电源电压，接收机使用几伏电压，则舵机使用几伏电压。

遥控器的大敌是失控和干扰，因此我们在使用时如何避免失控或干扰就成了头等大事。在使用遥控时，我们可以选择1次PPM、2次PPM、1次PCM及2次PCM，但根据经验，建议使用2次PCM收信机，其遥控距离远(遥控距离通常可达到半径1～2km)、抗干扰能力好，并且因为2次PCM技术是数字技术，具有纠错能力，所以更不易失控或受到干扰。另外收信机要远离磁场及振动。

限于本文的篇幅，具体设计此处从略。

通过遥控器的伺服电动机控制进联开关来控制电气部分。

(1)遥控器的A伺服电动机控制电气部分的SB5、SB6，当遥控器控制SB5动作时，整个系统接通电源；当遥控器控制SB6动作时，整个系统断开电源。

(2)遥控器的B伺服电动机控制电气部分的SB1、SB2，当遥控器控制SB1动作时，牵引系统送料；当遥控器控制SB2动作时，牵引系统空回。

(3)遥控器的C伺服电动机控制电气部分的SB3、SB4，当遥控器控制SB3动作时，升降系统提升；当遥控器控制SB4动作时，升降系统下降。

(4)遥控器的D伺服电动机控制牵引系统的电磁调速控制器中电位器，控制牵引电机的快慢。

通过上述设计，组织和采购标准设备和构(配)件进场，安排非标准件加工，按设计进行组拼、试吊，最后投入使用。

5.2.5 施工要点

5.2.5.1 塔架竖立

将塔架脚放在竖立地点，并将塔架头部垫高。在竖立地点附近，立一根辅助拨杆，将辅助拨杆的滑车组吊至距离拨杆头约1/4。开动卷扬机，塔架即绕底部旋转竖立起来，当转到塔架与水平线夹角约60°～70°时，收紧缆风绳将塔架拉直(辅助拨杆高度约为塔架高的1/2)。

5.2.5.2 承重索安装

首选在两端主地锚处设置平衡轮(组)和穿索用卷扬机，安装“张拉临时工作索(导索)”，“工作索”采用起重索代用。先由穿索卷扬机拉出，牵引上塔架穿好，再在另一端塔架上穿好，至此“工作索”装好。将承重索一头穿过平衡轮，固定于地锚上，另一头与“工作索”并在一起，用索夹固定。然后开动卷扬机，将承重索牵引上塔架，将承重索绕入平衡轮后，再牵引到另一塔架上，将承重索绕入平衡轮后拉紧，调整到设计安装垂度后固定于地锚上。

5.2.5.3 起重跑车安装

起重跑车由跑车轮、起重滑轮组组成。将起重跑车拆开，将起重索穿入起重滑轮组，组装起重跑车。

5.2.5.4 电气部分安装

由专业人员根据线路图接线即可。

5.2.5.5 缆索吊试吊

缆索吊拼装完成后，组织人员对缆索吊各部分进行检查，然后进行空载试运转、静载起吊试验和动载行走试验。

(1)试吊前检查内容

①主索、起重索、牵引索、扣索、缆风等是否均匀；

②主索连接接头是否稳固、索夹是否上到位等，并用油漆作上标记；

③塔架连接螺栓是否上紧上足；

④各缆索与地锚连接是否牢固；

⑤各卷扬机空载性能和各滑车运行状况是否良好;

⑥各关键点位的通信联系情况,检查中发现问题应及时调整、处理,直至全部满足要求。

(2)试吊检查内容

①进行主索垂度观测,通过实测垂度与计算垂度比较,准确确定承重索的安全度,以及承重索连接接头的安全度。

②滑车、平衡轮、卷扬机转动情况和承载能力。

③主地锚、缆风地锚等安全程度和缆索连接牢固程度。

④观测塔架的稳定、压缩量、塔顶各项位移、塔顶受力部位的连接和塔架基础下沉情况。用全站仪两个方向观测两个塔顶位移和扭转,同时计算允许塔架位移,和扭转比较,不符合时要求及时调整各缆风受力,直到使之符合要求为止。

试吊过程中,要进行空载试运转、静载起吊试验、起吊行走试验。试吊最大荷载为最大构件吊重的121%,经过各项试验和调整后,确认缆索吊设计和安装符合要求,吊装安全得到保证,可以进行桥梁施工。

5.2.5.6　遥控器的使用方法及注意事项

(1)电源检查及充电

先把送信机、收信机的电源电压核对清楚,千万不能搞错。通常情况下,送信机为9.6~12V,收信机为4.8~6V。尽量采用镍镉电池。

(2)开机检查

首先将送信机天线全部拉出,打开电源开关。这时,电平指示表应指示在绿色或白色区域的上方。把天线缩短时,电平指示将下降,然后再将接好伺服电动机的收信机电源接通,伺服电动机应回到中立位置;拨动操纵杆和微调手柄,相应伺服电动机应有动作,各通道也不互相干扰,说明送信机和收信机工作基本正常。如果伺服电动机声音均匀、转动平稳、没有卡点,加上适当负载转动速度也没有明显变化,则可以初步断定伺服电动机工作是正常的(所谓工作正常的标准,是伺服电动机不出现抖动;如果伺服电动机不断出现抖动,应立即关闭收信机,这时的距离刚好超过地面控制的有效距离)。

(3)尽量避免和缩短不拉天线或短天线的时间,并养成每次使用之前都用多次间断开机(40s之内)的方法进行一次地面拉距离试验(这时可不拉天线),测试正常后马上全开天线(收信机不拉天线容易烧晶振)。

(4)要求先开送信机电源后再接通收信机电源,以防收信机在无送信机信号时误动作。

5.2.5.7　遥控器注意事项

(1)检查送信机和收信机的电压;

(2)为收信机作防振措施,一般要用海绵把它夹紧;

(3)常常检查及测试接收晶体;

(4)伺服电动机要装上扣眼胶垫;

(5)伺服电动机布线要稳固,常常检查插头;

(6)经常检查送信机和收信机的天线;

(7)在送信机和收信机之间,最好少有金属管、金属链或者其他大型金属结构。

5.2.5.8　伺服电动机抖舵的原因和处理

抖舵,是指比例遥控器在控制开关过程中发生的一种失控状态。抖舵时,伺服电动机不能跟随送信机的指令,来回颤抖不止。抖舵的危害是很大的,有可能造成失控。

抖舵的原因主要有以下几点:

(1)由于电源电压不足或电源容量过小造成的。解决本问题只要将电源充足电,或更换大容量的电源即可解决。在运行前一定要检查一下电源电压是否充足。

(2)因干扰造成的伺服电动机抖动。因现场都为强电,并有搅拌机、电焊机、交流接触器、卷扬机等，以及其他空中（如手机信号）的无线电干扰。由于外界干扰的影响，收信机送给伺服电动机的信号质量变差，产生抖舵。故应尽量考虑抗干扰能力比较强的设备。另外，应将收信机与安装交流接触器的控制箱分开并尽量远离。

（3）还有很大一部分抖舵现象是因电位器内部接触不良或电阻碳膜面磨损造成的。对于比例遥控器来说，电位器是十分重要的。目前，大多数遥控器中的电位器都是合成碳膜电位器。送信机中的主控电位器担负着确定控制信号脉冲宽度的重任。如果主控电位器稍有问题，如接触不良或碳膜不均匀，产生的信号脉冲就会不稳定，从而引起伺服电动机抖舵。伺服电动机内的电位器在伺服电动机驱动电机的带动下起着校准脉冲的作用，如果接触不良或碳膜面不良，同样会使伺服电动机因不良产生抖动。由于主控电位器和伺服电动机电位器经常处在搬动或运转状态，故这两种电位器损坏是造成抖舵的最常见原因。目前，国内电位器厂家提供的电位器使用寿命都在 1～2 万次左右，其碳膜面往往没有进口的光滑。不过，因电位器引起的抖舵故障处理起来还是十分简便的，可以把电位器拆开，用软棉团用力将电阻碳膜面擦磨光滑后再装上，即可消除抖舵故障。如果感觉电位器的触点压力偏小，可以将触点抬高些，以增加其压力。在操作过程中一定注意不要把触点碰变形。遇到磨损严重或电阻面欠光滑的情况，若用棉团擦磨仍不能解决问题的话，可以用少许铅笔芯粉进行擦磨。电位器修复完毕后，可以用指针式万用表的 R×100 档检测一下修复情况。方法是用表笔测住电位器焊线端，转动电位器旋柄。如果阻值变化均匀，表针无抖动，说明已经成功地修复了；如果指针仍有抖动的地方，则说明没有修好。当然，对于难于修复的电位器只好更换新的了。

6 主要材料与设备（表7）

主要材料与设备

表7

材料及设备名称	规　格	单　位	数　量	备　注
钢丝绳（承重索）	ϕ19.5－6×37－155	kg	167.2	1.327kg/m
钢丝绳（牵引索）	ϕ13－6×37－155	kg	148.68	0.59kg/m
钢丝绳（起重索）	ϕ11－6×37－155	kg	113.16	0.41kg/m
钢丝绳（缆风索）	ϕ9.3－6×19－155	kg	29.76	0.31kg/m
钢管	ϕ400－t4.5	kg	2 107	43.891kg/m
塔架基础	C25 混凝土	m^3	2	
地锚	C25 片石混凝土	m^3	12	
3t 调速卷扬机	见 1、3t 调速卷扬机参数表			
2t 卷扬机	见 2、2t 卷扬机参数表			
塑料外壳式断路器	RDM10-160/3 300	个	1	
交流接触器	CDC10-40	个	2	
交流接触器	CDC10-60	个	2	
交流接触器	CDC10-100	个	1	
行程开关	LXW5-11G	个	6	
电机保护器	KLDB-30/□	个	4	
进联开关	D16 292	个	5	
进联开关	D16 291	个	1	
导线		m	若干	

7 质量控制

7.1 本工法必须遵守执行的标准、规范

（1）《缆索起重机型式试验细则》（TSG Q7009—2007）；

(2)《起重设备安装工程及验收规范》(GB 50278—98);

(3)《缆索起重机技术条件》(SL 375—2007);

(4)《无线电干扰滤波器通用技术条件》(QJ 1695—1989);

(5)《电气照明和类似设备的无线电骚扰特性的限值和测量方法》(GB 17743—2007);

(6)《电气继电器第20部分:保护系统》(GBT 14598.8—2008);

(7)《交流电气装置的接地》(DL/T 621—1997);

(8)《电气装置安装工程起重机电气装置施工及验收规范》(GB 50256—96);

(9)《电气装置安装工程　质量检验及评定规程第14部分:起重机电气装置施工质量检验(DLT 5161.14—2002)》。

7.2　质量检验具体措施

(1)开关的可动部分,不可小于舵机的行程活动范围,伺服电动机布线要稳固,常常检查插头。

(2)不得改变电源电压,接收机使用几伏电压,则舵机使用几伏电压。

(3)电源尽量采用镍镉电池,保证电压稳定。

(4)每次要做开机检查,打开电源开关,这时,电平指示表应指示在绿色或白色区域的上方。把天线缩短时,电平指示将下降,然后再将伺服电动机的收信机电源接通,伺服电动机应回到中立位置;拨动操纵杆和微调手柄,相应伺服电动机应有动作,各通道也不互相干扰,说明送信机和收信机工作基本正常。如果伺服电动机声音均匀、转动平稳、没有卡点,加上适当负载转动速度也没有明显变化,则初步断定伺服电动机工作是正常的(所谓工作正常的标准,是伺服电动机不出现抖动;如果伺服电动机不断出现抖动;应立即关闭收信机,这时的距离刚好超过地面控制的有效距离)。

(5)要求先开送信机电源后再接通收信机电源,以防收信机在无送信机信号时误动作。

(6)经常检查送信机和收信机的天线,尽量避免和缩短不拉天线或短天线的时间,并养成每次使用之前都用多次间断开机(40s之内)的方法进行一次地面拉距离试验(这时可不拉天线),测试正常后马上全开天线(收信机不拉天线容易烧晶振)。

(7)在送信机和收信机之间,最好少有金属管、金属链或者其他大型金属结构。

8　安全管理及安全措施

(1)必须做到先试吊后,才能正常使用;

(2)树立"安全第一"的思想,现场要有专人负责该系统的安全管理工作;

(3)建立健全安全责任制;

(4)加强安全教育,操作员必须经安全操作技术训练才能上岗;

(5)坚持经常和定期检查该系统,及时发现事故隐患;

(6)必须认真编制安全技术操作规程;

(7)该系统为机械、电力与电子结合,现场内应设置安全标志等;

(8)用电必须符合用电安全规程,现场内电线与其所经过的建筑物或工作地点应保持安全距离,同时加大电线的安全系数,各种电动机械设备必须有可靠有效的安全接地和防雷装置,严禁非专业人员操作与检测机电设备;

(9)加强对该系统的检查、保养、维修,保证安全装置完备、灵敏、可靠,确保设备的正常安全运转,须经常检查缆绳磨损情况,检查缆绳接头,对转向轮应经常加黄油;

(10)雨季使用时应注意防水,保证系统安全与动作准确。

9　环保措施

本工法占地少,土石方开挖量特别小,对环境影响小。

10 资源节约

本工法仅基础及地锚不可回收,其他均可以循环使用。

11 效益分析

11.1 经济效益

各方案经济效益对比见表8:

各方案经济效益对比表　表8

项目	材料	单位	数量	单价(元)	金额(元)	备注
50t 轮式起重机						因起重臂长度不够不予使用
满堂脚手架栈桥	钢管	t	220	1 200	264 000	100 元/t,共计 12 个月
	扣件	个	55 000	3.6	198 000	0.3 元/个,共计 12 个月
	人工费	工日	1 540	65	100 100	每人每天可搭设 1t 脚手架、共 7 个墩需周转 7 次
	进出场费	t	220	900	198 000	进场 300 元/t、出场 300 元/t、进场时倒运 300 元/t
	木板				50 000	
	合计				810 100	除木板外均未算损耗
塔吊	基础开挖		2	30 000	60 000	塔吊需二次移位
	基础混凝土		2	60 000	120 000	塔吊需二次移位
	50t 吊车		2	15 000	30 000	塔吊需二次移位、进出场费及租金
	塔吊租金		12	30 000	360 000	
	塔吊进出场费		1	90 000	90 000	包括进场费、出场费、倒运费
	进场便道拓宽		1	20 000	20 000	加宽进场便道
	合计				680 000	本合计费用不含基础开挖及进场便道拓宽时临时占地费用
无线遥控缆索吊					100 000	由文中"主要材料与设备"可算出,本计算略

从表8可知,采用无线遥控缆索吊系统使用成本为10万元,可节约成本58万元,取得了较好的经济效益。

11.2 社会效益

该桥梁在本条线路施工难度最大,通过该技术在上述桥梁施工中的成功实践,树立了良好的企业形象,为整条公路的早日通车投产提供了有力保证,为促进当地经济发展作出了积极贡献,受到了当地政府和建设单位的高度赞扬,赢得了较大的社会信誉,社会效益显著。

节能与环保:由于本工法所需场地面积小,土石方开挖少,利于水土保持;基础混凝土极少,设备进出场费用极低,组装简单,施工准备时间短,效率高,缩短了工期,节能环保效果明显。

无线电技术结合建筑工程,使用弱电控制强电,达到了无障碍控制,远离危险区域,增加了生产效能,降低了工作伤害。

12 应用实例

本工程第一次在怒江金六二级公路第八合同段 K56 + 2 618 × 20m 大桥中设计及使用,解决了该大桥高墩、地形复杂、安全隐患大、材料、设备无法定位运输等技术难点;第二次在云南省保山市腾密公路境内段改建工程桥梁工程的施工中使用;第三次在云南省怒江州沙坝悬索桥梁工程的施工中使用。该工法在工程应用实践中,解决了工期紧、场地小、深山峡谷、地形复杂、施工难度大等问题,确保了工程建设目标的实现,取得了较好的经济和社会效益。

实践证明,该施工工艺技术工艺流程合理、工效高、施工安全容易控制、施工成本较低、实用性强,在云南省,特别是深山、峡谷地区的工程建设中,具有良好的推广价值和广阔的发展前景。

本工法中应用了缆索吊系统与遥控控制系统,两系统的单项技术在各自行业领域内均为较成熟、可靠的技术。本系统将无线电技术巧妙引入建筑行业,可靠性高。本工法与当前国内、国际技术比较,具有技术先进、跨行业灵活引用、使用设备简单、费用低、操作简便、安全可靠、定位准确、运行平稳、快速及灵活的优点,在全国同类型施工运输中属领先水平。

公路桥梁防水结构层施工工法

GGG(鄂)C4128—2009

张启炎　魏　华　董华军　张咏梅　刘国清
（湖北长江路桥股份有限公司　武汉理工大学）

1　前言

随着公路等级的提高,桥梁涵洞等公路构造物所占比重越来越大,而高等级公路对路面质量要求较高,良好的路面结构设计和高标准的施工设备,以及严格的施工技术已使路面质量达到相应的指标,如我国近期所修筑的高速公路,行车舒适性大大提高。相反,桥面平整度差和沥青混凝土层剥落问题却日益突出,对高速行驶车辆的行车舒适性乃至安全性构成了一定程度的威胁。近年来,全国各地不少桥面建成不久,桥面铺装就出现了严重的破损、开裂、坑槽、拥包等病害,给交通运输带来很大的不便,严重时还容易造成交通事故。这些问题的出现引起了人们对桥面铺装质量的关注。

在桥面沥青铺装层施工技术方面,国内普遍采用与一般路段相同的施工工艺,忽略了桥面结构的特殊性,表现为平整度差和压实度不足。水泥混凝土桥面平整度较差,采用一般路段的摊铺技术,桥面的平整度极易传递到沥青面层,难以提高沥青面层的平整度。为了减少重型压路机、振动压路机对桥梁结构的损伤,往往不用或少用该类型压路机,从而导致了压实度不足,造成了桥面铺装层出现车辙和拥包。据调查发现,我国沥青混凝土桥面铺装层的早期破坏非常严重,极大地影响了桥梁的通行能力,这表明早期桥面沥青混凝土铺装设计及施工方面尚存在很大的缺陷。

2　工法特点

与同类工法相比,本工法更能增强防水层与桥面混凝土的黏结,减少了层与层之间的缝隙,能够有效防止水对水泥混凝土的侵害,提高了桥面混凝土的防水性能。

3　适用范围

(1)适用于水泥混凝土桥面防水结构层。
(2)适用于沥青路面基层的封层。

4　工艺原理

本工法是在桥面混凝土表面喷洒或者涂刷一层改性乳化沥青或桥面专用黏结剂等,然后再进行改性稀浆封层,稀浆混合料所选用的石料是质地坚硬、粗糙、耐磨、洁净的矿料。本工法不仅能增强防水层与桥面混凝土的黏结作用,而且能够使沥青铺装层与桥面混凝土的接触为面接触,减少了层与层之间的缝隙,能够有效防止水对水泥混凝土的侵害,提高了桥面混凝土的防水性能,延长了桥梁的使用寿命。

5　施工工艺流程及操作要点

5.1　桥面黏结层的施工

5.1.1　施工准备

(1)封闭施工路段交通,禁止车辆和行人通行。

(2)进行洒布车的校核与调整,确保设备能正常运作。建立洒布车洒布量与行驶速度间的相关关系,调整洒布的行驶速度与洒布量。

5.1.2　根据施工路段的桥面宽度调整洒布车洒布宽度。

5.1.3　对桥面有缺陷的位置作细致的调查,并予以记录并作出必要的标识,由专人负责修复。

5.1.4　铣刨、清洗

(1)清除路面杂物:采用铁锹、扫帚等工具将所有杂物清理干净。

(2)用桥面专用喷砂机或路面铣刨机铣除水泥混凝土桥面表层浮浆,更好地增加桥面粗糙度,以提高黏附性能。如图1和图2所示。

图1　路面铣刨

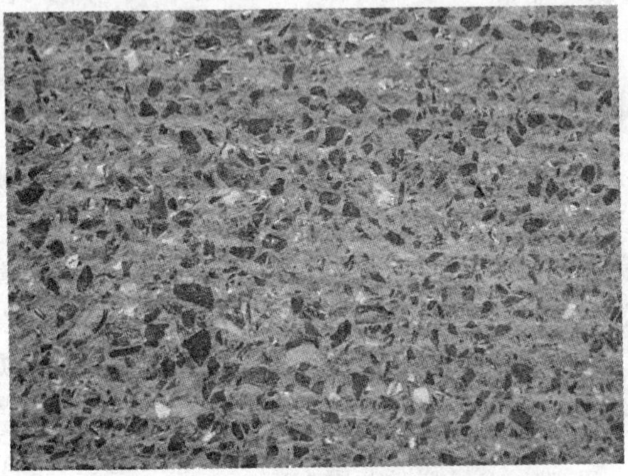

图2　路面铣刨后情况

(3)用高压水枪、森林灭火器等进行表面再清洁,清除水泥混凝土表面由于上一道工序造成的尘垢。如图3和图4所示。

图3　高压水枪路面清洗

图4　森林灭火器路面清洗

5.1.5　洒布桥面防水黏结剂

(1)桥面清扫干净、路表干燥后,喷洒桥面防水黏结剂。

(2)洒布车喷洒时应保持匀速行驶,从而保证洒布量的均匀性。防水黏结剂洒布不能重叠或少重叠,但不能漏洒,洒布量应控制在0.3~0.5kg/m^2的范围内。如图5和图6所示。

(3)局部涂刷。为避免黏结剂污染防撞墙,在喷涂桥面防水剂时,安排两人用挡布护住防撞墙,因此,防撞墙底部防水层是采取人工涂刷的。

5.1.6　养护

防水黏结层施工完毕后,封闭交通严禁车辆通行。待其完全固化成型24h后,再进行稀浆封层施工。

图5 洒布桥面防水黏结剂

图6 洒布桥面防水黏结剂后情况

5.2 改性稀浆封层施工

5.2.1 施工准备

(1)封闭施工路段交通,在施工期间作业面内无行人及车辆通行。

(2)施工前对下承层的露白、裂缝等缺陷进行妥善的修复处理。

(3)设备调试校准:再次对稀浆封层所采用的专用摊铺设备按规范要求,进行全面调试检查,确保其完全正常运转。

(4)根据稀浆封层的设计层厚调整机箱高度,稀浆封层混合料湿铺厚度应控制在5.5~6.0mm的范围内。

5.2.2 施工放样

根据摊铺路面总宽度调整摊铺机箱宽度,使摊铺机摊铺车道数为整数,同时划线标识摊铺机行驶方向控制线。

5.2.3 载料

稀浆封层摊铺机所载材料必须满足施工放样路段内的摊铺需求,从而减少施工接缝,提高施工路段的平整度。

5.2.4 稀浆封层摊铺

(1)已装好料的摊铺机开到施工起点,对准走向控制线,并调整摊铺箱高度与拱度,使摊铺箱周边与原路面贴紧。

(2)操作手调整并确认各矿料料门的高度,沥青乳液、水的转速。

(3)开动发动机,结合拌和缸离合器,使搅拌轴正常运转,并开启摊铺箱螺旋分料器。

(4)打开各料门控制开关,使矿料、水几乎同时进入拌缸,当预湿的混合料推移到乳液喷出口时,乳液喷出。

(5)调节稀浆在分流器上的流向,使稀浆能均匀地流向摊铺箱左右。

(6)调节稀浆用水量,使稀浆稠度控制在2~3cm。

(7)当稀浆混合料均匀分布在摊铺箱的全宽范围内时,并摊铺前进,一般前进速度为1.5~5.0km/h,但应保持稀浆摊铺量与生产量的基本一致。

(8)混合料摊铺后,按施工要求立即进行人工找平,找平的重点是:起点、终点、纵向接缝,过厚过薄或不平处;尤其对超大粒径矿料产生的纵向刮痕,应尽快地进行清除并填平。

(9)当稀浆封层摊铺机上任何一种材料用完时,立即关闭所有材料输送的控制开关,让搅拌缸内的混合料搅拌均匀,并送入摊铺箱摊铺完后,即通知驾驶员停止前进;将摊铺箱提起,然后把摊铺机连同摊铺箱开至路外,清洁搅拌缸和摊铺机机箱;核对稀浆摊铺机的材料剩余量。

图7所示为稀浆封层施工图。

5.2.5 碾压

当稀浆封层混合料完全破乳后,用胶轮压路机碾压2~4个往返,控制行驶速度在5~8km/h。

5.2.6 施工接缝及修整

将施工产生的一些缺陷,如漏铺、刮痕、脚印等,在破乳前进行处理。特别是在装卸矿料、乳化沥青和接头的地方,污染性比较大,必须进行及时彻底清理。

5.2.7 开放交通

稀浆封层铺筑完毕,待稀浆封层混合料已经破乳固化成型后,才能限速通行施工车辆。

图7 稀浆封层施工

5.3 注意事项

(1)桥面防水粘结剂使用前应搅拌均匀。

(2)最低施工温度不得低于10℃;严禁在雨天施工;摊铺后尚未成型的混合料遇雨时,应清除干净后重铺。

(3)施工过程中,严禁乱踩未干的防水层。

(4)防水层做完后,在沥青混凝土铺装层未上以前,要严加保护,防水层实干后,可在其上放行10t以下汽车,但不得在其上打弯、倒车、急刹车等;10t以上的货车、铲车、吊车等禁止通行。

6 材料与设备

6.1 原材料

本工法所用材料应符合《沥青路面施工技术规范》(JTG F40—2004)、《微表处施工技术指南》等规范要求。

6.1.1 原材料要求

(1)防水黏结剂各项技术指标应符合表1的要求。

防水黏结剂性能表 表1

试验项目		防水层技术指标
筛上剩余量(1.18mm)		≤0.1
存储稳定性(1d)(%)		≤1
电荷		阳离子正电
与集料裹附性		>2/3
蒸发残留物	含量(%)	≥60
	针入度(100g,25℃,5s,0.1mm)	40~120
	延度(5℃,cm)	≥20
	软化点(℃)	≥50
	溶解度(三氯乙烯,%)	≥97.5
与水泥混凝土附着力 MPa		≥1.5

(2)改性乳化沥青:采用自行研制的SBR改性乳化沥青,各项技术指标如表2所示。

改性乳化沥青性能表 表2

试验项目	规范要求
筛上剩余量(1.18mm筛)(%)	≤0.1
蒸发残留物含量(%)	≥60
标准黏度(Pa·s)	12~60

续上表

试验项目		规范要求
蒸发残留物性质	针入度(100g,25℃,5s,0.1mm)	40~100
	软化点(℃)	≥57
	延度(5℃,cm)	≥20
贮存稳定性	1d	≤1
	5d	≤5

(3)矿料

集料中2.36~4.75mm及<2.36mm石灰岩碎石为试验所用矿料。经检验,其各项技术指标如表3所示。

用于稀浆封层的石料应洁净、干燥、表面粗糙,并符合表3中的规定。

稀浆混合料所用矿料性能表 表3

技术指标	技术要求
石料压碎值(%)	≤26
洛杉矶磨耗值(%)	≤28
针片状含量(%)	≤15
黏附性	>4级
砂当量(%)	≥65
表观相对密度(g/cm^3)	实测值

注:矿料含水率的测定非常重要,因为微表处摊铺机采用体积计量方式,矿料含水率的变化会使矿料体积显著变化,因此必须及时根据矿料的实测含水率调整摊铺机的设定。

(4)用于稀浆封层的填料,如矿粉、水泥等填料,应干燥、疏松,无结团成块现象。

(5)混合料质量要求(表4)

ES-2型矿料级配要求及容许波动范围 表4

筛孔尺寸(mm)	9.5	4.75	2.36	1.18	0.6	0.3	0.15	0.075
规定通过范围	100	90~100	65~90	45~70	30~50	18~30	10~21	5~15
容许偏差(%)		±5	±5	±5	±5	±4	±3	±2

注:当目标配比确定后(该级配应为混合料设计的根据),各筛孔的通过率变动量不得超过表中所规定的容许偏差范围,并且应保持在表中所规定的级配范围内,并应使级配线形顺滑,不要出现"驼峰"状。

6.1.2 稀浆混合料技术指标(表5)

稀浆混合料技术指标 表5

试验项目	标准
可拌和时间(25℃,s)	≥120
黏聚力试验(N·m)	
30min(初凝时间)	≥1.2
60min(开放交通时间)	≥2.0
负荷车轮黏附砂量,测定沥青的最大用量(g/m^2)	≤450
湿轮磨耗损失(浸水1h)(g/m^2)	≤800

由表5数据绘制不同沥青用量的1h湿轮磨耗值及砂黏附量关系曲线图,如图8所示。

由图8所确定的沥青用量范围,选定混合料各项技术指标均满足规范要求的油石比为初定的最佳油石比,用以指导施工。

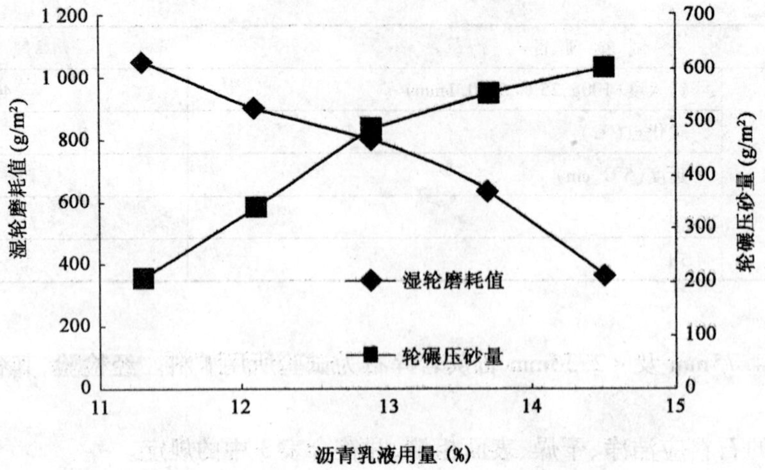

图8　湿轮磨耗值及砂粘附量关系曲线图

6.2　设备要求

设备包括稀浆封层车、沥青洒布车等。

7　质量控制

7.1　抽样检测(表6)

稀浆混合料抽样检测表　　表6

项　目	要　求	检验频率	检验方法
稠度	适中	1次/100m	经验法
油石比	施工配合比的油石比±0.2	1次/日	三控检验法
矿料级配	满足施工配合比的矿料级配要求	1次/日	摊铺过程中从矿料输送带末端接出集料进行筛分
外观	表面平整、均匀,无离析、无划痕	全线连接	目测
摊铺厚度	-10%	5个断面/km	钢尺测量,每幅中间及两侧各1点,取平均值作为检测结果
浸水1h湿轮磨耗	不大于540g/cm²	1次/7个工作日	见试验规范

7.2　稠度检验的"经验法"

迎着太阳照射方向观察刚刚摊铺出的材料层,如果表面有大面积亮光的反光带,说明混合料用水量偏大,稠度偏稀;如果刚刚摊铺出的材料层干涩,没有反光,说明混合料偏稠;如果刚刚摊铺出的材料层对日光呈现漫反射,说明稠度适宜。

7.3　微表处混合料沥青用量检验的"三控检验法"

(1)每天摊铺前,检查摊铺车料门开度和各个泵的设定是否与设计配比相符,认真记录每车的集料、填料用量和改性乳化沥青用量,计算油石比,每日进行一次总量检验。

(2)摊铺过程中取样进行混合料抽提试验,检测油石比大小是否与设计油石比相符。

(3)每50 000m² 左右(可根据实际另选用适宜方式),统计一次施工用集料、填料和改性乳化沥青的实际总用量,计算摊铺混合料的平均油石比。

7.4　交工验收质量标准(表7)

交工验收质量标准　　表7

项　目		质量要求	检验频率	方　法
表观质量	外观	表面平整、密实、均匀,无松散、无花白料、无轮迹、无划痕	全线连续	目测
	横向接缝	对接、平顺	每条	目测

续上表

项 目		质量要求	检验频率	方 法
表观质量	纵向接缝	宽度 <80mm，不平整度 <6mm	全线连续	目测或用3m直尺
	边线	任一30m长度范围内的水平波动不得超过 ±50mm	全线连续	目测或用尺量
抗滑性能	摆值Fb(BPN)	高速公路、一级公路≥45	5个点/km	摆式仪
	构造深度TD(mm)	高速公路、一级公路≥0.6	5个点/km	铺砂法
渗水系数		10mL/min	3个点/km	T0971
厚度		-10%	3个点/km	钻孔或挖小坑等

7.5 施工注意事项

(1)基层处理要求平整、干燥并进行“拉毛”，表面无垃圾、浮浆、污渍。

(2)防水层宽度误差在 ±2mm 以内。

(3)防水层粘贴牢固，表面平整、无空鼓、脱落、翘边等缺陷。

(4)防水层实干后7d蓄水试验，水高5~10cm，蓄水时间不少于24h，应无渗漏。

(5)防水黏结层施工完毕后，封闭交通严禁车辆通行。待其完全固化成型24h后，再进行稀浆封层施工。

(6)最低施工温度不得低于10℃；严禁在雨天施工；施工中遇雨或施工后混合料尚未完全成型时遇雨，应在雨后将无法正常成型的材料层铲除。

(7)严禁在过湿或积水的路面上进行稀浆封层施工。

(8)在施工过程中，稀浆混合料配合比不得随意变更，要随时检测稀浆混合料的矿料级配及各项技术指标，使稀浆混合料的质量符合要求。施工时应注意以下几点：

①摊铺箱每车施工完毕必须清洗干净；摊铺箱应有侧挡，防止漏浆并保持边缘整齐，后置刮板应留有一定高度，以保证层厚、宽度、强度和平整度；摊铺箱应保持平稳、匀速、不振动、不跳动，以保证摊铺质量。

②混合料中各类材料应具有相容性，在整个施工过程中摊铺箱内应始终保证箱中有适量的、恒定的浆量，从而保证铺层的连续性；摊铺箱装料不能过满，稀浆不能成团、结块；已完成的封层表面应无槽纹和超粒径集料，路面应是均匀的，且无乳液和集料的分离现象。

③摊铺量：稀浆混合料可对原有路面的不平整进行找平，但摊铺量过大则易产生开裂、沉降、离析；过少则封层太薄，不但寿命短，而且会发生剥落，因此应根据稀浆级配与原有路面状况来确定最佳摊铺量。施工人员每天必须逐车记录摊铺数量及摊铺长度，以便在工程完工时统计出材料总用量，以减少材料浪费。

④适宜的用水量：稀浆混合料中的水过多会造成乳液流失与离析，水过少则不能保证稀浆的均匀性，使乳液提前破乳而难以施工。

⑤严禁漏油的车辆上路行驶。

⑥稀浆摊铺机后，应紧随民工负责将路面超宽部分的混合料铲除，并清除干净，不得随地丢弃，以保持工作区的整洁有序，保证已完工的路面整洁美观。

8 安全措施

严格遵守《公路工程施工安全技术规程》(JTJ 076—95)的相关要求。

(1)建立建全安全生产责任制及安全生产技术措施，做好安全技术交底，加强职工安全意识的安全知识教育，配备足够的安全服、安全隔离墩等安全工具。

(2)严格按安全操作规程操作机械设备。在操作前必须检查操作环境是否符合安全要求，道路是否通畅，机具是否牢固，安全设施和防护用品是否安全，经检查符合要求后才可施工。

(3)施工过程中，定时检查稀浆封层车乳液管道畅通状态，以防爆管；料斗口布料人员应用铁钩翻动,严禁用手、脚翻动。

(4)洒布车洒布过程中,若为手握式喷头,操作时,喷头严禁向上。喷头附近不得站人,不得逆风操作。

(5)进行夜间施工时,应设置警示灯、照明灯,其照明光必须满足作业要求并覆盖整个工作区域。

(6)施工段车辆调头、转弯处应设专人指挥,车辆不得高速行驶,并避免紧急制动,且驾驶室外不得载人。

9 环保措施

施工期间应遵守国家和地方所有关于控制环境污染的法律和法规,采取有效的措施防止施工中的燃料、油、沥青、化学物质、污水、废料、垃圾以及弃方等有害物质对河流的污染,防止扬尘、噪声和汽油等物质对大气的污染。

(1)施工中有毒和危险的物品,实行专人专项保管,严防泄露各种施工废液,集中储存处理,严禁乱流乱淌。

(2)存放油料的库房,其储存和使用都要采取防护措施,防止跑、冒、滴、漏,从而污染水源。

(3)施工现场临时食堂,用餐人数超过100人时,应设置简易有效的隔油池,定期淘油,防止污染。

(4)施工过程中严禁将含有污染的物质或可见悬浮物的水排入河渠、水道。所有机械废油应回收利用或妥善处理,严禁随意泼倒。

(5)施工现场施工完后,必须及时对施工区域内的废料和杂物进行清理,并对施工现场进行洒水清洗。

(6)施工现场安排做到布局合理,材料定位堆置,机具进出场有序,路沟畅通,管线齐全,生活设施清洁文明,施工安全有序。

10 效益分析和应用实例

10.1 效益分析

本工法能增强防水层与桥面水泥混凝土基层和沥青混凝土面层的黏结,防止沥青混凝土面层与防水层之间产生滑移,有效避免水对水泥混凝土基层的侵害,提高桥面的防水性能,延长桥梁的使用寿命。同时,施工方法简便,不需要加热,可以节约能源。

10.1.1 使用改性稀浆封层可节约能耗

经有关数据分析,改性乳化沥青与热沥青相比,1t沥青可节能8 439.1MJ。

(1)采用改性稀浆封层时,只需在乳化时将沥青一次加温至120~140℃即可,所需热能(按均值130℃计算):$(130-18)\times2.094\times103\times1\,000/0.8=293$MJ。

制成的沥青乳液可以在现场随用随取,无需重复加温,即使在低温、阴湿的气候条件下,也可照常施工。

(2)配制乳化剂水溶液时需加热(1t沥青按800kg用水计),将18℃水升温至70℃需热能为:$(70-18)\times4.187\times103\times800/0.8=217.7$MJ。

(3)乳化机械消耗电能,1t沥青按8kW·h计(1kW·h需热能3.6MJ),消耗电能为:$3.6\times8=28.8$MJ。

(4)采用改性稀浆封层时,砂石矿料不需烘干加热,并可在湿润状态下用沥青乳液拌和铺路,因而可以节省砂石矿料这部分的热能。如:用改性乳化沥青铺筑1km长、9m宽、3cm厚的路面,约需沥青35t,混合料620t(其中砂石料为585t),从中可以节能:$35\times8\,439.1+585\times272=454\,488.5$MJ。若按1kg燃油可产生热能44.8MJ、1kg煤可产生热能20.9MJ计,可节省燃油10.1t、煤21.7t。

10.1.2 施工时间要求

阴雨和低温季节,正是沥青路面容易发生病害的时期,而采用本工法施工,几乎可以不受阴雨或低温季节影响,能够改善路况,提高工作效率,从而带来可观的社会效益。

10.1.3 环境保护

本工法在常温条件下即可使用,喷洒与拌和容易,操作简便、省力、安全,能改善施工条件,降低劳动强度,提高工作效率。

10.2 应用实例

10.2.1 孝感—襄樊高速公路

2005年,湖北孝襄高速公路建设中,K132~K142路段部分桥面防水层采用了本施工方法,将水泥混凝土桥面与沥青铺装层的结合面由点接触式变为面接触。通车一年多来,没有出现任何病害。如图9~图13所示。

图9 孝襄高速公路水泥混凝土面板铣刨后路面

图10 桥面防水涂料施工

图11 孝襄高速公路施工后路面情况

图12 孝襄高速公路施工后钻芯法检测黏结效果

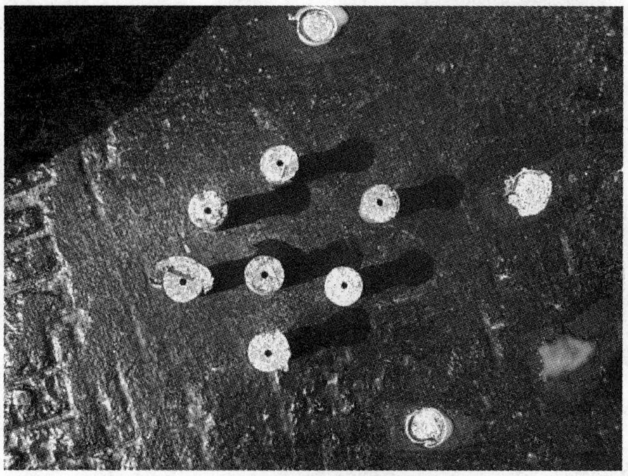

图13 拉拔仪测试黏结效果

10.2.2　沪蓉西高速公路宜昌—长阳段

2005年,湖北宜昌高速公路建设中,为了使桥面混凝土与沥青下面层的层间结合面积达到最大,宜昌段部分大桥的桥面防水层使用了本施工方法作为桥面防水结构层,使用至今效果良好。如图14~图17所示。

图14　洒布桥面防水涂料后情况

图15　宜昌高速公路稀浆封层机施工情况

图16　宜昌高速公路稀浆封层机施工情况2

图17　宜昌高速公路施工后钻芯法检测黏结效果

箱形桥梁体外预应力补强施工工法

GGG(鄂)C4129—2009

朱红明　王　华　张清利　张文明　张雨乐
(湖北省路桥集团有限公司)

1 前言

近年来,随着桥梁超负荷运营,大批桥梁出现不同程度的损伤而需整体补强,同时,因部分桥梁地处要道,维修期间交通不能长时间中断,所以需要一种既能显著改善加固效果又不影响车辆通行的方案。体外预应力补强可以很好地解决这一难题。湖北路桥集团有限公司于2008年成功完成变截面连续桥梁箱室内体外预应力补强施工,结合孝襄高速公路府河大桥主桥上构维修工程和唐白河大桥主桥上构维修工程中体外预应力补强施工的实践,总结形成本工法。

2 工法特点

(1)施工速度快,能在短时间内恢复正常交通,可保证桥梁的结构安全。

(2)在箱室内施工,不影响桥梁美观。

(3)施工噪声小,污染小,利于环保。

(4)对桥上交通影响小,且不影响桥下交通及通航。

(5)避免了传统的压浆施工。

(6)预应力钢绞线辅助结构(转向板及锚固块)采用在箱内腹板及底板植筋并浇筑混凝土,使其与原箱体结构形成整体受力。

(7)工艺程序清晰易懂,便于操作和管理。

3 适用范围

适用于简支和连续箱梁桥的加固维护施工,对跨径较大梁体加固也有一定的借鉴作用。

4 工艺原理

通过分丝器、PE管将环氧钢绞线每根分隔开,有效减少了钢绞线与预应力管道、钢绞线支架的摩阻力损失。用双顶伸预紧张拉千斤顶将工作夹片和工具夹片交互锚紧,有效控制了预应力张拉受力和伸长量。体外环氧钢绞线便于后期预应力索力的跟踪检测,可以及时对预应力进行调整,有效控制结构物受力。

5 工艺流程及操作要点

5.1 工艺流程

辅助结构施工→钢绞线下料→穿束→装锚具夹片→张拉预应力束→封锚→减振限位装置安装。

5.2 操作要点

5.2.1 辅助结构施工

辅助结构施工包括新旧混凝土结合面凿毛、钢筋植筋、辅助结构(锚固块、转向块)混凝土施工等。辅助结构预埋转向管道,拆模后需在该管道内安置 PE 套管,如图 1 ~ 图 4 所示。

图 1　混凝土表面凿毛

图 2　钢筋植筋

图 3　辅助结构(转向板)

图 4　辅助结构(锚固块)

5.2.2　体外预应力束施工

(1)体外预应力施工内容

钢绞线下料、布置体外束、安装监控设备、预应力束张拉、封锚、安装减振限位装置。

(2)钢绞线下料

钢绞线采用光滑型环氧涂层钢绞线,钢绞线在厂家制作检验合格后,运至施工场地,现场再次取样检验合格后按设计尺寸下料。下料前先选好场地,在地面上铺一层防划布(施工利用 PE 管铺设),防止下料过程中将体外束表面环氧层刮伤,如图 5 所示。

(3)穿束、安装锚具夹片

待锚固块、转向块达到一定强度后,在其预留管道中穿预先准备好的钢绞线,安装锚具夹片。穿束通过施工洞采用人工配合机械穿束牵引至箱梁内设计位置。牵引前每隔 5m 设置一道滚筒,并在地面上铺满布麻袋等,避免在牵引过程中将表面环氧涂层刮伤。钢绞线穿过辅助结构后,中间采用架子支撑钢绞线束,直到张拉完成。安装锚具前每束钢绞线需每隔 2m 用分隔器将钢绞线分层(按锚具孔形状分,并绑扎好,避免张拉时钢绞线交织在一起。张拉前必须将分隔器取走,以防飞出伤人。如图 6 所示。

图5　钢绞线下料

图6　布置体外预应力钢绞线

(4)安装监控设备、装顶、张拉

待辅助结构新浇筑混凝土强度达到100%设计强度后,开始安装监控设备、千斤顶、张拉纵向预应力束。张拉应严格按设计要求进行。

(5)张拉原则

张拉时采用同束两端对称张拉,同横截面两侧对称张拉。对于连续箱梁采用先中跨、再边跨,中跨先边束、再中间束的顺序。

(6)张拉过程

0→初应力(20%)P_0→持荷5min→量测延伸量δ_0→张拉并维持设计吨位P→持荷5min→量测延伸量δ_1→千斤顶回油→量测延伸量δ_2。如果张拉过程中发生断丝现象应立即停止张拉,更换发生断丝的钢绞线后方可进行下一步施工。

(7)施工监测

每张拉一级,需进行应力观测,施工应力观测采用贴片法。待分析可再张拉时才能继续。每批张拉每道体外预应力束后,对主梁边跨合龙段、中跨跨中、1/4跨等截面的底板下缘应力,以及各墩顶截面上缘应力进行观测,并对主梁变形及各墩顶位移进行变形观测。预应力张拉完毕后,对主梁进行自振频率观测,如图7~图9所示。

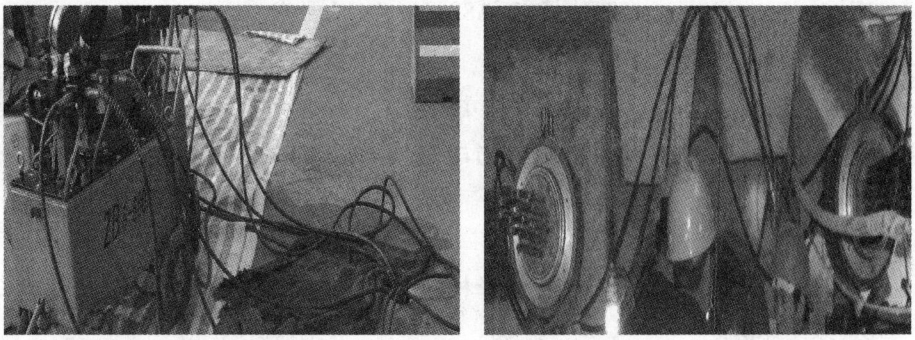

图7　预应力张拉

(8)封锚

预应力锚头采用专门盖帽封锚。张拉并测试完毕后采用切割机按要求将钢绞线端头切除,保留长度以盖帽长度为准。然后安装盖帽并密封,再往盖帽内部灌注防腐油脂,如图10所示。

5.2.3　安装减振限位装置

体外束沿纵向每隔一段距离设置一道防振定位装置,防振定位装置分别固定在箱梁顶板或底板上,其装置由钢板、螺杆和减振橡胶构件组成。根据体外预应力钢束张拉完毕后钢束的实际位置和角度进行定位、钻孔和安装,顶板钻孔位置偏差不得超过5mm。如图11所示。

图8　预应力张拉完成后线形

图9　施工监控

图10　封锚

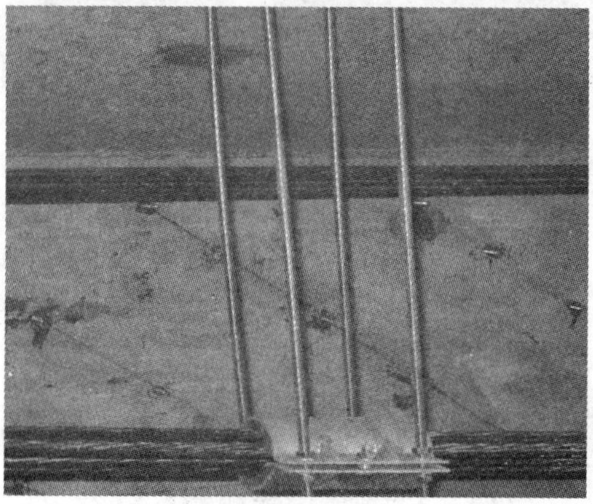

图11　减振限位装置

6　材料和设备

张拉材料、机具及要求如下所述。

6.1　预应力材料

预应力材料要求满足国际标准 ISO 14655:1999《预应力混凝土用环氧涂层钢绞线》与《环氧涂层填充型七丝预应力钢绞线标准规范》(ASTM A882/A882M—04a)要求。

6.2　锚具夹片

锚具优先选用带有保护罩的锚具。由于体外束在张拉前处于自然状态,松弛度大,受张拉行程限制,要求夹片承受多次反复张拉而不被破坏,并符合《预应力筋用锚具、夹具和连接器》(GB/T 14370—93)标准要求。

6.3　张拉机具

张拉千斤顶为双顶升千斤顶,根据张拉力选择相应型号,要求使用灵活,移动方便。采用24t顶(单束)和420t张拉顶(集中束)。

6.4　通信工具

张拉操作时,为保证箱外张拉机操作人员和箱内检测观察人员的密切联系,建议采用无线电对讲机。

7　质量控制

(1)钢绞线进场后要进行抽检,下料长度应符合设计要求,安装完成后要求所有钢绞线松紧度基本一致，钢绞线之间不能绞在一块，所有夹具要经过检查，合格后方可使用。

(2)张拉千斤顶要经过校核后方可使用。

(3)预应力张拉采用延伸量与张拉吨位双控，延伸量误差范围为 ±6%，延伸量为钢束上标定平面位置距离锚垫板之间的距离变化值。

8 安全措施

(1)施工人员进入箱内施工必须戴安全帽。

(2)箱内配备照明线路，每隔 2m 安装一盏照明灯，白天晚上施工都要保证箱内照明。

(3)注意用电安全，严格执行现场施工各项安全规定和操作规程。

(4)箱内配备足够的通风设备，保证箱内空气流通。钢筋工程尽量采用绑扎工艺，少用电焊施工。

(5)组织好桥面交通，与当地交管部门密切合作，更好地指挥疏导，确保公路交通运输的畅通。做好交通配合工作，汽车运输严格服从地方交通部门的管理，严格遵守交通规则。设置必要的行车标志和安排专人现场指挥交通。指定专门人员 24h 不间断负责疏导、指挥过往车辆。施工路段配备必要的夜间照明设施，施工人员着统一的安全标志服，作业车辆、机械行驶和作业时均应开启黄色警示灯。

(6)做好文明施工，创造良好工作环境。

9 环保措施

(1)箱室内施工垃圾需统一运送至箱外集中处理，严禁丢入河道及沿线道路。

(2)现场存放油料的库房，必须进行防渗处理，储存和使用要采取措施，防止跑、冒、滴、漏，污染水源，所有机械废油应回收或妥善处理，严禁随意泼倒。

(3)凡施工作业产生的污水，必须控制污水流向，防止蔓延，并在合理的位置设置沉淀池，经沉淀后方可排入污水管线，亦可回收用于洒水降尘，严禁将含有污染的物质或可见悬浮物的水直接排入河渠、水道。

(4)施工完成后，将桥面清洗干净。

10 效益分析

采用本工法在比较短的时间内完成了桥梁维修施工，恢复了交通，保证了结构安全，节约了成本，同时施工时不封闭交通，有较高的经济效益和社会效益。

11 应用实例

实例 1：孝襄高速公路府河大桥主桥上构维修工程，施工时间为 2008 年 7 月 ~2008 年 12 月。

实例 2：孝襄高速公路唐白河大桥主桥上构维修工程，施工时间为 2008 年 8 月 ~2008 年 12 月。

自密实混凝土构造物补强施工工法

GGG(鄂)C4130—2009

朱红明　王　华　张清利　张文明　周乐木
(湖北省路桥集团有限公司)

1　前言

自密实混凝土(Self Compacting Conctete,简称SCC)是指在自身重力作用下,能够流动、密实,能不经振捣而充满模板和包裹钢筋的新型混凝土。这种混凝土用于难以浇筑甚至无法浇筑的结构,可避免出现振捣不足而造成的空洞、蜂窝、麻面等质量缺陷。同时,可节省劳动力和加快施工进度,具有显著的技术、经济和社会效益。自密实混凝土的自密实性能主要包括流动性、和易性、抗离析性和密实性。

在对结构物进行补强施工时,常常遇到结构物钢筋密集、断面狭窄,有的待浇筑混凝土处于已有结构的下方,并且这些结构混凝土常常因不易得到完全捣实而造成缺陷。采用传统混凝土施工方法难以有效保证结构物补强混凝土的施工质量。湖北省路桥集团有限公司结合以往成功经验,将自密实混凝土加固结构物的施工经验总结形成本工法。

2　工法特点

(1)施工简便,节约工期。

(2)无需振捣,自动充满模板。

(3)具有良好的黏结性,与老混凝土结合面黏结密实。

3　适用范围

本工法可广泛应用于桥梁结构补强加固和结构物局部补强。

4　工艺原理

自密实混凝土主要是通过外加剂、胶结材料、粗细骨料的选择和配合比的设计,使混凝土拌和物具有足够的黏性,粗细骨料能够悬浮于水中不离析、不泌水,在不用或基本不用振捣的成型条件下,能充分填充所有的空隙,形成密实而均匀的混凝土结构,从而达到对结构物的修补和补强。

5　工艺流程及操作要点

5.1　工艺流程(图1)

5.2　自密实混凝土配合比设计原则

5.2.1　原材料选用

水泥:华新牌525号普通硅酸盐水泥(湖北省黄石华新水泥厂);

粉煤灰:武汉阳逻电厂Ⅰ级粉煤灰;

砂:中砂,产地在湖北府河,表观密度为2 599kg/m^3,细度模数为3.0;

石:碎石,产地在湖北府河,表观密度为2 595kg/m^3,10~20mm连续级配,压碎指标为11.5%;

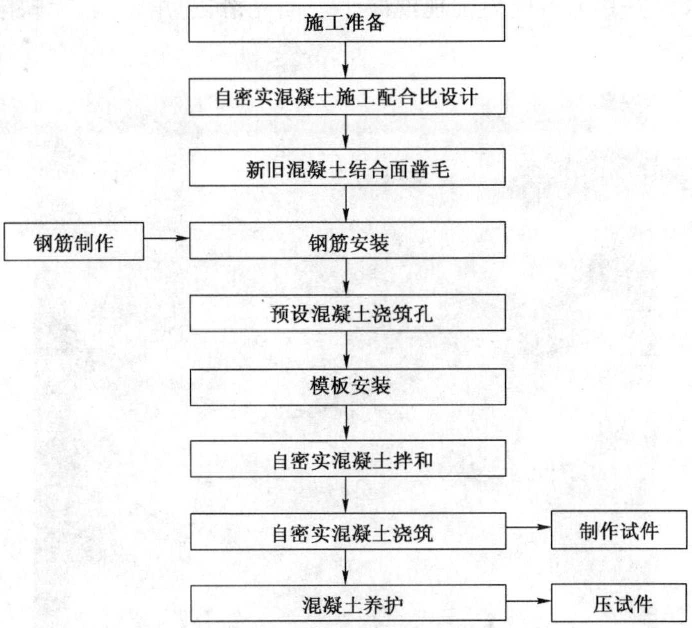

图1 工艺流程图

外加剂:QD 聚羧酸高性能减水剂,产地在湖北荆州强达,减水率 >25%;

水:普通自来水;

采用强制式混凝土搅拌机进行混凝土搅拌。

5.2.2 自密实高性能混凝土配合比试验及其分析

5.2.2.1 试验方法

试验目的是要得到自密实混凝土的配合比,在较低水灰比的情况下混凝土具有足够大的坍落度和扩展度,同时又要确保混凝土具有足够好的黏聚性,使之具有穿越钢筋自流平的能力。试验的影响因素多,试验量大,难度也较大,其中最关键的是 QD 聚羧酸高性能减水剂的用量问题。

5.2.2.2 施工性能测试方法

测定自密实高性能混凝土流动性能的常用指标有:坍落度、扩展度、流下时间。为了使配制的自密实混凝土同时具有足够的流动性和黏聚性,保证其良好的穿越钢筋的能力,所以自密实混凝土应同时满足如下要求:a)塌落扩展度,面积达到 600cm×550cm;b)扩展速度,即做扩展度试验时扩展到 600cm×550cm,时间满足在 5~15s 之间;c)漏斗流下时间为 5~20s;d)填密度≥95%。

其中坍落扩展度是混凝土在水平面上流动停止时的最终面积;扩展速度可用来检验自密实混凝土拌和物摊铺的快慢;漏斗流下时间是检验自密实混凝土流动性的快慢;填密度是混凝土自密实的程度。

5.2.2.3 配合比试验及其分析

在大量试验基础上,选用的混凝土配合比见表 1。

自密实混凝土配合比(C50 混凝土) 表 1

每方混凝土材料用量(kg)	水 泥	粉煤灰	外加剂	水	砂	石	水胶比	砂率(%)	抗压强度(28d)(MPa)
	430	150	8.12	180	700	950	0.31	42.4	64.9

注:碎石采用粒径为 10~20mm。

5.2.3 自密实混凝土浇筑实际结构物的试验

采用表 1 中配合比浇筑钢筋混凝土框架(按实际工程尺寸设计,其纵向配筋与横向配筋均符合规范要求)。在配筋最密集的框架节点区,自密实混凝土的优异性能得到充分体现,实现了免振捣自密实成型。混凝土覆盖浇水养护14d,拆模后发现混凝土表面光滑,边角密实、无缺陷。图2所示为自密实混凝土实际结构物。

图2　自密实混凝土实际结构物

5.2.4　自密实混凝土的强度与弹性模量

自密实混凝土的强度与弹性模量见表2。从表2可看出,自密实混凝土90d强度比28d强度增加了6MPa。这说明粉煤灰中的活性组分与水泥水化过程中析出的$Ca(OH)_2$进行了"二次水化反应",并且随着龄期的增长,"二次水化反应"逐步深入,混凝土强度逐步提高。但自密实混凝土的弹性模量比普通混凝土小,原因是与普通混凝土相比,自密实混凝土砂浆用量较大而粗骨料用量较小。

自密实高性能混凝土的强度和弹性模量　　表2

混凝土强度(MPa)				弹性模量 E(MPa)
7d	28d	60d	90d	
44.6	54.9	57.8	60.5	2.644×104

5.2.5　自密实混凝土配合比的要求

(1)自密实混凝土配合比设计按《自密实混凝土设计与施工指南》(CCES 02—2004)及《自密实混凝土应用技术规程》(CECS 203—2006)执行。

(2)根据结构条件、施工条件及对混凝土性能的要求选用胶凝材料,如混凝土凝结时间、水化热温升、强度、耐久性能等。胶凝材料可选用普通水泥+粉煤灰、中热水泥+矿渣+粉煤灰或矿渣水泥+粉煤灰等粉体形式。

(3)混凝土外加剂可采用聚羧酸类高效减水剂、氨基磺酸盐高效减水剂或萘系高效减水剂。

5.3　操作工艺

5.3.1　新旧混凝土结合面凿毛

凿掉辅助结构范围内的混凝土表面浮浆,直至露出新鲜混凝土骨料,按照维修设计图纸要求,使用小型手持式冲击钻凿毛，凿除面清除干净。凿毛后的界面需要采用空压机或水冲洗干净表面的灰尘，如图3所示。

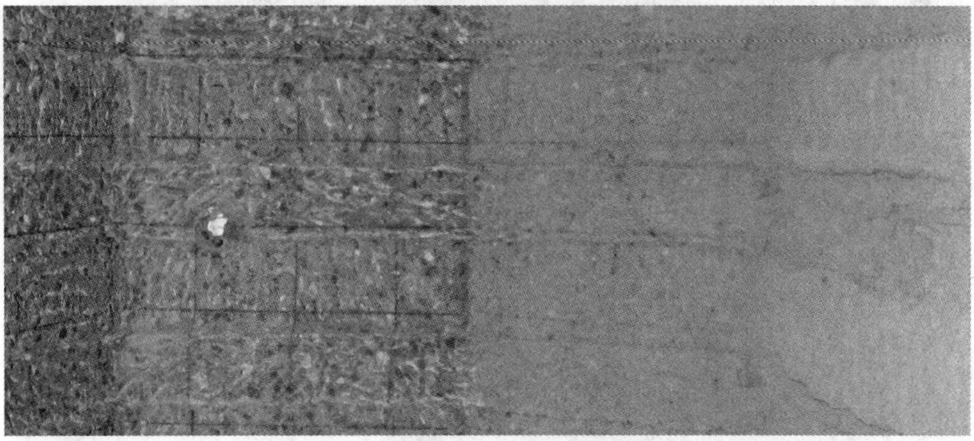

图3 接合面凿毛

5.3.2 钢筋安装

普通钢筋布设，应采取措施，满足设计混凝土净保护层的要求，混凝土浇筑后不出现露筋等现象（图4所示为钢筋安装）。对结构物加固补强可以采用在老混凝土面上钻孔种植钢筋的方式（图5所示为种植结构植筋）。

图4 钢筋安装

5.3.3 在原有结构物上预设浇筑孔

根据浇筑结构物的尺寸在原有结构物上用混凝土预先开设出浇筑孔，注意所选取的浇筑孔的位置应按照自密实混凝土的扩展度进行布设，一般在结构物的最高点处应有浇筑孔，以使自密实混凝土能够流满整个结构物。

图5 种植结构植筋

5.3.4 无缝模板安装

因为自密实混凝土的流动性特别强,所以对于模板的要求较高,一般选用无缝模板组装,如图6所示。

图6 模板安装

(1)钢筋骨架制作完成后,按照待浇结构的形状立模。通过对拉螺杆将模板固定,外加木枋、钢管作纵、横肋。中部尺寸边界处及局部转角处使用异形钢模板,模板纵横肋间加垫木枋,模板侧面增加临时支撑。对浇筑混凝土落差较大的部位,模板上还需留两层入料口,防止混凝土因落差过大而产生离析,最高处预留观察孔。

(2)模板安装好后应检查模板支立的位置是否准确、牢固,立面有无倾斜,接头处有无错缝、错台、缝宽过大,脱模剂是否涂刷等,发现不合要求者应立即纠正。并将接头处的接缝、拉杆、传力杆洞眼、模板与基层间缝隙等用油毡堵(铺)严实,以防漏浆。

(3)模板的加工制作、支设等应符合规范的规定,并满足自密实混凝土施工要求。

(4)检查支模四周基层的平整与密实情况,高凿低补,并对过于松散部位采取措施予以密实。清理待浇结构物上的杂物并洒水湿润。

5.3.5　自密实混凝土浇筑

自密实混凝土浇筑前应充分备料,确保每个结构物一次成型。自密实混凝土的搅拌见图7和图8。在混凝土浇筑后期应对混凝土浇筑孔进行加压,并在持压状态下保持一定时间,确保新浇筑混凝土与原结构混凝土结合面密实,以避免产生施工缝。为保证辅助结构混凝土浇筑密实,施工中采用如下方法浇筑:

图7　自密实混凝土的拌和

图8　拌和好的自密实混凝土

(1)在结构位置对应的位置开设 ϕ10cm 混凝土浇筑孔,采用自上向下浇注的方式;

(2)浇筑混凝土时,在模板外侧辅助敲击并配合小功率的插入式振捣棒进行微振,同时浇筑速度不宜过快,防止混凝土浇筑不均匀及气泡产生,确保混凝土浇筑密实;

(3)混凝土浇筑完成时将浇筑孔用自密实混凝土填满并超过浇筑孔约30cm。

5.3.6　自密实混凝土养护

自密实混凝土对养生要求较高,结构物拆模后应立即进行养生,并且养生时间不得少于7d。在自密实混凝土养生期限内,应确保结构物表面长期处于湿润状态,养生操作应严格按照《公路桥涵施工技术规范》(JTJ 041—2000)有关规定,其养生主要是保温保湿养护,保温养护能减少混凝土表面的热扩散,减少混凝土结构物表面的温差,防止产生表面裂缝。保湿养护能防止混凝土表面因脱水而产生干缩裂缝。

5.3.7　修复原有结构物表面

待自密实混凝土浇筑完成后,将原结构表面浇筑孔处混凝土表面磨平;施工洞处恢复原顶板钢筋,并用短钢筋等强度焊接连接断开的钢筋,然后采用自密实混凝土浇筑施工孔混凝土至原结构物顶面,并按照原结构物的要求进行表面处理,使其恢复如初。

5.4　劳动组织

自密实混凝土施工工种组成见表3。

自密实混凝土施工工种组成(人)　　表3

混凝土工	木　工	钢筋工	架子工	水电工	普　工

注:各工种具体人数视工程大小及进度要求进行安排。

5.4.1　根据自密实混凝土工程的规模大小和设计要求,合理地组织施工现场劳动力。一般施工现场劳动力组织与普通混凝土工程施工基本相同。

5.4.2　养护阶段按二班、三班昼夜值班安排。人员有:每台班技术员一人,养护工人可根据实际情况和工作量安排。

6　材料和设备

自密实混凝土要求连续施工,以确保结构物的整体性和施工的质量,一般采用混凝土运输罐车运送,混凝土运输罐车的数量可根据结构物的大小和浇筑的时间来确定。

6.1 材料

6.1.1 水泥:宜选用水化热低的水泥且强度等级应符合设计要求,进场时必须有质量证明书及进场试验报告。

6.1.2 砂:宜选用粗砂或中砂,混凝土等级高于C30时,含泥量≤2%;混凝土等级高于C60时,含泥量≤1%。

6.1.3 碎石:粒径为5~31.5mm的连续级配均可,但必须清洗干净。当混凝土等级高于C30时,含泥量不大于1%;当混凝土等级高于C60时,含泥量不大于0.5%。

6.1.4 外加剂:选用高强减水剂,具体掺量应由实验室配合比确定。

6.1.5 粉煤灰:粉煤灰可以提高自密实混凝土的和易性,改善其工作性能,同时还可以替代水泥,减少水泥用量,降低水化热。掺量宜为水泥用量的15%~20%,其质量应符合国家现行的相关标准。

6.2 机具

主要机具:混凝土搅拌台、混凝土运输车、平锹、插入式振动器(小功率)、抹子、铁板、桶。机具设备详见表4。

机具设备表　　表4

序号	名称	规格或型号	单位	数量	备注
1	混凝土搅拌台	根据工程规模及工程量确定	个	数量均由计算确定	生产自密实混凝土
2	混凝土运输车		辆		运输自密实混凝土
3	插入式振动器		个		微振混凝土
4	平锹		把		现场使用
5	抹子		个		现场使用
6	铁板		个		现场使用
7	桶		个		现场使用
8	混凝土试模		个		制作试块
9	扩展度试验筒		个		做扩展度试验

7 质量控制

(1)自密实混凝土配合比应适宜、计量准确,混凝土平均强度应不低于设计强度。

(2)严格控制自密实混凝土原材料的质量和技术标准,水泥应现场进行抽检试验;外加剂应进行相应的试验,有条件的单位应进行水化热试验;严格控制粗细骨料的含泥量。

(3)控制自密实混凝土的水灰比和扩展度。

(4)对一些有抹面要求的结构物进行二次抹面,以减少闭合收水裂纹。

(5)对自密实混凝土构件进行严格的养护。

8 安全措施

(1)建立健全安全生产责任制及安全生产技术措施,做好安全技术交底。

(2)施工前必须检查施工环境是否符合安全要求,道路是否畅通,机具是否完好牢固,安全设施和防护用品是否齐全,经检查合格后才可以施工。

(3)混凝土运输车和拌和机械等设备在使用前应进行检查,确定其是否处于良好的状态。

(4)施工人员进入现场一定要佩戴安全帽,防止高空坠物。

(5)振捣器及现场的电源线路要经常检查,防止破损,操作时应戴绝缘手套,穿胶鞋。

(6)夜间施工时,运输道路及施工现场应架设照明设备。

(7)特殊工种应持证上岗,施工机械要专人操作。经常检查,保证设备完好。

9 环保措施

(1)混凝土所用材料,特别是外加剂和粉煤灰应满足环保要求。

(2)混凝土运输工程中严禁抛洒,多余、少量混凝土应合理利用。

(3)混凝土施工过程中,应采取消音、减噪、防尘等保护措施。施工时应尽量与附近居民休息时间错开。

(4)建筑用废水需先沉淀,再排入生活用污水排放管道或回收利用。

10 经济效益与社会效益

本工法是对原有的结构物进行改造加固,克服了一般混凝土浇筑对原有结构物的破坏,最大限度地保护了原有结构物的完好,提高了施工效率,避免了窝工,安全、质量、工期和环保得到了充分的保证,形成了良好的社会效益和经济效益。

(1)社会效益明显:自密实混凝土施工作业面小,在整个施工期间采用的是半幅桥施工半幅桥通行的交通保障措施,对行车没有造成太大干扰,得到了业主的一致好评。

(2)经济效益:本工法具有针对性强、工序清晰、操作简单、投入设备少、质量容易控制、加固效果明显等优点,与常规混凝土施工相比,可降低工程成本5%~10%,为整个工程及企业创造了较好的经济效益。

11 工程实例

实例1:孝襄高速公路府河大桥主桥上构维修工程预应力体外束转向块、锚固块施工,C50自密实混凝土,204m^3,施工时间为2008年7月~2008年12月。

实例2:孝襄高速公路唐白河大桥主桥上构维修工程预应力体外束转向块、锚固块施工,C50自密实混凝土,234m^3,施工时间为2008年8月~2008年12月。

该工法在应用的几个工程中均产生了良好的社会和经济效益,工程质量良好,使结构物恢复到了设计的使用状况。